U0666625

浙江省哲学社会科学重点研究基地

浙江省浙江历史文化研究中心学术成果

# 浙江民国人物大辞典

主　编　林吕建

副主编　卢敦基　张学继　项义华　陶水木

浙江大学出版社
ZHEJIANG UNIVERSITY PRESS

图书在版编目（CIP）数据

浙江民国人物大辞典 / 林吕建主编. —杭州：浙江大学出版社，2013.1
ISBN 978-7-308-10790-7

Ⅰ.①浙… Ⅱ.①林… Ⅲ.①历史人物—中国—民国—词典 Ⅳ.①K820.6-61

中国版本图书馆 CIP 数据核字（2012）第 264012 号

**浙江民国人物大辞典**

林吕建　主编

责任编辑　葛玉丹
封面设计　张志伟
出版发行　浙江大学出版社
（杭州市天目山路 148 号　邮政编码 310007）
（网址：http://www.zjupress.com）
排　　版　杭州中大图文设计有限公司
印　　刷　浙江印刷集团有限公司
开　　本　889mm×1194mm　1/16
印　　张　53.5
字　　数　1800 千
版 印 次　2013 年 1 月第 1 版　2013 年 1 月第 1 次印刷
书　　号　ISBN 978-7-308-10790-7
定　　价　260.00 元



浙江大学出版社发行部邮购电话　（0571）88925591

# 序　言

人是历史活动的主体，人物研究是历史研究中的一个重要内容。作为浙江历史文化研究的一个重要基地，长期以来，我们浙江省社会科学院一直都很重视对浙江历史人物的研究，并在浙江文化名人研究方面取得了较为显著的成绩。2003年至2008年间，我院陆续推出了一套卷帙上百部的浙江文化名人传记丛书，在浙江历史文化研究领域产生了较大的影响。在此基础上，近年来，我们又将浙江近现代历史人物研究作为重点，启动了《浙江民国人物大辞典》的编撰工作。经院内外多位专家三年来的共同努力，目前这部收录了3000多名人物、篇幅上百万字的大辞典已经完稿付梓，即将呈现在读者面前。这是我院在浙江历史人物研究方面取得的又一项较为重要的阶段性研究成果，也体现了我们在民国史研究方面所取得的一些进展。

众所周知，民国时期是中国近现代史的第二阶段，也是中国社会现代转型的一个关键时期。在此期间，中国初步建立了一个现代形态的经济体系、文化体系和社会管理体系，在政治、经济、文化各方面都取得了一定的进展，其中文化方面的成就尤为显著。但是，由于国内外各种矛盾错综复杂，政治局势动荡不安，常常处于战乱状态，使得国人面临着前所未有的危机和挑战。因此，在分析和评价民国时期的历史人物时，要充分考虑其环境的复杂性，把人物的行动和思想发展过程放到复杂多变的社会背景中进行考察，在还原史实的基础上作出恰当的定位。

浙江地处东南沿海，自宋代以来一直是中国各大区域中经济、文化最发达的区域之一，向以财赋重地、人文渊薮著称。在清代，浙江科甲兴旺，学风鼎盛，人才辈出，各项文化指标均居全国前列。第一次鸦片战争以后，浙江宁波成为全国五大通商口岸之一。在西方文化的冲击和影响下，开始出现了新的社会文化事业。虽然到了太平天国战争期间，浙江社会遭受到了极其严重的破坏，但在战后的恢复重建中，浙江的社会文化事业又有了长足的发展，并成了传统学术文化的一大中心。甲午战争以后，浙江士绅积极投入维新运动，办学堂，开报馆，开启民智，进行思想启蒙，提高国民素质，不但为浙江的发展打下了一个新的文化基础，也促进了浙江文化的现代转型。与此同时，浙江也成了中国向海外输出留学生最多的省份之一。这些因素的结合，使得浙江形成了一个较为庞大的新知识群体，在近现代社会变革进程中发挥了极其重要的作用。清末新政时期，在士人和绅商的大力推动下，浙江不但在各项社会建设事业上取得了比较大的成效，还在地方自治和宪政建设等领域作了许多有益的尝试和建构。与此同时，为了拯救民族危亡，浙江许多爱国志士投入到了反清革命运动中，建立了以浙江人士为主体的革命团体光复会，在思想启蒙、舆论宣传、组织发动、社会动员以及武装起义、光复东南等方面发挥了重要作用，为推翻清王朝统治、建立中华民国立下了不朽的历史功勋。

民国成立以后，浙江社会进入新的发展阶段，浙人在全国政治、经济、文化等方面都介入很深，发挥了较大的影响力。其中尤以文化方面的影响力为重。这与浙人在政府教育管理部门和公共教育机构里的领导地位及人才优势大有关系。无论是在中国传统学术研究领域，还是在推进新文化运动方面，浙人都起到了极其重要的作用。与此同时，在孙中山领导的国民党阵营中，浙人在军事、党务等方面也颇有建树，影响力日益增大。1927 年南京国民政府成立之后，以蒋介石为代表的浙籍政治人物更是成了领导核心，在政治领域发挥了至关重要的影响，浙籍人士的政治参与也较为普遍。在政局相对稳定的十年建设期间，浙江的经济和社会建设也有了较大的发展，以宁波商帮、湖州商帮、绍兴商帮为代表的浙商还在全国金融、财经等领域产生了巨大的影响，对推进中国的现代化进程具有重要的作用。而当日本侵华战争爆发，中国现代化建设进程被人为打断之后，浙江各界社会精英和广大民众也积极投入到了抗日救亡的行列，无论是在军事战场，还是在经济和文化领域，浙人都有相当突出的表现。以文教方面而论，浙江大学的西迁和跃升可以说是一个辉煌的典范。与此同时，浙人在其他重要文化教育机构也发挥了很大的影响力，并取得了卓越的成绩。1948 年中央研究院在全国首次评选出 81 名院士，其中浙江人占有 17 席，名列全国第一，可见浙籍学者的学术地位是得到学界的普遍公认的。

总的看来，浙江在民国时期的人才优势是相当明显的，民国时期可以说是浙江历史上少有的一个文化高峰。民国时期的浙江杰出人物有两大特点：一是范围广。举凡政治、军事、外交、经济、金融、文化、教育、科技等，几乎所有的重要领域，浙江都涌现了一大批知名人士和风云人物，这是前所未有的盛况。二是层次高。在各个重要领域里都有一批领袖级的人才，举凡政治军事外交领域、经济金融财经领域、文化教育科技和社会科学领域，无不皆然。除了这些风云人物之外，还有许多地方性的人物，也在浙江政治、经济和社会文化建设方面发挥了相当大的群体性作用。

中国传统史学一向重视对于人的研究，如我国第一部纪传体通史《史记》就是一部以人物为中心的历史典籍；其后出现的许多历史著作也都有人物传记方面的内容；到了宋代，还出现了以收集人物家传、行状和墓志铭为主的碑传集。但作为一种以记载历史人物生平为主的工具书，人物辞典却是近代从海外舶来的。从国家图书馆藏书目录可知，目前国内已出版的中国历史人物辞典只有二三十种，其中包括三四种民国或近代时期的人物辞典和两三种浙江历史人物辞典，并没有一种专门收集民国时期浙江历史人物的辞典。而浙江民国人物却以数量众多、影响巨大而著称于世，其中不少人物具有全国性的影响，在政治、经济、文化等相关领域发挥了关键性的作用，其行状具见于各种传记史料和研究著作，为各种辞书收录，但因各种原因，生平记载或有出入，需要加以订正；还有许多人物虽然没有全国性或全局性的影响，却在专业领域或地方事务中发挥了重要作用，而以往各种辞书因篇幅所限，往往有所遗漏。因此，我们认为，编撰一部篇幅较大、内容较为厚重的浙江民国人物大辞典，集中收录在民国史上发挥过一定影响的浙籍人士和在民国时期的浙江产生过重要影响的客籍人士，并在史料考订的基础上给予适当评价，是很有必要的。辞典虽然是资料性的工具书，也要以坚实的学术研究为基础，充分吸收学界相关研究成果，择善而从。在诸说并存，或人物生平资料比较缺乏的情况下，还要做一些基础性的史料考订工作。在这方面，具体从事编撰工作的院内外专家付出了相当大的努力。但因各种主客观条件限制，本辞典定然存在着许多不足，在此，我们恳切地希望学界同行和广大读者提出宝贵意见，以便我们今后进一步修订提高。

今年恰逢辛亥革命一百周年。百年前的辛亥革命推翻了统治中国几千年的君主专制制度，建立了民主共和政体，开创了我国历史上完全意义上的近代民族民主革命，带来了民主意识的高涨和思想的大解放，为中国的进步潮流打开了闸门。辛亥革命运动期间，浙江爱国志士徐锡麟、秋瑾等人为推翻清王朝统治英勇牺牲，成了举世崇仰的革命英烈。此后，在新民主主义革命运动和抗日战争期间，浙江也涌现出了数以万计的革命烈士和抗战英烈，在革命史和抗战史上写下了许多可歌可泣的篇章。我们编写、出版这部《浙江民国人物大辞典》，集中展示浙江整个民国时期政治、军事、经济、文化科教等各个领域的杰出人才、知名人士和风云人物，尤其缅怀那些为中华民族独立和解放事业献身的浙江革命先烈。本书的出版，既是对浙江民国历史人物研究的一个系统总结，也是对那些为振兴中华百折不挠、前仆后继、英勇奋斗的仁人志士们的一个纪念。

辞典的编写工作，得到了省内外众多知名专家学者的指导与帮助，严如平研究员、金普森教授、杨树标教授、曹必宏研究员等对辞典的编写进行了具体指导。杨树标教授、张学勤先生还撰写了部分辞条。另外，许多历史名人后代也对本辞典的编写给予了有力支持。谨对以上专家学者表示衷心感谢。

编委会尤其盼望读者来信提供历史人物的资料或指出错误，以便来日修订完善。来信还请发至以下邮箱：zjmgrw@163.com。

林吕建

2011年10月10日

# 总　目

# 凡　例

一、本辞典是一部全面系统记载民国时期浙江历史人物的大型工具书，共收录人物3434人。

二、本辞典收录的人物：凡是1912年元旦中华民国成立以后去世的，以及1949年10月1日中华人民共和国成立之前已经有相当成就或知名度的；重点写1949年10月1日之前的履历和事迹，之后的履历和事迹只概略地陈述。

三、本辞典收录的人物包括本籍、客籍、外籍人物三大部分。(1)籍贯的界定以中华民国时期浙江行政区划版图为准，凡是当时属于浙江版图的，皆作本籍处理。祖籍不在浙江，但早年随其先辈迁居浙江或在浙江出生的人物，均作本籍收录。祖籍在浙江，先世迁居外省超过三代以上的，择其少数有特别影响者收入本籍；未超过三代的，一般收入本籍；以上两种情况均须注明出生地或落籍地。本籍一连串不标"浙江"字样，直接标注县名。(2)客籍须符合以下条件之一：一是在浙江担任重要职务者；二是从外省迁入，长期在浙江生活工作，并有重要影响及贡献者；三是在浙江生活且去世后安葬在浙江者。(3)外籍人物包括民国时期在浙江有重要活动及影响的学术、宗教、外交、军政等各方面人物。

四、本辞典收录的人物范围主要包括：(1)中国历次新旧民主主义革命运动中的革命志士、英烈，北伐战争、抗日战争中的英雄、英烈等；(2)政界人物，省级收录省主席(省长)、厅长、秘书长等，省级以下以道尹、专员为主，另加少量有突出事迹的县长以及厅长以下的人物；(3)军界人物，以少将以上为主，加少量有突出事迹的少将以下人员；(4)经济界人物，主要收录有影响的企业家、金融家、财经专家等；(5)文化教育界，收录教授以上有影响有贡献的学者、专家；(6)艺术界，收录有影响有贡献的艺术家；(7)民间工艺大家。

五、具体辞条内容包括人物的生卒年月日、籍贯、学历、职务、主要事迹、成就、社会影响、生平著述及出版整理情况等。职务的任免以政府发布的任免令为准，其实际到任、离任时间可能会有出入，不一一标明。

六、历史纪年一律采用公元。

七、辞条根据人物事迹多少、影响大小分为大、中、小三种。大辞条1000字以上；中等辞条500—1000字；小辞条500字以下。

八、辞条排列分本籍、客籍、外籍人物三大部分，各自以姓氏笔画为序；姓氏相同者以姓名第二字的笔画排序；姓名相同者以出生年月排序。书后另附以姓氏拼音排序的索引。

# 目 录

## 上编 本籍人物

### 二画



### 三画



### 四画

**五画**

六画

### 七画

八画

## 九画

十画

十一画

十二画

**十三画**

十四画



十五画



十六画



十七画

## 下编 客籍人物

## 七画



## 八画

### 九画



### 十画



### 十一画



### 十二画



### 十三画



### 十四画

十五画



十六画



十八画



## 附编　外籍人物

# 上编　本籍人物

# 二 画

**丁乃扬(1875—1944)**

字少兰,斋号"月湖精舍"。吴兴县人。官绅家庭出身,清末曾任江西盐法道、顺天府府尹、京兆尹、广东布政使等职。1912年任湖州旅京同乡会会长,后任袁世凯总统府顾问。1916年11月任两广盐运使。1918年11月19日任河北长芦盐运使,兼缉私营督查长。1922年3月改任江苏两淮盐运使。1925年任上海永亨银行监察人。南京国民政府成立后,于1927年7月再任财政部两淮盐运使,同年11月去职。

**丁三在(1881—1917)**

一名三厄,字善之,号不识。钱塘县人,后居上海。杭州著名藏书楼"八千卷楼"主人丁申之孙。西泠印社早期社员,南社社员。濡染家风,精于版本目录之学。1907年丁氏"八千卷楼"善本转归新创立的江南图书馆(今南京图书馆),因缪荃孙力荐,任管理图书之职,至1911年离职。1910年承担首次南洋劝业会浙江出版品协会事务。曾独资创立杭州图书局,后与其兄丁仁参考北宋古刻善本,于1915年在上海研创欧体聚珍仿宋活字,辑刊书籍多种,字体端雅,刊印精良,深为出版界宝重。能诗词,著有《丁子居剩草》、《西湖散记》。

**丁士源(1879—1945)**

字问槎、文槎,号蔼翁。吴兴县人。早年先后就读于上海圣约翰书院、北洋水师学堂。1900年八国联军攻占北京后在北京从事卫生防疫等工作。1902年留学英国,在新林肯学院学习法律。1904年回国后任北京崇文门税务总稽查。后陆续担任战事委员会法律署主管、内政部顾问、陆军部军法司司长、高等巡警学堂总办等职。1911年任陆军大臣行营处副官长,后任陆军部军法司司长、高等巡警学堂总办、修订法律委员会委员等职。因与皖系军阀首脑段祺瑞关系密切,1913年担任北洋政府总理段祺瑞的参议。同年11月被北洋政府授予陆军少将军衔。1914年任江汉关监督兼湖北省外交事务特派员,加中将衔。期间逐渐受到新交通系领袖曹汝霖的重视,成为新交通系的骨干。1917年6月任京绥铁路局局长。1918年12月任京汉铁路局局长。1919年3月交通部"筹办航空事宜处"成立,任处长兼航空总署主管;4月被派驻龙烟铁矿,担任总经理会办;10月被北洋政府授予陆军中将军衔。1920年直皖大战结束后段祺瑞失势,为逃避直系的缉拿,与皖系骨干徐树铮等九人逃入日本使馆寻求庇护。1923年在天津任日本人主办发行的《日日新闻》主笔。1924年后又入政界。任财政整理委员会副委员长和国内公债局总理,并任北京政府航空筹备处处长,以及张作霖组建的安国军空军司令。1929年任中华汇业银行经理。30年代后逐渐投靠日本人。1933年任伪满洲国驻日本公使。1935年去职后任伪满中央银行监事,直至1945年伪满覆灭。1945年病死。著有《陆军规则注解》、《世界海军现状》。所著《梅楞章京笔记》具有较高的史料性,否定八国联军统帅瓦德西与妓女赛金花的关系,澄清了流传甚广的"妓女救国"的故事,并对辛亥革命运动记载颇详。生平擅长绘画,所作佛像颇具古意,山水清逸出尘,富收藏。

**丁大为(1925—1998)**

余姚县人。早年就读于上海浦东高级中学。抗日战争爆发后曾参加抗日宣传活动。1945年抗战胜利后被推举为上海抗日蒙难同志会常务理事,此后从事金融业。1947年出任上海恒利银行董事兼副总经理、代总经理。1949年去台湾。1952年辗转赴日本、法国、西班牙和意大利诸国,从事企业经营。后定居意大利,创办丁氏皮革实业公司、中国大饭店,自任董事长,还兼任欧洲华侨联谊会意大利代表、中华文化中心理事长、意大利中区华侨协会副会长、意大利博洛尼业中文学校董事长等职。

**丁大富(1899—1948)**

镇海县人。上海著名棉布商店信大祥的创始人。私塾毕业。1914年入上海著名棉布店协大祥洋货号习业。1924年进入另一家著名棉布店宝大祥任职,不久又回协大祥任高级职员。1928年创设信大祥绸缎呢绒棉布店，并任经理20年。1937年投资无锡兴业印染厂。抗战爆发后业务曾一度陷于停顿。1938年在福建南路开设分店。1939年在南京东路浙江路口大沪银行旧址开设新店。信大祥得地理优势，业务与日俱增，终在南京路上独占鳌头，与协大祥、宝大祥被称为上海棉布业“三大祥”。1941年与协大祥等上海棉布业八大户成立联营社，实行联营。曾任上海市棉布商业同业公会监事。

**丁上左(1878—1929)**

字宜之，号竹孙，一作竹荪，又号白丁。杭县人。杭州著名藏书楼“八千卷楼”主人丁申之孙，丁立诚长子，丁辅之兄。西泠印社早期社员。

**丁子明(1907—1997)**

女。吴兴县人。毕业于苏州蚕桑学校。1924年入上海神州影片公司，曾主演无声片《不堪回首》、《道义之交》、《难为了妹妹》等。1925年与裘芑香、李萍倩等合组五友影片合作社，拍摄影片《佳期》。1926年入明星影片公司，相继主演《爱情与黄金》、《二八佳人》、《同学之爱》等九部无声片。1931年在华剧影片公司主演影片《努力》后息影。

**丁元普(1888—1957)**

萧山县人。1888年生于上海。清末举人。毕业于上海徐汇中学，后赴日本留学，毕业于早稻田大学政治法律科。回国后曾任江苏吴县地方审判厅民厅厅长、浙江嘉兴地方法院代理院长、上海第二特区地方法院主任推事，并曾任教于中国公学、上海法政学院、复旦大学法律系及大夏大学。1953年6月起任上海市文史馆馆员。著有《中国法制史》、《比较宪法》、《法院组织法要义》、《刑事诉讼法》、《法庭组织法》等。

**丁友松(1892—?)**

字梅斋。嵊县人。1916年12月保定陆军军官学校第三期步科第二连毕业。历任连长、营长、团长等职。曾入陆军大学将官班甲级第三期深造。1936年9月被南京国民政府授予陆军少将军衔。1937年任国民革命军第六师第十七旅旅长，在淞沪会战中与日军展开殊死搏斗。1940年9月升任第六师师长，隶属于七十五军。1941年9月、12月先后参加第二、第三次长沙会战。1941年11月升任第八十军副军长。1946年7月退役。后赴台湾。

**丁　仁(1879—1949)**

原名仁友，字子修、辅之，号鹤庐、鹤丁，晚年别署篁叟，斋馆号为七十二丁厂、守寒巢、百石斋、小龙泓馆等。钱塘县人。抗战后避居上海。杭州著名藏书楼“八千卷楼”主人丁申之孙。西泠印社创始人，南社社员。幼濡家风，喜商周甲金文字，尝集商卜文为联。能诗，工书善画，笔致萧散雅洁；尤嗜蓄印，家藏“西泠八家”印章甚富，兼善治印，以浙派为宗。1904年与王禔、叶铭、吴隐等于杭州创立西泠印社，为印人结社之始。曾与其弟丁三在首创欧体聚珍仿宋活字，并设立聚珍仿宋印书局。1921年归入中华书局并自任聚珍仿宋部主任。辑有《西泠八家印选》、《秦汉丁氏印谱》、《秦汉丁氏印续谱》、《鹤庐印存》、《杭郡印辑》、《石刻龙泓遗翰》、《商卜文集联(附诗)》、《鹤庐诗词》、《观水游山集》，合辑《丁丑劫余印存》二十卷等。

**丁方镇(1894—1972)**

镇海县人。著名棉布商，上海宝大祥绸缎呢绒棉布庄总经理。幼年就读于私塾。1908年进入上海著名棉布店协大祥洋货号当学徒，后任总出纳。1922年与人合伙在上海浙江路开设和丰棉布号，任经理。1924年与协大祥老股东柴宝怀等集资24万两在小东门创设宝大祥洋货号，任经理。以后又在同一地段开设宝大祥南号、西号、新南号和宝大祥协记等分店多处。从事批零兼营业务，经营范围包括各种绫罗绸缎、呢绒、棉布、土布、夏布、床上用品、丝绵、驼毛、绣品、花边、纽扣等，成为上海著名绸缎棉布商店，与协大祥、信大祥鼎足而峙。1937年在今金陵路开设宝大祥新号，管理中心也迁于此。抗战胜利后宝大祥改为股份公司，继任董事长兼总经理。1950年又在南京东路开设第二支公司(今宝大祥商厦)。1955年积极拥护公私合营，受到陈毅市长称赞，并任公私合营上海市绸布业零售商店联合董事会董事长。曾任政协上海市委员。

**丁以布(1891—?)**

字宜之，一字仙芝，号展庵。杭县人。丁立诚第六子。南社社员。曾以国子监典籍之职，重修《杭州府志》。著有《曲剧丛话》。

**丁仕奎(1904—?)**

字明之。杭县人。浙江法政专门学校毕业，曾任临海、诸暨等地法院推事、上海第二特区地方法院检察官。辞职后在上海执行律师事务。著有《先人言行轶事录》、《章安回忆录》、《暨阳杂记》等。

**丁　农(1914—2007)**

字屏秋。杭县人。1938年6月湖南湘雅医学院(第十二届)本科毕业。历任湘雅医学院、中正医学院、中央大学医学院内科讲师,国民政府南京陆军总医院内科部主任等职。1949年赴台后任国防医学院内科学系主任教授,兼任阳明医学院内科学系及台北"荣民总医院"内科部主任教授等职。1960年在台湾组织成立"中华民国心脏学会"(ROC-SOC),当选为首任理事长,终生为名誉理事长。1983年至1986年间任亚太区心脏学会会长。1987年至1990年间任世界心脏学会理事。1985年退休后移居美国旧金山。2007年9月18日去世。著有《中国人脑血管病变、高血压及冠状动脉病的病因及其预防》等。

**丁佐成(1891—1966)**

镇海县人。中国电器仪表工业的开创者。1918年毕业于金陵大学物理系,留校任教三年后去美国芝加哥大学攻读电气工程,获硕士学位。随后进美国西屋电气公司任工程师。因去参观威斯顿电表厂被拒绝愤而回国,于1924年3月筹资1000美元创建中华科学仪器馆,自任总经理兼工程师,除经营幻灯机和维修实验仪表外,还成功研制出船舶和航空用无线电收发报机,承揽了当时中国航空公司两条航线的通讯设备,并为招商局等装置收发报机,盈利14万元。1927年甬商朱旭昌等投资6万元,与其成立大华科学仪器厂股份公司,任经理。1929年研制出第一台国产直流电表,以后又研制出各种类型的交直流电表、电力表、功率表等,并成为美国西屋电气公司、鲍西·劳姆光学仪器公司在远东的代理商。1932年在今上海四平路购地兴建分厂,另在北四川路开办大华电器厂。"八一三"事变中四平路厂房设备、材料被毁,全力经营大华电器厂,业务自1939年后有所发展。抗战胜利后赴美大量采购电表仪器设备,准备大展宏图,只因内战,未能如愿。解放前夕拒绝去香港。上海解放后投资10万美元建造电表装配大楼,并购置设备,使大华成为中国第一流的电表厂,产量雄居全国第一。1954年申请公私合营。同年与太平洋电工厂、中国磁钢厂、新华电器制造厂等合并为大华仪表厂,出任总经理并负责全厂生产技术。1958年又研制成工业用自动记录仪表和电子调节器。曾任全国政协第二至第四届委员,上海市政协委员、上海市工商联常务委员。"文革"初期受到迫害。1966年12月去世。

**丁念先(1906—1969)**

字守棠,斋号念圣楼。上虞县人。20年代加入海上题襟馆,后从丁辅之、高野侯等人另组古欢今雨社。历任中国画会总干事等职。善书画,尤精于隶,收藏书画碑帖古籍甚丰,曾于1961年精选家藏珍品百件在台湾博物馆举办"念圣楼书画展"。著有《念圣楼读画小纪》。

**丁是娥(1923—1988)**

女。原名潘咏华。湖州县人。9岁从师丁婉娥学艺,取艺名是娥。12岁入儿童申曲班,人称"小小婉娥"。18岁满师后先后加入鸣英、春轩、文滨等三个沪剧团,专攻花旦、正旦,兼演老旦。1947年组织上艺沪剧团。1950年该团改制为民营公助剧团,任副团长。后历任上海沪剧团团长,上海沪剧院院长,中国剧协上海分会副主席等职。1988年6月28日在上海病故。其演唱艺术精湛,唱腔婉转、绮丽多彩,善于抒发人物内在感情,自成一家,被称为丁派。擅演剧目有《白毛女》(饰喜儿)、《罗汉钱》(饰小飞娥)、《金黛莱》(饰金黛莱)、《鸡毛飞上天》(饰林佩芬)、《蝴蝶夫人》、《雷雨》、《寄生草》、《芦荡火种》(饰阿庆嫂)、《被唾弃的人》等。著有《展开艺术想象的翅膀》。

**丁勉哉(1906—1976)**

语言学家。曾任华东师范大学首任图书馆馆长,主张文字改革。著有《现代汉语词汇》、《文字和正字法》等。

**丁莲芳(1850—1931)**

吴兴县人。百年老店丁莲芳千张包子店创始人,人称"千张包子大王"。出身贫寒,年轻时以卖菜维持生计。1878年开始做千张包子粉丝汤,该汤色白汤清,不油不腻,味道鲜美。初时挑担叫卖,1881年开始在湖州骆驼桥设摊营业。1883年在黄沙路(今红旗路)开设丁莲芳千张包子店,生意兴旺,规模不断扩大。1931年病故后由其家人经营,经久不衰,成为湖州四大特色传统名点之一。

**丁振麟(1911—1979)**

余杭县人。1934年毕业于浙江大学农艺系。其后在中央大学农学院大胜关农场任技术员。1939年在云南大学农学院筹建农场,并担任农场技士,兼农艺系助教。1941年升任讲师兼农场技术指导。1944年晋升副教授。1945年初考取公费赴美留学实习,先后在美国依阿华州立农学院、康奈尔大学学习作物遗传育种学、细胞学、切片技术、群体遗传学、玉米育种等课程。1946年回国后任浙江大学农学院农艺系教授兼农场场长,从事大豆遗传、生态和大麦区划研究。1952年院系调整,浙江大学农学院独立成为浙江农学院,被委任为副院长兼农学系教授。其后历任浙江农业大学副校长、校长,浙江省农业科学院院长等职。著有《野生和栽培大豆的遗传研究》、《作物产量形成与高产理论》、《作物栽培学》、《大豆栽培问题》等。

**丁 悚(1891—1972)**

字慕琴。嘉善县人,寄居上海。师承周湘,初攻西画,擅素描,继研国画,尤以漫画、讽刺画闻名。早年绘制香烟招贴画,后任教于上海美专、同济大学、晏摩氏女中、进德女中等校,兼任《上海画报》、《健康家庭》等刊物编辑,《文虎》半月刊特约撰作人。1912年第一个在《申报》发表漫画。1925年后常在《上海漫画》、《三日画刊》、《福尔摩斯》、《礼拜六》等报刊发表作品,为上海《申报》、《新闻报》、《神州日报》等作插图,成为上海漫画界、月份牌画界中心人物和组织者。1927年秋参与创立中国首个民间漫画团体——漫画会。30年代起转入电影制片厂从事美术设计,直至解放后。漫画代表作有《六月里的上海人民》、《双十节》、《虫伤鼠咬》等。又善制画谜,为大中虎社社员。其子丁聪,为当代著名漫画家。

**丁逸伯(1882—?)**

鄞县人。毕业于宁波中西书院。后去上海从事制造业。曾任互昌祥机器造船厂经理,互安轮船公司董事兼经理,宁波冷藏公司董事兼经理,华新电焊公司常务董事,中国电焊材料公司董事,上海市铜铁机器业同业公会委员。1937年淞沪沦陷时任上海市铜铁机器同业公会代理主席,办理同业工厂内迁及抢运物资工作。抗战胜利后任上海市机器业同业公会候补监事,余昌机器造船厂经理。

**丁 谦(1843—1919)**

字益甫。祖籍仁和县,生于嵊县。清同治四年乙丑科举人。1881年任汤溪县教谕,旋改任象山县教谕。中法战争期间因倡办团练加强海防有功,受赏五品衔。在象山二十余年颇有政绩。后升任处州府教谕,以年老未赴任,居家从事学术研究。专治中国边疆及邻国地理,兼攻金石之学。著有《蓬莱轩舆地丛书》、《元马哥博罗游记补注》等。

**丁舜年(1910—2004)**

原籍长兴县,1910年生于江苏省泰兴县。1912年随父母返回原籍。长兴县小学毕业后考入浙江省立第三中学(今湖州中学)学习。1925年毕业后考入浙江省立第一中学读高中。1928年考入上海交通大学电机工程系。1932年毕业,获工学学士学位,留校任本系助教。1934年任上海华生电器厂工程师兼技术科主任。1934年受聘任上海华生电器厂工程师。1935年华生厂在南翔新建分厂,任技术科主任,负责设计制造发电机、直流电动机、变压器、开关、电表等产品,培育出"华生"牌电扇品牌。1939年至1940年任教于浙西第一临时中学。1945年抗战胜利后任上海制造厂工程师兼电机组长、上海国立临时大学副教授、上海交通大学特约教授。1947年留学美国匹茨堡大学研究生院,并在西屋电器公司实习。1948年底回国,任中央电工器材公司电机新厂筹备处工程师、代理主任。1949年3月参与筹建上海机电厂,任副厂长兼总工程师。新中国成立后任第一机械工业部上海第二设计分局副局长,并担任中国电机工程学会副理事长、中国电工技术学会副理事长、跨国电气电子工程学会北京分会主席。1980年当选为中国科学院技术科学学部委员(院士)。主持设计了国内自制最大的交流同步发电机,领导设计了国内最大的高速感应电动机,研制成功无轨电车直流牵引电机,建立了一机部系统内第一代电子计算机站。著有《交流发电机与电动机》、《磁铁与电磁铁设计》、《保护替续器及其应用》、《大型电机发热与冷却》等,主编有《电工技术参考资料》(六册)。

**丁景唐(1920— )**

原名丁训尧,笔名丁宁、丁英、歌青春。镇海县人。1938年参加中国共产党,曾任青年会中学、东吴大学支部书记,主编《蜜蜂》文艺半月刊。1944年于上海光华大学中文系毕业后编辑《小说月报》、《译作文丛·谷音》等刊物。抗日战争胜利后协助魏金叶编辑《文坛月报》,并主持上海文艺青年联谊会,主编机关刊物《文艺学习》。1948年任教于沪江大学。新中国成立后历任中共上海市委宣传部处长、上海出版局副局长、上海文艺出版社社长兼总编辑。曾主持《中国新文学大系(1927—1937)》的编纂工作。主要从事30年代左翼文艺运动和鲁迅、瞿秋白、左联五烈士的研究。主要著作有诗集《星底梦》,论文集《妇女与文学》、《怎样收集民歌》、《瞿秋白著译系年目录》(与文操合编),回忆录《犹恋风流纸墨香》。

**丁儁宣(1869—?)**

字雨生。新昌县人。当地著名绅士,积极参与清末新政教育改革。1900年后任新昌高等小学校长、县学校校董。1911年当选为县议员,不久当选为澄潭乡乡董。辛亥革命后被委任为新昌县民团局局长。1913年率民团镇压西乡兴善寺民变。1913年初当选为中华民国第一届国会众议院议员。1914年1月国会解散后回新昌县创办荣昌公司煤矿。1916年国会第一次恢复,仍任议员。1917年任护法国会众议院议员。1922年国会第二次恢复时再任议员。

**丁鹤年(1915—1986)**

长兴县人。1930年浙江省立第三中学(今湖州中学)毕业后考入杭州高级中学。1933年因全省高中毕业会试成绩优异免试入浙江大学化工系,次年春因病休学,病愈后考入清华大学土木工程系。1935年参加"一二·九"运动。抗战爆发后在湖南零陵工程兵学校任教,因反对蒋介石消极抗日政策而被捕入狱,保释出狱后在西南公路局工作。后去昆明西南联大继续读书,毕业后在重庆国民政府水利委员会及水利部工作。抗战胜利后参加黄河治理工作。1947年3月黄河花园口堵口工程合龙成功,获一等银色水利奖。1949年初调往高雄,主持港口扩建工程。1961年留学荷兰特夫脱工业大学国际水利工程研究生院。毕业后回台湾,在土建、水利等建设工程中成绩卓著。1966年获台湾"国父百年诞辰纪念奖"。1969年起历任财团法人"中华顾问工程公司"协理、代理总经理兼港湾部经理、总经理、董事长。1977年起兼任台湾"国立"交通大学运输工程研究所教授。1986年1月15日去世。

**丁 鏶(1869—1927)**

字仲坚,号醉笙、醉三、载生。缙云县人。清末增广生,曾任教于杭州紫阳书院,因愤恨清政府腐败统治,遂加入龙华会,并成为龙华会首领之一。1904年成立温台处会馆,由陶成章介绍成为会馆执事之一,负责联络浙江各地会党工作。1905年由陶成章介绍,结识由绍兴经上海转赴日本的秋瑾,并加入光复会和同盟会,与吕逢樵、赵卓、冯豹等分赴金华、处州等地联络会党,聚结革命力量。1907年皖浙起义失败后遭到清政府悬赏通缉,潜回缙云,转赴松阳等地联络会党。1910年由陶成章和魏兰介绍,赴南洋荷属爪哇巴达维亚中华学堂任中文教习,并发动华侨捐助款项,资助国内革命活动。民国成立后回国,出任分水县知事,被授予"嘉禾"勋章。晚年致力于地方公益事业。1927年在杭州病故。

**七龄童(1921—1967)**

原名章宗信。绍兴县人。自幼随父入沪,7岁挂牌于老闸大戏院,以饰包拯演《寿堂》、饰刘成美演《后朱砂》而成名,有"神童老生"之称。1931年后偕胞弟六龄童(章宗义)筹组同春舞台,从此在沪、杭、浙西诸地流动献艺。在著名彩色戏曲艺术片《孙悟空三打白骨精》中饰猪八戒。先后获第三届全国电影百花奖、最佳戏曲片奖。生平拿手戏还有《炼印》(饰杨传)、《龙凤镇》(饰何廷忠)、《鸳鸯带》(饰陈天保)、《小刀会》(饰刘丽川)、《红灯记》(饰李玉和)、《智取威虎山》(饰座山雕)、《血泪荡》(饰大店王)等。能自编自导自演,曾仿当时"海派"之连台长本戏,编演过《三十六本西游记》和《七十二本济公传》等,堪为绍剧史上创举。曾任同春绍剧团(后改名浙江绍剧团)团长。1950年任杭州市戏曲改进协会执行常委兼福利部长。1951年任杭州市文艺工会戏曲公会副主任、浙江剧协理事。1957年获浙江省演员一等奖。"文革"中遭受迫害。1967年9月29日含冤去世。

**力 扬(1908—1964)**

原名季信,字汉卿。青田县人。没落地主家庭出身,在家乡读完小学、初中后考入浙江省立第一中学师范科肄业。1929年考入国立西湖艺术院学习绘画。在校期间组织我国第一个提倡革命美术的团体"一八艺社"并为负责人之一,该社主要成员后来成为中国左翼美术家联盟的骨干。1931年"九一八"事变后在学校组织同学开展抗日救国运动,任学生自治会主席,因反对国民党的投降政策,被校方开除学籍。离杭去上海,继续从事进步文艺活动,并两度被捕入狱,遭到长期监禁,1935年秋被保释出狱。1937年"七七"事变后赴武汉参加国民党军委会三厅和改组后的文化工作委员会。辗转各地,于1939年5月到达重庆,任过《文学月报》编委。1941年到恩施的湖北第一女师任教。1942年返回重庆,在陶行知的育才学校任教,并担任过中华全国文艺界抗敌协会重庆分会理事和重庆《新民报》文艺副刊编辑。1947年8月随育才学校迁往上海。同年冬离沪赴香港,任中国民主同盟港九支部委员兼宣传部长,并在香港中业学院任文学系主任。1948年加入中国共产党。同年冬到达晋察冀解放区,进入马克思列宁主义学院学习。1951年毕业后留任国文教员。1953年春文学研究所成立即到该所工作,先后任秘书主任、古代文学组研究员。1964年5月5日在北京病故。出版《枷锁与自由》、《我的竖琴》、《射虎者及其家族》、《给诗人》等四本诗集。

# 三 画

**干人俊(1901—1982)**

字庭芝,号梅园。宁海县人。1919年五四运动时期任杭州宗文中学学生会理事长、杭州市学生联合会副理事长及杭州市外交后援会委员等职,参与声援巴黎和会中国代表"外争国权"的斗争。1923年返宁海任教。1925年任宁海县教育会会长。1927年北伐军过宁海,随余文宪部赴杭州,任二团指导员。不久返宁海,任县党部青年部长。旋入上海沪东大学国文系、上海复旦大学国文系读书,毕业后获文学学士学位。1936年赴杭州,任《之江日报》主编。1941年任宁海县政府政工指导室主任。次年任宁海县"抗日动员会"书记长,组织抗日宣传。此后长期在杭州、天台、黄岩、三门、宁海等地任中学教师或校长,兼任宁海县修志馆编纂、浙江省通志馆采访等职。1944年被授予大学国文副教授职称。新中国成立后因历史原因退职回家,致力于地方志资料的搜集和编写工作,共纂修省内外志书3辑62种1176卷,为世所罕。并著有《盘溪诗草》、《天台游草》、《金陵杂志》、《括苍游草》等诗作多卷。

**干 卓(1898—1937)**

字冠洲。青田县人。1921年浙江省立第十一师范毕业,回青田任小学教师。1924年赴广州,考入黄埔军校第二期工兵科学习。1925年3月参加第一次东征战役;9月毕业后任黄埔军校第四期中尉区队长,后调校长办公厅任少校科员。1926年6月被选派至苏联莫斯科中山大学学习。1928年冬毕业后回国,到驻长沙的新编第七师政治部工作,后任驻河南的暂编陆军第二十五师特派员。1930年冬调任第四十七师宣传处上校处长,旋升少将处长。1932年夏任职于中央军校政治训练班。1934年任江苏太仓县警察局长,后调南京参谋本部所属防空委员会副处长兼宣传科长。1935年奉派往中国驻苏联公使馆陆军少将副武官,旋代理武官,曾奉命护送留学苏联的蒋经国回国。1937年11月在任所病故。编著有《政训工作》、《防空之研究》、《国民防空要览》、《太平洋问题与中国》、《印度之研究》等。

**干 城(1908—1999)**

又名志勤、祖训,字廓夫。青田县人。早年就读于浙江省立第十一师范(丽水)附属模范小学,旋即辍学。后插班进入县立敬业小学学习,毕业后居家耕读。1925年春南下广州,入黄埔军校第三期学兵连,旋改入宪兵讲习所,接受训练。第二次东征战役后进入黄埔军校第三期学习,毕业后留校任区队长、队长,后任中央军校洛阳分校大队长。抗日战争时期,任警卫团上校团长、少将旅长。1946年后历任徐州"剿总"特务团少将团长、徐州卫戍司令部少将参谋长、高参等职。1949年任浙江省庆元县县长。1949年11月去台,任台南市警察所所长,后进入台湾省属机构供职。1999年3月15日在台南去世。

**干 毅(1913—2010)**

青田县人。1913年9月29日生。在丽水的浙江省立第十一中学初中部毕业后考入上海复旦实验中学高中部学习,后转入浙江省立高级中学毕业。1932年7月入南京中央陆军军官学校(黄埔军校)南京第七期学习。1933年毕业后到陆军第七师政治训练处工作,旋派第四十一团任上尉指导员。1934年从南京中央政治学校外交系肄业,到军政部通讯技术训练班任少校指导员。1935年7月考入英国皇家军官学校学习军事工程。1936年12月毕业后入英国剑桥大学学习机械工程。1939年6月毕业,获硕士学位。继入英国军事工程学院,1940年10月转入美国军事工程学院青年军官班、研究班进修,曾先后在英国工兵部队、美国第一装甲师第四工兵营见习和参加军事演习。1942年加入中国驻美军事代表团(团长熊式辉)。1943年9月毕业于美国参谋大学。同年10月回到重庆,任陆军大学少将兵学教官,后历任军政部军务司炮兵组代组长、战车防御炮教导总队少将副总队长兼干部训练班主任、战防炮教导团少将团长。1945年5月任青年军编练总监部少将高级参谋。抗日战争胜利后任陆军大学编译处少将处长。1946年7月奉派中国驻日本代表团第一组(军事组)少将组长;12月任陆军总司令部第六署第一处(兵器研究处)少将处长。1947年7月任陆军训练司令部少将副参谋长、代参谋长,驻防台湾省高雄县。1948年初升任少将参谋长。同年6月因故携眷离台回南京,经上海回青田。后经同乡、陆军大学同事章培引荐给周恩来总理,受到总理亲自接见和宴请。1950年3月到沈阳工学院(后改名东北工学院)机械系任一级教授。1951年任湖南大学教授兼机械系主任。1953年初中南区院系调整,湖南大学机械系与电机系调整入新成立的华中工学院,任华中工学院长沙分部部务成员、内燃机系教授,兼任中南土建学院教授。1954年9月正式入华中工学院(武汉)机械工程系教授。1956年转入动力工程系热工教研室教授。1984年7月在华中工学院离休。著有《反战车战术》、《柴油机理论与设计》、《热工学》、《高等传热学》、《机械零件》、《青田干毅回忆录》等,与人合译《热机学》、苏联《热工学》、《蒸汽轮机与燃汽轮机》等。

**于　达(1893—1985)**

字凭远。黄岩县人。幼年在当地法国天主堂小学读书。1916年12月毕业于保定陆军军官学校第三期步科。毕业后入浙江陆军第一师服役。1924年5月任上尉连长。1925年9月任少校营长。1927年1月任国民革命军第一师新兵训练处中校处长,在上海主持招募及训练新兵;4月调升国民革命军前敌总指挥部上校参议。1928年考入陆军大学正则班第九期学习。1931年毕业时由黄岩同乡、南京国民政府参谋本部第二厅厅长林蔚的介绍,进入该厅任上校科长。1932年2月任国民革命军第一师参谋长。1936年5月升任国民革命军第一军少将参谋长。后由侍从室第一处主任林蔚保荐为侍二组少将组长,前后任职五年。1943年调任第三集团军副总司令。1944年10月调任新疆全省保安司令部参谋长,并担任新疆省政府委员。1946年4月任军政部第二十四军官总队总队长;10月任第一战区司令长官部副司令长官;11月任国防部第一厅厅长。1948年2月调任国民政府参军处中将参军;8月任西安"绥靖"公署副主任。同年9月晋升陆军中将。1949年8月西安"绥靖"公署改称川陕甘边区"绥靖"公署,仍任副主任。去台湾后任台湾"国防部"中将参议。1952年10月22日退为备役。此后历任台湾农林公司协理、第一商业银行监察人、"中央信托局"顾问。1985年6月在台北病故。

**于能模(1892—1966)**

字锡林,学名伯度。浦江县人。1892年11月22日生。1918年毕业于国立北京大学法学院。同年到浙江省立第七中学(金华)任英文教员。1921年赴法国巴黎大学国际法研究院深造。1928年毕业,获法学博士学位。1931年8月22日任南京国民政府外交部条约委员会专任委员,兼任国立中央大学法学院法律系教授、法官训练所教授、第一届高等考试典试委员会襄试委员、特种编译委员会编纂股主任。1932年1月任国际联合会调查委员会中国代表处专门委员,参与国际联盟李顿调查团工作。1947年10月任国民政府外交部人事处处长。1949年3月去台湾,曾任"外交部"参事、"宪兵司令部"顾问等职。1966年2月6日在台湾去世。译著有《国际私法大纲》、《国际私法》、《消费协社》、《中外条约汇编》等。

**大　开(1866—1908)**

俗姓潘,名根昭,法号清泉,别号大开。磐安县人。7岁时因家境贫寒,被父亲送入天台山出家。师父玄觉曾任太平军卒长,授予其少林拳,并讲授"反清灭洋"故事,受到先进思想熏陶。13岁转入东阳九和乡唐玄寺和玉峰乡实相寺,拜张村武术大师"张秤锤"为师习武。1888年为了实现玄觉师父"光复汉人天下"的遗愿,转入寺产丰富的玉峰乡下葛庵和灵溪寺做住持,并扩建寺院,收纳徒弟,教学拳棒,准备待机而起。跟随黄岩武林高手周某学习少林矮桩拳,以及尚湖武举人陈秉昌学习大洪拳。1900年因"玉山暴动",名传遐迩。1903年在下葛庵成立"百子会"。1904年改"百子会"为"九龙会",旋又改称"九龙党",任"总管事"。九龙党抗租抗暴斗争风起云涌,地方封建势力惊恐万状,以岑口村胡良进,马塘村周无圃、周金高,八达岭村徐绍濂,下庄村陈春福,尚湖村陈修龄为首,成立"严禁党",欲严禁九龙党一切活动,与之分庭抗礼。1905年陶成章从嵊县来到下葛庵,共商反清大计,并介绍加入光复会。与严禁党进行斗争,九龙党最后一个据点山宅村被攻陷。1907年曾聚结永康和仙居数百人前往袭击山宅村,因元气大伤,无法挽回败局。1908年2月再次潜回下葛庵,由于随从被收买,劝其饮酒过量,被清军逮捕,在东阳城西门外西岳庙旁遇害。

**万湜思(1915—1943)**

原名姚思铨。桐庐县人。1928年入杭州第一中学。1930年开始创作诗歌,自编诗集《野花一握》。

1931年转入杭州师范。后与同学组织白煤学社，宣传进步思想，被学校开除。1938年到金华接编《大风》三日刊及《新力》、《文艺新村》，又与他人共同创办《刀与笔》，任主编。写作之外还创作版画，出版个人木刻集《中国的战斗》。主要著译有玛雅可夫斯基诗集《呐喊》，翻译小说集《袁法富之死》，著译诗合集《黑屋及其他》，翻译论文集《知识分子论集》和散文集《窗及其他》等。

**千家驹(1909—2002)**

笔名钱磊。武义县人。1932年毕业于北京大学经济系，后入北平社会调查所为研究生。1934年任中央研究院社会研究所助理员。1935年兼任北京大学经济讲师。1936年任中央研究院副研究员。同年参加全国各界救国联合会，任常委。1937年任广西大学教授，兼《中国农村》、《经济通讯》主编，香港达德学院教授。1945年加入中国民主同盟，任民盟南方总支部秘书长。1949年出席中国人民政治协商会议第一届全体会议，担任筹备委员。其后历任中国人民银行总行顾问，政务院财经委员会委员，中央工商行政管理局副局长，中央社会主义学院副院长等职。民盟第一至第三届中央委员、第四届中央常委和第五、第六届中央副主席，中国科学院哲学社会科学部委员，第二至第五届全国政协委员。“文革”中遭到严酷迫害，自杀未遂。1969年8月下放辽宁盘锦。1979年恢复政协委员资格，担任中国社会科学院顾问，全国工商联、中国财政学会、中国金融学会顾问，中国钱币学会副理事长兼《中国钱币》主编。后担任第六届全国政协常委，第七届全国政协常委，经济委员会副主任。1989年6月留居美国洛杉矶，皈依佛门。1992年回国。2002年9月3日在深圳病故。著有《中国的内债》、《新财政学大纲》、《中国货币发展史》及《从追求到幻灭》、《夕阳昏语》等。

**卫禹平(1920—1988)**

原名潘祖训。祖籍绍兴县，出生于日本冈山。幼时在天津读小学，后在上海读中学。1938年在汉口参加抗敌演剧二队、旅港剧人协会等团体，演出《家破人亡》、《马门教授》等剧目。1942年进上海音乐专科学校学习，毕业后加入北平南北剧社，曾主演《钦差大臣》、《魂归离恨天》等话剧。1947年后在昆仑、清华、国泰等影片公司和“中电”二厂，主演了《新闺怨》。新中国成立后任上海电影制片厂演员，先后在《农家乐》、《天罗地网》、《沙漠里的战斗》、《春满人间》、《金沙江畔》等影片中饰演重要角色。同时又为译制影片《伟大的公民》中的沙霍夫、《钦差大臣》中的假钦差、《乌克兰诗人——舍甫琴科》中的舍甫琴科等角色配音。1957年获文化部1949—1955年优秀影片个人一等奖。1973年调任上海电影译制厂导演兼演员组组长，执导的译制影片有美国片《大独裁者》、《舞台前后》，英国片《尼罗河上的惨案》，法国片《沉默的人》、《基督山伯爵》、《悲惨世界》和日本片《望乡》、《生死恋》、《华丽的家族》等。还为《游侠列传》等多部影片配音。

**马千里(1885—1930)**

名仁声，字千里。祖籍绍兴县，出生于天津。1902年入京师俄文馆学习。1904年考入天津北洋大学俄文专修师范班，1906年毕业。1907年赴上海振华学校学习英文和数理化。1908年考入张伯苓创办的私立南开中学学习。1910年与张伯苓校长的小妹张祝春结婚。1911年加入基督教，同年毕业后留校工作，成为周恩来和邓颖超的老师。1911年10月辛亥革命爆发后准备在天津时策应滦州新军起义，后因起义失败而未果。1914年主持《星期报》。1915年张伯苓代理天津直隶第一女子师范学校校长，随同前往任教，任学校学监。1916年张伯苓卸职后继续留在女师任学监并执行校务。1919年五四运动爆发后天津学界迅速掀起爱国运动，积极促成天津学生联合会、女界爱国同志会和爱国工商界及其他爱国团体的联合，成立了“天津各界联合会”，任副会长。并参与抵制日货、提倡国货的运动，还担任“抵制日货委员会”主席。北洋军阀当局采取高压政策，被捕入狱。学生联合会派出周恩来、郭隆真等四位代表与当局交涉，也遭到逮捕，被关押八个月后才获得自由。五四运动后创办《新民意报》，担任主编。该报追求爱国进步、支持女权运动，受到进步青年的欢迎，曾将周恩来写的《警厅拘留记》、《检厅日录》发表在《新民意报》上。1921年创办天津达仁女校，任校长。邓颖超被聘在此任教。积极支持天津女界的活动，帮助邓颖超等人组织女星社，协助刘清扬等女界人士创办全国唯一专门讨论妇女问题的日报——《妇女日报》。1925年当选为天津县议事会议员和参事会参事。1927年加入中国国民党。1928年担任国民党天津党务指导委员会委员，并任河北省立一中校长。同年11月成立天津市政临时委员会，担任委员。1930年病故。

**马公愚(1894—1969)**

本名范，初字公驭，后改公禺、公愚，晚号冷翁，又署畊石簃主。永嘉县人。幼承家学，稍长师承瑞安孙诒让，究心周鼎秦权、石刻奇字。1911年毕业于浙江高等学堂。次年创办永嘉启明女学。1914年创设东瓯美术会，后任教于浙江省立十中。1919年与郑振铎等发起组织永嘉新学会，提出“改革旧思想，创立新思想”的主张，次年出版《新学报》。1924年赴上海，先后任上海中学教员，存德中学、勤业中学董事长，上海美专教授，大夏大学文书主任兼中国文学系国文教授。1929年与郑曼青、马孟容等创办中国艺术专科学校，自任书法教授。又任上海美术会、中国画会理事，中华艺术教育社常务理事及上海市美术馆筹备处设计委员等职。新中国成立后任上海文史馆馆员、上海中国画院画师，兼任中国文字改革委员会委员。素有“艺苑全才”之誉。著有《书法史》、《书法讲话》、《应用图案》、《公愚印谱》、《畊石簃墨痕》、《畊石簃杂著》等。

**马文车(1889—1961)**

号心竹、新竹。东阳县人。1906年进入金衢严处四府公学师范科学习。1908年4月入浙江两级师范学堂理化科学习，1911年毕业。浙江光复后在省军政府做文书工作，浙江省临时议会创办《新浙江潮》，聘为《新浙江潮》主笔。1913年辞职，赴上海参加孙中山发动的“二次革命”，失败后留学日本，进法政大学学习。1915年6月回国，先后任黑龙江巡按使署参议，广东省立中学校长、省长公署视学。1921年3月任广东全省教育委员会视学兼文书科长。1925年2月国民革命军第一次东征，任黄埔军校行营参议，继任广州卫戍总司令部秘书长。同年8月第二次东征，任指挥部秘书长兼军法处长；12月东征胜利后由蒋介石荐任潮州海关监督兼汕头交涉员，拟从外国人手里收回潮汕50里内常关管理权。呈报东征军总指挥部并得到批准后，于1926年1月19日强行接管七处常关。此举开创了近代我国武力收回海关主权的先例，在海内外引起了极大的轰动和反响，但也遭到了各国驻汕领事团及税务司强烈抗议，迫于列强压力，广州国民政府不得不免去其潮海关监督职务。1926年“中山舰事件”发生后奉命审讯李之龙，提出“先准保释”，尽力解救李之龙，维护国共合作。1927年任国民革命军第一军政治部主任，着力营救被张静江拘捕的褚辅成、沈钧儒。同年8月到日本、美国考察。1928年回国后奉命巡视西北。1931年任甘肃省代理主席兼教育厅长。1933年在杭州开办南华农场。抗日战争爆发后担任浙江省抗日自卫委员会委员。1939年应李济深电邀赴重庆，历任国民党中央党政委员会委员兼主任秘书、秘书处长、机要组长。1943年3月至1945年9月任国民政府行政院赈济委员会委员。1946年受沈钧儒之托，起草《中国人权保障委员会章程》，与宋庆龄、冯玉祥、邵力子一起被推为筹备委员。1947年回东阳竞选国大代表。1948年3月出席“行宪”国民大会，要求彻底实现民主。新中国成立后历任杭州市救济分会副主委、民革中央委员、民革浙江省委常委、民革杭州市委副主委，当选为浙江省人民代表、浙江省政协常委等。1957年被错划为右派，1979年改正。

**马世鑫(1912—　)**

绍兴县人。1926年夏毕业于复旦大学，获商学学士学位，并获商学院第一名荣誉奖。1939年在上海市从事会计师职业。1949年去台湾，继续从事会计师职业。1951年受聘为台北市政府税捐稽征处顾问，推动了会计师作为税务代理人地位的提高。1964年兼任《税务旬刊》主笔，主张租税法律主义。1965年至1971年间先后受聘为淡江文理学院、东吴大学法学院兼任教授，讲授会计学原理与所得税。后为台湾“会计师公会全国联合会”顾问，衡平会计师事务所主持人。

**马平林(1907—1981)**

又名牧野。黄岩县人。中央军事政治学校(黄埔军校)第四期步兵科毕业。1926年10月军校毕业后派任第二师第一营见习官、排长等职，后任杭州预科大队卫兵队上尉队长等职。1929年至1934年就任于浙江地方自治学校学生队。1934年7月调升中央航空学校学生总队，历任少校队附、中校队长、上校总队附等职。1938年7月任中央军校第七分校第十五期上校战术教官。1941年2月调任第八战区独立旅二团团长。1943年1月任第四十二军新编十八旅第二团团长。1944年2月任新编第二军新编四十六师二团团长，进驻新疆。1947年5月任新疆警备总司令部骑兵第九旅副旅长。1948年6月任国民革命军第七十八军骑兵第九旅少将旅长，兼喀什警备司令部司令；9月22日晋任陆军少将。1949年9月在喀什率部起义。新疆和平解放后升任驻莎车的中国人民解放军骑兵第八师师长，并兼莎车军分区司令员。后任新疆军区生产建设兵团工程处副主任、副师长。1979年当选为新疆维吾尔自治区第四届政协副主席。1981年在乌鲁木齐病故。

**马东林(1906—1928)**

原姓施，父母双亡后由表伯收为养子，改姓马；字旭初，化名施仁。

嵊县人。1923 年参加杭州工人运动。1924 年在杭州加入改组后的国民党，任国民党杭州西湖区直属党部委员。1926 年加入中国共产党。1927 年“四一二”反革命政变后被国民党右派通缉，脱离国民党，转入中共地下斗争。1927 年夏任中共浙江省委农民部秘书。同年 10 月任中共浙江省委候补委员、杭县县委常委兼武装部长、西湖区委书记，领导杭州郊区农民武装暴动，失败后遭通缉，一度去湖州隐蔽。1928 年 1 月秘密返杭，因叛徒告密被捕；2 月 8 日在杭州浙江陆军监狱就义。

**马仲达(1907—1999)**

定海县人。上海圣芳济公学毕业后入华商进口公司实习。不久入华商东洋棉布进口商行。后创办上海盈丰华行，自任总经理，经营金丝草凉帽、皮棉、猪肠、猪鬃、飞花、纱头、大黄、羊毛、羽毛、麝香、桐油等土特产品出口业务。1937 年创办上海实业公司，任董事长，生产电木日用品。此外还先后任上海祥生出租汽车行董事、上海联益轮船公司董事长、上海永春中药行总经理、恒丰泰地产公司总经理、台湾大江冷藏厂董事长、上海中央银行贴放委员会委员、上海市进出口同业公会执行主席，以及香港盈丰华行董事长、香港盈丰铁工厂董事长、香港马氏兄弟公司董事长、香港新马制衣厂董事长、东京马氏公司主人、香港及东京华南公司董事长。新中国成立后曾任上海市进出口同业公会筹备会主席、上海市人民代表。

**马志钦(1928—2001)**

字子敬。嵊县人。早年在大陆读完小学、中学，并在大学肄业。1949 年随家人去台湾，进入台湾大学继续大学学业。1951 年从台湾大学电机工程系毕业。1952 年进入台湾“联合勤务总司令部兵工研究院”雷达室工作。1955 年赴美国乔治亚州陆军东南通信学校培训。返台后任“陆军通信兵学校”教官兼“通信署研究发展室”研究员。1963 年赴西德汉诺佛邦高层大气研究院从事电离层物理研究工作，后又赴美国夏威夷大学与美国空军剑桥研究院专攻电离层通信研究。1968 年回到台湾后到台湾大学担任教授。1972 年任台湾大学电机系第五任主任。是首位由台湾大学毕业生出任的电机系主管，在任内积极推动包括计算器科学在内的诸多科技发展。1973 年 5 月商请郭德盛教授及李学养教授筹组资讯工程学系。1977 年 8 月台湾大学资讯工程学系成立，李学养出任首任系主任，并旋即成为大学联招理工类组排行榜上仅次于台湾大学电机系的第二志愿。至此更多优秀高中毕业生得以接受电机信息相关领域训练，并以此专业素养贡献社会。1975 年 3 月推动台湾大学校方与庆龄工业发展基金会签约合设工业中心。1977 年 3 月正式启用，并担任首任中心主任。庆龄工业中心所提供的经费与空间支持，对于工学院各系所的研究发展发挥了很大作用。此外还担任“中华民国非破坏检测协会”董事长兼总经理，“中国电机工程学会”第二十四届理事长，台湾“中德文化经济协会”总干事(1988 年 9 月起)，医学工程学会常务理事等。著有论文及研究报告 20 余篇，发明非编码式图形储存及检索系统。

**马克强(1907—1995)**

曾用名马龙潜。杭县人。马叙伦长子，经济学、商标学专家。1923 年至 1927 年先后在北京师范大学、上海震旦大学学习。1927 年至 1932 年留学法国、比利时，获比利时布鲁塞尔大学经济学硕士学位。回国后历任国民政府实业部、经济部科长、局长，越南海防华侨银行经理，协助资助资源委员会组织、运输抗战物资，为抗战作出了贡献。1942 年后历任经济部商业司司长、商标局局长，中国银行总管理处副总稽核、业务室副主任等职。新中国成立后历任中央工商行政管理局处长，国家工商行政管理局商标局顾问。1953 年加入民进。1980 年加入民革。第六届全国政协委员、民进中央联络委员会副主任、第七届中央委员、第二届中央参议委员会委员。1992 年离休。1995 年在北京病故。

**马步祥(1897—1937)**

名烈忠，号履和。东阳县人。1923 年从烟台海军学校第十五届毕业后又入南京鱼雷枪炮学校深造，毕业后赴湖北任福安舰见习。1925 年任镇海舰中尉候补副，后任海琛舰上尉枪炮正。1931 年“九一八”事变后任青年教导总队少校副总队长。1933 年调任海圻舰中校副长，不久升为黄埔海军学校副校长、江阴鱼雷学校教练官等职。1937 年抗日战争爆发后为江阴要塞鱼雷快艇总指挥，辖鱼雷快艇 15 艘。经常亲率快艇巡航，伺机袭击曾任过天皇座舰的日本海军队旗舰“出云”号，致使其尾部中雷，日本海军指挥部大为震惊。同年 11 月 12 日为了支援淞沪作战，带领“史 181”艇冒着空袭危险越过封锁线，夜袭吴淞口的敌舰；13 日晨在金鸡港与敌三艘驱逐舰相遇，下令实施鱼雷攻击，但因地形复杂，鱼雷误撞暗滩。日舰炮击中“史 181”艇，此时三架日机飞抵战场，向“史 181”艇发动攻击，快舰中弹起火下沉，全体官兵壮烈牺牲。

被追晋为上校。是抗战时期国内战场牺牲的海军最高军官。

**马　青(1908—1989)**

原名家声，化名蒋福昌、陈伯平。绍兴县人。14 岁到上海当学徒。1933 年前后开始参加工人运动，当选为上海针织工人互助会干事。1937 年 7 月抗日战争爆发后赴延安，入陕北公学学习，期间参加了抗日民族先锋队。1938 年春毕业后回余姚县从事抗日救亡运动。同年 8 月加入中国共产党。1939 年任中共余姚县工委委员、工运部长兼县战时政治工作队第一区队长，领导庵东 10 万盐民开展反抗盐霸斗争。1939 年 12 月任中共宁(波)绍(兴)属特委委员兼职工委员会书记。1940 年 1 月任中共宁(波)绍(兴)属特委委员兼职工部部长；11 月任中共绍兴县工委书记，发展敌后抗日游击战争。1941 年 9 月成立浙东游击大队，与日伪军进行游击战。1942 年 7 月任中共会稽工委(后改会稽地委)副书记，并兼管绍兴党组织工作。1943 年至 1945 年主持诸暨党组织工作。1945 年 9 月抗战胜利后浙东新四军主力奉命北撤，临危受命出任中共金萧地区特派员。1946 年成立会稽山游击队。1947 年 1 月担任中共浙东工委副书记。1948 年初主持浙东临委日常工作。1949 年 1 月任浙东人民解放军第二游击纵队司令，领导浙东地区武装斗争；2 月率部解放天台、三门等县；4 月浙东行政公署成立，任行署主任；5 月率部解放绍兴；7 月任中共绍兴地委第一副书记、专员。1951 年 3 月任浙江省人民政府办公厅副主任。1952 年调北京任中央粮食部加工局副局长。1958 年 9 月调江西工作，先后任江西省化工局副局长，江西省轻化工业厅党组副书记、副厅长，江西省经委副主任，江西省计委副主任等职。1982 年离休。1989 年 4 月在南昌病故。

**马叔白(1910—?)**

祖籍定海，出生于上海。早年就读于上海圣芳济公学。1927 年在中国肥皂公司供职。1929 年与二兄仲达创办盈丰华行，经营金丝草凉帽出口。1935 年兼营猪鬃、猪肠、羊毛、羽毛、皮棉、蛋白、裘皮、麝香、大黄等出口业务。1937 年出国考察，历经意大利、法国、德国、荷兰、比利时、英国、美国等七个国家，经香港至汉口，转赴甘肃平凉，视察盈丰设在该处的收购站。1939 年经香港返沪。1941 年遭匪徒绑架，脱险后赴港经营香港至重庆间的贸易，货物经缅甸腊戌及中缅边境畹町等地转运四川。随后香港沦陷，盈丰停业。1942 年经广州赴重庆，恢复盈丰华行，主营麝香出口业务。1944 年从印度大吉岭经西藏拉萨、西昌，驮运物资至重庆。抗战胜利后自重庆返回香港，在港设立盈丰华行、盈丰轧钢厂及东京华南贸易公司。1946 年返回上海，盈丰在沪复业，经营棉花进口及棉纱、棉布出口，年出口金额达 700 万美元。1950 年盈丰承办华北长芦盐出口日本，一次销出 30 万吨。1957 年任上海土产进出口公司副经理。1977 年赴美国定居。

**马宗汉(1884—1907)**

原名纯昌，字子畦，别号宗汉子。余姚县人。15 岁入余姚达善学堂学习。由于知识日开，见闻日广，对清政府政治腐败和外侮迭起的内忧外患感触颇深，经常与有志同学纵谈国事，点评时弊，以推翻清政府相砥砺。坚持以跳高、跳远锻炼身体，能够跨越小河，如履平地。还悉心攻读英语，以期了解国际形势。1902 年前往镇海学习英语，并与兄长马宗周同往杭州，考入浙江大学堂，开始接触革命思潮，结识不少热血青年。1903 年春因学生丢失财物，戴克恭稽查失职，学生提出异议；总理劳乃宣以学生借端挟制出言无礼为名，开除了六名学生。为此与全体学生愤而退学，以示抗议。1904 年迫于父命，考取甲辰年秀才，终因无意仕途而归。旋即在浒山三山高等学堂任教达两年之久，以"异族之祸，亡国之痛"教育学生，并购买革命书籍，散发乡里，扩大革命宣传，传播革命火种。由陈伯平介绍，结识徐锡麟，加入光复会。1906 年 1 月随徐锡麟和陈伯平等人东渡日本，在东京毅然剪除发辫，以示与清政府势不两立。徐锡麟等人赴日学习军事计划遭到驻日公使破坏而未成，拟回国开展革命活动，并邀请陈伯平和马宗汉一起回国。义无反顾地从早稻田大学退学，随徐锡麟等人返回上海，寓居周昌记客栈。接家信获悉祖父病重，立即从宁波返回慈溪。祖父病故后居家，以教师职业作为掩护，进行反清宣传和组织工作。清政府预备立宪时挺身而出，撰文揭露其名为立宪、实则专制阴谋，还与地方上层人士进行公开辩论。1907 年徐锡麟出任安徽巡警学堂会办，再次函召赴皖，以实行安庆起义计划。原计划 5 月上旬起程，因病一直拖延行期。临行前与诸生告别，毅然表示："吾此行不能灭虏，终不返也。"5 月 18 日假借赴沪参加浙江铁路公司股东会名义，到上海与陈伯平相见。陈伯平告知徐锡麟已任巡警学堂会办，邀请一起前往安庆。因病留沪医治，加紧部署武装起义事宜。6 月 13 日与陈伯平一起赶到安庆，寓居徐公馆，与徐锡麟商讨革命大计。6 月 30 日与陈伯平赴沪购买武器，下榻周昌记客栈。7月5日与陈伯平从上海赶回安庆，进行安庆起义最后准备工作。7月6日徐锡麟首先开枪朝安徽巡抚射击。终因众寡悬殊，孤立无援，安庆起义惨遭失败。陈伯平战死。徐锡麟被剖腹挖心折磨致死。马也不幸被捕，在狱中被折磨了50多天，遍体鳞伤，坚贞不屈。8月24日在安庆遇难。

**马孟容(1892—1932)**

名毅，以字行。永嘉县人。少由父祖启蒙，习文史书画。1905年考入温州府中学堂(后改名浙江省立第十中学)。1908年考入浙江高等学堂。毕业后回到温州，先后任教于温州府中学堂和省立第十师范学校、温属甲种商业学校，教授美术，偶兼数理。1914年与马公愚创设东瓯美术会。1926年北伐军攻入浙江时，被省防军司令部聘为宣传部主任。后任上海美专国画系花鸟画教授。1931年兼任江苏省立上海中学国画教师。精于花鸟，笔致高雅，为世所重。曾先后被聘为全国美术展览会、中日现代绘画展览会委员，西湖博览会艺术馆参事。作品曾被选送巴拿马万国博览会、比利时博览会、法国美术展览会、日本东京绘画展览会。编有《墨趣专述》、《马孟容花鸟画集》、《草虫鱼蟹谱》等。

**马春祥(1922—　)**

嵊县人。1922年4月生。1947年南京国立中央大学农学院畜牧畜医系毕业后任教于台湾大学畜牧畜医系。后赴美国留学，1957年获美国田纳西大学硕士。1960年获美国伊利诺伊大学哲学博士。毕业后去台湾，任台湾省农林厅畜疫血清制造所技佐。后到台湾大学畜牧畜医系任讲师，主讲家畜生殖生理学，后升任副教授，1964年升为教授。1973年到美国伊利诺伊大学做访问研究教授两年。在教授期内兼任畜牧系主任多年。1968年经台湾“科学发展委员会”审定以研究教授级予以研究补助。1977年台湾“中国畜牧学会”颁发“畜牧学术奖”。同年获优良研究奖、农业发展委员会优良农业教育人员奖。1980年台湾“中国畜牧学会”授予“教学奖”。著有《家畜育种学》及学术论文多篇。

**马星野(1909—1991)**

原名允伟，小学时改名伟。平阳县人。1926年入厦门大学。次年考入国民党南京中央党务学校(1928年改名中央政治学校)，兼任《黄埔军报》编辑，开始在《东方杂志》上发表文章。1928年毕业后留校担任同学会总干事。1929年接任《政治舆论民意》杂志主编，后编辑《政治与民众》等刊物。1930年留学美国，入密苏里大学新闻学院。常有文章发表于《东方杂志》、《申报》等报刊。1934年大学毕业后回国。同年秋应中央政治学校之聘，任教于中央政治学校。1935年负责筹建中央政治学校新闻系，出任教授兼系主任。抗战爆发后随校迁往重庆。抗战胜利后任南京中央日报社社长。1949年赴台。1952年辞去中央日报社社长一职，转任国民党中央设计委员会副主任，后又调任国民党中央委员会第四组主任，主管宣传。1957年出任台湾当局联合国大会“代表团”顾问。1959年出任“驻巴拿马大使”。1964年五年任满返台，任“中央通讯社”社长。1973年改任董事长，直至1985年。著有《新闻学概论》、《新闻事业史》、《新闻的采访与编辑》、《言论研究》等10余种。

**马叙伦(1885—1970)**

字彝初，更字夷初，号石翁、寒香，晚号石屋老人。杭县人。少年时入杭州养正书塾，师从陈介石，1902年因参与学潮被校方除名。曾任上海《选报》、《国粹学报》编辑，商务印书馆《东方杂志》编辑，《新世界学报》主编，《政光通报》主笔，后又执教于广州方言学堂、浙江第一师范、北京大学等。辛亥革命前即加入南社，1911年赴日本，又由章太炎介绍在东京加入同盟会。回国后在浙江参与筹办民团，响应武昌起义并参与浙江光复，任都督府秘书。后协助章太炎在上海创办《大共和日报》，任总编辑。1913年任北京医学专科学校教员，兼任北京大学文学院教职，不久因反对袁世凯复辟帝制，辞职南下回上海。1917年被聘为北京大学哲学系教授。五四运动期间任北京中等以上学校教职员联合会主席。1922年夏出任浙江省立第一师范学校校长、浙江省教育厅厅长。1927年任浙江政治会议委员，参与蒋介石领导的“清党”。1930年回北京大学任教。1932年应聘为国难会议议员。1936年发起组织北平文化界救国会，被推为主席。抗日战争时期因贫病交加，蛰居上海，化名邹华孙，专事著述。1945年底在上海发起组织中国民主促进会。1947年底至香港筹建民进港九分会。1949年与李济深等赴北平，出席政协会议，并当选为政协常务委员。新中国成立后曾任政务院文化教育委员会副主任、高等教育部部长。著述甚丰，有《古书疑义举例札逐》、《唐写本经典释文残卷校语补正》、《庄子札记》、《庄子义证》、《老子校诂》、《说文解字研究法》、《中国文字之构造法》、《读书小记、续记》、《六书解例》、《石鼓文疏记》、《天马山房丛著》、《尔雅讲义》、《殷虚书契前编所见许氏说文解字所无之字》、《马叙伦言论集》、《我在六十岁以前》、《石屋余渖》、《石屋续渖》、《马叙伦学术论文集》、《读金器刻词》、《马叙伦墨选集》等数十种。

**马彦祥(1907—1988)**

原名履,笔名尼一、司徒劳。祖籍浙江鄞县,出生于上海。1925年入复旦大学中文系,学习期间从洪深学习戏剧理论和欧洲古典戏剧名著,并参加复旦剧社的演剧活动。曾参加申酉剧社。1929年参加上海剧艺社。1930年去广州,参加广东戏剧研究所,主编《戏剧》双月刊。1932年在天津主编《戏剧电影周刊》。1934年后与田汉等筹组中国舞台协会,与曹禺等创办半职业剧团中国戏剧学会。导演《雷雨》、《日出》、《汉宫秋》等,演出《回春之曲》等。抗日战争爆发后在上海参加《保卫卢沟桥》的集体创作,并和洪深一起导演,任上海救亡演剧一队队长。主编《抗战戏剧》半月刊,导演《夜光杯》、《黑地狱》等剧。1937年底被选为中华全国戏剧界抗敌协会理事。1943年到重庆任中央青年剧社社长,组织演出《南冠草》、《少年游》等剧。抗日战争胜利后在北平主编《新民报》副刊《天桥》,任中华全国文艺界协会北平分会秘书长。1948年赴华北解放区,出席第一届华北人民代表大会,华北人民政府成立后被任命为戏剧音乐工作委员会主任委员。1949年后任文化部戏曲改进局副局长、艺术局副局长,中国文联委员。后任中国戏剧家协会常务理事和第三届副主席等职。是第一至第三届全国人大代表,第五、第六届全国政协委员。

**马徐维邦(1906—1961)**

本姓徐,因入赘马家,改姓马徐。杭县人。电影导演。上海美术专门学校毕业后留校任助教。1924年入明星影片公司,担任演员,曾在《诱婚》、《上海一妇人》、《冯大少爷》、《空谷兰》、《良心复活》等影片中担任主要演员。1926年改任导演,自演、自导处女作《情场怪人》,成为中国第一部恐怖片。后为金龙、联华影片公司主演默片《荒塔奇侠》、《骨肉之恩》等。1933年后编导或导演了《暴雨梨花》、《爱狱》、《寒江落雁》等影片。1937年为新华影片公司编导《夜半歌声》,极为轰动,颇获好评。影片以反封建、争自由为主题,塑造了宋丹萍、李晓霞等有血有肉、鲜明生动的艺术形象。后为天一、联华、艺华等10余家电影公司编导了《古屋行尸记》、《冷月诗魂》、《夜半歌声续集》等恐怖片。1943年在中华电影联合股份有限公司参加导演了《万世流芳》等影片。1947年去香港,先后在长城、新华等影片公司导演《卧薪尝胆》、《琼楼恨》、《碧血黄花》等影片。一生共导演32部影片,是中国恐怖电影的开拓者和先驱。1961年除夕夜在香港遭遇车祸去世。

**马逢伯(1889—1969)**

字志援,号天骥。嵊县人。1905年入嵊县中学堂,为首届毕业生。1909年任北乡沙园小学教师。1910年结识竺绍康、王金发,先后加入光复会和同盟会。1911年奉命回嵊县招集革命志士60余人,赴杭州编入敢死队,参加光复杭州之役。中华民国成立后就读于浙江法政学堂,加入国民党。1912年孙中山赴杭演讲,曾作为学生代表上书请求继续负责国事,受到孙中山接见与嘉勉。二次革命爆发后奉陈其美之命,赴杭与吕东升和莫永贞等秘密策划反袁,被推为浙东第一路军讨袁总司令。随即回嵊县集结平阳党旧部以及参加辛亥革命在乡人员于7月28日在马仁村凤凰山设立总司令部,誓师讨袁,并宣布嵊县独立。朱瑞电告金(华)绍(兴)台(州)警备队三路进行围攻,因众寡悬殊,被迫解散部属,避往上海。1914年参加中华革命党。1915年袁世凯阴谋复辟帝制,赴杭与夏超、张伯岐等人"驱朱(瑞)讨袁(世凯)",宣布浙江独立。事后夏超、童保暄等排除异己,密谋残害,遂离杭返沪。1917年反对浙督杨善德倒行逆施,遭到通缉。后赴广州参加护法运动,任护法军政府咨议,孙中山手书"博爱"、"天下为公"两条幅予以勉励。1921年奉孙中山之命回浙与卢永祥协商未果,愤而返沪居住。1927年先后出任宁海县长和新昌县长,因上书谴责蒋介石违背孙中山遗志以及直言浙江政治积弊,遭到浙江省主席张静江忌恨,并于1929年以莫须有罪名被捕入狱。经杭州律师公会同人上书讼冤,于1932年获释,从此定居上海。新中国成立后加入中国国民党革命委员会。1956年聘为上海文史馆馆员。

**马 浮(1883—1967)**

幼名福田,字耕余,1902年秋改名浮,字一浮(一佛),中年自号湛翁、蠲叟,晚号蠲戏老人。祖籍浙江上虞,出生于四川成都。1898年应会稽县试,名列榜首。1899年游学上海,学习外语,并与马君武、谢无量共同创办《二十世纪翻译世界》杂志。1903年6月以国际博览会工作人员兼办留学生监督公署中文文牍身份赴美,居圣路易年余,潜心攻读西哲名著,翻译《政治罪恶论》、《民约论》等书。期间曾赴德国和西班牙学习外语。1904年归国后定居杭州。期间曾赴日本留学一年。1912

年应蔡元培总长之聘出任临时政府教育部秘书长一职，因与蔡理念不合，到职十余日即辞归，闭门治学。1937年抗战军兴，应浙江大学校长竺可桢聘请出任该校教授，复随校西迁，曾在江西泰和、广西宜山两地主持国学讲座。1939年夏入川，受国府资助在乐山创办复性书院，并被重金礼聘为主讲，讲授六经大义，刻有《群经统类》、《儒林典要》等丛书共28种38册。1946年返杭。1951年出任公职，受聘为上海市文物保管委员会委员。1953年任浙江文史研究馆馆长。1964年任中央文史研究馆副馆长。历任第二、第三届全国政协委员会特邀代表，第四届全国政协委员。其说承朱子学之余绪，开新理学之门径，对现代新儒学具有重大影响，是现代新儒家的一个重要代表人物，被誉为“理学大师”、“一代儒宗”。于儒学之外兼通佛学、老学，亦擅古体诗词，书法自成一体。著有《泰和会语》、《宜山会语》、《复性书院讲录》、《尔雅台答问》、《尔雅台答问继编》、《老子道德经注》、《蠲戏斋佛学论著》、《蠲戏斋诗编年集》、《避寇集》、《朱子读书法》等，后人辑为《马一浮集》。

**马 准(1887—1943)**

字太玄。鄞县人。马衡之弟。以民间风俗研究见长，曾在京师图书馆工作六年后任北京大学教授，教授文字学和目录学。1927年应顾颉刚邀请至广州中山大学，负责图书馆工作，为中山大学图书馆的发展作出了极大贡献。著有《中印民间故事的比较》、《关于中国风俗材料书籍的介绍》等。

**马 辅(1897—1996)**

字薇庼。永嘉县人。中学毕业后即东渡日本，1922年毕业于东京工业大学。1927年回国后任上海竟成造纸公司工程师、湖南省立高级工业职业学校教授、温州百好炼乳厂厂长、浙江英士大学教授等。1946年去台湾，先后任台湾省林业试验所科长，台湾糖业公司竹山、龙岩、萧垅等糖厂厂长，虎尾总厂副总厂长及公司顾问等。1969年退休。酷爱艺术，特别是书法，尤擅甲骨文与章草，用笔古朴苍劲、别具风格。退休后搜集甲骨文、金文、音韵学等方面书籍，潜心研究，著有《甲骨文书法》、《中国文字探源》、《薇庼甲骨文原》等。

**马寅初(1882—1982)**

又名马元善。绍兴县人。经济学家、人口学家、教育家。1902年考入天津北洋大学矿冶专业。1906年留学美国，先在耶鲁大学，后转入哥伦比亚大学研究经济学。1914年完成第一篇学术论著《纽约市的财政》，获得经济学博士学位。1915年回国后在北洋政府财政部短期任职。次年起任北京大学教授兼法科经济门主任，并与南京大学校长合办上海商科大学。同时先后兼任浙江兴业银行顾问、中国银行总司券(总发行人)、中国经济学社社长等职。20年代出版的《马寅初演讲集》是北京、上海等地发表的讲演词，对诸如农业问题、工商问题、劳资问题、财政与信用问题、银行与货币问题、交易所、信托公司和财政学原理等都作了阐述，对当时经济学界和实业界有一定影响。1925年出版的《中国国外汇兑》介绍了中外有关国际汇兑的基础知识和方法，论述了各种银行业务，并对当时国内银行的现状和问题作了比较细致的分析。1927年后任杭州财务学校、上海交通大学、南京中央大学教授，兼浙江省政府委员、南京政府立法委员会财政经济委员会委员长。这一时期出版了《马寅初经济论文集》以及其他许多经济论著。1939年任重庆大学商学院院长。期间目睹国民党政府的营私和腐败，思想倾向进步，要求实行民主政治，反对独裁统治；要求抗战卫国，反对出卖民族利益；要求发展民族工商业，反对四大家族垄断；要求稳定币值，反对通货膨胀，并在立法院正式提出议案，主张向发国难财者征收“临时财产税”。1940年12月6日被国民党当局以邀请参加“战时经济考察”为名逮捕，先后被监禁在贵州息烽集中营、上饶集中营等地。在国内外舆论压力和中国共产党的营救下，1942年8月获释，但仍被软禁在重庆歌乐山寓所达三年之久，直至1944年冬才获得政治自由。同年出版《通货新论》，从理论和政策两方面论述了各国调整通货的根据、方法和步骤，比较了利弊，提出了如何整顿通货的主张，是我国40年代相当完备的一部比较货币学说。1945年任重庆大学教授，后又到上海担任上海中华职业学校、上海工商专科学校教授。此时积极参加爱国民主运动，在政治上反对国民党发动内战、争取和平民主；在经济上反对通货膨胀，反对官僚垄断，反对帝国主义掠夺，力主发展民族经济。1948年下半年在中国共产党的安排下，经由香港转移到东北解放区。该年出版的《财政学与中国财政——理论与实践》除了阐述有关财政与税收的理论、制度和方法外，还介绍了英国凯恩斯的就业理论和美国汉森的新公债哲学。1949年9月出席在北京召开的中国人民政治协商会议。新中国成立后历任全国政协第一、第二届委员，第三、第四、第五届常务委员，第一、第二届全国人大代表、常务委员，华东行政委员会副主席，中央人民政府财经委员会副主任，浙江大学校长，北京大学校长等职。1957 年 6 月在第一届全国人大第四次会议上作了题为《新人口论》的书面发言，系统阐述了我国人口问题的性质、表现形式和解决办法。还注意研究国民经济发展的综合平衡问题。1960 年 1 月 4 日因发表《新人口论》被迫辞去北京大学校长职务。1979 年 9 月 11 日中共中央批准了北京大学党委为马寅初彻底平反恢复名誉的决定，教育部又任命他为北京大学名誉校长。1980 年 9 月被增选为第五届全国人大常务委员。1981 年 2 月被推举为中国人口学会名誉会长和中国经济学团体联合会顾问。著有《纽约市的财政》、《中国国外汇兑》、《中华银行论》、《中国之新金融政策》、《通货新论》、《财政学与中国财政——理论与实践》、《我的经济理论、哲学思想和政治立场》、《新人口论》等。

**马裕藻(1878—1945)**

字幼渔。鄞县人。1905 年获选浙江省公费留学日本，先后入东京早稻田大学、东京帝国大学就读，曾师从章太炎学习文字学、音韵学。1911 年回国后任浙江省政府教育司视学。1925 年在女师大事件中领衔发表《对于北京女子师范大学风潮宣言》。1913 年至 1937 年任北京大学国文系教授，兼任系主任长达 14 年。曾聘请鲁迅等名家在北大任教，期间努力调和新旧二派，然终为新派所拒。1934 年胡适任北京大学文学院院长，实施改革，遂辞职。

**马禄中(1911—　)**

东阳县人。1924 年入安定中学学习。1927 年毕业后考入上海大同大学预科学习。1928 年考入上海法学院法律系学习。1931 年毕业后在杭州、建德从事律师业务，兼任《之江日报》社社长和浙江民言通讯社社长。1933 年 12 月赴金华从事律师业务并兼任浙江通讯社社长。抗日战争期间任浙江东阳安文区抗日自卫队副队长及甘棠大队抗日自卫队队长、武义县县长。1939 年 2 月赴四川，任国民政府军事委员会战地党政委员会办公厅中校秘书、重庆市政府卫生局主任科员。1940 年 1 月任军委会政治部办公厅文书组组员、上校代理组长，并赴国民党中央训练团新闻研究班受训，同时加入国民党。1941 年 5 月任第三战区上校服务员，后调升为同少将待遇视察专员。1942 年 7 月历任第二十八军军风纪巡查团团长，第六十二师政治部副主任、主任。1945 年 3 月任浙江嘉兴县法院院长。同年 10 月转任上海两路局警务处副处长兼司法课课长。1946 年 5 月入无锡第十七军官总队，兼任城防指挥部军法处处长。1948 年 9 月起在上海执行法律业务。1949 年 7 月任上海新法学研究会上海分会秘书。新中国成立后历任上海育才中学教师、修配社会计、焊接厂档案员、工人等。1981 年退休。

**马　策(1904—1978)**

字秋心。东阳县人。先后毕业于黄埔军校第四期步科、陆军大学将官班甲级第二期。1939 年任国民政府军事委员会军令部第二厅三处处长。1942 年任军事委员会调查统计局缉私署编练处处长。1943 年 7 月任国民政府财政部缉私署副署长。1946 年 1 月任国民政府参军处参军。同年 8 月任内政部警察总署主任秘书。1948 年 5 月任总统府少将参军。1949 年被中国人民解放军俘虏关押改造。1975 年 12 月获特赦，被安置在东阳老家谷岱，浙江省政府按月发给生活费 80 元，享受特殊供应购货卡待遇，至 1978 年初病故为止。

**马　巽(生卒年不详)**

字巽伯。鄞县人。马裕藻之子。早年在日本就读小学、中学，毕业于庆应大学。1936 年 5 月至 1937 年 9 月任南京国民政府交通部参事兼总务司司长。后任全国经济委员会参事。新中国成立后在中国科学院科技情报研究所工作。

**马　鉴(1883—1959)**

字季明。鄞县人。家中排行第五。早年就读于南洋公学。1925 年留学美国，获美国哥伦比亚大学教育学硕士学位。1926 年至 1936 年任北京燕京大学国文系教授，并担任国文系主任。1937 年至 1941 年任香港大学文学院教授。1942 年至 1945 年任四川成都燕京大学国文系教授和国文系主任。1944 年至 1945 年任燕京大学文学院院长。曾任燕京大学图书馆主席，为保护馆藏做了大量工作。1946 年至 1951 年任香港大学中文系主任。有藏书斋名“老学斋”，藏书甚丰。

**马　廉(1893—1935)**

字隅卿。鄞县人。“北大五马”之一。1926 年 8 月在北京大学讲授中国小说史，历任北平孔德学校总务长，北平师范大学、北京大学教授。后主管孔德图书馆。平生致力于古代小说、戏曲的收藏、整理与研究。因在琉璃厂意外购得海内孤本——明万历年间王慎修刻本四卷二十回《三遂平妖传》，遂将书屋取名“平妖堂”。1931 年在宁波古城墙中发现大量汉晋古砖，著录《鄞古砖目》一册。1932 年回故乡鄞县养病时与郑振铎、赵万里访得天一阁散出的明抄本《录鬼簿》,后来又和赵万里一起全面整理天一阁藏书。1933年将自己收集的数百块古砖全部捐赠给天一阁,天一阁特辟一室予以储存陈列,名为"千晋斋"。同年又购得一包残书,从中发现了天一阁散出的明嘉靖刻本《六十家小说》中的《雨窗集》、《攲枕集》。1934年交由北平大业印书局影印出版,使12篇宋元话本得以传世。1935年2月19日在北京病故。后其藏书5286册经魏建功、赵万里等专家整理,为北京大学图书馆购藏。著有《中国小说史》、《曲录补正》、《鄞居访书录》、《不登大雅文库书目》、《千晋斋专录》等,译著有《京本通俗小说与清平山堂》、《明代之通俗短篇小说》、《论明之小说三言及其他》等。

**马 漪(1896—1983)**

女。又名月,别字碧篁,别署雁池居士,晚号雁山老人。永嘉县人。幼承家学,好丹铅,执礼于朱晓崖画师,专攻人物仕女,后经族兄孟容、公愚指授,兼习花卉山水。1941年曾假沪上大新画厅与族兄孟容、公愚及士铃、静娟举行"永嘉五马氏书画展",名动一时。1943年曾在桂林举办书画展。1947年应邀参加"全国女子画展"。1948年《中国美术年鉴》曾专题介绍其国画作品。兼工韵语,其诗词温柔敦厚、深入浅出、清丽超脱,深得张宗祥、张震轩、夏瞿禅、苏渊雷等名家推许。热心教育,抗战期间在桂林办过儿童保育院,复员后任上海道光女子美术教师,后任上海进出口公司秘书。1980年被聘为上海文史馆馆员。

**马樟花(1921—1942)**

女。原名樟华。嵊县人。1931年到邻村文明女子化装团习艺。1932年初进镜花舞台越剧科班学戏,工小生。同年底加入其父组织的戏班,上演《蝴蝶杯》,饰男主角田玉川,演出成功。从此在浙东各地演出。1938年到杭州大世界游乐场演出。同年秋到上海演出,因扮相俊美、表演细腻、嗓音清亮,在"十里洋场"的上海滩引起轰动。1939年先与傅全香、后同袁雪芬到华东电台播唱,开越剧演员"唱电台"之先河。1940年加盟上海四季班,为主要小生,与袁雪芬搭档演出。被报刊喻为"闪电小生"、"越剧新帝"。为摆脱恶势力纠缠,于1941年与鲍姓大学生结婚。同年7月离开大来剧场,另组天星剧团,与花旦支兰芳合作;8月底在九星戏院演出新戏《恩爱村》,反响颇佳。因受到上海滩恶势力及庸俗小报的诬蔑攻击,郁愤成疾,1942年2月19日在上海病故。她功底扎实,戏路宽广,除擅长演小生外,老生、红生、黑头、武生、童生、花旦、小丑等均在行。主要剧目有《梁祝哀史》、《珍珠塔》、《玉蜻蜓》、《红鬃烈马》、《奈何天》、《王华卖父》、《轩辕镜》、《仕林祭塔》等,其中《梁祝哀史》一剧,经她与袁雪芬合作修改,删去庸俗荒诞成分,令人耳目一新。有《仕林祭塔》、《珍珠塔》两张唱片传世。

**马遵廷(1908—?)**

又名亦椿。嵊县人。1922年夏考入浙江省立第一师范学校。毕业后在一师附小任教。1929年考入中央大学数学系。1933年毕业后留校任教,历任助教、讲师、副教授。1952年任南京工学院教授、教研组主任、系主任等职。名列《中国现代数学家传》。著有《正十七边形几何图问题》、《几何作图不能问题》、《$\pi$的古今中外观》、《立体行列式的若干定理》、《微分方程与拉氏变换》、《特殊函数》等。

**马 衡(1881—1955)**

字叔平,别署无咎、凡将斋。鄞县人。1881年6月20日生。1901年肄业于南洋公学。曾学习经史、金石诸学。精于汉魏石经,注重文献研究与实地考察。1922年被聘为北京大学研究所国学门考古研究室主任,兼任导师,同时在史学系讲授中国金石学,并在清华大学、北京师范大学、北京女子师范大学兼课。1923年曾赴河南新郑、孟津调查周代铜器出土地点。1924年前往洛阳朱家垱调查汉晋太学遗址。同年参加"办理清室善后委员会"工作。1925年10月任故宫博物院古物馆副馆长,清点和审查鉴别藏品。1928年南京国民政府接收故宫博物院,被任为接收委员,仍任古物馆副馆长。1930年任燕下都考古团团长,主持燕下都遗址的发掘,对中国考古学由金石考证向田野发掘过渡有促进之功,被誉为中国近代考古学的前驱。1934年任故宫博物院院长,筹划故宫所藏珍品运往内地。1935年与博物馆界同仁发起成立中国博物馆协会,被推选为会长。次年被聘为上海市博物馆董事,并组织在青岛召开中国博物馆协会第一届年会。抗日战争胜利后办理迁返院藏文物,主持故宫博物院复员工作。1948年拒不执行南京国民党政府将故宫文物"应变南迁"计划,始终驻院坚守岗位,确保故宫建筑和文物的安全。同时与社会名流呼吁当局避免战火,保护北平文化古城。新中国成立后为适应形势需要,改造陈列展览,整顿库房管理。1952年辞去故宫博物院院长职。1954年任北京市文物整顿委员会主任。1955年3月26日在北京病故。生前将自己收藏的大量甲骨、碑帖等文物捐献予故宫博物院。去世后家属遵嘱将其家藏金石拓本9000余件悉数捐给故宫博物院。一生致力于金石考古研究，声誉卓著，在书法、治印方面亦有所长。著有《中国金石学概要》、《凡将斋金石丛稿》等，并有《汉石经集存》、《凡将斋印存》等。

**马骥良(1877—1957)**

又名明善。平湖县人。著名木材商。曾先后在上海开设开泰、恒昌、聚丰木号(行)，任经理。20年代初已是上海木业界著名人物，以木商会馆代表入选上海总商会，以后又以木业代表入选上海市商会执行委员，并长期担任上海市木业同业公会(木业"南市帮")主席、上海市木业小学校长等职。任职期间热心社会活动，关心同业。1931年精心筹措，在南市木商会馆内创办了木业小学，招收木业子弟入学，深受同业欢迎，抗战前夕入学学生达360余人。1939年12月积极支持中共地下党员艾中全等发起成立上海市木业教育促进会，并任经费劝募委员，带领木业界赞助募集经费。还经常在《木业界》撰文，吁请同业团结互助，共谋发展。1957年12月在上海病故。

# 四 画

**丰子恺(1898—1975)**

原名丰润、丰仁,号子恺。崇德县人。1898 年 11 月 9 日生。1914 年考入浙江省立第一师范学校就读,追随老师李叔同和夏丏尊。1919 年毕业,组织发起“中华美育会”,创办《美育》杂志,并在上海与人合作创办了中国教育史上第一所包括图画、音乐、手工艺各科的艺术师范学校——上海专科师范学校。1921 年留学日本,入东京川端洋画研究会学习绘画。回国后在上虞白马湖春晖中学任教。1926 年参与发起创办开明书店。1927 年 11 月从弘一法师皈依佛门,法名婴行。1931 出版第一本散文集《缘缘堂随笔》,创作强调率真、随性而不伪饰。1933 年寓居杭州,专门从事译著工作。1937 年抗战爆发后移居重庆。期间曾到宜山浙江大学重庆国立艺术专科学校任职。1946 年仍返居杭州。1948 年后定居上海。1949 年后历任中国美术家协会理事、常务理事、上海市美术家协会主席、上海市文联副主席、上海国画院院长等职。1975 年 9 月 15 日去世。

**王一之(1887—?)**

字惕微。杭县人。美国华盛顿大学毕业。历任上海《申报》馆编辑,驻巴西使署三等秘书,驻澳大利亚使署二等秘书,国际联合会代表办事处三等秘书。曾在《申报》发表《旅美观察谈》,“同光体”闽派后期代表人物李宣龚的女儿李昭实读后非常仰慕他的才华,央人介绍后两人结合。1935 年 4 月任驻荷兰阿姆斯特丹代理领事;10 月任驻阿姆斯特丹领事。居住在欧洲,为《申报》撰写欧洲通信,其作品命意高雅、词句典丽,为文化较高的知识分子所喜爱,成为新闻写作史上的典范。

**王一飞(1898—1928)**

上虞县人。早年在家乡任小学教师。1920 年入陈独秀创办的上海外国语学社学习俄语,同年加入中国社会主义青年团。1921 年春被派往苏联,入莫斯科东方大学学习。1922 年转为中国共产党党员,并担任中国社会主义青年团旅莫支部负责人。1924 年 6 月参加在莫斯科召开的少共国际第四次代表大会。同年 7 月以中共列席代表的身份参加了在莫斯科举行的共产国际第五次代表大会。1925 年初夏回到中国。同年 9 月任中国上海(江浙)区执行委员会书记、宣传委员。1926 年北伐战争开始后受党中央委派,以中共中央军事特派员的身份赴江西前线视察,加强与北伐军苏联总顾问加仑将军的联络,就北伐军继续进军的方针和部署,提出切实可行的建议。1927 年经周恩来推荐,参加上海工人第三次武装起义的准备工作,负责宣传工作。“四一二”反革命政变后的危难之际,协助周恩来主抓军事工作,并以中央军委代表的身份参加了“八七”会议,会后被派往鄂北指导秋收暴动的准备工作。同年 10 月被中共中央任命为中共湖南省委书记,并决定举行长沙暴动,任总指挥。12 月 10 日率数十名武装工人进攻敌军卫戍司令部,因寡不敌众,暴动失败。1928 年 1 月被捕;1 月 18 日英勇就义。译有《共产国际党纲草案》、《新社会观》、《俄国共产党历史》等。

**王一亭(1867—1938)**

名震,字一亭,号白龙山人,以字行。祖籍归安县,出生于江苏南汇周浦镇。著名实业家、书画家、慈善家。世代务农,家境贫寒,1880 年到怡春堂裱画店当学徒,次年入上海慎余钱庄当学徒,业余去上海广方言馆学英语。1884 年转入恒泰钱庄学生意。1886 年任天余号跑街,不久即升任经理。后转任日货代销店鼎鑫号经理,不足 30 岁声誉即满于商界,为洋商所信任。1902 年日本大阪商船会社成立上海支社,被聘为买办。1905 年以沪南商务总会总理入上海商务总会,任议董。1906 年任上海城乡内外总工程局议董、预备立宪公会会董。1907 年日清汽船会社成立时又任上海支社买办,直至“九一八”事变爆发,是近代上海三大著名买办之一。从 20 世纪初开始投资民族工业、金融业等。1905 年投资浙江铁路公司。1906 年参与创办中国第一家私营银行——信诚银行,并任董事(后任董事长)。1907 年与人集资创办立大面粉厂,1910 年又创办申大面粉厂,并任这两家厂的董事长。同年加入同盟会。武昌起义后参与光复上海的革命活动，组织敢死队，攻打制造局。上海光复后任沪军都督府交通部长，后改任农工商部长。1912年2月辞农工商部长后，与盛竹书等发起成立中华全国商会联合会，与顾馨一等创办大有民面粉厂。后筹巨款支持孙中山、陈英士讨袁，遭通缉而深居简出。1917年至1918年发起设立庙弯华成盐垦公司和大丰盐垦公司。1920年3月任上海面粉交易所理事长。还先后担任沈阳地产公司、上海内地电灯厂、中华银行、上海大达轮埠公司、华通及华兴保险公司、日商上海纺织株式会社等的董事，投资南洋兄弟烟草公司、中华国民制糖公司，并长期任湖州电灯公司董事长。1927年3月任上海商业联合会主席。12月任上海参事会主席。经商致富后热心慈善公益事业，是民国时期最著名的慈善家之一。1927年在上海主持的慈善团体就有上海慈善团、沪南慈善会、中国救济妇孺会、上海普济善会、上海联义善会、上海广益善堂、沪南位中善堂、上海残废院、普善山庄、沪北栖流所、上海孤儿院、仁济善堂、上海复善堂、中国济生会、上海庆生善会、中国红十字会时疫医院、上海协济湖北水旱灾义赈会、龙华孤儿院、上海游民习勤所等20余家，任副会长、副主任、董事的慈善团体不计其数，还担任政府赈灾救济机构中央救灾准备金保管委员会委员长等。1929年3月又担任国民政府赈灾委员会委员，后任常务委员兼驻沪办事处主任。1934年4月发起创办上海救丐会，任会长。同年10月任上海各界筹募各省旱灾义赈会副会长。1937年8月任上海国际救灾会常委。亦是著名的佛教居士和书画家，1926年任上海世界佛教居士林林长。1929年4月与太虚等在上海成立中国佛教会，后任会长。1938年11月13日在上海病故。著有《白龙山人妙墨》、《王震二十四孝图》、《王一亭书画集》、《白龙山人王震书画大观》、《王一亭题画诗选集》等。

**王乃师(1927— )**

杭县人。上海私立大同大学工学院肄业后，1947年考入海军机械学校。1949年随学校迁移至台湾。1952年就读于该校造船工程系。毕业后进入台湾"海军"修造及舰政单位工作，并先后毕业于台湾"海军指挥参谋大学"及美国三军工业大学函授教育班。1954年赴美国海军造船厂接受技术及管理训练。1956年接受兵科教育后到台湾"海军"舰艇服役，从事海军的有关工作六年。1969年起担任台湾"海军"造船厂筹备处执行秘书、总工程师、副厂长，"中国造船公司"设计处经理、高雄总厂副厂长等职。

**王乃模(1889—?)**

早年毕业于陆军大学。在冯玉祥部任参谋多年。1922年任冯玉祥的陆军检阅使署参谋长。1923年12月冯玉祥在北京南苑设立航空司令部，其兼司令。1924年11月西北军收编直军飞机10余架，在张家口设立西北航空处，其兼处长。1925年7月12日被北洋政府授予陆军少将。后任京汉铁路局局长。

**王士杰(1919— )**

奉化县人。1937年12月中央陆军军官学校炮科毕业，曾在国民党军队任职10年。1945年6月30日随中国代表团出访苏联。1950年去台湾转入官办企业界。1960年后任台湾"经济部"工矿计划联系组专员、"行政院"国际经济合作发展委员会及"经济部"工矿技术室专门委员、技正等职，主持各种制糖、制纸、面粉、植物油、饲料、水泥、玻璃、陶瓷及其他一般轻工业的研究、计划及发展业务，多次出席联合国"远经会"各种会议。1967年筹设并担任联合国与台湾合作设立的工业职业训练协会，出任董事长，积极参与并建立台湾职业训练制度，创办台湾技能竞赛及加入国际技能竞赛组，为提高劳动者文化与技术素质颇尽心力。1973年后任宝祥公司总经理、国际技能竞赛组织"中华民国代表"、"中国工程学会"理事、"台湾中国生产力公司"总经理、基督教信友工商协进会理事长、工业职业教育学会常务理事、"教育部改进工业规划小组"委员、"中韩经济协进委员会"委员兼秘书长等，在台湾工商界颇具声望。

**王才运(1879—1931)**

名士通。奉化县人。上海西服业鼻祖，荣昌祥西服店创始人。其父曾东渡日本学习西服业，后在上海开设裁缝铺，专做来料加工西服，手艺高超。13岁到上海谋生，先为杂货店学徒，后对新兴的西服业发展前途看好，遂随父学裁缝。1910年在南京路开设八开间门面的荣昌祥呢绒西服号，前店后场，以定制西服为主，兼营呢绒零售批发、衬衫、羊毛衫、鞋帽、领带服饰等，聘请日本、朝鲜、俄国等著名裁缝作指导，用料考究、精工细作，所做西服享有盛誉。辛亥革命后荣昌祥为孙中山定制第一套中山装。1916年荣昌祥资产已达10万元，成为当时上海颇有名气的商店之一。王深知"功以才成，业由才广"的道理，其门生大多是同乡的子侄晚辈，他以长辈身份，严加教育，除亲自传授西服专业知识外,还在业余时间聘请教师授以国文、外语、珠算、记账等所需业务知识。凡学徒进店都要在工场学艺一段时间,掌握服装工艺基本功和专业管理各项基本知识。因此,荣昌祥出身的学徒不仅技艺精湛,且经营管理技能过硬,后王氏诸多亲戚、门生独自开设西服店,形成盛誉卓著的“奉帮裁缝”,荣昌祥成了上海西服业的发源地。1919年五四运动爆发后力倡商界罢市,发起成立南京路商界联合会,并任会长。第二年参与筹组华人纳税会,被选为工部局首批五名华董之一,让贤不就,被称为“模范商人”。1925年“五卅”惨案发生后被推举为上海各马路商界联合会会长,领导南京路商界参加“五卅”运动和抵制外货运动,并为表明爱国之志,毅然弃业,携眷归里。1927年任鄞奉长途汽车公司筹备主任。1930年任上海中华皮鞋股份公司经理。次年7月病故。热心公益事业,1920年创办深厚南京路商界联合夜校。1927年任奉化孤儿院董事兼经济主任,又捐田集资办义庄,出资修建寿通桥等。

**王子如(1896—1961)**

字紫曙。兰溪县人。1926年8月在药店当学徒时加入中国共产党,任中共武义县支部工运委员,在武义县城区开展工人运动。同年12月以个人身份加入国共合作后的国民党。1927年春国民党武义县临时党部成立后,任执行委员。“四一二”反革命政变后党组织受到严重破坏,将党支部改建为中共武义县临时委员会,(化名王愿为)任书记。同年11月初遭到国民党当局通缉,被迫离开武义,潜至温州,后辗转到兰溪行医。1928年当选为中共兰溪县委领导人之一。在双塘工作时被捕,押解到杭州的浙江省陆军监狱。1932年经保释回到武义,入上海恽铁樵中医函授班,毕业后任县施医所主任兼医师。1937年开设书店,宣传抗日。1939年任县救济院院长、县商会常务理事。1942年5月县城沦陷,迁移救济院于郭洞,并开设药铺。抗日胜利后迁回县城继续营业药铺。解放后曾当选为第二、第三届县人民代表、县人民委员会委员,任县工商联主任委员、金华地区中医协会理事,成为省内名中医。1961年6月去世。

**王子余(1874—1944)**

名世裕。绍兴县人,出生于江苏淮安。父亲王庸吾宦游苏北,与周恩来祖父周殿魁同幕江苏淮安,结为儿女亲家。1894年与周桂珍结婚。后来父亲被贬回绍兴。早年中秀才。1902年出任会稽县学堂督办。同年10月在仓桥直街开设万卷书楼,印刷与销售进步书刊。1903年参与创办越郡公学,资助徐锡麟等创办明道女校。创办绍兴第一家铅印报纸——《绍兴白话报》,由绍兴印刷局承印,万卷书楼为总发行所,远销杭州、上海、福州、北京等地,宣传民族民主革命思想。1904年与秋瑾相识。1906年春由蔡元培介绍加入同盟会和光复会。绍兴府成立地方自治会,当选为会员,并被推举为新修绍兴府学堂监工。1907年参与皖浙起义筹备工作。皖浙起义失败后一度避往上海,因秋瑾并未吐露革命党人秘密,旋即返回绍兴,营救被捕的徐锡麟父亲徐凤鸣。次子出生时,为了沉痛悼念秋瑾,特取名为“瑾甫”。1908年初与刘大白、甘润生等合作,创办《绍兴公报》。1909年接替胡道南任山阴劝学所总董,并当选为浙江咨议局第一届议员。出任绍兴戒烟局局长后劝诫三弟子澄戒烟。1911年绍兴光复后出任绍兴军政分府总务科长。1912年发起召开秋女侠追悼会,改建徐公祠,与徐伟等组建“徐社”,筹建成章女校。同年5月出任嵊县知事。1915年创办《禹城新闻》。应参议院议长王家襄之邀,北上京城,亲历洪宪帝制与张勋复辟。1917年搜辑越中文献,筹组“绍兴县志资料采访处”。1918年应蔡元康之请,出任苏州高等审判厅书记长。1920年蔡元康任中国银行浙江分行行长,出任分行文书。1923年调任中国银行绍兴支行经理。1924年出任绍兴“俭德会”会长,倡导以节俭为美德,大力提倡国货,反对使用洋货。1928年聘任绍兴县建设委员会,倡议在轩亭口建立“秋瑾纪念碑”,在府山建立“风雨亭”。绍兴成立筹备村里制委员会,聘任主任委员。1929年选任绍兴县商会第一任理事会主席,并由徐锡麒荐任绍兴私营大明电气公司会计顾问。1930年出任华洋义赈会绍兴支会主任委员,筹募赈款5万元,汇往灾区。1931年为了发扬民族气节,重建“诗剿壬社”,编印了六卷《诗剿壬社唱和集》。1934年从中国银行退休,建议编修地方史志,成立绍兴县修志委员会,初步完成绍兴县志资料第一、第二辑,重印《康熙会稽县志》、《嘉庆山阴县志》、《道光会稽县志》、《绍兴府志》、《山阴县志》,辑录《禹域从书》第一集和第二集,以及《越中文献辑存书》,翻印了《祁彪佳日记》(六本)。1941年4月17日绍兴沦陷,拒任伪职,举家避居乡下。1944年8月8日病故。

**王子清(1896—1980)**

杭州王星记扇庄第二代传人,扇子大王。幼年丧父,在其母陈英抚育下,15岁开始管理店务,在经营上颇有胆识。1929年在杭州太平坊著名老店舒莲记扇庄对面开设四间店面、装潢考究的王星记扇庄，用霓虹灯、报刊广告、回扣优惠等手段与久霸扇坛的舒莲记抗衡。舒莲记歇业后，成为杭州唯一的名扇庄。1937年王星记迁沪。王调查研究上海各阶层用扇情况，相应设计生产檀香绢面女扇，畅销沪上，并运销香港。同时研制出各种戏曲、舞蹈用扇，名人书画、雕刻扇，为曲艺界和收藏家所青睐，被誉为"扇子大王"。1948年赴香港定居。

**王　云(1866—1950)**

字竹人，以字行，斋馆号为雪樵山房。绍兴县人，久居杭州。西泠印社早期社员。工书画，善治印。绘画得家传，并宗费丹旭笔法，尝设砚于印社，为人画像。工书法，尤精篆隶。篆刻得赵之琛法，虽转益多师，意度仍在浙人畦畦。兼精刻竹，尤好弄园艺。

**王云沛(1904—1979)**

原名岫，字云峰，后改名云沛。仙居县人。1925年黄埔军校第二期步科毕业。历任黄埔军校教导团排长，国民革命军第一师连长、营长，第二十二师团长。1936年7月被南京国民政府授予陆军少将军衔。1937年抗日战争爆发后，于1938年1月任国民革命军第三十六师副师长。同年8月任浙江省保安纵队司令。1940年6月起历任浙江省政府保安处少将副处长、浙江军管区司令部参谋长、第九战区司令长官部新兵补训处副处长。1945年9月任第三十二集团军前进指挥部副总指挥，在宁波接受日军投降。1946年1月任浙江省保安司令部警保处处长。1947年2月任浙江省保安司令部副司令。1948年当选为"行宪"国民大会代表。1949年5月14日被任命为"浙江省政府委员"兼"民政厅厅长"。同年7月又被任命为"浙南行署主任"；10月7日在浙江省温州市洞头岛被人民解放军俘虏。1950年10月转送抚顺战犯管理所。1975年3月获特赦释放，前往台湾未遂，滞留香港。1979年10月在香港病故。

**王云甫(1889—?)**

宁波人。出生于颜料商家庭，父亲为上海瑞隆颜料号店东。本人钱业出身，后继承父业任瑞隆源记颜料号股东兼经理。1918年在上海创办振华油漆厂，以后又投资银行、化工等企业，曾任上海华商电器公司、三友实业社、中华劝工银行、开成造酸公司、荧昌火柴公司、大中华火柴公司董事。抗战胜利后又投资多家企业，任上海三友实业社董事长，建中商业银行、中英大药房、和兴码头堆栈公司等董事，及恒利银行、宁绍商轮公司、宁绍人寿保险公司、振华油漆公司、河南豫丰纺织厂、大中华火柴公司、闸北水电公司等监察人。

**王　中(1906—1981)**

曾用名曹鸿堂、允烈、李振民、一恨等。余姚县人。14岁在宁波源顺布庄当学徒。1926年加入中国共产主义青年团，9月进广东黄埔军校第二期。次年5月结业回宁波，成为中国共产党党员，8月任中共宁波市委军委书记，兼中共浙江省委巡视员，12月参与领导奉化忠义乡武装暴动。1928年1月随中共浙江省委书记夏曦至上海，从事党的秘密工作；4月回宁波，因市委遭破坏，归里隐蔽。1929年1月赴上海，任中共上海沪中区绸缎业支部书记，参加互济会，救援入狱人员。1933年5月赴苏联，进莫斯科国际列宁学院中国部学习。次年回国，在上海从事工人运动。1937年11月到延安，入中央党校学习。历任中共中央社会部秘书及干部部副部长，中共中央统战部秘书长，中共西安地下情报处负责人，中共中央情报部一室主任等。1945年11月到东北，历任中共滨江省委委员兼社会部长、宾县县委书记等。1949年2月任中共北京市前门区委书记；6月任宁波市总工会筹备委员会主任；10月任中共宁波市委副书记、城工部长。1951年12月调上海工作，历任中共上海沪西产业区委委员、国棉四厂党委书记、华东纺管局训练主任兼总支书记。继调北京，任国务院轻工业部机关党委副书记、食品工业部党组成员。嗣后任中共安徽省委常委、安徽省副省长。1978年3月任全国政协第五届常委会委员、政协安徽省委员会副主席。1981年11月3日在合肥去世。

**王中一(1913—1968)**

又名王烈帆。鄞县人。1927年进上海法商电灯公司(简称法电)车务部工作。1936年参加上海职业界救国会，并在法电车务部职员中成立救国会小组，宣传抗日救国。1937年"八一三"淞沪抗战爆发后与法电车务部职工开展节约献金、捐募寒衣等活动，支援抗战。同年8月加入中国共产党。1938年中共法电支部成立，任支部书记。带领法电党员和积极分子开展抗日救亡工作。1944年8月任中共上海工人运动委员会(简称工委)委员，参加组建工人地下军，发展抗日力量。1945年抗战胜利后负责上海工委的宣传、统战工作，并分工联系市政、交通系统的党组织。1948年被国民党当局逮捕。在狱中坚持共产党员立场和气节，鼓励难友坚定革命信念。1949年5月上海解放后出狱，参加上海总工会筹备委员会工作，不久任中共杨浦区委书记。1953年起担任上海电业管理局党委副书记、副局长。1959年11月因历史问题受到开除党籍、撤销职务的处分。后被分配到新中华刀剪厂工作。“文革”中受到迫害，于1968年4月4日含冤去世。1980年2月平反昭雪。

**王文川(1901—1944)**

平阳县人。绅商家庭出身，父王理孚在县邑创办有南麂渔佃公司、鳌江红皮厂、泉春钱庄等企业。1920年从浙江甲种工业学校毕业后，协助其父经营，并于1923年在鳌江开设王广源商号。次年成为上海达兴轮船公司代理人，经营“光济”号，开辟鳌沪航线。1926年又经营“三江”、“福州”等号轮船，航线南达汕头、香港，北连大连、营口，使鳌江流域成为平阳及闽东地区货运中心之一。同时经营东北大豆、豆饼，并承运德国“狮马”牌肥田粉，还从事明矾、茶叶、烟、大米、粗瓷、土布、花纱布的进出口贸易，垄断60%的明矾外销量。1935年在平阳创办碾米厂。1941年王广源号迁温州，次年在温州创办该地区最早的化学工厂——清明化工厂，这也是全省化工部门三大老厂之一，还与人合资办瑞星酱园。1944年病故。

**王文庆(1882—1925)**

初名王军，字文卿，后改文庆。临海县人。1900年就读于东湖中学堂，后赴日本留学，毕业于日本陆军士官学校。留学期间结识陶成章、龚宝铨、魏兰等人，投身反清革命活动。归国后，1904年初与陶成章到台州联络会党。次年经陶成章介绍在日本加入光复会。不久又加入同盟会。1906年春王文庆返浙，奔走于绍、金、衢诸府县，秘密联络会党配合响应萍乡、浏阳、醴陵等地起义，因计划泄露，被迫再次出走日本。1907年回国在上海主持起东学堂，从事革命活动。徐锡麟、秋瑾被杀害后遭通缉，与陶成章远避南洋，并在网甲岛中华学校任教，积极组织教育会，从华侨中筹募款项。广州起义失败后和陶成章等回到杭州，在西湖白云庵设立了秘密联络机关，运动新军加入光复会。又在上海建立了光复会总部机关——锐进学社。并返回临海筹建台州的革命联络机关——台州国民尚武会。1911年在上海与李燮和共同组织了攻打江南制造局的战斗。又与屈映光等人返回杭州，在杭州发动新军起义，亲率敢死队投入战斗。然后参加光复南京的战斗，在1911年12月2日光复了南京。南京光复后参加临时政府的筹备工作，并当选为临时参议院议员。袁世凯当上临时大总统后委为南洋宣慰使，未就职。1916年4月浙江宣告独立，被公推为浙江临时参议会议长、省长，不久改任浙江民政长。1917年应孙中山之召，南下广州组织策动粤浙两军联合“护法”，并当选为护法国会参议院议员。1918年奉广东大元帅府命令，去福建策反被段祺瑞派去进攻广东的新军，事成后，任浙江副司令。1924年11月随孙中山到上海。1925年2月在上海去世。章太炎撰文《发起开会追悼王文庆通告》，对其评价甚高。

**王文典(1882—1950)**

又名维清、扬清。遂安县人。著名爱国实业家。书香门第出身，自幼受家庭熏陶，东文专修科毕业后投身于浙路运动。1910年发起成立浙路拒款会。辛亥革命时组织商家义务敢死队，自任队长，参加辛亥革命。攻克南京后回上海与伍廷芳参与南北和议。1912年在上海倡议成立中华国货维持会、商业联合会，先后被推举为副议长、议长，发行《国货调查》杂志，大力提倡国货。创办物华铁机织绸厂、苏州电气公司，所产丝织品畅销外洋，获利丰厚。在小吕宋、上海等地组织海外贸易隆泉公司。1914年5月与人组织恳让庚子赔款会，并被公推为代表赴海牙和平会议要求退回庚款。1915年在上海创办隆记公司(国货商场)。1924年创设中菲暹贸易公司，任总理。1925年任全国商会联合会副会长、全国国货提倡总会会长。同年任中华懋业银行天津分行经理。1926年任南洋兄弟烟草公司华北总经理，以后历任京师总商会会长、天津商会常务委员、天津卷烟同业公会主席等职，创办京师商界体育会、北京女子家庭工艺传习所等。1945年至1948年主持天津浙江会馆会务。重视教育科学文化事业的发展，1912年与蔡元培等发起世界语学校，并建议教育部在各大学添设世界语一科。还创办南洋女子大学，以联络南洋侨胞开拓实业。

**王文祥(1906—1945)**

原名高子清，又名高世恩、高仰止，化名王平、王超伦、王耀章。绍兴县人。工商地主家庭出身。1926年在杭州之江大学加入中国共产主义青年团。1927年初转为中国共产党党员。“四一二”反革命政变后两度被捕，因未暴露真实身份，均获释。释放后到萧山义桥镇创办平民夜校，开展农民运动。1929年8月任中共杭州中心市委委员，负责在小学教师中开展党的工作。1930年4月任中共杭州市行动委员会成员，并负责互济总会工作。9月7日被国民党当局逮捕，长期监禁在浙江陆军监狱。先后担任浙江陆军监狱中共特支宣传委员、支部书记等职，领导难友在狱中组织对敌斗争。1937年12月26日经中共党组织营救，以保外求医的形式出狱。1938年2月出任中共浙江省工委委员。后赴宁波报馆任职。同年5月中共宁绍特委成立，出任委员，主管绍兴、余姚、慈溪一带工作。1939年1月兼任宁绍特委组织部长。1940年1月宁绍特委分为中共宁属特委和绍属特委。同年3月任宁属特委书记。1941年1月改任中共宁属特派员，积极领导其下属党组织坚持原地斗争。1942年9月中共四明工委改为中共四明地委，担任四明工(地)委书记，积极领导上虞、嵊县、新昌等四明山周围各县党的工作。1943年3月受浙东区党委委派到驻上虞的国民党第八十九团张俊升部搞统战工作，并领导该部中秘密活动的共产党员。1944年2月被捕，后获释。同年11月浙东区党委杭甬沿线城市工作委员会成立，任城市工作委员会书记。1945年10月到上海治疗。同年12月22日在上海病故。

**王 仁(1905—2002)**

字化天。青田县人。1913年入处州省立第十一师范附属小学就读，继入师范学校毕业。1925年考入黄埔军校第三期，毕业后参加东征、北伐。1932年任南京国民政府军事委员会警卫团队长。1934年任浙江省保安十二大队大队长，驻防温州。1938年任新编第二十师副官处处长、上校参谋长。1939年调任福建龙岩师管区团长，后参与黄埔军校第十七期在浙江招生工作。1940年率领学生军由金华长途跋涉，避开日军封锁线，途经江西、湖南、广西、贵州、四川，最后抵达陕西西安王曲的第七分校。1941年任军校第十七期第一大队上校大队长、总队附。1943年由中央军校第七分校军官教育班主任，转任财政部陕西省缉私处处长。1945年抗战胜利后任军事委员会委员长侍从室少将副官。1947年任浙江省临海团管区少将司令。1948年任浙东师管区参谋长。1949年4月任宁波城防司令，后任“浙南游击司令”，随后去台湾，曾任台湾省“保安司令部”花莲联检处长，旋筹组“中央陆军军官学校”(黄埔军校)同学会，担任书记，实际执行会务，负责联络黄埔同学。“中央军校同学会”结束后转任“国防部”高级参谋，直至退休。1970年10月4日台北市青田同乡会成立后自第一届起历任理事、副总干事、名誉理事、会务顾问。2002年5月26日在台北去世。

**王以仁(1902—1926)**

字盟欧。天台县人。早年在浙江第六师范学校求学。1923年到上海教书时开始写作。1924年以后不断有小说、散文、诗歌在《小说月报》、《文学周报》等多种刊物上发表。其作品风格深受郁达夫影响。1926年夏秋之间失踪，疑为从海门到上海的轮船上跳海自杀。生前所著《孤雁》，死后由商务印书馆出版。作品是他自己生活的写照。死后，挚友许杰等又将他的遗著残稿编成《幻灭》集，写有长序记述了他短暂的生平。

**王以康(1897—1957)**

天台县人。渔业经济专家。1925年毕业于东南大学生物系。曾任中国科学社生物研究所研究员。1934年赴法国巴黎大学鱼类研究所进修，任研究员。1936年转赴荷兰海牙皇家渔业研究所从事海洋渔业研究。抗日战争爆发后与爱国华侨共同发起组织华侨抗日救国会。1940年回国后任贵阳湘雅医学院教授。1944年任联合国粮农组织渔业委员会执行委员、联合国善后救济总署物资管理处副处长。1946年后任国民党政府行政院善后救济委员会委员，复旦大学、山东大学教授。曾创建上海中华水产公司。新中国成立后历任华东水产管理局渔业行政管理处处长，上海水产学院教授、教务长。九三学社社员。著有《鱼类分类学》、《鱼类学讲义》等，发表《山东沿海硬骨鱼类的研究》等论文多篇。

**王正廷(1882—1961)**

字儒堂。奉化县人。1896年考入北洋大学，1900年回到上海。1901年进海关任职。1905年赴日本筹设中华基督教青年协会分会，加入同盟会。1907年赴美国留学，先后入密歇根大学、耶鲁大学学习法律。1910年毕业于耶鲁大学法律系。1911年10月10日武昌起义爆发后任湖北军政府外交副主任，南北议和时任和谈参赞代表。同年12月任南京临时参议院议员。1912年元旦中华民国成立，1月任临时参议院副议长，4月任北洋政府工商部次长兼代总长。唐绍仪辞职后同盟会阁员集体退出内阁。回到上海后任中华基督教青年会全国协会总干事。1913年4月任参议院议员并当选为副议长，一度代理议长。1916年袁世凯死后国会恢复，继任参议院副议长。段祺瑞执政后践踏“约法”，宣布解散议会。1917年赴广州参加护法运动，并任广州军政府的外交总长和财务总长。1919年受孙中山的广州护法军政府派遣，作为全权代表参加巴黎和会。坚持拒签对德和约，获得国内舆论好评。1921年到北京就任中国大学校长，并长期连任该职。1922年第二次恢复国会时再任参议院议员；3月任接收胶澳善后督办；12月同日本签订协定，代表中国政府从日本手中接收了青岛的主权；12月11日被黎元洪任命为代理国务总理兼外长，至月底结束。同年当选为国际奥委会委员。1923年3月任中俄交涉督办，至1924年5月与苏联代表签订《中俄协定》。此后两度任外交部总长，一度兼财政部总长。1927年夏任陇海铁路督办。1928年6月起任南京国民政府外交部长、中国国民党中央政治会议委员、国民党中央执行委员等职。10月与日本代表谈判“济案”问题，未能取得进展。之后曾与美、英、法、德等国订立“新关税条约”，争取到西方国家一些让步，但没有实质性的进展。因执行蒋介石对日妥协政策，引起民众的强烈不满。1929年3月当选为国民党第三届候补中央执行委员。1931年“九一八”事变后被迫辞职。同年12月当选为国民党第四届中央执行委员。1936年8月出任驻美大使。1938年9月奉调回国，任国民党中央执行委员和国民政府委员。1941年9月任行政院水利委员会委员。1945年5月任国民党第六届中央执行委员会委员。抗战胜利后回上海，任上海市参议员、全国体育协进会理事长、中国红十字会会长、交通银行董事等职。1949年初去香港，任太平洋保险公司董事长等职。毕生热心体育事业，早年与张伯苓等发起组织中华全国体育协进会。1911年与基督教青年会亚洲各国体育干事一起，代表中国发起成立远东体育协会。并参加了自1913年开始的历届远东运动会的组织筹备工作，历任要职并是主要赞助人之一，曾担任第二、第五、第八届远东运动会会长。1922年被选为国际奥委会委员，成为中国第一位和远东第二位国际奥委会委员。1927年任第八届远东运动会会长兼总裁判。曾率中国体育代表团参加1936年第十一届奥运会和1948年第十四届奥运会，因其对中国体育事业的贡献，被誉为“中国奥运之父”。1961年5月21日在香港病故。

**王正黼(1890—1951)**

字子文，号儒冠。奉化县人。王正廷四弟。13岁入天津华英书院，1920年毕业于北洋大学采矿冶金科，后留学美国哥伦比亚大学，获硕士学位。1915年回国后任辽宁本溪中日合办的煤铁公司制铁部部长。1922年被张学良聘为益民矿务局(后改为奉天矿务局)总办。1928年接办复县复州湾振兴煤矿。1931年由辽宁省政府指派经办西安县煤矿。同年应孔祥熙之聘任实业部矿业司司长。“九一八”事变后任李顿调查团成员。同年在张学良主持下入关创办冀北金矿股份有限公司，任总经理。1934年任河南六河沟煤矿公司总办。1937年任西康采金局局长。1944年曾被日军以反日罪拘捕多日。1945年负责接收门头沟煤矿，兼任北平红十字会会长等职。1949年移居美国。1951年7月在华盛顿去世。

**王　世(1880—1937)**

字掬昆，号菊恫。余杭县人。王毓岱第四子，随父寓杭州。西泠印社早期社员。精算术，善绘事，兼工刻印。1915年春参加乐石社。著有《治印杂说》十二章，收入吴隐汇辑《遁庵印学丛书》。

**王世和(1899—1960)**

奉化县人。早年在溪口的天生咸货店当称手。1924年春随表叔蒋介石去广州，任广州孙中山大元帅府警卫队卫士。同年4月加入中国国民党。入黄埔军校第一期第四队学习。1925年起任黄埔军校校长办公厅卫兵连连长、警卫团第三营少校营长、中校团附。1927年秋任国民革命军总司令部第二警卫团上校团长。1928年春任陆海空军总司令部侍卫总队总队长。1930年奉令策划与指挥对邓演达的追捕与秘密枪杀。1931年任军事委员会委员长特务团少将团长，陆海空军总司令部侍卫长，军事委员会委员长行营军警稽查处处长，国民政府主席侍卫室副官长。1936年2月被授予陆军少将军衔。1937年抗日战争爆发后历任驻苏联大使馆武官、军事委员会委员长侍从室第三组组长兼蒋介石侍卫长、第三集团军副总司令、第七十六军副军长。1946年后任西北军政长官公署河西警备总司令部中将副总司令。1949年去台湾，先后任“陆军总司令部”高级参谋、“国防部”中将参议等职。

**王世瑄(1908—1981)**

字少游。奉化县人。1929年毕业于上海美术专科学校，从教40余年。历任上海美专文书主任、图书馆主任，上海裨文女中教员，奉化剡东小学校长，奉化简易师范及奉化中学教师，鄞县培本中学校长，余姚中学副校长，汉文正楷印书局特约编辑，宁波《大报》总编辑等职。1981年2月10日去世。著有《韩非子研究》、《西洋画史略》、《文章作法浅说》、《姊妹们的故事》等。

**王东园(1874—1950)**

名栋，字东园。鄞县人。实业

家。出生于小商人家庭,早年读过三年私塾,10岁进一家木刻印书作坊当学徒,勤奋好学,不久被聘为塾师。1906年与人创办求精学堂。1910年与蔡琴荪等创办《四明日报》,任首任经理。由于该报反对帝制、宣传民主共和,于1917年曾被浙江省政当局勒令停办。1912年1月任浙江省议会议员。后为上海张崇新酱园推销员,经其介绍该酱园老板张逸云与吴蕴初结识,并于1921年合伙创办天厨味精厂,王负责产品推销。1923年正式入股天厨味精厂,任业务经理,为天厨厂"佛手牌"味精的销售作出贡献。1925年《宁波商报》社成立,兼任经理。1928年参与发起创办天原电化厂,后又参与创办天利淡气厂。1936年因病退居家乡。1941年日军占领宁波后隐为居士,任鄞西佛教居士林林长,潜心研究佛经,积极从事慈善公益事业。

**王生岳(1872—1945)**

字庭豪。鄞县人。中国第一台万能铣床制造者,有"铣牙大王"之称。曾在家乡读私塾六年。13岁到上海学雕花木工,后到元昌机器厂当学徒。1889年满师后进入英商耶松船厂当车工。1901年升任车床间领班。1906年耶松船厂并入瑞熔船厂(今上海船厂西厂)后继任领班。1913年辞职离厂,筹资创设王岳记机器厂(今上海减速机械厂),专门加工齿轮,又称"铣牙",是上海最早的齿轮加工专业厂。1915年为上海史鹤记机器厂(鄞县同乡史鹤鸣创办,今上海冲剪机床厂)承制一台3号万能铣床,是为第一台国产铣床。1919年前后承接一座大型国产自鸣钟的全部齿轮加工业务,该钟有六层楼高、十间门面宽。1925年为发展齿轮加工业购进美国SINSINNITE牌新式铣床,以后获悉滚齿比铣齿更精密,又引进德国36英寸滚齿机、磨滚刀机、伞齿轮刨齿机等设备。同时还自制成功60英寸滚齿机和大型刨齿机,培养出一批技术精湛的高徒,这些人后来都成为上海机械工业的开创者。王被誉为"铣牙大王"。1936年王岳记机器厂为钱塘江造桥工程制造起重设备上的关键部件"蜗轮副",为我国第一座铁路、公路两用桥的建造作出了贡献。1937年日本发动侵华战争,王岳记的厂房和机器设备毁于炮火。次年重建该厂,因年迈由次子王承恩接替事业。

**王永盛(1896—1939)**

杭县人。早年学习航海技术。1911年充"钧和舰"打旗兵。1915年入打来公司,任世界班轮船水手。1919年改任太古公司广西轮水手长。1922年3月加入中国国民党。1923年调任山东轮水手长。1925年"五卅"惨案发生后被推为南钧安水手公所代表,专理公所事务。1926年海员团体推举为中华海员工业联合总会上海分会主任。1927年离职后不久被推为上海市海员工会第一分会主任。辞后改任南钧安水手公所主任。1928年中华海员工业联合总会改组委员会为整理委员会,任上海分会主任,后改任委员。1932年"一·二八"淞沪会战,从事海员救国运动,任交通组组长。同年各轮水手等组织航海联谊会,推举为主席助理。并担任航海舵手水匠互助会理事长。1933年任中国航海驾驶员联合会主任,并当选为第五届全国代表大会代表。同年国民党中华海员特别党部成立,担任委员。1937年抗日战争爆发后受命留在上海。1938年创办《中兴报》。同年任战区海员区分部与各社团组织联合办事处指导员,国民党中华海员特别党部长江线指导专员。1939年被汉奸暗杀。

**王永澍(1912—1989)**

字重三。淳安县人。先后毕业于国民党中央军校高等教育班第四期、陆军大学第六期。历任国民党第十八军十一师独立团上尉副官、连长。1933年起历任第七十九师营副、营长、副团长。1938年任第七十九师第二三五团团长。1944年任第三战区干训团教育处长,后改任浙江省保安处干训团教育长。1945年任青年军第二〇八师六二三团少将团长。1946年秋国民党军队改编后任第二旅旅长。1949年任第八十七军副军长兼第二二一师师长。去台湾后曾入"国防研究院"、美国指挥参谋大学深造。历任台湾当局"国防部总政治部"组长,"国防部政工干部学校"校长,"宪兵司令部"司令,第九军军长。1957年被台湾当局授予"陆军中将"。1959年任"国防部总政治部"副主任兼执行官。1961年12月任第一军团副司令。1964年9月任"特种作战指挥部"指挥官。1968年2月至1972年7月担任"宪兵司令部"司令。同年7月开始至1981年12月任"国家安全局"局长。后被聘为国民党中央评议委员。1985年起任"总统战略国策顾问"。

**王圣甫(1900—1954)**

镇海县人。1927年在上海创设公兴昌铜翻砂厂。30年代初上海虽已有10余家铜翻砂作坊,但重要铜合金铸件仍需进口,或由外商洋行垄断。王潜心钻研铜合金配料成分,委托大学研究所化验,先后试铸出10-1锡磷青铜、10-2和8-4锡锌青铜、5-5-5锡锌铅青铜合金机器零件,销售上海自来水公司、上海明精机器厂等。40年代又与人研制出含磷8%～13%的磷铜中间合金锭,供同行业做原料。新中国成立后受上海金属冶铸同业公会之邀,毫无保留地义务传授铜铸造实践经验,为同业所赞誉。

**王　耒(1880—?)**

字耕木。杭县人。清光绪朝举人。后赴日本留学,毕业于日本法政大学。曾充清政府刑部主事,京师地方审判厅推事,云南法政学堂监督,云南高等审判厅丞。1911年后任江苏都督府秘书。1914年3月任奉天省北路观察使;6月改任奉天省洮昌道尹,后任平政院评事。1917年12月任全国烟酒事务处处长。1920年任北洋政府法制局局长。1922年11月署理北洋政府国务院秘书长。1924年任北洋政府内务部次长,并任国民代表会议筹备处评议员。1925年3月孙中山在北京病故后作为段祺瑞政府治丧代表,赴南京发布褒扬孙中山的公告。1926年1月许世英组成内阁后于19日免去次长,被委为国务院参议。1928年去职。1949年后任中央文史馆馆员。

**王式通(1864—1930)**

又名王仪通,字书衡,号志庵。原籍绍兴县,1864年出生于山西省汾阳县。1898年戊戌科进士。京师通艺学堂肄业后历任编书局、学务处、法律学堂等职。1906年赴日本考察教育。归国后历任内阁中书、刑部山东司主事、安徽司员外郎、大理院推事、大理院少卿等职。1912年7月任北洋政府司法部次长,旋转任约法会议秘书。1914年任袁世凯总统府内史。1915年10月任政事堂机要局长。次年5月任国务院秘书长;6月转任国务院参议。1917年就任全国水利局副总裁。1920年8月退职。1925年后任清史馆编修,故宫博物院管理委员会副委员长,东方文化事业总委员会委员。1930年10月在北平病故。著有《志庵诗文集》、《刑法志》、《邦交志》、《弭兵古义》,主持修撰国史、清史、四库书目等。

**王亦民(1903—1950)**

女。原名葛文英。汤溪县人。幼年丧父后随母移居江山县,靠母亲给人做针线活的微薄收入维生。1912年进江山县西河女子学校读书,后考入杭州的浙江省立师范学校学习,毕业后回西河女子学校教书。1926年任国民党江山县党部宣传部长,与国民党左派从事革命活动。1931年因被国民党右派排挤,定居杭州。1932年6月因叛徒告密被国民党当局逮捕,关押于苏州的反省院,1936年获释。1937年加入中国共产党,受命回江山开展抗日救亡运动。1938年夏赴皖南新年四军总部,改名葛文英,参加中共东南局举办的第一期党校学习班,结业后任县妇女部长。1941年皖南事变后在镇江等地担任中共地下交通员。1946年调到江苏金坛、丹阳、武进等地从事革命活动。1949年任中共镇江地委妇女部长。1950年11月6日在北京病故。

**王孝和(1924—1948)**

鄞县人。1924年2月4日生于上海一个船工家庭。早年在上海宁波同乡会创办的小学学习。1938年考入上海励志英文专科学校学习,开始接触进步书刊。1941年5月加入中国共产党。1943年1月由中共党组织安排进入美商上海电力公司所属的上海杨树浦发电厂电气控制室当运行值班工。1946年1月组织工人参加上海电力公司大罢工。1948年1月当选为上海电力公司工会常务理事。并任上海电力公司中共党团书记。带领上海电力公司工人同国民党当局斗争,发挥了重要作用。同年4月21日因叛徒的出卖被国民党军警逮捕。在监狱中同敌人作坚决的斗争,被国民党当局判处死刑;9月30日上午在上海提篮桥监狱刑场壮烈就义。

**王孝通(1894—?)**

瑞安县人。著名经济法学家。上海圣约翰大学理科毕业后在浙江省立法政专门学校任教授达十余年。后任上海法政学院教授,专门讲授《商事法序论》、《票据法》、《公司法》、《保险法》、《海商法》等课程,并从事相关专门研究。其后又任中国公学、光华大学、复旦大学教授,并兼职律师及会计师,还曾兼任华南大学商学院院长。著有《中国商业史》、《海商法》、《中国公司法论》、《商事法要论》、《中国海商法论》、《现行公司法释议》、《公司法》、《票据法释议》、《公司法要议》、《现行票据法要义》、《保险法论》、《中国商事法概论》等。

**王亚璋(1904—1990)**

女。曾用名芝宇。定海县人。20年代初毕业于宁波女子师范学校。1924年入上海大学读书,并至夜校任教,投身工人运动。1925年5月31日当选为上海市总工会委员,在"五卅"运动中组织工人保卫工厂。期间加入中国共产党。1926年春出席在广州召开的全国劳动大会。回沪后参与组织领导纪念"五卅"运动一周年活动。1927年1月调汉口,继续从事女工运动。同年4月出席中共第五次全国代表大会,当选为候补中央委员。武汉发生反革命政变后辗转菲律宾继续从事革命活动，担任中国妇女抗日慰劳会菲律宾分会组织部副主任。1941年后参加菲律宾华侨抗日游击队。1949年3月回国后在中共中央机关工作。同年11月曾作为中国妇女代表团团员出席在北京召开的亚澳妇女代表大会。后历任中共中央对外联络部研究员、机关学校校长等职。1982年底离休。

**王芗泉(1873—1937)**

字锡荣。萧山县人。金融家。秀才出身，早年帮其姐经营杭州永济当铺，后经营协济、永济当。1909年任杭州商学公会副会长。中华民国成立后任杭州总商会第二任会长，一度任浙江盐运司，后任众议员。1915年3月杭郡典业公司成立时任董事。同年6月发起成立全浙典业公会，任会长，是杭州典当业领袖人物。1918年参与发起创设浙江储丰银行。1921年发起成立浙江商业银行，任董事长。同年又参与发起创办浙江典业银行，任董事，后任董事长兼总经理。还曾任数家钱庄董事，杭州叶种德堂董事长。1928年任杭州自来水厂筹备委员会委员。1929年任杭州市商人统一组织筹备委员会。1930年杭州市商会成立，任第一届执委会常委。

**王芗庭(1896—?)**

於潜县人。1916年12月毕业于保定陆军军官学校第三期辎重科。历任连长、营长、团长、参谋、副师长等职。1936年2月4日被南京国民政府授予陆军少将军衔。1946年7月退役。

**王西彦(1914—1999)**

义乌县人。童年在家乡国民小学读书，后进入县城读高小和初中。1930年入杭州浙江民众教育实验学校学习。1933年到北平中国大学国学系学习。期间开始创作，并参加“左联”活动，担任北平作家协会执行委员。1938年春在武汉参加战地服务团，到鲁南、苏北等地进行战地服务。武汉沦陷后到湖南《观察日报》和塘田将学院工作，后到福建永安主编《现代文艺》月刊。此一时期出版有短篇小说集《夜宿集》、《乡井》，长篇小说《古屋》等。从抗战后期到解放战争初期先后担任桂林师范学院、湖南大学、武汉大学、浙江大学中文系教授。1950年至1951年参加湘东老苏区和苏北老根据地的土地改革。1952年至1953年两次到朝鲜战场访问，出版散文和报告文学集《为了祖国和人类》。1953年担任《上海月报》编委。1954年起调上海作协，从事专业创作和研究工作。出版短篇小说《黄昏》，长篇小说《春回地暖》，以及文艺评论集《论阿Q和他的悲剧》、《论〈子夜〉》等。

**王成柏(1907—1998)**

字寿青。慈溪县人。1929年北京大学化学系毕业。曾任北大工学院化工系教授，北平临时大学、北洋大学北平部教授，北平师范大学、东北大学、沈阳医学院、北平中法大学教授。新中国成立后历任北京中大、北京中法、北京华北大学教授。1952年后任北京工业学院(今北京理工大学)化学系教授。

**王成椿(1906—1979)**

字寿岩。慈溪县人。1929年毕业于北京大学物理系。曾任中国大学讲师、副教授，东北大学教授。抗日战争时期历任中央飞机制造厂工程顾问，贵阳医学院教授兼训育主任，重庆大学教授，教育部科学仪器制作所主任。抗战胜利后赴上海任同济大学医学院教授兼训导长。后去台，任台湾师范大学教授、物理系主任、理学院院长。曾两度去美国明州大学物理研究所研究日光能，任美国明州大学荣誉研究员，是我国最早从事日光能研究且具有国际影响的专家之一。美国新闻总署曾将他首创的“日光能冷冻机”及“海水转变蒸馏水”等方法及技术，制成实况电影，分送世界100多个国家、800多家电视台推广介绍。为嘉奖其在日光能研究上的贡献，美国政府曾颁赠“日光能研究成就奖”。

**王成熙(1892—1951)**

字子晏。嘉兴县人。围棋高手。20岁开始学习围棋，先后得名家吴橡麟等指导，并常与国内外棋手交流切磋棋艺，进步很快。1923年与日本安藤馨三段弈棋30局，多胜。1925年与日本棋手多次交手，均胜多负少，从此扬名国内外，与当时国内围棋名家顾水如并称为“南王北顾”。40年代在上海创办正风奕社，并实行段位制，开我国围棋段位制之先河。著有《官子指南》、《围棋布局研究》等10余种。

**王廷扬(1866—1937)**

字孚川。金华县人。1898年进士，任工部屯田司主事，江苏、广东知县加同知衔。曾襄办龙州边防，历任留日学生监督、浙江两级师范学堂监督、浙江省视学等职。早年曾入绍兴大通学堂，后加入同盟会，与孙中山书信往来频繁。清政府向英国借款，出让苏杭甬铁路权，浙江各界人士于1907在杭州召开特别抵制会，被推举为副会长，主持会务，抵制清政府丧权辱国之举，获得胜利。1909年当选为浙江省咨议局议员、北京资政院议员。中华民国成立后任浙江省都督府顾问，出任义乌县民政长。后当选为第一届众议会议员，浙江省议会议员。1914年起历任江西高等审判厅书记官长，浙江省临时参议会和第二届省议会议员，临时参议院议员，内务部秘书，浙江省军务善后督办公署咨议，省长公署顾问，自治筹备处评议员，中国国民党浙江省党部监察委员。工书法，善榜书，常赖此自给。一生不置私产，至老栖止无所。七十寿诞，好友集资赠送楼屋一座，即日书契写明身后捐献聋哑学校，又立遗嘱将书籍70余箱全部捐赠金华蒲塘小学。著有《湖山草堂集》、《山鸟山花馆文稿》、《诗选》等。

**王廷璋(1884—?)**

字子琦。绍兴县人。毕业于比利时黎业斯大学，获商学学士学位。归国后于1912年任北京政府外交部条约司科长。1913年任大总统府秘书兼外交部秘书。1917年8月任驻墨西哥公使馆一等秘书；11月调署驻旧金山总领事。1918年3月任北京政府外交部参事。1922年2月代理外交部交际司司长，外交部通商司司长。1923年3月任外交委员会事务处帮办。1925年任关税特别会议委员及法权调查委员会顾问。1926年2月至1931年7月任驻葡萄牙公使。后多次出任中共驻国联代表。抗战爆发后投日，1940年3月被汪伪政府任命为公使，在外交部办事。

**王竹卿(? —1912)**

嘉兴县人。光复会会员。1912年1月14日凌晨2时奉蒋介石令持枪潜入上海广慈医院，将光复会副会长陶成章刺杀。自知罪大恶极，潜回家乡嘉兴，出任嘉兴军政分府尚武团队长。其行踪被光复会侦知，指示潘梅仙予以严惩。3月25日由府署外出品茶，遭到刺客行刺未中。3月27日上午11时从品芳茶楼饮茗回家，被刺客跟踪入室，击中后背，子弹从前胸穿出，倒地身亡。嘉兴军政分府派统领前往王寓验视尸，逮捕嫌犯一人，解往省城讯办，不了了之。

**王伏雄(1913—1995)**

兰溪县人。1929年考入浙江省立高级中学。1932年考入清华大学生物系。1936年9月毕业后考取著名植物生态学家李继侗教授的研究生，从事牛耳草个体生态学的研究。1937年"七七"事变后随校辗转南下，在张景钺教授指导下继续从事研究。1941年研究生毕业后应聘在清华大学农业研究所植物生理室汤佩松教授门下，从事大麦多倍体细胞学的研究。1943年5月前往美国留学，随美国著名植物胚胎学家J. T.巴克霍尔兹教授攻读博士学位。曾被选为美国PhiSigma荣誉生物学家学会会员，美国科学家SigmaXi荣誉学会会员，以及美国植物学会会员。1946年6月毕业，获博士学位。同年9月回国后在上海应聘为中央研究院植物研究所副研究员，从事植物形态学研究。1948年初前往台湾大学植物系任客座教授。当年6月返回上海。1950年8月调入新组建的中国科学院实验生物研究所任研究员，兼任所务秘书。1951年5月举家迁至北京，在中国科学院植物分类研究所(1953年改名为植物研究所)任研究员。其后一直致力于植物生殖生物学的研究，特别对中国特有裸子植物的胚胎学进行了系统的研究，为该类群的系统分类与演化提供了重要依据。在组织多学科协同研究"裸子植物系统发育"这一重大理论课题方面，获得许多重要成果。单独或与他人合作发表的学术论文百余篇，主编了《中国植物花粉形态》、《植物学名词大辞典》等书，译著有10种。1980年当选为中国科学院学部委员，并任生物学部常委。1983年至1988年任中国植物学会副理事长，1988年当选为理事长。并曾任《植物学报》、《中国植物学报》(英文版)的主编。

**王延松(生卒年不详)**

上虞县人。著名工商业者。东南商科大学肄业，早年在上海经营绸缎业，曾联合各界组织中国国货绸缎展览会，深受赞赏。1926年任上海各路商界联合会要职。1927年秘密组织上海市商民协会，任执行委员，迎接国民革命军入沪。随即任上海特别市商人团体整理委员会常务委员，国民党上海特别市党务指导委员会委员。1930年上海市商会改组后任执行委员，并被推为工部局华董、纳税华人会执行委员。同年创办大新绸缎局，执上海绸缎业之牛耳。1931年与骆清华等在上海发起成立上海绸业银行，任董事长兼总经理，并任上海银行业同业公会执行委员，还兼任达隆毛线厂、华新印染公司董事长。抗战爆发后将绸业银行总行撤往重庆。抗战胜利后回迁沪上，仍任董事长兼总经理，并任中国银行、江苏银行董事，上海市银行公会常务理事，上海市绸缎商业同业公会监事，上海市参议员，上虞县银行董事长等职。新中国成立后续任上海绸业银行董事长。

**王仲良(1899—1974)**

原名宝德，化名承业、耀中。慈溪县人。16岁至上海谋生。1927

年参加革命,11月任上海金银业工会常委,组织工人运动。次年1月被国民党淞沪警备司令部逮捕,在狱中加入中国共产党。一年后出狱,任金银业工会党支部书记。1930年再次被捕入狱。1936年4月获释。1938年5月任京沪线工作委员会委员,开辟无锡敌后抗日根据地,并化名王承业,历任中共无锡县委书记、江南抗日义勇军无锡支队司令员兼政委、无锡县抗日民主政府县长。1941年10月南下浙东,任浙东军政分会委员。此后历任中共三北工委书记,中共三北地委书记,三北游击司令部总办事处主任(化名王耀中),三北自卫总队队长兼政委,浙东行政公署三北地区特派员,中共四明地委书记,浙东行政公署副主任。1945年10月奉命率部北撤。次年6月任山东野战军第一纵队教导团政委。1947年任华东野战军后勤部卫生部政委。1949年5月上海解放后任中国人民解放军第三野战军后勤部接管委员会秘书长。1953年转地方工作,先后任中国科学院上海办事处副主任、中国科学院华东分院党委书记兼副院长、上海市科学技术委员会副主任、中共上海市委候补委员、市委监察委员会副书记等职。期间正确贯彻党的知识分子政策,关心科学家,组织并帮助他们完成各项科研任务,上海分院在科研学术领域获得了多项重大成果。担任"人工合成胰岛素"项目的总指挥,在世界上首次人工合成了具有生物活性的牛胰岛素。被称为"尊重知识,尊重人才"的践行者。"文化大革命"期间被隔离审查五年。1974年1月12日在上海病故。

**王仲荦(1913—1986)**

曾用名颂平、元崇。余姚县人,出生于上海。1930年就读于上海正风文学院,曾从太炎学。毕业后加入章太炎主编的《制言》杂志,次年起整理发表太炎遗著目录。1938年与太炎夫人汤国梨等创建太炎文学院,任院长秘书室主任兼教授,并在光华大学兼职。1940年赴昆明,任云贵督察李印泉秘书。1942年后先后任中央大学讲师、副教授,山东大学副教授、教授。新中国成立后历任山东大学教授、历史系主任、首批博士生导师,国务院学位委员会历史学科第一届评议组成员,国务院古籍整理出版规划小组成员,中国史学会理事,中国唐史学会第一、第二届副理事长,山东省史学会第一、第二届理事长,《文史哲》杂志编委会副主任等职。系魏晋南北朝隋唐五代史研究名家,曾负责点校中华书局"二十四史"的《宋史》、《南齐书》等古籍,又曾主编《历史论丛》一至五辑。著有《西昆酬唱集注》、《魏晋南北朝史》、《隋唐五代史》、《宋书校勘记长编》、《北周六典》、《北周地理志》、《鲜卑姓氏考》、《敦煌石室地志行记综录》、《敦煌石室地志残卷考释》、《金泥玉屑丛考》、《中国古代物价史》等。

**王任叔(1901—1972)**

号愚庵,笔名巴人、赵冷、行人等。奉化县人。早年就读于浙江省第四师范,毕业后执教于鄞县、镇海等地小学。1923年参加文学研究会,在《小说月报》上发表大量小说和诗歌。代表性作品《疲惫者》等。作品以表现浙东地区乡土生活为主。1924年任宁波《四明日报》编辑。同年加入中国共产党。1929年赴日本,次年返回上海,加入中国左翼作家联盟。1933年至1935年在南京交通部任职。抗战爆发后编辑《译报》、《申报》的副刊《自由谈》、《大家谈》等,并和许广平共同主持《鲁迅全集》的编辑工作。1941年前往南洋,协助胡愈之开展华侨文化活动和统战工作。1947年回到香港,不久进入解放区,任中共中央统战部第二处副处长。新中国成立后历任中国驻印度尼西亚首任大使、人民文学出版社副社长、《文艺报》编委等职。除小说、诗歌作品外,还创作了大量的杂文,文风泼辣犀利。此外长期从事文艺理论研究,有理论著作《文学论稿》面世。

**王舟瑶(1857—1926)**

字玫伯,号默庵。黄岩县人。少年就读于九峰书院。1881年补县学生,旋食廪。1885年入杭州诂经精舍,为俞樾赏识。1888年以优行贡于朝,次年中举人。时侍郎沈源深督学福建,闻其名,聘校文字,后归九峰书院讲学。侍郎龙湛霖督学江苏,又被聘校文字。1895年还里纂修府志。主讲于黄岩县清献书院、临海县东湖书院、路桥文达书院。1900年经礼部侍郎文治荐举,赏内阁中书衔。1902年受上海南洋公学聘,教授特别班。同年京师开办大学堂,受聘为京师大学堂师范馆经史教习。次年与喻长霖于家乡创办黄岩公学,后赴粤襄办学务,任职两广学务处,监督两广师范学堂。1907年曾赴日本考察。1909年应礼部聘为顾问官。辛亥革命后归里专心纂辑乡邦文献。著有《中国学术史》、《光绪台州府志》、《台州文征》、《台诗四录》等。

**王会悟(1898—1993)**

桐乡县人。1918年到湖州湖郡女塾攻读英语。五四新文化运动后接触大量新思想、新文化。1919年前往上海,经学联介绍,被黄兴夫人徐宗汉安排到上海中华女界联合会做文秘，期间与李达结识，次年结婚。1921年中共一大会议召开，参加大会的筹备、会务和保卫工作。大会期间由于密探闯入，会议必须另选地点，建议到嘉兴南湖去继续开会，使得大会顺利举行。还担任共产党最早的妇女刊物《妇女声》的编辑工作。1922年底李达应毛泽东之邀到湖南自修大学主持教务，一同随往，并在该校附属中学教英语。大革命失败后化名王啸鸥，组建笔耕堂书店，出版马克思主义著作。1933年至1937年移居北京。1944年抵达重庆。1945年参加重庆妇女界欢迎毛泽东大会。1946年春自重庆回到故乡养病。1949年5月乌镇解放后，被安排在政务院法制委员会工作。1993年在北京病故。

**王兆槐(1906—1986)**

别号铁厂、铁庵。遂安县人。早年毕业于杭州体育师范学校。1925年考入黄埔陆军军官学校第四期步科。后任排长、连长。1927年任北伐军总司令部上尉参谋。1930年任陆军第五十二师副官处长。1931年任第五十二师第一五五旅第六团中校团附。1933年任浙江省保安处中校股长。1935年任淞沪警备司令部上校侦缉队长。1938年初为诱捕、处死第三集团军总司令韩复榘的执行者。同年任军事委员会调查统计局桂林办事处主任。1939年任军事委员会特务总队少将总队长。1941年任军事委员会西安监察分处少将处长。1943年任军事委员会特务第五团少将团长。同年任军事委员会水陆交通统一检查处第二组少将组长，财政部战时货运管理局豫鄂皖货运管理处处长，交通部京沪区铁路管理局警务处处长。1945年升任京沪区铁路管理局副局长。1948年升任局长。同年当选为第一届国民大会代表。去台湾后曾入战地政务研究会第十六期受训。1950年任“国防部”少将高参。1962年退役。1964年任交通银行董事。还曾当选为第一届“国民大会”第四次大会主席团主席，“国民大会”中国国民党党部常务委员，“光复大陆设计委员会”研究委员。1986年8月去世。

**王米之(1913— )**

奉化县人。先后毕业于军需学校、国防大学、美国三军工业大学、国防研究院等，曾服役军旅40年。抗日战争时从事战区补给，曾获政府多次嘉奖。1949年去台湾后历任陆军总部经理署、联勤总部财务署中将署长等职，并曾赴美考察主计、财务、经理、后勤等业务。1969年后先后任台湾“财政部国有资产局”局长、“中央银行”发行局长。1974年至1976年担任景德制药公司董事长，任内引进国外技术，并与国防医学院合作，开拓内外销市场，使公司业务稳定发展。1976年出任裕台企业公司董事长兼中华贸易开发公司监察人。著有《企业管理问题研究》等。

**王观澜(1906—1982)**

原名金水，字克洪。临海县人。1922年入省立第六师范预科学习，改名观澜。1925年被推选为省立第六师范学生会主席。同年加入中国共产主义青年团。1926年冬转入中国共产党，任学生党支部书记。1927年赴莫斯科东方大学学习。1929年初转入莫斯科中国劳动者共产主义大学，继入列宁学院、苏联红军总医院学习。1930年回国后历任(上)杭武(平)县委书记，汀州市委书记，闽粤赣军区组织部、宣传部部长，中央苏区《红色中华》总编辑，中华苏维埃共和国临时中央政府土地部副部长，中央土地委员会副主任，查田运动指导委员会主任。1934年10月随中央红军参加长征，任中国工农红军第一、第三军团地方工作部科长、中央工作团主任。1936年到陕北后任中华苏维埃西北办事处土地部部长、农委主任、中共陕甘宁边区委副书记、统战委员会主任。新中国成立后历任中共中央政策研究室副主任，农业部党组书记、副部长，中共中央农村工作部副部长，国务院农林办公室副主任兼北京农业大学校长、党委书记，农业部顾问组组长。第四、第五届全国人大常委，第二至第四届全国政协委员。著有《王观澜文集》。

**王观镐(？—1941)**

字则宾。青田县人。清末秀才出身。旋入安徽武备学堂习军事，历任管带(营长)、标统(团长)、参谋长等职。1912年后被北洋政府授予陆军少将军衔。不久解甲归里，曾任青田县大路求是完全小学首任校长，常为族人排难解纷，平息讼事，望重乡里。抗日战争时主办自卫队，保卫乡里，乡人士咸尊称他为“则宾相”。

**王羽仪(1902—1996)**

号雨篨。长兴县人。铁路工程专家、画家。绘画世家出身，自幼爱好绘画。儿时就读于箬溪小学。后到杭州读中学，转学北京二中。1925年毕业于上海南洋大学(今上海交通大学)铁路机械专业，在平绥铁路工作。1928年留学美国，获普渡大学机械工程学硕士学位。次年回国后任平绥铁路工程师、机务段长、厂长等职。抗战时期任南京铁路总机厂工程师、交通部路政司技正、湘桂铁路桂林电厂厂长、交通部铁路总机厂副厂长兼业务处处长等职。抗战胜利后任交通部平津区特派员办事处路政组组长、平津铁路局运输处处长、副局长等职。新中国成立后任铁道部参事、铁道部计划局副局长、天津铁路局副局长等职。1952年后任铁道部科学研究院情报研究所副所长、学术委员会副主任等职。“文化大革命”中受到迫害。1978年离休。绘画师从王梦白,工写意花鸟,尤擅墨竹,兼习写意山水、人物。也能刻印,尤善肖形印。1932年为北京荣宝斋所作木版水印生肖花笺被鲁迅与郑振铎收入《北平笺谱》。1978年离休后历时两年完成103幅描述旧京风土人情的画稿《旧京风俗百图》,经端木蕻良配诗和书法,由香港三联书店出版,后在日本出版时改名《燕山风俗》。曾任中国铁路文学艺术工作者协会副主席。

**王　韧(1870—1966)**

建德县人。1893年乡试中副榜。曾任浙江省视学,严州双峰书院院长,六睦学堂、严郡中学堂院长堂长、总理。民国时期任《建德县志》总纂,发起重刻乾隆版《严州府志》并写序,参与江山、兰溪县志的编修工作。1953年起受聘,任浙江省文史馆馆员。1956年3月任建德县第一届政协常委。

**王志刚(1902—?)**

鄞县人。早年留学美国,获美国沃海沃州立大学商学学士。回国后任上海交通大学教授,京沪、沪甬铁路调度课课长、运输课课长、车务处科长、车务处副处长兼运输课课长,铁道运输司令部车务科课长,广九铁路副局长,铁道部参事,中央政治委员会交通专门委员会委员,粮食管理委员会委员,浙江省政府委员兼建设厅厅长、兼代财政厅厅长。1944年任上海市特别市经济局局长。

**王克敏(1873—1945)**

字叔鲁。杭县人。1903年乡试中举人。后赴日本,担任留学生监督,不久任驻日公使馆参赞。1907年归国,先后供职于清度支部、外务部。1910年任直隶交涉使。1911年后转入银行界。1913年赴法国。同年回国后任中法实业银行董事。1917年出任中国银行总裁。同年11月任北京政府财政总长及盐务署督办。1918年12月代表北京政府参加南北和平善后会议。1920年后任中法实业银行总裁、天津保商银行总理等职。1927年蒋介石北伐成功后便发布通缉令捉拿,逃往大连,投靠奉系军阀,任东北边防军司令长官公署参议兼财政处处长。1931年在张学良支持之下出任北平财政处理委员会副委员长。1933年任南京国民政府行政院驻北平政务整理委员会委员兼财务处主任。1935年任职于国民党冀察政务委员会委员,代理北平政务委员会委员长,并出任东北政务委员会多项要职。1936年任冀察政务委员会经济委员会主席。1937年中日战争爆发后出任“中华民国临时政府”(北平)行政委员长、“新民会”会长。1938年2月在国民党军统局天津站策划的暗杀汉奸行动中受轻伤。同年9月伪临时政府与在南京成立的以梁鸿志为首的伪维新政府合流,成立伪中华民国政府联合委员会,任主席。1940年3月并入汪精卫的伪南京国民政府之后,出任伪华北政务委员会委员长,名义上归汪精卫管辖,事实上自成体系。后又出任南京伪国民政府的内务总署督办、中央政治委员等要职。抗战胜利后被国民政府以汉奸罪名逮捕。1945年12月于北平第一监狱中自杀身亡。

**王　杜(1878—?)**

字晦如。杭县人。1900年与1901年庚子辛丑并科举人。曾担任黑龙江抚署文案处帮办、绥化府黑河府及龙江府知府、黑龙江省公署秘书、警务公所总办、官膏局会办、山东省公署秘书等职务。1911年后历任北京政府国务院佥事,机要局参事,黑龙江黑河道尹,大总统府顾问,平政院评事。1927年7月任交通部参事。

**王　佐(1853—1931)**

字寄庼。上虞县人。1889年恩科举人。1890年被上虞知县唐煦春聘为《上虞县志》总纂。1898年在上虞县丰惠镇经正书院开办上虞算学堂。1903年绍兴八县学务公所在绍兴大善寺成立,任纠察部长。1905年任上虞县商务分会总理。1907年任浙江省保路会副会长。1909年先后当选为浙江省咨议局议员、清朝资政院议员。1911年任永嘉县教谕,不久离职返乡。同年与陈春澜、朱鸿儒等在丰惠镇创设春泽垦牧股份有限公司,提倡实业,改良农田,振兴地方经济;促成陈春澜出资20万元创办春晖中学,并出任校董事会首届董事长,负责筹建学校事宜。

**王佐良(1916—1995)**

笔名竹衍。上虞县人。文学翻译家、外国文学研究家。中学时代曾在《中学生》杂志发表小说和散文。1935年考入清华大学外文系,大学期间坚持写作。大学毕业后留校任教。1947年赴英国牛津大学研究英国文学。1949年回国后执教于北京外语学院,后任英文系主任。曾参加《毛泽东选集》英文翻译工作。其后将曹禺的《雷雨》翻译成英文。对英美文学研究造诣颇深，曾翻译出版《彭斯诗选》，主编《美国短篇小说集》、《英国诗文选集》等。此外还有相当多的研究文章。

**王伯元(1893—1977)**

名怀忠，字伯元，以字行。慈溪县人。著名金融家。14岁到上海正丰永金号习业。1916年被聘为涵恒金号经理，两年后改任天昌祥金号副理。1921年在北市创设裕发永金号，任经理，做标金买卖。不到30岁已是百万富翁，成为著名的“金子大王”。随后广泛投资工矿、金融业，在上海开设元余、元发、鸿升、同庆、同润及镇泰(在宁波)多家钱庄。1929年与秦润卿等接办中国垦业银行，改名中国垦业商业储蓄银行，额定资本250万元，投资58%，掌握该行的实际控制权，并任常务董事兼经理。同时长期任中国天一保险公司、中国窑业公司、镇江贻成新记机器面粉厂、上海通和商业储蓄银行、国泰商业储蓄银行董事长，还任中国亚浦尔电器厂、大华银公司、宁波实业银行、上海绸业商业银行等董事，又任中国建设银公司监察人、天一银公司无限责任股东及泰康、天昌祥两家金号股东。致富后致力于文化教育事业，1931年设立伯元奖学金，又以巨资注入复旦大学、南洋中学、蒙藏学院等，并任董事或常务董事。社会兼职方面，曾任宁波旅沪同乡会会长、上海公共租界工部局地皮委员会委员，上海市银行业同业公会理事等。新中国成立前夕出走香港，后又去美国。

**王伯裕(1917— )**

诸暨县人。1943年毕业于国立浙江大学化工系。进国民政府军政部第二十三兵工厂工作。1946年进入台湾糖业公司任职。在大林糖厂时因对工场复旧更新有功劳，被记大功嘉奖。不久任台糖公司总协理室工程师，借调台湾省检验局为简任技正，兼技术室主任。后转任埔里副产加工厂厂长。1966年经台湾“外交部”派赴利比亚考察糖业。1967年调任大林糖厂厂长，任内改进技术、引进更新设备、研究制糖新法。1973年以甘蔗直接制造精糖获成功，使该厂成为远东“首座”耕地精糖厂。1974年任虎尾总厂厂长，注重灌溉排水，推动机耕，使该厂甘蔗产量连破纪录，同时革新管理，兴建办公大楼、员工住宅，企业快速发展。1978年6月升任台糖公司协理。曾任台湾“中国工程师学会”副总干事。退休后移居加拿大。

**王宏卿(1900—1972)**

奉化县人。服装工业企业家。15岁到上海，在同乡王才运开设的荣昌祥西服呢绒号当学徒，学习西服制作技术，满师后在该店当营业员，后成王才运女婿。“五卅”运动期间王才运为抵制洋货弃商归里，由其经营荣昌祥号。悉心改进经营管理，开拓团体制服业务，并扩大呢绒批发，使荣昌祥保持兴旺发达景象，为上海西服业之冠。抗战爆发后亲自与人到内地筹建华商被服厂，先后在汉口、香港等地设厂，生产军需服装、被服、水壶等军需物品，供应前方，支援持久抗战。1945年抗战胜利后回上海主持荣昌祥业务，悉心整顿，重振旗鼓，恢复传统经营特色，并在南京西路开设光华皮鞋店，任上海西服业同业公会理事长，并秘密资助中共地下党员开展活动。上海解放后被选为上海市人民代表、市政协委员、市工商联委员以及上海市西服业同业公会主任委员等。

**王启宇(1883—1965)**

字志飞。定海县人。著名纺织企业家。父晋侯，精中医，任职于上海和兴洋行。随父至沪，考入上海圣约翰大学，一年后因学费昂贵辍学，任和兴洋行司计，余暇钻研棉(纱)布加工技术。1911年研制丝光线获得成功，遂于1913年辞去洋行职务，在唐山路创办达丰染织厂，任经理，生产丝光棉纱，销路极畅，数年间积累甚巨。1919年又添置染布设备，生产色布。1920年成立达丰染织股份有限公司，任总经理，开始棉布染色，为中国机器染织之先驱。1921年与李柏葆投资80万两银元创办振泰纺织厂，任董事兼总经理。1925年振泰增加布机40台，又在宝山县创设宝兴纱厂，任董事兼监理，接着又集资自办发电厂。1927年达丰设立印花部，生产印花布，使达丰成为具有织、漂、染、印、整的全能厂。1927年至1937年间达丰日产印染布5000匹，资产总值达500万元，居染织业之首。振泰纱厂资本也达200万元，宝兴纱厂和期间独资创办的大纬印染织造厂、兴业第一制铁厂的资产也与日俱增。还兼任上海毛绒纺织厂董事兼经理，泰山保险公司、舟山轮船公司、宝丰纺织公司董事，均泰颜料号股东。抗战期间达丰、振泰、宝兴、大纬曾悬英商牌号，对外称第一中纺公司，以华信公司名义，任总经理。同时又投资信和纱厂、中华劝工银行及统原银行等，成为以棉纺为主，涉足金融、保险、钢铁、航运的大资本家。曾任华商纱厂联合会董事，中华工商联合会理事长。抗战胜利后达丰、中纺恢复华商名义，任总经理，主持两厂积极扩充。中纺拥有纱锭5万枚、布机400台，成为上海最大的棉纺厂；达丰厂月产量达5万匹。同时任苏、浙、皖、赣、鲁、沪六区棉纺业同业公会理事长。1948年建香港纱厂。1950年移居香港,任香港纱厂董事长。热心教育事业,曾捐款定海中学、华侨中学、棉纺子弟学校等。其子福元秉承父志,在定海一中建启宇图书馆、启宇体育馆、启宇奖学金和启宇奖教金。

**王启常(1888—?)**

宁波人。1900年至1907年就读于上海圣约翰大学。1908年赴英国留学,入伦敦大学。1911年获经济学学士学位。1912年任南京中华民国临时政府财政部专员。同年调任财政部会计审计局审查员。1913年任内阁财政委员会委员。1913年至1918年任国立北京大学经济史教授,北京政府财政部会计检查局副局长及财政部书记长兼委员会委员。1915年任财政部税制改革委员会委员。1917年入币制局,参与币制改革署工作,因而被推选为出国考察代表于1919年赴欧洲、美国考察第一次世界大战后的经济状况、尤其是货币状况,并任中华联合贸易会驻欧洲代表。1920年回国后入财政部,不久辞职。1921年创办中华妇女商业储蓄银行,任总经理。

**王　纶(1892—1937)**

字剑外。临海县人。保定陆军军官学校第六期学员,后就读于北京陆军大学。1928年1月任国民革命军第一集团军第一参谋长。同年11月任参谋本部高级参谋。1929年1月任参谋本部第三厅厅长。1932年2月4日任军事委员会第一厅第一处处长;9月26日兼任参谋本部第一厅副厅长。1933年4月17日任参谋本部第一厅厅长。1937年抗日战争爆发后日本特务乘他训马时进行刺杀,子弹打中马后,坠鞍身亡。

**王林谷(1919—1995)**

笔名林谷。宁波人。早年在上海当学徒和练习生。抗战期间迁往重庆。1940年后在重庆育才中学工作。1944年出版长篇小说《疾风》。1945年在重庆加入中国艺术剧社。抗战胜利后在上海参加联华剧艺社,后进昆仑影片公司,任制片主任。曾参加电影剧本《乌鸦与麻雀》的创作。1949年后先后任上海市电影局艺术处副处长,天马电影制片厂副厂长,上海电影制片厂文学部主任、副厂长,民盟上海市委副秘书长、顾问,政协上海市第六、第七届委员。创作的电影剧本有《神龛记》、《通天河的故事》、《时代的声音》、《七日流火》等。

**王杰夫(1889—1928)**

名建,字杰夫。黄岩县人。早年在本县学堂读书。1907年7月考入直隶省保定府的陆军部陆军速成学堂第一期步科第一队学习。1909年以第三名的成绩毕业,指发浙江新军服役。1911年11月上旬浙江光复后曾在浙江军政府任职。1917年因与浙江督军兼省长吕公望政见不合,遂应陕西督军陈树藩电邀,前往陕西,任陕西陆军第四旅旅长。后被擢升为陕西督军公署军务处少将处长。1916年袁世凯称帝,力劝陈树藩通电反对复辟,声援护国。后因母病返回家乡。1927年因长子眼疾,赴上海求医,时北伐军已抵上海,蒋介石在军校时与他相知,特命林蔚相邀共襄北伐,婉言谢绝。1928年冬在北京病故。

**王叔晖(1912—1985)**

女。字郁芬。绍兴县人,出生于天津。现代著名工笔重彩人物女画家。15岁时加入中国画学研究会,先后师从吴镜汀、徐燕荪、吴光宇等名家,又取法于仇英、陈洪绶,同时吸收了西画中的比例、解剖、透视等创作技巧,人物造型含蓄中略加夸张,气韵生动,线描健劲有力,落墨洁净,设色明艳清雅。作画题材以古代仕女为主,作品主要有中国画《夜宴桃李园》,连环画《孔雀东南飞》、《梁山伯与祝英台》、《生死牌》、《杨门女将》、《西厢记》等,晚年以《红楼梦》人物创作为主。代表作《西厢记》获第一届全国连环画评奖一等奖,声誉远超国界。历任出版总署美术科员,新华书店总管理处美术室图案组组长,人民美术出版社连环画创作组组长。专业画家,中国美术家协会会员,曾任中国美术家协会第二、第三届理事。

**王叔梅(1875—1941)**

字述曾。绍兴县人。王氏祖传为嫁妆木器,设肆于城内西营,为百年老店王祥元。幼极聪慧,虽读书不多却粗通文墨。少年老成,年未弱冠即管理店铺。1894年赴东浦某药铺充学徒。随着社会阅历增加,深感不学不足于立身处世,遂于1901年毅然辞去店务,闭门读书,早年曾随任奉天道台的绍兴陶堰人陶大钧做师爷。1905年结识徐锡麟、陶成章等人,资助光复会创办大通学堂,由蔡元培介绍,加入光复会。1907年皖浙起义失败,远避东北,出任奉天审判厅推事。辛亥革命胜利后嵊县人俞景朗任绍兴知事时,出任绍兴县自治委员。1913年12月14日绍兴的共和党、统一党、统一国民党合并成立进步党绍兴分部,任分部部长。袁世凯复辟帝制,进步党均有异词,纷纷脱党。1916年进步党瓦解,绍兴分部自行解散。8月16日以绍兴县自治委员身份,陪同孙中山视察绍兴,并合影留念。1920年任福建闽侯县知事,旋迁福建教育厅长。陈仪任徐州警备司令,应邀摄篆铜山,旋即去职回乡。1926年陈仪任浙江省长,应邀出任杭县知事。陈仪去职后也辞职返回绍兴,从此不入仕途,专理王祥元店务,关心地方公益事业。1933年聘任稽山中学名誉校董。1935年出任绍兴财务委员会主任委员,负责管理地方公有财产以及兴办地方公益事业和慈善事业。1938年2月内迁湖南,辗转长沙和沅陵,最后定居辰溪。1941年8月在辰溪病故。

**王 卓(1890—1911)**

字楚材。黄岩县人。17岁入浙江陆军小学,后升南京陆军第四中学。浙江同盟分会成立,由同乡人介绍加盟。1911年10月10日武昌起义爆发后联合同学,游说新军,计划夺取南京,被清政府发现后未能成功。转而组织百余学生军奔赴湖北支援革命,连夜渡江到汉口,上岸即与清军接火,不幸中弹坠河身亡。1912年革命军总司令黄兴追赠其为学生决胜团团长。1916年黄岩县在城关中山公园内为其和另一位辛亥革命烈士柯冠时建造双烈祠,以缅怀他们的功绩。

**王卓然(1908—1979)**

上虞县人。1927年毕业于东南大学理科。毕业后任上海华丰搪瓷厂工程师,成功研制出白色硅酸盐水泥,填补国内空白。1947年借用华丰搪瓷厂的设备和车间,与人合股开设光华水泥厂。1950年该厂迁至苏州。1949年与李液、田宜等人合作,发明白水泥熟料漂白工艺。1964年该成果获国家科技发明奖。1956年任建筑工程部水泥研究院粉磨室主任,后任建材工业总局江油水泥工艺研究所技术顾问。曾任苏州市政协第一届委员会常委。

**王性尧(1905—1978)**

原名师伦,笔名逊庐,号无违居士。镇海县人。著名国货商业企业家。1921年进北京"泉流"银号当练习生。1924年到上海荣昌火柴公司当文书。次年投资大华仪表厂,任董事。1930年任大中华火柴公司总务科副主任。1934年任上海中国国货公司监察人。同年中国国货公司全国联合办事处在上海成立,即脱离大中华公司任联办处主任,后四处联络,在全国各处设立国货公司。1935年在郑州、长沙、温州、济南、徐州、福州、重庆、广州、西安、昆明、镇江等地筹建成立11处国货公司。1937年5月中国国货联合经营公司成立,任经理。太平洋战争爆发后联营公司被迫迁重庆,并在广州、香港、新加坡等地设立国货公司,常往返渝沪间,操持业务。抗战胜利后公司回迁上海,仍任公司经理,并参加上海工商界人士的"星五聚餐会",从事民主运动。1948年任上海市商会候补理事。上海解放后被推选为上海市工商业联合会筹备会常务委员。1951年当选为上海市工商业联合会第一届常务委员,并任中国国货联营公司总经理。后联营公司与其他35家外贸单位合营组成上海公私合营国际贸易工业品公司,任副董事长。1956年起当选为上海市工商联第二、第三、第四届副主任委员。还任民建上海市委常务委员,第一至第四届上海市人大代表,第一至第四届上海市政协常务委员,中华全国工商业联合会第二届执行委员、第三届常务委员,中国民主建国会中央委员和第一、第二、第三届全国人大代表。"文革"中遭迫害。1978年6月17日在上海去世。

**王国松(1902—1983)**

字劲夫。温州人。1925年毕业于浙江公立工业专门学校电机科并留校任助教。1930年赴美国康乃尔大学公费留学。1931年获电机工程硕士学位,1933年获哲学博士学位。回国后历任国立浙江大学副教授、教授、电机系主任、工学院院长。1950年至1957年任浙江大学副校长、代校长,省人大代表、省政协委员、省人民政府委员,省科联副主席、杭州市科联主席等。期间被评为一级教授。1978年至1983年任浙江省电机动力学会理事长、省第四届政协常委、省科委顾问、电力部科学技术委员会委员、中国电机工程学会和中国电工技术学会顾问等,是中国电机工程学会发起人之一。曾任第一届全国人大代表,第二、第四届民盟中央委员。著有《不振荡电路之极大放电率》、《矩形导体的集肤作用》、《电工数学》、《电路原理》、《复卷电动机之起动》、《直流电机之短路电流对于磁场之反应》、《三刷发电机》、《串联振荡电路之谐振及稳定状态》、《阻抗算子乘积之运算》、《电工基础》、《分裂导线中静电力和电动力的作用》等。

**王国光(1916— )**

早年毕业于国立厦门大学。1946年3月应基隆港务局的聘请去台湾,参与战后重建。初任副工程师。1955年任正工程师。1960年获台湾"行政院美援运用委员会"奖助,赴荷兰锦绣港湾工程。毕业后返回台湾,历任基隆港务局扩建工程处副处长、港埠工程处处长、工务组长、副总工程师、总工程师兼科技研究室主任。著有研究报告多册。

**王国桐(1913—1980)**

永嘉县人。航运商。高小毕业

后进永嘉南门一钱庄当学徒，继在永源钱庄任职。后考取浙江农民银行练习班，毕业后在永嘉农民银行供职，曾任业务股长。抗战时期在上海与人创办诚隆贸易公司，并在永嘉县城成立分公司，任副总经理兼永嘉分公司经理。抗战胜利后在上海集资组织南强航运公司，任总经理，经营至华北、东北及台湾、香港的航线，后随着业务的扩大在福州、天津设立分公司。期间积极支持中共组织从事革命活动。上海解放前夕为避免公司海轮被国民党胁迫移台湾，避至香港，改悬英国国旗。新中国成立初期用"南强"轮运物资到上海，以缓解美蒋对东南沿海的封锁。50年代后与三兄在香港成立侨联航运贸易公司，任总经理，拥有数艘巨轮，开展国际贸易。同时参与组织在港工商界人士成立中华总商会，任常务董事。兼任中华出入口商会副会长等职。热心大陆公益事业，多次资助温州华侨中学、华侨饭店、侨联、杭州华侨饭店等。

**王国桢(1899—1931)**

原名杨柳，字叔材，化名洪涛、林特夫、邵子平。平阳县人。17岁从宜山学堂毕业，因经济困难辍学，先后到浦城、镇下关当塾师。1919年春到福建厦门集美学校任教。1921年转到福建漳州一所中学任教。同年在庆祝"双十节"时写了一副废旧立新的对联贴在校门口，惹怒军阀当局，被逮捕入狱，后经同乡筹送50块银元得以保释。1925年从漳州回乡，入温州甲种商业学校学习。同年冬由中共温州独立支部成员林去病介绍，加入中国共产党。1926年5月赴广州进入毛泽东主办的第六届广州农民运动讲习所学习。同年秋结业后以国民党中央农民部特派员身份，回到平阳、永嘉领导农运工作。1927年春当选为永嘉县农协主席。"四一二"反革命政变后转入地下斗争。同年7月老家被国民党查抄。9月去厦门，在集美学校任教。1928年3月回乡后继续在永嘉、瑞安一带进行革命活动。1930年2月协助中央特派员金贯真在瑞安肇平垟召开温(州)属各县第二次扩大会议，对武装斗争作出决议，会同李振声、雷高升等组织红军游击队。2月底中共中央军委派胡公冕来领导武装斗争，3月7日与之会合成立浙南红军总指挥部，胡任总指挥，其与李振声负责政治工作。3、4月间与雷高升等带领武装队伍先后缴了瑞安盐局、平阳瓯盐公所缉私队的枪支。6月初参加全国苏维埃区域代表会议回到温州，于6月18日至22日在瑞安县渔潭村召开浙南第一次党代表会议，在会上传达中央苏维埃代表会议精神和工作指示，决定成立中共浙南特委，由其任特委书记。8月至上海参加苏浙皖三省联席会议。11月浙南特委撤销，改任中共温州中心县委书记。1931年5月到上海向党中央汇报工作；10月由于内奸出卖，在瑞安飞云江码头被国民党逮捕，被解至温州，在狱中坚贞不屈，大义凛然。同年12月11日在温州华盖山麓壮烈牺牲。

**王国维(1877—1927)**

初名国桢，后改名国维，字静安(或静庵)，亦字伯隅，号礼堂，晚年更号观堂，又号永观。海宁县人。1877年12月3日出生于海宁盐官。1883年入塾开蒙。1892年县试中式，后屡应乡试不中。1893年肄业于杭州崇文书院。1899年进上海《时务报》馆任书记，业余在罗振玉主持的东文学社学习外文及理化。1901年夏应罗振玉之邀任罗在上海创办的《教育世界》杂志主编。1902年2月受罗资助赴日入东京物理学校就读，夏季因病回国。1903年3月至南通通州师范学校任教。1904年12月转到地处苏州的江苏师范学校任教。1907年春入京在学部总务司行走，充学部图书馆编辑。1909年任学部名词馆协修。1911年11月辛亥革命爆发后随罗振玉东渡，寄居日本京都。1916年初回国后担任犹太富商哈同所办《学术丛编》、《艺术丛刊》编辑，兼任哈同所办仓圣明智大学教授。又为藏书家蒋汝藻编《密韵楼书目》，并参加纂修《浙江通志》。1923年应逊帝溥仪之召，北上就任"南书房行走"。1925年应聘为清华大学国学研究院教授，与梁启超、陈寅恪、赵元任并称"四大导师"。1927年6月2日自沉于北京颐和园昆明湖。王是中国现代新学术的开拓者，在文学、美学、古文字学、考古学、历史学诸领域均有杰出成就。早年究心西学，接受德国哲学家康德和叔本华的影响，撰有《红楼梦评论》、《论古雅在美学上之价值》等多篇论文，成为以西方哲学和美学理论研究中国文学的第一人。其后转向词曲研究，著有《人间词话》、《宋元戏曲史》等，皆系本领域经典之作。1912年后专治经史，在甲骨学和上古史研究中取得开创性成就。著有《观堂集林》、《流沙坠简》、《古史新政》等。遗著由后人结集为《海宁王静安先生遗书》、《王国维先生全集》。

**王　明(1911—1992)**

族名兴椒、清椒，字则诚，别号九思，以笔名行于世。乐清县人。1937年毕业于北京大学中文系，其毕业论文《先秦儒学字义考》得到胡适好评。1939年考取西南联大北京大学文科研究所首届研究生，在汤用彤指导下研读《道经》，编纂《太平经合校》，撰写长篇论文《太平经合校导言》，获哲学硕士学位。毕业后在中央研究院历史语言研究所任助理研究员。1944年春天回乡省亲，留在家乡参加抗战，任三青团乐清县部主任。1945年抗战胜利后接任乐清师范学校校长。1947年返回中央研究院历史语言研究所。1950年到华北人民革命大学研究部工作，后调至中国社会科学院考古研究所任学术秘书。1957年调任哲学研究所副研究员。1978年任中国社会科学院哲学研究所中国哲学史研究室主任，历任中国社会科学院哲学研究所学术委员会委员、研究员，中国社会科学院研究生院教授、博士生导师，兼国务院古籍整理出版规划小组成员、中国哲学史学会副会长等职。著有《太平经合校》、《抱朴子内篇校释》、《道家和道教思想研究》等，是道家和道教文化研究方面的专家。

**王明扬(1913—1942)**

又名炳康，化名王平。宁波人。祖父业医，父亲经商，家境优裕。幼时随家迁居上海。1931年在上海读中学时受进步思想影响，加入中国左翼作家联盟。同年加入中国共产党。1933年任中共中央出版部发行科科长，并兼管该部印刷厂工作。1935年夏上海中共党组织被国民党破坏，发行科与上级组织失去联系。先后到英商天祥洋行和法商保险公司当职员。1937年抗日战争爆发后以职员身份加入上海职业界抗日救亡协会，成为抗协领导人之一。同年12月上旬在上海被日军逮捕，被关二十多天。1938年1月调浙江工作。同年7月任中共金(华)衢(州)特委宣传部长兼中共兰溪县委书记、组织部长。12月任中共金衢特委组织部长。1939年7月出席中共浙江省第一次代表大会。同年10月任中共金衢特委代理书记、书记。在金华地区各县建立县委和基层党组织，开展抗日救亡运动。1940年7月任中共金属特委书记。1941年1月调中共浙江省委机关工作。同年6月任中共浙南特委组织部长。9月兼浙闽边区办事处主任。1942年4月在福建省福鼎县岭头沙潭村受敌围攻，壮烈牺牲。新中国成立后中共福鼎县委和人民政府在城关为其树立了纪念碑。

**王鸣皋(1915—1945)**

乐清县人。先后就读于浙江省立第十中学、浙江省立第九中学。后赴北京，就读于志成中学。1937年"七七"事变后回浙江老家，担任永嘉县战时青年服务团总干事，组织、领导抗日宣传和救亡工作。1938年春组建乐清民众剧团，下乡巡回演出。后乐清民众剧团改为乐清县星火剧团。1944年日军侵占温州和乐清部分地区。同年9月温州第三次沦陷后参与组建抗日游击队，成立受中共领导的乐清县警备第四中队，任副中队长。1945年1月策动虹桥抗日队伍武装起义，任乐清县人民抗日委员会主任兼乐清人民抗日游击总队参谋长。同年4月被叛徒枪杀。新中国成立后乐清县人民政府追认他为革命烈士。

**王欣夫(1901—1966)**

原名大隆，字补安。原籍浙江嘉兴，出生于江苏吴县。早年受业于吴江金松岑，后转从吴县曹元弼学习经学。曾任圣约翰大学教授，复旦大学中国古典文献学教授。专长中国古代目录、版本、校勘学。著有《文献学讲义》、《补三国兵志》、《藏书纪事诗补正》等。整理出版他人著作有《许庼学林》、《四库全书总目提要补正》等。与赵诒琛等合编《甲戌丛编》、《乙亥丛编》，其内容以吴门文献中未刊稿为主，兼及旧刻罕见者。

**王征莹(1888—1971)**

字惜寸。奉化县人。蒋介石母亲王采玉亲族。早年毕业于浙江省立法政学堂。1911年11月上旬辛亥浙江光复后，相继担任浙江省民政厅科员、水上警察厅书记员、瓯海道尹公署咨议、浙江省稽勋局秘书。1925年前往广州投奔蒋介石，担任黄埔军校秘书。1926年夏担任国民革命军总司令部秘书兼文书科长，参加北伐战争。1927年任南京国民政府机要秘书。1930年12月4日至1931年12月15日任浙江省政府委员兼财政厅代理厅长。后任中国农民银行常务董事。1935年4月至1936年8月以及1937年至1938年两度担任贵州省政府委员。1935年7月11日至1939年8月兼任贵州省政府财政厅厅长，并兼任贵州省戒烟经费管理委员会主任委员。1949年去台湾后历任台湾土地银行常务董事、台湾"中国文化学会"理事、"中华圣教会"理事、台湾"中国孔子学会"理事长。1950年至1961年担任台北市宁波同乡会名誉理事长。

**王金发(1883—1915)**

原名逸，谱名敬贤，字季高，号子黎，乳名金发、阿高，因秉性刚毅，头角峥嵘，里人多呼为"金发龙头"。嵊县人。幼聪颖，性豪爽，喜射击。1900年加入乌带党，与竺绍康的平阳党相呼应。1902年乌带党归随平阳党，作为别支首领。1904年迫于母命中秀才，但志不在此，与谢飞麟等10人秘密组织"大同学社"，进行反清活动。1905年春徐锡麟游历浙东诸暨、嵊县、义乌、东阳等县，在嵊县结识竺绍康等嵊县革命志士。应徐锡麟之邀进入大通学堂，并加入光复会，深为徐锡麟所赏识，被捐都司衔。同年冬随徐锡麟东渡日本留学，入大森体育学校，以第一名的优异成绩毕业，留学界引以为荣。1906年夏回国任大通学堂体育教员，致力于培训会党骨干。徐锡麟赴安庆后改由秋瑾主持大通学堂的工作，成了秋瑾的得力助手。秋瑾组织光复军，部署浙江起义，与竺绍康等人担任分统。奔赴浙东各地联络会党，结纳绿林豪杰。秋瑾遇难后遭到清政府通缉，更名夏子黎，潜伏浙东山区，坚持地下斗争。联合裘文高的台州义勇队为主力，进攻嵊县，与清军刘庆林部在白竺展开激战。陈其美派杨侠卿将王秘密接往上海，加入同盟会。与陈其美、竺绍康等在沪上设立天保客栈，作为浙江革命党人的秘密机关。因叛徒刘光汉告密，机关遭到破坏，奉命处决叛徒汪公权，惩戒叛徒刘光汉。此后奔走于香港、新加坡和广州等地，联络同志，募集捐款。1911年秋召集旧部组织敢死队，秘密奔赴杭州，于11月4日夜会合起义新军攻克军械局和抚台衙门。同年11月10日应绍兴革命党人邀请，率部光复绍兴，出任绍兴军政分府都督。督绍初期，释放狱囚，公祭先烈，厚恤烈属，平粜济贫，减除苛捐杂税，兴办实业，严禁鸦片，筹办越中习艺所，发展地方教育事业，并筹饷扩军，准备出师北伐。1912年8月绍兴军政分府撤销，拒绝袁世凯“总统府顾问”之聘，携40万元库银赴沪，购置别墅，过寓公生活。1913年7月“二次革命”爆发后在上海召集旧部成立“浙江驻沪讨袁总司令部”，自任总司令。讨袁失败后，以“国事犯”遭到通缉，仍蛰居上海。1914年以巨款贿赂段祺瑞亲信，并由母亲出面，向陆军部投诚，准免通缉。亲自到陆军部向陆军总长段祺瑞及陆海军统率办事处的主要负责人请客送礼，统率办事处提出逮捕革命党人作为投诚免缉的条件。1915年5月与同盟会会员姚勇忱到杭州活动，浙江将军朱瑞秉承袁世凯意旨，予以逮捕，关押百岁坊巷军人监狱，不久遇难。

**王金宝(1881—1904)**

青田县人。父亲王玉明为松阳著名拳师。13岁即随父亲游历闽赣诸省，交结各地秘密会党首领。甲午战争以后，父亲因年老体弱，侨居松阳，从事商业，所获不赀。遂取父亲所盈利，厚结壮士，并代父寓黄家为卫士。暗中接受终南会委托，创办“万云会”。时基督教在松阳传播，飞扬跋扈，黄家敢怒而不敢言，愿出资创办会党，与之对抗。松阳西乡双龙滩有水神赛会习俗，每届秋祭例日农民聚集数千人，各出钱数百文举行大会餐，并进行武术比赛。遂以此创建会党——“双龙会”，此乃对外之名号。双龙会初创时，入会者大都是农民，遂设立机关于松阳县城南门“瓯青公所”，以广结遂昌、松阳、丽水、青田、温州等地往来的贩夫、手工业者以及瓯江上游的船夫。又利用黄绍桂与处州知府赵亮熙的绅商关系，深入处州各地，广事放票，会众增至2万余人。1904年陶成章和魏兰由白布会首领濮振声介绍，奔赴浙江各地联络会党。通过丽水双龙会首领阙麟书介绍，与之相识，并认识到洋教跋扈乃是与清政府狼狈为奸，遂将斗争矛头由反洋教转为以反清为主。陶成章已与湖南华兴会联系，拟以西太后七十寿辰之日起义，浙江以双龙会首先起事，集合金华、衢州和严州三府会党同时响应，以策应长沙起义。龙华会首领沈荣卿相告，协约以双龙会届时共起。长沙起义因消息泄露而夭折，陶成章下令浙江会党停止起义。沈荣卿急告松阳，解散会众，潜入兰溪，转赴桐庐。清吏悬赏2000元大洋缉拿，双龙会骨干程象明见利忘义，向处州知府赵亮熙告密。遂在桐庐被捕，解往处州。双龙会部将拟于中途营救，终因清军防范严密而未成。就义于处州府城丽水，其头颅运至松阳示众。

**王金娒(1895—1930)**

又名王真美、黄景铭。永嘉县人。1926年10月参加革命。同年12月加入中国共产党。1927年“四一二”反革命政变后继续坚持革命斗争。1928年1月中共永嘉县委成立后，负责县委农民运动工作。同年8月任中共永嘉县委常委、组织部长。11月任中共浙南特委委员，中共浙江省委候补常委。1929年4月任中共永嘉中心县委书记。组织农民赤卫队，开展“闹荒”斗争，收缴地主“殷户团”和国民党警察所枪支，发动“五一”联合暴动。1930年5月所率领的赤卫队参加红十三军。同年7月8日在永嘉南堡村被国民党当局逮捕，当晚在温州紫福山麓被杀害。

**王京岐(1895—1925)**

又名景岐、钰孝。嵊县人。1908年嵊县高等小学堂毕业后先后就读于金陵大学、之江大学。1919年入留法预备学校。1920年赴法国勤工俭学，入阿佛尔工业学校。1921年在法国巴黎召集侨胞，包围中国驻法大使署，反对当局出卖采矿筑路权等丧权辱国的行径。同年9月与蔡和森、李立三、陈毅等为争取里昂中法大学的入学权而开展斗争，被法国当局逮捕入临时监狱。在狱中与人共同发表《绝食宣言》，开展绝食斗争。10月被法国当局遣送回国。1922年春加入国民党，任孙中山秘书。8月受孙中山委派为国民党欧洲党部筹备员，再度赴法国，在里昂中法大学成立国民党驻里昂通讯处。1923年6月在里昂与旅欧共青团组织负责人周恩来等商谈决定，旅欧共青团员80余人均以个人名义加入国民党旅欧组织，实行国共合作。8月回国汇报党务，并委托周恩来于11月在里昂成立国民党旅欧支部，任执行部长，周恩来任执行部总务科主任。1924年6月初重返法国，任国民党驻法总支部主席，统理全欧党务。7月与周恩来一起主持召开国民党驻法总支部第二次代表大会，号召全体党员"应为我国的独立坚持斗争，冲锋在前"。9月组织和领导旅法50个团体召开华人大会，声讨军阀曹锟。旅法期间曾先后三次回国，最后一次在1924年曾回家乡嵊县，与苍岩俞均卿与镇海要塞司令张伯岐商洽，将其从法国弄到的3000支枪从镇海码头运回，供给北伐军使用。1925年主编《国民》半月刊、《被压迫人民报》，与共产党人主办的《赤光》相呼应，坚决支持工人大罢工。同时抱病领导旅法中国劳动组合书记部在巴黎举行"二七"大罢工两周年纪念会和旅法华人声援"五卅"斗争的群众集会。1925年6月23日被法国当局逮捕。7月27日被驱逐出境。10月19日在轮船驶向红海求婆地海口时因病去世。按航海惯例，被海葬于地中海。同年11月25日旅法国民党人和共产党人举行追悼大会。

**王京盙(1922—1991)**

字劲父，号澄翁，别署守正楼主、宝敦楼丁、力学斋主、蛟川外史。镇海县人。自幼喜习书法、篆刻，得申石伽、韩登安启蒙，19岁负笈上海，从王福庵游，又师从胡朴安、丁福保、姚虞琴、蒋维乔诸人。中国书法家协会会员、浙江省书法家协会顾问、西泠印社社员、浙江省文史研究馆馆员。编著有《宝敦楼随笔》、《艺风堂友朋小传》、《篆刻要旨》、《说文解字二百例》、《百秦图印谱》等。

**王　庚(1902—1986)**

字乐坡，号亭雨。黄岩县人。1902年4月生。先后毕业于黄埔军校第六期炮科、中央军校高教班第十期。1932年任宁波防守司令部少校参谋。1934年任宁波防守司令守备团中校营长。1936年任镇江要塞司令部上校参谋长。抗战爆发后参加南京保卫战。1938年3月任军统局临醴特警训练班总队附。1940年任军事委员会爆破人员训练班副主任。1941年秋任军事委员会东南特训班少将副主任。1944年秋任东南特训班教育长。1945年8月任中美合作所杭州办事处主任。1946年任交通警察第八总队总队长。同年3月任中央训练团军官总队少将大队长及监察官训练班少将区队长。1947年11月任陆军总司令部监察处处长。1948年底任国防部少将部员。1949年春任上海民众自卫司令部副司令。同年5月在上海向解放军军管会登记投诚。1950年9月入苏州解放军官训练班改造。1975年3月19日获特赦。1981年1月宣布平反，恢复投诚将领名誉。后任南京市中山陵管委会委员，南京市政协委员，南京市关心下一代协会副会长。

**王治心(1881—1968)**

名树声。吴兴县人。前清考入痒生。曾任东吴第三中学、华英学校、上海裨文女学、惠中女学等校国文教员。1913年至1918年间任基督教刊物《光华报》编辑。1921年任南京金陵神学院国文和中国哲学教授，编辑《神学志》。1926年至1928年间任中华基督教文社主任编辑。1928年起出任福建协和大学文学院院长、国文系主任兼荣誉教授。1934年后应刘湛恩校长之请出任沪江大学国文系主任。1948年从沪江大学退休后回金陵神学院教授国文和教会史，主编《金陵神学志》。1957年退休。其后一直在北京居住。著有《孔子哲学》、《孟子研究》、《中国历史上的帝观》、《道家哲学》、《墨子哲学》、《中国学术源流》、《基督徒之佛学研究》、《庄子研究及浅释》、《中国宗教思想史大纲》、《孙文主义与耶稣主义》、《三民主义研究大纲》、《中国学术概论》、《中国文化史类编》、《耶稣基督》(与朱维之合编)、《评基督抹杀论》(与范子美合编)等，为中国基督教界有较大影响的、多产的著述家之一。

**王宝信(1896—1979)**

学名宇涌。奉化县人。16岁进上海某铜匠店当学徒，满师后精通车、钳、刨等工艺。后受雇于美商食品公司制罐部任机修工，精于冲制机械修造和模具制造技术，在行业中享有盛誉。1919年秋筹资1500元在上海创办益泰机器厂，任厂长。1922年又在闸北购地建厂房，并从日本购进三台轧制铝片全套设备。1926年增加搪瓷生产线，改名益泰铝器厂。"一・二八"、"八一三"抗战中益泰厂被毁。抗战胜利后筹资重建企业，经营铝制品，有"百万富翁"之称。1949年后积极参加社会政治活动，认购折实公债、建设公债，抗美援朝战争时生产军用水壶，同时关心国家建设，拥护社会主义改造。1954年益泰铝器厂公私合营，仍任经理。关心教育，先后多次捐资兴办教育，曾被选为闸北区一届人大代表。

**王宗淦(1914—　)**

湖州县人。1935年毕业于上海交通大学电机工程系，获工学学士学位。1936年赴美国，入麻省理工学院学习电网工程。1938年毕业，获电机硕士学位。同年回国，任北京大学、清华大学教授。长期从事远距离输电及直流输电的研究及教学工作，著有《方空汇条的电抗》、《交流远距输电》等。

**王宛卿(1897—?)**

绍兴县人。浙江工业专门学校毕业，曾留学日本，并多次赴日本考察，历任上海兵工厂炮弹、机械主任，国立劳动大学机械工程主任，杭州武林铁工厂工务部长，上海铸亚铁工厂厂务主任。1928年与同乡刘世珍在上海合资创办环球铁工厂，专制各种丝棉毛麻纺织机械，任董事兼经理。1930年增资10万元，1932年资本为16万元。30年代中期同时任上海大中华赛璐珞公司、上海喷漆制造公司监察，江苏省立制丝专修科机械学校教授。

**王承烈(1896—1977)**

字承乌，别号少齐。杭县人。1927年毕业于国立同济大学医学院。曾任上海德国宝隆医院医师。1935年入德国柏林大学医学院眼耳鼻喉科学习。1937年获柏林大学医学博士学位。后获匈牙利布达佩斯大学眼科博士。曾任德国汉堡大学医学院眼科医院医师。1939年回国后任国立同济大学医学院教授。同年在云南昆明昆华医院(今云南省第一人民医院)创立眼科。1944年后在昆明自行开业行医。新中国成立后出任云南省第一人民医院主任医师。

**王承谟(1911—1938)**

笔名尘无、向拉、离工、摩尔、方景亮等。鄞县人。1911年1月23日生于江苏省海门县。著名电影评论家。1929年考入上海持志大学学习。1930年加入中国共产党。1932年加入中国左翼作家联盟，并成为左联负责人之一。作为中共电影小组成员，以尘无等笔名活跃在电影评论界。同年在《电影时报》上发表《电影讲话》、《电影在苏联》等文章。1933年5月在《明星月报》上发表《中国电影之路》，对左翼电影运动的理论建设与创作实践具有重要指导意义。1934年联合各前卫电影人士发表《清算刘呐鸥的理论》、《圣药与毒药》等数篇文章。1936年发表《一个电影批评人的独白》，对“国防电影”理论提出探讨。1936年秋至1937年夏在杭州西湖养病之余，写了不少锋芒犀利的杂文及文笔清新的散文，后结集为《浮世杂拾》散文集。1938年5月25日病故。

**王孟显(1922—　)**

鄞县人。国立政治大学外交系毕业后进入国民政府外交部任职。1949年去台湾，曾入“国防研究院”第九期结业。在台湾“外交部”历任专员、科长、处长、司长。1964年在“外交部条约司”第二科科长任内曾主办“中美共同防御条约”有关技术事项。后历任台湾当局常驻联合国“代表团”一等秘书，驻温哥华“总领事”，常驻联合国“代表团公使”，驻澳大利亚“大使馆公使”，“外交部北美司”司长，驻巴拉圭“大使”，驻多米尼加“大使”兼加勒比海地区另外四国“大使”。台北记者曾戏称其为台湾当局“唯一的五星大使”。

**王贯三(1895—1962)**

又名自严、如年。嘉兴县人。1895年5月28日生。1915年毕业于浙江省立第一师范学校，先后在嘉善县第一高小、桐乡县农业学校、省立第一师范学校附属小学。1922年4月加入中国社会主义青年团。同年冬到萧山县衙前农村小学任教。1923年底随宣中华离开萧山到杭州，以“跨党”形式加入国共合作的国民党。1924年3月国民党浙江临时省党部成立，任秘书。同年夏加入中国共产党。不久奉中共组织派遣，以国民党嘉兴县党部筹备员身份到嘉兴开展工作。1926年任国民党浙江省党部中共党团委员。1927年国民党“四一二”反革命政变发生后转入秘密斗争。同年底任中共浙江省委秘书。不久因被国民党当局明令通缉，避往上海做店员、小学教师度日，与中共党组织失去联系。1930年辗转南下广东潮州、汕头，先后在友联中学、海滨师范、韩山师范等校任教务主任。1938年秋受聘于普宁县梅峰中学。1940年受聘为大埔虎山公学教务主任。1942年任侨中校长。在主持工作期间侨中继承优良传统，革命书报在校内广为传阅，曾亲自出面帮助掩护中共党员和进步青年多人。1948年前往新加坡、马来亚各地为侨中募捐基金。1949年春回到浙江嘉兴。同年秋赴上海，任商业职校副校长及某子弟学校校长。1951年2月任长汀师范校长。被选为福建省人大代表，长汀县政协副主席。1957年7月被错划为右派，撤销一切职务，下放劳动改造。1962年4月含冤去世。1979年5月右派问题得到改正。

**王绍堉(1923—?)**

绍兴县人。王家襄之子。早年在东吴大学附属中学毕业后先后就读于上海复旦大学政治系、东吴大学法律系。1948年赴美国留学,先入财务学校预财系进修,后入美国圣刘易斯大学研究院攻读行政管理。1949年毕业后去台湾,先后任"台湾省物调会"秘书、国外部副理兼代经理、研究室主任。1950年调"联合勤务"总司令部,先后任"军需署美援小组"主任、"财务署"研究所主任、"财务署"少将副署长、"国防部同胞储蓄会"主任、"辅导会"会计处长。1963年起任"台湾省烟酒公卖局"局长六年。1969年任"财政部"常务次长。1977年任中国国民党中央财务委员会副主任委员。1980年任东吴大学法律系教授,法律研究所所长。晚年历任台湾苯乙烯工业公司董事长,中美和石油化学公司董事长,台橡股份有限公司第十二届董事会董事长。还兼任台北市东吴大学校友会会长,东吴大学董事、董事长。晚年关注家乡的发展。1999年出资180万元易地新建原绍兴南池小学,鉴湖镇政府以其父亲王家襄(字幼山)的字命名该校为"幼山小学",以"勤俭诚信"为校训;并出资设立奖(助)学金,每年奖励该校学习尖子及资助校内贫困学生完成学业。

**王　莘(1867—1937)**

原名洪杰,字卓夫,别字酌桴。仙居县人。清末秀才,后赴上海龙门师范学堂求学。1906年加入同盟会,回杭州参与创办耀梓体育会。辛亥浙江光复后任浙江省临时参议会议员,创办《新浙江潮》并任主笔。1912年9月发起创办浙江体育学校,任教务长兼国文教员。次年任校长,先后主校10余年。1921年当选为浙江省第三届议会议员、浙江省体育会会长。1922年6月浙江体育学校闹学潮,辞职离校。历任省实业厅秘书主任、江苏省奉贤县财政局长、杭州清华中学训导主任等职。1937年夏病故。善书法,著有《瓯游草》和诗文二卷。

**王荫泰(1886—1947)**

字孟群。原籍绍兴县,出生于山西临汾。1906年毕业于日本东京官立第一高等学校。后赴德国留学。1912年在柏林大学法科毕业。1913年回国后历任北京政府国务院法制局编译员、法典编纂会纂修员、法律编查会编查员、法制局参事。1913年兼北京大学法科讲师。1917年任高等检察厅判事。1919年任敌国财产管理处法律顾问及库伦特派员。1920年任库伦宣抚署总务处处长。1921年赴东北,任奉系军阀首领张作霖的顾问。1926年6月任北京政府外交部次长,关税会议代表,中俄交涉委员会委员长。1927年6月任北洋政府外交部总长,条约研究会副会长,中华汇业银行总经理。1928年2月任北洋政府司法部总长,后转任关税自主委员会委员。同年6月随奉军退至东北。其后在上海当律师。1937年12月参加伪华北中华民国临时政府,任议政委员会委员。1938年任华北政务委员会实业部部长。1940年3月南京汪伪国民政府成立后,任伪华北政务委员会常务委员兼实业总署督办、中日实业公司总裁。1943年11月农务总署督办、总务厅厅长。1945年2月任伪华北政务委员会委员长。同年3月任汪伪新国民运动促进委员会委员和常务委员。抗战胜利后被国民政府逮捕,以叛国通敌罪判处死刑。1947年在南京被处决。

**王树芳(1903—?)**

吴兴县人。上海交通大学机械工程学士,毕业后任职于广西无线机制造厂及国民党政府铁道部工务司。旋奉派赴英留学三年回国后任职于铁道部吴淞机厂及浦镇机厂,主持机车车辆及配绰制造,并兼任上海交通大学讲师。抗日战争期间历任西南公路机务组长,中国运输公司机务处长,中央汽车配件制造厂总经理。抗日战争胜利后任交通部简任技正兼全国铁路总机厂总厂长。嗣调中国驻日代表团专门委员兼赔偿接受委员会副主任。后历任"台湾中央信托局"、"台湾铁路局"、"台湾电信局"及"台湾经济部、交通部、工业技术研究院"等机构驻日本顾问,历时30余年。曾创立"中国工程师学会日本分会"。

**王树荣(1871—1952)**

字仁山。吴兴县人。1894年中甲午科举人。后毕业于京师法律专门学堂,任江苏高等审判厅推事、直隶高等审判厅推事。1910年参加在华盛顿举行的第八届万国监狱会议。回国后编撰、翻译出版考察报告五种,对于国人对于西方监狱制度的了解具有重要的参考价值。1914年至1915年12月任山西省高等检察厅检察长。1915年12月至1921年6月任江苏省高等检察厅检察长。曾在上海吴淞口以江苏省检察厅名义主持焚烧鸦片。1922年至1926年任湖北省高等检察厅检察长。1927年南京国民政府时期历任安徽省高等法院首席检察官、南京国民政府司法行政部科长等职。1952年在桐乡崇德镇去世。

**王恒守(1902—1981)**

字咏声。海宁县人。中央大学数学系毕业后留学美国哈佛大学研究生院,专攻理论物理。1932年秋回国后历任山东大学、南开大学、广西大学、中央大学、南京大学物理系主任、教授。后任复旦大学物理系教授兼教研室主任,上海第二届政协委员。1956年被评为二级教授。1957年被打成右派,1958年调安徽大学任教。1976年受国家海洋局第二海洋研究所的聘请,任该所第五研究室顾问,并主编《海洋实践》,直至去世。著译有《力学之部》、《从相对论到量子论》、《原子能辐射原理和防避法》、《波浪发电的原理设计》等。

**王品南(1888—1940)**

慈溪县人。天津著名买办。1900年到天津,初在同乡严蕉铭经营的天津顺金隆洋行当学徒,继充任法商洋行翻译,不久在华顺洋行任买办助手。1914年与英国人费巧尔合作,于海大道开办永丰洋行,并充任该行买办,专营猪鬃出口,获利甚丰,闻名于该行业。后扩大经营,在日租界北旭街(今和平路)开设天宝金店,吸收私人存款。1928年在法租界葛公使路开设福绿林中西菜馆和舞厅。此外还在天津从事房地产等业。

**王思默(1896—?)**

绍兴县人。早年毕业于法国里昂大学。曾任北洋政府司法部佥事,浙江省鄞县地方审判厅厅长。后在上海从事法律业务。1928年任江苏省高等法院检察长。1931年任江苏省上海第二特区地方法院院长。1938年8月因参与舞弊案被免职。之后历任署理察哈尔高等法院首席检察官,河北省高等法院第一分院首席检察官,河北省高等法院院长兼特种刑事庭庭长。

**王钟声(1884—1911)**

原名熙普,艺名钟声。上虞县人。早年留学德国,1906年回国后任广西法政学堂监督及洋务局总办。因热心戏剧改革,辞职前往上海,成立春阳社,参加演出《黑奴吁天录》、《迦茵小传》等剧。为中国现代话剧的创始人之一。其后创办通监学校,致力于新剧员的培养。1911年参加上海辛亥光复起义,并以戏剧为武器积极开展宣传活动。同年在天津编演了《宦海潮》、《官场现形记》等剧。同年被清政府杀害。

**王　钧(1887—?)**

字燕秋。山阴县人。1910年保定陆军速成学堂步科第二期第二队毕业。历任参谋长、参议、高参等职。1936年2月被南京国民政府授予陆军少将军衔。1946年7月退役。

**王　修(1898—1936)**

原名福怡,字季欢,号杨弇、云蓝。长兴县雉城镇人。早年在浙江私立法政学校毕业后留学日本。1920年在北洋政府财政部任佥事,夫人温匋偕至北京居住。伉俪喜藏书,公余至琉璃厂隆福寺,搜求善本书籍,旁及钟鼎甲骨,盈屋充栋。其时家中匮乏,温匋即使典当,亦毫不吝惜。见有善本,而力不及购买者,则借回连夜抄写。见明以前残本书,即自作“瘦金书”补成完帙。祖居长兴仁寿堂,藏书甚富,因购得七世祖王继贤知蒙城时所刻《古蒙庄子》一书,将藏书楼取名“诒庄楼”,保存长兴历代著述。1925年离京南下寓居上海,发起组织“巽社”,研究金石书画,主编美术周刊《鼎脔》,发行至朝鲜、日本及东南亚地区。1927年创办王家印刷所,由巽社同仁钱一飞主持。同年5月8日因印刷“打倒新军阀蒋介石”传单,被人告发,而遭宪警包围,钱一飞被捕遭枪杀,王则易服出逃至杭州隐居,在上海的王家印刷所被洗劫一空,在沪藏书、文物损失甚多。1932年长兴仁寿堂不慎失火,旧藏图书、文物大多付之一炬。1936年5月在杭州去世。生前曾于1914年将历年所刻印章400方辑成《薛庐印存》4册及善本600余种寄存于浙江图书馆;1933年和1934年间两次将明刊《南藏》4332卷及《长兴诗存》木刻板500余块寄存于浙江图书馆。抗战期间赖馆长陈训慈关注得以保存下来。

**王保艾(1893—?)**

字阜轩,号浮仙。黄岩县人。1916年12月保定陆军军官学校第三期步科毕业。曾任南京国民政府军事委员会参谋本部参谋。1937年任国民革命军第七十九师参谋长。同年5月21日南京国民政府授予其陆军少将军衔。

**王保身(1907—1967)**

字为民。萧山县人。中国国民党中央党务学校毕业。历任国民党河北省党部常务委员、武长株萍路特别党部常务委员、正太路特别党部常务委员、陇海路特别党部委员兼书记长、第六部特种工作团第五团团长、人才调剂协会调查研究组长兼供养组组长、国民政府教育部战区教育指导委员会委员兼组主任、教育部特派平津冀察战区教育督导专员、国民党中央调查统计局督察室主任等职。1949年春任“内政部调查局”副局长。同年去台湾,担任“国民大会代表”。

**王禹九(1902—1939)**

黄岩县人。中学毕业后曾任私塾教师。1920年考入浙江陆军干部学校,结业后参加北伐。历任国民革命军第三十军、第四军、第十八军十一师、第五十二师等部队的排长、连长、营长、团附、参谋主任等职。1932年入南京中央军校高教班深造。毕业后任第七十九军第九十八师第五八四团中校团附,后任该师第五八七团上校团长。1935年因购买大批进步书籍并与中共上海地下党有联系而遭撤职关押。1937年抗日战争爆发后获释并批准重返部队。不久奉命到上海嘉定抗日前线接任第七十九军七十六师二二六旅副旅长。在历时三个月的淞沪会战中,屡立战功。1937年11月奉命率部坚守常熟,与日军展开激战。常熟之战后调任第七十九军军部少将参谋处长,转战苏浙皖地区,多次重创日军。1938年10月第七十九军奉命转入江西南浔线上作战。1939年3月17日日军进攻江西省会南昌,第七十九军与日军展开激战;26日七十九军军部在虬岭陷入敌军重围;27日凌晨在率领特务连掩护军部突围时,不幸牺牲。国民政府追认他为陆军中将。1984年上海市人民政府宣布追认他为革命烈士。

**王剑伟(1912—2000)**

曾用名王绍福、王双福。奉化县人,出生于上海。早年在上海求学,17岁后先后进美商中国营业公司、英商都益地产公司任职。抗战时期在上海自设大伟行有限公司,后又开设大理石厂。1953年将大伟行有限公司迁至香港,并开设琪娜织品有限公司,任两公司董事长。曾任东华三院总理,香港上海总会会长、永远名誉会长,香港甬港联谊会会长、名誉会长,上海市政协委员。热心家乡公益事业。早年曾捐款资助奉化孤儿院。1986年后多次捐款助建奉港中学、兴建奉化大堰中学教学楼;资助兴建宁波市教研中心大楼、甬江幼儿园、甬江福利院等;并积极发动旅港宁波籍人士关心、支持家乡教育事业的发展。为宁波市荣誉市民。

**王养安(1877—?)**

慈溪县人。上海钱业出身,曾任元鼎钱庄经理。该庄受歇后改营标金业,集合股东开设立宏兴永金号,自任经理,营业颇盛。后将该金号让渡与人,但仍在其中拥有股份,又投资福兴永、义兴永两金号,同时与人合设志裕、义昌、寅泰钱庄及三维地产公司,并在上海福州路置有较多房地产。曾任总商会会员。

**王祖烈(1909—1991)**

东阳县人。1933年毕业于之江大学土木工程系。曾任导淮委员会綦江水道工程局工程队队长,赤水河工程局第一工务所所长、工程师。1945年赴美国密西西比河委员会等部门实习。1946年回国后任淮河水利工程总局沂沭河三队技术室主任。新中国成立后历任安徽省水利厅副厅长,水利部规划局副局长,水利电力部治淮委员会总工程师、高级工程师、副主任,安徽省科协副主席。主持编制淮河流域规划及沂沭泗水系的防洪规划与治理规划。领导建成淮河全流域比较完整的水文观测站网。著有《治淮方略》、《淮河流域规划》、《淮河流域治理综述》等。

**王祖祥(1897—?)**

嘉兴县人。早年国立北京大学毕业,赴美留学,获得约翰霍普金斯大学公共卫生学硕士学位,长期在医疗系统工作。1928年任南京国民政府卫生部科长。1940年8月31日至11月16日任行政院卫生署防疫处处长。1940年11月16日至1942年5月4日任行政院卫生署保健处处长。1943年1月至1945年10月任重庆市卫生局局长。1949年1月13日任卫生部常务次长。同年夏去台湾。1972年用中医药治愈晚期肺癌患者,证明中医的现代意义。建议陈立夫等发展成立"中国医药研究发展基金会",发扬中国文化,促进中医药现代化,并竭力促成中西医领域的合作。出版发行《中国医药研究丛刊》,阐扬中国医学理论。并在荣民总医院、雨声医院、台北市立和平医院推行中西医结合治疗癌症的临床试验,检验研究成果,推进社会大众对中国医药学术的认识与信赖。

**王祝康(1903—1981)**

鄞县人。毕业于上海民立中学及复旦大学工商管理系,后任职于青岛明华商业储蓄银行、福建省银行。抗战胜利后赴台湾银行供职,先后担任该行营业部、信托部经理,台北市票据交换所主任委员,台湾工矿企业公司董事,东亚纺织公司董事。1966年担任"中华证券投资公司"总经理。1971年该公司改组为"中华信托投资公司"后,任该公司董事兼总经理。1974年任该公司常驻检察人、"中华电线电缆公司"常务董事。

**王　统(生卒年不详)**

又名王统一,号晴川。永嘉县人。早年游学日本,妻子是日本人。曾任中华民国南京临时政府海军参谋。1913年"二次革命"失败后流亡日本。积极拥护孙中山组建中华革命党的主张,1913年9月27日在孙中山面前宣誓，成为中华革命党第一批党员。后被孙中山委任为中华革命党海军总司令，并奉令回到上海策动北洋海军起义。1916年5月上旬招募日本退伍海军官佐在上海起事，准备俘获北洋海军“策电”、“虎威”两艘军舰，但未能成功。同年6月中旬东渡日本。7月中旬携带家眷回到上海。后不详。

**王泰生(1909—1998)**

又名幽生。余姚县人。早年贫困失学，1924年到杭州拜师学习雕刻工艺。1930年后在湖南、广东、宁波等地从事佛像工艺雕刻。1950年去香港，创设佛像雕刻工场。1973年去美国旧金山定居从商，先后开设国昌、龙昌、皇冠珠宝金行和湖南中菜馆，自任董事长兼总经理。曾两度担任美国旧金山中华商会会长。1980年后多次资助家乡余姚社会福利和教育事业。

**王素常(1893—?)**

女。也作素尝。临海县人。因夫早亡，随堂叔父王文庆投身辛亥革命，参加光复会，成为辛亥革命时期台州唯一的女光复会会员。1911年广州黄花岗起义失败后，光复会领导人云集上海，作出光复东南的重大决策。时清政府搜捕甚严，单身男子租房很不容易，遂奉光复会之命，租赁上海法租界嵩山路法商维昌洋行三楼房间，设立“光复会驻沪机关制造部”，作为秘密制造炸弹的机关，杨哲商和周琮为制造部主任，王出任制造部助理。1911年11月6日凌晨因操作不慎引起炸弹爆炸，杨哲商当场牺牲，王受重伤并被捕，后经光复会营救出狱。上海光复后光复军在吴淞中国公学成立总司令部，与尹锐志、尹维峻等人在司令部工作。江浙联军攻宁战役打响后加入光复会组织的“女子荡宁队”，参加攻克南京的战斗。1913年向浙江军政府请求给予公费留学日本，由周琮写信给杨镇毅，请求设法批准。1914年获得公费留学日本，与乡人周琮、周煦华同行。学成回国后在上海和广州等地工作。

**王　起(1906—1996)**

字季思，笔名小米、梦甘。永嘉县人。书香门第出身，从小热爱戏曲。早年就读于浙江省立第十中学、瑞安中学。1925年考入东南大学中文系，开始词曲创作。在校期间组织“春泥社”。毕业后在浙江、安徽、江苏等地中学任教。40年代初在浙江大学龙泉分校任教，期间从事元人杂剧、明清传奇的研究，出版《西厢记五剧注》等。抗战胜利后随浙江大学分校迁回杭州。1948年到广东中山大学任教，担任中文系主任、古典文学教研室主任等职。继续致力于元明清戏曲的研究，著有《王轮轩戏曲新论》、《王季思学术论著自选集》等。

**王　起(1917—1981)**

原名耀甫，又名烈钧。镇海县人。13岁赴上海做工。1932年参加上海读书会，从事工人运动。1934年加入中国共产党。1937年8月后在家乡组织抗日救亡工作团。1938年4月到定海县前中心小学任教。后任中共定海工委委员。1939年6月定海沦陷后任中共定海县工委书记，并以国民党定海县政府政工室主任、政工队长身份进行革命活动。后任中共宁波中心县委组织部长兼定海特派员，创建抗日自卫队。1940年1月任中共宁属特委委员兼宣传部部长，组建抗日武装第五大队。1942年6月任中共三东(鄞东、奉东、镇东)地区副特派员。1944年6月任浙东区党委海上工作委员会副书记，年底又任杭甬沿海工作委员会组织部长。抗战胜利后浙东游击队主力北撤，奉命坚持浙东地下革命工作。1946年任中共宁波工作委员会书记，在城区开展反蒋斗争，配合四明山游击战争，发展了党的组织。同年底任中共浙东工委(后改浙东临时工委)委员、组织部长。1948年1月受命组建东海地区武装。同年3月底东海游击总队在钓门岛成立，兼任政治委员，在舟山群岛进行游击战争。1949年3月兼任中共会稽地区工委书记。同年5月绍兴解放后任绍兴军管会副主任、中共绍兴地委第三书记兼嵊县县委书记。1952年后先后任中共宁波地委副书记、书记，兼任宁波军分区政委。1956年当选为中共第八次全国代表大会代表。1962年4月任浙江省省委委员、副省长。1963年任浙江省委常委、副省长。1970年后任浙江省农办党组书记、农办主任。1981年11月在杭州病故。

**王恭睦(1899—?)**

字望楚。黄岩县人。1919年考入北京大学地质系，曾参与五四运动。1923年毕业，获理学学士学位。后赴德国蒙兴大学留学，获地质学博士学位。回国后历任两广地质调查所陈列股股长，国立中央研究院地质研究所研究员，国立武汉大学教授，国立中央大学兼任教授，教育部编审，教务部地质矿物名词审查委员会主任委员，国立编译馆自然组专任编译。1929年赴浙参与江山考古发掘。抗战军兴后赴西北任职。1939年任国立西北大学地质系教授、陕西省建设厅矿产探测队工程师兼队长。1946年带队调查永寿、彬县油页岩、煤矿地质。著有《地震浅说》、《黄土之研究》、《周口店之犀牛化石》、《陕西彬县、永寿油页岩地质》等。

**王桂林(1887—?)**

字悦山。东阳县人。早年毕业于浙江武备学堂,后入保定陆军部陆军速成学堂第一期炮兵科。毕业后分发到浙江新军服役。1911年任宪兵营队官,参与辛亥革命杭州光复。1912年后历任浙江宪兵司令官兼宪兵将校研究所所长,浙军第六师第十一旅旅长。1914年11月被北洋政府授予陆军少将军衔。1916年8月至1920年9月任浙江嘉湖镇守使。1916年11月被北洋政府授予陆军中将军衔。1920年9月至1924年12月任浙江宁台镇守使。当北洋直系军阀孙传芳率领部队从福建进驻浙江时,在宁台镇守使署设立浙江自治委员会,任正司令,宣布"浙人治浙",反对外来势力入主浙江,终因实力不足而失败下野。1924年12月被北洋政府调至北京任将军府雍威将军。1925年2月应聘担任善后会议会员。

**王　烈(1879—1972)**

原名茂先,字少南。兰溪县人。早年中秀才,后被聘为金华学堂教员,后任学监。1909年己酉年拔贡。不久考取官费赴日法政大学留学,获法学学士学位后归国。1912年任参谋部军事秘书。1913年初当选为中华民国第一届国会众议院议员。1914年初国会解散后回金华创立南华中学,担任校长。1916年国会恢复后仍为议员。1921年任北京大学地理系教授。1922年夏国会第三次恢复,再次担任众议院议员。1923年9月参加曹锟贿选总统投票,投票后将曹锟给的5000银元支票交给同乡议员邵瑞彭,邵获得证据后逃至天津,使得曹锟贿选总统丑闻大告于天下。1924年弃职回乡。1926年任北京大学总务长兼地质系主任、教授。1931年任北京大学地质系教授兼任北京大学秘书长,还任编译馆矿物学名词审查委员会委员。晚年在家乡居住。新中国成立后主动将田契交给人民政府工作人员烧毁,多次列席镇、县人民代表会议。著有《理化词典》、《地球与其生物之进化》。

**王　烈(1890—1977)**

别号铁群。杭县人。曾任国民革命军编遣委员会海军编遣区办事处委员,东北边防司令长官公署军令厅第六处处长。1932年4月任南京国民政府军事委员会高级参谋。1936年1月被国民政府授予陆军少将军衔;4月任湖北省第六区行政督察专员。1937年7月派兼湖北省第六区保安司令。1943年12月调任国家总动员会议陕豫晋区特派员兼三省联合办事处主任。1944年3月任国民政府参军处参军。同年8月任陕西省第二区保安副司令。1945年2月免去副司令职。1948年5月免去国民政府参军职,改任总统府参军。同年被授予陆军中将衔。1949年去台湾后任"总统府国策顾问"。1977年在台湾去世。

**王　振(1900—1958)**

原名守真,字性如。上虞县人。1919年绍兴省立五中毕业后回乡执教,业余为同事屠世聪校订地图说明文字,从此与地图编绘结下不解之缘。1922年应聘任屠世聪所办上海世界舆地学社主任编辑。1952年兼任地图联合出版社编辑科主任,次年专任该社编审科主任。1954年起任地图出版社编审兼世界地图编绘室主任,主持编制新中国成立后第一本中型地图集。终身从事地图编绘,成果丰硕,其参与和主编主要作品有《中华最新形势图》、《现代本国地图》、《世界最新形势图》、《中学世界地图册》等。

**王振汉(1872—1926)**

女。本名淑德,振汉乃参加革命时所取的名字。绍兴县人。时人称王家为首富,有家资约50万。1888年与徐锡麟结婚,嫁妆之丰,婚仪之盛,轰动一时。1905年夏秋瑾到东浦访问徐锡麟,与秋瑾在"一经堂"相见,钦佩其豪迈的言谈举止。1906年初由徐锡麟介绍加入光复会,改名振汉,随徐锡麟东渡日本。徐锡麟学军受阻,有人建议留在日本,若徐锡麟革命遭受挫折,不致斩草除根。乃义无反顾,随徐锡麟回国。徐锡麟北上京城捐官,因临近产期,未能随行,7月生下儿子徐学文。1907年3月由徐锡麒护送,带着儿子前往安庆,寓居小南门二廊巷徐公馆,帮助徐锡麟料理家务和接待革命同志。皖浙起义前夕因儿子日夜啼哭,遂携带徐学文离开安庆,经上海返回东浦。皖案发生后遭到清廷通缉,携带未满周年的儿子先是避往绍兴澎潭,后乔装打扮由徐锡骥护送赴日避难。安徽巡抚电告驻日公使缉拿"回国讯办",因属国事犯,不能引渡,幸免于难。1911年辛亥革命胜利后才带着徐学文返回绍兴。1914年热诚学堂发生大火,校舍被焚毁,捐出全部抚恤金修缮学堂。1916年孙中山亲临绍兴视察,予以亲切接见。由于长期过着颠沛流离的生活,加上哀伤过度,以致双目失明,于1926年病故。

**王振南(1891—1958)**

号北溟。绍兴县人。1913年6月毕业于浙江公立法政专门学校。1914年3月任上海地方审判厅书记官。次年4月任书记官长。1918年7月5日入北京司法讲习所学习。1920年5月任京师地方审判厅推事。1921年8月任哈尔滨地方审判厅推事。1924年5月任黑龙江省高等审判厅推事。1926年4月任京师高等审判厅推事。1927年4月以京师高等审判厅代表身份,与何丰林、颜文海等七人组成特别法庭,对中共创始人李大钊等30人进行审讯。同年4月28日在京师警察厅宣判李大钊等20人死刑。1928年8月任浙江省鄞县地方法院首席检察官。1929年7月任南京地方法院首席检察官。1930年4月任江苏省高等法院第二分院首席检察官。1931年1月将胡也频等"左联五烈士"起诉到法院,后又同意移提至国民党龙华警备司令部,致胡也频等被秘密枪杀。在其担任推事和检察官期间直接审判和起诉的中共党员和革命志士达180余人,有34人遭到杀害。1935年1月任安徽省芜湖地方法院院长;5月任安徽省高等法院第二分院院长兼芜湖地方法院院长。1936年8月任最高法院推事,后兼任庭长。1948年3月11日任上海高等特种刑事法庭庭长。同年11月辞职。1949年2月任上海法政学院教授。1951年1月任最高人民法院华东分院审判员。1952年调至档案室。1955年任上海市高级人民法院秘书科科员。1956年因长期隐瞒罪恶历史被逮捕。1957年12月13日上海市第一中级人民法院以反革命罪判处其死刑。1958年2月被处决。

**王晓籁(1886—1967)**

名孝赉,别号得天居士,后改号晓籁。嵊县人。近代著名工商业者。商人家庭出身,少时曾赴上海求学,1903年加入光复会。1907年因参加秋瑾领导的反清起义失败逃亡上海,不久即任浙江合义和丝厂、通惠公纱厂驻沪经理。1911年参加上海光复。后又资助上海讨袁(世凯)军。民国初年全力以赴经营工商业,1919年至1922年先后开办大来、天来、泰来三家缫丝厂和大来丝茧行,任经理。同时任上海商业银行董事、上海租界纳税华人会主席等职。1926年7月代表上海商界赴广州参加北伐誓师大会。1927年春以商民协会主席名义通令全市响应上海工人第三次起义,胜利后被推为上海特别市临时市政府委员、闸北商会会长,后又被举为临时市政府主席。同年4月后任江苏兼上海财政委员会常务委员、财政部特税处副处长、全国卷烟特税局局长兼江苏卷烟特税局局长、苏浙皖区麦粉特税局局长、中央造币厂副厂长、招商局理事、上海晨报社董事长等职。1930年起长期任上海市商会理事长,并任全国商会联合会理事长、中国航空协会总会理事长。"九一八"事变后兼任上海各界抗日救国会常委,参与发起上海抗日义勇军。1935年时还任锡沪长途汽车公司常务董事兼总经理、绍曹嵊及嵩新长途汽车公司董事、通惠公纺织公司董事长、全浙公会主席、绍兴七县旅沪同乡会委员长、中国红十字会总会常务理事、中华慈幼协会执行委员、上海市临时参议会议长、国债基金管理委员会常务委员、上海交易所监理员等职。1938年后兼任中央赈济委员会常委。抗战胜利后任国民参政员,中国人寿保险公司总经理,上海保险业商业同业公会监事,中一信托公司、通易信托公司、江海银行、东南汽车公司董事长,中国银行理事,邮政储金汇业局监察,中央信托局理事等职。上海解放前夕离沪去香港。1950年返沪。曾被周恩来总理指派为中国人民银行总行代表,列席各部召开的有关会议。1954年当选为上海市人民代表。1958年任上海市政协委员。1967年6月15日在上海病故。

**王皋荪(?—1944)**

镇海县人。建筑企业家。年轻时只身到上海,1906年在建造上海外白渡桥时已是小工头,带领工人清除钢梁的铁锈、深刷油漆,工作勤快认真,获得洋商青睐,被英商太和洋行聘为买办。之后开设王荪记营造厂,早年建造不少里弄驻宅。1920年建造北苏州路公济医院(今上海第一人民医院)。次年承建外滩日清公司(今上海市海洋运输局大楼)。1929年建成上海法租界第一幢超过10层的大厦——华懋公寓(今锦江饭店北楼)。该楼高57米,内部布置和装修都达到当时上海最高水准,王成为有名的建筑专家。1911年起担任浙宁水木业公所议董;后浙宁、沪绍两帮合并为上海市营造厂同业公会,任委员。1931年积极倡导成立上海市建筑协会,并为大会五人主席团成员,担任大会主席,被选为第一届执行委员、常委、主席。约在1933年在上海开设慎勤五金号,专营建筑五金及其他建筑材料,逐渐退出营造界。

**王宽诚(1907—1986)**

又名文侠。鄞县人,出生于江苏靖江县。著名爱国工商业者。商人家庭出身,8岁入私塾读书,15岁入宁波东哑巷永丰猪行当学徒。后在江夏街源吉钱庄、宁波泰丰面粉厂供职。1935年与人合资创办维大鼎记面粉厂,任经理。1937年在上海设维大洋行,经营国内外罐头食品、呢绒、木材等进口业务,还与人开设金城铁工厂,投资五洲银行、新汇银行，开办永兴地产公司、祥泰轮船公司、中国国货公司等，合资创办中国钟厂。1941年底赴重庆。抗战胜利后返回上海恢复并扩展维大业务，在伦敦、纽约成立分公司。1947年迁居香港，先后创办维大洋行(香港)有限公司、大元置业有限公司、幸福企业有限公司及其他诸多企业，经营金融、地产、建筑、船运、国内外贸易、百货、食品、木材加工等业务，成为香港三十富豪之一，当选为香港中华总商会会长、永远名誉会长。关心国家建设，在上海、浙江、安徽等地投资共约2000万元，曾先后投资广东和上海华侨投资公司、上海爱国赞助建设投资公司、浙江国际信托投资公司、安徽国际信托投资公司等金融机构。致力于内地和香港教育及其他公益福利事业，多次捐款内地和香港二十余所学校或社团，包括赞助华侨大学、暨南大学、树人大学等，资助香港培华教育基金会、宋庆龄基金会、中国残疾人福利基金会、中国癌症研究基金会等。1980年发起成立香港甬港联谊会，并任首任会长。1985年出资1亿美元设立王宽诚教育基金，为国家培养人才，并资助科研研究。历任第四、第五届全国人大代表，第二、第三、第四届全国政协委员，第六届全国政协常务委员，第五届全国工商联常务委员。1986年12月在北京病故。

**王家襄(1872—1928)**

字幼山。会稽县人。其父王官亮，举人出身，曾署河南怀庆知府。父母早亡，由伯、叔抚养成人。早年有志于学，用功甚勤，但屡试不中，遂改习法律。1904年以县丞分发江苏。不久考取官费留学生，前往日本。1906年毕业于日本东京警视厅特设的警察专科学校。同年回国后任浙江全省巡警参议，后相继任绍兴府巡警总理、浙江高等巡警学堂提调兼法制教习。1909年9月任浙江省咨议局议员，并在第一次常年会议上当选为浙江省咨议局常驻议员和清朝资政院议员，积极参加君主立宪活动。1911年任吉林巡警道。中华民国成立后南下浙江，任杭县知事。1912年4月被浙江省议会推选为中华民国第一届国会参议院议员。到京就职后加入进步党，任党务部长。1913年7月“二次革命”爆发，国民党籍参议院议长张继辞职抗议，王当选为参议院议长，领导进步党议员与国民党激烈对抗。同年10月6日袁世凯以武力逼迫国会选举他为大总统；10日袁世凯在故宫太和殿宣誓就任大总统，王以大总统选举会主席的身份向袁世凯授大总统证书，然后又专程到武昌给黎元洪授副总统证书。1914年初袁世凯非法解散国会。5月被袁世凯提名为御用的参政院参政。当参政院成为袁世凯复辟帝制的工具时便托故离开北京，拒绝拥戴袁世凯称帝。1916年8月国会恢复后仍任参议院议长兼宪法会议议长。同年冬与梁启超等组成宪法研究会。1917年5月下旬当黎元洪大总统被张勋等逼迫下令再次解散国会前，携带参议院印信微服出京，到天津租界后以参议院名义通电声讨。张勋复辟失败后力主恢复第一届国会，未得到响应。当皖系控制的安福国会成立后，拒绝与他们往来。1922年第一次直奉战争结束后积极游说直系军阀首领曹锟等恢复第一届国会。同年6月第一届国会第二次恢复；8月国会开第二次常会，仍任参议院议长；10月辞议长，专任参议员。当曹锟贿选总统时辞职出京，退居天津。曹锟命人以50万巨款到天津要求王参与贿选，坚拒不受。此后专任中英合办的河南福中矿务公司督办。1928年6月16日在北京去世。主编有《中国警察讲义录》。

**王继祥(1904—1950)**

字式尤。诸暨县人。先后毕业于黄埔军校第三期步科、中央军校高教班第三期。1932年9月任国民革命军第九师第二十五旅第五十团上校团长。1935年2月任陆军步兵学校上校研究委员；11月任第八十师少将参谋处长。1936年9月任第八十师二三八旅旅长。1939年1月任第八十师副师长；4月任第一〇〇军第八十师师长。1940年7月任军政部第一补训处中将处长。1946年3月任山东“绥靖”司令部第一纵队中将司令兼德州城防司令。1946年6月10日在山东德州被解放军俘虏。获释后组织武装叛乱，1950年被逮捕枪决。

**王　琎(1888—1966)**

字季梁。黄岩县人，出生于福建闽侯。其父王士骏(字吉人)曾任福建闽侯、福清、松溪、仙游等地县令达30年之久。1907年入北京译学馆习英文。1909年参加第一届庚子赔款留美考试，获得出国留学资格。同年赴美，入柯兴学院学习语言。1911年考入宾州里海大学攻读化学工程。1914年加入中国科学社。1916年毕业回国后先后在湖南工业专门学校、国立南京高等师范学校、东南大学和中央大学任教授、化学系主任等职，同时担任“中国科学社”董事兼《科学》杂志编辑部长。1928年任中央研究院化学研究所所长。次年发起创立中国化学社，任上海分会理事长。1934年再度赴美留学，任明尼苏达大学访问研究员，1936年获科学硕士学位。当年回国，任四川大学教授。1937年被聘为浙江大学教授、化学系主任，即随校西迁，直至贵州湄潭。1941年被国民政府教育部遴选为第一批部聘教授，多次代理竺可桢的浙江大学校长一职。1952年院系调整时被分配到新成立的浙江师范学院担任化学系教授。1956年定为一级教授。1958年浙师院与新成立的杭州大学合并，任杭州大学教授，兼任全国政协第二、第三、第四届委员，浙江省政协第二、第三届副主席。"文革"时期受到冲击。1966年12月28日被杀害。致力于研究中国化学史，擅长经典微量分析。用古钱分析研究中国古代冶金史，解决五铢钱等的化学成分、中国用锌的起源与进化，以及铅、锡、锌之间关系问题的争议，成为中国化学史和分析化学的开拓者之一。撰写与翻译大量中国化学史论文、国外科学史资料、分析化学教科书和科学家传记。从事化学科研和教育数十年讲授分析化学、矿物学和化学史，培养大批化学科技人才。著有《五铢钱的化学成分》、《古代应用铅锌锡考》、《中国古代金属化学》、《丹金术》等。

**王梓良(1909—1991)**

海盐县人。曾任嘉兴县第二区、第六区、第五区区长，浙江省党务人员训练班训导兼自治课教员。1936年任《嘉区民国日报》社社长。1937年任嘉兴各界抗地后援会委员。1938年12月创办并主编《嘉兴人报》，至1945年抗战胜利《嘉区民国日报》复刊为止。1939年4月任国民党嘉兴县党部书记长；11月任嘉兴县县长。1940年7月因抗议浙江省第十区专员公署保安队扣留民间粮船愤而辞去县长职务。1942年11月再任嘉兴县县长。1945年抗战胜利后调任海盐县县长，因回避本籍未到任，后改任嘉兴县党部书记长兼《嘉区民国日报》社社长。1949年去台湾。1988年9月与夫人返回家乡探亲，受到中共嘉兴市领导的热情接待。1991年1月11日在台北去世。

**王梓濂(1890—?)**

吴兴县人。著名广告商，为我国广告事业开创者。幼年在家乡读书，1909年至上海，认为国货产品不振的重要原因之一是华商缺乏广告的有力宣传，遂于该年在上海创办维罗广告社(后改为公司)，任经理，专门从事国货产品的宣传，是第一家华商广告企业。以后又投资建中商业银行、信谊化学制药厂，均任董事。

**王雪莹(1901—1985)**

女。太平县人。曾在浙江省立女子师范学校学习，后入浙江省立医学专门学校药学科就读，1930年毕业。1935年自费赴德国符兹堡大学药学院留学，1938年毕业，获药学博士学位。1940年回国后历任杭州民生制药厂上海分厂厂长、上海中华酸碱厂厂长、英士大学药学院教授。新中国成立后先后在华东工业部化工处、重工业部化工局任工程师，化工部科技情报研究所主任工程师、高级工程师、技术顾问。第二、第三届全国政协委员，第四、第五、第六届全国政协常委。1985年6月20日在北京病故。

**王惕吾(1913—1996)**

原名石钟，后改名瑞钟，字惕吾，号恒道。东阳县人。1928年东阳中学毕业后考入上海文化学院肄业。1930年5月南京中央军校第八期毕业后分至南京国民政府警卫师服役，从排长累迁至团长、副师长。1949年春去台湾，弃武从文。同年5月创办《民族报》与《民族晚报》。1951年9月《民族报》与台湾《经济时报》、《全民日报》发行联合版。1952年三家报纸改名为《联合报》，成为其个人独办的报纸。1967年又创办《经济日报》。1974年创办"中国经济通讯社"。1976年在美国创办《世界日报》，在纽约、旧金山发行。1978年在台北创办《民生报》。此外联合报报业集团还拥有《中国论坛》、《联合月刊》、《联合文学》等多种报刊，还在巴黎等地创办《欧洲日报》，成为当今台湾最大的私人报业集团。历任发行人，社长，董事长，台湾"世界中文报业协会"副主席。1964年创办联合出版事业有限公司，成立国学文献馆，捐资新台币6亿元设立"联合报系文化基金会"等。1969年4月起连续当选为国民党第十至第十二届中央委员，第十一届四中全会起任中央常务委员，参与党政决策。1988年7月被聘为国民党中央评议委员。1990年选任"国是会议"筹备委员，"国家统一委员会"委员。晚年捐资在其故乡创办医院、学校等。1996年3月11日在台北去世。

**王铭槐(1846—1915)**

鄞县人。曾在叶澄衷所开上海老顺记商号任司账，1880年被叶氏派往天津任顺记分号经理，负责对外联络。通过叶澄衷和严信厚的关系，奔走李鸿章门下。不久离开老顺记，任德商泰来洋行买办，专事军装、军火、机器生意。1896年由李鸿章推荐出任华俄道胜银行天津行买办。该行参与列强向中国政府贷款活动，王从中赚取佣金和回扣，同时利用道胜银行库存现金大做生意，广置产业，在天津拥有大量房地产，占据天津新开辟地区沿今和平路一带最繁盛地区；开设道胜洋栈、久福源绸庄、回春大药房等，又投资辽宁铁岭一处金矿和牛庄道胜金店；并在津开设胜豫银号，20世纪初在京津、京到奉天沿途重要城镇设有二十余家银号，垄断了这一地区的汇兑业，成为天津巨富和四大买办之一。王又创办天津浙江会馆、义园、同乡会，广泛介绍子孙、亲戚、同乡进入任买办或其他工作，形成人数众多、实力雄厚的宁波帮。1904年因挪用道胜银行银库被揭发，所营银号相继倒闭，其他企业也相继停歇，王离开该行。因宁波帮陈协中等的援助，不久又出任天津、沈阳两地德商礼和洋行买办，在东北、山东等地做军火，获利丰厚。第一次世界大战爆发后德商各洋行业务停顿，事业转衰。

**王康年（1924—1953）**

杭县人。17岁进入上海大亚电台当练习生，后任电台报告员。同时在上海西藏路开设大康行，转营毛巾、袜子、雪花膏、万金油等掮客生意。抗战期间在上海北京西路开设大康西药行，开始制造假药，用玉米粉改装为“表飞鸣”、“阿司匹林粉”等。1945年抗战胜利后将大康西药行迁至上海汉口路456号，改名大康药房，自任经理，经营西药投机买卖。由于投机失败，负债千万余元，药房倒闭。1949年5月上海解放后大康药房复业。利用抗美援朝战争急需西药之机，以空头承接中国人民志愿军、华东荣军学校卫生处、皖北卫生行政处等单位订货，并用金钱和贵重物品贿赂、腐蚀国家干部等手段骗取订货款，进行投机买卖。1951年8月骗取志愿军某军定购“消发灭定粉”和“氯霉素”等六种前线急需药品及医疗器械的订货款3亿多元（旧人民币），然后将带菌棉花旧纱布作“急救包”用假药和旧次医疗器械等抵充订货，贻误志愿军伤病员的救治。还偷漏国家税收，用欺诈手法骗取和拖欠国家银行大量贷款，私套外汇。先后共计盗窃资财26.1亿元（旧人民币）。案发后被逮捕，1953年2月28日被上海市人民法院判处死刑。

**王道乾（1921—1993）**

绍兴县人。1945年中法大学法国文学系毕业。1947年至1949年在巴黎大学文学院攻读法国文学。1950年至1954年任华东文化部秘书科副科长、艺术教育科副科长。1954年任作协上海分会理事，《文艺月报》（后改名为《上海市文学》）编辑部主任、副主编等职。1974年至上海人民出版社编辑室工作。1979年起在上海社会科学院文学研究所任研究员、副所长。1983年起任上海社会科学院主办的《外国文学报道》主编、法国文学研究会副会长。主要从事文学翻译和文艺理论研究工作。译著有《马克思、恩格斯论文学与艺术》、《亨利·巴比塞》、《情人》等，是当代中国知名的文学翻译家。

**王鸿年（1874—1945）**

字世玙，号鲁璠。永嘉县人。清贡生。1897年考入湖北武备学堂。因议论时政，畏祸避往日本。1898年以官费考入东京帝国大学法科。毕业后应聘办四川将弁学堂及山东法政学堂。1906年考取法政举人，以内阁中书录用，供职学部兼京师大学堂译馆教席。1907年调任外务部丞参厅主事，随考察宪政大臣赴日本考察。1909年后曾任留学生考试襄校官。1912年任外交部佥事。1913年调充奉天营口交涉员，此后历任营口、汉口、福州、铁岭等地外交特派员。1916年署理驻日公使馆一等秘书。1919年任驻朝鲜总领事。1920年代表中国政府成功处理中苏边界“庙街交涉”事件，平息事态后升任驻日公使馆参事官、代理驻日全权公使。1921年11月赴华盛顿参加太平洋会议，任专门委员，竭力争取收回胶州湾主权。1922年任驻苏远东共和国外交代表兼驻赤塔总领事，获三等宝光嘉禾章。1923年任外交部参事，以全权公使记名。1926年任外交部俄文法政专门学校校长。1934年1月任驻日本横滨代理总领事。1935年11月任驻横滨总领事。1936年卸任回国，寓居北京。1937年日寇侵占华北后，不受日本诱胁。1945年冬在北平病故。

**王维忱（1875—1922）**

名嘉榘，别名家驹，字维忱，号伟人，曾用名渭忱、渭仁、加渠、加伟、嘉伟、嘉祎、祎人等。嘉兴县人。幼年父母双亡，家境贫困。髫龄入塾，过目成诵。幼时曾家居王江泾镇，后住江苏盛泽镇。1897年考入杭州求是学院。1900年与蒋方震、敖嘉熊等人在杭州成立研究对策，宣传革命思想的“浙会”，后因清政府查办，改名为“浙学会”。1901年获官费留学日本，先后考入东亚商业学校和日本早稻田大学。1902年与章太炎、秦力山、冯自由、朱菱溪、马君武、陈犹龙、周宏业、李彬四、王思诚等“十发起人”，拟于东京上野公园召开“支那亡国二百四十二周年纪念会”，因遭到日本警察干涉，孙中山特邀发起人在横滨补行开会纪念仪式。同年冬与东京留日学生二十余人发起组织“中国青年会”，以民族主义为宗旨，以破坏主义为目的，出任青年会干事。1903年初参与组织“浙江同乡会”，并创办浙江同乡会杂志《浙江潮》，负责杂志编辑、撰稿与发行工作，编辑所设在早稻田大学附近的王氏寓所，也是东京革命志士秘密集会的场所。因反对沙俄军队拒不按期撤出东北，中国青年会在锦辉馆召开中国留学生大会，反对俄国侵占东北，要求清政府立即对俄宣战，并组织"拒俄义勇队"，后改名为"学生军"，准备随时待命出征。由于日方干涉解散了学生军，又与一部分激进的留学生创建了新的秘密排满革命团体——"军国民教育会"，将斗争对象直接指向清政府，以养成尚武精神，实行民族主义为宗旨，以鼓吹、起义、暗杀作为斗争的主要手段，并奉军国民教育会之命，前往南洋一带开展革命工作。从南洋返回日本后在其寓所召开东京浙学会第一次会议，拟组织新的革命团体，加强革命宣传，发动武装起义，计划在浙江等省实行武装割据，作为革命根据地。随后又在东京寓所召开浙学会第二次会议，决定派陶成章、魏兰前往浙江、安徽，龚宝铨前往上海，沈瓞民前往湖南，分别进行创建根据地工作，留在东京的同志则开展革命宣传，为武装起义做好准备。1904年因参加长沙起义，遭到清兵追捕，腹部受伤返回盛泽休养。1905年伤愈后返回日本，出任光复会东京分会负责人，主持光复会在东京的会务。中国同盟会在东京成立后又以别名"王家驹"加入同盟会。同年冬前往南洋宣传革命，在爪哇泗水埠华侨中华学校任教。1906年底革命党人发动萍浏醴起义，当即回国在沪上与陶成章、秋瑾等人商议响应事宜，旋因起义失败，避居嘉兴马厍汇。1912年应邀出任浙江军政府秘书。旋任浙江高等学堂教务长。后前往北京出任教育部佥事，与鲁迅和许寿裳同事，曾参与调查日本中国留学生情况。1922年2月2日病故。

**王　绶(1874—1920)**

初名绶，后更名绮，字定叔，一字寿保，号陶盦。仁和县人。王同之子，王禔之兄。工书画篆刻，写墨梅得金农法，写花鸟有宋人意，行书流畅精美，篆刻出入秦汉。久居沪上，鬻艺为生。系题襟馆书画会、海上书画善会成员，与吴昌硕、俞礼、杨逸等友善。又善诗词、古文金石考据之学。著有《陶盦藏陶录》，弟子门人辑有《王定叔先生诗文选》等。

**王绶珊(1873—1937)**

名体仁。绍兴县人。著名盐商。候补盐运使家庭出身。曾中晚清商学秀才，经族人推荐任著名盐商松江所甲商顾浩(杭州人)幕僚10年。1909年继任松江所甲商，于上海、南汇、川沙等地销盐，由于上海的快速发展，获得厚利。后又在余姚盐场设苏五属公廒。1914年苏五属盐商公会在上海成立，与周庆云同任干事，成为浙盐权威人物之一。除盐业外还在上海经营房地产业，又投资上海利济公司(奖券公司)、大东书局和杭州泰来钱庄及其他旅馆、饭店等事业。1933年与同乡宋汉章创办上海至中商业储蓄银行，并任董事。1935年时任上海公茂盐栈店主，五和精盐公司董事兼总经理，张源泰盐号店主，无敌牌第二制镁厂董事，江苏五属盐场总管理处总经理。

**王　萼(1882—1941)**

原名仁在，字绍宗，号载卿，又号醉卿。临海县人。其兄王文庆，其侄周至柔，均为名人。早期就读于江苏警察学堂，后又考入保定陆军部陆军速成学堂，毕业后在浙江讲武堂教习。广州黄花岗起义失败后与其兄王文庆在杭州组织义军，再图大举。1911年武昌起义后与吕公望、王文庆、褚辅成、童保暄等多次谋划举义。同年10月底浙军临时司令部成立，为参谋官，参与指挥光复杭州的战斗。杭州光复后浙军成为攻克南京的主要力量之一，任第二十三团团长。1914年1月任浙江外海水上警察厅厅长兼海防总司令，驻镇海。鉴于浙江都督朱瑞投靠袁世凯，浙江革命党人发动驱朱运动。1916年4月11日夜带兵围攻朱瑞的将军署，朱瑞逃走。浙江宣布独立后又为北洋军阀所控制。为了响应护法运动，1917年11月联合驻宁波第三旅旅长叶焕华等人，拥浙江前都督蒋尊簋为总司令，宣布宁波"自立"。事败后被免去外海警察厅厅长职务。1918年12月王文庆奉广东大元帅府令，成功策反浙军，支持护法军。1924年9月江浙军阀战争爆发。王文庆、屈映光等人反对战争，并在宁波宁台镇守使署设立浙江自治委员会，倡导"浙人治浙"。宁波宣布独立后整军沿杭甬铁路向杭州推进。但浙江督军卢永祥已被来自福建的孙传芳击溃，孙传芳控制了杭州，遭到通缉。避难上海后转河南，任国民军第三军前敌总指挥部参谋长兼混成旅旅长。1925年到广州，任长州要塞司令部参谋长兼任黄埔军校军械处处长。参与策划"中山舰事件"，后升任虎门要塞司令官。1926年北伐开始，到南昌参加北伐。1929年6月25日任海军部镇海要塞司令。1930年3月任江宁要塞司令。1933年日本军舰时常扰乱下关江面，而蒋介石不许应战，愤然辞职抗议，退隐上海，直至病故。著有《萼东诗文集》、《南华词集》等。

**王敬良(1878—1912)**

嵊县人。起初在家从事农业，

略能识文断字,胆略俱全。后由族弟王金发介绍,入大通学堂学习兵式体操。徐锡麟发动安庆起义失利后受秋瑾委托潜入杭州,拟作浙江起义内应。秋瑾遇难后遂避难沪上组织革命团体,待机而动。是时沪上侦探云集,严重威胁革命党人的安全,特别是叛徒汪公权对革命的威胁最大。陈其美、杨侠卿、王金发和姚勇忱等沪上革命党商议对策,拟对叛徒进行严惩,遂自负胆力,主动承担阻击叛徒的重任。1911 年于某日黄昏在英租界的大马路上将汪公权枪杀,并趁车马拥挤、人声鼎沸之机,从容离开。后又多次执行类似任务,因屡遭危险,患上了惊悸症,于 1912 年在嵊县病故。

**王敬祥(1886—1915)**

字阿小。嵊县人。绍兴大通学堂学生,光复会会员。跟随王金发从事反清革命,屡次往返于绍兴与嵊州之间,筹措革命军费,以供应沪杭会党。1911 年参加敢死队,参与光复杭州之役。绍兴军政分府成立后出任军政分府队官。"二次革命"失败后在上海病故。

**王鲁彦(1901—1944)**

原名王衡,又名王返我。镇海县人。商人家庭出身。少年时曾到上海做学徒。1920 年到北京,参加蔡元培、李大钊等人创办的工读互助团;同时在北京大学旁听课程,从俄国盲诗人爱罗先珂学习世界语。1923 年加入文学研究会,并进行创作与翻译。坚持"文艺为人生"、"文艺为社会"的文学主张。1924 年到长沙中学任教。1926 年出版第一部小说集《柚子》。1927 年出版小说集《黄金》。其作品主要描写受到现代风习渗透的传统社会,在表现乡民心理、乡村社会风俗上独树一帜,具有浓郁的乡土气息,是 20 年代乡土小说作家中比较成熟的一位。随后辗转南京、厦门、西安各地,1935 年回到上海,继续从事文学创作和翻译,创作了《乡下》等中短篇小说,及长篇小说《野火》;翻译了果戈里的《肖像》(长篇),显克微支的《老仆人》(短篇小说集)。抗战爆发后积极投身抗日救亡宣传工作。1938 年冬到桂林,任中华全国文艺界抗敌协会桂林分会主席,并创办大型文学期刊《文艺杂志》。1944 年 8 月 20 日在桂林病故。

**王　然(1903—1987)**

字征夫。浦江县人。黄埔军校第三期骑兵科毕业。曾任黄埔军校第六期步兵科少校区队长。1936 年任南京国民政府财政部税警总团第六团第一营营长。1937 年参加淞沪会战。后任中央军校第七分校学生总队上校大队长。1947 年任国民政府主席特派战地视察第九组少将视察官。1948 年 3 月任国民政府主席特派战地视察第一组少将视察官。同年 9 月 29 日在济南战役中被解放军俘虏。1975 年 3 月 19 日获特赦。后任浦江县政协委员。1987 年 9 月 8 日病故。

**王慎轩(1899—1984)**

绍兴县人。早年毕业于绍兴浙江第五师范学校。1916 年考入丁甘仁创办的私立上海中医专门学校就读。1924 年迁居苏州,在阊门内吴趋坊开设女科诊所。1926 年撰著出版《胎产病理学》一书。同年创办"苏州女科医社",1933 年夏改称为"苏州国医学社",1934 年冬改组为"苏州国医学校",培养了数百名中医。1956 年应聘到江苏中医学校任教。1959 年调到北京中医学院任教。1965 年因病退休。其医案和医话被收入《近代江南四家医案医话选》。

**王锡平(1906—1986)**

奉化县人。1932 年国立上海医学院毕业后进入上海红十字会第一医院任内科医师。1936 年赴英国利物浦大学攻读内科热带病专业,获医学博士学位和英国皇家医学学会会员资格。1938 年回国后仍在上海红十字第一医院任内科主治医师,并在上海医学院兼教。1945 年起在上海开设私人诊所。1951 年任上海金融工人医院内科主任。1958 年上海金融工人医院并入上海市提篮桥区中心医院后,任中心医院内科主任。从事西医内科临床实践 40 余年,专长热带病,对伤寒、疟疾、痢疾诊治有独特方法。1959 年倡导应用大剂量磺胺胍短程疗法治疗急性肠炎,疗效显著,成为该院内科的治疗特色。曾任上海市虹口区政协第三、第四届委员。

**王锡彤(1860—?)**

宁海县人。长期在乡里教书。为人富有正义感。鸦片战争后西方宗教势力深入中国城乡。法国驻宁波的天主教主教赵葆禄,指派朱国光为宁海县天主教神父,广收教徒,勾结官府,横行乡里。1900 年宁海县大里乡教徒王品松,因与族人为祀祖事发生争执,到宁海县城请来衙役,捉拿族长王定忠。王劝解无效,激于义愤,撕毁公文,折断火签,赶走衙役。事后朱国光率众捕捉王。时值北方义和团运动高涨,受到反帝斗争的启迪,捣毁中胡、风坛两座天主教堂,因此遭到官府通缉,并列为死刑犯。1903 年 8 月回到大理,发动群众举行起义,攻入县城,烧毁教堂,并将朱国光捉拿处死。当天晚上带领主力军在城隍庙里扎营,各路义军分别把守交通要道。次日又镇压了作恶多端的歹徒,然后各返乡里。起义发生后,清朝浙江巡抚聂缉粱悬赏7000元大洋缉拿王。法国政府派"巴斯卡尔号"舰驶入甬江口,强迫清政府加紧镇压。清政府出兵会同法国侵略兵于10月10日包围大里。王仓促抵抗,寡不敌众,退入山中。官军屠杀村民八十余人,焚毁房舍三十余栋。为了坚持斗争,王在台州一带秘密组织伏虎会,继续开展反洋斗争。1904年冬归附于龙华会,为一分部,后来成为辛亥革命在江浙的一支力量。

**王锡荣(1871—?)**

字湘泉。杭县人。清附生。曾任杭县商务会协理。1912年后曾任杭州总商会会长、杭州典业银行董事长、杭州市商会执行委员等。1917年当北洋政府决定派遣北洋皖系将领杨善德入主浙江时,浙江人士举行公民大会,坚持"浙人治浙",作为杭州商界领袖与章炳麟、沈定一、经亨颐等名流入京请愿,请求段祺瑞内阁收回更换督军、省长命令,但未达到目的。1918年7月就职于浙江农工银行。同年当选为北洋政府安福国会众议院议员。

**王靖东(1905—?)**

仙居县人。仙居县立师范学校毕业。19岁任职于上海丰泰祥百货号,由于善于经营,次年即升任经理。"五卅"运动中参加上海商界联合会,任执行委员、常务委员,抵制外货,倡导国货,并创设华利织造厂。1928年又在上海创设华生国货号及华侨袜厂。1931年"九一八"事变后与邬志豪等首先发起成立上海市民义勇军。1933年任第一特区市民联合会执行委员。同年创设永安实业工厂。抗战爆发后历任上海市商会候补理事,上海市橡胶商业同业公会理事长,上海市造漆工业同业公会理事,华生橡胶品华洋杂货号总经理,四维糖果食品鲜橘水厂总经理,新华喷漆制造厂经理等。

**王新衡(1908—1987)**

名心坦,字子常,号新衡。慈溪县人。1908年2月19日生。上海卫灵中学肄业。1925年秋考入上海大学肄业,参加国民党秘密地下工作,被军阀孙传芳通缉。1926年10月被国民党上海特别党部选派至莫斯科中山大学学习,与蒋经国同学。毕业后留校,任俄文翻译。并在共产国际东方部中国问题研究所担任研究工作。1930年底回国,任中央陆军军官学校政训班指导员。1931年春在南京创办苏俄评论社,出版《苏俄评论》月刊。1932年任国民政府军事委员会政训研究班政治指导员、处长。1933年到武汉任豫鄂皖三省"剿总"秘书兼秘书处第三科代科长。1936年任军事委员会委员长西安行营第二处少将处长。同年12月12日西安事变爆发,被扣留。1937年抗战爆发后任军统香港特别区少将区长。1941年12月香港被日军侵占后,伪装渔民撤退到广东。1942年在重庆任军统局第二处少将处长兼上海市统一委员会秘书长。1945年抗战胜利后任上海市政府参事兼处长。1948年当选为立法院立法委员。1949年去香港,任国民党南方执行部筹备委员、代主任委员。1950年底去台湾,继续任"立法院立法委员"兼"立法院外交委员会"委员。后转入企业界,任"亚洲水泥股份公司"董事长、"远东纺织公司"常务董事。1987年1月5日在台北去世。翻译有《契卡的工作》等。

**王韵梅(1918—2008)**

女。笔名繁露。上虞县人。1918年12月21日生。上海大夏大学肄业。1937年抗日战争爆发后投笔从戎,先后任职于军事委员会电映队、宣传队、演剧队,在第三、第四、第七、第九战区从事文艺宣传。1945年任青年军第二〇九师政工队队员。1947年随军去台湾,从事写作。1975年移居美国关岛。1986年迁居旧金山。著有短篇小说集《爱之诺言》、《春桃姑娘》、《云深不知处》、《桥虹》、《杏花春雨江南》、《何处是儿家》、《贤婿》、《小姨》、《千里莺啼》、《珍珍》、《初出国门》,长篇小说《小城风雨》、《养女湖》、《第七张画像》、《怒潮》、《全家福》、《花溅泪》、《飘萍》、《向日葵》、《残晖》、《岁月悠悠》、《龙》、《小蓉》、《天涯万里人》、《山色青青》、《江湖女》、《千里共婵娟》、《大江东去》、《轻舟已过万重山》、《永恒的春天》、《沉寂的音响》、《框框中的人》等。

**王　滨(1925—2006)**

嘉兴县人。1931年入嘉兴集贤小学(今嘉兴市实验小学),1933年转入嘉兴第二中学(今为第一中学)附属小学,1937年进入嘉兴二中学习。同年上海"八一三"抗战开始后被家人接至上海租界与父母等一起生活,并进入中华职业学校就读。1944年考入复旦大学土木系。1948年6月毕业,进入华泰营造厂服务,曾经设计、建造嘉兴双塔。1949年2月随其老板张昌华赴台湾。1956年创办华泰建筑师事务所。1974年创办台湾十大建筑师事务所。主持设计了台湾许多大学、政府部门的重要建筑工程,如台湾清华大学、台湾大学、"外交部"、"教育部"、"中央研究院"、"三军总医院"等,在台湾建筑师界颇负盛名,先后担任"中华民国建筑师公会”常务理事,台北市土木技师公会常务理事,台湾省建筑师公会顾问,复旦大学台北校友会常务理事,台北嘉兴同乡会常务理事。自1990年首次返乡扫墓探亲起,以后每年至少返乡一次。1994年被聘为大陆黄帝陵基金会理事。捐资协助嘉兴三水湾中学办理“校园亲情奖”。

**王福元(1917— )**

原籍定海县,1917年生于上海。王启宇之子。从杭州之江大学高中部考入燕京大学,1940年毕业于上海圣约翰大学。遵其父之嘱,先以秘书名义进入大纬织造厂实习。实习期间自修纺织课程,不久主持该厂工作,使该厂布机全部更新,并由200台增至400台。其父旋即将自己经营数十年的达丰染织厂交他执管。后又任泰山实业公司副经理。1941年太平洋战争爆发,将部分机器撤至上海近郊常熟、太仓等地,开设小型纱厂。1947年任达丰厂经理。新中国成立后曾任上海染织同业公会负责人。后去香港经营怡泰制衣厂,该厂产品远销世界16个国家和地区,赢得“雪褛专家”的称号。1965年经营福基制衣有限公司。1975年创办新加坡福新制衣有限公司,在美国建立“EFRA”国际公司。王关心家乡教育事业,从1982年开始向定海一中捐资兴建启宇图书馆楼、启宇体育馆、启宇教学楼,添置了教学设备,建立了启宇奖学(教)基金,使该校得到较快的发展;还资助上海虹中学、华侨中学、勤业中学及安福路小学等。

**王嘉谟(1906—1927)**

又名家谟,化名王亦政、王家伦,笔名莫言。象山县人。1919年毕业于县立高等小学。1923年在丹城姜氏学堂任教,创办平民夜校,宣传新思想、新知识。1925年春参加进步青年团体“乐群学会”,参与成立象山国民会议促进会。同年8月加入中国社会主义共青团。1926年初调宁波工作,以启明女子中学教师为掩护,在中共宁波地委做抄写工作,后任技术书记;2月由团员转为中国共产党党员;4月被增补为中共宁波地委委员,并任组织部主任。1926年11月赴上海参加党训班学习。同年3月兼任宁波《民国日报》副刊编辑;4月至6月代理宁波地方执行委员会书记;6月至7月任浙江省宁波地方执行委员会书记;7月至9月任中共浙江省委委员、常务委员、组织部主任;8月至9月代理浙江省委书记,整顿和恢复各县市党的组织,开展工农运动;9月至11月担任省委常务委员;11月初根据党的“八七”会议精神,省委制定浙东暴动计划,成立负责指挥暴动的浙东工农革命委员会,王是该委员会主要负责人;11月12日赴温州部署浙东武装暴动计划时被敌人逮捕。1927年11月18日被杀害于温州紫福山麓。新中国成立后被人民政府追认为革命烈士。

**王槐秋(1913—1997)**

原姓皇甫,王姓系其夫人的姓,又名王福民,曾用名王之景、护明、天景等。杭县人。1927年夏从杭州蕙兰中学毕业,考入上海劳动大学学习。1929年夏在上海参加中共领导的“飞行集会”时被国民党当局逮捕,1930年获释。在湖州、杭州、绍兴等地任教两年。1932年秋去温岭县工作。1937年10月底任温岭县战时服务团常务干事和总干事。同年底加入中国共产党;考入《温岭新闻报》当校对,后主笔短评《微言》专栏。1938年7月任中共台属温岭县委委员兼宣传部长。不久任中共台属特委青年部长。1939年秋任中共括(苍山)雁(荡山)工作委员会副书记。1943年春调往浙东抗日游击根据地,先后任中共四明地委宣传部长、鄞(县)慈(溪)县县委书记。1945年任中共浙东区委城市工作委员会宣传部长。1946年3月中共杭州市临时工作委员会改组为中共杭州市工作委员会,任书记;7月又兼任中共杭嘉湖工委副书记。1947年调台州工作。1948年1月任中共台州工委副书记。1949年5月台州解放,改任中共台州地委组织部长兼秘书长。1951年6月奉调去华东局党校学习,先后在杭州电气公司、浙江省工业厅管理局、省工业厅办公室任党委书记、局长、主任等职。1954年4月调至东北,支援国家重点项目建设,在一一二厂、第三机械工业部四〇研究所和航天工业部三〇四研究所等单位担任领导职务。1982年离休。1997年8月26日在上海去世。

**王碧梧(1916—2002)**

女。笔名廖红。原籍吴兴县,1916年6月26日出生于上海。1933年进入苏州美术专科学校实用美术科学习。1936年毕业后留校工作。1938年随苏州美专迁移到上海,进该校绘画系继续学习。1942年毕业后在上海从事美术工作。1947年去台湾,在中国石油公司高雄炼油厂学校任教兼台湾碱业公司美术设计。1949年5月回上海,任育英中学美术教员。1954年与颜文梁、陆敏荪创办上海画室,任素描、水彩教师。1956年应聘去合肥参加筹建安徽省艺术学校。1958年改名安徽艺术学院,任美术系及师资班教师,后升副教授、教授。是中国美术家协会会员、中国美术家协会安徽分会名誉理事，安徽水彩画研究会名誉主席、会长，安徽省政协委员。擅长水彩画创作。作品有《西湖雨景》、《和平鸽》、《炼钢厂》、《茅台酒》、《庐山海棠》、《蟹》、《窗前》、《君子兰》、《紫薇花》、《香蕉》、《秋色》、《鱼》等。1979 年、1982 年在合肥、南京先后举办了《陆敏荪 王碧梧油画水彩画展》。2002 年 4 月在合肥去世。

**王 熙(1908—?)**

字缉臣。嘉善县人。早年在嘉兴秀洲中学就读。1930 年毕业于私立沪江大学。1938 年赴美国芝加哥大学留学，专攻实验胚胎学，并担任助教。1943 年获哲学博士学位。毕业后在美国从事教学和研究工作。1958 年被聘为芝加哥老乌拉大学研究院解剖系副教授，1960 年升为教授。1961 年被美国国务院特派为访问教授，在台湾大学动物系讲学三月。1969 年又被选为富布赖特学者，在台湾师范大学讲授胚胎学与组织学一年。1970 年至 1972 年应聘任香港中文大学生物学讲座教授，兼崇基学院教授。著有《人之发生学》。

**王毓榛(1912— )**

字宗炎。瑞安县人。1934 年毕业于私立南通大学医科。1936 年于国民政府卫生部公共卫生人员训练所公共卫生医师班结业。1938 年 3 月任浙江省民政厅卫生处技正。1940 年 9 月任浙江省卫生处技正，先后负责防疫、保健等工作。1943 年兼任国立英士大学医学院副教授。1946 年 8 月任善后救济总署浙江分署卫生工作队队长。1947 年 10 月任浙江省立处州医院院长，并督导浙江鼠疫防治工作。1949 年 10 月任浙江省卫生厅技正。1951 年被南通医学院延聘为副教授。1953 年 3 月起任浙江省卫生防疫站副站长。1979 年 11 月退休。编著有《浙江地方志载疫情史料辑录》等。

**王 禔(1878—1960)**

原名寿祺，更名禔，字维季，号福盦、屈匏，70 岁以后号持默老人，别署印佣、锄石农、罗刹江民，室名麋砚斋、春住楼。杭县人。后居上海。杭州紫阳书院山长王同之子。幼承家学，喜爱训诂、辞章、金石、书画之学，十余龄便以书法篆刻有声于时。1904 年与丁仁、叶铭、吴隐联合发起西泠印社。曾供职铁路，民国初年赴京，任中央印铸局技正，兼任故宫博物院古物陈列所鉴定委员。1930 年南归后定居上海，以鬻字治印自给。新中国成立后受聘为上海中国画院画师、上海市文史馆馆员、浙江省文史馆馆员。工书法，凡钟鼎籀隶无所不能，尤以篆隶名世。篆刻名冠当代，继浙派薪传，去芜存精，追溯秦汉，博采清代以来诸家之长，风格典雅蕴藉、秀丽飘逸、淳古厚重，边款用刀爽挺、精整透雅。史评为近世工稳印风代表大家，与吴昌硕、赵叔孺有并美之誉。著有《福庵印存》、《说文部首拾遗》、《麋砚斋印存》(20 卷)、《麋砚斋作篆通假》等，晚年同秦康祥编有《西泠印社志稿》行世。

**王震南(1893—1963)**

原名良汉，字子沛。奉化县人。1893 年 8 月 26 日生。蒋介石堂表弟。早年在报考浙江法政专门学校时，因无学历材料，借用嵊县人王震南的文凭应考，从此改名王震南。1924 年前往广州投奔表兄蒋介石，任黄埔军校政治部军法处军法官。之后历任国民革命军第一军政治部军法官，广州卫戍司令部上校军法官，国民革命军总司令部军法处少将军法官，陆海空军总司令部少将军法官。1930 年 1 月 27 日至 1944 年 2 月 21 日任国民政府军政部军法司司长达 14 年之久。1936 年 7 月被国民政府授予陆军少将。1941 年兼任第三战区司令长官部军法执行监。1946 年起任徐州“绥靖”公署军法处长，国防部陆军总司令部军法处长。1948 年秋回老家葬父。1949 年春前往香港九龙居住。1951 年从香港去台湾，辞去公职。1963 年在台北去世。

**王皞南(1891—1938)**

字煦公。黄岩县人。1906 年就读于杭州陆军小学堂，毕业后升入南京陆军中学堂。1911 年辛亥革命爆发后参加敢死队。1916 年 5 月保定陆军军官学校步科第二期毕业，分发到浙江暂编第一师任排长。1918 年升为上尉连长。1924 年为少校团附。同年到北京陆军大学学习。毕业后回浙江，先后任第二十六军军部中校参谋、上校训育主任。1928 年任第二十二师第三团团长。1930 年任第四师副师长兼第十二旅旅长。1936 年 1 月 29 日被国民政府授予陆军少将军衔。同年 10 月 5 日被国民政府授予陆军中将军衔。1937 年“八一三”抗战爆发后任第三战区第十集团军宁波防守司令。为了防止敌舰入侵，决定封锁宁波港。1938 年 10 月被虞洽卿等人控告，罪名为以封港为名欺诈商旅、玩忽军务擅启军港、专轮直驶甬江、违背抗战时军人不结婚通令等。蒋介石令第三战区长官顾祝同查明严办。同年 12 月 3 日在金华被处死。

**王德全(1903—?)**

镇海县人。文具商。14 岁辍学

后到上海台记文具社任职。22岁与同事王庆莱创办合众教育同品社，任副经理。五年后独资创设保全工艺厂于闸北及南市，专门制造文具、仪器等教育用品，后毁于“一·二八”事变，旋恢复重建。1935年又组织文汇企业公司，并在广州创设合益教育用品公司，出品行销国内，远及南洋。1941年春上海保全工艺厂改组为股份有限公司，另建厂房于东京路，发行所及总管理处设于威海卫路，任总经理，兼上海文具仪器业同业公会常务理事。

**王德昭(1914—1982)**

笔名丁主。嘉兴县人。1930年夏以自学初中同等学力考入浙江省立民众教育实验学校师范科。毕业后由师友亲属资助，去北京入中法大学化学系肄业一年，然后考入北京大学历史系。1935年参加“一二·九”运动，被当局拘捕。抗日战争爆发后于1937年3月返回嘉兴，参加抗敌后援会工作。后闻北京大学、清华大学以及南开大学合组临时大学，在湖南长沙开课，即自嘉兴辗转至长沙就读，并任《观察日报》主笔。不久又由长沙步行至云南昆明西南联合大学，完成大学学业。毕业后曾在贵州任中学教员两年。1940年秋至重庆《益世报》任国际版编辑。后又至抗日战争前线河南叶县，在汤恩伯军中任总部机要秘书，兼任三一出版社社长，并主办《中华日报》。1942年春应国立贵州大学之聘，任历史系教授。1947年应台湾师范大学之聘，任史地学系教授。1955年赴美国哈佛大学研究院深造，以一年时间获硕士学位。1957年回台湾师范大学任教。1962年应新加坡南洋大学之聘，任历史系教授；半年后升任系主任，后又任文学院院长及校务行政委员等职。1966年秋应香港中文大学新亚书院之聘，任历史系教授。1972年任香港中文大学历史系主任，兼中国文化研究所副主任。并曾兼任中文大学文学院院长，主编《香港中文大学学报》、《香港中文大学中国文化研究所学报》。1977年退休后仍在中文大学中国文化研究所担任高级研究员，指导研究生攻读高级学位及撰写论文。王勤于研读和著述，对中西历史、尤中西交通史具有精深独到的研究。著有《明季之政治与社会》、《清代科举制度研究》、《中原归来》、《戊戌政变》、《各国在华领事裁判权》、《国父革命思想研究》、《清代科举制度研究》、《文艺复兴》、《怎样教历史》、《从改革到革命》等，译著有《中国美术史导论》、《西洋近代思想史》。

**王蘧常(1900—1989)**

字瑗仲，号瑞六、求恒斋主、通德门私淑弟子，晚号欣欣老人。嘉兴县人。受业于沈曾植，精于章草，中年后糅合古代章草与汉简帛为一体，自辟蹊径，尤以章草独步书坛。书作笔力坚劲，骨势峻迈，独具风貌。曾任复旦大学教授，中国书协会员，上海书协名誉理事。著有《书法答问自述篇》、《秦代史》、《沈曾植年谱》等。

**王懋赏(1872—?)**

字树功。宁波人。早年肄业于保定陆军速成学堂。毕业后分发到北洋陆军第二师服役。1912年11月任北洋陆军第八团团长。1915年7月被北洋政府授予陆军少将军衔。1916年1月任北洋陆军第六混成旅旅长。1917年5月第六混成旅及混成第二团合编为北洋陆军第十八师后任该师师长。同年7月张勋复辟失败后直系军阀集团首领冯国璋进京任大总统职。1919年11月再次担任北洋陆军第十八师师长。1921年4月被北洋政府授予陆军中将衔。后被北洋政府授予将军府将军。

**王霭芬(1912— )**

女。萧山县人。1912年出生于江苏省崇明县。1934年毕业于北京大学外文系法文专业。同年前往巴黎大学就读文学专业，途中认识辛亥革命先烈方声洞之子方贤旭，不久两人结婚。1936年获硕士学位。归国后不久抗日战争爆发，号召学友及社会人士筹组伤兵医院，并组织难民救济所，收容难胞难童。不久任职于国民政府资源委员会驻海防办事处，为中国通过越南出口矿产，换取外汇出力甚多。1944年海防沦陷，返回北平，任教于辅仁大学，并同英千里等共同参加地下抗日工作。抗战胜利后担任北平市政府外事处秘书，北平市党部专员、执行委员，北平市政府参议，北平市妇女教育促进会理事长，北平市妇女工作委员会总干事。并创办《新妇女月刊》及《好国民周刊》。1948年当选为立法委员。1949年赴台。任“中国国民外交协会”理事长，并先后担任台湾师范大学、淡江文理学院、“中国文化学院”及“世界新闻专科学校”教授。

**王耀星(1902—1983)**

字庚白，号醉陶。江山县人。黄埔军校第四期工兵科毕业。曾任宁波师管区少将副司令。陆军少将军衔。1949年任第十五军第一六九师代师长。同年12月在四川参加起义。后任浙江省政协委员。1983年10月去世。

**王 懿(1904—1981)**

祖籍上海,1904年5月12日出生于浙江湖州。1925年高中毕业后任湖州湖郡女中音乐教师。1927年9月任南京小关小学音乐教员。1928年9月考入燕京大学预科。1929年考入北京协和医学院护士学校。1932年毕业后在协和医院任职,先后担任传染病病房护士长和小儿科护士长。1937年6月赴英国贝德福大学留学。1938年6月赴美国纽约旧金山医院参观学习。同年11月回协和医院任职。1942年5月任天津天和医院护理部主任。其后奔赴大后方。先后在重庆歌乐山医院护理部、成都华西坝医院护理部任职。1946年6月回到北京,任协和医学院护校教员。1947年6月任苏州博习护校校长。1948年7月回北京协和医院任护理部主任兼护校教员。1954年5月离开协和医院,参加北京儿童医院筹建。1962年后任北京儿童医院护理部主任、副院长。1981年10月8日在北京病故。参与主编《中国医学百科全书·护理学》分卷。

**韦文贵(1902—1980)**

字霭堂。东阳县人。早年随其父韦尚林(曾任太医院御医)学医,继承祖传"金针拔障术"。其后在杭州开设"复明眼科医院",设有简易病房。1955年奉调至京,历任中医研究院外科研究所(后改称中国中医研究院广安门医院)眼科主任、院学术委员会委员。曾兼任中华医学会眼科学会常委。著有《韦文贵眼科临床经验选》等。

**韦以黻(1885—1947)**

吴兴县人。著名科学家。曾任中国工程师学会第一任会长,中国机械工程学会会长。

**韦希武(1891—?)**

字敬丹。东阳县人。1916年12月保定陆军军官学校第三期工兵科一连毕业。曾任黄埔军校教官。后任南京国民政府军事委员会总参谋部部附、教官等职。1945年9月被南京国民政府授予陆军少将军衔。1946年退役。

**支秉渊(1897—1971)**

字爱洲。嵊县人。著名机械专家、企业家。1920年上海南洋公学毕业后进上海美商慎昌洋行任见习生、工程师。因受"五卅"运动影响,1925年集资在上海闸北创办新中工程公司,以黄炎培为董事长,自任总经理兼总工程师,设计制造各种抽水机、碾米机、柴油机、内燃机等机械设备。1932年"一·二八"事变中公司被毁,向社会集资重建新中工程公司,并先后研制生产出49.28千瓦、66.20千瓦、67千瓦、90千瓦等马力新式柴油机,45千瓦马力汽车用高速柴油机,还承包浙赣、湘桂等铁路、公路桥梁工程业务,成绩显著。抗战初参与发起组织上海工厂联合迁移委员会,任副主任。抗战期间新中工程公司四度转迁,在湖南祁阳重建后,几年内增设了锻铁、铸铁、炼钢、轧钢、金工、发电等11个工场,并投资民生炼铁厂、七里桥煤矿公司,成为大后方著名民营工程机械厂,被公认为"工程界的俊杰"。1943年被中国工程师协会授予最高荣誉奖。1945年被国民政府资源委员会派去美国考察。1946年回国后主持筹建中国善后救济总署主办的上海中国农业机械公司,任总经理。上海解放后任华中工业部机械处处长。1951年受命筹建重工业部太原重型机械厂,任副厂长兼总工程师。1954年任第一机械工业部沈阳矿山机器厂副厂长兼总工程师。1962年后任北京起重运输机械研究所副所长兼总工程师,并曾任中国机械工程协会理事、传动学会理事长。1964年2月当选为第三届全国人大代表。"文化大革命"中遭迫害。1971年8月在信阳去世。1979年2月平反昭雪。

**支樟樵(1914—1943)**

又名朱敬元。嵊县人。农民家庭出身。高小毕业后辍学。1929年到上海宝华绸厂做工,后到裕春绸厂做工,并在海关夜校读书。1935年加入中国共产主义青年团。不久转到上海美亚九厂。1936年成立美亚九厂团支部,任支部书记。同年下半年到美亚十厂开展工作。1937年3月领导工人参加罢工。在罢工斗争中表现突出,得到工人群众信赖。同年转为中共正式党员,并任中共美亚十厂支部书记。不久被国民党当局逮捕,关押在龙华监狱。抗战爆发后被转到地方法院交保释放。之后开办难民学校,收容几十名受难儿童。1939年赴浦东开办学校,自任校长兼教师。不久受中共组织派遣,到奉贤、青浦地区打入伪军内部搞策反工作。1942年奉命赴浙东三北地区,任余(姚)上(虞)县办事处便衣队队长,搞武装斗争,配合县大队和主力部队作战。1943年任马渚区委书记。同年12月22日在马渚夏王宅村的战斗中壮烈牺牲。

**太 虚(1889—1947)**

俗姓吕,本名淦森,法名唯心,别号悲华。原籍浙江石门县,1889年12月18日生于海宁。13岁开始做学徒,16岁于苏州平望小九华寺出家,同年依宁波天童寺寄禅和尚受具足戒。其后在宁波永丰寺就学。1906年夏回到天童寺,随道阶法师习经。1907年秋到慈溪西方寺阅读藏经。1908年秋应天童寺住持寄禅之召,参与筹建宁波僧教育会。1909年春前往南京,先后在金陵刻经处祇洹精舍、僧师范学堂就读。1910年春赴广州宣讲佛法,被推为白云山双溪寺住持。次年正值黄花岗之役,因作诗凭吊,不容于清廷,遂离粤返浙。1912年与同学仁山等创设中国佛教协进会,后中国佛教协进会并入中华佛教总会,被推为会刊《佛教月报》总编辑。撰文宣传"佛教复兴运动",建立新的僧团制度。1917年应请至台湾弘法。曾在上海与章太炎等组织觉社,出版《觉社丛刊》,后改为《海潮音》月刊。1922年创办武昌佛学院。1925年率佛教代表团出席在日本东京召开的东亚佛教大会,并考察日本佛教。1927年任厦门南普陀寺住持、闽南佛学院院长。1928年在南京发起成立中国佛学会。同年秋出国访问,游历英、法、德、比、美诸国,宣扬佛教。与英、法等国学者共同发起,在巴黎筹组世界佛学苑,为中国僧人去欧美传播佛教之始。1931年在重庆北碚缙云寺创办汉藏教理院。1943年组织中国宗教徒联谊会。抗战胜利后任中国佛教整理委员会主任。1947年在上海玉佛寺病故。他对法相唯识深有研究,并主张把唯识思想应用于现实社会。著有《真现实论》、《法相唯识学》、《起信论研究》、《整理僧伽制度论》、《太虚大师寰游记》等,门人辑有《太虚大师全书》行世。

**尤家选(1915— )**

三门县人。1933年3月毕业于南京国民政府军事委员会军政部军事交通技术教练所第四期。后入空军军官学校洛阳分校第七期学习,毕业后任空军飞行员。1940年任成都空军士官学校飞行教官。1947年任空军总司令部第二署空军情报训练科少校科长。1949年去台湾。1957年任"空军通信联队"联队长。1958年被授予"空军少将"。1962年任"空军总司令部"第四署少将副署长。

**车炳荣(1908—1987)**

建筑企业家。其父曾在上海开设大顺石子厂,任经理,经营沙石料。毕业于东吴大学法律系,获学士学位,即在上海青年会内开律师事务所,主要承接商业案子,同时任几家企业的法律顾问。1935年放弃律师职业进入岳父陶桂松创设的陶桂记营造厂,同时设立车炳荣经租处,为陶桂松经营房地产。1936年陶桂记中标中国银行大厦后任该项目经理,首次独立主持工程便获得重大成功,工程按期完工,获红利10万元,并在建筑界树立了声望。在随后的沪光大戏院、美琪大戏院等工程中进一步积累了施工管理经验。约1941年离开陶桂记成立保华建筑公司,以精明的管理、出色的交际,先后承建了上海证券大楼改建工程,龙华机场航站大厦、跑道、停机场,犹太侨民俱乐部,无锡申新三厂等重要工程。先后任上海营造业公会候补理事、理事、经济委员和全国营造业公会候补理事。1950年去香港经营,承建了包括地铁在内的数项政府工程,成为香港地区著名建筑企业家。1987年去法国旅游时突然病故。

**戈定远(1901—1977)**

字卓超,化名伟三。衢县人。1923年浙江公立法政专门学校毕业后赴日本留学。曾任北京法律馆科员、中国驻苏联特罗巴领事馆主事。1926年冯玉祥访苏,随同回国,入西北军,任冯玉祥秘书。1929年10月至12月任南京国民政府军政部军法司长。1930年西北军在中原大战中失败,残部被收编后,任第二十九军秘书长。1933年随军长宋哲元在长城喜峰口抗击日军。1935年任南京国民政府立法院第四届立法委员,并兼任冀察政务委员会委员、秘书长。在北平创办英文《北平新闻》日报。抗日战争爆发后受原西北军抗日将领派遣,进沦陷区徐州一带做抗日工作,策反汪伪军。被汪精卫任命为伪军委会委员,后任汪伪政权淮海省秘书长。抗日战争胜利后任第三"绥靖"区司令冯治安的顾问。1949年上海解放前夕因"通共嫌疑"被国民党政府逮捕,不久出狱。新中国成立后定居北京,任中国国民党革命委员会团结委员、全国政协委员、浙江省政协委员。

**贝介夫(1903—1927)**

又名唤民、介甫,化名林子勤。余姚县人。1919年到上海当学徒。受当时反帝爱国运动和进步思想的影响开始追求革命,加入了中国共产党。1925年10月由中共党组织选派到黄埔军校第四期政治科学习。1926年毕业后参加北伐军,随军从广东转战到浙江。1927年"四一二"反革命政变后留在白色恐怖笼罩下的杭州坚持斗争。同年9月27日中央特派员王若飞奉命来杭改组浙江省委,当选为中共浙江省委委员、常委和军事部部长。稍后兼中共杭州县委书记。10月根据上级指示,成立浙江省委"红色恐怖团(队)",兼任总指挥,负责领导并参与惩办工贼、特务的锄奸活动。11月2日参与组织杭州市丝织行业大罢工;6日由于叛徒出卖被国民党当局逮捕,囚于浙江陆军监狱;12月18日牺牲。

**贝时璋(1903—2009)**

镇海县人。1921年毕业于上海同济医工专门学校医学预备科。后赴德国留学,曾先后就读于弗莱堡大学、慕尼黑大学和蒂宾根大学。1928年3月获得蒂宾根大学自然科学博士学位。留校担任助教,并师从著名实验生物学家哈姆斯(J. W. Harms)从事科学研究。1929年秋回国。1930年4月负责筹建浙江大学生物学系。同年8月被聘任为浙江大学副教授。1937年随校西迁,先后担任浙江大学生物系的副教授、教授、系主任,并出任浙江大学理学院院长。1948年当选为中央研究院第一届院士,受邀请担任荷兰国际胚胎学研究所研究员。1949年当选为荷兰国际胚胎学研究所委员。新中国成立后曾参与协助筹建中国科学院。1950年出任中国科学院实验生物学研究所研究员,兼任所长。1955年被聘为中国科学院生物学部委员。1957年成立北京实验生物学研究所,担任研究员,兼任所长。1958年北京实验生物学研究所改建为中国科学院生物物理研究所,担任研究员,并兼任所长,直至1983年改任名誉所长。1958年兼任中国科技大学生物物理学系系主任。1972年率领中国科学家代表团访问美国。1973年撰写《科学技术基本建设的建议》。1977年参加制定中国《国家八年科学规划》。1978年至1982年兼任中国科技大学研究生院生物学教学部主任。1980年至1983年担任中国生物物理学会理事长。1983年至1986年任中国生物物理学会名誉理事长。贝是中国细胞学、胚胎学的创始人之一,中国生物物理学的奠基人。为表彰其科学贡献,2003年小行星36015被命名为“贝时璋”。

**毛人凤(1898—1956)**

字齐五。江山县人。毕业于浙江省第一中学,后考入黄埔军校第四期,因病休学。曾任江山中学教员,后在县政府和专员公署任秘书。1934年被戴笠聘为助手,任杭州警官学校政治特派员办公室任书记,逐渐成为军统骨干人物。1935年3月加入国民党特务组织复兴社特务处,曾于武汉与西安行营第三科、西安军宪警联合稽查处任职。抗战爆发后主持军统首脑部情报作业,掌握核心机密。不久提升军统局代理主任秘书兼甲室主任。抗战胜利后升任军统局副局长。1946年改组为国防部保密局,仍任副局长,1948年任局长。1949年国民党撤出大陆之际,组织特务将所监禁的共产党员和民主人士集体屠杀。还把保密局的武装特务改编成交通警察总队,投到各个战场参战。又部署行动总队,密谋破坏各大城市的工厂、水电设备、铁路桥梁等。赴台后,1952年当选为国民党中央候补委员。1955年3月“国防部保密局”改组为“国防部情报局”,续任局长。同年11月针对周恩来率代表团到万隆出席亚非会议,派特务到香港进行暗杀活动,在代表团乘坐的“克什米尔公主号”放置炸弹,飞机在接近印度尼西亚海岸时爆炸,机上除三名乘客生还外,11名乘客及五名机组人员遇难。1956年10月在台北病故。1959年10月被台湾当局追赠为“陆军上将”。

**毛子水(1893—1988)**

名准,谱名延祚,字子水,后以字行。江山县人。1893年2月25日出生。少从其父毛世卿(字德辅,江山县禀生)读四书。1906年考入衢郡中学堂,1911年毕业。1913年考入北京大学理预科就读。1917年升入理科数学系。1919年与罗家伦、傅斯年等发起创办《新潮》杂志,并参与五四运动。1920年毕业,获理学学士学位,留校任预科国文教员。1923年公费赴德留学,入柏林大学理科研究所研修数学、物理,继而专攻科学史。1930年肄业返国,任北京大学史学系讲师。1931年至1934年兼任北京大学图书馆馆长,1936年为史学系教授。1938年抗战期间随校南迁,任西南联大史学系教授。1945年抗战胜利后复随北京大学迁回北平。1949年应台湾大学校长傅斯年之邀,赴台湾大学中文系任教授。同年发起创办《自由中国》杂志。1957年受聘为“国史馆”史料审查委员。1959年至1986年任“国家长期发展科学委员会咨议委员”。1961年任《新时代》杂志主编。1973年自台大中文系退休,仍为兼任教授。同年受聘辅仁大学中文研究所讲座教授。1975年8月辞台湾大学及辅仁大学教职,仍为台湾大学名誉教授。1987年获“中华民国行政院文化奖”。1988年5月1日在台北去世。著有《〈论语〉今注今译》、《汉石经仪礼残字证集》、《理想与现实》、《师友记》等,另有《毛子水全集》五卷本行世。

**毛子佩(1906—1989)**

字文植,笔名马知先。余姚县人。1933年任上海消闲性报纸《铁报》社长。1937年毕业于上海持志学院。1939年任国民党上海市党部执行委员兼宣传处处长,三民主义青年团上海支团部干事处干事。1943年入国民党中央训练团党政训练班第二十五期培训。1945年任上海市社会局第四处处长。抗日战争胜利后以国民党地下工作人员的面目出现,接收了汉奸金雄白的《海报》全部资产,《铁报》在上海小报中首先复刊。当时上海报业同业公会成立时，对参加报馆限制较严，毛负责的“海派小报”《铁报》因是社会局主管报业，所以被特许参加并当选为候补理事单位。1946年当选为上海市参议会参议员，中国纺织建设公司专门委员。1947年当选为国民大会代表。1950年任怡大化工厂经理。1980年被聘为上海文史馆馆员。1989年冬在上海去世。

**毛以亨(1895—1968)**

字公惺。江山县人。早年加入光复会。1910年春考入杭州府中学堂。1911年秋参加辛亥杭州起义。1918年毕业于北京大学政治系。不久赴法国勤工俭学。1923年在巴黎大学获政治学博士学位后回国，任浙江省公立法政专门学校教员，并刊行《浙民日报》。后任北京法政学院教授。由李大钊介绍，任国民联军总司令冯玉祥的秘书，到张家口的西北边防督办公署就职，兼任西北垦务委员会委员。1926年任中国驻苏联特罗邑领事馆领事。同年5月至8月陪同冯玉祥去莫斯科访问，商请苏联政府援助中国革命。9月卸领事职。1927年春回国，任西北军驻南京代表，一度被提名为内政部次长并代部务。1928年后历任上海暨南大学、大夏大学、法政学院教授。抗战期间寓居香港。1946年与张君劢等组建民主社会党(简称民社党)。1947年3月前往新德里参加印度国务问题研究会。1948年任监察院监察委员。1949年赴香港，任香港大学教授。1968年2月15日在香港九龙去世。著有《伦理问题》、《学制与学科的改革》、《现代民主政治》、《民主各国的政党》、《俄蒙回忆录》，译有《欧洲现代政治史》等。

**毛邦初(1904—1987)**

号信诚。奉化县人。1904年生于上海。早年随父在上海美孚商行工作。1925年入黄埔军校第三期步科学生队，毕业后前往苏联莫斯科中山大学。后赴意大利学习飞行。1931年在南京国民政府新建的南京中央航空班担任飞行组长。1933年7月在杭州东郊笕桥建立的中央航空学校任副校长。1935年9月7日被授予空军上校军衔。1936年12月任国民政府航空委员会委员。1937年1月1日获颁五等云麾勋章。同年5月任国民政府空军第三军区(驻南昌)司令。1938年3月任国民政府航空委员会军令厅厅长。1940年5月晋升空军少将。同年8月升任国民政府航空委员会副主任兼军令厅厅长，并兼空军第一路司令。1941年3月26日任空军总指挥部总指挥。1943年1月21日复任航空委员会副主任。1945年5月当选为国民党第六届中央执行委员会候补执行委员。抗日战争胜利后任国民政府航空委员会驻美国代表及联合国安全理事会军事参谋团中国代表团成员。1946年6月29日任国民政府空军总司令部副司令，并晋升为空军中将。1949年去台湾，任“空军总司令部副总司令”。1950年任台湾当局驻“联合国军事代表团”团长。1951年由他负责的“空军驻美代表处”与台湾“空军总司令部”为采购美国飞机问题发生冲突，后台湾当局指控其贪污公款，于8月21日被免职。随即化名移居墨西哥。1974年台湾当局派遣“司法行政部”次长查良鉴专程到墨西哥提起司法诉讼，将其投入墨西哥监狱。服刑数年后出狱，后移居美国。1987年在美国洛杉矶去世。

**毛杏表(1911—1950)**

奉化县人。14岁至汉口当学徒，后在上海等地做工。1942年10月参加新四军浙东游击纵队四支队。1944年加入中国共产党。参加反“扫荡”战斗，升副排长。抗战胜利后于1945年10月随军北撤。解放战争时期在山东、河南等地先后参加宿北、莱芜、孟良崮等重大战役，五次负伤，立特等功一次、一等功三次、三等功三次，荣获“一级人民英雄”、人民功臣、指挥英雄、模范修养员等荣誉称号。1949年10月1日以全国英模代表身份参加开国大典观礼。1950年到北京参加全国战斗英雄代表大会。不久赴朝鲜参战，任中国人民志愿军副营长。同年11月30日在朝鲜战场光荣牺牲。

**毛应章(1904—?)**

字仲文。江山县人。中央军校第六期毕业。抗日战争时期曾任福建省福清县、上杭县、连江县县长，浙江省青田县县长。1944年被推举为江山县公职人员候选人应考资格审查委员会委员。1949年去台湾。曾任台湾省基隆要塞司令部少将副司令兼守备团长。1983年退役。

**毛　良(1898—1947)**

又名兰生、富生、南山。绍兴县人。青年时期当海员，1926年加入中国共产党，曾参加过省港大罢工。后长期在新加坡领导海员工人斗争。1936年被英国殖民当局强行遣送到上海。1937年与上海党组织接上关系。1939年进马勒船厂当加油工。在马勒船厂建立中共党支部，任支部书记。1941年离开马勒船厂从事海运工作，后去中共领导的抗日根据地随刘长胜做交通员。1947年6月回上海时，船在吴淞口被扣遭逮捕，在狱中遭受严刑拷打，但坚贞不屈，未透露党的秘密。出狱后不久病故。

**毛和源(1892—?)**

鄞县人。由买办起家，曾任上海科发药房、老晋隆洋行、百司洋行、茂大洋行、美狄根洋行、先灵洋行、华文银行等多家外商企业在华经理。后投资诸多企业，任大华制革厂、梅园烟厂董事兼总经理。1935年后任履瀛西药行、友宁实业公司店主兼经理，梅园酒家股东兼经理，意商义兴公司在华总经理，丰盛实业公司、南洋印刷公司董事，宝山造纸公司无限责任股东等。还任宁波旅沪同乡会常务委员，上海公共租界纳税华人会执行委员。1947年后又兼任兴华化学工厂经理。

**毛　侃(1895—1988)**

字士洲，号恕可。黄岩县人。1916年12月保定陆军军官学校第三期步科毕业。先后任职于哈尔滨护路队和北京扶轮学校。1927年1月任国民革命军总司令部参谋，后任军事委员会办公厅上校科长。1928年10月任参谋本部上校参谋。1932年春陆军大学毕业，任军事委员会第一处参谋。1933年任保定行营少将参谋处长。1935年春复任军政部少将高参。1936年2月任晋绥陕甘四省边区"剿总"参谋处长。同年被南京国民政府授予陆军少将军衔。1937年9月任第三战区第十五集团军(前敌总指挥部)办公厅主任。1938年2月因伤回原籍疗养。1947年4月17日被授予陆军中将军衔。1948年任国民党黄岩县"戡乱"建国动员委员会常委。1949年5月在黄岩迎接解放。1977年赴南京定居。1988年5月27日在南京病故。

**毛宗良(1897—1970)**

黄岩县人。1897年9月23日出生。1927年毕业于南京东南大学农科园艺系。1928年去法国巴黎大学求学，获博士学位。1933年归国后曾任中央大学、四川大学、复旦大学教授兼园艺系主任。1952年起任沈阳农学院(现为)教授。长期从事园艺学教育工作，并对园艺植物分类有深入研究。1941年由他确定的榨菜学名，为世界各国所采用。撰有科学论文30余篇，专著有《蔬菜名汇》等。1970年4月12日在黄岩去世。

**毛树清(1917—1997)**

桐乡县人。1932年嘉兴一中初中毕业。抗战爆发后先后任《新征北日报》、《中央日报》总主笔。1944年奉调出国，任中国驻欧洲盟国远征军最高司令部联络官，并兼《中央时报》随写记者，是第二次世界大战欧洲盟军总部战地记者。最有影响的报道是和同事陆铿随艾森豪威尔将军进柏林，将欧洲战场粉碎纳粹德国的胜利消息电发回国，使亿万同胞深受鼓舞。三年后定居美国，在纽约创办了华文报纸《中国时报》。70年代初兼任台湾淡江大学、清华大学、中兴大学教授。70年代末参加筹备由蒋纬国创办的"中华战略学会"，当选为常务理事。著有《美国两党政治》、《艾森豪威尔总统与美国国会》、《世界新闻史讲义》等。

**毛思诚(1873—1939)**

原名裕称，学名思诚，号勉庐。奉化县人。光绪朝廪生。早年毕业于浙江四明法政专门学校，在奉化等地任教。1902年在奉化岩头镇当私塾老师时，成为蒋介石的启蒙老师。此后在宁波府中学堂、衢州省立第八师范学校任教。1924年4月应蒋介石邀请去广州，任黄埔军校校长办公厅少校秘书，兼校史编纂委员会委员。1926年任广东潮阳县长。1927年后历任国民革命军总司令部中校秘书、总司令办公厅文书科科长。1930年被授予陆军少将军衔，任国民政府秘书。1931年2月兼国民革命军战史编纂委员会常委。同年12月任国民政府文官处秘书。1934年7月任南京国民政府监察院监察委员。1936年底辞职回乡。蒋介石曾将手卷、日记、毕业文凭、公牍等交其收藏，于1931年为蒋介石编成《自反录》。1936年整理出版《民国十五年以前之蒋介石先生》。回乡后又编成《蒋介石大事年表》一册。1939年11月在奉化病故。

**毛秋白(1903—?)**

安吉县人。早年赴日本留学，入东京帝国大学。毕业后获文学学士学位。中华学艺社社员。历任上海复旦大学、大夏大学教授。有《亚里斯多德的诗学》、《人生主义的文艺批评》、《游荡者的生活》、《现代德国的劳动文学与普罗文学》、《高尔基文坛生活四十年》、《电影的魔术》、《剧本的读法》、《电影的本质的美》、《儿童剧与学校剧的变迁》、《日本国家独占资本主义之现况》、《危险之中的日本国家之本质》等文发表。译著有《德意志短篇小说集》、《游荡者的生活》、《季革斯及其指环》等。1951年间曾与人合作编写了越剧《贾宝玉》剧本。

**毛彦文(1898—1999)**

女。小名月仙，英文名海伦。江山县人。7岁入家塾启蒙。辛亥革命后就读于江山西河女校。1913年被保送入杭州女子师范学校。

1916年入浙江吴兴湖郡女校。四年后毕业，又以浙江省第一名考入北京女子高等师范学校英文系，参加了五四运动。1922年被推选为女权运动同盟会浙江支会临时主席。同年转学至南京金陵女子大学。1929年赴美国密歇根大学攻读教育行政与社会学，两年后获教育学硕士学位。到欧洲游历，与在欧洲游学的吴宓一同回国。后任暨南大学、复旦大学教育系教授。1935年2月9日与熊希龄结婚后辞去大学教职，协助丈夫开展慈善事业。1937年12月25日熊希龄病故后出任北京香山慈幼院院长。曾出席印度尼西亚雅加达国际禁贩妇孺会议。1939年当选为浙江省参议会参议员。1947年当选为北平市参议员。同年11月当选为"国民大会代表"。1949年4月去台湾。1950年4月赴美国，先任旧金山《少年中国报》编辑，后任加州大学、华盛顿大学研究员。1962年回台湾定居，并执教于实践家政专科学校。1966年退休后定居台北内湖。1999年11月10日在台北去世。著有回忆录《往事》。

**毛祖霖(1926— )**

奉化县人。1950年毕业于宁波浙东中学(今宁波市第四中学)。后留学美国，毕业于西雅图华盛顿大学化工系。1965年回台湾，筹备成立正大尼龙工业股份有限公司，后任正大纤维股份有限公司北投厂厂长、总经理，正大尼龙工业股份有限公司常务董事，嘉大针织股份有限公司董事长。所生产的产品在台湾首屈一指，畅销海外市场。

**毛振翔(1913—1997)**

圣名若望。江山县人。早年就读于杭州。1938年毕业于罗马传信大学，因成绩优异，不久即晋铎。求学期间曾宣传抗日。曾任天主教南京总主教公署总经理。1947年受罗马教廷委任，为天主教文化协进会留学生服务处处长，先后分批选送学生约6000人赴美就学。1948年赴美，任主教于斌之秘书，协理主教事务，曾促使美国废除排华条款、提升侨生待遇，并在各大城市兴学建堂，影响广大。1951年赴台湾，曾在板桥建圣若望天主堂并任主任司铎，后任台北教区副主教。著有《我是依然苦斗人》、《我这半生》等。

**毛　森(1908—1992)**

原名鸿猷、善寿。江山县人。早年在衢县的浙江省立第八师范学校毕业后，任小学教员。1931年考入浙江警官学校正科第二期。从警校毕业后被送进特训班，随后加入国民党秘密组织中华复兴社，颇受戴笠器重。1933年蔡廷锴、蒋光鼐发动福建事变后受戴笠委派去福建进行监视。福建事变镇压下去后任福州市警察局特警组主任。1937年抗战全面爆发，在福建组建一支特工部队——军事委员会别动大队，担任二大队队长。1938年9月奉令潜伏到日伪统治下的杭州，任情报站站长。1939年1月被日本宪兵逮捕，坚不招供，重庆方面将其营救出狱。1942年奉戴笠之命，在上海成立行动总队，进行破坏活动，下属逮捕后被供出，第二次入狱。在狱中指挥锄奸活动。1944年初逃出监狱，前往淳安。被任命为中美合作所东南地区指挥官，由上校晋升少将。任职期间把大量有价值的信息提供给盟军，为美军切断日军运往南洋的物资、击沉日本"大和号"战舰、在冲绳岛歼灭日军发挥重要作用，得到美国政府嘉奖。国民政府也先后给予六次勋章和奖状。抗战胜利后重返上海，接收伪政权财产。在汤恩伯第三方面军、首都卫戍总部工作，任第一兵团司令部、衢州绥靖公署第二处少将处长，后调任浙江省警报处处长。在浙江省主席陈仪谋求起义之际，奉汤恩伯密令，将陈仪逮捕。上海解放前夕任上海市警察局局长，突击处决地下党员。1949年5月24日晚当解放军向上海发起总攻时，退往厦门。被蒋介石委派为厦门警备司令部中将司令。赴台湾后与蒋经国矛盾日益加深，出走到香港。1958年到冲绳岛居住。1968年移居美国。1992年5月飞抵上海，走访亲友并回到浙江江山。同年10月在美国旧金山去世。

**毛景彪(1911—1961)**

字啸风。奉化县人。毕业于中央陆军军官学校第六期通讯科。1933年起历任军政部直属交通兵团有线电信大队通信排长、副连长、通讯大队长。后考入陆军大学正则班第十三期，1937年12月毕业。毕业后任国民革命军预备第十师参谋主任、参谋长。1940年春任第九十一军参谋长。同年夏任钱江北岸军参谋长。10月任暂编第九军参谋长。1942年任第十集团军高级参谋。次年任该集团军参谋长。后任第十六师副师长。1945年2月晋升陆军少将，任国民政府军务局副局长。1946年全面内战爆发后任整编第三师中将副师长。同年9月在定陶战役中率整编第三师残部2000余人突围成功。1948年5月起任国防部第一厅(人事厅)中将厅长。同年9月22日被授予陆军中将军衔。1949年去台湾，先后任台湾"国防部参谋次长"、"国防部人事厅厅长"、"战略顾问委员会"委员。1961年7月在台北病故。

**毛镜仁(1891—1974)**

字静如。黄岩县人。早年毕业于武汉讲武堂。1916年12月毕业于保定陆军军官学校第三期炮科。1927年任国民革命军总司令部参事厅中校参谋。1928年10月任参谋本部上校科长。1937年8月陆军大学毕业,任参谋本部少将高参。1938年1月任军令部第一厅少将处长。同年12月因病辞职回乡。1944年2月任浙江省台州专员公署护航委员会办公厅主任。1945年11月任黄岩县"绥靖"委员会常委。1947年4月17日被国民政府授予陆军少将军衔。1948年任黄岩县"戡乱"建国动员委员会常委。1949年5月参与和平解放黄岩工作。新中国成立后历任浙江省黄岩县各界人民代表大会常委,黄岩县卫生工作者协会副会长,黄岩县政协常委。1974年7月病故。

**毛瀛初(1911—2000)**

奉化县人。毛邦初弟。私立南京金陵大学肄业,空军军官学校第二期(飞行)及美国空军参谋大学正科班毕业。1937年进入国民政府空军服役。历任空军第四大队大队长,空军驱逐机队总队长,空军第四军区副司令,战斗机司令部司令,空军总司令部第三厅厅长。1948年任空军总司令部作战署署长。1949年去台湾,历任"空军军官学校"校长、"国防大学"教育长、"空军总司令部"督察长、"空军作战司令部"司令、"国防部"常务次长。1969年退役,任台湾"民航局"局长13年。在职期间积极谋求台湾民航各项业务发展,对外加强联系,对内实行汰旧换新政策,确保台湾民航机型紧跟时代趋势,并创建航空医务中心,加强飞行安全,扩建台北、高雄国际机场,筹建桃源国际机场,使民航各项设施达到国际标准。1981年转任公营公司。1997年退休。2000年在台北去世。

**乌叔养(1901—1966)**

杭县人。1919年考入上海美术专科学校学习绘画。1933年赴日本东京帝国美术学校留学,回国后曾在山东、贵州等地从事美术教育工作。抗日战争胜利后曾任江苏师范、江苏社会教育学院、江苏省文化教育学院、鲁迅美术学院教授,辽宁省文学艺术联合会副主席,辽宁省美术家协会理事等。是第三届全国文代会代表,第三届全国人民代表大会代表。主要作品有油画《甲午海战》、中国画《葛贤抗税》及《乌叔养作品选集》等。

**方于笥(1877—1945)**

字叠裳,号青箱。嘉兴县人。毕业于上海中西书院,曾游历美国、加拿大、日本,立志反清革命,加入光复会和同盟会。1910年出任浙江第二中学堂监督。辛亥革命前夕提倡剪除发辫,组织学生军进行军事训练,与嘉兴革命党人策划光复事宜。1911年11月7日带领爱国学生及起义军队进攻嘉兴府衙门,清廷官吏闻风而逃。嘉兴光复后出任嘉兴军政分府民政长,主持推行民国政制,肃清地方武装,维持社会秩序,挫败守旧派谋取政权活动。旋兼任嘉兴县知事。后来历任吴兴县知事、安徽省印花税处处长、浙江省长公署外交顾问、浙江督军公署高等顾问以及南北和平会议秘书等职。曾一度担任浙江省立第一中学校长以及浙江省立编译馆馆长。

**方干民(1906—1984)**

温岭县人。1924年考入私立上海美术专科学校就读。1926年赴法国国立巴黎高等美术学院留学,是我国最早接受西方现代主义绘画流派的第一代油画家之一。1929年任私立上海新华美术专科学校教师。1930年任国立杭州西湖艺术专科学校(后改称国立艺专)教授。1939年任国立艺专教务长。1947年秋在上海创办"中华艺术研究会"。1948年任私立上海美术专科学校教授。1951年调任解放军军事学院教授。1958年任浙江美术学院油画系教授。1984年1月19日去世。

**方子藩(1908—1968)**

字远梵。镇海县人。早年先后留学日本、德国,精通英、日、德等国语言。后虔信佛教,皈依三宝。常至宁波观宗寺听谛闲大师讲经,遂对佛学发生浓厚兴趣并皈依谛闲法师,将其宣讲的《梁皇忏》撰成《梁皇忏随闻录》,流行于世。抗日战争期间研制成功"消治龙"(SST)药剂,救人无数。1940年锡兰(今斯里兰卡)比丘来沪弘法,亲为翻译,为国际佛学研究和交流起了先导作用。1946年在鹿苑佛学会的基础上,筹备组织上海佛教青年会,被推举为负责人,此后即任该会理事长。1947年在佛教青年会创办《觉讯》月刊,撰写文稿。新中国成立后历任中国民主建国会上海市委会委员,上海市政协委员,上海工商联合会常务委员,上海化学原料工业公司经理,大丰工业原料公司和天丰化学制药厂总经理等。在佛教界还被推举为中国佛教协会理事,上海佛教协会副会长。

**方介堪(1901—1987)**

原名文渠,字溥如,又名宣浙,号介庵,后更名岩,字介堪,以字行。温州人。西泠印社早期社员。能诗,精鉴赏,擅书画篆刻,篆刻宗秦汉古玺,尤善以鸟虫篆入印。先后担任上海美专、上海新华艺专教授,首届杭州西湖博览会金石部鉴定委员,全国美展评委。曾参与故宫博物院宋元墨迹鉴定等。新中国成立后曾任教于瑞安中学。1952年起任温州文物管理委员会专职副主任,筹设温州博物馆并任馆长,历年征集故家遗藏,抢救出土文物,保护珍品,策划展览陈列,成绩卓著。晚年任中国书法家协会名誉理事、浙江省政协委员、西泠印社副社长、温州市文联副主席等职。70余年治印达3万余方,为篆刻史上作品最多的金石家。辑有《介堪印谱》、《方介堪篆刻》、《介堪刻晶玉印》、《古玉印汇》、《介堪印存》等,著有《玺印文综》等。

**方文政(1892—1958)**

字乐胥。金华县人。1918年毕业于金华的浙江省立第七师范学校。1920年东渡日本留学,就读于早稻田大学,攻读法律。1923年回国后任北洋政府财政部驻上海物价调查处编辑,并在上海政法大学、浙江法政专门学校等校兼任教授,史良、沙千里、王造时均为他的学生。1931年任南京国民政府外交部条约委员会委员,国立中央大学法学院法律系副教授。后因不满蒋介石消极抗日政策愤而辞职,在上海担任律师。1937年抗战爆发后严词拒绝华北日伪政府的拉拢,避居内地,曾在重庆执律师业务。新中国成立后任上海市黄浦区民政科长。1958年在上海病故。

**方去疾(1922—2001)**

原名痓,号之木,别署木斋、四角亭长、乐易榭。永嘉县人。居上海。长期主持上海宣和印社。精书法、篆刻,宗诏版、碑额,所作纵横欹侧,醇厚高古,风貌独具。于印章、印谱鉴定方面成就卓著,其编订的《明清篆刻流派印谱》填补了我国印学史上明清两代近500年的研究空白。历任中国书法家协会副主席,篆刻艺术委员会主任,上海市文联副主席,上海市书法家协会副主席,上海市文管会鉴定委员,上海书画出版社编审等职。西泠印社早期社员,1979年起任西泠印社副社长。自刻印辑有《去疾印稿》、书法集《方去疾篆唐诗》,与吴朴堂、单孝天合刻《古巴谚语印谱》、《瞿秋白笔名印谱》、《养猪印谱》等,编著有《吴昌硕篆刻选辑》、《赵之谦印谱》、《吴让之印谱》、《明清篆刻流派印谱》等。

**方光焘(1898—1964)**

原名方曙先,笔名陈著、雪甫。衢县人。语言学家、作家。1918年留学日本,在东京高等师范学校攻读英语。1921年参加创造社。1924年回国,任上海大学教授,并开始文学创作。1929年留学法国,在里昂大学研究语言学,并首次在中国系统介绍瑞士语言学家索绪尔的语言学说。1931年回国,任教于上海中国公学。同时参加左联。历任安徽大学、复旦大学、暨南大学、上海劳动大学、中山大学、中央大学等校教授。新中国成立后任南京大学教授、中文系主任,兼江苏省文化局局长、江苏省文联主席、中国科学院哲学社会科学部委员。创作活动主要在二三十年代,作品以小说为主,其中《曼兰之死》、《疟疾》较有影响。同时,对文艺学也有研究,写有多篇论文,并译有多部外国文学著作。主要文学著译有《姐姐的日记》、《文学入门》、《文学的社会学的研究及其应用》等。

**方同源(1899—1999)**

字省之。吴兴县人。早年毕业于上海沪江大学。曾在杭州从事教育工作,担任蕙兰中学教导主任。1927年应聘出任私立舟山中学校长。1940年后去美国宾夕法尼亚大学攻读教育心理学,获教育硕士、博士学位。抗日战争胜利后回国,任职于中华基督教协会,协助沿海七所私立学校的复校工作。1947年出任上海沪江大学教育系教授、系主任。1952年院系调整后,在华东师范大学图书馆、教育系工作,任心理学教授,直到1973年退休。

**方先之(1906—1968)**

诸暨县人。1906年2月24日生。1925年考入私立上海沪江大学生物系学习。1928年在北京协和医学院学习。1933年毕业后在北京协和医院工作,历任住院医师、总住院医师、主治医师、讲师、襄教授等职。1938年赴美国留学,先在波士顿大学学习,后获美国纽约州立大学医学博士学位。1942年回国,7月在天津创办天和医院。1944年8月在天津创办骨科医院。1952年起任天津人民医院骨科主任兼天津医学院教授。1953年创办全国骨科医师进修班,培养学员近2000人,并首创骨关节结核病灶清除疗法和中西医结合治疗骨折。1968年6月29日在天津病故。

**方　旭(1857—1921)**

原名承鼎,字调卿。建德县人。曾任惠英女校校长。先后参与光绪十八年、民国八年《建德县志》的编纂工作。潜心研究博物,著有《虫荟》(5卷)、《蠹存》(2卷)。

**方　约(1913—1951)**

又名文松,号节盦,其斋称唐经室。永嘉县人。从兄方介堪,胞弟方去疾。善篆刻,但传世甚少。1934年于上海成立宣和印社,以研制印泥和出版印谱闻名,所制“节盦印泥”颇负盛名。编拓印谱有《伏庐藏印》、《晚清四大家印谱》、《胡匊邻印谱》、《徐星州印存》等数十种。

**方志超(生卒年不详)**

诸暨县人。曾任大学教授10年,著有《中国政治思想史》等。抗战期间曾任嵊县县长兼嵊县抗敌后援会主任委员。1946年任上海市警察局行政处长。1947年当选为第一届立法委员。

**方希鲁(1910—1981)**

字参然。黄岩县人。1929年北平朝阳大学法律系毕业。同年应南京国民政府考试院第一届司法官考试及格,入司法行政部法官训练所受训一年派充浙江各地方法院候补推事。1932年起任司法行政部科员。同年与刘志芬等人成立白下诗社(后改石城诗社)。1934年1月任司法部次长室佐理要务。1937年9月升荐任秘书。曾建议提高法官待遇,增设司法官补助俸一项,以免人才外流,为当局采纳实施。1944年入国民党中央训练团党政班结业。抗战胜利后国民政府授予七等“景星勋章”及“胜利勋章”。1947年任山东高等法院推事。1948年任首都高等法院检察官。同年11月任台湾高等法院台南分院院长并兼任庭长。1951年任台湾“司法行政部”专门委员。1954年任“司法行政部”主任秘书。1956年4月任“最高法院”推事。1971年5月兼任审判长;12月任庭长。先后兼任朝阳学院、东吴大学法学院等校教授,受聘担任台湾历届“高考”、“特考”典试或者襄试委员。善书法诗词。

**方青儒(1907—1984)**

字知白。浦江县人。1907年5月19日生。中央政治学校第一期毕业。后入国民党中央训练团党政高级班第二期受训。曾任浙江余姚县党务指导委员,宁波区党务视察员,中国国民党浙江省党部候补执行委员兼组织部秘书。1931年5月起连任国民党中央第三、第四、第五、第六、第七届全国代表大会浙江省代表。任国民党浙江省党部第二至第七届党部执行委员兼常委、书记长,并曾任中国政治大学教授。1940年12月被聘为第二届国民参政会参政员。1942年9月任浙江省政府社会处处长,后任浙江省政府委员。1945年5月当选为国民党第六届中央执行委员。1946年当选为制宪国民大会代表。曾任浙江省参议员,教育部金华战地进修班主任,三民主义青年团浙江支团干事兼干训班副主任,浙江战时青年工作团团长。1948年当选为第一届国民大会代表。1949年去台湾,仍为“国民大会”代表,曾在“国防研究院”第一期、“革命实践研究院”及“建党问题研究”会受训结业。后任“革命实践研究会”辅导委员、研究委员兼社会组和政府组副组长、“国防研究院”国家战略研究委员、“台湾省”政府顾问、“光复大陆设计研究委员会”委员等职。1984年8月8日在台北去世。

**方　若(1869—1954)**

原名方城,字药雨,号劬园。祖籍镇海,出生于定海。清末秀才。1893年到天津谋生,曾充永定河工委员、北洋学堂文案,因参加康梁维新政治活动,遭到清廷的通缉,被迫出走日本。从日本回国后任天津《国闻报》主笔。1902年在天津日本领事馆创办《天津日日新闻》,任社长兼总编辑。为日本的侵华政策宣传,并获得日本领事馆经费支持。1914年在日租界开设同文俱乐部。1916年担任日租界华人绅商公会会长。不久设立浙江中学,任董事。1915年至1937年先后在天津创办利津地产公司、同文俱乐部、新津公司等,从事房地产经营而获厚利,其中利津地产公司是占有天津繁华地区的大型房产公司。1921年至1945年一直主持天津浙江会馆会务,是旅津浙商首领之一。“七七”事变以后主要从事政治活动,任天津治安维持会筹备委员兼高级地方法院院长。1939年任伪天津市公署首席参事代理,并一度代理伪市长。1941年日本接受英租界后改为天津特别行政公署,任代理署长。华北政务委员会成立时任委员。抗战胜利后以汉奸罪被判处死刑。1949年天津解放前夕出狱。1954年在天津病故。平生爱好金石书画,尤喜古钱,嗜古成癖,收藏经石古董甚富。被誉为近代三大古钱收藏家之一。

**方季扬(1882—?)**

镇海方家第四代代表人物,著名钱业资本家。幼在家中延师就读,后在宁波钱庄习业,满师后至上海继承家业。1897年在上海独资开设安裕钱庄。与诸昆仲拥有上海南市方萃和、方惠和糖行及上海寿康、汇康、福康及宁波瑞康钱庄,杭州方怡和南北杂货号、宁波方裕和南北杂货号等方氏家族公产。又是宁波方萃和晋记糖行、方紫金银楼店主。此外还与人合股开设安康因记、赓裕来记、复康等钱庄(均是大股东)。1920年入股中国化学工业社,占股本的三分之一,并任董事长。30年代初拥有资财500余万元。

**方定一(1912—1985)**

嘉兴县人。1940年毕业于中央大学畜牧兽医系。抗战时期在川康盐区兽疫防治所工作，战后到台湾省血清制造所工作，后任台湾种马场场长。新中国成立后历任南通学院、苏北农学院副教授，江苏农学院副教授、教授、畜牧兽医系主任等职。第六届全国政协委员、全国禽病学研究会副理事长。1956年首先发现小鹅瘟病毒性传染病，并研制出小鹅瘟高免血清和鹅胚减毒疫苗，在全国应用。1967年研制出预防仔猪黄疾病的NY-10株埃希氏大肠杆菌，开辟了防治仔猪肠道疾病的新途径。主编《兽医病毒学》、《仔猪大肠杆菌文集》、《小鹅瘟文集》、《禽病免瘟专辑》、《布氏杆菌》等书，并有多项成果获得省部级科技进步奖。

**方建初(1913—1989)**

桐庐县人。1936年毕业于金陵大学森林系。曾任福建省建设厅副技师，福建农学院副教授，福建浦城农业学校校长。新中国成立后历任湖北农学院副教授、森林系副主任，华中农学院副教授，湖北省林业科学研究所副所长、所长、研究员，中国林学会第四、第五届理事，湖北省林学会第二、第三届副理事长。中国农工民主党党员。发表有《引种栽培油橄榄》等论文。

**方祖泽(1897—1950)**

字润民。淳安县人。1916年毕业于浙江省立九中旧制中学科。1922年毕业于北京高等师范学校英语部，同年回浙江省立九中任英语教员、中学部主任。1927年夏赴省立六中(今台州中学)任教。1928年任浙江省教育厅视学。1930年初任淳安中学校长，半年后辞职赴南京教育部供职。1931年被聘任南京女子中学教务主任。后任浙江省立杭师训育部主任。1936年秋当选为国民代表大会代表。1937年抗战爆发后回乡任淳安县抗敌后援会委员兼经济组长。1938年秋任浙江省立处州中学高中部主任、浙江省立临时联合师范学校训育主任等职。1943年回淳安任县立初级中学校长。

**方显廷(1903—1985)**

鄞县人。经济学家。珠宝商家庭出身。7岁丧父，因家贫14岁辍学，到穆藕初创办的上海厚生纱厂工作，并在南洋大学中学部读书。嗣得厂主资助，赴美留学，得威斯康辛大学、纽约大学经济学学士，继入耶鲁大学研究院深造，1928年获经济学博士学位。归国后任上海华商纱布交易所棉业交易所考察团秘书，工商部工商访问局研究主任。1929年任天津南开大学商学院教授，南开经济研究所研究室主任。1936年继何廉任代理所长。在天津南开大学主持经济研究期间，曾对地方工业、农业经济、地方财政及中国工业化等问题，作过调查、研究，著有《天津地毯工业》、《天津针织工业》、《天津织布工业》、《天津谷物贸易与磨坊业》、《华北织布工业与商人雇主制》、《乡村工业与中国经济建设》、《中国之棉纺织业》、《河北之工业化》等。1938年至1939年随该所转迁昆明与重庆，直至1946年。在重庆期间以《中国经济之研究》、《中国战时经济之研究》、《战时中国之物价与生产》、《中国战后经济之研究》为题编写论文集。1941年至1943年间访问美国的高等学术机构。1944年兼任中央设计局调查研究部主任。1946年南开经济研究所返天津后，受何廉之请到上海主持中国经济研究所工作。1947年受聘参加联合国亚洲及远东经济委员会工作，任经济调查研究室主任，编辑出版《亚洲及远东地区经济年鉴》、《亚洲及远东地区经济季刊》。1964年3月从联合国亚洲及远东经济委员会退休后，任亚洲经济发展及计划研究院副院长。1966年6月任工业与自然资源处工业经济地区顾问。1968年任新加坡南洋大学教授，讲授《经济发展》等课程。1971年3月离开新加坡南洋大学，先后到英国、美国、瑞士定居。1985年3月在日内瓦去世。

**方　钧(1911—　)**

字仲吾。镇海县人。先后毕业于南京中央军校第七期步科、陆军大学第十三期。曾任国民党中央训练团专职队长、陆军大学教官。1949年5月兼任陆军大学特别班第八期少将主任。同年12月1日在重庆参加起义。新中国成立后曾任解放军南京军事学院教员。

**方选青(1873—1938)**

又名启新，字积铨，选青为其号。镇海方氏家族第四代人，方黼臣之子，近代钱业资本家。1898年继承父业，经营上海安康、汇康、安裕、承裕、赓裕和宁波瑞康等钱庄及糖行、银楼等祖传企业。20世纪初还与方氏家族其他成员创办其他一些钱庄。1908年任沪北商团公会会员。1910年至1911年间因橡皮股票风潮和辛亥革命影响，所投资经营的钱庄大多受累，只剩下赓裕、承裕、安康三家。此后一直在这三家钱庄拥有股份，并与诸昆仲拥有方氏家族公产，即上海方萃和、方惠和糖行，杭州方裕和南北杂货号，宁波瑞康、益康等钱庄和方怡和南北杂货号，及上海公共租界宁波路兴仁里等方家公有地产。30年代初拥资300万元。上海“八一三”事变爆发后忧愤成疾，1938年病故。

**方既平(1896—?)**

字静波。永康县人。早年毕业于南京第四陆军中学。1922年7月保定陆军军官学校第八期第三队步科毕业。1925年到广州,任黄埔军校步科少校教官、第五期入伍生部中校队长。1926年参加北伐战争,任国民革命军第一军第二十师营长、团长,浙江警备师团长,南京陆军大学少将教官。1937年抗日战争爆发后任峨眉山军官教育团教务组长兼少将教官、第五七三旅旅长。1946年2月5日被国民政府授予陆军少将军衔。

**方根寿(1919— )**

东阳县人。少失怙恃,得东阳长山小学校长张桂馨之助读完小学、中学。1937年考入国立浙江大学,随校西迁,攻读电机、农机、机械课程。1943年毕业,获农艺学学士学位。后赴重庆参与组建中国农具学会。1944年在重庆与人联合创办农业部农具制造厂,任厂长。1945年负责筹建农具农林部中央农业实验所系,任系主任。1947年公费赴美国留学,入内勃拉斯卡大学农业工程系深造。1949年1月毕业,获农工硕士学位后,又至德克萨斯州立大学学习棉花机械,继赴犹太州立大学攻读灌溉与抽水机。1951年后在多家抽水机制造公司任职长达27年,先后担任工程师、高级工程师、工程经理、总工程师等职。期间曾于1972年赴中美洲任萨尔瓦多、洪都拉斯两国的农业顾问。1980年任美国震旦公司总工程师,是一位知名的水泵专家。

**方家荪(1895—?)**

镇海方氏家族第五代人。幼年在家乡读私塾,成年后至上海习业并继承家业。1923年与族叔在上海创办复康钱庄。以后又独资开设乾丰证券号,从事标金投资,亏折300余万元,后接受方式如规劝退出投机事业,将资金转入承裕钱庄,投资32万元,为最大股东。其他经营事业尚有永丰渔轮股份有限公司、宁波生泰典当及宁波益康钱庄。并在祖传的方萃和糖行等企业中拥有股份,30年代初仍拥有资产250万元。

**方 铭(1921—1981)**

镇海县人。14岁到上海当学徒。1938年参加八路军。同年加入中国共产党。抗日战争时期历任江南人民抗日义勇军排长,第三路一支队连长,新四军第一师二旅六团营长,旅部特务营营长,苏中军区特务二团参谋长,苏中军区教导旅第二团参谋长。解放战争时期任山东野战军第一纵队一师一团参谋长,第三团副团长,第二团副团长,华东野战军第一纵队一师二团团长,第一师副参谋长,华东野战军第一纵队一师参谋长,第三野战军二十军五十八师参谋长。新中国成立后任中国人民解放军师参谋长。参与组建最早的空降兵部队——空军陆战第一旅,任副旅长。1952年第一旅改称空军陆战第一师,先后担任副师长、师长,以后陆战第一师改称伞兵教导师和空降兵师,一直担任师长。后升任空降兵第十五军副军长、军长,武汉军区空军副司令员兼空降兵军长。1964年晋升为少将军衔。是中国共产党第九届候补中央委员。

**方液仙(1893—1940)**

名传沆。镇海方家第五代代表人物,著名爱国企业家。宁波斐迪中学毕业后入上海教会学校中西书院,酷爱化学,后随德国化验师窦伯烈在上海公共租界学化学,并在家自辟实验室,悉心钻研日用化学。1912年得母私蓄1万元,简办工场,取名中国化学工业社,生产推销"三星"牌牙粉、雪花膏、生发油、花露水等。三年后集资设厂。1920年邀其四叔方季扬集资5万元组成股份公司,任董事兼总经理。自1922年始先后兴建厂房,设蚊香工场、肥皂厂、调味品工场,产销两旺。又投资兴办中国软管厂、晶艺玻璃厂、永盛薄荷厂、肇新化工厂等辅助企业,任这些企业的董事长,使中化社成为一个联合的企业群体,资金达200万元,是中国规模最大的日用化学工厂。1933年2月与李康年等创设中国国货公司,任董事长兼总经理,推销国货不遗余力。次年国货公司与国货介绍所组成联合办事处,组织产、销、金融三方合作。1937年5月又与人联合创办中国国货联营公司,向各大城市发展业务,全国20多个城市相继设立国货联营公司。抗战爆发后积极从事抗日救亡运动。1940年在家突遭暴徒绑架至日伪"76号"特工总部,被打成重伤后殒命。

**方椒伯(1885—1968)**

名积蕃。镇海方家第四代代表人物,著名工商业者。幼年读私塾,8岁丧父,13岁随叔父赴上海继承祖业。1905年清废科举时即在故乡创办培玉学校,旋又任宁波溪海公学校长,并在家乡从事地方自治。辛亥革命时参加"革命军饷征募队",不久任镇海县参议会议员。1912年就读于伍廷芳所办的上海民国法律学校。1915年入梁启超所办神州法政专门学校,获律师证书,后从事商业。1918年任北京东陆银行上海分行经理,兼任上海总商会会董、宁波旅沪同乡会常务理事等。五四运动时上海总商会发表媚日的

"佳电",引起各界反对,方椒伯发起组成各公团联合会,任会长,并发表通电反对总商会。1919年与人创办中国维一毛绒厂。1920年参与创办上海华商证券交易所,并任董事。同年又任上海银行公会会董。1922年创办大有余榨油厂,任董事长。次年又兼任宁绍轮船公司董事长,上海公共租界纳税华人会理事长。1922年起连任两届上海总商会副会长。1923年又任中国通商银行南市分行经理。1932年至1948年还执业律师,期间还兼任复旦大学校董、中华职业教育社理事、上海市商会执行监察委员、宁波通运长途汽车公司董事、上海渔市场商股常务理事、冰鲜鱼行同业公会执行委员等。热心慈善公益事业,抗战时期曾任上海难民协会副秘书长兼劝募主任,募捐1000余万元,赈济灾民11余万人。1955年任上海市政协委员,次年加入中国国民党革命委员会,任民革上海市委委员。1968年5月在上海病故。

**方　策(1887—1945)**

字定中。黄岩县人。1909年毕业于江南陆军师范学堂第四期。1911年辛亥革命参加杭州起义,后任浙军援宁支队队官、江浙联军工兵部长。1912年任交通队营长、南京留守政府机要。1913年7月参加黄兴领导的"二次革命",任中校参谋。1917年1月入陆军大学第五期深造。1919年冬毕业后仍回浙军担任中校团附。1925年任浙军第三师第十二团团长。1926年底任国民革命军第二十六军团团长。1927年1月在萧山击溃孙传芳部,升任第二师副师长。1928年1月任第二十六军副军长兼参谋长。同年5月率第二十六军参加北伐,沿津浦线经泰安,直逼济南。北伐后第二十六军缩编为第六师。1929年春任中将师长兼京沪路绥靖司令。同年8月任第四十五师师长,被方振武旧部胁持,带伤逃脱。1930年12月改任浙江省政府委员兼"清乡"督办。1935年4月任河南省第三区督察专员兼保安司令;9月任河南省政府委员兼民政厅长;12月起专任省政府委员。同年黄河决堤,申请急赈,设难民收容所13所,办理筑堤、移民、屯垦诸事。1938年2月兼任河南省民政厅厅长。1939年2月至9月代理河南省政府主席。1940年1月为国民大会河南省代表选举总监督。1943年5月为河南省县长考试典试委员。1944年初被国民政府授予三等景星勋章。4月18日日军发起河南战役,40万大军不战而溃,郑州、洛阳失陷,引咎去职,改任军事委员会中将参议。1945年3月日军发起豫南、鄂北战役,任军风纪巡视团主任委员,赴前线督战。同年7月病重至西安,10月去世。1946年1月追赠陆军上将。

**方舜年(1869—?)**

字樵苓。镇海方家第三代人物之一,方性斋之子。继承经营方慎记号、元生糖行及延康、允康、寿康等多家钱庄,同时向近代航运、金融、工矿业发展。1908年参与创办宁绍轮船公司,并任协理。同年又参与创办四明银行,任首任董事。辛亥革命时输巨款支持革命,并发起组织革命军饷征募队,自任队长,向店铺商贾劝募军饷。以后又与侄方椒伯等投资天生煤矿公司,并开设天生煤号,自任总经理。1919年任宁波旅沪同乡会副会长,曾任多届总商会会员。

**方善坤(1907—1999)**

字子藩。镇海县人。著名化工企业家。自幼勤奋好学。1927年9月赴日留学,入东京工业大学应用化学系预科读医学。"九一八"事变后愤然回国,在姨夫林涤庵任董事长兼经理的上海大丰工业原料公司任职。1932年被提升为协理。1934年又去德国柏林工业大学化学系深造。1938年毕业后又入德国博城大学化学系攻读博士学位。在德国期间还受五洲药房之托,了解提炼制皂下脚甘油水为纯甘油的精炼工艺,并代向德国订购回收甘油的设备。1939年12月回国,任大丰工业原料公司总经理兼总工程师。为了迅速发展化学工业,组建化学研究所,研制出西药及化工产品数十项。不久又创设天丰制药厂,任经理,研制新药二十余种。1941年兼任中国化工厂总经理,主持化工原料生产。1943年又兼任上海汉光电化厂总经理。此外还任上海市化学原料工业同业公会及化工原料商业同业公会常务理事、制药工业同业公会理事、中华化学工业会副理事长、上海工厂联合医院常务董事、上海市佛教青年会董事长、上海市消费合作社总社常务监事等职。上海解放后任大丰化工厂总经理,化学原料工业公司私方副经理,上海市第一、第二届人大代表,上海市第一届政协常委,上海市民主建国会委员,上海市工商联执行委员、常务委员等。

**方善珪(1913—1999)**

镇海县人。巨商方椒伯之子,金融家。幼年时随父到上海,1936年毕业于上海交通大学管理系,因成绩优异获得老山德培荣誉奖学金。后留学美国哈佛大学研究院,获经济学博士学位。1940年任国际联盟秘书处经济金融处专员。1946年返国,任中央信托局业务稽核处副处长、行政院赔偿委员会专员、联合国经济社会理事会财政委员会委员、输出推广委员会蛋及蛋品小组委员会委员兼秘书、中央银行纱布外销评价委员会委员等。后去香港从事金融业,曾任中国银行董事、中银香港分行副经理、暨南大学董事、香港海外俱乐部理事、香港银行华员会名誉会长,并曾当选为全国第五、第六届人大代表。

**方新道(1917—1995)**

定海县人。实业家。1932年到上海南京西路一家皮革行学生意。1935年去香港,后在香港九龙开设西伯利亚皮革总行及支行,任董事长兼总经理,并在美国、日本、越南等地设有分支机构,号称"皮革大王",并经营地产、建筑、西药等。曾任香港舟山同乡会名誉会长、舟山市政协委员。1993年捐资助建大丰至大浦口公路,同年又参与建造舟山人民医院门诊大楼。1995年大丰至大浦口的公路建成,被命名为"新道大马路"。

**方 豪(1894—1955)**

字俶新。金华县人。1913年毕业于杭州私立安定中学(今杭七中)。同年考入北京大学就读。1919年五四运动中出任全国学生联合会首任主席,是五四学生运动中"四大金刚"之一。同年6月3日被捕,次年2月初获释。1920年5月由北京大学派往日本各大都市考察劳工运动情况,三个月后归国。撰有《日本劳工运动的面面观》一文,载于《世界青年》杂志。1921年6月毕业。同年8月接受同学杨亮功邀请,出任安徽省立第一中学教务主任。次年成为校长,是安徽第一位外省人校长。1924年回到浙江。1924年2月至1927年2月任浙江省立第五中学(今绍兴中学)校长。1927年3月至1946年8月任浙江省立第七中学(今金华中学)校长。后任金华师范学校校长、国民党浙江省党部监察委员、浙江省省参议员、金华县参议长、第一届国民大会代表等职。

**方 豪(1910—1980)**

字杰人,笔名芳庐、绝尘、圣老。杭县人,原籍诸暨。1910年10月26日出生于杭州一个基督教圣公会家庭。1922年入杭州天主教修道院攻读拉丁文,接受宗教陶冶,并自修文史,曾得辅仁大学副校长陈垣帮助指导。1929年入宁波圣保罗神哲学院,研究哲学、神学,旁及《圣经》、教律、教史等,常有论著发表。1935年9月晋升为司铎神父。1935年开始在嘉兴、金华、武义、永康、汤溪等县传教,并从事宋史研究。1938年到云南,佐于斌复刊《益世报》。曾任浙江大学、复旦大学教授兼系主任、院长。1940年去台湾,任台湾大学历史系教授,并在天主教会任指导司铎、主任司铎。曾任台湾"教育部"学术审议委员会委员、"考试院"典试委员、"中华战略学术委员",连任三届台湾"中国历史学会"理事长、政治大学文理学院院长。1974年当选为台湾"中央研究院"院士和评议员。1975年7月天主教教皇保罗六世授予名誉主教加"蒙席"衔。1980年12月20日在台北病故。致力于中国历史和中西交通史研究,在学界颇具影响。著有《中外文化交通史论丛》、《中国天主教史论丛》、《宋史》、《中西交通史》、《中国天主教史人物传》、《方豪六十自定稿》、《马相伯先生文集》、《明清之际中西血统之混合》等。

**方蒙逊(1911— )**

黄岩县人。早年毕业于黄岩中学。后考入黄埔军校(中央军校)第六期。毕业后留校,历任第十一期第二总队工兵队区队长、第十五期工兵大队第一队中校队长、第十七期工兵大队中校副大队长、第十九期工通大队上校大队长、第二十一至二十三期教育处工兵科上校副科长。新中国成立后曾在东北军事学院任教官。

**方 耀(生卒年不详)**

号秉荣。浦江县人。中央军校第六期毕业。历任国民革命军排长、连长、营长、团长,福建省保安第一旅旅长。1949年春任第八十师副师长,在从南京向浙江撤退途中代理师长,不久被追击的解放军俘虏。1975年最高人民法院宣布对他实行特赦。后任杭州市政协委员等职。

**计宗型(1883—1934)**

曾名钟英,字仰先。嘉兴县人。幼年丧父,家道中落,清末应科举考试,以第一名入县学。曾在秀水学堂和南浔公学读书。后考入浙江武备学堂,因反对不合理规章制度被开除。旋赴上海入爱国学社读书,接受了民主革命思想。随后在同学资助下东渡日本半工半读,毕业于东京物理学校。在日本留学时加入同盟会。1910年应方於笥邀请,出任嘉兴府学堂数理教员,并加入光复会以及嘉兴竞争体育会,与褚辅成、方於笥等革命党人秘密从事反清革命活动。武昌起义爆发后参加敢死队,参加了攻打上海制造局、占领浙江巡抚衙门以及光复嘉兴战斗。辛亥革命胜利后不愿从政,深感中国欲富强应振兴教育,遂重返教坛,出任嘉兴中学校长达13年之久。1921年8月在嘉兴县议会反对军阀势力,被扣禁四小时,后与褚辅成赴杭州控告军阀暴行。同年11

月由浙江省教育厅委派，赴欧美考察中等教育，历时一年。1923年11月回国，12月即出任嘉兴教育会会长。1924年8月嘉兴各法团开会推定为董事会会员，在军阀混战时负责保卫地方安全。12月出任浙江省教育厅长，增加教育经费，革除公派留学生拨付经费弊端，制定浙江省新学制试行计划，成立浙江全省小学基金会，筹划创办浙江省高等学校，支持地方兴办平民教育；完成前任教育厅长张宗祥发起和主持的文澜阁四库全书缺书补抄与缮校工作。南京国民政府成立后应黄郛和张群邀请，出任国民政府外交部帮办、上海市政府第五科科长以及上海同济大学秘书长等职。"九一八"事变后忧愤国事，辞职回家。1934年在杭州病故。

**计浩然(1916—1971)**

原名煐。嘉善县人。嘉善县初中肄业。1933年到上海绸厂包工头家当学徒。1934年在浙江省公路局汽车修造厂当技工。1937年抗日战争爆发后赴第三战区后方勤务部第四游动汽车修理厂当技工。1944年到上海中国造纸厂任机务管理员。1945年任江南造纸厂机务组长。1950年被评为全国劳动模范。1952年加入中国共产党。1956年出席全国先进生产者代表大会。同年任设备工程师。1959年11月参加全国群英会，应邀出席周恩来总理举行的宴会。1962年任生产副厂长。多年刻苦钻研，在造纸技术革新方面作出重大贡献，较大革新项目有50余项。1954年起先后当选为第一、第二、第三届全国人大代表以及区第一、第二、第三、第四届人大代表。1971年11月8日在上海去世。

**尹　庚(1908—1997)**

原名楼曦，又名楼宪。义乌县人。作家。1908年1月16日生。1931年投身左翼新文化运动，不久东渡日本协助胡风等筹建"左联"东京支部。1932年回到上海后加入中国左翼作家联盟，先后担任《杭州日报》记者和编辑。曾主编"天马丛书"，并与白曙共同编辑过《现实文学》杂志。期间翻译出版日本进步作家中野重治的小说《老铁的话》。抗日战争胜利后到台湾，曾担任《和平日报》副总编辑、总经理、台中中学校长等职。"二二八"起义事件后因躲避国民党军警的追捕返回大陆。曾主编《光与热丛刊》。新中国成立后由部队转入地方工作。其后被打成"胡风分子"、"漏网右派分子"。1958年下放农村监督劳动，长期生活于新疆河套地区，饱受磨难，曾以乞讨为生。1979年后平反，被安排在巴彦淖尔盟文联工作。1997年3月13日去世。

**尹桂芳(1919—2000)**

女。原名尹喜花。新昌县人。越剧表演艺术家。1919年12月1日生。清贫家庭出身。7岁丧父。1929年进入当地醒狮剧艺社学艺，学花旦。后进入嵊县华堂镇大华舞台。1933年冬离开科班，与人搭班在奉化、慈溪等地演出。1934年应邀到沈家门一个戏班演小生。1935年正式在沈家门登台，跟随多个演出班子在浙东等地演出。1938年到上海，加盟永乐戏院，后在同乐戏院领衔演出。1940年秋与竺水招合作挂头牌。1941年演《吕布与貂蝉》。1942年6月与来自四季春班的傅全香在老闸大戏院演出《黄金与美人》、《春花泣秋风》等新戏。1944年不顾剧场老板的反对，在竺水招的支持下请来编导人员，并采用立体布景、写实的道具和效果、新颖的灯光，在龙门大戏院上演《云破月圆》及《殉情》，观众反应良好。1945年春聘请洪钧、徐进、弘英、兰明等先后编演了《石达开》、《夜短情长》、《宝玉与黛玉》、《春闺梦里人》、《几时重相见》、《荒岛恩仇记》、《沙漠王子》等新戏，影响进一步扩大。尤其是《宝玉与黛玉》中的《宝玉哭灵》和《沙漠王子》中的《算命》唱段，在电台播唱后，听众反响强烈。演技也日臻成熟，逐渐形成了自己的风格与流派。1946年与竺水招搭档成立芳华越剧团，任团长。长期演出于丽都大戏院，先后演出了《云破月圆》、《殉情》、《石达开》、《葛嫩娘》、《光绪与珍妃》等一大批既有思想内涵又能吸引观众的新戏，尤其是《宝玉与黛玉》、《沙漠王子》和时装戏《回头想》、《秋海棠》、《浪荡子》等戏，接二连三地引起轰动。由于艺德出众、人品高尚，越剧姐妹们都亲切地称她为"尹大姐"。1947年积极支持袁雪芬倡导的《山河恋》义演活动。1948年先后与傅全香、王文娟搭档，在兰心和新光两家剧场主演《陆文龙》、《浪淘沙》、《鲁男子》、《桃花扇》等新戏。在越剧观众投票选举"越剧皇帝"时，荣登榜首。1950年任上海芳华越剧团团长。1951年任全国抗美援朝上海越剧分会主席。1959年任福州市芳华越剧团团长。1962年任福建省芳华越剧团团长。曾任全国文联委员、中国戏剧协会福建分会副主席、全国三八红旗手。2000年3月1日去世。

**尹维峻(1896—1919)**

女。又名维俊。嵊县人。尹锐志妹妹。幼年随尹锐志到绍兴明道女校读书。秋瑾称颂为有志气的姑娘，并破格介绍加入光复会。1906年秋随尹锐志赴沪，协助秋瑾开展革命工作。秋瑾筹组浙江起义，奉命回嵊县召集会党，准备增援。皖浙起义失败，受到牵连被通缉，被迫逃亡沪上，以卖报作为掩护，联络革命党人，学习制造炸弹。1909年赴京谋刺清廷要员，因防范严密、人地生疏而未成。1911年在上海"锐进学社"编印《锐进学报》。另组中国女子国民会，以锐进学社作为机关所在地。武昌起义后参加光复上海之役，复与张伯岐等人组织敢死队，攻打浙江巡抚衙门。革命党人对俘虏实行宽大政策，因增韫对革命尚无重大罪恶，与陶成章等人护送增韫赴沪释放。出任女子"荡宁队"队长，与江浙联军会攻南京，占领雨花台，强攻中华门，身先士卒，功勋卓著，受到通令嘉奖，时人叹为"秦良玉再世"。中华民国建立后出任总统府顾问，并于1913年与同乡战友裘绍在北京结婚。1916年春蔡锷在云南组织护国军讨袁，夫妻俩赶回杭州，联络吕公望、周凤岐、童保暄等人，将投靠袁世凯的浙江将军朱瑞赶下台，宣告浙江独立。1918年孙中山在广东成立护法军政府，吕公望率浙江护法军南下，驻扎汕头，任护法军政府顾问。1919年7月16日在汕头去世。

**尹锐志(1891—1948)**

女。嵊县人。父亲封建守旧，母亲早亡，由外婆抚养长大。1904年入嵊县冯筱村女塾就读。1905年徐锡麟到嵊县访求"俊才力士"，在嵊县设立了联络革命党人的办事机构，借以开展革命活动。偶然获悉官方派来的密探欲破坏办事机构，及时作了汇报。革命党人作了应变处理，官府无从下手。光复会见其聪明机智，破格吸收为光复会会员。为了反抗包办婚姻，携妹妹尹维俊出走绍兴，入明道女校就读，深得秋瑾的赏识，并加入了光复会。1906年秋随秋瑾赴沪，协助开展秘密联络工作。1907年秋瑾准备发动浙江起义，奉命回嵊县与竺绍康和王金发等联络会党，准备分路前往杭州和安庆增援。皖浙起义失败以后遭到通缉，再次流亡上海，以卖报作为掩护，接济革命党人，联络革命志士，秘密开展革命活动，并秘密学习制造炸弹。1909年率领10多人赴京，拟谋刺清廷要员，以报先烈之仇。因人地生疏，清廷防范过严而未成。1911年陶成章从南洋回国，在上海法租界平济利路组织"锐进学社"，负责机关日常工作。武昌起义后协助联络沪上新军，组成光复军主力，以"锐进学社"为起义司令部。中华民国建立后被任命为南京临时政府总统府顾问。1913年前往北京，袁世凯企图予以收买，遭到断然拒绝。1916年与周亚卫结婚。因周亚卫被选入日本陆军大学学习，遂随同赴日历时八年之久。周亚卫从日本陆军大学毕业后在北京陆军部军学司担任科长，随夫定居北京，长期不问政事。1928年又随周亚卫到南京，前往军政部汽车修造厂车间劳动。1937年着手在南京筹建汽车制造厂，正筹资报请立案之际，因抗战爆发而放弃，随夫前往长沙。1939年到重庆，任妇女工作队副队长、抗属工厂厂长及建成炼油厂负责实际工作的董事。1945年组织中国地方自治服务总会，首先在四川的雷波、马边、屏山、峨边等彝族地区推行职业教育，又筹办重庆光明商业学校。1945年11月2日与周亚卫、童杭时等人在重庆召开光复会第一次全国代表大会，被大会选举为会长。1946年国民党还都南京后仍留居重庆，忙于开展光复会会务。1948年1月10日在重庆病故。

**孔另境(1904—1972)**

原名令俊、若君，笔名东方曦等。桐乡县人。茅盾夫人孔德沚之弟。1925年毕业于上海大学中文系，同年加入中国共产党。从事教育、宣传活动。曾主编《大时代文艺丛书》、《剧本丛刊》、《新文学丛刊》、《今文学丛刊》。有剧本《李太白》、《沉箱记》，散文小说集《斧声集》、《秋窗集》、《庸园集》等。新中国成立后历任山东齐鲁大学中文系教授、上海文艺出版社编审等职。1949年7月加入中国作家协会。"文革"中受到迫害。1972年9月18日含冤去世。

**孔秋泉(1920—2003)**

又名祥铭。绍兴人。1920年3月2日出生。1945年中央政治学校(次年与中央干部学校合并为国立政治大学)研究部第一期毕业生。其后追随蒋经国，历任江西《中国青年报》总编辑、《台湾新生报》主笔、东京盟军总部顾问、"国防部军事新闻社"社长、《台湾新生报》及"自由中国之声"驻日本特派员等职。1961年于日本明治大学获得政治学博士学位后任日本山梨学院大学教授。1964年回台湾任政治大学教授。1964年至1968年兼任政大公共行政及企业管理教育中心秘书。1967年担任台湾国民党中央第六组副主任。1974年任台湾驻韩国"大使馆"文化参事，其后兼任"中韩文化基金会"理事、常务理事等职。1981年11月返台，任"行政院文化建设委员会"副主任委员。1985年5月退休。1983年起任台湾淡江大学教授。晚年致力于祖国统一大业，任台湾"中国民主和平统一策进会"副会长、台北绍兴同乡联谊会会长。1993年从台湾回绍兴原籍探亲。著有《日本政治行为》、《太空时代之国际动态论》、《中国古代史》等书。2003年7月14日去世。

**孔　墉(1890—1939)**

原名继才，字逖父，又字达元，号映龙山主人。宁海县人。孔子第六十七代孙。1906年考入杭州浙江高等学堂。毕业后先后在杭州初等师范学堂、绍兴府中学堂任教。辛亥革命后在浙江陆军童保暄部任书记官，为童出谋策划。1912年任浙江体育学校国文教员兼体育会评议员，后任校长。1916年襄助童保暄反袁，赶走效忠袁世凯的浙江都督朱瑞。后调任浙江陆军第一师司令部机要秘书。1918年春随童保暄部开赴福建。1919年返回浙江。1926年底任第二十六军军部主任秘书兼军法处处长。1930年任湖北省财政厅秘书主任，因不满官场黑暗辞职而去，一度寄寓杭州研究医学。1935年出任江苏省八区(今连云港)行政督察专员公署秘书长，治理淮河工程中获得国民政府通令嘉奖。1938年日军进犯连云港，在专员逃遁后，于危难之际受任海州护理专员兼保安司令。1939年3月12日在率部抗击日军时牺牲。

**水亦明(1883—1961)**

鄞县人。著名家具商。1896年进上海武昌木器店当学徒。三年满师后转到同乡乐振葆开设的、上海著名的泰昌木器店分店顺昌木器店任职员。几年后升任泰昌木器店总经理。1921年辞去泰昌职务，次年与子水敦高开设明昌木器店。1926年以2万元租得英商四川路怡和洋行楼房，扩大营业面积，还在闸北设工场和仓库，并重金聘请建筑师设计木器家具，改名水明昌木器公司。公司经营以高档豪华的欧美木器家具为主，由于选料讲究，做工精致，质量上乘，其家具往往以黄金计价，公司因此获得快速发展，成为沪上木器名店之一。"一·二八"、"八一三"事变中水明昌损失惨重。日军占领期间拒绝与日人合作做生意。抗战胜利后水明昌木器公司凭借在商界的信誉，承接国民政府外交部、美驻华大使馆、驻沪领事馆等一批特制家具及办公用具。1946年公司不慎失火，损失近120万美元，实力大衰。1956年水明昌公私合营，1966年改名解放家具厂。

**水祥云(1906—1988)**

字力平。鄞县人。中国公学法律系毕业，防空学校防空研究班十二期毕业，中央训练团党政班六期结业。1924年考入上海邮政管理局。北伐开始后参加劳工运动，任上海邮务工会常务委员、上海市总工会执行委员兼秘书长、全国邮务工会及中国劳动协会理事。抗日战争爆发后筹组中国工人抗敌总会并为常务委员。抗战胜利后任上海市总工会理事长，上海市参议员，全国总工会秘书长。1949年夏赴欧洲出席国际劳工大会第三十二届会议及国际自由工联发起人会议，会后去台湾。1950年任"自由中国劳工同盟"常务理事兼秘书长，台湾"交通部"设计委员。1952年任"全国总工会"常务理事兼秘书长，嗣后多次出席国际劳工大会、国际自由工联及国际邮电工会等世界大会暨亚洲区域会议。1967年访美，并出席迈阿密美国总工会年会。后任台湾"邮务工会全国联合会"理事长、"全国总工会"常务理事、"国民大会"代表等职。

**邓祖禹(生卒年不详)**

号铸九。丽水县人。1924年日本明治大学法科毕业。抗日战争时期附汪投敌。1940年3月任汪伪国民政府警政部常务次长。1941年8月任汪伪中央警官学校校长。1942年6月任汪伪首都警察总监(伪首都警察厅厅长)、伪首都警备司令部副司令。1943年5月任伪江西省省长。6月兼江西省保安司令部司令。8月兼商业统制总会武汉分会副委员长。12月兼伪新国民运动促进委员会江西分会主任委员。1943年12月免伪江西省长职。后任汪伪军事委员会委员。抗战胜利后以汉奸罪被国民政府逮捕。

**仇灼华(1901—1957)**

名铎。三门县人。原系商人。1926年任地方保卫团团长。1928年任三门县琴江镇镇长。在健跳街口开设三层楼的和泰店，经营南货、布匹。抗日战争时期，上海、舟山、宁波、石浦相继沦陷后，添置机帆船，挂日本军旗，将粮食、桐油等禁运物资运销沦陷区，运回南货、布匹，牟取暴利。1938年起历任国民党三门县党部执行委员、监察委员。1943年2月浙江省温台沿海护航队成立健跳办事处，任副主任，并兼第三护航大队大队长。1945年5月当选为三门县第一届参议会议长。经过20多年经营，发展成为三门县大地主兼商业资本家，家有田300多亩，而且是土著武装头领，拥有步枪400多支、轻机枪10多挺，人称"海角大王"。1949年2月人民解放军浙东游击纵队和三门地方部队解放三门县城海游镇，国民党军队仍盘踞健跳。中共台州工作委员会派代表与其谈判，仇表示愿接受条件，达成口头协议，并交出轻机枪1挺、步枪10多支、子弹500发。三门全境解放后，仇随解放军参加剿匪。12月出逃台湾。因土匪身份，备受当局冷遇。1957年在台湾去世。

# 五　画

**甘斗南(1887—?)**

定海县人。定海中学毕业后任职于上海金泰热水瓶厂。1928年春创设立兴热水瓶厂，制造各色“长城”牌热水瓶。1932年夏设分厂于庆阳路。1934年在闸北其美路拓地10余亩自建厂房，设发行所于定南路(吉祥街)德铭里。1937年“八一三”事变中厂房被毁于战火。次年在江宁路(今戈登路)新化路(今荔浦路)口建屋百余间，雇佣职工200余人，加紧生产。1940年春发明晶质料瓶胆基，晶莹光洁，纤维坚韧，保热可经久，且耐用。该厂日产量在3000只以上，销路遍及国内各地及南洋群岛。曾任上海特别市热水瓶厂业同业公会理事长，上海工厂联合医院常务董事，定海旅沪同乡会常务理事，热水瓶厂业同业公会职工贷金主任委员，定海旅沪小学校董。

**艾　青(1910—1996)**

原名蒋正涵，号海澄。金华县人。1910年3月27日生。1925年考入金华浙江省立第七中学。1928年初中毕业后考入国立西湖艺术院绘画系学习。1929年赴法勤工俭学，专修绘画。同时接触到俄罗斯、苏联文学和欧洲象征主义诗歌，深受比利时诗人魏尔哈伦诗歌影响，并开始诗歌创作。1932年回国后参加中国左翼作家联盟。因参与爱国运动被国民党逮捕，在狱中写下《大堰河——我的保姆》，抒发了对故土的深情和对现实世界的诅咒。1935年出狱后继续诗歌创作。抗战时期创作出版有诗集《他死在第二次》、《向太阳》、《旷野》、《火把》、《北方》、《雪里钻》、《献给乡村的诗》，以及诗歌理论作品《诗论》等。1941年投奔延安，曾任陕甘宁边区参议会参议员。1945年加入中国共产党，并在鲁迅艺术文学院任教。抗战胜利后历任华北文艺工作团团长，华北联合大学文艺学院副院长，华北大学第三部副主任。1949年后任《人民文学》副主编，中国作家协会副主席。1957年被打成右派。1958年被下放到黑龙江、新疆等地农场劳动。1978年重返诗坛，写下《归来的歌》、《光的赞歌》等大量诗歌，并结集出版，被誉为当代中国最杰出的诗人。1996年5月5日在北京去世。

**厉尔康(1888—1967)**

别名佛磐。杭县人。1904年在浙江武备学堂就读时被选送至日本留学。1907年入日本陆军士官学校中华队第六期步兵科，毕业回国后被清政府授予步兵科举人。曾任清廷禁卫军队长。1911年辛亥革命后任浙江督军公署参谋主任。1924年任浙江陆军测量局局长。1928年任第一集团军第二军团总指挥部参谋。后任国民政府训练总监部军学编译处主任。1930年任“讨逆军”总预备队总指挥部及第二十六军中将参谋长。1935年2月任南京国民政府军事参议院总务厅厅长。从1935年5月起任军事参议院参议兼总务厅厅长。1936年1月被国民政府授予陆军中将。1945年7月辞去参议。1946年1月辞总务厅厅长，专任军事参议院参议。1961年11月被聘为上海文史馆馆员。著有《国防与物资》等。

**厉汝燕(1888—1944)**

字翼之。定海县人。1909年毕业于伦敦纳生布敦工业学校。1910年入英国布里斯托尔飞行学校学习。毕业后经英国皇家航空俱乐部考试合格，取得飞行员执照。1911年受革命军政府委托，在奥地利选购两架“鸽式”单翼机回国，被委任为沪军都督府航空队队长。1913年3月将飞机转交北京南苑陆军第三师管理，任飞行训练班飞行主任兼修理厂厂长。同年9月北京南苑航校成立，任主任教官。1914年3月10日至11日与另外两名飞行员完成北京至保定之间的航线飞行，这是中国国内的第一次长途飞行。同年制成水上飞机一架，与航校修理厂厂长潘世忠同为中国早期的飞机设计师。30年代以后脱离航空界。著有《航空学大意》、《世界航空之进化》等。

**厉树雄(1891—?)**

又名汝熊。祖籍定海，生于上海。著名工商业者。早年受过良好教育。18岁时任镇海方氏家族在上海的地丰地产公司经理。早年还任汉冶萍公司董事、副董事长。1915年随由张謇率领的商务考察团赴美参观访问，回国后致力于纺织、保险、证券、公用事业等实业之创办与经营。在纺织业方面，1926年至1937年间投资中兴纱厂，与人合资创办宁波和丰纱厂，任董事长；1931年创办上海毛绒纺织厂；1935年开办信和纺织厂。在金融业方面，1921年任上海证券交易所董事；同年在上海创办大陆信托公司，任常务董事；1924年接办联华银行，又长期任中国通商银行、中国垦业银行常务董事。二三十年代还任华兴保险公司总经理，泰山、华成两家保险公司董事，上海市保险业同业公会主席。1915年至1925年间还在苏、浙、皖兴办多家电厂、电话公司和自来水厂，如四明电话公司、永耀电力公司、杭州电器公司等，并长期担任苏浙两省电业联合会会长。还于1921年参与创办丰盛实业公司，并任经理。抗战胜利后被国民政府指派为上海受降代表之一，参与清理敌伪产业和处理上海战后有关事宜。1948年定居香港，主持信昌机器工程公司，并组织14家纱厂联营，为香港纺织业的振兴作出贡献。1951年至1960年侨居旧金山。1960年8月回香港，继续主持信昌机器工程公司。1966年退休。1982年捐资建造香港大学"厉树雄科学馆"，后又捐资设立"厉树雄基金会"，用于上海公益事业。著有《半世纪的回忆录》。

**厉家福(1885—1975)**

字绥之。杭县人。厉家世居杭州原西湖上城区上仓桥和六部桥附近的横箭道巷，高祖即清代大文学家钱塘厉鹗(字太鸿，号樊榭)。早年就读于杭州求是书院。1902年考取公费赴日本留学，入弘文学院学日语。1904年入日本金泽医学专门学校就读，毕业后考入京都帝国大学医学部。1909年学成回国。为中国第一代西医，同年被清廷授予医科举人。1911年辛亥革命后曾担任浙江陆军医院院长。后又在沈钧儒支持下，于1912年与他人共同创办浙江医学专门学校(今浙江大学医学院前身)，并任校长。留日期间与鲁迅为弘文学院同窗好友，晚年撰有《五十年前的学友——鲁迅先生》一文。

**厉矞华(1912—2002)**

杭县人。厉家福长女。1934年毕业于北平大学医学院，留校任儿科助教。同年9月赴日本，在九州帝国大学医学部攻读儿科。1937年初中止学业，重返母校任教。抗战时期曾在西北联合大学医学院、福建省立医学院、台湾省立师范学院、浙江省立医学院和省立杭州医院任儿科讲师、副教授、教授、主任医师、儿内科主任、儿科教研室主任。1951年担任浙江省立妇幼保健院院长。1954年担任浙江大学医学院附属儿童医院首任院长、浙江医科大学教授、浙江大学医学院教授、儿科学研究生导师。曾任中华医学会儿科学会委员、常务委员，浙江医学会儿科学会主任委员，浙江省科协常务委员，中华医学会浙江分会副会长，浙江省中西医结合学会顾问，中国红十字会浙江分会会长及民进浙江省主委、浙江省人大常委会副主任等职。是中国医学儿科事业的开拓者之一，浙江省医学儿科教育事业的奠基人。

**厉德寅(1902—1976)**

东阳县人。1924年南京高等师范物理系毕业后留校任教。1930年赴美国留学。1934年毕业于威斯康辛大学，获经济学博士学位。其博士论文《相关理论的发展及其在经济统计学中的应用》运用的数理分析最多，是中国经济学由定性分析走向定量分析的里程碑式的成果。同年回国，曾任国立中央大学、国立中央政治学校、国立云南大学等校教授及安徽休宁专区行政督察专员，全国总动员委员会参事，交通银行设计处长，国民政府政院经济会议专门委员等职。抗战胜利后任上海复旦大学教授。1952年任上海财经学院四级教授。1958年3月被打成右派，开除公职，劳动教养。同年9月3日由上海市虹口区人民法院批准，定为历史反革命罪，判处有期徒刑五年并送青海德令哈农场劳动改造。1963年9月2日刑满释放。1964年5月回沪。1976年9月病故。1978年8月平反。

**石西民(1912—1987)**

原名石士耕，曾用名石耕夫、石东夫，笔名史明操、怀南、何引流、栖明、明石等。浦江县人。1929年加入中国共产党。1930年任中共上海沪东区委宣传干事，遭通缉后转到北京大学学习。1931年5月在抗日同盟军吉鸿昌军部任政治宣传干事。1934年同盟军被迫瓦解后，化装南下，在上海与钱俊瑞、薛暮桥、孙冶方等组织中国农村经济研究会，参与编辑《中国经济情报》杂志，从事抗日救亡活动。1936年1月担任《申报月刊》编辑。抗战爆发后以《申报》记者身份赴华北战地采访。1937年11月在武汉参加《新华日报》创刊工作，此后历任该报编辑、编辑部主任、采访部主任、编委和社委。1946年10月抵延安，任新华通讯社社委和《解放日报》副总编辑。1949年先后担任新华社南京分社社长,《新华日报》社社长,中共江苏省委、南京市委宣传部部长等职。1954年2月任中共中央宣传部副秘书长。1955年至上海,历任中共上海市委常委、宣传部长、市委书记,中共中央华东局委员、宣传部长,上海市政协副主席,主管《辞海》修订工作。1965年调北京任国家文化部副部长、党组副书记。"文革"中遭迫害,被监禁九年。1975年10月任国家出版局局长。1980年任中国社会科学院副秘书长、中国社会科学院新闻研究所名誉所长、郭沫若著作编辑出版委员会副主任委员等职。1987年10月17日在北京去世。著有《时代鸿爪》、《报人生活杂忆》等。

**石华玉(1913—1977)**

乐清县人。1938年毕业于上海同济大学医学院。曾任江苏医学院外科讲师,附属医院外科副主任,成都市立医院外科主任。1947年任嘉兴医院外科主任。同年11月赴瑞士任苏黎世大学附属医院胸腔外科病区主任,获该大学医学博士学位。次年又获奥地利因斯博鲁克大学博士学位。10月转赴英国爱丁堡大学医学研究院进修,并任爱丁堡皇家医院胸腔外科医师。1949年回国后历任浙江省医学院临时院务委员会主任、附属医院院长、杭州仁爱医院院长兼高级护士学校校长、杭州疗养院院长、浙江省军区医学顾问、浙江医科大学系统外科教研室主任等职。长期从事胸膜外科医疗工作,1949年在国内首次进行胸膜外肺松懈术及胸膜外气胸术;1950年创造胸内照明灯,并应用于临床;1953年国内首创并推广应用"多孔引流管",后又创长效椎旁阻滞术和椎旁阻滞及纵膈反射区浸润麻醉技术;1954年至1956年研制成功"肺脏扩张器"、"水力连续吸引器"、"血管阻滞器"等胸外科手术治疗器械;1963年又研制成功"记录式心脏镜"和"心脏镜扩张器"。此外还研制成功"体外式"、"埋藏式"等晶体管心动起搏器等。其中不少研究成果为国内外医学界所重视。"文革"期间备受摧残,150万字的医学文稿被毁。1977年9月3日在杭州病故。著有《肺脏切除手术学》、《胸腔透视学》、《外科实习手册》等。

**石祖德(1900—1972)**

字蕴炜。诸暨县人。1917年就读于杭州安定中学。1924年入黄埔军校第一期,曾随队往韶关大本营担任警卫工作。毕业后历任黄埔军校教导第二团排长、连长,第一旅营长,国民革命军第一师团附。参加两次东征和北伐战争。1927年8月在江西参与进攻叶挺、贺龙起义部队。1928年起任第六十九师第二团上校团长,第三师十四团团长,国民政府中央警卫旅参谋,第五军八十七师五一八团团长。1930年6月任国民政府警卫旅参谋长。1932年参加"一·二八"淞沪抗战。后任军事委员会委员长特务团团长、警卫旅长。1936年10月被国民政府授予陆军少将。抗日战争爆发后历任军政部第十六新兵补训处处长,首都卫戍司令部警卫团长,财政部缉私署副署长,暂编第二师师长。1946年任国民政府参军处警卫室主任。1947年任国民政府警卫总队队长。1948年任总统府侍卫室中将侍卫长。1949年初任总统府参军,后任第一编练司令部副司令官兼厦门警备司令和国民党总裁警卫室主任,第二十二兵团中将副司令官。同年去台湾,先后任"国防部"高参、"东南军政长官公署"中将高参、"联勤总司令部"办公室主任、"国防部联合作战研究督察委员会"中将委员等职。1959年退役,任台湾糖业公司顾问、台湾银行顾问等职。1972年7月在台北去世。

**卢于道(1906—1985)**

鄞县人。1926年毕业于国立东南大学生物系和心理学系。同年赴美国留学,于芝加哥大学攻读神经解剖学。1930年毕业,获哲学博士学位,因成绩优异,得金钥匙奖,并入选美国人类学会终身会员。同年回国,任上海医学院副教授。1931年任中央研究院心理学研究所研究员。抗战时期奔赴大后方。1941年担任湘雅医学院(当时在贵阳)教授,兼任中国科学社生物研究所教授和中国科学社代理总干事。1942年任复旦大学生物系教授兼生物系主任。1946年参与并发起九三学社,当选为九三学社监事。1949年9月出席中国人民政治协商会议,参与制定《中国人民政治协商会议共同纲领》。1949年至1952年任复旦大学理学院院长。1953年任复旦大学研究生部主任。曾先后担任九三学社中央常委,九三学社中央副主席,九三学社上海分社主任委员,第二、第三、第五、第六届全国人大代表,第四届上海市政协副主席,上海市科协主任等职。著有《神经解剖学》、《活的身体》、《脑的进化》等。

**卢文迪(1910—1982)**

临海县人。1935年中国公学文史系毕业后任中华书局编辑。抗战爆发后赴浙东从事抗日宣传活动。抗战胜利后回中华书局任《新中华》杂志主编。新中国成立后历任中华书局编辑所副所长、代所长,财政经济出版社、中华书局副总编辑。中国民主促进会会员、北京市政协委员。著有《国际政治形势图解》、《中国近代史》等。

**卢守耕(1896—1989)**

字亦秋。余姚县人。1914年考入国立北京农业专门学校农学科。1918年毕业后回浙工作,历任浙江省立农业试验场技术员、浙江省立棉业试验场技士、浙江省立甲种森林学校教员、浙江省立女子师范学校教员、浙江省海宁县愚移中学教员、浙江省公立农业专门学校讲师等职。1930年考取浙江省官费留学生,赴美国康奈尔大学研究院深造,攻读植物育种学,副修农艺学和植物生理学。1933年获哲学博士学位,回国后担任中央农业实验所技正兼全国稻麦改进所技正。1935年应广西省政府及中央农业实验所的邀请,考察了广西及东南沿海各省的农业,并专门考察了台湾农业,撰写、编印了《台湾之农业》一书。1936年夏任浙江大学农学院院长兼农艺系教授,创办华家池农场。抗日战争爆发后参与了学校迁移的筹划与督导工作。1939年秋辞去农学院院长职务,专任教授兼农艺系主任。抗日战争胜利后被派往台湾接收农业机构。1945年12月出任台湾光复后首任糖业试验所所长。1954年8月转任台湾大学农学院教授。1973年退休后改任兼任教授。著有教材《稻作学》和《现代作物育种学》,与Briggs等合著有《作物育种学导论》,译有Hayes的《作物育种学》等,并发表有《台湾糖业及其研究》、《台湾省糖业试验所之试验工作》等研究台湾糖业与研究水稻的论文。

**卢芹斋(1880—1957)**

英文名C. T. LOO。吴兴县人。著名古董商。早年丧母,父亲吸食鸦片,家境艰难,在族人的帮助下到上海读书。20岁到巴黎打工。1902年与张静江合作在巴黎马德兰广场开设通运商号,做古董生意。1908年在泰布特街创办来运古玩行。1911年与上海吴启周等人合伙向海外贩卖古玩,在北京和上海开设来运分号。1915年又在美国纽约开办卢吴公司,成为新中国成立前全国最大的古玩商,包括商周青铜器、昭陵二骏在内的大量珍贵文物经其手流失海外。1926年至1928年在凯旋门附近为其古董店和公司建造具有中国特色的红楼(2003年被巴黎市政府列为文物遗产)。1935年11月28日至次年3月7日组织215件文物参加由中、英两国政府在伦敦举办的中国艺术国际展览会。期间还单独举办一届为期三周的陶瓷铜玉展览。1957年在瑞士尼翁去世。著有《中国古玩》。

**卢连水(1884—1961)**

东阳县人。16岁随父雕花。圆雕《吕洞宾三戏白牡丹》为孙科夫妇收藏。后入中央美术学院华东分院,创作设计东阳木雕,为东阳木雕厂的创始人之一。1957年浙江省人民政府授予名艺人称号,出席全国名艺人代表大会。从艺六十余载,具有无画稿雕刻作品的硬功夫。所创《百鸟朝凤》木雕樟木箱,久销不衰。

**卢国扁(1907—1988)**

字铭新。丽水县人。江南国医专门学校毕业。1942年任国民政府军事委员会战时运输统制局管训委员会中校组长。抗日战争胜利后获陆海空军奖章、胜利勋章,并派至联勤总司令部运输署任秘书。1949年去台湾,历任"运输司令部"科长、"军人保险管理委员会"秘书、代主任秘书等职。1965年后从事医学研究,聘为"国立中国医药研究所"研究委员。1971年为"行政院卫生署"中医研究会委员。1973年任"中国医史学会"理事长。1974年任台北中医师公会常务理事、香港中医师公会名誉顾问。1975年始先后任华侨中医院教授、国际针灸学会顾问、"中国针灸研究院"顾问等职。曾执教于香港中医学院。著有《针灸灵龟八法子》、《国医根源学》等。

**卢学溥(1877—1956)**

字涧泉,又作鉴泉。祖籍东阳县,生于桐乡。近代著名银行家、财政官员。出生于望族家庭,幼承家学,勤学敏思。庚子、辛丑并科举人。1903年赴京会试落第,祖父卢景昌为顺应潮流,改立志书院为国民初等男学堂,并以堂长职务交之。锐意改革,聘名师,增设备,学校生气勃勃。1908年去南京从张曜在财政金融界工作,并曾任两江督署外交科长。辛亥革命后任奉天教育厅秘书、临时政府财政部公债司科长。后历任北洋政府财政部制用局机要科长、公债司司长,参与制订公债条例、整理国内公债。1921年至1922年任财政次长,兼任北京新华银行常务董事。1917年至1937年任中国银行监察人。1918年在上海参与发起成立永亨银行,任董事。1923年参与发起浙江实业银行,为三名最大股东之一。1925年任财政善后委员会委员长。同年6月任交通银行协理。1928年11月交通银行总行迁沪,加入官股改组,任董事长。1930年任浙江实业银行常务董事。1932年6月被选为全国财政委员会委员。1933年交行改组,辞去交通银行董事长,改任上海造币厂厂长。1942年又兼任盐业银行董事。1945年任浙江实业银行董事长。抗战胜利后任浙江实业银行董事,兼永亨银行常务董事。上海解放后任永亨银行、大陆实业公司董事长,盐业银行和中国银行董事、监事等职。1952年银行业实行公私合营，任中国银行监察人等职。1956年12月25日在上海病故。曾任总纂主持续修《乌青镇志》。

**卢宗澄(1906—1995)**

海盐县人。1906年6月15日生。1927年上海交通大学电机系毕业后任上海无线电制造厂工程师。1928年任上海无线电台工程师。1929年至1932年任上海无线电总台工程师、管理工程师。1933年赴英国马可尼无线电制造厂实习，并入吉士福学院进修。1934年至1936年任上海国际电台工程师、工务主任。1936年至1949年任上海国际电台管理工程师。抗日战争期间随台内迁成都、重庆。抗战胜利后迁回上海。1946年赴苏联出席中、苏、美、英、法五国国际电信预备会议，赴瑞士出席国际电话咨询委员会会议并考察英国电信企业。1947年任中国总代表出席在美国大西洋城召开的国际无线电会议、国际高频广播会议，并参加国际电信全权会议。新中国成立后历任上海国际电台管理工程师、邮电部无线电总局副局长、北京邮电学院副院长、邮电部邮电科学研究院院长兼总工程师等职。担任中国政治协商会议第三届至第六届委员、中国电子学会第一、第二届理事会副理事长等社会职务。1995年9月20日在北京去世。

**卢经武(1909—1951)**

临海县人。1924年考入上海浦东中学学习。学习期间受《向导》、《中国青年》等进步刊物影响，加入中国社会主义青年团，参加上海学生运动及“五卅”运动。后转入大夏大学预科。1925年暑假回乡时与林炯、李敬永等人筹建乙丑读书社，选为常委。1927年2月共青团临海县委成立，任书记。“四一二”反革命政变后赴上海。1928年1月返回临海，任中共临海县委书记；3月任共青团宁海县委书记。1929年春改名金志伍，领导亭旁暴动；年底前往上海，参加法租界马路支部。经支部同意，改名卢启扬，赴日本留学，参加中共东京组织，遭到搜捕后返沪。1930年春入中国公学大学部经济科插班，在校三年一直参加支部工作。1933年改名卢勋，再次赴日本留学，入早稻田大学研究院，专攻经济财政。此后失去党组织联系。1936年毕业回国。1937年到重庆国民党中央军需学校任教，讲授经济学，后由少校教官升巴县政治部军需处上校主任。1948年春任上海法学院教授，兼上海财务学校训导处处长。同年冬回临海，协助中共椒南工委做策反工作。新中国成立后被派到海门电灯公司工作。1951年3月被定为反革命罪，判处死刑。1986年1月临海县人民法院撤销原判，宣告无罪。著有《战争与经济》。

**卢钟岳(1887—?)**

字迎仙。诸暨县人。大通学堂肄业，为徐锡麟所重视，加入光复会。由徐锡麟资助，东渡日本留学，入日本警监学校学习。1907年结业，奉徐锡麟之召，前往安庆协助警务工作。适逢徐锡麟发动安庆起义兵败被捕，被清政府逮捕入狱，遭到严刑拷打，坦言受徐锡麟之召，实不知情，因无证据，被无罪释放。浙江军政府成立后出任杭州府警察署署长。1912年改任浙江省会警察局局长。同年2月奉命前往安庆，迎回徐锡麟的灵柩，安葬于西湖。1913年当选为众议院议员。国会解散后回里寓居。1916年6月第一次恢复国会后再任众议院议员。1917年任护法国会众议院议员。1922年第二次恢复国会时再任议员。1923年拒绝直系军阀首领曹锟贿选要求，曾与拒选议员一道联名发表宣言，声讨曹锟贿选之罪。

**卢绪章(1911—1995)**

原名卢植之。鄞县人。14岁去上海习业，先在上海源通轮船公司当练习生，业余就读于上海总商会商业补习夜校，并积极参加社会活动。1932年与人创设广大华行，从事医药及医疗器械邮购业务。1936年参与筹建上海洋行华员联合会。1937年加入中国共产党。1938年4月上海华联同乐会成立，任理事及出版委员会委员兼编辑科主任、服务委员会常务委员。同年秋华联同乐会成立中共党总支，兼任总支书记。以广大华行作为中共秘密工作机构。随后积极扩展广大华行业务，在重庆、贵阳、成都、昆明等地设立分行。1940年6月广大华行改组为股份公司，任董事兼重庆分行经理。1941年10月改设重庆为广大华行总公司，任总经理；新设西安、兰州等分行和办事处。1944年10月任广大华行董事长兼总经理，把企业经营多元化，重点转向国际贸易，先后投资万力制药厂、建业银行、开来兴业公司、建信信托公司、民孚企业股份有限公司等企业。抗战胜利后广大华行总行迁回上海，并于天津、汉口、广州、香港、沈阳、南京及美国纽约等地设立分支机构，组建民安保险公司等企业，形成全国的业务经营网络和秘密工作系统。1947年4月与陈果夫等创设上海中心制药厂，任总经理。随后创办中国毛皮公司、台湾七星编织用品制造厂、南洋商业银行、广业置业公司等企业，并以参股方式对外投资20余家企业。1948年秋迁广大华行到香港，主持全面工作。同年底北上大连，经天津、石家庄转去西柏坡。新中国成立后历任上海市军管会财经委员会副处长、华东军政委员会贸易部副部长、华东区对外贸易部副部长等。以后奉调天津任中国进出口公司经理。1952年9月调任外贸部三局局长。1955年9月任外贸部副部长。“文革”时期受到冲击。1976年后恢复工作，历任国家旅游局局长，国家进出口委员会和外国投资管理委员会副主任，外经贸部常务副部长、党组副书记、顾问等职。是第四至第六届全国政协委员。1984年回家乡宁波帮助对外开放工作，先后被聘为浙江省宁波市政府顾问、国务院宁波经济开发协调小组顾问、宁波经济建设促进协会首任会长等。

**叶万安(1926— )**

绍兴县人。1948年毕业于国立上海商学院银行系。先后在国际货币基金研究所及世界银行经济开发研究所从事研究。1953年底开始先后任职于台湾“行政院”经济安定委员会工业委员会、美援运用委员会、国际经济合作发展委员会、经济设计委员会以及“行政院”经济建设委员会，历任专员、专门委员、副处长、处长、副主任委员等，长期参与或主持台湾各项经济建设规划及各种财政经济建设方案的草拟。是台湾财经系统新兴骨干人物之一，著名经济学家和评论家，也是台湾经济发展的重要见证人之一。1992年退休后兼任台湾“行政院主计处”国民所得统计评审委员会委员、“中华经济研究院”政策研究顾问、“行政院经济建设委员会”顾问、《经济日报》主笔等。40年间撰写社论1200余篇，论文百余篇。著有《台湾十项建设与经济发展》、《工业升级的必要性及其效果的研讨》、《经济自由化的回顾与挑战》、《汇率、贸易自由化与产业结构调整》、《两岸技术合作，促进产业升级》等。主张祖国统一，多年来积极为两岸关系的发展和祖国大陆的经济建设奔走。曾在中国社会科学院等单位作过多次学术演讲。

**叶天底(1898—1928)**

原名霖蔚，又名开砥，学名天瑞。上虞县人。1916年考入浙江省立第一师范学校。1920年参与“一师风潮”，校长经亨颐被迫离职后决意退学以示抗议。同年夏与施存统、俞秀松等在上海成立中国社会主义青年团；9月入上海外国语学校攻读俄语和马列著作。1921年5月因病回上虞，到上虞第一小学任教。1922年应聘到春晖中学，任音乐、美术教师。1923年秋去上海，在东方艺术研究会学习和工作，并任《民国日报》副刊“艺术评论”编辑。同年底加入中国共产党。1924年去苏州乐益女中任教，建立中共苏州独立支部，任书记。1926年春回家乡发展党的组织，开展农民运动，任上虞《教育月刊》总编辑。7月创建上虞县第一个党组织——上虞县直属支部，任支部书记。北伐军进入浙江后以共产党员身份加入中国国民党，任国民党上虞县临时县党部执行委员兼农工部长。1927年4月大革命失败后坚持斗争；8月出席在绍兴召开的九县党的联席会议。会后按照党的指示，在上虞组织农会，恢复农民武装，准备秋收暴动。由于中共浙江省委机关被破坏，浙东秋收暴动计划泄露，11月9日在上虞县城被捕，后被关押到杭州的浙江陆军监狱。1928年2月8日在杭州就义。

**叶元鼎(1891—?)**

金陵大学农科第一届学生，1918年毕业。长期担任国立中央大学农学院教授，是近代著名农学家。著有《农艺化学》和《种烟学》。

**叶友才(1888—1952)**

鄞县人。中国电器工业的开创者之一。少年时代在上海电机商行当学徒，后在怡和、威灵、福昌等洋行任跑街，从事电器、机械、五金等销售业务。1914年与杨济川等共同首次研制国产电扇成功。1916年创办华生电器厂，生产电流表、输电变压器和直流发电机等产品，分工主持进销货业务。1917年盘进元达电器厂，改任经理。1924年华生厂开始大批生产“华生牌”电扇，很快就使美货“奇异牌”电扇销迹于中国市场，华生电扇称雄国内和南洋群岛。1930年又与人合资在上海创办华成电器制造厂，任董事长兼经理，生产各类感应电动机，闻名中外。1933年将华生厂改为股份公司，时华生电扇年销售额已达百万元。30年代中期除经营华生、华成电器厂外，还兼任乌镇、南翔等地多家电灯公司董事，中国国货产销协会理事，上海国货工厂联合会执行委员等。“八一三”事变后任上海工厂迁移委员会委员，参与组织、主持上海工厂的内迁工作，并将华生、华成电器厂的各种机器设备、原料、成品全部迁往武汉。其搬迁物资数量之多，居上海民营内迁厂家之首。武汉失守后又将华生厂迁重庆，是当时大后方唯一能制造50马力发动机的工厂。华成厂则迁往湖南衡阳。抗战胜利后又主持把两厂回迁上海，仍任经理，惨淡经营至上海解放。1952年在上海病故。

**叶长庚(1901—1986)**

开化县人。幼年随长辈迁居桐庐县。1926年6月在韶关参加国民革命军,编入第二军第五师第十三团机枪连,参加北伐战争。1928年2月所部驻守江西省景德镇时,与军内外共产党员频繁接触,还向方志敏率领的红军部队送了枪支弹药。1929年12月任机枪连一排代理排长,乘机率全排战士投奔红军。1930年加入中国共产党。曾任红八军团长,赣南独立十二师师长,湘赣军区分区司令员,红军第六军团师长。参加湘赣、湘鄂川黔苏区历次反"围剿"及长征。1936年入陕北红军大学学习。后任晋察冀军区分区参谋长、副司令员,北安军区司令员,第十五兵团副军长。参加了百团大战和宜沙、西南等战役。1945年4月出席中共第七次代表大会。同年10月任黑龙江省军区司令员,指挥剿匪斗争。1948年11月任中国人民解放军十五兵团第五十军副军长,进军大西南。1949年上半年任武汉军区后勤部运输部副部长。1950年后历任中南军区后勤运输部副部长,江西军区副司令员,江西省第五届人大常委会副主任。是中共七大代表。1955年被授予中国人民解放军少将军衔。1986年在南昌去世。

**叶为铭(1867—1948)**

又名叶铭,字品三、盘新,号叶舟。徽州新安人,寄籍杭州。西泠印社创始人之一。擅金石书画,夙有"郑虔三绝"之誉,精金石考据之学,善篆隶,能镌碑,治印宗法秦汉,融会浙派,风格平实安详,朴茂厚重。家藏金石和考古方面书籍甚多,曾将藏品付印行世,风靡全国。著有《七十回忆录》、《歙县金石志》(14卷)、《叶舟笔记》(8册),辑有《广印人传》、《再续印人小传》、《二金蝶堂印谱》、《铁华庵印集》、《逸园印辑》、《遯盦遗迹》、《松石庐印汇》等,并编辑《西泠印社三十周年纪念刊》。偕吴昌硕精心选择审定《金石书画录》(10册),其原件皆为西泠印社珍藏之品。

**叶水夫(1920—2002)**

宁海县人。1939年入上海沪江大学。1943年任上海时代出版社编辑,主要致力于俄文翻译工作。抗战胜利后任《时代日报》编辑。新中国成立后历任时代出版社编辑部主任、副总编辑,中国科学院外国文学研究所苏联文学研究组组长,《文学评论》、《世界文学》编委等职。长期从事苏联文学的翻译和研究。译有法捷耶夫的《青年近卫军》、戈尔巴朵夫的《不屈的人们》和季莫耶夫的《苏联文学史》等。写有《苏联文学四十年》、《读〈青年近卫军〉新版本》、《暴风雨所诞生的——论十月革命后最初十年间的小说》等论文。

**叶世湄(1902—1974)**

温州人。瓯剧演员,工小生,人称"小生湄"。13岁入青田新新舞台学戏,16岁返回温州。先后在大三庆、琴娱社、新润玉、新凤玉等京班和乱弹班主演小生。抗战期间在黄金戏院京戏班跑龙套,好学不倦,吸收借鉴京沪名角的技巧以丰富自己的演技。受瓯剧名丑阿松的指导,技艺日精。擅长拖鞋戏和箭袍戏,代表剧目《珍珠塔》、《金手钏》、《古玉杯》、《游龟山・藏舟》等。1954年获浙江省首届戏曲观摩演出大会表演奖。1956年任温州市乱弹剧团副团长。1960年后在温州戏曲学校瓯剧班任教,致力于培养新生力量。

**叶尔衡(1882—1962)**

别名尧城。杭县人。善书法。与清末学政、书法家叶尔恺为兄弟。举人出身。1915年9月至1916年9月任四川省高等审判厅厅长。1918年至1921年11月任福建省高等审判厅厅长。1921年11月任甘肃省甘凉道尹。1923年2月去职。后任北洋政府平政院评事。后脱离北洋官场,隐居天津。新中国成立后于1956年12月被聘为上海文史馆馆员。辑有《番例条款》。

**叶达三(1901—?)**

三门县人。早年毕业于浙江省立师范学校,后在国民党浙江省党务人员训练班结业。历任浙江省宁海县立中学总务主任兼党义教员,三门县私立亭山中学董事会董事长,国民党浙江省慈溪县党部执行委员兼常务委员,定海县、三门县党部书记长,浙江省参议会参议员。1949年去台湾,曾任"经济部"台湾肥料公司管理师、台湾区产业党部第四支部党部书记。1966年10月6日接替刘膺古递补为"国民大会"代表。

**叶 迈(1905—1968)**

字逸帆。青田县人。毕业于黄埔军校第五期步科。1935年4月任国民革命军第九十九师第二九七旅第五九三团团长,参加"追剿"长征中的工农红军。1939年4月入陆军大学将官班乙级第一期学习。1940年2月毕业后任第六战区司令长官部参谋处副处长。1945年11月入国民党中央训练团受训。1947年3月任永嘉团管区司令。1949年5月7日在温州起义。后潜赴台湾,任土地银行顾问。1968年8月23日在台北去世。

**叶　成(1905—1994)**

又名岩成,字力戈、世青。青田县人。浙江省立第十一师范学校毕业。1925年考入黄埔军校第三期步科。曾在蒋介石警卫团任职,先后任总司令部警卫团连长、营长,蒋介石侍从室侍卫大队长等职。1936年由军委会特务团副团长调任福建省保安处少将副处长,兼任省保安干部训练所所长。1938年2月26日升任处长。1940年任七十六军补训处处长、副师长。1941年任第五十八师师长。1943年底升任第九十一军副军长兼暂编第五十八师师长。1945年初任第四十二军副军长兼暂编第五十八师师长。同年春整编第五十八师,由甘肃武威进入新疆,兼任迪化市(今乌鲁木齐市)警备司令。1946年底升任新编第二军中将军长。1947年第二军改为整编第七十八师,转任师长。1949年9月25日其部队随新疆警备总司令陶峙岳起义,离职取道南疆,经印度至台湾。去台后入"革命实践研究院"高级班、"国防大学"联战系第三期受训。曾任"国防部"中将高参、战略研究委员。1951年1月又任第七十五军军长。1953年3月调任第八十军军长。后任军团副司令。1970年退役。同年10月台北青田同乡会成立后历任第一至第六届常务理事、第七至第九届名誉理事、《续编青田县志》编委。1994年8月7日在台北去世。

**叶　光(1907—1997)**

别号景春。云和县人。南京国立中央大学政治系毕业,获得法学学士学位。后在重庆中央训练团党政班三十一期结业。1934年任陈诚机要秘书,后历任军事委员会政治部机要室少将主任,联勤总司令部办公厅少将副主任,远征军司令长官部、东南军政长官公署及国防部少将参议等职。抗战期间曾获"陆海空军甲种一等奖章"、"忠勤勋章"及"胜利勋章"。1948年在云和县当选为第一届国民大会代表。去台湾后于1950年8月退役。1954年被聘为"光复大陆设计研究委员会"委员及"内政委员会"召集人,当选为"国民大会"国民党党部委员、常务委员及国民党"第十一届全国代表大会"代表。

**叶仰高(1880—1911)**

原名高鹰,乳名欣然,字芝峰。景宁县人。自幼聪颖,6岁即能背诵《三字经》。1891年随长兄前往青田八都入屏川义塾。青田学陆军者甚众,新学输入也早,曾于友人处见《黄帝魂》,读之感慨激昂,不能自已。从南京陆师学堂回乡的杜志远劝说学习陆军,即束装入安徽练军营,旋入武备学堂。1906年与洪骥生、柳景庭、柳景元、李瑞阳、夏兆梅、潘松龄等(合称"景宁七子")随魏兰东渡日本留学,入弘文学院宪兵科。经魏兰引见,与陶成章相识,并加入光复会和同盟会。回国至沪开展革命活动,即被两江总督端方逮捕,关入南京监狱,供认光复会会员光汉子(徐锡麟化名)已潜入安徽官场。恩铭获讯后责令徐锡麟缉拿,徐锡麟不得不提前发动安庆起义。后经多方营救出狱,北走黑龙江,南赴广东,终因"党嫌"处处受到革命党人怀疑。1911年武昌起义爆发后回浙参加敢死队,参加攻打巡抚衙门的战斗。浙江军政府成立后被任命为司令部执法官和尚武队管带。江浙联军成立后又出任联军司令部参谋,并提议集中联军优势兵力,攻占紫金山的天堡城,再攻克南京。报名参加敢死队,任第一队队长,进攻天堡城时中弹身亡。

**叶会西(1908—1976)**

原名叶榛,又名叶蓁,改名永蓁,号会西。乐清县人。1926年毕业于浙江省立第十中学(今温州中学)。后考入黄埔军校第五期炮科,即参加北伐战争。1927年1月在武汉入学;7月从军校毕业后任浙江警备师少尉排长。第一次大革命失败后退居上海,在中学任教。1928年秋开始将其10年中的学校和社会生活情况写成小说《小小十年》,并在鲁迅指导下增删加工,鲁迅先生还亲自为其撰小引。后弃文从武,1934年冬任陆军第八十八师少校参谋。后任中央军校教导总队部少校参谋。1936年保送乙种参谋业务训练班第一期受训。1937年底南京沦陷后先后任国民党军事委员会科长、军官教育队队长等职。1940年任军事委员会战干一团学生总队上校总队长。1941年9月调任军政部上校专勤附员。1943年任第五十九军炮兵团上校团长。抗战结束后升为陆军第五十九军少将炮兵指挥官。1947年在南京陆军大学将官班乙级第四期学习。1949年任陆军第九军一六六师少将师长。1949年起驻守金门岛,历任"金门防卫司令部"副参谋长、"陆军第五十四军"副军长、"国防部联合作战委员会"委员。1964年以中将军衔退役,任"交通部电信总局"顾问。1976年10月在台北病故。出版有散文集《浮生集》、《我的故乡》及《绿意集》。

**叶庆炳(1927—1993)**

笔名青木,书斋名晚鸣轩。余姚县人。1927年1月14日生。1945年8月考入江苏学院中国文学系。1947年6月转学台湾大学中国文学系二年级。1950年毕业后留系任助教,1954年升讲师,1959年任副教授,1967年任教授。1979年至

1985年两任系主任兼中国文学研究所所长。1990年从台大退休，在台湾大学中国文学系任教40年。1991年应聘辅仁大学中文研究所专任教授。1992年荣膺台湾大学名誉教授。先后任台湾"中华民国比较文学学会"第一、第二、第七届副理事长，并连任九届理事。1993年9月14日在台北去世。著有《中国文学史》、《晚鸣轩爱读诗》、《晚鸣轩爱读词》、《叶庆炳自选集》及《晚鸣轩散文集》系列；主持编辑出版《明代文学批评资料汇编》（与邵红合编）、《清代文学批评资料汇编》（与吴宏一合编）等。

**叶孝理（1928—1994）**

鄞县人。1946年9月考入之江大学。1947年9月转入国立上海商学院会计系就读。1951年毕业后留校，历任教务处副科长、工业经济系党总支书记等职。1958年后担任上海社会科学院经济研究所支部书记、工业经济组负责人。"文革"结束后曾在上海市委办公厅综合处工作。1979年3月调回上海财经学院，历任科研处处长、财经研究所所长、《财经研究》编辑部主任。1984年起任上海财经学院副院长、上海财经大学副校长。1986年8月至1988年8月间主持学校行政工作。以后担任校务委员会副主任，至1992年5月离休。研究专长为工业经济学，参编《简明工业经济辞典》、《中国工业管理讲义》，主编《社会主义初级阶段理论与实践》、《现代城市管理手册》、《上海财经大学校史》（第一卷）等。

**叶　芳（1911—1986）**

原名叶超，字树芬。永嘉县人。早年毕业于瓯海中学。1929年黄埔军校第七期步科毕业后分发到南京国民政府警卫团服役。后任浙江省保安第三团、第五团连长、营长，中央军校第七分校第十六、第十七期大队长。1943年起历任第二十七军参谋处长，第五军辎重团团长，第五军九十六师师附，整编第五军挺进纵队司令，第二兵团骑兵团团长。1948年4月任衢州"绥靖"公署少将参议；9月任浙南"绥靖"区指挥官。1949年1月任浙江省第五区行政督察专员兼保安司令；4月兼任第五军二〇〇师少将师长；5月7日在温州率部起义，任解放军浙南游击纵队副司令，配合解放军解放浙南。新中国成立前后先后在华东军政大学、华东军区教导团学习，学习结束后分配到苏北农场农研队工作。1955年春任浙江省林业厅处长。1957年2月任民革浙江省委会第二届委员。同年被错划为右派。1978年冬改正后历任浙江省政协常委，民革浙江省委会驻会委员，民革浙江省委会第五、第六届副主委。1986年3月31日在杭州病故。

**叶良辅（1894—1949）**

字左之。原籍余杭，生于杭州。1913年考入工商部地质研究所。1916年毕业后进入农商部地质调查所任调查员。1919年主编完成中国第一份区域地质调查报告《北京西山地质志》，并于次年出版。1920年被派往美国哥伦比亚大学进修。1922年6月获理学硕士学位。回国后仍在地质调查所工作，参与创立中国地质学会，为该会永久会员，后兼任北京大学地质系教授。1927年任广州中山大学地质系主任。1928年任中央研究院地质研究所研究员。任职10年发表论文21篇，其中包括《安徽南部铁矿之类别及成因》、《湖北鄂城灵乡铁矿》、《湖北阳新大冶鄂城之地质矿产》和《浙江沿海之火成岩》、《中国东南沿海区流纹岩及凝灰岩之矾石化及叶腊石化作用》、《中国东南沿海火成岩之研究》、《南京镇江间之火成岩地质史》等，对湖北、安徽、浙江、江苏、山东等地矿产、火成岩等方面情况作了系统而有开创性的调查研究，尤以数据准确而享誉学界。1935年兼任中国地质学会理事长。1938年任浙江大学史地系教授，主讲地质学和地形学，其后侧重于地形学研究，有《瀚海盆地》等论著问世。1943年任史地系主任。1949年5月史地分系，任地理系主任。1949年9月14日病故。

**叶劲秋（1900—1955）**

字秋渔。嘉善县人。早年毕业于上海中医专门学校，后任上海中国医学院教授。新中国成立后曾应邀参加全国第一届卫生会议和华东区卫生工作会议，任上海市卫生局中医编审委员。对中医理论问题颇有研究，著有《中医基础学》、《临证直觉诊断学》、《中药问题》、《伤寒论启秘》、《仲景学说之分析》、《针灸述要》、《花柳病治疗学》、《灸法自疗学》、《现代名医验案》及《不药疗法验案》等。

**叶庚年（1900—1988）**

字贻丰。镇海县人。早年就读于庄市叶氏中兴学校，后毕业于上海圣芳济书院。1919年考入香港大学攻读工程学科，两年后辍学回上海。曾任烟台盐务稽核所会计主任，两年后辞职返沪，先开五金店，后设新亨营造厂。1935年后参与承建杭州钱塘江大桥、湖南株洲兵工厂等工程，为抗战作出贡献。1948年9月去香港定居，创办新昌营造厂，在美国、日本、东南亚、台湾等地承建大型工程。后发展成为新昌企业集团，经营范围涉及建筑、地产、海运、保险等。历任香港新昌营造厂有限公司董事长、新昌集团有限公司董事长、香港新昌地产公司常务董事、建峰保险（亚洲）有限公司董事、建安保险有限公司永远董事、香港苏浙同乡会会长、东华三院总理、宁波旅港同乡会名誉会长、香港甬港联谊会名誉会长等职。热心家乡建设，曾出资兴建庄市同义医院，疏浚中大河、横河堰，建造千岁桥和苏家桥，被乡里公举为叶氏义庄暨中兴学校校长，向该校捐资 50 万港元。

**叶浅予（1907—1995）**

原名叶纶绮，笔名初萌、性天等。桐庐县人。中央美术学院教授，西泠印社社员。少时自学绘画。1926 年至上海，当过柜台伙计，画过广告、教科书插图，并从事时装设计、舞台美术。1929 年开始创作漫画，后集成《王先生别传》和《小陈留京外史》。1936 年组织举办首次全国漫画展，次年组织成立中华全国漫画界救亡会，为负责人之一。抗战爆发后在上海组织漫画宣传队，任领队并参加郭沫若负责的政治部第三厅，投身抗日宣传工作。1939 年赴香港经办《今日中国》。次年回重庆，作《战时重庆》组画及叙事漫画《逃出香港》。1942 年赴贵州苗区写生，开始转向中国人物画创作。1943 年访问印度，归来后举办旅印画展。抗战胜利后曾赴美举办画展。1947 年到北平艺术专科学校任教。1954 年任中央美术学院中国画系主任、教授。1981 年任中国画研究院副院长。曾当选为中国美术家协会历届副主席、中国文联委员、全国政协委员。1982 年于中国美术馆举办个展。长期从事中国画教学和以舞蹈、戏剧人物为主的国画创作，擅人物、花鸟、插图、速写等。笔墨顿挫自如，豪放爽朗，形象生动传神，风格独具，成就显著。中国画《维吾尔人》获第六届全国美展荣誉奖。其他作品有中国画《婆罗多舞》、《长安怀古》组画，以及小说《子夜》插图等。出版有《旅行速写》、《浅予速写集》、《叶浅予作品选集》、《叶浅予画舞》等。著有《画余记画》和《十年荒唐梦》。

**叶荣章（1910—？）**

鄞县人。肄业于宁波四明中学。1926 年赴沪从商，不久自设泰源永玻璃厂。1930 年又创中国晶甲玻璃公司，是国内唯一能制造晶甲玻璃的厂家，出品良好，行销国内。抗日爆发后秘密参加地下组织，从事敌后工作。当时工业原料来源已告中断，保险玻璃与安全玻璃无法继续出品。叶氏乃另创中国玻璃公司。抗战胜利后任上海市元顺钱庄、中国玻璃公司、中国晶甲玻璃公司总经理，中国渔业公司副总经理。当选为第一届上海市参议会候补理事、上海市商会候补理事兼组织委员、上海市玻璃商业同业公会常务理事、《宁绍周刊》董事等，并发行《光明月刊》。热心公益事业，曾赞助多所小学。

**叶南帆（1890—1954）**

字焕舟。青田县人。先后毕业于保定陆军军官学校第一期炮科、陆军大学第十期。历任国民政府交通部路警局科长，第五路指挥部副长官。1932 年 6 月任军事参议院参议。1933 年 7 月任庐山军官训练团筹备处第五组组长。1936 年 2 月任第八十六师驻南京办事处处长。同月被授予陆军少将。1937 年 9 月任军法执行总监部少将高参。1938 年 2 月任军事委员会运输总监部办公厅主任；5 月任军事委员会中将高级参谋。1944 年与陈铭枢、谭平山等筹划创立三民主义同志联谊会。1947 年 7 月被授予陆军中将后退役。在上海、杭州从事对国民党军队的策反工作。1949 年 10 月参加中国国民党革命委员会（民革），后任民革杭州市委主委。1954 年 9 月在杭州病故。

**叶挺鹏（1889—1941）**

化名陈志心。平阳县人。1926 年春加入中国共产党。1927 年春在北伐战争胜利发展的鼓舞下发动农民成立农民协会和农民武装。2 月当选为平阳县万全区农会会长。“四一二”反革命政变后农民运动遭到严重破坏。6 月率领平阳农民武装攻打平阳县城失败，转入浙南地下革命工作。1928 年 6 月再次率农民武装攻打平阳县城，又遭失败，并身负重伤。1930 年 5 月红十三军攻打平阳时主动请缨，配合红十三军攻克平阳县城。1932 年 2 月任中共浙南委员会书记，在白色恐怖中坚持革命斗争。1936 年 5 月成立中共浙南临时革命委员会书记兼财政委主任，在北港与瑞（安）平（阳）边开辟了一块秘密工作地区。9 月领导的农民武装与粟裕领导的红军挺进师主力在瑞安县会师，接受中共闽浙边临时省委领导。1939 年 3 月任中共浙南特委农民运动委员会委员。7 月以来宾身份出席在平阳召开的中共浙江省第一次代表大会。1941 年 11 月 5 日被国民党逮捕；11 日在平阳县水头镇就义。

**叶星海（？—1928）**

镇海县人。近代天津著名买办。初在上海经商，由太古洋行买办、鄞县人李维龄介绍，在上海美隆洋行任职员，结识德商吉伯利。

1887年同到天津，出任兴隆洋行买办，并为该洋行股东。同时自设兴隆西栈，经营羊毛、羊绒、皮革等。第一次世界大战期间与人承买英商兴茂公司机器打包厂，成立天津打包公司。1918年与同乡李祖才等成立利济贸易公司，任董事长。1923年辞去兴隆买办职务，改任天津法商永兴洋行买办，又自设天津打包公司、利济贸易公司，经营皮毛、羊绒、皮张、核桃仁等土特产出口，贸易额颇大，是天津浙江会馆领袖人物。1928年病故，由其子叶庸方继任法商永兴洋行买办。

**叶　峤(1900—1990)**

别号之真。永嘉县人。1914年入温州第十中学就读。1918年考入北京大学化学系学习。1924年毕业后留校任化学系助教。1926年赴德国留学。1931年获柏林大学理科博士学位。1931年至1935年先后任中央大学和北平大学化学系教授。1932年参加筹建中国化学会。1935年任武汉大学化学系教授。历任武汉大学理学院院长、化学系主任、有机化学教研室主任等职。新中国成立后曾经担任湖北省科协委员、湖北省化学化工学会理事长、名誉理事长等职。编著有《毒物》、《有机化合物构造式其药性之关系》、《毒气战争与团体防御》、《有机化学结构理论》等。

**叶秋原(1907—1948)**

杭县人。早年留学美国，获得印第安纳大学政治学硕士学位。1927年回国后任《申报》编辑，兼任复旦大学教授。1933年任上海中国公学政经系主任。1937年离开上海赴香港，任英文《天下月刊》编辑。1942年6月任国民政府立法院立法委员，发起公教真理学会，主编《真理》杂志。1944年《申报》在上海复刊，兼主笔，并在复旦大学教授社会学课程。1948年病故。著有《艺术之民族性与国际性》、《震旦人类文化研究》等。

**叶信庄(1904—1930)**

字瑞夫、端甫。三门县人。1918年毕业于亭山高等小学。同年考入浙江省立第六中学，毕业后任湫水山小学教师。1927年到宁海中学任教，不久加入中国共产党。1928年春受党组织指派，回家乡担任亭山完全小学校长，使学校成为革命据点。同年春节中共亭旁区委员会成立，任区委委员。以教师职业为掩护，积极进行革命活动。在家乡组织农民协会，发动农民打倒土豪劣绅，宣传“二五减租”政策，发动农民打开族仓，散发稻谷济贫。并清算伯父历年侵吞的祀产财物，剥夺其管理权，交给公正之人按年轮管。1928年5月参加中共领导的亭旁起义，是亭旁区革命委员会和总指挥部的领导成员之一。起义失败后化名叶自然，于同年6月12日潜赴上海，与中共上级党组织取得联系；10月间中共浙江省委派至海门工作；12月15日参加在海门召开的中共浙南特区委员会议后被浙江保安队第五团逮捕，判处无期徒刑，关押浙江陆军监狱。在狱中为中共地下党创办的《火花》、《洋铁碗》等刊物写稿。争取利用监狱看守人员，购置图书，成立“马列大学”。1930年8月27日与共青团浙江省委常委裘古怀等19名革命志士被秘密枪杀于监狱内。

**叶　济(生卒年不详)**

仁和县人。清末举人。1905年任河南省郑州知州。1906年在郑州官立高等小学堂原址开办郑州官立中学堂校。1907年改名郑州中学堂，这是郑州最早的官办中学。1912年中华民国成立后郑州改为郑县，担任首任县知事。治理郑州八年政绩卓著。1914年郑州老百姓为表达对叶济的感激之情，给他建了一座祠堂，取名叫叶公生祠。1913年12月至1914年5月任河南省豫南观察使。1914年5月至10月任河南省汝阳道尹。1914年10月至1922年6月任河南省开封道尹。

**叶桂春(1915—1974)**

原名叶志定。奉化县人。杭剧演员。手工业家庭出身，父亲早亡，家境贫苦。1931年入宁波民众教育馆学话剧，后到文明戏班拜范金甫为师。1947年入宁波胜利杭剧团。1950年任该团团长。天资聪敏，善于学习，能博采众长，为己所用。曾将京剧“麟派”做工融入杭剧中，既丰富了表演，又不失杭剧科特色；进行唱腔改革，不用伴奏，听来活泼清新，自然亲切。戏路宽广，能演小生、老生、红脸、黑头。所演杨乃武、赵匡胤、包公等角都很出色。1956年在浙江省第二届戏曲观摩演出大会上扮演《顾鼎臣》中的昆山县令，荣获二等奖。1967年改说评话。“文革”期间被下放到丘隘农场。1974年病故。

**叶桔泉(1896—1989)**

原名王峰，字坤荣，曾用名觉诠。吴兴县人。1896年8月28日出生。1913年从本县名医张克明学习中医。1919年秋回故乡双林镇东栅头开业行医，同时参加上海恽铁樵函授中医学校学习。1934年编著《近世内科国药处方集》一书，追求中医科学化，西医中国化。1935年应苏州国医研究院院长、苏州国医专科学校名誉校长章太炎之邀前去任教。1937年抗战爆发后苏州国医专科学校停办,曾回乡执业两年后又重回苏州开业。其后又编著了《临证实用药物学》、《临证实用方剂学》、《现代实用中药》、《古方临床运用》、《直觉诊断学》、《近世妇科中药处方集》等。1954年参与筹建江苏省中医院,被任命为该院第一任院长,并兼任江苏省中医学校副校长。1955年4月调任江苏省卫生厅副厅长,兼任中国医学科学院江苏分院副院长。同年6月被选为中国科学院(生物学地学部)学部委员。1956年兼任江苏省中医研究所所长,南京药学院教授,并被评为一级教授。"文革"时受到冲击,1969年被下放到地处句容县的江苏省"五七"干校。1973年恢复工作,任南京药学院副院长。1978年被选为全国政协常委。1979年任农工民主党中央委员会副主席。1989年7月7日在南京去世。一生著述宏富,先后出版医药著作27种35册,发表科学论文和科普文章数百篇,共约5000万字,对推动中医药学的发展产生了很大的影响。

**叶颂清(1879—1936)**

原名敷翊,字子布,号道根。宁海县人。书香世家出身,少年时代文才已蜚声乡里。1900年参加台州府考,考中第二名秀才。1902年考入南京江南陆师学堂。1906年从陆师学堂毕业回浙,回乡创办沥洋小学,后任浙江督练公所兵备处调查员。浙江新军第二标在海潮寺创办弁目学堂,任新军第一营队官,兼任浙江弁目学堂中队长和教官。秋瑾到杭州发展光复会会员,叶等20人乃首批入会会员,并成为光复会的骨干。1907年光复会准备发动皖浙起义,秋瑾组织光复军,叶为分统兼敢死队队长。秋瑾派遣叶率32名敢死队员潜入杭州,准备届时作为内应。徐锡麟发动安庆起义失败遇难,秋瑾也在轩亭口遇害,清政府肆意逮捕革命党人,作紧急应变部署,遣散敢死队员,以图再举。旋接保定军校邀请,遂北上任炮兵教官。1908年返回杭州出任浙江陆军小学堂提调。1909年改任浙江炮工学校监学兼教官。1910年出任浙江陆军第四十二协第八十四标管带,驻防宁波和镇海。1911年春又升为统带,在新军组织尚武分会,暗中积聚革命力量。与杭州方面的革命党人保持密切联系,又暗中策动宁波新军协统刘恂和防军统领常荣清支持革命。杭州光复后与许耀在宁波起而响应。浙江光复后率领八十四标北上,参加浙江攻宁支队,出任四团团长。在攻宁战役中功绩卓著,受到南京陆军总长黄兴嘉奖。1912年9月29日升为第六师第十二旅旅长,负责南京城防的卫戍任务。1914年兼任杭嘉湖戒严司令官,11月15日晋授陆军中将。1915年12月23日封为二等男爵。1916年朱瑞部下旅长童保暄力主讨借袁世凯,宣布浙江独立,驱逐浙江将军朱瑞。4月11日夜童保暄等浙军将领联合发动反袁起义,朱瑞见大势已去,仓皇出逃。辞职举家入京,出任将军府陆军部中将咨议。1920年7月27日颁给三等嘉禾章;9月7日任将军府参军。1925年孙中山病故北京后即迁回杭州。1927年迁居上海,创办南洋模范小学,出任执行校董。1929年10月7日由何遂介绍,出任南京立法院军事委员会秘书,兼任中将高级参谋。1931年"九一八"事变后与何遂等为东北抗日部队组织"辽吉黑抗日后援会",筹措抗日经费达一年之久。后又兼任由何遂任军长的东北五十五军顾问。1932年春撰文订正陈去病《鉴湖女侠秋瑾》一文之误。1936年6月1日病故。

**叶　棖(1892—1961)**

字馨甫。三门县人。黄埔军校第二期工兵科毕业。先后参加第二次东征和北伐战争。历任国民革命军第一军工兵连长、营长,中央工兵学校主任教官、工兵大队长,交通辎重旅副旅长,第四师第十旅副旅长,中央军需学校计政班少将总队长,国防部军需署点检组少将组长。1946年4月退役,定居上海,从事商业活动。

**叶焕华(1884—1947)**

字南坡。青田县人。1884年11月23日生。1900年应处州府试,中秀才。后就读于杭州蚕桑实业学堂,后考入南京陆军师范学堂,毕业后回浙,任浙江新军管带。1907年春加入光复会,积极参与浙江辛亥光复起义。1911年11月上旬浙江光复后任浙江军政府参议。后任浙江陆军第二十四团团长。11月18日被北洋政府授予步兵上校加陆军少将衔。1913年2月任浙江水上巡警筹备处督办。1914年7月25日任浙江陆军第六师第十一旅旅长。11月15日被北洋政府授予陆军少将军衔。1916年4月署理浙江暂编第二师第三旅旅长,驻扎宁波。1917年7月9日实任暂编第二师第三旅旅长;11月响应孙中山领导的护法活动,与周凤岐等浙江将领成立浙军司令部,要求"浙人治浙",在宁波宣布独立,反对皖系军阀杨善德入主浙江。1918年1月4日被北洋政府宣布褫夺官职官勋,并通缉拿办,被迫流亡日本避难。1921年6月当选为浙江省宪法会议宪法执行委员。1925年1月7日任浙江全省警务处处长。1926年10月离职返乡闲居。1937年抗战爆发后出山，先后当选为浙江省临时参议会第一、第二届参议员，在青田负责后方支援任务和抗日宣传工作。1947年6月24日在青田老家去世。

**叶琢堂(1875—1940)**

字瑜。鄞县人。银行家。早年在上海为瑞和洋行买办和上海证券物品交易所经纪人。后与法国人创办万国储蓄会。因辛亥革命、"二次革命"时资助过陈其美、蒋介石等，1928年被派为中国银行官股董事。同年11月中央银行成立时又任董事。1932年与宋汉章等在上海创办至中商业储蓄银行。1934年任中国建设银公司常务董事，中央信托局筹备主任。1935年4月继孙衡甫任四明银行总经理，同时任中央银行、中国银行常务董事。同年7月中央信托局正式成立时任常务董事，1936年升任局长。在叶的主持下，该局业务迅速发展，当年12月就有28家分支机构。1937年2月又兼任中国农民银行总经理。不久孔祥熙游历欧美，叶主持农民银行和中央信托局，积极发展业务。抗战爆发后会同中央银行、中国银行、交通银行组成四行联合办事处，支持工厂内迁。1940年因病赴美求治，不久在美国去世。

**叶景莘(1881—1986)**

字叔衡。杭县人。财政专家、官员。早年入私塾，1891年迁居河南开封。1901年赴日本留学，后转英国留学，入英国伯明翰大学理科、英国孟切斯达大学商科。毕业后回国，1913年任北京政府财政部技正兼署佥正。1914年任财政部币制股长兼任币制局圜法处副处长，旋升任处长。1915年任财政部化验所所长。1918年兼任总统府秘书，后兼任总统府外交委员会秘书。1922年兼任全国财政讨论委员会专门调查员、筹备财政会议事宜处参议。1923年任财政整理会专门委员兼任第一股副主任，旋升兼主任。1925年兼任关税特别会议委员会专门委员。1926年任财政部钱币司司长。1927年任财政整理委员会委员。1928年任国民政府财政部财政整理委员会主办员。同年12月26日任财政部公债司司长。1929年兼任财政部财政整理会专任专门委员。1930年2月17日免司长职。1932年任参谋本部国防设计委员会秘书。1934年2月28日兼任军事委员会第三厅预算处中将处长，兼任厅务处少将处长。新中国成立后任外交部条约委员会专门委员。1956年2月7日任第二届全国政协委员会委员。1959年4月任第三届全国政协委员会文史资料委员会委员。1986年在北京病故。

**叶景葵(1874—1949)**

字揆初，别号存晦居士，又号卷阉。杭县人。著名银行家。官宦家庭出身，16岁补县学生，举秀才。1894年中举，1898年就读于维新派创设的通艺学堂。1902年任山西巡抚内书记。1903年中进士，任湖南学务处兼矿务局提调。1905年任东三省财政总局汇办。1907年任四川转运局总办。1908年任浙江兴业银行汉口分行经理。1911年后历任天津造币厂监督，大清银行监督。在大清银行监督任内对该行大力整顿。辛亥革命爆发后与吴鼎昌、宋汉章成立大清银行商股联合会。1912年任汉冶萍公司经理，浙江兴业银行董事。1913年任浙江铁路公司商股股款清算处主任。1915年改组浙江兴业银行董事会，任董事长，直至1945年卸任。上任后修改章程、广揽人才，尽力经营，使浙江兴业银行迅速发展，存款额连续五年居全国商业银行首位。1928年任中兴煤矿公司董事，1931年任常务董事，后又任董事长。1939年将自己所藏善本书籍全部捐出，成立上海合众图书馆。1947年与张元济、陈叔通等10人联名写信给当时上海市长吴国桢、警备司令宣铁吾，抗议镇压学生运动(即"十老上书")。1949年4月28日去世。著有《叶景葵杂著》。

**叶翔之(1912—2001)**

化名陆重光、叶光华。余杭县人。1912年9月29日生于上海。早年东渡日本留学，明治大学肄业。回国后从事国民党军队党务及政训工作。1940年进入国民党军统局，先后任科长、处长。1945年任军统局重庆特区区长。1946年军统局改为保密局后任该局第二处(行动处)少将处长，兼京沪特区区长。1948年兼任国防部第二厅联络参谋处处长。1949年去台湾，任"保密局"第二处处长，并兼总裁办公厅秘书组副组长，负责对大陆进行特务活动，奉命主持刺杀国民党代理"总统"李宗仁行动，刺杀民革领导人杨杰等行动。1950年起任台湾"国防部大陆工作处"副处长、国民党中央执行委员会第二组副主任。主持破获中共"台湾工作委员会"地下党组织。1960年起任国民党中央执行委员会第二组主任，后兼"国防部情报局"局长，前后共14年，负责对大陆进行骚扰破坏与特务活动。1963年起先后当选为国民党第九、第十届中央执行委员。1975年退役，任"总统府国策顾问"。1976年被聘为国民党第十一届中央评议委员。1981年被聘为第十二届中央评议委员。2001年1月3日在台北去世。著有《中共对外关系论丛》。

**叶瑞圭(1907—1995)**

宁海县人。1921年进入上海江湾模范橡胶厂当学徒。1926年起先后在上海厚生橡胶厂、大安橡胶厂、协康橡胶厂、正大橡胶厂担任技术员、工程师。1938年参与筹建华丰橡胶厂,后任厂长兼工程师。1945年参与开办企昌橡胶厂,担任经理兼工程师。1955年被分配到全国胶鞋设计组工作。1956年10月调上海市橡胶工业公司从事胶鞋新产品研究。1957年进入上海橡胶试验室工作。1960年调上海橡胶制品研究所工作。在橡胶加工技术方面积累了丰富的经验,曾将人力车胎硫化成型工序中的手工操作改为水压操作,提高生产效率10倍。在企昌厂"CC"牌皮鞋底和华丰厂"立鹤"牌全胶鞋制造过程中有重要贡献。在担任胶鞋产品设计工作期间改进制鞋机联动硫化过程,减轻女工成型操作的劳动强度,提高了生产效率。为发展上海橡胶工业、培养橡胶行业的技术骨干作出了重要贡献。1995年5月在上海去世。

**叶溯中(1902—1964)**

名震,字溯中,幼名竹生,长以字行。永嘉县人。1925年毕业于北京大学中文系,并加入中国国民党。后历任上海暨南大学讲师,浙江省防军政治部主任,国民党浙江省党部执行委员兼常委。1931年任浙江省立杭州高级中学校长。1934年4月任浙江省政府委员兼省教育厅厅长。1935年4月先后任国民政府考试院考选委员会典试委员、军事委员会秘书、正中书局常务董事兼副总经理等职。抗战爆发后曾创独立出版社和《民意周刊》社。1938年7月任三民主义青年团临时干事会团部书记长办公厅厅长。1939年9月后任三民主义青年团中央干事会干事、中央团部宣传处处长、中央文化运动委员会副委员长等职。1940年至1945年先后任第二、第三、第四届国民参政会参政员,并当选为国民党第六、第七届候补中央监察委员。1946年被选为制宪国民大会代表。1947年当选为立法院立法委员。1949年去台湾。1950年在台北创办复兴书局,从事出版事业。1964年4月在台北去世。

**叶熙春(1881—1968)**

幼名锡祥,字锦玉,后改名其蓁,字熙春,自称为禹航叶熙春,故以字行。祖籍慈溪。1881年12月1日生于钱塘。早年随父母居于余杭良渚,从良渚名医莫尚古习医,复随师祖、浙江名医姚梦兰侍诊两年。出师后曾在余杭瓶窑镇执业,后至余杭镇木香弄开设中医诊所,挂牌"问苍山房"。1929年旅居上海时因接连治愈若干疑难绝症,名声大振,嗣后遂在上海执业定居。1948年回杭州,悉心著述。1952年与杭州著名老中医史沛棠、张硕甫等发起集资创办杭州广兴中医院(今杭州市中医院)。1954年公私合营后任杭州中医门诊部、浙江中医院主任、顾问等职。同年当选为浙江省第一届人民代表,并任浙江省卫生厅副厅长。1956年起任全国人大代表。1961年12月当选为农工民主党浙江省副主委。1966年"文革"爆发后被打成"反动学术权威"、"封建医霸"。1968年10月21日在浙江省卫生厅批斗会上被迫害致死。1954年省卫生厅整理总结他的临床经验,编印出版《叶熙春医案》。1983年又汇编出版《叶熙春学术经验专辑》。

**叶醉白(1909—1999)**

青田县人。黄埔军校第七期毕业后投入国民革命军服役,从初级军官累迁至团长、师长、司令、军长等。从担任团长开始即喜写字和画马遣兴,后从宋代画家梁楷所作的《泼墨仙人图》得到启发,开始创作泼墨画马,并著6万余言的《天马论》。著名画家张大千称"曹韩而后未见此奇胜"。其作品曾在全世界21个国家巡回展览,并被多家美术馆、博物馆和私人收藏家收藏,其中有美国艾森豪威尔总统、约翰逊总统、沙特国王等国际名流。日本企业家藤野一茂最为崇拜叶的天马画,为此花费巨资在日本修建一座"天马美术馆",收藏叶200幅字画。1983年创立天马书画会,任会长。1984年台湾"中国文化大学"成立"天马画廊"。台湾"中华学术院"授予哲士学位。1999年4月6日在台北去世。画作编辑成《叶醉白墨驹选集》等出版。

**叶　毅(1911—1948)**

又名镇华,字浪舟。青田县人。1931年浙江省立第十一师范学校毕业后到国民革命军十八军服役。1938年入江西的工兵学校培训,毕业后任第九战区司令长官部参谋,三次参加长沙保卫战。1941年任湖南省湘资沅澧四江封锁委员会中校督察。1943年入陆军大学进修。1944年结业后任第三战区第三十二集团军中校参谋。1945年抗日战争胜利后先后任联勤总部第一补给区司令部杭州军械库上校库长,第一补给区司令部参谋处处长,山东兖州联勤第十三兵站分监部参谋长。1948年7月13日在兖州战役中阵亡。

**叶霞翟(1914—1981)**

女。笔名叶苹。松阳县人。1929年毕业于浙江省立处州初级中学师范讲习科，任教于松阳县立成淑女子小学。1931年考入浙江大学农学院，后转浙江省警官学校。1939年毕业于上海光华大学，旋赴美国乔治·华盛顿大学政治系、威斯康辛大学研究院学习，获学士、硕士、博士学位。1944年回国后任成都光华大学、金陵大学教授。1947年与胡宗南结婚。1949年赴台，任台湾“教育部”特约编纂、台北灵粮堂执事、“中央妇女工作指导会议执事委员”、“中央青年工作会兼任委员”。1962年应张其昀之邀，协助筹办中国文化学院，历任教授、训导主任、教务主任、家政系主任、家政研究所主任、副院长等职。1967年任台湾省立台北师范专科学校校长。1980年从台北师专退休，专任文化大学家政研究所所长。为国民党第十、第十一、第十二届中央委员。著有《家政概论》、《家政学》、《新家政学》、《婚姻与家庭》及多部散文集。

**叶　瀚(1861—1933)**

字浩吾。余杭县人。1895年在上海与汪康年创办《蒙学报》。1900年在上海参加保皇活动。1902年与蔡元培、章太炎等发起成立中国教育会。次年与蔡元培等人组织对俄同志会，积极参加拒俄运动。1905年与蔡元培、杜亚泉等创办理科通学所。中华民国成立后曾任北京大学历史系教授兼研究所国学门导师。后任国立浙江大学教授。著有《清代地理学家传略》等，译著有《世界通史》、《泰西教育史》、《天地歌略》、《地学歌略》等。

**田文渊(1871—1941)**

字毓甫，一作毓夫，号月斧。嘉兴县人。清末秀才，受褚辅成影响，加入光复会。1903年与敖嘉熊、褚辅成等发起创立竞争体育会。1904年褚辅成去日本，主持嘉兴竞争体育会。1911年褚辅成从上海返回嘉兴，召集计宗型等光复会员开会，密谋发动武装起义。嘉兴光复后任职于嘉兴军政分府，以后一直从事教育工作，历任南湖学堂校长和嘉秀公立女校教员等职。抗战爆发后因忧愤时局，经济窘迫而自缢于上海寓所。

**田时霖(1876—1925)**

又名田澍林，字世泽。上虞县人。1876年10月生。幼年丧父。14岁辍学到上海协德丰木行当学徒。有一年清廷征办木材，奉命进京办理，得以认识京城官员，增长了见识。不久被提拔为木行经理，在上海商界开始崭露头角。1905年7月江浙绅商为抵制英国掠夺苏杭甬铁路主权和美国索要浙赣铁路主权，于上海集议，决议成立浙江铁路公司，筹股自筑铁路，并公举汤寿潜为总理。浙路公司成立后，田的木行为铁路提供枕木。1909年8月江浙自办的沪杭铁路全线通车。作为铁路木材总采办，在铁路建设中起了重要作用。1911年10月10日武昌起义爆发后积极参与革命，并为江浙联军筹措军饷，组织运输。中华民国成立后坚持实业救国。1925年8月在上海去世。

**田祈原(1865—?)**

上虞县人。著名钱业经营商。钱庄学徒出身。1888年同邑巨商陈春澜在上海创办永丰钱庄，被同乡经理陈一斋聘为营业员。1917年起长期担任这家钱庄经理，使该钱庄成为上海信誉一流、最具实力和影响的钱庄之一。同时又是上海和丰钱庄股东，并在上海南市开设震升裕木行，也是上海著名木行之一。1921年集合绍帮巨商发起成立中央信托公司，为大股东，任董事。该公司创办时实收资本300万元，为信托业翘楚。同年10月发起成立该公司保险部。1925年后长期任中央信托公司董事长兼该公司保险部董事长。20年代上海钱业界领袖之一，任上海钱业公会第三、第四届副会长，第五届会长，第六、第七届会董。曾任多届上海总商会会员、会董，长期任上海浙绍公所董事、绍兴旅沪同乡会会董。1929年任绍兴旅沪同乡会会长。

**史久鳌(1888—1979)**

字海峰。余姚县人。银行家。青年时在临浦钱庄习业，嗣在北京储蓄银行工作。辛亥革命后入上海中国银行，1920年升任营业主任，次年升任襄理，1923年升任副经理。1931年兼任中国银行总管理处信托部副经理。30年代中国银行组织国货产销协会，筹设各地国货公司，分管此项工作，并任中国国货公司、中国国货联营公司董事。1937年11月中行上海分行在香港、汉口设办事处，任驻港处主任。1939年8月中行总管理处在香港设货币集中发行处，任集中发行处主任兼沪行副经理。1942年12月任中国银行总管理处赴外稽核兼沪行副经理。1945年9月被派为中国银行总处储蓄部经理，与徐维明一起返沪办理接受上海正金银行。新中国成立后任中行总管理处赴外稽核。1954年任中国保险公司董事。1979年在上海病故。

**史之华(1914—1941)**

原名致华，笔名斯非，化名史满生。长兴县人。毕业于湖州的浙江省立第三师范学校。1931年下半年到吴兴县立民众教育馆任通俗演员。1937年到嘉兴民教馆工作，配合战地服务团开展抗日救亡宣传工作。1938年初到浙南，不久担任云和县战时政工队队长。加入中国共产党，担任中共云和县委青年部长，兼任县政工队党支部书记。1939年11月调任省战时合作工作队游击区直属分队队长，并担任该队党小组组长，在吴兴、长兴、安吉三县进行抗日活动。期间撰写了不少调查报告，其中一篇《浙西敌区的长兴经济调查总报告》被收入薛暮桥主编的《中国农村》战时特刊。1940年任中共长兴县委宣传部长、县委书记。1941年秋在湖州执行任务时被捕，牺牲于湖州。

**史东山(1902—1955)**

原名史匡韶，笔名孔嘉、静农。海宁县人。自幼爱好艺术。因家境贫寒，17岁出外谋生，在电报局当报务员，业余学习绘画。1921年进入上海影戏公司任美工师，业余时间学写剧本。1924年开始担任导演，次年编导了第一部影片《杨花恨》，获得好评。1930年入联华影片公司。"九一八"事变后积极参加抗日救亡运动，加入左翼作家联盟，与蔡楚生合作编导我国第一部以抗战为主题的故事片《共赴国难》，从此走上新的艺术道路。1932年以后编导了一系列广泛触及社会问题，有鲜明时代特色的影片。抗战期间在重庆参与创建中国电影制片厂，并摄制抗战四部曲《保卫我们的土地》、《还我故乡》等，时代气息强烈，在民族化、大众化方面取得了成绩。抗战胜利后受周恩来委托，在上海和阳翰笙、蔡楚生、郑君里等组织联华影艺社，后与昆仑公司合并，成为抗战后进步电影的新阵地。编导了影片《八千里路云和月》，为战后中国电影艺术奠下了基石。1949年从香港回到北京，担任中华全国电影艺术工作者协会常务委员、中国剧协常务理事等职。1952年编导故事片《新儿女英雄传》，获第六届卡罗维·发利国际电影节导演奖。

**史攸凤(1863—1939)**

宁波人。宁波广德兴铜器店学徒出身。后到外商祥生船厂做车工。1890年前后在上海苏州河北岸独资创设史恒茂机器造船厂，修造小火轮。20世纪初业务鼎盛，先后建造火轮六七十艘。除经营轮船制造外，又自制多艘小火轮，与人设立杭州钱江商轮公司、无锡中华恒裕(新裕恒记)商轮公司、镇江协记轮船公司等，开辟航线，经营航运业。还投资房地产等业。

**史　说(1910—1994)**

别号习之。富阳县人。1927年毕业于浙江省立第一师范学校。曾就读于南京交通技术学校。1930年中央陆军军官学校第六期交通科毕业后入军事委员会交通处供职，后调南京中央南军军官学校任战术教官。1935年4月毕业于陆军大学第十期，留校任教，后任军事委员会参谋。1937年抗日战争爆发后历任第九集团军总司令部参谋处作战科科长、湖南省政府高级参议、湖南省保安处第一科科长、中央陆军军官学校长沙分校教育科科长、中央通信兵学校教育处处长。1940年至1943年任国民党军事委员会政治部军务处处长。1944年夏任中国远征军新编第一军参谋长。参加印缅抗战。1946年任新编第一军第三十八师师长，后任新编第七军副军长。1948年10月在长春随郑洞国等部起义。新中国成立后任东北军区司令部研究员，东北军政学校战术教员。1955年转业地方，任学校教员。1980年任民革中央候补委员，兼上海市委会副主任委员、上海市参事室主任、上海黄埔军校同学会副会长及顾问、第七届全国政协委员。

**史晋生(1862—1946)**

镇海县人。武汉宁波帮代表人物。早年在叶澄忠开设的顺记五金号任职，1888年被委为顺记号烟台分号经理。1897年前后调任汉口顺记经理，并任燮昌火柴厂监察。又被张之洞委为汉口商务局总董。1907年汉口商务局改为商会，被举为总理，不就，但极力赞助，请当局拨商会会所，又在汉口调停九九商捐，在当地商界享有盛誉。辛亥革命时被袁世凯委办善后事宜。1912年任汉口中国银行副行长兼营业科长。1914年在汉口开办宁绍公司汉口分公司。同年任浙江兴业银行汉口分行总经理。1916年中国银行、交通银行钞票停兑，主张援上海例兑现，以稳定市面。1918年南北军在湖北交战，竭力挽请各方划定战线，以保护商人利益。1923年代理汉口银行公会会长。一生热心公益事业:1897年宁绍米荒，奉叶澄衷命办米3万石救济。1901年又赴乡办米万石举办平粜。之后请得当局同意截流米捐30万两，开办商务局及劝工所。主持汉口四明公所增置义冢。1904年四川大灾，募集数万款项救济。1905年募款改浙宁会馆为宁波会馆。1909年募款举办宁波旅汉公学。1913年组织本邑公益布厂。1920年直豫鲁旱灾甚烈，难民云集汉口，发起华北义赈会，任副会长，并募集50余万元，救济灾民。1922年在汉口歆生路购地200余平方米为宁波旅汉公学校址。同年移寿资及宴资等1.1万余元疏宁波城壕河及支持外埠甬籍慈善事业。1929年代宁绍公司购得马王庙码头。1932年又发起修筑宁波东塘河。此外如公益医院、塘工局、河工局、患儿院等，均极力资助。

**史致富(1906—1962)**

字志礼，号德润。鄞县人。出身贫寒，幼年丧父，16岁辍学经商，在上海华美药房任职，工余自修英、德文及药科知识。1927年受聘负责中英药房营业部。次年任国民药房经理。1933年集资创办万国大药房，自任总经理。1935年当选为上海新药业公会执行委员。抗战开始后先后在昆明、重庆、南京、天津开设万国药房支店，并在长沙、淮阴等地发展领牌联号。此间还创办新光化学制药厂、丙康药厂、怡中药厂、华联药厂、万千化工厂、中央药房、国光药房和信大工业原料行等企业，均出任董事长，还在五六十家金融、工商企业出任董事、监事。还担任四明医院、济民医院、上海时疫医院、南市平民医院、福幼院董事长。抗战胜利后又兼任上海市新药商业同业公会及药济生公会理事长，华联高级药学职业补习学校董事长，上海市参议员及上海市"国大"代表，上海市商会理事，宁波旅沪同乡会理事，中华麻风救济协会董事等。1949年2月去台湾，在台湾开设上海联合大药房和纳德行，专营西药。先后任台湾新药业联合会顾问、台北药济生公会理事长及台湾省药济生公会理事长。60年代初又创办亚洲旅行社，任董事长。1962年6月在台北去世。

**史悠明(1881—?)**

字蔼士。宁波人。先入上海英中学院及英语中学堂。1901年毕业于上海圣约翰书院，任西藏江孜邮政电信局英文秘书，后升为江孜中国通商代表兼贸易公司经理。曾赴印度东孟加拉国的卡林邦执行特殊使命，维护西藏归于全国统一。1912年后任外交部政治事务司帮办。1918年兼任上海处理战利品(海军)及军事法庭代理法官。1919年12月署理驻纽约领事。1921年11月兼署驻巴拿马总领事。1922年4月为巴拿马总领事；11月任驻巴拿马使馆一等秘书，兼代办使事。1923年8月改任驻秘鲁公使馆一等秘书兼代办使事。1927年归国后任北京政府外交部参事。1928年4月派驻巴拿马总领事。1929年归国后进入金融界。30年代任青海柴达木盐务官员、国民政府实业部国煤救济委员会委员，并组建西北地质矿产勘探队，担任勘探队长。1937年10月在玉门县发现石油，意义重大。

**史惠顺(1920—　)**

鄞县人。1939年考入同济大学测量系。1943年毕业后留校任教。1944年发起成立全国助教协会，任理事；1947年任会长。1948年9月应聘赴台南台湾省立工学院(后改为成功大学)土木系任讲师。其后历任副教授、教授、兼任教授44余年。1958年赴美国普渡大学进修一年。1964年再去普渡大学Geometronics研究所进修两个月。1965年在荷兰国际航测研究所毕业。1961年至1965年4月间任海埔地规划开发委员会测绘组组长。1970年8月至1972年7月任成功大学土木系主任及研究所所长。1971年8月至1974年任工学院院长。1976年5月获韩国庆熙大学颁赠名誉工学博士；8月任第一航空测量研究所所长。1978年8月至1982年7月任第一测量工程学系系主任，仍兼任航测研究所所长。1982年8月至1983年7月任香港珠海书院土木系客座教授。1984年8月因眼疾自成功大学退休，仍兼任航测研究所教授。曾多年担任测量工程学会理事、常务监事，地籍测量学会常务理事，航测及遥测学会理事、常务理事，土木及水利工程学会理事、监事。1991年11月11日获颁地政奖章。

**史鹤鸣(生卒年不详)**

鄞县人。国产卷烟机制造的开创者之一。上海源昌机器厂学徒出身。任外商祥生船厂、英美烟公司职员颇久，自工头升至监督，积累了一定资本。1915年在上海设立史鹤记机器厂(今上海冲剪机床厂)。次年试造卷烟机获得成功，开始小批量生产，这是最早的国货卷烟机制造厂之一。1925年"五卅"运动后辞去英美烟公司职务，入南洋兄弟烟草公司兼任总领班。时国货烟厂因抵货运动而风起云涌，该厂生产的卷烟机供不应求，获利颇厚。1930年离开南洋烟草公司，专心致力于经营史鹤记机器厂。

**白　凌(1921—　)**

女。艺术家。原名臧铁英。长兴县人。8岁时因父病故，母亲无力抚养兄妹四人，便在这一年由四婶介绍到湖州徐家当养女，改名徐霞琴。早年先后在吴兴县爱山小学和培本小学读书。1937年日军进攻上海，在上海教书的哥嫂失业，全家生活无着，与同学一起赴菱湖福音医院当护士。后随医院内迁至湖南长沙。后报考山西民族革命大学。1939年4月进入延安中国女子大学，改名白凌。同年加入中国共产党，因参加话剧《一年间》演出，被戏剧家塞克看中，调入即将成立的延安青年艺术剧院任演员。1942年随晋绥联防军政治部宣传队到边区各地为抗日军民演出。1945年11月到达哈尔滨，留在哈东军分区独立二师政治部，受命组织一支文艺宣传队，任宣传队指导员。曾演出话剧《一年间》、《上海屋檐下》、《抓壮丁》、《三边风光》、《保尔·柯察金》、《白毛女》等。新中国成立后到北京中国青年艺术剧院当演员。1953年10月任赴朝鲜慰问团亲切器分团演出团团长。1963年起先后任中国青年艺术剧院副院长、党委书记和中央歌剧院党委书记等职。曾获文化部表演艺术奖。1985年退休。

**包子聪(生卒年不详)**

三门县人。保定陆军军官军校毕业后赴日本留学，毕业于日本陆军士官学校中华队第二期。北洋政府时期曾任江西省奉新县知事，后长期担任直系军阀首领孙传芳的幕僚。告老还乡后在老家亭旁镇建有豪宅。1928年中共领导亭旁起义时，总指挥部就设在包家大院正堂。现在包家大院已辟为亭旁起义纪念馆。

**包玉刚(1918—1991)**

名起然，字玉刚，以字行。镇海县人。著名实业家，有“世界船王”之称。早年就读于家乡中兴学堂，随父到汉口、上海，曾就读于上海吴淞船舶学校。22岁投身金融界，先在中央信托局衡阳办事处任职，随即任中国工矿银行衡阳分行副经理、重庆分行经理。1945年回沪，在上海设立中国工矿银行上海分行，自任经理。1946年5月任上海市银行业务部经理，次年任副总经理兼业务部经理。1948年底随家迁居香港，经营过金融、贸易、房地产。1955年开始其航运事业。1962年与汇丰银行桑达士合作成立“巴哈马世界航运股份有限公司”。1967年组织环球航运集团，从事石油运输业。1970年改名环球航运集团有限股份公司。1972年成立环球国际金融有限公司，均任董事会主席。至1978年已拥有船只200艘，总吨位2100万吨，居世界航运业之首。次年又被国际独立油轮协会推举为主席，成为“世界船王”。1980年以21亿港元收购英资九龙货仓有限公司，任九龙仓董事会主席。同年促成环球航运集团、汇丰银行、日本兴业银行和中国合资的“国际联合船舶投资公司”在香港成立，任董事长。1985年又收购四大英资洋行之一的会德丰股权，任会德丰主席；又与曹光彪收购华资港龙航空公司部分股权，任港龙航空公司董事长(后让予曹光彪)。1986年又收购英国标准渣打公司股份。还曾任香港隆丰集团和隧道公司主席、《南华早报》董事长、国泰航空公司董事、汇丰银行副主席、美国大通银行国际咨询委员会成员、美国电话电报公司顾问、日本兴业银行高级顾问等。其投资经营领域遍及航运、地产、酒店、公共运输、传播、航空、金融、仓储、码头、零售、贸易等。1963年加入英国籍，但对祖国和桑梓宁波始终怀有赤子之心。曾任香港特别行政区基本法起草委员会副主任委员，并在中英关于香港问题的谈判中利用自己的关系和影响力，穿梭于中英两国高层之间，为香港的回归作出了重要贡献，受到邓小平多次接见。1979年以后在北京、上海、杭州、宁波等地捐巨资兴建旅游、教育、体育、卫生和公共设施，并为家乡宁波发展奔走。自称“宁波大使”，曾任国务院宁波经济开发协调小组顾问，宁波旅港同乡会、香港甬港联谊会、宁波经济建设促进协会名誉会长，为宁波改革开放作出特殊贡献。1984年捐资2000万美元创办宁波大学，并出资设立包兆龙、包玉刚中国留学生奖学金，捐资助建包玉刚图书馆等，被浙江省政府授予“爱乡楷模”。

**包达三(1884—1957)**

名楚。镇海县人。实业家。出身贫寒，在家乡读几年私塾后即到苏州、上海等地商店当学徒。1906年留学日本，加入同盟会。辛亥期间回国参加光复上海、杭州的革命。不久又赴日本明治大学商科留学。1916年毕业后回国又参加反袁斗争。1917年在广州与某富商女结婚后弃政从商，任天津美华利钟表店经理。1920年参与创办或投资创办上海证券物品交易所、上海日市物券交易所。集资开办地产公司，收购江湾一带地产，成为房地产商。1927年后又开办开封蛋厂、上海黄海渔船公司、上海信义地产公司及庙湾、伍佑盐垦公司等企业。抗战爆发后困居上海，1941年创办永达药厂、雷石化学公司，任经理。抗战胜利后常与中共代表团接触。1946年参加赴南京和平请愿团，要求和平民主，仍主持雷石化学公司。以后一直支持中共主张，从事和平民主运动。1949年参加新政协后历任全国政协委员、华东军政委员会委员、浙江省副省长、全国工商联常务委员、浙江省工商联主任委员、中国民主建国会常务委员、浙江省民主建国会主任委员等。1957年4月在杭州病故。

**包兆龙(1895—1982)**

名大澍。镇海县人。幼读私塾，及长从商，曾在汉口开设鞋店，在上海设银楼。1946年与人合资在上海创办国丰造纸厂。1948年举家迁往香港，从事进出口贸易，后采纳次子包玉刚建议，专营航运，并放手让其经营。历任环球航运集团主席、名誉主席。曾任香港甬港联谊会名誉会长。热心公益，以济贫助学为义务，设包兆龙助学金，资助环球集团属下雇员子女升学深造，又捐资助建香港苏浙公学扩展校舍。1979年后在北京、上海、杭州、宁波等地均有其捐资兴建的多种社会公益项目。

**包汝羲（1880—1950）**

字仲寅，号笑庐。建德县人。早年中秀才，旋补廪生，在乡教书。1903年考取官费留学日本，入东京早稻田大学高等师范部理化博物科。1905年参加同盟会。回国后即受聘任严郡中学堂博物教师。后奉命筹建浙江省立九师，1917年建成，即任校长。1924年5月（时任九中师范部主任）获教育部颁发的中等学校校长六等勋章和奖状。1919年2月与附小主事余光凝同被选为省教育考察团成员赴日本考察教育。1926年发起创办建德县城厢电气股份有限公司。1935年因旱灾成立县平粜局，被委为主任，受浙江省赈济会奖给的“热心公益”匾额。新中国成立初期捐献全部藏书。1950年人民政府特邀为金华地区开明人士。

**包志立（1902—1978）**

女。嘉兴县人。1920年毕业于镇江崇实女中。后入金陵女子文理学院，1924年毕业，获学士学位。1928年赴美留学，就读于密执安大学研究院，获教育学硕士、心理学博士学位。回国后历任苏州东吴大学、北平大学女子文理学院、西北联大、西北大学、金陵大学等校教授，并任金陵女子文理学院教务主任、金陵大学副教务长等职。新中国成立后一直任南京师范学院教育系教授。1956年在南京加入中国民主同盟。曾任南京市政协委员、常务委员。著有《习惯服有咖啡因的咖啡与去咖啡因的咖啡对于正常青年人身上的血压、脉搏及某种肌肉学习反应的影响》（与人合著）、《肌肉学习中的高原与学习曲线》、《对行为主义的初步批判》等。

**包宗经（1883—1909）**

字子明。建德县人。少年勤奋读书，学业优良。入严州府学，曾中秀才。1904年在县城（今梅城）模范小学任教。1905年自费东渡日本，入东京弘文学院师范部学习。同年8月在东京加入同盟会。1908年受同盟会指派，回国从事革命活动。奔走于上海、嘉兴、杭州之间，夜以继日，积劳成疾。在同盟会组织规劝护送下，于1909年4月回家。1909年7月23日病故。1912年初，中华民国南京临时政府陆军总长兼参谋总长黄兴题写“烈士包宗经之墓”碑文。

**包　定（1901—1930）**

又名本锭，字蛰霞，号次庵，化名袁应吉。三门县人。1919年任亭旁镇初级小学校长。1927年夏到宁海中学任庶务主任。不久加入中国共产党，并任中共宁海县委委员。11月受县委指派，以小学教师职业为掩护，回亭旁开展革命活动。1928年1月中共亭旁区委成立，兼任区委书记。3月任县常委，领导农民开展抗租、实行平粜等经济斗争。5月任亭旁暴动红军总指挥。5月25日亭旁苏维埃红色政权正式成立（这是浙江省建立最早的红色政权），当选为区苏维埃主席。暴动被镇压后转入天台党组织地下工作。11月担任中共天台县委书记。1929年3月赴浙江省委汇报工作时被捕。1930年6月22日在杭州就义。

**包　烈（1902—1980）**

诸暨县人。黄埔军校第四期步兵科，中央训练团党政班和警宪班、陆军大学特别班第四期毕业。曾任蒋介石侍从室卫队分队长。1932年任军事委员会特务团营长。1942年任军令部第一厅第一处科长。1949年到台湾，任预备第六师少将师长、“国防部”情报局副局长、“参谋总部”第二处副处长兼第五组组长。1958年8月任台湾警备总司令部参谋长。1959年被台湾当局授予“陆军中将”。1980年12月在美国去世。

**包超然（1901—1957）**

原名钦炼，又名一仁。南田县人。早年毕业于浙江中医专门学校，后考入黄埔军校第二期政治科。毕业后历任国民革命军第十九军军法主任，第二十四集团军军法处长，军政部军法总监部少将军法监。1937年9月被授予陆军步兵上校。1947年9月任南京国民政府主席武汉行辕高级参谋。1948年4月任武汉行辕沅陵指挥所参谋处处长。9月任第十七“绥靖”区司令部人事处长。1949年3月任华中军政长官司令部高级参谋。同年秋向中国人民解放军投诚。后于杭州、三门等地行医。

**包赓年（生卒年不详）**

定海县人。上海中等商业学校毕业后曾任江苏咨议局调查员，闸北防疫所所长，汉阳钢铁厂英文秘书。1928年接办上海利兴烟草公司，担任经理。经其改组、整顿后，烟厂迅速发展。后任上海卷烟同业公会监察，中国国货卷烟维持会常委，财政部美种烟叶改良委员会委员，合记印刷股份公司董事长，中一棉厂股份公司董事。

**包新第(1911— )**

鄞县人。早年毕业于天津南开中学。30年代在国立交通大学毕业后，曾赴英国实习进修两年。返国时正值日寇侵华，东南沦陷，乃赴大后方。先后担任湖南省政府技正、衡阳电厂厂长、桂林电厂筹备主任及资委会技正兼材料处科长等职务，办理紧急迁建及材料储运工作。1946年奉派赴美代表资源委员会办理器材购运业务，配合战后复员建设。嗣后资委会解散，复奉派担任“行政院”驻美采购服务团台糖组长暨台湾参加国际糖业协定“常任代表”。在美服务期间致力于开辟台糖在美市场。当时台湾为非配额国家，故砂糖无法销美，于1953年利用美糖业法之空隙，在台糖公司支持下，将砂糖运储港外自由区伺机输入，在激烈的竞争下取得一席之地，是为台糖销美之始。嗣后陆续全力争取，终自1953年之1000余吨增至每年8万吨之配额。1971年台湾国民党政府被逐出联合国后，世界各国际组织皆相继摒弃台北政府，糖协亦不例外。但经其全力奔走挽救，终使台湾砂糖外销，得免受糖协加诸其他非会员国之限制。包系美国前驻华大使温斯顿·洛德夫人包柏漪之父，1946年赴美任职，随即偕夫人方婉华及长女包柏漪等赴纽约定居。

**包　蕾(1918—1989)**

原名倪庆秩，笔名华莩、叶超。镇海县人。剧作家、儿童文学家。中学时开始写作，1936年发表《释放》、《汤饼之喜》等独幕剧。抗日战争初期参加救亡演剧队和青年救国服务团，开始创作儿童剧，有《祖国的儿女》、《胡子和驼子》、《巨人的花园》等。后在上海等地中学任教。写有剧本《三人行》等。1947年参加中国共产党。新中国成立后任上海少年儿童出版社编辑部主任。1963年任上海美术电影制片厂编剧。著有《包蕾童话选》及长篇童话《斩龙少年传奇》等。

**乐少华(1903—1952)**

镇海县人。童年到上海谋生。1925年在上海参加“五卅”运动，任上海市区机器工会宣传委员，从事工人运动，并加入中国共产党。1926年秋至1927年3月先后参加上海工人三次武装起义。1927年春到莫斯科中山大学学习。在此期间成为有名的“二十八个半”布尔什维克之一。1931年春天返回上海，在中共中央秘密机关工作。1932年3月被派往江西中央苏区，任中央军委直属队党总支书记。1932年任红五军团第十五军副政治委员。1933年11月升任红七军团政治委员。1934年1月被选为中央执行委员会委员。1935年因伤离队回乡养病。1936年8月调到陕北保安，任军委直属政治处主任。1937年1月进入红军大学第二期学习，后任中央组织部干部科副科长。1942年任陕甘宁边区兵工厂厂长，成为早期军工工业的主要领导人。1946年9月到鸡西，任鸡西军工办事处主任，负责东北的军工生产。1950年任东北工业部副部长兼军工局局长，研制新的武器装备，支援志愿军的抗美援朝战争。因在“三反”运动中受到错误批判，于1952年1月15日在寓所自杀身亡。1980年5月中共中央组织部宣布为他平反。

**乐汝成(1891—1954)**

字筠。镇海县人。著名食品工业企业家。早年在上海一家南货号当学徒，三年满师后去青岛万康南货食品号任职。1914年赴济南创办泰康号并任经理，经营南北货与糕点食品。1921年将泰康号改为济南泰康罐头食品无限公司，同时在上海开设泰康公司驻上海批发所，把制作罐头食品作为主要经营目标，不久产品销售全国。1923年在上海创建泰康食品厂，任总经理。1927年在上海成立泰康食品总公司，主要从事菜肴罐头生产，并把进口的沙丁鱼罐头挤出国内市场。此外红焖牛肉、红烧扣肉、云南火腿、熏鱼，以及油焖笋、青豆、四川榨菜、腐乳、马蹄等数十种罐头菜肴也深受国内外客户的欢迎，泰康饼干也行销国内外。抗战前夕泰康号已发展成为国内首屈一指的产销联营的大型食品企业。上海沦陷时泰康公司毁坏殆尽。抗战胜利后恢复总厂，并陆续在上海开办三个分公司，在青岛、济南、汉口开办五家分公司。1949年去台湾经营。历任宁波旅沪同乡会执行委员、上海市饼干罐头食品同业公会理事、上海四明医院董事、上海四明公所董事、东南企业公司董事、联华保险公司董事、镇海同义医院董事、镇海竞进小学校董等职。

**乐松生(1908—1969)**

祖籍宁波，生于北京。北京同仁堂传人，著名爱国工商业者。幼年在家读书发蒙。1921年至1925年在北京汇文教会学校读书，毕业后考入天津育才商业专科学校。1928年遵父乐达义命退学，任天津达仁堂副经理，协助伯父乐达仁经营药店。1943年至1945年兼任天津商联公司总务主任、天津建华公司副经理。1947年承伯父、父亲之业，成为北京同仁堂、天津达仁堂主要负责人之一。1949年就任北京同仁堂经理。新中国成立之初开始试办中药提炼厂，并聘请北京大学药学系教授成立国药改进研究室，试制银翘解毒丸、香莲片、黄连上清丸等产品，获得成功。同时积极支援国家建设和抗美援朝，其中仅半年内就为抗美援朝捐献6.9亿元（旧币）。1952年还参加中国人民赴朝慰问团。还曾同时任北京市工商联主任委员、中国民主建国会北京市副主任委员、北京市国药公会主任委员。1954年申请同仁堂公私合营，仍任经理。1955年被选为北京市副市长。1956年参加毛泽东邀请的全国工商联执行委员、民主建国会在京中央委员座谈会。同年被选为北京市国药业全行业公私合营工作筹备委员会主任。1959年被选为全国人大代表、民建中央常务委员。“文革”中受迫害，1969年含冤去世。

**乐振葆(1868—?)**

字俊宝。鄞县人。实业家。早年在今南京路与人合设泰昌木器公司，任董事兼经理。后该公司成为业中翘楚，乐也成为洋货商业公会领袖。后又以泰昌名义经营营造业，另与王和兴呢龙号合股附设呢龙西装衣部于公司内。1911年与浙商王一亭、朱之谦、李志芳在上海创办荧昌火柴公司，任董事长。同年与人创设振华油漆厂。1921年参与创办中国煤业银行。1931年荧昌、中华、鸿生等火柴厂合并为大中华火柴公司，改任大中华公司董事长。同年创办宁绍人寿保险公司，任董事长。20世纪二三十年代还投资三友实业社、闸北水电公司、恒利银行、中英药房、宁绍轮船公司、宁绍水火保险公司等企业，担任其中的董事、常务董事、经理或董事长。同时还投资同泰、滋丰等钱庄。曾任多届总商会会员，是宁波旅沪同乡会早期领袖人物之一。

**乐润庭(1909—?)**

镇海县人。波斐迪中学毕业，18岁时到上海经商。后开设三江、利成两家煤号。28岁时任鸿兴袜厂人事科主任。后往越南、香港、厦门等地办理运输业务。回沪后创办兴亚楼菜馆，复设立鼎大、沪中、大华三家银号，继又与人组织大华储植公司，任董事兼总经理，还担任大华银号总经理、大达钱庄董事、建安保险公司监察、泰嘉宝孤儿院董事等职务。

**乐辅成(1899—?)**

号彬年。镇海县人。食品工业企业家。长期在上海从事食品业，曾在上海泰康公司任职，后提升为经理。历任泰康食品公司董事，上海市南京路商界联合会执行委员，上海市老闸区副保长及区民代表，上海市饼干糖果罐头面包商业同业公会理事。后任中国泰康罐头食品有限公司董事兼经理，上海市机制国货工厂联合会执行委员，上海市国货工厂联合会候补委员，上海市国货工厂联合会常务委员。

**乐赓荣(1891—?)**

鄞县人。乐振葆之子。上海英华书院毕业。1929年始任德商美最时洋行华经理八年。曾经营房地产业，历任益泰银行董事兼总经理，泰昌木器公司、中英药房、大德新油厂等公司董事长、董事、监察等职。热心同乡公益事业，对四明公司、宁波旅沪同乡会等多有参与，并秉承父志，赓续接办鄞县宝林学校。

**乐嗣炳(1901—1984)**

曾用名乐山、乐观等。镇海县人。早年致力于语文改革运动，为国语筹备会会员、上海国音推行会主持人之一。1916年中华民国国语研究会成立，任该会南方干事之一，积极参并组织活动。30年代提倡白话文，多次撰文阐述大众语运动的意义、大众语和国语的区别与联系等，积极参与收集、提供简化字，并编过长达25万字的汉字改革专号。曾组织中国语言学会并任常务理事。历任国语专修学校教师兼教务主任，中华书局编辑，《国语月刊》主编，私立东方公学、艺术大学、上海大学、暨南大学、日本东京华侨学校校长，复旦大学中文系教授兼中国公学教授，广西大学农学院教授，桂林师范学院教授，广西教育研究所特约研究员，《语文知识》编委，上海语文学会理事，上海市推广普通话委员会委员，文改会《方言丛刊》编辑，江苏省方言调查委员会委员等。编著有《国语概论》、《国音》、《声韵沿革大纲》、《国语学讲义》、《国语学大纲》、《国语会话》、《语言学大意》等，曾参与修订《辞海》，编辑《方言丛刊》、《北京话词典》等。

**乐 静(1922—1961)**

镇海县人。1938年投身抗日救亡运动。同年加入中国共产党。1939年夏在苏南地区参加江南抗日游击支队，任指导员、民运科长。1941年3月在反顽作战中负伤被顽军俘虏囚禁于江西上饶集中营；六个月后成功越狱，重返抗日队伍。1944年起先后任山东省滨海新华分社社长，潍坊新华分社社长和潍坊报社副总编辑。1949年随第三野战军南下，上海解放后进入《解放日报》工作。1959年任《新闻日报》党组书记兼副总编辑。后《新闻日报》并入《解放日报》，任《解放日报》副总编辑。后调中共中央华东局宣传部工作。1961年4月在去农村进行调查研究时殉职，被追认为革命烈士。

**冯　开(1873—1931)**

原名鸿墀,字阶青、君木,号木公。慈溪县人。1892年补诸生。1897年以拔贡参加会试,列二等。同年与陈训正等结悖社,后改名剡社,以诗文气节相砥砺。继参与开办慈湖学堂,正始小学,东城女校。1900年任丽水县学训导。不久调宣平县,因病未赴任。后寓沪鬻文,与吴昌硕等交往密切,互有吟酬。1910年任职上海《天铎报》,主持"小说栏"。1911年去职,先后执教于宁波师范学校、效实中学。1922年任上海修能学社社长,期间与陈布雷、沙孟海等发起组织回风社。自名居室曰"回风堂",学者称之为"回风先生"。为文华实相资,工诗善书,其诗出入杜、韩、黄、陈,兼工倚声。与陈训正、洪允祥、应启墀,时称"慈溪四才子"。著有《回风堂文》若干卷、诗若干卷、词一卷、日记若干卷、杂著若干种,藏于家。

**冯文彬(1910—1997)**

诸暨县人。少年时随父到上海谋生。1926年投身工人运动。1927年加入中国共产党,先后担任共青团上海沪中区委委员、上海工联常委兼总务部部长、上海煤炭店党支部书记。1929年起任红四军前委秘书,红四军直属交通大队政委,总前委特务大队政委,政卫团副政委,无线电大队政委兼红一方面军直属党委组织部部长。1931年冬先后任共青团苏区中央局巡视员,共青团福建省委书记,红军少共国际师政委。1934年10月随中央红军长征。长征途中历任红一军团政治部组织部副部长兼巡视团主任,红一方面军总政治部巡视员,陕甘支队一大队政委,红十五军团政治部副主任。到达陕北后,于1936年春参加东征战役;4月被调回延安,任共青团中央书记、中央青年部部长。1937年1月任安吴堡青年训练班主任。抗日战争爆发后组织发动敌后抗日根据地的广大青年参加抗日游击战争,先后任中央青年工作委员会副书记、书记和米脂县委书记。1947年到晋察冀边区参加全国土地会议,参与了河北平山县土改工作,兼任平山县县委书记。1949年5月当选为团中央第一任书记。新中国成立后转到工业战线,先后担任天津市委工业部长、上海市委工业生产委员会副主任等职。1977年后先后任中央党校副教育长、中共中央办公厅第一副主任、中直机关临时党委第一书记、中央党校副校长、中央党史研究室副主任、中央党史资料征集委员会主任等职。在党的第十二次全国代表大会上当选为中顾委委员,是党的十二大、十三大代表及十四大、十五大特邀代表。还是第一届和第五届全国政协常委。

**冯圣法(1903—1957)**

又名森法。诸暨县人。1924年考入黄埔军校第一期。1925年起任黄埔军校教导团排长、区队长。后任国民革命军第一旅团政治指导员,总司令部少校参谋长,第十八军十一师上校团长,第五军八十八师第二十六旅五二三团团长。1933年10月任第八十八师二六二旅少将旅长。1935年4月晋升陆军少将。1936年任第八十八师副师长。1937年11月升任第七十四军第五十八师中将师长,后任副军长兼师长。1938年10月率部参与江西万家岭战役。1939年8月任第八十六军副军长;12月升任第八十六军军长兼浙江保安处处长。1940年3月任第九十一军军长;10月改任暂编第九军军长。1941年5月在浦江白马桥畔凤凰山麓伏击日寇,取得重大胜利。1942年12月改番号为第六十六军,任军长。后任军委会委员长侍从室第三组组长。1943年2月任国民政府参军处参军;1946年6月13日免职。同年10月晋升陆军中将。年底退役,任交通部东北交警总局局长、第二交警总局局长。1948年12月任第十六兵团副司令官。1949年3月任第九编练司令部副司令官。同年去台湾。1957年冬在台北病故。

**冯仲卿(1883—?)**

字诵卿。余姚县人。银行家。幼年即赴沪钱庄习商,义和团运动时改营珠宝业,不久又重入钱庄,在绍兴帮兆丰庄任职。1909年入大清银行任职。辛亥革命后长期任中国银行上海分行副经理,同时投资其他银行和钱庄,曾任上海永亨银行、大康银行、稠业银行、瑞康银公司董事,中国保险公司、中和银行、至中银行等常务董事,并参与发起创设上海华商证券交易所,任常务理事。钱庄方面,在上海五丰钱庄、福泰钱庄、汉口衍源钱庄拥有股份。曾是上海总商会会员,并历任绍兴旅沪同乡会议员。

**冯亦代(1913—2005)**

笔名楼风、冯之安等。杭县人。作家、翻译家。1936年毕业于上海沪江大学,专业为工商管理。1938年到香港,在《星报》从事电讯翻译,后主编《第八艺术》周刊,并先后与友人合办《中国作家》(英文版)、《耕耘》、《电影与戏剧》等刊物。1942年到重庆,开始翻译美国小说、戏剧等作品,先后与人创办古今出版社、美学出版社。1945年后回上海,任《世界晨报》经理、《人世间》杂志经理、《大报》社长。新中国成立后历任中外文化联络社经理,人民救国会中央常务理事、上海分会负责人，民盟上海市委负责人，民盟中央干事。美国文学研究会常务理事，中国作协理事，中外文学交流委员会委员，国际笔会中心理事，中国翻译工作者协会常务理事，全国政协委员，民盟中央委员会委员。

**冯汝锦(1896—1968)**

桐乡县人。1919年毕业于日本东京高等工业学校电工科。曾在浙江省立工业专门学校任教。新中国成立后历任中华工商专科学校、华东交通专科学校、华东纺织工学院教授。

**冯　固(1913—1993)**

鄞县人。1933年毕业于上海东南医学院。1937年获日本东京帝国大学医学部解剖学专业研究生证书。历任国立西北联合大学医学院、上海东南医学院教授。新中国成立后历任上海公安医院内科主任医师，上海同德医学院、安徽医学院教授。1952年上海第二医学院成立后任解剖学教研组主任。1956年被评为三级教授。曾任《解剖学杂志》常务编委、顾问，中国解剖学会理事，上海市解剖学会副理事长、顾问等职。主编有《正常人体解剖学》、《局部解剖学》、《人体解剖学实习》等，合编有《中国人体解剖学名词》、《中国人体质调查》等。

**冯和法(1910—1997)**

笔名冯静远。原籍嵊县，1910年4月15日生于上海。1931年毕业于上海江湾国立劳动大学社会学系。历任《国际贸易导报》主编、上海黎明书局副总编辑，并参加中国农村经济研究会及其刊物《中国农村》工作。曾先后担任国立中山大学农学院专任教授，私立复旦大学、震旦大学、上海财经学院等校兼任教授。新中国成立后任华东财委上海工商调查所所长等职。1952年调任中华全国商业联合会宣传部部长、副秘书长；1987年担任顾问。是第四、第五、第六、第七届全国政协委员。著有《农村社会学大纲》、《中国农村经济论》、《中国农村经济资料》、《农村经济与合作》(与王世颖合编)、《社会学与社会问题》、《中国社会经济制度》(与千家驹合作)、《学习政治经济学教科书》(与千家驹合作)等。是一位著名的左翼经济学家。

**冯岳麟(1914—　)**

原名冯鹤麟，笔名苍松。鄞县人。文学翻译家。毕业于华俄夜校。后为《时代》、《苏联文艺》和《时代日报》译稿。新中国成立后历任时代出版社编译，上海编译所、上海人民出版社、上海译文出版社翻译。中国民主同盟盟员。译有(俄)陀思妥耶夫斯基《罪与罚》、《少年》，(苏)卡扎凯维奇《奥德河上的春天》，拉齐斯《渔民之子》、《桦树林子》等。

**冯泽芳(1899—1959)**

字馥堂。义乌县人。1899年2月20日生。1918年考入南京高等师范学校农业专修科，1921年毕业。1925年东南大学本科毕业。期间发表七篇论文，其中《中棉形态及其分类》是整理我国种植亚洲棉的最早著述，《中棉之孟德尔性初次报告》是孟德尔定律重新发现后应用于中棉性状遗传研究的初次报道。1930年到美国康奈尔大学学习，1932年获硕士学位，1933年获博士学位。同年回国，在南京全国经济委员会下属的棉业统制委员会任技术专员。1934年棉业统制委员会成立中央棉产改进所，任副所长兼植棉系主任，主管全所技术研究和推广工作。"七七"事变后中央棉产改进所于1938年撤销，并入中央农业实验所，任技正兼棉作系主任，后又兼云南工作站主任。1942年任中央大学教授兼农学院院长，讲授棉作学和农业概论，提出中国划分五大棉区的意见，至今仍为科技界所沿用。1947年任农林部棉产改进处副处长时，积极倡导创办中国棉业出版社，并出版发行了《中国棉讯》、《中国棉业》和《中国棉业副刊》三种棉花专业性期刊和一批与棉花生产有关的图书。1949年春回中央大学农学院任教。1955年选聘为中国科学院学部委员。1957年就任于中国农业科学院棉花研究所首任所长。1959年9月22日去世。

**冯学书(生卒年不详)**

绍兴县人。清末举人出身。后投入袁世凯幕府，成为袁世凯的心腹幕僚之一。1912年中华民国成立后曾任袁世凯大总统府秘书厅机要秘书。1915年初随袁世凯心腹大将陈宧到川，任四川省巡按使公署政务厅厅长。1916年夏随陈宧离川。1918年10月至1922年12月任浙江省政府政务厅长。辑有《验方新编》。

**冯　定(1902—1983)**

宁波人。1920年毕业于宁波师范学校。不久考入宁波交易所任会计。一年后入商务印书馆编译所任编辑。1926年加入中国共产党。1927年赴莫斯科中山大学学习。1930年毕业回国后从事编辑工作。30年代用贝叶的笔名发表了大量有关青年思想修养的文章。抗日战争和解放战争时期主要从事革命的文化宣传教育工作，是30年代左翼思想文化战线中的重要一员。1937年写成《青年应当怎样修养》，成为最畅销的读物之一。1938 年任新四军政治部宣传科科长兼《抗战报》主编。1939 年起历任苏南军政委员会副主任，新四军第四师政治部宣传部部长，新四军抗大五分校副校长。1942 年调华中局党校任教，后派往新四军第四师彭雪枫部、淮北区党委任宣传部部长。1945 年秋起任中共中央华中分局宣传部副部长，华东局宣传部副部长。1948 年出版《平凡的真理》一书，在新中国成立前后的中国大地上引起了巨大反响。新中国成立后从事宣传文教事业，曾任华东军政委员会文教委员会副主任。1952 年底调中央马列主义学院一分院任副院长。1956 年写了《关于我国当前阶级矛盾的性质和斗争形式》的文章，在《大公报》发表，引起学术界的讨论。1957 年调到北京大学任哲学系教授，先后担任哲学系主任、校党委副书记、副校长等职。并历任全国政协第二、第三、第四届委员、第五届常务委员，还担任中国科学院哲学社会科学部学部委员、中国伦理学会名誉会长、中国辩证唯物主义研究会顾问、北京市哲学会会长。1983 年在北京去世。

**冯祖荀(1880—1940)**

字汉叔。杭县人。1902 年入京师大学堂师范馆学习。1904 年官派赴日本留学，先后在京都第一高等学校及京都帝国大学学习。1908 年参与发起成立"北京大学留日学生编译社"，参与创办《学海》杂志。1913 年至 1937 年历任北京大学数学系教授、系主任，北京高等师范学校(今北京师范大学)数学系教授、系主任，东北大学数学系教授、系主任，对中国现代数学教育事业起到了重要作用。同时也作了一些学术研究，有《以图像研究三次方程之根之性质》、《论模替换式之母》、《柯西(Cauchy)氏积分公式之新证法》等论文问世。1938 年日军占领期间因健康原因滞留北平，在北京大学数学系任教，期间曾协助将北京大学数学系的学籍档案转移至昆明。1940 年病故。

**冯都良(1901—1977)**

原名贞胥。慈溪县人。早年在慈溪县效实中学毕业。20 世纪 20 年代初到上海谋生，后入上海《商报》馆当编辑。后又转入上海《申报》馆任编辑。30 年代主持《申报》第一版并撰写社论。1937 年底上海沦陷后不满日伪接管《申报》馆，愤而辞职。辞职后靠为人做家庭教师的微薄收入维持生计。1945 年抗日战争胜利后重回《申报》馆任主笔。追求进步，与中共地下党组织有联系，其在上海的住所成为接待中共地下党员的秘密场所，为掩护中共地下党在上海的活动作出了重要贡献。新中国成立后曾任东吴大学教授、上海新闻图书馆馆长，后调北京人民出版社任编辑。1977 年 9 月在北京去世。

**冯　豹(1859—1922)**

原名隆杰，改名豹，字地造，一字笛樵，晚号勿翁。乐清县人。早年就读于梅溪书院，师从瑞安名儒陈黻宸。1901 年在乐清白石凤岙创办延祥书院。1902 年与吴郁周、石蕴辉等筹办柳市高等小学。1903 年与嘉兴敖嘉熊结识，双方过从甚密。1904 年敖嘉熊创建温台处会馆，应敖嘉熊之邀，前往出任会馆执事。奉命与陈梦熊前往处州，拜访龙华会首领李造钟和丁铼，在永康龙华会会主沈荣卿家，结识魏兰及其族侄魏毓祥，共同商讨革命事宜。光复会成立后加入光复会。1905 年敖嘉熊创立祖宗教，作福书祷词以及各种秘密暗号，为瑞安人沈梧斋所挟持。冯怒不可遏，持剑跃起，怒目警告沈梧斋交还凭据，否则严惩不贷。旋经魏兰调停，凭据原封交还。温台处会馆因经费拮据解散以后，以乐清代表名义，参与温处学务分处会议，被聘为委员。1907 年受陈梦熊《新山歌》案以及大通党案牵连，被迫出奔南洋，流亡新加坡和爪哇等地，旋又转赴日本，继续鼓吹民主革命，筹集革命活动经费。1911 年武昌起义爆发后奉命回国参加辛亥革命，参与浙江光复活动。1912 年中华民国成立后出任缙云县知事。1914 年调任於潜县知事。1915 年改任浙江省立第十一(处州)师范学校校长。晚年隐居莲溪之阴，以赋诗念佛自遣。1922 年 2 月 12 日在温州头陀寺去世。留有《诗界革命篇》、《勿翁诗草》、《劳草吟》等三卷遗著。

**冯宾符(1914—1966)**

原名贞用，字仲足，笔名殷宇、艾纳。慈溪县人。早年毕业于宁波效实中学。1932 年进商务印书馆。1937 年加入上海文化界救亡协会。同年底参加美国记者艾德加·斯诺《西行漫记》的翻译工作。后主编《译报》周刊。1945 年任上海《联合日报》总编辑。后历任上海《联合日报》总编辑、世界知识出版社主编、《联合晚报》主笔等。新中国成立后历任世界知识出版社副社长、社长兼总编辑，人民出版社副总编辑，第一至第三届全国人大代表。译有《战后苏联印象记》。

**冯绥安(1922—1995)**

诸暨县人。1944 年考入国立中央大学机械系学习。1948 年毕业后进入中国电讯厂任工程师。1949 年随该厂迁移到台北。1952年赴美国深造。1953年获纽约罗彻斯特大学机械工程硕士。1955年获康乃尔大学博士学位。毕业后先后在美国德克萨斯理工大学、康乃尔大学、艾文斯维大学等高校任教。曾获美国福特基金奖、美国基金会研究奖、德州理工大学最佳教授奖等。1965年开始参加美国"阿波罗"登月计划工作,受聘于加州北美航太公司(后并入洛克韦尔公司),至1988年退休。期间参加了"阿波罗"11号飞船的设计研究及航天飞机和太空站等的策划与研制。参与研制完成"阿波罗"12号至17号飞船,并在1972年提出的航天飞机计划为美国政府接受。在攻克低温、隔热、散热、流体力学等难题方面,作出了杰出贡献。1986年初夏应我国国家科委邀请回到北京,与著名科学家钱学森等一道研讨我国"七五"期间宇航事业发展方案。先后七次回母校(今南京大学)访问,并捐款设立奖学金以奖掖后进。1995年在美国病故。

**冯雪峰(1903—1976)**

笔名雪峰、画室、吕克王、成文英、O.V.等。义乌县人。早年就读于金华浙江省立第七师范学校和杭州浙江省立第一师范学校。1921年在杭州参加晨光社。次年与潘漠华、汪静之、应修人等组织湖畔诗社。1927年6月加入中国共产党。后到上海编辑《萌芽》月刊,并与鲁迅共同编辑《科学的艺术论丛书》。1930年与鲁迅等发起成立中国自由运动大同盟。后曾任"左联"党团书记、中共江苏省委宣传部部长、中共中央党校副校长等职。参加了长征。1936年到上海,任中共上海办事处副主任。向鲁迅和左翼文化界传达中共中央关于扩大抗日民族统一战线方针政策的指示,参与和支持鲁迅提出"民族革命战争的大众文学"的口号。抗日战争时期任中共中央东南局文化工作委员会委员。1949年后曾任《文艺报》主编、人民文学出版社社长兼总编辑、中国作协副主席、第一届全国政协委员。1958年被错划为右派,1979年改正,恢复党籍。一生著述甚丰,诗集有《湖畔》、《春的歌集》、《真实之歌》,论文集有《鲁迅论及其他》、《过来的时代》、《雪峰文集》、《论文集》等,电影文学剧本有《上饶集中营》,历史小说有《太平天国》,译著有伏洛斯基的《社会的作家论》、普列汉诺夫的《艺术与社会生活》、卢那察尔斯基的《艺术之社会基础》、德国梅林格的《文学译论》以及高尔基的中篇小说《夏天》等。

**冯德培(1907—1995)**

临海县人。1907年2月20日生。1922年考入上海复旦大学文科。次年为新兴的行为心理学吸引,转入心理学系。1925年生理学家蔡翘等相继从美国回到复旦大学任教,心理学系扩大为生物学院,转而对生理学发生兴趣。1926年毕业后留校任教。1927年复旦大学生物学院因学潮被解散,转入北京协和医学院生理系主任林可胜指导下学习和工作。1929年考取清华大学公费留美,在芝加哥大学生理系杰拉德(Ralph Gerard)教授指导下进行神经代谢研究。因出色地完成了一项关于神经窒息机制的研究,于1930年获硕士学位。当年由林可胜推荐转入英国伦敦大学学院,师从著名生理学和生物物理学家、诺贝尔奖获得者希尔(A. V. Hill),进行神经和肌肉产热的研究。1933年获博士学位。期间曾先后去剑桥大学和牛津大学等生理实验室短期工作,并参加英国生理学会和皇家学会的各种学术会议。其间发表九篇论文,其中五篇是独立写成的。获得博士学位后赴美国宾夕法尼亚大学约翰逊基金医学物理学研究所进修,学习自制电子仪器。1934年夏回到北京协和医学院生理学系工作,专门从事神经肌肉接头的研究并取得优异成绩。1936年至1941年间,他所领导的实验室在英文版的《中国生理学杂志》上接连发表了26篇文章,成为该领域的一个国际注目的研究中心。其部分工作为当时正在形成中的化学传递学说提供了证据,有些实验直接补充或推广了英国药理学家戴尔(Henry H. Dale)的理论(戴尔后因化学传递获诺贝尔奖)。同一时期,冯也发现了钙离子对神经肌接头信号传递的重要作用,提出钙影响神经递质释放的见解,接近英国生理学家克莰(Bernard Katz)的结论,克莰后来因为一系列对神经肌接头递质释放的研究而获得诺贝尔奖。冯德培实验室在协和的另一重要发现是观察到强直后增强效应(PTP),这是突触可塑性的第一次发现,是神经系统可塑性的重要发现。冯第一次发现突触可塑性的纪录,为哥伦比亚大学的肯德尔(Eric Kandel)大型系列书籍《生理学手册》所载。1941年底太平洋战争爆发后研究工作被迫中断,于1943年辗转至重庆,先受聘为内迁的上海医学院生理系教授,后任中央研究院医学研究所筹备处研究员兼代主任。1945年底应英国文化协会的邀请访问英国。1946年转赴美国,在纽约洛克菲勒医学研究所进行合作研究,同时为筹备中央研究院医学研究所采购仪器设备和搜集图书。1947年夏回到已由重庆搬迁到上海的医学研究所筹备处。1948年当选为第一届中央研究院生命科学组院士。新中国成立后先后担任中国科学院生理生化研究所研究员兼所长，生理研究所研究员兼所长、名誉所长，华东分院及上海分院副院长，中国科学院副院长兼生物学部主任，国务院学位委员会委员，中国科学院学位委员会主任，中国生理学会理事长、名誉理事长，《生理学报》主编，英文版《中国生理科学杂志》名誉主编等。1955年被选聘为中国科学院学部委员。"文革"期间受到冲击。"文革"后恢复工作，并因其杰出成就被选为英国伦敦大学学院院士，英国、加拿大、美国生理学会和美国神经科学会的荣誉会员。1986年当选为美国科学院外籍院士和第三世界科学院院士。1988年当选为印度国家科学院外籍院士。90年代重新进入神经可塑性领域，研究海马的长期性增强作用(LTP)，被认为是学习记忆的一个主要模型。其研究成果于1994年发表在《美国科学院院刊》(PNAS)上。曾任第一、第二、第三届全国人民代表大会代表，第五、第六、第七届全国政协常委，第五届上海市政协副主席，上海市欧美同学会会长等。1995年4月10日在上海病故。

**冯　契(1915—1995)**

原名冯宝麟。诸暨县人。1915年11月4日生。1935年考中清华大学公费生哲学系。抗战爆发后曾赴西北参加抗日工作。1939年前往西南联大复学。1941年本科毕业后入清华大学研究院哲学部深造，1944年研究生毕业。1946年起曾先后在云南大学、同济大学、上海纺织工学院任教，同时在复旦大学和大夏大学兼课，并在《哲学评论》、《时与文》、《展望》等杂志上发表学术论文与杂文。1952年华东师范大学成立后被聘为该校教授。曾兼任该校政治教育系主任、哲学系名誉主任，上海社会科学院哲学研究所副所长、上海社会科学院副院长，国务院学位委员会第一届学科评议组成员，中国哲学史学会第一、第二届副会长，上海市社会科学联合会第三届副主席，上海市哲学学会第五届会长，中国辩证逻辑学会会长等。著有《中国古代哲学的逻辑发展》、《中国近代哲学的革命历程》、《怎样认识世界》，主编有《辩证唯物主义和历史唯物主义》、《哲学大词典》、《中国近代哲学史》，还有《冯契文集》10卷本传世。1995年3月1日在上海病故。其子冯棉、冯象均为知名学者。

# 六　画

## 邢子陶(1912—1998)

又名尹阿根。嵊县人。1929年7月到上海美丰织绸厂做学徒。1930年7月因带头组织工人请愿被厂方开除；9月进上海美亚织绸厂。1933年5月在全厂工人反对资本家削减工人工资的罢工斗争中任总罢工委员会负责人，又被厂方开除。同年7月加入中国共产主义青年团，先后任共青团上海法南(沪西)区委组织部长、共青团江苏省委巡视员、共青团沪西区委书记。1934年2月受组织派遣回浙江开展工作，因叛徒出卖在上海火车南站被捕。1937年抗日战争爆发后于9月被释放。后经八路军驻沪办事处审查恢复组织关系，并按规定转为中国共产党党员。10月底受中共中央长江局委派回浙江，任中共浙江省临时工作委员会(后改为浙江省工作委员会)委员、组织部长，负责宁波、绍兴地区党的工作。1938年5月任中共宁(波)绍(兴)特委委员、组织部长；6月兼任中共嵊县县委书记。期间先后恢复和建立了嵊县、新昌、上虞等县的党组织。1939年4月任中共浙江省委秘书，参与筹备中共浙江省第一次代表大会，任大会秘书处长。1940年3月任中共浙西特委宣传部长。同年底调苏北抗日根据地工作，任中共盐阜区党委组织科科长、中共阜东县委副书记。1944年7月进中共中央华中局党校学习。1945年3月由中共中央华中局派回浙东，任中共嵊(县)新(昌)奉(化)中心县委书记。同年10月新四军浙东纵队北撤后奉命留守，任四明地区特派员；11月任华中局分局组织部干部科长。1947年5月起历任华东局工作队队长、华东局土改工作团团长兼山东五莲实验县县委书记，参与解放区的土地改革和"三查三整"运动。1949年5月随第三野战军南下，先后任华东局政策研究室农村组组长、华东局农委办公室主任、华东行政委员会民政局局长，哈尔滨电机厂党委书记、厂长，大庆炼油厂党委书记、厂长、大庆油田副总指挥，中共沈阳市委书记处书记。"文革"遭受迫害，两次下放"五七"干校。1978年底调回浙江，先后任中共杭州市委书记，浙江省人大常委会副主任兼党史资料征集研究委员会(后改名党史委员会)主任。1998年5月在杭州去世。

## 邢契莘(1887—1957)

字学耕，号寿农。嵊县人。一说1890年生。幼年在嵊县及杭州读书，后考入上海南洋中学学习。1910年考入清华学堂第一期学习，毕业后赴美国留学，入麻省理工学院造船造机系。1914年毕业获得学士学位后继续选修造舰系兼习航空机械。1916年毕业获硕士学位后回国，任天津大沽造船所工程师，并执教于公立天津工业专门学校。1918年任福建马尾福州船政局制船主任，并执教于马尾海军飞潜学校。1920年起任北平航空署机械厅厅长，东北航空处技师、技正、处长、代理厂长、厂长，东北航务局及东北联合航务局总经理，东北造船所所长。1934年1月任青岛市工务局局长。1937年4月任国民政府航空委员会机械处处长。1938年任滇西中央飞机制造厂监理官，不久因眼疾离职去重庆休养。1943年9月至1944年任农林部总务司司长。1945年8月抗战胜利后先后任大连港务委员会主任委员(未到任)、交通部塘沽新港工程局局长。1948年秋任水利部珠江水利工程总局局长兼广州港工程局局长。新中国成立前夕去香港。1950年去台湾，先后任"交通部"设计委员会委员、"经济部"台湾渔业增产委员会委员。1957年7月10日去世。著有《葫芦岛筑港记》、《青岛工程之研究》。

## 邢胜奎(1911—1980)

原名邢汝忠。嵊县人。戏剧世家出身，父邢洪培系木偶艺人兼坐唱班教师。12岁随父搭"丹桂舞台"(木偶班)学艺，配唱徽戏，后离木偶班。1927年后先后搭三新大连升、文武紫徽班唱老生。1934年因倒嗓改入女子越剧班，先后在天华舞台、日月高升、中央舞台等班任基本功训练师傅。自1939年始加入越民舞台任排戏师傅八年余，开始了导演生涯。排演《擂鼓战金山》、《岳飞抗金》、《西施》等爱国剧目，颇有影响。1953年任台州越剧团副团长，渐渐形成了自己的导演风格。1955

年调入同春绍剧团。导演艺术日趋成熟,多次获奖。曾任嵊县人民代表、台州人民代表、绍兴县政协委员。1980年5月病故。

**邢震南(1892—1941)**

字霆如。嵊县人。南京陆军第四中学堂毕业后考入保定陆军军官学校第二期步兵科。1916年5月毕业后加入北洋陆军孙传芳部服役,历任参谋、团长、混成旅旅长等职。1928年归附国民革命军后任第二十六军第六十三师副师长、师长。1929年任第六师第十旅旅长、第六师副师长。1930年12月任国民政府军事参议院参议。1933年3月至1933年12月任国民革命军陆军第四师师长,参加对中央红军的第五次"围剿"。1935年8月任第十七军副军长,9月下旬任军长。1936年1月授予陆军中将,后任中央军校第八分校(湖北均县分校)中将副主任。1938年7月任浙江省第七区行政督察专员兼保安司令。1939年任中央军校第八分校副主任。1940年7月浙江省增设三门县,以专员兼任三门县首任县长。1941年1月任浙江省第三区(绍兴)行政督察专员兼保安司令。1941年4月17日绍兴沦陷后因"抗战不力"被撤职押送到第三战区司令长官部所在地江西上饶,年底被军事法庭判处死刑。

**成　坚(1919—　)**

号柏贞。嵊县人。先后毕业于浙江省立宁波高等工业学校、南京中央军校第十四期工兵科、陆军机械化学校战术班第十五期、陆军大学第二十一期。历任国民革命军工兵助教、连长、营长、科长、处长、工兵总队长等。1949年去台湾。曾入"陆军参谋大学"第六期、"三军联合参谋大学"第十一期学习。历任"陆军第三军团工兵指挥部"指挥官,"陆供部工兵署"副署长,"陆军总部后勤署"署长,"国防部总务局"局长,"陆供部工兵署"署长,"陆军后勤司令部中将"副司令,台北市工务局长。

**毕云程(1891—1971)**

笔名新生。海盐县人。出版商。自学成才,早年曾在上海商务印书馆工作,长期从事棉纱业。1927年后任邹韬奋主编的《生活》周刊特约撰述、《世界知识》编辑、生活书店总经理。1934年至1936年间先后担任生活书店经理和《世界知识》半月刊主编兼发行人,并与沈钧儒、邹韬奋、杜重远、金仲华等并肩战斗,出任香港《生活日报》社经理,宣传抗日民族统一战线,投身抗日救国事业。1938年10月赴重庆,任生活书店总稽核。1949年后曾任中国福利会主任秘书等职。1955年底经胡愈之推荐参加韬奋纪念馆的筹建工作,并任上海韬奋纪念馆馆长。为上海市文史研究馆馆员,第四届市政协委员。

**毕平非(1915—1988)**

又名拱华。海盐县人。毕云程长子。1933年考入浙江大学学习,在校期间积极参与爱国学生运动。1936年从浙江大学肄业,随邹韬奋赴香港,任《生活日报》助理编辑。1937年4月在浙江大学秘密建立中华民族解放先锋队浙大支队,不久加入中国共产党。1939年受党组织指派,参加由宋庆龄和国际友人路易·艾黎等发起成立的中国工业合作协会工作。新中国成立后先后在上海和中央工业部门从事手工业和集体所有制经济的研究和管理工作,历任全国手工业合作总社工艺美术局副局长、轻工业部进出口局副局长、中国工业合作协会副理事长、代理理事长。1988年7月在北京去世。

**吕公良(1903—1944)**

原名周。开化县人。1923年考入衢县第八中学师范部读书,1926年毕业。同年8月考入黄埔军校第五期步科。1928年毕业后分发到国民革命军第八十九师服役,历任少尉见习排长、连长、参谋、师参谋处长等职。1936年随部队北上抗日,在绥远参与攻克百灵庙战役。1937年8月随部队扼守南口居庸关。同年10月任第八十九师参谋长;11月参与晋中太谷战役,与八路军并肩抗日。1938年春参加徐州会战立功。同年秋参与赣北战役,升任第八十五军中将参谋长。期间回家乡探亲,正值华埠镇抗日后援会在华埠修建的"七七纪念亭"落成,应邀为该亭题了两副楹联并题写了"抗敌阵亡将士纪念碑"碑名。1939年春在枣阳参与第一次鄂北会战,转战豫南。同年秋任第十三军参谋长,参与第二次鄂北大会战、枣宜会战。1941年春任第三十一集团军总部高级参谋,奉命赴重庆,后回河南任华中抗日总队第五纵队司令。同年冬改任河南界首警备司令,旋调周口警备司令。1943年冬受命组建新编第二十九师,任师长。同年夏率领第二十九师开赴新郑整训。整训完毕遂奉命担任河南中牟一带的黄河河防。同年11月新二十九师归属第一战区第二十八集团军暂编第十五军建制。1944年3月奉命率部扼守中原战略要地河南许昌并兼任许昌守备司令。同年4月下旬日军集结7万余人大举侵犯平汉线,许昌首当其冲,指挥部队奋起抵抗,终因弹尽粮绝,所部3000多名将士先后壮烈牺牲。在率领残部突围时中日军埋伏，与副师长黄永淮等壮烈牺牲。同年10月20日国民政府追授其为陆军少将。1988年中华人民共和国民政部追认为革命烈士。2004年4月1日值烈士殉国60周年之际，其家乡浙江省开化县修建了一座吕公良革命烈士陵园，作为爱国主义教育基地。

**吕公望(1879—1954)**

原名占鳌，字戴之，号叔尚。永康县人。1879年2月28日生。7岁入私塾。1899年中秀才。1901年为廪生。曾一度在村里充当私塾先生。1904年入金衢严处四府公学学习。1906年结识著名女革命家秋瑾，加入光复会。同年12月入浙江巡抚卫队营当兵。1907年5月被保送至保定陆军速成学堂第一期炮兵科一队学习。1909年毕业后回浙江，先后任浙江新军督练公所科员、第八十二标第二营见习官。同年12月应召赴广西省府桂林任兵备处科员，与尹昌衡等先后创办《指南月刊》、《南报》。不久辞职去香港。1910年10月回杭州，任浙江新军督练公所经理科科员。1911年任浙江新军第八十二标第二营督队官。辛亥革命浙江光复时奉令前往处州、金华等地联络会党，攻打富阳，以牵制杭州清军。杭州光复后担任浙军援宁支队参谋长，协助支队长朱瑞指挥由8000余人组成的浙军支队，在攻克南京的战斗中发挥了主力作用。1912年1月任浙军第十一协协统，8月任第六师师长，9月授予陆军中将军衔。1913年"二次革命"爆发后兼任嘉湖戒严司令。1914年7月至1916年7月任浙江嘉湖镇守使。1915年12月被袁世凯策封为一等男爵。不久护国战争爆发，参与浙江独立讨袁，推翻拥袁的浙江将军朱瑞。1916年5月被推举为浙江督军兼巡按使(7月改为浙江省长)。1917年1月辞去本兼各职，被北京政府授予将军府怀威将军称号。同年7月参与段祺瑞讨伐张勋复辟的行动。1918年南下广州，追随孙中山，任护法军援闽浙军总司令。1920年兼广州军政府参谋部长。1921年5月去职蛰居天津。1922年与张绍曾等在天津筹办女子储蓄银行并任董事长。1923年银行倒闭后与吴鼎昌等人筹建跑马场，亦告失败。1925年7月被段祺瑞执政府任命为临时参政院参政。1927年春国民革命军北伐入浙后一度担任江北宣抚使，未几去职。1928年在上海集资开设永豫纱厂。1932年上海"一·二八"事变受到重创，纱厂倒闭。1934年至浙江昌化开采锑矿。1937年底杭州沦陷后回永康，任浙江省难民救济协会委员，创办浙江省难民染织工厂，担任总经理。1946年当选为浙江省参议会副议长。新中国成立后历任杭州临时救济委员会主任委员和公债推行委员会委员，中国人民救灾总会杭州分会副主席，浙江省政协委员。1954年7月22日在杭州去世。

**吕月屏(1880—1963)**

缙云县人。参加了龙华会，为光复会和同盟会会员，以经商为掩护，开展反清革命活动。1905年春前往大通学堂担任总务工作。1907年秋瑾接任大通学堂督办，又创办了体育会，在新昌、嵊县和缙云等地招收学生百余名，负责在壶镇招收吕镇中等27名有志青年前往接受军事教育，并随同秋瑾前往各地联系会党工作。还在壶镇与吕逢樵创办半日学堂，晚上给学员上课，灌输革命思想。皖浙起义失败后遭到清政府悬赏通缉，遂解散半日学堂，与吕公望、赵舒、沈荣卿、周振三等人潜往上海，继续与姚勇忱、褚辅成等开展革命活动。1908年冬光绪皇帝和西太后相继病故，浙江革命党人拟在上海召开浙江十一府属党人代表开会，准备在浙江发动武装起义，与吕逢樵作为处属代表与会，因叛徒刘光汉告密，与王金发、竺绍康等人机智脱险，张恭、沈荣卿、蒋叔南、童保暄等人被捕，浙江起义遭到破坏。1911年杭州光复后奉命返回壶镇。与吕逢樵、赵舒等人组织以壶镇半日学堂学生为主的光复军3600多人，光复处州。并奉命率领一部光复军驰援永康的吕公望，永康光复。后历任沪军都督府顾问，浙江省长公署参议，浙江革命稽勋局总稽查。1919年以后返回家乡经商，热心地方公益事业，成为一方著名绅士。著有《回忆辛亥革命时期的几件事和处州光复经过》。

**吕 光(1908—2008)**

字晓光。鄞县人。早年曾获美国狄北大学法学博士。曾任台湾大学法律系英美法教授，后任台湾东吴大学法学院院长，仍兼台湾大学法学院教授。先后兼任台湾"行政院"设计委员会委员，"国家安全委员会"委员，美国西北大学法律客座教授，世界法律教授协会执行委员会委员，"世界法学中心国家理事会主席团"成员。也是台湾最大的律师事务所台湾理律法律事务所合伙人之一。2008年在台湾去世。著有《中国新闻法》、《新闻事业行政论》、《英美契约法》、《英美法导论》、《英美侵权行为法》、《吕光法学论著》、《吕光法学论丛》等。

**吕阿荣(？—1907)**

永康县人。初入清营充当哨兵，不久结识沈荣卿，先入百子会，后入龙华会，出任红旗之职。1903

年龙华会缙云分部首领吕嘉益与当地土豪发生械斗，被围困于壶镇一带，奉沈荣卿之命，率领龙华会员900人驰援，以解吕嘉益之围，由此声名大震。1904年冬陶成章从日本回国，自金华至永康，奉命护送陶成章取道东阳玉山尖，遍历各乡镇。1905年大通学堂创办，陶成章前往各地招收会党成员入学，适逢东阳巍山玉山尖兵起，护卫沈荣卿赴兰溪协助陶成章料理有关事务。1907年随沈荣卿一起到大通学堂，并加入光复会，秋瑾命其专任永康党军事宜。武义党案事发，金华党案又接着发生，沈荣卿不得不避往台州，乃集结龙华会员，在永康坚持斗争，以保护沈荣卿家属，接应处州和绍兴义军。清军南下永康，进攻龙华会，因众寡悬殊，孤立无援，在永康南下街被捕。誓死不屈，在永康遇难。

**吕　明(1912—1954)**

原名涛。永康县人。早年入杭州浙江国术馆习武。1938年5月参加永康县战时政治工作队。1939年加入中国共产党。后奉命担任上海沦陷区与新四军皖南根据地之间的秘密交通，为此变卖父亲在杭州的地产以充活动经费。1941年考入上海私立震旦大学学习。1942年奉命赴粤考入国民党空军学校。1943年赴美，先后在兰道夫中级空军学校、伊尔德高级空军学校学习飞行。1945年秋毕业回国。1946年进杭州笕桥的中央航空学校任飞行教官。期间与驻南京的中共代表和在上海的中共代表团办事处秘密接上关系，根据上级指示，在中央航空学校秘密发展多人入党，建立了中共航校支部，任书记。1948年底中央航校迁台湾时策动一批空军人员，先后以“探亲”名义出走到达解放区。1949年初进入国民党上海市警察局工作。上海解放前夕，于5月25日下午打开警察局监狱，释放了一批政治犯；27日晚单枪匹马冲进上海警察局本部，代表军管会勒令警员缴械投降。上海解放后数日根据周恩来的安排，改名吕明，与在上海的原中国航空公司副经理查镇湖秘密抵香港，策动驻香港的原国民党的中国航空公司和中央航空公司起义。11月9日凌晨中央航空公司总经理陈卓林、中国航空公司总经理刘敬宜和一批高级官员登机，12架飞机中午分别降落北京西郊机场和天津机场。吕被誉为此次“北飞行动”的领航人。因积劳成疾，全身水肿，被送进医院。住院数年后于1954年在北京去世。

**吕和音(1886—1969)**

字缵丞，又名汝和。缙云县人。绍兴大通学堂肄业，继入浙江弁目学堂，毕业后参加反清革命活动，并由秋瑾介绍，加入光复会。1913年任浙军第三团部队长。1924年任浙江省第五区统带，兼温处警备司令。1926年任国民革命军第二十六军直属混成团团长，兼东路军第七支队司令，转战浙江和江苏。1929年以后任国民党编遣委员会点验组长，兼国民革命军温处征募处长、津浦铁路调查室主任。抗战爆发后返回缙云，倡办崇正中学，任董事长。抗战胜利后出任缙云县自卫总队指挥官和浙江行署顾问。1947年9月任缙云县参议员。1949年撤往台湾。1969年在台北病故。

**吕纪化(1901—1979)**

号几何。平阳县人。1901年11月11日生。黄埔军校第六期骑兵科毕业。1934年8月任国民革命军骑兵第一旅第二团团长。1935年7月任骑兵第十一旅旅长。1937年10月任骑兵第七师参谋长。1939年12月任骑兵第七师第二十团团长。1940年7月任骑兵第七师副师长兼政治部主任。1943年10月任东北挺进军新编骑兵第六师师长。1947年2月任张垣“绥靖”公署参议；11月任西安“绥靖”公署整编骑兵第二旅旅长。1949年12月在四川德阳参加起义。新中国成立后曾任甘肃省人民政府参事，浙江省人民政府参事，甘肃省政协委员。

**吕绍虞(1907—1979)**

新昌县人。1929年毕业于大夏大学教育系。1933年毕业于武昌文华图书馆学专科学校。曾任大夏大学图书馆主任兼讲师、上海鸿英图书馆主任、中央图书馆编纂兼编目组主任。新中国成立后历任武昌文华图书馆学专科学校、武汉大学教授。著有《中文标题总录》、《中国目录学史稿》，与人合编有《册府元龟索引》。

**吕秋文(1925—?)**

东阳县人。1939年东阳中学毕业后考入复旦大学英国文学系。1944年获文学学士学位。后入国民政府联合勤务总司令部任编译。1949年去台湾。1954年考取台湾政治大学外交研究所研究生。1956年获法学硕士学位。同年担任台湾“教育部”主办的《今日中国》(英文版)月刊主编。1959年调“国防研究院”，先后任出版部主任、实践图书馆馆长，并参与筹建“中国文化学院”。1962年赴日本，在东京东洋大学攻读社会学博士课程。1965年通过博士候选人资格。回台湾后一直在“中国文化学院”(后更名“中国文化大学”)任教授，并先后兼任出版部主任、中正图书馆馆长、华冈教授兼“民族与华侨研究所”民族组主任。此外还担任旅台东阳同乡会理事长12年,对推动两岸文化交流起了积极作用。著有《中俄外蒙交涉始末》、《中英西藏交涉始末》、《外蒙自治与独立》等。

**吕信耕(1895—?)**

鄞县人。进出口商人。毕业于上海民立中学。历任上海良济洋行、立基洋行华总经理及永兴洋行进口部华经理。后自设良济公司、启元蛋厂、福昌蛋厂、耀华蛋厂、中国软木厂,经营进出口业20余年。起初创设的启元蛋厂在江苏清江,以土法制造,因市面不景气,营业不振,遂将福昌蛋厂、启元蛋厂一度停顿。历10余年研究后改革老式制蛋方法,采用最新科学方法将蛋内水分迅速提尽,则蛋质不变可久藏,且极易溶化,只需放入温水内三四分钟即可恢复鲜蛋原状,故耀华蛋厂业务迅速发展。抗战爆发后耀华蛋厂被毁,抗战胜利后恢复生产。

**吕晓道(1900—1998)**

女。余姚县人。早年就读于宁波崇德女校、杭州女子师范学校、北京女子两级中学高中部。1923年毕业于上海大同大学。在杭州工作时加入国民党,参与浙江的妇女和青年工作。1926年夏前往广州,入妇女运动讲习所学习。同年秋回浙江,任浙江省妇运会主席,配合国民革命军北伐。1927年奉国民党中央命赴南京,委以妇女组训工作重任,曾先后两次参与召开全国妇女代表大会。1934年赴东京日本大学深造,专攻社会科学。两年后回国,赴绥远前线慰问抗日的傅作义部将士。1937年抗日战争爆发后从事抗日文化宣传工作,出版妇女文化战时刊物,并受宋美龄委派,任全国妇女慰劳总会、战时儿童保育会常务委员兼劳作部长等职。1944年11月任中央战时督导团桐梓队长。1945年5月当选为国民党第六届中央执行委员会候补委员。抗日战争胜利后先后任国民党中央妇女运动委员会副主任,中国妇女政治研究会、中国妇女团体联谊会常务理事等职,并创办妇女工业社。1948年当选为候补立法委员。1949年春赴台湾,任国民党中央妇女运动委员会执行委员,至1987年卸任。1998年在台北病故。

**吕逢樵(1876—1913)**

字东升,号熊祥。缙云县人。幼年起即在继父经营的“合盛”南货店帮忙。20岁起独立经营该店,往返于金华、杭州、绍兴、上海等地。1903年前后通过族侄吕嘉益关系,结识龙华会首领张恭、周华昌、沈荣卿,加入龙华会。后又结识双龙会首领阙麟书、王金宝和平阳党首领竺绍康等,成为处州地区龙华会首领。1904年10月加入光复会,并应陶成章邀请担任温台处会馆执事。1905年协助徐锡麟、龚宝铨创办绍兴大通学堂。徐锡麟、陶成章东渡日本后成为大通学堂主持人之一。与此同时还在家乡壶镇创办半日学堂和育英女校,进行革命宣传,培养骨干。1906年在秋瑾的联络下曾准备响应萍浏醴起义,旋因起义失败未果。1907年3月协助秋瑾主持大通学堂并加入同盟会。同年夏秋瑾与徐锡麟商定在皖浙两省同时举义时,被任为光复军分统,负责联系绍兴、金华、处州三府的光复军。起义失败后遭到清政府通缉,潜回缙云隐匿。稍后秘密前往上海,与陈其美、褚辅成、王金发等取得联系,积极策划武装起义。1911年武昌起义爆发后返回缙云,以家乡会党成员与半日学堂学生为基本力量,组成一支3600人的武装,于11月25日光复处州,任处州军政分府都督。1912年3月处州军政分府撤销后离任。同年8月国民党浙江支部成立,任浙江支部代理支部长。1913年夏“二次革命”爆发,因参与反袁斗争再次遭到通缉。同年9月在缙云病故。

**吕焕光(1884—1969)**

又名金高、乾善,字复之。缙云县人。肄业于大通学堂后加入光复会。后又入浙江陆军学堂步科学习,毕业后在浙军服役,秘密联系会党,开展反清革命活动。1911年在光复杭州的斗争中参加攻打巡抚衙门和旗营,逮捕浙江巡抚增韫。中华民国成立后继续担任军职,由排长升为少将副官处长。抗战爆发后历任湘鄂赣边区游击总司令部少将参谋兼驻渝各军、师联合办事处处长、军事参议院顾问。1940年退役返回原籍,被聘为浙江省政府参议,致力于发展地方公益事业。1950年前往台湾。

**吕　雄(1903—1988)**

原名荣。缙云县人。1925年加入中国共产党。1926年12月受组织委派,以国民党浙江省党部农工指导员身份,到衢州组织指导开展农工群众运动,发展中国共产党组织。1927年1月衢州地区第一个中共组织——中共衢县支部成立后任书记。在很短时间内发展党员63名,建立支部9个。同年2月中共衢县支部改称中共衢县独立支部,直属杭州市地方委员会,继续担任书记,并兼衢县总工会主席。1927年“四一二”反革命政变后遭到国民党浙江省当局的公开通缉,被迫离开衢县返回杭州。后与中共组织失去联系。1988年2月在杭州去世。

**吕瑞英(1890—1943)**

字毅甫。永康县人。1908年入浙江陆军小学堂学习。1911年毕业后升入湖北陆军第三中学堂。不久辛亥革命爆发,离校参加光复上海等地的战役。1912年入湖北武昌陆军第二预备学校。1917年2月入保定陆军军官学校第六期步兵科学习。1919年2月毕业后分发至山西的晋军任职,历任晋军第四十五团第二营营长、第六十团团长、第三十六师第二一六团团长。1931年随傅作义参加长城抗战,后率部到江西参加“围剿”红军。1936年任晋军第十九军第七十二师第二〇八旅旅长。1937年夏赴庐山军官训练团受训,任第二大队分队长。同年11月任晋军第六十一军第六十九师师长,晋升陆军少将。1939年7月任第六十一军军长,隶属第二战区第六集团军指挥。同年10月参与指挥吕梁山战役;11月晋升为第六集团军副总司令。1943年12月因阑尾炎赴第一战区司令长官所在地洛阳医治,同月14日病故。

**朱士翘(1905—1942)**

后改名何云,笔名何文、王再然等。上虞县人。1919年考入绍兴浙江省立第五师范学校。1926年加入中国国民党,在上虞从事农民运动工作。1929年6月任国民党上虞县党部执行委员、组织部长。1930年5月入私立复旦大学参加旁听。同年8月赴日本留学,入日本早稻田大学经济学系,后转入铁道学校。1931年“九一八”事变后毅然停学回国,投身抗日救亡运动。1932年加入中国共产党。1933年3月“上海国民御侮自救会”成立,任宣传部长,参与编辑《中国论坛》。同年6月被国民党上海宪兵司令部逮捕,被判处无期徒刑,在狱中坚持斗争,并学习德语和世界语。1937年抗日战争爆发后经党组织营救获释,任南京《金陵日报》编辑。1938年去汉口,任《新华日报》国际版编辑。1939年1月任中共中央北方局机关报《新华日报》华北版管理委员会主任兼总编辑。此后还兼任新华社华北分社负责人和中国青年新闻记者学会北方办事处主任。1939年下半年在根据地反日伪军“扫荡”斗争中领导《新华日报》华北分社坚持出版东线版、西线版、北线版。1940年8月百团大战发动后随八路军总部和第一二九师刘伯承、邓小平奔赴前线组织战地新闻采访,在火线上编辑、审稿、刻印、发行,以最快的速度把战斗消息传播出去。无论环境如何恶劣,《新华日报》华北版始终坚持出版,从未间断,被敌后抗日根据地军民誉为“华北抗战的向导”。1942年5月28日在率部突围时在山西辽县麻田遭遇日军,展开激战,不幸中弹牺牲。新中国成立后烈士忠骨移至晋冀鲁豫烈士陵园,安葬在八路军总部参谋长左权将军墓左侧。著有《法国为什么常发生阁潮》等。

**朱之信(1919—1997)**

又名朱鲁根。镇海县人。早年就读于镇海县庄市镇叶氏中兴学堂,后赴上海就学,考入上海复旦大学,毕业后从事纺织业。1946年去台湾,创办福信纺织厂,任总经理。1956年与人发起成立“中国电气器材厂股份有限公司”,长期担任董事长。公司最初制造扬声器、电容器等零件。后制造晶体管收音机并外销,成为台湾第一家晶体管收音机装配工厂。晚年关注家乡建设,自1987年以来,先后捐资13万美元,用于建设庄市镇公园、中兴中学扩建工程等项目。

**朱工一(1922—1986)**

余姚县人。6岁开始学习钢琴,曾获得上海儿童钢琴比赛第一名。后师从丁善德和意大利钢琴家、指挥家梅百器。1934年起从事配乐演奏,并在上海、北京等地举办独奏音乐会。1946年任北平艺术专科学校音乐系副教授。1950年入中央音乐学院任钢琴系副教授,1979年定为教授。1983年应邀担任伊丽莎白王后国际钢琴比赛评委。擅长演奏F. F. 肖邦、L. van 贝多芬和现代新作品,并有很强的视奏能力。创作有三首钢琴序曲,与储望华合作钢琴协奏曲《南海儿女》。

**朱大经(1869—?)**

字子谦。吴兴县人。火柴工业企业家。早年在上海开设有镇康商船号,从事航运业,任商船会馆董事,并任沪南商务分局议董,上海总商会多届议董、会员。1910年任上海城乡内外总工程局名誉董事。1911年在上海参与创办荧昌火柴公司。1916年、1920年又增设荧昌火柴第二、第三厂。1922年参与创办上海镇康营运公司。1926年任荧昌火柴厂总经理,时该厂规模居江苏(包括上海)地区之冠。积极倡导火柴联营,以抵抗瑞典火柴的倾销,促成大中华火柴公司成立,并任董事。1928年江苏火柴业联合会成立时任会长。随后又与刘鸿生发起成立全国火柴同业联合会,与刘鸿生分任正、副会长。

**朱义本(1907—1969)**

字叔鹏,化名海衣。绍兴县人。1925年加入中国共产主义青年团。1926年转为中国共产党党员。同年12月受中共上海区委委派到上行,担任中共绍兴地委书记兼组织委员,至1927年4月。在任期间领导组织成立各级工会、农会，发展党员，将绍兴的国民革命运动搞得轰轰烈烈。后因工作需要调回上海，此后担任上海新亚中学教导主任、上海美专讲师、教授等职。新中国成立后先后任杭州中山中学校长、萧山中学生物教师。

**朱子奎(1882—?)**

又名朱鸿藻。定海县人。著名实业家朱葆三之子。圣约翰大学毕业。1917年至1931年任日商三井银行买办。1937年任中华商业储蓄银行董事长，主持该行期间，增设信托部，抗战胜利后又增设储蓄部，并在苏州等地新开分行。又兼任中国通商银行董事兼沪行经理。同时还继承父业，任越东轮船公司股东兼经理，舟山轮船公司股东，上海内地自来水公司、华兴保险公司、华安水火保险公司董事，华安合群保险公司监察人等。新中国成立初仍任中华银行董事长。

**朱子爽(1897—1994)**

号朴庐。江山县人。早年在家乡读完小学，1915年考入浙江省立第八中学学习。1920年秋入杭州的浙江省立第一师范学校学习。1921年秋毕业后回江山任西河女校国文教师。1924年9月任江山嵩高高等小学校长。1926年9月任国民党党部衢属地区党务特派员。1927年5月任浙江省立第八中学总务主任兼政治教员。1928年3月后任国民党中央宣传部编审科总干事，编审科科长，文艺科科长。1939年12月起任国民政府行政院中央图书杂志审查委员会主任秘书、委员。1945年11月任国民党中央三民主义丛书编撰。1947年5月任国史馆征集史料科科长。新中国成立后曾在中国科学院近代史研究所南京史料整理处任职，1959年2月去职。1994年8月17日在南京病故。著有《总理遗嘱浅说》、《建国大纲浅释》、《平均地权浅说》、《中国国民党土地政策》、《中国国民党财政政策》、《中国国民党农业政策》、《中国国民党工业政策》、《中国国民党交通政策》、《中国国民党劳工政策》、《中国国民党边疆政策》、《中国国民党教育政策》、《中国国民党与抗战建国》、《中国国民党八周年来领导抗战的伟绩》、《抗战志略》、《新县制述要》、《中国县制史纲》、《军国民诗歌选》、《朴庐散文杂稿》、《朴庐诗稿》、《记抗战初期国民党中央宣传部长沙办事处》等。

**朱元鼎(1896—1986)**

原名朱继绍。鄞县人。1920年毕业于东吴大学生物系。1926年获美国康奈尔大学理学硕士学位。1934年获美国密歇根大学哲学博士学位。曾任上海圣约翰大学教授，生物系主任，研究院院长，理学院院长，代理教务长。1952年以后历任上海水产学院教授，海洋渔业研究室主任，鱼类研究室主任、院长，东海水产研究所所长。是第三、第五届全国人大代表，第二届全国政协委员，中国海洋湖沼学会、中国水产学会、中国鱼类学会创始人之一，中国动物学会理事，中国水产学会《水产学报》编委会第一、第二、第三届主任委员，《海洋与湖沼》、《动物学报》、《水生生物学报》等多种学术刊物编委，圣约翰大学校友会第一任会长。

**朱五楼(? —1920)**

吴兴县人。著名钱业经理人。辛亥革命时任福康钱庄协理兼顺康钱庄督理，钱业会商处总董。辛亥革命胜利后沪军都督陈其美因军政经费困难，要求提用原上海道存入福康等钱庄的款项，朱坚持须凭折付款，被陈其美软禁于湖州会馆。后钱业磋商决定由福康等18家钱庄摊借37万余两，始得解决。曾任多届上海总商会会董。1917年2月沪北钱公会成立时任首任会长；同月参与发起成立上海钱业公会，任会长。1918年参与创办永亨银行。1919年连任上海钱业公会会长。

**朱少先(1915—1992)**

字一鸣。海宁县人。1915年11月15日生。早年先后毕业于上海大同大学专修科及日本早稻田大学。回国后在南京国民政府军事委员会委员长侍从室、国民政府、总统府任科长、专门专员、简任秘书。1949年去台湾。1953年入“总统府”政府研究室从事日韩问题研究。1961年任“中华民国国际关系研究所”研究员，继续东北亚地区研究。1975年“中华民国国际关系研究所”并入“国立”政治大学国际关系研究中心后，任该中心研究员。从事日韩问题研究20余年，有不少论著发表。此外在“中国文化学院”日本研究所及“政治作战学校”政治研究所兼授战后日本国际关系研究等课程，多次应邀访问日本、韩国，或参加会议，或作学术讲演。著有《韩国民主化的艰难曲折过程》等。

**朱中孚(1849—1924)**

号信鱼。镇海县人。童年家贫务农，14岁学徒经营中药。1880年到上海，受到同乡巨商叶澄衷的赏识，托其署理海塘工程。1885年到镇江主持南顺记五金煤铁号，而后创办义昌润记药行，又一度任美孚洋行经理。因经商讲信义，加之资力雄厚，成为镇江工商界的实力人物。曾出资帮助修复句容北乡桥之镇"坎桥"，乡民即以其号名桥为"崇信桥"。曾铺设皇华亭、小营盘、小码头、牌湾路面，创办镇海陕北学校，创立镇江商团体育会，并首任会长。

**朱壬葆(1909—1987)**

金华县人。1909年2月8日生于金华岭下朱镇。1928年考入国立浙江大学教育系，后转入心理系就读。1932年本科毕业，得到贝时璋的同意留浙江大学生物系任助教。1936年考取公费留学，入英国爱丁堡大学研究院研究动物生理学。1938年毕业，获哲学博士学位。次年回国后历任金陵大学农学院、中央大学医学院、上海医学院教授。早年对内分泌生理有较深研究，阐明性激素、促进腺激素与甲状腺素作用的相互关系，被写入生理学专著。抗日战争胜利后在上海医学院担任教授会主席，支持学生进步活动。1951年筹建军事医学科学院生理学系。主持进行的空胃运动和消化运动的规律及其神经机制研究、出血性和烧伤性休克研究、放射性病的基本性质和发病机理研究等，均获重大成就。60年代领导研制成功中国第一代抗辐射药物，完成中国放射病第一个药物预防方案。是中国造血干细胞实验研究的创始人，发表造血干细胞专题论文20余篇。带领科技人员在进行"战时特种武器伤害的医学防护"重大科研成果攻关过程中作出卓越成绩。此成果于1985年获国家级科学技术进步奖特等奖。1980年当选为中国科学院生物学地学学部委员、一级研究员，军事医学科学院学位评定委员会主任委员、院专家组组长。担任《生理学报》、《生理科学进展》、《中华医学杂志》、《中华放射医学和防护杂志》、《解放军医学杂志》等刊物编委以及《应用生理学杂志》主编。1987年10月24日病故。

**朱公瑾(1902—1961)**

曾用名言钧、复和。余姚县人。1921年毕业于清华大学，后到德国攻读数学，1927年获博士学位。回国后历任光华大学、大同大学等校教授，光华大学副校长、教务长，德华大词典社编辑员，乙酉学社编译员。新中国成立后任西安交通大学数力系主任。著有《数理丛谈》、《高等数学》，译有《柯氏微积分》。

**朱文劭(1882—1955)**

字劼成，一作劼臣。黄岩县人。1902年中举人。1904年甲辰科进士。同年赴日本留学。1907年毕业于日本法政大学速成科。回国后历任清政府刑部贵州司主事，京师地方审判厅推事，广西省提法使司提法使。1911年11月浙江光复后任浙江都督府秘书长。1912年8月至1913年月任浙江省都督府提法司司长。1913年当选为国会众议院议员。袁世凯非法解散国会后，于1913年12月出任袁世凯任命的政治会议议员。1914年3月任袁世凯政府约法会议议员。同年5月任袁世凯政府参政院参政。袁世凯覆灭后国会恢复，重任众议院议员。1917年去广州出席非常国会会议，并当选为非常国会宪法起草委员。不久回上海创办台州轮船公司。1921年3月至1922年11月任江苏省政务厅厅长。1922年11月至1925年任江苏金陵道道尹。后任浙江会稽道道尹。1927年辞职回乡，主持兴修当地水利，并参与黄岩第一中学的建设。后任黄岩县修志馆馆长，主持修撰黄岩县新志。1945年当选为县参议会议长。1949年5月积极参与黄岩和平解放。新中国成立后历任全国政协特邀代表、浙江省人民代表、黄岩县人民代表会议常务委员会副主席等职。1955年9月病故。

**朱文钧(1882—1937)**

字幼平，号翼庵，藏书室名为"六唐人斋"。萧山县人。清光绪年间曾游学英、法，归国后署度支部员外郎。辛亥革命后任财政部参事、盐务署厅长。1928年脱离政界，从事古书古物工作。为我国近代著名收藏家、鉴定家，故宫博物院成立之初曾受聘任特约专门委员，负责对文物的鉴定考证。勤学好古，工书善画，学识渊博，识力深邃，尤精于金石之学，对文物鉴别谨严，极受当时推重，有"识密洞鉴"之誉。毕生致力于收藏考鉴，藏书多达10余万卷(册)，以古籍、书画、碑帖为多，其中有汉唐碑帖善本700余种、宋版《李长吉文集》等罕见秘本，亦收藏铜瓷器、竹木、砚墨等古物。所藏全数碑帖、明清善本古籍2万余册，明清珍贵紫檀木家具20余件和端砚、宣炉等文物先后由其后裔遵其遗愿，捐赠国家。平生著述多在"文革"中散失，其后人整理有《左传杜注续补》、《读汉书札记》、《欧斋石墨题跋》、《倚山阁诗文存》、《欧斋百砚谱》、《翼庵藏墨》六种。

**朱书麟(1918— )**

海盐县人。能源专家。早年中央大学水利工程学系毕业，获日本大阪大学工学博士学位。曾先后任职于国民党中央水工试验所、资源委员会水力发电勘测总队、交通部滇缅公路油管工程处。1946年后历任台湾电力公司股长、课长、主任、处长、协理、总经理等职。致力于台湾的大南、立雾、龙涧、石门大甲溪等电力工程的修复和扩建。水库规划曾首创多目标流域开发的观念及方法；水电开发中又提出“一四〇八”方案，以节省工程费用，全力推动建设核能发电，以解决台湾能源短缺和石油危机。先后建成核能一厂的一、二号机，核能二厂又采用新型第六代沸水式反应器，至超高压及特超高压输电线路，使台湾步入国际高压电力之列。

**朱孔阳(1884—1941)**

字守梅。奉化县人。早年毕业于公立两浙高等师范学校。1925年去广州，任黄埔军校军需处副处长。1926年任国民革命军总司令部经理处处长。1928年任国民革命军编遣委员会中央编遣区办事处副处长。1929年7月任国民政府军政部军需署少将副署长。1931年1月任中将署长。1934年2月至1939年任浙江省政府委员。1937年抗日战争爆发后兼任浙江地方银行董事长、中国农民银行常务理事、江浙商业储蓄董事。

**朱正伦(1875—1934)**

字子常，里人呼曰阿伦。永嘉县人。民间艺人。初习泥水匠，画门头花，继从其岳父习塑匠，又曾学雕花木匠，终能融合各种技巧而成就造型艺术之特长。曾延至上海美专任劳作科雕塑教师。善雕黄杨木人物，因材象形，妙造自然。平日定制甚多，但非至穷困时不动手，作品上每刻“子常”二字细款。所作题材如济颠、渔翁、牧童、捉迷藏、戏弥陀、刘海、苏武牧羊、王羲之爱鹅、太白醉酒、欢天喜地等，无不栩栩如生，神形俱妙。

**朱世庆(1918— )**

镇海县人。早年毕业于上海敬业中学。历任中国航运公司经理、副总经理、董事、监察人，第一人寿保险公司董事、监察人。1949年去台湾后先后创办台湾威利轮船公司和益寿航业公司。其中益寿航业司创建于1963年，任常务董事兼总经理。1964年该公司发行股票，成为台湾第一家上市的轮船公司。

**朱生豪(1912—1944)**

原名朱文森，又名文生，学名森豪，笔名朱朱、朱生等。嘉兴县人。1929年入杭州之江大学，主修中国文学，同时攻读英语。具有很高的文学素养、英语水平和翻译能力。大学二年级时参加“之江诗社”，其才华深得教师及同学的称赞。1933年毕业后入上海世界书局，任英文编辑。对《莎士比亚全集》各种版本进行校勘，并于1937年开始翻译，译有莎士比亚剧作31部。是中国翻译莎士比亚作品较早和最多的一人，译文质量和风格卓具特色，为国内外莎士比亚研究者所公认。

**朱有瓛(1909—1997)**

黄岩县人。1927年曾任黄岩县立女子师范讲习所代课教师。曾与奚继武等组织“椒江读书会”、“求益学社”。1928年入上海私立光华大学教育系就读，1932年毕业。1937年至1939年到英国伦敦、法国巴黎访学。1940年11月任国民政府教育部直属国立师范学院教授，兼任国师附中校长。后任上海光华大学教授、教育系主任。1952年后任华东师范大学教授、教育系副主任及教育科学研究所副所长等职。民国时期曾在刊物上发表30余篇论文，其中大部分是介绍外国教育状况的，并著有《义务教育ABC》、《学生知识检查与评定》等。后期转向中国近代教育史研究，主编有《中国近代学制史料》，共四辑七卷，是中国近代教育史研究的基础读物。

**朱执信(1885—1920)**

原名大符，字执信，以字行。原籍萧山县，生于广东番禺(今广州市)。1885年10月12日生。幼年读私塾，1902年入广州教忠学堂。1904年入京师大学堂预科，年底以官费留学日本，入日本法政大学速成科第二期。1905年8月加入中国同盟会，当选为评议部议员兼书记。1906年夏毕业于日本东京法政大学。不久奉孙中山之命回国，先后在广东高等学堂、法政学堂、方言学堂任教员。同年在东京《民报》上连续介绍马克思、恩格斯的事迹，翻译《德意志社会革命家列传》、《共产党宣言》和《资本论》部分内容。以后又撰写《社会革命党与政治革命并行》等10余篇论文。1910年与赵声、倪映典等在广州发动新军起义，并赴顺德一带发动民军响应。1911年4月27日参加黄兴、赵声领导的广州黄花岗起义，失败后出走香港。武昌起义爆发后负责策动广东民军会攻广州。广州光复后出任广东都督府总参议，并负责编练军队，准备北伐。南北议和后任广(州)阳(江)军务处督办和广东审计院院长。1913年夏在广东参加“二次革命”，失败后潜往日本。1914年9月返港协助邓铿讨袁。受邓铿委派，前往新加坡等地筹款。同年11月留诀别书后准备大规模起事，反袁和驱逐广东将军龙济光，领导惠州、博罗、佛山民军起事，并曾攻占电白。1915年主持澳门机关部工作，策划讨伐龙济光。同年11月奉孙中山之召赴日筹商讨袁事宜，正式加入中华革命党；12月2日受命为中华革命军广东司令长官；16日返回澳门。1916年4月指挥广东民军攻占新宁、梁城等地；6月袁世凯死，停止讨袁军事活动；年底奉孙中山命令结束中华革命军，前往上海。1917

年追随孙中山参加护法运动，任孙中山大元帅府军务联络等职，并负责起草《建国方略》等著作。苏联“十月革命”后开始“从事思想之革新”。1918 年在上海筹办《建设》杂志。从 1919 年至 1920 年的一年多时间里在上海《民国日报》副刊《星期评论》及《建设》杂志上发表 100 余篇评论时政文章，系统地阐述了他的社会主义思想。1920 年 9 月 21 日被桂系军阀杀害于广东虎门。次年 1 月 16 日其灵柩安葬于广州东郊沙河驷马岗（今先烈路），1936 年迁移至广州执信中学校园内。

**朱　光（1917—1946）**

又名学祥，乃得。温岭县人。1938 年初考进天台大公中学学习，受进步书刊的影响，积极投入抗日救亡活动。同年 5 月加入中国共产党。1939 年与 10 余名同学随大公中学教师顾崇实转到黄岩县君毅中学。根据台属特委指示，在君毅中学建立了地下党支部，而后该校又成立了以朱为主席的学生救国会，发动学生建立剧团歌咏队，刊出抗日墙报，在校内外掀起了轰轰烈烈的抗日救亡高潮。1939 年秋受党组织指派，前往皖南新四军军部教导部队学习，毕业后负责民运工作。1941 年初在皖南事变中突围出来，被组织分配到江苏省兴化县委负责宣传，不久调任县委组织部长。后进入华东党校学习，1944 年毕业后分配到浙东四明山根据地，担任中共鄞县县委书记。1945 年 10 月随新四军浙东纵队主力北撤山东，任华东野战军第一纵队三师九团政治处主任。1946 年冬在鲁南战斗中牺牲。

**朱光斗（1871—1925）**

字继庵，号焕南。青田县人。早年中秀才，后入湖南陆军将弁学堂学习。曾任湖南新军第四十九标排长，期间加入中国同盟会。1911 年任湖南新军第四十九标管带（营长）。辛亥革命爆发后参加湖南新军起义，并率部参加援鄂之役。1912 年所在部队改编为陆军第四师，任第十四团（又称第七团）上校团长，后一度代理第二旅旅长。1916 年任浙江陆军混成旅第二营营长。次年 11 月为响应孙中山领导的“护法活动”，参加叶焕华等领导的浙江倒袁易帜活动，宣布宁波“自立”。失败后携带家眷远走湖南，在湘军任少将旅长。1917 年 9 月 1 日孙中山在广州成立军政府，任大元帅府军事秘书。

**朱光奎（1878—1963）**

字浣青，号焕辰。青田县人。南京江南陆师学堂毕业，旋考取公费去日本宪兵学校学习军事。在学习期间经陈其美介绍，加入同盟会。毕业回国后历任两江督练所科长、两江宪兵学堂总监、浙江测绘学堂监督、南京陆师学堂教习，以及湖南弁目学堂总教习等职。湘军及各地军队将领中出其门下者甚多。

**朱光焘（1886—1963）**

字谋先。杭县人。著名丝织企业家。1905 年杭州安定中学毕业后，次年赴东京高等工业学校染织科留学。1909 年毕业回国，应当年科举考试中进士，次年殿试一等，授翰林院庶吉士。1911 年担任浙江省立中等工业学堂染织科主任。1912 年与该校校长朱炳堃邀张芷麟、高孟曾等集资 2 万元，在杭州创办纬成丝呢公司，为江南丝织工业向国外引进先进织机第一家。次年增资至 4 万元，正式成立纬成股份有限公司，开我国丝织业的新纪元。1914 年投资 6.3 万元，自设近代缫丝厂，所产“蚕猫牌”厂丝除满足本绸厂外，畅销国际市场。1915 年该产品获巴拿马国际博览会金奖。此时公司有织机 360 台、缫丝车 488 台、复摇车 232 台，成为浙江最大民族资本丝绸企业。1923 年纬成公司增资至 240 万元。同年再投资 100 万元在嘉兴近郊南湖湖畔建裕嘉分厂。1925 年又筹资 240 万元，在裕嘉分厂内建成绢纺厂，产品通过上海怡成、久成、锦丰、永兴等洋行或直接销往海外。同年公司资产超过 300 万元，形成收茧、缫丝、织绸、绢纺、炼染、进出口贸易于一体的全国最大的丝绸联合企业，职工 4600 余人。1927 年下半年经营开始亏损。1928 年公司织绸业务停办，受经济危机影响。1932 年全部闭歇。1937 年 12 月杭州沦陷后公司厂房被日军侵占。抗战胜利后公司转租并改称福华第一丝厂。新中国成立后迁居沈阳。1963 年病故。

**朱光沐（1897—?）**

字秀峰。绍兴县人。早年毕业于国立北京大学法科。毕业后投奔奉系少帅张学良，历任安国军第三四方面军团部机要秘书兼军法处处长、东三省保安总司令部军卫处处长、同泽新民储才馆教育长。1929 年 1 月任东北边防军司令长官公署秘书、辽宁省党部委员、东北电政管理局局长。1931 年任国民政府陆海空军副司令行营总务处处长。1932 年任北平“绥靖”公署总务处处长。1936 年 12 月下旬张学良因西安事变失去自由后投奔张之好友宋子文，担任秘书。1949 年移居香港。

**朱自清（1898—1948）**

原名自华，字佩弦。原籍绍兴，生于江苏扬州。1916 年毕业于江苏省立第八中学。1920年毕业于北京大学哲学系。学生时代开始创作新诗、散文写作。曾加入新潮社、文学研究会。1922年与叶圣陶等组织中国新诗社，并创办《诗》月刊。其后又与俞平伯等组织过OM社。代表性的散文作品有《荷塘月色》、《背影》、《桨声灯影里的秦淮河》。曾在浙江第一师范、江苏第八中学、清华大学、西南联大任教。与夏丏尊、朱光潜、郑振铎交往，相互影响。抗战结束后积极支持反对国民党统治的学生运动。1948年在北平病故。著有诗文集《踪迹》，散文集《背影》、《欧游杂记》、《你我》，文艺论著《诗言志辨》、《论雅俗共赏》等。

**朱庆澜(1874—1941)**

字子桥，亦作子樵、紫桥。山阴县人。1874年生于山东长清。6岁丧父，14岁丧母，自幼孤贫力学，取得附生资格。后随友赴东北，投东三省总督赵尔巽幕府，深受赏识，历任奉天凤凰、安东、锦州县知县，后调奉天督练公所巡警总局任职。1907年任奉天新军步队第二标标统，不久入陆军将校研究所，充奉天督练公所参议。1909年随新任四川总督赵尔巽入川。1911年先后任四川巡警道、第三十三混成协协统、陆军第十七镇统制，利用职务提携和庇护在川的革命党人程潜、姜登选等，为四川辛亥革命的成功创造了条件。辛亥武昌起义后在四川响应革命，宣布四川独立，被推举为四川大汉军政府副都督。1912年任黑龙江都督公署参谋长。同年1月授予陆军中将。1913年10月任黑龙江护军使兼署民政长。1914年1月加陆军上将衔。同年6月至1916年6月任黑龙江将军兼巡按使。1915年9月与段芝归等14省将军联名通电宣布拥戴袁世凯称帝；12月被袁世凯策封为一等子爵。1916年7月至1917年7月任广东省长。1917年7月改任广东新军司令，拥护孙中山发起的护法运动。不久被北洋政府撤职，遂将其统率的二十营交给孙中山成立粤军，然后离开广东寓居上海。1922年应张作霖之邀，重返东北，任东北特别区行政长官兼中东铁路护路军总司令，1925年去职。1929年3月任国民政府赈灾委员会常务委员。1930年1月任国民政府赈务委员会常务委员长。1931年“九一八”事变后在北平设立辽(宁)吉(林)黑(龙江)热(河)四省民众后援会，任会长，积极募款支持东北义勇军。1932年“一·二八”事变发生后又发起向国内外募捐，并承担宣传、医疗、运输等工作，支持十九路军与第五军抗日。1931年2月至1932年5月任国民党监察院委员。1931年10月至1933年4月任黄河水利委员会委员长。1933年5月捐助10万银元支持冯玉祥在张家口组织察哈尔民众抗日同盟军抗日。1935年7月起任中央救灾准备金保管委员会常务委员。1936年2月任国民政府赈务委员会委员长。1938年8月任全国赈济委员会常务委员兼主持第五救灾区工作，常年奔走于山西、陕西、河南之间，救助无助的灾民。抗战期间在陕西创立黄龙山垦区，收容难民达5万余人。1941年1月13日在西安病故。公葬于长安县杜曲乡东韦村，冯玉祥为之作碑文。

**朱如堂(1901—?)**

吴兴县人。实业家朱子谦之子，银行家。上海圣约翰大学毕业后赴美国纽约大学留学，获商科经济学硕士。回国后任暨南、国民两所大学教授。后任广东国民政府财政部第三科长，旋任保裕保险公司华经理。1931年上海商业储蓄银行与美国保险公司合组宝丰保险公司，任董事兼总经理。30年代还任大中华赛璐珞制造厂董事长。太平洋战争爆发后任上海商业储蓄银行董事长兼总经理。1943年又兼环球信托公司董事及中国第一信用保险公司、亚洲大药房等企业董事和上海银行公会执行委员。当时汪伪政府为解决财政困难，准备对上海银钱业开征营业所得税，朱与陈朵如等相商在会计账目上做手脚以抗拒巨额所得税，使同业减少损失。抗战胜利后又兼任上海银行董事长。新中国成立后任上海银行副董事长。

**朱旭昌(1884—?)**

又名昌焕，字好华。镇海县人。早年投资创办宁波锦华行，经营亚细亚石油。在宁波、绍兴、台州等地城乡遍设分号。同时投资上海大统被单厂、好华氏烛皂厂、太乙味精厂，并投资宁波福利、益康两家钱庄，任经理。1941年兼任宝丰保险公司宁波监理处经理，宁波总商会会董、执行委员，宁波市政府建设委员会委员，宁波市商会监察委员、常务委员，宁波钱业公会常务委员，上海市钱业公会第十四届常务理事，全国钱庄业同业公会联合会理事等。

**朱孝臧(1857—1931)**

原名祖谋，字古微，号沤尹，又号彊村。归安县人。父光第，曾任郑州知州，童年随父在河南生活。1882年中举人，1883年中进士，入翰林院任庶吉士，旋授编修，后任国史馆协修、会典馆总纂。1888年任江西乡试副考官。1898年任会试同考官。后升翰林院侍讲，充日讲起居注，累迁至侍讲学士。1900年义和团运动爆发，上疏反对仇教开衅。

1901年《辛丑条约》签订后相继升内阁学士、礼部侍郎兼署吏部侍郎。1904年任广东学政。因与总督意见不合，于1906年称病退职，卜居苏州。不久被聘为江西法政学堂监督。1909年任弼德院顾问大臣，因病未赴任。1911年辛亥革命后隐居上海，以清室遗老自居，与陈三立、沈曾植等组织"超社"、"逸社"，唱和酬应，抒发怀恋亡清的情绪。1919年11月应沈曾植之邀请参与编纂《浙江通志》。曾拒绝袁世凯高等顾问之聘，以示不与民国合作。1931年11月22日在上海病故。生前曾校刻唐宋五代金元词160余家，编为《彊村丛书》共260卷，又辑《湖州词征》24卷、《国朝湖州词录》6卷及《沧海遗音集》等。其个人著述由门人龙沐勋汇编成《彊村遗书》。

**朱志奋(1910— )**

永嘉县人。早年曾在瑞安中学任教师。后考入私立东吴大学法学院，1933年毕业。同年10月参加第二届高等考试司法官考试及格，分发江苏吴县地方法院见习。1935年经司法官考试及格，分发上海第二特区地方法院任候补推事。1936年任江苏上海地方法院推事。抗战期间任浙江省高等法院第一分院推事。1945年8月抗战胜利后复员回杭州，任浙江省高等法院推事兼浙江省财务人员训练班教授。1946年9月任国民政府司法行政部刑事司科长。1949年1月任首都地方法院首席检察官；6月任福建厦门地方法院首席检察官。1950年去台湾，任"司法行政部"科长、主任秘书等职。1951年辞职，在台北执律师业。1956年兼台湾东吴大学法学院教授。

**朱志燿(1920— )**

字朗先。杭县人。国立上海交通大学化学系毕业。历任经济部台湾区特派员办公处监理委员，资源委员会台湾纸业公司台北厂二结工场主任，文华造纸厂厂长，大康造纸厂经理，宏康纸业公司副总经理，宝隆纸业公司副总经理，合众纸业公司董事长，太中工业公司董事长，太中兴业公司董事长，宝隆纸业公司董事，《纸业新闻》社社长及"中国文化大学"华冈教授。著有《制浆造纸学》。

**朱伯绥(1893—?)**

绍兴县人。1919年春毕业于保定陆军军官学校第六期步兵科。后毕业于陆军大学第九期。曾任国民政府军事委员会军政部马政司司长。1945年2月20日被国民政府授予陆军少将军衔。1947年3月5日被国民政府授予陆军中将。

**朱伯康(1907—2005)**

温岭县人。1907年8月生。1930年毕业于上海劳动大学社会科学院经济系。1932年作为十九路军少校参谋，参加了闻名中外的淞沪"一·二八"抗战。1934赴德国法兰克福大学政治经济学院留学。1937年毕业，获经济学博士学位。回国后任广州中山大学法学院经济系副教授，一年后升为教授。曾主编《现代中国》月刊。此后历任遵义浙江大学、重庆中央大学、国立同济大学等校教授。1946年起任上海复旦大学教授，曾兼任经济系系主任、民盟复旦大学主委等职。编著有《十九路军抗日血战史料》(与华振中合编)、《中国封建社会之史的考察》、《经济学纲要》、《经济建设论》、《中国经济通史》等。

**朱希祖(1879—1944)**

字逷先。海盐县人。早年留学日本早稻田大学师范史地科。1908年曾在东京与鲁迅同章太炎学习《说文解字》。归国后又与鲁迅同任浙江两级师范学堂教员。1913年到北京，任清史馆编修多年。1921年参与发起成立文学研究会。同年任浙江省教育司第三科科长。1923年起任北京大学教授，同时在北京女子师范大学、清华大学任教，并曾一度任中山大学教授。著有《西魏赐姓源流考》、《中国史学通论》、《伪齐录校补》、《杨么事迹考证》、《明季史料题跋》等。

**朱君毅(1892—1963)**

原名斌魁。江山县人。1910年考取北京清华学堂留美预备生。1916年秋赴美留学，先后获霍布金斯大学教育系学士学位、哥伦比亚大学哲学博士学位，专攻教育心理学与教育统计学。1922年回国，途中取道欧洲，赴英国、法国、德国、荷兰、比利时、意大利考察教育事业，并合写《欧洲经验谈》，介绍西欧各国教育制度。归国后历任东南大学、南京女子师范学校、清华大学、北京大学、北京师范大学、厦门大学教授等职。教育思想上受美国杜威思想影响极深，提倡实验主义教育学说。1931年起受国民政府考试院聘，兼任历届文官高等考试襄试委员。1934年任南京国民政府主计处主计官兼统计局副局长。1947年任总统府统计局副局长。同年以中华民国首席代表身份赴美国华盛顿参加国际统计学会及第25届世界统计大会、联合国国际社会经济理事会等。1949年辞职赴四川，任教于重庆正阳学院。1950年任杭州之江大学统计学教授。1952年任上海财经学院教授。1956年加入中国国民党革命委员会。一生从事统计行政与教学工作,对统计理论研究造诣较深,著书立说,卓有贡献。著有《教育统计学》、《教育测验与统计》、《统计与测验名词英汉对照表》、《中国历代人物之地理的分布》、《统计学概要》等,译著有《教育统计学纲要》、《心理学与教育之统计法》、《统计方法大纲》等。

**朱 英(1889—1955)**

字荇青,号杏卿。平湖县人。受教于琵琶名家李芳园,勤奋好学,技艺益精,曾赴美、日两国演奏。1927年先后应聘在国立上海音乐学院、湖北师范学校艺术系任国乐教授,执教10余年。对音乐理论、乐曲创作和琵琶演奏颇有研究。抗战期间创作了不少激发爱国热情的琵琶乐曲,如《哀水灾》、《难忘曲》、《淞沪血战》等。抗战胜利后返故里,执教于平湖县中。1953年应聘为中央音乐学院特邀琵琶演员。1955年6月在平湖病故。

**朱松龄(1911—1985)**

定海县人。上海圣约翰大学理学硕士。历任上海宁绍、华安、保安保险公司营业部经理,圣约翰大学助教,美国台尔模电讯器材厂工程师。1948年在上海创设三英电业厂,任厂长,主要生产电解铜。公私合营后任三英电业厂私方厂长,负责技术工作。50年代上海无线电行业获知发达国家用电解铜箔制作线路板,要三英厂试制,朱经过多年试验探索试制出多种型号铜箔,为开创中国电解铜箔生产和发展无线电、电子工业作出了贡献。

**朱 枫(1909—1950)**

女。又名朱谌之。镇海县人。早年就读于镇海中学。1925年参加声援"五卅"惨案的游行示威活动。1927年远嫁奉天兵工厂炮厂技师陈某为继室。1931年"九一八"事变后东北沦陷,回到镇海老家。1932年其夫病故后在老家过了几年大家庭主妇式的生活,后与中共党员朱晓光结婚。1937年抗日战争爆发后参加抗日救亡活动。同年底一家人到武汉。1938年初到武汉新知书店工作,并捐款500元。武汉会战前夕转移至湖南桃源、沅陵等地。分娩后携家人到金华,在新知书店金华分店工作。1939年秋新四军教导总队设立随军书店,与丈夫一起来到皖南新四军教导总队驻地中村管理书店。1941年夏化名周爱梅,三次进入上饶集中营探望和设法营救"皖南事变"中被国民党逮捕关押的丈夫。1942年春朱晓光越狱成功,夫妇到重庆、上海等地从事抗日活动。1945年春加入中国共产党,调至中共华中局在沪贸易机构联丰棉布号和鼎元钱庄管理财务,兼管情报部门经费。在李克农的直接领导下,巧妙利用关系,周旋于国民党上层人物之间,保护党的事业和同志的安全。1949年11月间奉中共华东局指派,取道香港前往台湾,担任交通员,负责传递台湾当局"国防部次长"吴石(中共地下党员)取得的情报,为解放舟山、金门等地作准备。11月底抵达台北,即陆续与蔡孝乾(中共台湾工作委员会书记)、吴石两人取得联系,将吴石提交的绝密情报微缩胶卷通过香港关系,送到大陆。1950年2月初台湾地下党被破坏,蔡孝乾被捕后叛变,导致吴石等数百人被逮捕,朱利用吴石被捕前以"国防部次长"开出的特别通行证搭乘军用运输机飞往舟山,准备俟机搭船返回上海。2月底在舟山沈家门被国民党抓捕,送回台北。经受严刑逼供和利诱哄骗,1950年6月10日下午4点,在台北马场町刑场英勇就义。

**朱 侠(1904—1948)**

字尚义。黄埔军校第六期毕业生。曾任南京国民政府参谋本部少校科员。1932年12月入陆军大学正则班第一期学习。1935年12月结业后任参谋本部第一厅中校科员。1936年任淞沪警备司令部参谋主任。1937年8月任国民革命军第六十一师参谋长。1938年1月被授予陆军步兵上校。1940年2月任第四十二军参谋长。1945年任第三十八集团军参谋长。1946年1月任整编第一军参谋长。1947年8月任整编第一二三旅旅长。1948年4月任整编第二十六师副师长。同年8月9日在陕西与解放军西北野战军作战时阵亡。同年9月22日被追授为陆军少将。

**朱国勋(1917— )**

字叔渔。吴兴县人。1917年5月13日生。早年先后就读于南京金陵大学历史系,南京中央军校。1949年去台湾后相继入"陆军装甲兵学校"、"陆军指挥参谋大学"学习,并到英国皇家驻印陆军军官学校及美国陆军步兵学校深造。历任国民革命军排长、连长、参谋、教官、主任教官。后任台湾当局驻泰国"大使馆三军武官","国防部联络局"局长。1974年10月退役,担任私立东吴大学教授兼训导长。1975年9月任"交通部"观光局局长。

**朱国梁(1903—1961)**

原名朱道正,又名朱钢龙。镇海县人。自幼喜看新剧,深受春柳社影响,与民鸣社结交,并登场演戏,自取艺名筱燕香。1921年进光裕社学唱评弹。后又随郑小赓学唱苏州滩簧。1925年进天韵楼班为苏州滩簧坐唱班司鼓。1927年离班，以卖文为生。1929年自组国风苏剧社。1934年在上海组织成立苏滩歌剧研究会，任常务理事，并创办《艺言月刊》任主编。同年又创办“上海第一识字学校”，自任校长。与此同时经营国风苏剧社，锐意创新，自编剧目，将坐唱改为化装演出，使苏州滩簧变成苏剧。剧团也改名为国风苏剧团，兼唱苏州滩簧、昆曲，以苏州滩簧为主，在江、浙、沪一带城乡流动演出，艰难度日。1956年与周传瑛、王传松等共同改编演出昆剧《十五贯》获得成功。之前一直任国风苏剧社、国风苏剧团的班长、团长；之后为浙江昆苏剧团主要演员。

**朱国璋(1913—1981)**

字仲谋。吴兴县人。1936年毕业于国立上海商学院会计系，获商学学士学位。后留学英国伯明翰大学，获商学硕士学位。曾任暨南大学会计系教授，后任重庆大学商学院教授，同时担任国立中央大学兼任教授。1943年由学生以民主投票方式推选为重庆商学院院长，是我国教育史上由学生选举出任院长的第一人。1946年2月受聘为国立上海商学院复校筹备委员会委员；6月出任院长，并且代表教育团体当选为“国民大会”代表。1949年去台湾，先后任台湾大学、政治大学、东吴大学教授和美国伊利诺大学客座教授，并继续担任“国民大会”教育团体代表，兼任台北市会计师公会常务理事、会计问题评议委员会主任委员、“考试院”考试委员等职。1968年受聘赴美国伊利诺大学担任会计研究所为期一年的客座教授。1970年与陈振铣教授合作创办“朱陈会计师事务所”。1974年7月任台湾编译馆《会计学名词》审查委员主任委员。1977年退休。1981年12月去世。著有《高等会计》、《公司理财》、《近代会计理论之介绍》等。

**朱念慈(1911—1973)**

字大殷。上虞县人。早年毕业于私立上海法政学院。历任杭州地方法院检察官，重庆实验地方法院庭长，上海地方法院庭长，台湾高等法院推事，上海政法大学教授，上海地方法院庭院长。1947年1月当选为“行宪”国民大会代表。1949年去台湾，继续担任“国民大会代表”。

**朱学忠(1913—　)**

字元式。义乌县人。1934年考入浙江省立医学专科学校。1938年7月毕业。同年12月任浙江省医疗防疫总队医师。其后曾任浙江省第一、第二区中心卫生院院长，浙江省第二巡回卫生工作队队长等职。1946年1月任浙江省卫生厅视导，3月兼任衢州中心卫生院院长，5月兼任浙江省第二防疫队队长。1947年兼浙江省医疗防疫副队长。1948年1月被任命为新成立的省立衢州医院院长。1949年11月任浙江省卫生厅技正。1982年退休。著有《救护学》。

**朱学勉(1912—1944)**

原名应瑞贤，化名应启、杨寿明，笔名叶峰、杨明、秋悲。宁海县人。14岁高小毕业后辍学，到宁海药店当学徒。1929年到上海中药店当店员，开始接触进步书刊，尤其爱读鲁迅作品，并用笔名“秋悲”发表文章，抨击时政。1937年抗战爆发后在哥哥应野萍和李守先、王任叔等人资助下只身奔赴延安，进入陕北公学学习。同年11月在公学加入中国共产党。1938年2月从陕北公学毕业后奉党组织委派回浙江工作，在浙南泰顺、松阳等地从事党的工作。同年夏调到宁波，担任中共鄞县县委书记、中共宁波中心县委组织部长。1939年9月任中共余姚中心县委书记。1941年“皖南事变”后任中共诸暨县委书记。为保存党的力量，解决活动经费，建议党员干部“职业化”，带头在浬浦附近的陈家坞开设豆糕店。1942年5月日军发动“浙赣战役”，诸暨沦陷，党的工作重心转入领导抗日游击战争。遵照上级党的指示，通过诸北泌湖乡乡长、中共党员何文隆，组建诸北泌湖乡抗日自卫队，后又发展为诸北四乡、八乡抗日自卫队，兼任一中队指导员。同年11月底率“八乡联队”去四明山参加浙东第一次反顽自卫战争。1943年12月任金萧支队第一大队大队长。1944年1月随金萧支队去四明山参加第二次反顽自卫战争。同年3月金萧支队转移到诸暨墨城坞南半山村，此时驻守在枫桥镇和阮家埠的汪伪独立第四旅旅长蔡廉亲率所部千余人，分头向沿江进犯。奉支队首长命令率领一大队解决占领庙西的敌人，在打退敌人的第三次冲锋中胸部中弹牺牲。为纪念烈士，金萧支队诸暨办事处于1945年7月将枫桥魏家坞忠义中学改名为学勉公学(今名学勉中学)。

**朱宝庭(1880—1947)**

镇海县人。1893年进上海英商太古轮船公司当仆役。后充盛京轮、保定轮等船水手，曾带头反抗船主、工头对工人的欺压。1918年参与筹建上海均安水手公所，捐款救济失业水手，介绍就业，举办工人子弟学校。1919年五四运动时在上海领导海员工人进行反帝反封建斗争。1922年4月赴广州，出席第一次全国劳动大会，又参加广州工人反帝反军阀示威游行。同年加入中国共产党。回沪后参与建立中华海员工会联合总会上海支部，率工会代表与招商局谈判增加工资未成，旋发动香港海员大罢工，使该局30艘轮船中有24艘停航。1925年上海"五卅"运动中负责领导海员总罢工，组建工人纠察队。1926年任全国海员工会执行委员，赴广州出席第三次全国劳动大会。1927年出席第四次全国劳动大会及太平洋第一次劳动会议，任中华全国总工会执行委员、太平洋职工国际委员、海员职工国际委员。"四一二"反革命政变及汪精卫集团"七一五"政变后一度赴汕头、香港，继至津沽等地筹建海员工会。1930年返沪后任海员工会长江部负责人。1931年赴苏联，参与赤色职工国际领导工作。1933年回国后负责闽浙赣革命根据地工会工作。1935年到上海，参加抗日救亡运动。1937年抗日战争爆发后到延安，任中共中央职工委员会委员。1947年1月24日在陕北安塞县病故。

**朱宗良(1890—1970)**

字绳先，一作尘仙，号无射。海盐县人。自幼熟读四书五经，14岁考入嘉兴府中学堂，毕业后入杭州高等师范学堂。1911年毕业后去上海，协助于右任编辑《民立报》，加入同盟会。1915年任上海《民国日报》主笔。1926年任广东省政府土地厅主任秘书。1927年后历任南京国民政府秘书、行政院参事。1933年12月起任南京国民政府监察院监察委员。1946年11月代理监察院浙江监察区监察使。1947年10月任监察院浙江监察区监察使。1948年夏再次当选为监察院监察委员。1949年去台湾。1970年2月9日病故。

**朱绍玉(1903—1932)**

化名李文、丁一元。瑞安县人。幼年当泥水匠学徒。1927年3月加入中国共产党。1928年2月在瑞安渔潭、仙岩等地发展党员，建立农村党支部。1929年10月任中共瑞安县县委农委委员。1930年1月任中共瑞安县委书记，积极整顿、恢复瑞安党的组织，开展群众运动和武装斗争。全县建立六个区委、172个支部，党员达2100余人。组建了红军游击队和赤卫队各3000人，其中北区的红军游击队500余人被编入红十三军第一团。同年6月23日任中共浙南特委工人运动委员会委员；10月任中共平阳县委书记；12月任中共温州中心县委工运委委员。1931年6月任改组后的中共温州中心县委书记，继续恢复发展党组织，曾发动党员在一夜间从平阳鳌江至温州的桥墩上贴满了革命标语，以揭穿国民党"浙南共产党已完全被消灭"的谎言。国民党当局下令悬赏缉捕，于同年9月10日被逮捕。1932年在温州英勇就义。

**朱经农(1887—1951)**

原籍江苏宝山。1887年8月14日出生于浙江浦江。1903年入湖南常德府中学堂学习。1904年赴日本留学，入弘文学院。1905年转入成城学校。同年在日本加入同盟会。年底自日本返沪，与留日同学在上海创办私立中国公学。1908年任私立中国新年公学董事。1910年受聘任教于湖南高等实业学堂，教授英文兼任农业学通译。1912年初应宋教仁和覃振的邀请赴北京，先后任《民主报》编辑和《亚东新闻》总编辑，不久加入国民党。1913年"二次革命"爆发，报纸被袁世凯政府查禁，人被通缉。1916年赴美留学。1918年获得华盛顿大学学士学位。1920年转入哥伦比亚大学师范学院攻读教育学。1921年获硕士学位后回国，任国立北京大学教育系教授。1923年任上海商务印书馆编辑。1924年秋兼任私立沪江大学国文系主任与教育学讲座。1925年主持私立光华大学教务，连任光华大学校董会数届校董。1927年7月任上海市教育局长。1928年4月任南京国民政府大学院普通教育司司长。1930年3月兼代教育部常务次长。1931年夏任齐鲁大学校长。1932年3月任国民政府立法院编译长。同年8月任湖南省政府委员兼教育厅长。1943年2月任国立中央大学教育长(校长蒋介石兼)。1944年8月任教育部政务次长。1945年任光华大学校长。1946年兼商务印书馆总经理。1948年11月任中国出席联合国文教会议科学文化组织第三届大会首席代表，会议结束后留在美国从事著述。1951年3月9日去世。编著有《教育大辞书》、《现代教育思潮》、《教育思想》、《爱山庐诗钞》，翻译有《明日之学校》等。

**朱显邦(1879—1955)**

又名文园，字文渊，乳名光显。缙云县人。蚕桑教育家。1905年毕业于杭州蚕学馆，次年派赴日本留学。1910年毕业于日本东京高等蚕业讲习所制丝科，回国后在杭州蚕学馆任教，并以蚕学馆为基地推广新缫丝法。1912年任浙江公立中等蚕桑学校校长。1914年在蚕桑学校开设缫丝传习所，任所长，积极在浙江全省推广蚕桑改良。1915年在蚕桑学校内开设推广部，在杭嘉湖、萧绍等重点养蚕区县开办蚕业改良场18处。1927年任海盐县政府建设科长，在该县筹办桑苗圃、模范桑园及蚕丝改良场。1928年回杭州担任女子蚕业讲习所教习。此后开办普利蚕种场。抗战爆发后返回缙云故里。抗战胜利后出任中国蚕丝公司浙江收茧管理处总督导,并兼浙江蚕种业协会藏库主任。1938年恢复普利蚕种场,任经理。1955年7月1日病故。

**朱贵卿(1909—1983)**

吴兴县人。1937年毕业于协和医学院。曾任协和医学院讲师、副教授。新中国成立后历任协和医学院、首都医院及首都医科大学副教授、教授和内科副主任、主任,中国防痨协会常务理事,中华医学会结核病科学会副主任委员等。主编有《呼吸内科学》,合编有《胸部疾病》等。

**朱复戡(1900—1989)**

原名义方,字百行,号静龛,40岁后更名起,号复戡,别署伏戡、凤戡。宁波人,生于上海。幼承庭训,涉猎经史,好书画篆刻,17岁参加海上题襟馆,师事吴昌硕。南洋公学毕业后留学法国,回国后历任上海美专教授、中国画会常委。新中国成立后从事美术设计。60年代由上海迁居山东济南、泰安,80年代返寓上海,受聘为上海交通大学教授。曾任国务院发展研究中心国际技术经济研究所上海分所高级研究员、山东省政协委员、上海佛教协会顾问、中国书法家协会名誉理事、西泠印社理事等。1989年上海成立朱复戡艺术研究室,任名誉主席。书法四体俱佳,尤擅篆籀,厚重朴实,别具风格;篆刻得吴昌硕亲授,古厚浑穆。辑有《静龛印集》、《朱复戡草书千字文修补草诀歌》、《朱复戡篆刻》、《复戡印存》、《朱复戡金石书画选》、《朱复戡大篆》、《大篆字帖》等。

**朱炳圻(1925— )**

桐乡县人。早年在大陆读完小学、中学,1949年中断学业,随家人去台湾。1953年毕业于台湾"国防医学院"医科第四十七期。1957年、1961年、1965年、1974年先后赴美国屈勒柏总医院、华盛顿大学、阿拉巴马州立大学医学院研修。历任台湾"陆军"第八〇四总医院住院医师、住院总医师、新陈代谢及胃肠科主治医师,"三军总医院"新陈代谢及内分泌科主任、医学研究部主任,"国防医学院"内科学系教授,"三军总医院"副院长、院长,"国防部军医局"局长等。先后担任"中华医学会"及糖尿病学会常务理事,"中华内分泌学会"理事,并当选为美国糖尿病学院院士。著有《糖尿病浅释》、《医药保健和健康指南》及论文数十篇。

**朱 洗(1900—1962)**

谱名朱永昌,学名朱玺,字玉文。临海县人。1900年9月13日生于临海黄沙店前村。1918年考入浙江省立第六中学(今台州中学)。同年因响应五四运动鼓动学潮而被开除;8月到上海商务印书馆当排字工人。1920年5月7日赴法国勤工俭学。1925年冬考入巴黎蒙伯利埃大学。1927年任该校生物实验室研究助理,在法国科学院院士、著名胚胎学家巴德荣(Batarllon)教授指导下进行人工单性生殖、异种杂交、卵细胞分裂节奏分析等课题的实验和研究,并与其合作先后发表论文十余篇。1931年通过法国国家科学院考试,以学术论文《无尾类杂交的细胞研究》获得法国国家博士学位。1932年回国后任广州中山大学教授。1933年在家乡创办琳山小学(后改为农校),任校长。1935年辞去中山大学教授一职,应李石曾之邀北上担任北平中法大学、中国大学教授,北平研究院动物研究所研究员。1936年创办上海动物研究所,任所长,创办《中国实验生物学杂志》。并与友人巴金、陆蠡等筹资兴办了文化生活出版社,承担了《现代生物学丛书》的编写工作。1941年回乡致力于琳山农校建设。1946年任台湾大学教授、动物系主任。1949年8月进入中国科学院担任实验生物研究所动物研究室主任。1953年任实验生物研究所副所长、《动物学报》编辑委员,一年后被任命为所长。1955年当选为中国科学院学部委员。1956年其蓖麻蚕研究成果获中科院自然科学三等奖。1958年当选为第二届全国人大代表(由山东省选出)。1962年7月24日在上海病故。一生共发表学术论文近70篇,现已编为《朱洗论文集》上下两册出版。著译20余种,其中有专著《生物的进化》、译著《动物学》(与张作人合作)和《脊椎动物发生学》。

**朱祖佑(1909—1996)**

字子猷。海宁县人。1909年5月9日生。1931年国立山东大学物理系本科毕业,入青岛观象台海洋科任技士。同年到法国巴黎海洋研究所进修。1935年结业后仍回原科任研究员。抗日战争期间先后在四川省、江西省气象所任职。1946年返回青岛观象台任海洋科科长。1948年4月迁居台湾,任台湾省气象所技正兼研究室主任。1955年任台湾大学动物系渔业生物专业教授。1957年赴华盛顿大学海洋系任客座研究员。1959年获博士学位,仍回台湾大学任教。其后兼任"国际海洋研究科学委员会"委员。1960年至1975年兼任执行秘书。期间常代表台湾参加联合国教科文组织海洋学委员会年会。1968年创办台湾大学海洋研究所，任首任所长；还曾兼任台湾师范大学等校教授。1978年退休后赴美定居。1996年12月5日在旧金山病故。是中国最早系统调查研究黑潮的学者。50年代后主要从事台湾邻近海域的黑潮研究。参加过“国际印度洋考察”(IIOE)、“黑潮及邻近水域合作调查”(CSK)，率领过“九连”号在邻近中国的南海和西太平洋调查，对台湾东岸黑潮的水文、流速结构、流量变动及其与水位变化关系进行了系统深入的工作。发表有关黑潮研究论文30余篇，著有《海洋学讲话》、《中国海洋》、《台湾气候》等。

**朱祖祥(1916—1996)**

慈溪县人。1916年10月5日生于宁波。1934年毕业于宁波效实中学。1938年毕业于国立浙江大学农学院，获学士学位，留校任教。1945年赴美留学，次年获密执安州立大学硕士学位，1948年获密执安州立大学博士学位。1949年至1952年任浙江大学校务委员、农化系主任。1952年至1966年历任浙江农学院、浙江农业大学土化系主任、教务负责人。1953年至1960年在中国科学院林业土壤研究所兼任研究员、筹备委员。1978年任浙江农业大学副校长。1980年任校长。同年当选为中国科学院生物学部委员，兼任浙江省科协副主席。1983年任中国水稻研究所首任所长。并曾兼任国务院学位委员会和国家自然科学基金委员会第一、第二届学科评议组成员，中国土壤学会副理事长、中国土壤肥料研究会副理事长，第八届全国人大代表，第五、第六届全国政协委员，第五、第六、第七届浙江省人大常委副主任，九三学社中央参议委员会常务委员及浙江省委员会名誉主委，浙江省科协名誉主席等。1996年11月18日在绍兴考察时去世。

**朱起凤(1874—1948)**

字丹九。海宁县人。出身书香门第，15岁应童子试入选。17岁拜海盐名儒徐麟石为师，第二年补廪生。历任硖石米业学堂和国学专修馆教员、硖石图书馆馆长。1911年参加同盟会。南京光复后铁道专家徐骝良组织抢修铁路的铁道大队，随革命军北上，任大队秘书。后任津浦铁路南局秘书。“二次革命”失败后回乡潜心著述。后应聘为教育部国语统一筹备委员会特约编纂员，并曾参加编辑《辞海》。毕生研究文字训诂之学。主要著作有《辞通》，凡300余万言，其中收集汉语双音词(包括双声、叠韵、连词、复合双音词等)约4万条，用同声假借等方法加以整理，博举例证，说明其用法、出处，每条下并加按语，阐述该词千百年来形、音、义三者的流变，对阅读和研究古汉语颇有参考价值，与《辞源》、《辞海》并称中国三大辞书。1986年《辞通续编》由其子吴文祺编辑。

**朱家骅(1893—1963)**

字骝先。吴兴县人。1893年5月30日生。早年先后就读于南浔正蒙学堂、南浔公学、程安高等小学堂。1908年秋考入德国医生埃里希·宝隆在上海创办的同济德文医学堂(今同济大学)学习。1910年参加同盟会。1911年与同学邵骥、《民主报》主编广告部主任徐霁生等发起组织中国敢死队，并被推举为队长。10月10日武昌起义爆发后偕同学黄伯樵率沪、宁学生及留日学生20余人跟同盟会黄兴一起乘船于28日到达汉口，随即被派往红十字会驻汉口战地及德国人组织之重伤兵医院服务三个月。1912年3月加入国民党。1914年3月赴德国留学，就读于柏林矿科大学采矿工程学系。因第一次世界大战学校停课，于1916年12月15日离开柏林回到上海。1917年初受聘担任北京大学预科乙部教授，成为北京大学最早的德语教授。1918年8月3日以进修教授名义获北洋政府公费留学，先入瑞士沮利克大学地质系。1920年3月转入柏林工科大学地质系。同年10月获柏林大学哲学博士学位。1923年再到瑞士苏黎世大学学英文和经济学研究。1924年1月重回北京大学任地质系教授兼德文系主任，并参加国民党北京执行，是翠花胡同派成员之一。1926年“三一八”惨案发生后遭到北京政府通缉，初遁入东交民巷六国饭店，随后秘密离京，暂回原籍隐匿。不久去广州任石井兵工厂秘书。同年7月任国立广东大学矿物地质学系教授兼系主任；8月任国立中山大学委员会副主任委员、代理校务委员长；11月兼任广东省政府委员兼民政厅长。1927年6月任国立中山大学副校长，兼国民党中央政治会议广东分会委员，广东省党部改组委员、执行委员；7月兼任广东省政府委员、民政厅长，参与广东“清党”；10月任浙江省政府委员兼民政厅长；12月到杭视事，仍保留中山大学副校长职务，隔几个月去一次广州。在浙江任上推行“用新人，行新政”。1930年9月辞去在浙江的本兼各职，前往广东，先后任中山大学副校长、校长；12月任国立中央大学校长。1931年3月兼中英庚款董事会董事长；9月任教育部长。1932年10月任交通部长；12月任国民党中央政治委员会代秘书长。1933年5月任中德文化协会理事长。1936年

6月继丁文江之后兼任中央研究院第三任总干事。同年12月至1937年11月任浙江省政府主席兼民政厅长,继续推行新政,整理财政、整顿吏治、整理警务、清丈土地、禁赌禁毒、发展经济等。抗日战争爆发后积极支持前线抗战,并力阻在杭州推行"焦土政策",保全了杭州。1938年初任军事委员会参事室主任;4月任国民党中央执行委员会秘书长兼中央党务委员会主任;6月兼中央调查统计局局长;同月兼中国国联同志会世界协会副会长,中华民国国联同志会世界协会名誉会长,三民主义青年团中央团部临时干事会常务干事;7月任三民主义青年团第一届中央干事会常务干事,代陈诚兼青年团中央团部书记长。1939年11月任国民党中央组织部长,主管党务,仍兼调统局长,在二陈CC系之外自立。1940年9月任中央研究院代院长。1941年12月兼国立中央大学校长及国民政府考试院副院长。1943年9月辞中统局长,任国民政府委员。1944年11月至1948年12月任教育部长。抗战胜利后主持沦陷区教育文化重建,并着手筹建近代物理(即原子能)研究所,兼国防部国防科学委员会副主任委员。此外还兼任中国童子军总会第五届理事长,宪政实施促进委员会委员。并建立中央研究院院士制度,主持中央研究院第一届院士选举,选举出包括自己在内的第一届院士81人。1949年3月任行政院政务委员;4月在广州任国民党中央常务委员会和指导委员会委员;6月任中央非常委员会委员,行政院副院长;10月随国民党流亡政府迁往重庆;12月7日与"行政院长"阎锡山、陈立夫等从成都专机飞台北。1950年3月14日辞"行政院副院长";5月任"中央银行理事";6月任"总统府资政";7月创办《大陆杂志》。1952年10月19日在国民党第七届代表大会上连任"中央评议委员"。1954年任"中央研究院"院长,1957年10月辞职。1958年1月受聘"总统府国策顾问"。1963年1月3日在台北去世。身后将个人档案捐给"中央研究院"。

**朱家溍(1914—2003)**

字季黄,笔名贞吉。萧山县人。前故宫博物院专门委员朱文钧之子。早年曾学戏,擅杨派。1941年毕业于辅仁大学国文系,获文学学士学位。曾任重庆文化驿站管理处总干事、国民政府粮食部专员。1943年调入故宫博物院重庆院部。1947年任北平故宫博物院编纂。新中国成立后留任故宫博物院,先后任副研究员、研究员。曾于北京大学、中央工艺美术学院、旅游学院、香港大学等校兼课或讲座,并任梅兰芳之艺术顾问。1956年加入九三学社。曾任国家文物鉴定委员会委员,九三学社文教委员会委员,北京历史学会理事,中国昆剧研究会理事,圆明园学会理事,中国工艺美术总公司顾问,朱熹纪念馆名誉馆长。

**朱继圣(1894—1972)**

字边埏。鄞县人。早年先后就读于宁波浙江省立第四中学、北京清华学校。1915年从清华学校毕业,取得公费留美,入威斯康辛大学攻读经济学和货币银行学,获硕士学位。1920年曾到纽约采斯国家大通银行实习三年,获金钥匙奖章。1921年回国后在北京大学、交通大学任讲师。1922年后出任经营手工艺品、古玩、地毯等出口业务的北京仁立公司经理,北京地毯股份有限公司总经理,天津仁立毛纺厂经理。在主持天津仁立毛纺厂业务期间,在提高地毯成品质量的同时,又生产人字呢、海力斯、法兰绒等产品,在社会上有良好声誉。曾任北京协和医院常务董事,天津英租界工部局董事。参加过一些商界人士联谊组织,如志诚社、联青社、扶轮社,并任扶轮社华北区区长。新中国成立后曾任公私合营仁立公司总经理,天津毛麻丝公司经理,天津市工商联副主任委员,天津市民建主任委员,天津市及全国人大代表,天津市人委委员,天津市政协常委、副主席,全国政协委员。1972年9月5日在天津去世。

**朱　偰(1907—1968)**

字伯商。海盐县人。朱希祖之子。1907年4月15日生。1919年入北京第四中学学德文。1923年考入北京大学预科。1925年入本科读政治,以史学为辅科,1929年毕业。同年赴德国入柏林大学攻读经济,兼修历史、哲学。1932年获博士学位后回国,任国立中央大学经济系教授,兼国立编译馆编审,次年任系主任。1938年应财政部长孔祥熙之邀担任财政部兼任秘书。1941年改任新设的专卖事业司司长。1944年6月后被任为财政部关务署副署长、署长。抗战胜利后曾作为中国政府代表,去越南接受日本投降。1949年回到中央大学任教,不久任系主任。1952年院系调整后,南京大学经济系并入复旦大学,被江苏省任命为省文化局副局长,分管文物保护和博物馆,兼负省国画院筹建任务,是对南京文物古迹进行普查的第一人。因于1956年间强烈反对南京市拆除明代古城墙,于1957年被打成"右派",撤销职务,下放到江苏人民出版社当编辑,其后又调到南京图书馆工作。1961年"摘帽"后任江苏图书管理委员会副主任。

"文革"期间更深受迫害，曾被多次批斗、抄家，后又被隔离审查，经常惨遭毒打。1968 年 7 月 15 日在南京图书馆自杀。曾发表经济论文 62 篇、金融货币论文 49 篇，著有《日本侵略满蒙之研究》、《金陵古迹图考》、《金陵古迹名胜影集》、《建康兰陵六朝陵墓图考》、《元大都宫殿图考》、《江浙海塘建筑史》等，并有文学作品 40 余篇发表，在经济研究和地方文史研究方面均取得了突出成就。

**朱章赓(1900—1978)**

又名季青。义乌县人。早年就读于上海南洋中学，积极参加学生会活动和五四运动。1920 年秋考入北京协和医学院。1929 年毕业后在上海、南京卫生部门工作。1932 年 9 月前往美国耶鲁大学进修，得公共卫生博士学位，并获得国际奖学金，考察欧洲各国包括苏联的公共卫生。1934 年 5 月回国，任南京中央卫生设施实验处卫生教育系主任，兼中央大学卫生教育科主任。1937 年抗日战争爆发后先后任贵阳卫生人员训练所所长、国民政府卫生署中央卫生实验院院长。1947 年 4 月到美国纽约，任联合国世界卫生组织过渡委员会卫生组副主任。1949 年 1 月 13 日任卫生部政务次长，并一度代理部长职务。同时担任中华医学会第十四届理事、第十五届理事长。1950 年 5 月应聘至瑞士担任联合国世界卫生组织卫生行政组主任，与中华人民共和国驻瑞士使馆建立联系，为扩大我国政治影响、争取爱国力量做了大量工作。1963 年 10 月回到北京，次年加入中国共产党，任北京医学院副院长，后一度任职卫生部外事局。1975 年当选为中华医学会第十八届副会长，第四、第五届全国政协委员。著有《孕妇之友》、《苏联卫生设施》等。

**朱维之(1905—1999)**

苍南县人。基督徒家庭出身。早年就读于温州中学，毕业后入南京金陵神学院深造。1924 年起发表文学作品和评论。1927 年到武汉参加北伐，供职于北伐军总政治部，任第三军宣传科长。大革命失败后回上海，入青年书局从事编译工作。1930 年赴日本中央大学和早稻田大学学习、进修，回国后在福建协和大学、上海沪江大学任教，曾任沪江大学中文系教授、系主任。1952 年调任南开大学教授，先后担任南开大学中文系外国文学教研室主任、中文系主任等职，并当选为天津外国文学学会会长、天津比较文学研究会会长、中国比较文学学会顾问、中国外国文学学会顾问。精通英语、日语、俄语等多国语言，翻译了包括叶芝、弥尔顿在内的大量西方文学作品，为中国希伯来基督教文学与文化研究的开拓者之一。一生从教 60 余年，著有《中国文艺思潮史略》、《基督教与文学》、《文艺宗教论集》；译著有叶芝诗剧《心所向往的国土》，弥尔顿长诗《复乐园》、《斗士参孙》、《失乐园》、《弥尔顿抒情诗选》等；主编有《外国文学史》(欧美卷、亚非卷)，《外国文学简编》(欧美部分、亚非部分)，《中外比较文学》等；并带领南开大学师生编写了《圣经文学故事选》、《希伯来文化》、《圣经文学十二讲》、《圣经奇文妙语选》、《古犹太文化史》、《古希伯来文学史》等。

**朱越生(1915— )**

海宁县人。1915 年生于绍兴。1936 年于国立交通大学机械工程学院航空门毕业后入空军航空机械学校第一期高级班深造。毕业后分配到广东韶关飞机制造厂工作。抗战时期派赴美国参加飞机设计工作。抗战胜利后入华盛顿大学工程数学研究院进修一年。回国后任韶关飞机制造厂设计室主任、总工程师等职。1949 年去台湾。1954 年夏在台湾胜利台南工学院机械系任教，后兼任系主任。1957 年在国立成功大学创办机械研究所。1965 年 8 月又在该校创办工程科学系，并担任了一年的系主任。著有《工程数学》、《机动学》、《机械设计大意》及《机械原理》等。

**朱博泉(1896—?)**

杭县人。银行家。其父曾创办浙江银行。本人毕业于沪江大学。1919 年赴美国纽约大学及哥伦比亚大学攻读银行学和工商管理学，后在纽约花旗银行总行实习。1921 年回国后进浙江实业银行，任上海总行外汇部经理、浙江实业银行副经理。1926 年任华俄道胜银行清理处清理员。1928 年任中央银行总稽核处及业务局经理。1931 年任上海绸业银行董事。1932 年"一·二八"事变后上海银行界于 3 月成立上海银行业同业公会联合准备委员会，以自筹资金应付挤兑，任该会经理。为了改变银行票据长期通过钱庄汇划清算的现象，同业公会又委托朱筹备成立票据交换所，任经理；又参与发起中国工业银行，任常务董事兼总经理。1935 年任浙江兴业银行、萧山通惠公纱厂等董事，沪江大学商学院院长，大通煤矿公司监察人等。1943 年 6 月任伪中央储备银行参事；8 月又任伪上海特别市咨询委员会委员及浙江实业银行董事长和交通银行董事。同年 10 月又兼任伪中央储蓄会监理。1945 年 7 月任伪银行同业公会理事长。抗战胜利后向国民政府自首。1949 年 9 月被上海高等法院以通谋敌国、图谋反抗本国罪判有期徒刑两年。后不详。

**朱斯芾(1885—1953)**

字榜生。吴兴县人。1885年出生在南浔一个殷实的商人家庭，其父亲朱希庭系上海通利局督办，并自设轮船公司。1897年入上海圣约翰书院就读。1904年肄业，即赴美国留学，先在华盛顿中央高等学校进行了为期一年的预科学习，其后考入耶鲁大学专习法政。曾被推举为“万国留学生同学会书记”，发起创办《中国留学生月报》并自任经理。1909年毕业，获学士学位。同年秋回国。1910年参加清廷组织的留学生考试，考中法政科举人。次年在廷试中列一等18名，奉旨受农工商部郎中、三品顶戴、司务司行走。辛亥革命后参加闸北市政府的工作，被任命为闸北学务委员，闸北市政厅董事。1913年取得国民政府司法部颁发的律师证书，开始职业律师生涯。1924年被北京政府国务院聘为咨议，嗣被湖社选为委员，并选为湖州旅沪同乡会董事、上海闸北救火会及自治会董事等职，是在上海颇有影响的大律师。

**朱斯煌(1907—1985)**

余姚县人。经济学家。1921年入宁波效实中学求学。1925年考入复旦大学。1928年毕业后留校任教。1929年留学美国，获芝加哥、哥伦比亚大学经济学硕士。1931年回国后在复旦大学商学院(夜科)任教至1950年，曾任教授、银行系主任。期间曾在上海中一信托公司兼职员、股长和信托部主任，在银行学会编写《银行周报》。1941年至1952年就教于私立大同大学商学院，曾任系主任。新中国成立初期还曾任上海市私营金融业第一联营集团秘书长。1952年调上海社会科学院任教授，后又转入上海财政学院。1956年加入中国民主同盟。1972年调入复旦大学。长期从事银行货币和信用方面研究，主编过《信托季刊》、《银行周报》，主要著作有《银行经营论》、《信托总论》、《朱斯煌信托论文汇刊》等。

**朱葆三(1848—1926)**

原名佩珍，以字行。定海县人。著名工商业者。14岁赴沪，在协记吃食五金店当学徒。1868年任协记经理。1878年独资开设慎裕五金号，至19世纪末成为五金业领袖人物。从1890年始长期任英商平和洋行买办。1897年参与筹建中国第一家银行中国通商银行，并任总董；同年与李云书创办东方轮船公司。1905年至1913年投资创办上海大有榨油厂、同利麻袋公司、大生轮船公司、大达轮船公司、宁波和丰纱厂、广州自来水厂、汉口既济水电厂、上海龙华造纸厂、中兴面粉厂、立大面粉厂、浙江兴业银行、四明银行、浙江银行、宁绍轮船公司和华兴水火、华安、华成保险公司，以及外资、中外合资日华绢丝公司、美商华章造纸厂、法商东方航业公司等，担任这些企业的总董、董事长、总经理或董事等职。第一次世界大战爆发后至20年代中期，又独资创办或参与创办、接办长兴煤矿公司、祥大源五金号、顺昌轮船公司、镇昌轮船公司、同益商轮公司、舟山轮船公司、柳江煤矿公司、上海第一呢绒厂、上海华商水泥厂、舟山电气公司、定海电气公司、和华商业储蓄银行、江南银行、济东实业银行、中易信托股份公司等诸多企业。一生投资领域之广、创办企业之多，居19世纪末20世纪初工商界首位。于1905年、1914年两度任上海总商会协理。1915年起又连任三届上海总商会会长。辛亥以前还曾任上海保险公会会长、上海地方自治总工程局总董、五金洋货公所董事、书业公所董事等。1911年上海光复后任上海都督府财政总长。1919年五四运动中因发表媚日通电，引咎辞职。一生热心公益事业，首倡中国红十字会，创办或参与创办、赞助上海时疫医院、同济医院、广济医院、宁波医院、吴淞防疫医院、华英药房、华洋义赈会、妇女救济会、上海孤儿院、上海慈善救济会、同义慈善会、特普善堂、上海商业学校、同济医工学校、定海公学、宁波益智学校、宁波旅沪同乡会、定海会馆等教育、卫生、慈善、同乡会馆事业30余个。1926年9月2日在上海病故。

**朱葆元(？—1933)**

海宁县人。上海著名茶商。出身贫寒，幼年得人提携到上海茶栈习业，后自设震和茶栈，经营平水茶，又兼任法商永兴洋行茶叶部买办，因勤俭耐劳逐渐发达，成为茶商平水帮领袖人物。遂投资他业，任通和银行董事、浙江储蓄银行监察人，又是上海振兴毛织厂大股东。在上海海宁路、武定路、民德路等地拥有大量房地产。长期任茶叶会馆董事，又是多届总商会会员。

**朱惠清(1905—？)**

杭县人。1930年1月杭州市商会成立，任秘书。此后历任浙江省政府建设厅工商管理处长，浙江省粮食管理处副处长。抗战期间任浙江省政府驻渝办事处主任。1945年4月被选为国民政府第四届国民参政会参政员。1948年5月当选为“行宪”后的中华民国第一届立法院立法委员。后不详。

**朱斐章(1886—1955)**

海盐县人。幼年读私塾，14岁到上海源盛纱布号当学徒，工余进夜校学英文，满师后被派到辽宁营口坐庄。后充当英商泰隆洋行买办，开设恒康金号，并成为上海金业交易所经纪人，投资著名的协大祥棉布店，还经营房地产。20世纪20年代初又在上海开设锡昌纱号。与沪上张元济、胡厥文交往密切。“一·二八”淞沪抗战爆发后为十九路军捐丝绵背心万余件。抗战胜利后任上海合作五金厂（今上海第七机床厂）董监事会监察。新中国成立后兼任新民翻砂厂经理，直至病故。热心家乡公益事业，曾捐资1.4万银元资助海盐澉浦城南完全小学，参与兴建澉浦医院、育婴堂等。

**朱紫光（1905—1970）**

又名之光。杭县人。化工企业家。1924年考入浙江大学化学系。毕业后先后任职于上海江南造船厂、浙江省植物病虫防治所。1933年任上海中孚染料厂副工程师，参加开发中国第一代染料硫化元工作。抗战期间先后任云南昆华炼铁厂工程师、重庆庆华染料厂厂长。抗战胜利后回上海，任华元染料厂厂长，开发生产硫化杂色、士林等一批新型染料。至新中国成立初，华元厂已成为上海实力最雄厚的民族染料企业。1950年创办“朱紫光研究室”，开创染料中间体研究先例。1952年创办华亨化工厂（今上海染料化工七厂），制造染料中间体。同年加入中国民主建国会。1959年任中国化工学会理事。

**朱　程（1910—1943）**

字公行。苍南县人。早年先后就读于温州商业学校、厦门集美学校。1927年8月入南京中央军校第七期学习，1929年夏毕业。1930年在国民革命军德州教导队任见习教官时，因参与反蒋活动被捕入狱，在南京监狱关押了一年半。1931年出狱后回苍南，担任鳌峰小学教师。受共产党人叶廷鹏影响，接受革命思想，参加一些进步活动。小学被豪绅等捣毁后，遂南下广州。后到南京，在津浦路警察行政督察署任科员，后任津浦铁路护路第一大队第三中队长。1933年冬被津浦铁路局派往日本东京铁道学院学习，专攻铁道管理学。1937年5月回国，被晋军高级将领张荫梧聘为地形和土木工程学教官。后任河北民军第四大队大队长，河北民军晋察冀边区办事处处长兼民军十一团团长。1939年春任河北民军第四团团长；8月任华北抗日民军司令员；9月加入中国共产党。后任晋鲁豫军区第一军分区司令员兼民军第一旅旅长，中共卫河以西（今安阳地区）工作委员会书记。1943年6月任冀鲁豫军区第五（鲁西南）军分区司令员。开辟并坚持以内黄、曹县为中心的沙区抗日根据地，被誉为“铁军将才”。同年9月28日在东曹县西南地区王厂反“扫荡”作战中，为掩护主力突围，和30多位战友一道与敌同归于尽。译有《日本政治机构与军部称霸之基础》。

**朱循伯（1868—1919）**

字少樵，号循柏。嘉善县人。少时聪颖英发，好学不倦。1897年丁酉科拔贡。次年朝考后就职江苏直隶州州判。1903年秋其兄病故，即返里接家业从商。1908年发起成立嘉善商会，被公举为总理，后连任会长11年。1909年被选为浙江省咨议局议员。热心地方事业，1907年夏厉行禁烟，创设戒烟会，倡捐集资，制药分送，被推为戒烟部部长，集百余人送海宁硖石医院戒烟。1908年沪杭甬铁路争回商办，任分经理，负责嘉善地方招股事宜，始拟铁路绕道平湖，多方奔走，遂定路线直过嘉善。铁路通轨后，因车站远离市区，与铁路公司筹商，筑车站至进城马路。1917年又筹资建造车站人行天桥，以利旅客，并保安全。

**朱渭深（1910—1987）**

原名永鸿，又名clusion，号霞飞。吴兴县人。幼年在荻港小学、私立绉业高小读书。1925年起在钱庄做学徒，业余刻苦自学。1926年开始在上海《小说世界周刊》、《开明》半月刊、《艺风》月刊发表作品。1930年4月出版第一本诗集《期待》。同年9月创办《湖州报》，并与友人建立流星文学社，出版《流星文学丛书》、《星小丛书》及《流星》周刊。1932年2月应聘任吴兴县私立三余商业学校国文教员。1936年至1937年创办旸谷文学社，出版《旸谷》周刊。抗战爆发后与人在湖州举办《救亡三日刊》。参加抗日军队，曾被俘，后脱险。抗战胜利后回到教育界。1946年2月应聘就任浙江省立湖州中学高中部国文教员。1951年被误判有期徒刑10年。1979年回湖州中学任教，接着参加了《湖州市地名志》部分章节的编写工作。著有诗集《期待》，散文集《秋花集》，旧诗集《好歌集》、《霞飞诗选》。

**朱　谦（1903—1981）**

字伯涛。吴兴县人。早年毕业于德国柏林工业大学，获得德国国家工程师学位。回国后历任南京国民政府建设委员会技正，长兴煤矿局总工程师兼副局长，行政院实业部技正，军事委员会第四部少将专员，行政院经济部技正兼颜料管理处处长，东林矿业公司总经理，资源委员会湘江、中湘、湖湘三矿总经理兼长沙办事处处长。1949年去台湾，曾任“中国纺织公司”董事长、嘉新水泥公司常务董事、"中国技术服务社"董事长等职，并当选为"国大代表"。1981年12月8日去世。

**朱　瑞(1884—1916)**

字介人。海盐县人。1884年1月13日生。幼年随长兄学习。1902年考入嘉兴府秀水中学堂学习。1903年回海盐应试，补县学生员。1904年日俄战争爆发，受此刺激，决定弃文从武，考入南京的南洋陆军师范学堂。1905年冬毕业后回杭州任职于浙江省督练公所参谋处，旋调步队第二标任执事官，协助标统蒋尊簋创办弁目学堂，训练新军骨干。1906年在杭州加入光复会，同时参与同盟会的活动，成为具有双重身份的革命党人。1907年7月因参与秋瑾起义被人告发，受到浙江省当局怀疑，后经浙江绅士出面疏通才得以免受牵连。1909年应安徽巡抚朱家宝的邀请，至安庆担任安徽督练公所参谋处提调兼测绘学堂监督。1910年返回杭州担任步队营管带，同时积极参与光复会活动，为重整光复会的队伍而奔走。1911年10月10日武昌起义爆发后积极参与浙江起义的准备活动。不久升任浙江陆军第八十一标代理标统，负责联络军警，其在杭城的住宅成为浙江革命党人的联络站之一。同年11月4日晚10时集合所部第八十一标宣告起义，随即率领起义队伍攻入杭州城内。战至5日下午，迫使杭州旗营投降，杭州宣告光复。随即响应沪军都督陈其美提出的组织江浙联军进攻南京的倡议，担任浙江援宁混成支队支队长，于11月14日率领部队离开杭州前往江苏镇江，与江浙联军各部汇合进攻南京。11月25日指挥所部在南京城外的马群与清军展开激战，击毙清军悍将王有宏；再战孝陵卫，配合联军其他部队强攻南京城外的制高点天堡城，三战三捷，攻占南京。12月3日率领所部浙军进入南京城内。因战功卓著，所部浙军混成支队扩编为浙军第一镇(相当于军)，被任命为第一镇统制官。1912年1月下旬指挥所部浙军参加北伐，进抵安徽宿县的符离集，因南北议和成立，北伐结束，遂班师回到南京。光复南京后因光复会领导人的关系，卷入当时激烈的党派纷争，并与湖北的孙武等人发起成立民社，拥戴反正的旧军官黎元洪为领袖，反对孙中山、黄兴。3月底南京临时政府陆军部下令将浙江省内部队编为第二十五师，驻南京的浙军编为第六师，两师合编为第五军，任第五军军长兼第六师师长；4月底率所部回到杭州。1912年5月正式参加由民社等政团合并成立的共和党，与同盟会分道扬镳。在此前后通过浙江同乡、袁世凯秘书陈仲恕、陈叔通兄弟居间介绍，与袁世凯建立直接联系。在袁世凯的支持下于1912年7月23日取代蒋尊簋担任浙江都督；9月23日接受袁世凯授予的陆军中将加上将衔。从此在政治上成为袁世凯的追随者，与同盟会及稍后成立的国民党处于对立地位。1913年7月江西湖口反袁武装起义爆发后拒绝革命党人要浙江独立的请求，于7月20日发表通电，宣布在"二次革命"中浙江保持中立，维持治安。随后设法消弭宁波的反袁独立及嵊县的反袁武装，并派出部队进入江苏境内压迫上海的讨袁军，公开助袁。同年11月下旬入京觐见袁世凯，受到隆重接待和笼络。1914年6月30日出任袁世凯授予的兴武将军督理浙江军务。一方面积极为袁世凯筹款；另一方面针对当时浙江省内革命党人活跃的局面，采取严厉的镇压手段，先后破获革命党人的多处机关，杀害了夏尔玙、夏之骐、王金发、姚勇忱等一批革命党的骨干。在杨度、孙毓筠等发起筹安会公开鼓吹帝制后，于1915年8月31日密电袁世凯，宣称美国人安德森曾经告诉他，中国如果要实现国家之发达，共和制不如君主制，请求袁世凯改共和为君主。同年9月15日又与浙江巡按使屈映光联名电请袁世凯迅速称帝，实行军国主义；11月2日以浙江全体军官的名义电请袁世凯俯顺人心，早正大位。因拥戴有功，被袁世凯破格授予一等侯。云南反袁护国战争爆发后，时局为之一变，不得不与暗中反袁的江苏将军冯国璋等联络，以决进退。1916年3月下旬与冯国璋等五将军密电袁世凯要求迅速取消帝制，给袁世凯以沉重打击。4月12日晨浙江军界反袁将领童保暄、夏超等与孙中山领导的中华革命党联合发动浙江起义，攻打将军署，被迫潜逃上海，结束政治生涯。1916年8月3日在天津病故。著有《浙江朱都督政书初稿》。

**朱新予(1902—1987)**

字心畬，谱名学助。萧山县人。1915年9月考入浙江省立甲种蚕业学校。1919年9月毕业后留校任助教。1920年暑假到南京金陵大学进修蚕丝与农业教育，并获得第一名优等奖。1921年2月起在安徽芜湖第二农校任教。1922年11月考取浙江留日公费生，于次年2月赴日留学。1925年7月回国。1926年1月至1928年3月在浙江省立甲种蚕桑学校、苏州第二农校任教员兼推广工作。1928年4月到中国合众蚕桑改良会任推广部主任兼该会女子蚕业讲习所所长。次年6月女子蚕业讲习所迁往镇江，改名镇江女子蚕业学校，后又易名合众高级蚕桑科职业学校，均由朱任校长。1932年后相继主持江苏金坛和浙江萧山两地的蚕桑改进模范区的技术指导、推广工作，兼任南京中央大学蚕桑系讲师。1940年起任中山大学蚕桑系教授。1942年后任云南大学蚕桑系教授。抗战时期镇江女子蚕业学校迁至云南楚雄，从1939年4月至1946年3月一直兼任该校推广部主任。抗战胜利后任中国蚕丝公司专职委员，兼经济部蚕丝协导会浙江区主任。1949年5月任浙江大学农学院教授。1950年8月任杭州市工商局、企业局、工业局副局长。期间筹办浙江纺织科学研究所，兼任所长。还创办发行全国的《浙江丝绸》刊物。1960年3月任杭州工学院副院长兼纺织系主任。1961年9月杭州工学院并入浙江大学，纺织系复办浙江丝绸专科学校，任校长。1979年改任浙江丝绸工学院院长。曾参与编写《中国纺织科技史》丝绸部分，主编《中国百科全书·纺织卷》丝绸部分和《浙江丝绸史》、《中国丝绸史》及《丝绸史研究》杂志。并曾兼任省九三学社副主任委员，第五、第六届全国政协委员，省科学技术协会副主席，省科学技术委员会副主任、顾问等职。1987年6月20日在杭州去世。

**朱献文(1876—1949)**

原名昌煌，字郁堂。义乌县人。早年由拔贡考入京师仕学馆，研习法政。1902年公费选派赴日本留学，毕业于日本东京帝国大学法科。1908年回国后参加清廷举办的考试，中法政科进士。1909年授翰林院检讨。1910年任编订法律馆协修，担任《民法·亲属篇》起草员。1911年任资政院议员。1912年中华民国建立后历任国务院法制局参事，大理院推事。1914年3月至1917年任江西高等审判厅厅长(初为署理，1914年9月实任)。1917年至1918年任赣海关监督。1919年任京师高等审判厅厅长。1920年7月至1927年任江苏省高等审判厅厅长(期间于1923年一度辞职由李维翰署理)。1927年8月任南京国民政府司法部司长。1930年10月任国民政府司法院参事处参事。抗日战争前奉命视察河北、山东、山西、绥远、察哈尔等省司法工作。抗日战争前期应国民政府聘视察浙江、江西、福建等省司法事务，所提建议均被次第采纳施行。1943年12月任浙江省临时参议会第二届议长。1949年病故。

**朱福诜(1841—1919)**

字叔基，号桂卿。海盐县人。1879年中举人。1880年中庚辰科进士，授翰林院编修，历任会试同考馆、国子监司业、河南省学政、翰林院侍读学士、贵州省学政。1902年以翰林院侍读学士身份上书光绪皇帝和慈禧太后，要求立宪。曾以编书劳绩得赏二品顶戴、戴花翎，授资政大夫、晋荣禄大夫。1912年中华民国成立后退隐家乡。先后担任北洋政府大总统袁世凯、徐世昌的顾问，并迁居天津。著有《畴人传》、《论学述问》、《复安室诗文集》、《医方汇编》等。

**朱　榕(1892—1940)**

字望溪。绍兴县人。朱庆澜长子。1916年毕业于奉天(今沈阳)东三省讲武堂，分发到吉林省督军孙烈臣部任职，后升团长，驻防吉林珲春一带。1931年“九一八”事变后降日，任伪满吉林警备第三旅旅长、延吉警备司令等职。1936年任伪满第四军管区司令。1939年5月参加诺门坎战役攻打苏联红军，遭到惨败，被召回伪满首都长春。同年10月任伪满第三军管区中将司令官。1940年春日军强迫他去日本东京朝拜日本天皇。他认为朝觐日本天皇是真投降，决定宁死也不向天皇称臣。当他被日军陪同赴日本途中，从所乘坐的军舰上跳入海中溺水身亡。

**朱端钧(1907—1978)**

笔名公吕。余姚县人。1921年就读于上海南洋中学。1926年入圣约翰大学，次年转复旦大学外国文学系，参加辛酉剧社。1929年毕业后留校任助教，组织复旦剧社。参加左翼戏剧家联盟，撰写影剧评论。抗战期间任中共领导的上海剧艺社导演及演出主任，为上海剧艺社导演了《夜上海》、《生财有道》、《妙峰山》等戏。太平洋战争爆发后在华艺、同茂、大中等剧社导演了《云彩霞》、《大地》、《钗头凤》、《家》等10多出戏，时称上海“四大导演”之一。抗战胜利后为上海剧艺社导演了《孔雀胆》、《芳草天涯》等。新中国成立后组织建文剧社，导演了《法西斯细菌》、《夜店》等。1950年起在上海市戏剧专科学校(后改为戏剧学院)表演系任教授、系主任、副院长。曾任《影剧日报》总编辑，大同影片公司艺委会主任，中国戏剧家协会上海分会副主席，中国作家协会上海分会理事，《辞海》编委兼分科主编。导演代表作有话剧《上海屋檐下》、《年青的一代》、《关汉卿》、《桃花扇》、《曙光》，沪剧《星星之火》、《蝴蝶夫人》，越剧《秋瑾》等。

**朱慧洁(1916—　)**

女。原名朱慧椒，笔名泡沫、茵露等。江山县人。作家。早年爱好文学，毕业于南京女子政法学校。曾担任文艺编辑，在上海、南京、广东、福建各地副刊上发表数量可观的文学作品。1949年去台湾，继续文学创作，有《火祭》、《提篮旧话》等作品。

**朱德明(1900—？)**

嘉兴县人。1918年2月考入同济大学医学院就读。1920年4月赴德国留学，入慕尼黑大学医学院。1925年9月毕业，获医学博士学位。1926年2月至1929年7月任浙江省立杭州医药专门学校教员。1927年5月至10月任浙江杭州广济医院内科主任。1929年7月至1932年8月任镇江江苏省立医院内科主任。1932年8月至1948年7月任河南大学(1942年由省立改为国立)医学院教授、内科主任。期间曾于1944年被任命为临时院长。1950年5月任天津工人医院内科主任。同年8月任河南省人民医院内科主任，并参加中华医学会，当选为河南省分会会长。1954年6月任河南省人民医院副院长。1955年5月任河南省卫生厅副厅长，河南省人民医院院长，河南省人民委员会委员。1978年任河南省卫生厅顾问，河南省政协常委。

**朱德禽(1914—1986)**

镇海县人。早年在上海雷氏德工学院肄业。1944年后任上海中国钟表厂厂长，上海市税务总帮办，计划室副主任。新中国成立后曾在轻工部华东办事处及上海轻工业局任机械组副组长。1953年后任民建中央组织处副处长、组织部部长，第三、第四届中央常委。是第五、第六届全国政协委员。1986年10月在北京病故。

**朱鹤宾(1917— )**

字天山。丽水县人。国立中央政治学校大学部新闻学系第二期毕业后赴加拿大留学。皇后大学政治研究所毕业后入美国宾夕法尼亚大学国际关系研究所任研究员。回国后任南京《中央日报》资料室主任。后任香港《国民日报》总编辑。1949年去台湾，任台湾《新闻报》总主笔。1955年任国民党"中央政策委员会"专门委员兼秘书。1959年任"国立中央政治大学"教授。1963年兼"总统府"宣传外交综合研究组亚洲研究委员。1966年兼任"亚洲人民反共联盟中国总会"副秘书长。1967年任台北市政府新闻处处长。后任"国立政治大学"教授。著有《东南亚新兴国家》、《东南亚各国政府及政治》，译有《事业家成功的关键:怎样有效管理时间》。

**朱履龢(1877—1945)**

字笑山。嘉兴县人。早年留学英国，回国后到北洋政府工作。20世纪20年代中期曾任北京政府法权讨论会秘书、关税特别会议委员会秘书。1927年6月任南京国民政府外交部总务司司长；10月任外交部第二司司长。1928年2月任国民政府司法部秘书长；3月任司法部次长；11月任司法行政部政务次长。1929年5月兼国民政府司法院代理秘书长。1930年4月任司法行政部代理部长。同年12月任国民政府立法院立法委员。1937年抗战爆发后投靠日军。1938年任伪中华民国维新政府司法行政部次长、最高法院院长。1940年3月任汪伪司法院副院长，中央政治委员会列席委员；4月任汪伪中央公务委员会惩戒委员会委员长。1945年4月13日病故。

**朱镜我(1901—1941)**

原名德安，又名得安，笔名雪纯、镜吾、谷荫等。鄞县人。1901年3月17日生。早年就读于免费的宁波师范讲习所。1918年7月随哥哥赴日本。1920年考取浙江留日官费生，进入东京第一高等学校学习，后入名古屋第八高等学校学习。1924年毕业后考入东京帝国大学社会学系。1927年获文学学士学位。同年底应郭沫若、成仿吾邀请回到上海，加入创造社。1928年在上海加入中国共产党。先后在上海艺术大学、华南大学、中华艺术大学、上海政法学院等校兼任教授。并翻译出版马克思主义著作，如恩格斯的《社会主义从空想到科学的发展》，主编《文化批判》、《思想》月刊。1929年任中共中央文化工作委员会(简称文委)委员。1930年3月任中共中央文化工作委员会书记，和鲁迅、冯雪峰等人发起成立中国左翼作家联盟。同年5月又发起成立中国社会科学家联盟，担任第一任党团书记；10月任中国左翼文化界总同盟党团书记。1933年任中共江苏省委、中共上海局宣传部部长。1935年2月因党组织被破坏，在上海被捕，在狱中坚贞不屈。1937年6月在国共第二次合作共同抗日的形势下经中共党组织营救被释放，回宁波重建浙江党组织。先后在宁波和杭州建立中共宁波临时特别委员会、中共浙东临时特别委员会以及中共浙江省临时工作委员会。曾任中共浙东临时特委书记。1938年5月调江西南昌，先后任中共中央东南分局宣传部副部长、部长。同年11月到皖南泾县新四军军部，任新四军政治部宣传部部长，兼《抗敌》杂志主编。1941年1月12日在"皖南事变"中牺牲。曾填写歌词《我们是战无不胜的铁军》，在新四军中广泛传唱。出版有《朱镜我文集》。

**朱镜宙(1890—1985)**

字铎民,晚号雁荡白衣,又号雁荡老人。乐清县人。1890年1月13日生。幼年家贫,体弱多病。6岁入私塾启蒙,13岁入当地文昌书院攻读经史,16岁应童子试未中,后就读于铸英小学、乐清师范讲习所,毕业后任铸英小学教员。1910年以朱衣德之名考入浙江高等巡警学堂学习。辛亥革命爆发后响应钮永建组织学生军的号召,在杭州联络同学,并执笔撰写宣言,送《全浙公报》发表,传诵一时。经浙江都督汤寿潜同意,入浙江新军八十二标从军任第三队司书。1912年3月入浙江公立法政专科学校,并加入国民党。在校就读期间兼任杭州《自由报》、《民铎报》编辑,并创办《天钟报》。1914年6月毕业后回温州,任《天声报》主笔。1915年夏赴上海,入《民信报》社。1916年夏赴北京,任《民苏报》总编辑。1917年辞职南下,任广州军政府参议。1918年去新加坡,任《国民日报》总编,因遭英政府嫉视,被迫于1919年夏解职,返回温州。1919年7月任中国银行经济调查室南洋经济特派员。1920年任福建中国银行副行长。1927年初任北伐军总司令部军需处副处长。1928年1月任第二十六军经理处处长。1929年5月任上海财政局秘书、上海市银行南市分行经理。1933年10月至1936年9月任甘肃省政府委员兼财政厅厅长并兼禁烟局局长。1936年11月至1937年2月任陕西省政府委员兼财政厅厅长。1937年11月任川康区税务局局长。1939年1月至2月任陕西省政府委员兼财政厅长。1941年起主持华西建设公司财务。1946年复员回上海,一度任上海瓯海银行总经理,旋即辞职,赴南华寺随侍虚云和尚。1949年去台湾。初寓台北观音山凌云寺,后移居台中正觉寺,潜心研究佛法,称居士。法名宽镜,号佛显,日与经声钟韵相伴。鉴于台湾佛经匮乏,于1949年与李子宽居士、大醒法师等发起成立台湾印经处,广印佛教经论流通全台上下。并与屈映光、赵恒惕、钟伯毅等发起修订《中华大藏经》。曾受聘担任“光复大陆设计研究委员会”委员。1985年10月25日去世。生前著作编成《咏莪堂全集》出版。

**朱　曜(1885—?)**

字旭初。杭县人。毕业于日本政法大学速成科。1915年12月授中大夫,历任奉天自治局总务科科长、商务局调查所所长、湖北自治局提调、津浦铁路驻济副提调、山东都督府秘书、北京政府财政局公估局局长、直隶官硝厂厂长、津浦铁路局局长、铁路学院名誉校董。1923年3月派为全国财政讨论委员会委员。1938年任伪维新政府通济局局长。1940年后任汪伪国民政府财政部总务厅厅长、戒烟局局长等职。

**朱耀琨(1893—?)**

又名耀焜。永康县人。光复会会员,毕业于杭州武术学堂。1910年随吕公望前往广西,在钮永建幕下参赞革命,同年底返回浙江。1925年出任浙军第一师步兵第一团上校团长。国民革命军北伐抵达浙江后投向革命,被编为第一纵队。1927年春率队进驻永康,枪毙原浙江省防军管带吴俊升。随后退休居家。抗日战争时期陈仪为福建省政府主席,朱曾任县长之职。抗战胜利后再次告老还乡。

**朱麟五(1902—1985)**

原名朱瑞节。嘉兴县人。1915年夏考入南洋公学附属小学学习。学校毕业后升入南洋模范中学。1926年毕业于南洋大学电机科。1928年至1930年留学英国,毕业于孟鸠斯得茂伟电机厂工程师培训班。回国后历任南京国民政府建设委员会设计委员,上海市公用局专门委员,上海电力公司工程师,上海市锅炉检验师以及国立浙江大学、私立大同大学教授。曾主持设计过多座大中型电厂,对发电厂的设计、建造、运行和检验,具有丰富经验,尤其擅长锅炉的检验业务,在上海发电厂热力工程领域享有盛名。新中国成立后任上海交通大学教授,先后兼任动力系、工程物理系船舶动力系主任。编译有《热力工程》。

**乔乃迁(1899—1964)**

又名乃仙,字耐青。东阳县人。1922年毕业于保定陆军军官学校第八期步科。毕业后分发到浙军服役,历任浙江陆军第一师见习官、排长、连长、副营长。1926年到广州,任黄埔军校第四期少校兵器教官;7月北伐战争开始后任国民革命军第一军第二十一师中校参谋处长。1928年起先后任国民革命军总司令部警卫司令部参谋处处长,陆海空军总司令部警卫师上校参谋长,首都警察厅督察长。1937年抗日战争爆发后任第三战区第十五集团军少将总务处长,后任第六战区兵站总监部参谋长、副监,第六战区司令长官部高参室高参,湘鄂川黔四省“清乡”总指挥部办公室少将主任,军政部少将高参。1947年6月被国民政府授予陆军少将军衔。同年底退役。退居故里后在后岑山创办青光初级中学。

**伍正诚(1910—1986)**

杭县人。回族。1934年毕业于清华大学土木系。1938年获德国卡尔斯诺工业大学国家工程师学位。曾任中正大学、浙江大学、交通大学教授。新中国成立后历任华东水利学院及河海大学教授、河川系主任，中国水力发电工程学会第一届副理事长。专于水利水电规划、水能利用，从事湖水发电、抽水蓄能发电等多种形式的水能形式的水能资源开发、利用的研究。著有《水能利用》。

**伍叔傥(1897—1968)**

瑞安县人。少从平阳宋恕学，稍长入北京大学文科。先后任教于上海圣约翰大学、光华大学。1925年至广东大学(今中山大学)，1930年转任国立中央大学教授。抗战期间在重庆大学任教，后回中央大学任中国文学系主任。1949年在台湾大学及省立师范学院任教。1951年应日本东京大学(今帝国大学)与御茶水女子大学联合聘请，专讲八代文学。1957年又应聘任香港崇基学院教授，直至去世。

**伍　律(1915—1983)**

青田县人。1939年国立中央大学生物学系毕业。先后任国立中央大学、中正大学和长春大学生物系助教、讲师、副教授。讲授比较解剖学、动物生理学、普通动物学、无脊椎动物学、动物技术学等课程。1947年任上海东南医学院解剖系教授，兼任兰州大学动物系副教授，讲授组织学、胚胎学、比较解剖学等课程。1948年6月至8月与裴文中、贾兰坡等组织河西科学考察团，负责河西走廊淡水鱼、家畜、家禽寄生虫等多学科的综合考察。1949年后任大连医学院等院校副教授、教授。1969年大连医学院迁遵义，改名遵义医学院，任生物学教研室主任。1980年参加柞蚕寄蝇危害防治大协作，负责寄蝇生活史及生态的研究，《柞蚕饰腹寄蝇生活史及生态的研究》获1980年农业部技术改进一等奖、全国科学技术发明二等奖。后任贵州科学院副院长、生物研究所所长、中国动物学会理事、中国生态学会理事、《生物学报》编委、中国科普创作协会理事等职。著有《动物生态学》、《昆虫生物学》、《蛇岛的秘密》等，主编有《普通生物学》、《贵州动物志》等。

**伍献文(1900—1985)**

字显闻。瑞安县人。1900年3月15日生。1917年考取南京高等师范学校农业专修科。1921年毕业后到福建厦门市集美学校任教。次年到厦大动物学系担任助教，跟随赖特(S. F. Light)指导学生的动物学实验，学习动物分类学。1925年担任动物学家秉志教授的助教，并向学校注册为动物学系学生。1927年本科毕业，获学士学位。1928年应聘到南京中央大学生物学系任教动物学。1929年接受中华教育文化基金会资助去法国留学，在巴黎博物馆鱼类学实验室学习鱼类学。1932年以博士论文《中国比目鱼类的形态学、生物学和系统学的研究》通过巴黎大学博士论文答辩，获科学博士学位。同年回国，任中央研究院国立自然历史博物馆教师兼研究主任，曾经与同事深入到广西、贵州、云南等边远山区采集大量标本，发现了许多在科学上未曾记载过的新物种。1934年自然历史博物馆改为中央研究院生物研究所，不久又改称动植物研究所，任研究员。同年兼任中央大学教授。1937年兼任中央大学生物系主任。卢沟桥事变后动植物研究所奉命迁往湖南长沙和衡山，后又迁往广西阳朔、重庆北碚。1946年返回南京，在中央研究院动物研究所任研究员。1948年当选为中央研究院生命科学组院士。新中国成立后中央研究院动物研究所及植物研究所的藻类专业于1950年联合组成中国科学院水生生物研究所，并先后分设青岛、厦门两个海洋生物研究室和太湖淡水生物研究室，被任命为水生生物研究所副所长兼太湖淡水生物研究室主任，一直主持该所鱼类学的研究工作。1955年当选为中国科学院学部委员。1977年任水生生物研究所所长。1980年至1983年兼任中国科学院武汉分院院长。兼任国家科委水产组副组长、全国政协常务委员、九三学社中央常委、湖北省人大常委会副主任等职。1983年后任中国科学院水生生物研究所名誉所长。1985年4月3日在武汉去世。一生发表论文及专著共计80余篇(册)，其中有关鱼类学论文45篇，有关线虫及其他蠕虫的论文16篇，有关节肢动物和爬行类、两栖类等其他动物的论文11篇，还有关于海洋及湖泊调查、鱼类考古学研究的报告多篇。代表作《中国鲤科鱼类志》(上、下卷)不仅是研究中国淡水鱼类的必备文献，也是研究全世界鲤科鱼类的重要资料，1982年被评为国家自然科学奖二等奖。

**华力进(1924—　)**

孝丰县人。1924年2月12日出生于福建省上杭县。1944年参加“青年军”，编入第二〇八师。抗日战争胜利后于1946年复员，进入北京大学学习。1949年去台湾。1952年毕业于台湾大学政治系。1959年在政治大学政治研究所研究生毕业，留校任教。期间曾赴美国密歇根大学及英国伦敦政治学院从事研究。历任政治大学教授、公共行政系主任暨公共行政研究所所长。1976年任法学院院长。1990年6

月任“革命实践研究院”主任兼政治大学教授。1993年8月当选为国民党第十四届中央执行委员。著有《政治学》、《行为主义评价》、《政治行为研究途径》等，主编有《海峡两岸四十年》。

**华巨熔(1882—1924)**

字振武。宁海县人。1908年考入浙江武备学堂。1910年毕业后分发到浙江新军服役，曾任连长、营长。后加入同盟会，参与反清活动。1911年11月上旬参与杭州光复战斗。杭州光复后奉浙江新军临时都督童保暄的委派，带领数人返回宁海县城，联络士绅，一举扣押知县，接管县署，宣告宁海光复，并以“武不从政”为由婉言辞却宁海知事，即日返杭。不久参加浙军援宁支队，在攻打南京郊外的乌龙山、幕府山和马群等战役中颇著战功。1913年参加“二次革命”。1919年童保暄在福建病故，特地护送老长官回宁海安葬。1924年11月5日在江山县城南老虎山阻击由福建入侵浙江的直系军阀孙传芳部时，由于浙军炮兵团团长倒戈，腹背受敌，身中七弹殉国。

**华　林(1893—1973)**

原名挺生。富阳县人。1916年于杭州的浙江省立师范学校毕业后任小学教师两年。1918年任浙江省教育会干事。1919年五四运动中在杭州参加罢工、罢市。1920年9月在上海加入共产主义青年团。旋被选派苏联学习。1921年9月抵达伊尔库茨克第三国际东方局。1922年3月在苏联赤塔加入俄国共产党，7月入莫斯科东方大学中国班。1923年2月经罗亦农等介绍加入中国共产党。1924年8月从苏联回国，奉派在杭州、上海、宁波一带担任党的工作。1925年9月任中共杭州独立支部书记。1926年1月任中共宁波地委书记。1927年2月任中共杭州地委宣传部长。同年3月北伐军攻克杭州后奉党指示发起组织杭州总工会。“四一二”反革命政变后脱险至武汉，参加中共第五次代表大会。会后任武汉国民政府劳工部书记，与谭平山、吴玉章、苏兆征等从事党团组织工作。汪精卫集团发动“七一五”政变后转至湖北省委工作。10月返回上海，受王若飞领导。1928年奉派往金华组织暴动，因该地区党组织联络点遭到破坏，无从联系，在金华一住三年，以做豆腐维持生计，遂致脱党。1931年“九一八”事变后经友人介绍进入上海开明书店，前后工作六年。抗日战争时期曾在甘肃平凉等地任胡公冕专员的秘书等职。抗战胜利后返回富阳。1947年任富阳县立初中教员。富阳解放前与金萧支队取得间接联系。富阳解放后奉党组织之命，以地方人士身份对“反共救国军”进行瓦解工作，又随大军进剿土匪。1950年任富阳各界人民代表会议代表，后任水利委员会委员、城区教育委员会主任委员等职。同年8月调上海电机联合厂工作。1956年调上海电机制造学校。1969年因病退休。1973年在上海去世。

**华松林(1908—1947)**

本名何志相，曾用名华松林、何天明、张天民、何纪香、肖华等。诸暨县人。早年先后在枫桥、绍兴、杭州等地求学，后毕业于杭州蕙兰中学。大革命时期经朋友介绍到上海做工，大革命失败后回家务农，并开始从事农民运动。1927年加入中国共产党。1930年4月中共中央巡视员卓兰芳到诸暨发动农民暴动时配合组织枫桥区农民响应，遭到国民党当局通缉。1932年回乡后再次组织农会，发动农民与地主恶霸进行斗争。1937年抗战爆发后在乡间发起抗日宣传工作，组织义勇团。1938年5月任中共诸暨枫桥区委书记。1939年5月任中共绍兴特支书记；11月任中共诸暨中心县委委员兼中共萧山县委书记。1941年秋季奉调到绍兴组建浙东游击大队，任大队长。1942年率领部分队员到四明山，参加建立浙东抗日根据地的工作。1945年6月出任绍嵊县工委直属三界副区长。抗战胜利后部队北撤，奉命留在会稽地区坚持斗争。1947年8月1日任中共路东县工委副书记、副县长；24日晚在栎江乡郦家湾水潜寺召集会议时被敌人包围，为掩护战友突围，身中数弹，光荣牺牲。怀孕在身的妻子张雪泉也被国民党当局逮捕，于1948年3月被敌人杀害。

**华振麟(1893—1962)**

字寅生。长兴县人。1919年2月自保定陆军军官学校第六期步科毕业，后又相继进入北京无线电讲习所、北京陆军大学将官班第二期深造。1928年任中央陆军军官学校第六期大队长。1928年6月至1932年6月任军事委员会军政部交通兵第一团团长、通讯兵团团长。1936年10月被南京国民政府授予陆军少将军衔。1937年11月任军事委员会军官训练教育委员会委员。1938年3月任军事委员会军训部通信兵监；6月2日被国民政府授予陆军中将军衔。后任通信学校校长。1946年6月至1947年任国防部民用工程司司长。

**华　健(1918—1949)**

原名风夏。镇海县人。1918年1月22日出生于上海。1932年入上海育才中学,后辍学。1937年进上海生活书店当练习生,参加营救救国会"七君子"示威游行,散发传单,遭巡捕殴打致伤。后去重庆筹建生活书店分店,任会计,参加青年职业互助会救亡活动。1938年6月加入中国共产党,化名康永明,任分店支部书记,发起组织重庆书业界同人联谊会,历任中共重庆市城区区委委员、重庆下城、新市区委书记。1940年去延安,进中共中央党校学习。1942年参加延安整风运动。1945年4月出席中共第七次代表大会。后回到四川,先后任中共成都工委委员、川康特委委员兼川北工委(地委)书记。1949年1月因叛徒出卖而被捕,囚禁于重庆渣滓洞,誓死不屈;10月28日被国民党枪杀。著有《晋察冀印象记》等。

**华淑君(1908—?)**

女。镇海县人。其父曾留学英国,精通医术,后追随孙中山奔走革命,英年早逝。继承父业,在上海中华医学院毕业后赴美留学,入哥伦比亚医学中心学习整形外科。回国后行医。1949年去台湾。曾获台湾"卫生署"颁发的"服务社会医疗工作优良奖"及"行医五十年资优奖"。1982年创办瑜伽协会,任理事长。该会发行《瑜伽杂志》,推行瑜伽术。1984年带队参加在日内瓦举行的世界瑜伽大会。

**任小田(1904—1989)**

别名文辉,字耀人。海盐县人。书画世家出身,少习书画篆刻。18岁从王英伯学医,专治妇科。20余岁赴沪亲聆吴昌硕教诲,专攻浙派,篆刻风格工整中富变化、严谨中见活泼;书法则正草篆隶无不挥洒自如,尤以金文浑厚凝重;竹刻画鱼得叔父任松年真传,有独到处。毕生治印以千计,1962年加入西泠印社。晚年之作尤多精品,部分收入《浙江篆刻选》、《西泠印社篆刻选》等。

**任　光(1900—1941)**

笔名萌发。嵊县人。从小喜爱民间音乐。嵊县中学毕业后入上海震旦大学。1919年到法国勤工俭学,入里昂大学音乐系学习,并在一家钢琴厂当学徒。1927年回国后参加左翼剧联音乐小组及歌曲作者协会,开始从事进步文化运动。"九一八"事变后与聂耳、冼星海等一起,发起组织剧联音乐小组和中国新兴音乐研究会。1934年创作《渔光曲》,由此一举成名。1936年创作《打回老家去》等救亡歌曲,流传甚广。1937年再度去法国,组织领导巴黎华侨合唱团,出席有24个国家代表参加的反法西斯侵略大会。所作《中国进行曲》被辑入《世界革命歌曲选》。抗日战争爆发后创作了《月光光》、《新莲花落》、《大地行军曲》、《打回老家去》、《高粱红了》等40余首极有影响的抗日救亡歌曲与电影歌曲。此外还创作过歌剧《台儿庄》(《洪波曲》)的音乐。1940年7月到新四军军部从事宣传工作。1941年春在"皖南事变"中不幸牺牲。

**任美锷(1913—2008)**

鄞县人。1913年10月7日生。1934年毕业于中央大学(今南京大学)地理系。1936年赴英国留学,师从英国皇家学会会员贝莱教授攻读地貌学。1939年获英国格拉斯哥大学博士学位。同年回国执教,历任浙江大学、复旦大学、前中央大学、南京大学教授、地理系系主任等职。1956年参与全国12年科学技术发展规划制定工作。其后受命主持中国科学院云南综合考察中的自然地理研究。1959年至1962年兼任中国科学院南京地理研究所所长。70年代末发表了一系列论文,将"古海洋学"介绍到国内。同时又先后从事江苏潮滩沉积动力学研究、中国三大三角洲海岸相对海平面变化研究、人类活动对黄河和黄河三角洲的影响及黄河与海洋交互作用研究等,作出了一系列开创性的成果。1980年当选为中国科学院学部委员。其后历时五年主持江苏省海岸带调查,于1986年获江苏省科技进步特等奖。1986年至1987年被聘为美国 Fulbright 基金访美教授。曾任国际海洋地质委员会委员、国际海事组织与国际原子能委员会深海抛弃放射性废料专家委员会委员等学术兼职。2008年11月4日在南京去世。为表彰他在海洋地貌学和岩溶地貌学研究上的卓越贡献,英国皇家学会曾于1985年授予他国际地理学方面的最高奖章——维多利亚奖章,是至今唯一一位获得该项殊荣的中国地理学家。

**任鸿隽(1886—1961)**

字叔永。原籍浙江吴兴县,1886年12月20日出生于四川省垫江县。1904年中秀才。1904年起先后就读于重庆府中学堂速成师范班、上海中国公学高等预科。1909年赴日本留学,入东京高等工业学校应用化学科学习。1911年辛亥革命前夕回国。中华民国南京政府成立后任孙中山临时大总统府秘书。孙中山辞职下野后任天津《民意报》总编辑。1913年赴美国留学,入美国康奈尔大学文理学院主修化学和物理学专业,兼任《留美学生季报》总编辑。1914年在美国发起成立中国科学社,创办《科学》月刊。1916年毕业,获理学学士学位。1916年至1918年入美国哥伦比亚大学学习，获化学硕士学位。历任中国科学社董事会书记、理事、社长等职。1918年至1920年主持筹建四川钢、铁二厂。1920年至1922年先后任国立北京大学化学系教授、北洋政府教育部专门教育司司长。1922年至1923年任上海商务印书馆编辑。1923年至1925年任国立东南大学化学系教授、副校长。1925年至1949年历任中华教育文化基金董事会（中基会）专门秘书、董事、干事长等。1928年至1949年担任北平静生生物调查所委员会委员长。1931年至1952年任黄海化学工业研究社董事会董事长。1935年至1937年任国立四川大学校长。1938年至1942年任国立中央研究院化学研究所所长、中央研究院评议会评议员、中央研究院总干事等。1938年当选为国民参政会参政员。1945年参与发起成立中国科学工作者协会，任该会理事。新中国成立后历任华东文化教育委员会委员，上海市科联主任委员，上海市科技图书馆馆长，上海图书馆馆长，上海市科学技术协会副主席。1961年11月13日在上海去世。作为民国时期"科学救国"的代表人物，为推动中国近代科学研究、科学教育事业从无到有的发展，以及在传播科学思想、建设科学体制、研究与制定科技政策等方面扮演了先驱者的角色，是中国现代科学事业主要开拓者和奠基人之一。2002年出版有《科学救国之梦：任鸿隽文存》。

**任毓麟（1870—？）**

字振亭。绍兴县人。清光绪朝中举人。清末曾任直隶候补道、直隶总督衙门总文案。1912年4月任直隶提法使。同年底随新任奉天都督张锡銮前往奉天（今沈阳），任奉天都督府总文案。1914年6月至10月兼任奉天省政务厅长。1916年张作霖任奉天督军后被聘为督军公署秘书长。1918年任东三省巡阅使署秘书长。1926年12月任安国军总司令部秘书长。1927年任陆海军大元帅秘书长。后不详。

**伊　兵（1916—1968）**

原名周纪纲，别名周丹虹，笔名伊兵、大辉、李文。嵊县人。早年先后就读于嵊县中学、杭州安定中学。1935年曾组织嵊县、新昌县知识界人士，成立青年文化团体南鹿学社，任理事。后创办《焰影》周刊，任主编。1937年抗战爆发后在家乡组织县乡村救亡协进会，任开元抗日自卫委员会政训组主任。1938年5月加入中国共产党。不久去闽浙边抗日救亡队干部学校学习。后进入浙江省第三区专员公署战旗政工队，任中共地下党支部书记。1940年任皖南新四军江北游击队服务团副团长，浙东游击队后方医院主任，《战斗报》总编辑。1943年任浙东纵队后方医院主任。1946年任山东《大众日报》记者。1947年任《安东日报》编辑部主任。新中国成立后历任上海军事管制委员会文艺处剧艺室主任，华东军政委员会文化部戏曲改进处副处长兼《戏曲报》主编，华东戏曲研究院秘书长，中国戏剧家协会副秘书长、《戏剧报》主编，中国剧协书记处书记，江苏省文联副主席等。著有戏剧论文集《华东戏曲剧种介绍》、《在戏剧战线上》、《现实与理想》及越剧剧本《游击队的母亲》、《秋瑾》等。曾领导越剧传统剧目《梁山伯与祝英台》和《西厢记》的整理改编。

**向宏昌（1906—？）**

镇海县人。以工读完成大学商科学业。1925年赴暹罗（泰国的旧称）创办中南贸易公司，经营国货出口泰国业务。1929年又往爪哇、泗水分设中南贸易公司，遍历南洋番埠。以经验所得，深悉欲扩展国货销路、提高产品品质、适合国外顾客需要，应厂商联合改进工艺。于是回国，在上海创办食品工业以改进制法，提高品质，创办伟大畜植股份有限公司、伟大罐头食品厂股份公司；并在无锡、杭州经营农场四处，改良品种，供应上好食料，大力发展国外贸易。还曾任中国兴业纸袋厂经理。

**全泰勋（1919—　）**

绍兴县人。1939年从浙江省立临时联合高级中学毕业后考入武汉大学，并获法学学士学位。其后赴美国留学，先后获犹他大学科学硕士、宾夕法尼亚大学哲学博士。曾担任过宾夕法尼亚大学外交政策研究所副研究员、费尔里·狄金生大学国际问题研究院教授、纽约市亨德学院客座教授、西东大学教授、纽约州立大学教授等职。1970年当选为皇家亚洲学会院士。1976年获美国建国200周年白宫"社会领袖及杰出公民"奖。著有 *For World Peace*、*Freedom and Justice* 等。

**全增嘏（1903—1984）**

绍兴县人。1923年自清华学堂毕业后赴美国留学。1925年获斯坦福大学学士学位。1927年获哈佛大学硕士学位。1928年回国后先后于中国公学、大同大学、大夏大学、光华大学、暨南大学等校任教授，并任英文《中国评论周报》编辑、《论语》主编、英文《天下月刊》编辑。1942年起任复旦大学教授。1944年任复旦大学外语系主任、图书馆馆长。新中国成立后继续在复旦大学任教。1956年参与创办复旦大学哲学系，兼任外国哲学史教研室主任、现代西方哲学研究室主任、逻辑学教研室主任。曾任上海市哲学学会副会长、中华全国外国哲学史研究会顾问。著有《西洋哲学小史》、《不可知论批判》，翻译或合作翻译有《艰难时世》、康德《宇宙发展史概论》、《哥白尼和日心说》、《爱因斯坦论著选编》、《牛顿自然哲学著作选》、《华莱士著作集》、梅森《自然科学史》等，主编有《西方哲学史》。

**邬志豪(1883—1946)**

奉化县人。早年赴上海学裁缝，满师后在上海开设宝成衣庄。30岁时已拥有上海福建南路上多数衣庄，人称“衣庄大王”。1914年任奉化旅沪同乡会筹备会副主任。1921年与族人邬挺生等在上海创办上宝银行及上海百货商业银行，任百货商业银行经理。次年参与在上海创办中国商业信托公司。1925年“五卅”运动爆发后率先抵制日货，被推为南京路商会会长。1927年后任上海商界联合会主任、上海市商会常务理事。1931年与项松茂等在上海发起创办宁波实业银行，任经理。同年“九一八”事变后与项松茂等首先发起组织上海市民义勇军。1932年发起设立上海最早的大型国货商场——上海国货公司。抗战爆发后转至香港经营绸缎业。1941年香港沦陷后转至澳门。抗战胜利后重返香港，参与筹组“苏浙旅港同乡会”。1946年在香港病故。

**邬丽珠(1907—1978)**

女。定海县人。少时习练武术。1925年到商务印书馆活动影戏部演戏。在此期间主演了自己第一部影片《情天劫》。接着主演了《母之心》、《通天河》等。是中国早期影坛最有影响的女明星之一，被誉为“东方女侠”。代表作品有《女侠黑牡丹》、《关东大侠》、《飞将军》等，其中《关东大侠》自1928年至1931年续拍了13集，影响较大。

**邬时坻(1912—1996)**

原名谦，字西平。宁海县人。1931年杭高师范科毕业后到嘉兴一小学任教员，后任校长。1937年抗日战争爆发后与该校两名教师一起投奔延安。同年10月进入中国人民抗日军政大学第三期学习。1938年2月加入中国共产党；3月从抗大结业；8月经中共组织批准，考入国民党战时工作干部训练团，结业后留团工作。1939年调到国民党第三战区兵站总监部工作。1941年初皖南事变后与中共组织失去联系。1942年进入国民党中央军需学校学习一年，毕业后进入国民政府军事委员会铨叙厅任职。1946年调台湾警备司令部任职。1947年起历任国防部预算局上校检察官，衢州“绥靖”公署预算处处长，国防部会计处处长。在此期间与党组织接上关系，并为党组织提供了国民党在美国支持下向东北大规模运兵以及国民党陆军补给情况的情报。1949年5月杭州解放后回杭州工作，在浙江省财政厅先后任股长、科长、副处长。1951年参加民革，任民革浙江省财政厅支部主委。1954年起先后当选为民革浙江省委员会第一、第二届委员。1957年6月被划为“右派”，下放农村劳动。1960年回浙江省财政厅继续工作。1980年6月当选为民革浙江省委员会第五届委员，以后又连续当选为第五、第六届副主任委员，第七、第八届顾问。1983年起先后任浙江省政协第五、第六届委员、常务委员、提案工作委员会副主任。1985年中共浙江省委宣布恢复其中国共产党党籍。1996年4月20日在杭州去世。

**邬挺生(1876—1935)**

名卓然。奉化县人。著名烟草商人。基督教牧师家庭出身，后就学于上海中西书院。1900年至1902年到美国玛斯诺德公司设在上海的老晋隆洋行买办间当跑楼。1902年英美烟公司在伦敦成立后老晋隆改为其在华推销机构，邬任买办，直至1919年。是上海著名买办之一，为英美烟公司在华销售出力甚多，公司为其捐候补道衔。期间曾任吕宋烟公司负责人。1911年随中国商业代表团访美。1912年英美烟公司委托邬出面在上海组织协和贸易公司，经营卷烟，邬任总经理，其分公司分设天津、南京、汉口等大城市。期间还兼任英美烟公司驻北京代表。1913年任财政部调查卷烟税专员。1919年离开英美烟公司后进入南洋兄弟烟草公司并任营业部经理，为推销南洋产品与英美烟公司展开激烈竞争。不久离开南洋公司自设中华烟公司。1921年与族人邬志豪等在上海创办上宝银行。同年创办上海百货商业银行，任百货银行董事长。1924年后还兼任全国烟酒税局总稽核、浙江省烟酒公卖局驻沪办事处处长。1928年发起创设华商烟厂联合会，并被推举为会长，团结华商烟厂同英美烟公司抗争。1932年发起组织美种烟叶改良委员会，为专门委员，负责具体事宜，在河南许昌改良烟叶不遗余力。1933年与英美烟公司合办许昌烟叶股份有限公司，总部设于上海邬家中，邬任董事长兼总经理，操纵市价，挤垮了当地数百家烟行和运输行。1935年在许昌被暗杀。

**邬崇焕(1919—1986)**

奉化县人。1919年5月5日生于日本。1927年随父亲回国定居上海。1942年毕业于东吴大学化学系。毕业后在化学家黄兰逊先生的指导下进行磺胺类药物的试验研究。1945 年进入其父亲开设的上海泰山药房担任副经理。1949 年 5 月上海解放后任泰山有机化工厂技术副厂长。1951 年任公私合营泰山制药厂技术副厂长。“文革”开始后下放到车间劳动，后借调至上海石油化工总长担任日文翻译。“文革”结束后重返医药战线，从事新药研制。1982 年晋升为高级工程师。1964 年、1977 年先后任上海市第五、第七届人民代表大会代表，1980 年、1984 年先后当选为上海市工商联执行委员。1986 年 5 月在上海去世。先后发表《糖精新合成法》、《略论合成药的生产工艺与反应》等 10 余篇论文，并撰写有关医药的百余篇专题文稿。

**邬谟昌(1891—1965)**

鄞县人。建筑企业家。造船木匠家庭出身。初中毕业后随在上海某船厂做木匠小包的叔父到上海，经同乡介绍任英国领事馆绘图员。期间勤奋学习英语，并就读于美国万国函授学校建筑科。1921 年与同乡陈向诚创办邬谟昌营造厂，承建了万国储蓄会总行大厦(今上海市医药公司)、浙江大戏院、礼查饭店西舞厅、汇中饭店茶厅、香山路西班牙教堂等重要工程，这些建筑的装饰艺术具有相当高的水平。他注重建筑质量，接一项工程创一块牌子，而且高度重视施工安全，几十年没有发生一起伤亡事故，为建筑界罕见。29 岁时信佛，曾设计建造了一些佛教建筑，如九华山宝塔等。喜结交文化界、佛教界人士，对孔孟儒学、佛教理论、中医中药颇有研究，且喜爱藏书，其藏书室“庆余堂”藏有不少珍本，被称为营造业中的“儒将”。

**庄之盘(1879—1939)**

又名庄莘墅、庄世民。奉化县人。1906 年 4 月赴日本留学，入东京警监学校学习。1907 年秋因对警监学校的管理制度不满，与陈英士等转入东斌陆军学校学习。在日本参加了同盟会。1908 年回国从事革命活动。在此期间加入光复会，并成为浙江光复会与同盟会员核心领导小组成员。1911 年 10 月 12 日随陈英士、姚勇忱由沪至杭，邀集朱端、顾乃斌等在白云庵秘议；次日在凤林寺开会，又无结果；第三次集会于二我轩照相馆楼上酒肆，仍无定议，与姚勇忱于 10 月 16 日返上海；10 月 31 日携带沪机关部陈其美筹集到的 4000 元大洋到杭州；11 月 2 日负责招待由上海到杭州的王金发、蒋介石、王文庆、张伯岐、黄梦蛟、孙贯生、蒋著卿等敢死队员 100 余人，安排他们分寓奉化试馆、仁和火腿栈李汉臣家；11 月 4 日夜参加杭州战斗。杭州光复后任浙江军政府参议会参议。1912 年 8 月国民党成立，任国民党浙江支部参议。1922 年与魏伯桢等合作，在上海市物品交易所联合抄股，为革命提供资金。南京国民政府成立后蒋介石亲笔书写“忠孝传家”牌匾相赠。1939 年 2 月 13 日去世。

**庄文恭(1901—1965)**

原名韩百华、韩白华。绍兴县人。1918 年考入浙江省立第一师范学校学习，受新思潮、新文化的熏陶，投身于五四反帝爱国运动，参加“一师风潮”斗争。1920 年 8 月入上海外国语学社学习；9 月加入中国共产主义青年团。1921 年 1 月赴苏联东方劳动大学学习。1922 年 6 月回上海；7 月转为中国共产党党员，受组织派遣，到杭州筹建党的组织；9 月参与建立中共杭州小组；11 月奉命返回上海，任中共中央机关刊物《向导》代理发行人及中国劳动组合部《工友》周刊编辑。1923 年在上海被国民党逮捕，后经组织保释出狱。1924 年任中共上海地方委员会委员长(后称书记)兼宣传部主任。1925 年 8 月任中共上海区委委员兼组织部主任。1926 年春上海地委扩组为中共上海区委员会(辖江苏、浙江、上海)，任区委委员兼组织部长；2 月派区委委员梁茂康前来绍兴筹建中共绍兴地方委员会；5 月亲自来绍兴，在绍兴党组织召开的党员会议上代表上海区委宣布梁茂康为中共绍兴地委书记。同年底到杭州指导杭州地委工作。1927 年 1 月任中共杭州地委书记；同年 4 月 27 日至 5 月 9 日以代表身份出席在武汉举行的中共第五次代表大会，当选为中央候补委员；5 月中旬选派杭州地委委员徐梅君到绍兴，重组中共绍兴地方委员会；6 月中共浙江省委成立，担任第一任书记；8 月因身患肺病，向中共中央提出辞职；9 月经中央批准后到上海养病。不久与党组织失去联系。后改名韩曼涛，考入上海立信会计夜校。毕业后在立信会计事务所、南京政府中央信托局工作。新中国成立后先后任华东军政委员会财政部副处长，中央财政部税务总局会计处处长。1965 年 11 月在北京去世。

**庄鸣山(1908—?)**

宁波人。1933 年毕业于浙江大学物理系。曾任国立中正医学院物理学科主任，国立湖南学院、国立兰州大学、国立西北师范学院教授。新中国成立后历任上海第一医学院物理教研室和电子计算机室主任，上海医科大学教授。1952 年加入中国民主同盟。1957 年 3 月任新成立的民盟上医负责人，此后不久被打成右派。1980年平反后任高等医学院校药学专业教材编审委员，主编药学专业《物理学》教材。参与空心水晶圆柱振动的研究，在国内首先采用电子管研究制成小型助听器。

**庄禹梅(1885—1970)**

原名继良，笔名病骸、醒公、平青等。镇海县人。1903年中秀才。1904年入上海理科专修学校速成班学习，六个月后结业回乡任教。1910年赴沪，与人合办“艺文函授社”，开始写章回体武侠小说，卖文为生。期间先后加入光复会、同盟会。1911年回镇海，任小学校长。同年11月上旬，镇海光复，任镇海县临时参议会议员。1912年初任镇海县公署教育科科员。1913年应聘任宁波《四明日报》编辑。1914年6月辞职，再次赴上海以卖文为生。1916年8月孙中山抵甬演讲，任记录员。1919年任宁波《四明公报》编辑。1920年任《时事公报》编辑。1923年3月25日以“病骸”笔名发表《兵化为匪之可危》短评，被镇海炮台司令部拘禁，25天后获保释。1925年加入中国国民党。1926年任国民党宁波党部商民部长。1927年3月任《宁波民国日报》社社长；4月9日因刊载社论《王俊十大罪状》及新闻《蒋介石亦效军阀故伎耶?》，遭宁台温防守司令部司令王俊拘押。后以“污蔑总司令”罪名判处徒刑10年；经虞洽卿疏通，于1929年重审后无罪释放。同年5月加入中国共产党，复任《时事公报》编辑。1934年又遭国民党政府逮捕，囚禁于浙江杭州陆军监狱，两个月后因证据不足开释。年底回宁波，任《宁波大报》副刊编辑。1935年先后任《中南日报》副刊编辑，镇海《镇铎日报》主编。1936年10月任宁波《商情日报》主编。1937年1月以“组织非法团体，宣传与三民主义不相容之主义”的罪名第三次被逮捕，判刑五年。抗日战争爆发后于9月上旬交保释放，回宁波任《宁波商报》副刊编辑，同时参与中共活动。后因病辞职。1941年宁波沦陷后于宁波、定海、镇海从事敌后宣传工作。1945年初赴四明山革命根据地，在中共浙东区党委城工委领导下办报。同年10月浙东游击纵队北撤后回宁波。1947年复任《时事公报》编辑。次年4月任宁波文艺工作者协会常务理事。同年因单线领导人被捕，失去组织联系。新中国成立后历任《宁波时报》社长，宁波各界人民代表会议协商委员会副秘书长，政协宁波市第一至第六届副主席，民革宁波市委第一至第三届主任委员，民革浙江省委会委员，省人大代表，省文史研究馆馆员。1970年6月25日去世。1985年中共浙江省委决定恢复其党籍，党龄从1929年5月入党起连续计算。著有《孙中山演义》、《外交思痛录》、《中国古代史析疑》、《古书新考》等。

**庄崧甫(1860—1940)**

原名莪存，又名景仲，字崧甫，号求我山人，以字行。奉化县人。1890年中秀才。1903年任奉化县立龙津中学堂舍监。1904年5月赴上海，任上海新学会社编辑，编辑学堂教科书及农学蚕学各书。1908年加入同盟会。1910年在余杭创办杭北林牧公司。1911年光复上海时协助陈其美筹饷。杭州光复后任浙江省军政府财政司长，旋调军政府财政参议。不久辞职，致力于林牧公司，并开办造纸厂。1916年9月当选为浙江省议会议员。1920年与人合办临安安北造林场。1921年在虹桥增设安北第二林场。同年秋任浙江省宪法会议议员。1922年春被推举为奉化县议会议长，兼县水利总局局长、省水利联合会主任理事。1925年在西湖洪春桥创办杭州种苗场。1926年11月任浙江省临时政务委员会委员。1927年与孙表卿、张泰荣等创办奉化孤儿院，任终身院长。1928年3月至11月任浙江省政府委员。1928年11月至1932年8月任南京国民政府立法院立法委员。1931年起任导淮委员会副委员长。1932年夏辞去本兼各职，退居杭州。1939年3月当选为浙江省临时参议会参议员。1940年10月24日病故。著有《农政新书》、《水利实验谈》、《养蚕必读》、《螟虫防治法》、《求我山人杂著》等。

**庄鸿皋(1898—?)**

鄞县人。钟表商。早年毕业于宁波省立第四中学，后到上海从事钟表、眼镜制造业，先后主持大明眼镜公司、亨得利钟表公司、中国联合眼镜制造公司，并任经理；同时投资经营保险业。1919年接办亨得利钟表公司后积极扩展业务，在全国各地广设分公司60余处，其产品“九一八”钟表，享有盛誉。1923年又与上海钟表商庄荣华等创办中国时钟厂，还创办过昌明造钟厂，曾任上海市眼镜业同业公会主任委员、钟表业同业公会常务委员等。

**庄智焕(1900—1978)**

字仲文。鄞县人。上海南洋大学、法国巴黎高等电气学校毕业，获无线电工程师学位。1925年回国到广州，任黄埔军校电讯教官，军校第四、第五期电讯队少校队长，广州国民政府秘书厅无线电台中校台长。1927年到汉口，任汉口无线电信局局长、武汉国民政府财政部无线电管理处处长，外交部温州交涉员。1928年任南京国民政府无线电台台长，后改任浙江省卷烟税局局长、交通部电政局长。1929年任中国国民党总理奉安委员会办公处秘书。1930年任交通部与日本大东、大北、太平洋三公司交涉收回海底电线及中日电信会议之中方首席代表。1931年后任交通部高等参事，交通大学教授。1940年任经济部企业司司长。1947年5月为出席第30届国际劳工大会中国代表团资方代表。后定居美国。

**刘大白(1880—1932)**

原姓金，名庆棪，后改姓刘，名靖裔，字清斋，别号大白。绍兴县人。清贡生，后留学日本，并加入同盟会。1919年在浙江省立第一师范学校任教，受新文化运动影响，开始写作新诗。发表《田主来》、《卖布谣》等作品，反映农民疾苦，吸收了民歌民谣的营养，为新诗的发展作出探索。后期作品转向爱情诗和哲理诗，还带有旧体诗的痕迹。1921年任复旦大学教授。晚年思想渐趋保守。1927年后曾任浙江大学秘书长，浙江省教育厅秘书，国民政府教育部次长及代理部长等。

**刘子鹏(1912—1993)**

龙泉县人。原籍江西省丰城县。1929年在上海参加中国青年党。1934年毕业于上海法院，获法学学士学位。1936年进入国民政府财政部直接税署，任高级税务员。不久外调，先后担任合肥、贵阳、丽水、常德等区分局局长，后调任苏浙皖区专卖局副局长。1945年任国民政府粮食部督导。1946年当选为制宪国民大会代表。1948年当选为立法院立法委员。1949年夏前往香港定居。同年冬在香港创办《自由阵线》周刊及自由出版社，任总经理、总编辑，鼓吹"第三条道路"。在中国青年党内历次当选为中央委员及青年党浙江省党部主席。定居台湾后担任青年党临时中央执行委员会委员暨东南亚支部委员兼外交部长。1990年初夏曾回浙江龙泉探亲，后捐款在龙泉县第一中学内建立"刘子鹏图书馆"，设立"刘子鹏科技文化奖励基金"，资助母校养真中心建设。1993年11月7日去世。

**刘开悦(1904—1974)**

三门县人。国民党中央军官学校洛阳分校第九期兵役科毕业后入国民党中央训练团兵役研究班。历任湖南省保安团排长、连长，湖南省军管区司令部征募处少校科员、中校组长、上校科长、上校团长、副师长。1946年起任国防部第二补给区司令部交通处副处长，长沙敌资接收组少将副主任，武汉行辕办公室副主任，第十七兵团第一〇〇军第一九七师师长，第一〇〇军少将高参。1951年1月在广西平而关战斗中被中国人民解放军俘虏。

**刘公诚(1914—1991)**

定海县人。著名实业家刘鸿生之子。日本东京工业大学肄业。1937年回国。曾任延安抗日军政大学教员，贵阳中国火柴原料厂工程师、代厂长。1945年赴美国国家标准局等单位学习水泥生产工艺和设备制造技术。1947年回国后任上海水泥厂厂长。1948年在国内首先提出制造引气水泥和用粉煤灰作水泥混合材，并组织生产，效果良好。1956年后历任建筑材料工业部建筑材料科学研究院室主任、水泥研究所副所长，国家建筑材料工业局科技委员会副主任，中国硅酸盐学会第三届理事，中国标准化协会第一届常务理事，民建第三至第五届中央常委，是第三届全国人大代表，第五、第六届全国政协委员。

**刘以鬯(1918—　)**

原名刘同绎，字昌年。镇海县人，生于上海。1941年毕业于上海圣约翰大学。同年到重庆，曾主编《国民公报》和《扫荡报》副刊。1945年回上海，任《和平日报》总编辑，后创办怀正文化社，出版中国新文学作品。1948年去港，先后任《香港时报》、《星岛周报》、《西点》等报刊编辑、主编。1952年到新加坡，任《益世报》主笔兼副刊编辑，后到吉隆坡任《联邦日报》总编辑。1957年回港后从事文学创作、翻译和研究工作。同时继续报纸副刊的编辑工作，曾主编《香港时报·浅水湾》、《星岛日报·大会堂》等。出版作品有长篇小说《酒徒》，小说集《寺内》等。1986年创办和主编《香港文学》月刊，任总编辑至2000年。

**刘正康(1874—1939)**

镇海县人。少年时旅居苏州，初为震生裕木行学徒，后任该公司经理，并任苏州市木业公会董事。同时在江浙地区广泛投资，任上海天一保险公司、中兴煤矿公司以及中央储蓄会苏州分公司经理，发起筹建苏福(苏州至光福)长途汽车公司，沟通城乡居民，襄赞创设华盛造纸厂，创建苏州国货公司，抵制日货。曾出资主持修浚苏州阊门、胥门外诸河。其他如创办苏州市民公社、社团、保卫团，以维治安。创办游民乞丐学艺所，阊门外办半济粥厂，以济贫者。抗战爆发后滞居苏州，1939年在苏州去世。

**刘世芳(1901—?)**

镇海县人。1912年考入上海高级中学学习。1917年考入北京清华学校学习。1921年赴美国留学，入耶鲁大学法学院。1924年毕业，获法学学士学位。同年起先后赴德国、法国继续深造。1927年回到上海，开设律师事务所，执行律师业务。同时在上海Chinan大学、上海法学院兼任讲师，后兼任上海Chinan大学法律系主任。1936年救国会"七君子"事件发生后应邀担任"七君子"之一的王造时的辩护律师。在社会各方面的共同努力下迫使国民党当局于1937年7月将"七君子"无罪释放。译有《新中国民法财产法律和中国流通票据法》。

**刘　节(1901—1977)**

原名翰香，字子植。永嘉县人。其父为知名学者、民国初国会众议员刘景晨。幼承庭训，早年就读于浙江省立第十中学、上海私立南方大学哲学系、上海国民大学哲学系。1926年考入清华大学，为国学研究院第二届学生，师从王国维、梁启超和陈寅恪，专攻中国古代史。1928年毕业后应聘至南开大学任教。1930年后历任河南大学教授兼中文系主任，北平图书馆编纂委员兼金石部主任，燕京大学文学院副教授，上海大夏大学、宜山浙江大学、成都金陵大学、重庆中央大学教授，中英庚款研究员等职。1940年至1944年间离职索居于重庆南岸，生活极艰苦而治学不辍。1946年南下广州，此后终身担任中山大学教授。期间曾一度任历史系主任、古物馆主任，为第三届广东省政协委员。秉性刚直，主张求真、自信，一生治学、为人受其师陈寅恪影响至深。学识渊博，对中国古代史、古文字学、古地理学、考古学都有专长，尤其对先秦古史、先秦诸子思想、史学史研究有卓著成就。著有《洪范疏证》、《好大王碑考释》、《历史论》、《人性论》、《中国古代宗族移殖史论》、《古史考存》、《中国语言史》、《中国思想史上的"天人合一"问题》及遗著《中国史学史稿》等。

**刘百闵(1899—1968)**

名学逊，后改名庄，字百闵，以字行。黄岩县人。早年毕业于黄岩中学。后公费留学日本，入东京法政大学学习。1931年夏毕业回国后担任国民党中央组织部长陈立夫的秘书。"九一八"事变后创办日本研究会，主编《日本评论》，向国内系统介绍日本情况。并在国立中央政治学校、国立中央大学、私立大夏大学兼任教授。1932年3月应聘为国难会议会员。同年4月到洛阳出席国难会议。1936年1月创办《政问》周刊。参加教育部组织的南京、上海、杭州十大教授轮流讲学。1937年抗战爆发后任中国文化服务社社长，从事抗战文化教育出版事业，并协助陈立夫完成《唯生论》编著。1938年4月任国民党中央宣传部宣传指导处处长。同年6月被选为国民参政会第一届参政员，以后连任四届。1939年春奉蒋介石命，在四川乐山创立复兴书院，担任董事会总干事。1948年5月当选为中华民国立法院立法委员。继任中国文化服务总社社长，出版《读书通讯》(半月刊)，作为青年学生辅助读物。1949年4月去香港，以养鸡为生，并与钱穆等筹建新亚书院(后称新亚文商专科学校)。1952年去台湾。1953年任香港大学中文系高级讲师14年；1967年辞去教席。1968年1月4日在香港去世。著有《中日文化论集》、《孔门五论》、《周易事例通论》、《经子肆言》等。

**刘光炎(1903—1983)**

字厚安。绍兴县人。1903年生于湖北。1926年毕业于上海私立复旦大学文学系。1929年任南京国民政府立法院特约编纂。1931年任国民党《中央日报》主笔兼《中央时事》周刊主编。1937年抗战爆发后西迁重庆，任《中央日报》总编辑兼总主笔。并在国立中央政治学校授课。1940年任国民党中央宣传部宣传委员，兼党报社论委员会执行秘书、委员，三民主义研究会主任委员。1946年任《中央时事》周刊社社长。1949年去台湾，先后任《新生报》、《中华日报》主笔。1974年退休后先后受聘于政工干校、复旦大学、东吴大学、文化大学及铭传商专等校，讲授国文、新闻、国际关系等课。1979年移居美国加利福尼亚州旧金山。1983年6月21日在美国去世。著有《新闻学概论》、《通讯事业概论》等。

**刘同坡(1900—1981)**

镇海县人。1926年从上海圣约翰大学医学部毕业后到浙江吴兴县福音医院任职，后入上海公共租界工部局直属医院任医师、院长。1945年任上海市立第一传染病院院长。1947年任上海市立第六医院医务主任。新中国成立后在上海市第六人民医院任医生。

**刘廷芳(1891—1947)**

字亶生。永嘉县人。少年就读于温州艺文中学，后入上海圣约翰大学。毕业后留学美国，先入哥伦比亚大学学习教育和儿童心理学，获哲学博士学位，继入耶鲁大学神学院，授牧师职，曾被推为中国留美学生协会主席。1920年任燕京大学神学院院长。1922年参与组织中华全国基督教会，任理事。1925年以燕京大学神学院院长兼牧师身份主持孙中山去世祭吊仪式，宣读悼文

《请看吧，这里来了个白天做梦人》，情辞并茂，收入美国《世界名人演讲录》。此后历任中华全国基督教大学委员会主席、中华基督教教育协会主席，并兼任北京大学教育系心理学教授、北京师范大学教育研究科主任。抗战胜利后被选为立法院立法委员。后居留英国，于剑桥、牛津大学讲授中国思想、文艺及文化新潮。1947 年 8 月 2 日在美国病故。

**刘钊铭(1906—?)**

诸暨县人。先后毕业于黄埔军校第五期步科、陆军步兵学校第一期、陆军大学第十三期。1937 年 12 月任第十七军团参谋处作战科长，参加淞沪会战。1938 年 1 月兼任中央军校西北军官训练班教育处长、学生大队大队长。1940 年 3 月任第十六军预备第三师副师长兼中央军校第七分校办公厅副主任。1943 年 8 月任中央军校第七分校教育处处长。1944 年 7 月任中央军校第七分校教导总队总队长。1946 年 4 月任整编第二十七师第三十一旅旅长。1948 年 12 月任第五十七军副军长。1949 年 5 月兼第五十七军第二一五师师长；12 月底在四川邛崃率部投诚。后任解放军西南军政大学高级研究班学员，诸暨县政协委员、常委、副主席，绍兴市政协委员、常委。

**刘劲持(1904—1988)**

青田县人。1924 年厦门大学肄业。1927 年考入国民革命军第二十二军军官团，后转入南京中央陆军军官学校第六期交通科学习。毕业后任职于国民革命军通讯兵团。1932 年入陆军大学正则班第十一期学习。1936 年 1 月 2 日毕业后任第六师中校参谋。1937 年抗战爆发后参加淞沪会战；11 月任南京卫戍司令长官部参谋处第一科作战参谋及警卫执行部上校参谋，参加南京保卫战。1938 年 2 月任军令部第一厅少将高参、科长。1939 年 1 月任军令部第一厅第四处处长。1940 年 12 月任军令部第一厅第二处处长。1942 年任新编第五师副师长。1943 年 9 月任第七十六军第二十四师师长。1945 年 9 月任军政部军务署步兵司司长。1946 年 6 月任国防部第五厅第一处处长；12 月任国防部第五厅副厅长兼第一处处长。1947 年 5 月任整编第二十六师师长；9 月任联勤总司令部经理署署长；11 月任新编第五十七师师长。1949 年 4 月任第九十八军军长；12 月 26 日率所部 2 万余官兵在四川阆中元山场起义，改编为解放军第九十八军，仍任军长。不久参加西南军政大学高级研究班学习。1951 年任解放军南京军事学院战术教员。1955 年复员，任山西省人民政府参事室参事。1957 年入浙江省人民政府参事室；1982 年任参事室主任。1956 年参加民革，历任民革浙江省第四、第五、第六届委员会副主任委员，民革第六届中央委员。1978 年 5 月任浙江省政协常委。1983 年 4 月当选为浙江省人大常委。1985 年 3 月任上海黄埔军校同学会顾问。1988 年 4 月 12 日在杭州病故。著有《上海“八一三”抗战及南京卫戍战见闻》、《陆军大学第十一期内幕》等。

**刘质平(1894—1978)**

原名毅，字季武。海宁县人。1912 年考入浙江省立第一师范学校。1916 年受教师李叔同鼓励和资助，赴日本东京音乐学校学习音乐理论与钢琴，同时研究艺术教育。1918 年回国。次年与吴梦非、丰子恺创办私立上海专科师范学校(我国最早的一所以培养中小学艺术师资为宗旨的学校)，任教务主任。1921 年应刘海粟之聘，任上海美专高师科图画音乐系音乐组主任，并积极倡议、筹办音乐系，培养音乐人才。1923 年与吴梦非、丰子恺等发起成立中华美育会，并创办会刊《美育》，任音乐编辑部主任。1931 年与徐朗西、汪亚尘等在上海创立新华艺术专科学校及附属艺术师范学校。1937 年出任杭州音乐馆教务主任。此前长期在中国体操学堂、中国女子体操学校、两江女子体育师范、国立暨南大学师范科、爱国女学师范科、务本女学师范科、南通伶工学社、南通女子师范、江苏第二师范、浙江第二、第四师范等校兼授音乐课。抗战期间任教于浙江金华师范、金华中学、碧湖浙江省临时联合师范等校。1947 年受聘为国立福建音专教务主任与作曲教授。新中国成立后于 1951 年任山东师范学院艺术专修科教授、音乐组主任，为首届山东省音乐工作者协会副主席。1971 年起定居上海。著有《弹琴教本》、《开明音乐教程》、《开明唱歌教材》，编有《歌曲作法》、《实用和声教材》、《对位法》、《键盘伴奏基本练习》等音乐教学用书。

**刘念义(1910—1967)**

定海县人。著名实业家刘鸿生次子，爱国工商业者。1916 年入上海三育小学，继入圣约翰青年中学及圣约翰大学。1931 年留学英国剑桥大学。三年后毕业，在伦敦克佐民会计师事务所任职。1937 年回国后任大中华火柴厂查账员。1941 年任大中华火柴公司总经理帮办，次年任总经理。先后兼任青岛火柴公司总经理和上海永丰、永业房地产公司董事长。1946 年任上海火柴同业公会理事长。上海解放后奔走香港，劝其父回上海。抗美援朝战争期间，以大中华火柴厂及章华毛纺公司、上海水泥公司等名义认购公债15.4万份。1956年上海实现公私合营后任上海火柴公司经理及上海火柴塑料工业公司经理。1961年兼任上海钟表工业公司经理。1965年任上海日用化学工业公司经理兼华光火柴厂经理。还历任上海市火柴同业公会主任委员、民建中央常委及民建上海市委常委兼副秘书长、全国工商联执行委员及上海市工商联副主任委员，全国政协第一、第二届委员，第三、第四届全国人大代表。“文革”中遭迫害。1967年12月去世。

**刘念智(1912—2003)**

定海县人。著名实业家刘鸿生之子。1929年赴英国剑桥大学留学，主攻经济学。1934年毕业后在鲍拉德会计师事务所实习两年。1936年归国后协助其父刘鸿生从事企业经营，曾使被巨额债务所困的刘氏企业渡过难关。1937年8月上海沦陷后把日军占领下的章华毛纺厂机器设备装箱运往越南海防，再转重庆经营，后任刘氏企业经理、董事长等。新中国成立后历任第六、第七届全国人民代表大会常务委员会委员，中国民主建国会常委，全国侨联原副主席，全国工商联第四、第五、第六届副主席、第七届顾问。2003年3月16日在北京去世。

**刘宗麒(1927—　)**

号森鋆。绍兴县人。国立中山大学肄业。1949年中断学业，随家人去台湾。历任台北市政府社会福利委员会委员，中央文具厂股份有限公司董事长，信洲企业股份有限公司董事长。先后担任台北市东南国际狮子会会长，“中南美文化经济协会”常务理事，“中美军事工程师协会”常务理事，“中华爱盲协会”驻会常务理事、理事长，“自由新闻社”顾问，台北绍兴同乡联谊会副会长，台湾绍兴同乡会会长等。晚年关注家乡的建设，先后为建造绍兴稽山中学念慈教育楼、东湖镇敬老院和向市残联捐赠残疾人轮椅等，累计出资120余万元人民币。1999年又捐赠20万元兴建绍兴县里木栅小学教学楼。

**刘承干(1882—1963)**

字贞一，号翰怡。吴兴县人，原籍上虞县。清光绪三十一年秀才，候补内务府卿衔。其家世营丝业，为南浔首富，父刘锦藻为光绪戊戌年进士。性喜藏书、编书，以资力雄瞻，先后收购宁波卢氏抱经堂、贵州独山莫氏影山草堂、仁和朱氏结一庐、丰顺丁氏持静斋、太仓缪氏东仓书库等旧家藏书，并逐年增补。先后耗银30万两，聚书达60万卷近20万册，包括宋元本200余种、明本2万种、方志1200余种、清人集部5000种、丛书1000种、抄校手稿约2000种，其中多缪荃孙、莫友芝、郭嵩焘、袁克文等旧藏，尤以宋椠《史记》、《汉书》、《后汉书》、《三国志》及明《永乐大典》88卷最为珍贵。1924年耗银12万两、历时四年建成嘉业堂藏书楼，与涵芬楼、天一阁等并称，为清代四大藏书楼后最为宏伟的一家藏书楼，除保存文化典籍外，还刻印古籍、编制书目，采纳新型图书馆运作，面向社会和学者借阅。又以10年之力，先后投资20余万元，刊刻《嘉业堂丛书》、《吴兴丛书》、《求恕斋丛书》、《留余草堂丛书》、《希古楼金石丛书》、《景宋四史》、《章氏遗书》、《嘉业堂金石丛书》及《嘉业堂藏书目录》、《嘉业堂明善本书目》、《嘉业堂钞本书目》等书籍130余种，多无偿赠送学者，嘉惠士林。1933年后家道中落，藏书陆续售予潘明训宝礼堂、国立北平图书馆、中央研究院、大连满铁图书馆、重庆中央图书馆、浙江大学图书馆、复旦大学图书馆等。1951年将嘉业堂藏书楼与所遗藏书12421种113978册及碑帖、书版、自印书连同各项设备悉数捐予浙江图书馆。曾任中华图书馆协会首次国际图书馆会议中国委员会委员。

**刘咸德(生卒年不详)**

镇海县人。机械工业企业家。上海永昌机器厂学徒出身，曾任上海纶华丝厂(宁波帮叶澄衷开设)“老轨”(引擎间领班)有年，被称为上海丝厂著名的“四大老轨”之一。甲午战争后利用积累的资本在上海创设钧昌机器厂，以制造缫丝机为主要业务，获得快速发展，第一次世界大战前后已成为上海民族机器工业的佼佼者。至1927年除总厂外又设立分厂，最高年产缫丝机达4000台。产品除供应上海丰泰等10余家缫丝厂外，定向供应四川、无锡及浙江湖州等地30余家丝厂。也投资缫丝工业，在上海创办同益丝厂，投资无锡多家丝厂。

**刘宪英(1907—?)**

女。镇海县人。早年毕业于私立上海法政大学。曾任国民革命军总政治部书记，国民党中央党部妇女部股主任，军事委员会训练总监部股长，国民党中央党史编纂委员会总干事、设计科长、代理处长。1945年4月被选为国民参政会第四届参政员。1948年当选为“行宪”国民大会代表，出席国民大会。后不详。

**刘祖舜(1891—1954)**

字韶仿。黄岩县人。早年毕业

于浙江陆军讲武堂。1911年辛亥革命爆发后参加北伐学生军。1912年编入入伍生总队；11月入武昌陆军第二预备学校学习。1914年8月保送保定陆军军官军校第三期步科。1915年下半年离校南下参加反对袁世凯称帝的活动。1916年护国战争结束后进入浙军第一师任职，历任排长、连长。1927年加入国民革命军参加北伐，任营长、副团长等职。1929年任陆海空军总司令部参谋处总务科上校科长。1931年10月毕业于陆军大学特别班第一期。1932年“一·二八”抗战爆发后任参谋本部高级参谋。1935年任武汉行营第一处副处长。1936年1月被授予陆军少将。同年任武汉警备司令部参谋长。1936年西安事变时与陈继承在洛阳成立前敌总指挥部，后任豫鄂陕“绥靖”公署参谋长。1937年春任中央陆军军官学校教育长办公室主任；7月卢沟桥事变后由南京迁校入川。1941年先后任军事委员会党政委员会军事组组长、第一战区司令长官部参谋长兼冀察战区参谋长。1942年任军事委员会铨叙厅副厅长。1944年5月任第十四集团军副总司令；7月任第二十六集团军副总司令，后任第三十八集团军副总司令。1945年任军事委员会办公厅第一组组长。1946年6月任国防部第一厅副厅长。1948年5月任副官学校第一任校长，于南京孝陵卫负责建校工作；9月被授予陆军中将。1949年春奉令将副官学校由南京迁往福建，不久学校宣布解散。去台后任“东南军政长官公署”点编委员会委员（主任委员蒋鼎文）、“国防部”高参兼军法法规修订委员会主任委员。1954年退役。同年8月病故。主编有《百科全书·军事部》。

**刘莘野（1906—1962）**

字志诚。临海县人。毕业于日本陆军士官学校中华队第二十三期。1934年回国后随同学白唯义到广西新桂系任职。历任广西航空学校翻译官，中央军校第六分校（先后驻南宁、桂林）副官处长，贵州遵义步兵学校教官，陆军第三二一师副师长兼参谋长、师长，国防部广东第九训练处组长、军风纪视察团团长，华中军政长官公署第八军政督导团团长。1949年12月13日在广西百寿参加起义。后任临海县政协委员、县人民代表等。1962年9月17日去世。

**刘振一（1905—1964）**

绍兴县人。著名酿造商，绍兴刘合兴隆记酱园老板。祖父刘静素善于赀财，于1905年盘进俞合兴酱园及其分号。1907年改名刘合兴隆记酱园，并将其分号改为刘合兴南号和北号。承祖父之业，经营绍兴刘合兴隆记酱园，并在绍兴设南分号和东分号，后城乡分店达10余处。他非常重视质量，产品必须符合该园规定，凡新进店员必须抄录并熟记《刘合兴酱园造作法》。他鉴于当时酱园产品都用陶器罐头盛装不易保存外运的现状，首先生产罐头酱菜。其生产的酱油、醋、酱菜质优味美，远销上海、东北、两广、香港等地。刘氏还生产绍兴老酒，计有加饭、状元、市酒等12个品种，同时又生产糟烧及花色酒，均名于时。刘合兴每年制腐乳1万余坛，制酱千余缸，酿酒300余缸，制醋百余缸。除酿造业外，刘氏还开设刘荣盛碗店、刘义泰嫁妆店以及振升、永康钱庄等，合资经营的还有大安百货店、天宝堂中药店、惟康钱庄等。

**刘鸿生（1888—1956）**

字克定。定海县人。近代实业界著名领袖人物，有“煤炭大王”、“火柴大王”、“企业大王”之称。早年就学于上海圣约翰中学，后升入圣约翰大学。一年后辍学，任工部局译员。1909年进英商开平（后改开滦）矿务公司上海办事处当推销员。1911年升为买办，在推销开滦煤中积累巨额资本。1918年起开始投资创办民族资本企业。同年在上海设立义泰兴董家渡码头。1920年在苏州创办鸿生火柴公司。同年在上海创办上海水泥公司，并在上海创设福泰煤号，在苏州设立同和煤号，在南京、南通等地设立生泰恒煤号。1924年任上海煤业公所议董。1926年创办中华煤球公司。1927年创办中华码头公司，这是上海最大的华商码头。1928年在上海创办华丰搪瓷公司。次年又创办章华毛纺织公司，任总经理，并组织全国火柴工业联合会，任主席。1930年合并燮昌、鸿生、中华三家火柴公司成立大中华火柴公司，任总经理，并在浦东、苏州、镇江、九江、汉口、杭州设七家火柴厂和一家梗片制造厂。在经营工矿企业中意识到工商业与金融业的密切关系，先后发起创办中国企业银行、大华保险公司，均任董事长。还是上海煤业银行董事、中国国货银行监察人，投资上海五丰、志裕、义昌、成丰等钱庄。至1931年其企业投资总额已达740多万元。抗战以前还曾任华联总会会长、中华工业总联合会委员长、中华工商管理协会常务理事、工部局华董、国民政府财政委员会常务委员、农村复兴委员会委员、国防政府经济委员会委员、招商局常务董事兼总经理、上海煤业公会主席、宁波旅沪同乡会副会长等职。抗战爆发后率领刘家部分企业设备西迁，在重庆、贵阳、桂林、巴县、东山等地设中华火柴厂、建国水泥公司、嘉华水泥公司、永安电池厂、中国毛纺厂等；在兰州开设西北洗毛厂、西北纺织厂；在贵阳开设氯酸钾厂；在昆明和越南海防设立磷厂；在广西开设化工厂。期间还任新成立的中国红十字会总会副会长兼上海伤兵救济委员会委员长、财政部火柴专卖公司总经理。抗战胜利后主持原在上海各主要企业相继复业，并任行政院善后救济署执行长兼上海分署署长、经济部计划委员会委员、上海市煤商业同业公会理事、国营招商局理事长、全国船舶调配委员会主任委员、上海市市政府咨议委员会委员、宁波旅沪同乡会理事长、上海时疫医院董事等。上海解放后任中国人民救济总会上海分会副会长、华东军政委员会委员、财政委员会委员，全国人大和上海市人大代表、上海市人民政府委员、全国政协委员、上海市政协常委，全国工商联执行委员兼工商联上海市副主委，中国民主建国会中央常委兼上海市副主委。1956 年 10 月 1 日在上海病故。

**刘朝阳(1901—1975)**

义乌县人。1923 年考入厦门大学教育系。1927 年毕业后先后任教于中山大学、清华大学、燕京大学。1931 年至 1937 年担任青岛观象台研究员。1938 年任北平研究院物理研究所(所址在云南昆明)研究员。1939 年至 1943 年先后在中山大学、贵阳师范学院任教授。1943 年至 1946 年在四川成都华西大学任教授，兼中国文化研究所研究员，对祖国古代天文学和历法进行了更广泛深入的考证和研究。1946 年至 1952 年任上海同济大学物理系教授。1952 年至 1958 年在南京大学物理系任教授，兼任中国科学院天文研究所研究员。1958 年至 1975 年调到江西大学物理系任教授，并任理论教研组主任，又担任江西省物理学会第二届副理事长。多次获江西省先进工作者、劳动模范称号，是江西省第三届人大代表。1975 年 8 月 30 日在南昌去世。著有《相对论的根本问题》，论文有《史记天官书考》、《三论殷历》、《经典热力学的根本问题》、《量子力学的一些根本问题》、《中国古代天文历法研究矛盾形势和今后的出路》、《热力学与统计物理导论》、《物态》、《太阳的温度》、《经典热力学的根本问题》、《光的本质问题》、《一些正反粒子的平衡温度》、《量子力学的一些根本问题》等。

**刘景晨(1881—1960)**

初名鳌，字冠三；后改名景晨，字贞晦，号潜庐、梅隐、梅屋先生等。永嘉县人。1901 年中秀才。后因科举已废，考入京师大学堂学习。1907 年春到上海澄衷蒙学堂任教员，下半年任两广师范学堂地理教员。1908 年回乡任教于温州府中学堂(今温州中学)，并在大同女学义务兼课。1912 年 11 月当选为中华民国第一届国会众议院候补议员。1913 年 8 月任缙云县知事。缙云县小，未单独设立法院，所有民、刑案件，皆由县知事兼理，另由一承审员具体负责。1918 年因错判一起死刑案件，受到追究，被判刑三年又三个月，移入金华县监狱。时年 38 岁。从此取“韬贞隐晦”之意，改字为“贞晦”，人称“贞晦先生”。1921 年 3 月出狱。1922 年在家乡任浙江省立第十师范学校兼省立第十中学国文教员。同年夏中华民国第一届国会第二次会议开会，依“法统”递补为国会众议员。1923 年严拒直系军阀首领曹锟贿选总统的要求，并致信议长吴景濂谴责冒签的无耻行为。然后与拒选议员南下上海，进行反对曹锟贿选的斗争。1928 年春与黄溯初、刘次饶等合作，编成《敬乡楼丛书》四辑，计 38 种 257 卷。期间往来于上海、南京、杭州、宜兴、扬州、南昌等地，游览山川，搜奇探幽，吟诗作画。1937 年抗日战争爆发后从上海返回温州故居，从此息影家园，洁身自守，日与古书、书画为伍，过着恬淡的隐居生活。1949 年 5 月浙江省第五区(温州)行政督察专员兼区保安司令叶芳召开的社会各界名流会议，共商“应变”大计。新中国成立后任温州市人民政府委员兼地(市)文物保管委员会主任，后当选为市政协副主席、浙江省人民代表，并被聘为浙江省文史馆馆员。1957 年被划为“右派”，受到不公正待遇。1960 年 1 月 7 日去世。1983 年夏“右派”问题得到改正，恢复名誉。遗著编为《刘景晨集》。

**刘　焜(1867—1931)**

原名振书，字藏香、芷香、治襄，号甓园。兰溪县人。1901 年乡试第一，旋中进士，授翰林院庶吉士。历迁翰林院编修、实录馆纂修、国史馆协修、学部图书局总纂、记名提学使。倾心改良，戊戌变法失败后出任京师大学堂教习。1904 年与张恭等人在金华创办《萃新报》，宣传新知识。1912 年后历任金华军政分府兼金华县民政长，浙江省议会副议长，浙江省立第七中学校长，浙江巡按使公署秘书长，浙江省警察厅厅长，北洋政府国务院参议，内务部总务厅厅长等。著有《数律天根》、《中国文学统系说明》、《庚子西狩丛读》、《藏香吟草》、《拳龙小乘》等。章寿眉、刘成陆辑成《刘焜诗文集粹》出版。

**刘锦藻(1862—1934)**

原名安江,字澄如,号橙墅,晚年字号坚匏庵,著名绅商。吴兴县人。南浔四象之一刘镛次子,承继于从父刘锵。幼年在家塾接受秀水(今嘉兴)名宿陈雪渔启蒙。14岁中秀才,1888年中举人,授户部主事。1895年中进士,任工部郎中。次年父病兄亡,回乡继承家业。1901年捐赈陕西灾难,赏四品京堂衔。后与张謇在扬州经营盐业,在南通创办垦牧公司。1904年与张謇、汤寿潜、王一亭等在上海创办大达轮埠公司。1905年与汤寿潜等创办浙江铁路公司,并任副经理,刘氏家族以个人名义或由堂号出面投资铁路公司达百万两。1907年10月投资2万元参与创办浙江兴业银行,是该行创办时第二号大股东。后又与人创办浔震电灯公司、刘振茂绸缎局等企业,曾连任上海总商会多届会董。刘是上海最大的华籍房地产主之一,设有贻德堂为经阻账房,经营所属地产业。另在南浔、上虞等地购有大量庄田,仅义庄登记在册的就有1万余亩,在南浔建有小莲庄,在杭州筑有坚匏别墅,在青岛建有静寄庐别墅。一生乐善好施,创办南浔最早的私立小学孺婺小学,及孺婺会、义仓、圩工局等慈善公益机构。好文,1906年撰《皇朝续文献通考》320卷进呈,蒙恩赏内阁侍读学士衔。1921年增修成《清朝续文献通考》400卷。还著有《南浔备志》、《新政附考》、《陆放翁年谱》、《尺牍附楹联》。

**刘鹏飞(1915— )**

镇海县人。上海大夏大学肄业。1937年抗日战争爆发后中断学业,到重庆、四川参加抗日。1945年抗战胜利后返回上海,经营棉纺针织业。1947年到台湾考察,决定设立分公司。1949年在台湾设立针织工厂。1959年扩大规模组织联益染织公司,任总经理。并发起成立台湾地区针织工业同业公会,担任常务理事数十年。

**刘 群(1913—1937)**

原名朱宗彬,号质臣,笔名苏戈等。先后在苏州东吴大学、北平大学学习。因从事革命活动,于1933年被捕。1934年被释放。后入武汉大学、复旦大学学习,同时开始影剧评论工作。参与创办《客观》、《文学青年》等刊物。1936年任上海杂志公司编辑,与人合办《读书》半月刊。承担上海市各界救国联合会机关刊物《救亡情报》的具体编辑工作。抗战爆发后参与抗日救亡演剧队,途中病故。著有《告彷徨中的中国青年》等。

**刘毓盘(1867—1927)**

字子庚,号椒禽。江山县人。童年随父刘履芬客居姑苏(今苏州)。清光绪二十三年拔贡,授云阳(河南省荥阳县)知县。早年词作《濯绛宦词》木刻本于光绪二十七年问世。民国初执教于浙江第一师范学校。1919年秋任北京大学文学院国文系教授,主讲词史、词曲学、中国诗文名著选等课。1922年秋编定《词史》一书,共11章9万余字,综述词自唐、五代、两宋、金、元下及明清千余年间萌芽、鼎盛、复兴之演变梗概,颇多独到见解。该书与鲁迅《中国小说史略》、黄季刚《文心雕龙札记》、刘师培《中国古文学史》为20年代研究中国古典文学史四部权威性著作。除《词史》由曹聚仁校定已刊行外,其余著作《中国文学史略》、《唐五代宋辽金词辑》、《诗心雕龙》、《词话》、《词学斠注》、《词律斠注》及骈文、散文若干卷,大多毁于抗日战争期间。晚年词作《椒禽词》,凄清悱恻,工致动人。

**刘谱人(? —1982)**

女。上虞县人。1929年赴日本留学,后毕业于日本东京女子高等师范学校。曾任上虞中山小学教师。1948年1月当选为中华民国立法院立法委员。1949年去台湾,继续担任"立法委员"。1982年3月1日在台湾去世。

**刘德襄(1893—1976)**

绍兴县人。1917年毕业于浙江公立甲种专业学校机织科。其后赴法国东方纺织专科学校留学,1923年毕业。曾任浙江庆成缫织厂、浙江省立平民工厂厂长、私立上海诚孚纺织专科学校教授、公立上海纺织专科学校教授。新中国成立后曾任华东纺织工学院教授,青岛工学院教授。长于织物结构研究及纹织设计。

**刘膺古(1894—1966)**

原名祖德,字邦锐。宁海县人。1907年5月考入保定陆军速成学堂,毕业后回浙军服役。1918年由长官保送至保定陆军军官学校第八期步科学习。1922年7月毕业后仍回浙军服役,历任排长、连长。1926年在夏超所部任学兵团团长。同年底夏超独立失败后加入国民革命军,历任参谋本部参谋、国军编遣委员会第三编遣分区办事处委员、陆海空军总司令部参谋处上校作战课长、湖南第四路军第十五师参谋长、新编第七师参谋长、第十六师副师长、第十五军少将参谋长,直至任第四路军参谋长。1934年1月任军事委员会委员长南昌行营西路军第二纵队司令,进驻萍乡参加第五次"围剿"。同年11月因所部第二纵队在梧溪河被贺龙、萧克指挥的红二、六军团歼灭两个团，遂辞职，隐居于南岳衡山。1936年2月后先后任湖南省保安处处长，湘东警卫司令部司令；10月被国民政府授予陆军少将军衔。1938年1月任第八十七军军长；6月晋升陆军中将军衔，率部参加武汉会战。1941年3月任十九集团军副总司令。1942年4月任十九集团军代总司令职；7月回任副总司令职。参与上高会战、第三次长沙会战。1943年赴重庆，任后方勤务总司令部副总司令。1945年抗战胜利后任后方勤务总司令部第一补给区司令。1947年任国民政府主席武汉行辕参谋长。同年秋回三门原籍当选为"行宪"国民大会代表。1947年6月至1948年8月兼任武汉行辕下辖的第十七"绥靖"区司令官（驻常德）。1948年8月任长沙"绥靖"公署副主任。1949年夏去台湾。1952年退出军界。1954年任"行政院光复大陆设计研究委员会"委员。1966年6月10日在台北病故。

**刘馥英（1912— ）**

女。奉化县人。1936年毕业于浙江大学化工系。1939年获德国敏期脱大学化学博士学位。1940年回国任浙江大学化工系副教授。1942年任国民政府资源委员会威远铁厂工程师。1944年任国立交通大学教授。1952年起任华东化工学院教授、能源化工系主任，兼任上海石油学会第一、第二届副理事长，民盟第五届中央委员等。长期从事煤及石油加工理论与应用研究，曾发表《桐油的聚合作用》、《小型副产炼焦炉设计》等论文。

**刘耀东（1877—1951）**

字祝群，号疚庼居士，一号启后亭长。文成县人。明刘基后裔。清廪生。1902年去日本留学，入东京私立法政大学速成科。1906年毕业回国后襄助孙诒让办理温州学务，受聘为温州府学堂讲习。后任金华学堂总讲。1909年当选为浙江省咨议局议员，后补为资政院议员。民国初曾任松阳、鄞县知事，后调江苏镇江海关道。1919年秋辞职后回乡从事乡邦文献整理和地方公益事业，先后纂成《刘文成公年谱》、《韩湘岩先生年谱》、《南田山水志》、《南田山诗》、《石门题咏录》、《遂昌杂录》等，辑有《括苍丛书》10种，而尤以校刊《括苍丛书》第一、二集最为有功。1950年被选为文成县首届人民代表，次年以错案被镇压。著有《疚庼日记：民国八年至三十七年》、《疚庼随笔：劫余日记摘抄》、《宿儒刘耀东遗作辑述》等。

**刘耀勋（1866—1907）**

字佐斋，幼名三春。武义县人。1886年中秀才。1894年入丽正书院就读。1895年考取一等第三名，选拔为廪贡生，取得入京师国子监肄业的身份。1898年武义遭受灾荒，奉知县之命前往绍兴采购粮米，赈济饥荒。随后又创办武义县养正小学堂，出任校长，并建造南湖余庆桥。1907年大通学堂司账赵卓前来武义联络志士，经过周华昌介绍，与之相识。随后又到绍兴会见秋瑾，加入光复会，并在武义县城、白溪、履坦、下杨、黄坛等地设点联络革命志士。秋瑾到武义联络会党，授予参谋之职。赵卓前来武义，与中军官周华昌商议浙江起义事宜，举荐为光复会党军武义督办。后因事泄被捕。1907年7月2日就义于武义县城西门外。

**齐昌瑞（1913—1948）**

又名明、浦千、才刚。嵊县人。小学毕业后回村参加村国术团练拳习武。1939年2月加入中国共产党。之后在村中发动农民开展减租斗争，并在该村10个甲长中安插六名党员，使之成为红色堡垒村。1942年2月参加中共嵊（县）新（昌）县委领导的嵊东独立大队。同年冬受党组织派遣，进入国民党嵊县石砩乡自卫队任班长。1943年冬转入辅仁乡（今石璜镇）自卫队，先后任警卫班长、分队附。1946年秋中共金萧地区特派员马青决定以缴枪夺取武器为起点，重建革命武装，选定其长期潜伏的辅仁乡自卫队为突破口；11月19日晚石璜缴枪战斗打响，武工队在其策应下胜利地解除了辅仁乡自卫队的武装，共缴获机枪3挺、步枪35支、短枪11支。以这些武器为基础，建立了会稽山人民抗暴游击队，任突击队队长。1947年2、3月间国民党浙江省保安部队向会稽地区发动大规模的"清剿"。多次率领突击队机智穿越敌人空隙，摆脱敌人的追踪。同年下半年对在国民党嵊县开元联防队当班长的结义兄弟戴功炳进行细致的争取工作；12月22日夜抗暴游击队在戴功炳的配合下里应外合，解除了开元联防队的武装。接着又带领短枪组，活捉了联防队大队长安茂华；当晚部队又连续奔袭石璜镇，再一次收缴了镇上一个自卫分队的枪。开元、石璜战斗，未发一枪，共缴获轻机枪6挺、长短枪80余支，俘大队长以下官兵80余人。1948年7月被任命为浙东人民解放军二支队四大队副大队长，率部转战会稽地区，屡建战功；10月25日与杨亦明率领的浙东人民解放军二支队坚勇大队，跳出国民党第七十五师的包围圈，到嵊西三溪焦坑湾宿营，与七十五师一部遭遇；亲临第一线，组织阻击，指挥部队打退了敌人一次又一次的进攻,战斗从上午9时一直持续到下午5时;天快黑时部队主动撤离,不幸中弹,身负重伤,27日牺牲。

**江一平(1898—1971)**

字颖君。杭县人。早年先后就读于上海圣约翰大学、复旦大学及苏州的东吴大学,攻读法律和文学,分别获复旦大学文学学士、东吴大学法学学士学位。毕业后借助岳父虞洽卿的关系,在上海公共租界会审公堂任执业律师,并加入上海律师公会,成为上海名律师之一。1932年被复旦大学授予名誉法学博士学位。先后担任东吴大学法学院教授、复旦大学校董、上海法政大学校董、上海律师公会常委、上海公共租界工部局华人纳税会委员和董事等职。1936年被律师界推选为国大代表。1937年抗日战争爆发后与上海各界人士联合组织上海难民协会,募捐救济难民。同年11月上海沦陷后以公共租界工部局华董身份,保护政府在租界内的权益。1940年夏因拒绝汪伪政府司法部长的任命,被迫离开上海,取道香港到重庆。同年12月被国民政府聘为国民参政会第二届参政员,此后连任第三、第四届参政员,并被推选为驻会参政员。并一度兼任复旦大学副校长。抗日战争胜利后回到上海,仍操律师业,并在南京分设律师事务所。1946年当选为国大代表。1948年当选为立法院立法委员。1949年初在上海审判日本战犯时被指定为日本侵略军总司令冈村宁次的辩护律师。同年2月去广州,后去台湾,继续担任“立法委员”。1971年10月15日在台北病故。

**江士先(1862—1937)**

自号梅溪老人。遂昌县人。擅长治疗温病。清末光绪帝以病久治不愈于江浙一带选考医者,考取优等第七名,未及入京而光绪帝去世,故后留南京为官医生。1912年归故里。

**江义彬(1887—?)**

镇海县人。1927年在上海设立大成制糖厂,首创花色糖果,发明国产冰糖。曾为上海救济难民儿童教养院发起人暨董事,镇海西山义务小学校经济董事。抗战胜利后任上海市饼干糖果罐头面包商业同业公会监事,天纶织造厂、华昌织造厂、进化药厂、吉美罐头食品公司、合群糖果厂等董事,新宝成恒记银楼、大盛煤号、一元制糖厂等监理。

**江世澄(1893—1979)**

号镜清。义乌县人。1926年毕业于陆军军医学校医科。1930年赴美留学,在约翰·霍普金斯大学公共卫生学院获得公共卫生学博士学位。随后赴欧洲的比利时、德国、意大利、瑞士以及埃及等国考察。回国后历任陆军军医学校主任教授,上海市卫生局技正、处长、医事教育室主任。1942年赴印度研修流行病学。新中国成立后历任上海市卫生局技术室主任兼医事教育室主任、上海市卫生人员训练所所长、上海市卫生学校副校长。

**江良规(1914—1967)**

奉化县人。曾先后就读于定海女中附小、杭州慧兰中学、上海昌世中学和吴淞水产学校。1934年毕业于中央大学体育系,后任上海东亚体育专科学校教务主任。1935年10月任中华民国第六届全运会男子篮球赛裁判员。后赴德国留学,毕业于柏林体育研究院并获德国体育教师合格证书。1938年获莱比锡大学哲学博士学位。曾于1936年作为中华体育代表团助理教练参加第11届柏林奥运会。回国后任教于湖南蓝田国立师范学院,创设音乐专修科;后任中央大学教授兼总务长、体育系主任;并一度任江津国立体育专科学校校长。1947年初任中国运动员遴选委员会成员和篮球遴选委员会主任。次年作为领队率中国篮球队赴伦敦参加第14届奥运会,并任中华民国第七届全运会裁判组长兼大会总裁判。后赴台,于1964年以台湾代表团副团长身份率团赴日本东京参加第18届奥运会。著有《体育原理》、《体育学原理新论》等。

**江和义(1876—1964)**

兰溪县人。著名婺剧演员。15岁进金华三合班、品玉科班学老生。中年入三合班、文锦班演戏,能唱西吴和西安两种高腔,对高腔剧本中各行角色都熟悉,且能演唱,被称为“总纲先生”。饰演老生庄重质朴,又擅长反串丑角。在金华、上饶一带,颇有影响。1930年后高腔班衰落,艺人星散,流落乡村,近于行乞。新中国成立后为抢救宝贵的文化遗产,在政府的支持下,将西安、西吴36本大戏全部回忆笔录下来,使绝唱多年的高腔,重放异彩,对婺剧发展贡献很大。

**江学珠(1901—1988)**

女。字龙渊。嘉善县人。1923年毕业于国立北京女子高等师范学校。1924年夏赴爪哇任巴达维亚中华学校女子中学部主任。1926年回国后任浙江省立杭州女子中学训育主任。1927年任江苏省立松江女子中学校长。1938年任四川省立重庆女子师范学校校长。1945年抗战胜利后复任江苏省立松江女子中学校长。1946年、1948年两度当选为国大代表。1949年去台湾，任台湾省立台北第一女子中学校长。1971年退休后任华兴中学校长。政治职务方面除一直担任“国大代表”外，还被台湾当局聘为“光复大陆设计研究委员会”委员。1969年被选为国民党中央评议委员会委员。1988年病故。

**江笑笑(1900—1947)**

杭县人。初为“文明戏”演员，后改演双簧。1926年起与鲍乐乐合作，改演独角戏，针砭时弊，颂扬好事。影响逐渐扩大，为独角戏的名牌。与王无能、刘春山为当时的“滑稽三大家”。1942年与友人合作成立第一个专演滑稽戏的笑笑剧团。代表作有《清和桥》、《水果笑话》、《小失大》等。

**江德曜(1914— )**

衢县人。1928年毕业于第八中学。1936年毕业于国立浙江大学电机系，获工学学士学位。1937年考取公费留学第一名，因抗日战争爆发，没有成行。抗战期间曾任国军陆军通信兵第二兵团少校技正，后升为中校。任国立北洋工学院讲师及国立英士大学机电系副教授。1947年赴台湾，任国立台湾大学电机系副教授、教授。后曾兼任台湾交通大学电子研究所教授、美国柏克莱大学电机及计算机科学系客籍研究员，并曾担任“中华民国电脑学会”第七至第十二届常务理事，兼任电脑学会第七至第十一届学术委员会主任委员、“中央研究院国字整理小组”顾问等职。长期从事中文文字的机械化及其在计算机输入应用中的研究，取得开创性成就。1971年在美国普林斯顿第四届国际资讯科学会上发表论文，首次提出利用25个字根将汉字输入电脑的部首字基组字法，其后主持完成中文类目分区检字法。1973年至1974年间在其主持下台湾大学电机系全力推展三项首创用计算机处理中国文字的应用研究，对推动中文电子化和计算机办公应用产生了很大的社会影响。1975年发表的中文输入论文，曾获台湾“中央标准局”发明5772号、5745号、6285号等有关中文键盘及译码机的专科证书。1980年获电机工程奖章。著有《电工原理》、《新复兴高工电工原理》(上下册)、《电的故事》等。

**兴　慈(1881—1950)**

俗姓陈，名春华，号观月，别号瞻风子，法名悟云。新昌县人。1884年起随母住庵中。1895年其父昭禅法师在天台山中方广寺为他剃度。1896年于国清寺依从镜和尚受具足戒，并受其法脉。17岁起开始独立讲经弘法，足迹遍及江、浙、赣、沪等地各大名刹。先后讲过《金刚经》、《地藏经》、《妙法莲华经》等，备受称赞。1915年回到天台山，募集资金，重建中方广寺，前后10年始复旧观。1918年应邀至上海弘化。曾在爱俪园(哈同公园)讲授《天台四教仪集注》。沈映泉居士闻法有感，特建超尘精舍，请他主持青年僧伽教育。1924年春兴建法藏讲寺。他在寺内立法定规，使法藏寺清风四播。还在寺内设立瞻风学社，以天台教观为指南，以净土法门为归宿，教诲学人，培育僧才。又创办法云印经会，刻印古德经疏数十种流通。1931年住持天台山华顶寺，负责重建被火焚毁的殿宇，数年经营，初具规模，后因战事，未竟全功。为保护名刹古迹，曾至上海筹款重修赤城舍利塔，历时两载，始告完成。1938年江南一带相继沦为日占区，支持寺僧参加中国佛教会组织的掩埋队，共掩埋尸体1万多具。为救济来沪难民，又与上海佛教界人士发起成立上海佛教同仁会，被公推为会长。曾发起组织各慈善团体前往被日军封锁的难民区、贫民区救济和急赈，并设立施粥处，前后施粥五年。法藏寺还曾是掩护抗日进步活动的场所之一。抗战胜利后创立慈光补习学校和同乐小学，使清寒子弟得到就学机会。又在闸北创设兴慈中学，招收失学青年培育人才。1949年在寺内创办慈光施诊所，以救济贫民为宗旨，施诊给药。此外还率僧众从事劳动生产，开办万人大酱园、莲友毛巾织造社等。1950年圆寂。著有《二课合解》、《金刚经易知录》、《开示录》、《蒙山施食仪轨》等。

**池传楹(1900—1976)**

平阳县人。高中毕业后赴厦门，在爱国侨领陈嘉庚创办的集美学校任职，后离职到新加坡，自办三民皮箱皮鞋公司和三民企业公司，经营皮货和建筑业。1931年新加坡温州同乡会改名为温州会馆，被选为会长。1936年在黄方兴等侨胞支持下，大力扩充温州会馆，星洲沦陷后会务停顿。第二次世界大战结束后温州会馆继续活动，被连续选为会长，还曾任新加坡三江会馆董事、司理、三江公学主任，并任侨南公学董事长多年。还捐资资助新加坡华文教育的发展。

**池宗墨(1890—1946)**

平阳县人。早年留学日本，先后就读于东京高等师范学校和明治大学。毕业后回国，历任北京高等师范学校教授、北京中学校长、厦门师范学校校长。1925年任中国银行郑家屯分行行长。后任通成防止公司经理。1933年任河北蓟密区督察专员公署秘书长。同年11月随平阳同乡殷汝耕投敌，任伪冀东防共自治政府委员兼秘书长。1937年7月28日发生“通州事件”后在日本扶植下取代殷汝耕任伪冀东防共自治政府政务长官。1945年12月5日因汉奸罪被国民政府逮捕归案，经审讯后以“通谋敌国，图谋反抗本国”罪，被处以极刑。

**池耕襄(1905—1928)**

又名池楷，字菊庄，化名史学章。崇德县人。早年先后肄业于浙江省立第三中学、湖州海岛教会学校。1926年秋考入上海大夏大学学习，先后加入国民党(左派)和共产党。同年冬受上海党组织的指派回家乡建立桐乡境内第一个地方党组织——中共石湾党组织，发展当地进步青年陈丹池等加入共产党，并与外地回乡的中共党员张兰(女)接上关系，三人组织关系编入中共嘉兴独立支部。并利用国民党(左派)的公开身份建立了以中共党员为主体的国民党崇德县第二区党部，任常务委员。1927年春兼任石湾镇商会会长，着手组织建立工会和农民协会，开展打土豪反封建的斗争。同年“四一二”反革命政变后被国民党右派以“宣传共产、畏罪远飏”之罪名遭到通缉，被迫离开家乡去上海；8月受中共党组织的派遣去苏北，在军队中从事兵运工作；10月再次被派回浙江受命重建中共杭县县委、任书记，与陈丹稚等人整顿恢复党组织，发展党员，相继建立了中共江干、拱墅两个区委，并组织飞行集会，张贴散发标语传单；12月10日在杭县县委机关被国民党当局逮捕囚禁于浙江陆军监狱，虽遭严刑逼供，但始终坚贞不屈。1928年1月20日在狱中就义。

**池　滮(1906—1965)**

字啸北。瑞安县人。毕业于南京国立中央大学。历任山东高密县法院审判官，冠县承审员，青岛地方法院推事，山东省保安处军法官，清流、连城、仙游县长。1940年9月因任内失职被闽浙监察使署检举，被免去县长职务。不久起用，后任乐清地方法院推事兼瑞安县参议员。1945年台湾光复后被派往台湾参与接收工作，历任花莲港地方法院院长、台中地方法院院长、台湾高等法院首席检察长等职。1948年夏当选为国大代表。1965年在台湾去世。

**汤于翰(1913—　)**

镇海县人。30年代从上海医学院毕业后进比利时鲁汶大学，从事病理研究及行医，并获得医学博士学位。回国后历任上海中比镭锭医院院长、上海红十字会医院院长、上海医学院教授、北京医院医学主管。40年代前往英国深造及行医，因在防治癌症与心血管疾病方面有突出贡献，被选为伦敦皇家内科医学院院士和爱丁堡皇家内科医学院院士，成为最早获此殊荣的中国人之一。1951年到香港，奔忙于当地和国际性的医学和科学机构之间，又相继获得国际外科医学院院士、美国胸腔科医学院院士、美国心脏科医学院院士、香港内科医学院院士、香港心脏科医学院院士和香港医学研究院院士等衔，并担任香港中华医学会会长和法国文化协会会长、香港浙江省同乡会联合会名誉会长。此外还先后获比利时国王利奥博勋令骑士和法国国家荣誉兵团骑士等荣誉。精通数国语言，著述甚多，80岁后还潜心研究，忙于撰写巨著《现代医学史》。1996年5月偕妻子陈云裳(三四十年代中国影后)首次回乡访问。1997年捐巨资发起创建宁波大学医学院。2000年又捐资助建宁波大学附属医院汤于翰医疗中心大楼。

**汤尔和(1878—1940)**

名鼐，字尔和，以字行，晚年自号六松老人。杭县人。1900年就读于杭州养正书院。1902年参与创办《新世界报》。不久赴日本留学，入东京成城学校。1904年回到杭州，任浙江高等学堂音乐教员。1907年再次赴日本留学，入金泽医科专门学校。毕业后赴德国柏林大学医学院深造，获得医学博士学位。1910年6月回国，筹办浙江病院，任副院长兼内科医生，并当选为浙江省咨议局咨议。1911年12月以浙江军政府代表出席各省都督代表会议，在南京集会时被推为临时议长。1912年10月在北京筹办北京医学专门学校(今北京医科大学)。1912年10月至1915年12月、1916年8月至1922年4月两次出任校长。1915年9月中华民国医药学会成立，任会长。1917年在中华医学会第二次大会上被选为副会长。1922年7月至8月署理教育部次长；9月至11月任王宠惠“好人政府”教育总长。1926年10月任内务部总长。1927年12月任财政部总长兼盐务署督办。1929年3月再次赴日本留学，获日本帝国大学医学博士学位。1930年后历任东北边防军司令长官公署参议、东北政务委员会委员。1931年“九一八”事变前后曾代表张学良与日本朝野疏通，以缓和日本与张学良的矛盾。1933年任南京国民政府行政院驻北平政务整理委员会委员，参与对日本的交涉。1937年10月任日伪政府筹备处成员；12月任北平伪中华民国临时政府的议政委员长兼伪教育部总长。1939年任伪北京大学总监督。1940年3月任北平伪华北政务委员会常委兼伪教育总署督办，因病未到任，署务由伪教育总署署长方宗鳌代理。同年11月8日在北平病故。著有《组织学》、《局部解剖学》、《胎生学》、《诊断学》、《自然与人类学概论》、《生物学精义》、《东省刮目论》、《满铁外交论》等30余部。

**汤传篪(1914—1984)**

鄞县人。1914年9月出生于上海。16岁起到上海虹口亨利西服店当学徒、店员。1936年由父亲的朋友介绍到上海中国航空公司当职员。1942年8月进入重庆招商局，担任购料组副组长，之后在招商局宜宾、泸州、九江、营口、天津等各分局任经理和副经理职务。1948年3月任香港招商局副经理。1949年10月受已撤离上海的招商局总局(后改称招商局台湾总管理处)命代行香港招商局经理职权。1950年1月15日与陈天骏率领香港招商局全体员工和集聚香港的13艘海轮共计600多人起义，脱离国民党统治集团，投向新生的中华人民共和国;19日受招商局(上海总公司)正式任命，为香港招商局经理。1952年调北京海外运输公司工作。1953年至1983年先后担任广州海运局、港务局科长，广州海运局局长助理，广东省海河运输局副局长，广东省航运厅技术处处长、广东省航运厅副厅级顾问等职务。历任第二、第三、第四、第五、第六届全国政协委员，曾当选为第五届广东省人民代表。1984年在广州去世。

**汤寿潜(1856—1917)**

原名震，中举后改名寿潜，字蛰先，一作蛰仙。山阴县人。1856年7月3日生。幼年在家乡读书，后游学杭州、上海等地。1886年入山东巡抚张曜幕府。1888年中举人。1890年刊行《危言》，主张迁都长安，设宰相职，建立议院，设考试制，任官用人制，推广学校与西学，鼓励商民开发矿藏，修筑铁路，兴修水利，提高关税，加强海军等，是资产阶级维新变法的纲领性文件之一。1892年中进士，入翰林院为庶吉士，次年任国史馆协修。1894年授安徽青阳知县。1895年春辞官归里，石印再版《危言》。不久受聘担任金华丽正书院(金华书院)山长。1899年春应聘担任湖州南浔镇的浔溪书院山长。1900年参与东南互保运动。1904年1月清廷特赏道员衔，授两淮盐运使，未就任。同年受聘担任上海龙门书院院长;到任后改为龙门师范学校，任校长。1905年7月被公举为全浙铁路公司总经理，主持修建沪杭铁路浙江段。1906年与张謇等发起成立预备立宪公会，任副会长。1909年8月被清政府任命为云南按察使，未就。旋改任提学使，亦不就。同年秋当选为浙江咨议局议长。同年12月与张謇等江浙立宪派发起国会请愿运动，要求速开国会。1910年8月被清政府革除浙江铁路公司总理职务。同年与友人在上海创办《天铎报》，任董事长。1911年11月5日杭州光复后被推举为浙江军政府首任都督。1912年1月任中华民国南京临时政府交通部总长;4月与张謇等组织统一党，任参事;8月任浙江铁路公司理事长。1917年6月6日病故。著有《危言》、《理财百策》、《三通考辑要》、《宪法古义》等。

**汤国桢(1889—?)**

字嘉祥。金华县人。早年毕业于上海私立圣约翰大学(一说毕业于国立北京大学经济科)。后投靠奉系军阀张作霖，曾任安国军第三、四方面军团部副官处长，安国军大元帅府侍从武官。张作霖被日本人炸死后继续追随少帅张学良，曾任东北边防军司令长官公署秘书兼军事厅军卫处副处长、国民党辽宁省党部党务指导委员。1931年11月任南京国民政府陆海空军副司令行营副官处处长。1932年任北平“绥靖”公署副官署署长。1933年张学良下野赴欧洲考察后作为张学良的私人代表，常驻上海等地，为他搜集政治经济方面的情报。1936年任国民政府财政部粮食运销局副局长。

**汤国黎(1883—1980)**

女。字志莹，号影观。吴兴县人。1883年出生于吴兴乌镇(今属桐乡)。7岁随父母去汉口，入塾就读。9岁丧父，随母返乡，寄住于舅父家中。1905年在舅父资助下到上海务本女学师范科就读。1907年毕业后开始从事教育工作。历任吴兴女校舍监、教员、校长。1911年应老同学邀请，去上海办学。1912年3月与吴芝瑛、陈撷芬等各界妇女百余人发起成立“神州女界共和协济社”，任编辑部部长，主编《神州女报》，兼任神州女学教师。1913年6月15日与章太炎结缡。1931年“九一八”事变后为支持十九路军抗日发起筹建伤兵医院，办院一年共接纳治疗140多名伤病员。1932年章太炎在苏州创办“章氏国学讲习会”，任该校教务长。1936年章太炎去世后章氏国学讲习会推马相伯为董事长，汤为理事长。1937年后又到上海开办“太炎文学院”。新中国成立后历任江苏省文史馆馆员、民革苏州市委副主委、苏州市政协委员等职。1979年参与整理章太炎所存书稿，并撰有《章氏丛书序例》及目录，为编纂出版《章太炎全集》提供帮助。1980年任民革苏州市主委。同年7月27日在苏州病故。

**汤临泽(1888—1967)**

初单名安,后改名韩,字陵石,别署万华阁主,斋堂为万华阁、二泉山馆。嘉兴县人。早年寄居上海。曾任上海《商务日报》副主笔,有正书局编辑等。早年从师胡镢(匊邻)、潘兰史(飞声),得与海上诸名家往还。见历代金石书画甚火,潜心探究,遂精于鉴别。又工于古文物复制,所仿可以乱真。深得胡师真髓,于周秦古玺亦小有建树,其临摹功力过人,唯缺乏己意。还擅长声韵文字学。新中国成立后任故宫博物院金石书画鉴定委员会专门委员。1953年被聘为上海文史研究馆馆员。著有《六朝墓志菁华》、《石鼓文句释》、《万华阁刻印》、《二泉山馆杂掇》等。

**汤修慧(1890—1986)**

女。原籍江苏吴县,生于杭州。毕业于浙江省立女子师范学校。1906年与邵飘萍结婚,婚后协助邵飘萍办报,并经常为《妇女时报》撰写稿件。工诗善文,兼善书法。邵飘萍遇难后于1928年恢复《京报》的出版,任社长兼总经理。抗战爆发后《京报》停刊,辗转于后方各省。新中国成立后定居北京。晚年主要从事《京报》和邵飘萍研究,著有《一代报人邵飘萍》。

**汤祖兴(1884—1939)**

字也钦。吴兴县人。缫丝工业企业家。幼年在双林镇读私塾,后进上海瑞纶丝厂习业。1907年进同乡莫觞清开设的久成丝厂,不久升任久成集团的宝泰丝厂经理,十分善于经营。1927年莫氏又将久成集团第三厂六二四部丝车归宝泰经营,汤不负所望,一年获利银10万两。面对日本丝的竞争,1929年投资10万两改革旧缫丝车,在上海龙华建造上海第一家改良丝厂——日新改良丝厂,引进新式缫丝车,并派人到日本考察,以与日本丝抗衡。不久将该厂迁龙华,改名宝泰顺丝厂。1935年又在上海新加坡路开办一家缫丝厂。抗战爆发后拒绝与日"华中蚕丝公司"合作,宝泰顺丝厂遭日军强行拆毁。1939年病故于赴浙东收购干茧途中。

**汤振斋(1877—1934)**

字济沧,以字行。吴兴县人。早年任教于上海务本女校和南洋中学,与南洋中学校长王培孙创办利川书店。辛亥革命后任沪军都督府秘书长。后任上海文科专修学校校长,参与创办湖州旅沪公学。1916年8月与孙中山、黄兴等63位革命党人发起陈英士等烈士追悼大会,并宣读祭文。1924年参与发起成立湖社,并任执行委员,主编《湖社月刊》。国民革命军兴起后担任筹饷工作,历任国民党上海市党部执行委员、江苏兼上海财政委员会委员、上海临时政治分会委员、上海特别市政府参议、江苏省沙田局局长、浙江省硝磺局局长、上海市通志馆专任委员、财政部国有土地管理处处长等职。对国学、语言文字学颇有研究,著有《治国学门径》、《中小学国学书目》、《文字探源》、《汉字偏旁考》、《读书法》、《新式国文读本》、《识字审音》等。

**汤恩伯(1899—1954)**

名克勤,字恩伯,以字行。武义县人。1899年9月20日生。早年在武义读完小学后于1916年考入金华的浙江省立第七中学,后转入浙江体育专科学校学习。1920年毕业后入浙军服役。1922年赴日本留学,初学日语。1923年考入明治大学法科。1924年夏因学费无着结束学业返回上海,后得浙军第一师师长陈仪慨允每月资助50元,再度赴日本留学,入日本陆军士官学校中华队第十八期炮科学习。1927年夏完成学业回国,经陈仪推荐,到国民革命军陆军第一师任学兵连连长,继任少校参谋。1928年底任南京中央军校军事教官兼第六期上校大队长,编写的《步兵中队(连)教练之研究》受到军校教育长张治中、校长蒋介石的赞赏。1930年任教导师第一旅少将旅长参加中原大战。中原大战结束后升任第四师副师长、第十八旅旅长,对赣东北革命根据地进行"围剿"与"清剿"。1932年升任第二师师长。同年在第三次"围剿"鄂豫皖苏区时,所部在大别山遭到红军歼灭性打击,为此受到撤职查办处分。不久被起用为第八十九师师长。1934年在第五次"围剿"中任第十纵队指挥官,指挥所部第八十九师及第四师与中央红军在广昌以南展开阵地战。中央红军突然长征后所部率先进入瑞金,并对红军展开尾追。1935年升任第十三军军长,北上追击红军。1936年底协助傅作义在绥远省进行抗日。1937年抗战爆发后指挥第十三军在南口地区依靠有利地形与日军鏖战半个月;10月升任第二十军团军团长。1938年3月率所部三个军参加台儿庄会战;6月任第三十一集团军总司令,参加武汉保卫战。武汉会战结束后率领所部进入河南,设集团军总司令部于叶县。1941年兼任鲁、苏、皖、豫四省边区委员会主任。1942年1月14日升任第一战区副司令长官兼鲁、苏、皖、豫边区总司令,在短短的两三年内将部队扩充至40万人。1944年4月在豫中会战中因部署不当、指挥失误,所部迅速溃败,为此受到舆论广泛抨击,受撤职留任处分;9月调任黔桂边区总司令。1945年3月任中国陆军第三方面军司令官,指挥14个精锐的美械师,不久率部参加桂柳追击战。抗战胜利后奉派至上海接受日军投降,负责解除沪宁地区日军武装及遣返日本侨民。嗣后被任命为京沪卫戍司令兼第一绥靖区司令官。1946年5月任首都卫戍司令;6月任陆军副总司令。1947年春兼第一兵团司令,率部参加对山东解放区的重点进攻。同年5月所部整编第七十四师3.2万人在孟良崮地区被全歼,再次受到撤职处分。1948年8月任衢州"绥靖"公署主任。1949年1月任京沪杭警备总司令,奉命凭借长江天险固守宁沪杭地区;4月至5月间所部主力在人民解放军发起的渡江战役及随后的上海战役中被歼,残部从上海撤退至福建;10月由金门去台湾,任"战略顾问委员会"顾问。1954年6月19日病故。后被追晋"陆军上将"。

**汤笔花(1897—1995)**

原名汤福源。萧山县人。早年在家乡读书。1915年先后在上海商务印书馆、中华书局、中美图书公司任职。爱好文艺,后考入上海中华电影学校,与胡蝶、汤杰等为该校早届学员。20年代在《民国日报》编辑"电影周刊"。1925年与人创办《影戏春秋》杂志。30年代编辑出版《影戏生活》电影周刊,并组织"中国电影研究社",参加《罗滨汉》、《福尔摩斯报》、《越剧报》、《绍剧戏报》的编辑、撰稿工作。还编有《盘夫索夫》、《红杏出墙记》等越剧剧本。50年代初在上海创办越剧学校——群众剧艺社。1984年被聘为上海文史馆馆员。

**汤敏时(1888—1958)**

原名汤永清,号逊甫。东阳县人。1916年12月保定陆军军官学校第三期步科毕业后分发到北洋陆军第十九师服役,历任营长、科长、处长、参谋、高参等职。1925年所部被奉军包围缴械后回原籍赋闲。不久前往广州,任黄埔军校战术教官、队长等职。1928年升任国民革命军总司令部办公厅人事科科长。1929年任陆海空军总司令部副官处副处长。1930年任平汉铁路管理局总务处处长。1935年任国民政府军事委员会委员长武昌行营高级参议。1936年任军事委员会委员长广州行营高级参议。1937年任第四战区司令长官部高级参议。1938年任第三十集团军高级参谋兼联络官。1939年任该集团军办公室主任。同年10月被国民政府授予陆军少将军衔。1942年任第七十八军副军长。1943年任第七十二军副军长。1946年7月退役。1958年在原籍病故。

**汤铁飞(1893—1999)**

字静逸。杭县人。早年毕业于京师高等学堂。1924年任黄埔军校教官。1926年任国民革命军总司令部上校参谋兼教导团团长,参加北伐战争。1928年任浙江省防军独立旅代旅长。后任军事委员会少将高参。1940年8月至1941年1月任江苏省第九区行政督察专员兼保安司令。1941年1月至1942年11月任江苏省第六区行政督察专员兼保安司令。1942年12月任第三战区司令长官部处长。抗战胜利后任中央训练团将官班高级教官。1947年11月19日被国民政府授予陆军少将军衔。1949年5月在上海参加起义。1952年被捕判刑。1975年获特赦。1983年宣布平反。后任上海市文史馆馆员。1999年5月在上海去世。

**汤逸人(1910—1978)**

杭县人。1910年11月2日生。1931年浙江嘉兴秀洲中学高中毕业后考取中央大学畜牧兽医系。1935年毕业,获学士学位。毕业后任全国经委会技佐,后被派往安徽凤阳县石门山管理牧场任职。1937年考取第五届中英庚款公费生,于英国爱丁堡大学动物遗传研究所深造。1940年获博士学位。同年赴美国华俄明大学羊毛系进修。1941年回国后任中央大学畜牧兽医系教授。1947年应联合国粮农组织的聘请,再度携眷赴美担任畜牧专员。新中国成立后回国,任北京农业大学二级教授、畜牧系主任。曾担任和兼任北京农业大学校务委员会委员,中国农业科学院畜牧研究所副所长,中国畜牧兽医学会秘书长,国务院草原管理组副组长,《中国畜牧学杂志》主编,《畜牧兽医学报》副主编等职。1978年5月3日在北京病故。

**汤肇虞(1898—1974)**

嘉兴县人。早年在浙江医学专门学校毕业后留学日本。回国后先后在浙江医学院、台湾大学医学院任教。1949年4月南京解放后参加第二野战军医科大学工作,后任第二军医大学解剖教研室教授。长期从事人体解剖学的教学工作,授课深入浅出,很受学生欢迎。著有《局部解剖学》(与李定合著)等。

**汤德全(1915—2006)**

镇海县人。1915年12月24日生。1941年赴瑞士留学,于苏黎世联邦理工学院学习机械动力专业。1942年获瑞士联邦动力机械工程师证书。后任瑞士卜郎勃机电厂工程师。1946年任上海同济大学电机系教授,兼任新通电力公司工程师。

1951年任中国矿业学院教授、矿山电机系主任。曾主编中国第一部矿山专业教材《矿山通风、排水、压气设备》。1959年任人民大会堂建设指挥部副总指挥。1995年5月当选为中国工程院院士。并曾担任煤炭科学基金委员会主任,煤炭部技术委员会委员,国家能委顾问委员会副主任,国家学位委员会第一届评议组成员,第五、第六、第七届全国政协委员,第六、第七届全国政协常委兼科技委委员等职。2006年8月19日去世。

**汤 叡(1878—1916)**

字觉顿,笔名明水,室名勉益居。诸暨县人,1878年生于广东番禺。17岁师从康有为,就读于万木草堂,治经世之学,后随康有为、梁启超参与维新变法运动。变法失败后逃亡日本研究生计学。与梁启超关系密切,经常以"明水"笔名在《国风报》发表文章。1900年唐才常发动汉口起义前后往来于香港、上海之间策应,事败后再次流亡日本。1912年返回国内,担任北洋政府财政部顾问。1913年9月任中国银行总裁。上任后催促政府交足股金,并制订各项规章制度,成为以后各金融企业参照的范本。1914年7月弃职隐居天津。后与梁启超、蔡锷等在天津策划讨袁方略。后南下广东肇庆,任护国军两广都司令部参谋,参与护国军军务院活动,积极推动广西将军陆荣廷、广东将军龙济光起兵讨袁。1916年4月12日奉命前往广州策反龙济光,在广州海珠警察署内参加联席会议,被龙济光警卫军统领颜启汉等枪击,当场殒命。

**安子介(1912—2000)**

祖籍定海县,生于上海。著名实业家、政界名人。早年入上海圣芳济书院读经济系,同时学习英、法、日三国语言,后来自学德语和西班牙语。1937年译述西方会计学的专著《间接成本之研究》。1938年到香港,在一家进出口商行工作。日本侵占香港后到重庆。1942年在中央信托局工作。1944年写成《国际贸易实务》一书。1949年定居香港。1950年与人合办中南公司,华南漂染厂。1969年成立香港南联实业有限公司,任董事局主席,经营纺织、印染、制衣、毛织、针织等。1970年至1974年任香港立法局委员。1974年后历任香港行政局非官守议员、香港贸易发展局主席、香港职业训练局主席、香港工业总会主席、香港棉纺业同业公会主席、九龙汽车有限公司董事会副主席,及香港电视广播有限公司、邵氏兄弟(香港)有限公司、上海商业银行、海南发展有限公司、和记黄埔有限公司董事。1982年出版五卷本《学习汉语》。1985年任香港基本法起草委员会副主任委员和基本法咨询委员会主席,曾发起成立"一国两制经济研究中心",并任主席、名誉主席。1992年受聘为港事顾问。1993年任香港特别行政区筹委会预备工作委员会副主任,还任全国政协第六、第七届常委,第八、第九届副主席。

**祁文豹(1878—1929)**

名匡训,字文豹,号蔚生,以字行。宁海县人。幼年入私塾,后毕业于南京陆师学堂。1902年被保送至日本留学,后入日本陆军士官学校中华队第三期炮科。1903年建议陶成章(后为光复会领袖)回浙江运动秘密帮会,并与陶成章一同到宁海访问伏虎会会主王锡桐,未遇。1904年从士官学校毕业。归国后先后任江南将弁学堂、炮兵学堂教官、督练官,陆军第九镇炮队教练官、管带、辎重营管带和炮队统带官。1911年辛亥革命爆发后参加革命。历任江浙联军队炮兵总司令,浙江兵站总监兼第六师一等参谋,江南军械、机器、火药三局总理,浙江督军署顾问。1912年10月被授予陆军炮兵中校,不久升上校加少将衔。1915年袁世凯称帝后返回故里造宅幽居。1924年曾受直系军阀孙传芳浙、闽、苏、皖、赣五省联军总司令部咨议,内河水警署长。

**许又新(1918—1980)**

绍兴县人。1938年赴延安,先后在八路军和中国人民解放军中担任干事、宣传队副队长、队长,军工团副团长、团长,军文化处副处长等职。新中国成立后曾参加抗美援朝,任中国人民志愿军文工团副政委。1951年在北京电影制片厂摄制的故事片《智取华山》中扮演团政委。1959年任八一电影制片厂导演。曾导演故事片《奇袭》。后担任该厂编辑部和制片室副主任等职。

**许元震(生卒年不详)**

字东帆。山阴县人。1894年任房山县知县。1900年任昌平县知县。1908年调到东北吉林任双城府通判。1914年被袁世凯政府国务卿徐世昌聘为政事堂参议。后任北洋政府审计院副院长。

**许玉赞(1909—1985)**

嘉兴县人。1932年上海交通大学机械系毕业后任助教。1935年考取公费赴意大利留学。1936年获都灵大学航空工程博士学位。1937年回国后历任南昌飞机制造厂、云南昆明电工厂、云南垒允飞机制造厂工程师。1937年转入西南联合大学任教授,旋又去重庆任交通大学航空系教授。新中国成立后历任华东航空学院、西安航空学院、西北工业大学教授。从事航空与航天教育事业凡51年，在飞行器设计、飞行器强度计算、固体力学诸学术领域均有很深的造诣。译有《飞机结构力学》、《飞机部件设计》，编有《热力学》、《板壳学》等。

**许世瑾(1903—1988)**

绍兴县人。1903年7月11日生。1923年6月北京医学专门学校毕业后留校任病理学助教。1926年到北京协和医学院进修公共卫生学，同时在该院的教学区——京师警察厅试办公共卫生事务所(后改北平市第一卫生事务所)从事生命统计工作。参加居民死亡原因调查，编制生命统计报告，并结合实际提出了我国第一个居民死因分类表。1928年进修结束后应聘到上海市卫生局从事生命统计及医药管理工作。1929年被保荐到美国约翰·霍普金斯大学公共卫生学院进修，重点学习卫生统计学，1930年获公共卫生学硕士学位。回国后仍在上海市卫生局任职，继续从事生命统计工作。后历任南京中央大学、重庆商学院、西北医学院教授，国民政府卫生署统计主任。新中国成立后任上海第一医学院教授、保健组织学教研组组长、卫生统计学教研室主任、卫生系副主任、专家委员会委员、中华医学会卫生统计学组组长。1988年6月16日在上海去世。著有《医用统计方法》、《生命统计纲要》等，发表医学论文百余篇。

**许达昌(1894—1991)**

定海县人。上海培罗蒙西服店创始人之一。出身清贫，从小在上海的荣昌祥西服店当学徒。1924年自设小型工场，承接西服加工业务。1928年在四川北路开设许达昌西服店。1932年搬到南京西路，改名“培罗蒙西服公司”。视质量为企业之本，不惜高薪聘请当时号称上海西服业“四大名旦”的王阿福、沈雪海、鲍公海、庄志龙等工艺大师，并配备上等技师，设计、制作西服，使培罗蒙西服以技艺精湛著称。1948年在香港开设培罗蒙分店。1950年在日本开设第二分店，培罗蒙成为享誉国内外的名牌产品。

**许廷佐(1882—1941)**

定海县人。航运商。6岁丧父，靠母亲洗衣为生。13岁由外国传教士介绍到上海一外商饭店工作，勤敏好学，服务周到，深受店主赞赏，不到10年其积蓄已成巨款，遂在百老汇路自设益利饭店，并销售进口名酒、汽水、饼干、罐头。不久又创办益利汽水厂、益利五金店、益利拆船打捞公司等企业。1922年与同籍朱葆三在上海创办舟山轮船公司，开辟上海—定海—穿山—海门(今椒江)航线。1926年又创办益利轮船公司，购置轮船经营上海—定海—温州航线。1929年又开辟上海—定海—三门湾航线。同年发起组建“三门湾开埠公司”，自任经理，聘请比利时工程师设计，计划拟筑10里防波堤，围涂16万亩，建三门港，筑三门—义乌铁路，至杭州、宁波、温州公路，办造船厂、机械厂、采矿场、飞机场等，耗资300万元。以私产抵押，并借政府公债50万元，建益利码头、堆栈、旅馆，上海商人闻风而至者百余家。不久“益利”轮在上海被劫，开发资金不济，商人纷纷掩囊裹足，工程停顿，遂忧愤成疾，病故于上海。生前热心教育事业，1924年在定海捐建廷佐义务小学(今定海城关二小)，后又捐助城关南郊小学，受浙江省政府嘉奖。

**许仲卿(生卒年不详)**

字克丞。绍兴县人。祖父许本祖为人厚道，曾谋职于胡雪岩，因忠于职守，曾委以阜康汇号经理，年有所积。阜康倒闭后，多年积蓄也化为乌有，胡氏清理账目，他人均得现款归还，欺其忠厚老实，遂以上海一块薄地抵偿。后来上海开辟为租界，许家薄地位于南京路一带，属于码头之处，许家因此发迹，每年租金达数万之巨。至其父许在衡时仍财源滚滚，许得以资助光复会。徐锡麟年少时即与之交往甚密。徐锡麟创办大通学堂时拟抢劫钱庄筹集办学经费，被陶成章否决，改由许氏捐助部分办学资金。许氏资助5000元，到上海采购后堂九响枪50杆、子弹2万粒，作为大通学堂办学之用，后来用于发动皖浙起义。徐锡麟和陶成章等五人捐官赴日学习军事，也是许氏出钱捐资入官，徐锡麟捐道台，陶成章和陈志军捐知府，陈魏和龚宝铨同知。徐锡麟赴日学习军事受阻，许氏又捐助3000元贿赂浙江将军寿山，打入安庆官场。皖浙起义失败后绍兴知府贵府以其曾资助革命党作为借口将其逮捕，经过绍兴富商鲍绅保释，许氏缴纳了30万元的巨额保释金后被释放。许氏惊恐致疾，旋即去世。

**许寿裳(1883—1948)**

字季黻，又作季茀、季芾，号上遂。绍兴县人。5岁即开始启蒙，诵习《千字文》、《四书》和《五经》。1897年入绍兴中西学堂为附课生，学习英语和算术。1899年转入杭州求是书院学习。1901年结识蔡元培，参加“浙学会”。1902年入东京弘文书院学习日语，与鲁迅相识，并结为莫逆之交。1903年考入东京高等师范学校，参加东京留日学生发起的拒俄运动，并继孙江翼中、蒋百里之后主编《浙江潮》。1904年冬加入光复会。1906年秋与龚宝铨、钱玄同等人于每周日前往《民报》社章太炎寓所，听章太炎讲授《段氏说文注》以及《郝氏尔雅义疏》。1907年由黄兴介绍加入同盟会。1909年回国后出任浙江两级师范学堂教务长，聘请鲁迅等人任教，反对顽固守旧的监督夏震武，时称"木瓜之役"(夏震武绰号"木瓜")。1910年赴京参加留学生考试，为人所梗，仅录为文科举人，出任学部译学馆史地教员。1911年辛亥革命爆发后出任浙江军政府财政司秘书。1912年南京临时政府成立，蔡元培邀任教育部部员，并推荐鲁迅到部任职。南北和议成立，教育部北迁，入京任教育部普通教育司第一科科长，鲁迅则任社会教育司第一科科长。奉蔡元培之命起草《中华民国教育宗旨》，并代蔡元培草拟《新教育意见》。1913年汪大燮任教育总长，被提升为教育部参事，教育部设立"读音统一会"，提议以简单汉字为注音字母，成为定案。1914年兼任北京大学及北京高等师范学校讲师。1917年力辞不就奉天教育厅长，改任江西教育厅长，注重社会教育，设立博物馆和通俗图书馆。1920年辞去江西省教育厅长之职，返回教育部任编审。1922年任国立北京女子高等师范学校校长，致力于提高师资力量，多方邀请专家学者，并邀请北京大学教授兼课。1924年辞去校长之职，复回教育部任编审。1925年北京女子师范大学爆发"女师大学潮"，要求撤任校长杨荫榆，与鲁迅支持学生运动，发表《对于北京女子师范大学风潮宣言》以及《反对教育总长章士钊之宣言》，被教育总长免职。1926年被新任女子师范大学校长易培基聘请为教授兼教务长。"三一八"惨案发生后刘和珍和杨德群遇难，到国务院察看。传闻遭段祺瑞政府通缉在案，又避往德国医院。1927年应中山大学聘请出任文学系教授；4月15日广州发生反革命政变，与鲁迅因营救被捕学生无效而辞职；9月国民政府定都南京，被大学院院长蔡元培聘任大学院秘书。1928年被任命为大学院参事，旋改任大学院秘书长。蔡元培改任中央研究院院长时改任中央研究院干事兼文书处主任，协助蔡元培和杨铨处理院内事务。1930年任江苏义务教育委员会委员。1934年应国立北平大学校长徐轼游聘请，出任女子文理学院院长。1937年任西北临时大学教授兼教务委员和史学系主任，开设《中国史学名著选》以及《国文》课程。1938年西北临时大学改名西北联合大学，兼任法商学院院长，旋又改任史学系教授。1939年应华西大学邀请，任文学院英庚款国学讲座。1941年任考试院考选委员会兼任秘书，年底改任考选委员会专门委员。1943年兼任国立药学专科学校讲师。1946年聘任绍兴史料编纂委员会委员，随考选委员会复员南京。应台湾行政长官陈仪聘请，任台湾编译馆馆长。1947年任台湾大学文学院中国文学系教授兼主任。1948年2月18日在台北寓所惨遭歹徒杀害。著有《章炳麟传》、《鲁迅的思想与生活》、《中国文字学》等。

**许志行(1902—1983)**

原名潘祖生。海宁县人。1902年5月生于江苏省吴县。7岁随父母逃难，举家迁居浙江省海宁县袁花镇。11岁因母亲去世家贫，入赘于袁花许家，改姓许，更名志行。14岁时外出当学徒，先后两次到嘉兴、上海闵行酱园。后被送至湖南长沙一家玻璃五金店，三天后逃出店铺，流浪到汉口街头，巧遇并结识正在参加湖南驱逐军阀张敬尧运动、途经汉口的毛泽东。1920年应湖南省立第一师范附小校长毛泽东的邀请，入附小所设成人失学补习班和高级部，与毛泽民、毛泽覃同学。1922年经毛泽东介绍参加社会主义青年团。在湖南省立第一师范附小毕业后考入浙江省立第一师范。课余开始写小说，受到国文教师俞平伯的赏识，介绍在《小说月报》上发表，后结集为《孤坟》出版，其中《师弟》一文，由茅盾选入《中国新文学大系》。1925年加入中国共产党。同年冬因"鼓动学潮"罪名遭校方开除。1926年春应国民党中央宣传部代理部长毛泽东的邀请前往广州任宣传部交通局助理，从事广州、上海间地下交通联络工作。北伐期间在武汉任国民党中央党部机要秘书。1927年"四一二"反革命政变后先后在中共上海闸北区委和浙江省委从事地下活动。后与组织失去联系，转而长期从事教育工作。先后在厦门集美中学、汕头友联中学、河北定县铁路员工子弟学校、温州第十中学任教。后到上海晨光书店、开明书店任职。1936年加入中国文艺家协会。1937年抗战爆发后在上海从事中学语文教学。新中国成立后在上海格致中学、新成中学任教，并加入中国作家协会。1956年参加中国民主同盟。并先后在上海外国语学院、上海师范学院任副教授。1983年10月11日病故。

**许良玉(1902—1963)**

又名凉玉。桐庐县人。少时家贫，仅读了几年小学，后在家乡任小学教师。1925年前往广州，考入黄埔军校第四期政治科。1926年10月毕业后历任国民革命军第一军第一师排长、连长、营长等职。1933年任陆军第一师骑兵团团长。1934年任陆军第一师特别党部书记长。1936年任第一军第七十八师四六七团团长。1937年8月下旬奉命率领该团参加淞沪会战,驻守市郊蕴藻浜地区,与日军血战三昼夜,官兵伤亡殆半;10月中旬淞沪再次开入战场,与日寇激战数昼夜。1938年先后任第七十八师第二三四旅副旅长、旅长,参加豫南战役。1940年任第一军第七十八师副师长,兼中央军校第七分校第十六期第十四总队总队长。1941年7月任第七十八师师长。1945年2月20日被国民政府授予陆军少将军衔。1946年先后任整编第七十八旅旅长,整编第一师副师长兼整编第一旅旅长。1948年任第三军军长。1949年任第七兵团副司令官兼第七十六军军长。同年10月去台湾,任"国防部"部员。1963年4月23日在台北去世。

**许松龄(1902—?)**

绍兴县人。酱园商人。幼年曾入蒙馆读书,当过铜店学徒。23岁时与同村人许孝曾等五人到湖州南浔开设万顺南货店,营业为同业之冠。1937年"万顺"遭日机轰炸后与同乡汤志轩等从事酱园业。1941年先后至贵阳、衡阳、桂林、柳州等地经营酱园。1949年又在昆明开设老同人酱园,此后在昆明市接连开张九家分店,几乎囊括了该市的酱业生意。同时又从绍兴重金聘请酿酒能手,向当地陶窑定制绍式酒坛,大量生产绍酒,营业颇巨。在大西南酱酒业中具有重要地位。

**许　杰(1901—1993)**

字士仁。天台县人。出生于城市贫民家庭,1918年考入临海浙江省第六师范学校,在校期间接触新文学作品。1920年转校,1922年毕业于浙江绍兴省立第五师范学校。毕业后曾任小学教师,后到上海的安徽公学和绍兴公学执教。1924年开始在《小说月报》发表小说,并参加文学研究会。作品以农村题材为主,是鲁迅影响下的重要乡土作家之一。1926年短篇小说《惨雾》发表后在文坛上引起很大反响。另一篇小说《赌徒吉顺》写浙东农村典妻风俗。后又陆续出版小说集《飘浮》、《火山口》、《剿匪》、《锡矿场》等。"四一二"反革命政变后遭到政治迫害,远避他乡。1928年至1929年在南洋吉隆坡担任华侨报纸《益世报》总主笔。期间作品结集为《椰子与榴莲》(散文集)。1930年起先后在中山大学、安徽大学、上海暨南大学任教。新中国成立后历任上海复旦大学教授,华东师范大学教授兼中文系主任。著有《鲁迅小说讲话》(论文集)、《铸炼集》(小说集)、《许杰短篇小说选集》、《许杰散文选集》等。

**许国保(1901—?)**

海宁县人。1921年毕业于交通大学上海学校附属中学。1925年毕业于国立交通大学电机科电力工程门。后留校担任机械工程学院和电机工程学院的物理试验课教员。1931年赴德国柏林大学进修理论物理。1932年回交大物理系任教,曾代表学校出席万国数学大会。1934年任讲师,1937年任副教授,1947年交通大学在沪复校时已升任教授。1952年院系调整时调入新成立的华东师范大学,先后担任普通物理和理论物理教研室主任。1956年被评为二级教授,直到1981年仍在担任理论物理专业硕士研究生指导教师。主编有《热力学与统计物理学》、《简明物理学辞典》等。

**许宝驹(1899—1960)**

字昂若。杭县人。1921年毕业于国立北京大学国文系,获文学学士学位。毕业后任浙江省立第一师范学校教师。1924年1月以北京特别代表的身份参加在广州召开的国民党第一次全国代表大会。1927年春任国民革命军第十八军党代表,国民党浙江省党部特派员。后任铁道部秘书,扬子江水利委员会总务处处长,全国各界民众抗日联合会秘书长。1941年参与发起组织中国民族革命同盟(后改名中国民主革命同盟)。1942年1月24日被选为国民政府立法院第四届立法委员。1945年参加三民主义同志联合会(简称民联),任中央常委。1948年参加中国国民党革命委员会,任中央执行委员。1949年9月出席中国人民政治协商会议第一届全体会议。新中国成立后历任中央人民政治法律委员会委员,政务院参事室参事,民革中央第二、第三、第四届常委,民革中央宣传部部长,学习委员会副主任委员,理论政策研究委员会副主任委员,第一、第二届全国人大代表,第二届全国政协委员,浙江省政府委员。1960年1月10日在北京去世。

**许宝騄(1910—1970)**

字闲若,小名京生。杭县人。1910年9月1日生于北京。1912年随家移居天津。1918年至1924年间在杭州生活。1928年考入燕京大学化学系就读。1930年转入清华大学数学系。1933年毕业,获理学学士学位。1934年任北京大学数学系助教。1936年考取公费留学英国,在伦敦大学学习数理统计。1938年兼任伦敦大学讲师,并获哲学博士学位。1940年又获科学博士学位。同年回国后在昆明西南联合大学数学系任教。1945年应美国加州大学伯克利分校、哥伦比亚大学联合邀请，先后在两所大学工作一个学期。1946年秋到北卡罗林那大学统计系任教。1947年10月回国后任北京大学教授。1948年当选为中央研究院第一届数理组院士。1955年当选为中国科学会第一批学部委员。1956年被评为北京大学一级教授，兼任北京大学概率统计教研室主任。1964年任第四届全国政协委员。1970年10月18日在北京病故。一生仅有39篇学术论文发表，但影响深远，在中国开创了概率论、数理统计的教学与研究工作，是多元统计分析学科的开拓者之一，被公认为在数理统计和概率论方面第一个具有国际声望的中国数学家，其学术成就得到国内外学术界的高度肯定。1981年出版《许宝騄文集》；1983年文集英文版在纽约出版。

**许宝骙(1909—2001)**

杭县人。1909年4月1日生。1932年毕业于燕京大学哲学系，后在广州、北京多所大学任教。抗战时期追随中共，发起组织“中国民主革命同盟”。1945年任《正报》主笔，参与“三民主义同志联合会”地下组织，协助中共工作。新中国成立后担任民革中央宣传部副部长、民革北京市委员会代理秘书长。1957年至1966年在全国政协文史资料委员会负责审稿工作。“文革”后担任民革中央宣传部副部长、理论政策研究委员会副主任、学习委员会副主任、《团结报》总编辑、社长等职。曾任全国政协文史资料委员会副主任。是第二、第五届全国政协委员，第六、第七届常务委员，中国国民党革命委员会中央委员会第五、第六届常务委员，第九届顾问，原中央监察委员会常务委员。2001年9月29日在北京病故。译有穆勒的《论自由》、培根的《新工具》等。

**许宝蘅(1875—1961)**

字季湘。杭县人。1902年中举人。后会试落第，捐官为内阁中书。1907年考取军机处章京。1912年后任国务院秘书。1912年10月8日至1913年9月25日兼国务院铨叙局局长。1913年7月29日起兼署国务院临时稽勋局局长；9月25日起实任至1914年1月10日止。1914年1月10日至1916年11月任内务部考绩司长。1917年冯国璋任代理大总统后，经友人推荐，入大总统府为秘书。1918年仍任大总统府秘书。1919年1月11日至6月13日署理国务院铨叙局局长。1919年6月22日至12月3日任内务部次长。1922年6月17日至1926年1月29日任国务院铨叙局局长。1926年1月29日至1928年6月任国务院参议。期间1927年1月15日至6月20日兼国务院秘书厅秘书长；7月21日起兼国务院法制局局长。1928年任故宫博物院图书馆副馆长。1929年4月至1930年3月任辽宁省政府秘书长。1932年投靠日伪，任伪满洲国执政府秘书。1934年任伪满宫内府总务处处长。著有《许宝蘅日记》。

**许建屏(1889—?)**

字鉴平。嘉兴县人。1911年由游美学务处资助出洋。1914年毕业于美国密歇根大学。1915年归国后服务于上海法律事务所。1917年任《大陆报》记者，继而任北平航空署驻沪办事处委员。1921年出席檀香山万国报界大会，后又出席华盛顿会议。1922年返国后任《大陆报》主编。1927年南京国民政府成立后任工商部秘书兼会计师登记审查委员会委员、诉愿审理委员会委员、中俄会议专门委员、商约研究委员会委员。1932年任特派实业特使公署参赞。同年冬调任财政部总务司司长。1941年任汪伪中央储备银行调查处处长、中央信托股份有限公司总经理等职。1943年改任汪伪中央保险公司经理。

**许织云(1915—　)**

女。瑞安县人。1937年燕京大学生物系毕业。同年考取燕京大学生物系研究所，继续从事瓢虫鞘翅上斑点的遗传研究。论文完成后因北平协和医学院急需用人，即至该院解剖科从事研究工作。1941年太平洋战争爆发后与丈夫梁序穆一道离开北平，投奔大后方成都，暂时在中央大学医学院任教。1942年燕京大学复校后通过考试，获硕士学位。1943年应广西大学医学院之聘前往任教，途经贵阳，应林可胜、林绍文之邀，留在国民政府军政部战时军用卫生人员训练所任教，授陆军少校军衔，作体育军用医务人员。抗战胜利后训练所与军医学校合并为国防医学院，迁往上海，由林可胜任院长。1946年被派遣到美国休士顿接受三个星期的初级军医训练。结业后又赴圣路易的华盛顿大学攻读解剖学博士学位。1948年发表大白鼠胚胎学研究论文，获博士学位。同年回国后即随国防医学院迁居台湾，在生物形态学科任教授，后曾担任生物与解剖学研究所所长等职。1960年后专门从事抗生素实验、去脑下腺与去甲状腺实验及蝌蚪性别转变的研究，前后共发表论文66篇。1969年指导研究生郁慕明完成硕士论文。退休后任荣誉教授。1995年曾随国防医学院上海江湾寻根之旅到大陆访问。著有《研究生涯四十年》等。

**许绍南(？—1913)**

丽水县人。1904年就读于云和先志中学堂，追随革命党人陶成章和魏兰从事反清革命活动。1905年出任嘉兴温台处会馆执事员，负责联络浙江会党事务。1907年应魏兰邀请前往南洋爪哇和柬地里等地联络华侨，筹措革命经费。1910年光复会在日本进行重组，参与筹设南洋分会，奔走爪哇、泗水、也班一带，发展光复会会员，扩大革命影响。1911年武昌起义后返回国内。1913年在杭州参加“二次革命”，反对袁世凯的专制统治。同年在寓所去世。

**许绍棣(1900—1980)**

字萼如。临海县人。1900年1月2日生。在临海读完中学后考入上海复旦大学商科，1924年夏毕业。1926年至广州，任国民革命军后方总政治部秘书。1928年任浙江省立高级商业学校(今浙江工商大学)校长。同年起先后连任国民党浙江党部第一、第二、第三届执行委员兼宣传部长，国民党浙江党部第四、第五届常务委员。并兼杭州《民国日报》社社长，是浙江CC派的核心人物之一。1931年5月参加南京国民会议，任秘书。“九一八”事变后任蒋介石南昌行营秘书兼设计委员。旋奉派赴欧洲考察。1934年12月12日至1946年7月3日连任浙江省教育厅长11年零八个月。1939年主持筹办浙江战时大学，后命名英士大学，兼任校务委员会主任。1941年4月兼任浙江省政府图书杂志审查处处长。在任厅长期间确立以扩充师范教育为中心工作，制订第一、第二两期师范教育实施方案，添设省立师范学校，督促各县普设县立师范或简易师范学校，指派师范生到各县服务，并提高其待遇。奖励举办师范及职业学校。全省先后创办师范及简师54所。1945年5月当选为国民党第六届中央执行委员。1946年11月当选为制宪国民大会代表。1948年当选为中华民国立法院立法委员，同时兼《东南日报》杭州分社社长。1949年去台湾后继续担任“立法委员”，并担任台湾“中央日报”常务董事。因信奉基督教，被台湾基督教长老会奉为长老。1979年以家藏明代唐伯虎、文徵明、祝枝山真迹捐赠台湾“故宫博物院”。1980年12月24日在台北去世。

**许钦文(1897—1984)**

原名许绳尧。绍兴县人。1917年毕业于浙江省第五师范学校后留校在附属小学任教。1920年到北京工读，在北京大学旁听鲁迅先生的课，并学习创作。1922年开始陆续发表作品，在鲁迅的帮助下集成短篇小说集《故乡》，编入“乌合丛书”之二出版。鲁迅将《石宕》、《父亲的花园》、《小狗的厄运》三篇小说选入《中国新文学大系小说二集》，并称他为“乡土作家”。20年代出版有《鼻涕阿二》、《幻象的残象》、《仿佛如此》、《西湖之月》、《一团酒》等短篇小说集。1927年从北京到杭州任教。1932年受连累入狱，被关一年后在鲁迅、蔡元培等人的营救下出狱。新中国成立后在浙江师范学院任教。1955年后历任浙江省文化局副局长、浙江省文联副主席等职。是鲁迅影响下的早期乡土小说代表性作家之一。作品以故乡绍兴为背景，淡淡的伤感之中，生活气息浓郁，地方色彩分明。其中著名的篇什《石宕》写绍兴东湖开采石料工人的悲惨生活。作品情节简单，但震撼人心。1949年后主要从事鲁迅作品的研究，有《〈呐喊〉分析》、《〈彷徨〉分析》，并撰写有关鲁迅的回忆文章。

**许祖谦(1874—1953)**

又名葆光、仰贤，字行彬，号西湖闲人。海宁县人。1891年考中秀才，后因抨击海宁知府被革除功名。1904年考入浙江高等学堂。毕业后曾任教于杭州师范学校和温州瓯江师范学校。1906年加入同盟会，与孙中山有交。1910年在杭州办《浙江白话报》，后协助杭辛斋办《浙江白话新报》和《农工杂志》。民国成立后历任浙江省议会一至三届议员、省政府咨议、浙江财政委员会秘书长等职。并先后创办《汉民日报》、《西湖报》、《良言报》、《杭州报》。并在海宁长期经营茧行，参与创办长安丝厂和海宁国民学校。因直言遭忌，在朱瑞、孙传芳、张静江主浙时，曾四次被捕下狱。1933年担任杭州国医业公会主席。1937年抗战爆发后移居上海。解放初军管期间在海宁被捕入狱。1951年11月被海宁县人民法院以“恶霸”罪名判处无期徒刑，后经沈钧儒(时任最高人民法院院长)担保被保释出狱。1953年5月在忧愤中病故于海宁硖石。1999年3月撤销判决，被宣告无罪。

**许闻渊(1911—2003)**

海宁县人。上海光华大学政治系毕业。抗战初期在浙东等地参与战时政治工作，组训青年。1939年后先后任浙江省政府秘书、科长等职，并与友人创设力余学社，标榜以学术研究改进政治风气。1946年后先后任国防部、行政院简任秘书。1949年去台湾，初任“革命实践研究院”教务组长兼驻院讲座。1952年8月任国民党改造委员会第四组副主任。后任国民党中央执行委员会第四组副主任、国民党中央文化工作会副主任、“全国新闻工作会”秘书长，主持“革命哲学讲习会”、“苏俄在中国研讨会”等讲习，成为国民党文宣骨干。1959年率领台湾童子军出席世界童子军大露营及出席国际童子军第十五次大会。1960年至1969年兼台湾成功大学教授。1965年以台湾“外交部”顾问身份出席联合国第二十届大会。1975年任台湾“中华日报”董事长兼发行人。2003年12月13日去世。著有《宪政与先行宪法》、《独裁政治与民主政治》、《文体平议》、《宋田枢密使况年谱》、《诗文杂著》等，译有《欧洲各国政府》等。

**许炳汉(1899—1986)**

字梨洲。黄岩县人。早年就读于北京大学经济系，毕业后留校任教。1927年后历任杭州法政专门学校教员，上海商务印书馆编译所编译等。抗战期间任教于国立交通大学贵州分校，后任暨南大学工商管理学系主任。著有《统计法概论》等，译著有《经济学史》、《财政学新论》、《消费者信用论》、《近世资本主义》、《租税转嫁与归宿》等。

**许炳堃(1878—1965)**

字挺甫，号缄甫，别号潜夫。德清县人。1903年春赴日本留学。1904年考入东京高等工业学校机织科，并补南洋官费留学空额，转为官费生。1907年秋回国后通过清廷举办的留学生考试，被清廷授予工科举人。1909年参加殿试，考取一等，授予内阁中书。同年夏由浙江巡抚增韫奏调回浙，任浙江劝业公所科长兼省立第一手艺传习所所长。1910年任浙江省立中等工业学堂监督(校长)。1911年11月浙江光复后任浙江省民政部实业科科长。1912年4月任浙江公立中等工业学校校长兼附设机织传习所所长，并兼杭州纬成丝织股份有限公司董事。同年当选为浙江省临时省议会议员。1920年秋任浙江省立工业专门学校校长。同年冬当选为浙江省教育会会长，并被聘为省长公署顾问、省实业厅咨议。1922年1月奉浙江委派赴欧美考察高等教育和丝绸工业。1923年4月回国。1924年1月因病辞去本兼各职，在杭州西湖边寺院里休养，信奉佛教，并取法名圆照。1927年重返政坛，先后任浙江省民政厅秘书，南京国民政府考试院考选委员会委员，教育部、交通部简任秘书，交通部参事，浙江省政府顾问等职。1937年6月因病辞职，后赴香港，闭门谢客，专研佛经。1940年迁居上海。抗战胜利后先后被聘为教育部上海特派员公署辅导委员会委员、上海区高等教育甄审委员会顾问、上海市教育局顾问、上海暨南大学南洋研究所教授等。1946年当选为国民大会代表。新中国成立后重返杭州。1950年当选为浙江省第一次各界人民代表会议特邀代表；7月受聘为浙江省文史馆馆员。1955年2月任浙江省政协特邀委员。同年夏迁上海，任上海市政协第三、第四届委员，上海市文史馆馆员。1965年7月1日在上海寓所去世。

**许　康(1895—1956)**

字平洲。黄岩县人。1916年12月毕业于保定陆军军官学校第三期炮兵科。毕业后回浙江，曾任浙江陆军讲武堂教官。1924年秋前往广州，任黄埔军校中校炮兵少校教官，参加两次东征及北伐战争。1927年任吴淞要塞司令。1928年任浙江省防军第五团团长。1933年任国民政府军事委员会南昌行营中央军官训练团炮兵训练处处长。1935年10月任长江江阴要塞司令。1939年春任浙江省军管区浙西督练处处长。后任苏浙皖边第一游击挺进纵队司令部参谋长。1940年任第三战区司令长官部中将高级参谋。1942年辞职回乡。

**许葆英(1879—1957)**

号伯明。海宁县人。早年就读于江南武备学堂。1898年11月由浙江巡抚刘树棠选送至日本留学，初入成城学校，毕业后升入日本陆军士官学校中华队第一期炮兵科。1902年3月毕业回国后历任江南武备学堂教官、江南陆军小学堂总办、江宁督练公所教练处总办等职。1911年参加辛亥革命。上海光复后任沪军都督府顾问官。旋任沪军都督府军务部长。1912年任北洋政府总统府咨议。同年11月20日被临时大总统袁世凯授予陆军少将军衔。之后转入金融界，先后任中国银行天津分行襄理，保定、太原、郑州分行经理。1924年任江苏银行总经理。在任内将总理处改为总管理处，将原有汇兑处、收税处改为办事处。1931年管理徐州平民官钱局辅币券发行，并广设分支机构，规模日趋扩大。1931年6月20日至12月15日任江苏省政府委员兼财政厅长。1935年起先后任中央银行南京分行副理、昆明分行经理兼昆明中央信托局局长。1940年3月江苏银行总行迁往重庆，任该行常务董事兼总经理。在重庆设立分行。1945年抗战胜利后江苏银行上海总行复业。1946年10月改名江苏省银行，连任总经理。新中国成立后于1956年5月被聘为上海文史馆馆员。

**许植方(1897—1982)**

字鲁瞻，又名学贤。黄岩县人。

1897年5月16日生。1911年入黄岩中学就读。1916年考入南京高等师范学校理科学习。1920年毕业后先后在齐鲁大学化学系、金陵大学化学系任助教。1923年出国,先在菲律宾华侨中学任训导主任兼教员,后进菲律宾大学,半工半读,专攻植物化学和植物油脂化学等专业。1927年春学成归国后出任黄岩中学校长。一年后被聘为浙江省建设厅技师,从事农业化学工作。1931年初任中央研究院化学研究所国药研究室助理研究员,主要从事中药化学成分研究。1935年至1940年任上海交通大学化学系讲师。1938年兼任大同大学化学系教授,在交通大学的实验室内成立许氏国药研究室,对国药成分进行分析研究。1940年携眷离开上海,先后任福建医学院药学系教授、英士大学药学系教授、北洋工学院化工系主任兼教授。1943年以汉防己乙素构造研究获国民政府实业部颁发的自然科学二等奖。1945年8月回到故乡,再次出任黄岩中学校长。一年后任英士大学工学院化工系教授。1948年又回到黄岩,家居一年。新中国成立后被聘为浙江大学药学系教授,并兼任浙江医学院药学系和华东药学专科学校教授。1952年9月院系调整后到上海第一医学院药学系创建分析鉴定科,并任科主任。1955年在生药学教研室工作。1957年被打成极右派。1958年转入中国医学科学院药物研究所植物成分化学研究室任研究员,多有研究成果发表。"文革"时期备受迫害,后被遣送回乡。1979年恢复工作,任上海第一医学院天然药物化学教研室教授。1982年3月18日在原籍病故。

**许　照(1897—1973)**

字梦琴。杭县人。1921年毕业于唐山工学院机械系。曾任上海清华工程公司负责人、之江大学教授。新中国成立后历任华东设计公司机电室总工程师。建筑工程部北京工业建筑设计院副总工程师、高级工程师,中国建筑学会第二、第三届常务理事。是第三届全国人大代表。主持了乌鲁木齐七一棉纺厂、北京电报大楼、北京火车站、全国农业展览馆、中国美术馆等大型工程设计,负责验收人民大会堂等工程。

**许廑父(1891—1953)**

名与澄,字弃疾,别署颜五郎。萧山县人。幼入私塾,曾就读于杭州宗文中学、上海中国公学。毕业后以写作为生,在文坛初露头角,尤以《八仙得道传》出名。其作品多以言情为主,文笔快捷,数量众多。为上海会文堂书局的特约撰稿人,后又主编《小说日报》。1929年受会文堂书局之邀,续编蔡东藩未尽的《民国通史演义》后两集。1930年返杭州就任《东南日报》副主编。1931年浙江商学社成立,接办《浙江商报》。抗战时期曾任浙江茶叶运销处主任,浙江省建设厅厅长秘书等职。1953年在杭州病故。

**许静芝(1895—1984)**

谱名毓钟,又名育中。嘉兴县人。1895年3月17日生。早年先后就读于闻溪小学堂与秀水学堂。1912年肄业于浙江省立第一师范学校,旋入浙江陆军测量学校。1916年毕业后任浙江陆军测量局三角班测量员。1918年入中央测量学校高等科学习。1924年随同乡黄郛参与驱逐清逊帝溥仪出紫禁城事件。1926年参加国民革命军,到南昌任国民革命军总司令部少校秘书。1927年4月任南京国民政府简任秘书。1928年11月17日至1931年6月25日任南京国民政府行政院参事。1931年6月25日至1932年7月8日任行政院政务处长。1932年3月30日至1945年8月24日连任行政院参事达13年半。1932年11月9日至1948年5月连任国民政府文官处文书局长15年半。在此期间还先后兼任国民政府典玺官,国民政府稽勋委员会及政务官惩戒委员会主任秘书,考试院法规委员会委员等职。1948年5月31日起任中华民国总统府第一局局长兼典玺官。1949年1月起先后任总统府副秘书长、秘书长。同年去台湾,1950年为递补"国大代表"。1956年至1980年连任"总统府国策顾问"。1984年10月21日在美国纽约去世。

**许潘云(生卒年不详)**

黄岩县人。早年毕业于国立北京大学。1936年6月至1937年8月任浙江省第八区行政督察专员兼保安司令。1937年11月至1946年5月任浙江省政府委员。1948年5月当选为中华民国"行宪"后第一届立法院立法委员。后不详。

**许　璇(1876—1934)**

字叔玑。瑞安县人。1876年11月9日生。其父为举人。1893年入县学。1896年补为廪生。1902年入上海南洋公学就读。1904年应聘湖北编书局,编辑《湖北学报》。次年应广东学务公所之聘,任编撰员。1907年公派留日,初入京都第三高等学校,继入东京帝国大学农科。1912年毕业,获农学学士学位。1913年被聘为北京大学农科教授兼农场场长(场址在卢沟桥)。1914年北京大学农科改为国立北京农业专门学校，仍任教授兼农学系主任。1919年被推为中华农学会北京地方干事。1920年改任北京农专教务主任，曾率学生赴日参观。1922年11月代理北京农专校长，力求整场，不得行其志，乃请辞本兼各职。1923年初出任浙江农业专门学校校长。1924年11月至1925年4月出任国立北京农业大学（即原北京农专）校长。1926年7月任代理校长。同年11月任校长。1927年9月任浙江第三中山大学（今浙江大学）农学院院教授兼农村社会系主任。1928年兼任中华农学会会长，浙江省合作人员讲习所所长。1931年4月回任北平大学农学院长。同年9月出任浙江大学农学院院长。1933年6月因与上司发生冲突，率领60余名教工辞职。后回任北平大学农学院教授兼农经系主任。1934年11月9日在北京病故。遗著《粮食问题》、《农业经济学》二书经后学整理，分别于1935年及1943年出版。

**许　燊(1879—1943)**

字达夫。瑞安县人。早年留学日本。归国后任浙江法政学堂教员。1912年初当选为浙江省临时省议会议员。不久加入国民党。1913年当选为中华民国第一届国会参议院议员。同年“二次革命”爆发后到上海避难。1916年国会第一次恢复时仍回北京任议员。1917年国会被黎元洪总统解散后南下上海策动浙军响应孙中山的护法运动。不久南下广州，任非常国会参议院议员。1922年国会第二次恢复时再任参议员。1923年拒绝直系军阀首领曹锟的贿选，南下上海，联名发表《移沪国会议员宣言》，声讨贿选总统曹锟与参与贿选的议员。1926年密约驻苏北的浙军部队班师回浙加入国民革命军。1937年11月上海沦陷后回瑞安原籍。1938年当选为浙江省临时参议会议员。1943年9月20日在浙江省政府驻地云和县城病故。

**阮性存(1874—1928)**

字荀伯。原籍余姚县，1874年10月12日生于江苏睢宁。早年在苏北各县任职。1905年留日，入日本法政大学速成科。1906年毕业回国后回原籍浙江筹办官立法政学堂，任教习。后创办浙江私立法政学堂，任校长。1909年当选为咨议局议员，并与沈钧儒、褚辅成、陈敬第等发起成立立宪国民社，推动浙江的立宪运动。1912年后在杭州开设律师事务所，并当选为杭县律师公会会长。1916年1月至1917年1月担任浙江督军兼省长吕公望的秘书。1918年当选为浙江省议会议员。1921年当选为浙江省制宪起草委员会委员，参与浙江省宪的起草工作。1927年5月任浙江省政务委员会委员兼司法厅厅长；7月任浙江省政府委员兼司法厅厅长。1928年1月21日在杭州病故。

**阮清源(1909—?)**

字亚承。嵊县人。1927年加入国民革命军，任炮兵排长、连长。1928年因国民革命军编遣退役，考入浙江省警官学校。1933年进庐山训练团受训，毕业后分发到南京国民政府军事委员会别动队。1934年调到甘肃陇南，后调西安。参与“围剿”红军。西安事变后调军事委员会别动队上海特区。1937年8月上海抗战爆发后参与暗杀伪维新政府任命的伪江苏省省长陈则民时，因行动失败被日伪逮捕。1938年获释后先后任苏浙行动委员会别动队支队、纵队指挥。1940年任忠义救国军淞沪区少将指挥官。1941年11月至1942年10月任江苏省第三区行政督察专员兼保安司令。1942年太平洋战争爆发后兼代忠义救国军总指挥。1943年任军事委员会调查统计局第三处处长兼华东区区长。1944年复任淞沪区指挥官。1945年8月抗战胜利后率领别动队首先进驻上海。1949年去台湾，从事游击、情报等工作，曾入台湾“参谋大学”将官班受训。1965年退休。从事园艺，建有“容石园”。

**阮维扬(1902—1989)**

慈溪县人。沪江大学经济系毕业。1922年在上海创办康元制罐厂。20年代任上海嘉华实业公司总经理，主要经营罐头、印刷等业。1930年夏移居香港，康元厂也扩大到香港，并一再增资，在新加坡、马来西亚、泰国设立代理处。抗战期间在香港担任过香港商会副会长和宁绍同乡会会长。1947年前后在香港创设苏浙同乡会，被推举为会长。1967年成为香港宁波同乡会首批会员。1987年任香港宁波同乡会监事长。

**阮雯忠(1865—1934)**

镇海县人。著名食品工业企业家。早年家贫，在家乡邻村渡驾桥穗和米号当学徒，后任职员，逐步积累资金。约1900年到上海创业，开办元丰粮食号，由于经营得法，获利丰厚，于是又在宁波、汉口设立分号，并在汉口设立元丰豆粕制造所。1912年在河南开封向美商购买机器，开设元丰蛋厂，产品交外商销售，积累资金后又在京汉铁路沿线彰德、许昌、驻马店、郑州等地增设分厂，并自备火车车皮数十辆，建立铁道的停车线，总投资达200余万银两。元丰蛋厂还经营国内外杂粮贸易。第一次世界大战时期元丰蛋品厂处于鼎盛时期，成为全国最大的蛋厂，有职工2000余人，每年纳税达数百万元，成为“蛋品大王”。第一次世界大战结束后国内外蛋制品滞销，蛋厂被迫收歇。热心慈善公益，如救济河南灾荒，在许昌设立贫民医院，在湖北出资修缮黄鹤楼等文物古迹，在舟山出资保护与修缮佛顶山等多处古迹。1910年在乡里捐建时中学堂，后改为时中国民学校。同年出资兴建阮氏祠堂，耗资10余万元。同年还与同乡宋炜臣、邵玉轩合捐重修后练浦庙。1912年乡里受旱灾，施米500石。1918年出资数万元疏浚前大河，资助兴修邻近水利设施。

**阮毅成（1905—1988）**

余姚县人。1905年生于江苏兴化。1927年夏中国公学大学部政治经济系毕业后赴法国留学。1931年毕业于法国巴黎大学，获法学硕士学位。同年回国后历任国立中央大学法学院教授、中央政治学校教授兼法律系主任，并兼《时代公论》主编。1937年3月至1938年7月任浙江省第四区行政督察专员兼保安司令。1938年7月至1948年6月任浙江省政府委员兼民政厅厅长，长达10年之久。同时还兼任英士大学教授、行政专修科主任。1945年抗战胜利后参与筹建国立浙江大学法学院，并担任第一任院长。1946年当选为制宪国民大会代表。1949年2月去台湾，曾任台湾“中央日报”社社长、《东方杂志》主编、中山学术文化基金会董事会董事兼总干事、台湾政治大学教授兼法律系主任、世界新闻专科学校教授，以及“台湾省地方自治研究委员会”委员、“行政院设计委员会”委员、“光复大陆设计研究委员会”委员、“总统府临时行政改革委员会”委员兼秘书主任。1969年退休后担任“中山学术文化基金会”总干事。著有《政言》、《国际私法》、《中国亲属法概论》、《法语》、《制宪日记》、《三句不离本行》等40余种。

**观　杰（1921—1944）**

原名石永仙，又名石子英。上虞县人。1938年6月只身奔赴皖南参加新四军，入新四军教导大队学习，结业后任军部见习参谋。1939年4月加入中国共产党。1942年7月奉组织委派到浙东抗日根据地工作，曾任三北游击司令部教育副官，负责新兵的军事训练工作。1943年先后任三北游击司令部特务大队第一中队中队长，浙东纵队第五支队第三大队第七中队中队长。先后五次立功受奖，获“模范干部”称誉，率领的第七中队获“模范中队”称号。1944年夏日伪军在浙东三北地区加设据点，准备抢粮。同年7月下旬汪伪中央税警团等伪军企图占领慈溪东埠头抢夺秋收粮食，奉命指挥部队进入防御工事阻击敌人，先后打退敌人的多次冲锋；7月31日中弹牺牲。浙东游击纵队司令部于1944年8月13日发布命令，将第七中队命名为“观杰中队”。1947年3月华东野战军对“观杰中队”发出嘉奖令。

**纪育沣（1899—1982）**

字景云。鄞县人。1899年12月22日生。1921年私立上海沪江大学毕业，获学士学位。同年赴美国芝加哥大学留学。1922年获化学硕士学位。1922年至1923年在美国芝加哥大学化学系任演讲助教。1923年到耶鲁大学攻读博士学位。1924年回国后任武昌大学教授。1926年重返耶鲁大学化学系学习。1928年以关于嘧啶化合物结构测定的研究获博士学位。回国后先后到东北大学、厦门大学、浙江大学等校任教。1932年至1936年在上海中央研究院化学研究所任研究员兼秘书。1933年至1934年兼任上海雷氏德医学研究院化学研究所研究员。1936年至1945年先后在广西大学、上海医学院、西南联合大学任教授。1945年抗战胜利后任北平研究院药物研究所研究员。1946年兼任北京大学工学院化学系教授。1949年进入中国科学院任化学研究所研究员。1951年任中国医学科学院药物研究所药学系主任、研究员。1955年当选为中国科学院学部委员。1958年任北京化学试剂研究所研究员、副所长，兼《化学学报》、《药学学报》编委。1982年5月18日在北京病故。毕生从事药物化学及有机合成工作，著有《嘧啶的研究》、《抗疟药物研究》等。

**孙大雨（1905—1997）**

原名孙铭传，字守拙、号子潜。诸暨县人，1905年出生于上海。在上海读中学。1922年考入清华大学。期间参加新月社的文学活动，有长诗《自己的写照》、诗集《精神与爱的女神》出版。1926年赴美国留学，就读于新罕布什尔州的达德穆斯学院。1930年回国后历任武汉大学、北京师范大学、北平大学女子文理学院、北京大学、国立青岛大学（今山东大学）、浙江大学、暨南大学、中央政治学校、复旦大学等校英国文学教授。1946年由罗隆基介绍加入民盟。1947年被推为中共地下党组织的上海市大学教授联谊会干事会主席。1955年在肃反运动中受到冲击。1957年被打成右派。1958年6月2日被上海市人民法院判处有期徒刑六年。1970年又被关进上海提篮桥监狱。1973年获释。“文革”后被降级安排到华东师范大学外文系任教。80 年代中期“改正”，改判“不予起诉”。1997 年 1 月 5 日在上海去世。翻译有莎士比亚戏剧八部，运用自己创建的音组理论翻译莎剧，以汉语音组对应莎剧原文的抑扬格五音步，力求达意而传神。除莎剧外，还有部分屈原诗英译，中国汉唐古诗英译和部分英文名诗汉译，分别收录在《屈原诗选英译》、《古诗文英译集》和《英诗选译集》等译作中。

**孙义宣(1920—　)**

奉化县人。上海圣约翰大学毕业后留学美国，获威斯康辛大学经济学博士。回国后曾任国民政府军事委员会委员长秘书、总统府秘书。1949 年去台湾，曾入“国防研究院”第一期结业。去台湾后转入金融业，历任国际货币基金会副执行董事，“中央银行”秘书处长、副总裁兼外汇局局长，“中央信托局”局长，“交通银行”总经理，“中央银行”理事，“中华开发信托投资公司”常务董事，台湾银行董事长等。是台湾地区财经金融系统骨干人物，参与台湾金融政策的制订，并数度参加国际货币基金组织、世界银行及国际银行年会、亚洲开发银行筹备会、“东南亚国家经济援助”专题研究会。并兼任“中国输出入银行”理事会主席，台北市银行公会理事长。

**孙元良(1904—2007)**

原籍绍兴县，1904 年出生于四川成都。1924 年 11 月黄埔军校一期毕业后历任国民革命军第一军第一师排长、连长、营长，先后参加第一、第二次东征和平定刘、杨叛乱。1926 年参加北伐，任国民革命军第一军第一师第一团团长。1927 年赴日本留学，入东京陆军士官学校第二十一期炮兵科。1929 年退学回国后先后任教导第一师野炮营营长、陆军第二师七团团长。1931 年 5 月任南京国民政府警卫军第一师一旅旅长。1932 年初改任第八十七师第二五九旅旅长，参加“一·二八”淞沪抗战，在庙行镇击退日军，成为“国军第一次击败日军的战役”；2 月升第八十八师副师长。1933 年 1 月升第八十八师师长。1935 年 4 月 13 日被国民政府授予陆军少将军衔。1936 年 10 月 5 日被国民政府授予陆军中将军衔。1937 年 8 月任第九集团军第八十八师师长，参加淞沪会战，率部坚守闸北阵地 76 天；9 月升任第七十二军军长；12 月率领所部参加南京保卫战，驻守城南雨花台一带，所部第七十二军被占绝对优势的敌军打散，化装逃出南京，事后被撤职，并投入监狱拘押 42 天，后被保释出狱。1939 年 1 月以民生航运公司职员身份，取道香港游历考察英、法、德、意等欧洲诸国，回国后重返军界。1943 年先后任第十九集团军副总司令、第二十八集团军副总司令。1944 年 7 月任第二十八集团军副总司令兼第二十九军军长。同年率部进驻贵州独山，收复南丹等地，使日军退出贵州。1946 年 6 月任重庆警备副司令。1947 年 10 月任郑州“绥靖”公署整编第四十七军军长。1948 年 8 月任第十六兵团司令官兼徐州“剿总”郑州前进指挥部副主任，奉令参加徐州会战，负责守卫徐州；12 月在“剿总”突围时化装逃出解放军包围圈。1949 年 1 月奉令到四川丰都、万县等地重建第十六兵团，任司令兼第四十军军长，及第十编练司令部司令；12 月代理“川鄂绥靖公署”主任。不久所部官兵在四川起义，被迫离开部队返回成都。1950 年初去台湾，曾任瑞祥针织公司董事长。1956 年赴日本，后旅居国外。1975 年回台湾定居。2007 年 5 月 25 日在台北去世。著有《世界军事史》及个人回忆录《亿万光年中的一瞬》。

**孙正容(1908—1985)**

瑞安县人。1931 年毕业于国立中央大学史学系。历任国立浙江大学讲师、国立中正大学副教授、国立暨南大学教授、国立英士大学教授、浙江师范大学教授等。抗日战争时期担任浙江省立浙东第一临时中学校长。为浙江师范大学的创校元老之一。曾任历史系主任，校古籍整理研究室主任、校学术委员会委员。在《历史研究》等刊物发表过数十篇学术论文，点校出版《鸿猷录》，专著《朱元璋系年要录》获省社科优秀成果荣誉奖。古稀之年仍承担省“六五”重点科研项目《新明纪》。其编著的《高中新本国史》，是 20 世纪三四十年代中国最流行的历史教科书之一。

**孙世伟(1883—1958)**

字儆仁，号儆庐。绍兴县人。早年留学日本，毕业于日本法政大学，获法学学士学位。回国后在清政府法部任职。1912 年任浙江都督府秘书。1913 年 2 月署理浙江省实业司司长。同年 9 月 10 日署理浙江省内务司长。1914 年 6 月 10 日至 18 日署理浙江瓯海道道尹；6 月 18 日调任福建省汀漳道尹。1917 年 6 月 30 日至 1922 年 9 月 1 日任河南省政务厅厅长。1928 年 3 月 20 日任直隶省省长；6 月去职。国民党统治时期曾任浙江实业银行监察人，浙江实业银行杭州分行经理。

**孙本戎(1887—1966)**

字良翰。杭县人。1887 年出生于台湾澎湖县，甲午战争后举家迁闽。1905 年考入福建讲武堂步兵科学习。1906年参加同盟会。1909年毕业后留校任教官兼队长。1911年辛亥革命时率领军校学员及教员参加福州光复之役。1912年后任延建邵防卫军统带。1913年参加“二次革命”，失败后流亡日本。1914年加入中华革命党。1917年任孙中山广州大元帅府侍从武官。1918年奉命回闽后任福建军事特派员兼驻闽粤军第三师师长。1922年任东路讨贼军纵队司令，出师北伐，以四营兵力击败敌一师，攻克赣州。陈炯明叛变后回师与叛军激战，终因兵力损失过大，撤退至福建建瓯。同年10月率所部300人驰援进攻福州受阻的北伐军，击溃北洋军阀李厚基所部。福州攻克后任莆（田）、仙（游）、惠（安）、福（清）警备司令。1924年任惠（州）潮（州）梅（县）行营主任兼总指挥。1925年孙中山病故后引退。1937年8月13日被南京国民政府授予陆军少将军衔。抗日战争期间曾任第三战区党政分会委员。1943年3月12日至1946年5月7日挂名浙江省政府委员。因与当政者意见不合，杜门不出，以诗画自娱。1947年回福州。1949年经香港去台湾。婉辞台湾当局授予的陆军中将、上将军衔。1966年在台北病故。

**孙　用(1902—1983)**

原名卜成中，字用六。杭县人。1919年毕业于杭州宗文中学，长期在邮政部门工作。自学英语和世界语，翻译介绍各国进步文学。先后译有裴多菲、普希金和莱蒙托夫的大量作品。1928年在鲁迅主编的《奔流》月刊上发表译文，与鲁迅先生开始交往。新中国成立后在杭州高级中学任教。1950年在上海鲁迅著作编刊社工作，为鲁迅先生著译的编注校印做了大量工作，参加《鲁迅全集》的编辑工作。1958年获匈牙利政府授予的劳动勋章。曾任中国作家协会会员、中国翻译家协会理事、人民文学出版社编辑等职。退休后还参加新版《鲁迅全集》的编注工作。

**孙邦华(1900—1991)**

字笙白。吴兴县人。1900年11月22日出生于上海。1914年入英国耶稣会在上海创办的麦伦书院学习。毕业后考入私立复旦大学；1924年毕业，获文学学士学位。1925年进入北洋政府外交部工作，任驻秘鲁公使馆主事。1929年升任公使馆随员，后升三等秘书。1944年任驻智利公使馆(1946年12月升格为大使馆)二等秘书兼理领事事务。1948年任外交部美洲司第二科科长。1949年任外交部礼宾司帮办。同年去台湾。1951年任台湾当局驻智利“大使馆”参事。1956年任“外交部”专门委员兼礼宾司帮办，不久改任美洲司帮办。1957年12月任台湾当局驻乌拉圭“公使馆”参事兼“代办”。1960年任驻巴拉圭“大使馆公使代办”。同年4月任驻秘鲁“全权大使”，兼驻玻利维亚“全权大使”。1971年9月至1975年3月任驻多米尼加共和国“全权大使”，多次担任台湾当局出席联合国会议的“副代表”和顾问。1975年回台湾，担任国民大会代表及“光复大陆设计研究委员会”委员。1991年9月去世。

**孙师毅(1904—1966)**

笔名施谊。原籍杭州，1904年出生于江西南昌。1918年考入江西省立甲种工业学校学习。1922年因反对当局迫害进步学生遭到迫害，被迫逃到北京，以半工半读方式进入汇文大学学习英语。1924年入上海国立政治大学工读。因撰文批评该校校长，被迫于1926年离开学校。其后先后在上海长城画片公司、商务印书馆活动影戏部、神州影片公司担任编辑、编剧、剪辑和演员。1929年到山东省立实验剧院任导演兼讲师，导演了自己编译的三幕话剧《未完成之杰作》。1932年在中外书局任编辑。1934年为上海联华影业公司编写电影剧本《新女性》，并与聂耳合作创作该片的主题歌《新女性歌》。之后又与聂耳合作为影片《大路》创作《开路先锋歌》和《大路歌》，这两首歌曲流传甚广。为影片《飞龙村》创作的《牧羊歌》成为中国最早的电影儿童歌曲。1935年加入电通影片公司，任编导兼《电通画报》执行编委，为影片《自由神》的主题歌《自由神之歌》作词。1936年到无锡江苏省教育学院筹办电影广播教育专修科，任科主任。1937年淞沪抗战爆发后率专修科学生撤退到武汉。1938年在武汉进入周恩来、郭沫若领导的军事委员会政治部第三厅任秘书，后任主任秘书。1940年任第三厅国际问题研究员。第三厅改组为文化工作委员会后任该会委员。接办南林印刷公司，并为重庆话剧演出团体导演《大雷雨》、《夜店》。1949年赴香港，任《文汇报》总编辑。1957年回北京。1958年调文化部，参加中国电影资料馆筹建工作，任顾问。后在中国电影资料馆工作。1966年10月3日去世。

**孙光远(1899—1979)**

原名孙镛。余杭县人。1916年考入南京高等师范学校，曾任南京高师数学研究会总干事。1920年南京高等师范学校毕业后留校任助教，同时从事微分几何、数理逻辑研究。1925年春入美国芝加哥大学研究生院攻读微分几何。1927年以毕业论文《曲面对的射影微分几何学》获博士学位。1928年回国后任北京清华大学数学系教授，期间招收中国第一名数学研究生陈省身。1933年到国立中央大学数学系任教，曾任数学系主任、理学院院长。经常在国内外数学杂志发表学术论文，为当时中国国内唯一从事微分几何研究的数学家。1949年中央大学更名为南京大学后仍任数学系主任、理学院院长。与孙叔平合著的《微积分学》在中国数学发展史上占有重要地位，是中国微分几何与数理逻辑研究的先行者。1979年5月1日在南京去世。

**孙伏园(1894—1966)**

原名孙福源，字养泉，笔名柏生、松年。绍兴县人。散文家、编辑家。1911年就读于绍兴初级师范学堂。1919年入北京大学学习。同年参加新潮社，任北京《晨报》副刊编辑，人称“副刊大王”。鲁迅名作《阿Q正传》即在该报首次连载发表。后又应邀主编《京报》副刊。1921年参与组织文学研究会。创办《语丝》周刊。1927年3月任《中央日报》副刊编辑；后回上海，创办“嘤嘤书屋”，出版《贡献》半月刊。1928年主编《当代》，旋即赴法国留学。抗日战争时期曾任重庆中外出版社社长。1939年3月当选为中华全国文艺界抗敌协会理事。后历任国民政府军事委员会设计委员兼《士兵月报》社社长、齐鲁大学国文系主任。1945年去成都，先后在华西大学和铭贤学院任教，同时主编成都《新民报》副刊。新中国成立后被任命为政务院出版总署版本图书馆馆长。著有《伏园游记》、《鲁迅先生二三事》。

**孙观汉(1914—2005)**

绍兴县人。1914年6月7日生。1936年于浙江大学化学工程学系毕业。次年考取清华公费留美奖学金赴美深造。1938年获宾州匹兹堡大学化学硕士；1940年获匹兹堡大学物理学博士。1942年任柯达公司化学研究员。1946年转任西屋公司物理研究员；1948年至1950年兼任公司所在地匹兹堡大学教授。1955年任美国西屋公司放射线与核子研究所所长，直至1980年退休。在美国工作40年间曾发表论文130余篇，获美国专利40余种，其中20余种获得全球性的专利，是第一位用闪烁计数器测定中子、第一位测定铀经快中子分裂而产生迟发中子的科学家。因发展多种新的光学玻璃，1948年获美国陶瓷学会的梅耶奖。1959年应台湾新竹清华大学之聘担任客座教授并兼任原子科学研究所所长，协助台湾建立第一座原子炉，被誉为“中国原子科学之父”。1960年应美国国际开发总署之聘担任核子科学顾问，协助台湾清华大学的研究与发展工作。同年获美国的中国工程师学会的工程奖。1962年再度受聘为台湾清华大学客座教授。1964年第三次回台湾清华大学指导研究。曾多次担任台湾出席国际原子能机构代表团的顾问，并担任台湾出席在澳洲举行的联合国教科文组织代表团的顾问，对台湾原子能开发具有很大影响。1980年自西屋公司退休后又于1982年应聘担任台湾清华大学原子科学研究所顾问。1982年至1991年间与台湾学者共同主持氡的研究计划，以探讨氡气与地震及断层位置的相关性，其研究成果获得中山学术文化基金会1986年赠予的技术发明奖。晚年出版散文集《菜园里的心痕》、《有心的地方》等12册，以爱和科学观念来启扬人道。2005年10月14日在台北病故。

**孙寿昌(1914—1980)**

又名常春。普陀县人。定海中学肄业。1930年至1934年在沈家门镇宝顺、大赉钱庄充实习生、记账员。1938年上半年任定海船舶管理站职员；7月赴皖南参加新四军。1939年6月任新四军军部医院副官。1940年10月加入中国共产党。1941年1月任苏北指挥部卫生部管理员。旋即发生震惊中外的“皖南事变”，在与上级组织失去联系的情况下仍组织伤员安全转移。同年9月在师卫生部管理科任副科长。1942年后任贸易科、军属科科长等职，一度随海防部队行动，利用海上敌伪关系为部队筹集物资。1945年抗日战争胜利后任隶属苏中军区的东海公司副经理，采购物资供给苏北根据地。新中国成立后曾参加抗美援朝，任志愿军后勤部第六分部副部长等职务。

**孙怀仁(1909—1992)**

杭县人。1932年毕业于日本东京早稻田大学。曾任沪江大学、上海法政学院、国立上海商学院教授。30年代中期经济学界曾对中国经济之出路何在问题进行探讨，他认为要挽救中国产业的命运，找到中国经济的出路，唯一的方法就是改变旧的生产关系，重建经济基础，其文章受到学术界的重视。新中国成立后任上海财经学院教授。著有《中国农村现状》、《中国财政的病态及其批判》等。

**孙青羊(1908—1989)**

绍兴县人。1928年毕业于上海新华艺专。1930年杭州国立艺术研究生毕业。曾任南京中央艺术大学助教，重庆交通大学讲师，重庆大学、西南人民艺术学院、上海同济大学教授。擅长水彩画、油画、工程画，为我国第一代水彩画家。著有《农家晨炊》、《烟台市集》、《金陵驿站》、《新透视学》、《画法几何学》等。

**孙直斋(1876—?)**

字思敬。绍兴县人。出生于官僚兼典当商家庭，早年在上海经营典当业。20世纪初在上海创办恒裕机器锡箔公司。以后又独资在上海开设老惠中、新惠中两家旅馆，在苏州、无锡、杭州等处也设惠中旅馆。又从事金融业、地产业，在上海独资设立惠丰钱庄，出资40万元，并在怡大、荣康、惠昌钱庄附有股本28万元。在银行业方面，是上海华东银行董事长、惠丰储蓄银行大股东兼对外总代表。在上海租界拥有大量地产，在常熟的地产更达数千亩，30年代初资产已达200万元以上。

**孙鸣岐(1901—?)**

绍兴县人。早年毕业于私立上海法学院，获法学学士学位。1937年抗日战争爆发后投靠敌伪。1940年10月至1941年任汪伪国民政府社会部社会运动指导委员会常务委员。1942年1月任汪伪上海特别市社会运动指导委员会主任委员。1943年2月27日至1944年12月7日任汪伪上海特别市社会福利局局长。1944年12月28日至1945年8月任汪伪国民政府全国经济委员会委员。1944年当选为汪伪国民党中央候补监察委员。

**孙季华(1902—1997)**

嘉善县人。1923年毕业于上海私立复旦大学。1925年到欧洲留学，入比利时鲁汶大学。1930年毕业回国后从事铁路、煤矿和商务工作。新中国成立后于1951年5月参加革命工作。1980年6月加入中国共产党。曾先后任西安市自来水公司、市建筑设计院、西北工业建筑设计院、市城建局、市公用事业局工程师、副总工程师、总工程师、技术咨询高级工程师等。1977年被选为陕西省第五届人大代表。1980年当选为西安市第八届人大常委会副主任。1997年12月20日在西安病故。

**孙宝琦(1867—1931)**

字慕韩，晚年署名孟晋老人。杭县人。幼承家学，以父荫任清廷户部主事，后任直隶候补道员、军机处官报局局长，曾经创设育才学堂及开平武备学堂。1900年八国联军进攻北京，随驾至西安，在西迁的军机处值班。1901年任驻德、奥、葡、法等国公使馆随员。1902年7月候补四品京堂赏三品衔，升任出使法国大臣。1905年回国后署理顺天府尹。1907年4月任出使德国大臣。1908年回国后赏三品京堂候补，充帮办津浦铁路大臣。1911年初任山东巡抚。辛亥武昌起义爆发后在阻挠和反对山东独立无效的情况下不得不在山东实行假独立，并被推举为山东大都督；13天后又宣布取消山东独立，仍称山东巡抚。同年12月17日被清政府免职。1912年12月18日任北洋政府税务处会办。1913年5月11日署理税务处督办。1913年9月11日至1915年1月27日任北洋政府外交部总长。期间于1914年2月12日至4月底兼代国务总理。1915年1月27日至1916年4月23日任北洋政府审计院院长(1915年4月起请假，由徐恩元兼)。1916年4月23日至6月23日任财政部总长(5月20日起请假)。1916年6月至1924年1月任北洋政府税务处督办。期间先后兼任汉冶萍公司董事长，经济调查局总裁，扬子江水道讨论委员会会长，外交部太平洋会议善后委员会副会长。1924年1月12日至7月2日任北洋政府国务总理，兼外交委员会委员长。1925年2月任淞沪商埠督办。同年8月被任命为驻苏联大使，未到任。1926年任私立中法大学董事长。1931年2月3日在上海去世。

**孙宝瑄(1874—1924)**

字仲玙、仲愚。杭县人。官宦之家出身，其父孙诒经光绪朝任户部左侍郎，岳父李瀚章任两广总督，长兄孙宝琦晚清时出任驻法、德公使、顺天府尹、山东巡抚，民国后历任北洋政府内阁总长、国务院总理。清末曾先后在工部、邮传部、大理院任下级官吏。1912年后得长兄之庇护，从1912年12月至1922年2月担任浙江省浙海关监督，近10年之久。一生学问涉猎甚广，所交朋友也大都一时俊杰，如章太炎、梁启超、谭嗣同、汪康年、夏曾佑、张元济、严复等。能文能诗，兼擅书法。长年坚持记日记，留下《忘山庐日记》，并辑有《忘山庐诗存》传世。篇幅巨大的《忘山庐日记》成为后人研究晚清民国历史的重要参考资料。

**孙织天(1904—?)**

字天职。青田县人。黄埔军校第四期毕业。1935年4月任国民革命军第九十九师第二九七旅第五九四团团长，参与"追剿"中国工农红军。1948年12月任第一一〇军少将副军长。1949年12月24日在四川郫县参加起义。

**孙春生(1899—1974)**

余姚县人。著名房地产商。15岁到上海，在英商业广地产公司做练习生。两年后为职员，与一些大户攀交，从客户所得的报酬常是其工薪的数倍，年仅20余岁，已积资盈万。1925年创设锦兴营业公司，开拓房地产买卖、营造、设计、经租等业务。从业广公司挖出业务能手和建筑师组成班底，与外商公司竞争，先后营建锦兴大楼、太阳公寓和春阳里、迎春里、崇业里等大型里弄住房，拥有资产很快达400万银两。1926年前后探得业广公司有意脱手北四川路横滨桥的待拆旧房，连同地基80余亩，就以每亩1.45万两的价格加上活动交际费共130万两购入这批地产，不数月即以每亩2.8万两的价格售出，转手获利近百万两。1929年租得位于广东路、河南路间的地皮，租期25年，到期屋归土地产权人。该处为市中心商业行号集中区，他在建房前广泛宣传接受预租，很快房屋被租一空，全部房价25万两，仅两年零九个月即收回全部成本，余下22年租地年限内的收益都成了赢利。1932年淞沪抗战爆发后房地产价格暴跌，锦兴公司一度破产清理。抗战爆发后租界人口激增，房地产转旺，凭借过去的老关系，与人购买大世界游乐场及相邻的友益里全部房地产，组建建隆房地产公司，出任总经理。1939年又筹建房地产同业公会，任常务理事兼秘书长。太平洋战争爆发后与日籍律师冈本乙一合作，组织信交房地产株式会社，任华总经理。抗战胜利后因汉奸罪被监一年零六个月，出狱后续任建隆公司总经理。1956年建隆房地产公司公私合营，任公私合营上海房地产公司董事。

**孙帮华(1900—?)**

字笙白。吴兴县人。上海复旦大学文学系毕业。1925年考入外交部任职。1926年任中华民国驻秘鲁公使馆主事，不久升三等秘书。1944年调任驻智利公使馆二等秘书兼理领事事务。1948年任外交部美洲司第二科科长、礼宾司帮办。1949年去台湾。1956年任“外交部”专门委员兼礼宾司帮办、美洲司帮办。1959年起先后任驻乌拉圭“公使馆代办”、巴拉圭“大使馆公使代办”。1963年至1967年任驻秘鲁“大使”兼驻玻利维亚“大使”。1971年至1975年任驻多米尼加“大使”。曾多次担任台湾当局出席联合国大会的“副代表”、“顾问”。

**孙晓云(1880—1965)**

女。字小云。上虞县人。自幼喜习武艺，性情豪爽，有男子气概。为了反抗包办婚姻，萌发了妇女自立的念头，孑身离家出去。1902年10月东渡日本留学，寻求救国救民的革命真理。结识了东京革命党人龚宝铨和陶成章，与章太炎的女儿、龚宝铨夫人章工和陈魏的姐姐、马裕藻夫人陈德馨过从甚密。1905年加入同盟会，担负同盟会总部联络工作，通过各种渠道向国内同志通报同盟会在东京的革命活动，深得陈其美的嘉许与信任。1909年与陶成章结婚。两人婚后感情甚笃，陶成章辗转往来于东京、南洋和国内之间，孙则留在东京光复会本部工作。武昌起义后陶成章回国亲自筹划光复东南的战斗，孙也全力以赴支持陶成章的工作，与尹氏姐妹组织女子光复会，加入女子剪辫队。陶成章遇刺后在上海过了30多年隐姓埋名的生活。新中国成立后当选为上海市第一届政协委员。1965年6月26日病故。

**孙晓村(1906—1991)**

余杭县人。1927年大革命失败后接受中共党组织领导，进行地下革命活动。1929年毕业于北平中法大学文学史地系。1933年任中国农村经济研究会理事，兼《中国农村》月刊发行人。1935年起公开投身抗日救亡运动，为南京救国会负责人之一。1936年参与发起成立全国各界救国联合会，任常务理事。同年11月因救国会“七君子”案被捕入狱。1937年9月出狱。1938年任江西省调整米谷联合办事处协理。1939年起到第三战区工作，先后任第三战区经济委员会专员、粮食管理处副处长、军粮巡回督察团主任、省际贸易联合办事处总经理、购粮委员会副主任委员。1945年8月抗日战争胜利后任上海法政学院教授，上海兴华茶叶公司副总经理。同年参加中国民主同盟会。1948年任中国民主革命同盟国内工作委员会主席。1949年加入中国民主建国会。同年5月上海解放后任上海市工商业联合会筹备委员会秘书长；9月作为中国人民救国会的代表到北京出席中国人民政治协商会议第一届全体会议。新中国成立后历任政务院财政经济委员会(简称中财委)委员，中央财经计划局副局长，北京农业大学校长，中国银行常务董事，中国国际信托投资公司董事，中国工商经济开发公司副董事长。全国政协委员会第一届副秘书长，全国政协第三、第四、第五、第六届常务委员，全国政协第七届副主席兼文史资料委员会主任委员，中央社会主义学院院长。第一、第二、第三届全国人民代表大会代表。中国民主建国会第一、第二届中央常委，第二届中央秘书长，第三届中央副主任委员，第四届中央副主席，第五届中央咨议委员会主任。中华全国工商业联合会第三、第四、第五届常务委员。1991年5月4日在北京去世。主编有《近代中国工商经济丛书》。

**孙席珍(1906—1984)**

原名孙彭,又名孙志新。绍兴县人。1922年中学毕业后到北京半工半读,一边在《晨报》副刊任校对,一边在北京大学学习。期间参与组织文学团体"绿波社",编辑《文学周刊》,开始发表诗歌和短篇小说。曾引起鲁迅的注意,被称为"诗孩"。"五卅"运动后积极参加社会政治活动,1927年参加南昌起义,失败后流亡日本。1931年起在北京师范大学、中国大学、北平大学女子文理学院任教。期间与潘莫华、台静农、李霁野等发起组织北方"左联"。并与人合编大型文学期刊《文史》。这一时期创作比较活跃,结集出版的作品有短篇小说集《花环》、《到大连去》、《金鞭》、《女人的心》、《夜姣姣》,中篇小说《凤仙姑娘》、《战争三部曲》等。此外翻译过多部外国作家传记。1934年美国著名记者埃德加·斯诺先生选译鲁迅、郭沫若、茅盾、郁达夫、柔石、巴金等人的短篇小说,编成《活的中国》,其中包括孙的小说《阿娥》。抗战爆发后辗转山东、河南、湖北、江西、福建、广西等地,进行抗日救亡宣传工作。新中国成立后先后在南京大学、浙江大学、杭州大学等校任教。期间主要从事有关西方文学流派及作家作品的研究,以及鲁迅、郭沫若等人作品的研究。

**孙家琇(1914—2001)**

女。余姚县人。戏剧家、教授。1929年至1933年在天津中西女子中学上学。1933年考入燕京大学英国文学系学习。1939年获美国蒙特霍留克大学研究院戏剧文学系硕士学位。回国后在西南联合大学、武汉大学、金陵大学、南京戏剧专科学校任教。新中国成立后历任中央戏剧学院戏剧文学系主任、教授,国务院学位委员会学科评议组成员,中国莎士比亚研究会副会长,文化部艺委会委员,中国文联第四届委员,中国剧协第三届理事。第六届全国政协委员。编著有《论莎士比亚四大悲剧》、《马克思、恩格斯和莎士比亚戏剧》等。

**孙梅堂(1884—1959)**

又名孙鹏。鄞县人。著名钟表企业家,上海美华利钟表总行总经理。钟表行主家庭出身。其父孙庭源于1876年在上海河南路口开设美华利钟表行,为上海最早的钟表行之一。1902年在圣约翰大学辍学,继承父业,接管设于上海的美华利钟表行。1905年又在宁波设立制钟工场。1912年将制钟工场迁至上海。1915年引用机器,代替手工,生产各式钟表,因为奉天咨议局、中国公学、奉天工艺局、上海集成图书公司制造四只40～60英寸大钟而一举成名。同年又为铁路杭州站等104个单位制造336只大钟,年产量达1233只。1917年又接盘德商礼和洋行经营的上海亨达利钟表行。自1915年至1922年美华利钟表厂的产品先后获巴拿马国际博览会、小吕宋嘉年华会、江苏省地方物品展览会、农商部国货展览会等颁发的奖品和奖章达11项之多。经营钟表20余年,至1924年先后在上海(六家)、宁波、北京、天津、南京、汉口、武昌、济南、杭州等11个城市,以美华利、亨达利、惠林登、太平洋、华盛顿等六个招牌开设钟表店25家。此外又于1920年创办首饰厂、眼镜厂,还从事交通、保险、造纸、地产投资,形成以美华利总行为主体、以钟表业为主兼及他业的企业集团,鼎盛时期拥有群体企业数十家,执国内钟表业牛耳,被称为"钟表大王"。除任美华利钟表总行总经理外,兼任亨达利钟表行、恒裕丰地产公司董事长,宁绍商轮公司常务董事,宁绍商轮公司保险部、宁绍人寿保险公司、民丰造纸厂、华丰造纸厂董事等职。"一·二八"事变中所属企业大多毁于战火,孙不得不将美华利钟表行分支机构陆续出盘,至30年代末总行也基本解体。1949年初将美华利钟表行迁至合同花园二楼,以修理钟表维持仅存的美华利字号。一生热心公益事业,在家乡鄞县创办北渡启贤小学,捐资成立北渡救火会,出资修造北渡渡口,并出资建筑听泉、乐安、还金三桥和凉亭,迄今仍屹立于北渡乡间。

**孙常炜(1923— )**

字灿如,号焯然。天台县人。早年先后就读于临海县立第一小学、天台中学、浙江省立英士大学,旋考取国立浙江大学。1944年响应10万知识青年从军,入中央干校受训后派到青年远征军任教官。1945年抗日战争胜利后仍回浙江大学完成学业。1948年春应聘到台湾任教,先后任教于新竹省立中学、台北成功中学、高雄省立中学及"陆军军官学校"、"海军军官学校"。1963年任台湾"国史馆"编纂,兼台湾师范大学、"中国文化大学"、台湾大学教授,"中国广播公司"特约讲座。曾应邀考察美国普林斯顿大学、华盛顿大学、哥伦比亚大学、斯坦福大学等校,交流学术。晚年移居美国加州旧金山十三区。1989年应中华人民共和国主席杨尚昆办公室邀请返国讲学,到北京大学蔡元培研究会交换研究心得。1991年至2001年10年间经常返国讲学,先后于杭州大学、中山大学、浙江大学、北京大学、上海图书馆讲演,普获好评。1997年到杭州参加浙江大学百年校庆。1998年应邀参加北京大学百年校庆及蔡元培学术研讨会。2002年两度返国到山东曲阜孔府朝圣及应邀到广州中山故居参观访问。著有《语文概论》、《教学导读》、《三民主义综合研究》、《中国通史》、《蔡元培生平及其教育思想》、《蔡元培先生传记》上中下三册，编辑有《蔡元培先生全集》、《续集》、《蔡元培先生年谱》。

**孙越崎(1893—1995)**

原名毓麒。绍兴县人。1893年10月16日生。1909年考入山(阴)会(稽)初级师范简易科，毕业后义务教书一年。1913年入上海复旦公学中学部。1916年毕业后考入天津北洋大学(今天津大学)采矿科。1919年转入北京大学采矿系，1921年毕业。1924年应聘到中俄合办的北满穆棱煤矿，任工程师。1929年赴美国留学，先后入斯坦福大学和哥伦比亚大学研究生院深造，并到英、法、德、苏联等国考察油矿、煤矿。1932年8月回国后任国防设计委员会专员。1934年任陕北油矿探勘处处长，带领工程技术人员在陕北延长、延川一带勘探石油，打出中国第一口油井。同年10月随翁文灏去河南焦作整理中福煤矿，任总工程师。兼焦作工学院(今中国矿业大学)董事会董事长。1937年抗日战争爆发后力排众议，组织中福煤矿员工将大部分设备抢运至四川，与民生公司、资源委员会、盐务总局、四川银行界分别合办天府、嘉阳、威远、石燕四个煤矿，兼任四矿总经理，对抗战后方工业和民用煤炭供应发挥了重要作用。1940年1月兼任国民政府经济部甘肃油矿局总经理，在高寒戈壁建成我国第一座石油基地——玉门油矿，被誉为“煤油大王”。1945年5月当选为国民党第六届候补中央执行委员。同年8月任经济部东北区特派员，负责接收东北重工业，兼行政院河北平津敌伪产业处理局局长。1946年10月至1948年5月任国民政府资源委员会副委员长。1948年5月31日任国民政府资源委员会委员长，兼该会业务委员会主任委员；10月以资源委员会委员长身份，于南京召开重要工矿企业和部门负责人秘密会议，确定“坚守岗位，保护财产，迎接解放，办理移交”的方针。在中共地下党组织的引导帮助下，组织员工开展护厂、护矿斗争，拒绝执行国民党当局关于拆迁资源委员会所属工厂设备去台湾之命令，后来将该会所属近千个大中型厂矿企业及近3万职员完整地移交给新中国。1949年3月任经济部长兼资源委员会委员长。同年5月辞职去香港，与国民党当局公开决裂，并发动资源委员会驻港国外贸易事务所员工开展斗争，组织“保护矿产品委员会”，于11月14日通电全国宣告起义。同年11月回到北京，任中央财政经济委员会计划局副局长，后任开滦煤矿总管理处副主任、河北省人大常委会副主任、河北省政协副主席、煤炭工业部顾问等职。先后当选为全国政协第二、第三、第四届委员，全国政协第五、第六、第七届常委。1950年加入中国国民党革命委员会后历任民革河北省主委，民革中央常委、副主席，中央监察委员会主席，中央名誉主席。1995年12月9日在北京病故。

**孙葆铨(1914— )**

嵊县人。国立清华大学机械系毕业。曾任职于联合勤务总司令部军用汽车配件制造厂。1949年去台湾后1949年历任“陆军汽车基地勤务厂”总工程师、“陆军兵工配件制造厂”厂长、“金属工业发展中心”协理、“工业技术研究员”精密工具机中心主任、机械工业研究所副所长、“中国工程师学会”特约编辑、“中华民国品质管制学会”监事、“中央标准局”机械工程标准起草委员会委员。著有《齿轮设计》、《气压运用》、《机械切削加工法》，译有《全国品质管制》、《群组技术的原理与实务》等。

**孙棣三(生卒年不详)**

奉化县人。早年参加中国同盟会，参加辛亥革命。1916年9月中旬与张静江等陪同孙中山与夫人宋庆龄到海宁观潮。1918年与戴季陶、沈定一等奉孙中山之命创办《民国日报》副刊《星期评论》。1922年10月被补选为中华民国第一届国会第三期常会参议院议员。1923年10月16日被北洋政府授予陆军少将军衔。同年参加国会贿选投票，选举直系军阀首领曹锟为中华民国第三任大总统，被舆论讥讽为“猪仔议员”，声名受损。后集合上海与天津的资本家，集资200多万元(共10万多股)成立天津证券物品交易所，理事长由曹锟总统之弟曹锐担任，沪方资本家代表由孙担任。

**孙智敏(1881—1961)**

字廑才。杭县人。1903年考中光绪癸卯科进士，入翰林院为编修。1909年任浙江图书馆会办。1910年至1912年任浙江高等学堂监督。期间曾于1910年初暂代浙江两级师范学堂监督一职。民国初年任建德、龙游两县知事，后曾任之江大学文理学院教授、青岛市政府秘书等职。晚年居沪，以鬻书为生。喜藏书，长骈文，善作诗，擅书法。著有《知足居文存》、《知足居诗存》、《知足居联语录存》等。曾和钱塘丁辅之、仁和叶为铭、王寿祺三人同辑《西泠印社志》，并为之作序。

**孙道夫(1901—1993)**

又名遵行，原籍鄞县。1913年随父东渡日本，就读于东京日本大学附属中学。1918年至1922年就读于日本千叶医科大学。毕业后曾任千叶医科大学助理医师、东京赤十字社病院医师。1923年10月回国任江苏省立医专教授。1927年4月任浙江医药专科学校眼科教授兼广济医院等医院眼科主任。1934年8月任国立北京大学医学院教授。1935年2月任浙江省立医专教授兼附属医院副院长。1941年12月任国民党浙江省卫生处技正兼技术室主任。1942年4月任浙江省立医院(抗日战争胜利后改称省立第一医院、杭州医院)眼科主任；1947年3月起兼任副院长。解放后留用原职。1951年6月任杭州疗养院院长。1957年3月任杭州五云山疗养院院长。1958年9月民革杭州市第一届委员会成立，被选为副主任委员。1964年调入市民革机关，专职从事民革工作。此后曾担任市民革第二届副主委、第三和第五届主委、名誉主委；民革中央团结委员，杭州市人大第四、第五届副主任和第六届常委，市政协第三、第四届副主席。

**孙福熙(1898—1962)**

字春苔，笔名丁一、春苔、寿明斋。绍兴县人。孙伏园之弟。1915年毕业于浙江省立第五师范学校，在县立敬敷学校、师范附小任教。1919年赴北京大学任图书馆管理员，旁听文史哲课程，曾参加五四运动。1920年由校长蔡元培介绍赴法国工读，先在里昂中法大学任秘书；后入法国国立里昂美术专科学校学习，开始写作散文。1925年回国。1928年到杭州任国立西湖艺术院教授，主编《艺风》杂志。1930年再赴法国，在巴黎大学选听文学和艺术理论讲座。1931年归国，任杭州艺术专科学校教授。1934年至1937年先后在上海、南京、广州、北京等地举办艺风展览会，曾创办孑民美学院，主编《旅行》杂志。1938年后历任绍兴稽山中学教师、校长，昆明友仁难童学校校长，国立东方语文专科学校国文及法文教员并兼教务主任，浙江大学文学院、中山大学教授等。1949年后先后任上海中学校长、上海市教育研究会主席、人民教育出版社高级编辑、北京编译社高级编辑等。中国作协、中国美协会员。工画菊花，花多叶少，别具风格。著有散文集《山野掇拾》、《归航》、《大西洋之滨》、《北京乎》、《三湖游记》、《早看西北》，小说集《春城》，特写集《早看西北》，译作《越南民间故事》，工艺美术专著《法国路易十四时期的建筑风格和装饰艺术》及《孙福熙画集》等。

**孙碧奇(1908—1986)**

号璧奇。奉化县人。1929年毕业于国立清华大学。1931年进入南京国民政府外交部任职。不久奉派至驻美国旧金山总领事馆工作，并在斯坦福大学选读经济等课程。1938年7月任驻美国旧金山总领事馆代理副领事；12月任副领事。1940年3月调任马来西亚吉隆坡总领事馆副领事。1941年12月太平洋战争爆发后将领事馆撤退至新加坡。1946年8月任驻菲律宾公使馆一等秘书。新中国成立后继续在台湾当局的外交系统任职。1950年初任驻泰国"大使馆"参事。1956年秋回台湾，任"行政院对外业务协调委员会"执行秘书。1958年春任驻旧金山"公使衔公使待遇总领事"。1962年任"外交部情报司司长"兼发言人。1966年9月任驻牙买加"全权大使"；11月兼驻巴巴多斯"全权大使"。1968年5月任驻菲律宾"全权大使"。1971年回台湾。1972年至澳大利亚负责南天贸易公司业务。不久退休，移居美国。1986年2月10日在美国休斯顿去世。

**孙增光(1903—1992)**

字叔平。绍兴县人。1926年毕业于南京东南大学数学系，获科学学士学位。先后任教于第四中山大学、暨南大学、安徽大学、前中央大学、英士大学、浙江大学等校。新中国成立后奉华东教育部令调至南京大学，院系调整时到南京工学院，后复任教于华东航空学院、西安航空学院，为二级教授。1958年调任上海交通大学，曾任应用数学系主任、上海市高级职称评审委员会数学评审组副组长等职。曾在多校开设数学分析、近世代数、微分几何、复变函数、高等几何、综合射影等几何课程。著有《微积分学》、《线性代数》、《矢量分析与场论》等教材。

**孙德水(1890—1975)**

余姚县人。著名建筑企业家。1907年入上海余洪记营造厂(同乡余积臣开设)，拜余为师学习看工。至30年代已是上海有名的"两个半看工"之一(另一个为新仁记营造厂竺泉通，半个是江裕记营造厂的孙瑞珊)。1921年主持南京金陵女子大学建筑工程，包括办公楼、图书馆、礼堂、宿舍，与建筑师精心构筑，使之成为中国传统宫殿式的近代建筑的典范之一。1922年承接上海邮政大厦，是为当时上海大型建筑，总面积达3.48万平方米，巨大的外立柱、栩栩如生的雕像群，建成后成为一大景观。1925年主持建筑上海跑马总会大楼(解放后为上海图书馆),半年就完成建筑、装修。由此名声大振。1930年后孙辅佐余之子经营余洪记,又兴建了外滩中国银行地基、汇丰大厦、上海电话公司总局、南京英国大使馆等一批重要工程。1931年参与发起上海市建筑协会,任候补执行委员,后任上海营造业公会理事、常务理事。抗战爆发后脱离余洪记,独资创设孙福记营造厂,在租界内建造了大批公寓、住宅并出售,从事营造兼房地产业,实力迅速增强。抗战胜利后上海建筑业萧条,将经营重心移至香港、泰国,获巨大发展。1949年承建曼谷机场。五六十年代香港的重大工程如怡和大厦、于仁行(今太古大厦)、五星级的文化酒店及香港最繁华的中环皇后大道及几条重要大道上的一些大建筑均为孙福记营造厂所建,孙成为香港建筑界风云人物。

**孙德卿(1866—1932)**

字秉彝,字长生,号德卿。绍兴县人。出身贫寒,因过继给叔父,继承家业,拥有田产2000多亩,以此致富。娶余姚朱舜水后裔朱复亚为妻,擅长骑马习剑。1904年赴日求学,结识孙中山、陶成章、徐锡麟、秋瑾等革命党人,加入中国同盟会和光复会。1905年回国时徐锡麟正创办大通学堂,慷慨解囊相助,并出任大通学堂总理。为了掩护革命党人的秘密活动,在孙端孙氏宗祠和庙溇底住宅余屋分别创办竞成小学和大端女学。1907年受秋案牵连,被捕入狱,后具保就医获释。1911年王金发成立绍兴军政分府,出任民团局副局长、绍兴县理财科科长,与鲁迅等人创办《越铎日报》社,出任社长。为孙端乡里举办公益事业,孙端成立自治委员会,出任委员。出资创办平民夜校和幼儿园,扩充又新学校,增加常年经费。建立仁济医院,聘请名医为民治病,施种牛痘,打霍乱等预防针,聘请新式助产士,救活不少妇女和儿童。1912年1月陶成章在上海遇难,联络龚宝铨等人在绍兴东湖组织陶社,自任社长,设立陶成章纪念堂,在城内南街创办成章小学。1914年出资在孙端开辟上亭公园,组建孙端剧社。1916年邀请孙中山访问绍兴,致祀陶成章烈士,并请孙中山到上亭公园参观,题有"大同"二字相赠。在村里建制时,曾出任孙端里长,拨田29亩,开办稻谷良种试验场,引进暹罗优良种子,还出资修建孙端大桥。1932年6月病故。

**孙鹤皋(1889—1970)**

原名天孙,字其明。奉化县人。早年留学日本,毕业于日本长崎高等商业学校。回国后先后任扬州中国银行会计主任、吉(林)长(春)铁路会计处处长。1926年到广州,在蒋介石的国民革命军总司令部经理处任副处长,后兼财政委员会委员、武昌海关监督。1927年5月至7月任浙江省政务委员会委员。辞职后相继任国民革命军总司令部经理处副处长,沪宁、沪杭甬两铁路管理局局长,津浦铁路管理局局长。1930年与金润庠等创办大来商业储蓄银行。1931年2月至7月任铁道部参事。后弃政从商,投资造纸、橡胶等行业,并担任上海四明银行官股董事、副经理。1937年抗日战争爆发后四明银行董事长兼总经理吴启鼎因与日本人勾结担心军统报复,向重庆政府推荐孙继任该行总经理。孙就职后设立重庆分行,年底赴港料理行务。太平洋战争爆发后被日军逮捕,押回上海后任四明银行总经理,依靠伪中央银行勉强维持业务。1942年9月任大来商业储蓄银行董事长。1945年8月抗战胜利后辞去四明银行职务。1946年任中华碾钢厂股东兼总经理,并兼上海绸业银行、上海商业储蓄银行董事,天一保险公司监察人。新中国成立后任公私合营的大中华橡胶厂私方董事,大来银行董事长。1970年5月在上海去世。

**孙衡甫(1875—1944)**

又名遵法。慈溪县人。著名银行家。钱庄习业出身,曾在上海久源钱庄任职,后在信裕、恒隆、恒来、益昌等钱庄拥有股份。1907年在上海参与创办泰来面粉厂,为大股东。1908年投资四明银行。1910年任浙江银行上海分行营业主任,后升任经理。辛亥革命时上海四明银行发生挤兑,该行董事会急请孙垫款接办,由此任总经理。上任后整顿组织,开办四明储蓄会,扩大业务,使该行迅速发展,存款最多时达4000万元,成为二三十年代全国著名的商办银行之一。1915年参与创办元丰面粉厂。1931年起任四明银行董事长兼总经理,并兼任四明保险公司董事长、四明储蓄会会长、全国公债基金委员会委员、中国企业银行董事长。同时投资上海泰州面粉厂、穿山轮船公司、童涵春国药号、元泰五金号、镇江贻成新记面粉公司、苏州电气厂、上海宁益银团、浙江长兴煤矿公司、汉口元春五金号、宁波永耀电灯公司及上海益昌、成丰、恒来、恒隆、信裕钱庄及宁波元春、恒生、元余等钱庄。还兼任上海明华银行总经理,中国垦业银行董事长,中国通商银行常务董事,国民商业银行、浙江商业储蓄银行、苏州信孚商业银行、统原银行、江浙银行董事,上海中国建设银公司监察人,上海各银行联合准备委员会委员等职。还大量投资房地产，建造里弄房屋1200幢。30年代中期拥有资产400余万元。1936年因官股渗入而退出四明银行。一生热心公益慈善事业，诸如捐资兴学、设立医院、赈济灾荒、修路架桥等。1944年1月24日在上海病故。

**孙翼中(生卒年不详)**

字耦耕，别号江东。钱塘县人。1899年从杭州求是学院毕业，留校任教。1900年主讲国文四班，出作文题目《罪辫文》。旗人金梁指控求是学院监院陈汉第与孙轻蔑朝廷，浙江巡抚下令查办。陈汉第以旗人出禀巡抚，有干例禁，且又妄陷他人，理应反坐。浙江巡抚与将军商议后，以金梁妄违禁例，予以薄惩。《罪辫文》案草草了结，但在杭州无法待下去，遂应陶浚宣之邀，出任绍兴东湖通艺学堂教习，将革命思潮传入绍兴。1902年前往日本留学，恰逢留日进步学生创立青年会，遂加入青年会，以推翻清政府，建立共和民国作为宗旨。1903年2月17日中国留日学生浙江同乡会创办《浙江潮》，与蒋方震、蒋智由、王嘉榘等任编辑，宣传反清民族思想，揭露帝国主义对中国的侵略，批判改良派的"和平立宪"主张，鼓吹"革命造反"，积极传播西方社会政治学说。积极参加中国留日学生的拒俄运动，与黄兴、陈天华、张继、苏曼殊等加入国民教育会。同年返回杭州，接任《杭州白话报》经理兼主笔，宣传革命思想，报道国内外新闻，改造残规陋习。同年冬陶成章和魏兰由日本回国，寓居杭州下城头《杭州白话报》馆，共同商讨联络会党，开展反清革命事宜。因与监禁仁和署的白布会首领濮振声熟悉，遂介绍陶成章和魏兰与之相识。濮振声与陶成章和魏兰一见如故，相见恨晚，出介绍信引见浙江秘密会党首领。后加入光复会，《杭州白话报》社也一度成为光复会活动的据点。1907年辞去《杭州白话报》职务，出任杭州县立高等小学校长。1913年初当选为中华民国第一届国会参议院候补参议员。1913年11月至1914年5月任福建省南路观察使。1914年5月至9月任福建省厦门道道尹。后递补为参议员。

**孙 瓓(生卒年不详)**

字祖瑞。瑞安县人。早年就读于清华学校，其后赴美留学，于哥伦比亚大学获得硕士学位。1923年3月到私立天津南开大学任教。1924年任商科代理主任，大学评议会成员。后任私立上海光华大学商科教授、私立上海大夏大学商学院院长、私立持志学院商科教授等职。1938年秋任中国银行重庆分行内江支行襄理。1942年任经理。抗战胜利后任中国银行上海分行副经理、厦门分行经理等职。1949年8月27日奉总行驻港处电召赴香港。后赴台任职。

**孙耀光(1917—2001)**

青田县人。早年就读于青田县中心小学、阜山中学。1937年离乡，乘货船到意大利谋生。先后去过翡冷翠、罗马等地，后在波隆那定居发展。先从小生意做起，卖领带。后开小型家庭工厂制造皮夹皮包。抗日战争爆发后在意大利率先捐献，奔走于华侨之间，发起救国运动，募捐支持抗战，受中国驻意大利使馆的嘉勉。1945年与意大利小姐S. Agata结婚，婚后与女方一家人投资皮包厂、液化煤气公司，当时"Sun Gas"在全市名气十分响亮，手下员工全是意大利工人。1960年又在该地经营第一家中国餐馆。1963年在波隆那市成立"中华公所"，担任第一届主席。还任波隆那华侨文化中心负责人。因其热心侨务及对地方的贡献，曾获该市工商协会提名担任会长。梵蒂冈教廷接受地方人士提名，特颁予"骑一勋章"，封为"爵士"，是旅意华人中第二位获此殊荣者。1973年当选为台湾当局"立法院欧洲区立法委员"，还被台湾当局聘为"侨务委员会"委员。1979年创建"中华协会"，被推选为第一任理事长(会长)，后任名誉会长。在意大利加入中国国民党，任意大利直属分部委员、常务委员，国民党第十、第十一届全会"代表"，国民党第十、第十一届中央党务顾问。此外还担任台北青田同乡会驻意大利联络处主任、台北青田同乡会会务顾问。晚年十分关心故乡建设，1989年捐资6万元人民币修建垟寮小学。而后发动在意大利亲友捐助20余万元人民币建造汤垟至垟寮公路，并修复驮岸至外路水渠，安装了自来水，为家乡公益事业作出了积极贡献。1992年冬首次回乡祭祖探亲，参加汤垟至垟寮公路通车剪彩仪式。2001年5月1日在意大利波隆那市寓所去世。

# 七　画

**寿松涛(1900—1969)**

原名朝法。诸暨县人。1922年毕业于浙江省立第一师范学校。1926年加入中国共产党。1927年"四一二"反革命政变后任中共诸暨县委军事部长、书记。1930年组织农民暴动失败后遭国民党政府通缉,流亡上海、广东等地。1936年秋抵西安,任《西京民报》发行部主任。1937年9月先后到南京、武汉八路军办事处,参与筹办《新华日报》,负责出版发行工作。1938年初入延安抗日军政大学学习。毕业后被派赴敌后,开辟抗日民主根据地。9月受武汉八路军办事处派遣前往豫东,在河南宋克宾部做统战工作,任该部第三总队政治部主任。1939年4月后历任中共永城县委书记,新四军第六旅第十八团团长,中共萧宿铜陵县委书记,淮北军区萧铜总队政委,浙东路西县委书记兼县长,豫皖区三分区政委兼三地委书记。新中国成立后历任中共南京市委组织部副部长、部长,江苏省交通厅厅长,华东航空学院院长兼党委书记,西北工业大学校长兼党委书记,中国航空学会第一届常务理事、陕西分会会长等职。1969年1月在西安去世。2000年出版《松风涛声——寿松涛纪念文集》。

**寿洙邻(1873—1961)**

名鹏飞,字洙邻,以字行。绍兴县人。鲁迅老师,绍兴三味书屋塾师寿镜吾次子。早年随父学习。1891年以县试第一名考中秀才,后又考取廪生。1903年到杭州考取浙江优贡。1904年参加全国优贡会考,获朝考一等第一名,被委任为吉林农安县知县。后任东三省屯垦局科长兼屯垦养成所所长,东三省盐运司科长。曾奉派去日本北海道考察。1912年后任热河都统公署秘书长兼总务处长,并兼任热河普通文官考试和普通司法官考试委员会委员长,提出《热河改建行省建议及建筑京热铁路建议书》,后来得到实施。1913年9月至1914年3月任山东盐运使。1914年3月回到北京,任北洋政府平政院首席书记官,直至1928年平政院解散为止,在职14年之久。此后脱离政界,曾协助熊希龄创办香山慈幼院。后长期在家著述。新中国成立后被聘为中央文史馆馆员。1961年1月在北京去世。编著有《农安县志》、《奉天乡土地理教科书》、《农安县政治报告书》、《东三省盐政改革意见书》、《调查日本北海道拓殖报告书》、《历代长城考》、《方志通义》、《方志本义管窥》等。

**寿景伟(1891—?)**

又名寿谷成、寿毅成。诸暨县人。早年留学美国哥伦比亚大学,获经济博士学位,返国后执教于浙江公立法政学校、复旦大学、上海法学院、中国公学、东南大学、光华大学、沪江大学。后来投身金融界,历任中国银行杭州分行副行长、中央银行业务局副局长、工商部商业司帮办、实业部国际贸易局副局长、经济部商业司司长、中国茶叶公司总经理、中国茶叶联营公司总经理、浙江商学社社长、浙江商报社社长、中美文化协会常务理事兼总干事。且曾奉派出席国际商会,考察欧美及南洋商务,又出席国际劳工会议,任资方代表。抗战胜利后任中国茶业协会理事长,中国茶业联营公司总经理,全国商会联合会秘书长,上海市商会常务理事,定中贸易公司董事长,成出版公司董事长,中国电影照相器材供应公司董事长及总经理。

**寿　玺(1885—1950)**

字务熹、石工,号硕功,又号印匄、印丐、珏庵、悲风、珏公、燕客、会稽山顽石,斋名有蝶芜斋、铸梦庐、辟支堂、绿天精舍、玄尚精庐等。绍兴县人,定居北京。工诗词、书法、篆刻,均自成一格。篆刻师赵叔孺、吴昌硕、黄士陵,工稳秀逸,宁静蕴藉。书法初学欧、米,后参以六朝碑版变化,刚劲流畅,极富金石之气。1917年与陈师曾创立北京美术专门学校,后曾在北京女子文理学院、北京艺术学院任教。著有《铸梦庐篆刻学》、《篆刻学讲义》、《珏庵词》、《湘怨楼枝谭》等。

**寿　德(1893—?)**

字萍波。绍兴县人。1919年2月自保定陆军军官学校第六期步科第十二连毕业后分发到军中服役，历任连附、旗官、执事官、参谋、营长、处长、分监等职。1937年8月被国民政府授予陆军少将军衔。1946年7月退役。

**芮正皋(1919— )**

字器先。吴兴县人。早年毕业于上海私立震旦大学法律系。后赴欧洲留学，先后就读于海牙国际法学院、巴黎政治研究院、巴黎大学、英国剑桥大学，先后获得巴黎法学博士和剑桥大学英语精通文凭。回国后曾任蒋介石法语翻译，后任私立东吴大学教授。1949年去台湾，历任台湾当局"外交部欧洲司"专员、科长、帮办、专门委员，驻土耳其"参事"、驻刚果(比属)"参事"、驻马里"代办"、驻上沃尔特"大使"、驻冈比亚"大使"，并多次担任台湾当局出席联合国大会的"副代表"。1961年随台湾当局"新闻局"局长访问非洲14个国家。1963年随台湾当局"外交部长"沈昌焕访问非洲15个国家。1964年率领台湾"文化访问团"访问非洲16个国家。1967年代表台湾当局与冈比亚签订《中甘技合协定》。1968年起长期担任台湾当局驻非洲象牙海岸共和国的"大使"。退休后担任中国国民党党务顾问。为大陆去台人物中的"台独"代表人物。

**芮　沐(1908—2011)**

祖籍吴兴县，1908年7月14日生于上海南翔镇。1930年毕业于上海震旦大学，获文学学士学位。同年赴法国巴黎大学留学。1933年毕业，获法学硕士学位。其后即赴德国法兰克福大学深造，1935年获法学博士学位。毕业后回国工作，1939年至1941年任重庆国立中央大学法律系教授。1941年至1945年任西南联大法律系教授。抗战胜利后赴美国哥伦比亚大学做访问学者。1947年回国后任北京大学法律系教授。1949年至1953年兼任政务院法制委员会专员。1952年院系调整时被调到北京政法学院任政治经济学教研室主任。1954年调回北京大学法律系任教，曾兼任法律系民法教研室主任(1954—1979)、法律系副主任(1964—1966)。"文革"时受到批斗冲击，被关进牛棚。1969年还被下放到江西鲤鱼洲"五七"干校做搬运工。1971年因有外交任务回到北京大学从事翻译工作，仍几次被抄家。"文革"后恢复名誉。1979年至1983年任中国社会科学院法学研究所副所长。1984年起担任北京大学经济法研究所所长，国际经济法研究所所长。还曾担任全国人大常委会法制委员会委员、香港特别行政区基本法起草委员会委员、国务院经济法规研究中心常务干事、中国国际经济贸易仲裁委员会副主任委员、国务院学位委员会第一届学科评议组成员、中国社会科学研究院法学研究所副所长、全国第一批法学博士生导师、对外经济贸易与合作部条法司顾问、中国法学会顾问、中国国际法学会副会长、中国经济法学会副会长、欧中法律协会中国法常设委员会名誉主席等职务。2011年3月20日在北京病故。著有《民法法律行为理论与实践之全部》、《法学比较方法论及案例》、《外国民商法》、《经济法讲义》等，编有《国际经济条约公约集成》及其续编。是中国经济法和国际经济法研究领域的开创者和法学界的一代宗师。

**严子均(1872—1931)**

名义彬。慈溪县人。巨商严信厚之子，实业家。1906年严信厚去世后继承父业，除主持源丰润银号外，因与上海蔡仍煌关系密切而承办源通海关官银号。1908年参与发起创办四明银行，并任首任董事。又在上海开办源吉、德源两钱庄。在工业方面，除继续经营宁波通久源纱厂等企业外，又投资龙章造纸厂、大有榨油厂、上海内地自来水厂公司等企业，并任龙章造纸厂协理，该厂为当时上海唯一的造纸厂，也是全国最大的造纸厂之一。1908年参与发起创设宁绍轮船公司，并为清政府农工商部员外郎。其企业活动遍及上海、北京、天津、汉口、广州、福州、香港、汕头、厦门、杭州、宁波等地。1910年因橡皮股票风潮，源丰润银号歇业，但严家的物华楼金店、同德盐号、老九章绸缎局均未波及。晚清民初曾任多届上海商业会议公所、上海商务总会、上海总商会会董。1909年任第五届总商会协理。1924年任上海总商会特别会董。

**严成德(1882—?)**

又名严馨，号进修。余姚县人。金融家。惜余中西学校毕业，早年任大清银行上海分行副总司账、中国银行上海分行副经理。1921年联合绍(兴)帮旅沪工商业者46人(其中钱庄经理20余人)发起创办中央信托公司，任总经理，该公司实力居上海信托公司之冠。1934年创办光华商业储蓄银行，任董事长。1935年国民政府设立中央信托局后，中央信托公司改名中一信托公司，仍任总经理。1943年改组为中一信托银行，任总经理。抗战胜利后除任上海光华银行董事长和中一信托银行总经理外，还任上海市信托商业同业公会理事、中一证券号经理、中国征信所监察、上海华洋义赈会经济董事、绍兴七县旅沪同乡会常务委员、上海浙绍公所永锡堂常务董事、上海浙绍医院董事等。解放后任上海金融商业同业公会筹备委员兼光华银行董事长。曾任多届上海总商会会员、会董，是旅沪绍兴商帮领袖人物之一。

**严汝清(1904—1929)**

又名士英、汝卿，字子列，化名严一帆。兰溪县人。1922年考入浙江省立第九师范学校学习。1925年6月中旬当选为浙江省立第九中学学生自治会理事，组织各界群众投入反帝运动。1926年11月在梅城加入中国共产党。1927年7月根据党组织的安排，前往建德，以教师身份为掩护，从事农民运动和党建工作。同年9月中共建德县委正式成立，任县委委员，同时兼任中共兰溪从善区委书记，往返于建德、兰溪之间。1928年1月任中共建德县委书记，兼中共兰溪县委常委；4月22日中共浙西特委在兰溪成立，任浙西特委常委兼特委秘书；5月以后相继任中共浙西特委代理书记、书记。同年7月到兰溪西乡、南乡、城区进行兰溪秋收暴动发动和组织工作；8月中旬兰溪秋收暴动爆发，数日后被反动军警镇压；12月浙西特委撤销，调任中共浙江省委候补委员，并调宁波工作。在去宁波前夕，因叛徒出卖，不幸被捕。1929年6月19日在兰溪金钟岭就义。

**严如龄(1868—?)**

镇海县人。皮毛商出身，在上海外滩独资开设东方皮毛公司，自任经理。曾任元亨、元利洋行出口部华经理，谦信洋行买办。第一次世界大战期间德国谦信洋行(主要从事颜料业)大班回国，委严氏全权处理该行一切事务，颜料价格猛涨，获得巨利。致富后又投资钱庄，与人合资创设益昌、益康、志丰、志裕、滋丰、泰昌等钱庄，在上海法租界、公共租界都拥有地产，拥资百万以上。

**严　修(1860—1929)**

字范孙。原籍慈溪县，先世移居天津。1860年4月2日生于直隶(今河北)省三河县。1883年中进士。散馆后授翰林院编修。1894年任贵州学政。1904年任直隶学务处督办。不久奉派与张伯苓赴日本考察教育，回津后改家馆为敬业中学堂(今南开中学)。1905年任清政府学部右侍郎，1906年改为左侍郎。1911年任袁世凯内阁度支部大臣，未就任。1914年2月被任命为北洋政府教育部总长，未到任；5月被袁世凯委任为参政院参政。1919年创办私立南开大学，个人捐赠大洋5.2万余元及图书3万余卷。1923年增办南开女中，1928年增办南开小学，被尊称为“南开校父”。1928年12月被南京国民政府聘为晋察冀绥赈灾委员会委员。1929年3月14日在天津病故。著有《蟫香馆使黔日记》、《严修东游日记》、《严范孙先生古近体诗存稿》、《蟫香馆手札》等。

**严独鹤(1888—1968)**

名桢，字子材，别号知我、槟芳馆主，笔名独鹤、晚晴。桐乡县人。1888年10月3日生。幼从母舅、浙中名士费翼墀读书，广习经史实学。14岁中秀才。次年进上海江南制造局所属兵工学校，接受现代教育。后升入广方言馆习法文、英文及数理化各科。19岁丧父，离校就业，赡养全家。初任上海南区小学教师，后赴江西上饶广信中学任教。辛亥革命后回沪任兵工学校文牍员。1913年进中华书局任英文部编辑，并从事文艺创作。时沈知方创办世界书局，延聘严独鹤和平海澜等编辑英语书刊。1914年应《新闻报》之聘，任副刊主笔。1931年任该报副总编辑兼文艺副刊主编，后又兼任《新闻夜报》总编辑。副刊原名《庄谐录》，接编后更名《快活林》。“一·二八”事变后因国家多难，无快活可言，又更名《新园林》。以“独鹤”之名，每天亲撰一篇“谈话”，计万余篇，多为针砭时弊之文，在舆论界具有一定影响。三四十年代曾主持鸳鸯蝴蝶派杂志《红》、《红玫瑰》等。抗战时期报馆为日伪接管后愤然辞职。抗战胜利后回《新闻报》工作。新中国成立后参与筹建上海新闻图书馆并主持工作。历任上海市报界联合图书馆副馆长，上海图书馆副馆长，《解放日报》编辑顾问。全国政协第三、第四届委员，中国民主促进会上海市委员会委员。“文革”中遭迫害。1968年8月26日在上海去世。1979年2月平反。著有长篇小说《人海梦》、《严独鹤小说集》及电影剧本数部。

**严洪珠(1923—1944)**

原名严鸿翥。上虞县人。1939年参加上虞县抗日战时政治工作队，做民运工作，从事抗日救亡活动。1940年4月加入中国共产党；6月间由党组织安排，打入国民党上虞县青年服务队，任区中队指导员。不久调到金华三青团浙江支团部受训。10月赴苏北进入新四军六师十八旅教导队学习，后分配到浙东三北姚海地区自卫大队(后整编为海防大队一中队)，任指导员。8月21日根据上级指示，与孙岳带领海防中队前往舟山岛，带领战士分头进村逐家逐户地宣传，很快就赢得了岛上人民的信任和爱戴。未料到叛徒出卖，日伪军于8月25日凌晨出动五艘机帆船、两艘登陆艇，还有三艘“105”号大型战舰，在两架飞机配合下，疯狂地向大鱼山扑来，进攻舟山。同日指挥海防中队在舟山大鱼山岛与日伪军展开殊死战斗，打退敌人多次进攻。最后阵地上只剩下四名战士，命令其他三人撤出阵地，自己用生命实践其生前"宁可牺牲，不做俘虏"的誓言，战斗到最后一息，壮烈牺牲。

**严济慈(1901—1996)**

谱名泽荣，字慕光，号厂佛。东阳县人。1901年12月4日生。1914年就读于东阳中学，1918年以四年均为第一的成绩毕业。同年夏参加全国六大学区高师联考，以浙江省第一名的成绩考入南京高等师范学校。1923年夏以第一名的成绩毕业于南京高等师范学校数理化部，因已修满大学规定的学分同时获得国立东南大学物理系理学学士学位，成为国立东南大学时期第一届唯一的毕业生。大学期间自学法文，在中国科学社服务，并编著教科书《初中算术》和《几何证题法》，由商务印书馆出版。同年赴法国留学。次年入巴黎大学理学院就读。1927年6月用单色光干涉法首次精确测定石英压电效应"反现象"，并以论文《石英在电场下的形变和光学特性变化的实验研究》通过答辩，获法国国家科学博士学位。同年8月回国后在上海大同大学、中国公学、暨南大学和南京第四中山大学任教，并参加中央研究院筹备工作。1929年获第一届中华教育文化基金会补助，于次年年初赴法国进行科学研究。1931年初回国后被聘为北平研究院物理研究所专任研究员兼所主任。1932年出任新成立的镭学研究所所长。1937年下半年赴法国访学，被选为法国物理学会理事。1938年回国后将北平物理研究所迁往云南昆明，后又迁至云南黑龙潭龙泉观。1945年应美国国务院邀请，作为访问教授赴美讲学半年。1947年自昆明经上海到北平，着手重建北平研究院。1948年当选为中央研究院数理科学组院士。1949年9月以正式代表身份出席中国人民政治协商会议第一届全体会议，年底被任命为中国科学院办公厅主任。1950年任中国科学院应用物理研究所所长。1952年8月任中国科学院东北分院院长。1954年分院撤销，调任中科院技术科学部主任。1955年当选为中国科学院数理化学部委员。1958年任中国科协书记处书记。1961年任中国科技大学副校长。1964年任全国人大常委。1978年出任中科院副院长，兼科技大学校长及科大研究生院院长，及《中国科学》、《科学通报》两刊主编。1981年卸任中科院副院长，任学部委员会执行主席。1983年任全国人大常委会副委员长、九三学社中央委员会副主席。1989年任九三学社中央委员会名誉主席。1996年11月23日去世。

**严淑和(生卒年不详)**

女。鄞县人。银行家。1915年上海商业储蓄银行成立后任总行妇女部主任，并创设虹口分行，任经理。1924年鉴于上海为东南主要商埠，而女界对于事业与经济向来淡薄，与谢姚稚莲发起创设坤范银行，任总经理。开业之初女职员占四分之三，从事储蓄业务，后由陈光甫改其名为上海女子商业储蓄银行，是全国唯一的女子银行。1929年在上海南京路自建大厦，又开办仓库业务。1946年增至法币600万元，股东、董事基本为女子。同时兼任上海信托公司、大华铁厂董事。新中国成立初仍任上海女子商业储蓄银行总经理。

**严谔声(1897—1969)**

字文泉，号讷庵，笔名小记者。海宁县人。早年肄业于上海大同书院。20世纪20年代初担任上海《新闻报》编辑、记者，兼任上海市商会秘书长。1929年创办"新声通讯社"。1931年"九一八"事变后该社最早发表日本侵华秘密文件《田中奏折》，因而出名，曾收到附有子弹的恐吓信。1935年参与创办小型日报《立报》，任经理，宣传反对内战、团结抗日，后被勒令停刊。30年代在主持上海《新闻报》的新闻副刊期间以"小记者"笔名，每天发表短小精悍的评论，抨击社会阴暗面，深受读者欢迎。1941年太平洋战争爆发，日军进占租界。以含蓄深沉笔调继续发表爱国言论，一度遭日军逮捕。汪伪政府对他威胁利诱，甚至一日两次抄家，扣押其妻作为人质，仍不为所动，坚决不当汉奸，只身避居香港，继续撰写爱国文章。在《新闻报》主持"社会服务栏"时曾举办不少社会公益事业。抗战胜利后当选为上海市参议员，并兼任上海市商会秘书长。因不满国民党控制《新闻报》，愤而退出，另办《商报》，在国民党高压统治下用曲折隐晦手法进行宣传报道。并与盛丕华、包达三等积极投入工商界爱国民主运动，创建中国民主建国会。上海解放前夕被国民党当局列入黑名单，再次避居外地。新中国成立后先后当选为上海市人大第一至第五届代表、市政协第一至第四届常委、市工商联常委、民主建国会中央委员及上海分会常委。1951年任上海市财经委员会委员，后兼副秘书长。1955年任上海市工商行政管理局副局长。1961年受聘为上海市文史馆副馆长。"文革"中受迫害，1969年含冤去世。1978年平反。

**严景耀(1905—1976)**

余姚县人。1905年7月24日生。1924年考入北平燕京大学社会学系,主修犯罪学。1927年为获取犯罪第一手材料,曾到京师第一监狱以志愿犯人体验生活。1929年燕京大学研究院毕业后留校任助教,讲授犯罪学。1930年应聘任中央研究院社会科学研究所研究助理,曾到20个城市的监狱进行调查。同年代表中国参加在捷克斯洛伐克举行的第十次国际监狱会议;会后访问苏联、法国和英国,其后去美国纽约社会服务学院进修。1931年入美国芝加哥大学深造。1934年获博士学位。后赴伦敦经济社会科学院学习,半年后应聘任莫斯科外国语学校英语教师。1935年1月在莫斯科中国问题研究所从事研究工作。同年秋回国后重返燕京大学社会学系任教。1936年赴上海任工部局西牢助理典狱长,研究儿童犯罪问题,同时在东吴大学讲授犯罪学。1947年返燕京大学任社会学系教授,兼任校务委员会委员及辅导委员会副主任。1949年9月出席中国人民政治协商会议第一届全体会议。新中国成立后出任燕京大学政治系主任,代理法学院院长,并兼任北京大学法学院法律学系教授。1952年院系调整时参与筹办北京政法学院,任该院国家法教研室主任,兼任校务委员会委员。1973年调任北京大学国际政治系教授。是中国民主促进会创始人之一,历任民进中央第一、第二、第三届理事会常务理事,第四、第五届常委会常务委员,曾当选为第一、第二、第三届全国人民代表大会代表。其妻雷洁琼曾任民进中央主席、全国政协副主席、人大常委会副委员长。

**严慎予(生卒年不详)**

海宁县人。早年就读于浙江省立第一师范学校,在校期间参与创办《钱江评论》。毕业后先后担任天津《国闻周报》编辑,上海《民国日报》编辑。1929年2月1日担任南京版《中央日报》总编辑。1931年至1933年3月任上海县县长。后任无锡县县长。1936年2月试署南京国民政府实业部总务司司长,1937年2月实任。1939年8月至1945年3月任贵州省政府委员。同年4月任国民政府文官处秘书。同年9月至1947年4月任农林部政务次长。同年8月至1949年1月任卫生部政务次长。同年去台湾。后不详。

**严蕉铭(生卒年不详)**

镇海县人。天津著名买办商人。初在上海任美商旗昌洋行买办,1882年至天津,先后任顺全隆、禅臣、绵华、立兴等洋行买办。这些洋行均系进出口兼营,进口以军火为主,因而得以与李鸿章、袁世凯、王士珍等交往。第一次世界大战期间盘进英商兴茂公司机器打包厂,成立天津打包公司。由于与洋行及官方均有密切联系,在天津买办群中颇具声望,是宁波帮在天津的核心人物之一。曾与严筱舫、王铭槐等共同发起成立天津浙江会馆,为全浙旅津同乡团拜聚会之所。并从1885年至1920年一直担任天津浙江会馆主持董事。还捐资筹办浙江义园、浙江学校等公益事业。

**严鹤龄(1879—1937)**

字履勤,一作侣琴。余姚县人。1904年毕业于上海私立圣约翰大学。1908年任私立复旦公学讲师兼学监。不久赴美国留学,入哥伦比亚大学学习;1911年毕业,获哲学博士学位。回国后参加留学生考试,被清政府授予法政科进士。同年1月5日浙江光复,任浙江都督署外交司长。1913年起任北洋政府外交部秘书、佥事,并兼宪法研究会会员。1916年任北洋政府国务院咨议,北京英文《社会政治科学》杂志经理兼编辑。1917年任北洋政府外交部参事。1919年任巴黎和会中国代表团专门委员。1920年任清华学校校长。1921年任国际联盟秘书。1922年任华盛顿会议中国代表团顾问。1923年任北洋政府财政整理委员会专员。1924年1月任农商部次长。1925年任北京关税会议秘书长。1927年后任驻美公使馆一等秘书。1931年10月至12月署理驻美国公使馆代办。1937年4月去世。

**严镜清(1906—2005)**

宁波人。早年毕业于私立燕京大学,获理学学士学位。1932年毕业于北平协和医学院,获美国纽约州立大学医学博士学位。1935年入美国哈佛大学公共卫生学院学习。1936年获公共卫生学硕士学位。同年回国。曾任北平大学医学院、中央大学医学院教授。新中国成立后历任北京市卫生局首任局长、中央医药卫生委员会副主任、中国红十字总会理事、农工党第九届中央常委,是第五、第六届全国政协委员。2005年9月6日去世。著有《工业卫生学》等。

**劳乃宣(1843—1921)**

字季瑄,号玉初,又号矩斋、韧叟。桐乡县人。1843年10月18日生于直隶省广平县(今河北省永年县)。幼年接受家教。1865年中举人。1871年中进士。1873年在直隶保定通志局任编纂,参与编纂《畿辅通志》。1879年至1900年先后在直隶临榆、南皮、完县、蠡县、吴桥、清宛等县担任知县，并一度兼保定府同知。期间曾发表《变法论》等文章。1901年担任上海私立南洋公学总理。同年底赴杭州，任求是书院监督。1904年任两江总督府幕僚。1908年奉诏进京，被授予四品京堂，任宪政编查馆参议、政务处提调。1910年当选为资政院“硕学通儒”议员。1911年任江宁提学使。同年11月任京师大学堂总监督，兼署学部副大臣。1912年1月后引退，隐居直隶涞水，设私塾授徒。1913年举家移居青岛，与清朝遗老遗少来往，并设立尊孔文社及书院。1914年间多次拒绝袁世凯要其担任参政的邀请。1917年7月张勋复辟，被任命为伪法部尚书，借口年老未到任。1921年7月21日在青岛病故。著有《古筹算考释》、《古筹算浅释》、《义和拳教门源流考》、《共和正解》、《续共和正解》、《君主民主评论》、《修正刑律草案说帖》等。

**苏元复(1910—1991)**

又名赓芳，字滢平。海宁县人。1929年夏免试进东吴大学。因费用高昂，一年后经考试转入浙江大学化学工程系。三年级去上海天原化工厂实习，测定了多效蒸发器的数据，分析了该设备的潜在能力，论文发表在《浙江大学学报》。1933年大学本科毕业，经推荐去天津南开大学应用化学研究所任助理研究员。期间与张克忠合作在《中国化学会会志》上发表了关于铅黄表观氧化速率的论文。1935年考取中英庚款公费留学，入曼彻斯特大学工学院专攻人造丝。1937年完成题为《人造纤维中微晶体排列》的论文，获硕士学位。随后去瑞典卜福司火药炸药厂和爱沙尼亚塔林工厂实习，掌握了制造硝酸和硝化甘油的技术关键。1938年9月经法国马赛回国，为抗日战争需要，改行从事国防化工工作，任四川泸州兵工厂研究员，兼第五工场和氧气工场主任工程师。1941年应聘到暂迁遵义的浙江大学任教授兼研究生导师，在大后方建成了第一个化工实验室。抗战胜利后来到上海，任江苏药水厂工程师。1948年9月任上海交通大学教授、化学系和化工系主任，并兼任大同大学等校教授及东海硝酸纤维厂经理。1952年参与筹建华东化工学院，历任该校院教授、副教务长、副院长、化学工程研究所所长和顾问，长期主管学院的实验室和科学研究，为学院的建设和发展作出了重要贡献。从1956年起曾三次参与制订全国科学技术发展远景规划，先后被选为第三届全国人民代表大会代表，第五、第六届全国政协委员。从1979年起任中国化工学会副理事长，常务理事。1980年11月当选为中国科学院化学学部委员。1984年被选为国际溶剂萃取化学与技术委员会委员。1985年起担任国家教育委员会世界银行贷款办公室中方专家组组长。1991年6月17日在上海病故。

**苏步青(1902—2003)**

原名苏尚龙。平阳县人。1902年9月23日生。1919年浙江省立第十中学毕业后赴日本留学。1927年毕业于日本东北帝国大学数学系，后入该校研究生院。1931年毕业，获理学博士学位。同年3月回国后历任国立浙江大学数学系副教授、教授、系主任、训导长和教务长。1935年任《中国数学会学报》主编。期间与陈建功一起创立了“微分几何学派”。1948年任中央研究院第一届数理学部院士。1952年10月因全国高校院系调整，到复旦大学数学系任教授、系主任；1953年任复旦大学教务长。1955年当选为中国科学院学部委员。1956年任复旦大学副校长。1958年创办复旦大学数学研究所，任所长。1959年加入中国共产党。1972年下放上海江南造船厂。1978年4月任复旦大学校长，并曾兼任浙江大学校长。1983年改任复旦大学名誉校长。1988年任全国政协副主席。2003年3月17日去世。

**苏　青(1917—1982)**

女。原名冯允庄，笔名冯和仪。鄞县人。作家。少年时代在家乡求学。1933年考入国立中央大学外文系。抗战爆发后曾在日本侵略者统治下的上海任政府职员和伪上海市长陈公博的秘书等。后在《论语》、《古今》、《宇宙风》上发表以个人体验为基础的婚恋题材的小说，尤其以《风雨谈》上连载的《结婚十年》最为著名。1943年创办《天地》杂志。抗战胜利后陆续出版的作品有《续结婚十年》等。某些作品由于存在较为明显的性爱描写，曾引起争议。1949年后留居上海，担任越剧团专职编剧。曾编写《江山遗恨》、《卖油郎》、《屈原》、《宝玉与黛玉》、《李娃传》等剧目。1982年在上海病故。

**苏昧朔(1900—1966)**

字融和，号睡螺居士。温州人。1926年毕业于上海美专，得刘海粟、姜丹书等指导，先攻西画，后攻国画。毕业后曾先后在上海浦东中学、瓯海中学、温州中学、浙南中学、平阳中学、鳌江小学、金乡小学等校任教。1931年“九一八”事变后以卖画为生，后受聘于温州瓯绣厂任画师。1959年应浙江省人民政府邀请与潘天寿赴北京参加人民大会堂浙江厅设计工作。1962年任温州市工艺美术研究所副主任。画作题材广泛，尤工画人物，师法上官周、黄慎，融西洋技法于国画之中，擅长民间风俗画，用笔简练，饶有民俗风情；亦长于文史，能诗、工书，每画必自题。作品有《蓬岛传经图》、《恒河度法图》、《八仙过海图》等。

**苏梓培(1921—　)**

海宁县人。自幼经商。1948年去台湾。1956年协同孙敬之创办台北纽约化学制药股份有限公司，引进新的制药技术与设备，生产品质优良的药品。之后相继投资织造、化纤等业，担任台北纽约化学制药股份有限公司董事长，美联织造、海龙纤维、敦丰化学纤维等公司总经理。曾任台湾区制药公会常务理事，制药业发展委员会委员，台湾制药工业杂志社社长，台湾区制药公会顾问。

**苏渊雷(1908—1995)**

原名中常，字仲翔，晚署钵翁，又号遁圆。平阳县人。1922年考入浙江省立第十师范学校，在校期间投身革命，任温州学生联合会主席。1926年加入共产党，曾被捕入狱。1933年被聘为上海世界书局编辑。次年秋与友人创办新知书店。1936年任南京正中书局编辑。后赴重庆，任教于中央政治学校，兼国立体专、私立立信会计专科国文讲席。1943年创办钵水斋书肆，刊行丛书。抗战胜利后返上海，任中国红十字会总会秘书长兼第一处处长、中华工商专科学校教师兼总务长，一度兼任《中国时报》主笔。新中国成立后初至上海军管会高等教育处工作，后调任华东师范大学历史系教授，兼民盟上海市委宣传委员会副主任。1958年遭下放，禁止讲学。1971年被勒令退休返乡。1979年返沪在华东师范大学任职，并任唐代文学会理事、中国韵文学会顾问、中国佛教协会常务理事、中国孔子基金会理事、中华诗词学会顾问、上海市佛教协会副会长、上海书法家协会名誉理事等。专治文史哲，精研佛学，又善书法、绘画、诗词，主要著作有《读史举要》、《白居易传论》、《名理新论》、《玄奘》、《佛教与中国传统文化》、《天人四论》、《民族文化论纲》、《中国古代学术源流略讲》、《孔学四论》、《佛学通讲》、《中国思想文化论稿》等，已编为《苏渊雷全集》行世。

**杜云松(1884—1959)**

东阳县人。少时曾入私塾就读，13岁时拜郭金局为师学习木雕，专工人物，兼擅花鸟、山水、走兽。毕生致力于传承和发扬东阳木雕艺术，曾将清代工笔画和传统木雕工艺结合，创造"画工体"，为东阳木雕革新派先驱。先后在东阳、义乌、萧山、杭州、上海等地从艺，曾获1922年杭州雕花技术比赛头奖，被誉为"雕花皇帝"。1953年受邀赴中央美术学院华东分院进行创作和设计。作品多次获奖，为东阳木雕厂创始人之一，又参与创办东阳木雕技校，培养人才。1956年当选为全国手工业联社常务委员会委员。次年出席全国艺人代表大会，受到朱德委员长的接见。

**杜亚泉(1873—1933)**

山阴县人。1873年9月14日生于浙江山阴县仓塘乡(今上虞长塘)。16岁中秀才。21岁肄业于崇文书院。后任绍兴中西学堂数学教员。1900年秋到上海，创办中国近代首家私立科技大学——亚泉学馆，培养科技人才。同时创办了中国最早的科学刊物——《亚泉杂志》半月刊。又编辑《文学初阶》，为中国最早的国文教科书。1903年返绍兴与人创立越郡公学。次年秋入商务印书馆编译所，历时28年。主编《东方杂志》，改为大开本，增加篇幅和插图，从东西文报刊选译最新的政治、经济、社会、学术思潮，并开设"科学杂俎"栏目；对于国际时事论述详备，成为当时很有影响的学术杂志。发表译著论文达300多篇。后因与陈独秀等人展开论战，而于1920年辞去《东方杂志》主编兼职，专任理化部主任。以其刻苦自习的知识和精益求精的治学精神，先后主编并出版了《植物学大辞典》、《动物学大辞典》，都是该学科的第一部大辞典。1924年出资在上海创办新中华学院，并任教。两年后停办。1932年淞沪战役中，其寓所与商务印书馆俱被焚毁，全家回乡避难。1933年12月6日在家乡去世。著有《人生哲学》、《博史》、《杜亚泉文选》等。译有叔本华的《处世哲学》等。

**杜师业(1879—1929)**

字冠卿。青田县人。1879年1月1日生。早年留学日本，入明治大学法科。毕业后回国，参加清廷举行的留学生考试，被授予法科举人，任浙江公立法政学堂教授。后任青田县清朝最后一任知县。1911年11月青田县光复后改任青田县民事长。1912年2月任青田县知事。同年11月当选为第一届国会众议院议员。1914年1月国会被袁世凯非法解散后任大总统府咨议。1916年7月国会第一次恢复后再任众议院议员。1917年任段祺瑞的讨逆军总司令部军法官；张勋复辟失败后任段祺瑞内阁财政部主任秘书。1918年脱离北洋政府，到上海商务印书馆编译所任职，后任上海《时事新报》主笔。1920年与吴传绮

（安徽省立图书馆馆长）一起编纂《庚申》杂志，由北京庚申学会出版发行。1922 年 10 月第一届国会第三次复会，再次任议员。1923 年 9 月参与国会贿选投票，选举直系军阀首领曹锟为大总统，声名受损。1924 年国会解散后回原籍闲居。1929 年在青田县北山病故。译有《革命心理》（后改名《群众心理》）。

**杜师预（1862—1924）**

字左园。青田县人。优贡出身。后屡次参加科举考试均落第，遂游幕安徽，先后任榷务（漕运、盐税）、谳务（司法）等幕僚，与民主革命家徐锡麟多有交往。后任黑龙江道尹。1912 年中华民国成立后退职返回乡里闲居。遁迹山林，日以吟咏为事，生活清贫，甚至有时无力举炊。其诗主性灵，纯以性情为重，诗风醇正，于清丽委婉中蕴沉郁顿挫之致，深沉含蓄，最宜回环诵读，是“同（治）光（光绪）诗人”之一。1923 年应友人邀请，62 岁高龄重到杭州，到西湖孤山凭吊故人徐锡麟之墓，写下《西湖吊故友徐烈士墓》两首。1924 年在家去世。著有《左园诗集》。

**杜　刚（1902—1943）**

绍兴县人。早年加入中国国民党。1927 年南京国民政府成立后长期在中国国民党上海市党部任职，曾主持上海国民通讯社，并兼任上海市教育局首席督学。1937 年 7 月抗战爆发后在上海从事救护工作。同年 11 月上海沦陷后随政府西撤，先在军事委员会第六部工作，后调国民党中央组织部担任视察工作，曾赴四川、西康、湖南、湖北、江西、云南、贵州、浙江、安徽、江苏等省视察国民党党务工作。1942 年奉命在浙江金华设立赈济委员会办事处。1943 年 9 月奉令前往沦陷区上海设立国民党市党部并担任书记长，在途经杭州时被日伪逮捕，后经夫人以假经商证明得以交保获释。潜入上海不久，即于 11 月 10 日被日本宪兵队逮捕，17 日遭日军杀害。

**杜　伟（1892—1967）**

字时霞。青田县人。杜持长子。1907 年起先后就读于南京陆军小学堂、陆军中学堂。求学期间在上海参加辛亥革命。1912 年 8 月入保定陆军军官学校第一期炮兵科。1914 年 11 月毕业后入北京陆军大学深造。毕业后分发到北京模范团炮兵连为排长。1922 年任浙军第二师第三旅少校副官。后任宁波警察局局长，浙军第一师师部附员。1927 年 1 月浙军第一师改编为国民革命军第十九军（军长陈仪），任政治部主任。1928 年至 1929 年先后任军械局局长、军政部兵工署总务科科长。1929 年起任江苏盐城县县长三年。1933 年秋任庐山军官训练团少将参谋兼秘书处处长。1937 年 1 月任第四集团军司令部办公室中将主任。同年 6 月再任庐山暑期军官训练团总务处处长。抗日战争爆发后回浙江。1937 年 8 月任浙江省第二区（嘉兴）行政督察专员兼保安司令。1938 年 2 月任第九区（丽水）行政督察专员兼保安司令。1939 年 9 月任第三区（绍兴）行政督察专员兼保安司令。1941 年 1 月至 1945 年 2 月任浙江省第七区（台州）行政督察专员兼保安司令。1945 年 2 月任浙江省政府委员兼浙东行署主任。1946 年 5 月免职。1947 年参加三民主义同志联合会。1948 年 6 月任浙江省政府委员兼民政厅厅长。1949 年 2 月免职。1948 年在上海秘密参加李济深领导的三民主义同志联合会，曾协助该会常务委员陈铭枢等在杭州进行策反活动，做了很多工作。杭州解放前夕隐居西湖灵隐寺。杭州解放后历任中国人民救济会杭州分会常委，杭州市佛教协会副会长，杭州失葬事业委员会主任委员，民革浙江省委会常委，民革中央委员，浙江省政协第一、第二、第三届委员。1967 年在杭州病故。

**杜宝林（1890—1930）**

杭县人。早年喜好曲艺，后师从陈长生学艺。到 20 世纪 20 年代成长为上海滩家喻户晓的滑稽演员，时称“一代笑星小热昏”、“上海滩第一笑嘴”。表演中博采众艺之长，运用各种方言各种曲调，很受观众欢迎。自编自演的曲目有《百哥告状》、《黑籍冤魂》等。

**杜　持（1874—1938）**

字志远。青田县人。早年就读于南京陆军师范学堂，毕业后分发北洋军队服役。1907 年入保定陆军预备大学堂第二期学习。1909 年 9 月毕业后历任北洋陆军营长、团长。1912 年 10 月被北洋政府授予陆军少将军衔。1913 年 1 月北洋政府授予陆军中将军衔。曾任福建第十四师师长，不久辞职，调北京政府陆军部任闲职。1914 年任总统府军事咨议。1916 年兼任浙江督军公署顾问。1918 年任湖南督军公署参议，并当选为安福国会议员。1938 年 9 月在原籍病故。

**杜海生（1876—1955）**

名子楙，字海生，以字行。绍兴县人。邑庠生。1909 年当选为浙江省咨议局议员，并任咨议局教育组审查员。同年创办山（阴）会（稽）初级师范学堂，任监督。1910 年兼任绍兴府中学堂代理监督。1912 年后被选为出席北京政府教育部教育会议议员，并任浙江省教育科科长。1913年任浙江省教育司秘书。1914年任景宁县（畲族自治县）知事。1915年任京兆尹公署民政科科长。1917年任畿辅水灾赈务处秘书。1918年任山东省政府秘书。1919年任山东朝城县知事。1927年任绍兴县财政公所会办。1928年至1934年任开明书店股份有限公司董事兼经理。1937年春任浙江吴兴县田赋督征委员。抗日战争爆发后离职回绍兴。1955年在绍兴病故。

**杜家坤（？—1928）**

又名杜老成，小名阿坤。余姚县人。上海著名煤炭商。初到上海时以肩挑背负、走街串巷推销煤炭。不久经营其舅母黄老太开设的黄泰兴煤炭店。1911年黄泰兴改名义泰兴煤号，任经理。由于善于经营，逐年发展，第一次世界大战期间与刘鸿生合作经销开滦公司等煤矿的煤炭，获得巨利。1920年前后在杭州、无锡等地开设分店，成为上海最大的煤号，遂独资或与他人合资创设上海福泰煤号、上海瑞大煤号、开滦煤矿上海售品处、柳江煤矿公司（址秦皇岛）、大通煤矿公司（址安徽）、中华煤球公司、南通生泰恒煤号、元泰煤公司等企业，成为煤炭业巨子。为更好地经销煤炭，又经营码头、堆栈业，与刘鸿生开设有义泰兴南、北栈码头公司、义泰兴白莲泾码头、煤业公栈、大中华码头公司等企业。同时投资工业、银行业，如苏州鸿生火柴公司、上海华商水泥公司、上海煤业银行、中央信托公司等。还与同乡蒋泉茂等在上海组织四合公司，经营房地产，在余姚原籍也有良田数百亩，拥资百万元以上。

**杜德生（1883—？）**

余姚县人。航运商。肄业于国立学院，在航运业任职达数十年。始任英商怡和轮船公司船务事务长，后又受英商太古公司之聘，任沪甬线“新北京”轮事务长；继而辞太古公司职，任昭和公司华经理。后自创浙江轮船公司，购置铁壳汽轮，开辟福州、温州、瑞安、平阳等地航线。但航运业务因抗战爆发而停顿。后任海通航业有限公司董事长兼总经理。

**杜　衡（1907—1964）**

原名戴克崇，笔名杜衡、苏汶。杭县人。先后在杭州宗文中学、上海南洋中学就读。1925年与戴望舒、施蛰存一起就读于震旦大学，期间一起创办刊物《理路》。1926年开始文学创作，出版小说集《石榴花》，并翻译王尔德、法朗士、托尔斯泰等人的作品。期间参加编辑《璎珞》、《无轨列车》。1928年发表《黑寡妇街》、《机器沉默的时候》，反映工人阶级的贫困生活。1930年参加“左联”成立大会，是“左联”第一批成员。1931年至1932年创作多篇反映农村与船民生活的小说，后结集为《怀乡集》。1931年参与编辑大型文学期刊《现代》杂志。1931年7月以笔名“苏汶”在《现代》杂志第1卷第3期上发表《关于〈文新〉与胡秋原的文艺论辩》，提出了“第三种人”的说法，引起有关“第三种人”的论争。同一时期发表《“第三种人”的出路》、《论文学上的干涉主义》等，主张超脱当时的党派斗争。1933年8月开始与鲁迅通信，在实际文学活动中对“左联”多有支持；12月在《现代》上发表《文人在上海》，揭开了“京派”与“海派”论争的序幕。1936、1937年出版长篇小说《叛徒》、《旋涡里外》。抗战爆发后去香港，后转赴重庆，任《中央日报》主笔。1949年后随“中央日报社”去台湾。1953年离开“中央日报”，期间为《自由中国》、《新生报》、《联合报》等撰稿。

**杜蘅之（1913—1997）**

学名杜汝玖。青田县人。杭州私立之江大学政治系毕业后到欧美留学，先后获得美国密歇根大学政治学硕士、法国巴黎大学法学博士。1938年1月至1940年底任中央军校（成都本校）第十五、十六期同中校衔教官，后任空军总司令周至柔的上校英文秘书。1949年随军去台。1957年调台湾省政府工作。后任台中市私立东海大学政治学系教授兼文学院院长。1964、1968年两次出任联合国教科文组织“中国代表团”（台湾当局派遣的）顾问。1968年受聘美国夏威夷大学东西文化中心资深学者。1972、1974年代表台湾出席“亚洲国语会议”，获选“亚洲国语协会”副会长。1975年受聘美国奥斯汀大学客座教授。1976年当选为台湾“中央研究院”美国研究讲座教授，讲述及研究美国海洋法政策。后又出任台北市私立东吴大学政治学系主任兼法学院院长，国民党中央选举委员会委员，台湾“教育部”学术审议委员会委员。1997年在美国洛杉矶去世。著有《国际法》、《国际法与中国》、《国际法大纲》、《中国条约史大纲》、《中外条约关系之变迁》、《中美新关系与国际法》、《西藏之法律地位之研究》、《美国与美国人》、《西藏条约研究》（英文）以及《诗的本质》、《哀西湖》、《游美小品》、《旅欧散记》、《舞蹈世界》等。译有《美国文学史》等。

**杨之华（1900—1973）**

女。又名音、芝华，曾用名文

尹,化名杜宁,笔名之华。萧山县人。幼年就读家塾。1916年入杭州女子师范学校学习。1921年春回乡,与宣中华等在萧山衙前农村小学任教,积极参与衙前农民运动。1922年初到上海入上海女子体育师范学校学习,不久加入上海星期评论社。《星期评论》停刊后,到一所教会学校任教。同年加入中国共产主义青年团。1923年考入私立上海大学社会学系。1924年11月与瞿秋白结婚,并由瞿秋白、向警予介绍加入中国共产党。后从事妇女运动,曾参加上海纱厂工人罢工。1925年1月出席在上海召开的中国共产党第四次全国代表大会,当选为中共中央妇女运动委员会委员。1926年3月任中共上海区委妇女运动委员会委员,不久任中共上海区委妇女运动委员会主任。参加了"五卅"运动和上海工人三次武装起义。1927年"四一二"反革命政变后离开上海,到武汉参加于5月间举行的中共第五次全国代表大会,被选为中央委员。同年9月赴上海,担任中共中央妇女部部长。1928年6月赴苏联莫斯科参加中共第六次代表大会。会后入莫斯科中山大学特别班学习,担任党小组长。1930年8月回国后任中共中央妇女运动委员会委员兼秘书、全国总工会女工部部长。1934年1月任中共上海中央执行局组织部秘书。1935年7月去苏联莫斯科参加第七次共产国际代表大会。会议结束后留在苏联,担任国际红色救济会常务委员。1941年取道新疆回延安,6月抵达新疆首府迪化,因通往内地的交通中断不得不暂时住在八路军驻新疆办事处。1942年9月被新疆军阀盛世才逮捕投入监狱近四年。1945年抗战胜利后经中共中央营救,于1946年6月与战友获释回到延安。不久被委任为中共中央妇委委员。1947年任中共中央晋冀鲁豫中央局妇委书记。1948年7月任中华全国总工会执行委员会委员兼女工部副部长,曾赴晋西北参加土地改革。新中国成立后历任全国妇联党组成员、执行委员、常务委员,全国总工会女工部副部长、部长,中共中央监察委员会委员、候补常委,中共中央监察委员会驻轻工业部监察组组长。"文革"中受到冲击。1973年10月20日在北京病故。1977年7月中共中央宣布为她平反昭雪,并举行骨灰安放仪式和追悼会。著有《妇女运动与国民革命》、《妇女运动概论》等。

**杨飞飞(1923— )**

女。原名凤清。慈溪县人。13岁拜演员胡铁魂为师,学唱文明戏。16岁改拜丁婉娥为师,学习申剧。1942年加入文滨剧团,其后自己组建正艺沪剧团。代表剧目主要演出于解放初期,有《叛逆的女性》、《方珍珠》、《小二黑结婚》、《罗汉钱》、《小女婿》等进步戏,还先后推出根据中外小说名著改编的《家》、《茶花女》和《为奴隶的母亲》等。作为沪剧界的唯一代表,出席了1956年北京召开的首次戏曲音乐座谈会。此后编演《两代人》、《龙凤花烛》等一连串新的现代戏。在唱腔上,在继承沪剧传统的基础上,吸收了越剧、锡剧、评弹、蹦蹦戏等剧种的成分,创造了以柔和为特色的杨派。

**杨开渠(1902—1962)**

又名顽石。诸暨县人。1927年留学日本,入东京帝国大学农学部。1932年回国后任杭州自治专修学校教员。1936年起历任四川农学院副教授、教授、系主任、副院长、院长,并任四川省科协副主席、中国作物学会副理事长、第二届全国人民代表大会代表、全国政协特邀委员等。毕生从事农业教育和农业科学研究工作,对水稻发育形态、生理、生态、双季稻和再生稻栽培有独到研究,是中国再生稻研究的开拓者和奠基人。著有《浙江省常年的稻作经济研究》、《中国稻作学》、《水稻栽培》、《双季稻、粳稻、再生稻的性状研究》、《中国水稻栽培学》,译有《农林种子学》、《日照时间影响水稻生长的情况》、《稻属在全世界的分布》等。

**杨石先(1897—1985)**

曾用名杨绍曾。蒙古族。原籍安徽怀宁,1897年1月8日出生于浙江杭州。6岁随父北迁,在天津民立第二小学读书。1910年同时报考天津南开学校和清华留美预备学校,并同时被录取。1918年清华学校毕业后赴美国康奈尔大学留学。1922年获化学学士学位。1923年获有机化学硕士学位。回国后任南开大学教授。1928年兼任理学院院长。1929年到美国耶鲁大学进修,并于1931年获得化学博士学位。同年回到南开大学,并开始合成药物的研究开发,两年后即有成果。抗战时期在西南联大任教,任化学系主任,并兼昆明师范学院理化系主任。1943年兼任西南联合大学教务长。1945年第三次赴美,为南开物色教师并采购图书仪器,同时在印第安纳大学任访问教授两年。1948年任南开教务长、代校长。1949年后任南开大学校务委员会主任。随后作为第一届全国政协委员出席了开国大典。1955年任中国科学院学部委员、化学组组长;1956年当选为中国化学会理事长;1957年任国家科学规划委员会委员、化学组组长、南开大学校长。1980年任中国科协副主席，南开大学名誉校长。并曾担任天津市科协主席、河北省政协副主席、全国政协常委等职。1985年2月19日在天津病故。

**杨龙生(1911—　)**

嘉兴县人。1936年毕业于清华大学物理系，获理学学士学位。曾在厦门大学、交通大学、中央大学任教，先后担任讲师、副教授、教授。1946年以教授身份赴英国伯明翰大学研究院进修。后任英国马可尼厂研究部工程师。1951年回国后历任中国科学院仪器馆研究员、电子学研究所研究员、中国科技大学教授。长期从事电子学与仪器的研究工作。早年研制成功炮位测定仪。先后设计和研制成功多种高精电子仪器、设备及电子线路，如灵敏磁电位计、特殊直流放大电路、计数式测频仪、瞬间测频仪、电平统计分析仪等。合编有《实用微积分》。

**杨　白(1903—1929)**

又名永清。象山县人。1903年3月生。1919年在读高小毕业班时加入"象山学生联合会"，投身到象山学生联合会领导下的示威游行、查禁仇货的斗争行列。1925年1月加入中国共产主义青年团，成为象山县第一个团员；7月中旬应中华全国总工会的派遣，化名杨广武，赴香港协助邓中夏等领导省港大罢工，并担任省港罢工委员会主办的《工人之路》编辑；10月任共青团象山支部书记。同年冬以上海海员工人代表的身份，赴汉口出席中共中央召开的第一次全国劳动者大会。回到上海后，举办工人学习班，培养了一批工人运动的骨干分子。1926年2月转为中国共产党党员；5月任中共象山县支部书记；7月任中华海员工委书记，领导海员参加上海第三次工人武装起义。曾以上海海员工人代表的身份赴武汉出席第一次全国劳动者大会，并赴广州协助邓中夏领导省港大罢工。1927年"四一二"反革命政变发生后从所住的三楼后窗跳出，在黄包车夫冒死掩护下脱险，找到党组织的秘密联络点，旋奉党的指示乔装后只身返回象山；7月中共象山支部改组为中共象山区委，被指定为区委书记。1929年12月在丹城家中病故。

**杨永清(1891—1956)**

字惠卿。原籍镇海县，1891年6月生于江苏无锡。1902年入私立东吴大学学习；1909年获文学学士学位。毕业后先后任教于清心中学和私立东吴大学附属中学。后考入公立清华学校。1914年由学校选派赴美国留学，入威斯康辛大学。1917年任美国中国留学生会会长兼《中国学生月刊》主编。1918年获法学学士学位。1919年获文学硕士学位。1919年至1922年先后任驻英国公使馆随员，国联中国代表团秘书，华盛顿中国代表团秘书。1922年回国。1923年任北洋政府外交部佥事、署理秘书，后任财政整理会调查科长、关税特别会议委员会会务处帮办、外交部秘书。1926年1月任驻伦敦总领事馆署理总领事。1927年12月任私立东吴大学校长，成为该校校史上第一位中国籍校长。就任以后把原来的英文校训"为社会造就完美人格"改为中文校训"养天地正气，法古今完人"，并正式招收女学生，延聘著名教授充实师资，增添设备，提高教学质量，兴建校舍，扩充场馆，建造男女生宿舍、体育馆、游泳池等。校董会逐步改为以本国人为主，董事长亦由中国人担任，学校各行政部门的负责人和院长、系主任则由中国教授担任。并于1929年8月向南京国民政府教育部注册立案，经过几年努力，使东吴大学成为我国东南著名的高等学府之一。1930年应邀赴美国讲学，并被佛罗里达南方学院授予荣誉法学博士学位。1935年起先后兼任美国夏威夷大学、埃默里大学、杜克大学等校客座教授。1937年7月抗日战争爆发后东吴大学一部分迁往内地，一部分迁往上海租界。1941年2月奉校董会之命赴美向监理公会述职。年底因太平洋战争爆发滞留美国。除了为美国教会工作之外，还在几所美国大学讲课，并主持中国驻美国新闻处的宣传工作，奔走美国各地，争取援助。1945年抗战胜利后任职于美国旧金山的联合国国际秘书处和英国伦敦联合国国际秘书处，代表中国政府参与联合国筹备。1947年2月回国后主持恢复和重建遭到严重破坏的东吴大学。1952年全国高等学校院系调整，遂辞去校长职务，任上海市高等教育司顾问。1956年3月病故。

**杨存琳(1911—1992)**

鄞县人。绸缎商。1924年进上海萃盛绸庄当学徒，后当跑街，六年后任经理。1938年罄其所蓄，在龙华路开设金龙绸缎公司，采用自行设计绸缎花样，厂家定织、定染、定印的工贸结合方式，所售绸缎花式新颖、色彩艳丽，颇受顾客青睐。10年间先后开设金都绸缎公司、康福绸缎商店、金龙分店及金都林森中路(今淮海中路)分店，任金龙、金都两店总经理。1950年初开设杨泰进出口行，经营丝绸进出口业务。1956年任卢湾区绸布区店副经理和上海市丝绸进出口公司业务科长。1957年被错划为右派，下放宁波农村20年。中共十一届三中全会后改正。尔后为解决返城知青就业，帮助上海安吉路街道创办南阳布店，至1989年盈利100万元。之后又为上海卢湾区爱建公司及一些街道开设绿园布店、天伦布店、开林纺织品商店、开林服装门市部等企业。曾任上海市卢湾区第一、第五、第六届政协委员，卢湾区工商联常委、顾问等。

**杨光泩(1900—1942)**

吴兴县人。1900年生于上海。16岁时考入公立清华学校(今清华大学)高等科学习。1920年毕业后保送赴美国留学，先入科罗拉多大学学习一年，获学士学位后再入普林斯顿大学攻读政治经济学。1924年获哲学博士学位。毕业后进入中国驻美国公使馆任职，先后任随员、三等秘书，后任日内瓦万国禁烟会议中国代表团秘书、华盛顿会议中国代表团秘书。1926年受聘担任美国华盛顿大学东洋史讲师。1927年回国后任公立清华学校政治学讲师。1928年2月任南京国民政府外交部情报司副司长兼科长。1929年任驻英国公使馆一等秘书。1931年3月至1932年9月任驻伦敦总领事。1933年创办世界电讯社——世界社，任社长。1934年任外交部视察专员。1936年任上海《大陆报》经理兼总编辑。1937年春参加孔祥熙为团长的中国专使团任随员，赴英国伦敦参加英皇乔治六世加冕典礼，继任中国驻欧洲新闻局伦敦、巴黎总部负责人。1938年任中国驻菲律宾首都马尼拉总领事。就任期间积极宣传抗日救国，奔走于当地爱国侨胞和海外友好人士之间，募集捐款，支援抗日。1941年12月7日太平洋战争爆发后为掩护当地华侨及领事馆财产，婉拒盟军劝其撤出马尼拉的安排，坚守岗位。1942年4月18日与朱少屏、李琴等八名总领事馆成员同时惨遭日军杀害。1945年八名烈士忠骸移葬南京雨花台。1948年旅菲侨胞在菲律宾华侨义山建立了一座上镌“效忠成志”四个大字的纪念碑，还以他的名字命名了一条“光泩路”和一所“光泩小学”。1989年12月2日中华人民共和国民政部颁发了革命烈士证书。

**杨兴勤(1903—1987)**

别号洁清。义乌县人。财政官员。上海大夏大学毕业。1924年从事青年运动工作。1927年任上海特别市党部青年部秘书，旋在中央组织部工作，后任国民革命军东路军及第一路总指挥部总政治部宣传科科长。1928年冬被派往视察北平、湖北省党部兼办理平汉铁路党员总谨记事宜。1929年任青岛特别市党务指导委员兼宣传部部长及民国日报社社长、青岛民报社社长。1930年任江苏省党务整理委员兼常务委员。1933年任中央组织委员会设计委员。1934年任汉口特别市党务整理委员兼常务委员。1935年至1949年任财政部盐务总局督察处处长，后派为川康盐务管理局统制委员会主任委员。抗日战争期间又任江西盐务管理局局长七年。1946年当选为“制宪国民大会”代表。1948年当选为“行宪”第一届“国民大会”江西省工会代表。去台湾后多次参加“国民大会”会议，并任第四次会议主席团主席。1987年1月28日去世。著有《中国战时盐务问题》、《两浙盐务概况》等书。

**杨步飞(1903—1962)**

原名敬孝，别名翁，后改名步飞，字若鹏。诸暨县人。在家乡读完六年小学后到上海一家银楼当学徒，三年满师后留下当伙计。1923年秋弃商从军，从上海去广州，在孙中山大元帅府警卫营当兵，不久升警卫营班长。同年底加入国民党。1924年5月入黄埔军校第一期学习。1925年9月毕业后入军校教导团任排长。1926年1月任国民革命军第一师第一团第三营营长；7月参加北伐战争，转战湘、赣、浙、皖、鲁等省。1927年5月任新编第二师第六团团长，后升第五军第八十八师二六四旅旅长。1932年春率领所部参加淞沪抗战，坚守江湾、庙行、蕴藻浜之线，与侵华日军展开血战，给日军重大杀伤。战后升任陆军第九师副师长。1934年6月任陆军第六十一师师长。1935年4月13日晋升陆军少将军衔。1937年8月率领所部参加淞沪会战，防守淞沪沿海阵地，阻止日寇从海上登陆，日夜受敌海、空军袭击。战至9月因阵地失守受到撤职处分。1939年任浙江保安第一纵队司令。同年底任第九十一军副军长。1940年任钱江北岸指挥官。1942年诸暨沦陷后在草塔一带组建了西乡自卫队，抗击日寇。1943年调至重庆，任军事委员会高级参谋。1946年任淞沪警备司令部副司令。1948年于蒋介石个别召见后调任国防部第一区(驻上海)军法执行部主任。1949年5月上海解放后主动向军管会移交公务，迁居杭州。1962年7月在金华古方农场去世。

**杨松涛(1907—1979)**

绍兴县人。1913年在湖州旅沪公学小学和华童小学就读。1918年入圣芳济学院求学。1925年进上海百代公司任账房员。次年到大美烟草公司任业务员。1927年进上海电力公司当职员。1940年与人合资在上海创办永安电业机器厂，任厂长。1948年创办永新电工器材股份公司，自任总经理。在创办、经营过程中重视技术，积聚力量，仿效“西门子”开发了一批电器新产品，主要生产中低压电器和中小变压器，公司成为上海电器行业中技术发展最快的主要企业之一。1949年后拥护社会主义制度，积极参加抗美援朝活动。1954年申请公私合营，任公私合营永新电工器材厂经理。1956年调任上海电力设备制造公司副经理。后历任上海市电工器材工业同业公会执行委员，上海市工商联委员，上海江宁区工商联常委，江宁区第一、第二届人大代表。

**杨　杰(？—1947)**

字也夫。绍兴县人。生年不详。国民党中统特务成员。1938年在上海被日军特务机关逮捕后叛变投敌，成为日伪特务骨干。1939年9月日伪特务机关“七十六”成立后先后任第二行动队长，督察室主任，第三行动大队大队长，汪伪国民党中央执行委员会特务委员会委员，汪伪国民党中央执行委员会特务委员附属肃反委员会委员。1941年10月至1943年10月任汪伪国民政府调查统计部政务次长。1945年8月15日日本宣布无条件投降后汪伪国民政府宣告结束，杨首先被国民党中统特务机关逮捕，然后由中统移交给戴笠的军统。1947年因汉奸罪被南京军事法庭判处死刑。

**杨雨农(1880—1951)**

名振炘，字雨农，以字行。永嘉县人。著名绅商、慈善家。商人家庭出身，少时在杨家杨正记南北货行当学徒，后继承祖业经营南北货行。1919年当选为浙江省第二届省议会议员。20年代任永嘉商会副会长、会长，浙江省参议会议员。1924年与吕文起接办永嘉普华电灯公司，奠定早期永嘉电业基础，历任经理、总经理。此外还广泛投资其他企业，任东瓯电话公司董事长兼经理、光明火柴公司董事长、温州国货公司董事长，并投资瓯海实业银行、永嘉商业银行、益利轮船公司、新兴煤油公司、《温州新报》股份有限公司等，并任董事长、董事、监察等。生平热心慈善公益事业，任红十字会温州分会会长、永嘉救济院院长、永嘉传染病院董事长、协济善堂董事、城区贫民借贷所董事长及永嘉县名胜管理委员会委员、雁荡山名胜建设委员会委员、温州区征辑乡哲遗著委员会委员、纂修县志委员会委员，筹办普安施医施药局、永嘉县游民教养所、育婴堂等，整修温州江心寺、文信国公祠等，以“多财善贾，长袖善舞”为时人所称颂。

**杨卓夫(1908—1990)**

原名成玉。三门县人。早年肄业于南京金陵大学，后考入黄埔陆军军官学校第六期。毕业后历任国民革命军连长、营长、团长，“忠义救国军”上校支队长，军事委员会调查统计局总部军官队队长，杭嘉湖行动总队少将总队长。1948年任交通部交通警察总局交警第四总队总队长。1949年任厦门防卫司令官。后去台湾。1990年3月6日在台湾去世。

**杨贤江(1895—1931)**

字英甫。余姚县人。1895年4月11日生。1917年毕业于浙江第一师范学校。1919年加入“少年中国学会”。1921年初在商务印书馆编译所担任《学生杂志》编辑。1922年加入中国共产党。1923年任中共上海地委兼区执行委员会的国民运动委员会委员，与恽代英等分工负责学生运动。1926年1月当选为中国国民党上海市党部执行委员，兼任青年部长；10月被推为常务委员。1927年1月受命辞去《学生杂志》编辑职务；3月21日参加了上海工人武装起义；4月下旬到武汉革命军总政治部任《革命军日报》总编辑。同年年底化名李浩吾东渡日本，负责中共日本特支工作。在日期间翻译了恩格斯的《家庭、私有制和国家的起源》，编著了我国第一本用历史唯物主义观点来研究教育史，根据社会发展形态叙述教育过程的专著——《教育史ABC》，另有《世界史纲》、《今日之世界》等著作。1929年5月回到上海，任中共中央文化工作委员会委员，撰写了中国第一部用马克思主义观点阐述教育原理的著作——《新教育大纲》，1904年3月公开发行，同年9月再版。1931年7月因病赴日本治疗；8月9日在日本长崎病故。

**杨　明(生卒年不详)**

临安县人。早年在临安经商，当过临安县商会会长。1937年抗日战争爆发后到江西赣州，担任交易公店经理，取得蒋经国的信任。后历任蒋经国秘书，江西省第四区行政督察专员公署特务室主任，江西省信丰县长。1943年12月蒋经国被调到重庆担任三民主义青年团中央干部学校教育长(蒋介石兼校长)兼三民主义青年团中央干事会组织训练处处长后，名义上仍兼江西省第四区行政督察专员兼保安司令，由杨以信丰县长身份代理专员。1945年6月25日蒋经国正式辞去江西省第四区行政督察专员兼保安司令职务，保荐杨继任，至1948年10月16日止。1949年3月初任江西省政府秘书长。不久改任江西省政府委员兼财政厅厅长。

**杨河清(1888—?)**

慈溪县人。著名粮商。长期在上海从事杂粮贸易,创办上海万丰米麦杂粮油饼号,历任上海市豆米业同业公会、上海市杂粮油饼业同业公会执行委员、上海特别市米麦杂粮油饼业同业公会理事长、上海杂粮组行号联合办事处理事长、上海麦组联营处理事长、上海华懋贸易公司理事、上海成兴米麦杂粮油饼号副经理、易中银行董、上海杂粮油饼交易所股份有限公司常务理事、上海食油同业批发处理事长、上海特别市商会理事。后任上海固本杂粮号总经理、上海大沪铜厂常务董事、上海同康钱庄董事、爰成总公司顾问、五洲商业储蓄银行顾问、大陆织绸厂董事长、裕丰织造厂监察、上海万丰米麦杂粮油饼号总经理。

**杨绍东(1890—1950)**

黄岩县人。1910年从江苏陆军小学堂毕业后进入南京的陆军第四中学堂继续学习。1911年10月10日辛亥革命爆发后加入学生队,随革命领袖黄兴前往武汉,参加保卫大武汉的战斗。1912年后先后任第三师交通兵团电讯营连长、浙军第三师中队长等职。1928年后历任天津保安司令部参谋处处长,第三集团军第十一军团总指挥部参谋处处长,第四十八师参谋处处长、参谋长、副师长。1936年2月5日被授予陆军少将军衔。1937年8月17日晋升为陆军中将军衔。抗战期间先后任第二十六集团军参谋长,军事委员会军法执行总监部督察组组长等职。1945年抗日战争胜利后退役还乡。1947年任黄岩县"戡乱建国动员委员会"常务委员。

**杨荫深(1906—1989)**

原名杨德恩,字泽夫。鄞县人。早年就读于浙江省第四中学,曾与同学组织飞蛾社,出版《飞蛾》刊物。1926年入上海美术专科学校绘画科,同时在上海民新电影专门学校学电影技术。1928年美专毕业后任中学教员。1932年应聘为汉文正楷印书局编辑,主编《汉文小丛书》、《活页本当代名家小说选》。1935年入商务印书馆编译所,编辑《高中国文课本》等。抗日战争爆发后留沪参加修订《辞源》。抗战胜利后参加《辞源改编本》及《四角号码新词典》的编写。新中国成立后历任商务印书馆、四联出版社编辑,上海文化出版社编辑室主任。1958年任中华书局辞海编辑所文艺编辑组组长,辞海编辑委员会委员,上海辞书出版社编审等职。并参加《汉语小词典》、《中国戏曲曲艺词典》的编写工作。著有《中国民间文学概说》、《中国文学史大纲》、《中国俗文学概论》、《隋唐五代文学编年长编》、《新词典》等。

**杨思一(1901—1957)**

原名云亭。诸暨县人。1920年考入湖州的浙江省立第三师范学校学习。1924年被选为湖州学生联合会总干事。1925年夏毕业后先后在诸暨草塔智胜小学、镇海崇正小学任教,开始接触马列主义书籍,向往革命。1930年7月在湖州加入中国共产党。不久任中共湖州县委宣传部长。后因中共湖州县委遭国民党破坏,与组织上失去联系,只身来到上海从事工人运动。1932年7月中共浦东区委恢复其党籍。后在代表中共浦东区委出席反帝大同盟会议时被捕,在苏州陆军监狱关押五年。1937年7月经保释出狱,之后到上海寻找党组织,并投入抗日斗争。上海沦陷后辗转到家乡诸暨,与当地党组织接上关系。1938年1月再次恢复党籍;2月任中共诸暨县工委书记;5月任中共诸暨县委书记,并任中共宁绍特委宣传部长。1939年1月任中共宁绍特委书记;7月在中共浙江省第一次党员代表大会上当选为省委候补委员、中共七大代表。1940年1月中共宁绍特委分设,任中共绍属特委书记;6月领导嵊县"六三"饥民斗争。1941年2月任中共绍属特派员。1942年7月中共浙东区党委成立,任浙东区党委委员兼组织部长、中共会稽工委(后改为地委)书记,与蔡群帆一起,领导会稽地区的抗日武装斗争。同年冬参加浙东第一次反顽自卫战争。1943年11月浙东第二次反顽自卫战争爆发后奉浙东区党委命令与蔡群帆率一个中队进入金萧地区,集结诸暨、义乌等县的地方武装,组建金萧支队,任中共金萧地委书记、金萧支队政委。1945年2月任会稽特派员;9月奉命北撤,先后任新四军兼山东军区第一纵队第三旅政治部主任、华东野战军第一纵队第三师政治委员、先遣纵队一支队政治委员等职,先后参与泰安、宿北、鲁南、莱芜、沂蒙山等重大战役。1949年5月杭州解放后先后担任中共杭州市委副书记,浙江省委组织部长兼省纪检委书记,浙江省编制委员会主任,浙江省政协副主席、党组书记,浙江省委常委、副省长等职。1957年被错划为右派。同年12月20日去世。1979年6月9日经中共中央批准予以改正,恢复党籍,恢复政治名誉。1983年11月中共浙江省第七次党代会预备会议决定为他彻底平反。出版有《青松集——纪念杨思一文集》。

**杨信之(1847—?)**

乌程县人。著名丝商。三品衔分部郎中,早先在上海开设泰康祥、同康泰丝栈(丝行),从事湖丝外贸业,是上海丝业会馆董事,并先后为上海意商延昌恒洋行、意商义丰银行、荷商安达银行买办。后又投资缫丝工业,1890年前投资于英商怡和丝头厂,1900年与意商合资在苏州开办延昌永丝厂,并任经理,后又在上海创办延昌恒丝厂。1905年浙江铁路公司成立时投资5000元。是1911年江、浙、皖丝茧总公所的主要发起人,并任首任总理,第二届名誉总董,同时任无锡茧业公所总董,是20世纪初江浙地区丝茧业领袖人物。1911年还参与发起成立共和建设会,并任理事。是湖州商人第一个旅沪同乡组织寿圣庵(1870年创设)的主要发起人,并作为董事长期管理该庵公产。20世纪初又参与创办湖州旅沪公学、湖州会馆。1902年上海商业会议公所成立时作为丝业代表会会员,以后又连任多届总商会会董、会员。

**杨眉山(1885—1927)**

字钟秀。诸暨县人。早年曾在宁波三一中学、崇德女校、圣模女校任教。1924年加入中国共产党,系宁波小组成员。1925年负责筹建宁波启明女中,在青年学生中培养发展党、团员。同年8月任中共宁波支部书记。1927年初任国共合作后的中国国民党宁波市党部常务委员,同时担任中共宁波地委委员兼国民党宁波市党部中共党团书记。在"四一二"反革命政变前夕被国民党右派控制的宁绍台防守司令部扣押。同年6月22日被国民党右派杀害。

**杨莲青(1901—1946)**

德清县人。早年师从全如青学苏州评话,擅说功。演出中能够吸收曲艺的表演成分,把人物饰演得活灵活现,尤其在表现奸臣形象"白大面"时很显功力,赢得好评。代表性的作品有《狸猫换太子》等。

**杨莘耜(1883—1973)**

名乃康,字莘耜,又作莘士。吴兴县人。1903年经浙江省选拔留学日本,入早稻田大学博物科。1908年以第一名的优异成绩毕业,被浙江提学优选回国,任教于浙江两级师范学堂博物科并任日籍教师翻译,又兼杭州府中学堂安定中学生物教师。曾任浙江两级师范学堂教务长。1912年南京临时政府成立后被聘为教育部普通教育司科员;1913年调任教育部视学。1917年受北洋政府任命为吉林省教育厅厅长。1920年冬回京任教育部编审,并兼课于清华大学。1921年受总统黎元洪任命为安徽省教育厅厅长。1923年辞职回湖州,任浙江省立第三师范学校校长。新中国成立后曾任湖州市政协主席等。

**杨振华(1904—1979)**

吴兴县人。著名湖笔制造艺人。16岁进上海商务印书馆毛笔工场当学徒,满师后回湖州制笔。1935年又赴上海,在广东路设杨振华制笔作场,自产自销毛笔,其特色产品蓝竹笔、豹狼毫笔等深受海内外书画家欢迎,远销日本和东南亚地区。每出新笔,必请书画家试用,广泛征求意见,还专为著名书画家张大千定制并由张命名"大千选用画笔",为吴湖帆定制并由吴湖帆命名"梅景书屋画笔"。1950年制笔工场命名为杨振华笔庄,自任经理,借鉴日本毛笔特点,革新狼毫书画笔制作工艺,独树一帜。其精制的狼毫大对笔,被日本书法家誉为"狼毫笔之魁",其他产品如蓝竹笔、豹狼毫笔多次获上海市优质产品、上海市优质出口产品、轻工业部优质产品。

**杨哲商(1883—1911)**

原名旭东。临海县人。幼年丧父。少时就读于三台书院,毕业后即任教于县学。1906年赴上海,入启东学校读书,在此期间阅读了《革命军》、《浙江潮》、《警世钟》等进步书刊,受到革命思想的熏陶。经吕公望介绍加入光复会。1907年与革命党人屈映光等在临海开办耀梓体育学堂。秋瑾、徐锡麟等策划浙皖大起义时,奉秋瑾之命与陈韶等往嘉兴、湖州等地筹措军火与粮饷。起义相继失败后返回临海故里,因耀梓体育学堂受到牵连,改名耀梓师范学堂,并发起天足运动,反对缠足。1911年与同县的王文庆等革命党人发起组织秘密革命组织"台州国民尚武会"。同年10月10日武昌起义爆发后应王文庆之召赴沪,负责炸弹制造;11月3日亲自参与攻打上海江南制造总局的战斗。上海光复后杭州、南京等地相继光复,指挥同事日夜制作,乃至通宵达旦。11月7日深夜因过度疲困,误触炸弹,引起爆炸,当场牺牲。1912年8月浙江省议会决议,将其遗体运回浙江,与陶成章、沈由智三烈士合葬于杭州西湖凤林寺前(今移至南天竺辛亥革命墓地)。另在临海东湖小瀛洲建有杨哲商烈士墓。临海市还设立了以他名字命名的哲商小学。

**杨继章(1906—?)**

杭县人。国民党陆军少将。1948年7月任浙江省第八区行政督察专员兼保安司令,专员公署驻义乌稠城镇,管辖义乌、浦江、东阳、永康、武义、汤溪、兰溪、金华、磐安九个县。1949年2月国民党在浙江义乌新建陆军第二十三师，兼任师长；4月调任国民党京沪杭警备总司令部驻沪办事处少将处长。后不详。

**杨培生(1883—1927)**

原名培森，又名嫩枝。宁波人。1883年生于江苏川沙(今上海市浦东新区)。1906年到上海启昌机器厂当学徒。1914年进入英商祥生船厂做工。1919年五四运动爆发后为支援北京学生爱国运动参加罢工。1925年五卅运动爆发后发动工人成立祥生船厂工会，并领导全厂工人参加总同盟罢工，当选为上海总工会委员；6月加入中国共产党。同年参与筹建上海铁厂总工会，并会同纱厂、印刷等117个工会，向全国发表宣言，谴责北洋军阀政府当局无理查封上海总工会。1927年2月任中共上海区委候补委员，领导铁厂总工会等工会组织工人参加上海工人第二次武装起义；2月21日上海市金属业总工会成立，任委员长。上海工人举行第三次武装起义时是浦东和南市区起义的组织领导人之一，带领工人纠察队攻占浦东警察署，夺取俞家庙军营，缴获一批马达和枪支。"四一二"反革命政变发生，在上海总工会委员长汪寿华被杀害后，以副委员长身份继任委员长。4月下旬出席在武汉召开的中共第五次全国代表大会，当选为中共中央监察委员。中共江苏省委成立后又被选为省委执行委员。6月29日因叛徒出卖而被捕；7月1日与陈延年等被国民党当局杀害于龙华。1949年解放后遗体由小营房移葬川沙烈士墓。

**杨　彬(1901—1966)**

字东屏。诸暨县人。1925年9月毕业于黄埔军校第二期工兵科。毕业后历任黄埔军校第三期学生队队长，军校教导团副连长，党军第一旅连长，国民革命军第一军第一师连长。1928年任第六十九师第二〇五团第二营营长。同年调任第三师第八旅旅部参谋。1930年初任国民政府警卫司令部第一旅第一团团附。同年底改任警卫师第一旅第一团团附。1931年任浙江省保安第四团团长。1933年赴德国留学，先后入炮兵、参谋等各专科学校学习。1937年毕业回国后先后任军事委员会委员长、侍从室中校参谋、陆军大学战术教官。1938年任中央军校第七分校(在西安王曲镇)教育长。1939年4月任第七十一军第八十八师师长；11月13日被国民政府授予陆军少将军衔。1941年4月29日任第七十一军副军长兼四川遂武师管区司令；1942年任中央军校第六分校副主任。1943年4月24日任中央训练团第二大队大队附。同年调任第三十七军副军长。1944年4月任第一军副军长，不久兼陇南师管区司令；11月任青年远征军第二〇六师师长。1945年任新编第一军副军长。1947年任整编第五十二师师长。1948年任国防部第四厅副厅长。1949年去台湾。1952年退为预备役，后任"国军官兵退役辅导委员会"兰屿岛开发处处长。1966年在台北病故。

**杨铭鼎(1902—1997)**

祖籍上虞县。1902年11月25日生于山东青岛。早年先后考入有外籍教师的青岛明德中学和上海民主中学读书。1923年中学毕业后考入南京河海工科大学。1927年后河海工科大学与南京东南大学合并，成立了南京中央大学，在该校工学院的土木工程系攻读，其毕业论文是一座铁路悬索桥的设计。1929年毕业后获工学学士学位。其后任南京国民政府卫生署保健司科员兼南京中央医院筹备处工程师和南京东郊汤山农村卫生院工程师，负责修造城市医院和农村卫生院，其中包括第一所由中国人自己设计的大型医院——南京中央医院。1931年任武汉全国救济水灾委员会卫生防疫组卫生工程师。1932年至1934年任南京国民政府卫生署技士，派赴美国哈佛大学研究生院进修。1933年获卫生工程学硕士学位后又赴英国、法国、德国、意大利、瑞士等18个国家和地区考察、实习卫生工程学和环境卫生学。1934年回国后任南京国民政府军医署驻赣办事处卫生工程组主任。同年秋升任卫生署荐任技士兼南京、贵阳卫生署公共卫生人员训练所教务主任。1937年至1938年兼任内迁长沙昆明的清华大学工学院教授。1938年兼任贵州省卫生委员会技正兼贵阳市水道工程处处长。1941年任贵阳医学院教授卫生工程专修科主任，兼贵阳市水利林牧局局长和贵阳湘雅医学院教授。1944年任贵阳—昆明美国陆军驻中国战区供应处工程部卫生工程顾问兼贵阳市政府外事秘书。1945年任云南大学工学院教授兼云南省卫生处顾问。1946年任南京中央卫生实验院卫生工程系研究员兼兰州市和西宁市自来水工程处总工程师。1947年至1949年任上海市卫生局环境卫生处处长。1948年兼任上海圣约翰大学医学院教授及上海医学院(1952年改称上海第一医学院，1985年改称上海医科大学)教授、环境卫生教研组主任、预防医学研究所副所长。其后一直在上海医学院工作。1951年至1953年兼任上海第二军医大学教授和上海同济大学工学院教授。1953年至1956年兼任华东劳动卫生调查研究所卫生工程组主任。1956年9月被评为一级教授。1974年起兼任世界卫生组织专家顾问咨询团环境卫生学顾问。1982年获哈佛大学“在工业环境卫生中作出卓越贡献”奖。同年参加的“上海县卫生服务研究”项目获卫生部甲级科技奖。1988年至1989年赴美国约翰·霍普金斯大学公共卫生学院任客座教授。曾发表论文90余篇，主编《环境卫生学》、《公共卫生工程学》、《劳动保健学》、《淮南煤矿卫生调查研究专辑》等专著数部。

**杨得云(1902—1978)**

曾用名杨龙。义乌县人。1925年毕业于北京师范大学。1927年赴法国留学。1931年获南锡大学理学博士学位。同年回国后任杭州之江大学教授。1932年至1935年任安徽大学物理系教授。1935年至1936年任浙江大学物理系教授。1938年入国立编译馆任编审；1943年为特约编审。1947年任教于英士大学。1949年至1951年任浙江大学教授。后任北京工业学院物理系教授。在40年代对“帕塞尔常数”的研究，当时具有国际水平。著有《共有电子的抗磁磁化率》、《在甲酸与水的混合液中，水从共价结合到电价结合的转化》等。

**杨衔晋(1913—1984)**

嘉兴县人。1913年5月4日生。1931年考入国立中央大学农学院森林系。1935年7月毕业后留校任助教。1937年7月任南京中国科学社生物研究所编辑和研究员。1942年2月在四川北碚任复旦大学农学院教授。1945年4月赴美国耶鲁大学林学院进修。1946年8月回国后任复旦大学农学院教授，兼任河南大学农学院、上海同济大学理学院教授。1950年5月被借调到哈尔滨东北农学院森林系任教授兼系主任，期满续任。1952年全国院系调整后成立东北林学院，任东北林学院教授兼林工系主任；1956年任教务处主任；1962年任副院长；1979年任院长。中国林学会第一、第二届理事和第三届常务理事、第四届副理事长，中国植物学会第八届副理事长，国务院学位委员会第一届学科评议组成员。林业部全国高等林业院校林业专业教材编审委员会副主任委员；同时还担任《中国植物志》、《植物分类学报》、《林业科学》、《中国大百科全书》农业卷等全国性学术书刊的编委等，中国首批博士学位研究生的导师。1984年2月6日在北京去世。毕生从事树木学的教学与研究，尤长于樟科。命名羽脉新木姜子、红楠刨等42个树木新种、13个新变种、1个新属、1个新亚属。先后发现新木本植物70余种。著有《四川金佛山方竹开花的研究》、《川康樟树科植物》、《女贞属纪要》、《中国西部杜鹃花科白珠树属及乌饭树属纪要》、《四川东部之新木本植物》、《中国之楠木》等，合著有《中国森林植物图志》、《黑龙江经济植物志》、《中国小兴安岭长白山区落叶松的分类及分布》、《中国树木志》等。

**杨道古(1914—2001)**

字玉辉。南田县人。早年就读于杭州惠兰小学，后回家乡完成小学及初中。1927年随舅父去南京，入安徽中学高中部，毕业后考入上海私立大同大学理科。大学三年级时投笔从戎，于1934年3月考入笕桥中央航空学校第五期轰炸机专业。1936年3月毕业后历任飞机试飞员、中央航校教官、空军中队长、上校飞行大队长。是蒋介石座机“美龄号”副驾驶员。1949年去台湾，历任空军大队长，空军第三联防上校副联队长、联队长，通信总队长，后勤署长，空军预备学校教育长等职。空军上校加少将军衔。1959年退役后创办“中华航空公司”，先后任总经理、董事长。1963年3月任台湾省劳工保险局副总经理。1974年8月任台湾劳工保险局总经理。2001年8月27日在台湾去世。

**杨榆椿(1893—1950)**

字愚村，亦作渔村。宁海县人。早年先后就读于浙江陆军小学堂和南京第四陆军中学。1918年入保定陆军军官学校第八期步科。1922年7月毕业后入广西新桂系部队服役。1925年冬入黄埔军校任教官。1927年随学校迁往南京任中央军校训练部上校部附。1929年任南京陆军整理处杭州分处视察官。抗战期间曾任第九战区司令部少将参谋，军训部点验委员会少将委员。1946年6月任国防部少将参谋。后辞职返乡养病。1950年病故。

**杨福璋(生卒年不详)**

会稽县人。清光绪朝举人。后到云南任职，历任三品衔候补知府、云南省巡警道道员、云南省提法使司提法使。1911年辛亥革命云南光复时与云贵总督李经羲等同时被革命军抓获，因政声不错，随即被委任为云南大汉军政府民政司司长。1914年6月至8月任云南滇中道道尹。1914年8月至1915年10月任云南省腾越道道尹。1915年3月至10月兼云南腾越关监督。同年10月8日因病辞去本兼各职。后不详。

**杨　演(1911—1988)**

原名杨汝华。衢县人。浙江省立第八中学毕业。曾肄业于同济大学预科，不久转入浙江省治虫人员养成所，毕业后从事虫害防治和植物病虫害研究工作。1941年参加高等考试及格，授予农艺园艺师职称并以荐任级任用，先后在浙江、四川、江苏、江西、安徽等省农业科研单位和高等院校工作。曾任中正大学、安徽大学副教授。新中国成立后历任安徽大学教授，安徽农学院教授、院长、博士研究生导师等职。译介国外有关植物抗病性及植物病流行学的专著，与人合编有《植物病害流行学》。

**杨谱笙(1879—1949)**

名兆銮，字谱笙，以字行。吴兴县人。成年后到其三哥杨信之在上海开办的康泰丝栈工作。1906年与杨信之创办湖州旅沪公学，并亲自主持校政工作。在此期间加入同盟会。1908年表侄陈其美从日本回到上海，在湖州旅沪公学任教，一边宣传革命思想、秘密组织和联络革命志士。1911年7月31日在上海湖州旅沪的公学正式宣告同盟会中部总会成立，并且当选为中部总会会计。武昌起义爆发后积极协助陈其美参与上海光复。11月3日上海光复后任沪军都督府参谋兼军需科长。1916年陈其美被暗杀后奉母息影吴门，退出了革命队伍。1931年2月至1932年8月任南京国民政府监察院秘书长。1933年2月至1937年任监察院监察委员。1937年抗日战争爆发后因病留沪。反对汪精卫对日言和，斥汪伪汉奸卖国贼。不为敌伪所诱，严词拒绝出任伪职。1949年4月17日在上海病故。

**杨镇毅(1876—1960)**

字梓青，又字子卿、芷钦，别号戎马书生，晚年又自号蔬香居士。临海县人。1895年中秀才。1896年入杭州紫阳书院求学，旋入诂经精舍，与章太炎同师于经学大师俞樾，开始接触新思想，赞同维新变法主张。1902年补廪，返回临海，先后出任桃渚鹤峤书院以及东湖书院山长。1905年浮槎东渡，入东京弘文书院，从而结识陶成章、秋瑾等革命志士，并加入光复会。1906年春回国后出任杭州金刚寺巷的赤城公学教务长，专门培训台州各县学生。1907年春秋瑾主持大通学堂工作，与秋瑾取得联系，偕屈映光、周佩璜等人返回临海，借用台州府校士馆，创办体育学堂，初名为“辉台”，后改为“耀梓”，出任监督。耀梓学堂与大通学堂联系密切，秋瑾常有信寄来，署名“秋千”。大通学堂被查封后耀梓学堂也被波及，与台州知府许邓周旋，终因没有证据证明耀梓与大通的联络，最后改“体育”为“师范”，耀梓学堂得以继续开办，仍任学堂监督，洪宇清与项仲霖任经理。台州知府鉴于其在学界颇具声望，遂上报浙江提学使，调任温处省视学，但耀梓仍以其为名誉监督。因大力整顿温州学界，成绩卓著，又被举为浙东八府教育总会副会长。1908年投笔从戎，自号“戎马书生”，参加浙军二标任书记官。1911年上海起义前夕奉命经海门乘船到达上海，临时代替光复军北伐总司令李燮和驻守总部处理日常事务。后任总司令部参谋长兼顾问长。时南京未下，组成江浙联军进攻，遂电嘱洪宇清招募一营台州新兵，前往吴淞进行短期培训，编为光复军第一营，会攻南京，并亲与其役。南京攻克后又商议援鄂，组建援鄂军，由黎天才任援鄂军第一师师长，作为光复军代表，与浙军代表许颖生、屈映光、徐乐尧等前往武昌，商议援鄂事宜。1912年南北和议召开，代李燮和起草致袁电文，促其归向共和，勿与革命为敌。中华民国成立后出任浙江都督府评议部参议官。1914年任浙江巡按使公署机要秘书以及浙江省惩戒委员会委员长。时袁世凯已露出其真面目，国事日非，不愿铨叙陆军中将，北京政府拟任命浙江政务厅长，予以断然拒绝，并于是年冬离开政界，退居家乡，自号“蔬香居士”。1919年应山东省长屈映光之请，北游泰山，并以省长公署高等顾问名义，主持祭孔典礼。

**杨德鉴(1903—1953)**

金华县人。在家乡小学毕业后考入杭州蚕桑学校。1926年辍学回家，继承父业，开设“同泰仁”酒酱作坊和“人和丰”南北货商店。同时在店内附设义务看病的诊所，为贫苦的病人施医施药，分文不收，店铺生意十分兴隆。1937年抗日战争爆发后以当地国民党政府乡长的身份，支持中共党组织在当地开展的抗日救亡活动。1939年下半年中共党组织领导以傅村为中心，在杨家、凤塘、石狮塘、溪口、祝村、后傅等地开展“二五”减租斗争。杨带头执行，并积极支持佃户向地主进行反撤田斗争，被选为傅村农民协会会长。1942年7月7日在义乌下宅成立“金东义西抗日自卫大队”。年底改称金义联防第八自卫大队，任大队长。从一名爱国士绅到积极参加抗日保家乡武装斗争的战士，在中共抗日民族统一战线政策的感召下，为八大队的建立作出了贡献，成为当年金义浦地区上层人士中比较突出的代表。1943年4、5月间，鉴于自己不会领兵打仗，主动离开了八大队，前往江西上饶经商。1948年底辗转至杭州，在南星桥开设了“老大房”商店。1951年5月和10月作为开明人士代表参加金华县第一届各界人民代表会议第四、第五次会议，并当选为常务委员会委员。1952年11月在金华县第二届各界人民代表会议第一次会议上当选为常务委员会第二副主席。1953年11月27日病故。

**李又然(1906—1984)**

原名李家齐，笔名又然、罗曼等。慈溪县人。1926年入上海南洋高等英文专修班，后转上海群治大学法律系。1927年旅欧留学法国巴黎大学哲学系，结识著名作家罗曼·罗兰，开始为《赤光》、《涛声》撰稿。1935年加入反帝大同盟。1938年赴延安，任中央军委编译处编译，兼任延安女子大学、延安大学教职。历任延安中国文艺协会、文艺界抗敌协会执委，《谷雨》主编。1942年应邀参加延安文艺座谈会。1945年赴东北，任哈尔滨大学文艺学院院长、《文艺》主编、吉林省吉北联中校长；主持筹建吉林省文联，任吉林文协主任，《文艺周刊》、《文艺月刊》、《文艺月报》主编。曾出席第一、第四次全国文代会和第四次作协代表会。著有《国际家书》、《伟大的安慰者》。

**李九仙(1911—　)**

字庆尧。鄞县人。曾就读于江苏省立淮阴中学。毕业后考入国立北平大学艺术学院音乐系，1933年毕业。曾在江西省音乐教育委员会管弦乐团及音乐师资训练班任教。1940年任广西桂林美术专科学校、广西省立艺术专科学校教授兼系主任。1949年秋去台湾，任台湾省立师范学院音乐系教授。1982年退休。著有《西洋音乐史》、《提琴名曲及其作家》等。

**李士珍(1896—1995)**

字梦周。宁海县人。1896年11月21日生。早年在宁海读完小学后考入上海公学，毕业后考入杭州私立之江大学学习。1924年秋赴广州，考入黄埔军校第二期辎重队学习，在校期间参加军校孙文主义学会，任候补干事。1925年9月毕业后任国民革命军第一军第一师辎重队排长，后调国民革命军参谋处任参谋。先后参加第一、第二次东征。1926年7月任国民革命军总司令部兵站总监部乐昌分站站长，同年底任中校参谋处长。1927年任南京政府国民革命军第一路军兵站分监部少将参谋长。同年12月留学日本，先后就读于日本步兵学校、警察大学。1932年毕业回国，历任南京国民政府参谋本部简任参谋、复兴社中央干事会干事。1933年任首都警察厅警士教练所所长。1935年奉派赴欧美考察警政。1936年春回国，4月任内政部警官高等学校校长，不久改任中央警官学校教育长。1937年淞沪会战爆发后率领中央警官学校学生赴沪参战防守南市。不久奉令率领中央警官学校迁至四川成都，仍任教育长。与戴笠等发起成立中国警察学会。1940年发起成立中国警察学术研究会，任副理事长。1941年和1942年先后在西安和莱阳开办西北警官训练班和东南警官训练班，为国民党各级警政机构培训干部。1943年当选为三民主义青年团中央常务监事。1945年5月当选为国民党第六届中央候补执行委员。1946年当选为制宪国民大会代表。1947年10月任中央警官学校中将校长。1948年当选为“行宪”国民大会代表。1949年去台湾后任“中央警官学校”校长，并兼任“国民大会”宪政实施研讨委员会台北区修宪第一研究组召集人，“国民大会”主席团成员，“行政院经济设计委员会”委员，国民党中央第十二、第十三、第十四届中央评议委员。1995年4月14日在台湾去世。著有《东征日记》、《现代各国警察》、《战时警察业务》、《警察行政之研究与实际》、《警察精神教育》、《战后各国考察记》等。

**李士群(1905—1943)**

原名萃。遂昌县人。早年在衢州中学毕业后赴沪，先后就读于上海私立美术专科学校、私立上海大学。在上海求学期间加入中国共产党。1927年大革命失败后赴苏联留学，肄业于莫斯科东方大学。1928年回国后以蜀闻通讯社记者身份，与妻子叶吉卿(也是中共党员)在上海从事中共地下党活动。同年被公共租界巡捕房逮捕，托关系拜上海青洪帮大佬季云卿为师，得以保其出狱。1932年被国民党中统特务逮捕，即自首叛变，被委为国民党中央组织部调查科上海工作区直属情报员，并与丁默邨、唐惠民等中共自首分子一起在上海公共租界新光书局编辑《社会新闻》杂志。1933年因参与谋杀中统上海区区长马绍武被捕，未几被保释，仍任党务调查科编译员，后任南京区侦察员，并兼留俄同学会理事。1937年底南京沦陷前夕奉命潜伏南京。1938年夏趁中统局委派其为国民党株萍铁路特别党部特务室主任之机，潜往香港，与日本驻香港总领事联系正式投敌，然后返回上海为日军做情报工作。1939年5月在日本特务机关指导下，受汪精卫集团领导，正式成立汪伪特工总部，任副主任。同年8月任汪伪中央委员，汪伪中央特务委员会秘书长、副主任委员，残害抗日军民。1940年3月任汪伪警政部政务次长兼特工总部主任、汪伪中央政治委员会委员；4月任汪伪警政部政治警察署署长、汪伪中央军事委员会委员；12月任汪伪警政部长。1941年兼任汪伪清乡委员会委员、秘书长、苏州办事处处长、行政院政务委员。1942年10月任汪伪调查统计部部长。1943年1月任伪江苏省省长；6月兼汪伪新国民运动促进会江苏分会主任；9月9日被毒死于伪江苏省政府所在地苏州。

**李士豪(1900—1972)**

字俊卿。诸暨县人。1915年在绍兴的浙江省立第五中学就读时参加反对袁世凯丧权辱国"二十一条"的爱国运动。1919年夏受五四运动影响组织参加"国耻图雪会"，开展反帝爱国斗争。同年秋考入浙江省立法政专门学校政治经济科。1923年毕业。1926年赴广州，先后任国民党中央工人部干事、组织科主任，从事工人运动。1927年大革命失败后离开武汉，在上海、浙江一带开展反对国民党当局的活动。1928年被捕，后经多方营救，于1929年底出狱。1931年在上海参加邓演达领导的中国国民党临时行动委员会(中国农工民主党前身，以下简称临委)。1932年任南京国民政府实业部科员。同年冬任青岛冀鲁区海洋管理局总务科长。1933年夏改任建设费征收处主任。1934年秋赴日本留学，入明治大学经济系，并参与临委活动。1935年11月出席在香港九龙召开的临委第二次全国干部会议，会议决定改名为中华民族解放行动委员会，当选为临时中央执行委员会委员。会后到上海担任华东局书记，负责江南地区的党务工作。同时到日本完成学业。1936年秋回国。1937年任浙赣铁路理事会经济研究室专员。1938年3月赴汉口参加中华民族解放行动委员会召开的第三次全国干部会议，当选为中央执行委员，并被委派负责浙江工作。回浙后任浙江省抗日自卫队武义干部训练班教官。同年5月回诸暨担任诸暨县抗日自卫委员会副主任委员兼诸暨县战时政治工作队队长，与中共诸暨地方组织合作，组织民众，广泛开展抗日救亡、培训抗日骨干等活动。1942年5月诸暨沦陷后支持新四军浙东游击纵队所属的金萧支队、三五支队。1945年10月新四军浙东纵队主力北撤后，接受中共地下党的指示，到县城劝诫国民党县长、县党部书记长，保护参加过抗日的同志。1946年在上海加入中国民主同盟。1947年中华民族解放运动委员会改称中国农工民主党，任中央执行委员、常务委员、华东局负责人、浙江省主委，参加设在上海的农工民主党中央领导工作。期间农工民主党组织大量物资支持浙东游击部队，并将大批知识青年送到浙东游击区和苏北的华东野战军。1948年下半年任农工民主党驻沪办事处主任，与上海的中共党组织一起组织力量，保护当地的工厂、设备、档案，在沪、浙、鲁、冀进行策反工作。1949年9月作为中国农工民主党代表参加中国人民政治协商会议第一次全体会议。新中国成立后历任政务院财经委员会委员，华东水产管理局副局长，浙江省人民政府委员，浙江省农林厅副厅长、厅长。是第一届全国政协委员，第二届全国人大代表，农工民主党中央执行委员，浙江省委员会主任委员，民主同盟中央委员。1957年被划为"右派"。1962年被摘掉"右派"帽子。1972年9月在杭州去世。1979年2月恢复政治名誉。著有《抗日战争与民主政治》、《国防建设与抗战经济》、《中国合作事业史》、《中国渔业史》等。

**李广勋(1894—1984)**

字叔章。杭县人。幼年随父定居苏州，在圣公会桃坞小学求学，后考入位于江苏高等学堂。辛亥革命后学堂停办，改考入上海圣约翰大学医科。同年转入北京清华学校，与陈鹤琴、金岳霖等人为同班同学。1914年毕业后获公费赴美留学，入宾夕法尼亚大学医科就读。1919年毕业，获医学博士学位，留在该校附属医院实习一年并参加美国医学院统一开业许可考试，获得合格证书。后至哈佛大学进修儿科，并在费城儿科医院实习。1921年回国后应苏州博习医院(系美国基督教监理公会在中国设立的第一所教会医院，今苏州大学附属第一医院)之聘，担任儿科兼内科主任。曾依照费城肺病疗养院的设计，自己动手用土法制成人工气胸器，建空气疗养室用于肺科临床，用人工气胸术治疗肺结核。并写出有关论文五篇，发表于外文版《中华医学杂志》，得到英、美医学家的重视。1924年从1034例样本中查见血吸虫卵阳性者33人。同年兼任浸礼会乐群社诊疗所医师。1927年8月被医院董事部推选为院长，是第一位由中国人担任的正式院长。1932年"一·二八"淞沪抗战爆发后，医院曾收容十九路军伤病员达五六百人之多。1933年夏因健康原因，辞去院长职务，在民治路自设诊所。抗战胜利后受上海市卫生局之聘，任上海劳工医院顾问，兼大公医院内科主任。1959年退休。1984年12月22日在上海病故。

**李开福(1878—1976)**

字乾荪，号净通。海盐县人。清末秀才出身，擅诗文书法。辛亥革命后曾任杭州《之江日报》主笔、浙江民报社社长兼经理。因不畏权势，抨击时政，遭到浙江省军阀当局的嫉恨。1926 年 9 月《浙江民报》因刊登国民革命军进军战捷消息被查封，本人同时被捕入狱，后经杭州名流金润泉等力保获释。南京国民政府建立后历任浙西水利议事会会长，浙江省第二、第三届省议会议员，缙云县县长，江苏无锡、山东济南特税局局长。曾在沪杭等地筹款，参与创办海盐电灯公司、轮船公司、丝厂。抗日战争期间隐居乡间。抗战胜利后任海盐县修志馆编纂、海盐县佛教支会理事长。新中国成立后由馆长张元济介绍，被聘为上海市文史馆编纂。著有《印光法师嘉言录》，另有未刊稿《楞严经释义》。

**李天助(1910—1997)**

金华县人。1935 年 7 月上海东南医学院毕业后到基督教卫理公会创办的安徽芜湖弋矶山医院任外科医师。1937 年"八一三"事件后决意从军抗日。次年在长沙加入财政部缉私总队总医院任中校军医，后升任上校院长。曾随孙立人将军率领的中国远征军新三十八师赴缅甸对日作战。1942 年 6 月从缅甸回来后到贵州湄潭探望时在浙江大学附属中学任校医的妻子贺绣君，适值湄潭发生疫病，就留在浙江大学医务室工作，并任医务室主任。新中国成立后长期在浙医二院工作，参与组建浙医二院骨科，曾任医务室主任、骨科副主任、主任等职，是浙江省著名的骨科专家。并曾担任民进浙江省委会第二、第三届副主委，第四、第五届名誉副主委，浙江省政协第四、第五、第六届常委。

**李元庆(1914—1979)**

笔名袁里、袁青、李健。杭州人，生于北京。音乐家。1929 年入杭州西湖艺专学钢琴。1931 年去上海音专理论作曲系攻读。次年参加"北平左翼音乐家联盟"，开展革命音乐活动。21 岁以大提琴演奏出名。1938 年任京华美专教授。1941 年赴延安参加革命，任鲁迅艺术文学院音乐系教师、《民族音乐》编辑、华北联大音乐系教师等。1948 年加入中国共产党。新中国成立后历任中央音乐学院研究室主任，中央音乐研究所副所长、所长，中国音协书记处书记，民族音乐委员会副主任，中国曲协理事长，中朝及中非友协理事等职。为发掘、整理中国民族民间音乐遗产，开展中国音乐史的研究，改革民族乐器做了许多工作。著有《音乐的故事》、《和声解剖》、《乐器法》等，创作曲有《将革命进行到底》、《清水河清又清》、大提琴曲《白毛女》等。

**李　云(1915—　)**

女。原名祝修贞。海宁县人。1929 年 4 月在上海参加共产主义青年团。1930 年加入中国共产党，曾在共青团上海闸北区委从事少年工作。1931 年在中共浦东区委工作。1932 年初调入在上海的中共中央特科从事情报工作。1936 年受中共组织的派遣担任中共组织与宋庆龄之间的联络人，以秘书身份出入于宋庆龄的寓所。1937 年 11 月上海沦陷后陪同宋庆龄离开上海前往香港。1939 年到延安。1943 年起先后在中共中央社会部西北公学、社会部研究科工作。1947 年起先后任鲁中一地委机关总支书记、渤海土改工作队党总支书记、济南市委第六区委组织部长。1949 年 5 月上海解放后任上海蚕丝第二绸厂党支部书记、副厂长，上海商品检验局军代表兼接管专员，中国福利会党组书记、秘书长，上海市政协副秘书长等。著有回忆录《往事与情缘》。

**李云书(1866—1935)**

名厚佑，以字行。镇海县李氏家族第三代代表人物。少时在李氏家属的慎余钱庄习业。后继承慎余、立余等钱庄。1897 年参与创办东方轮船公司。1902 年创设天一垦务公司，并任经理，以现代经营方式从事东北农垦业。1905 年与张謇等创办大达轮埠公司，任会办，并任商船公局经理，裕苏官钱局坐办。1906 年在家乡镇海创办永裕垦牧公司。1908 年发起创办四明银行，并任董事。同年又任交通银行上海分行第一任总办。1910 年任华日合资上海绢丝公司总理。还独资创办天余东洋进出口号、天余火柴栈号，参与创办或投资晋华纸烟公司、海州赣丰饼油公司、华通水火保险公司、中华银行、厦门信用银行、中国化学工业社、民新银行(董事长)、中国荣华纱线厂、劝业银行(董事)、汉口既济水电公司、汉冶萍股份有限公司、三北轮船公司、宁绍轮船公司等企业。还是同盟会会员，曾积极参与 20 世纪初上海的地方自治，任上海地方自治总工程局总董、预备立宪公会董事、上海地方自治研究会会员等。辛亥革命时参与上海光复，江浙联军进攻南京时任总兵站总监，积极为联军筹措饷械。

**李升伯(1896—1985)**

上虞县人。纺织专家，纺织工业企业家。1915 年上海民立中学毕业后进一家丝厂工作，边工作边刻苦自学，不几年即通晓英语、数学、物理、纺织等课程。1922 年以中国代表团团员身份，出席在美国纽约举行的第一次世界丝业博览会，会后留美攻读纺织工程。1924 年到英、法、意、瑞士、日本等国考察，归国后提出四项发展纺织工业的建议：自制纺织机械、改良棉种、培养人才、改进管理。1926年作为上海银团代表，为南通张謇整顿和发展地方工业、农业和教育事业，任大生纱厂经理，并创办我国第一家棉产改进所，引进美棉，改良国产棉种，以后发展为八省棉产改进所。1938年日军逼近南通，辞职回沪，任诚孚纺织公司工务部经理，创办我国第一个从事棉纺织科技研究的"棉纺织实验馆"。1939年创办诚孚纺织专科学校。抗日战争胜利后任中国纺织建设公司副总经理、经纬纺织机械公司总经理，在上海、青岛、天津、沈阳等地开设纺织技术训练班，培养了一大批纺织专业人才。1949年春天去香港。在此以前，经纬纺织机械公司曾向美国定购一批纺织机械工作母机，上海解放时，母机尚未运到，而美国禁运在即，为了抢运机器，他不惜倾其家财，在香港创办永丰布厂，争得在香港的社会地位，终于把当时价值260万美元的机器运回国内。50年代去美国，加入美国籍。在美国一所农业大学学习，毕业后留校任教。1978年回国定居，任上海市纺织工业局技术顾问、上海市纺织工程学会顾问，为开拓纺织品市场，发展服装工业作出贡献。1985年11月在上海去世。

**李升培(1879—?)**

字子栽。吴兴县人。1903年癸卯科举人。后毕业于清民政部高等巡警学堂简易科。清末历任北京外城巡警总厅司法处科员、警官，民政部佥事，内阁中书等。1913年任北洋政府京师检察厅行政处长。1914年任京师检察厅司法处长。1915年起历任北洋政府内务部佥事，内务部警政司第四科科长兼特种财产管理事务局委员，内务部专管管理处处长，内务部礼俗司司长，河北烟酒税局分局长。1927年任张作霖的安国军政府内务部警政司长。1929年4月经浙江省政府第221次会议批准，担任浙江省杭州市公安局局长。1937年底任伪中华民国临时政府山西省公署秘书长。1943年2月任伪华北政务委员会教育总署秘书主任。后不详。编著有《国民哀悼会纪事录》、《先农坛古迹考略》、《天坛古迹纪略》等。

**李允成(1900—1953)**

奉化县人。是中国氧气工业、电石工业的主要创始人。幼年家境清贫，上海澄衷中学毕业后进恒昌祥机器造船厂工作，得老板资助去英国格拉斯哥留学八年获硕士学位，为英国皇家学会会员。回国后任恒昌祥造船厂工程师，吴淞商船专科学校轮机系主任，还任教于上海交通大学。1933年春与上海可炽铁号资本家陈受昌、中央造币厂厂长郭承恩、德商禅臣洋行华经理严家淦创办中国工业炼气股份公司，任经理，同年国产氧气问世。1935年东渡日本考察，通过日商三隆洋行进口全套电石炉设备。1936年国产电石在上海问世，解决中炼公司的原料问题。抗战爆发后中炼公司迁重庆，又于1941年创办内地最早、最大的中炼公司长寿电炼厂，产品除满足大后方工业和民用照明需要外，还有少量出口。抗战胜利后中炼公司返沪，任总经理，经增资扩充后，中炼公司成为国内最大的氧气生产企业。同时兼营航运业，任中国油轮公司总经理和民生轮船公司总工程师。上海解放前夕去台湾，1953年在日本病故。其台湾故友遵其遗嘱，以其在台遗产设立李允成教育基金。

**李　达(1908—1948)**

字洪为。新昌县人。先后毕业于广州黄埔军校第六期步科、南京中央军校高教班第二期、陆军大学参谋班第六期。1939年3月任国民革命军第一军第一师第三团团长。1942年8月任三十四集团军特务团上校团长。1944年11月任第一〇〇师副师长。1947年3月任整编第二十七师第四十七旅旅长。陆军少将军衔。1948年3月1日在陕西宜川战役中阵亡。

**李玉清(1901—1976)**

鄞县人。1917年入上海圣芳济学院读书。1919年进上海同新和五金店，1929年升任副经理。1938年5月自设利康贸易公司，任经理。抗战胜利后与人合资开设强华五金店，任经理。1946年8月又接盘日商三友梭子厂，兼任业务经理。上海解放前夕大股东及经理欲抽逃资金去台湾，联合中小股东在董事会加以阻止，并留下来维持生产。上海解放后强华店关闭，改任九三梭子厂经理。1952年后任上海榆林区工商联筹委会主任委员、上海市第三届人大代表、榆林区和杨浦区副区长、民主建国会杨浦区第三至第四届主任委员等职。1976年病故。

**李正仙(1904—?)**

字啸天。东阳县人。黄埔军校第二期毕业。曾任国民革命军第五兵团副司令官兼第二十军军长。陆军少将。1949年春所部在北平被迫接受中国人民解放军改编。同年12月乘机潜往台湾。1964年在台湾退役经商。

**李正先(1904—1978)**

字建白，亦作健白。东阳县人。1904年12月19日生。早年毕业于杭州三才中学。1924年底考入广州黄埔军校第二期步科。1925年9月毕业后历任黄埔军校第四期学员总队区队长，军校教导第二团连长，国民革命军第一军第一师第一团营附，参加两次东征。1926年参加北伐战争。1932年任陆军第一师第一旅第一团团长。1934年底奉令前往四川“围剿”红军。1935年5月被国民政府授予陆军中校，后任陆军第一师第一旅副旅长。1936年4月被授予陆军步兵上校；7月任陆军第一师第一旅旅长。1937年6月任陆军第一师副师长；8月参加淞沪会战。1938年春任中央军校第七分校第二总队总队长。不久任第一师师长。1939年6月被授予陆军少将。1942年10月任第一军副军长。1943年6月任第三十四集团军第十六军军长。先后参加南京保卫战、武汉会战、豫中会战。1945年3月入陆军大学将官班受训；6月毕业后任第一战区整编第十六师师长。1946年任第十五军官总队总队长。1947年4月任战地视察第七组组长，后任战地视察官训练班副主任。1948年任第十四集团军副总司令、第十九兵团第二十七军军长兼安（康）石（泉）警备司令。1949年撤退入川。1950年去台湾，任“国防部”高参。1952年入“革命实践研究院”第十九期受训。1955年入“国防大学”联合作战系旁听。1964年退役。担任台湾“中国石油公司”顾问。1978年1月20日在台北病故。

**李立卓（1892—1930）**

又名立德。永康县人。1925年加入中国共产党，是永康党组织发起人之一。1926年底参与夏超独立事件。夏超独立失败后返回永康下徐店村校教书，创办前黄村校，从事革命宣传和秘密建党活动，先后建立下徐店、前黄两地党支部，组织农民协会，开展“二五”减租斗争。1927年9月和10月参加永康临时县委组织的两次农民进城请愿斗争。1928年秋发动永（康）武（义）两县联合暴动，暴动失败后重建义和区党组织，任义和区委书记。1930年初任永康县委书记。同年春与应焕贤秘密举办两期培训班，培养革命骨干；7月遵照浙南特委会议决议，改组永康中心县委，任书记；8月前往仙居联络红十三军游击队途中被捕；8月28日在缙云县城壶镇壮烈牺牲。

**李立倚（1904—1948）**

永康县人。1927年加入中国共产党。1929年任中共永康区委委员。1930年7月任中共永康县委组织部长；9月红十三军攻打缙云县城壶镇失利后被国民党当局逮捕，受尽酷刑，被送往浙江嘉兴师管区劳动营服苦役。1931年逃回永康继续从事革命活动。1933年春任中共永康工作委员会宣传部长。1935年工委遭破坏，仍坚持隐蔽活动。1938年中共永康县委重建，积极投入抗日救亡活动，发展党的组织。1944年秋任中共永（康）武（义）工作委员会组织部长，在永康各地发展党员，建立基层组织。1947年8月任中共永康工委书记，领导地方党组织配合游击队开展“三抗”（抗丁、抗粮、抗税）斗争。1948年8月31日在执行任务时被杀害。

**李权时（1895—1982）**

字雨生。镇海县人。1911年为北京清华学堂第一期学生。1918年赴美留学。在美期间获得碧洛脱大学经济学学士，芝加哥大学经济学硕士，哥伦比亚大学经济学博士学位。1922年学成归国。1922年至1945年间历任上海复旦大学教授兼教务长、商科主任、商学院院长、经济系主任，上海交通大学、大夏大学、光华大学、上海商学院、东吴大学、之江大学、震旦女子文理学院等校教授，并担任中国经济学社理事暨经济学季刊主编、上海银行周报社社长暨总编辑、商务印书馆《大学丛书》委员会委员。1945年赴香港，担任华侨工商学院教授及经济系主任。1950年回国后担任东北人民大学（今吉林大学）经济系教授。1956年参加民革，曾任民革吉林省常委及天津市民革对台工作委员会委员。著有《经济学原理》、《财政学原理》、《经济学新论》等20余种。

**李成虎（1854—1922）**

萧山县人。父亲早逝，幼年和弟弟随母亲在讨饭中长大，后在萧山衙前镇西之西曹村落脚。1921年4月上海共产主义小组成员沈定一回乡创办衙前农村小学，发动农民运动，支持农民与地主豪绅开展斗争。在沈定一的教育鼓动下以60多岁的高龄积极串联农户，号召大家团结起来，进行减租斗争。同年9月27日衙前农民协会成立时任农协委员，又被选为议事员；12月27日萧山县知事庄伦仪派出便衣密警，将其逮捕，钉镣收监。1922年1月24日在狱中被折磨致死。

**李成璋（1922— ）**

鄞县人。国立重庆大学化工系毕业后进入中国石油公司高雄炼油厂工作，历任工务员、助理工程师、副工程师、工程师兼企划课长、方法工程课长、技术组长。1970年冬调任“中台化工公司”建厂工程处长、技术协理、副总经理、总经理。

**李传芳（1903—1977）**

杭县人。传统艺人家庭出身，祖父、父亲都是古彩戏法演员。从小从父学艺，幼年即能表演顶碗、双簧等节目。20岁到苏州表演，以“脱衣飞水”及口技等得到观众的认可。1940年在上海拜莫悟奇为师，学习魔术表演。表演中把古彩戏法和魔术表演结合在一起，让人耳目一新。新中国成立后加入上海红色杂技团，1957年转入南京杂技团。1977年病故。

**李名岳(1911—1998)**

镇海县李氏家族人，著名化工专家、企业家。1934年上海光华大学毕业后入中国化学工业社为实习生，后任技术负责人、厂长，协助李祖范经营，使中国化学工业社的“三星”、“剪刀”等品牌商品畅销全国、东南亚。1938年任上海市日用化工业同业公会主任委员。抗战胜利后负责接受日本在华重要石油企业丸善石油株式会社，并与人创办华元化学厂等四家企业。1947年初到美国考察，并为壶元厂引进先进设备。1949年上海解放后任上海市日用化学工业公司副经理，上海长宁区、上海市人大代表，上海市政协委员，中国化学会常务理事等职。

**李庆贤(1902—1987)**

吴兴县人。1916年考入东吴大学预科，其后入理科学习。1925年本科毕业，留任理学院助教。1928年获得美国洛克菲勒基金会奖学金，进入美国伊利诺伊大学攻读博士学位，在孔兹(J. Kunz)教授指导下进行低温下磁铁矿晶体磁性研究，在国际上首先观察到磁冷却效应。1931年毕业，获得博士学位。同年回国后担任东吴大学物理系教授兼系主任。1952年全国高等院校调整，东吴大学与其他高等院校合并成立江苏师范学院，任该院物理系副主任，兼专修科主任。1958年参与重建南京师范学院物理系，此后一直担任该系教授和系主任。1987年12月在南京病故。

**李庆逵(1912—2001)**

字和成。宁波人。1912年2月12日生。1925年毕业于宁波效实中学初中部。1928年毕业于上海复旦中学高中部。1932年以优异成绩毕业于上海复旦大学化学系。毕业后经翁文灏引荐，进入中央地质调查所土壤研究室工作。1944年在中华教育文化基金董事会的资助下赴美国伊利诺伊大学研究生院深造。1946年获农学硕士学位，1948年获哲学博士学位。同年回国后仍工作于中央地质调查所土壤研究室。1949年该所转入中国科学院，组成地质研究所，成为中科院研究员。1950年当选为第四届国际土壤学会副主席。1953年中国科学院组建土壤研究所(今南京土壤研究所)，任该所研究员、副所长。1956年当选为中科院学部委员。1957年至1962年兼任中国科学院热带生物资源综合考察队副队长。1978年至1983年兼任中国科学院长沙农业现代化研究所所长。还兼任过江苏省科学技术委员会副主任和江苏省科学技术协会副主席。1980年受聘为在荷兰出版的国际《肥料研究》杂志的编委。1983年起任江苏省人民代表大会常务委员会副主任。1985年任中国科学院南京土壤研究所名誉所长。历任中国土壤学会第二、第三、第四、第五届理事长，中国农学会和中国化肥学会副理事长。毕生从事土壤及土壤植物营养化学研究，曾发表论文80余篇。2001年2月25日在南京病故。

**李次九(1870—1953)**

原名鹏。吴兴县人。早年留学日本，参加同盟会。辛亥革命时任湖州府民事长、浙江都督府军事秘书。1919年任浙江省立第一师范学校国文主任教员，积极支持五四新文化运动，推行革新语文教育，思想激进，与夏丏尊、陈望道、刘大白并称一师“四大金刚”。后任浙江省立杭州贫儿院院长，浙江省通志馆编纂。1938年秋举家赴广西。新中国成立后为浙江省文史研究馆馆员。善诗词。辑有《词选续词选校读》、《历代名人传略》。

**李如河(1906—?)**

永嘉县人。1926年10月黄埔军校第四期毕业。同年参加北伐战争。历任首都警察厅特警课股长、少校督察，南京市警察分局长。抗日战争爆发后任中央警察总队大队长，武汉卫戍总司令部宪兵团副团长，重庆卫戍总司令部稽查处情报科长，第三战区军法执行部苏浙皖边区调查室主任。抗战期间曾入国民党中央训练团党政班第十期结业。1946年后历任京沪铁路局警务处副处长，沪杭铁路护路司令部少将警务处长，上海铁路局代理警务处长。1949年去台湾。

**李寿山(1876—?)**

字贤树。慈溪县人。钱业经营商。素营钱业，1905年苏州程氏顺康庄设立时即任经理，长达三四十年。20世纪20年代初从事公债买卖，获利颇丰，使该庄成为上海最著名的钱庄之一，李氏本人也连任六届上海钱业公会董事或执行委员。同时任交通银行上海分行董事。1916年参与抵制袁世凯的“停兑令”。热心公益事业，巨资捐助中国济生会等慈善组织。

**李进德(1896—?)**

字芝青。临海县人。1918年8月入保定陆军军官学校第八期步科学习。1922年7月毕业后分发到驻绍兴的浙军第二师第三旅第六团第三连任见习官。后调浙军第六师第九十八团任职。1930年任首都(南京)警察厅处长。1934年12月任福建省会公安局长。1937年7月抗战爆发后任第三战区司令长官部少将军法处长。1938年至1943年任福建省军管区司令部参谋长。1944年至1946年任军事委员会军政部军需署川江运输处长。1947年任国防部联勤总司令部少将高参。1948年任联勤总司令部台湾供应局长。

**李　秀(1903—?)**

字俊甫。松阳县人。黄埔军校第二期步兵科毕业。历任南京国民政府军事委员会开封行营中校参谋,西安"绥靖"公署第三处上校副处长,陆军总司令部第一少将副处长,陕西省保安司令部参谋长,整编第三十六师高参兼军法处长。1948年8月9日被中国人民解放军俘虏。后不详。

**李伯年(1910—　)**

诸暨县人。1935年毕业于私立金陵大学农学院。历任福建省园艺试验场技士、福建省立农学院讲师、江西赣县联立高等农业学校校长。1949年去台湾,任台湾省农业试验所技正兼园艺系主任。1972年退休后转任私立"中国文化学院"教授。著有《浙江诸暨芋茎治螟之特效调查》。

**李伯康(1903—1978)**

平湖县人。少年时从养父李文彬学艺。1929年到上海表演《杨乃武与小白菜》,台风文雅恬静,人物刻画细腻,描摹有声有色,在上海走红。解放后上海评弹界成立上海市评弹改进协会,当选为第一任理事。1950年积极响应说新书的倡议,演出长篇评弹《杨娥传》、《红岩》等,对苏州弹词增强现实生活的表现力具有一定的贡献。

**李非白(1912—1986)**

乐清县人。1938年毕业于浙江省立医药专科学校,其后在江苏医学院寄生虫病学学部历任助教、讲师、副教授等职。新中国成立后曾任浙江医学研究院研究员、室主任、寄生虫病研究所所长、第一副院长,并兼任浙江医学院寄生虫病学教授及教研室主任等职。在钩虫等肠道线虫和棘口吸虫等方面颇有研究,曾编著《钩虫病学和东方毛圆线虫》一书(与洪式闾教授合作),发表科研论文60余篇,获得全国医药卫生及省科学大会成果奖四项,是一位国内知名的寄生虫病学家。

**李叔同(1880—1942)**

原名李康侯,字息霜,别号漱筒。祖籍平湖县,生于天津。自幼爱好诗文书画,在天津师从徐耀廷(耀亭)、唐育垕(静岩)学书习印。1898年移居上海。1900年参与组织海上书画公会。1901年考入南洋公学特班。1905年8月东渡日本留学。1906年9月考入东京美术学校(今东京艺术大学)西洋画科,同时学习音乐。并与留日的曾孝谷、欧阳予倩、谢杭白等创办"春柳剧社",演出话剧《茶花女》、《黑奴吁天录》、《新蝶梦》等,是中国话剧运动创始人之一。1911年3月毕业回国后任天津北洋高等工业专门学校图案科主任教员。1912年春在上海加入南社,任《太平洋报》文艺编辑,兼管副刊及广告,并同柳亚子发起组织文美会,主编《文美杂志》。同年秋应聘担任浙江两级师范学校(浙江省立第一师范学校前身)图画音乐教员。1914年冬与师校师生一起组织成立乐石社,为首届主任,主编社刊《乐石集》凡八集和《乐石社社友小传》。1915年任南京高等师范美术主任教习。在教学中提倡写生,开始使用人体模特,并在学生中组织洋画研究会、宁社,倡导美育。1918年8月在杭州虎跑寺剃度为僧,法名演音,号弘一。后曾云游温州、新城贝山、普陀、厦门、泉州、漳州等地治律弘法,成为一代高僧并从事佛学南山律的研究、撰著。系西泠印社早期社员,有《李叔同印存》传世。与丰子恺合作完成《护生画集》六集。后人编辑出版有《弘一大师全集》、《弘一法师书信》、《弘一大师文集》、《弘一大师遗墨》等。

**李昂茨(1902—1931)**

诸暨县人。1924年入黄埔军校第一期学习。1925年9月毕业后入广东航空学校飞行班学习。期间加入中国共产党。1926年前往苏联军事院校深造。1930年回国后到鄂豫皖革命根据地工作,曾任中国工农红军第一军参谋长、中国工农红军军事政治学校第四分校教育长,为扩大和巩固鄂豫皖革命根据地作出重要贡献。1931年2月在参加反"围剿"的战斗中牺牲。

**李季谷(1895—1968)**

原名宗武。绍兴县人。1917年毕业于浙江省立第一师范学校。次年以官费生赴日本留学,入东京高等师范学校就读。1924年归国后任南开大学讲师、北京大学教授,加入改组后的国民党。1927年任浙江省第一中学校长。次年赴英国留学,初入布列斯多大学,后入剑桥大学研究院，专攻近代史，获硕士学位。1930年游学西欧诸国，归国后仍任北京大学教授，兼任北平大学女子文理学院文史系主任。1937年7月卢沟桥事变发生后只身南行，赴西北联大任教授兼历史系主任，后至大西南任中山大学、四川大学教授。1943年后在鲁苏皖豫地区任国民政府招训委员会主任委员，从事战区失学失业青年工作。抗战胜利后任台湾师范学院院长、浙江省教育厅厅长。新中国成立后在上海华东师范大学任教，直至去世。著有《西洋近百年史》、《日本通史》、《高中外国史》等10余种。

**李秉成(1908—1991)**

字集之。富阳县人。1908年3月5日生。早年先后就读于宁波三一书院和杭州蕙兰中学。1926年考入上海复旦大学土木系。1930年毕业，获工程学学士学位。同年考入杭江(杭州—江山)铁路，始任练习工程师，后由帮工程师升任工务段长。1933年奉调参加浙赣铁路南萍段的选线工作，随后调任赣江大桥桥基钻探队队长。1936年8月自费赴美留学，进入康奈尔大学研究院，仅一年时间便获得了土木工程硕士学位。先在美国铁路部门实习，后对加拿大、英国、德国、荷兰、比利时、法国等国铁路进行了考察。1939年3月回国参加抗日，任湘黔铁路副工程师，后任黔桂铁路正工程师。1940年1月辞职北上来到地处陕南城固的西北工学院，任土木系教授。1942年重返黔桂铁路。1944年出任湘黔铁路勘测队长，完成了湖南境内约600公里的线路勘测。此后通过“美国租界法案派遣赴美考察实习的铁路人员考试”，于1945年6月进入美国B&O铁路实习，任中国政府驻美国物资供应委员会交通处技术专员兼铁路组组长，还兼任联合国救济总署工业局专员，负责处理联合国资助中国铁路建设的有关事宜。同年成为美国土木工程学会和美国铁道工程学会正式会员。1948年6月正式申请回国；9月任浙赣铁路顾问工程师，兼任粤汉铁路技术顾问。新中国成立后作为铁道工程专家，对铁路选线颇有研究，曾经组织翻译了苏联高林诺夫教授所著《铁路设计》，编著了《铁道路线勘测与设计》(第一卷、第二卷)，被铁道部聘请为科学技术顾问。

**李金成(1891—1936)**

遂昌县人。1935年5月刘英、粟裕率领的红军挺进师活动到葛程村时，积极为红军带路、送信、侦探情报、筹集粮草、发动群众组织游击队。7月任红军遂(昌)松(阳)龙(泉)边游击队总队长，带领游击队打土豪、开仓济贫、查田插标分青苗，配合红军挺进师建设游击根据地。10月初在国民党军大举“清剿”中被捕。1936年9月3日在遂昌县城西门外就义。

**李征五(1875—1933)**

镇海县人。15岁开始在宁波经商。1904年捐道员衔，分发湖北，得湖广总督张之洞欣赏，后成为清朝军机大臣王文韶的女婿。1909年赴南洋欲办华商银行，旨在联络华侨集款支持革命。在上海加入青帮，成为青帮头目之一。1911年由老革命党人谭人凤主持仪式加入同盟会。入盟后在邻近上海北火车站的爱尔近路(今安庆路)上开设木柴公司，作为秘密联络点。内有深宅大院，以木柴公司为幌子，在此掩护革命党人。同年武昌起义爆发后与陈其美等积极筹划上海起义，在闸北组织敢死队参加上海起义，攻打江南制造局。上海光复后捐出私财百万，招募新兵五千，每人给以安家费，组织光复军，并被推举为光复军统领(即司令员)。不久收张宗昌为徒，并任命他为所部团长。南北议和后主动解除兵权。1913年支持陈其美在上海发动二次革命。失败后捐资帮助群集沪上的革命党人。后担任宁波旅沪同乡会会长，并与陈布雷等创办《商报》，担任总经理。1933年3月15日在上海去世。

**李周雄(1923— )**

海宁县人。1944年毕业于唐山交通大学(时已迁移至贵州)矿冶系，先后任职于筑东煤矿、萍乡煤矿、军政部兵工署第五十兵工厂、上海炼钢厂。1948年赴美国普渡大学冶金系学习，1949年获得硕士学位，1951年获冶金博士。毕业后留在美国工作，曾任美国太空总署顾问专家。还是纽约州工程师及诸学会的会员。获美国、日本发明专利20余件，发表相关学术论文五六十篇。

**李学畅(1878—?)**

字国钦。鄞县人。上海著名棉布商。在上海开设有万成永号(后改为万成永呢绒帆布号)、万成长棉布号、万源棉布号，以经销日本东洋棉布为主，在日本开设坐庄，专门办理进货，经营以批发为主，长江帮、四川帮是最大客户，是著名的棉布商之一。1919年与宁波帮余葆三、王启宇等创设振泰纱厂。1926年盘进黄增和抵押给钱庄的染织厂，改名勤丰染织厂。长期任上海总商会会员。

**李承威(1921—1997)**

湖州县人。1943年重庆中央大学电机系毕业后从事电力事业。历任重庆瓷器口兵工署第二十四兵工厂技术员、上海公用局电业处技士、吴兴县电气公司厂长、首都（南京）电厂电业处工程师。新中国成立后回到湖州，历任湖州电厂经理、工程师、高级工程师、主任工程师。1957年4月参加民革，担任民革湖州市筹备委员会副召集人。1960年任民革湖州市支部一届委员会副主委。1961年当选为民革浙江省第四届委员会候补委员。“文革”后湖州民革恢复活动，继续担任民革吴兴县支部副主委。1980年当选为民革浙江省第五届委员会委员。1983年湖州民革召开第一次党员大会，当选为民革湖州市第一届委员会主委。1988年、1992年连任两届主委。1983年、1988年分别当选为民革中央六届委员会委员、七届监察委员会委员。1984年、1988年连任民革浙江省第七、第八届委员会副主委。此外亦任全国人大代表、市人大常委会副主任、市侨联主席等职。1997年5月20日在湖州去世。

**李承恩(1896—?)**

字湛青。杭县人。1919年2月毕业于保定陆军军官学校第六期骑科。1929年任国民政府军事委员会上校参谋。同年任国民革命军第四集团军联络参谋。1941年9月任湘鄂赣边区总部第一突击队政治部主任。后任陇海铁路护路副司令。1947年4月被国民政府授予陆军少将军衔。

**李承翼(1885—?)**

字弗侯。杭县人。清附生。曾任邮传部电政局科员、财政统计处调查编辑员、邮传局编查科科长。民国建立后任北京政府交通部科员、佥事。后任广东大元帅大本营财政部第二局科长兼帮办、总务厅会办。1923年12月1日任广东大元帅府财政部第二局局长。1924年第二局改为钱币局，仍任局长。后任过广九铁路局局长、粤汉铁路董事、中央银行顾问、国民政府财政部各处长及驻沪办事处主任、全国经济会议秘书长、交通银行常务董事。1929年8月16日任福建省政府委员兼财政厅厅长。1931年2月16日免职。后曾任福建财政特派员。

**李　映(1912—　)**

号因航。东阳县人。陆军大学第十五期毕业。1949年2月任国民革命军第四十八军第一七五师少将师长，隶属白崇禧的华中军政长官公署指挥。同年12月9日在广西战役中被中国人民解放军俘虏。后不详。

**李厚垣(1871—1953)**

字咏裳，以字行。镇海县李氏家族第三代代表之一。1886年到上海祖传企业久大沙船号当学徒，后继任久大沙船号、慎记沙船号经理(民国初年更名为新记营运股份有限公司)，为南市沙船业领袖。1908年参与发起四明商业储蓄银行，并长期任该行董事。辛亥革命以前与李云书继承祖传立余、慎余、崇余、征余等钱庄，这些钱庄在辛亥革命中相继收歇。之后与徐承勋、徐庆云等陆续在上海开设会余、渭源、敦余、恒异等钱庄，投资20余万元。在宁波投资天益、元益、彝泰、彝生等钱庄。在上海南市独资创设新丰杂粮行、大德新机器榨油公司、新华薄荷厂，同时又是上海华商电器公司、华成保险公司、中华劝工银行、恒利银行、四川银行董事长，中华商业储蓄银行董事。还大规模经营地产，在上海创办天丰、地丰、元丰、黄丰四家地产公司，并自筑马路，在原籍也有大量地产。曾任多届上海总商会会员、会董，还任上海地方自治总工程局议董，自治公所议员，沪南商务总会议董，县商会董事，上海市议会、市政厅议董等。

**李恢伯(1874—1933)**

吴兴县人。实业家。晚清拔贡，铨署湖北知县，因不堪官场污浊而辞归。曾任湖州府学堂教员兼舍监。婚后以妻500元嫁银为资本，与人在湖州府庙合股开设义成绸厂，又在湖州北宁长巷独资开设又成绸厂，在上海天津路开设又成绸庄，专销自己的产品。1923年任湖州商会会长。次年创办(无)锡湖(州)轮船公司，继而又创办永顺轮船公司，经营湖沪、湖锡等地的客货运业务。发起成立湖州丝绸业同业公会，任会长。曾与人合作开辟湖州府衙商业区，建志成路、同岑路和吴兴公园，有组织振市房产公司，建设广货大楼，开办平民习艺所和兴舞台剧院，参与创办湖州第一家由中国人自己开办的西医医院——吴兴医院。1924年齐卢之战时为保湖州城平安，曾筹集款项以应付军阀勒索，遭人病垢，辞去商会会长。1933年11月在湖州病故。

**李思浩(1882—1968)**

字赞侯。慈溪县人。银行家，曾任财政总长。1901年入京师大学堂师范馆，1903年中举人，1904年中进士。曾先后任清户部主事及度支部考核司、税务司司长。辛亥革命后任临时政府盐务署科长、厅长、国家税务筹备处委员。1916年任财政次长兼盐务署长，次年代理财政部长。同年6月兼署中国银行总裁，7月去兼职。1919年任财政总长兼盐务署督办。同年任北京边业银行总经理。1920年皖系失败后名列安福系祸首之一被通缉。1924年段祺瑞复职，再任财长兼盐务署督办。1928年二次北伐后隐居天津。1933年天津大中银行改组，任常务董事兼总经理。1934年因全国经济中心南移，迁大中银行总管理处于上海。1936年任冀察政务委员会经济委员会委员长。1937年上海沦陷后避居香港。1942年返沪，发起设立阜通银行，任董事长。同年四明银行改为官商合办银行，任商股董事。1943年任四明银行董事长，兼中国通商、交通银行董事。1944年任汪伪上海市市政咨询委员会主任委员。1949年任上海联合救济委员会副主任委员、主任委员。解放战争时期供职于中国救济总会上海分会、中国佛教总会、世纪红十字会上海分会等，从事慈善事业。1951年任中国人民救济总会上海分会常务委员。1958年后任上海人民政府顾问、上海市政协委员。1968年在上海去世。

**李秋君(1899—1971)**

女。名祖云，字秋君，以字行，斋名欧湘馆，别署欧湘馆主。镇海县人。1912年毕业于上海务本女中，初随长兄习书作画，后师从女画家吴淑娟，又得识张大千并结为至交。1927年后与张辰伯、江小鹣、潘玉良等在沪创办艺苑。1929年加入蜜蜂画社，后任中国画会理事。1933年在上海合创中国女子书画会并任主任，与何香凝、经普椿等为画友。抗战爆发后参与组织上海灾童教养所，自任所长兼校长。1937年间随何香凝做抗日后援工作，曾任上海支援十八集团军抗日后援会征募主任。新中国成立后任上海美术协会理事，先后任教于上海美术专科学校、新华艺术大学、中华文艺学校，曾任上海中国画院画师、上海市文史馆馆员、上海市妇联执行委员等职。1962年当选为第一届上海市人民代表。为中国美术家协会会员，中国民主同盟盟员。终生未婚，与丹青做伴，工诗善画，好摹古。初学工笔山水、花卉、人物，40岁后专攻山水，宗法董北苑、董其昌，作青绿，端丽可观，古装仕女仿唐人格局。代表作有《假日》、《渔舟待发》、《向东海要鱼》、《湘君湘夫人》等。著有《中国文学史》、《欧湘馆诗草》、《秋君画稿》。

**李俍民(1919—1991)**

又名李名锴、李星。镇海县人。1942年赴苏皖边区抗日军政大学四分校学习。毕业后到淮宝县中学执教。1946年入上海沪江大学学习。1948年在上海一地产公司任职。新中国成立后先后在少年儿童出版社、上海编译所、上海译文出版社任编译员。长期从事外国文学翻译工作。译著有《牛虻》、《斯巴达克思》、《霜公公》、《牛虻》等。

**李泉生(1899—1949)**

又名哲人、泉松。祖籍绍兴县，1899年生于吴兴县。1920年起在乡村小学任教。1927年3月北伐军克服浙江后与路村小学教师王慕舟等人，在成立不久的国民党吴兴县党部(左派)支持下，发起成立吴兴县第一区农民协会。同年4月秘密加入中国共产党，先后担任中共袁家汇区委书记、湖州中心县委组织委员。1929年12月被捕，在狱中脱离中共党组织。1938年初释放出狱。同年1月下旬任长超人民抗日义勇军(人称“长超部队”)主任。在一年里先后取得罗田漾、新兴港、张村、升山、八里店、白潭渡等战斗胜利，歼敌400余名，处决汉奸恶霸19人。6月“长超部队”被改编为第三战区江南第一挺进队直属独立大队，任大队长，后任浙西游击第一纵队第五支队支队长、浙江省国民抗敌自卫团独立第二总队上校总队长。1940年2月所部被编入浙江省保安第三团后调任桐乡县县长。1945年3月任吴兴抗日民主政府路东办事处主任，旋改任双林区区长；5月任菱(湖)双(林)区游击中队中队长。因叛徒告密，被日军逮捕。日本宣布投降后被新四军接出湖州城；10月随军北撤，在江苏涟水编入华东军区第一纵队一旅三团。1946年任山东省实业建设厅矿业总公司周村分公司经理。1948年4月被批准重新加入中国共产党。1949年春被组织安排去中央党校学习。同年3月23日在山东省益寿县病故。1951年被追认为“革命烈士”。

**李　勉(1919—　)**

字华表，亦字君勉。缙云县人。1919年8月4日生。小时家境清贫，在大哥支持下始得升学。金华中学毕业后考入浙江大学中文系，后入中山大学中国文学研究所深造。毕业时正值抗战结束，应聘去台湾，先后任台湾省图书馆馆长，之后任台湾师范大学、成功大学教授，兼东海大学博士生班教授。1984年先后应聘美国芝加哥大学、德国法兰克福大学为特约教授，教授中国文化和中国书画。曾在欧美及日本、东南亚等24个国家旅游访问。多才多艺，善诗词工书画精音乐。诗作自然清丽，1969年获台旧体诗学术奖金，画艺以山水花鸟为精，书以行楷为精，能演奏钢琴、琵琶、古筝、三弦、古琴等10多种乐器。出版学术论著30余种，代表作有《管子注今译》。

**李彦士(1893—1936)**

名憔恒,字彦士,以字行。吴兴县人。出身殷富家庭。1906年赴上海求学,两年后入山东青岛大学德文预科,攻读德文。1910年赴奥地利留学,入维也纳大学学医科。因对解剖学不感兴趣,于1912年转入德国柏林大学法律系。1916年毕业,获法学博士学位。同年回国后在青岛大学任德文教员。1918年起先后任北京大学和辅仁大学德文教授,同时在北洋政府司法部兼职。1923年因父丧南返,迁居上海。同年任江苏戚墅堰震华发电厂厂长,负责工厂筹建工作,首创我国长距离送电技术。1925年工厂建成后离职,到四川重庆筹划自流井开发,因水土不服,未几即返。旋即出任南京电厂厂长。1926年任吴兴电气公司常务董事。1929年中华全国民营电业联合会成立后历任常委及第三届副主席。1930年任中华全国民营电业联合会浙江分会主席。同年5月应世界动力协会邀请,前往德国柏林,出席第二次世界动力会议,并考察欧美各国电业情况。1932年兼任安徽芜湖明远电气公司经理。1933年11月全国民营电业联合会在上海创办电业函授学校,任校长。1936年2月16日在上海病故。编著有《世界各国电业情况统计比较表》、《德国电价制度之情况》,译有《日本蚕丝业之电气化续前》(与人合译)。

**李　洁(1912—　)**

字涤夫。嘉善县人。1912年11月16日生。1934年毕业于私立上海光华大学政治系后进入杭州《民国日报》任编辑。不久调宁波《民国日报》任总编辑。1937年7月抗日战争爆发后转入浙江省政府工作,历任科员、主任科员、视察、机要室副主任、秘书。后外放,历任宁海、瑞安、鄞县等县县长,并任浙江省第二区行政督察专员兼保安司令。1950年1月从舟山去台湾,曾任台湾当局发言人办公室专员、“行政院新闻局”第一处处长、“中央电影公司”总经理、正中书局总经理、“中华民国电影戏剧协会”及“中华民国图书出版事业协会”理事长、“中央文化工作会”专任委员、“行政院新闻局”顾问。

**李洪潮(1923—　)**

丽水县人。国立浙江大学农业化学系毕业后获美国弗吉尼亚理工学院科学硕士学位(细菌学)、北卡罗来纳州立大学哲学博士学位(微生物学)。历任台湾台糖公司糖业研究所技术员、技师,发酵化学系主任及研究员等职。1975年9月应聘担任台湾中兴大学食品科学系教授兼系主任。

**李济生(1876—1951)**

又名李达。上虞县人。自幼在同邑陈春澜创设于上海的永丰钱庄习业,后任该庄协理,与经理田祈原和衷共济,使该庄成为上海钱业中翘楚。同时投资志丰、兹丰、和丰钱庄,并任兹丰钱庄督理。又投资工厂、银行。1931年任近代中国橡胶工业龙头企业大中华橡胶厂董事,1941年任该厂董事长。还担任浦东恒大纱厂董事长、浦东银行董事和董事长,中央(中一)信托公司、恒利银行董事,中和商业储蓄银行监察人。

**李祖白(1887—1960)**

字健中,号生成。丽水县人。浙江陆军讲武堂毕业。曾任国民革命军第一军第一师副参谋长、参谋长,参加北伐战争,并短期兼任上海兵工厂厂长。1933年任国民革命军第七十九师第二三七旅旅长。1936年任第七十九师副师长。1937年抗战爆发后参加淞沪会战。1938年夏参加武汉会战。同年12月任第二十九军副军长。1939年春参加南昌会战;5月任第七十九师师长;8月任军事委员会中将参议;旋回乡闲居。1947年同中共地下组织取得联系,1948年曾保释中共地下党员。1949年5月在丽水迎接解放。

**李祖永(1903—1959)**

镇海县人。印刷企业家、电影事业家。毕业于美国爱墨赫斯脱大学,回国后曾任教于上海光华大学。后出任其父创办的大业印刷公司厂长,因承印南京政府中央银行和农民银行钞票而获厚利,后又在上海创办伦信地产公司,从事房地产。抗战爆发后主持印刷厂西迁,先在缅甸仰光开设大业印刷公司分厂。太平洋战争爆发后不久又将工厂北迁,在四川乐山成立大业分厂。抗战胜利后大业印刷厂回迁上海,但因经济形势恶化,业务萧条,遂将企业关闭去香港发展。1947年投巨资创办永华影业公司,进口全套第一流设备,包括摄影、洗印、录音、照明设备,并自建摄影棚。1948年拍摄《国魂》、《清宫秘史》,后又拍摄《火葬》、《春城花落》、《海誓》、《山河泪》、《春风秋雨》、《嫦娥》等电影。

**李祖范(1897—1992)**

镇海县人。化工专家、企业家。13岁到上海民立中学就读。辛亥革命后考入清华大学。1915年去美国留学,毕业于美国麻省理工学院土木工程系。回国后任汉冶萍公司煤业制造厂工程师、招商局董事会秘书、上海中易信托公司经理、上海中华烟公司经理、上海六合贸易公司董事兼工程师、中国胶木厂董事、肇新化学厂董事等职务。1930年起长期担任中国化学工业社董事兼经理、总经理，为该企业的发展作出贡献。新中国成立后任中国化学工业社顾问，积极参加新中国的建设事业。

**李祖贤(1894—1981)**

镇海县人。著名建筑企业家。11岁到上海，就读于民立中学。1912年以优异成绩考入清华学校(今清华大学)。1914年由清华保送到美国纽约州特洛伊城兰思勤工学院攻读土木工程。1918年获学士学位后又在美国桥梁公司实习。1921年回国，次年在上海创办六合贸易公司，是为中国第一家由留学归国人员创办的建筑企业。随后承建上海江海关大楼，上海图书馆，江海关职员高级住宅，德士古公司浦东油码头及一批住宅。同时在外埠武汉、南京等地设立分厂，承建南京原故宫博物院、中央研究院，武汉大学图书馆、工学院、法学院、体育馆等重大工程，事业发展达到鼎盛。抗战爆发后六合公司撤至重庆，先后承建中央银行、中国银行、陕西银行大楼，电力公司南涪发电站、龙章造纸厂、天原化工厂、英美大使馆防空洞等一批重要工程。1945年国共谈判期间让出两幢楼房为中共代表团使用(现为“红岩革命纪念馆中共代表团驻地”)。抗战胜利后继续在上海从事建筑业。新中国成立前夕放弃已经打开局面的香港分公司，回上海，任六合公司总经理。1951年率公司员工携带全部资产加入中南军政委员会建设处，以满腔热忱投入新中国建设，先后负责过武汉东湖风景区和洪峒地区规划，任武汉冶金建设公司总工程师、武汉冶金建筑研究所总工程师，在武汉钢铁厂、黄石大冶钢厂、广东韶关钢厂和武汉长江大桥等一批国家重点工程建设项目中担任技术负责工作。还任湖北省人大代表，湖北省、广东省政协委员，黄石市政协主席，上海市静安区政协委员。1981年病故。

**李祖恩(1890—1937)**

镇海县人。早年留学英国，毕业于伦敦大学政治经济学系，学成回国后不久即被盛宣怀委以重任，相继任邮传部主事。民国成立后任财政部库藏司司长、印刷局局长、币制局参事，汉口中国银行经理，北京中华汇业银行经理。1927年北伐后任六河沟煤矿公司协理、上海天利氮气厂董事长、天原电化公司董事、天厨味精公司常务董事等职。

**李祖唐(1906—1951)**

号启渊。东阳县人。早年历任国民革命军第十九路军连长、营长、团副。1932年参加“一·二八”淞沪抗战。1934年被选送到南京中央军校高等教育班学习，毕业后又入陆军大学第十五期学习；后进入胡宗南部任职。1940年任第五十七师团长。1943年任第一师参谋长，驻防潼关，拒日军于风陵渡。1944年任国民革命军第四十二军副参谋长。1945年10月任第四十二军预备第七师副师长。1946年5月升任师长。1947年10月任整编第四十二师第六十五旅旅长。1949年9月在新疆参加和平起义，被任命为中国人民解放军第二十二兵团第九军参谋长。1951年3月20日因组织叛乱在新疆迪化被处决。

**李祖薰(1901—1960)**

镇海县人。化工企业家。1925年毕业于德国柏林大学化学系，获化学博士学位。1926年任天津造币厂化验主任。1931年至1943年任德商上海科发药房华经理。1935年兼任上海天厨味精厂业务经理。抗战爆发后因天原化工厂部分机器内迁，致使基本化工原料氯、碱不能正常供应，影响天厨味精厂等使用盐酸行业工厂的生产。1939年筹资组建天星化学厂股份公司(今上海向阳化工厂)，任董事长兼总经理，用硫酸土法生产盐酸，缓和了市场供应。1946年至1952年任科发药厂(今上海第四制药厂)总经理，还任利培香料公司、西湖炼乳公司、伟大罐头食品公司董事长，及天原化工厂、天厨味精厂、华丰钢铁公司、大中华实业公司董事，中央制药厂总经理等。1948年参加中国民主同盟。1949年后曾任上海市工商联筹备委员兼财务委员。

**李祖夔(1893—?)**

镇海县人。毕业于宁波益智中学，曾任财政部秘书、公债司司长、内务部卫生司会办、察哈尔烟酒事务局长、京兆烟酒事务局长、上海县知事、代理沪海通尹、胶海关监督、华安商业储蓄银行常务董事等。抗战胜利后任大华火柴公司董事长兼总经理，上海市火柴工业同业公会候补理事，中华海员总会委员，焱盈社副会长，国营招商局均安会副会长。

**李　晋(生卒年不详)**

字组绅。镇海县人。历任南京国民政府黄河水利委员会委员，振务委员会委员，中央救济准备金保管委员会委员，粮食部督察。

**李铁夫(1909—?)**

字厚奎。镇海县人。早年先后毕业于黄埔军校第五期步科、中央警官学校警政班第六期。抗日战争期间曾任中美第二特种训练班副总队附、中央警官学校总队附。1948年任京沪杭护路司令部副官处长。1949年4月任上海市区守备兵团少将高参;5月任沪南守备兵团少将高参兼代指挥官;5月26日在上海被中国人民解放军俘虏。1975年3月19日获特赦。后任湖南省人民政府参事。

**李造钟(1884—1956)**

名平,字越凡,后来改名醉月。缙云县人。1903年因学行优异补贡生。义和团运动失败后摒弃举业,投身革命,与龙华会首领周华昌、吕嘉益、吕逢樵等人过从甚密,志同道合。1904年魏兰在处州联络双龙会首领王金宝、阙麟书,在府城遇见龙华会首领丁荣,获悉龙华会沈荣卿和周华昌等人侠义,遂在丁荣的引见下在缙云县城与之相识。随后又陪同魏兰至壶镇拜访吕逢樵和吕嘉益。同年秋敖嘉熊创建温台处会馆,魏兰任坐办,陈梦熊为会办,与丁荣、赵卓、冯豹、魏毓蕃、魏仲麟等人均为执事员,成为浙江革命党人活动的中心。后来会馆因经费拮据难于为继,遂与各执事商议,各自回原籍开展革命活动,仍与会馆保持密切联系。光复会成立后加入光复会。1905年春东渡日本,入早稻田大学学习政治。同年加入同盟会,成为最早加入同盟会的浙江19名浙籍会员之一。日本文部省颁布限制中国留日学生参加政治活动的《取缔规则》后毅然罢学回国,以示抗议,并接受同盟会总部指示,以办学作为掩护,开展革命宣传工作。1906年改名李醉月,与留日同学刘廷煊、周焜、王庆槐等人在丽水崇实两等小学任教,并与处州革命党人的秘密活动中心——丽水"利用实业织布公司"保持密切联系。又在缙云东门开设"坤范女校",由母亲主持日常校务,以宣传革命,提倡放足作为办学宗旨,与壶镇育英女校齐名。1911年杭州光复后吕逢樵组织光复军拟进攻处州,遂在丽水与利用实业织布公司的革命党人密谋策应。11月25日吕逢樵率光复军兵不血刃光复处州,成立处州军政分府,出任军政分府秘书长,协助都督吕逢樵处理机要事务。1912年南北和议成功后处州军政分府被撤销,浙江军政府改各县民事长为知事,奉命接任丽水县知事。1913年"二次革命"失败后在丽水住所被逮捕,解往省城监狱。1916年护国运动爆发,浙江宣布独立,始被释放。时夏超任浙江警察厅长,应邀到浙江省会警察厅任事。后任浙江省警务处视察长,兼任沪杭路总稽核,深为夏超所倚重。1925年夏超接任浙江省长,改任省长公署机要秘书。1926年国民革命军开始北伐,夏超起义兵败被杀,随之息影年余。北伐成功后任事于浙江省财政厅。1936年蒋介石逮捕沈钧儒等七位"全国各界救国联合会"领导人,制造了震动一时的"七君子事件",因与沈钧儒系留日学生,遂往上海与褚辅成等商讨营救,并亲自到苏州监狱慰问。1937年抗战爆发,因年老回籍息隐。时浙江中央银行、中国银行、交通银行和农业银行在缙云建设仓库,贮藏物资,亲自襄理其事。1945年抗战胜利后设立浙江省通志馆,聘为馆员。后缙云也成立了修志馆,又出任馆长。1956年病故。

**李皋宇(1874—1962)**

又名高裕。镇海县人。实业家。幼年在家习米粮业。1897年随父到镇江经营李源记米行、木行。其后相继担任镇江裕苏官栈、镇江美孚洋行经理。经营有方,接办过清江大丰、高邮裕亨、泰州泰来、南通复兴、无锡泰隆、镇江贻成、扬州面粉厂,还同时投资常州民丰纺织厂、苏州植物油厂、上海三友实业社、天利氮气厂、天原化工厂等。1925年曾以3.8万元承盘了朱筱山的"朱恒顺酱醋糟坊",改号为"镇江恒顺源记酱醋糟坊"。利用自己的经营优势,扩大销售,在外省经销处达31家,并远销港、澳、南洋一带。1935年更厂名为"镇江恒顺酱醋厂股份有限公司"。抗日战争期间在上海设恒顺分厂。此后常年居住上海,直至病故。

**李家鼎(1895—?)**

字倦尘。杭县人。1916年12月毕业于保定陆军军官学校第三期骑科。曾任骑兵第一旅旅长、骑兵第十五旅旅长。1933年10月至1935年10月任湖北省第八区行政督察专员兼保安司令。1936年1月被国民政府授予陆军少将。

**李家鼐(1889—1960)**

早年肄业于保定陆军速成学堂。1911年任浙江讲武堂教官。1917年任浙军第二师第四团团附。1927年加入国民革命军,曾任国民革命军第一师参谋长、第九师参谋长、第二军参谋长、国民政府陆海空军总司令部参议、福建绥靖公署参谋长、军事委员会驻西安行营参议兼军政部西北伤兵管理处处长、军事参议院参议、军事参议院咨议等职。1936年10月授予陆军中将。抗日期间曾任陕西省政府总参议。抗战胜利后回杭州闲居。1948年当选为第一届"行宪"国民大会代表。

**李培恩(1889—1958)**

杭县人。1910年毕业于美国基

督教长老会在杭州兴办的育英书院(1914年改为之江大学)。其后考入东吴大学就读。毕业后赴美国留学,1919年获芝加哥大学文学硕士学位,1921年于纽约大学获得工商管理硕士学位。1922年回国后任上海商务印书馆英文编辑,并担任了杭州之江大学的董事会成员。1927年之江大学任命朱经农担任校长,朱因故未就任。1929年秋之江大学董事会邀请李培恩代理校长一职。一年后又正式任命他担任校长。在其领导下,之江大学基础设施与招生规模不断扩大,于1931年以之江大学文理学院名义在教育部立案。1932年之江大学由美国南长老会传教士明思德为校长,李培恩任文理学院院长,其后兼任暨南大学、沪江大学等校教授。1945年8月抗战胜利后再次担任之江大学校长。1946年由中华基督教联合会向海外募得10余万美元,修缮杭州校舍,招收新生700名,师资有所加强。1948年教育部核准之江大学为综合性大学。但因学潮频仍,不得不于该年离职。其职权由校改委员会代行。1952年全国高等学校院系调整,之江大学文理学院部分系与浙江大学文学院组建浙江师范学院,院址设在原之江大学文理学院,部分系并入复旦大学;财经学院并入华东财经学院;工学院除航空工程系并入中央航空学院以外,全部并入浙江大学。之江大学宣告结束,李以"美帝走狗"的罪名被捕送监禁。1958年在狱中去世。

**李萍倩(1902—1984)**

原名椿寿。原籍安徽桐城,生于浙江杭州。肄业于上海沪江大学,20年代初在明星影片公司附属电影学校学习。1925年起在神州影片公司任导演和演员。1931年与邵醉翁合作导演中国第一部光学录音的有声片《歌场春色》。1947年赴香港,成为长城电影制片有限公司的主要导演。导演了《花好月圆》(兼编剧、演员),《难为了妹妹》,《好儿子》等。从影60余年导演影片近200部,编写剧本10多个,主演影片10多部。创作上涉及现实生活、历史故事、民间传说、神话寓言等各种题材。停止拍片后担任长城影片公司顾问。曾任香港华南电影工作者联合会会长,第六届全国委员,第四届中国文联委员。代表性作品有《劫后孤鸿》、《时代的儿女》、《女儿经》、《说谎世界》、《寸草心》、《佳人有约》、《绝代佳人》、《三笑》、《三恋》等。

**李　铭(1987—1966)**

字馥荪。绍兴县人。著名银行家。出身银钱业商人家庭,幼年在家乡读私塾,15岁时到杭州美国浸礼会中学读书。1905年赴日本山口高等商业学校留学,攻读银行学,毕业后到横滨正金银行实习。回国后不久辛亥革命爆发,被浙江军政府派赴接管浙江银行。1912年改名中华民国浙江银行,任上海分行副经理,不久升任经理。1915年参与创办上海商业储蓄银行,并任董事。1916年支持宋汉章等抗拒"停兑令",赢得声望。参与发起成立上海银行公会,1918年该会成立时任书记董事。1923年创设浙江实业银行,任常务董事兼总经理(后任董事长兼总经理),开始对这家银行长达20余年的擘画经营。同时投资诸多企业,任中国银行常务董事(一度任董事长)、中央银行监事会主席和交通银行、浙江兴业银行、中国垦业银行、泰山保险公司、中国保险公司、上海商业储蓄银行、中国垦业银行、中国建设银公司、上海市兴业信托社、泰和银公司、中国国际投资信托公司、中法求新机器厂、扬子银公司、上海电车公司、中和地产公司等董事,闸北水电公司、华商电气公司常务董事,汉口既济水电公司、杭州电气公司、鼎新纱厂董事长,以及英商业广地产公司、英商沙逊投资公司、英商怡和啤酒公司、美商上海电话公司、美商上海电力公司董事和中日投资公司经理。从1926年起任上海市银行公会主席达九年并长期担任政府国债基金保管委员会常务委员、主任委员。抗战爆发后曾被指派留沪主持上海金融业务。汪伪政府成立后拒绝与日伪合作,被汪伪政府通缉令黑名单列为第一号人物,遂避居美国使馆。1944年出席在美国召开的国际通商会议。1945年8月浙江实业银行、上海银行与美国通用电气、通用汽车等公司合组中国工业投资公司,任总经理。1947年担任中央银行输入管理委员会主任委员、全国银行公会主席。1948年任金圆券发行准备监理委员会主任委员,并将浙江实业银行改名为浙江第一商业银行,仍任总经理。1950年在香港设立浙江第一商业银行。1966年10月在香港病故。

**李　笠(1894—1962)**

曾名作孚、乐臣,字雁晴。瑞安县人。1914年毕业于瑞安私立中学堂。1921年曾与同乡金嵘轩、周予同等创立"知行社",进行教育普及。1930年在瑞安建立藏书楼"横经堂",藏书达5万册以上。1933年与同人在瑞安利济医学院求志堂发起组织"瓯风社",并编辑出版《瓯风杂志》。曾与夏承焘等并称为"永嘉七子"。历任国立广东大学、中州大学、厦门大学、私立之江文理学院、中山大学、武汉大学、浙江大学龙泉分校、国立英士大学、上海暨南大学、中央大学、私立江南大学、南开大学、复旦大学等校教授，并曾任中州大学、厦门大学、中山大学、江南大学等校中文系主任、厦门大学文学院院长、中山大学研究院语言文学部主任等职。毕生致力于语言文字、校勘、训诂学的研究与教学，还涉及古汉语文献目录学、史学和经学等，精经史，善训诂，学识渊博，著作等身。著有《广史记订补》、《国学用书撰要》、《中国目录学纲要》、《校勘学》、《尚书伪古文斠注》、《汉语词汇发展史》、《墨子间诂校补》、《读文心雕龙讲疏》、《汉书艺文汇注笺评》、《文选难字音释》、《尔雅字源》、《颜氏家训广注》、《李笠诗文选集》等50余种。又能诗文，余力及于文艺，拟编《中国文学史》，未就而病卒。

**李　敏(1924—1944)**

女。原名李雅琴。镇海县人。1924年1月30日生。早年随父母在上海读完小学三年级后，因生活所迫，于12岁那年跟着母亲到上海的一家日本纱厂当童工。1937年随家人回到镇海青峙老家，进入延陵小学继续读书。1940年夏从延陵小学毕业。三年的学校生活，受到革命思想的熏陶。1941年4月19日镇海第二次沦陷。同年夏镇海建立了党的敌后抗日武装江南独立中队，与敌、伪、顽展开激烈的斗争。1942年春被组织介绍到中共的联络点长山桥方前小学教书。同年8月加入中国共产党，随即被党组织派到鄞西樟水区启明小学，以教书为掩护，从事抗日斗争。1943年春担任中共樟水区区委书记，在樟水两岸发动群众，秘密发展武装力量，扩大党的组织。同年秋调任鄞西区区委书记。1944年2月21日国民党顽军浙江保安第二团从杖锡李家坑翻山偷袭后隆，不幸被捕身亡。

**李得钊(1905—1936)**

又名德昭，字伯明。永嘉县人。1920年考入温州艺文中学。1924年毕业后留校任附小教员。1925年春加入中国社会主义青年团，不久转为中国共产党党员。7月进入上海大学学习，得到瞿秋白、恽代英、邓中夏等的教诲。同年冬由党组织派遣到苏联莫斯科东方大学学习。1927年2月回国后担任第三国际代表翻译。1928年任党中央机关报《红旗》编辑，兼团中央的工作。1930年在中共中央军委秘书处工作。1933年调中共中央特科总务部工作，后任中共上海中央局秘书长。1934年6月26日在上海被国民党当局逮捕。1936年9月在南京国民党中央军人监狱牺牲。

**李逸民(1904—1982)**

原名叶书，字有基。龙泉县人。1921年考入杭州的浙江公立法政专门学校学习。1922年夏考入私立上海大学文学系学习。1925年夏在上海参加"五卅"运动。同年考入黄埔军校第四期政治科学习；9月加入中国共产党；10月参加第二次东征。1926年毕业后留校任政治部宣传干事，负责编辑《黄埔日刊》。1927年任国民革命军第十一军第二十四师教导大队政治指导员兼党支部书记，随后参加八一南昌起义。起义失败以后赴上海，任中共江苏省委兵运委员会委员。1928年春被英租界巡捕房逮捕，随即被引渡给南京国民政府，被判处无期徒刑。1937年秋在中共党组织营救下出狱，赴延安，入中国人民抗日军政大学学习。未几留校任政治教员，后任中共抗大党务科科长、抗大第三分校政治部主任、中共中央情报部第一局局长、陕北公学副校长。1945年当选为中共七大候补代表。抗战胜利后历任冀热辽军区政治部宣传部部长，北平军调处执行部第二十六小组中共代表，中共中央东北局纪律检查委员会委员，东北人民政府财经计划委员会常务委员兼秘书长。新中国成立后历任中国人民解放军公安部队政治部副主任，总参谋部警备部副部长兼政治部主任，中央军委直属队政治部副主任、主任，《解放军报》总编辑，中国人民解放军总政治部文化部长，第五届全国政协委员，总参谋部政治部顾问等。1955年被授予解放军少将军衔。晚年任全国政协文史资料研究委员会革命史组副组长，对革命斗争史的撰写、收集、审阅，做了大量工作。1982年6月5日在北京去世。著有《李逸民回忆录》、《狱中十年》、《李逸民画选》。

**李郧寿(1913—　)**

女。别名应权。鄞县人。毕业于圣约翰公学。曾在上海任执业律师。为第一届国民大会妇女团体代表。晚年任上海市文史研究馆馆员。

**李康年(1898—1963)**

曾用名李良康、李左之。鄞县人。著名工商业者。宁波大昌纸号学徒出身，满师后任该店司账。1921年进宁波棉业交易所任秘书，不久至上海任王大吉药号经理。1925年入同乡方液仙开设的中国化学工业社，任总务科长。"九一八"事变后为振兴实业，在方液仙的支持下联合中国化学工业社、美亚织绸厂、五和织造厂等九家工厂组成国货联合商场，营业鼎盛。1933年在方液仙、李祖范等的支持下，又在南京路开办上海中国国货公司，任副经理、经理达20年，积极推销国货、改进经营，逐渐发展成为上海百货业巨子之一。还参与经营其他工商企业，任肇新化学厂、国华烟厂董事长，永盛薄荷厂、中国国货联营公司、上海科学化工厂、五和织造厂等董事。1937年创办中国萃众毛巾厂，接办鸿兴袜厂，分别任董事长、经理。1947年创办中国钟厂，自任董事长兼总经理。李氏经商十分注重产品质量，树立商品声誉，创立名牌，曾创出钟牌414毛巾、“三五牌”钟表、狗头牌袜子等名牌产品。解放后中国国货公司于1952年停业，所创办的其他三厂在1954年申请公司合营。同年加入中国民主建国会。1952年后曾任民建上海市委委员、上海市工商联执行委员、上海市第一届人大代表等。1957年被错划为右派（1979年改正）。1963年3月24日病故。

**李淑英（1912—1999）**

女。曾用名李玲香。镇海县人。1920年到上海南洋华成烟厂当童工。1933年加入中国共产主义青年团。1937年转为中国共产党党员。先后任共青团上海团外组织负责人，共青团上海临时工委负责人，中共上海地下党女工干事，上海职工教育委员会委员、书记等职。1943年赴延安中央党校学习。毕业后留中央职工委员会从事职工运动研究工作。1947年后任陕北子长县铁工厂党支部书记、晋绥军工四厂指导员、中央后方党委行政处干部。1948年被选为中国第六次劳工大会代表，并从事全国职工总会工作。同年11月出任沈阳烟厂军事代表，参加和主持沈阳烟厂的接收工作，而后任该厂厂长。新中国成立后调全国总工会工作，先后任中国食品工会全国委员会副主任、副主席，分党组组长、中国轻工业工会副主席、主席，分党组组长、书记，先后当选为全国政协第三届委员，第四、第五届常委，第九届全国总工会执行委员，全国妇联第二、第三届执委。1999年1月6日在北京去世。

**李维翰（1889—1962）**

原名国藩，又名维藩，字价人。乐清县人。1889年9月14日生。1916年12月毕业于保定陆军军官学校第三期步科。随即分发到部队服役，曾任参谋、参谋长等职。1927年1月任国民革命军东路军浙江游击队司令；4月所部被遣散，匿居上海。1931年2月任南京国民政府军事委员会委员长南昌行营第四厅军事训练处处长。1935年10月任委员长武汉行营少将衔高参。1936年3月被国民政府授予陆军少将军衔。1937年6月任军事委员会高参。1940年3月任军事委员会西南军风纪巡察团副团长。后任第三战区浙赣边区第二游击挺进纵队司令。1946年7月被晋升国民政府陆军中将后退役，寓居浙江海门。1949年浙江解放后移居上海，并加入中国国民党革命委员会。1962年3月23日在上海病故。

**李超士（1894—1971）**

名骧。杭县人。现代画家，美术教育家。少年时旅居广东，1911年赴欧洲学习西洋绘画。1913年考入巴黎国立美术学院，多次赴意大利、德国、希腊、比利时、苏联等国潜心研究欧洲历代名画和优秀美术传统，是最早留法学习绘画的学生。1919年回国，先后任上海美专、北京艺专教授。1928年与林风眠在杭州创办国立艺专，任西画系教授长达21年。40年代西迁重庆期间并曾任代理校长。抗战胜利后随校回杭，兼任孑民艺术研究所导师。1950年起任山东师范学院艺术系、山东艺术学院教授，为中国美术家协会山东分会首任主席，山东省政协委员。从事美术教育五十余载，桃李满门，吴冠中、李可染、赵无极、潘玉良、罗工柳、莫朴、萧淑芳等一大批著名画家都曾是他的学生。其素描、油画、粉笔画等造诣均深，粉笔画尤为擅长，画法曾受益于法国印象派画家德加等，糅以个人精湛的素描技巧，形成独特的艺术风貌，在我国画坛上享有盛誉。作品有《李超士粉画集》、《李超士画集》结集出版。

**李超英（1897—1982）**

又名德吉，曾用名李俊。永嘉县人。1920年毕业于浙江省立第十中学，同年秋考入北京大学经济系。在北京大学学习期间参加五四运动，曾被派到武汉皮毛厂宣传马列主义和组织工人运动。1923年与吴铸人、叶溯中、张淼等组织中山主义实践社。1924年加入中国国民党。1927年4月任国民党浙江省党部“清党”委员，参与浙江的“反共”。同年7月任国民党北京市党部监选委员。1928年任国民党浙江省党部党务指导员兼训练部长，后任省党部执行委员、监察委员。1931年出席国民党第四次全国代表大会。不久以官费留学英国，入伦敦大学经济学院学习。1936年获经济学博士学位。回国后任国民党中央政治委员会财政委员兼秘书。1939年任国防最高委员会财政委员，曾提出“对敌经济作战计划”。同时兼任中央政治学校、重庆大学财政经济教授，以及国民党中央特种经济调查处处长，主持沦陷区经济调查事宜。1946年7月至1948年6月任浙江省教育厅厅长，同时任国立浙江大学等校兼职教授。1946年11月当选为制宪国民大会代表。1948年当选为“行宪”国民大会代表。1949年去台湾，任台湾大学教授，兼任政治大学、兴大法商学院、“中国文化学院”教授，多次担任台湾当局举行的高等考试、特种考试委员，并继续担任“国民大会代表”。1982年12月6日在台北去世。著有《中国财政制度》(英文版)、《比较财政学》、《财政学》、《战时经济学财政学》、《财政学要论》等。

**李惠利(1912—1991)**

鄞县人。生于上海。早年在上海求学，1930年开始从事钟表业。1934年在上海创办华明钟表店。1947年移居香港，开设华明行有限公司，任董事长，继续经营钟表进出口及批发业务，被称为“钟表大王”。1960年起兼营房地产业务，既单独投资，又与别人合股。曾任香港甬港联谊会、宁波旅港同乡会名誉会长。热心公益事业，1977年捐资在香港成立循道卫理联合教会，并创办李惠利中学。1979年又资助香港政府建立李惠利工业学院。1987年9月在家乡捐资创办李惠利中学，校舍面积1万余平方米。1989年又出资新建一所完中，仍命名为李惠利中学，后又捐资兴建李惠利医院、李惠利小学、幼儿园等。

**李　雄(1905—1978)**

号侠庐。缙云县人。早年在家乡读完小学后考入浙江省立第十一师范学校，后转入浙江省立第七师范学校，毕业后留该校附属小学任教。1926年春任中国国民党金华临时县党部委员兼宣传部长。1929年夏入私立中国公学大学部学习。不久转入南京国立中央大学政治系学习，毕业后进入国民党党务系统工作。1935年夏调到国民党福建省党部任职，历任秘书、组织科长、书记长。1943年春到重庆经过民党中央训练团党政高级班第一期受训，结业后仍回福建，被选为福建省党部执行委员，后任主任委员。1946年5月调南京任国民党中央政治委员会秘书，同年当选为制宪国民大会代表。1948年当选为“行宪”国民大会代表。1948年12月至1949年任浙江省政府社会处处长。1949年10月从舟山去台湾，曾在台湾多所大专院校任教授，并任“国大代表”、“监察院”参事、“革命实践研究院”辅导委员、“考试院职位分类计划委员会”主任秘书、“公务员惩戒委员会”委员。1978年8月27日在台湾去世。著有《五权宪法之研究》、《三民主义辞典》。

**李锐夫(1905—1987)**

平阳县人。1929年毕业于中央大学数学系，此后10余年在徐州中学、常州中学、重庆大学、贵阳师范学院任数学教师。期间曾兼任中华自然科学社副理事长及《科学世界》总编辑。1945年由教育部选派赴英国剑桥大学深造，研究复变函数，专攻整函数论。1948年回国后任暨南大学、复旦大学数学系教授。1952年院系调整后担任华东师范大学副教务长，60年代任副校长。1964年至1985年间任上海市高等教育局副局长、上海市数学学会理事长。长期从事教学与整函数及亚纯函数研究，著有《高中三角学》、《太阳系》，合著有《复变函数论》，主持编写《辞海》数学部分，译有《微积分》、《数学分析中的问题和定理》等。

**李善祥(1880—1959)**

镇海县人。16岁习商。1903年曾在家乡创办务实女学堂，提倡男女平等。1911年镇海光复，被推为民事长。民国成立后到辽宁省锦县，任职于天一垦务公司。1915年在当地组建恒康农场，从事改良碱荒农垦事业。1923年于锦州庙沟创办生生果树股份有限公司，曾培育出誉满全国的“红元帅”等苹果。后又创办耕余果艺学院，分小学、工读和研究三部，又另设分校，免费入学。“九一八”事变后日军侵占东北，果园设备受摧残，学院被解散。因拒绝出任伪职而遭软禁，后设计脱身。1937年抗战开始后自上海返回故里，发起组织抗敌后援会，办难民收容所，鼓励子女及小港青年10余人投奔新四军。1946年北上锦州，重振生生果园。1948年将果园献给人民政府，留聘为顾问。热心公益事业，1930年锦州水灾时向银行借款20万元贷赈灾民。1941年浙东饥荒，动员富户开仓济贫。1950年被选为锦州市第一届人民代表会议代表。次年被选为辽西省人民代表会议协商委员会委员。

**李善道(1915—1990)**

吴兴县人。1935年毕业于香港大学并获学士学位，曾任上海自来水公司实习工程师。1937年赴英国帝国理工大学留学。1939年完成学业并获工程师资格。后去美国留学，1940年在哈佛大学完成研究生学业并获卫生工程硕士学位。1941年在密歇根大学获得土木工程硕士学位。曾任上海市公务局工程师、课长，复旦大学副教授、教授，大夏大学教授，上海工业专科学校教授，同济大学教授，长期从事给水工程的教学与科研工作。是《水处理技术》杂志特约编委，中国土木工程学会会员，美国土木工程师学会会员。

**李蓝丁(1923—2007)**

女。原名李一冰。海宁县人。1923年10月23日生。幼年随父母生活在上海。1941年12月毕业于上海私立同德高级助产学校。毕业后参加新四军,1942年3月加入中国共产党。历任新四军第六师卫生训练队一班副班长兼教员,新四军第六师十八旅看护班长、军医、营卫生所所长,新四军第一师十八旅兼苏中军区第一军分区卫生部医务所所长、流动医院院长兼急救所所长,团休养所医务员室长,淮北军区兼华中第九纵队卫生部休养所所长,华东第二纵队团卫生队队长,苏中军区后方医院医疗队队长,华东野战军第三野战医院医疗队队长,华东军区人民医学院附属医院护理部副主任。先后参加车桥战斗和涟水、莱芜、孟良崮等战役。1944年在淮北汪洋湖转移伤员,船漏下沉,带头跳入水中推船救出伤员。1945年高邮战斗后率领百余名伤病员在绿荡湖一带被日军包围。1946年部队撤离淮北解放区时与其他医务人员一起,把500余名伤病员安全转移到鲁南地区。1947年在孟良崮战役中率领医疗队连续工作四个昼夜转移伤病员4400余名。1948年出席第二次世界妇女代表大会。1949年9月出席中国人民政治协商会议第一届全体会议;10月1日参加新中国开国大典。1950年荣获华东军区一级人民英雄模范奖章,出席全国战斗英雄代表会议。同年9月参加中国人民志愿军,担任手术大队长,在近八个月的时间内作了1200余次手术,圆满完成救治伤员的任务,荣立二等功。1951年回国后入第二军医大学学习,以优秀成绩本科毕业。之后担任军医大学附属医院军医、住院部总医师、医务处主任,总参谋部第二门诊部主任,解放军总医院二部副主任、医务部副主任、顾问等职。多次被评为模范医务工作者。是第二、第三届全国人大代表,全国妇女联合会第三、第四、第五届执行委员和第四、第五届常务委员。被誉为"中国的南丁格尔"。2007年12月24日在北京去世。

**李楚狂(1900—?)**

杭县人。早年毕业于私立上海法学院本科。在校读书期间加入中国国民党。毕业后在上海从事国民党地下工作。1927年后任国民党杭县党部监委,国民党浙江省党部候补监委,浙江省党部执行委员。1937年抗日战争爆发后主持浙江省抗敌后援会。1938年任浙江省政府浙西办事处主任。后任浙西行署主任秘书、代理行署主任。1940年4月至1945年任浙江省第四区行政督察专员兼保安司令。1945年抗战胜利后任中央合作金库主任陈果夫的秘书。1946年10月8日任浙江省金华江水利参事会主任(驻金华)。同年当选为制宪国民大会代表。1949年去台湾,继续担任"国大代表"。著有《中华民国宪法释义》、《行政管理之理论与实施》、《县政工作程序表解》等。

**李锦林(1893—1981)**

又名景林。东阳县人。小学毕业后进浙江省立甲种工业学校学习纹工科,攻绸缎花样设计。勤奋好学,毕业时已精于图案、意匠、踏花等工序技术,被天章绸厂聘为纹工程师。1916年在杭州大东门自办日新纹工厂,购置踏花机15台,雇工五六十人,亲授技艺,产品多样,色彩鲜艳,图案美观,声誉鹊起。后工场扩至九间楼房、八间平房,为杭州创建最早、规模最大的纹工厂。杭州市纹业公会成立时被推为会长。1926年联合"海天"、"鹤成"纹工厂,筹资出版彩色《飞球图案》集,为纹工业留下一份宝贵的艺术资料。后应聘赴上海筹建美亚绸厂,规模日臻扩大。创风景织锦,试制成功长133.33厘米、宽66.67厘米的"平湖秋月"和20厘米大的黎元洪、罗斯福半身像,开彩色装饰之先河。后因积劳成疾,将所有纹工和织锦机械设备转让给同学都锦生。热心公益事业,为家乡办学、修路慷慨捐资。

**李嘉音(1913—2005)**

永嘉县人。1913年1月10日出生于一个医生家庭,从小受到良好的教育。高中开始在上海学习,毕业于沪江大学化学系。其后攻读燕京大学化学工业研究生,1938年毕业。相继在光华大学附中、苏州丝绸学院、丽水清明化工厂、中华电化厂、上海自来水厂等单位任教员、工程师和总工程师等职,从事中学化学、普通化学、分析化学、有机化学的教学工作,参与了酒精、油脂、漂白粉、烧碱等生产的技术工作。新中国成立后曾在光华大学附中、沪江大学等担任高中化学、高等无机化学、工业化学等课程的教学工作。1954年起在华东师范大学任教,直至退休。2005年1月29日去世。

**李熙谋(1896—1975)**

字振吾。嘉善县人。1896年10月11日生。早年曾在上海工业专门学校学习电机专业,毕业后考取浙江官费生,留学美国。1918年获麻省理工学院电机工程硕士学位。嗣后又入哈佛大学学习,并获哲学博士学位。学成归国后曾在交通部南洋大学任教,并曾担任该校的图书馆委员会委员。1927年4月任浙江公立工业专门学校校长。同年7月15日浙江省宣布正式实行大学区制，成立国立第三中山大学，任命原浙江省教育厅厅长蒋梦麟为国立第三中山大学校长；8月1日经浙江省务会议第三十八次会议决定，浙江公立工业专门学校改组为国立第三中山大学工学院，担任院长。1928年4月第三中山大学更名为浙江大学，成为浙江大学工学院首任院长。在杭期间除了担任浙江大学工学院院长，还兼任浙江省电话总局局长之职，并曾参与筹办西湖博览会，给杭州留下了两座公共建筑——北山路41—42号的西湖博览会工业馆主馆。惠兴路10号的浙江省电话局大楼。1928年兼任浙江省电话总局局长职务（浙江省第一任电话局局长），开始大力发展全省长途电话建设。1929年12月经实地勘察后亲自确定惠兴路与崔家巷拐角处的空地为电话局基址，以16余万银元建起一座三层西式高楼。抗战全面爆发后辗转到大后方重庆。1941年交通大学在重庆复校，应吴保丰校长之邀，返母校担任教务长。抗战胜利后赴上海，任交通大学教授，兼任上海特别市教育局副局长。1947年当选为第一届国民大会代表。1949年出任联合国文教组织驻日代表。1953年去台湾，任省立博物馆馆长，兼“行政院”原子能委员会执行秘书、“教育部科学教育委员会”主任委员。1958年任台湾当局“教育部”常务次长兼台湾交通大学电子研究所第一任所长，此后连任两届。1967年改任“行政院”原子能委员会专任委员。1970年应邀任私立东吴大学理工学院院长。1975年2月26日在台北病故。著有《通俗科学》。

**李毓蒙(1891—1961)**

字步号。瑞安县人。贫苦农民家庭出身，幼年丧父，仅读过两年蒙馆。13岁学做裁缝，18岁时开始研制纺纱机等。1916年发明弹棉机，1922年获专利，后开设毓蒙弹棉机器厂，行销浙江全省及闽、苏、赣、皖诸邻省。1925年创办温州毓蒙铁工厂，为浙南地区最早的铁工厂。1933年在上海成立毓蒙联华公司，战乱期间多次迁址重办，抗战胜利后在湖北汉阳、衡阳设立分厂。经营实业之余，热心教育，于1937年在家乡东山兴办私立毓蒙小学，一应费用全免。1942年创办五年制私立毓蒙工业职业中学，除普通文理学科外，还增设机构学、机械制图、工场实习等。1946年迁址，改为旧温属六县联立工业学校。1948年改为浙江省立高级工业学校，新中国成立后并入杭州化工学校，培养技术人才数以千计。1953年从上海返回温州，被任命为公私合营温州铁工厂（即原毓蒙铁工厂，今温州冶金机械修造厂）副董事长。

**李熊标(1921— )**

鄞县人。国立浙江大学化学工程系毕业。1946年去台湾，进入高雄炼油厂工作。先后任值班工程师，炼油工程设计主管，主任工程师。1972年任技术副厂长。1976年任高雄炼油总厂总厂长。在高雄炼油总厂任职的32年间，大力引进和扩充各项现代炼油设备，参与制订石化生产发展计划，是台湾石化界颇具声望的石油化工专家、企业家。台湾“中国化学会”第一届化学奖章得奖人。

**李德庆(1916—1970)**

绍兴县人。1938年毕业于美国麻省理工学院电机系，获硕士学位。曾在美国GE公司实习。1945年回国，曾任美商上海电力公司副总裁、工务经理、技术顾问等职。1953年被定为一级工程师，历任华东电力设计分局，西北、西南和华东电力设计院副总工程师，上海市第四届人民政治协商会议委员会委员。对发电厂工艺流程、电气技术、电力系统稳定与计算等有专门研究，负责工程设计审核、技术决策和科研技术管理工作，并编撰《电力设计管理制度汇编》一书。

**李鹤生(1910— )**

号鹤荪。黄岩县人。国民革命军第二十六军军官训练团毕业，后相继入南京中央军校高等教育班第一期、陆军大学参谋班第二期学习，陆军大学第十七期正则科毕业。曾任国民革命军第十六师参谋长、代理副师长，隶属区寿年指挥的第七兵团。陆军少将军衔。1948年7月上旬在豫东战役中被解放军俘虏。后经过学习改造，加入中国人民解放军。1949年1月任解放军华北军政大学中上级教员。

**李 曙(1905—1952)**

字因白。永嘉县人。1927年8月黄埔军校第五期步科毕业。历任国民革命军排长、连长、营长。1937年抗日战争爆发后历任国民革命军第八十七师上校团长，重庆卫戍总司令部警备师副师长，峨眉山军官训练团教育长办公室主任，中央军校第三分校（南昌分校）政治部少将主任。1947年任青年军第二〇六师政治部主任。1948年任伞兵司令部政工处少将处长。1949年4月退出现役，返回原籍。1952年在镇压反革命运动中被人民政府处决。

**来伟良(1882—1967)**

萧山县人。早年先后毕业于浙江武备学堂及浙江炮工学校将校科。先后加入光复会会员、同盟会会员。1908年任清军浙江陆军混成旅工程营左队队官,旋升充该营管带。曾参与革命党人光复杭州的策划会议。1911年11月4日午夜12时率领工程营官兵分头打开杭州艮山门及清泰门城门,让八十一、八十二标主力部队进城。杭州光复后参加浙军援宁支队;11月12日率领工程营由杭州出发;11月30日攻克南京。1912年民国成立后任浙江陆军步兵第四团团长。1916年参加讨伐袁世凯之役,防守皖浙边境,继任浙江陆军第一旅旅长。11月22日被北洋政府授予陆军少将。在第一次世界大战时期我国对德宣战,奉命防卫乍浦一带海岸。1919年10月6日起署理浙江外海水上警察厅厅长。1928年起历任南京国民政府军事编遣委员会副科长、国民革命军总司令部交通处副处长、军政部交通机械修造厂厂长、高级参谋等职。1937年5月21日被南京国民政府授予陆军少将。抗日战争时期负责军用车辆修理重任。1945年抗战胜利后办理退役,此后息居家园,撰写《辛亥革命亲历记》等文史资料。1967年在杭州病故。早年在日本留学期间曾与孔蔼如合译《孙子之新研究》(日本阿多俊介著)。

**来金章(1890—1962)**

字印赤,亦作印高。萧山县人。早年毕业于江南陆军将弁学堂。后考入保定陆军军官学校第六期步科,1917年2月毕业后入北京陆军大学特别班第二期深造。求学期间先后参加护国战争、护法战争,历任沪军第二团队长、参谋官,宁波善后绥靖处军务科长。1924年秋赴广州,先后任黄埔军校军械处少校军械官、中校副官。1926年6月参加北伐战争,任国民革命军东路军总指挥部军械处副处长。1927年南京国民政府成立后历任参谋本部兵工署军械处长、后方勤务司令部江南总兵站主任。1939年10月被国民政府授予陆军少将军衔。1945年抗战胜利后于1946年7月退役,回萧山县长河原籍闲居。

**来学照(1904—1931)**

又名学罂,化名李常永、李惠如。临安县人。幼读于横畈镇锦北小学,后毕业于浙江体育专门学校,又肄业于上海私立三育大学。1924年加入中国国民党。同年冬随父到河南开封,进入河南省银行工作。1925年加入中国共产党。1926年担任河南全省中共党组织的地下活动经费管理工作。1927年在原中共开封市委书记离开开封后,作为开封党组织的负责人,领导开封党组织和革命群众开展反军阀斗争。同年夏开封各大中小学因奉军进驻开封而停学,中共开封市委成立复学委员会,参加该委员会,领导复学工作。1928年春以巡视员身份赴豫北发展党团工作,并参加5月在开封召开的党团联席会议。9月因中共河南省委一工作人员叛变告密而被捕,在狱中受尽各种酷刑,但他坚贞不屈,敌人终因抓不到证据而将其释放。出狱后曾赴豫南视察,继续领导革命斗争。1930年任中共开封市委书记。1931年1月又因叛徒告密再次被捕。在狱中与其他被捕的中共河南省、市领导一起领导难友进行了坚决斗争。因参与越狱失败,于同年3月25日英勇就义。

**来楚生(1903—1975)**

原名稷勋,字初生、初升、木人、楚凫,号然犀、负翁、一枝、安处,别署然犀室。萧山县人,寓居上海。西泠印社早期社员。毕业于上海美术专科学校。工篆、隶、行、草书,富金石气。善画花鸟。精治印,以秦汉印为根基,参融吴让之、吴昌硕与古玺布局,糅合大小篆为一体,线条苍辣斑驳,章法参差奇崛。尤擅肖形印,以生肖、佛像、人物著称,独树一帜。曾为上海美术专科学校教授、新华艺术专科学校教授、中国美术家协会会员、中国美术家协会上海分会理事、上海中国画院画师、上海中国书法篆刻研究会常务理事、上海市文史研究馆馆员。著有《然犀室印学心印》、《来楚生画集》、《来楚生印集》、《来楚生书法集》、《来楚生肖形印》等。

**来耀先(1893—1935)**

萧山县人。1927年加入中国共产党。不久担任中共萧山长河支部书记。1928年3月至4月间领导萧山县长河、西兴一带农民数百人发动萧山西乡暴动,捣毁国民党长河、西兴警察所。同年夏作为中共浙江省委派遣的正式代表,赴苏联莫斯科参加中国共产党第六次全国代表大会。1935年3月在上海龙华被国民党当局杀害。

**吴　人(1923—1948)**

原名朝觐。诸暨县人。高小毕业后当过烟店学徒。1937年抗日战争爆发后参加抗日救亡活动。1943年4月加入中国共产党。1945年秋金萧支队北撤时奉命留下坚持斗争。1946年1月参加诸暨人民自卫队;12月参加诸北武工队。1947年2月任路西人民救国先锋队第二班班长。同年7月任中共路东县工委委员、路东县政府诸北区负责人兼路东武工队指导员。1948年2月4

日遭敌人袭击，在分路突围时不幸中弹受伤，为不做俘虏，开枪牺牲。

**吴又新(1902—1990)**

东阳县人。1926年7月毕业于南京河海工科大学。在大学学习期间与中共地下党有密切联系，参加过中共地下党组织领导的进步学生运动。大学毕业后长期从事水利工作。1944年8月至1945年9月在美国考察水利工程。考察回国后任南京政府水利委员会技正。1947年至1949年任南京政府水利部防洪司司长。1949年5月杭州解放后参加革命工作，先后担任浙江省水利局副局长，华东军政委员会水利部钱塘江水利工程局局长，浙江省农业厅副厅长，浙江省水利厅副厅长，浙江省水利电力厅副厅长兼钱塘江治理工程局副局长、总工程师，浙江省水利厅顾问、高级工程师。还兼任中国水利学会理事、浙江省水利学会理事长。1953年参加中国农工民主党，历任中国农工民主党浙江省委员会委员、常委、副主任委员、主任委员、名誉主任委员，中国农工民主党中央委员、常委、咨监委员会常委。历任全国人大代表，浙江省人大代表，浙江省政协常委、副主席。1986年6月加入中国共产党。1990年7月在杭州病故。

**吴乃琛(1882—?)**

崇德县人。1903年中举人。上海南洋公学毕业后赴美留学，获经济学硕士、博士学位。回国后被授予法政科进士。历任翰林院编修，币制局会办，邮传部法律编辑员。1912年任北京大学监督，不久任财政部钱币司司长。1913年7月至9月曾代理中国银行副总裁两个月。同年10月改署财政部参事。1914年1月调赋税司长、钱币司司长。1920年后任财政部名誉顾问，著有《货币学》、《银行统计学》。

**吴士槐(1899—1972)**

浦江县人。纺织专家、企业家。浙江甲种工业学校毕业，1918年进上海日商内外棉厂，1922年应聘为上海申新二厂总管。1925年任永安纱厂细纱车间科长，还兼任上海伟通纱厂工程师。1932年任申新九厂总工程师，加强技术管理，更新设备，不几年成效卓著，在澳门路新建厂房。抗战爆发后因厂处租界，获畸形发展，其产品“双金马”几乎与黄金同为交易筹码。1941年冬因日军进攻租界申新九厂关闭而返乡。1945年夏回厂主持工作。曾投资创办上海中华第一棉纺织厂、健轮织布厂、锡轮织布厂、均益螺丝厂等企业。1950年创办中国纺织专科学校。新中国成立后任上海市纺织局棉纺公司工程师，上海市政协委员、常务委员。

**吴大诚(1932— )**

杭县人。台湾大学政治系毕业。1961年入夏威夷大学英文系学习。1962年转入爱荷华大学。1966年到台湾大学外文系任教，历任讲师、副教授、教授。1971年起发表研究美国小说家亨利·詹姆士的论文数篇。1974年赴美国耶鲁大学英文系作访问研究员。1978年任《中外文学杂志》主编，对中西文学比较研究具有较深学术造诣。

**吴山民(1902—1977)**

原名琅椿，字念萱。义乌县人。1919年7月在金华的浙江省立第七中学毕业后考入浙江省立法政专门学校政治经济系。1923年毕业后考入北京国立政法大学学习，并在北京大学选课旁听两年。1926年毕业后在上海、哈尔滨等地做书记官。1927年南下杭州，与处于地下状态的中共有过接触和联系，并被发展为中共候补党员，后因党组织被破坏失去联系。1928年4月参加国民党浙江省政府举行的县长考试被录取。1929年5月任定海县县长。1930年春定海县六横岛农民反对“土地陈报”发动暴动，身为县长因“镇压不力”被浙江省政府免职。1933年被江苏省政府主席陈果夫的秘书何仲箫聘为助手，后任陈果夫的秘书。1937年冬在江苏省省会镇江沦陷前夕回义乌老家闲居。1938年1月应邀出任义乌县抗日自卫委员会主任兼义乌县战时政治工作队队长。同年10月任义乌县县长，罗致数十名中共党员在县政府工作，与中共密切合作，被称为“模范县长”、“红色县长”。1940年2月被国民党当局撤销县长职务，开除国民党党籍。同年11月因“共党嫌疑”被义乌侦缉队逮捕，送至金华的浙江省保安司令部调查统计室关押审讯，被保释后仍遭监视。1942年5月义乌沦陷后主动拿出枪支帮助中国共产党组织开展抗日武装斗争，协助组建党领导的第八大队，创建抗日根据地，出任义西乡镇联防处和其后的金东义西联防处、金义浦自卫委员会主任。1945年1月当选为中共领导的浙东行政公署委员会副主任兼浙东人民银行总经理。同年10月随新四军浙东纵队北撤到山东。1946年加入中国共产党。先后任山东省人民政府参议、实业厅副厅长、济南市特别法院院长。1949年5月上海解放后任上海市军管会及市人民政府办公厅副主任。1952年2月调任浙江省高级人民法院院长；9月被“劝退”出中国共产党，并辞去院长职务。1953年后历任浙江省人民政府办公厅副主任、省参事室主任、省文物管理委员会副主任。先后当选为浙江省人大代表，省第三届政协副主席，民革中央委员，民革浙江省副主任委员兼杭州市主任委员。第四届全国政协委员。1977年3月25日在杭州去世。1984年12月恢复其党籍。

**吴子良(1907—1976)**

余姚县人。早年毕业于私立上海大学社会学系。毕业后参加国民党党务工作，历任国民党南京市党部委员、南京市参议员、南京市第二十八信用合作社理事会主席、南京市渔业公会理事长、南京市商业银行常务董事兼总经理、国民党中华航业海员特别党部委员兼书记长。1946年当选为制宪国民大会代表。1949年去台湾。

**吴子漪(1893—1960)**

字润玉。青田县人。早年就读于处州(今丽水)的浙江省立第十一中学。毕业后应聘到县立敬业高等小学任教。1926年随妹夫陈诚到广州，从此长期追随陈诚左右，为陈诚办理军需后勤等事务，成为其不可或缺的得力助手。历任黄埔军校副官，国民革命军第十八军驻赣办事处上校处长，军事委员会委员长驻武汉行辕经理处处长，军事委员会政治部第四厅厅长，海军总司令部第四署中将署长、军需总监等职。1949年去台湾，1953年退役，担任台湾土地银行监察人。1960年在台北去世。

**吴友三(1909—1997)**

余姚县人。1909年4月21日生。少年就读于南京第一中学，后转入金陵大学附中。中学毕业后考入金陵大学预科，后转入金陵大学农学院植物系。1935年毕业后留校任助教。1938年随校迁到重庆。1940年离开金陵大学，先后到成都金塘县铭贤农工专科学校、湖北农学院任教。1944年回到重庆，在中央农业实验所病虫害系任荐任技佐。在俞大绂教授的指导下在大、小麦品种抗黑粉病菌方面做了不少研究，首次将秆黑粉菌在人工培养基上培养成功。1948年赴加拿大煞斯坎川大学深造，在著名植物病理学及育种学家哈灵顿博士指导下开展远缘杂交选育抗锈病品种的研究。1949年获煞斯坎川大学理学硕士学位，同时受聘为该校农学系助理研究员。1951年回国后被上海复旦大学农学院聘为教授。1952年9月院系调整，复旦大学农学院迁往沈阳，成立沈阳农学院，举家迁至沈阳，致力于东北的农业科研教育事业。曾先后担任全国政协第五、第六届委员，辽宁省政协副主席，中国植物病理学会第四届理事会顾问，中国植物病理学会东北区分会理事长，辽宁省植物保护学会副理事长，农牧渔业部学术委员，全国教材《农业植物病理学》副主编等职务。1986年荣获加拿大煞斯坎川大学名誉法学博士学位。1997年2月6日去世。

**吴文祺(1901—1991)**

笔名朱凤起、吴敬铭。海宁县人。文学评论家、语言学家。原姓朱，因母早逝，自幼过继到外祖父家，改姓吴。浙江师范讲习所毕业，后学习音韵、训诂及古典文学。1924年参加文学研究会。1926年入商务印书馆任编辑。北伐军攻下武汉后任中央军事政治学校武汉分校政治教官。1928年任商务印书馆馆外编辑。1933年至1935年先后在燕京大学、北京师范大学、中国学院等校任讲师。1935年至1941年任上海大学教授。抗战胜利后任暨南大学教授。30年代曾任《太白》、《文学季刊》特约撰稿人。40年代曾主编《前线日报》副刊和《时事新报》副刊《学灯》，并发表多篇杂文。新中国成立后任暨南大学文学院院长。1952年后任复旦大学教授，并兼任《辞海》副主编、《汉语大词典》副主编、上海市政协副主席等职。1935年所著《新文学概要》为我国早期有影响的现代文学史著作。主要著作有《新文学概要》等。

**吴允周(1902—?)**

谱名望春，字洪春，号云舟。东阳县人。早年就读于东阳尚志小学。1926年黄埔军校第三期毕业。陆军大学第十期旁听生。历任国民革命军第七十八师参谋长，第四十二军第一九一师师长，骑兵第三军副军长，西北干训团少将教育长，中央军校第七分校教育长，中央军校西安督训处处长，中央军校教育处长、教育长。陆军中将。1949年12月从成都撤退去台湾，担任台湾当局“国防部”中将高参兼业务规划研究整理委员会主任委员。退役后担任银行顾问。

**吴玉良(1909—1983)**

原名琅。温岭县人。1927年黄埔军校第六期毕业，历任国民党军排长、连长、营长、团长、师参谋长，重庆卫戍司令部第三分区司令。1950年随胡宗南去台湾，任“陆军总司令部”高级参谋兼操典编纂委员会步兵组组长。1963年退役。著有《太平天国兴亡史》、《万竹楼诗稿》。

**吴　正(1908—1986)**

字一之。景宁县人。1922年浙江省立第十一中学毕业后考入上海国立自治学院学习，后转入私立上海法科大学经济系毕业。1927年参加国民革命军总司令部政治部工作。1928年留学法国，入都鲁士大学，获经济学硕士学位。1932年回国，先后在上海交通大学、上海法政学院任教，讲授农村经济学等课程。1937年抗日战争爆发后从政，先后任国民政府行政院设计委员、中国国民党中央训练委员会委员、中央训练团处长、湖北省鄂西食盐公司董事长。1947年参加民社党任组织部长。1948年当选为"行宪"国民大会代表。1949年赴台，受聘担任"行政院"设计委员。1961年恢复国民党党籍。1962年任台湾制盐总厂总经理。1971年任"财政部盐政司司长"。1986年2月在台湾去世。著有《皖中稻米调查》、《农村问题》、《台盐十年》、《改废土为良田》等。

**吴正镛(1916—　)**

字铁闻。永嘉县人。早年在温州等地经商，开设"博大"棉布号。1944年温州沦陷前夕将商号总机构迁至岷岗半山区，物资疏散到瞿溪、古岸头及平阳、文成、泰顺等处。1949年去台湾，初经营纱布，后投资针织厂，并开办进出口楼贸易公司。1965年参与创办"中国海事专科学校"，先后担任校长、董事长。1967年任正大尼龙工业股份有限公司总经理。1972年又创办中海水产企业股份有限公司，任董事长。1973年成立淡水加工厂，生产尼龙丝。后又创办万春实业股份有限公司，任董事长。去世后台湾出版《走过大时代——吴正镛先生纪念集》。

**吴世昌(1908—1986)**

海宁县人。诗人、散文家、古典文学研究家。1925年就读于嘉兴秀洲中学。1928年入燕京大学英文系学习。毕业后在哈佛燕京学社国学研究所深造。后任北平研究院史学研究所编辑、上海博物馆特约研究员。抗日战争时期先后任中山大学、桂林师范学院、中央大学等校教授、系主任。1947年应聘赴英国讲学，任牛津大学高级讲师兼导师。曾用英文发表《红楼梦探源》、《卜辞旁注考》等学术论著。1962年举家回国，任中国科学院文学所(后属中国社会科学院)研究员，曾当选为第六届人大常委。文史兼通，著译较多。所作《红楼梦探源》卷帙浩繁，资料翔实，对于抄本、评注、作者和续作者都分别进行探源考证，是60年代出版的有关《红楼梦》考证方面的重要著作。主要著译有散文集《散文甲稿》，论文集《中国文化与现代化问题》、《红楼梦探源》(英文本)、《红楼梦探源外编》，诗集《罗音室诗词存稿》等。

**吴世瑛(1879—1940)**

字映白，号元顺。东阳县人。早年考中秀才。后相继就读于杭州蚕学馆、宁波四明法政学堂。在日本留学归国任教的同盟会会员范贤方、魏炯两位老师的影响下，加入同盟会。1911年10月10日武昌起义爆发后到杭州，参与杭州光复事宜。11月4日杭州光复后又奉命赴诸暨等县策动起义。浙江光复后辞官不就，仍回四明法政学堂完成学业。1913年任宁波检察官。后到衢州、温州等地任检察官、法院推事。1919年在永嘉任上因病返家疗养一年。1920年病愈后应友人的邀请前往北京，参加北洋政府举行的高等文官考试及格，分发山东，在山东省长公署任财务秘书、财政科长。1927年任河南太康县知事。三个月后辞职，仍回济南客寓，应邀任财务科科员。1928年南下杭州，经东阳同乡、浙江高等法院首席检察官郑文礼推荐，出任嵊县地方法院首席检察官，旋调绍兴法院检察官。1929年10月下旬郑文礼任浙江省高等法院院长后，即邀吴映白任法院书记官长，掌司法行政。1937年秋因病到东阳休养。年底赶至杭州，指挥浙江省高等法院随省政府迁移至永康方岩。1940年在方岩病故。

**吴世鹤(1906—2000)**

东阳县人。高级建筑工程师、建筑企业家。1931年毕业于北洋大学土木工程系。曾任上海大昌建筑公司工程师，昆明泰山建筑公司经理，上海中华联合工程公司协理、经理、总工程师。新中国成立后历任上海建筑公司副经理、华东建筑工程局技术处处长，长春第一汽车制造厂建厂施工总工程师、高级工程师，建筑工程部技术司副司长，国家建筑工程总局科技局副局长，中国建筑学会第五届常务理事，中国土木工程学会第三届常务理事。是第三至第六届全国政协委员。30年代初在上海负责中国银行堆栈及办公楼钢筋混凝土结构设计。曾负责浙赣铁路梁家渡509米长抚河铁路公路联合桥的施工。新中国成立后主持了国内第一座采用100英尺长空心钢筋混凝土斜桩基础和钢筋混凝土钳形结构的上海蕴藻浜公路大桥的施工。

**吴用威(生卒年不详)**

字董卿，号履斋。钱塘县人。1919年2月至1921年3月任福建盐运使。1923年至1924年任北洋政府财政部参事。1937年上海、南京相继沦陷后叛国投敌。1938年3月至1940年任伪中华民国维新政府行政院秘书长，与伪中华民国维新政府行政院院长梁鸿志狼狈为奸。

**吴礼门(1891—?)**

号慕虑。原籍浦江县,寄籍江苏镇江县。毕业于商学院。早年在上海经营洋布匹头,任屏号经理。1910年任洋布公所董事。后主要从事证券、信托等业,任上海华丰证券号经纪人、上海市证券经纪人公会会长、国华银行信托部经理、国华银行证券交易所代表人、国信银行董事。抗战胜利后又任第四区面粉工业同业公会理事、上海银钱业同人联谊会常务理事。平生对于慈善、教育事业颇具热心,曾任上海平民医院董事、上海时疫医院董事、上海市福幼院董事、上海证券业小学校董事。

**吴　永(1865—1936)**

字渔川,别号观复道人。吴兴县人。1865年5月24日生。早年读私塾,1883年应童子试。1884年入湘军将领鲍超幕府。1893年任直隶试用知县。1895年任直隶总督李鸿章的文案委员。1897年授直隶怀来知县,1898年到任。1900年八国联军进攻北京,慈禧太后携光绪皇帝仓皇西逃,途经怀来县时因接驾有功,得慈禧赏识,遂命开缺以知府随驾西行,督办行在粮台。1901年慈禧太后与光绪皇帝从西安回北京时,奉命督办回銮前站事务。同年11月行至河南开封,奉命赴广东雷琼道新任。1902年补授广东钦廉兵备道。1905年调署雷琼道。1906年辞职入川奔丧。1908年回北京,授山东兖沂曹济兵备道,兼管黄(河)运(河)两河事宜。1912年10月武昌起义爆发后去职赴上海静观时局演变。1912年后出山,任山东都督府秘书长,兼筹备国会、省议会选举事务所所长。1913年1月至1914年5月任山东胶东观察使,兼北京政府外交部烟台交涉使及侨工事务局长。1914年5月至1922年5月任胶东道道尹。1927年任北洋政府国务院秘书。1929年隐退。1936年10月17日在北平病故。著有《庚子西狩丛谈》。

**吴朴堂(1922—1966)**

幼名得天,又名中篮,后改名朴,号厚庵、朴堂,斋名味灯室。绍兴县人。西泠印社创始人吴隐重孙。少年即居杭城,幼嗜书法篆刻,治印由西泠八家、吴昌硕入手,后入王福庵门下,尽得浙派堂奥。1946年由王福庵之荐任南京国民政府印铸局技正,专事官印印模之篆稿,"总统府印"之篆似出其手。1956年经陈叔通推介到上海市文物保管委员会古物整理部工作。1959年上海市文管会和上海博物馆合署办公,任上博征集编目组组长。精鉴赏,善篆刻书法,除篆隶师事福庵外,小楷步武吴湖帆,各得其神采,篆刻纯出传统,秀雅整饬。曾摹刻周秦古玺三百余钮成谱,为《小玺汇存》四卷梓行,摹刻之精、气韵之佳,置古谱中难辨真伪,广受印坛赞誉。60年代后治印力求出新,于福庵家法外,又引历代碑刻砖额、简牍镜铭、隋唐写经等入印。曾与方去疾、单晓天等合作《瞿秋白笔名印谱》、《古巴谚语印谱》和《养猪印谱》等,深受读者欢迎。为西泠印社早期社员、上海市中国书法篆刻研究会会员,著有《朴堂印稿》、《篆刻的起源和流派》等。

**吴百亨(1894—1973)**

永嘉县人。食品工业企业家。早年以替人放牛牧羊为业。17岁当药房学徒。1921年自设百亨药房,积累起万余元资本。1926年在温州独资创办百亨炼乳厂,首创甜炼乳,并亲手设计"擒鹰"商标,与英国的"飞鹰"牌炼乳抗衡。1929年"擒鹰"牌炼乳荣获中华国货展览会一等奖,次年又获西湖博览会特等奖。1930年在瑞安兴建新厂,厂房按美国《炼乳与乳粉制造法》要求设计,购进美国、日本先进设备,聘请留美乳品专业专家负责设备安装调试和乳品生产,建立起10多条机械化生产线。1938年又创办西山窑厂、西山造纸厂、百好酿造厂、中国食品罐头厂等企业,均颇具成效。还投资远东蛋粉厂。1944年任浙江省参议员。1954年任公私合营百好炼乳厂经理。1956年参加全国工商联代表大会。曾任浙江省政协委员、浙江省工商联执行委员、温州市工商联副主任委员等职。

**吴　迈(1885—1963)**

字东迈,一字东曼。安吉县人,寓上海。上海中国画院画师,中国美协上海分会会员,上海文史市馆馆员,上海中国书法篆刻研究会会员。擅花卉,风格沉雄老辣,兼工书法篆刻,厚重沉着,得其父吴昌硕之金石气,具浑朴古艳之趣。著有《吴昌硕》一书。

**吴成和(生卒年不详)**

又名建昌。上虞县人。以经营丝业起家,在上海独资开设吴成记丝号,经营生丝外销,并任百利洋行买办。致富投资钱庄和信托业,在上海益康、异康、裕大、同春、同润、同安等钱庄拥有股份,又为中央信托公司及复顺呢绒号股东,在上海及原籍上虞拥有大量地产。

**吴　光(1904—1977)**

金华县人。1927年毕业于东吴大学理学院。1930年赴美国密歇根大学专修寄生虫学,并被吸收为美国寄生虫学、微生物学会会员。

1933年获哲学博士学位，回国后历任中山大学农学院教授、浙江省寄生虫病防治站站长、南京中央卫生实验院技正、上海雷士德医学研究院研究员、上海医学院教授等职。新中国成立后历任上海第一医学院教授、军事医学科学院研究员兼寄生虫学系主任、全国血吸虫病研究委员会主任委员、中国医学科学院寄生虫病研究所研究员、农业部上海家畜血吸虫病研究室主任等职。吴氏是中国著名寄生虫学家，长期从事血吸虫和肺吸虫的形态学、分类学及生活史的研究，对肺吸虫的皮棘用于分类及保护宿主造诣尤深，先后发表学术论文35篇，有较高的理论水平和实用价值。

**吴先清(1904—1937)**

女。曾用名吴德芝、吴仙清。临海县人。早年在联立女师附小毕业后考入浙江省立蚕业讲习所。1919年投身五四运动，被选为蚕校学生代表，率领同学上街游行示威。1920年夏蚕校毕业后进入杭州私立美术学校学习绘画。1924年加入中国共产党。同年与宣中华结婚。同年“五一”国际劳动节在杭州湖滨召开的航海走各界纪念会上发表演说，号召女工争取妇女解放。下半年至上海工人补习学校教书，在沪西区开展妇运工作，活跃于曹家渡、小沙渡一带，积极参加“五卅”反帝运动。1925年8月任中共上海区委妇女委员会委员。同年初冬奉命赴莫斯科东方大学学习两年，负责共青团宣传工作。1928年春留在东方大学与中山大学合并而成的中国劳动者共产主义大学工作。宣中华在1927年“四一二”反革命政变中牺牲后，在莫斯科与刘鼎结婚。1929年春奉命与刘鼎回到上海，在中共江苏省委领导下至浦东开展工运工作。1930年夏调中共中央特科，从事情报工作。利用家乡特产黄岩蜜橘开设水果店，作为秘密联络站。1934年受党组织指派去日本东京，以在一家牙科诊所学护士为名，负责联络工作。1936年由党组织秘密送往苏联，化名罗莎·拉库拉夫，进入莫斯科马列学院学习。结业后在莫斯科等待回国，突然被指控为“日本间谍”，于1937年11月被捕入狱，流放西伯利亚，不久去世。

**吴廷璆(1910—2003)**

杭县人。1929年入北京大学史学系。1932年考入日本京都帝国大学史学科。1936年毕业归国后任山东大学讲师。抗战爆发后参加八路军。后转入地下工作，参与“民盟”和“九三学社”的组建工作。历任四川大学历史系教授、武汉大学历史系教授。1949年调任南开大学历史系教授，曾任校总务长、历史系主任、历史研究所所长。1951年当选为天津市历史学会理事长、民盟天津市委副主委。1977年当选为天津市政协副主席。1980年任中国大百科全书外国史卷编委兼亚洲史组主任。1980年任中国日本史学会首任会长。1981年任国务院学位委员会第一届学科评议组历史组成员。先后担任第五、第六、第七届全国政协常委。担任核心学术期刊《历史教学》总编40年之久。主要研究亚洲史和东西交通史，曾主编《日本史》、《日本近代化研究》等。著有《吴廷璆史学论集》传世。

**吴似鸿(1907—1990)**

女。原名阿罗，笔名湘秋、吴峰等。绍兴县人。出身贫寒，曾就读于绍兴女子师范，成绩优异。新文化运动后为新思想、新文化所激荡，曾在话剧《棠棣之花》中扮演角色。1926年冬北伐军到绍兴，出任绍兴女师自治会会长和绍兴妇女协进会会长。1928年考入上海新华艺术大学进修西洋画，开始在《新女性》发表作品。不久加入田汉倡导的南国社，以自身经历创作《吉卜赛女日记》，发表第一篇小说《毛姑娘》。1933年出版小说集《流浪女日记》。曾编辑《申报》副刊《妇女》园地。其短篇小说《丁先生》，受到鲁迅、田汉等人好评。新中国成立后由四川重庆调浙江省文联工作，后回绍兴州山。先后写有《怀念达夫先生》、《萧红印象记》、《怀念南国社导师田汉》、《蒋光慈回忆录》、《忆许地山先生》等，出版有长篇回忆录《浪迹文坛艺海间》。

**吴兆莘(1901—1978)**

又名乐尧。东阳县人。1916年入东阳中学学习。1919年当选为学校学生自治会长，组织群众焚毁日货，上街演说，声援北京爱国学生发起的五四运动。同年暑假发起成立东阳县学生联合会，任会长。同年冬组织学潮，抗议东阳中学校长开除三名进步学生，迫使当局撤换校长。后进上海私立震旦大学学习。1926年12月加入中国共产党。1927年2月到杭州，进入浙江省临时政务委员会下属的教育科工作。不久以青年指导员身份返回原籍活动。6月中共东阳独立支部成立，任支部书记。11月任中共东阳区委书记；1928年1月任中共东阳县委书记；9月被捕，后经营救出狱。1935年4月东渡日本，先入东京法政大学经济学部，后转仙台东北帝国大学法学部。归国后先后受聘于上海暨南大学、浙江英士大学、福建厦门大学等大学，任教授、银行学系主任、图书馆馆长。新中国成立后历任沈阳东北行政学院、厦门大学教授。著有《中国赋税史》、《中国财政金融年表》(上中下三册)。

**吴庆之(1894—?)**

字季愚。富阳县人。1911年11月上旬参加辛亥革命杭州光复之役。1919年2月自保定陆军军官学校第六期步兵科毕业后进入北京陆军大学深造。1926年任国民革命军北伐总司令部作战参谋。抗战期间任职于国民革命军第三十军,担任该军驻桂林抚恤处处长。后任军事委员会军政部铨叙厅处长。1939年5月被国民政府授予陆军少将。1946年5月任国防部第一厅第三处少将处长。

**吴志高(1910—2002)**

杭县人。1910年11月14日生。1930年9月考取之江大学化学系。1934年6月毕业,获理学学士学位。同年9月赴河南巩县兵工厂硫酸车间担任技术员。1936年6月赴美国密歇根大学深造,攻读化工专业。次年6月转学至美国俄亥俄州立大学,继续攻读化工专业,并兼任助教。1941年6月获俄亥俄州立大学化学工程哲学博士学位,旋进入美国纽约世界贸易公司担任工程师。同年又获美国SigmaXi科学研究荣誉学会金质奖和美国PhiLambda Upsilon化学荣誉学会金质奖。1944年听闻国内缺少硝酸,遂自带器材,绕道澳洲、巴基斯坦、印度回国。同年10月赴四川泸州,任二十三兵工厂合成氨车间工程师。1945年10月任职于台湾糖业公司。1948年赴苏州东吴大学任教,担任化工系系主任。1951年借调至东北301厂,任人造石墨的设计及建厂的总负责人(一级总工程师),其中人造石墨的设计于次年获东北工业部新产品奖。在东吴大学任教期间又兼任上海新业硫酸厂(今上海硫酸厂)技术顾问,参加了该厂4万吨级新型水洗流程接触法硫酸生产工艺的设计建设。其新创的设计流程获全国优秀设计奖,并为全国各厂广泛采用。1952年10月在全国院系调整后任华东化工学院教授兼硫酸专修科主任。其后历任无机工业系副主任、基础部副主任、化学工程系副主任、科技外语教研室主任兼华东化工学院分院化工系主任等职。1982年3月任新成立的科技外语系系主任。1987年1月退休。1989年9月获俄亥俄州立大学"卓越校友荣誉金质奖"。2002年8月8日在上海去世。著有《干燥》、《化学与工程热力学》、《美国科技百科全书——化工部分》等。

**吴　岐(1894—1957)**

又名崇岐。奉化县人。1925年毕业于日本东京帝国大学。曾任国立中山大学教授、国立武汉大学、国立同济大学教授兼法律系主任。从事劳动法、债法及财政法等课程教学。1942年至1944年间曾发表《推选新政与法律教育》、《国防与宪法》等文。著有《中国亲属法原理》及《地方自治纲要》等。

**吴作镆(1855—1926)**

字锦堂。慈溪县人。著名旅日侨商。幼年家贫,17岁经人介绍到上海南京路萃丰蜡烛店做帮佣,不数年被派至苏州主持其分店。1885年东渡日本长崎经商,两年后转至大阪。1890年迁神户,开设怡生号,贩日本火柴运销中国。在上海又设义生洋行,从中国输出棉花、大豆等至日本,又从日本输出火柴、水泥、棉纱至华,获利颇丰。致富后先后为东三省、直隶、云南、淮徐、广东等地捐助巨款,投资赞助汉阳铁厂、汉口自来水公司,并为同盟会募集经费,支持孙中山进行民主革命。但也曾应李鸿章的请求,为清廷捐银百万元,作为镇压义和团的经费,又为刘坤一、张之洞的"东南互保"捐助防务费1万元,因而被赐予二品花翎道衔。1901年从日本三井银行购入钟渊纺织株式会社股份4万股,任常务董事。日俄战争时为日本贩运大豆,并购买大量日本公债,获得厚利。1907年与日友人在尾崎市创办东亚水泥株式会社,吴占80%股份。同时兼任多家公司大股东,成为日本关西财阀。1908年与宁波帮巨商在上海发起创办宁绍轮船公司。辛亥革命后资助沪军都督府、宁波军政府及红十字会,并加入中国国民党。从1912年起一直担任神户中华商会会议所会长、华侨商务总会协理、中华会馆理事长,先后在神户创办中华公学、同文学校,培养华侨子弟,并在神户创办华侨病院。1905年、1913年两次捐巨资救济日本灾民,两次获日本天皇赠赐银杯。1923年日本关东大地震后重建,其所投资的水泥厂大获其利。热心家乡公益事业,曾出资为家乡兴办水利,修塘建闸。1907年捐资27万元,在慈溪北乡创办锦堂师范,是浙江办得最早的师范学校之一,至今犹为名校。1909年又出资开办两等小学,后先后改为初等、中等实业学校,学校规模之大、设备之周、器具之精,为全省私立学校之冠。1926年在日本病故。

**吴启鼎(1892—?)**

号芑汀。慈溪县人。著名侨商吴锦堂之侄,银行家。早年就读于上海圣约翰大学。1915年赴美国俄亥俄大学留学。回国后于1916年至1918年任联合银行副经理。1922年任广州交通运输局局长。后参加北伐，历任财政部缉私处秘书兼运输局局长、闽海关监督、江苏沙田局局长、浙江印花烟酒税局局长、税务署署长、江浙商业储蓄银行董事长等职。1934年5月任中国建设银公司股东。1936年四明银行改为官商合办，奉财政部命任董事长。抗战爆发后又兼任总经理。不久去香港，但遥领四明银行上海总行的人事业务大权。1940年又去重庆，在内地设立四明银行分支机构，并用电信指挥香港业务。抗战胜利后赴上海接受四明银行总行，仍任董事长兼总经理，并任四明保险公司总经理、上海市银行商业同业公会理事、上海市第一届参议员。

**吴其昌(1904—1944)**

字子馨，号正厂。海宁县人。吴世昌之兄。幼年生活艰困，刻苦好学。16岁考入无锡国学专修馆，受业于唐文治，以才思敏捷，与王蘧常、唐兰合称“国专三杰”。1923年毕业后曾至广西容县中学任教，并扶助弟妹求学。1925年考入清华大学国学研究院，从王国维、梁启超治学，深得器重。1928年毕业后先后任南开大学、清华大学讲师。1932年任武汉大学历史系教授。抗战军兴，随校迁至四川乐山，任历史系主任，直至去世。生平著述颇丰，治学范围广博，于甲金文字、训诂、音韵、校勘、农田制度、文化学术史等均有研究。著有《朱子著述考》、《殷墟书契解诂》、《宋元明清学术史》、《金文世族谱》、《三统历简谱》、《北宋以前中国田制史》以及时论、杂文集《子馨文存》等。

**吴茀之(1900—1977)**

初名士绥，改名黔，号吴路予，以字行。浦江县人。幼承家学，酷爱美术，读书之暇，常临蒋南沙、恽南田工笔范本。1915年考取严州省立第九中学，名列第一。1919年拜陈友年为师，补习诗词文史。1922年入上海美术专门学校高师科，专攻写意。毕业后赴苏州第一师范和淮安中学执教美术。1928年出版《茀之画稿》，刘海粟题“超逸高妙”。1929年回上海美专任中国画教授，兼沪江大学及附属中学美术导师。历任上海美专教授，杭州国立艺专教授兼教务主任，福建省立师专教授，浙江美术学院中国画系主任，为浙江省第三届人大代表，民盟浙江省委委员，中国美术家协会浙江分会常务理事，西泠印社社员。一生淡于名利，埋头于艺术创作和美术教育事业，精研画论及古画鉴赏，素有诗、书、画“三绝”之称，擅长意笔花鸟，间作山水、人物、走兽。早年受吴昌硕画风影响，后吸收青藤、白阳、石涛、李鱓诸家，形成丰润郁勃、清丽超脱的独特风格。创作和教学之余，著述颇丰，除画辑、画集外，有《马远和夏圭》(与邓白合著)、《画论笔记》、《中国画概论》、《中国画十讲》、《画微随笔》、《吴溪吟草》、《茀之题画诗存》等。

**吴性栽(1904—1979)**

字鑫斋，笔名槛外人。绍兴县人。1923年开始在上海经营颜料生意。1924年在上海创办百合影片公司，拍摄《采茶女》、《苦学生》等片。1925年百合影片公司与大中华影片公司合并成立大中华百合影片公司，任董事长。1930年与他人共同创立联华制片印刷有限公司，任董事长。拍摄《故都春梦》、《野草闲花》等影片。30年代初左翼电影运动蓬勃兴起后主持“联华”二厂，容纳一批左翼进步文艺工作者，拍摄了《三个摩登女性》、《城市之夜》、《渔光曲》、《神女》等优秀影片。1936年拍摄国防影片《狼山喋血记》等。1938年10月创建联华摄影场，并在上海租界相继投资成立了合众、春明、大成等影片公司，制作了以古装片为主的各类影片数十部。1946年5月改组成立徐家汇摄影场。同年8月又独资创建文华影片公司，拍摄《假凤虚凰》、《夜店》、《小城之春》等作品。1948年在上海投资建立华艺影片公司，拍摄由梅兰芳主演的中国第一部彩色戏曲片《生死恨》。同年底迁居香港，晚年研究佛学。1973年退休。著有《京剧见闻录》。

**吴味经(1897—1968)**

字纬。东阳县人。棉业专家、棉纺企业家。杭州省立农业学校毕业后进天津棉业专门学校学习。1923年在农商部第一棉业试验场工作，引进美国良种“脱字棉”。1928年任浙江省棉业改良场杭州育种场主任，并开办训练班。1932年被聘为中国棉业公司产销合作部主任，到冀、鲁、陕、汴、鄂等处选定产棉基地10余处，并创建大型动力轧花厂。抗日战争爆发后奔波于华北各产棉区抢购抢运棉花3000余万公斤。1938年任中棉公司襄理兼营业部主任，大量购销棉花，与日本纺织业竞争。抗日战争胜利后开设杭州棉纺厂，任全国纺织事业管理委员会委员，兼中国纺织建设总公司副总经理，致力于国棉自给。1948年淮海战役后护厂护机，将纺建公司所属37个厂完整地移交人民政府。新中国成立后历任华东纺织管理局、国家纺织工业部顾问，华东供销分局副局长及上海棉花公司副经理等职。曾多次赴全国各棉区、牧区考察，解决羊毛分级、收购标样等问题。成功育成长绒棉，培育出安哥拉长毛兔种，用人工授精法改进湖羊为细毛羊等技术。1958年后深入大江南北，开拓纺织原料基地。“文革”中遭迫害，含冤而死。1979年平反。

**吴昌顺(1889—1968)**

绍兴县人。著名艺人。原在乡间唱曲，后到上海越声票房工作，得到绍剧老艺人李玉水的指导与传授，乃参加乱弹班。饰演绍剧老生，因其说白老练有力，出腔声旺，颇受欢迎和好评。抗日战争时期回绍兴。新中国成立后受上海老闸大戏院聘请，重演老戏，声誉鹊起。戏路较广，拿手戏除《后朱砂》外，还有《宝莲灯》、《四进士》等。其唱片在1949年前即为上海唱片公司灌制，流传较广。其后又有“昌顺”辈如小昌顺、盖昌顺、筱昌顺等继出，对后代绍剧界影响较大。

**吴昌硕(1844—1927)**

初名俊，后改名俊卿，字香补、香圃，中年字苍石、昌硕、昌石、仓硕，因得友人所赠古缶，故号缶庐、缶道人，别号朴巢、苦铁、破荷亭长、五湖印丐等，70岁后又署大聋。安吉县人。长期寓居上海。中国近代杰出的艺术家，举世公认的清末海派画坛、印坛领袖，书法、绘画、篆刻、诗词无一不精，有“四绝”之誉。青年时曾就学于杭州诂经精舍，从名儒俞樾习小学及辞章。书法初师颜真卿，后法钟繇、王羲之，继而取法黄庭坚、王铎、邓石如、赵之谦，又得力于碑帖甚巨，笔力遒劲，气势磅礴，大起大落，遒润峻险。绘画初从赵之谦，上溯扬州八怪，以及石涛、八大、陈淳、徐渭，以篆隶笔法入画，线条凝练遒劲，气度恢宏古朴，浑厚苍莽，具金石气。篆刻钝刀直入，苍劲沉雄，气息浑厚，别开面目，被尊为“吴派”。书画篆刻俱卓尔不凡，成一大家，对近代中国艺坛产生了广泛和深刻的影响，尤对海派后期画风影响深刻。1913年被公推为西泠印社首任社长。著有《红木瓜馆初草》、《元盖庐诗集》、《缶庐诗》、《缶庐别存》、《缶庐集》、《缶庐印存初集》(四册)等。

**吴佩洸(1872—?)**

吴兴县人。1897年11月自天津水师学堂管轮班第五届毕业后分发到北洋舰队服役，曾任海容舰副管轮。后任东清铁路交涉委员。1912年中华民国成立后任职于北洋政府外交部，曾任科长等职。1918年11月任驻巴拿马总领馆署理总领事。1921年6月回国，仍回外交部任职。1922年9月任接收威海卫委员会接收委员，协助接收委员长梁如浩与英国交涉接收威海卫事宜。1924年5月至11月任驻海参崴总领馆署理总领。

**吴佩潢(1887—?)**

字承斋。吴兴县人。早年毕业于江苏电报学堂。毕业后进入江苏电报局任职，后调长沙税关。1912年中华民国成立后任上海电报局局长。1913年“二次革命”失败后去职。不久任南京电报局局长。1917年任广州护法军政府外交部司长。1922年7月至1923年1月任北京政府交通部电政司司长兼电政会计制度研究委员会委员长。1922年9月至10月兼国务院秘书厅秘书长。1923年7月至10月兼任北京政府交通部邮政司长。1927年5月至1928年8月任南京国民政府交通部电政司长，期间曾兼任电政总局督办。

**吴金堤(1908—1984)**

永嘉县人。1931年毕业于上海国立劳动大学机械工程系，获工学学士学位。1934年任国立交通大学机械工程学院助教；1937年任讲师，讲授金工实习课程。曾任金工厂主任，南洋工学院总务长。1948年任机械工程系副教授。1955年为交通大学教授。编有《互换性与技术测量》。

**吴受彤(1888—1937)**

名炜。杭县人。银行家。幼年随父宦游四川，定居成都，师从成都名宿沙圆居士。喜好诗文，信奉佛教。1914年任四川盐运使署秘书，后任盐运使署科长，精通盐务，编写《四川盐政史》。1930年受命清理重庆盐业银行。1932年该行改名重庆川盐银行正式开办，任董事长，独揽大权。同年以川盐银行证券交易所牌号孚记证券号在交易所大赌申汇和买卖公债，社会上故有“川盐系吃公债起家”之说。该行同时经营盐栈、保险业务，并经营房地产，还投资各项工商业，除1935年因长江大水保险部赔款未结算外，其余各年年年获利，被重庆金融界称为“有才能”的银行家。还收买了重庆第一家机器制革厂求新制革厂，任经理。1934年第二十一军征收鸦片特税，与人组织“美益”字号，经营此项业务，获得暴利。同年改组允丰正酒厂为允丰正股份公司，任董事长。川盐银行还投资四川水泥厂、重庆电力公司、重庆自来水公司和四川生丝公司。1935年被选为重庆银行公会主席，成为重庆金融界风云人物。1936年成立“利济财团”，任财团总经理，对鸦片烟土实行统购统销。1937年8月病故。

**吴宗焘(1897—1979)**

吴兴县人。1918年毕业于北京大学经济系。历任北京大学、华北大学、河北大学、南京中央大学、上海胡江大学、东吴大学、上海中华工商学校等校教授。新中国成立后历任上海诚明文学院、上海商业专科学校、光夏商业专科学校、复旦大学、上海财经学院、上海市社会科学院教授。著有《外国汇兑》、《中国之汇兑》、《美国联合准备银行制述要》、《新会计名词汇释》等，译著有《银行学原理》、《会计浅说》、《高等利息计算法》等。

**吴经熊(1899—1986)**

字德生。鄞县人。1899 年 3 月 28 日生。6 岁开始接受启蒙教育，背诵四书五经。9 岁开始学习英文。1916 年考入上海私立沪江大学，不久转学天津北洋大学(今天津大学)法律科预科。1917 年入读东吴大学法科。同年受洗礼成为基督徒。1920 年毕业于私立东吴大学法科。1921 年赴美国留学，入密歇根大学法学院学习。同年在《密歇根法律评论》上发表处女作《中国古代法典与其他中国法律及法律思想资料辑录》。1922 年获法学博士学位。毕业后先后到法国巴黎大学研究法律哲学与国际公法、德国柏林大学研究哲学与法理学、美国哈佛大学研究比较法律哲学。1924 年回国后任私立东吴大学法学院教授，并兼上海公共租界工部局法律顾问。1927 年任东吴大学法学院院长。1929 年应邀前往美国哈佛大学和西北大学讲学。1931 年任南京国民政府立法院立法委员。1933 年任立法院宪法草案起草委员会副委员长。参与起草的《中华民国宪法草案》，被称做“吴氏宪草”。1935 年创办《天下月刊》。1937 年皈依天主教。1939 年当选为美国学术院名誉院士。1942 年继续担任立法委员兼立法院外交委员会委员长。1945 年 5 月当选为国民党第六届候补中央执行委员。1946 年 9 月任驻罗马教廷公使，11 月当选为制宪国民大会代表。1949 年任美国夏威夷大学中国哲学与文学客座教授。1951 年任美国新泽西州西东大学法学教授；1961 年任该校亚洲叙述教授。1966 年由美国赴台湾，任“中国文化学院”(今“中国文化大学”)哲学教授；1974 年起担任该校哲学研究所博士班主任。此外还担任国民党中央评议委员、“国大代表”、“总统府资政”。先后获得美国波士顿大学、圣约翰大学、韩国岭南大学、圆光大学等多所大学授予的名誉法学、文学博士学位，并当选为台湾“中华学术院”哲士。1986 年 2 月 6 日在台北去世。一生著述丰富，主要有《法律的基本概念》、《法律哲学研究》、《法律的三度论》、《施塔姆勒及其批评者》、《超越东西方》、《法学文选》、《法学论文集》、《圣咏译义》、《哲学与文化》、《内心悦乐之源泉》、《正义之源泉》、《自然法：一个比较研究》、《作为一种文化研究的法理学》、《孟子的人生观与自然法》、《中国哲学中的自然法与民主》、《中国法律哲学史略》、《法理学判例与资料》、《自然法与基督文明》、《自然法哲学之比较研究》等。

**吴承兰(1913—1970)**

女。吴兴县人。吴兴名医翰臣之女，幼承家学。1937 年从中国医学院毕业后在上海开始行医。不久淞沪抗战爆发，参与筹建中国医药救济协会、中医救亡护队，从事救伤宣传慰劳工作，数月奔走，从不倦息。上海沦陷后服务于难民救济会所设各收容所，为难民治疗疾疫。1945 年抗日战争胜利后先后担任上海市中医师公会妇女组主任，国民党上海市党部妇女运动委员会总干事，上海邮务职工会顾问医师，上海社会服务处医药顾问，淞沪警备司令部青年辅导班卫生主任。1947 年底当选为“行宪”国民大会代表。1948 年出席“行宪”国民大会，与中医代表们联名向大会提交了《发扬我国固有医药以保民族健康并塞漏卮而固国本案》，要求政府改变以西医为主导的卫生部管理的状况，建议在行政院下设立中医药委员会，以管理全国中医药行政事宜，并要求教育部开展中医教育，各省市开设中医医院、中药厂等。

**吴　珉(1887—1977)**

女。字希英，秋瑾遇难后改名惠秋。吴兴县人。9 岁父母双亡，14 岁祖父病故，被族人卖与老河工做童养媳。19 岁因逃避包办婚姻，躲到浔溪女校校董钱琴韵家中。正在浔溪女校任教的秋瑾变卖一些首饰，为之赎身，并送入浔溪女校读书。秋瑾到上海创办《中国女报》，也随之赴沪，到女子劝业公司工作。1907 年秋瑾主持大通学堂工作，也追随左右，入居绍兴和畅堂，成为秋瑾得力助手，誊抄和保管秋瑾的通讯联络函电以及起草的革命文件。秋瑾奔波浙东各地联络会党，均以姐妹或主仆身份作为掩护。徐锡麟遇难后奉命销毁一批重要革命文件。秋瑾被捕后拟以送衣物为名，前去女监探望，被秋氏家人劝阻，并暂避孙端孙德卿家。秋瑾遇难后悲愤难忍。风声略微平息后由秋誉章夫妇资助，前往上海找到徐自华和徐小淑，入上海育贤女学学习，旋入南市董家渡开办的医院做看护。为继承秋瑾的革命遗志，改名惠秋，并与熟悉的光复会会员取得联系，开展地下工作。1911 年随救护队参加光复上海之役的救护工作，因营救攻打江南制造局的阎畏三而结下深厚情谊，双方结为伴侣。1912 年徐自华等人在上海创办竞雄女学，遂弃医改行，出任女校教员。1957年聘为上海市文史馆馆员，写有不少回忆辛亥革命的文章。1977年8月11日在上海病故。

**吴柳生(1903—1984)**

东阳县人。北京清华学校毕业后赴美留学，1933年获硕士学位。回国后历任山东大学、清华大学、河南大学教授。后又赴美国考察。1950年回国，一直在清华大学任教。一度兼任政务院中南修建公司顾问，北京房地产管理局顾问等职。曾参与北京人民大会堂工程的审查验收。

**吴　畏(1922—1994)**

曾用名吴复元。东阳县人。1945年9月在浙江英士大学读书时受进步书刊的教育启发，初步接受了马克思主义，开始投身爱国学生运动。1947年参加“反饥饿、反内战、反迫害”大游行。1948年3月任中国农工民主党浙江英士大学支部主委。1948年12月加入中国共产党。后失去联系。1949年初在国民党当局加紧对革命志士搜捕迫害的情况下，根据中共党组织的指示，转移到中共领导的游击根据地，加入金萧支队第八大队，担任军法室主任。同年5月浙东解放，先后任兰溪县司法科负责人、金华地区中级法院审判员。1959年10月任民盟浙江省委会组织部副部长。1972年在浙江省委统战部办公室工作。1977年11月调九三学社杭州分社工作。1979年9月调入中国民主促进会省委会工作。1980年7月加入民进。历任民主促进会浙江省委会办公室副主任、副秘书长、秘书长、副主委兼秘书长、第五届委员会顾问，浙江省政协委员、副秘书长、文史资料委员会副主任委员。1981年重新加入中国共产党。

**吴思豫(1886—1961)**

字立凡。嘉兴县人。1903年入浙江武备学堂步兵科学习。1905年毕业后赴日本留学，入日本振武学校学习。1906年在日本加入同盟会。1907年12月入东京青山近卫师团步兵第四联队任士官候补生。1908年入日本陆军士官学校中华队第七期步兵科学习。1910年毕业回国后任浙江新军第二十一镇中军官。1911年任第三十二标教练官。11月参加光复杭州起义。浙江光复后历任浙江军政府参议部参议，浙军总司令部副官处长。1913年因参加“二次革命”，调任浙江陆地测量学校校长。1916年夏任浙军第六师第九十八团团长，后相继担任宁台镇守使署参谋长、嘉湖镇守使署参谋长、北京政府陆军部少将参谋官、浙江陆军第一师参谋长。1925年底到广州，任黄埔军校训练部少将主任。1926年任黄埔军校少将编译员、训练部中将主任、黄埔军校特别党部监察委员、广东长洲要塞司令等。1926年7月随总司令部参加北伐战争。1927年10月任浙江省军事厅少将参谋长。1928年任国民革命军总司令部办公厅主任，南京宪兵司令。同年10月任国民政府参军处参军，兼总务局长并代参军长。1929年7月任青岛警备司令兼青岛市代市长。1930年1月至1933年2月两度担任首都警察厅厅长。1933年9月任军事委员会办公厅副主任。同年冬奉蒋介石之命赴日本，作为日本古谷中将来华访问的回访，但婉言拒绝去见首相广田的要求。1936年1月被授予陆军中将。1937年抗战爆发后军委会机构改组，改任军委会铨叙厅厅长，后任抚恤委员会副主任委员。1946年5月任国民政府参军兼典礼局局长。同年当选为制宪国民大会代表。1948年5月任总统府参军兼第四局局长。1949年2月免总统府参军；5月免第四局局长。在上海以教授太极拳谋生。1952年7月定居天津。1953年10月初赴北京看望老友李济深、邵力子、张治中。不久加入民革。1955年4月任天津文史研究馆馆员。1961年病故。

**吴品珩(1856—1927)**

字佩葱、韵玱，号逸园、纬仓，晚号定农。东阳县人。1873年中秀才。1886年中进士。历任总理各国事务衙门章京，江西司主事，外务部郎中、署理左参议，湖北荆(州)宜(昌)道道台、兼监督荆州钞关和宜昌、沙市二洋关，安徽省按察史，安徽布政使等职。1896年至1897年回原籍为父亲守丧期间，应浙江巡抚廖寿丰的邀请担任其高级顾问。辛亥革命后拥护共和，1914年6月至1915年10月曾任浙江省政务厅厅长。袁世凯称帝前夕辞职返回东阳原籍，从事公益活动之余，悠游林下，以诗酒自娱。琴棋书画样样精通，对医学也颇有研究，并能号脉处方。一生关心家乡的公益建设，包括育婴堂、孤寡老人赡养等各种公益事业，造福家乡百姓。1922年东阳遭遇百年一遇的特大洪灾，境内哀鸿遍野、民不聊生。虽已过花甲之年，但仍不顾自己年老体弱，立即赶赴省城杭州，恳请政府救灾济急，同时与亲朋好友商量募捐赈灾事宜，得到华洋义振会、江苏义振会、浙江筹振会等慈善机构的大力支持，筹集了相当数量的救灾款项，解决了东阳灾民的燃眉之急。之后又在东阳城内倡导开设贱买贵卖、抑制物价上涨的平粜机构，号召境内各地有识之士群起而仿之，安定人心，维持社会秩序。著有《逸园日记》、《定农日记》。

**吴贻芳(1893—1985)**

女。杭县人。1904年起就读于杭州女子学校、上海启明女子学校。1916年考入金陵女子大学，任学生会会长，参加五四运动。1919年毕业后任教于北京女子高师。1922年赴美国，就读于密执安大学。1928年获生物学、哲学双博士学位后回国，任金陵女子大学校长。1945年出席联合国成立大会，成为在《联合国宪章》上签字的第一位女性。新中国成立后任金陵大学、南京师范学院、南京师范大学等校领导职务。历任江苏省教育厅厅长、江苏省副省长、江苏省政协副主席、中国民主促进会中央副主席兼江苏省暨南京市委员会主任委员、全国妇联副主席、中国基督教三自爱国运动委员会名誉主席，并当选为第一至第五届全国人大代表，全国政协第五、第六届常委。1979年获美国密执安大学为世界杰出女性专设的“智慧女神”奖。

**吴钦烈(1896—1966)**

号景直。诸暨县人。1896年2月7日生。杭州府立中学堂毕业后考入浙江高等学堂学习，不久转入北京清华学校。1914年由清华学校保送赴美留学，入麻省理工学院化学工程科学习。毕业后又考入芝加哥大学研究院，获化学硕士学位。后任美国安德拿炸药公司化学师。1920年回国后任浙江公立工业专门学校化学工程科教授兼主任。1925年赴德国，入德皇威廉纤维化学研究院深造。1929年回国后任南京国民政府军政部兵工署少将研究委员，奉命创办理化研究所，筹建无烟火药厂。1932年春奉命赴欧美考察国防化学工业，并在美国华盛顿订购化学工厂机械。1933年7月任军政部兵工署理化研究所所长兼巩县化学筹备处处长。1934年7月理化研究所改为军政部技术司，任司长。1936年2月任巩县化学厂厂长。后该厂改为第二十三兵工厂，仍兼厂长。1938年兼军政部应用化学研究所所长。1946年6月起任国防部第六厅副厅长。1949年去台，历任台湾当局“兵工委员”、“台湾省生产事业管理委员会”委员、“行政院美援运用委员会”参事、“联勤总部生产署”中将署长等职。1959年8月退休。1966年12月12日病故。

**吴夏复(1913—1938)**

曾用名金馥桂。东阳县人。1931年考入杭州笕桥的国民党中央航空学校第三期学习。1935年毕业后分配到空军第一大队任少尉侦察机驾驶员。1936年4月复入军校第五期军官班。1937年7月1日毕业后被派为第十队少尉本级队员，旋调为轰炸机第二队队员。同年7月抗日战争爆发，多次奉命出战，先后在晋南、台北、芜湖、上海、杭州等地猛轰敌军，屡建战功，晋升为中尉队员。1938年3月16日与射击手虞卫民、驾驶员王景常同机，从南昌起飞，与友机一起奉命轰炸已经被日军占领的杭州笕桥机场，一举炸毁敌机11架、仓库4座，炸死日军20余人。返航途经富阳新登上空时突遭敌机阻截。空战中坐机右油箱中弹起火，驾驶员王景常跳伞脱险，飞机坠地焚毁，与虞卫民同时牺牲。新登各界公祭成殓后将灵柩运至南昌，后运回东阳安葬。亲属用抚恤金在家乡建了一所“夏复小学”作为永久纪念。

**吴亮平(1908—1986)**

又名黎平，笔名吴理屏等。奉化县人。1919年入上海南洋中学。1922年考入厦门大学，专攻经济学。1924年转至上海大夏大学，开始阅读瞿秋白《俄乡纪程》等进步书刊。1925年11月与蔡和森、王稼祥、张闻天、王明等赴莫斯科中山大学学习。1927年在莫斯科加入中国共产党。1929年7月从苏联回到上海，在中共中央宣传部任职，参加中宣部领导的中央文委工作，参与筹组中国左翼作家联盟。12月任《环球》主编，在该刊上编译和撰写有关介绍国际政治形势和各国革命运动发展状况的文章。1930年2月在中共法南区委工作，同时在上海法政大学授课，积极投入关于中国社会性质的论战，批驳托派及各种反马列主义派别在中国革命问题上的错误理论。11月在上海被捕，被判刑两年，关押在提篮桥监狱。1932年被保释出狱，由组织安排进入中央苏区江西瑞金，历任红军学校政治部宣传部长，中华苏维埃共和国中央政府国民经济部副部长、部长，苏区中央政府执行委员会委员。1934年10月随中央红军参加长征，先后任红一军团地方工作部部长、红三团军政治部宣传部长、中央纵队秘书长、中共中央苏区中央局宣传部长、中央宣传部副部长。1936年斯诺到陕北访问，负责接待，并担任毛泽东同斯诺谈话的翻译。抗日战争时期先后任《解放》周刊编辑、中共中央晋绥分局调研室主任等，并当选为中共七大代表。解放战争时期在东北任中共抚顺市委书记、东安地委书记等职。1949年5月到上海，先后任中共沪西区委书记、普陀区委书记。1951年2月任中共中央华东局企业管理委员会副书记。1953年起先后任化学工业部副部长，国家经济委员会委员，中国社会科学院领导小组成员，第五届全国政协常委，中共中央顾问委员会委员等。1986年10月3日在北京去世。是中共党内杰出的马克思主义理论家、翻译家。著有《中国土地问题》、《社会主义史》、《辩证唯物论与唯物史观》、《反对派对中国问题的错误》、《农村革命与反帝国主义斗争》、《资产阶级性民主革命到社会主义革命》、《民主和专政》、《论我国人民内部矛盾》，翻译出版恩格斯的《反杜林论》、《社会主义从空想到科学的发展》，与张闻天合作翻译马克思的《法兰西内战》、列宁的《国家与革命》等。

**吴觉农(1897—1989)**

原名荣堂，曾用笔名有咏唐、池尹天、施克刚等。上虞县人。1897年4月14日生。1914年考入浙江省甲种农业专科学校。1918年专科毕业后留校任助教。1919年官费留学日本，为中国第一位去国外攻读茶叶的学生。1922年回国，卖文为生。1924年任中华农学会总干事。1926年任新创刊的《新女性》杂志发行人及新成立的开明书店董事长和监察人。1928年应上海市政府社会局之邀，筹备上海园林试验场。1929年任浙江省建设厅视察兼合作事业室主任。1930年为上海国立劳动大学兼职教师。1931年9月调入上海商品检验局，负责茶叶出口检验工作。1933年冬与人发起成立中国农村研究会，后任该会副理事长。1934年秋受实业部委派出国考察，先后访问了印度、锡兰、印度尼西亚、英国、法国、苏联和日本等国。1935年11月回国。1937年1月出任实业部国家检验委员会茶叶产地检验处副处长。1939年冬担任贸易委员会茶叶处处长，兼任中国茶叶公司协理、总技师及技术处长。1940年在重庆参与筹建复旦大学农学院茶叶系和茶叶专修科，任系主任。1941年12月前往浙江衢州，设立东南茶叶改良总场，任厂长。次年总场迁往武夷山，出任中国茶叶研究所所长。1946年出任上海兴华制茶公司总经理。1947年担任上海现代经济通讯社董事长。1948年7月与人合作在杭州创建之江机械制茶厂。1949年7月前往北平参加中共组织的中华全国第一次自然科学工作者代表会筹备会议；9月参加中国人民政治协商会议第一届全体会议；11月出任中华人民共和国农业部副部长；12月兼任中国茶业公司总经理。其后历任第一、第二、第三、第四届政协委员，第二、第三届政协委员会副秘书长，第五、第六、第七届全国政协常委等职。1989年10月28日在北京去世。著有《中国茶叶问题》、《茶经述评》等。

**吴祖坪(1914—　)**

嘉兴县人。化工专家、企业家。早年毕业于辅仁大学化学系。抗日战争期间考入"资源委员会"，被派赴陕西酒精厂实习。因功升任科长、代理厂长。后将该厂设备迁至四川，在资中县建立资中酒精厂，为当时最具规模的燃料工厂，以酒精代作军用汽油，旋任广汉酒精厂厂长，扩大生产满足军事急需。抗日战争胜利后去台湾，任轻工业组接管委员会副主任委员，将五家纸业单位组成台湾纸业公司。"台纸"转为民营后转任台湾东南碱业公司副总经理，美亚钢亚公司总经理。1967年任台湾"中国纸业贸易公司"董事长。1970年与美国史谷脱纸业公司合作投资设立台湾史谷脱纸业公司，任董事长。1982年起任"中华民国全国工商协进会"秘书长、"中华民国托运协会"理事长、台湾区造纸业协会理事长等职。

**吴祖禹(1921—2006)**

鄞县人。吴经熊之子。毕业于上海东吴大学法学院。抗日战争时期任教于重庆中央测量学校。抗战胜利后任南京高等法院秘书长。1947年留学欧洲，先在罗马大学专攻法律哲学、罗马法，后在西班牙德里大学、西班牙外交学院就读，并获博士学位。1952年去台湾，历任台湾驻西班牙"大使馆"三等秘书、驻联合国"代表团"秘书、"外交部礼宾司"交际科科长、驻墨尔本"领事"、"礼宾司"副司长、驻檀香山"总领事"、"礼宾司"司长、驻堪萨斯"总领事"等职。1976年任驻玻利维亚"大使"，1985年玻利维亚与台湾当局断交。1986年任"外交部北美事务协调委员会"驻纽约办事处主任，后又任驻意大利"代表处"代表。1993年任驻罗马教廷"大使"并兼任驻意大利"台北经济文化办事处"代表。晚年定居美国洛杉矶。2006年12月17日去世。

**吴耕民(1896—1991)**

原名润苍。余姚县人。1896年3月17日生于余姚县孝义乡吴家路东溜场(今属慈溪周巷镇)。1910年入绍兴府中学堂就读，1913年因参与罢考被迫退学。1914年考入北京农业专门学校，改名耕民，改润苍为字。1917年毕业后考取官费留日生，赴日本进兴津园园艺试验场当研习生。1920年学成回国后任北京农业专门学校教师。1921年任南京高等师范学校农科副教授，金陵大学园艺系兼职教师。1927年任浙江大学农学院副教授。1929年赴法、比、英、德、瑞士等国考察园艺。1933年应聘任山东省青岛农林事务所特约研究员。1934年任山东大学教授。1935年任西北农林专科学校教授,兼园艺系主任、园艺场场长。1937年于黄岩创建浙江园艺改良场,任场长,兼任浙江省农业推广委员会主任、技正。1938年任江西农学院技正,后转任广西农学院园艺系教授。1939年秋任浙江大学农学院教授、园艺系主任,并在中央大学、云南大学、南通农学院兼课。1943年任国民政府教育部部聘教授、农业部顾问。1952年院系调整,浙江大学农学院独立成立浙江农学院,原中央大学、金陵大学以及安徽大学农学院园艺系并入,卸去园艺系主任之职,专任果树栽培学教授。1956年被评为一级教授。1957年任中国农业科学院第一届学术委员会委员。1960年任浙江农业大学教授。1981年当选为中国园艺学会第四届名誉理事长。1987年退休。1990年当选为全国柑橘协会名誉理事长。历任第三届全国人大代表,第五届全国政协委员,第三届浙江省政协委员。1991年11月4日在杭州去世。吴是中国园艺科学奠基者之一,参加创建国内首批高级园艺机构,毕生从事园艺学研究和教育。对中国温带和亚热带果树栽培、品种分类及蔬菜栽培等均有深入研究,尤长果树修剪学,先后调查研究我国果蔬品种资源,选引国外园艺良种和栽培技术。发表、出版专著、论文、译著1000余万字,著有《菜园经营法》、《果树园艺学》、《蔬菜园艺学》、《果树修剪学》、《果树栽培学》、《中国温带果树分类学》等。

**吴莲艇(1880—1940)**

名欣璜,字莲艇,以字行。鄞县人。早年就读于宁波崇信书院。1900年进嘉兴福音医院,从美籍医师文渊学医。1907年卒业,获医学学士学位,留院任文渊助理。1909年应同学陈谦夫邀,至慈溪县城筹办保黎医院。次年建成开诊,任院长13年,率先推行新法接生等。1923年春购入下白沙体生医院,增建院舍,添置设备,更名天生医院,任院长17年。受聘兼任镇海庄市同义医院院长、鄞县公立医院和华美医院董事。应宁波旅沪同乡会请,每周赴上海南洋药房坐堂门诊。抗战爆发后天生医院与普仁医院合建为第四后方医院,任院长,致力于救治抗日伤病员。内科、外科、妇产科、眼科皆通,尤长妇产科。1940年在上海去世。

**吴晋航(1887—1965)**

名国琛,字晋航,以字行。原籍浙江,1887年生于四川仁寿县。1909年考入四川警务学堂。1911年辛亥革命后入重庆警察局任职,历任巡官、署员、科长。1916年任重庆警察厅长。1917年辞职,此后历任丰都、梓潼、江安等县县长。1927年任刘文辉第二十四军驻汉口代表。1929年任第二十四军及四川省政府驻南京代表。1932年8月任国民政府文官处参事。1934年初刘文辉战败后弃政从商,任川康银行总务主任、襄理、经理。1936年初任四川生丝公司总经理。1937年任和成银行总经理,银行分支行遍布西南各省各通商要地。银行积极投资工商业,先后兼华通公司总经理,四川畜产公司、四川桐油贸易公司、民生轮船公司和《新民报》等企业董事长、董事。1943年当选为重庆银行同业公会理事长、重庆银钱业放款委员会副主席。抗战胜利后将和成银行经营重点转往上海,并在汉口、南京、广州、长沙等地设分支机构20余处。1946年当选为制宪国民大会代表。1949年在香港开设和成银行分行。解放战争时期以经费资助中国民主同盟活动。新中国成立后任公私合营和成银行副董事长、民生轮船公司副董事长。1950年加入中国民主建国会,曾任民建中央委员会第一、第二届常委,全国政协第三、第四届委员。1965年6月15日在北京病故。

**吴振民(1898—1927)**

嵊县人。1924年入黄埔军校第二期学习。同年加入中国共产党。1925年2月参加第一次东征,攻克海丰后任国民革命军驻海丰党代表、海丰农民自卫队大队长、中共东江特委委员等职。1927年5月任海丰县临时人民政府委员,惠(州)潮(州)梅(县)农民自卫军总队长。同年8月率军转战到湖南汝城县时牺牲。

**吴振芝(1917—2010)**

女。杭县人。1939年毕业于重庆的国立中央大学史地系。在大学读书期间曾在重庆的私立南开中学任代课老师。大学毕业后到国立东北大学任教。1948年起至台湾成功大学任教,先后担任历史系主任、文学院院长。校外活动十分活跃。包括到台湾"三军军官学校"及其他机关学校进行学术演讲,到"中华电视台"开设空中大学教学,参加基督教徒活动以及国际学术活动等。2010年6月6日去世。著有《中国近代史》,并为《中华民国史画》主纂人。

**吴振华(1892—1964)**

字子仁。仙居县人。1910年入临海椒江中学读书。1912年考入浙江陆军小学。1919年毕业于保定陆军军官学校第六期步科。1922年返回浙江,任浙江陆军第二师第七团排长。1927年加入国民革命军,历任连长、营长、副官、团附、团长。一度担任安徽铜陵县县长。抗战初期任国民革命军第六师十七旅旅长。1938 年参加徐州会战。1946 年 7 月 31 日被授予陆军少将。同时办理退役，回原籍闲居。

**吴梦非(1893—1979)**

东阳县人。1911 年考入浙江省两级师范学堂。次年起随李叔同学音乐、美术，成绩斐然。毕业后执教于上海、浙江、江西等地中学，参加南社。1919 年创办上海艺术专科师范学校。同年倡立中华美育会，创办并主编《美育》杂志。曾为《民国日报》副刊《觉悟·艺术评论》栏编辑。1941 年主持浙江省第二届中学、师范音乐教师资格考试。历任上海艺术专科师范学校校长，上海美术专门学校教务主任，中国国民党中央党部宣传干事，中央文化计划委员会专门委员，教育部中学、师范课程编订委员，浙江省教育厅督学，正中书局编审等职务。新中国成立后被推选为全国音乐家协会杭州分会执委兼秘书主任。1954 年担任浙江省文联组织部副部长，当选为浙江省人民代表大会代表。后调任上海音乐学院教务处副处长。编著有《初中乐理》、《西画概要》、《中学新歌曲》及教科书《初中音乐》、《简师音乐》、《师范音乐》等。晚年撰写《五四运动前后的美术教育》，参与编写《中国音乐史》。

**吴　梅(1914—1985)**

女。原名吴曼华。海宁县人。青少年时代只身离家到上海求学。1935 年在上海参加"左翼社会科学家联盟"和"救国联合会"。"一二·九"学生运动后回乡参加抗日救亡运动，在当地报纸上创办抗日副刊，并组织妇女会、救护队。杭嘉湖一带沦陷后组织领导爱国救亡团体，到金华等地参加战地服务团。后又到浙西敌后创办抗日的《浙西导报》，任副社长、总编辑，《民族日报》编辑。"皖南事变"后先后在苏南、苏皖边区抗日根据地任《抗战报》、《苏南报》、《苏浙日报》以及华中《新华日报》编辑、主编。期间曾两度被敌人扣押、逮捕，始终坚贞不屈。解放战争期间先后在《大连日报》、《旅大人民日报》任编辑部主任、编辑部部长。新中国成立后先后任中共中央华东局宣传部报刊处新闻科长，上海人民广播电台政治编辑部副主任，上海《解放日报》群众工作部副主任、研究组组长，上海人民广播电台文艺部副主任，上海人民广播电台顾问等职。

**吴　晗(1909—1969)**

原名吴春晗，笔名刘勉之、赵彦。义乌县人。历史学家、作家。1929 年入上海中国公学半工半读。1931 年入清华大学攻读中国古代史，对明史尤有研究，曾发表多篇论文，并任《大公报》史学副刊第一任编辑。1934 年留校任教。1937 年在云南大学任教。1940 年起执教于西南联大历史系，后任清华大学历史系主任、文学院院长等职，并积极参加民主运动。新中国成立后历任北京市副市长、北京市政协副主席、中国民主同盟中央副主席和中国科学院哲学社会部委员、历史研究所学术委员等职。1957 年加入中国共产党。1961 年和邓拓、廖沫沙合写《三家村札记》，同年还创作了新编历史剧《海瑞罢官》。"文革"中遭迫害致死。1978 年平反。著有《朱元璋传》、《读史札记》、《投枪集》、《灯下集》、《春天集》、《史事与人物·海瑞的故事》、《海瑞罢官》、《三家村札记》、《吴晗杂文选》等。

**吴啸亚(1903—1968)**

字醒民。青田县人。早年毕业于浙江省立中学。1925 年考入广州黄埔军校第四期步兵科学习。1926 年秋毕业后分发至国民革命军第二十一师任排长，随师参加北伐战争；1927 年升连长。1928 年军队缩编后改隶第三师。1929 年随部队参加西征讨伐桂系。战事结束后任第二师第六旅第十一团第三营第九连连长。1930 年参加中原大战，在陇海铁路沿线对西北军冯玉祥部作战，后升营附、团附、营长。1933 年参加长城抗战，在古北口一线阻击日寇，在战场升中校团附并代理团长。长城抗战结束后入陆军步兵学校校官班深造。1936 年春任第二师第六旅第十一团上校团长。1937 年 7 月抗日战争爆发后在河北保定阻击日寇，旋任第二师第六旅副旅长，在满城阻击战中身负重伤。1938 年伤愈后重返部队，任荣誉第一师第一团团长。1939 年冬参加广西南宁以北的昆仑关战役，因作战有功获得宝鼎勋章。1940 年所部该隶第八军，调至湖北参加宜昌会战，被国民政府授予陆军少将。同年秋任第十八军第十八师副师长。1943 年 2 月任第十八军暂编第三十四师师长；6 月部队调至四川兼任涪(陵)酉(阳)师管区司令。1945 年 1 月任青年军第二〇四师副师长。1946 年 2 月任青年军第二〇八师师长。同年 8 月任整编第二〇八师师长。1947 年冬任战地视察组组长。1948 年 9 月授予陆军中将军衔。1949 年去台湾，先后任台湾当局"国防部"参议、"国家安全局"顾问。1968 年 4 月 26 日在台北病故。

**吴望伋(1905—1992)**

字靖夫，号治安。东阳县人。1924 年毕业于杭州师范专科学校。

在校期间加入中国国民党，毕业后留校任教。1926年初赴广州，任黄埔军校教育副官。1927年考入南京中央党务学校。1928年毕业后分发到浙江宁波整理党务，任党政军警法联席会议主席，兼民国日报社社长。1930年任浙江省党部执行委员。1932年5月任浙江省禁烟特派员，以霹雳手段，严峻执法，短时间内肃清烟毒，受到舆论称赞，有"浙江的林则徐"之称。在此期间还筹资建成了东(阳)义(乌)公路，任董事长。1935年任浙江省党部书记长，兼防空宣传委员会主任委员。1937年4月任河南省禁烟特派员。不久抗日战争爆发，8月奉命返回浙江组织抗日活动，后任国民党第三战区司令长官党务委员、浙江正报社社长。从1938年起连任国民参政会第一、第二、第三、第四届参政员。1946年当选为制宪国大代表。1948年当选为立法院立法委员。1949年去台湾，继续担任"立法委员"。1958年在台湾创办民意测验学会，任理事长。1992年在台湾去世。著有《工作大要》、《七十自述》等。

**吴　涵(1876—1927)**

字子茹，号藏龛。吴昌硕次子，能克承家学，擅书画，工篆刻，通诗文。其印法多用缶老中年以前体，又与王个簃交往甚笃。辑有《古田家印存》。

**吴　寅(1903—1999)**

字敬楼。松阳县人。著名古建筑专家。青年时就读于上海南洋路矿专门学院，攻读土木建筑。抗战爆发后先后负责浙江、江西、福建军事工程设计，获得抗日胜利勋章。抗战胜利后任杭州市工务局副局长等职，从事杭州市政建设。1953年与苏联专家一起对杭州城市建设设计了总体规划方案，至今杭州仍然以此为基础。曾先后组织、设计杭州风景名胜、古建筑修复、园林公园及西湖的环境工作，参与钱江海塘建设、六和塔、宝俶塔、灵隐大殿、苏堤、白堤、湖滨公园、西山公园及大量市政工程的设计与建设，并且是首届西湖博览会的设计者之一。为西泠印社早期社员，师从经亨颐、李叔同、楼辛壶。曾任浙江省政协委员，杭州市人大常委会委员，浙江省九三学社常委及顾问，杭州土木建筑协会理事，杭州设计院副院长。

**吴　隐(1867—1922)**

原名金培，字石泉、石潜，号潜泉，别署遁庵。绍兴县人，寓居上海。西泠印社创始人之一。幼家贫，客杭习镌碑板。年轻时常结伴叶为铭从私塾戴用柏习古文、书法，刻苦研习书画篆刻与文字学。篆刻风格多样，浑朴苍粹，摹汉宗浙，恪守规范。工书法，善山水花鸟画。后移居沪上，经营书画篆刻用品，精心研制"潜泉印泥"，整理出版印谱印论。编有《遁庵印存》以及古铜、古砖、古陶、古泉等印存，《浙西四家印谱》、《缶庐印存》等印谱几十种。又汇集《遁庵印学丛书》25种、《印汇》150余册。

**吴琳谦(？—1914)**

义乌县人。祖上曾是洪帮会的首领，自幼受家庭环境熏陶，养成仗义疏财的侠义性格，有重振洪帮反清复明之志，并毅然加入龙华会，担任龙华会的"红旗"之职，分管义务一带会务，以驱逐鞑虏、劫富济贫为己任。秋瑾来往于金华和武义之间联络会党，有时便由其护送，并加入光复会。1912年张恭去世后金华军政府成了袁世凯的鹰犬，严禁龙华会发展会务，肆意逮捕龙华会骨干，被迫转入地下活动。1914年周生和李兵潜入义乌进行开展反袁斗争，暗中与之往来，并掩护他们的革命活动。与龙华会骨干王乌烟商议自立山堂组织"华雄党"，集结部众上千揭起"劫富济贫"的大旗，拟攻义乌县城。浙江将军朱瑞从杭州和金华调兵镇压，因事起仓促，王乌烟被捕遇难。金华知县予以诱捕，惨遭杀害，金华的革命力量几被摧残。

**吴斐丹(1907—1981)**

原名汝勋，笔名斐丹、映雪、赤松等。义乌县人。1925年夏考入厦门大学预科班。1927年考入武汉国立第二中山大学(原名为武昌大学，后改名为武汉大学)，并任校社会主义青年团团委书记和学生会负责人，受该校校务委员会主任委员李汉俊影响颇深。1928年春转学到上海复旦大学社会学系，1930年冬毕业。其后在吴淞中国公学、复旦中学任教。1931年11月因政治嫌疑被捕，1932年5月获释。几个月后经人介绍到申报月刊社担任编辑工作。1933年9月东渡日本，先后在早稻田大学和东京帝国大学大学院(即研究院)学习，并为《申报月刊》、《东方杂志》等报刊撰写通讯报道和经济研究论文。1937年6月回国，继续在《申报》工作。"七七"事变爆发后被派往昆山前线担任战地记者，后随军撤退，辗转苏州、无锡、宣城、歙县、南昌、长沙、武汉等地。国共第二次合作后，1938年2月在武汉的国民政府军事委员会政治部担任秘书，在撤离武汉去湖南的途中离开政治部，几经转折到达香港，为生活书店编写《战时日本年鉴》和《抗战史料》，同时继续为大陆的《国新社》及其他报刊撰写文章。1939年5月转道到时在重庆的复旦大学任教授，并在中央大学、上海交通大学、震旦大学、政治大学等院校兼任教职。新中国成立后在复旦大学从事外国经济学的教学和研究，以西方经济学说史为主攻方向。1957年创办了一份专门翻译介绍外国经济文献的刊物《世界经济文汇》。"文革"期间成为复旦第一批"资产阶级学术权威"受到批判。"文革"结束时转向人口研究，在复旦大学成立人口研究室。1980年成立上海市人口学会，被推选为首任会长，兼任国务院人口普查办公室顾问等职务。1981年9月12日在上海去世。编译有《资产阶级古典政治经济学选辑》、《魁奈经济著作选集》、《经济组织论》、《战时日本全貌》、《外国经济学说史》等。

**吴鼎昌(1884—1950)**

字达铨。原籍吴兴县，1884年生于四川省绥定县(今达州市)。1896年就读于成都尊经书院，后中秀才。1903年4月获四川官费留学日本，先后就读于成城学校、东京高等商业学校。1905年加入中国同盟会。1910年6月毕业回国；9月考取商科进士，任翰林院检讨。1911年任北京法政学堂教习。后任中日合办本溪湖矿务局总办、大清银行总务长、大清银行江西分行总办。1912年2月任中国银行正监督；11月任北洋政府工商部顾问。初加入共和党，后又与梁启超等组织进步党，任进步党政务部财政科主任。1914年任天津造币总厂监督。1916年任中国银行总裁。1917年7月任天津盐业银行总经理。1918年3月至1920年10月任财政部次长，兼天津造币厂厂长。1919年兼任南北政府议和北方代表团代表。1922年1月任盐业、金城、中南、大陆四行储蓄会主任，成为北方金融集团的首脑。1926年9月与张季鸾、胡政之合组新记公司，接办天津《大公报》，自任社长至1935年12月止。1932年1月任南京中央银行常务理事。1935年10月组织经济考察团赴日本考察，与日本大财阀组成中日贸易协会。同年12月任南京国民政府实业部部长，陆续兼任国民政府财政委员会委员、全国经济委员会委员、国民经济建设运动总委员会委员、全国钢铁厂监察委员会主任委员、农本局理事长、中国国货联合营业公司董事长。1937年抗战爆发后任国民政府军事委员会第四部部长。1937年11月至1944年12月任贵州省政府主席，兼滇黔绥靖公署副主任、贵州全省保安司令。就任贵州省政府主席后提出开发贵州、支援大西南的口号，将国民党官僚资本引入贵州，组织贵州企业公司及农工商调整委员会，继而在贵州建立起各种地方官僚资本企业，包括化工、煤矿、商业等各种行业约20家，投资金额数亿元。同时注意发展教育，先后创办贵州大学、贵阳医学院及贵阳师范学院，使贵州教育有了长足发展。1945年1月任国民政府文官长；5月在国民党六大上当选为中央监察委员；9月兼国民党中央设计局秘书长。1948年5月至1949年1月任总统府秘书长。辞职后赴香港做寓公。1950年8月22日在香港病故。著有《赣宁战祸之原因》、《中国经济政策》、《花溪闲笔》等。

**吴景荣(1915—1994)**

平阳县人。11岁就读于浙江省立第十中学。1932年考入清华大学西洋文学系，后又入清华研究院深造。1940年7月毕业后历任陕西城固西北师范学院(今北京师大)、四川教育学院、四川白沙女子师范学院、重庆中央大学(今南京大学)外文系副教授。1947年7月获英国文化委员会奖金，入利物浦大学专攻英国文学，获文学硕士学位。1949年8月经香港抵达北平。新中国成立后初在北京外国语学校任教授。1952年5月调任中国人民大学外交系教授，后兼外语教研室主任。1955年起一直在外交学院任外语教研室主任，兼二部主任。"文革"期间外交学院停办，于1970年调任北京外国语学院英语系主任。1980年外交学院复办，又调回该院任终身教授。曾任全国政协第五、第六、第七届委员，外交学院学术委员会副主任，中共外交学院委员会委员，北京市高等院校学衔评审委员会委员，全国英语教学研究会副会长，全国翻译协会理事等。主编有《英语基础教材》、《汉英辞典》、《当代英文散文选读》、《英国自学课本》(共四册)，与人合编有《精选英汉汉英词典》等。

**吴　智(1912—　)**

字颖士。毕业于上海私立持志大学法律系。1947年5月任国防部海军总司令部军法处处长。1949年去台湾。1957年任"国防部军法学校"校长。1964年初任"国防部法规司"司长。后任"国防部军法覆判局"局长，后以"海军中将"退役，在台湾执律师业务，并在台湾中兴大学、"政治作战学校"、"中国文化学院"等校任教授20余年。著有《海商法论》。

**吴善庆(1872—1922)**

字善卿。绍兴县人。吴隐重孙。14岁往沪习贾，后东渡日本考察染织技术。回国后于沪南创立振新染织厂，又于郑州等地设立纺织公司、棉纱厂、油漆厂、花边厂等数十家企业，资财日厚。复于州山兴建善庆学校，实行免费教育，建祠、修谱、赈灾等无不慷慨捐助。晚年在沪创办原生、豫丰、华丰、正泰等纱厂。喜收藏金石书画，对西泠印社之基本建设出力甚巨。

**吴善蕙(1884—1929)**

女。杭县人。浙江女子师范学堂毕业。曾从姜丹书习画。善绘工绣。所绣《巴拿马运河图》曾在万国展览会上展出。

**吴道艮(1915—　)**

余杭县人。1933年毕业于上海沪江大学，获理学学士毕业。早年即投身国民党官办企业界，任资源委员会电化冶炼厂厂长、台湾铝业公司协理、台湾省烟酒公卖局局长、“中国生产力及贸易中心”总经理、招商局轮船公司总经理、新竹玻璃公司总经理。在台湾工商界颇负盛名，曾当选为台湾“中国化学会”、“中华民国品质管制学会”和“包装协会”、“中美技术合作促进会”理事长，台湾工业总会秘书长，工商协进会理事，工业设计及包装中心董事长，“国际商会台湾分会”秘书长，亚洲商工联合总会第二副会长等职。

**吴裕后(1910—1990)**

浦江县人。毕业于国立中山大学法学院政治系，旋赴日本东京帝国大学学习。抗日战争期间历任由叶剑英主持的军事委员会西南游击干部训练班上校教官，中央训练团少将政治教官，赣省一区专署主任秘书。后任暨南大学政治系主任，南京市高级商业学校校长。新中国成立后转任上海财经学院教授。著有《张居正》等10余种著作。

**吴鉴卿(1912—1956)**

绍兴县人。越窑新瓷创始人。15岁去锡箔庄当学徒。20岁后随父自营碗店。23岁承父业接任万春碗店店主，后到上海开设仁昌碗店(实为“万春”分店)，继续经营瓷器业。抗战胜利后回绍兴，把万春碗店改为永安瓷庄，并在杭州、余姚等地开设分庄。解放后自觉接受社会主义改造，带头认购折实公债，并于1954年建成绍兴地区第一家制瓷工厂永安瓷厂。1956年公私合营中改名绍兴瓷厂，任副厂长。同年12月病故。生前曾任绍兴市政协常委等职。

**吴嵩庆(1901—1991)**

镇海县人。早年在家乡先后就读于镇海青峙学堂、延陵学堂及宁波斐迪学校。1922年入上海私立沪江大学商科学习。1925年毕业后回宁波，任四明中学商科主任。1927年初经人介绍到上海卫戍司令部任少校秘书。1928年赴法国留学，在里昂学习法文一年。1929年入巴黎大学法科市政学院学习，1931年夏毕业。1932年任南京国民政府铁道部总务司一等科员。1933年经宁波同乡汪日章介绍到庐山见蒋介石，从此得以接近蒋氏。1934年任航空委员会秘书。1936年任航空委员会秘书长宋美龄之机要秘书。1937年任航空委员会主任秘书。1939年任航空委员会军政厅经理处副处长、处长。1943年从国民党中央训练团党政高级班受训结业，任军政部军需署粮秣司司长。1944年任军需署副署长，同年秋兼兵役部经理处处长。1945年4月至1948年2月任湖北省政府委员兼财政厅厅长，并兼湖北省银行行长。1948年任联勤总部财务署署长，晋升陆军中将。1948年底至1949年春奉命将大陆的黄金白银转移至台湾。1949年12月去台湾。1950年4月任台湾当局“联勤总部军需署署长”。1959年任“联勤总部副总司令”兼“预算财务署长”。1962年专任“联勤总部副总司令”。1964年退役后调任台湾省营唐荣铁工厂股份有限公司，任董事长长达12年。任内先后采取分厂计盈、改善资本结构、迁建新厂、更新设备、处理土地及闲置资产等措施，使公司从赤字2100万元，到累计公积达8.59亿元(新台币)。在任上先后成立“中国钢铁贸易股份公司”，建立中兴钢铁厂、中兴合金钢厂。1976年转任私营万邦公司董事长。1986年任“国际资深公民协会”副会长。被誉为台湾“钢铁业元老”。1991年9月25日在台北病故。

**吴锡永(1881—?)**

字仲言。乌程县人。早年入南洋武备学堂。1898年11月由浙江巡抚选派赴日本留学，先入成城学校接受军事预备教育。毕业后入日本陆军士官学校中华队第一期步兵科学习，后入日本近卫步兵第四联队任见习士官。1902年3月毕业回国后历任两江标统、候选道。1906年参加清廷举行的新军秋操。后任南京第九镇第十八协协统。后又受两广总督德寿之邀前往广州，先后任广东武备学堂教习、督练公所参谋处总办、道员、参议官。1910年因广东新军参与起义，受降级处分。1911年4月黄花岗起义后清理战场，被残留的炸弹炸伤左腿；8月7日任督练公所军事参议官，并赏加陆军协都统衔。辛亥革命后退出军界，曾任财政部秘书、山东卷烟特税局局长。1929年6月至1931年4月任上海市政府财政局长。1929年7月兼上海市公债筹备委员会委员。1930年3月至4月兼代江海关监督。1931年3月27日任国民政府主计处秘书。1937年底上海、南京沦陷后投降日伪,任伪中华民国维新政府财政部秘书长。1940年3月至1943年任汪伪国民政府华北政务委员会财务总署署长,并一度代理财务总署督办。

**吴锡泽(1914— )**

庆元县人。国立中央大学法学院毕业后到美国哥伦比亚大学深造。回国后曾任国民政府国防部上校副处长、少将参议,国民党中央宣传部处长。1948年当选为"行宪"国民大会代表。1949年去台湾,历任新闻处长,"行政院"参事、组长、机要室主任、顾问,"台闽地区劳工保险监理委员会"主任委员。同时在台湾师范大学、东吴大学、"中国文化学院"等高校兼任教授,讲授新闻学、政治学等课程。著有《中国政治思想论丛》、《战后日本论》、《新叶集》、《但可集》、《费正清论》、《陈辞修先生年谱简编初稿》、《陈辞修先生传略初稿》等。

**吴源茂(1907—?)**

宁波人。毛纺织企业家。上海大同大学高中毕业后曾任源余呢绒号董事长兼总经理、大兴毛纺织造厂董事长兼总经理、元兴毛绒厂董事长兼总经理、大兴拉绒厂董事长兼总经理、荣兴棉布号董事兼总经理、上海市棉布商业同业公会执行委员等职。后任茂霖毛织厂董事长兼总经理、源源染织厂董事长兼总经理、润源汇划钱庄董事长兼总经理、大源企业公司董事长兼总经理、上海市呢绒业公会监察委员、宁波旅沪同乡会维持委员等职,是上海毛纺业杰出人物。

**吴 毓(1911—1943)**

又名吴祖育。平阳县人。1930年到鳌峰小学任教,开始革命活动。1931年加入中国共产党。1936年5月中共浙南临时革命委员会成立,负责组织工作;9月中共浙南临时革命委员会改为中共浙南委员会,任委员;10月到上海参加中共中央"特科"举办的干部训练班学习;12月回浙南,任中共中央与中共闽浙边临时省委的政治交通员。1937年初从上海带回中共中央文件,因无法通过国民党封锁线向中共闽浙边临时省委汇报,便与中共闽浙边临时省委驻温州工作团黄先河等人发表"快邮代电",呼吁国民党当局停止内战,一致抗日,双方进行和平谈判。同年5月以联络员名义,在温州只身与国民党闽浙赣皖四省边区主任公署派出的谈判代表在平阳山门畴溪小学会见,要求停战一周,保证谈判代表安全,并通过封锁线向中共闽浙边临时省委书记刘英转交中共中央文件并汇报会见过程。随即由刘英委任为首席谈判代表,经过两次谈判,最后由刘英与国民党代表亲自会谈,达成合作抗日协议。9月奉命与龙跃前往南京向八路军办事处汇报谈判经过及浙南根据地的情况。10月任国民革命军闽浙边抗日游击总队驻温州办事处主任。1938年3月任新四军驻丽水办事处主任,成为中共浙江地方组织与国民党浙江省当局之间的主要联络人。2、3月间与黄耕夫代表中共浙江组织与国民党浙江省政府主席黄绍竑在平阳见面,进一步商谈1939年3月任中共浙江省委统战工作三人领导小组组长;7月在中共浙江省第一次代表大会上当选为省委统战部副部长。同年冬兼任中共永(嘉)瑞(安)中心县委书记。1942年浙江省委机关遭破坏后,于1943年兼浙南特委江北办事处主任,并奉中共浙南特委派遣到永嘉西楠溪,代表特委指导瓯(江)北、乐清两县党的工作。同年12月10日在永嘉、仙居交界的牛背坑率领武工队前往接收一股土匪武装时,被已为国民党收买而伪装成中共地下党的土匪杀害。

**吴肇基(1881—1917)**

原名璀光,字翊夫,号吉堂。义乌县人。幼年就读私塾,及长,科举废除,任塾师数年。1903年游学日本,接触新书报,痛恨清政府腐败,愤而弃文习武,毕业于日本武备学堂。回国后任杭州弁目学堂教习官。1906年任浙江新军八十二标二营队官,奉命回义乌募兵,亲自予以训练,称为"义乌营"。结识徐锡麟、陶成章和秋瑾等革命党人,加入光复会,所部也成为光复军的一部分。1911年任八十二标营管带,浙江新军响应武昌起义;11月4日新军焚毁浙江抚署衙门,占领军械所,活捉浙江巡抚增韫,光复杭州。时张勋和王有宏统兵3万盘踞南京,参加革命的江苏新军第九镇统制徐绍桢退守镇江,上海都督陈其美倡议组织江浙联军,浙军组成援宁支队,奉命带义乌营到达镇江与江苏新军会合,担任主攻任务。11月24日攻克乌龙和幕府两山;11月25日清兵8000出城突击,浙军奋勇抵抗,击毙统领王有宏,余众退入城内;11月30日率义乌营强攻太平门,突入城内,联军占领南京,清军退往徐淮。孙中山出任南京临时大总统后浙军援宁支队扩编为第六师,出任师部一等副官,后升任步兵二十一团副团长,大总统授予"四等文虎章"。援宁支队参谋长吕公望出任嘉湖镇守使,应邀出任嘉湖总兵站长。1915年任义乌征兵分局委员长,继任讲武堂区队长,因教练有方,勤劳卓著,被授予"银质二等章"。浙江第六师响应云南护国军总司令蔡锷起兵讨袁，奉召返回杭州参与筹划军务兼督练事宜。1916年晋升步兵二十一团上校团长。1917年1月6日去世。

**吴　璜(1918—　)**

诸暨县人。海军军官学校轮机科毕业后赴英国皇家海军轮机学院深造。后到皇家商船学院从事研究工作，后又获美国密歇根科学研究院荣誉工学博士。回国后曾任海军轮机长、处长、主任教官等。后任台湾海洋学院轮机工程系教授，先后兼任"交通部"高雄港务局海事评议委员、"经济部"中央标准局造船工程标准起草委员。著有《船用副机学》、《船用点学》、《机舱管理》等。

**吴震春(1870—1944)**

字雷川、雪川、雪霜。祖籍杭州，生于江苏徐州。光绪二十四年戊戌科进士，选翰林院庶吉士。1903年任江苏江北高等学堂校长。1906年至1910年任浙江高等学堂监督。1910年因办学有殊绩，晋授翰林院编修，期间担任浙江旅游学校监督、仁(和)钱(塘)教育会会长、浙江省教育会副会长、浙江巡抚公署学务参事等。1911年辛亥革命后任浙江教育司佥事，曾被公推为杭州市民政长(未就任)。1912年应蔡元培之邀赴京，任民国政府教育部佥事，后升任参事。1915年受洗，入基督教圣公会，并于1922年起任教于北平燕京大学。1926年任燕京大学教授、副校长。1928年任国民政府教育部常任次长。1929年应司徒雷登之请任北平私立燕京大学首任华人校长。1934年辞去校长职务，继续任教于燕京大学宗教学院和中文系。1941年燕京大学被日军占领后因拒绝为日伪服务而辞职，以写作维生。为中国近代著名教育家和中国基督教激进思想家，中国本色神学的开拓者之一。著有《基督徒的希望》、《基督教与中国文化》等。

**岑春煊(1861—1933)**

原名春泽，字云阶。祖籍余姚县，后落籍广西西林县。其父岑毓英曾任云贵总督。1879年捐官主事。1885年中举人。1889年以五品京堂候补。1892年补授光禄寺少卿，旋迁太仆寺少卿，署大理寺正卿。1898年戊戌变法期间与维新派人士多有往还，并屡屡上书条陈变法。同年8月23日上奏光绪皇帝，主张对内外冗滥官员进行彻底裁汰，深得光绪帝赏识。后任广东布政使。三个月后改任甘肃按察使。1900年八国联军攻占北京后因勤王有功，授陕西巡抚，后调任山西巡抚。1902年署理四川总督。1903年任两广总督。1904年上书请求立宪。1905年同袁世凯、张之洞等人上折请求废除科举。1906年春调任云贵总督，称病未到任。同年5月从汉口进京晋见慈禧太后，旋授邮传部尚书。1907年被奕劻、袁世凯等政敌构陷，外放两广总督，未到任即于7月间被开缺，在上海闲居。1911年武昌起义爆发后再次被任命为四川总督，但未到任。不久通电赞成民主共和，并组建国民公党，任名誉总理。1912年接受袁世凯任命的福建宣抚使职。1913年2月任粤汉铁路督办。"二次革命"爆发后被黄兴等革命党人推举为全国讨袁军大元帅。"二次革命"失败后被袁世凯政府通缉，逃往南洋。1915年袁世凯复辟帝制，应陆荣廷电请回到上海，以个人名义向日本政府借得日币100万元及两师枪械。1916年5月1日在广东肇庆成立护国军都司令部，被推举为都司令，不久改任护国军抚军副长并代行抚军长职权，主持讨袁全局。袁世凯死后黎元洪任北京政府总统，南方护国军军务院随即宣布撤销。1917年支持孙中山护法。1918年西南实力派改组军政府，被推举为主席总裁。1919年通电辞职。1920年后寓居上海，不再过问政治。1932年"一·二八"淞沪抗战爆发后捐款3万元支持第十九路军抗日。1933年4月27日在上海病故。著有《乐斋漫笔》。

**邱老金(1894—1937)**

原名金炳。开化县人。幼失父母，10余岁开始为地主做佣工。曾从师学武艺，臂力过人。迫于生计，伙同20余穷兄弟，啸聚山林，劫富济贫。1934年2月中共开(化)婺(源)德(兴)中心县委领导的红军独立营游击队于开化天堂山被国民党军包围，老金主动率队与敌战斗，并领游击队冲出包围转移至皖浙赣边界莲花塘。3月率队加入游击队。同年秋中共开(化)婺(源)德(化)中心县委派赵礼生至老金游击队工作。同年冬加入中国共产党。1935年5月中共开(化)婺(源)休(宁)中心县委与游击大队先后成立，历任常委兼游击大队长，率队转战十里坑口、辛田村等地。1936年7月8日率游击大队配合皖、浙、赣红军独立团攻克开化县城，捣毁县衙、开狱释囚，缴获一批武器弹药。后任中共浙皖特委常委、浙皖军分区司令兼浙皖独立营营长。率独立营攻占衢县上方镇，烧毁警察分局，声势大震，逐步形成东西约200里、南北100里的千里岗游击区。同年11月蒋介石任命刘建绪为浙闽皖赣四省边区绥靖公署主任，坐镇衢州，调兵10余万重兵"围剿"。由于敌我力量悬殊，中共浙皖特委下属中心县委相继被破坏。1937年2月与中共浙皖特委书记赵礼生率独立营与国民党军多次激战，损失惨重；6月率20余人困守山头，弹粮两竭；7月被国民党逮捕；9月越狱返回开化，以图重整游击区，被地痞告发再次被捕；12月7日被国民党杀害于开化城东郊河滩上。

**邱直青(1899—1987)**

诸暨县人。早年毕业于宁波中级师范学校。1926年10月入中央军事政治学校(即黄埔军校)第六期政治科学习。1928年在南京毕业后回浙江求职。先后在诸暨同文学校、绍兴女子学校、海宁硖石中学任教员，后任杭州民众教育馆宣讲员。1937年抗日战争爆发后历任青岛民报社编辑、徐州日报社编辑、《开封日报》主编、《安徽日报》主编、第五战区政治部战地服务总队大队长、战地党政指导委员会委员、第五战区政工总队总教官。1946年当选为制宪国民大会代表。1947年9月被聘为宪政实施促进委员会研究委员会委员。新中国成立后在上海浦东第四中学任语文教师。1985年5月任上海市文史馆馆员。1987年4月5日在上海病故。

**邱　炜(1892—1934)**

原名望岑，字炜，号公峻。龙游县人。1917年2月入保定陆军军官学校第六期步兵科九连。1919年2月毕业后分发到东北张作霖的奉军服役。后返回南方，历任浙江省军用有线电话通讯大队上尉大队长、南京北极阁无线电台少校台长。1927年南京国民政府成立后任陆海空军总司令部交通处少将副处长。同年11月16日升任中将处长兼军政部陆军署交通司司长。1932年任津浦铁路管理委员会委员长。

**邱宗岳(1890—1975)**

名崇彦，以字行。诸暨县人。1890年6月5日生。1905年应县试，名列榜首。1906年入杭州府学堂求学。1910年考取清华留美预备学堂。1911年4月入学，7月被选派为该校首批留美学生。1911年8月至1915年6月在美国加利福尼亚大学学习，获学士学位。1915年7月至1916年9月先后在美国芝加哥大学、麻省理工大学、哥伦比亚大学学习。1916年10月至1920年6月在美国克拉克大学学习，获化学科学硕士和哲学博士学位。回国后任开封留学欧美预备学校教授。1921年8月任私立南开大学教授兼化学系主任、理学院院长和大学部主任，是南开大学化学系创建人，理学院奠基者之一。1928年9月任厦门大学教授兼化学系主任。1929年8月回到南开大学担任原职。1938年9月任西南联合大学教授。1946年南开大学迁回天津改为国立，仍任原职。1952年院系调整后学院建置取消，仍任化学系主任。1975年7月8日在上海病故。

**邱清华(1920—　)**

永嘉县人。1938年加入中国共产党。曾任中共乐清县委书记、特派员，中共括苍中心县委书记，浙南游击纵队括苍支队政委，浙南游击纵队副政委。新中国成立后历任中共温州地委副书记，温州行署专员，浙江省机械厅厅长，浙江大学党委副书记、副校长，浙江省教育卫生体育办公室主任，浙江省第五、第六届政协副主席，第二、第三届全国人大代表。

**邱清泉(1902—1949)**

原名青钱，后易名清泉，字雨庵。永嘉县人。1902年3月6日生。1917年小学毕业后考入浙江省立第十中学(今温州中学)，1921年毕业。1922年考入私立上海大学社会学系。1924年8月考入黄埔军校二期工兵科学习。1925年春参加第一次东征；9月毕业后参加第二次东征，任第一纵队第一师工兵队少尉排长兼连党代表。1926年5月任中央军事政治学校第五期入伍生工兵营上尉连长。1927年1月任中央军事政治学校工兵大队第一队上尉连长；5月从武汉逃往南京；6月任国民革命军总司令部训练处少校科员；11月任总司令随从参谋。1928年1月任第九军第三师补充团第三营少校营长，驻南京栖霞山；8月参加龙潭战役；12月任军校第七期学生队中校队长。1929年2月任第二师直属工兵营中校营长。1930年3月随第二师参加中原大战；10月进驻潼关。1931年4月任第十师第五十九团上校团长，驻江西南昌；8月赴汉口担任豫、鄂、皖三省“剿匪”总司令部政治训练处训练科上校科长。1932年兼江西庐山军官训练团工兵组组长，讲解碉堡战法。1933年11月任中央陆军军官学校政治训练处少将处长。1934年6月赴德国留学，先入工兵专门学校接受训练。1937年5月毕业回国后任教导总队参谋长；11月率领教导总队参加南京保卫战。南京沦陷后陷在城中，至1938年2月设法逃出日军占领的南京；3月任第二〇〇师副师长，参加兰封战役和信阳战役；10月任第五军新编第二十二师师长。1939年6月被南京国民政府授予陆军少将军衔；12月率领新编第二十二师参加桂南战役，血战昆仑关，重创日军。1940年5月任第五军副军长；9月调军事委员会委员长侍从室参议。1941年3月任军训部第十六补充兵训练处处长兼重庆第三警备区司令。1942年任陆军军官学校第七分校(西安)副主任。1943年1月任第五军军长。1945年1月参与打通中印公路作战。同年冬驻防昆明,下令镇压学生运动,造成“一二·一”惨案。1946年3月起所部第五军(不久改编为整编第五师)陆续调至华中,作为国民党王牌军之一在江苏、安徽、山东、河南等地与解放军作战。1947年10月任整编第五军军长。1948年9月晋升陆军中将军衔;10月任第二兵团司令官;11月率领所部开赴徐州,参加淮海战役。1949年1月10日在淮海战役最后阶段与徐州“剿总”副总司令杜聿明一道从陈官庄突围后,被四面包围的解放军冲散,在萧县西南张庙堂附近身中数枪身亡;1月19日南京政府下令追赠陆军上将,并明令褒扬。著有《教战一集》、《教战二集》、《军队生活教育》等。

**邱福祥(1906—1930)**

化名余逸民、余亦民。兰溪县人。早年在汤溪县罗埠、宅口等地教书。1927年春加入中国共产党;10月任中共兰溪县从善区委书记。1928年2月中共兰溪县委改选,任县委常务委员;4月22日中共浙西特委成立,被选为浙西特委常务委员,负责农民运动工作;5月兼任中共建德县委书记,先后领导兰溪县从善区雇农加薪和佃农减租斗争;11月任中共湖州县委书记;12月任中共浙江省省委候补委员。1929年1月18日在杭州出席省委扩大会议后被国民党当局逮捕,关押于浙江陆军监狱。1930年8月27日壮烈牺牲。

**何乃民(1902—1966)**

又名何瑛、何然。义乌县人。1902年12月12日生。1915年考入北京第二中学读书,毕业后考入交通部唐山工业专门学校(后称唐山交通大学)分院。1921年赴法国勤工俭学。1922年考入里昂中央工业学院机械系。1925年毕业,取得工程师文凭。其后在里昂汽车厂、巴黎雪铁龙汽车厂和修理部、西瑞汽车公司以及肃来汽车厂实习和工作。1927年秋回国。次年任南京国民政府中央军校和辎重兵学校汽车学教官。1935年赴法、英、德、苏、美考察汽车制造与汽车运输,并参观了当时在巴黎和德国举行的国际汽车展览会,获得了大批第一手资料。1936年回国后担任中国交通委员会专门委员兼南京汽车机务人员训练所教务主任。1938年任西北公路运输局机务科科长兼兰州汽车修配厂厂长。1939年任交通部技术人员训练所公路系主任、教授,兼金陵大学汽车专修科主任、教授。1946年任上海高级机械学校教授兼兵工学院教授。1949年任华东军区军事科学研究室研究员。1952年任哈尔滨军事工程学院教授。1955年任交通部技术委员会专员。1958年任交通部科学研究院研究员、汽车运用研究室副主任。1963年当选为交通科学研究院学术委员会副主任、中国机械工程学会汽车学会第一届常务理事。“文革”中受到冲击,不幸于1966年8月去世。毕生从事汽车工程教育,编著了中国最早的一批汽车工程书籍,为国家培养了大批汽车技术人才,开创了汽车运用工程的研究,创建了汽车运用试验基地,重点研究特殊地区(沙漠、高原、寒冷、热带)汽车的使用效果,以及汽车拖挂运输,为发展中国汽车工业和公路运输事业作出了突出贡献。著有《汽车学纲要》、《高等汽车学》、《现代汽车工业概况》、《汽车与公路》、《英、法、中汽车名词》、《汽车设计》、《俄、英、汉汽车名词》等。

**何千里(1895—1970)**

名家驹,字千里,以字行。杭县人。12岁时因父母相继病故,只身前往南京投奔大姐,继续学业。1911年辛亥革命爆发后投笔从戎,参加学生军敢死队。1914年8月考入保定陆军军官学校第三期步兵科学习,与白崇禧、张治中等同学。1916年12月毕业后在北洋政府陆军部次长徐树铮手下任副官多年。1919年11月曾随徐树铮前往库伦参与收复外蒙古,并担任总调度。同年11月17日外蒙古正式上书中华民国总统,呈请取消“自治”,废除中俄蒙一切条约、协定,回到中华民国怀抱。1921年春东渡日本,在东京的日本大学和早稻田大学注册,分别学习政治经济科和商科。1923年9月1日日本发生东京大地震时成功逃出危楼,毫发未伤。随即从东京辗转至神户,乘邮轮回国。1924年被北洋政府派往石家庄主管矿务。1926年7月国民革命军北伐到武汉后接受同学和友人的劝说,南下武汉,参加国民革命军。1927年任上海江海关督察。1928年后追随同学白崇禧,担任国民革命军第四集团军前敌总指挥部少将总参议。北伐军占领天津、北京后,作为白崇禧的代表,负责与张学良进行和平统一谈判。1929年任实业部天津商品检验局副局长、代局长、局长。1932年辞职,投靠三姐夫周作民(金城银行董事长、总经理),担任金城银行董事,并担任金城银行旗下的通成运输公司协理,主持常务工作。1936年随金城银行总行和通成运输公司由北京迁到上海租界。新中国成立后通成公司解散。1954年迁居北京。不久加入中国国民党革命委员会。1957年被划为“右派”。1959年第一批“摘帽”。

**何之泰(1902—1970)**

字叔通。龙游县人。1926年毕业于南京河海工科专门学校。1930年公费留学美国,获康乃尔大学土木工程硕士学位。1933年获美国爱荷华大学水利博士学位。论文《河底流沙起动流速的确定》获学术界好评,为美国土木工程师学会吸收为会员。1934年发表的《河底冲刷流速之测验》,提出水流起动流速与泥沙粒径和水深间经验关系公式,称"何氏公式"。回国后曾任中央大学、北洋工学院教授,浙江省水利局局长、建设厅技正,湖南大学教授、系主任、工程院院长和代理校长,中国水利工程学会董事、长江分会会长,长江水利工程总局顾问等职。1950年院系调整后任武汉大学水利系主任,长江流域规划办公室副总工程师。1957年起任长江水利水电科学研究院院长,全国政协第二、第三、第四届委员。毕生从事水利科学研究和工程技术管理,有水利界的"南何(何之泰)北张(张含英)"之誉。著有《甘肃洮惠渠工程计划》、《考察广西水利报告》、《洞庭湖水利问题》等。

**何子华(?—1913)**

名佩印。丽水县人。光复会会员。1905年与魏兰等人创办利用织布学堂;后来改组为利用织布公司,出任经理。同年夏秋间与阙麟书等人组织"处州拒约会",开展抵制美货运动。1912年当选为丽水县商会会长。1913年"二次革命"失败后被指控为"反袁会党",被逮捕入狱,气愤而死。

**何　云(1893—1940)**

字玉龙。建德县人。早年毕业于浙江讲武堂。后赴日本留学,毕业于日本陆军士官学校中华队第十期炮兵科。1916年起任浙军第一师见习官、排长、连长,第二混成旅营附,浙江讲武堂教官、队长。1924年到广州,任孙中山大本营军政部陆军讲武学校教官。同年夏入黄埔军校任职,历任中校军事教官、军校第二课课长、军校驻省办事处主任。1926年夏参加北伐战争。1927年春任国民革命军东路军前敌总指挥部高参,后历任浙江警备一师副师长、浙江省政府军事厅副官长、军事委员会委员长蒋介石侍从室侍卫长兼第三组组长。1933年冬起任杭州市公安局局长,上海市公安局督察长。1937年5月被南京国民政府授予陆军少将。后辞职退役,1940年春病故。

**何　云(1905—1942)**

原名朱士翘,笔名何文、王再然等。上虞县人。1919年考入浙江省立第五师范学校(绍兴)学习。1923年毕业后在上虞横塘庙诒福小学任教,期间受共产党员叶天底影响,开办农民夜校,宣传革命道理。1926年国民党上虞临时县党部成立,任第七区党部第二分部委员。1927年7月被《上虞声》三日报聘为《杂缀》栏目编辑。1929年5月国民党上虞县党部正式成立,被选为执行委员,兼组织部长。1930年春入上海复旦大学中国文学系作旁听生;8月去日本早稻田大学攻读经济学,不久因经济困难,转入公费的铁道传习所就读。1931年"九一八"事变后回国参加抗日救亡运动。1932年在上海加入中国共产党,为上海反帝大同盟领导人之一。曾任抗日武装自卫会秘书、国民御侮自救会宣传部长等职,协助宋庆龄、何香凝等从事反帝联盟工作,参加编辑中文版《中国论坛》杂志。1933年6月在上海被国民党宪兵司令部逮捕,投入南京陆军监狱。在狱中坚持斗争,并自学德文和世界语。1937年抗日战争爆发后获释。出狱后任南京《金陵日报》编辑。1938年初至汉口,参与《新华日报》筹备工作,任国际版编辑,并担任中共新华日报社党支部委员。同年11月被派往晋东南创办《新华日报》华北版,任社长、总编辑,兼任新华通讯社华北总分社社长、中国青年动态记者学会北方办事处主任、晋冀鲁豫边区临时参议会参议员。1939年元旦《新华日报》华北版正式创刊出版。后又创办《新华日报》华北版的东线、西线、南线、北线等版,坚持在敌后反"扫荡"战争中出版发行。《新华日报》华北版在战火中蓬勃发展,报纸日发行量高达3万多份,报社的记者、编辑(包括印刷厂)从最初的几十人发展到700多人,报纸也由原来的隔日刊改为日刊,还建立了通讯网,选派许多优秀采编人员到各地开展建报工作。为了适应形势的需要,报社建立了新华书店和四个印刷厂,自制油墨,自造纸张。除印刷报纸外,还印刷党内刊物,北方局的《党的生活》、八路军的《前线》和《中国人》周刊、《抗战生活》、《敌伪动态》、《华北文艺》等数十种杂志的出版和发行工作,都由报社完成。报社还印刷发行了45万余册社会科学方面的读物和马恩列斯经典著作及学校用书、50余万份传单与布告,为敌后广大抗日军民提供了丰富的精神食粮。1942年5月28日在山西辽县(今左权县)大羊角附近被日军包围,在突围战斗中光荣牺牲。

**何丹书(生卒年不详)**

字恭寿。余姚县人。酱园商,曾为上海怡大钱庄股东。1911年5月投资5000元在上海小沙渡购地置场,创设"何寿康"大酱园,置有酱缸1000余只，生产酱油、黄酒。随后又先后开设"寿康元"、"寿康亨"、"寿康贞"、"寿康仁"、"寿康利"、"寿康义"六家支店。产品以批发为主，除供应上海等国内地区外，还远销东南亚各地。20世纪初任沪北商团公会会员，曾连任多届上海商务总会、总商会会员。

**何亚云(1925—1950)**

女。象山县人。1925年8月27日生。在当地小学毕业后考入定(海)象(山)联合中学学习，因日本入侵被迫辍学，随父母到宁海县等地避难。1945年2月嫁给泗州头后王村朱华为妻，后任后王村小学教师。1948年4月经中共党员陈照华介绍，参加中共象山县工委领导的地下革命斗争，以小学教师的身份做掩护，做联络工作。同年6月在中共象山县工委机关遭到国民党破坏的紧急情况下，机智巧妙地掩护同志脱险，并拿出700余斤大米与现金，帮助解决部队的给养。1949年7月8日象山县解放。1950年4月15日被土匪武装头目陈惠杀害。

**何芝园(1902—1988)**

字商友。江山县人。1902年1月23日生。1922年秋考入江苏省立东南大学数学系学习。1926年毕业，获理学学士学位，留校任数学系助教。1927年秋任江苏省立南京中学数学教员。1934年春应江山同乡戴笠加入南京国民政府军事委员会特务处，初任统计股长，不久升任情报科长。1938年8月任军事委员会调查统计局情报处处长。1943年秋任军事委员会委员长成都行辕调查科少将科长，兼管川康地区侦防及情报工作。1945年夏任军事委员会调查统计局机要室主任。1946年夏任南京国民政府国防部保密局情报处处长。1948年春当选为"行宪"国民大会代表。1949年去台湾，任"国防部情报局"设计委员。1951年任"光复大陆设计研究委员会"委员。1965年任"国民大会宪政研讨委员会"委员。1988年11月2日去世。著有《简易几何》。

**何达人(1907—1931)**

化名王鉴。诸暨县人。早年受本村手族叔父汪寿华的影响，接受了马列主义启蒙，倾向革命。1927年3月投入国民革命军第二十六军。不久第二十六军成为"四一二"反革命政变的主要参与者，遂离开部队回乡。1928年初参加中国共产党。不久担任中共泉畈村支部书记。1929年6月担任中共诸暨大东区委委员。同年9月直属中国共产主义青年团浙江省委的诸暨团特别支部建立，被推选为组织委员。后接任中共大东区委书记。1929年10月任中共诸暨临时县委委员。1930年4月被任命为中共诸暨县委书记兼大东区农民军总指挥，协助中共中央巡视员卓兰芳发动以诸暨为中心的浙西农民暴动；4月25日拂晓指挥大东区三路农军进军枫桥，攻占枫桥警察所、缉私营和区公署，取得暂时胜利；后暴动失败，遭敌通缉，被迫离开诸暨到上海；6月进中央训练班学习；7月任中共杭州市委代理书记兼宣传部长；不久任浙北总行动委员会委员，受组织派遣，化名王鉴，赴嘉兴重建中共嘉兴临时县委；9月浙北总行委撤销，先后任中共杭州市委、中共浙北特委、中共杭州中心县委书记；11月4日凌晨被国民党军警逮捕，关押在浙江陆军监狱。1931年3月26日在陆军监狱内被国民党当局枪杀。

**何赤华(1898—1927)**

诸暨县人。1918年秋考入浙江省立第五师范学校学习。1919年五四运动爆发后参加集会游行，支援北京学生反帝爱国斗争；5月12日代表绍兴学生出席杭州学生联合会。1920年1月当选为绍兴各界联合会领导人之一。1921年7月第五师范毕业后到上虞县立小学任教。1922年上半年任《诸暨民报》主笔，特辟"笔枪墨花"专栏，介绍俄国十月社会主义革命情况，宣传新文化、新思想，发表《反对共产主义者谁乎》等文章，与反动当局操纵的《益民日报》展开笔战，为此遭拘捕。交保释放后辞去《诸暨民报》主笔职务。下半年到安吉县立高小任教，加入中国共产主义青年团，年底转为中国共产党党员。1923年春夏间奉组织之命到绍兴县立第二小学任训导主任，以教师身份为掩护筹备建立绍兴的中共党、团组织；7月建立中共绍兴(党团)地方支部。期间创办《觉悟》半月刊。1924年2月兼任中国社会主义青年团绍兴独立支部书记；中共党团绍兴支部改为中共绍兴支部，任书记；6月22日任国民党绍兴临时县党部执委；12月28日任绍兴国民会议促成会筹备员。1925年1月调至诸暨中区小学任教，参与成立并担任诸暨青年团书记。上海"五卅"惨案消息传到诸暨，以国民会议促成会通电声援，组织各界人士集会，控诉帝国主义暴行，引起反动势力和土豪劣绅的仇视。被迫于1926年1月离开诸暨，由党组织安排到上海党的活动据点之一——商务印书馆同人子弟学校，任校长。参与闸北、小沙渡等地工会、工人纠察队工作。同年5月1日担任上海工人示威游行总指挥；10月发动上海小沙渡日本纱厂、电车公司工人集会，商议罢工，并将部分枪弹分发给工人队伍。1927 年 1 月调往浙江，任国民党浙江省党部农民部秘书，组织杭县等地农民自卫军，配合北伐军入浙；4 月 11 日在国民党右派发动的"清党"中被捕入狱；7 月 24 日在杭州的浙江陆军监狱刑场英勇就义。

**何孝章(1908—1943)**

又名新余、新斋，化名贺千秋、罗天秀、何绍章。海宁县人。早年在上海惠灵中学读书。1924 年进入上海商务印书馆工作；同年参加中国共产主义青年团，后任该馆团支部书记。1925 年参加"五卅"运动与商务印书馆的两次罢工斗争。1926 年转为中国共产党党员。1927 年 3 月参加上海工人第三次武装起义。"四一二"反革命政变后曾两次被捕，经营救得释。1929 年秋任中共上海闸北区委组织部长，积极参加邮务、电力工人大罢工，秘密发展党员，扩大赤色工会、济难会和反帝大同盟；11 月间回乡筹备婚事，第三次遭逮捕，关押于苏州陆军监狱。1933 年获释后进入上海中国征信所任调查员、印刷车间办公室主任，先后印刷了《八一宣言》、《中国工农红军致国民党军事委员会的通电》、《红军大学招生传单》、《中国共产党致国民党三中全会的信》等秘密文件和上海地下党的刊物《劳动》。1937 年抗战爆发后在中共浙江省临时工作委员会工作，到金华筹组浙江省文化界抗敌后援会，创办读书会，出版《浙江潮》刊物等，开展抗日救亡活动。同年 10 月奉调天目山开辟浙西地区工作。以《民族日报》记者的公开身份往来各地活动，先后担任中共於(潜)孝(丰)昌(化)工委书记、於潜中心县委书记。1941 年皖南事变后於潜中心县委遭破坏，奉命撤向苏南，任中共太滆地委秘书。1942 年秋在吴兴县着手反"清乡"准备工作，被国民党"忠义救国军"逮捕，遭严刑审讯，始终不屈。1943 年 7 月在安徽广德县东山寺英勇就义。

**何志洪(1909—1978)**

象山县人。1928 年考入上海大同大学数理系，后入国民党南京陆军通讯兵学校和南京中央军校学习。毕业后历任国民政府军事委员会国际问题研究所顾问，军事委员会委员长侍从室机要组组长，国防部联勤总部通讯署技术组少将组长。1949 年去台湾，先后任"国防部"播音总队长、广播事业协会理事长。

**何志浩(1905—2007)**

号精一。象山县人。1905 年 1 月 20 日生。江苏省立东南大学肄业。1925 年赴粤，入黄埔军校第二期步科学习。1926 年毕业后参加北伐战争，历任排长，连附，团政治指导员、政训主任、少校参谋，军事委员会训练总监部国民兵司科员、科长。1933 年 7 月任军事委员会训练总监部湖南省军事训练委员会主任委员。1935 年 4 月任首都国民军事训练委员会主任委员。1937 年抗战爆发后任首都义勇国民兵总队长，兼南京师管区司令，参加南京保卫战。后任军事委员会国际问题研究所顾问，军事委员会委员长侍从室机要组组长。1944 年 2 月任军政部兵役署国民兵司司长。1945 年 2 月被南京国民政府授予陆军少将军衔。1947 年 4 月毕业于陆军大学将官班乙级第二期。1948 年任国防部第一厅副厅长。不久调任浙江"绥靖"总部副司令。1949 年去台湾，曾任"总政治部政战计划委员会主任委员"、"总统府参军"。1967 年退役后受聘担任"中国文化大学"教授，从事教育与文艺，曾任"中国文艺协会"理事、"中华民族舞蹈协会"理事长。先后获得世界 10 余所大学授予的名誉哲学、法学、文学、音乐、美术等博士学位。并被台湾"中华学术院"授予名誉哲士称号。2007 年 8 月 3 日在台北病故。

**何谷声(生卒年不详)**

余姚县人。上海钱业出身。曾任怡大钱庄跑街，后改营标金业，创设晋昌永金号，自兼经理。因此发迹，遂向金融、证券、地产及工业各业发展。20 世纪 30 年代任晋源地产公司店主、乾一企业银公司董事长，中国垦业银行常务董事，惠中银行、大华银公司、天一保险公司、中国亚浦耳电器厂董事，上海金业交易所理事，泰康润、鸿兴、乾昌祥、元一等金号及大康成证券号股东。

**何定甫(1894—1974)**

定海县人。纽扣生产商。出身贫苦，1917 年至 1919 年在定海的浙江水产学校贝壳纽扣生产部学艺，艺成后先后在上海海珠和爱华纽扣厂做工。不久到三北轮船公司当烧火工和搬运工，旋又失业。1921 年筹资在浙江嘉善开办嘉美克纽扣厂，生产"飞艇"牌贝壳纽扣，经销于上海出口洋行。1923 年成为何氏独资企业，改名嘉美纽扣厂，至抗战前夕设备增至 40 余台，产品供不应求。抗战爆发后一度关闭。1938 年恢复生产，并将工厂迁到苏州，生产经营逐步发达，日产纽扣最高达六七万粒，品种也不断增加。1946 年又在上海设立管理处和纽扣发行所，上等产品全部出口，一般产品内销。为发展纽扣生产，于 1950 年在上海设立纽扣整理工厂，并扩大上海的产品门市部。1953 年将商标改为"飞马"牌,生产不断扩大,到1954年底年产贝壳扣12873.7万粒,产品大部分远销美、法、荷兰、瑞典、澳大利亚、香港等国家和地区。1956年嘉美厂公私合营后留任供销科长,继续从事纽扣生产、销售事业。

**何绍庭(1875—1953)**

奉化县人。著名建筑企业家。幼年丧父,随母讨饭度日。15岁由族叔何祖安带到上海,在何祖记木作间做学徒。不久入上海早年有影响的宁帮石仁记营造厂。刻苦学习建筑技艺和文化知识,辅佐石仁孝经营业务,能用流利的英语与西人对话,升为看工。1901年石去世后继承石仁记。1909年与王文通、张继光等12名浙江宁波籍知名营造厂商发起成立浙宁水木业公所,先后任议董、副总董,直至与沪绍水木业公所合并为上海市营造业同业公会。1910年改名新仁记营造厂。同年收同乡竺泉通为徒,悉心传教,使竺很快成为得力助手。1922年新仁记由独资改为合伙,何任总经理,竺任经理,何绍裕(何绍庭兄)任协理,三人合力承建了上海一批重大工程,成为沪上营造业中的佼佼者。二三十年代新仁记承建了沙逊大厦(今和平饭店北楼)、都城饭店、汉密尔顿大楼(今福州大楼)、汉密尔顿二宅、百老汇大厦(今上海大厦)、花期总会(今上海市中级人民法院大楼)、刘鸿记房子(今轻工业局大楼)等一批高层重大工程,其他重要工程还有宁波旅沪同乡会、中法学校、台湾银行、仙乐舞场等。还创办了泰来地产公司经营房地产,在八仙桥、德隆村、新隆坊、新隆村等拥有众多房地产。还投资金融,任浙东银行、建昌钱庄董事。1932年"一·二八"事变后对新仁记作了第一次遣散。抗战爆发后不做日本人生意,闭门谢客六年,1943年宣布新仁记解散。抗战胜利后何、竺重新合作,承建了上海、南京一些工程。1950年何、竺分手,共同使用牌号,分别使用新仁记何号营造厂及新仁记通号营造厂,各自继续经营。1952年新仁记何号并入华东建筑公司。

**何政涵(1905—1988)**

字毓辉。义乌县人。早年毕业于私立上海法政大学法律系。后加入中国国民党。1927年6月初奉浙江省"清党"委员会委派,与鲍正年等到义乌主持"清党",通缉赵平生、马新超、方元永、丁有容、何廉等24名中共党员。1928年后历任南京国民政府军事委员会简任秘书、办公厅军法科少将科长。1946年6月任国防部军法处少将高级军法官,后任国防部军法局第三处少将处长、国民政府军务局简任视察。1948年4月至1949年春任中央特种刑事法庭简任一级首席检察官。1949年夏去台湾,先后入"革命实践研究院"第十九期、"革命实践研究院党政军干部联合作战研究班"第八期受训。后任台湾当局"公务员惩戒委员会"委员兼"司法院法规研究委员会"委员,连任30余年。1988年在台北去世。主编有《公务员惩戒委员会议决案例要旨汇编》。

**何思敬(1896—1968)**

原名浏生,笔名何畏。余杭县人。1909年进书肆当学徒,后转银行打杂。1912年进日本中等美术工艺学校学习。回国后在杭州天章丝厂从事图案设计。1916年再次留学日本,入东京第一高等学校预科班。一年后转仙台第二高等学校,攻读法学和哲学。1920年秋以官费生资格进入东京帝国大学,攻美学、德文和社会学。1926年春又入帝大研究院进修。在经济学家河上肇影响下阅读马克思、恩格斯的著作,参加帝国大学师生进步活动。1923年加入创造社,以何畏笔名发表文章。1927年2月回国后受广东革命政府之聘,到国立中山大学任法学院教授兼法学院副院长。1931年"九一八"事变爆发,取消赴德留学考察计划,在上海参加文化界反日会,初负责宣传工作,后主持会务。1932年"一·二八"事变后应中国社会科学家联盟号召,倾囊捐款支持上海军民抗日。同年5月加入中国共产党;9月重返中山大学,任文学院社会学系教授。1935年3月联合近百名教授发布《反对中日亲善通电》,痛斥国民党当局的"中日亲善"论。1936年1月转移到香港,组织社会舆论,抨击广东军阀的倒行逆施;5月应邀出席宋庆龄等在上海发起的全国各界救国联合会成立大会,被推选为常务委员。随后与陈汝棠等在香港成立全国各界救国会华南区总部,主持日常工作,编辑出版《存亡》月刊和《前夜》杂志,宣传抗日救国。两广事变后率南总代表团参加李宗仁、白崇禧召开的南宁会议,与"全救会"代表杨东莼等一起,按照中共《八一宣言》精神和"全救会"《抗日救国初步纲领》,为解决两广事变作出努力。1937年到达延安,历任抗日军政大学教员,中共中央军委编译处译校,延安大学法律系主任、法学院院长,延安新哲学会负责人,中共中央党校研究员,中共中央政策研究室领导成员等职。1943年8月在《解放日报》发表《驳蒋介石法律观》,驳斥蒋著《中国之命运》一书。1945年出席中共七大。1946年任中共代表团法律顾问,随毛泽东、周恩来参加重庆国共谈判。解放战争时期任中共中央办公厅法律组副组长、中央法律委员会委员。1948年3月协助周恩来草拟《中国人民政治协商会议共同纲领》。1949年9月参加中国人民政治协商会议第一届第一次会议。新中国成立后历任北京大学法律系教授，中国人民大学法律系和哲学系教授、系主任、马列主义发展史研究所教授，中央法律委员会委员，外交部专门委员，政法学会常务理事，继续从事法律、哲学的研究、教学和翻译工作。被称为“全国第一流的法律学家”。“文革”中遭受迫害，于1968年4月14日去世。1979年中共中央宣布为他平反。翻译著作有马克思、恩格斯的《哥达纲领批判》、《哲学的贫困》、《经济学—哲学手稿》、《论综合技术教育》、《国民经济批判大纲》、《法律家社会主义》，克克劳塞维茨的《战争论纲》，黑格尔的《大逻辑》等。

**何炳元(1861—1929)**

字廉臣，号印岩、越中老朽。绍兴县人。医学家。医学世家出身，先习儒。后弃儒习医，先后随祖秀山、樊开周、沈云臣、严继春等中医名家学习博大精深的中医，且对不同师承均能融会贯通，临证每获奇效。又尝深研西医译著，吸取其所长。一生行医50余年，历任绍兴医学会会长、神州医学会绍兴分会评议长、《绍兴医药学报》副总编辑。诊务之余，参加社会活动，勤于著述。著有20余种医书，代表作有《湿温时疫治疗法》、《内经存真》、《全体总论》、《何氏医论》等。此外还下大力气重订古代医学著作，如《重订广温热论》、《通俗伤寒论》等。是颇有影响之一代名医，人称“绍派伤寒之中坚”。

**何炳松(1890—1946)**

字柏丞。金华县人。1911年毕业于浙江省高等学堂。次年以官费赴美国，先后就读于美国威斯康辛大学、普林斯顿大学研究院，攻读现代史学、经济学和国际政治学等，分别获学士、硕士学位。1917年学成回国后历任浙江省长公署助理秘书、浙江省视学、北京大学史学系教授、北京高等师范英语部主任兼史地部主任、浙江省立第一师范学校校长、浙江省立一中校长、武昌师范大学校长等。1926年入上海商务印书馆，先后任史地部主任、国文部主任、编译所所长、大学丛书委员会委员等职，主编《中学史学丛书》、《教育杂志》等书刊，兼光华大学、大夏大学教授。1934年当选为中华学艺社理事长。1935年受聘任国立暨南大学校长，后期曾兼任东南联合大学筹委会主任。1946年调任国立英士大学校长，因病未能到任。同年去世于上海中华学艺社。一生在史学研究方面颇有建树，著有《通史新义》、《新史学》、《历史研究法》、《历史教育法》、《西洋史学史》、《中古欧洲史》、《秦始皇帝》、《近世欧洲史》、《近世欧洲史》、《浙东学派溯源》、《程朱辩异》等。

**何积藩(1887—1968)**

鄞县人。著名棉布商。商人家庭出身，父何葆龄经营祖传的何锦丰西服店等商号。早年就学于上海圣约翰教会学校，毕业后进英商锦和洋行工作，不久转入英商锦隆洋行任文书。1906年在上海自设列丰行，向国外订购洋百货销售，是华商在上海创设最早的百货西洋庄。民国初年开始继承何家祖业，1913年承继何家在西湖北山路的房产“何庄”，经装修后以“新新旅馆”开业。第一次世界大战时期何家联号商业企业有了很大发展，曾任何锦丰呢绒棉布号、何长丰呢绒棉布号、南长丰呢绒棉布号店主，勤丰布厂、新丰呢绒棉布号、和丰呢绒棉布号股东，振泰纺织公司、实兴纺织公司、上海煤业银行等董事。

**何竞武(1894—1961)**

名堃，字竞武，以字行。诸暨县人。1894年11月9日生。早年先后就读于武昌陆军第三中学堂、武昌陆军第二预备学校。1917年6月自保定陆军军官学校第四期步兵科毕业后分发到北洋毅军服役，历任马步兵巡防营统领、骑兵旅长、骑兵司令、毅军参谋长。1926年投奔国民革命军，历任国民革命军东路军总指挥部参谋、国民革命军第一路军总指挥部交通处长、津浦路军事管理处处长、国民革命军总司令部野战铁道交通指挥官。1928年任骑兵第二师副师长。1929年初任国军编遣委员会第三编遣区点验主任、鄂西编遣特派员。1930年中原大战期间任国民革命军总司令部副官处处长，后任平汉铁路运输司令、平汉铁路护路司令、国民政府陆海空军总司令部副官处处长、中国国民党平汉路特别党部委员等职。1934年4月任军事委员会北平军分会委员；7月兼蒙古地方自治指导长官公署参赞。1936年1月被国民政府授予陆军中将。后任军事参议院中将参议、陇海铁路局局长、军事委员会运输统制局西北公路运输处处长。1942年2月任西北公路运输局局长。1945年2月改任西北公路管理局局长。同年8月任全国铁道运输司令部副司令。1946年当选为制宪国民大会代表。1949年去台湾，任“国大代表”等职。1961年在台北病故。

**何浩天(1919—2009)**

诸暨县人。美国纽约圣约翰大学亚洲学院研究员，韩国汉城明治大学荣誉文学博士，台北辅仁大学副教授，台北“国立”历史博物馆馆长。1985年退休后历任台湾省立美术馆、台北“故宫博物院”、台湾“太平洋文化基金会”、“中国画学会”、“中国书法学会”、“中国书道学会”、“中国标准草书学会”顾问，并任台北历史博物馆、台北市美术馆咨询委员。2009年1月12日在台北去世。著有《汉书与汉代社会生活》、《明史大事年表》、《北京人》、《古代陶瓷修复报告》、《国立历史博物馆二十年》等。

**何家槐(1911—1969)**

笔名永修、先河。义乌县人。曾就读于金华浙江省立第七中学。1926年北伐军到达浙江后，曾在总工会工作。后进暨南大学学习，期间在《小说月报》、《东方杂志》发表小说、散文。1932年开始地下革命活动，参加“左联”，负责宣传工作。是“左联”后期“文艺家协会”的领导人之一。这一时期出版小说集《竹布衫》、《暧昧》等，散文集《怀旧集》、《稻粱集》等。代表作品为《湖上》、《出狱》等，其作品结构严谨，描写细腻，擅长心理描写与景物描写，被称为海派作家的后起之秀。抗战爆发后参加战地服务队，积极从事抗日救亡工作。抗战胜利后在义乌、上海等地任教。1949年后曾历任中央高级党校语文教研室主任、中国科学院文学研究所当代文学组组长、暨南大学中文系主任等职。期间有杂感集《寸心集》和文学论著《鲁迅作品讲话》等。

**何章岑(1911—1976)**

义乌县人。1937年毕业于上海医学院。先后在上海红十字会第一医院、中山医院任眼科主任。新中国成立后先后任上海第一医学院附属耳鼻咽喉医院眼科副主任医师、主任医师，眼科教授。曾多次参加中央卫生部组织的医学专家讲学团到全国各地讲学，参加眼科全国统一教材翻编、眼科期刊翻稿。曾主持国家“糖尿病与眼病关系”课题10年之久。1976年2月病故。

**何　琦(1903—1970)**

原名存章，字希韩。义乌县人。1903年3月2日生。1927年燕京大学生物学系毕业后先到山东齐鲁大学生物系任教，后调北京静生生物调查所从事双翅目(蝇、蚊类)的研究。1936年得“庚子赔款”资助，赴英国利物浦热带病医学院昆虫系留学。在英国两年发表了六篇研究报告，提出麻蝇科和家蝇属新分类法，得到英国皇家学会昆虫学会的肯定。1938年获得博士学位。回国后出任江西农学院昆虫室主任，继续从事昆虫学研究，对双翅目昆虫尤其是蝇蚊种群分类、地理分布颇有研究，并将其应用到防疫上。新中国成立后历任大连医学院生物系教授、旅大市人民委员会委员、中国医学科学院研究员、卫生部医学科学委员会委员、中华昆虫学会理事、中国医学科学院寄生虫病研究所疟疾研究室主任等职。1952年参与中国卫生部组织的朝鲜“反细菌战”调查，获得朝鲜二级国旗勋章，并受到两国最高领导人的接见。1953年受中国医学科学院委托，率队去海南岛组建疟疾研究站，并组织同事编撰《疟疾学讲义》，同时还发表了《消灭微小抗疟的重要意义》、《新中国疟疾调查研究的综述》(与冯兰州合著)、《疟疾防治研究的成就》、《近年来我国的疟疾研究》等论文，有力推动全国各地的抗疟工作。1959年加入中国共产党。1964年担任第三届全国人大代表。“文革”期间遭受严重迫害，于1970年含冤去世。

**何联奎(1903—1977)**

字子星。松阳县人。1903年1月23日生。1916年入浙江省立第十一中学学习，毕业后考入上海私立复旦公学，继转浙江省立法政专门学校。1921年秋入北京大学预科。1922年入北京大学英国文学系，并选修其他文史课程。1923年与游国恩、曲殿元等创办《国学月报》。在校期间加入中国国民党。1926年从北京大学毕业。1927年春回浙江，入国民革命军第二十六军政治部工作，旋任浙江省党部秘书。1928年春赴法国，入巴黎大学学习民族学。两年后赴英国伦敦大学政治经济学院深造。1931年夏回国后任国立北京大学教授。嗣因病返老家养病，病愈后从事浙江省内畲民调查工作。1933年应聘担任国立中央大学社会学系教授，讲授民族学。1934年秋与黄文山、孙本文、凌纯声、高承祖、徐益棠、卫惠林等在南京发起筹备中国民族学会。1935年3月任军事委员会委员长武昌行营陆军整理处主任秘书；6月参与筹办峨嵋军官训练团。1936年1月任军事委员会委员长武昌行辕秘书；9月任军事委员会委员长广州行营参议。1937年6月参加筹办庐山训练团。1938年3月任军事委员会政治部设计委员会委员兼秘书；6月任国民党中央训练委员会指导处处长。1939年4月任国民党中央训练委员会委员兼秘书主任；7月兼扫荡报总社社长；10月兼三民主义青年团中央干事会干事。1940年12月被选为国民参政会第二届参议员。1942年7月被选为国民参政会第三届参议员。1944年任国民党中央训练委员会副主任委员。1946年7月任国立中央大学教授兼法学院院长;9月任国民党中央执行委员会常务委员兼中央政治委员会委员。1948年3月当选为“行宪”国民大会代表。1949年去台湾,历任“行政院”副秘书长、“行政院”顾问、“国立故宫博物院”副院长等职。1977年2月24日在台北去世。著有《畲民问题》、《畲民在民族学上之新发现》、《民族文化研究》、《中国礼俗研究》、《台湾风土志》、《台湾省志礼俗篇》、《蔡元培民族学论著》及《何联奎文集》等。

**何缉生(1906—?)**

字子亚。新昌县人。1906年5月28日生。浙江省警官学校正科第一期、中央陆军军官学校第九期毕业。先后任浙江警校同学会干事,军事委员会上校科长、参谋等职。1936年任军事委员会特务处南京看守所所长,后任军政部监狱典狱长。1940年任军事委员会调查统计局息烽看守所所长。1941年任军事委员会调查局浙江站督察。1943年任军事委员会调查统计局浙东站站长。后曾任第三十二集团军少将处长、陆军总司令部少将处长。1946年任国防部徐州“绥靖”公署第二处(外事处)少将处长。不久任国防部少将高级参谋。1948年3月当选为第一届国民大会代表。去台湾后退役。曾任国民党“国民大会”党部常务委员,并曾被聘为“国民大会宪政研讨委员会”编纂委员。晚年侨居美国。著有《遁山诗集》、《老子长吟集》、《金莲七真传义》、《性命双修》。

**何满子(1919—2009)**

富阳县人。曾任湖南《通俗日报》编辑主任,天津《益世报》驻南京特派员,上海《自由论坛晚报》总编辑。新中国成立后历任上海大众书店编辑部总编辑、上海震旦大学中文系教授、上海古典文学出版社编审,并兼任上海师范大学文学研究所教授、上海科技大学文科教授。对中国古代小说较有研究,著有《论〈儒林外史〉》、《论金圣叹评改〈水浒传〉》、《论蒲松龄与〈聊斋志异〉》,文学评论集《文学呈臆编》、《汲古说林》等。

**何增禄(1898—1979)**

诸暨县人。1898年8月13日生于诸暨西山乡(今牌头镇)何村埠。1919年考入南京高等师范学校(后改为东南大学)。因家境困难,未完成最后一年学业。1922年起任南开大学物理系助教。1926年复进东南大学学习。1927年毕业,获理学学士学位。次年任清华大学物理系助教。1929年赴美留学,在美国加利福尼亚理工学院研究高真空技术,又进美国罗切斯特大学研究光学。1933年8月获加州理工学院理学硕士学位。回国后任浙江大学副教授。1935年任山东大学教授。1936年任浙江大学教授,并于1940年至1943年、1947年至1952年兼任物理系主任。1952年院系调整时浙江大学物理系被撤销,带领一批青年教师和技术员筹建了光学仪器系,并任系主任。这是全国第一个光学仪器系。1955年被调到清华大学工程物理系筹建高真空技术专业。1958年3月又被派往苏联杜布纳联合核子研究所任研究员。1959年3月回国,因腿疾住院有年。“文革”期间遭受迫害,于1979年5月12日在北京病故。是我国最早的国际上闻名的高真空技术专家。在真空扩散泵研究中首次提出“抽速系数”概念,在国际上被广泛应用。1962年被国际上公认为“何氏系数”或称“何氏抽速系数”。有多篇论文在国际学术刊物上发表。

**何德奎(1896—1983)**

字中流。金华县人。1911年考入府立金华中学堂(五年制)学习。1917年毕业于北京大学预科。同年以教育部考试第一名成绩赴美留学。先后在威斯康辛大学和哈佛大学获得学士及硕士学位。1924年回国后先后任杭州盐务中学英文教员,上海光华大学、大同大学、南洋大学(交通大学)教授。1928年夏辞去所有大学教职,专任上海公共租界公务局会办。1931年以公共租界纳税华人会秘书身份入工部局总办处任帮办;1936年升任副总办,负责工部局华人事务及卫生、教育和人力车问题。为工部局中为数极少的华人高级职员。1945年11月至1946年5月任上海特别市副市长。1946年5月至1947年11月任上海特别市秘书长。期间先后兼任三民主义青年团联合招待盟邦集中营侨民委员会主任委员,上海市政府房地产处理委员会委员,上海房屋租赁委员会副主任委员。1949年上海解放前去香港办苏浙公学。1974年回沪定居。1977年任上海市政协委员。

**何燮侯(1878—1961)**

名燏时。诸暨县人。幼年熟读四书,15岁从蒋观云学古文,16岁从赵缵侯学数学。1897年考入杭州求是学院学习。1898年作为中国首批官费留日学生去日本。1902年毕业于东京第一高等学校,后考入东京帝国大学冶金系。1905年毕业,日本天皇亲授文凭,成为第一个在日本帝国大学毕业的中国留日学生。留日期间曾与留日同乡蒋观云、经亨颐、陶成章、蒋尊簋、陈仪、周树人等27人致书绍兴府同乡，介绍西方的民主与科学技术，呼吁乡梓兴学求知，出外留学，增长知识，发奋图强。1906年春回国后任浙江省矿务局技正。同年冬赴京出任学部专门司主事。民国建立后出任工商部矿政司司长。1912年11月京师大学堂改为北京大学，任北京大学校长，兴建校舍，苦心经营，廉介自持，著有成绩。因与教育总长汪大燮意见不合，1914年辞职南归。不久赴南洋考察。1918年前后开始阅读马列主义著作，逐渐信仰马列主义。1931年与陈季侃等人集资在枫桥修建20余公里长的枫(桥)上(山头)铁路。1932年拒任伪教育大臣。“七七”事变后在乡间积极从事抗日民主活动。1939年周恩来以国民政府军事委员会政治部副部长身份由皖南到浙江视察，途经枫桥时与何见面，对其坚持抗战立场深表赞许。浙东抗日根据地建立后应邀出席浙东敌后各界人民代表大会，当选为浙东敌后临时参议会副议长，与浙东地区党政军领导谭启龙、何克希、杨思一等过从甚密。1945年10月新四军浙东纵队北撤离浙，因追随共产党，两度被捕入狱。经邵力子等人保释出狱，被禁止跨越钱塘江，一度定居余杭，曾经营镬厂等小型企业。1949年9月应邀出席中国人民政治协商会议，参加开国大典。历任政协第一、第二、第三届全国委员，华东军政委员会委员，中央人民政府监察委员，浙江省人民政府委员，第一、第二届全国人民代表大会代表，浙江省政协副主席、民革浙江省委员会主任委员等职。1961年4月21日在杭州病故。

**余玉琼(1892—1951)**

又名昆阳。淳安县人。1911年肄业于浙江两级师范学校。1912年入武昌陆军第二预备学校。1916年12月自保定陆军军官学校第三期骑兵科毕业，分发到北京总统府任内卫骑兵队少尉排长。1917年被保送至日本骑兵学校深造。1918年回国后历任陆军部军马调教所中尉调教员、上尉营附、少校副官、中校团附、上校参谋、上校团长。1927年投奔国民革命军，任国民政府军政部军务司军牧科上校科长。1934年任南京国立中央大学农学院马政教授。1936年10月被国民政府授予陆军少将军衔。1936年1月至1941年2月任国民政府军政部马政司司长。1941年2月任军政部少将部附。同年6月辞职回乡。1944年任浙江军管区少将参议。1947年5月任中美联合勤务总司令部经理署技术委员会少将委员。同年11月再次辞职回乡。1950年12月18日在老家被人民政府逮捕。1951年1月19日去世。

**余龙华(1894—?)**

奉化县人。上海中华皮鞋公司(今中华皮鞋店)创设人。民国初年曾任上海商务印书馆职员。1916年进入美商华革和皮鞋行任职。1917年集资在南京东路创设上海第一家华人开设的皮鞋店——中华皮鞋股份有限公司，任总经理，前店后场，自产自销“人鞋”牌男女高级皮鞋。不久又开设大华、大东两家分店。为了提高皮鞋质量，招聘高级技工，使用优质面料、底料、辅料，采用进口弹簧钢条，钢板底楦型，并从国外进口样鞋、样本进行解剖分析，划样设计、精心制作，使中华公司生产的皮鞋造型美观、线条清晰、轻软坚韧、高雅舒适、款式新颖，颇受中外顾客青睐，在与外商竞争中立于不败之地。该公司服务优良，对定制的皮鞋实行包修、包退、包换，使企业迅速发展。1919年起历任南京路商界联合会代表、副会长。1925年起连任第七、第八届南京路商界联合会会长及各路商界联合总会会长。“五卅”惨案发生后组织和领导南京路商界罢市达26天，因军阀政府下令通缉被迫离沪至杭。后曾任上海中华织呢厂经理、上海租界纳税华人会常务委员、上海律师公会会员等职。

**余芝卿(1874—1941)**

号茂芳。鄞县人。著名企业家，中国橡胶工业创始人之一。幼年父母双亡。14岁到上海德盛成东洋庄当学徒，因勤奋能干，满师后即被派至镇江分店主持业务。逾年回沪，进德盛成做掮客。不久转入泰生祥东洋庄当跑街，以后又自设永泰祥东洋庄。1904年因经销火油失败，赴日本谋生。1907年与人合伙在上海开设和昌盛东洋庄，后发展成为上海著名的百货东洋庄。嗣后在大阪开设鸿茂祥坐庄，一面将猪鬃、草席等土特产销往日本，一面采购针织百货运至国内销售，同时包销日本武川护谟厂出产的“地铃”牌套鞋。鸿茂祥除了为和昌盛办货外，还替国内百货业中的大盛祥、鸿裕、永记等十几家东洋庄代办进货。1919年在上海创设鸿裕编带厂，同时还经销日本花边，积资成为侨日华商的巨富，并担任“三江公所”(浙江、江苏、江西旅日侨商组织)董事长。1926年独自出资8万元在上海创办大中华橡胶厂。1928年建成开工，生产“双钱”牌胶鞋，所产品质优良，企业迅速发展，至20世纪30年代初已有四家分厂、三家原料厂。1933年12月改为大中华橡胶股份公司，任董事长。至抗战前夕扩展至10家厂，先后在上海设门市部12家，并在南京、汉口、长沙、天津、南昌、青岛、广州、重庆、温州等地设发行所，其资本占全国同业的25%，产值占全国的33%，形成大中华橡胶托拉斯。还与人开设和昌盛、鸿泰昌等六七家商号。1937年冬上海沦陷，为免日军滋扰，将公司迁至香港，本人拒绝与日人合作也避居港岛。1941年日军进驻上海租界，对大中华实行统制，该厂被迫停工。同年冬在沪病故。一生关心社会公益、地方教育事业，1934年捐资20万元创办德元小学。

**余光生(1906—1978)**

曾用名余宰扬、余辛白。镇海县人。1927年毕业于上海交通大学土木系。1928年赴美留学。1929年进入美国密歇根大学研究院学习铁路运输和公路建筑。1930年获硕士学位，后任公路测量工、绘图员等。1931年在波士顿参加美洲华侨反帝大同盟工作，任机关报《先锋报》编辑。1932年3月加入美国共产党，后转入中国共产党。担任美洲华侨反帝大同盟执行委员、书记，纽约《救国时报》编辑，美国共产党中国局书记。1939年底回国参加抗日战争。曾任中央负责人张闻天的秘书兼管延安华侨事务。延安《解放日报》创刊后，1941年5月至1945年8月任该报副总编辑、国际版主编。1942年3月至1943年2月任中共中央党报委员会委员。1945年4月至6月作为中直、军直代表团成员出席中共七大。同年8月至1946年5月任《解放日报》社编委会委员、总编辑。1945年11月任中国解放区战犯调查委员会常务委员。1946年2月至11月任新华社、解放日报社代理社长；5月至11月任新华社、《解放日报》总编辑；12月调东北工作。1947年2月至1948年任东北铁路管理总局第二局局长。1948年8月至9月任东北行政委员会交通部第二副部长。同年9月至1949年3月任东北行政委员会铁道部副部长。1949年3月起任东北铁路总局局长；5月起任中华全国民主青年联合总会委员；8月至9月任东北人民政府委员、财政经济委员会委员。新中国成立后历任东北人民政府委员，中央人民政府铁道部驻东北特派员，中长铁路理事会主席，东北军区铁道运输司令部政治委员，齐齐哈尔铁路管理局局长兼党组书记，中共黑龙江省委委员，铁道部副部长兼运输总局局长，哈尔滨铁路管理局局长兼党组书记。1978年6月29日在北京去世。

**余光凝(1874—1945)**

遂安县人。先后就读于严州双峰书院、六睦学堂。1904年补廪生，次年以优异成绩官费保送至日本早稻田大学师范部理化科就读。期间加入同盟会。1909年毕业回国后任云南省立高等第一中学堂堂长。辛亥革命后回浙江，任同盟会中路总干事。后又曾在浙江省立六中、绍兴中学、九中师范部附小、省立九中等校任校长、主事等职。先后两次被委派为教育考察团成员赴日本考察教育，并曾任景宁县知事和淳安县教育局长。

**余任天(1903—1984)**

字天庐，曾用名栎年，室名归汉室、嘉砖砚斋等。诸暨县人，寄居杭州。早年求学于浙江美术专科学校，后在省立西湖博物馆及省立杭州民众教育馆任职。为浙江现代美术史上诗书画印兼擅的艺术大家。学书从颜平原入手，中年好陈洪绶，后专攻草书，作品气势磅礴，不雕不饰，如行云流水，跌宕多姿，气韵生动。善画山水、花鸟，先从西画入手，后致力传统笔墨，能于写生山水中以古法行之，笔墨酣畅、意态鸿蒙，生机盎然、格高意雅。精篆刻，学印初宗汉玺，继拜邓散木为师，后自出机杼，以古隶入印，气概纵横、雄健苍润。善诗词，在文物鉴赏和书画理论诸方面亦有卓见和著述。1945年与金维坚等在浙江龙泉发起创办龙渊印社，自任常务理事。生前为西泠印社社员、中国美术家协会会员、中国书法家协会浙江分会名誉理事、杭州市书法家协会副主席、杭州市美术家协会副主席、西泠书画院特聘画师、杭州逸仙书画社社长、浙江省文史研究馆馆员。撰有《天庐画谈》、《历代书画家补遗》、《陈老莲年谱》等。

**余名钰(1896—1962)**

字秀生。镇海县人。著名钢铁工业专家、企业家。北京大学毕业后留学美国加利福尼亚大学。1918年毕业，获硕士学位，后在美国加州等地矿区工作，任实习工程师、工程师等。1919年归国后任黑龙江关都金矿工程师。1920年转任江西安福煤矿工程师。1921年任安徽宣城煤矿工程师。1923年赴云南大学任教，任化学系主任。1929年任云南东大铜铅矿协理兼总工程师，同年被广东省政府聘为实业顾问。1930年3月赴任浙江丽水县县长。同年8月回上海，任上海南昶钢厂工程师。1934年与镇海人方子重等在上海创办大鑫钢铁厂(今上海重型机器厂)，任总经理兼总工程师，生产铸钢、铸铁、马口铁及耐火、耐酸、耐磨等各种合金钢铁原料、各种机械，产品供不应求，两三年便成效显著，成为颇具规模的民营钢铁厂。抗战爆发后内迁重庆。1938年与民生公司、金城银行合资在重庆组建渝鑫钢铁厂继续经营，任总经理兼厂长。迁渝初期冒着日机多次轰炸，从事炸弹、手榴弹、山炮等军火生产，支援抗战。1940年后转向生产民用产品为主，有各种原料钢、车床等工具机、起重机和各种水泵、气体输送机、矿冶设备、化工机械等，品种之多，质量之好，为后方工业界公认。其发展速度超过拥有2000万资本的官办中国兴业公司。至抗战末已拥有一家总厂、九家分厂（分矿），形成以碳炼铁、以铁炼钢、以钢制器的冶金、机械大型联合企业。抗战胜利后回上海，任日亚钢铁厂经理兼总工程师、大鑫钢铁厂总经理、上海华民玻璃厂董事长等职。1947年兼任官商合办的上海钢铁股份有限公司总经理。1950年被重工业部任命为钢铁顾问。1951年赴新疆参加钢铁工业创建工作，被任命为新疆军区军工部总工程师。次年任新疆八一钢铁厂总工程师。1957年任第三届全国政协委员。同年调任北京钢铁设计研究总院一级工程师，并出版《铸铁》等著作。1958年调任农垦部钢铁顾问。

**余 岩(1879—1954)**

字云岫，号百之，以字行。镇海县人。1879年10月28日生于镇海县澥浦镇余严村。1901年就读于南浔浔溪公学。1903年赴上海，就职澄衷学堂教员。次年返乡，主持镇北贵驷桥宝善学堂。1905年由镇海县鲲池书院保送，赴日本公费留学。次年按照书院的要求，入日本体育会学习。毕业后转东京物理学校就读。1908年入大阪医科大学预科。1911年辛亥革命爆发后与留日习医学友组成"赤十字队"回国效力，于11月间抵达上海，旋即随革命军入南京。后西行入秦，抵达西安，为军民救护，五个月后返乡。1913年春重返日本大阪医科大学继续学业，1916年毕业。回国后担任公立上海医院医务长，次年冬辞职。此后自立诊所行医，同时进行中医药的研究，倡导医学革命。1925年至1934年间先后担任过上海市医师公会首任会长、中日文化事业委员会上海分会委员、南京国民政府卫生部中央卫生委员会委员、大学院译名统一委员会委员、医学校学制与课程和编制委员会委员、大学院审查科学图书委员会委员、内政部卫生专门委员会委员、东南医学院（今安徽医科大学）校董会副主席、教育部医学教育委员会顾问和《中华医学杂志》编辑主任等职。1935年任北平研究院特约研究员。1944年兼任中国医药研究所所长。新中国成立后先后担任过上海市各界人民代表会议协商委员会委员、上海市人民政府文化教育委员会委员、上海市土产交流大会筹委会中医专门委员会委员、卫生部教材编审委员会委员、卫生部《新中国药典》编纂委员会特邀委员、中华医学会理事、中华全国自然科学专门会联合会委员、上海市卫生局中医进修委员会委员和成药审查委员会委员等职。1954年1月3日在上海病故。著有《中华旧医结核病观念变迁史》、《医学革命论集》、《中国古代疾病名候疏义》等。

**余宗范(1906—1995)**

诸暨县人。早年在上海参加中国共产党领导的工人运动，曾三次被国民党逮捕入狱，并被判处死刑。后经党组织多方营救出狱。1934年去法国留学，获巴黎大学博士学位。在法国留学期间任法国反帝大同盟主席，与方振武将军共同组织民族解放同盟，提出"停止剿共，团结抗日"口号，被中共驻共产国际代表团团长王明指责为第三条路线而开除出反帝大同盟。1937年回国参加抗日。1942年12月方振武将军被国民党暗杀后与党组织失去联系。后加入国民党第十战区司令长官部任秘书、处长，第三战区司令长官部副秘书长，国民党中央训练团上海分团教育组组长。1946年春退役后任上海国立复旦大学教授，并兼私立上海法学院教授。新中国成立后任中国人民银行总行研究室研究专员、计划司计划科核心小组组长、总行检查员，中央财经金融学院教员。1961年下放江苏淮阴地区教师进修学校任教。1983年任政协淮阴市第一届委员会副主席。1984年任九三学社淮阴市委员会主任委员；1988年任名誉主委。1995年7月14日在北京去世。

**余绍宋(1883—1949)**

字越园，号寒柯。龙游县人。少时就读于龙游凤梧书院，17岁中秀才。22岁时曾任龙游凤梧高等小学堂学长。24岁执教于江山县中学堂（原文溪书院）。同年赴日本留学，先习铁道，后转入东京法政大学攻读法律。1910年回国后任外务部主事。1911年任浙江官立法政专门学校教务主任兼教席，又与阮荀伯、许养颐创办私立法政学校，任教员。次年赴北京，任众议院秘书、司法部佥事署参事、高等文官惩戒委员会委员、司法部次长、代理司法部总长、修订法律馆顾问等职。1926年在司法部次长任上因金佛朗案辞职以示抗议。1928年定居杭州，以书画自娱，从此不仕。从政期间兼事教育，在京期间曾先后兼任北京法政学校、北京国立法政大学、北京美术学校、燕京大学燕京华文学校、北京师范大学、北京艺术学校教授，并任司法储才馆学长兼教务长。1937年曾一度赴广东,任中山大学教授。1939年任浙江省第一届临时参议会参议员,后任浙江省史料征集委员会主任委员。1943年任浙江省第二届临时参议会副议长,浙江通志馆馆长。博学多才,在法学、方志、书画理论、鉴赏等领域皆有成就,富藏书,又善书法绘画。著有《画法要录》、《画法要录二编》、《书画书录解题》、《中国画学源流概观》、《寒柯堂诗集》等,并主编《龙游县志》。

**余省三(1902—1956)**

宁波人。当过店员、临时演员、家庭教师等。后进入电影厂学习摄影。20世纪20年代中期开始独立拍片,先后在"大中华"、"明星"等影片公司从事摄影。代表作品有《自由魂》、《桃花扇》、《夜半歌声》、《虾球传》等数十部影片。其摄影创作,讲究用光,注重气氛渲染。擅长拍农村景物、小街环境及夜景。

**余炽昌(1899—1977)**

绍兴县人。1923年毕业于唐山大学土木工程系。1926年获美国康奈尔大学工程硕士学位。曾任东北大学、北洋工学院教授,武汉大学教授、教务长、工学院院长。新中国成立后历任武汉大学教授、工学院院长,中南土木建筑学院、湖南工学院、长沙铁道学院教授、副院长,铁道部武汉长江大桥技术顾问委员会委员。专于桥梁工程木结构。

**余晋龢(1887—?)**

字幼耕。绍兴县人。早年留学日本,1906年毕业于东京宪兵联系所。1911年毕业于日本东京陆军士官学校。回国后曾任陆军部参事、宪兵学校教官。1922年任青岛港政局长。1930年7月至1933年9月任青岛市公安局局长。1933年12月至1935年12月任北平特别市公安局局长。1935年12月任福建厦门市市长,不久去职。1936年任南京国民政府外交部特派专员。1937年抗日战争爆发后投敌。1938年1月至1943年1月任伪北京特别市公署市长兼警察局局长。1940年3月至1943年1月任华北政务委员会委员。1943年1月任伪华北政务委员会常委。同年2月至11月任伪华北政务委员会建设总署督办。后任汪伪国民政府经济委员会委员、常委。1945年2月任伪华北政务委员会常委。

**余　烈(1902—?)**

於潜县人。早年就读于当地师范学校。后赴日本留学,入日本大学等校攻读政治经济及社会学科。1937年抗日战争爆发后回国,参与抗日。后任国民党浙江省党部委员。1939年1月浙江省浙西行政公署在於潜创办《浙西日报》,任发行人。1945年抗战胜利后任浙江省参议会议员。1949年5月去台湾,参与台湾的土地改革,创办《今日地政》杂志。晚年捐款赞助在临安修建於潜博物馆,自费编辑出版《於潜县志》。

**余积臣(1862—1930)**

字有增。余姚县人。著名建筑企业家。木匠世家出身。早年随父亲到上海学习木匠技艺,承建上海早期租界内的不少西式建筑。1895年前创设余洪记营造厂,凭借信誉和质量,使余洪记成为19世纪末上海著名营造厂,自己亦成为上海建筑业绍帮领头人物。1896年捐资并主持重修鲁班殿。1899年率绍兴帮与上海本帮合作筹建沪绍水木业公所;1906年公所成立后被推举为首届董事。余洪记营造厂承建的工程甚多,如苏州北四川路上的邮政大厦、南京金陵女子大学、杭州亚西亚石油公司等。余器重建筑人才,孙德水、陶桂林等在他的培养下都成为上海营造业重要人物。除经营建筑业外,还投资中国水泥公司。其子余松奎继承父业,在马来西亚柔佛建造政府大厦,宏伟壮丽,被当地人称为"皇宫";在四川建造励志社大楼,是四川著名近代建筑之一。

**余葆三(1880—?)**

鄞县人。著名棉布商人和棉纺织企业家。初在上海公共租界与人合资开设陈星记棉布字号(后归余氏独资),任总经理。曾任老公茂洋行买办、上海振华堂洋布公所董事,20世纪20年代又任该公所总董。1913年在上海投资创办达丰染织厂,以后一直是达丰染织公司董事长或董事,该厂为上海染织业龙头企业。1919年参与创办上海振泰纱厂,任董事长。后又参与创办上海宝兴纱厂,也任董事长。同时投资上海信康、慎源钱庄。1932年发起成立统原商业储蓄银行,任董事长。抗战期间,达丰、振泰、宝兴、大纬等纺织企业合称为第一中纺纱厂公司,任公司事务所营业经理。

**余棨昌(1881—1949)**

字戟门。绍兴县人。早年考入京师大学堂学习。1903年奉派赴日本留学,1911年毕业于日本帝国大学,获法学学士学位。回国后任清政府度支部候补参事。1912年民国成立后历任北洋政府法制局参事、司法官惩戒委员会委员、司法官训练处处长兼法典编纂委员会顾问、大理院民二厅厅长兼推事、司法讲习所所长、修订法律馆顾问。1923年2月至1928年任北洋政府大理院院长兼司法官惩戒委员会委员长，并任修订法律馆总裁。1928年退出官场，在北平高校从事法学教授，先后在国立北京大学、国立北平大学、私立朝阳大学等校讲授民法、票据法等课程，为当时著名的法学教授。著有《民法亲属编》、《实用司法令辑要》、《票据法》等，主持起草《第二次民律草案》。

**余　濱(1903—1988)**

绍兴县人。1917年考入北京师范大学附属中学。1919年进入北京医学专门学校。学生时代即已出版译著《妇女与健康》。1923年6月毕业后在北京协和医院任细菌科助教。1927年9月赴美国哈佛大学医学院细菌科任研究员。次年与导师秦思尔教授合作发表《风湿热的细菌学及变态反应学说》一文。同年创制伤寒免疫血清。1929年发表《白喉杆菌的变异性》一文，获得哈佛大学卫生学细菌专业博士学位证书及金质奖章。1929年7月回国后在北京中央防疫处和北京大学医学院任卫生学主任，在此期间定为教授。1933年至1941年在上海雷氏德医学研究院任细菌科主任。1941年7月开办余濱医学化验所，并在上海新亚药厂工作。1952年10月任上海第二医学院微生物学主任，主持编写了我国第一部《医学微生物学》教科书。在微生物学、细菌学、免疫学方面颇有成就，不但发表过数十种论著，而且曾经研制成功一种噬菌力特别强的制成菌液和一种麻疹减毒活疫苗。在其主持下，上海市免疫研究所1980年被批准为世界卫生组织免疫遗传合作中心。出版了我国第一个免疫专科杂志《上海免疫学杂志》。曾任卫生部医学科学委员会委员，全国政协第二、第三、第四、第五届委员。

**余　霖(1896—1976)**

镇海县人。1922年毕业于日本九州帝国大学医学部，后为专修研究生。1928年回国后任南京鼓楼医院外科主任。1929年到上海挂牌开业，后兼任上海东南医学院教授。1949年5月上海解放后任上海市第二公费医疗医院外科主任、医务主任。1956年上海市第二公费医疗医院改为黄埔区中心医院后任副院长。

**谷剑尘(1897—1976)**

原名谷斯江。上虞县人。1921年与应云卫等在上海创立我国早期话剧团体——戏剧协社。20年代先后加入明星、华剧、中华第一电影制片公司当编剧。曾担任明星影戏学校校长等职。发表了《民众戏剧概论》、《电影化装术》、《艺术上的伪效与创造》等理论文章，专著有《教育电影》等。1934年在《中华电影年鉴》上发表的长篇论文《中华电影发达史》是中国早期电影的重要史料。编写的剧本有《谷剑尘独幕剧选》、《谷剑尘抗日戏剧集》等。

**谷斯范(1916—1999)**

上虞县人。少时家境贫困。1928年春晖中学毕业后任小学教师。1936年开始文学写作，创作了反映学生爱国运动的报告文学《断了轨道的列车》。抗战期间任新闻记者，中学教师。“皖南事变”后任《浙江日报》、《福建导报》编辑。1947年发表长编历史小说《桃花扇底送南朝》。新中国成立后在上海任《新闻日报》编辑。1953年起进“华东文联”任专业作家，以后调到浙江省作协。此外著有长篇小说《太湖游击队》(原名《新水浒》)，短篇小说集《大时代的插曲》、《不宁静的城》等，散文集《五圣山下的故事》、《沸腾的村庄》等。

**谷镜汧(1896—1968)**

余姚县人。1896年9月26日生。1917年青岛德语专科学校毕业后考入同济医工专门学校，1922年毕业。后得同乡银行家宋汉章资助留学德国，先后在海德堡大学和柏林大学深造，1926年获医学博士学位。同年回国后任北京协和医学院病理科助教。1928年筹建创办第四中山大学医学院，自任病理学讲师、教授。1931年至1932年7月于美国西余大学病理科进修(罗氏基金资助)。1932年回国后任中央大学医学院病理学副教授。1937年转移至大后方，在四川、重庆继续执教，历任中央医学院、中正医学院、广西医学院、同济医学院病理学教授。1946年任上海医学院教务长，并代理院长主持上海医学院迁回上海。新中国成立后历任上海第一医学院病理解剖教研室主任，院务委员会委员，中华全国病理学会上海分会主任委员，《中华病理学杂志》副总编辑，中国医学科学院寄生虫病研究所特约研究员，复旦大学教授等。1968年7月19日在上海病故。其学术成就主要集中在血吸虫病病理研究，结核病的病理和发病机制研究，以及肝炎、肝硬变、肝癌的研究三个方面。有多篇论文发表，并编著有《血吸虫病学》、《病理学总论》、《病理解剖学总论》、《病理解剖各论》、《病理学总论、各论》等。

**邹元曦(1915—1987)**

平湖县人。1937年毕业于浙江大学化工系。1947年获美国匹兹堡卡内基理工学院冶金学博士学位。同年6月回国，先在南京资源委员会工作，后至浙江大学化工系任教授。新中国成立后历任中国科学院上海冶金研究所研究员、副所长、所长、名誉所长等职，兼任国务院学位委员会学科评议组成员、国家科委材料科学学科组成员、中国金属学会常务理事、中国电子学会理事、中国化学学会理事、上海市金属学会副理事长等学术职务及全国人大代表、政协委员等社会职务。1980年当选为中国科学院学部委员。长期致力于化学冶金和半导体材料的研究。1953年与周仁合作,对包头铁矿高炉冶炼中氟的行为和冶炼过程进行了研究,解决了含氟铁矿高炉冶炼难题,使包钢得以投入全面的开发。1957年又承担了攀枝花铁矿冶炼试验任务,在国际上首先采用钒钛铁矿高炉冶炼新工艺,实现了风口喷吹新技术。60年代初顺应科技发展潮流,致力于半导体材料和有关高纯金属及其物理化学方面的研究。在他的领导下研制出高纯金属镓、磷、砷等,为我国高纯金属研究和生产奠定了良好的基础。此后又用物理化学的方法研究和提高砷化镓材料的质量,提出了砷化镓结构缺陷模型的新理论。曾荣获1965年国家创造发明奖二等奖,1983年国家技术发明奖三等奖,1956年、1982年和1987年三次国家自然科学三等奖,1982年国家自然科学奖四等奖,1985年国家科技进步奖二等奖和1991年中国科学院自然科学奖一等奖。

**邹剑雄(1902—1983)**

又名侠身。海宁县人。中医师家庭出身。1925年毕业于浙江医药专科学校,因成绩优良被派赴日本考察医药业。回国后任上海德商先令洋行外埠推销员。1926年任上海集成药房药剂师。1929年任上海中央药房药剂师、药部主任。1938年后任中央药房董事、襄理、副总经理等。1946年任上海新药业公会常务理事。新中国成立初期任中央药房总经理、上海新药业公会主任委员,申请本企业及上海新药业公私合营。1953年兼任杭州民生药厂董事长。上海新药业公私合营后任上海医药公司副经理。还历任上海市政协税务委员会和财政委员会委员,上海市工商联执行委员,上海市第一至第五届人大代表、第五届政协委员。1983年4月在上海去世。

**邹梦禅(1905—1986)**

名敬,以字行,号今适、大斋、瓶庵。瑞安县人。自幼即好书法篆刻。中学毕业后任职于浙江省图书馆,得马一浮、马叙伦、张宗祥等人指授。1930年任上海中华书局《辞海》编辑,与丁辅之、马公愚、郑午昌、方介堪等交往甚密。书法工各体,以篆书、行草见长,书风劲挺秀雅,能于平正中见流动。精于篆刻,取法汉印,借助于周秦古玺,旁及明清诸家,所作沉雄朴厚,巧拙相生,融各家之长而出己貌。于文字考证及书体研究亦有著述。生前为中国书法家协会会员,中国书法家协会浙江分会名誉理事,西泠印社理事。出版有《邹梦禅治印集》(2卷)、《邹梦禅印存》等。

**应元岳(1896—1991)**

鄞县人。1921年毕业于湖南湘雅医学专门学校本科。1924年赴美国霍布金斯大学医学院研究内科学。次年转赴英国伦敦热带医学和卫生学学院攻读热带病学。1926年回国后任绍兴福康医院内科医师。1927年在国内首次发现并诊断肺吸虫病。1928年应第四中央大学医学院(前上海医学院)之邀,任热带病学、寄生虫学、实验诊断学副教授,1932年任内科学教授。1933年在印度加尔各答英国皇家热带病研究院进修,被授予热带病学博士学位。回国后继续在上海医学院任教,并兼任中国红十字会第一医院、中山医院院长。1939年上海医学院内迁,率迁校先遣队入滇,在昆明白龙潭办学。1941年又随校转迁重庆继续任教,并任中国红十字总会医院内科主任等职。1949年受华东军区人民医学院(前第二军医大学)之聘,任内科学系教授兼主任。1957年任第二军医大学副校长,兼任中国人民解放军总后勤卫生部专家组成员及医学科学委员会副主任委员、名誉主任委员,《解放军医学杂志》编委会主任委员,中华医学会理事、名誉顾问,中华医学会上海分会副会长,第三届全国政协委员和人大代表等职。曾发表《关于人体肺吸虫病在我国大陆的首次发现》、《霍乱患者体内霍乱弧菌存留时间》、《血内恶性疟原虫的数量与临床发作的关系》等论文40余篇。编著有《热带病学》、《传染病学》、《内科学》和《内科手册》、《军医参考》等。

**应云卫(1904—1967)**

字雨辰,号扬震。祖籍慈溪县,出生于上海。16岁因家贫辍学,进洋行当学徒。1921年参与组织上海戏剧协社。1930年8月加入中国左翼戏剧家联盟,在上海从事左翼戏剧电影运动。1933年导演话剧《怒吼吧!中国》。1934年加入电通影业公司,导演影片《桃李劫》、《梅萝香》等影片,组织上海业余剧人协会。次年任南京国立戏剧学校教务长。1936年任上海明星公司导演兼场务主任,导演了黑白影片《生死同心》。1937年任上海业余实验剧界理事会主席及舞台监督,导演《原野》。抗战时期先后发起组织中华全国戏剧界抗敌协会、中华剧艺社,执导《保卫卢沟桥》、《放下你的鞭子》、《八百壮士》、《塞上风云》等抗战名剧，组织演出《屈原》、《棠棣之花》、《法西斯细菌》等剧。抗战胜利后回上海，任国泰影业公司场务主任，导演《无名氏》、《忆江南》等影片。新中国成立后历任上海电影制片厂厂长、上海江南电影制片厂厂长、上海市政协常委、中国民主同盟上海市委委员、中国电影家协会上海分会副主席、中国戏剧家协会理事、上海市电影局顾问等职，仍从事导演工作。代表作有《宋士杰》、《追鱼》、《武松》、《周信芳舞台艺术》等。

**应式文(1916—　)**

永康县人。上海复旦大学法律系毕业。后到美国留学，在华盛顿大学法学院从事研究。抗日战争时期先后在国家总动员会议委员会、行政院、司法院任秘书。1949 年去台湾，历任"中央银行国库局"局长、行务委员，"第一银行"常务董事，"财政部"参事，台湾省财政厅副厅长，台湾土地开发公司总经理，"财政部"财税资料处理考核中心主任，台湾产物保险公司总经理，台湾人寿保险公司总经理。著有《行政救济实务》、《保险与法律》等。

**应成一(1897—1983)**

原名业存。永康县人。1897 年 9 月 3 日生。东吴大学毕业。1921 年留学美国，在威斯康辛大学师从社会学家 E. A. 罗斯。1925 年起在复旦大学任教，讲授"社会学原理"、"社会问题"、"中国劳工问题"等课程，任社会学系教授，并于 1929 年至 1936 年、1947 年至 1949 年两度担任系主任，亦曾兼任复旦大学法学院院长、复旦大学教务长等职。1952 年中国各大学社会学专业被撤销，亦被调离复旦，先后到山东会计专科学校、山东财经学院、上海财经学院等校任教。1979 年被聘为上海社会科学院社会学研究所特约研究员。1983 年 7 月 26 日去世。主要著作有《社会学原理》、《社会问题》、《十年(1937—1947)来的中国劳工问题》等。有女应锦襄为厦门大学中文系教授。

**应行久(1914—2001)**

镇海县人。著名爱国侨商。早年在上海沪江大学攻读商科，毕业后从商，历经磨难。1946 年在上海从事汽车、化工原料进出口贸易。1947 年去美国，在纽约从事礼品贸易，从开设"幸福"礼品店开始，经营规模不断扩大。1973 年买下纽约世贸中心(当时全球最高大厦)顶楼开办礼品公司，并在美国其他旅游胜地开设八家大型礼品公司，同时经营进出口贸易和地产业务，是美国华人十大财团之一大中集团创办人。1979 年被推举为全美华商总会董事长；1992 年改任永远总顾问，是著名爱国侨领。曾多次参加广交会，并为赈灾捐款。20 世纪 80 年代末在慈溪合资开设大中有限公司，后又在宁波开设大中贸易公司。

**应兴华(1894—1965)**

号之华。鄞县人。建筑企业家。豆腐作坊主家庭出身。8 岁时到伯父在上海开设的皮鞋店当学徒，期间到夜校读书，高中毕业，打下扎实的英语基础。1906 年学徒满师后进上海陈椿记营造厂任职员。1913 年左右以良好的英文和熟悉会计业务考入英商怡和洋行任职，并任真神堂圣日学校主任、蓬莱路学校主任校董等。1922 年因病赴庐山修养。1924 年至 1926 年任庐山市政协主席委员、庐山公事局工务主任。1927 年秋回上海，创设仁昌营造厂，业务兴盛。1933 年设分厂于南京。1934 年设分厂于镇江，在上海和南京等地承建大批工程，其中在上海的有恒利银行大楼、大桥公寓(北四川路)、特一法院办公大楼、天原化工厂、天厨味精厂、中英制药厂、德丰纱厂、顾乾麟住宅等，在南京的有中央商场、上海银行、邮政储金汇业局、中央警官学校等。1936 年任建筑协会常务委员。1942 年日军侵占租界后歇业。抗战胜利后主持仁昌营造厂复业，并担任上海市营造业公会监事、敌产处理局估价专员。承建了梅林罐头食品厂、中国裕民织染厂、南京中央大学、三育大学、上海天原电化厂漂粉塔等工程。1956 年仁昌营造厂公私合营，成立仁昌营造厂联合工程队。1958 年并入上海市建筑第五公司。

**应　时(1886—?)**

字溥泉。吴兴县人。从小父母双亡，靠奖学金在上海南洋公学读完中学。1907 年底赴英国伯明翰大学选修理科，不久染上肺病，在同学的帮助下赴德国疗养，病情稍愈后即在加鲁高等商业学校进修德文。1911 年春从德国回到上海。1916 年以浙江省官费生的资格再次赴德国柏林留学。1917 年因中德宣战而改入瑞士罗山大学，学习三年后又赴法国巴黎大学学习，两年后获法学博士学位。回国后任浙江法政专门学校教务长。后任清政府修订法律馆副总裁。1912 年中华民国成立后曾任北洋政府外交部条约研究委员会顾问、法权讨论委员会顾问。1927 年 1 月任北洋政府司法部储才馆副总裁，参与培训司法人才。国民党统治时期先后任上海法租界特区地方法院推事、民事厅厅长，私立东吴大学法学院教授、院长，私立中国公学社会科学教授，浙江省立医药专科学校教授。著有《罗马法》，译有《德诗汉译》。

**应尚能(1902—1973)**

祖籍宁波,1902年2月25日出生于南京。1923年毕业于北京清华学校。同年赴美国留学,入密歇根大学工学院机械工程专业,后转音乐学院,1929年毕业。次年回国后任上海国立音乐专科学校教授。抗战爆发后一度主持教育部音乐教育委员会实验巡回合唱团,历任国立音乐学院、戏剧专科学校、社会教育学院教授。新中国成立后历任华东师范大学、北京艺术师范学院、中国音乐学院教授。是中国最早研究、介绍欧洲传统声乐艺术的歌唱家之一。30年代初在上海举行个人独唱音乐会,曲目以中外艺术歌曲为主,尤以演唱舒伯特的艺术歌曲见长。风格严谨朴实,声音饱满柔韧,富于抒情性。创作歌曲、合唱曲和练声曲等150余首,代表作有《吊吴淞》、《国殇》、《无衣》、《带镣行》、《夜歌》和合唱曲《请告诉我》等,出版有《创作歌集》、《燕语》、《国殇》、《儿童歌曲集》和《荆轲插曲》等歌集,另著有《乐学纲要》等。1973年11月22日在北京去世。

**应尚德(1887—?)**

字润之。奉化县人。早年毕业于上海中西书院。后赴美国留学,先后获得胡思托大学理科学士与哥伦比亚大学文科硕士学位。毕业回国后先后在南京私立金陵大学、天津私立南开大学任教授。后弃教从商,担任美国纽约裕黔公司经理。后任京奉铁路山海关工厂协理,津浦铁路管理局秘书,南京国民政府外交部简任秘书、总务司帮办、条约委员会顾问。1931年3月至12月任外交部总务司司长。1932年3月至1933年12月再任外交部总务司司长。1936年任驻美国大使馆参事。1938年9月至1939年8月任驻尼加拉瓜马拉瓜代理总领事。1945年8月加公使衔。1948年去职。后不详。

**应昌立(1918—?)**

慈溪县人。早年投身国民党官办金融业,历任上海市银行、福建省银行、台湾第二保险局、台湾产物保险公司经理等职务。后转入企业界,任台新企业纺织公司及联中建设公司两公司总经理,新光标准内衣厂股份有限公司、金星储运股份有限公司、星洲实业公司、联泰内衣有限公司等公司的董事长。

**应昌期(1916—1997)**

慈溪县人。著名实业家。早年就读于中城小学及慈湖商校。1932年至上海,进统原银行当练习生。1937年考进福建省银行任会计主任,1940年升任副经理。1942年至1945年先后任该行赣州、衡阳、重庆分行经理。1946年2月随严家淦到台湾,接收台湾银行,任业务部主任,旋升任副总经理、代总经理。1963年离开台湾银行,创办华夏塑胶公司、台北利华羊毛工业公司、国泰化工公司、益华纺织工业公司、国华海洋企业公司、台湾国际票券金融公司等企业,成为台湾著名实业家。一生酷爱围棋,1952年任"中国围棋会"总干事。晚年致力于振兴围棋运动,1981年捐资新台币1亿元创立"应昌期围棋教育基金会",颁布"应氏棋规",举办最高奖项达40万美元的"应氏杯"世界职业围棋锦标赛。热心慈善公益事业及家乡建设,1947年参与发起成立台北市宁波同乡会,先后投资1亿美元在宁波设立现代建筑材料股份有限公司、利华羊毛(宁波)工业股份有限公司、应氏棋具有限公司等多家企业。同时捐资兴建倡棋幼儿园、重建中城小学、慈湖中学、慈城保黎医院等多项社会公益项目。

**应　征(1890—?)**

字贵征。永康县人。1916年12月毕业于保定军官学校第三期步兵科。曾任国民党浙江军管区司令部征募处少将处长。1946年7月31日被国民政府授予陆军少将军衔。1948年3月当选为"行宪"国民大会代表。

**应宜权(1922—　)**

女。曾用名应春花。宁波人,生于上海。1941年加入中国共产党。曾任中共丹阳第四抗日救国会民运科队长,丹阳县农救会党团书记,丹阳县区工委书记,中共高淳县、淮安市区委副书记,滁县城区区委书记。新中国成立后历任安徽省巢湖地区妇联主任,安徽省总工会副主席,安徽省妇联主任,安徽省第五至第七届人大常委会副主任,全国妇联第四届常委、全国妇联第五届执委,安徽省婚姻家庭研究会名誉会长,安徽省老干部关系下一代协会副会长。

**应修人(1900—1933)**

原名麟德,字修士,后改名修人,笔名丁九、丁休人。慈溪县人。1900年2月7日生。1914年小学毕业后到上海钱庄当学徒,期满后任钱庄职员。利用工作之余,自学中国古典文学专著。1919年五四新文化运动蓬勃兴起后在上海发起组织"提倡国货,不用日货,鼓励储蓄"为宗旨的"救国十人团",并被推为书记。受五四新文学新思潮的影响,从1920年开始在《少年中国》、《晨报副刊》、《学灯》发表新诗作品。与冯雪峰、汪静之、潘漠华、魏金枝等人成立"湖畔诗社",并以诗社名义出版《湖畔》、《春的歌集》等诗集。1925年投身于"五卅"反帝爱国运动。同年参加中国共产主义青年团，不久加入中国共产党。1926年到广州黄埔军校任会计，北伐战争开始后到武汉国民政府劳工部工作。1927年11月受中共党组织委派赴苏联莫斯科中山大学学习。1930年8月从苏联回到上海，在周恩来领导的中央军事委员会任油印科负责人。1931年12月在上海中共中央组织部任会计。同年参加中国左翼作家联盟，参与左联机关刊物《前哨》创刊号装订与发刊工作。1932年1月起先后任中共江苏省委宣传部秘书、省委秘书长、宣传部部长。在此期间以"丁九"笔名在党中央机关刊物《红旗周报》上发表多篇政治文章，以犀利的笔锋揭露国民党政府假抗日真反共，残酷镇压革命群众的反动本质，同时也热情讴歌了江西中央苏维埃政府军民团结战斗的革命精神。所作童话《金宝塔 银宝塔》，以红军根据地的故事为题材，是当时国民党统治区作家中写红色根据地题材的第一人。1933年5月14日牺牲。著作选编为《应修人潘漠华选集》，所作诗文收入《修人集》。

**应桂馨(？—1914)**

又名夔丞。原籍浙江鄞县，生于上海。早年加入上海帮会，成为头目之一。1908年陈其美从日本回到上海后与他结识，并且借应家在上海的房屋作为秘密革命据点。1911年11月4日上海光复后被陈其美委派为沪军都督府谍报科科长。不久孙中山从海外回到上海，奉陈其美之命与庶务科共同负责照料，并负责在上海组织卫队，护送孙中山到南京就任中华民国临时大总统，被孙中山委为总统府庶务科长。当上科长后很快暴露出帮会头目的恶劣品质，孙中山碍于陈其美的推荐，从轻处置，将其革职。被革职后回到上海，重操旧业，改组青、红帮为"中华民国共进会"，任会长。该会成立后依然为非作歹，扰乱社会秩序。浙江都督朱瑞、江苏都督程德全先后通令查禁"中华民国共进会"，副总统兼湖北都督且下令通缉他。居心叵测的袁世凯得知此人历史后，以为可以利用，遂派其机要秘书洪述祖到上海，秘密加以收买，并由洪引见程德全，委以江苏驻沪巡查长，以掩护他的真实身份。随后又被袁世凯召到北京，被任命为中央特派驻沪巡查长，从此成为投靠袁世凯对付国民党人的鹰犬。1913年3月20日奉袁世凯、赵秉钧及洪述祖的指令，收买兵痞武士英在上海火车站将国民党代理理事长宋教仁刺杀身亡。事后因谋杀罪被捕入狱。同年底从上海监狱逃脱前往北京求见袁世凯请求履行"毁宋酬勋"的承诺，因所求不遂愤然出京。1914年1月19日遇害。

**应 振(1894—1929)**

字山三，号时潘。仙居县人。毕业于河北保定陆军军官学校第三期。1924年3月底国民党浙江临时省党部在杭州成立，被选举为候补执行委员。1926年前往广州，任黄埔学校第四期教官，后任党军第一团第三营营长、国民革命军少将参谋长等职。1929年在战斗中阵亡，后被南京国民政府追授为陆军中将。

**应爱莲(1888—1978)**

女。永康县人。1926年国民革命军北伐进入永康时加入国民党，组织妇女协会，办妇女夜校。1927年春加入中国共产党。后由党组织安排，进入浙江法政学校学习。1928年因中共党员身份暴露，被国民党逮捕。在审讯时以国民党员身份为自己辩护，拘押两个月后被保释回到学校继续学习，并接上中共组织关系。1929年到东阳县城宏道小学执教。后回永康县城安家，作为党的秘密联络站。1932年任中共永康中心县委委员、妇女部长。1933年1月因交通员叛变，再次被国民党当局逮捕，坐了近三年的牢。1935年10月从苏州反省院被保释出狱。1937年卢沟桥事变后与组织取得联系，并参加国民党浙江省政府主席黄绍竑组织的战时政治工作队，和其他党员深入乡村宣传抗日，出壁报、演话剧、教歌、办民众夜校和壮丁训练，动员全民抗战。1938年夏恢复党籍。后当选为保长。按党的指示在农村办起民众夜校，动员农村青年妇女学习，在两三年里前后共发展30余名共产党员。1941年到义乌县，化名金如贻，在中共金华特委机关工作。1942年秋参加新四军浙东游击队金萧支队第八大队工作。新中国成立后担任新华书店永康支店经理。1957年被错划为"右派分子"。1978年去世。1979年改正。

**应高岗(1896—1945)**

字龙瞻。永康县人。1923年8月保定陆军军官学校第九期炮科毕业后分发到浙军第二师服役。1925年投奔广州国民政府，任黄埔军校第四期中校兵器教官。后入国民革命军服役。1929年任第十一师上校参谋处长。1930年回永康原籍，任培英小学校长。后重回部队，到江苏省保安处任职。继任南京中央军校第十期学生总队上校战术教官。1937年抗战爆发后历任第九十九师少将参谋长，军政部少将督练官兼贵州遵义警备司令部参谋长。1945年6月病故。

**应梦卿(1880—1969)**

名兆松,谱名美松,以字行。奉化县人。幼从宿儒学制义、经义与策论,后就读于龙津学堂。自费留学日本,入大阪高等商业学校,加入同盟会。1907年回国后先后执教于上海旅沪公学、甲种商业等校。1911年夏任同盟会中部文书。辛亥革命爆发后随军攻打江南制造局,并奉同盟会中部之命,与陈夏生、沈昌鑫一起招募奉化栖凤村渔民112人,编为敢死队,参加光复杭州的战斗。沪军都督府成立后任文书科长。1912年元旦奉命护送大总统印信入京,获政府嘉奖。1913年参加"二次革命",反对袁世凯独裁,被通缉。1916年起弃政从事金融、实业,在杭州创办德源钱庄。后去余杭县,协助庄崧甫经营杭北林牧公司,与李子恩合办余源钱庄,筹建余杭县商会和农会,组设宁波旅余同乡会和宁波会馆(厝棺所)。1925年春在沪经营股票失利,去广东。次年7月任国民革命军总司令部机要科中校秘书,随军北伐。国民革命军攻克浙江后任金、衢、处属财政处长、台州督销局长、温处盐政局长等职。后因改革盐政受阻辞职,在宁波与人合创浙东银行,任经理。抗战期间任广东省禁烟公署会计长、军政部会计处上校设计委员等职。1946年春离职,寓居杭州。一度担任杭州凤山门火葬场场长。曾筹资兴办奉化莼湖学校及沿海渔民借贷所,参加莼湖放赈等公益事业。

**应梅笙(1921—1949)**

曾用名应该、王之琅。温岭县人。1936年入天台县大公中学读书。1939年1月赴皖南参加新四军,任排长。1940年加入共产党。1941年初"皖南事变"爆发后被国民党军俘虏后关押,后保释回原籍。1949年初参与组建进步群众武装"三临大队",任大队长,率部参加解放温岭县城的战斗。温岭解放后所部编入中国人民解放军,任连长。同年10月17日遇害。

**应焕贤(1904—1972)**

又名子平,化名钱梅影。永康县人。1928年2月加入中国共产党。1929年8月中共永康中心县委成立后先后任候补执行委员、常务委员、书记。同年底到上海参加中共中央主办的培训班。1930年1月回到永康,联络因组织被国民党破坏后而四散的党员,先后恢复14个党支部,并在永康与缙云边境建立红军游击队。同年6月下旬,出席在瑞安召开的浙南党代表会议,当选为中共浙南特委委员。7月上旬根据上级组织的指示返回永康,将活跃在永康、缙云、仙居等县内的红军游击队改编为中国工农红军第十三军第三团。之后返回中共浙南特委工作。同年12月上旬因中共浙南特委被国民党当局破坏,从此与党组织失去联系。1972年在贵州省贵阳市去世。

**应　鹏(1891—?)**

字绍裳。黄岩县人。1916年12月毕业于保定军官学校第三期步科。1928年3月任南京中央军校第六期第一总队步兵第三大队大队长。1936年12月25日被南京国民政府授予陆军少将军衔。1947年3月5日再次被授予陆军少将军衔。后不详。

**应廉耕(1904—1983)**

杭县人。1904年12月5日生。先考入浙江大学化学系,后转入南京金陵大学农学院农业经济系。1930年毕业后留校任教,参加卜凯主持的"中国土地利用"课题。1937年被学校选派赴美国康乃尔大学农学院农业经济系深造。1938年毕业,获理学硕士学位。回国后被金陵大学聘为农学院教授兼农业经济系主任。1946年被聘为国立北京大学农学院教授兼农业经济学系主任。1949年后出任北京农业大学教授,并兼任农业经济学系主任至1958年。曾任北京市政协委员。1983年8月4日去世。编著有《台湾省农业经济》、《东北五个国营农场经营管理情况研究》。其子应锦春曾任陕西机械学院副院长,西安理工大学教授。

**应德闳(1876—1919)**

字季中,号伊泉。永康县人。其父应宝时是道光举人,曾任江苏按察使兼布政使。1897年中举人。历任江苏淮安知县、知府,候补道员,江苏巡抚衙门总文案。1910年被新任江苏巡抚程德全委任为江苏署理布政使,因不合任职资格被御史参奏受到撤职处分。1911年辛亥革命爆发后重新回到程德全幕府,极力怂恿程德全宣布江苏独立。1911年11月5日程德全宣布江苏和平独立后被委任为都督府秘书长兼财政司司长。1912年1月1日中华民国南京临时政府成立,被孙中山任命为财政部次长,未到任。同年11月9日任江苏省民政长(相当于省长)。在10个月任期内主持建立江苏省政府,整顿税收,建立江苏银行(自兼正监督)。1913年3月宋教仁在上海火车站遇刺身亡后顶住来自北洋军阀集团的巨大压力,于4月26日与程德全都督联名公布"宋案"真相。"二次革命"失败后于

1913年9月6日被袁世凯免去民政长职务。此后退出政治舞台，隐居上海。

**应鹤山(1919—　)**

慈溪县人。实业家。1931年中学毕业后即在上海投身工商界。1946年转赴广州经营棉纱棉布业务，任上海纱布业旅粤联谊会会长。1948年去香港继续经营纱布业，任香港纱布业公会副会长。1957年去台湾，与王新衡、徐有庠等人创办亚洲水泥公司，任常务董事兼总经理。该公司初期年产20万公吨，至1980年年产已达340万公吨。此外还广泛投资，兼任远东纺织公司常驻监察人，亚东化学纤维公司、裕民运输公司常务董事，亚东百货公司、富国制衣公司、新加坡亚洲水泥公司等董事，泛亚工程建设公司、上海商业储蓄银行监察人，台湾水泥工业同业公会理事长暨侨资事业协进会理事等职。曾捐资设立"财团法人应云岗先生纪念基金会"，拨发奖学金，资助优秀青年学子。

**辛未艾(1920—2002)**

原名包文棣，笔名闻歌、麦秀、莫怀古。鄞县人。文学翻译家。在初中只读了一个学期。1936年入上海中华书局当练习生。1940年开始写作，同时学习俄文。1942年在上海参加中国共产党。抗战胜利后发表《阿Q的推背》、《豪门的路》、《瘦马与重车》等多篇杂文和特写，揭露国民党当局欺压人民和发动内战。新中国成立后历任时代出版社编译部译员、上海新文艺出版社编辑室主任、人民文学出版社总编辑。其译著以俄国文学理论为主。主要译著有《杜勃罗留波夫选集》(第一卷)、《车尔尼雪夫斯基论文学》等。

**汪大燮(1859—1929)**

字伯唐，亦作伯棠。钱塘县人。1878年中秀才。1889年中举人。其后屡次会试不第。后由同乡叶尔恺举荐给大学士张之万，历任内阁中书、翰林院侍读、户部郎中、总理衙门章京、外务部右丞。1902年赴日本任留日中国学生总监督。1905年任驻英公使。1907年回国后任外务部右侍郎。1908年任邮传部左侍郎。1910年任驻日公使。1912年3月至5月任北洋政府平政院院长。1913年9月至1914年2月任北洋政府教育部总长。1914年5月任参政院副院长。后因不赞同袁世凯称帝而辞职。1916年6月至7月任交通总长。1917年2月代替曹汝霖任赴日专使，代表北洋政府授予日本大正天皇大勋章。1917年7月至11月任外交部总长，并短期代理国务总理。1918年12月任北洋政府总统府外交委员会委员长，参与中国应对巴黎和会的决策。1921年任华盛顿会议中国后援会理事、外交部顾问，参与讨论华盛顿会议有关问题。1922年2月任外交部高等顾问。同年4月任外交部华盛顿会议善后委员会副会长。1920年10月至1924年3月任中国红十字会会长。1922年6月至1927年11月任北洋政府平政院院长(在此期间曾经两度短暂辞职由邵章代理)。1922年6月至1928年兼文官高等惩戒委员会委员长。1922年11月任国务总理兼财政总长，不到一个月即辞职。1925年5月任临时参政院参政；8月任外交委员会委员长。1928年6月奉令自京津地区撤退关外，担任临时北京地区秩序的临时治安维持会副会长。国民革命军接收京津地区后正式脱离政治舞台，担任他自己发起创办的平民大学董事长并一度兼校长。1929年1月5日在北京病故。编有《英国宪政丛书》、《分类编辑不平等条约》等。

**汪汉溪(1874—1924)**

字龙标。温州人。早年毕业于梅溪书院。曾中秀才。后在上海南洋公学(今上海交通大学)任庶务。1899年由南洋公学监院福开森(美国人)委任为上海《新闻报》总经理。经过长期努力，《新闻报》在销量上超过老牌《申报》，成为经济上最早独立的中国报纸。坚持不卷入政治旋涡、不在报业以外经营他业的原则，把主要精力集中在办报上。曾经一度由报界进入仕途，担任过无锡县令，后又回到报界。担任《新闻报》总经理25年。去世后由其子汪伯明继任总经理。

**汪有龄(1879—1947)**

字子健。杭县人。清附生。1897年以浙江蚕学馆官派生身份赴日本学习。1898年奉浙抚廖寿丰之命改派至东京学习法律，后毕业于日本法政大学速成科。回国后任京师法律学堂教席，《商务官报》杂志编辑。1912年任中华民国南京临时政府法制局参事。同年8月至9月任北洋政府司法部次长，后任法律编查会副会长。1913年被选为国会参议院参议员。1914年5月至1916年任参政院参政。1918年8月当选为安福国会参议员，大理院推事。1920年任《公言报》社长。1921年至1931年任北京私立朝阳学院院长，兼执律师职务。1931年后到上海以律师为业。1936年救国会"七君子"案发生后担任李公朴的主要辩护律师。译有《日本议会史》。

**汪兆镛(1861—1939)**

字伯序，号憬吾，晚号清溪渔隐。原籍浙江山阴，生于广东番禺。

少随叔父汪琼学于随山馆。1884年选学海堂专科肄业。次年举优贡生,以知县用。1889年中举人。岑春煊督粤时延入幕府司奏章。辛亥革命后避居澳门,以吟咏、著述自适。1918年曾参与修纂《番禺县续志》。1939年夏在澳门病故。著有《晋会要》、《元广东遗民录》、《三续碑传集》、《微尚斋诗文集》、《岭南画征略》等。

**汪寿华(1901—1927)**

原名纪元,字介尘,化名何景亮、何寄元、何松林、孔伯生等。诸暨县人。1917年秋考入浙江省立第一师范学校。1919年五四运动爆发后与同学成立学生书报贩卖团,传播反帝反封建思想。1920年夏由宣中华介绍去上海,参加"工读互助团";8月进上海外国语学社学习俄文。同年经俞秀松介绍,加入中国社会主义青年团。1921年4月赴苏联学习,当选为赤塔远东职工会中国部主任。1923年加入中国共产党。作为远东职工代表,赴莫斯科出席国际反帝同盟会议。1925年初回国后出席中共第四次全国代表大会,作关于职工运动的报告。会后担任中共上海地委委员、农工部委员。"五卅"运动爆发后当选为上海总工会宣传部主任,中共上海区委常委、区委农工部主任、区委职工运动委员会书记,参与领导"五卅"反帝爱国斗争。后任上海总工会党团负责人。1926年10月至1927年3月先后参与领导和指挥了上海工人三次武装起义。上海工人第三次武装起义胜利后任上海特别市临时政府委员,并任上海总工会委员长。1927年4月12日凌晨被上海青帮头子杜月笙等秘密杀害于上海枫林桥,是国民党右派发动的"四一二"反革命政变中牺牲的第一位革命烈士。

**汪志青(1895—1973)**

字宗敬。杭县人。1915年毕业于浙江省立第一师范学校。先后在省立第一师范学校附属小学、第三师范学校附属小学任教。1922年任浙江省立第五中学教师。1926年任国民党浙江省党部执行委员兼秘书。1927年任国立浙江大学秘书长。1930年任湘湖师范学校校长。1931年任浙江省地方自治专修学校主任。1935年任浙江省立台州中学校长。1942年任国民革命军第三十一集团军总司令部秘书。1944年到重庆任四行总管理处银行人员训练所教育长。1945年抗战胜利后任上海敌伪产处理局专员。1947年春任上海改造出版社总经理。同年9月任杭州私立明远中学校长。1948年兼浙江国语推行委员会主任委员。新中国成立后先后在上海第六十九中学、新力中学任教。1950年参加中国国民党革命委员会。1973年12月20日在上海去世。

**汪　怡(1875—1960)**

字一庵。杭县人。毕业于两湖书院,历任中学教师、营口商业学校监督、《新中国报》总编和经理等。后任职于教育部,兼北京师范大学和北京师范学校教员、读音统一会会员、国语统一筹备会会员、国语统一会常务委员、中国大辞典编纂处国音普通词典组主任、增修国音字典委员会起草委员等,曾主办国语速记讲习所。致力于语言文字学研究,著有《新著国语发音学》、《中华新式速记术》、《中华国语最新速记学》、《汪怡国语速记学》、《汪怡简式速记学》等,合著有《注音符号讲义》,主编有《国语辞典》、《新部首索引国音字典》等。

**汪胡桢(1897—1989)**

嘉兴县人。1897年7月12日生。1917年毕业于南京河海工程专门学校。1920年留学美国,在康奈尔大学学习水力发电,1923年获土木工程硕士学位。其后在美国乔治亚州亚特兰大市铁路电力公司实习。1924年回国后在南京河海工科大学任教。1927年任太湖流域水利工程处副总工程师。1929年任导淮委员会工务处设计组主任工程师、第十二区工赈局局长兼皖淮主任工程师,主持和参与制订了《导淮工程计划》、《整理南北大运河工程计划》,亲自勘察了杭州到北京的大运河,设计了邵伯、淮阴、宿迁三个船闸。1931年起历任中国水利工程学会第二至第十届董事会董事、第七届副会长兼出版委员会主任。1934年任整理运河讨论会总工程师。1935年任中国经济委员会水利处设计科长。1944年主编出版了最早的大型专业工具书。1946年任水利委员会派驻联合国救济总署办事处顾问,后任浙江省钱塘江海塘工程局副局长兼总工程师,领导修复钱塘江海塘工程。1949年任浙江大学教授。新中国成立后调任华东军政委员会水利部副部长。1950年任淮河水利工程局副局长,治淮委员会委员兼工程部长,佛子岭工程总指挥,主持治淮技术工作,负责设计、施工、修建了中国第一座大型连拱坝。1954年任水利部北京勘测设计院总工程师、黄河三门峡工程局总工程师,负责黄河三门峡水库的施工、修建工作。1955年当选为中国科学院技术科学部委员。1960年至1978年任北京水利水电学院院长、名誉院长。1979年至1982年任水利部顾问。1989年10月13日在北京去世。著有《中国工程师手册》、《水工隧洞的设计理论和计算》、《地下洞室的结构计算》、《现代工程数学手册》等。

**汪显述(1852—1925)**

字丙生。镇海县人。汉口巨商。出身赤贫,幼年成孤儿,依靠母亲纺织收入抚养成人。15岁辍学,织网捕渔。不久受雇于钱庄、店肆。后由姻亲陈巨美推荐至上海,入上海叶澄衷开设的著名商号"义昌"号。供职之暇,留心洋务,久之能通西语,为同乡叶澄衷所赏识,委管老顺记栈。既而遣赴汉口设顺记分庄,始充副办,继升经理。不久合资经营洋货、洋油各业,而叶澄衷又以帆船12艘相委托,于是分设报关行兼帆船公司,经营益见发达。时张之洞创设汉阳铁政局,聘汪为采办员。久居汉地经商,具有很高的声誉威望,为中外巨商所倚重,日商大阪、日清公司,三井、日信洋行都先后聘他为经理、副办等职,用以拓展航业和商务。曾任第二届汉口商会协理。热心公益善举,在汉口设布厂、英文补习所,施衣施米施药等不一而足。家乡浚河渠、平道路、设蒙养学校以教青年子弟,浚自流井以充公众饮料,都斥巨资而为。

**汪洛年(1870—1925)**

字社耆,号鸥客。杭县人。久居淮上。善山水,与沈塘齐名,为戴用柏弟子,后学四王,潜雅超逸。书、画、篆刻皆守师法。曾受张之洞聘为两湖师范学校图画教员,闻名一时。辛亥革命后寓沪,卖画以自给。擅山水、篆刻,古朴浑厚,秀丽精雅。

**汪　珪(1878—1913)**

字旦庵。萧山县人。1910年入上海私立震旦学院。在此期间结识陶成章、王金发等革命党人,遂在上海加入光复会,从事资产阶级民主革命活动。不久前往日本。1911年辛亥革命爆发后回国参加江浙联军攻克南京之战役,担任敢死队队长。1912年民国成立后东渡日本游学,不久回国任上海《神州日报》主笔,宣传民主共和,反对袁世凯为代表的北洋军阀官僚集团的专制独裁统治。1913年"二次革命"爆发,奉命于6月回萧山老家购置手枪运往上海,并在上海所住的天然旅馆内秘密试验炸弹;8月6日因不慎炸弹突然爆炸,身受重伤,壮烈牺牲。1916年灵柩运回萧山安葬,时在杭州的孙中山亲自送灵柩到钱塘江边的南星桥。

**汪振声(1883—1945)**

字楞伯。原籍吴兴县,生于四川成都。银行家。1904年留学日本早稻田大学,学法律经济,获法学学士学位。1909年回国后授法政科举人和宣统内阁中书,后在北洋政府从事财政工作。1915年以后历任中国银行重庆分行行长,北京总管理处总司账,济南分行行长和新华信托储蓄银行、中国保险公司董事。1925年任中国银行总管理处总稽核。1928年总管理处迁到上海后仍任总稽核,并任新华信托储蓄银行、中国保险公司、中国棉业公司、中国造纸公司董事。1944年被指派为中国银行官股监督人。抗日战争爆发后去重庆。1945年在重庆病故。

**汪曼云(1904—1972)**

字秀峰。杭县人。1926年加入国民党,后成为国民党CC派的骨干。曾任江苏省农协整理委员会秘书、部长,国民党上海特别市党部助理干事、委员。是上海青帮头子杜月笙门徒,也是著名律师。抗日战争期间随汪精卫投敌。1939年9月任汪伪国民党中央执行委员。1940年3月至1941年8月任汪伪国民政府农矿部政务次长。1941年1月至8月任汪伪全国经济委员会委员。1941年8月至1942年6月任汪伪司法行政部政务次长。1942年6月至1943年1月任汪伪行政院政务委员。1943年6月任汪伪清乡事务局局长。1945年8月日本宣布投降;9月被捕,关押于上海提篮桥监狱。后以汉奸罪判处有期徒刑15年。上海解放前夕于1949年2月被国民党当局特赦出狱。新中国成立后于1954年7月被捕,以反革命罪判处无期徒刑。1972年在狱中病故。

**汪寅人(1914—1994)**

杭县人,生于上海。1936年毕业于震旦大学化学工程系。曾任开滦煤矿总化验室主任。1949年毕业于英国伦敦大学研究院化工系,获该校哲学博士学位,同年回国。历任开滦煤矿化工研究所所长,煤炭工业部煤经学研究所所长、高级工程师,中国煤炭学会第一、第二届常务理事,中国化工学会第三十二、第三十三届常务理事,中国环境科学学会第一届常务理事。是第三届全国人大代表,第五、第六届全国政协委员。负责筹建煤化学研究所及煤质检验分析试验室。参加制订了中国煤炭分类方案,统一了我国煤的种类划分、牌号命名以及有关煤炭的分析和测试技术标准。撰有《中国褐煤、烟煤技术分类》等论文,编译有《国际烟煤分类》等。

**汪维恒(1896—1971)**

原名益增,又名微痕。诸暨县人。1917年在本县渔山小学任教师。1918年入上海法文翻译学校学习。1919年考入北京军需军官学校第四期学习。1921年毕业后被分发到驻浙江慈溪县的浙军服役，先后任营、团军需官。1924年与杨眉山、周天僇、许汉城一起，经张秋人介绍，在上海加入中国共产党，成为宁波地区最早的四位中共党员之一。1925年奉组织之命，跨党加入改组后的国民党。1927年1月被国民党浙江省党部委任为台州区党务特派员，到台州、黄岩、临海、温岭各县整顿国民党党务，改组国民党县党部。同时秘密发展共产党组织。"四一二"反革命政变之后先后任中共宁波地委团委书记、中共诸暨县委组织部长，以小学教师职业掩护。同年5月中共诸暨县委组织暴动失败后奉中共党组织之命通过同乡陈良的关系，打入国民党军界。先后在南京中央军校、中央军校洛阳分校任少校军需科长。1938年随胡宗南到陕西，历任中央军校第七分校经理处长，第三十四集团军、第八战区副司令长官部经理处长兼战干第四团经理处长，第一战区司令长官部军需局局长。1946年起任国民政府国防部联勤总司令部经理署副署长，第十补给区(驻台湾)副司令兼供应局局长。在抗日战争与解放战争时期为中共中央提供了大量机要情报。1949年5月初在上海即将解放前夕冒险从台湾返回上海，担任上海市政府财政局局长。同年5月27日以"投诚"形式，率领财政局职员与中国人民解放军军管会代表交接。新中国成立后历任上海市直接税务局副局长、局长，上海市地政局副局长、局长，上海市房地产管理局局长等职。当选为第一至第五届市人大代表，上海市人委会委员。"文革"期间受迫害。1971年1月30日在上海去世。1979年中共上海市基本建设委员会党组宣布为其平反。1984年10月11日恢复党籍。

**汪厥明(1897—1978)**

字叔伦。金华县人。1897年10月12日生。1914年毕业于浙江省立第七中学。同年随父汪茂榕去日本求学。先后考入熊本高等学校和东京帝国大学就读。1918年于东京帝国大学农科毕业后即进研究院。1924年获农学硕士学位。同年8月回国后任北京农业大学副教授。1925年继续担任北京农业大学讲师。1928年任农艺系教授兼系主任。1936年奉派赴欧洲考察，并在英国剑桥大学农学院专攻生物统计学。1937年"七七"事变后经西伯利亚回国，几经辗转，到陕西武功西北联合大学农学院任教授兼农艺系主任。1939年任广西大学农学院教授兼农艺系主任，并兼任迁至粤北坪石的广东中山大学农学院讲座。1944年举家避居于广西荔浦县的瑶山，在极其艰难的情况下完成了《动差、新动差、乘积动差及其相互关系》书稿。1945年8月抗日战争胜利后履约赴昆明云南大学农学院任教授，创建我国第一个生物统计学研究室。1946年应聘前往台湾任台湾大学农学院教授兼农艺系主任，并筹建了厥明生物统计学研究室。1947年正式改名为厥明生物统计研究所，是中国至今唯一的生物统计研究所。1963年当选为"中央研究院"生命科学组院士。1973年7月退休。1978年1月16日在台北去世。著有《动差、新动差、乘积动差及其相互关系》、《生物统计学》及《中国农业之缺陷与农学界之责任》、《圃场试验误差及其估计理论》、《雷起氏移动平均法与费歇氏变量分析法之比较》、《两广农业目击谈》等。

**汪　嵚(1881—1921)**

字曼峰，一作趸峰。钱塘县人。1902年9月任钱塘县学堂(系崇文书院改建)首任堂长。1912年1月22日民国浙江军政府将仁和、钱塘两县合并，称杭县，改知县为民政长，汪为民政长，后改称知事，即为杭县首任县长。对杭州市政建设多所擘划。善诗文、书法，工行、草，笔致劲挺，姿势开张。创办贫儿院，提倡工艺美术，造就镌刻拓扬碑版人才颇多。

**汪筱奎(1901—1962)**

又名玉兔。绍兴县人。著名绍剧演员。10多岁即入文明新霞庆班，拜名丑彭乌牛为师，经过几十年努力，形成了绍剧二丑表演新流派。其唱腔刚劲有力、圆润悦耳、声如洪钟、余音袅袅，有"玉兔腔"和"二面大王"的美誉。新中国成立后多次荣获华东区及省、地(市)会演一等奖与特别奖，被誉为"绍剧之王"。曾任同春绍剧团副团长、新民绍剧团团长。其所率新民绍剧团，长期在沪演出，有较大影响。擅演剧目有《打太庙》、《龙凤锁》等。

**汪新士(1923—　)**

名开，年号不舍翁、无际老人，书斋名养气斋、锲镂轩。江山县人。自幼得其父汪志庄、舅父余绍宋教诲，临帖习书、摹刻西泠八家作品。1941年考入浙江丽水碧湖省立联合师范学校艺术科，从韩登安学习篆刻。抗战胜利后就读于上海诚明文学院中文系，因余绍宋之荐拜入王福庵门下，并为丁辅之、唐醉石、马公愚诸名家入室弟子。1946年加入西泠印社。1949年入上海华东新闻学院研究班。次年供职于上海铁路局政治部宣传部，创办《上海铁道报》。1953年任铁道部上海铁路电讯信号专科学校教员。1956年调至铁道部武汉铁路运输学校任语文学科主任。1957年、1973年两度入狱，期间为江陵县文化馆开办的三期书法篆刻学习班授课。1985年出狱。次年在荆州创建南纪印社。1991年在深圳创立北斗印社。兼通正草隶篆四体书，擅诗词、篆刻，亦长于丹青，偶作墨竹清新淡雅，意境幽长。生前为西泠印社社员、南纪印社社长、北斗印社社长、江山印社名誉社长。出版有《汪新士纪念文集》。

**汪　猷(1910—1997)**

字君谋。杭县人。1910年6月7日生。1921年考入浙江省立甲种工业学校应用化学系。1927年考入金陵大学工业化学系。1931年毕业，获理学学士学位及斐托飞学会金钥匙奖。毕业后由学校推荐到北平协和医学院做研究生，后转作研究员。师从著名生物化学家吴宪，研究性激素的生物化学。1935年8月作为中国生理学会代表团成员与吴宪等参加了在莫斯科举行的第十五届国际生理学大会，会后赴德国慕尼黑大学化学研究所，在著名化学家、诺贝尔奖获得者维兰德指导下做研究生。1937年冬获慕尼黑大学最优科学博士学位。1938年秋去海德堡威廉皇家科学院医学研究院化学研究所任客籍研究员。在著名化学家、诺贝尔奖金获得者库恩指导下进行藏红素化学的研究，合成了十四乙酰藏红素。1939年春离开德国转赴英国。在伦敦密特瑟克斯医学院考陶尔生化研究所陶慈的研究室任客籍研究员，从事雌性激素类似物的化学合成研究。同年8月回国后在协和医学院先后任讲师、助教授等职。珍珠港事变之后日本侵略军于1942年1月占领协和医学院，遂进入上海丙康药厂，担任厂长和研究室主任。1944年开始研究抗菌物质桔霉素，其研究成果于1947年发表在美国《科学》杂志上。其后得到林可胜、冯德培的支持被聘为医学研究所筹备处的研究员。是中国抗生素研究的奠基人之一。新中国成立后被聘为中国科学院生理生化研究所研究员。1952年底调入有机化学研究所任研究员并担任副所长，其后历任代理所长、所长、名誉所长等职。1955年任中国科学院学部委员。参加领导并直接参加了人工合成胰岛素的研究。在淀粉化学方面创制了新型血浆代用品。所建立的石油发酵研究组当时在国际上居于前列，做出多项成果。参加并参与领导酵母丙氨酸转移核糖核酸全合成工作。参加和领导了天花粉蛋白化学结构和应用研究、模拟酶的研究和青蒿素的生物合成化学研究，在多个领域取得了开创性成果。其中有两项成果获国家自然科学一等奖、一项获国家自然科学二等奖，其学术成就得到学界普遍认可。曾受中国化学会委托担任《化学学报》主编达24年。1982年起被聘为国际著名的有机化学杂志《四面体》、《四面体通讯》的顾问编委及《核酸研究》编委。1984年3月当选为法兰西科学院外籍院士。1986年当选为美国生物化学与分子生物学学会名誉会员。1987年11月慕尼黑大学为其举行重发博士学位文凭的隆重仪式。1988年当选为德国巴伐利亚科学院通讯院士。1989年起被聘为《四面体计算机化学》和《四面体不对称合成》的顾问编委。1990年《四面体》以其第46卷第9期作为献给汪猷八十寿诞的专刊。1997年5月6日去世。

**汪精卫(1883—1944)**

名兆铭，字季新，笔名精卫。原籍山阴县。其父汪省斋年轻时到广东当幕僚，遂落籍广东番禺，1883年生于广东三水。1901年中秀才。1903年官费赴日本留学，入日本法政大学速成科。1905年7月加入同盟会，一度主编《民报》。同盟会时代是孙中山最亲信的助手之一。1910年3月谋炸清摄政王载沣，事泄被捕，被判处终身监禁。1911年10月武昌起义后与杨度等组织国事共济会，呼吁停战议和。同年12月充当南方议和参赞，参与南北和谈，主张孙中山让权，推举袁世凯为临时大总统。1913年到法国留学。1919年在上海办《建设》杂志。1921年任广东省教育会长、广东政府顾问。1924年春在中国国民党第一次全国代表大会上当选为中央执行委员兼宣传部长。1925年3月孙中山在北京病危，代为起草遗嘱。同年7月任广州国民政府常务委员会主席兼军事委员会主席。1927年7月15日在武汉发动“七一五”反革命政变。1928年底被推举为国民党改组派首领，策动国民党内实力派首领冯玉祥、阎锡山、李宗仁等共同反蒋。1932年春与蒋介石再度合作，任南京国民政府行政院院长，后兼外交部长，并短暂兼任内政部长、铁道部长。1935年11月在国民党第六届四中全会期间遇刺受重伤。1936年2月赴德国医治。西安事变后准备乘机取代蒋介石出掌政权。1937年春任国民党中央政治委员会主席。抗日战争爆发后被举为国防最高会议副主席、国民党副总裁、国民参政会议长。1938年12月潜逃越南，发表“艳电”，公开投降日本。1939年5月汪精卫等赴日回国后于8月在上海秘密召开伪国民党第六次代表大会，宣布“反共睦邻”的基本政策。同年12月与日本特务机关签订《日华新关系调整纲要》，以出卖国家的领土主权为代价，换取日本对其成立伪政权的支持。1940

年3月任伪国民政府主席兼伪行政院长、伪军事委员会主席等职。1944年11月10日在日本病死。著有《汪精卫文存》等。

**汪镐基(1881—?)**

字京伯。嘉兴县人。早年一度在嘉兴当家庭教师。后留学日本，毕业于日本陆军士官学校中华队第五期骑兵科。回国后曾任浙军第二师参谋长，第二师第四旅旅长。1926年投奔国民革命军，任国民革命军总司令部高级参谋。1928年11月任国民政府训练总监部中将骑兵监。1938年1月去职。

**汪馥泉(1899—1959)**

原名馥炎，笔名唯明等。杭县人。早年留学日本。归国后先后任上海大学、中国公学和复旦大学教授。1927年在印度尼西亚苏门答腊和棉兰任《南洋日报》编辑。1928年与陈望道等合办上海大江书铺，任经理，出版文艺图书。1930年任上海中华艺术大学校长，并主编《新学生》杂志，后接编《现代》杂志，在该刊发表杂文。1940年底在《新中国报》任《学艺》版主编。自20年代初就开始发表作品，主要著译有《欧洲近代文学思潮》、《中国文学研究译丛》、《新文学概论》、《初夜权》、《北欧神话》、《中国文学论集》等，另有散文《椰子集》出版。

**沙文汉(1908—1964)**

原名文源，又名文舒，化名陈元阳、张登、陈叔温、陈孟石。鄞县人。早年考入宁波的浙江省立第四师范学校，半年后转入甲种商业学校。1925年4月加入中国共产党。1926年夏毕业后回乡从事农民运动，组织农民协会，成立中共村支部，任书记。1927年秋任中共宁波市委监察委员，兼管东乡农民运动。同年11月任中共鄞(县)奉(化)中心县委书记，参与组织发动奉化农民暴动。1928年1月转移至上海，考入东亚同文书院学习。1929年夏担任中共上海青年反帝大同盟党团书记。同年7月赴苏联入莫斯科列宁学院深造，攻读马克思列宁主义理论。1930年结业后于5月回到上海，被派任共青团法南区委书记。同年秋任共青团江苏省委工人部部长兼上海总工会青工部部长，从事秘密的工会运动。1931年后因患重病休息，暂时失掉组织关系。1932年2月赴日本东京，考入日本铁道学校，并重新接上中共组织关系。1934年秋回到上海，经中共组织安排，不久重返日本东京。1935年10月因在东京同上海失去组织联系，又回到上海，几经周折终于接上关系。1936年后参加文化界抗日救亡宣传工作。同年冬任全国各界救国会组织部干事。1937年春起先后担任中共上海临时工作委员会委员，中共江苏省委委员兼宣传部部长、统战部长、省委军委书记、外县工作委员会书记，中共江苏省委代理书记。1942年秋随中共江苏省委撤到淮南抗日根据地。1943年起先后任中共华中局党校教务长，中共淮南区党委宣传部部长、城工部部长。解放战争时期先后任中共华中分局城工部部长，中共中央上海局宣传部部长兼统战部部长，分管南京、杭州的地下工作。1948年秋兼上海局策反委员会副书记，先后主持策动国民党海军巡洋舰“重庆号”起义、国民党海军第二舰队起义、张权起义、国民党空军俞勃驾机在南京起义、国民党第九十七师在南京起义。这些起义的成功，加速了南京、上海的解放。新中国成立后历任中共中央华东局台湾工作委员会副书记，中共浙江省委宣传部部长兼教育厅厅长，浙江省人民委员会副主席，中共浙江省委常委、浙江省省长。1957年12月在中共浙江省第二届第二次代表会议上被划为“右派”，并被开除党籍，撤销省长职务。身处逆境，仍潜心于中国古代历史研究。1964年1月2日在杭州去世。1982年11月中共浙江省委宣布为他彻底平反，恢复党籍，恢复政治名誉。著有《中国奴隶社会探讨》。

**沙文求(1904—1928)**

字仲已。鄞县人。1920年秋至1924年就读于宁波效实中学。1924年夏入上海国语师范补习学校学习。1925年春考入中国共产党开办的上海大学社会系，在系主任瞿秋白的引导下走上革命道路。“五卅”惨案发生后积极参加示威游行和宣传活动，并组织护校队。同年秋转入私立复旦大学物理系学习。同年冬因经济困难辍学回宁波，经四弟沙文威介绍、中共宁波地委批准，加入中国共产党。1926年初党组织派他回家乡从事农民运动。同年4月成立鄞县大咸乡沙村农民协会，发展农会积极分子入党；5月成立中共宁波地委直属的沙村党支部，被任命为支部书记；7月奉命进入广东大学哲学系学习，以马列主义的观点，撰写文章抨击戴季陶的反共理论。1927年上半年担任广东大学共青团支部书记。广州发生“四一五”反革命政变，被列入搜捕名单，被迫离校隐蔽。不久参与中共广州市委和省港罢工委员会组织的有2万多人参加的纪念“六一九”省港罢工两周年纪念大会。同年6月29日受到广东大学当局开除学籍的处分，仍留在广州坚持斗争。广州起义发动后担任广州市委委员兼少年先锋队队长，指挥30支宣传队到各区宣传鼓动,组织共青团员、少先队员维持广州市社会秩序,展开肃清残余反革命分子的战斗。12 月 13 日任工人赤卫队队长,率队员同敌人短兵相接,逐街争夺,展开巷战。广州起义失败后化名史永,到香港避难,不久返回广州,担任共青团广州市委宣传部部长,后任团市委委员兼秘书长。1928 年 8 月的一天到一茶楼与党内同志接头时,被国民党暗探逮捕,后被秘密杀害于广州红花岗。新中国成立后沙村建立了沙文求烈士故居陈列馆,沙村小学改名文求小学。

**沙文威(1910—1999)**

原名文溶,字重叔。鄞县人。新中国成立后为纪念二兄,改名史永。1925 年 3 月加入中国共产主义青年团。先后任共青团宁波地委委员、组织部负责人等。1930 年因中共浙江省委遭到破坏,与组织失去联系。1934 年 10 月重新为党工作并恢复党组织关系,先后在上海、南京、汉口、重庆等地从事情报工作,被称为"谍海枭雄"。1949 年 2 月起先后任中共南京市委统战部副部长,南京市人民政府交际处处长,南京市人民政府人事局副局长。1958 年 3 月调到北京,先后担任全国政协秘书处处长、副秘书长、机关党组成员,当选为全国政协第四、第五届委员。1979 年 1 月任全国政协副秘书长、机关党组成员。1983 年 6 月任全国政协第六届委员、文史资料研究委员会副主任委员。1999 年在北京去世。

**沙文度(1912—1942)**

字季同。鄞县人。从小受到几位兄长革命思想的熏陶,自幼就在家乡参加革命斗争。1927 年加入中国共产主义青年团,参加了卓兰芳、沙文汉领导的奉化暴动。暴动失败后在滨海区农会工作时被本乡匪徒抓走,后经人营救幸免于难。1928 年到上虞春晖中学就读,后转学去上海劳动中学分校立达学园,毕业后即入白鹅画社学画。1932 年考入上海美术专科学校油画系学习。不久"一·二八"事变发生,以画为武器,揭露日军侵华罪行。1934 年毕业后经长兄沙孟海介绍,到南京国立中央大学艺术科,师从著名画家徐悲鸿学画。1938 年参加吴作人为团长的"中大战地写生团"赴安徽、河南前线。同年秋由武汉八路军办事处介绍去延安鲁迅艺术学院学习,后到八路军第一二〇师从事宣传工作,并加入中国共产党。1942 年在延安整风期间,在康生主持的"抢救运动"中受到迫害而精神失常,后猝死。

**沙可夫(1903—1961)**

原名陈明、陈微明,又名维敏,字树人,号有圭,笔名克夫、古夫、明、冥冥、萨柯等。海宁县人。1917 年初小毕业后考入海宁县立第三高等小学。1920 年考入上海南洋公学(今交通大学)附中,毕业后升入公学电机系,半工半读。1925 年受"五卅"运动影响,暑假回乡,组织晦明社,并出版油印刊物《红花》,宣传科学与民主,反对封建迷信。1926 年春赴法国学习音乐。同年加入中国共产党。1927 年任中共旅欧支部领导成员,编辑《赤光报》。国内发生"四一二"反革命政变后离开巴黎,前往莫斯科中山大学学习,俄名亚历山大·阿列克赛·沙可夫,后便用此音译为中文名字。在苏期间积极参加文艺活动,被选为学校俱乐部负责人和合唱队的指挥。还和李伯钊、章汉夫等组织业余文学研究组,创作剧本,排演戏剧。1931 年夏回到上海,因接头地点遭破坏,被捕入狱。遭受酷刑,后经营救保释,回乡养病。1932 年春奉命进入中央苏区,任临时中央政府教育部副部长、中共中央机关报《红色中华》主编。参加革命根据地第一所艺术学校蓝衫剧团学校(后改名为高尔基戏剧学校)的筹建工作。1933 年任中华苏维埃大学副校长,与毛泽东、林伯渠、梁柏台、潘汉年组成大学委员会。在瑞金创作了 20 余首革命歌曲和话剧、活报剧、喜剧等八部。同年底因病回上海治疗。养病期间翻译了不少世界名著和革命文艺理论,经常为鲁迅主持的《译文》杂志供稿。1937 年 10 月到延安,任新华通讯社主任。后致力于戏剧活动,连续创作出《广州暴动》、《血祭上海》、《团圆》等大型话剧,在延安演出,受到毛泽东等中央领导的好评。1938 年筹建延安鲁迅艺术学院,任副院长兼党组书记。1939 年秋调至华北解放区。此后八九年间先后担任中共中央晋察冀分局文委书记、晋察冀边区文联主任、华北联合大学文艺学院院长等职。组织创作和排演了《穷人乐》、《熬着吧》、《王七》、《弃暗投明》、《打特务》等剧目。1949 年初担任北平市文化接管委员会副主任。新中国成立后历任全国文联秘书长,中国作家协会常务理事,中央文委委员,文化部党组成员、机关党委书记、文化部办公厅主任,中央戏剧学院党委书记、副院长。1961 年在青岛病故。著有《沙可夫诗文选》,译作有《渔父和金鱼的故事》、《埃及之夜》、《意大利童话》、《伪善者》等。

**沙孟海(1900—1992)**

原名文若,号石荒、沙村、兰沙、僧孚、孟公。鄞县人。著名学者,当代书坛泰斗。毕业于浙东第四师范学校。早年从冯君木学古典诗文,从吴昌硕习书法、篆刻，后又与著名学者朱疆村、况蕙风、章太炎、马一浮等交往，受益良多。30岁前后任广州中山大学预科中文系教授。1931年任南京中央大学秘书。1932年调任教育部秘书等职。新中国成立后历任浙江大学中文系教授，浙江省文物管理委员会常务委员，浙江省博物馆历史部主任，中国书法家协会副主席，浙江省书法家协会主席，浙江省博物馆名誉馆长，浙江美术学院终身教授，浙江大学、杭州大学名誉教授，浙江省考古学会名誉会长，浙江省政协委员等职。1979年起任西泠印社第四任社长。学问渊博，识见高明，于语言文字、文史、考古、书法、篆刻等均深有研究。书法篆、隶、真、行、草诸体皆精，远宗汉魏，近取宋明，于钟繇、王羲之、欧阳询、颜真卿、苏轼、黄庭坚诸家用力最勤，且能化古融今，所作沉雄茂密、俊朗多姿，以气势磅礴见称，世有定评，尤以榜书大字闻名。篆刻不多作，然朴拙而富韵致，公推大家。著有《浙江新石器时代文物图录》、《兰沙馆印式》、《沙孟海论书丛稿》、《印学史》、《沙孟海书法集》、《沙孟海写书谱》、《中国书法史图录》、《近三百年的书学》等，并主编《中国新文艺大系·书法卷》等。

**沈九成(1883—1963)**

慈溪县人。近代著名纺织企业家。上海南市高裕兴蜡烛店学徒出身。1912年与同乡陈万运等集资450元创办三友实业社，任经理，制造蜡烛灯芯。1915年增资3万元改组为股份公司，任总经理，开始生产毛巾、被单及各类棉织品，产销两旺。1918年在沪东购地36亩建造总厂。1922年又在南京路设总发行所和门市部。1927年参与发起成立上海机制国货工厂联合会，并长期任常务委员。1928年以36万元盘进杭州通益公纱厂(包括鼎新布厂)，改名三友纺织印染厂(三友杭厂)，并加以改建、扩建。至20世纪30年代初三友实业社已拥有上海、杭州两个工厂和上海郊区17个毛巾工场，发展成拥有2万纱锭和800台毛巾被单织机的自纺、自织、自染的大型棉纺织企业，在全国设发行机构37处，有职工6000余人，成为著名企业。同时积极从事国货运动，曾任中国国货维持会执行委员。1931年三友取消总经理，设常务董事主持，任常董。1932年参加“星五聚餐会”和中华国货产销协会。同年参与组织“九厂临时商场”。“一·二八”事变中三友实业社上海总厂遭毁，主持公司力挽危局。1933年因病辞职。抗战期间曾开办生生牧场。

**沈乃章(1911—1966)**

又名廼璋。吴兴县人。1932年毕业于燕京大学心理系。同年入清华大学研究院心理系。1936年毕业后赴法国留学，入巴黎大学研究院心理系深造。1938年回国后任辅仁大学心理系讲师。1939年起在燕京大学任教。1945年任燕京大学心理系教授兼系主任。1952年院系调整后任北京大学哲学系心理学专业教授兼心理学教研室主任。“文革”时深受迫害。1966年10月6日在被批斗羞辱后自杀身亡。著有《颜色爱好的民族差异》、《白鼠辨别物体大小的阈限以及其和明度的关系》等，译著有《实验心理学》等。

**沈士华(1900—?)**

吴兴县人。早年毕业于上海圣约翰大学，后赴德国留学，毕业于汉堡大学政经系，获博士学位。回国后曾在苏州桃坞中学任教。1926年起出任中华民国驻汉堡总领事馆主事、领事。1928年返国后任浙江省财政厅科员，后任平湖县县长。1933年3月至1937年9月任南京国民政府交通部总务司司长兼中英庚款董事会秘书处主任。1937年7月至1938年1月任浙江省第三区行政督察专员兼保安司令。后任国民政府航空委员会顾问室主任干事、行政院贸易委员会复兴公司云南分公司经理等职。1942年任国民政府驻印度专员。1945年8月至1946年8月任上海市政府秘书长。1947年8月任中国驻奥地利代办(公使衔)。同年12月任中国驻奥地利全权公使。

**沈士远(1881—1955)**

吴兴县人。1881年生于陕西汉阴县城。自幼专攻古文，精研老庄。1907年奉寡母移居吴兴原籍。不久受聘浙江高等师范学堂任国文主讲。1917年后历任北京大学国文系教授兼校评议会成员、庶务部主任，北京中等以上学校教职员联合会书记，燕京大学国文教授，北平大学女子师范学院教师等。与其弟沈尹默、沈兼士并称北京学界的“三沈”。1929年7月至1930年9月任浙江省政府秘书长。同年9月至1930年12月任浙江省政府委员。1930年12月至1932年12月任南京国民政府考试院考选委员会秘书长。1932年12月至1937年2月任考试院考选委员会委员。1936年10月至1948年5月任考试院考选委员会副委员长。1932年5月至9月任湖北省政府委员兼教育厅长，并兼湖北省立教育学院院长。1932年9月至1933年2月任江西省政府委员兼教育厅长。1937年11月任云南省县长考试典试委员会委员长。1948年7月至1949年任中华民国政府考选部政务次长。新中国成立后被聘为北京故宫博物院文献馆主任。

**沈之岳(1913—1994)**

仙居县人。1913年3月25日生。在浙江警官学校学习时加入国民党。1930年5月进入南京的国民党中央陆军军官学校第八期学习。1932年经特务头目叶翔之介绍,进入戴笠任处长的国民党复兴社特务处(军统局前身),在上海复旦大学等高校以进步学生面目从事特务活动,不仅破坏了光明读书社等中共外围组织,而且在上海、杭州两地诱杀过多名中共党员。1938年4月在军统局局长戴笠、军统驻陕坝工作站站长毛人凤的亲自安排下,化名沈辉以进步青年的名义打入延安,并且进入抗日军政大学学习。毕业后担任中共中央政治局秘书。1941年离开延安重新回到国民党军统局,任军统局第一处科长。1943年任军事委员会忠义救国军淞沪指挥部政治部主任。1945年8月抗战胜利后入国民党中央警政班受训。1947年任国防部保密局第二处科长。1949年3月任苏浙情报站站长。1950年奉派至蒋经国主持之石牌训练班任副主任兼训导组长。1951年10月调浙江大陈担任"江浙反共救国军总部政治部主任"兼中国国民党大陈特派员办公室秘书长、"浙江省政府委员兼代省主席"、"大陈行政督察专员"。1955年2月协助蒋经国执行大陈岛撤退的"金刚计划",强行将大陈岛上1.8万多民众迁移至台湾。1956年冬任"司法行政部调查局"督察室主任。1958年春任调查局副局长。1960年任"国防部情报局"副局长兼国民党中央委员会第二组副主任。1964年5月任"司法行政部调查局"局长。1979年受聘"总统府国策顾问"。曾任国民党第十、第十一届中央委员,后任国民党中央评议委员。1994年2月14日在台北病故。

**沈　卫(1862—1945)**

字友霍,号淇泉,晚号兼巢老人,亦署红豆馆主。嘉兴县人。沈钧儒十一叔。1890年庚寅科进士,授翰林院编修。后任甘肃省主考官、陕西省学政,政声突出。善诗文,工书法,晚年寓居上海鬻字,名播江南,被推崇为翰苑巨擘。

**沈子良(1884—?)**

绍兴县人。早年毕业于瑞典大学,曾任广(州)三(水)铁路局局长。1924年2月任江汉关监督;3月兼北洋政府外交部特派湖北交涉员。不久任湖北造币厂厂长。《中俄解决悬案大纲协定》签字后参与俄租界和旧俄领事馆交接事宜,正式宣布取消俄租界工部局和巡捕房,成立收回俄租界临时管理处。1925年12月任汉口特区管理局局长。1926年4月23日以特区管理局局长兼董事会董事长身份主持召开汉口特区纳税人常年大会第二次会议。

**沈子槎(1881—1969)**

吴兴县人。进出口商,钱币收藏家。出身贫寒,15岁进入上海久成绸庄当学徒,满师后被派到河南镇平县分庄工作。1912年与人合资创办上海大丰府绸庄。1930年后大量收购山东、河南、上海、苏州、杭州一带丝绸出口。曾多次掩护中共地下工作者,资助革命事业。1947年参加中国民主建国会。1948年与印度人合资在香港开设永大行,从事进出口贸易。1949年作为民主建国会代表出席全国政协第一届全体会议,并参加开国大典。新中国成立后组织31家厂商联营出口业务,任上海市国际贸易联合会董事长。1954年后历任全国人大代表、第二届全国政协委员、民建中央常委等职。喜爱钱币收藏,一生收藏历代钱币4000余枚,1960年分别捐赠北京、上海、杭州、湖州的博物馆。"文革"中受到迫害,于1969年郁郁而逝。

**沈子球(1908—1959)**

又名九云,化名朱秋、朱近人,笔名沙戟。临安县人。1927年"四一二"反革命政变后离家到杭州,同月加入中国共产主义青年团。不久回临安发展团组织,并于次年春建立共青团临安特别支部,担任支部书记。同年共青团临安特别支部扩大为临安临时县委,任组织部部长。1929年初临安临时团县委改称团余(杭)临(安)孝(丰)边区委员会,为负责人之一,负责孝丰县工作。同年2月出任团孝丰县委书记;4月被国民党逮捕,关押在浙江陆军监狱。1935年3月经中共党组织营救出狱。1937年初夏再次来杭州,积极投入抗日救亡工作,任《战士生活》编辑。同年11月回临安出任余(杭)临(安)孝(丰)边区游击队队长。1938年4月出任余(杭)临(安)孝(丰)边境游击大队大队长。后游击队被国民党改编,去金华。1939年2月出任浙江国民抗敌自卫团第一支队指导员,后又任浙西行署参议兼临安简师训导主任。1945年3月新四军进驻临安,先后任中共临安县文教科科长、临安县县长。抗日战争胜利后应武肃报社社长戚丹雯之邀,任总编辑。10月随军北撤,任苏皖边区政府秘书。1946年4月加入中国共产党。不久受组织派遣到上海开展统一战线工作。1948年回浙江参加金萧支队,先后任浙东行署第三专区江南县政府主任秘书、专署秘书长、天目办事处主任。1949年5月参加并领导解放临安。不久调任上海市公安局侦察科科长、宗教事务处科长、上海市博物馆负责人等职。1955年5月因受潘汉年、杨帆案牵连被捕。1959年在狱中病故。1984年上海市中级人民法院经过审理，撤销原判，宣告无罪；中共上海市委组织部恢复其党籍。

**沈天爵(1914—1968)**

杭县人。1940年毕业于协和医学院，获医学博士学位。曾任中国国民革命军第五集团军总医院外科主任、北平陆军总医院外科主任。新中国成立后历任北京大学医学院副教授，华北军区、北京军区总医院外科主任，总后勤部卫生部医学科技委员会委员。对战伤晚期处理有丰富经验。

**沈元鼎(1895—?)**

字籁清。绍兴县人。1895年生于江苏淮阴。早年先后就读于天津南开中学及上海私立复旦大学预科。1916年从复旦大学预科毕业，赴美国留学，先后就读于美国加利福尼亚州立大学及哥伦比亚大学。1919年获理学硕士学位。回国后被聘任为浙江兴业银行总行会计主任。到任后弃当时通行的日本银行会计程式，采用欧美最新的会计制度，以单据代替传票。数年后被聘为大陆银行沪行副经理，负责办理外汇事务，历时20余年。与此同时兼任上海商科大学教授及教务主任，上海《银行周报》总编辑。1945年抗日战争胜利后被国民政府派往美国华盛顿担任驻国际复兴开发银行首席常任理事。1948年11月至1949年2月任中华民国政府财政部政务次长。辞职后前往香港。1955年去台湾，先后任台湾"中央信托局"顾问、寿险处经理。1969年退休后任台湾"中华书局"董事。

**沈开樾(1907—1950)**

号自新。宁波人。1926年黄埔军校第三期毕业。1935年任军事委员会别动总队巡缉支队支队长。1937年任军事委员会委员长侍从室第三组组长。1946年任第七十九军暂编第二师少将师长。1949年任第三军副军长。同年12月兼成都防守司令部参谋长。12月下旬在四川省蒲江县被中国人民解放军俘虏。1950年7月因参与组织暴乱在成都被处决。

**沈友梅(1904—1995)**

鄞县人。早年先后就读于上海私立正风文学院、上海私立兴业营造测绘专门学校。1926年加入中国国民党。后任国民党鄞县县党部执监委员会常委。1934年春调国民党中央党部干训班受训，结业后任鄞(县)奉(化)镇(海)三县东钱湖水利委员会副主任委员、宁波城河委员会副主任委员。抗战期间兼任宁波抗敌后援会常委、战地服务团团长、鄞县农会理事长、浙江省农会常务理事。1940年任国民党镇海县党部书记长。1942年起先后任浙江省党部浙东区视察、浙江省政府社会处浙东区督导，第三战区司令长官部上校参谋兼宁波区工作站长，定海、象山两县联合中学校长，象山县立中学校长，鄞县临时参议会议员。1945年8月抗战胜利后任鄞县党部委员兼宁波日报社社长。1946年当选为浙江省参议会参议员。1948年当选为立法院立法委员。1949年将《宁波日报》搬迁到定海，改名《浙海日报》，任社长。1950年去台湾，入"革命实践研究院"受训，结业后历任"中国新闻函授学校"校长，"立法院"经济、司法委员会召集人，兼任台北市宁波同乡会理事长。创办《宁波同乡》月刊，发起兴建台北市宁波同乡会会所大楼，设立图书馆，出版《台湾文献初祖沈光文》专集。1992年捐资在宁波大学设立奖学金。1994年回故乡定居。

**沈日新(1904—?)**

镇海县人。早年历任西北银行甘肃分行会计主任及天水、平凉办事处主任，西北银行总管理处总稽核、陕西省分行行长兼陕西富泰线局局长、天津市立小本借贷处总务主任、河北省银行副经理兼天津市民银行经理、大中银行天津分行经理。因其对金融经济方面有深入独到的研究，被聘为甘肃银行讲习所教员、陕西省财政局财政人员训练班教员、西安中山大学会计簿记讲师。嗣后至上海创设存穗钱庄股份有限公司，任董事兼经理。抗战胜利后出任上海市钱商业同业公会理事长、上海市商会理事、上海市银钱业联合准备委员会委员，并担任天津同兴银行检察人、上海金城企业公司董事、上海联工实业公司董事、上海留兰香化学制品厂股份公司董事长等。

**沈月泉(1865—1936)**

本名全福，一作采福。吴兴县人，生于江苏无锡。昆剧演员。曲艺世家出身，后师承名小生吕双全，工冠生、翎子生，有"小生全才"之称。其嗓音圆润洪亮，吐字讲究声韵，喷口有力。所演《荆钗记》、《连环记》等，著称一时，为姑苏全福班后期台柱之一。长期随班辗转演出于苏、杭、嘉、湖一带。1921年全福班解散，入昆剧传习所执教，使昆剧许多传统节目得以流传。

**沈尹默(1883—1971)**

原名实、君默,字中,后更名尹默,号秋明、匏瓜。吴兴县人,生于陕西兴安。书香门第出身。1905年负笈日本留学,曾从章太炎习国学。1913年至北京大学任教授。次年兼任北洋政府教育部国文教科书审查及编纂委员会委员。1916年受蔡元培委任,主持北京大学书法研究会。1918年起与陈独秀、胡适、李大钊等主编《新青年》,先后任北京女子师范大学、燕京大学、中法大学教授及河北省教育厅厅长、国立北平大学校长、国民政府监察院监察委员。1946年定居上海。新中国成立后历任上海市文学艺术联合会副主席,上海市中国书法篆刻研究会主任委员,中央文史研究馆副馆长等职。1963年加入西泠印社。精书法,尤以行草著称,由米芾、虞世南、褚遂良上溯二王,所作圆润秀美,清雅遒劲,法度谨严,流畅多姿,对当代书坛影响极广。亦善书法理论、诗词。著有《沈尹默行书墨迹》、《沈尹默书法集》、《沈尹默手书词稿四种》、《毛泽东诗词十九首小楷字帖》、《书法论》、《二王书法管窥》、《学书丛语》、《历代名家学书经验谈辑要释义》、《秋明集》、《秋明长短句》、《秋明室杂诗》、《沈尹默诗词集》等。

**沈本厚(1907—1931)**

字朴斋。象山县人。1907年3月生。同年随母移居丹城,幼年丧父,以聪颖好学,为小学校长收为义子。1924年去宁波,协助赖云章编辑《七邑指南》,结识宁波地区最早的共产党员杨眉山等。1925年秋在宁波加入中国共产主义青年团;1926年春转为中国共产党党员。同年6月任中共宁波地委秘书、技术书记;11月任中共宁波地委委员,由组织安排到上海参加中共中央主办的训练班学习。1927年春回宁波;7月起先后任中共宁波市委委员,中共宁波县委书记。同年冬中共浙江省委从杭州迁往宁波;12月任中共浙江省委委员,参加省委工作。1928年2月受中共浙江省委书记夏曦指派为中共浙西特派员,协助卓兰芳组织奉化农民暴动失败。同年3月初在宁波被捕,关押于浙江陆军监狱。1931年春就义。

**沈田莘(1884—?)**

原名泽春,号公粹、莘翁。吴兴县人。实业家。日本明治大学毕业,曾任苏州关监督、苏州交涉员。1922年在上海创办德和丝织厂,任经理。1924年在上海参与发起成立湖社,并长期任执行委员、执委会主席,是该组织的核心人物之一。1927年以上海江浙丝经同业总工会代表入总商会,是上海市电机丝织厂公会委员,为该业头面人物之一。1935年任吴兴电气公司监察人、芜湖裕繁铁矿监督、上海德和丝织厂经理、上海市电机丝织业公会主席、全浙茧业同业公会副主席、上海市商会暨全国商联会监察委员、上海租界纳税华人会执行委员。1936年5月当选为地产业同业公会主席。1938年1月发起成立湖州旅沪同乡会,任会长。

**沈仪彬(1883—1969)**

女。山阴县人。国民党元老徐谦之继室。民国时期社会活动家、知名画家,为女子救国会、中国妇女协会负责人和主持者之一,积极提倡反帝爱国,组织上海妇女运动。1921年与潘震亚在上海创办女子法政讲习所,首开中国女子学习法政之先河,亦为上海法政学院发起人之一。1924年受国民党上海执行部指定,与陈果夫、许绍棣、胡汉民、毛泽东等11人同任"合作运动委员会"委员。1925年"五卅"事件发生后与宋庆龄、于右任等组织"五卅事件失业工人救济会"。抗战爆发后将在新加坡举行画展的收入全部捐赠给香港难童工艺救济院,筹集资金援助抗日救济难民。雅善丹青,工花鸟、虫鱼、山水、人物,作品曾参加1929年中华民国第一届全国美展,亦能书法、诗词。辑有《徐季龙先生简略年谱》,所作有《惜阴室诗存》。

**沈乐山(1900—1928)**

学名国标,化名张吉人、张栩。上虞县人。1913年丧父,被迫辍学。1919年在江苏无锡火车站铁路护路队当抄写员。1921年因积极参与游行示威和街头演说,并为学生革命团体传递信件,被护路队开除。1922年到杭州闸口机修厂当门警。1926年冬参加秘密的铁路工会组织。1927年1月加入中国共产党。北伐军入浙时根据中共杭州地委的指示,参与组织铁路工人纠察队,挑选精悍人员组成"铁道兵团"(铁道队),配合北伐军进入杭州城。同年3月沪杭甬铁路总工会成立,任执行委员兼工人纠察大队大队长和闸口铁路机修厂党支部书记;4月铁路工会遭国民党右派破坏;5月27日被铁路当局开除,转入秘密斗争,担任中共杭州县委工人部部长;9月任中共浙江省委委员;不久任中共浙江省委常委兼职工运动委员会主任(工人部长);11月25日在西大街(今杭州市武林路)狮虎桥浙江省委机关被捕。1928年1月9日凌晨被枪杀于杭州浙江陆军监狱刑场。

**沈尔乔(1896—?)**

字守钧。萧山县人。早年毕业于杭州私立之江大学,毕业后在杭州执律师业。1927年后曾任国民党浙江省党部执行委员，浙江省救济院院长，杭州市政府参事。1937年抗日战争爆发后叛国投敌，被选为汪伪国民党中央监察委员。1940年3月至10月任汪伪国民政府审计部政务次长。1940年10月至1941年8月任汪伪浙江省政府委员兼民政厅厅长。1941年2月至8月代理汪伪浙江省政府主席。1943年4月至9月任汪伪浙江省第一区行政督察专员。1943年8月至1945年8月任汪伪铨叙部部长，兼汪伪普通行政人员训练所所长。1945年8月日本宣布投降后凭借其在任伪职时与国民党军统特务机关建立的秘密联系，非但未以汉奸罪受到惩处，反而摇身一变成了国民党浙江省党部执行委员兼妇女部部长。后不详。

**沈尔昌(生卒年不详)**

字季宣。绍兴县人。1917年1月27日任浙江省政务厅长。1917年8月29日至1920年5月任浙江省杭州关监督。1920年5月至8月任浙江省政府财政厅长。1920年8月至1921年2月任山东省东临道道尹。后弃政从商，任外商大陆银行汉口分行经理、大陆银行信托部经理。1939年9月至1940年任伪中华民国维新政府财政部次长。后不详。

**沈西苓(1904—1940)**

原名学诚，笔名叶沉。原籍杭州，生于德清。1913年随家迁居杭州，在浙江甲种工业学校毕业后考取官费生留学日本，学习绘画。1928年回国后执教于上海美术专科学校及中华艺术大学。1930年参加发起中国左翼作家联盟。1931年进入电影界，先后在天一、明星等影业公司任职，编导《女性的呐喊》、《乡愁》、《船家女》、《十字街头》等影片。1937年转入联华电影公司，将曹禺的《日出》改编成电影。1938年夏加入中央电影场，任编导委员，拍摄以抗战为题材的电影《中华儿女》等。

**沈百先(1896—1990)**

名在善，字百先，以字行。吴兴县人。1913年毕业于浙江省立第三中学(今湖州中学)。1916年考入南京河海工程专门学校。1919年毕业后历任导淮委员会导淮测量处测量队长，太湖水利工程局技正。1922年赴美国留学，先入康奈尔大学攻读水利工程学，后入依阿华大学工程研究院深造，获硕士学位。1926年回国后应邀前往广州，任广州国民政府韩江治河处工务科长。1927年任太湖流域水利工程处处长。1929年任南京国立中央大学水利工程系教授。1931年9月至12月任江苏省政府委员兼建设厅长。后任国民政府导淮委员会秘书处处长。1933年1月任导淮委员会总务处处长，参与创立中国水利工程学会，任理事。1933年10月至1937年11月任江苏省政府委员兼建设厅长。1940年任中国水利工程学会会长。1941年9月至1945年任行政院水利委员会委员。1943年10月任导淮委员会副委员长。1946年至1947年任行政院水利委员会副委员长。1947年3月至1949年1月任水利部政务次长。1949年去台湾，任台湾大学农工系教授24年，并兼任"中原大学"土木系主任、中兴大学理工学院院长。主编《台湾水利》杂志。1973年退休后任"光复大陆设计研究委员会"委员。1975年移居美国。1990年5月去世。著有《太湖流域水资源开发计划刍议》、《中国西北水利考察报告》、《导淮入海开工纪念》、《实业计划之水利建设》、《战后导淮工程十年实施计划》、《台湾水利视察报告》、《中华水利史》、《中南美各国水利建设述要》，译有《中国之科学与文明·水利工程》。

**沈　扬(1917—1964)**

原名沈庆曾。祖籍绍兴，生于吉林延吉。1940年于国立戏剧专科学校毕业后参加重庆的中青剧社、剧专剧团、中电剧团、上海观众演出公司等。1946年在上海参加昆仑文华影业公司《万家灯火》、《我这一辈子》等的拍摄。新中国成立后加入上海人民艺术剧院。演出剧目有《清宫外史》、《北京人》，电影《万家灯火》等。1954年双目失明后仍参加《第二个春天》等剧演出，并主演电影《知识老人》。曾为中国戏剧家协会上海分会理事。其戏路宽广，表演感情纯厚、真挚，感染力强。

**沈竹白(1878—1914)**

名嘉炎，字竹白，以字行。绍兴县人。1878年生于河南省许昌县。1903年入天津北洋大学学习。1905年东渡日本，在东京加入中国同盟会，并结识了张钟端等人，积极参与革命党与保皇党在政治思想领域的论战，在《河南》杂志上发表文章。1908年回国后到天津北洋大学堂任教。1909年任河南提学使署督学。1910年至开封，担任中州学堂总办，在开封创办醒豫讲习所、醒豫阅报社，宣传民主革命思想，并参与营救革命志气，因此而遭到清廷的通缉，遂逃到上海租界。1911年张钟端组织河南起义时遭清政府逮捕，旋即被释。同年12月24日张钟端等11烈士惨遭杀害后不计个人利害，收殓遇难同志尸体安葬。因响应孙中山发动的"二次革命"，于1914年1月15日被河南都督张镇芳以"在北洋暗结孙(中山)、黄(兴),此次湖口倡乱,复为西行党人东道主"等罪名逮捕;1月28日被杀害于开封。

**沈延世(1907—?)**

号赏庭。绍兴县人。1927年黄埔军校第六期辎重科毕业。后转入中央航空学校第一期学习,1931年3月毕业。1937年抗战爆发后任空军第二队射击手,参加淞沪会战。后任空军第七大队第十二中队副中队长。1943年任航空委员会交通处处长。1945年9月任空军第四地区司令。1948年任空军第五军区副司令。1949年12月9日在昆明被卢汉扣押,被迫参加起义。后不详。

**沈仲圭(1901—1986)**

杭县人。1918年拜王香岩为师。1928年任教于上海南市中医专门学校。1930年在上海国医学院任教。1932年在中国医学院任教。1938年任北碚中医院院长。新中国成立后在四川重庆中医进修学校任教。1955年奉调入京在中医研究院工作,并在广安门医院内科任主任中医师。著有《临床内科方汇》、《温病概要》、《临床实用中医方剂学》、《新经验方》等。

**沈亦云(1894—1971)**

女。原名性真,后改名景英,以字行。嘉兴县人。民国初年毕业于天津北洋女子师范,曾在上海组织"女子军事团",积极参与抗日宣传。1911年与黄郛成婚,经历了黄氏一生许多重大政治外交活动。1935年随黄郛隐居莫干山庾村。黄郛去世后继续在莫干山经营乡村事业近20年,陆续创办莫干山小学,建造藏书楼、图书馆、蚕种场、牧场,植树造林,修筑水库、信用社、公共仓库等。新中国成立后移居美国,以10年心力,搜访史料和当事人,著成《亦云回忆》、《黄膺白先生家传》。出身清贫而一门芳馨,其父沈秉钧曾任上海商务印书馆编辑,其二妹、三妹分别嫁予陶孟和、钱昌照,小弟沈怡则留学德国,为著名黄河治理专家。

**沈　寿(1874—1921)**

女。原名云芝。吴兴县人。早年随父定居江苏省吴县。自幼学习刺绣,15岁时已"绣艺至精,名亦最著于姑苏"。1904年慈禧太后看到沈为其七十寿辰而绣的佛像,大悦之下题了"寿"、"福"两字,分赐给沈及其丈夫。从此沈改名为沈寿。清廷还颁发她四等双龙宝星勋章。受慈禧太后谕旨,偕丈夫赴日考察。沈大开眼界,立志"以绣自立于世"。归国后借鉴东洋刺绣和西方艺术,结合传统针法和自己的经验,创造了散针、旋针等针法。1905年任工商工艺局绣工科总教习。1910年被农工部大臣张謇聘为国绣审查官。辛亥革命后去天津创办"自立女工传习所"。应张謇之邀任"南通女工传习所"所长,还出任南通织绣总局局长。在上海设立"福寿公司",并在美、意和瑞士等国设立分销处。生前名作有《耶稣像》、《意大利王后像》等。

**沈寿铨(1898—1989)**

嘉兴县人。1922年毕业于金陵大学农学院农学系。1932年获美国康奈尔大学农学硕士学位。曾任金陵大学教授,燕京大学作物改良试验场场长,北平大学教授,中央大学农学院院长,上海圣约翰大学农学院教授、植物生产系主任,安徽大学教授。新中国成立后历任华东农林水利部农林委员会顾问,山东省农业实验所副所长兼山东农学院教授,山东省农林厅副厅长、省农业科学院副院长,九三学社山东省委副主任委员。长期从事农业教育与研究工作。30年代主持育成燕京白芒白、燕大1885、燕大1817等小麦良种和燕京811谷子良种,并推广种植,成为我国运用现代技术改良作物品种并应用于生产的最早一批成果。撰有《改良谷"金大燕京811"》等论文。

**沈志远(1902—1965)**

原名沈会春,曾用名沈观澜、沈任重、王剑秋。萧山县人。1925年加入中国共产党。1926年赴莫斯科中山大学学习,后入莫斯科中国问题研究所当研究生,曾参加翻译出版《列宁选集》中文版和编译《共产国际》杂志中文版。1931年12月回国后曾任上海暨南大学教授、北平大学法商学院经济系教授、西北联大法商学院教授、重庆生活书店总编辑、香港达德学院教授兼经济系主任。新中国成立后历任燕京大学教授、中央人民政府文化教育委员会委员、出版总署编译局局长、中国人民银行顾问、华东军政委员会委员兼参事室主任、华东文教委员会副主任、上海市政协副主席、民盟中央常委、民盟上海市主任委员、中国科学院哲学社会科学部委员、中国科学院上海经济研究所筹备组主任兼研究员、上海经济学会理事会主席、全国政协委员、第一届全国人民代表大会代表、上海市人大代表。以研究和传播马列主义政治经济学而著称。主要著作有《近代经济学说史》、《研习〈资本论〉入门》、《新民主主义经济概论——新经济学大纲第十一编》、《新民主主义经济的特点、构成和政策》、《论政治经济学的性质、对象和任务》。

**沈克非(1898—1972)**

原名贤亚。嵊县人。1898年3月2日生于一个基督教家庭。1916年考入北京清华学校庚子赔款预备生。1919年赴美留学,入俄亥俄州克利文市西徐大学医学院。1924年毕业,获医学博士学位,留校任教学医院外科实习医师及助理住院医师各一年;同时兼任美国中学部学生分会会长,美国基督教中国学生会会长。1926年回国后历任北京协和医院外科住院医师、住院总医师。1929年任芜湖弋矶山医院外科主任。1930年参与筹建中国自办大型综合医院南京中央医院,先后任外科主任、副院长,兼任南京军医学校教务长。1936年任院长。1937年抗日战争爆发后率领中央医院员工内迁。1941年11月任国民政府卫生署副署长兼陆海空军总司令部医监,授少将军衔。太平洋战争爆发后随中国远征军赴缅甸、印度,从事战地医务工作。1945年抗战胜利后辞去卫生署副署长职务,受聘为上海医学院教授兼上海医学院附属中山院长兼外科主任。曾作为中国医务卫生界首席代表赴美国纽约参与创建联合国世界卫生组织,任国际外科学会中国分会负责人、英国皇家外科学会会员。新中国成立后于1950年任志愿军医疗队技术顾问团主任顾问。1951年任新创立的解放军医学科学院副院长。与盛志勇教授合作开创实验外科。首创脾脏切除,治疗晚期血吸虫病,大网膜腹膜后固定术,治疗门静脉高压症;直肠折叠术,治疗直肠脱垂;并成功地为一名病人摘除了右额叶巨大肿瘤,为国内施行脑外科肿瘤手术第一人。1959年任上海第一医学院教授、副院长、外科系主任,中山医院院长等职,在该院创建并发展神经外科。曾任第一、第二、第三届全国人民代表大会代表。"文革"期间受迫害。1972年10月9日病故。主编《外科学》(又名《沈氏外科学》)是中国第一部大型外科参考书。编著有《外科手术学》、《腹部外科手术图解学》、《神经外科手术学》等。

**沈佐卿(1862—?)**

镇海县人。幼年失怙。15岁赴上海,在叶澄衷所设的顺记五金号当学徒。业满出师,仍在该店任职。1892年独立开业,集资设裕生五金号于虹口,复在宜昌、重庆开设分店。1932年"一·二八"事变中上海裕生店遭受损失颇巨。复又投资房地产,在虹口建筑数百栋房屋,以出租获利,命名为"宝源坊"。抗战爆发后转入重庆,专注于该处之分店业务。因战事影响,货源紧缺,便设法从上海、香港、缅甸、越南购置货物,供应市面。1939年与人合资在重庆建立中国造酸厂。热心公益,在家乡设启佑恤嫠会及启佑小学,为桑梓公益尽义务。后在重庆参与改组宁波旅渝同乡会,任理事,又发起筹建宁波旅渝公学。

**沈君山(1932— )**

余姚县人。1932年8月29日生。1949年随家人去台湾。1956年台湾大学物理系毕业。后赴美国留学,1960年获美国马里兰州立大学哲学博士。毕业后先后任职于普林斯顿大学、美国太空总署太空研究所及普渡大学。1973年去台湾,担任台湾清华大学物理系教授兼理学院院长。除1988年一度担任台湾当局"行政院政务委员"外,一直在台湾清华大学任职。1993年当选为台湾清华大学第一任民选校长。1998年春从清华大学退休,担任科技管理学院咨询委员会召集人、校友会理事长等职。并积极参与艺文公益活动,担任应昌期围棋基金会董事长。

**沈其昌(1881—?)**

字怀仲。绍兴县人。曾赴日本留学,在东京明治大学获法学学士学位。回国后任清政府外务部员外郎。1912年中华民国成立后任北洋政府外交部佥事。1913年3月署理直隶高等审判厅长。同年7月至1914年3月任直隶高等审判厅长。1914年3月至1915年8月任直隶高等检察厅检察长。后在北洋政府外交部任职。1928年3月任山东省高等审判厅长。与朱诵韩等合编有《外交史初稿》。

**沈叔羊(1909—1986)**

嘉兴县人。早年肄业于天津南开中学。1930年毕业于上海美术专门学校西洋画系,在校时曾从著名画家赵叔孺学习中国画。1932年毕业于上海法学院。1935年东渡日本,赴大阪商业大学学习。1937年归国后在父亲沈钧儒指导下参加抗日救亡工作。曾随李公朴到山西临汾民族革命大学担任干事,还曾先后在军委会政治部第三厅、桂林行营政治部第三组以及重庆经济部工作。1941年后任育才学校重庆分校教员。1943年至1944年多次在重庆举办画展。抗日战争胜利后在上海法学院任教授兼调查部主任。1949年9月到北京,先后在出版总署美术科、贸易部国外贸易司任职。1954年6月任中央美术学院教授。擅长人物、山水、花鸟画,对国画理论也深有研究,曾在中央美术学院讲授画论。著有《国画六法新论》、《谈中国画》、《爱国老人沈钧儒》等,编著有《寥寥集》(《沈钧儒诗集》)、《沈钧儒画传》等。

**沈　怡(1901—1980)**

原名景清，后改名怡，字君怡。嘉兴县人。1901年10月3日生。1912年秋入青岛特别专门学堂中学部。1914年秋转入上海同济大学学习土木工程。1919年加入少年中国学会。1920年5月毕业后给德国化学工程师齐美棵翻译《建设玻璃厂计划》。同年冬任南通大生纱厂德语翻译。1921年夏入北洋政府交通部路政司考工科任办事员。同年底由交通部总长叶恭绰派往德国学水利，以便将来回国专门治理黄河。到德国后入德累斯顿工业大学学习水利工程专业，1925年毕业获工业博士学位。1926年回国加入中国工程师学会和中国科学社。1927年7月至1937年10月任上海市政府工务局局长。在此期间相继兼任上海市中心区域建设委员会主席，国民政府导淮委员会委员，黄河水利委员会委员，国防设计委员会委员等职。1937年任资源委员会主任秘书兼工业处长。1939年3月任中国工程师学会香港分会计划委员会委员；4月任中国经济建设协会第一届理事。1941年春任甘肃水利林牧公司总经理。同年9月任行政院水利委员会委员，兼水利委员会技监。1945年1月至9月任交通部政务次长。1945年9月至1946年11月任大连市政府市长(因当时大连处在苏联红军占领下未能到任)。1946年1月至1948年12月任南京特别市政府市长，兼任全国经济委员会所属公共工程委员会主任委员。1949年受聘为联合国亚洲暨远东经济委员会防洪局局长，前后10年曾发动湄公河下游水利开发。1960年5月任台湾当局"交通部部长"。1968年任台湾当局驻巴西"大使"。1970年3月任"总统府国策顾问"。后移居美国。从1974年起兼任台湾"中国文化学院"教授兼工学部主任及实业计划研究所主任，"中国工程师学会"理事长，"中国土木工程学会"理事长，国民党中央评议委员。1980年9月在美国去世。著有《市政工程概论》、《黄河年表》、《黄河问题讨论集》、《沈怡自传》等，译有《社会进化史》(合译)等。

**沈国成(1891—1948)**

又名方良，字复生，号良庸。东阳县人。1924年8月考入黄埔军校第二期学习。1925年9月毕业加入国民党党军，参加第二次东征。1926年参加北伐，任排长、连长。1928年任南京国民政府首都警备司令部宪兵团中校营长。1936年任浙江保安队第七团团长，曾兼苏浙皖三省"会剿"太湖"湖匪"指挥官。1938年任国民政府军事委员会军政部辎重兵驾驶教育团少将衔团长。1942年任辎重兵第三团团长。1944年任军事委员会政治部部附，后任后方勤务部川陕公路司令部中将司令。1947年任兰州"绥靖"公署交通处处长，后任联合勤务总司令部第二十八兵站总监部总监，联合勤务总司令部物资处理委员会中将委员。

**沈　昌(1904—1942)**

字立孙。桐乡县人。早年赴美国留学，入康乃尔大学，获工程学硕士学位。回国后历任上海市政府秘书，赈务委员会秘书，镇江县县长，国民政府内政部简任技正，卫生部技正，导淮委员会委员。1927年任平绥铁路局局长。1928年8月任赈务委员会秘书长。嗣转任铁道部购料委员会主任委员、总机场总经理。1937年抗日战争爆发后任西南运输处副主任。1938年交通、铁道两部合并，任材料司司长。后调任川滇铁路公司总经理，兼叙昆铁路工程局局长。自滇越铁路区司令部成立，复任滇越、川滇两线司令。后复兼任中国远征军随军铁路特派员。1942年9月9日去世。

**沈　图(1918—1993)**

原名申屠逸松。桐庐县人。1936年在杭州上学期间参加中共领导下的抗日救国会和民族解放先锋队。1937年进入延安抗日军政大学学习。同年12月加入中国共产党。历任延安抗大政治教员，二分校政治处主任教员，晋冀察军区第一军分区抗大政治处主任，晋冀察军区军政干校政治委员，晋冀察野战军，晋冀察军区第二纵队政治部宣传部部长。新中国成立后历任解放军第二十兵团政治部宣传部部长，中苏民用航空公司副总经理、总经理、党委书记，中国民航总局副局长、局长，局党委副书记、书记等职。1982年9月当选为中共十二届中央委员。1987年12月离休，担任中国扶贫基金会理事、对外联络委员会主任委员、中国国际友谊促进会副理事长、中国交通运输协会顾问。1993年1月17日在北京去世。

**沈知方(1883—1939)**

原名芝芳。绍兴县人。藏书世家出身，早年在绍兴奎照楼书坊当学徒，满师后赴上海任上海会文堂书局职员。1899年进上海广益书局。1900年进商务印书馆。1901年入利群书局。1902年又回商务印书馆营业所，不久任所长。1912年与陆费逵等共创中华书局，任副经理。期间与人合办古书流通处、进步书局、舆地学社、国学扶轮社等，并投资中华制药厂。1917年脱离中华书局，独资创办世界书局。1921年改组为股份有限公司，任总经理。

由于善于经营，相继设立第一、第二印刷所，并盘进广智书局、西比利亚印书馆（俄商）、东亚书局、古书流通处等。1925年开始编出教科书和《三民主义读本》、《不平等条约问答》等政治读物，营业盛极一时，资本不断扩大。1926年营业额已达65万元。1927年后聘请徐蔚南编辑《ABC丛书》、《生活丛书》，请陶行知主编《工人课本》、《农民课本》，从此书局业务益佳。30年代初书局资本增至100万元，在全国各地设分局30余处，年营业额200余万元，成为全国民营三大书局之一。此外还创办世界商业储蓄银行，自任董事兼行长；又与人创办上海永大橡胶厂。1934年世界书局为李石曾所夺，沈仅任董事兼监理，世界银行也于次年歇业。抗战爆发后日军强占上海世界书局设在虹口大连湾路的总厂为军营，并威胁世界书局与日方合作，遭沈反对后，日伪于1938年11月在世界书局发行所制造了定时炸弹爆炸事件。1939年在上海病故。藏书方面也有贡献，著有《粹芬阁珍藏本书目》一册。

**沈知白（1904—1968）**

原名登瀛，又名君闻、敦行。吴兴县人。幼居武昌，在私塾读书。1924年毕业于上海工部局育才公学。1928年至1945年在该校任教员。20年代末期至30年代中期刻苦自学音乐，并随当时在沪的三位外籍音乐家学习钢琴、音乐理论、戏剧理论及作曲等。1940年至1942年任上海沪江大学中西音乐史教授。1946年起受聘为国立上海音乐专科学校教授，开设中国音乐史和西洋音乐史等课程。新中国成立后历任中央音乐学院华东分院研究室、上海音乐学院编译室和民族音乐系主任，并担任中国音乐家协会常务理事和上海市文学艺术工作者联合会副秘书长。对中外音乐史及音乐理论均有深入研究。50年代中期主编音乐理论、技术丛书和音乐历史、传记丛书，并主持多尔然斯基《简明音乐辞典》的翻译、出版工作。理论著述有《中国音乐史纲要》、《元代杂剧与南宋戏文》、《西洋音乐流传中国考略》、《中国音乐、诗歌与和声》等，译著有《民族音乐论》（沃恩·威廉斯著）、《配器法》（皮斯顿著）、《意大利歌剧的起源》（罗曼·罗兰著）、《萨尔瓦多·丹尼尔》（法尔默著）等。此外还有音乐作品《管弦乐小组曲》、管弦乐《花之舞曲》、民乐合奏曲《洞仙舞》以及若干舞剧音乐和钢琴曲等。

**沈佩兰（1903—1954）**

女。萧山县人。18岁嫁至本县朱村桥乡塘坞村。出嫁后在塘坞村开设私塾，免费招收贫苦孩子20余人入学。后至本省孝丰县担任私塾教师。1934年回塘坞村小学任义务教员。1940年2月日军沿浙赣铁路沿线进犯，国民革命军第一九二师一一九团扼守朱村桥乡猫头山和云石郎岭等地阻击日军。同月17日日军退守塘坞村，设指挥部于沈家大院。国民革命军第一九二师一一九团随即包围塘坞村，敌我双方处于相持状态。沈乔装走出日军封锁线，向一一九团报告日军指挥部地点和火力点，并主动提出用炮火摧毁设立在其大院中的日军指挥部。然后亲自带领一一九团向塘坞村日军发起进攻，此役击毙日军百余人，迫使日军缩回萧山县城，在战斗中其大院被炮火击毁。同年3、4月间《东南日报》、《大公报》、《扫荡报》等报纸以“巾帼英雄”为题报道了其毁家抗日的壮举。为褒扬沈，浙江省赈济会特从优拨给奖恤金600元。国民政府颁发了监察院长于右任书写的“国而忘家”匾额。1941年9月到武义难童教养团工作。1943年夏教养团停办，全家辗转兰溪、江山一带，生活极为艰苦，旋回萧山。1945年8月抗战胜利后借资到杭州闸口开设“元昌”柴炭行。新中国成立后返回塘坞小学主持教务。1954年病故。

**沈佩华（1924—　）**

女。又名沈玲玲。杭县人。1924年10月生。1937年在上海学唱常锡滩簧（即锡剧），拜陈媛媛等艺人为师，专攻花旦。1942年在梅生剧团唱花旦。1948年应不堪忍受地痞、流氓对艺人的侮辱迫害，愤而离开舞台。1953年重返舞台，任江苏省锡剧团演员。先后当选为江苏省剧协理事，中国剧协委员，全国政协委员，全国人大代表，江苏省人大常委会常委。从事舞台生涯50余年，在锡剧舞台上塑造了众多令人难忘的艺术形象，形成了独特的“沈派”艺术。演出的主要剧目有《玉莲环》、《樊梨花》、《珍珠塔》、《白蛇传》、《三看御妹》、《庵堂相会》、《红楼梦》、《孟丽君》、《救风尘》、《玉蜻蜓》、《嫁媳》、《孟姜女过关》、《红嫂》等。其中《庵堂相会》在华东六省一市的戏曲大赛中获表演一等奖金质奖章。1956年此剧由上海电影制片厂拍摄成舞台艺术片。锡剧电视连续剧《玲珑女》（饰国太）获第七届全国戏曲电视剧一等奖。1995年出版有《离合悲欢七十秋——沈佩华的艺术生涯》一书。

**沈金鉴（1875—1924）**

字叔詹，亦作叙詹。吴兴县人。光绪朝武举人，后补銮舆卫。1896年任天津河防同知，参与镇压义和团，因功升署理天津知府，兼办七属教案。后任天津保甲总办,参与创办北洋警务学堂。1905年署奉天辽阳州事,后调新民府知府,继充京师地方审判厅推事。1909年调安徽安庆审判厅代理厅丞,旋升安徽提法使。1912年中华民国成立后任京师地方行政讲习所所长。1914年3月任顺天府府尹。1915年9月至1916年4月任湖南巡按使。1915年9月被袁世凯授予少卿,监督湖南司法行政财政事务。同年12月被袁世凯策封为一等男爵。1917年后加入安福系,当选为安福国会参议院参议员。1920年6月至1922年10月任浙江省省长。在任期间围绕浙江省宪自治等问题,与浙江省议会颇多矛盾冲突。1922年10月因反对曹锟贿选,随北洋政府大总统徐世昌一同下台,在北京闲居。1924年在北京病故,归葬于吴兴县城东南灵山。

**沈学钧(1904—1976)**

又名伯陶。吴兴县人。早年毕业于复旦大学。留学法国巴黎大学,获硕士学位。继又留学英国。历任中国公学大学部、复旦大学商学院、新中国学院、光华大学、中央大学、东吴大学教授。新中国成立后历任上海财经学院,青海大学教授。著有《统计方法在会计上之应用》、《工商业会计制度的设计》等。

**沈学源(1909—1985)**

德清县人。1927年南洋大学肄业后于次年出国。1935年日本九州帝国大学农艺化学科毕业,获硕士学位。同年6月回国后任江西省农学院农化组组长、技师。1936年8月任国立中央大学农化系教授。1942年8月任重庆上川工业公司农化工厂厂长。1944年8月任中国粮食工业公司农化厂厂长、总工程师。1948年2月任上海诚义油厂厂长。1950年2月任上海水产学院教授兼江南大学教授。1952年8月任南京工学院教授。1958年6月任无锡轻工业学院教授,粮油工程系主任。1956年参加民主建国会。1962年为国家科委粮食组组员。1964年、1977年先后被选为江苏省第三、第五届人民代表。1981年任江苏省科协常委、江苏省食品及发酵学会理事长、中国微生物学会酿造分会副理事长。食品粮油科学专家,曾主持研制成功"脱水米饭"和"蒸谷米"工艺和配套设备矽设计,获1978年全国科学大会奖。著有《东三省物资资源与化学工业》、《酵母制造工艺学》等。1985年7月27日在南京去世。

**沈泽民(1902—1932)**

学名德济,笔名成则人、风、罗美、李清扬等。桐乡县人。系沈雁冰(茅盾)之胞弟。浙江省立第三中学毕业后考入南京河海工程专门学校。1919年参加五四运动,加入少年中国学会。新文化运动伊始在家乡乌镇与沈雁冰一起投入新文化运动,组织了桐乡青年社,出版《新乡人》杂志,宣传新文化,倡导白话文,致力于新文化和科学知识的介绍。期间在《民国日报》副刊《觉悟》、《妇女评论》、《学生杂志》等报刊发表了《呆子》、《阿文和他的姐姐》、《五月》、《发动机》等白话文小说、白话诗和一些科学小品,并翻译了大量国外文化科学论文、小说及苏联十月革命文艺方面的文章。1920年赴日本留学,入东京帝国大学半工半读。1921年初回上海。加入新文化运动文学团体"文学研究会",撰写《文言白话之争底根本问题及其美丑》等文章,参与反击封建复古势力的攻击。同年4月加入上海共产主义小组。后去安徽芜湖中学任化学教师。同年底任上海平民女校教员。1922年1月出席中国共产主义青年团第一次全国代表大会,当选为团中央委员,参与团中央领导工作。同恽代英、萧楚女等发起革命文学运动,大力宣传马克思主义文艺观,积极推动无产阶级文学的发展。发表了《我们需要怎样的文艺》、《文学与革命的文学》等理论文章。1923年在南京建邺大学任教,被选为青年团上海地委委员。同年底任上海大学社会学教授,并编《国民日报》副刊《觉悟》。1924年被选为中共上海地委委员。参加国共合作,兼国民党上海执行部宣传部干事。1925年参加"五卅"运动,任党中央机关报《热血日报》编辑。1926年春赴苏联入莫斯科中山大学学习。1927年任该校政治经济学教师。1928年4月出席中国共产党第六次全国代表大会,担任大会翻译工作。1930年10月回到上海。1931年初在中共六届四中全会上被补选为中央委员,任中央宣传部部长。同年4月调到鄂豫皖革命根据地工作,被中共中央指定为鄂豫皖分局书记;5月中共鄂豫皖分局正式成立,张国焘任书记,沈任常务委员。1932年1月主持召开中共鄂豫皖边区党的第一次代表大会,正式成立中共鄂豫皖省委,被选为书记。同年10月红四方面军主力西征后负责全面领导鄂豫皖革命根据地工作。同年11月20日在湖北黄安县天台山芦花冲病故。著有《沈泽民文集》。

**沈宝昌(1883—1935)**

字酝石。绍兴县人。1903年中举人。清末曾任法部主事。1914年至1924年任上海知县。1914年11月至1916年10月丁忧请假。1917

年委托县教育会会长吴馨,耗资2万多元兴建了上海公共体育场,这是由中国人自己建造的第一座体育场。1921年秋著名的汉代"三老忌日碑"(又称《三老讳字忌日记》,汉建武二十八年五月刻)转徙至上海,为收藏家陈渭泉所得,日本人欲以重金购之,获悉后与浙江同乡丁辅之等募款8000金将其买下,遂免了国家珍贵文物外流,今该文物存放在杭州西泠印社。1919年5月至7月、1922年2月至3月两度代理江苏省沪海道道尹。著有《翕羽巢日记》、《法院编制法释义》等。

**沈宗濂(生卒年不详)**

吴兴县人。1912年考入北京清华学校,1921年毕业。同年赴美留学,入美国哈佛大学经济系。1924年与清华留美同学成立"大江会"。1925年毕业回国后曾任职于国民政府外交部以及军事委员会委员长侍从室。1944年蒋介石委派为特使(名义上仍旧是蒙藏委员会驻藏办事处处长)赴西藏接替第一任处长孔庆宗。在西藏的一年零四个月期间多方与西藏僧俗官员、贵族交往,并结好英印、尼泊尔、不丹、锡金等国驻藏代表及人员,扭转了中央与西藏地方政府恶化的局面。并劝导西藏派代表于1946年初到南京,祝贺抗日战争胜利,并出席制宪国民大会。离开西藏时悄悄带达赖喇嘛的二哥嘉乐顿珠一同到南京,密切了与达赖家族的关系。1947年11月至1949年5月任上海市政府秘书长。1949年移居美国,与早在美国居住的妻儿相聚。1953年在美国斯坦福大学出版了《西藏与西藏人》(与柳升祺合著)一书。

**沈宗瀚(1895—1980)**

字海槎,号克难居士。余姚县人。1895年12月15日生。1909年进入上海诚意学校就读。1913年入浙江省立杭州甲种农业学校就读。次年转往国立北京农业专门学校学习,1918年毕业。1920年到湖南常德从事棉花试验推广,后又到南京第一农业学校任教。1922年到芜湖第二农业学校任教,兼任芜湖省立农事试验场农艺科主任。1923年入美国佐治亚大学农科,以棉业为主科、麦为副科。1924年获农学硕士学位。同年考入康奈尔大学研究院攻读作物育种学。1927年获哲学博士学位,其博士论文为《小麦出穗迟早之遗传》。同年回国后任金陵大学副教授、教授、农艺系主任,讲授遗传学和作物育种学,并主持小麦、水稻、高粱的育种工作。1928年被康奈尔大学教授推选为美国科学荣誉学会会员。1931年应国民政府实业部的邀请,参与筹建中央农业实验所。1932年后兼任资源委员会委员。1934年兼任中央农业实验所总技师,主持小麦改良工作,连续发表了一系列关于遗传育种的研究论文,受到农学界的关注,这也是我国抗病虫害育种的最早著作。1935年兼任全国稻麦改进所麦作组主任及全国小麦检验监理处处长,协助长江以北各省繁殖推广小麦改良品种,并按区域协调小麦改良工作。1936年根据全国100个农家小麦品种,在晋、冀、鲁、豫、浙、鄂、川等省区域试验结果,划分品种适应区域。抗战爆发后中央农业实验所西迁,先后任副所长、所长,负责农业技术行政计划和协调工作,致力于后方粮食和棉花增产。1939年在英国爱丁堡国际遗传学会议上发表了《中国小麦品种适应区域及育种之关系》一文,受到好评,并被选举为国际遗传学会副会长。1945年抗战胜利后被派接收华北农事试验场。1947年到南京重建中央农业实验所。1948年去台湾,调任农村复兴联合会委员和主任委员,并兼任"行政院经济安定委员会"、"国际经济合作委员会"委员等职,参与研拟台湾农业政策,领导官办农会,培植农业技术与建设人才,参与策划与实施"土地改革",颇多献议,对台湾农业现代化和商业化作出了历史性的贡献。1971年兼任"亚洲蔬菜研究和发展中心"理事会主席,致力于研究、设计和协调台湾的农业发展和海外农业技术合作。1973年退休后继续担任农村复兴联合会顾问,仍任台湾"中央研究院评议员"。1980年12月15日病故。一生论著丰富,计有300多篇,其中中文200多篇、英文近100篇。其中三部重要英文著作《中国农业资源》、《二次大战后台湾农业之发展》、《农村复兴联合会二十年中美合作发展农业之经过》均由美国康奈尔大学出版,此外还出版有《农业发展与政策》、《中华农业史论集》、《克难苦学记》等。

**沈定一(1883—1928)**

原名宗传,字叔言,后改名沈定一,字剑侯,号玄庐。萧山县人。官宦家庭出身,1901年中秀才。1904年捐任云南楚雄府广通县知事,后调任武定知州、省会巡警总办,但因帮助中国同盟会发动河口起义,被人告密,遂被迫赴日留学,在日本加入中国同盟会。辛亥革命期间参加光复上海的武装起义,在沪创立"中华民国学生团",自任团长。1912年1月被选为浙江省议会议员。1913年参加"二次革命"倒袁失败受到通缉,避居海外。在日本参加留日学生总会,任总干事。后与刘大白等人往南洋新加坡、苏门答腊等地。1916年6月回国;9月当选为第二届浙江省议会议长,因得罪军阀当局再次受到通缉。1919年6月在上海参加主编《星期评论》，宣传新思想，研究和介绍社会主义和世界劳工运动，为世人瞩目。1920年与施存统、俞秀松等在杭州成立共产主义小组。1921年南下广州，与谭平山共同主编《劳动与妇女》杂志。注重农民运动，曾发起成立全国第一个有纲领、有章程的农运组织——衙前农民协会，开展抗租减租斗争。又致力于发展乡村教育，曾任萧山东乡教育会会长。1923年8月参加“孙逸仙博士代表团”，同蒋介石等四人赴苏联考察，年底回国，加入国民党。1924年1月参加国民党第一次全国代表大会，当选为中央候补执委；3月回浙江组建中国国民党浙江省临时党部，为执行委员。1925年1月参加在上海召开的中共第四次全国代表大会，反对国共合作，遭到批评；5月赴广州出席国民党一届三中全会，又与戴季陶一起反对国共合作，结果被中共中央开除党籍。其后加入国民党“西山会议派”，以政治主张激烈多变闻名于世。1927年“四一二”反革命政变后历任国民党中央农民运动委员会委员、国民党浙江省党部改组委员兼秘书长、省党部特派员、省清党委员会常务委员、省反省院院长等职。1928年春由于国民党内部派系倾轧，辞职返衙前试行地方自治，建立东乡自治会。同年8月在衙前车站遇刺身亡。有《玄庐文存》传世。

**沈肃文(1881—1958)**

又名毅。绍兴县人。早年与徐锡麟交往，1906年曾创办钱清小学。1908年徐锡麟案发后改名沈毅，入浙江两级师范学堂优级师范史地科学习。毕业后又入浙江法政学堂。肄业后曾任浙江省第一师范附小、浙江省立第七中学、第九中学、省立商业学校教员。1915年任浙江省议会秘书、议员。1918年入黄炎培创办的中华职业教育社工作，并任《新教育》杂志编辑。1923年任绍兴浙江省立第五中学校长。次年辞职后任浙江省教育厅视学，由蔡元培介绍加入国民党。1926年起任浙江大学总务主任、农学院副院长，并兼任国民党浙江省临时党部执行委员。抗战前夕应蒋梦麟之邀任北京大学总务长。抗战爆发后任西南联大秘书。1944年在四川灌县创办都江农业实用职业学校，任校长并亲自授课。1945年由黄炎培介绍加入中国民主同盟，任保管基金会副主任；同时加入中国民主建国会并任中央监事。1947年回乡创办钱清浙光中学，任校长，兼授语文、史地。同年任民盟浙江区分部主任委员。新中国成立后任轻工业部财务司司长(一说罐头食品工业司司长)，并任民建中央常务委员。

**沈奏廷(1904—1963)**

字谏初。余杭县人。著名铁路运输学家、铁路运输教育家，我国铁路运输科学研究的开拓者，铁路运输学科的奠基人。1919年后入余杭县高等小学和杭州安定中学读书。1921年考入上海交通大学附属中学。1928年上海交通大学铁路管理科毕业后任上海市社会局科员。1929年12月由南京国民政府铁道部派往美国宾夕法尼亚大学研究院攻读，并在宾夕法尼亚铁路公司实习。1932年1月回国后到京沪、沪杭甬铁路实习。后任上海营业所经理，同时在上海交通大学任教。不久改任国民政府全国经济委员会专员，进行铁路交通的调研。1936年专任上海交通大学副教授。1938年晋升为教授，直至1941年底日军侵占上海租界，期间发表大量关于铁路运输与管理的论文。1942年初上海交大被汪伪接管后离沪，任浙赣铁路理事会研究所统计组主任。不久到广西桂林任湘桂铁路理事会专门委员。1943年8月到达重庆后任重庆交通大学教授兼运输管理系主任，并两次代理教务长。1945年至1946年任重庆国民政府交通部公路总局运务处处长。1946年至1949年任南京国民政府输出入管理委员会处长，兼上海交通大学讲座教授。1949年2月任上海交通大学教授，讲授铁路运转经济学、铁路运价、铁路运输原理等课程。1952年任北方交通大学铁道概论教研室主任。1958年改任铁路行车组织教研室主任，后又兼任运输系主任，主讲铁路行车组织等课程。1963年病故。著有《吾国铁路运价之理论与实际》、《铁路货运业务》，合编有《铁路行车组织》等。

**沈荣卿(1871—1943)**

字英，又名乐年，乳名荣姑，龙华会党人尊称为“荣哥”，永康人亲热地称为“荣姑先”。永康县人，祖籍绍兴。目睹清廷腐败，列强欺凌，民不聊生，萌发反清灭洋、革命排满思想，在永康组织“百子会”，与金华张恭和武义周华昌一起加入“终南会”，由大九递升至新副。1904年陶成章和魏兰联络浙江会党，多次到永康开展活动，介绍魏兰在永庆戏班会见张恭，又引见武义周华昌、处州双龙会首领王金宝。同年秋光复会拟发动浙江会党响应华兴会于西太后七十生日发动的长沙起义，龙华会拟袭击金华、衢州和严州三府，旋因长沙起义事泄败露，浙江举兵失败。1905年光复会创建大通学堂，召集各地会党头目练习兵式体操，应召参加训练，并加入了光复会。1906年参与策划皖浙起义，并引导吕公望会见徐锡麟和秋瑾，参加革命组织。皖浙起义失败后与张恭、周华昌、赵卓、吕逢樵等被悬赏通缉，在杭州受俞炜资助，避往缙云仙真寺。1908年赴沪参加浙江十一府革命党人会议，拟发动浙江起义，旋因叛徒刘光汉告密被捕，后获释。1911年9月在永康、缙云、仙居一带聚集队伍，进攻永康县城，驱逐永康知县。同年11月5日杭州光复，成立浙江军政府，遂前往杭州到军政府任职。旋又自动引退，回归故里。1912年陶成章在上海广慈医院遇刺身亡，对其打击很大。1914年假永康前城隍庙举办贫民习艺所，招收孤儿和贫民，传授竹、木、油漆等技艺，以独立谋求生计。1922年永康发生严重水灾，城西南西津桥被河水冲塌，遂变卖祖业，发起重修大桥。同年冬大雪纷飞，饥寒交迫，饿殍遍野，奄奄待毙，再次变卖祖产，于西津桥头布施粥米。甚至躬自行医救人，遇有垂危病人，解囊相助，免费供应医药。1935年于永康城郊下园朱村修建"枕流居"，自食其力。1942年永康沦陷，避居城南马竹岭村。

**沈树雄(1920—　)**

余姚县人。早年在上海读小学、中学。1942年离开上海，到金华的国立东南联合大学学习。不久浙赣战役爆发，转入国立暨南大学借读。1943年到光华大学成都分校完成大学学业。毕业后到财政部盐务总局会计处任职。1949年去台湾后历任基隆市立高工商业职业学校教导主任，淡江文理学院教授、会计系主任、管理科学研究所教授、商学部代理主任，并先后担任政治大学、中兴大学、辅仁大学、东吴大学等校的兼职教授。著有《成本会计》、《会计学》、《财务报表分析》、《应用会计学》、《会计学》，主编有《成本会计及管理会计手册》等。

**沈显庭(生卒年不详)**

又名先定。绍兴县人。大革命时期加入中国共产党。1926年任中共《申报》支部书记。1927年任浙江绍兴县总工会委员长。1928年后历任中共上海江湾区区委书记、上海工会联合会委员长、上海沪中区行动委员会书记。1930年10月起先后任中共江南省委(辖苏浙皖沪)常委、职工运动委员会书记、中共江苏省委常委、中共沪西区委常委、中共上海浦东区委委员。1931年1月7日在中共第六届中央委员会第四次全会上补选为中央委员。曾参与罗章龙带头的反四中全会行动，担任王克全组织的第二江苏省委的组织部长。1933年1月任中共浙江临时工作委员会书记。同年3月被国民党逮捕后叛变。后不详。

**沈星德(1881—1966)**

慈溪县人。卷烟工业企业家。10岁读私塾，15岁去镇海骆驼桥正裕烟号当学徒，23岁到上海德丰烟号为司账，次年进汉口路宝大烟号任职，后任该店经理。1914年改任德泰烟号经理。1916年任德大生烟号经理。1922年任上海兴业烟草公司营业部长。同年任上海华成烟草公司董事。1924年与陈楚湘等发起改组前华成烟草公司为中国华成烟草股份有限公司，任协理。次年春因公司产品畅销，建议开设新厂。因多年经营卷烟，具有烟草推销的丰富经验，使华成产品销路打开。1937年华成总厂被毁后为另建新厂恢复生产费尽心机。新中国成立前夕还历任华一印刷公司董事、中国火柴公司董事长、中国烟叶银行常务监事、中国烟叶公司董事长、天丰造纸厂总经理、上海市卷烟工业同业公会常务委员、上海市工商联合会财务委员等。新中国成立后调集到40万美元、数百万港元的外汇，增加华成公司公私合营后的流动资金，又兼任上海市烟叶联购、采购同业公会主任委员。曾捐资在家乡创立三北人民医院，建造海隅学校及道路、桥梁，为乡亲所称颂。

**沈钧业(1884—1951)**

字馥生、馥荪，晚号复庵，别署越人、睫巢。绍兴县人。1899年中秀才。1904年入绍兴府学堂学习，时徐锡麟为数学教师，师生过从甚密。1905年由徐锡麟介绍加入光复会，奔走于浙东和浙南各地，联络革命志士。大通学堂成立后为大通学堂教师。1906年初随徐锡麟赴日学习军事，后改入早稻田大学政治经济系。时章太炎在日本主编《民报》，协助章太炎工作，并由章太炎介绍加入同盟会，后来转到大阪商会工作。徐锡麟回国从事革命活动，因突患麻疹而滞留日本。徐锡麟奔赴安庆后师生信件往来频繁，商讨安庆起义事宜。1907年皖浙起义失败，查获大量与徐锡麟往来的信件，作为"朝廷钦犯"遭到通缉。1910年光复会在东京重建总部，与李燮和、魏兰等同为光复会南洋执行总部执行委员。李燮和在南洋各地组织教育会，作为联络和发展光复会的机构，被举为视学员。同年冬赴泗水出任《汉文新报》主笔，撰《故国不堪回首》等文章。武昌起义后积极发动华侨捐款，支援国内革命。1913年出任浙江教育司司长，后调任政务厅厅长。1914年任金华道尹。修葺严子陵祠宇、钓台以及谢翱西台，并呈请当局减免火腿捐税。1918年随屈映光前往山东，出任山东政务厅厅长。1921年当选为浙江省议会第三届议长。1924年孙传芳入浙,杭州各界召开欢迎会,致辞劝阻切勿煮豆燃萁。1925年应盟兄直隶省长孙世伟邀请北上,任直隶省署顾问。后任江苏省吴淞钓船稽征局局长,江苏省财政厅观察等职。1932年"一·二八"事变后返回绍兴,关心地方公益事业,邀任锡麟小学和稽山中学校董,重兴龙山诗巢,筹议修复禹庙,请章太炎撰写《重修禹庙碑记》,聘任绍兴县修志委员会,编辑绍兴县志资料,校刊古籍数种。1943年浙东粮荒严重,与王子余等向沪杭箔商募捐,筹建难童教养所,延请工匠教习工艺,俾难童习艺自谋生计。擅长诗词,为南社社员,著有《绍兴县氏族考》、《睫巢诗话》以及《日记》62册。1951年6月在绍兴病故。

**沈钧儒(1875—1963)**

字秉甫,号衡山。秀水县人。1875年1月2日生于江苏苏州。1894年中秀才。1900年与胞兄沈保儒应时任陕西学政的十一叔沈卫之召,赴陕西三原学政公署任阅卷。1903年中举人。1904年中进士,分刑部贵州司主事。1905年秋以新科进士被清政府派赴日本,入东京私立法政大学法政速成科学习,后继入补修科。1908年4月毕业回国;9月任浙江咨议局筹办处总参议。1910年春与阮性存、褚辅成、陈敬第等发起组织立宪国民社,推动浙江立宪运动。同年10月当选为浙江省咨议局副议长。1911年11月参与辛亥杭州及浙江光复。浙江光复后任浙江都督府警察局局长。1912年1月任浙江省临时议会议员;2月任浙江省教育司司长;5月加入同盟会;8月成为国民党党员;11月当选为浙江省教育会会长,国会参议院候补参议员。同年10月与杨永泰等组织民宪党。1914年参加欧事研究会。1916年参与浙江独立反袁,任都督府机要秘书。1917年3月任北洋政府司法部秘书;8月辞司法部秘书职南下。1918年6月由广州非常国会递补议员。1920年9月任护法军政府总检察厅厅长;10月离职回上海,研读马克思的《资本论》,并以写作为生。1922年任《中华新报》主笔。同年6月北上任国会参议院秘书长;8月当选为国会宪法起草委员会委员。1923年6月为反对曹锟贿选辞秘书长职,与离京议员一起频发通电和宣言,声讨曹锟违法贿选。1927年2月任浙江省临时政务委员会委员兼秘书长;4月国民党右派在浙江"清党"时被逮捕,后获释。同年冬任上海法科大学(后改名上海法学院)教务长,并在上海执行律师业务。1933年参加中国民权保障同盟,任上海分会法律股委员,后当选为执委。1935年12月任上海文化界救国会执行委员,支持爱国学生运动。1936年1月任上海各界救国联合会主席。同年5月31日团结全国各界抗日力量组成的全国各界救国联合会在上海宣布成立,任执行委员兼常务委员,负责组织工作;11月23日与章乃器、邹韬奋、李公朴、史良、王造时、沙千里等七人被国民政府逮捕,史称"七君子"之狱。"七七"抗战后国民党当局被迫于1937年7月31日将"七君子"交保释放;8月被国民政府聘为国防参议会参议员;12月在汉口筹备组织全国抗敌救亡总会任主席,并任《全民》周刊社长。1938年6月任第一届国民参政会参政员。同年10月到重庆。1939年9月与黄炎培、章伯钧等组织统一建国同志会。1940年12月任第二届国民参政会参政员。为调解国共冲突,统一建国同志会于1941年3月改组为具有第三党性质的中国民主政团同盟。1942年4月与沙千里等在重庆组织平正法律事务所,执律师业。1943年创办峨嵋出版社出版进步书籍。1944年9月中国民主政团同盟改组为中国民主同盟,当选为中央执行委员会常务委员。1945年任中国人民救国会主席。1946年1月作为民盟代表之一参加重庆政治协商会议,为争取全国的和平民主而斗争。1947年10月民盟被国民党非法解散后坚决反对妥协投降,于11月26日秘密离沪赴港,与章伯钧、周新民等于1948年1月领导召开民盟一届三中全会,批判了中间路线,恢复领导机构,重新确定民盟的路线和政策。会后与章伯钧两人以中常委名义领导全盟工作。同年5月响应中共"五一"口号,9月离开香港赴东北解放区。1949年春到北京,参加新政治协商会议的筹备工作。新中国成立后历任中华人民共和国中央人民政府委员,最高人民法院院长,中国政治法律学会副会长,全国人民代表大会常务委员会副委员长,政协全国委员会副主席,中国民主同盟中央副主席、中国民主同盟中央主席。1963年6月11日在北京去世。编著有《寥寥集》、《家庭新论》、《制宪必携》、《宪法要览》、《普及政法教育》、《沈钧儒文集》等。

**沈选千(1899—1962)**

又名春晖、志清、文俊,笔名晦鸣。嘉兴县人。1924年5月加入国共合作后的中国国民党。同年冬加入中国共产党。1926年初任中共嘉兴独立支部代理书记兼共青团嘉兴支部负责人。1927年"四一二"反革命政变后遭国民党右派通缉,被迫转移到武汉。武汉汪精卫集团发动"七一五"反革命政变后,国共合作破裂,秘密返回白色恐怖下的嘉兴,联络中共党团员以及国民党左派，建立“左社”，领导民众开展反对国民党当局白色恐怖政策运动。1928年1月脱离中共党组织。1962年病故。

**沈炼之(1904—1992)**

又名沈翔、味荔。永嘉县人。毕业于温州省立第十中学。1922年入北京辅仁大学(一说燕京大学)英语系，毕业后赴法国留学。1933年获里昂中法大学博士学位。回国后曾任北京师范大学及广州、南京等三所高校教授。1938年举家迁至福建永安，先后任福建教育厅督学、秘书、科长，中学师资养成所所长，福建社会科学研究所所长等职，曾主编抗战时期进步刊物《改进》月刊。1943年起在福建建阳暨南大学任教，先后担任文学院院长、史地系主任和代理校长。1948年回温州后任教于永嘉中学。新中国成立后调至杭州，历任浙江师范学院和杭州大学教授、历史系主任，创建杭州大学法国史研究室并任主任，又任浙江省历史学会第三至第五届会长，民盟中央委员、民盟浙江省副主委、浙江省人大代表、政协委员、中国法国史研究会名誉会长等职。为我国法国史研究的开拓者，撰写了大批有学术价值的法国史论著，主要有《法国革命史讲话》、《简明世界近代史》、《法国通史简编》、《德国维护帝国宪法的运动》、《法国社会主义运动》等，译著有《1848年的六月起义》、《法国史》、《法兰西第三共和国史资料选编》、《法国工人党的诞生》、《盖得派》等。

**沈祖宪(1852—1932)**

字吕生。绍兴县人。同治年间优贡出身。1895年袁世凯到天津小站练兵时进入袁世凯幕府，长期担任文案(相当于秘书)。1908年袁世凯被清廷开缺回籍，养病于河南洹上村养寿园，亦随同前往陪同居住，经常与袁世凯及其左右诗词唱和，后印行《圭塘唱和诗集》。1911年辛亥革命爆发后随袁世凯东山再起，担任北洋政府大总统秘书。长期住在府内，办理机要事务。袁世凯称帝前将总统府秘书厅改为内史监，随之改称内史。1915年袁世凯与日本政府交涉“二十一条”时负责保管相关文件，不久谈判条约泄露于报界，袁世凯怀疑他泄密，于1916年1月18日派遣京师步军统领江朝宗率领大批军警将他逮捕，并软禁其家人，几天后因查无实据被开释。不久因袁世凯死去失去靠山，遂退隐。著有《容庵弟子记》(与吴闿生合作)。

**沈祖棻(1909—1977)**

女。字子苾，别号紫曼，笔名绛燕、苏珂。祖籍海盐县，世居苏州。生长于苏州，中学就读于上海。1930年考入中央大学上海商学院(今上海财经大学)。1931年转学至南京中央大学文学院中文系学习。开始文学创作，得益于家庭熏陶的古典文学研究和旧体诗词的写作引起人们的注意。同时也开始了新文学创作，发表了一系列的新诗、散文、小说、独幕剧等，其中历史小说的创作尤其引人注目。代表作品有《辩才禅师》、《茂陵的雨夜》、《苏丞相的悲哀》等。1942年起历任金陵大学、华西大学、江苏师范学院、南京师范大学、武汉大学等校教授，致力于古典文学的教学与研究，其词学造诣尤显深厚。

**沈祖绵(1878—1969)**

字念尔，号瓞民，流亡日本时化名“高山独立郎”。杭县人。幼承家学，稍长考入浙江大学堂，毕业后留校任教习。1897年与章太炎义结金兰，并命长子沈延国从章太炎研究古文。同年留学日本早稻田大学，学习史地。早年受康梁思想影响，回国后即在上海创办“时宜学塾”和“识字处”，宣传救亡思想，被清廷列入乱党名单，予以通缉。1903年再次东渡日本，入东京弘文学院速成师范科进修。同年10月与王嘉祎、蒋尊簋、许寿裳等10余人在东京王嘉祎寓所，参加东京浙学会第一次会议，决定组织革命团体；11月又与陶成章等人在东京王嘉祎寓所，参加东京浙学会第二次会议。1904年黄兴拟于西太后70岁生日的万寿节发动长沙起义，奉命回国前往长沙明德学堂任教习，积极参加武装起义的准备工作，将黄兴的动态通知陶成章和敖家熊，又将浙皖的动态及时向黄兴通报，长沙起义因事机不密而夭折。1905年黄兴因长沙起义失败离开长沙前往上海，在长沙的工作也因此而中断，不得不潜往日本，与黄兴、王嘉祎商讨革命对策。后返回上海，先后出任南洋公学、务本女学、健行公学和上海师范传习所教员。在沪上创办光复会在上海的秘密联络点——浙江旅沪学会，初设四马路益智楼上，继迁三马路宝安里，出任主办。凡是光复会函札往返，均由浙江旅沪学会收转，光复会会员来沪，也到浙江旅沪公学联络。1911年参与攻打上海制造局之役，先后任都督府秘书、上虞民事长、宁波民事长。1916年集合独立旅和常备队，参加“二次革命”，在宁波宣布浙江独立。“二次革命”失败后被捕入狱，营救出狱后再次亡命日本，直到袁世凯气绝身亡，才重返国内。随后在山东、山西和江西等地勘察煤矿。1921年定居苏州，精于小学，毕生深研《周易》、《内经》

等书，颇有所得。1923年将读书所得撰成《素问臆断》，以《素问》61篇200余条文进行校勘，广征博引，考证精辟，训解明晰，义理晓畅，颇为精当。后著《灵枢臆断》，稿本于抗战中散佚。1934年应邀在章太炎创办的国学讲习会讲授《易学》，并为章太炎主编《制言》撰稿。抗战期间曾出任新四军地下经济组织“长江商行”董事。解放后先后出任江苏省政协委员和苏州市政协委员，继又被聘任为中国科学院历史研究所特约研究员，著有《三易新解》。1952年撰写《素问琐语》，极力推崇俞曲园和章太炎等人从训诂章句入手，研究《易》、《素》、《灵》等书。与孙诒让、俞曲园等人均有交往，为训诂校勘学派的一代传人。还著有《中国外患史》、《读史方舆纪要校补》等。

**沈祖懋(1905—1954)**

桐乡县人。早年毕业于私立东吴大学，毕业后留校任讲师、教授、训导长。离开东吴大学后历任私立上海法政学院教授，国立南京第二临时中学及南京市立第五中学校长。抗日战争期间先后任三民主义青年团干事兼书记，三民主义青年团江南区团主任，三民主义青年团中央干事会干事。1947年9月三民主义青年团与中国国民党合并后转任中国国民党中央委员会执行委员。1948年当选为“行宪”国民大会代表。1949年去台湾，任中国国民党中央改造委员会干部训练委员会副主任委员，后任中国国民党中央委员会第五组副主任、第二组副主任，“政工干校”教育长，“国民大会代表”。1954年11月16日在日本东京病故。

**沈祝三(1877—1941)**

原名栖，字卓珊。鄞县人。著名建筑企业家。幼年学木工，初在上海其舅父处做临时工，后到上海杨瑞泰营造厂任监工，复经厂主杨斯盛介绍进协盛营造厂，参与承建英商平和洋行打包厂。1905年被协盛厂主派至汉口主持平和洋行汉口打包厂。1908年脱离上海协盛厂，独立创设汉协盛营造厂，后发展成为武汉最有名的营造厂。另外还自办多家建筑材料厂，如1913年创办的阜成砖瓦厂，至1920年时能年产砖1000万块；1924年又办阜成轧石厂；1930年又在轧石厂附近建炼灰厂，实力不断增强。从开业到1937年协盛承建的重要建筑有和记蛋厂，平和、汉口、隆茂等打包厂，汉口第一纱厂，裕华纱厂，福新面粉厂，汇丰、正金、台湾、花期、交通、浙江实业、四明、金城、盐业等银行，礼和、日信、永兴等洋行，既济水电公司及三北轮埠、英美烟草、三菱、日清等公司汉口分公司，中国国货商场、汉口总商会大楼、汉口西商跑马场、汉口四明公所以及武汉大学等，成为武汉最有名的建筑商。还利用多余建材和旧料建造住宅和铺面出租，在汉口中山大道下段三元里、三多里、三有里以及共和里、德华里等拥有大量房地产，自设经租账房。1926年仅向政府登记的房产就有100多万元。1938年武汉沦陷，靠变卖存料和财产维持生计。1941年在汉口病故。

**沈骅臣(1894—?)**

名世仪，字骅臣，以字行。海宁县人。著名丝商。早年在上海创办有骏盛福丝厂，任经理，以后又经营怡和丝厂。1927年上海丝厂协会成立时任常务委员。1928年起长期任江浙皖丝茧总公所常务委员。1929年任上海丝厂协会主席委员。1930年成立上海特别市缫丝工业同业公会，任首届主席委员，是上海丝厂界领袖人物。1935年任第二届上海丝厂协会主席委员，同时兼任上海大通纺织公司、中国水泥公司董事，农村复兴委员会专门委员，全国经济委员会蚕丝改良委员会委员，浙江蚕丝统制委员会委员。

**沈逊斋(1888—1945)**

又名醒哉。东阳县人。1916年2月自保定陆军军官学校第三期步兵科毕业后分发到浙军服役，先后任浙江陆军第二师连长、少校参谋。1922年后任浙江省警察厅科员、杭州警察讲习所训育主任。1925年春赴广州，先后任黄埔军校少校军事教官、编撰科长，第五期上校代理总务科长。1926年6月参加北伐战争。1927年起历任国民革命军第十三军副官处长，第四十六军处长、特务团团长，国民政府参军处总务局少将科长。1936年2月被国民政府授予陆军少将。1941年9月任国民政府参军处中将参军。1945年2月在重庆病故。

**沈　素(1905—1930)**

又名行哉。绍兴县人。1925年加入中国共产党。北伐战争时期在江西南昌从事工人运动，任中共南昌地委书记，以国民党(国共合作的)南昌市党部工人部秘书、商人部部长等公开身份，在南昌从事工人运动。1927年“四一二”反革命政变后到南昌郊区青山、西山一带领导农民运动。同年8月1日组织并参加了南昌起义，起义部队南下广东后调到吉安从事农民运动和组织武装斗争。1929年任中共江西省委员会委员；9月在中共浮梁特委指导工作时被国民党逮捕。1930年7月7日在南昌被国民党当局秘密杀害。

**沈　砺(1879—1946)**

字勉后,号道非。祖籍嘉善县,后落籍江苏省金山县。1906年5月结识高旭、柳亚子、陈陶遗等有民主革命思想的青年,受聘为上海健行公学讲师,不久加入中国同盟会。1909年10月《民吁报》在上海创刊,与高旭、柳亚子等成为该报“文苑”专栏作者,在清廷监视之下,以文字鼓吹革命。同年11月南社在苏州虎丘张东阳祠正式成立,首批入社。1911年11月上海光复后任松江军政分府参谋长。1927年5月任南京国民政府秘书。同年10月至1928年12月任南京市财政局局长。1929年任国民政府文官处参事,后改任国民政府秘书。1946年12月15日在南京去世。

**沈振亚(1895—1948)**

字东平。余姚县人。1916年12月毕业于保定陆军军官学校第三期骑科。历任广州大本营军政部陆军讲武堂教官、训练副官。1925年任黄埔军校第五期入伍生团第一团第一营营长,中央军校第三分校(长沙分校)步兵大队上校大队长。1929年任国民政府军事委员会南昌行营陆军整理处委员。后任军事参议院参议。1944年10月被南京国民政府授予陆军少将。1946年7月退役。

**沈振黄(1912—1944)**

原名沈耀中。嘉兴县人。在县城读完小学后进入法国天主教会在上海创办的中法学校学习,课余学习绘画、书法、木刻。1930年中学肄业后考入上海中法工学院铁路工程系攻读机械专业。本想当一名铁路工程师,但因在开明书店《中学生》征求封面画时应征获得第一名,未毕业即由开明书店编辑介绍入新中国书店工作。1933年离开新中国书店进入开明书店编辑部任书刊插图和装帧设计工作。1934年曾向鲁迅请教版画。除设计书籍封面外还给《新少年》、《大众生活》、《新生》等周刊设计各种“题饬”。1935年底离开开明书店到邹韬奋主编的《生活》周刊编辑部工作,每期发表一幅揭露日本帝国主义的漫画,很有影响。在《世界知识》主编金仲华帮助下绘制政治地图,并由金仲华编写文字,后来编成《国际政治形势地图》一书出版,备受读者欢迎。同年11月《大众生活》创刊,辟“图画的世界”栏,由其用漫画把半月世界要闻画在一个圆圈内,又用粗箭头指向新闻发生的国家和地点,使人一目了然。1937年抗战爆发后参加战地服务队第一队,任美术股股长。1938年随战地服务队赴武汉,然后南下广东惠阳;1940年抵达广西柳州。每到一处就爬上梯子在墙壁上画下抗日漫画。1939年秋在广东省曲江(今韶关)参加中国共产党,成为中共南方局领导下特别支部的一员。1944年6月桂林文抗队成立,成为文抗队成员之一。同年11月25日在护送文化界人士疏散转移途中在贵州境内遭遇车祸,于次日去世。1950年中共中央华东局追认他为革命烈士。编著有《世界美术史》(稿佚)。

**沈　哲(1890—1969)**

原名三善,号哲臣。仙居县人。南京中央军校高教班第一期毕业。曾任国民政府军事委员会军政部铨叙厅总务处副处长。1945年2月被国民政府授予陆军少将军衔。1947年任国防部联勤总部第一区铁道军运副指挥官。1949年4月在浙江金华迎接解放,并受解放军第二野战军第三兵团政治部委托,赴仙居进行策反工作。新中国成立后曾任仙居县人民代表会议代表。1969年3月在仙居去世。

**沈兼士(1887—1947)**

名坚士。吴兴县人,生于陕西安康县。沈尹默之弟。1905年自费东渡日本求学,入东京物理学校。拜章太炎为师,并加入同盟会。归国后先后任教于北平大学(今北京大学)、辅仁大学(今北京师范大学)、清华大学、厦门大学等多所高校。1922年在北京大学创办研究所国学门,任主任。曾与其兄沈士远、沈尹默同在省立一中、北大任教,有“北大三沈”之称,为中国新诗倡导者之一。创立汉语“文字画、初期意符字”等学说,是清末档案整理的开拓者。在五四新文化运动中倡导并写作新诗,是五四新文化运动的积极参加者。抗战期间曾任《鲁迅全集》编委,参与组织抗日团体“炎社”。在训诂、文字、音韵、档案学等领域独有所识,建树颇丰。著有《文字形义学》、《广韵声系》、《段砚斋杂文》等。

**沈　浩(1916—1966)**

女。桐乡县人。毕业于天津女子师范学校,曾在上海任教师。1939年先后加入中国旅行剧团、上海剧艺社等,在新华影业公司拍摄的影片《红楼梦》中出演贾母。1947年后在《新闺怨》、《好夫妻》等影片中饰演角色。1948年在影片《碧血千秋》中扮演秋瑾。1950年参加中国青年艺术剧院。在《方珍珠》、《法西斯细菌》等话剧中担任重要角色。1959年调到上海天马电影制片厂任演员。

**沈骊英(1897—1941)**

女。原名家蕙。桐乡县人。祖

父善蒸，精历算，曾掌当地方言馆数十年。父亲承怿，号伯欣，为法国巴黎大学法学博士。1914年赴美国卫斯理女子大学攻读植物学，得理学学士学位，复入康奈尔大学研究农学两年。返国后出任苏州振华女校教务主任。1930年与沈宗瀚结婚，出任浙江省建设厅农林局农艺组技师。该局随后改名为省农林总场、省立农业改良场。1933年起任中央农业实验所技正，八年里选育出九个优良的小麦新品种，其中六个分别被命名为骊英1号、3号、4号、5号和6号，是中国迄今为止以人名来命名两个小麦品系之一。1941年10月7日病故。有子女四人，长子沈君山曾任台湾“行政院”政务委员、新竹清华大学校长。

**沈铭昌(1871—1928)**

字冕士，自号默庵。绍兴县人。1893年中举人，后捐资为四川宜州知州，以候补道员调两江总督衙门任文案。后任天津海关道，长芦盐运使。1912年中华民国成立后任直隶都督府文案，河南都督府秘书长。1913年1月至1914年5月任河南豫东观察使。1914年5月至1916年6月任北洋政府内务部次长。1916年7月至10月任山西省省长。1917年任北京政府财政部次长。1919年2月至7月再次任山东省省长。辞职后在上海当寓公。1928年1月25日病故。

**沈　鸿(1906—1998)**

海宁县人。1906年5月19日生。1913年入当地米业小学读书。1917年因病辍学。1919年到上海一家布店做学徒，三年后升为店员，协助管账。上海的社会环境引发他对机器的浓厚兴趣，从拆装钟表、修理小电器开始，进而注意观察布店附近机器厂里的机床、动力机械以及各种工厂里的设备。1929年至1931年期间有机会帮人筹建纺织厂、橡胶制品厂，从观察单台机器进一步增加了对大机器生产的了解。1931年在上海创办“利用小五金工厂”，任经理兼工程师。1937年投奔延安。1938年至1945年担任延安茶坊兵工厂总工程师，曾获陕甘宁边区特等劳模荣誉称号。解放战争时期任龙烟铁矿公司代经理，晋察冀边区兵工局、华北企业部工程师。1947年4月加入中国共产党。新中国成立后历任中央财经委员会重工业处处长、国家计划委员会机械计划局副局长、第三机械工业部部长助理、电机工业部副部长、煤炭工业部副部长，兼任1.2万吨水压机总设计师、农机部副部长、第一机械工业部副部长、国家机械工业委员会副主任、一机部顾问。第五、第六届人大常委，第五届人大常委法制委员会委员，第六届人大法律委员会副主任委员。1988年离休。是新中国的机械工程专家，中国科学院院士，中国机械工业的卓越领导人之一。1998年5月20日去世。著有《沈鸿论机械科技》等，主编有《机械工程手册》、《电机工程手册》等大型工具书。

**沈　绮(1917—　)**

字春丞。德清县人。中央政治学校大学部第九期新闻系毕业，后获印度婆罗尼斯大学文学博士。回国后任中央政治学校大学部教授。1949年去台湾，历任台湾省政府参议，蒋介石英文秘书、机要秘书，“行政院新闻局”局长，国民党中央第四组副主任、主任兼“中央电影公司”董事长，台湾当局驻刚果“大使”、驻美国“大使馆公使”、“外交部政务次长”、驻澳洲“大使”、驻哥伦比亚“大使”，被称为台湾当局的“外交斗士”。历任国民党中央候补委员，中央评议委员。

**沈联芳(1870—1947)**

名镛，字联芳，以字行。吴兴县人。著名丝商。幼年就读于私塾，16岁进入湖州城内恒有典当行做学徒，满师后去上海。1893年入上海瑞纶丝厂当职员，不久在上海自设恒丰丝号。1900年与人合资40万两在上海创办振纶洽记缫丝厂，任经理。1902年上海商业会议公所成立时任书记议董。1908年又在上海闸北恒丰路独资开设恒丰缫丝厂，发起筑恒丰路、建恒丰桥。1910年曾接办苏州苏经丝厂，由经验苏州赈艺丝厂改名苏经分厂，并参与发起成立上海丝厂茧业总公所，任坐办。同时经营房地产，先后建成上海恒丰里、恒通里、恒祥里、恒康里、恒乐里等10多处里弄住房和恒丰大楼，出租牟利。同年闸北商团成立时任会长，上海光复后任闸北市政厅长，又任闸北慈善团总董，第一、第二、第三队救火会联合会会长，与杨信之等创办湖州同乡会并任会董。1912年10月作为上海总商会代表出席全国临时工商会议。1915年初被推举为江浙皖丝厂茧业总公所总理，直至1928年为丝茧业领袖。同年11月任上海总商会副会长，并连任三届，因五四运动中有媚日言行，被迫于1920年6月辞职。1919年与人合作创办中国第一毛绒纺织厂。第一次世界大战至20年代还历任江阴利用纱厂董事长、上海丰业保险公司董事长、中国丝业银行董事长、苏州太和面粉厂董事长、华安水火保险公司董事长兼保险公会执行委员、吴兴电器公司常务董事，及闸北水电公司、中法求新机器厂、中国合众蚕桑改良会董事等职。1925年吴兴丽生丝织厂集资扩建,作为发起人集资16万,在上海天津路富康里成立吴兴丽生丝织厂股份有限公司,任公司董事会总董。1932年"一·二八"事变中其在闸北的房产、企业及所主持的各种慈善团体设施几乎全被日机炸毁。抗战期间拒绝出任伪上海特别市副市长。1947年11月5日在上海去世。

**沈雁冰(1896—1981)**

小名燕昌,大名德鸿,经常用的名字是沈雁冰,但并不是本名,雁冰来自雁宾,共用过100多个笔名。桐乡县人。7岁时进入乌镇立志小学读书,先后又在植才高等小学、乌青镇高等小学读书。14岁开始进入中学,先后入湖州中学、嘉兴中学、杭州安定中学。17岁报考北京大学一类(文法类)预科,求学期间广泛阅读了中外文学名著。1916年从北京大学预科毕业,入商务印书馆编译所。1920年主编《小说月报》和《妇女杂志》,参与组织新文学团体——文学研究会。起草文学研究会章程,提倡为人生的艺术,强调艺术的写实性。期间积极翻译介绍西方文学,尤其关注欧美批判现实主义的发展,同时开展文学批评活动,是早期最重要的批评家之一。1920年10月参加共产党小组。1921年加入中国共产党,是最早的共产党员之一。1925年12月任上海特别市党部宣传部长。同年受毛泽东之邀任国民党中央宣传部秘书,《政治周报》副总编辑。大革命时期到了武汉,任《汉口国民日报》主编。大革命失败后于1928年赴日本,脱离了共产党。后专门从事写作,成为专业作家,创作了早期的《蚀》三部曲《动摇》、《幻灭》、《追求》,作品出色地刻画了一些在动荡的社会中起伏的"时代女性"形象。1930年从日本回国后参加左翼文学运动。30年代初创作长篇小说《子夜》,以及表现乡村破败的中短篇小说《林家铺子》、《春蚕》、《秋收》、《残冬》。其中《子夜》以雄健的笔力、宏大的社会生活场景的展示,标志着现代长篇小说的成熟。抗战期间主编《文艺阵地》,并创作长篇小说《腐蚀》、《霜叶红似二月花》(第一部),话剧《清明前后》以及著名的散文《白杨礼赞》等。1948年到东北解放区。1949年参加中国人民政治协商会议筹备工作。新中国成立后曾任《人民文学》主编,全国政协副主席,文化部部长,中国作家协会主席等职。期间著有《夜读偶记》及自传《我走过的道路》。1981年病危期间中共中央决定应其要求恢复其党籍。生前捐款25万元,设立长篇小说奖。作品结集有《茅盾文集》、《茅盾全集》。

**沈鼎三(1910—1980)**

海宁县人。1932年毕业于浙江大学。先后任教于广西桂林女中、江苏盐城高级应用化学职业学校、上海中学。抗战期间先任职于国民政府兵工署香港办事处,继在重庆和成都创办东禾、东成染整厂并任经理,在国内首创靛蓝连续染色机。抗战胜利后接受日本德康化学工业株式会社(后出资承购)。1946年又创办大可染料化学厂,任经理。1952年大可染料化学厂与其他三家厂合并成立中国染料工业公司,出任董事长兼生产部经理。1956年后先后任上海市染料工业公司中心实验室副主任、上海化工研究院第五研究室和染料研究室副主任,从事化工染料的研究工作。曾任中国染料学会理事、上海化工学会理事、上海工商联常务委员。

**沈　策(1907—2005)**

字建生,亦作健新。仙居县人。1907年8月15日生。早年先后就读于仙居安洲高等小学、杭州甲种工业学校、台州第六中学。1928年考入南京中央陆军军官学校交通兵科(习惯称黄埔军校第六期)。1929年毕业后历任国民革命军第一师排长、副连长,第二十二师连长、营附。1937年12月毕业于陆军大学正则班第十三期,进入胡宗南所部任职,先后任第十七军团司令部少将参谋、课长,第三十四集团军总司令部参谋科长兼警卫团团长,中央陆军军官学校第七分校(西安)学员总队总队长、第十六军预备第三师副师长、第一军参谋长兼第一师副师长、第一军第七十八师师长。1946年任整编第一师第七十八旅旅长。全面内战爆发后率部进入山西南部作战,1947年参与进攻延安作战。攻入延安后随胡宗南大军在陕北转战两个多月无功而返,后调任胡宗南西安"绥靖"公署副参谋长。1948年9月授予陆军少将军衔。1949年任第一一四军军长,驻汉中。同年10月随胡宗南退往四川,因反对固守西昌而遭到胡宗南斥责。1950年3月底西昌战役,掩护胡宗南飞逃台湾之后,指挥国民党残部与人民解放军进行"游击战争";4月被解放军俘获,被送到重庆西南军区教导总队集中管训;半年后送到西南军区军法处看守所关押,被判刑10年。1962年被调到抚顺战犯监狱继续关押。1975年4月被特赦后安排在浙江省政协工作。同年底被女儿接到美国定居。后申请去台湾与亲属团聚,遭到台湾当局拒绝,遂一直居住美国。1984年北京成立黄埔军校同学会,应聘担任理事。1997年12月当选为全国黄埔军校同学会第二届理事会理事。2002年12月放弃美国国籍，回北京定居，成为北京市民，担任黄埔军校同学会副会长。2005年10月22日在北京去世。著有《晋豫陕抗战漫记》。

**沈敦和(1856—1920)**

字仲礼，以字行。鄞县人。茶商世家出身。在上海自费求学后赴英国剑桥之圣约翰学院留学，专攻政治经济学，因丁忧辍学回国。先后受知于李鸿章、曾国藩、张之洞，被派在一些军工企业和军事学堂担任教习和司事，后升任盐运司。义和团运动后升任山西冀宁道台，授一品衔。后以宦海不测，从1903年始转入商界，1906年创办华安人寿保险公司，1908年投资四明银行。1912年参与创办华安合群保寿公司，以后还参与创办同利制铁公司、中国荣线纱厂等企业。曾连任多届上海商务总会、上海总商会会董，辛亥革命期间在上海参与发起成立共和建设会，以"赞助共和、扶助民军"为宗旨。长期任四明公所董事，1911年宁波旅沪同乡会成立时被推举为首任会长，1913年又连任会长。热心慈善事业，创办中国红十字会、华洋义赈会、上海时疫医院等著名慈善组织，长期担任中国红十字会副会长兼上海总办事处主任等职，并着力扩建、新建四明公所南厂、北厂及四明医院等。

**沈翔云(1888—1913)**

字虬斋。乌程县人。早年肄业于武昌自强学堂。1899年留学日本，结识民主革命领袖孙中山。1900年唐才常组织自立军，拟在湖北等地起义，即随留学生归国参加。起义失败后再次赴日本，与金邦平等发起成立励志社。1901年5月与秦力山、王宠惠、冯自由等在东京创办《国民报》月刊，任发行人兼编辑。因经济困难，出四期后停刊。1911年10月10日武昌起义爆发后回国，协助陈其美参与上海光复活动；11月5日沪军都督府成立，任沪军都督府参谋。1912年中华民国成立后回乡隐居。1913年"二次革命"失败后在家乡受到官府追究无法安居，前往上海租界避难。不久被袁世凯的走卒上海护军使杨善德杀害。

**沈曾桐(1853—1921)**

字子封，号同叔。嘉兴县人。1886年丙戌科进士，选庶吉士，授翰林院编修。1894年中日甲午战争失败后常与人聚会北京陶然亭，议论朝政，筹商救国之策。同年8月协助其兄沈曾植等创办强学会，后与梁启超等组织维新团体，并在官书局主办报纸。1898年维新变法期间上书光绪皇帝，提出正人心、求人术、简使臣、通洋情、办民团、务农田等主张。1911年3月任广东提学使。旋调云南按察使。1912年中华民国成立后以遗老自居，绝意仕途。1921年在北京去世。

**沈曾植(1850—1922)**

字子培，号乙盦，晚号寐叟。嘉兴县人。1850年生于北京。早年读私塾。1873年中举人。1880年庚辰科进士，后分发至刑部。1883年学习期满。1892年补授贵州司主事。1893年春任总理各国事务衙门章京，旋升安徽司员外郎。1895年底升江苏司郎中。1897年5月应张之洞聘任两湖书院讲席。提出治学必实用，于人心世道利弊当探本清源。1900年八国联军入侵，携家眷前往上海，奔走于南京两江总督刘坤一与武昌湖广总督张之洞及上海盛宣怀等之间，参与"东南互保"。1901年任南洋公学监督。1902年外务部借调当差。1903年春任江西广信府知府。1906年夏任安徽提学使，旋赴日本考察。归皖，设存古学堂。1908年署理安徽省布政使，并代理安徽巡抚。1911年武昌起义后辞官隐居上海。1912年中华民国成立后以清朝遗老自居，与郑孝胥等组织宗社党，并与一批遗老组织诗社相互唱和。1917年7月张勋复辟后被授予"学部尚书"。复辟失败后隐居上海。1922年11月病故。著有《海日楼文集》、《乙盦诗存》、《海日楼诗集》、《海日楼诗补编》、《寐叟乙卯稿》等数十种。

**沈滋九(1898—1989)**

女。原名慕兰，笔名兹九。德清县人。1913年随家迁居杭州。1919年毕业于浙江女子师范学校，留该校附小教书。1921年秋去日本留学。1925年毕业于日本女子高等师范学校艺术科。同年回国后先后在浙江女子师范、江苏松江女中、南京汇文女中执教。1932年到上海中山文化教育馆从事编译工作，任《时事类编》助理编辑。1934年2月主编《申报》副刊《妇女园地》，号召妇女争取解放，宣传抗日，在妇女界有广泛影响。《妇女园地》被迫停刊后创办和主编《妇女生活》杂志。1936年撰写《世界女名人列传》，并与罗琼合译苏联《新妇女论》一书。同年任上海各界救国联合会执行委员。同年11月沈钧儒等"七君子"被捕后参与宋庆龄、何香凝领导的营救活动。1937年抗战爆发后在宋美龄领导的全国新生活运动指导委员会担任领导职务。1939年加入中国共产党。1941年奉党组织之命到新加坡，协助胡愈之开拓工作。不久与胡愈之结婚，并主编《南洋商报》妇女副刊。1946年参加中国民主同盟，与胡愈之创办新南洋出版社，主编《新妇女》。1948年底经香港进入东北解放区。1949年初到达当时中共中央所在地——河北平山县西柏坡。同年3月在北平参加筹备和出席中国妇女第一次全国代表大会，当选为全国妇联常务委员，兼《新中国妇女》月刊总编辑。出席中国人民政治协商会议第一届全体会议。新中国成立后当选为民盟第二届中央委员，第三、第四、第五届中央常务委员，全国人大第一、第二、第三、第五、第六届代表，全国政协第一、第二、第三届委员。1989年12月26日在北京病故。著有《流亡在赤道线上》(与胡愈之合作)等。

**沈瑞麟(1874—1945)**

字砚裔。吴兴县人。1890年中举人。以父荫授郎中，后迁知府、道台。1902年任驻比利时公使随员。1908年任驻德公使馆二等参赞，兼任万国保护文艺美术版权公会会员。1909年内调清政府外务部，任参事上行走。1910年8月起任驻奥国公使。1912年中华民国成立后留任驻奥国公使，至1917年8月北洋政府对德、奥宣战才下旗回国。1918年8月至1920年9月任和约研究会副会长。1921年任华盛顿会议中国代表团顾问。1922年1月至1925年2月任北洋政府外交部次长，并两度短期代理外交部部务。1925年2月至12月任外交部总长兼关税特别会议委员会委员长。1927年6月至1928年6月任北洋政府内务部总长。1928年6月随张作霖退往关外。1929年任中东铁路理事，东北边防军司令长官公署参议。1931年“九一八”事变后投靠日本。1932年任伪满洲国北满铁路首席理事。1934年3月1日至1935年5月21日任伪满洲国宫内府大臣。1935年1月至1940年5月任伪满参议府参议。1940年5月起任伪满祭祀府副总裁。1945年8月被苏联红军俘获，在遣往苏联途中病故于北安省(今属黑龙江省)。

**沈嗣良(1896—1967)**

勤县人。1919年毕业于圣约翰大学。后赴美国留学，获哥伦比亚大学教育管理硕士学位。1923年回国后应聘为圣约翰大学教务长兼体育部主任。次年任中华全国体育协进会名誉主任干事，后任总干事。1925年率中国体育代表团参加在菲律宾举行的第七届远东运动会，并与王正廷、张伯苓等人筹办了在上海举行的第八届远东运动会。曾带领短跑名将刘长春参加第十届奥运会。1936年与王正廷一起率中国体育代表团参加在柏林举行的第十一届奥运会。抗日战争期间任圣约翰大学校长。抗战胜利后赴美国定居，直至去世。主要著作有《中华全国体协进会史略》、《中国的国际体育》、《两届奥林匹克运动会的报告》、《远东运动会的报告》等。

**沈嘉瑞(1902—1975)**

字天福。嘉兴县人。1902年3月4日生。1922年毕业于浙江第二中学。1923年考入南京东南大学生物系。1927年本科毕业后任厦门集美中学生物学教员。1928年受聘于北平静生生物调查所，开始对中国甲壳动物分类学的研究，其后采集制作了700余号蟹类标本，并完成了《华北蟹类志》。1932年获中华基金会奖学金，前往英国伦敦大学研究院就读，在胚胎学家麦克布来德博士的指导下进行甲壳动物形态学的研究。1934年获博士学位，并受聘在伦敦博物馆和普列茅斯海洋生物研究室工作。1935年回国后受聘为北京大学生物系教授，执教无脊椎动物学。1937年“七七”事变后随校南迁到昆明，在西南联合大学以及云南大学任教。1946年返回北平，任北平研究院动物研究所研究员，兼任北京大学动物系教授、北京师范大学生物系教授。1947年至1948年应英国科学理事会的邀请再次赴英访问研究。新中国成立后于1950年入华北人民革命大学政治研究院学习一年。结业后任中国科学院水生生物研究所厦门海洋生物研究室研究员兼室主任。1955年起先后任中国科学院动物研究室、动物研究所研究员，兼无脊椎动物室主任。1957年起先后任《动物学报》、《动物分类学报》主编，《动物学杂志》主编及《中国动物志》编委等职。1975年12月22日在北京病故。

**沈榴村(1887—?)**

号仁本。镇海县人。毕业于大阪商业专门学校。抗战胜利后任上海市绸缎印花工业同业公会理事长，绸缎商业同业公会理事，棉布商业同业公会监事，机器染织工业同业公会候补理事，市商会经济计划委员，商业职业学校校董，绸布业学习学校校董，商报出版社顾问，镇海三乡公益堂董事，四明医院院董，宁波旅沪同乡会名誉会董，宁波旅沪同乡会各小学校董，宁波旅沪同乡会教育委员，宁波旅沪同乡会福利委员，宁波旅沪同乡会贷学金审核委员，辛丰织印绸布厂董事长兼总经理，大陆染织厂监察人，新陆棉织厂监察人，宁绍产物保险公司董事，和丰印染绸厂董事长，祥丰印染绸厂董事长。

**沈霁春(1903—1978)**

萧山县人。1903年2月1日生。1928年毕业于复旦大学生物系，其后曾在上海吴淞的中央大学医学院进修生理学。1931年秋在南京中央大学任教。1933年秋转至浙江大学任教。1936年留学比利时冈特城大学，在著名生理学家、诺贝尔奖获得者海曼斯教授指导下从事研究工作。1939年获博士学位。留学期间在《国际药理学》和《治疗学》等杂志上发表论文30多篇。1940年返回上海，在雷氏德医学研究所为研究员。1945年6月到山东担任新四军军医学校教授。抗战胜利后随军北撤至山东临沂，任白求恩医学院教授。新中国成立后先后在济南白求恩医学院、华东生理研究所主持教学和科研工作。1953年调任军事医学研究所研究员。1964年入海军医学研究所，任副所长。1978年4月16日在上海病故。

**沈谱琴(1873—1939)**

名毓麟，字谱琴，以字行。吴兴县人。早年中举人。1901年至1907年与刘锦藻、张增熙等湖州著名绅士为阻止美国传教士亨特利、汉米德、比利文等侵占湖州城内海岛地产，打了一场旷日持久的官司，史称"海岛教案"。从1902年起先后创办湖州志正学堂、程安高等小学堂、吴兴女子学堂，并担任湖州府中学堂监督。1911年11月5日杭州光复后于7日率领湖州学生军光复湖州，任湖州军政分府府长。1926年任国民革命军总司令部参议。1927年4月任淞沪警察厅厅长。同年7月7日至8月13日任上海市公安局局长。后任上海市禁烟局局长。1937年11月湖州沦陷后避居乡下，后被日军强行拉出，于1938年春任日伪湖州自治委员会主任委员，不到半年去职。1939年在上海病故。

**沈墨臣(?—1937)**

绍兴县人。著名绍酒酿坊沈永和第六代传人。沈永和由沈良衡创设于康熙三年，传至第五代改为沈永和酒坊。1892年用精白糯米酿制成功"沈永和善酿"，即善酿酒。继承父业后积极开拓，扩大经营范围，在绍兴增设沈永和墨记北号及沈永和墨记南号，在外埠杭州、上海、北京、天津、哈尔滨、广州、泉州、福州等地增设销售网。不拘一格重用人才，反复改善善酿酒的配方，使酒质不断提高。1910年沈永和善酿作为绍酒代表参加南洋劝业会展出，获特等金牌，是为绍酒第一块金牌。1929年沈永和善酿再获西湖博览会金牌。十分注重广告宣传，不惜重金委托上海世界书局、大东书局印刷寿星牌善酿商标、广告，使沈永和善酿名声远扬，畅销日本、新加坡、印度尼西亚、香港等国家和地区。

**沈德亨(1907—2004)**

字嘉会，别号瑶琳山人。桐庐县人。早年就读于县城紫霄观高小。先后毕业于浙江警官学校二期、南京中央陆军军官学校高教班第八期。历任国民革命军排长、连长，浙江保安司令部参谋。抗战初期任国民政府军事委员会浙江诸嵊新宁游击总队政治队队长，奉命到甬江一带招募组建一支学生政治大队，先驻嵊县，后驻桐庐训练，后率部到余杭一带抗击日军。之后历任军委会东南特训班上校大队长，军委会西安水陆统一检查所上校所长，军委会别动司令部参谋兼代衢州绥靖公署训练班少将总队长。1945年8月抗战胜利后应上海市警察局长宣铁吾之邀，任上海市警察局督察长兼杨思分局局长，后任邑庙、普陀分局长。1947年当选为"行宪"国民大会代表。1948年任国防部保密局设计委员。1949年5月去台湾，入"革命实践研究院"第十五期受训。历任"国防部情报局"设计委员，兼三一联谊社、"中国宪政协会"、"上海市警察局突围同志联谊会"理事，以及"国民大会代表"。2004年5月21日在台北去世。

**沈澄年(1903—1979)**

字澌之。余姚县人。早年在浙军服役，曾任浙军第二师见习官。1927年8月毕业于黄埔军校第五期步科。毕业后历任国民革命军第二十六军排长、连长，浙江省保安第二旅营长、团附。1935年12月陆军大学正则班第十一期毕业后任国民革命军第六师教导团团长。1937年抗日战争爆发后任第七十五军补充第一旅副旅长、旅长，第七十五军第六师副师长、师长。1943年任第二十六集团军第七十五军副军长。抗战期间先后参加淞沪会战、徐州会战、浙赣会战和常德会战。1946年起任整编第七十五师少将师长，参与反共内战，转战中原等地。1948年豫东战役，于7月2日在河南睢县龙王店被中国人民解放军华东野战军俘虏。经过思想改造后入伍参加解放军，曾任华北军政大学战术主任教员、南京军事学院战术组长等。

**沈镜如(1910—1971)**

曾名鉴。孝丰县人。1936年清华大学历史系毕业后留校任教。1937年"七七"事变后返浙任平阳临时中学教务主任。1938年底辗转到重庆，任独立出版社编辑。1940年秋起历任厦门大学、浙江大学、金陵大学等校教师。1958年后任杭州大学历史系教授、系副主任。著有《中国近代史》、《戊戌变法与日本》等。

**沈燮臣(生卒年不详)**

吴兴县人。早年在其亲戚公平洋行买办杨涵斋处任职。1916年任茂生洋行买办,至1923年。1918年在上海开设万和盛蛋厂。1923年任美最时洋行进口部买办,至1926年。1926年改任捷成洋行买办。20年代投资中法储蓄会中国股份有限公司,还自设沈燮记,从事进出口业。1916年至1926年10年间在上海社交场合十分活跃。1922年任上海总商会会员;1925年后连任多届上海总商会会董,还任关税主权委员会委员。

**宋云彬(1897—1979)**

笔名宋佩韦、无我。海宁县人。1897年8月16日生。早年就读于海宁米业中学堂。1912年入杭州中学,肄业后全靠在工作中自学成才。1921年11月起在杭州先后任《杭州报》、《浙江民报》、《新浙江报》编辑、主笔。1924年8月加入中国共产党。1925年回乡参与筹组国民党海宁县党部,任执行委员。同年12月间又参与筹组在硖石东山召开的国民党浙江省各县市党部联席会议(简称"东山会议"),在全国最早通电反对国民党右派的"西山会议"。1926年春任上海国民通讯社社长。同年秋到广东黄埔军校任政治部编纂股长,编辑《黄埔日报》。1927年"四一二"反革命政变后任武汉《民国日报》编辑兼武汉国民政府劳动部秘书。同年汪精卫集团发动"七一五"反革命政变后遭到通缉,和茅盾一起逃离武汉。后潜居上海,为商务印书馆点校古籍,从此与中共组织失去联系。1930年任上海开明书店编辑。1931年主持整理校订朱起凤编的《辞通》。1934年参与编辑《国文天地》与《中学生》杂志。1936年在上海参加救国会活动。1937年8月淞沪抗战爆发后先回家乡避难,支持当地青年吴梅等从事抗日救亡活动。1938年4月到武汉,进入郭沫若主持的军事委员会政治部第三厅第五科任科员。同年10月去桂林,任桂林文化供应社出版部主任,与夏衍等编辑《野草》杂志,并兼广西省立桂林师范学校教授。1945年6月参加中国民主同盟。抗战胜利后任重庆进修出版社编辑,同时主编民盟《民主生活》周刊。1947年赴香港,担任文化供应社总编辑,并任《文汇报》副刊《青年周刊》主编,同时在香港达德学院任教。1949年春到北平,任华北人民政府教育部教科书编审委员会委员。新中国成立后任出版总署编审局处长、人民教育出版社副总编辑。1951年起先后任浙江省人民政府委员、浙江省文史馆馆长、浙江省体委主任、浙江省政协副主席、浙江省文联主席。先后当选为第一届全国人大代表,第一、第三、第四、第五届全国政协委员,民盟中央委员,中国作家协会理事。1957年被错划为"右派分子"。1958年调北京中华书局任编辑,参与点校《二十四史》,并在北京大学古典文献专业任教。1979年2月平反,同年4月去世。著有《东汉之宗教》(后更名《东汉宗教史》)、《王守仁与阳明理学》、《中国近百年史》、《中国文学史简编》、《明文学史》、《玄武门之变》、《康有为》、《玄奘》、《鲁迅语录》、《宋云彬杂文集》、《宋云彬日记》,译注有《项羽》、《刘邦》。

**宋汉章(1872—1968)**

名鲁,以字行。余姚县人。著名银行家。早年入上海中西书院学习英语,毕业后在上海电报局任职。1897年中国通商银行成立时入该行,为跑楼兼该行华洋两账房间翻译。1899年随电报局总办经元善前往澳门、香港,任翻译。1906年任大清银行附属储蓄银行经理。1907年任大清银行上海分行经理。辛亥革命后即邀请大清银行商股组织联合会,呈请政府改为中国银行,任上海分行经理,在金融界崭露头角。此后一直担任该行常董、董事长、总经理等职,达40余年。1914年与张公权、陈光甫、钱新之等组织"聚餐会",协调当时上海各主要银行间业务。1916年率先抵制袁世凯的"停兑令",名声日隆。1918年发起组织银行公会,并任首任会长。1920年任上海租界纳税华人会理事,后任常务理事。1921年参与发起中央信托公司(1936年后改为中一信托公司),并长期任董事。1922年任上海总商会会长。1925年再任银行公会会长。1928年任中国银行总行常务董事。1931年创建中国保险公司并任董事长。1933年兼任中央造币厂审查委员会委员。次年又兼任中国建设银公司董事。1935年起长期任中国银行董事兼总经理。同年发起成立中国保险学会,任理事长。还任中银行董事长,新华信托储蓄银行、中和商业银行董事,国民政府公债委员会委员,银行币制委员会委员,农林部渔业银团常务理事,国民政府外汇管理委员会委员。1946年任四联总处理事。1948年4月任中国银行董事长。1949年5月赴香港。1950年5月任新中国成立后中国银行第一届董事会董事。1951年辞职去巴西定居。1963年返港。1968年12月在香港病故。热心慈善公益事业,曾长期任华洋义赈会会长、中国红十字会常议员、绍兴七县旅沪同乡会常务委员,多次任上海成立的各省救灾会常务理事、理事、董事等。

**宋申蕃(1920—　)**

绍兴县人。1920年4月19日生。1945年毕业于燕京大学家政系(当时学校内迁至四川成都)后进入国防医学院护理学系任讲师。1949年随校迁往台湾。后赴美国杜克大学医学院进修。回台湾后仍至“国防医学院”护理学系,先后担任副教授、教授。兼任台湾“荣民总医院”营养组组长数年。1954年至1959年受台湾“中国广播公司”邀请,主持“家庭时间”节目六年。后又兼任台湾私立辅仁大学家政系、私立“中国文化学院”家政系及家政研究所教授。著有《营养学》、《实用营养学》、《疾病营养学》、《疾病与营养》、《营养与发育》、《新家政学》、《膳食疗养学》(与他人合作)等。

**宋达泉(1912—1988)**

原籍绍兴,1912年10月20日生于辽宁省沈阳市。1934年毕业于浙江大学农学院。同年任浙江省建设厅化学肥料管理处技士。1936年任中央地质调查所土壤室技士、技师。1943年任中央地质调查所土壤室技正。1945年赴美国康奈尔大学进修和考察。1946年回国后任中央地质调查所技正,兼任中央大学农业化学系土壤学教授。1950年任东北人民政府农林部土壤调查团团长。1953年至1988年历任中国科学院土壤研究所东北分所筹备处副主任,中国科学院林业土壤研究所研究员、副所长兼土壤研究室主任。1956年参加中苏黑龙江流域自然资源考察,任考察队自然资源组中方组长。1988年8月27日在沈阳病故。

**宋成志(1907—1975)**

原名仁志,又名承志。临海县人。启蒙于私塾,后就读于浙江省立第六中学。1935年考入上海大夏大学。同年9月参加由林炯、林迪生等中共党员所组织的“乙丑读书社”,担任娱乐部干事,并加入共产主义青年团。大学期间因反对军阀专权被捕。1927年加入中国共产党。1931年大夏大学毕业后任绍兴《民国日报》副刊编辑,因宣传革命被当局警告、解聘。1933年出任绍兴民教馆馆长,创办民众图书馆、阅报室,演出文明戏。1935年2月后任教于上海女子中学、大公职业学校;同时在中国左翼剧团联盟和上海剧作者协会领导下,导演《打回老家去》、《放下你的鞭子》、《回春之曲》、《茶花女》、《雷雨》、《日出》等话剧。抗战爆发后在浙江各地中学任教,参加各种演剧活动。40年代曾执导话剧《棠棣之花》、《屈原》。1948年出版五幕话剧《欢乐图》。新中国成立后任教于上海大夏大学和华东师范大学,历任教育系教授、中文系教授兼系主任,创作话剧《怒吼吧,日本人民!》、多幕剧《春天》等。

**宋希尚(1896—1982)**

字达庵。嵊县人。水利工程专家。幼年目睹家乡洪水泛滥惨状,立志攻读水利。南京河海工程学院毕业后赴美深造,入麻省理工学院,再转布朗大学获工程硕士学位,嗣往欧洲考察德国、荷兰、比利时、法国等国水利。回国后历任吴淞商局建筑科长,浙江省道局主任工程师,江南水利局总工程师。1928年后任扬子江水道整理委员会委员兼工程处长、南京市工程局局长,并在中央大学主讲天文。1933年主持黄河决口合龙。抗日战争期间先后任云南省公路特派员兼任后方勤务部陕甘线司令部中将司令,国立技专土木科主任。曾奉第八战区司令长官朱绍良密令,将成吉思汗灵柩移葬兰州市郊兴隆山中。抗日战争胜利后任青岛港工程局局长,主持抢修青岛港第五号码头塌方,誉满国际。1949年去台湾后任台湾大学教授。1952年11月任台湾省立台北工业专科学校(今台北科技大学)校长。后任逢甲大学水利系主任兼淡江大学工学部灌溉系主任,“中国文化学院”博士论文考试委员。著有《欧美水利调查录》、《黄河堵口实录》、《水文学》、《防洪与灌溉工程学》、《卫生工程学》、《航道工程学》、《治水新论》、《中国河川志》、《台湾水利》等。

**宋君复(1897—1977)**

绍兴县人。早年就读于教会小学,后考入杭州蕙兰中学。1916年考取公费赴美留学,入柯培大学学习物理,毕业后又入美国麻省春田学院专攻体育。回国后执教于蕙兰中学。1926年起历任沪江大学、沈阳东北大学、山东大学、四川大学体育系主任、教授。1932年作为中国体育代表团教练,率刘长春参加第十届奥运会。1936年积极筹组和领导中国体育代表团参加第十一届奥运会,同年被批准为国际篮球裁判。1948年再次作为中国体育代表团成员,前往英国伦敦参加第十四届奥运会。新中国成立后任北京师范大学体育系教授,北京体育学院体育系主任、副院长。1964年当选为中华全国体育总会第四届委员会委员,任第四届全国政协委员。著有《体育原理》、《刘长春短跑》、《女子篮球训练法》、《女子垒球训练法》、《第十届世运会各国著名田径选手电影姿势图》等。

**宋炜臣(1866—1927)**

字渭润。镇海县人。著名工商业者。早年赴上海学生意,为某南货店店员。1890年与同乡叶澄衷在上海创办燮昌火柴公司，并任副经理，这是当时全国最大的火柴厂。1897年鉴于汉口处九省通衢便利位置，到武汉创办燮昌火柴厂分厂，任经理，资本30万元，为汉口最大的火柴厂。1906年联合旅沪宁波帮及湖北、江西巨商朱葆三、叶璋（叶澄衷子）、王子坊、叶世濂等11人集资300万元，发起创办商办汉镇既济水电股份有限公司，其规模居全国之冠，宋任董事长兼总经理，连任五届。1907年又联合顾润章、顾溶、郑清廉等集资银49万元，在汉口创办扬子机器制造公司，制造铁路桥梁、车辆、叉轨，同时制造大小轮船、兵船、趸船、驳船、救火船只及附属机件，及锅炉、水塔、水闸、抽水机、各种煤气发动机等多种机件，是国内最大的民营机器厂之一。1910年集资开办湖北阳新富池口铜煤矿。1913年又创办湖北竹山五丰铜矿。第一次世界大战时还创办一个金矿和炽昌硝碱厂，后又在武汉办华胜军服公司，还投资厦门信用银行和常德德兴房地产合资公司。被誉为"汉口头号商人"，从1907年至1913年连任汉口商务总会第一、第三、第四、第五、第六届议董，1914年被选为国会议员，1916年任汉口总商会会董。

**宋春舫(1892—1938)**

号春润庐主人。吴兴县人。1911年入上海圣约翰大学。1914年留学瑞士，攻读政治经济学并研究戏剧，精通英语、德语、拉丁语等多种语言。1916年回国后任教于北京大学，讲授欧洲戏剧课程。"五四"时期在《新青年》等刊物上撰写了许多评价外国戏剧新思潮、新观念的文章。30年代初期起专研戏剧。著有《宋春舫论剧》、《宋春舫戏剧集》，此外还有游记散文多部。

**宋梧生(1895—1969)**

余姚县人。1915年考入法国里昂大学医科，获得医学博士后又转到化学系就读，1922年获化学博士学位。回国后任上海圣心医院内科主任，光华大学教授和中央研究院化学研究所研究员。1927年11月受聘担任中央研究院筹备会委员、理化实业研究所常务委员，参与中研院筹建。1928年6月9日出席中央研究院第一次院务会议。1929年参与创建私立中法大学药学专修科，嗣后担任教务长和专修科主任。1931年3月1日圣心医院挂牌成立"中比镭锭治疗院"，参与管理。1936年起中比镭锭治疗院成立独立单位，由中比庚款委员会直接领导，任总务院长。1939年6月中比庚款委员会将镭锭治疗院无偿转交给比利时驻华医学会，转任医院顾问。1943年集资在光复西路创办中国第一家制造医用注射用试剂葡萄糖生产企业——大中化工厂，出任企业经理。1946年比利时驻华医学会将中比镭锭治疗院交给国民党政府，任常务理事。1947年8月医学家谷镜汧和银行家宋汉章（系宋梧生叔父）合作创办浙江余姚阳明医院（今浙江省余姚市第一人民医院），被委任为院长。1949年9月任中比镭锭治疗院副院长。1950年2月中比镭锭治疗院为上海市军管会接管；1951年7月该院更名为上海镭锭治疗院。1954年1月起上海镭锭治疗院划归到上海第一医学院并定名为上海第一医学院肿瘤医院，以肿瘤医院副院长身份兼任医学院药学系教授。1955年8月被任命为肿瘤医院院长。1958年卸任。

**宋　晞(1920—　)**

字旭轩。丽水县人。1945年毕业于国立浙江大学文学院史地系。1947年毕业于浙江大学史地研究所文学组，留校任教。次年赴泉州，任国立海疆学校副教授。1949年赴台北市，旋往哥伦比亚大学研究院进修，获文学硕士学位。后获韩国建国大学名誉文学博士学位。历任台湾师范大学、辅仁大学、东海大学副教授，香港珠海大学教授兼"中国文史研究所"所长，"中国文化学院"教授兼史学系主任、史学研究所所长。后任"中国文化大学"教授兼文学院院长，史学研究所博士班主任。兼职主编英文《中国文化季刊》20余年，主编《宋史研究集》20年，并著有《宋史研究论丛》（3辑）、《方志学研究论丛》、《东渐南浮集》等，编有《宋史研究论文与书籍目录》。

**宋越伦(1916—　)**

字人骝。上虞县人。1916年3月1日生。早年留学日本，在日本帝国大学获社会学学士学位，后入东京帝国大学新闻研究室从事研究工作。回国后曾在上海私立复旦大学、私立上海法学院、私立上海法政学院任教。抗战期间加入《东南日报》，任参考资料室编辑，后任《东南日报》丽水版社长秘书、《东南日报》云和版资料室编辑。1949年参加中国政府驻日本代表团，任参事。新中国成立后由于日本政府继续承认台湾当局，任台湾当局驻日本"大使馆"的"一等秘书"、"文化参事"、"公使"。1972年与日本人滩尾弘吉、岸信介等成立所谓"日华议员联盟"。同年去职回台后任中国文化学院日本研究所所长及日语系主任。著有《日韩纪行》、《留日华侨小史》、《朱舜水传》、《总理在日本之革命活动》、《中日民族文化交流史》、《新闻学精义》，译有《三十三年落花梦》（日本浪人宫崎滔天著）以及《温馨集——宋越伦先生古稀纪念文集》。

**宋紫佩(1887—1952)**

原名盛琳,后改名琳,字子培、紫佩、子佩。绍兴县人。14岁考取秀才,曾入大通学堂学习。1907年考入绍兴府中学堂,加入同盟会,并参与组织匡社。后又考入浙江两级师范学堂,参加南社。1910年毕业后应山会师范学堂之聘,讲授修身、教育学。次年任绍兴府中学堂教务兼庶务,任理化教席,发起组织“越社”,出任《越铎日报》编辑,筹办《民兴日报》、《天觉报》。1913年经鲁迅介绍去北京图书馆分馆工作。曾任中央文史馆馆员。

**宋善良(1888—?)**

字椒临。吴兴县人。早年毕业于上海广方言馆法文科,后历任江西高等学堂、南昌方言学堂、江西陆军学堂法文教员。1912年中华民国成立后历任北洋政府外交部主事,驻丹麦公使馆公使随员,巴黎和会中国全权代表办事处秘书,驻瑞士公使馆二等秘书,第一、第二、第三次国联总会中国全权代表团办事处副秘书长、秘书长。1927年任驻西班牙、挪威公使馆二等秘书兼代办。著有《外交指南》。

**宋锵鸣(1878—?)**

字兰佩。嵊县人。1902年山西大学堂创办,应邀到该校任教员。后任汉粤川铁路湘鄂局考工科科长,中国铁路协会会员。1920年由北洋政府交通部授予一等一级奖章。1922年任华盛顿会议中国代表团秘书。1927年南京国民政府成立后任铁道部技正,后任胶济铁路管理局总务处副处长、材料处处长等。

**宋　澄(1893—?)**

字洪波,亦作弘波。嵊县人。1916年12月毕业于保定陆军军官学校第三期步兵科后分发到部队服役,历任连长、营长、副旅长等职务。1933年任国民革命军第八军参谋长,先后参与对中央苏区的第三、第四、第五次“围剿”,并以国民党第八军参谋长身份参与对闽浙赣工农民主政府主席、红十军政治委员方志敏的审讯。1936年1月被国民政府授予陆军少将军衔。1938年还乡。后任军事参议院参议。善诗文。

**张一能(1897—1962)**

字琢如,亦作卓如。东阳县人。1922年7月毕业于保定陆军军官学校第八期步科。毕业后回浙军服役,先后任浙江讲武学校教官,浙军第二师连长、参谋。1925年赴广州投奔国民政府,任黄埔军校少校军事教官。1926年夏参加北伐战争。1928年起历任江苏省保安团第一团团长,浙江警官学校训练大队副大队长,金华团管区副司令,浙江省军管区参谋长、副司令。1937年抗日战争爆发后任军政部第二十一新兵补训处副处长,后调任第九十九军参谋长。1939年任第九十九军副军长。1943年任遵义警备司令兼遵义师管区司令。1946年2月退役。1947年拒任川黔云贵四省“剿匪”指挥官和上海警备司令,到杭州定居。1949年5月在杭州迎接解放。新中国成立后曾任浙江省政协特邀委员等职。

**张乃凤(1904—2007)**

吴兴县人。1904年3月31日生于湖州南浔镇的缙绅之家。1922年迁居上海。1926年于圣约翰中学毕业后升入圣约翰大学。1927年秋自费去美国康奈尔大学农学院留学,1930年毕业。随后在美国威斯康辛大学研究生院土壤系攻读硕士,次年获硕士学位。1931年学成回国后受聘于金陵大学任副教授,讲授土壤学和肥料学两门课程,两年后晋升为教授。1935年夏转到实业部新建的中央农业实验所任技正、土壤肥料系主任。同年赴英国牛津参加第三届国际土壤学大会,并在英国洛桑试验站、匈牙利理工学院及其他一些欧洲国家作了半年的访问与考察。回国后在九个省布置了氮、磷、钾三要素肥料田间试验。1944年赴美国协助联合国善后救济总署编制中国战后善后救济用化肥计划,并考察访问了美国许多肥料研究机构。1946年回国后兼任农林部农业复兴委员会上海办事处的工作。新中国成立后任华东区农林水利部技正。1950年调北京,任农业部参事。1952年任华北农业科学研究所研究员。1957年任中国农业科学院研究员、土壤肥料研究所副所长。1979年随土壤肥料研究所从山东德州迁回北京。1986年退休。2007年2月22日在北京去世。

**张乃燕(1894—1958)**

字君谋,号芸盦、芸庐。吴兴县人。早年先后就读于吴兴南浔镇正蒙学塾、杭州府中学堂、苏州东吴大学。1912年参加国民党。1913年赴欧洲留学,先后在英国伯明翰大学、伦敦皇家理工大学、瑞士日内瓦大学研习化学。1919年获日内瓦大学理学博士学位。同年返国。1920年任国立北京大学化学教授,兼国立北京高等师范学校及北京工业专门学校化学教授。1923年当选为浙江省教育会会长,同时兼任浙江省立工业专门学校化学教授。1924年5月任广州大本营参议。1925年任上海私立光华大学教授。1926年1月任广州国民政府参事;2月任广州国民政府外交部秘书;5月派为教育行政委员会委员,兼国立广东大学工科学长。1927年4月任江苏省政府委员兼教育厅厅长;11月兼任国立中央大学校长,至1930年。1928年6月兼国民政府大学院参事。1929年至1930年两次兼任浙江省县长考试典试委员。1930年12月至1931年12月任浙江省政府委员。1930年当选为国民会议代表。1932年1月至1934年1月任南京国民政府建设委员会副委员长。1933年5月20日被任命为驻比利时国全权公使,12月19日到任,1935年7月1日被免职。在任全权公使期间受建设委员会之托,考察欧洲各国建设事业。抗日战争期间隐居上海,学画山水。1958年在上海去世。著有《世界大战全史》、《芸庐历史丛书》、《有机染料学》、《药用有机砒化物》、《欧战中之军用化学》等。

**张三扬(1912—1992)**

原名信达。嵊县人。1932年在天津南开中学学习期间加入中国共产主义青年团,后因参加抗日救亡运动被国民党当局逮捕,驱逐出天津,前往北京继续参加革命活动,后加入中国共产党。1935年春任团中央临时工作委员会组织部长;7月因团中央机关被破坏被捕入狱。1937年抗日战争爆发后由中共党组织营救出狱,派往杭州。同年11月中共浙江省临时工作委员会(简称省临工委)在杭州皮市巷成立后任委员兼组织部长;12月杭州沦陷后与邵荃麟等参加浙江省流动剧团,到浙东开展抗日救亡宣传活动。1938年任中共龙泉特别支部书记。1939年3月至9月任浙江第九区戏剧工作参观团团长。同年秋经浙江省委批准,去云南昆明的西南联合大学学习。1945年抗日战争胜利后留在西南联合大学任教。新中国成立后在上海、沈阳等地任教。

**张大同(1905—1955)**

平湖县人。早年毕业于上海私立沪江大学。后留学美国,先后获美国西北大学法学博士、加利福尼亚大学文学硕士学位。曾任中国国民党上海市第五区执行委员、《东方》杂志社编辑。1933年10月任江苏省政府视察。1941年任中央陆军军官学校第七分校(驻西安终南山)政治部主任教官。1943年入重庆国民党中央训练团受训。同年7月任第八战区副司令长官部政治部主任。1944年3月4日至1946年5月22日任陕西省政府委员。1947年2月1日派为国民政府主席东北行辕经济委员会主任秘书。

**张子斌(1922—1993)**

又名张传祥。奉化县人。服装企业家。1937年赴上海学裁缝,满师后在上海经商。1949年去香港谋生,开设新星制衣公司。1953年在港办起首家Ascot Chang(诗阁)店铺。1969年将新星改组为股份公司,任董事长,先后在香港、纽约、上海、马尼拉、北京等地开设12家分店,并担任香港多德制衣有限公司董事长、香港星辉公司总经理、宁波旅港同乡会常务理事。1983年后多次捐助家乡奉港中学、长寿小学,为村里安装自来水、有线电视、修路、造桥等社会公益事业。

**张子廉(生卒年不详)**

杭县人。上海制造局兵工机械学校毕业,曾任三友实业社工程师。提倡"棉铁救国",创办竞胜机器厂。后又创办三星毛巾厂。1923年将两厂合并,改名三星棉铁厂,任董事兼总经理。上任后积极整顿企业,倡导科学管理,业务日益发展。1925年"五卅"惨案后参与联合上海30多家中小国货企业成立上海国货团。1927年3月20日参与发起成立上海市临时商民协会执行委员会,任常务委员。同年参与发起成立上海机制国货工厂联合会,担任执行委员。1930年7月在上海创办中华国产联合大商场,又参与组织国货公司,任浙江国货公司常务董事兼经理。

**张丰受(1890—1975)**

号富泉。平湖县人。著名航运商。16岁到上海某木行当学徒,满师后受业主之托兼办润德地产公司事务。期间在上海青年会英文商业夜校商科毕业。1925年离开木行创办平沪轮局,任经理,购置"平沪"号客轮,往返平湖、上海间。1930年改名大利轮船股份有限公司,仍任经理。1931年又购置新客轮两艘,并与一些内河小客轮客货联运,任上海市内河轮船业同业公会主席。又与人创办平湖明华电气公司、平湖永通电话公司,分别任董事长和总经理。抗战期间大利公司歇业。抗战胜利后重建大利公司,恢复平沪航运,任上海市内河轮船商业同业公会理事长、平湖旅沪同乡会整理委员、上海市商会委员、大利公司平沪轮局总经理、平湖明华电气公司常务董事兼代董事长、益丰搪瓷公司经理。1953年任上海市内河私营轮船业联合管理委员会主任。1955年任公私合营上海市内河航运公司私方代表。

**张元济(1867—1959)**

字菊生,号筱斋。海盐县人。1867年10月25日生于广东广州。1892年中进士,授翰林院庶吉士,散馆后授刑部主事,后任总理各国事务衙门章京。1897年在北京与同僚创办通艺学堂,学习西学知识。1898年参与戊戌变法,并与康有为在同一天受到光绪帝的破格召见，前后两次上奏，提出改革建议与方案。变法失败后于10月7日受革职永不叙用的处分。随即南下上海，担任南洋公学(今上海交通大学)译书院院长，主持翻译西方书籍。后任南洋公学总理。1902年7月辞职。1903年任商务印书馆编译所所长。1916年任商务印书馆经理。1920年至1926年任商务印书馆监理。1926年起任商务印书馆董事长，直至去世。主持商务印书馆数十年，组织了大规模的编译所和涵芬楼(后扩建为东方图书馆)藏书，开创了私营出版社设专职专业编辑和图书资料以保证出版物质量。主持编写的“最新”版各类中小学教科书，获得很大成功，奠定了商务印书馆在民国时期出版业龙头的地位。在他主持下，从1915年开始筹备，1919年至1937年动用国内外数十家公私藏书楼(馆)影印出版《四部丛刊》、《续古逸丛书》、百衲本《二十四史》等大型丛书达2万卷，开创了古籍丛书翻刻、影印的新阶段。1948年当选为中央研究院人文组院士。1949年以特邀代表身份参加中国人民政治协商会议第一次全体会议，当选为全国政协委员。1953年春被聘任为上海文史馆馆长。1954年当选为第一届全国人民代表大会代表。1959年8月14日在上海去世。其遗著已结集为《张元济全集》出版。

**张云雷(1883—1977)**

原名守铭，后更名为烈，字云雷，一字贞箴，另署石帆山人。乐清县人。早年在温州府学堂肄业，同学周孟由拟赴日留学，邀请同行。1905年承蒙虹桥倪文西资助，偕周孟由东渡，自费考入早稻田大学师范科。时孙中山和陶成章等革命党人在日本宣传反清革命思想，遂加入同盟会和光复会。1908年毕业时拟回国开展革命运动，突接父亲急电，告知已被清政府列入追捕黑名单，遂转赴印尼泗水，前往华侨创办的中华学校任教。1911年陶成章再次来到泗水，联络志士蒋开远、蒋以芳、蒋报和以及书报社社员王少文，组织光复会泗水分会。泗水因有华侨商轮开往上海，遂离开泗水回国，由上海赶回温州，召开光复会会员会议，设法劝导地方官与有力士绅赞成革命。杭州光复后偕王致同、蒋希召赴沪访问陈其美未晤，抵杭后遇见陶成章，命令其往返于苏杭之间从事联络浙军攻宁工作。蒋尊簋出任浙江都督，组织浙江参议会，被任命为参议。光复会解体后组建国民公会，并与民社党合并为共和党，由黎元洪任总裁，张负责共和党浙江党务工作。1913年以浙江共和党代表身份当选为浙江省议员和国会参议员。同年4月8日参加北京召开的第一届国会选举，国民党议员占优势，拥袁派遭到挫折；5月29日袁世凯策划共和党与统一党和民主党合并，组成进步党，推举黎元洪为理事长，成为对抗国民党的第二大政党，张在北京进步党总部担任庶务。1915年向梁启超和蔡锷推荐黄溯初乔装樵夫入桂，推动陆荣廷参加护国战争。避居沪上，组织统一公司，由黄旭任经理。1917年8月1日冯国璋任代理大总统，被任命为总统府咨议，授予四等嘉禾章。1918年被再次选为参议院议员，国务总理段祺瑞聘其为经济调查会委员。与张东荪在上海创办《时事新报》，任经理。1922年6月11日黎元洪复任大总统，被任命为总统府顾问，授予二等大绶嘉禾章。居京时因患伤寒重病，病愈后即崇信因果。居沪期间与印光法师结为师徒，与海内名僧弘一、谛闲时有往来。同年冬因倦于仕途，返回故里，与胡奉群、胡彭寿等兴建乐清虹桥居士林，捐出31亩田给居士林佛教会。居士林内设救济院、孤儿院、国学讲习所，延请高性朴、朱味温等主讲国学，邀请谛闲开坛讲经。1923年与汪醒时、翁来科等人在温州开设瓯海实业银行。1927年国民革命军筹建十九路军，聘为参议。1929年乐清遭受严重灾害，除捐粮施赈外，还吁请上海济生会等慈善团体捐助救济款5万元、面粉5万斤。1939年冬邱清华、郑海欣在柳市因宣传抗日被捕，曾协助中共乐清地下党进行营救。1946年乐清成立县参议会，坚辞不就县参议长。1947年国民党浙保四团团长陈祖康在虹桥成立绥靖委员会，出任主任，从不参加选举。国民党烧毁革命根据地泽基村，也以慈悲为怀，暗中予以救济。解放后以虹桥开明士绅身份参加乐清第一届第二次各界人民代表会议，当选为人代会常委副主席。1954年被推荐为浙江省文史馆馆员和浙江省政协委员。1957年反右斗争中因在省政协会议上就粮食问题的发言，在政治上受到不公正待遇，“文革”期间也备受冲击。1977年2月7日去世。生平擅长诗词，曾加入南社，与柳亚子、苏曼殊、陈叔通、陶成章均有诗书往来，惜已散失。

**张　丹(1912—　)**

字凤书。鄞县人。1912年12月1日生。1933年获上海国立交通大学电机工程学士。1934年公费留学意大利，入都灵大学电工研究所，获特许工程师学位。1937年返国后进入国民政府空军服役，历任电台台长、高级教官、研究委员等职。1941年任国立四川大学教授。1949年去台湾后任台湾省立工学院(今成功大学)教授、教务长。1958年2月10日调任省立台北工专校长。1965年任台湾当局"教育部次长"。此外还先后兼任"青年辅导委员会"秘书长,"科学发展指导委员会"执行秘书,"国立"交通大学教授。著有《电机工程学》等。

**张　凤(1887—1966)**

字天方。嘉善县人。1903年中秀才。1905年考入上海震旦学院预科学习。1908年任教于上海徐汇公学。不久回乡任中学教师,并创办《善报》。1911年加入光复会,参与辛亥革命。1914年因主办的《善报》抨击袁世凯政府被查封,并受到通缉。袁世凯死后于1917年应聘到浙江省立第一师范学校任教。1922年公费留学法国,入巴黎大学文学院。1924年获巴黎大学文学博士学位。1925年起历任国立暨南大学教授、教务长、历史社会系主任、文学院代院长兼图书馆馆长等职。1935年参与常州淹城和上海金山卫戚家墩古文化遗址考察。1939年任浙西天目书院院长,创办天目印社,主编《文史半月刊》,并担任《民族日报》民族通讯社顾问。抗日战争期间曾当选为浙江省临时参议会议员。1945年抗日战争胜利后到上海工业专科学校任教,并被聘为上海市博物馆筹备委员会委员。1949年嘉善解放后被选为各界人民代表。1957年任杭州师范学校教授,并被聘为浙江省考古学会常务委员、浙江省文史馆馆员。1966年2月6日在杭州去世。著有《池上存稿集》、《张凤字典》、《非非室诗集》,编有《天目印谱》等。

**张方佐(1901—1980)**

鄞县人。1901年3月29日生。1913年随父东渡日本。第一次世界大战爆发后又全家迁回故里。1916年再次去日本横滨,就读于华侨志成中学。1919年以优等成绩考入东京高等工业学校(今东京工业大学)公费攻读纺织专业,1924年毕业。1925年4月回国后在日资喜和纱厂任训练主任。上海发生"五卅"惨案后弃职回乡。其后辗转于江、浙、沪一带,在无锡振新纱厂、萧山通惠公纱厂、南通大生纱厂副厂、上海申新二厂、上海新裕二厂等工厂历任工程师、工场主任、厂长等职务。1946年被聘为中纺公司工务处副处长兼总工程师,负责公司系统的全面技术管理工作,主持编写了《工务辑要》、《纺织染丛书》等著作。1950年政府接管中纺公司,在此基础上成立华东纺织管理局,被任命为华东纺织管理局副局长,兼任上海交通大学纺织系主任。1951年兼任华东纺织工学院第一任院长。1954年被国家授予中国纺织界首批五名一级工程师之一。1956年奉调北京,任纺织科学研究院院长。1960年兼任北京化纤学院第一任院长。"文革"期间纺织科学研究院被解散,被下派到车间和图书馆参加劳动。1972年被聘为北京纺织局的总工程师。1978年纺织科学研究院恢复,其院长职务亦随之恢复。曾任第一、第二、第三届全国人大代表,第五届全国政协委员,中国纺织工程学会副理事长等职。1980年1月31日在北京病故。

**张以民(1905—1982)**

诸暨县人。1924年在私立上海大学读书时经张秋人介绍,加入中国共产主义青年团。1925年因参加"五卅"运动被北洋军阀当局逮捕。出狱后参加上海济难会,进行革命活动。1926年先后到广州和武汉参加中共领导的工人运动和创办报刊工作。1927年"四一二"反革命政变后回家乡开展秘密革命活动,建立中共水霞张支部;6、7月间任中共诸暨南乡区委书记;9月中共诸暨县第一次代表大会召开,当选为县委委员兼宣传部长。1928年6月中共诸暨县委召开全县党的代表会议,并确定开展以减租抗租为主要内容的土地革命斗争。会后参与领导以陶朱乡和牌轩下为中心的全县农民减租抗税斗争。1930年9月初中共决定再次举行农民暴动,与寿松涛一起回诸暨,参加在义(乌)北白峰岭召开由诸(暨)义(乌)浦(江)有关人员参加的会议,被推举为"诸(暨)义(乌)浦(江)工农革命委员会"总负责人兼政治部部长。但暴动未及发动就被国民党当局追捕,被迫流亡上海,暴动流产。1949年4月回到家乡,参加中共领导的浙东游击队;5月任诸暨县人民政府秘书;10月新中国成立后担任上海公安局被服厂厂务管理员。1950年调到北京纺织工业部,任办公厅秘书处科员和图书管理员。1982年3月18日在北京去世。

**张书旂(1900—1957)**

原名世忠,字书旂,别号七炉居士,室名小松山庄。浦江县人。自幼潜心文史,尤好绘画。1922年考入上海美术专科学校,先学西画,后转攻国画花鸟,师从著名美术教育家吕凤子。毕业后先后任教于金华浙江省立第七中学、厦门集美学校,得高剑父指授。1929年应徐悲鸿聘为南京中央大学艺术系教授。1932年曾与诸闻韵、潘天寿、吴茀之、张振铎结成"白社"。1935年在南京举办"张书旂个人画展",博得中外人士高度评价,此后先后赴法国、德国、苏联及比利时等国举办展览,作品为众多国家博物院收藏。1949年

3月赴美后定居旧金山,任加利福尼亚大学教授,讲授《中国美术史》、《中国画传神论》与《中国花鸟画法》等。勤于写生,工于设色,尤善用粉,喜用高丽纸作画。花鸟取法于任伯年画面典雅明丽,独具一格,极富现代感。1939年作品《百鸽图》被中国政府作为礼物赠送美国总统罗斯福,为进入白宫的第一幅中国画。1956年作品《雄鹰》获美国举办的国际画家名作展览"水彩首奖"。出版有《书旂花鸟集》、《书旂近作》、《翎毛集》、《书旂画册》、《张书旂花鸟册》、《书旂小品》、《张书旂画集》等画册,著有《中国风格的绘画》、《书旂画法》等。

**张水云(1877—1955)**

镇海县人。酿造企业家。制酱世家出身。清光绪年间继承父业,接办上海南市的万兴酒坊,由于经营得法,积累了资金,于1904年独资盘进宋万康酱坊(今华联商厦地块),改名万康宏记酱园。同年又在浦东盘入顺记酒坊,作为另一酿酒场地,生产醋、酒两作。1915年万康宏记酱园场地为粤商郭氏高价入盘建造永安公司,便另外购地建房设立万康新栈。次年又在西藏路建立万康宏总店,并在上海先后开设分店14家,均归总店管辖。1923年为改进制酱工艺,投资10万元,向日本购进一项专利以及全套酿制酱油的机器设备。新厂所产酱油比旧法生产的酱油浓厚醇美,产品远销旧金山、新加坡、南洋各地,在国外享有盛誉。此外还拥有张鼎新酱园、老万慎糟坊及新闸路酱园弄房屋多处。

**张去病(1907—1991)**

平湖县人。1927年燕京大学毕业。1931年获北京协和医学院医学博士学位,留任协和医院放射科医师。1936年赴美国坦泊尔大学医学院进修放射诊断和放射治疗。回国后历任北京协和医学院放射学教授、上海南洋医院X光室主任。新中国成立后任上海第一医学院教授、肿瘤医院放射科主任。兼任卫生部全国肿瘤研究组组长,中华医学会放射学会理事,中华医学会上海分会放射学会副理事长。长期从事恶性肿瘤放射诊断和放射治疗,尤精于鼻咽癌的放疗。1954年起受卫生部委托,先后举办33期全国放疗医师进修班,为国家培养400余名高级放疗医师。发表论文《原发性肺癌的放射治疗》、《鼻咽部恶性肿瘤之X线诊断》、《淋巴结结核X线治疗》等50余篇。

**张去疑(1918— )**

平湖县人。1918年5月15日生。1934年考入国立清华大学学习,1938年毕业。同年赴英国留学,毕业于皇家空军学校。之后又相继入英国伦敦大学、美国麻省理工学院研究电子科学。1949年去台湾后任台湾"空军通信电子学校"副教导主任。1959年任成功大学教授。1960年后任台湾交通大学工学院教授、研究所主任、教务长,前后12年。期间1962年至1963年曾任美国麻省理工学院客座助教;1971年至1972年被聘为客座教授。1973年任台湾清华大学教授兼总务长。1975年8月任台湾"行政院国家科学委员会"副主任委员。1983年5月起专任清华大学教授。退休后定居美国。

**张世桢(1878—1935)**

字树屏。海盐县人。丝茧商家庭出身。1900年中秀才。后入安徽省官立法政学堂学习。1911年11月杭州光复后浙江军政府组织浙军援宁支队,其妹夫朱瑞出任浙军援宁支队司令。应妹夫邀请担任浙军援宁支队军需处处长。1912年夏浙军自南京班师回杭后即交卸军职,从事实业。同年11月当选为中华民国第一届国会众议员。常驻北京,并兼任浙江都督(后改称浙江将军)朱瑞的驻京联络人。1915年支持陈光甫创办上海银行,以后又协助他创办中国旅行社。1918年以朱氏产息兴办海盐兴武小学,任校长。同年当选为第二届国会(即安福国会)议员。1922年6月第一届国会第二次会议后再次以第一届国会议员身份加入国会。1923年秋参与反对直系军阀首领曹锟贿选总统的斗争,南下上海,与拒选议员联名发表通电,声讨贿选之罪。斗争失败后在上海等地经营实业,以金融、航运为主,兼及电力、矿业等。1924年江浙战争爆发后所营企业外受洋商买办与官僚资本压迫,内为经理执事层所欺,多数破产。1926年筹资创办海盐农工银行,为海盐第一家近代金融企业。同年参与全浙公会,通过促进江苏浙沪工商界拥护北伐决议。

**张世禄(1902—1991)**

浦江县人。书香门第出身,其兄张书旂为著名花鸟画家,任教于中央大学。幼受熏习,好诗词古文及书画。早年就读于浙江省立金华中学。1921年考入南京国立东南大学中文系,从胡小石等先生学语言文字。毕业后于1928年任上海商务印书馆编译员,又曾任职于福建厦门集美学校、暨南大学、复旦大学、光华大学等校。1940年后先后任昆明云南大学、坪石中山大学、桂林师范学院、贵州大夏大学、重庆中央大学、重庆大学、四川教育学院、中央大学、南京大学、金陵女子文理学院、华东师范大学、复旦大学教授、博士生导师。1952年起任复旦大学中文系教授。1958年参加《辞海》编辑工作,任语词分科主编。1974年参加"二十四史"标校工作。1977年参加《汉语大词典》编写工作,担任《汉语大词典》、《汉语大字典》学术顾问,中国语言学会理事,上海语文学会、中国汉语音韵学研究会、中国汉语训诂学研究会、上海古籍整理小组学术顾问。毕生从事中国文字学、训诂学、语音学及词汇学研究,尤其擅长汉语音韵学研究,对建立中国现代语言学做了开拓性工作。主要著作有《中国声韵学概要》、《中国古音学》、《语言学原理》、《语言学概论》、《语音学纲要》、《汉语词类》、《广韵研究》、《音韵学》、《中国音韵学史》、《小学词汇教学基本知识讲话》、《普通话词汇》、《小学语法修辞》、《现代汉语》(词汇部分)、《古代汉语》等,译著有英国斐尔司《语言学通论》、瑞典高本汉《中国语与中国文》等。

**张石川(1890—1953)**

原名张伟通,字蚀川。镇海县人。父亲早逝,只身到上海做小职员。1913年进入美国商人开办的亚细亚影戏公司,担任顾问并主持制片业务。导演了《难夫难妻》等一些短故事片。1916年与朋友合办幻仙影片公司,将文明戏《黑籍冤魂》搬上银幕。1922年与郑正秋等人创办明星影片公司,后来成为中国资格最老的老牌影片公司。1923年至1937年间共导演70部影片,成为大名鼎鼎的电影大导演。影片题材非常广泛,既有鸳鸯蝴蝶派作品,也有左翼进步作品。抗战胜利后为香港大中华影片公司和上海大同影片公司拍片。1948年导演了《乱世的女性》一片后告别影坛。

**张龙驹(1919—1947)**

小名毛毛。海盐县人。1941年在苏北参加新四军。1943年加入中国共产党。历任班长、排长、特务连副连长。作战勇敢,多次立功受奖。1946年4月在苏中小海战斗中重伤不下火线,带领掷弹组,抢占河岸阵地,击退10倍之敌所发起的三次进攻,为全歼敌一个团赢得了时间,战役后被评为一等英雄。同年7月在苏中宣家堡战斗中带领突击班,冒敌火力,连克两座大碉堡,并领先冲入突破口,被评为战斗模范。同月在海安战斗中率领战士,率先攻上城墙,两次受伤均不下火线,直到第三次因头部、嘴巴两处中弹,当场昏倒,才被抬下战场,终成残疾。医院建议转业,但一再向部队领导要求留队,面戴皮制口罩,重返前线,成为当时名闻华中野战军四纵队的"老英雄"。1947年1月在山东枣庄战斗中一人毙敌10多人,又荣立二等功。同年5月参加孟良崮战役;16日在攻克、固守五二〇高地战斗中肩、腿负伤,仍带领一个战斗组抗击敌人。组里战士相继牺牲,最后当七八个敌人冲上来时拉响手榴弹,与敌人同归于尽,阻止了敌人的突围。孟良崮战役结束后被追评为特等英雄和一等功臣。

**张东荪(1886—1973)**

原名万田,字东荪,曾用笔名圣心,晚年自号独宜老人。杭县人。1886年12月9日生在官宦世家。自幼在其父张上龢及长兄张尔田督责下接受传统儒学教育,18岁时读到《楞伽经》,开始对哲学产生兴趣。1905年官派留学日本,就读于东京帝国大学哲学系。1906年与蓝公武等在东京创办《教育》杂志,介绍东西方学说。辛亥革命前夕回国,1912年参加南京临时政府并任临时内务部秘书。南京政府解散后列名孙中山新建的国民党之中,又与梁启超及进步党关系密切。此后发表大量政论文章,既反对袁世凯复辟,又不支持孙中山的"二次革命",同时企图调和国民党与进步党的关系,走第三种路线。1917年起接替张君劢主编研究系喉舌《时事新报》。1918年3月创办该报副刊《学灯》,与北京《晨报》副刊、《民国日报》副刊《觉悟》、《京报》副刊并称新思潮四大副刊。同年与梁启超共同领导进步党演变而来的研究系参与国会选举,尝试成为第一大党,但被段祺瑞皖系军阀支持的安福俱乐部所败。从此放弃直接的政治活动,转入思想界。1919年9月在上海创办《解放与改造》杂志并任主编。1920年3月与梁启超成立讲学社,并于同年9月邀请哲学家基尔特社会主义者罗素来华。同年与人在上海筹办中国公学,自任大学部主任,后因经费问题辞职。曾参加过上海陈独秀组织的"马克思主义研究会",但拒绝参加共产党。1923年在科学与玄学论战中认为科学不能解决人生观问题,反对吴稚晖等人提出的所谓科学的人生观。1924年不再担任《时事新报》主编,专任中国公学教授,后任上海光华大学文学院院长兼教授。1927年8月与瞿世英创办中国第一个哲学研究专刊《哲学评论》。1929年的论文集《新哲学论丛》中初步构建了自己的哲学体系:"泛架构主义"和"层创进化"的宇宙观、"主智的创造的"人生观和"交互作用"的认识论,是中国近代以来第一个尝试建立自己哲学体系的思想家。1930年任北平燕京大学哲学系教授。1931年12月在《哲学评论》上发表《条理范畴与设准》,开始提出新的认识论观点。对西方道德学和价值论的介绍曾引起较大反响。30年代已被公推为“中国新唯心论领袖”。与此同时又积极参加政治活动。1932年与张君劢组织成立国家社会党(“国社党”,后改为“中国民主社会党”),并创办机关刊物《再生》周刊。抗日战争期间主张国共合作,同时与中共地下党接触,并曾介绍燕京大学学生到中共抗日根据地。日本对美国宣战后燕京大学被强占,张被捕,被关押半年之久,但并未屈服,曾自杀四次。后被判缓刑保释出狱。1944年加入中国民主同盟,任中央常委。1945年11月参加重庆政治协商会议,任军事组召集人及综合委员会委员,并在会议上提出“政治民主化”、“军队国家化”两个原则。40年代末在《观察》杂志关于“自由主义往何处去”的争论中提出“社会的计划性与文化上的自由主义并存”的主张。1946年在中国民主同盟一届二中全会上当选为民盟秘书长。同年11月张君劢被推为中国民主社会党主席,参与制宪国民大会,因此与张君劢决裂,退党,反对参与国民政府。1948年底作为傅作义的代表与中共代表秘密谈判,促使实现了12月24日北平和平解放。新中国成立后任中央人民政府委员,政务院文化教育委员会委员。同时仍担任燕京大学(后并入北京大学)哲学系主任和教授。1951年被指控向美国出卖国家重要情报,被免去政府职务,并被民盟开除,但工资照发。“文革”中被捕,关押于秦城监狱。1973年6月2日病故。著有《新哲学论丛》、《认识论》、《道德哲学》、《知识与文化》、《思想与社会》、《理性与民主》、《民主主义与社会主义》等。

**张令杭(1913—2000)**

鄞县人。上海光华大学毕业。曾任国立幼专讲师、国立编译馆编审、浙江大学校长办公室主任秘书、民盟浙江省委《浙江盟讯》编委会副主编、文史委员会委员等职。中国书法家协会会员、西泠印社社员。幼受父古文学家张振督教。师事书法名家吴公阜,又得沙孟海、韩登安等名家指授。编著有《浙江近代书画选集》、《沙孟海翰墨生涯》等大型图册。

**张令法(1898—1978)**

鄞县人。1917年毕业于北京工业专门学校。1926年毕业于英国格拉斯哥大学机械系。回国后曾任沪宁、沪杭、津浦铁路工程师,吴淞、重庆商船学校教授,招商局总轮机长。新中国成立后历任上海人民轮船公司总轮机长,北京海运总局总轮机长,大连海运学院教授,中国船舶及海洋工程设计研究院工程师、顾问。参与研究设计4500吨油轮、民主十八号客货轮、东风号万吨货轮等。

**张乐平(1910—1992)**

海盐县人。自幼喜爱漫画,因家贫离家赴上海当学徒。1928年在亲戚资助下进入学校,接受一段时期的正规美术教育。1929年开始投稿并发表漫画作品,在上海漫画界崭露头角。1935年创造了“三毛”漫画形象。1937年抗日战争爆发后加入“抗战漫画宣传队”任副领队,带队辗转苏、鄂、湘、徽、浙、赣、闽、粤、桂诸地,以绘画形式向沿途民众宣传抗日。1940年在上饶战区担任漫画宣传队队长,并任《前线日报》副刊“星期漫画”主编。1941年在金华参加进步画刊《刀与笔》的筹备与编辑工作。1945年从广东返回上海,次年在《申报》发表《三毛从军记》,引起轰动。1947年《三毛流浪记》在《大公报》连载,社会反响强烈。1949年在宋庆龄支持下举办“三毛原作画展”,义卖三毛原作及各种水彩、素描、写生画,筹款创办“三毛乐园”,收容流浪儿童。新中国成立后长期担任中国美术家协会上海分会副主席。历任中国美术家协会理事、常务理事、顾问,中国文联委员,全国政协委员等职。“文革”后期从解放日报社调到少年儿童出版社工作,又任《漫画世界》主编。1985年荣获首届中国福利会“樟树奖”。毕生从事漫画创作长达60年,作品具有鲜明的时代特征和强烈的平民意识,尤以“三毛”系列漫画形象妇孺皆知,名播海外。此外年画、插图、速写、素描、水彩画、剪纸、国画也达到较高水准。

**张尔田(1874—1945)**

一名采田,字孟劬,一字幼莼,号遁庵、遁庵居士,又号许村樵人,晚号遯堪。仁和县人。官宦世家出身,曾祖张裴曾任嘉定知县、泰州知州;祖父张之杲曾任嘉定、吴江、阳湖、长洲等县知县及泰州知州;父张上龢曾任直隶昌黎、博野、宁县、万全、内邱、静海、元城知县。早有文名,曾中举人,官刑部主事、知县、候补知府。辛亥革命后闲居。1914年清史馆成立后参与撰写《清史稿》,前后达七年。1915年曾应沈曾植邀请参加编修《浙江通志》。1921年后先后在北京大学、北京师范大学、中国公学、光华大学、燕京大学等校任教,后长期在燕京大学哈佛学社研究部工作,为燕京大学国学总导师。致力于史学,继承浙东学术传统,由史入经,又以词、文闻名。著作主要有《史微》、《槐后唱和》、《遁庵乐府》、《遁庵文集》、《钱大昕学案》、《玉溪生年谱会笺》、《钱大昕学案》等,整理沈曾植遗稿,出版有《蒙古源流笺注》、《蛮书校补》、《元朝秘史注》等。

**张汉臣(1912—1965)**

缙云县人。电影美术师。少年家贫,初中肄业。1926年去上海,随早期电影导演兼布景师方沛霖学艺。三年后进入联华影业公司当布景助理,不久即晋升为布景师,在《无愁君子》、《天伦》、《迷途的羔羊》、《慈母曲》等影片中负责布景设计。1938年后在新华、合众等影片公司任《离恨天》、《文素臣》、《黄天霸》等多部影片的美术师。抗战胜利后任中电二厂、昆仑影业公司的美术师,先后拍摄了《幸福狂想曲》、《三毛流浪记》等影片。从《迷途的羔羊》到《三毛流浪记》,均系流浪儿童题材,但其美术设计却无重复雷同之感。新中国成立后任上海电影制片厂美工师,先后完成《大地重光》、《翠岗红旗》、《铁道游击队》、《红色娘子军》、《燎原》、《霓虹灯下的哨兵》等影片的美术设计。50年代初曾受组织委派前往东北,帮助长春电影制片厂培训青年美工人员。期间还参加了影片《六号门》的美术设计,于1957年文化部1949—1955年优秀影片评奖中获个人三等奖。自20年代起先后担任过100余部影片的美术设计。曾任中国电影家协会第二届理事。

**张贞黻(1904—1948)**

奉化县人。1928年上海立达中学毕业后入上海国立音乐学院,学习小提琴及钢琴,后改学大提琴。1934年毕业后参加上海工部局管弦乐队、江西省推行音乐教育委员会,专事音乐演奏。抗日战争爆发后至重庆,供职于中央电台管弦乐队。1940年冬赴延安,历任延安鲁迅艺术学校音乐系教职、延安乐器厂厂长、中央管弦乐团副团长、晋冀鲁豫人民文工团副团长等职。1946年加入中国共产党。曾撰文介绍西洋音乐知识,致力于乐器制造,培养音乐人才。1948年在石家庄去世。

**张　光(1878—1970)**

女。字德怡,晚号红薇老人。永嘉县人。幼年从兄朗西学诗、从汪如渊习绘事,少年即以诗画名闻乡里。1906年随夫瑞安章献猷赴广东广方言学堂文科教授之任,担任广东省立女子师范、私立洁芳女子师范监督。民国初年随夫赴京,考入北京女子师范。毕业后历任上海美术专科学校讲师、北京艺术专科学校教授、杭州艺术专科学校教授,垂30年桃李满天下。平生交游甚广,与徐悲鸿、张大千、吴湖帆、黄宾虹、郑午昌、唐云、谢稚柳等过从甚密。1937年"八一三"事变后辗转由南京、安徽至重庆,得蒋介石夫妇题赠"媲美徐黄"匾额。新中国成立后仍孜孜艺事。1952年受聘为上海市文史馆馆员,又受聘上海画院老年画师,为中国美术家协会会员。擅长花卉、翎毛,近宗恽南田、蒋廷锡,远法徐熙、黄荃,作品设色淡雅,笔致秀妍,又工诗。遗著有《红薇吟馆诗集》、《忘忧书屋诗钞》、《红薇老人书画集》,代表作有《百花长卷》等。

**张同孚(1884—1939)**

鄞县人。13岁进上海虹口一家小铁铺当学徒。1910年去汉口京汉铁路做工。1912年回上海后到浦东祥生船厂做工。同年祥生船厂集资在虹口创办协成裕记银箱厂,由张主持。其时国内保险箱市场主要被"舶来品"占领,搜集国际市场上各种保险箱样式,潜心研究,制造出质量优于"舶来品"且价廉的保险箱,得到国内银行、邮政总局等的信任和采用,业务日有进展。1917年与上海英商文仪洋行产销联营。1922年盘进文仪洋行在上海的全部设备,成为全国规模最大、品种最齐、产量最高的保险箱专业企业,产品供应全国各地,并畅销东南亚。1936年又购地创建协成银箱厂。"八一三"事变中工厂被毁,抑郁而病。1939年10月去世。抗战胜利后其子张汉亭在原址重建上海协成银箱厂。

**张伟文(1878—1941)**

又名蔚斋。云和县人。少聪颖,弱冠中县学秀才。1903年与魏兰东渡日本,寻求实业救国之道。入弘文学院学习,结识陶成章等革命志士。1904年与陶成章、魏兰一起回国,奔赴浙江各地,联络会党,拟响应黄兴在长沙发动的武装起义,因事机不密而失败。同年与陶成章、蔡元培、龚宝铨等人在上海成立光复会。1905年再次东渡,会晤陶成章,并结识黄兴、秋瑾、宋教仁等人。经宋教仁介绍,加入同盟会。1906年初与徐杰一起回国开展革命活动。又随魏兰夫妇前往南洋,到达爪哇柬地里,筹集革命经费。奉魏兰指派回国与陶成章联系,奔走于南洋与国内、上海与杭州之间,传递革命信息。1908年春与陶成章、陈其美等人在上海商讨,筹划发动浙江起义。为了取得外省声援,又与陶成章、王文庆赶赴青岛,与臧耀熙、商起予、吕建侯、刘冠三等组织震旦公学,准备仿大通学堂,增训革命骨干,不慎被山东地方政府侦知,不得不分别化装离开青岛。又偕陶成章、张恭等人赴日准备武装起义。随后又与张恭携带武器回国,与沪上的陈其美和庄新如商讨革命进行计划,再次奔赴浙江各地,联络会党,随时准备行动。再次赴南洋,向魏兰汇报国内革命形势。1909年回国进行革命活动,由于叛徒告密,被逮捕,受尽酷刑,拟于1911年秋后斩决。杭州光复后当选为浙江省临时议会议员,并与陶成章等护送浙江巡抚增韫赴沪释放。汤寿潜调任交通部长后陶成章被推荐为浙江都督,并专程赴沪到广慈医院请陶成章回浙主政。沪军标统蒋介石到医院探询陶成章住址,引起高度关注,并报告陶成章,但陶成章不以为意,当晚陶成章遇刺身亡。陶成章遇难后光复会处境险恶,仍捐款在杭州创办《平民日报》,大力开展革命宣传活动。一度出任寿丰县知事,廉洁自爱,深受民众爱戴。一年后辞职,回云和主持教育行政工作,并协助魏兰开办花边厂,开发山区经济。1941年在云和病故。

**张传保(1877—1952)**

字申之,号继望。鄞县人。1902年中举人。历任鄞县劝学所总董、统计调查总编纂、宁波府中学堂总监督。1909年当选为浙江省咨议局议员,并两次被举为常驻议员。1911年当选为地方行政经费预算审查会会长。其政治立场倾向反清,主张改革,以图国家强盛。同年参与辛亥革命。宁波光复后任宁波军政分府财政主任。1912年11月当选为中华民国第一届国会众议院议员。1914年国会被袁世凯非法解散后任中国银行嘉兴分号、温州分号主任。1916年夏国会恢复后仍任众议员,并当选为院内常任委员、预算委员会委员,兼财政讨论会会员。1917年国会再次被解散后南下参加孙发起的护法运动,任广州非常国会众议院议员。1922年国会再次复会,仍任众议员。1923年坚决拒绝直系军阀首领曹锟贿选总统,离开北京南下上海,与其他拒选议员联名发表宣言,声讨曹锟及受贿议员们的"贿选之罪"。斗争失败后愤而弃议员之职,返回故里。1924年任鄞县水利局长,主持鄞西浚河事宜。1927年上半年先后任鄞县知事、宁波市临时政府筹备委员会主席。参与营救宁波民国日报社长庄禹梅和被捕共产党员。1927年7月至1928年5月任浙海关监督,兼外交部驻宁波交涉员。1929年任宁波旅沪同乡会办事处主任。自1923年南归之后在家乡兴办实业,热心参与兴修水利、修建道路、救济灾荒等社会公益事业。1931年发起兴建灵桥,创办通运汽车公司,任经理,资助修建鄞(县)慈(溪)镇(海)公路。1932年上海"一·二八"事变后调度轮船运送旅沪同乡回籍。1933年1月鄞县成立鄞县通志馆,被聘为馆长。1935年起《鄞县通志》即陆续付铅印,中因抗日战争一度停辍,1948年起复继续付印,至1951年4月最终印竣八卷本。《鄞县通志》被称为浙江省"所有民国县志中的关门志"。1946年6月23日宁波旅沪同乡会设立"整理东钱湖协赞会",被聘为委员,为东钱湖整治筹集资金竭尽其力。新中国成立后被选为第一至第五次宁波市各界人民代表会议代表,第一至第四次会议主席团成员和政协委员。1951年被选为浙江省第二次各界人民代表会议代表。

**张延钟(1864—?)**

鄞县人。初在上海英商祥生船厂任职。1899年与人在上海创设恒昌机器厂,修造内河小火轮。1904年脱离祥生船厂,专营该厂。招募股金,增添机器设备,改名恒昌祥机器厂。由于船厂技术力量强、讲究信誉和质量,在20世纪初获得迅速发展,闻名于上海航运业。1923年创设恒安轮船公司。长期担任四明公所董事,宁波旅沪同乡会会董,上海总商会会员。

**张任天(1887—1995)**

原名家福,别名鹏、万竹居士,字图南、双凫。仙居县人。1887年11月24日生。1901年中秀才。1902年入杭州求是学院读书,旋即赴台州府八仙岩上洞天读书学剑。后奉陶成章之命负责联络潘门主帮,聚集革命力量。1904年结识蔡元培,并加入光复会。同年冬东渡日本,入早稻田大学攻读数学,后又转入明治大学攻读政治经济学。1905年以光复会员的身份参加中国同盟会成立大会。1908年与陈布雷、邵飘萍在杭州创办《一日报》,旋又任教于临海三台中学堂。1909年任教于路桥筠美中学堂和葭芷椒江中学堂。1911年任教于天台中学堂。后与戴季陶、陈布雷在上海创办通讯社,为光复南京立下战功。袁世凯窃取辛亥革命的胜利果实后联络革命志士,开展秘密反袁活动。1916年4月浙江打响了反袁起义枪声,革命党人进攻将军署,朱瑞仓皇出逃,屈映光被举为都督,王文庆出任省长,张任教育厅长兼省长公署秘书长。屈映光两面派面目暴露后浙江省参议会选举吕公望为都督,张仍主持教育厅工作,但张表示要赴日留学,坚辞未就。1922年在上海勤业女师和上海吴淞中国公学任教。同年在芜湖、安徽二地任教。1924年在上海沪江大学及其附中任教。同年11月孙中山发表《北上宣言》,并离开广州北上,到达上海莫利哀路寓所向新闻记者发表谈话,表示要进行反对军阀反对帝国主义的斗争,并准备派遣一些记者前往南洋,加强南洋方面华侨报纸的宣传工作。正在上海教育界任职的张立即前往拜谒,并于12月31日离开上海南下南洋。1925年出任槟榔屿《光华日报》翻译。1926年出任新加坡《新国民日报》主笔。1927年出任棉兰《南洋日报》总编辑，殖民当局以国际党人嫌疑驱逐出境。30年代为陈布雷的浙江省教育厅主持社会教育，出任教育厅督学、教育部督学，一度以教育界代表身份出席1931年的国民会议，并因此转任唯一的民众教育实验县——新登县代理县长。1979年10月被浙江省人民政府聘为浙江省文史馆馆员，当选为民革浙江省第六、第七届委员会委员、顾问，民革中央团结委员，政协杭州市第四、第五、第六届委员会委员，浙江省政协文史资料研究委员会委员。1981年赴京参加辛亥革命70周年纪念会。1986年赴京参加纪念孙中山诞辰120周年纪念会，受到党和国家领导人的亲切接见。1995年4月29日病故。擅长数学，列为清代数学家之一。著有《争做祖国统一的功臣》，译著有《孟氏非欧形学》、《突氏大三角》等。

**张兆辰(1873—1940)**

字星白，号乐天。青田县人。1900年考入江南陆师学堂。1902年春任湖南省定字左旗教习，后任湖南省将弁学堂监督兼总教习、陆军第二标第二营管带(营长)。1907年夏应两江总督端方之邀请出任南京卫戍副司令官，后调任苏州、江宁、无锡、镇江四府禁烟督办。1911年春辞职归故里。武昌起义爆发后参与东南地区光复，当江浙联军攻打南京失利时向联军浙军支队长朱瑞提议组织敢死队发起进攻，并与叶仰高分任敢死队队长。同年11月30日下午3时率领敢死队第二支队与清军短兵相接，用刺刀拼杀，全歼炮台守敌；12月1日指挥敢死队员掉转清军炮口，向南京城内北极阁、朝阳门、旗营、总督府等敌据点射击；2日10时攻克南京城。被记一等战功。后任松军混成旅第一团团长。1912年中华民国成立后任总统府军事参议。1917年北洋军阀杨善德率军入主浙江时被指为乱党，悬赏缉拿，乃避居上海，改名张乐天，以行医糊口。同年11月到宁波协助叶焕华、朱光斗等宣布宁波独立，反对北洋军阀，事败后赴广州。1918年2月12日任孙中山大元帅府军事参议，兼广州卫戍总司令部参议。同年4月奉孙中山命赴汕头与吕公望策动出师的浙军反正，被推为浙军指挥。1922年9月任讨伐陈炯明之东路讨贼军参谋长，旋兼前敌总指挥，授陆军中将加上将衔。1927年国民革命军北伐，任浙军第一路总指挥，负责温(州)处(州)一带军事，维持地方秩序。同年冬被西北国民革命军总司令冯玉祥任为第十九军军长，因故未就。次年冬以年老为由，归隐故里，悬壶济世。1930年红军第十三军经过青田白岩，指挥员雷振(高升)仰慕张名，派人持函至张口邀请，并亲自到渡口迎接。1940年8月11日在故乡张口病故。

**张兆瑾(1908—2003)**

江山县人。1933年毕业于清华大学地质系。后在经济部中央地质调查所任技佐、技士。1940年任西康地质研究所地质师兼西康技艺专科学校地质系副教授。1943年至1949年任资源委勘处工程师、中国地质工作指导委员会高级工程师、地质部地质矿产勘探局南京办事处高级工程师。1953年任中国科学院长春地质研究所研究员。1961年起任中国科学院海洋研究所研究员。主要从事矿床学与矿床地质研究。主要论著有《中国锑矿之类别》、《中国钨矿之成因及类别》、《中国锑矿区域论》、《中国钨矿之成因分类与大地构造及火成岩关系中钨矿带发展的规律性》、《中国钨矿地质志》、《浅海及其港湾油气寻找标志及其重要意义》、《钨矿探讨及其展望》。

**张守敬(1917—1999)**

平湖县人。著名土壤专家。曾任台湾政治大学经济学教授、台湾大学讲座教授。并担任联合国粮农组织派驻菲律宾、伊朗、泰国等国的土壤专家。1999年在台北去世。

**张　冲(1904—1941)**

原名绅，字淮南，亦作怀南，号御虚。乐清县人。1904年2月8日生。1916年入县立第三高等小学。1919年夏考入温州的浙江省立第十中学。受五四运动影响，在校曾与同学郑亦同、萧铮等组织醒华会，被推为理事会主席。1923年毕业后考入国立北京交通大学。1924年转入哈尔滨法政大学。在校期间加入国民党，并担任国民党哈尔滨市党部委员兼青年部长。1926年曾赴莫斯科作短期留学。返回东北后因反对奉系军阀张作霖亲日被奉军逮捕入狱，判处三年徒刑。1928年底东北“易帜”后出狱，曾返原籍休养数月。旋被委为国民党哈尔滨市党部特派员，兼民国日报社社长，并主办《哈尔滨日报》。1930年任国民党天津市党部委员，未就任。不久出任国民党中央组织部调查科总干事和设计委员。1933年任国民党中央宣传部电影科科长。1934年出国考察欧洲政治、经济。后调任中央宣传部电影事业处处长兼国际新闻摄影社社长。1935年当选为国民党第五届中央执行委员，与陈立夫同去苏联参加中苏复交谈判。1936年西安事变前后周旋于国共两党之间，曾伴周恩来一登莫干、二上庐山与蒋介石谈判，为第二次国共合作的实现作出重大贡献，并与中共代表周恩来建立了良好的私人友谊。1937年9月任甘肃省建设厅厅长，辞未就。后与孙科等发起成立中苏文化协会，并创办俄文专修学校于汉口，自任校长，培养了一批俄文翻译人才。同年秋任军事委员会第六部主任秘书。同年冬任考察苏联实业团副团长，赴苏接洽苏联军援事宜。1938年归国后任军事委员会办公厅顾问事务处中将衔处长，负责友邦援华军事顾问(当时主要是苏联顾问)的接待工作。1939年起鉴于国共摩擦风波迭起，为团结抗日奔走不懈。1941年3月兼代国民党中央组织部副部长。同年8月11日在重庆病故。著有《苏德土意访问录》。

**张汝剑(1900—?)**

字曙蕉，法名圣慧。宁波人。1926年毕业于上海民国大学，获得英文学士学位。后任宁波四明中学教员，宁波图书馆馆长，武昌菩提精舍及女子佛学院教授。早年研究过法政哲学、教育学。中年以后转向研究基督教教义，并擅长诗词。著有《海讴集》、《缘天簃诗词集》、《蕉园感怀诗》等。

**张汝梅(1913—1977)**

平湖县人。1937年毕业于公立吴淞商船学校轮机科。1939年毕业于美国密歇根大学研究院机械系。1942年回国。曾任贵州大定发动机制造厂工务处处长、上海中国油轮公司、吴淞商船学校轮机科主任兼教授。新中国成立后历任上海招商局船务修建科科长，上海海运局设计科科长，上海船舶修造厂副厂长，交通部水运科学研究院副院长，交通部上海船舶运输科学研究所副所长、高级工程师。是第三届全国人大代表。对内燃机和金属热处理有较深研究，为我国内燃机和船舶机械制造工艺的发展作出了贡献。

**张聿文(1884—1944)**

字伯华。祖籍绍兴县，生于台湾。父亲张景川曾在台湾衙门任幕僚。父亲亡故后于1909年护送双亲骨灰返回绍兴，得以与陶成章相识，加入光复会，奉命在南洋一带为革命筹款。1912年陶成章遇难后，遭刺客近距离枪击，右胸连中两枪，因及时抢救而幸免于难。因身体十分虚弱无力投身革命，遂返回到绍兴，开办了民生小学，自任教师，还开办了三个“民生工艺社”，以传授纺织毛衣、绣花和使用缝纫机等技术。1934年朱仲华和王子余等人组织了绍兴县修志委员会，从其手中征集了陶成章遇难前撰写的手稿《光复会之发源》。1941年绍兴沦陷后拒绝与日伪合作。

**张聿光(1885—1968)**

字鹤苍头，斋名冶欧斋。绍兴县人。自幼酷爱绘画，1904年在上海画照相布景。1905年任宁波益智堂国画教师。1907年返回上海，任中国青年会学堂美术教师。1908年在上海新舞台任舞台布景绘画师。1909年起为上海《民报》绘漫画。1912年至1920年任上海美专教授，又曾任明星影片公司美术主任兼新华艺专、上海美专教授，期间从法国人学习西画。1928年任新华美专副校长。为中国国民党革命委员会委员。新中国成立后历任上海市文史馆馆员，中国美术家协会会员及上海分会理事，上海中国画院画师。绘画继承任伯年画风，吸取西画技巧而形成自己面目，凡花卉翎毛、风景山水、人物、走兽等无所不能，构图较多变化，不落陈套，有天真自然之趣。1935年出版《聿光画集》二集，代表作有《黄山云海图》、《孔雀图》等，作品为法国国立博物馆、德国柏林艺术院所收藏。

**张红薇(1910—　)**

女。东阳县人。早年先后就读于杭州私立行素女子中学、上海君毅中学。1930年考入上海法政学院法律系。1934年毕业，获法学学士学位。1936年在东阳加入中国国民党，后到国民党上海市党部工作。1937年抗日战争爆发后在上海执律师业。因参与抗日及救济难民工作，被日伪当局逮捕，获释后赴香港。1941年太平洋战争爆发后赴重庆，任国民政府赈济委员会专员。1945年抗日战争胜利后返回上海，继续执行律师业务，并参加妇女运动，被选为上海市妇女会常务委员及妇女建设协会理事长。1947年当选为“行宪”国民大会代表。新中国成立前夕侨居瑞士，后在日内瓦从事商业经营活动。同时继续担任台湾当局的“国民大会代表”，并被台湾当局聘为“光复大陆设计研究委员会”委员。

**张寿镛(1876—1945)**

字伯颂，又字咏霓，号约园。鄞县人。财政官员。1903年中举人。曾任苏淞沪捐厘总局提调、江苏度支公所科长。1910年任宁波法政学堂监督。辛亥革命后任浙江省财政司长兼杭州关监督。后历任浙江、湖北、江苏、山东等财政厅长。1924年底任江苏沪海道尹。1925年“五卅”运动后参与创办光华大学，并任校长。1927年南京国民政府成立后先后任江苏省政府委员兼财政厅长、财政部次长、中央银行上海分行副行长等职。1929年任军政部海陆空抚恤委员会委员。1932年任行政院淞沪战区善后筹备委员会委员，旋又任招商局常务理事。还曾先后担任交通银行董事、董事长，上海女子商业储蓄银行常务董事，惠中银行董事，四明银行监察人，国信商业银行董事长，上海建设银公司董事，宁波旅沪同乡会会董。1930年起致力于编辑宁波地方文献，编刊《四明丛书》，凡8集184种、1184卷，卷帙之巨，为国内乡邦文献所罕见。另著有《约园演讲集》、《经学大纲》、《史学大纲》等。张氏也是藏书家，"约园"藏书达20万卷，编有《约园元明刊本编年书目》。1945年7月在上海病故。

**张　更(1896—1982)**

号演参。瑞安县人。1896年12月6日生于瑞安县北区卢浦村。1922年考入国立中央大学地质系。1928年本科毕业，获理学学士学位，入两广地质调查所工作。1929年任中央研究院地质研究所助理研究员。1934年考入美国哈佛大学。1936年回国后任中研院地质所副研究员。1937年随所迁至桂林。1939年升任研究员。1941年任重庆国立中央大学地质系教授。次年兼任该校地质系主任及国立重庆大学教授。1946年随中央大学迁回南京。1949年兼任中央大学理学院院长和校务委员会委员。新中国成立后曾任燃料工业部石油管理局陕北勘探大队总地质师、副大队长，西北石油管理局地质处处长，西北石油地质局副局长等职，参与领导了西北、西南地区的油气勘探工作。1953年参与北京石油学院筹建工作并在该院成立后出任地质系主任。1978年任石油部石油勘探开发研究院总地质师。著有《石油地质学》、《中外油气田地质学》等书。1982年1月14日在北京去世。

**张佐臣(1906—1927)**

名鹏、人杰。平湖县人。早年进上海日商大康纱厂当工人。1924年加入中国共产党。1925年2月参加领导上海日商纱厂的罢工斗争，成为这场罢工的组织者和领导者之一，并以五人代表之一身份参加谈判，迫使日商接受部分条件。还以代表身份与当局交涉，营救出在罢工中被捕的共产党领导人邓中夏、孙良惠等。同年5月到广州参加第二次全国劳动大会，被选为中华全国总工会执行委员；"五卅"运动中任上海日商纱厂工会联合会主任兼募捐主任，以大无畏的革命精神投身运动；7月任上海总工会第三(浦东)办事处主任；8月20日被选为拥有12万会员的上海纱厂总工会主要负责人之一；21日任新成立的中共上海(江浙)区委候补委员，分管群众工作。在浦东、南市以及曹家渡等地区开展党和工会工作，创办工人夜校，发展工人积极分子入党。1926年后先后任中共上海区委委员、上海总工会副委员长、中共无锡独立支部书记、无锡县委书记、无锡地委(含无锡、江阴、常州、苏州四县)书记等职，在同年召开的第三次全国劳动大会上再次当选为中华全国总工会执行委员。1927年4月赴武汉出席中共第五次全国代表大会，当选为中央监察委员。回沪后任上海总工会委员长、中共江苏省委委员。同年6月29日在上海北四川路横浜桥总工会秘密会址开会时不幸被敌人逮捕，当晚被叛徒指认出卖；7月1日早晨被押至龙华刑场，壮烈牺牲。

**张作幹(1906—1969)**

温岭县人。1925年秋考入上海复旦大学生物系。1927年休学回乡，参与创办温岭中山中学。1932年考入燕京大学生物系，毕业后留校当助教。曾任山东齐鲁大学生物系讲师，北京协和医学院讲师。1947年赴美国留学。1949年获康涅狄格大学博士学位。新中国成立后回国，历任北京协和医学院解剖科教授，中国医学科学院实验医学研究所研究员、实验形态学系教授，中国医科大学组织学教研组主任、教授，中国解剖学会第二、第三届常务理事，《解剖学报》主编等职务。毕生从事组织学、胚胎学及神经解剖学的教学工作。对小白鼠胚胎发育及安康羊、矮脚羊和侏儒羊骨的发生有较深研究。著有《各种因素对于骨骼结构及发育的影响并论及畸形的成因》，合编有《组织学》、《细胞学进展》等。

**张伯岐(1881—1937)**

字南月，号颂南。嵊县人。幼年因家贫无力上学，以佣工及小贩度日，胆识过人，任侠尚义。17岁时因仗义误伤人命，被迫上山为盗。后率部参加"平阳党"，与竺绍康结为"生死之交"。1905年进入大通学堂学习，并加入光复会。皖浙起义失利后遭缉捕，配合裘文高义军发动白竺起义。随后解散部属，避往上海，结识陈其美。1908年春奉陈其美之命，往来于沪、杭、甬、嵊之间，筹集起义经费。同年夏因积劳成疾，在临平被捕，解往钱塘，被判处死刑，解回嵊县执行。竺绍康等组织革命党人于嵊县清风岭拦劫囚车，获救后藏匿谷来山间，治愈刑伤后转道赴沪。1909年参加竺绍康组织的"保路拒款决死党"。同年冬清廷派大臣载洵坐镇上海，逮捕革命党人。身缚炸药，誓与载洵同归于尽，因载洵临时改道而未遂。1910年返回嵊县，奔走于各山寨魁首之间，向绿林宣传"推翻清廷，光复汉族"的革命宗旨,勉励他们为革命效力。1911 年光复杭州时回嵊县召集旧部 60 余人,与王金发从上海带来的部众组成敢死队,出任第一敢死队队长,会合新军,攻占抚署。后出任浙江先锋团团长。1912 年任镇海炮台统领,着力整顿海防。后调任浙江将军署总稽查、巡按使署检阅委员。袁世凯称帝后与吕公望、童保暄、吕东升、张载阳等人在杭秘密组织讨袁部队,于 1916 年 4 月 11 日发起政变,逐走朱瑞,宣布浙江独立,出任浙江游击统领。1917 年 1 月复任镇海炮台司令。1926 年春孙传芳据浙,调任镇海炮台司令。北伐战争开始后弃镇海炮台司令职,回嵊县召集旧部,收编王良运等匪部组织义勇队,讨伐孙传芳,被任命为宁绍警备队统带,旋改任第二十六军义勇队指挥。率义勇队配合先遣军攻取淞沪,予孙部以重创,留沪任淞沪警察厅副厅长。1927 年复任镇海炮台司令,将义勇队编为炮台司令部掩护队。1929 年托病辞职,举家迁居杭州,以陆军中将衔历任国民革命军总司令部参谋、国民政府参军处参议、军事委员会参议等职。晚年致力于公路建设,曾任绍嵊公路和杭嘉徽公路董事,出万元重建瞻山庙。1937 年在上海病故。

**张伯觐(1902—1973)**

鄞县人。实业家。商人家庭出身。1927 年在上海国文书院任教,后经营纱布业,在上海开设阜新纱号。1932 年任上海纱布交易所经纪人公会副会长。1939 年任中央信托公司副经理。1941 年任恒大纱厂经理。曾投资扭摆慎祥钱庄。1949 年后担任鄞县副县长、鄞县水利委员会副主任、鄞县水利局副局长、宁波市水利局副局长、宁波市人民政府副主席、宁波市政协副主席、浙江省各界人民代表会议代表等职。

**张启华(1902—?)**

字子南。太平县人。1925 年浙江大学毕业后任上海无线电厂工程师。1928 年 12 月任南京国民政府军事委员会军政部交通司技正兼中央军校无线电机教员。1930 年赴日本和欧美考察。1935 年 2 月入美国哈佛大学深造。1937 年 7 月任军政部电信厂少将厂长。1946 年 10 月后历任国防部联勤总司令电信总厂长兼通信署技术委员会主任、技训班主任。1950 年在浙江加入民革。1951 年 4 月任浙江省工业厅高级工程师。1979 年任省政协第四届委员。

**张忍甫(1884—?)**

镇海县人。从小父母双亡,由母舅叶琢堂抚养成人。十六七岁弃学从商,到杭州万兴钱庄习业,不久任寅源钱庄跑街。民初在杭州集股自设诚昌钱庄,自任副理,但掌握实权,业务兴旺,遂又集股创设亦昌、同昌两钱庄,均任副经理。1929 年中央银行杭州分行成立时任经理,直至 1948 年退休。同时任浙江地方银行常务董事或监察人 10 余年。还曾任杭州电厂董事、上海万国储蓄会杭州代理、上海公平洋行保险部杭州代理等职。1948 年退休后患老年痴呆症,数年后不治而卒。

**张　纲(1890—?)**

字伯纪。永嘉县人。早年就读于浙江陆军小学堂。在校期间加入中国同盟会。1911 年 11 月参与浙江光复之役。1912 年入北京清河陆军第一中学。1914 年 2 月入保定陆军军官学校第二期辎重科。1916 年 5 月毕业后进入浙军服役。曾任浙军第一师第二团代理团长,金华善后绥靖处军务科长。1925 年秋投奔广东国民政府,任黄埔军校第四期中校大队长。1926 年夏参加北伐战争,后任浙江永嘉县长、永嘉守备司令部参谋长、永嘉师管区副司令。1939 年 3 月被国民政府授予陆军少将。1940 年春被日军俘虏。后任汪伪国民政府驻外使馆参赞、少将武官。1945 年 8 月日本宣布投降后隐匿,逃脱了惩处。

**张其昀(1901—1985)**

字晓峰。鄞县人。1901 年 9 月 29 日生。1919 年浙江省立第四中学(今宁波中学)毕业。同年考入国立南京高等师范学校(1921 年改名国立东南大学,1928 年更名为国立中央大学)史地部学习。1923 年毕业后到上海商务印书馆编译所工作四年,曾主编《高中中国地理》。1927 年至 1936 年在国立中央大学地理学系任教,主讲中国地理等课,并漫游东北与西北边疆各省区。1935 年被聘任为中央研究院中央评议会评议员。1936 年至 1949 年春在国立浙江大学任教,先后担任史地系教授兼系主任、史地研究所所长、文学院院长。1941 年被聘为教育部首批部聘教授。抗战期间在浙江大学创办《思想与时代》杂志。曾任中国地理学会总干事。1943 年至 1945 年受美国国务院之邀请,到哈佛大学任访问教授两年。1947 年当选为国民大会代表。1949 年夏去台湾,先后任国民党总裁办公室秘书组主任、国民党中央执行委员会秘书长、国民党中央宣传部长。后担任国民党中央评议员兼主席团主席,"总统府资政"等职。1954 年至 1958 年任台湾"教育部部长"。1958 年至 1972 年任"国防研究院"主任 14 年。1962 年在台北阳明山创办中国文化学院(后易名中国文化大学)。1966年创办"中华学术院"。1971年起创办华冈兴业基金会,并出版华冈学园。此外还先后创办"中国新闻出版公司"、"中华文化出版事业委员会"、《华学月刊》等多种学术期刊,以及"中国历史学会"等学术团体。1985年8月26日在台北去世。著有《中国地理学研究》、《本国地理》、《政治地理学》、《中国区域志》、《中华民国史纲》,主编有《金史》、《元史》、《清史》、《国父全书》、《抗日战史》、《中华五千年史》(32册)、《先总统蒋公全集》(4册)、《遵义新志》、《中文大辞典》等。

**张其春(1913—1967)**

字觉峰,笔名贝京。鄞县人。1935年毕业于南京中央大学外文系。后任上海商务印书馆编辑,业余从事翻译工作。抗战爆发后辗转于浙江、重庆等地大学、中学任教。1948年任上海正中书局编审,江苏学院外文系教授。新中国成立后到北京工作,任对外文化联络事务局编译处副处长,后调任北京编译社翻译。译著有《日本人文地理》、《综合英语会话》、《英语翻译艺术》等。

**张性白(1891—?)**

永嘉县人。早年毕业于河北保定陆军军官学校,后分发到部队服役。1925年11月任党军第一师第二团中校团附。1926年3月任国民革命军第一军第一师副参谋长;9月任第一军第一师参谋长。1927年3月下旬北伐军攻克上海后由国民革命军东路军前敌总指挥白崇禧指派兼任上海兵工厂厂长。1930年12月任第四十九师独立团团长兼福建龙岩县长。1935年初任新编第一军参谋长。1936年任甘肃兰州"绥靖"公署军警督察处长兼新一军参谋长。同年被国民政府授予陆军少将。1937年抗日战争爆发后历任第三战区第一游击区总指挥,第三战区江南第一挺进队总指挥,第七十九副师长、代师长。1943年2月任军事委员会水陆交通统一检查处副处长;4月任苏浙皖边区货运管理处处长,并兼任中美合作所淳安办事处主任。1946年7月31日被国民政府授予陆军中将,并办理退役。1949年4月参与组织上海在乡军官会;5月拒赴台湾,在上海迎接解放。

**张国华(1893—1934)**

原名华贵,字介然。黄岩县人。早年毕业于浙江陆军小学堂。1912年11月入武昌陆军第二预备学校。1914年8月入保定陆军军官学校第三期骑科。1916年12月毕业后回浙军服役,曾任浙军排长、连长、第一师(师长陈仪)副官、浙江警备队营长。1927年春任国民革命军东路游击总队支队长。后任第二十六军(军长周凤岐)参议。1928年春参加第二次北伐,随第一集团军部队攻入北京城。同年任国民政府参谋本部中校参谋,后升上校参谋。1930年中原大战爆发后任津浦、陇海、平汉、道清四路运输司令部上校总务处长,参与战时运输调度。大战结束后任陇海铁路管理局总务处警务课长,陇海铁路警察署署长,陆军少将。1934年8月27日在北平东交民巷德国医院(今北京医院)病故。

**张明养(1906—1991)**

宁海县人。1929年毕业于复旦大学政治系。曾任上海商务印书馆《东方杂志》编辑,复旦大学教授、系主任。新中国成立后历任华东军政委员会文教委员会委员,世界知识出版社副社长兼总编辑,人民出版社副总编辑,国际关系研究所研究员,国内问题研究所副所长,民进第四至第七届中央常委兼宣传部部长,中央参议委员会副主席。第二至第五届全国政协委员,第六、第七届全国政协常委。著有《国际裁军问题》、《国际政治讲话》、《现代外交的基本知识》等。

**张和祥(1909—1987)**

镇海县人。著名侨商。童年家贫辍学,以拾海鲜换钱补贴家用。约30年代中叶到上海摆摊谋生,以卖蔬菜、烤番薯为生。1945年与族人至日本,在东京开设小吃店,积累了一些资金,不久将小吃店发展成"山王大饭店",饭店高19层,顶部可停6架直升机,底部为停车场。以后又开办四明商业合作社(金融机构),成为东京十大华侨财团之一,并长期担任宁波旅日同乡会理事长。历任国民党中央评议员、东京中华学校理事长、《自由新闻》社社长、龙冈亲义会日本分会理事长、日本中华总会常务代表、东京华侨总会理事等职务。1987年在日本病故。

**张秉三(1887—?)**

吴兴县人。诗人、收藏家。张静江本家侄子。1920年11月上海成立股票交易所,任"恒泰记"经纪人。后长期担任国民政府监察院秘书。1945年抗战胜利后曾任松江税务局局长。

**张秉权(1919— )**

吴兴县人。早年毕业于国立中央大学,获文学学士学位。任中央研究院历史语言研究所助理员、助理研究员。1949年去台湾,后历任"中央研究院"历史语言研究所副研究员、研究员,兼甲骨文研究室主任。1952年至1954年兼台湾大学副教授。1960 年至 1962 年在美国哈佛大学做访问学者。1972 年至 1973 年担任哈佛大学资深研究员。著有《中国考古报告集之二:小屯、殷墟文字丙编》(6 册)、《中国古代的棉织品》等。

**张佩珠(1916—1990)**

女。鄞县人。1944 年毕业于上海圣约翰大学医学院,获医学博士学位。先后在上海私立人和医院、邑庙区(今南市区)卫生事务所、杨浦区卫生科、上海第一妇婴保健院任住院医师和主任医师。1950 年 9 月加入中国共产党。1953 年 5 月受中央人民政府副主席宋庆龄聘,任中国福利会国际和平妇幼保健院(后简称中福会妇幼院)副院长;1962 年任院长,全身心投入妇幼保健和计划生育工作。1979 年被世界卫生组织人类生殖处聘为宫内节育器指导委员会委员、妇幼保健专家顾问委员会顾问。1984 年任中福会妇幼院名誉院长。1990 年 12 月去世。

**张金镕(1911— )**

嘉兴县人。国立交通大学土木工程系毕业后赴英国留学,在英国皇家理工学院结构工程系毕业。回国后历任粤汉铁路工程员,福建省会工务局局长。1945 年抗日战争胜利后奉派赴台湾,任台湾省公共工程局副局长兼副总工程师。1949 年起先后任台湾省建设厅建筑组长、土木科长、副厅长。1956 年负责在台湾中部兴建中兴新村,以迎接台湾省政府搬迁。后兼任开发工业区执行秘书。1963 年起被联合国聘为技术专家,派遣到菲律宾、伊朗、乌干达、土耳其及中东地区,帮助这些国家办理都市及工业区建设计划。1973 年返回台湾,先后任“经济设计委员会”、“中华工程公司”顾问、“中国文化学院”教授等。

**张宗炳(1914—1988)**

杭县人。1914 年 7 月 17 日生。张东荪长子。1930 年考入燕京大学生物系,主修昆虫学。1934 年毕业,获学士学位。同年得到中华文化教育基金会资助,指定研究河北定县梨树害虫及其防治,遂以此作为硕士论文题目,两年后完成论文,获硕士学位。1936 年考取仅有的一名生物学庚款赴美留学奖学金后入美国康奈尔大学攻读昆虫生态学。1938 年完成《周期性温度波动对春尺蠖滞育的影响》的论文,获博士学位。同年在麻省理工学院短期进修后回国。回国后应邀到上海东吴大学生物系任教。历任讲师、副教授、教授,并曾兼任生物系主任。1941 年 12 月太平洋战争爆发后随东吴大学南迁到广东曲江。数月后应聘到成都任燕京大学教授兼生物系主任。1946 年随燕京大学迁回北平,并转到北京师范大学任生物系教授。1949 年至 1953 年任北京大学生物系教授,兼任中国科学院昆虫研究所毒理室研究员以及农药学会顾问、浙江农业大学顾问教授等职。“文革”时期遭迫害关押入狱。1988 年 1 月 10 日在北京病故。是我国昆虫毒理学研究的奠基人之一,在昆虫抗药性机制和治理的研究上取得了重大成果,首先发现昆虫体内产生神经毒素——酪胺,首先提出粘虫迁飞假说,为中国昆虫科研事业作出了卓越贡献。一生单独或与助手等合作发表 180 余篇论文,出版 20 余本专著,主要有《昆虫毒理学》、《昆虫毒理学的新进展》、《杀虫药剂的分子毒理学》、《杀虫药剂的环境毒理学》、《杀虫药剂的毒力测定》等,并有 10 余部译著问世。

**张宗祥(1882—1965)**

原名思曾,字阆声,号冷僧,别号假山,又署铁如意馆主。海宁县人。曾先后担任过浙江高等学堂及两浙师范学堂教员,北京大理院推事兼清华学堂教员,浙江军政府教育司中等教育课课长,教育部视学,京师图书馆主任,浙江教育厅厅长,文澜阁《四库全书》保管委员会主任。新中国成立后任浙江图书馆馆长,浙江文史馆副馆长,中国美协浙江分会副主席,浙江省人大代表、民革浙江省常委,浙江省政协常委等职务。1963 年被选为西泠印社第三任社长,是中国现当代著名的书法家、版本学家和学者,亦善绘画,擅长校勘古籍。校勘古籍有《说郛》、《罪惟录》、《国榷》等 10 余种,手抄古籍 8000 余卷,编有《铁如意馆手抄书目录》,著有《书法源流论》、《临池随笔》、《铁如意馆碎录》、《卓文君》、《临症杂谈》、《冷僧书画集》等。

**张宗燧(1915—1969)**

杭县人。1915 年 6 月 1 日生。张东荪次子。1934 年毕业于清华大学物理系后留校攻读硕士学位。1936 年留学英国剑桥大学,师从著名统计物理学家福勒,两年发表论文七篇。1938 年获得博士学位后经福勒推荐,到丹麦尼尔斯·波尔领导的哥本哈根大学理论物理研究所工作,进行量子理论最前沿的研究。1939 年到瑞士高等工业学校,在沃尔夫冈·泡利指导下继续研究量子场论,发表量子理论论文《包含介子的过程对于方位角的依赖》,受到国际上的重视。同年秋应中央大学之聘回国,成为该校最年轻的教授。在重庆任教的六年间继续从事量子场论和统计物理方面的研究,在英国《皇家学会会刊》及美国《化学物理杂志》等刊物上发表论文九篇,为量子场论形式体系的建立作出了出色的贡献。1945年抗战胜利后受李约瑟推荐再度出国,以英国文化协会高级研究员身份赴英国剑桥大学进行科学研究,并在保罗·狄拉克的支持下开课讲授场论。1947年经狄拉克推荐到普林斯顿高等研究所作短期研究。1948年秋回国到北大任教,并指导研究生。回国后完成的《合乎相对论的场论》一文发表在美国的《物理评论》上。其后成为剑桥哲学会会员,并被录入美国《世界名人录》。由于擅长数学在物理学中的应用,1951年开始担任中国科学院数学研究所合聘研究员。但在北大的"思想改造"运动中受到父亲张东荪牵连,成为北大批判重点。1952年被排挤到北京师范大学。1956年调入中国科学院数学研究所任一级研究员,兼理论物理研究室主任。在数学所工作期间对"微扰展开的解析性和色散关系"等课题着重力进行研究,前后发表论文20余篇。又与胡宁、朱洪元举办量子场论讨论班,培养了一批中国自己的粒子物理理论人才。1965年还参加了层子模型的工作。"文革"期间因不堪批斗,于1969年6月30日在中国科学院服安眠药自杀。一生共发表学术论文50余篇,并著有《理论物理》、《电动力学及狭义相对论》、《色散关系引论》等。

**张　实(1892—1941)**

又名元鼎。江山县人。1909年考入衢州府中学堂学习。1912年考入国立北京大学预科。1913年升入国立北京大学本科,1917年毕业。因父丧居家。1919年五四运动爆发后发起组织江山"求是学社",赞助西河女校并兼课。1923年至1926年先后任教于厦门集美中学、河南中州大学、湖北武昌大学。大革命时期加入中国共产党。1926年秋应同乡姜天巢(姜东白)邀请任教于杭州女子师范,并兼总务主任。1927年"四一二"反革命政变,险遭厄运,旋即返回江山。1929年将普明寺改造为清湖中山小学。同时倡议合资创办新文运书店,销售进步书刊,推进新文化运动。1936年担任南京的金陵女子大学文理学院教授。1937年7月抗日战争爆发后从南京返回江山,投身于抗日救亡运动,任中共清湖支部书记,秘密印发中共中央《抗日救国十大纲领》,宣传中共坚持全面抗日的主张。1941年1月22日因叛徒出卖被捕,囚禁于江西省上饶集中营茅家岭监狱,备受酷刑摧残,仍保持革命气节。同年8月在狱中壮烈牺牲。

**张建珍(1920—　)**

女。宁波人。早年丧父,随母到上海谋生。1936年在读初中时加入"我们的儿童剧团",并加入上海职业界救国会,从事抗日救亡宣传。1937年上海"八一三"抗日战争爆发后志愿到伤兵医院做义务救护工作。1938年4月任"上海小小流动剧团"副团长,随团奔赴陕北。途经武汉时加入中华民族解放先锋队。1939年底到达延安,先在毛泽东青年干部学校学习,后入延安青年艺术剧院。1946年入东北电影制片厂工作,编辑新闻纪录片《民主东北》第10辑。1949年到北京电影制片厂任党总支副书记、创作科副科长、纪录片编辑、编辑部摄制工作室主任、副总编辑等。50年代创作的影片有《第四野战军南下记》、《大上海欢庆解放》、《世界青年访华记》、《前进中的内蒙古》、《北京新建筑》等。60年代初两度担任主编,负责领导《新闻简报》、《农村简报》、《世界见闻》、《少先队》、《今日中国》等影片的创作工作。70年代三度领导《祖国新貌》、《今日中国》的创作工作,并主管对外宣传的影片。1984年离休。现为中国电影家协会名誉理事。

**张　弧(1876—1937)**

原名毓源,字岱杉。萧山县人。财政官员。光绪朝举人。1902年至1905年间代理福建布政使,兼省立高等师范学堂校长。1907年任吉林海关监督等职。1912年调任长芦盐运使、两淮盐运使。次年9月任熊希龄内阁财政次长兼盐务署总办。1915年12月因侵吞公款被捕,后经多方疏通获释,闲居天津。1916年4月复任段祺瑞内阁财政次长,协助段氏讨伐张勋复辟。1918年10月徐世昌任大总统时再任财政部次长,次年兼盐务署督办。1920年8月调任造币厂监督,遂去兼职。1921年12月入梁士诒内阁任财政总长,兼盐务署督办、造币厂监督职。第一次直奉战争奉系大败后与梁等均遭通缉。1925年2月黎元洪取消通缉令;8月署段祺瑞执政府财政总长。后任安国军政府财政讨论会委员。1934年任"满洲采金会社"理事长。1937年12月12日在北京病故。著有《超观室诗》。

**张　弦(1898—1936)**

字亦琴。青田县人。现代著名美术家。毕业于南京政治大学政治系。1924年自费赴法国留学,于巴黎美术学院学习西画,成绩优异,曾参加世界油画素描比赛并获奖,毕业后一度留校任教。1928年受中国驻法大使顾维钧敦促,应刘海粟之聘回国,担任上海美术专门学校油画教授。1929年再度赴法进修西洋画,就学于罗辛门下。1931年回国,受蔡元培之聘,先后任国立杭州艺术专科学校、南京中央大学艺术系教授。曾与庞熏琹、倪贻德、王济远等人发起进步美术团体“决澜社”。为现代中国美术界的先驱者之一，既接受西欧印象派、后期印象派、野兽派的绘画理论和技法，又重视对中国传统绘画精粹的继承，融中西方美术精华为一体，具有创新精神，开中国西画之先河，在美术上有很深的造诣。素描功底极其深厚，又工国画白描人物，写生写意俱臻神妙。曾由商务印书馆出版《张弦素描集》。

**张孟闻(1903—1993)**

鄞县人。1926年毕业于东南大学。1928年应生物学家秉志教授邀请去北平大学农学院任副教授。半年后到南京中国科学社生物研究所任研究员兼秉志教授秘书。1934年获得中华教育文化基金会的奖学金去法国巴黎大学留学。1936年获博士学位，并获得中华教育文化基金会的奖金，考察了欧洲许多著名的博物馆。1937年被聘任为浙江大学教授，抗战开始后随校迁到贵州。1943年应国立复旦大学邀请，到重庆任教。1946年随复旦大学回上海。1951年任复旦大学生物学系主任。1952年院系调整后任生物系副系主任兼动物学教研室主任。1958年调任黑龙江大学任教，并承担筹建该校生物学系的工作。1963年该校生物系合并到哈尔滨师范学院，即到哈尔滨师范学院任教。1976年退休前移居上海。1980年受聘于华东师范大学生物系，为兼任教授。1982年任该校自然科学史研究所教授。曾任中国动物学会常务理事，中国动物学会两栖爬行动物学会名誉理事长，上海自然博物馆筹备委员会副主任等职。著有《浙江两种蝶螈》、《浙江爬行类动物简述》、《四川两栖类动物略述》、《四川爬行类动物略述》、《黔桂棘皮蝶螈志》、《长江流域习见脊椎动物名录》、《越南中螈属名应予重订》、《中华四种螈刍图记》、《中华大鲵》、《东亚蝶螈专论》、《中国生物学史简述》、《中国两栖纲动物》、《中国爬行纲动物》等。

**张䌹伯(1885—1969)**

名晋。鄞县人。父张让三为上海南洋公学(今交通大学)创办人之一。毕业于南洋公学、上海高等实业学堂商务专科，后去日留学一年。曾任宁波第四中学教员、海关学堂英文教员。1923年经北洋政府财政总长李思浩推荐，至青岛筹设明华商业储蓄银行，任经理。1927年明华银行总行由北京迁上海，任总行总经理兼青岛分行经理。后又在青岛创建东海饭店。1935年明华青岛分行和东海饭店倒闭破产。抗战时期拒绝与日“合作”，从青岛回到上海。抗日战争胜利后投入反蒋爱国民主运动，并加入中国民主建国会。1949年9月出席全国政协第一届全体会议。新中国成立后任中央人民政府政务院外交部条约司专门委员。是第一、第二、第三届全国人大代表，第一、第二届全国政协委员。

**张政藩(1906—1959)**

字介人，号翰屏。浦江县人。上海大夏高等师范科毕业后先后任教于江苏尚立第二中学、上海中学、福建省立乡村师范学校、国民革命军遗族学校。1936年任国民政府军事委员会军政部兵工署少校股长。1938年任中校科长。1939年任兵工署四十一兵工厂中校秘书。1942年任陆军大学上校主任秘书。1944年任陆军大学少将科长。1945年任台湾行政长官公署简任科长、机要秘书。1947年任中央银行顾问。后任浙江省常山县县长，至1949年解放。

**张 相(1877—1945)**

原名廷相，字献之。杭县人。早年任杭州各学堂教师，讲授古文与历史。后应上海中华书局之聘，任编辑所副所长，后辞职。除主编文史课本外又编有《古今文综》10册。1936年与舒新城、沈颐、徐元诰等人主编《辞海》。50岁以后专门研究诗、词、曲中不曾有人解释的语词，写成《诗词曲语辞汇释》一书，对研究古典文学和近代语汇贡献甚大。

**张咸宜(1903—1951)**

字锦城。浦江县人。先后毕业于黄埔军校第三期、中央军校高级教育班第一期、庐山暑期训练班第二期、第三战区将校团将官班第一期。历任国民革命军第一军第一团第三连排长、连长、特务营营长，国民政府警卫团团附，浙江省保安第四团团附，浙江省保安第一总队指挥部参谋主任，浙江全省防空司令部参谋长，浙江省防空指挥部副司令，浙江省政府防空处处长。1945年9月6日被国民政府授予陆军少将军衔。1948年3月当选为“行宪”国民大会代表。1951年9月15日去世。

**张贵永(1908—1965)**

字致远。鄞县人。1929年毕业于国立清华大学历史系。1930年赴德国留学，入柏林大学，1933年获博士学位。后再赴英国研究西洋历史。1934年回国后应国立中央大学校长罗家伦之聘，任历史系教授，主要讲授西洋史、西洋史学史、西洋外交史等课程。1943年至1947年兼任历史系主任及史学研究所所长。

1947年一度曾赴英国讲学，受聘为伦敦大学历史学研究所及皇家关系研究所客座研究员。1949年去台湾。50年代后期去美国，在哈佛大学、华盛顿大学等校讲学。1965年被聘为西德西柏林自由大学客座教授。著有《西洋通史》、《史学讲话》、《文化的起源》、《曼纳克及其思想史的研究》、《德国曼尔斯丹的外交政策》、《西洋外交史研究》、《张致远文集》等。

**张钟俊(1915—1995)**

嘉善县人。1915年9月23日生。1926年就读于嘉兴二中，后又转至上海南洋中学学习。1930年考入国立交通大学电机系。1934年毕业，获学士学位。其后在中美文化教育基金资助下留学美国麻省理工学院，分别于1937年和1938年获该校硕士及博士学位，并作为麻省理工学院第一个博士后副研究员留校工作。同年闻知日军占领杭州，遂辞去职务，先后担任当时已迁至乐山的武汉大学以及国立中央大学教授。1940年转任因抗战而内迁重庆的交通大学教授、电信研究所所长等职。1946年随交大迁回上海，任电机系系主任。50年代亲自创建上海全市的电力系统规划设计。60年代后逐渐转向自动控制理论的研究，创建自动控制系并担任系主任。曾参与长江三峡工程可行性论证，于1980年当选为中国科学院技术科学部学部委员。曾任国家科委自动化专业组副组长、中国自动化学会副理事长、中国系统工程学会副理事长和中国微型电脑应用学会名誉理事长等职。1995年12月29日去世。著有《电讯网络》等。

**张钧衡(1872—1927)**

字石铭，号适园主人。吴兴县人。光绪二十年举人。继承祖业，在沪经办盐务、典当、房地产、慎大钱庄和东南信托公司等，为浙江兴业银行股东之一。耽书好古，筑“适园”于浔溪，富藏金石书画书籍。1913年底请叶昌炽、缪荃孙为其编撰藏书志。1916年完成《适园藏书志》(16卷)，著录善本900余部，又刻印《张氏适园丛书初集》、《适园丛书》、《择是居丛书》等。

**张秋人(1898—1928)**

学名慕翰，别名秋莼。诸暨县人。1915年考入绍兴越材中学。1917年转入宁波崇信中学。“五四”时期是宁波学生运动的领导人兼《诸暨民报》特约记者，积极从事街头演说宣传，并领导当地的反帝爱国运动。1920年中学毕业后到上海，先后结识俞秀松、陈独秀、张国焘等中共早期人员，开始接受马克思主义。1921年加入上海共产主义青年团。1922年加入中国共产党。经陈独秀介绍，专程到长沙会见毛泽东。其后去衡阳任湖南省立第三师范英文教员，向学生宣传革命，发展了一批党、团员。年底水口山铅锌矿工人大罢工爆发后，和衡阳的党、团员以湖南学联为主组织声援。1923年春指导和支持湖南“三师学潮”。不久因遭军阀当局迫害而回到上海。同年8月在中国共产主义青年团第二次全国代表大会上当选为共产主义青年团中央宣传部部长。1924年1月任中共上海地方兼区执行委员会候补委员；6月任共青团中央江浙皖区兼上海地方执委会秘书(书记)；9月补选为团中央委员，为上海、杭州的党、团发展做了大量工作。期间曾两次到绍兴指导发展青年团的工作。同时还担任上海非基督教大同盟领导成员。1926年3月被派赴广州，接任中国国民党中央政治委员会机关报《政治周报》编辑，协助毛泽东进行该报的日常编辑工作，并经常为该报撰稿。北伐开始后任黄埔军校政治教官，讲授政治经济学，并为军校政治部主办的《黄埔日刊》之《政治问答》专栏撰写问题解答稿件，引导青年走革命道路。1927年“四一二”反革命政变前夕遭通缉，由党组织安排至武汉。同年7月秘密离开武汉，返回上海。适逢中共浙江省委机关遭严重破坏，被中共中央委任为中共浙江省委书记。9月27日与夫人抵达杭州，当晚主持召开会议，研究改组省委、整顿组织和在农村举行秋收暴动等问题；29日从容被捕。1928年2月8日在杭州的浙江陆军监狱壮烈牺牲。

**张复元(1880—?)**

天台县人。早年留学日本，入中央大学，获法学学士学位。回国后任浙江法政专门学校教习。1911年10月10日武昌起义爆发后在上海、杭州等地响应。同年11月上旬杭州光复后任浙江军政府民政科科长，后任浙江省高等法院推事及厅长。1912年11月当选为中华民国第一届国会参议院参议员。1914年1月初国会被袁世凯非法解散后回杭州，先后任浙江省巡按使公署机要秘书兼司法秘书，代理承审处处长、警务处处长、浙江省巡按使公署政务厅厅长。1916年夏国会复会后前往北京继续担任参议员。1917年南下广州任非常国会参议院参议员。1922年国会第二次恢复时再任参议院参议员。1923年10月参与贿选投票，选举直系军阀首领曹锟为大总统，受到舆论抨击，声名受损。

**张　俊(1881—1943)**

原名宝俊,字伯英,号沧海外史。石门县人。幼时随乡村民间画工学习绘画,后得叶古愚指授,擅长山水,精鉴赏,爱收藏,善诗文。作画擅六法,山水浑古神逸,深入宋、元堂奥。清末东渡日本,留学于早稻田大学。1912 年在东京创立以"宣传中华文化"为宗旨的中华南画会,被推为会长,同时与会者有叶伯常、施廷辅、潘琅圃等旅日画家及吴昌硕、高邕之等海上著名画家,曾于东京上野公园举办规模盛大的中华南画展览。此外还先后参加"蜜蜂画会"、"中国画会"等美术社团的活动,与吴待秋、向金甫、鲍月景相友善。晚年归国,寓居上海,以书画自娱,名重一时。

**张美翊(1856—1924)**

字让三,号蹇硕,晚号蹇叟。鄞县人。副贡出身。后入业师、宁绍道薛福成幕府,以随员身份随薛福成出使英国、法国、意大利、比利时等四国,所到之处必察风尚、考政治、问国情,并将考察心得著文以告国人。回国后任直隶知县。1903 年、1904 年两度担任上海南洋公学提调兼总理。1912 年中华民国成立后退隐家乡,从事教育事业,在宁波创办学校数十所,任宁波教导会长。并主持编印《四明丛书》、《续甬上耆旧诗》等,著有《菉绮阁诗集》。

**张　珙(1892—?)**

字韵琮。嵊县人。保定陆军军官学校第三期步兵科毕业。1932 年任国民革命军第六师参谋处长。1933 年 4 月任第七十九师第三二七旅旅长。1938 年 2 月任第七十五军第六师师长,参加徐州会战。1939 年 1 月任七十五军副军长兼第六师师长;4 月参加随枣会战;8 月 15 日被国民政府授予陆军中将军衔。1940 年 5 月参加枣宜会战。后不详。

**张载阳(1874—1945)**

字春曦,号暄初。新昌县人。1898 年考入浙江武备学堂。1901 年以正科第二名毕业。历任浙江常备军步队哨官、旗官、队官,浙江新军第三营管带,第四十八标标统,第四协、第四十二协统领官。1911 年 11 月在驻守地宁波镇海率军响应浙江杭州起义。1912 年 9 月任浙军第二十五师五十旅旅长兼杭州警备司令、浙江禁烟局局长,后调第十一旅旅长。同年 10 月 6 日被北洋政府授予陆军少将。1913 年"二次革命"爆发后以旅长兼浙江省城卫戍司令。1914 年 7 月至 1916 年 8 月任浙江台州镇守使。在任期间严禁台温一带鸦片烟毒,受到浙江省政府的嘉奖。1914 年 9 月 6 日被北洋政府授予陆军中将。1916 年夏参与浙江武备派发动的军事政变,赶走效忠袁世凯的浙江将军朱瑞,宣告浙江独立反袁,推举吕公望继任浙江督军兼省长;8 月任浙军第二十五师师长。1918 年任浙军第二师师长。1922 年 10 月至 1924 年 9 月任浙江省省长。任内支持兴建绍(兴)曹(娥)嵊(县)公路,筹建浙江艺术专科学校,募修杭州岳坟、钱王祠、绍兴禹陵,倡议和支持扩建杭州的剧院和游乐场所,支持和资助家乡兴修水利,建桥修路,造先贤祠、大佛寺新社,编纂《新昌县志》,并以在杭新昌同乡会会长名义,筹集银元 5000 元,重建大市聚镇。1923 年 2 月 22 日被北洋政府加陆军上将衔。1924 年 9 月江浙战争爆发后任浙沪联军第三军司令,陈兵衢州,以防御孙传芳部自闽北入侵浙江。直系军阀以财色买通其部属,使浙军不战而溃。同年 10 月 14 日随战败的卢永祥一同去职。自此隐居杭州井亭桥"暄庐",谢绝外事,精研书法,杭州西湖、灵隐、天竺、岳坟、九溪等处均有其题额书联。所书雍容大度,笔力圆润,字如其人。1925 年 2 月被段祺瑞执政府任命为善后会议会员。1927 年南京国民政府成立后挂名军事委员会参议。1937 年底杭州沦陷前为摆脱亲日派汉奸之纠缠,率全家星夜渡钱塘江返回原籍,住县城下市街故宅,后又迁居老家张家店。并婉拒浙江省临时参议会参议员之聘请。1944 年夏新昌县沦陷后严词拒绝日军要其参加维持会的邀请,保持了民族大义。1945 年抗战胜利后返回杭州。同年 11 月 17 日在杭州去世。

**张　恭(1877—1912)**

又名临,字伯谦,又字同伯。金华县人。3 岁即在私塾教师父亲的指导下开始习字。5 岁开始诵读《三字经》、《百家姓》、《千字文》等启蒙读物。7 岁已能背诵《论语》与《孟子》,有"神童"之誉。12 岁即在戊子科考取头名秀才,旋被金华知府继良、知县曹励成送入金华丽正书院学习。主持丽正书院的为浙江著名改良派汤寿潜,接受了变法维新思想。1899 年入杭州紫阳书院学习,结识自立会首领唐才常的弟弟唐才中,与蒋乐山拟在杭州代为散发"富有票",旋因唐才常在汉口率自立军起义遇难,不得不中止发票。1901 年清政府与列强签订丧权辱国的《辛丑条约》,遂立下反清大志。1902 年参加壬寅科乡试,中举人。同年加入浙江最大的反清秘密组织"终南会",迅速由"牌把五爷"升为"内八堂"的副堂,又称"新副"。终南会的正会主何步鸿在永康去世,副会主朱武也离浙而去,终南会群龙无首，沈荣卿、周华昌遂与之商议，决定另开山堂，创建新会党组织——龙华会。金华府属八县均设有八部，党徒号称5万人，实则2万人，成为浙江最大的会党，并接收了李庆福戏班，又称“张恭大班”。后来又成立“张恭小班”，以演宋亡故事作为掩护，宣传反清革命思想，串联反清组织，大量散发《猛回头》和《警世钟》。1904年5月又创办金华有史以来第一张资产阶级报纸——《萃新报》。光复会成立后又加入光复会。1907年秋瑾组织光复军，拟发动浙江起义，出任光复军分统。皖浙起义失败，徐锡麟和秋瑾遇难，乃从容解散金华光复军，并被革去举人头衔，遭到悬赏通缉，被迫潜入宣平山中，取道青田，混出温州海口，潜伏上海。后来又化名万平，号同伯，改乘日本轮船，逃亡东京。结交流亡日本的章太炎，加入同盟会；在《民报》及其副刊发表政论文章，宣传革命思想。学习日语，结交日本志士，平山周根据其口述，撰写了《中国秘密社会史》。1908年与陶成章秘密回到上海，准备联合江苏、浙江、安徽、江西、福建五省会党，建立统一的“革命协会”，因叛徒刘师培告密而被捕，关入南京监狱。在狱中浏览书史，以吟咏自遣，撰写了浙东戏剧源流《剧史》，翻译了日本学者界利彦和近远平著的《社会主义纲要》。1911年江浙联军克复南京，得以重见天日驰回金华组建金华军政分府，出任民团团长，加紧练兵，随时准备北伐。1912年中华民国成立后恢复张恭小班，上演亲自撰写的新戏《民国记》。南北达成和议后前往杭州出任同盟会浙江支部长兼浙江都督府参议，创办《平民日报》，大力宣传民生主义。同年8月25日在金华主持辛亥革命金华籍烈士追悼会；10月5日在金华病故。

**张　翅(1885—1934)**

原名修仪，字惟容，号羽生。天台县人。早年中秀才。1904年春留学日本，先入弘文学院，旋入中央大学法科。1909年毕业，获法学学士学位。归国后参加清朝学部举行的留学生考试合格，被授予法政科举人。1911年11月浙江光复，当选为浙江省议会议员。1916年4月浙江独立反袁，被举为省参议会副议长；5月被推为参议长；8月16日孙中山由上海至浙江考察，与督军署参谋长周凤岐前往恭迎；18日下午3时在省议会主持欢迎孙中山大会，致欢迎词。1917年起任公立浙江法政专门学校校长，历时五年。1922年辞职，返回原籍闲居。1928年任南京国民政府外交部总务司文书科、典职科科长。1930年12月5日出任驻日本长崎领事馆领事。1931年7月加总领事衔。1934年6月12日奉调回国。同年11月23日在原籍病故。译有《法律学小史》。

**张振铎(1908—1989)**

原名鼎生，字闻天。浦江县人。自幼受家庭熏陶，好学深思，笃志学习国画。师承山阴画派，早年受业于经亨颐、吕凤子、潘天寿等。1927年毕业于上海美术专科学校。1932年与潘天寿等创立白社画会。历任上海新华艺术专科学校、昆明艺术专科学校、西南美术专科学校教授，国立艺专、湖北艺术学院、湖北美术学院教授、系主任、副院长，中国美术家协会湖北分会副主席、顾问，全国文联委员，中国民主促进会第四、第五届中央委员及中央参议员，湖北省第三、第四届人大代表和第四、第五、第六届政协常委。作品博取众家之长，风格简逸粗犷，苍劲浑厚。国画《远望》1984年获新中国成立35周年全国美术展览荣誉奖。出版有《张振铎画集》。

**张晓耕(1889—1939)**

又名孝根，字澹人，号邻陀山人。普陀县人。早年就读于宁波府中学堂，因参与学潮被除名，遂东渡日本学法律，毕业后回家乡。1912年当选为定海县议员。1924年出资在家乡建启后小学，任董事长。1925年筹组设立定海通商银行，任行长。1927年与人创办上海永新冷藏公司、宁波海丰血行，均任经理。1931年出资扩建沈家门医院，任董事长。1934年与人合办普陀山海水浴场，并兴建沈家门明光影戏院。1935年筹得30万元渔业贷款，与上海结成产销联盟，兼任上海渔市场理事会理事。30年代还兼任沈家门小学董事长。

**张效巡(1883—1971)**

号靖卿。浦江县人。1906年考入浙江弁目学堂，不久加入光复会。1907年考入保定军官学校。毕业后任浙江新军步队第八十二标第一营右队任督队官。1911年11月4日率领所部参加杭州光复战役，率领所部负责占领杭州城站。随后加入浙军援宁支队，所在的第八十二标第一营充当前卫，参与攻打南京郊区紫金山上最坚固的据点天堡城。1912年随部队回到杭州后历任上尉连长、营长等职。1928年起历任南京国民政府参谋本部第三厅中校参谋、军事委员会中校副官、军事委员会铨叙厅上校科长等。1946年7月31日被国民政府授予陆军少将军衔。1961年以浙江省代表身份出席在北京召开的辛亥革命50周年纪念会。1971年8月在杭州去世。晚年撰写辛亥革命回忆录多篇，其中《辛亥革命浙江光复记事》和《辛亥革命浙军进攻南京记事》两文，分别编入中国科学院近代史研究所主办的《近代史资料》第1号、第20号。

**张 浩(1881—1937)**

字雨樵，号兆椿。东阳县人。出身贫寒。少时发奋读书，府考落选后任塾师数年后赴杭州考入浙江巡警学堂。毕业后派充省城警署巡官。旋被选送赴日本留学，入日本警监学校。1908年在日本加入同盟会。1911年奉孙中山指示，携带大量革命书报回浙江，任金华府巡警教练所所长。继入浙江警务研究所学习，结业任余杭瓶窑镇巡官。不久至云南任警通署科员，曾至滇南农村策划反清暴动，险遭非命。1911年武昌起义后参与光复杭州之役。1912年3月回乡，倡办东阳县第四高等小学(今玉山中学)，购买图书5000册赠送学校；11月当选为中华民国第一届国会众议院议员。1913年7月"二次革命"爆发后与马文车等在上海进行反袁活动，因制造炸弹不慎起爆，被上海军警机关作为"逆党"通缉，于是潜回浙江。1915年任浙江巡按使署咨议。秘密赴粤港接受孙中山指示，回浙江与吕公望组织浙军将领反袁，被新任浙江督军兼省长吕公望聘为督军顾问及督军公署秘书。旋被选举为浙江省参议会副议长。1917年担任广州非常国会议员。1922年第一届国会第二次会议，去北京任议员。1923年9月断然拒绝直系军阀曹锟贿选总统的无理要求，携家属离开北京迁居天津。与西北军领袖冯玉祥过从密切。1927年南京国民政府建立后弃官南归，隐居杭州吴山脚，以书画自娱。

**张继光(1882—1965)**

鄞县人。16岁乘太古盛京轮到上海，习木匠工艺。后进何祖记营造厂，参与建造公共租界工部局部分工程，期间进夜校读英文，能与外国业主自如交往。1900年左右在上海创办协盛营造厂，初主要在虹口和杨树浦一带承建住宅工程。由于重质量，赢得中外业主信任，承建范围大为拓展，先后承建了大清银行、日本领事馆、东方汇理银行、纱布交易所、盐业银行、中国实业银行等重要工程。20年代还承建了实业家荣宗敬创办的申新、茂新、福新棉纺业和面粉业系统的许多工程，并承建了太古洋行大班标新立异设计的用铜皮做屋顶的住宅(现存兴国宾馆内)，为国内罕见。同时跨行业投资，任中国水泥公司、宁绍轮船公司、浙东商业银行、华阳染织厂、宁波长途汽车公司、大有油厂、华丰造纸公司等企业董事，还创办建昌钱庄，任董事长。二三十年代成为上海建筑业中"南北两张"之一，提倡营造业道德、创办正基夜校和《建筑月刊》，调解业内纠纷，是行业代表人物。抗战胜利后连任两届上海市营造业同业公会理事长。积极从事慈善、公益事业，抗战爆发后曾捐资建造上海红十字会第十七伤兵医院，并任院长，积极救治抗日伤病员。此外还捐资兴建上海通惠小学、宁帮灵桥及其他学校、医院、交通事业。1949年初去香港。上海解放初即回上海，主持有关企业参加公私合营。其第二代、第三代都从事建筑业，并卓有成效。

**张 理(1894—?)**

字赞阳。天台县人。1919年2月毕业于保定陆军军官学校步科第六期。曾任国民政府参谋本部参谋。1937年抗日战争爆发后任第一战区司令长官部参谋处副处长。1938年6月被南京国民政府授予陆军少将。1939年1月任第七十八军参谋长。1947年11月再次被南京国民政府授予陆军少将。

**张梓生(1893—1967)**

又名森，字君朔、子乔。绍兴县人。毕业于绍兴山会初级师范学校简易科。1910年在绍兴明道女子学校任教。1921年到上海商务印书馆做排字工人，后又入《东方杂志》任校对、编辑。曾发表《论童话》一文。1931年后入《申报》馆工作，主编《申报年鉴》，后又任副刊《申报自由谈》主编。1935年因申报总经理史量才被刺而离职。后赴南京，任开明书店南京分店经理。

**张雪门(1891—1973)**

原名显烈，字承哉、尘芥。鄞县人。毕业于浙江省立第四中学。1912年任鄞县私立星荫小学校长。1918年与人合作创办星荫幼稚园，为宁波首所国人自办幼稚园，任园长。曾主持孔德幼稚师范，并任北平幼稚师范学校校长。抗战爆发后南下，任北平香山慈幼院桂林分院、广西幼稚师范校长。1946年曾返北平筹复北平幼师，失败后受台北长官公署民政处电邀，赴台湾主持台北育幼院。一贯重视幼稚园师资培训和师范教育，主张以发展儿童个性和以改造中华民族为目标的幼稚教育。编著《幼稚园行政》、《儿童保育》等，编译《福禄倍尔游戏辑要》、《蒙台梭利及其教育》，著有《幼稚教育》、《幼稚园课程活动中心》、《幼稚园行为课程》、《幼稚园的研究》、《幼稚园教育概论》、《中国幼稚园课程研究》等，出版有戴自俺主编《张雪门幼儿教育文集》。

**张辅忠(1888—1957)**

余杭县人。1916年毕业于浙江

公立医药专门学校。1922年任上海五洲固本皂药厂药部主任。后赴德国留学，获药剂化学博士学位，并参加其导师 Manish 主持的科研项目，合作取得有机化学 Manish 反应的研究成果。1933年带着替五洲固本皂药厂在德国购买的机器设备回国，帮助该厂创办了国内第一个甘油制造厂，后来该厂扩展为五洲制药厂。任职期间参加研制和仿制了30多种需要依赖进口的西药，对我国药物化学工业的发展作出了一定的贡献。还受聘到交通大学、同济大学等校任教，培养了一大批药学人才。新中国成立后历任华东军政委员会卫生部药政处处长、华东药品检验所兼任所长、华东药学院院长、中国药学会第七届理事长。1956年被评为一级教授。

**张啸林(1877—1940)**

名寅，字啸林，以字行。慈溪县人。早年为杭州地痞。1912年到上海拜青帮大字辈樊瑾丞为老头子，后成为上海法租界青帮头子之一。也从事工商业活动，1920年合股创始三鑫公司，贩卖鸦片等。1927年积极参加“四一二”反革命政变，被蒋介石任命为国民革命军总司令部少将参议。之后在工商业方面有广泛投资，历任招商局理事、长城唱片公司董事长兼总经理、霖记木行股东兼总经理、霖记弹花厂店主，中国通商银行、中国银行、江浙商业储蓄银行、国信银行、大中华股份公司、江南铁路公司、华通书局、上海法租界公董局等董事，上海通记证券号股东，交通银行、家庭工业社、华商纱布交易所监察，上海华商证券交易所、上海金业交易所理事，上海法租界纳税华人会主席等。上海沦陷后指使其徒众充当汉奸，组织“新亚和平促进会”。1939年与日本特务策划建立伪浙江省政府，任省长，但未上任即被国民党特工暗杀于上海。

**张崇文(1906—1995)**

别名振中，化名王日清、马鸣皋。临海县人。早年就读于台州中学。1925年“五卅”惨案后任杭州学联宣传部部长，参加爱国学生运动。同年6月被选为杭州学生代表赴上海出席全国第七届学生代表大会。后考入私立上海大学学习。在校期间于1926年10月加入中国共产党。1927年“四一二”反革命政变后调任中共杭州中心区委书记。同年9月赴苏联莫斯科东方共产主义劳动者大学学习。1930年10月回国后任中共杭州中心县委组织委员。同年11月被捕，被国民党判处无期徒刑，关押在杭州西湖边的国民党浙江陆军监狱。在狱中任特支委员、书记。1937年抗日战争爆发后被党组织营救出狱，不久担任中共浙江省临时工作委员会宣传部长；11月回家乡筹建台州工委，任台州工委书记兼临海工委书记。1938年5月调皖南新四军军部工作，担任新四军教导总队政治部主任教员，江南指挥部、苏北指挥部宣传科长、部长，新四军第一师政治部宣传部部长，抗大九分校政治部主任。1945年1月随新四军第一师主力南下浙江长兴，任新四军苏浙军区政治部宣传部部长，参加天目山第三次反顽自卫战。解放战争时期历任华中野战军随营干校校长，雪枫大学副校长，华东军政大学教育长，华东野战军第七纵队政治部副主任，第二十五军政治部主任，第三野战军军政干部学校副校长。新中国成立后任第三高级步兵学校副政治委员，总高级步兵学校政治部副主任，中国人民解放军国防科学委员会副秘书长，铁道兵政治部副主任，政治部顾问。1955年被授予少将军衔。获二级独立自由勋章、一级解放勋章。1983年春离休。1988年被授予中国人民解放军一级红星功勋荣誉章。1995年9月1日在北京去世。

**张　铨(1899—1977)**

字克刚。仙居县人。1921年考入燕京大学皮革学系。1925年毕业后留校任讲师。1937年赴美国辛辛那提大学皮革研究院深造，先后获硕士、博士学位。1940年8月回国后任成都华西协和大学、四川大学教授兼成都高级制革职业学校校长。1941年发表论文，提出单宁与生胶原的结合是物理—化学的总和，为发展植物鞣革科学作出重大贡献。新中国成立后历任华西大学化学系主任兼四川大学教授，四川化工学院(后改称成都科技大学)皮革教研室主任，林业部植物鞣料研究室主任，高等院校皮革工艺专业课程教材编审委员会主任委员及第三、第四届全国政协委员等职。

**张敏钰(1913—　)**

字兆庆。镇海县人。著名实业家，有台湾“水泥大王”之称。早年在家乡读书。1927年进上海绪元染织厂当学徒，三年满师后升任跑街，推销棉布。约1933年进义生染织厂做推销。1935年在上海创办兆庆染织厂，自任厂长。1937年任悦新纺织厂厂长。后在南京、杭州、宁波、定海等处设立联号。1949年去台湾，但拆迁的工厂机器设备随“太平”轮沉没。1950年秋在台湾创办悦新染织公司，次年又与友人合资开设大东纺织公司。1952年又参与创办坤庆纺织公司，均任常务董事。1954年创办台湾第一家民营水泥企业——嘉新水泥股份有限公司，自任董事长兼总经理。该公司不断发展，后又成立嘉利实业公司，专营预拌混凝土事业，并在冈山、桃园、中坜、台中、大肚等地设有五个预拌厂以及高雄纸袋厂。至1994年嘉新水泥集团发展成为多元化、跨国性集团企业，拥有水泥、预拌混凝土、建筑、纺织、贸易、资讯、金融、航运等八大事业，旗下有20多家附属公司和关系企业。50年代初还与人开设嘉和面粉厂。1959年独资创办益新纺织公司，任董事长兼总经理，该厂设备先进、品质一流，发展迅速。1962年独资创办嘉新面粉厂。60年代台湾建筑业迅速崛起，投资兴建当时台北第一高楼嘉新大楼，另承建特种工程大直堤防、核能三厂、大林电厂、翡翠水库、高雄过港隧道、台北地铁等重大工程。还兼任“中华开发信托投资公司”、国产实业建设公司、启业化工公司常务董事，台湾工商协进会、台湾地区水泥工业同业公会、台湾地区棉纺织工业同业公会、侨资事业协进会常务理事等。1993年开始投资中国大陆，与上海建材总公司及上海港务局合资创建上海嘉新有限公司。次年又在上海合资创办上海嘉环混凝土公司、上海伊通公司、上海长新船务公司。1995年嘉新水泥集团投资2.85亿美元在江苏句容创设京阳水泥厂。热心社会公益事业，曾创办“嘉新奖学金”，继捐巨资成立“嘉新文化基金会”，多次获台湾“教育部”、“经济部”嘉奖。1993年9月后捐资600多万元人民币，支持家乡教育事业及其他公益事业。

**张逸云(1871—1933)**

原名汝桂，字彝年。镇海县人。著名酱园商。酱园世家出身，1875年其先祖张祖耀、张祖安兄弟合伙在上海开设张崇新酱园。接办后积极扩展，除原有张崇新外(福州路)，又在新闸路创设张振新酱园，至30年代初两家酱园都有百万两以上之资本，所开设的分支店多达70余家。另还间接经营上海“万”字号酱园系统，成为该业巨擘。1922年为抵制日货调味品“味之素”集资5万元在上海创设天厨味精厂，聘吴蕴初经营，试制调味制品获得成功，生产“佛手牌”天厨味精，产品遍销全国和东南亚，迫使日货“味之素”退出中国市场。又与吴蕴初合办天原化工厂、天利氮气厂，为当时国内市场填补了不少化学产品空白。“一·二八”事变发生后为抗击敌机轰炸，拯我同胞，不惜以80万两白银向德商禅百洋行定购飞机，待飞机抵沪命名，不幸已谢世。生前为家乡慈善事业出力尤多。

**张鸿翔(1881—1946)**

字云青。浦江县人。早年参加同盟会。1912年中华民国成立后曾任保定陆军军官学校副官、兵器教官。后追随孙中山南下广东，参与护法运动，曾任粤军游击第一支队司令官、福建建国军第一独立旅旅长、第十一路军总指挥部参议等职。1926年回乡。抗战期间充任伪浦江县县长。1946年在上海病故。

**张梁任(1905—?)**

平湖县人。早年在上海同济大学德文补习班毕业后前往德国留学，攻读经济、法律，前后七年获柏林大学政治学博士学位及德国特许经济专家称号。回国后历任南京国民政府国立编译馆特约编审，考试院第二届高等考试襄试委员，交通部会计人员考试襄试委员，交通部法规委员会委员兼邮政组主任，国民政府整理内外债务委员会专门委员，邮政储金汇业总局营业处处长、储金处处长。1939年1月至1940年10月任国民政府国防最高委员会参事。1940年9月7日任行政院全国粮食管理局行政管制处处长。编著有《景气学》、《中国邮政》、《邮政常识问答》、《移民问题与中国》、《四川粮食问题》等，译有《资本主义的将来》、《德国之防军》等。

**张寅仲(1901—1967)**

杭县人。1917年考入吴兴师范学校学习，毕业后任小学教员。1922年回杭州工作，同年加入中国共产党。1924年以个人名义加入国民党。1926年任中共杭州地方委员会代书记。1927年初北伐军进入浙江前夕，奉中共党组织的派遣到金(华)衢(州)严(州)一带发展组织，开展革命活动。“四一二”反革命政变后受中共党组织的派遣到吴兴开展工作，建立党的组织。后执行中共中央的决定，到严州一带组织农民暴动，暴动失败后回到杭州。由于杭州地下党组织被破坏，省委迁往宁波，遂与党组织失去联系。不久到杭县塘栖教书，从此脱离党组织。一年后又回到杭州教书和从事教育工作。1937年抗日战争爆发后到新设立的护士讲习所工作。杭州沦陷前夕到上海等地打工。抗日战争胜利后先在杭州砖瓦石灰同业工会工作，后由同学介绍到湖州东门外二里桥小学任教。新中国成立后一直留用至退休。1967年5月在杭州去世。

**张谓行(1905—1939)**

字春生，亦作春笙。杭县人。1905年1月4日生。早年就读于北京大学。1919年8月弃文从武，考入保定陆军军官学校第九期步科学习。1923年8月毕业后回浙军服役，先后任初、中级军职。1926年底加入国民革命军。1927年春蒋介石组建徐州行营时任总部高级参谋团办公室上校主任，后任国民政府参谋本部参谋。1932年考入陆军大学第十期正则班，毕业后留校入研究院深造。1935年从研究院毕业后任国民政府军事委员会少将高参，参与拟定《首都（南京）攻防计划》、《长江防御计划》等战略文件，督导加强长江上下游炮台要塞，以备将来抵抗日军之用。1936年与林蔚赴广州调处两广事件。1937年5月任军事委员会参谋本部作战处处长。抗战爆发后任军事委员会委员长保定行营作战组组长。同年11月被国民政府授予陆军少将。后任第一战区司令长官部副参谋长。1938年晋升陆军中将。同年为阻止日军南下，拟订黄河决口计划，报经蒋介石批准实施。1939年春奉令筹组军事委员会委员长天水行营；3月7日日机轰炸西安并投毒气弹时中毒殉国。同年3月29日国民政府为其举行国葬，并追赠为陆军上将。1984年6月8日中华人民共和国民政部追认其为抗日烈士。

**张琴秋（1904—1968）**

女。学名梧。桐乡县人。1923年考入上海爱国女校文科班。1924年春进入私立上海大学；4月加入中国社会主义青年团；11月转为中国共产党党员。1925年冬同丈夫沈泽民等秘密搭上一条苏联运煤船赴莫斯科，进入莫斯科中山大学学习。1930年秋回国后任中共上海沪东区委委员。1931年3月和丈夫沈泽民同被派往鄂豫皖革命根据地工作，先后任彭杨军事政治干部学校政治部主任、中共河口县委书记。红四方面军主力突围西进后改任红二十五军第七十三师政治部主任，随军参加长征；而丈夫沈泽民则作为鄂豫皖省委书记留下坚持游击斗争，于次年牺牲。红四方面军到达川陕边区后重建根据地，任红四方面军总政治部主任。因反对过张国焘的错误，遭受打击报复，被调任总医院政治部主任。1935年初红四方面军妇女独立师在川东北建立，任师长。继续长征途中改任红四方面军总政治部组织部长。1936年7月在红四方面军第三次过草地之前与红四方面军总政委陈昌浩结婚；10月任红军西路军政治部组织部长。1937年3月中旬西路军在甘肃河西走廊被西北马家军打败，在分散突围中被俘，被押送到西宁羊毛厂做苦工。不久因叛徒告密，身份暴露，被押送到南京，关在首都反省院。同年由周恩来经与国民党交涉，将张等一批干部接出狱；10月回到延安，先后担任抗日军政大学女生大队队长、中国女子大学教育长。解放战争期间任中央妇女委员会委员，全国妇联筹备委员会常委、秘书长，曾出席国际民主妇联第二次代表大会。新中国成立后任纺织工业部副部长、党组副书记，分管女工工作。是第一、第二、第三届全国人大代表，第一届全国政协委员。在“文革”中受到迫害，于1968年4月愤然以死抗争。1979年4月平反。

**张越霞（1911—1979）**

女。浦江县人。自本县启文女子小学毕业后受“五四”新思潮熏陶，于1927年2月担任浦江县妇女协会负责人。“四一二”反革命政变后毅然加入中国共产党。同年8月遭国民党当局通缉。受中共党组织派遣，到上海中共中央机关担任文印及内部交通，在周恩来、董必武身边工作多年。后成为中共早期领导人博古的夫人。曾两次被捕。1937年经中共党组织营救出狱，先到武汉，继至延安，入中央党校学习，先后任陕北公学干部处副处长、抗日军政大学干部科科长、中共中央组织部干部科科长。后任中共广东省委常委、妇女部长。1949年参加接管北平，任中共北京市第四区区委书记。新中国成立后先在中央财政经济委员会工作，后调全国供销合作总社，历任推销局副局长、日用杂品局局长、物价局局长。是中共第八次全国代表大会代表，第二、第三、第四、第五届全国政协委员，全国妇联第三届执行委员。1979年2月12日在北京去世。

**张惠康（1901—1959）**

号薇臣。鄞县人。机电工业企业家。交通大学电机科毕业后进美国康奈尔大学留学。1924年获电机工程硕士，并任美国公众事业制造公司助理工程师。1927年进美国麻省理工大学深造，获商船管理学士。1928年返国后任三北造船厂厂长兼三北轮埠公司总工程师。1930年创办东方年红电光公司，开发制造霓虹灯。1931年又创办亚光制造股份有限公司，生产电器胶木、电压产品。1934年增资至25万元，增加电器、电话、电机、电扇等制造，并研制出第一台国产单门冰箱，以后又研制出热电炉、各种车床，各种产品非常畅销。30年代还任上海电世界出版社、电工图书出版社经理，中国国货公司董事。抗战胜利后在上海恢复亚光公司，仍任总经理。并出任上海市轮渡公司筹备处主任，正式营运后任总经理，经营黄浦江两岸及吴淞、崇明等轮渡、码头。同时还任上海市电工器材工业同业公会常务理事，中华工业国外贸易协会理事长，中国国货公司董事，中国联合工程公司常务董事等。上海解放后继续经营亚光公司、东方年红电光公司，1956年公私合营后两公司易名亚光胶木厂,任厂长,直至1959年病故。

**张雄世(1903—2001)**

字建英。浦江县人。先后毕业于复旦大学、陆军大学及庐山特训班。抗战期间曾任三民主义青年团中央团部机要秘书,陆军大学、同济大学教授。1944年任青年军第二〇一师营长、副团长。1946年起历任中央警官学校教官,上海经济警察大队大队长,北新泾和四川路警察分局局长。1948年赴台,曾任台湾高雄市第一警察分局局长、中坜警察分局局长、“中央警官大学”教育长。后定居美国。著有《枕戈珠帘合编》(上、下)、《吟鞭忆语》等。

**张鲁庵(1901—1962)**

原名锡诚,改名英、咀英,号鲁盦,以号行,斋号“望云草堂”。慈溪县人。篆刻家、鉴藏家,杭州“张同泰”药店、益元参号第五世传人。幼承祖业,志耽风雅,工诗文,尤嗜篆刻。1927年定居上海,师从赵叔孺习印,初学赵之琛,改宗邓石如,兼法古玺汉印,皆有法度。精鉴赏,毕生斥巨资收藏明清印章及善本印谱,品类之精、收藏之富,海内推为第一。所藏善本印谱433部,秦汉官私印、明至近代篆刻家刻印1524方,于身后捐赠西泠印社,为特辟“望云草堂”庋藏。又善制印泥和刻刀,穷研精究,不惜工本,所制“鲁庵印泥”驰名海内外,深受印林宝重,所制刻刀亦称精品。1955年秋与马公愚、陈巨来等筹组中国金石篆刻研究社,并任秘书长。著有《鲁盦仿完白山人印谱》,辑有《秦汉小私印选》、《张氏鲁盦印选》、《何雪渔印谱》、《横云山民印聚》、《黄牧甫印存》、《金罍印摭》等。

**张善章(1908—1986)**

又名子美。慈溪县人。幼读私塾、小学。1925年7月进上海元大药行学生意。1942年2月在上海自设元康药材行,任经理。同时兼任上海市药材商业同业公会理事。上海解放后任上海市药材商业同业公会筹委会主任,动员与组织同业购买公债、交纳税收、捐献飞机大炮。1951年11月参加中国民主建国会,后任民建中央委员。1952年作为上海市代表团副团长参加华北物质交流大会,并应邀出席国庆观礼。元康药材行参加公私合营后任中国药材公司上海分公司副经理。“文革”中遭迫害。1978年5月调至上海市药材公司储运科工作。1979年1月退休后继续从事民主建国会工作。1979年10月被选为民建中央委员。1981年9月受聘为上海市药材公司业务技术顾问。1986年3月赴北京参加中药咨询服务中心理事会议期间在北京病故。

**张善琨(1905—1957)**

吴兴县人。著名电影制作商。南京金陵大学附属中学毕业后考入上海南洋公学,课余爱看京戏。毕业后任职于黄楚九创设的福昌烟公司,后任经理,拜黄金荣为师,入青帮。1920年任上海大世界游乐场总经理。不久接办齐天舞台,改名共舞台,任总经理。1931年与京剧演员童月娟结婚。1934年创办新华影业公司,拍摄《新桃花扇》、《壮志凌云》、《夜半歌声》、《狂欢之夜》、《青年交响曲》等一批有影响的影片。1940年3月将自己经营的“新华”等公司出盘给美商中国联合影业。1942年任伪中华电影联合股份有限公司副总经理,负责制片。抗战胜利后赴香港,供职于远东永华、长城等电影制片公司。后在港恢复新华影业公司。1957年1月7日在日本病故。

**张尊三(1845—1918)**

字安澜,堂名贵。鄞县人。著名旅日侨商。早年经商。1870年应日本函馆华侨所开万顺海产号之聘,往任司账。1879年在函馆自设德新海产号,后改裕源成号。在深入渔户收购海产品时发现渔民把可做鱼翅的鲨鳍当做废弃物丢于路旁,就向渔民收购并教渔民加工,从此鱼翅成为当地一大财源,张亦被尊为“鱼翅大王”。1885年起被侨胞推为函馆华商董事(理事长)达35年。经其努力,在1877年成立的旅日侨胞组织“同德堂”的基础上创办“三江公所”(浙江、江苏、江西三省侨胞的公所),后又发展成为中华会馆,先后任公所董事和会馆董事长。由他经手建造的中华会馆建筑物是日本现存唯一一处具有中国民族特色的清代建筑。1916年在家乡获日本天皇颁授的蓝授褒章,是迄今为止唯一受到日本政府赠授此章的中国人。曾被清朝驻日公使保举为四品封典。辛亥革命后又任中华民国驻函馆领事代理。1918年在宁波病故。

**张　祺(1910—1993)**

曾用名张范、张志杰、张文斌、张斌、王一民等。浦江县人。1910年10月生。1926年小学毕业后进入浙江湖州美富绸厂当学徒。1929年进入上海美亚绸厂六厂做工。1932年5月加入中国共产主义青年团。1934年参与领导美亚绸厂工人大罢工。罢工失败后前往苏联莫斯科列宁学院学习。1937年8月起历任中共江苏省委上海工人运动委员会干事、上海工人运动委员会委员兼宣传部部长、组织部部长。1942

年10月任中共江苏省工人运动委员会书记。1943年1月任中共上海工人运动委员会书记。1945年8月任中共上海市委委员、工委书记。1949年2月任上海总工会筹备委员会副主任兼组织部部长。同年5月上海解放后历任上海总工会(后改工会联合会)副主席、党组副书记,中共上海市长宁区委第一书记,上海市总工会主席,中共上海市委常委,上海市总工会主席。"文革"中受冲击。"文革"结束后历任上海市总工会副主席,中共上海市委常委,上海市总工会副主席,中共上海市委纪律检查委员会筹备组组长,全国总工会书记处书记、副主席,全国总工会副主席,中共上海市顾问委员会委员,第一、第三届全国人大代表,全国政协第三、第五届委员,并在中共十一届三中全会上当选为中央纪律检查委员会委员。1993年1月10日在上海去世。

**张　强(1895—1968)**

字毅夫。永嘉县人。毕业于国立北京大学。1929年2月在国民党浙江省第二次代表大会上当选为省党部第二届执行委员兼组织部长。1930年6月在国民党浙江省第三次代表大会上继续当选为执行委员兼组织部长。1931年5月当选为国民会议代表;8月在国民党浙江省第四次代表大会上当选为执行委员、常务委员。1932年10月在国民党浙江省第五次代表大会上继续当选为执行委员、常务委员。1935年11月当选为中国国民党第五届中央候补执行委员,兼中央党部民众训练部委员。1939年前后任浙江省党部主任委员。1940年秋任国民党河南省党部委员。1942年12月任中国国民党中央组织部副部长。1945年6月当选为中国国民党第六届中央执行委员。1946年9月1日浙江省参议会成立,当选为参议长;11月当选为制宪国民大会代表。1947年9月国民党党团合并后当选为国民党浙江省党部主任委员。1948年当选为"行宪"国民大会代表。1949年经舟山岛去台湾,继续担任"国民大会代表"。1958年前后当选为"国民大会主席团"成员。1968年9月18日在台北去世。

**张煦本(1913—　)**

诸暨县人。浙江省立湘湖乡村师范学校毕业。1936年任教于杭州湾北岸澉浦的一家私立学校。1938年4月加入诸暨国民新闻做采访报道。1939年初考入国军战时工作部干部训练第三团,成为第二期学员;10月毕业后即在军中负责油印八开报的采编工作,曾在浙江游击区办报。1946年赴台湾,任《和平日报》副社长兼总编辑。1947年12月任上海和平日报社驻台北特派员。1949年到台湾《自立晚报》工作,任职长达30多年,先后担任采访主任、编辑主任、主笔、总编辑、总经理、副社长、副社长兼总编辑等职。著有《都市平均地权论》、《记者生涯四十年》、《是是非非集》等。

**张锡銮(1843—1922)**

字金波,又作金坡、金颇、今颇。钱塘县人。1843年3月7日生于四川成都。自幼习武,颇得家传。1863年在武昌从军。后在广州嘉应州军务处任职。1875年后历任奉天(今辽宁省)通化知县、锦县知县、锦州凤凰厅同知。1894年任奉天前后三营统领兼鸭绿江团练,东边道兼中江税务监督,全营翼长。同年11月署理东边兵备道,督率七营并联合乡团,与侵华日军激战数月。1895年2月至3月间先后收复了宽甸、长甸、金厂、长冈等地,击毙日军多人,迫使日军渡过瑷河,退回九连城;10月任奉天东边道兼东边税务处监督。1897年被黑龙江将军伊克堂阿以税务舞弊事件参奏免官。1903年复任奉天东边道兼东边税务处监督、中军各营统领、巡警总办、全营翼长等职。1906年9月16日安东开商埠,兼开埠局总办。1907年任奉天营务处总办。上任后整顿全省地方武装,先后编成八路巡防营。1908年改任奉天度支司。1909年9月专管军务,加副都统衔,任淮军全军翼长。1911年11月15日出任山西巡抚。1912年2月1日被任命为奉天会办防务;4日改任东三省边务大臣;3月15日署理直隶都督;9月8日改任东三省西边宣抚使,指挥东三省剿抚乌泰叛乱的军事力量,对以乌泰为首的各旗叛军采取"剿抚"的策略;11月3日署理奉天都督;16日实任奉天都督,并加陆军上将衔;22日统内蒙全军;12月18日被派为奉天西边宣抚使。1913年6月13日以奉天都督兼署吉林都督;7月31日北洋政府令"吉省军政例行文件以兼督名义委由护军使孟恩远代行,重要事情仍由兼都张锡銮办理";10月13日卸兼奉天民政长。1914年1月4日再兼奉天民政长;6月3日卸吉林都督职;6月24日被授予陆军上将军衔;6月30日任镇安上将军督理奉天军务,兼节制吉林、黑龙江两省军务;8月22日与段芝贵对调,任新武上将军督理湖北军务,但没有到任,滞留北京;9月27日卸兼奉天民政长。1915年12月22日改授将军府振威上将军,兼参政院参政。1916年6月后侨寓津沽,颐养晚景。毕生酷爱画马,绰号"快马张"。诗书画都有一番工夫。1922年4月曾与赵尔巽、王士珍、王占元、孟恩远等人以斡旋者的身份致电曹锟与张作霖，调停直奉冲突，未果。著有《张都护诗存》。

**张鹏程(1903—1950)**

温岭县人。1926年在宁波加入中国共产党。同年底奉宁波党组织派遣，到温岭组建国民党县党部，开展农民运动。与金辅华取得联系，并开展党建工作；12月组建中共温岭独立支部，任书记。成立各业工会，积极开展工农运动。“四一二”反革命政变后脱离党组织关系，并改名张晓崧。1938年底任温岭县国民兵团副团长。1940年前后伙同国民党顽固派大肆破坏温岭县共产党组织，因反共有功，被提升为国民党第十集团少将高级参谋，兼任温(岭)玉(环)乐(清)黄(岩)“剿匪”办事处主任。1944年4月任军事委员会委员长侍从室参事。1946年至1949年任国民党上海市政府民政处处长。1949年春主动寻找中共上海地下组织和浙东四明山游击队领导人，表示愿为共产党和解放上海出力，并有所行动。上海解放后于9月20日企图逃离上海时被公安人员拘留，1950年被判处死刑。1986年6月温岭县法院将其改判，按投诚人员对待。

**张　新(1902—1985)**

原名咸琨，字光辉。浦江县人。先后毕业于黄埔军校第三期、陆军大学将官班第一期。曾参加东征、北伐。抗战期间历任国民革命军第九十二师第五五二团团长，第四十六师第一三八旅旅长，中央军校第七分校少将总队长，第二十四师师长。1946年4月任整编第二十四旅旅长。1947年参与进攻中共首脑机关所在地延安的军事行动。同年10月7日在陕西清涧战役中被解放军俘虏。1949年5月参加中国人民解放军，任西南军区高参及教导团团长。1952年转业回原籍，历任浦江县人民代表，浙江省第二、第三、第四届政协委员。1985年8月13日去世。

**张　煋(1917—　)**

绍兴县人。1917年1月31日生。1940年毕业于国立浙江大学电机工程学系。同年进入南京国民政府军事委员会所属空军无线电修理厂，负责为空军飞机装置空用无线电机。1943年任空军雷达测向台台长。1944年任空军通讯学校教官。1945年抗日战争胜利后被派遣到英国皇家空军无线电研究所学习。结业回国后任空军通信学校电子训练中心主任，负责训练雷达技术人员。1949年去台湾，曾入“国防大学”联战班第五期受训。历任台湾“空军总司令部”电子处处长，“空军指挥参谋大学”研究发展系主任，“国防部”研究发展室研究员。期间先后兼任“海军专科学院”、“陆军理工学院”、私立大同工学院、成功大学等校教授。1963年退役后担任台湾大学电机工程系专任教授。同年还应美国国务院邀请，担任美国布鲁克林工艺大学客座教授一年。1966年、1971年两次获“中国工程师学会”论文奖。1973年获“中山学术著作奖”。退休后移居美国。

**张静三(生卒年不详)**

宁波人。1927年9月由中共浙江省委派至萧山，在湘湖压湖山主持召开党的活动分子会议，决定建立中共萧山临时县委，任书记；10月正式建立中共萧山县委，仍任书记。在此期间根据中共“八七”会议精神与浙江省委关于“以红色恐怖消灭白色恐怖”的指示，着手筹备萧山县委军事委员会，准备农民暴动。1928年3月当选为中共浙江省委委员；5月任浙江省委常委；不久在奉省委派遣前往宁海调查途中脱离组织关系；7月被开除出党。后不详。

**张静江(1877—1950)**

原名增澄，又名人杰，字静江，以字行。晚年信佛，名卧禅，号印光，佛名智杰。吴兴县人。1877年9月19日生。吴兴丝商巨贾之家出身。早年双腿残疾。1901年其父以10万两白银为捐得江苏省二品候补道台衔。1902年以一等参赞身份随驻法公使孙宝琦前往法国。由其父提供30万元资金在巴黎设立通运公司，运销中国茶叶、丝绸、漆竹牙器及古董、字画等，不久在上海设总公司，在伦敦、纽约设分公司，又在巴黎设开元茶点、豆浆公司等，营业兴旺。1906年与吴稚晖、李石曾等成立世界社，出版《新世纪》周刊，编印新世纪从属，宣传无政府主义。1907年与同盟会总理孙中山结识，并由孙中山介绍加入同盟会，出巨资支持孙中山在华南沿海一带发动武装起义。1909年回国后筹建通义银行，未能成功。1911年夏再赴巴黎。同年10月10日武昌起义爆发后从巴黎回国，参与革命活动。1913年“二次革命”失败后支持孙中山改组国民党为中华革命党，并挂名中华革命党财政部长。1916年6月袁世凯死后回到上海，开办上海证券物品交易所。1924年1月在中国国民党第一次全国代表大会上被孙中山提名担任中央执行委员。1925年3月孙中山在北京去世后参加国民党右派在北京西山举行的西山会议。后应蒋介石之邀请到广州。同年7月任广州国民政府委员，并被推举为国民党中央政治会议主席。1926年1月当选为国民党第二届中央监察委员；5月代理国民党中央执行委员会常务委员会主席。1927年春参与“四一二”反革命政变的策划与实施，并在浙江主持“清党”；4月任浙江政治分会主席；7月任浙江省政府主席。1928年1月至1938年担任南京国民政府建设委员会委员长，前后共10年。在建设委员会委员长任内借鉴资本主义国家建设经验，大力发展基本建设和民族工业，接办首都电厂、长兴煤矿、馒头山煤矿、杭州大有利电灯公司，创办淮南煤矿公司、淮南铁路公司、江南汽车公司，筹建杭州闸口电厂及国内、国际无线电台，对民国及浙江的经济发展有一定的贡献。1928年11月至1930年12月任浙江省政府主席。1929年6月以“提倡国货、奖励实业、振兴文化”为宗旨，在杭州成功举办西湖博览会。还在杭州成立浙江蚕种改良场、稻麦改良场，创办杭州丝厂，并修建了数条公路。1931年7月任国民政府委员。1936年西安事变中受陈果夫、宋美龄等力邀一度出山主持全局，蒋介石释归后返杭州。1937年抗日战争爆发后迁居汉口，年底去香港。1939年5月移居美国。1942年发起“世界国际社会大会”，任大会主席。1945年双目失明。1948年任总统府资政。晚年书法自娱，但不轻为人作，故流传甚少。1950年9月3日在纽约去世。著有《张静江文集》。

**张静庐(1898—1969)**

慈溪县人。著名出版商。1911年在家乡龙山演进学校毕业后到上海当学徒，后任职于天津《公民日报》、《商报》。1919年任上海泰东图书馆编辑，并担任出版和发行工作。1924年起先后创办光华书局、现代书局、上海联合书店，均任经理。出版《萌芽》、《拓荒者》等进步书刊。1934年创办上海杂志公司，是国内第一家专营杂志的书店，任总经理，除代办代购全国出版的各种期刊外，还出版《读书生活》、《译文》、《作家》、《文艺画报》、《自修大学》等。1943年组织28家出版社，在重庆成立联营书店，任总经理。1949年在上海任联营书店总经理。新中国成立后历任国务院出版总署计划处处长、古籍出版社编审、中华书局近现代编辑组组长。1969年9月病故。编著有《中国近代出版史料》初编、二编，《中国现代出版史料》甲、乙、丙、丁编，以及《中国出版史料补篇》，著有《在出版界二十年》等。

**张　韬(生卒年不详)**

萧山县人。清末毕业于浙江官立法政学堂。1912年中华民国成立后曾任上海地方审判厅厅长，北洋政府大理院清理积案专任推事，大学教授，律师协会会长。1933年任抗日同盟军吉鸿昌的北路总指挥部教导团团长。1940年3月至1945年8月任汪伪国民政府最高法院院长。1945年8月15日日本宣布无条件投降后以汉奸罪被捕。

**张嘉年(1852—?)**

字乐君。鄞县人。近代著名米商。19世纪末在上海先后开设恒大、丰大米行，长期任豆米业公所萃秀堂、仁谷堂董事。进入20世纪后又从事糖业和机器碾米业。自1902年以豆米业代表人上海商业会议公所后，至1922年一直连任上海总商会会董、会员。同时还曾任上海地方自治机构城乡内外总工程局名誉总董、沪南商务分会议董、沪南商团公会副会长等职。1918年上海南北市机器碾米业公会成立时任主席。1920年又参与创设上海证券物品交易所，任常务理事。

**张慕槎(1906—1996)**

又名宗骞，字紫峰。诸暨县人。1919年2月考入大东公学(今学勉中学)。1922年毕业后在枫桥一带任小学教员。1927年7月投笔从戎，考取浙江省警备司令部准尉司书；9月任国民革命军第十一军第十师少尉书记。1930年任国民革命军第十九路军上尉书记，后升少校秘书。1937年抗日战争爆发后先后在第六十师、第三十七军任少校、中校、上校秘书及军法处处长，一度兼任湖南省平江县县长。1945年起先后任第九战区长官司令部、第二十七集团军、第三十二集团军司令部少将参议，南昌军官总队中将总队附，韶关陆军第九训练办公室少将主任，南京国防部军事杂志社特约撰稿员，浙江省丽水县县长兼县自卫总队总队长。1949年3月在中共党组织的策动下与松阳县长祝更生等联合起义。解放后历任中共浙东行政公署主任秘书，民革浙江省委顾问，浙江省人民政府参事室参事。是民革浙江逸仙书画院暨西湖诗社创始人之一，两任名誉院长。还兼任武林书画社、海宁跃龙诗社、诸暨诗社名誉社长，中国诗词学会浙江分会顾问，中国老年书画研究会浙江分会顾问，同时又兼衢州烂柯山及湖南岳麓诗社顾问。诗词书法均有成就。著有《松韵阁诗稿》、《松韵阁文稿》等。

**张毓康(生卒年不详)**

绍兴县人。著名酱园商。早年随叔父张启发在奉天(今沈阳)开设南货店，后在张启发出资下开设大通酱园，聘请绍兴制酱工，按绍兴工艺制售酱油、腐乳、酱菜等产品。之前当地所产酱油味苦，故大通酱园所产酱油一上市即大受欢迎，生意兴隆。大通酱园逐渐发展成为沈阳最大的酱园,制酱场地大至10余亩。

**张肇元(生卒年不详)**

鄞县人。1927年曾任武汉国民政府外交部秘书、财政部副部长、代理部长。1938年12月任国民政府立法院立法委员,并先后兼任立法院秘书长、立法院外交委员会委员长。1949年去台湾。著有《新公司法解释》、《张肇元回忆录》,翻译有《中华民国刑法》等。

**张肇骞(1900—1972)**

号冠超。永嘉县人。1920年考入南京金陵大学就读,因闹学潮而被校方开除。次年考入东南大学生物系就读,1926年毕业后入国立中央大学任助教、讲师。1933年被派赴英国皇家植物园(邱园)与爱丁堡植物园留学,研修植物分类学与植物区系学。先后发表有关菊科论文五篇。1935年自英返国。1938年任广西大学农学院教授兼植物研究所主任,浙江大学教授。1941年任中正大学教授兼系主任。1946年离开江西到北平静生生物调查所任技师,兼任北京大学教授。1950年参与接管静生生物调查所以及该所与北平研究院植物研究所的合并工作。1953年成为新成立的中国科学院植物分类研究所副所长,任一级研究员。1954年12月出任新成立的中国科学院华南植物研究所副所长。1955年当选为中国科学院学部委员,并担任华南植物园筹备委员会副主任。1957年任中国科学院华南热带生物资源综合考察队队长,领导并参加华南热带、亚热带资源植物开发利用的综合考察,历时五年。1966年任华南植物研究所代理所长。1972年1月18日病故。熟知英、德、法、俄、拉丁文,对菊科、堇菜科、毛茛科、罗汉松科等植物分类有较深入的研究。先后发表著、译作28篇,对中国华南地区植物学研究的发展起到了重要作用。

**张　鋆(1890—1977)**

字伯鋆。平阳县人。1890年1月27日生。1904年毕业于平阳县高等学堂(高小)。1905年春东渡日本求学。先在东京海成中学读书,1906年考入日本慈惠医科大学。1911年毕业回国后在家乡做了一年多的耳鼻喉科医生。1913年应聘到江西医专任教。1915年应聘去河北保定,在直隶医专(今河北医学院)任教。1921年得到洛克菲勒氏基金会资助,由学校保送赴美国哈佛大学医学院进修,次年获医学博士学位。1923年回国。1926年直隶医专被迫停办后赴湖南湘雅医学院任教。次年北伐成功,河北大学复校,原直隶医专作为医科并入该校,应召回校任教。1928年到上海,在中国人办的第一所医学院——国立中央大学医学院(学校不久即改建为国立上海医学院)任教育长、解剖学教授。1933年再度赴美留学,在美国纽约大学理学院生物系和卡内基研究所攻人体组织学,连续发表了胚胎心脏、心血管、心中隔及瓣膜的发生、形态及血液动力学的关系等一系列论文,当选为美国解剖学会正式会员。1934年回国后在上海任教。在国内刊物上先后发表了《怎样教解剖学》、《培养组织之创伤治疗》等论文。后一论文为中国最早的组织培养文献之一。1940年在《美国解剖学杂志》上发表了《脂肪细胞的发生》一文。1941年与助手齐登科在《美国人类学杂志》上发表论文《中国人脑沟回的模式》,引起强烈反响。抗战胜利后因人事原因离开上海医学院,出任行政院善后救济总署上海分署专员。1947年10月作为借用教授到刚复校的北京协和医学院任教。次年被学校正式聘为主任教授,成为协和医学院解剖学系的第一位中国籍系主任。1951年1月20日协和医学院被军方接管,出任副院长。1953年当选为中国解剖学会理事长兼《解剖学报》主编。1957年协和医学院并入上一年成立的中国医学科学院,任副院长。次年2月在原有的10个学系的基础上建立了首批五个研究所,兼任实验医学研究所所长。1977年12月27日在北京病故。

**张蕙生(1894—1982)**

平湖县人。早年赴美留学,获硕士学位。回国后历任暨南大学、复旦大学、东吴大学、交通大学教授,立信会计专科学校副校长,立信会计事务所会计师。新中国成立后任立信会计专科学校教授。长期从事会计学和审计学的教学与研究工作。著有《审计学原理》、《政府会计》、《通用簿记教程》等。

**张震旦(1912—1966)**

号平之,名旭夏。仙居县人。1912年4月16日生。1930年毕业于浙江大学工学院高中化学科。1931年9月考入北京大学化学系,1935年本科毕业。1935年9月至1940年3月任四川泸州前兵工署工厂技术员。1940年4月至1942年4月任浙江化学工厂工程师。1943年3月至1944年12月任湖南前兵工署辰溪炼油厂副厂长。1945年1月至1946年8月任四川重庆永联化工厂工程师。1946年9月至1947年12月任北京大学化学系讲师。1947年12月至1949年12月任上海中央制药厂厂长。1949年12月至1952年9月任无锡江南大学化工系教授，并兼苏州东吴大学、上海复旦大学教授。1952 年 10 月至 1966 年 6 月任华东化工学院教授和中国科学院海学研究所兼职研究员。编著有《化工原理》、《化学工业用材料》、《化工操作原理与设备》、《化学工业过程与设备》、《化学工业中的吸收操作》等。"文革"中遭受迫害。1966 年 6 月 22 日在被"批斗"后自杀。

**张震复(1919—1979)**

平湖县人。1919 年 2 月 8 日生。美国威斯康辛大学经济学硕士。1941 年参加国民政府考试院举行的高等考试，获会计审计人员考试第一名成绩，先后担任财政部钱币司稽核、科长、专门委员兼帮办，华南商业银行研究室主任及协理，华侨商业银行总经理，并兼任台湾私立东吴大学、台湾省立法商学院、"国立"政治大学等高校教授。1968 年 8 月起专任"国立"政治大学教授兼银行系主任，国际贸易研究所所长，"行政院国家科学委员会"聘任教授，"行政院经济建设委员会"咨询委员等。著有《现代货币理论与政策》。

**张镇谦(1901—1985)**

字益光。嘉兴县人。1927 年在格勒诺布尔大学获国家数学硕士学位，深得法兰西数学分析学派真传。回国后曾任国立中央大学、省立广西大学、国立暨南大学、私立大同大学、国立交通大学等校教授，并曾兼任系主任一职。1935 年任中国数学会，任该会秘书。新中国成立后历任上海法学院、华东财经学院、同济大学等校教授。

**张　毅(1918—1976)**

女。原名照鲜。余杭县人。1936 年因不满包办婚姻离家到上海美丰绸厂当学徒。满师后转入曹家渡金城绸厂，曾参加上海丝织工人大罢工。1937 年抗日战争爆发后失业回乡。次年参加浙江省政工队，从事抗日宣传活动。1939 年 5 月加入中国共产党，在黄湖镇一带组织妇女会，发动抗日救亡运动，引起国民党的注意；9 月离开黄湖，先后在浙江省吴兴县、江苏省吴江县从事群众工作。1941 年 12 月调苏南游击根据地。1943 年春任中共溧阳县区委书记。1945 年随军北撤，先后任中共鲁中安丘县委干部科长，华东野战军随军学校民运工作队指导员、政治部干事。1947 年鲁中战役，率领支前民夫抢救伤员，荣立三等功。1948 年秋济南解放后以军代表身份接管一家纱厂。同年底淮海战役开始后参与收容、整编俘虏工作，受到嘉奖。1949 年 3 月编入解放军南下先遣总队；5 月进入杭州，接管杭江纱厂，任军代表，后任副厂长、厂长、党委书记等职。1955 年任杭州第一棉纺织厂厂长、党委书记。1958 年调萧山筹建杭州第二棉纺织厂。1962 年 1 月作为浙江省企业代表参加北京"七千人"大会，受到毛泽东主席的接见。历任中共杭州市第一届委员会候补委员，第二、第三、第四届委员会委员。后因故离厂。1968 年应 6000 余职工联合签名要求，回厂主持工作，任厂革委会主任。

**张镜予(1907—?)**

嵊县人。早年先后就读于上海沪江大学及北平燕京大学研究院。毕业后先后任教于厦门大学、上海大夏大学及上海交通大学。1937 年抗日战争爆发后先后任国民政府经济部统计主任，主持战时经济调查统计。1941 年任国家总动员会议简派调查室主任，主持战时物价调查统计。1944 年到国民党中央训练团高级班受训，结业后任财政部钱币司总稽核。1949 年去台湾，任教于台湾省立商学院，担任社会学系主任。1952 年到英国研究社会安全制度。1957 年起任东海大学社会学系主任兼训导长，同时兼任国民党东海大学党部主任委员。1960 年赴美国考察各大学社会学课程。后任台湾当局"内政部社会安全制度计划委员会及劳工保险委员会"委员，"考试院"公务人员高等考试典试委员，"国防研究院"讲师，国民党中央执行委员会党务顾问等。著有《世界失业问题》及《中国农民经济的困难和补救》、《中国农村信用合作运动》等。

**张澹如(1882—?)**

原名增鉴，以字行。吴兴县人。金融家、实业家。富商家庭出身，早年在上海张家盐务总管理处——张恒源老账房任总管。1907 年投资浙江兴业银行，为大股东、董事，同时又是大清银行上海分行大股东。第一次世界大战期间在上海开发著名新式里弄——拥有 200 多幢三层连体别墅的静安别墅，还在富民路、南京西路、四川北路拥有大批地产。1917 年创办适合锦云丝织厂。1920 年参与发起成立上海证券物品交易所，任理事。次年在上海发起创办通易银行，任董事长。20 年代在汉口开设易记汉号，经营棉花业。又与盛丕华在汉口开设武埠地产公司，经营房地产，拥有地产 1000 多亩。30 年代前后在上海、武汉等地广泛投资贸易、银行、信托等企业，任华中营业公司、大中华公司、开元电气厂董事长，通汇信托公司常务董事，浙江兴业银行、华安银行、华业银行、上海绸业银行、东南信托公司、中一信托公司、上海信托公司、商办江南铁路公司、五和精盐公司、长城唱片公司、普益经纬公司等企业董事，及嘉华银行上海分行参事、大纶绸缎局股东，并独资经营通运生丝贸易公司。资助盛丕华等工商、知识界人士组织中产阶级爱国团体“中社”，并把自己在威海卫路的静安别墅作为“中社”会所。1939年与盛丕华投资开设红棉酒家，成为上海民族工商业者“星五聚餐会”会所。亦系著名围棋高手，是中国围棋馆创始人之一。

**张 翼(1909—1983)**

原名张雨亭。慈溪县人。演员。少年习练武艺，1925年投身电影界，第一次饰演《万花楼》中的侠客角色。其后也多以武侠角色为主，《嘉兴八美图》、《江湖二十四侠》、《风尘剑客》等70多部影片中出演武戏，有“影坛雄师”的美誉。1934年在左翼思潮的影响下参加上海联华营业公司。抗战前后拍摄了《体育皇后》、《大路》、《慈母》、《狼山喋血记》、《大地回春》、《丽人行》等影片。1949年后加入上海联合电影制片厂，拍摄有《乘风破浪》、《铁窗烈火》、《黄浦江的故事》、《五十一号兵站》等影片。从影50多年共拍摄120余部电影，成功塑造了绿林好汉、老工人、老水手等艺术形象。

**张 警(1913—2004)**

字怀严。杭县人。早年考入浙江省水利局测候训练班就读。先后在海盐、嘉善县测候站为测候生，并曾在河南巩县兵工分厂工作。1938年考入时在四川三台的东北大学政治系。1942年毕业后留校任助教，后升讲师、副教授。1948年任昆明云南大学法学院副教授。1951年升为政治系教授。1953年起任重庆西南政法学院教授。1958年被补划为右派。“文革”时西南政法学院停办，被迫退休回老家生活。1977年西南政法学院复校，乃返校任教，主讲中国法制史。后曾兼任中国法律史学会副会长。退休后出版《〈晋书刑法志〉注释》。

**张 骥(1891—1961)**

字千里。永嘉县人。1916年5月毕业于保定陆军军官学校第二期步科后分发到浙军服役。1927年10月任国民革命军第二十六军(军长周凤岐)第二师师长。1929年12月任首都(南京)警察厅训练处处长。1931年任长江水警局局长。1933年任山东省保安司令。1936年1月被国民政府授予陆军少将。1938年4月任山东省保安处长。1939年1月任第三十一集团军参谋长；6月任国民政府军事参议院参议。1944年任兵役部参议。1946年12月被国民政府授予陆军中将。不久退役。1947年与中共地下党组织取得联系，从事对国民党军的策反工作。1949年5月6日以第二〇〇师中将高参名义参加浙江温州起义。

**陆士嘉(1911—1986)**

原名陆秀珍。萧山县人。1911年3月18日生于江苏省苏州市。1933年毕业于北京师范大学物理系。后任中学教师四年。1937年考入德国哥廷根大学，学习物理，并以优异成绩获洪堡奖学金。后改学航空，师从世界流体力学权威普朗特教授，1942年获博士学位。后任柏林高等工业学校助教、萨克逊堡造船厂柏林设计研究部研究工程师等职。1944年回哥廷根大学工作。1946年回国后任天津北洋大学教授。1947年任清华大学水工试验所研究员。1949年兼任航空系教授。1952年院系调整后改任北京航空学院教授。1961年任北京航空学院数学力学系副主任。长期从事空气动力学和航空工程的研究和教学工作。尤以粘性流体力学见长。历任第一、第二、第三届全国人民代表，第六届全国政协常委等职。1986年8月29日在北京去世。

**陆 凡(1920— )**

女。萧山县人。1945年云南大学外文系英语专业毕业后留校任教。1947年赴山东解放区参加革命，在烟台解放区任《英文报》编辑，后任胶东行署译员。1949年起在山东大学任教，先后任讲师、副教授、教授，并先后兼任山东大学美国文学研究所所长、直属支部书记及系主任，山东省作家协会理事，中国翻译协会副会长，山东省翻译协会会长，外国文学研究会会长，美国哈佛大学费正清研究所研究员，中国作家协会山东分会理事，山东省文联委员。1954年开始发表作品。80年代初加入中国作家协会。主要译作有《当代美国文学》、《普希金创作道路》，并发表《美国清教徒及清教徒文学》、《美国犹太文学》、《漫话当代美国文学中的幽默》等多篇论文。

**陆子东(1892—?)**

吴兴县人。先后就读于杭州陆军小学、南京陆军中学、北京清河陆军中学。毕业后从军。后赴美游历，回国后在浙江省政府任职。1935年应陈果夫之邀任江苏银行总经理，上任后制订业务发展纲要和员工奖惩办法，并设立分行，扩大放款，曾先后给困难中的南通大生纱厂、华东煤矿公司巨额贷款，使之得以复业。1936年贷款支持上海稠业银行，使之置于苏行的管理下，兼任稠业银行总经理。1937年又兼任华东煤矿公司董事长。抗战爆发后苏行各分支机构退入租界，赴汉口、重庆与财政部筹商苏行维持办法。财政部决定改组苏行，于1940年去职。新中国成立前夕拒绝陈果夫去台湾的劝告，在上海迎接解放。

**陆元诚(1908—?)**

笔名重溪。原籍浙江海宁县，生于辽宁沈阳，早年在天津等地读书。1928年入英国牛津罗斯金学院政治经济专科就读。1930年夏考入伦敦大学政治经济学院经济系。1933年夏毕业后回国。1934年任天津河北省立商学院经济系教授。1937年春赴上海，就任华南米业公司商情主任。淞沪抗战爆发后随公司迁往香港，任会计主任及公司秘书。同年到重庆，任全国粮食局研究专员。1943年春任国民政府经济部资源委员会国外贸易事务所业务室专员，其后历任该所昆明办事处主任、上海总所业务室主任、上海办事处主任、华东国外贸易总公司出口处副经理等职。1950年调往北京中国矿产公司任职，先后担任业务处处长、专员、商情处负责人等职。1959年调北京外贸学院任教。1972年退休。编著有《工业矿物概论》等，译著有《经济思想史》等。

**陆长胜(1898—1960)**

原名庆延。绍兴县人。自幼酷爱戏曲。少年曾当学徒。19岁开始学习绍剧，攻老生。1921年正式登台演出，在浙江、上海一带演出。唱做俱佳，唱腔圆润，尤其善用拖腔。新中国成立后积极参加戏剧改革。为中国戏剧协会会员。演出的代表剧目有《谢阁老》、《杨家将》、《芦花记》、《徐策观画》等。

**陆文奎(1865—1929)**

绍兴县人。初业打铁，在绍兴开设陆永兴打铁铺，平日好钻研工艺美术，匠心独运，用细铁条、薄铁片，经剪、折、敲、接、锉、砂、漆等工艺，巧制各种铁画挂屏，备受人民喜爱，其产品在1910年南洋劝业会上获金奖。同年在原打铁铺改设陆永兴五金煤油店，同时收徒传艺，增加铁画屏生产，数年间经销产品达数百种，产品行销上海、杭州、苏州等地，英、美、日、德等国商行也时有订购。还在上海、绍兴等地开设电料行、煤油行、运输公司、钱庄等10余家企业，集能工巧匠与企业家于一身，声誉甚著。热心公益事业，曾出资办绍兴国学专修馆及绍兴同善社、善庆堂等慈善机构。

**陆年青(1912— )**

原籍浙江山阴，寄籍湖南岳阳。早年毕业于浙江大学，获农学学士学位。先后于美国农业部农业经济局作物估计司农业统计、美国商业部农业普查局、北卡洛莱纳州立大学统计研究所实验研究统计分所农业样本普查及高等统计样本理论研习结业。曾获美国农业统计专业证书，以及亚利桑那州世界大学农业经济文学博士学位。历任浙江省昆虫局技术员，贵州大学农工学院副教授兼农经研究室代主任、教授，农学院资料室主任，浙大教授，浙江省政府专门委员。曾从事果树害虫与病虫害防治和农业资源之调查研究。1947年去台湾，历任土地银行总行一等专员、部室处副理主任处长，台湾"中国文化大学"土地资源系教授、系主任。主要著作有《陕甘青宁绥之农业》、《农业金融》、《台湾省作物栽培调查》等数十种。

**陆仲任(1911—2011)**

鄞县人。1941年毕业于国立音专理论作曲专业。先后任教于南京中央大学音乐系，国立福建音乐专科学校，北平国立艺术专科学校。1948年在香港永华电影公司任专职作曲，并兼任香港音乐院院长。新中国成立后历任华南歌舞团副团长，广州乐团团长，广州音乐专科学校副校长，广州音乐学院副院长、教授，星海音乐学院教授，广东省第三届人大代表，广东省政协委员，广东省文联委员等。中国音乐家协会广东分会第一、第二届副主席。1987年退休。主要作品有电影音乐《华侨故乡》、《南海潮》、《清宫秘史》、《国魂》等，舞剧音乐《燎原火炬》、《海底珍珠城》，舞蹈音乐《阿细跳月》(合作)、《红花舞》，管弦乐曲《岭南音诗》、《岭南组曲》，钢琴曲《虞美人》、《旱天雷》，民乐曲《锦春罗》，广东音乐《红棉花开》、《花市漫步》(合作)，声乐曲《珠江大合唱》、《万花丛》、《花城颂》、《向秀丽赞》等。

**陆志韦(1894—1970)**

原名陆保琦。吴兴县人。1894年2月6日生于湖州府吴兴县南浔镇。1907年入苏州东吴大学附属中学就读。1910年考入东吴大学。1911年成为基督教徒。1913年毕业，获文学学士学位，留任附中教师。1916年赴美国范德比大学皮博迪师范学院学习宗教心理学。次年转入芝加哥大学学习生理心理学。1920年完成博士论文《遗忘的条件》，通过答辩获得博士学位。同年回国后任南京高等师范学校(1921年改建国立东南大学，1928年改名中央大学，1949年改名南京大学)教授，主持创办中国第一个独立的心理学系，任系主任。期间出版了《订正比内—西蒙测验说明书》、《社会心理学新论》等心理学著作，还于1923年出版新诗集《渡河》。1927年应燕京大学（系美英基督教会在北京开办的学校）校长司徒雷登之邀，到该校任心理学教授兼系主任。1929年被聘为中央研究院心理学组委员。1933年任燕京大学研究院委员会主席。同年获中美文化教育基金会资助，到芝加哥大学生物学部心理学系进修。1934年归国，9月14日任燕京大学代理校长，1937年卸任。同年发起组织中国心理学会，任主席。1938年夏转而从事语言学研究，次年起陆续在《燕京学报》发表《证〈广韵〉五十一声类》、《三四等与所谓"喻化"》、《〈说文〉〈广韵〉中间声类通转的大势》、《试拟〈切韵〉声母之音值》和单刊"The Voiced Initials of the Chinese Language"。1941年8月太平洋战争爆发，燕京大学停办，与司徒雷登、张东荪、赵紫宸、洪煨莲、邓之诚、侯仁之等多名燕大教职员遭日本侵略军拘禁。次年5月保外就医；6月18日被日本军事法庭以"违反军律"罪判刑一年半，缓刑两年软禁在家。1943年9月完成《古音说略》初稿。抗战胜利后主持燕京大学复校。1946年任校务委员会主任委员。1948年任校务行政委员会主席。1950年2月被中央人民政府任命为燕京大学校长，并担任中国科学院心理研究所筹备委员会主席、中国科学院语言研究所学术委员。1951年被派到西南地区搞土改，任西南土改分团副团长。1952年3月在燕京大学举行的"控诉美帝文化侵略罪行大会"上成为主要批判对象，并向全体师生作了自我检查；5月间被免去校领导职务；7月间燕大在院系调整中被停办，分解并入北京大学和清华大学，被调到中国科学院语言研究所任研究员。1957年任中国科学院哲学社会科学部学部委员。"文革"期间作为所谓"反动学术权威"受到批斗。1969年12月被下放到河南息县"五七"干校，又被干校分派到偏僻的养猪场劳动。1970年10月因病重得允回京；11月21日在北京病故。

**陆志棠（1890—1945）**

字松生，又字初觉。嘉兴县人。清末与黄桐生等组织商团，蓄志反清。辛亥革命中参与天堡城战斗。1913年春宋教仁被刺后整理商团，参与讨袁。"二次革命"失败后与胡笠僧等赴日本，入中华革命党浩然政治军事学校，研究政治经济。毕业后归国，参加护国战争，任广东石井兵工厂军需长，后赴陕随胡笠僧襄理军务。1922年辞职返嘉兴，筹组各路商界联合会。1924年任河南督办公署参议，暨郑州河南银行经理。同年中国国民党改组，当选为国民党嘉兴县党部临时执行委员，次年改为执行委员。1927年参与北伐战争，参与克复浙江，后兼任国民党嘉兴县党部商民部长，组织商民协会。同年任县党部常务委员。两年后再度当选为常务委员，复组商团，改为商办义务保卫团。1931年任嘉兴县民政科科长。次年被选举为浙江全省商会联合会执行委员。1937年抗战爆发后任嘉兴县抗敌后援会党务委员。金山卫沦陷后被推为嘉兴县行动委员会主任委员，兼嘉区七县行动委员会联合办事处主任，后改任国民党嘉兴县党部特别员。1939年省商联会改选，连任执行委员、常务委员，被省参议会推为常驻浙西参议员，被省商联会推为主持浙西分事务所。创立浙江第十区七县联立中学、嘉兴地区七县联谊会，并连任第二届省临时参议员，又受聘为浙江省赈济会委员，继又任省临参会浙西政情调查委员会主任委员。1942年10月浙江省组织抚慰团，被推为浙江省第四收复地区抚慰团副团长。1944年任嘉兴县战后复兴建设计划委员会副主任委员。1945年6月8日病故。

**陆　声（1918—1969）**

上虞县人。青少年时代在上海求学，爱好戏剧。抗日战争爆发后至宁波参加抗日演剧活动。宁波沦陷后随演剧队辗转于江西上饶一带。抗战胜利后回到宁波，与徐季等人组织业余话剧团，任导演。新中国成立后在宁波中心文化馆工作。1953年到宁波甬剧团任业务辅导员兼导演。1956年起任导演，直至1969年病故。曾导演过大小60余部戏。其中《两兄弟》于1954年华东区戏曲观摩演出大会获导演奖。《姑娘从此不平静》于1957年参加浙江省第二届戏曲观摩演出大会获导演二等奖。支持传统戏剧的现代变革，移植改编的现代剧有《小二黑结婚》、《罗汉钱》、《刘胡兰》等。

**陆　纲（1913—1976）**

原名姚常新，又名姚旦。镇海县人。1936年上海私立光华大学肄业后进入上海中华银行任职。1937年8月13日淞沪抗战爆发后随银行迁往香港。不久回内地参加抗日救亡活动。在浙江省政工队找到中共地下党组织。1938年6月加入中共外围组织中华民族解放先锋队；11月加入中国共产党，任中共嘉（兴）崇（德）桐（乡）三县工作委员会工委书记。1940年任中共赤南县委书记。1941年任中共江句县委书记。1945年8月抗战胜利后奉命渡江北上，历任鲁中联抗总会组织部长、第三野战军第八纵队政治部宣传部部长、第三野战军先遣总队宣传部部长、第八兵团政治部民运部副部长。1949年9月任镇江军管会秘书长。新中国成立后历任南京市总工会组织部部长，中共南京市委企业党委第一副书记，中共江苏省委工业部第一副部长，第二机械工业部华东办事处主任、办公厅主任，哈尔滨飞机制造厂、沈阳飞机制造厂厂长。1976年11月5日去世。

**陆卓明(1924—1994)**

原籍浙江吴兴县，1924年9月生于江苏南京。1927年随父亲陆志韦先生迁至北平。1930年在燕京大学附属小学读书。1937年抗战爆发后入燕京大学附属中学。1942年夏由于参加抗日活动而被日军逮捕，不久释放。1944年入辅仁大学经济系读书。1946年转至燕京大学经济系。1948年获得燕京大学经济学学士学位。毕业后留校任经济系助教。1952年在燕京大学控诉美帝文化侵略罪行活动中，因拒绝批判父亲陆志韦被开除出团。同年在院系调整中被调到北京大学经济系任教，开始从事经济地理学的研究，尤其致力于世界经济地理的研究。1954年转入北京大学地质地理系，先后任助教和讲师。1978年重新回到北京大学经济系世界经济专业，先后任讲师、副教授和教授。著有《世界经济地理结构》。

**陆学善(1905—1981)**

字禹言。吴兴县人。1905年9月21日生。1928年东南大学物理系毕业后任清华大学物理系助教。1930年入清华大学理科研究院学习。1933年毕业，获硕士学位。后应北平研究院物理研究所所长严济慈之邀在该所任助理员。同年夏在《中国物理学报》上发表题为《多原子气体所散射X射线之强度》的论文。1934年夏赴世界闻名的英国曼彻斯特大学X射线晶体学研究中心、诺贝尔奖得主W.L.布喇格主持的实验室留学。期间选择X射线应用方面的研究，成为我国最早从事X射线晶体结构研究的物理学家。1936年获博士学位，年底回国，任北平研究院在上海的镭学研究所研究员。1937年发表《Cr—Al系相的X射线研究》及《$Cr_2Al$和$Cr_5Al_8$的晶体结构》两篇论文，在晶体学上取得重要进展。他所首创的利用晶体点阵常数测定相图中固溶度线的方法，至今仍被广泛采用。其后还与人合作，以X射线为光源，系统研究了压力的普遍照相效应，提出照相潜象的形变理论。后又研究了背射照相机测定点阵间隔时所有可能的系统误差及其校正方法。1945年后研究创立了提高测定点阵间隔精密度的新图解法。1947年起兼任上海暨南大学教授、物理系主任。1948年主持上海晶体学研究室。1950年8月起任中国科学院应用物理研究所(后改为物理研究所)研究员，在该所建立晶体学研究室，指导和培养了许多年轻科研人员成为优秀的晶体物理学家，并使研究室成为我国晶体物理的重要研究中心之一。1955年当选为中国科学院数理化学部委员。历任中科院物理研究所副所长、代所长、学术顾问等职，先后当选为第三届全国人大代表、第三届全国政协委员、中国物理学会常务理事兼秘书长。先后任《物理通报》、《物理学报》、《中国科学》、《科学通报》等刊编委。共发表有学术论文40余篇。1981年5月20日在北京去世。

**陆宗达(1905—1988)**

字颖明，又字颖民。祖籍浙江慈溪，1905年2月13日生于北京。1928年毕业于北京大学国文系。1926年追随国学大师黄季刚先生，登堂入室，学习文字、声韵、训诂等传统语言文字学，其时已有极深的学术造诣。历任辅仁大学、冯庸大学、中国大学、女子文理学院、民国大学等校教授。1947年起为北京师范大学专任教授。"文革"后任汉语文字学专业博士生导师，第一、第二届国务院学位委员会学科评审组成员。除讲授文字、声韵、训诂学之外，还开设了《说文》学、《尔雅》学、《文选》学、《十三经》讲读、汉魏诗赋、现代汉语等多门类的课程。尤其精通以《说文解字》为中心的传统文字训诂学，是中国训诂学学会的主要创始人。著有《说文解字通论》、《训诂简论》，合著有《训诂方法论》、《古汉语词义答问》、《训诂与训诂学》等，是章(太炎)黄(侃)学派的一代传人。1988年2月13日在北京去世。

**陆宗舆(1876—1941)**

字润生。海宁县人。金融家、外交官。早年求学于日本早稻田大学，清末曾任资政院议员。1911年任交通银行协理、印铸局局长、度支部代理副大臣兼交通银行经理。袁世凯任总统时任总统府财政顾问。1913年任驻日全权公使，参与谈判签订"二十一条"。袁氏死后卸任归国，出任交通银行股东会长。1918年任中日合办中华汇业银行总经理，时值段祺瑞政府大借日债，以该行总理名义代表日本兴业等三家银行与财政总长曹汝霖签订"有线电报借款"等项借款合同。不久任币制局总裁，五四运动中被免职。1925年曾一度任北京政府临时参议院参政。1940年任汪伪国民政府行政院顾问。次年在北平病故。

**陆定华(1893—1959)**

女。嘉善县人。17岁嫁至本县枫泾镇谢家,后因家庭失和,携子赴上海谋生。1924年进入商务印书馆当装订工。1925年商务印书馆工人罢工,作为女工代表与资本家谈判取得胜利。在"五卅"运动上海罢市斗争中带领女工奔赴南京路,第一个卧轨挡车。同年加入中国共产党,任商务印书馆第一、第二届工会执行委员兼女工部宣传主任等职。1927年3月上海工人第三次武装起义,担任商务印书馆救护队队长。"四一二"反革命政变中曾两次被捕,受尽酷刑,但始终不屈。嗣后离开商务印书馆,到国华订书厂工作。不久因叛徒出卖,再次被捕,关押一年。出狱后在朱家角做店员,并寻找党组织。1937年夏在上海找到党组织。卢沟桥事变后奉中共委派到江南抗日游击区搞地下交通工作。1939年冬中共江苏省委成立后一度在省委机关工作,后又被派往南通等地搞地下交通工作。1943年日伪军"清乡"时第四次被捕,严遭酷刑,拒不招认,后被释放。1945年夏到苏中根据地和儿子谢克东团聚。由于长期在艰苦环境中工作以及四次被捕所受折磨,身体受到严重摧残。新中国成立后在家养病,1959年在无锡病故。

**陆思采(1905—1961)**

又名陆思晖、陆芦生。湖州人。1927年4月加入中国共产党。1928年2月起先后任中共湖州县委委员、书记。1929年9月任中共湖州中心县委书记。同年12月中共湖州中心县委被国民党当局破坏后撤退到上海,参加中共中央主办的干部训练班学习。后随中央浙北巡视员郑馨回湖州恢复组织。1930年6月重建中共夹浦独立支部,任书记;9月遭到国民党当局通缉,撤退到杭州,从此脱离党组织。

**陆费逵(1886—1941)**

原名沧生,字伯鸿,号少沧。桐乡县人。著名出版商。早年加入革命团体日知会。1905年在武昌设书店,任经理,并任汉口《楚报》主笔。日知会被破坏后只身逃亡上海,任昌明书店支店经理兼编辑,参与筹建上海书业商会。1906年主编《图书月报》。同年冬任上海文明书局编辑。1908年任商务印书馆编辑。次年任出版部长兼《教育》杂志主编等。1912年创办中华书局,自任局长(后称总经理),主持该局业务达30年,使该局不断发展。抗战爆发前夕该局资本达400万元,年营业额逾千万,在全国各地拥有分局、支局50个和多家印刷厂、印刷所,彩印业务居全国第一,成为与商务印书馆齐名的大书局。曾出版《大中华》等多种杂志,出版《中华大字典》、《辞海》,重印《四部备要》、《中国图书集成》等古籍。历任上海书业同业公会主席、中华工业总联合会委员、国民参政会参政员等职。1941年7月9日在九龙病故。

**陆桐生(1916—1995)**

嘉兴县人。1916年5月生。1942年毕业于上海大同大学土木工程系。1946年进入上海市政府工务局,在第三区工务管理处任工务员。1949年5月上海解放后在上海市人民政府工务局土木工程总队和上海市政工程公司等单位任工区主任、技术负责人、总工程师、高级工程师,在道路桥梁建设方面有重要贡献。

**陆根泉(1898—?)**

镇海县人。建筑商。从小因家境贫寒继养在上海川沙一裁缝家。12岁到上海习泥水匠手艺。满师后在汤秀记、久记营造厂当泥工小包。1929年在上海创设陆根记营造厂。1931年承建静安寺百乐门舞厅工程,该舞厅号称"远东第一乐府",还有"玻璃世界"之誉,玻璃地板舞池在上海堪称一绝,陆的名声随之而起。先后承建了中国银行和中南银行公寓、大同公寓、漕河泾监狱、市中心区医院等工程。1935年在南京为褚民谊建造了非常考究的住宅。后由褚等的努力,又承建了南京国民大会堂、美术展览馆等政府工程,实力迅速增强。随后承建南昌中正医院教学大楼。未及完工抗战爆发,陆根记迁昆明,因结识云南省政府主席龙云承建了昆明大戏院、南屏电影院、中央防疫站等工程,并任昆明市营造业公会常务理事。1939年因经济案件被查处,负责查处的戴笠乘机把他卵翼在军统主持工程事务,在重庆先后承建了中美合作所大礼堂、警察训练班刑事实验室、钟家山"梅园"、磁器口医院等工程。日本投降后以接受大员身份抵沪宁两地,在上海接受敌伪产业锯板厂、夹板厂及大批建筑材料、运输工具、汉奸房地产,同时为军统赶建工程,如上海中美合作所,南京军统办公室,军统南京总部办公大楼、电台、宿舍、仓库等。1947年因结识汤恩伯,任陆军总司令部营房筹建委员会中将顾问,主持了陆军大学、参谋学校和总统府官邸扩建,及汤山、马群军营工程。1948年末后受京沪杭警备司令汤恩伯委任负责承建上海碉堡工程,以阻止解放军进攻上海。还组织人员到厦门、金门等地为国民党军建筑军事工程。上海解放前夕去台湾。上海解放后陆根记营造厂作为官僚资本被没收,在上海营造界仅此一家。

**陆维钊(1899—1980)**

原名子平,字东武,后改名维钊,字微昭,晚署劭翁,斋名初署陆逊庐,后改称庄徽室,亦称圆赏楼。平湖县人。现代教育家,著名书画篆刻家、学者和诗人。1918年毕业于秀洲书院,考入私立之江大学,因病辍学返乡。1920年考入南京高等师范学校,师从竺可桢先生攻读气象地理。次年改习文史,受业于柳翼谋、吴瞿庵、王伯沆诸名师。1923年担任《史地学报》主编。1925年毕业,由吴瞿庵先生推荐任北京清华大学国学研究院王国维先生助教,次年南归。曾先后任教于浙江省立杭州女子中学、嘉兴秀洲中学、江苏省立松江女子中学、上海育英中学、上海圣约翰大学、浙江大学、浙江师范学院、杭州大学。1960年应潘天寿之请调入浙江美术学院中国画系,参与创办全国首个书法篆刻专业。1963年起任浙江美术学院国画系书法篆刻科主任。曾任政协浙江省第三、第四届委员,中国美术家协会浙江分会理事,西泠印社社员。主攻文史,精研汉魏六朝文学及清诗,书法精研甲金,兼取碑帖,真、行、草、隶、篆各体皆精,独创非篆非隶之"蝶扁书"。亦擅花卉、山水,雄浑苍秀,偶治印,亦有奇趣。著有《中国书法》、《陆维钊文史杂著》、《陆维钊诗词选》等,出版有《陆维钊书法选》、《陆维钊书画集》等。

**陆　锦(1879—1946)**

字绣山。祖籍绍兴县,1879年生于直隶天津。1897年入天津北洋武备学堂幼年班。1898年冬被派赴日本留学,初入成城学校。1902年3月毕业于日本陆军士官学校中华队第一期炮科,后入日本近卫野战炮兵联队做见习官。1903年回国后任北洋测绘学堂教习。后调任直隶军政司参谋处委员。1904年后任北洋第一镇炮一标二营管带、陆军第二镇正参谋官。1906年河间秋操时任北军总参谋官。同年任直隶参谋处总办。1911年8月任山东督练公所军事参议官。1912年任直隶都督府参谋官。同年12月15日被北洋政府授予陆军中将军衔。1913年3月13日任直隶都督公署参谋长。同年10月7日至1914年7月31日任直隶天津镇守使。1914年7月被委任为将军府将军兼军务厅厅长;10月任模范团团附。1917年7月1日附和张勋复辟,并与王士珍等联名通电宣布"宣统"复辟,被授予"陆军部左丞"。张勋复辟失败后未受追究,改任北洋政府参谋本部次长。1919年12月14日特任北洋政府敏威将军。同年8月3日任北洋陆军第九师师长。1921年2月1日加陆军上将衔。1922年11月任直鲁豫三省巡阅使署参谋长兼第九师师长。1923年11月15日被授予陆军上将军衔。1924年1月12日任陆军部总长;3月10日免兼第九师师长职;9月17日任总统府(总统曹锟)军事处处长;10月直系失败;11月11日免参谋次长职,旋逃至日本。两年后回国,在天津寓居。1946年在天津病故。

**陆锦花(1927—　)**

女。学名柯纹祺。祖籍福建省,寄籍浙江省余姚县。1927年2月25日生于上海。自幼喜爱越剧。13岁进入越剧四季班学艺,改用母姓,改名陆锦花,拜越剧老艺人张福奎为师。四季班解散后到金门大戏院唱小生。1942年离师独自搭班。曾在袁雪芬领衔的大来剧场唱二肩小生,因身材瘦小,多演童生戏。1946年与邢竹琴合作演出。1947年秋与王文娟合作成立少壮越剧团,任团长,演于皇后大戏院。演过《礼拜天》、《天伦之乐》、《金蝉记》、《女伶受辱记》等不少时装戏。之后曾与张茵、许金彩、张云霞、筱月英等搭档。1949年7月参加上海市军管会文艺处举办的第一届地方戏剧研究班学习。1954年参加华东戏曲研究院越剧实验剧团。同年在华东区戏曲观摩演出大会中扮演《盘夫索夫》中的曾荣,获表演二等奖。擅演穷生和巾生,代表作有《珍珠塔》、《彩楼记》、《情探》、《盘夫》等。与傅全香合演的《情探》在1958年由江南电影制片厂摄制成黑白电影。40年代大中华、百代、百歌等唱片公司灌制发行了有其演唱的《一缕麻》、《孝女心》、《香妃》、《黑暗天堂》、《礼拜六》、《义》等剧唱片多张。新中国成立后中国唱片社灌制发行了有其演唱的《盘夫》、《情探》、《劈山救母》等剧唱片多张。在长期的艺术生涯中形成了自己的特色,唱腔在马樟花"四工调"的基础上加以丰富提高,音色明亮纯净,行腔舒展松弛,吐字清晰入耳,被称为"陆派"。1983年退休后旅居美国多年。有《海外游子陆锦花》一书出版。

**陆　璀(1914—　)**

女。吴兴县人。1914年4月生。1931年从苏州振华女校毕业。同年考入东吴大学。1932年考入清华大学社会学系。在清华大学首先参加了中共外围组织世界语协会。1935年当选为清华大学学生救国委员会委员,被推举清华大学女同学时事座谈会主持人,参加了著名的"一二·九"爱国学生运动。当年手持话筒在群众聚会上演讲的场景曾刊登在邹韬奋主编的《大众生活》第1卷第6期封面和封底上,成为经典照片。1936年任全国学生救国联合会宣传部部长。同年加入中国共产党。1936年、1938年代表全国学联出席第一、第二次世界青年大会，并被派往法国、英国、美国、加拿大等国进行国际宣传。曾在巴黎《救国时报》编辑部工作。1947年代表中国解放区妇联任国际民主妇女联合会书记处书记。1948年出席在布达佩斯和哥本哈根召开的世界妇女大会。1949年出席在巴黎和华沙召开的世界和平大会，当选为国际民主妇联执行委员和世界和平理事会理事。新中国成立后历任中华全国妇女联合会第二届常委兼国际工作部部长，第四届常委，对外友协副会长，中美友协副会长，第一届中国人民政治协商会议全国委员会代表，第二、第五、第六届全国政协委员。1980年任中国代表团副团长，出席在哥本哈根召开的联合国"妇女十年"世界会议。著有《晨星集》。

**陆　蠡(1908—1942)**

原名陆圣泉。天台县人。早年就读于杭州蕙兰中学、之江大学。1929年毕业于上海劳动大学工学院机械工程系。其后在杭州等地中学任教。1931年至福建泉州平民中学任理化教员，与同事吴朗西等共同创办泉州语文学社。1934年到上海南翔立达学园农村教育科任职。1935年入上海文化生活出版社担任编辑。1937年上海"八一三"战事后主持出版社工作。次年创办半月刊《少年读物》，任主编。同时从事文学创作，是30年代比较著名的散文家。1942年4月文化生活出版社遭日本侵略者查抄，前往交涉，被日本人扣押，后折磨致死。1983年4月被民政部追认为革命烈士。著有《海星》、《竹刀》、《囚绿记》等散文集；译作有法国作家拉马丁小说《葛莱齐拉》，俄罗斯作家屠格涅夫小说《罗亭》、《烟》等。

**阿　垅(1907—1967)**

原名陈守梅，又名陈亦门、文祥。杭县人。早年就读于上海工业专科大学。1936年毕业于中央军校第十期。"九一八"事变后在淞沪战役中受伤，写了报告文学《闸北打了起来》。1939年到延安，入抗日军政大学学习。在野战演习中受伤，在西安治疗期间创作长篇纪实小说《南京》，在中华全国文艺界抗敌协会征稿评奖中获得第一名。伤愈后因去延安的交通线被封锁，便转往重庆陆军大学学习。毕业后留校任战术教官。业余从事文学创作。1946年在成都负责编辑文艺刊物《呼吸》。1947年遭国民党当局通缉，潜往南京、上海，后蛰居杭州。1949年后任天津市作协编辑部主任。1955年5月受胡风案牵连下狱。1967年死于狱中。1980年平反。主要作品有诗集《无弦琴》、报告文学集《第一击》，论著有《人和诗》、《诗与现实》、《诗是什么》、《作家的性格和人物的创造》等。

**陈一斋(1855—?)**

字永清。上虞县陈氏(春澜)家族族人，钱业资本家。1888年集合股份在上海创设永丰钱庄，并任经理，以后长期任该庄经理、督理，使该庄成为上海最著名的钱庄之一。同时投资自设钱庄，先后与叔父陈春澜等绍兴同乡亲友投资开设宝丰、志丰、滋丰、鸿丰、厚丰、春元、致和等10余家钱庄，投资额10余万元。曾任北市钱业会馆董事、总商会会员、浙绍公所董事和绍兴旅沪同乡会名誉董事。

**陈乃乾(1896—1971)**

名乾，字乃乾。海宁县人。清藏书家陈鳣后裔。早年入苏州东吴大学，毕业后到上海主持南洋中学图书馆。与乡先辈费景韩游，遂精版本目录学，又馆于藏书家徐乃昌积学斋。1916年任上海进步书店编辑。1917年在古书流通处佐理店主陈琰购销古旧书籍。20年代中期与金诵清在上海合办中国书店，经营古旧书业。1926年任大东书局编辑、发行所长，兼任持志学院、国民大学教授。抗战胜利后任上海市通志馆及文献委员会编纂。新中国成立后任上海市社会文化事业管理处编纂。1956年调任北京古籍出版社，后又任中华书局编辑。先后编印《经典集林》、《清代学术丛书》、《知不足斋丛书》、《周秦诸子注十种》、《百一庐金石丛书》，重订《曲苑》、《清名家词》、《元人小令集》、《二十五史》、《二十五史补编》、《四库全书总目提要索引》、《室名索引》、《别号索引》、《清代碑文通检》、《浏阳谭先生(嗣同)年谱》、《徐暗公先生(孚达)年谱》、《上海地方志综录》、《测海楼善本书目》、《禁书总录》、《启祯两朝遗诗考》等。

**陈又新(1913—1968)**

吴兴县人。早年丧父，随兄赴缅甸仰光求学。17岁回国后考入上海国立音乐专科学校小提琴专业，1938年毕业。曾任上海工部局交响乐团演奏员、上海音乐专科学校教授。与陈洪、丁善德合办《音乐杂志》，与丁善德、劳累贤合办私立上海音乐专科学校，任教务主任。新中国成立初赴英国伦敦皇家音乐学院深造，获硕士学位。1952年回国后任上海音乐学院管弦系主任、教授。擅长演奏古典作品，多次举行独奏、重奏、室内乐等音乐会。所奏乐曲音色优美，清逸深情，严谨而多变。编著有《小提琴协奏曲第一集》、《中外小提琴曲选》(8册)、《实用小提琴音阶练习》(3册)。灌制有《格里格奏鸣曲》及《牧歌》等唱片。

**陈九如(1898—?)**

镇海县人。世代业医。早年在上海行医，擅长妇科内科。后任军职，累官至陆军少将。1949年赴台后历任"中医药学会"理事长、"中国医药研究所"医籍整理委员会主任委员、"行政院卫生署中医药委员会"研究委员、财团法人"中国医药发展基金会"董事暨中医研究委员会召集人等职。编著有《黄帝内经今义》、《伤寒论精义》、《四诊新编》等。

**陈士文(1907—1984)**

字器先。仙居县人。1926年毕业于浙江省立第一中学，入国立西湖艺术院国画系学习。1928年赴法国里昂美术学校研习西画，曾获巴黎造型艺术展览会"沙龙荣誉奖"。1937年回国后执教于上海美术专科学校、新华艺术专科学校。期间曾于1941年任国立英士大学艺术专修科主任。1949年赴香港，以鬻书卖画为生。1957年受聘于新亚书院艺术专修科，后任香港中文大学艺术系主任。1971年退休后加入香港三远艺术会，潜心培养书画后秀，身后捐出全部遗产及书画作品作为该会活动基金。对中西绘画均有较深造诣，著有《中国绘画思想》、《西洋绘画思想》、《近代欧洲绘画试评》、《艺絮》、《艺舟》等。

**陈士范(1886—1957)**

鄞县人。建筑企业家。其父陈宝林早年在上海做建筑小包。10岁到上海读书，后入圣芳济中学读书，打下扎实的英文基础。毕业后入上海著名建筑设计机构英商公和洋行地产部习绘图，后又应聘到南京铁路局津浦段任建筑工程师。1921年与英籍设计师鲍威尔设计自来水公司大楼，打出陈林记营造厂牌子，承包全部工程。在承包建筑过程中发现石头建筑、石面装饰有发展前途，便将承接业务的重心转到分包石作工程，形成鲜明的专业特色。二三十年代上海许多重大建筑的外墙石作工程均由陈林记承包，如江海关大楼、沙逊大厦、汉密尔顿大厦等。1930年参与发起成立上海市建筑协会，任执行委员。抗战爆发前夕因遭绑架，加以年事已高，将业务托付给长子经营。

**陈士和(1887—1955)**

原名建谷，后改固本，字兰亭。原籍浙江绍兴县，生于北京。少时参加过义和团，后在庆王府膳房助厨。辛亥革命后拜评书演艺家张致兰为师，学说《聊斋》。能够在原有基础上加以改进，台风大方，语言生动，对原作的人物增加社会背景和生活经历的描述，把场景勾勒得更加细致，并且增添了不少富于戏剧性的细节，深受京津听众的欢迎，誉之为"笑话聊斋"。讲述的《聊斋》书目约有50余篇，出版评书作品有《崂山道士》、《画皮》、《席方平》、《瑞云》、《王者》、《毛大福》、《崔猛》等。

**陈大悲(1887—1944)**

原名陈听奕，笔名用工蛹公。杭县人。1908年入苏州东吴大学学习，在校期间经常参加文明戏的演出。1911年辍学入上海任天知领导的文明戏班进化团演戏。1918年赴日本学习戏剧。次年回国后参加新文化运动。1921年与沈雁冰、欧阳予倩等组织民众戏剧社，提倡业余戏剧，爱美剧，并参与编辑《戏剧》月刊。同年与李健吾等人组织北京试验剧社。1922年与蒲伯英将民众戏剧社迁往北京。同年冬与蒲伯英在北京创办北京人艺专门戏剧学校，任教务长。1928年在南京国民政府外交部任职。1935年组织上海乐剧院，次年在南京组织新华剧社。1940年春又在汪伪外交部任职，后去武汉组织话剧团。是中国话剧创始人之一，写过小说、剧论、杂文与电影剧本，翻译出版过外国戏剧、小说和理论作品，对话剧的理论、创作、教育等均有贡献。

**陈大复(1881—1912)**

号士平。山阴县人，寄居江苏省松江府。早年先后在浦东中学堂、龙州师范学校、常州中学任教员。1911年10月10日辛亥革命武昌起义爆发后辞职回到松江，组织策划松江光复事宜。同年11月5日深夜带领松江革命党人手持手枪炸弹，冲入松江知府衙门，驱逐清知府，松江宣告光复，被公推主持松江军政分府，辞未就，改任松江军政分府顾问，亦未就。后在友人赵乐君的强力邀请下担任松江军政分府副官。不久辞职，仍回常州中学任教。1912年5月5日因直言规劝来校访问的赵乐君，惨遭杀害。

**陈大受(1896—1977)**

海盐县人。1915年毕业于北洋大学矿冶系。1921年获美国伊利诺伊大学冶金硕士学位。1922年回国后曾任南京建设委员会技正、广西省平桂矿务局总经理、云南锡业公司协理兼总工程师。40年代初用熔析法精炼锡，在国际上创立了中国优等锡的牌号。1946年随钱昌照到北平任华北钢铁公司筹委会常委、华北钢铁公司总经理兼总工程师，复兴石景山钢铁厂。新中国成立后历任华北大学、北京钢铁学院教授。长期从事炼铁、球团矿及其金属化的教学与研究。编译有《炼铁学》、《专业炼铁学》等。

**陈大齐(1887—1983)**

字百年。海盐县人。1887年9月14日生。1901年入上海广方言馆习英文。1902年入浙江求是学堂学习。1904年留学日本,入东京第一高等学校,后入日本东京帝国大学文科哲学门,专攻心理学。1912年毕业,获文学学士学位。同年秋回国后任浙江省立高等学校校长,兼浙江私立法政专门学校教授。1913年春任北京法政专门学校教授。1914年夏任国立北京大学哲学系教授。1919年1月与胡适等在北京大学成立哲学研究会。1921年赴德国,入柏林大学研究西洋哲学。1922年回国后任国立北京大学哲学系系主任。1927年任国立北京大学教务长。1928年11月至1932年12月任南京国民政府考试院秘书长(其中1929年12月至1930年12月由许崇灏兼代)。1930年9月任国立北京大学代理校长。1932年12月任南京国民政府考试院考选委员会副委员长。1934年12月至1948年6月任考试院考选委员会委员长,多次主持各类考试。1948年6月任总统府国策顾问。1949年去台湾,历任台湾大学、台湾省立师范学院教授,政治大学校长、教授。1952年当选为国民党中央评议委员。1960年4月当选为“中华民国孔孟学会”理事长。1961年秋获香港大学名誉文学博士学位。1968年任“中华学术院哲学协会”第二届会长。1983年1月8日在台北病故。一生出版著作20余种,主要有《迷信与心理》、《哲学概论》、《心理学大纲》、《实用理则学八讲》、《孔子学说》、《因明入正理论悟他门浅释》、《平凡的道德观》、《大众理则学》、《孔子思想研究论集》、《陈百年先生文集》(一、二集)等。

**陈大燮(1903—1978)**

字理卿。海盐县人。1903年生于上海。1925年毕业于国立南洋大学机械系。1927年获美国普渡大学机械工程学硕士学位。次年回国后任浙江大学副教授。1934年应聘到中央大学任教授兼机械系主任。抗日战争爆发后随校西迁至重庆。1943年应交通大学之聘任该校机械系教授。抗战胜利后随交大迁回上海,任机械系主任、代教务长。新中国成立后继续在交大担任教授,并正式出任教务长。1956年被评为一级教授。1957年交通大学一部从上海西迁,遂赴西安参与西安交大筹建。1959年至1966年任西安交大副校长。“文革”中受迫害去职。1978年1月8日病故。著有《动力循环分析》、《工程热力学》、《传热学》、《高等工程热力学》等,对中国热力工程学发展作出重要贡献。

**陈万运(1885—1950)**

又名遇宏,号曼云。慈溪县人。著名纺织企业家。小商人家庭出身。1900年至江苏南汇周浦三阳泰烟纸店当学徒。1912年与姑父沈启涌(同业伙友)、沈九成(上海高裕兴蜡烛店学徒),各出资150元,办起三友实业社,生产金星牌洋烛烛芯,质优价廉,深受欢迎,打破了日商的垄断。1915年增资3万元改为股份公司,始产三角牌毛巾,因质优价廉并借助国货运动,畅销全国,企业因此迅速发展。1918年在引翔港购地60亩建总厂,任经理。次年又建嘉定、南汇两分厂。1922年在南京路设立三友社总发行所。1928年增资至60万元。次年盘入杭州通益公纱厂,改名三友印染厂(三友社杭厂)。1932年三友社拥资已达200万元,成为拥有上海、杭州两个大型工厂,嘉定、川沙等17个郊区工场,一个总发行所,36个分发行所的大型企业,跃居全国日用纺织行业龙头地位。“九一八”事变后在厂内组织抗日义勇军,任队长。1932年“一·二八”事变中三友社总厂遭毁,受到重大损失,至1933年上海地区总厂及17个分厂先后关闭。后任杭厂经理,继续经营,但杭州沦陷时厂房被日军所占。拒不与日“合作”,潜至上海从事药品经营。1942年上海国华工业投资公司出资收回日军控制下的三友社,仍任总经理。1944年辞去总经理职务。1950年在上海病故。

**陈才庸(1913—1941)**

海宁县人。小学毕业后到杭州当印刷所学徒,工余学习篆刻、书画,学会了一手漂亮的印刷用的宋体字。1934年回到海宁县硖石镇,到一家印刷厂工作,负责木刻、绘画。1937年抗日战争爆发后与吴曼华等进步青年从事抗日救亡活动,组织歌咏队、救护队,并为《硖石商报》编《抗敌》副刊。不久参加浙江省战地服务团,辗转于金华、建德、新登、富阳、桐庐等地,开展抗日宣传、救护伤员、安置难民等工作。1938年4月经人介绍在龙泉参加中国共产党,负责道太地区的宣传、组织工作,后任民众教育馆馆长。1939年到义乌参加省战时政工队第三大队,深入山区穷乡僻壤,写标语、画漫画,宣传抗日,发动民众参军。1940年初奉命到《浙西导报》工作,担任中共报社特别支部书记,坚持宣传团结抗日;11月《浙西导报》被国民党查封。后任浙西民族剧团副团长,受国民党当局的严密监视。1941年10月被国民党浙西行署调查室以“有中共嫌疑”的罪名秘密逮捕，遭受酷刑，始终不屈，最后被国民党秘密杀害于天目山羊角岭。

**陈广平(生卒年不详)**

字式之。平湖县人。早年曾任驻意大利公使馆一等书记官、三等秘书，驻俄国公使馆二等秘书。1921年任驻俄国赤塔领事，办理总领事事务。1922年2月回国。1925年8月署理驻黑河总领事。1927年3月署理驻伊尔库茨克总领事。1929年初回国。1933年9月奉南京国民政府外交部委任为驻海参崴代理总领事。1934年6月任驻海参崴总领事。1935年2月离职回国。

**陈　义(1900—1974)**

乳名柏根，族名瑞麒，学名宜丞，亦名宜承。新登县人。1900年5月13日生。1922年夏毕业于浙江第一师范学校预科，以同等学力考入厦门大学商科。一年后转入教育系学习，并在该系办公室兼做文书、打字等工作。1925年冬师从秉志学习动物学。1927年夏获得教育学学士学位。1928年经秉志介绍至中央大学任助教。1930年加入中国科学社为社员。1931年经著名生理学家蔡堡推荐，获得美国洛氏基金会(当时称China Medical Board，Peking)资助。1932年9月到美国留学，就读于宾夕法尼亚大学动物学系。1933年又获得洛氏基金去林穴海洋生物学实验室学习无脊椎动物学和胚胎学。1935年3月获得宾夕法尼亚大学哲学博士，并加入美国学术团体Sigma Xi学会为正式会员；6月赴华盛顿国立博物院核对中国蚯蚓标本约一周；7月经旧金山、檀香山回上海。回国后经秉志介绍入中央大学理学院任教授。期间先后参加中国动物学会，应聘为教育部大学用书特约编辑，兼任师范学院博物系系主任、川西科学考察团生物队队长，参加中央研究院南川金佛山采集动物标本的工作，还兼任华西大学动物学教授及博物馆主任。1949年4月至1950年任南京大学理学院教授兼中国人民解放军第二野战军医科大学生物教员。1950年至1974年任南京大学生物系教授兼普通动物学教研组主任。期间于1950年应聘担任中国科学院动物标本整理委员会委员；1951年至1954年被选任中国动物学会江苏分会理事长；1955年7月任教育部《生物学》特约编辑；1956年夏在青岛被选为中国动物学会理事；同年11月任中国科学院水生生物研究所兼职研究员；1963年2月任教育部高校教材编审委员会委员。此外还担任过中国科学院动物名词审查委员会委员，江苏省科普协会生物学主任，江苏省血防小组成员等职务。1956年起被选为中国政治协商委员会江苏省委员会第三、第四届委员。1974年8月23日在南京病故。专著有《中国蚯蚓》、《中国动物图谱——环节动物》等，另有外文著作《南京蚯蚓这种种》、《长江下游蚯蚓之调查》、《香港蚯蚓之路》、《环毛蚓的胃和盲肠组织学之研究》、《费城及其附近寡毛类仙女虫记载》等20余种。

**陈之佛(1896—1962)**

原名绍本，又名之伟、杰，号雪翁。慈溪县人。早年就读于慈溪锦堂学校农科预科班。1913年考入浙江工业学校机织科。1915年毕业后留校任教。1918年赴日本留学。次年考入东京美术学校工艺图案科，为我国首个赴日学习工艺美术的留学生。1923年回国后历任上海美专、中央大学教授，国立艺专校长，国民政府教育部美术委员，中华全国美术会常务理事，联合国教科文组织中国委员会委员兼艺术组专门委员。1949年后历任南京大学、南京师范学院教授，南京艺术学院副院长，江苏省国画院副院长，中国美术家协会理事。曾创办尚美图案馆，设计丝绸、花布图案，又执教多年培养了大批专门人才，促使当时许多艺术学校增设图案科系。1954年起主持南京云锦的收集、整理、研究，创建中国首个工艺美术专门研究机构——南京云锦研究所，并竭力协助筹建苏州刺绣研究所，对我国近现代工艺美术事业贡献尤巨。治学严谨，博古通今，注重写生，擅长双钩细染花鸟，造型优美生动，具有鲜明的时代气息和清新秀逸、雍容典雅的独特风格。先后发表、出版有《图案讲义》、《现代表现派之美术工艺》、《图案法ABC》、《工艺美术的设计问题》、《古代波斯图案》、《中国图案参考资料》、《陈之佛画集》、《陈之佛花鸟画集》、《陈之佛染织图案》、《中国工艺美术史》等。

**陈之霖(1898—1986)**

新昌县人。1918年公费留学日本，在东京高等师范学校就读。1926年于京都帝国大学毕业后人该校研究院研究物理化学。1929年6月回国后任浙江大学、广西大学、北平女子大学、西南联大、四川大学、同济大学诸校教授，北平大学化学系主任。抗战时期积极从事防毒研究，创造性地用核桃壳制成高效活性炭，受到国民政府军政部的嘉奖，并获得专利。抗战胜利后任上海中华酸碱厂(上海硫酸厂前身)副厂长兼实验室主任，研究生产硫酸用的白金硅胶催化剂，取得开拓性的进展。次年与人合作开设物理化学研究所，利用煤气厂脱硫剂废物，以催化法生产试剂硫酸，获得成功。新中国成立后历任同济大学教授、华东化工学院教授，是中国化学会创始人之一。著有《化学本论》、《物理化学及胶体化学》等书。

**陈巳生(1892—1953)**

海宁县人。贫寒家境出身，且幼年成孤儿。1908年经人介绍到上海同兴洋货号当学徒。三年满师后离职改行。1912年进上海商务印书馆印刷厂学习铜版刻铸，热心参加和组织该厂工人的业余活动。参加基督教青年会，先后任上海、郑州青年会主任干事和总干事10余年。后经基督教青年会全国协会总干事余日章介绍游历欧美，并留学美国哈佛大学。1929年回国后经人介绍到上海安平轮船公司任副总经理。抗战初期因不满公司船只悬挂日本旗愤而离职，改任宁绍人寿保险公司经理，不久将公司改组为大安物产保险公司。1944年兼任上海关勒铭金笔厂总经理。次年又创设安通运输公司，自任总经理。抗战期间发起成立华联同乐会，参加"星五聚餐会"，积极参加抗日救亡运动。1945年与马叙伦等发起组织中国民主促进会。同年又发起组织中国民主建国会，参加发起组织上海各界人民团体联合会。还创办大安木材公司，任董事长。1949年9月参加新政协会议，以后历任全国政协委员、华东军政委员会委员、华东人民监察委员会副主席、中国民主促进会中央理事兼上海市分会理事、中国民主建国会中央委员兼上海市分会副主任委员、上海市轮船业同业公会委员会主任委员，以及青年会董事长、基督教长老会救主堂董事长、华东抗美援朝分会副主席等职。1953年在上海病故。

**陈小翠(1907—1968)**

女。又名玉翠、翠娜，别署翠侯，斋号翠楼。杭县人，居上海。现代画家。文学家陈蝶仙之女，画家陈定山之妹。少年能诗，曾从父兄学习英文和写作，又从杨士猷、冯超然学习绘画。1934年与冯文凤、李秋君等共同主持中国女子书画会，辟有翠楼画室授徒。1956年上海中国画院筹建时被聘为画师，为中国美术家协会上海分会会员。擅长工笔仕女和花卉，风格近华岩、费晓楼，清雅秀逸，饶有风姿。亦善书法，宗王羲之，兼学怀素，笔致委婉雅淡，具清秀峭拔之趣。作诗婉丽俊逸，与其书画如出一辙。著有《翠楼吟草》诗集13卷，另有《明清五百年画派概论》、《画苑近闻》、《读画存疑》等。

**陈子英(1885—1950)**

名浚，又名子骝，字子英，与徐锡麟等捐官时易名志军。绍兴县人。清末光复会重要成员。早年与徐锡麟相识，乃是创办热诚学堂的十秀才之一。1905年与徐锡麟商议，拟抢劫钱庄运银船，以解决革命经费问题，经陶成章劝阻而放弃，并与徐锡麟等人一起创办大通学堂，加入光复会。同年冬与徐锡麟、陈魏等五人捐官图谋反清。1906年1月徐锡麟等13人东渡日本时，约请鲁迅特地前往横滨迎接。在日本进军校不成，加入同盟会，跟随孙中山进行革命活动。为了资助革命军费和留日同志生活费，托亲友变卖绍兴祖产，家道因此中落。与留日的鲁迅、许寿裳、陶望潮等人从俄国孔特夫人学习俄文。1907年秋动身回国参加浙江起义时在轮船上获悉安庆起义失败，徐锡麟和秋瑾等人遇难，自己也遭到清政府通缉的消息，乘原轮返回日本。1910年从日本回国后出任绍兴府学堂监督兼德文教员。1911年与鲁迅参加欢迎王金发率部进驻绍兴，但王金发及其政权不久蜕变，对此极为不满，遂与鲁迅等以发起人身份，支持宋紫佩等创办《越铎日报》，监督王金发及其亲信所作所为。1912年1月14日陶成章在上海遇难，与蔡元培等联名发起筹建成章女校，担任成章女校校董。后出任绍兴丝绸银行行长，绍兴县议会议员以及东浦乡长。1941年绍兴沦陷后出任日伪统治下的柯桥乡镇联合会会长，改为区公所后出任所长。1950年在上海病故。

**陈子壎(？—1930)**

鄞县人。钱业经营商。早年投资于宁波余丰、永源、泰源、恒丰，杭州寅源、仑源及汉口源裕等钱庄，任宁波震恒钱庄(系宁波秦家创设)经理多年，并任宁波钱业公会董事。震恒钱庄收歇后，1918年与宁波秦家在上海组织恒隆钱庄，并长期任经理，同时在上海租界经营地产，获利颇丰。还参与发起创设上海达丰染织厂。1907年即任上海总商会会员。1924年、1926年连任两届总商会会董。1926年、1928年又连任上海钱业公会第六、第七届董事。长期任宁波沪同乡会委员。

**陈友生(生卒年不详)**

名方桥。三门县人。早年毕业于广西讲武学堂。曾任湖南省政府保安处上校参谋长，第十七"绥靖"区司令部参议。陆军少将衔。

**陈巨来(1905—1984)**

名斝，号安持，别署塙斋、安持精舍。平湖县人，寓居上海。著名篆刻家。初从嘉兴陶惕若，后为赵叔孺入室弟子，又得识吴湖帆，与张大千等名家均交往甚密。篆刻初宗赵之谦、黄士陵,后攻汪关、程邃、巴慰祖诸家,遍览海内珍贵印谱,心摹手追,博采众长。平生刻印不下3万方,尤以圆朱文独步天下,所作布局匀整,雅静秀润,雍容大度,臻于极致,被推为“近代第一”。曾为上海中国画院画师,西泠印社社员,上海书法篆刻研究会会员,上海文史馆馆员。作有《安持精舍印存》、《安持精舍印冣》、《安持精舍印话》、《古印举式》、《盍斋藏印》等。

**陈公庆(1903—1981)**

余姚县人。早年在上海参加过地下革命工作,并在上海、湖北、沙市、香港等地长期经营工商企业,历任会计、协理、经理、董事、监理等职。1948年在香港加入中国民主促进会。新中国成立后将香港的企业全部迁回沈阳、太原等地,任中国粮油进出口公司副秘书长。1955年加入中国民主建国会。同年任公私合营太原中元玻璃厂副厂长。并历任山西省人民政府委员、省政协常委、省政协暨太原市政协副主席、省工商联常委兼秘书长、中国民主建国会中央委员、民建太原市委员会主任委员、中国民主促进会太原市副主任委员等职。1981年3月29日在太原去世。

**陈公亮(1912—1984)**

名铮,小名铁生,字公亮,以字行。原籍绍兴县,1912年生于北京。银行家家庭出身。小学毕业后考入私立华北中学。1928年入私立华北大学预科。1930年留学日本,入东亚补习学校。1931年考入第一高等学校。1933年入东京法政大学攻读法律,后获学士学位。1936年任中华民国南京国民政府驻日本大使馆研究员。1937年3月归国后先后在湖北省政府、浙江省政府任职。1940年升任财政部贸易委员会驻第三战区代表及闽、浙、皖、湘等五省总视察。1943年起任财政部处长、局长,川康区货物税局局长,中央信托局顾问,东北区财政金融特派员,中央印刷厂总经理。1949年去台湾,先后任台湾当局“财政部”、“经济部”顾问。1953年任“中国航运公司”常务董事。1984年1月在台湾去世。

**陈公琪(1918—1971)**

原名忠渠,字浩熊,化名大陈,笔名丁宗恩、北辰。鄞县人。1936年8月考入上海邮局工作。1938年9月加入中国共产党。参加领导上海邮局工人运动。1939年4月任中共邮局党团书记。1940年4月与陆象贤等组织成立北社,编译出版马列著作。1942年8月任中共邮局工作委员会宣传委员。1944年任中共上海工人运动委员会委员,领导上海市政、交通部门的英电、法电、电话公司、沪东纺织厂、机器业、造船业的工人运动。新中国成立前夕任中共沪东区委书记。1949年5月上海解放后为上海总工会筹委会负责人之一,后任秘书长。1953年随刘长胜到世界工联书记处任研究员。1957年回国后历任国务院对外文化联络委员会委员、宣传司司长,对外文化协会副秘书长等职。

**陈从周(1918—2000)**

原名郁文,晚号梓翁。原籍绍兴县,生于杭州。1942年毕业于之江大学文学系,受聘于上海圣约翰大学附属中学,任国文、历史教师。1944年成为著名画家张大千之入室弟子。新中国成立后先任美术专科学校副教授,同年秋赴上海,任教于圣约翰大学建筑系、之江大学土木系。1952年转入同济大学建筑系,后长期担任教授、博导。1954年参加九三学社。1981年受聘为美国贝聿铭建筑事务所顾问、中国园林学会顾问,任中国建筑学会建筑史学术委员会副主任。精绘画,工水墨兰竹。主要著作有《徐志摩年谱》、《陈从周画册》、《苏州园林》、《说园》、《扬州园林》、《中国民居》、《中国园林》、《园林谈丛》、《绍兴石桥》、《江浙砖刻选集》、《园韵》、《上海近代建筑史稿》、《春苔集》、《书带集》、《帘青集》、《随宜集》、《梓室余墨》、《陈从周散文》等。

**陈丹池(1904—1928)**

又名丹稚,化名程桐、郑桐、郑彤。崇德县人。中医世家出身。在杭州第二师范学校毕业后继承祖业行医。1926年经池耕襄介绍加入中国共产党,不久任国民党(左派)崇德县第二区党部宣传部长,协助池耕襄组织工会和农民协会,直接参与领导农民开展打土豪减田租的斗争。1927年“四一二”反革命政变后遭国民党右派通缉。化名在湖州、杭州等地从事地下活动。同年10月在危机时刻受命出任中共杭县县委常委,多次领导“飞行集会”,并准备发动杭州“西兴暴动”;12月10日在杭县县委机关被国民党当局逮捕,囚禁于杭州浙江陆军监狱,遭受严刑拷打,但始终坚贞不屈。1928年1月22日下午在狱中英勇就义。

**陈凤韶(1888—1968)**

字伯远。瑞安县人,原籍江苏江宁县。1907年入保定陆军速成学堂第一期炮兵科第二队。毕业后回杭州,参加光复会。1911年参加辛亥革命。1912年民国成立后任浙军第二师周凤岐部中校参谋。不久进入保定陆军军官学校第一期炮兵科学习,毕业后升入北京陆军大学第四期深造。毕业后进入冯玉祥部西北军，历任营长、团长、参谋长及西北陆军军官学校教育长等职。1926年至1937年历任国民革命军第二十五路军梁冠英部军官学校教育长，国民革命军陈调元部参谋长，陈济棠部团长，干部军官学校教育长，武汉行营交通处少将处长等职。1936年2月被国民政府授予陆军中将。1937年抗日战争爆发后任重庆行辕运输处中将处长。1939年至1945年任军政部兵役署征补司司长、副署长，兵役部参事室主任参事，军事参议院参议。1946年7月退役，定居杭州。1950年后任中国国民党革命委员会上海市委员会委员。1968年1月4日在上海病故。

**陈　文(1898—?)**

字又生，号子彬。乐清县人。早年毕业于陆军大学将官班。曾任广东省政府建设厅公路处处长。1937年抗日战争爆发后曾任第二十三补训处处长。1943年3月任广东省驿运管理处处长。后任第三十五集团军少将参谋。1944年任陆军第二方面军司令部中将参谋。1945年1月9日至1948年7月28日任广东省第三区行政督察专员兼保安司令。1946年11月当选为制宪国民大会代表。后回浙江任永嘉县长。1949年5月上旬随国民党新编第二〇〇师师长叶芳起义。

**陈文杰(1903—1930)**

原名柴水香，又名柴志福、柴方均。鄞县人。早年在工厂当雇工。1925年参加中共领导的宁波各界“五卅”惨案国民后援会。同年宁波市总工会成立，当选为手工业工会主席。1926年2月加入中国共产党。1927年8月1日参加中共领导的八一南昌起义，随起义部队南下广东潮州，在战斗中被俘，后设法逃出，沿途乞讨回到宁波。不久被任命为中共宁波市委书记。同年11月中共浙江省委负责人王家谟由杭州来到宁波传达省委制定的《浙东暴动计划》，由于叛徒告密，刚到宁波即被逮捕。国民党随即在浙东各地大肆搜捕共产党人。月底被国民党当局逮捕，囚禁于杭州西湖边的浙江陆军监狱。1929年上半年经保释出狱。1930年初奉组织之命前往浙南地区领导农民武装斗争；5月任红十三军政治部主任；6月当选为中共浙南特委军事委员。一度代理红十三军政治委员，率部转战温州地区，指挥攻打缙云、后渠等战斗。同年9月因叛徒出卖再次被捕；同月21日在温州松台山就义。

**陈文魁(1901—?)**

宁波人。毕业于浙江省立师范学校。早年经营化学工业原料。抗日战争期间在上海任中工电化厂董事长，宜丰化学厂、汉化电化厂、利中化学厂、永同酒精厂董事，上海市化学工业原料工业同业公会常务理事，上海市化学工业原料号业同业公会理事，源丰工业原料公司经理等职。

**陈方之(1884—1969)**

鄞县人。早年在宁波箭金学堂读书时与蒋介石系同学，且是好友。1912年赴日本留学，毕业于日本仙台第一高等学校。后再次赴日深造，入日本帝国大学医学院学习，毕业后在医学院附属医院内科、病理研究室、传染病研究所工作。1926年获日本帝国大学医学博士学位。回国后应蒋介石的邀请，担任国民革命军总司令部军医处处长。1928年4月任内政部卫生司司长。同年11月卫生司裁撤，改任国民政府主席侍从室医官。1928年至1930年兼任卫生部中央卫生试验所所长。后任南京鼓楼医院院长兼第一内科主任等职。为国内最早研究血吸虫病的流行病学家。在日本工作时即从事血吸虫病发病机理的研究，提出该病的毒素性脾肿的病理变化机理，撰文刊于日本《实验医学杂志》，被日本《寄生虫学》教科书引用。新中国成立后在上海市卫生防疫站及上海市血吸虫病防治研究所工作，主持和参加血吸虫病防治试点区的调查研究和防治效果考核。同时还兼任中央卫生研究院特约研究员。著有《卫生学与卫生行政》、《传染病学》(上下册)、《内科病学》等。

**陈孔达(1897—1990)**

名颖，字孔达，以字行。嵊县人。1922年7月毕业于保定陆军军官学校第八期步兵科后分发到浙军服役，曾任排长、连长等职。1927年后任国民政府军事委员会中校参谋、参谋本部第三厅参谋、陆海空军总司令部参谋处参谋、师参谋长、副师长等职。1931年10月毕业于陆军大学特别班第一期。1936年2月1日被国民政府授予陆军少将军衔。1937年8月任第七十三军副军长，后任第八十七军副军长。1941年8月1日任第七十军中将军长。1942年任第三战区副司令长官部参谋长。1945年8月15日日本宣布无条件投降后奉命率领第七十军赴台湾接收。1946年春任台湾省警备总司令部副司令。同年12月奉命率领由第七十军缩编的整编第七十师回大陆，初任第十七“绥靖”区副司令官，后任湘鄂川黔边区“剿匪”总指挥。1949年随国民党当局撤退台湾。1959年退役后任交通银行常驻监察人。1990年9月24日去世。

**陈玉辉(1903—1990)**

字呈国,号钟美、白光。浦江县人。先后毕业于黄埔军校第二期工兵科、中央政治学校党政班第五期。1927年任浙江省海上警察局营长。1937年10月至1938年1月任国民政府军事委员会青浦特训班上校大队长。后任中央警官学校训练处长、总队长,中央警官学校第二分校主任,中央警官学校教育长。1949年由广州去台湾,曾任"天台山挺进纵队司令"、"国防部独立第七纵队司令"、"国防部中将高参"。1990年5月3日在台湾去世。

**陈正修(1920—1990)**

青田县人。陈诚次弟。浙江省立第十一中学毕业后考入国立北京大学学习。毕业后由陈诚资助前往法国留学,入都鲁士大学,得化学工程师学位。1932年回国后受聘南京国民政府军政部兵工署技术员。1933年任兵工署国民党党部指导员。同年奉军政部命到武汉调查酒精厂。1935年加入中国化学会为会员。1937年任中山大学副教授、法学院副院长。1939年任国民政府军政部第四十二兵工厂厂长。1945年任中国工程师学会委员;12月任海军总部造械高级技术顾问。后在上海创办新中国法商学院,兼副院长。1948年当选为中华民国立法院立法委员。1949年到台湾后继续担任"立法委员",并任台湾交通银行董事长、国民党中央评议委员等职。曾在台中农学院(今中兴大学)讲学多年。创办台北青田同乡会,任第一届理事长。任满后被聘为名誉理事长。1990年5月9日晨在台湾去世。

**陈正福(1917— )**

南田县人。1935年9月南京中央军校第十二期步科毕业后入南京中央政治大学行政训练班学习。1937年抗日战争爆发后任国民党县党部执行委员、训育员、团指导员,第三战区司令长官部战地党政委员会政工大队中校指导员,师政训室主任,国防部上校视察官。1949年春任金华师管区上校参谋长。同年去台湾后入"革命实践研究院"第六期受训。后历任连江县长、马祖县长、台北县长,"金门防卫司令部"政治部副主任、少将主任。1971年退役。

**陈世炤(1911—1987)**

温岭县人。上海国立同济大学医学院毕业后留校任教。后回到浙江工作,先后任浙江省立第三医院内科主任、省立绍兴医院院长兼内科主任、鄞县县立中心医院内科主任。1951年鄞县县立中心医院改名为省立宁波医院(今宁波第一医院),任院长。1953年加入中国民主同盟。1955年起率先成立中西医结合病房,推广新技术。1956年8月参加中国农工民主党。曾任农工民主党宁波工作委员会主任委员,农工民主党宁波市委员会第一、第二、第三、第四、第五届主任委员,政协宁波市常委、副主席,宁波市人民政府委员,农工民主党浙江省委员会委员、常委、副主任委员,浙江省人大代表,浙江省政协委员。1987年在宁波去世。

**陈世骧(1905—1988)**

嘉兴县人。1905年11月5日生于嘉兴县栖真乡下睦港。1924年考入上海复旦大学生物系。1928年毕业后去法国留学。1929年开始研究昆虫分类。1934年获巴黎大学博士学位。同年回国后任中央研究院动植物研究所研究员。1944年5月动植物研究所分为动物研究所、植物研究所,改任动物研究所研究员。1950年任中国科学院上海实验生物研究所昆虫研究室研究员、室主任,兼上海震旦博物馆副馆长。1953年任中国科学院昆虫研究所研究员、所长。1955年任中国科学院学部委员。1962年任中国科学院动物研究所研究员、所长。1982年后任名誉所长。曾兼任《动物分类学报》主编,中国昆虫学会理事长,《中国动物志》编委会主任,《中国大百科全书·生物学》分编委会副主任,第三届全国政协委员,第三、第四、第五、第六届全国人大代表等职。1988年1月25日在北京去世。一生共发表论文和专著182篇(部),描述了中国及东亚地区昆虫新种700多个,在昆虫分类学方面具有相当影响。

**陈石民(1895—1968)**

字锡昭,又名基陶。新昌县人。1895年生于嘉兴。1919年杭州甲种农业学校毕业后考取官费留学日本,毕业于日本东京帝国大学。1923年在日本长野县上岗蚕种试验场、松本蚕种公司工作一年半后回国。历任苏州农校蚕科教员、主任,嘉兴昆虫局技师,杭州虎林公司缫丝科科长,浙江省立高级蚕桑科职业学校校务主任、校长,浙江省立杭州高级蚕丝学校校长。在丝绸经贸界,历任福华公司丝茧专员兼宁波办事处主任、浙江分公司襄理,复兴公司浙江分公司襄理,浙江省油茶棉丝管理处副主任,嵊县开源丝厂与锦源丝厂驻杭办事处主任,纶昌绸厂、信昌丝茧号、云旦丝茧号经理,浙江省蚕丝管理委员会主任,浙江省临时参议会参议员。1949年杭州解放后积极参加蚕丝业界各项社会活动,先后出任浙江省春茧代收服务社负责人,浙江省土特产交流会部门负责人，杭州市工商联筹委会常委、市第一届政协常委、市人民救济会常委，筹建市民主建国会任财务处长，杭州市民革宣传处长。

**陈布雷(1890—1948)**

原名训恩，字彦及，号畏垒，笔名布雷，以笔名行世。慈溪县人。1890年12月26日生。1905年入慈溪县中学堂。1906年转入宁波府中学堂。同年因学潮受牵连被迫退学，入浙江高等学堂(今浙江大学)。1908年入正科，1911年毕业。同年秋入上海《天铎报》任撰述记者，开始用笔名"布雷"。武昌起义爆发后连续发表《谭鄂》10篇，宣传反清，讴歌新军，欢呼起义胜利，因观点鲜明、文笔犀利，赢得革命志士的称赞。1912年初回宁波效实中学任教；3月加入同盟会。1919年起兼任《四明日报》撰述。1920年应聘到上海商务印书馆，参加编译《韦氏大字典》。1921年任上海《商报》编辑主任。1927年初应邀到江西南昌晋见蒋介石，并由蒋介绍加入国民党，此后弃文从政，成为蒋介石的亲信幕僚。同年4月任浙江省政务委员会秘书长；10月起先后任上海《时事新报》特约撰述、主笔。并奉蒋之命，与戴季陶、周佛海等创办《新生命》月刊。1928年8月起成为蒋介石的文字幕僚。1929年3月当选为国民党第三届候补中央监察委员。同年7月1日至1930年12月15日任浙江省政府委员兼教育厅长。1930年12月至1931年6月任教育部常务次长。1931年6月至1932年1月任教育部政务次长。1932年1月回浙江，再次担任浙江省政府委员兼教育厅长，至1934年4月20日止。1934年4月赴南昌，任军事委员会委员长南昌行营设计委员会主任。同年10月按照蒋的授意撰写《敌乎，友乎？——中日关系的检讨》长文，以南昌行营设计委员会委员徐道邻的名义发表于上海《外交评论》杂志，引起各方面的注意。1935年2月起任军事委员会委员长侍从室第二处主任，主管秘书、研究两个小组。同年11月国民党五大以后兼任国民党中央政治会议副秘书长。1936年12月26日蒋介石从西安返回南京后奉命写成《对张杨之训词》、《西安半月记》。1937年全面抗战爆发后受命撰写《自卫抗战声明书》、《告抗战全体将士书》等，表达中国政府和中国人民抵抗日本侵略的决心与意志。抗战期间除继续担任军事委员会委员长侍从室第二处主任外，还先后兼任军事委员会、国防最高委员会副秘书长，三民主义青年团中央临时干事兼常务干事等职，在蒋介石身边处理机要及撰写文告演讲等。抗战胜利后奉命负责筹备并主持"中央戡乱宣传小组"，定期召集国民党中央宣传部长、组织部长、文化运动委员会主任、行政院新闻局长、国防部政工局长等开会，指挥一切舆论工具进行"戡乱"宣传，被人称为国民党"宣传作战的参谋总长"。1947年4月被委任为国民政府委员。1948年5月被委任为总统府国策顾问，并兼任国民党中央政治委员会代理秘书长，参与中枢决策。在国民党政权覆灭前夕，于11月13日在南京官邸服用大量安眠药自杀。著有《陈布雷回忆录》、《陈布雷文集》等。

**陈东湖(1901—1962)**

原名成栋，字仲英，号东湖，自称奇石馆主、潞涤居士。原籍浙江绍兴，生于北京。毕业于中国大学附中，曾任蒙藏银行文书。早年拜杨冠如为师，后为金城入室弟子。1921年加入中国画学研究会，为助教、研究员。1926年参与创办湖社画会，任教员、干事、评议员，主教花鸟画。作品入选1930年比利时国际博览会并获金牌奖。1933年创办东湖画馆，招徒授艺。1936年作品六渡东洋，三赴欧美，并在北京、上海、天津六次举办个人画展，曾为东北义勇军、陕西灾民义展义卖。抗战期间居家，致力于中国画教学和研究。抗日战争胜利后受聘于北平粮业同业公会，先后任秘书、业务股长。新中国成立后在北京工商联任科长。擅长中国画，尤长没骨花卉。作品有《菊石图》、《荷花图》等。

**陈田鹤(1911—1955)**

原名启东。永嘉县人。1928年就读于温州私立艺术学院。次年考入上海美术专科学校音乐组。1930年考入上海国立音乐专科学校，学习理论作曲。1934年任武昌艺术专科学校音乐理论教员。1936年至济南任山东省立剧院音乐理论教员，创作歌剧《荆轲》，未完成。抗战爆发后返回上海，从事音乐教学。1939年至重庆，任职于音乐教育委员会，担任《乐风》音乐杂志编辑等。1940年秋至1949年初在重庆、南京任国立音乐学院教授、教务主任。1949年任国立福建音乐专科学校教授。新中国成立后先后在北京人民艺术剧院、中央实验歌剧院从事作曲。音乐创作方面主要有钢琴曲《序曲》，歌曲《哀悼一位民族解放战士》、《牧歌》、《山中》、《江城子》、《秋天的梦》、《清平乐·春归何处》，作品风格朴素，结构严谨，富有民族色彩。还著有《回忆集》和《剑声集》两部歌曲集。

**陈　仪(1883—1950)**

曾用名陈毅，字公侠，后改名公洽，号退素。绍兴县人。6岁即进私塾读书。13岁入绍兴怡丰钱庄当学徒,师从高尚德。1898年考入杭州求是书院。1902年东渡日本,官费留学日本成城中学,后进陆军测量学校学习。1904年入日本士官学校第五期炮兵科和炮兵射击学校第四期学习。与徐锡麟、秋瑾、蒋尊簋、蒋方震等浙江志士过从甚密,遂加入光复会。1907年毕业回国后在清政府陆军部任二等课员。1911年浙江军政府成立,应继任浙江都督蒋尊簋之邀任都督府军政司司长;后因朱瑞发难,愤而辞职。1914年5月任陆海军大元帅统率办事处军事参议官。1917年第二次东渡日本,入陆军大学深造,为中国留学日本陆军大学第一期学生。1920年以优异成绩毕业回国后在江苏东台合资兴办垦殖公司,并接办丝绸商业银行与钱庄。1922年担任裕华垦殖公司经理,受苏北盐垦实业公司负责人张謇之托,赴日筹划借款。1924年受浙江省长夏超委派,前往桐庐迎接孙传芳入浙,被孙传芳任命为浙军第一师师长。1925年孙传芳自任浙苏闽皖赣五省联军总司令,擢升陈为五省联军徐州总司令。后又被任命为浙江省长。1926年12月11日被孙传芳嫡系孟昭月和王森缴械,遭到软禁,获释后返回上海。1927年1月驻上虞五夫的第十九军第一师在绍兴大较场宣布易帜,改称国民革命军第十九军,遥奉陈为军长。1928年2月任国民政府军事委员会委员;3月奉蒋介石之命率考察团赴欧洲,考察意大利、瑞士、荷兰、瑞典等国枪炮厂、飞机场。回国后历任导淮委员会常委,黄河水利委员会委员,军政部兵工署署长,军政部常务次长、代部长,首都建设委员会委员、军政部陆海空军抚恤委员会副委员长,军政部政务次长等职。1932年4月兼代军事委员会第二厅厅长。1934年福建事变后调任福建省政府主席兼福建保安司令,当选为国民党第五届中央执行委员。1937年国民政府授予陆军中将军衔,加陆军上将衔,兼任福建省绥靖公署主任。1939年3月改任第二十五集团军总司令。1941年卸去福建所任全部职务,交刘建绪接任,转任行政院秘书长兼国家总动员会议主任。1942年调任党政工作考核委员会秘书长。1943年代理陆军大学校长、国防研究室主任以及中央训练团教育长。1944年内定负责接收台湾,兼任中央设计局台湾调查委员会主任委员。1945年任台湾行政长官兼警备总司令,赴台北接受日本投降。“二二八”起义后被解除台湾省行政长官职务,改任国民政府顾问。1948年6月任浙江省政府主席,决心脱离国民党转向人民,浙江省警保处处长毛森在富阳逮捕100多名共产党员,报请处决,一律予以释放。1949年2月劝原部下京沪杭警备司令汤恩伯起义,汤恩伯密告蒋介石,被免去浙江省主席之职,被捕后囚禁衢州。旋又押送台湾,囚禁基隆要塞,后又转到台北励志社监视。蒋介石屡次派人劝其悔过,遭到断然拒绝。1950年6月18日在台北马场町被枪决。

**陈立夫(1900—2001)**

名祖燕,字立夫,以字行。吴兴县人。1900年8月21日生。1913年考入上海南洋路矿学堂,1917年毕业。1923年夏毕业于天津的北洋大学(今天津大学)采矿系。随即赴美国留学,1925年在美国旧金山加入国民党。同年获匹兹堡大学采矿学硕士学位。同年秋回到上海,12月应蒋介石之邀赴广州。1926年1月任黄埔陆军军官学校校长办公厅机要秘书,随侍蒋介石。同年6月任国民革命军总司令部秘书处机要科长。不久任秘书处代处长兼机要科长。1927年11月奉蒋介石之命与兄长陈果夫发起成立国民党秘密组织中央俱乐部(简称CC),为蒋介石东山再起铺平道路。1928年任国民党中央组织部调查科主任,成为国民党特工组织的创始人。1929年3月当选为国民党第三届中央执行委员;4月任国民党中央党部秘书长。1931年6月接替陈果夫担任国民党中央组织部部长;12月当选为国民党第四届中央执行委员。1934年改任国民政府土地委员会主任委员。1935年5月任军事委员会调查统计局局长;11月当选为国民党第五届中央执行委员、常务委员。1938年1月至1944年11月任教育部部长,主持战时教育近七年。1944年11月再次担任国民党中央组织部长。1945年5月当选为国民党第六届中央执行委员、常务委员。1946年9月从南京上庐山晋见蒋介石请求阻止“三青团独立组党”的企图,得到采纳。1947年2月兼任国民党中央组织党团指导委员会主任委员。党团合并后任国民党中央政治会议秘书长,兼经济改革委员会主任委员。1948年5月至11月任中华民国立法院副院长。1948年12月至1949年3月任行政院政务委员。1949年去台湾。1951年离开台湾,前往美国定居。1969年返回台湾定居,历任“总统府资政”、国民党中央评议委员会主席团主席、“中华文化复兴运动推行委员会”副会长、“中国医药学院”董事长、孔孟学会理事长等职。2001年2月8日在台北去世。著有《唯生论》、《生之原理》、《孟子之政治思想》、《四书道贯》、《弘毅斋文集》、《成败之鉴——陈立夫回忆录》等。

**陈兰荪(1871—1946)**

名道域。镇海县人。钱业经营商。书香门第出身,幼入私塾,后在家乡镇海庄市崇正学堂求学。14岁毕业后经亲友推荐到宁波一家钱庄当学徒。三年满师后当职员,深受庄主器重,提升为协理。未几被另一钱庄聘为经理。20世纪初加入同盟会。辛亥革命时赞助光复浙江及宁波的活动。民国初年创办元润钱庄,任经理。1927年北伐军进宁波,率先为北伐军捐资军饷。1928年被推为宁波钱业公会理事长、宁波商会会长。30年代初主持筹建宁波钱业会馆。同时又筹建民新银行,被推为经理。晚年还投资和丰纱厂、太丰面粉厂、通利源榨油厂、永耀电力公司等企业。热心地方公益慈善事业。1929年与同乡董杏生等人一起,集资扩建家乡的同义医院。又任宁波四明公所、四明孤儿院、四明贫儿院等慈善机构董事,并在家乡为其母校崇正学堂增设奖学金。

**陈半丁(1876—1970)**

原名年,字半丁,一字半痴,别署辟痴,又字静山,号半丁老人、半叟、半翁、半野老、山阴半叟、稽山半老、山阴道上人、不须翁、老复丁、竹环、竹环斋主人、鉴湖钓徒、蓬莱山民、藐世头陀,室名一根草堂、五亩之园、竹环斋、莫自鸣馆。绍兴县人。少好笔墨,19岁时入上海严小舫之小长庐馆以拓印为业,与任伯年、吴昌硕相识,后拜吴昌硕为师。40岁后到北京,初就职于北京图书馆,后任教于北平艺术专科学校,为北京画坛重要人物。曾任中国美术家协会理事、北京画院副院长、中国画研究会会长。擅花卉、山水、人物、走兽,尤以写意花卉最知名,除任颐、吴昌硕外,师法赵之谦、徐渭、陈淳,得明清众家之长,作品笔墨苍润朴拙,色彩鲜丽沉着,形象简练传神,山水亦有石涛笔意,兼善摹印及行草书。出版有《陈半丁画集》、《陈半丁花卉画谱》等。

**陈汉第(1875—1949)**

字仲恕。杭县人。光绪朝举人。后赴日本留学,毕业于日本法政大学速成科。回国后先后任杭州求是书院监院、浙江高等学堂监督。后历任湖广总督文案,洋务局参议,四川总督署文案,浙江巡抚衙门民政科参事,东三省总督署交涉科参事。1911年11月浙江光复后曾任浙江都督汤寿潜的秘书长。1912年春被临时大总统袁世凯聘为总统府秘书。1913年10月17日至1914年5月任北洋政府国务院秘书厅秘书长。1914年5月26日被袁世凯聘任为参政院参政。袁世凯死后被聘任为清史馆编纂。1917年12月被北洋政府委任为京畿一带水灾督办河工善后事宜。1925年任中华民国临时参政院参政。北洋政权覆灭后脱离官场,寓居上海,发起成立中国画学研究会,从事书画创作。

**陈汉章(1864—1938)**

谱名得闻,字云从,别号倬云,晚号伯弢。宁波人。早年就读于丹山、缨溪书院。1886年入杭州诂经精舍,师从俞樾。1887年至宁波辨志精舍,师从黄元同。1888年考中浙省第十名举人,多次外放,均未就。1907年任象山劝学所总董,赞助与发动设立小学30余所,又出资创建象山县公立医院。1909年被京师大学堂聘为教授,仍继续求学。1913年毕业于北大第一届史学门。先后任北京京师大学堂、北京大学、北京高等警官学校、北京师范大学教授。1922年曾受聘担任民国《象山县志》总纂。1928年应邀出任南京国立中央大学教授兼史学系主任。1931年辞归,从此闭门著述。毕生致力于经史研究,博闻强识,勤于著述,主要有《周书后案》、《后汉章补表校录》、《辽史索隐》、《论语征知录》、《公羊旧疏考证》、《诗学发微》等。

**陈汉清(1898—?)**

祖籍浙江定海县,1898年生于上海。1920年毕业于上海圣约翰大学,继在东吴大学及上海法学院攻读法律,后考入法官训练所受训,训毕由司法行政部派充江苏各地方法院候补推事,留部办事。自1931年起开始在南京执行律师职务,除法律事务外,兼任启新洋灰公司南京分公司经理及宁波同乡会主席。适"七七"事变发生后即任南京抗敌后援会执行委员、救国公债劝募副主任、伤兵医院董事等职。1937年随政府撤退至渝,在八年抗战期间,各机关团体公司行号,委托办理法律事件者达300余家,并又兼任重庆律师公会、盐川工厂联合会、军事法律辅助会、新兵服务所、宁波同乡会及其他10余家单位理事及校董,另为19家公司之董事。至1945年抗战胜利在京沪两地执行法律事务,拜任首都律师公会理事及全国水泥工厂联合会总干事。1948年赴台湾,任全国工业总会、全国商业联合会及其他数十家单位之法律顾问,又任律师全国联合会之实体法规研究委员、台北律师公会福利兼风纪委员。并兼任圣约翰大学同学会理事长,舟山同乡会理事长等职。其弟陈嗣庆亦系执业律师;有女陈懋平系知名作家,以笔名三毛著称于世。

**陈训正(1872—1944)**

字屺怀,号天婴子。慈溪县人。

早年与乡人创办“石关算社”、“剡社”，追求新学。1902年中举人。同年在上海参与创立“通社”，研究数学、诗文及翻译日本和西洋的科学名著。1903年赴日本访学，采购科学图书、仪器后归国。1904年创办育德小学，任校长。1905年至1911年任宁波教育会副会长。1909年秋当选为浙江省咨议局议员。1910年加入同盟会。同年夏至上海，与汤寿潜、戴天仇、陈训恩（布雷）等创办《天铎报》。1911年辛亥革命爆发后参与宁波光复，宁波军政分府成立后主管财政，不久改任参议。1912年在上海参与创设平民共济会，主编《生活杂志》。1917年起筹办佛教孤儿院等慈善事业，任院长至1926年，总计收养儿童268人。1920年冬任上海《商报》经理兼总编辑。1925年应邵力子之邀请赴广州，任黄埔军校办公厅秘书。1927年5月任浙江省临时政务委员会委员；7月任浙江省政府委员，兼杭州市长、浙江省民政厅代厅长。1931年1月再次出任杭州市市长。1932年夏应蒋介石之邀，主持修纂《国民革命军战史初稿》。1939年到永康，任浙江省临时参议会副议长。1942年11月任浙江省临时参议会议长。1944年10月19日在云和县病故。著有《国民革命军战史初稿》、《天婴室丛稿》、《晚山人集》、《天婴诗辑》、《论语时训》、《伣言》等，主持修纂《定海县志》、《鄞县通志》等方志。

**陈训畬（1907—1972）**

字叔兑。慈溪县人。1907年7月27日生。陈布雷之胞弟。早年在慈溪读完中学后考入日本人在上海设立的同文书院。1930年毕业后进入国民党上海市政府担任新闻与联络工作。1937年11月上海沦陷前夕随市长吴铁城赴香港，在国民党中央海外部驻港办事处任秘书，负责国外宣传。1939年任香港国民日报社社长。1941年12月上旬香港沦陷后赴重庆，在国民党中央宣传部任职。1942年7月18日任立法院立法委员。1943年任重庆《中央日报》总编辑。1945年抗日战争胜利后任国民党中宣部南京特派员，负责接收南京沦陷时期日伪报刊，兼《中央日报》复刊筹备处主任，并与潘公展等接管上海《申报》。1946年5月任《申报》总编辑兼总经理。1949年去台湾后历任国民党中央改造委员会第四组干事，“中央通讯社”总编辑，国民党“中央日报社”社长，“中央通讯社”香港分社社长，香港时报社社长。1972年10月15日在台北去世。

**陈训慈（1901—1991）**

字叔谅。慈溪县人。陈布雷之弟。1924年毕业于国立东南大学，历任上海商务印书馆编译所编译、中央大学史学系讲师、浙江大学史地系教授。1932年任浙江省立图书馆馆长，先后创办《文澜学报》、《浙江图书馆馆刊》、《图书展望》、《读书周报》等。1936年主持举办浙江文献展览会。抗日战争期间主持组织抢运浙江图书馆馆藏《四库全书》及古籍善本、宁波天一阁藏书避难。新中国成立后历任第一至第六届浙江省政协委员，民盟浙江省委顾问，浙江省文物管理委员会主任委员，浙江省博物馆图书资料室主任，浙江省历史学会理事、顾问，浙江省地方志学会顾问等职。工诗词，擅古文，精于历史研究，著有《五卅惨史》、《世界大战史》、《晚近浙江文献述概》等。

**陈式纯（1903—1935）**

平阳县人。1926年加入中国共产党。曾任中共江苏省委委员。长期奔走于河南、湖北、江苏、武汉、上海等省市，曾四度被国民党当局逮捕入狱。1932年10月在上海遭逮捕。1935年2月惨死狱中。

**陈芝范（1904—?）**

字瑞生。浦江县人。先后毕业于黄埔军校第三期、国民党中央训练团党政班第十七期、陆军大学参谋班第五期。参加第二次东征和北伐战争。历任国民革命军排长、连长、营长，国民政府中央警卫军第二师第六团副团长、团长，第八十八师团长。抗战期间历任浙江省保安第四团团长，开化县长，浙江省抗敌自卫总队支队长，军政部第十九补充师师长，第三战区独立第二师师长，陆军总司令部少将视察官。1947年1月7日被国民政府授予陆军少将军衔。后任淞沪警备总司令部警务处长，浙江省交通警察总队少将总队长。1949年去台湾。后不详。

**陈再华（1904—1935）**

原名锡尧，又名黄光。平阳县人。幼承家学，后考入南开大学预科学习，后又转入私立上海自治学院，最后毕业于上海私立光华大学。在沪求学期间开始接触马克思主义。1929年到广州培正中学任国文教师，先后组织校内外爱好文艺者成立培正文艺研究社等文艺团体，进而组成争取言论自由大同盟，出版多种文艺刊物，推动广州革命文艺运动。1931年“九一八”事变后积极投入抗日反蒋爱国活动，曾创作《奋起救国》一诗，由广州知名音乐家何安东谱曲，灌成唱片，流行港穗一带。支持中山大学抗日剧社，成立左翼剧联广州分盟，又在进步青年中组织苏维埃之友会，开展支持中央苏区的募捐活动。1933年加入中国共产党。接受上海中共中央特科交给的任务，奔走于港穗间，配合中央苏区反“围剿”斗争，广泛收集国统区的军事、政治、经济、文化等各方面情报。1934年10月将一批已暴露身份的革命青年或转移到上海或送苏联学习。同年11月26日在广州知用中学观摩教学时被国民党军警逮捕。在狱中受尽酷刑，坚贞不屈。1935年1月24日被枪杀于黄花岗之侧。遗著编成《再华文拾》。

**陈百弓(1906—1941)**

原名发铿，号伯恭。祖籍平阳县，1906年生于福建省福鼎县。早年毕业于福建省立第二中学。1932年到前岐小学任教。1933年到桐山小学任教，并先后主编《福鼎》半月刊、月刊，抨击国民党当局，宣传抗日救国主张。1938年1月应好友郑丹甫邀请，到中共闽浙边省委驻地过春节，受到刘英、粟裕接见。2月加入中国共产党。同年秋被派往武汉八路军办事处训练班学习，因局势紧张不久折回浙南。途经平阳县鳌江时遭当地国民党警察逮捕，被押解到平阳，以凛然正气迫使平阳县国民党地方当局将其释放。9月任中共(福)鼎平(阳)县委统战部长。1940年10月任(福)鼎平(阳)县委书记。1941年4月11日晚率领抗日游击队果断地发动霞关起义，粉碎国民党顽固派的“清乡”行动；6月18日晚率小分队在浙江平阳钱库桐桥村活动时突遭国民党顽固派重兵包围，在突围时被捕；次日被国民党当局杀害于钱库。

**陈　达(1892—1975)**

别号通夫。余杭县人。1892年4月4日生。1912年考入北京清华学校(游美预备班)学习，在校期间在《清华周刊》发表多篇译文和评论。1916年毕业后赴美留学，先入波德伦市里德大学学习语言，后转到哥伦比亚大学就读。1920年获硕士学位。1923年获博士学位。同年回国后在清华学校任教。1924年任《清华学报》主编。1925年应美国某学会之约对中国工人和农民做了四个月的调查，发布有演讲“中国社会改造问题”，并写有《民国十五年国内工人罢工的分析》一文。1926年在清华学校创办社会学系(1928年清华学校改名清华大学，该系亦改名为社会人类学系)，并任系主任(至1941年潘光旦接任，1946年再次担任)，也是当时系中唯一的教授。同年任内政部统计司司长数月。抗战时期随清华南迁昆明，任西南联合大学社会学系主任和清华大学国情普查研究所所长。1948年被选为第一届中央研究院院士。1952年院系调整后离开清华大学，其后历任中央财经学院教授、中央劳动部劳动干部学校教授和副校长、劳动部劳动保护司副司长、中国人民大学教授等职，是第三、第四届全国政协委员。1975年1月16日去世。是现代中国人口学的开拓者之一。著有《华侨——关于劳动条件的专门考察》(英文版)、《中国劳工问题》、《人口问题》、《南洋华侨与闽粤社会》、《华南侨乡》(英文版)、《现代中国人口问题》(英文版)等。

**陈　成(1891—1973)**

字志赓。嵊县人。早年追随王金发、谢飞麟等革命党人，加入光复会。1911年11月上旬参加光复杭州之役。后参加讨袁护国斗争。1926年至1928年任浙江遂昌县知县、县长。1930年第二次出任遂昌县长，颇有政声。后历任闽浙边区党政督察专员，南京国民政府军事委员会委员长行营军法官，重庆行营机要室主任。1937年抗日战争爆发后曾任浙江省临时参议会秘书长，嵊县临时参议会议长，国民党浙江省党部监察委员。1946年起任浙江省省参议会参议员、驻会委员。1948年当选为中华民国立法院立法委员。

**陈成能(1900—1978)**

宁波人。建筑企业家。16岁经叔叔、陈万兴营造厂主陈昌坤介绍进入上海王荪记营造厂学生意，在外滩日清公司大楼工程中当看工，熟悉了施工现场管理。后又到慎昌洋行当看工。1924年离开慎昌洋行，入陶桂记营造厂任总看工。1929年与胞兄合伙创设成泰营造厂，主持建筑业务。随即承建工部局西牢工程(今上海市监狱)、中央捕房(今上海市公安局大楼)。1933年承建上海市体育场工程(今江湾体育场)，包括按国际标准设计的运动场、体育馆、游泳池等，其规模为当时亚洲之冠，工程如期完成，使当时第六届全国运动会顺利举行。1948年修复该体育馆时成泰营造厂以当年出色的建筑经历中标。在外埠成泰还承建了南京中国国货银行等。抗战爆发后成泰撤至江西，承建了赣州黄金机场跑道。后转至成都，承建新津机场滑行道，与航空委员会建立了良好的合作关系，使成泰在抗战胜利后能承建航空系统诸多工程。同时在南京承建了一批美国顾问团工程。上海解放后承建了北站铁路局大楼。1952年成泰联合七家营造厂合资成立七泰营造厂，赴北京承建了建设部、外经部大楼。1956年公私合营，入上海市建筑公司工作。1978年病故。

**陈尧圣(1910—1990)**

杭县人。在杭州小学毕业后考入南京金陵中学学习,毕业后考入杭州私立之江大学,1933年获得文学学士学位。1935年在私立燕京大学获文学硕士学位后留学英国。1939年获伦敦大学哲学博士学位。1940年回国后到战时首都重庆,任国民党中央组织部干事,兼国联同志会秘书。1941年任外交部情报司科长。1944年任驻英国大使馆一等秘书,随中国代表团多次参加重要国际会议。1950年英国政府宣布与台湾当局断绝外交关系后继续留在英国,以私人身份创办“自由中国”新闻社,并成立“自由中国之友协会”,出版中英文周刊等,替台湾当局从事宣传。1962年结束“自由中国”新闻社,开设东兴楼饭店。后任英国各大学“中国委员会”委员,“中国协会”理事,伦敦“华侨联谊会”会长,华侨中文学校校董,安泰企业公司董事长,“英华图书公司”顾问等。1981年至1993年连续被聘为国民党第十二、第十三、第十四届中央评议委员。1990年11月18日在伦敦去世。著有《英国国会》,译有《世界大同之始基》。

**陈廷纪(1884—1958)**

号茨青。杭县人。1913年毕业于英国伯明翰大学。同年回国,先后任汉阳铁厂工程师、化铁股股长、六河沟炼铁厂厂长兼总工程师。新中国成立后历任华东工业部处长、副局长,华东钢铁公司副经理,马鞍山铁厂顾问工程师。著有《炼铁炉原料之大小对于生产之影响》、《炼铁炉原料堆放角度》等。

**陈仲猷(1904—?)**

鄞县人。宁波钱庄主家庭出身。历任上海元益糖行会计,上海五和织造厂北区售品处主任,上海市商会国货商场顾问委员,宁波日报社广告部主任,元赉钱庄副经理,棉业银行、辛泰银行、大信染织厂、成丰企业公司、恒利企业公司等董事,大陆振业公司、天天衣庄公司常务董事,久大服装公司、同发钱庄经理,上海自明灯公司总经理,兼任宁波旅沪同乡会、四明公所、四明医院、四明孤儿院、精武会体育会等董事。

**陈　行(1890—1953)**

字健庵。诸暨县人。银行家。1917年毕业于上海圣约翰大学。1918年赴美国俄亥俄大学留学,获硕士学位。1919年至1920年入哥伦比亚大学研究院攻银行货币。1921年任上海懋业银行营业部主任。1922年至1926年任中华懋业银行汉口分行经理。同年国民革命军北伐,任汉口中央银行行长。1927年兼任武汉造币厂厂长。南京国民政府建立后任财政部金融监理局局长,不久任钱币司司长兼上海中央银行行长、上海交易所监理员。1928年后任中央银行常务理事兼副总裁达20年。1935年兼任中央造币厂厂长兼审查委员会常务委员,交通银行、中国国货银行常务董事,浙江地方银行、中国建设银公司董事,国民政府金融顾问会委员。抗战胜利后兼任财政部驻京沪区财政金融特派员。1949年去台湾。1953年在台北去世。

**陈企霞(1913—1988)**

鄞县人。1913年10月12日生于一个破落小商人家庭,早年生活贫困。1925年就读于宁波甲种商业学校。1927年外出流浪谋生。1931年开始文学创作,在上海曾与叶紫共同创办无名文艺社,并出版《无名文艺》旬刊和月刊。此后加入中国左翼作家联盟。曾两次被捕,出狱后参加抗日救亡工作。1940年到重庆,同年到达延安,在《解放日报》工作。抗战胜利后参加华北文艺工作团,后任华北联合大学文艺学院文学系主任,并参加《北方文化》、《华北文艺》等刊物的编辑工作。新中国成立后任全国文联秘书长。曾与丁玲、冯雪峰负责主持《文艺报》工作,任副主编。1955年因“丁玲、陈企霞反党集团”冤案受到批判,并因托派嫌疑受到关押。1957年又被打成“右派”。1961年起在杭州大学中文系任教。1979年平反,恢复名誉后历任中国作家协会浙江分会副主席,后调北京任茅盾文学奖评委、《民族文学》杂志主编。1987年离休。1988年1月16日病故。著有小说集《狮嘴谷》,评论集《光荣的任务》等。

**陈兆龙(1903—1981)**

诸暨县人。1920年进入杭州兴业印刷厂做排字工。1926年3月加入中国共产党;8月任党支部书记。1927年2月受中共杭州地委指派,以国民党浙江省党部农民运动专员身份到诸暨,协助在诸暨的中共党员发展党组织,并组建农民协会。“四一二”反革命政变后回到杭州继续从事党的工作;5月底任中共绍兴县委工运部长;9月受中共浙江省委派遣,赴诸暨整理党务;月底召开中共诸暨县第一次代表大会,当选为中共诸暨县委书记;11月被选为中共浙江省委候补委员。1928年2月调宁波从事职工运动,适逢宁波党组织遭破坏,被迫返回诸暨;3月在金村召开的党的代表会议上再次当选为县委书记;5月调任中共桐乡特支书记,并任中共浙江省委委员;年底因桐乡开展工作困难返回诸暨,先后在枫桥、姚江等地整理党务。1929年6、7月间遭国民党通缉，被迫离开诸暨到上海，在上海民国日报社做排字工，并担任该报党支部书记。1931年失业回家。1932年5月被国民党逮捕，关押在杭州陆军监狱。在狱中禁不起敌人的软硬兼施，于1937年9月撰写“自白书”，出卖组织，背叛革命。1940年加入国民党组织，改名陈作人，经浙江省保安处政训班受训后先后担任国民党浙江省保安处第三科少校侦缉股长、国民党诸暨县政府特务组长、国民党枫桥乡联队队长等职，追捕并残害革命同志，强迫共产党员“自首”、“自新”，提供共产党员名单，搜集人民抗日武装情报等。1945年在国民党上海警察局水上分局任职。1953年8月被人民政府逮捕，以反革命罪判刑。1981年病故。

**陈朵如(1888—1961)**

名选珍。萧山县人。著名银行家。1907年留学日本，入早稻田大学商科学习经济金融。1911年辍学回国后与李馥荪等奉浙江军政府命改组浙江银行，任总行协理，不久辞职。1913年任教于浙江甲种商业学校。1916年任中国银行浙江兰溪支行行长。1917年3月任浙江地方实业银行总管理处总书记，兼任上海分行副经理。就任后配合经理李馥荪改革管理方法，开创“零存整取”储蓄法，收效和影响甚大，使该行业务大振。1923年浙江地方实业银行实行官商分家，成立浙江地方银行和浙江实业银行，任浙江实业银行上海分行副经理。1927年升任经理，同时任上海华商证券交易所理事。1934年投资泰鑫纱厂，任董事长。1941年李馥荪去美，陈主持上海总行业务。1946年正式任总经理。抗战期间不畏强暴拒绝与日伪合作，并筹款慰问前线抗日将士。1945年至1949年间又多次从实业银行暗账中拨款捐献给中共地下组织。新中国成立前夕拒绝去香港，1952年任公私合营银行副董事长。1957年任中国银行上海市分行副行长。是全国政协第三届委员、上海市人大代表、全国工商联执行委员、上海市工商联常务委员。

**陈庆华(1921—1984)**

鄞县人，生于上海。早年曾考入中央陆军军官学校洛阳分校就读。1938年毕业后以少尉附员资格分至第十五军八十五师补充营，不久离军转入西安中央银行工作。1941年考入浙江大学先修科。次年入昆明西南联大历史系。1946年毕业后免试录为北京大学文科研究所研究生，随校返北平。1947年转入清华大学陈寅恪门下。新中国成立后于1951年入中国人民大学革命史研究室做研究生。1953年回北京大学任讲师，此后陆续升为教授、博导，兼清华大学社会科学系教授。并曾担任《光明日报》“史学周刊”编辑，北京大学历史系资料室主任，历史系学术委员会和学位委员会委员，北京大学学术委员会委员，北京大学历史学会副会长，北京市历史学会第二、第三届副会长等职。为中国民主同盟盟员、中国共产党党员。专于中国近现代史和近代中外关系史，曾合著《中国史纲要》，主编《中国近代简史》、《中国人民反帝斗争史》、《北京史》，校译《俄中战争》、《莫斯科中山大学和中国革命》等。

**陈守锋(1899—1987)**

字望青。东阳县人。1922年7月毕业于保定陆军军官学校第八期辎重科。曾任国民革命军排长，连长，营长，宪兵团附、团长，预备第七师副师长。1936年9月4日被国民政府授予陆军少将军衔。1937年抗日战争爆发后任第一二三师副师长。1938年10月毕业于陆军大学特别班第三期。1943年3月署理第七十五军副军长。1944年任第六战区兵站总监部总监。1946年6月任汉口第二补给区副司令。1949年去台湾后任“国防部联勤总部”中将部附，授予陆军中将。1956年退役。1987年1月4日去世。

**陈安宝(1893—1939)**

字善夫。黄岩县人。1893年1月29日生。早年在家乡读完小学。1911年赴南京投考入伍生队。1912年中华民国成立后转入武昌陆军第二预备学校学习。1914年8月考入保定陆军军官学校第三期步兵科。1916年12月毕业后分发到浙军服役，初在浙军第一师第三团任见习官，后转入浙军第二师，先后任排长、连长。1926年浙军第二师改番号为国民革命军第二十六军，先后在该军第一师及第六师任营长、团长。1931年升任第十七旅旅长。1932年5月任第七十九师副师长。1936年1月被国民政府授予陆军少将军衔；4月任第二十九军第七十九师师长；5月率部参加追击长征中的红军。同年率第七十九师进驻贵阳南部的独山镇。西安事变爆发后奉令第七十九师进驻陕西潼关一带驻防，受第四十六军军长樊崧甫节制，与东北军对峙。1937年7月7日抗日战争爆发后奉令率部到河南辉县一带集结，加入程潜任司令长官的第一战区战斗序列。同年10月奉命率部加入淞沪战场担任阻击牵制日军的任务。1938年2月奉命率部队从诸暨渡富春江攻击余杭的日军，采取“围城打援”的办法，用一部分兵力直扑余杭城垒，另一部分则在中途设伏，袭击从杭州方面来的敌援军；8月任第二十九军军长，仍兼第七十九师师长，移防江西永修；12月辞去师长兼职，专任第二十九军军长。1939年3月17日南昌会战打响；5月奉令率领所部在南浔一线阻击日军第一〇一师团；5月5日亲赴莲塘指挥所部三个师主攻南昌；6日下午5时许在预备队拼光的情况下带数人冒着炮火往前沿督战，途经姚庄中弹牺牲。1940年9月23日国民政府追赠其为陆军上将。1983年12月中华人民共和国民政部正式追认为革命烈士。1995年3月黄岩路桥区由横街镇等单位发起在横街山顶修建了陈安宝将军墓。

**陈如馨(1889—?)**

鄞县人。早年相继在宁波创办如生罐头食品厂、宁波翔熊软席厂、宁波新新酱油厂等企业。曾任宁波市政府工商科长、宁波整理城河委员会主席、浙江省商联会监察委员、宁波商会常务委员。后任宁波美球针织厂经理，上海久新化工厂经理，上海渣华花袜厂董事长兼总经理，上海合众消毒奶料厂副董事长，上海振华实业公司董事，宁波和丰纱厂常务董事等。

**陈　旭(1898—1985)**

字旦初。乐清县人。1925年毕业于北京大学地质系，获理学学士学位，留校任生物系助教。1927年起在中央研究院地质研究所任助理研究员、副研究员、研究员。1937年7月赴美国耶鲁大学进修，研习蜓类和腕足类动物化石。次年8月回国后在厦门大学任教。后在福建省建设厅地质土壤调查所任技正。1942年起任中央大学地质系教授。新中国成立后任南京大学地质系教授、教研室主任，兼任华东探矿专修学校、华东水利学院、浙江大学等院校的教学工作。曾担任中国古生物学会理事、江苏古生物学会理事长、中国微体古生物学会理事长等职。著有《中国南部之蜓科》、《中国二叠纪茅口灰岩的蝬科动物群》等论文。

**陈寿昌(1906—1934)**

又名希堪。镇海县人。1906年11月15日生。后随家人迁居上海、汉口。1921年考入武汉电报局，被分配至郑州工作。1923年组织职工声援京汉铁路工人大罢工。1924年在武汉加入中国共产党。1927年在李立三、刘少奇等领导下参与组织武汉工人收回英租界的斗争。出席在武汉召开的全国第四次劳动大会，当选为中华全国总工会执委会委员。武汉“七一五”反革命政变后与党组织失去联系。返回浙江后任职于定海电报局。不久赴上海寻找党组织，遇到李立三接上关系，遂留在上海从事工人运动，任市政总工会党团书记。1928年2月任中共江苏省委委员；3月兼任中共闸北区委书记；4月任中共江苏省委职工运动委员会委员；7月任中共沪西区委书记。后调到中共中央特科工作，先后任二科(情报)、四科(交通科)科长，与打入国民党中统的李克农、钱壮飞、胡底单线联系，把他们获取的情报及时交给中共中央军委书记周恩来。为便于开展工作，于同年结婚，把自己的家作为“机关办事处”。1929年奉派去苏联，不久返回上海，在周恩来直接领导下，以开无线电店作掩护，继续开展党的秘密工作。1931年底任中共福建省委书记。1932年调江西中央苏区所在地瑞金，任中华全国总工会苏区中央执行局党团书记。1934年第五次反“围剿”开始时任湘鄂赣革命根据地省委书记兼军区政治委员，到任后立即制止当地的肃反扩大化，改组红军，兼任红十六师政治委员。中央红军主力长征开始后与军区司令员徐彦率领红十六师在罗霄山脉坚持游击战争，掩护中央红军主力长征。同年11月在湖北崇阳县老虎洞遭遇战中负伤，抢救无效，当晚在崇阳县的河坪村牺牲。后来湘鄂赣省苏维埃政府在崇阳、通城之间建立一个新的县城，命名为“寿昌县”。宁波镇海城区建有“寿昌公园”。

**陈志力(1907—?)**

字侠生。浦江县人。1907年12月25日生。早年毕业于金华的浙江省立第七中学，后考入孙传芳创办的金陵陆军军官学校。1927年入国民革命军第二十六军军官队。1928年考入南京的中央陆军军官学校第六期工兵队，毕业后分发到国民革命军教导师、教导第一师、税警总团任排长、连长、营长等。1942年任通讯兵第四团少将团长。1949年12月在“西南军政长官公署”通讯总队长任内率部起义。1950年1月任中国人民解放军西南军区后勤部通讯团副师级团长。后调西南军政大学研究班学习。结业后历任南京军事学院筹备处研究员，山东省教育厅中教处科长，浙江省政协第五、第六届政协委员。1982年赴美国定居。1996年回国。编著有《闪光通讯勤务》、《手旗通讯教范》、《军士用电磁电话学》、《通讯兵术科教案》等。

**陈苍正(1912—　)**

黄岩县人。早年毕业于国立北平大学。1934年任北平中学教员。1935年起先后任浙江省政府秘书、浙江省警官学校教官。1937年抗日战争爆发后任国民党第十师政治部主任。1939年至1944年奉派筹备三民主义青年团浙江支团，任支团干事兼书记，后代理主任。先后创办《青年日报》、《大路周刊》。抗战期间当选为浙江省临时参议会参议员、驻会议员。1944年任三民主义青年团中央候补干事、中央监察。1947年9月任国民党中央监察委员、国民党浙江省党部常务监察委员。同年底当选为中华民国立法院立法委员。1949年去台湾后继续担任"立法委员"、"立法院"党部书记长、"立法院经济委员会"召集委员。退休后被聘为"总统府国策顾问"。

**陈克非(1903—1966)**

号钟灵。天台县人。1925年考入黄埔军校第五期政治科，1926年毕业。历任国民革命军第一军第九师排长，连长，营附，第九师第五十一团副团长、团长。抗日战争爆发后任第二军第九师四十九团团长、第九师参谋长。1938年5月奉命率部自徐州东调，牵制陇海路东段日军，在邳县、郯城地区与日军激战四昼夜，策应台儿庄战斗。1939年底开赴广西，主攻昆仑关，升副师长。1944年12月任中国远征军第二军第九师师长。1946年秋陆军大学将官班毕业后先后任整编第九师第九旅旅长、整编第十五师师长。1947年任第十五军代军长。1948年9月被国民政府授予陆军少将军衔。淮海战役中先后任第二兵团第五军参谋长、第二军军长。1949年4月任第二十兵团中将司令官；12月24日在四川郫县率部起义。后任中国人民解放军中南军区高参兼第五十军副军长，中南军政委员会参事，武汉市政府参事，湖北省政府参事室副主任，民革第三、第四届候补中央委员，湖北省政协常委，第三、第四届全国政协委员。著有《光荣的抉择》、《第二十兵团从鄂西溃退入川到起义的经过》等。

**陈克寒(1917—1980)**

慈溪县人。1917年7月生。1934年参加中国左翼作家联盟。同年加入中国共产党。1936年进入红色中华通讯社西安分社工作。1937年到延安新华通讯社工作，参与创办《解放》周刊。1938年先后任汉口《新华日报》特派员、《新华日报》驻华北特派记者。1939年1月任《新华日报》(华北版)副总编辑。1942年5月任晋东南《新华日报》华北分社社长兼总编辑。1943年秋回延安。1944年底任新华总社广播科科长。1945年后历任新华总社第一副社长兼副总编辑，中共中央中原局宣传部副部长，新华社中原分社社长，中原大学新闻班主任。1948年冬回西柏坡新华社总社工作，任新华通讯社社长兼副总编辑。1949年新中国成立后历任新华社社长兼总编辑，新闻总署党组副书记，中共中央宣传部宣传处处长，出版总署副署长、署长、党组书记。1952年任文化部副部长，党组副书记。1958年9月任中共北京市委书记处书记。1977年11月任北京市第五届政协副主席。1979年12月任北京市第七届人大常委会副主任。1980年7月10日在北京病故。著有《晋察冀印象记》等。

**陈　怀(1877—1922)**

原名启明，学名商，字孟冲、孟聪，改名怀。瑞安县人。因年少失怙，多受叔父陈黻宸教诲。1901年任教于永嘉三溪书院，瑞安翼圣学塾。1902年与马叙伦等为陈黻宸所办《新世纪学报》主要撰稿人。1906年受聘任京师编译局分纂，兼任旅京浙学堂教习，后历任两广方言学堂、两广优级师范学堂、温州府中学堂教习，浙江省抚署参议厅参议兼任两浙优级师范学堂教习，瑞安县议会副议长，河曲县知事。1916年受蔡元培聘，任北京大学史学教授，兼北京高等师范讲席。著有《清史要略》、《中国近百年史要》等。

**陈里特(1908—?)**

永康县人。1908年10月26日生。1925年3月加入国民党。1926年9月至1927年6月就读于上海私立国民大学。1928年赴法国留学，1933年毕业于巴黎大学。1945年任国防最高委员会党政工作考核委员会政务处专门委员。1948年当选为中华民国立法院立法委员。新中国成立后参加中国国民党革命委员会，任民革南京市委员会宣传委员。后历任南京市政协联络处副处长，南京市民革第二、第三、第四届委员，江苏省民革筹备委员会委员兼秘书处处长等。著有《民治的前途》、《中国海外移民史》、《欧洲华侨生活》、《中国人在欧洲》、《欧洲民族文化史》、《欧洲华侨史》、《平凡生活八十年》，译有《意大利移民政策》等。

**陈时夏(1875—?)**

字秉衡，号于庵。鄞县人。附生出身。后赴日本留学，毕业于日本法政大学速成科。1908年当选为浙江省咨议局议员。1909年浙江省咨议局成立后当选为副议长。1911年辛亥革命爆发后积极参与浙江光复，负责政治方面的设计。浙江光复后作为浙江军政府都督的代表之一前往武昌，参与中央政府的筹建。不久东下南京，作为浙江代表参加各省代表会，参与中华民国南京临时政府的建立。1912年4月任中华民国北京临时参议院议员。后当选为浙江省议会议员，参与浙江省宪自治运动以及浙江省宪法的起草，曾当选为浙江省宪法执行委员会候补委员。袁世凯称帝后在上海联合浙江籍国民党人，运动嘉湖镇守使吕公望、省警察厅长夏超、第三旅旅长周凤岐等浙江省内的军人实力派，拥护巡按使屈映光，推翻拥护袁世凯称帝的浙江将军朱瑞。朱瑞逃走后吕公望任浙江督军，陈担任秘书长。1922 年夏中华民国第一届国会第二次恢复时递补为众议院众议员。1923 年拒绝直系军阀首领曹锟的贿选要求，离开北京南下上海，参与反对贿选斗争。

**陈时骥(1893—1934)**

字子厚。诸暨县人。早年在大东公学(今诸暨学勉中学)求学时写有《国家兴亡，匹夫有责》一文登在校刊上。不久弃文从武，考入浙江陆军小学堂学习。1914 年 8 月考入保定陆军军官学校第三期步兵科。1916 年 12 月毕业后历任排长、连长、营长等职。1920 年前后赴广州投奔革命。1926 年 6 月参加北伐。曾任国民革命军第六师第十八旅旅长，因受第六师师长赵观涛排挤，不久投奔保定军校同学陈诚，先后任第十一、第五十二师副师长。1933 年 1 月任第五十九师少将师长；2 月率部参加对中央红军的第四次“围剿”，所部第五十九师与李明两个师在西路，当两师进入宜黄南部，在黄陂、乐安境内遭到红军优势兵力的伏击，两师仓促应战，终被红军歼灭；3 月 1 日在江西登仙桥地区被红军俘虏。被俘半年后思想有所变化，被安排到中国工农红军大学担任专职军政教授，主讲地形学、射击原理等技术课程。1934 年 10 月中央红军主力离开苏区突围西征前夕，被秘密处决。

**陈伯平(1885—1907)**

原名师礼，改名渊，字墨峰，别号白萍生，又称“光复子”。绍兴县人。父亲陈芷湘游幕福州，故出生于福州。1898 年入福建武备学堂肄业。1901 年与兄长墨林同入福州蒙学新舍肄业。因福州疫病流行，返回绍兴平水，常在书塾讲述抗清故事，立志报国。后入石门师范就读，因抗议校方实行奴化教育失败，愤然离开学校。1904 年考中秀才，但志不在此。与妹妹陈挽澜及刘大白曾于端午节至渡东桥祭奠因“抗清复明”而投河自尽的明末先贤。将自己名字中的“佰”字去头，变成“伯”，志在推翻实行封建专制统治的清王朝。1905 年入大通学堂学习，由徐锡麟介绍加入光复会。同年冬随徐锡麟东渡日本，入警察学校。1906 年 5 月随徐锡麟和马宗汉一起回国；6 月中旬随徐锡麟、曹钦熙、许克丞等人离开绍兴，准备北上谋取官职；7 月与徐锡麟从上海到达汉口，拜访俞廉三。后奉徐锡麟之命，先到安徽芜湖一带进行考察。在沪上由秋瑾介绍出任“中国公学”教习。还与秋瑾以及张寄涯租上海北四川路祥经里一栋二层砖木结构的住房，挂上“蠡城学社”招牌，专门研制炸弹。因湖南宁调元急于赴湘发动武装起义，日夜赶制炸弹，不慎饮酒过量，失手引起爆炸，伤重晕倒，张寄涯仅受轻伤，秋瑾手有轻伤。同年 11 月又与秋瑾租居上海虹口北四川路厚德里九十一号，协助秋瑾主编《中国女报》。拟携炸弹北上，刺杀清政府王公大臣，被徐锡麟劝阻。同年冬随徐锡麟到安庆筹划皖浙起义，往来于安徽、浙江和上海之间，联络会党，传递信息。1907 年向徐锡麟通报浙江各地会党因提前起事或因事机不密而暴露，相继遭到破坏，革命力量受到严重挫折，秋瑾拟 7 月 6 日发动浙江起义。徐锡麟遂决定于安徽巡警学堂举行毕业典礼之际邀请安徽所有清吏参加，届时发动安庆起义，予以一网打尽；7 月 5 日与马宗汉从上海赶回安庆，与徐锡麟进行安庆起义的最后准备工作，起草起义文告；7 月 6 日与徐锡麟和马宗汉击毙参加巡警学堂毕业典礼的恩铭，在军械所与清军激战四小时，终因众寡悬殊，孤立无援，英勇牺牲。遇难时年仅 23 岁，被誉为“浙东三杰”之一，墓葬杭州西湖孤山南麓。

**陈伯康(1897—1980)**

奉化县人。1922 年毕业于沪江大学生物系。1931 年获美国芝加哥大学动物学博士学位。曾任北京大学、岭南大学教授，华中大学教授、生物系主任。新中国成立后历任中山大学教授，广西师范学院教授、生物系主任，广西动物学会第一届理事长。是第三届全国人大代表。长期从事组织胚胎学的教学与研究，对动物组织胚胎发育有较深研究。著有《实验动物学》。

**陈希曾(1896—1961)**

吴兴县人。早年毕业于浙江陆军经武学校。历任浙江都督府军务司参谋，浙军第一旅副官长、第二团团附。1924 年任黄埔军校中校特别官佐。1926 年起任国民革命军东征军总指挥部参谋，国民革命军总司令部上校秘书，总政治部后方留守主任，广东电政总监，上海电报局长，国民党上海市党部监察委员。1931 年 2 月至 12 月任上海市政府公安局长。1932 年 6 月任军事委员会第三厅总务局局长。同年秋任汉口市公安局长。1945 年 10 月至 1948 年 5 月任南京国民政府参军处总务局长。1948 年 5 月被国民政府授予陆军中将军衔。1948 年 5 月 31 日至 1949 年 1 月 29 日任中华民国总统府第六局局长。辞职后移居香港。

**陈希豪(1896—1965)**

字亦昂。东阳县人。早年毕业于北平私立中国大学政治经济科。1923 年冬加入中国国民党,在青岛市党部从事宣传、组织工作。因当局不容,流亡菲律宾,执教于华侨中学,主办《民声报》,组织国民党区分部,任常委兼秘书。1924 年 1 月以海外代表身份出席在广州举行的国民党第一次全国代表大会。1926 年回国后任国民党中央组织部指导员,继任上海特别市党部指导委员。1927 年回浙江后参与"清党";5 月至 7 月任浙江省党部执行委员,浙江省政务委员会委员;7 月至 8 月任浙江省党部执行委员,浙江省政府委员。1928 年秋任国民党中央训练部主任秘书,继任内政部特派奉、吉、黑、鲁、豫、湘、鄂、粤、闽、浙等 10 省政治视察专员。1931 年 5 月出席国民会议,后又出访考察美、苏及欧洲各国。1933 年回国后历任浙江省地方行政干部训练团教育长,国民参政会第一、第二、第三届参政员,国民参政会驻会委员,国民党新疆省党部主任委员。1945 年 5 月任国民党第六届中央执行委员。新中国成立后任上海市人民政府参事室参事,民革上海市委员会委员。

**陈应天(1907—1987)**

又名奕坡、文侯,别号燮坡,晚年自号珠溪老人。三门县人。早年毕业于海游小学。后相继毕业于中央陆军军官学校第八期炮兵科、陆军大学第十六期。历任国民革命军团参谋长,湖南省常宁师管区司令部中校参谋长,第六十七上校参谋长,第一战区兵站总监部少将参谋长,浙江省保安第六团少将团长,舟山防守司令部少将督查官。1949 年底从浙江沿海撤退到台湾,先后任"国防部"处长、"陆军总司令部"少将副署长。1956 年去美国留学。1987 年在台北病故。

**陈　良(1896—1971)**

字楚儒,亦作初如。临海县人。1896 年 9 月 12 日生。早年毕业于北京陆军内军需学校。毕业后曾任浙江督军公署参谋处军需官,浙军第二旅军需官。1924 年 12 月到广州。1925 年初奉蒋介石之命返回浙江,在陈果夫领导下秘密募兵。完成任务后于 8 月初返回广州,任黄埔军官学校政治部科长、经理部科长、黄埔军校特别党部常务委员。1927 年起先后任黄埔军官学校,中央军校经理处处长。1932 年至 1934 年任第五军军需处处长。1934 年 3 月至 1935 年 11 月任国民政府军事委员会军政部军需署副署长。1936 年 1 月任军政部军需监。不久改任军政部会计长。1939 年 9 月任三民主义青年团中央干事会干事。1940 年 9 月至 1946 年 5 月 31 日任军政部军需署署长。1946 年 6 月 5 日任国防部联勤总司令部经理署署长;同月 29 日改任国防部联勤总司令部副总司令;11 月当选为制宪国民大会代表。1948 年 3 月至 6 月任粮食部常务次长。同年 6 月至 1949 年 3 月任粮食部政务次长兼粮食部田粮署署长。1949 年 5 月 5 日任上海市政府市长;5 月 17 日去职;5 月 25 日任京沪杭警备总司令部政务委员会委员;9 月 21 日任"国防部参谋次长"。同年去台湾。1950 年 1 月任"交通部部长";3 月至 8 月任"总统府主计处主计长"。1956 年退休后任"中央银行"监事,中渔公司、齐鲁公司董事长。1971 年在台北去世。

**陈良玉(1866—?)**

镇海县人。著名烟草商。在上海开设有万昌祥烟号,并任总经理。民国初年任宁波旅沪同乡会公义联合会董事。1918 年与同乡王佐卿、陈才宝、陈文鉴等在上海创办中国兴业烟草公司。同年任中国烟酒联合会总干事。1919 年任宁波旅沪同乡会副会长。1921 年与虞洽卿等在上海创办中国商业信托公司。1924 年任总商会会董、总商会出版委员会委员兼公证委员会委员。1926 年参与发起成立中国卷烟厂公会并担任会长。

**陈其业(1871—1961)**

字勤士,号乐群。吴兴县人。陈果夫、陈立夫之生父。早年就读于私塾,熟读四书五经之类的儒家经典。1887 年中秀才。1895 年中日甲午战争结束后曾赴日本考察工业。考察结束后回到湖州,经营典当业,并办理地方公益事业。曾任陆心源家族当铺朝奉,后为沈镜轩之子沈田莘塾师,在沈氏义庄任总管账房,兼理朱五楼来泰典当账务。1927 年后随着其子陈果夫、陈立夫在国民党内的崛起,父以子贵,相继担任吴兴县商会会长、吴兴县教育委员会主任委员、浙江省商会联合会主席、浙江自治推进会常务委员、国民会议代表。1937 年底杭州、湖州相继沦陷,被迫率领全家人跟随陈果夫、陈立夫先迁移到武汉,后迁移到重庆。抗战期间先后于 1938 年 6 月、1940 年 2 月、1942 年 7 月、1945 年 4 月连续被聘任为第一、第二、第三、第四届国民参政会参政员。抗战胜利后任私立三一商业初级职业学校董事长。1946 年 1 月任浙江储丰银行董事长;5月再次当选为吴兴县商会理事长;9月任吴兴电器股份有限公司董事长。1948年当选为国民大会代表,并担任全国商业联合会常务理事,全国工业联合会理事。1961年2月在台北去世。

**陈其采(1880—1954)**

字霭士,号涵庐。吴兴县人。1880年10月21日生。1896年春入上海中西书院,后入金陵(南京)同文馆、江南储材学堂。1898年留学日本,初入日本成城学校,后入日本近卫步兵第四联队做见习士官。见习结束后进入日本士官学校中华队第一期步兵科学习,1902年3月毕业。1903年回国任驻沪新军统带,后赴湖南长沙参与创办湖南武备学堂,任总教习兼监督。1905年任湖南新军第五十标首任统带。不久调任第四十九标统带。1907年赴南京任陆军第九镇正参谋官,旋进京任军咨府第三厅厅长,兼保定陆军速成学校监督。1911年辛亥革命爆发后南下赴上海。1912年中华民国成立后任江苏都督府参谋厅长,并兼孙中山临时大总统府咨议。同年3月回吴兴创办经武学堂;12月30日被北洋政府授予陆军少将军衔。1913年"二次革命"发生,经武学堂遭到查封,应邀北上任中国银行文书科主任。不久辞职南归,应南通张謇的邀请担任江苏东台大丰公司总经理。后重返中国银行,任该行杭州分行副行长,后代理行务。1924年任湖州旅沪同乡会理事长。1926年7月任江浙财政委员会主任委员,并任浙江政治分会委员。1927年5月至7月任浙江省政务委员会委员兼财政厅厅长。同年10月至1930年3月任浙江省政府委员。其中1927年10月至1928年11月兼财政厅长;1928年11月27日兼财政部江海关监督;1929年1月7日任导淮委员会常务委员,后兼财务处长、副委员长。1930年3月17日至1931年6月20日任江苏省政府委员兼财政厅长。1930年12月4日任国民政府主计处筹备委员会主任委员。1931年3月21日至1946年10月17日任国民政府主计处主计长。其中1931年3月21日至1932年1月30日兼主计处税计局长。在任主计长期间先后兼任中央银行常任理事,中国银行董事,交通银行常务董事、代理董事长,中国农民银行常务董事,行政院水利委员会委员。1948年被聘为中华民国总统府国策顾问。1949年去香港,后赴台湾,继续担任"总统府国策顾问"。1954年8月7日在台北去世。著有《涵庐诗草》。

**陈其美(1878—1916)**

字英士,号无为。吴兴县人。1878年1月17日生。1892年到崇德石门镇当铺当学徒达10余年。1903年到湖州商人在上海开办的丝栈当助理会计。1906年留学日本,入东京警监学校。同年加入同盟会。1908年回国后在上海建立秘密联络点,从事反清革命活动。1909年在上海创办《中国公报》、《民声丛报》。1910年与于右任、宋教仁、吕志伊、景耀月等共同创办《民立报》,任记者。在此前后加入上海青帮,在上海发动青帮分子参加革命。1911年春到广东参加广州起义;10月10日武昌起义爆发后在上海组织发动起义,攻打上海制造局,被拘。后获救,并被推举为沪军都督。随即倡议组织江浙联军攻克南京,负责联军的后勤。南京光复后参与筹备临时中央政府,全力支持同盟会领袖孙中山、黄兴建立中华民国南京临时政府。1912年3月被委任为北洋政府工商部总长,未到任;8月1日辞去沪军都督职;9月5日随黄兴前往北京进见袁世凯,商议国是。同年在上海设立"新亚同济社",任监督,专门扶助东亚各弱小民族的反帝事业。1913年2月当选为中华民国第一届国会参议院议员;3月国民党代理理事长宋教仁在上海火车站遇刺身亡后与黄兴等主持侦破宋案;7月16日奉黄兴令担任江苏驻沪讨袁军总司令,领导上海讨袁斗争;8月讨袁失败,潜伏上海租界,策划"第三次革命"。不久流亡日本。支持孙中山组织中华革命党,并于1913年10月7日首先加入中华革命党。1914年7月8日中华革命党在东京正式成立,被推举为总务部长;10月兼中华革命党浙江地区主盟人。1915年5月在上海租界创办《五七报》,进行反袁宣传;组织"铁光锐进社",任社长;11月10日主持刺杀上海镇守使郑汝成;12月5日以中华革命军淞沪司令长官名义领导上海"肇和"舰起义,旋失败。1916年2月22日奉孙中山命令担任中华革命军江浙皖赣四省总司令,主持东南地区的讨袁斗争;3月19日兼任江苏司令官,先后发动数次军事行动均遭失败;5月18日被袁世凯指使的凶手暗杀于上海租界寓所内。遗著编为《陈英士先生文集》。

**陈其蔚(1884—1939)**

又名文明,字熙甫。磐安县人。19岁即入浙江武备学堂。1904年由北京练兵处考试,选送日本留学,入振武学校学习。后又升入士官学校,与蒋介石、阎锡山同学,并在日本加入光复会。1909年回国后应陆军部考试,授予工兵科举人、陆军校官,充任浙江步兵第八十一标教练官。1910年调任广西测绘学堂监督,兼广西测量局局长、陆军干部学堂工兵科科长及教官。1911年夏调任北京军官学校编辑科长。1912年南京临时政府成立后出任第二师一等参谋。旋又调上海任第九十一团团长,又改任六十一团团长。1913年春授予少将军衔。后历任陆军部咨议、浙江嘉湖镇守使署参谋长、浙江宁台镇守使署参谋长、浙江第四区戒严副司令、浙江镇海炮台司令等军旅要职。1921年因"军功显著"被授予四等文虎章。1926年被授予陆军中将。1927年出任浙江省防军总指挥。1928年又任浙江省内河水上警察局长。因与当局政见不同,离开军界。抗战时期曾出任中国汽车制造厂厂长。1939年11月在香港病故。

**陈　英(1877—1964)**

女。绍兴县人。著名杭扇制作艺人。制扇世家出身,从小随父学就一手铲贴、泥金花式扇技艺,是著名的王星记扇庄的制扇能手。与丈夫王星斋精工细作的高级泥金花式扇,曾作为"贡扇"被选入宫廷。王星记扇庄出产的冲金、真金全满半花式扇珍品多出于她之手,誉满海内外。1937年王星记由杭州迁上海九江路、云南路营业;1941年又迁南京东路。企业由其子经营。虽年过花甲,技艺不减当年。抗战胜利后梅兰芳演出"贵妃醉酒"时使用的泥金花扇就出自其手,颇受曲艺家、收藏家青睐。其产品在国际博览会上屡次获奖,在国际贸易中占有一定地位。

**陈松龄(1881—1958)**

鄞县人。建筑商。少年因父亲早亡辍学,到一艘外轮上做工,学会了英文。后经同乡介绍入姚新记营造厂学看工。1924年至1926年应同乡应兴华之邀到庐山牯岭从事市政工程建设。1928年与人合作创办安记营造厂,首项工程即光华火油公司(今高桥石化公司)全部厂房、仓库、码头等,该工程在上海建筑业中颇具影响。安记承建的虹桥疗养院是国人自建疗养院嚆矢,其新颖的造型和新型建筑材料的成功使用,令上海建筑界耳目一新。在安记推行上海建筑仅有的工程项目独立核算制度,重视信誉质量,富有敬业精神,受到同业尊敬。先后任上海市建筑协会监察委员、主席等。1942年日军占领租界后,安记歇业。1946年打出陈安记牌子继续经营。1948年参加红十字会,并开始信佛,大量捐助慈善事业。1958年病故。

**陈叔通(1876—1966)**

名敬第,字叔通,号云麋。杭县人。实业家,社会活动家。幼承家学,对诗词古文深有造诣。甲午战争后留学日本,参加戊戌维新运动。1902年中举人,次年中进士,并朝考中试,授翰林院编修。辛亥革命后任第一届国会众议院议员,担任《北京日报》经理。袁世凯称帝时参加反袁斗争。不久离开北京,定居上海,任上海商务印书馆董事。1927年后长期担任浙江兴业银行董事,从事实业活动。抗战时期支持抗日救亡运动。抗日战争胜利前夕参加筹组上海市各界人民团体联合会,从事民主活动。1949年出席中国人民政治协商会议第一届全体会议。新中国成立后历任中央人民政府委员会委员,全国人大常务委员会副委员长,全国政协副主席和全国工商联第一、第二、第三届主任委员等职。1966年2月17日在北京病故。

**陈果夫(1892—1951)**

原名祖焘,字果夫,以字行。吴兴县人。1892年10月27日生。早年随三叔陈其采到长沙,就读于长沙明德学堂。1907年入浙江陆军小学堂。1911年入南京陆军第四中学堂。辛亥武昌起义爆发后赴武汉参加革命军。1913年"二次革命"爆发后随二叔陈其美在上海参加讨袁斗争。1915年在上海中华革命党总机关任秘密工作。1918年至1923年在上海经商,任钱庄员及证券交易所经纪商。1924年黄埔军校创办后在上海为军校招募新生兼采购物资。1926年1月当选为国民党第二届中央监察委员。同年6月任国民党中央组织部秘书,不久代理部长,掌管国民党党务,排斥共产党人和国民党左派。1927年春积极参与反共"清党"。同年兼任上海临时政治分会委员,国民政府委员,国民党中央政治学校总务主任。1929年3月当选为国民党中央第三届中央执行委员、常务委员。同年4月任国民党中央组织部副部长,旋即任部长,再次掌握国民党中央组织大权。与其弟陈立夫组织"中央俱乐部",形成操纵把持国民党组织大权的CC系。同时创建中央组织部调查科,后来发展成为中国国民党中央执行委员会调查统计局(简称"中统"),成为一个庞大的特务系统,从事反对共产党、迫害进步人士的活动,并对付国民党内反蒋派系。1931年6月将组织部长移交乃弟陈立夫后担任国民政府委员兼监察院副院长。1932年7月兼导淮委员会副委员长。1933年10月3日至1937年11月26日任江苏省政府主席,先后兼江苏省民政厅长、江苏省保安司令。1935年12月当选为国民党中央政治委员会委员。1938年4月再次担任国民党中央常务委员。同年任中央政治学校教育长。1939年任军事委员会委员长侍从室第三处主任。

1944年5月第三次担任国民党中央组织部长。同时利用政治特权发展官僚资本,先后兼任国民党中央财政委员会主任委员、中国农民银行董事长、中央合作金库理事长、土地开发公司理事长、中央电影企业公司董事长。在其带领下CC系在经济界势力迅速扩张。1948年12月迁居台湾台中。1950年被蒋介石下令免去所有本兼各职,仅挂名国民党中央评议委员。1951年春移居台北。同年8月25日病故。遗著编成《陈果夫先生全集》出版。

**陈国钧(1915— )**

诸暨县人。1915年农历九月初一生。早年就读于私立上海大夏大学,后留学荷兰社会研究院。回国后先在上海大夏大学任教,历任助教、讲师。1937年抗战爆发后随大夏大学内迁贵州省贵阳,期间在大夏大学社会研究部协助吴泽霖开展日常工作,主要从事贵州民俗历史文化的研究和探索。1943年起弃教从政,先后担任中央民众教育馆民俗馆主任,教育部边教督导专员,军事委员会委员长侍从室第三处处员,浙江省浦江县县长、庆元县县长等职。1949年5月在中国人民解放军逼近庆元县时弃职化装出走,经福建前往台湾。到台湾后历任台湾花莲县中学校长,台湾省立法商学院社会系教授,台湾省立地方行政专科学校(今台湾中兴大学)社会行政科教授,台湾政治大学边政学系教授。主要致力于台湾民俗文化的教育研究工作。著有《台湾土著始祖传说》、《台湾土著生育习俗》、《台湾东部山地民俗》等,主编有《贵州苗夷社会研究》。

**陈昌平(1896—?)**

定海县人。机械工业企业家。早年在上海亚细亚火油公司当学徒。1924年任吴淞马玉山糖厂工程师。1926年在沪东杨树浦合伙创办鑫大兴记机器厂,旋改和兴机器厂,独资经营。1933年研制发明三十六滚筒拉绒机。1938年在上海创办兴记机器厂。1943年春在南京创办和兴兴记机器厂,并建筑船坞。后任国民政府行政院社会福利部专员,大公企业公司董事长,南京和兴兴记机器厂董事长兼总经理,上海兴记机器厂总经理,南京大丰五金股份有限公司副董事长,宁波恒大兴记机器造船厂董事长。

**陈季涵(1916— )**

余姚县人。1939年国立浙江大学土木工程学系毕业。进入交通部技术厅桥梁设计处,奉派至滇缅公路澜沧江桥工处,参与昌淦大桥建设。1946年至台湾,先后在台湾工程公司、工矿公司任工程师、设计组长、工务组长,后任台湾省建设厅营建处副总工程师。1958年起历任台湾省建设厅公共工程局副总工程师、总工程师兼副局长、局长。

**陈岳书(1900—1971)**

平阳县人。中学毕业后到上海谋生。1923年被三友实业社派到新加坡主持中华商店业务,向南洋推销中国货。1925年在新加坡创办上海书局。1926年又在吉隆坡、爪哇、泗水、雅加达等地开设分店。后自设侨兴国货有限公司,推销国货。发起创办温州旅星同乡会,任会长。抗战爆发后积极推动温州同乡开展爱国救亡运动,多方募款支持祖国抗战。日军进攻星洲时发动温州同乡参加保卫星洲的战斗。抗战胜利后经营的上海书店复业。1947年被推举为温州会馆会长。同年接办侨南公学(原名瓯江公学)。新中国成立后主持的上海书店和侨兴公司坚持推销中国大陆出口产品。曾任新加坡中华总商会会长。

**陈育中(1902—1985)**

临海县人。1926年考入广东中山大学学习。1927年加入中国共产党。"四一二"反革命政变后在杭州参加营救临海被捕入狱的党员同志。同年秋回广州继续读书。同年12月广州起义失败后回到临海,参加中共临海县委在黄坦召开的扩大会议。1928年4月被国民党当局逮捕。1929年获释后回台州参加革命活动。1931年9月与朱渭滨、杨敬燮一起在大田庄头文化小学宣布重建台州中心县委,任书记。1932年6月任中共杭州特别支部委员。不久再次被国民党逮捕入狱,被判刑七年。1937年5月间交保获释后失去党的组织关系。新中国成立后参加浙江干校第八期学习,毕业后分配到温岭新河中学教书。

**陈学昭(1906—1991)**

女。原名陈淑英、陈淑章,笔名野渠。海宁县人。早年就读于南通女子师范学校、上海爱国女校,上学期间开始学习写作。1923年在上海参加浅草社、语丝社等文学团体。1926年创办《新女性》杂志。1927年赴法国留学,兼任天津《大公报》驻欧特派记者、上海《生活周报》特约撰稿人。1935年获法国克莱蒙大学文学博士学位。回国后历任延安《解放日报》副刊编辑,《东北日报》副刊编辑,浙江大学教授,浙江省文联副主席,中国作家协会浙江分会名誉主席,专业作家,文学创作一级。中国作家协会理事,全国第二届政协委员。主要作品有长篇小说《工作着是美丽的》,散文集《寸草心》、《烟霞伴侣》等。

**陈宝骅(1907—1975)**

又名祖与、肖赐。吴兴县人。早年毕业于上海法学院政治系。1926年参加北伐战争,先后任北伐军总司令部政治部科员、国民革命军第一军政治部宣传科长。1927年南京国民政府建立后在国民党中央党部任职,追随堂兄陈果夫、陈立夫,成为国民党中统骨干成员。历任中统上海特区情报股长、中央党部驻沪调查专员、中统驻沪办事处主任,直属陈立夫指挥。1937年11月上海沦陷后以国民党党营书店——新生命书局总经理的身份在上海继续潜伏,从事情报活动。抗战期间多次往返于上海与重庆之间。吸收上海女学生郑苹如加入中统后曾布置行动刺杀汪伪特务头子丁默邨,行动虽然失败,但对汉奸仍然具有震慑力。后奉命策反汪伪三号人物周佛海,1940年向周佛海传递重庆方面指示"暗中布置,伺机除去汪精卫"。周佛海从1940年底起即暗中向重庆方面靠拢。1942年周佛海正式向重庆国民党中央秘密投诚以"戴罪立功"。1945年抗战胜利后任国民党上海市党部书记长。1949年去台湾。编译有《进化论与阶级斗争》。

**陈宗悌(1914—　)**

杭县人。1935年毕业于杭州笕桥的中央航空学校第四期机械科。同年赴美留学,入密歇根大学航空工程系,获硕士学位。1939年6月回国后在国民政府空军后勤部门任科长、厂长等。1949年去台湾,先后入"空军指挥参谋大学"和"三军联合参谋大学"深造。1955年任"国防部后勤助理参谋次长"。1960年以"空军少校"退役,历任"中央银行"行务委员、"行政院外汇贸易审议委员会"普通输入组召集人、"经济部国际贸易局"副局长兼"商品检验局"局长。1971年起专任"商品检验局"局长。

**陈宗熙(1905—2003)**

字志和。奉化县人。早年就读于凤麓学堂(今奉化第一中学),后毕业于南京私立金陵大学。曾任安徽凤台县、定远县县长。1938年任国民政府军事委员会侍从室机要秘书。1942年任外交部机要秘书、科长。1944年12月起任外交部机要室主任。1945年8月抗日战争胜利后随陈仪前往接收台湾。1947年任台湾省台中市市长。1951年起任台湾当局"总统府"秘书、机要室主任。1964年应美国国务院邀请赴美国考察市政。1969年后任台湾省农工企业公司董事长,工荣股份有限公司董事长,"中国文化学院"市政研究所所长。同时还兼任国民党中央党务顾问,国民党中央组织委员,国民党中央评议委员。2003年在台湾去世。著有《世界社会主义运动概况》、《帝国主义者在太平洋上之争霸》、《威尔逊传》、《俾斯麦传》、《美国都市之管理》、《市政论丛》、《市政刍议》等。

**陈宗器(1898—1960)**

字步清,号伯篁,又号君衡、道衡。新昌县人。1898年7月27日生。1918年毕业于浙江省第四师范学校。1919年初自费去日本留学。因病于1920年回国,同年考入南京高等师范工科。1924年转入东南大学物理系,1925年毕业。其后受聘于辽宁庄河师范。一年后回乡办中学,并就任新昌中学第一任校长。1928年由叶企荪介绍到清华大学工程学系任助教。1929年5月到中央研究院物理研究所工作,到任后即被派往中国西北科学考察团工作,担任天文、地形测量,并兼做磁偏角的测量。历时五年,是当时唯一三次进入楼兰地区的中国自然科学家,曾获瑞典国王特颁北极星勋章。1933年夏又参加铁道部组织的绥新公路勘察队,历时两年。1935年8月回所后在南京紫金山地磁台工作。1936年9月赴德国留学,入柏林大学自然科学院专攻地球物理学,并在波茨坦地球物理研究所进行地磁研究工作。1939年离开德国到英国伦敦帝国学院研究部从事物理探矿工作。1940年4月回国后被任命为中央研究院物理研究所副研究员。同年10月赴已从南京迁往广西丹州的地磁台工作。1941年春在广西桂林良丰筹建雁山地磁台,并兼任广西大学教授。1944年初任中央研究院物理研究所研究员兼地磁台主任。1946年随所迁往上海。1947年物理研究所地磁部分调整到气象研究所,复随该所迁往南京北极阁。同年发起成立中国地球物理学会,任秘书长。1948年因战事又迁往上海,被上海各所公推为上海办事处主任。新中国成立后协助军管会接管有关单位。1950年先后被任命为华东办事处秘书处长、中国科学院地球物理研究所副所长,兼南京办事处主任。1951年5月后专任地球物理研究所副所长,并兼任南京大学教授。1952年1月任中国科学院办公厅副主任。1955年兼任管理局局长。1956年回所参与所的领导工作和地磁研究室的工作,亲自组织筹建北京一批地磁台站,完善上海余山台,初步建成全国地磁台网,并主持筹建电离层观测站和宇宙线台。1957年至1958年间任国际地球物理年中国委员会秘书长,积极参与组织与协调工作。1960年3月4日在北京病故。

**陈定民(1910—1985)**

绍兴县人,生于宁波。少失怙恃,寄居北京,受叔伯陈君哲、陈叔南及姑父马裕藻等资助照料。少年时就读于孔德学校,开始文学创作,并与同学合办《春蕾月刊》(后为《世界日报》副刊之一),毕业后入中法大学伏尔泰学院国文系。1932年参加冯玉祥所率察绥民众抗日同盟军,参与抗日救国宣传。1934年大学毕业后公费赴法留学,先后就读于里昂大学、巴黎大学。1938年获博士学位。次年回国,先后于云南大学、西南联大教授法语和法语语言学。期间参与戴高乐反法西斯同盟在昆明的广播编辑和播音,并任昆明广播电台法语新闻广播。1945年任清华大学教授,曾参加新民主主义文化建设协会并任执行委员。新中国成立后调任北京大学西语系教授。曾多次随同国家领导人出访和接待重要外宾,并担任重大国事、国际会议、重要国际文件和文献的翻译工作。1956年作为外交部专门委员,以新华社驻巴黎分社记者身份为中法建交做准备工作。曾任中共八大翻译处法文组副组长、《毛泽东选集》翻译工作法语组组长、中国文字改革委员会委员、汉语拼音正字法委员会主任委员等。对法语语言和语音研究有较深造诣,著有《法文读本》、《法语语音学》,另有译作、论文多种。

**陈 诚(1898—1965)**

字辞修,号石叟。青田县人。1898年1月4日生。1906年入青田高市小学学习。1912年毕业后先在家温习功课半年。1913年考入处州(今丽水)省立第十一中学。同年秋季转入处州省立第十一师范学校学习。1917年12月毕业。1918年夏插班考入杭州的浙江省立体育专门学校。同年8月考入保定军官学校第八期炮科。1922年7月毕业后分配到驻绍兴的浙军第二师第二旅第六团三连任见习军官。1923年3月任建国粤军第一师第三团(团长邓演达)上尉副官,旋调连长,负责孙中山大元帅府警卫;5月随孙中山出征西江的沈鸿英叛军,在肇庆与桂军冯葆初部作战中胸部中弹,旋治愈。1924年9月入黄埔军校任上尉特别官佐,旋改任炮兵科教官,兼炮兵队区队长。1925年1月任黄埔军校炮兵营第一连连长;2月参加第一次东征讨伐陈炯明,在攻打淡水城的战斗中指挥炮兵摧毁城墙多处,由教导第一、第二团官兵组成的奋勇队随即从缺口发起冲击,攻下淡水城;3月棉湖战役,亲自开炮阻敌前进,再立战功;6月回师广州,讨伐杨希闵、刘震寰;10月参加第二次东征,在攻克号称天险的惠州城战役中立下战功,获赏银500元,并升为炮兵第二营营长。1926年春调任黄埔军校炮兵科长;6月任国民革命军总司令部中校参谋,旋任预备第一师第三团团长,随东路军第二纵队进军江西赣州;11月任第二十一师第六十三团上校团长。1927年1月第二十一师进抵浙江衢州,担任中路作战任务,在龙游、兰溪一带,与孙传芳、孟昭月部展开激战;2月上旬任第二十一师副师长兼第六十三团团长,指挥所部在桐庐、新登等地击败敌军,然后乘势追击,克服新登,进入杭州。后率部随东路军前敌总指挥部攻取淞沪,先后攻占吴江、苏州、松江、常熟。同年4月7日进驻南京;5月南京政府继续北伐;6月下旬奉调回师南京,旋率部前往徐州云龙山一线,掩护宁方北伐军总退却,受到蒋介石的嘉许;7月晋升为第二十一师师长;8月13日蒋介石下野;10月被第一路军总指挥兼第一军军长何应钦免去师长职务;12月代理南京政府军事委员会军政厅长。1928年4月任国民革命军总司令部警卫司令兼炮兵指挥官;9月任第十一师副师长兼第三十一旅旅长。1929年3月参加讨伐桂系作战,率部进驻武昌、襄樊;7月升任第二十一师师长;10月率部参加讨伐冯玉祥的战争;12月参与对唐生智部作战,将唐军骑兵击退。1930年5月率部参加中原大战,先是在河南陇海铁路沿线与冯玉祥部展开激战,双方互有胜败,形成胶着状态;7月奉蒋介石命令率第十一师开往津浦线,参加对晋军作战,在曲阜与守城部队内外夹击,将晋军的李生达第四军击溃,解曲阜之围;7月底总攻开始后率部相继击溃晋军丰玉玺、李生达、傅作义部,于8月15日攻占济南。因战功晋升为第十八军军长兼第十一师师长。同年8月下旬中原大战在河南郑州一带展开总决战,率部与夏斗寅师编为一个纵队,担任前锋穿插任务;9月6日总攻开始,与夏斗寅一起带领部队,以郑州为目标,运用锥形战术,从西华、鄢陵和临颍、许昌的中间地区向北挺进,大胆实施钻袭;10月上旬抢先占领郑州,得到蒋介石颁发的20万元重奖;11月以观操武官身份陪同蒋介石前往日本观看军事演习。1931年7月任追击军第二路指挥官,带领第十八军从湖北开到江西抚州前线,参与对中央红军的第三次"围剿",指挥第十八军在南城、黎川、广昌、永丰、吉水、宁都、兴国等地,来回奔驰了两个多月没有找到红军主力的踪迹;9月初撤到吉安。1933年1月底任中路军总指挥,参加对中央苏区的第四次大规模"围剿";2月下旬所部第五十二师、第五十九师在黄陂相继被红军歼灭;3月下旬所部第十一师又在草台冈被红军围歼，伤亡过半，全师仅剩3000人。第四次"围剿"遭到惨败，受到降一级、记大过一次的处分。同年7月任中国国民党赣粤闽湘鄂北路"剿匪"军官训练团团长，训练中下级军官；10月任北路军第三路军总指挥兼第五路纵队总指挥，参与对中央苏区的第五次"围剿"。1934年任北路军前敌总指挥兼第三纵队总指挥，调集33个团，在空军配合下，与林彪指挥的红一军团27个团展开激战，夺取赣南重镇广昌；接着又攻占建宁、石城等地；7月调任庐山军官训练团副团长，少校以上军官轮流受训；12月任"驻赣绥靖预备军"总指挥，继续"清剿"红军及地方武装。1935年3月任军事委员会委员长武昌行营陆军整理处处长；4月授予陆军中将。1936年1月任委员长行辕参谋长（仍驻武昌），负责对全国的陆军及骑兵、炮兵、工兵等进行整顿，充实战斗力；6月在山西太原就任晋陕绥宁四省边区总指挥；6月中旬进驻武昌处理两广事变；9月任军事委员会委员长广州行营参谋长，处理两广事变善后；11月任委员长行辕副主任兼参谋长；12月任军政部常务次长；12月12日在西安被软禁；12月27日获释回南京。1937年1月任第四集团军总司令，进驻陕西渭南。同年春任军政部政务次长；4月与张发奎、黄琪翔等到温州、台州沿海视察；6月兼庐山训练团教育长，聘请名流学者、大学校长、教授为讲师，轮训部队中上级军官和中学校长、国民党各省市党部委员、县长、专员等；8月18日奉蒋介石电召抵达南京，策定抗战计划与战斗序列；19日与熊式辉赴沪视察；20日返回南京，建议向上海增兵，开起淞沪战场。随即出任第三战区前敌总指挥兼第十五集团军总司令，并增调部队赴沪参战。同年9月21日军委会调整第三战区指挥系统，奉命指挥第十五、第十九两集团军组成左翼作战军总司令；11月任第三战区前敌总司令。与日军激战三个月，粉碎日军三个月亡华的野心。1938年初任武汉卫戍总司令；6月受任第九战区司令长官兼湖北省政府主席，与第五战区司令长官李宗仁、代司令长官白崇禧分工协同指挥武汉保卫战；7月9日任三民主义青年团中央团部书记长；12月辞去第九战区司令长官兼交由薛岳代理。1939年1月湖北省政府主席由严重代理；5月授予二级陆军上将；9月协助薛岳指挥第一次长沙会战；10月兼第六战区司令长官，第一次长沙会战后由商震接任，不久撤销。1940年7月第六战区重建，出任司令长官，驻节湖北恩施，拱卫陪都重庆；9月回任湖北省政府主席。随后辞去军事委员会政治部部长及三民主义青年团中央团部书记长两个兼职。1943年2月奉命担任远征军司令长官，设司令长官于云南楚雄，仍遥兼第六战区司令长官及湖北省政府主席；5月自楚雄飞回湖北恩施，指挥鄂西战役，阻止日本侵略军西进重庆；8月返回楚雄；11月因胃病加剧，将远征军司令长官交卫立煌代理后赴重庆养病。1944年6月奉命赴西安，负责整顿中原西北局势，并接替蒋鼎文出任第一战区司令长官暨冀察战区总司令；12月出任军事委员会军政部部长，负责整编国民党军队。1945年1月兼军政部后勤总司令；5月在中国国民党第六次全国代表大会上当选为中央执行委员、常委；8月15日日本宣布无条件投降后开展大规模复员接收及军队整编工作。1946年6月军事委员会改组为国防部，任参谋总长兼海军总司令；9月再兼三民主义青年团中央团部书记长。1947年2月授予陆军一级上将；8月奉命兼任国民政府主席东北行辕主任，接替熊式辉指挥东北战局，但未能挽回军事上的被动不利局面。1948年2月因胃病加剧离开沈阳赴上海治疗，由卫立煌以东北行辕副主任兼东北"剿共"总司令名义指挥东北战局；5月12日辞去参谋总长本兼各职；10月由上海前往台北草山（今阳明山）疗养；12月29日受任台湾省政府主席。1949年1月兼台湾警备总司令。同年春颁布《耕地三七五减租条例》，开始在台湾实行三七五减租；6月颁布《台湾省币制改革方案》和《新台币发行办法》，发行新台币，改革币值；8月任东南军政长官公署长官，管辖苏、浙、闽、台四省，公署设台北；12月辞去"台湾省政府主席"，交吴国桢担任，本人专任"东南军政长官"。1950年3月出任"行政院长"；7月任中国国民党中央改造委员会委员。1951年1月兼"行政院设计委员会主任委员"，设计各种"反攻大陆"的实施方案。1952年10月在中国国民党第七次全国代表大会上当选为中央执行委员、常委。1954年3月当选为"副总统"；11月兼"总统府光复大陆设计研究委员会主任委员"。1955年2月兼"革命实践研究院主任"。1956年7月任石门水库建设委员会主任委员，主持石门水库的建设工作。1957年10月任国民党副总裁。1958年7月再次担任"行政院长"。1960年1月主持制定《加速经济发展十九点计划》；3月再次当选为"副总统"，仍兼"行政院长"。1961年7、8月以"行政院长"身份两次主持阳明山会谈，邀请台湾及海外各界知名人士商讨"复国大计"。同年7月29日至8月13日访问美国。1963年3月先后访问南越、菲律宾；11月在中国国民党九大上连任副总裁;12 月 15 日辞"行政院长"。1965 年 3 月 5 日在台北病故。著有《台湾土地改革纪要》、《陈诚回忆录》等。

**陈建功(1893—1971)**

字业成。绍兴县人。1893 年 9 月 8 日生。1910 年考入杭州两级师范学堂高等师范就读,1913 年毕业。1914 年取得留学日本官费待遇,考入东京高等工业学校学习染织工程,并在东京物理学校(夜校)兼攻数理。1918 年毕业于高等工业学校。次年春又毕业于物理学校。回国后在杭州甲种工业学校任染织科教师。同年再度赴日留学,考入东北帝国大学数学系。1921 年在日本《东北数学》杂志上发表第一篇论文,三年完成本科学业,是中国学者在国外发表的最早一批论文之一。1923 年毕业回国后执教于浙江工业专门学校。次年应聘为国立武昌大学数学系教授。1926 年冬考入日本东北帝国大学研究院攻读博士学位,专攻三角级数论,在两年多的时间内发表了 10 余篇以正交函数论为主的学术论文,分别刊载在日本的科学和数学方面的国际刊物上。1929 年夏获东北帝国大学理学博士学位,成为第一个获此学位的外国人。当年回国后任浙江大学数学系教授兼系主任。1931 年延揽苏步青到浙大任教,发起主持"数学研究"讨论班,形成以其为首的浙江大学数学学派。1937 年抗战爆发后将家眷送往绍兴老家,只身随校西行。1941 年被遴选为全国大学第一批 30 名部聘教授之一。1945 年抗战胜利后应生物学家罗宗洛之邀同去台湾大学。次年春天依约辞去台大代理校长兼教务长之职,回浙大任教,并在陈省身主持的中央研究院数学研究所兼任研究员。1947 年应邀去美国普林斯顿高等研究所任访问研究员,一年后又回到浙大。1952 年院系调整,浙江大学文理学院部分并入上海复旦大学,亦被调至复旦大学任教。1955 年当选为中国科学院数理化部学部委员。1956 年被评为一级教授。1958 年又被调回浙江担任新成立的杭州大学副校长,同时兼任复旦大学校务委员、数学系函数论教研室主任、浙江省人民委员会委员、浙江省科协主席等职,并担任了九三学社中央委员、全国人大代表等社会职务。1966 年"文革"期间作为"反动学术权威"受到严重冲击,身心备受摧残。1970 年底又被宣布"解放",并以爱国民主人士的身份被提名为第四届全国人大代表。1971 年 4 月 11 日在杭州病故。著有《三角级数论》、《直交函数级数的和》、《三角级数论》(上、下册)等。其数学论文集经后人整理,于 1981 年出版。

**陈绍英(1912— )**

海盐县人。1912 年 2 月 11 日生。早年毕业于上海群治大学。毕业后从事新闻事业,创办《杭州晚报》及民声通讯社。1937 年抗日战争爆发后先后任浙江省保安处及金兰警备司令部军法官、视察,浙江省保安司令部军法巡回审判团主任,财政部缉私署侦讯处代处长、查缉处副处长。1945 年抗日战争胜利后历任上海市警察局司法处副处长,上海市民食调配委员会督导委员,台湾长官公署军法承审员,嘉善县长。1950 年去台湾后历任台湾省财政科长,台北市税捐稽征处处长,台湾第一商业银行常驻监察人及董事,"国大代表"及"光复大陆设计研究委员会"委员。

**陈春澜(1837—1919)**

名渭,字文江。上虞县人。生于农家,幼年因家贫未就学,稍长即随父务农,后经商致富,创办"常胜"商行,经营皮毛、钱业,分号遍及东北、河北、湖北、江苏、浙江各地。晚年回乡,热心公益,捐资兴学,先后出资创办上虞师范传习所、横山春晖小学、白马湖春晖中学等。

**陈荣楫(1898—1982)**

字希逖。黄岩县人。早年毕业于南京陆军第四中学堂。1918 年 8 月考入保定陆军军官学校第八期步兵科。1922 年 7 月毕业后分发到浙军第一师服役,任下级军官。1927 年任国民革命军东路军第二十一师中校参谋处长;不久任第二十一师特务营营长兼军官教导队主任;12 月辞职回乡。1928 年回部队,任南京中央军校第六期交通大队中校队长;9 月任军政部第三厅中校参谋。1930 年 2 月任浙江省保安处第二科科长;5 月兼保安处特务大队上校大队长;11 月任保安处特务总队总队长。1931 年 3 月任保安处视察员。1932 年 1 月任浙江省保安第五团团长。1934 年入陆军大学特别班第五期学习。1937 年 7 月任保定行营上校科长;10 月任第一战区司令长官部军务处少将处长;12 月改任副官处少将处长。1939 年 3 月任天水行营总务处处长;4 月任中将高参。1939 年秋至 1940 年春担任天水行营驻八路军总部联络参谋。1940 年秋任军令部中将附员。1941 年 7 月任第六战区作战人员训练班教官。1942 年 2 月辞职经商。1944 年任汪伪长江上游护航司令部参议。1945 年抗日战争胜利后一度被捕,后获释闲居乡间。1948 年任黄岩县"戡乱动员委员会"委员。1949 年 5 月参与策划黄岩县县长起义。新中国成立后曾任浙江省政协文史资料专员，浙江省参事室研究员。1982年11月1日病故。

**陈荩民(1895—1981)**

原名陈宏勋。天台县人。1916年入北京高等师范学校数理部学习。1918年加入北京大学、北京高师等进步学生组织的国民杂志社，任评议员。1919年5月4日游行中参与“火烧赵家楼”行动，曾被捕，后由校长保释。其后改名荩民。1920年毕业后任高师附中数学教师兼高师会计课主任。1921年赴法国里昂中法大学学习。1925年毕业，获理学硕士学位。同年回国后被聘为浙江省立第六中学校长。此后曾任北京师范大学、北京大学、复旦大学教授。1935年2月中国数学会成立，被选为评议员。1937年7月上海沦陷后将育青中学迁至家乡天台县办学。1939年任英士大学教授兼教务长，后任北洋工学院院长。抗日战争胜利后任北洋大学教授兼理学院院长，并兼北平部主任。新中国成立后一度主持北洋大学校务工作，后任华北大学工学院教授兼校务委员，并参加高教部高等数学教材编审工作。编著有《非欧派几何学》、《高等数学教程》、《高等数学基础》等。

**陈　威(1880—1951)**

原名绍唐，更名威，字竞青，后改字公猛、公孟。绍兴县人。陈仪兄长。父亲陈静斋为上海“正祥盛”绸庄老板，后被日本正经银行聘为买办。青少年时期与徐锡麟过从甚密。1902年入日本早稻田大学攻读经济，并秘密加入光复会。留日期间与鲁迅为同乡挚友，回国后仍与鲁迅保持密切联系。1906年考取丙午科举人，任清政府度支部军饷司科员、清理财政处坐办、邮传部图书局总编纂、大清银行会办。1907年徐锡麟案发，遭到清政府通缉。1912年任国会众议院议员。同年11月任北京政府公债司司长。1913年11月任内务部参事。1914年任财政部钱币司司长。1921年7月任财政部库藏司司长。后任中国银行副总裁、代理总裁，淮北盐运副使，教育部次长等职。1942年5月至1945年2月任国民政府行政院赈济委员会常务委员、江西裕民银行总经理。1951年在上海病故。

**陈省身(1911—2004)**

嘉兴县人。1911年10月28日生于秀水县淡水镇。1922年秀洲中学毕业后到天津。1923年入扶轮中学。1926年毕业后入南开大学数学系。1930年本科毕业，获学士学位。同年入清华大学任助教。1931年开始攻读研究生，师从中国微分几何先驱孙光远教授，研究射影微分几何。1934年毕业，获硕士学位，是中国本土培养的第一名数学专业研究生。同年获中华文化教育基金会奖学金，赴德国汉堡大学学习，师从著名几何学家布拉希开。1936年2月获科学博士学位。同年夏获得中华文化基金会资助，赴法国巴黎，师从埃利·嘉当研究微分几何。1937年回国后任清华大学教授。后因抗战随学校内迁至云南昆明，在北京大学、清华大学、南开大学合组的西南联合大学讲授微分几何。1943年应美国数学家维布伦之邀，到普林斯顿高级研究所工作。此后两年间完成了一生中最重要的工作——证明高维的高斯—博内公式(Gauss-Bonnet Formula)，构造了现今普遍使用的陈类，为整体微分几何奠定了基础。1946年抗战胜利后回到上海，主持中央研究院数学研究所的工作。1948年当选为中央研究院第一届数理组院士。1949年初中研院迁往台湾，应普林斯顿高级研究所所长奥本海默之邀，举家迁往美国，在芝加哥大学接替了E. P. Lane(系孙光远当年在美留学时的导师)教授的职位。1960年受聘为加州大学伯克利分校教授。1961年当选为美国国家科学院院士。1963年至1964年间任美国数学会副主席。1981年在加州大学柏克莱分校筹建以纯粹数学为主的美国国家数学研究所，担任第一任所长。1984年退休后被聘为北京大学、南开大学名誉教授。1985年在南开大学建立南开数学研究所，并担任首任所长。1995年当选为首批中国科学院外籍院士。2004年12月3日在天津去世。是20世纪世界级的几何学家。曾获美国数学学会颁发的肖夫内奖、美国福特总统颁发的美国国家科学奖章、美国数学学会“全体成就”的斯蒂尔奖、以色列总统贺索颁发的沃尔夫数学奖及德国洪堡奖、俄罗斯罗巴切夫斯基数学奖、中国第一届邵逸夫数学科学奖等。2004年11月2日经国际天文学联合会下属的小天体命名委员会讨论通过，1998CS2小行星被命名为“陈省身星”。著有《微分几何的若干论题》、《微分流形》、《复流形》、《整体几何和分析的研究》、《不具位势原理的复流形》、《黎曼流形中的极小子流形》、《微分几何讲义》、《整体微分几何的研究》。

**陈选善(1903—1972)**

字青之，亦作青士。杭县人。早年毕业于北京清华学校(今清华大学)。1923年赴美留学，入俄亥俄州立大学教育系。后入哥伦比亚大学，1926年在哥伦比亚大学获得硕士学位。1928年获得心理学博士学位。回国后先后任国立清华大学教授兼教育系主任，上海圣约翰大学教授，上海大夏大学教授兼教育学院院长，上海市教育局科长、中等教育处处长，上海私立光华大学教务长，中华职业教育社常务理事兼编辑股主任，编辑《教育与职业》月刊。抗战期间在上海公共租界工部局华人教育处工作。1948 年赴美国考察教育。新中国成立后历任教育部视导司副司长、高等师范教育司副司长、高等教育第二司副司长、《人民教育》杂志社副总编辑。担任中国心理学会常务理事，中华职业教育社常务理事，中国民主促进会中央委员。编著有《教育测验》、《教育心理学》、《教育测验讲话》、《教育研究讲话》、《立功异域的张骞和班超》、《中国教育史》，主编有《职业教育之理论与实际》，与人合著有《新教育测验与统计》等。

**陈修良(1907—1998)**

女。原名陈逸仙。鄞县人。1907 年 8 月 19 日生。1921 年考入宁波女子师范(今宁波第二中学)，成为一名预科插班生。1925 年“五卅”运动后因参与领导学生运动，担任学联代表，事后被学校作为“赤色分子”开除。1926 年初到上海，入上海国民大学学习；3 月加入中国社会主义青年团，担任中共早期妇女运动领导人向警予的秘书。由向警予介绍，于 1927 年 5 月加入中国共产党。后受组织派遣，于同年 11 月前往苏联莫斯科中山大学学习。1930 年 7 月回国后先后担任全国海员总工会秘书、《赤海报》编辑。因叛徒出卖，与沙文汉流亡日本。1934 年复回上海与党组织接上关系。1937 年抗日战争爆发后先后任中共华中局党校党委副书记，华中局新华日报社社长，中共华中局南京工作部部长。解放战争时期担任中共南京市委书记。在国民党的“龙潭虎穴”南京，挑起中共地下党市委书记的重担，参与指挥国统区“第二条战线”的斗争。在解放战争进入战略决战阶段，领导中共南京市委先后策动国民党空军、海军、首都警卫部队、江宁要塞、南京大较场机场塔台、431 电台等起义，加速了国民党统治崩溃的进程。新中国成立后任中共南京市委组织部长、市委常委、妇委书记。1950 年 8 月任上海市委基层工作委员会副书记、上海市委组织部副部长。1955 年 2 月调杭州工作，任浙江省委宣传部代理部长。1957 年被打成“极右派”。1977 年被摘去“右派”帽子，先后任浙江省、上海市政协委员。1979 年彻底平反，后调往上海，任上海市政协常委。1983 年 1 月任上海社会科学院党委顾问、研究员。后又被聘为上海社会科学院学术委员会顾问。1998 年 11 月 6 日在上海去世。

**陈叙一(1918—1992)**

原籍浙江定海，生于长沙。1918 年 12 月 27 日生。从小学习英语，中学时代热爱文艺。1943 年开始从事翻译工作，曾根据美国剧作家奥尼尔的《榆树下的情欲》改写成中国话剧《田园恨》。1945 年在黄佐临的指导下，导演话剧《埋头苦干》和《一刹那》。抗战胜利后曾担任张家口人民广播电台顾问。1949 年 5 月上海解放后先后担任上海制片厂翻译片组组长，上海电影译制厂副厂长、厂长。是中国电影家协会第四届理事，第五届名誉理事。翻译有《肖邦的青年时代》、《匹克威克外传》、《偷自行车的人》、《王子复仇记》、《孤星血泪》、《雾都孤儿》、《简・爱》等数十部外国电影剧本。导演的影片有《绑架》、《华沙一条街》、《王子复仇记》、《白痴》、《白夜》、《可尊敬的妓女》等四五十部。1992 年 4 月 24 日去世。

**陈勉修(1912—1989)**

原名敏，以字行。青田县人。银行家。陈诚之弟。中学毕业后考入上海交通大学管理系。毕业后入英国伦敦政经学院攻读货币银行学，获硕士学位。1940 年返国后入“央行”服务，并兼重庆大学教授，同时担任国防最高委员会之经济委员会专门委员，参与经济计划工作。1945 年转任中国农民银行重庆分行经理。国民政府还都南京后调任南京分行经理，并担任南京特别市议会议员。1949 年去台后任台湾土地银行副总经理。次年升总经理，主持“土银”，历时 15 年。发行实物土地债券，对土改推动作用颇大。1960 年兼任台湾省北部工业用地策划小组召集人。1961 年出任新台币发行准备监理委员会主委。1964 年起任台湾银行董事长长达 14 年，同时兼任“中央银行”常务理事、“外贸会”委员。1972 年筹设世华联合商业银行，任筹委会召集人。1976 年调任交通银行董事长，直至 1983 年退休。1979 年参与创办世华联合商业银行，并兼任董事长。1983 年退休后专任世华商银董事。在金融界深具影响，自 1951 年起连任台北市银行公会理事长达 20 余年。1989 年 12 月 15 日去世。

**陈炳吉(1889—1961)**

遂昌县人。1935 年红军挺进师创建浙西南游击根据地时投身革命。积极发动群众打土豪，分田地。同年 9 月国民党军大举“清剿”游击根据地时，接任王村口苏维埃政府主席之职；10 月 8 日被捕。1938 年底成功越狱返乡。1961 年病故。

**陈　洪(1906—1943)**

原名鸿，曾用名陈开、陈非白、陈飞柏等。浦江县人。1924年春考入浙江省立第四中学(宁波)学习。同年夏加入中国共产主义青年团。1925年春与华岗(华少峰)一起组织省立第四中学学生自治会，并被推举为宁波学生联合会代表；6月参加中国共产党发动的宁波各界"五卅"惨案后援会，带领同学罢课和示威游行；8月转为中国共产党党员；9月中共宁波支联成立，负责宣传；10月任中共宁波地委委员兼职工运动委员会书记。1926年冬调上海学习。1927年任吴淞工会联合会主任。在中央特别行动委员会领导下参与上海工人第三次武装起义。1927年"四一二"反革命政变后被判刑六个月。出狱后历任中共无锡县委书记，无锡中心县委书记，上海浦东区委书记，京沪特委常委、组织部长、代理书记，沪中区委书记。1930年4月在上海再次被捕，囚于南京中央军人监狱，判刑九年又11个月。因领导狱中斗争，策划暴动未成，加刑10年。1937年国共合作抗日后获释至延安，进中央党校学习，后在中华全国总工会工作。1938年8月调皖南新四军工作，先后任教导总队五队指导员、中共苏南特委委员兼组织部长、第五保安司令部政治委员和丹南中心县委书记。1943年春调浙东工作，任中共四明地委书记；9月兼四明自卫总队政治委员；11月26日夜间在浙东第二次反顽自卫战中率指挥部转移，在余姚紫龙庙山麓与浙江保安团田岫山部的遭遇战中牺牲。

**陈洪道(1880—?)**

字演九。温岭县人。早年毕业于法律学校。清末曾任广西永福县知县，梧州府、桂林府地方审判厅厅长，广西省高等审判厅厅丞。1912年中华民国成立后任浙江省法院院长，浙江省都督府秘书长。同年11月当选为中华民国第一届国会参议院议员。1914年初国会被袁世凯非法解散后回老家闲居。1916年夏国会第一次恢复，回北京继续任参议员。1917年7月国会被黎元洪总统宣布解散后南下广州，拥护孙中山发起的护法运动，任广州非常国会参议员。后不详。

**陈素农(1900—1983)**

号叔龙。永嘉县人。1900年8月4日生。早年就读于温州乐育学校，1913年毕业。同年秋考入浙江省立第十师范学校学习。1918年夏毕业后留校任附属小学教师。1925年入黄埔陆军军官学校第三期。1926年1月毕业；2月起先后任福安、宝璧、江汉三舰舰长。1927年3月辞舰长职返乡小住，旋赴南京任国民革命军总司令部副官处上尉副官，后任南京警卫总司令部特务营少校营长，第二十师政治部中校秘书。政治部撤销后回南京任中央陆军军官学校训练班少校区队长。1928年冬入陆军大学正则班第九期深造。1931年10月毕业后任国民革命军第一师中校参谋。1932年夏任武汉干部训练班上校教务主任。同年冬起先后任陆军八十八师上校参谋主任、第五二四团团长、第二六二旅副旅长。1935年入川，再任第五二四团团长。1937年抗日战争爆发后任第八十八师少将参谋长，参加淞沪会战。后因病赴武汉休养，旋任中央军校高级班教官。1938年夏任第七十一军少将参谋长，参加克服兰封、争夺富金山、固守小界岭和商城突围诸战役，因作战有功升任预备第八师中将师长。1939年8月开赴晋东南敌后率部由河南渑池渡过黄河入中条山，开展敌后战斗。1940年东进太行山区，在敌后坚持抗战。1942年5月调成都中央军校任教育处长。1944年7月任陆军第九十七军军长；9月奉命率军赴黔桂边区作战；11月率军至广西北南丹布防，阻止日军由贵州进攻重庆，坚守七昼夜，终因南丹失守，所部被日军击溃，免军长职。抗战胜利后至上海。1946年冬应西北行营主任张治中之邀，赴迪化(今乌鲁木齐市)任新疆警备司令。1947年当选为国大候补代表。1948年8月任汉口陆军军官训练班主任。1949年2月随班迁广东花县，秋迁海南岛；12月辞主任职，到香港隐居。1951年7月去台湾，任台湾保警第二总队顾问。1972年补"国大代表"，并兼"光复大陆设计研究委员会"委员等。1983年3月21日在台北县新店市病故。著有《大军统帅学》。

**陈栖霞(1901—1976)**

又名遇仁。青田县人。1930年考入昆明的云南航空学校第一期，毕业后被派往上海航空队。1932年赴巴黎航空学校深造。1934年任杭州笕桥航空学校飞行教官。1937年任空军第六大队大队长。"七七"事变后任空军第三路司令。1938年参加台儿庄战役，击落敌机一架。1940年任昆明航校教育处副处长。1941年任航空委员会航空处处长，后任衢州航空站站长。1943年任航空联络处参谋。1945年抗日战争胜利后退役回原籍。曾秘密支持中共浙南地下党的革命活动。1950年出席青田县第一届各界人民代表会议。后被划为地主，以历史反革命罪送苏北农场劳动改造五年。1960年底被聘为浙江人民政府参事室参事。

**陈振汉(1912—2008)**

诸暨县人。经济学家。1935年毕业于南开大学经济系。同年考取清华大学庚款留美公费生。次年入哈佛大学研究生院攻读经济史学。1940年获该校哲学博士学位。同年回国后任南开大学经济研究所及中央大学两校教授。1946年秋任北京大学经济系教授,直至退休。50年代初曾参加《毛泽东选集》英译,代理北京大学经济系主任,并兼任中国科学院经济研究所研究员及《经济研究》编委等职。1981年至1982年应聘任联邦德国西柏林自由大学客座教授。1982年任中国经济史博士生导师。著有《美国棉纺织工业劳动生产率和成本的地区差别,1880—1910》(英文)、《明末清初中国的农业劳动生产率、地租和土地集中》、《技术引进和晚清的新式军用工业》、《熊彼特与经济史学》、《清朝政府与中国国民经济,1644—1911》(德文)、《〈清实录〉的经济史料价值》、《我国历史上国民经济的发达和落后及其原因》及《工业区位理论》(与厉以宁合著)等,此外还参与编辑《〈清实录〉经济史资料》(500万字)等。

**陈振章(1911—1940)**

杭县人。早年曾任杭州《东南日报》记者,后赴上海任《上海晨报》编辑。不久转入《辛报》任职。1939年入《大美晚报》任国际新闻版编辑。1940年7月被日伪特务机关列入暗杀名单。同年8月19日在寓所附近遇刺,三天后身亡。

**陈哲生(1899—1994)**

新昌县人。1899年1月12日生。在新昌读完中学后于1920年冬赴法国勤工俭学,在法国塞法文补习学校学习一年。1922年秋考入巴黎大学理学院。1923年转入该校应用化学院,专攻化学。1927年获得化学学士学位。后进入巴士德学院攻读博士学位。1928年初因父亲病重辍学回国。不久应聘至上海法政学院任教。同年秋任国立中央大学工学院化学系副教授,并兼中央陆军军官学校化学教官。1930年任南京国民政府军政部兵工署理化研究室上校研究员。1934年任监察科科长。1936年奉派至南昌建造火药厂。1937年奉令到湖北宜昌设立办事处,主持各种军工器材的抢运。1940年10月任重庆第二十兵工厂少将厂长。1945年抗日战争胜利后兼任兵工署驻川办事处主任。1949年1月任国防部联勤总司令部重庆指挥所兵工组长,负责西南地区国民党军的军械补给;7月任兵工署少将副署长;12月离开大陆飞香港。1951年去台湾,历任台湾省政府生产管理委员会委员,"联勤总司令部"兵工研究室少将研究员,"联勤总司令部"生产署副署长。1956年赴日本考察工业。1958年赴美国考察兵工及导弹设施。1961年奉令赴南越,协助南越政权建立子弹厂,并被聘为兵器顾问。1965年退役。1994年7月6日在台北去世。

**陈挽澜(1887—1917)**

又名楣、沅,原名师敏,后改名挽澜,意为"力挽狂澜"。绍兴县人。陈伯平妹妹。擅长书画诗文,被誉为"才女"。由陈伯平引见,结识秋瑾,并由秋瑾介绍,加入光复会。1906年应秋瑾邀请前往上海协办《中国女报》,致力于妇女解放运动和革命工作。皖浙起义失败后避走外地。1911年参加光复杭州和上海之役,并参加女子北伐队,担任救护工作。中华民国成立后随夫到广州铁路医院工作。著有《先兄陈公伯萍行状》以及《女英雄独立传》等。

**陈铁君(1917—1961)**

曾用名陈子良。平阳县人。1932年入瓯海中学,半年后转入杭州安定中学。后离校回乡。1933年考入南京国民党军政部学兵队。同年冬到福建第十九路军翁照垣部任见习排长,参加"闽变",失败后离队。1934年参加中国工农红军。土地革命时期历任平阳县游击队队长,浙南独立团团长,闽浙军区副司令员兼参谋长,闽浙抗日游击总队副司令员兼参谋长。同年10月中央红军主力长征后坚持闽浙边三年游击战争。1937年加入中国共产党。抗日战争时期历任新四军军部教导队教员、第二科科长,新四军第一师二旅副参谋长,新四军第一纵队参谋长。1945年抗日战争胜利后历任华东军政大学教育长,华东野战军山东兵团副参谋长,第七兵团副参谋长,第十兵团兼福建军区副参谋长。新中国成立后历任中央军委训练部处长、副局长,训练总监部计划监察部副部长。1955年被授予少将军衔。曾获二级八一勋章、二级独立自由勋章、一级解放勋章。1961年10月23日在北京病故。

**陈颂文(1900—?)**

号扶民。上虞县人。早年先后毕业于黄埔军校第四期政治科、中央军校高等教育班第三期。历任国民革命军排长、副连长,军政部副官,福建省政府主席陈仪的中校副官,福建省保安第三旅八团上校团长,第二十五集团军兵站分监部科长、少将分监。1946年奉命去台湾,任台湾行政长官公署交通处专门委员。1947年台湾"二·二八"事变发生之后撤回大陆,先后任浙江江山县、余姚县县长。1949年去台湾。

**陈祥兴(1910—1993)**

宁波人。著名电影剪辑师。一生主要从事影片的剪辑,洗印工作。1924年入上海新人影片公司当学徒,苦学五年,终于使用手摇十六格摄影机拍摄了《父子英雄》、《明末奇侠》等无声片。1929年转入天一影片公司,开始专业洗印工作。1932年与吴蔚云等人完成了中国第一部五彩影片。1934年进入电通影业公司,负责剪辑洗印了《桃李劫》、《风云儿女》、《都市风光》等影片。1935年在新华、联华剪辑了《长恨歌》、《自由天地》等影片。1937年到1949年剪辑了《王老五》、《幸福狂想曲》、《天堂春梦》等多部影片。新中国成立后任上海电影制片厂剪辑师,并曾担任海燕厂剪辑组组长、厂艺术委员会委员。陆续完成剪辑《南征北战》、《牧童投军》、《老兵新传》、《红楼梦》、《失去记忆的人》、《曙光(上下)》等影片的剪辑。从影后为近300部影片剪辑,为中国电影立下汗马功劳,被业内人士尊称为"老技师"。

**陈望道(1890—1977)**

原名陈参一,笔名齐明、望道、雪帆。义乌县人。早年曾就读于绣湖小学、金华中学、之江大学。1915年留学日本,先后在早稻田大学、东洋大学、中央大学学习文学、哲学、法律,获法学学士学位。1919年回国后任杭州第一师范学校语文教员,积极支持新文化运动,实行语文教育革新,提倡白话文,与守旧势力进行斗争。年底返回故乡,翻译《共产党宣言》,次年出版,为我国第一个全译本。1920年任《新青年》编辑,并参与成立上海共产主义小组。1920年至1923年在《民国日报》副刊《觉悟》和自己主编的副刊《妇女评论》上发表许多宣传新思想、新道德,提倡新文学、白话文,倡导妇女解放和主张社会改革的文章。同时努力介绍国外的新兴文艺理论,译有《艺术简论》、《苏俄文学理论》、《艺术社会学》等。同期任教于复旦大学。1923年至1927年兼任上海大学中文系主任、教务长、代理校务主任。1927年任复旦大学中文系主任。1928年创办大江书铺,出版、宣传革命文艺理论。1933年任安徽大学教授。1934年与沈雁冰、胡愈之、叶圣陶等人发起"大众语运动",同时主编《太白》半月刊,刊载讽刺和揭露黑暗现实的杂文。1935年任广西大学中文科主任。1940年赴重庆,继续在复旦大学任教。新中国成立后历任中国科学院哲学社会科学部委员、华东高教局局长、复旦大学校长、全国人大常委、全国政协常委、《辞海》主编。译著有《共产党宣言》、《美学概论》、《艺术简论》等。

**陈　闾(1882—?)**

字季侃。诸暨县人。1902年补行庚子辛丑恩正并科举人。清末曾任民政部郎中等职。1917年11月至1921年10月任甘肃省兰山道道尹。1920年12月至1921年10月任甘肃省省长。1925年应孙传芳的邀请,担任苏、浙、皖、赣、闽五省联军总司令部秘书长。在甘肃任职期间收购了大批敦煌写经。这些珍贵收藏品现在保存在浙江图书馆、浙江博物馆以及上海图书馆等地。

**陈　涓(1917—1991)**

女。原名陈丽涓。鄞县人。1917年1月16日生。早年就读于上海中国戏剧学校和民治新闻专科学校。1939年毕业后在中法戏剧学校任教。1947年在上海苏商时代报社任助理编辑。先后在上海电影制片厂译制片组和上海电影译制厂担任俄语翻译。翻译有《乡村女教师》、《团的儿子》、《列宁在1918》、《牛虻》、《安娜·卡列尼娜》、《第十二夜》、《第四十一》、《彼得堡的伞》、《钢铁是怎样炼成的》和《第六纵队》等60多部外国影片。曾获文化部1949年至1955年优秀影片奖的个人奖。1991年8月24日去世。

**陈梦家(1911—1966)**

上虞县人。1911年4月20日生于南京。1927年考入国立中山第四大学(后改为中央大学)法律系,开始新诗创作,很快在《新月》月刊发表作品,为新月派诗人。1931年与徐志摩、方玮德编辑出版《诗刊》。出版新诗集《梦家诗集》、《铁马集》等,系早期著名新诗人。1932年大学本科毕业。1934年入燕京大学从容庚教授攻读古文字学,此后专事古文字学和考古学的研究,并曾在燕京大学、西南联合大学任教。1944年赴美国芝加哥大学讲授古文字学。倾心看戏评剧,认识魏喜奎、筱白玉霜、常香玉、马金凤等明星名角。新中国成立后历任中国科学院考古研究所研究员、《考古学报》编委和《考古通讯》副主编等职。1957年发表《慎重一点"改革"汉字》和《关于汉字的前途》,不赞成废除繁体字实行简化字,以及实行汉字拉丁化,被打成右派,定性为"章罗联盟反对文字改革的急先锋"。"文革"中受迫害,1966年8月24日服安眠药自杀未果。同年9月3日含冤去世。著有《殷虚卜辞综述》、《老子今释》、《海外中国铜器图录考释第一集》、《尚书通论》、《美帝国主义劫掠的我国殷周铜器集录》,在考古学研究领域具有卓越成就。其妻赵萝蕤,为翻译家和比较文学家。

**陈梦熊(1882—1910)**

一名粹，字蕼新，或简称为乃新，一字耐辛。乐清县人。1903年与冯豹前往上海，与敖嘉熊过从甚密。1904年与冯豹到处州开展革命活动，协助敖嘉熊筹办嘉兴温台处会馆，并出任执事员。后加入光复会。1905年温台处会馆停办后与冯豹返回乐清，在虹桥组织公众演说支会，公开举行演说会，散发传单，宣传抵制美货。1906年3月与李靖民和周品超借乐清白鹤寺创办僧民学校，邀请月空和尚(俗名黄飞龙)任校长。同年4月又在虹桥陈宅创办明强女学，为乐清最早一所女子学校，由妻子任世英任教，自任监督。同时在明强女学散发《新山歌》，演说革命，宣传反清思想。后因《新山歌》而起的《新山歌》案成为清末轰动一时大案。皖浙起义失败后避往印尼泗水埠，出任中华学校教员，向华侨宣传革命，继续鼓吹民主革命，并筹款汇交黄飞龙发动武装起义。1910年8月在泗水病故。

**陈惟俭(1883—1951)**

字惟俭，号廉斋，以字行。平湖县人。1890年入芦川书院读书。1897年与人合作创办嘉兴地区第一份报纸——《平湖白话报》，任经理，日出一小张。时值戊戌政变，《平湖白话报》因鼓吹革命，遭劣绅忌恨，控告于清吏，报馆被捣毁，并查封。后毕业于广西陆军讲武堂步科，毕业后又去日本东京政治大学政治经济科留学。1912年加入同盟会。曾任浙江省会警察厅督察长。1926年3月6日被推举为国民党浙江省党部执行委员。1930年11月4日任国民政府内政部警政司司长。1931年5月30日被免职。1939年1月23日派任江苏省第七区行政督察专员兼保安司令。1940年3月4日调任江苏省第三区行政督察专员兼保安司令；10月30日去职。抗战胜利后当选为上海市参议员。

**陈铭珊(1916—2003)**

萧山县人。知名工商业者、社会活动家。1930年进上海南洋药房当学徒，后任襄理、副经理。1935年至1937年在上海雷士德工学院肄业。1939年任万国药房副经理。早在学生时代就积极参加"五卅"惨案募捐和济南惨案演说等活动。抗战期间秘密为新四军提供药品，支援抗日斗争。1942年起任上海信谊药厂副经理，后任董事、经理。1947年任上海市新药商业同业公会理事、第三区制药工业同业公会理事、上海市化妆品同业公会候补理事。上海解放后被推选为上海市工商业联合会筹备会委员。1951年起当选为上海市工商业联合会第一至第五届常务委员。1952年任信谊药厂董事长兼总经理。1954年7月任公私合营信谊药厂厂长。1956年2月率上海工商青年代表团出席全国工商界青年积极分子大会。"文革"中受冲击。1979年任上海市工商界爱国建设公司常务董事。1981年12月兼任上海市工商联第六届副主任委员。1997年8月任爱建股份有限公司董事长。历任上海市青年联合会副主席，民建上海市委秘书长、副主任委员，第七、第八届民建上海市委主任委员，上海市政协委员、常务委员，第七届上海市政协副主席。1993年2月被选为第十届上海市人大常务委员会副主任，第五、第六届中国民主建国会中央委员会副主席，第五至第八届全国政协委员，第七、第八届全国政协常务委员。2003年7月21日去世。

**陈逸风(生卒年不详)**

新昌县人。1929年任国民革命军第九师经理处处长。1935年11月至1939年3月任福建省第三区行政督察专员兼龙岩县县长。1936年6月起兼第三区保安司令。1939年12月至1943年10月任福建省第七区行政督察专员兼保安司令。1943年10月至1944年1月任福建省第五区行政督察专员兼保安司令。

**陈章鹏(1926—　)**

鄞县人。1926年12月30日生。上海大同大学土木系毕业后获联合国技协奖补金资助前往日本、加拿大研究水资源开发及多目标计划规划。后去台湾，历任台湾省立台南高等工业专科学校土木科主任、"经济部水资源委员会"简任工程师兼计划组组长、成功大学兼任讲师、明新工专兼任副教授、水利名词修订委员会主任委员、"中华顾问工程师"，水及环境工程部经理兼资料中心经理。著有《河工学》、《钢筋混凝土》、《营造业与营造法规》、《防洪八讲》、《堆石坝浅说》、《土木施工学》，主编有《水工名词修订本》等。

**陈清琤(1905—1983)**

鄞县人。1920年到上海均昌钱庄当学徒。1935年在浙江平湖宏源钱庄任会计。1937年在上海开设三益花行。1939年任上海九丰花行、新丰棉号经理，后又开设华明贸易公司，并在香港设立连号。1947年迁居香港。1949年4月上海解放前夕又返沪。1952年在上海光中染织厂、仁余布厂分别投资20万元和4万元，扶助工厂发展生产，任上海市地方工业处公私合营厂管理委员会副主任。1954年任光中染织厂副厂长。1957年邀集工商界人士集资

10 万元创建群建中学。曾任上海市工商联执行委员，上海市第四届人大代表，民主建国会上海市委常委，民建第二届中央委员等。

**陈维清(1912—　)**

女。曾用名陈蔚卿、夏甬。鄞县人。1912 年 5 月生。1934 年任上海基督教劳工部女青年会女工夜校教员。1935 年加入中国共产党。1938 年转汉口基督教女青年会劳工部女工夜校教书，并任汉口基督教女青年会战时服务团中共党支部书记、团长，辗转于汉口、长沙、衡阳、桂林等地从事抗日救亡运动。1941 年先后在重庆八路军办事处、中共南方局组织部工作。同年到延安，参加延安整风运动。1943 年进入中共中央党校学习。1945 年任中共吉林省长春市区委书记。1946 年在吉林省磐石县、延吉县、龙县等地参加土地改革运动。1948 年任中共吉林省吉林市委委员、妇女委员会书记，后调中央妇女委员会工作。1949 年任中共湖南省衡阳市委会委员、衡阳市首任副市长，后任中央衡阳市检察室主任、妇女主任。1953 年调外交部，后随其丈夫、驻捷克共和国大使曹瑛同驻捷克，任使馆参赞等职。从捷克回国后任职于第二轻工部。

**陈　琪(1878—1925)**

字兰薰。青田县人。1896 年中秀才。1897 年考入江南陆师学堂。1901 年毕业后受两江总督刘坤一奏保为候选同知，并受委派赴日本参观野战演习。1903 年任湖南武备学堂监督兼教导队官带。1904 年被委派参加美国圣路易万国博览会，负责陈列湖南赛品，并调查实业。博览会结束后取道欧洲，赴德国考察陆军。此次出国历时一年，先后游历了日、美、英、法、德、俄、奥、意、葡、西、比、土等国，考察各国的山川风土、农工商矿业以及政治、军事等各方面的情况。对博览会促进“农工商务繁盛”深有体会，第一次出游归国后在《拟陈湘省工业次第兴办事宜稿》中提出要在国内召开博览会，倡导“实业救国”。1905 年以参赞身份随五大臣出国考察，与端方等至日本、美国、英国、法国、德国、奥地利、俄罗斯、意大利、丹麦、瑞典、挪威等国。1906 年 7 月回上海。同年受端方奏保为道员，总办两江总督督练公所、江宁公园办事处，创办《南洋兵事杂志》。1908 年向端方上《请开内国博览会禀》。同年任南洋劝业会坐办，负责策划、组织中国第一次全国性博览会——南洋劝业会。1910 年正式举办南洋劝业会，即江苏南京的南洋劝业会。盛况空前的博览会吸引了日本、美国、德国等国实业界均组团参加。1911 年任奉天交涉使会办兼奉天劝业道，提出《东三省实业进行意见书》、《筹办缫丝工厂草案》、《东三省林业意见书》、《权告奉天矿业界》等，成立奉天农工商进行研究会，广泛组建劝业共进会。1912 年 3 月中华民国政府接到美国政府关于 1915 年举办巴拿马博览会的通告；次年 5 月决定由工商部负责筹备有关事宜，随即被任命为赴美赛会监督兼筹备巴拿马赛会事务局局长，任职三年。中国参赛产品来自 19 省，共 10 余万种，获大奖章、名誉奖和金牌、银牌、奖词共计 1218 枚(张)，参赛品种与获奖数均列各国之首。1917 年迁居上海。1918 年当选为浙江省议会副议长。1921 年任上海总商会商品陈列所顾问。1924 年冬到重庆。1925 年 5 月东归经九江，病故，归葬上海周家桥。著有《环游日记》、《新大陆圣路易博览会游记》、《中国参与巴拿马太平洋博览会纪实》等。

**陈　琪(1897—1971)**

字凹居。诸暨县人。早年在本县读完初级小学。1919 年初入浙军服役。1924 年 11 月黄埔军校第一期毕业。历任军校教导团排长，军校第三、第四期区队附，国民革命军第一军第一师连长、营长，第二军独立旅团长、旅长。1931 年任军事委员会委员长侍从室参谋。1933 年 9 月任第八十师师长。1935 年 4 月 13 日被授予陆军少将军衔。1936 年 10 月 5 日被授予陆军中将。1937 年 8 月任第二军第八十师师长。1938 年 9 月任第一〇〇军军长。1942 年 6 月因作战失利、失守福州被撤职逮捕。1945 年抗战胜利后释放经商。新中国成立后在宁波办私营银行。1971 年在山东济南病故。

**陈　瑛(1885—1941)**

字蕙薰，号蕙生、惠生。青田县人。陈琪胞弟。晚清秀才。1902 年入南京江南陆师学堂学习。毕业后留学奥地利维也纳新城步兵专门学校，获硕士学位。留学八年，掌握多种外语。回国后先后辅助东北三省总督赵尔巽与奉系军阀首领张作霖，先后任奉天督军署参谋、东三省陆军测量局总局长、东三省巡阅使署军学处处长兼参议、镇威军总司令部参谋长、东三省保安总司令部参谋主任、安国军大元帅府高级军事顾问。张作霖被炸死后担任少帅张学良的德语家庭教师，并为张学良讲授军事知识。后长期担任东北军参谋主任、参谋长等职。

**陈彭年(1900—1976)**

绍兴县人。1900 年 3 月 1 日生。1919 年毕业于上海南洋大学(今交通大学)。同年赴法国勤工俭学。先在法国纸厂做工，1921 年后入法国葛朗拿布大学造纸科学习。1924年11月毕业后回国。到江苏镇江创建芦苇纸浆厂，首创用芦苇制商品纸浆。1930年任上海江南造纸厂厂长。1938年任重庆国民党政府经济部工矿调整处专门委员。1941年任成都建国造纸厂(今成都第四纸厂)厂长兼总工程师，并协助铜梁纸厂生产。1943年协助湖南邵阳纸厂建厂。1944年任重庆国民党政府战时生产局简任技正。抗日战争胜利后返回上海，先后任上海江南造纸厂厂长及大中华造纸厂总工程师，研究成功用国产原料和设备制造钞票印刷纸，并领导技术人员设计制造了长网造纸机。新中国建立后历任轻工业部造纸局总工程师，轻工业部技术委员会委员，中国造纸学会第一届理事会副理事长，第一届全国政协委员，第二、第三届全国人大代表。50年代初负责主持试制和生产了中国第一批带有水印的钞票纸，具有重要的政治和经济意义。在第三个五年计划期间主持试制成功薄型纸，满足了宣传、介绍新中国情况的《人民画报》、《中国建设》等刊物的需要。注重向青年技术人员传授自己的实践经验和知识。曾举办过多次专业讲座，先后兼任上海沪江大学造纸专业和轻工业部造纸专业学校教师，培养了大批造纸专业人才。1976年11月18日在北京去世。

**陈葆馥(1882—1971)**

鄞县人。1895年只身赴沪谋生。1918年在上海闸北创办勤业文具股份有限公司。先试制毛笔原纸，继试制铁笔蜡纸，几经挫折，资金耗尽，再招股集资将工厂移至上海浦东张家浜继续经营。聘上海英商洋行化学师韩祖康研制涂料配方获得成功。1922年从日商购进蜡纸纸坯，制成“风筝牌”铁笔蜡纸，质地优良。1923年在新加坡马婆展览会上获国际级荣誉奖。1929年西湖国际博览会上再获荣誉奖。“九一八”事变，全国人民抵制日货，纸坯原料断绝，公司再招股集资5000元，在桐庐桐君山麓建勤业蜡纸厂，用国产原料生产铁笔蜡纸，质优价廉，远胜日本“崛井牌”铁笔蜡纸。1938年将工厂迁至衢县官碓，获快速发展，两年后年产蜡纸达20.6万标准筒。1942年厂址迁至江心沙洲，年产蜡纸21.6万筒。抗日战争胜利后在杭州九溪徐村设分厂，并赴香港、新加坡、台湾等国家和地区考察。1954年上海勤业文具厂并入衢州勤业文具公司。1955年企业实行公私合营。

**陈惠夫(1914—1983)**

名祖和，字惠夫，以字行。吴兴县人。1914年生于上海。陈其美次子。金陵大学文学院学士。陈其美遇难后一直得到盟叔蒋介石的关照，迁居南京。1937年抗战爆发后移居重庆，后由蒋介石安排，随另一位盟叔、贵州省政府主席吴鼎昌去贵阳，在贵州省政府任视察等职。1946年5月至8月任贵州省第六区行政督察专员兼保安司令。同年调至交通银行任职。1947年兼任国民政府全国经济委员会专门委员。1949年去台湾，历任交通银行董事兼总经理、副董事长，“中国纺织公司”董事长，“中华票券金融公司”董事长，台北市票券金融事业协会理事长。1981年4月当选为国民党第十二届中央评议委员。

**陈　辉(1887—1966)**

字光甫。上虞县人。早年毕业于北洋陆军军医学堂，后赴美国留学，毕业于哈佛大学热带病学院。毕业回国后历任民政部医院医官，禁卫军训练处科员，浙江都督府科员，浙江省民政司卫生课课长，北京陆军军医学校教官，卫戍司令部医务科长，中华民国临时执政府医官，北京陆军大学医务教官，北洋政府防疫处顾问。1928年秋任南京中央军校军医处长，后任陆军军医学校医务主任、教育长、副校长。1930年12月任军事委员会军政部陆军军医学校少将校长。1932年7月至1934年3月任军政部陆军署军医司司长。1935年1月任军政部军医监。1938年7月5日至1941年4月11日任军政部军医署副署长。1946年7月任国防部国医总监。同年底退役。新中国成立后任上海浙绍医院、中国银行、人民银行医师。1966年2月在上海去世。

**陈景烈(1885—?)**

字致虞。早年毕业于日本宪兵学校。回国后进入南京国民政府军政部，任兵工署署长秘书。1929年12月至1930年1月任军政部陆军署军法司司长。1932年10月至1934年2月任军政部参事。1934年随新任福建省政府主席陈仪到福州，初任福建省政府总参议兼民政厅秘书主任。1935年至1941年8月任福建省政府秘书长。期间1938年3月至1941年8月任福建省政府委员兼秘书长。1942年7月至1943年9月任甘肃省政府委员。1942年12月起兼任甘肃省政府秘书长。1945年抗日战争胜利后任浙江省特种刑事法庭庭长。

**陈　嵘(1888—1971)**

字宗一。祖籍福建漳州，1888年3月2日生于浙江安吉县。16岁进入附近的致用学堂，一年后转到平阳县立高等学堂继续学习。1906

年东渡日本求学，先进入预备学校学习日语，后考入东京弘文书院预科。1909年考入北海道帝国大学森林科学习。1913年毕业，旋即回国，受聘于浙江省立甲种农业学校担任校长。1915年应江苏省立第一农业学校之聘，任林科主任。1923年赴美国留学，在哈佛大学得到树木分类学家沙坚德、杰克、雷德和威尔逊诸教授的热心指导，在安诺德树木园专攻树木学。1924年获得科学硕士学位，接着又到德国德累斯登的萨克逊林学院进修一年。1925年学成归国后受聘担任金陵大学森林系教授，以后兼系主任。1952年院系调整，该系与南京大学(原中央大学)森林系筹备合并建立南京林学院，任筹委会主任。同年秋被任命为林业部林业科学研究所所长，从此一直在该所工作。同时兼任中国林学会副理事长，代理事长以及该会主办的学术刊物《林业科学》主编等职。1960年当选为中国人民政治协商会议第三届委员。"文革"期间遭受迫害，于1971年1月10日病故。著有《造林学概要》、《中国树木分类学》、《造林学本论》、《造林学各论》和《造林学特论》等，被公认为中国树木分类学的奠基人。

**陈舜钦(1911—2006)**

字介平，号中和。三门县人。1921年入宁海维新学校，后相继就读于浙江省立第六中学、定海公学。1927年春考入黄埔军校六期，后至军委会政训班一期、军校高教班二期受训。毕业后历任排长、少校营长。1932年春到军事委员会政训处任中校。1934年后历任闽保干训所总教官、江苏军训会中校组长兼军事委员会政训处上校设计委员。1942年春起历任少将副师长兼政治部主任，第三十一集团军第八十五军代师长，京沪杭警备总部第五纵队少将司令。1949年撤退到浙江沿海岛屿，后撤退到台湾。历任一江山岛地区司令部参谋长，"国防部"第三十五纵队司令。1990年5月初与在台的黄埔同学邓文仪等首先组团访问北京，受到徐向前、聂荣臻元帅的接见。1991年元旦在台共同发起成立"中华黄埔四海同心会"(简称黄埔会)，任黄埔四海同心会常务执行委员、副会长，致力于发扬黄埔精神，促进祖国和平统一。

**陈善鸣(1922—　)**

诸暨县人。1922年2月14日生。1944年毕业于国立浙江大学化工系。历任粮食部农业化工厂技士，四川资中酒精厂工程师，联勤总部第三汽车厂(沈阳)技正兼主任。1949年初随厂迁往台湾，重建蓄电池厂。1951年转入工矿公司工作。1956年调台湾肥料公司工作。1960年任台湾"外贸会"稽核及研究员。1969年被聘为台湾塑胶关系企业总工程师，并先后兼任台湾中原理工学院、明志工专教授，"中国文化学院"化工系教授兼系主任，辅仁大学化学系教授。著有《台湾化学工业发展与贸易》、《石油化学工业概论》(英文)、《台湾石油化学工业上中下游发展配合问题之研讨》等。

**陈道隆(1903—1973)**

字芝宇。杭县人。早年就读于杭州师范学校，14岁考入浙江中医专门学校，19岁毕业考试荣登榜首。按学校规定，毕业考试第一名者委以学校附属中医院院长，并授予校政监督。1924年在杭州开业，师事名老中医黄香岩。1937年日军侵占杭城后避居上海行医。新中国成立后先后被聘为广慈医院和华东医院特约中医顾问。1958年开始与广慈医院著名内分泌专家邝安堃合作，探究运用中西两法治疗内分泌疾病。医著有《陈道隆医案》，另有与学生合著的《内科临证录》。

**陈　焯(1892—1950)**

字空如。奉化县人。1916年12月毕业于保定陆军军官学校第三期炮科，先后在浙军、粤军中任下级军官。1918年任援闽浙军总司令部少校副官及独立第二旅团附。同年兼任浙江讲武堂教官。1920年任浙军营长。1923年5月南下广州，任孙中山大元帅府中校参谋。1924年任黄埔军校军事学科教官兼长洲要塞司令部参谋长。1925年任国民革命第一军参谋长。参加第一、第二次东征。1926年6月任国民革命军总司令参谋处长。1927年3月任国民革命军总司令军务处长；10月后任第二十六军副军长、代理军长、军长。1928年2月7日被推选为南京国民政府军事委员会委员；8月13日任第一集团军第六师师长。1932年4月任军事委员会第二厅铨叙事务处处长；9月26日任参谋本部第二厅副厅长。1933年2月任首都警察厅厅长。1935年12月任国民政府参谋本部总务厅厅长。1936年1月被国民政府授予陆军中将军衔。1937年下半年至1938年8月任军事委员会调查统计局(简称军统)副局长，后任军事委员会新闻检查局局长。1945年5月当选为国民党第六届候补中央监察委员；9月4日任北平特别市警察局局长。1947年7月22日免去北平市警察局局长，调回南京，在国防部任职。1949年弃官经商。1950年在宁波被人民政府镇压。

**陈裕光(1893—1989)**

字景唐。原籍鄞县，1893年3

月7日生于江苏南京。1905年入南京汇文书院附属中学学习。1911年毕业后考入私立金陵大学化学系，1915年毕业。1916年赴美国留学，入美国哥伦比亚大学攻读有机化学，1922年获博士学位。1923年至1925年任国立北京师范大学教授、理化系主任、教务长、评议会主席，两度代理校长。1925年至1927年任金陵大学教授。1927年开始担任私立金陵大学校长，至1950年为止。1932年8月中国化学会成立，当选为该会第一至第四届理事会会长。1937年抗日战争爆发后随金陵大学迁移至四川成都的华西坝。1938年6月被选任国民参政会第一届参政员。1939年9月被聘为三民主义青年团中央监事会监事。1940年12月被选任国民参政会第二届参政员。1942年7月被选任国民参政会第三届参政员。1944年应美国国务院邀请，随中国教育代表团赴美考察。1945年被美国加州大学授予名誉教育博士称号。同年4月被选任国民参政会第四届参政员。1946年3月当选为南京市参议会议长。1948年春以国大代表的身份出席"行宪"国民大会，并当选为大会主席团主席。新中国成立后继续担任私立金陵大学校长。1950年10月至1951年2月在华东革命大学政治研究院学习。结业后历任华东教育部图书仪器清理处主任，上海私营工商贸易行化学顾问，上海轻工业研究所化学顾问、翻译，南京大学校务委员会顾问。1989年4月19日在南京去世。

**陈登原(1899—1975)**

原名登元，字伯瀛。余姚县人。南京东南大学毕业后兼教于宁波商校、效实中学，后应聘上海世界书局苏州编译所，任教产书编辑。1930年后复施教，历任南京金陵大学讲师和杭州之江大学、广州中山大学教授。1950年起任西安西北大学教授，直至退休。是著名历史学家和教育家。著有《中国文化史》、《中国田赋史》、《古今典籍聚散考》、《国史旧闻》等。

**陈楚材(生卒年不详)**

玉环县人。航运商。出身贫寒，青年时得人资助，租船经营玉环至宁波的航运，不久自置金益号。1921年创设瑞平轮船公司，以瑞平轮经营平阳、瑞安至上海货客业务，以后又购置新瑞平、金同益、金三益、金永益等船只，将航线拓展至福建，并在福州、温州设立分公司。抗战爆发后瑞平公司改名为美利公司，委托葡萄牙航海公司继续经营。但所属船只仍遭日军袭击，有的触雷沉没。抗战胜利后船舶又多遭损失，一生惨淡经营颇有规模的航运业至新中国成立前夕结束。

**陈楚青(1891—1914)**

名炯，字楚青(楚卿)，号斯乔。嵊县人。幼年进学，聪颖刚强，见识不凡。青年时就读于浙江武备学堂，参加光复会，奉命潜赴广东、福建、上海、南京、青岛、北京、汉口等地传递消息，联络会党。1911年初为筹办武装起义，两次毁家纾难；11月参加光复杭州之役，立有战功。绍兴军政分府为了培训北伐骨干，在绍兴板桥下创办了绍兴大通陆军普通中学堂，出任校长。同年冬接省方命令，各府县不设军事学校，遂停办，学生并入杭州陆军讲武堂。1913年"二次革命"爆发后回乡聚集乡勇六七百人，在三界组织浙江第二路军讨袁司令部，自任司令。按王金发部署，义勇军在上虞百官集结，进取绍兴。因战事失利，遭到通缉，被迫亡命上海。袁世凯因此怀恨在心，重金悬赏通缉。1914年5月在上海被捕，解回浙江，慷慨就义。

**陈楚湘(1897—1973)**

号锦荣。镇海县人。著名卷烟工业企业家。商人家庭出身，幼年读私塾，10岁转入镇海两等学校。1912年入上海小西门民立中学。1916年辍学经商，进英美烟公司营业部任职，三年后改入其父亲合资兴办的中国兴业烟公司工作。在英美烟公司和兴业烟公司任职期间，目击外资烟厂对华资企业的倾轧，立志自办卷烟工业。1924年继承父业创办福和烟公司，任总经理。时原华成烟公司趋于瓦解，应邀入股并将老华成改组为中国华成烟草股份有限公司，陈占4万元资本的50%，出任常务董事兼总经理。由于经营得法，华成在与英美烟公司和南洋兄弟烟草公司等著名企业的竞争中迅速发展，至1933年华成资本由4万元增至360万元，成为资本仅次于南洋兄弟公司而经济效益远优于南洋的大型烟厂。同时投资华美广告公司、国香烟草公司、中国烟叶公司、中国国货公司、华通地产公司、华一印刷公司等企业，仍兼任福和烟公司总经理。"八一三"事变后华成总厂被焚毁，损失巨大，与诸董事决定另建新厂，苦支危局。抗战胜利后外国烟大量倾销，国产烟销路几乎被断绝，苦心经营，使华成得以度过危机。期间又兼营皮毛业，开设恒康慎皮毛号，任经理，并任上海市皮毛油骨商业同业公会常务理事。1949年后在《新闻报》撰文积极拥护公私合营。

**陈嗣虞(1895—1973)**

曾用名陈洪业，字绳武。义乌

县人。1923 年至 1927 年就读于杭州浙江公立工业专门学校(今浙江大学)化学工程系。毕业后留在浙江大学化学系任教。1944 年晋升为教授。1958 年调任杭州大学化学系教授兼系主任。曾任浙江省政协委员,浙江省化学学会副理事长,民盟中央委员,民盟浙江省副主委等职。

**陈锦清(1921—1991)**

女。平阳县人。1937 年在上海参加中共外围组织蚁社组织的救亡流动宣传队。1938 年加入中国共产党。同年去延安,入鲁迅艺术学院戏剧系学习。毕业后在鲁艺实验剧团做演员、导演,主演过《到马德里去》、《一心堂》、《团圆》等话剧。1945 年抗日战争胜利后任东北鲁艺舞蹈班副主任,在哈尔滨演出《白毛女》等。1948 年入朝鲜平壤崔承喜舞蹈研究所学习,并考察朝鲜民间舞蹈。新中国成立后先后任中央戏剧学院舞蹈团副团长,北京舞蹈学校副校长,北京舞蹈学院院长、顾问,文化部艺术委员会委员,中国文联第四届委员,中国舞蹈家协会第一届理事、第二届常务理事和第三、第四届副主席,中国人民对外文化交流协会理事。

**陈筱坪(1895—?)**

镇海县人。毕业于上海制造局兵工专门学堂,后到上海公共租界工部局电气处任职,四年期间颇著劳绩,被美孚洋行老板看中,聘至该洋行汽油部工作。1931 年 6 月在上海日晖港创建中国新亚化工厂股份有限公司。1932 年 8 月首创国货碳酸钙,此为各橡胶厂必需品。1933 年 10 月该厂又兼营矿灰,深受用户欢迎。但不久因日货倾销,企业亏损,为振兴民族工业,忍痛支撑,表现出民族资本家的爱国志气。

**陈筱宝(1873—1937)**

字丽生。海盐县人。中医世家出身,其父陈耀宗原在家乡行医,后因太平军兴,迁居上海。15 岁随父学医,后从上海名医诸香泉受业,长于妇科。年过二十即在浦东塘桥善堂行医,中年时得宋代名医陈素庵《妇科医要》手抄残本启发,遂以妇科专门应行。始自清季开业于南市三牌楼,1937 年"八一三"抗战开始后迁居巨鹿路 691 号现址。陈氏专治妇科,行医 40 余年积累了丰富经验,颇多独到之处,除继承前人治疗妇科的理论和经验外,并有所发展,自成一家,称为"陈氏妇科"。

**陈慕华(1921—2011)**

女。青田县人。1921 年 6 月生。从 1929 年至 1937 年在青田、杭州、广州读书。1938 年到延安,入抗日军政大学学习,并加入中国共产党。抗大毕业后历任抗大第三分校训练部军事佐理员,延安留守兵团警备五团参谋、兵团司令部教育科参谋、兵团军事研究室研究员,延安联防司令部后勤部家属招待所所长兼指导员、后勤部经建处秘书。1945 年至 1950 年任热河军区司令部一科参谋,东北铁路总局机关政治协理员,穆棱煤矿工运特派员,东北铁路保育院院长,中长铁路中央医院副院长。1950 年至 1971 年任东北铁路政治部宣传组组长,铁道部政治部宣传组副组长,国家计委交通局副处长、处长,对外经济联络总局成套设备局副局长,对外经济联络委员会三局副局长。1971 年至 1988 年历任对外联络部副部长,党的核心小组副组长、部长、党组书记,国务院副总理,国家计划生育委员会主任,中央爱国卫生运动委员会主任,全国托幼工作领导小组组长,国务院旅游领导小组组长,对外经济贸易部部长、党组书记,国务委员、中央外事工作领导小组成员,中国人民银行行长、党组书记、中国人民银行理事会理事长、中国银行董事会名誉董事长,中央财经领导小组成员,第七、第八届全国人民代表大会常务委员会副委员长,全国人大财经委员会主任委员。1988 年起任第六、第七届全国妇联主席、党组书记,后任第八、第九、第十届全国妇联名誉主席,中共第十、第十一、第十二、第十三、第十四届中央委员,第十一、第十二届中央政治局候补委员。2011 年 5 月 12 日在北京去世。

**陈　榥(1872—1931)**

字乐书。义乌县人。幼年由父亲陈玉梁亲自课读,习经史兼及新学。13 岁应童子试中秀才。1888 年补廪膳生。1891 年入杭州求是学院研读数理。1898 年维新变法选派学生出国留学,被选为首批官费留学生,入日本东京帝国大学造兵科,成绩优异。毕业后留日从事著述,编撰数学、物理学、心理学等大专学校教材,在日本印刷后运回国内,风靡一时。1905 年在日本加入光复会和同盟会,参加东京革命党人的反清活动。1911 年谢绝日本政府高薪聘请,回国任陆军部军实司科长。辛亥革命爆发后奉清政府之命供应各路军火,南运枪炮多持故羁留不发。1912 年中华民国成立后以陆军少将督理上海制造局,因发展军工成绩卓著,被授予二等文虎勋章。1914 年因不满袁世凯专制统治,辞职任北京大学数理教授,一度受聘担任沈阳兵工厂高等顾问。1915 年国务总理熊希龄邀任教育总长,因父丧婉辞未就。袁世凯改元称帝前授意他秘密联络一批学界知名人士上《劝进表》,许诺见报后授予农商总长之职，当即连夜离京南下参加护国军，出任护国军第二军(军长李烈钧)副参谋长。袁世凯气绝身亡后仍回北京任教。曾任全国留学生考试评论会主持人、商务印书馆编辑以及全国工程师学会会长等职务。1922年返归故居，命居室为“研至理堂”，潜心研究物理哲学10余年，撰写《成心论》，由马一浮校阅并作序，日军入侵时毁于战火。1931年病故。

**陈　嘉(1907—1986)**

杭县人。1921年入清华学校。1928年毕业后留学美国。先后入威斯康辛大学英语系、哈佛大学英语系、耶鲁大学英语系学习，主攻英国诗歌、莎士比亚戏剧与欧美戏剧。1931年获哈佛大学文学硕士学位，1934年获耶鲁大学文学博士学位。回国后先后任教于武汉大学、浙江大学、西南联大、中央大学。新中国成立后在南京大学外文系任教，先后任外文系教授、主任，外国文学研究所所长。是国务院学位委员会第一届学科评议组成员，中国外国文学学会副会长，第五、第六届全国政协委员。主编有《英国文学史》、《英国文学作品选读》等，编译有《伊索寓言》等。

**陈嘉兴(1893—1983)**

字益庭。绍兴县人。电机工业企业家。从小务农，18岁到上海谋生，在潘顺记五金铜作坊当学徒。1916年入兴华五金厂当车工、钳工，次年转入美大五金厂。1919年与人合伙创设德大盛记五金厂，任经理，专门产销“眼睛牌”阀门，是中国阀门行业中最早有注册商标的产品，该厂也是中国最早的民办阀门厂，产品畅销全国各地并出口南洋。1923年在天津设德兴五金分厂。1936年上海德大盛记五金厂拆股解散后独资创设德大兴记五金厂。次年改名兴记五金厂，仍以“眼睛牌”为商标，该厂在同业中具有重要地位。1956年公私合营时该厂与其他10家小五金厂组成德大五金中心厂，后又改组为低压阀门联合工厂(今上海减速机械厂)。

**陈肇英(1888—1977)**

字雄夫。浦江县人。12岁即入私塾就读，跟随钟村塾师钟绿洲攻读四书五经。1904年考入杭州四府公学，接受新式教育。1905年入陆军弁目学堂。1906年加入光复会，并转入炮兵将校专科学校，毕业后被派往浙江混成旅第一标第一营。1911年参加江浙联军光复南京之役。1916年参加“二次革命”，反对袁世凯，驱逐浙江都督朱瑞，宣布浙江独立，并赴沪见孙中山。1918年通电拥护西南护法政府，任援闽浙军第一师中将师长兼前敌总指挥。1919年与蒋介石结拜为兄弟。1922年任护法政府参谋。陈炯明叛变后即上永丰舰晋见孙中山，临时授命为讨逆军第一路司令。1927年任广东虎门要塞司令。1925年与陈诚发起组织“孙文主义学会”。1926年1月当选为国民党第二届中央执行委员会候补委员；3月参与策划“中山舰事件”。1927年“四一二”反革命政变以后递补为国民党中央执行委员，连选连任至第六届。1928年任国民政府立法院立法委员，后又兼任立法院军事委员会委员长。1932年募款5万元，在古塘村北浦阳江上兴建普义桥。1933年蒋光鼐、蔡廷锴、李济深、陈铭枢等在福建组织“中华共和国人民革命政府”，宣布反蒋抗日，奉命前往闽、粤、桂等地组织力量，配合蒋介石进行军事镇压。1934年浦江大旱，募款4万元，购米平粜救灾。1934年至1942年任闽浙监察使。1935年兼任国民党福建省党部主任委员。1937年发起集资20万元筹建普义初级中学，自任校董事会董事长。1940年改名为浦江私立中山中学，1942年增设高中部。1944年改任国民党江西省党部主任委员、皖赣监察使。1948年任监察院监察委员。1949年6月前往台湾，兼任国民党中央纪律委员会委员、中央评议委员等职。著有《八十自述》。1977年10月28日在台北病故。

**陈蝶仙(1879—1940)**

原名寿嵩，字昆叔，后改名翔，字栩圆，号蝶仙，别署天虚我生。钱塘县人。著名“儒商”。曾为晚清附贡生，后放弃科举，专心著述。1898年发表长篇言情小说《泪珠缘》，与人合译《福尔摩斯侦探案全集》，并主编过《游戏杂志》、《女子世界》、《申报・自由谈》，是著名的文学家。20世纪初开始“下海”经营工商业，1901年在杭州开设萃利公司，后又开设过石印局、仪器馆和钱庄。1907年赴上海办著作林社。1917年研制出“无敌牙粉”，先送给上海各烟纸店销售，销路打开后邀亲友帮忙，于1918年成立家庭工业社股份公司，自任经理，制造牙粉等日用化学品。因经营有方，企业迅速扩展，先后在上海兴建总厂、无敌牌玻璃厂、橡皮印刷厂、第二制镁厂，在无锡开设第一制镁厂、汽水厂、利用造纸厂，在宁波和海宁创设制镁分厂，在太仓开办薄荷油制造厂，在镇江设立蛤油制造厂，产品多达400余种，成为日用化学龙头企业之一。陈氏为国货运动领袖人物之一，1927年与三友实业社、五洲药房、胜德织造厂等发起组织上海机制国货工厂联合会(即机联会)，长期担任常委，创办并主编该会机关刊物《机联会刊》，出版《工商史料》等书，倡导服用国货，抵制外货，产生很大的社会影响。抗日战争前期在四川继续办企业。1940年在云南病故。一生中小说、诗文著述颇多；关于经济方面的撰述也颇丰，晚年辑成《机联集》三册出版。

**陈德征(1893—?)**

字待秋。浦江县人。早年毕业于杭州私立之江大学。曾在上海、安徽等地中学任教员，后任上海法科大学教授、上海法政大学训育主任。1923年与胡山源、钱春江等文学青年创办"弥洒社"，出版《弥洒》月刊。1927年"四一二"反革命政变后历任国民党上海市临时政治分会教育委员会委员，国民党中央执行委员会宣传部宣传委员，上海《民国日报》总编辑，国民党上海市党部指导委员及宣传部长，上海反日委员会主席。1929年5月25日至1930年12月21日任上海市教育局长，兼《民国日报》总编辑，国民通讯社社长，国民党上海市党部常务委员、宣传部长。1930年底主持在《民国日报》上搞了一次"民意测验"，请《民国日报》的读者投票选举当时中国的"伟人"。结果揭晓，孙中山位居第一，孙德征第二，第三名才是蒋介石。蒋介石知道这场闹剧后大怒，立即下令将其撤职，并押到南京关了几个月。从此失宠，不再重用。著有《个性教育论》。

**陈德恒(1898—?)**

字志常。嘉善县人。早年赴美国留学，入哥伦比亚大学就读，获硕士学位。回国后历任私立吴淞中国公学商科主任，私立上海光华大学商科教授，私立复旦大学商科教授，私立厦门大学商学院教授兼院长。

**陈鹤琴(1892—1982)**

上虞县人。1914年毕业于清华大学后赴美留学。1917年毕业于美国约翰·霍普金斯大学。1919年获哥伦比亚大学师范学院硕士学位。回国后任南京高等师范学校教授，东南大学教务长。1923年创办鼓楼幼稚园，任园长。1927年任南京晓庄试验乡村师范第二院院长。1928年至1939年任上海工部局华人教育处长。新中国成立后任南京大学师范学院、南京师范学院院长。1955年任中国文字改革委员会委员。1964年被推为九三学社中央委员兼南京市主任委员。连任全国政协委员和江苏省政协副主席。1979年任江苏省人大常委会副主任委员、中国教育学会名誉会长、全国幼儿教育研究会名誉理事长及江苏省心理学会名誉理事长。著有《儿童心理之研究》、《家庭教育》、《语体文应用字汇》，合编有《智力测验法》、《测验概要》，主编有《幼稚教育》、《儿童教育》等刊物。

**陈燕燕(1916—1999)**

女。原名陈茜茜。宁波人。电影演员。满族正黄旗贵族之后。幼年随父母迁居北平。曾就读于北平圣心女子学校。1930年进入电影界，处女作《自杀合同》。1932年因出演《南国之春》而一举成名，接着在《奋斗》、《三个摩登女性》、《母性之光》、《寒江落雁》、《昨夜星辰》等影片中饰演角色。由于擅长扮演天真、纯洁的少女，被亲昵地称为"美丽的小鸟"。代表作有《大路》、《家》、《不了情》等。是中国早期具有代表性的女演员。1949年移居香港，与人合办海燕影片公司，继续从事表演事业。在香港、台湾两地拍片，多饰演中老年角色。1981年赴台，加入中国电视公司，成为该公司基本演员。1993年获第十三届金马奖。1999年5月7日在台湾去世。

**陈　餤(1902—1930)**

字醉霞。青田县人。浙江省立第十一中学毕业后入厦门集美学校就读，旋入之江大学高中部。1924年投笔从戎，考入黄埔军校第二期。毕业后参加东征、北伐战争，曾任国民革命军第一军第一师第一团上校团长，骁勇善战，所部专以拼命打硬仗成名，号称"铁军"。1930年任陆军第一师第五团上校团长，参加中原大战，与反蒋部队作战；7月13日在河南兰封战役中阵亡。后被南京国民政府追赠为陆军少将，入南京忠烈祠。

**陈戴周(1896—?)**

字子英。嵊县人。1917年2月考入保定陆军军官学校第六期骑兵科学习。1919年2月毕业后入陆军大学特别班第三期深造。1937年5月被国民政府授予陆军少将。1938年9月任国民政府军事委员会军政部参事。1947年11月被国民政府授予陆军中将。

**陈　薰(1858—?)**

号子琴。镇海县人。金融商人。年不足三十就赴朝鲜调查商务，被朝鲜商人举为董事，时值袁世凯为朝鲜钦差，曾上书袁世凯设立垦务局，招人屯田以裕军饷。不久回国，因精于商业受严信厚指派任源丰润票号福建分号经理。甲午战争时受到督军杨岐珍及刘永福的器重，曾想自募一支部队以效力，但不久和议已成，乃从事汇号。20世纪初任源丰润票号总经理，并任上海道库源通官银号司事，还在汉口办官钱局，是当时金融界领袖人物。

1908年发起创办四明银行，为创办时最大股东，并任第一任总经理。曾任上海商务总会第三、第四、第五届议董，沪北商团公会会员。辛亥革命后返回故里。

**陈黻宸(1859—1917)**

幼名芝生，一名崇礼，后名黻宸，字介石。瑞安县人。20岁考取生员。1879年自家创设颖川家塾，次年设馆于同县赵廷夔家。曾在永嘉罗山书院、青山书院、三溪书院、乐群书院、平阳龙湖书院、乐清梅溪书院、乐成书塾任教，培植家乡子弟，历时20年。1900年任杭州养正书塾教习。1902年5月发生学潮，率学生马叙伦等数人离校，在上海应赵祖德之聘，主编《新世界学报》。至1903年3月13日共出12期，先后发表《序列》、《经术大同说》、《独史》、《伦始》、《地史原理》、《德育》、《辟天荒》等重要论文；7月中进士，授户部贵州司主事。同年冬原大主考孙家鼐等奉命总理学务，被奏派为京师大学堂师范科教习。1904年12月又被总理学务大臣张百熙奏派兼充学部京师编译局总纂。1905年7月户部又派充计学馆(京师译学馆)教习，仍兼以上二职。1906年6月兼任旅京浙学堂正总理，曾多次上书讨论学务；10月3日因两广总督岑春煊奏调，离京前往广州任两广方言学堂监督，兼充两广优级师范学堂教务长。1909年10月14日当选为浙江省咨议局正议长。杭州光复后被推为民政部长，不久辞职回到温州。1912年初在温州组织民国新政社，发刊《东瓯日报》。次年春当选为众议院议员，并受聘担任北京大学文科史学和诸子哲学教授。1917年7月31日在瑞安病故。著有《中国通史》(20卷)、《诸子通义》(10卷)、《老子发微》(2卷)、《庄子发微》(2卷)等。后收入《陈黻宸集》于1995年出版。

**陈　魏(1885—1971)**

名德毅、德谷，字俶南，号显升。绍兴县人。父亲任清末江苏两淮盐场大使，自幼即在江苏南通金沙镇生活。不幸父母双亡，由姨父马幼渔携至苏州抚养，授以书画艺术以及武术，入中西小学堂就读，精通书法和拳术。1901年回浙后入奉化龙津学堂求学。1902年赴沪入上海理化传习所。同年冬参加浙江官费留日考试，未被录取，聘任绍兴山后小学堂教习，旋又任山会县学堂理化教员。时徐锡麟任绍兴府中学堂经学兼算术教习，因学界同仁而相识，有共同的反清革命思想而成知己。1904年由徐锡麟介绍，加入光复会，聘任大通学堂监督兼体操教员。1906年徐锡麟拟捐官赴日学习军事，捐为同知，拟学骑兵科，因遭到留日学生监督王克敏阻挠，未能如愿以偿，被迫改入东京警察学校，改学警务。皖浙起义失败后受到清政府通缉，只得继续留在日本，入京都医学专门学校，后入日本西京都医学院学习，获外科医学博士学位。武昌起义爆发后接陶成章通知回国，任沪军都督府军医科科长。1912年11月聘任浙江医专解剖学教员。1913年3月调任江苏都督府军医课长；6月又任讨袁军司令部军医处处长。1914年7月聘任北京国立医专门学校教师。1916年兼任陆军大学卫生教官。1918年至1922年先后兼任北京师范学校、北京政法学校、边防军教练所等校校医及教官。1922年任山东普济医院副院长兼李村医院院医。1926年出任黄埔军校少将军医处长以及军校医院院长。“四一二”反革命政变后脱离军界，历任北京医科大学和南京医科大学教授、青岛市卫生科科长兼青岛市传染病院院长、上海市传染病院院长。抗战期间留寓上海孤岛，悬壶行医，应诊之暇，常去租界寺院听讲佛经。1947年7月返回故乡绍兴，出任绍兴省立医院院长。因医院医疗条件差，遂奔走沪杭募集款项，建成800平方米二层住院楼一座，床位增至52张，门诊病人由日均100人次增加到350人次。1948年因遭到非难和打击，被迫辞去院长之职，在新建南路开设益民诊所。解放后受到党和人民的重视，应邀担任绍兴市首届政协委员，先后任府山联合诊所所长、稽山中学校医、绍兴市工商联医生、绍兴市红十字会干事、绍兴卫生学校解剖教师、绍兴市第二人民医院气功疗法顾问。晚年钻研气功，撰写《气功推理》、《长寿要诀》以及《气功与健身》等著作。“文革”期间遭迫害。十一届三中全会以后，有关方面予以平反，恢复名誉。

**陈燮枢(1874—1958)**

字赞卿。绍兴县人。与徐锡麟同一年中秀才，陈、徐两家乃是世交，过从甚密，无话不谈。早年在东浦坐馆教书，是创办热诚学堂十秀才之一。1904年与徐锡麟商量，以年租金12元，出面租下斗坛房屋，作为教室，创办热诚小学，担任教学工作。后东渡日本留学，毕业于早稻田大学政治经济科；加入光复会和同盟会，积极从事反清革命活动。回国后曾任职于绍兴商学研究所和地方自治研究所，担任政法学堂教员及教务长。1910年当选为东合乡议会议员。辛亥革命胜利后曾任绍兴军政分府统计、绍兴龙山政法专门学校校长、浙江省临时议会议员、第一届国会众议院议员。1914年9月热诚学堂被火焚毁，发起募集资金5000元，重建校舍，重新招生入学。曾在沪与褚辅成等人组织全浙公会，反对曹锟贿选总统。还南下广州，参加非常国会，与杭辛斋等组织“研究学社”。解放后移居杭州，著有《辛亥绍兴光复见闻记略》等文稿。

**陈燮典(1859—1941)**

字尧臣。黄岩县人。黄岩翻簧工艺创始人。原为木雕匠人。1883年以木雕浅浮雕手法在竹簧上雕刻人物、山水、花卉等，发明翻簧竹刻工艺，开设师竹馆翻簧竹器社，生产翻簧扇、竹联对等，工艺精湛，造型古朴。民初其作品选送巴拿马国际博览会参展，1929年获工商部特等奖状。此后翻簧遂成为黄岩县传统工艺，与青田石雕、东阳木雕共称浙江三大雕刻。

**陈　骥(1881—1952)**

字德称，号志远。青田县人。幼年随父启蒙习经史，后考入安徽武备学堂。毕业后投入北洋军队服役，历任排长、连长、营长、团长、代旅长，陕西督军署军务课长，四川省宣汉县县长。陆军少将军衔。1927年后解甲归田。30年代后期应乡贤朱光奎之请，共同出资重修横山凉亭及创办章旦小学，担任校董。抗日战争期间出任青田县三外乡(章旦)乡长，为发动民众，保卫乡里，奔走呼号。1952年农历正月初五病故。

**陈　馥(1888—1975)**

女。原名袁玉英。鄞县人。富商家庭出身。早年从祖父读书。后嫁当地陈姓男子，生下一对孪生女儿陈维真与陈修良后不几年，丈夫去世。年轻孀居，备受封建大家庭的欺凌。1925年与几名进步人士出面协助中共宁波党组织创办启明女中，培养革命女青年，该校同时也是党秘密活动场所。1926年春该校被国民党当局勒令停办后，又出面创办培英女子学校。1927年国民党右派在宁波发动“四一五”清党前后，利用自己的身份掩护和营救中共党员。1929年迁居上海后先后掩护过关向应、杨善南、沙文汉、陈修良等中共干部。1932年把分得的2.5万元遗产资助革命。1937年在双目失明后仍继续掩护革命者，为中共江苏省委机关租房子。1946年秋其住所成为中共中央华中分局、上海局的重要机关。1975年8月在上海去世。

**邵一萍(1910—1963)**

原名慧卿，号浙东女史。东阳县人。早年毕业于南京政法专科学校，后回乡从堂兄邵逸轩学国画，又得张书旂、黄君璧、赵少昂等名家指点，专攻花鸟画。新中国成立后任湖南省湘绣研究所画师、湖南省艺术学院讲师、湖南省美协主席，为中国美协会员。作品有《梅竹》、《木棉》、《牡丹》、《茶花》等。1963年7月13日在长沙病故。

**邵力子(1882—1967)**

原名闻泰，字仲辉，笔名力子。绍兴县人。1882年12月7日生。幼年读私塾。1902年中举人。同年入上海南洋公学特班学习。1905年转入私立复旦公学。1906年秋赴日考察新闻。1907年协助于右任等在上海创办《神州日报》。同年随于右任再次赴日本，在东京拜会孙中山。1908年在日本加入同盟会。1909年6月与于右任等在上海创办《民呼日报》，因触怒清朝当局而停刊。同年11月创办《民吁日报》，发行月余，又被查封。1910年初去陕西高等学堂任教，因宣传新思想被陕西当局驱逐出境；11月与于右任等在沪创办《民立报》，任编辑。1913年“二次革命”失败后《民立报》停刊，到私立复旦公学任教。1916年与叶楚伧在上海创办《民国日报》，任主笔兼编本埠新闻达10年之久。由他负责主编的《民国日报》副刊《觉悟》，积极宣传新思想、新文化，支持五四爱国运动，受到读者的热烈欢迎，被推为“五四”时期四大报纸副刊之一。1920年在上海加入共产主义小组，1921年加入中国共产党。1922年与于右任等创办私立上海大学，任副校长，后代理校长。1924年2月任中国国民党上海执行部秘书。1925年夏赴广州任黄埔军校秘书处处长；7月任秘书长；9月兼军校校史编纂会主席，兼军校特别党部第三届执行委员。1926年7月任国民革命军总司令部秘书长；8月退出共产党，代表国民党去苏联参加共产国际第七次执行委员会会议；会后入苏联莫斯科东方大学学习。1927年5月回国。1928年任国民革命军总司令部秘书长。1931年6月至12月任国民政府委员。同年12月至1933年5月任甘肃省政府主席。1933年5月至1937年1月任陕西省政府主席。1937年7月任国民党中央宣传部长。1938年底任中苏文化协会副会长。1940年4月至1944年11月任驻苏联大使。经过他的努力，苏联援华的军械物资源源运抵中国，有力地支援了中国的抗战。回国后任国民参政会秘书长、宪法促进委员会秘书长。1945年作为国民党代表之一参加国共和平谈判，积极促成《双十协定》的签订。1946年1月代表国民党参加在重庆举行的政治协商会议；11月当选为制宪国民大会代表。1947年4月至1948年5月任南京国民政府委员,并担任全国经济委员会委员、国民大会筹备委员会委员。是国民党第二、第三、第四、第五、第六届中央监察委员。1949 年 2 月以私人资格随上海人民和平代表团颜惠庆等赴北平,然后到西柏坡会见中共领导人毛泽东、周恩来,就国共和谈进行接洽。同年 4 月 1 日作为国民党政府和平谈判代表团成员随团长张治中等从南京飞赴北平,与中共进行和平谈判,通过《国内和平协定》细则草案。后因国民党拒绝在协定上签字,和谈宣告失败,遂宣布脱离国民党政府,留北平。同年被邀参加中国人民政治协商会议第一届全体会议,为主席团成员。新中国成立后任中央人民政府政务院政务委员,第一至第三届全国人大常委,第一至第四届全国政协常委,中国国民党革命委员会中央常务委员及民革中央和平解放台湾工作委员会第一副主任委员,中苏友好协会副会长,社会主义学院院长等。积极参加新中国建设,力主节制生育、控制人口;同时致力于第三次国共合作,争取和平解放台湾,被誉为"和平老人"。1967 年 12 月 25 日在北京病故。著有《邵力子文集》等。

**邵元冲(1890—1936)**

字翼如,笔名玄中、中子、玄圃等。山阴县人。幼年就读于私塾。1903 年中秀才。1906 年考入杭州的浙江高等学堂,开始接受民主革命思想。同年加入同盟会。1909 年己酉科拔贡生。1910 年考取法官后分发到江苏省镇江地方审判厅任厅长。1911 年辞职后东渡日本留学。辛亥革命爆发后回国,任上海《民国新闻》编辑。1913 年 7 月"二次革命"爆发后从上海赴江西湖口,参加江西讨袁之役,失败后亡命日本。1914 年在日本东京加入中华革命党,并担任中华革命党机关刊物《国民》杂志主编,发表了不少揭露袁世凯独裁专制卖国的文章。1915 年回国后任中华革命军绍兴司令官,与夏尔屿等图谋控制浙江,因事泄逃亡上海。同年 12 月在上海协助陈其美发动肇和兵舰起义,遭到失败。1916 年在山东潍县参与组织中华革命军东北军,再遭失败。1917 年 9 月孙中山在广州成立军政府,任陆海军大元帅,被任命为大元帅府机要秘书,并代行秘书长职务。1919 年冬赴美国留学,先后在威斯康辛大学、哥伦比亚大学肄业。后奉孙中山之命视察海外国民党工作,游历美、英、法等国。1923 年冬与蒋介石等赴苏联考察。1924 年 1 月当选为国民党中央执行委员会候补中央执行委员,旋递补为中央执行委员。同年夏任国民党中央常务委员兼中央政治委员会委员,大本营法制委员会委员,粤军总司令部秘书长,黄埔军校政治教官、政治部代主任。同年 11 月随孙中山北上,任孙中山机要主任秘书。到北京后又兼任民国日报社社长。1925 年 1 月在国民党"二大"上受到书面警告处分;3 月西山会议派在上海召开"国民党第二次全国代表大会",成立"中央执行委员会",被推选为"中央执行委员会委员"。同年 3 月孙中山在北京去世时为遗嘱见证人之一;11 月与邹鲁、谢持等在北京西山召开"西山会议",公开反对孙中山联俄、联共、扶助农工三大政策。1926 年 5 月应蒋介石邀请南下广州,任国民党中央青年部部长。1927 年初国民革命军北伐攻占浙江后任浙江省政治分会委员、浙江省政府委员兼杭州市市长。1928 年初任广州政治分会秘书长;4 月到上海创办《建国》周刊,后迁至南京出版,并改为月刊,任社长。1929 年 3 月在国民党"三大"上当选为中央执行委员、中央政治会议委员,并兼国民党中央党史资料编纂委员会常务委员;12 月至 1930 年 12 月兼国民政府考试院考选委员会委员长。1931 年 12 月至 1932 年 5 月任国民政府委员。1931 年 3 月至 12 月任立法院副院长、代理院长。同年底任国民党第四届执行委员、中央政治会议委员、中央宣传委员会主任委员及中央党史资料编纂委员会主任委员。1935 年春因不赞同当局对日本实行妥协投降外交与中央政治会议主席、行政院长兼外交部长汪精卫发生矛盾,辞去国民党中央宣传委员会主任委员职务,游历陕、甘、宁、青、绥、晋等省。1936 年 12 月初应蒋介石电召去西安;12 月 12 日张学良、杨虎城发动西安事变时从所住的西京招待所跳窗逃遁时被西北军士兵开枪击伤;14 日在陕西省立医院去世。编著有《心理建设论》、《各国革命史略》、《孙文主义总论》、《建国之路》、《美国劳工状况》、《邵元冲日记》、《玄圃诗文集》、《西北揽胜》、《军国民诗歌选》、《民族正气文钞》等 10 余种。

**邵仁枚(1901—1985)**

原籍镇海县,生于上海。新加坡华语电影界先驱。中学毕业后随其父经营影片进口生意。1924 年与其兄邵醉翁、弟邵逸夫在上海创立天一影片公司,任营业经理。1928 年在新加坡创立联线发行网,经营戏院及电影发行事业,后发展到马来亚各地。在新加坡和马来亚拥有 140 余间戏院及新世界游艺场等。邵氏机构拥有 30 余家公司。1937 年前天一公司制片厂迁到香港九龙钻石山,由其弟邵邨人经营。后改称南洋影片公司,摄制粤语片。1951 年起恢复拍摄普通话影片。此外曾兼任华侨银行和花莎呢汽水有限公司等企业董事。曾当选为新加坡中华总商会董事、圣约翰救伤队总部主席、新加坡赛马公会主席、新加坡扶轮社副主席、新加坡大学医药发展基金会主席等。1956年获马来亚联合邦最高元首赐封拿督，并曾获意大利总统颁发意大利共和国功勋骑尉衔。曾受封丹斯里。热心慈善事业，曾获英国女皇颁赠的爵士勋章。1982年在新加坡家中跌倒后长期昏迷，终告不治。

**邵式军(1910—1964)**

原名云麟，化名赵军、张元声。余姚县人。财政官员。早年就读于复旦大学政治系。毕业后曾任福建省税务局稽查。"七七"事变后投敌，任苏浙皖统税局总局长。1940年汪伪政府成立后历任财政部税务署署长、中央储备银行监事、中央物资统制委员会委员、伪国民政府政务参赞。曾对新四军进行过资助。抗战胜利后一度被拘禁，后逃脱赴淮阴参加革命。新中国成立后历任山东省政府财政顾问、财政厅税务局科长、苏北税务局秘书长。1958年被捕，判刑七年。1964年在狱中去世。1984年获平反。

**邵邨人(1899—1973)**

名炳章，字仁棣，号邨人。镇海县人。电影制片人。1925年与兄邵醉翁在上海创办天一影片公司，负责财务和编剧。编写《立地成佛》、《电影女明星》、《珍珠塔》、《孟姜女》等20余部电影剧本。50年代在香港与家人组织成立邵氏父子影业有限公司，任董事长，并主持制片业务。拍摄《红玫瑰》、《双面人》、《碧云天》、《喜临门》等70余部影片。1958年离开电影界。

**邵企雍(1888—?)**

字槐庭。诸暨县人。早年就读于浙江武备学堂炮兵科。1907年7月毕业后考入保定陆军速成学堂第一期炮兵科，与蒋介石为同学且是结拜兄弟。1909年毕业后分发到浙江，先后任浙江讲武堂炮兵科教官，浙军第一独立旅连、营长，嘉湖镇守使署副官长，宁台镇守使署副官长。1924年应蒋介石邀请到广州，任黄埔军校炮兵科中校教官、第四期炮兵大队代大队长。1926年任国民革命军第一军炮兵团长，总司令部少将参谋处长。1928年任军事委员会军务局副官长。1933年任福建"讨逆军"北路前敌总指挥部少将高参。1936年6月至9月任福建省第六区行政督察专员兼保安司令。后任首都(南京)警察厅第九局局长。1937年抗日战争爆发后任军事委员会高级参谋兼办公厅副主任。1939年5月被国民政府授予陆军少将。1946年7月被国民政府授予陆军中将。同年秋退役。

**邵李清(1901—1930)**

字泽民。武义县人。父亲为雇农，母亲早亡，赖外祖母抚养长大。1919年7月毕业于壶山小学。1922年考入浙江省立第七中学师范部(今金华第一中学)，在校期间结识同乡千一，参加白话诗文研究会，阅读进步书刊。从1925年起先后在武义大莱口、邵宅小学教书。1926年7月加入中国共产党；下半年在邵宅村组织武义县第一个农民协会，任主任。1927年3月15日发动千余农民参加孙中山去世纪念大会，会后示威游行，声威达于全县。"四一二"反革命政变后曾两次被国民党当局拘捕，经群众向当局施加压力后释放。同年6月任中共武义县临时县委委员；11月任中共武义县委书记。1928年8月4日深夜与徐理富率领党团员、农民积极分子40余人，武力惩治当地恶霸；10月组织领导武义、永康两县联合暴动。暴动失败后被国民党当局通缉，潜伏到义乌与东阳交界的华溪乡里塘小学教书，以教师职业为掩护，继续从事当地的革命活动。1929年冬重返武义组织武装起义，收缴保卫团枪支，在武义、金华两县交界大公山建立游击根据地。1930年1月正式成立"中国共产党浙武红军游击队"，任党代表、副总指挥兼参谋长，下设东、南、西、北四路红军指挥部，红军游击队总部设在王村附近的下坞垄。同年8月下旬离开武义去上海购买枪支弹药。由于奸细告密，于1930年9月13日在上海被捕；10月1日被杀害于兰溪台基。

**邵秀林(1897—1984)**

女。绍兴县人。1929年毕业于私立金陵大学女子文理学院。1939年赴美国留学，先后在斯卡里特大学和密执安大学研究院攻读教育学。回国后曾任浙江湖州湖郡女子中学校长、私立震旦大学讲师。抗战时期曾任重庆国立东北大学、遵义国立浙江大学教授，后任国立交通大学教授。1952年院系调整后在华东师范大学教育系任教。曾编写教学法和英语教材多种。

**邵启贤(生卒年不详)**

字纯飞，一字莲士。余姚县人。曾任江西赣南道道尹。编著有《江湖夜雨集》、《赣石录》，编辑有《王学渊源录》等。

**邵学锟(1917—　)**

字剑吾。余杭县人。早年毕业于南京金陵大学经济系。毕业后任职于南京国民政府行政院全国粮食管理局及粮食部。1945 年抗日战争胜利后任行政院救济总署苏宁分署主任。后加入处理美国救济物资委员会,主持全国七大都市粮食配售。1948 年任美援会专门委员、副处长。1949 年去台湾,先后入"革命实践研究院"及"国防研究院"培训。历任经合会企划处长、秘书处长,驻南越"大使馆经济参事",台湾"经济部国贸局"副局长、局长,驻哥斯达黎加共和国"特命全权大使"等。

**邵荃麟(1906—1971)**

原名骏远,又名逸民、亦民,笔名荃麟。原籍慈溪县,1906 年生于四川重庆,4 岁随父母回原籍。1920 年到上海,先后就读于私立复旦中学、私立复旦大学。1926 年 1 月加入中国共产主义青年团;3 月加入中国共产党。曾任共青团江湾区区委书记,不久被学校开除,参加上海工人第三次武装起义。1927 年"四一二"反革命政变后任共青团杭州地委组织部长、中共浙江省委常委兼团省委书记等职。1934 年任上海反帝反封建大同盟宣传部部长,同年被捕入狱。1937 年抗日战争爆发后被营救出狱,先后在浙江、福建、桂林、重庆等地领导革命工作,历任中共浙江省委文委委员,中共东南局文委书记,国际新闻社金华社负责人,《东南战线》主编,《力报》社论主笔等职,主编《文化杂志》、《中原》、《文化生活》、《希望》等杂志。1946 年受周恩来委派去香港,任中共香港工委文委委员、南方局文委副书记等职,主编《大众文丛刊》。新中国成立后历任中国作家协会副主席、党组书记,《人民文学》主编,当选为第一、第二、第三届全国人大代表。后因"中间人物论"、"现实主义深化论"遭到批判。"文革"期间遭到迫害。1971 年在秦城监狱去世。1987 年平反。

**邵树华(1897—?)**

镇海县人。同济大学肄业。1916 年任沪海道尹兼外交部交涉使秘书长。次年兼任督办遣送淞沪敌侨及江南敌国人民财产事务局秘书长。1920 年任淞沪商埠督办外交处长。后任上海会审公堂会审官、上海县县长。1931 年后转而从商,历任长兴煤矿公司经理、中华糖业公司经理、中央储备银行上海分行副经理、中央信托公司董事、中国银行监察、中央储备银行业务局副局长、四明银行常务董事、上海华商交易所理事等职。

**邵洵美(1906—1968)**

原名邵云龙。余姚县人。生于上海,就读于圣约翰中学和南洋路矿学校。1925 年赴欧留学,与徐悲鸿、张道藩结交。1926 年出版诗集《天堂与五月》。回国后先后编辑过《狮吼》、《金屋》月刊。1930 年金屋书店停办后创办时代图书公司,先后出版《时代画报》、《时代漫画》、《时代文学》和《论语》等刊物,提倡幽默、闲适的小品文。1933 年与章克标编辑出版《十日谈》、《人言》等。30 年代出版有《诗二十五首》、《一朵朵的玫瑰》等诗集。抗战爆发后编辑出版《自由谭》和《大英夜报》等报刊,宣传抗日。在《自由谭》上发表自传体长文《一年在上海》,记录了当时的战争生活。期间拒绝日伪各种势力的拉拢,曾秘密印刷《论持久战》。抗战胜利后重建时代图书公司,并复刊《论语》半月刊。1949 年后曾举家迁往北京,后因不适应迁回上海。期间主要从事翻译工作,翻译了马克·吐温、拜伦、雪莱、泰戈尔等人的名著。是中国唯美派代表诗人之一。诗作雕琢精致、句式齐整、辞藻华美,内容上多涉及生与死等人生主题,有着唯美与颓废的倾向。著有《天堂与五月》、《花一般的罪恶》、《诗二十五首》、《解放了的普罗米修斯》等。

**邵晋卿(1878—1932)**

鄞县人。我国化学油漆工业创始人。早年在上海英商祥生船厂任职,并开办猪油作坊。第一次世界大战期间油漆进口枯竭,遂在自己开办的猪油作坊内试制油漆,于1916 年在虹桥创办振华实业公司(今上海振华造漆厂)生产油漆,任经理。1917 年辞去祥生船厂职务专注于该企业,先后合并两家小厂,并盘进光华红粉厂厂区作为扩厂地基。1923 年在山东博山开设红粉厂,作为油漆颜料生产基地。1927 年又在天津设立分厂,陆续在国内上海、汉口、南京等城市及海外新加坡设立发行所。从 1922 年起注册商标专用权的商品有双旗、飞虎、三羊、牡丹、宝塔、太极等 13 种之多,产品曾获新加坡联展最优等奖、巴拿马万国博览会金奖、菲律宾嘉年华会金奖等。1932 年在总公司办公室病故。

**邵桂根(1901—1951)**

又名国贵。建德县人。1927 年参加中国共产党。1928 年 2 月任建德大坞党支部书记;6 月中共寿昌县委成立,担任负责人;7 月任中共寿南区委书记;8 月率领寿南农军攻打兰溪永昌镇,遭当地军警狙击失败,党组织被破坏。1929 年 2 月增补为中共浙江省委常委。后两度到上海印染厂做工,两度脱离组织关系。1949 年 2 月参与组织工厂工人进行护厂斗争。新中国成立后任建德县李村乡(今檀头镇)乡长。

**邵梅隐(1907—1964)**

女。鄞县人。上海正风文学院

毕业。系中医，长于针灸、小儿、推拿科。曾任全国中医药工会理事，并以此身份于1948年当选为第一届国民大会全国性职业团体代表。

**邵虚白(1906—1940)**

字全品。鄞县人。1922年毕业于金陵初级中学，后到宁绍公司所属的新宁绍轮服务。1927年3月国民革命军进驻上海后领导沪甬线上的各轮船工人组织航海安旅工会。1928年被推举为上海南区工会救济科主任。1931年"九一八"事变后任上海市总工会执行委员兼秘书长。1932年"一·二八"淞沪抗战爆发后参加救国十人团工作。1933年3月长城抗战打响后代表上海市总工会赴长城古北口等地慰劳英勇抗日杀敌的中国军队。同年上海市总工会改选，仍当选为常务委员兼秘书长，并被国民党上海市政府聘为劳资纠纷仲裁委员会劳方委员。还兼任航海安旅会理事会委员长，大光通讯社社长。1937年8月淞战爆发后任工人战地服务团副团长，支援中国军队抗战。同年11月上海沦陷后以中国国民党上海市第二区党部主任委员身份留在上海租界，从事党务和抗日宣传活动。1940年7月1日傍晚在上海福煦路明德里(今延安中路545弄)寓所附近遭日伪特务枪击，次日牺牲。

**邵铭之(1877—1942)**

名文镕，字明之。绍兴县人。1902年赴日本留学，先入东京一语言学校学日语，后至北海道札幌地方工业专门学校学土木工程。毕业回国后曾在浙江都督兼铁路总办汤寿潜处任铁路工程师。1915年曾与张謇一同牵头在淮南发起兴办盐垦公司。平生与鲁迅关系密切，多有书函往返。

**邵象伊(1909—1990)**

杭县人。早年曾就读于衢州市第八中学、杭州第一中学、杭州崇文中学。1925年考入浙江省立医药专科学校，1929年7月毕业。同年9月到日本东京帝国大学留学。次年8月回国后任杭州市立医院医师。1932年5月到南京首都警察所医务所任医师。1934年9月到镇江任江苏省立医政学院教员。次年与胡定安等发起组织"中国卫生教育社"，成立"中华健康教育研究会"，并担任学院《医政周刊》和《卫生教育周刊》主编、学院科学实验馆卫生设计委员会主任委员。1937年1月到德国柏林大学留学。1939年3月获爱尔兰根医学博士学位。回国后担任教授，随学院(此前已在湖南沅陵与南通医学院的医科合并，定名国立江苏医学院)西迁到重庆北碚。同年6月与胡定安、洪式闾、褚葆真等集议发起成立中国预防医学研究所。1940年7月医学院成立公共卫生教研室，附设公共卫生事务所，担任负责人。1942年9月至1945年7月兼任复旦大学教授。1946年9月随校迁回镇江原址。1948年底被推举为处理院务的三人小组组长及院应变委员会主任。1949年5月中共镇江市军事管制委员会接管江苏医学院，组建新的院级领导机构——院务委员会，任主任委员。1951年5月5日学院成立肃反工作组，任主任委员，苏南行署任命他为院长。1955年6月卫生部决定将江苏医学院卫生专业并入山西医学院，并将他调至山西医学院任院长。1956年被评定为一级教授。1964年起当选为第三、第四、第五届全国人大代表。1977年至1983年任山西省第四届政协副主席。著有《卫生学总论》、《卫生学词典》(合著)等。

**邵象华(1913—2012)**

杭县人。1932年毕业于浙江大学化学工程系，其后在上海交通大学化学系任助教。1934年至1937年在英国伦敦大学帝国理工学院学习，先后获一级荣誉冶金学士及冶金硕士学位。同年参加筹建资源委员会中央钢铁厂。1938年调至昆明中央机器厂，筹建耐火材料车间与理化实验室。1939年任武汉大学冶金教授。1941年任资源委员会电化冶炼厂第四厂(炼钢厂)厂长，主持新型平炉炼钢厂的设计、施工和生产。1945年受资源委员会派遣赴东北接收钢铁企业。1947年任鞍山钢铁有限公司协理兼制钢所所长。1948年任鞍山钢铁公司总工程师，先后兼任炼钢厂生产技术副厂长、鞍钢技术处处长等。1955年选聘为中国科学院学部委员。1958年调入冶金部钢铁研究院，先后担任炼钢研究室主任、冶金物理化学研究室主任、院副总工程师、院学术委员会副主任、院学位评定委员会主席及院技术顾问等，在研究院主持冶金反应、冶金新工艺、真空熔炼及铁矿资源综合利用等方面的一系列科研项目。1998年获第二届中国工程科技光华奖。2012年3月21日在北京去世。

**邵逸夫(1907— )**

原名仁楞，字逸夫。镇海县人。著名电影制作者、慈善家。早年在家乡叶氏中学读书。1923年中学毕业后协助其兄邵醉翁在上海创办天一影片公司。1926年赴新加坡协助其兄开拓电影市场。1928年在新加坡成立"邵氏机构"。1931年邵氏兄弟将上海天一影片公司迁香港，1936年改称南洋影片公司。除自拍电影外还购地建戏院，在东南亚建立比较完整的电影发行网。1949年在香港成立邵氏兄弟影业公司，任总裁，从事电影拍摄与发行业务，曾因摄制《貂蝉》、《倾国倾城》、《独臂刀》、《天下第一泉》而轰动一时。1961年12月在香港九龙建邵氏影城，并把电影发行业务扩展到欧美及台湾等地。1967年与人合资创办“电视广播有限公司”（即“无线电视”），任常务董事。1980年任电视广播有限公司董事局主席，随后着力经营所属的明珠台和翡翠台，使其收视率长期在港岛居首，影响扩及中国内地、澳门、台湾和世界各地华人社会，同时投资房产物业、证券市场等。80年代还任邵氏影业公司董事长、香港电视有限公司总裁、香港红十字会会长、香港中文大学终身校董、联合书院荣誉主席及永远校董、香港制片人协会会长及香港上海总会、苏浙旅港同乡会、宁波旅港同乡会永远名誉会长。1992年后受聘为港事顾问、香港特别行政区筹备委员会委员。热心社会公益事业，1985年后平均每年捐出1亿多元用于支持内地的各项社会公益事业，至2008年捐助资金达32亿元，受惠学校及教育项目近5000个，遍布31个省、自治区、直辖市。此外在英国、美国、新加坡及香港等地都有巨额捐赠，合计金额也已超过30亿元。1974年、1977年先后获英国女王颁发的CBE勋衔和爵士衔。1998年获香港特区政府颁发的GBM勋衔。是浙江省爱乡楷模、宁波市荣誉市民。

**邵逸轩（1886—1954）**

名锡濂，号亦仙，以字行。东阳县人。北平名记者，民国著名花鸟画家。与其妹一萍、女幼轩、子小逸均擅画。曾任国立北平艺术专科学校教授，弟子众多，与齐白石、张大千、陈半丁、于非闇、黄宾虹、经颐渊等均有合作。传统功力深厚，山水、花鸟，皆设色清雅、生动传神。

**邵　章（1874—1953）**

字伯絅，号倬庵，别署崇伯、旧史馆。杭县人。1897年赴日本留学。1900年与胡焕等杭州绅士呈请知府朱凤启试办杭州藏书楼，成为今天浙江省图书馆的雏形。1902年中进士。后再次赴日本留学，毕业于日本法政大学法学速成科。历任翰林院编修，杭州府中学堂、浙江两级师范学堂、湖北法政学堂及东三省法政学堂监事。1912年中华民国成立后任公立北京法政专门学校校长。1914年任袁世凯政府约法会议议员。同年起任北洋政府平政院评事、第一厅厅长、平政院代理院长。1925年2月当选为北洋政府善后会议代表。同年7月当选为北洋政府临时参政院参政。是著名版本目录学家、藏书家和书法家，著有《倬絅遗稿》、《云踪琴趣》（词集）、《四库全书简明目录标注续录》等。

**邵裴子（1884—1968）**

原名闻泰，又名长光。杭县人。清末举人。后入上海南洋公学经济特课班学习英文，又以官费赴美国斯坦福大学攻读经济学。1909年学成回国后历任浙江省高等学堂英文教习、教务长、校长。1913年赴京任职于财政部，兼任政治大学英文教授及教务长。北伐前夕返回杭州，应蒋梦麟之聘任浙江大学教授，继任文理学院院长。1928年接任浙江大学校长。1935年离职后为上海商务印书馆翻译、校对书籍。抗战期间任浙江省临时参议会副会长。新中国成立后先后当选为浙江省政协委员、全国政协委员、浙江省人民政府委员、第三届全国人大代表，民革浙江省副主任委员、中央委员。曾任浙江省文物管理委员会主任、浙江省文史馆副馆长等职。善书法，行楷清劲挺秀，饶有唐人韵味；精鉴赏，尤精于识别陶瓷。编有《宋词三百首》，撰有《唐诗绝句选》、《林和靖附林和靖事诗》等，译著有《学问之增进》等。

**邵瑞彭（1888—1937）**

原名寿钱，字次公。淳安县人。1908年前后就读于慈溪浙江省立优级师范。先后加入光复会、同盟会，任同盟会浙江支部秘书。1909年加入南社，后来成为南社成员。1911年毕业后正值辛亥革命爆发，积极参与光复浙江的军事行动。1912年11月当选为中华民国第一届国会众议院议员。1914年1月国会被袁世凯非法解散后忧郁返回故里，寓居遂安岳父家，任台鼎小学教员。1916年6月黎元洪继任大总统，国会重开，再度北上，寄希望于黎氏，但不久府院争权，导致张勋复辟，国会再次被解散。1917年与一批国会议员南下，响应孙中山号召国会议员到广州；5月5日出席广州国会非常会议，选举孙中山为非常大总统。1922年第一届国会第二次恢复，重任众议院议员。1923年反对直系军阀首领曹锟贿选总统，将曹锟行贿议员的支票制版在各报发布，并向北洋政府的天津地方检察厅提出起诉，使曹锟贿选总统的丑闻大白于天下。同年10月曹锟以大总统身份粉墨登场后在天津再次致函京师地方检察厅，重申依法起诉之严正立场，“决不申请撤销”。同月中旬辗转返里。1924年11月任善后会议议员和临时参政院参政。旋奉命至奉天，与奉系军阀张作霖、杨宇霆等谈判。在沈阳、大连滞留数月。后谦辞不就教育总长，应聘担任国立北京师范大学、民国大学教授，和洪汝闿、吴承仕等建思辨社,商榷朴学。1932年任省立河南大学中国文学系主任,寓居开封,授课之余,潜心治学。工辞章,尤精通古历算学,卓有成就。1937年12月2日在开封病故。著有《扬荷集》、《梧丘杂札》、《次室读书记》、《山禽余响》等,未公开出版的约有70余种,均藏于浙江省图书馆古籍部。

**邵楚云(1924— )**

字高义。桐庐县人。1948年毕业于国立英士大学工学院化学工程系。同年秋前往台湾,任教于浙江省立高等工业专科学校。1950年进入台湾铝业公司铝氧厂工作,历任值班工程师、课长、副厂长、厂长等。1968年初曾奉派遣去欧洲考察各国的炼铝业。

**邵毓麟(1909—1984)**

号文波。鄞县人。早年赴日本留学,入九州帝国大学习政治经济,获学士学位,后入东京帝国大学从事研究。1934年任国立四川大学教授。1935年任南京国民政府外交部日俄科科长。1937年5月任驻日本横滨总领事馆总领事。1938年1月回国后到重庆任国民政府军事委员会委员长侍从室少将衔秘书。1941年至1943年7月兼外交部情报司司长。期间1941年1月派赴美国出席太平洋学会国际会议。1946年5月任军事委员会国际问题研究所中将衔代理主任,旋任军事委员会委员长驻韩国代表。1949年7月任驻韩国特命全权大使。1951年9月返回台湾,任"总统府国策顾问"兼"总统府政策研究室"主任,参与成立"国际关系研究会"(后改名"中国国际关系研究所")。后入"革命实践研究院"及"国防研究院"受训结业。1957年1月任台湾当局驻土耳其"全权大使"。1964年10月辞职,任"外交部"顾问。1975年任"中国文化学院"教授兼日本研究所所长。1977年辞研究所长兼职,赴美国定居。1984年1月14日去世。著有《胜利前后》、《使韩回忆录》等。

**邵飘萍(1884—1926)**

原名新成,后改名振青,字飘萍。东阳县人。14岁考中秀才,19岁入浙江高等学堂(今浙江大学)。毕业后在金华中学任教,同时应聘为《申报》特约通讯员。1912年任杭州《汉民日报》主编。1913年《汉民日报》被查封,东渡日本求学。1915年回国后在上海为《时事新报》、《申报》、《时报》撰稿,抨击袁世凯的称帝阴谋,在其后两年里写了250余篇、20余万字的文章,揭露批判军阀政府。1916年到北京后任《申报》驻京特派记者,撰写"北京特别通讯"。1918年连续创办了"北京新闻编译社"、大型日报《京报》。积极宣传新思想,抨击北洋军阀政府,支持民众的爱国反帝斗争。其后《京报》增添多种副刊,如《京报副刊》、《民众文艺周刊》、《图画周刊》等,是新文化运动的发起人之一。1920年后致力于新闻教育事业并赞颂十月革命,介绍马克思主义思想。同一时期又与蔡元培一起创办了"北京大学新闻学研究会"并举办讲习会,第一期学习的就有毛泽东、罗章龙等。是中国新闻理论的开拓者、奠基人。1925年5月《京报》发表由鲁迅、钱玄同、沈尹默等七人署名的《对于北京女子师范大学风潮宣言》,向社会披露了学生运动的真相。同年在李大钊和罗章龙介绍下秘密加入中国共产党,对共产主义运动作了大量的报道。1926年4月26日以"宣传赤化"的罪名在北京天桥被奉系军阀政府杀害。

**邵醉翁(1896—1979)**

原名同章,字仁杰,号醉翁,在创办天一影片公司后以号行。镇海县人。电影公司经理、导演。1914年上海神州大学法科毕业后任上海地方会院律师。1921年任中法振兴银行经理,同时在上海、天津、宁波等地与人合股经营商号。1922年集股经营笑舞台,演出文明戏,并创办"和平社"剧团。1925年在上海创办天一影片公司,任总经理兼导演。同年导演影片《立地成佛》。后相继导演《梁祝痛史》、《白蛇传》、《孟姜女》等。1932年在左翼电影运动的影响下导演抨击封建婚姻制度的影片《芸兰姑娘》、《挣扎》等,并将改编自法国作家莫泊桑的短篇小说《项链》的电影剧本《一夜豪华》搬上银幕。抗战爆发后天一公司结束在上海的制片业务,将资财转往香港,改名南洋制片公司。新中国成立后将公司业务交诸弟掌管,自己退出影界,闲居终老于上海。

**邵 羲(生卒年不详)**

杭县人。早年留学日本,毕业于日本法政大学。回国后参与预备立宪活动,加入预备立宪公会,并被聘为该会商法编辑所编辑之一,参与1907年至1909年由上海商务总会发起组织的《中国商事习惯调查案理由书》编辑事宜。1910年当选为清朝资政院民选议员,资政院开会后有出色表现。1911年3月与他人发起成立法政杂志社。著有《日本宪法详解》、《民律释义》,翻译有《地文学问答》等。

**邵 骥(1892—?)**

字志千。绍兴县人。1911年春考入上海同济德文医学校,不久与同学朱家骅、上海《民主报》主编广告部主任徐霁生等发起组织中国敢死团。同年11月武昌起义爆发，参加辛亥革命。中华民国成立后历任上海中华图书馆德文编辑主任，直隶公立法政专门学校教授，国立北京大学讲师，陆军军医学校教官，浙江省民政厅禁烟局主任，北洋政府交通部北平档案保管处主任。著有《德文初阶》、《德文进阶》、《德华新字典》等。

# 八　画

## 武　迟(1914—1988)

字小樊。余杭县人。1932年杭州蕙兰中学毕业，考取清华大学理学院化学系。1936年本科毕业后进入上海中央研究院化学所工作。同年考取清华大学公费赴美留学。1937年到美国麻省理工学院学习化工专业，1939年获硕士学位。不久应聘于美国纽约世界贸易公司和福斯特惠勒公司，担任工程师10余年。著有《基础化学工业技术》一书。1950年回国后受聘为清华大学化工系教授，参与创建清华大学石油系。1952年院系调整时参加筹建北京石油学院，任该院教授，并曾担任系主任和副教务长。1958年调任石油工业部生产技术司总工程师。1964年担任第三届全国人大代表。1969年受“文革”冲击，下放“五七”干校劳动。1972年回京后担任燃化部石油化工科学研究院副院长兼总工程师。1980年当选为中国科学院学部委员。1988年3月1日在北京去世。

## 武钟临(1889—1951)

字如谷，号况闇。因服膺浙派篆刻始祖丁敬，名所居曰拜丁馆。萧山县人。武曾保之子。通法律，历任鄞县、永嘉、上海等处法院推事。善书画，尤精篆刻，出秦入汉，朱文以浙派为基，构思精巧，章法平正，得清新含蓄之美。又能以单刀作端楷，雅逸非常。为西泠印社早期社员。曾拓自作印成《拜丁庐印存》前后编。

## 范才骙(1914—　)

字连峰。鄞县人。1914年5月6日生。早年肄业于上海私立光华大学，后考入南京国民政府财政部税务专门学校。毕业后分发到财政部所属的江海关工作。抗战中期入重庆国民党中央训练团社工班第一期受训，结业后以国民政府社会部专员名义潜返上海，从事国民党的地下工运工作。1944年秋被日本宪兵队逮捕入狱。1945年8月日本宣布投降后获释，即奉命留在上海从事劳工运动，领导沪西三区棉纺业工会。1945年底当选为上海市参议会参议员。1946年6月上海工人福利委员会(国民党上海工运党团指导委员会的对外公开组织)成立，成为骨干成员，并受聘为上海市劳资仲裁委员。1947年底当选为“行宪”国民大会代表。1949年去台湾，先后在私立东吴大学及台湾省立台北工业专科学校任教。除继续担任“国民大会代表”外，还担任了“光复大陆设计研究委员会”委员。后任台湾英德可公证公司董事长兼台北市公证商业同业工会理事长。

## 范文澜(1893—1969)

初字芸台，后改仲沄。绍兴县人。1893年11月15日生于浙江省绍兴府山阴县城。1913年考入国立北京大学文预科，次年进文本科国学门，受业于国学名师黄侃、陈汉章和刘师培等人。1917年毕业，获学士学位，曾一度任校长蔡元培的私人秘书。1918年春赴沈阳高等师范学校任教。同年夏往河南汲县省立中学授课。1922年任天津南开学校国文教员，后兼南开大学教授，讲授中国文学史、文论名著和国学要略。1925年应顾颉刚之约加入文化团体朴社；在天津出版《文心雕龙讲疏》一书，博得梁启超等人的好评。同年“五卅”运动爆发，参加天津各界反帝大游行。此后开始阅读宣传新思潮的书刊，并改写白话文。次年秋在天津加入中国共产党。1927年秋开始在北京大学(原京师大学校)、师范大学、女子师范大学、中国大学、朝阳大学、女子文理学院、中法大学、辅仁大学等校任讲师。1932年10月出任女子文理学院国文系主任，次年10月任该院院长。授课之余勤奋著述，数年间出版了《诸子略义》、《水经注写景文钞》、《文心雕龙注》、《正史考略》、《群经概论》等书。其中《文心雕龙注》一书，征证详核，考据精审，究极微旨，为一时名著。1936年夏任河南大学文学院教授。“七七”事变爆发后主编《经世》战时特刊，支持《风雨》周刊，积极宣传中国共产党的抗日主张。因其抗日活动遭河南地方军政当局禁阻，于1938年暑期愤然辞去河南大学教职，参加新四军游击队。同年末应邀赴湖北隋县参加第五战区豫鄂边区十三县抗敌工作委员会，开展抗日民族统一战线工作。1939年9月重新加入中国共产党。次年2月到延安，先后任马列学院及延安中央研究院副院长，兼历史研究室主任；受中共中央和毛泽东委托主持编写中国通史（含中国近代史）。1941 年、1942 年出版《中国通史简编》上册（上古至五代）和中册（宋辽至清中叶），以阶级斗争为研究历史的基本线索，被史家誉为最早运用马克思主义系统地论述中国历史的完整的通史著作之一。1943 年 5 月调中共中央宣传部工作。1946 年 2 月调离延安后历任北方大学校长兼历史研究室主任、华北大学副校长兼研究部主任及历史研究室主任、晋冀鲁豫边区文联理事长、华北人民政府委员等职。新中国成立后任中国科学院近代史研究所所长、中国史学会副会长、中共中央历史问题研究委员会委员、中国科学院哲学社会科学部常务委员等职。1954 年起先后当选为第三届全国人民代表大会常务委员会委员，政协第三届全国委员会常务委员。在中共第八、第九次全国代表大会上分别当选为候补中央委员和中央委员。此外还担任过中国人民对外文化协会理事、中国文字改革委员会常务理事和政协全国委员会文史资料研究委员会主任委员。1952 年起重新改写《中国通史简编》一书，至 1965 年先后出版了远古至隋唐五代部分共四册，是史学界的领导者之一。1969 年 7 月 29 日在北京病故。

**范古农（1881—1951）**

原名运枢，字拱薇，后改名梦耕，字古农，又易名寄东，字幻庵。嘉兴县人。清末秀才。1898 年上海南洋公学肄业。1900 年就读于杭州求是书院。1903 年创办毓秀小学，为城区小学校之始。1907 年东渡日本，就读于东京物理专科学校。期间加入同盟会，与沈钧儒、章太炎等均有交往。1910 年归国后任嘉兴府中学堂监督。1912 年创办嘉兴县立乙种商业学校；1922 年改名嘉兴县立商科职业学校，均任校长。辛亥革命后思想变化，转向佛学研究。1912 年与龚宝铨等组织嘉兴佛学研究会，其后多次往杭州、平湖等地讲经，开居士讲经之风。1925 年随九世班禅和白普仁喇嘛朝拜各佛教圣地，并访问武汉、长沙等地佛教团体。1927 年赴上海，此后历任佛学书局总编辑、杭州佛学研究会主讲等。1943 年在上海创办法相学社。抗战胜利后专力于法相学。1947 年在嘉兴创办私立范氏小学。曾校订《金刚经》，著有《释尊传》、《大乘空义集要》、《幻庵文集》、《八识规矩颂贯解》、《观所缘缘论释》、《佛教问答》等。

**范尧峰（1915—1992）**

海宁县人。1915 年 8 月 4 日生。1935 年参加银行工作，任中国银行农贷视察员。1937 年抗日战争爆发后毅然辞去银行职务，投身抗日救亡运动。1938 年奔赴延安，进陕北公学学习。后经组织同意，返抵重庆，参加爱国民主活动。1945 年应黄炎培、孙起孟之约，参加民主建国会的筹备工作，并受聘担任中华职业教育社秘书和社员组主任。同年 12 月在民主建国会成立大会上当选为首届理事会理事，并担任秘书处副主任。1948 年白色恐怖笼罩上海，民建组织转入地下。受民建总会理监事会指派，担任民建总会留沪常务理事、监事及临时干事会干事。坚持地下斗争，直到上海解放。1949 年 5 月上海解放后由中共上海市委统战部推荐，协助孙晓村、胡子婴等筹备成立上海市工商业联合会，担任筹备组秘书。同年 10 月民主建国会成立全国会务推进委员会，担任委员。1950 年任财政部监察处副处长。1951 年任财政部办公厅副主任。1954 年任浙江省林业厅副厅长。1956 年起担任政协浙江省委员会常务委员。1958 年被错划为右派。1961 年被任命为浙江省人民政府参事。1962 年摘掉“右派”帽子，1981 年改正。民建方面，1953 年担任民建总会委员，1955 年至 1983 年担任民建第一、第三、第四届中央委员，1988 年担任民建中央咨议委员会委员。1980 年民建浙江省委员会成立，担任第一届常委，1984 年连任第二届常委，1988 年、1992 年担任第三、第四届顾问。1992 年 12 月 30 日病故。

**范寿铭（1870—1921）**

字鼎卿，晚号循园。山阴县人。范文澜叔父。年十六，以第一名入绍兴府学。1893 年中举人。任河南安阳、内黄等县知县，先后七年。又叠佐名公幕府，赞襄机要。民国后典守彰德，旋授河北道道尹。后为河南道志局长，江苏公署机要秘书，不久以疾卒。范氏还是著名金石学家，一生酷爱金石，任安阳知县时设立古迹保存所。在河北道尹任内，与顾燮光遍历太行山八年，访得自汉迄元各书未著录金石 700 种，成《河朔古迹志》（80 卷）、《图象》（1 卷）。所著尚有《安阳金石目》（1 卷）、《元氏志录》（1 卷）、《循园金石文字跋尾》（2 卷）、《循园古冢遗文跋尾》（2 卷），均由燮光为之刊行。又有文集及《钟山忆语》藏稿于家。

**范寿康（1896—1983）**

字允藏。上虞县人。1896 年 1 月 6 日生。1913 年留学日本，先后就读于东京第一高等学校、东京帝国大学文学部。1923 年在帝国大学获教育与哲学硕士学位。同年回国，任商务印书馆编译所编辑，兼任中华学艺社编辑部长，主编《教育大词典》，并担任《学艺月刊》。1926年任广州国立中山大学教授兼秘书长。1927年任春晖中学校长。1932年任省立安徽大学文学院院长。1933年8月至1938年4月任国立武汉大学人文学院哲学教育系教授，兼武汉大学《文哲》季刊主编、教授会主席等职。1937年7月出席蒋介石、汪精卫召集的庐山谈话会。1938年任国民政府军事委员会政治部第三厅副厅长兼第七处处长，协助厅长郭沫若领导抗日宣传和统战工作。此后改任文化工作委员会国际研究室主任、政治部设计委员，以及后方七大书局联合办事处主任。1946年3月至1947年4月任台湾省行政长官公署教育处处长。1947年5月任台湾大学哲学系教授，后兼台湾大学图书馆馆长。1949年后专任教授，至1970年退休。1982年4月18日从台湾经美国辗转回北京定居，致力于祖国统一大业。同年12月被选为全国政协委员、常务委员。1983年2月27日在北京去世。著有《范寿康教育文集》、《个性教育》、《教育哲学大纲》、《各科教学法》、《近代六大教育思想家》、《哲学通论》、《美学概论》、《艺术之本质》、《朱子及其哲学》、《中国哲学史通论》、《现代德国哲学概论》、《认识论》等数十种。

**范贤方(1877—1917)**

字仰乔，号仲壶。鄞县人。1902年考中举人。1906年入宁波法政学堂肄业。同年由宁绍台道喻兆藩保举去日本留学，入东京法政大学速成科学习。在日本期间与同盟会革命党人有所来往。1908年回国后在浙江巡警道兼洋务总办王丰镐处任秘书，兼宁波法政学堂教员。不久被推举为宁波地方自治筹备会会长。1911年7月与陈训正等组织宁波国民尚武分会，任副会长，并加入同盟会；10月10日武昌起义爆发后受宁波地方人士推举主持宁波起义事宜；10月22日宁波民团成立，任副团董，联络新军协统刘洵、防军统领常荣清，准备响应；11月1日宁波保安会成立，任干事；11月5日保安会开会，主张即日宣告独立。随后与魏炯等率尚武会会员及商团、民团千余人，占领宁波道台衙门，以保安会名义出安民告示。当晚宁波军政分府成立，任执法部长。浙江光复后任浙江军政府司法筹备处长。1913年9月返回宁波，与驻鄞县的陆军第三旅旅长顾乃斌、鄞县知事沈祖绵等通电讨袁。“二次革命”失败后改名慕莲，流亡日本。1916年回国后参加驱逐浙江都督朱瑞、宣布浙江独立。1917年初任浙江省高等审判厅厅长。同年夏南下广州，参加孙中山领导的护法运动；9月广州军政府成立，任国法院院长。不久因背部病疽，于农历八月二十二日在任所去世。1931年归葬慈溪县秦可观岙南山之麓。

**范钧宏(1916—1986)**

原名范学蠡。杭县人，生于北京。少时酷爱京剧，曾从名师学艺，组班演戏。18岁登台演出，因嗓败辍演。1934年大学毕业后在北平组班演京剧并参加大众文艺创作研究。1948年开始发表作品。1949年后历任天津《星报》驻京记者，中国戏曲研究院编辑室编辑，中国戏曲研究院京剧组长，中国京剧院文学组长。1951年调到中国戏曲研究院，投身于戏曲遗产整理和剧本创作。1955年转入中国京剧院，从事剧本创作及创作组织工作。历任中国戏曲研究院京剧组组长，中国京剧院文学组组长、编剧。同年成为中国戏剧家协会会员。1962年加入中国作家协会。著有京剧剧本《满江红》、《猎虎记》、《杨门女将》、《白毛女》、《九江口》、《强项令》、《望江亭》，作品集《范钧宏戏曲选》、《范钧宏戏曲编剧论集》、《范钧宏戏曲评论选》、《戏曲编剧论集》、《戏曲编剧技巧浅谈》等。

**范爱农(1883—1912)**

名肇基，字新年，号爱农。绍兴县人。清末革命团体光复会成员。1905年冬随徐锡麟到日本留学。1907年徐死难后仍留在东京。后回国，以教小学糊口。1911年11月绍兴光复后被绍兴军政分府任命为山会师范初级学堂监学，与时任校长的鲁迅共事二月。1912年5月1日因被该校二年级诸生斥逐而去职。同年7月10日在与友人游湖时落水身亡。鲁迅闻之，曾赋诗三首悼之，1926年又作散文一篇(题为《范爱农》)以怀之。

**范谦衷(1901—1993)**

名德盛，字谦衷，以字行。杭县人。1927年金陵大学生物系毕业后留校任教。1931年赴美深造，1933年获美国加利福尼亚大学硕士学位。1934年获美国科学 Sigma Xi 金钥匙奖，当选为美国科学会会员。曾在国外发表《猴类肠寄生阿米巴细胞学研究》等论文，对原生动物进行研究取得成绩。同年回金陵大学生物系任教授，兼任科学教育电影委员会副主席，是在我国提倡和推动电化教育的先驱者之一。由其编写的《大学遗传学》是当时比较完善的课本，为多所学校采用。1947年在任金陵大学生物系主任期间参与南京市动植物园筹备委员会活动，起草《动物园计划书》，得到政府采纳。1952年院系调整，金陵大学农学院与南京大学农学院合并组建南京农学院，随之到南农任教。1958年编著出版《森林鸟兽生物学(附狩猎原理)》。同年调入新成立的徐州农业专科学校任教。1962年该校被撤销后调入徐州医学院任教。“文革”后调回南京农业大学畜牧系任动物学教授。系九三学社社员，1991年间曾在九三学社中央委员会主办的《民主与科学》杂志上发表《漫谈教育改革》一文。

**范瑞娟(1924— )**

女。别名范竹山。嵊县人。越剧表演艺术家。1935年4月入龙凤舞台科班学戏，工小生。1936年随班到杭州、绍兴、宁波、沈家门、诸暨等地作为头牌小生登台演出。1938年到上海演出。1941年夏在汇泉楼演出时因竺素娥生病，毛遂自荐救场成功，由此当上了头肩。此后分别和邢竹琴、支兰芳、金香琴搭班。1943年下半年至1944年夏与傅全香合作。1944年8月至1947年1月与袁雪芬合作，投入“新越剧”的改革。1945年参加雪声剧团，与袁雪芬合演。1946年5月在《祥林嫂》剧中扮演牛少爷。1947年夏和“越剧十姐妹”一起参加了联合义演《山河恋》。在袁雪芬因病暂离舞台后，邀傅全香再次合作，同组东山越艺社。1948年《祥林嫂》首次被搬上银幕时一饰两角，扮演牛少爷和祥林。同年秋与袁雪芬合作演出于大上海戏院，演出了田汉编剧的《珊瑚引》等剧目。1949年春与傅全香重组东山越艺社。同年7月进入上海市军管会文艺处举办的地方戏剧研究班学习。结业后先后主演了《李闯王》、《梁祝哀史》、《万户更新》等戏。1950年任上海越剧工会主席。同年率团进京，演出《梁山伯与祝英台》、《祝福》。1951年8月任华东越剧实验剧团副团长，兼上海越剧工会主席。参与组织越剧界抗美援朝捐献“越剧号”飞机的义演工作。1952年在第一届全国戏曲观摩演出大会上与傅全香、袁雪芬等合演《梁山伯与祝英台》获得一等奖。在60余年的舞台生涯中共扮演了100余个角色。代表作有《梁山伯与祝英台》、《孔雀东南飞》、《李娃传》、《打金枝》、《祥林嫂》、《西厢记》、《白蛇传》等。形成了越剧流派中的“范派”艺术。唱腔在继承男班“正调”的基础上，吸收京剧马连良、高庆奎等名家的唱腔音调和润腔处理，形成音调宽厚响亮、咬字坚实稳重、行腔迂回流畅的特点。与琴师合作，大胆吸收京剧“反二簧”曲调，首创优美抒情的“弦下调”，丰富和发展了越剧的声乐艺术。出版有《范瑞娟表演艺术》、《范瑞娟——越剧艺术影集》、《范瑞娟唱腔选集》。

**范　瑾(1919—2009)**

女。原名许勉文，又名范元贞。绍兴县人。1919年9月生。范文澜之妹。1936年南京国立中央大学实验学校毕业于后考入中央大学理学院地质系学习。同年前后加入共青团领导的进步学生组织，是南京妇女救国联合会成员。1937年中断学业前往延安。1938年在陕北公学学习。同年加入中国共产党；年底调至八路军总政治部前线记者团，到冀中平原的定县、深县、武强、安平一带采访。1939年9月任《冀中导报》社社长兼新华社冀中分社社长。1946年1月任《晋察冀日报》社编委、采访通讯部主任。1948年11月至1952年9月历任《天津日报》社编委、副总编辑、总编辑，天津市委宣传部副部长。1952年9月至1966年任《北京日报》社社长。期间于1952年兼任北京市委宣传部副部长，1955年兼任市委常委，1964年兼任北京市副市长。后历任北京市人大常委会副主任、市政协主席，中共北京市顾问委员会副主任。曾当选为第一、第二、第三届全国人大代表，中国共产党第八次全国代表大会代表，全国新闻工作者协会副主席，全国妇联第三届委员会执委。2009年1月4日在北京去世。

**茅丽瑛(1910—1939)**

女。杭县人。5岁丧父，7岁兄长病夭，8岁时妹妹又送广东人收养，相依为命的母女由其姨父(牧师)介绍到上海启秀女校幼稚园干杂差，才得以幸存。后在表兄陈招悦(启秀女校教导主任)的帮助下就读于启秀女校。1930年夏高中毕业后考入苏州东吴大学法律系，次年因无法筹借高昂的学费而被迫辍学。1931年3月考入上海江海关当英文打字员。1935年参加由各界职业妇女自发组织的上海中国职业妇女会。1936年参加由中共地下党领导的江海关进步群众组织“乐文社”。1937年抗战爆发后被“乐文社”推选为海关华员战时服务团慰劳组的负责人，带领大家募捐、宣传、救济难民、慰劳前方将士和伤员。同年11月放弃海关金饭碗，和海关进步青年参加“救亡长征团”，到广东进行抗日救亡宣传。回沪后在启秀女中担任教师。1938年5月5日上海职业妇女俱乐部成立，被推举为主席。同月中旬加入中国共产党。1939年春组织救济难民和支前抗日的募捐活动。不顾汉奸特务的利诱、威胁、恐吓、捣乱，坚持筹款募捐、义卖，所得之款除一部分给难民救济协会外，余下的秘密转送给新四军。同年12月12日晚7时30分遭日伪特务袭击，身上多处中弹，因伤势过重不治，于12月15日下午去世。

**林三渔(1897—1987)**

青田县人。旅日侨商。世代务农，17岁东渡日本谋生，充当杂工、技工。第二次世界大战后利用积攒资金开设了“中华料理餐馆”、游艺场等企业，成为有影响的实业家。参与创设旅日华侨浙江同乡会，并先后任副会长、会长，以及日本东京华侨总会理事、常务理事。1961年至1987年多次应国务院侨办邀请回国观光。热心祖国建设事业，1961年首次回乡后就在家乡、上海、温州、丽水资助兴建大、中、小学校10余所。80年代初以来又出资设立“振兴中华奖学金”，奖励学习优秀、工作勤奋的学生和教师。同时联合旅法、荷、意的浙籍华侨资助修建杭州华侨大楼。在家乡兴办的公益事业也多达30项。1982年东京华侨总会给他颁发特别表彰奖，表彰他“热爱祖国，为维护华侨正当权益，团结广大侨胞，促进祖国统一，发展中日友好所作出的贡献”。1987年11月在东京病故。

**林子崇(1873—1957)**

又名德懿。丽水县人。1897年考中秀才，后潜心自学中医。21岁起在祖传中药店天良堂坐堂行医。曾研制中成药“疳积粉”及“小儿益智糕”等。著有《医效秘传》。1957年9月27日去世。

**林公际(1896—1980)**

原名蟠，字禅航。太平县人。1916年陆军军医学校(北京)药科第四期毕业。1921年参与发起旅京温岭学会。1927年北伐时期出任国民革命东路前敌指挥部药局主任。后赴日本帝国大学进修。回国后曾担任沈阳东北医院药师。后回母校(1933年迁至南京，1936年改名军医学校)任教授，兼任浙江省立医药专科学校教授。1939年2月军医学校从南京经广西迁往贵州安顺，任药科药剂学系主任。1940年春浙江省立医药专科学校迁至天台坑边复课，期间在药科任教。1941年至1943年担任军医学校药科科长。1942年夏天回乡度假，值霍乱流行，药品奇缺，又为温岭县卫生院配制药品，救活不少病人。后至福建永安兼任福建省制药股份有限公司制药厂厂长，曾在永安东门防空洞里，以甘薯粉、茭芋粉等为原料，经硫酸水解，制成葡萄糖，为抗日军民提供药品。1943年6月6日中国药学会福建分会在永安县成立，被推选为理事长。以后一直留在福建工作。1949年后历任福建医学院教授、副院长，生化教研室主任。1958年被评为福州市劳动模范。曾经指导福建省卫生研究所课题组对我国食物成分进行研究，于1978年获得全国科学大会成果奖。著有《卫生化学》、《水检查法》、《药物禁忌》等。

**林文秉(1893—1969)**

宁波人。1915年就读于上海哈佛医学校。次年该校解散转入美国哈佛大学医学院。1920年毕业，获学院最高荣誉——金钥匙奖，并授予医学博士学位。同年回国后在北京协和医院眼科工作。1935年至1937年在奥地利维也纳大学医学院专攻眼科病理学，获眼科博士学位。曾任北京协和医学院教授、南京中央医院眼科主任、上海医学院教授。1950年受聘为上海军医大学(今第二军医大学)教授、眼科教研室主任。兼任中华眼科学会副主任委员，《中华眼科杂志》、《解放军医学杂志》编委，并任上海市第三、第四届政协委员。毕生致力于眼科病理学的研究，在国内最早发现并描述黑热病、斑疹伤寒、伤寒、痢疾、淋病、梅毒等全身疾病引起的眼部变化。同年提出新的沙眼分期，至今仍为临床诊断所遵循。1952年在军医大学创建中国第一个眼科病理室。1963年编著出版60万字的《眼科病理解剖学》，为国内第一部眼科学专著，获1978年全国科学大会重大科技成果奖。

**林　尹(1910—1983)**

字景伊。瑞安县人。1910年11月5日生。幼承家学。1925年考入国立北京大学国学系。1930年入北京大学国学研究所深造，为著名学者黄侃弟子。先后任河北大学、南京金陵女子文理学院、东北大学、国立北平师范大学教授。1937年抗战爆发后放弃教职，投身抗日救亡工作。初任华北特派员，负责民众组训工作。北平沦陷后到山西从事抗日活动。1938年7月南下汉口，任国民党汉口特别市党部主任委员。1941年4月25日在汉口市特一区(原德国租界)被日军拘捕。后被解到南京，誓死拒绝加入汪伪政府，曾被汪伪当局三次绑赴刑场以执行枪决进行威胁，终不屈服。后被囚禁上海愚园路864号。由国民党中央组织部长朱家骅亲自出面营救，于同年10月得以脱险赴香港；12月飞往重庆，任四川大学文科教授。1945年抗战胜利后奉命任国民党浙沪党务特派员。1946年当选为制宪国民大会代表。1949年去台湾，先后执教于政治大学、台湾师范大学、“中国文化大学”，先后被推举为“中国文字学会”理事长、“孔孟学会”常务理事、“中华文学协会”会长，并任《中文大辞典》编纂委员会副主任委员、台湾师范大学国文研究所"常用国字编纂处"主任委员、"常用国字标准字体研订小组"顾问、"重编国语辞典指导委员会"委员、"中国百科全书"编纂委员等。曾赴美国、西班牙宣扬孔孟之道，参加国际汉学会议。被韩国建国大学授予名誉文学博士学位。1983年6月8日在台北病故。擅长文字训诂，博通经史，兼及诸子，尤明音韵之理。著有《中国声韵学通论》、《中国学术思想大纲》、《文字学概说》、《训诂学概要》、《〈周礼〉今注今译》、《景伊诗钞》等及论文百余篇，编有《大学字典》、《两汉三国文汇》以及《中文大辞典》(合编)、《国民辞典》(合编)等。

**林玉麒(1871—?)**

字式言。永嘉县人。清末曾任福建莆田、永福等县知县、浙江优级师范学校庶务长、广东官银号经理。1912年中华民国成立后辞职回乡。同年底在浙江参加国会议员竞选，当选为中华民国第一届国会众议院众议员。1913年春到北京任职。1914年1月10日袁世凯下令解散国会，被迫回永嘉原籍闲居。1916年8月1日第一届国会在北京复会，仍任众议院众议员。1917年6月12日黎元洪总统在北洋派及复辟派的强大压力下再次宣布解散国会，再次出京。1922年第一届国会再次复会，仍任众议院众议员。1923年10月参加贿选投票选举曹锟为总统。

**林去病(1905—1932)**

原名宝康，字季平，笔名林去病。瑞安县人。1905年12月12日生。1919年考入瑞安中学学习。在进步校友的影响下参加学生纠察队，上街宣传抵制日货，查缉走私物资，并和进步学生一起组织读书会，阅读进步书刊，接受新文化、新思想的熏陶。1922年夏毕业后应聘到温州大同女子小学任教，经常在《瓯海公报》和《新瓯潮》发表文章，揭露军阀黑暗统治。1925年5月加入中国共产党，成为中共温州独立支部的重要成员。同年冬任国民党永嘉县党部执行委员。因受县党部内部右派势力的排挤，被迫离开永嘉。1926年初前往乐清盐场，以司秤员为掩护，开展革命活动。1927年1月中共瑞安小组改为中共瑞安特别支部，任书记。"四一二"反革命政变后被迫转移到农村活动。1928年2月任中共瑞安临时县委书记，以小学教师身份为掩护，组织农民武装，参与永(嘉)瑞(安)平(阳)乐(清)联合暴动;9月中共浙南特委成立，当选为特委常委。1929年4月调任中共宁波市委第一任书记;月底到宁波，当天即被国民党逮捕。当时化名吕宝富，自称是上海布厂工人，敌人不明其身份，判处三年六个月徒刑，关在宁波第四监狱。后因同监叛徒出卖，于刑满出狱前不久被押送杭州的浙江省陆军监狱。1932年4月19日上午在陆军监狱从容就义。

**林世芬(1912—　)**

女。鄞县人。早年在宁波甬江女子中学就读。毕业后考入上海沪江大学化学系，1934年获理学学士学位。旋赴德自费留学，考入德兰斯顿工业大学博士班。1945年回国后任国立沈阳医学院副教授、教授。1949年赴台湾后任台湾大学化学系教授。1956年转任中原理工学院化学系教授，次年兼化学系主任。1977年卸任系主任一职，专任教授。

**林　本(1899—?)**

鄞县人。1912年入浙江省立第四中学就读，次年转学到第四师范。1916年毕业后任第四师范附属小学教师。1919年3月赴日本东京高等师范学校留学，专攻教育。1924年春毕业回国后在浙江省立第一中学高中部任教。次年到浙江省立第四中学担任教务主任。1925年冬赴国立北京女子师范大学任教。1927年赴日任浙江驻日留学生管理员。1929年4月考入日本东京文理科大学，进修教育学及心理学课程。1931年9月回国后任国民政府教育部首任督学。1932年任省立安徽大学教授。次年秋任浙江省立民众教育实验学校校长。1935年任国立中山大学教育系教授兼系主任。1941年春任国立中央大学教育系教授兼公训系主任。1946年秋去台湾后任台湾省立师范学院首任教务主任兼教育学系主任。1949年春师范学院改组，为专任教授。1960年秋重新出任教育系系主任。1969年夏辞职。著有《教育思想与教育问题》、《世界各国师范教育制度》、《世界各国中学制度》、《日本教育之理论与实践》、《理则学导论》、《各国师范教育》等。

**林汉达(1900—1972)**

曾用名林涛。慈溪县人。1924年毕业于杭州之江大学。历任宁波四明中学英语教员，上海世界书局编辑、英文编辑部主任、出版部主任。1937年考入美国科罗拉多州立大学研究院攻读民众教育系。1939年获硕士学位并读完博士学分。回国后任上海华东大学教授、教育系主任、教务长、教育学院院长等职。1945年参与发起组织中国民主促进会。抗战胜利后积极参加爱国民主运动，在《周报》、《民主》等刊物上发表文章。因受国民党政府通缉，于1946年转移至东北解放区，化名林涛，担任关东文化协会理事长、大连市新文字协会主任、光华书店总编辑、辽北省教育厅长、辽北学院副院长等职。1949年参加中国人民政治协商会议和筹备工作，并出席第一届全体会议。新中国成立后历任北京燕京大学教授兼教务长、教育部社会教育司司长、全国扫盲委员会副主任、中国文字改革委员会委员、教育部副部长、《中国语文》杂志副总编、总编等职。为中国民主进步会中央委员会第一、第三届常务理事，第四届副主席，第五届常委，第一至第三届全国人大代表。编著有《东周列国故事新编》、《前后汉故事新编》、《三国故事新编》、《上下五千年》（由曹余章续完）等通俗历史故事读物。

**林　刚(1891—1979)**

平阳县人。1921年毕业于金陵大学。先后任林业部广西油桐研究所副所长、研究员，湖北农学院教授，中国林科院研究员，浙江林学院教授。长期从事经济林的科研和教学工作，为我国经济林科研的开拓者。著有《油桐十年实验纪要》、《浙江省乌桕品种的优良单株选择调查研究》等。

**林行规(1882—1944)**

字斐成。鄞县人。1896年就读于上海南洋公学。南洋公学毕业后入读京师译学馆。1904年考取官费留学资格，赴英国就读于伦敦大学政治经济学院，获得法学学士学位。之后赴美国，进入林肯大学法学院继续深造。1911年被授予大英帝国大律师执照，就职于林肯思皇家律师事务所。1912年回国后担任中华民国南京临时政府大总统孙中山的法律顾问。后任中华民国北洋政府大理院推事。1914年1月至1916年2月任国立北京大学法科学长。1915年3月至1916年底任北洋政府司法部民事司司长，兼任法院编查会编查员，调查治外法权委员会专门委员。1918年因不满北洋政府司法黑暗，辞去公职，在北京开设律师事务所，常为穷人打官司和提供司法援助，获得舆论好评，是当年北京著名的大律师。1944年6月在北平病故。

**林环岛(1904—1941)**

又名栋、云涛、东山，化名乐乐、孝乐、杨志恒，笔名海岛民、凡朵、双木等。洞头县人。1904年1月8日生。早年就读于温州的浙江省立第十师范学校。1926年在上海私立暨南学校（次年更名为暨南大学）读书时加入中国共产党。同年冬南下福建，投奔国民革命军东路军。1927年1月任中共泉州特别支部委员。1928年春在上海龙华创办泉漳中学，任训育主任。同年5月28日泉漳中学遭破坏。1929年3月30日受党组织派遣到缅甸侨民中从事反帝革命活动。1931年春在缅甸被英国殖民当局逮捕，三个月后被驱逐出境。回国后到上海先后主编《现实周报》、《南声报》。1933年10月《南声报》遭查封。1934年2月任《中国经济年鉴》编辑委员会常务委员。同年10月到法属殖民地安南（今越南）华侨中宣传革命。1935年7月回国后担任汕头《星华日报》编辑。1937年5月担任中共厦门市工委委员兼《星星晚报》主编。1938年5月11日厦门沦陷后担任厦门儿童救亡剧团总领队和党支部书记。前后历时三年，行程万余里，演出数百场，进行抗日救亡宣传，开展募捐慰劳活动，受到各界同胞和海外爱国侨胞的欢迎和支持，为抗战募得大批款项和物资。1939年8月下旬厦门儿童救亡剧团在越南演出结束回国后因工作需要继续留在越南从事华侨统战工作，担任印度支那共产党南圻中国同志工作委员会书记。1941年春在越南西贡（今胡志明市）病故。其遗作结集为《林环岛文集》出版。

**林国镐(1897—1972)**

号吉甫。镇海县人。早年在圣约翰大学肄业，后考入清华学校。1918年毕业后到美国白朗大学理学院留学。1920年入哈佛大学医学院学习。1924年获哲学博士学位。次年游学欧洲，先后在英、德、奥、荷兰等国的著名化学实验室访问。1927年回国后在北平协和医学院生物化学科任讲师。1930年任中央大学医学院（今上海医科大学）生物化学教授，并建立生物试验室。抗战时期曾在重庆中央卫生实验院任化学药物组主任。1941年回到当时已迁往重庆的上海医学院任教。抗战胜利后随校迁回上海，任生化科主任。1948年倡议组织中国生物化学会，被推为主要负责人。1953年被调到军事医学科学院担任生物物理研究室主任。“文革”时受到迫害，于1972年12月在上海病故。是我国生物化学的开创者之一。

**林宗雪(生卒年不详)**

女。平湖县人。原尚侠女校教师，南社成立时担任庶务。1911年与张馥真在上海组织“女子进行社”，召集社员出入茶楼、酒肆、旅馆、火车站等公共场所，推销革命书报，扩大革命宣传。同年11月11日与尹锐志、尹维峻、唐群英、沈佩贞等组织女子北伐敢死队，有30多人参加，出任队长，参加江浙联军攻克南京战斗。南京光复后曾向浙江都督汤寿潜要求给予川资以便参加北伐,但未有成效。又向沪军都督陈其美请求继续招募女军,准备北伐,也未获同意。女子北伐队因革命成功,经费拮据,最终被解散。后向大总统孙中山请求拟以驻地绿圃作为校地开办女子蚕桑学校,以安置北伐军女子。孙中山转发教育部会同内务部办理,但最后也不了了之。1912 年元旦女子北伐军列队欢迎临时大总统孙中山到南京就职;3 月 11 日公布的《临时约法》并没有提及妇女参政权,引起女子参政员不满,联名向孙中山提出抗议,还大闹参政院;3 月 19 日参议院以欧美女子尚未有参政权为由,通过决议否决《女子参政案》。在孙中山实业救国号召下,女子参政组织着手创办女子实业,作为女子参政经济后盾,募集资金 4000 元,在上海福州路青莲阁创办女子植权物产公司,出售丝、绵织、化妆、陶瓷等国货,以抵制洋货。晚年入杭州紫阳山祇园庵,法名耀真。

**林定勖(1906—1980)**

慈溪县人。1929 年毕业于交通大学电机科电信门。曾任国民党政府交通部国际电台工程师。1948 年代表中国出席国际电信联盟临时频率委员会会议。新中国成立后曾任邮电部技术司副总工程师、副司长,邮电部邮电科学研究院副总工程师、高级工程师,长期从事科技管理工作。是中国国际电台的创始人之一。曾任第五届全国政协委员。

**林绍楠(1889—?)**

字颜树。鄞县人。清末在宁波箭金学堂读书时与蒋介石同学。后赴日本留学,先后就读于日本明治大学与法政大学。民国初年在北洋政府外交部任职。1927 年任南京国民政府外交部特派南京交涉员。1928 年任外交部第一司帮办兼科长。1931 年南京国民政府在日本占领下的台湾台北设总领事馆,任第一任总领事。1932 年辞职回大陆。1935 年任外交部驻浙闽区视察专员,1936 年去职。后不详。

**林树艺(1906—1962)**

字梅澜,号儒毅。瑞安县人。早年毕业于浙江省立第六中学(温州)。1927 年入南京国民党中央党务学校第一期肄业,后转入南京国立中央政治学校第一期法政系学习。毕业后分发到浙江省兰溪实验县任科长,后任遂昌县长。1937 年抗战爆发后派代表与浙南游击队谈判,取得成功。后调新昌县长。1942 年后任浙江省浙西行署秘书处处长、政务处处长。1945 年抗战胜利后任国民党浙江省党部书记长。1946 年当选为浙江省参议会参议员。1948 年当选为立法院候补委员。1949 年赴台湾,递补为“立法委员”。1962 年 10 月 30 日在台北病故。著有《林树艺法案》。

**林显扬(? —1949)**

字达荪。黄岩县人。1911 年参加辛亥江浙联军攻克南京之役。1912 年 8 月入保定陆军军官学校第一期炮兵科学习。1913 年离校回浙军任职,任浙江保安第五团团长、浙江保安处第一科科长。1930 年 2 月任南京国民政府海军部镇江区要塞司令。1937 年 5 月被国民政府授予陆军少将。同年毕业于陆军大学将官班;8 月淞沪会战时任第三战区江防军镇江要塞司令。1938 年 1 月镇江要塞沦陷,退职还乡赋闲。1949 年 2 月病故。

**林信绍(1894—1927)**

镇海县人。15 岁到上海乐源昌铜锡店当学徒。1916 年正值第一次世界大战打得如火如荼,外货医疗器械来华中断,从西药房看到样品后决定抓住时机模仿制造。筹借 200 银元,在北京路开设德兴五金工场。通过药房提供的样品,在煤油灯下开始生产换药镊子、牙根镊子、两爿式血管钳、器械钳等,也生产油膏刀、卷棉子、探针、压舌板、耳镜、酒精灯、酒精灯架、点眼台等。后增加漏斗架、盐水架、换药台、酒精煮沸消毒器等。销售对象是五洲药房、中英药房、中西药房、华美药房、华洋药房等。1924 年生产规模再次扩大,资本已达 1 万银元,为初投资时的 50 倍,客户几乎遍及上海各大药房。1927 年 2 月去世。

**林 炯(1900—1937)**

原名元炯,字电岩,化名王德、马良。临海县人。1916 年 9 月考入浙江省立第六中学学习,后因反对校方贪污舞弊,被开除学籍。1919 年 9 月考入上海澄衷中学读书。在五四运动中阅读了《新青年》等进步书刊,开始接触马列主义。1922 年 9 月进入南京河海工程学校学习。1923 年加入中国社会主义青年团。1925 年暑假回乡后发起成立“临海乙丑读书社”,以“努力读书,改造社会”为宗旨,组织青年阅读《共产党宣言》、《共产主义 ABC》、《中国青年》、《向导》等书籍,传播革命思想;10 月加入中国共产党;11 月奉组织派遣前往莫斯科中山大学学习。1927 年下半年回国后在中共中央上海局任翻译,并负责同东方各国共产党的联络工作,后又负责主编《中国工人通讯》。1931 年 7 月被捕,经营救出狱。1932 年春奉调到湘鄂西省委任宣传部长,同时任教于省列宁学校,主讲《财政经济》。同年因第四次反“围剿”失利,被围困在敌占区，历尽艰辛，回到上海，先后在中共中央组织局和中央上海局组织部工作。1933年6月调到哈尔滨，化名马良，担任中共满洲省委宣传部长；10月担任中共满洲省委书记兼宣传部长。组织抗日武装，进行抗日斗争。1934年9月调往苏联海参崴。1935年9月赴苏联莫斯科，改名王德，在苏联外文出版社工作。参与编辑长篇通讯《雪山草地行军记》、《从甘肃到陕西》，介绍中国工农红军艰苦卓绝的斗争情况，讴歌中国工农红军二万五千里长征的光辉胜利。1937年在苏联的肃反运动中遭王明等人诬陷，以莫须有的罪名投入监狱，后流放到西伯利亚。同年被错杀。新中国成立后被追认为革命烈士。

**林涤庵(1878—1953)**

又名森。镇海县人。化工企业家。晚清秀才。年轻时到长沙研究矿物标本。1911年在上海开设科学仪器馆，销售各类矿石标本给各学堂。1919年8月筹资2万元创设大丰工业原料公司，任董事长兼经理，经营进口化学工业原料。1920年公司增设制造厂，生产蒸馏水、绿矾、硫酸铜等。1923年大丰公司有锡酸、铬酸等12项产品被上海总商会陈列所第三次展评会评为优等品，亚莫尼亚水等四项产品被评为最优等。1924年后先后在汉口、长沙、广州、香港等地设立分支机构。1935年后任大丰工业原料公司董事兼经理，同丰恒记工业原料公司、科学仪器馆、天原电化厂、南阳肥皂厂、开成造酸股份有限公司、五洲大药房等董事。曾是多届上海总商会会员。

**林振纲(1900—1976)**

绍兴县人。1922年毕业于北京医学专门学校。1930年至1932年留学德国。曾任北平大学医学院病理学科兼法医学科主任、教授，沈阳医学院总务主任、病理科主任，中央大学医学院、河北医学院教授。新中国成立后历任北京医学院基础医学部主任、病理解剖教研组主任，中华医学会微生物学会副主任委员。毕生从事冠状动脉硬化、肺吸虫病、肺癌、痢疾、流行性脑膜炎等研究工作。阐明了冠状动脉分布与心肌损伤的关系，肺吸虫在体内扩散的途径和病变发生过程以及肺瘢痕癌的病理特点。对心血管疾病的病理学、病理解剖学的形态识别和分析有较深造诣。著有《肺吸虫及脑病变之病理》、《病理学》等。

**林　竞(1892—1962)**

字烈敷。平阳县人。1913年肄业于宁波四明专门学校。同年去日本东京。1914年在孙中山委托日本友人创办的政法学校学习。1915年5月9日在袁世凯接受日本提出的“二十一条”后回国参加讨袁行动，遭到北洋军阀政府的通缉。1916年参与护国讨袁战役，潜入广西主编《岭表日报》，旋至湖南，任护国军总司令部秘书。同年秋受财政部、农商部派遣，赴新疆、甘肃考察实业，周历天山南北，取道俄国回京，历时一年。1918年再渡日本；返国后复赴绥远、宁夏、甘肃、新疆，转道外蒙古，回北平，为期10个月。两次考察归来后向北洋政府提出《查勘绥甘新路线意见书》，但被搁置。1922年到上海会见孙中山，条陈开发西北意见。1924年任京绥铁路材料处处长，西北边防督办公署调查编辑处处长。1926年奉命筹办国民党甘肃西宁(今属青海省)党部。1927年任西宁区行政长官兼垦务总办，国民革命军第二集团军高等顾问。1928年9月至11月任青海省政府委员兼民政厅长。1929年回到上海，在温州同乡会工作。1932年1月至1933年5月任甘肃省政府委员兼民政厅厅长。1936年春任湖北筹备县政人员训练所教育长。1945年抗战胜利后任浙江省议会秘书长。后任西北协会理事、新亚细亚学会常务理事。1948年任“行宪”国民大会代表。1949年春去台湾。1962年在台湾病故。著有《蒙新甘宁考察记》、《西北丛编》、《新疆纪略》以及《中国必能复兴论》，被称为“西北拓荒者”。

**林　通(1919—1945)**

又名大慈。温岭县人。1938年毕业于台州中学简易师范部。1943年赴四明山参加浙东游击纵队。不久加入中国共产党，任五支队一大队二中队政治指导员，每次战斗都是冲锋在前。1945年10月浙东游击纵队主力奉命北撤，过钱塘江，在澉浦登陆时遭国民党军队堵截；手提轻机枪，率部冲进澉浦城，从东门一直打到西门，俘敌两个班，激战至夜，在掩护部队撤退时壮烈牺牲。

**林　杉(1914—1992)**

原名李文德。慈溪县人。电影剧作家。早年就读于绍兴小学、亚陆中学。30年代初期从事抗日进步戏剧活动。组织过戏剧团体——青虹剧社，参加左翼戏剧活动，后被捕。1937年起在山西游击大队任政治处主任。1939年任抗日剧团吕梁剧社社长。后历任晋绥文联所属剧协主任、大众剧社社长、西北艺术学院戏剧系主任等职。期间改编《吕梁英雄》、《刘胡兰》等著名电影剧作。新中国成立后在中央电影局所属剧本创作所、长春电影制片厂任编剧，期间创作了著名的《上甘岭》。

1961年后担任长春电影制片厂副厂长、《大众电影》杂志主编。

**林梅宾(1907—1990)**

鄞县人。1924年毕业于上海澄衷中学,在上海华大华行当职员。1928年任大通华行副经理。1931年在上海创办天星糖果饼干厂,任厂长达40年之久。抗战期间用停厂停业办法抵制日军指派生产军用饼干任务。新中国成立后积极捐献飞机大炮,支援抗美援朝。"文化大革命"中曾受冲击,下放劳动。后任上海儿童食品厂(原天星糖果饼干厂)技术副厂长。先后为上海、杭州爱国建设公司捐款85万元。1986年又捐出20万元作为发展食品制造技术奖励基金和上海市食品工业公司职工中等专业学校基金。曾任徐汇区第三至第五届人大代表,第六、第七届政协常委,上海市工商联执行委员等职。

**林清崇(1878—1934)**

丽水县人。1898年中秀才。1916年考入浙江蚕桑学校就读。1920年毕业后留校任教,后任蚕桑学校校长。1927年任浙江省教育厅厅长,不久即离职为僧,并在丽水碧湖镇河东村兴建佛照亭。1930年云游化缘募捐,次年在佛照亭处兴建佛寺小普陀,并任该寺住持,取法名为"优婆塞"。1934年6月病故。

**林淡秋(1906—1981)**

原名林泽荣,笔名林彬。宁海县人。曾就读于上海同济大学、上海大学、上海艺术大学。1929年到新加坡华侨中学任教。1930年春回到上海,从事革命活动、文学翻译活动。先后翻译了《列宁在一九一八》、《丹麦短篇小说集》(与柔石合译)、《西行漫记》等。1933年开始发表小说、散文等作品。1935年加入左联,曾任常务委员、组织部长。1942年到达新四军根据地,历任《抗战报》编辑、《知识青年》主编。1945年秋奉命回上海,编辑苏联塔斯社创办的中文《时代日报》、《时代》杂志。新中国成立后任上海《解放日报》编委、驻京办事处主任。1950年任《人民日报》编委、副总编辑兼文艺部主任。出版小说集《散荒》,随笔集《业余漫笔》。1958年起任杭州大学副校长、中共浙江省委宣传部副部长、中共浙江省文联党组书记等职。"文革"中受到迫害。1978年平反恢复职务,担任浙江省第五届人大常务委员。1979年当选为全国文联委员、中国作家协会理事。1980年当选为浙江省文联主席。1981年12月4日在杭州去世。

**林维治(1917—1995)**

平阳县人。1917年1月24日生。1937年毕业于南京国立政治大学高等科。抗日战争期间任职于广西农事试验场森林组及贵州农业改进所森林系。抗日战争胜利后赴台湾,任台湾省营医疗物品公司奎那总场技师兼场长。1951年1月任台湾省林业试验所六龟试验场技正兼主任,从事竹类分类及繁殖研究,成为竹科专家。1970年6月作为唯一的亚洲学者应邀参加英国爱丁堡皇家植物园成立300周年庆典。曾获台湾"中华农学会"学术奖、台湾"明德基金会"创作发明奖。1995年在台湾去世。著有《竹花形态之研究》、《台湾竹科植物分类之研究》、《竹类平插繁殖之研究》等。

**林辉山(1906—1980)**

原名上听,化名飞山、苏岳。平阳县人。1906年2月21日生。1933年投身革命。1934年4月在福建省福鼎县加入中国共产党,任中共福鼎县委平阳支部组织委员,在浙江平阳的浦门、矾山等地发动群众,开展对敌斗争。1935年春任中共浙江平阳中心区委组织委员。1936年6月任中共桐霞县委书记。在鼎泰区的三门里等地坚持革命斗争。1937年11月至1938年5月任中共闽浙边临时省委员会委员。1938年4月任中共(福)鼎平(阳)县委书记;5月至9月任中共浙江省临时委员会委员;9月任中共福鼎县委书记;同月至1942年2月任中共浙江省委委员;11月任中共浙南特委组织部部长。1939年5月到福鼎传达特委指示时被捕,经组织营救后脱险;7月出席中共浙江省第一次代表大会,当选为省委委员和出席中共七大的代表,随即离开浙南赴延安。1940年12月到延安后先后入马列学院和中央党校学习,参加延安整风运动。1945年4月至6月作为华中代表团成员出席中共七大。解放战争时期被派往东北工作。曾任中共沈阳市委组织部工人训练总队政治部主任,中共辽宁海城中心县委委员、组织部部长,中共辽宁二地委委员、组织部部长,中共辽南地委常委、组织部部长,辽南省第五地委组织部部长。1949年南下浙江,任中共温州地区副书记。新中国成立后历任中共上海市静安区委第一书记,上海市静安区区长,上海市静安区政协主席,中共上海市委组织部副部长,中共上海市委农村工作委员会副主任,中共上海市委农村工作部部长,浙江省贫协副主席,浙江省农办副主任,浙江省第四届政协副主席,浙江省第五届人大常委会副主任,第五届全国政协委员。1980年11月3日去世。

**林善人(1911— )**

又名芝芳。丽水县人。1936年毕业于浙江兰溪中医专门学校。后在丽水行医,以花卉种植知名于世。他所栽培的一盆名为“白全文瓣十八学士”茶花,花瓣千姿百态,为全国珍稀花种,曾作为母株培育了大批花苗,行销全国。是当时全国知名的花木行家。

**林渭访(1896—1974)**

原名能祥,字渭访,后以字行。临海县人。1918年浙江省立第六中学(今台州中学)毕业后考入北京农业专科学校,攻读林业。毕业后在杭州甲种农业学校任教。1927年该校改组为国立第三中山大学(后改称浙江大学)农学院,仍任讲师。后以公费保送至德国塔林郎林业大学研究院留学,主攻造林与树木。1932年冬归国后返回浙江大学农学院任教授。其后历任河南大学教授,广西大学森林系主任,福建省农林研究所所长。1945年10月应东南长官公署长官陈仪之邀,赴台湾负责接收台湾的林业研究机构,成立台湾林业试验所,为首任所长,直至1965年退休。一生从事林业的研究和实践,心无旁骛,先后发表论文47篇,发现新植物三种,用其名作为植物名称的亦有三种,并翻译出版了德人《恩格勒氏植物分类学纲要》。与曾任台湾中兴大学校长的汤惠荪、曾任福建农学院院长的周桢,被并称为台湾林业学界的三大元老。

**林 摄(1877—1919)**

原名调元,字赞侯。瑞安县人。早年毕业于日本陆军士官学校中华队第3期工兵科。1912年4月至1915年任北洋政府陆军部军衡司司长。1915年1月至1916年6月任北洋政府陆军部参事。1915年底与蔡锷、蒋方震等相继南下,参加护国讨袁战争,任云南都督府参议、肇庆护国军军务院出征军动员计划股主任。后任绥远塞北税务监督,1919年在任上病故,北洋政府追赠陆军中将。

**林福美(1906—1986)**

女。宁波人。1929年毕业于南京金陵女子大学。其后历任华美女中、齐鲁大学、金陵大学等校教职。1948年赴美国西北大学留学,获文学硕士学位。1949年回国后任金陵大学外文系教授、系主任。1952年院系调整后调任南京大学外文系教授,直至去世。著有《现代英语词汇学》一书。

**林 蔚(1889—1955)**

字蔚文。黄岩县人。早年在家乡中学毕业后考入南京江南水师学堂工程科。1910年毕业后回浙江新军服役,参与辛亥浙江光复之役。后入陆军大学正则班第四期。1916年12月毕业后返回浙军任工兵营营长。同年任浙军第一师参谋处处长,旋任第一师第四团团长。1926年任第一师参谋长。同年底随陈仪投奔国民革命军。1927年2月任第二十七军参谋长;5月任国民革命军总司令部警备第一师参谋长。旋调第十一师第三十三旅旅长。1928年任总司令部参谋处副处长。1929年5月任陆海空军总司令部参谋厅厅长。1930年2月至1932年9月任参谋本部第二厅厅长。1930年10月奉命赴河南负责编遣在中原大战中战败投降的西北军,按照“高官少兵”的原则实行编遣。1935年3月任军事委员会铨叙厅首任厅长。1937年7月7日卢沟桥事变发生后任军事委员会石家庄行营参谋长。1938年4月任军事委员会委员长侍从室第一处主任。1939年初至1943年5月任军令部次长。1939年5月以军令部次长兼桂林行营副主任并兼参谋长。1941年1月任中国缅印马军事考察团副团长(团长为商震),率考察团于同年2月出发,到缅甸、印度、马来西亚考察约三个月,搜集有关经济、政治、军事资料,编成《中国缅印马军事考察团报告书》。这次考察为日后中国远征军出征缅印打下了基础。同年12月率领参谋团进驻缅甸,协助指挥中国组织远征军第一路军入缅,会同英、美军联合对日作战。1942年6月率参谋团人员返回昆明。同年再次兼任侍从室第一处主任,同陈布雷一起,成为分掌蒋介石军事、政治的两个大管家。1944年12月至1946年5月任军政部政务次长,协助陈诚整军。1945年5月当选为国民党第六届中央监察委员。1946年5月至1947年7月任国防部次长。1947年7月至1949年9月任国防部参谋总长,并短期代理参谋总长职。1949年9月任战略顾问委员会委员。1950年2月任台湾当局的“东南长官公署副长官”。同年3月任“总统府战略顾问”,并晋升为“陆军二级上将”。1953年后任“总统府国策顾问”。1955年8月2日在台北病故。

**林镜平(1900—1997)**

瑞安县人。1918年考取官费留学日本,先在东京东亚日语学校学习。1919年考入千叶医科专门学校。1922年毕业后考入千叶医科大学,攻读外科医学研究生。后在该校附属医院外科、东京庆应大学医学部泌尿科、日本赤十字产院妇产科深造。1929年7月学成回国,先后担任江苏南通大学医科外科学教授、武汉第二重伤医院上校外科主任、温州瓯海医院外科医务主任、江西第八临时医院院长、第十六后方医院外科主任、浙江医专外科教授等。1936年在杭州自行开业，兼任杭州警官学校医务顾问兼警察局医务处顾问。1938年出任温州瓯海医院院长半年。同年又任江西医专外科教授。1941年返乡后在瑞安自行开业。温州解放后经浙南游击纵队副司令员郑丹甫推荐，被聘为温州军管会成员，负责接收温州瓯海医院(后改为省立温州医院，今温州医学院附属第一医院)，并任院长，兼温州市卫生局局长。1950年10月兼任温州医院附设高级医士技术学校(即温州卫生学校)校长，兼任温州专署卫生科科长。1953年兼任温州地区爱卫会副主任。1958年6月被任命为温州医学院第一副院长。1960年又兼任附一医院院长，直至1977年离休。

**林曦祥(生卒年不详)**

号旦元。黄岩县人。南京中央军校第六期毕业。抗日战争时期曾任二十六集团军第七十五军第十六师师长、第七十五军参谋长。1947年任第七兵团参谋长兼整编第七十五师副师长。1948年7月2日在河南睢县被中国人民解放军俘虏。

**杭立武(1903—1991)**

原籍杭州，1903年1月26日生于安徽滁县。1923年毕业于南京私立金陵大学文学院。同年赴英国伦敦大学留学，期间赴美国威斯康辛大学担任名誉研究员，获硕士学位后返英伦继续学习。1929年获伦敦大学政治学博士学位。同年回国后任南京国民政府考试院编撰。1930年任考试院考选委员会编纂主任，并兼私立金陵大学教授。1931年任国立中央大学政治系教授，并兼国民政府中央研究院特约研究员。1932年任中英庚款董事会总干事。同年参与创立中国政治学会，兼任总干事。1938年6月任第一届国民参政会参议员。1940年12月任第二届国民参政会参议员。1941年11月任三民主义青年团中央干事会干事。1942年7月任第三届国民参政会参议员。1944年12月至1946年10月任国民政府教育部常务次长。1946年10月至1948年12月任教育部政务次长。1947年9月任中国出席联合国教育科学文化会议第二届大会代表团总代表。1948年当选为"行宪"国民大会代表。1949年3月任教育部部长。从1948年底开始负责运送大陆文物去台湾，1949年去台湾后参与筹建台湾"故宫博物院"。1953年参与美国教会联合会筹办东海大学。1956年起历任台湾当局驻泰国、老挝、菲律宾及希腊等国"大使"，兼台湾当局驻联合国教科文组织的"首席代表"。1972年任台湾政治大学国际关系研究中心主任。1991年2月26日在台北去世。著有《今日台湾》(英文)等。

**杭辛斋(1868—1924)**

原名慎修，字辛斋、一苇，号夷则。海宁县人。早年曾在杭州府正蒙义塾读书，1889年县试第一，补博士弟子员。1890年入北京国子监。后入京师同文馆，弃科举，习新学。1896年到天津，1897年与严复、夏曾佑等创办《国闻报》，鼓吹变法维新，与袁世凯多有交往。1898年上书光绪帝，条陈变法自强之策。戊戌政变后在《国闻报》以"视死如归"标题报道谭嗣同等"六君子"被杀消息，被清廷勒令停刊。1905年加入同盟会。不久到北京办《京话报》。1908年浙江巡抚增韫设立农工研究会，被聘为会长，并主办《农工杂志》。又与许行彬合办《浙江白话新报》，宣传民主革命。1911年10月与邵飘萍等在杭州创办《汉民日报》。浙江光复前夕参加光复会、同盟会骨干的密商聚会；11月4日杭州新军起义后只身入杭劝说旗营清兵放弃抵抗，使杭州全城顺利光复。1913年春当选为国会众议员，随即入京任职。入京后拒绝老熟人、临时大总统袁世凯高官厚禄的诱惑，采取拥护孙中山的政治立场。1915年因反对袁世凯称帝被捕下狱，直到次年6月袁死后才恢复自由。1916年7月国会恢复，仍任众议员。1917年南下广州，参加孙中山领导的护法运动，出席国会非常会议，任非常国会议员。1922年第一届国会第二次恢复，再任众议员。曹锟贿选总统时到上海与部分南下议员进行反对活动。此后积极参加国民党改组活动。1923年当选为出席国民党第一次全国代表大会的浙江代表，但因病未能出席1924年1月20日在广州开幕的国民党"一大"。同月24日在上海去世。著有《杭氏易学七种》、《白话痛史》、《猪仔记》，编有《易藏丛书》(20卷)等。

**杭　毅(1894—1981)**

名劲夫，号芑荪。海宁县人。早年在硖石镇裕通钱庄当学徒。1911年辛亥革命爆发后到上海参加沪军北伐敢死队。1912年中华民国成立后入保定陆军军官学校学习。1913年"二次革命"爆发后离校赴湖南参加讨袁起义。1924年任黄埔军校训练部特别官佐。不久经校党代表廖仲恺介绍加入中国国民党。1926年任军校教导团上尉连长。在两次东征中屡立战功，升任国民革命军宪兵团长。同年参加北伐。

1927年"四一二"反革命政变后辞职回浙江。1928年3月任浙江省保安第二团团长。1929年兼任杭州市公安局长。不久调湖州驻防。1931年因故被免职。后改任嘉(兴)湖(州)"剿匪"指挥官。1931年初奉派赴日本考察警政。"九一八"事变后回国,任军事委员会参议。1932年应邀担任驻陕北榆林地区财政专员。1936年6月至1937年4月任陕西省第二区行政督察专员兼保安司令。1938年9月至1944年8月任陕西省第五区(驻陕南安康)行政督察专员兼保安司令。1944年8月任陕西军管区少将参谋长。1946年8月退役后回海宁长安原籍定居。

**郁 风(1916—2007)**

女。富阳县人,生于北京。郁华之女。早年受到叔父郁达夫的影响。1933年在北平大学艺术学院毕业后到上海参加左联举办的学艺传习所,后到南京国立中央大学艺术系进修西洋画。1934年与友人举办画展。1935年在上海参加青年妇女俱乐部,并在浦东女工夜校任教。参加业余剧人协会。1937年抗日战争爆发后在上海及广州任《救亡日报》记者,后任第四战区政治部第三组少校组员,负责美术宣传。1939年到香港任《耕耘》杂志主编,后任《星岛日报》、《华商报》编辑,广西省艺术馆(桂林)研究员。1943年在重庆、成都参加中艺剧团、怒吼剧团,负责舞台及服装设计。1944年后任重庆《新民晚报》、南京《新民报》副刊主编。新中国成立后历任香港《文汇报》驻京特派员,中国美协副秘书长及展览部主任、书记处书记、常务理事,《新观察》副主编,《诗书画》半月刊主编,中央文史研究馆馆员,民间工艺美术学会顾问,邮电部邮票评审委员会委员,北京市政协第六、第七届委员。2007年4月15日在北京去世。著有《我的故乡》、《急转的陀螺》、《时间的切片》、《陌上花》、《美比历史更真实》等,编有《郁达夫海外文集》、《郁曼陀陈碧岑诗抄》等。

**郁达夫(1896—1945)**

名文,字达夫。富阳县人。早年在嘉兴、杭州等地读中学。1913年赴日本留学,先后在东京第一高等学校预科、名古屋第八高等学校医科、东京帝国大学经济学科学习。1921年参与组织创造社,并开始小说创作,出版小说集《沉沦》。由于"大胆的描写""生的苦闷"和"性苦闷",在文坛上,尤其在青年学生中间引起巨大的反响。1922年毕业回国后参加《创造季刊》、《创造周报》、《创造日》、《创造月刊》的编辑工作。出版《茑萝集》、《寒灰集》、《过去集》、《奇零集》等小说、散文集。除早期带有自传性质的作品外,还将笔触伸向更广阔的社会生活,如《薄奠》、《春风沉醉的晚上》等。期间先后执教于公立法政专门学校、北京大学、武昌师范大学、广州中山大学等。1928年与鲁迅合编《奔流》,并一直保持友谊。1930年经鲁迅推荐,为"左联"发起人之一。同年与鲁迅、宋庆龄等共同发起组织"中国自由运动大同盟"。1933年加入"中国民权保障同盟"。在白色恐怖日趋严重的情况下从上海移居杭州。期间写了大量优美的游记,结集为《屐痕处处》。这一时期还创作了《瓢儿和尚》、《迟暮》、《迟桂花》等作品。这些作品现实感有所减弱,艺术上则渐趋圆熟之境。抗日战争爆发后于1938年赴武汉参加抗日救亡工作,任军事委员会政治部第三厅设计委员。1939年冬去南洋主编《星洲日报》副刊,并继续参加抗日活动,曾担任文化界战时工作团主席及抗日联合会主席等职,期间写了大量时事政论。新加坡沦陷后流亡于苏门答腊。1945年9月17日遭日本宪兵杀害。1952年被中央人民政府追认为"为民族解放事业殉难的烈士"。

**郁 华(1884—1939)**

原名庆云,字曼陀,别署曼君、曼公。富阳县人。1900年参加杭州府试,得第一名,补博士弟子员。1905年考取官费留学日本,先入早稻田大学师范科就读,毕业后入法政大学法科。1910年夏获法学学士学位。同年秋回国后应清廷留学生考试合格,获法科举人衔,充任外交部七品京官,任天津交涉公署翻译。期间加入南社。1912年中华民国成立后考取法官,任京师高等审判厅推事、大理院推事。1913年奉命去日本考察司法。1914年回国续任大理院推事,兼司法储才馆及朝阳大学刑法教授。1928年任国民政府司法部行政部刑事司第三科科长。1929年调到沈阳,任大理院东北分院推事、刑厅厅长。"九一八"事变后避往皇姑屯,后回北京。1932年国民政府接收上海租界会审公廨,改为江苏省高等法院第二分院,任刑厅厅长,兼任东吴、法政大学教授。1937年底上海沦陷后利用公共租界所处的特殊地位,积极帮助、庇护爱国人士。1939年11月23日上午在上海寓所门外遭日伪特务暗杀。1952年经中央人民政府批准,被追认为革命烈士。著有《判例》、《刑法总则》、《静远堂诗画集》及合著《郁曼陀陈碧岑诗抄》等。

**郁 茹(1921— )**

女。原名钱玉如。诸暨县人。1938年在重庆艺术专科学校学习,并开始创作活动。次年任《文艺阵地》编辑。1946年起先后任上海《新民报晚刊》、香港《华商报》记者、编辑。1949年后历任《南方日报》记者、文艺部副主任。1957年后在作协广东分会工作。1960年起专门从事写作。40年代所作中篇小说《遥远的爱》,细腻地描述了一位女青年知识分子投身抗日斗争的经历,受到文坛的注意。新中国成立后主要写作儿童文学作品。主要著作有中篇小说集《遥远的爱》、《小猴王大摆泥巴阵》,短篇小说集《棕榈》,中短篇小说集《我们小时候》等。

**欧世璜(1912— )**

象山县人。毕业于国立中央大学,获学士学位。1934年任中央研究院动植物研究所助理员。抗日战争期间赴美国威斯康辛大学留学,专攻植物病理学,获哲学博士学位。回国后任重庆中央农业实验所技正。抗战胜利后回南京担任中央棉产改进所及烟产改进所病理部门工作。1948年4月任农林部中央农业实验所技正。1949年去台湾。1958年应国际粮农组织之邀赴伊拉克及泰国工作。1962年受聘为国际稻米研究所(IRRI,设在菲律宾)植物病理主任。1978年退休后应聘为威斯康辛大学教授。1984年回国主持台湾森林病虫害防治研究发展评估。1988年曾赴大陆浙江等地考察稻瘟病。著有《水稻病害》。

**欧阳宽(1904—1941)**

原名泉孟。平阳县人。1926年毕业于福州师范学校。1932年在原籍任小学教员。1936年12月加入中国共产党,参加红军,随刘英在闽浙边坚持八个月的反"围剿"斗争,曾任闽浙边临时省委油印组副组长。1938年冬赴皖南参加新四军教导队培训班学习。学习结束后回浙南时在遂昌县被国民党拘留,后经营救出狱。1939年9月任中共(福)鼎平(阳)县委宣传部长。1940年任组织部长。1941年6月代理中共鼎平县委书记。同年7月因叛徒出卖被捕;9月5日慷慨就义。

**欧阳持平(?—1911)**

钱塘县人。早年移居天津,在天津加入中国同盟会京津支部,在北方从事革命活动。1911年10月辛亥革命爆发后参与策动驻直隶(今河北省)及奉天的清军第二十镇与第六镇部队起义,因事情败露被捕遇难。

**欧阳凡海(1912—1970)**

原名方海春。遂安县人。早年就读于上海法学院附中及大学、上海新华艺专、日本东京明治大学政治经济系。1933年留学日本,入东京明治大学政治经济系,曾任中国左翼作家联盟东京分盟书记,兼文总组织部长。同时在《申报》"自由谈"上发表各类体裁的文学作品。1935年回国后历任上海全国文协秘书。1937年到达延安,随后在武汉、桂林等地从事抗日工作。1941年任重庆《新华日报》编辑。1942年起任延安鲁艺教员及文学研究室主任,华北联大与华北大学教授,晋察冀边区《时代青年》主编,中央戏剧学院教授等。著有长篇小说《无辜者》,评论集《文学评论》,文学剧本《抗战第一阶段》,杂文集《长年短辑》,中篇小说《金菩萨》、《没有鼻子的金菩萨》,专著《鲁迅的书》,译著《三兄弟》、《马恩科学的文学论》等。

**卓兰芳(1900—1930)**

学名祥和,字培卿,化名李品山、李安德。奉化县人。童年随父读私塾和小学,后考入宁波的浙江省立第四中学学习。1923年参加宁波进步团体"雪花社"。1924年加入中国社会主义青年团。因对学校当局不满被校方开除,回乡当小学教员。1925年春当选为宁波小学教师联合会负责人,参与发动宁波2万余工人学生市民游行示威,响应上海"五卅"运动。同年夏转为中国共产党党员;11月任中共宁波地委职工运动负责人。1926年1月奉派回家乡开展农民运动;6月任中共浙江省宁波地委委员;10月兼中共鄞(县)奉(化)县部委书记,领导建立农民协会,组织农民进行反封建斗争。1927年4月底赴武汉出席中共第五次代表大会;6月任中共浙江省委委员兼农民部部长,曾去诸暨、富阳等地恢复发展党的组织;9月任中共浙江省委常务委员兼农民部部长;11月积极参与领导发动浙东农民暴动,去奉化忠义区进行具体组织领导,不久因省委遭破坏中止。1928年3月参与主持在上海召开的浙江省委扩大会议,会后以特派员身份实际主持省委工作;5月任中共浙江省委书记,并兼中共浙西特委书记。1929年1月改任中共浙江省委常委兼秘书长;4月中共中央决定暂时取消浙江省委组织后任中央巡视员,先后到浙东、浙北、浙西等地巡视指导工作。1930年4月领导发动诸暨农民暴动,组织农军3000余人;7月又领导发动建德农民暴动,均先后失败;8月出席苏浙皖三省联席会议。会议结束后回到杭州,任中共浙北行动委员会书记。奉中央命令在杭(州)嘉(兴)湖(州)地区发动武装暴动。同年9月8日下午在杭州被国民党警察当做"共党嫌疑犯"逮捕。被捕后改名李安德。后被叛徒当面指认暴露身份,遂从警察局转押到杭州西湖边的浙江陆军监狱。在狱中威武不屈,大义凛然。

11 月 5 日英勇就义。著有《巡视浙西的报告》。

**卓恺泽(1905—1928)**

笔名砍石，化名郑百年、祝晋杰。奉化县人。1905 年 10 月 25 日生。1918 年 8 月以优异成绩考入宁波浙江省立第四中学。1923 年 8 月考入北京华北大学预科班学习，后加入中国社会主义共青团。同年 12 月加入中国共产党。1924 年 11 月任中共北京地方委员会候补委员。1925 年“五卅”惨案后受党组织派遣到北京学联工作，组织“沪案雪耻会”，发动学生罢课和示威。同年 6 月被选为共青团北京地方委员会青年部负责人；10 月任共青团北方区委委员，负责宣传工作，并协助赵世炎编辑《政治生活》刊物。1926 年 1 月兼任共青团北京地方委员会书记，在“三一八”惨案中受伤。伤愈后回乡探亲，发动群众参加农民协会，宣传革命真理。同年 7 月任中共上海闸北区区委书记；10 月任职于团中央宣传部，编辑《中国青年》。1927 年 2 月任共青团江浙区委委员，参加上海工人第三次武装起义的宣传工作。“四一二”反革命政变爆发后在上海坚持斗争。同年 5 月出席在武汉举行的中国共青团第四次全国代表大会，当选为团中央执行委员；9 月当选为中共浙江省委委员；11 月任共青团浙江省委书记。1928 年 3 月被委任为共青团中央特派员兼共青团湖北省委书记，赴武汉工作；4 月 19 日因叛徒出卖，在武昌出席秘密会议时被国民党当局逮捕；4 月 26 日在武昌英勇就义。

**卓崇德(1900—1931)**

学名恺芳。奉化县人。1911 年在奉化县松溪学堂毕业后回家务农。1925 年参加奉化的农民运动，参加揭露地主、豪绅提高租价剥削农民的斗争。1926 年任本村农民协会会长；11 月带领农民协会会员参加攻打翔鹤潭盐局和税关，将缴获的枪支分发给各村农民协会。同年 7 月加入中国共产党。1927 年“四一二”反革命政变后根据党的安排，暂时离开家乡。1928 年 1 月作为中共湖头渡支部负责人参加卓兰芳主持召开的各村农民武装负责人会议，决定在奉化松岙实行暴动。后因故临时决定停止暴动。卓因未接到通知，如期率领农民军向松岙进发，遇敌人包围袭击，突围后带领 50 余人到宁海加入孙乃泰部红军游击队，任连长。1928 年 3 月到上海参加中共浙江省委扩大会议，当选为省委委员；4 月受省委指派，回奉化建立农民武装，开展武装斗争；7 月被指派为省委驻沪交通。1930 年 2 月从上海回奉化；9 月在鄞县被国民党当局逮捕。1931 年 6 月 27 日被枪杀于宁波大较场。

**尚逸洲(1893—1980)**

字陶璋。缙云县人。1919 年 2 月保定陆军军官学校第六期工兵科毕业后分发到浙军服役，历任排长、连长。1931 年任国民革命军第七十九师工兵营上校营长。1943 年任第六战区司令长官部军法执行监少将督察官。1944 年任后勤总司令部西北补给区站长，驻西安。1947 年任后勤总司令部补给区上海港口司令部工兵处少将处长。1949 年去台湾。著有《军队防空伪装》等。

**罗大冈(1909—1998)**

原名罗大刚。绍兴县人。早年就读于北京中法大学，同时发表诗文和译作。1933 年赴法国，在里昂和巴黎留学。1942 年至 1946 年旅居瑞士，将《唐人绝句百首》和《古镜记》(唐宋明传记十篇)译成法文在瑞士出版，并以法文写成《先是人，然后才是诗人》一书，介绍了中国古代诗人屈原、陶渊明。1947 年回国后先后任南开大学、清华大学、北京大学教授，中国社会科学院外国文学研究所研究员。主要致力于法国文学的翻译与介绍。主要译著有《玛雅可夫斯基小说》、《艾吕雅诗抄》、《阿拉贡诗文抄》、《波斯人信札》、《论罗曼·罗兰》等。

**罗从周(1916—1997)**

镇海县人。1930 年进入上海明星影片公司当洗印学徒。1934 年任中国第一代电影摄影师董克毅的摄影助理。抗战爆发后入国华影业公司担任摄影师。不久拍摄处女作《文素臣》(第 1 集)，其后拍摄了《李香君》、《孤岛春秋》等 20 余部影片。1946 年转至大中华、大同等公司，拍摄《柳浪闻莺》、《哑妻》、《二百五小传》等片。新中国成立后先后任上海联合电影制片厂、上海电影制片厂摄影师，拍摄《鸡毛信》、《山间铃响马帮来》、《天仙配》、《聂耳》(与黄绍芬合作)、《老兵新传》、《碧玉簪》、《北国江南》、《傲蕾·一兰》、《雷雨》等一批经典影片。一生共拍摄了 70 多部电影，对中国电影摄影技术的发展作出了重要贡献，其拍摄的新中国第一部彩色宽银幕故事片《老兵新传》曾荣获莫斯科国际电影节技术成就银质奖章。

**罗宗洛(1898—1978)**

黄岩县人。1898 年 8 月 2 日生。1917 年毕业于上海南洋中学。1918 年考入专为中国留学生开设的东京第一高等学校预科，并获得浙江省官费资助。1919 年到仙台市的第二高等学校理科学习。1922 年毕业后考入札幌市北海道帝国大学

(今北海道大学)农学部植物学科。次年进入该校著名植物生理学家坂村彻教授的实验室学习。1925年3月本科毕业后申请入研究院做博士研究生,研究玉米幼苗对铵和硝酸根的吸收。1930年获得农学博士学位,是第二个在日本帝国大学获得博士学位的中国留学生。同年回国后被聘任为广州中山大学生物系教授兼系主任,期间创建了全国第一个植物生理实验室。1932年任上海暨南大学理学院教授,兼中华学艺社总干事。1933年赴南京中央大学生物系任教授,在系内建立了具有现代化设备的植物生理实验室。抗日战争爆发后随校迁到四川重庆。1940年任时在贵州湄潭的浙江大学生物系教授。1944年夏被聘为设在重庆的中央研究院植物研究所所长。1945年10月赴台湾接收台北帝国大学(今台湾大学),次年接收完毕后任代理校长。同年10月中央研究院植物研究所从重庆搬到上海,仍任所长。1948年当选为第一届中央研究院生物组院士。新中国成立后任中国科学院实验生物研究所研究员,兼植物生理研究室主任。1953年该研究室扩建为植物生理研究所,被任命为所长。1955年当选为中国科学院学部委员。1957年被选为全苏列宁农业科学院通讯院士,日本植物学会名誉会员。为了推动我国的植物生理事业,1963年与汤佩松、殷宏章等共同发起创立了中国植物生理学会,被选为第一届和第二届理事长,并担任《植物生理学报》主编。曾任全国政协第五届委员等职。“文革”时期受到冲击。1972年恢复工作后又筹划成立了细胞研究室。1978年10月26日在上海病故。是我国现代植物生理学奠基人之一。著有《植物生理知识》等,遗著结集为《罗宗洛文集》。

**罗烈生(1908—1936)**

原名纯综、纯绸,化名邱烈生。平阳县人。1927年春参加当地农民协会。1928年2月加入中国共产党。1931年前往福建省福鼎县,随黄淑宗在福鼎、秦屿等地进行革命活动。后历任红军班长、排长、队长、团长。1934年参与组织赤卫队进行暴动。1935年任中共鼎平中心县委委员、中共鼎平县委委员、红军鼎平独立团政委,在福鼎县、平阳县、泰顺县等地开展游击战争,曾先后袭击国民党军队在藻溪、赤溪等地的据点。1936年春负责中共瑞(安)青(田)泰(顺)县委工作,率领红军挺进师一部发动群众,开展武装斗争,开辟游击根据地。同年11月30日在文成县杜山战斗中中弹牺牲。

**罗振玉(1866—1940)**

字叔言,号雪堂,别署叔蕴、商遗、贞松老人、岁寒迟叟等。祖籍浙江上虞,1866年8月8日生于江苏淮安。幼年入私塾,1881年中秀才。后两次应试均落第,1890年起在乡间任塾师。1896年与人合作在上海办农学社,搜集和翻译外国农学著述,后出版农学会《农学》半月刊,为中国最早的农学刊物。1898年创办东文学社。1900年应湖广总督张之洞之邀请,担任湖北农务局总理兼农务学堂监督。1901年返沪创办《教育世界》杂志。同年底由刘坤一和张之洞奏派到日本考察教育。1902年任公立南洋公学虹口分校监督。1904年受江苏巡抚端方委任,创办江苏师范学堂,任监督。1906年奉召入京,任学部二等咨议官。1909年补参事官,兼京师大学堂农科监督。1911年辛亥革命爆发后潜赴日本,游说日本当局,图谋复辟清王朝未成,遂留在日本,与王国维研究古文字学。1919年由日本回国,定居天津。1924年奉清废帝溥仪之召,入值南书房;11月溥仪被驱逐出紫禁城后被聘为清室善后委员之一。1928年迁居日本控制下的旅顺。1931年“九一八”事变后积极参与制造伪满洲国的活动。1932年3月至11月任伪满洲国参议府参议。1932年11月至1937年5月任伪满洲国监察院院长。后任伪“满日文化协会”常任理事、会长等。1937年6月退休。1940年5月14日在旅顺去世。平生对甲骨文、钟鼎文、简牍、佚书都有研究,著有《殷墟书契前编》、《殷墟书契后编》、《三代吉金文存》、《流沙坠简考释》等。

**罗家伦(1897—1969)**

字志希,笔名毅。绍兴县人。1897年12月21日生。1914年入上海私立复旦公学学习。1917年肄业后进入北京大学文科。1919年在陈独秀、胡适支持下与傅斯年、徐彦之成立新潮社,出版《新潮》月刊。同年当选为北京学生界代表,到上海参加全国学联成立大会,支持新文化运动;10月任《新潮》主编。1920年秋去美国留学,先后就读于普林斯顿大学、哥伦比亚大学。1922年秋去英国伦敦大学学习。1923年入德国柏林大学。1925年入法国巴黎大学。1926年回国参加北伐,任国民革命军总司令部参议。1927年参与“四一二”反革命政变。后在很多文章中支持蒋介石的政策。1928年任国民革命军总司令部政务委员会教育处处长。同年8月任清华大学校长,使清华大学转为国立大学。1930年5月任武汉大学历史系教授。1931年1月任南京中央政治学校教务主任兼教育长。1932年8月至1941年9月任国立中央大学校长。1941年9月任滇黔考察团团长。1943年3月任南京国民政府监察院新疆监察使兼西北考察团团长。抗战胜利后任国民党中央党史编纂委员会副主任委员。1947年2月任驻印度大使。1949年12月印度宣布承认中华人民共和国后,不得不下旗前往台湾归队。历任国民党中央编纂委员会主任委员、"考试院"副院长、"国史馆"馆长、"中国笔会"会长等职。1969年12月25日在台北去世。著有《新人生观》、《文化教育与青年》、《新民族观》、《科学与玄学》、《逝者如斯集》、《中山先生伦敦蒙难史料考订》、《蔡元培先生与北京大学》、《心影邀游踪集》等。

**罗惠侨(1888—1972)**

字东里。鄞县人。1888年9月生。1907年12月毕业于宁波府中学堂(今宁波中学)。1908年考入清邮传部高等实业学堂预备科。1909年9月公派赴美留学,入麻省理工学院攻读造船专业。1915年毕业,获工程学博士学位。回国后被北洋政府海军部派往江南造船所(前江南造船厂)任技术员。1917年应蔡元培校长之聘,任北京大学物理系教授兼注册部主任。1926年4月任北洋政府教育部专门教育司司长。1927年至1930年3月任宁波市市长。此后历任汉口市第三特区市政管理局局长、国民党政府经济委员会专员、国民政府航空委员会参事、国民党空军驻缅甸办事处和驻印度办事处处长等职。新中国成立后先后任宁波私立大中中学校长,第四中学教师,宁波造船厂工程师,民革市委委员兼民革市委对台工作组组长,市政协第一至第六届常委、第三至第六届副秘书长。1972年10月病故。著有《我当宁波市市长旧事》。

**罗福颐(1905—1981)**

字子期,别署梓溪、柴溪,晚号偻翁,书斋名待时轩。祖籍浙江上虞,生于上海,居北京。为著名学者罗振玉第五子。幼承家学,于金石文字文学与古器物学有精深研究。1939年在沈阳博物馆供职。1945年于北京大学文科研究所任职。新中国成立后调往国家文物局任职。1957年后任故宫博物院研究员。曾任国家文物局咨询委员,西泠印社理事,中国科学院考古学会理事,中国古文字学会理事等。著作甚丰,主要有《古玺汉文字征》、《西夏文存》、《印史新证举偶》、《封泥证史录》、《古玺印时代鉴别例证》、《古玺汇编》、《古玺文编》等200余种。亦能篆刻,宗法秦汉,功力深厚,印作端庄清雅,辑为《邦庵印草》、《待时轩仿古印草》、《仿古玺印谱》等。

**罗霞天(1899—1980)**

於潜县人。早年就读于浙江省立第一师范学校。1918年5月当选为杭州学生会会长、杭州各界联合会总执事。1919年任《浙江日报》主笔。1921年留学德国,入柏林大学政治系学习。1924年春毕业回国;5月创办《杭州晚报》;9月被浙江省当局勒令停刊。不久南下广州,任黄埔军校政治教官。1927年北伐军克服浙江后积极参与浙江"清党",成为国民党CC派中坚之一。后任中央军校杭州特训班教官。1930年任南京中央政治学校训导长,庐山中央训练团党政班主教官。1932年4月29日上海虹口发生炸毙日军白川义则大将事件后,奉令掩护朝鲜独立运动领袖金九、李青天等隐藏于杭州、嘉兴等地,后于1937年下半年将其转移到长沙。1933年任笕桥中央航空学校政治总教官。1936年12月至1937年11月任浙江省政府委员。1937年底主持将国立政治大学西迁重庆复校,任训导长。1943年4月任国民党浙江省党部主任委员。1945年4月被选为国民参政会第四届参政员;5月在国民党"六大"上当选为中央执行委员;9月6日在富阳宋殿参加由第三战区副司令长官韩德勤主持的接受侵华日军投降仪式。1946年11月当选为制宪国民大会代表。1947年任监察院监察委员。1948年当选为立法院立法委员,并兼立法院预算委员会委员。1949年去台湾,继续担任"立法委员"。1980年在台湾去世。著有《唯诚论》。

**季文美(1912—2001)**

义乌县人。1912年1月5日生。1928年金华中学毕业后考入浙江大学附属高工电机科,一年后转入上海南洋中学。1930年考入交通大学电机工程系,1934年毕业。同年考取公费留学,赴意大利都灵大学攻读航空工程,1936年获博士学位。1937年回国后先后在江西南昌飞机制造厂、四川南川飞机制造厂任工程师、支配课长、厂长佐理等职。1939年参加试制"忠"28甲号教练机成功。1942年应内迁重庆的交通大学之聘任教授一职。1944年任航空系主任。抗战胜利后随校迁回上海,1946年兼总务长。1952年院系调整,交通大学、杭州浙江大学和南京中央大学三校的航空系,在南京合并成立华东航空学院,由上海去南京任该院教授,先后兼任基础课教研室主任和副教务长。1956年华东航空学院迁校西安,改名西安航空学院,任副院长。1957年西安航空学院又与其他院校合并成为西北工业大学,先后担任教务长等职,曾主持编写《机械振动》等书。1978年任副校长。1981年成为我国第一批博士生导师。1982年任校长。1983年出任中国航空学会理事长。1984年卸任西北工业大学校长一职，改任名誉校长。同年担任国际航空科学理事会学术委员会委员。1990年在第20届国际航空科学大会上荣获ICAS莫里斯·鲁瓦奖。2001年6月20日去世。长期从事振动力学方面的研究，是国内非线性振动理论、挤压油膜减振机理和转子动力学等研究最早的倡导者之一，是中国著名的工程力学专家。著有《非线性振动理论在机械工程中的几个应用》、《振动研磨机的动力分析》等。

**季步高(1906—1928)**

又名大纶，号凌云，笔名布高。龙泉县人。1906年10月生。早年先后就读于处州(今丽水)省立第十一师范学校附属学校、杭州法政专科学校。1922年夏转入私立上海大学文学系学习。1925年6月考入广州黄埔军校第四期。同年9月在黄埔军校加入中国共产党，参加以共产党员和共青团员为骨干的“中国青年军人联合会”。1926年春担任广州东园省港罢工委员会纠察大队副训育长。1927年3月任工人纠察大队训育长。广州“四一五”反革命政变发生时中共广州市委成立，任中共广州市委委员。同年11月中共广东省委决定举行广州起义，担任广州起义行动委员会委员；起义后任广州市苏维埃政府军事委员会军械处处长。起义失败后中共广州市委于1928年1月30日重建，临危受命，担任中共广州市委书记；4月13日当选为中共广东省委候补委员；5月间中共广州市委重新组成，任市委常委兼兵运委员会书记；7月去香港向省委汇报和请示工作时不幸被港英当局逮捕，随即被引渡回广州；12月在广州红花岗从容就义。1945年在中国共产党第七次全国代表大会上被载入中共中央组织部编印的《死难烈士英名录》。

**季陶达(1904—1989)**

小名青弟，原名流泉，学名外芳，又名达才。义乌县人。经济学家、翻译家。1921年小学毕业后考入金华省立第七中学读书，期间一度兼校图书馆出纳。1925年中学毕业后到上海中华书局任编辑。1926年冬离沪到衢州参加国民革命军，不久参加中国共产党，随即到杭州任省总工会秘书。1927年5月出席在武汉召开的第六届全国劳动大会。会后到上海从事工运工作。同年10月受中共地下组织派遣赴苏联东方大学学习，一年后并入中山大学。1930年回国后任长春私立自强中学高中部国文、历史教员。“九一八”事变后回北平任北平民国大学、华北大学附属中学高中部地理教员。1932年7月任陕西省立五中国文、历史和数学教员。1934年后在北平中国大学、东北大学、朝阳学院、北平大学女子文理学院等校教授《政治经济学》、《经济学说史》和《货币银行学》。“七七”事变后一度回义乌，不久去西安，任西北临时大学教授。1946年8月任山西大学教授，兼经济系主任。1948年暑假山西大学迁北平。1949年8月应聘任南开大学教授，讲授《政治经济学》、《货币流通与信用》等课程。“文革”中受到错误批判。1989年11月去世。著有《资本再生产与经济危机》、《资产阶级庸俗政治经济学选辑》、《重农主义》、《英国古典政治经济学》等。

**季 灏(1912— )**

青田县人。早年毕业于上海私立持志大学法律系。曾任上海各大学联合会常务委员。1937年抗日战争爆发后进入南京国民政府军事委员会第六部从事民众运动，继任成都中央军官学校上校政治教官。后派至薛岳的第九战区司令长官部任职，历任少将秘书、政治部组长、湖南省政府参事。1942年任国民党中央宣传部组长。1944年9月任国民党中央图书杂志审查委员会第二处处长，后又任青年军政治部设计委员。1946年当选为上海市参议会参议员，兼申报社主任秘书、青年中学校长、独立出版社协理等职，并任上海法商学院、立信会计专科学校教授。1949年去台湾后从事律师业务，曾任“中华民国全国律师公会”常务理事、《自立晚报》副社长等职。著有《法学教程》(与李景禧等合著)、《民法亲属法》、《法学通论》、《战时国际法》、《李后主著作考》、《潘公展(有猷)先生言论选集》(与陶百川合编)等。

**竺水招(1921—1968)**

女。原名竺云华。嵊县人。越剧表演艺术家。12岁到本县天蟾舞台学艺，工小生兼学花旦。后转瑞云舞台，边学边演。1935年满师。1939年进入上海。1940年10月与尹桂芳在同乐戏院合作，任二肩旦。1942年4月与傅全香任“并头肩”。表演细腻妩媚、清新脱俗，唱腔甜润而柔糯，尤以《三看御妹》一剧最受欢迎，报界有“乐而不淫的花衫佳材”之评语。同年8月起加入姚水娟领衔的越华舞台。1944年夏与尹桂芳合作，上演《云破月圆》、《石达开》、《宝玉与黛玉》、《春闺梦》、《沙漠王子》等新戏。1947年参加《山河恋》义演，饰主角皇后绵姜，为“越剧十姐妹”之一。因扮相俊美，被喻为“越剧西施”。同年9月自组云华剧团。1948年起改演小生，先后与戚雅仙等人合作。新中国成立后演出了富有爱国精神和文学性的《南冠草》、《文天祥》等剧目，对女子越剧开拓戏路进行了有益的尝试。1951年参加抗美援朝捐献"越剧号"飞机筹款义演。1956年任南京市越剧团团长和主演。并当选为全国人大代表及中国戏剧家协会江苏省分会副主席。她的戏路宽广，花旦、青衣、小旦、小生、老生乃至老旦等行当均能应工。表演凝重深沉、儒雅大方，功底扎实，戏路宽广，能生能旦、能文能武，唱腔质朴细腻，柔中带刚，在越剧界独树一帜，自成"竺派"。她主演的神话越剧《柳毅传书》被拍成彩色电影，蜚声海内外。

**竺可桢(1890—1974)**

又名绍荣，字藕舫。绍兴县人。1890年3月7日生于浙江省绍兴县东关镇。1905年入上海澄衷学校就读。1909年考入唐山路矿学堂土木工程系。1910年考取公费赴美留学，在伊利诺伊大学农学院学习。1913年毕业后考入哈佛大学地学系学习气象学。1915年成为中国科学社的首批成员，并开始参与《科学》杂志的编辑工作。1918年以题为《远东台风的新分类》的论文获得博士学位。同年回国后任武昌高等师范学校(今武汉大学)教授。1920年任南京高等师范学校(后改为东南大学)教授。1921年在东南大学筹建并主持了中国第一个地理系，是中国近代地理学的开创者。1925年任商务印书馆编辑及南开大学教授。1927年任南京中央大学地学系主任。1928年任中央研究院气象研究所所长，是中国现代气象事业的主要奠基人。1935年6月当选为中央研究院评议员。1936年4月起出任浙江大学校长。以"求是"为浙大校训，将造就"公忠坚毅，能担当大任，主持风气，转移国运的领导人"作为培养目标。为因应抗战形势，于1937年8月起率领浙大全体师生西迁，历时两年半，途经江南六省，行程2600公里，至1940年2月定居贵州湄潭，并延揽了诸多名师，使浙江大学迅速崛起成为一流大学。在其领导下，1946年秋学校迁返杭州，至1948年3月底发展为拥有文、理、工、农、师范、法、医7个学院、25个系、9个研究所、1个研究室的综合性大学。比就任时的3个学院16个学系扩大了一倍多，其论文发表数居于全国大学首位。1948年当选为第一届中央研究院院士。1949年4月30日离开浙江大学；10月16日出任中国科学院副院长，随后兼任中国科学院自然资源综合考察委员会主任、生物学地学部主任。发起筹建中国科学院地理研究所。1954年9月任第一届全国人大常委。1955年当选为中国科学院学部委员。并曾长期担任中国地理学会理事长、中国气象学会理事长、中国科学技术协会副主席及全国人大常委等职。1974年2月7日在北京去世。一生著述留存至今共约1300万字，已由后人编成《竺可桢全集》22卷出版。

**竺良甫(1901—1969)**

奉化县人。1924年毕业于北京工业大学机械系。曾任北平工业大学、上海劳动大学、西北工业大学、广西大学教授。新中国成立后历任贵州大学工学院教授、院长，昆明工学院教授、副院长，民盟云南省委第三至第五届副主任委员，是第二、第三届全国人大代表。主编有《机械原理简明教材》。

**竺鸣涛(1896—1969)**

字明道。嵊县人。1896年6月23日生。早年先后就读于绍兴热诚小学、上海湖州旅沪公学、南洋中学。1912年由浙江公费选送至日本留学，毕业于日本东京陆军野战炮兵学校。1925年11月入黄埔军校潮州分校学习。1927年任陆海空军总司令部卫士大队大队长。1928年底调至浙江，先后任浙江保安队第三、第五团团长。1933年至1939年先后任军事委员会办公厅高级参谋，第二、第三处处长，第三厅总务处长。1936年2月授予陆军少将军衔。1943年7月至1945年10月任浙江省保安处长兼保安副司令。1943年9月任第三十二集团军副总司令。1946年1月晋升陆军中将；11月当选为制宪国民大会代表。1948年3月任浙江警保处长；9月任衢州"绥靖"公署副主任。1949年2月任浙江警备副司令。同年去台湾，任"国防部"参议，后任"经济部"顾问。发起成立孔学会，任理事长。1969年10月7日在台北病故。台湾出版有《竺鸣涛将军传》。

**竺绍康(1877—1910)**

字履占，号酌仙。嵊县人。7岁即开始在家延师课读。1889年入萃焕学堂读书。1900年应试中秀才，名列前茅，但志不在科第。遍历新昌、奉化、余姚等县，结交"浮浪子弟"和开明士绅，宣传"反清灭洋"主张，发动农民抗捐抗税、仇洋闹教，名噪一时，被推为盟长。后与徐锡麟订为莫逆之交。1902年与会党首领王金满、王金宝兄弟秘密联系，在嵊东组织"平洋党"，又称"平阳党"。1904年与谢飞麟、王金发等志士在嵊县公局成立"大同学社"，以"世界大同，天下为公"作为宗旨，成为嵊县知识分子最早的革命组织。同年

12月在上海加入光复会，并应陶成章之邀，起兵援应华兴会的长沙起义而未果。1905年应徐锡麟之邀，率20多名会党骨干到绍兴，任大通学堂襄办。1906年徐锡麟东渡日本学习军事，主持大通学堂工作。1907年初陪同秋瑾到浙东各地联络会党，筹划浙江起义。秋瑾遇难后屡次商议劫狱营救，终因清兵防范严密而没有成功。遭到通缉，被迫避难沪上，加入同盟会。曾乔装返回嵊县，参与筹划"白竹"起义，杀死清军统领刘庆林等数十人。1908年春与陶成章、陈其美共同商议筹划浙江起义，参加浙江旅沪同志召集的"两浙各府属代表会议"，因叛徒刘师培告密，会议未能如期举行，秘密机关天保客栈也被查抄停业。1909年参加保路运动，受命组织"保路拒款决死党"，两次密谋行刺出卖路权罪魁盛宣怀，均未成功。1910年同盟会策划江浙皖赣闽五省武装大起义，并要求开展广泛的保路运动。率浙江旅沪人士3000人，以保路为名乘火车到杭州，前往抚署请愿，与浙江巡抚增韫进行面对面的斗争。同年10月在上海病故。

**竺泉通(1896—1972)**

奉化县人。建筑企业家。木工家庭出身，11岁因家境困难辍学，15岁经人介绍到上海进新仁记营造厂(同乡何绍庭创设)，拜何为师。白天学习建筑技术，晚上到青年会习英文、建筑设计、绘图等。22岁能独立从事工程建设，并说得一口流利的英语，在同业中崭露头角。1922年独立主持花旗总会九层大楼工程(今上海中级人民法院大楼)，并出色完成任务。何吸收竺为股东，并委任为经理，实际管理新仁记营造厂。此后主持新仁记承建了沙逊大厦、都城饭店、汉密尔顿大厦、百老汇大厦等著名高层建筑，因此蜚声营造界。后参与发起成立上海市建筑协会，并任执行委员，还担任上海营造业公会委员。"一·二八"事变后热心组织同业募集钱物医药用品支援抗战。抗战胜利后新仁记的主要业务移至南京，承建了大批工程，知名的有美国顾问团办公大楼等。1950年与何绍庭分开经营，使用新仁记通号招牌营业，承建了日晖巷火车站仓库及一些住宅，并与他厂合作承建了山西国营经纬纺织机械厂。回上海后参加公私合营，后转到原上海市建筑五公司工作。

**竺培风(1916—1947)**

奉化县人。蒋介石外甥。1926年进上海万竹小学读书。1927年就读于苏州东吴中学。1939年考入南京国立中央大学，学习土木工程。毕业后赴英国留学，先后就读于伦敦大学、剑桥大学，获剑桥大学土木工程学士学位和科学硕士学位。1943年夏奉派赴美国，入泛美天文领航学校学习领航，后入美国阿利桑那州接受空军训练。1944年毕业后到美军航空队见习四个月。后被安排到国民政府航空委员会中国空军驻美技术代表团任翻译官。后任空军第一大队第二中队少尉飞行员。从1944年至1945年一直在二中队任B—25中型轰炸机飞行员，驻陕西汉中、四川梁山等基地。1946年编入空运第二大队，驻扎上海江湾机场，任中尉作战参谋，仍服空勤。同年12月29日奉命驾机运油赴西安。1947年1月6日由西安飞返上海；8日再赴西安；12日上午9时由西安飞返徐州，因飞机发生故障，空中起火，坠落于开封以西20公里的韩庄附近，与机组成员一起殒命。

**竺培农(1912—1986)**

奉化县人。1912年10月8日生。实业家竺梅先之子。1935年毕业于南京金陵大学农业经济系。1936年到他父亲创办的民丰造纸厂种植科工作，负责种植卷烟纸主要原料黄麻。先在嘉兴十八里桥辟地50亩，后又在杭州笕桥购地100余亩，开辟大型种麻场。抗日战争爆发后于1938年到云南昆阳县筹建云丰造纸厂，并兼民华砖瓦厂副经理。1941年云丰造纸厂开工生产，为云南生产出第一批打字纸、招贴纸，有力支援了大后方建设。1942年其父竺梅先去世后，子承父业，出任祖父创办的上海大来银行副经理。1945年民丰、华丰两厂恢复生产。1946年起任上海民丰、华丰造纸股份有限公司襄理，兼任大来银行经理。1949年任民丰造纸公司副总经理。1951年在上海参加民主建国会。1953年上海民丰、华丰实行公私合营，任副厂长。同年任上海市工商联执委、上海市造纸工业同业公会副主委。1956年转入浙江嘉兴，参与民建嘉兴市委会的筹建工作。同年3月民建嘉兴市筹备委员会成立，任筹委会委员。1962年6月担任民建浙江省工作委员会副主任委员。1980年7月担任民建浙江省第一届委员会副主任委员。同时还是嘉兴市工商业联合会主任委员，浙江省工商联第三、第四届副主任委员，全国工商联第四、第五届执行委员。浙江省人大第五、第六届常务委员。1980年任浙江省华侨投资公司副经理。1986年4月27日在杭州去世。

**竺梅先(1889—1942)**

字佑庭。奉化县人。著名爱国实业家。破落地主家庭出身，13岁到上海习商，先在同乡何源通五金杂货号当学徒。曾参加同盟会，并在光复军中任职，参与光复上海。以后当过电车售票员，在中美交易所当过经纪人，开设过一新印刷厂和民生纸盒工场。1925年“五卅”运动时任六路商界联合会会长，领导商界开展反帝爱国运动。“五卅”运动后到济南与人组织“三合成”公司，经营面粉运销生意。北伐开始后又回上海做军装生意。1929年接办大来银行，长期任董事长兼经理。次年与金润庠等联合盘进嘉兴禾丰造纸厂、杭州武林造纸厂，分别改名民丰、华丰两造纸厂，任这两个厂总经理，直至去世。1932年联合苏州、天津等地造纸企业成立以华丰、民丰为核心的“国产纸板联合营业所”，联合抵制日货。同时任协丰益记纺织公司、骏大华行、亿中企业银公司董事，及宁绍轮船公司董事兼总经理。抗战爆发后积极投入抗日救亡运动，在上海捐资设立国际红十字会伤兵医院，又在奉化创办国际灾童教养院，不惜斥巨资于此。杭州、嘉兴陷落后派人在云南建立云丰造纸厂，又在宁波创办丰余公号，经营运输、贸易业务。宁波沦陷后拒绝出任伪市长，而担任浙东粮食救济委员会主任，积极筹资运粮救济浙东灾民。1942年病故于赴永康筹措灾童衣食途中。

**岳昭燏(1879—?)**

字鞠如。嘉兴县人。清末曾任湖广总督、江苏巡抚衙门洋务文案。1905年任清政府考察宪政五大臣随员。1915年任驻比利时公使馆二等书记官，后任公使馆代办。1919年4月任驻法国公使馆一等书记官，后任公使馆代办。1920年回国。1920年10月至1923年任北洋政府外交部参事。1921年8月兼任和约研究会书记长。1924年5月至1928年10月任驻墨西哥全权公使。后不详。

**金丁亥(1891—1950)**

永康县人。1927年5月加入中国共产党。1928年1月任中共永康县委常委。同年2月到鱼曹头组建中共党支部。1929年8月任中共永康县委书记，后改任常委。1930年7月参与红十三军第三团的组建工作，任红三团训练部负责人。红十三军斗争失败后赴江西寻找中央红军未果，滞留浙闽边区数载。1948年春任新四军路南地区党组织与中共浙东临委的政治交通员。1950年9月去世。

**金子明(1915—1968)**

原名丁仁，化名王大中、王达仁等。绍兴县人。祖父和父亲都是上海工人，1932年小学毕业后读了一年初中。1933年到上海世界书局当店员，加入世界语协会，开始接受马克思主义。1936年8月加入中国共产党，曾任中共沪东区委宣传委员。1937年抗日战争爆发后领导上海印刷业工人从事抗日救亡工作。1940年4月任中共浦东工委书记；10月兼任中共淞沪中心县委委员。1941年5月任中共路南特委委员。1942年8月奉组织委派到浙东，任浙东区党委敌伪军工作委员会书记。1944年春任中共海北工委副书记。海北支队建立后兼任支队政治部主任。参与策动国民党挺进第五纵队张俊升部起义。1945年10月随浙东纵队北撤后任新四军第一纵队政治部联络部部长，第三野战军妇女干部学校教育长。新中国成立后历任中华全国总工会国际联络部副部长，外事工作委员会主任，对外文委交际司长，中国人民对外友好协会副秘书长。

**金开英(1902—1995)**

字公弢。吴兴县人。中国石油工业开创者之一。南浔富商金家之后。儿时在南浔生活，辛亥革命后迁居上海，由父亲金绍堂延请三位名师教学。1924年从清华大学留美预备学堂毕业后留学美国威斯康辛大学，攻读化学专业。1927年毕业，获理学学士学位。回国后任教于北京一所美国教会学校，一年后再度赴美，入哥伦比亚大学攻读燃料学，获硕士学位。1931年回国后任中央地质调查所沁园燃料研究室主任，主持出版《中国石油之成分》、《华煤图解分析》等研究报告，与人合著《中国各省煤质分析》、《中国各省燃料分析》等专著，开展植物油提炼轻油研究。1936年组织地质调查所搬迁至南京。1938年任资源委员会植物油提炼轻油工厂(后改为动力燃油厂)厂长。1941年3月任甘肃油矿局炼油厂厂长，负责玉门油田原油炼制和各种油品的生产，为抗战提供了重要能源，并培养了一批石油人才，为中国石油工业奠定了基础。抗战胜利后负责接管在台湾及东北的石油生产、炼制与营运设备。1946年6月建议国民政府在上海成立中国石油公司，并担任协理，负责制造与材料业务。1949年初将中国石油公司迁台北，任总经理，直至1961年卸任，是台湾石油事业的创始人和经济起飞的功勋人物。1961年退休后任台湾“中国技术服务社”董事长。1972年创办联合工业专科学校，并连任四届董事长。1995年5月病故。著有《台湾之石油工业》，主编有《石油工业手册》。

**金平欧(1915—1946)**

又名显岩、显健。东阳县人。1939年春加入中国共产党，曾任中共荷山支部书记，在村内发展党员，发动群众开展抗日活动。1940年春夏化装成国民党军官，机智地通过敌人的盘查，到樟村、吴良、大里、楼西宅等地张贴散发《抗日救国十大纲领》和《告全国同胞书》等传单，出色地完成任务。1943年春被国民党特务逮捕，遭受毒打，因查无实据，后交保释放。同年冬被中共党组织调到刚建立的中共义东北工委领导的坚勇大队，改名金平欧。1944年春夏之交奉命潜入日伪义乌楂林镇公所，机智地捕获日军采伐队长大本。1945年9月随诸义东党政军主力奉命北撤；途中被金萧地委委任为中共诸义东地区特派员；与周芝山、杨亦明等组建革命武装诸义东人民游击队，任指导员。1946年1月2日带两名游击队员到国民党楂林镇公所谈判，因严词拒绝敌人提出的条件，当即被捆绑、缴械；1月3日凌晨在楂林下桥头被国民党枪杀。

**金　永(生卒年不详)**

字道坚。钱塘县人。晚清举人出身。清末曾任吉林省双城府知府。民国初年在张勋的定武军担任执法营务处总办。1914年3月至5月任山西省内务司司长。1914年5月至1916年春任山西省巡按使。1915年袁世凯宣布称帝后被授予“一等男爵”。1916年6月袁世凯在众叛亲离中病死后，被山西督军阎锡山压迫，被迫辞去山西巡按使职，离开山西。后不详。

**金尔珍(1840—1917)**

字吉石，号少芝，又号苏盦。秀水县人。居上海。清贡生。精鉴别。能诗。工书法，兼参钟繇、王羲之、苏轼。善画山水，意间神足。嗜金石，工篆刻。著有《梅花草堂诗》。

**金　式(1905—?)**

又名士元，号知人。浦江县人。先后毕业于南京中央军校第六期步科、陆军大学正则班第十期，军事委员会战干团东南分团干训班肄业。历任国民革命军排长、连长、营长。抗日战争期间历任江西省保安第四团副团长，江西省干训团上校训育主任，第六战区补充第五旅旅长，第十三军第八十九师副师长、代师长、师长，先后参加湖南会战、浙赣会战及桂柳会战。1948年7月任第一六四旅旅长；8月该旅改番号为第二〇三旅，任旅长；11月改番号为第二〇三师，任师长。1949年5月第二〇三师在浙江金华一带被追击的解放军歼灭后潜往台湾，被委任为“反共救国军”军长。“反共救国军”在骚扰大陆沿海被解放军歼灭后，只身逃往澳门经商。后不详。

**金廷荪(1884—?)**

鄞县人。1897年从宁波老家到上海滩闯荡，最先在八仙桥一制鞋作坊当学徒。1898年因不愿受老板的气，逃出作坊，浪荡街头，结交了一批三教九流朋友。后经人介绍进入上海黑社会头子黄金荣的公馆，因为精明强干，获得黄金荣的信任，与杜月笙同为黄金荣的心腹。在杜月笙自立门户后，成为黄公馆唯一的“理财家”。1918年与黄金荣、杜月笙合股成立三鑫公司并任总经理，垄断上海法租界内的烟土零售批发和土行的保险，几年后成为上海滩空前绝后的烟赌大公司。此后与杜月笙合股在十六铺开设源茂笙记鱼行，在法大马路(今金陵东路)开宝成银行，在小东门创办洽茂冷藏厂股份有限公司，并独资开设逍遥池浴室。还握有上海华丰面粉厂、杭州华丰造纸厂、嘉兴民丰造纸厂等实业的股权。和杜月笙合股开设中汇银行。此外还担任法租界宁波饭店经理，宁波廷荪钱庄经理。黄金荣六十大寿后隐居幕后，又接手经营黄金荣手下的黄金大戏院、大舞台、老共舞台、共舞台等戏院。成为上海滩集流氓头子、企业家、房产商、金融家于一身的“海上闻人”。是上海法租界华人纳税会委员，法租界工部局华人委员，法租界商界联合会委员。1946年当选为上海市参议会参议员。

**金仲华(1907—1968)**

幼名翰如，笔名孟如。桐乡县人。早年读私塾，后相继就读于桐乡县立小学和中学。1923年考入杭州私立之江大学文科。1927年毕业后任上海商务印书馆《妇女杂志》助理编辑，后任主编。1932年初任《东方杂志》编辑。同年夏担任苏联塔斯社上海分社电讯翻译，并开始研究国际问题。1933年秋与胡愈之、钱俊瑞、钱亦石、沈志远、章乃器等在中共地下组织的领导下，在上海建立中共秘密外围组织“苏联之友社”，研究和介绍社会主义，宣传中国共产党的抗日救亡主张。同年底进入开明书店负责编辑《中学生》杂志。1934年9月参与创办《世界知识》杂志。次年任生活书店编辑部主任、理事会理事，还参加邹韬奋主编的《大众生活》杂志的编辑工作。同年12月与马相伯、邹韬奋、沈钧儒、李公朴等联名发表《上海文化界救国运动宣言》。1936年3月7日任《永生》周刊主编。不久赴香港协助邹韬奋筹办《生活日报》。同年夏回上海，协助编辑《生活》星期刊，一度代理主编。1937年初起主编《世界知识》，直至1949年3月被上海市社会局勒令停刊。抗日战争全面爆发后协助邹韬奋先后在上海、武汉编辑《抗战三日刊》、《全民抗战》。

1938年8月赴香港，参加宋庆龄在香港创建的保卫中国同盟（后改名中国福利基金会），任执行会委员，负责华语通讯，并参与筹建和领导中国青年新闻记者协会香港分会和国际新闻社香港分社。同年底至1939年5月担任《星岛日报》总编辑。1939年4月中国青年新闻记者协会香港分会创办中国新闻学院，任副院长，主持实际院务。1941年1月不顾国民党当局的禁令，将周恩来在《新华日报》发表的亲笔题词“千古奇冤，江南一叶；同室操戈，相煎何急！”制成锌版，在《星岛日报》国内新闻版上刊出，并冲破国民党政府的封锁，刊登有关报道，使海内外读者通过报纸了解到皖南事变的真相。同年5月《大众生活》周刊复刊，任编委。后曾在《华商报》工作。1942年初赴桂林，为《广西日报》写专栏文章，一度担任主笔。1943年加入中国民主革命同盟。同年底至1948年上半年先后在重庆、上海担任美国新闻处译报部主任。1945年8月底陪同宋庆龄会见从延安抵渝参加国共谈判的毛泽东、周恩来。1946年4月起在上海参与主编《联合晚报》，直至次年5月该报被查禁。1948年7月到香港，主编新华社香港分社出版的对外宣传英文期刊《远东通讯》，同时担任《新生晚报》副刊《国际知识》的编辑。同年底参加香港《文汇报》的编辑工作，任总主笔。1949年5月上海解放后参加上海市军管会工作；6月被委任为《新闻日报》临时管理委员会委员，并任社长兼总编辑。1950年接受中共委任，创办和主编新中国成立后的第一张英文报纸《上海新闻》；4月被任命为华东军政委员会文化部副部长。1951年任中国人民保卫世界和平委员会副主席，并兼任“和大”上海分会主席。1952年任英文中国建设杂志社第一任社长、中国新闻社第一任社长。1953年1月被任命为华东军政委员会委员；9月当选为上海市副市长。“文革”前历任上海市政协第一、第二、第三、第四届副主席，并从1958年3月起任文汇报社社长。1963年3月兼任上海市人民委员会文教办公室主任。多次代表中国新闻界参加国际新闻工作者协会会议。1968年4月23日含冤去世。1978年8月12日平反。著有《国际新闻读法》、《战时新闻阅读法》、《国际形势与中国》、《妇女问题》、《妇女儿童保护问题》、《青年与生活》等。

**金仲椿（1905—1978）**

又名金铸。嵊县人。1905年10月生。1923年从上海南洋中学毕业后考入私立上海大学学习，1928年毕业。1930年任陇海铁路管理局秘书。1932年任嵊县新商业银行经理。1934年因家庭破产在老家处理债务。1937年任南京国民政府航空委员会登记打字员。1938年任国民政府军政部兵工署宜昌办事处处员、主任。1939年任国民革命军第七十五军军部秘书。1940年任第二十六集团军总司令部秘书、国民党特别党部少将衔书记长。1946年起相继任第六、第八“绥靖”区司令部秘书、高级参谋，并一度兼任河南永城县县长。1947年开始与中共地下党开始接触，准备待机起义。1948年春在南京召开“行宪”国民大会时，与顾今吾等人散发《中国国民党革命委员会否认伪选的声明》。同年夏在上海从事策反活动，促成国民党第十五军第十三师师长曹永湘等起义。同年冬加入中国共产党。1949年2月随新任浙江省政府主席周岩到杭州，任浙江省政府顾问、人事处处长。同年杭州解放后任杭州惠兴女子中学校长，杭州市工商联副主任委员，杭州市政协委员。1950年7月起参与民革省委员会的筹备，历任民革浙江省委会第一、第二、第三届副主任委员，民革中央候补委员。1958年12月在肃反运动中因历史问题，以反革命罪判处徒刑10年。1968年刑满释放。1975年被安排为浙江省文史研究馆馆员。1978年1月在杭州去世。1984年平反。

**金华亭（1901—1941）**

金华县人。1925年与友人在上海创办远东通讯社，开始记者生涯。1926年经人介绍加入上海《申报》，任外勤记者。1927年春国民革命军北伐至苏浙地区，奉派担任《申报》驻南京记者，出入于国民革命军高级将领与南京国民政府政要和社会名流之间。1928年3月国民革命军第三期北伐开始，作为随军记者随大军北上采访战地新闻；5月3日济南惨案发生时与其他记者一道被困在济南原山东军务督办张宗昌的官邸，后侥幸脱逃出济南。经此劫难后大病一场，从此结束随军记者生涯，改任《申报》驻南京采访部主任。1930年调回上海，任《申报》本埠新闻采访部主任。1937年8月13日淞沪抗战爆发，《申报》被迫停刊，迁至香港出版，奉命至香港襄助。1938年春奉令至汉口协助马群超出版《申报》汉口版。不久被国民党中央宣传部长邵力子委派为中央宣传部上海特派员，经香港回到已经沦陷的上海，以美商名义复刊《申报》，同时协助国民党驻华东宣传专员从事敌后抗日宣传工作，因此被日伪列入暗杀的黑名单。1941年2月2日凌晨被日伪暗杀于上海大华舞厅门口。

**金华亭(1906—1980)**

绍兴县人。五金制造商。1931年集资2万银元在上海创办上海五金制铜厂(1938年改名沪江制铜公司),自任经理,是上海铜加工工业的创始人之一。该厂早年生产的紫黄铜皮,经实业部、财政部核准得免税优惠,为抵制洋货、发展民族工业作出了贡献。1947年至1949年先后任上海市铜料冶制工业同业公会常务理事、理事长。上海解放后继任该会副主任委员、主任委员,在认购建设公债、接受社会主义改造方面起了带头作用。公私合营后担任沪江铜厂私方厂长。后不详。

**金兆丰(1870—1934)**

字瑞六,号雪荪。金华县人。幼承家学,1902年乡试中举,次年殿试位列二甲第五名,赐进士出身,选翰林院庶吉士。1905年派赴日本留学。1908年回国后授翰林院编修。历任京师大学堂提调,京师督学局视学,国子监师范学堂监督,国史馆编修,武英殿校对等职。民国成立后隐居著述。后参与修纂《清史稿》,1927年完成。后寓北平,以卖字画为生。1934年病故。著有《清史大纲》、《晏海澄先生年谱》、《校补三国疆域志》等。

**金兆均(1898—1981)**

诸暨县人。1921年毕业于国立南京高等师范学校体育专修科。1924年起历任厦门大学、湖南国立师范学院体育系科、中央大学体育系讲师、教授。1934年至1936年留学美国衣阿华大学和斯坦福大学,获学士和硕士学位。新中国成立后历任中华全国体育总会委员、上海分会副主席,上海体育学院体育系主任、副院长,中国田径协会副主席及上海市政协委员等职。为国家级田径裁判,曾多次在国内重大田径比赛中担任总裁判长。著有《体育行政》、《个人与团体之竞技运动》、《实用按摩术与改正体操》、《早操与课间操》、《实用按摩术》、《德国新体操》等。

**金兆梓(1889—1975)**

字子敦,号芚盦。金华县人。1889年7月12日生。12岁应县童子试,得案首。20岁毕业于杭州府中学堂。23岁毕业于京师大学堂预科。25岁肄业于天津北洋大学矿冶系。后在浙江省省立第七中学执教,任校长。31岁在北京高等师范学校任教。1922年到上海,入中华书局编辑所任文史编辑。后任教科图书部主任,编辑所副所长。1941年冬离开上海。1942年在重庆中华书局任《新中华》杂志社社长、总编辑。1950年迁居苏州,被选为苏州市人大代表、苏州市副市长。1958年回上海,被中华书局复聘为中华书局上海编辑所主任。同时被选为上海市政协委员,兼任上海市文史馆馆长。1964年因病离职休养。"文革"中遭迫害。1975年6月15日在北京去世。著有《芚厂治学类稿》、《国文法之研究》、《实用国文修辞学》、《现代中国外交史》、《法国现代史》、《中国史纲》等。

**金兆棪(1879—1945)**

字仲荪,号悔庐。金华县人。光绪朝举人。1908年毕业于京师大学堂师范馆,授内阁中书,后任金华府中学堂监督。与浙江革命党人张恭、秋瑾等有接触。1911年11月4日浙江光复后任浙江都督府秘书。1912年以高票当选为浙江省临时参议会议员。同年底当选为中华民国第一届国会参议院参议员。1913年春到北京任参议员职,在兼任参议院财政委员会主席时,因直言抨击时弊,得罪了专制独裁的袁世凯。1914年初国会被袁世凯解散后回金华老家闲居。1916年7月第一届国会第一次恢复,仍回北京任参议员。1917年国会再次遭黎元洪解散,响应孙中山号召,南下广州出席非常国会,并担任广东护法政府秘书厅长。1922年第一届国会第二次恢复,仍回北京就任参议员。1923年不仅拒绝曹锟贿选,而且立即南下上海,与南下议员开展反贿选斗争,但曹锟最终还是收买到了足够的选票,成了不光彩的贿选总统。此一事件使他看透了政局的腐败,从此辞去参议员,脱离官场。后任中国戏曲音乐研究所所长,中华戏曲专门学校校长。1932年1月《剧学》月刊在北平创刊,任编辑委员会主任。针对当时戏剧界的弊病,倡导用科学的方法研究本国剧艺,推进中国戏剧发展。与京剧大师程砚秋合作,除改编移植婺剧《碧玉簪》、《锁麟囊》,还创作了《文姬归汉》、《梅妃》、《荒山泪》、《春闺梦》等四个戏,成为程派艺术的代表作。抗日战争时期虽然生活窘困,但淡泊自守,坚拒出任伪职,弘扬了中华民族的正气。著有《悔庐吟草》。

**金兆銮(1882—1928)**

金华县人。光绪朝廪生。1904年与张恭等创办金华第一份报纸《萃新报》,并发起成立"八婺开通学社",宣传进步思想,开通风气。1905年由浙江省选派赴日留学,毕业于早稻田大学。中华民国成立后任浙江省高等检察厅检察官兼私立浙江法政专门学校教授。后调任宁波地方检察厅厅长,刚正清廉,为全省政法之表率。曾有英商代理人犯法被押,英国驻宁波领事横加干涉,遭其拒绝。英领事通过英公使向北洋政府外交部施加压力，北洋政府外交部派员南下干预，企图强迫放人，金以“官可失，法不可饶”，坚持依法办理。英领事终因理亏，不了了之。此案胜利，举国赞誉。著有《原法》、《民事诉讼》(3—5编)及《金兆銮诗文集》。

**金兆蕃(1869—1951)**

原名义襄，字篯孙，号药梦老人。秀水县人。后移居平湖县。1889年中举人，任内阁中书，倾心于维新变法。后参加清廷举行的经济特科考试合格。曾任江苏度支公所莞榷科科长。1912年中华民国成立后任北洋政府财政部佥事。1915年4月任财政部会计司司长。1916年3月署财政部赋税司司长，并任财政善后委员会委员等。1919年加入北洋政府所设的清史馆，参与纂修清史。并为《浙江通志》撰稿。生平著作丰富，有《各国订约始末记》、《安乐乡人诗集》(6卷)、《药梦词》(4卷)、《建州事实》(20卷)及文百余篇。晚年续编《槜李诗系》，与金蓉镜补刊《嘉禾徵献录》(盛枫著)。与人合作编辑大型文献丛书《槜李文系》，汇集嘉兴地区文献，惜未能梓行。

**金问泗(1892—1968)**

号纯孺。嘉兴县人。1892年4月27日生。1910年从私立复旦公学毕业后考入天津北洋大学。1915年毕业，获法学学士学位。1916年夏通过北京政府外交官领事官考试，随即以学习员进入外交部。1917年夏派为驻美国公使馆学习员，同时入纽约哥伦比亚大学学习国际公法及外交学。1919年1月初任中国出席巴黎和会代表团副秘书，并获校方批准提前应考毕业，获法学硕士学位。1920年冬任驻国联中国代表办事处秘书及专门委员。1921年11月任中国出席华盛顿会议代表团秘书。1922年2月回国后任职于北京财政部，研究关税问题，旋调回外交部，任通商司榷税科科长，兼在关税特别筹备处服务；8月奉派兼任督办中俄会议事宜公署委员。1924年5月兼关税特别会议委员会议案处帮办。1925年冬兼外交部议事处帮办。1926年任外交部佥事。1927年7月任上海特别市政府专任参议；11月任外交部秘书。1928年2月至4月任南京国民政府外交部第一司司长。同年4月至1929年5月任外交部驻江苏交涉员。1930年3月17日任南京国民政府农矿部参事。1931年5月至12月任南京国民政府实业部参事，兼上海农产物检验所所长。1931年12月至1932年1月任外交部常务次长。1932年9月任出席国联行政院中国副代表。1933年5月任驻荷兰公使。1940年7月因德军入侵荷兰，公使馆停办，奉命离荷暂居日内瓦。1941年5月至伦敦执行驻荷使馆馆务，并兼代驻比利时大使馆馆务；8月兼代驻捷克公使馆馆务。1942年1月兼代驻波兰公使馆馆务；10月任中国出席伦敦太平洋军事会议代表。1943年2月升任驻荷兰全权大使。1944年9月兼驻比利时、挪威、捷克大使。1945年3月专任驻比利时大使，仍暂兼驻挪威、捷克大使，并兼代驻波兰公使馆馆务。1946年4月任出席巴黎和会中国代表团副代表。1949年1月以驻比利时大使兼驻卢森堡公使。新中国成立后继续担任台湾当局驻“比利时大使”兼驻“卢森堡公使”职务。1955年6月辞去驻“比利时大使”。1959年3月辞去驻“卢森堡公使”，移居美国纽约，后移居华盛顿。1968年4月21日在华盛顿病故。著有《金问泗词稿》、《中国与巴黎和会》、《中国与华盛顿会议》、《中国与国际联盟》、《从巴黎和会到国联》、《外交工作的回忆》等。

**金问淇(1899—1968)**

字恂侯。原籍嘉兴县，生于平湖县城关。系清末举人、民国财政部会计司司长金兆蕃之子。1919年入上海同济医学院就读。次年赴德国哥丁根大学和佛莱堡大学医学院深造，获医学博士学位。1925年回国，初在上海开业行医，后在上海同德医学院、同济大学医学院担任妇产科主任、教授。1952年当选为上海市医学会副会长。1953年院系调整，随同济医学院迁武汉，任武汉医学院妇产科教研室主任、教授，兼任附属第二医院妇产科主任和计划生育研究室主任。同时还担任中华医学会全国妇产科学会武汉分会主任委员，《中华妇产科》杂志编委。1956年被评为一级教授。晚年从事中西医结合治疗妇科疾病研究，率先使用针刺排卵及针刺调节宫缩，取得成果并应用于临床。又组织研究针刺治疗不孕症及天花粉中期引产成功。此两项研究成果于1978年获全国科技大会奖。“文革”中深受迫害，于1968年5月上吊自杀。著有《妇幼卫生手册》。

**金汤侯(1888—1967)**

名城，字汤侯，以字行。绍兴县人。幼受私塾教育，19岁肄业于上海复旦公学，旋去江西饶州府学幕，历任县、府、道公署幕僚。1911年任烟台地方审判厅主簿。1913年起先后任天台、新昌县知事。1916年后任山东省署机要秘书及黄县、即墨县知事。后对官场生涯感到厌倦，1924年交卸后寓居杭州，与卸任的浙江省长张载阳承办萧绍、绍曹嵊、嵊新等公路，均任董事。1936年又出任苏嘉湖公路公司经理。同年又租办新天临黄公路。10年间连续经营五条公路，成绩卓著。又经营协和炼油公司、陆永兴五金器材商店等。抗战爆发后任浙江省经济事业委员会委员，省粮食管理委员会常委。抗日战争时期为解决绍城饥荒，向银行贷款，赴赣购粮。1941年日军侵绍，化名刘绍成，避居沪上。抗战胜利后全力恢复原经营公路。1946年与邵力子等筹款创办医院，嗣由省卫生厅接办定名浙江省立绍兴医院。新中国成立后一直主持绍兴红十字会工作。1951年作为特邀代表出席绍兴市各界人民代表会议。1953年1月将萧绍、绍曹嵊、嵊新、新天临黄四条公路移交给国家，苏嘉湖公路由江苏省交通厅收回。同年参加中国国民党革命委员会，任民革绍兴市委委员。又先后任省工商联执行委员，省政协第二、第三届委员，绍兴市人民代表、市政协委员、市工商联常委。热心地方公益事业，参与重建大禹陵庙、创办绍兴稽山中学等，并捐资设立皋埠小学基金。在"文革"中遭受迫害，于1967年5月7日去世。

**金　还(1860—?)**

字仍珠，亦作仁铸。绍兴县人。科举出身。曾在山西任知县，后参与东三省新政，任职奉天省财政局、东三省铁路会办、官银号总办。1913年1月任众议院议员；5月参加进步党。1917年7月梁启超任财政总长，金任次长。同年12月辞职。1922年当选为中国银行董事。1923年10月王克敏辞中国银行总裁，由金继任。1928年10月中国银行改组后到辽宁经营农垦公司。后不详。

**金体乾(1887—1965)**

字葆光。长兴县人。早年曾应童子试，后入京师大学堂译学馆。1911年毕业后入上海商务印书馆任编译。1927年南京国民政府成立后转而从政，历任江苏省司法厅秘书、江苏省政府秘书。1931年4月至1933年2月任江苏省政府秘书长。1936年7月奉派担任国民大会选举总事务所干事兼文书股股长，后调第一组组长。1942年任国民大会选举事务处副处长。1945年11月任国民大会选举总事务所总干事，后相继兼国民大会秘书处副处长、代表报到处主任。1947年6月任国民大会代表及立法委员选举总事务所选举委员兼总干事。1949年去台湾，任"地方自治研究委员会"专门委员、"考试院"参事。1965年7月3日在台北去世。著有《国民大会之理论与实际》、《海关权与民国前途》、《考试与铨叙》、《台湾的地方自治》、《四书通义》等。

**金佛庄(1897—1926)**

学名金灿，字辉卿。东阳县人。1915年考入东阳县立中学。1918年8月考入保定陆军军官学校第八期步兵科学习。1920年因直皖战争军校暂时停办，考入厦门大学学习。保定军校复校后于1921年10月重返军校。1922年春在军校加入中国社会主义青年团，组织壬戌社，开始投身于早期的共产主义活动；7月毕业分配到浙军二师任排长；8月中共上海地方区委负责人徐梅坤到杭州开展建党工作，被发展为浙江最早的中共杭州小组成员。1923年6月与于树德赴广州出席中共第三次全国代表大会。不久晋升为连附、营长。1924年春第一次国共合作实现，受中共党组织委派参加黄埔军校工作。先后任黄埔军校第一期第三学生队上尉队长，中国国民党黄埔军校特别党部执行委员，黄埔军校教导第二团第三营营长，国民革命军第一军第一师第二团党代表、团长。先后参加平定广州商团叛乱、刘杨叛乱及讨伐广东军阀陈炯明部的两次东征，战功卓著，为黄埔军校教导第二团争得"党军荣誉旗"。1926年3月20日"中山舰事件"后，因中共党员身份被解除军事指挥官职务，调回黄埔军校任教官、改组委员长和法规编审委员；7月任国民革命军总司令部参谋处副处长兼三科科长、总司令部警卫团少将团长；12月奉派到浙江、上海等地，通过过去在浙军中的旧交关系，策划浙军起义。同年12月9日化装成商人，从江西九江搭船去上海，船至南京下关码头，被五省联军孙传芳部密探逮捕，国共两党多方设法营救未果；12日被秘密杀害于南京雨花台。1984年5月18日被浙江省民政厅追认为革命烈士。著有《军官的心理》。

**金　近(1915—1989)**

原名金汝盛，曾用名金知温，笔名王玫、林玉清。上虞县人。儿童文学家。家境贫寒，12岁到上海当学徒。1935年在上海《儿童日报》做杂务，不久任助理编辑。1937年发表第一篇童话《老鹰鹞的升沉》。抗战时期做过流浪儿童教养院的事务员、教员，又做过记者、编辑。抗战胜利后回到上海。曾在《文汇报》的"社会百丑"专栏里连续发表讽刺性小故事。1953年任全国作协儿童文学组副组长。期间出版《新年前夜》、《春姑娘和雪爷爷》等童话。1957年回到浙江，曾任浙江作协副主席。1963年起到北京工作，先后出版多部儿童文学作品。

**金鸣盛(1899—1984)**

绍兴县人。1899年11月生。1919年在绍兴省立第五中学读书时与李士豪等同学一起积极参加五四运动。1923年浙江省立法政专门学校政治经济系毕业。1927年参加浙江省第一届县长考试及格,被任命为德清县长,因同情受灾农民暂缓征收田赋,不到一年被撤职。此后历任绍兴专员公署秘书,国民政府立法院宪法草案起草委员会纂修,国民出版社编辑,浙江省临时参议会议员。1945年抗战胜利后被上海市政府聘为法制专门委员。1947年当选为绍兴县参议会议长。不久又当选为中华民国立法院立法委员。1949年9月24日与王又庸等53名立法委员通电起义。新中国成立后历任华东军政委员会参事室参事、江苏省人民政府参事、江苏省律师协会筹备委员会委员、政协江苏省委员会政法组组长及江苏省法学会理事等。1954年12月25日到28日在杭州参加民革浙江省第一次党员代表大会。1984年4月在南京病故。著有《两种选举制的比较研究》等。

**金尚诜(1868—?)**

字苑秋。温岭县人。早年在温岭历任民团、水利、工艺、禁烟总局总理,并参与创办中学堂及县自治研究所。1909年当选为浙江省咨议局议员。1912年底当选为中华民国第一届国会众议院众议员。1913年春到北京任议员职。1914年初国会被袁世凯非法解散后回乡闲居。1916年7月第一届国会在北京复会,仍为众议员,兼浙江省督军公署顾问。1917年国会被黎元洪下令解散后南下广州,出席非常国会,参与护法运动。1922年第一届国会再次恢复后,仍为众议员。1923年因参加直系军阀首领曹锟的贿选,遭到当时舆论指责,从此声名扫地。后不详。

**金性尧(1916—2007)**

别号星屋,笔名文载道、春秋等。定海县人。曾任光华夜校教员。1934年至1935年曾在《舟报》副刊上撰稿发表文章。抗战爆发后全家迁至上海。在柯灵主编的《文汇报》、《世纪风》上发表数量可观的杂文,后结集为《星星小文》、《文抄》等出版。1944年编辑《文史》半月刊。新中国成立后历任春明书店、上海文化出版社编辑。1958年起在中华书局上海出版所任职。后任上海古籍出版社编辑,民进上海古籍出版社支部主任。2007年7月15日在上海去世。著有《金性尧全集》。

**金岳霖(1895—1984)**

名岳霖,字龙荪。诸暨县人。1895年7月14日生于湖南长沙。1911年入北京清华学堂。1914年考取庚款留学美国,先后在美国宾夕法尼亚大学、哥伦比亚大学学习政治学。1920年获政治学博士学位。其后到英、德、法等国游学。1925年回国。1926年任清华大学教授。同年创办清华大学哲学系。1938年西南联大成立后任联大文学院心理学系教授兼清华大学哲学系主任。1948年当选为中央研究院第一届院士。1950年任清华大学文学院院长。1952年全国高校院系调整,六所大学哲学系合并为北京大学哲学系,任系主任。1955年中国科学院哲学社会学部成立,任学部委员;9月底任哲学研究所副所长兼逻辑研究组组长。1977年任中国社会科学院副所长兼研究室主任。1979年被选为中国逻辑学会会长。1984年10月19日在北京去世。是中国现代著名哲学家,在逻辑学、知识论领域具有广泛影响。1936年其《逻辑》一书由商务印书馆列入"大学丛书"出版;1940年其《论道》一书由商务印书馆出版,获最佳学术著作评选二等奖;其《知识论》一书在成书40余年后,于1983年由商务印书馆正式出版。

**金学松(1917—1989)**

永嘉县人。贫苦家庭出身,7岁时即以卖水果为生,12岁跟乡人学篾匠手艺,15岁到上海一木器店当学徒。1941年2月赴新加坡做木工。次年2月日军占领新加坡后自制自售木器家具。1943年自行开设联和木器公司。第二次世界大战后该公司扩大经营,兼营装潢、三合板。1976年开设金龙木业私人有限公司,由长子金宗华任公司经理、董事。该公司制造的三合板远销中东各国。1973年至1984年曾任新加坡温州会馆副会长、会长之职。热心资助家乡永嘉、温州兴办公益事业和教育事业。1989年4月5日在温州病故。

**金宝祥(1914—2004)**

萧山县人。早年曾以蔡东藩为启蒙老师。1934年在浙江省立杭州高级中学毕业后考入北京大学史学系。1936年在《禹贡》杂志发表《汉末至南北朝南方蛮夷的迁徙》。抗战时随北大南迁,经湖南长沙,1938年在云南蒙自毕业。其后一度任职于《三民主义丛书》编纂委员会。后任四川大学讲师,英士大学副教授。新中国成立后历任西北师范学院教授、历史系主任,《甘肃师范大学学报》主编,甘肃省历史学会会长、名誉会长,中国史学会理事,中国唐史学会顾问,中国敦煌吐鲁番学会顾问。1986年被甘肃省政府特聘为终身教授。一生以研究中国古代史为业,尤以隋唐史的研究成果最为卓著。著有《唐史论文集》、《隋史新探》以及《宋高宗南渡前后两淮及西北居民之南迁》、《南宋马政考》、《西夏的建国和封建化》、《唐史探赜》、《吐蕃的形成、发展及其和唐的关系》等。

**金宝善(1893—1984)**

绍兴县人。1893年4月23日生。幼年读私塾,1907年入绍兴中学堂。1909年考入南京水师学堂,后转入杭州医科专门学校学习。1911年考取官费留学日本,入千叶医学院攻读内科。毕业后任职于东京帝国大学传染病研究所,研究传染病及生物制品。1919年回国后在北京中央防疫处任技师,并在北京医学专门学校及军医学校任教。后赴美国约翰·霍普金斯大学公共卫生学院进修,获公共卫生硕士学位。1927年回国后任杭州市卫生局局长。1928年夏进入北京接收中央防疫处。1928年11月至1930年任南京国民政府卫生部保健司司长。1931年5月起任内政部卫生署技正。1934年当选为中华医学会会长。1938年6月任行政院卫生署副署长。1940年6月至1947年4月任行政院卫生署署长。1947年4月至1948年9月任国民政府卫生部政务次长。1948年赴美国,任联合国善后救济总署儿童急救基金会医药总顾问。1949年1月至3月任国民政府卫生部部长,未到任。新中国成立后于1951年回到北京,先后任中央卫生部技术室主任、参事室主任。1954年起任北京医学院卫生系主任、名誉主任,并兼任中国红十字会常务理事、中华医学会常务理事、全国政协委员。1984年11月11日在北京病故。编著有《查看医学外文期刊经验简介》、《中华民国时期的卫生保健工作》、《中华民国医药卫生史料》,译有《都市卫生行政之标准》。

**金宗城(1895—1995)**

镇海县人。12岁到上海金业小学就读。毕业后进江苏银行做练习生,几年后升会计员。1918年进上海银行供职,担任保管主任,旋擢升为副会计,后历任国外汇兑部主任、襄理、检查部襄理、营业部经理。30年代曾任三友实业社、华安合众人寿保险公司、新新公司、公勤铁厂、成丰纱管厂、大有印刷公司、三兴烟公司董事,中国旅行社常务董事,中国第一信用保险公司、大华保险公司、家庭工业社监察人,上海公共租界工部局地皮委员会委员等职。1934年任上海银行董事。1937年"七七"事变后积极参加救济工作,担任上海难民救济协会常委兼财务委员,宁波旅沪同乡会执行委员。后邀王宽诚等五人创立五洲商业储蓄银行,被推举为董事长。1950年迁居香港,任海外信托银行董事、香港工商银行顾问、华侨地产公司董事长。

**金贯真(1902—1930)**

原名家济。永嘉县人。1902年12月15日生。1909年起先在岩头私塾读书,后入岩头高小。1919年2月考进温州的省立第十师范学校学习。五四运动爆发后投入新文化运动。与同学组织"血波社"、"宏文社"等新文学研究团体。1923年秋邀请朱自清担任指导。还与同学组织"青年策进会"、"溪山学友会",为在楠溪山乡开展新文化运动而努力。1924年秋毕业后留在师范附属小学任教。同年冬加入中国社会主义青年团。1925年春加入中国共产党,并成为浙南最早的党组织——中共温州独立支部的主要成员。"五卅"惨案发生后和中共温州独立支部的其他成员组织"五卅惨案后援会",领导和组织游行示威,发动工人罢工、商人罢市、学生罢课,发动募捐,支持上海工人的罢工斗争。同年下半年进私立上海大学学习。1926年秋任国民革命军东路军总指挥部政治部秘书兼中共党团书记。1927年秋由中共中央选派赴苏联学习,进入中山大学(后改称中国共产主义劳动大学)。1929年8月离苏回国。经中央考察后于1930年1月被指派为中共中央巡视员。在白色恐怖十分严重的情况下,不怕艰险,深入各地进行巡视考察。同月下旬在瑞安肇平洋主持召开温(州)属七县干部会议,传达党中央六届二中全会精神,研究党组织的整顿和发展工作。会后举办县区负责人参加的政治训练班。同年3月下旬到上海向党中央汇报工作。党中央于3月31日给浙南党发出关于工农兵运动的策略路线、建立红军、组织问题的指示信,金担负组织地方暴动,组建浙南特委和建立红十三军的重大使命,从沪返温。后被特务跟踪包围,不幸被捕,被解送国民党永嘉县政府。当天夜里被国民党当局秘密杀害于温州城区松台山麓。

**金承诰(1841—1919)**

字谨斋,号恭度,又号冷石。杭县人。善山水,工篆刻,兼法秦、汉、宋、元及浙派,喜仿汉人粗朱文,工稳苍秀,得浑厚之气。蓄旧青田石颇多。为西泠印社早期社员。

**金绍坊(1890—1979)**

字季言,号西厓。吴兴县人。久寓上海。现代竹刻家、书画家。

自幼勤奋。早年学土木工程,毕业于圣芳济学院,后任建筑师。从其兄金绍城学画刻印,竹刻则学自仲兄金绍堂,朝夕奏刀,三年中竟刻制扇骨 300 余枚。善刻留青小臂搁。吴昌硕、吴待秋赞赏其竹艺,两人合作为其绘《西厓锲简图》。对竹刻艺术有全面研究,著有《竹刻小言》、《竹刻艺术》等。亦精书画鉴赏。

**金绍城(1878—1926)**

一名城,字拱北、巩伯、巩伯,号北楼,又号藕湖渔隐。吴兴县人。毕业于英国铿司大学法律专业,曾游历美、法诸国,考察法律和美术。1904 年出任上海中西会审公堂会审官。次年罢官,改任大理院推事。1911 年作为中国代表参加美洲万国监狱改良会议,并赴欧美考察监狱。归国后任民国政府内务部佥事,众议院议员,国务院秘书,蒙藏院参事等职。精于绘事,善画山水,间作花鸟,亦善诗词。1920 年在北京创立中国画学研究会,又创办湖社画会,从学者甚众。曾筹建中日绘画联合展览会,每年在天津、上海、日本、东京、大阪联合交流展览,盛况空前。又于 1926 年偕陈师曾赴日本东京、大阪等地举办巡展,备受推崇。所作纯以古人为师,不墨守成法,较有新意。又善临摹,曾缩摹名人字画,不爽毫厘。著有《画学滴义》、《北楼论画》、《隅湖诗钞》、《北楼印存》、《藕湖诗草》等。

**金绍基(1886—1949)**

字叔初。湖州县人。1902 年赴英国留学,入皇家学院,习电气学。1905 年毕业归国后先在高等实业学堂任电学科教习。1906 年任北京商务委员会所属技术学校电气科教授,后任清政府商部交通委员会委员。1911 年在邮电部邮务总局任职。1927 年参加组织北平博物学协会及博物学研究所。后任北平美术学院副院长,北平博物学协会会长。

**金　城(1906—1991)**

原名树栋。诸暨县人。1924 年在共产党人宣侠父引导下,接受孙中山民主革命思想,在农民中宣传三民主义。1925 年参加“五卅”反帝爱国运动。1926 年加入国共合作后的国民党,在诸暨组织农民协会,协助北伐军工作。1927 年 6 月参加中国共产党,先后任诸暨县委委员、县委职工部长、组织部长、代理书记、青年团县委书记,率领穷苦农民进行“开仓分粮”、“二五减租”等斗争,进而组织农民武装,任浙东农民革命军第一大队政委,参与领导 1930 年的诸暨暴动。失败后到上海任中共沪西区委组织部长、区委书记,以大丰纱厂、德士古石油公司职工身份从事工人运动。1933 年 4 月在布置罢工时被捕。同年 8 月获释后继续在上海、香港、广西等地从事地下工作。1936 年奉命参加李济深等人组织的民族革命同盟,任梧州区委会宣传部长,在上层爱国民主人士中进行统战工作。1937 年到延安抗日军政大学学习。结业后留陕甘宁边区政府工作,历任交际科长、处长,从事统战工作。1947 年任西北军区政治部敌工部长兼解放军军官教导团政委。1948 年先后任中央统战部交际处长、人事处长、副秘书长、副部长。1949 年随中共中央到达河北平山西柏坡。此后一直在中央统战部工作,先后任交际处长、人事处长、副秘书长、副部长、顾问,是第三、第六届全国政协委员,第五届全国政协常委。著有《延安交际处回忆录》。

**金映光(1913—1983)**

青田县人。1925 年到上海当学徒。1933 年随马戏团到德国汉堡谋生。不久由进步华侨介绍,参加欧洲反帝大同盟。1934 年到巴黎洗衣、当餐馆杂工,参加中共领导的抗日救国会,印刷、发行党的刊物、传单。1935 年 5 月加入共产党(法共中国支部)。1936 年初到吴玉章主办的《救国时报》当排字工人、行政组长。1938 年 4 月回国后到武汉参加《新华日报》的行政、总务工作。同年到延安中央党校学习。1939 年参加筹建《解放日报》,担任后勤工作。1946 年夏奉中共中央南京局的指示,装扮成巨商,偕夫人朱慧潜入上海,设法住进其四叔、原军统特务头子金守庭的花园洋房,从事情报工作,来往沪宁传递情报。同年 11 月蒋介石召开制宪国民大会期间,不顾个人安危,三次赴南京,突破敌人封锁,将一箱重要情报原件运回上海。1948 年秋由于青田同乡中有人叛变,乘船离开上海,辗转到河北省平山县西柏坡,进入中央社会部工作。在西柏坡受到毛泽东接见。新中国成立后历任北京市公安局行政处副处长,公安部行政处处长,北京市服务局副局长,北京市第二服务局副局长,全国侨务委员会委员,北京市第五、第六届政协委员。

**金祖鑫(1911—　)**

鄞县人。早年在上海开办五金电器商行。1945 年抗日战争胜利后到台湾开办勤康电器行,在台湾五金业中颇有声誉。后集资购买下士林纸厂,任常务董事兼总经理。后又创办大康、宏康造纸厂及国华化学工业公司,任常务董事兼总经理。后与华隆公司等合并成立新华隆公司,仍任常务董事兼尼龙事业部部长。

**金根宽(1913— )**

绍兴县人。1935年毕业于国立广州大学经济系,获法学学士学位。1937年后先后任广东省新兴县政府会计主任、广东省长途电话所会计主任,兼任国立广州大学计政班主任及国立中山大学副教授。1945年起任国立广州大学副教授、教授,先后兼任总务长、会计专修科主任、工商管理系主任、会计系主任等职。1951年任华南联合大学教授兼会计系主任。1953年后历任中山大学、中南财经学院、湖北大学、暨南大学等校教授,对会计实务颇有研究。著有《计政法规讲述与岁计实务》、《工业会计》等,合著和编著有《簿记会计》、《政府会计原理和技术》、《工业财务与会计》、《手工业企业财务会计》、《国营工业企业会计》等。

**金 砺(1892—1914)**

字砥侯。青田县人。早年先后就读于青田竹溪小学堂、南京钟英学校。期间参加同盟会,从事反清革命活动。1912年中华民国成立后在沪军都督陈其美手下任中校团长。1913年参加"二次革命"。1914年加入中华革命党,在陈其美、夏尔玙(中华革命军浙江司令长官)领导下奔走沪杭甬一带,谋划起义,建立反袁根据地。同年农历九月初九准备在杭州起义,因计划被泄而被捕,在狱中遭到严刑拷打,逼供革命党人名单。正气凛然,始终不屈,被浙江当局处以铁笼火烧极刑,壮烈牺牲。南京国民政府成立后被追赠为陆军少将,入祀南京忠烈祠,颁给抚恤金5000银元。

**金海观(1897—1971)**

字晓晚。诸暨县人。1913年考入绍兴浙江省立第五中学。1918年入南京高等师范学堂教育科,师从陶行知,其间因家贫辍学,回乡任教。后入东南大学教育系继续学业。1925年毕业后历任河南第一师范、江苏第七师范、开封北仓女中、浙江省立第四中学、安徽第一女中教员,成都大学教授兼实验学校主任、南京第四中山大学附属实验学校校长和中华书局编辑。1932年经郑晓沧介绍至萧山,任浙江省立湘湖乡村师范学校校长,以南京晓庄师范为榜样,积极推行陶行知生活教育理论。抗战爆发后率全校师生先后迁至义乌、松阳、庆元、景宁等地办学,抗战胜利后迁回萧山。1947年在中共领导下支持全校师生投入"反饥饿、反内战、反迫害"运动。新中国成立后继续任湘师校长。1952年经周建人介绍加入中国民主促进会,当选为民进中央候补委员、浙江省人民代表、省政协委员、全国教育工会委员。1957年调离湘师,任浙江省民进(筹)秘书长。1958年起在浙江省政协文史资料研究委员会从事文史资料的研究编纂工作。著有《小学教育法纲要》、《论吾国的乡村师范》、《对于师范学校的种种看法》、《金海观教育文选》等,并参与编写《杜威教育哲学》和《中国教育辞典》。

**金润泉(1878—1954)**

名百顺。萧山县人。著名金融家。14岁经人介绍到杭州乾泰钱庄当学徒,后转同兴、裕源钱庄任职。20岁被宝泰钱庄(大同行)聘为副经理。大清银行杭州分行成立时,经同乡汤寿潜、陈静斋推举任经理。辛亥革命后曾任南京中国银行总行营业部经理;1913年任中国银行杭州分行副理;1921年升任经理,直至1952年。1927年宋子文发起成立预算委员会,任委员。1933年在杭州创办浙江建业银行,自任董事,由其子金观贤任总经理,并设立新民地产公司。1935年又在杭州开设两浙商业银行,任董事长。同年还兼任中国保险公司、上海纺织印染公司、浙江地方银行、浙东商业银行、绍兴商业银行等董事,浙赣铁路联合公司、杭州浙江商学社理事,上海至中商业银行监察,浙江省捐税监理委员。抗战爆发后将浙江建业银行总行迁上海,又派中国银行杭州分行部分人员至上海成立驻沪处,托庇于租界营业,同时将两浙商业银行总行迁绍兴,后又迁永康。此外又投资诸多企业,主要有中国国货银行、中国建设银公司、中国国货联营公司、中国棉业公司、淮南煤矿、南洋兄弟烟草公司、杭州电厂等工矿交通金融企业。曾任第三届杭州总商会会长。1930年杭州市商会成立时任执委会常委;1936年被举为主席。1946年杭州商会理监事会成立时任理事长,同时任省商会理事长。从1930年杭州银行同业公会成立至1949年一直任主席,并长期任杭州造币厂会办、厂长。杭州解放后人民政府接管中国银行杭州分行,留任董事兼经理。1954年在上海病故。

**金润庠(1892—1961)**

字绅友。镇海县人。著名造纸企业家。小学毕业后到汉口一家海味商号当学徒,工余自学英语。后至上海任华通保险公司职员,逐步升任该公司烟台分公司经理,改任杭州分公司经理,不久任上海美商德泰洋行、光耀洋行买办,并自设润丰恒商号。1912年结识竺梅先,渐成知交,以后他们合作为军队采办面粉、订购军服,获得厚利。1929年与竺梅先联合盘进嘉兴禾丰造纸厂,改名民丰造纸厂,任协理。同年与竺梅先创办大来商业储蓄银行。

1931年又与竺盘进杭州武林造纸厂,更名华丰造纸厂,又任协理。1932年联合苏州、天津等地造纸企业成立"国产纸板联合营业所",任所长,形成国产板纸业最大的企业集团。1935年兼任大沪银行监察。抗战爆发后任上海抗战后援会主席团成员兼供应委员会副主委。上海沦陷后去西南,在昆明发起组织云丰造纸厂,在重庆发起创办建成炼油厂,又担任国民政府赈济委员会委员及战时公债劝募委员会委员。抗战胜利后立即从日商手中接收华丰、民丰两造纸厂,任两厂总经理。1946年任上海市参议员。1948年当选为"国大代表",并任华威银行董事、全国工业协会副理事长、上海市商会常务理事、第六区造纸工业同业公会理事长等职。新中国成立前夕拒绝去台湾。解放后主持华丰、民丰两造纸厂迅速恢复生产。历任浙江省各界代表会议特邀代表,全国政协第二、第三届委员。1961年9月在上海病故。遗愿将20万元捐献给浙江省工商联,用以发展教育事业。

**金祥恒(1919—1989)**

海宁县人。国立浙江大学国文系毕业后任国立山东大学助教。1949年去台湾,任教于台湾大学文学院,先后任助教、教师、副教授、教授。1949年起随董作宾研读殷墟卜辞拓本,摹录甲骨文字凡十年汇辑成《续甲骨文编》四册,成为学者研究甲骨文的重要参考书。1989年在台湾去世。著作辑成《金祥恒先生全集》出版。

**金通尹(1891—1964)**

又名问洙。平湖县人。书香门第出身。早年毕业于复旦公学。1912年入北洋大学专攻土木工程学。毕业后历任上海中华书局编辑、太湖水利局绘图主任。1918年应聘复旦大学任教。1921年筹创土木工程学系。1933年任该校理学院院长。1937年抗日战争爆发后随校西迁重庆,一度代理教务长。后因父病返沪,任该校上海复旦补习部教务委员会主席及土木系教授。1951年任震旦大学理工学院院长。1952年赴新建的青岛理工学院任院长。1955年到武汉,筹建武汉测绘学院,任副院长、一级教授。曾任全国政协第一、第二、第三、第四届委员,民进中央常委。著有《中国水利工程史迹》、《率楼韵文选》等。

**金培松(1906—1969)**

又名柏卿。东阳县人。1931年劳动大学化学系毕业后进入黄海化学工业研究所。1934年任中央工业实验所酿造试验室主任,兼任四川教育学院和重庆大学教授。抗战期间,为几百瓶菌种不落入日本侵略者之手,孤身隐藏抢救,获国民政府胜利勋章。1944年留学美国威斯康辛大学。1947年归国后任中央工业试验所发酵室主任。新中国成立后任北京轻工业学院教授。1954年研制"发酵法制造葡萄酸钙"成功,在山东新华制药厂投产。1963年被山西省轻工化学研究所聘为汾酒专题指导教师,后又被轻工业部聘到上海多家酿酒厂和食品厂作指导。著有《酿造工业》、《微生物学》、《发酵工业分析》及大学讲义《应用微生物学》、《酿造工艺学》、《发酵工艺学》等。

**金　梁(1878—1962)**

初字锡侯,后改希侯,清朝覆灭后改名息侯,号小肃,晚号瓜圃老人。满洲正白旗瓜尔佳氏。其祖、父两代均为杭州驻防旗人。杭县人,后定居北京。1902年中举人;1904年中进士。清末历任内阁中书、京师大学堂提调、内城警厅知事、民政部参议、会议政务处委员、奉天旗务处总办、奉天新民府知府、奉天清丈局局长。1912年中华民国成立后一面以清朝遗老自居,念念不忘复辟,但同时在民国官府任职。1916年5月至1917年5月任奉天(今辽宁)省政务厅厅长。1917年5月至1918年10月任奉天省洮昌道尹。1923年奉清逊帝溥仪之召入宫,被委为"镶红旗蒙古副都统"。1924年春又被委为紫禁城小朝廷的"内务府大臣",屡次上书逊帝溥仪提出复辟对策和建议。后任清史馆校对。1927年清史馆馆长赵尔巽去世后,利用代馆长柯劭忞不管事的机会,与另一遗老袁金铠包办《清史》稿校刻事宜,按照遗老的观点立场将原稿进行大幅度删改后付印1000部,并将其中400部运往关外。1931年"九一八"事变后投敌,任日伪奉天地方维持会委员,后任伪满奉天博物馆馆长、伪满奉天通志馆总纂等。1945年伪满覆灭后逃到上海,未受惩处。1949年后迁居北京。1962年12月27日在北京去世。著有《四朝佚闻》、《清宫史略》、《满洲秘档》等。

**金维映(1904—1941)**

女。原名爱卿,又名志成。原籍镇海县,1904年生于岱山。1913年入定海县立第一女子小学读书。后被保送至宁波女子师范学校学习幼稚教育。毕业后回定海县立第一女子小学任幼儿班教师,并改名金志成。1925年6月发动组织女校师生响应上海"五卅"运动,联络各校成立县学生会,带领学生联合工人、市民实行罢课、罢工、罢市。1926年10月加入中国共产党。1927年春当选为舟山总工会执行委员;3月参与组织盐民开展反土豪劣绅斗争,成立岱山盐民协会。"四一二"反革命政变后被国民党当局逮捕,后经组织营救获释,转移至上海进入中华全国总工会女工部工作。1929年6月担任中共江苏省委妇女运动委员会书记,在白色恐怖条件下领导开展妇女革命斗争。1930年7月任上海丝织业工会中共党团书记、上海工会联合行动委员会领导人,领导发动上海百余家丝厂工人罢工,丝厂女工尊称她为"阿金大姐"。1931年7月中旬与原红七军政委邓小平一起被派往江西中央苏区工作,一路同行,后来结为夫妻。到江西后先后任中共江西于都、胜利县委书记,是中共历史上最早的女县委书记之一。1933年夏与邓小平离异。同年冬任中央革命军事委员会总动员武装部副部长,参与领导革命根据地的扩大红军和征粮工作。不久兼任瑞金扩红突击队总队长,率工作队深入动员群众,超额完成扩红征粮任务,受到中央和军委的表彰。1934年2月被选为中华苏维埃共和国中央执行委员。同年夏秋与李维汉在瑞金结婚;10月随中央红军进行二万五千里长征,任中央纵队休养连政治指导员兼支部书记。是中央红军中走完漫漫长征路的30位女红军之一。1935年10月到达陕北后任中共中央组织部组织科科长。1937年初调到抗日红军大学,任女生大队大队长。抗日战争爆发后调任陕北公学生活指导委员会副主任。1938年春与蔡畅等一起赴苏联学习并治病。1941年底德国法西斯飞机大规模轰炸莫斯科时遇难。

**金越光(1902—2000)**

原籍於潜县,寄居杭州。早年毕业于上海私立中国文化学院政治经济系。后加入国民党。1926年国民革命军北伐后在杭州、上海等地从事地下工作。从1928年起历任国民党浙江省党部执行委员、书记长,浙江省临时参议会参议员,浙江省党部浙西办事处主任。1945年抗战胜利后当选为浙江省参议会参议员。1946年当选为制宪国民大会代表。1948年当选为中华民国监察院监察委员。同年10月奉命参与调查上海扬子公司舞弊案,撰有《扬子公司案调查报告》。1949年去台湾后继续担任台湾当局的"监察委员"。1960年9月4日台湾当局逮捕宣传自由化的《自由中国》杂志发行人后,引起岛内外的关注,奉"监察院司法委员会"之命,与陶百川、黄宝实、陈庆华、刘永济等五人组成"雷案调查小组",对雷案展开调查,但最后不了了之。2000年1月2日在台北去世。

**金　雯(1909—1942)**

字叔章。永嘉县人。早年毕业于浙江省立第十中学。1926年4月考入黄埔军校第五期学习。1927年8月毕业后加入国民革命军,任陆军第十四师少尉排长,在一次战斗中腿部中弹受伤。后入中央航空学校第一期学习飞行。1932年毕业后任空军第三队飞行员。1933年调中央航空学校任飞行教官。1935年3月任空军第六大队上尉队长。1936年任空军第七大队第六中队中队长。国共第二次合作后率领空军第六中队由洛阳进驻西安。1937年8月淞沪抗战爆发,率领空军所属中队投入战斗,曾轮番轰炸上海日军阵地和长江口敌舰,重创敌舰"出云号",受到上级嘉奖。1938年8月任空军第二大队副大队长。在武汉会战中与苏联空军志愿大队并肩作战,立下战功。1940年9月任空军第六队大队长。1941年12月任空军第二大队中校大队长。1942年1月参加第三次长沙会战,率领九架苏式CB—3轰炸机从成都太平寺机场起飞,至长沙轰炸日军。返航时遭遇八架日军驱逐机攻击,经过激战,击落日机三架,创造了轰炸机击落驱逐机的纪录。1942年1月16日驾驶座机自桂林基地返回成都,途经贵州黎平,撞上高山,机毁人亡。事后国民政府追赠其为空军上校。

**金雅妹(1864—1934)**

女。又名韵梅。鄞县人。其父亲是宁波耶稣教长老会牧师,在她两岁半时,父母因患传染病去世,被父亲的朋友、驻宁波的美国北长老会传教医师麦嘉缔博士收为义女。1872年随养父前往日本东京居住。1882年从日本前往美国留学,入纽约大医院附属女子医科大学,成为中国第一代留美女学生之一,也是浙江省第一位女留学生。1885年毕业后先后在纽约、佛罗里达和华盛顿的一些医院里工作。1887年纽约《医学杂志》刊出她的学术报告《显微镜照相机能的研究》,引起同行专家的重视。1888年底归国,先后在厦门、广州、成都等地开设私人诊所。在各地行医20年,为解除病人痛苦,救死扶伤作出不少贡献。1907年任北洋妇科医院院长。1908年主持北洋医科学校,培养医务人才。1918年辞职后退居北京,经常参加一些学术会议和社会活动。1933年9月21日在北平扶轮社作题为《中国两代妇女(老的和新的)》的演讲。1934年3月4日在北平去世。

**金　鼎(1901—1951)**

原名怀清,字夷仲。杭县人。

1917年考入浙江省立第三师范学校（湖州）学习，毕业后应聘到湖州城西女校任教。期间加入改组后的国民党。1925年1月加入中国共产党。1926年9月开始从事职业革命活动。1927年4月创建中共湖州支部，任书记；6月任中共湖州县委书记兼组织委员。同年秋到杭州向中共浙江省委请示汇报工作后留在杭州，任闸口小学校长。1929年3月脱离党组织。后一直从事教育工作。

**金嵘轩(1887—1967)**

原名桐熙，又名嵘。瑞安县人。1906年初东渡日本求学。先后就读于东京东亚日语预备学校、弘文书院，后入东京数学馆学习。1911年冬因病休学，回故里休养。1913年秋回日本复学。1914年进入日本东京高等师范学院读书。1921年4月回瑞安与周予同、李笠等联络青年知识分子，创立"知行社"，进行教育普及工作。不久被聘为浙江省立第十中学教师，兼省立第十师范学校教师。十师并入十中后任师范部主任，1924年升为校长。1927年5月调任浙江省教育厅督学。同年冬赴日本，任日本留学生监督处学务科科长。1928年夏任浙江省地方自治专修学校教务主任。1930年秋任浙江省教育厅社教科科长。1935年初至1939年夏先后在南京正中书局编辑部、江苏省立镇江中学、福建省立师范学校、浙江省立温州师范学校任职。1939年秋创办永嘉县私立济时中学，任校长。1945年8月任瑞安中学校长。1946年8月在各界的盛情邀请下担任温州中学校长。新中国成立后继续担任温州中学校长。还先后兼任温州市副市长，温州市体育运动委员会主任，温州师范专科学校校长，浙江省第一届人大代表，温州市政协第一届委员，第二、第三届常务委员，民盟温州市委员会第一至第五届主任委员，民盟浙江省委会副主任委员。1967年10月9日在温州去世。1987年出版《瓣香集——纪念金嵘轩先生诞辰百周年》。

**金　斌(1892—1959)**

字秀庭。青田县人。早年先后就读于青田守约小学堂、丽水省立第十一中学。后弃文从武，就读于浙江陆军小学堂、南京陆军第四中学。求学期间参加辛亥革命。1914年2月考入保定陆军军官学校第二期炮兵科学习。1916年5月毕业后分发到浙江警备队服役，历任排长、连长、营长，后调宁波警察局局长。1933年任首都（南京）警察厅太平路警察分局局长。1934年任首都警察厅督察处少将处长。后历任中央军校上校战术教官，军事委员会调查统计局（简称军统）主任秘书，军事委员会调查统计局第三处（特检处）处长，第三战区司令长官部高级参谋，军令部铨叙厅第二处处长。1945年9月被国民政府授予陆军少将。1946年7月退役后寓居上海。

**金善宝(1895—1997)**

字笑衍。诸暨县人。1920年毕业于南京高等师范农业专修科。后在该校新建的小麦试验场当技术员。1921年改任东南大学农事试验总场技术员。1928年到杭州劳农学院任教。1930年7月赴美留学，先于康奈尔大学农学院学习植物生理学、遗传学课程。一年后转入明尼苏达大学农学院学习细胞学、土壤微生物学等课程，同时参加作物育种工作。1932年辍学回国后任浙江大学农学院副教授、南京中央大学农学院教授。1937年随校迁往重庆。1948年赴无锡江南大学农学院任农艺系教授兼主任。1949年7月应中共领导人之邀赴北平参加自然科学工作者座谈会；会后参加科学考察团考察东北解放区。1950年11月被任命为华东军政委员会农林部副部长。1952年兼任南京市副市长。1955年当选为中国科学院生物学部委员。次年当选为全苏列宁农业科学院通讯院士。1957年3月中国农业科学院在京成立，被任命为副院长。1958年9月赴京任职。1964年升任院长，直至1982年底退居二线，后被任命为名誉院长。并曾兼任九三学社中央委员会副主席、名誉主席，全国人大代表，全国科协副主席，国务院学位委员会委员，农业部科技委主任委员，中国农学会副会长，中国作物学会理事长等职。一生潜心于小麦科学研究，先后发表《中国小麦分类之初步》、《实用小麦论》、《中国小麦区域》、《中国小麦之种类及分布》等论文和专著，主编有《中国小麦栽培学》、《中国小麦品种志》、《中国小麦品种及其谱系》、《中国农业百科全书·农作物卷》等重要著作。

**金溶熙(1865—?)**

字溶仲。萧山县人。清光绪后期随父至杭州学习织绸，开设金沅昶绸庄等。曾赴日本考察丝绸生产。1911年再赴日本考察时获悉湖广总督张之洞处有最新式日本绸机10台愿意出让，经洽谈成交后，将10台新式织机和辅助设备运到杭州创办"振新绸厂"，秘密设计生产蚕桑牌"绮霞缎"，畅销国外市场。1912年新绸厂正式挂牌生产，并将金沅昶绸庄并入。同年上海永安公司与振新绸厂订立独立经销绮霞缎合同，绮霞缎始在国内销售。1913年作为观光团团员之一赴日本参观大正博览会。同年当选为中华民国第一届国会众议院候补众议员，后递补为众议员。1914年初第一届国会被袁世凯非法解散后回杭州经营实业。1915年新绸厂首家使用日本产电力丝织机，开杭州丝织业使用电力织机先河。1916年7月第一届国会恢复，仍任众议员。1917年南下广州出席非常国会，任非常国会众议员。1918年振兴绸厂生产的绮霞缎在巴拿马万国博览会上荣获一等奖。1922年第一届国会第二次恢复，再任众议员。1923年拒绝参与贿选，南下上海，与江浩等171名议员联名发表《移沪国会议员宣言》，谴责和声讨贿选总统与猪仔议员。后脱离政治，专心经营实业。中华民国成立后历任全浙国货维持会会长，绸业公所总董，丝绸、观成、机业三学校校董，浙江商务总会会董兼评议员，改良织物公会会长。早在1909年就被推举为杭州绸业会馆（观成堂）正董事，支持和参与丝绸改良研究所的丝织工艺技术改造，开发新产品；和其他董事一起，先后资助创办浙江中等工业学校、观成堂学校、机织学校和国货陈列馆、绸业银行等。

**金德祥（1910—1997）**

嘉兴县人。1910年2月6日生。1933年毕业于厦门大学动物系。1935年获岭南大学理学硕士学位，并在厦门大学任讲师。1940年后在福建农学院、省立医学院等单位任职。曾任福建海产生物研究场研究员、福建农学院副教授、福建医学院教授。1946年返厦门大学，先后任生物系、海洋生物学和植物学教研室主任、教授、博士生导师等。从事生物学教学与研究60余年，是我国文昌鱼研究的开拓者之一，也是我国海洋硅藻研究的奠基人。共发表学术论文100余篇、专著7部和译著1部，主编有《中国海不关浮游硅藻类》、《中国海洋底栖硅藻类》（上卷）。

**金臻庠（1896—1966）**

号恨顽，笔名金雁桥。镇海县人。早年就读于宁波斐迪中学，因鼓动罢课、反抗外籍校长凌辱学生，被开除学籍，后执教于宁波北隅、崇迪小学。1918年创建钟灵小学。1919年五四运动爆发后响应抵制日货运动，组织“救国十人团”，任团长。联合爱国学生，查禁日货。与“救国十人团”同道自筹资金，于1920年6月1日创办《时事公报》，任经理。1922年5月因刊载短评《兵化为匪之可危》，遭当局拘押25天，由是声名益著。大革命时期《时事公报》成为宣传反帝爱国的重要舆论阵地。1937年“八一三”淞沪抗战爆发后在上海特设短波电讯室，迅速报道前线战讯，改副刊为《挺进》，宣传抗日，日销1.5万份。1941年4月宁波沦陷，《时事公报》遭日伪窃据，被盗用名义继续发行。在沪、浙各报发表声明，加以揭露。抗战胜利后又筹集资金，重组阵容，于1946年2月复刊，更名《宁波时事公报》，历任经理、社长、发行人。并先后担任镇海县江北镇镇长、鄞县参议会参议员、宁波商会理事等职。1948年10月《时事公报》因报道镇海自卫队哗变一事，被查封停办。1949年宁波解放前夕接受中共宁波地下党的领导，为迎接解放做了有益的工作。新中国成立后加入中国民主建国会。历任宁波市工商联合会筹备委员会主任，宁波市政协第一、第二届副主席。1957年被错划为右派。1979年纠正，恢复名誉。

**金　瀚（1896—1989）**

象山县人。造纸专家、企业家。1919年毕业于北京大学。1922年毕业于美国缅因州大学化工系，获制浆制造工程专业硕士学位。此后任美国大北造纸公司、乾色勃穆艾造纸公司工程师。1927年回国后历任广西省建设厅及实业部技正，上海温溪造纸公司副总经理，四川泉山正中纸厂、宜宾中国纸厂总经理。1944年在筹建宜宾中国纸厂过程中生产出中国第一张新闻纸，为造纸工业开辟了新的途径。1949年后历任轻工业部造纸设计院上海分院、福建南平纸厂、福建省轻工业厅总工程师。50—60年代针对马尾松的特点，利用地形采用水下储木技术，营建造纸原料基地。

**周一光（1920—1958）**

原名朱文煜。镇海县人。早年到上海当学徒。1938年5月加入中国共产党。同年8月奉派去皖南新四军军部教导团学习。后到皖南新知书店工作。1940年春入新四军军部第二期保卫工作人员训练班学习，结业后到江西上饶做地下联络工作。1941年春任闽、浙、皖、苏四省联络站政治交通员，负责从海上与中共浙江省委的联络工作。1942年夏随谭启龙等赴浙东开辟敌后抗日根据地，任中共浙东区委海上工作委员会书记，负责将数百名干部从上海护送到浙东。1945年6月任新四军浙东游击队侦察科副科长。同年10月浙东纵队主力北撤，后任新四军第一纵队第三旅侦察科副科长、第九兵团政治部敌工部科长。1950年10月入朝鲜作战。1955年转业到地方，任上海外国语学院院长办公室主任、人事处长。1958年1月去世。

**周 山(1917—1946)**

原名中奎。普陀县人。早年就读于私立定海公学(今舟山中学)。1932年中学毕业后到上海资本家刘鸿生的元泰煤号任职员。为了探索救国救民的真理,与同学乐时鸣等创办《微明》文艺月刊。1936年参加上海职业界救国会。1937年“八一三”淞沪抗战爆发后担任煤业救护队排长,在战场救护伤员、送慰问品、分发传单,在前线工作了三个月;11月上海沦陷后随煤业救护队从江苏昆山撤退到安徽屯溪。1938年春带领救护队近百名队员在皖南岩寺集中,正式参加新四军。1939年秋受新四军军部派遣把电台用的密码从皖南送往江北江都吴家桥挺进纵队驻地,使纵队与军部建立直接电讯联系。此后留在挺进纵队工作。1940年6月20日以秘书身份陪同政治部副主任陈同生带着陈毅署名的电报,赴泰州与国民党将领李明扬、李长江谈判。1941年起先后任中共苏中三地委社会部长兼公安处长,三地委、二地委组织部长,苏中区党委委员、社会部副部长,华中军区政治部保卫部部长、苏中区委社会部副部长兼公安处处长。1946年11月23日夜带领100余名干部和战士插入临南地区;24日下午因叛徒告密,在界首区周家垛遭遇国民党保安队与第二十五师一部的袭击,在突围时泅水过河,溺水牺牲。

**周子亚(1911— )**

原名炽夏。杭县人。1911年11月生。1923年就读于杭州蕙兰高级中学。1928年考取中央政治学校大学部,先入行政系,后转外交系学习。大学毕业后进入国民政府外交部工作,在国际司国联科任科员。1935年公费赴德国柏林大学留学,专攻国际法。1937年毕业后回国。1938年任中央政治学校研究部外交组研究员。1940年受聘为中央政治学校法政系、外交系教授,同时兼任语文专修科主任,期间还发起成立了“渝社”学术社团。1946年以访问教授的名义赴印度加尔各答、新德里、贝纳斯等大学讲学。同年12月回国受聘为厦门大学政治学系教授。1947年夏转赴杭州,应聘为浙江大学法学院教授。杭州解放后任之江大学商学院教授。1956年任新创办的浙江师范专科学校教授,旋又调任华东政法学院国际法教授。1958年调入上海社会科学院,在国际关系研究所、学术情报研究所及法学研究所从事研究工作,直至退休。曾任上海社会科学院法学研究所国际法研究室主任、中国国际法学会理事、上海法学会理事、中国海洋问题研究会顾问、中华人民共和国海军部学术委员会委员等职。曾在各类刊物上发表学术论文100余篇,早年著有《现代外交家传记》、《当代国际人物》、《外交政策与外交行政》、《中国外交之路》、《第三国际与苏联外交》、《国际法新论》、《外交监督与外交机关》、《美国与美洲世界——美洲外交史》、《分治后的印度》等。晚年主要从事翻译工作,译有《国际公法》、《瑞典的仲裁》、《国际法与技术转让》等。

**周子祯(1904—1972)**

原名何其浩。诸暨县人。1926年加入中国共产党。曾在上海从事工会和互济会工作。1932年赴苏联学习无线电技术。1934年回国后历任中共中央军委军事工业局工务处处长,兵工厂政治委员,山西太原第四区书记。抗日战争时期任山西工人武装自卫队政治副主任,第一纵队队长,第二十一团团长,山西新军总指挥部供给部部长。解放战争时期任吕梁军区后勤部部长兼供给部部长,陕甘宁晋绥联防军后勤部副部长兼供给部部长,西北军区后勤部副部长兼供给部部长。新中国成立后任西南军区西安留守处主任,中国人民解放军总后勤部运输部第二副部长,军需生产部副部长。1955年被授予少将军衔。曾获二级八一勋章、二级独立自由勋章、一级解放勋章。曾为全国政协第三、第四届委员。

**周士瀛(1912— )**

字格平,号次宁。吴兴县人。早年毕业于上海私立复旦大学政治经济系。1930年8月毕业于南京中央陆军军官学校第八期交通科。毕业后分发到国民革命军服役,历任排长、连长、营长、团长等。1939年3月从陆军大学正则班第十五期毕业后历任南京国民政府参谋本部参谋,预备第一师参谋长,第九十四师副师长、师长。1945年抗战胜利后入国防大学第四期深造。1949年任第十八兵团第九十军军长。同年12月25日率领所部在四川成都起义,后与李文、冯龙等高级将领在被送往中国人民解放军西南军政大学学习途中寻找机会逃脱。1950年初抵达台湾。先后入台湾当局“革命实践研究院”第十九期、“石牌实践学社联战班”第十期、“石牌实践学社兵学高级研究班”第四期受训。1957年7月起历任台湾当局“陆军军官学校政治部”主任,“第二军团”参谋长,“澎湖防卫部”副司令官,“国防部战地政务局”局长,“陆军总司令部”参谋长,“陆军供应司令部”司令,“总统府战略顾问”。1971年底退役后任高雄硫酸亚公司总经理。1978年起任万邦电子、邦信电器公司总经理。

**周天翔(1917— )**

奉化县人。周淡游之子。国立湖南大学电机系毕业。1942年赴英国留学,后转到美国哈佛大学研究院学习。1948年毕业回国后任资源委员会所属的中央电工器材厂副总工程师。1949年去台湾后历任台湾糖业公司东港厂厂长,屏东总厂副厂长,台湾省检验局局长。1962年4月28日台湾第一家电视台——台湾电视公司(简称"台视"、"TTV")成立,担任总经理达13年。后任敬业电子股份有限公司董事长。此外先后兼任台湾大学教授,台湾机械公司董事,"中国广播公司"董事,台湾省政府顾问,台湾航业公司顾问,"中国电机工程师学会"理事长,"中华民国电视学会"理事长。曾获台湾当局颁发的"电机工程奖章"。

**周　仁(1914—1966)**

萧山县人。1937年毕业于上海交通大学财务管理系。1938年赴美留学。1939年获美国西北大学研究院商学硕士学位。回国后先后在川嘉造纸厂、三北公司任会计主任,并兼任立信会计专科学校、上海交通大学、大同大学、震旦大学等校教授。1951年8月调入上海财政经济学院财政信贷系任教授。1958年上海财经学院并入上海社会科学院,仍任教授。1960年调回上海财经学院任教授。"文革"中遭受迫害。1966年12月10日病故。

**周月林(1906—1997)**

女。化名王月梅。鄞县人,1906年12月27日出生于上海。早年入日商大康纱厂做工。1925年参加"五卅"爱国运动,经张琴秋介绍加入中国共产党。后调到上海总工会机关做保密工作。1926年秋被上海党组织派往苏联,入海参崴党校中国班学习。1927年夏与梁柏台结婚。同年底随梁调到苏联伯力,任华工俱乐部主任。同梁从事华工的宣传教育和组织工作。1929年底到莫斯科,入中山大学预备班学习。1931年5月同梁回国工作;7月经上海转入闽西革命根据地,被分配在红军学校工作;9月随梁到江西瑞金;11月列席中华苏维埃第一次全国代表大会。1932年起担任中共苏区中央局妇女部部长,后兼中华苏维埃共和国临时中央政府妇女生活改善委员会主任。1933年起任中共中央局妇女部部长。1934年兼苏区国家医院院长。同年10月中央红军主力长征后奉命随梁留在江西坚持游击战争。1935年2月奉命随瞿秋白、何叔衡等一起从瑞金地区经闽西准备转经香港去上海;2月下旬在福建游击区转移途中与瞿秋白一起被国民党军逮捕,被国民党判刑10年,关押于龙岩监狱。1938年保释出狱。曾经上海到南昌、武汉等地找过中共党组织。新中国成立后在上海任街道干部。1955年因出卖瞿秋白的嫌疑而遭到逮捕审问。1965年被判刑12年。1970年被疏散到山西榆次就业。1978年提出申诉。1979年11月北京市高级法院复查判决撤销原判,宣告无罪。山西省给她落实有关政策,享受离休红军干部待遇。1985年定居梁的故乡浙江新昌,任新昌县政协常委,从事党史资料工作,出版有《回忆梁柏台》、《我和瞿秋白、何叔衡一起突围被俘经过的有关情况》等。

**周凤岐(1879—1938)**

原名清源,字恭先。长兴县人。因家境清寒,族人周杏顺延师设立家塾,前往附读,塾师孙辅田因其聪颖,自愿免收束脩,并改其名为凤岐。孙辅田病故后延请范子彬为塾师,仍然附读,受到范子彬的器重,也效孙不受束脩,慰勉有加。1900年得公堂存款补助,参加县考得案首,通过道考,以第七名秀才进学,不久又补为廪生。1903年与蒋馥山同往杭州,考入浙江武备学堂第四期。1905年冬从武备学堂毕业后因成绩优异留任区队长。1906年蒋尊簋创办弁目学堂,选为弁目学堂队官。后经秋瑾介绍加入光复会。1907年蒋尊簋成立浙江陆军第二标,先后出任二标一营右队队官、学兵队队长,为蒋尊簋所器重。1909年11月被保送至保定陆军预备大学堂第三期深造。1911年10月10日辛亥革命爆发,吴禄贞在石家庄遇刺身亡,保定陆军预备大学堂解散,遂离校南下。1912年朱瑞任第五军军长,担任第五军参谋长。朱瑞继蒋尊簋出任浙江都督后又调任都督府参谋长。1913年宁波独立后继任四十九旅旅长,驻守宁波。1916年袁世凯复辟帝制,朱瑞附逆,联合驻省城浙军十二旅旅长童保暄、嘉湖镇守使吕公望、台州镇守使张载阳,发动武装政变,围攻督军署,朱瑞仓皇出逃。新任都督屈映光暗中投靠袁世凯,又联合浙江军政界,迫使屈映光于5月5日辞职。吕公望继任浙江都督后出任都督府参谋长,掌握督署大权。旋又联合宁波镇守使顾乃斌、第二旅旅长李炜等人,将新任都督吕公望驱逐。北洋政府乘机派遣杨善德入主浙江,出任浙江都督,又以"浙人治浙"名义,予以抵制,未成而东渡日本。1917年应蒋尊簋之邀回国,在宁波组织浙江总司令部,以蒋尊簋为总司令,出任前敌司令,参加"宁波独立",拟驱逐浙江都督杨善德,兵败后再度东渡日本。1919年杨善德病死浙督任上,回国后任浙江省警备总司令部总参议,先后兼任浙江省道局局长和全省卷烟特税局筹备处处长。1924年齐卢战争以后出任第二师师长。1925年孙传芳发动反奉“秋操之役”,出任第五路军司令,由浙西长兴经江苏宜兴、溧阳、溧水至南京,曾渡江进驻徐州,协助孙传芳攻占江苏,出任南京卫戍司令。1926年秋国民革命军出师北伐,宣誓就任国民革命军第二十六军军长,出击孙传芳部,由浙江进驻上海,出任上海戒严司令部副司令,并历任浙江省政府委员会委员兼军事厅长。率部参加“四一二”反革命政变,统率闸北部队突袭上海市总工会以及宝山路商务印书馆、宝庆路被服厂等地,收缴工人纠察队武器,屠杀共产党人和革命群众。1927年8月12日蒋介石被逼下野,出任国民党浙江省政治分会临时主席兼浙江省主席,拒不通电挽留,拒给10万库银作旅费,并乘机排挤蒋系人员。同年9月29日蒋介石逼迫其辞去二十六军军长以及浙江省政府主席及军事厅长,闲居上海。1930年爆发中原大战,送上浙江省主席的任命状,策应旧部反蒋,但没有效果。1931年陈济棠、白崇禧联合反蒋,汪精卫在广州召开国民党中央非常会议及国民党第四次全国代表大会,作为浙江代表出席会议。1934年福建省人民政府成立,应李济深之邀前往福建,旋因李济深失败,仍返回上海。1937年10月9日应白崇禧电邀前往南京,未被任用,沮丧返回长兴。在长兴宣传“抗战必败,中国必亡”的亡国谬论,集结一些地主、豪绅与恶霸,组织维持会,勾结日伪,企图出任伪浙江省长。1938年3月7日在上海遇刺身亡。

**周予同(1898—1981)**

原名毓懋,学名周蘧,字豫同、予同,笔名天行。瑞安县人。1916年考入北京高等师范学校国文部,为五四运动进步学生领袖。1920年毕业后一度留校任国文教员。1921年起先后任厦门大学教员,商务印书馆编辑,《教育杂志》主编,中国著作者协会执行委员,私立持志大学、上海大学教员,安徽大学教授、中文系主任兼文学院院长,《安徽大学》月刊主编,吴越史地研究会理事,暨南大学教授、史地系主任兼南洋研究馆主任,《南洋研究》主编。期间积极参与抗日救亡运动。1936年与邹韬奋等共同发表《上海文化界救国会运动宣言》。1943年任开明书店编辑兼襄理。1946年起兼复旦大学史地系教授。期间发起组织大教联,积极投入国统区民主运动。新中国成立后历任复旦大学历史系教授,兼系主任、副教务长及上海历史研究所副所长,还先后担任过华东行政委员会文化教育委员会委员、上海市文化教育委员会副主任、上海市人民委员会委员、上海市人大代表、第三届全国人大代表、民盟上海市委副主任委员等。早年从事教育学,后以中国经学史研究为主。著有《经今古文学》、《经学历史》(注释)、《群经概论》等,论著辑有《周予同经学史论著选集》。

**周世逑(1913—1997)**

德清县人。1913年9月24日生。1930年毕业于上海南洋模范中学。1932年考取清华大学法学院。1936年毕业后赴美留学,就读于哈佛大学公共管理学院,为我国最早攻习公共行政的研究生之一。1939年提前毕业,获得哈佛大学公共管理学博士学位。次年回国后应原北京大学法学院院长钱端升之邀,到国立西南联合大学任行政研究所主任、教授。抗战胜利后曾在国立北京大学、私立大夏大学、国立中央大学研究所任职。1951年华东纺织工学院成立后被调到该校工作,曾任图书馆馆长一职。“文革”后为恢复和重建行政管理学作了许多努力。1982年担任了全国第一期政治学讲习班行政管理课程的两名主讲教师之一。1984年又出版了《行政管理》一书。其后曾兼任中国政治学会上海市行政管理学会第一届副会长。1997年6月21日在上海去世。

**周丕振(1917—2002)**

乐清县人。1917年11月生。早年先后就读于联合中学、瓯海中学。1935年参加温州学生声援“一二·九”爱国学生运动。1937年任乐清战时青年服务团虹桥办事处主任,积极开展抗日宣传工作。1938年8月加入中国共产党。1939年进入国民党乐清县政府战时政治工作队工作,担任党团书记。1940年10月到皖南新四军东南党校学习。后因新四军东南党校停办,遂被编入新四军教导总队第四队(即政治队),成为一名新四军战士。1941年1月在“皖南事变”中激战六七天,在突围时被国民党俘虏,囚禁在上饶集中营,八个月后越狱回到家乡乐清。不久与党组织接上关系,被任命为中共台属特委秘书,负责生活和保卫工作。1942年5月乐清党组织划归浙南特委领导后继续留在乐清工作,以小学教师身份作掩护,开展创建新区工作。1944年10月任乐清人民抗日游击队队长。后任乐清人民抗日游击总队司令。1945年3月底任永(嘉)乐(清)人民抗日自卫游击总队副总队长。在浙南开展抗日游击战争,威名家喻户晓,无人不知的“周司令”。

**周 亚(1903—1951)**

字剑豪。云和县人。1930年5月南京国民革命军军官学校第八期毕业后分发到国民革命军服役，历任连长、营长、团长。1937年抗日战争爆发后驻军西北，历任第九师参谋长、鲁豫边区招募处参谋长、预备第八师师长。1948年任衢州“绥靖”公署第二保安纵队参谋长，后任少将副司令。1949年夏在宁波被中国人民解放军俘虏。1951年在镇压反革命运动中被处决。

**周亚卫(1889—1976)**

又名信文，字振家，号普文，辛亥革命前夕改名亚卫，并将其弟改名亚青，兄弟俩合起来即是“卫青”，乃汉武帝征伐匈奴名将，名喻“驱逐鞑虏”之意。嵊县人。幼时读书勤奋，父母望子成龙，不惜重金采购一部木版二十四史，雇数人从城里挑回，轰动整个村庄。1906年入杭州府中学堂就读。同年夏考入新军第一标标统蒋尊簋创办的弁目学堂。后由秋瑾发展为光复会员。1907年秋瑾积极筹备浙江起义，奉命到大通学堂参加秘密革命工作。不久朱瑞电告回杭参加弁目学堂考试，试毕即发展为第一营正目，拟赴金华、衢州、严州三府征兵。后因陆军小学即将开办，拟调任职，故未去征兵。返回绍兴大通学堂，奉命前往嵊县通知竺绍康组织会党，携带武器，准备起事。竺绍康吩咐前往南乡苍岩寻找俞继椿组织力量，旋因皖浙起义失败而未果。随即潜回杭州任新军正目，旋发展为陆军小学堂副学长。1911年11月4日参加光复杭州之役，负责切断清营电讯，并率新军一个排入艮山门进占茅廊巷，缴获清军巡防队枪械。1912年考入北京陆军大学第四期。1916年与尹锐志结婚。1917年夏考入日本陆军大学。1920年回国后在北洋政府陆军部军学司任科长。1928年冬到南京政府工作，任训练总监部常务副监及代总监，后又任军委会办公厅主任。1937年任内迁遵义陆军大学副教育长、教育长。1939年至重庆任军事委员会法制委员会主任委员兼建军委员会主任委员。抗战胜利后着手中兴光复会。1946年11月2日与尹锐志、童杭时等人在重庆重组光复会，任光复会副会长。同年以陆军中将衔退役。1948年被陈仪聘为浙江省政府顾问，并任浙江省设计考核委员会主委。1949年5月浙江解放后前往北京，由董必武介绍参加学习。历任中央军事委员会高级军训部研究室主任、北京文史馆馆员、全国政协特邀代表。1976年8月12日在北京去世。曾参与制定国民政府《兵役法规》、《人事法规》以及《国民兵团组织法》。

**周 尧(1911—2008)**

鄞县人。1911年6月8日生。1932年9月考入江苏南通大学农学院。1936年赴意大利那波里大学留学，在世界昆虫分类学权威 Silvestri 教授的指导下攻读昆虫学博士学位。1938年初辍学回国。1939年5月10日以昆虫学专家的身份参加了中英庚款会川康科学考察团。同年11月被聘为西北农学院教授，此后一直在该校任教。曾先后担任西北农学院总务长、植物保护系主任、西北农业大学(今西北农林科技大学)昆虫研究所所长、昆虫博物馆馆长，并先后兼任过西北大学教授、西北医学院教授、西北林学院名誉教授、北京自然博物馆研究员、陕西省动物研究所所长及九三学社中央参议委员会委员、全国政协委员等职。1985年当选为圣马力诺共和国国际科学院院士。1988年获国际科技世界语大会“绿色宇宙奖”。1995年8月应邀参加香港“亚洲农业研究发展基金研讨会”，获“亚洲农业杰出人士”称号及金奖。2001年获“何梁何利”基金科学与技术进步奖。2008年12月15日病故。著有《中国昆虫学史》、《普通昆虫学》、《昆虫分类学》等，主编出版《中国蝶类志》一书及《昆虫与艺术》、《中国昆虫学杂志》等期刊，创办国际性学术刊物《昆虫分类学报》，创建我国第一家昆虫博物馆，对中国昆虫学的发展作出了卓越贡献。

**周至柔(1899—1986)**

原名百福，字至柔，以字行。临海县人。1899年10月28日生。早年在家乡私塾启蒙，1918年8月毕业于浙江省立第六中学。1922年7月毕业于保定陆军军官学校第八期步科第四队。毕业后分发到浙军服役，历任浙军第二师见习官、排长、连长。1924年春南下广州，参加国民党，参与创办黄埔军校；9月任军校上尉教官。1925年2月参加第一次东征；10月参加第二次东征，打垮陈炯明后升任虎门要塞司令部参谋长。1926年7月任第一补充师第三团团附，随东路军转战江西。1927年1月由赣入浙作战，于2月18日克复杭州，3月18日攻占吴江，21日进占苏州；4月任第二十一师补充团团长；7月任第二十一师参谋长；8月参加龙潭战役。1928年4月任南京国民政府军事委员会军政厅处长；6月任长江上游办事处少将主任。1930年4月任第十一师参谋长，继任第三十一旅旅长；5月奉命参加中原大战，先后随陈诚参加了攻克马牧集、归德、济南、郑州等一系列重要战役；8月升任第十八军第十四师副师长。1932年2月任第十八军第十四师中将师长；3月12日任陆军第五副军长;6月任陆军第十八军副军长。1933年5月赴欧美各国考察空军教育,从此脱离陆军系统,开始空军生涯。1934年4月回国,向蒋介石呈上《考察报告和建设空军计划书》;7月14日任中央航空学校校长,对学员进行严格的技术训练和精神训练。1936年1月24日授予陆军中将军衔;2月任航空委员会主任委员。1937年5月划定全国空军军区,任航空委员会常务主任委员兼第一厅厅长。抗日战争爆发后任空军前敌总指挥部总指挥,指挥空军对日作战。1938年1月任中央空军军官学校教育长。1940年任空军参谋学校教育长。1941年任航空委员会主任委员。1943年11月作为军事顾问随蒋介石赴埃及参加开罗会议。1945年任军事委员会委员长侍从室第一处主任。1946年6月任空军总司令部总司令。1949年去台湾。1950年3月任台湾当局"参谋本部"总长,授予"二级上将"。1951年授予"空军一级上将"。1954年7月至1957年8月任"国防会议秘书长"。1956年6月起任"中华全国体育协进会理事长"、"中华奥运会主席"。1957年8月至1962年12月任"台湾省政府主席"。期间于1957年8月至1958年6月兼任"台湾省保安司令部司令"、"台湾省民防司令部司令"。1962年11月至1967年6月任"总统府参军长"。其他兼职还有"全国高尔夫协会理事长"、"国家安全会议国家建设计划委员会主任委员"、"国家安全会议国家建设研究委员会主任委员"。是中国国民党第六、第七届中央执行委员,第八届一中、二中、三中、四中全会中央常务委员,第十届一中、二中、三中全会常务委员,第十一、第十二届中央评议委员,中国国民党中央评议委员会主席团主席。1986年8月29日在台北病故。著有《国防与航空》、《空军之指挥及运用》、《现代防空》、《空军十年》、《世界空军军备目录》等。台湾当局出版有《空军一级上将周至柔(百福)先生纪念集》。

**周师洛(1899—?)**

诸暨县人。杭州民生药厂创始人。1920年浙江省立医学专门学校毕业后到诸暨病院任职。1922年到杭州主持同春医院药局。1924年任杭州中央药房药剂师,试制针药获得成功,因而决定办药厂。1926年集资设立同春药房,除经营成药外,经销自制针药。不久中华医药公司并入,为同春药房分店。1928年增资扩大本牌药品生产。1930年在武林门外购地设厂,除生产药品外还增加生产医用玻璃器皿。1936年工厂增资10万元,正式改组为杭州民生药厂股份有限公司,任总经理,重点转向制药。抗战爆发后先后在上海九江路设民生药厂,在丽水创设酒精厂,在金华、兰溪、上饶设同春药房。1942年因浙赣战役,厂迁福建南平。抗战胜利后迁回杭州,仍任总经理。1951年民生药厂实行公私合营。

**周廷儒(1909—1989)**

富阳县人。1909年2月15日生。1929年由浙江省官费保送进入广州国立中山大学地理系就读。1933年毕业后留校担任地貌学助教。1935年至1937年在杭州高级中学任教。1938年抗战爆发后转至昆明,任教于西南联大史地系,讲授自然地理。1940年调任前中央研究院在重庆北碚建立的地理研究所,应聘为助理研究员,后晋升为副研究员,兼任复旦大学史地系副教授。1946年获中英庚款名额,赴美国加利福尼亚大学伯克利分校留学,撰写论文《甘肃走廊和青海地区民族迁移的历史和地理背景》,1948年获硕士学位。1950年回国后任北京师范大学教授,并兼任中国科学院地理研究所研究员、清华大学地理系教授。1952年秋开始担任北京师范大学地理系主任,任职长达30年之久。1981年当选为中国科学院地学部委员。兼任中国地理学会副理事长、《地理学报》副主编等职。1989年7月18日去世。著有《中国地形区划草案》、《新疆地貌》等。

**周延瑾(1910—1985)**

字子瑜。象山县人。1910年1月生。早年就读于宁波效实中学。1931年6月毕业于上海吴淞商船专科学校,因成绩优异,派赴英国格拉斯哥造船厂实习,继至香港招商局轮船任轮机员。1937年9月任外古洋行轮船轮机员。抗战期间辞职赴重庆协兴机器厂任经理兼技术员。1946年5月回招商局任"海员"轮轮机员及轮机长。次年12月应中国油轮公司聘邀任"永灏"油轮轮机长。1950年4月受招商局及13艘海轮起义感召,向周恩来总理发电,决定起义,以粉碎台湾特务与英国当局夺船行径。解放后先后任北京海运管理局机务科长,中国波兰海运公司波兰分公司机务处长,中国捷克联合海运公司机务处长,交通部远洋运输总公司副总工程师、总工程师等职。1985年3月15日在北京病故。

**周华昌(1872—1935)**

原名金海,字安澜。原籍仙居县。少时家贫,未能进私塾读书,但以禀资聪颖,好问强记,粗识文字,能治简单簿记。胆识过人,能言善辩。1895年甲午战败,国势垂危,民生日艰，革命风潮迭起，遂辞别父亲，前往武义，投奔伯父，协助经营饭店。因其富有才干，善于筹谋，饭店生意日益兴隆。受反清革命思想影响，结识永康“百子会”首领沈荣卿、金华“千人会”首领张恭，并应邀前往永康方岩山广慈寺，会见终南会会主，加入终南会。后因终南会会主何步鸿年老病故于金华，副会主朱武也因故离浙而去，遂与沈荣卿约张恭另开一山堂，名曰“龙华会”，由沈荣卿任正会主，与张恭分任副会主。经缙云龙华会首领吕嘉益介绍，结识处州龙华会首领吕逢樵。吕逢樵引见了陶成章等革命党人，加入光复会。1907年初出任光复军中军官。秋瑾发布武装起义日期传到武义后，奉命前往绍兴与秋瑾商议武装起义事宜，由光复会武义督办刘耀勋和龙华会巡风聂李唐留在武义作为起义准备。后因聂李唐不慎泄露消息，武义革命力量遭受严重挫折。护送秋瑾从杭州渡过钱塘江返回绍兴。秋瑾遇难后与沈荣卿、张恭、赵卓、吕逢樵等人均遭到通缉，不得不改名换姓，出没于金华、缙云以及沪杭各地，传递消息，积蓄力量，待机再动。1908年冬与张恭代表金华八府赴上海出席浙江十一府革命党人会议，拟发动浙江起义。旋因叛徒刘光汉告密，张恭被捕入狱，浙江起义计划也因之夭折，四处奔走设法营救张恭出狱。1911年武昌起义爆发后杭州光复，遂发动金华各地会党，先后光复金华八县。1912年中华民国成立后出任温州要塞炮台司令。1915年任浙江省烟酒公卖局金衢严分局局长。卸去公职，定居兰溪，致力于创办实业，在兰溪最繁华北门兰江边兴建安澜旅馆，兰溪较大工厂商号，均有其股份，成为兰溪工商界著名人物。1935年病故。

**周兆棠(1901—1973)**

字芾亭。诸暨县人。1901年9月30日生。早年毕业于杭州求是书院。1924年8月考入广州黄埔军校第二期辎重科学习。1925年2月参加第一次东征讨伐陈炯明，战斗结束后重返军校。同年9月毕业后任兵站总监部运输大队长。后历任黄埔军校驻省办事处中尉科员，国民革命军第一军第二师第二团辎重队长，国民革命军总司令部兵站总监部科长，长沙兵站分监部主任。1928年1月起历任南京国民政府军事委员会军需署科长，军事委员会政训处秘书兼第一科科长，湘鄂闽赣四省“剿匪”总指挥部党部执行委员兼第三纵队政治部副主任，国民党中央组织部新闻处秘书兼科长。1937年抗日战争爆发后任国民党中央组织部军队党务处处长。1945年5月当选为国民党第六届中央候补执行委员。同年6月被国民政府授予陆军少将军衔。1946年退役后与人合作开办建国棉织厂。同年当选为制宪国民大会代表。1947年11月被国民政府授陆军中将军衔。1948年当选为“行宪”国民大会代表及立法院立法委员。1949年由香港转赴台湾，继续担任“立法委员”，并担任招商局常务董事、大华绸厂董事长、复兴航业公司董事长等。1973年6月19日在台北去世。

**周庆云(1864—1933)**

字景星，又字逢吉，号湘聆，别号梦坡。吴兴县人。著名实业家。丝业世家出身。1881年中秀才。后以附贡授永康教谕，拔直隶知州，均未就任。1883年承父周昌炽业丝，奔走沪、杭、苏间。在嗣父前创“洋经”的基础上，又增创方经、大经、花车经，盛行海外。1891年赴杭州为同邑张颂贤襄理盐务。1905年被举为盐业嘉兴所甲商，又创办浙西鹾务学校，培养盐务人员，成为浙盐实权人物。同年发起成立并投资浙江铁路公司，任公司查账员。1906年创办湖州旅杭商学公会。1907年投资浙江兴业银行，任董事。1912年两浙盐业协会成立时任会长。1914年又任苏五属(苏州、松江、太仓、常州、镇江)盐商公会会长。同年5月独资创办杭州天章绸厂，成为民国时期杭州著名丝绸企业。1916年发起开采长兴煤矿，后又合资创设杭州虎林丝织厂，也为杭州著名绸厂。1924年接办湖州公益丝厂，改名模范丝厂。1924年至1927年间在嘉兴创办秀伦丝厂和厚生丝厂，在湖州创办南浔汽机改良丝厂和浔震电灯公司。1928年为抵制日盐，在上海浦东创办五和精盐公司。还投资上海美亚绸厂，并担任监察；参与开发莫干山旅游疗养业。不仅是南浔旅沪公会创办人兼会长，还长期担任上海湖州会馆总董。在文化方面，诗、词、书、画、印兼能，1913年与刘承干等在上海发起成立诗社——淞社，任社长；又与夏敬观等组织词社。1920年出资重修杭州西溪秋雪庵，建两浙词人祠，祭祀两浙72位词坛名家。建有晨风庐，除藏书外，还藏有大量金石字画，多为精品。著有《盐法通志》(100卷)、《浔雅》、《南浔志》、《莫干山志》、《历代两浙词人小传》、《浔溪诗征》等，后集为《梦坡室丛书》45种469卷。还与张宗祥主持补抄文澜阁《四库全书》4000余卷。

**周汝沆(1896—1995)**

诸暨县人。1896年3月17日生。1913年考入浙江杭州省立甲种农业学校学习。1917年考入北京农业专门学校。1918年加入中华农学会。1921年毕业后留校任教。1927

年夏应邀赴上海筹建中华农学会科研所农事实验场。1930年后历任浙江省立劳动大学、浙江农业大学稻作讲师，江苏稻作试验场场长，中央大学南京农学院、中央农业实验所技正，西北农学院技正兼农科所主任、农场主任。1934年冬东渡日本，进入东京帝国大学农学部遗传育种研究室。抗日战争爆发后回国效力，在广西农事试验场任技正，主持稻作育种工作兼广西大学农学院教授。1940年转入广西省农业管理处任技正。1944年代理广西高级农业学校校长。1946年夏返回浙江，任英士大学农学院教授兼农学系主任。1948年初转入农业部农垦处浙江分处任主任。1950年3月应聘任湖南大学农学院教授。1951年3月湖南省农学院成立，调农学院任教授兼农学系主任。1958年任湖南农学院副院长，同时兼任湖南省科委副主任、湖南省科协主席。后曾担任湖南省政协副主席、农工民主党湖南省主委等职。1995年6月在北京去世。

**周守良(1890—1947)**

名帮新，以字行。永嘉县人。金融家。1919年毕业于北京大学商科。同年在温州参与发起瓯海银行，任董事。次年供职于由同乡黄溯初创办的上海通易信托公司。不久赴美国哥伦比亚大学攻读经济，未几回国，任通易信托公司副经理，并筹建上海华商证券交易所，任理事。1928年11月中央银行成立，任董事，后任该行业务局长。1933年改任邮政储金汇业局副局长，不久回央行原任。1937年3月中国实业银行改组为官商合办，任常务董事兼总经理。该行是官商合办小四行(另三行是中国通商、四明、中国国货)中实力最强的，在其主持下，业务得到进一步发展。又为中国农民银行协理、中国国货银行董事。1939年又任中国实业公司董事。抗战期间还参与筹建重庆钢铁厂、华西垦殖公司、强华实业公司等企业。抗战胜利后辞去中国实业银行总经理，任中国农民银行董事、四明银行董事及中国国货银行监察。

**周志由(1876—1937)**

原名锦标，号月村。嵊县人。1904年与谢飞麟、竺绍康和王金发等人组织“大同学社”，秘密进行反清活动。1905年随竺绍康等入大通学堂，加入光复会。旋即东渡日本，在日本早稻田大学师范科学习，并加入同盟会。1907年毕业回国后因受大通党案牵连，避走他乡。不久又回嵊县石楼堆，与周锡庚等人创办大同两等小学堂，倡导男女同校，重视兵式体操，宣传国民教育。1910年接任嵊县劝学所总董，督促各区新办小学20所，一年后辞职。1911年杭州光复后随王金发到绍兴军政分府，任绍兴统捐局局长，以锡箔和绍酒等项捐税作为北伐费用。江浙联军发动攻打南京之役时，又奉命赴沪向陈其美商借枪械。当黄兴转告孙中山以“节镇越东”革命鞭策王金发时，曾为王金发制匾两块，悬挂嵊县故居与绍兴住宅，以示牢记不忘。1912年绍兴军政分府解散后曾任昆山烟捐局局长。“二次革命”爆发后深感政治斗争复杂，启发民智特别重要，转而致力于开办新式教育。1913年4月接任嵊县县校校长。1915年参与重建嵊县中学校，借用二戴小学校舍招生开学，募款重建一栋教学楼，以“提倡新学，开发民智，培育俊才，振兴中华”作为宗旨，所聘教员多为光复会会员，并以晨钟为校徽，寓黎明觉醒、闻鸡起舞之意，曾受省视学两次嘉奖。1921年9月被任命为嵊县劝学所所长。1924年劝学所撤并，又被任命为嵊县教育局长，每年均举办教师讲习所，组织小学教育研究会，致力于改进小学教育。1927年嵊县发生“四一二”反革命政变，忧愤成疾，回乡休养，深居简出，以书画自娱，擅长汉魏，喜画兰竹。1932年“一·二八”事变后曾以嵊县晨钟学舍名义，拟在城关事斯小学招收失学学生补习，后因淞沪停战协定签订而作罢。1937年在石楼堆病故，乡人尊称为“老校长”。

**周进三(1900—1994)**

号亚屏。嵊县人。早年留学日本，先后就读于日本成城学校、东京帝国大学。毕业回国后任南京国民政府农林部滨海垦区管理局局长。后创办台湾台中农学院(今台湾中兴大学)，任院长、教授。1948年经大哥周亚卫介绍，受浙江省政府主席陈仪之聘，回浙江工作。新中国成立后历任浙江省农业厅、粮食厅、食品公司、大观山畜牧饲养试验场(今杭州种猪试验场)高级技师，并担任浙江省畜牧兽医学会顾问。1962年退休。1980年参加民革，先后任民革浙江省委会委员、顾问。1994年在杭州去世。

**周作人(1885—1967)**

原名周櫆寿，后改名槐树、遐寿，字起孟、启明，号知堂。绍兴县人。鲁迅之弟。1901年去南京江南水师学堂学习。1906年入日本留学，初入政法大学，后入立教大学。1911年回国后曾任浙江省教育司视学、浙江第五中学教员等。1917年到北京，任北京大学国史编纂处编纂员、北京大学文科教授，后兼任北京女子师范大学、燕京大学、中法大学、孔德学校等校教授。早期致力于外国文学作品的翻译，曾与鲁迅合译《域外小说集》、《现代小说译丛》等。新文化运动中发表《人的文学》、《平民文学》等文章，激起很大社会反响。后又倡导“新村运动”。1920年参与筹组“文学研究会”并起草宣言，主张“为人生”的现实主义文学。这一时期积极参与对传统封建文化的批判，著有散文集《自己的园地》、《雨天的书》、《谈龙集》、《谈虎集》等。1927年后由于现实的急剧变迁，其思想渐与社会相脱节，主要创作一些闲适的小品散文。主要作品有《永日集》、《夜读抄》、《苦茶随笔》、《风雨谈》、《瓜豆集》、《药味集》等。1937年抗战爆发后留居北平，在日本统治下的华北任北京大学图书馆馆长、文学院院长，后又出任华北教育总督办、南京汪精卫政府国府委员。抗战胜利后以汉奸罪被国民政府逮捕，监禁于南京。1949年1月被保释出狱。新中国成立后主要从事翻译与写作，先后译出多部希腊、日本神话故事和文学作品。同时写了一些有关鲁迅家庭与童年的回忆。此外还有《知堂回忆录》出版。

**周伯棣(1900—1982)**

曾用名白棣。余姚县人。1919年在杭州第一师范学校与同学创办《浙江新潮》杂志，宣传新文化、新思想。1920年下半年经一师同学俞秀松介绍参加了陈独秀、杨明斋等主办的上海外国语学社。1921年5月到商务印书馆工作。1927年入上海东亚同文书院求学。1930年毕业后赴日本大阪商科大学银行系留学。1933年毕业回国后任中华书局经济编审。1939年后历任国立中山大学教授、国立广西大学教授兼经济系主任等职。抗战胜利后任上海复旦大学银行系教授。新中国成立后加入中国民主同盟，历任复旦大学银行系主任、上海财经学院教授兼财政金融系主任。1958年调入上海社会科学院经济研究所任研究员。是上海市第一、第二、第三、第四届政协委员。“文革”中受迫害。1972年退休。1982年在上海去世。著有《租税论》、《中国货币史纲》、《国际经济概论》、《经济学纲要》、《中国财政史》、《中国财政思想史》等。

**周彤华(1919—　)**

慈溪县人。早年毕业于上海私立大夏大学法律系，后考入中央政治学校高等科。后参加国民政府举办的高等考试外交领事官考试及格。1945年进入国民政府外交部，先后任科员、科长。1949年去台湾，先后任“外交部”科长、亚东太平洋司司长、驻火奴鲁鲁总领事馆副领事、驻泰国“大使馆”一等秘书、驻墨尔本“领事”、驻旧金山“总领事”，并前后五次担任台湾当局“特使团”成员、咨议。1975年7月至1985年6月任台湾当局驻史瓦济兰王国“特命全权大使”。

**周饮冰(1913—1942)**

又名涓。平阳县人。1913年10月17日生。1930年初子承父业，任小学教员。1935年春加入中国共产党。1937年到中共闽浙边临时省委白区工作团任联络员，在温州城开设绣花店作为白区工作团的一个秘密据点。同年12月任国民革命军闽浙边抗日游击总队驻温州办事处副主任，办事处设在他的寓所温州九柏园头17号。1938年3月闽浙边抗日游击总队北上安徽，办事处改为新四军驻温通讯处，任主任，担当留守任务。先后组织护送上海地下党、进步人士700余人经温州去皖南新四军军部，九柏园头17号成了爱国者的希望和进步的代名词。同年5月中共浙江临时省委机关由刘英率领进驻温州后，通讯处成为全省各地特委人员、往来信函的联络中心与中转站，甚至是秘密集会之地；“双十节”清晨大批国民党武装突击查封了“通讯处”，浙江临时省委组织部长谢文清，青年部长赖大超，省委文书郑香山，机要员徐惠泽，工作人员黄美平、王日昭等多人被捕；11日奉浙江临时省委书记刘英的指示，以新四军代表身份与国民党温(州)台(州)防守司令部交涉，结果被扣押，并与已被捕同志一起送往第三战区军法执行总监部关押。1939年1月转押于江西上饶盘石渡李家村看守所。同年冬以“危害民国罪”起诉，判以15年徒刑，关押在福建浦城仙阳镇陆军监狱。狱中成立秘密中共特别党支部，任组织委员。1941年春两次组织难友越狱，监方追查越狱组织者，被叛徒出卖。1942年6月与监狱特别党支部书记刘辛夫一起被国民党第三战区警备司令部以“组织煽动犯人暴动罪”判处死刑。

**周宏涛(1916—2004)**

奉化县人。1916年12月14日生。早年就读于东吴大学。1937年抗战爆发后转入国立武汉大学。毕业后投身政界，因其祖父周骏彦曾是蒋介石早年老师，故深得蒋介石、蒋经国父子两代的赏识和重用。历任军事委员会委员长办公厅侍从秘书，国民政府主席秘书，总统府秘书。1949年去台湾后历任总统府机要室主任、中国国民党中央委员会副秘书长、“总统府行政改革委员会”委员、“财政部政务次长”、“中国银行”常务董事、台湾省政府委员兼财政厅长、台湾银行常务董事、台湾省土地开发委员会主任委员、“行政院电子材料处理委员会”主任委员、“行政院主计长”、“行政院政务委员”兼“经济建设委员会委员”，并兼任圆山大饭店董事长。1989年退休。是国民党中央第八至第十三届中央执行委员。1995年获加拿大英属哥伦比亚大学颁赠荣誉法学博士。2004年2月26日在台北去世。由其口述、汪士淳撰写的《蒋公与我——见证中华民国关键变局》于2003年出版。

**周启祥(1897—?)**

又名念行，号树美。江山县人。早年毕业于日本明治大学政治系，回国后曾任湖北省黄陂县县长、浙江省遂安县县长。1934年应戴笠的邀请，加入国民党军事委员会力行社特务处，后为军事委员会调查统计局(简称军统)少将骨干。1946年军统改组为国防部保密局，任保密局局长办公室少将秘书。1949年去台湾。后不详。

**周启植(1890—1959)**

字涤尘。诸暨县人。1911年辛亥革命后曾参加学生军。1912年11月入武昌第二陆军预备学校学习。1914年8月入保定陆军军官学校第三期步兵科学习。1916年12月毕业后历任浙江武备学堂教习，浙军第二师团参谋，宁波镇守使署军务科长。1925年投奔广州国民政府，任黄埔军校第四期少校教官。1926年底任国民革命军第二十六军参谋处长，后任浙江省警官学校教务处长、浙江省保安第一旅旅长、保安第二纵队少将参谋长。1946年2月退役后任浙江镇海县长，后辞职返乡定居。1959年春病故。

**周启濂(1877—?)**

字玉卿。宁波人。早年毕业于上海私立圣约翰大学，后赴英国留学。在爱丁堡大学获文学硕士学位后赴德国研究政治学，获博士学位。民国初年任北洋政府中华民国法典编纂会纂修。1914年任中国驻日本公使馆三等参赞。1918年任中国政府特派员去澳大利亚看管德国、奥地利战俘。1919年至1920年任驻美国纽约总领事馆署理总领事、总领事。1921年8月任驻加拿大渥太华署理总领事。1922年4月任驻加拿大总领事。1923年回国。后不详。

**周迟明(1895—1975)**

原名祜。诸暨县人。1915年毕业于浙江省立第一中学。1916年考入北京高等师范学校国文部。1920年毕业后在浙江嘉兴、杭州、温州等地任中学国文教员和校长等职。1929年任国民政府教育部编审处编审。1932年至1938年在浙江宁波中学任国文教员兼教务主任。1949年至1954年任杭州师范学校语文教师。1954年夏至山东大学中文系任教。1965年退休。1975年6月病故。编著有《国文比较文法》、《汉语修辞》等。

**周廷冲(1917—1996)**

富阳县人。1917年3月4日生。1935年考入上海医学院。1940年在中国红十字会救护总队附属医院实习。曾任中国红十字会救护队小队长，赴抗日前线做医疗救护工作。1942年毕业后在重庆歌乐山中央卫生实验院药理学室工作。1945年赴英国牛津大学贝利奥学院留学。1947年获药理学博士学位。后转美国康奈尔大学做博士后，从事酶学研究。1948年参加中共外围组织“中华自然科学工作者协会”。1949年到美国波士顿麻省医院实验室，从事博士后生物化学研究。1950年与妻子黄翠芬一同回国，在济南白求恩医学院(今山东医科大学)筹建中国第一个药理学教研室，任药理教研室主任。1953年调军事医学科学院任药理系主任，筹建中国第二个药理学实验室，领导血吸虫病防治研究工作；与苏联专家共建毒理学实验室并举办军队第一期“防化毒理训练班”，培养出第一批军事防化毒理学专业人才。1958年随军事医学科学院迁入北京，建立药理毒理研究所，先后任生化药理研究室主任和药理研究所副所长等职。1970年调往国防科委十三院任副所长。1979年受命组建基础医学研究所，任第一届所长，兼任生化药理室主任。1980年当选为中国科学院学部委员。先后担任军事医学科学院学术委员会主任委员，总后勤部医学科技委员会副主任委员，第四军医大学兼职教授，国家生物膜和膜工程开放实验室学术委员会主任，国家生物大分子开放实验室学术委员会委员，中国药学会副理事长，中国药理学会常务理事及副主任委员，中国生化学会理事，中国科学院上海药物研究所学术委员会委员，《中国药理学报》、《中国科学》、《科学通报》及《生物化学与生物物理学报》编委，《生物化学杂志》副主编，国务院学位委员会第一、第二届学科评议组成员。著有《受体生化药理学》、《醋酸的代谢问题》、《实用药学辞典》、《多肽生长因子基础与临床》等。发表科研论文100余篇，是中国最有影响的生化药力学家之一。

**周尚文(1907—1931)**

又名笑梅。温岭县人。1927年加入中国共产党。1928年任中共浙南特委机关秘书长。同年12月15日中共浙南特委机关遭国民党当局破坏，被逮捕押送到杭州的浙江陆军监狱关押，后转送南京中央陆军监狱继续关押。在狱中坚贞不屈。1931年6月在南京病故。

**周佩箴(1884—1952)**

原名延绅，字佩箴，以字行。吴兴县人。金融家。丝商家庭出身。1902年中秀才。早年进上海定源祥房地产部当办事员，后升任总账房。应张静江之聘改任通运公司上海办事处经理。1908年加入同盟会。辛亥革命时任浙江省官产处处长。1913年与张静江、王一亭等在上海创办中华实业银行。后参加"二次革命"，加入中华革命党。1918年与虞洽卿、盛丕华、郭外峰等筹办上海证券物品交易所；1920年正式成立后任常务董事。同年参与创办中华国民制糖公司，任候补董事。1923年后任国民党中央财务部副部长、广东省政府委员兼土地厅厅长、广东沙田清理处处长等职。国民革命军北伐时为蒋介石筹款，支持蒋介石建立南京政府。1927年5月任上海中央银行行长，宋子文出任中央银行总裁后任中央银行常务理事。1928年张静江主浙后任省政府委员兼土地厅厅长、财政部杭州造币厂厂长。1934年中国农民银行成立时任常务董事代理总经理，还兼任交通银行常务理事。抗日战争期间在重庆除担任中国农民银行常务董事外，还兼任东业银行董事长、邮政储金汇业局监察委员，并长期担任全国战时劝募公债委员会委员。1939年还创办了西南国货运销公司。抗日战争胜利后回上海，继续担任中国农民银行常务董事、交通银行常务董事及东亚银行董事长。1949年去台湾。1952年2月27日在台北去世。

**周学湘(1897—?)**

字恒德。余姚县人。1924年中学毕业后进入上海华成烟厂卷烟部任职。1927年春国民革命军进入上海后任华成烟厂工会主席。后历任上海市总工会常务委员、主席，上海市劳资仲裁会委员，上海劳资评断会委员，中国国民党农工部设计委员，社会部计划委员，国民党上海市党部执行委员等职。在1932年上海"一·二八"抗战和1937年"八一三"淞沪会战中任战地服务团团长，支援抗战。1938年春任浙江省余姚县党部特派员及书记长，浙江省临时参议会参议员，浙江省抗日委员会委员。1939年奉命赴上海，担任国民党中央驻沪工运督导专员。到上海后任上海市工人协进会主任委员，兼军统局上海站站长。1945年抗战胜利后负责接收并整理各业工会，任上海市总工会常务监事。1946年9月赴加拿大参加第三十五届国际劳工大会，会议结束后赴美国考察，然后赴比利时参加纺织会议，并考察法、英、德等国。1947年2月回到上海，任上海工人"反共戡乱委员会"主任委员。1948年以国大代表身份出席"行宪"国民大会。同年当选为全国总工会常务理事。1949年去台湾，继续担任"国大代表"，并担任台湾当局的"全国总工会"常务理事、主席。

**周宗汉(1917—2004)**

字之海。吴兴县人。东吴大学附中肄业后考入杭州高中就读。1936年考入国立浙江大学土木工程系。1940年毕业后先后在国民政府资源委员会和浙赣铁路任职。1949年去台湾，先后任台湾省工程公司工程组长、台北工程处主任。1951年春在台湾设立建筑师事务所，经营建筑业务。本浙大校训"求是"之精神，勤奋工作，规划设计，监督施工，一手包办。1969年当选为"中华民国十大建筑师"称号。1976年当选为台湾省建筑师公会常务理事，兼法规委员会召集委员，负责《建筑法》、《建筑师法修正草案》的整理与修订工作。先后在台湾各地完成百余项工程计划。曾多次获"联勤总司令部"等单位颁发的奖状，并获"金鼎奖"。1982年退休后移居美国西雅图。2004年在美国加利福尼亚州病故。其生平业绩入选《中国科学技术人物辞典》。

**周宗良(1875—1957)**

名亮。鄞县人。著名颜料商，有"颜料大王"之称。牧师家庭出身，毕业于教会办的宁波斐迪中学。随即入宁波海关任职，不数年转入德商爱礼司洋行在宁波的经销商美益颜料号为职员。期间与人合设通和布厂，还自设谦益顺号经营颜料业。1905年到上海，任德商谦信洋行跑楼；1910年升任买办。第一次世界大战爆发后谦信老板轧罗门回国，将不动产委托周保管，并将全部颜料折价赊归周氏，而大战期间颜料价格猛涨，周因此爆发，成为颜料巨擘。战后德商返沪复业，续任买办。1920年与贝润生合设谦和颜料号，任副理(实际主持业务)，包牌经销德商谦信洋行的"信狮"牌靛青，在全国各大城市设有分号16处，中小城市设分支机构近100处，代销处几百家，执当时颜料业之牛耳。1924年德国成立颜料托拉斯——大德颜料公司，把在上海的八家颜料洋行合并成德孚洋行，任德孚总买办，除继续主持谦信染料销售业务外，还掌管德孚三个染料栈房，负责洋行的收付开支与关税结付，成为德商颜料在华总推销人。兼任谦信机器有限公司和拜尔药厂买办。

1930年独资设立周宗记商号，经营西药、汽油灯、颜料、洋杂货等，并经营房地产和其他投资。抗战期间资产已达1000万元。二战结束后德孚歇业清理，与之脱离关系。致富后广泛投资金融、工商各业，是浙江地方实业银行、中国垦业银行、中国银行董事及中央银行理事，投资宁波恒孚钱庄、同益银公司及上海瑞昶、滋康、志裕、宝丰、恒隆、恒大、恒生等钱庄，还投资汉口既济水电公司、杭州电气公司、宗泰进出口行、镇东机器厂、信余汽灯厂、如生罐头食品厂、中兴轮船公司、康元制罐厂、公和纺织厂、振丰毛纺织厂等。1948年转到香港，继续从事颜料业。1957年在香港病故。

**周宗璜(1904—1981)**

字仲昌。吴兴县人。1904年8月27日生。1925年考入上海圣约翰大学理学院，次年转入南京国立东南大学农学院。1928年毕业后留校任助教。1929年到法国巴黎大学留学，师从P. A. Dangeard院士进行真菌个体发育和真菌分类的研究。1934年完成《鬼伞菌类个体发育的研究》，通过博士论文答辩，获法国自然科学博士学位，并被吸收为法国真菌学会会员。同年回国后任北平静生生物所技师兼北平中国大学生物系主任。1937年任四川省病虫防治所所长，其后曾任四川省农业改进所技正等职。1941年任江西中正大学农学院教授。1946年任善后救济总署湖北分署专门委员会主任秘书，期间曾兼任中正大学教授。1948年任农林部棉产改进处技正。1949年11月任中共上海军管会(后改为华东局)农林部特产处副处长，中国农业科学研究社副社长。1952年举家迁至吉林省公主岭出任东北农业科学研究所研究员、植物保护系主任。1958年调到吉林特产学院工作。1961年特产学院归入吉林农业大学，又随之迁往长春，任农学系主任。“文革”时期受到冲击，全家被下放到了吉林西部偏远农村。1973年应命赴京参与中国科学院组织编写《中国孢子植物志》工作。“文革”后曾任吉林省科学技术委员会副主任，并在吉林农大招收真菌学硕士研究生。1981年9月24日病故。著有《粘菌分类资料》等书及《茸毛鬼伞菌的个体发育》、《马勃一新种》、《知母上一种新的黑粉菌》、《东北植病工作的动向》、《农作物病害预防问题》等文，是我国著名的真菌学家。

**周诗穆(1902—1980)**

鄞县人。早年在商务印书馆当学徒，后担任摄影师，独立拍片。1922年拍摄影片《好兄弟》得到认可之后，先后拍摄百余部影片，成为中国最早一代的、有丰富摄影经验的著名摄影师之一。新中国成立后致力于中国电影特技摄影专业。1956年任上海电影制片厂特技总技师。相继完成及参与指导了《渡江侦察记》、《天仙配》、《林则徐》、《孙悟空三打白骨精》、《红楼梦》等数十部影片的特技摄影工作，并倾注心血培养了一批专业特技摄影人才。“分色合成”、“分裂光阀”是其在特技业务上比较重要的创造成就，在国内外均产生一定影响。

**周诚浒(1896—1978)**

诸暨县人。1922年湖南湘雅医学专门学校本科毕业。先后在北京协和医学院、上海医学院眼科任职。新中国成立后历任上海市卫生局眼科顾问、上海市第六人民医院眼科主任、上海市卫生干部进修学院院长、上海市医学专科学校校长、中华医学会眼科学会副主任委员、中华医学会上海分会副会长、《中华眼科杂志》副总编辑等职。1958年代表我国出席第一届亚非眼科学术会议，当选为亚非科学会理事。并被选为全国第四、第五届政协委员，上海市第二、第三、第四届人民代表。

**周建人(1888—1984)**

原名松寿，后改名建人，字乔峰，笔名克士、高山等。绍兴县人。1888年11月12日生。鲁迅三弟。幼年就读于三味书屋，后入会稽县立小学堂。小学毕业后在家照顾母亲，一面自学，并在绍兴各学校任教员。1919年陪母亲迁居北京。1920年入北京大学旁听攻读哲学。1921年9月至上海任商务印书馆编译所编辑，前后共23年。在从事编辑工作之余，潜心研究生物学，先后兼任《东方杂志》、《妇女杂志》助理编辑与《自然科学》编辑，并在这些杂志上发表文章，提倡妇女解放，普及科学知识。1923年应瞿秋白邀请，在上海大学讲授进化论，并先后在上海神州大学、暨南大学及安徽大学任教授。在大哥鲁迅等引导下参加“济难会”、自由运动大同盟。1932年12月参与中国民权保障同盟筹备工作。1933年1月任中国民权保障同盟调查委员会调查员。1937年11月上海沦陷后留在上海，任教于储能中学。1945年抗战胜利后任生活书店、新知识书店编辑。投身爱国民主运动，力主“科学中国化，中国科学化，社会民主化”。同年12月同马叙伦、王绍鏊、许广平、林汉达等在上海发起成立中国民主促进会，当选为第一、第二届理事会理事。1946年5月当选为上海人民团体联合会理事，参与争取和平、反对内战的民主运动。1948年4月加入中国共产党。同年秋携带全家秘密到达解放区，任华北人民政府教育部教科书编辑委员会副主任。1949年9月以中国民主促进会代表身份参加中国人民政治协商会议第一届全体会议，任《政府组织法草案》整理委员会委员。新中国成立后历任中央人民政府政务院出版总署副署长、浙江省人民政府副主席、高等教育部副部长、浙江省省长等职。是中国共产党第九、第十、第十一届中央委员，第一、第二届全国人大常务委员会委员，第三、第四、第五届全国人大常委会副委员长，第二、第三、第四届全国政协常委，第五、第六届全国政协副主席，民主建国会第三、第四、第五届中央副主席。1966年7月起代理主席，后连任第六、第七届中央主席。1984年7月29日在北京去世。著有《回忆鲁迅》、《科学杂谈》、《周建人文选》等，译有《物种起源》(合译)、《吸血节足动物》、《生物进化论》、《原形体》、《生物学与人生问题》、《优生学》、《赫胥黎传》、《新哲学手册》、《生物进化浅说》等。

**周承菼(1883—1968)**

字赤忱。海宁县人。早年就读于杭州求是书院。1902年以官费留学日本，先入弘文学院，后转振武学校，最后升入陆军士官学校中华队第三期。毕业回国后任清廷军咨府参议。不久奉派至四川任四川督练公所参谋处总办，负责训练新军。1911年调浙江任新军第二十一镇步兵第四十一协第八十二标统带，驻防杭州南星桥。不久加入同盟会。10月10日武昌起义爆发，浙江革命党人经过紧张策划，于11月4日宣布起义；次日杭州光复后被推举为浙军总司令。1912年春任浙军新编第二十五师师长；7月被新任浙江都督朱瑞削去兵权，调至北京任大总统府顾问；9月28日被北洋政府授予陆军中将军衔。1918年当选为安福国会众议院议员，选举徐世昌为大总统。1924年孙传芳入主浙江任浙江军务督办后奉召南下担任浙江省电政监督。1926年国民革命军北伐开始后辞职，寓居上海。1927年南京国民政府成立后任陆海空军总司令部高等顾问，后由福建省政府主席陈仪聘为总参议。1936年11月被南京国民政府重新授予陆军中将军衔。1937年抗战军兴，隐居上海。1948年任总统府国策顾问。1949年去台湾，继续担任"总统府国策顾问"。

**周承德(1877—1935)**

字逸舜，后作佚生、轶生，号轶翁、观无居士。海宁县人。自幼酷好书法，16岁考取廪生。后赴日本留学，先入成城学校预科，深受学监犬养毅器重，后考入早稻田大学博物科，始接触达尔文进化论。1900年前后回国后受聘为杭州求是书院教习。1903年改名浙江高等学堂后继续任教博物、数学、书法课程。浙江两级师范学堂创立后曾一度受聘为该校兼职音乐教师，曾与李叔同共授音乐课。为南社社员、西泠印社早期赞助社员。擅书画篆刻，所书汉魏碑铭擘窠大字自成体格，多有题留，曾为西泠印社华严经塔书经。晚年鬻字杭城，书迹在两浙流传较广；兼写兰竹，涉笔成趣；偶也治印，有秦汉六朝风韵。

**周　珏(1883—?)**

字志成。嘉善县人。早年毕业于日本早稻田大学，参加辛亥革命。1913年初当选为中华民国第一届国会众议院议员。1914年初国会解散后回乡闲居。1916年夏国会第一次恢复时仍任众议员。1917年南下广州，参加护法运动，任广州非常国会众议员。1922年国会第二次恢复时再任众议员。1923年参加贿选，投票选举曹锟为北洋政府大总统，被舆论谴责为猪仔议员。同年11月任驻日本横滨总领事。1925年9月任驻神户总领事。1930年3月回国后任南京国民政府外交部秘书。1931年2月再次出任驻神户总领事。1933年9月回国后任外交部秘书。1936年1月任外交部驻沪办事处主任。1937年抗日战争爆发后投敌，先后任伪华北临时政府驻伪满洲国通商代表、伪华北政务委员会政务厅外务局局长。1940年6月任汪伪外交部公使。

**周荆庭(1900—1966)**

原名井亭。奉化县人。上海英雄金笔厂创始人。小商人家庭出身，14岁到奉化大桥镇增顺碗店当学徒，后又在该镇聚成纸店当职员。1920年到上海，在郐文记文具纸号习业并协助泰生洋行推销糖精。次年自设志成字号，推销文具和糖精。1922年与郐文记合作在汉口开设文记洋纸文具号，负责经营。1924年离开文记，在汉口与人合伙开设合兴文具社并担任经理，营业兴盛。1927年集资3万元在上海与人创设中国合群自来水笔公司，任经理，经营进口自来水笔及文具用品。1931年公司又创设华孚金笔厂(1966年改名英雄金笔厂)，任经理，生产华孚、新民金笔，以后又扩建厂房自产笔尖、笔夹、笔杆、圈套等零部件及墨水。所产金笔款式可与进口产品媲美，价格仅及其半，销路颇广。产品先后获上海市第四、第五届国货运动大会最优等产品和特等产品。1933年起兼任上海科学仪器馆总经理。1934年投资建华银行并任董事。1936年盘进上海华文铅笔厂。

次年华孚金笔厂增资至20万元，改为股份公司，仍任总经理。抗战爆发后华孚厂受到一定损失，但继续经营。1940年盘进上海大众笔厂。抗战胜利后华孚标购敌产三乐自来水笔厂，并引进美国整套先进设备，使其1947年的金笔产量达到34.56万支的历史最高纪录。1952年向华东局申请华孚厂公司合营，仍任经理。1953年改任副厂长。抗美援朝期间积极捐献和购买公债。1956年参加民主建国会，曾任上海普陀区第二、第三、第四届政协委员。“文革”开始后受抄家批斗，于当年8月不幸去世。

**周拾禄(1897—1979)**

字再中。义乌县人。1897年8月15日出生于义乌县佛堂镇丹墟村。15岁考入公费杭州初级师范。三年后考入公费的南京高等师范(后改为东南大学)农科。1921年毕业后到该校大胜关农业试验场从事水稻试验研究。1927年东南大学改称国立第四中山大学，回校任助教。次年任江苏省农矿厅技士。1931年赴日本东京帝国大学留学。1933年回国后任中央大学农学院教授。1936年任实业部全国稻麦改进所技正。次年任全国稻米检验监理处副处长。1937年调昆明任中央农业实验所云南工作站站长。1941年任江西中正大学农学院院长、教务长。1948年回南京任中央农业实验所技正。新中国成立后中农所改建为华东农业科学研究所(1958年改称中国农业科学院江苏分院)，任副所长。1954年起兼任江苏省农林厅厅长。1957年被打成“右派”，发奋著书，于1963年出版《稻作研究》、《稻作集论》。“文革”时期被下放到江苏省六合县。1973年调回南京后回中国农科院江苏分院从事研究工作。1979年12月28日去世。遗著《稻作科学技术》于1981年出版。

**周星棠(1877—1942)**

名以灿，号星棠，以号行。绍兴县人。因其父母早年迁居汉口，生于汉口。银钱业出身，1897年后在汉口先后创办晋安、阜通等钱庄及公兴存转运公司、盈丰玉米厂等，其后一度兼任日本住友银行买办。20年代至抗战前还创办、投资许多工矿、金融企业，主要任有石家庄大兴纺织公司董事长，汉口第一纺织公司董事长，汉口庆华颜料厂董事长及汉口商业银行董事兼总经理，豫丰纱厂、中央信托公司和中兴煤矿公司董事。1923年至1928年连任两届汉口总商会会长，是大革命前后汉口工商界领袖人物。与北洋军阀及国民党政府关系均密切，曾任北京政府临时参政院参政，湖北省长萧耀南顾问及国民政府武汉市政府常委，财政部顾问，汉口市政府参议，外交部汉口第二特别区、第三特别区董事，中央银行和中国农民银行首任理事，国民参政会第一、第二届参政员。1937年抗战爆发后迁居重庆。

**周钦安(1908—1994)**

又名周余愚。鄞县人。1908年2月28日生。20世纪30年代竞走运动员。幼年在上海和安小学读书，喜爱田径运动。1926年以个人身份参加万国竞走锦标赛，获青年组冠军。1927年与陈虚舟等组建虹口田径队(后改名为白虹田径队)，任副队长。1928年秋在万国竞走赛中获个人第一，与张造寸、吴森康组成的中华队获团体冠军。这一优势维持到1933年万国竞走赛终止。1930年与张造寸组建中华竞走会，每年组织竞走队参加在上海举行的各种竞走赛。1936年代表中国参加第十一届奥运会，排名第23位。在国内被报界誉为30年代的“神行太保”。

**周信芳(1895—1975)**

原名士楚，艺名麒麟童。祖籍慈溪县，生于江苏清江浦(今淮阴)。京剧表演艺术家。艺人家庭出身，“麒派”创始人。6岁拜陈长兴为师，7岁登台，13岁就成为戏班中的主角，到天津、北京等地演出。艺名“七龄童”，后改用“麒麟童”。1908年到北京入喜连成科班，与梅兰芳、林树森、高百岁同台。1912年返沪后在新舞台等剧场与谭鑫培、李吉瑞、金秀山、冯子和等人同台，颇受熏陶，演技渐趋成熟。1915年至1926年间先后在上海丹桂第一台、更新舞台、大新舞台、天赡舞台演出，排演了连台本戏《汉刘邦》、《天雨花》、《封神榜》等。1927年参加南国社。抗日战争爆发后积极参加救亡活动，并演出《徽钦二帝》、《文天祥》、《史可法》等戏，激起观众强烈的爱国热情。1949年后参与编演新戏，移植演出了昆曲《十五贯》，创演了《义责王魁》和《海瑞上疏》。历任上海军管会文化局戏曲改进处处长、华东戏曲研究院院长、上海京剧院院长、中国戏剧家协会副主席、上海分会主席等职。1952年10月参加第一届全国戏曲观摩演出大会，演出《徐策跑城》，获荣誉奖。1953年冬赴朝鲜慰问中国人民志愿军。50和60年代多次在国内巡回演出。1956年曾率团赴莫斯科、列宁格勒等九城市演出。“文革”中含冤去世。

**周庭和(1910— )**

青田县人。早年在浙江省立第十一中学(今丽水中学)毕业后回青田基层工作。1937 年夏赴法国留学，曾任中国国民党驻巴黎总支部执行委员、改造委员会委员。1939 年法西斯德国占领法国，中国驻法国使馆被迫关闭后发起组织浙江同乡会，任理事兼书记长，负责处理在法华侨事务。1948 年当选为“行宪”国民大会侨民第十四选区（欧洲区）递补立法委员。2001 年 4 月 28 日杭州市侨联青田籍归侨侨眷联谊会第一届理事会成立，任高级顾问。

**周美玉（1910—2001）**

慈溪县人，生于北京。北平协和医学院护理学校护理科毕业，美国麻省理工学院公共卫生及卫生教育硕士、哥伦比亚大学护理教育硕士。历任中华平民教育促进会农村卫生及一般护理教育负责人，抗战期间任红十字会救护总队护理负责人。协助创立战时卫生人员训练所。创办国防医院护理系，曾任护理系主任。1949 年去台湾后曾任台北“荣民总医院”护理部主任、“中华民国”护理学会理事长、中国国民党中央评议委员等职。1951 年晋升少将。2001 年 3 月 13 日病故。

**周洁夫（1917—1968）**

镇海县人，生于上海。早年接触新文艺与苏联文学。1938 年到解放区参加八路军，曾任八路军总政治部宣传部长，东北民主联军《自卫报》记者、编辑，第四野战军《战士报》总编辑。新中国成立后历任总政治部文化部创作员、解放军文艺社副总编辑、广州军区文化部副部长。曾获三级独立自由勋章、三级解放勋章。著有长篇小说《走向胜利》、《十月的阳光》，中篇小说《祖国屏障》，长诗《开垦》等。

**周济民（生卒年不详）**

诸暨县人。1916 年 12 月保定陆军军官学校第三期毕业。后南下广东，在国民革命军第一军任排长、连长。1926 年 6 月北伐战争开始后随军北伐。1927 年初任国民革命军东路军前敌总指挥部特务团营长。同年 4 月奉前敌总指挥白崇禧的命令，以特务营营长的身份在浦东主持反共“清党”。1928 年任国民革命军第十三军第二师副师长兼第五团团长。1930 年任驻美公使馆少将武官。1932 年 12 月 20 日任国民政府军事委员会参谋本部高级参谋。1933 年 2 月 27 日任参谋本部处长。抗战期间在汤恩伯所部第十三军任团长，因临阵脱逃，遭到通缉。1946 年重新起用，先后任少将师长、诸暨师管区中将衔司令。

**周　觉（1880—1933）**

原名延龄，字君鹤，号柏年，晚号汲庵，别署一觉百年。吴兴县人。1899 年中秀才。1900 年赴日本留学。1905 年参加中国同盟会。1908 年与陈其美一道回国，为同盟会上海支部负责人之一。1911 年 10 月 10 日武昌起义爆发后参与上海光复，刻制印钤，张贴文告，并跟随敢死队攻打上海制造局。同年 11 月 4 日上海光复后任上海同盟会支部评议员，《民权报》驻北京记者。1913 年“二次革命”爆发后被迫流亡日本。1914 年在日本东京加入中华革命党，不久衔命回国，从事反袁活动，利用《民权报》等原有宣传阵地抨击袁氏不遗余力。1917 年到广州，参与孙中山领导的护法运动。1925 年 8 月任广州国民政府监察委员。1926 年 5 月在国民党二届二中全会上任中央常务委员会秘书长。1927 年 5 月 13 日至 7 月 27 日任浙江省政务委员会委员。因对蒋介石不满，以多病为由辞去所有职务，避居莫干山养病。1931 年 2 月 16 日被监察院院长于右任聘任为监察委员，但多数时间在南浔养病，监察委员仅挂虚衔而已。1932 年 5 月免监察委员职。1933 年 12 月 7 日病故。致力汉隶北碑 30 余年，用功至勤，代表作有《枫园画友录》。

**周炳琳（1892—1963）**

字枚荪。黄岩县人。1892 年 10 月 23 日生。曾就读于黄岩城内的旋珠小学和海门前所镇的天主教堂小学。1912 年以第一名成绩毕业于黄岩县中学堂，次年考入北京大学预科。1916 年升入北大法科经济门。1919 年参加五四运动，任全国学生联合会秘书，编辑《全国学生联合会日刊》。同年夏与许德珩作为北大学生代表，闻一多、罗隆基为清华大学代表，到上海谒见孙中山。同年 7 月 1 日参加少年中国学会，任编辑员，协助李大钊编辑《少年中国》月刊。1920 年组织北大马克思学说研究会。同年夏毕业后由北大校长蔡元培选拔、上海民族资本家穆耦初资助出国留学。1922 年取得美国纽约哥伦比亚大学文学硕士学位。后入英国伦敦大学经济学院和法国巴黎大学深造。1925 年 8 月回国后到北大经济系任教。经李大钊介绍加入中国国民党。次年任武汉商科大学教授。1927 年任国民党中央党部秘书、武汉政府外交部条约委员会委员，后任《中央日报》主笔。1928 年任国民党浙江省党务指导委员会委员兼组织部长。1929 年 3 月为浙江省六名代表之一，出席国民党第三次全国代表大会。同年任清华大学经济系教授。1931 年任北大经济系教授兼法学院院长。1934 年 5 月任河北省政府委员兼教育厅厅长。1937 年任国民政府教育部常务次长，中央政治学校教务主任。1939年2月在重庆任国民参政会参政员兼副秘书长，同时担任昆明西南联合大学经济系教授。1944年兼任法学院院长、西南联大区党部筹备委员。1946年回北大任经济系教授和法学院院长。1949年秋辞北大法学院院长职，专任经济系教授。次年兼任抗美援朝总会宣传部副部长。参加中国国民党革命委员会，任中央团结委员。1952年思想改造运动中抗拒改造，作四次大会检讨，并在《人民日报》发表《我的检讨》。1957年对“反右派”运动又颇为抵触，公开表示反对。1963年10月24日去世。曾翻译马克思《政治经济学批判大纲》中的法文部分。有乡人编纂的《周炳琳文集》于2007年出版。

**周宪文(1907—1989)**

字质彬，号毅恒，笔名惜余。黄岩县人。1923年东渡日本求学。同年遇东京大地震返国，转读于上海同文书院，毕业时获商务学士学位。1928年被选送日本京都帝国大学，专攻经济学。三年后学成回国，受聘为中华书局编辑。1934年出任驻日留学生监督。次年辞归后任国立暨南大学经济学教授兼系主任，继任商学院院长。1941年5月受暨大委派赴福建建阳筹设分校，任分校校务委员会主任。同年12月太平洋战争爆发，上海租界沦陷，暨大总校迁往建阳与分校合并，仍任商学院院长兼东南联大筹委会副主任。抗日战争胜利后受台湾省行政长官公署陈仪电邀，任台湾省立法商学院院长。加聘为台湾大学教授、法学院院长，兼台湾人文研究所所长。1964年建议当局筹设台湾经济研究所，获准后辞去商学院院长等职，转入筹建工作。年末成立台湾银行金融研究室，任主任，直至1972年退休。著译逾3000万言，主要著作有《中外古今谈》、《文化与经济》、《经济学术论纲》、《台湾经济史》、《橘逾淮集》等，译述有《经济思想史》、《台湾农业的特征》、《台湾经济与日本》等，主编书刊有《经济学辞典》、《台湾银行季刊》、《台湾经济金融》月刊等，被学界誉为“台湾经济史的拓荒者”。

**周晋镳(1847—?)**

字金箴。慈溪县人。首任中华全国商会联合会会长。1887年与严信厚创办宁波通久源轧化厂。1890年投资并参与创办华新纺织新局，任协理及董事会负责人。同年投资上海中法药房。20世纪初投资轮船招商局，并任董事。此外还参与创办、投资华洋保寿公司、华兴保险公司、阜丰植棉公司、上海电报局、赣丰饼油公司、同利机器纺织麻袋公司等。又曾任法商达兴银公司华董。1902年上海商业会议公所成立时被盛宣怀推委为副总理兼坐办。1905年该公所改称上海商务总会，仍任协理。1907年后连任四届上海总商会总理，是曾任上海总商会总理年份最长的人。1908年参与创办四明商业银行，是首届董事会总董。1909年参与筹办南洋劝业会。1912年任中华银行董事。1913年任第一届中华全国商会联合会会长。1915年任上海道尹兼外交部特派江苏交涉员，支持袁世凯复辟称帝，后被黎元洪免职。

**周　桢(1899—1982)**

字邦垣。青田县人。1899年1月26日出生于青田敖里村(今属文成)。浙江省立十一中学(今处州中学)毕业后考入北京农业专门学校。毕业后留校任助教。1925年7月去德国萨克逊邦林学院深造，为我国第一个攻读森林经理学的留学生。1929年秋回国后历任北京农业专门学校教授、浙江大学农学院教授兼西湖林场场长、北京大学教授兼林场主任。抗日战争期间先后任西北联大农学院、西北农学院教授，江西中正大学农学院院长，福建省研究院农林研究所所长。1945年以后任福建农学院院长。1949年7月去台湾，任台湾纸业公司林田山管理处处长、台湾大学教授、台大农学院院长。经营台大3.4公顷实验林，提出“森林多标经营论”及国土保安为优先的森林经营基本观念。曾被“行政院设计委员会”聘为委员，并充任“考试院”典试、襄试委员。1982年7月19日在台北去世。著有《森林经营学》、《测树学》、《林价核算法及森林较利学》、《实用森林计算表》、《世界林业》等。

**周振强(1904—1988)**

号健夫。诸暨县人。早年毕业于诸暨南区高级小学。1922年任广东东路讨贼军总司令部宪兵队卫士。1923年加入国民党。同年任孙中山大元帅府卫士。1924年4月进入黄埔军校第一期学习。同年11月毕业后留校担任第二期步兵科第二队区队长，黄埔长洲要塞司令部卫队长，国民革命军第一军第二师第五团连长。1926年7月参加北伐战争，升国民革命军第一军第二师第五团营长；9月在攻打武昌的战斗中负重伤。1927年起历任蒋介石侍从参谋、侍从副官、中央陆军军官学校第七期上校大队长。1933年任中央陆军军官学校教导总队上校大队长，并为教导总队复兴社支部负责人之一。1936年任中央陆军军官学校教导总队少将副总队长。同年12月西安事变发生后率教导总队第一、第二团及工兵营、炮兵营、战车大队等部队9000余人，开赴潼关，接替第二十八师防务。1937年5月被国民政府授予陆军少将；7月任教导总队第一旅旅长，率领所部先后参加淞沪会战、南京保卫战；12月南京失守，率余部撤退到湖南。1938年初教导总队改编为陆军第四十六师，任副师长，驻防湖南衡阳。1940年6月任国民政府军事委员会战时干部训练团四川綦江分团代理教育长。后历任国民政府军事委员会军政部第二新兵补训处中将处长，重庆卫戍区第三分区司令，军事委员会中将参议。1946年任国民党浙西师管区中将司令兼金华城防指挥。1949年5月被解放军俘虏，作为战犯接受改造。1959年12月被中华人民共和国最高人民法院首批特赦释放。1961年3月起任全国政协文史资料研究委员会专员。1983年5月和1988年3月连任中国人民政治协商会议第六、第七届特邀委员。期间兼任浙江省黄埔军校同学会副会长。1988年4月21日在杭州去世。著有《四一二事变点滴回忆》、《教导总队在南京保卫战中》、《四川綦江战干团惨案回忆》等。

**周家骐(1901—1973)**

海宁县人。著名体育家。自幼酷爱体育运动。1919年入上海南洋大学工程系预科学习，入选校田径队。铅球、铁饼两项，曾连续三次获得华东六大学比赛冠军。1924年大学毕业后留校任体育教师。1925年"五卅"运动后与蒋湘青、容启兆等发起成立江南大学体育协会，使大学体育摆脱外国人控制。同年参加乐华足球队，担任门将。1928年在史考托杯比赛中击败蝉联九届冠军的腊克斯队，开创中国队战胜西方队的先例。1929年起担任中华全国体育协进会干事，曾翻译、审订田径全能及足、篮、网、棒球运动规则达15种，公布后多年沿用。又奔走国内外，参与策划、组织全国分区赛、全国运动会、远东运动会及奥运会各种活动，并长期兼任中华足球会干事。后历任上海市体育会总干事、圣约翰大学体育主任、上海足球联合会总干事。中年以后胃病加深，工作时断时续。新中国成立后曾在上海市体委及徐汇网球场工作。著有《上海足球》。

**周祥生(1894—1974)**

原名锡杖、锡治、锡祥。定海县人。著名出租车经营企业家。出身贫寒，幼年丧父，12岁到上海谋生，做过家庭帮工、饭馆学徒、咖啡馆服务员。后任新礼查饭店领班。1919年向英商中央汽车公司买进日本产黑龙牌旧汽车一辆，雇佣司机，开始从事出租车业。1923年在武昌路创设祥生汽车行，有出租车六辆，自任总经理。由于善于经营，业务快速发展。1930年发起成立上海华商出租车同业公会，并任会长，领导华商汽车行摆脱由洋商操纵的华洋出租汽车联合会的控制。1932年车行改组为股份公司，任副董事长兼总经理。至1937年公司拥有分行22处，汽车230余辆，超过美商飞云公司，成为上海最大的出租汽车公司。抗战爆发后将职务委托乃弟周三元负责，赴西南公路管理局任职。1941年后到越南海防创设祥兴运输公司，转运物资，兼营卡车买卖，不久停业。次年回上海，先后开设祥生饭店、祥生广播电台、祥生建业公司，大多被选为总经理。1946年购置卡车、吉普车90多辆，创设祥生交通公司，任总经理。同时任上海市广播电台同业公会理事长，上海市参议员。1949年祥生交通公司闭歇。1974年在上海病故。

**周祥赓(1910—　)**

字光昭。镇海县人。19岁那年定居日本。在日本读完中学后考入日本东京法政大学经济科。毕业后在日本东京开办一家中国式的面食店。由于经营得法，生意兴隆，逐步扩展为现在东京颇有名气的高级上海料理交通大饭店。饭店业务的发展，使他成为在日本有一定政治影响和经济实力的华侨企业家。先后担任日本华侨金融协会顾问，日本永顺贸易株式会社社长，日本华侨观光事业公会副理事长，日本三江公所常务理事，东京华侨联合总会理事长、会长，东京中华学校董事，日本华商总会副理事长，世界华商总会副会长，日本宁波同乡会常务理事，国民党东京直属支部常务委员；并被台湾当局的"侨务委员会"聘为顾问。著有《日本留居四十年》、《食谱诗话》等。

**周继潆(1878—1933)**

字萍洄。临海县人。清末中举人。后赴日本留学，毕业于日本早稻田大学。1907年任临海教育会会长，兼官立台州府中学堂(今台州中学)监督。1913年初当选为中华民国第一届国会众议院议员。1914年初国会被袁世凯非法解散后回杭州任浙江省民政长公署秘书。1916年国会恢复后北上，继续任众议员。1917年国会被黎元洪再次解散，南下杭州，参与浙江省宪的制定。1921年6月16日浙江省宪法起草委员会成立，与阮性存、王正廷、褚辅成、袁荣兴、沈钧儒、何建章等七人担任主稿人。1922年国会再次复会，仍北上担任众议员。1923年夏拒绝直系军阀首领曹锟的贿选，南下上海，发表宣言讨伐贿选总统与议员。不久当选为浙江省议会议长，为制定浙江省宪法与浙江军政当局展开斗争，但归于失败。

**周骏彦(1872—1940)**

字枕琴。奉化县人。早年毕业于日本警监学校。回国后曾任奉化龙津学堂学监。1906年蒋介石到龙津学堂读书，因此成为蒋介石启蒙老师。1908年任宁波地方自治讲习所教习。1911年辛亥革命爆发后被推为奉化县主事，未就。不久东渡日本，入日本法政大学速成科。回国后任广东省高等审判厅书记长。后回宁波，任教于宁波法政学校。后任宁波商业学校校长。1924年加入国民党。同年6月应蒋介石之邀前往广州，任黄埔军校军需部主任。1925年2月任黄埔军校军需处处长，兼国民革命军第一军军需处长。同年冬调东江总指挥部经理处处长兼广东潮梅盐运副使。1927年初国民革命军东路军收复浙江后任浙江省财政委员会委员；7月任南京国民政府财政部兼两浙盐运使。1928年11月至1934年4月任浙江省政府委员。1930年任南京国民政府陆海空军司令部经理处处长。1930年12月至1934年3月兼浙江省财政厅长(1930年12月至1931年12月由王征莹代理)。1934年3月任陆军军需总监，不久改任军政部军需署长、军需署总监，授予陆军中将军衔。1940年7月31日去世。著有《校军东征情况》等。

**周梦白(1895—?)**

号锡庚。衢县人。浙江医药专科学校药科毕业，日本北里研究所药物化学研究员。抗战胜利后任第三区制药工业同业公会理事，上海市新药商业同业公会理事，上海市药师公会理事，卫生者药政设计委员会委员，中国特效药研究所监事，上海急救时疫医院第二院院长，中法药房厂务经理兼制药厂长，中法血清菌苗厂厂务董事，中法油脂制造厂厂务董事，中革制药公司人丹厂兼厂长。

**周符珉(1924—　)**

鄞县人。1924年生于天津。国立北洋大学化学工程系毕业。后分发到国民政府资源委员会中国石油公司东北炼油厂任甲种实习员。1948年5月调台湾糖业公司总爷糖厂任职。1951年调"中国石油公司"高雄炼油厂，先后任工程师、专案工程师。1971年调"中台化工公司"工程处处长。1973年担任建厂工程处处长。高雄厂建成后担任厂长。后任台橡公司副董事长。1995年由于他的极力主张，投资总额近1亿美元的申华公司丁苯橡胶项目落户江苏省南通市经济技术开发区，并兼任申华董事长。

**周象贤(1890—1961)**

字企虞。定海县人。自幼随父母迁居上海。上海南洋公学肄业。1910年与宋子文、胡适、赵元任等同赴美国留学，就读于麻省理工学院。毕业回国后随宋子文到汉冶萍公司任职，旋入北京大学任工科讲师。1922年1月任北洋政府内务部技正，兼扬子江水道讨论委员会所属技术委员会委员。1927年南京国民政府成立后南下，先后任庐山管理局局长、浙江沙田局局长、国民政府建设委员会水利处处长、浙江省钱塘江工程局局长。1928年11月至1930年8月任杭州市市长。1931年3月至7月任国民政府财政部参事。1933年1月任交通部扬子江水道委员会委员长。1934年8月至1937年12月第二次任杭州市市长。1934年12月起兼浙江省政府委员。在前两任杭州市长期内，将市内主要马路改为柏油路，用专利20年办法，由私营永华汽车公司建筑湖滨至灵隐的柏油路，行驶公共汽车。修浚西湖，开拓岳坟至灵隐的林荫道。扩充市民医院，增设传染病院，创办市立中学等。1945年9月至1948年10月第三次担任杭州市市长。期间从1946年5月起兼任浙江省政府委员。以杭州市参议会提案，请求将杭州改为直辖市，行政院批复"逐步扩充"。1949年3月携眷居香港，曾任南洋兄弟烟草公司董事，经营商业。后去台湾。1955年担任台北阳明山管理局第三任局长，并受舟山旅台同乡会邀请任名誉会长。

**周淡游(1882—1919)**

名声德，字淡游，号日宣，别署和尚。奉化县人。幼年就读于私塾，后就读于奉化凤麓学堂，与蒋介石同学。1904年中秀才。1906年赴日本，入东京警监学校，结识陈其美，转而结识孙中山，加入同盟会。1909年毕业归国后任凤麓学堂董事兼劝学所长，后任县警察局副董，曾两次参与调解宁海、奉化县界纠纷，平息械斗事件。1910年冬应陈其美之召赴上海，参与筹划江浙起义。1911年7月31日出席在上海召开的中国同盟会中部总会成立大会，被推为浙江分会的联络人；10月10日武昌起义爆发后在上海协助陈其美筹划上海光复及建立沪军都督府；11月5日浙江光复后任浙江军政府参议部参议。不久回上海任都督府军需官。1912年秋养病杭州，被聘为浙江都督府顾问。后出任金华县知事。1913年赴沪协助陈其美发动讨袁的"二次革命"，负责财务，失败后避往日本。1914年7月参加中华革命党。1915年11月与陈其美密谋组织敢死队刺杀上海镇守使郑汝成；12月参与肇和舰起义。1916年为宁波独立奔走，积劳而咯血。后因健康恶化，很少参加政治活动。1919年春奉孙中山之命至四川，协助四川省长杨庶堪管理财政。同年5月5日在成都病故。

**周越然(1885—1962)**

字之彦，号复安。吴兴县人。编辑家。1906年到上海求学。1908年起先后在苏州英文专修馆，江苏、安徽高等学堂执教。1913年到上海中国公学执教。1914年任中华书局编辑、商务印书馆英文编辑，帮助编辑《英文周刊》。期间编辑英文教材、讲义数十种，其中《英文模范读本》影响较大，为各大院校采用，共修订五六次，销行百万余册。藏书颇丰，以词曲小说为主，其中大部分被焚于"一·二八"战火之中。著有《书书书》、《六十回忆》、《英美文学要略》等。

**周彭赏(1896—1966)**

又名团风，字搏风。临海县人。南京陆军第四中学毕业后考入保定陆军学校第八期步兵科学习。1922年7月毕业后入北京陆军大学特别班第三期学习。毕业后于1925年赴广州，历任黄埔军校训练部教官、第五期入伍生队中校队长、入伍生第一团第三营营长。1926年参加北伐战争，历任国民革命军第二军第六师上校团长、师参谋长、少将副师长。1937年5月21日国民政府授予陆军少将军衔。抗日战争爆发后任第一战区暂编第六军副军长，军事委员会委员长开封行营副官处长，军事委员会办公厅中将高参。1946年5月任国防部联勤总部办公厅主任，后任第二后方补给区司令。1949年去台湾。1952年退役。1966年1月31日在台北去世。

**周联华(1920— )**

鄞县人。1920年生于上海。早年毕业于上海沪江大学，获商学学士学位。先后任职于国民政府粮食部会计处，中国兴业公司总稽核室，青年会全国协会学生干事，广西大学会计学讲师。1947年赴美国研修神学六年，获美南浸信会神学院哲学博士学位。1954年赴台湾，任职于台湾浸信会神学院，并担任凯歌堂与怀恩堂之牧师。1967年、1972年两度出国，在美国普林斯顿神学院做博士后研究，并任牛津大学神学研究学者。后任台湾世界展望会董事长和亚洲浸会神学院院长。曾为蒋介石、宋美龄之"御用牧师"，并主持过张学良夫人赵一荻的追思会。作为基督教牧师，致力于基督教的本地化，鼓吹四立运动——宣扬、经济、治理及思想之独立。著有《信仰之路》、《存在与信仰》、《如此我信》、《讲道法》等。

**周森沧(1921— )**

鄞县人。国立浙江大学机械工程系毕业后分发到贵州大定的发动机厂工作。后去丹麦哥本哈根工学院研究中小企业管理及发展。后去台湾，在"中国生产力中心"主持工业技术及贸易推广工作。1964年历任温彻司特公司副总经理。1966年担任"行政院国际经济合作发展委员会"下属"财团法人中华电脑中心"总经理。1975年当选为"中华民国电脑学会"理事长，负责推广电脑应用、训练电脑专业人才，主持台湾首次运用电脑处理台闽地区户口及住宅普查资料之工作。

**周　嵒(1895—1953)**

字奉璋。嵊县人。1895年12月26日生。早年先后就读于绍兴中学，浙江陆军小学堂，武昌陆军第二预备学校。1914年8月考入保定陆军军官学校第三期炮兵科。1916年12月毕业后分发到浙军服役，历任浙军第一师炮兵团见习官、排长，第二师炮兵第一连连长。1924年入北京陆军大学第七期深造，1927年夏毕业。1928年起先后任国民革命军第二十六军炮团团附、军部参谋处科长、第五团团长、第三十六团团长。1931年冬任第六师副师长。1933年3月任第六师师长，率所部参加了对中央苏区的第四、第五次"围剿"。1935年4月被授予陆军中将军衔。1936年任"讨逆军"第四集团军第四纵队指挥官。1937年8月奉命率第六师参加淞沪会战，占领蕰藻浜，在沈家宅和陈家药库至宝山一线，顽强抵抗日军。1938年8月任第七十五军军长，参加武汉会战。1939年1月任第三十一集团军副总司令；9月任第三十三集团军副总司令。1940年5月率第七十五军参加枣宜会战；7月任第二十六集团军总司令。1943年11月率领第二十六集团军参加常德会战。1945年8月任第六战区副司令长官。1946年2月任第六"绥靖"区司令官。1948年9月任第一"绥靖"区司令官，参加淮海战役。1949年1月任京沪警备副总司令；2月任浙江省政府主席兼浙江警备司令；5月初率领省政府撤退至舟山；11月因病请辞赴台湾。1950年4月任"总统府战略顾问"。1952年10月奉命退役。1953年7月22日在台北病故。1954年1月台湾当局追赠"陆军二级上将"。

**周善培(1875—1958)**

字致祥，号孝怀。诸暨县人。早年随父宦游入川。1894年到北京应甲午科北闱试，中式副榜。1897年中举人，因案改为附贡。1899年东渡日本，考察学校、警校、实业等，居四月返川。1901年奉命带20名学生赴日本留学，并聘回日本教习来成都开设私立东文学堂。不久赴泸州任川南经纬学堂教务长。1902年任四川警察学堂教员。不久赴粤，任两广总督衙门副总文案，后任总文案，兼广东将弁学堂监督。1903年应新任四川总督锡良之邀请回川任警察局总办。后任署理四川绵龙茂道道员、四川劝业道总办。1911年因参与四川保路运动，被清廷革职。1912年中华民国成立后以清朝遗老自居。1915年参与讨袁护国运动。1916年6月袁世凯败亡后担任黎元洪大总统的顾问。同年11月与李根源、谷钟秀、张耀曾、杨永泰等人在北京发起成立"政学会"。1922年春作为段祺瑞的代表南下广州撮合段祺瑞与张作霖、孙中山组成倒直"三角同盟"。1924年江浙战争爆发前夕与江苏绅士韩国钧、张一麟等奔走调停于江苏督办齐燮元与浙江督办卢永祥之间。1927年南京国民政府成立后潜心治学，不问政事。抗战初期在天津设电台，代表四川省主席刘湘对外联络。1949年作为特邀代表到北京出席中国人民政治协商会议，当选为全国政协委员，后任民生公司董事长、上海文史馆副馆长。1958年7月在上海病故。著有《易简义》、《周易杂卦正解》、《自订年谱手稿》及回忆录等。

**周煦龙(1904—1983)**

字际云。诸暨县人。1926年1月从黄埔军校第三期毕业。同年7月参加北伐战争，历任国民革命军排长、连长、营长等职。1927年南京国民政府成立后曾任中央教导团第一师团长。1937年抗日战争爆发后历任中央陆军军官学校第七分校(西安)学生总队长，第二战区司令长官部新兵补训处处长，福建长汀区专署保安副司令，甘肃林警总队总队长，新编第四师师长，第二一三师师长。1946年入陆军大学将官班乙级第三期学习。1948年4月毕业后任第一〇七军副军长兼师长，后升该军中将军长。1949年去台湾，先后任台北市海防司令，台北市警备司令部司令。1962年退役后移居美国。1983年春去世。

**周锦水(1890—1972)**

定海县人。机电工业企业家。出身贫寒，13岁到上海，在升大马车行学打铁，17岁到湖北汉口德商瑞生洋行机械部做工。1914年离开洋行，筹资在汉口自设锦记电料行，任经理。1917年又进德商开利洋行任职员。1926年自费去日本学习电机制造技术，回国后在汉口试制小型电动机获得成功。1930年应华生电机厂经理、同乡叶友才之邀在上海创办华成电器制造厂，任厂长。抗战爆发后华成厂内迁，途中损失4000多万元，在重庆重建华成，继续制造电机电器，支援抗战。抗战胜利后受国民政府委派返沪接管日资新华电器制造厂(今跃进电机厂)。同年以5.6亿法币购进该厂，改名华成电器制造厂，任厂长兼总经理，并主持恢复原华成厂，改名华成电器制造分厂。1956年华成总厂和分厂分立，分厂改名上海机床电器厂，任厂长。还曾任上海市第一、第二、第三、第四届政协委员，上海工商联执行委员等。

**周肇祥(1880—1954)**

字嵩灵，号养庵，又号无畏，别号退翁，室名宝觚楼。绍兴县人。清末举人，后就读于京师大学堂及法政学堂。1910年被任命为四川巡警道，未到任。不久改任奉天警务局总办。1911年任奉天劝业道；10月署理盐运使；后任警务局督办兼屯垦局局长。1912年中华民国成立后加入统一党，后转为进步党。1913年任京师警察总监。同年7月至9月署理山东盐运使。1915年12月被袁世凯授予上大夫加少卿衔。1917年7月至11月先后代理、署理湖南省省长；9月13日任湖南省财政厅厅长；11月被护法湘桂联军赶下台。1920年2月任奉天葫芦岛商埠督办，后任清史馆提调。1925年7月被中华民国临时执政段祺瑞委任为临时参政院参政。1926年退出政界。同年起任中国画学研究会会长，出版会刊《艺林旬刊》、《艺林月刊》。1926年9月至1928年2月任古物陈列所所长，呈文内务部请求在所内设立鉴定委员会，聘请中外文物鉴定专家对所内文物进行鉴定。古物陈列所鉴定委员会于1927年2月正式成立，随即拟定鉴定细则，对古物逐一鉴别，各职员随时记录，再根据记录编辑古物鉴定册。1931年"九一八"事变后在中南海成立北平市民众保护古物协会，自任主席，通电全国反对故宫文物南迁，被北平市当局秘密逮捕，10天后获释。晚年潜心金石书画，为京津画派领袖。曾任团城国学馆副馆长，东方绘画协会干事、委员。著有《东游日记》、《补正宋四家墨刻簿》、《山游访碑目》、《故都怀古诗》、《游山》、《鹿岩小记》、《石刻汇目》、《辽金元古德录》、《寿安山志》、《婆罗花树馆题记》、《辽文拾》、《辽金元官印考》、《虚字分类疏证》、《复辑录庄教馆金石目》、《宝觚楼金石目》、《宝觚楼杂记》、《重修画史汇传》、《画林劝鉴录》、《退翁墨录》等，主持编辑《古物陈列所书画目录》、《书画集》等。

**庞元济(1864—1949)**

字来臣,号虚斋。吴兴县人。实业家,书画收藏鉴赏家。南浔著名丝商庞云鍟次子。1880年补博士弟子,援例为刑部江西司郎中。因以巨资捐赈灾害,特赏举人,加候补四品京堂。1895年与丁丙合资30万两在杭州拱宸桥附近创办世经缫丝厂,创"西冷"牌商标。1896年又与丁丙在塘栖创办大纶丝厂。1897年又集资40余万两在杭州集资创办通益公纱厂,是浙江近代工业的开创者。1904年秋又在上海与人合资创办龙章造纸厂,引进美制造纸机等全套造纸设备,享受政府免税待遇,自任总经理,为造纸工业翘楚,直至抗战前夕转让给国民党建设委员会。1905年参与创办上海合众水火保险公司、浙江铁路公司,为大股东。1926年与周庆云等创办南浔汽机改良丝厂。此外继承父业在南浔经营庞滋德国药店、庞怡泰酱园;在上海投资中国银行和浙江兴业银行,收购洋商正广和汽水公司大量股票;在苏州投资纱厂和印染厂,在上海、南浔等地开设当铺、钱庄,并在苏州、上海及江苏的吴县、吴江,浙江的绍兴、萧山及原籍南浔拥有地产4000多亩。抗战爆发后寓居上海,不再从事实业。1949年3月在上海病故。嗜画善画,是著名的古画鉴赏家和收藏家,收藏之富闻名全国。著有《虚斋名画录》(16卷)、《续虚斋名画录》(4卷)、《中华历代名画志》(1册),另著有《名笔集胜》(5册)。

**庞左玉(1915—1969)**

女。又名庆昭,别号瑶草庐主。吴兴县人。1934年毕业于上海艺术专科学校,后师从郑曼青学习花卉,由学徐青滕、陈白阳入手,后来又得其伯父、著名收藏家庞虚斋的指导,临摹古画。加入中国女子书画会、中国画会。新中国成立后加入新中国画研究会,后任上海中国画院画师。擅画花卉、草虫,风神秀雅,笔致工整,吸取恽寿平、华喦的设色与写生技法。尝为搪瓷工艺品绘制画稿,很受群众欢迎。代表作有《迎春图》、《姐妹花开红半天》、《牵牛花》等。

**庞赞臣(1881—1951)**

名元浩,字赞臣,以字行。吴兴县人。实业家。丝商家庭出身,1905年中秀才。1921年任南浔镇商会首任会长,任期内筹资6万余元于1925年建造商会新会所。1922年1月参与创办浙江典业银行,为主要股东;1946年任该行总经理。1923年3月与南浔丝业公会会长庄骥千接待到南浔参观考察的美国丝业观光团。1923年至1928年主持重修南浔至旧馆间荻港。1925年任私立南浔中学副董事长(张静江任董事长),抗战胜利后代理董事长。1928年张静江任浙江省政府主席时受聘任财务顾问兼省政府首席参事。同年将原大纶丝厂改扩建为崇裕丝厂,任总经理。曾任上海龙章造纸厂总经理、重庆中央造纸厂总经理。1946年复办浙江典行银行,任总经理。1947年创办南浔医院。

**郑文礼(1892—1948)**

又名国本,字烈荪。东阳县人。1917年浙江法政专门学校毕业后入浙军担任文职秘书。1918年赴广东。1919年赴法国留学,先后在里昂大学、巴黎大学学习法律、政治与经济。1925年获巴黎大学法学博士后回国,任国立广东大学政治系教授。1926年暑假后任国民革命军东路军前敌总指挥部秘书。1927年"四一二"反革命政变前后在杭州组织杭州市总工会,并被任命为浙江省高等法院首席检察官。1928年到南京,代理法官训练所教务主任。1929年10月至1947年5月任浙江省高等法院院长,长达18年之久。期间还长期兼任浙江反省院院长。荐引东阳籍人士充任地方法官、检察官者百余人。1947年5月至1948年6月任江苏省高等法院院长。同年在上海去世。

**郑文易(生卒年不详)**

黄岩县人。早年曾任私立浙江法政专门学校教员。1910年12月被任命为云南昆明地方检察厅监察长。1913年1月至5月任浙江省高等监察长。1916年5月任浙江省钱塘道道尹。1916年12月至1921年任四川省高等审判厅厅长。著有《民事诉讼法》、《民事诉讼法》(二编)等。

**郑可鋆(1918— )**

吴兴县人。曾任国民党泰顺县政府主任秘书,杭县税捐征稽处处长。1949年去台湾后历任台中市税捐征稽处处长,台北市政府财政局副局长,高雄市财政局局长。1983年起任高雄市银行董事长。

**郑兰华(1895—1971)**

嘉兴县人。约1908年考入上海华童公学,接触同盟会革命思想。1915年保送入上海圣约翰大学。1919年毕业获理学学士学位后赴任长沙湘雅医学院任助教。次年转入长沙雅礼大学任化学系助教、讲师。1925年获美国洛克菲勒基金团奖学金,赴美国芝加哥大学进修理论化学。进修期间与哈金斯·杨共同研究以环上最大拉力法测定液体表面张力,发表有关测定之数据与方法论文，为《国际标准数据表》所采用。1926年毕业，获芝加哥大学化学硕士学位。同年回国后任长沙雅礼大学副教授。1935年起为中国科学社会员。后历任北京协和医学院研究助教，沈阳东北大学教授，南京中央大学副教授，南京金陵大学教授，上海医学院副教授兼上海同德医学院副教授，四川上海医学院教授、科主任兼重庆药专教授，重庆大学化学系教授、代理理学院院长，并兼任女子师范学院、测量学校、中央大学及四川教育学院等院校教授。重庆解放前夕任重庆大学护校委员会委员。新中国成立后加入九三学社并任重庆分社委员。先后任政务院文化教育委员会委员，重庆西南师院化学系教授、系主任、校务委员会委员，中国化学会重庆分会理事长、四川省分会理事长，全国化学会理事，中国化学工程学会会员，第三届全国人民代表大会代表。著有《实验普通化学》、《毒气战争中的防护和救治》、《火》、《无机化学教科书》，合编有《英汉化学新字典》等。

**郑　训(1914—1946)**

又名明训、祖训，笔名汪洋。温岭县人。1934年9月在宁波中学高中三年级读书时因参加进步学生运动，被校方以"言论失检"为由勒令退学。1936年考入北平师范大学中文系学习。1937年抗日战争爆发后依然决定加入抗日救亡队伍。赴延安，入抗日军政大学学习，结业后被组织安排到河南的新四军第四师工作。先后任第四师宣传股长、团政治部主任、《拂晓报》编辑、安徽省涡阳县青疃区区长。1946年9月在战斗中英勇牺牲。

**郑邦捷(1907—1961)**

字敏之，号仁杰。南田县人。幼年就读于珠山小学，后考入浙江省立第六师范学校。毕业后从事小学教育。1927年投入国民革命军第一军第三师。1928年北伐结束后任代理排长。不久军队缩编，被保送到南京中央军校第七期步科学习，并加入国民党。1929年毕业后历任国民革命军排长、连长、营长。1937年抗日战争爆发后任第五十七师营长、副团长，第十四师团长、副师长。1946年起任整编第十四师副师长、第十三军第四师师长。1949年1月傅作义接受中国共产党提出的和平解放北平条件，率部起义。第十三军军长石觉等乘机南逃，郑代理第十三军军长。参加起义，部队被改编为中国人民解放军第四十八军独立四十七师，郑被任命为第四十八军副军长兼独立四十七师师长。1954年转业回杭后任杭州市政协委员，民革杭州市委员会第一届委员、第二届常务委员，浙江省政协第二届委员。

**郑邦琨(1911—1981)**

平阳县人。税法学家。毕业于中央政治学校大学部财政系。1945年8月弃公职从事文化事业，先后在杭州市创办《当代晚报》，任发行人兼社长。1949年5月去台湾接办《自立晚报》，任发行人。1951年创办《税务旬刊》，任发行人。先后兼任东吴大学、中兴大学、政治大学会计研究所教授，讲授工商税法、比较税法、租税法概论及税法专题研究等课程。并担任上述各大学法律、财政及会计研究所暨台湾大学法律研究所硕士论文指导教授或口试委员。筹组成立"中国租税研究会"、"中国租税研究中心"。被邀担任"财政部"赋税研究小组和"行政院"美援会财政小组及赋税改革委员会委员、研究委员、咨询委员。后任"财政部"赋税法令研究审查委员会委员。著有《财政学》、《各国租税制度》、《租税法总论》、《租税法概要》、《中华民国税务法规大全》、《中华民国所得税法令全书》、《中华民国奖励投资法令汇编》等。

**郑在邦(1906—1932)**

三门县人。1927年投笔从戎，入国民革命军第一军，参加北伐战争。1928年6月入洛阳第二集团军军官学校学习。不久又考入黄埔军官学校第七期。毕业后任国民革命军第八十八师见习军官，先后升为中尉排长、连附。1932年"一·二八"淞沪抗战爆发后奉命随部队开赴前线抗日。同年2月29日在沪西孟家宅阵地上中弹牺牲。

**郑在常(1876—1916)**

字岱生，号复庐。余杭县人。曾任清度支部主事。长于文学，尤工书法。1904年参与创办杭州女学堂。次年12月经杭州教育会推举，任杭州女学堂外总理。1906年又被派办理杭州高等小学堂，同时仍兼杭州女学堂外总理。1907年禀准浙江省提学使立案，将杭州女学堂改为杭州女子师范学堂，并在该学堂内增设女子两等小学堂，续办保姆传习所，1911年又改称浙江官立女子师范学堂，仍任外总理。同年又与人合作创办杭州中等商业学堂(民国元年改称浙江公立中等商业学校)，并兼任校长。1912年浙江官立女子师范学堂改称浙江省立女子师范学校，被任命为校长，后辞去兼职，致力于女师校务。因办学成绩卓著，曾获北洋政府颁授五等嘉禾章。

**郑延禧(1878—?)**

字子俊。吴兴县人。早年毕业

于江苏省中西学堂法文科。1902年起先后任驻俄国公使馆翻译生、三等翻译官、二等通译官、三等参赞官。1914年任驻俄国公使馆一等秘书。1923年1月署理驻黑河领事，并任哈尔滨交涉员。1925年8月任驻苏联公使馆参事，后任临时代办。在临时代办任上负责处理张作霖派兵强行搜查苏联驻北京公使馆事件。1928年回国。1931年任南京国民政府外交部亚洲司科长。1932年8月署理中华民国驻台北(当时在日本殖民统治下)总领事。1934年1月代理驻黑河总领事；6月任驻黑河总领事。1936年2月回国。后不详。

**郑全山(1903—1999)**

又名有常。三门县人。广东大学哲学系毕业后考入黄埔军校第五期步科第一团学习。毕业后历任南京中央步兵学校教官，中央军校教导总队第二旅营长、副团长，陆军整理分处第五组副主任。1937年抗日战争爆发后先后任第四战区司令长官部新兵整训处专员，重庆中央训练团将校团少将主任教官。1941年在重庆慈云寺出家，法号清定法师。1943年在成都昭觉寺为僧。1947年至1949年在重庆成立金刚道场，任住持；后又到上海讲经，建立上海金刚道场，任住持，并兼南京宝华山住持。1955年9月被捕入狱。1975年12月释放，1985年平反。同年7月起担任昭觉寺僧方丈。曾任中国佛教协会常务理事，四川省佛教协会副会长，成都市佛教协会会长，成都市政协常委。1999年在成都病故。

**郑亦同(1904—1984)**

原名异，字亦同，以字行。乐清县人。1919年秋入浙江省立第十中学学习。1922年考入国立北京高等师范学校，在校期间加入国民党。1926年毕业后赴广州，任国民党中央组织部干事，不久奉派担任国民党江西省党务特派员。1927年任国民党浙江省党部常务委员。1928年初任驻日本中国留学生监督，兼国民党党务整理会主任委员。1930年被派往英国留学，在爱丁堡大学攻读市政学。1933年回国后任江苏省政府主任秘书，并主持编辑《政治评论》。1935年7月至1937年11月任江苏省政府委员；11月当选为国民党第五届候补中央执行委员，并任中央政治学校教师。1937年抗战爆发后先后任军事委员会第六部苏州办事处主任，国民党中央组织部驻上海代表。1945年5月当选为国民党第六届候补中央执行委员。同月出任驻澳大利亚公使。1946年6月任中国驻伊朗王国大使兼中国驻德黑兰国际法庭代表。1949年8月从伊朗弃职去台湾。1950年移居新加坡，改名郑衍通，在新加坡城中正中学执教，后任南洋大学国学教授兼图书馆馆长，后又兼任训导长，直至1971年退休。1979年赴台就医。1984年6月1日在台北去世。著有《周易探原》。

**郑志澜(1892—?)**

字玩涛。嵊县人。1916年12月毕业于保定陆军军官学校第三期步兵科。曾任南京中央军校战术教官，国民革命军陆军补充第六师参谋长、副师长。1935年5月被国民政府授予陆军少将。1946年7月退役。

**郑克天(1910—1989)**

原名有则。三门县人。高僧清定法师(俗名郑全山)之弟。曾任南京国民政府运输统计局上校科长，国防部会计处预算组少将组长。1948年4月任第十七"绥靖"区司令部少将处长。新中国成立后定居内蒙古。1987年受清定法师的影响，到四川省成都市昭觉寺皈依佛门，法名清惠。1989年4月17日圆寂。

**郑良裕(生卒年不详)**

镇海县人。航运商。上海某洋布店学徒出身，后自设通裕洋布号。1883年设扎花厂于上海新闸路，两三年后在扎花厂原址创设通裕铁厂，制造内河小火轮，陆续有厝春申、大吉、大利等多艘船只投入上海、无锡、苏州、常熟等航线。1895年后任英商公茂纱厂买办。1900年其通裕铁厂改为公茂船厂，自设老公茂航运局，后又组设通裕、平安、宝华(后并入平安)轮船公司，置有平安、新平安、宝华、新宝华、大华、平阳、康泰等轮船，经营内河、长江、沿海航线。1912年公茂船厂迁浦东，拥有多座船台、船坞、拖轮、驳轮、挖泥船等船舶及机械设备。第一次世界大战后曾建造多艘2000吨远洋轮。1927年改名公茂机器造船厂，逐渐成为上海规模最大的民营船厂之一。

**郑　纲(1905—1978)**

原名高领。宁海县人。黄埔军校第五期步兵科毕业。中央军官训练团党政班第八期、战干团东南特训班第二期结业。历任国民革命军第一师排长、连长，教导第二师交通队长，国民革命军总司令部兵站总监部第十二分站少校督导，军政部驻衢州办事处运输处处长，第十交通辎重兵团副团长、上校团长，军政部少将部员。1945年抗日战争胜利后任联勤总部汉口第二补给区少将交通处长。1946年7月退役后任浙江永嘉县警察局长。1949年5月率部投诚。新中国成立后返乡定居。

**郑苹如(1918—1940)**

女。兰溪县人。中日混血儿,上海名媛。其父是上海高级法官,母亲郑华君(汉名)虽为日本人,却对日本军阀侵华行径十分不满,多有愤言,子女们受其影响很深。1932年"一·二八"上海抗战爆发后郑家全体投入抗日救亡运动,14岁便与姐姐一齐跑到浦东乡间进行抗日宣传。1937年当时正在上海法政学院就读的郑的头像登在上海《良友》画报封面,引起国民党中统驻上海头目陈宝骅的注意,遂设法将其拉入中统,成为中统在上海最有价值的女特工。她最初的任务是搜集日本情报。同年11月上海沦陷后郑家继续留居上海,她凭借母亲日本人的关系和熟练的交际能力,周旋于日军高级将领和汉奸大员中,获取了许多重要情报。1938年岁末探听到国民党副总裁、国民参政会议长汪精卫准备叛逃越南河内并将发表叛国投敌"艳电"的情报,但未引起重庆国民党当局的重视。1939年春其未婚夫、国民政府空军军官王汉勋写信约她去香港结婚。国难当头,郑决定推迟婚约,两人相约抗战胜利后再步入婚礼殿堂。同年底奉中统命令,参与暗杀臭名昭著的日伪特务头子丁默邨,因暴露身份而被捕。在狱中忍受各种酷刑,拒不招供。1940年2月被汪伪特务秘密枪杀于沪西中山路旁的一片荒地。1945年10月6日著名作家郑振铎在上海《周报》发表题为《一个女间谍》的文章,以示追悼。

**郑明德(1925—1942)**

女。原名爱珠。平阳县人。父亲是中共平阳县委书记郑海啸。1937年抗日战争爆发后积极参加抗日救亡工作,参加抗日宣传队活动,教歌、演讲、搞义卖、办妇女识字班,各项工作都很出色。1938年春响应中共平阳县委的号召,发动群众赶做军鞋。1940年当白色恐怖笼罩浙南游击根据地的时候,毅然离家参加革命队伍。1941年3月加入中国共产党,不久被组织安排到斗争最激烈的平西区工作;7月16日在转移到瑞安公阳地方时被国民党顽军发觉,腿部中弹,落入敌人魔爪。先被押到瑞安,后押解到平阳。1942年6月27日英勇就义。人们称赞她是"浙南刘胡兰"。

**郑育英(1904—1966)**

字小波。三门县人。黄埔军校第五期政治科毕业。毕业后历任国民革命军排长、连长、营长,军训部中校科长、上校秘书,野战补充团上校团长,中央军校第十七期政治科上校主任教官。1943年11月任中央警官学校政治部少将主任,兼警校政治总教官。1945年后改任中央警官学校政训处长、代理教育长,第十七"绥靖"区司令部第四处(交通勤务处)少将处长,海军总司令部少将部员。1949年春曾策动旧属起义。新中国成立后曾任中央人民政府公安部参事,公安干校教员。

**郑定邦(1907—?)**

吴兴县人。1907年生于江苏吴县。早年就读于江苏省立苏州工业专科学校建筑工程系。1927年秋考入国立中山大学建筑工程系。1931年春毕业,获工学学士学位。1933年10月起在南京执建筑师业务。1946年初赴台湾,初在台湾行政长官公署民政处任技正;7月改任台湾行政长官公署营建局技正兼科长。在参与接收台湾的过程中负责将台北街道名从日本名改为中国名。将一张中国地图盖在台北地图上,中轴线对准中山南北路,再将地图上的中国地名填上台北街道。新的街道名和其在中国的地理位置相对应。1947年7月后仍任建筑师。1959年当选为"中华民国建筑学会"第一届常务理事。1965年当选为"中华民国建筑学会"第二届常务理事兼秘书长。1970年任台北建筑技师公会理事长。著有《建筑构造材料与方法》、《台湾传统民居建筑》等。

**郑钟泮(生卒年不详)**

镇海县人。文具制造商。初入上海德商利康洋行任职,不久入美商协隆洋行。1917年创设公盛印刷材料行。1924年又创办公盛机器厂,专制各种印刷机器,业务蒸蒸日上。后以进口印刷油墨上涨,华商印刷企业深受影响,遂于1930年创办公盛油墨厂,专造印刷五彩油墨。1931年又创办公盛凡立水厂,专造印刷用凡立水。后又创办公盛铜铁厂和印刷厂,铜铁厂专造各种文具仪器及学校用具,形成具有一定规模的公盛印刷企业系统。

**郑炳庚(1901—1980)**

字焕平。青田县人。早年先后就读于青田小学、杭州三才中学及杭州体育专门学校,后入浙江省立医药专门学校肄业两年。1923年入东路讨贼军到福建参与讨伐陈炯明的战争。1924年5月考入黄埔军校第一期。1926年"中山舰事件"后被任命为海军局政治部宣传科科长,后任该部秘书。北伐开始后任国民革命军第一军第二十一师政治部主任。1927年春奉命组织黄埔同学会浙江分会,兼负责人。1928年1月当选为国民党浙江省党部执行委员。1929年3月任黄埔同学会监察委员。1935年4月任训练总监部浙江省军事训练委员会主任委员。

1936年5月任军事委员会委员长武昌行营政训处处长。同年秋任军事委员会委员长广州行营政训处处长、代理行营第二厅厅长。1937年任中央军校政治部主任。1939年11月25日被授予陆军少将军衔。1940年春任第九战区司令长官部政治部中将主任。1944年任军政部中将部附兼国民党特种党部书记长。1945年8月入陆军大学将官班甲级第三期受训,11月毕业,12月任衢州"绥靖"公署秘书长。1947年11月被授予陆军中将。1948年3月当选为"行宪"国民大会代表。后调任陆军总司令中将高参、国防部中将参谋等职。1949年去台湾。1950年初任"政治部设计指导委员会"委员。1951年夏任"国防大学"政治部中将主任。1955年初任"国防部总政治作战部"副主任;9月任"国防会议国防计划局"副局长。1966年退役后专任"国大代表"。1980年3月15日在台北去世。台湾出版有《黄埔一期郑炳庚中将纪念集》。

**郑炳垣(1884—1946)**

谱名声远,字佐平。青田县人。早年先后毕业于南京江南陆师学堂、保定陆军速成学堂。同盟会会员。1911年参加浙江光复之役。民国成立后历任浙江陆军第一师统带、营长、团长、参谋官。1923年赴广东,任广东东路讨贼军第四团团长,旋升旅长。1925年7月任黄埔军校第三期中校技术教官。1926年任国民革命军驻上海招生主任。同年6月北伐战争开始后任国民革命军第六军第十九师师长。1927年8月任南京国民政府军事委员会高参,后兼俘虏管理处处长。1928年6月1日被聘为江苏省国术分馆董事。1929年后任南京中央军校教官、中央陆军步兵学校少将研究委员。同年9月任浙江省国术馆副馆长,后任馆长;11月16日杭州举行全国性的国术游艺大会,任大会副会长。1930年12月辞职返回上海闲居,以拳术读书自娱。1937年抗日战争爆发后返回青田故里,曾任青田县抗日运动委员会副主任。1946年赴温州,4月23日在永嘉寓所去世。

**郑济时(1901—?)**

字有行,学名济时,号生民。三门县人。黄埔军校第五期步兵科毕业。1933年任国民革命军第二师团长时参加著名的长城抗战。生平经历不详。刘健群所撰《珠庭先生行略》称郑济时"历年致力革命,百战身经,剿匪抗日实多劳绩"。

**郑祖纬(1908—1932)**

字地生,号仙华山民。金华县人。18岁肄业于浙江美术专门学校,曾投身北伐。20岁考入杭州国立艺术院(后名杭州艺术专科学校),得潘天寿、林风眠指授,艺事猛进。曾于1932年任杭州国立艺术院暑期班教师,并总揽教务。绘画近师潘天寿,远师石涛、朱耷、徐渭、吴昌硕,能自出新意,山水、人物、花卉、翎毛无一不工,尤长于人物,所作苍劲古逸,笔力遒健,着墨豪放,布局雄奇变幻。亦善诗词、书法,间作油画、素描,均自具风格。尤喜以社会现实景物入画,题以诗跋或长款,别具新意。所作汇集为《郑祖纬遗作集》、《郑祖纬画集》,林风眠为之作序。

**郑　昶(1894—1952)**

字午昌,号弱龛,别署且以居士、丝鬓散人。嵊县人。画家、美术史家。毕业于杭州府中学堂,曾任中华书局美术部主任,首创汉文正楷字模,创办汉文正楷印书局,任总经理。历任上海美专、杭州国立艺专、新华艺专、苏州美专等校国画系教授。曾组织或参与蜜蜂画社、中国画会、寒之友社等艺术团体,任中国画会常务理事。又以鹿胎仙馆名义,召集有志治艺之青年研究国画,成才者数十人。山水、花卉、仕女,不拘一格,尤工山水,兼擅花果,善画杨柳。所作诗词,亦清新可诵。致力于研究画史画理,造诣精深,著有《中国美术史》、《中国画学全史》、《中国壁画史》、《石涛画语录释义》、《中国壁画历史研究》、《画馀百绝》等,作品出版有《郑午昌山水十二幅》、《杜陵诗意画册》、《梦窗词意画册》等画集。

**郑振铎(1898—1958)**

祖籍福建长乐,1898年12月19日生于浙江永嘉。1917年夏到北京铁路管理学校(今北京交通大学)求学。1919年11月与瞿秋白、耿济之、许地山等人一起创办了《新社会》旬刊,提倡社会改造。1920年11月与沈雁冰、叶绍钧等人发起成立文学研究会。1921年春从铁路学校毕业,到上海工作。不久担任《学灯》(上海《时事新报》副刊)编辑,又由沈雁冰介绍进商务印书馆编译所工作。同年5月10日文学研究会机关报《文学旬刊》创刊,担任主编。同时开始主编出版《文学研究会丛书》,还参与创刊了《戏剧》月刊、《诗》月刊等。1922年1月主编中国第一个儿童文学刊物《儿童世界》周刊,并写作了许多作品,为中国现代儿童文学事业起了开山作用。1923年1月接替沈雁冰主编《小说月报》。1925年"五卅"惨案发生后与叶绍钧、胡愈之等创办《公理日报》。同年参加发起"中国济难会",并与郭沫若、沈雁冰、胡愈之等人签名发表《人权保障宣言》。1927年2月与叶绍钧、胡愈之等人发起成立“上海著作人公会”;“四一二”政变后与胡愈之等人致信国民党当局,强烈抗议军队屠杀平民的暴行;5月乘船到欧洲避难和游学。在法、英等国家图书馆里遍读有关中国古代小说、戏曲、变文等书籍,并研究了希腊罗马文学。译著有《民俗学概论》、《民俗学浅说》、《近百年古城古墓发掘史》等专著,创作有短篇小说集《家庭的故事》中的大部分作品。1928年10月又回到上海,参加发起“中国著作者协会”,并任执行委员。1931年秋去北平任燕京大学和清华大学两校中文系教授。1932年其插图本《中国文学史》出版,此书图文并茂、史料丰富、眼界宽阔,充分肯定了民间文学在文学史上的地位。还参与主编了著名的大型文学刊物《文学》、《文学季刊》等。1935年春到上海任暨南大学文学院院长兼中文系主任。此后主编了大型文学丛刊《世界文库》,组织许多著名作家、翻译家、学者,系统介绍中外古典文学名著。在这前后参加《中国新文学大系》的编选工作,与鲁迅合作编选《北平笺谱》、《十竹斋笺谱》,协助鲁迅编选出版瞿秋白遗著《海上述林》。同年底参加“上海文化界救国会”。1936年6月“中国文艺家协会”成立,被选为理事。抗日战争爆发后参与发起“上海文化界救亡协会”和创办《救亡日报》等。上海沦陷前后为国家抢救了大量珍贵的文献古籍,并编选影印了《中国版画史图录》、《玄览堂丛书》、《明季史料丛书》等。1938年《中国俗文学史》出版,此书代表当时国内这方面研究的最高水平。抗战胜利后为中华全国文艺界抗敌协会上海分会负责人,并参与发起组织“中国民主促进会”。1949年7月参加中华全国文学艺术工作者第一次代表大会,被选为中国文学艺术界联合会和中国文学工作者协会(后改名为作协)常务委员。新中国成立后先后担任文物局局长、考古研究所所长、文学研究所所长、中国科学院学部委员、文化部副部长,以及中国民间文艺研究会副主席、中国曲艺工作者协会理事等职。编著有《伟大的艺术传统图录》、《中国古代版画史略》等,并主编有《古本戏曲丛刊》、《中国古代版画丛刊》等。1958年10月18日在率领中国文化代表团出国访问途中,因飞机失事殉难。

**郑晓沧(1892—1979)**

名宗海,字晓沧,号粟庐。海宁县人。1912年毕业于浙江高等学堂。1914年毕业于北京清华学校文科。后赴美留学,先后在美国威斯康辛大学和哥伦比亚大学攻读教育学,分别获得教育学学士、博士学位。1918年归国后任南京高等师范学校及国立东南大学教育学教授、中央大学教育学院院长。1928年起一直执教于浙江大学,并创办教育系,历任教育系主任、龙泉分校主任、师范学院院长、教务长、研究院院长、代理校长等职。新中国成立后任第二届全国政协特邀代表、第三至第五届全国政协委员,浙江省政协常委,浙江省文史资料研究委员会委员。1952年院系调整后历任浙江大学、浙江师范学院、杭州大学教授。1962年任浙江师范学院院长。1964年任杭州大学顾问。曾任浙江省教育学会名誉会长,中国民主促进会中央委员,中国民主促进会浙江省委常务委员。学识渊博,治学严谨,在教育学、教育史领域成果丰厚,对中西文学也有较深造诣。著有《教育概论》、《教育原理》、《英美教育书报指南》、《修学指导》、《初级中学之职能》、《新时代的黎明》、《英国文学史纲要》、《中国插图教科书溯源》、《中国具有教育意义书籍附用绘图之历史的研究》等专著,诗集《流离集》;编译有《予之教育信条》、《儿童与教材》、《人生教育》、《设计组织小学课程论》、《教育之科学的研究》、《修学效能增进法》、《东方白》等。

**郑 钺(1876—1941)**

谱名柏荫,字英伯。兰溪县人。当地大族,明朝灭亡以后郑氏家族具有强烈的反清意识,至清末无一人参加科举考试。1906年留学日本,初入岩仓铁道学校就读。后获日本大学法学学士学位(一说日本法政大学毕业)。在日本留学期间加入同盟会,并与日本女子木村花子(后取汉名郑华君)结婚。1917年从日本回国。1919年应于右任召任陕西靖国军总司令部一等秘书兼军法处处长。1928年起历任南京国民政府法官惩戒委员会秘书处机要科科长、江苏高等法院第二特区分院(即上海法租界法院)首席检察官,执法刚正,为官清廉,一生不积私产。1937年11月上海沦陷后租界留守孤岛坚持执法。1938年2月又兼任最高法院上海特区分院检察官,与郁华、钱鸿业等爱国司法人员同侵华日军及汉奸败类抗争。后受命主持留沪司法人员内迁,本人则以养病为名,蜗居家中,暗中主持一架电台与重庆最高法院互通情报。其长女郑苹如加入国民党中统后曾获指令,所获情报一般交中统嵇希宗发出,如遇紧急情况,可向其父表明身份利用该电台拍发。日伪当局千方百计拉其担任伪政权的司法部长,但遭到严词拒绝。1939年底长女郑苹如参与中统暗杀日伪汉奸特务头子丁默邨的行动失败后,被日伪逮捕。在长女郑苹如牺牲后，于1941年初抱恨而终。

**郑海澄(1916—1944)**

兰溪县人。1916年10月28日生。郑钺之子。1936年与弟弟郑南阳联袂赴日本留学，进名古屋飞行学校学习飞行。三个月后在掌握了一些简单的飞行原理和操作后，于同年12月毕业。之后留在日本继续深造。1937年7月卢沟桥事变爆发后决心回国参加抗战，保卫祖国。但日本政府严禁中国留学生回国，尤其是学习飞行人员更被严格控制起来，后在母亲木村花子和亲戚帮忙下于10月初回到上海。1938年原在杭州笕桥的中央航空学校迁到云南昆明，易名为空军军官学校。新婚不久后经香港，转道昆明，考取空军军官学校第十一期。但因家庭背景，直到1941年才被批准进入空军军官学校第十一期驱逐机科学习。毕业后先后在国民政府空军第二十六中队、第三大队第三十二中队、空军第四大队第二十四中队担任飞行员，多次执行重要任务，升至空军中尉三级。1944年1月19日在保卫重庆的空战中牺牲。

**郑润昌(1912— )**

字萍若。江山县人。财经专家。1936年7月毕业于国立北京清华大学经济学系。历任福建省政府统计处经济统计科科长、专员，福建省银行总管理处经济研究室研究员兼副主任，福建区直接税管理局督导室主任督导，福建学院经济学系及银行工商管理系副教授，浙江省政府设计考核委员会设计委员兼资料室主任。1951年1月在浙江省参加民革，任浙江省工矿厅企划室统计组组长。后改在轻工业厅计划处任职。著有《货币概论》、《财政学概述》、《浙江省经济鸟瞰和建设计划概况》、《福建十年》(与人合著)等，译著有《金之将来》等。

**郑野夫(1909—1973)**

原名育英、毓英，又名绍虔，字诚之，20世纪30年代初曾以EF(野夫)为笔名，后遂以之行世。乐清县人。幼时自学绘画，1931年毕业于上海美术专科学校。曾和江丰等在上海组织“铁马版画会”。在浙江丽水与金逢孙等创设木刻用品供应社，后发展为中国木刻用品合作厂，除在江西、福建、上海等地生产木刻刀具外，还多次举办木刻函授班。先后参加一八艺社、春地画会、野风画会、上海绘画研究会、上海木刻工作者协会、中国左翼美术家联盟等。新中国成立后历任杭州中央美术学院华东分院秘书、创作教员、总务长，中国幻灯公司上海制造厂厂长，中华全国美协常委，展览部负责人，中国美术家协会第一届副秘书长，中国美术馆研究保管部干部。曾与江丰等筹办中央工艺美术学院。出版有《木合》、《木刻艺术》、《点缀集》。

**郑曼青(1902—1975)**

原名岳，字曼青，自号莲父，别署玉井山人，又号曼髯，以字行。永嘉县人。少从汪香禅习画。1917年至杭州，结识沈曾植、马一浮、经亨颐、楼辛壶等，相与研论书画诗文。1920年至北京，任教于郁文大学，与郑苏戡、陈师曾、王梦白等相交。1926年从宋幼庵习医。1928年执教于国立暨南大学，又任上海美专国画科主任。1931年与黄宾虹等创办中国文艺学院，任副院长。1932年起摈除俗务，专从钱名山攻经学，又习太极拳，颇多创获。1934年出任中央军校拳击教师。1939年任湖南省政府咨议兼省国术馆馆长。次年转往重庆，任教于中央训练团。1946年任制宪国大代表。1947年当选为中医公会国大代表。曾任全国中医公会理事长、湖南省国术馆馆长。1949年赴台，与于右任、陈含光等结诗社，又与马寿华、陶芸楼、陈方、张谷年、刘延涛、高逸鸿等成立七友书画会。并参与发起建立中华民国画学会，当选为理事兼国画委员会主委，又任中国文化学院华冈教授、中华文化复兴运动委员会纽约分会艺术组负责人，先后多次在国内外举行个人画展。在台期间又创立时中拳社，传授拳术。1965年客居美国纽约，创办太极拳学社，广授生徒，直接间接从学研习者不下数万人。由于擅诗、书、画、拳、医五长，故被赞为“一代奇才”。擅长中医及太极拳，精于病理，尤于妇科、骨科别有心得。著有《玉井草堂诗集》、《郑曼青书画集》、《唐诗针度》、《曼青词选》、《曼青写意》、《曼髯三论》、《女科新法》、《谈癌八要》、《骨科精微》、《郑子太极拳十三篇》、《老子易知解》、《学庸新解》、《人文浅说》、《论语释旨》和《易全》等。

**郑崇兰(1893—1974)**

原籍浙江鄞县，生于上海。早年做过底层职员，青年时代学习摄影技术，并于1923年开设汇山照相馆。1927年入上海天一影片公司，任摄影师，拍摄的主要影片有《女律师》、《白蛇传》等。之后相继在大中华百合影片公司拍摄多部影片。1947年研制成功我国第一架35mm电动有声电影摄影机。后在昆仑影片公司又首次用国产摄影机拍摄了故事片《一江春水向东流》。1956年被任命为上海电影机械厂副厂长，主管该厂技术工作。曾是中国电影工作者联谊会第一、第二届理事。

1960 年曾出席第三次全国文学艺术代表大会。

**郑　秾(1894—1933)**

原名桂山。青田县人。小学文化,练过武术,年轻时到上海做苦工。1914 年由法国政府招募去法国挖战壕。1917 年至俄国参加红军,并加入中国共产党。1923 年退伍回国。1927 年赴苏联东方大学学习。1928 年回到青田务农。1930 年 5 月 15 日在青田县罗溪组织 20 多人,参加中国工农红军第十三军第一团,攻克平阳县城。同年秋攻打黄岩县乌岩镇失利。红十三军失败后于 1931 年初定居兰溪县孟湖乡包郎殿村,以行医、教拳为掩护,深入兰溪、龙游、汤溪、寿昌等县农村,向农民宣传革命道理,秘密发展红军 1500 多人。1932 年春宣布成立中国工农红军第十三军第二师,自任师长。在兰溪县西乡组织农民开展"二五"减租。1933 年 7 月在龙游县大宇殿召开龙游、兰溪、汤溪、寿昌县红二师骨干会议,计划在农历九月十九乘三叠岩庙会之际会合各处红军举行武装暴动;10 月 30 日在龙游县彭塘村召开红二师骨干紧急会议,检查武装暴动准备情况时因内奸告密,当晚在桥头江渡口被捕;12 月 15 日在龙游县西门外就义。1982 年 4 月 2 日被浙江省人民政府追认为革命烈士。

**郑竟成(1913—1942)**

原名学就,化名老毛。平阳县人。幼年读了两年私塾。13 岁起在当地一家中药店当了两年学徒,后回家参加农业劳动,夜间去凤林拳馆学武术。1933 年参加中国共产党领导的凤林赤卫队。1935 年加入中国共产党。1937 年任中共平南区委书记。同年 3 月从平南回到县委机关,随同省委机关一起活动,在危急时刻掩护中共闽浙边临时省委书记刘英和省委机关人员安全转移。1939 年 5 月任中共青景丽县委书记;7 月 21 日至 30 日列席中共浙江省第一次代表大会。1940 年 10 月被任为中共青景丽县特派员。1942 年 5 月浙南特委机关从温州纸山转移到青景丽地区后,随浙闽边区机关活动。同年 10 月由于反动分子告密,被国民党自卫队抓捕。在狱中受尽各种酷刑,大义凛然,坚贞不屈,后被国民党反动派押到水头街,杀害于五龙岱。

**郑　奠(1896—1968)**

字石君,又字介石。诸暨县人。1915 年考入北京大学中国文学系,师承黄侃、钱玄同。1920 年毕业后曾任北京大学中国文学系教授、北京师范大学文学系主任、浙江大学中国文学系教授兼系主任、浙江大学中国文学研究所主任和研究生导师。新中国成立后任浙江省文学艺术界联合会副主席,浙江师范学院教授,中国科学院语言研究所研究员兼汉语史研究组副组长、语言研究所学术委员会委员、《语言研究》杂志编辑委员。主要从事古汉语和现代汉语的语法、修辞研究。主要著作有《中国修辞学研究法》,合编有《古汉语语法学资料汇编》、《古汉语修辞学资料汇编》。

**郑尊法(1899—1970)**

又名郑玉川。镇海县人。上海民生墨水厂创始人,中国墨水工业开拓者。1917 年浙江省立第四中学毕业后去日本,先入东京东亚预备学校学习日语,次年入东京高等工业学校读化学。1923 年毕业后回国,进上海商务印书馆编译所任编辑。1924 年邀集同乡梅汀苏等集资创办墨水厂,厂名定为民生工厂,任厂长并负责墨水制造。1931 年创办上海光华工艺厂,后又投资大用金笔厂、华丰钢铁厂、联文食品厂等企业,并兼任经理。太平洋战争爆发后民生墨水厂曾一度处于停产半停产状态。1946 年复业,出任经理,努力提高质量,增加花色品种,使民生工厂在与美国派克等墨水的竞争中得到发展,1948 年产量达 25 万打的最高水平;1956 年工厂实行公司合营,任厂长。1952 年加入中国民主建国会,曾先后任上海嵩山区、卢湾区人民代表,卢湾区人民委员会委员、区工商联常委、同业公会区行业委员会主任委员等。1970 年在上海病故。

**郑嘉治(1916—1973)**

化名赵德华、陈国祥,笔名朱惠、林静、邓吉等。乐清县人。1937 年 10 月参加永嘉战时青年服务团,任秘书长。同年加入中国共产党。1938 年 3 月任中共温州市委青年部部长;8 月任中华民族解放先锋队浙江临时队副队长,并去延安出席全国青年工作会议。1939 年 3 月回到浙江,先后任中共浙江省青年运动委员会主任、中共台(州)属特委会组织部长、台(州)北特派员,出席中共浙江省第一次代表大会。1942 年中共浙江省委机关在温州被国民党破坏后协助组织处理善后事宜。1943 年 4 月任中共浙东区委组织部组织科长;8 月代表浙东区党委前往金(华)兰(溪)地区协助工作。1944 年 2 月被任命为中共诸(暨)义(乌)东(阳)县委书记;2 月 5 日在前往上任途中被国民党逮捕。1946 年 3 月经保释出狱。新中国成立后曾任温州新华书店经理、浙江人民出版社副社长、中华书局上海编辑所编辑、译文出版社编辑等职,从事文学翻译与图书出版工作。1973年12月去世。

**郑鹤声(1901—1989)**

诸暨县人。早年毕业于浙江省立第一中学。1920年考入南京高等师范学堂文史地部(次年并入国立东南大学),受学于柳诒征、竺可桢。1925年毕业后先后任教于云南高等师范、东陆大学。1929年任南京国民政府教育部编审处编审、教育部编译馆专任编译兼人文组主任、国史馆纂修兼史料处处长。并兼课于中央政治学校、中央大学,讲授中国近代史和中国史部目录学。新中国成立后任中国科学院近代史研究所研究员,1951年至青岛,任教于山东大学,历任历史系教授、中国近代史教研室主任、中西交通史研究室名誉主任、校学术委员会委员等职。1958年随山东大学迁往济南。曾任政协山东省第二至第五届委员会委员,山东省地方史志编纂委员会委员。出版和发表著述160余种、2000余万字,主要著作有《中国近世史》、《近世中西史日对照表》、《中华民国建国史》、《汉隋间之史学》、《中国史部目录学》、《中国文献学概要》、《司马迁年谱》、《班固年谱》、《杜佑年谱》、《袁枢年谱》、《郑和》、《郑和遗事汇编》、《郑和下西洋资料汇编》(与其子郑一钧合撰)、《十四至十七世纪中国与海外诸国关系史料》等。

**郑覆他(1904—1928)**

原名福泰,化名陈富英。诸暨县人。1918年诸暨中区完小毕业。1922年到杭州武林印刷厂当排字工人。1924年初到上海,在《上海商报》做排字工,并在上海书店兼职,秘密参与发行《向导》等进步报刊。同年冬参加中国共产党。1925年2月任上海印刷工人联合会总务科长,积极发动上海印刷工人开展反帝斗争;8月参与领导由沈雁冰、陈云等发动的商务印书馆第一次工人大罢工;10月任中共上海区委闸北部委组织委员;12月再次领导商务印书馆工人大罢工。1926年4月任中共上海区委委员、上海邮电总工会负责人、上海区委职工运动委员会委员兼上海市总工会执行委员,积极参与并组织上海三次工人武装起义。在第一次武装起义时因发动发电工人罢工被捕。不久被选为上海总工会常务委员兼组织部长。1927年1月参加上海总工会主席团;2月10日在参加总工会会议时又遭逮捕。经营救后获释,继续参与第三次上海工人武装起义的组织和领导工作。武装起义胜利后任上海市政总工会委员长,领导会员近15万人。"四一二"反革命政变后被国民党反动派通缉。同年4月22日以上海地区代表身份,秘密潜赴汉口出席中共第五次全国代表大会和第四次全国劳动代表大会,并在第四次全国劳动代表大会闭幕式上作了题为《反对法西斯主义及对法西斯工会斗争决议案》的报告,当选为中华全国总工会第四届执行委员、常务委员;7月返回上海,参加中共江苏省委工作,负责职工部,后改任职工运动委员会主任;11月任中共江苏省委常委、省委职工运动委员会副主任。在党和工会组织不断遭到破坏,大批共产党和工人领袖屡遭杀害的恶劣环境中,挑起上海市委总工会委员长之重担。1928年2月11日由于叛徒告密在上海被捕。同年6月6日与陈乔年、许昊白等在上海枫林桥畔英勇就义。牺牲前夕在莫斯科召开的赤色职工第四次国际代表大会上被选为执行委员。

**郑　馨(1901—1932)**

原名景柳,字德甫,曾用名撼山、竹山、吕人望。瑞安县人。1923年秋毕业于瑞安中学。1924年秋考入北京俄文政法专门学校学习。1925年加入中国共产党。1926年到天津全国铁路总工会工作。1927年1月返回瑞安,参加中共温州独立支部活动。"四一二"反革命政变后中共温州独立支部遭到破坏,到武汉找到党中央,留中央秘书厅工作。同年底奉中央指示回浙江工作。1928年1月以省委特派员身份返回温州,传达党的"八七"会议精神,整顿党的组织,先后组建永嘉、瑞安县委,并兼任永嘉县委书记;9月任中共浙西特委书记。1929年初先后担任浙江省委候补委员、省委秘书长、省委常委;4月浙江省委撤销,改任中共杭州中心市委书记。1930年9月任中共浙北特委书记。不久调上海工作。1931年12月在上海英租界被国民党当局逮捕。1932年7月被国民党杀害于杭州浙江陆军监狱。

**单士厘(1858—1945)**

女。字受兹。海宁县人。翻译家。自幼受到良好教育,聪颖过人,博学能文。丈夫钱恂,湖州人,是维新派的知名人士、清朝著名的外交家。1903年起随夫先后到日本、俄国,后又遍历德、法、英、意、比、埃及、希腊等国。以外交使节夫人身份随同丈夫出国长达10年之久,将所见所闻撰写成《癸卯旅行记》和《归潜记》。《癸卯旅行记》是迄今所知最早一部中国女子出国游记。此外尚有《受兹室诗稿》、《家政学》、《家之育儿简谈》、《正始再续集》等著作。是第一个系统地把古希腊、古罗马神话介绍到中国的人。

**单不庵(1877—1930)**

名丕,字诒孙,号不庵、伯宽、角优,曾用名恭修、常惺。萧山县人,生于海宁县。父单沅华、伯父单棣华均以治宋学闻名。少年丧父,家境清贫,1901年以第一名补博士弟子员。1906年应钱恂之邀赴日本半年。先后任教于双山学堂、嘉兴秀水学堂、开智学堂、浙江杭州第一师范学堂、嘉兴浙江省立第二中学等。1918年前曾两度担任浙江图书馆编辑,补钞文澜阁《四库全书》。1920年应聘任北京大学国文系讲师兼图书馆主任,不久升任教授。时与鲁迅、张宗祥往来,校勘古籍。1924年南归后被浙江省立第二中学聘为教员,旋任浙江省立图书馆中文部主任。1927年管理文澜阁《四库全书》及善本工作。后应蔡元培邀请赴上海中央研究院襄理院事。继承家学,深研宋理学,重考据,长训诂,曾重新校勘段氏《说文解字注》,对中国历史和哲学也颇有研究。著有《宋儒年谱》、《二程学说之异同》、《宋代哲学思想史》等。生平藏书8000余册,大多经他亲手校订批注,后由浙江图书馆购藏。

**宓　熙(1900—1987)**

宁海县人。早年参加粤军,1922年任孙中山广州大元帅府卫士。1924年3月入黄埔军校第一期,1925年6月毕业。第一次东征时任东征军司令部宪兵排长,东征胜利后任东征军司令部卫士连连长。1927年任国民革命军总司令蒋介石侍卫长。同年12月赴日本学习军事。1932年任南京国民政府军事委员会委员长侍从室警卫团少将团长,后任南京国民政府警卫处少将处长。1945年9月被国民政府授予陆军少将军衔。1946年7月退役。1949年5月浙江解放后被逮捕关押。1975年3月中华人民共和国最高人民法院宣布对其实行特赦。后被聘为浙江省文史研究馆馆员,杭州市政协委员。1987年12月14日在杭州去世。晚年写有《我在蒋介石身边的时候》等回忆文章。

**郎玉麟(1911—2006)**

吴兴县人。1911年3月生。早年毕业于湖州的浙江省立第三师范学校。曾任浙江省立第三中学(今湖州中学)师范部附属小学农村部主任。1937年12月加入中国共产党。1938年1月参与创建湖州第一支地方抗日武装——吴兴县抗日游击大队(人称"郎玉麟部队",简称"郎部"),任大队长。后该部队多次被国民党当局改编。1939年秋部队调到义乌整训,改番号为国民党浙江自卫总队第三纵队第七团二连,任连长。1940年5月在征得中共浙江省委书记刘英同意后返回湖州,任浙西第二经济游击大队大队长。1941年因未执行中共浙西特委要他率领部队撤往苏南根据地的指示,与中共党组织失去联系。1942年任国民党浙西行署中校保安大队长。1943年组建浙西铁卫大队,任大队长。同年10月一度被国民党浙江省第二行政督察专员关押于树峦,并险遭暗害,部队被解散。1945年3月任新四军吴(兴)长(兴)县办事处主任;4月任吴兴县抗日民主政府县长。同年10月随新四军主力北撤后历任华东野战军一纵一旅三团副团长、特种兵纵队供械部部长、华东军区炮兵后勤部军械处处长、军委总后勤部助理员等职。1954年蒙冤转业。1980年平反恢复名誉,享受厅局级离休待遇。1986年7月24日以离休干部身份回到湖州。1990年5月18日恢复党籍。2006年12月17日在湖州去世。

**郎静山(1892—1995)**

号桐云书屋主人。兰溪县人,生于江苏淮阴。12岁时入上海南洋中学,从图画老师李靖兰学习摄影原理、冲洗和晒印技艺。毕业后先后进入上海《申报》和《时报》,成为中国最早的摄影记者,以仿画摄影作品见长,创立多底合成的集锦摄影法。1949年去台湾。1966年发起成立"亚洲影艺协会",被公推为永久会长。早期作品多表现幽闲清静的山水风景,20世纪60年代起转为人物风景,其摄影重意境、师古法,在形式上模仿传统国画的题材和主题意趣,是中国绘画风格和摄影技法的统一,在世界摄影界均有一定影响。1995年4月13日在台北去世。

**郎毓秀(1918—　)**

女。杭县人,生于上海。花腔女高音歌唱家,音乐教育家。自幼学习钢琴,1934年入上海国立音乐专科学校学习声乐,同时从事电影录音和演唱活动。1937年赴比利时皇家音乐学院主修声乐。1941年毕业回国后在上海、天津、北平等地举行独唱音乐会。1944年任四川省立艺术专科学校声乐教授。1946年赴美国进修声乐,1948年回国。先后在成都华西大学音乐系、西南音乐专科学校任教授。1957年任四川音乐学院声乐教授兼声乐系主任。被选为中国音乐家协会第三、第四届常务理事、理事,音协四川分会副主席。曾任多届全国人民代表大会代表。擅长演唱西洋歌剧和艺术歌曲。对中国民族传统唱法有深入研究。演唱的代表曲目有《玫瑰三愿》、《绣荷包》、《在那遥远的地方》和外国歌曲《春之声》、《阿里路亚》等。曾翻译《卡鲁索的发声方法——嗓音的科学培育》、《伊丽莎白·舒曼的教学》等,编译《西洋艺术歌曲二十首》等。

**屈映光(1883—1973)**

字文六。临海县人。幼年受私塾教育,后到临海县城求学。1905年就读于杭州赤城公学,并加入光复会。1907年春夏间随杨镇毅回临海创办耀梓学堂,以响应绍兴大通学堂起义活动。起义失败后前往安庆任安徽督练公所书记,后相继任台州印山商业学校监督、安徽陆军测绘学堂教习。1909年与人合作在上海创办《风雨报》,宣传革命,旋以环境恶劣而停刊。1911年辛亥革命爆发后参加杭州光复之役。江浙联军会攻南京期间任浙军兵站总参议。南京光复后以浙江代表身份与17省代表在南京开会,选举孙中山为中华民国临时大总统。1912年8月至1913年9月任浙江都督府内务司司长。1913年9月起署理浙江省民政长。1914年5月下旬改任浙江巡按使,至1916年5月止。1915年12月被袁世凯赐封为"一等伯"。1916年4月12日浙江宣布独立,拥护袁世凯称帝的浙江将军朱瑞逃走,被公举为浙江将军兼巡按使;5月5日因捕杀中华革命党浙江司令官夏尔屿,引起省内各界的不满而辞去本兼各职。1917年到上海定居并闭门学佛。1918年任北洋军阀政府国务院顾问,并被授予"赞威将军"称号。1919年7月至12月署理山东省省长。辞职后居北京学佛。1921年被聘任为北洋政府大总统府顾问。1924年10月与蒋尊簋、吕公望等在宁波组织浙江自治委员会,宣布独立,旋即失败。1925年2月任善后会议代表。同年5月被段祺瑞任命为临时参政院参政。1926年3月任北洋军阀政府内务总长兼赈务督办;5月辞职,赴欧美各国游历。同年回临海城创办振华中学。1929年在上海受佛教密宗灌顶法,称"法贤上师"。1934年与佛教界名流居士段祺瑞、汤芗铭、赵恒惕、王一亭、史量才等发起组织"菩提学会",以移译藏文经典及弘法利生为宗旨,曾集资修订《大藏经》。1937年8月淞沪抗战,在上海号召组织联合救灾会及僧伽救护会,自任救护总队长,出入战地,救护伤患;11月上海沦陷,敌伪笼络,离开上海前往重庆。1938年5月任国民政府赈济委员会副委员长。1939年3月任军事委员会战地党政委员会委员。1945年8月因抗日战争胜利回到上海,再次脱离政坛,专心佛学。曾应广东名僧虚云长老之请,募捐重修广东乳源县的云门古寺。多次在庐山居士林等地或自己家里闭关修法。1949年5月上海解放前夕去香港,暂住九龙,后去台湾。在佛门弟子的请求下在斋明寺开设密宗讲坛,两星期一次讲经弘法。1956年与赵恒惕等发起组织"修订中华大藏经会",任副编审。因限于人力财力,并未达成修订目的,仅就各种版本重行编纂,影印行世。1973年10月19日在台湾病故。著有《金刚经诠释》、《心经诠释》、《无量寿经诠释》等。

**经亨颐(1877—1938)**

字子渊,号爨庵、石禅、颐渊。上虞县人。1903年赴日留学,就读于东京高等师范学校,并参加同盟会。1910年回国后先后任浙江两级师范学堂教务长、浙江两级师范学校(今浙江省立第一师范学校)校长、浙江省教育司司长、浙江教育会会长。1920年因"一师风潮"辞职,曾短暂出任北京国立高等师范学校总务长。1921年在上虞驿亭白马湖创办私立春晖中学并任校长,后兼任宁波浙江省立第四中学校长。1925年后曾任国民党中央执行委员、国民政府委员和全国教育委员会委员长、国立中山大学代理校长等职。"九一八"事变后投身抗日救亡运动。晚寓上海。擅篆刻书画,为西泠印社早期社员、南社社员、乐石社社员。晚年与何香凝、柳亚子、张大千等在上海组织"寒之友社"。著有《经颐渊金石诗书画全集》、《颐渊诗集》、《经亨颐日记》、《爨宝子碑古诗集联》等。

# 九 画

**项士元(1887—1959)**

原名元勋，又名家禄，字慈园，笔名石槎。临海县人。1902年开始读私塾。1905年入三台中学堂学习。1906年赴杭州求学。1910年毕业于杭州府中学堂。1911年正月浙江提学使主持浙江全省中学、师范毕业生复试，成绩优异，被授予优贡。曾被推为临海旅杭同乡会副会长。1912年与王家谨、蒋雄振等组织台州青年党。同年与卓荦等创建临海私立高等小学校。1913年又与李超群等创办赤城初级师范学校。1914年应浙江省图书馆之邀从事史志编纂。1917年7月创办《时事日刊》，痛斥张勋复辟，揭露浙江督军杨善德的罪行。1918年与临海县知事汪莹、劝学所所长严秉钺等筹建临海图书馆，捐私人藏书万余卷。1919年任浙江省立第六中学兼回浦学校国文教员。五四运动爆发后发起成立台州救国会，被推为会长。同年6月创刊《救国旬刊》，兼任主笔，发表《根本革新的商榷》，阐述“士”、“农”、“工”、“商”的根本改革。1920年6月被浙江省教育厅扣上“过激党”的罪名，被勒令“停止教职，永不叙用”。1922年10月赴宁波出席华洋义赈会，为台州力争分配差额，被誉为“一启口，值四万元”。1926年下半年国民革命军东路军从福建北部进入浙南时，一度从军，旋赴杭州任之江日报社长兼主笔。先后创办《青年》、《微光》、《高钟》、《嘤嘤》、《工学》、《浪花》、《璇玑》七种副刊，宣传青年运动、妇女运动及国民革命运动。1928年任《杭州国民新闻》副社长及《杭州市报》主笔。同年参加杭州新闻史编纂筹备委员会，负责起草编纂大纲。后个人编成《浙江新闻史》，两年后出版。1932年“一·二八”事变后创办《救国晚报》，主张抗日。抗日战争时期曾任浙江省通志馆浙东办事处主任。1945年主编《临海县志稿》。1946年任杭州民生中学董事长。曾任杭州新闻记者联合会执行委员兼常务委员，中国报学社杭州分社产物委员兼讲习所教务主任。新中国成立后于1950年7月返回临海，历任临海县城关镇人民委员会委员、县人民委员会委员、台州文物管理委员会(后改为临海县文物小组)负责人等。为搜集抢救文物，跋山涉水，遍及台州各县。并向国家捐献个人藏书2万余卷、文物19箱。1959年在临海去世。一生著述甚丰，有《寒石草堂诗集》、《浙江通商史迹》、《浙江新闻史》、《慈园评论集》、《台州经籍志》、《临海要览》、《中国簿录考》、《浙江方言考》、《两浙艺文志》等，约130种之多。

**项兰生(1873—1957)**

字兰生。杭县人。银行家。清科举出生，曾任大清银行书记官。1912年中国银行总行成立后任上海分行经理。1913年9月至1914年6月任中国银行总行副总裁，协助主持中行工作。1916年积极支持中国银行上海分行宋汉章等抗拒北京政府的停兑令。后任浙江兴业银行董事、常务董事。1953年6月任上海文史馆馆员。

**项松茂(1880—1932)**

名世澄，号渭川。鄞县人。著名爱国实业家。幼年在家乡读私塾，13岁辍学学贾，只身到苏州正本皮毛牛骨行当学徒，满师后任该店账席，业余自学文化。1900年进上海中英药房任会计。1904年去汉口任中英药房分店经理，显示出经营才能。1909年汉口商会成立时任董事。1911年受聘任上海五洲药房经理，在他擘画经营下公司迅速发展。1915年将药房改为股份公司，任董事兼总经理。1919年收买上海太和药房作为五洲联号，并赴日本考察，准备自设药厂。1921年4月出资12.5万两购进德商固本肥皂厂，改名为五洲固本药皂厂，制皂、制药同时进行。1922年又盘进亚林化学厂，以后又陆续盘进中华兴记香皂厂、南洋木塞厂、东吴药棉绷带厂等企业，投资上海开成制酸公司、大丰工业原公司、上海南洋烛皂厂、上海新亚药厂、江西广大瓷业公司、杭州同春药房、中国国货公司、上海电力公司等13家企业，兼任董事，并投资房地产，还与邬志豪等在上海创设宁波实业银行，与高思洪承办沪闵南拓长途汽车公司。至1931年五洲药房资本已达150万元，拥有上海市内制造厂五家，本部支店七家，在北平、重庆、厦门、汉口、芜湖等14个城市设立分支店，并在全国各地拥有领牌联号90家，成为工商联营的大型企业集团，居行业龙头地位。除任五洲总经理外，还先后任农商部咨议官、上海福州路马路商界联合会会长、上海市商会议董、上海租界纳税华人会理事、工商部国货展览会委员、中华国货维持会执行委员、中国工商管理协会专门委员、华商皂业公会主席、明昌机器厂董事长、宁波实业银行(设上海)董事长、中国机制国货工厂联合会常务委员、中国红十字会特别委员、大丰工业原料公司及浦东电气公司等董事。“九一八”事变后积极投入抗日爱国运动，任上海反日救国会委员，并在厂内编组抗日义勇军一个营，自任营长。1932年“一·二八”淞沪战争爆发时邻近战区的北四川路五洲第二支店11名店员无故被日军捕去，为此亲往支店设法营救，于1月30日被日军押往司令部；次日与11名店员同时被杀害。

**项学惠(生卒年不详)**

鄞县人。约20世纪初到上海经商，主要从事帆布业，曾任申茂篷行经理。后自设合昌篷帆五金号，规模居中国篷业之冠。1923年集资5万元在上海创设华成机器帆布厂，并任经理。1928年增资至15万元，产品销于全国及南洋各埠，并被军政部、海军部、交通部、铁道部有关国防、交通、通讯所定购，还历获1926年上海总商会商品陈列所、1929年中华国货展览会和杭州西湖博览会、1931年全国特产展览会等优等奖，并获实业部第一等国货嘉奖。曾连任总商会会员。

**项定荣(1908—1987)**

字行健。嘉善县人。1928年毕业于南京国民党中央党务学校。1929年2月被选为国民党浙江省党部第二届执行委员。1930年6月当选为国民党浙江省党部第三届执行委员，兼训练部长。1931年8月当选为国民党浙江省党部第四届执行委员、常务委员。同年赴南京参加国民会议，参与提案《废除不平等条约宣言》。1934年7月至1938年6月任浙江省立杭州高级中学校长。1938年起任三民主义青年团中央团部书记长办公室副主任、主任、总务处处长、秘书处长，还兼任国民党中央训练团教育委员会主任秘书及教务组长。1945年5月在国民党第六次全国代表大会上被选为中央执行委员。同年赴西欧及美国考察战后复员重建规划。1946年进美国纽约哥伦比亚大学研究政治学。新中国成立后留居美国。1951年与人合办《华美日报》，任总经理。1956年10月进入纽约“中国新闻处”工作，主办“中华新闻社”。1970年任华美日报社社长兼总主笔。1976年9月应聘为纽约圣若望大学亚洲研究中心顾问，同时主编“文化复兴会”的期刊《文荟》。1987年在纽约病故。1988年冬骨灰移葬于海盐县南北湖永安公墓。著有《国父七访美檀考述》、《行健社论汇选》、《访台见闻杂记》等。

**项　肩(1885—　)**

字佛时。衢县人。早年留学日本，毕业于法政大学速成科。后加入同盟会。1911年辛亥革命爆发后参与浙江光复。浙江军政府成立后当选为浙江省临时省议会议员。1913年1月当选为中华民国第一届国会众议院候补议员。1917年6月起任广州非常国会(又称护法国会)众议院议员。1921年任北洋政府国务院政治讨论会委员。1922年为直系军阀首领吴佩孚礼聘，担任直鲁豫巡阅使公署高等顾问。1926年底吴佩孚为首的直系军阀集团垮台后到上海经营盐业。1932年被反蒋的西南政务委员会聘为顾问。

**项退结(1923—　)**

永嘉县人。幼年随父母迁居宁波。早年在神学院学习哲学与神学。后留学意大利米兰圣心大学，并两度赴瑞士苏黎世云格研究所从事研究。1953年获哲学博士学位。之后先后在奥地利因士布鲁克大学研究心理学、在西德慕尼黑及缅因兹大学研究中国民族性问题。1962年去台湾，创办《现代学苑》月刊(后改名《哲学与文化》)，先后在碧岳神哲学院、成功大学、辅仁大学、政治大学任教授。著有《中国人性格素描》、《现代世界与宗教》、《中国民族性研究》、《中国人的路》、《迈向未来的哲学思考》、《中国人地区的天主教》等。

**项致庄(1894—1946)**

名宗羽，字致庄，号志壮。杭县人。1916年5月毕业于保定陆军军官军校第二期炮兵科。毕业后分发到部队服役，曾任国民革命军第二十六路军司令部参谋处处长，教导第一师炮兵旅旅长，国民政府警卫军炮兵旅旅长。1932年6月任军政部陆军炮兵学校教育长。1933年7月任训练总监部参事。同年11月后历任江苏保安处长兼江苏禁烟委员会常务委员，江苏地方团警政治训练委员会委员，镇江警备司令。1936年10月16日被南京国民政府授予陆军少将。1937年8月任第三战区炮兵副总指挥。1943年1月由安徽屯溪潜往上海投敌；2月任汪伪国民政府军事委员会委员；4月任汪伪国民政府军事委员会参谋次长兼总务厅长，后任代理总长；10月10日被汪伪国民政府授予“陆军中将”；12月兼汪伪第五集团军总司令。1944年6月任汪伪第十二军军长。同年9月14日至1945年5月3日任汪伪浙江省省长、杭州绥靖公署主任兼浙江省保安司令。1945年3月兼汪伪新国民运动促进委员会委员；5月任汪伪国民政府委员；8月任汪伪江苏省省长（未正式发表）；同月日本宣布投降后潜伏上海；9月27日被国民政府军统局逮捕。1946年以汉奸罪被判处死刑，同年伏法。

**项　谔(1904—1971)**

号叔翔。杭县人。项兰生之子，银行家。1920年清华大学毕业后入浙江兴业银行服务。1923年被“浙兴”派赴美研究公司理财学、会计学、银行学，并在欧文信托公司及联邦准备银行实习，后再入英国英格兰银行及米德兰银行实习，并于公余入伦敦大学研究财政货币学，旋又赴法考察。1926年回国后任浙江兴业银行天津分行国外部主任，并在南开大学执教，后升入分行襄理、副理。1936年7月任广东省银行经理。1939年任“浙兴”总经理秘书。1941年升任常务董事兼总经理，直至上海解放。1949年12月上海成立金融业同业公会，任主任委员。新中国成立后任华东财经委员会委员、上海市人民政府委员、市政协常委、市工商联副主委、全国工商联常委及秘书长、民建中央常委、公私合营银行副董事长兼总经理，以及第一、第二届人大代表，第二、第三、第四届全国政协委员。

**项绳武(1900—1948)**

鄞县人。西药业巨子项松茂长子。上海圣约翰中学毕业后入东吴大学法学院。后在上海江西路开设律师事务所，从事律师工作。后入五洲大药房任职。1931年项松茂遇难后继任五洲公司总经理。上任后积极扩展五洲事业，除扩建五洲固本皂厂外，1934年1月还增设五洲第二厂，专门生产甘油。同年3月又增设第三厂，专门生产各种药原料，在扩充肥皂和药品产量的同时，继续增设本外埠分支机构。1936年投资25万元建造10层五洲大厦，规模之宏伟，执全国西药业牛耳。该年五洲公司资本增至280万元，营业额1200万元，雄居全国同业之冠。抗战爆发后拒绝与日本合作，企业受到很大损失。太平洋战争爆发后五洲厂店均被日军军管。抗战胜利后力图重振旗鼓，再展宏图，不幸于1948年病故。

**项湘藻(1858—1918)**

字筲甫。瑞安县人。航运企业家。幼承家学，博通事务。1897年与弟芳兰在瑞安创建“方言馆”，继而与孙诒让所办的“学计馆”合并，称瑞安普通学堂（今瑞安中学）。1905年向上海租用“湖广”客轮，开辟瑞甬航线。次年引进汽轮，首辟温瑞塘河汽轮运输航线。1915年创设通济轮船公司，进而创办瑞平内河汽轮运输公司及飞云江轮渡，使温州到平阳的交通运输得以改善。

**项德颐(1921—　)**

浦江县人。1937年抗日战争爆发后投笔从戎，考入国民革命军第七十四军，初任少尉参谋。1938年张古山战役后被军部派送到陆军大学参谋班培训。1939年升上尉参谋。1943年冬原第七十四军军长俞济时调任国民政府军事委员会委员长侍卫长后，被调到委员长侍从室，任侍卫长室中校参谋。1946年考入中央警官学校学习。毕业后任丽水县警察局长。新中国成立后下放原籍务农。1954年因“历史问题”被判刑七年，下放金华农场劳动改造。1960年刑满后回原籍继续务农。1984年被聘为浙江文史研究馆馆员。长期练习书法，是驰名海峡两岸的楷书书法家。曾将姜亮夫120万字的《楚辞通故》用毛笔楷书书写出版。

**项藻馨(1873—1957)**

杭县人。编辑家。早年肄业于上海格致学院。曾任杭州求是学院教员、安定中学监督、浙江高等学堂副理等。1901年参与创办《杭州白话报》。1905年至1906年7月任浙江高等学堂监督。后专事银行工作，历任大清银行代理总办，中国银行上海分行行长、副总裁，浙江兴业银行汉口分行经理，浙江兴业银行总办事处书记长等职。

**项黼宸(1917—1990)**

瑞安县人。1917年1月22日生。1944年厦门大学数学系毕业后任浙江大学数学研究所助理研究员。1946年赴美国加利福尼亚大学伯克利分校访问研究。1947年起任台湾大学数学系讲师、副教授、教授。1963年10月至1965年7月兼任系主任。后任台湾“中央研究院”数学研究所研究员。1970年当选为中研院数理科学组院士。曾先后在美国纽约州立大学布法罗分校、日本仙台东北大学、马来西亚大学、新加坡南洋大学和荷兰的荷兰大学任教数学，还曾兼任台湾辅仁大学、东吴大学和淡江大学教职。专长分析数学，在富里埃级数和泛函分析的研究方面取得突出成就。1990年5月7日在加拿大去世。

**项　骧(1879—1944)**

字渭臣,号微尘。瑞安县城关镇人。早年先后就读于瑞安方言馆、上海南洋公学。1903年应马相伯的邀请主持震旦学院校政。1905年赴美国留学,在哥伦比亚大学经济系学习,与后来担任美国总统的胡佛是同班同学。1909年获得经济学硕士学位。同年回国后参加清朝举行的留学生考试,授予文科进士。1910年被授予翰林院编修。1912年9月至1923年1月任北洋政府财政部参事。期间于1922年5月至8月兼代财政部次长。1923年10月至1924年11月署理财政部次长。期间一度兼盐务署署长、全国盐务稽核总办。北洋政府覆灭后退出政界,从事著述等工作。1932年我国东南水灾,在上海致电同窗好友、时任美国总统胡佛,呼吁救援,后获得赈济款项,及时救济了灾民。1937年抗日战争爆发后退居瑞安老家。并在瑞安发起组织"反日会",把自己仅有的20美金与银元100元,捐作抗日军费。1944年11月4日去世。著有《太平天国》、《浴日楼诗文集》,译有《布尔希维克》、《人与机械》等。

**赵九章(1907—1968)**

吴兴县人。1907年10月15日生于河南开封。1929年考入清华大学物理系,1933年毕业。1935年赴德国柏林大学攻读气象学。1938年10月获博士学位后回国,历任清华大学、西南联大教授。1944年任中央研究院气象研究所所长。新中国成立后历任中国科学院地球物理研究所所长、应用地球物理研究所所长、中国科学技术大学地球物理系主任等职,兼任中国气象学会理事长、中国地球物理学会理事长。是中国动力气象学、地球物理学和空间物理学的奠基人。1955年当选为中国科学院学部委员。1958年8月中国科学院成立人造地球卫星研制组,担任主要负责人。其后领导开创了利用气象火箭和探空火箭进行高空探测的研究,探索了卫星发展方向,筹建了环境模拟实验室和开展遥测、跟踪技术研究,组建了空间科学技术队伍。1964年根据国内运载工具的发展,提出开展人造地球卫星研制工作的建议。在他的领导下还完成了核爆炸试验的地震观测和冲击波传播规律以及有关弹头再入大气层时的物理现象等研究课题。1965年任中国科学院卫星设计院院长。"文革"期间受到迫害。1968年10月25日在北京中关村寓所服安眠药自杀。1985年获国家科技进步特等奖。1999年获"两弹一星"功勋奖章。2007年国际天文学会将中国科学院紫金山天文台发现的小行星7811命名为"赵九章星"。著有《信风带主流间的热力学》、《半永久活动中心的形成与水平力管场的关系》、《地磁扰动期间史笃默捕获区的变化》和《带电粒子穿入地磁场的一种机制》等文及《高空大气物理学》等书。

**赵万里(1905—1980)**

字斐云,别号芸盦、舜盦。海宁县人。早年就读于嘉兴浙江省立第二中学。1921年考入南京东南大学,从吴梅习词学。1925年毕业后任清华学校国学研究院助教,得王国维指导,在文史、戏曲、金石、版本、目录、校勘等学科打下坚实基础。1928年转入北平北海图书馆工作,历任中文采访组组长、善本考订组组长、编纂委员、《国立北平图书馆馆刊》编辑、善本部主任。兼任中央研究院历史语言所特约及通讯研究员,故宫博物院图书馆和文献馆专门委员。并先后在北京大学、清华大学、中法大学、辅仁大学、中国大学等校任教,讲授中国史料目录学、目录学、校勘学、版本学、中国雕版史、中国戏曲史、中国俗文学史、词史等课程。新中国成立后任北京图书馆研究员兼善本特藏部主任,中国图书馆学会名誉理事,第三届全国人民代表大会代表。学识渊博,精于版本、目录、校勘、辑佚之学,著有《汉魏南北朝墓铭集释》,主编有《中国版刻目录》等。

**赵元桂(1920—　)**

绍兴县人。1920年生于福建厦门。早年毕业于西北农学院后留校任教。后历任国民政府农林部西北区推广繁殖站技士,青岛市农事试验场主任,中央合作金库厦门支库辅导主任。1949年去台湾,历任台湾省立宜兰高等农业学校农艺科主任,"行政院"退除役官兵辅导会农垦组组长,台湾省农林厅秘书,山地农牧局副局长、技正、主任秘书、副厅长。后任逢甲大学教授。著有《特用作物》,主编有《水土保持》等。

**赵少侯(1899—1978)**

满族。杭县人。1919年毕业于北京大学法文系后留校任教。历任中法大学教员兼文艺科主任,北京大学法文系讲师,中国公学大学部、劳动大学教授,山东大学教授,北京艺术专科学校教授、秘书,河北师范专科学校校长,新民会河北省总会事务部长,北京市公安总局外侨管理科干部,出版总署编译局编辑,人民文学出版社编辑。1932年开始发表作品。1958年加入中国作家协会。译著有法国小说《伪君子》、《恨世者》、《悭吝人》、《羊脂球》、《项链》、《山大王》、《海的沉默》、《魔鬼的美》、《最后一课》等。

**赵丹若(1892—1966)**

原名廷炳。嘉善县魏塘镇人。1918年毕业于北京大学化学系。1924年任北京女子师范大学教授、理科主任。1927年任浙江大学教授。1930年赴美国康乃尔大学研读分析化学及农业化学。1933年获博士学位。回国后任中央大学、南京药学专科学校教授。是我国分析化学专家，30年代首先在国际上提出阴离子系统分析法。1949年8月任上海复旦大学教授。1966年8月8日在"文革"中被批斗至死。著有《阴离子系统分析》、《稀有元素之定性分析》、《阳离子第三组分析新法》等文和《阴离子分析法》等书。

**赵凤藻(1892—?)**

杭县人。早年毕业于南洋陆军师范学堂第四期。后入陆军大学特务科第一期深造。毕业后历任国民革命军营附、营长、队长、团附、教官、参谋长、副师长、旅长等职。1932年1月被国民政府授予少将军衔。1938年春出任国民党安徽省第五区行政督察专员兼保安司令，设司令部于古河镇，并改编地方杂牌部队为保安团，与新四军部队大搞摩擦斗争。1942年8月至1947年2月任国民党安徽省第九区行政督察专员兼保安司令。1946年7月31日被国民政府再次授予陆军少将军衔。

**赵文焕(1867—?)**

字炳章。上虞县人。在上海钱业执业，早先任镇海方氏家族著名钱庄安裕庄经理，后长期担任方家安康钱庄经理。又参与经营煤炭、码头堆栈、银行等业。1921年与刘鸿生等参与发起创办上海华商水泥公司，任首任监事。同年与绍帮21位钱庄副经理发起成立20年代最负声望的中央信托公司，并长期任董事。该年还与刘鸿生等创办中国煤业银行，也任董事。1922年又与刘鸿生在苏州设立同和义煤号。1924年与刘鸿生等设立义泰兴白莲泾码头，并在码头附近兴建煤业公栈。曾任多届总商会会员，钱业公会董事、执行委员。

**赵龙文(1902—1968)**

字华煦，号遁庵。义乌县人。6岁入私塾。先后就读于义乌第一高等小学、浙江省立第七中学。1926年毕业于广东高等师范学校后到杭州的浙江省立第一中学任教。1928年与胡宗南、戴笠在杭州大佛寺结识，订生死道义交。1932年任浙江省警官学校政治指导员。不久任教务主任。是力行社核心骨干成员之一。1934年夏经戴笠推荐，担任浙江省警官学校校长。同年底兼任浙江省会公安局局长。配合军统头子戴笠，于同年11月13日在浙江海宁县翁家埠附近将上海《申报》总经理史量才狙击致死。1936年兼浙江省警察训练所所长。1937年4月随行政院长孔祥熙以随员身份赴伦敦，参加英皇乔治六世加冕典礼，随后在欧洲各国考察警政。1938年1月至1940年4月任浙江省第四区(驻金华)行政督察专员兼省抗卫总队第一支队司令。1940年11月任甘肃省政府委员。1943年9月兼任甘肃省民政厅长。1946年2月去职；11月当选为国民大会代表。1947年7月任粮食部常务次长；同月去职，改任第一战区办公厅秘书长。1949年春任川陕甘边区主任公署秘书长兼国民党陇南党务特派员。1950年去台湾后历任"海军总司令部政治部"主任、"中央警官学校"校长。1956年起分别在台湾"三军大学"、"政工干校"讲授"谋略学"。1961年起在台湾大学法学院主持"四书"讲座。1966年在"中央警官学校"退休后应邀赴各地讲述孔孟学说，深受欢迎。1968年5月15日去世。著有《论语今释》、《火焰的人生》等。

**赵平生(1903—1990)**

义乌县人。1925年加入中国社会主义共青团。1926年转为中国共产党党员。同年11月受党组织委派回到义乌，在县城孟允庆家里建立中共阜亨酱园联络站，任负责人；12月国民党义乌县党部成立，任负责人(称常务执委)。之后曾三次被国民党当局逮捕，与党失去联系。1944年重新加入中国共产党。解放战争时期先后任盐阜区《大众报》主编、盐阜区行署文科处科长、编审室主任等职。新中国成立后历任华中建设大学系主任，华东大学代理教务长，华东革大附设工农速成中学校长，华东教育部工农速成中学校长，中国扫除文盲委员会副司长、党组副书记，中国文学改革委员会委员、秘书长，文字改革出版社总编等职。

**赵兰坪(1898—?)**

嘉善县人。1898年6月19日生。幼年随父母移居上海，后赴日本留学，获庆应大学经济学学士学位。回国后历任暨南大学、中央大学、中央政治学校等高校教授。曾任国民政府中央银行顾问。1945年5月当选为中国国民党第六届候补中央监察委员。著有《经济学》、《经济学提要》、《经济学大纲》、《货币与银行》、《近代欧洲经济学说》、《日本对华商业》、《资本节制论》(与人合著)等。

**赵汉卿(1889—1950)**

名建藩,字叔屏,号汉卿。萧山县人。毕业于上海中国公学。早年参加光复会,与陶成章过从甚密,曾任陶成章机要秘书。1909年创刊《越报》,出版增刊《越恨》,反清言词激烈。1911年12月南方革命政权与袁世凯举行南北议和时出任南方议和团秘书。1912年陶成章遇刺后与鲁迅、蔡元培、王子余等创办成章女校,并出任校董。与鲁迅、王铎中等人创办《越铎日报》。民国初年出任浙江军政府参议,在杭州主办《浙事新闻》。1913年出任福建龙溪县知事。1923年担任浙江省自治法会议代表。1925年任江苏省电报局局长以及浙江省实业银行主办的公债基金委员会委员。1927年"四一二"反革命政变后在南京夫子庙发表反蒋演说时被捕,由蔡元培、邵力子出面保释,从此脱离政坛,在上海银行公会任职。1950年病故。

**赵　刚(1887—1930)**

又名友仁、廷爱。瑞安县人。1887年1月2日生。1894年起入当地私塾读书。1907年后辍学自修。1910年入本县龙川高等小学堂读书。1913年考入浙江省铁路学校学习。1915年毕业后因找不到工作,仍回原籍务农。1917年由朋友介绍参加交通部主办的短训班学习;结业后被派往天津一个火车站工作。1919年在天津至沪杭甬铁路上海南站工作,参加铁路工会。积极参与工人运动。1921年后调至杭州,先后在艮山门、南星桥、杭州城站等车站搞物资司磅工作。其中在艮山门车站工作时间长达六年之久。1925年加入中国共产党,后担任艮山门站总支书记,沪杭甬铁路总工会候补执行委员。1927年6月中共浙江省委决定撤销中共杭州中心区委,建立中共杭县县委,被任命为县委书记。1928年回原籍探亲,在龙川大宗祠、中樟、岚岩等地召开群众大会,向工农群众宣传革命道理,号召反帝、反封建。1929年因策动杭县巡察大队第七中队兵变事泄被捕;4月被国民党当局判处有期徒刑15年,被关押在杭州西湖边的浙江陆军监狱。在狱中坚持斗争,通过群众联络,策动国民党保安团劫狱。后不幸事泄,被国民党浙江省高等法院判处死刑。1930年8月27日在陆军监狱刑场壮烈牺牲。

**赵廷为(1900—2001)**

嘉善县人。1922年毕业于北京高等师范学校英语系。曾任浙江春晖中学英语教师、教务主任,温州第十中学教育学科教师兼附小主任,杭州师范学校教育学科教师,安徽大学、大夏大学、沪江大学教育学系教授,四川省教育学院社会教育系教授、主任,中央大学教育学系教授兼附中校长,上海商务印书馆编辑。新中国成立后任华东师范大学教育学系教授。编著有《小学教学法通论》、《教育心理学》、《新课程标准与新教学法》、《教育概论》、《小学教材及教学法》、《教材及教学法通论》、《小学自然教学法讲话》等,合编有《四角号码新词典》,合译有《道尔顿制教育》。

**赵庆华(1873—?)**

字燧山,号溪隐。兰溪县人。早年毕业于香港拔萃书院,后入两广电报学堂深造。清末曾任邮传部主事。中华民国成立后历任北京政府国务院秘书,津浦、沪宁、沪杭甬、广九等铁路局长。1924年11月至1925年担任北京政府交通部航政司长,被认为是以梁士诒为首的旧交通系重要成员之一。离开北洋官场后先后在天津、北京做寓公。1929年春小女赵一荻未经家长同意投奔东北军首领张学良少帅。后在北京西山八大处经营西山饭店,同时建兰溪别墅,栖隐其中。

**赵次胜(生卒年不详)**

字申之。奉化县人。1916年参加浙江独立讨袁斗争,任嵊县知事。1933年2月任宁波行政督察专员兼浙江省保安第二分处(辖宁波绍兴台州三属各县)处长。1936年6月至1937年3月任浙江省第六区(驻鄞县)行政督察专员兼保安司令。

**赵宇椿(1881—1960)**

余姚县人。16岁辍学进石厂习业。1899年到宁波美成百货店当店员。1904年转为宁波彩生百货店职员。1906年应聘任宁波同生利广货店经理,因目睹洋货充斥而萌生兴实业创国货之志。1914年与人合资创美球针织厂(今宁波浙东针织厂)。1918年后改为独资,生产罗宋帽、绒衫、拉毛袜、毛线、卫生衫等,产品行销全国。同年与人创办如生罐头食品厂。1926年在余姚创办如生二厂。1929年在余姚创办农林果木园。次年又创办如生罐头食品三厂。在宁波发起成立工商友谊会,筹建职工学校,期间先后两次赴日本考察实业。新中国成立后任余姚政协委员,浙江省工商联第一次会议代表。

**赵观涛(1892—1977)**

字雪泉,号敬荣。嵊县人。1892年3月6日生。1912年入湖北陆军第二预备学校。1916年12月毕业于保定陆军军官学校第三期步兵科。毕业后分发到浙军第二师周凤岐部服役,历任见习官、排长、连长、营长、团长等职。1926年12

月随周凤岐投奔国民革命军，任第二十六军第一师师长，参与“四一二”反革命政变。1928年任第二十六军第六十二师师长。同年入南京中央军校高教班学习。1931年先后任国民革命军第六师第十七旅旅长、第六师师长，参与“围剿”红军。1932年任国民革命军第八军军长兼赣东“剿总”总指挥。1933年任赣浙闽皖边区“绥靖”司令部司令，统辖四省“剿共”部队，“围剿”方志敏领导的红十军。1935年1月将方志敏押解到南昌向蒋介石请功；4月被授予陆军中将；8月因病辞职，调任军事委员会中将参议。1936年7月获颁国民革命军誓师十周年纪念勋章。1937年10月因久病辞参议职，长期居住上海、杭州等地。1949年去台湾。1958年3月任“总统府参议”。1977年11月16日在台北病故。

**赵志尧(1895—1961)**

字墒立，又字淳如。青田县人。早年在青田读小学。1912年考入丽水的浙江省立第十一中学。1917年就读于上海商务印书馆所设之商业学校。后赴日本留学，毕业于日本商科专科学校。1927年4月应陈诚的邀请出任第二十一师会计股股长。1928年8月任第三师军需处处长。1929年8月任第十一师军需处处长。1931年10月任第十八军驻赣办事处处长。1934年11月任第十八军驻京办事处处长。1935年8月任闽、赣、浙、皖四省边区“剿总”驻京办事处处长。1936年1月13日晋升陆军一等军需正；5月任晋陕绥宁四省边区“剿总”驻京办事处军需监处长。1938年1月任武汉卫戍总司令部兵站军需监总监；6月改任第九战区司令长官部兵站军需监总监。1939年2月4日至1945年4月5日任湖北省政府委员兼财政厅厅长。1943年6月至1946年12月兼任湖北省田赋粮食管理处处长。1945年4月6日调任军政部军需署副署长兼储备司司长；8月兼任军政部京沪特派员，中央银行上海分行经理。1946年1月任第一补给区军需总监司令；6月5日调任国防部预算局军需总监局长；11月当选为国民大会代表。1948年9月署理陆军军需监。1949年1月任台湾省政府物资调节委员会主任委员兼石炭调整委员会主任委员。1950年3月兼任交通银行常务董事；8月改任交通银行总经理。1954年2月代理交通银行董事长；9月改任常务董事。1961年6月3日在台北病故。著有《赵志尧先生遗著选集》。

**赵志游(生卒年不详)**

鄞县人。早年赴法国留学，曾在巴黎中央工艺学校取得工程师资格。回国后任陇海铁路技师。1930年8月至1931年12月任南京市政府工务局局长。在任上曾亲自设计并监督修建蒋介石、宋美龄在南京小红山的官邸(即美龄宫)。1931年6月至1934年2月任杭州市市政委员会主席。1933年主持重修杭州宝石山的宝塔。1934年5月任扬子江水道委员会委员长。1942年5月兼任国民政府中央赈济委员常务委员。1945年2月去职。后不详。

**赵伯苏(1893—1958)**

东阳县人。1918年至1921年就读于北平师范大学和北京大学史地系研究生，并在邵飘萍创办的《京报》任副刊主编。因喜爱京剧，与马连良相交甚密，1918年加入昆曲社团北京青社。1927年6月在杭州创办《三五日报》，址设杭州青年路，聘请蒋伯潜担任主笔。该报于1929年停刊。1927年10月出任浙江省秘书，参加筹备第一届西湖博览会。1936年任浙江省文献展览会委员。后退居乡里。1950年被捕入狱。1958年5月20日在十里坪农场去世。

**赵迺抟(1897—1986)**

字述庭。杭县人。早年留学英国。1927年研究早期英国制度经济学家时首次提出“制度经济学”术语。回国后任北京大学法学院教授。1931年10月被选为南京国民政府第二届立法委员。1933年2月被选为南京国民政府第三届立法委员。1945年抗日战争胜利后任台湾行政长官公署参议兼教育处处长，主持教育接收工作。1946年春辞职后重返北京大学任教授。新中国成立后长期在北京大学任教，被评为北京大学一级教授。著有《欧美经济学史》、《近四十年经济科学之发展》、《披沙录》、《赵迺抟文集》等。

**赵　卓(1878—1909)**

乳名秉和，字远器，号宏甫。缙云县人。生有异禀，性情豪迈。幼年好文，喜拳棒技击，特别喜欢与年轻八岁的族叔赵舒交往，练习技击，研究治兵、布阵、率卒之术。1898年参加缙云县科举考试，中第一名秀才。目睹内忧外患，痛异族之专制，悯社会之暗塞，毅然以革命为志，置功名于度外。1900年结识缙云周华昌、永康沈荣卿、金华张恭，与丁荣、吕逢樵等加入龙华会。1904年赴嘉兴结识敖嘉熊、冯豹、陈乃新、魏兰、龚宝铨、褚辅成、竺绍康等人。温台处会馆成立后与吕逢樵、丁荣、李造钟、魏毓蕃、许绍南等人被聘为执事员，分赴各地联络会党，开展革命活动。光复会成立后与吕逢樵等人加入光复会。1905年徐锡麟欲创办大通学堂，培训会党骨干，应陶成章之邀，前往绍兴襄助。与陶成章等人召集诸暨、东阳、永康、缙云等地会党成员，入大通学堂练习兵式体操，并担任大通学堂会计兼监学职务。1906年徐锡麟和陶成章等人因捐官赴日学习军事，奉命与吕逢樵、竺绍康等人继续招纳会党骨干及有志青年入大通学堂学习。1907年前往武义一带活动。同因举事不利遭通缉，遂与赵舒、吕逢樵潜入温州与处州交界深山密林，从事开荒种地、养殖牲畜，惨淡经营，以资自给。1908年冬西太后与光绪皇帝先后病故，应陈其美之邀，前往上海参加浙江十一府革命党人会议，拟发动浙江起义。旋因叛徒刘光汉告密未成。1909年9月13日去世。

**赵忠尧(1902—1998)**

诸暨县人。1902年6月27日生。1920年浙江诸暨中学毕业后考入南京高等师范学校(1921年改建为国立东南大学)数理化部。1924年春到物理系担任助教。1925年毕业，获理学学士学位。同年夏随物理系教授叶企孙转往北京清华学校(今清华大学)任教。1927年夏赴美国加州理工学院留学。1930年最先观察到γ射线通过重物质时的反常吸收和特殊辐射，这是正负电子对的产生和湮灭过程的最早实验证据，对物理学界接受量子电动力学的理论有重要贡献。1931年获理学博士学位。同年赴德国哈勒大学从事研究工作。1932年返国后任清华大学物理系教授。1937年抗战爆发后全家辗转南下到昆明，利用假期在云南大学任教。1938年清华大学与北京大学、南开大学合并组建西南联合大学，任西南联合大学教授。1945年应吴有训校长邀请回中央大学物理系任教，并担任物理系主任。1946年赴美国参观美国在太平洋中的原子弹实验，并在麻省理工学院电机系静电加速器实验室、卡内基地磁研究所、加州理工学院核反应实验室工作。期间购置核物理实验器材。1950年返国途中被美国政府拘留数月。之后克服重重困难，于1950年底取道香港返回中国大陆，在中国科学院物理研究所工作，主持建立中国第一个核物理实验室。1955年主持建成中国第一台质子静电加速器，使中国加速器技术迈出了第一步。同年当选为中国科学院数理化学部委员。1958年筹建中国科学技术大学近代物理系，兼任系主任。并且在中国科技大学主持建立起一个专业实验室，开设了β谱仪、气泡室、γ共振散射、穆斯堡尔效应、核反应等较先进的实验。“文革”中受迫害。1973年高能物理研究所成立后担任副所长并主管实验物理部的工作。后曾兼任中国物理学会名誉理事和中国核学会名誉理事长。历任全国人大第一、第二届代表及第三至第七届常务委员。1998年5月28日在北京去世。

**赵　南(1888—1949)**

字步云，号伯飞。兰溪县人。1910年毕业于保定陆军速成学堂第二期。1911年辛亥革命爆发后参加辛亥杭州光复之役。后考入北京陆军大学第四期深造，毕业后进入军队服役。曾任南京国民政府陆海空军总司令部参谋处科长，第九师参谋长。1935年10月任福建省保安处处长。1936年10月被南京国民政府授予陆军少将军衔。1938年6月被国民政府授予陆军中将军衔。抗日战争期间曾任第二十五集团军参谋长兼驻闽“绥靖”公署参谋长。1945年退为预备役。

**赵　胜(1900—1931)**

原名杨敬爕，化名朱伯新、杨梦周、张云。天台县人。1922年毕业于天台中学。1923年到北京求学。1925年7月加入中国共产党。同年冬返回天台，以办私塾、开医院为掩护，从事革命活动。1928年起先后任中共天台县城东支部书记、中共天台独立支部负责人、台州中心县委委员。1930年3月组织领导天台桐柏暴动，建立浙江工农红军第二纵队，任总指挥。暴动失败后受中共台州中心县委指派去温岭坞根游击大队工作。同年6月被选为中共浙南特委委员、组织部长，负责领导坞根游击队的整训工作。红十三军第二团成立后任该团党委负责人。1931年4月红二团斗争受挫，与蓝尘侣、朱渭滨等重建中共台州中心县委，深入农村发动群众，坚持斗争。同年冬率领临海东乡游击队准备攻打临海县城，途中遭国民党军队伏击，重伤后牺牲。

**赵济猛(1904—1928)**

原名余祥，又名龙友，化名正风、乔征枫、乔仑、华封等。东阳县人。小学毕业后考入杭州之江初级中学读书。1923年转入宁波崇信中学，参加“雪花社”、“非基督教同盟”等进步组织。1924年春加入中国社会主义青年团。同年夏中学毕业，留学校附属小学任教；7月任团宁波地委书记，1925年2月奉派到奉化工作，与王任叔、卓兰芳等成立“剡社”，出版《新奉化》杂志，宣传社会改革的新思想，与保守派的“法治协会”相对抗；10月复任团宁波地委书记，同时转为中共党员；12月任中共宁波地委委员。1926年5月任宁波地委书记，发动和丰纱厂工人罢工，组建工会，开展废除苛捐杂税、打倒土豪劣绅的斗争；12月上旬北伐军挺进宁波后参与筹备成立宁波市临时政府。1927年2月出席中共江浙区委会议;24日被国民党浙江省党部任命为宁(波)属六县政治特派员,到舟山、定海等县指导国民党工作,并改组奉化县党部,由左派掌权;4月15日调回上海,任中共上海南市区委书记;5月到武汉出席中共第五次全国代表大会。会议结束后返回浙江,参加中共浙江省委成立大会,当选为中共浙江省委委员、宣传部长。同年6、7月间指导成立中共东阳独立支部;10月被国民党逮捕,囚禁于杭州西湖边的浙江陆军监狱。1928年1月9日在杭州清波门外就义。

**赵既昌(1919— )**

杭县人。1941年国立政治大学毕业后参加国民政府举办的第六届全国高等考试财政金融人员考试及格,分发到财政部任科长,参与抗战时期田赋征实的策划工作。之后相继任职于财政部直接税署,江苏省国税管理局、粮食部。1949年去台湾。1951年任"行政院美援运用委员会"(简称"美援会")财务处副处长。"美援会"改为"经合会"后任中小企业辅导处处长。1959年到美国华盛顿大学从事研究。1969年毕业于台湾"国防研究院"。1970年任"财政部钱币司"司长。1979年完成"中国输出入银行"的筹备工作,任首任总经理。1980年任"交通银行"总经理。1981年任"台湾中小企业银行"董事长,有"中小企业之父"之称。1985年任"中华民国财务主持人协会"理事长。著有《美国审计制度》、《专业金融与中小企业辅导》、《美援的运用》、《北美纪行》、《财经生涯五十年——赵既昌忆往》等。

**赵家艺(1876—1925)**

字林士。慈溪县人。航运商家庭出身,清末诸生。童年时随父亲到苏州,在著名学者吴大澄家附读。1904年与兄家蕃一起游学日本,结识孙中山,后加入同盟会。1907年后与兄家蕃将经商所得和父亲留下的大宗田产悉数贬值出售,资助革命。回国后资助出版《民呼日报》、《民立报》等,与陈其美关系甚密。1911年参与成立同盟会中部总会宁波分会,并任会长,是辛亥革命沪浙联合起义时宁波方面的主要负责人。宁波军政分府成立后任参谋部长。后响应孙中山"实业救国"的号召,与陈训正等在上海创建"平民共济会",出版《生活杂志》,又办《商报》,为当时革命之喉舌。1913年孙中山多方筹划经费,发动护国战争,赵再次倾其家产捐助3万元。1918年与亲家曹亚伯在上海创办亚林臭药水厂。同年仿照日本"取引所"的先例,参与筹办上海证券物品交易所,与周佩箴、盛丕华、郭外峰等任常务董事。1925年在上海病故。

**赵家荪(1874—1950)**

字芝室。慈溪县人。经营工商实业而负名甬上(人称七先生)。曾加入同盟会,参与反清活动。沪甬两地重要信息通过他上下联系传达,同盟会宁波支部成立及民团的组建均谋划于其家,并被推为民团总董。宁波军政分府成立后受命接管大清银行宁波分行,并委为改组后的宁波中国银行行长。1917年因参与周日宣、蒋尊簋反对北洋皖系军阀杨善德统治浙江、宣布宁波独立失败而被通缉。北伐胜利后被委为宁波市政府参事,当选为浙江省参议员。晚年为续修志书而出力,被推为鄞县通志馆副馆长。

**赵家骞(1922— )**

绍兴县人。1947年浙江大学电机工程系毕业。在校期间曾任浙大学生自治会主席。毕业后去台湾工作。先入台湾电力公司任职。1952年调入台湾当时最大的北部火力发电厂,历任值班主任、值班工程师、课长等职。1965年调任深澳发电厂,先后任副厂长、厂长。1976年主持筹建台湾北部最大的火力发电厂——基隆协和发电厂,并担任首任厂长。曾赴美洲学习研究各火力发电厂运转维护状况。

**赵家蕃(1872—1925)**

字菊椒。慈溪县人。航运商家庭出身,童年随父亲到苏州,在著名学者吴大澄家附读。1904年游学日本攻经济学,在日期间结识孙中山,后加入同盟会。1904年至1905年间曾与湖州巨商张静江去巴黎经商,经营海外贸易,所获收益悉数资助孙中山,累计达10万余金。1906年归国旅居上海,承父业经营沪甬间航运,同时致力于反清革命活动。曾变卖家产资助孙中山在南方起义,并在上海集资创办《民呼日报》、《民吁日报》、《民立报》。1911年与陈其美筹备设立同盟会中部总会。孙中山就任大总统后任全国造币厂厂长。视事数月,因孙中山离职而辞去。之后目击国是日非,心境忧郁,在物尽友散下意不自聊而早逝。

**赵祥麟(1906—2001)**

乐清县人。1933年毕业于中央政治大学教育系。1934年创办江苏省江宁中学并任校长,直到1937年12月南京陷落的前夕才撤出。学校在日本侵占期间被毁。1945年赴哥伦比亚大学获教育学硕士学位。回国后先后任复旦大学、震旦大学女子文理学院教授兼教育系主任。

1952年院系调整后一直任华东师范大学教授，长期从事外国教育史的教学和研究工作。1986年退休。曾任全国教育史研究会第一、第二届副理事长。主编有《外国现代教育史》、《外国教育家评传》(3卷)。

**赵萝蕤(1912—1998)**

女。德清县人。赵紫宸之女，陈梦家夫人。1932年毕业于燕京大学英语系。1935年毕业于国立清华大学外国文学研究所。1946年和1948年先后获美国芝加哥大学文学硕士、哲学博士学位。回国后曾任云南大学讲师。1949年后历任燕京大学教授，西方语言文学系主任，北京大学教授。长期从事英国文学家狄更斯、勃朗特姐妹和美国文学家惠特曼、詹姆斯的研究，是我国著名翻译家和比较文学家。译有美艾略特《荒原》、朗弗罗《哈依瓦撒之歌》、詹姆斯《黛茜·密勒》等。与杨周翰等主编的《欧洲文学史》教材在国内亦颇有影响。

**赵梅伯(1907—1999)**

奉化县人。1927年毕业于上海沪江大学后留学比利时布鲁塞尔皇家音乐学院。1933年回国后旋即赴德、英、美等国举行旅行音乐会。1936年回国后先后任北平国立艺术专科学校音乐系主任、上海国立音乐专科学校声乐系主任和教授。后赴西安筹创西北音乐院。抗战胜利后任北平国立艺专音乐系主任。1948年冬任香港音乐院院长和香港中文大学崇基学院音乐系教授。1969年赴美任旧金山市浦桑大学声乐教授和合唱指挥，兼任圣荷西市立大学和福特希鲁大学声乐教授。1975年被评选为美国最优秀教育家之一。著有《黄钟史》、《合唱指挥法》、《唱歌的艺术与修养》、《民歌选》、《中国音乐简史》和《赵梅伯名歌选》、《唱歌的艺术》等。

**赵绮霞(1912—2000)**

女。字一荻，因在姐妹行中排第四，俗称赵四小姐。兰溪县人。1912年5月28日生于香港(一说生于天津)。早年先后就读于天津的浙江小学、中西女子中学。1926年前后与张学良将军在天津的上层交际场所相识并来往。1928年夏随张学良前往沈阳，此后一直以秘书身份在张学良身边处理内外事务。中原大战结束后于1931年随张学良移居北平。1937年春张学良因西安事变失去自由后前往香港照料儿子。1940年从香港前往湖南沅陵，接替要去美国治疗的张学良夫人于凤至负责照料软禁中的张学良。1941年11月随张学良迁往贵州。1946年11月随张学良到台湾。1964年7月4日与张学良在台湾举行婚礼，"牢狱鸳鸯"结为正式夫妻。1991年3月与已经获得自由的张学良移居美国。2000年6月22日在美国檀香山去世。

**赵　琛(1899—1969)**

字韵逸。东阳县人。1899年5月11日生。早年在东阳中学读完中学，后留学日本，入明治大学法系学习。1924年毕业归国后先后在省立安徽大学、上海私立复旦大学、南京国立政治大学任教。1925年加入国民党。1928年起在上海兼执律师业务。1933年1月任国民政府立法院立法委员，参与制订"五五宪章"(即1936年公布的《中华民国宪法草案》)。1936年任南京中央警官学校教授。1937年抗战爆发后前往重庆。1942年任考试院法规委员会委员。1943年受聘国民党中央训练团台湾行政干部训练班司法组导师。1945年抗战胜利后任首都高等法院推事兼院长，负责主持审理溥侗、殷汝耕、王荫泰、梅思平、周佛海、林伯生等汉奸大案。1948年12月任司法行政部政务次长、代理部长职务。1949年4月随国民党政府迁往广州后辞去本兼各职，先后任广州大学、岭南大学教授。同年9月去台湾，历任台湾大学、"陆军大学"、"军法学校"、"政工干校"等校教授，"行政院设计委员会"委员，"最高法院检察署监察长"。1969年9月19日在台北去世。著有《中国宪法论纲》、《监狱学》、《行政法》、《法理学讲义》、《保险法纲要》、《刑法新则实用编》、《中国刑法总论》、《新刑法原理》、《刑法总则讲义》、《刑法总则》、《最新行政法各论》、《最新行政法总论》、《少年犯罪之刑事政策》等。

**赵超构(1910—1992)**

笔名林放。瑞安县人。1910年5月4日生。新闻记者，专栏作家。1934年毕业于中国公学，任南京《朝报》编辑。1938年任重庆《新民报》主笔、副总主笔等职，同时为《今日论语》等专栏撰写杂文。1944年参加中外记者团访问延安，发表系列通讯《延安一月》，报道了陕甘宁边区的真实情况。1946年任上海《新民晚报》总主笔，长期撰写"短评"、"随笔"、"未晚谈"等专栏，并为《人世间》杂志撰写专栏杂文。1949年后继续主持《新民晚报》工作。"文革"后任上海辞书出版社副社长、总编辑，《新民晚报》社社长。曾任中华全国新闻工作者协会副主席、上海市政协副主席等职。1992年2月13日在上海去世。著有《延安一月》、《世象杂谈》、《林放杂文选》、《未晚谈》(一编、二编、三编)及《赵超构文集》(6卷)。

**赵紫宸(1888—1979)**

德清县人。1907年受洗入基督教。1910年毕业于苏州东吴大学。1914年入美国梵德比尔大学攻读社会学与哲学。1917年毕业，获社会学硕士、神学学士学位。同年归国后任东吴大学教授；1922年任教务长。1926年起任燕京大学宗教学院教授，讲授神学。1928年任燕京大学宗教学院院长，同时兼任燕京大学中文系教授。曾获东吴大学文学博士学位。1932年赴英国牛津大学讲学。1941年受中华圣公会会长圣职。1947年赴美讲学，获美国普林斯顿大学荣誉神学博士学位。曾作为中国代表多次出席耶路撒冷等地举行的基督教世界会议。1948年参加世界基督教会联合会成立大会并任主席(1950年辞职)。1949年参加新中国政协第一届全国委员会会议，并当选为北京市政协常委。后任中国基督教"三自"爱国运动委员会常委、燕京协和神学院教授、金陵协和神学院研究教授等职。对基督教神学、西方古典哲学、东方古典文学研究精深，在诗歌、戏曲、书法艺术方面亦有很深造诣。主要著作有《耶稣传》、《圣保罗传》、《基督教进解》、《神学四讲》、《基督教哲学》、《赵紫宸先生晚年诗词选》、《耶稣的人生哲学》、《从中国文化说到基督教》等，另著有诗集《玻璃声》、《打渔》、《南冠集》。

**赵景深(1902—1985)**

曾名旭初，笔名邹啸。丽水县人。作家、文学史家。1922年毕业于天津棉业专门学校，后入天津《新民意报》编文字副刊，并组织绿波社，提倡新文学。曾参加文学研究会。1930年起任复旦大学中文系教授，北新书局总编辑。新中国成立后曾任中国古代戏曲研究会会长，中国俗文学学会名誉主席，中国民间文学研究会上海分会主席等。在元杂剧和宋元南戏的辑佚方面做了开创性工作，对昆剧等剧种的历史和声腔源流及上演剧目、表演艺术均有研究。著有《曲论初探》、《中国戏曲实考》、《中国小说丛考》等。

**赵　禅(？—1917)**

北洋军官。1913年"二次革命"后以陈其美为首的革命党人猛攻北洋军队驻守的上海江南制造局，鉴于江南制造局守军兵力薄弱，单骑赴浙江，向拥护袁世凯的浙江都督朱瑞乞兵，终于使朱瑞同意出兵上海协助北洋军与革命军作战，并击败了革命军。镇压"二次革命"后任淞沪护军使公署参谋长。1917年1月淞沪护军使杨善德被北洋政府任命为浙江督军兼省长，随杨善德到杭州；1月7日被北洋政府授予陆军少将军衔；1月30日被北洋政府任命为浙江督军公署参谋长。北洋政府(总统)府(国务)院之争爆发后，作为杨善德的代表前往京津参加督军团活动，向总统黎元洪施加压力。同年5月19日作为杨善德的全权代表在督军团呈请黎元洪大总统解散国会的呈文上签字；7月12日在杭州被不明身份的人刺死。

**赵　舒(1884—1948)**

字澄志，号明止，又名元熙，晚年号红蓼馆主人。缙云县人。1902年由赵卓和吕嘉益介绍参加龙华会。1903年留学日本早稻田大学。旋因革命弃学回国，结识王金发、竺绍康、吕逢樵、丁荣等革命党人，常在壶镇商讨革命大计。温台处会馆建立后出任会馆执事员。1905年加入光复会和同盟会，常在壶镇召开秘密会议，商讨革命事宜。与魏兰、阙麟书等人在丽水组织"利用实业织布公司"，作为浙南革命大本营。又与褚辅成等人在上海开设天宝客栈，作为沪上革命党人活动基地。1907年秋瑾接任大通学堂督办，与吕逢樵等人参与大通学堂工作，参与筹划皖浙起义有关活动。皖浙起义失败后被清政府悬赏通缉，与吕逢樵等人一起潜伏山区。1908年应陈其美之邀赴沪参加浙江11府革命党人会议，旋因叛徒刘师培告密，起义夭折。又应苗秀山、熊成基之约赴安徽参加安庆起义，失败后潜回缙云。1910年潜走金、处、沪、杭之间，联络会党，筹措枪支弹药，继续开展革命活动。1911年武昌起义后参加王金发任队长的敢死队，参与攻打浙江巡抚衙门战斗。杭州光复后带回一批枪支弹药返回壶镇，协助吕逢樵光复处州，成为吕逢樵"光复军"三个队长之一。处州军政分府成立后招收新兵四五百人，编为北伐队，拟参加推翻清政府的北伐。后因南北议和，停止北伐，北伐军也宣布解散。民国成立后转为国民党党员，当选为众议院议员。1913年参加"二次革命"。1917年孙中山在广州成立护法军政府，出任大元帅府参议。第一次护法失败后返回沪浙，继续进行反对北洋军阀专制统治。1921年与章太炎等著名浙籍人士，在上海发起成立浙江省宪政协进会，要求浙江制定省宪法，进行地方自治，以反对北洋军阀及其爪牙在浙江的统治。1922年获悉浙江53县遭受严重洪水袭击，即向众议院报告灾情，提出五项善后办法，并由浙籍旅京同乡会组织"壬戌赈济会"，奔赴处州10县勘灾赈济。1923年10月拒绝参加曹锟贿选，南下参加孙中山领导的第二次护法运动。1924年国共合作建立统一战线，赞同三大政策，拥护国共合作，成为国民党中坚定的左派。黄埔军校成立后在浙江秘密策划浙江青年前往黄埔军校学习。1926 年 7 月国民革命军誓师北伐，奉命回浙策反孙传芳所属周凤岐部。随后出任国民革命军第二十六军党代表兼政治部主任，进驻上海。1927 年 4 月周恩来因领导上海工人武装起义，被二十六军第二师师长斯烈扣留，罗亦农请求予以营救。闻告即驱车与斯烈交涉，并亲自护送周恩来脱离险境。随后解散政治部，离开二十六军，赴武汉出任航空委员会党代表。1934 年春应江苏省主席陈果夫邀请，出任淮阴地区第七区行政专员兼保安司令。仅一年辞职，以书画自娱。1937 年抗日战争爆发后与褚辅成等分赴各地宣传抗日组织地方武装。帮助沦陷区金华中学、安定中学和锦堂师范等校迁移壶镇复课，设法收容难民，建立难民纺织厂。1939 年被推选为浙江省参议员，并当选为驻会议员、驻节方岩。1942 年日军窜扰浙南，回缙云组织地方团队保卫家乡。1944 年 12 月当选为第四届国民参政会参政员。抗战胜利后出任浙江省善后救济工作团第三分团团长，负责永康、武义、缙云、丽水、宣平一带救济工作。1948 年 9 月 5 日在缙云县病故。著有《红蓼馆诗草》和《明止集》。

**赵瑞蕻(1915—1999)**

原名赵瑞霟，笔名阿虹、朱弦。永嘉县人。早年就读于永嘉县中学。中学时就开始写诗，第一篇抒情诗《雷雨》发表于温州中学校刊。1935 年入大夏大学中文系学习，后转山东大学外文系。1937 年回温州，与同学们组织战时服务团，开展抗日救亡活动。后转入西南联大学习，期间组织南湖诗社、高原文学社，并翻译了一些莎士比亚与雪莱的诗作。1940 年毕业后在云南、重庆等地中学教书。次年到中央大学外文系任助教，一度到女子师范学院任国文系副教授。新中国成立后一直在南京大学任教。1953 年至 1957 年曾去得意志民主共和国莱比锡大学任访问教授，讲授“中国现代文学史”、“鲁迅研究”等课程。历任中央大学外文系教师，南京大学外文系、中文系教授。长期致力于中国现代文学和西方浪漫主义文学研究。

**赵　璋(1920—1991)**

字亦章。杭县人。企业家。西南联合大学化工系毕业后赴美国纽约大学、哈佛大学商学院进修。投身国民党官办企业界，曾任云南制糖厂厂长、恒通酒精厂厂长。抗战胜利后去台，参与台糖公司接收工作，并任旗尾糖厂厂长，嗣任总公司企划处副理、业务经理、协理等。1965 年转调航运业，担任复兴航业公司总经理、董事长，航业海员训练中心、高级海事职业学校、益祥轮船等公司董事。在台湾航运业界颇有影响，曾任台北轮船商业公会、台湾轮船商业公会理事长。1990 年当选为工商协进会理事，后任该会顾问兼副秘书长。著有《台湾糖业》。

**赵　膺(1885—1911)**

字子拳。诸暨县人。1903 年到杭州武备小队当兵。1907 年考入北洋陆军学堂学习。1910 年毕业后任浙江陆军小学堂兵学科教员。不久调任浙江陆军第二标第二十一营左队队官，旋调任第八十二标第一营前队队官，驻杭州南星桥。1911 年 10 月 10 日武昌起义爆发后因功升任第五标第一营管带。浙江光复后组织浙军攻宁支队，坚决请缨北上，遂被任命为先锋敢死队。同年 11 月 12 日部队抵达江宁，攻克孝陵卫，打通朝阳门；11 月 30 日率部猛攻南京天堡城，虽左肋中流弹，仍命护兵朱顺国背负指挥；下午 6 时，子弹击中腹部，仍大呼冲锋，仆地而卒。

**胡士俊(1878—1929)**

又名瑛，字啸皆，别号笑樵、小佳、啸效，出家为僧后法名孝修。嵊县人。自幼聪颖，喜交朋结友，且有武功，任侠仗义。1904 年与谢飞麟、王金发等在维新思潮影响下服膺“大同”学说，组织“大同学社”，名为学社，实则“植党结群，秘谋反清”。1905 年协助谢飞麟创办爱华女校，开浙江女学之先河。同年秋入大通学堂培训，加入光复会。不久又随徐锡麟等游学日本警视厅，结识陈其美等人，在东京加入同盟会。回国后协助秋瑾组建光复军，在嵊县倡办团练，积极鼓吹革命，往来于沪、杭、绍、嵊之间，联络革命志士。皖浙起义失败后遭通缉，被迫亡命山泽。1910 年应嵊县劝学所总董周志由邀请，出任宣讲员，以通俗讲演为名，鼓吹反清思想。1911 年受谢飞麟之邀，赴沪与陈其美、王金发等接洽联络，以嵊县鼎成药房为秘密通讯机关。武昌起义后革命党人决定在东南起义，奉命回嵊县筹集经费。光复杭州之役，正卧病在嵊县，犹在策励同志赴难。浙江光复后被委任为嵊新茧捐委员，积极筹集北伐饷糈。旋即改任余姚盐场知事，力除积弊，安抚盐民。绍兴军政分府撤销以后离任，返回嵊县。1913 年“二次革命”爆发后奉命回嵊筹款，又运送炸弹至绍兴瓦窑头，预备发难，因叛徒告密而失败。1915 年底袁世凯欲复辟帝制，谢飞麟拟在浙江反袁，负责整理嵊县王金发旧部。1916 年 3 月至塘湾参与策划组织浙东护国讨袁总司令部，因饷械不足，返回嵊县筹措粮饷。坚持反袁斗争，直至袁世凯气绝身亡。迨督军团起，以为天下事终不可为，遂在西湖六通寺削发为僧，不闻世事。1929年11月12日在余杭瓶窑永寿寺圆寂。

**胡士莹(1901—1979)**

字宛春，室名霜红簃。平湖县人。幼承庭训，熟读古籍，并习诗词、书法和棋艺。1920年以同等学力考入南京高等师范，为文史地部特别生，受教于刘毓盘、王瀣、吴梅。毕业后任平湖诒谷学堂、稚川中学、南京私立东方公学、扬州中学、嘉兴中学教员。1929年起先后在暨南大学、复旦大学、圣约翰大学、光华大学任教。抗战胜利后迁居杭州，任之江大学文学院教授。新中国成立后先后任浙江师范学院、杭州大学教授。1961年起兼任中国科学院浙江分院语言文学研究室(后改为杭州大学语言文学研究室)研究员，担任研究生导师，期间曾参与《辞海》编纂工作。毕生治学，以宋元明清文学和小说、戏曲、说唱文学为重点，尤以话本小说研究成就最大；又善诗词、书画、围棋。著有《话本小说概论》、《古代白话短篇小说选》、《宛春杂著》、《弹词宝卷书目》、《变文考略》、《词话考释》、《弹词简论》、《漫说鼓词》等，并校注有《紫钗记》、《牧羊记》、《雷峰塔传奇》和《吟风阁杂剧》等。

**胡大猷(1880—1949)**

字子谟。温岭县人。早年中秀才。1904年毕业于福建武备学堂，通晓日语。1911年参加辛亥革命。民国初年任陆军团长、江苏都督府顾问。1913年任江苏陆军第二师参谋长，参加讨袁战争，兵败离职。未几任浙江都督府中校参谋兼《兵事杂志》总编纂。1916年任浙军第六师步兵第九十九团团长。后任暂编第二师步兵第七团团长。1927年任国民革命军第二十六军参谋长。1928年任南京国民政府军事委员会训练总监部编译处少将处长，参与编审《步兵操典》。1929年任国民政府军事委员会军政部总务厅厅长。1936年2月7日被南京国民政府授予陆军少将军衔。

**胡小石(1888—1962)**

名光炜，字小石，以字行，号倩尹，又号夏庐，晚号沙公。祖籍浙江嘉兴，生于南京。早年从沈曾植、李瑞清学。1910年毕业于两江师范学堂后留任附中教员，经李瑞清介绍，拜陈三立门下学诗学。1918年受聘为李瑞清家庭教师。1920年任北京女子高等师范教授兼中文部主任。1922年起历任武昌高等师范、西北大学、金陵大学、东南大学、中央大学、国立女子师范学院教授。1937年避乱至重庆，任白沙云南大学中文系教授、系主任、文学院院长。1943年为教育部部聘教授。1945年返回南京后任中央大学文学院院长。新中国成立后历任南京大学教授兼文学院院长、图书馆馆长等职，并任江苏省政协常委。学识渊博，于古文字、声韵、训诂、经、史、诸子、佛典道藏、金石书画乃至辞赋、诗歌、词典、小说无所不通，治学严谨，能详剖源流正变，推求究竟，确凿可信。著有《中国文学史》、《甲骨文例》、《金文释例》、《声统表》、《说文部首疏证》，另有《胡小石论文集》行世，诗作有《愿夏庐诗钞》。又善书法，追摹甲金文字，独具高格。

**胡子婴(1907—1982)**

女。原名胡晓春，后改名子霖，笔名宋霖。上虞县人。1927年高中毕业后到上海商务印书馆任职。参加上海工人运动，并参加上海工人第三次武装起义。“四一二”反革命政变后被国民党当局列入黑名单，被迫潜回上虞。1929年毕业于杭州女子师范学校。1931年“九一八”事变后积极投入抗日救亡活动。1935年发起成立上海妇女救国会，任理事。参加宋庆龄领导的妇女新生活运动会。1936年任上海各界救国联合会总干事，并在全国各界救国联合会中担负日常会务。同年11月救国会七名领袖(史称“七君子”)被国民党当局秘密逮捕后，将“七君子”被捕经过发表于《救亡情报》。1937年5月跟随宋庆龄前往苏州参与营救，并参加宋庆龄、何香凝等发起的救国运动。抗日战争爆发后转道香港到重庆，在重庆主持办理小学、简易医院和消费合作社等福利事业。1945年12月参与中国民主建国会的筹建，在宪政促进会、经济事业协进会等进步团体中担任理事。1946年1月出面租借沧白堂，召开“重庆市各界政治协商会议协进会”，会上被国民党特务打伤。同年6月参加上海人民团体联合会请愿代表团，为反对内战、呼吁和平，赴南京请愿。1948年应邀到解放区参加新的政治协商会议筹备工作，并参加民主青年代表大会和民主妇女代表大会。1949年5月上海解放后被推选为上海市工商业联合会筹备会委员、副秘书长；12月任上海市工商联筹备会秘书长。1951年任上海市工商联秘书长。1956年当选为市工商联副主委兼秘书长。1959年11月调北京担任国家商业部副部长。期间协助领导上海工商界恢复生产、抗美援朝、公私合营等各项活动。先后任中央财政经济委员会副秘书长，上海市人民政府委员，上海市人民委员会委员，民建上海市临时工作委员会常务委员，民建上海市分会常务委员，上海市民主妇联副主席，市妇联副主席，上海市协商会委员，上海市政协常务委员，中华全国工商业联合会执行委员、常务委员、副秘书长、代理秘书长、副主任委员，中国民主建国会中央委员会常务委员，中华全国妇女联合会常务委员，全国政协委员、常务委员，第一至第四届全国人大代表，中华全国妇女基金会副会长。1982年11月30日在北京病故。著有中篇小说《滩》。

**胡云芳(1909—1986)**

鄞县人。1920年到上海做工。1925年接受马列主义教育，先后参加上海"五卅"运动、上海工人第三次武装起义。1932年奉中共组织的委派前往河南省南阳地区同邵士芳等以创办丽华工业社为掩护，组织进步青年学习马列著作，阅读进步书籍，宣传革命道理，进行革命活动。1934年秋受曹云阁、邵士芳的委派，先后到上海、浙江东阳、宁波等地设法寻找中共组织，后在中国共产党领导的抗日救亡组织从事抗日救亡工作。1938年秋到延安学习后历任晋察冀军区工业部化学科科员，晋察冀回延安干部队排长，延安军事工业局紫坊沟化学厂技师、车间主任，河北井陉矿务局局长，新华电机厂厂长。1946年7月正式加入中国共产党。新中国成立后历任长春第一汽车制造厂筹备组办事处主任，中央人民政府汽车工业局处长，洛阳拖拉机厂处长，上海化工厂厂长，吴泾化工厂副厂长，大中华橡胶一厂厂长，中共正泰橡胶厂委员会顾问等职。

**胡升鸿(1880—1973)**

字渐逵。建德县人。19岁中秀才，20岁补廪生。1906年由严郡中学堂保送考取公费留学日本。先在东京早稻田大学理化专科肄业，后入东亚铁道专门学校建设科学习。1910年毕业回国后在津浦铁路当练习生，后递升为帮工程师、副工程师。1918年任津浦铁路正工程师，负责津韩总段，不久负责济韩总段，驻守济南。1925年"五卅"惨案，日军侵犯济南，黄河铁路大桥被毁，作为津浦铁路局代表之一参加抢修工作，使大桥如期修复。1932年受交通部委派，参与浙赣铁路灵溪大桥的勘测设计和施工工作。1938年参加叙昆铁路的修筑工作。1947年调任浙赣铁路工程师，直到1955年退休。著有《轨道力学》、《电焊学》等。

**胡仁源(1883—1942)**

字次珊。吴兴县人。1899年至1901年在南洋公学师范班学习。1902年中举，进京师大学堂学习，后留学日、英等国，获英国工学硕士学位。回国后任北京大学预科及工科学长。1913年11月就任北京大学校长。1915年11月主持成立北京大学首届评议会并兼任议长一职。1916年12月署理北京大学校长。在其领导下，北大文理工商法各科都得到了平稳发展。但因人事原因，1917年1月被教育部免职，改任工科学长。后被北大委派赴美调查教育事宜，因故未成行，于12月被免去工科学长职务。1919年五四运动之后蔡元培曾向北洋政府教育部提出辞呈，北洋政府于6月7日任命胡为北京大学校长。因北大内部反对并发起"拒胡迎蔡"运动而未到任，不久即以"调部办事"名义收回任命。1921年至1925年任交通大学机械科教授、铁路管理科科长。著有《造船》，编有《投影几何》、《新中学教科书平面三角法》，译著有康德《纯粹理性的批判》、歌德《哀格蒙特》、席勒《瓦轮斯丹》、萧伯纳《圣女贞德》等。

**胡今虚(1915—2003)**

原名胡申定，曾用名胡经舒，笔名洛人、应虚、向辛等。瑞安县人。作家。20世纪30年代初在温州参加成立动荡文艺社，自办小报刊，为《温区民革日报》、《瓯江民报》、《温州晨报》编辑文艺副刊。曾将苏联文学名著《毁灭》等改编为通俗小说，在《温州时代报》连载。1934年初到上海就读，并在报刊发表诗、评论、电影剧本等，毕业于上海法学院政治经济系。抗战爆发后返回温州，组织温州战时青年服务团，被推为总干事。后加入莫洛组织的海燕诗社，发表诗歌作品。新中国成立后在杭州女中任教，因"胡风事件"牵连回温州，仍从事教学工作。创作有长诗《小城的黎明》、《妇女解放礼赞》等，著述有《鲁迅作品及其他》、《鲁迅诗读札》等。

**胡公冕(1888—1979)**

原名世周。永嘉县人。1904年到驻杭州的浙江新军随营学堂当学兵。1910年到驻湖州的新军管带陶昌权处当教练。1911年11月到上海参加辛亥革命上海光复之役，任沪军第二师排长，后任模范团队长。1913年离团回杭，经沈钧儒介绍到杭州体育专门学校当教员；半年后转入杭州省立第一师范担任体育教员。1921年10月由陈望道、沈定一介绍，加入中国共产党。不久赴苏联莫斯科东方大学学习。1922年1月作为中国代表团成员，参加共产国际在莫斯科召开的远东各国共产党及各民族革命团体第一次代表大会。会议期间与中国代表团成员一起受到列宁的接见。回国后仍回杭州第一师范以教书为掩护，进行革命活动。1923年9月由邵力子、戴季陶介绍，到上海谒见孙中山，并根据中共党组织的决定，以个人身份加入国民党。1924年1月作为浙江省代表之一，参加在广州召开的国民党第一次全国代表大会。会后参加黄埔军校筹建工作，受命招收黄埔军校第一期学生。同年6月黄埔军校正式开学，任卫兵长。1925年春任军校教导第二团第一营党代表。第一次东征讨伐陈炯明，调任第二营营长，后任前卫司令，在攻打龙烟洞的战斗中负伤，指定胡宗南为代理营长。伤愈后到黄埔军校政治科担任大队长。1926年6月北伐开始，任国民革命军总司令部政治宣传大队长。北伐军攻占南昌后任总司令部副官处长，后调任第六十七团团长，并兼东路军前敌总指挥部政治部主任。1927年"四一二"反革命政变发生后辗转到达武汉，被派往武汉国民政府第四集团军第二方面军总司令张发奎的教导团当团长。武汉汪精卫集团发动"七一五"反革命政变后奉中共党组织之命率部向南昌进发，行至江西九江，把部队交给参谋长后到上海待命。不久与中共党组织失去关系。1929年返回家乡，组织农民武装与当地红军游击队会合，于1930年3月成立浙南红军游击总指挥部；5月3日宣布成立中国工农红军第十三军，任军长，在瑞安、平阳农民武装配合下，率领红十三军攻入平阳县城；6月下旬后相继攻打永嘉、青田、缙云等地，牵制了国民党"围剿"中央苏区与闽浙赣根据地的部分兵力。1932年8月潜入温州，在驻温的浙保四团内成立兵运小组，准备与红十三军里应外合一举打下温州。后被叛徒出卖，在群众的掩护下离开浙南前往上海。同年9月29日由于叛徒出卖在上海被捕，押到南京关了两年后被移送南昌，关进国民革命军总司令行营监狱。1936年2月由时任陕西省主席的邵力子保释出狱，到西安疗养。同年12月12日西安事变发生，奉周恩来委派去甘肃省固原劝阻胡宗南不要东进。此后又到西北军和东北军中做工作。1937年夏、1943年4月先后两次访问延安，受到毛泽东和其他中央领导人的接见。1945年抗日战争胜利后迁居上海。1947年冬在周恩来的亲自关照下同中共中央社会部负责人吴克坚、祁式潜取得联系，参与策反国民党军队。1948年初到1949年多次从上海前往西安、汉中等地，劝说老朋友、老部下胡宗南起义，但没有成功。新中国成立后历任政务院参事、国务院参事。1979年6月30日在北京去世。1984年1月8日被追认为中国共产党党员。出版有《胡公冕纪念集》。

**胡玉堂(1918—1988)**

慈溪县人。1941年毕业于浙江大学文学院史地系。1944年毕业于浙江大学研究院史地学部，获硕士学位并留校，受聘为史地研究室编辑、讲师，从事西洋上古史、中古史教学与研究。1949年任浙江上虞春晖中学校长。1954年奉调浙江师范学院历史系，1962年任杭州大学历史系副主任，1983年晋升教授。历任杭州大学历史系副主任、主任，浙江省历史学会秘书长、副会长、会长，中国史学会理事，中国宗教学会理事，浙江省第五、第六届人大代表。从教40余年，对世界古代史、中世纪史、近代史、基督教史、西欧史学史等均有研究，治学严谨，不囿旧说。著有《西洋史简编》、《中国史简编》、论文《历史上的耶稣》，合著有《世界古代中世纪史》，编写有《世界史手册》、《世界史大事汇编》等。

**胡世杰(1908—1972)**

慈溪县人。1927年毕业于莫斯科中国劳动大学。次年毕业于莫斯科步兵学校。曾任上海政法学院教授，上海财经学院教授兼《财经研究》主编。1958年起任上海社会科学院经济研究所教授。编著有《日本在东北的掠夺》等。

**胡世泽(1894—1972)**

又名子泽，字寿增。吴兴县人。幼年随父胡惟德赴俄国，在莫斯科俄国皇家小学就读。后赴法国，入巴黎政治学校，毕业后升入巴黎大学学习，获法学博士学位。1919年任巴黎和会中国代表团秘书。1920年任国际联盟中国代表团团员及国际财政会议中国代表团专门委员。同年任华盛顿会议中国代表团秘书。1923年任驻德国公使馆一等秘书。1924年任驻德国公使馆代办。1926年任关税特别会议编纂处副处长。同年任督办中俄会议事宜公署专门委员。1927年任北洋政府外交部条约司科长。1928年任上海市政府参事，兼南京国民政府建设委员会秘书。同年入外交部，任秘书兼总务司交际科科长。1930年4月至1932年1月任外交部亚洲司司长。1931年兼中苏会议专门委员。同年12月任驻瑞士公使馆公使衔代办。1932年4月任驻瑞士公使馆代办。1933年5月至1941年10月任驻瑞士公使馆全权公使。1942年12月至1945年8月任外交部常务次长。1945年随外交部长宋子文前往苏联莫斯科，参与《中苏友好条约》的谈判。1946年任联合国助理秘书长，主管联合国托管及非殖民化事务。后任负责会议事务的副秘书长。1971年中华人民共和国恢复在联合国的合法席位，台湾当局被驱逐出联合国后离职。1972年在纽约去世。

**胡世勋(1914— )**

字子勋。吴兴县人。1914年生于法国巴黎。早年毕业于北京私立辅仁大学,后留学美国,获哥伦比亚大学硕士学位。回国后任南京政府经济部工矿调整处视察。1949年去台湾,入"国防研究院"第十期结业。到台湾后历任"外交部欧洲司"科员、专员、司长,驻美国纽约暨芝加哥"领事",驻休斯敦暨火奴鲁鲁"总领事",驻巴拉圭"大使","外交部欧洲司司长","北美事务协调委员会"主任委员兼驻美"代表"。著有《中国内河航行权》等。

**胡务熙(1920— )**

江山县人。中央军校第十六期暨中央警官学校特警班第二期毕业。1949年去台湾后历任台湾"铁路警察局"督察长,台南市、台湾省保安警察第一总队总队长。1977年任台北市警察局局长。1982年任"内政部警政署"副署长兼台湾"省政府警务处"处长。

**胡兰成(1906—1981)**

嵊县人。1906年2月28日生。早年先后就读于嵊县芝山小学、绍兴第五师范附属高小、绍兴第五中学、杭州蕙兰中学。1923年在蕙兰中学读四年级时,因编辑校刊得罪校务主任方同源,被学校开除,回到老家胡村任小学教师。1926年春到杭州邮政局当邮务生,三个月后被开除;9月进燕京大学任抄写文书一年并旁听燕大课程。1930年进杭州中山英文专修学校教书。1931年初转到萧山湘湖师范任教。1932年秋由旧识崔真吾介绍,到广西省立第一中学教书一年。1933年至百色省立第五中学教书两年。1935年转至柳州省立第四中学。1936年应第七军军长廖磊之邀请,创办《柳州日报》。两广事变爆发后被第四集团军总司令部监禁33天。1937年初经白崇禧批准释放回原籍;4月被上海《中华日报》聘为主笔。1938年初调到香港任《南华日报》总主笔,用笔名流沙撰写社论;12月19日汪精卫脱离重庆到河内,响应日本军阀近卫声明,于12月30日发表艳电。1939年5月初离开香港,追随汪精卫到上海;8月底汪伪国民党全国代表大会召开,随后成立汪伪国民党中央党部,任《中华日报》总主笔。1940年3月30日汪伪国民政府在南京成立,任宣传部政务次长,仍兼《中华日报》总主笔。同年夏辞去《中华日报》总主笔兼职。1941年2月28日脱离《中华日报》,任《国民新闻》总主笔。1942年春任汪伪行政院法制局长。1943年春法制局撤销,改任伪经济委员会特派委员。1945年8月日本宣布无条件投降后,于9月初从武汉逃往南京,稍后离开南京到上海。后在浙江杭州、诸暨、金华、丽水、温州等地隐匿。1950年潜逃香港,逃脱了惩处。1951年春迁居日本。1974年5月赴台湾,在"中国文化学院"任教。1975年9月胡秋原在《中华杂志》发表《汉奸胡兰成速回日本去!》。在舆论压力下,同年10月起停止在"中国文化学院"上课。1976年1月底回到日本。1981年7月25日在日本去世。1991年台湾出版《胡兰成全集》(9册)。

**胡吉光(1900—1970)**

龙游县人。婺剧演员。少时家贫,帮工度日。19岁入兰溪汇头吴新云科班学戏,师承吴大兴。先后在金华舞台、徐恒福等戏班演大花脸。日军入侵,歇艺回家,砍柴度日。1942年重入徐恒福班。1953年进金华市民生婺剧团。1954年参加浙江省首届戏曲观摩演出大会,演出《郑恩闹殿》获演员三等奖。1956年为金华市婺剧团首任团长。代表剧目有《郑恩闹殿》、《罗成降唐》、《龙凤阁》等。是婺剧颇有影响的大花脸之一。任职期间坚持勤俭节约、艰苦创业的作风,自费建造了本省第一座剧团排练场。在培养学员、继承婺剧优秀传统艺术等方面,成绩卓著。

**胡 考(1912—1994)**

余姚县人。1912年12月23日生于上海。小说家、文艺理论家、漫画家。1931年毕业于上海新华艺术专科学校。1937年先后在武汉、重庆《新华日报》任美术编辑。1938年任教于延安鲁迅艺术文学院。后任《苏北画报》社社长。新中国成立后历任华东大学教授,《人民画报》副总编辑、顾问。1957年被打成"右派"。"文革"期间受到冲击。晚年作中国画,并曾于中国美术馆举办个人画展。1994年6月23日在北京去世。画作有《胡考素描》、《今人物志》、《上海小姐》、《西厢记》、《西施》,著有长篇小说《上海滩》,诗歌《梨花恨事》、《延安五首》、《醉花荫》(赠丁玲)、《聊以诗词》(诗集)。

**胡西园(1897—1981)**

又名修穆。镇海县人。中国最早的电光源企业家。少年时代对工艺就颇感兴趣。1920年浙江高等工业学校毕业后即从事开拓中国工业事业,在上海开设机器制造厂。1921年在上海开设恒昌造船厂。同年研制出我国第一只长丝白炽灯泡。1923年与德籍友人亚浦耳合伙创办小型亚浦耳电灯泡厂,任经理。1925年集资10万元盘买该厂,改名中国亚浦耳灯泡厂,是为第一家中国人办的灯泡制造厂,任总经理兼总工程师。接办后企业获得迅速发展，陆续建成总厂、二厂、玻璃厂、事务所、货栈等，至抗战爆发前资产已达260万元，成为全国最大的灯泡制造企业。二三十年代担任上海市商会执行委员、全国工业总联合会常务委员、上海市电工器材工业同业公会主席委员、电工器材工业全国理合会理事长。同时积极参与国货运动，先后任中华国货维持会常务委员、上海机制国货工厂联合会常务委员等职。抗战爆发后中国亚浦耳总厂西迁重庆，并任迁川工厂联合会常务委员。在内地又创办了新源炼油厂、新亚热水瓶厂、开远松香厂等10余家民族企业，为发展西南工业作出贡献。又参与发起筹组重庆国货厂商联合会、重庆市商会、全国工业协会等团体，任常务理事、理事等职。1945年参与发起成立中国民主建国会，任民建中央常务理事。1946年初主持亚浦耳厂回迁上海。同年5月任行政院最高经济委员会委员。上海解放前夕拒绝去台湾。1956年亚浦耳电器厂公私合营，仍任总经理。1959年工厂改名亚明灯泡厂，产品不断升级换代。晚年为和平统一祖国做了大量工作。

**胡仲持(1900—1968)**

字学志，笔名宜闲等。上虞县人。1900年2月25日生。“五四”时代就和中学同学合编学运刊物《自助周刊》。20世纪20年代初考入《新闻报》，任记者。1921年参加文学研究会，为第一批会员。1928年进《申报》，任电讯编辑、国际版主笔。抗战后与梅益、王任叔等合办《译报》、《译报周刊》等，翻译出版毛泽东的《论持久战》和《论新阶段》等。又与其兄翻译出版《西行漫记》、《续西行漫记》，并同郑振铎等编辑出版《鲁迅全集》。1940年转往香港，先后在国际新闻社、《华商报》任职。1949年回国后历任《解放日报》编委、《人民日报》国际资料部主任、中联部亚非研究所研究员、外文出版社图书编辑部副主任、中国人民保卫世界和平委员会常务委员兼宣传部长等职。1968年4月在北京去世。著有《新地理学大纲》、《不列颠帝国危机》、《自然辩证法大纲》，译有《西行漫记》、《续西行漫记》等。

**胡　华(1921—1987)**

原名家骅。奉化县人。1937年肄业于浙江省立高等师范学校。1938年参加当地抗日救亡运动。同年赴延安，入陕北公学学习。1939年参加中国共产党。1940年起任教员，曾任华北联大史地系副主任。新中国成立后在中国人民大学任教，先后被聘为副教授、教授。历任中国人民大学中国革命史教研室副主任、中共党史教研室主任，兼任中国社会科学院近代史研究所学术委员、中国史学会中国现代史组副组长及常务理事、全国中共党史研究会常务副会长、全国中共党史人物研究会副会长、北京史学会理事、国际交流协会理事等。著有《日本投降以来英美帝国主义侵华史》、《中国新民主主义革命史(初稿)》、《青年时期的周恩来》，合著有《中国历史概要》，主编有《日本投降以来中国政局史话》、《中国革命史讲义》、《五四时期的历史人物》、《中共党史人物传》等。

**胡汝鼎(1905—1985)**

曾用名胡彝芬，笔名胡夷。杭县人。电机专家、企业家。少时在杭州读小学、中学。1924年考入复旦大学。次年留学美国，先后在康乃尔大学、麻省理工学院电机系攻读，获硕士学位。后被推荐至爱迪生任顾问的奇异电机厂工作，升任助理工程师，改进交通信号灯，加入美国电机工程学会。1929年放弃美国通用电气公司高薪聘用回国，任浙江省电气局试验所主任工程师。后任上海电机制造厂厂长，浙江大学工学院电机系主任、代院长，国民政府建设委员会设计处处长等。1939年与荣毅仁创办上海新丰化工厂，任合丰企业公司铁电厂厂长、新丰电化厂经理。1941年9月创建上海公用电机股份公司(今五一电机厂)，任董事长兼总经理。新中国成立后任上海电机第一联合工厂总管理处总经理兼总工程师。1952年兼复旦大学电机系主任、教授。后任上海市第一重工业局副局长，上海科技大学副教务长、自动化系主任。1978年后任上海机电一局副局长兼总工程师、上海市科协委员、上海市第六届政协委员等。

**胡志锐(1899—?)**

缙云县人。保定陆军军官学校肄业。后长期在缙云同乡樊崧甫将军司令部担任军需幕僚。曾任武汉警备司令部参谋长。1937年3月被国民政府授予陆军少将。1946年7月退役。

**胡　苏(1915—1986)**

原名谢相箴。镇海县人。城市贫民家庭出身，14岁辍学到上海当学徒，后到宁波当店员。1934年与友人组织宁波各界抗日救国联合会，并组织时代剧社，排演了《放下你的鞭子》等话剧。1937年到延安后先后在抗日军政大学以及鲁迅艺术学院戏剧系学习。1938年加入中国共产党。同年毕业于延安鲁艺戏剧系。曾任延安鲁艺、华北联合大学教员，冀中军区火线剧社副社长，冀中文协主任。毕业后创作《好日子》等独幕剧。新中国成立后历任河北省文联主任，中共河北省委宣传部文艺处处长，文化部电影局电影剧本创作所编剧，长春电影制片厂编剧、副厂长，中国影协理事，中国剧协理事。

**胡识因(1893—1974)**

女。原名世英，化名吴式、郑耐冬。永嘉县人。1900年全家迁住温州外祖父家，先后在温州艺文女学和大同女学读书。1909年考入杭州女子工艺师范学校。1910年进入上海女子体操学校。毕业后在杭州、镇海、孝丰等地女学任教。1920年回温州办起私立新民小学，自任校长，并在女子师范兼课。1924年冬和丈夫郑恻尘由谢文锦介绍加入中国共产党；12月中共温州独立支部在新民小学成立，任书记。支部成立后发动妇女，于1925年元旦在七星殿巷女师礼堂召开温州国民会议女界促成会成立大会，被选为干事会负责人；同月以个人身份加入改组后的国民党；4月国民党永嘉县党部成立，任县党部执行委员。1926年1月作为浙江省的四位代表之一，参加在广州召开的中国国民党第二次全国代表大会；6月调任国民党浙江省党部妇女部长；6月20日晚国民党浙江省党部办公处被直系军阀孙传芳所部军警查封，被扣押；7月20日获释。1927年3月北伐军光复杭州，担任国民党浙江省党部执行委员兼妇女部长，并担任中共浙江省妇运委员会主席。创办《浙江妇女》半月刊。同年7月28日丈夫郑恻尘在杭州的浙江陆军监狱遇难；10月连同两个子女被送往苏联中山大学学习。1929年秋与儿子离苏回国后在上海杨树浦办工人夜校，领导工运。中国工农红军第十三军组建后和庄竞秋担任红十三军驻沪通讯联络员。后在南京住了三年。1936年8月离开南京，到上海肇和中学担任教师。1938年8月回乡担任岩头小学校长。抗战胜利后一度到上海，先后担任肇和、崇农两所小学校长。1948年回温州。1949年9月受人民政府委派担任温州第八小学校长，后改任水光小学校长。1954年9月退休。1956年2月被提名为温州市首届政协委员。1958年被错划为“右派”。1974年病故。1979年平反。

**胡阿林(1901—1933)**

原名侠民，又名逸民，学名贤。东阳县人。1926年加入中国共产党。第一次国共合作期间任国民党东阳县党部农民部干事，主持筹建东阳县农民协会。1927年6月参与创建东阳第一个中共党组织——中共东阳独立支部，积极组织和领导瑞山乡农民运动。大革命失败后赴上海从事党的秘密工作。1930年任中共上海曹家渡区委书记。不久调任中共杭州县委书记。后被国民党逮捕入狱。营救出狱后由党组织派赴苏联步兵学校学习。1932年回国后历任中国工农红军第一方面军一军团团政治委员、红一军团第二师政治委员。参加中央革命根据地第四、第五次反“围剿”作战。1933年12月7日在大雄关战斗中牺牲。

**胡　茄(1911—　)**

镇海县人。1921年入上海公共租界工部局华童公学就读。1930年毕业于私立上海美术专门学校。继入白鹅画会从水彩画家潘思同习画。1932年“一·二八”事件时作了大量战地写生。1937年抗战爆发后成为战地画家。“八一三”淞沪抗战后随军转入西南大后方，足迹所及，画作随之，山川人物尽收笔下。抗战胜利后回南京工作。1950年赴台任翻译工作，后任淡江文理学院教授、“中国美术协会”监事。1959年与张杰、吴廷标、香洪、刘其伟等人组成联合水彩画会。1963年改组为“中国水彩画会”，成为当时极其活跃的水彩画创作和研究团体。著有《胡茄速写画集》、《港澳速写画集》等。

**胡国宾(1909—1965)**

字锦岩。建德县人。1928年毕业于黄埔军校第六期。1930年毕业于杭州笕桥中央航空学校第一期。后入陆军大学第十二期深造。毕业后一直在国民党空军供职。历任飞行员，飞行大队长，科长，空军第三路军司令部参谋长、副司令官。抗日战争期间曾多次驾驶飞机与日本侵华空军展开激战，曾获战功勋章及胜利勋章多枚。抗战胜利后任空军总部第二署副署长。1946年至1947年先后任空军参谋学校教育长、校长。1948年冬任空军北平基地司令。1949年春北平和平解放前夕因拒绝执行空军总司令周至柔对北平主要古迹和建筑物进行破坏的命令，受撤职查办处分。1949年1月下旬回到建德老家闲居。1950年去台湾。1965年在台北病故。

**胡岩岁(1908—1988)**

又名甘霖，化名何霖。永康县人。1931年5月在上海加入中国共产党。1932年10月任中共永康中心县委书记。1935年12月因叛徒出卖，被国民党当局逮捕。1937年抗日战争爆发后获释。1938年5月任中共永康县委书记。1939年2月任中共兰溪中心县委书记。解放战争期间先后任中共江苏宜兴县委组织部长、工委书记、武工队队长、山东省粮食总局粮政科长、华东财委直属党委书记。新中国成立后历任上海医学院党委监察委员会书记、上海吴泾焦化厂党总支书记兼厂长、上海市公用局党委组织部长等。1988年2月在上海去世。

**胡秉奎(1911—1968)**

平湖县人。1934年毕业于上海东南医学院。1935年赴日本留学，入东京帝国大学传染病研究所深造。1937年回国后历任上海仁济医院医师，上海自然科学研究所副研究员，东南医学院内科学教授，同时开设私人诊所。新中国成立后先后任惠旅医院、国有贸易企业职工医院内科主任医师，擅长传染病、肺病和血液病的诊治。

**胡　炘(1916—2002)**

字炘之，号复兴。永嘉县人。1916年11月13日生。中央军校第十期炮兵科毕业后分发到国民革命军服役，历任国民革命军排长、连长，驻联合国代表团团员，国防部第五厅参谋。1948年冬任京沪杭警备总司令部处长，旋任少将高参。1949年5月杭州解放后撤退至舟山，任"舟山防卫司令部"少将副参谋长。同年去台湾，先后入"革命实践研究院"第一期、"三军大学战争学院"将官班以及参谋指挥大学及两栖作战训练班深造。后任台湾当局的第六十七军参谋长、第九军第四十六师师长。1955年9月任台湾"装甲兵团司令部司令"。1958年起任"国防部"助理次长。1960年任"总统府侍卫长"。1967年8月任"国防部次长"。1970年任"国防部第二兵团中将司令官"。1974年任台湾当局驻巴拉圭共和国"大使"。1980年任驻新加坡"商务代表"。1988年8月离职。2002年病故。著有《装甲大部队之指挥与运用》。

**胡宗成(生卒年不详)**

字梦庄，号止安。绍兴县人。西泠印社早期社员。工文辞及金石之学，收藏汉魏六朝碑版、唐人墓志精拓甚富。善弈棋，能隶书，刻印以秦汉为宗。约民国初年与若干同好在杭州成立"臧社"，并被推为社长。1914年应邀加入乐石社。1933年至1947年间谢世。著有《西泠印社记》。

**胡宗南(1896—1962)**

原名琴斋，后改名宗南，字寿山。镇海县人。1896年5月16日生。幼年随全家移居孝丰县。1909年进入孝丰县城高等小学堂读书。1912年考入公立吴兴中学。1915年毕业后回到孝丰县立高等小学任教。1924年5月入黄埔军校第一期学习。同年11月毕业后被分配在军校教导第一团第三营第八连任少尉见习。1925年2月调任机枪连中尉排长；3月参加第一次东征，因功升机枪连上尉连长；4月任第一师第二团第二营营副；6月参加讨伐杨刘叛乱；10月参加第二次东征。1926年初升任国民革命军第一军教导师第二团第二营营长；7月升任教导师第二团上校团长。北伐战争开始后任第一师团长。1927年5月任第一军第一师少将副师长兼第二团团长；8月参加龙潭战役；10月26日升任第一军第二十二师师长。1928年4月参加第二期北伐。北伐结束后军队缩编，任第一师第二旅少将旅长。1929年3月蒋桂战争爆发，率领所部警戒武汉，所部第二旅改成第一旅，仍任旅长。1930年5月参加中原大战，在河南开封附近与冯玉祥的西北军作战；6月7日任第一师代理师长，沿陇海路迎击西北军孙良诚部。1931年1月13日升任第一师师长；7月参加讨伐石友三。1932年3月与贺衷寒、戴笠、康泽等参与组织三民主义力行社和复兴社；5月参加"围剿"大别山的红四方面军；6月红四方面军向西北突围后率领部队尾追拦截，后率领第一师进入甘南布防。1935年2月任"剿匪"第三路第二纵队司令官；4月9日被授予陆军中将军衔；6月在四川松潘几乎被红军活捉；9月任西北"剿匪"第一路军第二纵队司令，在川西北地区阻击红军；11月22日当选为国民党第五届中央督察委员。1936年9月任第一军军长兼第一师师长。1937年9月初率领第一军参加淞沪会战。会战中升任第十七军团长。由于仓促上阵，部队损失很大，不得不于11月6日率领第十七军团撤出战斗，于12月撤退至关中。1938年5月参加开封会战，指挥所部攻打兰封外围；6月18日兼第二十七军军长。率领所部支援武汉会战。1939年1月14日任第三十四集团军副总司令；8月4日任第三十四集团军总司令。1940年1月奉命进攻陕甘宁边区，蚕食边区五个县。1942年7月23日升任第八战区副司令长官兼第三十四集团军总司令，在西安设立副司令长官部，掌握第八战区实权，屯兵西北，严密封锁陕甘宁边区。1943年7月密谋突袭延安，被其机要秘书、中共地下党员熊向辉暴露而作罢。1944年4月任第一战区副司令长官，因对司令长官陈诚不满，称病赴华山休养，未到任；6月指挥部队反攻豫西日军，取得胜利；8月17日被任命为第一战区副司令长官；9月所部空运增援桂林、重庆；12月19日被任命为第一战区代理司令长官，管辖4个集团军、16个军、42个师、5个特种兵团，共计45万人。1945年5月当选为国民党第六届中央执行委员；7月31日任第一战区司令长官，成为黄埔系学生中唯一的战区司令长官；8月21日被任命为洛阳、郑州、开封、新乡地区的受降主官；9月22日在郑州接受日本第十二军司令官鹰森孝投降；10月3日加陆军上将衔。1946年1月1日任郑州绥靖公署副主任；7月初指挥整编第一军越过黄河，与阎锡山部南北夹击解放军太岳部队；24日所部整编第一旅被歼，旅长黄正诚被俘，接着整编第四十八旅遭受歼灭性打击，旅长何奇被击毙，不得不收兵退出晋南。1947年3月4日任西安绥靖公署主任；3月11日在洛川主持召开军事会议，决定以刘戡的整编第二十九军和董钊的整编第一军组成左右两个兵团，采取钳型攻势，占领延安以及整个边区；3月13日指挥15个旅(14万人)进犯延安，整编第一师第一旅于19日进入延安后，捏造战报，声称俘虏敌5万；3月25日第三十一旅在青化砭大部被歼，旅长李纪云被俘；4月16日第一三五旅在羊马河被歼，代理旅长麦宗禹被俘；5月7日第一六七旅在蟠龙被歼，旅长李昆岗被俘；8月22日所部整编第三十六师在沙家店被歼，师长钟松化装逃脱；10月10日守备清涧的整编第七十六师被歼，师长廖昂被俘。1948年3月整编第二十九军在宜川瓦子街被包围歼灭，中将军长刘戡自杀，整编第九十师少将师长严明等被击毙，受撤职留任处分；4月21日命令所部整编第十七师撤出延安。1949年2月1日兼第十二编练司令部司令；5月19日放弃西安向宝鸡转移，20日西安解放；7月宝鸡解放，残部撤退至汉中；8月与川湘鄂边区绥靖公署主任宋希濂到重庆晋见蒋介石，建议放弃西南转进滇缅，遭到蒋介石拒绝；9月8日兼川陕甘边区绥靖公署主任；11月起所部向成都周围转移；12月7日任"西南军政长官公署"副长官兼参谋长，代行军政长官职权；12月9日川康将领刘文辉、邓锡侯、潘文华通电起义，云南随后也宣布起义，西南形势大变；20日将军政长官部迁西昌；23日在未取得蒋介石允许的情况下飞往海南三亚，留在四川的三个兵团大部起义；28日在顾祝同劝说下飞返西昌。1950年3月26日解放军逼近西昌机场，将剩余6万部队的指挥权交给参谋长罗列，自己悄悄飞往台湾，其残余部队陆续被围歼；5月台湾"监察院"李梦彪等46位"监察委员"联名提出弹劾，经陈诚等周旋，"立法院"108名委员签名上书"行政院长"陈诚求情，陈诚将弹劾案移交"国防部"处理；8月"国防部"答复"应免议处"。1951年9月9日化名秦东昌，就任"江浙人民反共游击总指挥"，驻守大陈岛，指挥部队骚扰破坏大陆沿海。1952年10月19日当选为国民党第七届中央评议委员，兼任"浙江省政府主席"。1953年6月24日大陈岛解放，"江浙人民反共游击总指挥部"撤销；7月23日飞回台湾，任"总统府战略顾问委员会"委员；8月进入"国防大学"进修，1954年2月毕业。1955年9月就任"澎湖防守司令部"司令官，晋任"陆军二级上将"。1956年4月以考察名义到美国访问。1957年10月23日当选为国民党第八届中央评议委员；继续担任"总统府战略顾问委员会"委员；12月任"国防研究院"第一期研究员。1962年2月14日在台北病故。著有《宗南文存》。

**胡定安(1898—?)**

原名赟，字定安。吴兴县人。早年赴德国留学。1926年在德国柏林大学医科毕业，以及普鲁士公共卫生学院卒业。1927年回国后在上海开业。与上海医师公会会长余云岫及同学谢筠寿筹经费创办"社会医报"，刊行七年，以提倡社会公共卫生、介绍世界医药学识为宗旨。1929年被任为南京特别市卫生局长兼中央卫生委员会委员；在卫生部召集的第一届会议上和余云岫、汪企张二委员联署提议废止中医加入教育系统案。1934年应陈果夫之邀到镇江筹办"江苏省立医政学院"，由陈立夫兼任院长，胡任教育长。曾于医政学院中特设两期"卫生特别训练班"以训练中医，同时专办"苏北黑热病防治训练班"，卒业后派往苏北农村实地服务。1935年与邵象伊等发起组织"中国卫生教育社"。1938年医政学院因抗战迁至湖南沅陵，与南通学院医科合并，改名国立江苏医学院，任院长。1939年随学院迁往重庆北碚。1943年2月当选为三青团第一届中央干事会干事，成为CC派骨干之一。1946年江苏医学院迁回镇江。同年当选为制宪国民大会代表。1948年当选为行宪国民大会代表。1949年赴美国。著有《中国卫生行政设施计划》、《民族与卫生》、《胡定安公众卫生言论集》、《疟疾一夕谈》、《县卫生行政》、《胡定安医事言论集》等。

**胡春冰(1906—1960)**

绍兴县人。翻译家、剧作家。北京大学毕业后赴广州。先后任知用中学、越山中学国文教员，广州中山大学外文系教授。参加中国左翼作家联盟，热心话剧运动。1937年出任《中央日报》总编辑。1945年出任《中山日报》社长。1949年去香港，继续从事话剧运动。著译有《爱国男女》、《美人计》、《万劫归来》等。

**胡树森(1889—1930)**

字一东。绍兴县人。早年就读

于浙江陆军武备学堂第一期。1908年加入中国同盟会。1911年辛亥革命爆发后参加上海光复之役，任沪军第一团营长。民国成立后入北京清河陆军第一预备学校学习。1914年2月考入保定陆军军官学校第二期步兵科学习。1916年5月毕业后分发回浙江。曾任浙江武备学堂教官，浙江陆军小学监督，浙军混成旅团参谋。1923年赴广州，先后任粤军总司令部副官、建国粤军第一军参谋。1924年3月任黄埔军校入学试验委员会委员；6月任军校第一期教授部中校战术教官；后任第二期步兵总队总队长。东征期间任黄埔军校入伍生第二团团长，率全团官兵由黄埔开赴惠州驻防；后任军校东征史及黄埔战史编纂委员。1926年春任国民革命军总司令部编纂委员会委员。1927年春任杭州警备司令部参谋长。1930年春病故。

**胡品清(1921—2006)**

女。绍兴县人。诗人、散文家、文学翻译家。1942年毕业于浙江大学外文系。后任教于重庆南开中学。曾任中央通讯社英文翻译。后去法国任职，并开始法国文学研究。1962年回台湾。后任"中国文化大学"法文系主任、法国文学研究所所长。除写作新诗、散文、小说外，还翻译法、英文学著作多种，同时以法、英文写作《〈恶之花〉评析》、《李清照评传》等。著有诗集《人造花》，文学合集《梦的船》，论著《现代文学散论》、《西洋文学研究》等。

**胡钦海(1889—1952)**

永康县人。1914年在八字墙开设义和泰号，经营酒肉杂货。至1946年又先后创办(或合办)八字墙义和堂中药店、赤川三良靛青厂、宣平大莱三良第二制靛厂、芝英友联酿造厂、兰溪公和柴行、金华公记腿栈、永康油桐林场、雷公藤杀虫药粉厂、丽水科达修理厂、芝英抗建米厂等10余家企业。1926年起还致力于合作事业，先后在卉川乡创办造林合作社、信用合作社、桐油生产合作社、桐油运输合作社，是永康合作事业创始人，使永康成为当时全省合作事业发展较早的县份之一。尤以桐油生产合作社成绩显著，两次获省建设厅和社会合作事业管理局嘉奖。1935年垦荒种油桐4000多亩，培育出优质油桐新品种，又创建崇实榨油厂，创制轻便螺旋式榨油机，提高出油率。1936年创办合作桐油训练班，又创办永康第一所职业学校私立永康卉川油桐职业学校。著有《油桐种植及榨油之研究》。

**胡莼乡(1866—?)**

余姚县人。著名钱业经理商，胡稑芗之弟，钱业世家出身。长期任上海信孚钱庄经理。1921年参与发起创办中央信托公司，任董事。30年代中期任上海华安商业储蓄银行董事兼总经理，怡大永记钱庄股东兼经理，信孚钱庄股东兼督理，春元钱庄、协和兴记钱庄、慎泰豆米行股东，中一信托公司董事等。

**胡哲揆(1893—1966)**

慈溪县人。1893年2月生。解剖学家。1916年6月毕业于浙江医药专门学校。1920年6月毕业于德国柏林大学医科。1928年3月在柏林大学获医学博士学位；4月携德籍夫人回国后先后在上海东南医学院、同济大学、临时大学、交通大学担任解剖学、外科学、德文教授。新中国成立后先后在同济大学、上海第一医学院任人体解剖学、外科学和德文教授。1958年任上海铁道医学院人体解剖学教授。在多年的教学中工作态度十分严谨，对学生认真负责，讲课深受学生欢迎。1966年9月在"文革"中受迫害致死。1979年12月上海市教育卫生办公室宣布为其平反昭雪。著有《生理学》等，发表有《脊柱后和侧弯症的胸廓解剖所见》、《胃溃疡的外科疗法》等论文。

**胡积岱(1913— )**

三门县人。浙江省立水产学校毕业后入国民政府军政部南昌粮秣实验室任职，从事空投干粮研制。1945年任中国粮食公司工程师兼干粮厂厂长。抗战胜利后参与接收上海日人华中水产会社，将其改为农林部中华水产公司，任南京分公司经理。1949年赴台后先后担任省营台湾农林公司水产公司主任、台湾农工企业公司经理等职。后创设天新冷冻企业股份有限公司，自任董事长。并先后倡导创设台湾区制冰冷冻工业同业公会、台湾区冷冻水产品输出业同业公会，均被推为理事长。

**胡倬云(1906—1992)**

原名章，学名士汉，字倬云，以字行。平湖县人。1923年肄业于上海美术专科学校西画系。后执教于普益习艺所，任中西画教师。1931年进入上海天一影片公司任美术助理，在电影界长期担任布景设计工作。1937年后任新华影业公司美工科长。前后完成《木兰从军》、《精忠报国》、《忠义千秋》等近60部影片的布景。新中国成立后任上海电影制片厂美术设计师，先后完成《梁山伯与祝英台》、《天仙配》、《林冲》、《李时珍》、《老兵新传》、《红楼梦》、《北国江南》等20余部影片的美术设计。

**胡健中(1906—1993)**

原名经亚,字絜若,笔名蘅子。祖籍江苏南京,后落籍杭县。1927年毕业于上海复旦大学新闻系。1928年起任《杭州民国日报》总编辑。1931年5月作为浙江省代表到南京出席国民会议。1934年6月起主持杭州《东南日报》,成立《东南日报》股份有限公司,任常务董事兼该报社长。改报以民间报纸姿态,为国民党做宣传。由于办报有方,声名渐著,被当时新闻界誉为"南北二胡"(北为天津《大公报》经理胡政之)。期间先后当选为国民党浙江省党部秘书、执行委员。1937年抗日战争爆发后继续在浙江省金华、丽水、云和等地主持《东南日报》工作。1938年6月兼任第一届国民参政会参政员。1939年9月又兼任三民主义青年团中央监察会监察。1940年12月兼第二届国民参政会参政员。1942年7月兼第三届国民参政会参政员。1943年秋到重庆接任中央日报总社社长,仍兼《东南日报》社长。1945年4月兼第四届国民参政会参政员;5月当选为国民党第六届中央执行委员。1946年夏辞《中央日报》职,到上海创办上海《东南日报》,成立东南新闻事业股份有限公司,任常务理事、总经理兼社长。同年11月当选为制宪国民大会代表。1948年当选为中华民国立法院立法委员。1949年初派人将《东南日报》上海版的机器设备装上"太平轮"运往台湾。"太平轮"在舟山洋面沉没后又下令把《东南日报》杭州版的机器设备运到台湾去,遭到秘书严芝芳等人的暗中抵制没有实行。同年4月与《东南日报》的几位高层成员匆匆离开杭州去台湾。到台湾后继续担任"立法委员"。1950年当选为国民党中央改造委员会委员。后历任国民党第八、第九、第十、第十一届中央执行委员、常务委员,第十二、第十三届中央评议委员,并任"中央日报"发行人、社长,"中央电影公司"董事长。1993年9月26日在台湾去世。著有《西望长安》等。

**胡海秋(1902—1985)**

原名京涛。祖籍绍兴,生于北京。14岁考入天主教会办的高等法文学堂。1918年以优异的成绩考入法国埃皮纳勒市棉纺织学院。1924年回国后与原在该学院的浙籍学生杨雨田等集资在上海创办"六合"(含六人合办之意)织造厂,任业务经理。1927年"六合"厂改组后离厂,另在上海创办华东织造厂。1930年又与人合办东陆织布厂。抗战胜利后负责恢复已停工八年的"六合"厂,任总经理。1954年任公私合营杭州"六合"织造厂总经理。新中国成立后曾任杭州市副市长,浙江省民建、省工商联副主任委员等职。

**胡润桐(1898—1970)**

字幹周。淳安县人。其父经营盐栈、油坊、茶号,是当地闻名的富商。幼年就读于安徽歙县一教会小学,后入南京基督教青年会中学。毕业后考入吴淞工业专科学校(今同济大学)攻读机电工程。毕业后胸怀实业救国之志,开办工厂。1921年购买美国柴油机和发电设备在家乡创办威坪电灯厂,这是淳安第一家近代企业。1922年又与其兄创办明乐电灯厂。同年还与人在淳安创办博利安电灯厂,为淳安电力工业的发展起了开创作用。1924年参与创办恒春碾米厂。1926年还与人创办茶园电力碾米厂。期间又先后任安徽屯溪镇永明电灯公司工程主任、江苏吴江平望镇电灯厂工程主任,主持这些企业建成发电并正常运转。1928年去上海一家公司翻译科技资料,后又受聘任南京市自来水厂工程主任。抗战时期先后任广西柳州防毒面具厂翻译、机械所主任。抗战胜利后回上海任龙华机械厂工程师。1950年筹建淳安淳城镇清光电灯厂。1970年在上海病故。

**胡惟德(1863—1933)**

字馨吾。归安县人。早年入上海广方言馆就读。1888年中举人。1890年随薛福成出国,任驻英国使馆翻译学生,后升随员。三年后任驻美国公使馆参赞。1896年任驻俄国公使馆参赞。1902年2月任代办。同年7月以三品卿衔派充出使俄国钦差大臣。1907年9月内调外务部右丞。1908年3月任出使日本钦差大臣。1910年兼任海牙国际法院中国委员;5月升任外务部右侍郎;7月迁左侍郎,兼税务大臣帮办。1911年10月任袁世凯内阁外务部大臣兼帮办税务大臣。1912年3月任税务处督办;3月至6月署理外交部总长;11月被任命为驻法国全权公使兼驻西班牙、葡萄牙全权公使,1913年5月到任。1914年起专任驻法国全权公使,至1919年4月请假回国。1920年9月任驻日本全权公使。1922年3月辞职回国。三个月后任外交部太平洋会议善后委员会理事。1926年3月至5月任贾德耀内阁外交部总长,兼关税特别会议全权代表;4月20日至5月13日兼署国务总理并摄行临时执政。1927年1月至6月任顾维钧内阁内务部总长;6月代理国务总理;11月任平政院院长及高等文官惩戒委员会委员长。1918年至1928年四次连任海牙国际法院常设仲裁法院仲裁员。1933年11月24日在北平病故。

**胡逸民(1890—1986)**

号耕莘。永康县人。童年在家读私塾。1906年考入金华中学堂学习,1910年肄业回家。1912年入浙江省公立法政专门学校法律本科学习。1916年毕业,获法学学士学位,随即分发到浙江省高等审判厅任书记官。同年下半年到北京参加北洋政府组织的文官高等考试,考中司法官。1917年7月到广东,任香山县审判厅推事和县署专审员。1924年底奉孙中山之命北上联络河南军务督办胡景翼。1925年初在胡景翼的自主下从开封到北京,创办《国风日报》,任经理,不久被控制北京政府的奉系军阀张作霖查封。不久孙中山到北京,参与照料。为孙中山治丧后南下广州,任广州国民政府军法官。廖案发生后调任曲江地方审判厅民厅厅长。同年6月回到广州,任国民革命军总司令部军法处执法科长兼监狱科长。1927年"四一二"反革命政变后任"清党"审判委员会主席兼江苏省第一模范监狱长;8月因私自放走共产党员被蒋介石打入监狱。1928年1月蒋介石东山再起之后,下令释放出狱,重新委以重任,负责修建徐州军人监狱及南京军人监狱,并出任中央监狱长。蒋桂战争前夕奉令诱捕李济深。1930年兼任杨虎城的驻京代表。同年11月至1933年1月兼任陕西省政府委员。1931年8月邓演达被捕后关押在中央监狱,身为中央监狱长曾几次冒险营救,但未成功。1933年秋因通共的罪名被蒋介石第二次投入监狱,在狱中结识红军领袖方志敏,两人成为朋友,后受托将方志敏的手稿带出监狱,通过关系交给中共中央。1936年秋被保释出狱,西安事变后奉命到陕西潼关策动冯钦哉背叛杨虎城。蒋介石回到南京后被委任建造汉口军人监狱。1937年11月南京沦陷后回到家乡,后在金华开办永和公司,经营棉纱、布匹和针织品。后为躲避陷害,逃到福建,最后到陕西。1945年被蒋介石以"汉奸"罪名判处有期徒刑10年,第三次被投入监狱。1949年4月中旬被人营救出狱,与陈铭枢、马清苑等组织维持会,迎接解放军进入南京。1950年元旦由国家领导人林伯渠、董必武推荐,被聘为中华实业有限公司董事会常务董事。同年去香港定居。1981年10月回内地探亲观光,并在朋友的陪同下专程赴南昌梅岭拜谒方志敏烈士陵墓。1982年回故乡永康县定居。著有《虎牢吟啸》、《阅墙记》、《我的回忆》、《国民党中央监狱秘闻实录》。

**胡鸿烈(1920—　)**

绍兴县人。1920年1月15日生。早年就读于浙江省立绍兴中学、杭州省立第一中学。中学毕业后考入重庆的国立中央政治大学外文系。毕业后参加外交官考试,以优等第一名成绩进入国民政府外交部任职,任职于驻苏联塔什干总领事馆。后赴欧洲留学,1952年获巴黎大学法学博士学位。之后赴伦敦考取英国伦敦大律师资格。1955年回到香港执业。历任香港联合书院董事、院长,香港市政局副主席、立法局非官守议员,香港房屋协会执行委员,香港社会服务联合会主席,香港革新会副主席。1971年与妻子钟期荣共同创办香港私立大专树仁学院(2007年2月14日更名为香港树仁大学),任校监。1987年起担任全国政协委员、常委。2007年当选"感动中国"年度人物。2008年获香港特区政府颁发的大紫荆勋章。著有《人权与国籍》以及与太太合著《香港的婚姻与继承法》、《香港的少年犯罪问题》等。

**胡　淦(1901—1979)**

字佐卿,号主净、主净居士,别署敏求室。杭县人。西泠印社早期社员。博闻精鉴,富收藏,收集西泠八家刻印尤多,俞荔庵旧物半归其室。曾与葛昌楹共出所藏印辑拓为谱,曰《明清名人刻印汇存》(12卷)。

**胡　绳(1918—2000)**

原姓项,曾用公孙求之、毅、卜人、浦韧、陈桑、念青等众多笔名或化名。祖籍钱塘县,1918年1月11日生于江苏苏州。1934年入北京大学哲学系学习。1935年9月至上海,一面自学,一面参加中共地下党组织领导的抗日文化工作,并投身于爱国救亡运动。1935年至1937年间先后为《读书生活》、《生活知识》、《新知识》、《自修大学》等进步刊物撰稿,参加《新知识》的编辑工作。抗日战争爆发后在武汉、襄樊、重庆等地从事文化工作和党的统一战线工作。曾任武汉《全民周刊》、《全民抗战》、《救中国》等刊物编辑,第五战区文化工作委员会委员,《鄂北日报》主编。1938年1月加入中国共产党。1941年任香港《大众生活》杂志编委。1942年到重庆,任中共中央南方局文委委员、《新华日报》社编委。1946年至1948年在上海、香港工作,任中共上海市工委文委委员、香港生活书店总编辑。1948年10月离开香港,辗转进入河北省平山县解放区,进入中共中央宣传部工作。1949年下半年作为社会科学界代表团成员之一参加新政协会议。新中国成立后历任中共中央宣传部教材编写组组长,华北人民政府教科书编审委员会副主任,人民出版社社长,政务院出版总署党组书记,中共中央宣传部秘书长。1955年至1966年任中共中央政治研究室副主任,《红旗》杂志社副总编辑。"文革"期间受到严重冲击，被撤销一切职务，停止工作。1975年后历任毛泽东著作编委会办公室副主任，中共中央文献研究室副主任，中共中央党史研究室主任，中国社会科学院院长，中国人民政治协商会议全国委员会副主席，中华人民共和国宪法修改委员会委员、副秘书长，香港、澳门特别行政区基本法起草委员会副主任委员，中国史学会会长，中共党史研究会会长，孙中山研究会会长，欧洲科学院通讯院士。是中共第十二届中央委员，第一、第二、第三届全国人大代表，第四、第五届全国人民代表大会常务委员会委员。2000年11月5日在上海去世。著有《胡绳文集》、《胡绳全书》等。1997年捐献文集的全部稿酬，设立"胡绳青年学术奖基金"。

**胡维藩(1909—1974)**

遂安县人。1926年10月南京中央军校第六期毕业。曾任南京国民政府福州"绥靖"公署参议，三民主义青年团中央干事，浙江省党部副主任委员等职。1948年5月任中华民国立法院立法委员。1949年去台湾后继续担任"立法委员"，并担任台北浙江同乡会会长等职务。台湾出版有《胡维藩先生纪念集》。

**胡　瑛(1884—1933)**

字经武。绍兴县人。1884年生于湖南桃源县。早年就读于长沙经正学堂。1903年冬因结党暗杀长沙著名劣绅王先谦未遂，被开除学籍，因得曹亚伯之助，逃往武昌，经黄兴介绍到武昌第八镇工程营当兵。1904年2月加入黄兴、宋教仁发起组织的革命团体华兴会;7月追随刘静庵、宋教仁等在武昌组建革命机关科学补习所，又与宋教仁在武昌成立华兴会支部。同年与湖北人王汉在武昌大智门车站行刺清陆军部尚书铁良未遂，潜赴日本东京求学。同年11月被选举为中国留日学生总会代表，主持中国留日学生全体总退学之事。1905年加入同盟会，并任评议员。1906年奉孙中山之命回国，拟到长江中下游流域酝酿起事，以声援萍浏醴起义。行抵武昌后即被湖广总督张之洞逮捕，判处终身监禁。1911年1月被推举为革命团体文学社领导人之一。武昌起义后出狱，担任湖北军政府外交部长。1912年初被孙中山任命为山东都督。同年底当选为中华民国第一届国会参议院参议员。1913年参加"二次革命"，失败后逃亡日本。1914年参加欧事研究会。1915年春回国后参加杨度、孙毓筠发起成立的筹安会。袁世凯覆灭后隐居湖南乡间。1917年拥护孙中山发起的护法运动。征得孙中山同意后与张学济、周则范、田应诏、林德轩等人组建湘西军政府，任第三军司令。不久该军被王正雅联合刘承烈的部队击溃，仅以身免。后任水口山矿务局协理，未到任。第二次直奉战争前奉孙中山令北上，联系冯玉祥、胡景翼，并观察北方大局情势，被冯玉祥任命为国民军第一军高级参议。1925年1月应胡景翼邀请赴开封，任国民军第二军总参议。1926年夏赴广州。1927年被委任为广州国民政府驻山西代表，做阎锡山的工作。1928年7月至1929年1月任北运河局局长。1930年中原大战爆发后参与倒蒋密谋。事情败露后离南京到湖南何键处避难。1932年到南京。1933年在南京病故。遗著有《胡都督选集》。

**胡景瑊(1917—1987)**

又名东鸣，笔名张亦如。永嘉县人。1935年在温州中学读书时组织野火读书会，主编校刊《明天》，团结进步同学，宣传抗日救亡。1936年4月参加全国学联筹备工作;5月作为温州学生代表参加全国学联成立大会。1937年9月加入中国共产党。抗战爆发后参与组织永嘉战时青年服务团，担任副总干事，领导该团开展战时地方服务工作。1938年11月任中共永嘉县委委员。1939年4月任中共永嘉县委宣传部长兼青年部长;7月任中共浙南特委青年运动委员会主任。1940年6月兼任浙南特委宣传部宣教科长。1942年3月至1945年任中共瓯北县委书记。期间创建县武装工作队，开辟西楠溪基本地区，大力发展民兵组织，并在此基础上建立抗日武装中队。1945年3月出任中共瓯北中心县委书记兼永(嘉)乐(清)人民抗日自卫游击总队政治委员，统一领导瓯北、乐清等地区的斗争。抗战胜利后任中共浙南特委宣传部宣教科长。1946年任中共浙南特委委员兼宣传部长，并创办《浙南月刊》、《新民主》半月刊、《时事周报》(后改《浙南周报》)。1948年中国人民解放军浙南游击纵队成立后任纵队政治部主任兼第一副政委。1949年春为浙南游击纵队代表团首席代表，与国民党温州专员兼保安司令叶芳代表进行谈判，达成和平解放温州协议。温州解放初任温州市军管会委员、文教部长、温州地委常委兼宣传部长、浙南日报社社长兼总编辑。同年8月任温州市人民政府市长。1950年5月调杭州工作，历任杭州市委常委、文教部长、宣传部长兼《杭州日报》总编辑和市委副书记等职。1972年8月任温州地委副书记兼温州市委书记。1975年10月任浙江省委宣传部领导小组副组长。1987年4月20日在杭州去世。著有《胡景瑊文集》。

**胡焦琴(1902—1927)**

女。镇海县人。早年毕业于柴桥静德女子学校。1922年入浙江省立第一女子师范学校读书,在校学习期间常为《妇女杂志》及校刊撰文,大胆抨击时弊,鼓吹妇女解放。曾两次拒绝父母包办婚姻,率先剪辫、放足。1925年毕业后相继在宁波毓秀女校、大碶灵山学校、镇海县立第一小学任教。提倡新式教育,主张向学生灌输新知识、新思想。1926年11月加入中国共产党,参与筹组国民党镇海县党部,当选为国民党镇海县党部执行委员兼妇女部长。1927年春国民革命军北伐入浙后曾参与策动北洋政府任命的镇海县知事及北洋驻军归顺国民革命军,还组织农民自卫队,收缴保卫团枪械,领导女工进行罢工斗争。不久兼任镇海县立第一小学校长。"四一二"反革命政变后中共镇海支部书记沃醒华离开镇海,临危授命,担任代理书记的重任,勇敢地挑起了革命的重担,利用国民党镇海县党部执行委员与县政府建设科科员的合法身份,在虎口里继续坚持斗争。不久因反动分子王秉三告发,于6月6日落入敌人魔掌;23日在旧宁波知府公署侧广场被害。新中国成立后人民政府将其遗骸安葬于紫石乡龙泉梨园山麓;1981年迁葬柴桥镇大湾村。后柴桥镇政府在万景山为她建纪念亭。

**胡稑芗(1857—1920)**

余姚县人。著名钱业经理商。钱业世家出身,其父胡小松为上海开埠后浙帮钱业领袖之一。7岁开始读私塾,15岁到上海惠生钱庄习业。后任兆丰汇划庄经理,成为北市钱业公所董事,又捐盐运使运同衔加四品封典。1905年浙路公司成立后为之筹集股款40余万元。1910年任大清银行上海分行协理,进入民国后改任中国银行上海分行副理。后一度卸任,但1917年又任副理,直至去世。期间积极支持宋汉章抗拒北洋政府的"停兑令"。曾任沪北商团公会会员,上海总商会会员、议董。并长期任浙绍公所董事,对清末民初浙绍公所建设多有建树,组织编有《浙绍公所征信录》。

**胡愈之(1896—1986)**

原名学愚,字子如,笔名愈之。上虞县人。1896年9月9日生。1904年入县高等小学堂,1910年毕业。1911年考入绍兴府中学堂实科二年级。1912年初转入杭州英语专科学校。1914年10月考入上海商务印书馆编译所理化部当练习生。1915年任该馆主办的《东方杂志》助理编辑。1918年任《东方杂志》编辑,以介绍新思想和新知识、宣传科学和民主闻名。1921年任《东方杂志》主要编辑,并协助同乡进步青年创办上虞县最早的报纸《上虞声》,向家乡人民传播新思想、新文化。1925年与郑振铎等创办《公理日报》,为《东方杂志》编辑出版《五卅临时增刊》,并撰写《五卅事件纪实》,支持上海人民的反帝斗争。1927年"四一二"反革命政变后与郑振铎等联名在《商报》上发表致国民党中央负责人的抗议信。后被迫流亡法国,入巴黎大学法学院攻读国际法,同时进入新闻专科学校学习新闻学。1931年初回国后途经苏联,在莫斯科进行为期七天的访问,采写《莫斯科印象记》。1932年任《东方杂志》主编,宣传抗日救国。1933年应鲁迅之邀参加中国民权保障同盟,被选为临时中央执行委员。同年9月加入中国共产党。在党的领导下先后筹划创办《文学》、《太白》、《译文》、《妇女知识》、《生活教育》、《中学生》、《光明》等多种进步刊物,创办并主编《世界知识》,使之成为进步文化工作者的重要阵地。1936年协助邹韬奋在香港创办《生活日报》。1937年抗日战争爆发后任上海文化界救亡协会国际宣传委员会主任,出版《团结》、《上海人报》、《集纳》、《译报》等报刊,创办复社,翻译和出版斯诺《西行漫记》、《鲁迅全集》(20卷),进行抗日宣传。1938年10月协助范长江等创办国际新闻社,还担任重庆生活书店编审委员会主席。1940年底赴新加坡开辟海外宣传阵地,协助陈嘉庚创办《南洋日报》,任该报编辑主任。1941年12月太平洋战争爆发后流亡苏门答腊,创办《民主日报》。1945年日本投降后回新加坡,创办南洋出版社,主办《风下》周刊。1946年在南洋建立中国民主同盟支部,创办《南侨日报》,向海外侨胞宣传中共的方针、政策。1947年创办自学辅导社。1948年从南洋回国后辗转到达华北解放区。1949年到北京,着手筹办《光明日报》;6月正式出版,任总编辑。同年参加筹备全国政协会议并出席会议。新中国成立后历任中央人民政府出版总署署长,文化部副部长,中央土改工作团副团长,中国世界语协会理事长,中国人民外交学会副会长,中国文字改革委员会副主任,中印友好协会副理事长,中国出版工作者协会名誉主席,民盟中央秘书长、常务委员、副主席、代主席,全国政协委员、常委、副主席,全国人大常务委员会副秘书长、常委、副委员长等。1986年1月16日在北京去世。1996年北京出版有《胡愈之全集》(6卷)。

**胡 煌(1909—1936)**

又名肖玉、华。余姚县人。1921年毕业于浒山三山小学。1923

年入上海澄衷中学高中部,因家贫,中途辍学回浒山,执教于白沙河角小学。1926年春偕施若愚、孙岗至宁波中共组织领导的培英中学任教,加入中国共产主义青年团。后在柯东乡办农民夜校,组织农民协会。同年11月去上海,在中共领导的三德里"济难会"从事营救受难人员工作。1927年"四一二"反革命政变后随中共党组织转移至武汉,在救护队工作。同年10月党组织受派遣赴苏联,进莫斯科中山大学半工半读。1928年加入中国共产党。1931年冬回国返沪,从事中共秘密工作。1932年参加"一·二八"淞沪抗战。1933年到闽浙赣根据地,历任闽浙赣红十军政治部秘书长、中共闽浙赣省委组织部长、共青团闽浙赣省委书记。1936年冬因叛徒出卖,于杭州车站被捕,受酷刑不屈,被杀害于浙江陆军监狱。

**胡碧华(1908—1951)**

又名胡弼。仙居县人。早年毕业于仙居县立安洲小学。1926年10月南京中央军校第六期毕业。1929年陆军大学第十三期毕业后历任国民革命军通信兵连长、营长,陆军第八十六军第七十九师参谋长、团长、副师长兼政训室主任,通信兵第六团团长兼东北"剿总"通信指挥官等职。1948年9月22日被授予陆军少将军衔。同年底在辽沈战役中被中国人民解放军俘虏。1951年在抚顺战犯管理所病故。

**胡嘉烈(1911—1977)**

鄞县人。著名新加坡侨商。商业世家出身。早年在家乡文山小学和慈城普迪一小读书。1924年随族人赴新加坡一文具店学生意,三年满师后回上海。约1928年再去新加坡,供职于华商万兴百货公司。1935年10月在新加坡创设立兴企业公司,起初主要经营汽车灯购销业务,并在上海设立兴申庄。数年后因业务发达,创设立兴总公司,并开办五金制造厂,生产各种五金用品,由立兴公司经销。立兴的分公司遍设于马来西亚、印尼、泰国、香港、加拿大、英国等地,执新加坡国际贸易之牛耳,成为与陈嘉庚、胡文虎齐名的新加坡巨商。还长期热心于教育公益事业,1934年发起组织宁波旅新同乡会,任首届会长。兼任新加坡三江会馆监察主任,后长期担任三江会馆慈善互助信托人,并任南洋胡氏总会、雪兰莪三江公所、槟榔三江公所等社会团体名誉会长及信托人。热心家乡发展,抗战时期在家乡设立片云堂,救济生活困难乡亲,持续20年之久。1956年至1962年间从香港运入内地大量化肥、抽水机等支援农业生产和人民生活。1977年6月12日在香港病故。

**胡凳仁(1925—1980)**

曾用名胡志清。电影美工师。1947年入浙江国立美术专科学校图案系学习。1950年入上海昆仑联合电影制片厂,任美工助理。1953年任上海电影制片厂美工副技师。1957年升为美工师。担任美术设计的影片主要有《南岛风云》、《小刀会》、《征途》等。

**胡慰承(1923— )**

镇海县人。6岁随父到上海,在上海读完小学、中学。1942年考入上海光华大学学习。1945年父亲去世后辍学,进入父亲创办的上海中国植物油公司任职。1948年被公司总部派往台湾分公司任职。1952年在台湾联合好友钱孝舫、杨翊中等创立威利行公司,专营香茅油出口业务。1956年在台湾联合108家香茅油企业组建专营出口的台湾香茅油联营公司,任董事长。以公司对外统一报价,对内秉公分配出口,联合维护行业利益之经营之道,成为当时台湾最成功的联营公司之掌门人。1965年创立和祥企业公司,生产优质薄荷脑畅销海外。之后与应昌期合作建立龙顺海洋关系企业,很快发展成为拥有20多艘远洋渔船的企业,并自行设计制造新型远洋鲔钓渔船。1970年首次进入非洲黄金海岸洋面作业,是台湾渔船远洋作业的开拓者。1979年被推举为台湾"渔业公会"理事长。后担任过德国BEZN汽车公司在台湾的总代理,巴西外贸协会驻台湾地区办事处总代表,海峡两岸商业协调会顾问,东亚经济会议中方委员会委员和"中非经济协会"常务理事,在促进世界经济贸易、加快改善两岸关系中发挥了重要的桥梁和纽带作用。晚年多次回家乡,创办芷斋小学,出资设立"大榭开发区芷斋奖学(育才)基金",向大榭中学捐赠万余册图书,把自己收藏多年的约6500万年前的鱼化石赠送给家乡博物馆。

**茹志鹃(1925—1998)**

女。笔名阿如、初旭。杭县人。1925年9月13日生于上海。著名作家。早年父母双亡,靠祖母做手工换钱过活。1936年入上海私立普志小学读书,后至西方教会创办的以马内利孤儿院,半年后至上海妇女补习学校学习。1943年随兄参加新四军,入苏中公学学习后任苏中军区前线话剧团演员、组长。1945年任华中军区文工团演员、组长、创作组副组长。1947年加入中国共产党。同年创作歌词《跑得凶就打得好》,获军区文艺创作二等奖。1955

年从南京军区转业到中国作家协会上海分会工作，在《文艺月报》做编辑。1960年起从事专业文学创作，以短篇小说见长。代表作有《百合花》、《剪辑错了的故事》、《如愿》等。著有小说集《黎明前的故事》、《关大妈》、《静静的产院》、《高高的白杨树》，话剧《不拿枪的战士》等。一些作品被译成日、法、俄、英、越等多国文字在国外出版。

**柯 召(1910—2002)**

字惠棠。温岭县人。1910年4月12日生。1922年入杭州安定中学读书，1926年毕业。同年考入厦门大学预科，1928年升入厦门大学数学系。1931年通过考试转学到清华大学算学系。1933年毕业后应姜立夫之聘请，任天津南开大学数学系助教。1935年考取中英庚款公费留学生，去英国曼彻斯特大学深造。1937年获得博士学位。此后在曼彻斯特大学数学系工作一年，指导一位英国学生取得硕士学位。到1938年为止，在《数论学报》、《牛津数学季刊》、《伦敦数学会杂志》、《伦敦数学会会报》等国际一流杂志上发表有10余篇极为出色的论文，除包括二次型方面的一系列深刻工作外，还包括了中国最早的代数数论和数的几何方面的研究成果。同年夏回国后到成都四川大学数学系任教授。次年夏任数学系主任。每周设专题研究课，召集全系师生作集体研究。1946年应聘到重庆大学数学系任教授。1953年调回四川大学担任教务长。1955年当选为中国科学院数理学部委员。1979年任中国数学会副理事长。1981年任川大校长。1983年任中国数学会名誉理事长。1984年任川大名誉校长。1950年起连续当选为第一至第七届全国人大代表。曾任四川省第四、第五届政协副主席，九三学社中央副主席及四川省主委等职。2002年11月18日在北京病故。是中国近代数论的创始人、二次型研究的开拓者、一代数学宗师。其关于不定方程卡特兰问题的研究结果，在国际上被誉为“柯氏定理”，他创造的方法至今仍被广泛引用。在60年代与爱多士及拉多合作的有关有限集合的工作，即“爱多士—柯—拉多定理”，在组合理论上是一项经典性的成就。

**柯成懋(1890—?)**

字箴心。平湖县人。上海南洋中学毕业。1910年8月考取第二批庚子赔款赴美留学。后在密歇根大学获得化学工程硕士学位，在哥伦比亚大学获得理论化学博士学位。1920年回国后任省立暨南大学校长。1921年秋任国立上海交通大学自然科学院化学科主任兼预科主任等职。

**柯 里(1917— )**

原名姚立，1941年到苏中抗日根据地后改名柯里，字慎非。青田县人。早年在青田读完小学、初中。1935年考入温州中学高中部学习。1937年夏到南京参加大学联合考试时抗日战争爆发，返回家乡。不久被推选为青田县抗敌后援会副主任兼宣传组长。1938年7月在青田加入中国共产党。在党组织的安排下被推荐到县民教馆当馆长，同时担任中共青田县工委书记，后任县委书记。公开身份也几经变化，做过小学校长、中学教师等。1940年夏根据党组织的安排，前往皖南新四军总部工作，被分配到东南局党训班学习；11月从皖南经苏南移往苏北根据地。1941年到达苏中，被区党委留下派往兴化县帮助工作。不久调到苏中任三地委常委兼宣传部长。1943年3月苏中区党委确定抽调他与其他几名同志赴浙东开展工作；5月浙东区党委决定派他到杭州工作，任中共杭州市临时工作委员会书记。1946年3月中共杭州市临时工作委员会因形势需要改为杭州市工作委员会，任委员，负责职工方面的工作。1947年6月杭州工委改为特派员制，任特派员。1948年12月上海局决定恢复中共杭州市工作委员会建制，任工委书记。1949年3月成立中共杭州市委，任常委兼组织部长、职工工作委员会书记。新杭州市委成立后先后担任市委委员、常委、组织部长、纪委书记等职务。1952年11月调中共中央组织部工作，历任科长、处长、经济干部局局长等。

**柯 灵(1909—2000)**

本名高季琳。原籍绍兴，生于广州。小学毕业即辍学，15岁时开始学习写作。1931年进入上海明星影片公司工作，参加影评小组，并开始小说、散文创作。抗战初期曾任《救亡日报》编委，并主编《民族呼声》周刊，积极投入爱国救亡运动。上海沦陷后曾编辑《文艺报》等副刊杂志，发表了大量的时评杂文，后结集为《市楼独唱》；同时还编辑过《鲁迅风》、《万象》等杂志，成为当时留在上海的进步作家的主要阵地。1944年、1945年曾两度遭到日本宪兵队的逮捕。抗战胜利后任《文汇报》主笔，先后编辑过《读者的话》、《星期谈座》、《浮世绘》、《十字街头》等副刊。1948年去香港参与创办香港《文汇报》。1949年后历任《文汇报》副社长兼总编辑、文化部电影局上海市剧本创作所所长、上海电影艺术研究所所长等职。期间主编《上海电影》、《大众电影》等刊物。

还担任中国作协理事、国际笔会上海中心主席。其创作大致可以分为两个时期:1949 年前主要创作小说、散文,代表作有《掠影集》、《同伴》(小说集)、《遥夜集》(散文集)等;1949 年后主要以剧本为主,代表作有《不夜城》、《为了和平》、《春满人间》等。

**柯 俊(1917— )**

黄岩县人。1917 年 6 月 23 日生于长春市。1934 年考入河北省立工业学院化工系。1937 年“七七”事变后转学到武汉大学化学系。1938 年毕业后在原经济部工矿调整处工作。1942 年派驻印度,曾在印度塔塔钢铁厂实习。1944 年赴英国伯明翰大学留学。1948 年获自然哲学博士,从事合金中相变机理的研究,并担任理论金属学系讲师,享有终身任命。1954 年到北京钢铁学院任教,先后任北京钢铁学院金物教研室主任、物理化学系主任、北京钢铁学院副院长。1980 年当选为中国科学院技术科学部学部委员,曾任学部常委,现为资深院士。获加拿大麦克麻斯特大学、英国莎瑞大学荣誉理学博士。

**柯 璜(1876—1963)**

字定础,号绿天野人。黄岩县人。清末毕业于京师大学堂,曾在陆军邮传部短暂任职,旋即弃官,赴山西大学任博物学教授。先后担任山西博物馆馆长、山西图书馆馆长、北京故宫古物陈列所主任、全国孔学总会副会长等职,提倡妇女天足和戒烟,以改变社会陋俗。曾创立宗圣会,创办《来复周刊》。与阎锡山结为至交。抗日战争期间避居重庆,以书画自给,与国民政府主席林森、国民党元老于右任以及董必武、冯玉祥、马寅初、郭沫若等多有交往。1949 年参与筹办蜀中艺术专科学校,被推举为校长。1951 年蜀中艺专与西南美专合并为重庆艺专,又任校长。后艺专并入西南师院美术系,任西南师院筹备主任,并当选为中国美术家协会理事、西南区美协主席、重庆市文史馆副馆长、政协四川省常务委员。1957 年起定居山西太原,任山西省美协主席,全国政协第二、第三届委员,政协山西省副主席。善书画,书法推宗二王、二张,草书颇有魏晋遗风。晚年喜作泼墨大写意山水画,落笔草草而布局谨严,逸气纵横,写意花卉颇具风格。亦能诗,刚劲奔放,洒脱自如。著有《孔学十年大事记》、《历代权奸传》。

**查人伟(1887—1949)**

字仲坚,号诵坚。海宁县人。中秀才后考入杭州求是书院学习。后入浙江武备学堂,因反对日籍学监专横跋扈,被开除。不久考入省立浙江法政学堂学习,在校期间参加同盟会,进行反清活动。1911 年辛亥革命爆发后用计取得海宁袁花镇民团的 4 万发子弹,运往硖石镇以支援起义。浙江光复后任平湖县承审员,后任桐庐县专审员。1917 年后在杭州执律师业务。当选为浙江省议会议员。曾因反对增加田赋和保安队遭到省军政当局的恐吓。1924 年参加中国国民党。1926 年 3 月任国民党浙江省党部监察委员,并与宋云彬创办《新浙江日报》,抨击时弊,反对北洋直系军阀孙传芳的统治,因此遭到孙传芳的通缉。1927 年 2 月国民革命军东路军攻克杭州,任浙江省临时政务委员会委员。“四一二”反革命政变后与沈钧儒、褚辅成等同时被捕入狱。后经人保释出狱,从此脱离国民党,先后在杭州、上海执律师业务。1935 年 4 月上海《新生》事件发生后以律师身份向法院提出抗议,大呼“爱国无罪”,并撰写、印发《关于“新生案件”意见书》,伸张正义。1936 年“七君子”事件发生后奔走呼号,多方营救。抗战期间断然拒绝汪伪政府的拉拢,前往永康任浙江省赈济会常务委员,办理救济难民工作,并与吕公望协力创办染织工厂,收容数千难民,生产布匹自救。当选为浙江省临时参议会参议员。抗战后期参加中国民主同盟。1945 年日本投降后回上海重操律师业,并负责民盟浙江方面的盟务。1947 年民盟被迫转入地下后继续与张澜、史良等领导人保持联系,秘密进行反蒋斗争。1949 年初几次去杭州,说服浙江知名人士吕公望、金润泉等留在大陆;5 月底赴杭州着手恢复民盟活动;7 月 16 日在杭州去世。著有《若庐吟稿》。

**查今文(1898—1959)**

海盐县人。早年就读于上海交通部实业专门学校(今上海交通大学)铁路管理科。毕业后先在盐务部门任文牍,后回海盐县教书。旋任海盐《东海日报》、《海滨日报》编辑。1938 年秋任海盐县抗敌后援会秘书兼《海北日报》副总编辑,宣传抗日救亡。1944 年任国民党海盐县澉通区区长。后因开释被国民党当局逮捕的三名中共党员,被上级认为有通新四军嫌疑而被撤职,隐居石泉乡下。1946 年 10 月被中共党组织发展为中共党员。先后在私立匡成学社、县立战时初级中学、县立初级中学等校执教。1948 年在秘密油印刊物《今话》上发表调查文章,揭露当时海盐农村阶级剥削的真实情况,指出农民要争取翻身,一定要改变农村封建生产关系,重新分配土地。新中国成立后先后任海盐县立初级中学校长、县文化馆长、救济院长、工商联股长等职。1954年被组织劝退党。1959年7月自尽。1984年12月中共海盐县委恢复其党籍和政治名誉。

**查良钊(1896—1982)**

字勉仲。海宁县人。1896年生于天津。幼年在家塾接受教育,后入河北省立工业专门学校附中学习。1912年转入天津南开中学。1914年毕业后入该校师范专修科,后转清华学校学习。1917年毕业后留校任中学部教师。1918年秋赴美留学,先入葛林奈尔大学。1919年转入芝加哥大学教育学院。1920年获该校学士学位。不久入哥伦比亚大学师范学院研究所。1921年华盛顿会议期间联合留美同学蒋廷黻、罗家伦、高仁山等,发起组织中国学生华盛顿会议后援会,被推举为执行干事长,与国内民众团体和海外华侨相呼应,支持参加会议的中国代表团。1922年秋回国后历任国立北京师范大学教授兼教务长,国立北京八校教职员代表联席会议主席,省立河南大学校长。曾参加蔡元培领导的中华教育改进社,并与同仁合办《教育评论》,提倡科学教育。1930年陕西大旱,随朱庆澜从事赈济,任华北慈善联合会总干事,深入灾区访问,发起"三元钱救一命"运动,向各地募款救灾,并联合华洋义赈会修建泾渭渠。在灾区工作时遭土匪绑架,无钱自赎,被囚81天始告脱险。1931年长江、淮河流域发生特大水灾,出任长江水灾赈济委员会常委兼灾区工作组总干事。"九一八"事变后协助朱庆澜募捐接济东北抗日义勇军。1934年重返教育界,任北平艺文中学校长,从事"道尔顿制"实验,并兼任香山慈幼院副院长。1937年抗战爆发后以教育部参事、赈务委员会专员身份,办理北方战区青年学生救济事宜。1938年在西安收容战区中学生1700余人,亲自率领由凤翔步行至天水,创办国立第五中学。后被聘任西南联合大学教授兼训导长。1945年抗战胜利后任昆明师范学院院长。1949年秋赴印度出席联合国教科文组织的成人教育会议。1950年春应邀任印度德里大学中央教育研究院客座教授。1954年4月去台湾,任台湾大学教授兼训导长,并担任台湾当局"考试院"考试委员、顾问,"华美协进社"台湾分社主任等。1982年12月20日在台北病故。

**查良鉴(1905—1994)**

字方季。海宁县人,生于天津。早年毕业于私立南开大学政治系。鉴于当时西方列强在我国享有的领事裁判权对我国的主权损害极大,主张废除领事裁判权,并决定入上海私立东吴大学法学院法律系学习。嗣赴美国留学,在美国密歇根大学获得法学博士及法理学博士学位。1931年返国后任上海特区地方法院推事,继任江苏省高等法院第二分院推事。期间曾先后兼任省立安徽大学法学教授,国立中央大学国际私法教授,国立中央政治学校、私立上海法政学院、私立东吴大学等学校的教授或系主任。抗战爆发后任四川高等法院第一分院检察官。1943年任重庆实验地方法院院长。1944年4月任国民政府司法行政部参事。1945年抗战胜利后任上海地方法院院长。1949年去台湾,初任台湾大学法学院教授,后任台湾当局"司法行政部政务次长"、"最高法院院长"、"考试院"委员、"司法行政部部长"、"总统府国策顾问"、"中国文化学院"法律研究所所长、"中美文化经济协会"理事长。1969年3月当选为国民党第十届中央执行委员会执行委员。1971年起担任私立东海大学董事长达20年。1976年11月后连续担任第十一、第十二、第十三届中央评议委员会委员。1994年3月13日在台北病故。著有《犯罪学》、《刑罚学》、《证据法则要义》、《强制执行实务》等。

**查济民(1914—2007)**

字卫士。海宁县人。著名实业家。望族出身,但家境并不宽裕。童年时就读于袁花南石小学、县立袁花第三高等小学及设在盐官的海宁商校,成绩优异。1927年考入第三中山大学(今浙江大学)附设工业学校染织科学习。毕业后到上海达丰染织厂任技术员。1933年被聘请到大成纱厂工作,任常州大成纺织公司二厂技师、企业主管。抗日战争爆发后工厂迁至四川重庆,任重庆大明染织厂厂长、经理。抗战胜利后回上海,被推选为上海纱布业接收大员。1947年秋赴香港发展。出访了27个国家和地区,学习外国先进科学技术,在香港创建中国染厂,后任董事长。后又创办百老汇制衣厂、新界纱厂及香港兴业有限公司,成为香港知名实业家。60年代又在西非的加纳、尼日利亚、多哥等国建立多处纺、织、印染的全能厂,有员工2万余人,成为非洲纺织大王。同时在香港又建立"查氏企业集团"、"兴业国际集团"等,从纺织业发展到房地产、旅游业。先后任香港特别行政区基本法起草委员会委员、香港特别行政区筹备委员会预备工作委员会委员、香港特别行政区筹备委员会委员、首批香港事务顾问。1985年任香港基本法起草委员会委员后就香港的和平过渡提出了许多宝贵的意见。1994年8月到北京以"查氏企业"名义向国家捐赠美金2000万元,设立“求是科技基金会”,奖励全国有突出贡献的科技工作者。又在香港捐赠港币3000万元,设立“桑麻基金会”,奖励致力于发展香港纺织业有突出贡献者。1997年7月2日获得香港特区政府最高荣誉奖章——大紫荆勋章。2002年至2004年在尼日利亚发起成立中国和平统一促进会,任主席,团结华侨华人反“台独”。

**查猛济(1902—1966)**

字宽之,号寂翁。海宁县人。1914年考入杭州第一师范学校学习。1919年五四运动时参与创办《浙江新潮》周刊,鼓吹新思想,遭校方开除。1923年前后任《新浙江日报》编辑。报纸遭孙传芳查封后担任《之江日报》编辑,旋任教于杭州英文专修学校,加入中国共产党。第一次国共合作期间以共产党员身份担任国民党杭州市党部宣传部长。1927年“四一二”反革命政变后被通缉,回乡隐居养病,与中共组织失去联系。其后在上海建国中学教书。抗战期间任浙江省民政厅秘书及省贫儿院院长。抗战胜利后任英士大学哲学系教授。1952年因病回乡休养。1956年受聘为浙江省文史馆馆员,并担任海宁县政协特邀代表。著有《猛济文存》、《唐宋散文选》、《中国诗史》等。

**查瑞龙(1904—1972)**

定海县人,出生于上海。武术名家。从小习拳械,15岁从一少林僧人学习少林功夫。1920年入精武体育会,先后从刘百川、张企伯、任志傲、李惠亭等习各派武术,并喜石担、石锁,练得体魄强健、武艺精湛,人称“东方大力士”。又从美国人学西洋拳击,从佟忠义学摔跤,技艺更趋全面。1922年与陶福臻等创办“国育武术研究会”。1932年发起组织民众体育会。1935年任英义武术会会长。1940年与龚志开等创办上海业余体育研究会,任理事长,教授武艺,并创“新技击”拳术。1934年至1946年先后五次率杂技武术团赴泰国、菲律宾、马来西亚及南洋诸岛巡回演出。从1928年起参与武侠影片的拍摄,先后主演《民族生存》、《肉搏》、《大破恶虎镇》、《关东大侠》、《飞将军》、《绿林叛徒》、《火烧红莲寺》等30余部武侠影片,人称“关东大侠”。1937年抗日战争爆发时正在菲律宾演出,每场均进行抗日救国宣传,并参加侨胞组织的“抗敌后援会”。菲岛沦陷后因拒绝参加“皇军慰问团”而遭日军逮捕,后在华侨帮助下越狱脱险。新中国成立后被选为上海市闸北区人民代表和政协委员,仍热心于民间武术活动,并专心钻研石锁、石担,创造了许多高难惊险动作。1952年组建闸北区工人石担、石锁队,经常深入工厂、农村群众义务表演与慰问。著有《新技击》。

**柳中亮(1906—1963)**

鄞县人。电影制片人。早年与弟柳中浩经营电影放映。1938年柳氏兄弟在上海创办国华影业公司,拍摄古装片《三笑》、《孟丽君》、《孟姜女》、《董小宛》等40余部。1946年柳氏兄弟创办国泰影业公司,拍摄《无名氏》、《忆江南》等影片。1948年与儿子柳和清创办大同影业公司,拍摄《弱者,你的名字是女人》、《梨园英烈》等影片。1952年国泰、大同两家电影公司合并到上海联合电影制片厂。

**柳中浩(1910—1990)**

原籍鄞县,生于上海。电影事业家。1926年开始做交易所生意。同年与兄柳中亮在上海南京路新街口开办世界大戏院,放映外国影片。1934年共同在上海开办金城大戏院,专映国产影片。同年6月15日电影《渔光曲》在该院首映,连映84天,创当时国产片上映最高纪录。1935年电影《风云儿女》也在金城大戏院举行首映式。1937年又建造金都大戏院,也以放映国产影片为主。1938年柳氏兄弟合作创办国华影片公司,至1942年拍摄《风流冤魂》等影片40余部,其中由干女儿周璇主演的《孟姜女》、《李三娘》、《苏三艳史》等取材于民间故事的影片近20部。太平洋战争爆发后因不愿与侵华日军合作而停办国华影业公司。1946年7月柳氏兄弟又合作创办国泰影业公司,任总经理,聘请田汉、于伶、洪深等为特约编辑,拍摄了《无名氏》、《忆江南》、《阿里山风云》等影片。1949年谢绝知交蒋经国去台湾的邀请,留守上海。1952年国泰影业公司并入上海联合电影制片厂,次年改上海电影制片厂。“文革”中受到批斗。

**柳际明(1899—1976)**

名善,字际明,以字行,外号“柳善人”。临海县人。1917年毕业于浙江省立第六中学。1918年8月考入保定陆军军官学校第八期工兵科学习。1922年7月毕业后分发到浙军服役,历任浙军第二师工兵营见习、副官等职。1924年前往广州,任黄埔军校工兵教官。1926年前后任黄埔军校第五期入伍生部工兵营营长、第四期工兵大队普通工兵队队长。1927年初任中央军校武汉分校学生总队工兵大队少校大队副。不久调任武汉国民政府中央独立师工兵营营长。率部参加平定夏斗寅叛乱后任中央独立师(由武汉军校学员组成)工兵营营长。1928年任南京要塞司令部参谋长，后改任陈诚第十一师工兵营长。1930年秋赴日本考察兵工厂。1931年起任第十四师、第五十二师、第五军参谋长兼赣、粤、闽、湘、鄂“剿匪”军官训练团教育科科长，“追剿军”第六路军参谋长，参加对中央苏区的第三、第四、第五次“围剿”。1934年冬随薛岳追击红军入黔，任贵州“绥靖”公署参谋长、代主任。1936年1月被授予陆军少将军衔。不久任滇黔绥靖副主任公署参谋长兼暂编第五旅旅长。1937年抗日战争爆发后任陆军补充旅旅长，第九十四军五十五师师长，第九战区司令长官部副参谋长兼工兵指挥官，第九十四军副军长，参加武汉会战。1939年任第七十七师师长，率领该师先后参加南昌会战与第一次长沙会战。1941年3月任第七十五军副军长。1942年10月任第七十五军军长。1943年率部参加鄂西会战与常德会战。1944年率部入川整训。同年带职入陆军大学将官班学习。1945年初毕业后仍任原职。同年8月任湖北老河口地区受降主官，接受日军投降。1946年任整编第七十五师师长，参与围攻中原解放区的战斗；9月任联勤总司令部工程署署长兼技术委员会主任委员。1947年再任整编第七十五师师长，参加莱芜战役及重点进攻山东的军事行动。1948年9月被授予陆军中将军衔。1949年1月任京沪杭警备总司令部工兵指挥官；2月任浙江省政府委员兼建设厅厅长；5月上旬撤退到舟山，任“舟山防卫副司令官”。1950年任“联勤总司令部工程署署长”。1958年退役后赴美国定居。1976年10月21日在美国洛杉矶病故。著有《对倭交通破坏战》、《在越“剿共”战争刍议》、《台湾海埔地与国防》等。

**柳苦民(1897—1930)**

原名志廉，又名兆根，参加革命后改名苦民，化名赵连福。温岭县人。10岁丧母，15岁父兄相继病死，给地主放牛，稍后以打短工、撑船、卖缸度日。1927年由梅溪小学教师俞诗言介绍加入中国共产党。1928年1月任中共温岭县委常委兼军事委员，分管武装工作。同年秋受县委指派，与县委委员叶景泰至坞根一带发展党组织，建立下王、前山头两个党支部，发动群众开展抗租反霸斗争，勒缴地主钱粮、枪支，建立武装队伍。1930年3月成立坞根游击大队，任大队长；4月部队改编为浙南红军独立团；7月改编为中国工农红军第十三军第二团；8月扩编为第二师，担任团、师主要领导人。指挥部队，灵活运用游击战术，粉碎敌人的多次军事“围剿”。同年12月12日被内奸杀害于坞根街头。

**柳渔笙(1887—1945)**

名滨，字渔笙，以字行。宁波人。寓上海。国画家。擅绘翎毛、花草、走兽、山水、人物等，法度类程瑶笙，有“海上二笙”之目。

**郦心厚(1906—?)**

字秉性。诸暨县人。1906年11月30日生。郦堃厚胞弟。国民党中央训练团党政训练班第三十期毕业生。历任国民党航空委员会军政厅财务科长、国民政府国防部空军总司令部财务处副处长。1941年至1946年先后获得国民党军事委员会颁发的空军一等懋绩勋章、空军楷模奖章、空军光华一等奖章、国民政府抗战胜利勋章。1946年11月29日被国民政府授予空军一等军需佐。1949年去台湾。

**郦俊厚(1919— )**

诸暨县人。1919年6月1日生。国民党中央警官学校正科第六期毕业。历任重庆市警察局曾家岩所长，国民党中央政治大学警卫大队大队附，国民政府内政部警政司股长，国民党中央警察局刑事科长，上海市警察局卢湾分局副局长、虹口分局局长、黄浦分局局长。先后获得国民政府抗战胜利勋章、警察奖章、禁烟奖章、乙等宝鼎勋章。1948年前往台湾，任台湾省警务刑事大队大队长、主任秘书，后先后担任台中市、基隆市、高雄市警察局局长。1973年起历任台湾当局“内政部”警察局局长、台北市警察局局长、台北市政府参事、“内政部”参事。先后六次受到蒋介石召见。著有《警察法概论》、《科学刑事侦查》、《审断须知》、《漫谈台湾社会犯罪》等。

**郦堃厚(1900—1970)**

字敏树。诸暨县人。1900年11月17日生。早年毕业于诸暨县立中学。1920年进入浙江公立工业专科学校化学科，后转入南开大学化学系。1925年秋季赴美国留学，获得科学硕士学位。不久进入英国皇家学院、德国明兴大学深造。1931年赴奥地利深造，获得博士学位。1932年回国后历任国立浙江大学化学系主任、南京应用化学所主任、化学兵工所少将署长、国民党军政部航空署防空研究班教官。1949年去台湾后担任台湾当局“国防部”兵工研究院首任院长。1950年获得“陆军中将”军衔。对于火箭、导弹、核武器均有独到研究，有多种专著，深受蒋介石器重。1964年起历任台湾清华大学教授、高雄化学工业公司董事长、台湾原子能委员会委员、自然科学促进会理事长，多次赴美国研究考察。1970年在台湾病故。

**钟士模(1911—1971)**

原名钟子范。浦江县人。1911年7月8日生。1932年考入上海交通大学电机工程系。1936年毕业后赴北平任清华大学电机工程系助教。后随校南迁,1937年任长沙临时大学助教。1938年起任昆明西南联合大学助教、教员、讲师。1943年取得学校资助留美资格。同年秋辗转缅甸、印度到美国,入麻省理工学院电机工程系攻读。1947年获哲学博士学位。同年回国后任清华大学电机工程系副教授。一年后晋升为教授,主讲电路理论、电机学等多门课程。1956年被评定为二级教授。1957年受命具体组织和主持全国第一个自动化进修班,参与中国自动化学会的筹备工作,并代表中国参与发起和筹建国际自动控制联合会。1958年清华大学成立中国第一个自动控制系,被任命为系主任,兼任校务委员会委员。1961年中国自动化学会成立,被推举为副理事长。1963年出任自动化学会创办的《自动化学报》主编。并曾兼任国际自动控制联合会理论委员会委员、中国高等学校电工专业教材编委会主任兼电工学及电工基础教材编审组组长、国家科委自动化科学学科组副组长、《高等学校学报(电工、无线电、自动控制版)》副主编等职,是中国计算机和自动控制学科的开拓者之一。著有《过渡过程分析》等。1966年"文革"开始后被停止一切行政职务。1971年5月11日病故。

**钟以敬(1866—1917)**

字越生,又字斋申,号让先、似鸥、窳龛等,斋名为今觉盦。杭县人。西泠印社早期社员。家本业商,声色挥霍殆尽,以致贫无立锥,寄居古刹,衣食几不给,然性情孤介,能自适其适。少嗜金石,摩挲不倦,善篆刻,取法浙派,精严隽雅,边款点画精严,功力深邃,民国年间印坛同道共推为浙派巨擘。长于书法,尤擅篆书,作《天发神谶碑》而出以己意,苍劲有致。工诗文,辞峭洁如其人,刻竹亦精雅。1911年撰成《篆刻约言》,并辑自用印成《印储》(1册)。1914年又辑成《窳龛留痕》(12册),又名《钱唐鹤庐居士印赏》。1935年张鲁盦辑其印稿,汇为《钟斋申印存》。

**钟兆琳(1901—1990)**

号琅书。德清县人。1901年8月23日生。1918年入南洋公学电机科学习。1923年大学毕业,获工学学士学位。在沪江大学任教一年后于1924年赴美留学,入康奈尔大学电气工程研究生院。1926年获硕士学位,随即任西屋电气公司工程师。1927年回国后任上海交通大学教授,讲授电机工程。30年代兼任浙江大学电机系教授。并在华生电扇总厂、新中动力机械厂等工厂兼职,领导设计了中国第一个分列心式电流互感器。1933年与其助教褚应璜一起,设计、制造了中国第一台交流发电机,并由新中动力机械厂制造柴油机进行配套。1934年初在华成电机厂设计制造电动机,形成中国自己的发电机、电动机系列。还指导华生厂生产他设计的频率表、同步指示器、功率表等。1942年抗战时期退出被汪伪接收的交大。1945年抗战胜利后回校任教。1946年任交通大学电机系主任。1956年交大分为上海、西安两个部分,随校迁到西安。1957年兼任西安交通大学学术委员会副主任、教学委员会副主任。"文革"时期因所谓"反对毛主席"的罪名受到严重迫害,被打断两根肋骨。1990年4月4日在上海去世。

**钟观光(1869—1940)**

字宪鬯。镇海县人。1869年9月19日生。1887年考中秀才。1899年至1903年间与同乡好友虞祖辉等一起,先后创办"四明实学会"、灵光造磷厂、科学仪器馆、《科学世界》杂志。1902年任南菁学堂理科教习,曾东渡日本考察教育和实业。1903年与蔡元培等人发起成立中国教育会,共同创办爱国女校并任校长。1904年到宁波师范学校任教。1908年再度赴上海执教于理科传习所。1911年创办实学通艺馆。1912年民国临时政府成立后应教育总长蔡元培之邀,出任教育部参事。1916年任湖南高等师范学校博物学副教授。1918年任北京大学生物系副教授。1927年任浙江大学农学院副教授,兼任浙江省博物馆自然部主任。1930年任中央研究院自然历史博物馆研究教授、北平研究院植物研究所专任研究员。1940年9月30日在家乡病故。毕生致力于科学教育事业,在植物学研究方面作出了开拓性的成绩。著有《理科通证》、《旅行采集记》、《山海经植物》、《近世毛诗植物解》、《物贡纪略》、《植物古籍释例注解》、《中华植物学》、《本草疏证》等。

**钟补求(1906—1981)**

镇海县人。钟观光之子。1927年毕业于上海新华艺术大学。曾任北平研究院植物研究所助理研究员,西北植物调查所副研究员兼西北农学院副教授。1947年后在英国皇家植物园邱园和巴黎自然博物馆从事研究工作。1950年回国后任中国科学院植物分类研究所、植物研究所研究员。其论文《马先蒿属的一个新系统》1956年获中国科学院自然科学奖二等奖,被英国皇家植物园邱园称为世界马先蒿权威。

**钟阿马(1894—1930)**

萧山县人。贫苦农民家庭出身。1927年7、8月间中共党员崔缨云到云石上堡一带发动群众组建农民协会,受到革命思想教育,自觉串联农户,为建立农民协会而奔波。同年加入中国共产党。不久上堡等村相继建立中共党支部,被推选为上堡村党支部书记。1928年秋当选为中共萧山县委委员。根据县委的决定,与崔缨云等于同年冬发动组织萧山南乡砍竹暴动,动员萧山云石乡上堡、沈村农民组成数百人的"铁血团",进行减租减息斗争。同时还组织农民向地主要粮、向政府要饭吃,迫使地主在这年冬季烧了一个月的粥,分给饥寒交迫的贫困百姓,斗争取得了一定的胜利。1929年4月19日夜浙江省保安队和萧山县警察70余人到上堡武装镇压,率领部分铁血团员上山抵抗,终因寡不敌众、武器低劣而被捕。不久当局查实其为中共萧山县委委员,便将其定以"政治犯",关押到杭州的浙江陆军监狱。1930年8月30日被国民党杀害于临浦岭山脚下。

**钟　松(1901—1995)**

原名雍田,后改名松,号常青。松阳县人。1901年9月13日生。1922年浙江省立第十一师范学校毕业后回原籍任小学教员。1924年下半年改名钟松,考入黄埔军校第二期炮兵科学习。1925年9月毕业后任黄埔军校第五期入伍生团连长。1926年6月北伐战争开始后先后任国民革命军总司令部炮兵连长、炮兵第三营营长、第一军第二十一师营长、陆军第三师营长。1933年春任第二师第六旅第十二团团长,参加长城抗战。战后升任第二师第六旅副旅长,后改任保定编练处第一旅旅长。同年秋任第二师补充旅旅长。1935年5月11日被授予陆军步兵上校军衔。1937年夏任陆军独立第二十旅旅长,参加淞沪会战。参战期间升任第六十一师师长。1939年6月6日被授予陆军少将军衔。1940年9月率部移驻陕西宜川,对中共领导的陕甘宁边区实施封锁。1942年2月21日升任第七十六军副军长;6月任第二军副军长。1945年4月任新编第七军军长,因参加滇西远征军作战有功,被授予青天白日勋章;7月任整编第三十六师师长。1947年3月率领所部进犯延安;8月所部整编第三十六师在陕北沙家店受到歼灭性打击。1948年1月任第三十六军军长;12月兼西安警备司令。1949年先后任第五兵团副司令官,第十二编练司令部司令。1950年到台湾,任"国防部参谋总长办公室"高级参谋。1951年任"江浙反共救国军副总指挥"。1952年被台湾当局任命为"浙江省政府委员"兼"军事处处长"、"浙江省政府代理主席"。1953年入台湾"革命实践研究院"受训。1954年入"国防大学"旁听。1955年被任命为"陆军总指挥部反共救国军指挥官"。1965年1月退役。1971年侨居荷兰。1981年受聘台湾当局"侨务委员会委员"。1988年3月回松阳省亲,受到当地政府的款待。1995年3月7日在荷兰去世。

**钟泉周(1919—1949)**

镇海县人。1933年到宁波新学会社(书店)当学徒,同时坚持业余学习。三年后考入宁波效实中学,并以优异成绩提前升入高中。1937年抗日战争爆发后随姐姐到重庆。1938年夏考入合川国立二中成为插班生。1941年高中毕业后进入四川江津白沙大学预修班。同年9月考入云南昆明的西南联合大学工学院电机工程系。在号称民主堡垒的昆明接受民主思想的熏陶,积极参加进步学生运动。1944年底经同学何东昌介绍,参加中共外围组织中国民主青年同盟。1945年从西南联大毕业后到重庆国立中央工专执教。1946年夏回上海后先在上海市公用局电车公司筹备处工作,不久转入公交保养场任工务员(技术员)。1948年领导工价公司反解雇的罢工斗争,并当选为员工福利会理事长。1949年2月组织公交工人举行反饥饿、反内战、反迫害大罢工;同月16日被国民党军警特务逮捕;次日与王元、顾伯康同时被害于江湾,史称"公交三烈士"。

**钟章耀(1890—1973)**

镇海县人。1890年12月生。中国医疗器械商业的开创者。幼读私塾五年。1904年到上海,先后在裕顺烟纸店、大英药房当学徒。后到英美药房、德商科发药房任职。1921年与表兄宁波南货店胡永年创办前工后店的耀昌医疗器械号(后改名耀昌医疗器械公司),并长期任经理。该号经营刀、钳、体温表、消毒器、注射器、注射针等,是为民族资本专营医疗器械之始。该号还是上海医疗器械商行和医疗器械厂的发源地。30年代前期该号部分店员离店自设永昌、协昌、会昌等10余家医疗器械商号,并开设永安等10余家医疗器械厂。30年代后期该号经营的国产医疗器械有手术台、剖诊床、洗胃器、外科开刀器械、妇科器械等品种500余个规格。1946年发起成立上海医疗器械业同业公会,任常务理事。1956年公司参加公私合营后任私方经理。同年成立上海医疗器械工业公司,任顾问。1973年1月在上海去世。

**钟道锠(1892—1955)**

字允大，号映奎。浦江县人。北京师范大学毕业后赴美国留学七年，获哥伦比亚大学工科硕士学位。回国后先后任国民政府军政部兵工署金陵兵工厂工务处处长，广东第一兵工厂厂长。1937年抗日战争爆发后广东第一兵工厂厂长先后迁移至广西、贵州，改为军政部兵工署第十一兵工厂，任厂长。被国民政府授予陆军中将军衔。后任军政部参事。新中国成立后在第一机械工业部汽车工业管理局任职，担任筹建洛阳拖拉机厂技术顾问。

**钟毓龙(1880—1970)**

字郁云，号庸翁。杭县人。曾在浙江高等学堂、杭州府中学堂、省立一中、宗文中学等校任教国文、历史、地理、修身等科，后任宗文中学校长，终身为教师。专长钟鼎文，善诗词书法，曾任浙江通志馆副总编等职。著有《说杭州》、《浙江地理考》、《美术年鉴·姜丹书稿》、《上古神话演义》等。

**钮介臣(1888—1972)**

名家连，字介臣，以字行。吴兴县人。著名丝绸实业家。出身贫寒，3岁丧父，13岁失学。从14岁始先后在双林镇吕恒兴衣庄和湖州丁仁记绉纱庄当学徒。21岁到湖州老惇泰绉纱庄为职员。次年到上海老惇泰绉纱庄当会计。24岁离开老惇泰，开始自己做绉纱行商，从湖州机坊贩运绉纱到上海销售，开始积累资本。1914年在湖州开设弘生昌绉庄。1916年自置木机两台兼营家庭作坊生产，除放料机外，自产自销产品。1918年合伙集资在湖州创办达昌绸厂，任厂长。1921年又在湖州创办达昌第二绸厂，并在上海设总发行所和总管理所，在杭州、苏州设办事处，产品除行销国内外，还远销欧美、印度和东南亚。1925年在德清创办筲溪丝厂，在湖州、南浔、菱湖、双林等地先后自办10余所茧站，又创办天昌炼染厂，形成收茧、缫丝、织绸、印染一条龙生产。以后又在湖州创办达昌缫丝厂、达昌面粉厂、达昌肥皂厂等，并投资塘栖华纶丝厂、杭州震旦绸厂、杭州九豫绸厂、全浙丝绸公司、德清大有第十蚕种场、上海友大机器厂、湖州电厂、苏州苏嘉沪汽车公司、苏州泰记绸庄、湖州老恒和酱园、南浔信益丝工场等20余家企业，分别担任董事长、常务董事、总经理、经理等职。并担任上海绉业公会会长，上海市绸缎业同业公会常务理事，湖州绉业小学董事等。1972年12月在上海病故。

**钮泽宪(1924— )**

又名守章。吴兴县人。1946年上海沪江大学工商管理系毕业后开始管理家族产业(钮家所拥有的丝厂、绸厂、炼染厂、面粉厂，厂子在湖州，管理处和销售点在上海)。1954年起担任公私合营达昌丝厂私方副厂长。1957年被打成“右派”。1978年“右派”问题得到改正。1981年6月民建湖州市委会恢复活动后从丝厂调到民建湖州市委会工作。1982年担任民建湖州市委会副主委。1983年嘉兴地区撤地建市后被选为湖州市第一届和第二届人大常委会副主任。1986年任民建湖州市委会主委，民建浙江省委会副主委。1989年民建、工商联分家后调任浙江省工商联副会长，同时被选为全国政协第七、第八、第九届委员。1997年任浙江省工商联会长，并被选为第九届全国政协常委。

**秋桐豫(生卒年不详)**

又名秋墅，字仲谟，号称“秋青天”。会稽县人。清朝末年曾任东三省总督赵尔巽的幕府师爷，后任吉林知府。中华民国成立后任黑龙江省提学使。同年8月29日调任黑龙江省民政使，12月24日去职。1913年1月任黑龙江省司法筹备处处长。1914年3月由黑龙江选举担任袁世凯御用的约法会议议员，参与袁记《中华民国约法》的制订。1917年1月至1918年10月任安徽省政务厅厅长。

**秋　瑾(1875—1907)**

女。原名闺瑾，乳名玉姑，又名瑜娘，字璇卿，也作璿卿，号旦吾，自号竞雄，别号鉴湖女侠，别署汉侠女儿。绍兴县人。1875年生于福建，家世仕宦。8岁随兄读书家塾，天资聪颖，过目成诵。11岁已学会作诗，常捧杜甫和辛弃疾诗吟诵不已。1896年与湘潭富绅子弟王子芳结婚。1902年合资在湘潭十三总开设“和济钱庄”，被经理陈玉萱吞没，钱庄因此倒闭。王子芳捐资为工部主事，随夫北上京城。1903年结识吴芝瑛，结为异姓姐妹。1904年结识服部繁子，参加京城中日上层妇女谈话会，决定留学日本。随服部繁子东渡日本，入实践女校师范科就读。发起组织演说练习会，出任会长，制定《演说练习会章程》，创刊机关报《白话》，出任主编。与陈撷芬重兴共爱会，改名实行共爱会，制定《实行共爱会章程》，担任招待。参加冯自由在横滨组织的秘密团体三合会，受封为白纸扇。1905年回国筹措学费，持陶成章介绍信，赴沪结识蔡元培，赴东浦结识徐锡麟，加入光复会。由绍赴沪，带徐锡麟信催促陶成章回绍共商创办大通学堂。返日后由冯自由介绍加入同盟会，被推为浙江分会长和主盟人以及评议部评议员。在东京热情接待赴日学习军事的徐锡麟夫妇一行。与刘道一等革命党人加入以反抗清廷恢复中原为宗旨的秘密组织“十人会”。同年底因反对日方颁布取缔留学生规则,愤而罢课回国。1906年为安顿留日归国学生,参与创办上海中国公学。经陶成章介绍赴嘉兴浔溪女校任教,结识校长徐自华及其妹妹徐小淑,介绍姐妹俩加入光复会和同盟会。完成译作《看护学教程》,鼓励女子学习医学,准备参加武装斗争。续写自传体弹词小说《精卫石》,署名“汉侠女儿”,号召妇女挣脱封建枷锁束缚,参加反清斗争。本拟应陈华之邀,赴爪哇发展女学,被陶成章劝阻。辞职离开浔溪女校,与陈伯平等人在上海虹口祥庆里研制炸弹,不慎爆炸,手臂受伤。筹办《中国女报》,以开通风气、提倡女学、联络感情、组织团体,并为创建中国妇人协会打下基础作为宗旨。为策应同盟会发动萍浏醴起义,回浙江发动秘密会党响应。与徐锡麟在杭州白云庵相见,相约共同发动皖浙起义。1907年初主持大通学堂工作,筹划皖浙起义;2月与王文庆赴兰溪见蒋乐山,第一次运动秘密会党;3月由诸暨经义乌到金华,第二次运动秘密会党。往来于沪杭之间,运动军、学两界。偕徐自华游西湖,定下埋骨西泠之约。同年4月从诸暨经东阳,过永康直至缙云壶镇,第三次运动浙江秘密会党。拟编女子体育会,编练女国民军,因遭顽固派反对而未成。5月正式组建光复军,以“光复汉族,大振国权”八字为序,推徐锡麟为统领,自居协统,约定皖浙同时起义。制定《普告同胞檄稿》、《光复军起义檄稿》以及《光复军制稿》,带信沈荣卿、张恭、周华昌和刘耀勋,密嘱准备浙江起义事宜。6月派周华昌等人组成敢死队,潜伏杭州,并命令周华昌召集所部200人,驻江干策应。下达浙江起义命令,送达浙东各地。7月1日武义巡风聂李唐泄密,党军督办刘耀勋死难。7月3日金华交通部长倪金泄密,光复军参谋徐顺达遇难,永康党军吕阿荣势孤被捕,不屈而死。7月4日派赵卓前往金华和处州联络,指令程毅代理大通学堂学监。7月10日皖案消息传到绍兴,悲愤难忍,坐泣于室。7月12日派周亚卫赴嵊县通知平阳党作应变准备。王金发劝说暂时避开,遭到断然拒绝。7月13日在大通学堂被捕,押往山阴县监狱。7月14日书写“秋雨秋风愁煞人”的绝笔,坚不吐实。7月15日在轩亭口遇难。

**俞人萃(1897—1942)**

字序文,号荔盦,斋名香叶簃、汉瓦当砚斋等。余杭县人。西泠印社早期社员。自幼即喜舞翰弄墨,偶亦奏刀,性与金石书画近,悉得外祖父傅节子、舅父傅栻两代金石家所藏。工书法,精鉴别,收藏书画及名家刻印极多。曾与丁仁、高时敷、葛昌楹等各出所藏,于1939年拓成《丁丑劫余印存》(20卷);又于1940年辑成《荔盦藏印》(2卷)。

**俞大绂(1901—1993)**

字叔佳。绍兴县人。1901年2月19日生于南京。1924年毕业于南京金陵大学农科,后留校任助教、讲师。1928年赴美国留学。1932年获依阿华州立大学哲学博士学位及金钥匙奖,并成为美国植物病理学会会员、美国西格玛赛荣誉学会会员和美国菲陶菲学会会员。同年回国后任金陵大学教授。1938年任清华大学农业研究所教授。1946年7月任北京大学教授、农学院院长。1948年当选为第一届中央研究院院士,兼任评议员。1949年9月北京大学农学院与清华大学农学院、华北大学农学院合并成立北京农业大学,任校务委员会副主任委员。1955年当选为中国科学院学部委员。1956年当选为苏联农业科学院通讯院士,并被评定为一级教授。1981年被国务院批准为首批博士研究生导师。1980年至1982年任北京农业大学校长;其后担任名誉校长。并曾历任全国政协第三届委员,第四、第五、第六届常务委员。1993年5月15日在北京去世。一生致力于植物病理学和微生物学的研究,在国内外学术刊物上发表研究论文110余篇、专著10部、译著8部。

**俞大絪(1905—1966)**

女。山阴县人。幼年在长沙、上海生活。1927年与曾国藩弟弟曾国潢的曾孙曾昭抡结婚。1931年毕业于沪江大学。1934年留学英国牛津大学。1936年毕业,获文学硕士学位。1936年至1937年在巴黎大学进修。抗战爆发后回国,任教于重庆大学。1946年赴哈佛大学进修。1948年回国后先后在中央大学、中山大学和香港任教。1950年任教于燕京大学。1952年院系调整,改任北京大学西语系教授。曾任第四届全国政协委员。“文革”期间遭迫害。1966年8月25日在北大教工宿舍燕东园家中服毒自杀。对英国语言文学有很高的素养和深入的研究,曾与许国璋等人合作编写了一套很有影响的全国统编大学教材《英语》。

**俞大维(1898—1993)**

山阴县人。1898年1月10日生。幼年接受家庭教育。1914年入上海复旦中学,跳级毕业。1916年入复旦大学预科。1917年考入南洋公学(今上海交通大学)电机科学习。半年后因肺病休学,病愈后考入上海私立圣约翰大学三年级学习。次年毕业,获文学学士学位。不久赴美国留学,入哈佛大学读哲学。三年后获得哲学博士学位。后赴德国柏林大学继续深造。1929年6月应南京国民政府军政部兵工署长陈仪之邀请回国,任军政部少将参事。两个月后改任参谋本部主任秘书。1930年5月任驻德国公使馆商务专员,负责采购军火器材,并在德国学习弹道学等军事知识。1932年回国。1933年1月由陈仪推荐担任军政部兵工署署长兼任兵器教官。就任后筹建兵工厂。1937年抗战爆发后兼任军事委员会作战部副部长,主持将设在东南沿海地区的兵工厂迁至西南、西北大后方。1943年7月被聘为三民主义青年团第一届中央评议委员。1944年12月任军政部常务次长,仍兼兵工署长。1946年2月被授予陆军中将军衔。1946年5月至1949年3月任交通部长,参与全面内战。期间先后兼任最高经济委员会委员,行政院"绥靖"区政务委员会委员,全国经济委员会委员,国防部国防科学委员会委员,行政院政务委员。1949年春任东南军政长官公署政务委员会副主任委员。同年11月去美国。1950年3月被任命为台湾当局的"国防部长",因耳病,未到职,改为驻美采购主管。1954年回台湾后担任"国防部长"。期间前后到大陆沿海的大陈、马祖、金门各岛屿"巡视"130余次,平均每两周去一次。1958年8月23日在金门炮战中手臂负伤,而且一颗米粒大的弹片击中他的后脑部,但未穿透头骨,弹片一直没取出来。1965年因病请辞"国防部长",由他的儿女亲家蒋经国继任。后相继任"行政院政务委员"、"总统府国策顾问"、"总统府资政"。1993年2月皈依佛门,法号净维。同年7月8日在台北去世。有《俞大维传》行世。

**俞飞鹏(1884—1966)**

字樵峰。奉化县人。1884年12月20日生。1908年从宁波师范学堂毕业后任小学教员。1911年辛亥革命爆发后到上海参加上海光复之役。1912年入北京军需学校。两年后毕业,在北京任体育教员。1915年回宁波后任教于省立第四中学,后任教于绍兴省立中学。1918年赴广州。1922年后任福建松溪、浦城县长。1924年6月任粤军总司令部审计处代理处长,兼黄埔军校军需部副主任。1925年2月任黄埔军校经理部主任。同年随军东征,办理军需,并任广东惠潮梅七属财政处长。1926年6月任国民革命军总司令部兵站总监。攻下南昌后兼任江西省政务委员会委员、财政委员会主任委员。1927年4月任南京国民政府财政部上海江海关监督。1928年11月任国民政府军政部军需署署长。1931年1月至1932年1月任交通部政务次长。1932年12月至1937年3月任交通部政务次长。期间1935年11月当选为国民党第五届候补中央执行委员;1935年12月至1937年3月以政务次长代理部长职务。1937年3月至1938年1月任交通部部长。抗日战争爆发后担任军事委员会后方勤务部部长。1939年3月任屯粮监理委员会主任委员。1940年4月兼任运输统制局参谋长。1941年兼任运输统制局副主任及滇缅公路运输工程监理委员会主任委员。同年9月任中缅运输总局局长。1945年1月至1946年5月再次担任交通部长,并先后兼战时运输管理局局长、公路管理局局长。期间1945年5月当选为国民党第六届中央执行委员。1947年1月被授予陆军上将军衔,并退为预备役。同年7月至1948年5月任行政院政务委员兼粮食部部长。1949年去台湾后历任东南军长长官公署航委会主任委员、"中国粮油公司"董事长、国民党"中华航业海员党部改造委员会"主任委员、"总统府国策顾问"、招商局董事长、"中央银行"副总裁等。1952年起先后当选为国民党第七、第八、第九届中央评议委员。1966年12月19日在台北病故。著有《抗日战争与后方勤务》等。

**俞凤韶(1881—1967)**

字寰澄。德清县人。金融家。幼年在新市读私塾。1896年中秀才。1898年到南浔镇求学,与张静江等结为好友,后中举人。毕业后与张静江、张澹如兄弟经营珠宝业。1905年与张静江同赴法国巴黎经营珠宝,结识孙中山并参加同盟会。1911年参加上海光复后任北京政府工商部秘书长、浙江省议会议员、首届国会众议员。1916年任浙江财政司参议,浙江银行监理。同年9月任中国银行副总裁。1917年8月去职后南下广州参加护法运动。护法失败后脱离国民党,以经商为主,任汉冶萍公司查账员、招商局营业科长。1918年参与创办上海证券物品交易所,任理事。后又任上海市证券商业同业公会理事长、上海商务印书馆副总经理、通易银行董事、上海市商会监事、东南信托公司董事等职,还自办恒大金号。30年代初还任华安商业银行董事长、开元电化厂董事、大中华公司监察及国民政府币制研究委员。1936年迁居武汉，任禁烟督察处副处长。抗战爆发后迁至广州，后避居香港，一度迁上海，为避免敌伪纠纷又暂住浙江温州、南田（今三门县），任浙江通志馆编纂。抗战胜利后回上海，参与发起成立中国民主建国会，任民建第一届中央委员会常务委员兼副秘书长。1949年出席全国政协第一届全体会议。新中国成立后历任江南造纸公司董事长、中央财政经济委员会委员、第一届全国政协委员、上海市政协常委、全国人大第一至第三届代表、浙江省人民政府委员、民建中央常委、全国工商联执行委员等。1967年4月29日在北京病故。

**俞平伯(1900—1990)**

原名俞铭衡，以字行，字平伯。德清县人。清代朴学大师俞樾曾孙。早年参加新文化运动，为新潮社、文学研究会、语丝社成员。最初以创作新诗为主。1918年以白话诗《春水》崭露头角。次年与朱自清等人创办我国最早的新诗月刊《诗》。1919年毕业于北京大学。至抗战前夕先后结集的有《冬夜》、《西还》等。亦擅词学，曾有《读词偶得》、《古槐书屋词》等。在散文方面先后结集出版有《杂拌儿》、《燕知草》、《杂拌儿之二》、《古槐梦遇》、《燕郊集》等。其中《桨声灯影里的秦淮河》等名篇曾传诵一时。先后在上海大学、燕京大学、北京大学、清华大学担任教授。1947年加入九三学社。新中国成立后历任北京大学教授，中国社会科学院文学研究所研究员，九三学社中央委员、顾问。曾任中国文联委员，中国作协理事。是第一、第二、第三届全国人大代表，第五、第六届全国政协委员。1921年开始研究《红楼梦》，1922年出版专著《红楼梦辨》，1952年又改名为《红楼梦研究》，1954年3月复于《新建设》杂志发表《红楼梦简论》。对《红楼梦》持自传说。此外著有《论诗词曲杂著》、《红楼梦八十回校本》，有《俞平伯散文选集》等。

**俞叶封(？—1940)**

名肇桐。钱塘县人。早年投笔从戎，曾任江西前路巡防营统带。辛亥革命时曾参与反清活动。1911年参加光复浙江的活动。民国初年曾任嘉兴、上海水路缉私营统领。1924年任嘉湖警备司令。后脱离军职，到上海开设杭州饭庄等。后投靠黄金荣、张啸林、杜月笙，成为他们贩运烟土的重要助手，与张啸林的关系尤其密切，在上海的地位仅次于三大亨。1937年11月上海沦陷后参加张啸林组织的“新亚和平促进会”，为张啸林主持棉花资敌工作。国民党军统局潜伏上海的成员决定对其实施制裁，1938年6月24日军统策划了对他的第一次暗杀，但没能成功。1940年1月15日再次策划暗杀计划，将其击伤，不治身亡。

**俞印民(1895—1949)**

笔名淇园、舜赓、丹端、泗水渔隐。上虞县人。早年就读于绍兴府中学堂。毕业后入上海吴淞中国大学学习。毕业后一度担任上虞县教育视察。1917年流寓杭州，欲求出国留学未果。后被武汉《大汉报》聘为副刊《楚社日刊》助理编辑，兼任《湖广新报》特约撰稿，又转中信洋行职员。不久赴沪投章太炎门下。随后往返于北京、汉口、上海，以卖文维持生活。1921年任新华书局编辑。1937年抗日战争爆发后随国民革命军第三十一军游击司令部转战河南固始、湟川间。后任西安国民政府军事委员会委员长行营少将参议，第一战区、第十战区少将秘书。曾创办荣誉出版社，出版《荣誉旬刊》，为抗战伤残军人服务。1949年1月病故。著有《泗水集》、《哲学·人生》，写有小说《血井》、《血海潮》、《血昆仑》、《同舟》、《贩毒记》，译有《地窖密约》，编写剧本《铁血锄奸》、《战地鸳鸯》、《如此人生》、《还我青春》等。

**俞仲武(1912—1996)**

原名祖炎。富阳县人。1925年就读于绍兴第五中学。1928年加入中国共产党，因被捕与党组织失去联系。1935年后在杭州《儿童时报》、上海商务印书馆任编辑。1937年重新入党，参与组织“浙江战时流动剧团”（后改为战地服务队），赴各地宣传演出，开展抗日救亡活动。1940年参加新四军，任新四军江北指挥部《抗敌报》编辑，长期从事新闻、文化教育和干部教育工作。1949年任杭州市军管会文教部副部长，浙江省教育厅副厅长、党组副书记兼文化局长，后任浙江省教育厅厅长、党组书记兼浙江师范学院院长等职。是浙江省第二、第三届人代会代表，1954年当选为首届全国人大代表。1958年任浙江省文联副主席、党组委员兼省科委副主任。

**俞创硕(1911—1991)**

平湖县人。摄影家。幼年就读于平湖县新溪国民小学。1927年在平湖新埭名医高养和门下学中医。1930年弃医到上海，不久考入刘海粟创办的上海美术专科学校西画系。1932年毕业后进入《良友》画报社工作。1937年抗日战争爆发后奔赴抗日前线，由美术编辑变成了战地摄影记者。其足迹遍及华北、中原等抗日战场，摄下了一幅幅反映中华儿女同仇敌忾抗击日本侵略的照片，《良友》画报作为特辑刊发，鼓舞和振奋了中国人民抗战的信心。人称“中国第一位用照相机来报道八路军是抗日英雄的记者”。抗战胜利后于1946年回到上海，进入《申报》馆任摄影记者。1949年5月上海解放后任《解放日报》摄影记者。并先后担任中国摄影家协会第一、第二届理事，中国老年摄影学会理事、副主席。1991年7月22日在上海去世。数十年的摄影生涯，留下了《黄浦江日出》、《送粮》、《报纸出版以后》、《祖国海岸线的保卫者》等大量优秀摄影作品，先后入选《江山如此多娇》等大型画册及《中国摄影艺术作品选》、《上海摄影年刊》等。

**俞纪琦(生卒年不详)**

字仲韩。山阴县人。18岁时赴山西依族兄、太原知府俞廉三任幕僚。清朝宣统年间任直隶天津高等审判分厅厅丞。1914年9月至1916年1月任江苏省政务厅厅长。1916年1月至1921年3月任江苏省金陵道道尹。1923年被江苏省督军提名为江苏省财政厅长，遭到江苏省议会的强烈反对，未就任。1924年以后脱离政界，从事商业，先后任大陆银行汉口、北平两分行经理。编著有《法官考试应用法律章程汇编》、《司法院法官训练所讲义》。

**俞寿璋(生卒年不详)**

字琢吾。上虞县人。1893年中举人。1914年6月至1916年任湖南省衡阳道道尹。1919年3月至1920年9月任山东省政务厅厅长。20年代初定居上海，与陈夔龙、陈曾寿、余肇康、陈三立、夏敬观、瞿鸿禨、朱祖谋等遗老交往，时有唱和。平生喜作诗词，并擅长书法，篆、隶、楷均精。编著有《汉当研室诗钞》等。

**俞克孝(1907—?)**

字玄初。永康县人。幼年接受家庭教育，读经史及经济学。20世纪30年代在浙江省内从事合作运动，曾在《浙江建设》月刊第十五期发表《义乌县合作事业之过去与将来》。后任金华地方农民银行经理。1937年抗日战争爆发后任职于南京国民政府军事委员会政治部，后相继任湖北省政府财政厅会计主任、湖北省政府田粮管理处科长，并在湖北农学院、湖北省干部训练团兼任教授。1945年抗日战争胜利后复员回南京。1946年5月任国防部预算局科长。1949年去台湾后任台湾《新生报》股份有限公司会计主任、总稽核。后任新闻报社副社长。1972年退休后执会计师业务。1993年9月因违反《会计师法》，被会计师惩戒委员会处以停止执行业务六个月的处分。晚年曾回老家永康省亲，并捐款3万美元创办永康青山口小学。著有《政府会计》、《平平人生》等。

**俞秀松(1899—1939)**

又名寿松，字柏青，号长山道人，化名王寿成、纳利马诺夫等。诸暨县人。1908年起在老家读完小学。1916年考入杭州的省立第一师范学校学习。1919年五四运动爆发后与宣中华等人创办《双十》周刊，后改名《浙江新潮》，并为《浙江新潮》撰写发刊词。1920年3月到上海陈望道等主持的星期评论社工作；8月参加编辑中共上海党小组主办的《劳动界》，用通俗易懂的文字宣传马克思主义；同月受陈独秀委派，组织社会主义青年团，任第一任书记；9月创办外国语学社，任秘书。1921年3月赴苏联出席少共国际第二次代表大会。1922年3月回到上海；5月当选为第一届社会主义青年团中央执行委员。1923年5月任中共上海区委员会执行委员。同年10月赴福州，任东路讨贼军总司令部参谋处一等书记，随许崇智讨伐陈炯明。1924年4月回杭州，任国民党浙江省临时执行委员会执行委员、常委兼中共党团书记。1925年11月任中国留苏学生领队、中共党支部主要负责人，率领100余名党团员赴莫斯科留学。到莫斯科后入中山大学学习，并担任中共旅莫支部委员、副书记，国民党中大特别党部主席，校学生公社主席。期间因反对和抵制王明宗派主义和“左”倾冒险主义而遭到打击和排挤，被诬为“江浙同乡会”、“反党小集团”头子和“托洛茨基派”。后虽经联共中央监察委员会审查而予否定，但仍被王明所掌控的党中央另眼相看。1927年11月考入列宁学院学习和任教。1933年被派到苏联远东伯力工作，在远东边区党委领导的《工人之路》报社任副总编辑。1935年6月受联共中央派遣进入新疆工作，任新疆民众反帝总会秘书长及新疆学院院长、新疆省立第一中学校长，以及盛世才的新疆督办公署边防处政训处副处长。主编《反帝战线》杂志，多次在《新疆日报》上撰写社论和文章，宣传中共抗日救国的主张。1937年12月因所谓“阴谋暴动罪”被新疆军阀盛世才逮捕。1938年6月被押往苏联。1939年3月21日在莫斯科被控参与所谓托洛茨基主义活动，被苏联最高法院军事委员会判处死刑。1962年被中华人民共和国民政部追认为革命烈士。1996年8月俄联邦军事检察院宣布为其彻底平反。

**俞佐庭(1887—1951)**

字崇功、荫堂。镇海县人。著名工商业者。少时在家乡读私塾，

16岁到余杭某木行当学徒，20岁进宁波慎余钱庄任职员。1908年到上海恒祥钱庄习任账房。1916年回宁波任慎德、元一钱庄经理，在甬江颇负盛名。1920年任上海中易信托公司银行部经理。1926年在天津创设垦业银行，任经理。1927年任宁波财政局长，并当选为宁波总商会会长。1929年接办中国垦业银行，为最大股东，任常务董事兼总行经理。1931年在上海创办恒异钱庄并任经理，被称为钱业中的“杰出人才”。1932年当选为上海钱业公会、钱业联合准备库常委。1933年10月创办惠中商业储蓄银行，任董事长。1934年至1936年当选为上海市商会执委会主任委员，开办商业职业学校和商业补习学校夜校劳工班。1936年6月任上海市商会监督委员会常务委员。1937年创办上海四明银行储蓄会，并任经理。在30年代还同时任大中银行、大来银行、统原银行、四明银行、四明保险公司、国泰银行、两浙商业银行、浙江建业银行、中国通商银行、宁波实业银行、江海银行、华丰造纸厂、协丰益记公司、丰盛实业公司、光华火油公司、大昌机器榨油公司、上海毛绒纺织公司、宁绍商轮公司、《时事新报》馆、《大晚报》馆等董事，至中、绸业两银行常务董事。期间又在宁波开办慎生、正大、东升、万成四家咸鱼行，并任宁波和丰纱厂董事长。抗战爆发后深居简出。1941年因不愿出任伪中央储备银行要职避居重庆。抗战胜利后回上海，任惠中银行董事长及四明银行常务董事。1946年当选为上海市参议员。1947年又任该行总经理及宁绍保险公司董事长。同年当选为国大代表。1949年上海解放前夕去台湾，不久移居香港。1951年6月在香港病故。

**俞佐宸(1892—1985)**

又名煌，字崇绩，号鞠堂。镇海县人。著名工商业者。幼入私塾，15岁入宁波咸恒钱庄习业。1916年起先后任宁波元德、元益、天益钱庄经理、总经理。1931年任中国垦业银业宁波分行经理。1932年任和丰纱厂经理。1933年任宁波商会会长。并曾任天一、四明、国际三家保险公司经理，浙东商业银行与两浙商业银行常务董事，又投资宁波太丰面粉厂、永耀电力公司、四明电话公司和彝生、祥康、慎余、慎康、源源、元亨、源泰钱庄，曾任宁波银行业同业公会、钱庄业同业公会、纱厂业同业公会理事长。1941年日本侵略军占领镇海后弃产远走，赴香港、重庆等地。1946年起每年支援中共地下组织粮食200至300石。1947年当选为国大代表。1953年率先将宁波和丰纱厂实行公私合营。1953年至1966年任宁波市副市长。曾当选为第一、第二、第三、第四、第六届全国人大代表。还担任民建中央常务委员、民建浙江省委主委、浙江工商联副主委、浙江省侨联副主席、宁波市政协副主席、民建宁波市委主委、宁波工商联主委、宁波市人大常委会副主任等职。1980年任甬港联谊会会长。晚年还曾任浙江省国际信托投资公司副董事长兼副经理及宁波分公司经理、全国工商联顾问、宁波市侨联名誉主席等职。1985年3月20日在宁波病故。

**俞松筠(1898—1951)**

吴兴县人。陈果夫的外甥。早年毕业于上海同济医学院。1922年4月起筹建上海私立中德医院，任院长。1932年“一·二八”抗战爆发后以中德医院为基础，组成中国红十字会第六救护队及第五伤兵医院。医务人员奔赴闸北、吴淞前线救护伤病员。1940年至1945年10月任南京国民政府行政院卫生署医政处处长。1945年8月至1946年5月任上海特别市卫生局局长。曾任立法院立法委员。著有《科学的达生编》、《卫生行政概要》等。

**俞叔平(1911—1978)**

诸暨县人。1911年7月1日生。1928年毕业于诸暨县立中学。同年考取浙江警官学校正科第一期。1930年毕业后参加浙江省官费留学生考试顺利录用，赴奥地利维也纳大学学习警政专业。1933年冬回国后任杭州市警察局司法科科长帮办。1934年秋接受官费资助赴奥地利维也纳大学法律系深造，同时在维也纳警官大学进修。1938年获维也纳大学法学博士学位，成为中国第一个警察学博士生。回国后任重庆国民党中央警官学校刑事实验室主任，首创刑事警察。1940年任国民党中央组织部人事室主任。1942年任国立四川大学训导长兼商学院教授。1943年12月出任中央考试院法规委员会委员。1945年9月任上海市警察局副局长。1946年7月任代理局长，8月任局长，同时兼任国立同济大学法学院、东吴大学法学院教授，讲授刑法。期间协助宣铁吾等全力镇压上海反抗国民党统治的各种风潮，造成多起重大血案。1949年去台湾。1950年任台湾“司法部政务次长”兼“刑事司司长”。1951年任台湾大学法律研究所教授，兼营律师业务。1952年后两度应邀以客座教授资格赴联邦德国讲学。1962年任台湾“中国文化学院”教授兼德文系主任和文学部主任。1964年任台湾驻联合国原子能总署“大使衔”的常任“代表”。1969年任台湾驻尼加拉瓜共和国“大使”。1972年任台湾“外交部”顾问。退休后复任“中国文化学院”教授兼文学部主任。1978 年 2 月在台北去世。著有《刑事警察的理论与实际》、《刑事法与刑事科学》、《刑法分则大纲》、《刑事警察与犯罪侦查》、《指纹学》、《法医学》等，译有《化学兵器与国际公法》等。

**俞国华(1914—2000)**

奉化县人。1914 年 1 月 10 日生。1934 年毕业于国立清华大学。先后任职于军事委员会，南昌、武昌及重庆行营。1936 年夏起任委员长侍从室秘书八年，历经西安事变、两广事变及抗日战争。1942 年随蒋介石访问印度。1943 年随蒋介石出席开罗会议。1944 年 5 月奉派到美国哈佛大学研究经济。1946 年夏转赴英国伦敦，入伦敦政治经济研究院继续从事研究。1947 年秋回国后出任“国际复兴开发银行”副执行董事四年。1949 年去台湾。1951 年改任“国际货币基金会”副执行董事。1955 年 5 月任“中央信托局”局长，致力于发展外贸工作。1961 年任台湾“中国银行”董事长兼“中国产物保险公司”董事长。1967 年 12 月任“财政部长”，兼“国际复兴开发银行”理事。1969 年当选为国民党中央执行委员。同年转任“中央银行”总裁。1977 年兼任“行政院经济建设委员会”主任委员。1979 年后任国民党中常委，进入中枢决策核心。在国民党高层派系中，为“官邸元老派”头面人物。曾参与主持 70 年代台湾经济建设规划设计，协助蒋经国调整经济发展战略，推展十项建设。1984 年 6 月由蒋经国提名任“行政院”院长。1989 年 5 月辞职，由李焕接任。同年 6 月 1 日被聘为“总统府”资政。2000 年 10 月 4 日在台北去世。

**俞　明(1884—1935)**

吴兴县人。海上著名画家，与俞原为叔侄。早年在上海学习水彩画，是我国近代最早学习西画的画家之一。后听从俞原之劝导，改学中国画，并专研人物仕女画。与褚德彝、吴昌硕、任堇、金城等相友善。作品笔墨沉着，意境清雅。亦工画肖像、花卉。

**俞明颐(1873—?)**

字寿臣、寿丞。绍兴县人。俞明震三弟。早年留学日本。1901 年捐道员衔，分发到湖南试用。1902 年 5 月任湖南武备学堂总办(即校长)，主持筹备工。1903 年 5 月湖南武备学堂在长沙小吴门外大较场旁正式开学。1905 年 6 月任湖南督练公所兵备处总办，参与编练湖南新军。同年 8 月湖南武备学堂为陆军小学堂，继续担任总办。1906 年任湖南辰永沅靖道。1908 年任江西吉南赣宁道。1912 年中华民国成立后退出官场，到上海做寓公，投资商务印书馆，担任公司董事。其夫人是曾国藩的嫡孙女曾广珊，夫妇俩养育五男五女成人：五个儿子分别是大维、大纶、大绂、大絜、大纲；五个女儿分别是大绛、大绚、大缜、大彩、大絪。10 个子女全部成才。

**俞明震(1860—1918)**

字恪士，号觚庵。山阴县人。1890 年庚寅恩科进士，授庶吉士。三年后散馆，授刑部主事。1894 年中日甲午战争前被台湾巡抚唐景崧奏调赴台，负责全台营务。1895 年任台湾省布政使，台湾割让给日本后曾与唐景崧等树立台湾民主国，任内务大臣，抵抗入侵日军。台湾失守后返回大陆。后任厘捐总局局长，并以候补道台的身份出任南京江南陆师学堂总办(即校长)多年。1902 年 4 月曾以江南陆师学堂总办和江苏候补道的身份率鲁迅等学生赴日本留学。1903 年 7 月奉清廷之命到上海查办“苏报案”，采取大事化小的办法保护当事人，避免更多人牵连受罚。后任署理赣南道台。1910 年 8 月至 1911 年 11 月署理甘肃提学使。1911 年 11 月署理甘肃布政使。1912 年 4 月至 9 月任甘肃提学使。1914 年 5 月至 1916 年 1 月任北洋政府肃政厅肃政史。著有《觚庵诗存》、《觚庵漫笔》等。

**俞　炜(1871—1942)**

字丹屏，号载熙。嵊县人。自幼务农，10 多岁始跟堂伯父读书，精通古籍，爱好书法。1901 年夏投军入伍。1904 年春考入浙江武备学堂第五期正则科肄业。1906 年夏调任浙江弁目学堂区队长，由秋瑾介绍加入光复会。又介绍弁目学堂学生 10 多人加入光复会，运动巡抚衙门卫队士兵数十人作为内应，并协助绍兴大通学堂培训会党骨干。1911 年武昌起义后联络杭沪各火车站职员，取得起事时兵运交通之便，暗中与陈国杰测绘上海制造局及沪松炮兵地图，并调查由浙江至江苏水陆通道；11 月 3 日参加杭州革命党人会议，部署杭州起义事宜，被推举为民军第一路参谋官，并运动驻杭水陆各营以及军装局防营届时响应；11 月 5 日光复杭州枪声打响，任浙江新军第八十一标队督队官，率新兵五队，攻下军械局，支援敢死队攻克抚署和藩署；11 月 13 日浙军组成攻宁支队誓师出发，留任镇江兵站司令官，供应前线军需；11 月 18 日化装潜入南京，侦察敌军军情。南京临时政府成立后浙江支队改为陆军第六师，出任混成旅旅长，由临时大总统授予陆军上校并加少将军衔，颁发龙虎勋章。1912 年出任浙江省稽勋局局长，负责调查光复浙江和攻克南京有功人员，编辑辛亥革命史料。赴绍兴协助王金发撤销军政分府，将裁剩一团士兵编为第九十八团，任团长，驻守宁波。袁世凯复辟帝制，浙江成立护国军政府，出任第三十二混成旅少将旅长。袁世凯死后被举为众议院议员。中华民国成立后致力发展浙江实业，先后在杭州、海宁、余姚、长兴、诸暨等地创办电灯公司，在江山和长兴开办煤矿，在杭州开办合股的道一银行以及武林造纸厂。1925年任浙江省道局帮办。1926年改任副局长，负责实际工作。1927年局长周凤岐离职，又改任局长。完成了杭州江边至绍兴第一条省办公路萧绍公路，修筑了嵊(县)至新(昌)公路，还修筑杭州拱(宸桥)至三(廊庙)段公路。1929年在杭州拱宸桥投资开办西湖蚕种制造场，陆续在临安、余杭、萧山、嵊县及新昌等县设立五个分场生产原蚕种和改良蚕种，并附设蚕业讲习所，后改名"丹屏高级蚕桑职业学校"，毕业学员安排到各分场担任技术主任或技术员。抗战爆发后又在嵊县和新昌设立制种场。1933年应聘兼任萧山通惠公纱厂总办，并租赁萧山庆云丝厂。1940年迁往苍岩，嵊县沦陷后停办。同年担任浙江省粮食管理局业务经理。关心家乡建设，1914年出资万元，在前冈创办起祥小学；1920年前冈受台风袭击，采购大米600担赈济村民；抗战期间出任五联乡乡长时，珠茶滞销，帮助村民改制红茶，设立示范性农场。1942年1月22日在永康住所病故。

**俞宗渭(1879—1936)**

字襄周。绍兴县人。著名盐商。盐商世家出身，成年后继承祖业，有盐引1200引，在常山、玉山开设有"庸"字盐栈，销盐区域包括江西广信、玉山、广丰、铅山、河口、弋阳、贵溪及浙江常山、开化等地。是盐业组织"常(山)开(化)广(信)纲商执行委员会"负责人，在盐业史上与周庆云、王芗泉并称为"三镶"。受实业救国思想影响，在经营盐业同时广泛投资其他工商业。1912年在绍兴创办萧绍越安轮船公司，任总经理。并自设杭诸造船厂。1915年集资3万元设立杭诸汽船公司，后增设杭生轮船公司，扩大了轮运业经营规模。此外还创办、投资有上海松江恒裕石子厂、上海元亨洋行、浙江桐庐宝兴煤矿、杭州成康钱庄、大成机器铁工厂、集成经绒公司、新新娱乐场、开乐园茶店等企业。曾任绍兴旅沪同乡会常务董事。

**俞星槎(1891—1940)**

名咏裳，字星槎，以字行。东阳县人。1914年2月考入保定陆军军官学校步兵科第三期学习。1916年12月毕业后分发到浙江陆军服役。历任浙江省防军第一旅排长、连长、营长等职。1927年参加国民革命军，任东路军前敌指挥部中校参谋。后任南京国民政府所属的第二路军司令部参谋处长。1929年3月下旬与上海市长张定璠秘密策划李宗仁、白崇禧出逃方案成功，得到李、白的器重。同年入北平陆军大学深造。后任中央军校第六分校(桂林分校)少将主任、中央陆军学校教育长。1937年8月13日被授予陆军少将军衔。1938年6月2日被授予陆军中将军衔。同年底任国民政府军事委员会委员长桂林行营副参谋长。1940年任军事委员会办公厅高参室主任。同年夏因车祸身亡。

**俞济民(1902—1957)**

奉化县人。俞济时之兄。早年毕业于北京高等警官学校。1932年任宁波警察局局长兼警察总队长。1939年兼任鄞县县长。1941年4月宁波沦陷后退至宁海，任国民党鄞奉游击部队指挥官。1944年3月至1947年2月任浙江省第六区行政督察专员兼保安司令等。1946年1月至1949年1月任山东省政府委员。1947年9月至1948年兼鲁东行署主任。1949年春任浙东行署主任。同年去台湾，任糖业公司顾问、"光复大陆设计研究委员会"委员等。1957年在台北去世。

**俞济时(1904—1990)**

字良桢，号济士。奉化县人。1904年6月14日生。9岁入显承初级小学，继入锦溪高等小学，期间曾因目疾辍学。1921年去慈北鸣鹤场，任民信局信差四个月。1922年任福建浦城县政府庶务。1924年5月到广州，考入黄埔军校第一期第二队学习。毕业后任军校教导团第一营第一连排长，后相继任党军第一旅第一团连长、国民革命军第一军第一师营长。期间参加两次东征。1926年6月任国民革命军总司令部警卫团营长，随总司令部参加北伐战争。1927年先后任国民革命军第四补充团团长，第一师第四团团长，第九师第二十五旅副旅长。1928年先后任第六师第三十一团团长，国民革命军总司令部警卫团团长。1929年任南京国民政府警卫旅旅长，兼代中央宪兵司令。同年9月任国民政府警卫司令兼中央警卫一旅旅长。1931年任中央警卫师副师长，警卫军第二师师长，第八十八师师长。1932年初所部第八十八师编入第五军，由张治中任军长开赴上海协同第十九路军对日作战。

1933年1月至1934年5月任浙江省政府保安处长，一度兼浙赣皖边"剿匪"第二纵队司令。1935年任第五十八师师长。1936年1月被授予陆军中将军衔。1937年8月任第七十四军军长兼五十八师师长，率部参加淞沪抗战、南京保卫战、开封会战。1938年任第三十六军团军团长兼第七十四军军长，参加武汉会战。1939年1月任第二十集团军副总司令；6月任第十九集团军副总司令，兼第五军军长；10月任第十集团军副总司令兼第八十六军军长、浙江抗敌自卫团副总司令及宁台守备军总指挥。1942年11月任军事委员会委员长侍从室侍卫长，兼三青团中央第一届监察会监察。1943年11月陪蒋介石到埃及开罗，参加中、美、英三国首脑会议。1945年1月从陆军大学将官班毕业；3月任第三十六集团军总司令；5月当选为国民党第六届中央执行委员，辞未就；12月任国民政府参军处军务局中将局长兼侍从室侍卫长。1946年9月当选为三民主义青年团中央监察会监察。1947年7月任党团合并后的国民党第六届中央执行委员。1948年5月任中华民国总统府第三局局长。1949年2月任总统府战略顾问委员会委员；8月任国民党总裁办公室总务主任，仍任侍卫长职。1950年3月任"总统府第二局"局长。1951年卸侍卫长职。1952年辞第二局局长职。此后历任"总统府战略顾问"、"国策顾问"、"国民大会代表"、"光复大陆设计研究委员会"委员。1990年1月在台北去世。著有《时代新军人应有之修养》、《孙子之战术战略思想采微》、《八十虚度追忆》、《八六述怀》等。

**俞　原(1874—1922)**

一名宗原，字语霜，别号女床山民。归安县人。早年随当地民间画家习画，清末移居上海，以书画自给。曾与吴昌硕等创立"海上题襟馆金石书画会"，以书画会友，切磋技艺。擅长山水、花卉、人物，早年曾临摹历代名迹，功力深厚，所作设色古雅，意境脱俗，颇有新意，并治金石碑版之学。

**俞致贞(1915—1995)**

女。字一云。绍兴县人，生于北京。画家，画室名百花书屋。1934年拜于非暗为师学小写意花鸟及工笔草虫，兼习瘦金体、篆书，后专攻工笔。1937年入故宫博物院古物陈列所国画研究馆临摹研究宋、元、明、清等历代名画，以宋元工笔花鸟为主，兼学画史、画论并研制国画颜料，历时八年。1946年至四川成都拜大风堂主人张大千为师，学工笔写意花鸟画。1951年回到北京。1957年任教于中央美术学院。1958年调北京艺术学院美术系。1964年调中央工艺美术学院，为教授。1984年退休后任中央工艺美院咨询员。曾兼任中国书画函授大学教授，北京工笔重彩画会副会长，北京花鸟画会名誉会长。擅长工笔花鸟、草虫、蔬果。1995年5月在北京去世。代表作有《沙果双鹊》、《荷花》、《耄耋图》等。生前出版《荣宝斋画谱——工笔花卉》、《俞致贞画辑》、《工笔花卉技法——附草虫画法》、《美术画库——工笔花卉技法》(与丈夫刘力上合作)、《俞致贞、刘力上画集》等。

**俞家骥(1877—1968)**

字涵青。绍兴县人。成年后入京师国子监学习。毕业后分派到山西垦务总局任文案兼提调。1912年中华民国成立后先后任山西省阳曲、榆次、临晋、大同等县知事。1925年升为雁门道道尹。1927年被阎锡山调任《山西省政务全书》总编纂。1928年随阎锡山到北平，任平津卫戍司令部秘书长，成为阎的亲信幕僚，为阎处理来往信件。1935年任北平行政院驻平政务整理委员会秘书长。1936年政务整理委员会完全被亲日派控制，不甘与日本人同流合污，遂脱离政界。同年任大陆银行秘书兼北平分行地安门支行经理。1944年任大陆银行北平分行经理。日军占领北平后闭门谢客。新中国成立后任北京浙江会馆财产管理委员会第一、第二、第三届主任委员，直至1955年将财产移交政府统一管理。1956年后被中央人民政府聘为中央文史研究馆馆员。1968年病故。

**俞调梅(1911—1999)**

吴兴县人。1929年以总分第二名的成绩考入交通大学机械系，次年转入土木系，1932年至1933年休学一年。1934年毕业后在上海从事建筑结构设计。1936年到英国留学。1938年获英国伦敦大学工学硕士学位。1940年回上海后任东吴大学副教授，并曾在复旦大学及交通大学兼课。后曾任中正大学及江苏学院教授。1946年任交大土木系教授。1952年院系调整时交大土木系合并到同济大学，调入同济大学地下建筑与工程系任教授。率先在该校开设了土力学和土的工程性质等课程，开创了我国土力学与地基基础课程教学的先河。1956年被评为二级教授。60年代编著出版了国内首部系统的土力学教材《土质学及土力学》。1965年当选为全国政协委员，其后连任两届。1985年获澳大利亚新南威尔斯大学马彦士奖章。1987年退休。1999年6月25日在上海病故。

**俞　谐(1914—　)**

字方柏。鄞县人。1914年7月生。早年就读于上海私立中国公学。后赴美留学,在田纳西州立大学获得教育硕士学位后回国。1936年8月任南京国民政府教育部属遗族学校教员。1937年7月抗战爆发后任中央军校第三分校(驻江西瑞金)政治教官。1943年1月任三民主义青年团吉安分团干事长。1944年当选为三民主义青年团江西支团干事会干事。1945年8月任江西省文化运动委员会委员兼南昌青年馆总干事。1948年任江西省贵溪县县长。1949年去台湾,进入国民党中央党部任职。1961年任国民党知识青年党部书记长。1969年5月任国民党中央党部第一组副主任。1973年5月任国民党中央党部组织工作会副主任。后任"国民大会宪政研讨会"副秘书长。1977年在国民党第十一届全会上当选为候补中央执行委员。在担任党部职务的同时还先后兼任台湾省立台北工业专科学校、私立淡江英语专科学校、台湾师范大学、台湾大学教授。著有《什么是唯物辩证法》、《马克思主义述评》、《世界思潮之主流:三民主义之由来、形成及其瞻望》、《中共史略》、《美国的高等教育》等。

**俞遇期(1893—?)**

字影我。东阳县人。1911年10月10日辛亥革命爆发后曾参加学生军。1912年11月入湖北武昌陆军第二预备学校学习。1914年8月入保定陆军军官学校第三期辎重科学习,1916年2月毕业。曾任黄埔军校第四期中校战术教官、中央军校第六期中校辎重队长。1946年12月被国民政府授予陆军少将军衔。

**俞斌祺(1900—?)**

字伟廉。萧山县人。东南商科大学毕业。日本国立商科大学研究生,早稻田大学工科肄业。历任二十六军中校股长,上海市中心体育场管理主任。"五卅"运动时任上海六路商界联合会会长。1927年集资10万元在上海创设第一煤球公司,任总经理。1930年以日本中文打字机为蓝本发明俞式中文打字机,还发明卫生三用经济煤球炉、自动轮转复印机等。后历任中国发明人协会主席委员,上海市打字机同业公会理事长,中华消费合作社理事长,平安三轮车股份有限公司总经理,俞式中文打字机制造厂无限公司总经理,工业机械技师,上海市体育会理事,乒乓联合会理事长,游泳委员会主席委员等。

**俞瑞章(1925—　)**

嵊县人。1949年随家人去台湾。从"国防医学院"毕业后留校任教,并在台湾"陆军第一总医院"完成住院医师训练。后赴美国明尼苏达州立大学医学院进修心脏血管外科。1958年从美国回到台湾。1961年台湾"国防医学院"附属教学医院"陆军第一总医院"成立心脏血管外科,担任第一任主任。1962年3月14日完成台湾岛内第一例开心脏手术,即心房中膈内修补术。此后历任"国防医学院"副教授、教授。是台湾"总统医疗小组"成员,有"御医"之称。先后当选为台湾"杰出公民"及"首届十大杰出青年"等名誉称号。其论著散见于台湾"中华医学会"、"中华民国外科医学会"杂志及美国胸腔心脏血管外科杂志。

**俞慈民(1917—2009)**

诸暨县人。1917年生于浙江余姚铁路沿线的慈城镇,故名慈民。1934年从上虞春晖中学初中部毕业后升入高中部学习一年。后考入上海太平产物保险公司。1937年抗日战争爆发前被调到汉口的太平分公司工作。1938年武汉三镇沦陷后作为保险公司留守员工滞留武汉。不久陪同湖北大汉奸之子何东兰到日本留学,初到仙台语言学校强攻日语。1939年考入日本东北帝国大学经济系,而何东兰则考入日本陆军士官学校。1943年与汪伪国民政府驻日本大使蔡培女儿蔡桂英结"秦晋之好"。在日本毕业后进入日本规模最大的财产保险公司——日本东京海上保险公司任职。1944年回到上海后任上海太平产物保险公司主任秘书,并在法租界贾尼西(今泰康路)投资成立文谊文具金笔厂,挂名协理。1945年日本宣布投降后应友人邀请前往台湾参与接收,任台湾人寿保险公司协理,并主持劳工保险部的业务。1950年任"台湾省劳工保险局"总经理。1951年8月带队赴日本考察两个月,了解日本劳保运作的情况。主持起草《劳工保险条例》,在全台各大城市筹设劳工医院,为投保劳工免费治病,这是台湾执政当局筹办平民医疗保险之始。1956年7月开始办理劳保疾病住院给付,投保的劳工此后因病住院者均可得到补助。到他离职时已经初步完成了岛内养老保障体系三大支柱的建设。1962年筹办台湾第一人寿保险公司,任公司总经理。并投资益寿航业、太平产物保险、"中华海外企业"等公司。兼任"劳工保险监理委员会"委员,在台湾大学、台湾师范大学兼任教授,讲授社会保险。1977年又创办英兰企业公司,任董事长。该公司为美国英兰仓储集散中心台湾区代表,经营仓储及贸易业务。后移民美国。退休后在美国注册一家鞋业公司,批发零售健身鞋。1996年在女儿陪同下回到阔别近50年的上海与亲友团聚。2009年在美国洛杉矶寓所去世。著有《就业辅导与职业介绍》、《三月来的劳工保险业务》、《劳工保险加强的几个问题》、《职业工人保险》、《劳工保险业务实施检讨与推进》、《劳工保险与社会保险》等多篇论文,发表在台湾《新社会》月刊上。

**俞滨东(1903—?)**

字天宾。黄岩县人。1927年考入国民革命军第二十六军军官团学习。1928年12月入中央军校第七期学习。1929年12月毕业后任营长、团附等。抗日战争期间历任军事委员会西安办事处参谋,第一战区司令长官部管理科科长,驻第十八集团军总部(延安)联络官,军事委员会委员长侍从室侍卫官。后入陆军大学将官班第三期深造。1948年12月7日任总统府侍卫室少将副侍卫长。1949年去台湾。1961年任"总统府"第三局少将副局长。

**俞德葆(1909—1980)**

字逸平。新昌县人。早年考入国立北平大学医院预科就读。后考入国立同济大学医学院本科,期间曾在《同济医学月刊》发表9篇医学论文、15篇医学译文。1937年毕业后在上海宝隆医院眼科任医师一年。抗战时期任军医五年,在地方医院任院长四年。1947年赴美国哥伦比亚大学、瑞士伯尔尼大学进修眼科。1949年回国后自行开业,从事眼科诊疗工作。1952年任杭州市第一医院眼科主任,对角膜移植、急性青光眼、白内障、视网膜剥离的治疗均有很深的造诣。主持自制白内障囊内摘除手术镊、前房角镜、倒睫矫正手术钳等手术器械;在国内首先开展小梁正切切片和前房角镜下房角切开术,穿透性角膜移植术和异种异体角膜移植实验等。"文革"期间受到不公正对待。1975年因病退休。著有《眼科学大要》、《眼科鉴别诊断学》等。

**俞履圻(1911—1997)**

平湖县人。1928年考入浙江省立第一中学。1935年南京中央大学农学院毕业后在该校攻读稻作专业研究生,兼任助教。1937年至1945年历任安徽大学农学院助教、长沙湘米改进委员会督导员、云南省立宾川棉作试验场技术主任、陕西农业改进所陕南农场主任、四川省农业改进所稻麦改进场技士等职。1943年任重庆北碚中央农业实验所稻作系技士。1945年被选派到美国德克萨斯州农事实验场实习三个月。后入康奈尔大学作物育种系、依阿华州农工学院遗传系进修。1946年回国。次年任中央农业实验所技正。新中国成立后任华东农业科学研究所食用作物系副研究员兼水稻品种组组长。1958年任河北省天津稻作研究所品种室主任。1979年任河北省农林科学院副院长。1980年调任中国农业科学院作物品种资源研究所顾问。曾任河北省第四届政协副主席,第三、第五届全国人大代表等。著有《西南各省之粳稻》、《四川稻种分类之初步研究》、《中国栽培稻种的起源》等。1997年7月10日在北京去世。

**俞霭峰(1910—1991)**

女。镇海县人。妇产科学家。1931年考入南京金陵女子文理学院学习。1939年毕业于北平协和医学院,获医学博士学位。毕业后留校任住院医师。1942年任广西桂林市省立医院妇产科医师。1943年任湖南省衡阳市民医院妇产科医师、代主任。1946年入美国芝加哥大学医学院附属医院学习。1948年学成回国后任职于天津中央医院。新中国成立后历任天津医学院教授、附属医院妇产科主任,天津市计划生育研究所所长,中华医学会妇产科学会副主任委员,卫生部医学科学委员会委员,世界卫生组织妇婴卫生委员会顾问。是第一、第二届全国人大代表,第三至第六届全国人大常委。长期致力于口服避孕药的研究,探索孕激素——炔诺酮在人体的抗着床作用并获得成功。1991年5月31日去世。主编有《妇产科手术学》、《产科内分泌》,发表有关妇产科类论文数十篇。

**施今墨(1881—1969)**

原名毓黔,字奖生。祖籍浙江萧山县,1881年3月28日生于贵州。1902年随父到山西,入山西大学堂就读。1903年转入山西法政学堂。1906年山西法政学堂毕业后保送京师法政学堂,并开始业医。1929年与人组织华北中医请愿团,联合各省中医到南京请愿反对《取缔中医案》,获得成功。1930年萧龙友、孔伯华等名医创办北平国医学院,任副院长。1932年中央国医馆成立,任副馆长。与魏建宏、刘肇甄、陈公素等人创立华北国医学院,并任院长。1940年出版《祝选施今墨医案》。1941年任上海复兴中医专科学校董事长。1969年8月22日在北京病故。

**施文森(1933— )**

绍兴县人。1933年3月11日生。1949年随家人去台湾。毕业于台湾大学,获法学学士学位。后留学美国,获俄勒冈州立大学新闻法硕士学位及乌伊拉姆特大学法学博士学位。先后在伊利诺大学法学院、哈佛大学法学院、伦敦大学法学研究所从事研究。1967 年回台湾，历任“国家科学会”研究副教授，政治大学法律系副教授、主任、教授，兼台湾“司法官”训练所讲座教授、国际仲裁员。在政治大学创办保险系和保险研究所，任第一任系主任和所长。在审判工作之余长期致力于保险法的研究，是我国台湾地区著名保险法专家，台湾“司法院”终身大法官。晚年多次到祖国大陆高等院校讲学，并担任华东政法大学、海南大学等多所院校的兼职教授，在大陆法学界有较大影响。著有《保险法论》、《保险法判决之研究》、《强制汽车保险》、《保险法论文集》等。

**施北衡(1893—1961)**

原名机，字伯衡，后改北衡。缙云县人。1893 年 9 月 20 日生。早年先后就读于浙江陆军小学堂、南京陆军第四中学堂、北京清河陆军第一预备学校。1916 年 5 月毕业于保定陆军军官学校第二期炮兵科，后分发到浙军第二师任连附。1919 年到北洋政府陆军部任职。同年冬入陆军大学正则班第六期深造。1922 年 12 月毕业后历任浙江军官教育团教官、浙军第一师炮兵营长、师部中校参谋等职。1925 年任孙传芳五省联军第一师师长。1926 年底加入国民革命军后任国民革命军新编十五师参谋长，后任第三十一师副师长。1928 年任南京中央军校教官，战史编纂委员会委员。1932 年后任第十八军军部参议，第五十九师参谋长、副师长。1935 年任第十八军参谋长。1936 年 1 月被国民政府授予陆军少将军衔。1937 年任第十九集团军参谋长，参加淞沪会战。1938 年任武汉卫戍总司令部参谋长，参与指挥武汉会战。武汉会战结束后任第九战区司令长官部参谋长，参与指挥第一次长沙会战。1939 年 8 月被国民政府授予陆军中将军衔。1940 年任第六战区司令长官部参谋长。1941 年 3 月任第七十五军军长，参加宜昌会战。1942 年 10 月任第二十六集团军副总司令。1943 年任中国远征军长官部参谋长；7 月任第二十集团军副总司令。1944 年 4 月任第十一集团军副总司令。不久任第一战区司令长官部总参议。1945 年 8 月抗战胜利后历任西北补给区司令，汉口第二补给区司令。1947 年任上海港口司令。1948 年任国防部中将部员。同年在原籍当选为“行宪”国民大会代表。1949 年夏赴台湾，任“国防部参议”、“行政院设计委员”等职。1961 年 10 月 26 日在台北病故。

**施有光(1905—1991)**

字庭昌。东阳县人。1928 年考入国立武汉大学生物系。1933 年毕业后留校从事研究工作，并在湖北省立实验中学任教。1935 年留学日本北海道帝国大学农学部。1937 年抗日战争爆发后回国。其后历任西北农学院副教授、四川乐山中央技艺专科学校教授兼农产制造科主任、国民政府军政部应用化学研究所研究员、四川大学农学院教授、四川内江酒精厂厂长等职。1945 年底受资源委员会派遣到台湾参加接收敌伪财产，任台湾省专卖局技正兼啤酒厂监理。1946 年 10 月至 1947 年 7 月任台湾大学教授。其后回大陆，任浙江大学农学院农业化学系教授。1952 年院系调整后任浙江农学院三级教授兼微生物学教研室主任。1957 年被打成右派。1958 年调到浙江省化工研究所任资料员、微生物研究组组长、学术委员会委员。1965 年后任浙江省轻工业研究所高级工程师，兼任浙江省微生物研究所和环境保护研究所、杭州第二制药厂顾问。1979 年被增选为中国微生物学会理事，曾任浙江省微生物学会副理事长、名誉理事长，是我国最早开始系统研究青霉菌和曲霉菌分类的科学家。有多篇微生物研究论文发表，并编著有《拉汉微生物名称》和《英汉微生物名词》。

**施昕更(1911—1939)**

原名兴根。杭县人。早年就读于杭州第一中学。1926 年考入浙江省高级工艺学校艺徒班文工组。1929 年毕业后被聘为西湖博物馆科学部地质矿产组助理干事、绘图员。曾多次参加田野考古和发掘，为良渚文化发现者之一。抗战爆发后不久投笔从戎，任瑞安县抗日自卫队秘书。著有《良渚》(又称《杭县第二区黑陶文化遗址的初步报告》)、《浙江地质矿产志》等。

**施绍常(1873—?)**

字伯彝。吴兴县人。举人出身。1903 年夏由出使俄国钦差大臣胡惟德奏派为驻俄国钦差大臣随员。后历任驻荷兰、意大利、德国等国公使馆一等参赞。1912 年 4 月任北洋政府外交部庶政司长。1913 年 1 月再任北洋政府外交部庶政司长。同年 12 月署理外交部参事。1914 年 1 月任北洋政府外交部参事，并兼庶政司长。1915 年 3 月任驻菲律宾马尼拉总领事馆总领事。1917 年 2 月回国后仍任外交部参事。1917 年 10 月至 1918 年 4 月任吉林省滨江(今哈尔滨市)道尹兼吉林铁路交涉总局总办。1918 年 12 月至 1920 年 2 月任黑龙江省黑河道尹。1920 年 2 月至 7 月任北洋政府外交部驻黑龙江省特派交涉员。1920 年 9 月 11 日至 1926 年初任北洋政府外交部政务司司长。1926 年 2 月至

1929年1月任驻秘鲁公使馆全权公使。1929年回国后任南京国民政府外交部条约委员会顾问。编著有《中俄国际约注》,翻译有《日俄战争地图》(舆图)。

**施绍曾(？—1948)**

字公唯。吴兴县人。1920年12月任驻澳大利亚署理副领事。1922年12月加领事衔。1923年任驻印度尼西亚巴东署理领事。1926年10月回国。1932年1月任驻伦敦的署理领事。1933年10月调任驻新加坡代理领事。1936年9月任驻新加坡领事。1939年2月任驻吉隆坡领事。1941年10月任驻新加坡代理领事。1942年5月任驻澳大利亚惠灵顿领事。1947年12月任驻葡萄牙所属的帝汶岛帝利领事。

**施复亮(1899—1970)**

原名存统,字复亮,号伏图,化名方国昌,以字行。金华县人。9岁入私塾,读四书五经。两年后转入金华长山小学学习。1917年考入浙江省立第一师范学校。在校期间参与编辑学生刊物《双十》半月刊(后改组为《浙江新潮》周刊),因发表反对封建伦理道德的《非孝》一文,被守旧的当局开除学籍,并由此酿成“一师风潮”。1920年5月在上海与陈独秀等创立马克思主义研究会;10月与沈定一等在杭州成立浙江社会主义青年团。不久赴日本,受陈独秀指派任中共东京小组负责人。1922年初回国;5月在中国社会主义青年团第一次全国代表大会上当选为团中央第一任书记,并兼团中央机关刊物《先驱》主编;7月出席中国共产党第二次全国代表大会。1923年8月出席中国社会主义青年团第二次全国代表大会。1924年到私立上海大学任教授,兼《民国日报》副刊《觉悟》编辑。1925年任中山大学教授、黄埔军校教官、广州农民运动讲习所教员。1926年冬任武昌中央军事政治学校武汉分校教官兼入伍生总队政治部主任及国民革命军教导师政治部主任。1927年相继发生“四一二”、“七一五”反革命政变后于8月30日在武汉《中央日报》上发表了《悲痛中的自白》一文,宣布脱离共产党组织。后赴上海任大陆大学教授,一面从事教学,一面从事马克思主义和革命理论的著译工作。1928年应邀到桂林,任广西大学教授。1937年抗战爆发后参加抗日救亡运动。上海沦陷后赴重庆,先后任四川省银行经济研究处处长、南方印刷馆总编辑。在重庆期间经常与共产党人、进步人士交往,参加各种文化活动,撰文揭露国民党当局的消极抗战。1941年初任《四川经济季刊》编辑,发表文章,批评国民党当局。1945年8月抗战胜利后积极参加民主运动,成为国统区争取和平民主、反对国民党独裁统治的战士;12月当选为民主建国会中央常务理事兼言论出版组主任。1946年2月12日为“陪都各界庆祝政治协商会议成功大会”主席团成员,遭国民党特务毒打成脑震荡。事后口授并由其夫人钟复光笔录《愤怒的抗议》,揭露国民党的暴行。同年6月初与新华社的一些同志乘飞机离开重庆前往上海,继续坚持战斗。1948年5月参加新政协会议筹备工作。1949年5月上旬上海解放后任华东军政委员会顾问;9月出席新政协会议,当选为全国政协常委兼副秘书长。新中国成立后曾任劳动部第一副部长,民主建国会中央副主任委员、组织委员会主任,全国人大第一、第二、第三届常务委员会委员,政协第二届常务委员等。1970年11月29日在北京病故。著有《现代唯物论》、《中国革命的理论问题》、《中国现代经济史》,译有《资本制度浅说》、《马克思学说概要》、《资本论大纲》、《世界史纲》、《社会进化论》等。

**施俊文(1925—　)**

字新范。余杭县人。1949年随家人去台湾。海疆学校教育系毕业后历任“军事新闻社”主任、“青年救国团”总团秘书、幼狮文化事业公司总经理、“国家总动员委员会”副组长、“亚洲世界(国际)集团”秘书室主任、“行政院”第四处处长、青年辅导委员会副主任委员、“国父纪念馆”馆长等,同时兼任海洋学院、“中国文化大学”、淡江大学等校教授。著有《西洋文化史大纲》、《我国历代地方教育之研究》、《管理学概论——现代管理之原则及其应用》等,编纂《建国复国大业史画》、《中华伟人画传》等。

**施济美(1920—1968)**

女。笔名梅子、方洋、梅寄诗、薛采蘩。祖籍浙江绍兴,生于北京。作家。早年就读于上海培明女中。1937年考入东吴大学经济系。1942年大学毕业后到集英中学任教。是“东吴系女作家”的领军人物,作品大多发表于《万象》、《小说月报》、《紫罗兰》、《春秋》等刊物。新中国成立后在上海七中任语文老师。“文革”中被迫害致死。主要作品有小说集《凤仪图》、《鬼月》、《莫愁巷》等。

**施觉民(1902—?)**

武义县人。早年先后毕业于黄埔军校第三期步科、陆军大学参谋班第四期。历任黄埔军校第四期入伍生部教育副官,军校教导第二团排长、连长代表、营附,参加第一、第二次东征和北伐战争。1928年起任国民革命军第二师独立第二团少校营长，国民革命军总司令部警卫组上校组长。1937年抗日战争爆发后历任南京国民政府军事委员会委员长侍从室少将参谋，军政部第二署少将科长，福建省干训团少将教育长，福建省保安第一纵队少将副司令。1945年秋起历任国民政府参军处参军，重庆市警察局局长，军事委员会侍从室暨总统府警卫团少将警卫组长。1949年12月随侍蒋介石由西南赴台湾，任"总统府"军务局第一处少将处长、副局长。1958年以"陆军中将"退役。

**施蛰存(1905—2003)**

原名施德普，笔名施青萍、安华等。杭县人。学者、作家。1922年毕业于江苏省立第三中学。1923年入上海大学学习，并开始文学创作。1925年转入大同大学。1926年又转入震旦大学。1928年与戴望舒一起编辑《无轨电车》半月刊。1929年创办水沫书店。1932年主办《现代》月刊，由此形成中国现代文学史上最有影响的现代小说流派——新感觉派。1937年后相继在昆明云南大学文史系、福建中等师资养成所、厦门大学、江苏学院、暨南大学、大同大学、光华大学、沪江大学执教。1952年后任华东师范大学教授。抗日战争爆发前除从事编辑工作外，主要创作小说、诗歌及翻译外国文学；抗战期间主要从事散文创作。1950年到1958年间主要从事外国文学作品的翻译。其后主要致力于古典文学和碑版文物研究以及教学工作。其创作集中于20年代末与30年代初，借鉴弗洛伊德的精神分析学说，表现人的潜意识和性心理。主要作品有短篇小说集《娟子姑娘》、《上元灯及其他》、《将军的头》、《梅雨之夕》等。

**施嘉昌(1925—2008)**

字亦农。东阳县人。1925年10月15日生。1942年1月毕业于浙江省立处州中学初中部。1946年毕业于浙江省立金华中学高中部。同年暑期趁台湾大学委托浙江大学在杭州招生，考入台湾大学农学院农业工程学系。求学期间受公费待遇，成绩优良。1950年毕业后留校任台湾大学农业工程系助教，后晋升为讲师、副教授、教授。1964年7月赴美国犹他州立大学农业与灌溉工程系深造。1966年6月获硕士学位，并一度在纽约州的一家工程顾问公司任工程师。1967年2月回台湾大学继续执教。1973年至1979年任台湾大学农业工程学系(研究所)主任。1981年在沙特阿拉伯农水部担任灌溉排水顾问。1982年赴日本东京大学农业土木科读博士。1984年3月获农学博士学位。1995年退休，前后在台湾大学任教45年。1988年至1990年任台湾农业工程学会理事长。1988年8月至1998年8月，11年内先后12次到大陆进行学术交流与考察，同时邀请大陆农业水利与农业专家约120余人赴台参访，奠定了海峡两岸水利、农田水利及水土保持三方面学术团体之间的科技交流模式，每年轮流在大陆及台湾召开研讨会，进行学术交流。还先后应聘担任浙江农业大学、北京农业工程大学、武汉水利电力大学客座教授。2008年12月22日在台北去世。

**施肇祥(1879—1961)**

字永公，号丙之。杭县人。早年赴美留学，先入华盛顿大学学习，后转入康乃尔大学，在该校毕业获机械工程师学位。1905年11月返国后任直隶银元局及劝业铁工厂总机械师。1906年应清政府举行的留学生考试，授予工科举人称号。后兼任天津高等工业学堂教授及稽查。1907年再次赴美国，先后在费城保得华音火车头厂、彭雪尔非尼亚铁路公司、惠斯登奴士电机制造公司任职。1908年返国后历任劝业铁工厂及清廷度支部造币厂总机器师。1910年任津浦铁路北段机车总管。1912年任开滦矿务总局协理。1919年任汴洛铁路局局长、陇海铁路顾问。同年5月任交通部技正兼路政司考工科科长。1920年10月任西北汽车处副处长。1922年3月任鲁案善后交通委员会机械股专门委员。1928年代表中美工程师协会赴东京出席世界工程师大会。1929年辽宁葫芦岛开港，任港务监督。1933年任职工保育研究会会员。1936年移居上海，公选为永亨银行及闸北水电公司常务董事。1949年起定居美国。1961年10月24日在美国去世。

**施肇基(1877—1958)**

字植之。杭县人。1877年4月10日生。早年肄业于上海圣约翰书院。1893年赴美国后任驻美公使馆翻译生。1897年入美国康奈尔大学学习。1902年获文学硕士学位后回国，任湖广总督张之洞的洋务文案兼鄂省留美学生监督。1905年随端方等五大臣出洋考察，任一等参赞。1906年任邮传部右参议兼京汉铁路局总办。同年应学部留学生考试，被授予法科进士。1907年任京奉铁路局会办。1909年任吉林交涉使。1910年被任命为外务部右丞，旋任出使美国、墨西哥、秘鲁等国大臣，未就任。1912年4月至6月任北洋政府交通部总长。1913年任大总统府礼官。1914年6月至1920年9月任驻英国全权公使，期间出席巴黎和会，为中国五位全权代表之一。

1920年9月至1929年3月任驻美全权公使。从1921年11月起加全权大使衔，在任期间曾出席华盛顿会议。1923年一度回国，任外交部总长。1924年任出席日内瓦国际禁烟会议全权代表。1929年1月至1932年5月第二次出任驻英国全权公使。1930年出席国际联盟会议，任中国全权代表兼国联理事会全权代表。1933年1月起第二次出任驻美国全权公使。从1935年6月起升任全权大使。1937年5月24日离职回国。抗日战争爆发后任国际救济会宣传组主任兼上海防疫协会董事长。1941年任中国物资供应委员会副主任委员。1945年出席旧金山会议任高等顾问。1948年至1950年任国际复兴开发银行顾问委员会委员。1958年1月在美国去世。

**施肇曾(1867—1945)**

字省之。杭县人。早年就读于上海圣约翰书院，后入上海电报学校专学英语兼学时事。早年随伯父在直隶、山西等地从事慈善事业。1893年随钦差出使美、日、秘等国大臣杨儒赴美，充驻美公使随员。1896年奏补纽约正领事官，补知县加四品衔。1898年回国后任湖北汉阳铁厂提调，兼办京汉铁路工程。1901年劝办顺直善后赈捐出力，以道员候补。1902年又因在陕西、山西、山东劝办赈灾出力，以道员仍留江西候补外，并加二品顶戴。同年5月调任沪宁铁路总办，兼任招商轮船总局董事。复经苏浙两省公举，任沪杭甬铁路总办。1911年任京汉铁路南段会办。1912年10月督办陇秦豫海铁路事宜，后任国内公债局董事、漕运局总办。1915年任交通银行董事长。被袁世凯策封为上大夫，加少卿衔。1918年创办北京中央医院。1919年1月被全国商会公举为国际税法平等会赴欧总代表。1921年在无锡学宫旧址，与陆勤之等捐款创办了无锡国学专修馆，继承中国文化，保持国粹。1922年上海佛教净业社成立，被推为董事长。1923年在印光法师劝导下发心修建杭州梵天寺。1924年创办上海闸北水电厂股份有限公司，任董事长。1925年起当选为上海世界佛教居士林林长。1926年与王一亭、关䌹之、黄涵之等发起成立上海佛教维持会，维护佛教。1934年与叶恭绰、王一亭、关䌹之、黄涵之等联合发起成立中国动物保护会，宣传保护动物。1945年10月24日病故。

**施肇夔(1891—?)**

字德潜。山阴县人。早年毕业于天津北洋大学法科。后赴美留学，入华盛顿大学。1919年毕业，获硕士学位。毕业后先后任北洋政府驻美国公使馆随员，华盛顿会议中国代表团秘书。1922年回国后在北京执律师业务，并任北京交通大学讲师。1925年任关税特别会议委员会秘书。1926年任北洋政府财政部秘书。1927年任北洋政府外交部政务司科长。1930年任南京国民政府财政部秘书。后任国民政府外交部总务司司长、南京国民政府驻法国公使馆顾问、驻法国大使馆一等秘书。

**施　霖(1892—1981)**

1932年毕业于美国哥伦比亚大学法律系。民国时期法学家，曾担任过江浙地区法庭推事、庭长。辞退公职后历任国立暨南大学、中国公学、复旦大学、上海法学院、持志大学等校的法律教授，并执行律师业务。著有《中国民事诉讼法论》、《民事诉讼法通义》、《民事诉讼法释义》、《诉讼须知详解》。

**闻　尧(1928—1968)**

奉化县人。1928年9月生。1945年1月在上海市育英中学高中读书时赴淮南新四军根据地，入新四军军医学校任学员。1946年3月制成部队急需的牛痘疫苗，立三等功。1947年8月与其他两位同志从大连运回几百箱疫苗，机智勇敢地闯过渤海湾和胶济铁路封锁线，圆满完成任务，荣立一等功。同年11月加入中国共产党。1949年6月任上海市军事管制委员会卫生处秘书；8月转业到华东人民制药公司，后任上海医药器械制造公司器械二厂副厂长。1960年7月任上海市科学技术委员会二室副主任。1961年8月任上海市机电二局技术处副处长。1962年调上海广播器材厂，任副厂长兼总工程师。同年底任上海新华无线电厂副厂长兼总工程师。1968年6月因受迫害致死。“文革”结束后获平反昭雪。

**闻　诗(1899—1976)**

太平县人。1923年毕业于北京大学物理系。1929年至1932年在法国南锡大学理学院学习，获理学博士学位。回国后曾任湖南大学、浙江大学教授、系主任，英士大学教授。新中国成立后历任北京工业学院、北京航空学院教授。长期从事物理学的教学工作。编著有《热力学》、《物性学》等。

**姜立夫(1890—1978)**

谱名培堃，学名蒋佐，字立夫，以字行。平阳县人。1890年7月4日生于平阳县宜山区凤江乡麟头村。早年曾在平阳县学堂和杭州府中学堂学习。1910年6月考取游美学务处庚款第二批备取生。次年9月入美国加利福尼亚州立大学伯克利分校学习数学。1915年6月毕业,获理学学士学位。同年9月入哈佛大学研究院深造。1919年5月通过博士论文,获哈佛大学博士学位。同年10月回国。次年年初赴天津南开大学任教授,以一人之力在该校创办中国第二个数学系,任系主任;并以南开大学唯一一名数学教授的身份为学生教授多门主干课程,培养了一大批数学人才,其中包括著名数学家刘晋年、江泽涵、申又枨、陈省身、孙本旺等人,在数学教育领域取得了杰出的成就。1923年兼任中国科学社组织算学名词审定委员会主席。1926年秋到厦门大学讲学一年。1931年提出算学名词审定草案。1934年到德国后先后在汉堡大学和格丁根大学进修两年。抗日战争期间南开大学与北京大学、清华大学共同组成西南联合大学后到昆明执教,兼任在大后方重新组建的中国数学会会长,并筹建中央研究院数学研究所。1946年6月到美国普林斯顿高级研究院进修。1947年7月数学研究所在上海正式成立,被任命为所长,由陈省身代理。1948年6月自美国返回国内,请辞所长职,未果;9月当选为中央研究院院士;12月陈省身赴美,月底返数学研究所。不久中央研究院迁台北。1949年2月初赴台北;7月间以向政府汇报工作为名返回大陆。同年8月到岭南大学创办数学系,任系主任。1952年9月任院系调整后的中山大学筹备委员会委员及数学系筹备小组成员。1956年被评为一级教授。1959年起任中山大学第一、第二届校务委员会委员。1963年起又兼中山大学学术委员会委员。曾历任第二、第三、第四届全国政协委员。1978年2月3日病故。其子蒋伯驹承其家学,长期从事拓扑学研究,成就卓著。1980年当选为中国科学院数学物理学部委员。1985年当选为第三世界科学院院士。1995年至1998年为北京大学数学科学学院首任院长。

**姜汉卿(生卒年不详)**

号一华。衢县人。早年毕业于东三省讲武堂第十期。后肄业于陆军大学第十四期。1938年任安徽省保安处上校参谋兼安徽省军政干部训练班战术教官。1939年任第七军少将参谋长。1941年11月至1943年9月任安徽省第五区行政督察专员兼保安司令,后任第五战区第十挺进纵队司令。1945年抗日战争胜利后任第十战区司令长官部高级参谋,后任军事委员会高级参谋。1946年夏任东北保安司令部少将参谋。1947年8月任国民政府主席东北行辕第三处处长。同年9月至1948年2月任第八兵团司令部参谋长兼东北行辕第三处处长。同年夏任东北"剿总"副参谋长,并被授予陆军中将军衔。辽沈战役结束后南下,到福建省连江县任第七十四军参谋长。1949年去台湾,奉命与刘安祺等长期驻守福建沿海的金门、马祖,任要塞"副总司令"。1949年8月至1950年4月兼任金门中学校长。自1988年从台湾回老家探望子女后,几乎每年都要往返于台湾与衢州一次。

**姜必宁(1929— )**

江山县人。在江山读完中学后考入上海国防医学院。毕业后赴英国留学,入伦敦大学心脏研究院深造,兼英国国立心脏医院荣誉注册医师。后去台湾。1964年担任台湾"荣民总医院"心脏科主任。1966年当选为台湾"十大杰出青年"之一。1967年获美国卫生署授予的国际博士学位,获得研究奖学金,被保送至密歇根大学医学院进修。以《心室期外收缩与暴卒之关系》等论文蜚声国际医学界,成为国际医学界有名的心脏科专家。先后当选为英国皇家内科学院院士、美国心脏病学院院士及胸腔学院院士。回台湾后担任阳明医学院内科主任,教授及"荣民总医院"内科部主任、副院长。还是台湾"总统"医疗小组成员,先后照料蒋介石、严家淦、蒋经国等几位"总统",被称为台湾的"御医"。晚年多次到祖国大陆的北京、桂林、重庆、广州、杭州等地观光旅游或进行学术活动。

**姜永纹(1895—?)**

字子漪。江山县人。1918年8月考入保定陆军军官学校第八期步兵科学习。1920年7月京津及河北保定一带发生直皖战争,军校停办一年半。1921年10月复课,1922年7月毕业后考入北京陆军大学参谋班第一期深造。1925年底毕业后投奔广州国民政府,任黄埔军校少校、中校地形教官。1928年随军校迁移至南京,任中央军校上校交通筑城教官。1930年任国民政府军事委员会别动总队军训总教官。1937年抗日战争爆发后任军事委员会东南战时干部训练第二团少将总教官。1946年2月退役。

**姜庆湘(1918—1990)**

字蒋莱。瑞安县人。青年时期就读于上海大夏大学商学院,曾参加上海文化界救国会、救亡协会,从事抗日救亡活动。1938年9月到皖南,任新四军《抗敌报》编辑、国际新闻社东战场特派记者。1941年到广西,先任《力报》编辑、《柳州日报》总主笔,后任西南商专教师、新中经济研究处专职研究员，从事经济研究工作。1944年初任中山大学经济系副教授、教授。同年因豫湘桂战起赴重庆，任四川省银行经济研究处专员、重庆大学法学院经济系教授，并参与中国民主建国会筹建工作；12月当选为民主建国会总会理事，出任总会《民讯》刊物总编。1946年7月在上海任《侨声报》经济主笔和《经济日报》总主笔。新中国成立后曾任华东新华书店编辑部编辑，后任大夏大学经济系、复旦大学经济系、中国科学院上海经济研究所、上海财经学院贸易经济系、上海中医学院等科研机构的教授和系主任等职。是第六、第七届全国政协委员，第一、第五届上海市政协委员，第六、第七届上海市政协经济工作研究委员会副主任，中国民主建国会历届中央委员和民建上海市委常委、经济委员会主任。

**姜寿德(1920—　)**

江山县人。1920年8月7日生。国防医学院毕业后留校任生理学助教，历任讲师、副教授、教授。1958年到美国公爵大学锦绣心肺生理学从事研究一年。1968年到美国耶鲁大学从事呼吸生理学研究一年。后兼台湾"荣民总医院"心肺功能实验室主任。1975年任"国立"阳明医学院生理学教授兼主任。著有《实验生理学》、《呼吸生理学》等。

**姜绍祖(1892—1967)**

字梅坞。象山县人。1917年毕业于国立北京大学哲学系。历任北京新华商业专门学校教师，北京私立民国大学教授，西北筹边使公署佥事，私立华北大学教授兼教务长、总务长，华北中学校长，北平市教育会常务理事。1937年华北沦陷后南下，任浙江省象山县抗日委员会副主任委员、象山县公立医院董事长。1945年8月抗日战争胜利后重新回到北平，当选为北平市参议会参议员。1946年11月当选为制宪国民大会代表。著有《蒙疆丛谈》。

**姜绍谟(1897—1981)**

字次烈，号昌意。江山县人。1897年10月13日生。1920年考入国立北京大学法学系学习。1922年春天参与发起成立民治主义同志会。同年经国民党议员冯自由介绍加入国民党。1924年初从国立北京大学毕业后任国民党北京特别市党部第一届执行委员兼组织部长，北京大中中学校长。1926年南下参加北伐战争，任国民革命军东路军总指挥部少将衔参议。1927年任浙江省防军政治部少将衔主任。"四一二"反革命政变前后任国民党浙江省"清党"委员会委员兼情报处主任、审查处主任，国民党浙江省党部改组委员会委员兼代组织部长，浙江省特别委员会委员。1928年春任浙江省立法政专门学校校长。1929年10月至1930年5月任南京国民政府教育部参事。1930年5月至1932年5月任南京国民政府教育部总务司司长。1934年任南京国民政府司法行政部秘书。1935年任最高法院文书科长。1938年任国民政府军事委员会参议。不久加入国民政府军事委员会调查统计局(简称军统)，历任情报科党政股股长、情报科科长、渝特区区长、江山县雨农中学校长、上海二区少将区长、设计委员会主任委员。1945年1月任国民党中央公务员惩戒委员会委员。1948年当选为中华民国立法院立法委员。1949年去台湾，继续担任"立法委员"，并担任"中美文化经济合作协会"理事。1981年4月27日在台北去世。著有《国际法概论》等。

**姜卿云(1904—1985)**

号心白。兰溪县人。20世纪20年代初考入杭州广济医校药科专业学习。1925年上海"五卅"运动爆发后于6月5日作为广济医校药科代表与产科代表马秀珍、护士科代表吴敬清等四人赴杭州各公团联合会请愿，表达爱国学生的诉求。毕业后弃医从政。1930年6月在国民党浙江省党部第三次代表大会上选举并经国民党中央圈定为第三届候补执行委员。1931年5月当选为国民会议代表，随后到南京出席国民会议，参与制定《中华民国约法》。同年8月在国民党浙江省党部第四次全省代表大会上再次被选举并经国民党中央圈定为第四届候补执行委员。1932年10月当选为第五届候补执行委员。1943年11月15日至1947年6月18日任浙江省第五区行政督察专员兼保安司令。1945年浙江省党部在云和召开第六次全省代表大会，被选举为第六届执行委员。1946年11月当选为制宪国民大会代表。1947年9月国民党和三青团合并，被指定为党方代表之一，与团方代表成立浙江党团统一组织委员会，办理党团员登记。党团统一组织后的浙江省党部，仍任执行委员。1948年当选为中华民国立法院立法委员。1949年去台湾。1950年在黄绍竑、邵力子等民主人士的劝说鼓励下，从台湾取道香港回到大陆，到北京进入中国人民革命军政学校学习后分配到上海政法学院任教，后调北京制药厂任高级工程师。曾任北京市政协委员。编著有《浙江新志》(又名《浙江续通志》)、《食治本草》等。

**姜梅英(1911—1972)**

女。字吉子。鄞县人。早年毕业于上海中国体育专门学校。历任浙江省松阳县立儿童教养所所长，浙江省立育幼院院长，杭州市妇女会理事长，浙江省妇女会常务理事，妇女运动委员会委员。1948年当选为“行宪”国民大会代表。1949年去台湾。先后任台北阳明山士光托儿所所长，台北中和托儿所所长，士光幼稚园园长，中和幼稚园园长。

**姜 琦(1886—1951)**

字伯韩。永嘉县人。早年留学日本，毕业于东京高等师范学校，后得明治大学政治科学士学位。1915年回国后任浙江省立第十师范学校校长。1917年底离职后旋任南京高师教员、暨南学校教务主任。1919年秋发起组织永嘉新学会，任干事长。1920年任浙江第一师范学校校长。1921年转至南京高师任教授。1922年由教育部选派赴美，入哥伦比亚大学深造，并任丙辰学社(后改名中华学艺社)美国东部干事。1925年夏得硕士学位。回国后任上海暨南学校校长。1927年任上海浦东中学校长兼大夏大学教授，次年改任日本留学生监督。1930年起先后任大夏大学教育行政学系教授兼主任、安徽大学文学院院长、湖北省立教育学院院长、福建省统一师范校长、西北联大教授兼教务长、遵义浙江大学训导长、社会教育学院教授、中央大学教授等，又任教育部训育委员会专任委员及参事。后赴台湾，任行政长官(陈仪)公署简任参议，兼台湾省编译馆编纂。1946年后专任编译馆编纂。著有《中国国民道德概论》、《西洋教育史大纲》、《教育史》、《知难行易与教育》、《现代西洋教育史》、《中国国民道德原论》、《德育原理》、《教育学新论》、《生活管理》等。

**娄子匡(1909—2005)**

绍兴县人。民间文学家、民俗学家。1928年至1929年出版《绍兴歌谣》、《绍兴故事》，创办鄞县民间文艺研究会，出版民俗刊物。1930年夏与钟敬文、钱南扬等人在杭州筹建成立中国民俗人学会。期间与钟敬文等编辑出版《民间月刊》第二卷、《民俗学镌》、《孟姜女》等刊物。1944年在重庆与顾颉刚主编《风物志》(报刊副刊)。抗战胜利后回杭州，又在《民报》副刊主编《风物志》专辑，每周二、三期。期间出版的《新年风俗志》，是我国民俗学早期的重要著作之一。1949年去台湾。又著有《台湾民俗人源流》、《岁时漫谈》。他在台湾主持刊印了三套大型的中国民俗丛书，几乎囊括了我国民间文学、民俗学事业早期所出版的主要报刊和书籍，还与朱介凡合著《五十年来的中国俗文学》。

**娄凤韶(1882—1955)**

绍兴县人。丝织企业家。1897年进苏州李宏兴纱缎庄习业。1906年与陆季皋等创设华纶福纱缎庄，从事绸缎推销等业务。1917年与陆季皋等投资4万元在苏州创设振亚织物公司(实际上是绸厂)，为最大股东。不久在上海独资设立同章绸庄，除独家经销振亚产品外，兼代各地绸厂推销绸匹。嗣后资力渐厚，同章即向各厂定织绸匹，并统一以“云林”牌号销售。1927年后与族人娄仲明、娄舒斋创设组新织物局于苏州，接受同章绸庄包机生产。20年代末同章接受的苏州、杭州包机的绸厂达二三十家，控制织机600台，各包机厂的“云林锦”销路鼎盛。1932年投资20万元正式在上海创办云林丝织厂。1937年独资盘进湖州兴昌丝织厂(改名承昌)，成为同章系统下直属包机户。1941年在法租界又创设一家丝织厂，也以云林为牌号。50年代初云林绸厂、同章绸庄均实行社会主义改造。

**娄尔行(1915—2000)**

绍兴县人。1937年毕业于国立上海商学院会计系。同年赴美国密歇根大学企业管理研究生院深造。1939年至1950年先后在国立上海商学院、光华大学任讲师、副教授、教授。1950年7月起任上海财政经济学院教授、会计系副主任、工业会计教研室主任。1958年并入上海社会科学院经济研究所，任教授、工业经济组副组长。1978年2月调入复旦大学任教授。1980年3月调回上海财经学院任教授、博士生导师、会计系主任。专长会计学，曾任中国会计学会副会长、中国审计学会副会长、上海市会计学会副会长等职。

**娄尔康(1910—1991)**

绍兴县人。1933年毕业于浙江大学电机系。曾在清华大学任教。后留学德国、英国。1939年回国后任昆明中央电工器材厂第一厂工程师、中央电工器材厂上海分厂副厂长。新中国成立后历任上海电缆厂副厂长兼总工程师，沈阳电缆厂副厂长兼总工程师，东北电力机械制造公司副总工程师，辽宁省第四届政协副主席，辽宁省第五至第七届人大常委会副主任，中国电工技术学会第一届常务理事，电缆专业委员会主任委员。曾主持中国第一根500千伏等级超高压电缆的设计和生产。

**娄成后(1911—2009)**

祖籍浙江绍兴，1911年12月7日生于天津。1928年考入南开大学，次年转学到清华大学生物系。1932年毕业，获理学学士学位。同年到广东岭南大学生物系学习并任助教。1934 年研究生毕业，获理学硕士学位。其后考入美国明尼苏达大学植物系留学，1939 年获哲学博士学位。同年回国后任昆明清华大学农业研究所副教授。1946 年赴英国在伦敦大学生物物理研究室担任客座教授。1948 年回国后任清华大学农学院农业化学系教授。1949 年 9 月清华大学农学院与北京大学农学院、华北大学农学院合并成立北京农业大学，改任农业大学教授。1980 年任北京农业大学副校长，并当选为中国科学院学部委员、生物学部常务委员。1982 年任北京农业大学顾问。还曾任国务院学位委员会学科评议组成员、中国植物生理学会副理事长、中国植物学会和生物物理学会常务理事、《植物生理学报》编委，并主持《植物学报》工作。2001 年被美国明尼苏达大学授予荣誉科学博士学位。2009 年 10 月 16 日在北京去世。长期从事植物生长发育中的物质运输与信息传递的研究，发表研究文章 200 余篇，撰写专著多本，是中国植物生理学学科的奠基人之一。其理论成就和应用成果获得多方肯定，曾获得 1995 年亚洲农业发展基金科教奖、1996 年度何梁何利科学技术奖、1997 年度陈嘉庚农业奖。

**洪文澜(1891—1971)**

字赋林。富阳县人。卒业于浙江法政学校。1914 年通过高等法官考试，任江西九江地方审判厅推事。1920 年由京师高等审判厅推事擢升大理院推事。1929 年任最高法院推事。1935 年以司法行政部民事司司长派赴日本考察司法。回国后复任最高法院推事，并兼任中央大学、中央政治学校教授。抗日战争爆发后随政府西迁重庆，任最高法院民庭庭长，兼司法院首席参事。抗日战争胜利后任司法院大法官，兼任上海法学院、上海政法学院、东吴大学教授。新中国成立后继续在高校任教，兼任上海法学会常务理事、《华东法学杂志》副主编，为中国国民党革命委员会上海虹口区委主任委员、虹口区人大代表、政协委员。

**洪允祥(1874—1933)**

原名兆麟，后改名允祥，字樵令、樵苓、巢林，号佛矢。慈溪县人。1896 年考入宁波储才学堂。1899 年入上海南洋公学经济特科班。1902 年毕业后与陈训正、钱保杭等在上海创办通社，开设科学仪器馆，传播西方科学文化。1904 年春与钟观光等在上海创办《宁波白话报》。同年 7 月自费赴日本留学，入清华学校学习。在日本期间加入同盟会。1906 年回国后任教于温州中学堂。1910 年应陈训正的邀请，到上海任《天铎报》主笔，主持言论专栏。1911 年夏因《天铎报》易主，离开报社，到定海中学任教。1913 年任教于上海大夏大学。1915 年客居杭州，与李叔同吟诗唱酬，交往甚密，并经李介绍，加入南社。1917 年任北京大学教授，主讲《中国通史》、《中国法制史》等课程。1919 年回宁波，执教于浙江省立第四中学、第四师范学校(后合并为省立第四中学，今宁波中学)。五四运动时组织学生成立"殖群社"，发动抵制日货。1926 年在观宗寺皈依僧谛闲。1933 年 4 月 18 日在宁波去世。时人称为"慈溪四才子"之一。著有《悲华经舍文存》(2 卷)、《悲华经舍诗存》(5 卷)、《书牍》(2 卷)、《小说》(1 卷)。

**洪　立(1924—　)**

黄岩县人。南京金陵大学农学院园艺系肄业。1949 年随家人去台湾。1951 年毕业于台湾大学园艺系后留校任助教。1958 年赴美国进修。1961 年再度赴美国，入汉西大学农学院植物科学系。1966 年获得博士学位，仍回台湾大学，讲授园艺作物育种课程。1968 年兼任"农复会"植物生产组技正一年，主持台湾蔬菜改良。1971 年"经济部"借调担任"中墨农业技术合作团"团长，到墨西哥协助蔬菜栽培及改进工作。1975 年至 1978 年任台湾大学园艺系主任。

**洪式闾(1894—1955)**

字百容。乐清县人。1894 年 5 月 3 日生。早年就读于温州府中学堂，后随父至河南开封，入中州第一中学堂学习，1911 年毕业。1913 年考入北京医学专门学校，1917 年毕业后留校任助教。1920 年夏赴德国进修，初在柏林市立病院学病理学，后专攻寄生虫病学。1923 年回国后任北京医科大学教授，一度兼任校长。1924 年 6 月至 1925 年 4 月前往日、美、英、德等国考察。1927 年到杭州接办教会广济医院，任院务委员会主任。1928 年创办私立杭州医院，任院长，并附设私立杭州热带病研究所，直至 1935 年。曾于 1929 年 9 月应邀去日本九州医学会作关于萧山姜片虫病学术报告，引起国际学术界的重视，被授予九州大学医学博士学位。1931 年回家乡后扩建乐清医院，多次捐资帮助增添病房及医疗设备。1936 年离杭后任私立南通医学院寄生虫学教授兼医科主任。1937 年抗日战争爆发后受军医署之托，组织师生办军医署第七重伤医院，辗转扬州、衡阳等地。1938 年 10 月任江苏医学院教授，兼寄生虫学部主任。后学校迁至四川北碚，并兼课西北医学院和同济医学院。1946 年冬应邀至台湾任台大热带医学研究所所长。1948年回江苏医学院执教。1949年7月去北平参加中华全国自然科学工作者代表大会筹委会;9月出席全国人民政治协商会议。新中国成立后参加浙江省卫生实验院筹建工作,任院长,从事浙江地方病研究工作。后历任中央卫生研究院华东分院院长、浙江省人民政府委员、浙江省卫生厅厅长兼浙江医学院院长。曾当选为第一届浙江省和全国人民代表大会代表,担任浙江省科学技术普及协会主席等职。1954年8月加入中国共产党。致力于寄生虫病学研究30余年,创造了基础膜染色法和钩虫卵定量计数法,后者为世界各国所采用。1955年4月17日在杭州病故。在国内外杂志上发表40余篇论文。著有《病理学总论》、《病理学各论》、《钩虫病及毛圆线虫病》等。

**洪抡元(1913—2008)**

慈溪县人。1933年毕业于东南医学院,入上海自然科学研究所为研究生。1937年抗日战争全面爆发后随战地医疗机构西行,直到抗战胜利才从四川回到上海,任私立上海东南医学院微生物学讲师、副教授。新中国成立后不久随东南医学院迁往安徽(校名改为安徽医学院)。其后升任教授,并曾兼任副教务长、教务长等职。1976年至1978年任安徽省肿瘤防治研究办公室副主任。其后担任蚌埠医学院院长,兼任中国微生物学会理事、安徽省微生物学会理事长。2000年初退休。2008年11月在上海去世。

**洪陆东(1893—1976)**

黄岩县人。1920年考入北京大学中文系学习。因参与策划学生运动,被学校当局查处,被迫转入山西大学学习。1924年毕业,获法学学士学位。1925年任国民党中央党部译电秘书。1926年5月后随新任国民党中央组织部代理部长陈果夫,部署党员登记和发放党证。1927年春当选为国民党浙江省党部委员;6月任浙江省"清党委员会"委员、"清党"工作审判长、浙江省党部常务委员、商人运动委员会主委。1929年任国民党南京特别市党部执行委员。1931年11月当选为国民党第四届中央监察委员。1932年当选为国民党中央党部组织委员会秘书。1934年12月任南京国民政府司法行政部政务次长兼代部长。1935年6月任国民政府考试院司法官临时典试委员会委员长。1942年11月当选为国民党第五届中央执行委员。1945年5月当选为国民党第六届中央执行委员。1946年11月当选为制宪国民大会代表。1947年4月连任司法行政部政务次长。1948年当选为"行宪"国民大会代表。同年12月辞去司法行政部次长职务。1949年初去台湾。1950年国民党中央改造后隐退,执教于东吴大学,主讲中国文学。并参与台湾《中文大辞典》编写。1976年11月在台湾去世。

**洪显成(1900—?)**

字铁魂。浦江县人。早年先后就读于浦江县东乡高等小学、县立高级中学、杭州高等师范学校。1922年任广东东路讨贼军游击第八支队司令部司令。1923年考入广东宪兵教练所。1924年5月考入黄埔军校第一期第二队学习,参加孙文主义学会活动。毕业后任第二队副分队长,军校校长卫队班长,军校国民党特别区党部干事,入伍生部政治部编纂股长,国民革命军团党代表。参加东征和北伐战争。1928年任中央教导第二师第一旅第二团上校团长、副旅长。抗日战争爆发后任补充旅少将旅长,第三十四集团军暂编第三十师副师长、师长,整编第八十二旅旅长。1948年7月至1949年5月任浙江省第三区行政督察专员兼保安司令兼浙江省保安副司令。1948年9月被授予陆军少将军衔。1949年5月去台湾。

**洪　亮(1911—1969)**

浦江县人。民间文学家。1930年入上海中国公学攻读法律,后转入上海正风文学院。毕业后任职于上海文学社。解放前夕曾任杭州《民报》编辑。新中国成立后在中学任教。年轻时即有志于民间文学事业,1932年编纂《浙江歌谣》(甲集),由上海女子书店出版。1935年撰成《中国民俗文学史略》。新中国成立后经10年搜集,撰《中国农谚》六七十万言(后两部书稿未刊,佚)。此外对民间故事、民间工艺、民俗民风也皆留意采录,作品散见于各地报刊。

**洪集成(1908—1990)**

字静之,号以鑫。浦江县人。1928年南京中央军学校第六期工兵科毕业。1947年国民党中央训练团警政班毕业。曾任浙江省警官学校区队长、浙江省保安司令部参谋处副处长、丽水警备司令部参谋长等职。1949年2月参与浙江省主席陈仪起义酝酿,事情败露后退隐故里,躬耕之余,悬壶济世。1984年任浦江县第一届政协委员。1990年4月30日去世。

**洪　遒(1913—1994)**

原名章鸿猷。绍兴县人,生于杭州。20世纪30年代在上海大夏大学读书,毕业后从事诗歌创作和戏剧活动。1933年后加入中国左翼作家联盟和左翼戏曲家联盟。1938年加入抗敌演剧二队。1941年在桂林任《广西日报》国际新闻编辑。1944年在昆明新中国剧社工作，参加编辑《评论报》。抗战胜利后到广州组建中华全国文艺协会粤港分会，任常务理事。1949年后任香港电影学会会长。1956年任中国作家协会广州分会秘书长。1959年珠江电影制片厂成立后先后担任该厂党委副书记、副厂长、厂长顾问等。曾任广东省文联副主席、广东省剧协副主席、广东省电影家协会主席。

**宣中华(1898—1927)**

原名钟华，字广文，笔名伊凡。诸暨县人。早年在诸暨读完小学。1915年考入浙江省立第一师范学校学习。1919年五四运动爆发后被推选为杭州学生联合会理事长。1920年夏从第一师范学校毕业后任第一师范附小教员。1921年春应陈望道之邀请前往上海，加入中国社会主义青年团。同年夏秋间由中共党员沈定一介绍，到萧山衙前农村小学任教。以农村小学为阵地，从事革命活动。同年9月与沈定一等组织发动以萧山衙前为中心的萧绍农民运动，开展声势浩大的抗租减租斗争。1922年1月出席在莫斯科召开的远东各国共产党及民族革命团体第一次代表大会。1924年1月加入中国共产党。不久第一次国共合作建立，以个人身份加入国民党，并当选为浙江省代表，出席在广州召开的国民党第一次全国代表大会。会议结束后回到杭州，于3月30日筹建成立国民党浙江临时省党部，当选为执行委员。1925年12月主持召开国民党浙江省各县市党部联席会议，通电全国，声讨“西山会议派”。1926年3月主持召开国民党浙江省第一次代表大会，正式成立国民党浙江省党部，当选为执行委员会常务委员兼宣传部长，并经中共上海区委指派担任国民党省党部中共党团书记。同年底赴南昌与国民革命军总司令蒋介石会晤，协商有关浙江临时省政府的人选问题。1927年1月以特派员身份赴宁波，组建浙江临时省政府。随后率省党部代表团去温州等地迎接北伐军由福建进军浙江。同年2月24日在杭主持召开国民党浙江省党部执行委员会会议，再次当选为常务委员；4月11日国民党右派在杭州发动武装政变，包围浙江省党部、省政府等机构，搜捕共产党员和国民党左派人士。面对突如其来的白色恐怖，被迫于14日化装成列车长，搭乘火车离开杭州前往上海，在上海龙华车站被国民党右派指使的军警逮捕。4月17日在龙华牺牲。

**宣坤松(1909—1971)**

又名坤嵩、昆仲。诸暨县人。1928年加入中国共产党。1929年8月奉浙北总行动委员会书记卓兰芳的指示，与何达人负责组建中共嘉兴临时县委，由何达人负责；9月何达人奉命返杭，由宣坤松负责临时县委；月底调往杭州。1930年与何达人、陈伯清等在诸暨县东区王家宅、泉畈发动农民暴动，但在国民党军队镇压下很快失败。同年11月与王理文奉中共江南省委的委派以巡视员身份来杭州，重建中心县委，担任书记。1931年2月在杭州被国民党逮捕。1935年4月被保释出狱。后曾任中共诸暨县枫桥区委书记。1945年与中共党组织失去联系。

**宣侠父(1899—1938)**

原名尧火，号剑魂，化名杨永清。诸暨县人。1899年12月5日生。早年在诸暨读完小学。1916年夏考入浙江省立甲种水产学校(位于台州海门)学习。1920年夏毕业，获得公费赴日本留学，入日本北海道帝国大学水产专业学习。因为参加留日学生爱国运动，于1922年被迫回国。1923年在杭州加入中国社会主义青年团，不久转为中国共产党党员。1924年3月在浙江省立甲种水产学校内介绍金辅华等人加入中国共产党，建立中共海门小组，成为台州最早的党组织；5月考入黄埔军校第一期学习。同年7、8月间因反对校长蒋介石破坏以党治军的制度而被开除学籍。1925年1月被中共党组织派遣到北京李大钊处工作。同年夏由李大钊派遣至张家口做国民军政治工作；10月奉冯玉祥之命抵达甘肃兰州；12月根据中共北方区委指示，在兰州成立特别支部，并负责宁夏与青海的建党工作。1926年在甘肃督办公署和甘肃省立第一中学创办《民声周刊》与《醒社周刊》，宣传新文化、新思想；11月任国民军第二师政治处长，不久改任国民联军第三路军政治处处长。1927年5月任国民革命军第二集团军前敌总指挥部政治部处中将处长，第三军政治处处长及第二集团军总司令部政治部宣传委员、宣传大队长；7月冯玉祥开始“清党”，与刘志丹、邓小平、刘伯坚等中共党员被冯玉祥派人押送到湖北；8月被中共中央派遣至浙江工作；9月回到老家诸暨，参加中共诸暨县第一次代表大会，当选为县委委员兼军事部长。1929年5月任冯玉祥西北军总部上校秘书。1930年底到第二十五路军梁冠英部开展统战工作。1931年春为“左联”在上海英租界开办湖风书店。1933年察哈尔民众抗日盟军成立，任该同盟军中共前线委员会委员、军事委员会常委，兼吉鸿昌的二路军政治部主任和第五师师长。抗日同盟军失败后与南汉宸、康生一起鼓动吉鸿昌和方振武等在天津组织“中国人民反法西斯大同盟”，介绍吉鸿昌入党，并陪吉鸿昌赴上海履行入党手续。1934年化名杨永清，在上海参加中共中央特科工作，为特科负责人之一。其公开身份是上海《申报》记者。1935年化名宣古渔，到香港进行统战工作，担任中共华南工委书记，推动李济深、陈铭枢、蒋光鼐、蔡廷锴等组织反蒋抗日的“中华民族革命同盟”，并通过他们推动两广地方势力抗日。1936年两广事变发生后与陈希周随李济深、蔡廷锴奔赴南宁，任重建的第十九路军政治部主任兼第六十一师参谋长。后任中华民族革命同盟梧州市委主任。西安事变发生后帮李济深草拟了对西安事变的通电。1937年北上延安，参加中国共产党全国代表会议。同年9月被任命为国民革命军第十八集团军（即八路军）少将参议，以八路军驻西安办事处负责人的身份和当年在黄埔军校的关系，继续在国民党高级将领中进行统战工作。1938年7月31日在西安被国民党军统特务秘密绑架并杀害。遗著已辑成《宣侠父诗文集》出版。

**宣铁吾（1895—1964）**

字惕我。诸暨县人。8岁入私塾。11岁家贫辍学，先后在绍兴、杭州当排字工人。1921年7月中国共产党成立后与陈兆龙、宣中华等过从甚密，加入共产主义青年团。1923年到广州，入陆海军大元帅府卫士队任卫士。1925年5月考入黄埔军校第一期学习。在校期间成为国民党右派组织“孙文主义学会”骨干。毕业后在黄埔军校教导团和国民革命军中任排长、连长、营长、团长，参加过东征和北伐。1927年秋任青岛市土地局第四科科长，兼青岛宪兵司令部团长。1928年春任杭州军官训练班第三大队大队长。同年冬入中央军校第七期，仍任大队长，兼任中央军校国民党特别党部筹备委员。不久转任南京国民政府警卫团团长，中央警卫军第二师参谋长。1932年1月任第五军第八十八师参谋长，参加“一·二八”淞沪抗战。同年底任复兴社中央干事会干事。1933年起任军事委员会委员长侍从室侍卫长，国民政府警备司令部参谋长，力行社特务处骨干成员，浙江省政府保安处处长兼杭州警备司令。1936年10月被国民政府授予陆军少将军衔。1937年抗日战争爆发后任浙江省保安司令部副司令、司令，浙江抗敌自卫团副总司令，浙江戒严司令，浙江防空司令，并兼任金兰、绍兴戒严司令和浙江省保安纵队司令，三青团浙江省分团主任、干事长。1938年春其基本部队改编为陆军预备第十师，任师长。1939年2月任第三战区第十集团军第九十一军军长，兼钱塘江北岸守备司令。1943年2月当选为三民主义三青团第一届中央监察会监察。同年8月赴重庆任军事委员会侍从室侍卫长，国民政府财政部缉私署署长。1945年8月从陆军大学将官班毕业后任中央训练团上海分团主任，后任上海市警察局局长兼淞沪警备司令部中将司令。全力镇压上海的摊贩潮、黄金潮、米潮、工潮与学潮，造成多起重大血案。1948年9月被授予陆军中将军衔；11月被委任为衢州“绥靖”公署副主任，浙江省政府委员，京沪杭警备总司令部副总司令。1949年3月赴香港定居。1960年应蒋经国、陈诚之邀去台湾，任南山工商学校常务董事。1964年2月6日病故。

**祝绍周（1893—1976）**

字芾南，一作莆南。原籍会稽县，寄籍杭州。1893年12月14日生。1907年入浙江陆军小学学习。1911年入南京陆军第四中学，在校期间加入同盟会。同年10月武昌起义爆发后与陈果夫等前往武汉参加革命。1912年民国成立后入北京清河陆军第一预备学校。1914年2月入保定陆军军官学校第二期步兵科学习。1916年5月毕业后分发到浙军服役。1926年任国民革命军第二十六军第二师参谋长。1927年春随军进驻上海，参与“四一二”反革命政变，解除闸北、吴淞等地工人纠察队武装。1928年到中央军校任职，曾任学生总队长等职。1932年春任第五军参谋长，协助军长张治中指挥淞沪抗战。1933年任清徐警备司令兼新兵训练处处长。不久调任中央军校洛阳分校教育长。同年10月调任第四路军总指挥部参谋长。福建事变发生后奉命前往劝降第十九路军。事后仍回洛阳军分校，负责秘密督修黄河沿岸国防工事。1935年4月被国民政府授予陆军少将。1936年10月被国民政府授予陆军中将。西安事变发生后率先派兵占领潼关，并派飞机到西安上空侦察示威。1937年7月抗日战争爆发后任鄂陕甘边区警备总司令，率部担任黄河防务。1938年秋任川陕鄂边区绥靖公署主任及军政部第四补充兵训练总处处长，驻陕西汉中。1944年3月至1948年7月任陕西省政府主席；4月兼陕西省保安司令。1945年5月当选为中国国民党第六届中央检察委员。1947年配合胡宗南进攻陕北及延安。1948年春任京沪杭警备总司令部副总司令兼政务委员会秘书长。1949年去台湾后被台湾当局聘任为“光复大陆设计委员会”委员。1955年以副主任委员名义负责处理大陈岛。后当选为浙江同乡会理事长。典军治政之余，常寄情翰墨，尤工于画梅，自号冷香室主，有“诗、书、画三绝”之称。1976 年 3 月 19 日在台北病故。著有《中国对日本作战》等。

**祝绍煌(1902—?)**

杭县人。早年毕业于浙江公立医药专门学校医科，后赴德国留学，入柏林大学，获得医学博士学位。回国后历任北平华中医院医师，上海私立东南医学院及南洋医学院病理教授，南京市政府卫生处技术课课长，南京市政府卫生局技术课课长，杭州市政府卫生科科长，浙江省公安局卫生顾问，浙江省政府保安队特务总队部军医主任。1941 年 1 月以专员身份陪同国联防疫专员叶墨博士及中央卫生署防疫处长容启荣到衢州指导鼠疫防治工作。1945 年抗战胜利复员后任南京国民政府司法行政部法医研究所技正，上海卫生局医师。著有《病理组织检查法》、《传染病小集》、《防疫手册》、《鼠疫概要》等。

**祝　谏(1877—1955)**

原名寿彰，字丽生，后改名谏，字果忱。兰溪县人。早年就读于京师法政学堂。1912 年当选为中华民国浙江省临时议会议员。后历任东北特区、江西省高等法院推事，福建省高等检察厅瓯海分厅首席检察官，国民政府监察院浙闽监察使公署秘书长等职。创办私立担三中学，先后任董事长、校长多年。1947 年倡议重修兰溪县志，任修志馆馆长，因时局变化，未能成稿。1953 年被聘为浙江省文史馆馆员。

**费自圻(1917—　)**

嘉善县人。1939 年国立清华大学化学系毕业。先后任职于国民政府资源委员会中央机器厂，中央研究院化学研究所，云南省经济委员会利滇化工厂。1945 年奉派赴美，在太阳石油及美孚石油公司各大炼油厂实习一年。1949 年去台湾，先后任中国石油公司高雄厂工程师、技术组长、技术副厂长。1956 年参加中东工商考察团，赴中东、北非等多国考察。1959 年考察美国、欧洲石油化学工业。1963 年借调到“中国技术服务社”，任驻新加坡“代表”。1966 年起先后任台湾碱业公司协理、总经理。1969 年任“中国石油公司”协理。1970 年任台湾氯乙烯公司总经理。1973 年 12 月任“国营中台化工公司”总经理。

**费祖寿(1889—1969)**

字名贤。慈溪县人。上海著名银楼老凤祥银楼经理。1902 年进上海宝成银楼当学徒，1915 年升任副经理。1919 年继承父业，任老凤祥银楼(创建于 1848 年)经理。1930 年将银楼从望平街(山东中路)迁入南京路现址。接任后精于事业，以精制时款金银首饰、中外器皿、宝星徽章、珠翠钻石、玲珑镶嵌、法蓝镀金以及礼器而闻名遐迩。他聘用的能工巧匠，善雕琢、精镶嵌，其制作的礼器饰品，花式品种繁多，加工精致细巧，富有特色，深受顾客青睐，在同业中具有很大影响。

**费哲民(1893—1978)**

海宁县人。1893 年生于嘉兴。早年在海宁袁花镇当学徒。辛亥革命后参加共和党。1913 年到上海当店员，业余刻苦自学。1916 年考入上海先施百货公司工作。1919 年五四运动后参加职工会活动，后又参加救国十人团，并主编《新国民》报。1920 年参加“五四”周年纪念大游行，遭军警打伤。不久接办劳工神圣社，以生产信纸信封为掩护，经常给革命青年提供集会场所，后被迫解散；9 月间创办新文化图书馆和《自由杂志》，宣传革命思想。旋被军阀政府通缉，不得已南下广州。1921 年 1 月加入中国国民党，先后编辑《广州晨报》和《民治日报》副刊；8 月随北伐革命军出发到桂林，被孙中山任命为大本营党务处宣传干事，主办《半周评论》和战地通讯社。1922 年 6 月被陈炯明叛军俘虏；8 月脱险，潜回上海见孙中山，随即奉派赴日本留学，并领导党务。在留日三年间任国民党东京支部执行委员兼宣传主任，主编《国民评论》。曾上书孙中山拥护三大政策，并领导东京支部与共产党员共同活动，组织留日学生总会、华侨开展反帝、反封建运动。1925 年 6 月代表中华留日学生总会、华侨联合会等团体回国，赴各省市宣传声援“五卅”运动。1926 年主持建国学校教务，并加入孙文主义学会。1928 年在南京主办《京报》。1931 年“九一八”事变后南下广州，参加反蒋活动。1932 年任暨南大学教授兼训育主任。1933 年夏与郑洪年、李达、郭大力、许德珩等一起被国民党特务驱逐出校。1937 年抗战爆发后在第五战区担任政工大队长。1940 年 4 月任桂林行营政治部上校指导员。后在粮食部任专员、统计室主任。1948 年 10 月接受邵力子劝告，脱离国民党，移居上海。新中国成立后任大连海运学院教授。1958 年退休，定居上海。1978 年 12 月在上海病故。

**费鸿年(1900—1993)**

海宁县人。1900 年 10 月 29 日生。1916年毕业于江苏省立第二农业学校蚕科。同年赴日本留学。1921年入日本东京帝国大学理学部动物学科学习。1923年10月回国后任北京大学农学院讲师。次年出任国立广东大学(后改组为中山大学)生物系主任。1929年9月出任国立北平大学农学院农业生物系主任。1931年2月再次出任广州中山大学生物系主任。1933年9月兼任省立广西大学生物系主任。1934年10月赴日本东京帝国大学浅虫临海实验室从事鱼类生物学研究。1937年9月回广州任教。新中国成立后历任农业部参事、水产部副总工程师、南海水产研究所研究员兼副所长等职。先后当选为中国水产学会秘书长、副理事长、名誉理事长,中国鱼类学会名誉理事长。研究领域广泛,所撰《动物生态学》和《鲶鱼呼吸生理之研究》分别是中国生态学的第一本专著和中国鱼类生理学的第一篇论文。其他著作如《鱼类学》(合著)、《动物学纲要》、《海洋学纲要》等,均为中国上述诸学科的早期著作。

**费新我(1903—1992)**

学名思恩,字省吾,后改名新我,别名立千、立斋。吴兴县人。初习西画,后从事图画范本、应用美术、劳美教材及简易美术技法等图书编绘工作。1935年自立画室,专事研习中西绘画与书法、拳术。1938年迁居苏州,后组织微明画社与东斋,授教太极拳与西洋画。新中国成立后注重国画创作,作品曾选送至苏联展出,名噪一时。1957年9月调任江苏省国画院为专职画师。1959年右手因病致残,遂以极大毅力练习左手书,成为著名的左笔书法家。曾应邀去日本、美国和新加坡举办个人书展、学术讲座并进行艺术交流。历任上海万叶书店编辑室美术编辑、江苏省国画院一级画师、西泠印社社员、中国美术家协会会员、中国书法家协会理事、书协江苏分会顾问、苏州市武术协会名誉主席、湖州书画院名誉院长等职。擅长中国画、书法,刻画人物形象真实生动,线条明快流畅。著有《怎样画毛笔画》、《怎样学书法》、《楷书初阶》、《怎样画铅笔画》、《怎样画图案》、《毛主席诗词行书字帖》、《鲁迅诗歌行书帖》、《费新我书法集》等。

**姚凤仙(1917—1991)**

女。鄞县人。1930年入上海市立务本女子中学学习。次年"九一八"事变发生后参加爱国学生运动。1934年夏考入宁波效实中学。1936年考入浙江大学化工系学习。1940年毕业后进入重庆动力油厂工作。发表有《几种作吸附剂用的中国陶土》等论文,在有机合成领域的研究中取得重要成就。1948年春到上海大中华橡胶厂工作,先后在化验室、理化室、生产技术科、中心试验室工作,历任副主任、副科长等职。1953年被评为中国橡胶工业第一代女工程师。1957年7月主持合成"二亚硝基戊次甲基四胺"发孔剂,填补了国内空白。后主持大中华橡胶厂全钢丝载重斜交胎开发成功,得到化工部奖励,也为以后的全钢丝子午胎的研制开发提供了基础。"文革"中遭受迫害。1973年被迫退休。后恢复名誉。1982年被评为高级工程师,并被聘为厂技术顾问。1991年2月在上海去世。

**姚水娟(1916—1977)**

女。原名姚文贤。嵊县人。越剧表演艺术家。15岁开始学习越剧,1934年出科。其后在上海、宁波、杭州、绍兴、温州等地演出。其演技高超,文武兼备,青衣悲旦,身段优美,唱腔委婉。抗战时期上演了含有抗战意识、伸张民族正气的《花木兰》。又出演《西施》、《冯小青》、《燕子笺》、《貂蝉》、《天雨花》、《孔雀东南飞》等新编剧目,社会影响日益扩大,有"越剧皇后"之称。1939年出版了越剧史上第一本演员个人专集——《姚水娟专集》。1940年与人合作组建越华剧团。在沪演出八年多,总计演出5000余场。1951年7月加入浙江省越剧实验剧团,主演了《王秀鸾》、《千夫所指》、《新梁祝哀史》等剧。1953年被选为浙江省人民代表和政协委员,后又选任浙江省戏剧家协会副主席,为中国戏剧家协会会员。1961年进浙江艺术学校教学,培育了首届越剧班一批花旦学员。"文革"中饱受折磨,1977年病故。代表性剧目有《盘夫索夫》、《花木兰》、《西施》等。

**姚永政(1901—1985)**

绍兴县人。1901年6月21日生。1915年考入浙江公立医药专门学校就读,1919年毕业。其后在浙江病院和南京鼓楼医院任内科医生。1927年赴美国约翰·霍普金斯大学公共卫生学院攻读寄生虫学。1930年毕业,获硕士学位。1932年赴英国伦敦大学热带病卫生学院任研究员。1934年回国后任国际联盟卫生部中国疟疾荣誉通讯委员。1935年深入"瘴气区"云贵两地作实地调查,证实"瘴气"实则是恶性疟疾,进而选择疫情最严重的芒布(今云南省潞西)成立疟疾防治研究所,继续深入研究疟疾的流行特征及其媒介按蚊的种类和生态,为中国的疟疾研究作出了重大贡献。1936年任全国经济委员会卫生设施实验处寄生虫学系主任。次年在苏北清江浦建立黑热病研究队，发现中华白蛉为黑热病原虫的中间宿主，查出中国有白蛉近20种，并发现许多新种。1938年在广西发现日本血吸虫的中间宿主钉螺新种，经国内外专家鉴定，命名为“姚氏钉螺”。其后随全国经济委员会西迁到重庆，1939年至1940年兼任国立同济大学医学院寄生虫学教授。1942年任中央卫生实验院副院长兼寄生虫学系主任。1946年赴美国约翰·霍普金斯大学公共卫生学院及美国国立卫生研究院任研究员，研究寄生虫学。1948年回国后任上海同济大学医学院寄生虫学教授。1953年院系调整，随同济医学院迁武汉，任武汉医学院寄生虫学教研室主任。1956年被评为一级教授。1985年12月5日在上海病故。著有《实用医学昆虫学》、《人体寄生虫学教范》、《人体寄生虫学实用图谱》等。

**姚传法(1893—1959)**

字心斋。鄞县人。1893年生于上海。1914年毕业于上海私立沪江大学，获理学学士学位。1915年自费赴美国俄亥俄州大学深造。1919年毕业，获科学硕士学位。随后入美国耶鲁大学林学院继续学习，于1921年获林学硕士学位。同年9月在加拿大首都渥太华由经亨颐介绍加入中国国民党。同年冬回国后任上海复旦大学生物科主任。1922年任中国公学教授。1923年任沪江大学教授。1924年被聘为国立北京农业大学森林系教授。1925年任南京东南大学农科教授。1926年任江苏省立第一农业学校林科主任。1927年任江苏省农林局局长。1928年当选为中华林学会首任理事长，兼任江苏省农矿厅技正。1929年任国民政府农矿部林政司科长。1932年至1947年连续15年担任国民政府立法委员，提倡兵工造林，参加《森林法》草案的拟订，以立法院土地法委员会委员长身份主持《土地法》审议，主张推行法制，以法治林。1941年在重庆发起恢复中华林学会组织活动，再次当选为理事长。1942年兼任国民政府农林部顾问。1948年至1950年任浙赣铁路局(杭州)农林顾问。1950年至1951年在浙赣铁路局南昌分局任职。1951年至1952年任南昌大学森林系教授。1952年至1955年任华中农学院森林系教授。1955年至1958年任南京林学院教授。1959年2月24日在上海去世。著有《兵工植树计划》、《森林与建国》、《森林之重要性》等论文20余篇。

**姚华庭(1906—?)**

开化县人。1936年毕业于日本京都帝国大学法学部，获硕士学位。曾任国立暨南大学法学院副教授，国立英士大学法学院教授。新中国成立后历任震旦大学、沪江大学、华东师范大学等校法学教授。

**姚关穆(1923—1998)**

诸暨县人。1923年9月25日生。1947年8月毕业于国立北洋大学工学院土木工程系。同年去台湾，先后任台湾省公共工程局正工程师、中部自来水督导处主任、“国防部军事工程委员会”自来水工程顾问。期间曾赴美国留学，在北卡罗林那大学先后获得卫生工程硕士、博士学位。后任教于澳洲新南威尔士大学土木工程学院、新西兰肯德勃莱大学工学院，并担任美国CDM卫生工程顾问工程公司高级专家。1972年起担任联合国世界卫生组织卫生工程师。1998年11月14日在台北去世。

**姚　克(1905—1991)**

原名姚志伊、姚莘农，笔名姚克。余姚县人。翻译家、戏剧家。东吴大学毕业。30年代初致力于介绍和翻译外国优秀文学作品。1932年为向世界介绍中国的作家，翻译完成了鲁迅《短篇小说选集》的英译本，并与鲁迅成为交往密切的朋友。鲁迅对其“以西文介绍中国现状”的工作给予了很高的评价。抗战爆发后发起成立中国剧作家协会，并参与集体合作的三幕剧《保卫卢沟桥》，有近百人演出。1940年在上海圣约翰大学、复旦大学任教，同时参与戏剧活动，为复旦剧社排演戏剧。参与进步组织影响下的上海剧艺社的戏剧活动。创建天风剧团，主持演出了《浮尘若梦》、《十字街头》、《梅花梦》等，编写了历史剧《清宫怨》。同一时期撰述了专著《怎样演出戏剧》等。1948年赴香港，将《清宫怨》改为电影《清宫秘史》，由永华影业公司拍摄。其后主要在香港中文大学、新亚书院、联合书院任教。1968年赴美国，在夏威夷大学执教现代中国文学和中国哲学史。

**姚克方(1899—1973)**

号布之。吴兴县人。1919年入长沙湘雅医学院学习。1924年毕业，因高水平的学术论文《血吸虫病临床观察》被吸收为世界寄生虫学会会员。1925年到北京协和医院进修寄生虫学科四年。1929年和美籍教授富士德共同编著出版《华林睾吸血虫病》一书，为中国最早对血吸虫自然形态、生活史与流行病学全面研究的专著。1931年主办南京临时灾民医院。1934年8月由教会资助，赴美国杜克大学医学院任研究员。三年后回国，任南京国民政府行政院卫生署公共卫生人员训练所所长、简任技正、贵州省卫生处处长、医疗防疫总队总队长、卫生署京沪办事处特派员、南京中央医院院长，并先后兼任贵阳医学院、湘雅医学院教授。1949年出席中国人民政治协商会议第一次全体会议。1950年起历任中南军政委员会卫生部副部长兼汉口协和医院院长、汉口博医技术专门学校校长。在抗美援朝战争中曾两次率中南地区医疗手术队赴朝鲜，为志愿军伤病员服务。1956年任湖北省卫生厅厅长，兼任中国医学科学院湖北分院副院长、省血吸虫病防治委员会副主任。是全国政协第二、第三、第四届委员，湖北省政协第二、第三届副主席，湖北省第二、第三届人民委员会委员，民革候补中央委员，民革湖北省第三届委员会副主委，中华医学会副会长，武汉分会理事长。

**姚宗鉴(1918—　)**

乐清县人。保罗神哲学院毕业。1944年晋升为天主教神父。旋赴罗马圣多默斯大学攻读哲学，后获哲学博士学位。回国后继续从事传教工作，并执教于私立辅仁大学。1952年赴台。1956年在基隆市云源巷创办天主教堂耶稣圣心堂。1963年10月在西定路建成教堂及两层楼房各一栋，将教堂迁至该处。后以圣心堂为中心，先后创办圣心幼稚园、圣心小学、圣心高级工商职业学校等文教事业机构。曾当选为台湾第一届私校十大杰出教育事业家，被罗马教皇保罗六世任命为蒙席。后曾担任天主教台北总教区副主教，兼任天主教耕莘医院院长、辅仁大学董事等职。2008年退休。

**姚顺甫(1904—1973)**

绍兴县人。丝织企业家。诸暨同顺酱园学徒出身，满师后任酱园管账。1922年到杭州进庆成绸厂，三年后升任总务主任。1926年改入杭州震旦丝织厂，不久任厂长，又曾创办杭州云裳绸厂。1939年杭州震旦歇业，通过上海震旦公司在上海设立大同绸厂。1941年杭州震旦复业，改大同绸厂为震旦上海分厂，任厂长。抗战胜利后接任杭州震旦丝织厂董事长兼总经理，并任杭州丝织业整理委员会主任，又被同业推举为杭州丝织工业同业公会理事长。1947年参与筹组全国丝织业同业公会，任常务理事兼浙江区丝织业公会理事长。震旦厂与香港永丰出口行建立经销关系，又通过该行在纽约设立经销处，使震旦的花色绸畅销于纽约、檀香山、南洋和印度等地。杭州解放初受杭州军管会之命整顿、改组同业公会。1949年9月作为工商界访问团成员去东北、华北访问，并应邀列席第一届全国政协会议。1950年联合永安、萃成、庆记等七家工厂成立浙江第一丝织联营公司，在上海设分厂和发行所，任董事长兼总经理。1954年任公私合营的浙江第一丝织合营厂经理。曾参加民主建国会，任杭州市、浙江省及全国人大代表，并曾任省财政委员。

**姚洪淦(1866—?)**

字涤源、劲秋，号心僧。归安县人。著名典当商。1891年中举人。辛亥革命后居住上海半淞园，在上海开设恒大质号，并任恒顺质号经理，长期任上海典业公所董事，并任典质业公立两等小学学长。1902年上海商业会议公所成立时就以典业公所代表为会员，以后一直作为典当业代表为总商会会员。1911年曾任上海城乡内外总工程局议员。著有《劲秋诗稿》。

**姚勇忱(1880—1915)**

名志强，字勇忱，号永贞，以字行。吴兴县人。儿时患肺病落下说话结巴的后遗症，16岁父母双亡，独自抚养幼弟。1904年到杭州蚕学馆学习，能造炸弹，因而得以结识女革命家秋瑾。后应秋瑾之邀至绍兴大通学堂任教。加入光复会，和王金发等密谋起义。1907年7月徐锡麟刺杀安徽巡抚恩铭事件发生后大通学堂遭官府搜查，秋瑾不幸被捕，被迫连夜出逃，匿于船中，几次险些被捕获，幸船夫掩护，方得脱险。后潜赴上海革命志士杨廉处。1908年与杨廉、徐自华等会合，在上海成立“秋社”，暗集志士，以谋再起；协助陈其美出版《民声丛报》；奉陈其美之委派前往河南洛阳，在陈其美创办的理化讲习所任教，传播革命。1909年返沪，协助竺绍康编辑出版《中国公报》。该报停刊后追随陈英士。1911年到广州参加黄花岗起义；7月31日参加中国同盟会中部总会成立大会，负责联系浙江新军与研制炸弹；11月4日参与上海光复活动。1912年2月任南京临时政府临时参议院参议员；5月任同盟会驻沪机关部部长。1913年当选为中华民国第一届国会众议院议员。“二次革命”失败后被迫东渡日本，策划反袁活动。1914年7月在日本东京参加中华革命党。不久返回上海，从事反袁活动，并以“劫灰”笔名翻译小说多种。1915年6月与王金发一同被捕入狱；7月1日被杀害于杭州陆军监狱。

**姚桐豫(1869—?)**

字吾刚。临海县人。早年中秀才。1903年赴日本留学，入法政大学。毕业后回国，历任广西巡抚衙门文案、桂林地方审判厅厅长、广东审判厅筹备处处长等职。1911年

11月5日浙江光复后作为浙江都督汤寿潜的代表与江苏都督代表雷奋、沈恩孚等通电全国，请各省派代表来上海，会商组织临时政府。中华民国成立后任浙江都督府秘书，后任江苏都督府秘书。1913年当选为中华民国第一届国会众议院候补议员。1914年初国会解散后任京师高等检察厅检察官。1916年7月第一届国会恢复，递补为众议院议员。1917年南下广州，任非常国会众议院议员。1922年夏国会第二次恢复，仍任众议院议员。1923年参与贿选。后不详。

**姚颂南(？—1933)**

嘉兴县人。姚慕莲之兄，其先世以丝业起家。上海内地自来水公司、老九章绸缎局、中国兴业烟草公司大股东。同时与人合股开设同余、衡通钱庄，在上海南京路、河南路、北京路拥有房地产，设姚南记经租账房经营。在家乡也有不少房地产，在原籍还开设多家钱庄、典当铺，拥有资产200万元。

**姚淇清(1919— )**

字祖泽。1919年2月22日生。美国耶鲁大学法学博士。1949年去台湾。1950年起任台湾大学教授，兼东吴大学、中兴大学、"中国文化学院"等校法律系兼职教授、法律研究所所长。1957年起先后担任台湾"教育部"国际合作委员会主任委员，"教育部高等教育司"司长、次长，"美援会"法律顾问，台湾驻巴黎联合国教科文组织"大使衔常任代表"。1972年返回台湾，再次担任台湾大学法学院教授。1975年任台湾大学法学院院长兼三民主义研究所所长、教务长。1984年辞去教务长，被聘为台湾大学法学院兼职教授，正式挂牌执行律师业务。著有《契约准据法之研究》、《侵权行为准据法之研究》、《民主与法治》、《英美民法上毁损商业信誉之研究》、《我国不平等条约与国际法之研究》、《债之准据法之研究》等。

**姚　琮(1891—1977)**

字味辛。瑞安县人。1891年6月5日生。早年入当地养正学校学习。1907年考入保定陆军速成学堂第一期。1909年毕业后分发到浙江新军服役。1911年任新军第二十一镇第四十一协第八十二标排长。辛亥革命爆发后参与杭州光复。民国成立后历任连长、浙江陆军讲武堂教官等职。1914年考入陆军大学正则班第四期深造，毕业后任浙江督军公署参谋。1918年任浙军暂编第一师第一旅第二团中校团附。1920年9月任暂编浙江第一师第一旅第一团上校团长兼衢州戒严司令。1924年随卢永祥下野去职。1926年1月去广东，任黄埔军校上校军事教官；6月任军校校长办公室主任。1927年任国民革命军总司令部副官长。同年任警备第一师师长兼南京要塞司令，参加龙潭战役。1928年4月任内政部首都警察厅厅长；12月兼任南京特别市公安局局长。1930年赴日本考察警政。1932年4月任国民政府军事委员会第三厅副官处处长。1933年11月任温州警备司令。1934年任军事委员会第三厅副厅长兼副官处处长。1936年1月被国民政府授予陆军中将。抗战爆发后历任军事委员会管理部副部长、代部长，军事委员会办公厅副主任。1943年任内蒙古宣慰使，奉命前往内蒙古考察。1945年任复员委员会主任委员。1946年当选为制宪国大代表。1948年当选为"行宪"国民大会代表。同年9月任总统府战略顾问委员会委员。1949年去台湾，仍任"总统府战略顾问委员会委员"。1952年10月22日退役，改任"总统府国策顾问"，并任温州旅台同乡会会长。1977年10月5日在台北病故。著有《日本警政考察记》、《飞云杂记》、《诗话》、《味简斋诗文钞》等。

**姚　舜(1919— )**

字兆廷。余姚县人。国立武汉大学法律系毕业后赴美国留学，入田纳西州立大学政治系学习，获政治学硕士学位。回国后经南京国民政府考试院考核合格，取得律师资格。1947年初任三民主义青年团台湾支团秘书兼组训组长。同年党团合并后任国防部"戡乱"建国大队代理第二大队长。1949年任教育部升学就业辅导会组长。同年底自成都去台湾，先后在台湾"革命实践研究院"第十四期、"圆山军官训练团"党政军联战研究班第一期结业。1950年入中国国民党改造委员会工作。1957年起任台湾"国防部青年反共救国团"组长、主任秘书。1968年11月任"教育部国际文教处"处长。1972年任"行政院青年辅导委员会"委员、秘书长、主任委员。1987年退休后任"行政院"顾问，并当选为国民党第十三届中央评议委员。1989年当选为"立法院立法委员"。去台后还先后兼任中兴大学、淡江学院等高校的教授，讲授民法课程10余年。著有《民法概要》等。

**姚蓬子(1891—1969)**

原名方仁，字裸人。诸暨县人。作家、文学翻译家。姚文元之父。曾就学于诸暨县立中学、绍兴越材中学、上海中国公学与北京大学。1924年到上海，进入光华书局当编辑，并开始文学创作。1927年加入中国共产党。1929年出版诗集《银铃》，同时发表著译。1930年参加中国自由运动大同盟、中国左翼作家联盟，任党组宣传部长。次年2月为上海联合书店出版之《文艺生活》月刊主编。1932年与周起应合编《文学月报》，任主编；后调中共中央特科工作。1933年在天津被逮捕。1934年5月在《中央日报》发表《脱离共产党宣言》，被释放。任国民党中央文化运动委员会委员，国民党中央图书杂志审查委员会委员。抗战爆发后加入中华全国文艺界抗敌协会。同年5月与老舍合编该协会《抗战文艺》三日刊；10月武汉沦陷，赴重庆任职于国民政府军事委员会政治部文化工作委员会。1942年在重庆创立作家书屋，出版郭沫若、茅盾、老舍、冯雪峰、胡风等人的著作。又与老舍、赵铭彝等创刊《文坛小报》。抗战胜利后迁作家书屋至上海，继续营业，出版《北方文丛》等。1955年后成为自由职业者，以译著和写作为生。1963年后任教于上海师范学院中文系。1969年病故。此外著有《蓬子诗钞》、《剪影集》，短篇小说集《浮世画》等。

**姚虞琴(1861—1961)**

名瀛，字虞琴、渔吟，号景瀛。杭县人，久居上海。自幼潜心习诗作画，早年习科举未第。曾在湖北水泥厂、造币厂工作25年。1916年到上海公茂盐栈当协理，与画家陈夔龙、程十发、陈祖香、唐云、吴昌硕等交往甚密，常聚会"海上题襟馆"。1921年曾出资创办庆成茧行。新中国成立后多次将自己收藏多年的艺术精品捐赠予国家。历任上海画院画师，中国美术家协会上海分会会员，上海市文史馆馆员，国民党革命委员会成员，西泠印社社员。工诗文书画，尤擅兰竹，取法明人，上追元人赵孟頫、郑所南，幽静秀润，绝烟火气，与国画大师齐白石有"北齐南姚"之誉，蜚声江南；精鉴赏，与吴湖帆、黄葆钺、张大壮并称"四大鉴定家"，所藏甚富。著有《珍帚斋诗画稿》、《海上题襟馆》、《杨柳楼台》等，并合编有《临平记再续》(3卷)、《杭县志稿》。

**姚慕莲(1876—?)**

字福同。嘉兴县人。先世以丝业发家。清国子监监生。曾任清邮传部参议，西苑电灯处提调，北京电报局总办。后至上海，任上海电政局监理、上海招商局会办等。1913年被推举为浙江铁路公司理事，任上海木商会馆董事、上海商会副会长等。1915年以80万两接办官办的上海内地自来水公司，任董事长兼总经理。因善于经营，至1929年资产已达343万元，一改以前严重亏损状况。1917年首捐巨资创办上海嘉兴会馆，是旅沪嘉兴商帮领袖之一。1924年参与创办上海女子商业储蓄银行，任董事(后任董事长)。同年任上海工巡捐局局长兼上海南区保卫团团长。此外还任中国渔牧公司董事长。30年代又兼任上海华商电气公司董事。是上海耆老之一，与李平书、陆伯鸿齐名，致力于上海地方事业的发展。历任上海救火联合会副会长、上海公用事业联合会常务委员等。1946年当选为上海市第一届参议员。

**姚醒吾(1897—1988)**

原名宝森。吴兴县人。早年湖州省立第三中学肄业后到下昂射村等处任小学教师。1927年加入中国共产党。以商团团长身份为掩护，负责湖州中心县委交通站工作。曾任中共吴兴县委委员。1929年因身份暴露，离开湖州去上海，寻找中共中央。1930年3月从中央军委军事训练班(上海)毕业后经中央军委介绍，前往中央苏区参加中国工农红军，历任红军第五军二支队副官主任、第三军团第八军需处长、第三军团会计科长。先后参加中央苏区反"围剿"和二万五千里长征。长征到达陕北后分配到中共西北局贸易总局任会计指导员。之后历任红军第二十九军供给部部长、八路军留守兵团供给处副处长、供给部副部长、陕甘宁晋绥联防军供给部部长。解放战争时期历任辽东军区供给部副部长、东线兵团供给部部长、东北军区军需部材料局局长。新中国成立后历任中南军政委员会轻工业部副部长，中南军区后勤部财务部长、后勤部副部长，武汉军区后勤部部长等职。1955年被授予少将军衔。曾获二级八一勋章、二级独立自由勋章、一级解放勋章。1988年2月18日在武汉病故。

**贺玉钦(1921—1973)**

绍兴县人，生于北京。京剧武生。1933年考入北平中华戏曲学校习武生。1940年毕业后在上海、北平各地演出。1949年到武汉演出并定居。其后加入武汉京剧团。1961年入湖北戏校工作，为湖北及外地培养了一批武生演员。代表性剧目有《界牌关》、《三岔口》等。

**贺威圣(1902—1926)**

字刚峰，号薏农，化名瑚珊、吴威。象山县人。早年就读于上海大学社会学系，开始接触马列主义。1924年加入中国共产党。同年冬奉中共江浙区委指示，回乡开展建党工作。先后培养与发展王嘉谟、范船僧等一批党员。1925年1月建立象山县第一个中共支部。"五卅"运动后任共青团上海闸北部委书记，国民党上海特别市党部执委兼工人和青年部部长。同年6月3日贺威圣受党组织的派遣，以全国学联和上海学联代表的身份到宁波，协助宁波党、团组织领导全市人民开展反帝爱国运动。1926年7月任中共杭州地委书记。根据中共党组织的指示，利用他与北洋政府浙江省省长夏超的私交关系，以个人身份会同国民党左派，动员夏超反孙（传芳）“独立”。同年10月夏超在杭州宣告反孙“独立”，中共杭州地委即利用左派掌握的国民党浙江省党部，在湖滨民众运动场召开万人大会，支持夏超“独立”。夏超反孙“独立”失败后孙传芳嫡系宋梅村部进驻杭州，大肆捕杀进步人士；11月3日被捕；13日在杭州就义。

**贺聚道（1898—1967）**

镇海县人。年轻时随父到上海。20世纪30年代与兄弟合作盘进上海著名的金星金笔厂，任经理。1954年该厂公私合营后任副总经理。先后任上海常熟区各界人民代表会议协商委员会副主席、徐汇区政协第一至第四届副主席。解放初以金星笔厂名义购买慰问品参与私营工商者慰问解放军伤病员。积极参加社会活动，先后被推举为常熟区优抚工作委员会副主席、抗美援朝运动委员会主任委员、经济建设公债区工作委员会副主任和上海市工商联常务委员，并在抗美援朝中带动工商界捐募寒衣、捐献飞机大炮、认购公债。还捐助徐汇剧场、衡山电影院、民办曙光中学等文教事业。1967年在上海病故。

**柔　石（1902—1931）**

原名赵平福，后改名平复。宁海县人。左翼作家。幼时家境贫困。1918年考入浙江省立第一师范学校，加入学校文学社团晨光社，投入新文学运动。1923年师范毕业后任慈溪县普迪小学教员，并从事写作。1925年出版小说集《疯人》。同年到北京，在北京大学旁听。1926年回到南方，在上海、杭州等地长期处于失业状态。期间创作第一部长篇小说《旧时代之死》。后回到故乡，先后担任镇海、宁海中学教师，并一度担任宁海教育局局长之职。大革命失败后于1928年夏到上海避难。经鲁迅介绍，担任《语丝》编辑，与鲁迅一起创办朝花社，致力于介绍外国文学和版画，尤其是东欧、北欧的文学作品，印行《朝花旬刊》、《艺苑朝花》、《世界短篇小说集》等。1930年与人一起发起成立“自由大同盟”。“左联”成立后被选为执行委员和常务委员。曾以“左联”代表资格参加全国苏维埃区域代表大会，会后作《一个伟大的印象》。1931年1月17日被国民党逮捕；2月7日被秘密杀害于龙华，是“左联”五烈士之一。30年代前后创作有短篇小说集《希望》，中篇小说《二月》、《三姐妹》等，还翻译过卢那察尔斯基、高尔基的剧作和小说。代表性作品《为奴隶的母亲》描写了浙江农村普遍存在的典妻风俗，揭示了封建社会下层妇女的悲惨命运。

**骆允协（1897—1954）**

又名樟圆，字和笙。义乌县人。早年先后就读于云溪小学、浙江公立法政专门学校。后进司法总长梁启超主办的司法储才馆学习。毕业后由浙江省长保送至日本早稻田大学深造。回国后历任徽宁地方法院推事，国民政府司法行政部秘书兼外交部秘书，司法行政部秘书，诸暨地方法院首席检察官，浙江省高等法院推事，云南高等法院庭长，兼云南联合大学法律教授，宁海、天台、嘉善县地方法院院长，南京高等法院庭长，最高法院刑事特别审判庭庭长。1946年参与汉奸案件审判。1949年在香港发表声明拥护人民政府。新中国成立后经吴晗介绍进华北革命大学政治研究所学习。后因夫人暴亡，老母病卧在床，故告假回家侍奉老母至终，母丧后在家自食其力。

**骆美奂（1904—1989）**

字仲英，号义生。义乌县人。早年先后就读于义乌云溪国民小学、杭州安定中学、杭州工业专门学校、厦门大学。1924年厦门大学发生学潮，促成外省师生离校，于同年秋到上海创办大夏大学。1926年从大夏大学毕业后进入国民党中央党部任职。后奉派赴美国留学，先在加州大学读经济学，后转入康乃尔大学学习农业经济。1932年学成回国后任国民党中央党部普通组织科科长。1936年任南京国民政府导淮委员会土地处处长。1939年5月任国民党中央社会部主任秘书。同年6月至1942年1月任宁夏省政府兼教育厅厅长。1942年11月至1944年9月任教育部蒙藏教育司司长。后任国民党中央党部主任秘书。1945年4月被选为国民参政会第四届参政员；5月在国民党第六次全国代表大会上当选为第六届中央执行委员；8月抗日战争胜利后任国民党中央党部华北地区特派员，赴天津市接收经济。后任恒太公司董事长。1949年去香港，后去美国，定居波士顿。1973年偕夫人回大陆探亲，受到中国共产党和国家领导人的热情接待，傅作义、廖承志、罗青长等均曾宴请。1989年在美国病故。

**骆美轮（1902—1997）**

字继光。义乌县人。早年在义

乌云溪国民小学毕业。1926年毕业于国立上海交通大学机械工程系。1931年赴美国留学,入德克萨斯州农工大学学习。毕业回国后历任浙江大学工学院讲师,沪宁铁路局机务处专员、主任、副局长,川康公路局局长,上海铁路局副局长。1946年任南京国民政府交通部驻英国专门委员会专员。1948年拒绝回国命令,辞去职务后去美国。1949年由美国辗转至香港。同年8月13日与黄绍竑、卢汉等44位国民党知名人士在香港通电起义,回到解放后的北京。1950年由中央统战部介绍参加华北革命大学政治研究院学习。1951年学习结束后分配到无锡江南大学任教授兼教务长。1952年高等学校院系调整后先后在上海工专、华东交通专科学校、苏州苏南工业专科学校、西安动力学院、上海交通大学、西安交通大学、上海南洋工学院等院校任教。1955年参加九三学社。参加《辞海》的编辑工作。1966年离休。

**骆耕漠(1908—2008)**

曾用名李名政。临安县人。著名经济学家。1926年浙江省立商业专科学校毕业后参加北伐革命,担任国民革命军第十七军二师政治部宣传员。1927年8月加入共青团,任杭州市团委二区区委书记。大革命失败后因叛徒告密,被捕入狱六年多。在狱中与薛暮桥等把监狱当成自修大学,偷偷学习马列主义和外语。出狱后积极参加抗日救亡运动,协助筹备成立"台湾义勇队"。1938年加入中国共产党,历任浙江省文委书记、新四军财经部副部长、苏浙军区供给部部长、华中军区供给部部长、山东军区供给部部长、三野东兵团后勤部长、总前委财委会委员兼秘书长、华东区财经委员会委员兼计划部部长等职,负责苏、浙、鲁、豫、皖解放区军队供给和地方财经工作。新中国成立后历任华东区财政经济委员会副主任,国家计委成本物价局局长、副主任,全国人大办公厅副主任,中国科学院哲学社会科学部委员。1958年任中国科学院经济研究所研究员。1981年任中国社会科学院顾问、博士生导师、国务院学术委员会第一届学科评议组成员、国务院经济研究中心顾问、杭州商学院兼职教授。著有《论中日的经济提携》、《我国过渡时期商品生产的特点和价值法则的作用》、《社会主义制度下的商品和价值问题》、《人民币的本位和职能问题》、《关于生产力和生产关系的几个问题》、《社会主义商品货币问题的争论和分析》、《从资本主义到共产主义的三个过渡问题》、《关于社会主义计划经济的几个理论问题》等。

**骆清华(1902—1955)**

又名骆松。诸暨县人。早年在诸暨枫桥大东乡学堂(今学勉中学)读完高小后随兄长到诸暨县城附近的一家砖瓦厂做学徒,工余之时自学语文、政治方面的课程。1922年前后经人介绍到杭州一家绸缎庄当职员。不久被调到上海的分店工作。1927年在上海积极参加绸缎行业工会的各种爱国行动。后任上海绸业银行副行长,兼中国茶叶公司理事。1932年任上海商社常务理事兼总干事,并兼《上海商报》社长,经常在此刊物上发表一些经济金融方面的文章。1937年抗日战争爆发后离开上海赴四川重庆,负责中国通商银行的业务开拓和经营管理等工作,奔波于成都、兰州、西安、宝鸡等地,任中国通商银行总经理。抗战胜利后于1945年10月重返上海,服务于工商界,以华东商运指导员的身份在上海工商领域继续工作。1946年4月任上海商社社长兼《上海商报》社长、发行人。1947年当选为国民政府立法委员,并兼任全国工商联秘书长。1949年5月赴香港。在香港期间受中国共产党领导和指挥,从事统战和联络工作,曾参与两航飞机起义、招商局轮船起义的统战工作,又积极动员翁文灏、王晓籁、寿勉成等原国民政府政商人士于解放后回归祖国内地参加新中国建设。1955年7月18日在香港病故。出版有《骆清华先生言论集》。

# 十 画

**秦君安(？—1935)**

鄞县人。著名颜料商和钱业资本家,宁波秦氏家族开创者。约在同治、光绪年间就在上海经商,19世纪70年代初创办恒丰昌洋杂货号,开始试销进口颜料,不久成为专营颜料的大商号之一,成为颜料业巨商。随即大量投资地产、钱庄等业,恒丰昌成为秦家的颜料地产号,在上海公共租界山东路《申报》馆至恒丰昌号一带,杨树浦、南京路长馨里一带,武昌路、宁波路选青里、同和里、吉祥里,汉口路以及宁波原籍拥有大量地产。钱庄方面,在上海先后独资或与人合资开设恒兴、恒隆、永聚、恒大、恒来、恒异、同庆等八家钱庄,在宁波设有晋恒、鼎恒、复恒、泰源等五家钱庄,盛时拥资达1000万元,成为上海著名的九大钱业资本家家族集团之一。

**秦彦冲(1914—1968)**

原名永聚,后更名康祥,以字行,别署濮尊朱佛斋、睿识阁、兰亭石室、唐石斋、卧龙窟等。宁波人。先师从冯君木,后从褚德彝、赵叔孺游,癖嗜金石篆刻。刻印工稳,自古玺、汉印、圆朱及皖浙两宗石如、㧑叔诸家,无不得其渊雅之致。余事治竹,亦颇有可观。精于墨拓,收藏颇丰。著有《竹人三录》、《藏竹小记》、《明州画人传》、《睿识阁古铜印谱》。又辑其故友褚德彝、吴泽遗印成谱,曰《松窗遗印》、《吝飞馆印留》。另著有《唐石斋花押印》、《睿识阁印谱》、《濮尊朱佛斋印印》,辑有《古笏庐印谱》、《乔大壮印蜕》、《蕙风宧遗印》、《大庵印谱》,并整理《印人汇传》,编纂《西泠印社志稿》及附编等。

**秦润卿(1877—1966)**

名祖泽,晚号抹云楼主。慈溪县人。近代著名金融家。13岁入名儒何幼鹿书塾求学。1891年到上海协源(后改名豫源、福源)钱庄当学徒。1917年任豫源钱庄经理,后又兼任福康、顺康钱庄督理。同年上海钱业公会成立时任副会长。1920年后任会长,长达15年。参与创建钱业市场、钱业准备库,1921年参与创办《钱业月报》。1927年3月参与发起成立上海商业联合会;次月任江苏兼上海市财政委员会委员。1928年任交通银行上海分行经理,中央银行监事。1929年与王伯元等接办天津垦业银行,并将其迁往上海,任董事兼总经理。同时任上海总商会副会长、上海华人纳税会董事、宁波旅沪同乡会副会长、中央银行监事等职。30年代前期还兼任亚浦耳电器公司、大有余榨油厂董事长,上海市银行、交通银行、辛泰银行、天一保险公司、太平水火保险公司、大丰庆记纺织公司董事,上海钱业联合准备库常务委员会主席等职,并一度任上海交通银行经理。抗日战争期间辞去各种社会职务,拒任伪职。抗战胜利后任福源钱庄董事长,被推为全国钱商业同业公会联合会理事长。新中国成立后引导福源、福康、顺康、鸿祥四钱庄参加公私合营。1952年公私合营银行成立后任副董事长,曾任上海市政协委员。1966年7月5日病故。

**敖嘉熊(1874—1908)**

字梦姜、孟疆,又字咸愚。平湖县人。因祖父经营腌腊业,遂移居嘉兴南汇镇,最后迁居嘉兴城区柴场湾。幼豪迈,髫龄通经史,清末秀才。曾在秀水县署任钱谷师爷,因与知县不合,不一年即辞去。“戊戌变法”以后专门研究经世致用之学。义和团运动爆发后受新思潮影响,在杭州与王嘉榘、蒋方震等10余人成立“时事研究会”,名为“浙会”,后因清政府查办,遂改名为“浙学会”。在嘉兴与唐纪勋、祝廷锡等人创办“竹林启蒙书塾”,为嘉兴最早新式学堂。又与唐纪勋、祝廷锡等人在竹林创办学稼公社,提倡改良农业。1903年赴沪加入由蔡元培、章太炎等人创办的中国教育会和爱国学社,确立反清革命志向。阅读陈天华《猛回头》后深受启发,也用白话文体编撰《新山歌》,后来酿成震动一时的《新山歌》案。“苏报案”发生后回嘉兴与褚辅成、田月斧等人创立“竞存体育会”,宣传禁烟禁赌,抵制美货。倡建“演说会”和“教育会”,秘密宣传革命思想。游历温州、乐清、台州、宁波等地,广泛结交反清志士。拟以温台处三府迁居嘉兴“客民”为依托,建立温台处会馆以代纳租税，创办团练，以谋握地方财力与武力，联络江浙皖相邻10余府会党，组织武装起义。1904年夏陶成章与龚宝铨到嘉兴，全力支持创建温台处会馆。同年底加入光复会。创立祖宗教，作福书祷词以及各种秘密暗号，以宗教名义，号召汉族同胞开展革命活动。1905年因迭遭家难，经费拮据，变卖妻子首饰以维持温台处会馆。会馆倒闭后光复会创办大通学堂，活动中心转移到绍兴。1906年秋瑾到嘉兴与之商议，准备在浙江发动武装起义。1907年皖浙起义失败，浙江革命陷于低潮，引起清政府注意，因无证据，幸免牵连。浙路借款风潮迭起，被推为商会理案董事。枭党爆发起义，欲由嘉善进袭嘉兴，民众惊恐不安，遂派遣卫士徐象黼劝谕，枭党首领余孟庭收兵而去。1908年3月11日夜出未归；3月28日在嘉兴城北乌桥发现其遗体。

**袁开基(1904—1982)**

上虞县人。1925年毕业于金陵大学化学系。1931年赴美国维基尼阿大学研读有机化学，获博士学位，并得金质奖章。回国后曾任国民政府卫生署麻醉药品经理处技正，东北大学化学系教授，中华工业研究所所长及南京药专教授。新中国成立后任上海第一医学院药学系副主任，有机化学教研室主任，卫生部药品编纂委员会委员。曾被推选为上海市政协委员。早期主要研究生物碱化学，获两项专利权。晚年从事有机化学基础理论研究，先后发表研究论文20余篇。编著有《药用无机化学》、《有机化学实验》、《有机杂环化学》等。

**袁凤举(1911—1979)**

上虞县人。1911年5月20日生。1923年到上海游学。1932年进入上海粤港华美广播电台主持节目。1934年4月自创凤鸣播音社于上海爱多亚路大世界六楼。1937年抗战爆发后迁至英租界煤业大楼，并正名为凤鸣广播电台。因播出国民政府委员马相伯百龄大庆特别节目，呼吁支持抗战，遭日军查封。抗战胜利后在上海恢复播音。1949年将广播器材迁至台湾。先在台北成立民本广播电台，成为台湾第一家民营电台。1950年10月又将凤鸣电台迁至高雄复业。1975年又将凤鸣广播电台改制为凤鸣广播公司，任公司董事长及凤鸣关系事业总管理机构负责人。曾兼任“中华民国广播节目改进协会”理事长，民营电台联合会南部分会理事长及高雄市记者公会理事长，台湾省13家民营广播电台联合广播网主席，及“中国广播公司”常务董事等职。著有《广播实务》。

**袁世钊(1901—1931)**

嘉善县人。1924年加入中国共产党。1926年7月任中共枫泾独立支部书记。同年秋发动农民在枫泾镇积谷仓成立农民协会，开展减租减息斗争。1927年1月任中共枫泾区委书记。1928年1月初与陈云等先后发动“小蒸暴动”、“枫泾暴动”；9月任中共江苏省镇江县委书记。同年冬任中共松江县委负责人。1930年春奉组织指示，到上海工作。不久由于叛徒告密，在上海遭到国民党逮捕。在监狱中任中共特别支部书记，领导难友坚持斗争，并策划越狱。1931年2月13日被国民党杀害于镇江北门桃花坞。

**袁可嘉(1921—2008)**

慈溪县人。1946年毕业于昆明西南联合大学外文系，后在北京大学西语系任教。40年代倡导现代派诗歌，发表许多新诗及诗歌理论文章，其诗作《上海》、《南京》、《出航》吸收了西方后期象征派和现代派的某些表现手段，具有一定的表现力。新中国成立后主要从事外国文学的翻译和评论工作。同时又将中国现代文学名著译为外文。曾发表《欧洲意识流小说》等评介西方现代派文艺的论文。历任中共中央宣传部《毛泽东选集》英译室翻译、外文出版社英文部翻译、文学研究所助理研究员、外国文学研究所研究员、中国社会科学院研究生院教授等职。译著有《米列诗选》、《布莱克诗选》、《彭斯诗选》等。

**袁　良(1882—1952)**

字文钦。杭县人。早年毕业于日本早稻田大学。回国后先后在东三省总督赵尔巽和锡良的幕府中任职，历任奉天巡警局提调、昌图府警察总办兼交涉员、代理奉天交涉使、东三省军械总局总办等职。1916年5月6日至1922年9月26日任北洋政府国务院参议。期间兼任徐世昌总统秘书。1924年10月至11月任黄郛内阁秘书厅秘书长。1924年12月至1926年7月任北洋政府全国水利局总裁。一度署理中央农业试验场场长。1928年3月至6月任南京国民政府外交部第二司司长。1929年10月至1931年2月任上海市政府公安局长。1931年12月至1933年5月任江西省政府委员兼江西全省保安处处长。1933年6月16日至1935年11月8日任北平市政府市长。期间兼任南京国民政府行政院驻北平政务整理委员会委员。1936年应陈仪的邀请至福州，担任福建省政府顾问。

**袁际唐(1907—1989)**

鄞县人。1930年毕业于复旦大学商学院会计系,获商学硕士学位,并留校任教。1933年3月加入上海市会计师公会,与安绍芸先生合作组建大成会计统计事务所,执行会计师业务。1935年10月受聘会计系高级会计助教。1936年1月升任会计学讲师,后任副教授、教授。抗日战争时期复旦大学迁至重庆后于1941年至1948年任复旦大学(上海补习部)会计学系主任。曾任复旦大学"国民储蓄合作银行"行长,并兼任国立上海商学院、中国公学、光华大学、上海法学院、立信会计专科学校、交通大学、大夏大学等校教授。1952年10月调入上海财经学院会计系任教授。1958年随上海财经学院并入上海社会科学院,担任上海社会科学院教授。1960年调回上海财经学院会计统计系任教授、工业会计教研室主任。1972年调入华东化工学院任教授。1978年10月调回上海财经学院会计系任教授。1984年4月退休。1989年3月31日病故。著有《所得税会计论》、《实用会计学》。

**袁枢真(1912— )**

女。天台县人。1927年考入天台县立初级中学,肄业后又考入上海新华艺专。毕业后赴日本大学研究艺术。1936年至1940年在法国巴黎国立美术学院深造四年,专攻油画,作品每年都入选法国春季沙龙,赢得师友的赞赏。学成回国后任重庆国立艺专西画讲师。教学之余从事创作。1943年执教于国立重庆师范学院,应邀为当时名人画像,作品展出于上海画廊。1949年去台湾,任台湾省立师范学院艺术系副教授。1953年任教授。1956年起任台湾师大艺术系教授,后任系主任六年。还兼任台湾国民中学美术科教师训练班主任、大学文学院美术系评鉴委员会兼召集人等多项职务。1960年获联合国文教组织颁发的奖金,应邀赴各国考察美术教育。此后三次率领台湾美术教育学会考察团出访。作品不仅参加历届台湾美展,多次举行个展,而且数次参加国际画廊展出。1979年出版《袁枢真画集》。

**袁忠恺(1915— )**

祖籍鄞县,生于上海。纺织工业企业家。1937年毕业于上海沪江大学城中区商学院。1940年加入上海乙丰纱布号,为出口部经理兼乙丰印染厂总务部主任。1950年派遣到香港担任友联纺织企业有限公司副经理。1953年参与组织会德丰纺织有限公司,担任副经理。1968年担任公司董事兼经理,直至1973年退休。1970年担任香港工业总会纺织组委员。1973年至1979年与联业纺织有限公司合作设立康发国际有限公司,任董事兼总经理。1979年担任溢达企业有限公司非执行董事。曾代表会德丰纺织有限公司出席纱厂公会常会,共同商讨向政府提供意见与英美两国谈判争取出口配额。热心同乡社团事业,先后加入宁波旅港同乡会、香港甬港联谊会、香港上海总会、上海苏浙同乡会。曾任宁波旅港同乡会监事长、香港甬港联谊会名誉顾问。

**袁忠渭(1914— )**

鄞县人。上海私立复旦大学毕业后考入中国农民银行。抗战爆发后任四川省达县中国农民银行办事处主任,兼达县合作金库经理,支援川东、川北各县农业生产的发展和农产品的运销。1945年抗战胜利后由重庆去台湾,协助接收日本劝业银行,并即改组成立台湾土地银行,担任业务部、信托部经理,前后达28年。该行支持修复台湾遭破坏的农田水利工程,积极策划推动台湾土地改良及各种农业贷款,筹划支持居民住宅及工业区建设。1973年退休后改入工商界,从事民营企业,先后担任益华股份有限公司总经理、董事长,着力改良台湾食品工业。

**袁牧之(1909—1978)**

原名袁家莱。鄞县人。1909年3月3日出生。受新戏剧运动的影响,童年时代就喜欢文明戏,中学时开始参加业余戏剧活动。在上海大学就读时参加了洪深组织的"辛酉剧社",成为剧社唯一的小演员。30年代参加左翼戏剧运动,主演过《五奎桥》、《怒吼吧,中国》。1934年加入电通影片公司,开始涉足电影领域,编演了《桃李劫》、《风云儿女》、《都市风光》等影片。1935年底转入明星影片公司,又编导了《生死同心》、《马路天使》等影片,并在其中担任角色。其中《马路天使》用喜剧的手法处理悲剧题材,既诙谐有趣又饱含辛酸,成为中国电影史上的经典之作。由于演技超群,30年代曾被誉为"舞台千面人"。1938年到达延安,拍摄了解放区的第一部纪录片《延安与八路军》。1946年领导创建了东北电影制片厂。后来出任中央电影局局长,成为新中国电影事业的开拓者和奠基人。1978年1月30日在北京去世。1983年《袁牧之文集》出版。

**袁荣叟(1881—?)**

字道冲。桐庐县人。清宣统朝曾任学部员外郎。1913年当选为中华民国第一届国会众议院议员。1914年1月袁世凯非法解散国会后回里闲居。后任上海《时事新报》总经理兼总编辑。1918年3月29日任浙江省通志局提调。1919年8月至1920年8月任山东省教育厅厅长。当时正值"五四"时代，因其保守的政治立场受到爱国学生的攻击。1922年12月北洋政府根据日本签订的《解决山东悬案条约》将胶澳收回，开设商埠，设立胶澳商埠督办公署管理，任胶澳商埠督办公署秘书处长。新中国成立后曾任上海市松江县人委副主席。编著有《胶澳志》（与人合编），辑有《袁忠节公遗札》。

**袁美云(1918—1999)**

女。原名侯桂凤。杭县人。因其父早逝，10岁时被其母以500元的身价抵押给苏州人袁树德做养女学戏，押期八年，改名为袁美云。与袁凤云同台演出，人称"袁氏双云"，名扬江浙。1928年在上海新舞台登台演出。1932年入天一影片公司，在有声纪录片《游艺大会》中演出京剧片段，并主演故事片《小女伶》。1933年后在艺华影业公司主演《飞絮》、《中国海的怒潮》、《逃亡》、《凯歌》、《化身姑娘》等影片。1942年后在"中联"、"华影"参加拍摄《燕迎春》、《何日君再来》等，并在《红楼梦》中反串贾宝玉。1946年赴香港，先后在大中华、永华等影片公司摄制的《欲望》、《国魂》等影片中饰演重要角色。1948年后因病息影。曾组织良友影业公司，协助丈夫王引独立制片。1986年回上海定居。

**袁涤庵(1881—1959)**

名翼，又字鸿缙，号剡溪老人。嵊县人。1902年留学日本，毕业于大阪高等工业学校化学系。1906年出任绍兴府中学堂监督，聘请鲁迅为教员，邀请秋瑾到学堂作《雪国耻》演讲，加入光复会。1909年应部试授工科举人，参加殿试授学部七品小京官，任农工商部技正。辛亥革命后任天津高等工业学堂教授、奉天造币厂技师。1914年任甘肃省镇番县(今民勤县)知事。1924年后弃官兴办实业，与丁文江、翁文灏等创立地质调查所，资助培养地质人才；集资创办北京有轨电车公司，任董事长兼总经理；兴办热河北票煤矿，任董事长兼总经理；曾任南京江南水泥、唐山启新洋灰公司、天津东亚毛纺厂、仁立地毯公司、枣庄煤矿、中兴海运公司等股东或董事，致力于开发实业，成为京津地区有名的民族资本家。"九一八"事变后日军强行接管北票煤矿，逼任伪满要职，坚拒不就，隐居北京西郊，购地数千亩，种植水稻。在阜城门外购地数百亩，经营剡溪农场，种植水果。在西山秘魔崖风景点建别墅一所，修复"秘魔崖招止亭"，撰《秘魔崖招止亭记》，立石碑于亭壁，以诗书自娱。关注家乡公益事业，纂修民国县志时慨助2000元。1922年嵊县遭到特大洪灾，饥荒极为严重，捐助2000元救灾。每逢岁暮，常汇三五百元，济孤助寡。新中国成立初期任北京协和医院及北海公园董事。藏书甚富，包括宋版《资治通鉴》和元版《史记》以及浙江各县县志。1959年1月16日在北京病故。

**袁雪芬(1922—2011)**

女。嵊县人。1922年3月26日出生。越剧表演艺术家。11岁入四季春越剧科班，工青衣正旦，兼演武小生。14岁开始在杭州演出。1938年到上海，此后一直在上海从事演艺活动。1942年起致力于女子越剧改革。参与整理并主演了传统戏《梁山伯与祝英台》、《西厢记》，编演了历史剧和现代剧《木兰从军》、《红粉金戈》等。1946年演出了根据鲁迅小说《祝福》改编的《祥林嫂》。1953年与范瑞娟合作主演的《梁山伯与祝英台》被拍摄成我国第一部大型彩色戏曲影片。同年在《西厢记》一剧中成功地塑造了崔莺莺一角。她的表演和唱腔柔婉细腻、朴实深沉，韵味醇厚，节奏明快，重视人物性格的刻画，被称为"袁派"。"文化大革命"中受到残酷迫害。1978年底重新受命担任上海越剧院院长，主持和组织了一系列新剧目的创作演出，并大力培养青年演员。1985年退居二线，担任剧院名誉院长。曾当选为第一、第二、第三、第五、第六、第七、第八届全国人大代表和第五、第六、第七届全国人大常务委员会委员。历任上海市人民对外友好协会副会长，上海市对外文化交流协会副会长。2011年2月19日在上海去世。

**袁庶华(1911—1979)**

原名袁青伟。宁波人。"九一八"事变后在武汉组织"救国十人团"。1935年开始参加"左联"活动，是上海职业救国会的发起人之一。两次被捕入狱，出狱后继续从事救亡工作。1939年后到武汉、重庆一带从事新闻和统战工作。1946年根据周恩来的指示协助阳翰笙到上海筹建联华影艺社和昆仑影业公司。组织拍摄进步影片《一江春水向东流》、《乌鸦和麻雀》等。1952年组织成立上海联合电影制片厂。曾兼任南京电影机械厂厂长。后到文化部任职。

**袁微子(1913—1991)**

桐庐县人。1913年11月3日生。1932年考入安徽大学教育系学习。在校学习期间主持组织"秋罗文艺社"，主编《秋罗》周刊，反对复古读经，提倡大众语言。《秋罗》出版一年后被国民党省党部勒令停刊,袁被捕。1936年大学毕业后进入上海开明书店工作,参加《新少年》杂志编辑工作,分担《少年习作展览》编选,每期撰写评说。1937年抗战开始后回到浙江,在天台、安定、衢州、桐庐、严州、杭州以及浙西等地的中学、中专和浙江医学院担任教员,利用课堂教学和课外活动,宣传抗日救国,编辑刊物,撰写大量文章宣传革命,引导大批青年走上革命道路。曾创办《浙江日报》副刊《江风》,揭露黑暗统治。以后去福建南平,由中共党组织安排进入东南日报社,主编副刊《笔垒》,直到1945年8月抗战胜利。新中国成立后历任杭州师范学校军管会军代表、教导主任,浙江省文教厅调查研究室主任、中教处副处长,浙江省文联党组成员、编审部长、《新儿童报》社长。1955年3月调入人教社,开始小学语文教材编写研究工作,曾任小学语文编辑、室主任、编审、全国小学语文教学研究会理事长。1986年12月离休。1990年任全国小学语文研究会名誉理事长。1991年在北京去世。

**袁毓麟(1873—1934)**

幼名荣润,号文薮。仁和县人。清副贡生,后中举人。早年习英文和算学。1901年项藻馨创办《杭州白话报》,被聘为该报初创时期的主笔。1904年留学日本,入东京法政大学。归国后曾任奉天法政学堂教务长,奉天清理财政局坐办。1910年《杭州白话报》改名《全浙公报》,任编辑。中华民国成立后历任浙江省视学,国会议员,中国银行代理督办,黑龙江省国税厅厅长,财政部钱币司司长,中国银行官股股东代表,甘肃省财政厅厅长等职。1919年辞职归里。著有《辛未南行日记》、《香兰词》等。

**袁履登(1874—1954)**

原名贤安,又名礼敦。鄞县人。家境贫寒,后进教会学校免费读书。17岁被保送进上海圣约翰大学,毕业后回宁波任华英斐迪学堂任教。1905年被聘为宁波府外交顾问,进入政界。1911年宁波光复后任宁波军政府外交次长兼交通次长。1913年受聘为川汉铁路督办公署译员,此后赴上海任商务印书馆襄理。1917年两度赴日考察工商业状况。回国后任德商科发药房买办,不久又任美商茂生洋行买办。跻身买办富商行列,组织"申商俱乐部",任会长。1920年与黄楚九等合办夜市证券交易所、大昌烟公司、共发公司。自1920年始至抗战期间长期任上海宁绍轮船公司总经理,并曾任上海航业公会执行委员、常务委员,宁绍商轮公司保险部总经理。20年代还先后任上海商民协会指导员,上海马路商界总联合会会长,上海国民银行、中兴地产公司等董事,以及上海总商会会董和副会长,上海公共租界华人纳税会副理事长,工部局华董,上海青年会干事兼副会长,宁波旅沪同乡会理事等,一时成为上海"闻人"。30年代兼任美国烟叶公司华总经理。抗战初期任上海难民救济会秘书长,募款赈济难民。1940年在日伪胁迫下落水投敌,先后出任伪米粮统制委员会主任委员、工部局副总董、保甲筹备委员会会长、上海特别市商会理事长等伪职。抗战胜利后因汉奸罪被捕,被上海高等法院宣判为无期徒刑。1947年9月改为有期徒刑七年。1948年被具保出狱养病,3月获大赦后去香港。1951年病重回沪。1953年上海市人民法院判处10年徒刑,免予执行。1954年夏在上海病故。

**都锦生(1897—1943)**

号鲁滨。杭县人。著名丝织艺术家和企业家。1919年浙江省工业学校机织科毕业后留校任教。在教学实践中运用传统的织锦技术,在学校纹工场成功织出第一幅丝织风景画。1922年5月在杭州茅家埠家中开设"都锦生丝织厂",从事丝织业。由于所织丝织风景画新颖别致,畅销社会。1926年在艮山门外建新厂房,有百余台手拉机、轧花机,工人一百三四十人,丝织厂由家庭作坊变成一个具有相当规模的近代化工厂。同年在美国费城举办的国际博览会上,产品荣获金质奖,被称为"东方艺术之花"。其后10余年中又扩建二、三两个工场,并在全国各地及香港开设13处营业所,产品远销东南亚和欧美地区。1937年12月杭州沦陷,日本侵略者要他出任伪杭州市府科长,遭拒绝,避居上海,在租界内租地建造厂房,继续经营丝织业。1939年该厂在杭的重要厂房及机器设备均被日军烧毁。1941年日军占领上海租界后在该地的生产也无法维持,同时设在重庆、广州等地的门市部也先后被日机炸毁。悲愤交集,于1943年在上海病故。

**莫永贞(1877—1928)**

字伯衡。安吉县人。1903年赴日本留学,参加中国同盟会。1911年毕业于日本早稻田大学。同年回国后参加清政府举行的留学生考试,授予法科进士。1912年1月当选为浙江省临时议会议长。1913年当选为浙江省第一届议会议长,并兼国民党浙江省支部委员兼干部参议。1914年春袁世凯下令解散各省议会,与其他17名议员联名致函浙江都督朱瑞,敦促其反袁,宣布浙江省独立。朱瑞不予理睬,并受袁世凯密令，准备查办。被迫逃离浙江，流亡日本。1915年下半年从日本回到杭州，敦促朱瑞举兵反袁，无果。1916年4月朱瑞被驱逐后浙江加入护国运动，当选为浙江省参议会参议员。1916年5月至1917年2月任浙江省财政厅长。之后历任苏浙太湖水利局会办、渔业局总办、国宪起草会委员、浙江省自治法会议副主席等职。后卸官居上海，以考辨金石、赋诗作字自娱。1928年在上海病故。其遗著由其子莫庸辑成《爱余室遗集》出版。

**莫若砺(1928— )**

吴兴县人。1928年生于上海。早年毕业于上海南洋中学，后考入上海交通大学肄业。1949年中断学业去台湾，后毕业于台湾大学土木工程系。1952年赴美国留学，在普渡大学先后获工学硕士及博士学位。毕业后留美国，先后任职于芝加哥勃灵顿铁路公司、印第安纳州公路局、国家标准局。并在普渡大学任研究员，在西维琴尼西大学、夏威夷大学担任教师。并为美国国防部民防局担任研究员及顾问。1973年会同旅居芝加哥的侨领，到台湾创办电子公司。1975年与胞弟莫若楫在台湾创办亚新工程顾问股份有限公司，任董事长。公司提供技术服务，同时推动台湾工程界的学术交流与活动。1986年至1989年任台北市土木技师公会理事长。后兼台湾交通大学、成功大学教授。晚年多次来大陆考察或进行活动。

**莫若楫(1931— )**

吴兴县人。1931年生于上海。莫若砺胞弟。早年就读于上海南洋中学，1949年随家人去台湾。毕业于台湾大学土木工程系。后赴美国留学。1955年获美国爱荷华州立大学土木工程硕士学位。1961年获麻省理工学院科学博士学位。毕业后执教于美国耶鲁大学。1965年至1976年先后任亚洲理工学院教授、系主任、副校长。1975年与胞兄莫若砺到台湾创办亚新工程顾问股份有限公司，先后任副总经理、总经理、董事长。此外还先后担任东南亚土壤工程学会会长，国际土壤及基础工程学会副会长，台北市土木技师公会理事长，台湾“中国工程师学会”理事，“中国土木水利工程学会”理事、常务理事，“中国道路协会”理事、常务理事，“中国工程技术顾问事业协会”理事长，“中国工程技术顾问事业协会”常务理事，“中国土木技师公会联合会”理事长，“亚澳道路工程协会”理事兼财务长，“中国工程师学会”学术活动委员会、论文委员会主任委员，“中国土木工程学会”大地工程研究会主任委员等众多学术职务。晚年多次来祖国大陆考察或进行学术交流。

**莫 洛(1916— )**

原名马骅。永嘉县人。1916年农历四月十七生。早年在温州中学就读，参加“野火读书会”。中学期间开始接近并学习写作诗歌。1932年在《十中学生》上发表处女作《春尽化残》。抗战爆发后参加救亡工作。火热的生活激发作者蓬勃的诗歌创作热情，创作了《枪与蔷薇》等作品，他的诗歌追求真善美的统一。这一时期先后主编《暴风雨诗刊》、《战时商人》月刊和《浙江日报》副刊《江风》等。多年从事教育工作，1954年起先后在浙江师范学院、杭州大学中文系任教20余年。出版有诗集《叛乱的法西斯》、《渡运河》、《风雨三月》、《我的歌朝人间飞翔》、《莫洛短诗选》等，散文集《生命树》等，散文诗集《大爱者的祝福》、《梦的摇篮》、《生命的歌没有年纪》等。

**莫觞清(1877—1938)**

吴兴县人。著名缫丝工业企业家。丝商家庭出身。1900年经人介绍到苏州，入由同乡杨信之开设的延昌永丝厂任翻译。1904年至上海，入当时上海最大的勤昌丝厂任总管车，掌握全厂生产，为以后自设丝厂打下基础。1907年与王笙甫等人通过租用丝厂创办久成丝厂，任经理，该厂创办后连年获利。1910年在沪南卢家湾购地自建厂房，购置意式缫丝车512部，是当时上海规模最大的丝厂之一。同年又租进了同乡沈联芳的恒丰丝厂(有丝车320部)，扩大了规模。此后久成高速发展，至第一次世界大战前夕，已拥有久成、得成、又成、云成、余成五家丝厂，丝车1484部，雇佣工人3700人，形成久成缫丝集团。欧战期间先后任美商兰乐壁洋行、美鹰洋行买办。1918年3月浙江蚕丝会成立时被举为副会长。至1928年久成集团拥有丝厂10家，丝车2856部，占上海丝车总数的11.7%，被称为“丝业大王”。20年代后鉴于民族缫丝工业的整体风险，开始将资本逐渐向丝织工业转移。1920年创办美亚绸厂，在其女婿蔡声白的具体经营下快速发展。至1931年美亚已拥有10厂、织机927台、资本280万元，莫是最大股东。1938年在上海病故。

**莫善祥(1904—1984)**

德清县人。1926年毕业于公立浙江工业专门学校电机工程系。历任公立上海造船学院副教授，国立上海交通大学机械制造系教授。其后一直在上海交大任教。曾兼任中国工程图学会第一届理论图学专业委员会主任，上海工程图学会第一届理事长。长期从事工程图学中画法几何、射影几何等方面的理论和应用研究。著有《画法几何》、《轴测投影》、《曲线曲面》、《透视对应》等书，并有《小圆角处理——渐减线与过渡线》等论文发表。

**桂世祚(1917— )**

吴兴县人。20世纪30年代后期考入清华大学经济系。1940年毕业于昆明西南联合大学，获学士学位。曾任上海市财政局统计室主任，私立东吴法学院教授，国立交通大学教授。1950年毕业于美国华盛顿大学研究生院。同年回国后任上海社科院经济研究所教授，统计学研究组组长。1972年调复旦大学，历任该校世界经济研究所教授、英国经济研究所主任、人口研究所所长、《人口》杂志主编、博士生导师。兼任上海市统计学会会长，上海市人口学会会长、名誉会长，中国人口学会荣誉委员，上海市人口福利基金会副理事长，世界银行顾问经济学家。最早引进西方统计学预测方法，受到国内统计学术界的重视。先后发表《现代统计学中预测方法的评介》、《对世界性通货膨胀的一些看法》、《新加坡控制人口增长的经验》等论文20余篇，合编教材《资本主义国家经济统计》。

**桂兰荪(1881—1967)**

鄞县人。建筑企业家。因家贫从小习木工，14岁到上海，投靠当建筑工匠的亲戚，从学徒到小包、看工。1912年在闸北独资开设桂兰记水木作，后改为桂兰记营造厂。早年承建大批二层楼石库门房子，较著名的有徐家汇孝友里、金陵东路笃行里以及老沙逊洋行、五和洋行所属的房地产住宅建筑。1932年承建上海新亚大酒店。30年代被选举为上海营造业同业公会委员，上海市建筑协会候补执行委员。期间桂兰记营造厂承建了福建路大方饭店，九江路、湖北路、北京西路、五原路一批市房，及徐汇区多幢私人洋房住宅，还在南京、杭州等地营造住宅，在无锡建庆丰纱厂。抗战胜利后被上海市营造业公会聘为名誉顾问。桂兰记营造厂由其子桂成天管理，桂的第三代也从事建筑业。

**桂　裕(1903—2002)**

字公绰。1920年考入上海商务印书馆编译所，参与《辞源》续编之编纂。后考入私立东吴大学法科学习。1927年毕业后回商务印书馆任编译。1932年"一·二八"事变后进入南京国民政府司法行政部工作，旋派充上海第一特区法院推事。不久升任上海高等法院推事。1941年12月任国防最高委员会秘书。1946年被派往东京，充远东国际军事法庭检察官，参与审判日本甲级战犯。1949年1月任中华民国司法院参事。同年夏去台湾，历任台湾大学、东吴大学、辅仁大学、"中国文化学院"的教授或客座教授。2002年1月2日在台北去世。著有《海商法新论》、《美国海事法概论》(英文)、《保险法论》(英文)等。

**夏之栩(1906—1987)**

女。海宁县人。早年就读于湖北女子师范学校。1922年5月在校参加中国社会主义青年团。1923年1月转为中国共产党党员。同年秋毕业后到北京工作。曾任共青团北京地委候补委员、委员，青年团北方区委委员、宣传部副部长、宣传委员会书记兼妇女运动委员会书记，国民党北京特别市党部妇女部干事。1926年离京赴沪，在中共江浙区委和中央机关工作，任中共中央秘书处秘书。参与上海工人阶级三次武装起义。1929年赴莫斯科中山大学学习。1931年春回国后在全总妇女部工作，两次被捕，经营救获释。1937年抗战爆发后先后在八路军驻南京、武汉、衡阳、桂林办事处工作。1941年赴延安，先后任中共中央组织部秘书、长江局组织部交通科科长、中共中央社会部干部处长、中央组织部秘书处处长。1945年4月当选为中共七大代表。1948年任中共郑州市委副书记兼组织部长。新中国成立后先后任中共武汉市委组织部长、秘书长，中南军政委员会委员。1952年调北京任国家轻工业部办公厅主任，食品工业部部长助理，轻工业部副部长等职。是第一、第三届全国人大代表，第五届全国政协常委，中共七大、八大代表，第十二届中央顾问委员会委员。1987年12月22日在北京病故。

**夏之骐(1877—1915)**

又名夏之麒，字仁卿。青田县人。幼年聪颖过人。1894年考入南京的江南陆军学堂学习。1897年毕业后任吴淞炮台教习。1900年任江西常备军教练。1901年改任江西武备学堂教官。1904年春任南京军事研究所教官。1905年任安徽督练公所提调，结识光复会首领徐锡麟、熊成基等。1906年因父病故，返回家乡。1907年出任江西陆军小学监督，先后从事军事教育15年。1911年辛亥革命武昌起义，九江响应，率学生联合标营炮队攻入巡抚衙门，被推举为九江军政分府临时都督，辞不就，改任军务部参谋长；11月1日新军攻占南昌，江西宣告独立，被推举为都督府参谋厅厅长，旋改任都督府高等顾问。1912年春任江西讲武堂教官兼都督府高等军事顾问。1913年6月中旬随江西都督李烈钧前往上海，与孙中山商议讨袁计划，动员各省兴师倒袁，发动第二次革命。同年7月随李烈钧返回江西，任江西讨袁军司令部参谋长，协助李烈钧发动湖口起义，苦战月余，军事失利，返回浙江。后至沪，东渡日本，赞助孙中山组织中华革命党，谋"三次革命"。同年12月奉命只身回国，先至上海变卖衣物及历年积蓄共数千金，在杭州设立浙江外国语学校作为秘密联络点，在沪杭一带从事革命活动。1914年4月赴杭州举事，因计划泄露，四人被捕就义；再赴日本，谒见孙中山，商继续革命；7月奉孙中山之命，与陈其美、朱执信、居正、许崇智、石青阳、范鸿仙等回国，分别负责浙江、上海、广东、山东、福建、四川诸省革命党人的军事活动；10月召集浙江革命党人，定于10月22日在杭州起义，准备先攻打将军署。不料事泄，秘密机关遭破坏，不得已再渡日本。1915年春被孙中山委任为中华革命党江西司令长官。回国后因原定主持浙江军事的夏尔玙未到任，遂兼任赣浙两省军事。同年11月7日在上海法租界寓所遭暗杀。后被国民政府追赠为陆军上将，拨款公葬于杭州西湖玉皇山麓。

**夏元瑜(1909—1995)**

祖籍浙江杭州，出生于北平。夏曾佑之子。北平师范大学生物系毕业后赴日本九州岛大学及东京帝国大学深造，后在北京动物"万牲园"任园长职。后赴台湾至新竹任检验局分局长，从事与动物相关的工作，如动物标本及教具研制。并于《中国时报》人间副刊主持多个专栏。出版多本著作，曾获"新闻局金鼎奖有功人员奖"。1995年8月1日在台北病故。著有《老生闲谈》、《老生再谈》、《以蟑螂为师》、《谈笑文章》、《青山兽迹》、《万马奔腾》、《流星雨》、《生花笔》、《升天记》、《马后炮》、《百代封侯》、《千年古鸡今日啼》、《梦里乾坤》、《现代人的接触》等。

**夏元瑮(1885—1945)**

字浮筠。杭县人。早年毕业于上海南洋公学。后赴美国、德国留学，曾受教于量子论创始人普朗克和实验物理学家鲁本斯。在德国柏林大学获得理学博士学位后回国。民国初年在北京大学任物理学教授兼理科学长。1919年经普朗克介绍，认识著名科学家爱因斯坦。1922年后历任上海同济大学、私立大夏大学、国立交通大学教授，国立北京大学物理系教授兼主任。1932年9月8日至1933年2月9日任湖北省政府委员兼教育厅长。1934年任国立北京师范大学讲师。1936年任国立北平大学、女子文理学院教授。1937年任私立大夏大学理学院院长。译有《相对论浅释》。

**夏丏尊(1886—1946)**

原名夏铸，字勉旃，号闷庵。上虞县人。作家、教育家。15岁中秀才。后入上海中西书院、绍兴府学堂就读。1903年负笈日本，就读于弘文学院、东京高等工业学校。1907年回国后任浙江杭州两级师范学堂日语通译助教。五四运动前后积极进行语文教育革新，提倡白话文。1920年至1924年先后在湖南长沙第一师范学校和上虞白马湖中学任教。1925年在上海立达学院任教，并编辑《立达季刊》。1927年任暨南大学国文系主任。曾任开明书店总编辑。1930年主编《中学生》。"九一八"事变后发起成立文艺界反帝抗日大联盟。1936年任《新少年》社长。同年参加中国文艺家协会，被推为主席。1937年创办《月报》，任社长。毕生从事语文知识和写作技巧的探讨，所著《文章作法》、《阅读与写作》、《文心》、《文章讲话》等，深入浅出，深受青年读者欢迎。

**夏尔玙(1872—1916)**

字次岩。青田县人。1872年6月12日生。1899年肄业于湖北汉阳枪炮学堂。1900年入安徽武备学堂。毕业后任安徽武备练军左哨哨官，后在桐城中学、皖江中学、安徽师范学堂任教。1905年加入同盟会。1907年7月参与徐锡麟安庆起义。后任安徽测绘学堂提调。1911年11月安徽独立，任安徽军政府庶务部长，不久调任军政司次长。民国成立后弃军从商。1913年"二次革命"爆发后拟招募徽州兵讨伐袁世凯，未成。1914年夏赴日本，加入中华革命党，被孙中山委任为中华革命军浙江司令长官，奉命回国领导反袁斗争。1915年12月参与策动肇和兵舰起义。1916年4月浙江独立反袁后多次劝浙江临时都督屈映光毅然斩断与袁世凯的联系，未被接受；5月1日被屈映光杀害于杭州梅花碑。1924年6月25日孙中山追赠其为陆军中将；7月24日复追赠为陆军上将，葬于杭州西湖岳坟侧。

**夏尚声(？—1922)**

字忠伯。青田县人。1901年随宗叔夏仁卿赴赣，考入江西武备学堂学习。1917年孙中山举起护法旗帜，在广州就任军政府大元帅，任大元帅府少将高参。此后历任西南军政府参谋部行营参议，滇粤桂联军总司令部军械局局长，桂林海关监督，追随孙中山，奔走于滇黔粤桂川湘等省。1921年任援赣北伐军赣军别动军第一路司令官。1922年6月15日在江西浔邬县九曲湾战斗中中弹身亡。1929年被南京国民政府追认为烈士,家属得到抚恤。

**夏定域(1902—1979)**

原名廷棫,字朴山,笔名诚堂、一峰、古溪子、象山子。富阳县人。1917年入杭州宗文中学读书,后毕业于江苏省立第一中学,赴扬州扬子淮盐总栈公立初级中学任教,为顾颉刚所赏识,经介绍赴广州中山大学任助教,兼语言历史研究所工作。1932年任教于杭州之江大学。次年起任浙江省立图书馆编纂,参与《浙江图书馆馆刊》和《文澜学报》编辑事宜。抗战期间受命护运文澜阁《四库全书》与浙江图书馆特藏书籍,辗转奔徙,安抵贵阳。1940年应竺可桢之聘至遵义浙江大学文学院任教,由讲师、副教授晋升为教授。抗战胜利后又护运《四库全书》回杭,继续任教浙江大学。新中国成立后在浙江图书馆工作,先后任研究员、推广部主任、阅览部主任、古籍部主任等职。1962年任浙江省历史学会理事。在古代史、版本目录学、古籍鉴定及整理领域造诣颇深,著有《顾祖禹年谱》、《胡渭年谱》、《春秋时期越国之文化》、《吴越钱氏之文化》、《江苏明代倭寇事辑》、《南洋华侨史》、《四库全书总目提要补正》、《馆藏善本书题识》、《嘉业堂善本书瞥记》等。曾任《全国古籍善本书总目》浙江省编辑小组顾问,整理和校订《馆藏善本书检记》第一辑。

**夏承焘(1900—1986)**

字瞿禅,晚年改字瞿髯,别号梦栩生,室名月轮楼、天风阁、玉邻堂、朝阳楼。永嘉县人。1918年毕业于温州师范学校。1920年入南京高等师范暑假学校,师从胡适、梅光迪等。1930年由浙江省立第九中学(今浙江省严州中学)转之江大学任教。之后任浙江大学教授。新中国成立后长期担任杭州大学中文系教授。并先后担任中国科学院文学研究所兼任研究员,中国科学院浙江分院语言文学研究室主任兼研究员,《文学研究》杂志编委,《词学》杂志主编,中国唐代文学学会顾问。曾任浙江省政协常委,中国作家协会理事。作为杰出的词学家,既是传统词学的总结者,亦是现代词学的奠基人。著有《唐宋词录最》、《词源注》、《夏承焘词集》等。

**夏　衍(1900—1995)**

原名沈乃熙,字端轩,笔名端先。余杭县人。少年辍学,曾当过学徒。五四运动后开始从事进步文艺活动。编辑过刊物《双十》(后更名为《浙江新潮》),并以宰白的笔名开始发表文章。1920年留学日本,入日本福冈明治专门学校电机科学习。期间积极参加日本工人运动和左翼文艺运动。1927年因遭通缉回国。到上海从事工人运动,并从事进步文学作品的翻译介绍工作。1929年翻译了高尔基的长篇小说《母亲》。同年与冯乃超、郑伯奇等组织艺术剧社,主编剧社刊物《艺术》、《沙仑》;参与筹建左翼作家联盟,被选为执行委员,负责与国际左翼文艺团体的联络工作。随后与田汉等人发起组织左翼剧联,并担任主要领导工作。1932年担任明星电影公司编剧顾问。1933年任左翼电影小组组长。期间创作《狂流》、《春蚕》、《脂粉市场》、《上海二十四小时》、《女儿经》、《压岁钱》、《自由神》等电影文学剧本,同时还写了大量的电影文学评论。1934年开始话剧创作,有现实题材的独幕剧《都会一角》、《中秋月》,历史题材的多幕剧《赛金花》、《秋瑾传》。其中《上海的屋檐下》是创作走向成熟的标志。1936年反映下层工人悲惨生活的《包身工》问世,产生强烈的社会反响。抗战爆发后辗转于上海、广州、桂林、香港等地,主要从事文化宣传工作,先后主编《救亡日报》、《华商报》、《南侨日报》等,并担任《新华日报》特约评论员,期间创作了大量的政论、随笔、散文。40年代创作了抗日题材的剧本《心防》、《法西斯细菌》等。1945年创作出版剧本《芳草天涯》,引起较大争议。解放前夕出版长篇小说《春寒》。新中国成立初期任上海市委常委,宣传部部长,文化局局长,文联主席等职。先后改编过《祝福》、《林家铺子》、《革命家庭》、《烈火中永生》等电影文学剧本。同时写了大量的电影评论和理论文章。1954年后历任文化部副部长、对外友协副会长、全国文联副主席等职。1977年后曾任全国政协常委、全国文联副主席、中国影协主席、中国影协顾问等职。晚年出版长篇回忆录《懒寻旧梦录》。

**夏庭幹(1904—1970)**

富阳县人。1927年毕业于浙江公立工业专科学校电机专业。曾任国立英士大学副教授,国立暨南大学工学院副教授兼机械工程系主任。新中国成立后任上海航务学院机械系教授。编著有《机械工程手册》等。

**夏荷生(1899—1946)**

嘉善县人。弹词演员。自幼聆及各家演出,深受熏陶。16岁拜钱幼卿为师,学习评弹艺术。善于吸取各家之长,终于形成自己独特的表现风格。20年代初到上海说书,得到观众的认可。30年代末被上海听众评为“四大名家”之一。善说《描金凤》,世称“描王”。

**夏晋麟(1894—?)**

字天长。鄞县人。1910年至1914年就读于天津中英学堂。1914年赴英国留学。1919年从格拉斯哥大学毕业,1920年获硕士学位。1922年获爱丁堡大学哲学博士学位。同年回国后任督办收回威海卫事宜公署秘书。1923年起先后任上海私立南方大学教授,江苏省立上海商科大学教授。1927年春任南京国民政府外交部秘书。1927年至1931年任上海教会学校麦伦中学校长,成为该校第一位华人校长。1931年辞去校长职务,任驻英国公使馆一等秘书。1932年以驻美公使馆参事身份出席国际联盟理事会议。1934年7月任南京国民正立法院编译处编修。1935年1月任立法院立法委员。后任上海持志大学教授。1937年参加立法院长孙科率领的访苏代表团。1938年至1940年任国民党中央宣传部驻英代表。1940年至1946年任国民党中央宣传部驻美代表,创立中国新闻社,总管包括芝加哥、旧金山以及后来增设的加拿大、墨西哥、华盛顿等几个分社。由重庆每天用短波无线电大量播发宣传资料给纽约的新闻处,经该处各专家编辑成素材后,再提供给英美各地媒体采用。1946年起任中国政府驻联合国安理会副代表。新中国成立后继续担任台湾当局驻联合国的“副代表”。1956年任台湾当局驻联合国经社理事会“代表”。著有《上海租界问题》、《中英修约论》、《中国民法》、《中国外交使研究》(英文)、《我五度参加外交工作的回忆》(英文)。

**夏偕复(1875—?)**

字棣三。杭县人。光绪朝进士,后授工部主事。1896年前后与张元济、陈昭常等志同道合的下级京官在北京创立健社,后改名通艺学堂,教授英文、算学等西方学问。1899年由驻日公使李盛铎奏派为留日学生总监督,专司统辖管理之职。在任两年有余后在李盛铎公使离任前转任驻日公使馆随员。后任驻美国纽约总领事,外务部驻云南交涉使,天津造币总厂总办。1912年12月任山海关监督兼驻营口交涉员。1913年10月任驻美国兼驻古巴全权公使。1915年12月回国。后转入商界,历任中国实业银行监察人兼梅林罐头食品公司监察人,汉冶萍煤铁公司董事、经理。著有《学校刍言》等。

**夏　超(1882—1926)**

字定侯,乳名守珍。青田县人。祖父与父亲均为秀才,以教馆为业。幼年聪颖,熟读经史,过目成诵。1903年考入浙江武备学堂第四期。1905年冬毕业后留任学生队队长。1906年秋瑾在杭州发动浙江新军运动,受秋瑾影响,加入光复会。后又加入同盟会,被推举为同盟会浙江支部会长。同年夏联络绍兴竺绍康、金华张恭、处州吕逢樵和周华昌等会党负责人,调集革命党人700余人,拟以投考为名,奔赴省城,策应秋瑾组织武装起义,旋因清军戒备森严,起义未成。浙军第二标统带蒋尊簋在杭州望江门外海潮寺开办弁目学堂,被聘为教官。后又调往广西,出任广西督练公所科员。1911年浙江光复后返回浙江,出任浙江都督汤寿潜幕僚。1912年汤寿潜调往南京出任交通部长,由蒋尊簋继任都督,升任都督府副官长。同年8月袁世凯派朱瑞接任都督,转任浙江省警察督练所主办、杭州警察局局长。杭州警察局改为省会警察厅以后又任厅长。旋又兼任浙江全省警务处处长,管辖全省各县警察所以及重要乡镇警察分所。另外建立城防保安处,拥有下属2万之众,独揽浙江军警实力,炙手可热。袁世凯欲复辟帝制,积极参加讨袁斗争,与宁波独立旅旅长周凤岐,联合驻省城浙军十二旅旅长童保暄、嘉湖镇守使吕公望、台州镇守使张载阳等密谋浙江独立,却遭到追随袁世凯的浙江都督朱瑞反对,拟捕杀反袁派。1916年4月11日反袁派先发制人,发动政变,围攻督军署,朱瑞仓皇出逃,接任钱塘道尹。由于新任都督屈映光假装拥护浙江独立,暗中投靠袁世凯,又与周凤岐联合浙江军政界,迫使屈映光于5月5日辞职,另推吕公望出任浙江都督。后又兼任浙江省长。吕公望鉴于历次浙江事变,均与之有关,遂罢免其省会警察厅长之职,由傅其永接任,引起其下属不满,遂乘机鼓动亲信组织警界表示反对,并将新任警察厅长殴打重伤,驱逐出省城,又与周凤岐联合宁波镇守使顾乃斌、第二旅旅长李炜等人,将吕公望驱逐。北洋军阀不得不顾及其势力强大,允许继任省会警察厅厅长,并升为第五军司令部副官长。1924年冬孙传芳入浙后深受其器重。江浙战争爆发后卢永祥兵败,又代理浙江省长。不久疏通吴佩孚,又被总统曹锟正式任命为浙江省长。1926年秋国民革命军誓师北伐,蒋介石率中路军进入江西,孙传芳纠集15万大军进行顽抗,亲赴九江督战。中共杭州地委与国民党浙江省党部联合掀起浙江自治运动,促使其脱离北洋军阀。经与浙江省学生联合会评议长瑞琦秘密商讨,决定发动浙江起义,秘密派马叙伦潜赴广东、黄人望前往武汉，与广东革命政府相约，于国民革命军夺取九江后浙江届时响应，以截断孙传芳退路。时在上海活动的国民政府特务委员钮永健和吴敬恒经费告急，乃派马叙伦携款11万援助。经国民革命军政治部主任邓演达努力，被广州国民革命政府任命为国民革命军第十八军中将军长。同年11月15日北伐军抵达南昌，宣布就任第十八军军长，兼理浙江民政，宣布浙江独立；11月20日孙军攻抵嘉善，进逼嘉兴，乃派保安第二总队总队长章燮率部开赴嘉兴抵抗，并亲自上阵督战，终因部队装备简陋，缺乏作战经验，部队纷纷溃退，不得不撤军富阳。自己则返回杭州，前往广济医院与父亲告别，遂被捕送督军公署。在督军公署大树下被枪决。后南京国民政府颁布褒恤令，追赠其为陆军上将。

**夏曾佑(1863—1924)**

字遂卿，作穗卿，号别士、碎佛，笔名别士。杭县人。诗人、学者。光绪进士。曾是清政府出国考察的五大臣之一。回国后任安徽广德知州。主张今文经学，与梁启超、谭嗣同等意气相投。1897年在天津与严复等创办《国闻报》，宣传新学，鼓吹变法。变法失败后任安徽祁门知县。研究进化学说，后致力于中国古代历史的研究，用章节体编著《最新中国学》、《中国历史教科书》，重版时改名《中国古代史》，是近代中国尝试用进化论研究中国历史的第一部著作。民国时任教育部普通教育司司长、京师图书馆馆长。

**夏　鼐(1910—1985)**

原名作铭。永嘉县人。1930年入燕京大学就读，次年转入清华大学。1934年毕业于清华大学历史系，获文学学士学位。同年考取清华大学留美公费生。1935年夏改至英国伦敦大学攻读考古学。1939年二战爆发后由英国经埃及返国，在开罗博物馆从事研究工作一年有余(1946年获伦敦大学补授埃及考古学博士学位)。1941年抵昆明，在中央博物院筹备处任专门委员，后曾任中央研究院历史语言研究所研究员。新中国成立后历任浙江大学教授，中国科学院考古研究所副所长、所长，中国科学院哲学社会科学部委员，国务院学位委员会委员，文化部国家文物委员会主任委员，中国考古学会理事长，中国社会科学院副院长兼考古研究所名誉所长，中国大百科全书总编辑委员会委员等职，第二至第六届全国人民代表大会代表。曾主持并参加了河南辉县商代遗址、北京明定陵、长沙马王堆汉墓的挖掘工作，对中国各地新石器时代文化的年代序列有全面研究，创造性地利用考古学的资料和方法阐明中国古代在科技方面的卓越成就，并对当时中西交通的路线提出创见，是新中国考古工作的主要指导者和组织者、中国现代考古学的奠基人之一。曾先后获得英国学术院通讯院士、德意志考古研究所通讯院士、瑞典皇家文学历史考古科学院外籍院士、美国全国科学院外籍院士、意大利近东远东研究所通讯院士、第三世界科学院院士等荣誉称号。著有《考古学论文集》、《考古学与科技史》、《中国考古学研究》、《中国文明起源》(日文)等，主编并参加编写了《辉县发掘报告》、《长沙发掘报告》、《新中国的考古收获》和《新中国的考古发现和研究》。

**夏震武(1853—1930)**

原名震川，字伯定，号涤庵。富阳县人。1873年中举人，次年成进士。1880年朝考二等，授工部营缮司主事。沙俄侵占伊犁及八国联军侵华期间曾上书主战，反对议和，又力斥洋务维新。后告病回乡。1909年被选为浙江教育总会会长，旋兼任浙江两级师范学堂监督。因主张尊经读孔、鄙视科学，遭学生与进步教师抵制离校，转任北京京师大学堂教席。辛亥革命爆发后南归故里，束发古装，足不入城市，以遗民自居。晚年在故里筑“灵峰精舍”，聚徒讲学，先后慕名从学之士甚众。著有《人道大义录》、《灵峰先生集》、《悔言》、《悔言辨正》、《衰说考误》、《寤言质疑》、《〈资治通鉴后编〉校勘记》、《大学衍义讲授》、《论语讲义》、《孟子讲义》等。

**夏震寰(1913—2001)**

余姚县人。1913年3月17日生。1936年国立清华大学土木工程系毕业后留校任助教。1938年赴英国曼彻斯特大学留学。1940年获理学硕士学位。同年赴美国依阿华大学攻读水力学和泥沙动力学研究生。1943年获哲学博士学位。其后在美国康涅狄格州联合飞机公司任工程师。1947年回国后任清华大学教授。1950年任清华大学土木工程系主任。1951年借调哈尔滨工业大学任建筑系主任。1952年回清华大学任教，兼任水力学教学研究组主任。1955年任水利工程系副主任。1956年被评定为二级教授，长期从事水力学及泥沙运动力学的教学和研究工作。主持编写了教材《工程水力学》、《水力学》，并著有4卷170万字的《现代水力学》专著，在指导博士生研究方面成绩尤为显著。2001年10月22日去世。

**夏镇夷(1915—2004)**

桐乡县人。1915年12月17日生于桐乡濮院。1933年嘉兴秀洲中学毕业后考入国立上海医学院。1939年毕业后分配到该院神经精神科工作。1940年入上海红十字会总医院(今上海医学院教学医院)神经精神科。1947年赴美,在康乃尔大学佩恩·惠特尼精神病院进修。1948年底返沪后仍在母校执教于红十字会总医院神经精神科。1956年上海第一医院决定分设精神与神经二科,同时成立精神科教研组,被任命为主任,又被选为中华医学会神经精神科学会主任委员。与上海市立精神病院院长粟宗华等共同建成了全国最早的精神病防治三级网。1978年全国科学大会授予他先进个人称号及重大贡献奖。

**顾乃斌(1896—?)**

字子才。杭县人。毕业于浙江武备学堂。1907年春加入同盟会。同盟会和光复会联合在西湖周庄开会,被推为浙江一分部的副会长。后为新军一标三营到金华征兵,招收大量龙华会员参加新军。皖浙起义失败后杭城革命党人纷纷出逃,与黄郛、赵正平等人邀集同志商议,决定暂缓起事,以待时机。1908年金麒创办炮工学堂,运动学堂职员黄元秀、将校科学生秦登、鲁保士等加入同盟会,杭城将校弁目兵入会者达100余人。1909年出卖路权的盛宣怀拟回浙参加王文韶葬礼,顾拟予以严惩,旋因盛宣怀畏惧不来,遂改为焚烧盛庄。1911年11月1日陈其美派蒋介石、黄郛、陈泉卿等人从上海到达杭州,在顾家开会,商定武装起义计划;11月4日率第八十二标第三营兵士为第一路,从望江门入城,进攻浙江抚署,俘获浙抚增韫;清嘉兴巡防营统领沈棋山负隅顽抗,奉命派遣步队二标第三营驰援;11月7日到达嘉兴,沈棋山闻讯出逃,嘉兴军政分府成立。“二次革命”爆发后联合鄞县知事沈祖绵宣布浙江独立。“二次革命”失败后被袁世凯下令撤职查办。1916年4月11日与童保暄、张伯岐等率浙军二十三团和二十四团进攻将军署;6月袁世凯气绝身亡后出任宁台镇守使;12月26日与警务处长夏超、督署参谋长周凤岐、二师师长张载阳、旅长来伟良、李炜章以及混成旅旅长俞炜联合提出辞职,向浙江督军吕公望施加压力。吕公望被迫向北京政府提出辞职。1917年1月北京政府准予吕公望辞职,任命杨善德和齐耀珊分任浙江督军和省长,皖系势力进入浙江。1921年后脱离戎马生涯,遇暇浏览杭城书肆,收罗惬意心喜书籍。著有《浙江革命记》。

**顾功叙(1908—1992)**

嘉善县人。1929年上海大同大学毕业后任教于浙江大学。1934年考取公费,赴美国科罗拉多州矿业学院地球物理勘探专业留学。1936年获硕士学位。同年赴加利福尼亚州理工学院地球学系从事科研工作。抗战爆发后不久回国,在昆明的北平研究院物理研究所任研究员,深入云贵高原,进行矿产资源的地球物理勘探,取得很有价值的研究成果。新中国成立后任中国科学院地球物理研究所副所长、研究员。1955年当选为中国科学院学部委员。兼任地质部地球物理勘探局总工程师、副局长,领导和指挥鞍山铁矿、包头铁矿、大冶铁矿等地球物理勘探和研究,指导开展全国地球物理石油普查,对松辽平原的石油勘探和发现大庆油田起了重要作用。1977年担任国际大地测量和地球物理联合会中国委员会主席。1988年获美国勘探地球物理工作者协会名誉会员称号。曾当选为第一至第七届全国人大代表。先后任中国地球学会理事长、中国地震学会理事长、中国石油勘探地球物理学会名誉理事长、《中国大百科全书》编委、《地震学报》主编。著有《地球物理勘探基础》一书和《两种扭秤探矿地形改正的新方法》、《在中国西南部山地测定地电流的新现象》、《中国208处重力加速度测定的大陆均衡改正》、《云南巧家汤丹铜矿之自然电流法探测》、《贵州赫章铁矿山铁矿之磁电探测》、《地理物理勘探基础》等文。

**顾竹筠(1906—1928)**

女。诸暨县人。早年留学日本习医,精通医理,娴熟数国语言文字,且擅长交际。1923年嫁熊式晖为“第二夫人”。熊式晖在北伐战争结束后成为蒋介石心腹谋士,顾自然成为国民党上层交际圈中的活跃人物。1928年8月24日在上海病故。

**顾仲彝(1903—1965)**

名德隆,以字行。余姚县人,生于嘉兴。剧作家、戏剧理论家。浙江省立第二中学毕业。早年就读于南京高等师范学校、东南大学文学院。1924年起在上海商务印书馆编译所编译《少年史地丛书》。结识沈雁冰、郑振铎等人,参加文学研究会。经洪深介绍,加入上海戏剧协社,开始从事戏剧活动。期间进行话剧创作,有剧本《同胞姐妹》、《刘三爷》面世。此后在暨南大学、复旦大学担任教授。抗战期间与于伶等人组织上海剧艺社,从事抗日救亡戏剧活动。抗战胜利后任上海实验戏剧学校校长,复旦大学教授。新中国成立后历任上海戏剧学院教授、上海电影工作者协会副主席等职。在上海戏剧学院执教期间先后开设西欧戏剧史、编剧概论、名剧分析、作家作品研究、戏剧概论等课程,推动了戏剧理论的研究。

**顾寿白(1893—1982)**

别名耆。绍兴县人。知识分子家庭出身,早年就读于福州师范附中。1910年东渡日本。1918年毕业于长崎医科大学。次年回国后任厦门大学教授。不久入上海商务印书馆编译所工作,先后任杂纂部《综合英汉大辞典》编辑、博物生理部医学组主任编辑。抗战期间一度离沪避乱,以行医为生。新中国成立后参加医学卫生工作。1952年调任卫生部教材编审委员会编审。次年任人民卫生出版社编审兼通俗读物编辑组主任。长期从事医学科普出版工作,著有《大众医学》,翻译有《人体生理》等教材,后参与编写《百科小丛书》、《医学小丛书》、《自然科学小丛书》、《疾病原因论》、《重要内科病概说》、《寄生虫》、《营养论》、《人类学大意》、《内分泌》、《气候与健康》、《人类学》、《食物及营养》、《世界各国新药集》等通俗读物。

**顾寿岳(生卒年不详)**

字敬斋。吴兴县人。著名丝商顾福昌次子。早年继承父业,为"顾丰盛"丝行主,并任上海乾康洋行买办(又说曾任巴勒水火保险公司及宝昌洋行买办)。1895年盘进上海乾康丝厂,自任经理,在很长一段时间里这是上海最大的缫丝厂。1902年集资30万元创办上海第二家面粉厂华兴面粉厂,营业兴旺。1904年与同乡庞元济等在上海创办龙章造纸厂,并任董事。1908年参与发起成立无锡茧业公所,任董事。1909年在无锡创办源康丝厂,后与英商怡和公司合作,开设怡和源打包厂。1911年与同乡杨信之、沈联芳等在上海发起成立江浙皖丝茧总公所,任议董,直至20年代中期。曾任沪北商团公会会员和上海总商会多届会员、议董。

**顾均正(1902—1980)**

嘉兴县人。现代科普作家、文学翻译家。早年就读于浙江省立第一师范学校。1922年考入商务印书馆编译所当编辑,先在理化部编撰理化读物,后调《少年杂志》、《学生杂志》任编辑。1926年应上海大学文学系主任陈望道之邀,在该校讲授世界童话。此后翻译出版《安徒生童话》。1928年到开明书店工作,历任编校部主任、编辑部主任。开始科学小品创作,发表《昨天在哪里》、《月球旅行》、《超显微镜》等。1939年出版我国第一部科学幻想小说集《在北极底下》。1952年随开明书店转入中国青年出版社任副社长兼副总编辑。

**顾作之(1900—1977)**

学名祖荫,后更名节安。嘉兴县人。1911年春入嘉兴第二高等小学堂,毕业后因家庭经济困难而失学,后学中医。1916年进上海南洋中学,又因家庭无力负担及身患重病而中途辍学。1921年春到上海南市区崇文义务小学任教。1922年春加入中国社会主义青年团。同年冬转为中国共产党党员。不久指定为党小组组长。接着被选为中国社会主义青年团上海地委委员,又被组织上指定为非基督教大同盟执行委员会委员。1923年7月当选为中共上海地委兼区委执行委员会候补委员;9月改选为正式委员。1924年1月以个人名义加入中国国民党。同年夏奉中共上海地委指派,到嘉兴开展党团工作。回嘉兴时以国民党嘉兴县党部筹备员的名义展开活动。1925年春参与组建国民党嘉兴临时县党部,任常委,并以国民党嘉兴县党部名义创办嘉兴公学,为革命事业培养骨干,推动国民革命运动。同年3月任中共嘉兴独立支部书记。1926年1月受中共上海区委指派,任中共杭州地委书记;7月返回嘉兴,仍任中共嘉兴独立支部书记。1927年"四一二"反革命政变后被国民党反动派通缉。后应国民党省党部负责人潘念之(中共党员)的委托,到杭州接替潘念之的任务。同年秋因杭州国民党特务搜捕,被迫离杭,再次到上海隐蔽,化名曹荫兆,以写稿谋生。之后与中共党组织失去联系。1929年夏到松江县叶榭区与袁春林(原中共党员)试行农村改革,后失败。之后到吴兴、德清等县办理赈济工作,因遭到地方豪绅的刁难而中止。1933年去南昌航空署任文书。1935年航空署失火后以"共产党员故意纵火嫌疑"被拘审。1936年保释出狱。抗战时期在重庆贸易委员会及中国兴业公司钢铁部任职。1947年去南京花纱布管理局、南京精神病防治院工作。1948年冬回嘉兴。1949年2月任教于嘉兴县立中学,并加入中国民主同盟。嘉兴解放前夕参加嘉兴各团体联合办事处的工作,进行迎接解放的活动。新中国成立后先后在上海制药公司、华东卫生部附属新药交易所、中国医药公司上海市零售公司业务部任职。1956年4月被上海市黄浦区人民法院判处徒刑;1971年刑满。1977年在上海去世。1983年上海市黄浦区人民法院对其历史问题进行复查,撤销原判,宣告无罪。

**顾伯康(1910—1949)**

字志敏。诸暨县人。14岁开始当学徒。后考入诸暨县立中学读书。1935年在国民党辎重汽车兵团当驾驶员。1939年退伍后到贵州农业银行开车。1946年到安徽芜湖，在军政部第三修理厂工作，曾任技术员、代理厂长。1947年因反对国民党当局发动全面内战，愤而辞职。1948年3月到上海市公共交通公司当司机。为人刚正不阿，得到工人群众信赖，被推举为第三届公司员工福利会(即工会)理事。1949年初国民党军政当局在撤退前夕给南京公交人员发应变费，上海公交员工代表也向国民党当局交涉要求发应变费，但遭拒绝。同年2月16日上海市公交职工罢工，代表们在公平路第一营业所大礼堂面向当局据理力争，国民党当局采取"借人头，平工潮"的手段，进行残酷镇压；当晚与钟泉周、王元等九人同时被捕；17日下午6时与钟泉周、王元三人被杀害于江湾刑场。上海解放后于1949年9月举行"公交三烈士"追悼会。1950年2月被追认为革命烈士。

**顾国华(1927—2005)**

镇海县人。航运业实业家顾宗瑞次子。早年在上海求学。1949年随家人移居香港，后到美国留学，毕业于美国宾夕法尼亚大学航海系。在香港早期主要协助父亲顾宗瑞拓展事业。1983年任泰昌祥轮船(香港)公司总经理，经营方向以散货为主。经过20年的努力，泰昌祥发展成为拥有庞大船队的著名航运企业。还担任香港浙江同乡会联合会副会长，宁波旅港同乡会会长，香港甬港联谊会名誉会长和浙江省政协委员。晚年多次出资大力支持大陆及家乡的教育、医疗事业。2000年当选为上海宁波同乡联谊会名誉理事。2003年1月当选为香港浙江同乡会联合会会长。同年7月宁波市人大常委会授予他宁波市荣誉市民称号。2004年10月浙江省人民政府授予他"爱乡楷模"的荣衔。2005年1月在香港病故。

**顾国和(1928—1990)**

镇海县人。顾宗瑞第三子。早年在上海求学。1949年随父去香港，从事航运业，并在日本创办泰昌祥轮船公司，后任泰昌祥轮船(香港)有限公司董事长。担任香港甬港联谊会常务理事。晚年热心家乡公益事业，先后捐资兴建和合建以其父母名字命名的宗瑞医院、宗瑞图书馆、宗瑞青少年宫、周翠玉幼儿园。捐资兴建顾国和中学、达敏学校教学楼，为宗瑞医院增添设备、助建住院大楼，为宁波十九中学助建金兰科技大楼，为宁波大学助建宗瑞航海楼等。1990年在香港去世。其夫人顾水文梅出资设立"顾国和基金会"。

**顾国敏(1924—　)**

镇海县人。早年在上海受教育、成长。受父亲影响，青年时立志从事远洋航运，后随父亲顾宗瑞涉足商界，在其父开办的上海泰昌祥轮船公司工作。通过实务操作，积累知识和经验，熟习商船经营和运输知识，从此与航运业结下不解之缘。1949年随父亲迁居香港，继续经营航运业，创建万利轮船有限公司，任总经理。以自有船队在市场上出租船承运干散货，逐渐发展壮大，在国际航运市场开拓业务。凭着良好的交际手腕、人脉关系和独特的眼光，经过数十年的拼搏，成为香港少数有实力又稳健，拥有10万吨级阿芙拉型油轮船队的航运企业。1983年顾氏三兄弟把家族全部12条船一分为二，身为长子继续经营管理万利公司，向油轮为主的方向发展。1991年率先在旗下新建油轮"海鹰"号挂香港旗，成为香港有史以来第一艘挂香港旗的油轮。

**顾宗林(1888—?)**

字逸亭，又字介眉。上虞县人。早年留学美国，先后就读于伊利诺伊大学、宾夕法尼亚大学，获得硕士学位。回国后历任京沪、沪杭甬、平汉、平绥、胶济、北宁、中东等铁路的会计处处长及北宁、津浦铁路总稽核。1927年7月至1928年6月任北洋政府交通部邮政司长。1927年代表北洋政府与南京国民政府邮政总局局长签订《南北邮政总局共同管理全国邮政事务条款》，划分各自权限。双方共同委任英国人铁士兰为邮政总办。国民政府统治时期曾任东北电政管理局局长，黑龙江省官银号会办，华东煤矿股份有限公司总经理等。后不详。

**顾宗瑞(1886—1972)**

镇海县人。贫苦农民家庭出身。9岁到一个采石场做学徒。13岁失学，进磨坊做学徒。后经堂叔介绍，到镇海县城的一家磨坊店做"过堂徒弟"，一直做到账房先生。后到宁波城里的"新玉仁"面店做管账。1906年到上海海关任报关员，后升任主管。1920年创立泰昌祥报关行。后涉足航运业。1928年至1930年购入永升号、永亨号、新祥泰号等新式蒸汽轮船。不久后规模进一步扩大，旋购入永敏号、永耀号、泰生号等轮船。1946年在上海创办泰昌祥轮船公司，拥有新式轮船13艘，在上海、天津、武汉等地经营航运，成为当时国内航运界翘楚。30年代又涉足纺织业和食品业，在上海创立瑞泰毛纺织厂，在宁波创办通记酱园，经营调味品业。1949年携带全家人到香港。同年10月以105060美元的价格中标5000吨的“雷梦纳”船，以此在香港创立万利轮船公司，由长子顾国敏任总经理，自己则坐镇中军，运筹帷幄。万利公司得到飞速发展，顾氏家族从零开始又建起了一支庞大的船队，并在世界各地如日本、美国、新加坡建立了分支机构。1972年5月28日在香港病故。

**顾孟余(1888—1973)**

原名兆熊，字梦渔，后改名孟余，笔名公孙愈之。上虞县人。1888年生于直隶宛平。1905年入北京译学馆。1906年留学德国，初入莱比锡大学电机工程专业，不久改入柏林大学攻读政治经济学。1910年在欧洲加入同盟会。1911年中断学业回国参加辛亥革命。1912年民国成立后重返德国柏林大学。1916年毕业回国后任国立北京大学文科教授，后相继担任文科德文系主任，法科经济系主任、教务长。1924年任国民党北京特别市党部筹备主任。1925年“三一八”惨案后遭北洋政府通缉，南下广州；12月1日任国立广东大学校长。1926年1月在国民党第二次全国代表大会上当选为中央执行委员，并被指定为整理党务审查委员；10月任国立中山大学副委员长。1927年3月被选为国民党中央政治委员会委员，国民党中央执行委员会常务委员兼宣传部长，汉口中央日报社社长，武汉国民政府委员、军事委员会委员、教育部长。大革命失败后与陈公博等于1928年组织“国民党改组同志会”，负责宣传工作，主编《前进》杂志，攻击蒋介石独裁统治，打着三民主义和恢复十三年改组精神的旗帜，与蒋介石争夺国民党领导权。1929年3月在国民党第三次全国代表大会上受到开除党籍三年的处分。1930年8月出席国民党反蒋派系在北平联合召开的“中国国民党中央党部扩大会议”，主持宣传工作。1931年宁粤纷争后东山再起；12月当选为国民党第四届中央执行委员，中央政治会议委员。1932年3月至1935年12月任南京国民政府铁道部部长。1935年11月当选为国民党第五届中央执行委员；12月任国民党中央政治委员会秘书长。1936年12月至1937年3月被委任为交通部长，未到任，由俞飞鹏代理。1938年6月被聘为国民参政会第一届参政员。1938年底汪精卫、陈公博投敌叛变后到香港力劝无效，由香港返回重庆与之分道扬镳。1941年7月被任命为国立中央大学校长。1943年2月被聘为三民主义青年团第一届中央团部指导员。1945年5月在国民党六大上继续当选为中央执行委员。1948年2月被聘为国民政府顾问；5月被任命为国民政府行政院副院长，未就职。1949年4月定居香港，创办《大道》杂志，宣传所谓“第三条道路”。后移居美国加利福尼亚州伯克莱，曾任美国政府创办的“中国研究中心”顾问。1969年去台湾，受聘为“总统府资政”。1973年6月25日在台北去世。著有《顾孟余先生文丛》。

**顾贻穀(1885—1944)**

名立仁，字诒穀，或作贻穀，以字行。海宁县人。近代金融家。书香门第出身，早年入上海南洋公学就读。16岁回乡考中秀才第一名。后入北京京师大学堂，以全校成绩第四名毕业。辛亥革命后任上海交通银行文书主任、分行经理。1928年至1933年为该行常务董事。1927年至1930年还担任江苏银行总经理(以后担任董事)。1928年至1932年担任中央银行业务总经理兼上海分行经理。1935年起任中国通商银行总经理，以精通银行财政业务著称。

**顾凌云(1911— )**

海宁县人。1911年2月13日生。早年毕业于上海法政学院经济系。1936年参加第四届高等考试及格。1943年参加江西省县长考试及格、会计师检核考试及格，历任县长、科长、主计主任、教授、教务主任、财税科主任、会计师、襄试委员、典试委员等职。1975年递补为“国民大会代表”。著有《会计学》、《审计学》、《高级簿记》、《成本会计》、《商业概论》、《商业会计法释论》等。

**顾乾麟(1909—1998)**

又名怡康。吴兴县南浔“四象”之一顾福昌后裔，顾敬斋之孙，实业家。幼年在南浔私塾读书，11岁入湖州旅沪公学读书，13岁进上海华童公学求学。17岁因父亲早逝辍学，任英商怡和源打包厂实习经理(后任经理)，经他经营，公司从困境中逐渐兴旺。1930年任参加上海市义务警察队，至1949年升任副总监。1936年怡和公司又委托他经营怡和纱厂的棉花、棉纱、棉布业务。1939年任怡和洋行经理，主理出口部、棉花纤维部和公和祥码头。同年以其父亲名义在上海创设“叔蘋奖学金”，以造就贫寒学生，至1949年奖励品学兼优学生1100余人。1946年10月与荣鸿元等10位实业家创立“上海市民急病医药贷金社”，任董事兼社长，在三年里资助8000余名贫困病人。爱好京剧，创办大来国剧公司并任董事长，下设天蟾舞台、中国大戏院、黄金大戏院三大戏院。1947年3月邀请梅兰芳等著名演员举行义演，并向工商界募捐，兴建漕河泾少年收容所。1948年任第十四届(伦敦)奥运会中国代表团顾问。1949年5月移居香港，仍在怡和洋行任职，又创设顾氏公司，任总裁。1982年偕夫人重返上海参观。1986年在上海恢复"叔蘋奖学金"。1988年又在北京、湖州多所中学续办"叔蘋奖学金"。同年被美国圣罗士学院授予文学博士，并在该校设立"顾乾麟奖学金"。1995年向上海市捐1000万港元建立"叔蘋奖学基金"。1996年捐资70万港元在湖州道场乡中心小学建叔蘋楼。

**顾清选(1885—1941)**

诸暨县人。民国初年任北京陆军大学教官，讲授普法战史和普奥战史。1924年后南下广州，任黄埔军校高级编译官。后任南京国民政府军事参议院参议。

**顾燮光(1875—1949)**

字鼎梅，号襟癯。绍兴县人。幼承家学，光绪朝廪生。青年时随父顾家相(时任江西省萍乡县知县)去江西，就读于鳌州书院。1898年在萍乡创办《菁华报》，发表上海强学会汪康年的《中国自强策》等文章，传播维新思想。1934年从江西回到绍兴原籍，协助王子余编辑《绍兴县志资料》，搜集、整理人物志稿。一生酷爱金石，虽一度从政，然毕生心系于考古之学。漫游大江南北，足迹遍及关中、江右，在河南卫辉前后八年终于访得古人未著录碑刻近700种。著有《河朔金石目》(3卷)、《西湃金磊剥录》(1卷)、《襟堪墨话》、《梦碧移石言》、《书法源流考》、《河朔金石待访目》、《绍兴金石志》等。

**柴之棣(1918—　)**

鄞县人。1918年3月28日生。1944年毕业于云南昆明的西南联合大学机械工程系。同年分发到国民政府军事委员会军政部所属的汽车厂服务。1945年台湾光复后担任台湾省拓垦处机械厂厂长。后任职于台湾工矿公司台北机械厂。1961年台北机械厂改隶唐荣公司，升任厂长。1970年赴日本考察。1972年升任协理兼厂长，负责承制台湾十大建设"中钢"、"中船"钢架厂房等工程。1974年当选为"中国机械工程学会"理事长。1976年获机械工程奖章。1977年任唐荣公司总经理。1980年获工程师学会最高工程奖章。晚年曾为北京大学教育基金捐款。主持编辑《机械工程师手册》。

**柴子英(1912—1989)**

别署之隐、之颖、颖之。慈溪县人，寓居上海。童年从施叔范、茅可人学，得通经史和新文艺。抗战时在上海经商，从邓散木学篆刻，开始研究印学，后识张鲁庵，得饱览其所藏大量印谱及有关书籍，所获极丰。勤于考证，缜密细致，常审察名家旧刻刀法款识，以证明清印家行谊与印作真伪，被称为"印苑中之史才"。1962年曾与秦康祥、韩登安合作增补纂辑《广印人传》，文稿已成而毁于"文革"。撰有印学界首部《印学年表》，在《西泠艺丛》、《西泠艺报》及香港《大公报・艺林》、《书谱》发表论文、掌故40余篇，为《中国篆刻大辞典》撰写印人条目4万余言。篆刻创作亦颇有造诣，深谙周秦古玺及明清诸大家艺术精髓，兼收皖浙诸家流派之长，旁及封泥碑碣、木简残纸。创作形式多样，篆法独特，刀法相合处别开生面。

**柴配元(1908—1978)**

定海县人。17岁到上海皮鞋店当学徒，满师后回家乡沈家门做帮工。1932年重返上海，先在虹口路开设一家皮鞋作坊，获利丰厚。1937年在浙江北路独资创始东方皮鞋店，任经理。该店面积90余平米，前店后场，自产自销。为保证皮鞋质量，精选优良面料、底料、辅料制作，从美、英等国进口"纹皮"，精工制作，规定严格技术要求，提出10余道制作工序，用料配合得当，针脚疏密有致，头势高低适当，披皮均匀，支跟挺括，包头平整，使皮鞋具有"永不走样"美誉，业务不断发展。曾任上海市鞋商业同业公会河南北路区主任，辖三区(虹口、北站、闸北)62家皮鞋店。1956年公私合营时仍任东方皮鞋店经理(私股占69%)。1970年退休。

**柴德赓(1908—1970)**

字青峰。诸暨县人。曾就读于杭州安定中学。1926年考入浙江省立第一中学高中文科，为杭州学生联合会代表，积极参与爱国学生运动。1929年高中毕业后北上投考北京师范大学历史系，师从陈垣，得其赏识、指导与资助。期间在辅仁大学附中兼课，毕业后留辅仁大学任教。1942年举家南迁，应台静农、陈建功之邀任国立四川白沙女子师范学院历史系教授兼图书馆长。1946年回北平，任辅仁大学历史系教授。新中国成立后长期任北京师范大学历史系教授兼系主任。1950年经马叙伦等介绍加入中国民主促进会。1955年调任苏州江苏师范学院历史系教授兼系主任。1956年当选为民进中央委员，江苏省民进筹委会副主任委员，苏州市民进主任委员，并任江苏省政协常委。毕生从事历史教学与研究，精于目录学和文献史料学，在五代史、宋史、明清史、辛亥革命史诸领域均有较为深入的研究。著有《史学丛考》、《史籍举要》、《资治通鉴介绍》、《辛亥革命史》、《陈垣先生的学识》等，主编中国近代史资料丛刊《辛亥革命》，参加点校《二十四史》。

**钱三强(1913—1992)**

原名钱秉穹。吴兴县人。1913年10月16日生于浙江绍兴。钱玄同之子。少年时代即随父在北京生活，1930年考入北京大学理学院预科。1932年考入清华大学物理系，1936年毕业。其后担任北平研究院物理研究所严济慈所长助理。次年考取中法教育基金委员会公费留学名额，赴法国巴黎大学居里实验室做研究生，师从诺贝尔奖获得者伊莱娜·居里教授(系居里夫人之女)及其丈夫弗莱德里克·约里奥，从事原子核物理研究工作。1940年获得法国国家博士学位。其后留在居里实验室工作。1946年与清华同班同学，被誉为才女的何泽慧结婚。夫妇二人在研究铀核裂变中取得突破性成果，打破了关于铀核“二分裂”的结论，发现并证明了铀核“三分裂”、“四分裂”的现象，被约里奥称为“二战后他的实验室第一个重要的工作”。同年获法国科学院亨利·德巴微物理学奖金。1947年升任法国国家科学研究中心研究导师。1948年夏回国后任清华大学物理系教授，同时与何泽慧、彭恒武一同组建北平研究院原子能研究所，并担任所长。新中国成立后积极参加中国科学院的组建和调整工作，先后主持中国科学院计划局和近代物理研究所的工作。1955年当选为中国科学院数学物理学部委员。1956年国家成立主管原子能工作的第二机械工业部(后称核工业部)，任副部长，兼任中国科学院副秘书长。1958年中国科学院近代物理所改名原子能研究所，实行第二机械工业部与中国科学院双重领导，仍任所长。同年参加了苏联援助的原子反应堆的建设。1960年参与原子弹研制项目，担任技术上的总负责人，具体承担各相关技术协作项目的组织领导工作，为1964年10月16日中国第一枚原子弹的成功发射立下了汗马功劳。但在原子弹研制过程中却因“不尊重党的领导”而受到批评教育，并于原子弹发射后第三天被派到河南安阳地区一个偏僻的农村参加“四清运动”。“文革”中又受到冲击，直到1973年才恢复工作，其后主要负责中国科学院的国际学术交流活动。“文革”结束后被任命为中科院党组成员和副院长，主要负责科研业务和学术交流，在恢复学部和增补学部委员方面做了大量工作。并担任中国科学技术协会副主席、中国物理学会理事长、中国核学会名誉理事长等职务。1992年6月28日在北京去世。1999年被追授予“两弹一星功勋奖章”，是获得该项殊荣的23位科学家之一。

**钱之光(1900—1994)**

诸暨县人。1900年11月生。1915年进同文书院读书，结识张秋人、宣中华等，在他们的影响下立志投身革命。1927年2月加入中国共产党，并在中共杭州地委秘书处工作；8月任中共两浙盐运使署支部书记。1929年1月奉命到上海筹建绸厂，作为党中央的联络点。不久到天津协助毛泽民筹建党中央的秘密印刷厂。1933年夏离开上海，赴江西中央苏区，任中华苏维埃共和国临时中央政府国民经济委员会委员兼对外贸易总局局长、商业大学校长。1934年10月随中央红军长征，任中央没收征发委员会组长，为解决长征红军给养问题日夜操劳。1935年10月到达陕北，任中华苏维埃共和国中央政府西北办事处对外贸易总局局长。1936年2月随李克农赴洛川与张学良、王以哲举行秘密会谈，达成苏区与西北军互通贸易等协议。1937年春到山西太原筹办红军军需物资，顺利完成任务。1938年8月调到八路军驻南京办事处，协助秦邦宪、叶剑英工作；12月任八路军武汉办事处主任，兼新四军武汉办事处处长。1939年初八路军重庆办事处成立，以少将军衔担任处长。1944年任中共重庆工作委员会委员。1945年任中共南方局(重庆局)委员，为重庆谈判做了大量工作。1946年5月随周恩来、董必武率领的中共代表团、中共南方局、重庆八路军办事处等单位到南京，任中共南方局委员兼财经委员会副书记、第十八集团军驻南京办事处处长、南京中共代表团办公厅主任。1947年3月根据周恩来、任弼时的指示，到大连组织中华贸易总公司，后到香港组建华润集团总公司，任董事长，进行贸易工作，并以此为掩护开展上层统战活动，参与组织将在香港的著名民主党派代表人物和爱国人士秘密送到解放区参加新政协的筹备工作。新中国成立后先后任政务院财经委员会委员、纺织工业部副部长兼中共党组书记、国家轻工业部部长、中共党组书记，是新中国纺织工业的奠基人。1981年任国务院顾问。曾任中共第八至第十二次全国代表大会代表，中共第九至第十一届中央委员，十二大中央顾问委员，第二、第三届全国人大代表。1994年2月5日在北京去世。主编有《当代中国的纺织工业》。

**钱子宁(1906—1980)**

原名启康。祖籍绍兴县,生于山东省济南府。1925年入同济大学附属中学。1928年赴德国寇顿造纸学院留学。1932年学成归国后任上海龙章造纸厂工程师,兼南京中央大学化工系教授。1933年创办中元造纸试验所。1935年辞中央大学教授职"下海",创办中元造纸厂(公司)。抗战期间先后在贵阳、宜宾等地建分厂。1941年任中元造纸厂总经理。次年开始研制印钞纸。1945年中元造纸厂设立上海总办事处。1949年到巴西,重振旧业,在圣保罗创办造纸厂。1980年在台湾病故。

**钱子超(1899—1989)**

诸暨县人。1920年至1926年求学于日本东京工业大学染整专业。回国后在国内第一家印染企业——上海达丰印染厂任技师、工程师、副厂长等,与外资在华企业竞争,致力于振兴民族印染工业20年。抗战胜利后参加对日本在上海纺织印染工厂的接收工作。1946年1月中国纺织建设有限公司成立时任所属第三、第四印染厂厂长。1949年上海解放前夕为保护工厂和中共地下党员、进步人士而遭国民党警备司令部拘捕。1950年成立华东纺织管理局,任所属第七印染厂厂长。在他的领导下,工程技术人员发明了第一台自动堆布器。1953年调任纺织工业部设计院设计室主任、总工艺师。

**钱王倜(1914—　)**

字润民。崇德县人。南京五州中学毕业后考入国立政治大学经济系。毕业后进入国民党中央党部秘书处工作。1947年当选为中华民国第一届国民大会候补代表。1949年去台湾后任"行政院光复大陆设计研究委员会"委员,历年参加文教组活动,主稿所拟方案,以该会名义送"行政院"参考。1962年递补为"国民大会代表"。公余致力于研究英文文法、修辞学以及墨子学说。著有《高级英文构造法》、《墨学新论》等。

**钱天任(1891—1962)**

原名王杰,字冠华。崇德县人。早年毕业于杭州的浙江省立第一师范学校。后赴美国留学,毕业于华盛顿大学法科。毕业回国后从事外交工作,曾任北洋政府外交部驻海参崴总领事馆馆员,驻古巴、巴西公使馆馆员。1918年南下广州,参加孙中山领导的护法运动,担任广州非常国会秘书。1919年任出席巴黎和会中国代表团随员。巴黎和会结束后回国,仍在广东革命政府任职。1926年任国民革命军总司令部政治部部员。1928年6月至1929年6月任南京国民政府外交部特派江西交涉员。1930年任南京国民政府外交部秘书。1937年4月至10月任驻日本横滨署理总领事。后加入民社党,任该党中央委员。1947年11月在崇德县当选为"行宪"国民大会代表。1949年去台湾后继续担任"国民大会代表"。1962年在台湾去世。

**钱天鹤(1893—1972)**

字安涛。杭县人。1893年3月29日生。1913年北京清华学校毕业后赴美国留学。1918年毕业于美国康乃尔大学农学院,获农学硕士学位。1919年回国后任私立金陵大学农科教授兼蚕桑系主任。1925年至1927年任浙江公立农业专门学校校长。1930年至1931年任浙江省建设厅农林局局长。1933年任南京国民政府实业部中央农业研究所筹备委员会副主任。1935年中央农业研究所成立,任副所长,主持工作至1937年。1938年6月至1940年任经济部农林司司长。1940年11月至1947年5月任农林部常务次长。1947年夏任联合国粮食组顾问。1948年10月任中国农村复兴联合委员会农业组组长。1949年去台湾后历任台湾"中国农村复兴联合委员会"农业组组长,植物生产组组长、委员,主持"农复会"金门、马祖"岛外补助计划审议小组"。1969年8月退休。1972年8月20日在台北去世。著有《讲古农籍汇录》、《中国蚕丝业之研究》等。

**钱云蒸(1901—1989)**

又名伯霞。嵊县人。早年在表兄裘绍的资助下读书。1920年冬到福建厦门同安和广东汕头迎接烈士裘绍及妻尹维俊灵柩至杭州,章太炎在净慈寺主持追悼会,后葬于西湖孤山北麓。1921年考入浙江医科专业学校药科专业。1925年任黄埔军校校医处司药、处长。后历任北伐国民革命军总司令部军医处材料科科长、处长,国民政府后方总医院院长,联合勤务总司令部军医署代表,军医署药品和卫生材料总管、供应司司长等职。1939年任军医署驻闽浙办事处少将主任、处长,兼金华卫训二所(1940年底合并到江西弋阳叶家坝战时第二卫训所)教官。1940年4月4日兼任第三战区军医学术研究会副总干事。新中国成立后任上海万国药房总经理兼新光药厂厂长、药师。1989年在上海去世。

**钱正英(1923—　)**

女。嘉兴县人。1923年7月4日生于上海。1939年考入上海大同大学土木工程系学习。1941年9月加入中国共产党。1942年毕业前夕到化合总淮北抗日根据地工作，先后任淮北区党委机关文化教员，淮北泗五灵凤县中学涂南分校教员、训导员、教导员、党支部书记，淮北行署建设处水利科科长。1945年至1948年任苏皖边区政府水利局工程科科长，华东军区兵站部交通科副科长、前方工程处处长。1948年至1950年任山东省黄河河务局副局长、党委书记。1950年至1952年任华东军政委员会水利部副部长兼治淮委员会工程部副部长。1952年至1967年任水利部副部长、党组成员、党组副书记，水利电力部副部长、党组副书记。"文革"中受冲击。1970年至1974年任水利电力部革委会副主任、副部长。1974年至1988年任水利电力部、水利部、水利电力部部长、党组书记。1988年当选为第七届全国政协副主席兼全国政协医卫体委员会主任。1992年10月当选为中国印度友好协会会长。1993年3月当选为第八届全国政协副主席兼全国政协医药卫生体育委员会主任、社会与法制委员会主任。1994年4月当选为第六届中国红十字会会长。1995年12月被推选为第六届中国中小学幼儿教师奖励基金会理事长。1997年当选为中国工程院院士。1998年3月至2003年3月任第九届全国政协副主席。1999年10月被聘为中国红十字会第七届名誉副会长。2000年6月获中国工程科技奖。2002年1月当选为中国妇女发展基金会副会长。2004年3月获香港大学名誉博士学位。是中共第十至第十四届中央委员，第一至第三届全国人大代表。曾参与黄河、长江、淮河、珠江、海河等江河流域的整治规划，负责水利水电重大工程的决策性研究。在治理淮河及密云水库、刘家峡水电站、长江葛洲坝水利枢纽等工程建设中处理了出现的重大技术难题。主编有《中国水利》等。

**钱龙韬(1922— )**

杭县人。1947年上海沪江大学工商管理系毕业。曾赴美国研究联邦准备银行业务及国库制度。曾任陕西省主席代表兼驻渝办事处处长，国防部民事局、政工局经济专员。1949年投身国民党官办金融业，任台湾银行高雄分行副理，参与抢运上海中央银行库存黄金去台。去台后升任台湾银行公库部副理、经理。1961年起任"中央银行国库局"局长，前后共11年。1982年10月任台湾"中国物产保险公司"董事长。曾参与制定并实施多种金融政策，推行"国库"集中支付制度，发行"国库券"，建立公债市场，发展货币市场，在金融界颇具声望。后任"中华票券金融公司"董事长。

**钱　立(1891—1983)**

字卓然。东阳县人。1891年9月15日生。先后毕业于保定陆军军官学校第六期、陆军大学第七期。1926年任国民革命军第一师中校参谋。同年夏任国民革命军总司令部参谋处上校参谋。1927年任国民革命军总司令部军械局上校局长。1928年任陆海空总司令部无线电总队总队长。1929年任国民革命军总司令部交通兵团副团长兼交通处科长。1930年任军政部交通兵第二团少将团长。1932年赴日本考察军事交通设施。1934年又赴德国、意大利考察军事交通和机械化部队。1935年5月任陆军交辎学校副教育长兼交通兵团团长。1937年冬兼任辎重兵汽车第一团团长。1938年初兼任后方勤务部汽车管理处中将处长。1939年初任川桂、川滇公路线区司令，不久兼任陆军辎重兵学校教育长。1942年冬兼任军事委员会驻滇参谋团中将高参。1944年初任军政部江南汽车整训处处长。1946年6月任国防部中将高参。1947年底在上海加入民革。1949年春夏往返于南京、上海、杭州等地，从事对国民党将领的策反工作。新中国成立后历任南京市政协常委，中山陵管委会委员，上海市政协常委兼对台宣传委员会委员。1983年2月15日在南京病故。

**钱　立(1908—1956)**

又名磐石，号厉生。嵊县人。南京中央军校第六期毕业。曾任国民革命军第八十八师排长、连长。1937年任国民革命军第二〇〇师装甲兵团战车营营附。1938年任国民党辎校汽车兵团教育营营长。1939年任军事委员会辎重兵学校教育长。1944年后历任联合勤务总司令部运输署供应司少将司长，联合勤务总司令部少将高参，联合勤务总司令部运输署少将副署长，陆军总司令部第四署署长。1948年9月22日被授予陆军少将军衔。1949年去台湾。1956年4月4日在台北去世。

**钱玄同(1887—1939)**

原名钱夏，后改玄同，字仲季，号掇献、德潜。吴兴县人。文学家、语言文字学家。早年留学于日本早稻田大学，并从章太炎学文字学。1907年参加同盟会。1910年归国后先后在嘉兴、宁海等地中学执教。后到北京高等师范附中、北京大学、北京师范大学等校任职。新文化运动中任《新青年》编辑，写有《寄胡适之》、《寄陈独秀》等多篇檄文，声讨旧文学、旧道德，提倡新文学、新道德。参加语丝社，支持学生的爱国运动。后期思想渐趋内敛，专心从事经史文学的研究，在文字学、音韵学方面有独到建树。

**钱竹安(1874—1924)**

名简，谱名五灿，字竹安(竹庵)。嵊县人。祖上务农，家境清贫。童年羡慕邻友读书，常去私塾外面听老师授课。祖母鉴于祖上三代目不识丁，遂送入私塾就读。五年后果然文章满篇，欲上书馆攻读经史。家贫无力负债，先生免去束修，资其膏火，十年寒窗，中了秀才。1905年到嵊县赵子鉴处学幕。1906年在嵊县大塔下开办觉民小学，任校长兼国文教师。结识谢飞麟、王金发、周志由等革命志士，并参加革命活动，随即进大通学堂，加入光复会。大通党案发生后潜赴杭州浙江政法学堂。武昌起义后参加光复杭州之役。1912年任绍兴军政分府咨议兼浙东盐茶总局秘书及总务处长。后又任余姚沿海巡缉委员、六场调查委员、催科委员及两浙收运巡缉总局次长，颇具政绩。1913年参加"二次革命"，任浙江第二路讨袁军司令部秘书，协助陈楚青聚集义勇六七百人，在三界高举讨袁义旗，因战机失利而未成，遭到通缉。1915年护国运动爆发后协助谢飞麟在嵊东重新组织3000义勇，在清隐寺成立浙江护国讨袁军总司令部，并任总司令部秘书长，向浙东各县张贴"打倒屈映光，讨伐袁世凯"公告。嵊县知事牛荫麟和驻嵊防营管带王鹤臣部队袭击清隐寺，不幸被捕，肩挂被杀同志首级押往嵊城市中心示众，惨不忍睹。不久屈映光解职，吕公望主浙，政局转变，谢飞麟邀请国会议员褚辅成和赵舒等人，运动绍属七邑同乡议员电驰省府作保，吕公望采纳众议，下令予以释放。后来任临安县律师。1924年夏应友人邀请，游览黄山和九华山，归途遇害致死。

**钱伦体(1893—1978)**

字公强。嵊县人。钱镠后代。1916年12月毕业于保定陆军军官学校第三期炮科。1931年任国民革命军警卫军第二师第四旅旅长。1932年1月任第五军第八十八师第二六四旅旅长。不久改任第二六二旅旅长。同年2月初与俞济时、李延年、宋希濂等将领联名通电全国，请缨抗日。经批准，随即开入淞沪战场，与第十九路军并肩抗日。在庙行镇战役最关键的时刻率领第二六四旅全部预备队投入反击，抱定牺牲的决心，终于使战场转危为安，庙行镇战役获得空前大捷。因战功突出，1933年1月9日获国民政府颁发的青天白日勋章。1935年任第八十七师副师长。1936年2月被国民政府授予陆军少将军衔。1940年夏任军事委员会军训部第九补训处司令。1946年任军事参议院参议；7月1日被国民政府授予陆军中将军衔。同月退役。

**钱兆鹏(1907—1927)**

字叶璆，又名奚求、胜芝。金华县人。农家出身。1921年8月考入金华的浙江省立第七师范学校学习。期间先后当选为该校学生自治会主席、金华学生联合会代表。1925年3月15日与千家驹在东岳庙主持千余人参加的集会，哀悼孙中山去世，宣传"联俄、联共、扶助农工"三大政策。同年上海"五卅"惨案发生后主持召开金华各界人民"五卅"惨案后援大会。会后带领同学游行示威，发动抵制美、英、日货，参加金华各界罢工、罢市、罢课，声援上海工人反帝斗争。同年冬加入中国共产党。同时以个人身份加入改组后的国民党。1926年1月组织金华七中"丽泽团"，以研究学术为名，培养入党积极分子；7月任中共金华独立支部书记兼共青团金华支部书记。同年夏同千一(千家驹)到武义县帮助建立中共党团组织；12月当北伐军东路军前敌总指挥所指挥的先头部队到达金华时，组织各界万余人集会欢迎并致词。1927年2月初国共合作的中国国民党县党部正式成立，任执行委员(后为常务委员)兼组织部长、青年部长。通过中国国民党金华县党部开展革命活动，相继组成金华工会、农会、学生联合会、妇女联合会、小学教师联合会等群众团体。又以县党部名义宣布收回外国教会所办作新中学、成美女中办学权，任两校校务委员会主任。"四一二"反革命政变后按上级指示暂避山区，不幸事泄，6月6日被捕；8月4日晚被杀害于金华监狱。

**钱壮飞(1896—1935)**

原名壮秋，亦名潮。吴兴县人。1915年考入国立北京医科专门学校(今北京大学医学部)。1919年毕业后在北京挂牌行医，并兼任美术学校教师与报馆编辑。1925年经内弟介绍，与夫人张振华在北京加入中国共产党。1927年曾到冯玉祥的西北军当军医。同年冬因欠饷严重、家计无着前往上海。1929年考入上海无线电训练班，因为湖州同乡关系，毕业后担任了国民党中央组织部调查科(国民党特务组织"中统"前身)科长的机要秘书。根据中共中央领导人周恩来关于将国民党特务组织拿过来为我们服务的指示，介绍李克农、胡底到国民党特务组织工作，三人组成中共特别党小组，直接归中共中央特科负责人周恩来单线领导，从而在国民党情报系统中打进了一个"铁三角"，为中共中央提供了大量有价值的情报。特别是当1931年4月24日负责中共中央机关保卫工作的顾顺章在武汉被国民党逮捕叛变并将在上海的中共中央机密全数供出后，及时将国民党特务机关来往密电全部译出，提前向中共中央发出警报，接到警报后，在周恩来指挥下，中共中央、中共江苏省委和共产国际远东局机关全部安全转移。由于身份暴露，奉命于同年8月进入中央苏区总部所在地江西瑞金，先后任红一方面军保卫局长、中央革命军事委员会总参谋部第二局副局长，仍负责情报工作。1934年10月参加长征。1935年遵义会议后被任命为红军总政治部副秘书长。同年3月29日在贵州金沙县，为侦察南渡乌江路线只身进入后山乡幸福村梯子岩一带附近的丛林，随即失踪，后被判定为牺牲。新中国成立后被民政部追认为革命烈士。

**钱　民(1915—　)**

字少棣。上虞县人。日本东京工业大学电气科毕业。抗日战争期间曾任中亚电化厂、军政部兵工署第四十一兵工厂工程师。1945年抗日战争胜利后调台湾电力公司任职，先后任发电课长、日月潭发电区处长，总公司机电处副处长、处长、副总工程师，台湾机电工程服务社董事长，台湾电力公司协理，台湾联电电机制造股份有限公司董事长。著有《工业成长之检讨与展望》、《台湾电力事业之经营》等。

**钱寿恒(1896—1971)**

字福谦，号久孚。诸暨县人。1916年12月毕业于保定陆军军官学校第三期。毕业后分发到北洋直系军阀孙传芳部任下级军官。1927年加入国民革命军。1931年任国民革命军骑兵教导队第二团团长，汉口第八警察分局局长。1937年任汉口警备司令部副官处处长。1938年任第十八军驻重庆办事处处长。后任第六战区司令长官部驻渝办事处处长。1945年1月任军事委员会军政部总务厅副厅长；7月11日被国民政府授予陆军少将。1946年6月任国防部总务厅长。不久改任国防部联合勤务总司令部特种勤务处处长。1949年去台湾后任“总统府参军”、“总统府国策顾问”。1971年9月9日在台北病故。

**钱志道(1910—1989)**

绍兴县人。1910年11月3日生。1922年随家迁往江西南昌，就读于江西豫章中学。1931年考入浙江大学化学系。1935年毕业后留校任助教。抗战爆发前夕投笔从戎，先后应聘到南京兵工总署应用化学研究所和山西太原理化研究所，研究毒气和防毒面具。1938年5月主动投奔延安，先后担任中共中央军委军工局工程师、军工局三厂厂长兼工程主任、军工局一厂化学总工程师等职。1946年任东北兵工局副局长。新中国成立后先后担任重工业部兵工总局副局长，二机部、一机部导弹局局长、部长助理。1955年当选为中国科学院学部委员。1963年到中国科学院工作。1965年任中国科技大学副校长。1978年创办中国第一个研究生院——中国科技大学研究生院，任副院长。1981年任中国科学院顾问。1989年9月28日在北京去世。

**钱来苏(1884—1968)**

名拯，字来苏，又字太微。杭县人。1884年6月9日生于奉天奉化县。1904年赴日本留学。1905年日俄战争爆发后弃学回国，先后在奉天创办辅华中学，在吉林创办《吉林日报》。1910年加入同盟会。1911年辛亥革命爆发后参与并组织辽阳立山屯起义，起义失败后被捕入狱。1912年出狱。后加入中国国民党，参加护国反袁活动。1919年五四运动时在保定育德中学任教，热心指导组织保定学生联合会，响应北京学生运动。1927年任奉系军阀首领张作霖之秘书长。1931年在哈尔滨任东省行政长官公署参议，后退居北平。1937年抗日战争爆发后任第二战区长官司令部少将参事。1940年被聘为山西省政府参议。1943年3月到延安，任陕甘宁边区政府参议，与林伯渠等组织怀安诗社。1947年申请加入中国共产党。新中国成立后任中央文史馆馆员。1968年12月3日在北京去世。著有《孤愤草·初喜集合稿》，又见《十老诗选》。

**钱希均(1905—1989)**

女。诸暨县人。幼年做童养媳。1922年入上海平民女校学习。1924年加入中国共产主义青年团。1925年转为中国共产党党员。在上海、天津等地从事党的地下工作。1931年在中央革命根据地担任《红色中华》报发行科科长。与康克清等筹备中华苏维埃第一次全国妇女代表大会。在二万五千里长征中先后担任保卫局检察员、中央红军纵队运输大队指导员，成为中央红军著名的30位女红军战士之一。1936年入抗日红军大学学习。1937年抗日战争爆发后与钱之光、危拱之等赴上海，将共产国际支持中共抗日的一笔巨款(法郎)在上海银行秘密兑换后分批运送到西安，支援陕北根据地和红军的供给。后在陕北和新疆从事经济开发、财政金融和党的基层组织、妇女工作，先后任陕甘宁边区国民经济部秘书长兼支部书记、新疆新兵营图书馆主任、延安工业合作社妇女部主任等职。1946年返回上海,先后任中共上海浦东区委组织部长、虹口区委组织部长,参与并领导申新九厂"二二"大罢工,为迎接上海解放做了大量工作。新中国成立后先后任国家轻工业部人事司副司长、办公厅副主任,食品工业管理局副局长。先后当选为全国政协第三、第四、第五届委员,全国妇联妇女运动史编纂委员会委员。1989年9月11日在北京去世。著有《钱希均革命回忆录》。

**钱怀源(1915— )**

上虞县人。幼年随父到东北,后毕业于青岛海军军官学校,留校任教。抗战期间赴美国深造,先后毕业于史瓦斯摩学院及海军研究院。1945年抗战胜利后回国,先后任海军新兵大队大队长、海军总司令部训练处处长。1949年去台湾,先后入"海军指挥参谋学校"、"国防大学"、"革命实践研究院"培训。历任"海军指挥参谋学校"校长,少将舰长,"海军后勤部中将司令","国防部情报助理次长","总统府参军",并兼任"国防部"美军军事基本书籍审查委员、"三军联合月刊"及"国防译粹月刊"编辑委员。1971年退出军界,任"中国文化学院"海洋系航海组主任。著有《航海学》、《海图作业》、《海洋科学与海权关系》,译有《麦纳马拉战略》、《柏林之陷落》、《除非和平到来》、《战争与和平之研究》、《七十年代的国防战略》、《苏俄海军的崛起》、《海权与核子谬论》等。

**钱君匋(1907—1998)**

原名玉堂,易名玉棠,学名锦堂,又名钱安、钱涵、钱塘,字君匋,号豫堂、午斋、冰壶词客,别署午斋、丛翠堂、无倦苦斋、新罗山馆、抱华精舍等。桐乡县人。著名篆刻家、书画家、装帧设计家。1924年毕业于上海艺术师范学校。曾任上海开明书店、文化生活出版社美术编辑,上海万叶书店经理。新中国成立后任上海新音乐出版社、北京音乐出版社副总编辑,上海文艺出版社编审、华东师范大学教授。又为中国美术家协会会员、上海市美术家协会常务理事、中国书法家协会会员、上海书法家协会常务理事、上海市文史研究馆馆员、君匋艺术院院长。1963年加入西泠印社并任理事,1978年当选为副社长。善绘画,大写意花卉取法吴昌硕、齐白石;书法真草篆隶诸体皆擅,尤以汉简、草书闻世;篆刻出入秦汉,旁及赵之谦、吴昌硕、黄牧甫,面目纷呈,收藏名家作品甚富;亦通诗文、音乐。1985年、1996年先后将其平生珍藏共计5000余件文物悉数捐赠梓里,政府特建"君匋艺术院"以庋之。著有《钱君匋作品集》、《钱君匋论艺》、《钱君匋印存》、《长征印谱》、《鲁迅笔名印谱》、《钱君匋刻长跋巨印选》、《钱君匋刻书画家用印选》、《西洋古代、近代美术史》及诗文作品数十种;藏印辑有《豫堂藏印》甲集、乙集,《丛翠堂藏印》,《君匋获印录》等;与叶潞渊合著《中国鉨印源流》。

**钱 纯(1929— )**

杭县人。钱思亮长子。国立北京大学肄业。1949年去台湾。1950年毕业于台湾大学经济系。1957年在美国明尼苏达大学获经济学硕士。返回台湾后任台湾"中华开发信托投资公司"科长。1963年任"中国银行"经济研究室主任。1968年任赋税改革委员会秘书。1970年任"中央银行"顾问,旋兼秘书处处长。1972年任业务局局长兼代"中央银行"副总裁。1985年9月任"财政部长"。1988年任"行政院"秘书长。1990年任"中国国际商业银行"顾问。当选为国民党第十三届中央执行委员。

**钱松初(1922—1948)**

嵊县人。1922年2月生。因家庭经济困难,10余岁才进入新祠堂小学读书。1938年夏进入中共党组织创办的台门学堂学习,开始懂得革命道理。同年秋由陈布衣介绍加入中国共产党,担任地下交通工作。并参加嵊县抗敌后援会文化工作队长乐区队成立的农民剧团,进行抗日救亡宣传活动。1942年春被国民党当局抽壮丁到上东华堂服役。嵊县沦陷后带枪逃回老家。老家沦陷后在党组织的领导下发动群众,团结进步青年与日军开展斗争。以做买卖为掩护,往返于永康、义乌、东阳、上虞、余姚之间,做党的地下交通工作。并按照上级党组织的部署,积极发展党员。1946年秋任中共长乐区委书记。1947年10月秘密赶制150套棉军衣,分批转送会稽山抗暴游击队员御寒;11月为待命在嵊县三角湾准备开元缴枪战斗的游击队运送粮食、鞋袜、手电筒等,保证了队员的给养,为开元缴枪的胜利作出了贡献。1948年1月7日凌晨因叛徒出卖在长乐家中被捕。面对敌人的严刑毒打,坚如铁石,一字不吐。同年1月9日上午被敌人枪杀于开元水口庵边。

**钱学森(1911—2009)**

杭县人。1911年12月11日生。1914年随父钱家治迁居北京。早年先后在北京高等师范学院第一附小、附中学习。1929年考入上海的国立交通大学机械工程系。1934年毕业后考取清华大学庚款留美公费生。1935年9月到美国麻省理工学院航空工程系留学，次年即获得航空工程硕士学位。同年9月入加州理工学院研究院，师从世界著名空气动力学教授冯·卡门。1938年与冯·卡门合作，发表重要论文《可压缩流体的边界层》、《倾斜旋转体的超音速流》。1939年获得加州理工学院博士学位；8月发表重要论文《可压缩流体的二维亚音速流》阐明压力修正公式，后被学界称为钱—卡门公式。1940年加入加州理工学院火箭研制组，研究火箭固体燃料、结构变形等课题。1941年参与风洞研制。1943年美军情报部拨款成立加州理工学院喷气推进实验室，下设弹道、材料、喷气、结构四组，任喷气研究组组长。1944年美国国防部聘冯·卡门为美国空军顾问，草拟未来20年美国太空研究的蓝图。冯·卡门特约钱到华盛顿参加他领导的国防部科学顾问小组。1944年冬辞去在加州理工学院担任的各项职务，到华盛顿参加国防部科学顾问组。1945年4月美国国防部派遣以冯·卡门为首、团员包括钱在内的调查组，飞往德国，询问德国火箭科学家。德国火箭科学家冯·布劳恩应钱的要求，写出书面报告《德国液态火箭研究与展望》。钱还视察隐蔽在不伦瑞克市郊松林中德军绝密的戈林空气动力学研究所和德国其他地方的风洞，撰写多份报告。同年冬钱由助教晋升为副教授。1946年发表论文《超等空气动力学》、《超等空气动力学，稀薄气体力学》，主编《喷气推进的新天地》论文集；8月应聘麻省理工学院，辞去加州理工学院和喷气推进实验室所有职务。1947年晋升为麻省理工学院正教授；9月与声乐家蒋英在上海结婚。同年应聘为加州理工学院正教授，并出任加州理工学院古根海姆喷气推进研究中心主任，领导美国太空火箭的研究。1949年申请加入美国国籍，但因早年参加过美国共产党人组织的读书会，美国联邦调查局于1950年驳回了他的入籍申请，并禁止他参加机密工作。此后决定回国探亲数月，遭到美国军方阻拦，被限制出境，并被联邦调查局收押监禁15天，其后又被软禁五年。直到1955年中美两国日内瓦双边会谈后才恢复自由。同年10月8日返回中国。1956年与钱伟长、郭永怀等创建、主持中国科学院力学研究所，为首任所长。同年10月受命组建国防部第五研究院，任该院院长兼一分院（后称中国运载火箭技术研究院）院长。1957年5月增补为中国科学院学部委员。1958年任中国科学技术大学近代力学系主任。1960年任国防部第五研究院副院长，并不再兼任该院一分院院长。1965年任第七机械工业部副部长。1968年再次兼任第五研究院院长。1970年任国防科工委科学技术委员会副主任，不再兼任中国人民解放军第五研究院院长。1980年任中国科协副主席。1986年当选为科协主席。同年被增选为全国政协副主席。1989年获国际技术与技术交流大会和国际理工研究所授予的W.F.小罗克韦尔奖章、世界级科学与工程名人和国际理工研究所名誉成员称号。1991年获"国家杰出贡献科学家"荣誉称号和中央军委授予的一级英雄模范奖章。1992年当选为科协名誉主席。1999年获"两弹一星功勋奖章"。2006年10月获"中国航天事业五十年最高荣誉奖"。2009年10月31日在北京去世。著有《工程控制论》、《物理力学讲义》、《星际航行概论》、《论系统工程》、《关于思维科学》、《论人体科学》、《论地理科学》、《城市学与山水城市》、《山水城市与建筑科学》、《科学的艺术与艺术的科学》等。

**钱宝琮（1892—1974）**

字琢如。嘉兴县人。1903年入嘉兴府秀水县学堂就读。1907年春考入苏州江苏省铁路学堂土木科。1908年夏考取浙江省首批20名官费留学生，入英国伯明翰大学土木工程系二年级学习。1911年6月毕业，获理科学士学位。随后就读于曼彻斯特工学院建筑系。1912年2月回国后先在杭州任浙江省民政司工程科科员，旋为上海南洋公学附属中学数学教员。同年8月转至苏州的江苏省立第二工业学校（后改组为省立苏州工业专门学校）任教，讲授土木工程兼代土木工科主任，一年后辞去代科主任职务。1920年兼任该校附属高中部教务主任兼教高中数学。1921年加入中华学艺社。1923年加入中国科学社，后曾担任《科学》杂志编辑。1925年8月经姜立夫介绍，北上天津任南开大学数学系教授，开设微积分、微分方程和数学史等课程。1927年9月与竺可桢、汤用彤等同去南京第四中山大学（后改为中央大学）工作，任数学系副教授。1928年8月转任杭州浙江大学文理学院数学系副教授，后升任教授。1928年至1929年间曾任数学系系主任。1935年参与发起成立中国数学会，担任评议会评议员和《数学》杂志编辑，并曾担任教育部数学名词审定委员会委员。1937年冬举家随校西迁，辗转浙江建德，江西吉安、泰和，广西宜山，贵州遵义、青岩、湄潭、永兴等地。期间曾兼任浙江大学永兴分部一年级主任，湖南蓝田师范学院数学系代理主任等职。1946年夏随校返回杭州。1956年奉调进京，任中国科学院中国自然科学史研究室

（自然科学史研究所前身，时属中国科学院历史二所）一级研究员、中国自然科学史研究委员会委员、《科学史集刊》主编等职。“文化大革命”期间被当做“资产阶级反动学术权威”受到批判和迫害，于1969年底被“疏散”到苏州长子处。1971年春中风卧床。1974年1月5日在苏州病故。著有《古算考源》、《中国算学史》（上卷）、《中国数学史话》、《算经十书》（校点）、《中国数学史》（主编）、《宋元数学史论文集》（主编）及《算术史》（稿本）等专著多种和科学史论文60余篇。其中33篇重要论文由后人收入《钱宝琮科学史论文选集》，于1982年出版。此外还有诗词存稿百余篇，自题《骈枝集》，后以《钱宝琮诗词》为名刊行。

**钱宗泽（1891—1940）**

字慕霖。杭县人。1891年10月23日生。早年先后就读于陆军小学堂、北京清河陆军第一中学。1912年秋考入保定陆军军官学校第一期步兵科。1914年11月毕业后分发到浙军服役，历任排长、连长、营长等。1917年考入北京陆军大学正则班第五期深造。1919年12月毕业后赴法国考察军事。1922年回国后曾任北洋政府交通部全国路警总局副局长、徐州警察厅长等职。1928年春任国民革命军总司令部军车管理处处长，后任津浦铁路局副局长。1929年10月任国军编遣委员会中央兼第一编遣区办事处遣置局局长。同月改任参谋本部第二厅厅长。1930年任陇海铁路管理局局长，津浦陇海两路运输司令，津浦陇海平汉道清四路运输司令。1931年6月至1934年12月任铁道部政务次长，期间一度兼任北宁铁路局局长。1937年抗日战争爆发后历任军事委员会后方勤务部运输司令，军事委员会运输副监兼运输总司令，军事委员会运输统制局副参谋长。1940年7月31日在四川重庆病故。同年8月20日被国民政府追赠为陆军中将。

**钱宗陶（1890—？）**

字颂野。嵊县人。1919年2月毕业于保定陆军军官学校第六期工兵科，后入北京陆军大学特别班第五期深造。曾任国民政府辎重学校副教育长。1943年10月被国民政府授予陆军少将军衔。1946年10月退役。

**钱南扬（1899—1987）**

名绍箕，字南扬。平湖县人。戏曲史家。早年在北京大学读书时曾从吴梅学习戏曲史。1925年后在浙江大学、武汉大学、杭州大学任教。1959年起任南京大学教授。长期致力于戏曲史的研究，对于宋元南戏造诣尤深。著有《宋元南戏百一录》、《宋元戏文辑佚》、《戏文概论》等。早年曾同钟敬文在杭州发起成立中国民俗学会，从事民间文学和民俗的研究。著有《谜史》、《宋元南戏百一录》、《琵琶记校注》等。

**钱　恂（1853—1927）**

字念劬。吴兴县人。1884年为宁绍道薛福成门人。后受薛之命，整理宁波天一阁存书。1890年以直隶候补县丞随薛出使英国、法国、意大利、比利时。回国后为张之洞帮办洋务。1893年以盐运使衔分省补用知府，出任湖北自强学堂首任提调、武备学堂提调。期间协助总办蔡锡勇为学堂聘请师资、制定章程、筹措经费、建筑校舍、管理师生、编订教材、组织教学。1898年蔡病故后学堂不再设总办，所有校务全由钱负责，为自强学堂的发展奠定了基础。同年任湖北留日学生监督。1905年为赴东西洋考察宪政大臣参赞官。1907年以江苏省补用知府出任荷兰大臣。次年改出使意大利大臣。1909年回国。1914年6月被袁世凯任命为参政院参政。著有《天一阁见存书目》、《二二五五疏》、《中俄界约斠注》、《壬子文澜阁所存书目》、《帕米尔图说》、《清代进书表录存目》等。

**钱思亮（1908—1983）**

字惠畴。杭县人。1908年1月9日生于河南新野县。1917年9月入北京第二十五初等小学三年级。1918年4月转学至天津私立第一小学。1919年进入北京高等师范学校附属高等小学。1922年毕业后考入天津南开中学。1927年6月毕业；9月考入北平国立清华大学化学系。1931年获清华大学理学学士学位。同年9月获庚款奖学金赴美留学，入美国伊利诺伊大学化学系学习。1932年6月获理学硕士学位。1934年6月获哲学博士学位。同年8月离美回国，应聘至北京大学化学系任教授，讲授普通化学。1937年7月抗日战争爆发后随校南迁长沙，任长沙临时大学化工学系教授。1938年后任国立西南联合大学化学系教授，讲授有机化学。1940年其父在上海被敌伪刺死后由昆明回上海奔丧。事后因交通阻塞，滞留上海，在上海化学药物研究所任研究员。1945年抗日战争胜利后被委任为经济部化学工业处处长。1946年复任北京大学化学系教授，后任化学系主任。1949年1月携带家属离开北平飞往南京转台湾，被聘为台湾大学化学系教授兼教务长，并一度代理台湾大学理学院院长，成为校长傅斯年的主要助手。1951年3月由胡适推荐，继傅斯年之后任台湾大学校长。同年任"中国化学协会"会长和"中国科学振兴学会"理事长。1964年当选为台湾"中央研究院"院士。1970年5月被任命为台湾"中央研究院"院长,兼任"中华教育文化基金董事会"董事长。1971年11月任台湾当局"行政院原子能委员会"主任委员。1983年9月15日在台湾大学附属医院去世。著有《立体化学研究》、《有机质在无机分子之应用》等。

**钱祖恩(1907—1992)**

嵊县人。早年毕业于嵊县中学。1926年9月考入上海交通大学机械系学习。1930年7月毕业,获工学学士学位。先后任职于哈尔滨东北造船所、上海大中华造船机器厂、江西浙赣铁路局、湖南湘桂铁路局、柳州柳江机器厂、湖南祁阳日新电池厂、中国工业电气公司四川分公司,担任技术员、工程师、厂长、经理等。1950年应浙江省工业厅邀请,从上海回浙江工作,曾任杭州力余铁工厂、浙江铁工厂、杭州通用机器厂厂长,杭州制氧机厂第一副厂长兼总工程师,杭州重型机械厂副厂长兼总工程师。在机器制造与管理方面有丰富的经验和成就,曾任中国机械工程学会杭州分会理事长、浙江省机械工程学会副理事长、全国机械工程学会理事、杭州市退休工程师协会理事长。1956年加入九三学社,先后任杭州分社副主委,杭州市委员会主委,浙江省中国委员会和第一届省委会副主委,中央委员会顾问。是全国政协委员、浙江省政协常委、全国人大代表。

**钱　复(1935—　)**

字君复。杭县人。1935年2月17日生。钱思亮第三子。早年在大陆读完小学,中学肄业,于1949年随家人去台湾。1952年考入台湾大学政治系。1959年到美国留学,入耶鲁大学学习,先后获得政治学硕士和博士学位。1962年至1963年任"行政院"秘书。1964年至1972年先后担任"外交部北美司"科长、副司长、司长。先后兼政治大学副教授、台湾大学教授。1972年至1975年任"行政院新闻局"局长。1975年至1979年任"外交部常务次长"、"政务次长"。1983年至1988年任台湾当局"驻美代表"。1988年至1990年任"行政院政务委员"兼"行政院经济建设委员会"主任委员。1990年至1996年任"外交部长"。1996年至1998年任"国民大会议长"。后任"监察院长"、台湾两岸共同市场基金会最高顾问。著有《钱复回忆录》(2册)。

**钱　泰(1886—1962)**

字阶平。嘉善县人。1906年中优贡。1914年法国巴黎大学毕业,获法学博士学位。1915年至1921年5月任北洋政府司法部参事。1921年5月至1927年任北洋政府外交部条约司司长。1931年12月至1932年12月任南京国民政府外交部国际司司长。1934年至1937年7月任中华民国驻西班牙全权公使。1937年6月至1940年8月任中华民国驻比利时全权大使。1941年10月至1942年12月任国民政府外交部常务次长。1943年8月至1944年9月任中华民国驻挪威全权大使。1944年6月14日被任命为中华民国驻法国大使待遇代表;同年11月28日改任中华民国驻法国全权大使,至1949年。新中国成立前夕默认原驻法大使馆公使凌其翰、参赞孟鞠如、二等秘书钱能欣等九人通电起义;10月6日凌其翰等人到法国外交部宣告起义;10月10日使馆人员起义声明公开发表后去职。1950年初定居美国。后迁居维也纳。1962年支持其从事原子能研究的侄子,应邀从维也纳返回祖国大陆访问、探亲。著有《中国不平等条约之缘起及其废除之经过》。

**钱家栋(1902—?)**

字叔禅。嘉善县人。早年毕业于北京俄文专修学校。1930年任天津市公安局秘书。1931年任天津市政府秘书。后任国民党天津市党部党务整理委员。1935年8月任驻苏联伯力代理总领事。同年11月至1938年7月任驻伯力总领事。1946年1月任驻苏联海参崴代理领事。同年11月任驻海参崴总领事。后不详。

**钱能训(1869—1924)**

字干丞,亦作干臣。嘉善县人。1898年中进士。1899年留馆为翰林,散馆后授编修,历任刑部主事,员外郎,郎中,监察御史,广东、湖北乡试主考官,广西学政等职。1906年起历任巡警部左参议、左丞,民政部右丞,奉天参赞、奉天藩司,顺天府尹,陕西布政使兼护理陕西巡抚。1911年辛亥革命爆发后以护理陕西巡抚名义大捕革命党人;10月22日民军光复西安,与西安将军出兵镇压,被民军击溃后自戕未遂,经革命军医治后出走潼关。1913年10月任北洋政府内务次长。1914年3月任约法会议议员。同年5月任政事堂右丞,兼襄助国务卿徐世昌处理政务。1915年1月被袁世凯策封为中卿。同年10月至1916年7月任北洋政府平政院院长,兼文官高等惩戒委员会委员长。1917年12月至1919年6月任北洋政府内务总长。1918年10月兼代国务总理;12月任国务总理。1919年五四运动爆发后首当其冲，于6月10日宣布辞职。后被任命为苏浙太湖水利工程督办，因不懂水利，且无兴趣，遂于1920年8月自动辞职，被聘为北洋政府外交部顾问。1921年夏与熊希龄等发起组织华盛顿会议中国后援会，任主席，主张山东应无条件归还中国。晚年还参与筹办溥益糖业公司及中华懋业银行。1924年6月5日在北京寓所去世。编有《浙江公会事实记》。

**钱崇澍(1883—1965)**

字雨农。海宁县人。1883年11月11日生。1904年考中秀才。1905年考入上海南洋公学，毕业后被保送到唐山路矿学堂学习。后考入清华留美预备学堂(今清华大学)。1910年与竺可桢等一道赴美留学。先后在伊利诺伊大学、芝加哥大学、哈佛大学学习。1916年回国后历任江苏甲种农业学校、南京金陵大学、东南大学、北京农业大学、清华大学、厦门大学等校教授。1927年任中国科学社生物研究所所长。1933年任中国植物学会评议员。1942年任复旦大学教授。1948年当选为中央研究院院士。新中国成立后应邀到中国科学院工作，任植物研究所研究员兼所长(1953年以前为植物分类研究所)。1955年当选为中国科学院学部委员。曾兼任全国人大常委、全国政协常委、中国植物学会理事长等职。晚年与陈焕镛一起主持《中国植物志》的编撰工作。1965年12月28日病故于北京。钱是中国现代植物学研究的奠基人之一，在植物分类学、植物生理学及植物生态学和地植物学等方面均有所创获。1916年发表的《宾夕法尼亚毛茛两个亚洲近缘种》是中国人用拉丁文为植物命名和分类的第一篇文献。1917年发表的《钡、锶、铈对水绵属的特殊作用》是我国应用近代科学方法研究植物生理学的第一篇文献。1927年发表的《安徽黄山植物之初步观察》是中国植物地理学和植物区系学方面的最早著作之一。其后发表的《森林之种类与分布》、《植物疏密之试验》、《植物之天演》、《浙江之兰科三新种》、《中国植物之新种》等文在相关领域也都有一定的价值。

**钱鸿业(？—1940)**

字谨庵。杭县人。清监生出身。民国著名法官。历任度支部主事、京师检察厅检察官、大理院推事、上海第一特区地方法院刑庭庭长。1937年11月日军占领上海后多次拒绝日军和汪伪政府移交租界法院的要求，令日伪恼羞成怒。1940年7月29日中午在下班回家午餐的路上遭日谍暗算，连中四弹，均中要害。其独子钱思亮后来成为著名科学家。

**钱智修(1883—1948)**

字经宇。嵊县人。早年在嵊县读小学。1904年进入上海爱国学社，不久进入上海私立震旦学院学习法文。后来因为学生风潮转入复旦公学。1911年毕业，获文学学士学位。同年应商务印书馆编译所所长高梦旦之邀请，担任该所编辑。1920年7月接任杜亚泉，担任《东方杂志》主编长达12年，成为该杂志任期最长的主编。1925年主编和出版《东方杂志"五卅事件"增刊》，参与编辑《辞源》及《中国人名大辞典》、《中国古今地名大辞典》，兼任商务印书馆主办的国文函授学校主任。1932年起任南京国民政府监察院秘书。1942年8月至1947年3月任监察院监察委员。1948年2月11日在上海去世。著有《苏格拉底》、《拿破仑》、《达尔文》、《克林威尔》、《美国总统威尔逊和议演说》、《林肯》，在《东方杂志》上发表文章200余篇。

**钱 煦(1931— )**

杭县人。1931年生于北京。钱思亮次子。1948年考取北京大学医科。1949年随家人去台湾，入台湾大学医学院继续学业，1953年毕业。1954年赴美深造。1957年获哥伦比亚大学生理学博士。毕业后留在美国从事科学研究。1976年当选为台湾"中央研究院"院士。1991年起任美国加州大学圣地亚哥分校惠特克生物医学工程研究院院长。先后获得美国科学院、工程院、医学院、艺术暨自然科学院四院院士。同时还被聘为中华人民共和国中国科学院外籍院士。2009年被聘为北京航空航天大学生物与医学工程学院名誉教授。还担任"美东华人学术联谊会"会长。

**钱新之(1885—1958)**

名永铭，晚号北监老人。吴兴县人。著名银行家。湖州米商家庭出身。早年就读于上海育才学堂和南洋中学。1902年入天津北洋大学学习财政经济学。次年公派赴日本神户高等商业学校留学，专攻银行学。1909年回国后任教于南京高等商业学校。1912年受新任工商总长陈其美派遣赴北京接受旧农工商部，任会计课长。不久辞职返沪，于同年参与创办中华捷运公司。1916年任中国银行商股联合会秘书长，积极参与中行上海分行的抗停兑斗争。1917年与蔡元培、黄炎培等发起成立中华职业教育社。同年出任交通银行上海分行副经理，1919年升任经理。1920年任上海银行公会会长。1921年参与创办华丰棉织公司、泰山砖瓦公司、民通银行等企业。1922年任交通银行总行协理，上任后对交行进行以“发行独立，准备公开”为核心的一系列改革，使交行业务大为改观。1925年因受排挤离开交行，任盐业、金城、中南、大陆北四行联合营业所、四行储蓄会副主任及四行联合准备库主任。1927年春任上海商业联合会常委、江苏兼上海财政委员会委员，与虞洽卿等联合江浙金融界募集巨款支持蒋介石。南京国民政府成立后任关税委员会委员、财政部次长。1928年任浙江省政府委员兼财政厅长。同年交行总部迁上海后任常务董事。1929年弃政从商，任中兴煤矿公司总经理、中兴轮船公司董事长，当选为中华职教社董事会主席。1930年任中法工商银行中方副董事长。30年代初出任上海地方协会副会长。1936年兼任复旦大学校长。抗战爆发后与王晓籁等发起组织上海市各界抗敌后援会，任副会长。1937年11月离沪到香港。1938年受聘为国民参政员。同年8月应蒋介石和陈果夫等之邀赴重庆，出任交通银行董事长。太平洋战争爆发后又在重庆兼任中华实业信托公司、通济公司常务董事。抗日战争胜利前夕任孚中公司董事长。不久赴上海改组交通银行，仍任董事长。1945年11月又兼任金城银行董事长。1946年初以无党派身份参加政治协商会议。此后任闸北水电公司、中国盐业公司、上海《新闻报》等多家企业董事长。同年10月当选为“国民大会”代表。次年任美金公债劝募委员会主任委员。1948年与杜月笙创设复兴航业公司，任董事长。该年四行储蓄会期满改组为联合商业储蓄信托银行，任董事长。1950年与杜月笙将复兴航业公司由港迁往台湾，改由官营。1958年6月19日在台北去世。

**钱镜塘(1907—1983)**

原名德鑫，字镜塘，晚号菊隐老人。海宁县人。为吴越王钱镠之嫡裔。祖父辈善丹青，富书画收藏，幼年酷爱丹青，及长嗜好金石书画收藏，较为专门化与系列化，在收藏界享有崇高威望，被誉为“今之项墨林、安仪周、庞莱臣”，也与沪上收藏鉴定家吴湖帆并誉为“鉴定双璧”。20世纪50年代起陆续捐赠给中国各博物馆或文物机构金石书画精品3900余件，其中仅浙江博物馆就有1000余件。为西泠印社社员。

**倪文亚(1907—2006)**

乐清县人。1907年3月2日生。早年毕业于上海私立大夏大学教育科。1924年在上海加入国民党。后赴美国留学，1928年获美国哥伦比亚大学师范学院文学硕士学位。留学期间曾任哥伦比亚大学中国学生会理事。毕业后赴英、法、比利时等国游历。1929年起先后任私立大夏大学教授兼附属中学部主任，国立暨南大学教授、系主任，中央军校教官，甘肃省教育厅科长、主任秘书。1933年在上海与贺衷寒等创办《前途》月刊。同年与肖作霖等策划成立复兴社外围组织中国文化学会上海分会，任理事。抗日战争初期任中央军校第六分校政治部主任，后任军事委员会政治部设计委员、中训团教育委员会教务组组长。1941年11月任三民主义青年团中央干事会干事。1943年4月任三青团中央常务干事兼训练处长。1945年兼三青团中央组织处处长及青年军政治工作指导委员会委员；5月当选为国民党第六届候补中央执行委员。1946年11月当选为制宪国民大会代表。1947年7月党团合并，当选为国民党中央执行委员兼青年部部长。1948年当选为中华民国立法院立法委员。1949年去台后历任“革命实践研究院”副主任、国民党中央青年部长、台湾省党部主任委员、中央党部第一组主任。在担任“中韩文化协会”理事长期间被韩国汉阳大学授予名誉法学博士。自1962年起为第六至第十三届国民党中央执行委员，第七、第九、第十、第十一、第十二、第十三届中央常务委员，第十四届起任中央评议委员、中央评议委员会主席团主席。在“立法院”先后任“立法委员”、“副院长”、“代理院长”。自1972年至1988年任“立法院院长”达16年之久。辞去“立法院院长”后被聘为“总统府资政”。2006年6月3日在台北去世。

**倪　金(？—1907)**

金华县人。清末武生，擅长拳术，龙华会会员。与徐顺达为莫逆之交，并由徐顺达介绍加入光复会。秋瑾授予交通部长之职，命令所属子弟听从徐顺达指挥。徐顺达因与豪绅争田产被捕入狱，屡次计划劫狱营救而未果。秋瑾下达浙江起义命令后喜形于色，前往狱中通知徐顺达，并携带数百银元前往布店采购黑布。店主因黑布并非常用之物，询问其用途，乃直言相告，作为光复军号衣，并缀“汉”字以肩上，作为标式。店主以为其精神失常，双方发生争执，为衙役所闻，报告金华知府嵩连。嵩连指使警察官祝连元前去逮捕，祝连元乃是其授拳徒弟，预先派人通风报信，使其逸去。嵩连遣人捕获，与徐顺达同斩于市。金华光复会会员王汝槐、吕观兴、吕荣等20余人，也先后遇难。

**倪绍生(1872—1938)**

又名能备。鄞县人。遗腹子，家境清贫。12岁到慈溪县三北镇当木作学徒。18岁到上海，经同乡介绍进入一家从事家具制作及建筑装修的木作铺。因手艺高超、为人忠厚，受到一位业主器重，将一间仓库租给他办倪森美水木作铺，经营房屋维修、家具制作和小型房屋建筑工程。1915年承建同乡商人黄楚九创办的新世界游乐场，半年时间建成大楼(即新世界南楼，今上海精品商厦)。1918年又仅用半年建成新世界北楼，同时建成一条地下隧道穿越南京路接通南北楼。1921年正式开设森茂营造厂。1924年黄楚九创建工程量数倍于新世界的大世界，要求7月动工，年初一建成开放，倪亲自调度指挥，集结几百工人分班昼夜施工，如期竣工，大世界成为上海著名的近代建筑之一。森茂承建的重要建筑还有太和大楼、九星大戏院、中法大药房、三星大舞台(今中国剧院)等。抗战爆发后森茂在闸北的作场及所有库存建筑材料被毁，倪回宁波老家。1938年病故。

**倪贻德(1901—1970)**

笔名尼特。杭县人。小说家、美术家。自幼爱好绘画艺术，中学时积极参加反帝反封建的新文化运动。1922年毕业于上海美术专科学校，留校任教。早年留学日本，归国后参加创造社文学活动。1923年起在《创造周报》等刊物上连续发表《花影》、《零落》、《玄武湖之秋》等小说。作品风格冷郁，情调感伤，受到郁达夫的影响。后结集出版《玄武湖之秋》、《东海之滨》、《残春》、《百合集》等。抗日战争爆发后积极投入抗日救亡运动，一度任郭沫若领导下的第三厅美术科长，后在西南联大、英士大学、国立艺专等校任教。抗战胜利后回杭州，自办西湖艺术研究所，后长期从事美术创作及艺术教育工作，先后担任广州美术专科学校校长、上海美术专科学校及武昌艺术专科学校教授等职。对中西绘画理论都有深邃的研究，早年曾有《西洋画概论》、《水彩画研究》等著作。对引进欧洲绘画理论和绘画技法和发展我国的油画事业起了一定的推进作用。著作还有《画人行脚》、《艺术漫谈》、《近代艺术》、《西洋美术史纲要》、《西洋画研究》、《西画论丛》等。

**倪葆春(1899—1997)**

诸暨县人。1921年毕业于美国芝加哥大学。后进约翰·霍布金斯大学医学院学习，1925年获医学博士学位。1926年获洛氏奖学金，进修整形外科。1928年后在上海圣约翰大学开设整形外科门诊，发表《局部麻醉裂唇修补术》一文。1935年升任教授。1941年太平洋战争爆发后被调任红十字会救护总队副总队长兼昆明办事处主任，主管云南地区战地救护工作。1945年返回上海后就任上海圣约翰大学代理校长、外科学教授、医学院院长。1952年院系调整，圣约翰大学医学院、震旦大学医学院和同德医学院合并成立上海第二医学院，被任命为副院长。1956年被评为一级教授。曾任上海市第一、第三届人大代表，上海市第五、第六届政协委员，九三学社第六、第七届中央委员。1997年10月28日病故。

**倪斐君(1912—1966)**

女。镇海县人。1925年随开钱庄的父亲到上海学习。1930年在上海妇产科学校毕业后到南京私立济生医院任护士长，半年后回到上海，在天主教圣心医院做妇产科助产士。后又返回南京，经朋友介绍到康济医院任助产士、护士长。1934年到上海东南医学院深造。同年春与南京国民政府参谋本部次长贺耀祖结婚。1935年5月贺耀祖出任驻土耳其首任全权公使，以夫人身份同行。在两年时间里夫妇俩游历了欧洲10余个国家。1937年6月底回国，贺耀祖出任甘肃省政府委员并暂代建设厅长，以夫人身份随行。1938年在兰州加入中国共产党，任甘肃省妇女抗敌后援会主席，创办《妇女旬刊》。1940年随贺耀祖(新任军事委员会侍从室第一处主任、国民政府行政院经济会议及国家总动员会议常委兼秘书长)到重庆，担任重庆难民妇女服务团团长，开展抗日救亡活动。并协助宋庆龄从事社会福利救济事业。兼任重庆中苏文化协会妇委会委员、重庆国际难童学校校长、儿童世界月刊社社长。1945年后任中国妇女联谊会常务理事兼副秘书长。1946年2月全家由重庆迁回上海。除继续协助宋庆龄从事中国福利基金会工作外，又通过各种渠道，组建"中国妇女联谊会上海分会"。1948年毕业于上海东南医学院，到第二联勤总医院工作。1949年5月上海解放，中国人民解放军第二野战军卫生部接管第二联勤总医院后重新回到医院工作，被上海市人民政府邀请参加上海市人民代表会议。新中国成立后历任上海人民医院内科医师，上海女医师联谊会主席，中国人民救济总会和中国红十字总会副秘书长，全国妇联第二、第三届执委，第一、第二、第三届全国人大代表。1966年8月去世。

**倪翰翁(1902—?)**

女。宁波人。早年在宁波甬江女子中学毕业后考入南京金陵大学学习。1925年赴美国留学，曾获各伦比夜大学师范学院硕士学位。1930年回国后先后在沈阳东北大学、南京金陵女子大学、广州中山大学任教。1958年随丈夫周其勋前往广西南宁参加广西大学外文系筹建工作，后任该系教授。多次连任广西壮族自治区政协委员、自治区妇女联合会执行委员，1979年被评为全国“三八”红旗手。1984年当选为九三学社广西区委员会委员。编著有《儿童的养护与教育》、《大学英语选读》等。

**徐一冰(1881—1922)**

原名益彬，又名逸宾。吴兴县人。祖父徐延祺，字引之，号芷绥，咸丰二年举人，官内阁中书，为南浔有名诗人，撰《怡云阁诗抄》(4卷)及《梦草词》(2卷)等。1901年考中秀才。1905年赴日本大森体操学校留学，期间加入同盟会。两年后学成回国，先在高阳里设华商体操会，同时任教于上海爱国女校、湖州旅沪公学、民立中学、中国公学等校。1907年底与王季鲁、徐傅霖在上海创办中国体操学校，次年3月招生。1911年辛亥革命爆发，支持学生参加革命，组成学生军参加攻打制造局之役。1914年获国民政府教育部一等金质嘉禾章和“思教无穷”的匾额。同年11月江苏巡按奉大总统令，授予七等嘉禾章。1920年迁中国体操学校到浙江湖州市南浔镇。学校共办20年，毕业生1531人，其中不少是中国近代体育界很有影响的人物。还曾创办《体育杂志》，亲任总编，有《徐氏教育学》等书留世。

**徐万椿(1916— )**

绍兴县人。1945年获美国密歇根大学机械工程硕士，后入密歇根大学研究农业工程。回国后历任技士、技正。1950年任台湾机械农垦处技术室主任。后该处合并台糖，改称农业工程处，先后任组长、处长达19年。任内多次出国考察或参加国际学术会议。公余翻译《农业机械原理》、《机器工具学》等工程类书籍共计44部，总字数在1500万字以上。

**徐丰彦(1903—1993)**

淳安县人。1903年12月5日生。1923年考入复旦大学理科。1927年大学毕业后随蔡翘教授到上海医学院任生理学助教，在蔡翘的指导下进行了甲状旁腺与钙、磷代谢研究，在《中国生理学杂志》上发表了多篇研究论文。1930年到北京协和医学院进修，在林可胜教授指导下进行颈动脉窦压力感受性反射的研究，画出了窦内压和体循环动脉压之间的关系曲线，并指出在该曲线的中点(即正常血压水平时)压力感受性反射最敏感。这一论文于1931年发表。1932年淞沪抗战开始后随蔡翘教授到中央大学任教，晋升为讲师。1933年得到中华教育文化基金资助，赴英国伦敦大学L. Evans教授实验室进修。1935年获博士学位。其后到比利时跟随Heymans教授进行颈动脉窦区的生理功能研究。同年回国后到中央研究院心理研究所工作，任副研究员，继续心血管反射的研究，提出了弥散性心血管张力反射理论，至今仍被普遍采用。1937年抗战爆发后随心理研究所内迁，后被借调到贵阳医学院工作。1939年下半年应蔡翘之邀赴成都合作开展研究。1945年初受聘担任重庆上海医学院生理学教授。1946年回到上海，负责重建生理学科室。此后一直在上海医学院工作。1956年被评为一级教授。曾任卫生部医学科学委员会委员、卫生部针灸针麻专题委员会委员、中国生理科学会理事、上海生理科学会副理事长等职。1993年1月22日病故。著有《动物生理学》、《运动与健康》等。

**徐开源(1908—1985)**

德清县人。1931年毕业于浙江大学工学院电机系。1932年起先后执教于浙江大学、广西大学理工学院、四川大学理工学院、英士大学。1949年后任上海市立工业专科学校教授，上海交通大学电力系统及其自动化专业教授。1958年至1959年参加西安交大的建校工作。1983年担任上海交大校务委员会主任。曾任上海交通大学电子电工学院(筹)电力工程系教授。先后担任《机电词典》电力分科审稿负责人、《船舶工程辞典》电力分科主编。编著有《工业企业供电》、《安全技术与防火技术》和《农村供用电安全技术》等。著有《求是诗词稿》(1册)、《花树轩词稿》(5册)。

**徐曰琨(1906—?)**

字吾山。建德县人。1906年生于杭州。早年先后毕业于上海澄衷小学、澄衷中学。1925年考入上海私立复旦大学社会学系，1928年冬毕业。1929年夏赴法国留学，入巴黎大学法学院攻读经济学。1933年秋回国后先后在国立上海商学院、国立浙江大学农学院、私立复旦大学、省立安徽大学任教。抗战期间在重庆各大学任教。抗战胜利后任南京国立政治大学教授，并主编《合作月刊》。新中国成立后历任杭州商业专科学校校长，山东财经学院教授，上海财经学院教授。著有《中国合作运动》、《消费合作运动之政策》、《百年来消费合作思想的演进》等。

**徐今强(1915—1976)**

宁波人。1938年4月参加革命

队伍。同年8月加入中国共产党。同年入延安抗日军政大学学习。结业后赴抗日前线，历任新四军第四师联络科科长、华中军区联络科科长、中共中央华中分局调查研究室资料科科长、胶东军工部研究室副主任、胶东化学总厂厂长兼政委、中共中央华东局联络部科长。新中国成立后历任中国石油公司军代表，燃料工业部石油管理总局副局长、代理局长，石油工业部部长助理，兰州炼油厂党委书记、厂长，石油工业部副部长兼大庆油田党委书记、总指挥，化学工业部代部长，燃料化学工业部副部长，煤炭工业部部长，是新中国石油工业的奠基人。曾为第四届全国人大代表。1976年7月21日在北京去世。

**徐文甫(1884—1950)**

鄞县人。实业家。1913年到上海，参加创建上海振华油漆厂。1917年春创设徐文记机制油漆桶罐厂。1932年创设光大热水瓶厂，生产"金鼎"牌保温瓶，远销香港、南洋等地。1937年又创办光大文记热水瓶桶罐厂；1946年改组为光大热水瓶厂无限公司。1948年在香港组创光大实业有限公司，又在印度尼西亚开设经营门市部。曾任上海热水瓶制造业同业公会常务委员、上海保热容器工业同业公会主席、上海工业委员会委员等职。1950年在上海病故。

**徐以枋(1907—1998)**

曾用名驭群。平湖县人。高级工程师。望族出身，毕业于浙江平湖治谷小学和嘉兴秀洲中学。1928年毕业于复旦大学土木工程系。同年3月入杭州市工务局工作。同年9月任江苏建设厅技佐、技士。1930年7月进上海特别市工务局工作。1933年7月调任南京全国经济委员会公路处副工程师，兼任技士、督察工程师。国民政府交通部公路总管理处荐任技正、国民政府交通部公路总管理处工程干部队总队长、主任督察工程师兼工程科科长。后任滇绍公路运输管理局工务科科长、副总工程师、军事运输管理局川滇西路工务局副局长、川康公路管理局副局长。1945年后任上海市工务局沟渠工程处处长、道路处处长、工务局副局长。新中国成立后历任上海市人民政府工务局副局长，上海市政工程局局长，上海市城市建设局局长、总工程师、市政工程设计院院长，市规划委员会顾问，市土木工程学会理事长、名誉理事长，全国土木工程学会桥梁和结构工程学会副理事长，中国国民党革命委员会上海市委员会副主任委员，上海市第六、第七届政协副主席。是第五届全国政协委员，第六、第七届全国政协常委。

**徐玉兰(1921— )**

女。新登县人。1921年12月27日生。越剧表演艺术家。1933年进入新登东安舞台科班学艺，初学花旦，后习老生。1935年随科班到上海演出。后在浙江、江西等地演出。1938年夏到上海。1939年11月与吴月奎等组兴华越剧社，演出于上海长乐戏院。1947年9月自组玉兰剧团，任团长，演出《国破山河在》、《吕布与貂蝉》、《武松》等剧目。1949年上海解放后进入华东军管会文艺处举办的第一届地方戏曲研究班学习。1952年7月率团参加中央军委总政治部文工团越剧队。1953年春参加中国人民志愿军停战谈判代表团政治部文工队。1954年春随剧团调回上海，编为华东戏曲研究院越剧实验剧团二团(后转入上海越剧院，改名红楼剧团)，担任主要演员。其表演富有激情，善于塑造人物形象，具有俊逸潇洒、神采夺人的艺术魅力。尤其是扮演风流倜傥的角色，独步越坛。嗓音嘹亮，旋律常在中高音区进行，唱腔除继承越剧传统老调外，还广泛吸收京、绍、杭等剧种的声腔成分，具有高昂激越的特色，被称为"徐派"。代表剧目有《红楼梦》、《西厢记》、《春香传》、《追鱼》、《北地王》、《西园记》等。其中《北地王》、《红楼梦》被誉为"徐派"小生的两大丰碑之作。

**徐世纶(生卒年不详)**

绍兴县人。曾任南京国民政府军事委员会军政部军医署第一处处长、陆军一等军医正、陆军军医监。1938年7月9日被授予陆军少将。1947年3月28日起浙江省卫生处处长试用。同年12月至1949年5月任浙江省卫生处处长。

**徐本生(1901—1980)**

字本岐。鄞县人。1901年1月16日生。1912年入宁波省立甲种商业学校学习，毕业后进入上海南洋商业专科学校学习。1926年春应宁波同乡俞飞鹏的邀请，前往广州，先后任黄埔军校经理部会计股员、股长。1928年任南京国民政府军政部军需署总务处少校审核。1929年入军需学校深造。毕业后历任军事委员会经理处出纳科长，豫鄂皖三省"剿总"经理处主管会计，西北"剿总"经理处处长。1937年5月起先后任军事委员会委员长侍从室上校股长、少将副组长。1946年11月任国民政府参军处总务局副局长。1948年5月任总统府第六局副局长。1949年1月任总统府第六局局长。同年夏去台湾，先后任"总统府"秘书兼主计室主任、会计长。1980年12月1日在台北去世。

**徐可陞(1883—?)**

鄞县人。保险企业家。苏州博习书毕业,美国奥白林大学文学学士。曾任美国克利扶轮、日本东京及上海青年会干事,苏州、重庆等青年会总干事,四行联合保险总经理处司理。上海总商会总务主任。1935年后任肇泰水火保险公司上海分公司经理,上海市保险业同业公会常务委员兼代主席,东吴大学、新雅粤菜有限公司董事等。

**徐可熛(1903—?)**

鄞县人。早年毕业于上海圣约翰大学,后留学英国,毕业于伦敦大学。回国后曾任中英文教基金董事会总干事,国家科学委员会秘书长,高等考试典试委员,国立政治大学教授兼夕阳语文系主任,台湾东海大学兼任教授,台湾东吴大学教授兼中国文学系主任、中国文学研究所所长。著有《谈庚款忆骝公》等。

**徐东藩(1887—1950)**

谱名崇禄,又名寿城。金华县人。在家乡读完小学后考入浙江省立金华第七中学(今金华第一中学)。1909年考入京师大学堂(今北京大学)。1913年考取官费留学英国,入英国伯明翰阿斯顿大学,获文学学士学位。1917年获阿斯顿大学经济学硕士学位。回国后到北京大学任教。1921年当选为浙江省议会议员。1922年任华盛顿会议中国代表团咨议。1923年3月任督办鲁案善后事宜公署审议处处长。1924年11月至1927年春任北洋政府外交部特派山东交涉员。1927年3月任安徽省教育厅长。1928年任南京国民政府外交部条约委员会副会长。同年10月任外交部总务司长。1929年春至1934年2月任外交部参事。1934年2月任行政院威海卫管理公署管理专员,不久挂冠回南京,自号"退翁",闭门读书。1937年回金华定居。1938年12月应浙江省政府主席黄绍竑的邀请,出任浙江省临时参议会秘书长。1942年11月改任临时参议会参议员。1946年任英士大学法学院教授,并担任法学系主任。1950年1月去世。

**徐仙来(1894—1988)**

字朗晖。黄岩县人。1916年毕业于浙江讲武堂炮兵科。毕业后分发到浙军服役,历任见习官、排长、连长、参谋、科长等职。1937年从陆军大学第十三期特训班毕业后任国民革命军炮兵团长。1938年任第五战区司令长官部作战科科长,参与指挥徐州会战。1941年任第三战区兵站总监部少将参谋长。1945年任军政部驻台湾特派员。1947年3月5日被国民政府授予陆军少将军衔。1949年国民党退守台湾后任台湾当局"国防部联勤总司令部供应局"局长。1964年退役。1988年11月在台北去世。

**徐　讦(1908—1980)**

本名徐传琮,字伯讦。慈溪县人。1908年11月11日生。1921年到北京,就读于成达中学。1927年去湖南第三联合高中就读,毕业后考入北京大学哲学系。在学期间曾发表短篇小说《烟圈》,从此开始文学创作。1931年本科毕业,获学士学位。后转至北京大学心理学系攻读硕士。1933年夏到上海协助林语堂编辑《论语》半月刊。1934年4月林语堂创办小品文杂志《人间世》半月刊,任编辑。1936年3月与孙成共同创办《天地人》半月刊,出版10期而止。其后赴法国巴黎大学攻读哲学博士学位。次年在《宇宙风》上发表中篇小说《鬼恋》,一举成名。"七七"事变后放弃学业,于1938年1月回到上海。在"孤岛"租界卖文为生,作品大多发表于《西风》、《宇宙风乙刊》及《中美日报》。同年5月与冯宾符共同创办主编《读物》月刊。后在中央银行经济研究所任职。期间著有《吉布赛的诱惑》、《荒谬的英法海峡》、《精神病患者的悲歌》和《一家》四部长篇小说,风靡一时,是当时沪上最多产的作家。1941年冬独力创办并主编《作风》杂志,旋因日军发动太平洋战争,接管租界而停刊。1942年随中央银行经桂林至重庆,兼任国立中央大学师范学院国文系教授。1943年在《扫荡报》副刊连载长篇小说《风萧萧》,风靡一时,该年被称为"徐讦年"。1944年又任《扫荡报》驻美特派员。1946年回到上海,继续为《扫荡报》撰写社评。1950年赴香港,继续从事创作。1952年任拓荒出版社主任。1953年与曹聚仁等创办创垦出版社。先后创办或与人合办《热风》、《幽默》、《论语》、《笔端》、《七艺》等期刊,均因销路不佳停刊。1956年出版长篇小说《江湖行》第一部,出版文集《回到个人主义与自由主义》。1957年担任香港珠海学院中文系讲师。1961年赴新加坡,任南洋大学教授。1963年兼任新亚书院中文系讲师。1969年担任香港浸会学院中文系兼职讲师。次年任该院中文系主任。1977年兼任文学院院长。1980年5月退休,10月5日在香港病故。一生著有长篇小说、短篇小说集、诗词、散文、剧本、文学评论集等60余种,计2000余万字。作品还有《江湖行》、《旧神》、《炉火》、《时与光》、《阴森森的世纪》、《期待曲》、《彼岸》、《神偷与大盗》、《小人物上进》等,另有《徐讦全集》传世。是中国最早的心理分析小说作家、"后期浪漫派"的代表作家和一个具有先锋意识的超前作家，曾被林语堂称为20世纪中国的杰出作家，在港台评论界被视为世界级的作家。

**徐礼耕(1902—1988)**

山阴县人。绸商世家出身，其父徐吉生在杭州独资开设庆成绸庄，并开设庆成绸厂。早年就读于杭州安定中学及上海承天英文专科学校，未毕业即回杭另延师专攻中、英文。1923年作为杭州丝绸代表团成员赴美参加“万国丝绸博览会”。会后入美国密歇根大学进修国际市场、企业经营管理等科。不久回国主持杭州庆成缫丝厂缫丝部，积极扩充、更新设备，使庆成成为浙江颇有规模的先进缫丝厂之一。1929年至1933年世界经济危机期间杭州纬成、虎林等大厂相继停产，庆成则继续经营，并创出“泰来”牌厂丝。1933年承租嘉兴纬成绢丝厂。1940年在上海创办庆济纺织厂(今上海第二十毛纺厂)，并创出“泰和殿”名牌绢丝。新中国成立后实行公私合营，任副经理。同时是公私合营浙江企业公司私股大股东。1988年病故。

**徐永祚(1891—1959)**

又名玉书。海宁县人。早年就读于浙江高等学堂。1914年毕业于上海私立神州大学经济科。毕业后在天津中国银行担任练习生。1915年回私立神州大学银行科任教。1917年起先后任上海《银行周报》编辑、主编。1919年应邀为上海证券交易所成立前拟订业务规程、会计制度和培训会计。1920年交易所开业，出任会计科长，全权处理会计事务。1921年从北洋军阀的北京政府取得会计师执照，在上海创办“徐永祚会计师事务所”，开始从事执业会计师工作，并发起改良中式簿记运动，致力于中国会计的改良。1925年发起成立上海会计师公会，被推举拟订《会计师法规草案》。1933年元月创办《会计杂志》月刊，任主编，经常介绍国内外财会管理的理论和经验。此外还兼任上海银行公会书记长，上海证券物品交易所会计科长、常务理事，神州大学、上海商学院、复旦大学、光华大学兼职教授。在30余年的会计师活动中，为提高我国工商业财务会计管理水平发挥了重要作用，被公认为名会计师。1937年“八一三”淞沪抗战开始后负责经手所有捐献财物的进出证件和账册，被日本侵略军侦悉，遭到逮捕监禁，后经多方营救获释。抗战期间将“徐永祚会计师事务所”改称正明会计师事务所，继续开展业务。1945年参与中国民主建国会的筹建。1946年当选为上海市参议会参议员。1949年出席中国人民政治协商会议第一届全体会议。新中国成立后历任华东行政委员会人民监察委员会委员，上海会计师公会常务理事，民建第一届中央委员，全国政协第二、第三届委员，上海市政协常务委员兼财经委员会主任。1959年在上海去世。论著丰富，其中较大影响的有《改良中式簿记概说》、《英美会计师制度》、《决算表的分析》、《所得税与会计》等。

**徐永原(1901—1954)**

字溥时。兰溪县人。1936年任福建省武平县县长。1937年12月至1939年12月任福建省宁德县县长。鉴于日寇飞机数度轰炸县城，为了便于防空疏散，征调全县民工将城墙拆除。1948年当选为中华民国“行宪”国民大会代表。1949年去台湾，继续担任“国民大会代表”。1954年在台北去世。

**徐吉生(1864—1934)**

又名益庆。绍兴县人。在家乡读三年私塾后到杭州瑞云公记绸庄当学徒。1911年在家乡创办吉生布厂，有手拉织机近百台，织染配套，产品销往苏、浙、皖、赣等地。同年与人在杭州合设吉祥恒绸庄。1912年独资在杭州创办庆成绸庄，后置织机120台，改名庆成绸厂，为杭州最大的绸厂之一。1913年集资在诸暨开办新新丝厂。1924年庆成绸厂购日本电力织机40台、增日本缫丝机120台，改名庆成缫丝厂。又在上海合资开办祥纶丝厂、上海织造厂。1930年受国际不景气和国内战争影响，上海、杭州不少绸厂相继关闭，徐苦心经营，终渡难关。1933年承租嘉兴纬成绢丝厂。生平热心教育事业，1908年独资创办吉生小学。

**徐芝萱(1895—1970)**

医名徐重道。慈溪县人。上海著名药号徐重道国药号创始人。幼读私塾，1908年入诸暨仁寿堂药店当学徒，继在萧山临浦义大震药店、杭州仁益堂药店、上海壶中天药店任职。1921年在上海创设徐重道国药号，兼做中医。随即将药店抵押给银行再开新店，如此往复，药店迅速发展。至40年代在公共租界、法租界先后开设17家分店，并在全国各大城市设经销代理处，被称为沪上“范围最广、分店最多、药品最全、药品最好、价钱最巧”之药店，徐也以借债经营闻名于同业。1932年任上海市国药业同业公会常务理事。1935年曾创设徐重道药号新药部。1947年扩建为徐重道化学制药厂。强调一业为主，多种经营，开设营造厂、药材行、制胶厂、油酱店、印刷厂、钱庄等。1949年后任上海国药业公会执监委员、上海中药业同业公会常务委员等。1970年3月去世。

**徐则恂(1874—1930)**

字允中。青田县人。诸生出身。1898年考入两江总督张之洞在南京创办的江南陆师学堂学习,毕业后分发到浙江新军任职。1911年任浙江新军第二十一镇第四十一协第八十二标一营管带(营长),驻杭州南星桥。同年11月4日参加光复杭州之役。随后参加援兵浙军支队,参加攻打南京郊外天险天堡城,立下战功。南京光复后援宁浙军支队扩编为陆军第六师,以战功晋升团长。1912年6月随浙军第六师由南京凯旋回杭;10月11日北京政府授予陆军少将。1914年2月1日任浙江内河水上警察厅厅长。1917年1月7日北京政府授予陆军少将加中将衔。任职之余还先后主持编制《浙江水陆道理记》(1914年出版),成为浙江水陆省情不可缺少的资料;主持对清朝宗源瀚等纂修的《浙江全省舆图并水陆道里记》(20卷)进行全面修订,于1915年由杭州武林印书馆石印出版;重印《浙江省分县图》。工书法,善联对。

**徐　伟(1876—1943)**

字仲荪。绍兴县人。徐锡麟二弟,清末秀才。年幼即入家塾,性格文静,爱好读书,常与胞兄徐锡麟通宵达旦研究数学难题。1899年考取山阴县生员。因科举停废,于1905年10月东渡日本留学。1906年考入早稻田大学政法系。留日期间与章太炎过从甚密,并由章太炎介绍加入光复会,协助徐锡麟从事反清革命活动。同年徐锡麟、陈伯平和马宗汉回国,曾在早稻田大学组织欢送会,并摄影留念。1907年7月回国探亲,适逢徐锡麟发动安庆起义失败,在九江被捕入狱,受尽折磨,至清王朝覆灭,始获释回东浦休养。1912年应浙江都督汤寿潜之邀出任浙江禁烟局局长。不久辞去局长职务,返回绍兴居住。同年与徐锡麒、王子余等人发起组织“徐社”,被推为社长。1916年翻晒家藏旧书时发现徐锡麟早年抄录明人科场范文《明文偶钞》,特作《〈明文偶钞〉序》。1917年身体康复后应邀为杭州文澜阁整理古籍。整理《四库全书》时发现书内有大量缺损,遂自费赴武汉抄录,将残缺部分修补完整。因痛恨国民党内战政策,屡次拒绝到国民党中央任职。曾应春晖中学校长之邀出任伦理学教员。1936年以后辞别教坛,在绍兴创办国学研究社。绍兴沦陷后日伪屡次要求其担任翻译,均予以断然拒绝。战时物价飞涨,经济来源又断绝,又不愿向别人求助,生活十分清苦。

**徐自华(1873—1935)**

女。字寄尘,号忏慧。桐乡县人。书香门第出身,生性敏慧,攻读勤奋,尤喜诗词,10岁即解吟咏。1893年嫁吴兴南浔梅福均,婚后七年丈夫去世,年少寡居,备受歧视,郁郁寡欢,以诗赋自遣。南浔绅士张弁群创办浔溪女校,被聘请为女校校长。1906年与秋瑾一见如故,订立生死之交,并介绍加入光复会和同盟会。秋瑾筹办《中国女报》,出资予以赞助。1907年与秋瑾泛舟西湖,相约“埋骨西泠”。秋瑾筹备浙江起义,经费紧张,倾囊相助。秋瑾在轩亭口遇难,骤闻噩耗,悲痛欲绝,撰《哭鉴湖女侠》12首,直斥当局,痛悼挚友。秋瑾遇难后家人不敢安葬,遂寄函吴芝瑛,商讨营葬秋瑾。同年冬践行埋骨西泠之约,渡钱塘江至绍兴,与秋誉章商谈密运灵柩到杭州计划。1908年前往杭州觅得西湖苏堤春晓墓地,秋瑾灵柩迁葬杭州西泠,撰写《鉴湖女侠秋瑾墓表》。同年2月25日在西湖凤林寺召开秋瑾追悼会,并成立秋社,被推为秋社社长。1909年清御史常徽奏请削平秋墓,参奏主事者为“同党”,下令通缉,被迫避居上海日侨医院。1910年柳亚子等人发起成立南社,成为南社早期社员。1912年1月1日发布《西泠重兴秋社并建风雨亭启事》,并致电临时大总统孙中山寻求支持;1月26日参加绍兴大善寺召开的秋瑾追悼会,以临时主席身份发表演说,并搜集秋案及大通学堂档案,携回秋社保存;3月1日上书浙江省议会,提议迎还秋瑾遗骸归葬西湖,以实现秋瑾遗愿。浙江省议会议决通过,并委托秋社办理。秋社设营葬事务所,筹建新墓和风雨亭,并将刘公祠改建为鉴湖女侠祠。同年4月24日参加上海女界在张园召开的秋瑾追悼会,发表演讲,报告秋瑾就义经过;7月19日杭州隆重集会追悼秋瑾就义五周年,任临时主席,发表演讲。1913年赴沪接办竞雄女学,自任校长。1916年奉命化装前往苏州苏台旅馆联络革命党人,开展反袁斗争。1920年呈请保存秋祠。1927年召集秋社同人联名呈请浙江政务委员会恢复秋祠,以杭州市政府查明发还。同年将竞雄女学校务移交王灿芝接管,并将秋瑾所赠玉钏交还王灿芝。此后移居杭州西湖秋社,朝夕与秋墓相伴。1929年在杭州率秋社同人举行秋侠殉国22周年公祭。后出任《江苏革命博物馆月刊》编委,辑录辛亥革命资料。1935年7月12日在西湖秋社去世,葬于杭州市第一公葬,后迁葬西湖孤山北麓,柳亚子撰有墓表。著有《听竹楼诗稿》、《忏悔词》以及《秋心楼诗词集》,另有《秋心楼诗词》80余首。郭延礼辑有《徐自华诗文集》。

**徐名材(1889—1951)**

宁波人。化工企业家。诗书世家出身。1908年上海南洋公学毕业后赴美留学,先入康乃尔大学,继进麻省理工学院读化学、化工,获硕士学位。1917年归国后任汉冶萍公司汉阳钢铁厂工程师。1922年任上海交通大学化学系教授、系主任。1938年去重庆,任资源委员会化工处长。1941年接办重庆动力油料厂,任厂长。至抗战胜利前夕该厂已在各地设五个属厂,其他民营厂大小百余家,用植物油裂解炼成燃料油及润滑油,为战时大后方交通运输作出了贡献。抗战胜利后在上海筹建中央化工厂,任筹备主任,先后接受日本在沪的"明治产业株式会社"、"维新化学工业社",组建中央化工厂上海分厂,并在南京筹建南京分厂,又把重庆动力油料厂改建为重庆分厂。1949年后任华东化工部化工处长兼轻工业部上海工业试验所所长,对恢复华东各化工厂生产及后来各化工厂的调整、改造多有贡献。

**徐庆云(1880—1931)**

名维训,字庆云,又字品伟。慈溪县人。纱业巨商。纱业世家出身,其父徐锦章设纱号于上海,但因疾早逝。16岁从同邑俞姓学做纱业生意,22岁与人创设福泰棉纱号。第一次世界大战期间曾以百余万两盘进某外商棉布,获利倍余,一跃而成为上海纱业巨头。同时又开设福泰金号,精于标金生意。1922年任大英银行买办。1923年接盘大丰纱厂,改名大丰庆记纱厂,任总经理。是上海纱业公所创始人,又与穆藕初、荣宗敬等创设上海华商纱布交易所,并历任纱业公所董事、上海华商纱厂联合会董事、华商纱布交易所理事等职。还兼营钱业,在上海独资或与人合资创办恒隆、恒来、敦余泰记、寅泰、恒异、同庆等钱庄,拥有资产达1000万元。曾任上海租界纳税华人会委员,及工商部国货展览会、上海市商人整理会、兵工厂接受保管委员会、商品陈列所审查会评议会、浙江水灾筹振会、吴淞水利协会等委员,还曾任多届上海总商会、宁波旅沪同乡会会董。热心救灾、恤贫等慈善事业,去世时遗命以20万元在家乡建学校、医院、养老院各一所,并以30万元为本金存行取息为其日常经费。

**徐兴业(1917—1990)**

绍兴县人。小说家。曾长期担任中学和专科学校教员。新中国成立后在中学任教,后在上海教育局、上海教育出版社任职。1977年退休后一度在上海师范学院历史系任教。教学之余从事小说创作。所著长篇历史小说《金瓯缺》描写宋与辽、金之间的对立和战争,富于气势,引起评论界的重视。著有《中国古代史话》(2册)、长篇小说《金瓯缺》(4册)。

**徐汝诚(1909—1995)**

号午生。余姚县人。1909年11月15日生。1929年于南京中央陆军军官学校炮兵科第六期毕业后历任中央陆军军官学校教导总队排长、连长、炮兵营营长。1936年12月陆军大学正则班第十二期毕业。曾任军事委员会军令部第一厅第二科科长,第一九一师参谋长、副师长,第四十二军参谋长,新编第十八旅旅长。1943年9月至1946年5月任陆军第四十六师师长。1945年9月至1946年5月任新二军副军长。1946年6月至1948年任中华民国国防部第五厅副厅长。1948年9月22日被中华民国政府授予陆军少将。同年任整编第二〇三师师长。1949年任第五十七军军长。去台湾后任"国防部第三厅"厅长、第六十七军军长。1955年在台湾"三军联合大学"毕业。后历任第六军军长、第三军军长、"陆军军官学校"校长、"陆军总司令部"参谋长、"陆军总司令部参谋长"、"陆军预备部队训练司令"、"参谋本部次长"。1964年11月退役后被聘为"总统府战略顾问"。1995年1月29日在台北去世。著有《西北建军计划》等。

**徐汝康(1907—1988)**

鄞县人。1933年毕业于国立中央大学体育系。毕业后留校任教,后任中央大学副教授。新中国成立后任南京大学副教授。后转入上海华东体育学院任教,先后任教授、教务长、体育系及基础部主任,上海市篮球协会主席,上海市田径协会副主席,中华全国体育总会上海市分会常委,国家级田径裁判。1956年加入中国民主同盟。1963年加入中国共产党。著有《田径裁判法》。

**徐　旭(1902—1974)**

字寅初。嘉兴县人。1925年之江大学肄业。曾任江苏省民众教育学院图书馆主任,广东省文理学院、桂林师范学院教授。新中国成立后历任江苏教育学院、东吴大学、复旦大学、上海财经学院教授,华东财政学校副校长、教授。著有《西北建设论》、《合作与社会》、《民众图书馆与民众教育》、《日本农村青年》等。

**徐旭东(1899—1945)**

原名曦,以字行。兰溪县人。国立北京师范大学堂毕业后先后任浙江省立杭州高级中学、宁波中学教员,浙江省教育厅督学。1934年任省立杭州师范学校校长。抗日战争爆发后赴西南举办中小学教师服务团。1939年至丽水碧湖，任浙江省临时联合师范学校校长；又因日军入侵，于1944年增设桃源分部。因奔走两地主持校务，积劳致疾，壮年早逝。

**徐赤文(1887—1963)**

名宗溥，字赤文，以字行。永嘉县人。1887年5月30日生。1912年考入天津的北洋大学土木工程系学习。1916年毕业后进入天津的顺(天)直(隶)水利委员会任见习技师。后历任华北水利委员会技正、正工程师兼水文课长。1934年任山西滹沱河工程处主任工程师、技正兼测量组主任。其后历任桑干河灌溉工程处主任，山西工程总处主任，广东珠江水利局技术主任，贵州都江工程处处长。1941年任华北水利委员会专门委员兼驻桂办事处主任等职。1948年辞职回乡。新中国成立后于1951年6月任浙江省农业厅水利局温台丽办事处总工程师兼温州水利委员会副主任。1952年5月任温州市人民政府副市长。1953年任浙江省农林厅水利局局长。1954年4月任浙江省农业厅副厅长。1956年2月8日任浙江省水利厅厅长。后任中国科学院浙江省分院副院长及浙江省钱塘江工程治理委员会副主任委员。先后当选为第二届全国人民代表大会代表、浙江省第二届政协副主席、农工民主党中央委员，农工民主党浙江省委员会委员、常务委员、主任委员。毕生从事水利工程建设，足迹遍及黄河、淮河、滹沱河、桑干河、珠江、都江等流域，有重大建树。1963年7月4日病故。

**徐志仁(1912—1946)**

青田县人。在温州读完小学、中学后考入浙江大学土木工程系学习。1931年在学校加入中国共产党。毕业前夕受党组织指派，前往上海从事地下工作。1933年在一次“飞行集会”中被捕，先后关押在苏州监狱和镇江监狱。1937年抗日战争爆发后由青田籍的著名人士章乃器保释出狱，后去新四军工作。1939年下半年任新四军挺进纵队宣传科长。1940年任苏中行政公署文教处长。同年11月率部分干部和学生到如(皋)西地区，一面征收公粮，一面发动群众废除乡保甲，建立抗日民主政权。1941年春任苏中区党委机关报《抗敌报》副总编；10月任中共苏中滨海工作委员会副书记。1942年5月任苏中第二地委宣传部长。1943年任东台县安丰区区委书记。1944年2月任中共台北县委书记、新四军苏中军区台北独立团政治委员。不久因病住院治疗。1946年12月病故。

**徐志勖(1907—1983)**

原名凤楼，字志勖，以字行。永嘉县人。早年先后就读于永嘉县立第八高等小学、永嘉省立第十中学。1925年毕业。1926年考入黄埔军校第五期步科；1927年8月毕业后分发到南京国民政府警卫师，历任排长、连长、营长。1932年入陆军大学第十期学习。1935年4月毕业后分发到陆军整理处军官教导团，后调第十八军第十四师任参谋主任。1936年调任中央军校教官。1937年抗战爆发后任军事委员会第一部作战组上校参谋。1938年任军令部(第一部改组而来)第一厅上校课长。同年下半年开始历任第七十九师参谋长，第二十九军参谋长，第八十六军参谋长，第三十二集团军总司令部参谋长，第十集团军总司令部参谋长。1943年任第六十三师副师长。1944年8月因参加衡阳会战有功，升任第六十三师师长。1946年5月被国民政府授予胜利勋章。军队整编后任整编第八十三师第六十三旅旅长。1947年调陆军总司令第三署(作战署)署长。1948年兼任陆军总司令部徐州“剿总”副参谋长。1949年初任第九军中将军长；7月第九军被裁撤，调任第二十二兵团副司令官。同年去台湾后任“总统府战略顾问委员会”高级参谋。1967年退役。1983年2月21日在台北病故。

**徐志摩(1897—1931)**

原名徐章垿，笔名云中鹤、南湖等。海宁县人。著名诗人、作家。1915年毕业于杭州府中学堂，后就读于沪江大学、北洋大学、北京大学。1918年到美国，就读于克拉克社会学系，转而入哥伦比亚大学学习银行学、政治学。1920年赴英国剑桥大学研究政治经济学。1921年开始写诗，深受19世纪英国浪漫主义诗人的影响。1922年回国后历任北京大学、上海光华大学等校教授。1923年加入文学研究会。同时与胡适等在北京成立新月社，是新月社的主要成员之一。1924年曾陪同来华访问的印度诗人泰戈尔在杭州、上海、北京等地演讲，担任翻译。同年与胡适、陈源等人创办《现代评论》杂志。1926年任北京《晨报副刊·诗镌》主编，倡导新诗格律化运动。1927年与胡适、邵洵美等人在上海创办新月书店。1928年创办《新月》月刊，担任总编辑。起草代发刊词《新月的态度》，对左翼文艺运动提出责难。1929年任南京中央大学教授及中华书局编辑。1930年任中英文化基金会委员，并当选为英国诗社社员。同年底到北京大学任教。1931年初与陈梦家等创办

《诗刊》,担任主编。同年 11 月 19 日由南京飞往北平的途中,死于空难。著有诗集《志摩的诗》、《翡冷翠的一夜》,散文集《落叶》、《巴黎的鳞爪》。

**徐 来(1909—1973)**

女。原名小妹,又名"洁凤"。绍兴县人。出生在上海。早期电影明星。本为小康之家,但家道中落,曾经去蛋厂做过女工。1927 年考入中华歌舞专修学校,毕业后加入明月歌舞团。1933 年加入明星影片公司。1933 年主演无声片《残春》,一举成名。同年主演《泰山鸿毛》。1934 年主演《华山艳史》、《到西北去》、《路柳墙花》等片,颇得观众好评。1935 年受阮玲玉自杀的刺激,在主演《船家女》后息影。40 年代末迁居香港。1956 年底回北京定居。1973 年 4 月因"文革"迫害而去世。

**徐 步(1913—1967)**

原名炳奎。宁波人。1927 年到武汉当学徒。1931 年"九一八"事变后在武汉组织救国十人团,从事抗日救亡运动。1933 年在上海参加左联,独自主持《生活知识》杂志编辑出版工作。1936 年 10 月该刊被查封后于 11 月改名《新知识》杂志继续出版。两个月出了两期后仍被查禁,又改名为《新学识》。1937 年 9 月加入中国共产党。不久将《新学识》杂志搬到武汉继续出版。1938 年进入郭沫若主持的国民政府军事委员会政治部第三厅工作。武汉沦陷前夕到大别山抗日根据地工作。1941 年 4 月至江苏盐城苏北根据地文化协会工作。1943 年任淮海报社社长。1945 年起在山东从事政府工作和党委工作。新中国成立后先后任中共苏州地委、苏州市委宣传部部长,组织部部长、副书记。1952 年起任中共南京市委委员,市人委秘书长、副市长,市委书记处书记兼南京市市长。1959 年 2 月至 1961 年 12 月任中共南京市委书记。1965 年 5 月任西安市市长,中共西安市委书记处书记。1967 年 6 月 23 日去世。

**徐伯熊(1869—?)**

又名仁荣。慈溪县人。钱业出身。曾为上海余大钱庄职员,后一度改营标金业,任涵恒金号经理。1918 年集股开设益昌钱庄,并长期任经理。1931 年任上海钱业公会执行委员,四明银行常务董事。30 年代与沈晋镛、俞佐宸、朱燮臣等发起成立亚东、江海、亚洲等银行,任亚洲银行董事长,兼任国泰、江浙、民孚、江海等银行董事,统原银行监察人及华北煤业公司董事。

**徐佛苏(1879—1943)**

字运奎,亦作应奎,号佛公,笔名心斋、文福兴等。原籍浙江,1879 年生于湖南善化。早年留学日本东京高等师范学校。毕业后于 1903 年回国,到长沙学堂任教。同年 11 月在长沙参加黄兴、宋教仁等发起成立的华兴会,进行反清活动,因万福华枪击广西巡抚王之春案被捕。不久获释,东渡日本,转投康有为、梁启超为首的保皇会,任《新民丛报》撰述。1907 年 1 月受梁启超委托,调和保皇党人与革命党人之间的关系,被革命党断然拒绝。同年回到上海,参加政闻社,协助梁启超创办《政论》杂志。1911 年任宪友会常务干事,并主编立宪派机关报《国民公报》,鼓吹"革命亡国论"。1912 年中华民国成立后继续主编《国民公报》。1914 年 9 月被袁世凯委任为政事堂参议。1916 年 7 月任黎元洪大总统顾问。1918 年任南北议和北方代表之一。1920 年任湖南省宪法起草委员。1922 年任北洋政府币制局总裁。1923 年 3 月任全国财政讨论委员会委员长,未几辞职,任私立北京民国大学代理校长。著有《西北诸省之自治政府与和平》等。

**徐 迟(1914—1996)**

原名商寿。吴兴县人。诗人、散文家、文学翻译家。教师家庭出身。曾就读于苏州东吴大学。30 年代初开始诗歌创作,1936 年同戴望舒、路易士创办《新诗》月刊,出版诗集《二十岁人》,其诗作意象含蓄,节奏跳跃,主要受到现代派诗歌的影响。同期也进行散文创作,早期作品有《歌剧院及其他》、《贝多芬之恋》、《理想树》等。抗战爆发后开始创作报告文学。1943 年任《中原》杂志编辑,期间翻译出版《明天》、《托尔斯泰》等作品。抗战胜利后回到故乡担任中学教师。1949 年任英文版《人民中国》编辑。1957 年后历任《诗刊》副主编,作协武汉分会副主席、主席,中国作协理事等职。1962 年发表报告文学《祁连山下》。"文革"后创作《歌德巴赫猜想》、《地质之光》等报告文学作品,引起巨大反响。

**徐阿宝(1900—1935)**

又名金宝、征宝,化名张同江。永康县人。贫苦出身,早年以做篾匠为生。大革命时期积极参加农民运动,1928 年由中共党员、永康县苏维埃主席徐英湖介绍加入中国共产党。1929 年 11 月至 1930 年 7 月任中共永康县委常委。1931 年任中共永康县工委书记。先后发展芝英、前黄、胡库、下徐店、清渭五个直属党支部。在永康、义乌两县边界帮助红十三军疏散人员重新集结,开展打土豪、筹款等工作。1932 年春到金华养伤期间积极配合应爱莲发展福音医院的两名护士、成美女中的两名学生和两个开业医生入党，组织了一个党支部。伤愈后回到永康清渭街以做篾匠为掩护继续开展隐蔽活动。1933年8月任中共东阳中心县委副书记兼永康工委书记等职务。将隐藏在永康、缙云边境山区的红十三军第三团余部组建成游击队，在游击队内部建立党支部，积极开展武装斗争。同年12月到汤溪罗埠一带活动时被捕，解往县城关押。1934年7月12日深夜成功越狱，回到永康清渭街应兰顺家隐蔽养伤。不久与党组织取得联系，继续投入新的战斗。1935年8月因叛徒告密被捕。1935年农历九月三十早晨壮烈牺牲。

**徐陈冕(1882—1956)**

原名陈冕，因过嗣徐家改名，字寄廎。永嘉县人。著名金融家。1898年浙江高等师范学堂毕业后赴日留学，毕业于东京同文学院和山口高等商校。回国后曾参与创办《时事新报》。自1914年任中国银行兰溪支行经理起，从事金融工作长达40年。1916年积极参与中国银行上海分行的抗停兑令。1917年后历任浙江兴业银行副经理、协理、常务董事等职。参与发起成立上海银行公会、上海银行联合准备委员会、上海银行业票据交换所和中国最早的金融专业刊物《银行周报》。1932年任中央银行副总裁、代总裁，兼任上海市商会常务理事。1937年5月投资光大瓷业公司。抗战初期任上海市商会理事长，直到1941年被迫去香港。同年12月香港沦于日本，被日本军方押回上海，但拒任伪职，称病在家。抗战胜利后以政府特派员身份接收上海伪商会和银行公会。被选为上海第一届参议会副议长及国民政府最高经济委员会、经济部计划委员会、敌伪产业审议会、输出入管理委员会委员；任中央银行监事，中国银行、上海市银行、浙江实业银行董事，中国垦业银行、中国农工银行等常务董事；兼任浙江兴业银行、上海信托公司、泰山保险公司、温州商业银行、鸥海实业银行董事长，上海市商会理事长，银行公会常务理事及上海商报出版社常务董事等多种要职。新中国成立后继续任浙江兴业银行董事长，直至银行业公私合营。1956年12月在上海病故。著有《最近上海金融史》、《近代钱币拓本》等。

**徐忍茹(1883—1965)**

原名沛德，字忍茹，号小髯，以字行。嘉兴县人。1904年加入光复会。1905年赴日本留学，先后就读于大森体操学校和东斌学校，并加入同盟会。1910年前往南洋文岛中学教书。1911年辛亥革命爆发后回国，任浙江都督府咨议兼沪军都督府参谋。1913年“二次革命”失败后被袁世凯通缉，被迫流亡日本，入日本法政学校学习。1914年加入中华革命党。1916年夏回到杭州，先后任《新浙江日报》经理、编辑，兼任浙江省政府秘书、浙江西湖局局长。1917年春辞职。1924年任中国国民党嘉兴县党部监察委员。同年9月被孙传芳逮捕下狱，1926年出狱。1925年协助田桐编辑《太平杂志》。1932年春先后任中国国民党中央党史史料编纂委员会探访、编纂、代理主任秘书。1942年10月任该会副主任委员、代理主任委员。1945年5月任该会副委员长。1949年赴台湾。1950年秋改任中国国民党党史会纂修。1965年8月22日去世。著有《光复会纪略》、《菩提居士随笔》、《碧梧吟馆诗草》等。

**徐青甫(1879—1961)**

名鼎年，字青甫，以字行。镇海县人。家贫少孤，赖母、姐养育成人。3岁起在杭州私塾、义学读书四年，然后去皖北四年。1898年返回杭州教授蒙童，同时入日本人开设的日文学堂学习日语。1899年起在浙江武备学堂任翻译、助教、教授共七年。与蒋尊簋等组织“生存会”，开设图书公司。1905年任奉天巡警总局交涉股长、行政科长等，被派赴日本考察实业、金融、拓殖等事务。回国后奉派筹办奉天兴业银行，旋被大清银行监督、杭州人叶景葵聘为该行东三省密查。1912年中华民国成立后曾任浙江诸暨县、湖北通城县知事。1915年任奉天中国银行国库科长，不久任经理。后又受总行委派，任杭州中国银行副行长。1922年12月至1925年1月任浙江省政务厅厅长。1925年1月任浙江地方银行董事长兼总经理。1926年去职，改任浙江省财经委员。1927年7月至12月任上海特别市财政局长。1934年12月至1936年12月任浙江省政府委员。1934年12月至1935年12月兼浙江省财政厅长。1936年2月至12月兼浙江省民政厅长。1936年7月25日至9月6日并兼代理浙江省政府主席。1937年任浙江省抗敌后援会常委，继任浙江省临时参议会参议员、议长。1939年去香港，继至重庆。新中国成立后应邀参加浙江各界人民代表会议，曾任浙江募集公债委员会主席，自认公债2万余元。后任浙江省政协第一、第二届委员。著有《经济革命救国论》、《粮食问题之研究》等。

**徐坤和(1886—1951)**

鄞县人。15岁在上海外洋客轮上做工。1914年在上海创办第一家专营进口牙齿科材料的裕震兴公记齿科材料行，专营瓷牙、铜牙、橡皮牙等。后在英、美、德、法商行及留洋牙医的帮助下扩大经营，主营欧、美、日齿科产品，与国内各地及东南亚等地均有业务关系，营业颇为发达。

**徐 英(1907—1930)**

原名胡连，又名紫衡，化名于凤鸣。武义县人。1907年8月19日生。5岁那年父母双亡，从此由姐姐抚养。13岁到当地一家南货店当学徒，后到武义城内新业染布店当杂工。由于不堪盘剥和凌辱，于1925年只身到杭州、宁波等地谋生，后经同乡介绍入宁波美球针织厂做工。不久被推举为厂工会主席。同年冬加入中国共产党。在美球针织厂建立秘密党支部，任书记；同时担任中共宁波地委交通员工作。1927年"四一二"反革命政变后被工厂主告发，遭到国民党当局逮捕。后经工友抗议被释放。出狱后到杭州，继续从事党的地下工作。同年10月受中共浙江省委委派，以省委特派员身份回家乡工作。到武义后将原来的临时县委改为县委，兼任县委书记。1928年6月主持召开县委扩大会议，贯彻党的"八七"会议精神，筹划发动秋收起义。会议决定全县成立东、南、西、北四个区委，动员群众参加农会，积极进行起义准备；8月初县委第一次武装袭击惩办了隔屋村恶霸；10月武永联合暴动失败后及时做好难友家属的善后救济工作，并派人镇压了抓人凶手林金良。同年冬奉命返回杭州，担任中共浙江省委常委、职工运动委员会执行委员。1929年1月16日任中共浙江省委书记；4月中共中央决定取消浙江省委后改任中央巡视员，负责浙东、浙南一带党的工作；5月到宁波，与卓兰芳一起着手恢复和发展宁波党组织；8月任中共宁波特支书记。后赴台州、温州等地巡视工作，帮助建立中共台州中心县委、中共天台特别支部等。同年12月17日在宁波被国民党当局逮捕。1930年2月被解到杭州的浙江陆军监狱，不久被判死刑；8月27日早晨英勇就义。

**徐 英(1921—1947)**

女。原名冬意、惜意。慈溪县人。十几岁开始先后在上海申新六厂、恒丰纱厂当童工。1937年淞沪抗战开始后工厂关闭，逃难回到慈溪县老家。参加中共地下党领导的慈北战时服务大队妇女独立分队，进行抗日救亡活动。1939年4月重回上海做工。在沪做工期间积极参加夜校学习，刻苦攻读进步书刊，向工人宣传抗日救国思想。1944年春离开工厂，再度回乡，进浙东游击纵队三五支队织工部做工。1945年10月三五支队奉命北撤，重返上海做工。边做工边进工友义务夜校学习会计专业，广泛接触进步教师和工人。积极为浙东撤到上海隐蔽的同志安排住宿，负担他们的生活费。1946年清明节团结要求进步的女工结拜为"十姐妹"参加反对内战、要求和平的斗争，并加入中国共产党。1947年3月20日赴四明山区，任姚南地区白龙潭联络站交通站站长，担负周围山上十几个深坑里伤病员的安置护理工作。同年8月10日到积极分子阿秋嫂家借米时，路遇敌人被捕；9月11日慷慨就义。为了纪念英烈，徐英牺牲所在地后被命名为徐英大队。

**徐 杰(1906—?)**

富阳县人。东吴大学法学院毕业。后在上海任律师。抗战时期避居香港，战后回上海执业。1949年赴台，先后被选为台北律师公会理事、常务理事，"中华民国律师公会全国联合会"理事，为东吴大学法学院复校发起人之一。后兼任政治大学海商法教授、东吴大学民事诉讼法及海商法教授10余年，并任东吴大学同学会会长。

**徐贤修(1912—2001)**

原名祖同，号洁人。永嘉县人。1929年考入浙江省立第十中学(今温州中学)高中部。两年后辗转到上海投考名校，考入国立清华大学。1935年毕业，获理学学士学位。1946年赴美国留学，就读于布朗大学。1948年获应用数学博士学位。1949年在普林斯顿文学研究院学习一年，暑期在麻省理工学院攻读博士后。曾任美国普林斯顿研究院、麻省理工大学研究员，伊利诺伊理工大学副教授、讲座教授，普渡大学航空及天体工程科学教授。曾任美国无线电公司谷克电学研究室、波音飞机公司、通用电气公司、中西部应用科学公司、阿尔贡国立实验室顾问。1961年经美国国际开发总署推荐，到台湾担任短期科学顾问。1964年应台湾有关部门邀请，担任暑期科学研讨会数学组主讲教授。1970年到台湾，担任台湾清华大学校长五年。1973年兼任台湾"行政院国家科学委员会"主任委员。1975年辞去清华大学校长后专任"行政院国家科学委员会"主任委员。1978年当选为台湾"中央研究院"院士。1979年至1989年兼任工业研究院董事长，建议设立台湾新竹科学工业园。1980年美国普渡大学颁发杰出贡献奖。1985年间曾三度赴美，邀请通用公司总裁张忠谋回台出任工科院院长，推动台湾半导体产业的发展。1991年普渡大学授予他“荣誉工程博士”。1998年获香港霍英东基金会成就奖。同年浙江省温州市政府聘请他为温州高新科技园区顾问。2001年11月17日在美国印第安纳州病故。其子徐遐生是国际知名的理论天体物理学家。

**徐昌霖(1917—2006)**

杭县人。影视导演、评论家。早年就读于浙江省立第一中学,期间与同学组织剧社,排演话剧。1938年肄业于杭州之江大学外文系。1940年毕业于四川省立戏剧音乐实验学校编剧系。同年任中国电影制片厂编辑。1942年任重庆《戏剧岗位》副主编,先后创作了《重庆屋檐下》、《黄金潮》、《密支那风云》等话剧剧本,并撰写影剧评论近百篇,后结集为《红烧清炖集》。抗战胜利后回到上海。1948年到北平,开始从事导演工作,编导了《十三号凶宅》、《深闺疑云》等影片,受到好评。1949年后在上海清华、国泰、大光明等影片公司导演《群魔》、《江南春晓》、《方珍珠》等影片。1952年起任上海电影制片厂导演,编导影片《情长谊深》、《球迷》、《新安江上》、《美食家》、《小小得月楼》等。改革开放后导演了《杨乃武与小白菜》等电视连续剧。除编导影片外,还与羽山合作出版长篇小说《东风化雨》。

**徐　明(1920—1946)**

原名增祥,又名岩石。海宁县人。1936年到上海某运输报关行当学徒。白天劳动,晚上入量才夜校读书。不久参加中共领导的救国会和华联同乐会,投身于抗日救亡运动。1938年8月参加中国共产党,改名徐明,意在从此走向光明。同年底奉组织决定到无锡农村开展工作。1939年1月奉中共无锡县委的指派赴东亭区开展地下工作,对国民党“忠义救国军”第三大队尤国桢部进行策反。新四军江南抗日义勇军(简称“江抗”)西撤后奉命转入地下,以小学教师作掩护,秘密领导革命斗争。同年7月任常熟县董浜区区委委员。1940年2月任消陆区委书记;7月任中共苏州县委书记。同年冬兼任中共苏(州)常(郭)太(仓)工委组织部长。1941年5月任中共太湖县委书记兼新四军太湖游击支队政委;7月配合新四军第十六旅第五十二团第二营越过京沪铁路,开辟苏西游击根据地;10月底奉命撤离太湖地区,赴茅山根据地,年末抵达茅山。1942年5月任中共路西北特委组织部长;8月任中共句容县委副书记兼组织部长。同年冬任丹阳县委书记。1943年初任句容县委书记。同年11月任溧阳县委书记。发动群众开展大生产运动,保护群众粮食,坚持抗日斗争。1944年春在南渡、蒋店、新昌一带创办纺织生产合作社;年末拥有布机120台、纺车500部,生产的布匹除自需外,运送数千丈,支援驻天目山区的部队。1945年10月兼任溧阳警卫团政委。新四军驻江南部队奉命北撤后成立中共茅山工委,任书记。1946年4月17日因地主婆告密,遭国民党包围,在掩护战友撤退时壮烈牺牲。1952年7月苏南行署民政局和句容县民政局在句容县北塘村东山烈士就义处竖立了“前茅山地区留守工委书记徐明烈士”墓碑。

**徐忠国(1896—1971)**

字淡人。诸暨县人。蚕桑专家、实业家。1917年毕业于浙江省立甲种蚕业学校。1925年在诸暨城内创办改良丝厂。1926年公费赴日本上田蚕丝专门学校留学,学习蚕学和制丝学。1931年回国后在省立杭州蚕丝学校和浙江大学蚕桑系任教,并与人合资创办西湖蚕种场和江东蚕种场。1935年在诸暨独资创办人和蚕种场。1958年后任职于浙江省农业科学研究所,历任浙江蚕种协会理事长、浙江省蚕业改进委员会委员、浙江省政协委员等职。出版专著《论养秋蚕》及译作《蚕的发育机构》、《蚕桑与气象》等。晚年以省政协委员身份,积极倡议改良浙江蚕丝业。

**徐咏平(1901—?)**

兰溪县人。1935年于中央政治大学行政系第四期毕业后在浙江、江苏、安徽等地政府机构任职。1937年抗战爆发后任汉口《正报》主笔。1938年7月入国民政府教育部教课用书编辑委员会任职,并主编《学生之友》月刊。1940年任重庆《益世报》编辑,兼任中国文化服务社主任秘书。1941年回教育部任蒙藏教育司编辑。1943年任广西中央日报社社长。抗战胜利后又创办桂林《论坛报》,为发行人。1949年4月任重庆中央时报社长。同年11月去台湾。次年秋任国民党中央党部第四组专门委员,新闻政策讨论委员会兼秘书,协助创办政工干部学校新闻系。1954年任高雄“中国晚报”社社长。1956年兼任台北《中华日报》主笔。次年任该报台南版主任。后接办台南成功晚报社,任社长,创办《文艺研习月刊》,并在几所学校讲授新文学。著有《新闻学概论》、《报业经营概论》、《革命报人别记》、《陈布雷传》、《陈果夫传》、《民国陈英士先生其美年谱》及《我的记者生涯》等。

**徐季良(1901—1993)**

绍兴县人。早年肄业于浙江大学,不久即从事工商业。1935年由上海至广州，创设大华铁工厂，稍后返沪，创设强华实业公司。抗战爆发后在上海的事业毁于战火。二次大战结束后在香港重建大华事业集团，并任香港政府建设顾问咨询委员，兼主慈善救济组，用以工代赈法安顿失业流浪者，为香港战后社会秩序的重建作出了贡献。1945年在“苏浙沪商人协会”和“苏浙同乡遣送归乡委员会”的基础上成立“苏浙旅港同乡会”，当选为会长，并连任40年。还长期任香港中华厂商联合会副会长、会长、名誉会长。他十分重视教育，其主持的苏浙旅沪同乡会于1853年创办了苏浙小学，首创国语授课；1958年又创办苏浙公学，为社团举办的最大英文学校；1978年创办沙田苏浙公学；后又创办葵涌苏浙公学。以上四校均集资开办，由徐主持其事。

**徐学训(1915— )**

临海县人。1940年私立金陵大学农学院森林系毕业后留校任助教。1942年奉派至国民政府农林部(甘肃)天水水土保持实验区任职。1945年抗战胜利后至台湾，任台湾省行政长官公署林产管理委员会技正。1947年兼任台湾太平山林场副场长。之后相继担任峦大山林场场长，埔里山林管理所所长，花莲山林管理所所长，高雄山林管理所所长。1955年6月赴美国密歇根大学从事研究一年。1956年6月返回台湾；10月任台湾省林业局林政组长。1958年任台湾省林业局副局长。1974年1月任台湾省林业局局长，并担任“中华林学会”理事长。主持编写《林学辞典》，著有《沟冲之防治》。

**徐学禹(1904—1984)**

绍兴县人。德国柏林工业大学电机科毕业后任德国西门子电机厂工程师。回国后历任南京国民政府交通部技正兼上海电话局局长，浙江省公路局局长。1938年1月至12月任福建省政府委员兼建设厅厅长。1939年11月至1941年6月任福建省政府委员。期间还兼福建省党部执行委员、福建省银行董事长。1945年8月至10月任台湾省行政长官公署交通处处长。后任上海市招商局总经理，上海市参议会参议员，招商局董事长，中国航联保险公司董事长兼总经理。1949年去台湾，担任“国大代表”。1984年在台湾去世。

**徐泽予(1911— )**

临海县人。早年毕业于临海的浙江省立第六中学。后考入上海复旦大学学习。毕业后留校，任实验中学部主任，并先后担任上海复旦大学、上海法政大学、杭州之江大学等校教授。后任浙江省教育厅秘书，奉派赴美国，在哥伦比亚大学商学院获得商学硕士后任教于纽约新社会科学院。后赴香港，任广州大学教授。后赴台湾，先后担任淡江文理学院商学系主任、中兴大学法商学院教授、台湾大学商学系教授、“中央日报”总经理兼总主笔、台湾“行政院设计委员会”委员、“光复大陆设计研究委员会”委员、国民党中央党部设计考核委员、经社组委员等。著有《三民主义理论的纲领》、《货币理论之研究》等。

**徐宝谦(1892—1944)**

上虞县人。1913年受洗礼，入基督教。1915年毕业于北京税务专门学校，任北京基督教青年会干事。1921年被选送赴美国进修神学，回国后任教于燕京大学。1930年赴欧洲，又入哥伦比亚大学，获哲学博士学位。回国后任燕京大学哲学院院长。1934年参加江西黎州农村建设实验，任实验区总干事。1937年在上虞章镇创办临时中学，招收战乱失学青年。1941年到华西大学任教，兼任全国基督教青年会总干事。

**徐定超(1845—1918)**

字班侯。永嘉县人。1845年9月3日生。1876年中举人。1883年中进士。先后任户部广东司主事、户部则例馆纂修。1899年任京师大学堂医学教习。1905年参与筹办旅京浙学堂。1906年授山东道监察御史。1907年转任江西道、河南道监察御史。1909年11月任浙江两级师范学堂监督。曾参与浙江保路运动，联合朱桂卿、吴士监等24人，具疏弹劾盛宣怀。1911年春被推举为浙江省学务议长。同年11月参与温州光复，并担任温州军政分府都督。1912年3月改任永嘉县知事；8月卸知事任。1914年夏任旧温属护商警察局局长。1915年秋被聘任为浙江通志局提调。1918年1月4日携带家眷从上海乘“普济”轮返回温州时，在吴淞口海上被英国轮船撞沉，与船上的300余名乘客一同遇难。著有《伤寒论讲义》、《徐侍御遗稿》等；1997年出版有《监察御史徐定超》，上编为徐定超文集，下编为纪念诗文。

**徐诚斌(1920—1973)**

祖籍浙江鄞县，出生于上海。基督徒家庭出身，少年就读于上海东吴附中及圣约翰大学附中。1940年毕业于上海圣约翰大学新闻专业，曾任复旦大学外文系讲师、《西洋文学》编辑。后去重庆。1945年获得英国文化委员会奖学金，赴牛津大学默登学院攻读英国文学。1948年获文学硕士学位。同年夏回国后任南京中央大学英文教授。1949年由新教改信天主教。1950年赴香港。1955年辞去英国东南亚专员公署高级研究员一职，自费赴罗马伯达学院学习神学哲学，预备晋铎。1959年在罗马晋升司铎后返回香港，主编《公教报》，主持公教进行社及公教真理学会。1967年任香港教区辅理主教。1968年被任命为香港教区宗座署理。1969年受教廷委任为香港教区主教，为香港教区第一位华人主教。1971年被委任为全球主教代表会议代表。1972年获香港大学颁授名誉法学博士。

**徐承勋(？—1933)**

慈溪县人。在上海经营棉布业，与人合股创设裕康、裕春等棉布号，并任经理，又任英商和记洋行买办。一战期间因外币跌价而经营致富。从1918年起投资钱庄，先后与人开设志诚、益昌、德康、渭源、慎源等钱庄，共计投资钱业近20万元。同时经营地产业，在公共租界拥有众多地产，资产超过百万元。

**徐绍桢(1861—1936)**

字固卿。祖籍钱塘县，寄籍广东番禺县。1861年6月30日生。1894年中举人。历任两广藩署幕僚、江苏候补道员，后赴日本考察军事。1904年任两广兵备处总办，负责训练新军。1905年任新军第九镇统制。后简授江南绿营总兵官，兼第九镇统制，并兼江北提督。1911年11月被推为江浙联军总司令，指挥江浙联军光复南京。1912年1月中华民国南京临时政府成立，被孙中山委任为南京卫戍总督，负责南京卫戍及治安。孙中山辞职后拒绝袁世凯委任的参谋总长及仓场总督。1914年4月就任袁世凯委任的参政院参政。1915年创办殖边银行。1918年3月被孙中山特任为代理中华民国军政府卫戍总司令兼陆军部练兵督办。1920年6月被孙中山委任为两广各路招讨军总司令。1921年任孙中山非常大总统府参军长。1923年2月任广东省省长；5月任大本营内政部部长。1926年5月被中华民国临时执政段祺瑞委任为临时参政院参政。1932年1月被南京国民政府聘为国难会议会员。1933年2月任国民政府委员。1936年9月13日在上海去世。遗著由后人结集为《徐绍桢集》出版。

**徐　珂(1869—1928)**

原名昌，字仲可。杭县人。1889年参加乡试，中举人。在学习传统文化之外，颇关注于新学，1895年赴京参加会试时曾参加过梁启超发起的呼吁变法的“公车上书”活动。为1909年柳亚子、高旭等人首创的爱国文化团体“南社”成员。期间为维持生活，曾充当袁世凯幕僚，为将士讲解古书诗赋，但终因思想不合而离去。曾任商务印书馆编辑，《辞源》编撰人之一，所编《清诗稗类钞》颇具影响。此外编有《历代白话诗选》、《古今词选集评》等，著有《梦湘呓语》、《天苏阁笔谈》等。

**徐柏园(1904—1980)**

兰溪县人。著名财经家、金融家。1921年杭州之江大学附中毕业后考入国立东南大学。先在南京念预科一年，次年转入在上海的东南大学商学院。1926年毕业后任宁波工商学校主任教员。北伐时任杭州《民国日报》主笔、浙江省党部书记长。不久到广州任两广地质调查所暨交通部秘书。1930年赴美国芝加哥北伊利诺大学研究财经金融理论。1933年回国后任上海电器公司副总经理。1934年任国民政府交通部邮政储金汇业局副局长。1936年中央、中国、中国农民、交通四大银行改组成立联合办事处，任副秘书长。抗战爆发后进入财政中枢，参与策划战时金融政策，草拟中国第一个外汇管理办法。抗战胜利后任财政部政务次长兼四行联合办事处秘书长。旋任中央银行副总裁，主持“央行”自粤撤退工作。1949年底赴香港接掌中国银行董事长。1950年去台湾，任台湾区生产事业管理委员会常委兼主任秘书，负责实际事务，参与币制改革与恢复重建台湾经济。后任台湾银行董事长。1953年任台湾省政府财政厅长，台湾外贸委员会主任。1954年出任“台湾财政部”部长。1961年调任台湾“中央银行”总裁。1963年再度兼任台湾“外贸委”主任委员，推行香蕉出口“五五制办法”，并兼国民党中央财务委员会主任委员，调度党务经费，主管党营事业凡17年。1970年出任国际货币基金会执行董事。次年台湾被逐出联合国而返台，任“中联信托公司”董事长、圆山联谊会理事主席、国民党中央评议委员等。1980年在台北病故。

**徐　昭(1915—1985)**

上虞县人。先后在上海交通大学、北京清华大学、西南联大就读，积极参加抗日救亡活动。抗战后期在国民党外交部工作。1947年至1949年任国民政府主比利时的副领事。1950年回国。1955年到中国电影出版社从事电影理论和电影史的翻译、研究工作。主要译著有法国电影艺术史学家乔治·萨杜尔的《电影艺术史》、《世界电影史》(合译)和《世界电影通史》(后两卷)，此外撰写有多篇电影史、电影理论的研究文章。

**徐顺达(？—1907)**

字猛伍，或称买儿。金华县人。光复会会员。擅长拳术，为人信义正直，素为乡里所敬重。原任徽戏“李庆福班”(即后来的“张恭大班”)司账，兼演花旦，演技精湛。与张恭过从甚密，“汪永庆班”(即“张恭小班”)成立后被调为“汪永庆班”司账，兼头牌花旦，与汪永庆共同培养科班小演员。1901年夏龙华会成立时由张恭推荐入会，出任金华县红旗之职。1905年秋大通学堂成立，陶成章亲自前往金华招往绍兴，因正值新婚而未成行。1906年冬秋瑾前往金华联络会党，因其精明干练，才智过人，深为倚重。1907年春秋瑾编制光复军，遂授以参谋之职，节制金华、兰溪、浦江、汤溪四县军事。因与豪绅争田产，被捕入狱。不久被杀害于迎恩门子城内。

**徐　勉(1918—1995)**

字勖夫。永嘉县人。1918年1月生。早年就读于瓯北学社等校。1937年7月投身抗日救亡运动，参加抗日流动剧团。1949年1月到浙江省第五行政督察区(温州)专员公署工作，兼永嘉县自卫团政工室主任；2月加入中国农工民主党；不久调任永嘉县江北办事处主任；5月4日作为国民党陆军第二〇〇师师长叶芳的谈判代表之一，参加与中共浙南游击纵队的第二次谈判，达成有关具体协议，并起草《起义反正宣言》。温州解放后于1950年4月到解放军第三野战军政治部支书大队学习；5月回农工民主党浙江省委会机关工作，先后任中国农工民主党浙江省委会宣传处副处长、省委会委员、常委、秘书长、副主任委员兼秘书长、常务副主任委员、名誉副主任委员，中国农工民主党中央委员、咨询委员会委员，浙江省政协委员、常委、副秘书长、学习委员会副主任，浙江省诗词学会副会长、西湖诗社社长。1995年2月在杭州去世。著有《天意阁诗文集》。

**徐洁身(1900—1982)**

曾用名天仁、舜华、进。诸暨县人。1914年7月考入诸暨县立中学，一个学期后因家庭困难而辍学。1915年3月进入诸暨县城下大街的浣江印刷所当学徒。后到杭州弘文印刷所做了两年装订工，便失业回家。1925年春又到上海，在浙江北路华兴坊25号的上海印刷工人联合会工作。同年5月加入中国共产党组织；7月按党组织的安排到杭州发行《向导》周报等革命书刊；9月被国民党当局逮捕，并以“过激党”和“危害社会治安”等罪名被判刑六年，关押在浙江陆军监狱。1926年10月经中共杭州地委营救出狱，参加总工会工作。1927年3月杭州工人首次代表大会召开，在会上当选为总工会执行委员，具体负责手工业工会的工作；9月当选为中共杭州县委委员兼城北区委书记；12月到上海开会，会后党组织决定将其派去绍兴开展党的工作。1928年3月到宁波，准备从宁波乘船去沪参加浙江省委扩大会议。由于有人告密，被国民党宁波警方逮捕，再次关押到浙江陆军监狱。1931年秋被关进国民党反省院。1934年5月被保释出狱。出狱后经人介绍进入《东南日报》馆工作。1937年11月任中共浙江省临时工作委员会书记；12月根据省临工委的分工，随《东南日报》馆迁到金华，继续开展抗日救亡工作。1938年5月离开金华到浙西；6月在浙西的於潜、临安、安吉、孝丰、武康等地开展党的组建工作。同年冬经请示中共金衢特委同意，打入国民党江南挺进队担任政治部主任。1940年初任中共浙西特委委员，具体负责政工队和发行《民族日报》。同年夏受党组织委派到杭州建立一个联络点，由于途中出事，与党组织失去联系。1942年3月至1946年12月先后在浙赣铁路系统从事印刷和图书管理。1948年12月初被国民党特务逮捕。1949年1月被释放，仍回图书室工作；5月3日杭州解放后参加浙赣铁路印刷厂的接管工作，并担任厂长。1950年11月该印刷厂并入上海铁路局印刷厂，仍担任厂长。1951年重新批准入党。1982年3月经中共上海市委组织部复审，批复他的党龄和参加革命时间，从1925年6月第一次入党时算起，并改为离休。1982年10月15日在上海病故。

**徐钟奇(生卒年不详)**

字灵英。江山县人。上海法政学校毕业后加入国民党军统，曾任军统局军法处法官、军统稽查处第四科(司法科)科长。抗战胜利后任上海南市车站路看守所所长。1946年任贵州省贵阳县县长、江西婺川县县长。1949年任国防部保密局第六处(司法处)副处长。同年11月奉保密局长毛人凤的指令，到重庆与徐远举、周养浩、陆景清等对关押的“政治犯”实行大屠杀；11月27日在重庆的白公馆、渣滓洞、松林坡三处，共杀害黄显声、许晓轩等著名人士200余人。所有被杀害的人员名单均由其审定。同年底从四川逃往台湾。

**徐诵明(1890—1991)**

曾用名轼游。新昌县人。1905年考入浙江求是学堂预科。1908年赴日本求学，在日本加入同盟会。1911年辛亥革命爆发后弃学归国，参加上海光复之役。1912年中华民国成立后重返日本学习。1914年入九州帝国大学医学部。1918年夏毕业后留校研究病理学。同年秋回国后任北京医学专门学校教授。1920年出席医学各科名词审查会议，为"病理学"名词定名。1927年春任国民革命军军医处卫生科长。1928年8月任国立北平大学医学院院长兼病理学系教授。1929年4月主持创办该校附属医院。1932年12月被推举为国立北平大学代理校长。1937年10月出任国立西北联合大学校务委员会常委。1938年6月任西北联大校务委员会常委。1939年任教育部医学教育委员会常务委员，负责全国医学院规章制度建设、分配经费、审批出国诸事。1943年5月任第六届中华医学会理事。1944年7月任国立同济大学校长兼医学院院长。1946年7月任国立沈阳医院院长。新中国成立后历任卫生部医学教育处处长，人民卫生出版社社长，中华医学会第十六届理事、第十七届常务理事、第十八届理事，中华医学会编辑部主任兼《中华医学杂志》总编辑，"九三"学社中央委员会顾问，全国政协第二、第五届委员。1991年8月26日在北京病故。译著有《病理学》(上卷)。

**徐养儒(1870—?)**

一名养茹，字涵，号艮斋。嘉兴县人。清廪贡生，早年留学日本，回国后曾任嘉兴县高等小学校长。辛亥革命时期加入光复会和同盟会，曾参加上海陈其美等人组织的反清活动。嘉兴光复后任嘉兴军政分府参谋暨民事审判员，历任嘉兴县议会议长、北京国会众议院议员。著有未刊稿《艮斋杂集》。

**徐恩元(1885—1926)**

字荣光。吴兴县人。银行家。1897年毕业于上海南洋公学。1905年赴英国留学，入伦敦大学经济政治科，毕业后在伦敦斯密斯氏联合银行总行、分行实习两年。1908年为考察英国宪政大臣汪大燮随员。1911年为伦敦币制会议代表。民国成立后任财政部公债司司长、审计处总办、财政部借款稽核处总稽核、改良币制特别委员会专员、币制局副总裁、审计院副院长和代院长等。1916年6月兼中国银行总裁。1917年6月被免去中国银行兼职，任国务院参议。1919年奉命赴美考察经济。1920年与美商合办中华懋业银行，任该行协理。1922年升任总理，先后在哈尔滨、上海、天津、汉口等地设立分行。

**徐恩曾(1898—1985)**

字可均。吴兴县人。1913年考入浙江省立第三中学学习。1917年毕业后入上海工业专门学校(今南洋公学)学习。1922年夏从上海交通大学(上海工业专门学校升格)电机工程科毕业后前往美国留学，初至西屋工厂实习，后入卡耐基工学院学习。1924年在旧金山加入国民党。1925年夏获得硕士学位后回国，在上海市自来水厂任工程师。1927年南京国民政府建立后到国民党江苏省党部任职，并参加陈果夫、陈立夫组织的中央俱乐部(即CC系)。1929年参与筹建南京中央广播电台以及上海国际广播电台，并担任上海无线电人员训练班负责人。同年秋担任国民党中央党部秘书处总务科长。1930年12月任国民党中央组织部党务调查科主任，在党务调查科增设特务科，负责中共活动的调查研究密谋策划及行动。1932年任特务工作总部(简称特工总部)主任。1935年5月任军事委员会调查统计局第一处(党政处)处长。同年11月当选为国民党第五届中央执行委员。1937年8月任军事委员会第六部第四组中将组长。1938年8月任国民党中央执行委员会调查统计局(简称中统或中统局)副局长，成为中统局的实际负责人。1942年4月兼任交通部政务次长。1945年1月30日蒋介石下令将其"免去本兼各职，永不录用"；2月1日举行交接仪式；5月在国民党六大上落选国民党中央执行委员。抗日战争胜利后复员回到上海，先后创办中国农垦机械公司、中国打捞公司、台安轮船公司，大发其财，成为上海闻名的富商之一。先后当选为"制宪国民大会代表"和"行宪国民大会代表"。1949年3月与第三任妻子费侠从上海逃往台湾，继续经商生涯。1985年在台湾去世。著有《暗斗》等。

**徐　浩(1895—1947)**

字子梁。上虞县人。早年就读于浙江省立第一师范学校，期间加入改组后的国民党。1929年赴日本留学，先后就读于日本文化学院、明治大学，获得文学学士与法学学士两个学位。1932年8月回国后任浙江省立水产学校训育主任。1934年任国民党浙江省党部党务人员训练班秘书。1935年春任训练班班主任。同年9月任浙江省党部组织科主任、科长，兼中国青年励志会常务理事。1939年3月当选为浙江省临时参议会参议员。1940年11月继方青儒之后担任国民党浙江省党部书记长。1942年浙江省临时参议会改选，仍任参议员及驻会委员。1943年1月至7月任国民党浙江省党部代理主任委员。1945年4月当选为浙江省党部执行委员；9月辞书记长，专任执行委员。还兼任建国励志会理事长，中国外交协会浙江分会主任等。抗战胜利后任党政接收委员会委员、日侨管理所所长。1946年当选为浙江省参议会参议员及驻会委员。同时还担任上虞私立春晖中学、寿昌私立嵩山中学、励志高级农业学校、绍兴七邑联立职业学校、宁绍台日报社、公立医院等多个单位的董事长,以及绍属七邑同乡会理事长。1947年9月9日病故。

**徐调孚(1901—1981)**

学名骥,笔名蒲梢,以字行。平湖县人。图书馆事业家、版本学家。1919年毕业于浙江省立第二中学。1921年考入上海商务印书馆英文函授学校部工作,开始发表作品。1922年起协助郑振铎编辑《小说月报》,参加文学研究会,并参与《文学周报》、《东方》杂志编辑工作。1932年商务印书馆停业后入开明书店,任出版部、编审部、推广部主任,组织出版了多种茅盾、巴金著作。新中国成立后先后担任中国青年出版社、古籍出版社、中华书局编辑、文学组组长(主任)。1956年加入中国作家协会。"文革"期间被迫迁居四川江油。毕生从事新文学和古籍出版事业,精通出版业务,整理、编辑、出版了大量图书,所校注王国维《人间词话》最称完备,曾校补日本青木正儿《元人杂剧序说》并正其遗误。著有《中国文学名著讲话》、《现存元人杂剧书录》,译有《木偶奇遇记》、《母亲的故事》等。

**徐继庄(1904—?)**

字子青。镇海县人。徐青甫之子,金融家。1927年毕业于青岛大学后任国民革命军总司令部经理处科长。次年改任该处驻沪办事处主任。北伐完成后入外交部任总务科长,不久奉派先后任中央银行蚌埠、徐州、济南、汉口分支行经理。1933年蒋介石为发钞充实"剿共"经费,将农村金融救济处改为豫、鄂、皖、赣四省农民银行,任总经理。同年6月该行改为中国农民银行,迁总行于南京,仍任总经理,将业务扩展至全国。1935年改任邮政储金汇业局(简称邮汇局)副局长。抗战爆发后随局迁香港,大力发展侨汇业务,获利颇丰。1941年该局又迁往内地,1943年升任邮汇局局长,同时兼任邮政总局局长,在后方各地添设分支机构,大力招揽存款,承做汇款。1946年率邮汇局人员抵沪,接收上海原日本三菱银行行址作新局址,后在北平、天津等10余个城市设分局。1947年10月营私舞弊事发,被法院传讯,悄然潜往香港。

**徐培根(1896—1991)**

字石城。象山县人。1896年12月30日生。早年就读于浙江陆军小学堂。1912年入武昌陆军第二预备学校,1914年夏毕业,8月考入保定陆军军官学校第三期步兵科,1916年8月毕业。1919年冬入北京陆军大学第六期深造。1922年12月毕业后分发到浙江陆军第一师任参谋。1925年任徐州司令部参谋。1926年任浙军第一师干部教导队队长兼该师第四团团长。1927年赴德国参谋大学进修。1931年归国后任国民革命军第五军参谋处处长。后任中央军校军官教导总队总队长。1933年4月任参谋本部第二厅厅长;7月任军政部航空署署长。1934年1月兼防空学校校长。同年6月任军事委员会南昌行营空军事务处处长。不久因南昌机场失火案被捕入狱半年。1935年任军政部兵工署军械司司长,指导修建长江沿岸及东南沿海要塞。1938年3月至1939年1月任军事委员会军令部第二厅厅长。后任军官训练团教育委员会委员并代总教官。1942年任驻美军事代表团参谋长。1943年9月任陆军大学教育长主持校务,改德式兵学为美式兵学。1945年6月被授予陆军中将军衔。1947年兼陆军参谋学校校长。1948年3月当选为"行宪"国民大会代表。1949年去台湾。1951年4月任"国防部参谋次长"。1954年7月被授予"陆军二级上将"并升"副参谋总长";8月任"国防大学"校长。1955年9月再任"副参谋总长"。1956年再次出任"国防大学"校长。1957年任"国防部常务次长"。1961年任"总统府战略顾问委员会委员"。1962年2月起任"国防研究院"教育长。1972年6月任"国防研究院"副主任。1986年任"光复大陆设计委员会"顾问。1991年2月8日在台北去世。著有《太公六韬》、《孙膑兵法注释》、《现代战术》、《纵深阵地之防御与突破》、《中国古代战法之研究》、《原子弹对于军事之影响》、《五十年来的中国军事》、《中国历代建国军事史》等。

**徐乾麟(1862—?)**

字懋。余姚县人。20世纪30年代前旅沪绍兴商帮领袖人物之一。曾任上海瑞华洋行、谋得利洋行买办,瑞华纸烟公司经理。在上海开设有大声唱机行,与人创办兴华贸易公司。1920年又与人创办模范工厂,任经理,该厂后来发展成为具有11个分工厂的颇具规模的机器工厂。1922年与朱葆三等创办江南银行,并任总经理。曾任多届上海总商会会员、会董,并任总商会商品陈列所所长、交际委员会委员。20年代初主持举办多届商品展览会。还长期任浙绍公所董事、绍兴旅沪同乡会议事会议员。积极从事慈善事业,参与创办并主持中国妇孺救济会事务。

**徐梅坤(1893—1997)**

又名行之,化名沈成。萧山县人。贫苦农民家庭出身,10岁起当学徒,在杭州当印刷工人。1919年五四运动后发起组织"浙江印刷公司工作互助会",任宣传股长,创办《曲江工潮》,领导工人罢工斗争。1921年冬加入中国社会主义青年团。不久因遭通缉,回乡建立农民组织,响应衙前农民运动,领导开展抗租减租斗争。同年底去上海《民国日报》打工。1922年初经陈独秀介绍加入中国共产党,成为浙江第一个工人党员;8月底赴杭州开展建党工作;9月建立浙江省第一个党组织——中共杭州小组。1923年6月赴广州出席中共第三次全国代表大会,当选为中央候补执行委员;7月任中共上海地方兼区执行委员会秘书兼会计;9月改任负责劳动运动的专职委员。1924年春任中共上海地方兼区执行委员会代理委员长;3月底辞职从事工人运动。1925年8月当选为上海印刷总工会委员长,同时兼任国民党上海市党部工农部部长,参与领导上海工人运动,支持北伐战争。后被选为上海总工会执行委员,曾任过组织部部长、副委员长。1927年2月兼中共上海区委军事委员会委员;3月任南市区武装起义指挥人,参加并参与指挥上海工人三次武装起义。"四一二"反革命政变后赴武汉,任中华全国印刷工人总工会委员长。不久到宁波、余姚、定海等地负责整顿当地党的组织。同年8月在萧山被捕,监禁于杭州的浙江陆军监狱。1935年因病重被保释出狱,改名徐行之,再次投入工人运动。抗日战争期间在重庆,根据周恩来的提议,留在党外从事进步活动,为党做了许多有益的工作。新中国成立后先后任政务院监察委员会参事、国务院监察部参事。1954年重新加入中国共产党。1956年2月起任国务院参事室参事。1997年1月17日在北京病故。

**徐　桴(1882—1958)**

字圣禅。镇海县人。早年毕业于浙江省立商科专门学校。后赴日本留学,肄业于日本东京第一高等师范学校。1905年加入同盟会。1911年参加上海光复之役。后又参加护国运动和护法运动。1920年到广州,任广东省长公署统计科长,孙中山广州大本营财政部参事。1925年夏任黄埔军校政治教官,广州国民政府财政部专门委员。参加两次东征,任国民革命军总司令部经理处长、广东东江各属行政委员。1927年8月任南京国民政府财政部全国卷烟统税局局长。1928年5月任国民革命军总司令部军法处长。同年8月至1929年5月任福建省政府委员兼财政厅长,创办福建省银行,任董事长兼总经理。1929年任上海市银行总经理。同年与人创办辛泰商业银行,任董事长兼总经理。1930年起任上海市银行总经理,兼上海、南京、无锡多家银行、实业、保险、化工等业董事。1933年又兼任上海兴业信托社董事兼总经理。1936年3月至1937年任上海市政府财政局长,兼代土地局长。1940年11月至1944年任浙江省粮食管理局长(1944年改名粮政局长)。1941年1月至1949年1月任浙江省政府委员,兼浙江地方银行董事长。抗战胜利后任改组后的辛泰银行董事长。1946年当选为制宪国民大会代表。1948年去美国。1950年在香港创办浙江第一银行。后去台湾,曾任台北市宁波同乡会名誉理事长。

**徐　婴(1921—1944)**

原名会庆,笔名山鹰。鄞县人。1935年考入浙江省立宁波中学,同年加入中国社会主义青年团,后当选为校学生自治会主席。1939年加入中国共产党。同年暑假结束后随学校迁到嵊县西乡长乐的太平、坎流等地农村。在那里参加了浙江省政工队,在浙江天目山一带开展抗日救亡活动。1940年政工队解散。1942年受党组织派遣,回家乡鄞县开展抗日武装斗争。1943年夏辗转至鄞西,任"林中队"政治指导员和支部书记;7月任中共鄞(县)奉(化)县委举办的鄞西小学教师暑期训练班班主任;9月任樟水区区长。同年11月日伪同国民党顽军勾结,再次"围剿"四明山抗日根据地。1944年4月国民党顽军集中兵力向四明山根据地进攻,带领区中队转战樟村、大雷、石岭一带。由于病重,难以和部队一起行动,暂住在大雷十八柱养病,被人告密,遭郭青白匪部逮捕。同年4月5日清明节在鄞县樟村下街被国民党顽军枪杀。

**徐逸樵(1900—1989)**

原名颂薪。诸暨县人。1917年毕业于诸暨中学。1918年赴日本东京高等师范学校留学。1924年春回国,先后在浙江省立法政专门学校、上海法政大学、浙江省立严州中学任教。1933年应部长王世杰之邀请,担任教育部社会教育司第二科科长。1936年到英、法、德、意、苏联等国考察教育。1937年抗日战争爆发后历任国民革命军第二十集团军秘书长、政治部主任,第三十一集团军政治特派员。1940年创办陕西省立政治学院,任院长。1944年任国民党中央组织部训练处长。1946年任国民政府驻日本代表团顾问。新中国成立前夕辞去驻日本代表团顾问职务，留在日本潜心研究日本历史，并积极投身于中日友好和邦交正常化活动。1978年回国定居，离日前把自己长期精心保管的亚东协会东京分会会址的一大批房地产和现金，主动赠送给中国驻日本大使馆。回国后将在海外收集的宫廷珍品无偿捐献给中国历史博物馆和故宫博物院，受到党和政府的表彰。把老家祖传房产赠送给当地中学，并捐赠人民币5万元，设立“诸暨中学徐逸樵奖学金”，以鼓励桑梓后学。连续当选为全国政协第五、第六、第七届常务委员会委员。回国后担任中日关系史研究会顾问。1989年9月30日在北京去世。著有《先史时代的日本》。

**徐象先(1880—?)**

字慕初。永嘉县人。早年就读于京师大学堂仕学馆。毕业后历任清政府民政部高等巡警学堂教员，顺天府学堂教务长，邮传部主事。1912年中华民国成立后任江苏县知事。1913年初在浙江原籍当选为中华民国第一届国会众议员。1914年初国会被袁世凯非法解散后回原籍操律师业务。1916年第一届国会第一次恢复，重回北京履行众议员职务。1922年夏第一届国会第二次恢复时再任众议员。1923年参加贿选投票，选举曹锟为中华民国大总统。1928年北洋军阀政权结束后回到温州，重新以律师为职业。著有《大清律讲义》。

**徐康圣(1886—1972)**

诸暨县人。1906年入浙江弁目学堂。毕业后考入浙江炮兵学堂工兵科。后任浙江新军第二十九混成协工兵排长。1911年11月参与辛亥革命光复杭州的战斗。随后参加浙军援宁支队，初任工兵队长，后任工兵营营长。1912年中华民国成立后入保定陆军军官学校肄业。1915年参加浙江护国运动，讨伐袁世凯及其在浙江的代理人朱瑞。1919年后任浙江督军公署咨议。1926年任国民革命军第二十六军旅长。1930年后历任浙江警官学校训育主任，浙江省保安处督察专员，南京国民政府军政部军务司炮兵科长，军政部兵工署少将研究员。

**徐康良(1907—1995)**

孝丰县人。1925年夏毕业于浙江省立第一师范学校。后考入军事交通技术学校。1928年秋并入中央陆军军官学校第六期肄业，后考入中央航空学校第一期飞行科。1930年底分发到空军部队服役。1933年任航空第一队飞行员，年底任分队长。1935年任第十一队副队长。同年9月7日被授予空军中尉军衔。1936年任第二队队长。同年秋任新编第一大队第二中队中队长。1938年先后任第二大队副大队长、大队长。1939年初任空军军官学校高级班轰炸组长兼学生队长。1940年初奉调航空委员会训练监教育处副处长，不久改任空军军官学校初级班主任。1941年调任成都空军军士学校教育处长。同年7月奉调轰炸训练总队长。1942年3月调任空军第一路副司令兼参谋长。1943年1月14日被授予空军上尉军衔；5月作为总领队率领300余名空军人员赴美国受训。1945年8月14日任空军第三路司令。1946年5月至1948年10月任驻北平的空军第二军区(华北区)司令；11月22日被授予空军上校军衔。1948年3月1日起兼任空军第一军区(东北区)司令。同年10月调任空军参谋学校校长。1949年随校迁台。1951年2月任“空军训练司令”。1952年4月1日升“空军副总司令”。1957年调“国防部联战会副主委”。1964年任“总统府战略顾问”。1966年底以“空军中将”退役，转任石门水库管理委员会主委兼管理局局长。1972年起改任“中华航空公司”董事。1986年任“光复大陆设计研究委员会”战略顾问。1995年2月6日病故。著有《徐康良回忆录》等。

**徐鸿宝(1881—1971)**

字森玉。吴兴县人。毕业于山西大学堂，早年从事自然科学研究，曾任北京大学图书馆馆长、京师图书馆主任、北京图书馆采访部主任、西北科学考察团常务理事、中央博物馆理事和故宫博物院古物馆馆长。1935年参与发起成立中国博物馆协会。1940年任蒋复璁提议成立之“文献保存同志会”五人委员之一，曾多次赴香港、上海、内地收购古籍善本约4.8万余册，后被蒋介石运赴台湾。新中国成立后任上海博物馆馆长、文史馆副馆长、全国第二中心图书馆主任委员等职。

**徐梁卿(1860—?)**

上虞县人。上海颜料巨商之一。早年开设成丰颜料号，并任经理，是上海早期著名颜料号之一。第一次世界大战期间因德国颜料来源断绝，价格成倍上涨，获得厚利。20世纪20年代起开设投资钱庄，在上海志裕、益康、兹丰等钱庄拥有股份。又在上海独资开设义聚兴毛冷号，并在上海购有大量房地产，在原籍拥有土地数千亩。

**徐维明(1897—1990)**

字广迟。桐乡县人。银行家。1919年毕业于清华留美预备学堂，后赴美留学，获哈佛大学硕士。1923年回国后任东南大学商科教授、工商银行上海分行副经理。1930年改入中国银行，任总管理处业务部一课课长。1935年任该行重庆分行经理。抗战爆发后重庆分行投资创办不少企业，兼任中国炼糖公司、四川榨油厂董事长，四川畜产公司、四川丝业公司、中国兴业公司、贵州企业公司等董事。1945年9月被委派为中国银行上海收复区复业主持人，不久任经理，同时任伪上海中国银行清理处处长，并负责上海正金银行及德华银行的接收和清理事宜。又任上海市银行公会常务理事、四联总处上海分处主任、上海证券交易所常务理事、上海票据交换所常务委员。1947年10月奉总管理处委派，赴南北美洲及欧洲各国考察。次年5月返沪，上海解放前夕离沪去香港。后长期寓居美国，1990年在美国病故。

**徐维震(1880—?)**

字旭瀛。桐乡县人。1904年毕业于上海南洋公学，后赴美留学，先后就读于加利福尼亚大学、芝加哥大学、印第安纳大学。1909年毕业于印第安纳大学，获法学学士学位。回国后任清朝邮传部法律参订员。1910年任海军部司法官。1911年赐法科举人，任教育部主事。1912年中华民国成立后曾任南京临时政府财政部委员。同年任北京政府大理院推事。1918年2月起署理山西高等审判厅厅长。1920年5月11日至1926年11月17日任山西高等审判厅厅长。1926年陪同出席北京法权会议的外国代表视察各地法院及监狱，历时三个月。同年11月开始奉命筹备将上海公共租界会审公廨收回，组建上海公共租界临时法院。1927年1月1日任上海公共租界临时法院院长兼上诉院院长。同年5月辞去院长职务。1928年11月至1929年5月任工商部参事。1928年12月至1930年5月任司法行政部参事。1929年11月再任上海公共租界临时法院院长。1930年3月署江苏高等法院第二分院院长。1932年5月至1933年12月任司法行政部参事。1933年7月任中央银行专门委员；12月任上海高等法院院长。1935年12月任江苏高等法院第二分院院长。1941年3月4日被汪伪特工绑架至极司非而路(今万航渡路)76号监禁。同年12月日军占领租界后任伪江苏高等法院第二分院院长并兼任伪江苏上海第一特区地方法院院长。1943年8月1日任伪上海高等法院院长。1944年3月离职，其后任伪中央储备银行专门委员至抗战结束。1946年6月27日因"通谋敌国图谋反抗本国"罪，被判处有期徒刑10年。后改判有期徒刑四年，褫夺公权五年。

**徐　琳(1909—?)**

字振声。平湖县人。1909年2月1日生。1928年夏毕业于上海复旦大学土木系。历任江苏省建设厅、上海市工务局、湖北省建设厅、浙江省建设厅及公路局等单位的技士、技正、科长等职。1937年后担任国民政府交通部西南公路局、运输统制局、公路总局等单位的正工程师、技正、科长、副总工程师等。1945年抗战胜利后任塘沽新港工程局总工程师，后任南京市政府专门委员及都市计划处副处长。1949年去台湾，入"革命实践研究院"第三期受训。结业后于1951年11月进入台湾公路管理局任职，历任正工程师兼副处长、处长、副总工程师、总工程师等。1974年退休后被聘为国民党铁路党部评议员，并先后担任"中华顾问工程司"铁路工程经理、顾问等。

**徐　琛(1853—1926)**

乳名正卿，字献廷，号翡亭。缙云县人。晚清贡生，早年参加龙华会，加入光复会和同盟会。1911年武昌起义爆发后与周际寅等人率领民军赴杭州，被清政府永康军警拦截逮捕，经永康徐姓同宗巨绅保释。1912年中华民国成立后相继出任上海兵工站书记官、浙东军政分府参谋、缙云县公署民政科长。1925年出任农商部咨议。卸职后返回家乡，行侠好义，豪放不羁。

**徐舜寿(1917—1968)**

吴兴县人。徐一冰之子。1917年8月21日生于吴兴县南浔镇。1937年毕业于清华大学机械系航空工程组。1939年毕业于中央大学机械特别研究班。其后分配到成都航空委员会的航空研究所从事研究和设计工作。1944年赴美国麦克唐纳飞机公司实习。1946年在华盛顿大学研究院进修。同年奉召回国，在国民政府空军第二飞机制造厂担任"中运"2号和3号运输机的总体设计工作。新中国成立后先后任航空工业局飞机科科长和总工艺师。1956年8月任我国首个飞机设计室主任设计师，全面负责创建工作。1961年8月沈阳飞机设计研究所成立，被任命为第一任技术副所长。1964年2月国防部授予中国人民解放军技术上校军衔。同年8月调任西安大型飞机设计研究所技术副所长、所长兼总设计师，负责该所的组建和大型飞机的设计，对中国航空事业作出了重要贡献，是中国航空学会第一届理事、全国人民代表大会第三届代表。1968年1月6日在"文革"中被迫害致死。著有《飞机的疲劳寿命》等。

**徐巽华(1910—　)**

字致和。嘉兴县人。早年毕业于私立上海法学院政经系。毕业后投身国民党政界。1932年任浙江浦江县政府科长。不久任青岛市四沧区建设办事处主任。1938年任南京国民政府教育部江西国民教育实验区主任,兼赣南省立民众教育馆馆长。1946年4月后回到浙江,历任浙江省政府科长、参议,富阳县县长。1950年去台,先后入"革命实践研究院"、"党政联合作战班"、"国防研究院"。后历任"铨叙部"简任视察、司长,台湾省政府人事处长、安全处长。1970年转营官办保险业,任台湾产物保险公司董事长。1977年改任台湾人寿保险公司董事长。1987年台湾嘉兴同乡会成立,当选为首任会长。

**徐献瑜(1910—2010)**

吴兴县人。1910年7月16日生。1932年毕业于燕京大学物理系。1934年获燕京大学物理学院硕士学位。1938年获美国圣路易华盛顿大学哲学博士学位。回国后曾任燕京大学讲师、教授,数学系主任。新中国成立后曾任燕京大学教授、数学系主任,北京大学教授、数学力学系高等数学教研室主任、计算数学教研室主任。1952年至1954年任北京大学工会副主席。1957年后兼任中国科学院计算技术研究所三室主任,中国科学院计算中心研究员,全国计算数学学会第一届常务理事、副理事长。是我国第一个计算数学学科和我国第一个国家级计算中心的创建者之一,也是我国第一个"数学软件库"的研制和建立的主持人。1986年7月退休。1990年被推举为中国数学软件协会名誉会长。2010年10月23日病故。

**徐楚泉(1895—1980)**

鄞县人。天津著名买办、商人。买办之家出身,其父徐企生为天津荷商恒丰洋行首任买办。早年就读于新学书院,学英语。1909年毕业后由生父好友、天津老顺记经理周星北介绍入振昌祥呢绒店当学徒,三年满师后入西门子洋行当售货员。1914年考入法商华顺洋行,先当华账房职员,后升为大写(司账)。1925年任荷商恒丰洋行总买办。同时又独资开设福丰成货栈,经营各种山货,专供洋行出口。1939年又出资接盘原严信厚开设的物华楼金店,每年赢利颇丰。还投资济安自来水公司、中原公司,担任董事、董事长。被推举为浙江会馆、浙江义园、广仁堂、浙江学校常务董事,成为天津宁波帮后起首要人物之一。1946年因恒丰洋行改组后取消华账房,离开天津到上海定居。1980年在上海去世。

**徐　敭(1892—?)**

号蘅石。平湖县人。曾任国民政府主计处科长、国民政府主计处视察。1943年5月至1944年11月任河南省政府会计处会计长。1944年11月起任湖南省政府会计处会计长。1946年10月23日去职。

**徐锡贵(1904—1977)**

金华县人。婺剧演员,工老生。戏曲世家出身,父亲办过昆班,母亲办过徽班。从小耳濡目染,爱好戏曲。18岁正式进胡新春班学戏。先后在新新舞台、金华舞台、胡鸿福、大荣春等戏班演老生。文化较高,不但能记录戏本,且能纠正戏本中的错别字和修改不合理唱词念白。新中国成立后积极参加戏曲改革活动。1950年8月作为艺人代表参加华东戏曲改革工作干部会议。1951年4月任金华专区实验剧团团长,组织排演《木兰从军》、《将相和》、《小二黑色结婚》、《虎头牌》、《纸老虎》等剧目,为婺剧的改革做出了一定成绩。1954年在浙江省首届观摩演出大会中荣获奖状。1958年10月调任省戏校婺剧班教师。1962年6月参与创建建德婺剧团。擅演《伯牙抚琴》、《宫门挂带》、《孔明拜斗》等戏。

**徐锡麒(1878—1955)**

字叔荪。绍兴县人。徐锡麟三弟。幼年与兄长徐锡麟在家塾读书,稍长赴绍兴天生绸庄学习,以经商为业。在徐锡麟的影响下参加光复会。1906年1月随徐锡麟一起赴日留学,精通日语。回国后即在绍兴小江桥开设鸿鼎昌油烛店,经营蜡烛、桐油、食油等物品,生意兴隆。同年12月与徐锡麟赴安庆途中暂寓杭州白云庵,与秋瑾话别。1907年3月接父亲徐凤鸣来信,从安徽返回东浦,接徐锡麟妻子王振汉到安庆;7月11日获悉徐锡麟安庆事败遇难消息,与父亲商定用"倒填年月"办法,控告徐锡麟"忤逆不孝",并安排家人及时转移,使徐家避免灭顶之灾。武昌起义爆发后约陈燮枢和沈庆生拟赴武昌参加起义,以报清廷惨杀兄长之仇。旋即传来省城杭州光复消息,绍兴末代知府程赞卿宣布独立,成立绍兴军政分府,为拉拢革命势力,任其为军事部长。以鲁迅为首的"越社"对换汤不换药的绍兴临时军政分府极为不满,乃与陈燮枢和沈庆生一起赴省城,请求革命党人前来接管绍兴。陶成章引见了汤寿潜,并委托办理绍兴民团事宜。接受黄越川建议,邀请王金发出兵援绍。王金发督绍兴期间,出任民团团长,控制地方武装,为绍兴士绅群龙之首,活跃于政商之间，称雄绍兴达20年之久，人称"三大人"。中华民国成立后曾任武昌关监督。1924年调任温州瓯海监督。因拒绝浙江督军卢永祥索要军饷，遭到偷运枪械资送敌人的诬陷，幸亏中华民国参议院议长王家襄出面营救，幸免于难。查没浙江省长夏超走私军火，避免一场军事政变。1955年在上海病故。

**徐锡骥(1883—1953)**

字季荪。绍兴县人。徐锡麟四弟。从绍兴府学堂毕业后，于1905年负笈东渡。在兄长徐锡麟影响下支持和参加反清革命活动，并于1906年加入光复会。徐锡麟偕陈伯平和马宗汉回国前夕，在早稻田大学召开欢送会。1907年7月暑假回国省亲时，徐锡麟发动安庆起义失败遇难，徐锡麟妻子王振汉也被通缉在案，护送大嫂和侄儿赴日避难。毕业于日本千叶医校，获药学学士学位，并与药学博士平野一贯研制戒烟药丸。1911年毕业回国后应浙江都督汤寿潜之邀出任卫生部长，奔走于大江南北之间，救死扶伤达万人。清帝退位后战争结束，辞去卫生部长之职，专办禁烟之事。时鸦片泛滥成灾，遂在杭州设立戒烟局，自任局长兼技师，并在浙江各地设立戒烟分局，将新研制的戒烟药——获神精，在全省推广销售。在杭州大方伯开办大生药厂，生产骥制戒烟丸。定居上海后又在英租界设立大生制药公司，自任总经理，经销戒烟药丸。1914年总结多年戒禁心得，著有《戒烟必读》，由汤寿潜题写书名，蔡元培作后记。1924年又以大生制药公司名义，编写《医药常识》，由蔡元培作序，公开出版。1953年在上海病故。

**徐锡麟(1873—1907)**

字伯荪，一字伯圣，别号光汉子。绍兴县人。家有田地百亩，开有天生绸庄和泰生油烛栈。6岁开始在桐映书屋私塾就读，熟读历史，特别爱好天文和数学。1884年离家前往杭州作僧徒，被家人接回。1887年结束10年私塾生活。1888年与王淑德结婚。1893年考取山阴县附学生，却无意于功名。1900年拟在东浦建立民团，响应义和团反帝运动，被阻未成。1901年应何寿章之聘，出任绍兴府学堂经学兼算学教习。与何寿章等人商议，抵制车家浦设置铁坝事项。为学生胡豫和沈光烈编定《元代合参》并撰写序文。1903年升任绍兴府学堂副监督，参与创办越郡公学，开设特别书局，校订《严侯官文集》出版。与平贺深造、张之梁等参观大阪博览会，并游历东京，参加东京中国留日学生举办的声援因"苏报案"入狱的章太炎集会，出资予以赞助，并结识陶成章和龚宝铨。会后由陶成章介绍与钮永健相见，确立反清志向，购买图书刀剑回国。在绍兴大善寺发表演讲，抵制天主教会侵占大善寺阴谋。前往杭州参加乡试，被录取副榜，临时开设维新书店。愤俄军进驻辽东，谋划绍兴应变。乡试揭榜，录取副贡。1904年创办东浦热诚学堂，由曹钦熙任总理，自任体操教员。指导阮廷藩等人，在啸唫创办世懋学堂。与王子余等创办明道女校，开创浙江兴办女子师范学校先河。1905年前往上海爱国女学堂见蔡元培，会晤陶成章，应邀加入光复会。与学生游历诸暨、嵊县、义乌、东阳、缙云等地，结交浙江各地会党。由陶成章介绍在东浦结识秋瑾，并介绍秋瑾加入光复会。拟抢劫钱庄以解决经费问题，赴沪采购枪支弹药，召集竺绍康会党骨干集结东湖训练，被陶成章劝阻。与陶成章、龚宝铨等创办大通学堂，原拟在东浦大通桥大通寺办学，遭到父亲阻止后商请徐贻孙借山会豫仓空屋作为校舍。拟于大通学堂举行开学典礼之际发动武装起义，将绍兴清吏一网打尽，陶成章以时机不成熟而劝阻。大通学堂设立体操专修科，招收金华、处州和绍兴三府会党骨干进行培训，积蓄革命力量。1906年与陶成章等人捐官赴日学习军事，拟入联队或振武学校而未成。返回上海营救章太炎，往狱中会见未能晤谈。前往汉口访问俞廉三，又往杭州见浙江将军寿山，辗转介绍庆亲王奕劻，通过张之洞介绍认识袁世凯。返回东京后与陶成章谋入陆军经理学校也不成。率陈伯平等人回国，到上海《中外日报》馆探问章太炎狱中情况。与曹钦熙赴京，持秋瑾介绍信访问廉泉，拟刺杀铁良不成，往天津访问袁世凯遭拒。与曹钦熙同往山海关、营口、彰武等地游历，访问绿林头目冯麟阁。返回京城，分发到安徽任用。离京赴河南驻马店等地考察，到汉口访问俞廉三，拟在北京开设报馆，在奉天开设垦务公司。与秋瑾在杭州白云庵相见，相约共同发动皖浙起义。抵达安庆，安徽巡抚恩铭委以陆军小学堂会办职务。1907年浙人创办安徽旅皖公学，被推为校长。调任巡警处会办兼巡警学堂监督。邀请陈伯平和马宗汉到安庆，出集贤关，游览石马湖、龙珠山和观音阁等地，筹划安庆起义。与陈伯平、马宗汉商议安庆起义，制定《光复军告示》。在巡警学堂毕业典礼上与陈伯平和马宗汉发动安庆起义，枪杀安徽巡抚恩铭，击杀奸细顾松。率巡警学堂学生占领军械局，遭清军层层围困，命令陈伯平出城求援，因城门紧闭不能出城，陈伯平战死。马宗汉建议焚毁军械局，与清军同归于尽，唯恐殃及民众而制止。与清军决战四小时，终因孤立无援而被捕。视死如归，大义凛然，惨遭剖腹挖心而死。

**徐　雉(1899—1947)**

慈溪县人。1921年毕业于宁波效实中学。同年考入东吴大学文科，期间参加"文学研究会"。毕业后到宁波任中学教员。1925年10月经上海去广州，参加国民革命，在国民革命军第六军政治部宣传科工作。1927年"七一五"反革命政变后第六军政治部被国民党反动派以突然袭击的方式解散，不得已潜回宁波。1928年到上海任《商报》副刊编辑。1932年任上海《申报》"业余周刊"编辑。1937年抗日战争爆发后先到武汉，后赴延安，在边区文艺界抗战协会任语文部部长。1939年任晋察冀边区政府秘书，主编《边政导报》。1942年回陕北。1945年至1946年在边区文协创作组工作。1947年在国民党军队闪击陕北前夕，由延安转移到绥德，在途中病故。最后的诗作《希特勒的半身像》刊登于1946年10月21日的延安《解放日报》上。1982年出版有《徐雉的诗和小说》。

**徐新六(1890—1938)**

字振飞。余杭县人，生于杭州。徐珂之子。著名金融家。早年在杭州养正学校读书。1902年入上海南洋公学读书。1908年考取浙江省公费留学生去英国，在伯明翰大学学冶金。1912年获得科学学士学位后又入维多利亚大学学经济。1913年获文学硕士学位后又在巴黎国立政治学院学习国家财政学一年。1914年回国，参加北京政府高等文官考试，以第一名被录取，派任财政部公债司佥事，兼任北京大学教授。1917年任中国银行金库监事、汉冶萍公司总会计、中国银行北京分行协理。1918年随梁启超赴欧洲考察战后各国政治经济情况。1919年被委为巴黎和会赔款委员会中国代表和中国代表团的专门委员。1920年3月回国后曾任职于上海新通贸易公司。1921年任浙江兴业银行董事会秘书，不久任总办事处书记长；1923年升任副总经理；1925年又任常务董事兼总经理，直至去世。任期内大力扩充分支机构，至抗战前夕已达35处。同时大量放款于工商业，支持民族企业的发展。期间还投资很多企业，任中国建设银公司、四海保险公司、上海毛纺织厂、交通银行、中国企业银行、闸北水电公司董事及泰山保险公司董事长。1927年任上海公共租界纳税华人会执行委员。1929年任上海公共租界工部局华董。还曾任复旦大学校董(一度兼任校长)，《大陆报》、《时事新报》、《申报》电讯社董事，工部局图书馆委员会主席，中华教育文化基金董事会董事、董事长。1935年参与筹划国民政府币制改革。1936年任"中国棉业公司"常务董事。1938年国民党政府组织代表团，拟赴英国商谈借款，被邀参加；8月24日坐机在广东上空被日机击落，不幸蒙难。国民政府予以"烈士"称号。遗著有《币法考》等。

**徐骝良(1878—1942)**

又名徐策，或兼母姓为徐张策，号励身。海宁县人。早年留学法国，攻铁道专业，毕业于塔贝尔工程大学和巴黎铁道大学。归国后创办铁路讲习所，培养专业人才。1910年代表清政府参加万国铁道会议，并周游欧洲，考察10余个国家的铁道工作。民国时期历任沪杭铁路、陇海铁路、浙赣铁路、津浦铁路等处总工程师，与詹天佑有"北詹南徐"之称。1935年应聘参与设计修建南京城防地道工程，恪尽职守，直到1937年12月13日南京沦陷那天下午才仓促离开工地。1938年以后就参加了川滇公路工程，担任川滇公路督察工程司，不辞辛劳，奔波于西南地区。因劳累过度，两度中风，1942年12月22日在贵州毕节病故。

**徐蔚如(1860—1937)**

名文霨，字蔚如，号藏一。海盐县人。受居士之母信佛熏染，早期即研习佛经。皈依三宝后，谛闲法师赐法名显瑞。民国初年曾捐资给金陵刻经处，重刻《西斋净土诗》。1918年集印光大师文稿书信，出版《印光法师文钞》。复又创立北京刻经处、天津刻经处等，以流通佛典为己任。1937年抗日战争开始，日军侵占华北，筹办难民妇孺临时收容所，收救难民。未几病卒。

**徐蕴华(1884—1962)**

女。字小淑，号双韵。桐乡县人。自幼聪颖，才智过人，7岁即能作诗与父辈酬唱，10岁受学于姐姐徐自华。1903年入吴兴南浔浔溪女学就读。1906年秋瑾至女学任教，一见如故，由秋瑾介绍加入光复会和同盟会。秋瑾欲携往爪哇，发展华侨女学，因双亲不允，未能成行。秋瑾离开浔溪前往上海，也随之入上海爱国女校就读，协助编辑《中国女报》。秋瑾在轩亭口英勇就义，悲痛欲绝。受徐自华委托，会见吴芝瑛，商谈营葬秋瑾事宜。1908年参加西湖凤林寺召开的秋瑾追悼会，并参与组织"秋社"。清御史常徽奏请平毁秋墓，奉徐自华之命前往杭州收藏墓碑，被巡逻兵击伤。1909

年与闽侯林景行结婚,夫妻均参加南社。1910年前往吴江贞斗女校任教。1912年徐氏姐妹主持秋瑾灵柩还葬西湖西泠桥畔,以遂秋瑾遗愿。秋瑾灵柩途经上海,组织女生迎灵,暂厝上海绍兴会馆。上海举行秋瑾追悼大会,在会上慷慨陈词,痛哭流涕。随后又护送灵柩至火车站,运往杭州安葬。徐氏姐妹与陈去病等组织筑墓委员会,仍葬于西泠桥畔。孙中山至杭州秋祠祭吊秋瑾,也参加陪祭。1913年徐自华接办上海竞雄女校,受聘女校任教。随后与丈夫前往辽东,讨袁军起后又返回沪上,仍执教于竞雄女校。1916年林景行不幸因车祸身亡。同年冬返回家乡崇福,创办县立女子学校,并任校长。1918年为解决师资缺乏困难,又创建崇德女子师范讲习所。1927年初曾任国民党浙江省杭县县党部妇女部长,国共分裂后返回崇德仍任女校校长。与秋社社员交涉收回杭州秋祠,并参加秋社召开的秋女侠殉国20周年大会,并为纪念专刊题写刊名,撰写纪念诗文。1929年改任崇德第一高等小学校长。1937年赴杭州料理秋社事务后避走诸暨南乡。1938年原拟赴重庆,因遭遇战乱,改道温州赴上海,在翔麟医院治疗。1943年初迁居杭州皮市巷。抗战胜利后返回崇福东横街居住。1946年随女儿林北丽前往台湾。1947年台湾发生"二二八"起义,随女儿返回上海,寓居桐乡。1949年重返上海。1956年上海市长陈毅聘为上海文史馆馆员,撰写了有关辛亥革命回忆录,参加纪念孙中山诞辰90周年大会。1957年前往绍兴参加秋瑾牺牲50周年大会,并筹建秋瑾故居。1962年7月13日在上海病故,安葬于上海梅隆公墓,柳亚子撰写了墓碑铭文。著有《徐寄尘史略》、《回忆秋瑾》以及《双韵轩诗词稿》,1999年出版有《徐蕴华 林寒碧诗文合集》。

**徐震堮(1901—1986)**

字声越。嘉善县人。14岁入嘉兴浙江省立第二中学学习文字、音韵、训诂、考证和辞章。后就读于南京高等师范学堂文史部,从王瀣、吴梅学。20岁后攻读外文,通英、法、德、意、俄、西班牙六国文字。22岁大学毕业后曾为中学教师10余年。30岁后又学世界语,并用以翻译、写作,所作世界语诗歌流布国内外,入选《九诗人集》、《世界语诗选》。1939年入浙江大学执教。新中国成立后调任华东师范大学中文系教授、博士生导师,又任《辞海》编委。1982年起任华东师大古籍整理研究所所长,并被聘为国务院古籍整理小组成员。曾任上海市政协委员。一生致力于文化教育事业,治学严谨,著述宏富,有《唐诗宋词选》、《汉魏六朝小说选注》、《三家注李长吉歌诗》、《敦煌变文集校记补正》及《再补》、《世说新语校笺》、《徐震堮诗文选》等,并善诗词。

**徐懋庸(1911—1977)**

原名徐茂荣,笔名高平、致力等。上虞县人。杂文家、文学翻译家。早年辍学,曾任小学教员。1926年参加大革命,在中国共产党领导的上虞国民党党部宣传部任干事,编辑《南针报》。大革命失败后逃亡上海,在上海劳动大学半工半读。1930年到浙江临海等地教书,并从事文学翻译工作。此后翻译出版有《托尔斯泰传》、《斯大林传》等。1933年到上海,次年加入中国左翼作家联盟,并在左联工作。1936年8月因左联解散及两个口号问题致函鲁迅。鲁迅发表了著名的《答徐懋庸并关于抗日统一战线问题》,予以批评。这一时期的杂文结集为《打杂集》。1938年到达延安,同年参加中国共产党。抗战时期主要从事文化教育工作,主编《华北文化》。解放战争时期任晋冀察热辽联合大学副校长、第四野战军南下工作团第三分团政治委员,此后历任武汉大学党委书记、副校长,中南文化部副部长,中南教育部副部长。1957年后任中国科学院哲学研究所研究员。

**殷之浩(1914—1994)**

平阳县人。1936年毕业于上海国立交通大学土木工程学院结构系。先后在陇海铁路管理局和川康公路工程局任职。1940年在四川成都创建伟达营造厂。1945年底将伟达营造厂搬迁到上海,改组为大陆工程公司,任董事长。1949年合并各地分公司迁往台湾,改为大陆工程股份有限公司,担任董事长,成为台湾岛内建筑业先驱。公司引进预垒混凝土及灌浆制桩、预应力混凝土施工、钢结构施工、地下盾构施工等多项先进技术,提高了公司的施工能力和水平,承建了一批重要工程,如台湾中山高速公路圆山大桥、大陆大楼、台北圆山大饭店等。1963年至1969年成立亚东工程公司与马来西亚建筑公司,承建琉球、马来西亚与新加坡等海外工程。1973年创建台湾合成橡胶公司。1977年承办沙特阿拉伯工程。1989年收购世界著名的美国桥梁公司。后任大陆工程股份有限公司董事长兼总经理,伟达建筑、台湾合成橡胶两公司董事长。1968年发起成立台北建筑投资商业公会,任理事长。1972年任"中华民国不动产协进会"理事长。并任亚太不动产联合会会长,世界不动产联合会亚太委员会主席,亚太营造业联合会世界组织小组副主席，台湾游泳协会副理事长兼总干事，营造业研究发展基金会董事长。1987年当选为“世界不动产联合会”总会长。1992年起多次派遣公司专业人员到大陆各省市考察，商洽开发项目。与美国、新加坡、印尼等三地的发展商联合投资建设上海虹桥经济开发区的大型展览中心——上海世界商城。1993年斥资1000余万美元，无条件捐献给母校——上海交通大学建造一栋24层的“浩兰高科技大厦”。生前先后主持完成并出版《世界贫民违章住屋问题》、《世界老人住宅问题》、《环境保护问题》等研究报告。

**殷 夫(1910—1931)**

原名徐柏庭，又名徐祖华、徐文雄，笔名殷夫、白莽等。象山县人。1926年加入共产主义青年团，次年加入中国共产党。因从事革命活动被捕，出狱后于1928年加入太阳社。1929年后专门从事革命活动，参加青年反帝大同盟刊物《摩登青年》的编辑工作，同时从事革命诗歌创作。1930年发起成立中国左翼作家联盟，并担任共青团中央机关刊物《列宁青年》的编辑。同年5月参加在上海召开的全国苏维埃区域代表大会。1931年1月17日在上海东方旅社开会时被捕。同年2月7日被国民党杀害于龙华。为著名的左联五烈士之一。新中国成立后出版有《殷夫选集》、《殷夫诗文选》、《孩儿塔》等。

**殷汝耕(1885—1947)**

字亦农。平阳县人。早年留学日本，毕业于日本鹿儿岛第七高等学校，在日本期间加入同盟会。1911年回国参加辛亥革命。1913年“二次革命”失败后流亡日本，入日本早稻田大学政治科学习，并娶日女为妻。毕业后通过日籍妻子与日本军政界成员取得联系。回国后在北洋政府中任职，在各派军阀之间进行活动，后投靠国民党新政学系后台黄郛。1926年参加北伐，受挫后又赴日。1927年8月以中华留日学生会会长身份致词，欢迎原国民革命军总司令蒋介石访问日本，从此获得蒋氏的青睐，被委任为南京国民政府驻日外交特派员，代表蒋介石与日本方面进行联络。1928年1月回国后任上海特别市政府秘书。1928年12月至1930年1月任交通部航政司司长。后任陆海空军总司令部参议、上海市政府参事。1932年5月代表蒋介石同日本签订《淞沪停战协定》。1933年5月参与《塘沽协定》的签订；11月被委任为冀东非军事区的蓟(县)密(云)区行政公署督察专员。1935年兼任滦榆区行政督察专员，掌握了冀东地区的大权；11月24日在日本指使下发表脱离国民党中央政权的宣言；25日宣布就任“冀东防共自治委员会”委员长；12月改称“冀东防共自治政府”政务长官。成为伪满洲国之后第二个在日本帝国主义卵翼下的汉奸政权首领，使冀东22个县沦为日本控制区。1937年7月下旬因“通州事件”去职。1943年2月任汪伪山西煤矿公司董事长。后任汪伪国民政府经济委员会委员、治理运河筹备处主任、治理运河工程局局长。1945年8月15日日本宣布投降后于12月5日被收押于北平炮局胡同陆军监狱。1946年6月26日被空运至南京，入押在南京老虎桥监狱。1947年7月31日南京高等法院以汉奸罪判处死刑，剥夺公权终身。同年12月1日在南京朝天宫大殿执行枪决。

**殷汝骊(1883—1941)**

字铸夫，号柱公。平阳县人。1904年创办金乡卫西初等小学堂，提倡新学。1908年留学日本，入早稻田大学经济科，期间加入中国同盟会。1911年回国后不久当选为国会众议院议员。1913年宋教仁被刺后主张武力讨伐袁世凯。“二次革命”失败后赴日本。1914年在东京参与发起成立欧事研究会。次年回国参加护国讨袁起义，任职于广东军政府。期间考察海南，写成《开发海南计划书》，在上海刊行。1916年任段祺瑞内阁财政次长，旋去职。1922年任上海《中华新报》经理。1924年冬任河南省银行总理。20年代初与褚辅成、沈钧儒一起主持全浙公会。1927年北伐军入闽时任福建省政府委员兼盐运使。1936年被指与其弟殷汝耕有牵连，被捕送到南京。不久释放，迁居杭州。抗日战争爆发后举家迁居四川。1941年在成都病故。

**殷汝熊(1884—?)**

平阳县人。早年留学日本，毕业于日本鹿儿岛第七高等学校。1916年10月8日至1917年任湖南省高等审判厅厅长。1920年10月被司法部委任为山东省特别区法院筹备处主任。1922年1月任北洋政府大理院推事。1927年11月至1929年10月任浙江省高等法院院长。1929年10月至1930年10月署理山东高等法院院长。1929年应浙江省政府的邀请担任西湖博览会高等顾问。后在上海执律师业务，曾任温州旅沪同乡会主席。著有《政治学》、《比较宪法》、《殖民政策》、《殷汝熊信稿》等。

**殷作桢(1908—?)**

字赞周。平阳县人。南京金陵

大学肄业后考入上海复旦大学文学院西洋文学系学习。1931年毕业后留在上海从事写作，旋创办《中国文学》月刊及《文化情报》周刊。1933年任中国国民党空军特别党部宣传科科长。1936年任中央军校广州分校政治教官，兼《中山日报》副刊编辑。1937年抗日战争爆发后创办《苦斗》旬刊。1938年10月广州沦陷后赴韶关，任广东省政府参议。1940年任第三战区司令长官部政治部科长。后至重庆，任军事委员会政治部青年军政工作指导委员会委员，并创办《中国时报》，任社长。1945年抗日战争胜利后在南京复刊《中国时报》，仍任社长。1946年任国防部新闻局第一处副处长。1949年去台湾，历任国民党台湾省党部宣传处副处长、政工干部学校教授、《成功日报》总主笔兼总编辑、"国大代表"、"光复大陆设计研究委员会"委员。著有《战争文学》、《蒋委员长的思想体系》、《三民主义思想概论》、《中国文化研究》，长篇小说《女性群像》，短篇小说集《胜利号》等。

**奚复一(1916—　)**

字佛一，名铭圭，法号心了。平湖县人。为江南中医世家奚氏第八代传人。祖上是晚清御医，幼承庭训，耳濡目染，弱冠即在平湖及上海行医，曾任平湖县国医支馆医学处主任。1948年去台湾从医，悬壶济世逾半世纪。所学源自家传，辅以数十载无数临床经验，潜心研究，特擅长妇女专科、男女不孕症、心脏、内科、肝肾胃科及各种肿瘤。1958年任台湾台北市中医师公会理事长。1961年任台湾省中医师公会理事长，台湾"考试院"中医师特种考试委员，"教育部"医学教育委员，"内政部"中医药审议委员，"中国医药研究所"顾问，"最高法院检察署"医药顾问，"中国医药学院"中医药教材编审委员，《医界春秋》、《东方医学》杂志社社长，"中国药用植物"研究会理事长，"中华文化复兴运动委员会"中西医合作研究推行委员会委员，美国东方医学总会理事长，美东针灸医师公会顾问等职。香港、澳门华南大学曾授予荣誉哲学博士学位。著有《现代中医妇科学》、《癌症病理与疗法》、《伤寒论注释》等。

**奚望青(1893—?)**

字岱云。东阳县人。1919年2月毕业于保定陆军军官学校第六期步兵科。毕业后分发到军队服役，曾任参谋、团附、营长等职。后加入国民革命军，历任铁道干部教练队队长、铁道兵团团长、司令。1937年夏入庐山军官训练团培训。同年6月被南京国民政府授予陆军少将。1946年7月退役。

**翁文波(1912—1994)**

鄞县人。1912年2月18日生。著名地球物理学家、石油地质学家、预测论专家。1930年考入国立中央大学物理系，后转入国立清华大学物理系。1934年毕业后进入北平研究院工作。1936年赴英国留学。1939年获伦敦大学哲学博士学位。回国后任国立中央大学地质系教授。1940年后任甘肃玉门油矿工程师、上海中国石油公司勘探室主持人。新中国成立后历任燃料工业部石油总局勘探处副处长，石油工业部勘探司总工程师，石油工业部科学技术委员会副主任，石油科学研究院副院长，石油勘探开发科学研究院总工程师、研究生部主任、博士生导师等。并担任中国地球物理学会理事长、名誉理事长，中国石油学会副理事长，中国地震学会名誉理事，中国地球物理学会天灾预测专业委员会主任等职。是第三届全国人大代表，第五、第六、第七届全国政协委员。1980年当选为中国科学院学部委员。1994年11月18日在北京去世。著有《地球形态的发展》、《纬度和地极的变化》、《地球的化学成因》、《地球科学中的原子核问题》、《世界油气的规律》、《中国石油资源》、《预测论基础》、《预测学》等，发表近百篇论文。

**翁文灏(1889—1971)**

字咏霓。鄞县人。1889年7月26日生。1903年中秀才。1906年考入上海震旦学院学习。1908年考取公费留学资格，入比利时鲁汶大学专攻地质学。1912年毕业，获得理学博士学位，成为第一名地质学博士。回国后任北洋政府工商部矿政司地质研究所讲师，1913年任教授。1916年任北洋政府农商部地质调查所矿产股长。1919年代理地质调查所所长，1921年任所长。1922年参与发起成立中国地质学会，任副会长。1924年起连续四届担任会长、理事长。同年起兼任北京大学、清华学校教授。1931年一度主持清华大学校务。1932年任军事委员会国防计划委员会秘书长。1934年参与发起成立中国地理学会，被推举为首任会长。同年冬任焦作中福煤矿整理专员，兼焦作工学院常务校董。1935年12月至1937年9月任南京国民政府行政院秘书长。1938年1月至1946年5月任经济部长兼资源委员会主任委员。在整个抗战期间主管中国的战时工业生产及经济建设。1945年5月在国民党第六届全国代表大会上当选为中央执行委员。1945年6月至1947年4月任行政院副院长。1947年4月起任行政院政务委员。1948年5月

25日至11月26日任行政院院长。在任期间主持通过发行金圆券，造成国民党统治区货币崩溃局面。1949年2月至4月任总统府秘书长。脱离官场后前往香港。同年10月从香港去法国。1951年3月应邀回到北京，先后任全国政协第二、第三、第四届委员，民革中央委员、常委、和平解放台湾工作委员会副主任委员。1971年1月27日在北京病故。著有《中国矿产志略》、《中国地史浅说》、《中国地质构造对地震区分布之影响》、《中国山脉考》、《中国的人口分布与土地利用》、《中国东部中生代以来之地壳运动及火山活动》、《中国地理学中的几个错误的原则》、《甘肃地震考》、《地震》、《锥指集》、《翁文灏选集》、《翁文灏诗集》等。

**翁　达(1898—1940)**

幼名凤鸣，字醉卿。淳安县人。早年毕业于浙江武备学堂。毕业后分发到浙江陆军服役，曾任浙江陆军第二师排长、连长。1926年底加入国民革命军，历任第二十六军连长、营长，浙江省防军上校团长。1935年入南京中央军校高等教育班第四期学习。1937年抗日战争爆发后先后任第三战区第三十二师参谋处长、少将衔参谋长，第二十四集团军独立第六旅副旅长，第八十九军独立第六旅中将衔旅长。1940年9月在江苏泰兴黄桥镇与新四军苏北支队展开激战；10月4日因兵败自杀身亡。

**翁同文(1916—1999)**

泰顺县人。1916年5月5日生。1935年考入北平国立清华大学历史系学习。1939年毕业于云南昆明的西南联合大学。毕业后留校任助教。后历任国立东方语文专科学校、云南大学、上海圣约翰大学讲师。1948年秋赴欧洲留学。1955年起任巴黎大学高级研究院约聘研究员，襄助汉学家百乐日教授主持国际宋史研究计划10年。1964年任德国鲁尔大学东亚学院讲师。1966年任美国威斯康辛大学访问教授。1968年起任新加坡南洋大学历史系副教授、高级讲师。1976年起任台湾东吴大学历史系教授。著有《艺林丛考》、《中国坐椅习俗》等。

**翁明昌(1917—1977)**

慈溪县人。台湾义新企业集团创始人。曾任上海金膺广播电台总经理，培开灯泡厂及东兴贸易公司董事长。1953年组建嘉新水泥公司，1959年任总经理。后历任益新纺织公司常务董事，华新、丽华电线电缆公司及力霸、鑫新化纤公司董事长，华隆公司常务董事。1973年创建嘉新畜产公司和义新国际贸易公司，均任董事长，构成颇具规模的义新企业集团。

**翁福清(1903—1976)**

字艾之。龙游县人。早年毕业于知行学院。后加入中国青年党。1945年4月被聘为国民参政会第四届参政员。1946年底当选为制宪国民大会代表。

**高　平(1909—1985)**

名德明，以字行。祖籍海宁县，1909年8月生于杭州。1926年考入北京大学理预科，两年后毕业，入地质系本科就读，分在古生物地层组。1932年毕业后任地质调查所调查员、技士。1937年抗战爆发后担任江西地质调查所所长。1945年赴美考察。1946回国后任中央地质调查所北平分所所长，并先后任中央研究院研究员、资源委员会专员、江西金矿勘探队队长。1950年出任矿产地质勘探局工程地质处处长，奉命组织对北京官厅水库的地质勘察和钻探，参加和领导了甘肃刘家峡水库、治淮工程和武汉长江大桥桥基的地质勘察。1952年任地质部筹备处地质组副组长。同年调往新成立的北京地质学院普通地质教研室担任教授。1958年初被打成右派，下放贵州。1978年平反后任贵州工学院地质系主任，兼任贵州省科学院副院长，当选为第六届全国政协委员和贵州省政协常委。1985年在贵阳去世。

**高尔登(1885—?)**

字子白。杭县人。早年毕业于日本陆军士官学校中华队第三期骑兵科。回国后参加辛亥革命，先后参加上海、杭州光复之役。1912年中华民国成立后任浙江军政府财政司司长，后任浙江银行经理。1916年任护国军总司令部参谋长，参与讨袁斗争。1918年4月任广东军政府卫戍司令部参谋长。

**高芝兰(1922—　)**

女。杭县人。女高音歌唱家、音乐教育家。1941年毕业于上海国立音乐专科学校声乐系。曾任苏石林音乐院教员，并参加上海租界工部局交响音乐会和上海俄罗斯歌剧团的演出，担任歌剧《霍甫曼的故事》、《茶花女》的女主角，成为我国第一位演唱西洋歌剧的女歌唱家。1947年赴美国纽约朱利亚音乐院进修。1948年在哥伦比亚大学举行独唱音乐会，1949年结业。不久新中国成立的消息传到美国，谢绝师友的挽留，与丈夫毅然回到祖国，到上海音乐学院声乐系任教，后任该系副主任、副教授、教授。1953年赴苏联、罗马尼亚、波兰、民主德国演出。

1958年、1960年保加利亚声乐专家两次来上海排演歌剧《蝴蝶夫人》、《游吟诗人》,均由她担任主角。1961年加入中国共产党。1983年获全国"三八"红旗手称号。

**高达与高逵(生卒年不详)**

仙居县人。因垦荒来到金华,为吏胥所迫,占山为王。1900年与龙华会、白布会以及伏虎会等会党联络。后经徐顺达等人介绍,又与大通学堂有了联系。1907年大通学堂毕业生蒋蕖飞在东阳南马发动起义失败后退入马陵山,与高氏兄弟歃血为盟,结为兄弟,并介绍高达加入光复会。高氏兄弟因蒋蕖飞知兵,遂推为寨主。马陵绿林武装改编为光复军,授予兵式体操,另制号衣,缀"汉"字以肩上,作为标式。光复军拟由浦江沿兰溪江进袭杭州,因缺乏武器,遂与严州和衢州等地白布会和终南会相约共同起兵。杭城清吏闻讯,大惊失色,急忙从东阳调沈棋山前来围剿。高氏兄弟在山隘伏击,尽杀沈棋山亲信将校,沈棋山仅以身免。警报传到杭州,清吏又增派第一标第一营精锐前来援助,马陵山光复军主动出击,清兵再次大败而溃。清兵从杭城前来增援,因畏惧光复军,不敢进攻,将马陵山口团团包围。光复军内无粮草,难于持久作战,终因众寡悬殊,高氏兄弟相继阵亡。

**高时丰(1876—1960)**

字鱼台,号存道居士,别署余颛、余砖等。杭县人。清季秀才。以善书画篆刻闻名于世。书法四体皆能,楷书得褚遂良、颜真卿法,而篆书亦胜,山水、花卉能师法古人而融化己意,皆劲厚有韵,兼能治印。

**高时显(1878—1952)**

字欣木,又字野侯,号可庵。杭县人。高时丰弟。清光绪举人,官至内阁中书。辛亥革命后参与创办中华书局,任常务董事及美术部主任。精鉴定、富收藏,蓄前人画梅500余帧,遂颜其居曰"五百本画梅精舍",又因藏有王冕画梅长卷,故名其室为"梅王阁"。能诗,善画山水花鸟,尤工画梅,兼善治印,取法秦、汉、宋、元,苍秀端雄。

**高尚荫(1909—1989)**

嘉善县人。1909年3月3日生。1926年考入苏州东吴大学,在昆虫学家胡经甫教授指导下攻读生物学科。1930年毕业,获理学学士学位。同年获美国佛罗里达州劳林斯大学奖学金,赴美深造。1931年获劳林斯大学文学学士学位。同年秋入美国耶鲁大学研究院,在著名原生动物学家伍德拉夫教授指导下攻读博士学位。1933年获洛克菲勒基金会奖学金。1935年获博士学位,并荣获美国 Sigma Xi 科学荣誉学会会员称号。同年2月赴英国,在伦敦大学研究院从事短期研究工作;8月回国,受聘为武汉大学教授。1943年再次赴美,在洛氏医学研究所任客座研究员,在诺贝尔奖金获得者、著名病毒学家斯坦利教授实验室中从事病毒学研究。1947年回国后仍在武汉大学任教。1949年出任武汉大学生物系主任。1956年被评为一级教授,历任武汉大学教务长、理学院副院长、副校长。并先后兼任中国科学院武汉分院副院长、中南微生物研究所所长、武汉病毒研究所所长和名誉所长及国务院学位委员会生物学科评议组组长、教育部高等学校生物教材委员会主任委员、中国微生物学会副理事长、病毒专业委员会主任委员等职。1980年当选中国科学院学部委员。1981年被美国劳林斯大学授予荣誉科学博士学位,并曾担任过捷克斯洛伐克《病毒学报》编委。1989年4月24日去世。

**高宗武(1905—1995)**

化名其昌。乐清县人。早年留学日本,在东京帝国大学获法学学士学位。1931年5月任国民党《中央日报》特约记者,兼国立中央政治学校教授。1932年初被聘为《外交评论》特约撰稿人,在不到一年的时间里先后在该刊发表15篇讨论中日关系的文章,确立了"日本通"的地位。同年11月任国民政府军事委员会国防设计委员会专员。1934年5月任外交部科长,兼外交部亚洲司帮办;11月奉外交部指派赴北平与日伪代表谈判,与日伪方面议定了关内外《通邮协定大纲》。1935年5月至1938年10月任外交部亚洲司司长,专门从事对日外交工作。1938年前往香港负责对日情报工作。不久以国民党副总裁汪精卫代表的身份与日本外交代表重光葵举行会谈,达成《日汪协议》。1939年5月随汪精卫由香港去日本,与日本内阁举行会谈,讨论筹备汪伪政权问题;9月任汪伪国民党中央常务委员。1940年1月与陶希圣同时宣布脱离汪伪政权,赴美国后化名高其昌,挂名国民政府国防最高委员会秘书厅参事,深居简出。1995年在美国去世。

**高定中(1906—1934)**

绍兴县人。1915年考入绍兴省立第五中学学习,学习期间参加和发动震动全省的省立五中学潮。1924年秋加入中国社会主义青年团。1925年10月参加中共绍兴(党团)特支,负责组织部工作。1926年

1月担任青年团绍兴支部书记；2月转为中国共产党党员，参与中共绍兴地委的筹建；4月任中共绍兴独立支部书记；9月任中共绍兴地委中学委员，负责绍兴学生运动。1927年2月任绍兴社会运动委员会主席，兼青年运动委员会委员长。“四一二”政变爆发后按党组织指示，到湖塘老家发动农民运动，组织农民协会，开展减租减息，积极参加党领导的浙东农民暴动准备工作；11月被国民党当局逮捕。在双腿被敌人折磨致残的情况下，仍坚持斗争。他父亲卖掉绍兴古贡院的房子，凑足一笔款，才勉强将他保释出狱。出狱后一度到处寻找党组织，但无法接上关系。1934年再次被敌人逮捕。同年夏被害死于绍兴监牢中。

**高拜石(1901—1969)**

字懒云，又字般若，笔名芝翁、南湖、介园、懒云。镇海县人。先世宦游八闽，遂寄籍福州。斋堂为古春风楼，自号古春风楼主人。北平平民大学文科毕业。历任《新生晚报》、《华报》、《寰宇新闻》、《民国日报》及《中央日报》编辑及主笔，台湾省政府新闻处主任秘书等职。善属文，工诗词，长于近代史事，熟谙人物掌故，故文名籍甚。曾在《新生副刊》连载《古春风楼琐记》，因广获好评，后结集出版。另著有《南湖录忆》、《浮沤识小》、《茗边脞记》等。

**高觉敷(1896—1993)**

又名高桌。温州人。1896年11月6日生。1916年考入北京高等师范学校英文部。1918年被北洋政府选送到香港大学文学院教育系就读。1923年毕业，获学士学位。毕业后在上海暨南学校教授心理学。曾在《教育杂志》发表多篇文章，介绍麦独孤的行为主义心理学理论。1926年起任上海商务印书馆哲学教育部编辑、主任编辑。1930年与唐钺合编《教育大辞典》，期间接触到西方多个心理学流派，并翻译了数部格式塔心理学论著，撰写了不少介绍性的文章。1932年受聘为四川大学心理学教授。1933年转任广东襄勤大学教育系主任和中山大学教育研究所心理学部主任。1940年任国立湖南师范学院教育系主任。1944年转赴重庆北碚就职于国立编译馆。1945年重任复旦大学教授。抗战胜利后随编译所回到南京，兼任金陵大学教授，后又兼任教育系主任。1952年院系调整，受命担任南京师范学院筹备委员会委员兼办公室主任。南师成立后被任命为教务长，1955年升任副院长。1957年被打成右派。1959年摘帽后任心理学史研究室主任，试图以辩证唯物论为指导思想编著《心理学史讲义》，定稿时正是“文革”前夕，未能出版。1978年平反后被选为中国心理学会副理事长，并担任教育部主办的全国统编教材《心理学史》(包括中国和西方心理学史数册)主编，兼任国务院学位委员会评考组成员、《中国大百科全书·心理学卷》编委会副主任及江苏省政协副主席、九三学社中央常委暨江苏省常委等职。1993年2月15日在南京去世。著有《心理学名人传》、《群众心理学》、《现代心理学》、《教育心理学》等，译著有E.G.波林的《实验心理学史》、S.弗洛伊德的《精神分析引论新编》、K.科夫卡的《心之发展》、W.克勒的《格式塔心理学》等，编著有《西方近代心理学史》、《中国古代心理学思想研究》、《中国心理学史》、《西方心理学的新发展》，并有《高觉敷心理学论文选》于1986年出版。

**高振衡(1911—1989)**

绍兴县人。1911年6月21日生于北京。1927年考入北京师范大学附属中学。1930年考取清华大学化学系。1934年毕业后留校任助教。“七七”事变后随学校南迁，在昆明西南联合大学任教三年。1941年在清华大学农业研究所工作一年。1942年到美国哈佛大学研究生院留学。1946年毕业，获博士学位。同年回国后任南开大学教授。1949年至1971年任副系主任。1958年兼任中国科学院华北分院元素有机化学研究所副所长。1972年至1980年任南开大学化学系系主任。1980年任《高等学校化学学报》编辑委员会副主编。同年当选为中国科学院学部委员。1989年11月14日在天津病故。著述有《有机化学结构理论》、《物理有机化学》等，是中国物理有机化学学科的开拓者之一。

**高　邕(1850—1921)**

字邕之，号李盦、苦李、孟悔、聋公、赤岸山民。杭县人，寓上海。曾官江苏县丞。1909年在上海与钱慧安、蒲华、吴昌硕、王震等创立豫园书画善会，偶作画，陈于会中卖以助赈。辛亥革命后黄冠儒服，卖字为生。工书，好李邕法，能以草书作画。画宗八大、石涛，山水花卉神味冷隽。兼善篆刻。少与钱叔盖友善，因辑其手刻为《未虚室印赏》。为近代海上60名家之一。

**高培良(1895—?)**

余姚县人。曾任黄楚九开设的中法大药房南市分号经理。1916年与人合资在上海南市创设爱华制药社，至1936年资本已达16万元。同时还与人合资创办务本橡胶厂、大华橡胶厂、正华碳酸镁厂，又在余姚自设如生食品厂。还兼任永咸薄荷厂、美龙酒精香料厂、中兴赛璐珞厂董事及正大银行监察、上海市新药业同业公会常务理事。

**高越天(1904—1992)**

字伯振,又名尔凌。萧山县人。1924年考入上海中山学院,在校期间参加国民党。1925年赴广东参加国民革命,一年间由广州转战至南京,由少尉升至少校。1927年回杭州任《民国日报》总编辑。1928年参加浙江省民政厅举办的县长考试,获得第四名的成绩,先后被任命为浙江省镇海县、龙游县及陕西省栒邑县县长前后六年。1933年赴西安,任《西京日报》主笔。后任四川省教育厅主任秘书。1937年抗日战争爆发后入国民党中央训练团第六期受训。结业后历任国民革命军第一八八师政治部主任,国民党中央组织部科长、编审室主任,国民党陇海铁路党部书记长。抗日战争胜利后任行政院全国纺织事业管理委员会秘书处长,协助纺织事业管理委员会主任束云章接管沦陷区日、英、中纺织、机械、印染等100余家工厂,组建中国纺织建设总公司,先后任秘书处长、总稽核。1949年去台湾,创办中纺、嘉和、嘉兴等公司。1961年任"中国纺织贸易公司"董事长。著有《中国书纲》、《历朝兴亡记》、《中国现代史》、《蒙古史纲》、《中国纺织史》、《五朝诗评》、《六朝英烈传》、《松麓楼诗词存稿》、《松麓楼札记》、《宋诗七百首选评》等各种论著百余种。

**高敬基(1902—1982)**

字事恒,以字行。吴兴县人。丝织企业家。双林镇小学毕业后入上海南洋中学读书,因参加五四运动被排除,同年考入南通纺织专门学校。1923年毕业后被聘为上海物华绸厂技师,不久调至该厂发行所经营外洋贸易,着力研究南洋市场和印度文字。1928年受同乡蔡声白之聘任美亚绸厂副总经理兼第八厂厂长,后调任副总经理兼总管理处营业处主任。1936年任由中国36家工厂组成的南洋商业考察团团长,到南洋各地举办国货展览,促进了国货销售。抗战爆发后负责美亚在租界外的几个工厂西迁汉口、重庆。1939年辞美亚绸厂职,任南洋企业公司协理,负责在南洋筹建分公司。南洋沦陷后拒任伪职,经杭州转赴重庆,任光大瓷业公司总经理,随后建立卢州、曲靖两家瓷器厂,期间还受聘为茂恒商号重庆分号经理。参加"迁川工厂联系会"、"星五聚餐会"等活动。抗战胜利后受国民政府聘请负责接受日伪华东蚕丝公司下属企业,并在上海创办大茂企业公司,任总经理,经营纺织品出口业务,在天津、香港设有分公司。上海解放后任上海市工商联筹委会常委、国际贸易同业公会副主任委员。1956年公私合营后任上海市国际贸易公私合营公司副董事长。新中国成立后不久参加中国民主建国会,后任民建中央委员、民建上海市委常委。"文革"中被下放劳动。1982年8月在上海病故。著有《南洋论》等。

**高镜朗(1892—1983)**

又名一贯。上虞县人。1922年湖南湘雅医学专门学校本科毕业。1927年同湘雅创始人颜福庆等筹建第四中山大学医学院(今上海医科大学),任执行委员兼秘书、儿科讲师、儿科主任等职。次年春受院方派遣赴美国哈佛大学攻读儿童保健。后在美、奥、法、德等国医疗机构进修。1930年回国后任上海医学院儿科教授。不久创办福幼医院,自行开业。1952年放弃私人开业,任广慈医院(今瑞金医院)儿科主任,参与筹建上海第二医学院(今上海第二医科大学)儿科医学系。历任儿科医学系主任兼新华医院儿科主任、上海市儿科医学研究所所长等职。著有《儿科小全》、《古代儿科疾病新编》、《儿科传染病学》和《儿科液体疗法》等。

**高　衡(1917—1978)**

平湖县人。"九一八"事变后从抗日救亡宣传工作。1946年入上海昆仑影业公司。1949年后在上影厂任场记、副导演。1955年后先后导演《湖上的斗争》、《长虹号起义》、《地下少先队》、《英雄小八路》和《血碑》等16部影片。

**郭人骥(1891—?)**

兰溪县人。浙江医药专科学校毕业后历任上海市医药公会编辑委员、中国医药学会上海分会监察委员、上海斜桥医院院长等职。著有《女性养生鉴》、《女性卫生》、《传染病问答》,译有《体育之科学的基础》。

**郭云观(1889—1961)**

原名云衢,字闳畴,号文田。玉环县人。1889年12月16日生于玉环坎门。1905年考中末科秀才。1915年毕业于北洋大学法律系,获法学学士学位。1916年应第一届外交官考试,录取外交部秘书处。次年派赴驻美大使馆,由外交部资送美国哥伦比亚大学研究国际法学及外交学。1919年春任巴黎和会中国代表团秘书。1920年调外交部任职,兼任修订法律馆纂修、外交部条约研究委员会委员、司法部法权讨论会委员。1921年9月调任国际联盟约法委员会中国代表团专门参议;11月任华盛顿会议中国代表团秘书处股长。1922年1月任北京政府大理院推事。1925年1月因病辞职。1926年9月后任燕京大学教授、法律系主任兼副校长，并兼清华大学法学教授。1932年5月任国民政府司法行政部参事，司法部编纂室主任；11月调任江苏上海第一特区地方法院院长。1941年春兼江苏高等法院第二分院院长。同时兼任复旦大学、东吴大学、上海法学院等校教授，光华大学法律系主任。日军入侵公共租界，被胁迫继任院长，严词拒绝。连夜焚烧全部重要文件，于次日凌晨化装为勤杂人员逃出。化名蔡施福隐居宁波，抗战胜利后奉令接收上海所有法院监所。1946年12月任上海高等法院推事兼院长。1948年掩护中共地下党在上海高等法院活动。“同济学潮”中一些进步学生被上海地方法院判处六个月有期徒刑，上诉后，高等法院宣告无罪释放。上海市市长吴国桢指责其为“违法判决，助长学潮”，不屈力持此判。1949年上海解放前夕拒绝去台湾，指令将法院档案资料完整移交给人民政府。此后仍在东吴大学、光华大学担任法学教授。1953年因病退职，其后上海市人民政府、上海文史馆先后聘其任参事、馆员，皆因病未就。1959年上海市新成区人民检察院以反革命罪向上海市新成区人民法院提起诉讼，在审理过程中因病保外就医。1961年3月31日病故。同年4月7日上海市静安区人民法院裁定终止审理该案。1985年11月11日上海市静安区人民法院判决撤销1959年刑事裁定，宣告无罪。著有《法官采证准绳》、《国际私法习题举例》、《中国国际私法新草案》、《中外条约司法部分辑览》、《国际私法中国习题集》等。

**郭心崧(1897—1979)**

字仲岳。平阳县人。浙江省立第十中学毕业后东渡留学。1924年毕业于日本京都帝国大学经济系。归国后在上海创办《孤军》杂志，评介各家经济理论，撰述中国经济建设之道。1926年任广州中山大学教授兼经济系主任，并任广州国民政府财政部整理财政委员会委员。1928年11月13日任考试院院部参事，并任浙江第一、第二届县长考试典试委员和中央政治学校教授等职。1931年6月任考试院典试委员会及试务处高等考试典试委员。同年任中央大学教授兼经济系主任、南京中央大学秘书长。1932年3月28日任教育部高等司司长；旋于9月21日免职。同年12月15日任交通部参事。1935年9月13日任交通部邮政总局局长，直至1943年6月。1948年4月任中国驻日本代表团参事。后任教于东京大学，1979年在东京病故。译有《商业经济概论》。

**郭　忏(1894—1950)**

字悔吾。诸暨县人。1894年4月18日生。幼年就读于私塾，后相继毕业于浙江陆军小学、武昌陆军第二预备学校。1919年2月毕业于保定陆军军官学校第六期炮兵科，分发到浙军服役，历任排长、营附、炮兵连长、营长。1926年12月起历任国民革命军第二十六军营长、炮兵团长，第二十六军参谋长，第六师第六旅旅长、第十七旅旅长等。1933年2月任第五军参谋长；7月任第十八军参谋长；11月任赣粤闽湘鄂“剿总”北路军第三路总指挥部参谋长，参与对中央苏区的第五次“围剿”。1935年3月任军事委员会委员长武昌行营陆军整理处办公厅主任兼宜昌行辕处长。1936年1月被国民政府授予陆军少将军衔；2月任第四十六军副军长；5月兼任晋陕绥宁四省边区“剿总”指挥部参谋长；10月被国民政府授予陆军中将军衔；同月调任广州行营办公厅厅长；11月任武汉行营副参谋长；12月任武汉警备司令。1937年夏兼湖北省防空司令及第一八五师师长。1938年4月任第九十四军军长；10月代理武汉卫戍总司令；11月兼洞庭湖警备司令。武汉会战末期率部殿后，完成掩护大军撤退的任务后驻防沙市、宜昌。1939年1月升任第三十三集团军副总司令；11月兼长江上游江防司令；12月兼江北兵团司令。参与随枣会战和枣宜会战，因宜昌失守，被押解至重庆关押了一段时期。1941年7月任第一战区长官司令部代参谋长，后任第六战区司令长官部参谋长，协助陈诚指挥鄂西会战。在鄂西会战中因功获二等宝鼎勋章。1944年1月任第六战区司令长官部副司令长官；8月参与指挥常德会战，因指挥有方，获青天白日勋章。1945年5月当选为中国国民党第六届中央执行委员；8月15日日本宣布无条件投降；9月协助第六战区司令长官孙蔚如在武汉接受日东第六方面军司令官冈部直三郎投降，使武汉10余万日伪军不放一枪而放下武器，接受编遣。受降后任武汉警备总司令。1946年3月任武汉行营副主任兼参谋长；6月任国防部参谋本部次长；11月当选为制宪国民大会代表。1947年6月任联合勤务总司令。1949年10月任“东南军政长官公署副长官”兼“舟山指挥所主任”。1950年春去台湾，任“总统府战略顾问委员会”顾问；7月31日在台北去世；8月台湾当局追授他为“陆军上将”。

**郭　骥(1911—1990)**

字外川。龙泉县人。1934年毕

业于国立中央大学社会系，获学士学位。毕业后到陈诚身边任少校和中校秘书。后赴英国留学，在伦敦大学政治经济学院获硕士学位。1939年回国，先后任三民主义青年团中央干事会书记、办公室秘书兼人事组长，第六战区司令长官政治部主任秘书，湖北省政府人事处处长，国民政府社会部人事室主任，国立重庆大学教授。1945年夏赴美国考察。同年回国后任军事委员会军政部参事。1946年6月任国防部第一厅办公室副主任。后任国民党中央训练团教育委员会主任秘书，并当选为制宪国民大会代表。1949年去台湾后历任台湾"警备司令部"办公室主任兼"东南军政长官公署"办公室主任，"行政院"参事，国民党第八届中央执行委员，国民党中央执行委员会第一、第五组副主任，国民党中央执行委员会副秘书长，国民党中央常务委员，"光复大陆设计研究委员会"秘书长、副主任委员，亚太国会议员联合会"中华民国议员团"秘书长，"中华民国捐学运动协会"理事长。

**郭达明(1888—?)**

杭县人。早年从保定陆军军官学校肄业后入湘军服役。先后在叶开鑫、唐生智部任参谋等职。1926年任国民革命军第八军(军长唐生智)参谋长。1929年任第五路军总指挥部(总指挥唐生智)参议及驻南京办事处长。不久唐生智在河南起兵反蒋失败，随唐生智下野。后不详。

**郭学序(1890—1962)**

宁海县人。年轻时随父郭永澜赴沪经商、办厂，独资创建华昌印刷罐厂，既而改名华昌钢精厂，任经理。30年代初时还任中国钢精营业所董事长。致富后热心教育等公益事业，1945年捐资30万元赠宁海长大乡第二中心小学。1946年又捐资2000万元充实宁海县属三所中等学校经费。1947年出资50亿元建宁海西深公路。1948年赴香港九龙创办华昌金属器皿厂。

**郭持平(1894—1980)**

原名孝琪，字若衡。嵊县人。早年先后就读于杭州宗文中学、浙江陆军小学堂、武昌陆军第二预备学校。1917年2月入保定陆军军官学校第六期炮兵科。1919年2月毕业后回浙军第一师服役，历任见习官、排长、连长、参谋等职。1926年12月任国民革命军第十九军前敌指挥部参谋处长，参加北伐战争。1927年任独立第一师参谋长。1928年任第十一师第三十一旅副旅长。1929年2月参加讨伐桂系的战争，任田家镇要塞司令部参谋长。1930年在长沙任国民革命军"讨逆军"第四路总指挥部参谋处少将处长。1931年任第十六师副师长。1932年任第四路军参谋长。1935年任"剿匪"军第一路军参谋长。1936年1月被国民政府授予陆军少将军衔。同年任第二十八军副军长。抗战爆发后参加淞沪会战。1937年11月被国民政府授予陆军中将。1938年10月任宁波防守司令兼宁绍台温戒严司令。1940年7月中旬指挥所属第十六师、第一九四师等部队全力反击进攻宁波的日军，激战五昼夜，克复镇海要塞；8月因病辞职返乡，定居嵊县下沙地村。1942年12月协助中共抗日武装攻打汪伪军。1943年被推举为私立阳山学校董事会董事长，先后捐资折合稻谷4万斤，赠送《中学生文库》等图书数千册。1947年对人民游击队给予粮食、弹药等物资支持。1949年拒绝去台湾，并写信劝告嵊县党政头目向人民政府投降，迎接解放。1951年被判刑五年，1952年提前释放。1957年1月由嵊县人民法院撤销判决，恢复名誉。同年被推荐为嵊县政协委员。1980年8月在南京病故。

**郭静唐(1902—1952)**

又名挹青，字琴堂。余姚县人。1917年入浙江省立第一师范学校学习，五四运动时投身反帝反封建斗争，被推举为浙江省学生代表。1920年参加中国社会主义青年团。1924年毕业后回余姚任教。同年加入改组后的国民党，曾与楼适夷合办《余姚评论》、《余姚青年》等刊物，传播革命思想。1925年加入中国共产党。1926年在余姚从事农民、盐民运动，进行反封建斗争。1927年国民党余姚县党部筹备委员会成立，任常务委员。"四一二"反革命政变后被国民党右派通缉，化名郭澄。1928年考入第三中山大学(今浙江大学)文理学院学习，后入西湖艺术专科学校。后被国民党当局侦悉，流亡汉口、上海、杭州等地。后到上海商务印书馆函授部工作。1932年在上海开办天马书店，出版鲁迅、茅盾、郁达夫、丁玲等人著作及其他进步书籍，参加左翼文化运动。抗日战争爆发后在余姚从事武装抗日活动，任战时政治工作队副队长、抗日自卫支队政治部主任等职，主编《战斗》周刊，并联络当地人士创办《浙东日报》。1940年8月被国民党当局逮捕，关押到江西上饶集中营。1942年经营救出狱。1944年8月到浙东抗日根据地，被发展为中共秘密党员。历任新四军浙东纵队司令部秘书长，浙东参议会副议长，浙东行政委员会兼行署民政处长，浙东工商管理局局长等职。1945年10月随新四军主力北撤，任苏皖边区文协常委、山东工商总局秘书主任。1946年6月公开中国共产党党员身份。1948年任济南市军管会工商部副部长、济南市人民政府工商局副局长。1949年初任山东省税务局局长。继而随军渡江南下，任杭州市军管会工业部副部长兼杭州市人民政府工商局局长、省人民政府委员兼财经委副主任、省财政经济委员会委员兼工业厅副厅长等职。1952年在上海病故。著有《炼狱杂忆》。

**郭肇唐(1905—1988)**

俄文名阿·克·克里莫夫，笔名叶甫琴尼·郭。余姚县人。郭静唐之弟。早年被父亲送到当地一家当铺当学徒。不久到上虞县白马湖春晖中学半工半读。后到上海江湾学习。1925年加入中国共产党，参与领导"五卅"运动。同年赴苏联学习，1927年回国。1928年复赴苏联，加入苏联共产党(布)，并定居苏联。曾任共产国际东方书记处主任助理、民族殖民地问题科学研究所科学部副主任。1938年在苏联肃反中蒙冤被捕，1954年平反。后历任苏联科学院远东问题研究所研究员，中国国家建设部顾问。1957年、1986年两次回中国访问。1988年在苏联去世。

**郭履洲(1904—1991)**

字雨舟。宁海县人。早年就读于宁海正学小学。1926年10月毕业于黄埔军校第六期。抗日战争时期曾任"忠义救国军"参谋处长、参谋长、温台地区指挥官、中美合作所特种技术训练班副主任。1946年任国民政府交通警察总局第十八总队总队长兼京沪区铁路护路司令。1948年在宁海老家创办私立宁海县正学中学。1949年担任交通警察总局副总局长兼上海中心区守备司令官等。1950年春去台湾。先后任"国防部情报局"设计委员会主任委员，监察室主任，"国家安全局"顾问。1991年在台北去世。

**唐乃康(1888—?)**

字伯耆。吴兴县人。毕业于复旦公学及浙江高等学堂。早年追随陈其美，参加革命。1912年任沪军都督府秘书。1913年任江苏司法筹备处科长。旋在上海参加讨袁，任沪军讨袁军总司令部秘书兼代军需科科长。后创办上海市北公学，任校长。1927年任国民革命军总司令部参事。后任浙江德清县县长兼浙江全省戒严司令部军法官，国民革命军第二十六军司令部秘书。1929年任财政部浙江全省禁烟局局长。同年任南京特别市政府财政局局长。1930年任江苏省政府编审委员会委员，旋任上海市政府参事兼财政局局长、劳资仲裁委员会主席委员。1932年4月28日任内政部总务司司长，5月19日免职。1933年12月9日任审计部审计。1935年兼审计部三厅厅长。1936年7月15日任交通部监察委员。1937年4月12日免职。

**唐　云(1910—1993)**

字侠尘，别号药城、药尘、药翁、老药、大石、大石翁，别署大石斋、山雷轩。杭县人。自幼酷爱书画，17岁前主要临摹古代名画。早年就读于杭州惠兰中学，19岁时任杭州冯氏女子中学国画教师。1938年至1942年先后在新华艺术专科学校、上海美术专科学校教授国画。新中国成立后历任中国美术家协会理事及上海分会副主席，中国画研究院院务委员，上海中国画院副院长、代院长、名誉院长，上海市书法家协会名誉理事，西泠印社理事，上海市文物保管委员会委员，上海博物馆鉴定委员等职。擅花鸟、山水，花鸟取法八大、冬心、新罗诸家，山水自元四家入手，兼涉明清沈石田、石涛，能抓住特点大胆落墨、细心收拾，融北派的厚重与南派的超逸于一炉，笔墨清丽洒脱，生动有效。偶作人物，亦擅书法，长于草篆及行书，并工诗文、精鉴赏。作品多次在国内外展出并在报刊上发表，代表作品有《朵朵葵花向太阳》、《棉花谷子》、《红荷》、《鲜花硕果》、《郁金香》、《松鹰》、《竹》、《白荷》、《海棠双鸟》、《山雨欲来》、《咏梅》等。出版有《唐云花鸟画集》、《唐云画集》、《革命纪念地写生选》等多种。

**唐公宪(1891—1938)**

名政，字海潮，学名伯宣。遂昌县人。1917年考入浙江省立第一师范学校学习。1920年当选为杭州学生联合会评议部评议员。1921年当选浙江省学生联合会理事长、全国学生联合会评议员。毕业后与宣中华等赴萧山衙前小学任教，积极参与农民运动。1922年4月加入社会主义青年团。1923年春加入中国共产党，为浙江最早的五名党员之一。同年5月到绍兴女子师范学校任教，传播马列主义，进行建党工作。暑假在龙山仓颉寺主持召开中共绍兴党团混合支部成立会议，建立绍兴地区第一个党组织。8月代表社会主义青年团杭州地方组织出席团中央在南京召开的第二次全国代表大会。回杭后当选共青团杭州地方委员会委员长。同时以个人名义加入改组后的国民党。1924年3月被选为国民党浙江临时省党部候补执行委员；6月任中共温州独立支部书记；11月底因病回遂昌老家休养。1925年1月到浙江省立第九中学

(即严州中学)执教;9月回绍兴女子师范学校任教。1926年至温州瓯城中学任教;3月国民党浙江省党部正式成立,仍为候补执行委员;7月被委任为中共杭州地委书记,因故未到职。同月北伐战争开始,担任金(华)衢(州)严(州)处(州)办事处主任。同年12月回遂昌宣传孙中山"联俄、联共、扶助农工"三大政策,发展中共组织,同时筹建国民党遂昌县党部。1927年1月在衢州参加北伐军,任国民革命军东路军前敌总指挥部政治部宣传室主任。同年3月杭州光复后回杭任《杭州国民日报》主任编辑,并兼浙江省党务人员养成所所长、省教育厅主任秘书;4月11日在杭州被国民党右派逮捕,判刑12年,关押于杭州西湖边的浙江陆军监狱。1934年送反省院。1937年7月国共第二次合作实现后具保获释。1938年1月回遂昌任国民党县党部秘书;7月改任遂昌简易师范学校校长。同年12月病故。著有《中国历史纲要》。

**唐　兰(1901—1979)**

字立庵。秀水县人。早年曾就读于江苏无锡国学专修馆三年,后从事《说文解字》和古文字研究,深为罗振玉、王国维所称许。1921年起历任北京大学、北京师范大学、清华大学、辅仁大学、中国大学讲师。1925年任故宫博物院专门委员。1928年至昆明入西南联合大学任副教授。次年任教授及文科研究所导师,讲授《六国铜器》、《甲骨文字》、《古文字学》、《说文解字》、《尔雅》、《战国策》及《唐宋诗词》等。1935年任北京大学教授,次年代理中文系主任。新中国成立后仍任北京大学教授兼中文系代理主任,并应故宫博物院之聘兼任设计员。1952年任中国历史学会候补理事,并调故宫博物院,先后任设计员、研究员、学术委员会主任、陈列室主任、美术史部主任、副院长等职。1954年起任中国科学院历史研究所学术委员。1978年任中国古文字学术研究会理事。同年被选为第五届全国政协委员。1979年1月11日在北京病故。著有《古文字学导论》、《殷墟文字记》、《天壤阁甲骨文存》、《中国文字学》等书,并有《敦煌所出汉人书太史公记残简跋》、《切韵中所见隋唐以前韵母考》、《白石道人歌曲旁谱考》、《古乐器小记》、《理想中之商周器物著录表》、《陈常陶釜考》、《论古无复辅音凡来母字古读如泥母》、《智君子鉴考》、《天埌阁甲骨文存》、《韵英》、《虢季子白盘的制作时代和历史价值》、《郏县出土的铜器群》、《在甲骨文中所见的一种已经遗失的中国古代文字》、《中国古代社会使用青铜农器问题的初步研究》、《西周铜器断代中的"康宫"的问题》、《春秋战国是封建割据时代》、《初探》、《从大汶口文化的陶器文字看我国最早文化的时代》等180余篇论文发表。

**唐宁康(1899—1974)**

奉化县人。1917年毕业于私立沪江大学化学系。其后赴美留学,1930年获美国密执安大学化学博士学位。同年在H. H. 威拉德的实验室里工作,与威拉德合作撰写《用尿素沉淀法测定铅量》、《用尿素沉淀碱硫酸铅的研究》等论文,在生物化学领域产生了很大影响。回国后曾任私立湘雅医学院生物化学科教授、国立中正医学院教务长、私立中法大学教授、私立沪江大学教授兼化学系主任等职。1952年院系调整时沪江大学解体,相关各系并入其他院校,随之调入华东师范大学化学系任教,曾担任系主任一职。1956年被评为二级教授。合编有《仪器分析》一书。

**唐远凡(1908—1975)**

原籍武义县,迁居上海。1931年毕业于复旦大学。加入话剧社,积极投入抗日救亡演出活动。1955年任金华市越剧团编导,先后改编了大型传统戏《孟丽君》、历史剧《蔡文姬》(据郭沫若的同名剧改编)、神话剧《火中莲》等。1957年"反右派"时内定为"右派边缘",降薪并下放长山农场。1959年调回金华艺术剧院。1962年调市婺剧团,与萧志岩、李骅等合作整理改编了《金冠记》及现代戏《龙腾虎跃》。"文革"中遭受残酷的折磨,以致右眼失明。1975年5月在上海病故。

**唐　弢(1913—1992)**

原名唐端毅,曾用笔名风子、桑天等。镇海县人。少时家贫,从20世纪30年代开始从事业余创作,以散文和杂文为主。1933年起发表散文、杂文,后结识鲁迅。抗日战争爆发后在上海坚持抗日文化运动,参加初版《鲁迅全集》编校。又支持《鲁迅风》周刊,编辑《文艺界丛刊》,兼任中学教职。与柯灵合编《周报》,参加反迫害、反内战、反饥饿民主运动。新中国成立后致力于鲁迅著作和中国现代文学史研究,坚持杂文、散文创作。历任复旦大学、上海戏剧专科学校教授,上海市文化局副局长,中国作家协会上海分会书记处书记,《文艺新地》、《文艺月报》副主编等。1959年任中国社会科学院文学研究所研究员,曾任全国政协委员、人大代表、中国作家协会理事。所著杂文思想、艺术均深受鲁迅影响,针砭时弊,议论激烈,有时也含抒情,意味隽永。先后出版杂文集《推背集》、《海天集》、《短长书》、《唐弢杂文选》等，散文随笔集《落帆集》、《晦庵书话》等，论文集《向鲁迅学习》、《鲁迅的美学思想》、《海山论集》等，主编《中国现代文学史》，另辑有《鲁迅全集补遗》、《鲁迅全集补遗续编》。

**唐腴庐(？—1931)**

金华县人。早年留学美国，毕业于哈佛大学，获得文学学士学位，与宋子文是同学。回国后先后在上海商科大学、私立复旦大学任教。后历任上海《大陆报》编辑、淞沪警备司令部秘书、私立持志大学教授、南京国民政府军政部秘书，后应邀担任财政部长宋子文的机要秘书。1931年7月23日随宋子文由南京前往上海，在上海火车站刚下火车即遭到刺客的狙击，因穿着打扮与宋子文很相近，被刺客当做重点射击对象，中枪弹最多，伤重殒命。

**唐　湜(1920—2005)**

原名唐扬和，字迪文。永嘉县人。1943年考入浙江大学外文系，开始诗歌生涯。在校期间参加《诗创作》编辑工作，后又参加《中国新诗》编辑工作。创作集中在40年代，是九叶诗派的重要诗人之一。主要诗集《骚动的城》、《英雄的草原》、《飞扬的歌》等，长篇历史叙事诗《海陵王》。除诗歌外还创作了数量可观的诗评，推动了现代派诗歌的发展。新中国成立后在上海市文联从事翻译工作。1954年到北京，任《戏剧报》编辑。1961年后在永嘉昆剧团工作。1978年在温州师范专科学校任教，后任温州地区文艺创作室创作员。

**凌士钧(1883—1954)**

字砺深，号狷庵、蜕庐。崇德县人。清附贡生。后赴日本留学，先后就读于日本东京法政大学速成科和专门部法律科。毕业后回国，参加留学生考试，被清政府授予法科举人，并授内阁中书。1912年中华民国成立后任浙江法政专科学校教授，后任北洋政府大理院民厅厅长。1914年3月29日署理湖南省高等检察厅厅长；1915年12月16日改为实任，至1917年。1918年3月至12月任司法部民事司司长。1918年12月5日至1920年3月5日任河南省高等审判厅厅长。1920年9月2日至1922年任直隶省高等审判厅厅长。1923年2月27日至8月8日任湖北省高等审判厅厅长。1924年任浙江法政专门学校校长。1927年后执律师业，曾任杭县律师公会会长。1932年任司法行政部视察司专员。1933年2月14日至1936年1月18日任河南省高等法院院长。辞去公职后迁居杭州。40岁以后学画山水，与徐瑞徽、余绍宋、汤定之(涤)相切磋。著有《刑法泛论》、《中国法系考》、《蜕庐杂俎》等。

**凌希陶(1890—1985)**

嘉兴县人。1907年进入嘉兴教会学校秀州书院读书，喜爱体育活动，擅长赛跑、跳跃等。1912年毕业后留校任体育部主任。1917年到上海后任上海基督教青年会体育部干事，开展体育活动，培养体育干事，传播近代体育。从1930年起任中华运动裁判会书记，参加在上海举办的全国运动会裁判工作。抗日战争期间在《上海青年》发表文章，提倡民族健康、团结抗日。1951年退休后任上海市南市区侨联委员。

**凌启鸿(1896—?)**

字楫民。吴兴县人。早年留学美国，在华盛顿大学获得法学学士学位。归国后历任国立北平大学法学院教授，北平律师公会会长，江西省政府高等法院检察官，上海职业律师等。1937年底上海、南京相继沦陷后投靠日伪，任伪南京维新政府高等法院第二分院院长兼上海市第一特区地方法院院长。1938年10月至12月任伪上海特别市政府社会局局长。1939年春任伪武汉特别市政府司法部部长，兼伪武汉市高等法院院长、伪武汉市参议府参议。1940年10月5日至1942年4月11日任汪伪国民政府立法院立法委员。著有《云巢诗集》。

**凌　霄(1888—1946)**

字壮华。崇德县人。早年留学日本，先后毕业于日本东京商船学校和日本海军大学。回国后到广东任孙中山大元帅府参军。后至北京，任北洋政府参谋本部科长。1920年投靠奉系军阀后历任奉天航警学校校长、东北第二舰队队长、渤海舰队副司令，被北洋政府授予海军少将军衔。1932年任东北海防第一舰队长。1936年任东北舰队海防长。1937年底上海、南京相继沦陷后投靠汪精卫，历任汪伪国民党中央政治委员会委员、汪伪军事委员会委员、汪伪驻日大使馆中将武官。1940年3月30日至5月30日任汪伪海军部政务次长。1944年11月2日至1945年1月15日任汪伪海军部代理部长，后升任部长。被汪伪国民政府授予上将。1946年以汉奸罪被判处死刑。

**诸乐三(1902—1984)**

原名文萱，字乐三、希斋，别号南屿山人。安吉县人。幼受其父献庄先生熏陶，酷嗜书画篆刻，常与仲兄闻韵切磋艺事。19岁入上海中医专门学校学医，课余攻习书画篆刻，拜入吴昌硕门下为入室弟子，又随晚清举人、儒医曹拙巢学习诗文。1922年起应刘海粟之邀在上海美术专门学校讲授中国画。1930年后先后担任上海新华艺术专科学校、上海昌明艺术专科学校及上海中华艺术大学教授。曾与诸闻韵、姜丹书、朱屺瞻、潘天寿等组织“白社”，研究画艺。抗战期间先后任教于国立艺专、浙西临中临师。1946年应聘杭州国立艺专，主讲花鸟画、书法、篆刻、画论及诗词题跋等。50年代与潘天寿、吴茀之等重建浙江美院中国画系，又参与筹建美院书法篆刻专业，率先培养了我国第一代书法研究生。为中国美术学院教授、研究生导师，浙江省政协常委，西泠印社副社长、西泠书画院副院长，中国书法家协会名誉理事，中国美术家协会浙江分会副主席，中国第四次文代会特邀代表。著有《希斋印存》、《希斋题画诗选》、《希斋诗抄》、《诸乐三先生画集》、《诸乐三书画篆刻集》等。

**诸老大(1865—1927)**

小名景川，正名光潮，兄弟三人中排行居二，因身材魁梧，故称“老大”。吴兴县人。湖州诸老大粽子店创始人，人称“粽子大王”。出身贫寒，13岁进湖州震远同茶食铺当学徒，满师时已精通各式糕饼茶食制作技艺。1890年开始卖粽子，并对传统粽子的形状、选料及制作技术进行改进。1910年在湖州开设诸老大粽子店，所产粽子因选料、制作、包装考究，深受消费者喜爱，畅销上海、南京、杭州、苏州等华东地区各大城市，影响日益扩大，其产品被推荐参加杭州西湖博览会专柜陈列，并获“土产奖”，从此名声益振。

**诸青来(1881—?)**

名翔。绍兴县人。1881年生于上海。清末留学日本，学习工商经济。1910年回国后在清政府商部、度支等部任职。民国成立后任上海私立神州大学总务长。先后主编过《时政新报》、《银行周报》，在上海私立大夏大学、私立持志大学、私立光华大学、私立中国公学等校任教授。1934年参加中国国家社会党，是上海抗日救亡运动的活跃分子。1937年7月抗日战争爆发后在上海《新学识》杂志上发表文章，反对中国共产党关于建立抗日民族统一战线的政策，反对国共合作。1939年公开投降日本帝国主义，成为汪精卫汉奸政府中重要成员。1940年3月起连任汪伪国民党中央政治委员会第一、第二、第三届委员。1940年3月至1941年8月任汪伪国民政府交通部部长。1941年1月至1943年1月任汪伪全国经济委员会委员。1941年8月至1942年8月任汪伪国民政府水利委员会委员长。1942年8月至1945年8月任汪伪国民政府立法院副院长。著有《三民主义商榷》、《社会改造问题》、《潜庐政论集》、《中国财政问题》、《瞻园志》等。

**诸宗元(1875—1932)**

字贞壮，一字贞长，别署迦持，晚号大至。绍兴县人。幼年随父在江西安福县幕府。20岁开始在江西各县佐理文牍。1903年中浙江乡试副贡。1904年与黄节、邓实等在上海创办国学保存会。1905年初创办《国粹学报》。不久应邀至江苏南通主持翰墨林书局。后入上海道台瑞征幕府。1907年后随瑞征先后在江苏巡抚、湖广总督幕府任事，并被保荐担任直隶州知州、署理湖北黄州知府。1911年10月10日辛亥武昌起义爆发后弃官回浙江原籍静观时局。1913年应张謇之邀，担任北洋政府全国水利局总裁秘书。后任浙江督军公署秘书兼浙江电报局局长。1929年3月至1930年3月任南京国民政府教育部秘书。著有《大至阁诗》、《病起楼诗》、《中国画学浅说》、《吾暇堂类稿》等。

**诸闻韵(1894—1940)**

原名文蕴，号汶隐，别号天目山民。安吉县人。为吴昌硕外甥，弟诸乐三。自幼酷爱书画，拜吴昌硕为师，得其传学。曾任上海美专教授、国画系主任，新华艺专国画系主任，昌明艺专教务长，国立艺专中国画科主任。工写意花卉、翎毛，间作山水、寿佛，尤长于画。

**诸葛鸿(1877—1952)**

字狄周。云和县人。1905年东渡日本，毕业于东京弘文学院，并加入光复会。回国后出任云和县劝学所长兼益智女学堂长，后又任云和县商会会长。1911年浙江光复后历任云和县教育局局长、民众教育馆馆长等职。

**诸葛韵笙(1871—1942)**

字泰，号源生。兰溪县人。药材商家庭出身。父曾于咸丰年间在县城开设“天一堂药店”，继于香港、上海、广州开祥源药号。初习举子业，曾中秀才。光绪末年弃儒从贾，承父业，并扩充天一堂药店为药行，增设同庆药行，又在上海、杭州分设祥泰药行、同丰泰运输行。天一堂所制丸散膏丹，以“修合虽无人见，存心自有天知”自称，选料地道，制作精细，百补全鹿丸药成效显著。有鹿园两处，各有梅花鹿数十只，除自用外，运销杭州、上海、台湾。热心办学，曾出资兴办诸葛宗高小；1920年又接办兰溪中医专门学校，任校长。

**谈家桢(1909—2008)**

慈溪县人。1909年9月15日生于浙江宁波。1921年进入教会办的宁波斐迪中学就读。1925年转学到浙江湖州东吴第三中学高中部。1926年毕业后被免试保送苏州东吴大学主修生物学。1930年毕业后被推荐至燕京大学研究院,师从从事遗传学教学和研究的李汝祺教授,进行色斑遗传规律的研究。1932年获得硕士学位。1934年夏赴美国加州理工学院,师从著名遗传学家摩尔根及其助手杜布赞斯基,进行以果蝇为材料的进化遗传学研究。曾先后在美、英、法、德、瑞士等国家的科学刊物上发表10余篇论文(含合著),并于1936年获得哲学博士学位。经留美同学朱元及其老师胡刚复的引荐,1937年应聘回国担任浙江大学生物系教授。不久即随校西迁直至贵州湄潭,在一座祠堂里进行教育研究,不但培养了一批生物学人才,还研究发现了瓢虫色斑变异的嵌镶显性现象。1945年抗战胜利后应哥伦比亚大学邀请,赴美作客座教授。1948年代表中国遗传学界出席在瑞典斯德哥尔摩召开的第八届国际遗传学会议,并被选为国际遗传学会常务理事。1950年出任浙江大学理学院院长。1952年院系调整时被调到上海,任复旦大学教授兼生物系系主任。1961年被任命为副校长,主持创办遗传学研究所,并担任所长。"文革"时期受到残酷迫害,其结发妻子傅曼芸不堪批斗凌辱,于1966年7月自杀。他自己也被下放田间劳动,直到1968年11月才回到复旦。"文革"后恢复工作,1977年9月在全国自然科学规划会议上力主将遗传工程作为全国科学技术发展的重点领域。1978年和李汝祺等人发起成立中国遗传学会,并担任副理事长。1981年在中国遗传学会第二届代表大会上被选为理事长。1984年筹建复旦大学遗传工程国家重点实验室。1986年创建复旦大学生命科学院,担任院长。1998年还促成了上海人类基因组研究中心的成立,对基因资源的保护和研究起到了积极作用。他的科学成就以及他在中国推动遗传学研究所付出的艰苦努力,在其晚年得到了学界的高度肯定。曾先后担任第十五、第十六、第十七届国际遗传学大会副会长,第十八届国际遗传学大会会长。1980年当选为中国科学院学部委员。1984年、1985年分别被加拿大约克大学、美国马里兰大学授予荣誉科学博士。1985年当选为美国国家科学院外籍院士和第三世界科学院院士。1987年当选为意大利国家科学院外籍院士。1995年获求是科学基金会杰出科学家奖。1999年当选为纽约科学院名誉终身院士。2008年11月1日在上海去世。

**陶文波(1891—1959)**

字守端,又名桂生,别号靖廛、陶冶。绍兴县人。陶成章侄子。8岁入学读书,好学不倦,常录先贤格言以自励。稍长,即入东湖通艺学堂,萌发排满革命思想。1905年入大通学堂学习,由陶成章介绍,加入光复会。结业后留校任光复会联络员。1907年清军围攻大通学堂,逾墙逃亡陶堰,旋闻清兵将屠村,又避往皇甫庄,后由陶成章派人接往南洋。1910年光复会在东京重组,在南洋设立执行总部,出任书记员。武昌起义后奉命留守南洋泗水,发动华侨捐款,支援辛亥革命。1912年1月陶成章在沪殉难,光复会在泗水召开陶成章追悼会,因悲伤过度而晕倒。袁世凯窃取辛亥革命胜利果实后国内战乱不断,漂泊南洋达30余年,直到1948年才携二子回国。1959年冬病故。

**陶亢德(1908—1983)**

字哲庵,笔名徒然。绍兴县人。早年曾在苏州当学徒。后到沈阳工作,并为《生活周刊》写作通讯。"九一八"事变后到上海,先后担任《生活周刊》、《论语》编辑,与林语堂、徐訏等合编《人间世》半月刊,与林语堂创办《宇宙风》半月刊,并创办人间书屋。出版《徒然小说集》。抗战爆发后到达香港,与人合办《大风周刊》。太平洋战争后曾去日本两年。回国后主编《东西》月刊,开设太平书局。抗战胜利后以汉奸罪被捕。新中国成立后历任新知识出版社、上海教育出版社、中华书局辞海编辑所、中华书局上海编辑所编辑等职。

**陶立中(1911—1989)**

嘉兴县人。1933年毕业于北京大学工学院电力系。曾任杭州闸口电厂技术员、上海闸北电厂值班工程师、昆明昆湖电厂工程师。1945年赴美国实习。1947年回国。曾任抚顺发电区管理处处长、湖南电气公司工程协理。主持设计、建设了具有当时国际先进水平的矿口、山洞式的喷水洞火电厂。新中国成立后历任中南工业部燃料工业管理局电力室主任,燃料工业部电业管理总局计划处副处长,水利电力部电力建设总局技术处副处长,电力设计研究所总工程师兼副所长,电力建设总局副总工程师,水利电力部核电局总工程师、高级工程师,中国电机工程学会第二、第三届理事。新中国成立后负责筹建了水利电力部电力建设研究所。撰有《矿白山洞电厂的建设》等论文。

**陶　玄(1899—1972)**

女。字孟晋。绍兴县人。幼年随在山西大学堂任教的父亲陶逎堃去太原,后就读于山西省立女子师范学校。1917年到北京女子高等师范(今北京师范大学)学习。1919年站在五四运动前列。北大学生火烧赵家楼后宣布成立北京学生联合会,被推举为北京女学界联合会会长,在领导爱国学生运动中被北洋政府逮捕入狱,后经社会各界营救获释。从北京女子高等师范毕业后历任北京女一中校长,北京平民职业学校校长,南京女中校长。1928年11月至1935年1月任南京国民政府立法院立法委员。1936年任上海世界学校校董兼校长。学校教学国语和外语并重,并聘请国内外名师来校执教,学校声誉日盛,上海各界名流的子弟纷纷入学就读。上海沦陷后将上海世界学校交其妹陶党负责,本人离沪前往重庆,后在四川犍为县创办清溪职业学校。从1938年6月起连续被国民政府聘为国民参政会第一、第二、第三、第四届参政员。1945年抗战胜利后仍回上海主持世界学校。1949年拒绝去台湾,坚持留在南京,等待解放。新中国成立后曾任江苏省政协委员,民革南京市委会委员。1972年在南京去世。

**陶百川(1900—2002)**

绍兴县人。早年毕业于上海法科大学法学系,毕业后到上海一所小学任教。1927年"四一二"反革命政变后任国民党上海市党部宣传部干事。在国民党上海执行委员会执行委员、宣传部长陈德征的提携下,加入陈果夫、陈立夫兄弟为首的CC系,成为该系骨干成员之一。曾任国民党上海市党部执行委员、常务委员,"干社"副干事长,中国文化建设协会上海市分会干事长,上海《晨报》总主笔。1933年奉派赴美国哈佛大学研究院进修政治及法律。1934年回国后任淞沪警备司令部军法处处长。1937年抗战爆发后到武汉创办《血路》月刊。1938年春夏之交随国民党中央海外部部长吴铁城到香港,创办《国民日报》,任社长。同年6月被聘为国民参政会第一届参政员。1939年回重庆,任中央日报总社社长,兼《中央周刊》主编。同年9月被聘为三民主义青年团中央监察会监察。1940年12月被聘为国民参政会第二届参政员。1941年11月被奉派为三民主义青年团中央干事会干事、常务干事。1942年7月、1945年4月被连续聘为国民参政会第三、第四届参政员。1946年起先后当选为国民党上海市党部执行委员,上海市参议会参议员,制宪国民大会代表,大东书局总经理。1948年当选为中华民国监察院监察委员。1949年去台湾,继续担任"监察院监察委员"。1977年自动引退,被聘为"总统府国策顾问"。1979年高雄"美丽岛事件"发生后去美国。1986年台湾党外运动高涨,曾策划国民党与党外沟通事宜,主张体制内的渐进改良。曾任国民党第十二届中央评议委员。1990年任"国家统一委员会"委员。2002年8月9日在台北病故。著有《中国劳动法之理论与实际》、《比较监察制度》、《监察制度新发展》、《人权呼应》、《陶百川叮咛文存》、《台湾要更好》、《台湾怎样能更好》等,后结集为《陶百川全集》出版。

**陶成章(1878—1912)**

字焕卿,曾用名起东、志革、汉思、巽言、何志善、唐继高、开泰、周守礼、匋耳山人、会稽先生、会稽山人等。绍兴县人。1882年入陶氏义塾,读书过目成诵,博通经史。15岁即在陶氏义塾任塾师,酷爱历史,鄙视制艺。甲午战败后萌发投笔从戎,反清革命之志。1895年任东湖通艺学堂教习。1900年北上京城,拟刺西太后未果后考察东北和蒙古。1901年再次北上欲行刺西太后,因旅费缺乏,被迫徒步南返。1902年第三次北上京城,行刺未果,审察大势,非掌握军队不可。得蔡元培资助,东渡日本,入清华学校,旋入振武学校。1904年1月从东京返回上海,得到白布会首领濮振声介绍,与魏兰奔赴浙江桐庐、分水、建德、寿昌、龙游、云和等地,联络秘密会党。同年秋与蔡元培商议,拟组织浙江会党,响应黄兴发动的长沙起义。1905年在东京出版著作《中国民族权力消长史》。后撰写《催眠术讲义》,在上海开设催眠讲习所。与徐锡麟等人筹办大通师范学堂,设立体操专修科,亲赴杭州学务处取得办学合法地位,规定凡大通学堂学生,均加入光复会。1906年与徐锡麟等捐官赴日学习军事,因清政府驻日公使阻挠而未能入学。拟联络闽皖各省同志,成立光复军,自任五省大都督,被浙抚侦知,几被逮捕。继而赴芜湖,任教于安徽公学,联络岳王会和南京新军革命党人,谋袭取南京,事机不密,遭到追捕,避往日本。与王文庆联络浙江会党,拟响应同盟会发动的萍浏醴起义。1907年在东京发起组织亚洲和亲会,联络东亚革命志士。协助徐锡麟和秋瑾筹划皖浙起义,潜入芜湖中学就近联系。皖浙起义失败后遭到清政府通缉,避往东京。1908年任《民报》编辑,大力宣传民族主义。偕张伟文赴青岛,拟仿大通学堂,创办震旦公学,被山东巡抚侦知,被迫返回上海。同年春夏间拟与张恭联络五省秘密会党,组建

"革命协会",修改《龙华会章程》。为解决《民报》经费紧张,赴南洋募捐,在新加坡与保皇党创办《南洋总汇报》展开论战,赴缅甸任仰光《光华报》主笔,连载《浙案纪略》,向华侨宣传革命。1909年因南洋筹款受阻,与孙中山等人矛盾加深,起草《七省同志致同盟总会书》,列举孙中山三种十二条"罪状",要求罢免孙中山总理职务,由黄兴代替,由此引发了"倒孙风潮"。1910年重组光复会,在东京建立光复会总部,南洋设立执行总部,任光复会副会长。创办《教育今语杂志》,作为光复会通讯机关。出版《秋女士遗稿》40册,编写小学历史教科书和简易历史教科书,作为半日学堂和书报社讲习所教材。1911年与革命党人筹划广州起义。事败后与李燮和等返回上海,组建锐进学社,作为光复会联络江浙皖赣闽五省同志总机关。武昌起义爆发后电告南洋各地光复会,发动华侨筹集款项,支援国内革命。由南洋回国,赴杭出任浙江临时参议部参议员,讨论并通过援助南京案,护送浙抚增韫到上海。号召光复会员,组成光复义勇军,参加攻打南京之役,制定光复会援宁计划,致电南洋光复会汇款接济。南京即下,又与朱瑞等筹划北伐,设北伐筹饷局。1912年初浙江都督汤寿潜调任交通部长,荐任浙江都督,以北伐未成,力辞不就。时盛传陈其美欲行刺,遂避往旅社,旋移往广慈医院。同年1月14日遇刺身亡。

**陶冶公(1886—1962)**

原名延林,后改铸,字冶公,号望潮,别号洁霜,以字行。绍兴县人。生于福建厦门,5岁开蒙,学习四书五经。1901年入福州蒙新学舍,结识同学陈伯平。稍长改入福州普通学堂。1904年由闽返浙,入东湖通艺学堂读书。1905年考入浙江高等学堂预科。徐锡麟赴日学习军事,途经杭州,经陈伯平介绍,与徐锡麟一见如故,决心赴日参加革命组织。1906年东渡日本,与族侄陶成章相见,倾诉革命志愿,并由陶成章介绍加入光复会。先入东洋学院补习日语,又入专为中国学生开设的速成班私立法政大学。结识章太炎和宋教仁,加入同盟会,任同盟会评议部部长。1907年4月插班进入私立明治大学附中"经纬学堂"。与鲁迅等人从俄国虚无党人孔特夫人学习俄文,后又赴长崎从俄国虚无党人拉奢学习研制炸弹。章太炎主编同盟会机关刊物《民报》,聘任《民报》发行干事。1908年黄兴聘请日本退役军官,暑假在东京大森海岸体育会创办军事训练班,与孙武等人参加军事培训。又入东京神乐坂日本武术会,演习枪弹骑射。1909年6月考入日本国立长崎医学专门学校药科。1911年入东京帝国大学听讲写真化学。武昌起义后奉命回国参加革命,参加攻打江南制造局。上海光复后出任沪军第五先锋队指挥官,参加攻打南京之役。随后又被黄兴任命为关外都督府兼北伐第一军总司令部军事参议官,参加蓝天蔚部北伐,奔波于烟台、滦州、上海、南京之间,负责联络工作。1912年清帝退位后仍回日本长崎医校读书。宋教仁遇刺后回国参加"二次革命"。1915年4月入陆军部任办事员,负责编撰陆军法规。1918年1月调北京陆军讲武堂步科进修,结业后选拔为督理边防军训练处教导团研究员,参与第一次欧战研究事宜。1920年12月仍回陆军部供职。1923年晋升为陆军少将。1926年弃职南下参加北伐战争,受聘任浙军第一师少将咨议。北伐军克复武汉后任汉口市卫生局长。旋即加入国民党,出席广州第四次全国代表大会。1927年4月任国民革命军总司令部总政治部管理科长兼卫生股长;10月调任国民政府军事委员会政治训练部代理主任兼总务处长。1928年3月调任国民革命军司令部秘书,因故不就职;6月转入国民革命军第四集团军任前敌部队政治训练部主任。1930年赴京参加冯阎反蒋扩大会议,出任高级中将武官。1932年赴洛阳参加抗日国难会议。1933年6月任职于中央公务员惩戒委员会主席委员和代理委员长,直到1949年5月南京解放,赋闲达16年之久。1950年自南京返回绍兴,当选为浙江省第一、第二届人民代表、绍兴市人民代表。1953年聘任浙江省文史馆馆员。同年参加中国国民党革命委员会。历任绍兴市人民政府委员、绍兴市政协委员、民革绍兴市委员会副主委、民革浙江省委委员、民革中央团结委员等职。1957年被错划为右派。1962年2月4日在绍兴病故。同年12月摘掉"右派"帽子。1979年4月平反。1981年9月重新举行追悼会。

**陶尚铭(1889—1967)**

绍兴县人。1889年8月10日生于日本东京。1910年在日本早稻田大学毕业。当时其父亲在江西任按察使,回国后到江西南昌谋职。不久因父亲去世,只好前往关外投奔父亲的生前好友、时任奉天(今辽宁省)度支使张锡銮,被安排在南满铁路局任职。1912年张锡銮任奉天省都督后聘其入幕府,从事对日交涉事务。1916年张作霖任奉天省督军后继续被延聘为幕僚,负责处理对日交涉事务。1928年6月3日张作霖在皇姑屯被日本侵略者炸死后,张学良由关内赶回奉天,组织幕僚班子商讨对策，陶因长期负责对日交涉，成为该班子成员之一。1930年中原大战爆发后力劝张学良归顺南京国民政府，得到张学良的采纳。1931年“九一八”事变后张学良背负“不抵抗将军”的骂名无以自解，竭力说服张学良出国考察，暂避全国舆论的指责，以图日后从长计议。张学良出国前任命其为河北省滦榆地区专员，负责对日交涉。不久因不归附日本，为日方所排斥而辞职。新中国成立后寓居北京。1966年9月被红卫兵遣送回绍兴陶堰原籍。1967年2月2日在陶堰荣禄第病故。

**陶昌善(1879—?)**

字俊人。嘉兴县人。毕业于日本北海道帝国大学农科。1912年3月任南京临时政府实业部农政司司长；7月任北京政府农林部农务司司长。1914年1月任农商部农林司司长。1917年9月任吉林省实业厅厅长。1920年任中央农事试验场场长。1925年任农商部秘书兼北京大学农学院教务长，后任国民政府考试院编撰。1929年任财政部北平印刷局局长，后任财政钱币司科长。1937年3月30日署财政部公债司司长，1941年去职。著有《吉林矿务纪要》、《全国农会联合会第一次纪事》等。

**陶祝华(1866—1929)**

字秀封，号寿农。海门县人。出身小康之家，及长在椒江等地大办工商航运等业。1906年与朱葆三、杨晨在上海创办越东轮船公司，购置“永利”、“永宁”轮航行椒(江)沪、椒甬线，椒江始有航海客轮。在海门等地设陶元康号及陶裕康酿造作坊、陶裕康酒店，并开设有陶裕生、陶仁大、陶裕大当铺，及和生南北货店、茂春堂药店等；还投资上海“台州公升号”，代客采购业务；投资海门振市股份公司，经营码头、仓库、房地产、航运等业，还拥有大量房地产。热心教育事业，1905年废科举后与人就椒江书院旧址创办椒江中学堂(今浙江水产学校)；同年与人集资赎回被天主教会所占的印山校舍，创设海门商业学校。1914年主持创建椒江舞台，是为浙中南最早的新式戏院。

**陶　秦(1917—1969)**

原名秦复基。慈溪县人。上海圣约翰大学外文系毕业。读书时经常撰写影剧评论。毕业后从事外国片的翻译工作。曾任中华联合制片股份有限公司编剧、编剧主任。抗战胜利后在“中电”二厂和大同电影企业公司任编剧。其后到香港，在长城影业公司任编导，导演第一部影片《枇杷巷》。1951年后相继加入邵氏父子、电懋和邵氏兄弟等影片公司，执导《龙飞凤舞》、《千娇百媚》、《花团锦簇》、《四千金》、《不了情》、《船》、《女人与小偷》等。其中《千娇百媚》于1962年获第一届台湾电影金马奖最佳导演；《花团锦簇》于1963年获第十届亚洲影展最佳喜剧特别奖；《蓝与黑》于1966年获第十三届亚洲影展最佳影片奖。

**陶继侃(1913—2002)**

嘉兴县人。经济学家、教育家。1931年考入北京大学经济系。1935年毕业后考入南开经济研究所。1937年毕业，获硕士学位。曾于重庆大学银行系、湖南大学会统系、南开大学财政系任教。1947年去美国斯坦福大学和威斯康辛大学进修，专攻国际经济学和财政学。1949年9月回到南开大学执教，长达50余年。曾任南开大学财政系副系主任、系主任、政治经济学系的副系主任等职务。长期从事世界经济学、西方国家财政政策和税收制度等的教学与研究。主要著作有《经济危机问题讲话》、《战后帝国主义经济几个问题》等，并撰写了《国家垄断资本主义及其对资本主义的影响》、《美国现阶段经济周期的特征及其发展趋势》、《国家干预对当代资本主义经济危机的作用》、《现代西方财政政策与宏观经济调节》、《论我国“七五”计划时期的世界经济形势》、《国际税收与国际的税收协调》等学术论文；主编的教材主要有《中国社会主义经济问题》、《世界经济概论》、《当代西方财政》等。

**陶荫轩(1869—1917)**

字恩沛。绍兴县人。父亲在绍兴创设陶泰生布店，兼营染坊，为绍兴富商。继承父业，出任商会会董。与从叔陶成章过从甚密，由陶成章介绍，加入光复会。1907年皖浙起义失败，清政府通缉革命党人，以咸欢河沿住宅作为秘密革命联络点，筹款营救被捕革命党人。辛亥革命胜利后王金发率部组建绍兴军政分府，命令陶泰生布店赶制军装和国旗，以示欢迎。1912年初孙中山出任全国铁路总办，到杭州募集款项，时甬绍铁路发行债票200万元，首先认购债票。1916年孙中山访问绍兴，吊唁陶成章，奉命以布业会馆为中山行馆，盛情接待。孙中山盛称其能为民众之文娱食宿服务，“足为商人范式”，书赠“经纬万端”横幅，并合影留念。热心公益事业，出资重修兰亭，新建墨华亭，并捐田八亩，作为日常管理费用。

**陶　彬(1875—1928)**

字梅先。绍兴县人。早年毕业于京师同文馆东文专业。1893年至

1907年8月历任清政府驻日本公使署日语翻译，清朝外务部翻译官、议约顾问，奉天省商埠局帮办，奉天省兴仁县知事；9月署延吉厅同知。1909年5月兼延吉边务襄办；9月兼东南路商埠局总办。同年延吉厅改设府治，升任延吉府知府。1910年11月升为吉林东南路分巡兵备道道员。1913年1月至1914年5月任吉林省东南路观察使。1914年5月至1916年9月任吉林省延吉道道尹。1916年9月至1920年6月任吉林省吉长道道尹，兼长春交涉员。1920年6月至1928年5月再任吉林省延吉道道尹，兼珲春关监督(1920年7月至1924年6月)、延吉关监督(1924年6月至1928年6月)。1928年9月17日在龙井病故。作为清末与民国时期延边地区的最高军政长官，在近30年时间里，为维护祖国领土完整，反对日本侵略，以及发展边疆地区的经济文化教育，作出了巨大的努力，深受边疆人民的爱戴。

**陶琴士(1834—1899)**

名廉，又名爱琴。绍兴县人。出身贫苦，16岁进绍兴城，在泰生绸布店当学徒，学徒期满后被派为外勤。太平军逼近绍兴时，店主胡三阳离绍，升其为经理。并以股份，并吃进商贾外逃时以践价抛出的大量布匹，太平军进城后再以高价抛出，获得巨利。太平军撤离绍兴后官商士绅纷纷回绍，原店主无意再经营布店，出盘于陶，改为陶泰生布店。由于善于经营，该店逐渐成为绍兴最大的布店。1877年筹建绍兴布业会馆，又捐款得花翎，运同衔，候选同知，跻身绍兴官绅之林。还创办陶仁昌南货店，并创办染坊，拥有房产达百余栋之多，有“陶半城”之称。

**陶端予(1921—1992)**

女。绍兴县人。早年就读于山东省济南市立中学。1937年参加中国共产党。抗日战争爆发后到山西临汾八路军总部学兵队，后赴延安，曾任陕甘宁边区学生联合会主席。1941年起先后任中共中央统战部秘书、中共中央宣传部干事、中共中央五部委整风办公室干事。1943年春受党中央派遣到延安北郊乡创办杨家湾小学，探索从农村实际和群众生产需要出发的办学道路。由于工作成绩显著，1944年陕甘宁边区文教大会和1945年陕甘宁边区劳动英雄与模范工作者大会两次荣获特等模范工作者称号，党中央机关报《解放日报》曾为此发表题为《走陶端予的道路》的社论。解放战争时期派往东北工作。1949年7月以后历任中共长春市委宣传部科长、研究室主任、宣传部长等职。1952年12月调任中共鞍山市委委员兼宣传部副部长。1956年任中共重庆市委宣传部副部长。1959年下放重庆平板玻璃厂，任副厂长。1962年任重庆市教育局副局长。“文革”期间被关押数年。1974年起先后任重庆市教育局副局长、重庆市广播局局长、四川省教育局副局长。1979年10月起先后任教育部普教二司司长、初等教育司司长。1985年离休。著有《在摸索试验中成长的杨家湾小学》等论文。

**陶履谦(1890—1944)**

字益生，号醉琼轩主人。绍兴县人。1890年3月16日生于广州。1911年从北京译学馆毕业，先后在北洋政府外交部、财政部、内政部任下级公务员。1917年任驻葡萄牙公使馆馆员。1921年7月任驻墨西哥公使馆三等秘书。1927年11月至1928年6月任南京国民政府外交部参事。1928年6月任外交部总务处处长。1929年5月任外交部驻广东交涉员，后改任西南五省外交专员。1931年任广州国民政府外交部政务司司长。1933年1月至1935年2月任国民政府第三届立法院立法委员。1935年2月27日至1937年11月20日任国民政府内政部政务次长。期间从1935年2月27日至12月12日代理内政部部长职务。1937年11月20日至1944年8月任湖南省政府委员。期间从1937年11月20日至1938年9月3日兼湖南省政府秘书长；1938年9月3日至1942年5月19日兼湖南省政府民政厅长。1942年至1943年兼任国民党中央训练团高级班教官。1944年8月在湖南省蓝山县病故。著有《湖南三年来民政之检讨》。

**陶　樾(1910—2001)**

嘉兴县人。1932年毕业于私立复旦大学政治学系。1937年于法国巴黎大学法科研究院肄业。曾任私立上海法学院教授，重庆国立中央政治学校教授。新中国成立后历任上海第一师范学院，上海师范学院副教授、教授。1957年加入九三学社。1982年至2000年连续担任中国国际关系史学会理事会顾问。2001年5月27日在上海病故。著有《论戴高乐主义与戴高乐的欧洲政策》、《现代国际法史论》，译有《俄罗斯现代史》。

# 十一画

**黄人望(1880—1948)**

又名国华，字百新。金华县人。名中医世家出身。1905年考取官费留学日本，就读于早稻田大学经济系。留日期间加入同盟会。毕业回国后以清政府中书职务掩护革命活动。1912年中华民国成立后先后在北京大学、北京高等师范学堂、北京女子高等师范学校任讲师、教授。1927年5月至7月任浙江省政务委员会委员。1936年6月至1937年8月任浙江省第一区行政督察专员。1937年抗日战争爆发后协助吕公望办理浙江难民救济事宜，并担任难民工厂副总经理、中央赈济委员会浙江办事处主任等职，两人惨淡经营，以工代赈，解决了很多难民的温饱问题。1945年抗战结束后着手整理修改在北京大学用过的教材和讲义，准备离开政界重上教坛，台湾大学闻讯后于1946年秋发出聘书，因突发脑溢血病而无法应聘。两年后去世。

**黄子通(1887—1979)**

名理中，字子通。嘉兴县人。书香门第出身，16岁考上秀才。后在国立交通大学就读，毕业后考取官费留学，先后赴英国伦敦大学学经济，加拿大托朗托大学学哲学，获哲学硕士学位。回国后曾在长沙明德大学、燕京大学、湖南大学、湖南蓝田国立师范学院、武汉大学、北京大学等校任教，担任过系主任、文学院长、教务主任等职。50年代曾参加《毛泽东选集》的英译工作，发表批判杜威、胡适、梁漱溟哲学思想的文章，对亚里士多德、康德、怀德海等西方哲学家及中国哲学史都做过一些研究。著有《严复》、《英文文法例证》等书。

**黄元秀(1884—1964)**

原名凤之，字文叔，号山樵，后改名元秀。杭县人。幼年在私塾读书时兼习拳术击技。曾留学日本，学习陆军，参加光复会和同盟会。辛亥革命前回国，在浙江新军任职，主持同盟会杭州分部。以南屏山白云庵作为秘密联络点，与革命党人陈其美、章太炎、徐锡麟、秋瑾、陶成章、吕公望等人过从甚密。1911年参加光复杭州之役。1912年因病脱离军籍，阅读佛教书籍，对佛教产生浓厚兴趣。病愈之后起初在浙江两级师范学校任体育教员，与李叔同、夏丏尊同事。后转到湖州中学任教，皈依三宝，礼佛诵经，与弘一、弘伞、却非等法师，以及范古农、吴璧华等居士过从甚密。1921年前后与范古农、吴璧华等佛教名居士在杭州发起“放生会”。1925年白普仁者到上海和杭州弘法，又皈师白普仁者。后又在南京皈依于诺那活佛、贡噶活佛，以及圣露、洞行、王家齐诸上师，并依王家齐上师在莲华精舍修持密乘。随贡噶活佛到南京、上海、杭州等地弘法。抗战期间随国民政府入川，在重庆与浙江名流徐青甫等人组织“杭州同乡会”，募资施医舍药，救济浙江同乡及难民。1945年抗战胜利后返回杭州，与杜时霞居士联合信众，捐资兴建灵隐寺大雄宝殿，重塑释迦牟尼像。推选为岳庙管理委员会主任委员，筹款修葺岳庙，编纂《精忠小志》，重建朱皋、银瓶墓，修葺张苍水祠墓、于谦墓、秋社和陶社。1946年6月与佛教整理委员会委员太虚太师商谈整顿佛教组织。1947年成立中国佛教会杭州分会，出任理事长，并创办杭州佛教图书馆，担任馆长，致力于弘扬佛法。1953年2月19日邀请虚云和尚到杭州主持祈祷世界和平法会。因常随密教大德求法，著有《金刚乘学》传世。擅长绘画，自幼临摹北魏《龙门碑造像二十品》。研习隶书，题写杭州灵隐寺天王殿巨匾“灵鹫飞来”、宝石山摩崖大字“南无大日如来”、峨眉山顶“大悲阁”榜书、普陀山百步沙“回头是岸”、吴山宝成寺联语“身心如梦幻，乾坤与天齐”，于西湖岳庙以及上天竺等处书写长联。1964年2月19日病故。

**黄云山(1901—1987)**

又名炎，字奇峰。瑞安县人。1901年9月19日生。1925年春考入黄埔军校第三期学习。1926年任国民革命军第一军第二师第五团第一营营长，参加北伐战争。北伐结束后曾任吴兴县县长、浙江大学军训教官等职。1947年5月任浙江省保安司令部文成“绥靖”办事处指挥官。在任内因释放了一些被关押的政治犯（其中包括共产党员），于同年 11 月被国民党当局撤职，软禁于杭州市梅花碑。1948 年经中共党组织营救恢复自由，随即赴香港参加中国国民党革命委员会。1949 年从香港返回杭州，对国民党军进行策反工作。同年 10 月 1 日以民主人士身份应邀参加中华人民共和国开国大典观礼团，受到毛泽东主席等中央领导人的接见。此后到华北人民革命大学政治研究院学习一年，回到杭州开展对台湾的宣传工作。新中国成立后曾任浙江省人民政府参事室参事，浙江省政协委员，民革中央团结委员。1987 年 1 月 29 日在杭州病故。

**黄云眉（1898—1977）**

原名鋆锝，字子亭，号半坡。余姚县人。15 岁入余姚县立高等小学，17 岁毕业留校任教。1927 年执教宁波中学期间，得披览天一阁、伏跗室藏书，始事考据。1929 年后历任金陵大学文化研究所研究员兼教授，上海世界书局《辞林》编辑部主任，沪江大学、无锡国学专修馆教授。新中国成立后历任青岛山东大学教授、历史系主任兼图书馆馆长、中国古代史教研室主任。1951 年加入中国民主同盟。1961 年加入中国共产党，历任民盟济南市委主委、民盟山东省委副主任委员、民盟中央候补委员、政协山东省委常委、山东省历史学会会长等职。对中国古代史、文学史、音韵训诂、版本目录等深有研究，尤精明史。著有《明史考证》、《古今伪书考补正》、《邵二云先生年谱》、《读广论语骈枝微子稿》、《韩愈柳宗元文学评价》、《李卓吾事实辩证》等，另有《明实录分类索引》手稿遗世。生前曾将所藏旧籍 245 种（3130 册）赠予余姚梨洲文献馆及梨洲中学。

**黄文玉（1897—1935）**

又名郁，化名胡联通、胡连通。东阳县人。1925 年前后在东阳前新屋、下徐等地教书。1927 年 12 月在东阳明德小学加入中国共产党。入党后辞去小学教师，以做油漆为掩护，专门从事党的地下革命活动。以组织“兄弟会”为名，在本村发展五六位中共党员。1928 年春建立中共东阳前新屋支部，任支部书记。1929 年秋到永康做油漆活，与永康中心县委常委徐英湖接上关系；10 月在徐英湖的指导下，在东阳白洋坞荒山上开会，成立中共东阳南马区委，任区委委员。1930 年 6 月中共东阳县委遭国民党破坏后以油漆匠为掩护，赴永康与党组织接上关系。1932 年 2 月任中共东阳县工委书记。1933 年秋任中共东阳中心县委书记（下辖东阳、永康、缙云、汤溪四县工委）兼东阳县工委书记。根据上海中央局“壮大党的队伍和武装”的指示，决定以东阳南乡为基地，发展党的组织，建立人民武装，开辟大盘山游击根据地。1935 年 8 月上海中央局组织部指令东阳中心县委配合粟裕、刘英领导的工农红军挺进师，准备攻打县城，建立苏维埃政权。中心县委决定趁 8 月 13 日庙会攻打县城，不幸消息泄露，东阳县政府急电告浙江省政府。省政府派出干员和省保安队，东阳县政府派出全县军警，分七路侦缉东阳中心县委成员，对全县实行戒严，疯狂搜捕共产党员和红军游击队。因叛徒出卖，同年 10 月 10 日在马宅东庄村被捕；10 月 29 日在东阳县城西岭头英勇就义。

**黄正铭（1901—1975）**

字君白。宁海县人。初就学于柏屏学堂，继入宁海县立正学高等小学堂及宁波浙江省第四中学，毕业后至正学小学堂任英语教师。1924 年考入南京东南大学政治系，毕业后获法学学士学位。后参加浙江省选拔县长考试，名列第一，任太平县县长一年，转任杭州市民政科长。1933 年留学英国，就读于伦敦大学政治经济学院，1936 年获博士学位。同年回国后任中央大学政治系教授，1943 年升系主任。1946 年春以中国外交部代表团顾问身份赴法国巴黎，参加第二次世界和平会议。次年任民国政府外交部亚东司司长。1949 年随外交部驻广州数月转赴台湾，后任台湾大学政治系教授兼政治大学政治研究所教授。1952 年当选为台湾司法院大法官。身后藏书由家属捐归台湾文化大学图书馆，辟为“君白文库”。精通英、法、德、日等国语言文字，著有《国际公法》、《政治经济学》、《中国外交史》、《中国外交史论》、《战时国际公法》等。

**黄本立（1902—1985）**

奉化县人。1922 年考取留学日本公费生，先后在东京第一高等学堂特别预科、冈山第六高等学校理科乙组、京都帝国大学农学部就读。1931 年京都大学农林化学本科毕业，获农学学士学位。同年回国后历任上海市卫生署技师、江西南昌农艺专科学校教师、浙江奉化中学校长兼理化教师、南京国民党中央军官学校试任上校化学教官等职。1935 年起历任广西大学、浙江大学、英士大学等校农学院教授。1946 年任浙江宁波四明化工（酒精）厂工程师。1947 年任南京国民政府粮食部专门委员。1948 年回浙江大学农学院任教授。1952 年调往南京工学院任教。1958 年又被调至无锡轻工业学院任教，直至 1985 年去世。曾任轻工业部食品工业专业课程教材编审委员会委员，在食品生物化学、食品分析等方面造诣较深。著有《园产加工学》、《农产制造手册》、《工业发酵分析》等。

**黄　汉(1915—　)**

鄞县人。生于上海。电影剪辑师、电影导演。1929年任上海明星影片公司剪辑技师。曾担任《春蚕》、《姐妹花》、《十字街头》等影片的剪辑。1938年起任上海"大同"、"金星"、"华影"、"国泰"影片公司剪辑师兼副导演。1948年后任大同影片公司导演，导演的影片有《春水情波》、《女儿春》等。1949年后历任上海电影制片厂剪辑科科长，剪辑总技师，上海广告公司电影导演，上海电影技术厂剪辑总技师，中国影协第三、第四届理事。曾担任《斩断魔爪》、《宋景诗》等影片的剪辑。

**黄先河(1913—1996)**

原名黄增长，又名何畏。平阳县人。上海君毅中学高中部肄业后到平阳县麻步鳌峰小学任教，结识原中共温州独立支部成员叶廷鹏。叶廷鹏化名老金，以鳌峰小学伙夫为掩护，开展革命活动。由叶廷鹏介绍加入中国共产党。入党后与叶廷鹏一起在江南、南港和北港等地开展革命活动。后以凤林小学教师的身份，与郑海啸等在凤卧、山门、龙尾、岭门、蔡洋和公阳、廿五坑(今文成县)等地组织赤卫队，发展党员，建立党支部。1932年2月5日中共浙南委员会成立，任委员。后兼任浙南红军游击队副队长。1936年7月4日与中共上海特委接上关系，并动员了一批进步知识青年到浙南参加革命工作，浙南红军游击队从成立时的10余人发展到100余人。同年9月浙南红军游击队与红军挺进师在葛藤湖、包洋会师，并帮助他们与党中央恢复了联系。1937年春闽浙边临时省委在温州成立白区工作团，担任工作团主任，并参与中共闽浙边临时省委与国民党闽浙赣皖边区主任公署的和平谈判。和平谈判获得成功后，1938年1月任山门抗日救亡干部学校副校长(校长粟裕兼)；5月任中共温州中心县委书记；10月在党内受到不公正处理。同年底去延安，入马列学院学习，学习结束后分配到西北局组织部工作。1945年11月任黑龙江佳木斯市市长，后任合江省政府民政厅副厅长、厅长。新中国成立后历任温州专员公署专员，中共浙江省委统战部副部长，浙江省政协第四、第五届常委等职。1996年在杭州病故。

**黄庆中(1897—?)**

号慎五。黄岩县人。早年毕业于国立北京大学，获经济学硕士学位。曾任浙江法政专门学校教授、校长，私立持志学院教授，私立三吴大学经济学系主任。上海沦陷后投靠日伪，1939年8月当选为汪伪国民党中央执行委员。不久又被聘为汪伪国民党中央政治委员会经济专门委员。1940年4月2日至1944年12月2日任汪伪国民政府立法院立法委员，兼法制委员会委员长。1941年1月兼任汪伪上海各大学教职员联合会执行委员、宣传组长。1944年7月兼任汪伪新国民运动促进委员会委员。1944年9月至1945年8月任汪伪国民政府社会福利部次长。1945年5月22日被任命为汪伪浙江省政府委员；6月5日调任汪伪浙江省政府秘书长。后不详。

**黄齐望(1904—1982)**

又名聘渭。定海县人。1930年7月浙江大学农学院毕业。1935年10月去日本九州大学农学院留学，曾加入日本植物病理学会。1937年日军发动侵华战争，愤然弃学回乡；12月起任定海简易师范学校教务主任。1939年6月起任江苏南通学院、福建农学院以及中正大学副教授、教授。新中国成立后历任南昌大学、江西农学院、江西共产主义劳动大学总校、江西农业大学教授。主编撰写有《江西农业病虫害志》(病害部分)、《江西经济植物病害志》(上册)、《植物病理学讲义》、《稻作病害诊断及防治》等专著，发表过《海南岛稻病及热带植物纪要》、《植医须知》、《植物疾病学发展史》等论文数十篇。

**黄志洵(1897—?)**

字化宏。黄岩县人。1919年2月毕业于保定陆军军官学校第六期步兵科。历任国民革命军连长、营长、团长、旅长及师、军参谋长。1946年7月31日国民政府授予陆军少将军衔。同年8月办理退役。

**黄　佑(1913—　)**

字右人。诸暨县人。1934年毕业于浙江省警官学校。同年公费派遣至德国留学，初入德国柏林大学肄业，后转入德国警官学校毕业。1939年任国民党中央警官学校兰州特警班教务组组长五年。1946年10月任青岛市警察局副局长。1947年任青岛市警察局局长。1949年4月去台湾，任职于"内政部"。1957年赴美国深造，先后就读于密歇根州立大学和南加州大学。1958年返回台湾，任"内政部警政司"司长。同年起兼任台湾师范大学、"中央警官学校"教授。1963年起兼"中国文化学院"教授。1968年任"内政部"技监。1972年6月任"行政院"参事。著有《各国警察制度略论》等。

**黄　杰(1906—1975)**

平湖县人。1931年毕业于上海复旦大学土木工程系。从1932年起先后在浙江省公路处、江苏省建设厅工程处、赣闽铁路测量队、湘桂铁路工程处、西南公路管理局、公路总局工务处、上海市工务局第一区工务管理处等单位任测绘员、助理工程师、技佐、段长、科长等职务。抗战期间在西南公路管理局担任綦江工务段段长时设法解决道路不平、尘土飞扬等弊病,使车速明显提高,受到公路总局工务处表彰。抗战胜利后获得国民政府颁发的胜利勋章。新中国成立后在上海市政工程公司任职,组织编写有关井点和沉井施工的操作制度、技术标准,使上海市政工程的施工管理有章可循。先后参加大场机场抢修、中苏友好大厦(今上海展览中心)的市政配套工程、空军414工程施工。60年代参加援助蒙古人民共和国建设,担任国家建筑工程部569工程处副处长兼主任工程师。在乌兰巴托市和平路的设计施工中做到布局合理、道路坚实,验收时被评为优良级工程。曾荣获蒙古人民共和国大呼拉尔颁发的金星金质勋章。

**黄　昆(1919—2005)**

嘉兴县人。1941年毕业于燕京大学物理系,获理学学士学位。1944年获西南联合大学北大研究院理学硕士学位。同年考取庚款留英公费生。1945年赴英国布里斯托尔大学留学,随莫特教授(后于1977年获诺贝尔物理学奖)研究固体物理学。1948年获博士学位。后在爱丁堡大学做访问学者,在利物浦大学做博士后研究。1951年回国后任北京大学物理系教授。1955年被选聘为中国科学院学部委员。1977年调任中国科学院半导体研究所所长。1980年当选为瑞典皇家科学院外籍院士。1983年任中国科学院半导体研究所名誉所长。1985年当选为第三世界科学院院士。此外还曾兼任中国物理学会理事长、中国科学院数理学部常委及全国人大代表、全国政协常委等职。2005年7月6日在北京去世。

**黄秉衡(1901—1989)**

名钧,字秉衡,以字行。余姚县人。早年毕业于山东烟台海军小学堂。后赴日本留学,毕业于日本陆军士官学校第十期步兵科。1920年赴美国航空学校学习航空技术。1922年回国。1923年任孙中山大元帅府侍从副官,不久受命在广州大沙头组建航空学校。1924年任广东航空学校教官及飞行队队长、校长,并一度代理航空局局长。1926年任国民革命军总司令部航空处处长。1929年秋任中央陆军军官学校航空队队长。同年9月任军政部航空署副署长。1931年7月6日升任航空署署长。1932年4月任军事委员会空军事务处处长。1933年4月被聘为全国航空建设委员会委员。同年任中央航空学校教育长。1934年任航空委员会总务处处长。1935年9月7日被授予空军上校军衔。1936年5月1日任国民政府航空委员会委员兼教育处处长。1937年5月任航空委员会常务委员兼第三厅厅长。1938年3月兼任航空委员会总务厅厅长。同年任航空委员会重庆办事处主任及重庆空军司令。1939年调至兰州,任空军第一军区司令官。1940年5月国民政府授予空军少将军衔。1941年12月任驻美国大使馆空军武官。1945年7月任国民政府参军处参军。1948年5月任总统府参军处参军(空军中将军衔)。1949年1月去美国。后定居香港、美国两地。1968年去台湾。1979年返回美国。1989年1月16日在美国洛杉矶去世。

**黄金荣(1869—1953)**

字锦镛,乳名和尚。原籍余姚县,生于苏州。12岁时随父举家迁上海,先在城隍庙萃华堂裱画店当学徒。1892年去法租界巡捕房当"包探",很快被提升为探目、督察员及法租界警务处唯一的华人督察长。依仗租界势力,广收门徒,开设赌局,经销鸦片。期间大量投资工商业,1920年与人创办三鑫公司,包办法租界的鸦片经销。二三十年代独资开设有黄金大戏院、黄金大剧院、日新池浴室、大观园浴室,并任荣记地产公司经理,仲明工厂董事长,上海国民商业储蓄银行、万年公墓董事,国营招商局监事,荣耀电料行、荣记大世界游艺场、天蟾舞台戏院、广东大戏院、宝成公记银楼等股东。在上海拥有数十幢里弄房产,在苏州也有良田数百亩。1927年4月与杜月笙等组织"中华共进会",参与蒋介石"清党"反共事变,事后任国民革命军总司令部少将参议。同年"辞职"退休,但在黑社会仍有重大影响。抗战期间指使徒众参加汉奸组织。上海解放后在报上公开检讨自己罪行,受到人民政府宽大处理。1953年在上海病故。

**黄卷云(1915—　)**

女。杭县人。1915年11月9日生。早年毕业于上海江南学院政经系。曾任江苏省妇女运动委员会常务理事。1947年底当选为"行宪"国民大会代表。1949年去台湾,历任台湾省运动委员会秘书,"内政部妇女地位促进委员会"委员,"国民大会"国民党党团常务委员,"国民大会"第五、第六次大会主席团成员，"光复大陆设计研究委员会"委员。1970年接受联合国奖补金赴美国、日本考察。

**黄泽霖(1882—1912)**

字茀卿，号思明。会稽县人，1882年生于贵州贵阳。早年随家长习"刑名之学"，并在贵州各县任刑名师爷，后转而研究时务。1907年与张百麟等发起成立贵州自治学社。不久贵州自治学社创办法政学堂，任教员。1909年7月出资出力创办自治学社机关刊物《西南日报》。为了准备贵州起义，极力支持贵州自治学社并入同盟会。1911年春打入贵州新军，任新军标统袁义保的书记官。同年7月组成东、南、西、北、中五路巡防军，任五路巡防军总统，聚集贵阳，听候调遣；10月自治学社准备起义，成立十人委员会，负责指挥军事行动；11月4日夜贵州光复，成立大汉贵州军政府，被推举为贵州都督，辞不就，改任各路巡防营总统兼贵州军政府司法部部长。1912年2月在贵州宪政派与旧官僚联合发动的政变中被杀害。后被追认为辛亥革命先烈。

**黄宗江(1921—2010)**

瑞安县人。电影剧作家。早年肄业于北京燕京大学外国文学系。1941年后在上海剧艺社、重庆中国艺术剧社等剧团当演员。1947年起从事戏剧、电影创作。1949年参加中国人民解放军，在总政文工团从事创作。抗美援朝期间曾两度赴朝鲜前线深入生活。1955年转入总政文化部创作室。1958年后历任八一电影制片厂创作员、创作研究员、编剧。主要电影剧作有《海魂》、《农奴》等；主要著作有散文集《卖艺人家》，剧本《大团圆》、《海上风暴》、《柳堡的故事》(与石言合作改编)、《海魂》等。

**黄宗英(1925— )**

女。瑞安县人。1925年7月13日生于北京。演员、作家。1932年随父母移居青岛。1934年因父亲去世，随寡母到天津投亲，入天津树德小学就读。1941年初秋应长兄黄宗江的邀请到上海，在黄佐临主持的上海职业剧团打杂，不久在话剧《蜕变》中代戏上场，从此走上戏台。之后在同华剧社、北平南北剧社任演员，因主演喜剧《甜姐儿》而知名。1947年开始电影拍摄，先后在北平中电三厂、上海中电一厂与二厂、昆仑等影业公司主演《追》、《幸福狂想曲》、《街头巷尾》、《丽人行》、《乌鸦与麻雀》等影片。新中国成立后任上海电影制片厂演员，拍摄《家》、《聂耳》、《武训传》等影片。1954年开始电影文学创作，写有《平凡的事业》等电影剧本。1965年后在中国作协上海分会专事创作，是中国作协第四届理事，报告文学创作研究会副会长，深圳市都乐影视公司董事长兼总经理，上海市人大常委，上海市政协常委等。著有报告文学《小木屋》、《特别姑娘》、《小丫扛大旗》、《天空没有云》、《黄宗英报告文学选》，散文集《星》、《桔》、《半山半水半书窗》等。

**黄 实(1880—1921)**

字秋士，号笃生。平阳县人。4岁丧父，其母陈氏以针线、纺织等微薄收入维持生计。早年曾应浙江省立第十中学(今温州中学)校长之邀，出任该校监学兼国文教师。后加入同盟会。先后主办《上海史学报》、《杭州白话报》，宣传民主革命思想，奔走江浙一带，筹划反清起义大计。1912年正月南京临时政府成立后返回故里，被聘为平阳县第一高等小学校长，在当地发展同盟会会员，宣传民主革命思想，培植后备力量。1913年"二次革命"失败后东渡日本，入日本政法大学学习，同时加入中华革命党，继续开展反袁斗争。与中华革命党总务部长陈其美交情甚笃。1915年替陈其美精心撰写了著名的《致黄兴书》，成为一篇重要的革命历史文献。1916年6月袁世凯毕命后随即回国，力图东山再起。1919年被孙中山任命为广州大元帅府机要秘书。之后相继担任孙中山大元帅内务部、财政部、司法部次长。1921年9月在广州大元帅府内病故。

**黄建墉(1904—1988)**

号星垣。温岭县人。早年在原籍中学毕业后任小学教师两年。1928年考入南京中央军校第六期辎重科学习。1929年入该校辎重研究班学习六个月。1930年分发到国民革命军教导第二师辎重团任连长。之后历任营长、团长。抗日战争中几次负伤不下火线。1943年入驻滇军官团，后转美军驻印度战术学校。1947年入中央训练团。结业后任暂编第五十七师师长。1948年2月在辽沈战役第一阶段被中国人民解放军俘虏，后寻找机会潜逃南下。1949年赴台湾，先后入"革命实践研究院"第四期、圆山高级班第三期、"参校将官班"第二期受训。之后历任"花莲军区"司令、第五十二军副军长。

**黄绍第(1855—1914)**

字叔容，号缦庵。瑞安县人。1888年中举人。1890年中进士，授翰林院庶吉士。1892年散馆后授编修。1893年任江南乡试副主考，典试衡文，不拘常格。1896年与人合办瑞安学馆。1897年任瑞安务农支会副会长。1898年戊戌变法开始后上奏建议从义务教育、工业、商业、妇女四个方面“设法变通”，以达到“内以消中国隐忧之渐，外以折列国耽视之谋”。1901年受聘担任湖北全省学务处总办。1902年任湖北普通中学堂监督，兼江楚编译局总纂。1907年署理湖北盐法道，兼湖北提学使。1911年辛亥革命爆发后辞官归里隐居。收集乡邦文献，并担任当地民团团总，维持地方治安。1914年在家中病故。著有《瑞安百咏》、《缦庵遗稿》。

**黄　郛(1880—1936)**

字膺白。原籍嘉兴县，1880年3月8日生于上虞县。幼年丧父后随母亲流寓杭州，自小在杭州接受慈善教育。1896年补钱塘县学生，故自称钱塘人。1904年春入浙江武备学堂。1905年夏被选派赴日本留学，就读于东京振武学校。同年加入同盟会，并奉黄兴之命与李烈钧等联络在军事学校学习的同盟会员组织“丈夫团”，以保守秘密以备将来回国掌握军事实力。1908年转入日本陆军测量局地形科学习。1910年毕业回国，进入清廷军咨府第二厅，负责筹办军事官报局。1911年10月10日武昌起义后南下上海，成为陈其美的助手。上海光复后任沪军都督府参谋长兼沪军第二师(后改番号为陆军第二十三师)师长。1912年1月任中华民国南京临时政府兵站总监。后改任江苏都督府参谋长，主动遣散所部二十三，并协助江苏都督程德全大规模遣散革命军。1913年7月“二次革命”爆发，与陈其美在上海响应，失败后遭袁世凯政府通缉。后逃亡日本，拒绝参加中华革命党，离开日本前往南洋，后赴美国。1915年底护国战争起，由美返国，在上海参与谋划浙江反袁军事。护国战争结束后定居天津，一面与北洋军阀政客交往，一面编著《欧洲之教训与中国之将来》、《欧战后之新世界》两书，引起外界的注意。1920年为徐世昌大总统捉刀，编成《欧战后之中国》。1921年初由徐世昌资助出国游历，在美国时被聘为北洋政府参加华盛顿会议的中国代表团顾问。1923年2月署理北洋政府外交总长；9月任北洋政府教育总长，并在北京大学讲授军制学，在北京师范大学讲授世界政治地理。1924年9月任颜惠庆内阁教育总长；10月参加冯玉祥领导的北京政变，代理国务总理；11月3日始又以代总理摄行大总统职权，至11月24日段祺瑞复出。1926年11月应蒋介石邀请南下。1927年5月任上海特别市第一任市长；8月13日随蒋介石下野。1928年1月蒋重新上台，被任命为外交部部长；5月日军在济南制造“五三”惨案，时任外长的黄因应对无方被免职。此后隐居上海、莫干山等地。1932年6月按照蒋介石的授意，在上海倡议组织新中国建设学会，发行《复兴月刊》。1933年4月受蒋介石委托与日本频繁接触；5月出任行政院北平政务整理委员会委员长，负责对日交涉停战，主持签订中日《塘沽协定》，承认日本侵略长城及山海关以北地区合法化，使华北门户洞开。1934年又与日伪达成华北与伪满洲国通车、通邮协议，变相承认伪满洲国。同年12月任内政部长。1935年托病避入莫干山。1936年9月任国民政府委员；12月6日在上海病故。

**黄首民(1890—1976)**

字薇春。吴兴县人。企业家。青年时就读于基督教会办在湖州的海岛中学，后任小学教师。1911年赴武汉投身辛亥革命，被黎元洪委为督战员，后任黄兴的卫队长，参加孙中山就职典礼。1912年由孙中山推荐，棉纺企业家聂云台资助赴美国亚拉巴马州大学留学攻读农科(尤专植棉)，后转纽约哥伦比亚大学学习商业管理。1917年归国后任恒丰纱厂经理。1922年筹集资金在上海创办泰山砖瓦公司，自任经理，生产“泰山”牌机制青、红砖等建筑材料。1926年根据进口紫色皱纹陶瓷面砖，研制出薄型陶瓷面砖即泰山面砖，其色彩、性能均优于进口，获国民政府专利，产品除广泛供应上海锦江饭店、国际饭店、百老汇大厦(今上海大厦)、马勒公馆(今共青团上海市委办公楼)等大型工程外，还畅销南洋地区，企业因此快速发展。1934年又研制出古建筑瓦和洋式平瓦、彩色琉璃瓦以及各种彩色釉面砖。日军侵占上海后拒绝与日伪“分股合作”，改名而远避之。上海解放后即设法恢复生产。鉴于当时中国冶金工业发展需要，将经营重点转向冶金工业急需的耐火材料。1954年公私合营后改名泰山耐火材料厂，仍任经理。1956年退休。

**黄祖壎(1900—1958)**

又名祖埙，号泊笙。浦江县人。1900年10月16日生。1925年黄埔军校第二期步兵科毕业，分发到国民革命军第一军第一师任排长，后任连长。1927年8月任少校营长。1928年7月任第一师第二旅中校团附。1929年5月任独立第二旅第六团上校团长。1930年12月任第一师独立旅第三团团长。1933年8月任第九十二师五四九团上校团长。1934年2月任第九十二师少将副师长。1935年5月4日被授予陆军步兵上校。1936年9月任第二师少将副师长。1938年7月1日任第四十六师师长。1940年1月9日被授予陆军少将军衔。1942年1月

31日任第二十七副军长兼第四十六师师长。1943年4月任第七十六副军长。1946年5月任整编第七十六师副师长。1947年8月任整编第二十三师师长。1948年9月22日被授予陆军中将军衔；10月任第九十一军军长。1949年9月任甘肃河西警备总司令兼第九十一军军长，旋弃职南逃；12月任"西南军政长官公署川陕边绥靖公署"第五兵团第二十七军军长。1950年初在云南丽江被中国人民解放军俘虏。1958年7月病故。

**黄晋初(1886—1973)**

又名黄任。平阳县人。1886年3月6日生。早年先后毕业于南京陆师学堂、北京陆军大学第四期。1916年任北洋政府参谋本部上校科长。1926年任国民革命军总司令部军械科科长，后任少将处长。1927年"四一二"反革命政变后离职闲居上海。1933年到福州参与筹建福建人民政府，失败后于1934年2月流亡日本。1935年任国民政府军事委员会第一厅一处少将处长。抗战爆发后任军事委员会铨叙厅中将处长，后任副厅长。1946年退役回乡。1948年拒绝担任平阳县"戡乱"委员会副主任。1949年平阳解放前夕拒绝去台湾，接受民革中央主席李济深的劝告，留在家乡迎接解放。新中国成立后任上海市文史馆馆员。1973年12月9日在上海病故。

**黄桂芬(1874—1930)**

又名传标，字香斋。丽水县人。少年从丽水耆学谭文卿读书，应试中秀才，性豪放粗犷，娴习拳术。甲午中日战争失败后以"国家多难，士不诿责"自勉。1903年加入处州双龙会，后加入光复会。处州光复后出任处州军政分府哨官。1913年"二次革命"失败后浙江都督朱瑞通缉处州军政府分府都督吕逢樵，被迫奔波于沪杭等地。1914年革命党人集结杭州，秘密商讨发动各地武装进行反袁斗争，应同学夏次岩邀请，赴杭参加会议，并承担组织丽水武装重任。1916年初夏次岩致信密约，待杭州宣布独立后，处州立即发动起义；3月15日号召义勇千余人，佩方块白布毛巾作为标记，集中曳岭佛堂召开誓师大会；3月16日攻城失利，遭官署通缉，不得不避迹他乡。晚年归耕故里，老死山乡。

**黄造雄(1900—1989)**

原名兆荣，后改名造雄。义乌县人。早年先后就读于浙江省立第七中学、浙江省立法政学校预科、国立沈阳高等师范学校。毕业后在义乌、杭州等地任教，并加入国民党。1926年赴广州，参加北伐。1927年3月北伐军进驻上海后历任国民党上海特别市党部执行委员，淞沪警备司令部参议，上海市政府专门委员，上海市教育会会长。与友人创办君毅学院(后改名君毅中学)，任教务长、校长。1937年8月淞沪会战爆发，校舍被日军拆除改建营房，君毅中学被迫迁入租界。1941年12月太平洋战争爆发，上海租界均被日军占领。君毅中学除校本部留沪外，余迁至浙东缙云、永康与义乌三地设立分校。1942年秋被教育部长陈立夫委任为东南战区教育文化督导员，兼任教育部驻沪办事处主任，秘密返沪，主持上海教育文化抗战。1943年秋被日宪兵队逮捕，入狱三月受尽酷刑，后获一日语翻译相救脱险，潜回义乌，后至永康、舟山等地主持分校校务。1946年将君毅中学迁回上海复校，并在杭州设立分校。同年11月出席制宪国民大会。1948年4月出席"行宪"国民大会。1949年去台湾。1959年9月在台湾苗栗恢复君毅中学，自任校长。后因体力不支，改任董事长，推举林金榜接任校长。1989年在台湾病故。著有《造雄文存》、《生平自述》、《中国文字与语言将会通用于世界》、《对日抗战蒙难血泪记》等。

**黄竞白(1880—1934)**

原名宝箴，字意诚。山阴县人。早年毕业于绍兴府学堂。1904年赴日本留学，入东斌学校。毕业后再入日本法政大学学习法律政治。1905年加入同盟会。1908年毕业回国后与陈其美等集资赴汉口创办《大陆新闻》。不久被清官府通缉，被迫返回原籍主持山阴自治研究所，并与人合办绍兴法政学堂，任教务长。1911年11月5日浙江光复，任浙江军政府参议；随后参与绍兴光复，任绍兴军政分府文书。1913年7月"二次革命"爆发后任江苏驻上海讨袁军总司令部参议兼炸弹队队长，协助陈其美在上海进行讨袁斗争。"二次革命"失败后继续留在江浙地区坚持斗争。1914年春在上海被捕入狱，不久获释。1916年在运动驻松江的北洋军队反正时再次遭到通缉，被迫出走西北、华北等地避难。1927年曾任国民革命军第十七军第二师参谋。1931年"九一八"事变后数次上书国民政府军事委员会委员长蒋介石要求收复失地，未予采纳。1934年6月在南京去世。

**黄　准(1926—　)**

女。原名黄雨香。黄岩县人。作曲家。幼年随父母移居苏州。1937年因日本入侵随母亲迁移到贵州贵阳。1938年参加抗日救亡宣传活动，参与演出街头剧《放下你的鞭子》。同年因参加中华民族先锋队召开的抗日一周年纪念大会而被当局逮捕；获释后于9月间抵达延安。1944年毕业于鲁迅艺术学院戏剧系。在戏剧系结业后又进入音乐系学习。1946年离开延安去大连文工团第一团任歌唱演员。1947年进入东北电影制片厂，为解放区生产的第一部故事片《留下他打老蒋》作曲，后在陈波儿的帮助下于1948年完成主题歌《军爱民、民拥军》，这首歌在东北地区广为流传。新中国成立后先后为北京电影制片厂、上海电影制片厂作曲，几十年来为《家》、《女篮五号》、《香飘万里》、《娘子军连歌》、《第五梯队》、《楚天风云》等50余部影视作品作曲，产生了巨大反响。创作歌曲200余首，其中《在老师身边》获第二届全国儿童歌曲评选一等奖、《蹉跎岁月》主题歌获全国青年最喜爱的歌曲三等奖。曾任中国音协常务理事、全国电影音乐学会副会长。出版有自传体《旋律——我人生的路》。

**黄家桢(1908—?)**

平湖县人。早年毕业于黄埔军校第六期交通科，后入陆军大学第十一期毕业。曾在军政部电台任职。1938年任第三战区司令长官部参谋处第二课课长。1939年10月任第五十二师参谋长。1944年3月任第五十二师副师长；8月任苏皖边区绥靖指挥部参谋长。1946年2月任徐州"绥靖"公署少将高参。同年调任联勤总司令部通信署器材司司长，后任通信署副署长。

**黄宾虹(1864—1955)**

原名元吉、懋质，改名质，字朴存、朴丞等，号滨虹、宾虹、予向、虹庐等，室名滨虹草堂、石芝室、籀庐、竹北簃等。祖籍安徽歙县，生于浙江金华，晚年定居杭州。少嗜书画，先后就读于金华丽正、长山书院、歙县紫阳书院、安庆敬敷书院。1886年考取廪贡生，后从汪宗沂受学多年。曾先后任留美预备学堂教习，《神州日报》、《国是报》、《时报》、《国画月刊》、神州国光社等编辑，上海国立暨南大学教授，中国文艺学院院长兼教授，上海商务印书馆美术部主任，新华艺专、昌明艺专、上海美专、北平艺专、国画研究院教授，上海博物馆理事，故宫文物鉴定委员等职。曾参与创立或加入黄社、国学保存会、海上题襟馆金石书画会、贞社、上海艺观学会、中华艺术学会、寒之友社、烂漫社、中国学会、中国画会、百川书画会等团体，为西泠印社早期社员。新中国成立后任杭州艺专(中央美院华东分院)教授、中国美协委员、全国政协委员、浙江省人民代表、华东美协副主席等职。为中国现代画坛开宗立派的艺术大师，著名美术理论家和诗人，被国家授予"中国人民优秀的画家"荣誉称号。著有《黄山画家源流考》、《虹庐画谈》、《古画微》、《画学编》、《金石书画编》、《画法要旨》等，与邓实合辑《美术丛书》，并有辑本《黄宾虹画语录》行世。

**黄菊裳(1889—1951)**

幼名黄灿，曾用名公略，字菊裳，以字行。原籍瑞安县，后移居永嘉县。19岁中秀才。1907年7月考入保定陆军速成学堂第一期骑兵科，与蒋介石为同班同学。毕业后回浙江新军服役。1914年入北京陆军大学第四期骑兵科深造。1926年参加国民革命军，曾任国民革命军第十八师少将参谋长。1930年任陆海空军总司令部少将科长。1932年起历任国民政府军事委员会高级参谋、军事委员会第一厅第二处中将处长、办公厅第一处处长等职。1936年10月被国民政府授予陆军中将。1944年因病离开重庆，回温州养病。1946年7月正式退役。1951年2月在老家病故。

**黄萍荪(1908—1993)**

杭县人。早年曾任职于浙江省教育厅，后任杭州《东南日报》记者，并兼国民党《中央日报》、中央通讯社驻杭州特派记者，主编《越风》杂志。1937年底随浙江省政府撤退到金华，继续担任《东南日报》记者，兼浙江省政府参议。后赴福建，任第三战区司令长官政治部上校设计委员，《东南日报》南平版特派员，阵中出版社社长，新阵地图书社经理，《阵中日报》、《新阵地》旬刊、《龙凤》双月刊主编。此外还担任过福建省教育厅秘书，福建省政府参议。1945年抗战胜利后任《东南日报》上海版特派员。1947年创办子曰出版社，主编《子曰》双月刊。1952年通过赵朴初、周而复介绍，由华东局统战部保送至华东人民革命大学政治研究院学习。1954年6月以"反革命"罪被捕。后被上海军管会军法处判处有期徒刑四年，押至安徽农场劳改。刑满时又因"无理申诉"被加判五年，至1963年刑满，就近在农场就业。1982年6月平反，先后随子女居住于衢州、杭州。1990年被聘为浙江省文史馆馆员。著有《风雨茅庐外纪》、《从贵公子到苦行僧——李叔同传》、《前辈风流》等，编辑有《蒋百里先生文选》、《四十年来之北京》、《北京史话》等。

**黄崇威(1873—1931)**

号楚卿。海门县人。台州巨商，台州近代化的开拓者。黄家祖辈以经营盐业起家，为当地富豪。19岁开始继承父业，经多年开拓经营达于极盛，形成颇具规模的企业集团。主要经营盐业，在临海设有总公司，在今台州、舟山地区设有盐号36处；也经营典当、南北货，开有当铺六处及黄泰记南北货号；又是美孚火油在台州的经纪人，开设有泰孚油行，还设有黄萃泰六陈行（杂粮店）、黄万记酱园酒坊、大源祥绸布洋货号、黄元记咸鲜鱼行等。创办有台州地区第一家织布厂椒江织布厂、豫泰米厂和恒利电灯公司（为台州电业之始），还投资航运业，拥有海船多艘。还创办博济医院、黄同德药店（设南北两分号）、东山中学等。1914年创办振市股份公司，经营码头、房地产、仓库等业务，并在东山建有黄家别墅区。1931年8月病故。

**黄　敬(1911—1958)**

原名俞启威，又名俞大卫。绍兴县人。1911年生于北京。1924年开始先后就读于天津南开中学、汇文中学。1930年在上海参加左翼文艺团体南国社，从事进步文化活动。1931年考入国立青岛大学物理系。“九一八”事变后参加爱国学生运动，成为青岛学运领袖，并组建“海鸥剧社”演出进步话剧。1932年加入中国共产党。曾任中共青岛大学支部书记和中共青岛市委宣传部部长。1933年夏由于叛徒出卖被捕入狱。同年秋被营救出狱后到上海治病，并积极参加革命活动。1935年到北平，后考入北京大学数学系。曾参加中华民族武装自卫委员会北平分会，从事抗日救亡活动。同年12月参与领导“一二·九”爱国学生示威游行活动。1936年初参与组建中华民族解放先锋队。曾任北平学联党团成员。同年4月任中共北平市委宣传部部长、学委书记。受党组织的派遣，到上海参与筹建全国学生救国联合会和全国各界救国联合会。1937年2月任中共北平市委书记；5月出席在延安召开的中共全国代表会议和白区工作会议。抗日战争爆发后离开北平到天津、济南、太原等地。后任中共晋察冀区委员会书记。1938年春任冀中区党委书记。1942年秋任冀鲁豫区党委书记，后任中共中央平原分局书记、平原军区政委。1944年冬积劳成疾，赴延安治疗休养。1946年冬康复后到河北阜平，先后任晋察冀边区财经办事处主任、中共晋察冀中央分局副书记、晋察冀军区副政委等职。1948年夏任中共中央华北局委员、华北军区后勤司令部政委、华北人民政府企业部部长。1949年初天津解放后任中共天津市委副书记、天津军管会副主任、天津市委书记兼市长。1952年8月任第一机械工业部部长、党组书记。1956年9月在中国共产党第八次全国代表大会上被选为中央委员。1957年任国务院科学规划委员会副主任，国家技术委员会主任兼第一机械工业部部长。1958年2月10日在广州病故。

**黄楚九(1872—1931)**

名承乾，字楚九，以字行，晚年自署知足庐主人。余姚县人。近代医药商业、制药工业和娱乐业的开创者，上海实业界著名人物。其父为眼科医生，15岁时父早亡后随母迁沪，设“异授堂”诊所行医，兼营发售眼药。1890年弃中医，改行西医，在上海创设中法大药房，任董事长。1904年开始制销艾罗补脑汁，成为发家产品，另以艾罗疗肺药、精神丸、日光丸等产品行销各地及香港、南洋。1906年盘进“民国茶楼”，扩大中法药房店面。1907年与夏粹芳创办五洲大药房。次年中法药房翻建成西式洋楼，其规模在同业中绝无仅有。1911年设龙虎公司制销龙虎人丹，次年改称中华制药公司，是为第一家独立的民族制药厂。1915年联络商界名流入股，中法药房改组为股份公司，资本10万两，任董事长兼总经理。同年创设福昌烟公司，随后盘进罗威药房、中西药房，业务大为扩展。1922年独资创办九福制药公司。1925年又设中法药厂。至1931年中法药房资本达50万元，除总公司外，设有本、外埠分店各六处。还拥有中西药房、罗威公司、中华制药公司、九福制药公司、中法药厂、黄九芝堂国药号、救济时疫医院等21家医药企业。还广泛投资其他事业：1912年与人开设新新舞台（京戏馆）；次年与人在新新舞台屋顶创设上海第一家屋顶花园——楼外楼；1915年创建新世界游乐场，并任经理；1916年筹资80万元组织大发公司，于次年创办面积达1.47万平方米的大世界游艺场（今延安东路、西藏南路口），是为全国最大的近代化娱乐场所；1918年独资创办中华电影公司；1920年集资50万元创办日夜银行，并任总经理，还在大世界设立游览储蓄部；组织三星地产公司，在浙江路、宁波路一带购进大量房地产；还经营有温泉浴室、浴德池、梦春阁茶馆、黄隆泰茶叶店、九福南货店、麦司凯糖果店、大成九记、新大成、福昌烟公司、九福烟公司、大昌烟厂等。晚年经营的商号多达200余家，资产总额700万至800万元，是上海实业界著名人物。曾长期任总商会会员、会董，绍兴旅沪同乡会议员。1927年起成立上海市新药业同业公会，并任首任理事长。后遭黄金荣等人打击，事业趋于衰落。1931年1月19日在上海病故。

**黄　源(1906—2003)**

原名黄河清。海盐县人。早年留学日本。1929年回国后主要从事翻译工作。1933年参加《文学》月刊编译工作。1934年主编《译文》月刊。1937年参与创办《烽火》杂志。1938年参加新四军。1939年加入中国共产党。曾编辑《抗敌杂志》、《抗敌报》等文艺副刊，历任鲁迅艺术学院华中分院教导主任、浙东行政公署文教处处长、浙东区党委宣传部副部长、鲁迅学院院长。抗日战争胜利后回苏北任华中文化协会主任。解放战争时期在华东野战区从事政治宣传工作。1949年后历任华东大学文学院院长、上海军管会文艺处副处长、华东军政委员会文化部党组书记兼副部长、华东局宣传部文艺处处长、浙江省委宣传部副部长兼省文化局局长、省文联党组书记、作协浙江分会主席等职。1956年曾参与改编昆曲《十五贯》。

**黄　群(1883—1945)**

字旭初，后改溯初。永嘉县人。1901年考入杭州求是书院学习。1904年5月自费赴日本留学，就读于日本同文书院，因父去世，不得不中断学业回国治丧。之后第二次赴日本，入早稻田大学学习法政。毕业回国后任湖北法政学堂教习。1911年武昌起义爆发后回杭州参与浙江光复。南北议和开始后被推为浙江代表之一，与各省代表驰赴汉口，参与湖北军政府临时约法的起草。1912年1月中华民国成立后任南京临时参议院议员。不久加入共和党。1913年2月当选为中华民国第一届国会众议院议员。国会被袁世凯非法解散后赴上海。1915年主持《时事新报》，抨击袁世凯倒行逆施、复辟帝制的图谋。同年底经越南抵达云南，参加唐继尧、蔡锷等发动的反袁护国战争。1916年6月国会恢复后仍任众议院议员。1918年8月当选为安福国会众议院议员。后任上海通易信托公司经理。1923年任温州旅沪同乡会会长。1939年力劝温州同乡高宗武(乐清人)脱离汪伪集团，并代筹脱身之计。1941年12月太平洋战争爆发后由香港取道广西，前往战时首都重庆。1945年4月26日在重庆病故。毕生热心公益教育事业，先后创办瓯海医院、温州师范学校，是温州大学创始人之一。喜藏书，有藏书数万卷。著有《敬乡楼诗》(3卷)，后人将其著述辑为《黄群集》。

**黄静嘉(1924—　)**

永嘉县人。私立东吴大学法律系毕业，获法学学士学位。1949年去台湾，在台湾政治大学政治研究所获硕士学位。后赴美国进修，在美国南美以美大学获比较法学硕士学位。毕业后在南美以美大学研究一年，在哈佛大学研究东亚法两年。回台湾后历任私立东吴大学法律系副教授及副教务长，政治大学副教授，“中国文化大学”教授，“司法官训练所”英美法讲席，中国造船公司董事，《中国时报》及《经济日报》主笔，台湾银行顾问、台湾矿务局顾问。1969年起在台湾从事律师业务，后任台湾联合法律事务所所长。兼任“经济部”大陆投资法顾问，“中国法制史学会”会长，“中央研究院”历史语言研究所法律史研究室终身荣誉顾问等。晚年还应聘担任浙江大学城市学院客座教授。著有《日据时期之台湾殖民地法制与殖民统治》、《中国法制史论述丛稿》、《春帆楼下晚涛急——日本对台湾的殖民统治及其影响》等。

**萧也牧(1918—1970)**

原名吴承淦，又名吴小武，笔名黄河、萧也牧等。吴兴县人。早年毕业于东吴大学附属中学，后到杭州电业学校就读，毕业后到上海浦东机电厂当工人。1937年抗日战争爆发后回到湖州，积极参加抗日救亡活动。1938年到达解放区，先后担任《救国报》、《前卫报》编辑，铁血剧社演员，宣传队干事，记者等。新中国成立后曾在中共中央宣传部工作，后调中国青年出版社任编辑、文学编辑室副主任。先后主持编辑出版了《伟大的祖国》小丛书、《时事丛书》，主编《红旗飘飘》丛刊等。1958年被错划为“反党反社会主义”分子。此后饱受折磨。其他主要作品有《秋葵》、《连绵的秋雨》、《难忘的岁月》以及《我们夫妇之间》等，结集为《萧也牧作品选》。

**萧　岱(1913—1988)**

原名戴行恩。鄞县人。编辑家。1931年考入上海法学院，1934年留学日本，1935年参加中国左翼作家联盟，创办诗歌社。历任《高射炮》主编，《建国日报》编辑，上海法学院讲师，上海生活书店编辑，上海《联合晚报》编辑。新中国成立后历任上海文联副秘书长，上海市文化局艺术处副处长，《上海文学》杂志编辑部主任，《收获》编委、编辑部主任、副主编，《上海文艺》杂志编委、编辑室副主任，上海市文联委员、上海市作家协会理事。著有小说《残雪》，长诗《厄运》，译著《苏联文学》、《列宁给高尔基的信》等。

**萧绍衍(1915—　)**

长兴县人。早年毕业于上海国立交通大学。1942年进入国民政府资源委员会甘肃玉门油矿局实习。后任职于湘南矿务局、赣西煤矿局。1947年任资源委员会财务处稽核。1949年撤退到湖南长沙，再撤退到重庆，年底经由成都、海南撤退到台湾。1951年资源委员会撤销，并入

"经济部",历任专员、科长、专门委员,"经济部商业司"副司长、司长,"经济部"参事。在长达 27 年时间里参与台湾商业法规的制定与修改。

**萧　铮(1904—2002)**

字青萍。永嘉县人。早年留学德国,入柏林大学研究经济。回国后任中央政治学校地政学院主任。1932 年创办中国地政学会,任理事长。1933 年 1 月任南京国民政府导淮委员会土地处处长。1935 年当选为中国国民党第五届候补中央执行委员。1940 年创办中国地政研究所,任董事长兼所长。1945 年 5 月当选为国民党第六届中央执行委员。后任国防最高委员会委员、经济专门委员会副主任委员。1946 年当选为制宪国大代表。1947 年 5 月起任全国经济委员会委员。同年将中国地政学会扩充为中国土地改革协会,任理事长。1948 年当选为中华民国立法院立法委员。1949 年去台湾,历任台湾土地银行董事长、"亚洲土地改革及农村发展中心"董事长、"土地改革纪念馆"董事长、《土地改革月刊》发行人、"中国土地改革协会"理事长、"中国地政研究所"董事长兼所长、国民党中央评议委员、"总统府国策顾问"等职。2002 年在台湾去世。著有《平均地权之理论体系》、《平均地权本义》、《土地与经济论文集》和《土地改革之理论与实际》(英文版)等。

**梅仲微(1907—1987)**

字子卿。原籍文成,后居平阳。旅荷侨商。1936 年 1 月至新加坡做矿工。1939 年 3 月去泰国,受雇于英轮当船员。1940 年 3 月迁居荷兰,初在阿姆斯特丹做小买卖,后与同乡合股开设玉壶酒楼,又在爱而唐赛城独资经营天按酒楼,且扩展到奥地利。1946 年与同乡余忠等发起组织旅荷华侨瓯海同乡会,后发展为"旅荷华侨总会",历任副会长、会长及顾问等职。九次回国观光、探亲,其中 1957 年率旅荷华侨观光团回国参加"五一"节观礼活动。1977 年受国务院邀请,再次率旅荷华侨观光代表团回国参加国庆活动。关心家乡建设,曾多次慷慨捐资,为发展家乡的社会文教福利事业作出很多贡献。1987 年 3 月 1 日在平阳鳌江病故。

**梅含章(1911—1989)**

原名士珩,号绍权。天台县人。1928 年毕业于天台中学。1933 年中央军校第八期步兵科毕业,留校任教官,后任中队附。1935 年入中央航空学校洛阳分校学习,毕业后留校任学员队分队长。1942 年 7 月陆军大学正则班第十七期毕业,分到胡宗南部第三十四集团军任装甲兵团副团长。1943 年冬任中国驻瑞士大使馆武官。1944 年 1 月因参与策划成立"中国青年将校团"事泄露,与一批少壮军官被捕入狱。1947 年 4 月出狱后任国防部陆军总司令部上校参谋,不久任上校股长。1948 年 6 月任江阴要塞守备总队总队长;12 月任江阴要塞司令部参谋长。1949 年 4 月任镇海要塞少将副司令兼守备总队总队长,参与策划要塞起义。新中国成立后加入中国人民解放军华东军区第九兵团,后入朝鲜作战。1952 年夏任中国人民解放军南京第四步兵学校战术教官。1954 年底任江苏省人民政府参事室参事。1957 年 9 月加入中国国民党革命委员会,后任江苏省政协委员、江苏黄埔军校同学会理事。1989 年 9 月任江苏省人民政府参事室副厅级参事。同年 11 月 16 日在南京去世。著有《江阴要塞解放的片段》、《我所了解的江阴要塞及起义的一些情况》等。

**梅思平(1896—1946)**

名祖芬,字思平,以字行。永嘉县人。浙江省立第十中学毕业后考入北京大学法律科。毕业后到上海商务印书馆编译所任编辑,后任南京国立中央大学、国立中央政治学校教授,并以中央政治学校政治系主任身份兼江宁实验县县长。1936 年 6 月至 1937 年 5 月任江苏省第十区行政督察专员。1936 年 9 月起兼保安司令。1939 年 8 月任汪伪国民党六大秘书长,并当选为汪伪国民党中央执行委员、常务委员、组织部长。1940 年 3 月汪伪南京国民政府成立,被任命为伪工商部部长。1941 年 2 月至 8 月任汪伪浙江省政府主席,未到任,由沈尔乔代理;8 月汪伪工商部与汪伪农矿部合并成立汪伪实业部,任部长。1943 年 9 月 10 日调任汪伪内政部部长。1945 年 8 月抗日战争胜利后以汉奸罪被捕入狱。1946 年 5 月 9 日被法庭判处死刑;9 月 14 日在南京被执行枪决。编著有《中国革命史》。

**曹士澄(生卒年不详)**

杭县人。早年毕业于日本陆军士官学校中华队第二十二期。回国后曾在贺耀祖任军长的第四十军任连长,后成为贺的女婿。1933 年任参谋本部参谋。1935 年任驻土耳其公使馆武官。1937 年夏回国后任甘肃省财政厅主任秘书。1938 年任军事委员会军令部少将衔高级参谋。后进陆军大学特别班第四期学习。1940 年 4 月毕业后曾任第三十二补训处副处长、处长。1943 年任军事委员会高级参谋。1944 年任中国战区陆军总司令部情报处副处长。1945 年 8 月抗战胜利后兼任日本战犯处理委员会委员。1946年5月任国防部二厅第二处(情报)处长兼情报学校教育长。1948年任国防部二厅副厅长。1949年4月任京沪杭警备总司令部参谋长;5月任“驻日军事代表团”团员,奉命去日本招募日本军官,组成“白鸿亮军事顾问团”(简称“白团”)前往台湾秘密训练国民党军队。1950年5月21日任“革命实践研究院军官训练团”(又称“圆山军官训练团”)副教育长。

**曹天戈(1901—1995)**

字宣麾,号寒玉。镇海县人。1901年10月生。1922年毕业于上海文生氏英文专科学校。毕业后留在上海任小学教师兼英文翻译。1925年12月入广州黄埔军校第四期步兵科。1926年8月毕业后参加北伐战争,历任国民革命军第一军第二师第六团少尉见习官、中尉排长、连长。1927年调国民革命军总政治部。“四一二”反革命政变后称病回乡。1928年任国民党宁绍台温四属“剿匪”指挥部上尉参谋、陆防队队长。后调浙江外海超武巡洋舰舰长。1932年任第五十一师政训处中校秘书。1933年以该师上校参谋身份报考陆军大学正则班第十三期。1937年7月抗日战争爆发后随陆军大学西迁长沙。同年11月从陆军大学提前毕业,任预备第三师第十二团团长。预备第三师改番号为第五十二师后任该师参谋长。后调第三战区任干部训练团少将副教育长兼教育处长。1939年任第四十九军二十六师副师长,参加浙赣会战。1943年12月任第四十九军二十六师师长。1946年秋任浙东师管区司令。1949年1月至3月任总统府中将衔参军;7月任第八军副军长,参加淮海战役。同年3月任第十三编练司令部副司令;4月任第六编练司令部副司令;12月任第八兵团副司令官兼第八军军长。1950年1月24日在云南元江被俘。先后在昆明、北京管理所接受改造。1964年12月28日获特赦。1965年3月定居杭州。历任浙江省政协文史专员,浙江省政协第三、第四、第五届委员,浙江省政协第五、第六届常委,民革浙江省委会第六、第七届副主委、名誉副主委,黄埔军校同学会理事,上海市黄埔军校同学会副会长,浙江省黄埔军校同学会会长、名誉会长,浙江省海外联谊会名誉会长。1995年4月4日在杭州去世。

**曹云祥(1881—1937)**

字庆五。嘉兴县人。早年毕业于上海圣约翰大学,毕业后留校任助教。后任宁波中学堂教务长,《上海南方报》编辑等职。1907年考取官费赴美国留学。1911年在哈佛大学文科获得学士学位。接着进入哈佛大学商业管理系学习,获得硕士学位。之后赴英国伦敦大学经济学院任研究员。1914年任驻英国公使馆二等秘书。1917年署理驻伦敦总领事。1919年夏回国后发起成立全国欧美留学生同学会,任总干事。不久任驻丹麦公使馆一等秘书,并一度代理公使。1921年8月至1923年任北洋政府外交部参事,兼清华学校董事会董事长。1921年秋兼华盛顿会议中国代表团秘书长帮办。1922年4月至1928年1月先后任清华学校(今清华大学)代理校长、校长。在执掌清华学校近六年时间里为清华学校由一个留美预备学校升格为完全大学奠定了规模和学术基础。辞去校长后担任上海英美烟草公司顾问。1930年起任中国工商管理协会总干事,继任理事长。著有《科学的商业管理法》,译有《科学管理之实施》等。

**曹　艺(1909—2000)**

原名聚义,字树艺。兰溪县人。1923年考入浙江省立第一中学。在校期间加入共产主义青年团,并任支部书记。肄业后进入国民革命军第二十六军军官团任职。1927年7月考入南京国民革命军军官学校炮兵科(通称黄埔第六期),1929年5月毕业。1930年7月入上海东亚同文书院学习,开始从事创作,并任《涛声周刊》编辑。1933年1月任东北义勇军后援会秘书。1935年10月入中央陆军交辎兵学校汽车训练班学习。1942年8月任中国驻印军辎重兵汽车第六团团长。1947年10月任国防部联勤总司令部副司令。1948年4月任南京军运指挥部副指挥。1949年春曾赴金华策动当地国民党军队起义;9月被聘为第二野战军后勤部参议。新中国成立后历任交通部专员,运输局汽车管理处处长,北京公路学院教务长,南京航务工程学校图书馆主任,南京市政协委员等。2000年在南京去世。著有《李秀成》、《汽车驾驶员讲话》等。

**曹文彦(1908—?)**

字卧云。温岭县人。1930年毕业于国立中央大学,获法学学士学位。同年参加浙江省县长考试合格。1933年参加外交官考试及格。1936年10月署理驻澳大利亚悉尼副领事。1938年7月任驻澳大利亚悉尼副领事。1940年进入澳大利亚墨尔本大学任研究员。1942年4月返回悉尼副领事岗位。1943年3月回国到外交部任职。1944年任外交部情报司第一科科长。1945年任英文《中国年鉴》总编辑。后任国民党中央执行委员会秘书。1947年任职于南京建国法商学院。1949年去台湾,先后任台湾大学法律系教授、英文《时事评论》月刊发行人兼总编辑、台湾东吴大学法律系教授、"教育部国际文化教育事业处"处长、台湾东吴大学法学院院长、驻美国"大使馆"文化参事、"中国文化学院"华冈教授等。

**曹以松(1930—　)**

吴兴县人。早年在大陆读小学、中学。1949年去台湾,毕业于台湾大学工程系。后留学美国,在堪萨斯州立大学获农业工程系硕士学位,后到意大利罗马大学水利工程系进行研究。回台湾后历任台湾水利部门水利副工程司,屏东农业专科学校水利科副教授,台湾大学农业工程系副教授、教授,"财团法人农业工程研究中心"主任。1988年7月至1997年6月任台湾宜兰农工专科学校校长。后任台湾大学名誉教授。

**曹予铐(1851—?)**

号雨岑。鄞县人。著名木材商,上海震异木商公所创始人。早年经商上海,在上海第一家洋松批发商行叶澄衷创设的顺泰木行当账房。1899年接办该木行后获得较快发展。1905年联合久记、震升恒木行发起创设震异木商公所,并担任第一任总董。第一次世界大战期间上海民族工业迅速发展,建筑木材需求大增,因与美商大来洋行业主关系密切,由大来洋行租用中立国船只为顺泰运输进口木材,所以顺泰利市三倍,大发"欧战财"。1916年顺泰在白莲泾开设锯木厂,后又买进南码头江边占地30余亩的原恒丰木行行址作为顺泰南栈。

**曹未风(1911—1963)**

原名崇德。嘉兴县人。1931年前后开始着手翻译莎士比亚戏剧。后去英国留学,有目的地搜集有关莎士比亚戏剧资料。1943年至1945年在贵阳文通书局工作,所译《威尼斯商人》等11种剧本由文通书局用《莎士比亚全集》的总名出版。1945年抗日战争胜利后至上海,曾任上海培成女中教务长,大夏大学教授兼外文系主任,并在暨南大学、光华大学任教。期间曾于1946年以《曹译莎士比亚全集》总名出版莎士比亚戏剧10种。1949年2月加入中国共产党。1949年后历任华东军政委员会教育部高教处副处长,上海市高等教育管理局教学处处长,上海高等教育局副局长,上海外文学会副会长,上海围棋协会副会长和《学术月刊》编委会常委等职。50年代初重校旧译本,并继续翻译新作,于1955年至1962年间由上海新文艺出版社先后出版莎士比亚戏剧12种,其中10种在70年代末由上海译文出版社再版。此外还翻译出版莎士比亚十四行诗集一部。由其翻译的汤因比著作《历史研究》于1962年出版。1963年10月12日在上海病故。

**曹伯一(1926—2006)**

字澜方。定海县人。1938年入舟山中学学习,一年后辍学,曾在舟山乡镇小学任教。1950年赴台湾,以半工半读方式毕业于台湾东吴大学政治系。后在台湾政治大学研究所获硕士学位,1966年获博士学位。后以访美学者身份到美国斯坦福大学和哥伦比亚大学进行学术交流。回台后历任台湾政治大学东亚研究所副教授、教授兼所长,《东亚季刊》发行人,《中华学报》总编辑,中国国民党中央文化工作会及大陆工作会副主任,"考试院"考试委员。退休后专事著述。曾连续当选为台北市宁波同乡会第十二届至第十四届监事兼出版委员会主任委员,并担任台北市舟山同乡会监事兼第十三届出版委员会主任委员、第十四届教育会副主任委员。1993年和2004年曾两次回家乡访问。2006年4月20日在台湾去世。著有《中共延安时期之政治经验》、《中国现代史纲》、《陈独秀返璞归真》等。

**曹亨闻(1910—1968)**

又名协。临海县人。1925年就读于上海浦东中学,后因加入中国共产主义青年团被学校当局开除。1926年转入上海大夏中学读书。次年返回临海家乡,在当地参加进步组织"乙丑读书社"。同年9月起先后在上海艺术大学、上海光华大学读书。1934年5月赴英国伦敦大学新闻系读书,获新闻学硕士学位。留学期间参加反帝大同盟,在《今日中国》杂志上将《二万五千里长征》一书译成英文公开刊出。回国后曾在上海英文《大英晚报》担任过两个星期的编辑采访工作。1939年起担任复旦大学新闻系教授,先后开设《新闻学概论》、《中英文新闻写作》、《外国报刊史》、《中国新闻事业史》等课程。1947年至1948年曾在上海创办与主编《现实》杂志,出版15期,发表过多篇新闻学术论文。1951年加入中国民主同盟,曾任复旦大学新闻系新闻史教研室主任等职。1968年10月16日被迫害致死。1978年平反。编著有《新闻事业史》和《外国资产阶级报刊史》教材两种。

**曹莘耕(1889—1976)**

镇海县人。少年丧父,至上海万祥杂粮行当学徒。1920年受聘为镇海李氏家族开设的上海新丰杂粮行经理,后又经营李家大德新榨油厂。1937年创建上海新华薄荷厂股份有限公司，精制“白熊”牌薄荷脑，畅销20余个国家和地区，出口量达90%以上，在伦敦市场直接挂牌销售。因此被英国剑桥国际传记研究中心列入《世界名人录》。此后又与人在嘉定创办嘉丰棉纺织厂，在上海南山路创办丽来化学工业社，又与人在嘉定创办嘉定棉纺厂。1940年离沪去内地，在衡阳创办国泰实业股份有限公司、大生机器厂。抗战胜利后回沪继续经营新华、大德两厂。1950年参加民主建国会，曾任上海市政协委员、工商联委员，杨浦区、南市区及浦东县人大代表。

**曹厚载(1922—1990)**

鄞县人。祖父曹赤凤于1876年在上海开设曹顺泰料瓶店，经营新、旧洋瓶及旧报纸。父耀庭在同店工作。1938年起任曹顺泰经理。1941年肄业于上海光华大学工商管理系。之后先后兼任曹顺泰呢绒店经理、雷门进出口行经理、大同银行董事兼副经理、《东方日报》副刊编辑等职。上海解放后拥护中国共产党。1950年任料瓶同业公会主席，领先申请公私合营。1951年加入中国民主建国会，任黄埔区委员。后历任上海市工商联执行委员、上海市第三届人大代表。在任新药业同业公会副主任时积极参加抗美援朝会工作，获陈毅市长亲题“劳军模范”横匾。1956年10月任公私合营玻璃仪器商店经理。1959年任上海医药采购供应站玻璃店经理及兽医商店经理。

**曹钦熙(1870—1908)**

字醴泉。绍兴县人。早年曾在党山许仲卿家教书，后来与徐锡麟等十秀才共同筹办热诚学堂，出任热诚学堂第一任总理(校长)，义务担任教学工作。深得徐锡麟信任，积极支持徐锡麟革命活动，加入光复会。1906年初出任大通学堂总理，受徐锡麟委托主持校务；6月随徐锡麟等人到达上海，曾向《中外日报》馆探听狱中章太炎情况；7月到达汉口，访问俞廉三；8月又前往北京，周旋于清朝上层统治集团以及满族权贵之间；同月前往山海关、营口、彰武等处游览考察，探访东北马匪魁首冯麟阁；9月从新民回到北京，再由天津至上海，与离京赴鄂转沪的徐锡麟相会。皖浙起义失败后清吏欲罗织罪名逮捕未果，竟以忧愤成疾而死。

**曹炳章(1878—1956)**

字赤电，又名彬章、琳笙。鄞县人。14岁随父迁居绍兴，进中药铺习业，从名医方晓安七年。1902年开业行医。1908年与何廉臣等创组绍兴医学会，编辑《绍兴医药学报》。1913年与何廉臣一道创设和济药局，主持日常事务，刊行《医药学卫生报》。1927年任《绍兴医药月报》编辑。1929年受神州医药会绍兴分会及绍兴中西医协会中医部推派，赴上海参加全国医药团体总联合会号召大会，被推为名誉理事。同年9月筹组成立绍兴县国医公会，并任常务主席。提出“统一病名”及印编“中医处方新衡旧称对照表”等建议，受到医药界的好评。1934年应上海大东书局聘请，主编《中国医学大成》丛书。新中国成立后任《浙江中医药》月刊总编辑。著有《鸦片戒除法》、《喉痧证治要略》、《秋瘟证治要略》、《痰证膏丸说明书》、《彩图辨舌指南》、《瘟痧证治要略》、《规定药品之商榷》、《医界新智囊》等。

**曹素民(1901—1930)**

名子明，字兰芬，化名一平。绍兴县人。12岁到当地一家酒店当学徒。工余刻苦自学，人称“小秀才”。1919年初到严乾生中药房当装药工。1924年初结识当时在上海书店工作的共产党员王承纬，开始接受马克思主义。同年6月当选为上海店员联合会委员。会后在《上海店员联合会成立大会特刊》上发表《一席话》，引起上海国民党当局的注意，责令药店老板将其开除；11月被迫离开上海，回到家乡。1925年春经王承纬介绍，考入黄埔军校第三期学习。同年9月加入中国共产党，任中共黄埔军校特别支部组织委员；10月志愿参加国民革命军第一军，跟随周恩来第二次东征。1926年夏被分配到国民革命军第六军十九师五十六团三营担任教导员。1927年“四一二”反革命政变后随第六军渡江去武汉，在贺龙部下当营长。后转战江西，参加中共领导的“八一”南昌起义。同年10月奉中共党组织指示回浙江工作，先后被派往嘉兴、兰溪等地负责军事及农民运动。1928年初任中共杭州临时县委书记；4月任中共浙江省委常委；11月受中共浙江省委委派，回故乡组建中共绍兴县委，任书记。后到富盛小学以教书为掩护，发展党员，创办农民夜校，恢复农民协会。设立农事研究所，建立宣传队、梭标队等组织，积极开展减租反霸斗争。在城区、集镇恢复和健全工会，领导工人开展罢工斗争。1929年11月4日晚与正在龙门桥左新庵内开会的中共党员全部被捕。次日与其他13位被捕同志一起被押解到杭州的浙江陆军监狱。在狱中任中共浙江陆军监狱特别支部成员，协助编辑党内刊物《火花》，参与组织难友绝食斗争。1930年8月27日凌晨被国民党秘密杀害。1956年11月被中央人民政府追认为革命烈士。

**曹敬康(1912— )**

海宁县人。1933年毕业于私立复旦大学土木工程系。1937年毕业于美国伊利诺伊大学研究院,获工学硕士学位。回国后曾任复旦大学教授,后任交通大学教授。1952年院系调整时随系科调入同济大学土木工程系,任钢筋混凝土教研室主任。1956年加入中国民主同盟。曾担任华东师范大学化学楼、儿科医院等建筑的结构设计。合著有《预应力混凝土理论与应用》。

**曹萱龄(1918—1984)**

女。鄞县人。1940年浙江大学物理系毕业后留校任教,历任浙江大学物理系副教授、教授、系副主任、主任,从事物理教学40余年。先后当选为浙江省物理学会第三届副理事长,浙江省第五届政协副主席,民盟浙江省委副主任委员。1983年获全国"三八"红旗手称号。主编有《物理学》。

**曹 谟(1898—?)**

字叔谋。兰溪县人。北京测量学校毕业,留学德国普鲁士大地测量研究所,后至芬兰土尔库大学光学天文研究所、美国国家(海军)天文台及海岸大地测量局从事研究。历任陆地测量总局大地测量科长,测量学校校长,中国地理研究所大地测量组主任,台湾政治大学地政学院、海洋学院等校教授,国际天文学联合会会员及十九与三十一专门委员会委员。1929年建立自动验潮站测定平均海水面,统一全国水准高程。1933年在南京创设天文台参加国际天文测量,开始全国大地测量,为中国地图上经纬度坐标的建立打下基础。测定中国东南及西南地区的大地测量,建立全国测量控制点。曾参加国际测量家联合会、国际地理学会、国际航空测量学会、国际天文学联合会、国际制图学会等组织。著有《天文学基础》、《中国之地球形状及大小》、《中国天文学史》、《中国科学与文明天文学》(译),主编有《中山大辞典天文学》等。

**曹福康(1908—1986)**

宁波人。眼科专家。1935年毕业于上海圣约翰大学医学部,获医学博士学位。1936年赴美国宾夕法尼亚大学医学院深造,获眼科硕士学位,并任该院眼科总住院医师。1938年回国后历任圣约翰大学医学院眼科教师,并担任宏仁医院、邮电医院、仁济医院眼科顾问等职。新中国成立后在上海开设医疗诊所。1956年响应政府号召,放弃开业诊所,到上海第二医学院工作,历任上海第二医学院儿科系眼科教研组主任,仁济医院、第九人民医院眼科主任。1958年任新华医院眼科主任、眼科教研室主任,放弃全部院外兼职,将全部精力投入眼科临床和儿科系眼科学的医、教、研和师资培养工作中,为新华医院眼科的全面发展奠定了基础,并且为新华、二医大及其他医院培育了一批眼科骨干人才。从事眼科医、教、研工作50年,特别在眼肌疾病及屈光学方面有较深的造诣。发表有《我国儿童眼肌电图》、《电烙法治疗视网膜血管瘤病》、《工业性铅中毒眼部症状5例分析报告》、《中医治疗中心性视网膜炎初步报告》等论文。

**曹聚仁(1900—1972)**

字挺岫,号听涛,笔名袁大郎、陈思、丁舟等。浦江县人。1900年7月7日生。散文家、记者。1921年浙江第一师范学校毕业。在上海各中学、大学任教,期间开始投稿并与友人创办《涛声》周刊、《芒种》半月刊。积极参加大众语文学活动。抗战爆发后以中央通讯社战地记者的身份在江浙战场采访。1941年受蒋经国委托,创办《正气日报》。抗战胜利后在上海各大学任教。1950年任香港《星岛日报》主笔,并创办《新生年代》、《热风》、《循环日报》等刊。期间创作的《文坛五十年》、《文坛五十年续集》是比较珍贵的现代文学史料。1956年起任新加坡《南洋商报》特派记者,曾先后六次回大陆来访,受到毛泽东、周恩来等领导人的接见。1972年7月23日在澳门去世。还著有《我与我的世界》、《北行小语》等,编著近70种,约4000余万字。

**曹翼远(1911— )**

字子羽。萧山县人。1933年参加高等考试及格。曾任国立中央大学教育学教授。后担任国民政府文官处秘书。1949年去台湾,先后担任"总统府"秘书,"铨叙部政务次长","考试院"考试委员、秘书长等。著有《自尊与无畏——阳明哲学的时代与价值》、《治道与人性》等。

**戚永年(1903—1967)**

字逸民,号更生。诸暨县人。1926年10月自黄埔军校第四期毕业,随即开赴江西前线参加北伐战争,历任国民革命军排长、连长、营长等职。1937年任第五十八师第三四三团团长,参加淞沪会战。后历任第四十六师副旅长、旅长,暂编第二十三师副师长,第三战区司令长官部少将高级参谋。1945年8月抗日战争胜利后退役,编入杭州的第三军官总队。1947年11月21日重返部队,任浙江省保安司令部少将高参兼保安第六团团长、浙闽赣边区"剿共"指挥官。1949年5月参与策动浙江省保安部队一部在临海起义。起义部队被编成中国人民解放军陆军二十一军独立团。起义后被送到南京学习班学习。新中国成立后历任浙江省诸暨县第一、第二届政协副主席,浙江省政协委员。

**戚 扬(1860—1945)**

字升淮。绍兴县人。1888年戊子科举人。1889年己丑科进士,授翰林院庶吉士。1890年授刑部主事。后分发至福建,任安溪县知县。1895年调任侯官县知县。同年10月回籍奔父丧,改任浙江布政使署及巡抚公署文案,后任江西南昌府临川县知县、直隶州知州。1904年任江苏省松江知府。1913年4月任海军塘工总局局长。同年9月至1914年3月任江西省政府内务司司长。1914年1月21日代理江西省民政长;3月25日署理江西省民政长;4月29日任江西省民政长。1915年5月23日改任江西省巡按使。同年12月被"洪宪皇帝"袁世凯赐予"一等男"爵位。袁世凯帝制失败死亡后,1916年7月6日改任江西省省长,直至1921年2月21日去职。辞职后回绍兴寓居,平日闭门不出,不问世事,以书画自娱,绝少与绍兴地方官府往来和参加社会活动。1934年列名绍兴县修志委员会,后参加绍兴"十老会",有《十老会纪事》。1937年7月抗日战争爆发,购救国公债10万元。1945年秋去世。

**戚叔含(1898—1978)**

幼名毓芳,以字行,亦作肃庵,号曜公。上虞县人。早年就读于南京东南大学中国文学系,后赴美,自费考取加利福尼亚斯坦福大学攻读英国文学,以研究莎士比亚获硕士学位。1927年起历任上海大夏大学、安徽大学教授、外文系主任,暨南大学文学院院长兼外文系主任。1953年调上海复旦大学外文系教授。曾当选为上海市政协委员。长期从事外国文学教学与研究,尤其注重中外文学艺术之比较研究,在比较中探求东西方戏剧艺术发展和艺术表演规律。著有《英国小说》,译有《汤姆·琼斯》。

**戚 牧(1877—1938)**

字和卿,一字饭牛,号牛翁,别署饭牛翁。余姚县人。作家。清末在上海主编《国魂报》,为"国魂九才子之一"。少年时代就喜作诗词,为南社早期社员之一。平时为文喜作小品,以诙谐、幽默见长。著有《诗人小传》、《啼笑因缘弹词》、《红绣鞋弹词》、《山东女侠盗》等。擅书法,尤以摹写《云麾碑》著称。

**戚铮音(1909—1988)**

女。原名铁生、海宇。余姚县人。1933年在上海同济附中读书时加入中国共产主义青年团,后任共青团江苏省委内部交通秘书。1936年转为中国共产党党员。1934年12月、1936年3月前后两次被国民党当局逮捕入狱,在狱中坚持斗争。1937年7月抗日战争爆发后获释,由八路军驻南京办事处送往延安,进入陕北公学学习。1938年被组织安排回浙江,从事抗日救亡工作。经组织介绍,进入国民党浙江省警备区第三游击支队任连队政治指导员,后相继担任战时儿童保育委员会浙江分会理事、代秘书并兼浙江第二儿童保育院院长。1943年赴战时首都重庆,担任战时妇女辅导院总务股长、重庆女青年民众教育部干事、《现代妇女》月刊编委。1945年抗日战争胜利后先后在上海储能中学、南洋女中任教。新中国成立后先后担任中共上海市委党校教育科副科长、校党委委员,上海南汇县教师进修学校校长、党支部书记。1988年9月16日去世。著有《南洋女中革命斗争片断回忆》、《回忆在浙江省第三游击支队政训室的工作》、《一件不寻常的长衫》、《回忆雪峰》、《战时儿童保育分会和两个儿童保育院》、《党的事业拼搏者——杂忆曹维廉老战友》、《贯彻民族统一战线、坚持抗日的妇女阵地》、《战时儿童保育院》、《怀念郭纲琳烈士》等。

**戚雅仙(1928—2003)**

女。余姚县人。越剧表演艺术家。1941年进入上海陶叶剧团科班学戏,师从陶素莲、叶琴芳,工花旦。1943年进上海大来剧场。1947年参加玉兰剧团,和徐玉兰合演《香笺泪》时初挑大梁,任头肩花旦。因戏路开阔,表演细腻动人而脱颖而出,成为当时旦角中的后起之秀,被誉为"袁派小花旦"。新中国成立后拍摄了越剧彩色电影《石榴红》、《卖婆记》等。灌录的唱片《婚姻曲》,曾风靡一时。1950年2月组建合作越剧团。在合作剧团期间主演过《龙凤花烛》、《玉堂春》、《血手印》、《卓文君》、《王老虎抢亲》、《琵琶记》、《白蛇传》、《文姬归汉》及现代戏《红色医生》、《祝福》等剧目。同年秋任合作越剧团团长。曾任上海市文联委员,中国戏剧家协会理事。1989年退休后任静安越剧团名誉团长。2003年1月27日在上海病故。

**戚善康(1908—1942)**

余姚县人。贫苦农民家庭出身,正义感强,好打抱不平。1938年参加革命工作。同年11月加入中国共产党;12月组建余姚县泗门乡农会,任干事长,带领农民开展减租减息斗争。1939年3月担任中共余姚县工委委员、农民部长、周巷区工委委员。同年5月县工委改组为县委，仍任委员兼农民部长；中共大路头支部建立后任支部书记；9月县委扩大为中心县委，任委员兼农委书记。同年夏秋之间受党组织委派参加由国民党余姚县党部和县农会主办的余姚各乡农会干事长训练班，并在朗霞乡一带开展革命活动。1940年国民党顽固派掀起第二次反共高潮后余姚县政工队被解散，进步人士、队长郭静唐被捕，形势急剧恶化。曾一度与党组织失去联系。1941年春恢复与党组织关系，并奉派至浙东抗日游击大队，担任大队附兼分队长。1942年2月10日（农历1941年除夕），经组织同意回泗门探亲，途中被国民党泗门镇公所镇丁发现被捕，当晚被枪杀于泗门老路庵附近的南麻地。

**戚嘉谋**（1880—?）

字诩庼。绍兴县人。1913年1月当选为中华民国第一届国会众议院议员。1914年初国会被袁世凯非法解散后南下归绍兴原籍闲居。1916年7月第一届国会恢复，仍任众议员。

**戚燮林**（1880—1944）

字世锷。鄞县人。建筑企业家。青年时在家乡当过木器店员工。1910年左右进上海新仁记营造厂，参加过新仁记早年承建的徐家汇同文书院、宁波旅沪同乡会、花期总会、沙逊大厦、裕丰纱厂等重大工程。1926年脱离新仁记创办新林记营造厂，首项工程就是颇具规模的西海电影院。1928年承建了自然科学研究所，工程十分讲究，预算很低，卖掉私宅，高质量地完成了工程，虽然亏损10万元，但此举在上海建筑业中树立了很好的信誉，业主慕名求建。法工董局将几项工程交给新林记，如南昌路法国总会、延安东路麦兰捕房，前者精巧华丽，后者坚实雄伟，均为法租界经典作品。此外还有法工董局卫生处和两所法国语学校。新林记还在上海华山路、岳阳路、高安路、常熟路等地建造了一批高规格的公寓、住宅。

**龚贤明**（1895—?）

嵊县人。早年毕业于浙江省立第一师范学校，后留学欧洲，在比利时鲁汶大学获政治学及社会学博士学位。回国后曾任国立中央大学社会学系副教授兼系主任，上海国立劳动大学社会科学院教授。1931年9月起先后任首都（南京）建设委员会秘书、秘书长，实业部中国经济年鉴编纂委员会编纂。1938年6月任国民政府西京筹备委员会专门委员。抗战后期任国民政府行政院善后救济总署浙闽分署负责人。1949年去台湾。1950年经周恩来总理批准，从台湾取道香港回到北京，担任中国红十字会秘书长。编著有《财经经济汇刊》、《三门湾调查报告》等，著有《我的道路》。

**龚宝荣**（1910—1975）

又名亮，一名亚。余杭县人。先天聋哑，早年就读于杭州惠爱聋哑学校。1930年以"为同病造福"为宗旨，变卖家产，筹集办学基金，创办杭州市私立聋哑学校（后改名杭州市私立吴山聋哑学校），并长期担任校长。抗日战争时期率师生辗转兰溪、淳安一带。抗日战争胜利后又与学生一起，在杭城沿街按店募捐复校资金，在吴山复校。致力于聋哑教学研究，在国内首创注音字母手切，用以聋哑学生教学字音，并以手势教学字义，便于学生领会记忆。所著《注音字母手切教本》曾由国民政府教育部批准发行，一直沿用至20世纪50年代中期。

**龚宝铨**（1886—1922）

原名国元，字未生，号薇生、味荪、味生，别号独念和尚。嘉兴县人。医药世家出身，以中医中药为业，其家传秘方闻名江南。母亲生于文学绘画世家，幼承母教，喜爱文史。1900年肄业于秀水学堂，因反对美国传教士，愤而罢课退学。1902年自费留学日本，先后在清华和振华两校学习。时中国留日学生掀起拒俄运动，参与组织拒俄义勇队，后来改为军国民教育会。与陶成章相识，遂成莫逆之交。陶成章著有《中国民族权力消长史》，列名校对。1904年从日本回到上海，组织暗杀团，拟刺杀清政府王公大臣。介绍陶成章结识嘉兴敖嘉熊，协助创建温台处会馆。陶成章与之提议，将江浙皖等省革命志士联合起来，根据东京浙学会决议，建立革命团体。遂来到上海，与蔡元培商议建立革命团体，成立光复会。1905年与徐锡麟、陶成章等人创办大通学堂，以培养发动武装起义骨干。与陶成章等人辗转诸暨、东阳、永康、缙云、金华、兰溪、富阳等地，招收会党成员，前往大通学堂学习兵式体操。与陶成章、徐锡麟商讨捐官赴日学习军事，以取得清政府官职，掌握清政府军队。1906年因清政府驻日公使破坏而未成，遂与陶成章回国，前往芜湖中学任教，以教员身份作为掩护，继续开展革命活动。由于同盟会发动萍浏醴起义失败，不得不与陶成章避祸而离职。1907年皖浙起义失败后遭到清政府通缉，被迫出走日本。时章太炎正在东京主编《民报》，遂发起组织章太炎讲学，与鲁迅、钱玄同、许寿裳、朱希祖、周作人等听讲。1908年日本政府应清政府要求，查封《民报》，章太炎也因罚款被捕，遂挪用许寿裳译印《支那经济全书》稿费，将章太炎保释出狱。浙江光复后毅然回国参加革命，恰逢陶成章遇刺身亡，痛惜不已。1912年与马裕藻、钱玄同、朱宗莱、朱希祖等人发起组织国学会。出任浙江省图书馆副馆长，后升馆长，刊印出版章太炎《章氏丛书》，派人赴京抄录《四库全书》。1916年袁世凯公然复辟帝制，在浙江参加反袁斗争，谋划驱逐浙江都督朱瑞。浙江宣布独立后担任都督府外交顾问，并当选为参议会议员、副议长。1921年春浙江省长聘为自治筹备处评议员，浙江省议会又选为浙江省宪法会议议员。1922年6月病故。1931年嘉兴建辛亥革命七烈士纪念塔，列为七烈士之一。

**龚祥瑞(1911—1996)**

鄞县人。早年在原籍读完小学、中学。1929年考入上海私立沪江大学生物学系，后转入法律系。1931年转学北平国立清华大学政治学系。1936年赴欧洲留学，先后就读于英国伦敦大学经济政治学院和法国巴黎大学法学院。1939年毕业回国后到云南昆明担任西南联合大学政治系副教授，1940年升教授。1944年1月至11月任重庆中央青年干部学校教授兼教务处副处长。1945年2月至1946年2月任国立中央大学政治学系教授。1946年2月起任资源委员会专门委员、人事处处长。1947年3月至1949年任国民政府(1948年5月改称中华民国政府)考试院铨叙部参事，并担任考试院出国考察团副团长，考察欧美国家的文官制度。1948年6月兼国立北京大学政治学系教授。新中国成立后曾任中央政法委员会参事室参事，中央政法干部学校国家法教研室成员。1954年7月起任北京大学法律系教授，兼任民盟中央文教科技委员会委员、中国政治学会常务理事等。1996年在北京去世。著有《欧美员吏制度》(与楼邦彦合著)、《外国比较宪法》、《西方国家的司法制度》、《英国行政机构和文官制度》、《文官制度、监察制度》，主编有《法治的理想与现实》、《宪政的理想与现实》、《盲人奥里翁——龚祥瑞自传》等。

**龚道耕(1876—1941)**

字向农，一字君迪，别署蛛隐。先世浙江会稽县，宦游入蜀，遂著籍成都。经史学者。光绪二十六年庚子、二十七年辛丑并科乡试举人，入为内阁中书，无心功名利禄，不久返乡潜心著述，终身从事教育事业。曾任四川高等师范学堂监督，四川师范大学校长，成都大学、四川大学及华西大学经学教授。1941年病故。著有《中国文学史略论》、《经学通论》、《礼记旧疏考证》、《三礼述要》、《旧唐书札迻》、《丧服经传五家注叙》、《妇为舅姑服三年辨》、《孔子生卒年月说》、《孟子弟子目录》等70余种。

**盛丕华(1882—1961)**

原名沛华。镇海县人。著名民族工商业者。14岁到上海宝成银楼等处当学徒、司账。1905年任上海恒兴钱庄跑街。旋任庆大洋货号、大丰洋布号司账。1911年后负责清理湖州许家(许春荣)和镇海叶家(叶澄衷)合资开设的余大、瑞大、志大、承大四大钱庄。1914年任宁绍轮船公司监察人。1917年孙中山筹设上海证券物品交易所，列名发起人。1920年创办证券物品交易所，任常务理事，主管财务、会计，并任总商会会员、会董。1924年赴汉口，主持张澹如(吴兴)开设的易记公司。1927年与张澹如合伙在武昌开设武埠公司并任董事，经营房地产，同时任中国银行汉口分行秘书，后任经理。1930年回上海，主持上海证券物品交易所证券部。同时任东南信托公司、中一信托公司董事。1934年在上海组织爱国团体“中社”，出版《新社会》半月刊，积极宣传抗日。抗战爆发后曾任上元企业公司经理、美科药厂董事长、上海红棉酒家董事长，举办星期聚餐会。抗战后期支持并参加抗日救亡运动和爱国民主运动，红棉酒家成为进步人士隐蔽活动场所。抗战胜利后加入中国民主建国会。1946年6月作为上海各界代表之一，赴南京和平请愿，反对内战。1949年5月上海解放，团结工商界人士，筹建上海市工商联合会；9月参加第一届政治协商会议。此后历任上海市副市长、全国政协常委、全国人大代表、中国民主建国会中央副主任委员、民建上海市主任委员、中华工商联合会副主任委员、上海市工商联主任委员等职。1961年2月8日病故。

**盛竹书(1859—1927)**

字炳纪。镇海县人。著名银行家。13岁父亡，随叔父盛蓉洲旅居北京读书。学成后返回宁波就试，以郡试第一书入邑庠，但屡试不中。后捐中书职，赴四川从其族兄盛省传于四川学署。后转赴江苏，先后在金坛、常熟、溧阳等地担任幕府，15年后返乡，致力于教育公益事业，创办养蒙、志成、简易公立等校。并辅助镇海县令孙燕秋劝办公私学校70余所。为办校，私人垫款至5000余元，持续13年。1901年发起筹款浚通镇海东门浦，又参与兴办公益织布厂、公益医院、贫民借贷局等，受惠者颇众。1902年在上海参与创办泰来元记面粉厂。1907年赴武汉,创办汉丰面粉厂,总理其事,同时任汉口宁波会馆总董。1908年被举为汉口商务总会议董,次年又举为协理。改选时再举为总理,辞职未能通过,仍旧任协理。1911年任浙江兴业银行汉口分行总经理。1912年参加全国工商会议,提出重要议案,并与宋炜臣、王一亭等人发起中华全国商会联合会,被举为湖北干事,第一、第二次商会联合会,均被推为审查长。1915年赴沪任浙江兴业银行沪行总经理。1922年改任上海交通银行行长。1920年、1922年、1926年三度出任上海银行公会会长,先后组织上海造币厂借款银团、通泰盐垦借款银团,又创办《银行周报》,提倡银行公会联合会。热心社会公益慈善事业,曾担任中国红十字会议长、中国济生会经济董事、四明公所董事、江湾妇女救济会会董。1923年日本大地震后与他人合作举办日灾赈济会。还创办江浙渔业公会、镇海旅沪同乡会,均任会长。同年参与发起苏浙和平协会,任主要干事,奔走于两省当局,呼吁甚力,并促成江浙和平公约之公布。但江浙战争仍于1924年9月爆发,内心遭受重大打击,遂不再过问政治。1926年冬积劳成疾,于次年在上海病故。

**盛庆珠(1919— )**

字子束。嘉兴县人。1930年毕业于嘉兴县立女子师范学校附属小学。1933年毕业于浙江省立第二中学(今嘉兴第一中学)。1936年毕业于江苏省立上海中学。1941年毕业于上海交通大学机械工程学系。毕业后先后任职于国民政府资源委员会运务处、经济部液体燃料委员会、内江中国糖业公司。1944年冬考取公费留学英国,于1945年秋抵达英国。1948年底毕业于爱丁堡大学,获哲学博士学位。1949年2月去台湾,任职于台湾糖业公司;8月任台湾大学电机工程系副教授。1952年升为教授。1953年获联合国教科文组织高级奖学金,赴美国及加拿大考察技术及电机工程教育半年。1954年8月初任台湾大学电机工程学系系主任。1960年被聘为美国洛杉矶加州州立学院客座教授,到该校任教一年。1962年加拿大首都渥太华大学聘为电机系副教授。1966年改聘为渥太华大学电机教授,招收博士及博士后研究生多名。1969年创设"中华文化协会",被选为首任会长。1971年被台湾大学电机系聘为客座教授一年。1972年底获台北中山学术基金会工科著作奖。1973年向渥太华大学请假两年,回台任交通大学工学院院长。1974年当选为"中国电机工程学会"会长。1975年被选为美国电机电子工程学会台北分会会长。1979年退休。同年受聘于加拿大温莎大学计算机科学系教授兼系主任。后在台湾淡江大学任教。晚年多次回大陆探亲、访问与讲学,与大陆学术界建立了密切联系。著有《伺服机构学初步》、《电力系统》、《综合效用主义与公平分配》,主编有《中正科技大辞典》工科部分。

**盛叙功(1902—1990)**

金华县人。1923年毕业于北京高等师范学校史地部。后留学日本。曾任暨南大学教授。1947年加入中国民主同盟。新中国成立后历任北京师范大学教授,西南师范大学教授、西亚研究所所长。专于世界经济地理、世界历史地理。著有《外国地理》、《中国人文地理》、《世界经济地理》。

**盛康年(1914—1965)**

又名仲悟。慈溪县人。工商业者家庭出身,肄业于震旦大学。1933年任《新社会》半月刊杂志主编,积极宣传抗日,后遭国民党政府查封。次年参与由宋庆龄、何香凝、马相伯等发起组织的中国民族武装自卫委员会,在青年学生中发展"武卫会"组织,参加抗日救亡活动。1938年协同父亲盛丕华组织"星期聚餐会",吸收爱国民主人士参加。1946年初加入民主建国会,把红棉酒家三楼改为"红楼",专供爱国民主人士活动之用。1948年中共中央发出五一号召后,从上海去香港,与潘汉年、章汉夫、许涤新等中共负责人取得联系。1949年5月上海解放后在上海市副市长潘汉年的支持帮助下组织"七一"学习会,向上海工商界上层人士宣传党的工商政策,并介绍荣毅仁、郭棣活、刘靖基等著名工商界代表与中共上海市委领导人会见。同年9月作为民主建国会代表出席中国人民政治协商会议第一届全体会议。此后历任民建上海市分会秘书长,政务院参事,上海市政协副秘书长,上海市第二商业局副局长,民建中央第一、第二届委员,民建上海市委第一、第二、第三届常委,是第二届全国政协委员,第一、第二、第三届上海市各界人民代表会议协商委员会委员,第一、第二届上海市人大代表,第二、第三、第四届上海市政协常务。

**盛筱珊(1877—?)**

字钟瑚。慈溪县人。钱业世家出身,父亲盛眉仙长期任上海志诚钱庄经理。系上海著名钱庄承裕钱庄习业出身,是该庄经理、著名钱业领袖谢纶辉之高足,后长期任镇海方家开设的赓裕钱庄经理。30年代初还任上海中和商业储蓄银行董事，上海志诚钱庄、宁波通源钱庄股东。1934 年又兼任中国化学工业社董事兼副经理。曾连任七届上海钱业公会委员，1919 年还任钱业公会副会长，并连任上海总商会多届会员。

**盛澄华(1913—1970)**

萧山县人。大学毕业。1935 年赴法国留学。1940 年回国后历任西北大学外语系副教授、教授，复旦大学外语系教授，清华大学外语系主任、教授，东欧交换生中国语文专修班主任，北京大学西语系教授。1934 年开始发表作品。1952 年加入中国作家协会。著有译著评介文集《纪德研究》，《世界童话文库》(10 集)，长篇小说《伪币制造者》等。

**常书鸿(1904—1994)**

别名有廷芳、鸿。满族。热河头田佐人。1904 年生于浙江杭州一驻防旗兵骑尉之家。1923 年毕业于浙江省立甲种工业学校染织科。1927 年赴法国学习油画。1932 年毕业于法国里昂国立美术学校。1934 年发起成立“中国艺术家学会”。期间所绘油画《梳妆》、《病妇》、《裸女》、《葡萄》等作品，曾多次参加法国国家沙龙展。《葡萄》后来被时任法国教育部次长亲选，收归法国国有；《沙娜画像》被巴黎近代美术馆收藏，现藏于蓬皮杜艺术文化中心；《裸女》在 1934 年里昂春季沙龙展中获得美术家学会的金质奖章并被收藏，现藏于里昂国立美术馆。在法国国家沙龙展中先后获金质奖章三枚、银质奖章二枚、荣誉奖一枚，并因此成为法国美术家协会会员、法国肖像画家协会会员。1936 年毕业于法国巴黎高等美术专科学校。同年回国后历任北平艺专教授，国立艺专校务委员、造型部主任、教授，教育部美术教育委员会委员。1943 年任国立敦煌艺术研究所所长。1949 年后历任敦煌文物研究所所长。1950 年“敦煌艺术研究所”更名为“敦煌文物研究所”，归属于中央人民政府政务院文教委员会社会文化事业管理局，任所长。1963 年至 1965 年组织进行莫高窟南段窟区崖壁、栈道加固工程。“文革”期间遭到迫害，致使身心受到伤害，至 1977 年才完全恢复工作。1982 年任敦煌文物研究所名誉所长。后任敦煌研究院名誉院长、国家文物局顾问、甘肃省文联主席等职，是第三、第五届全国人大代表，第六届全国政协委员。编著有《敦煌彩塑》、《敦煌唐代图案》、《敦煌艺术小丛书》、《常书鸿油画集》等。

**崔存璘(1909—?)**

鄞县人。早年毕业于上海沪江大学，获文学学士学位。1929 年进入南京国民政府外交部任职。1931 年任驻瑞士公使馆秘书。1933 年起先后任驻美国公馆(1935 年 5 月 17 日起升格为大使馆)二等秘书、一等秘书。曾在美国华盛顿大学国际关系学院获得硕士学位。1946 年任驻美国大使馆参事，主管政治事务。曾多次代表中国政府出席国际会议。1958 年 12 月奉调回台湾。1967 年任美国国会图书馆职员。1971 年任美国参议员邝友良的特别助理。1977 年应聘担任台湾当局驻美国“大使馆”顾问，并担任“中美文化协会”秘书长。

**崔　适(1852—1924)**

字怀瑾，一字觯甫。吴兴县人。早年考入杭州诂经精舍，师从朴学大师俞樾，治校勘训诂之学。后受康有为《新学伪经考》的影响，专治今文经学，成为近代今文经学的代表之一。曾任北京大学文科讲师、教授等职。著有《春秋复始》、《史记探源》、《五经释要》、《论语微记》等。

**麻　植(1905—1927)**

又名炳登，字愈高。青田县人。1905 年 4 月生。本村小学毕业后，1920 年考入处州中学(今丽水中学)，毕业后去上海。1924 年 8 月赴广东，考入黄埔军校第二期学习。不久加入中国共产党，任军校中共支部候补干事。参与成立“中国青年军人联合会”，出版机关刊物《中国军人》，成为周恩来、熊雄在军校工作的重要助手。1925 年 1 月和 10 月两次参加东征讨伐陈炯明叛军，先后任政治部宣传科员、科长。东征结束后调中共两广区委军事部，任周恩来的秘书。1926 年 7 月 9 日国民革命军出师北伐，留守军校，负责中央军委和军校的联络。同年 10 月国民政府迁往武汉，广州的右派分子大肆争夺广东的党政军大权，在黄埔不断兴风作浪。同年冬在周恩来、聂荣臻离开广州后，代行中共中央军委主任工作。遵照军事工作进入秘密状态的指示，在广州建立了多个军事运动秘密据点，并把军校党团员的档案、文件和花名册转移到惠爱路榨粉街的秘密据点内，以防万一。1927 年广州“四一五”反共政变发生时，挂念中央军委住处存放的党内文件和军校党员名册，不顾个人安危，返回广州。在军委住处做掩护工作的女共青团员黄玉兰的帮助下，从容销毁文件与党员名册，双双被捕。同年 4 月 29 日下午在广州红花岗上英勇就义。1945 年在中共七大上被追认为革命烈士。

**康宝煌(1909—?)**

字昭明。嘉兴县人。1909 年 2

月生。1925年7月毕业于浙江省立第二中学(今嘉兴市第一中学)。后毕业于国立上海交通大学电机工程学院电信系。后留学英国，在英国邮电部电信研究所研究一年。回国后历任国民政府资源委员会研究员，上海电机制造厂工程师，国防部无线电机制造厂主任工程师，开滦矿务局电信处长。1949年1月奉交通部命令前往台湾，先后任台北电信局主任工程师、局长。1953年4月赴美国进修，在贝尔研究所研究市内电话技术。返回台湾后任“交通部”交通研究所电信班主任，兼台湾大学及交通大学教授。1963年奉派去韩，协助韩国重建电信系统，历时三年。1966年返回台湾，任“电信总局”工务处长兼台湾电信管理局总工程师。1969年兼电信研究所所长。1974年1月改任顾问。同年3月被聘为财团法人电子工业研究中心主任。1976年改任顾问。

**章乃器(1890—1977)**

原名埏，字金峰、子伟。青田县人。1918年毕业于浙江省立甲种商业学校。先后任北京通州农工银行襄理兼营业部主任，上海浙江实业银行营业部主任、副总经理等职。1927年初曾担任银行业工会工作，支援北伐战争。“四一二”反革命政变后创办《新评论》半月刊。1932年8月在上海创立中国征信所，任董事长。同时任中国银行学会常务理事。1935年参与组织上海文化界救国会，后任上海各界救国联合会常委。1936年与沈钧儒等共同发起全国各界救国会。同年7月与沈钧儒等七人被国民党逮捕，史称“七君子事件”。1937年抗日战争爆发后获保释出狱。1938年任安徽省政府财政厅厅长，曾设法资助安徽的新四军部队。1939年被免职后赴重庆创办上川实业公司等企业。1945年12月发起组织中国民主建国会，任常务理事，积极从事民主活动。1946年后任中国工业协会理事、上川实业公司总经理，在上海、香港经营上川公司等企业。1948年底到东北解放区。1949年9月出席全国政协第一届全体会议，当选为全国政协常委、财经组组长。新中国成立后任政务院财经委员会委员、粮食部部长，第二届全国政协常委，民建中央副主席，全国工商联副主任委员。1957年被错划为右派，“文革”中受迫害。1977年5月13日在北京病故。著有《中国货币金融问题》、《中国货币论》等，后人辑有《章乃器文集》出版。

**章元龙(1915—1990)**

吴兴县人。1915年12月20日生于北京。章鸿钊之子。1933年考入辅仁大学物理系。1937年毕业后被聘任为北平研究院上海镭学研究所助理研究员。与陆学善合作研究X射线晶体学，1942年在英国伦敦物理学会会志上发表《用背射照相精密测定点矩阵》一文。抗战胜利后任南京中央地质调查所技正，继续X射线照相的研究。新中国成立后历任中国科学院地质研究所研究员兼矿物物理研究室主任，上海硅酸盐研究所人工水晶及金刚石实验室主任。在晶体学和矿物鉴定等方面均有较深造诣，是我国人工晶体生长领域的开拓者之一。1952年设计制造了国内第一台自动记录差热分析仪，其中机动调温和照相记录方式达到国际先进水平。1956年以对“三水铝矿加热相转变的新研究”和“高岭石放热反应的性质及其控制的研究”获得第一届国家自然科学奖三等奖。在人工水晶生长的研究中提出并解决了高压釜的技术问题，使人工水晶研究成果获1964年国家新产品一等奖。1990年4月25日在上海病故。

**章太炎(1869—1936)**

初名学乘，后改名炳麟，字枚叔，号太炎。余杭县人。1869年1月12日生。其父章濬时在杭州知府谭钟麟幕中，次年返余杭任县学训导，兼杭州诂经精舍监院。1873年入塾就读。1876年起从外祖父朱有虔习文字声韵之学。1880年后由其父亲自督教。1883年奉父命应县试，因发病而未竟，从此绝意科考，究心经史之学。1890年其父去世后离家赴杭州诂经精舍求学，师从经学大师俞樾及高治平、谭献诸师。次年开始撰写《膏兰室札记》，研究经学和诸子学。1896年撰成《春秋左传札记》，在学术上开始崭露头角。同年8月《时务报》在沪创刊，为该报撰稿，并应邀于岁末离开诂经精舍到上海担任《时务报》撰述，曾发表《论亚洲宜自为唇齿》、《论学会有大益于黄人亟宜保护》两文，阐述“以革政换革命”的政治见解。后因与报馆内康有为门徒在孔教问题上发生冲突，于次年4月离沪返杭，并撰《新学伪经考驳议》与康有为商榷。同年6月在杭与宋恕、陈虬等发起成立兴浙会；8月间与宋恕等创办《经世报》，任总撰述，发表《变法箴言》等文，倡言变法；10月间又任新创刊的《译书公会报》主笔。1898年3月应湖广总督张之洞之邀赴武昌拟主持《正学报》，因“时有欺君犯上之辞”而被逐。同年9月汪康年将《时务报》改名为《昌言报》，被聘为主笔。嗣因戊戌政变被清廷列名通缉，于12月间避走台北，任《台湾日日新报》特约撰述，与流亡日本的康有为、梁启超等书信往还，并在梁启超主编的《清议报》上发表诗文多篇。1899年6月应梁启超之邀，东游日本，在横滨与孙中山会晤；8月回国，经沪返浙，其后编定《訄书》一书，木刻刊行；冬天又由浙江回到上海，参加唐才常主编的《亚东时报》编务。1900年7月参加在上海召开的中国议会，反对以勤王为目标，并剪去辫发，与清廷决裂；8月唐才常组织自立军在汉口起事失败，因列名自立会与中国议会再次遭到通缉。1901年作《正仇满论》，发表于东京出版的《国民报》。1902年正月再次东渡日本避祸；4月与秦力山、孙中山等在横滨举行中夏亡国242年纪念会；5月返国，潜居乡里，修改《訄书》，着手编写《中国通史》，并为广智书局润饰译稿。1903年3月应蔡元培之邀到上海爱国学社任教，后与邹容、张继、章士钊结义，倡言民族革命。同年6月"苏报案"发，被捕入狱。次年5月被判处监禁三年。1906年6月29日期满出狱，当晚离沪赴日；7月在东京加入同盟会，接任机关报《民报》总编辑和发行人，一边进行革命宣传，一边从事撰述和讲学。期间曾因孙中山接受日人捐款与其产生冲突。1908年底《民报》被日本当局禁止发行。次年10月汪精卫从南洋到东京秘密筹备《民报》复刊，将其排除在外，乃发表《伪民报检举状》，与孙系展开笔战，公开分裂。1910年2月出任光复会会长。1911年10月辛亥革命爆发后离日返国，于11月15日回到上海。后与程德全共同倡议组织中华民国联合会，于1912年1月3日成立，由其担任会长；次日《大共和日报》创刊，由其担任社长。此后光复会领导人陶成章被孙系的陈其美、蒋介石派人杀害，其他各部光复会旧人亦备受打压，章逐渐对政局失去现实影响力，在民国临时政府成立一月之后，方被孙中山任命为总统府枢密顾问。同年4月初袁世凯接任临时总统后又以虚衔授之，聘其为总统府高等顾问；12月下旬被袁世凯任命为东三省筹边使。次年年初两度离京赴任考察；8月间为推动国民党和共和党议员合作，冒险入京，被袁世凯幽禁，直到1916年6月袁世凯殒命之后方才获得自由。其后又与孙中山结盟，参与护法运动。1919年8月南北议和恢复后持反对态度，曾积极参与联省自治运动。1924年冬孙中山实行容共政策，对国民党进行改组，曾领衔与冯自由、居正、田桐等共同发出《护党救国公函》，反对孙的决策，主张"以同盟旧人，重行集合团体"。次年2月与唐绍仪等发起组织"辛亥同志俱乐部"。1926年4月在沪组织反赤救国大联合，任理事；8月13日通电全国，反对蒋介石北伐。1927年5月16日被国民党上海特别市党部大会临时执委会指为第一名学阀，呈请党中央加以通缉。1928年8月在招商局轮船公司招待新闻界席上抨击国民党以党治国是以党员治国，攫取国民政权，主张国民应起而讨伐，又被国民党上海市党务指导委员会要求按照惩戒反革命条例加以通缉。其后长期对国事保持缄默。1931年"九一八"事变后激于国难，复又破门而出。1932年1月与熊希龄、马相伯等组织中华民国国难救济会，奔走南北，试图联络各方一致对外抗敌。为激发民族意识，维护民族文化，与李根源等于1933年1月在苏州发起成立国学会，后又常赴无锡国学专门学校讲学。1934年秋由上海迁居苏州，其后发起开办章氏国学讲习会。次年9月又创办并主编《制言》杂志，研究国学，意在以学术振起人心，故在病中亦讲学不辍，不废著述。1936年6月14日在苏州病故。时人评为革命元勋，国学泰斗。一生著述宏富，生前汇集出版的有《訄书》、《太炎文录》、《章氏丛书》、《国故论衡》、《国学概论》、《太炎先生自定年谱》等20余种，今有后人编辑整理的《章太炎全集》、《章太炎政论选集》、《章炳麟论学集》等行世。

**章文才(1904—1998)**

杭县人。1904年11月11日生。1922年考入之江大学生物系。1923年转入金陵大学园艺系。1927年以第一名的优异成绩获得学校授予的"金钥匙"奖，毕业后留校任助教。1929年与吴耕民等人共同发起成立中国园艺学会。1931年任集美农林专科学校校长兼果树教员。1933年任浙江大学农学院园艺系讲师，兼湘湖实验农场场长。1934年在《中国园艺学会会刊》上发表了国内第一篇有关乙烯处理柑橘的学术论文。1935年4月赴英国留学。同年7月进入伦敦大学研究院，师从赫顿教授从事果树研究工作。1937年获哲学博士学位，其博士论文在英国《果树学》杂志发表，并被推荐为英国皇家学会会员。其后应邀到美国康奈尔大学果树系和加州大学柑橘系任副研究员。1938年回国后任金陵大学农学院园艺系教授，兼农业科学研究部主任。1940年与人共同创建中国农民银行江津柑橘推广示范场，并担任首届场长。1945年秋任西北农学院园艺系教授兼院长。1947年回任金陵大学园艺系教授，兼农林部农业推广委员会技正。1948年赴广州任岭南大学农学院园艺系教授。1950年任武汉大学农学院教授、园艺系主任。1952年任华中农学院教授、园艺系主任。1956年兼任中国园艺学会副理事长，并被评定为一级教授。1957年受到不公正对待，被下放到应城县红旗大队劳动。1965年奉命在宜昌窑塆乡筹建华中农学院宜昌分院。1979年出任华中农学院(1985年改名为华中农业大学)副院长,并担任国际柑橘学会执行委员。1980年在园艺系建立柑橘研究室。1981年国家恢复招收研究生制度,其主持的学科被国家教委和农业部评选为我国第一个果树学博士点和全国果树重点学科,他本人成为第一批博士生导师,并以80岁的高龄为我国培养了第一个果树学博士。有多项研究成果获得国家科技奖励,1996年荣获中国工程院首届中国工程科技奖。此外还曾担任民盟中央委员、全国人大代表、湖北省政协副主席等社会职务。1998年12月8日在武汉病故。

**章东明(生卒年不详)**

绍兴县人。绍兴章东明酒坊主。酿酒世家出身,传至章氏开始建酒坊,名"章东明",自任经理。至1840年作坊酿酒已达六七千缸,每缸五六百斤。"章东明"所产绍酒选料地道,盛装考究,酒质醇香,成为绍酒的代表之一。除绍兴地区外,"章东明"还在杭州、上海、天津等地设有多家酒行,产品畅销浙沪(称为申庄)、京津(称为京庄)、闽广(称为建庄)等广大地区,还销往香港、新加坡等东南亚地区。从章本人至新中国成立前夕已传至七代,长盛不衰。

**章廷谦(1901—1981)**

字矛尘,笔名川岛。上虞县人。散文家。幼年在家乡读私塾,15岁随父去太原,就读于太原一中,后考入山西大学哲学系。1919年转入北京大学哲学系。北大学习期间开始在北京《晨报副镌》发表文章。1922年毕业后留校任校长办公室秘书,兼哲学系助教。1924年与孙伏园、鲁迅等创办《语丝》周刊,并长期撰稿。1926年随鲁迅去厦门大学任教。次年回浙江,先任《民国日报》编辑,后到浙江大学农学院、杭州高级中学教书。1930年11月在南京任教育部编审。1931年北上,在北京大学、北平大学女子文理学院执教。兼任北京大学校长办公室秘书。抗日战争胜利后回北京,一直在北京大学中文系任教。主要从事散文创作,出版有散文集《月夜》、回忆录《和鲁迅相处的日子》。1984年出版有《川岛选集》(散文集)。

**章任堪(1904—?)**

上虞县人。1927年赴美国留学,获哈佛大学法学博士学位。回国后曾任北平朝阳大学教授。著有《优待出征抗敌军人家属法规浅释》、《阿根廷、巴西、智利等国之法院组织》等。

**章企民(1912—1973)**

女。孝丰县人。浙江法政学校毕业。曾任天主教女青年会总干事。1948年以妇女代表身份参加第一届国民大会。

**章名涛(1907—1985)**

原籍浙江鄞县,1907年7月23日生于北京。1924年毕业于上海圣约翰中学。后留学美国纽加索大学攻读电机工程,1927年获学士学位。1927年至1929年在英国曼彻斯特市茂伟电机制造厂实习,1929年获硕士学位。1930年回国后在浙江、上海工作。后任清华大学电机工程系教授、系主任。一直担任电机工程方面的教学工作,著有《电机的电磁场》、《磁场线图略论》、《凝电器电机》、《同期感应电动机》、《同步机在周期性振荡中的阻尼系数》等。1985年1月9日在北京去世。

**章安仁(1916—1984)**

上虞县人。1938年毕业于天津工商学院土木工程系。毕业后先后在四川省水利局、滇缅公路弥遮段工程处、战时运输管理局、公路总局第一区公路管理局和上海市工务局任职,从事铁路、公路定线规划、筑路、建桥、箱涵、路基、水坝等工程设计与施工管理。1940年在四川广汉百户堰灌溉工程中参与拦水大坝设计与施工。1942年参加滇缅公路建设。1946年参加广西玉林至戎圩公路工程全线桥梁涵洞及路基工程施工。1947年参加上海漕河泾至金丝娘桥一段公路及闵行轮渡码头市政配套工程的施工建设。新中国成立后在上海市工务局第二工务所、第六工务所、土木工程总队、长宁区房地产局、长宁区住宅公司等单位担任主任、副经理、副指挥等职务,参与上海市政工程及其他重大工程的建设。1980年被评为高级工程师。1984年3月加入中国共产党。

**章克标(1900—2007)**

笔名岂凡、邓小闲。海宁县人。早年留学日本,毕业于东京高等师范学校。回国后在上海立达学园、暨南大学等校任教,并主编《时代》、《一般》杂志。1927年与滕固、方光涛等创办《狮吼》杂志,提倡新奇、唯美的现代主义。翻译介绍日本武者小路实笃、菊池宽、谷奇润一郎等人的作品。也创作了长篇小说《银蛇》、《一个人的结婚》,短篇小说集《蜃楼》等。后在开明书店、金屋书店、时代图书公司任编辑。期间与邵洵美共同编辑文艺旬刊《十日谈》和综合性周刊《人言》等。1933年出版《文坛登龙术》。新中国成立后在上海新华书店和上海印刷学校工作,后任浙江文史研究馆馆员。

**章　杰(1909—1958)**

字微尘。临海县人。1923年考入上海私立大夏大学学习。1926年参加北伐战争。1929年毕业于南京中央军官学校第六期。后毕业于中央航空学校第一期及高级班第六期。毕业后历任空军飞行员、分队长、飞行教官。1938年任国民政府航空委员会通信处电信员训练班主任、空军学校中级班总务组组长。1939年任航空委员会通信处电信科科长。1940年任空军第一路司令部科长。1941年任第五路军司令部参谋长。1942年任航空委员会副处长。1945年任航空委员会上海地区司令部司令,后任空军第二区司令。1947年任空军总司令部第二署署长。1949年去台湾,入"革命实践研究院"高级班第一期受训。结业后任"联合勤务总司令部"副参谋长。1958年任"金门防卫司令部"少将副司令。同年"八二三"炮战发生,与吉星文、赵家骧两位副司令在炮击中身亡,殒命于太武山麓军官餐厅外。后被台湾当局追授为"空军中将"。

**章宝榖(1867—1934)**

字秋白。上虞县人。早年到直隶保定读书。清末曾在直隶河间知府衙门、直隶臬司衙门担任幕僚。1913年在冯国璋的第一军司令部担任一等执法官,随冯国璋南下江苏。江阴兵变发生后奉命剿抚,三日之内平定。1914年11月至1916年任陕西省政务厅厅长。在任上严禁种植罂粟,引导农民种植陕棉,获北洋政府嘉禾奖章。1923年3月至1925年1月任安徽省政务厅厅长。在任上致力于解决安徽财政困难、调停学潮。1927年任河北省财政厅参议。1928年代表河北省参加南京政府召开的编遣会议。1929年兼任直隶省银行清理处处长。1930年引退回原籍。1934年病故。

**章宗祥(1879—1962)**

字仲和。吴兴县人。早年留学日本,毕业于东京帝国大学。1903年回国后到北京京师大学堂任教。后参加留学生考试,清廷赐给法科进士。曾任法律馆纂修官、工商部候补主事、民政部提调、北京内城巡警厅丞、宪政编查馆编制局副局长。1909年任北京内城巡警厅丞,参与审理汪精卫等谋刺摄政王载沣未遂案。1912年任袁世凯总统府秘书、国务院法制局局长。1912年7月至1914年2月任北洋政府大理院院长。1914年2月至1916年6月任北洋政府司法总长。1916年6月调任驻日本公使。在公使任上与交通总长曹汝霖、前驻日公使陆宗舆勾结,在皖系军阀首领、掌握北洋政府实权的段祺瑞指使下,与日本政府秘密谈判,出卖国家领土与主权。1918年与日本正式订立《中日陆军共同防敌协定》和《中日海军共同防敌协定》。同年秋在北洋政府总统徐世昌与国务总理段祺瑞授权下,一天内向日本签押三笔共计6000万日元借款,把我国铁路、矿产及其他权益出卖给日本,并"欣然同意"日本政府继续占领济南、青岛和控制山东的要求。这些倒行逆施,激起全国人民愤怒,被指为"卖国贼"。1919年五四运动爆发,在全国人民的强烈抗议下,北洋军阀政府被迫宣布将曹、章、陆三人免职。湖州各界人民于6月召开大会,宣布开除章的乡籍,宣告出族,并议决查封其家产。1920年任中日合办的中华汇业银行总经理。1925年任北京通商银行总经理。1928年后常年寓居青岛。1942年任伪华北政务委员会咨询委员。不久兼任日本人控制的电力公司的董事长,继续为日本帝国主义效力。1945年8月抗日战争胜利后从上海远走加拿大。著有《东京三年记》、《日本留学指南》、《任阙斋东游漫录》等。

**章荣初(1899—1972)**

又名增华。吴兴县人。著名纺织企业家。丝商家庭出身,幼年读私塾五年。14—18岁在菱湖张瑞斋丝庄打杂。1918年到上海利泰祥棉布号、会康洋货号当学徒,后升任跑街。1922年任人和棉布号副经理。同年9月回家乡菱湖开设人和布店,任经理。1925年又开设仁和布店。1926年再去上海,开设华丰祥棉布号,并投资鸿丰棉布号,为英商纶昌洋行代理,还与日商联系密切。因1928年"济南惨案"后违规经销日货受查处和受英商打击报复而倒闭。1929年又开设志恒棉布号。1930年与人筹资创办上海纺织印染厂(后改荣丰三厂),任经理。1933年再与人合资盘买湖州模范丝厂。抗战爆发后先后在上海创办中央丰记印染厂(后改荣丰二厂)、荣丰纺织厂、荣丰实业公司、上海皮革厂等企业,建造丰业大楼;在湖州买下湖丰绸厂;在浦东开办立丰纱厂;在江苏泰州开办泰州纱厂;并在金融界担任上海农商银行董事、大沪商业银行监察,形成以纺织印染为主,涉足银行、证券、典当、皮革等行业的荣丰企业集团。抗战胜利后除主持荣丰企业系统外,又投资诸多企业,兼任上海纺织印染股份有限常务董事兼总经理,同康棉布号、恒丰绸布号、益新绒布厂、中国人造丝厂股东,及农商银行、三一印刷公司、三星棉线工厂、中华国货产销联合公司董事,浙江国货房产股份有限公司常务董事。致力于家乡建设,1946年10月在上海发起成立菱湖建设协会，任副理事长，创建了规模较大、设备较先进的菱湖缫丝厂、菱湖化学厂、青树电气公司、菱湖轮船公司、章三省国药号、华大布店、青树农场等企业，还修筑道路、桥梁，创办青树中学、菱湖医院等社会事业。新中国成立后于1954年主持所属企业完成公私合营。1956年加入中国国民党革命委员会，曾任湖州市人大代表、浙江省政协委员。1972年12月在上海病故。

**章　勃(1903—?)**

金华县人。曾任国民政府行政院国内运输专员，交通杂志社总编辑。1930年撰写《日本对华之交通侵略》，1931年由商务印书馆出版，胡汉民题签，孙科、王伯群作序。同年7月13日在《国闻周报》八卷二十七期发表题为《收回引水权问题》的署名文章，严厉批评了《中国引水总章》的种种弊端及其恶劣影响。新中国成立后任交通部计划司专员、运输法规研究员，中国国民党革命委员会交通部支部负责人，民革第五、第六届中央委员会团结委员会委员。

**章秋阳(1901—1940)**

又名乃起，字郁庵。青田县人。章乃器胞弟。1922年入上海商务印书馆发行所当店员，并加入中国共产党，与陈云等在商务印书馆秘密建党，任发行所党支部书记。1925年5月参与组织领导"五卅"反帝爱国运动。同年8月、12月两次组织发动工人大罢工，在罢工委员会的领导下组织纠察队秩序井然，使英租界巡捕房无借口进行干涉。并在上级党组织、上海总工会、全国学联的支持下，经过斗争，迫使资本家承认工人有成立工会、出版《职工》定期刊物，并在上海大学等处创办夜校，为职工上政治课、文化课的权利。同时分头分批成立行业工会，担任上海店员总工会委员长、党团书记。1926年10月至1927年3月上海工人三次武装起义时作为上海特别市市民代表，参与筹备市民代表会议，成立上海特别市临时政府的工作，并兼任国民党上海市党部商人部长。1927年"四一二"反革命政变后撤退到浙江，到其大哥任团长的浙江省省防军第六团担任军需主任。后继续在周恩来领导下从事中共地下活动。1938年担任中国茶叶公司安徽省办事处主任。1940年2月17日在安徽屯溪被杀害。

**章亮元(1876—1959)**

字永尚，号静轩。三门县人。1896年由章梫介绍进南京陆军师范学堂学习，成绩优异，毕业后留校任教。1900年由清政府派赴日本留学，后入东京陆军士官学校中华队第三期炮科学习。1903年毕业。1904年回国后由两江总督周馥保荐任直隶州知州。曾向清政府建议设立陆军测量局，并创办测绘学堂，绘制军用专图。不久升任道员。1911年任清政府陆军部参谋。武昌起义爆发后曾到湖北孝感前线面见袁世凯，力劝息兵言和，并为南北和议奔走调停。1912年初任南京临时政府高等顾问。孙中山辞去临时大总统职务后随即脱离军界，定居杭州，从事实业活动。与张謇等在江苏南通泗镇搞围垦。创办大有晋盐业公司，任总办。在三门县建永明塘，约300余亩。著有《学易随笔》。

**章亮端(1906—?)**

字怡普，号履初。三门县人。南京中央军校第六期第一总队工兵科毕业。后毕业于中央步兵学校战术研究班。历任国民革命军连长、营长、中校参谋主任、上校科长。1941年起任成都中央军校第十七至第二十三期工兵科上校筑城教官、上校交通教官。1948年11月任中央军校高级教官。1949年任新编第六十师副师长兼参谋长。同年被中国人民解放军俘虏，释放后回原籍定居。20世纪60年代去世。

**章　祜(1880—?)**

字笃纯。鄞县人。早年留学外国，学习铁路工程。历任铁路工程师、京汉铁路提调，陇海铁路西路局局长，北京政府交通部技正，陇海铁路会办、督办，华盛顿会议中国代表团专门委员。1932年1月任国民政府铁道部参事。后任国民政府交通部高等顾问，华东煤矿股份有限公司董事。

**章祖申(1876—1925)**

字苣生，号无可。吴兴县人。1900年中举人。1904年中甲辰科进士。历任翰林院编修，出使俄国公使馆二等参赞，驻荷兰公使馆二等参赞并代办使事，驻俄国公使馆一等秘书，驻西班牙公使馆一等秘书。1913年12月至1914年2月任驻比利时公使馆代办。1914年7月至1920年10月任北洋政府外交部参事。1920年10月至1922年6月任驻瑞典全权公使兼驻挪威全权公使。期间两度由朱诵韩代理公使职。曾授二等大绶嘉禾章、三等文虎章、二等宝嘉禾章。1922年6月因病辞职回国后到北京阜成门外的广济寺受戒，佛名"悟念"。1925年在北京去世，葬于北京皇城门外广洛寺居士塔。

**章桂龄(1893—?)**

字砌白。孝丰县人。1909年入孝丰县城高等小学堂学习。1912年考入湖北陆军小学。1919年春毕业于保定陆军军官学校第六期步兵科。1936年2月5日被国民政府授予陆军少将军衔。1937年抗战爆发后曾任宁波防守司令部参谋长、四明山游击区司令部司令、浙东警备司令。1949年被人民政府镇压。

**章　烈(1889—1945)**

字定一。新登县人。新登高小毕业后考入杭州安定中学肄业，旋考取保定陆军军官军校第三期。毕业后南下广州，担任孙中山大元帅府侍从武官，后任黄埔军校第一、第二期步科考官。1926年7月国民革命军北伐后任国民革命军第一军第二师第四团团长。1927年初在国民革命军东路军前敌总指挥白崇禧指挥下从江西进军浙江，先后参与龙游、桐庐、新登等战役，大败北洋五省联军孙传芳部；乘胜追击，同年3月直下杭州，任浙江省会公安局长。“四一二”反革命政变中在浙江大肆捕杀共产党人和左派革命群众，破坏中共浙江省委组织。此后先后担任江苏武进县县长、河南省辉县县长。1937年任西安行营高级参谋。1938年9月至1939年11月任陕西省第十区行政督察专员兼保安司令。1939年11月至1941年10月任陕西省第四区行政督察专员兼保安司令。1941年10月6日因病辞职，养病西安。

**章　培(1893—1979)**

字益栽。青田县人。1911年投笔从戎，参加辛亥革命。民国成立后入武昌陆军第二预备学校。1916年12月毕业于保定陆军军官学校第三期步兵科。毕业后回浙江警界任职，历任见习排长、连长等职。1926年任浙江保安警察第三总队总队长。同年夏超反孙独立失败后只身潜往上海，随即赴江西南昌投奔保定陆军军官学校第三期同学白崇禧，出任国民革命军东路军前敌总指挥部中校参谋，旋改任前敌指挥部情报科长，负责策反孙传芳五省联军将领；东路军经龙游、桐庐、嘉兴三大战役，打败孙传芳部队，克服浙江，于2月下旬到达上海，随即出任上海警察副厅长兼第一区总署署长；3月中旬任浙江省防军参谋长，不久任浙江省防军第六团团长，担任宁波、绍兴地区14县的治安，团部设在绍兴城内。在“四一二”反革命政变前后利用自己的身份多次掩护包括自己三弟章秋阳在内的一大批共产党员，使他们免遭国民党的毒手。1929年因拒绝执行浙江省主席张静江对上虞千余买盐农民“格杀勿论”的手谕而被撤职，随即隐居白马湖。1931年到江西任“剿总”第八路军指挥部上校副官处长。1932年春任第七十九师少将参谋长，利用指挥权几次拖延执行作战命令，国民党军在宜黄大败后被指控通敌有据，虽经赵观涛师长等出面担保免遭杀身之祸，但随即以第七十九师师附名义被送至南京中央军校受训。后又进入陆军大学特别班深造，1937年夏毕业。抗日战争爆发后任第七十五军参谋长兼太湖警备司令部参谋长，率部参加淞沪战争。同年12月任陆军大学少将战术教官，后任陆军大学机甲战术系中将主任兼乙级将官班班主任。在任上遵照周恩来的嘱托，利用自己的身份为中共做了不少工作。1948年12月离开国统区前往香港，途经杭州时冒险动员浙江省主席陈仪起义。1949年2月初离开香港北上解放区，于3月8日到达北京，受周恩来与朱德委托参与筹建中国人民解放军军事学院；8月间两次在北京、杭州通过广播电台，号召原陆军大学、陆军机械化学院的学员，回归大陆为人民国防建设服务；次日《浙江日报》头版刊登了发言。后负责接收并恢复春晖中学。1950年受中共中央指派参加解放军装甲兵培训工作。不久任中国人民解放军南京军事学院战车组组长、装甲系教授研究会第一副主任。1954年转业到济南，任山东省政协常委。1977年任浙江省政协委员。1979年8月17日在杭州病故，遵其遗愿葬于白马湖畔。

**章培余(1884—1913)**

字读三，别署痴人，笔名亚痴。绍兴县人。1884年生于河南开封。早年毕业于开封法政学堂。受革命党人的影响加入同盟会。1911年10月辛亥革命爆发后积极参加开封同盟会组织的在河南的起义行动。由于河南是北洋军阀首领袁世凯的老巢，反革命势力雄厚，革命党人实力薄弱，未能在河南取得政权。1913年民国成立后联合同志创办河南法政专门学校，培养法学人才。同时兼任开封《民立报》记者。同年7月1日开封军火库发生爆炸。《民立报》发表消息称“听说有黑影越墙而过”(指夜间有人进军火库)。河南省都督张镇芳即根据此条消息，把军火库被炸诬为开封《民立报》主谋，先将发消息的章逮捕，然后包围报社，将在社职工10余人全部逮捕，严刑审讯。7月13日被全部枪杀。

**章　梫(1861—1949)**

名正耀，字立光，号一山。三门县人。6岁入私塾，18岁选赴杭州诂经精舍，师从俞樾。清光绪三十年登进士第，殿试授翰林院检讨，历任京师大学堂译馆提调、监督，国史馆协修、纂修、功臣馆总纂，北京女子师范学校校长等职。工诗能文，所著康熙政要，辑述清代典章，抉择精洽。夙善楷法，晚岁笃好草书，执笔五指并用，运腕如拨镫，翰墨清华，体势秀逸。简牍或累千余言，咸作纯草，不杂行书，然无一字不可识。其著述有《康熙政要》24卷、《旅纶金鉴》6卷、《一山文存》12卷、《一山息吟诗集》、《王（舟瑶）章（一山）诗存合刻》17卷，译日文《教授学管理法纲要》，校订辑刊《逊志斋集》等。热心地方公益事业，1903年发起创办海游小学堂，为宁海、临海两县办学之始。后又将祖传老屋18间及薄田数亩捐作校产。1929年台州六县旱灾严重，与台籍在沪78人成立"台灾急赈会"，捐款及购衣物支付临海海乡及宁海南乡急赈款项计银元6万余元。

**章鸿钊(1877—1951)**

字演群（后改为爱存），笔名半粟。吴兴县人。1877年3月11日生于吴兴获港。1899年考中秀才。1902年至1903年就读于上海南洋公学东文书院。1904年去广州，在两广学务处襄办编辑教科书。1905年考取官费，赴日本留学，入日本京都第三高等学校就读。1909年毕业后考入东京帝国大学地质系。1911年本科毕业，获学士学位。同年9月赴北京清政府学部参加留学生考试，以最优等成绩成为"格致科进士"。随即应聘为京师大学堂农科地质学讲师，是在大学讲授地质学的第一个中国人。1912年中华民国临时政府成立后被任命为实业部矿政司地质科科长，后任北洋政府农林部技正，兼任北京高等师范学校博物系讲师。1913年创办农商部地质研究所，任所长，主持地质学讲习班，延揽海归地质学人才（其中包括在比利时鲁汶大学获得地质学博士学位的翁文灏）担任教师。1916年出任农商部地质调查所地质股股长，从事地质矿产的综合研究工作。1922年倡议成立中国地质学会，被推选为中国地质学会首届会长。1928年因病辞去地质调查所工作，在家从事著述。抗日战争时期因年高多病困居北平，闭门谢客，拒绝与日伪合作。1946年应聘为南京国立编译馆编纂，从上海迁居南京地质调查所。同年10月27日获中国地质学会授予的金质葛利普奖章。1949年9月应聘出任（中共）浙江省财政经济处地质研究所顾问。1950年8月25日被任命为中国地质工作计划指导委员会顾问。1951年9月6日在南京去世。曾先后发表《从相对说检讨地质的同时》、《中国中生代晚期以后地壳运动之动向与动期之检讨，并震旦方向之新认识》、《太平洋区域之地壳运动及其特殊构造之成因解》、《从原子能推导地史晚期地理与地质同时变迁之源》、《造山运动于地史上象征同时之规范并其施于对比之效力》等文，出版《石雅》、《中国地质发展小史》、《古矿录》等书，在中国地质学史和矿物学史研究中具有开创性的意义。

**章维藩(1858—1921)**

字赣岑（通用干臣），号惕斋，又号郇如，晚年自号清芬主人。原籍吴兴县，生于山西太原。安徽近代工业的开创者。其父章棣曾为左宗棠幕府师爷，少随父，后驻节西北，襄理军运粮饷。1882年以军功赏授安徽省怀宁牙厘局提调，旋提升为知州。在任六年因与朝廷政见不合，被贬宣城知县。后辞官到芜湖定居。1894年在安徽芜湖创办益新米面机器公司和芜湖益新榨油机器公司（后合并改名为"芜湖益新机器磨面碾米榨油股份有限公司"）。1913年与朱志尧等创建宝兴铁矿，资本额200万元，创办之初适第一次世界大战爆发，铁价陡增，盈利甚丰。还在芜湖长街开办家具厂，专产西式、苏式、宁波式高档家具，行销省内外。热心公益事业，办育婴堂、公堂等，办理慈善文教事业，为各界所推崇。

**章　嵚(1880—1931)**

字厥生。杭县人。光绪举人。曾任浙江高等学堂、浙江两级师范学校教员。1913年起历任国立北京高等师范学校、国立北京大学、国立师范大学、省立东南大学等校文史教授，曾兼任文学系、史学系系主任。著有《历史地理大辞典》、《中华通史》(5卷)、《中国文化史》等书及《中国民族溯源论》等文，并有《天行草堂诗》、《天行草堂文稿》、《天行草堂主人自定义年谱》、《对螺山馆印存》等作传世。藏书颇丰，1931年在杭州病故后，其子毓寄将其遗书捐赠于浙江省图书馆，共有20663册。

**章　巽(1914—1994)**

字丹枫。金华县人。16岁考入浙江大学，后专学南京中央大学历史系，毕业后任教师、编辑。曾任《大公报》驻美国记者。留学三年，先后就读于美国哥伦比亚大学、约翰霍普金斯大学和纽约大学等，获文学硕士学位。曾执教于天津南开中学、南京中央大学。新中国成立后长期在复旦大学任教，为上海市历史学会理事、中国中亚文化研究协会理事、中外关系史学会名誉理事、中国海外交通史研究会顾问、新加坡亚洲研究学会荣誉会员，曾长期兼任《辞海》的中西交通史分科主编。毕生致力于历史地理、中西交通史、航海史、中亚细亚史研究，又精通英语。著有《我国古代的海上交通》、《古航海图考释》，编译《中亚古国史》，校注《大唐西域记》、《法显传》，与顾颉刚合编的《中国历史地图集》开综合性历史地图集之先河，所作学术论文已辑为《章巽文集》。

**章颐年(1904—?)**

余杭县人。留学美国密执安大学，获心理学硕士学位。1922年回国后曾在国立暨南大学、私立光华大学任教。1931年6月担任新成立的浙江省立杭州师范学校校长。1934年6月底辞职。其后任私立大夏大学教授。1936年担任新成立的教育心理学系系主任，发起成立大夏大学心理学会，创办研究心理科学的通俗刊物《心理季刊》并兼任主编，指导学生开展心理学研究。其著作《心理卫生概论》作为大学用书亦于同年出版。1937年"八一三"淞沪抗战后国民政府教育部指令上海复旦、大同、光华、大夏四所私立大学组织联合大学内迁。后来大同、光华因故退出，复旦、大夏则遵部令组成"复旦大夏联合大学"，于同年10月底迁往江西庐山牯岭，办学仅有一月即因战事而复西迁。章一度留在庐山负责善后工作。1938年1月至2月与校方多有书函往还。其后大夏大学迁到贵阳复校，章亦回大夏任教。同年5月24日国民政府教育部为因应抗战需要，通令全国各级学校兼办社会教育，颁发《各级学校兼办社会教育办法》12条，章以教育专家参与讨论，在《教育杂志》1939年第3期发表《学校兼办社会教育的人力和财力问题》一文。1949年12月至1950年1月中国科学院计划局以前中研院院士名单为基础，请35位自然科学家推荐各个学科专家人选，以心理卫生专业名列心理组67名人选中的第45位。1951年私立大夏大学停办，校舍被移交给新成立的华东师范学院。后不详。著有《心理卫生概论》等。

**章锡琛(1889—1969)**

别名雪村。绍兴县人。中国编辑出版家。1909年毕业于绍兴山阴师范学堂，后任小学和师范教员。1912年到上海，入商务印书馆任《东方杂志》编辑。1921年主编《妇女杂志》，并编辑上海《时事新报》副刊《现代妇女》和上海《民国日报》副刊《妇女周刊》，讨论妇女问题。1926年1月创办《新女性》杂志，任主编。同年8月与弟章锡珊合资创办开明书店于宝山路。"四一二"反革命政变发生当夜与胡愈之、郑振铎等联名致书国民党中委蔡元培、李石曾等表示抗议。1928年开明书店改组为股份公司，任总务处长。1934年接任经理。新中国成立后任中央人民政府出版总署处长、专员。曾拟定新中国第一个"著作权暂行法"，撰写《苏联大百科全书》中的"中国出版"条目。1954年9月任古籍出版社编辑、副总编辑。1956年任中华书局副总编辑。参加了《资治通鉴》的校点工作，著有《文学概论》、《文史通义选注》、《马氏文通校注》、《助字辨略校注》等书及散见于报刊上的文章六七百篇。1969年6月6日在北京病故。

**章锦林(1883—1962)**

字俭德。鄞县人。家境贫寒，18岁到上海学艺，曾在李涌昌机器厂、江南制造总局、商务印书馆等处做钳工、机修工、副领班。1916年离开商务印书馆自筹资金创办明精机器厂(今上海第二机床厂)，靠简陋设备，修理、制造印刷机械，其中落石架印刷机很快打入国际市场，1918年就出口日本300余台，开创了国产印刷机出口先例。1922年更新设备，开始研制当时国内尚无的五彩面印刷机、全张铅印机、脚踏印刷机、铜板印刷机等新产品。1932年日军进犯闸北，明精厂被毁。不久在天潼路新设京沪机器厂，在浙江路开设俭德机器厂，继续经营印刷机制造、维修业务，并开始生产车床。抗战爆发初把厂迁往租界，成批生产"明精"牌车床、牛头刨床，畅销国内，并大量出口南洋、日本(1941年后)。抗战胜利后在海防路再建明精新厂，扩大车床生产，并任上海市机器工业同业公会理事等职。1954年明精机器厂在机床行业率先实行公司合营，厂务由其子章行方主持。1962年在上海病故。

**章微颖(1895—1968)**

字锐初。诸暨县人。1895年2月生。国立北京高等师范学校史地部毕业。1921年到绍兴的浙江省立第五中学任教。1927年3月至7月任浙江省立第九中学(今严州中学)校长。1939年后历任中山大学教授，重庆师范学校教授。曾任教育部专门委员，重庆市政府委员。1946年底应友人邀请前往台湾，任台湾省立师范学院国文系教授，并兼台湾师范大学夜间部主任等职。被称为"国文教学大师"。1968年在台湾去世。著有《藏文山房诗文集》、《师范精神与儒道》、《怎样教国文》、《民众教育的理论体系》、《中学国文教学法》、《吉光片羽》(诗集)等。

**章履和(1894—1975)**

字消尤。嵊县人。1919年2月毕业于保定陆军军官学校第六期步兵科。毕业后回浙军服役，任中下级军官。1926年11月任黄埔军校少校教育副官。1928年3月任中央军校中校战术教官；12月任军校上校战术教官。1930年3月任军校第八期入伍生团第一营上校营长。1931年4月任少将高级战术教官。1932年9月任军校教导总队少将总队长。1933年7月调任军校军官教育连少将连附;10月任中央军校第一分校(洛阳)少将高级教官兼军官训练班第二期第一总队总队长。1934年10月兼军官训练班第三期第一总队总队长。1935年4月被国民政府授予陆军步兵上校。1936年6月任贵州省第二区行政督察专员兼安顺县县长。1937年10月任中央军校第十四期第三总队少将总队长。1939年3月任军校第一分校教育处少将处长。1941年4月任军校第一分校少将副主任。1944年12月军校第一分校裁撤后赋闲。1946年1月任陕西省第六区行政督察专员兼保安司令;7月被国民政府授予陆军少将,随即办理退役。1949年8月任川陕甘边区"绥靖"公署汉中指挥所高级参议;12月6日在四川汉中被中国人民解放军俘虏。1975年3月刑满释放;12月病故。

**章　燮(1889—1956)**

名容生,字燮,号叔谐。青田县人。早年先后毕业于南京陆军小学、南京陆军中学。1914年2月考入保定陆军军官学校第二期炮兵科。1916年5月毕业后分发到浙江服役,历任浙江保安处团长、军医学校总教官、警备总队长、保安第二总队总队长。1926年10月协助夏超宣布浙江"独立",将孙传芳五省联军扬州总司令卢香亭留在杭州的卫队宪兵300余人缴械后,即与其侄章培分别率领浙江保安总队第二、第三总队赴嘉兴、嘉善一带布防,以截断孙传芳军退路。在嘉兴战败后败退杭州。抗日战争期间历任第三战区司令长官部少将高参兼苏浙边区游击指挥官,第三战区军官训练团少将教官等职。1947年11月被国民政府授予陆军少将军衔。1956年5月在杭州去世。

**章　璿(1921—　)**

字静溪。诸暨县人。1937年抗日战争爆发后投笔从戎,考入中央军校学习。毕业后进入国民党军统特务机关工作。1949年去台湾,"革命实践研究院"第十六期结业后历任国民党台南县委员会书记,"内政部"役政司科长、副司长、参事,"中央警官学校"教授。擅长书法绘画,其作品经常参加各种展览,并为收藏家收藏。

**商文蔚(1886—1928)**

字耀南。淳安县人。1909年毕业于保定陆军速成学堂第一期炮兵科。毕业后回杭州,任浙江讲武堂教官,后任浙江新军排长。1911年辛亥革命爆发后参与杭州光复之役。1912年民国成立后继续在浙军服役。1916年任浙军第二师副官。1919年任浙军炮兵独立团团附,后任上校团长。1926年加入国民革命军。1927年先后任南京下关军械处处长、济南兵工厂军械库库长。1928年任浙江定海炮台司令部少将参谋长。同年回乡省亲时病故。

**商　震(1891—1978)**

字启予。原籍绍兴县,1891年9月21日生于直隶保定。幼年读私塾。1905年考入保定陆军速成学堂。1906年因故被校方开除学籍。1908年东渡日本留学。1909年奉同盟会指示回到长春,以教职为掩护从事革命活动,争取绿林马贼参加革命。1911年初毕业于驻锦州之新军某部随营学堂。随即被保送进沈阳东三省陆军讲武堂,编入革命党人彭家珍任队官的学兵营前队。通过彭家珍认识了北洋新军第二十镇统制张绍曾,参加冯玉祥、施从云等创办的武学研究会。1912年初被公推为关外民军总司令,率领民军300余人,在烟台登陆。不久被授予陆军部高级顾问。1913年因参与"二次革命"被"京畿军政执法处"扣押。经冯玉祥等力保出狱后改投于陆建章麾下,历任营长、团长、陕北镇守使署参谋长。1916年陆建章被驱逐出陕西后率本团大部人马,东渡黄河,投靠阎锡山,仍任团长。1917年7月奉阎锡山之命令率领所部由石家庄北上,参与讨伐张勋复辟,任讨逆军西路第五纵队司令,与友军合作攻打北京;8月任晋军第一混成旅旅长;9月奉命率第一混成旅两个团外加周玳一个炮兵营,前往湖南与两广护法军作战,所部在湘潭县城被湘军包围缴械,本人则在当地牧师的帮助下逃至汉口。后回山西,恢复第一混成旅番号。1924年冬任晋军第一师师长。1926年9月代理绥远都统。1927年随阎锡山加入国民革命军,任第三集团军第一军军长。1928年2月20日任第三集团军第一军团长,指挥第一、第四、第五、第六、第七、第十五军等部队与奉军作战。1928年6月至1929年8月任河北省政府主席。1929年8月至1931年8月任山西省政府主席。1930年中原大战后任省主席兼晋军第三十二军军长。1933年春任第二军团总指挥兼第三十二军军长,参与指挥长城抗战;5月底调回北平。1935年4月3日授予陆军二级上将;6月至12月第二次出任河北省政府主席,并兼天津警备司令。1935年12月至1938年2月任河南省政府主席。1937年7月抗战爆发后兼第二十集团军总司令,指挥部队在冀南豫北阻击日军。

1940年1月任第六战区司令长官;6月到重庆任军事委员会办公厅主任兼外事局局长。1941年任印缅军事考察团团长。1943年11月以高级随员名义随蒋介石赴埃及参加由中、美、英三国首脑召开的开罗会议。同年8月作为中方代表参加中、美、英三国战后和平机构会议。1944年3月任中国驻美军事代表团团长。1945年5月任国民政府参军长。1947年初奉派去日本东京,任"同盟国对日委员会"中国代表团团长兼中国驻日代表团团长等职。1949年3月辞职后定居日本。1974年、1975年中华人民共和国国庆期间,两度回北京参观,受到党和政府礼遇。1978年5月15日在东京病故,骨灰安放于北京八宝山革命公墓。

**梁次渔(1901—1957)**

绍兴县人。1922年到奉天(今辽宁)省城电报局任职。1923年6月转入当地美孚煤油公司。1936年6月到上海美孚煤油公司任职。同年秋加入中共地下党领导的上海洋行华员联谊会(简称"洋联"),成为骨干分子。抗日战争爆发后参加由"洋联"骨干分子组成的战时服务团,为支援前线服务。1938年4月在中共地下党推动下成立华联同乐会,当选为第一届理事会理事,并兼总务部主任。1939年9月起先后在昆明、西安、兰州、广州、印度加尔各答和香港等地任中共地下经济组织——广大华行分行经理,以无党派人士身份与中共地下工作者密切配合,为革命作了有益的贡献。新中国成立后于1950年3月从香港北上,经北京返回上海,历任上海市工商局副处长、上海市财委会企管处负责人、工商局企管处副处长、上海市建筑器材公司经理、上海市煤建公司代经理、上海市医药公司经理。是上海市第一届人民代表大会代表。1957年4月在上海去世。

**梁　军(1918—1977)**

杭县人。1937年参加八路军。1938年加入中国共产党。抗日战争时期历任八路军总政治部民运部干事,晋冀豫军区政治部宣传科科长,平汉总队政治处主任,第一二九师司令部队训科副科长、第一二九师参训队副队长、第一二九师司令部侦察科科长,太行军区司令部情报处副处长。解放战争时期历任晋冀鲁豫军区司令部参谋处处长,华北军区第一兵团司令部参谋处处长,第十八兵团司令部参谋处处长、副参谋长。新中国成立后历任西南军区办公厅主任兼作战处处长,中国人民解放军防空军副参谋长,高级防空学校训练部部长、副校长,空军高级防空学校校长,国防科学技术委员会秘书长、司令部参谋长。1961年被授予中国人民解放军少将军衔。1977年10月13日在北京去世。

**梁　希(1883—1958)**

原名曦,后改名为希,字叔五(亦作叔伍),笔名凡僧、一丁、阿五等。吴兴县人。1883年12月28日生。1899年中秀才。1905年入浙江武备学堂。1907年赴日本留学,学习海军。在日本加入中国同盟会。1912年回国后在湖州军政分府从事新军训练。1913年再次赴日本留学,入东京帝国大学农学部,学习林产制造学及森林利用学。毕业后曾任中日合办奉天安东鸭绿江采木公司技师、北京农业专门学校教授兼林科主任。1923年春赴德国萨克逊林学院德累斯顿—塔朗脱研究所研究林产化学和木材防腐。1927年回国后继续在北京农业专门学校任教。1929年到浙江大学农学院任森林系主任,兼浙江省建设厅技正。1933年辞职后应中央大学农学院邹树文院长之邀,到该校森林系任教,直到1949年南京解放。1935年至1941年任中华农学会理事长。1945年7月任中国科学工作者协会副会长。1946年当选为九三学社监事。1947年任中国科学工作者协会南京分会理事长。1948年任中央大学校务维持委员会常务委员。1949年4月秘密进入华北解放区;8月任南京大学(即原中央大学)校务委员会主席。新中国成立后任林垦部(后更名林业部)部长。1950年8月任中华全国科学技术普及协会主席。同年起任九三学社副主席。1951年2月任中国林学会理事长。1954年当选为第一届全国人民代表大会代表。1955年选聘为中国科学院院士。1958年任中华人民共和国科学技术协会副主席。同年12月10日在北京去世。著有《林产制造化学》、《梁希文集》等。

**梁茂康(1900—1975)**

又名国珍、子光,化名李子轩。鄞县人。1912年到上海当学徒,后为上海恒孚银楼首饰工人。1922年春加入中国共产党;9月组织上海金银工场工人俱乐部;10月7日发动上海金银工人800余人同盟大罢工,坚持斗争27天,取得经济上的部分胜利。1923年春任中共上海金银工人支部书记。1925年9月任中共上海区委委员兼组织部干事,协助区委委员、组织部主任庄文恭一起负责江苏、浙江等外埠党组织发展工作。1926年2月受上海区委派遣,到绍兴筹建中共绍兴地方委员会;4月1日至7日组织发动绍兴下方桥一带2万余名机织工人罢工,取得胜利,并在机织工人中发展37名党员、2名团员,为绍兴地方委员会的成立创造了条件;5月中共绍兴地方委员会成立,任书记兼组织委员;9月调杭州领导工人运动。1927年6月中共绍兴地委改为中共绍兴县委,任县委工运委员;7月改任书记兼组织委员,并负责兼管中共上虞、新昌两独立支部工作;9月增补为中共浙江省委候补委员;11月由于省委机关遭破坏在绍兴被捕,在狱中未暴露党的机密和自己的身份。1931年1月被人保释出狱,赴沪与党组织取得联系。1933年1月回浙任中共浙江省临工委委员,在杭州、宁波、绍兴、金华、兰溪一带活动;5月因叛徒出卖再次被捕,从此脱党。新中国成立后曾在宁波天封塔制药厂、日用五金厂、铝制品厂等单位工作。1975年1月病故。

**梁实秋(1903—1987)**

原名治华,笔名子佳、秋郎等。原籍浙江杭县,生于北京。著名作家。1915年考入清华学校。1919年与闻一多等成立清华文学社。1923年赴美国留学。1926年回国后曾在暨南大学等校任教,同时兼任上海《时事新报》副刊《青光》的编辑。是新月社的主要成员,曾与鲁迅等左翼作家多次展开论战。1931年执教于青岛大学。1934年任北京大学教授。抗日战争时期任国民参政会参议院、《中央日报》副刊主编,提出文学可与抗战无关的主张,受到进步作家的批评。抗战胜利后任北京师范大学教授。40年代作者的散文创作在文坛上产生很大影响。1948年移居香港。次年到台湾,任台湾大学教授、师范大学文学院院长、"国立编译馆"馆长等职。1987年11月3日在台北病故。著有《文学的纪律》、《浪漫的与古典的》、《偏见集》、《文学批评论》等,翻译有《莎士比亚戏剧全集》(37卷),主编有《远东英汉大辞典》。

**梁柏台(1899—1935)**

又名殿栋,字越庐、月庐、苏生,号鹤明、梯云。新昌县人。1899年9月生。早年先后就读于新昌县的双溪学堂、龙山学堂和知新学校。1918年考入浙江省立第一师范学校预科。1919年积极参加五四爱国运动,参与组织一师学生"全国书报贩卖团",推销各地新书刊,传播新思想。1920年8月入上海外国语学社学习。同年冬加入中国社会主义青年团。1921年赴苏联。1922年8月进入莫斯科东方大学。同年底转为中国共产党党员。1924年毕业后被分配到海参崴工作,先后担任远东五省职工苏维埃委员及主席团成员、远东华工指导员、中共海参崴支部书记。后被派往伯力省法院当审判员,从事革命法律研究和司法工作。同时任远东教务部编译局编译,翻译了《联共党纲和党章》、《列宁主义入门》等书册。1931年春专程去莫斯科,向共产国际东方部请求回国,参加国内革命斗争;5月秘密回国;7月到达闽西苏区,暂留闽西苏区工作;9月到达中央苏区;11月7日出席中华苏维埃第一次全国代表大会,当选为大会主席团成员及宪法起草委员会成员。大会前后还参与起草了《中华苏维埃共和国婚姻条例》和《苏维埃政府组织法》等法令。中华苏维埃共和国临时中央政府成立后历任司法人民委员部副部长、内务部副部长和代理部长、临时最高法院法庭委员、临时检察长、司法人民委员以及《红色中华》主笔。在两年多时间里协助何叔衡,制定了《革命法庭条例》、《革命法庭的工作大纲》、《看守所章程》、《中华苏维埃共和国惩治反革命条例》、《中华苏维埃共和国司法程序》等10余个法律法规,建立起了中华苏维埃共和国的司法机关和司法制度。1934年10月中央红军主力长征时被任命为中共中央分局成员和苏维埃中央政府办事处副主任(主任陈毅),留守赣南坚持游击斗争。1935年3月3日在突围战斗中受伤,在于都县南部被俘,牺牲于江西大庾(今大余)县。

**梁鋆立(1905—1987)**

新昌县人。1926年毕业于东吴大学法科。历任南京国民政府外交部秘书、法官惩戒委员会秘书。后赴美国留学,获美国乔治·华盛顿大学法理学博士学位。先后担任哈佛大学法科卡耐基和平基金会教师研究员、瑞士日内瓦大学研究员。归国后任上海临时法院推事,外交部秘书,司法部秘书,行政院参事外交部条约司长、顾问。兼南京中央政治学校和中央大学教授等职。1937年至1946年任国民政府驻英大使馆参事、国际联盟中国代表团顾问。1968年后任海牙国际法学院教授、国际仲裁法院仲裁员,奉派出席国联大会、联合国旧金山制宪会议,任第二次世界大战伦敦战犯审理委员会等国际会议代表团顾问、联合国第一次及第二次海洋法会议执行秘书。晚年任台湾私立东吴大学法律研究所所长、《东吴法律学报》总编辑。曾任联合国法典司司长18年,兼任美国纽约大学法科教授20年。著有《国际法之法典化》(法文)、《中日满洲事件之国际法》(英文)等。1987年3月23日在台北病故。

**谛　闲(1858—1932)**

俗姓朱,名古虚,号卓三。黄岩

县人。父母早亡，幼年随舅父佐理药业，稍长即通医道。20 岁到临海白云山依成道和尚出家，24 岁受具足戒于天台山国清寺。初学禅观，颇有领悟，曾从敏曦法师学教，受上海龙华寺方丈迹端法师器重，授记付法为传天台教观第四十三世。1910 年住持绍兴戒珠寺，兼上海龙华寺主席。1913 年驻锡上海留云寺，后住持宁波观宗寺，立志兴复台宗，募巨资、修大殿、藏经阁，装金佛像，严订规约，观宗寺遂为东南一大名刹。1919 年成立观宗学社，自任主讲，招收青年学僧。1928 年改名弘法研究社，并发行《弘法月刊》，弘扬“教宗天台，行归净土”之义理，为近代天台宗法师之行归净土打下基础。1929 年应请至哈尔滨极乐寺传戒。晚年曾应上海玉佛寺之请，赴沪开讲《楞严经》。平生讲经说法 40 余年，弟子 10 余万人。1932 年 7 月 3 日在宁波观宗寺坐化。著有《观经疏钞演义》、《念佛三昧宝王论义疏》、《弥陀经亲闻记》、《省庵发菩提心文讲义录要》、《大乘止观述记》等 20 余种，后人辑为《谛闲大师遗集》行世。

**屠光启(1914—1980)**

又名屠光圻。绍兴县人。导演、编剧。1914 年 8 月 26 日出生。南京国立戏剧专科学校毕业。1937 年参加上海剧艺社等团体演出话剧。1939 年从影，在影片《葛嫩娘》中扮演角色，后又主演《香妃》、《赛金花》等影片。1940 年与朱石麟合作导演《孟丽君》，后又独立导演《新渔光曲》等。1942 年入中联、华影。抗战胜利后在中电三厂、国泰等影业公司编导影片。1950 年迁居香港，先后在邵氏、新华、永华、亚洲等影业公司任编导。导演《风萧萧》、《刀光剑影》等 50 余部影片，编剧《孽海情天》、《鬼恋》等 20 余部影片。1973 年退出影坛。1980 年 5 月 30 日去世。

**屠宝琦(1899—1978)**

嘉兴县人。1923 年 7 月毕业于北京国立医学专门学校。历任嘉兴德心医院医师，浙江省立医药专科学校教员，江苏、福建等医学院教授等职。曾兼任我国第一个热带病研究所特约研究员。1925 年、1930 年两次去日本东京帝国大学医学部进修。新中国成立后历任浙江医学院、浙江医科大学微生物教研组主任、教授，浙江省立卫生实验院特约研究员、浙江省卫生实验院院长、浙江医学科学院副院长等职。1957 年至 1960 年任浙江省医学科学院院长。对寄生虫学、微生物学有较深造诣。著有《新芽胞染色法》、《新鞭毛染色法》、《用醋酸苯汞消灭腐浆》等论文。

**屠思聪(1894—1969)**

原姓申屠，字哲生。上虞县人。1920 年上海南洋中学毕业。1922 年在上海创办世界舆地学社。1929 年赴日考察地图出版和印刷技术，创立学友图书社。1932 年“一·二八”事件中世界舆地学社和印刷厂遭日机炸毁，仍收拾残局，继续出版地图。1952 年参加筹建地图联合出版社，任副社长。1954 年 9 月起出任地图出版社副总编辑。先后主编出版《中华最新形势图》、《简要中华地理图说》、《简要世界地理图说》、《现代本国地图》、《新世界地图》等中外地图。1969 年 9 月 8 日病故。

**屠修德(1914—2008)**

诸暨县人。1938 年毕业于大夏大学经济系。1943 年毕业于南开大学经济研究所，获硕士学位。其后在大夏大学、光华大学、复旦大学历任讲师、副教授、教授。1952 年调入上海财经学院工业经济学系任教授。1958 年起先后在上海社科院经济研究所、上海财经学院工经系、复旦大学经济系任教授。1978 年调回上海财经学院工业经济学系，曾任外国经济管理教研室主任。1987 年 2 月退休。2008 年 6 月在上海病故。主编有《简明工业经济辞典》等。

# 十二画

**琦　君(1918—2006)**

女。原名潘希真。永嘉县人。杭州弘道教会女子中学毕业后入之江大学中文系学习。抗战时期曾在上海汇中女中任教,之江大学图书馆任管理员。1949年后到台湾,在司法界任职,同时在大专院校兼职。其创作多为思乡恋土的散文,代表性的散文集有《烟愁》、《琦君小品》,此外有小说集《百合羹》、《菁姐》等。

**彭运生(1911—1970)**

又名彭齐盛,艺名筱昌顺。绍兴县人。17岁进绍剧坐唱班学艺,扮老生与老旦。1939年进入同春舞台,崭露头角。以演《桃花恨》、《苦命女》等剧而知名。1950年组织昌顺舞台,任团长。后任浙江绍兴剧团副团长。表演做工稳健,唱腔独特。代表性作品有《三打白骨精》、《芦花记》等。

**斯　立(1891—1983)**

字卓然。东阳县人。1891年9月15日生。1906年考入浙江陆军小学堂学习。1915年入武昌陆军军官学校。1917年2月考入保定陆军军官学校第六期步兵科。1924年入北京陆军大学第七期。1926年毕业后南下广州投奔国民政府,任国民革命军第一师中校参谋,后任国民革命军总司令部参谋处上校参谋。1927年春任国民革命军总司令部军械局上校局长,后任陆海空总司令部无线电总台长。1928年任陆海空总司令部交通处上校科长。1929年赴德国考察军事交通。回国后任军政部交通兵第二团团长。1932年赴日本考察军事交通设施。1934年又赴德国、意大利考察军事交通和机械化部队。1935年5月任陆军辎重学校副教育长兼交通兵团团长。1937年冬兼任辎重兵汽车第一团团长。1938年初任后方勤务部汽车管理处处长。1939年初任川桂线区司令,不久兼任陆军辎重兵学校教育长。1942年冬兼任军事委员会驻滇参谋团高参。1944年任军事委员会中将高级参谋,兼运输管理局汽车人员训练所长。1946年6月任国防部高参。1947年底在上海加入中国国民党革命委员会,在南京、上海、杭州等地从事对国民党将领的策反工作。新中国成立后任南京市政协常委。1983年2月15日在南京病故。

**斯行健(1901—1964)**

号天石。1901年3月11日生于诸暨斯宅。1920年考入北京大学理科预科,两年后转入地质系本科。1926年毕业后到广州任中山大学地理系助教,并兼两广地质调查研究所技士。1928年赴德国柏林大学,师从著名古植物学家高腾教授攻读博士学位。1931年完成博士论文《中国里阿斯期植物群》,获得柏林大学哲学博士学位。1932年到瑞典国家博物院研究古植物学。1933年回国后任清华大学教授、北京大学教授。1937年任中央研究院地质研究所研究员,并在中央地质大学兼授古植物学。1944年应邀到中央地质调查所任职。1947年初又赴美国地质研究所从事研究工作。次年归国,兼任中山大学、重庆大学、中央大学教授。新中国成立后先后任中国科学院南京地质研究所研究员兼南京大学教授,中国科学院古生物研究所和地质古生物所所长。1955年当选为中国科学院学部委员。1964年7月19日在南京病故。长期从事古植物学研究,是中国研究古植物学的先驱者。著有《中国里阿斯期(下侏罗纪)植物群》、《中国中生代植物》、《鄂西香溪煤系植物化石》、《中国上泥盆纪植物化石》、《陕北中生代延长层植物群》、《中国古代植物图鉴》、《中国标准化石——古生代及新生代两部分》等140余篇(部)论著。

**斯　烈(1882—1953)**

字夔盘。诸暨县人。早年毕业于浙江武备学堂。毕业后先后在陆军弁目学堂、陆军小学堂任教。1911年参加辛亥革命,任浙江都督府副官长。1915年在宁波举义,反对袁世凯称帝。遭北洋政府通缉,避往日本。1916年8月袁世凯病死后返国。后再赴日,回国后协助俞丹屏筹建武林造纸厂,开办长兴煤矿,致力于实业。1925年投奔广州国民政府,任国民革命军第七师团长。1926年升旅长。1927年1月任第二十六军第二师师长，不久任第二十六军副军长；4月参与“四一二”反革命政变；10月辞去军职，在杭州闭户读书。后赴日本留学，入日本明治大学政治经济系学习。毕业后回国，曾任国民政府行政院北平整理委员会参议等职。1935年冬应福建省政府主席陈仪之邀前往福州。同年11月至1936年7月任福建省第四区行政督察专员。1936年7月至1937年8月任福建省政府委员兼财政厅长。1937年8月20日去职回乡，任诸暨抗敌后援会副主任。1940年12月任浙江省政府粮食管理处副处长。1948年任浙江地方银行董事长。新中国成立后被选为浙江省第一届各界人民代表会议代表，并任杭州市救济事业委员会副会长。1953年4月5日在杭州病故。

**斯颂熙(1909—1994)**

字崇希。诸暨县人。1909年7月14日生于杭州。1927年杭州蕙兰中学毕业。1933年毕业于南京中央政治学校外交系第一期。同年入德国柏林大学国际法学院肄业。回国后先后在江苏省政府、驻德国大使馆、蒋介石委员长侍从室、驻荷兰大使馆、驻法国大使馆任职。曾在重庆中央训练团第十一期结业，荷兰海牙国际公法研究院毕业。新中国成立后继续担任台湾当局驻法国“大使馆”一等秘书。1955年后历任台湾当局驻巴拿马、伊朗、约旦等国“大使馆”参事。1966年任驻马尔代夫“大使”。1967年任驻黎巴嫩“大使馆公使”。1973年退休，参与社会活动。著有《我在国外》等，译有《阿拉伯半岛之大公国及共和国》。

**斯铭石(1893—?)**

字介如。诸暨县人。1914年2月考入保定陆军军官学校第二期步兵科。1916年5月毕业后分发到浙军服役。曾任浙军第二师连长、营长、团参谋长等职。1926年加入国民革命军，任第二十六军第一师第十一团副团长，在富阳等地与孙传芳的五省联军一部展开激战。1944年10月被国民政府授予陆军少将。后任浙江军官区司令部处长。1946年7月退役。

**葛杰臣(1899—?)**

名祖俊。慈溪县人。早年就读于香港培纳学院。毕业后去美国留学，回国后在上海从事商业活动，相继创办葛杰记呢绒号、天华织布厂，并创设华美进出口行，经营呢绒进出口业务。后开设中华制铁厂。1927年创办华商益中公证拍卖行，办理火险公证及拍卖、鉴定、估价事项，其业务与信誉为全上海市第一。30年代初发起组织上海市呢绒业同业公会，被选为理事长。曾任上海市商会理事、租界华人纳税会执行委员。抗战胜利后曾出任上海市参议员。1949年去香港。

**葛书征(1892—1963)**

名昌楹，字书征，号晏庐、望、竺年，别署竺道人、望莽，斋馆名有舞鹤轩、玩鹤听鹂之楼等。平湖县人。书香世家出身，以“传朴堂藏书”、“爱日吟庐”藏书闻名海内外。能书善鉴别，得家传，富收藏，嗜印章，尤好明清名家印刻，举凡古玺、汉印以至明清以来著名篆刻家作品，遇有名家佳作，不惜重金揽之，累计家藏名印数千，并喜“集藏印刻、辑梓印谱”。晚年时将家藏印中之最精品43方捐献西泠印社，过世后其家属又遵遗命将吴昌硕为其刻印10方(田黄印8方)捐献印社。辑有《传朴堂藏印菁华》、《晏庐集印》、《丁丑劫余印存》。

**葛正权(1896—1988)**

字秉衡，号葛蠡。东阳县人。1896年1月18日生。1917年在东阳高中毕业，考入南京河海工程学校。次年转到收费较低的南京高等师范工科。1920年毕业后留校任工科助教，课余兼工厂实习课，学会车、钳、铸造等多种工艺。1923年至1927年任厦门大学物理系助教。1928年2月应新任湖北省教育厅长刘树杞的邀请出任湖北省督学一年多。1929年赴美国留学，入洛杉矶南加州大学物理系学习。1930年获硕士学位。1931年入伯克利加州大学学习。1933年获哲学博士学位。1934年至1938年任武汉大学物理系教授。1938年起任国民政府航空委员会第一气体制造所所长。1945年抗日战争胜利后任空军氧气制造总厂厂长。1946年起任国防科学研究发展所设计处处长。不久创办雷达修理所。1947年创办雷达研究所兼任所长。1948年加入民革。1949年夏拒绝去台湾，在战乱中把全部雷达设备完整地保留下来，迎接新中国成立。1950年因病辞去雷达研究所所长职务，病愈后于1951年应聘担任上海第二军医大学一级教授兼数理教研室主任。曾任中国物理学会南京分会理事长、上海分会理事，民革上海市委会委员，民革上海市第三、第四、第五届委员。1984年加入中国共产党。1988年3月22日在上海去世。著有《短波干涉仪》，译有《近代物理学基础及其应用》。

**葛武棨(1901—1981)**

浦江县人。1901年10月20日生。1924年8月考入黄埔军校第二期工兵科学习。1925年9月毕业。1926年赴日本留学，入明治大学经济系学习。1928年毕业后回国，历任国民党浙江省党部委员、浙江省地方军队特别党部书记长、南京中央军校补训班上校政治教官、黄埔军校同学会筹备委员、南京力行社发起人、“十三太保”之一。因违反力行社规定，私自向国民党CC系首脑、中央组织部长陈立夫提供力行社材料，力行社书记腾杰主张处死他，但在蒋介石的庇护下仅受到“开除社籍”的轻微惩处。不久脱下军装变为文职。1933年2月至1934年1月任宁夏省政府委员兼教育厅长。1934年春调任军事委员会委员长侍从室秘书兼第六组组长。1937年12月至1938年9月任甘肃省政府委员兼教育厅长。1939年任国民政府军事委员会战时工作干部训练团西安战干团第四团教育长。1943年2月任三民主义青年团第一届中央干事会干事。1945年抗战胜利后复员回南京，任国民党中央农工部副部长。1946年11月当选为制宪国民大会代表。1947年3月增补为第四届国民参政会参政员；7月7日被授予陆军少将军衔；11月18日被授予陆军中将军衔。1948年出席“行宪国民大会”会议。1949年去台湾，继续任“国民大会代表”。1981年9月16日在台北去世。著有《陕甘宁成边回忆记》等。

**葛钟山(1891—1931)**

字剑云。天台县人。1916年12月毕业于保定陆军军官学校第三期骑兵科，分发到浙军服役，历任排长、连长等职。1924年投奔广东国民革命军后参加东征、北伐和“围剿”红军等战役，后任陆军第六师第十八旅少将旅长。1931年6月在参加国民党军第一次“围剿”红军时被俘身亡。

**葛祖爌(1894—?)**

字慈孙。慈溪县人。早年毕业于杭州私立之江大学。后赴美国留学，入依阿华大学学习。1919年毕业后赴法国，任华工青年会干事。1920年归国后至北洋政府外交部任职。1925年任外交部情报司副科长。1926年任北洋政府陆军部顾问。1928年转入南京国民政府任职，历任外交部电务科科长、庶务科科长、总务司帮办、威海卫接收专员、上海会审公廨专员。1933年1月任驻美国芝加哥领事馆署理总领事。1935年2月任驻芝加哥总领事。1938年9月至1945年11月署理驻巴达维亚总领事。

**葛祖爚(生卒年不详)**

鄞县人。1923年2月21日被北洋政府授予陆军中将，并授予北洋政府将军府将军称号。

**葛绥成(1897—1978)**

又名葛康林，字毅甫。东阳县人。1914年毕业于省立第七师范。曾任教数年。1918年进中华书局，任史地部编辑，从此专事地理学研究及编辑著述。30年代起曾任震旦大学、大夏大学、英士大学、暨南大学地理系教授，发起成立中华地学会。1951年任上海地图联合出版社总编辑，主编《地学季刊》。1954年赴京任地图出版社编审。新中国成立后又创建中华地理教育研究会，主编《新地理之友》丛刊，任中华书局地理部主任、上海地图出版社总编辑等职。编著有《中外地名辞典》(与人合编)、《最新中外地名辞典》、《最新中外地名更置录》、《中国近代边疆沿革考》、《中国边疆沿革考》，译有《最新世界殖民史》等。

**葛维庵(1891—1968)**

慈溪县人。17岁考入浙江省立师范。同年因父去世而辍学，到上海永大海味行习业。随后与人合办源余海味行。1918年自创源康海味行。1930年当选为上海市海味什货业同业公会常委。1935年又被推选为主席。上海“孤岛”时期带头拒绝日伪要求租界内各行业同业公会登记的规定，被同行称为“有骨气”。30年代还担任宁波旅沪同乡会执行委员多年，并任经济部国货审查专门委员、市商会设计委员、上海难民救济协会委员、南市难民区难童小学校董、益友社名誉理事等职。太平洋战争爆发后联合各同业公会在小东门嘉鱼街联合市场创办联市补习夜校，并从舆论上和经济上积极支持中共地下组织所办的联市流通图书馆。抗战胜利后又资助联市联谊会，保释被捕的中共地下党员和积极分子，支持地下党主办的难民收容所等。新中国成立后担任邑庙区和南市区副区长、邑庙区政协副主席、邑庙区和南市区工商联主席等职。1968年在“文革”中被迫害致死。

**葛敬中(1892—1980)**

字运城。嘉兴县人。蚕业教育家、企业家。杭州安定中学毕业后入北京大学。1913年毕业后即赴法国都鲁斯大学攻读园艺学兼学养蚕学。1916年回国后任北京农业专门学校园艺系教授。1919年兼任中国合众蚕桑改良会监理、总技师，且在南京等地创设蚕种分场，尤以镇江四摆渡规模宏伟。1922年协助美国与中国丝方代表在上海创设万国生丝检验所。1924年兼任东南大学教授、蚕桑系主任。1928年受聘为第三中山大学农学院(后改为浙江大学农学院)蚕桑系教授、系主任，培养了一批蚕丝业高级技术人才。同年春还会同中国合众蚕桑改良会总技师何尚平在无锡创办女子蚕桑讲习所。次年迁至镇江蚕种场，改名镇江女子蚕桑学校，培养出中级蚕桑技术人才，历时10余年。1934年任全国经济委员会蚕丝改良委员会常委兼技术室主任，委托江苏省女子蚕业学校和镇江女子蚕桑学校开办蚕桑指导人员养成所，培养蚕丝业技术人才。1938年赴四川、云南开创蚕业事业。1939年创办云南蚕业新材公司。抗战胜利后任中国蚕丝公司总经理。1948年迁居香港后受联合国邀请先后前往阿富汗、巴西讲学，仍关心和帮助中国蚕桑业的发展。1980年在美国病故。

**葛敬恩(1889—1979)**

字湛侯。嘉兴县人。1889年7月30日生。少年时即怀反清革命之志，与龚宝铨、计宗型等就读于秀水学堂时因闹学潮被开除。1903年春考入浙江武备学堂第四期。1905年毕业后任浙江陆军弁目学堂教官。1906年任浙江新军第二标第二中队第四区队队长。1908年在嘉兴加入同盟会。1911年11月5日杭州光复前作为策划起义核心人员，负责起草起义行动计划，并指挥了攻克杭州城站的战斗。杭州光复后担任攻打南京的浙军支队参谋，协助支队司令朱瑞全程参与江浙联军攻克南京的战役。1912年1月1日中华民国临时政府成立后任兵站交通部长。1914年入北京陆军大学正则班第四期学习。1916年12月毕业后任军事教官。1918年被北洋政府选派赴日本陆军大学学习。1921年毕业回国。1924年秋任浙军第一师参谋长。后任五省联军孙传芳部徐州司令部参谋长，国民革命军第十九军副军长。1927年3月任国民革命军总司令部参谋处长，旋任国民政府军事委员会参谋厅长。1928年任南京国民政府参谋本部次长。1929年1月任行政院建设委员会委员，后任国军编遣委员会中央兼第一编遣区办事处军务局局长、国军编遣委员会总务部副主任。1930年3月至6月任青岛特别市市长。同年10月至1931年12月任国民政府参谋本部次长。1931年夏被派赴北方参加平定石友三叛乱，联络阎锡山。1932年4月任军事委员会第一厅副厅长；9月任国民政府航空署署长兼中央航空学校代理校长。1933年4月被聘为行政院全国航空建设会委员。同年7月至10月再任参谋部参谋次长。1934年4月至12月任浙江省政府委员。免职后闲居上海、嘉兴等地。抗日战争时期先后任汪伪国民党中央监察委员，汪伪国民政府立法委员等职。1945年去重庆。抗日战争胜利后应陈仪邀请担任台湾省行政长官公署秘书长兼台湾警备总司令部前进指挥所主任。同年10月25日台湾光复，参加在台北公会堂举行的受降仪式。随后主持办理日军和日侨的遣返工作。1946年11月当选为制宪国民大会代表。1947年辞去台湾省行政长官公署秘书长职务，被增补为国民参政会参政员。1948年在嘉兴竞选中华民国立法院立法委员。1949年5月在中国共产党的感召下与在上海、香港两地的国民党立法委员50余人联名通电宣告起义。新中国成立后积极参加对台湾的联络工作，敦促国民党军政人员响应祖国统一大业。1961年10月作为辛亥革命老人，在首都参加纪念辛亥革命50周年的庆祝活动。历任民革中央团结委员，民革上海市委委员，上海市政协委员、常务委员。先后当选为第四届全国人大代表，第四、第五届全国政协委员。1979年10月11日在上海病故。

**葛朝祉(1917—1998)**

笔名葛铨。鄞县人。1917年生于上海。1938年考入上海国立音专，后留学法国巴黎俄罗斯音乐学院、罗马圣西西莉亚音乐学院、巴黎音乐学院。师从赵梅伯、贝纳尔迪、达姆勃罗西渥夫人、波凡罗西、鲍莱等名家，还跟比果学习过乐队指挥。学成后在上海私立音专、国立音专、上海音乐学院教授声乐及合唱指挥。1951年赴法国巴黎音乐学院学习声乐，研究法国、意大利的各美声学派。曾任《祖国颂》、《恭贺新禧》、《黄浦江颂》等大型交响乐的指挥和主唱。1955年以中国艺术团合唱指挥的身份参加第五届世界青年联欢节。演唱风格浑厚柔润，表情含蓄内在、纯朴自然，艺术造诣深湛。曾任上海音乐学院声乐系教授。

**葛嗣浵(1867—1937)**

字稚威，亦作词蔚。平湖县人。平湖藏书家葛金烺第三子。光绪年间曾任下级京官。1900年义和团运动波及京津后弃官南归。继承父志，苦心经营藏书楼，使藏书从原有的10万余卷增加到40万余卷。其中宋元以下名家书画自166轴(卷)增加到376轴(卷)。1902年在家乡创办稚川学堂，为平湖培养了一批优秀人才。晚年受人之托，邀请儿女亲家、上海商务印书馆董事长、著名出版家张元济(海盐人)及金兆蕃共同主持编辑嘉兴文献，历时10余年，在1935年编辑出版大型的《槜李文系》。

**蒉延芳(1882—1957)**

镇海县人。著名爱国工商业者。12岁丧父，14岁到青岛一家宁波人开设的店肆学生意。1902年到上海，入德商亨宝轮船公司当职员。1907年任直隶井陉矿务局及北漂煤矿的驻沪经理。1910年入中华捷运公司任职，不久升为总稽核。1920年被该公司派赴欧洲考察运输业，回国后任总经理，开始向铁路、轮船、长途公共汽车客货联运业务发展，奠定在国内运输业的地位。1925年独资开设信平保险公司。1928年又合资兴办源大行，专营苏联萨门鱼进口销售，随后在上海十六铺设大成、源昌等八大鱼行，还历任大陆铁矿公司经理、上海渔业市场常务理事。同年美商联怡公司设立，任买办。1929年任浙江兴业银行董事兼地产部经理，做房地产大发其财。随后任交通银行监理官，国民政府经济委员会专员，上海市政府土地估价评议委员会主席，上海市房地产业同业公会主席，中央银行房地产估价委员，上海市地方协会常务理事，新裕纺织厂经理，比利时银公司顾问兼五金部华经理等。1936年浙江实业银行购得英商汇德丰洋行的扬子江拖驳公司，邀其出任总经理。1937年抗战爆发后任难民救济委员会上海分会代理主席、太徽保险公司常务董事、四明公所董事、四明医院董事长等职，居留上海，不与敌伪合作。1946年后任裕商仓库公司、扬子江拖驳公司、中华捷运公司总经理，中华毛织公司、光中造纸厂董事长，浙江兴业银行、浙东银行、南通大生纱厂董事及和新纱厂常务董事，中国国货公司、萃众制造厂、鸿兴袜厂、丰盛实业公司、云飞汽车公司、丽来化学制药公司、鉴臣香精原料公司、沙利文糖果公司、浙海渔业公司、中国渔业公司、中国水产物品公司、九福制药公司、儿童书局、宁波太丰面粉厂公司、茂华地产公司、越东煤球公司、四明电话公司、新通贸易公司董事，四明医院、宁穿长途汽车公司、上海济民医院董事长，上海市商会副理事长等职。其涉足行业之广、经办商号之多、在工商界地位之高，人称“虞洽卿之后，一人而已”。1949年9月参加第一届中国人民政治协商会议并参加开国大典，先后任第一届全国政协委员、华东军政委员会委员兼华东生产救灾委员会主任委员、公私合营上海市轮船公司董事长、上海市内河航运局局长、上海市交通运输局局长、中国民主建国会中央委员、上海市工商联副主任委员、第一届全国人大代表等职。1957年8月在上海病故。

**董大酉(1899—1973)**

杭县人。1922年清华大学毕业后赴美国留学。先后就读于明尼苏达大学和哥伦比亚大学研究院，获硕士学位。毕业后在美国莫非建筑事务所工作。1928年回国后在上海庄俊建筑师事务所协助建筑设计。1929年与美国同学菲利普合办建筑师事务所。1930年开办董大酉建筑师事务所。同年加入中国工程师学会，被推选为中国建筑师学会会长。1934年任上海京沪、沪杭甬铁路管理局顾问。1947年任南京市都市计划委员会委员兼计划处处长。1951年以来历任西北公营永茂建筑公司、西北建筑设计公司、西北建筑工程管理局、北京公用建筑设计院、天津民用建筑设计院、浙江省建筑设计院总工程师。主持设计的建筑作品有30年代的上海市行政区规划，上海京沪、沪杭甬铁路管理局大厦，上海市博物馆，上海市体育馆，上海市图书馆；50年代的西安市新城广场改建规划设计，第四军医大学及其附属医院，天津市车场道幹部俱乐部等。论著有《中国艺术》、《建筑记事》、《大上海发展计划》等。

**董子兴(1899—1928)**

又名申威、法兴、挚声。奉化县人。1925年参加改组后的国民党，先后任国民党奉化县党部常务委员兼宣传部长。1927年2月加入中国共产党；5月遭人告密而被捕，保释后任国民党奉化县党部农工部长；7月奉上级指示筹建中共奉化临时县委(9月改为正式县委)，任书记；同时以国民党县党部农工部长的公开身份，发动长寿等区农民开展“二五”减租斗争；11月10日在从奉化县城转移农村途中不幸被国民党逮捕，被押送到杭州的浙江陆军监狱。1928年1月20日在浙江陆军监狱就义。

**董中生(生卒年不详)**

东阳县人。早年毕业于国民党中央政治学校。毕业后到浙江省办理土地陈报。抗日战争时期曾任昌化县县长，并兼昌化地方游击队司令。1946年任湖北省地政局局长。1947年8月起任江苏省第七区行政督察专员兼保安司令。1949年去台湾，曾任“国防部青年救国团”团长。编著有《浙江省办理土地陈报及编造丘地图册之经过》、《嘉兴县编造丘地图册报告书》、《土地陈报》。

**董民声(1915—1999)**

嘉兴县人。1915年11月生于浙江省嘉兴市。1940年毕业于国防医学院，遂在贵阳中国红十字救护总队部、贵阳总医院任医师。1947年9月从哈佛大学附属医院留学回国，曾任国防医学院副教授。新中国成立后历任南通医学院教授，河南大学医学院教授、主任、校教务处主任、医疗系主任、附院院长及学院副院长等职。1953年创办全国第一个五官科学系。编写教材达200余万字，并担任多种教科书、参考书的编委、副主编、主编，《中华耳鼻咽喉科杂志》和《临床耳鼻咽喉科杂志》等多种杂志的编委。1981年被国务院学位委员会批准为首批博士生导师，为享受国务院特殊政府津贴的优秀专家。并曾兼任河南省科协副主席、民盟河南省副主委、民盟中央委员、河南省政协副主席、全国人大代表等职。1999年12月5日去世。

**董聿茂(1897—1990)**

字功甫，乳名庆土。奉化县人。1897年3月18日生于奉化县亭下乡。1917年毕业于浙江省立第四中学(今宁波中学)。1920年获得官费资格，留学日本，先在东京高等师范学校就读。毕业后又以官费进入京都帝国大学动物学系。1928年3月获得学士学位。其后在该校研究院深造，专事甲壳类动物研究。1930年获博士学位。同年回国后任浙江博物馆自然科学部主任兼技师。1933年起任西湖博物馆馆长，在任时四处征集文物，并积极开展国际间标本交换以丰富馆藏，使西湖博物馆成为早期几个著名博物馆之一，曾帮助施昕更开展良渚考古，出版《良渚》一书。1934年参与发起中国动物学学会。1935年又与秉志、陈桢、寿振黄、朱洗、贝时璋等一起创办了我国第一本动物学研究刊物——《中国动物学杂志》。抗战爆发后历尽辛劳，率领馆员将文物、标本、资料和仪器先后转移到松阳、龙泉等地，并曾在浙大龙泉分校任教。抗战胜利后回到杭州，协同接收浙大校产，并于浙大迁杭复校后担任该校理学院生物系教授。1948年至1951年5月任浙大生物系主任和生物研究所主任。1951年6月任浙江省博物馆馆长。1952年院系调整后兼任新成立的浙江师范学院教授，直至1958年9月。1956年创建浙江省动物研究室，任研究室主任。1958年9月兼任新建立的浙江舟山水产学院副院长。1959年领导大黄鱼的人工产卵、人工授精、人工孵化和幼体培育课题，并获成功。1960年至1962年间主持浙江的水产资源调查。1971年浙江省动物研究室并入杭州大学，任教授和学校顾问。1990年2月12日在杭州去世。曾先后发表《日本海区虾蛄后期发生》、《日本大陆架口足类报告》、《虾蛄内部解剖》、《浙江沿海游泳虾类报告》、《浙江海产苔藓虫类》、《中国寄居虾类区系初步报告》、《中国海的有柄蔓足类》、《中国近海蔓足类区系特点的初步研究(甲壳纲)》、《中国东海口足类(甲壳纲)报告》等研究报告，并编著有《中国动物图谱(甲壳动物)》、《东海深海甲壳动物》、《浙江动物志》等书。

**董克毅(1906—1973)**

宁波人。电影摄影师。因其父亲是上海明星影片公司油漆工之关系，于1918年入明星影片公司当学徒，开始钻研摄影技术。1924年独立掌镜，拍摄影片《诱婚》。之后又独立拍摄了影片《好哥哥》，获得成功，成为中国第一代电影摄影师。从1925年起开始连续拍摄了《玉梨魂》、《上海一妇女》、《盲孤女》、《冯大少爷》、《空谷兰》等10余部影片，均获好评。1928年至1930年担任武侠神怪片《火烧红莲寺》(1－18集)的摄影，在中国电影特技摄影上有开拓性的贡献。30年代中期当左翼电影运动兴起后，当时明星影片公司出品的进步影片，如《狂流》、《脂粉市场》、《盐潮》、《前程》、《劫后桃花》、《姐妹花》、《压岁钱》等，都是由他负责摄影的。1938年至1948年先后在上海国华影片公司、国泰影业公司、“中国电影公司”二厂拍摄了《衣锦荣归》、《幸福狂想曲》、《喜迎春》等影片。1949年去香港，在长城影业公司负责摄影工作，并拍摄了《南来雁》、《一家春》、《寸草心》、《午夜琴声》、《小鸽子姑娘》等20余部影片。

**董杏生(1879—1954)**

字杏荪。镇海县人。著名企业家。少时在家乡崇正书院读书。16岁到上海宝源洋行习业。三年后升职员，不久提升为营业部主任、帮办。1906年自设董杏记号，经营轮船及运输业务，同时经营报关、进出口贸易、房地产、销售保险箱等业务。1922年将运输车改为公交车在上海市内行驶，是为上海历史上最早开通的公交车。1925年“五卅”运动爆发后率先参加各界罢工罢市后援会，并协助上海市总工会筹划海员罢工经费。曾多次被选为上海总商会会董，宁波旅沪同乡会会董。1929年被选为镇海旅沪同乡会理事长。热心慈善公益事业，1909年独自捐资1.5万银元，在家乡兴建董氏轫初学堂，并承担该校经费达30余年之久。1918年发起创办镇海同义医院。1921年又与同乡傅德康等共同捐建私立四义国民学校，并为学校提供1万元基金。1922年出任上海后海塘大修协会五干事之一，为家乡水利事业出资出力。同年与虞洽卿等人共同发起成立三乡公益堂，募集数十万巨资，从事疏浚河道，修桥造路，掩埋暴骸等慈善公益事业。1929年后长期主持该院事务，设法劝募捐款达20万元，并集资10万元，扩建新院舍，增添病床，购置设备。同年与俞佐庭等人发起为同义医院、庄市街、贵驷街装置电灯、电话。晚年发起兴建镇海第一条公路——镇海至骆驼桥公路。1949年镇海解放后将其大量地产及三乡公益堂、同义医院的余款移交政府。

**董每戡(1907—1980)**

原名董华。永嘉县人。剧作家、戏剧史家。早年就读于温州艺文中学,后考入上海大学。30年代参加左翼文学运动,是田汉领导下的春秋社成员。创作过《C夫人肖像》等剧本。40年代开始进行戏剧史和戏剧理论的研究,著有《西洋戏剧简史》、《中国戏剧简史》、《〈琵琶记〉简说》、《说剧》等。1943年起从事教学工作,历任东北大学、金陵女子文理学院、上海戏剧专科学校、大夏大学教授。新中国成立后任湖南大学、中山大学教授,并担任上海商务印书馆编审。50年代被错划为右派,但笔耕不辍,整理出版了大量的古典戏剧资料、理论。

**董希文(1914—1973)**

绍兴县人。著名油画家。早年入苏州美术专科学校、杭州美术专科学校西画系、上海美术专科学校学习。1939年曾赴法国留学。1943年赴西北敦煌艺术研究院,后将敦煌壁画风格融入油画创作,画风为之一变。1946年举办"董希文敦煌壁画临摹创作展览"。后任教于北平艺术专科学校,历任中央美术学院教授、预科主任、油画教研室主任、油画系第三工作室主任教师,中国美协创作委员会委员,第二届全国政协委员。

**董承琅(1899—1992)**

鄞县人。1918年毕业于上海沪江大学理学系。1924年毕业于美国密歇根大学医学院,获医学博士学位。后又三度赴美国学习,1941年回国。曾任北京协和医院副教授、心脏病科主任,上海医学院名誉教授。新中国成立后历任上海市第六人民医院内科主任、上海市卫生局内科三联单、卫生部医学科学委员会委员、第三至第五届全国人大代表。1934年即证明长期体力劳动可致生理性心脏肥大。1937年报道了严重贫血引起的心脏扩张与心力衰竭。1958年阐明了中国冠心病发病率与血清胆固醇水平的关系。主编有《实用心脏病学》。

**董荣清(1884—1951)**

绍兴县人。早年在家乡染坊做事。1908年到上海,在德商的爱礼司洋行靛青化验间任职员。数年后任新康颜料号经理。后改任德和公靛号经理。1924年赴美国哥伦比亚大学学化学,并游历欧洲考察化工厂。归国后与人集资10万元在上海创办颜料厂。1933年集资50万元在上海闵行创办中孚染料厂股份公司,以与"美孚"、"德孚"抗衡,自任总经理兼厂长。该厂规模宏大、设备先进、设施齐全,居全国同行前例。开工后因外商联手倾轧,生产陷于困境,董一边与技师研究,改进技术,降低成本,一边参与推销。1935年工厂一度停业,呈请政府拨款,并联络股东再集资8万元,使公司于1937年2月复业,任董事。1951年在上海病故。

**董显光(1887—1971)**

鄞县人。基督教家庭出身。幼年随全家迁居上海。先后就读于中西书院、清心中学及民立中学。民立中学肄业后应邀到奉化龙津中学任英语教师。后成为蒋介石的英语老师。1907年进入上海商务印书馆工作。1909年在美国基督教长老会的帮助下赴美留学,以半工半读的方式,先后就读于密苏里巴克学院、密苏里大学、哥伦比亚大学普利兹新闻学院。1913年春因接到母亲病重的家信,决定放弃即将取得的新闻学硕士学位,取道日本回国。在归国的轮船上巧遇中国民主革命领袖孙中山,并对他进行了采访报道。回国之后经孙中山介绍,出任上海英文《中国共和报》副编辑,并成为该报派驻北京的记者。"二次革命"前后在报上无情揭露袁世凯指使歹徒刺杀宋教仁的真相。1914年6月前后还受聘担任英文《北京日报》主笔,后任《密勒氏评论报》副编辑。1925年3月1日在天津创办《庸报》。1927年后亲任社长,另请张琴南任总编辑、蒋光堂任总经理。1928年皇姑屯事件发生后在《庸报》上率先揭露日本当局是炸死张作霖的凶手,披露事实真相,引起社会各界人士和广大读者的关注,报纸的销路大增,至1930年前后,该报销量接近2万份,发行量仅次于《大公报》和《益世报》,成为天津第三大报纸。1935年冬因患病不得不忍痛将《庸报》卖给了红十字会。同时进入南京国民政府军事委员会任职,负责检查外国新闻电讯。1937年抗日战争爆发后历任军事委员会第五部副部长、国民党中央宣传部副部长,专门负责国际宣传。从外宣文案的设计实施到人员的培训,几乎全程参与,成为蒋介石从事国际宣传的主要助手。还设立了英文、法文、德文、俄文、日文等外文研习班,让记者、编辑通过学习提高外语水平和业务水平。1948年5月至12月任行政院政务委员兼新闻局局长。1949年前往台湾,担任"中国广播公司"总经理兼"中央日报"董事长。1952年8月任台湾当局驻日本"大使"。1956年任驻美国"大使"。1957年获密苏里大学新闻学院颁发的"新闻事业服务奖章"。1958年卸职返台,任"总统府资政"。1970年移居美国。1971年1月9日在纽约病故。著有《一个中国农夫的自述》(又名《董显光自传》)、《蒋介石传》、《中国和世界报刊》、《中国七年抗战》、《董显光回忆录》等。

**董秋芳(1898—1977)**

笔名冬芬、冬奋、秋航等。绍兴县人。1913年考入绍兴浙江第五师范,与陶元庆、许钦文等同学。1920年考入北京大学预科,与许钦文等组织"春光社",邀请鲁迅等作指导。1926年"三一八"惨案后坚决站在鲁迅一边,在《京报》副刊、《语丝》上连续发表杂文,积极投入反对段祺瑞政府及其御用文人的正义斗争。抗战期间转移到福建,创办《抗战文艺》。1943年又创办《新语》副刊。1947年任教于绍兴简易师范并担任校长。新中国成立后到人民教育出版社工作,兼中学语文课本编辑委员会高级编辑。1971年回绍兴定居。

**董浩云(1912—1982)**

名兆荣,以字行。祖籍定海县,生于上海。董氏航运集团创办人兼主席。早年就读于定海中学。1927年中学毕业后考入金城银行航运亚洲训练班。1928年11月被派往天津航业公司,刻苦勤奋,通英、日、法多种语言。1931年担任天津通成公司运输公司经理,以后历任金城银行船务部经理、天津轮船同业公会常务理事、天津航业公会副会长。1936年到上海筹办中国航运信托公司。1941年3月该公司正式在香港注册,以上海英租界为据点,将公司所属船只悬挂外籍旗帜航行于中国沿海及东南亚。太平洋战争后该公司夭折。1946年8月在上海成立中国航运公司,从事远洋航运。1947年该公司"天龙"号、"通平"号首航欧美获得成功。同年又在重庆创办复兴船业股份有限公司,也投入远洋航运,两公司船队共11艘。1949年后两公司迁往台湾,同时在香港组建金山轮船国际有限公司,并在东京、纽约、伦敦、巴黎、台北等埠设立分支机构,积极购建新型巨轮,全方位拓展航运业,逐步形成董氏航运集团。1959年建造7万余吨的油轮"东方巨人号",为当时世界十大油轮之一。1969年公司的船队加入国际班轮队伍,成为该组织第一个华资航运集团。1971年后与美国普曼学院、科罗拉多大学等校合办"海上进修学院",任校董会主席,并设"董浩云奖学金"。1973年组成东方海外货柜航业公司,并任主席,大力发展集装箱运输。1974年在旧金山创办美国亚洲银行。1979年设立国际合众银行,任副董事长。同年委托日本造船公司建造了当时世界上最大的超级油轮"海上飞人"号(56万余吨)。董氏集团同时还经营与航业有关的其他行业,如船务保险,投资美国、香港的货仓、码头业,1977年还创办"欧亚造船厂"。作为董氏航运集团创办人兼主席,至1982年时在其"梅花"旗下拥有船只110艘,吨位1300万吨,被称为"世界船王"。同年4月在香港病故。著有《董氏航业丛书》(4辑)。

**董　萍(1922—　)**

鄞县人。1940年4月考入成都中央军校第十七期学习。1944年毕业后赴美国留学,入美国兵工学校学习。毕业后去台湾,后入台湾"陆军指挥参谋大学"学习,又赴美国陆军后勤中心、美国哈佛大学高级管理班深造。回台湾后又入"三军大学"将官班培训。曾任台湾"陆军兵工署"署长、"国防部参谋次长"、"中正理工学院"中将院长、铁路管理局局长、"交通部"技监兼地下铁路工程处处长等。

**董梦蛟(1881—1956)**

象山县人。幼时读过几年私塾,及长从事长途贩运,结交各路豪杰。后入浙江体育讲习所肄业,结交革命党人,遂加入同盟会。之后往来于沪浙之间,联络革命志士。1911年11月上旬奉沪军都督陈其美的派遣,与蒋介石、王金发、王文庆、张伯岐、孙贯生、蒋著卿等敢死队员从上海潜入杭州城内,配合浙江新军一举光复杭州。浙江光复后任平阳县知事。1913年参加"二次革命",反对袁世凯的独裁专制。"二次革命"失败后弃职返乡。不久被拥护袁世凯的浙江都督朱瑞下令逮捕,押至杭州陆军监狱关押。三年后释放,此后长期隐居乡间。1941年4月象山沦陷于日本侵略军之手,避居宁海。1945年抗战胜利后回乡,以酿酒为生。1956年10月在原籍去世。

**董鸿祎(1878—1916)**

字恂士。仁和县人。庚子辛丑并科举人。清末外交官钱恂之婿,曾任学部候补主事。1901年赴日留学,就读于早稻田大学政治科。1902年冬与王维忱、叶澜、张继、蒋百里、苏曼殊、冯自由等20余名留日学生在东京组织"中国青年会",以民族主义为宗旨、以破坏主义为目的。1903年留日学生为抵御沙俄入侵东北,组织了"拒俄勇队"。遭到驻日公使和日本政府阻挠后,与王维忱、秦毓鎏、叶澜、张肇桐等激进分子组织"军国民教育会",以养成尚武精神,实行民族主义作为宗旨。军国民教育会派遣"运动员"到各地组织军国民教育会分会,联络志同道合同志组织革命团体,策动武装起义，开展革命活动。与王维忱被派往南洋一带开展革命活动，出任中华学校教员，加入光复会。1906年岳父钱恂作为学部特派南洋查学委员，被作为总理南洋华侨学务陪同，建议学部在国内为华侨子弟办学。1907年与钱恂带领爪哇各埠中华学堂华侨子弟21人回国。两江总督端方创办暨南学堂，接收华侨子弟入学。与岳父共同编辑日本政治书籍，出版《日本法规大全》以及《日本法规解字》等译著。1912年先后出任北京政府教育部秘书长、教育部次长。1913年代理教育部总长。1916年病故。

**蒋乃镛(1913— )**

长兴县人。1928年中学毕业后考入上海青年会无线电专门学校。1930年毕业后又考入南通学院纺织科学习，1934年毕业。期间编写纺织教材《理论实用力织机学》、《机织学》、《实用织物组合学》。1935年自费赴日本早稻田大学商学部研究院学习工业经济和企业管理。1937年毕业回国后在政府机构和军队机关任职。1939年赴西川北碚，任西南麻织厂第一厂主任。1940年起先后任国立中央技艺专科学校教授、麻织厂工务主任、总理实业计划研究会干事。1946年任私立上海南通学院及文绮染织专科学校教授。1950年任武汉江汉纺织专科学校教授及校刊主编。1951年任中南纺织工业管理局工程师。1959年任武汉纺织工学院教授。1966年起为武汉印染厂工程师。一生致力于纺织工业，由其编著的纺织印染著述达300多万字，全部著述87种近600万字，在纺织工业界具有一定影响。

**蒋介石(1887—1975)**

名中正，字介石，原名瑞元，谱名周泰，学名志清，属蒋氏的二十八世周字辈。奉化县人。1887年10月31日生。其父蒋肃庵，在溪口镇上开设玉泰盐铺，属当地中产人家，1895年死于时疫，与其原配徐氏、继配孙氏合葬在溪口桃坑山；其母王采玉"茹痛抚孤，勤劳特甚"，1921年6月14日病故，尊生前嘱，另葬自崖鱼鳞岙中垄。蒋介石有一姐、一兄，均同父异母徐氏所生。姐瑞春，1874年生，嫁宋任村宋周运为妻；兄蒋锡侯，谱名周康，字介乡，又字瑞生，清同治十三年生，民国二十五年卒。其两妹一弟系同母所生，大妹瑞莲，嫁竺村竺芝珊；次妹瑞菊，数月夭亡；弟瑞青，3岁病故。蒋介石前后娶过四任妻室：第一任妻室毛福梅，1901年合婚，毛是奉化岩头村人，生于1882年(比蒋大五岁)，1939年在溪口被日寇飞机炸死。第二任妻室姚冶诚，1913年结婚，为侧室。第三任陈洁如，在北伐战争期间，蒋都是带着陈氏。第四任宋美龄，1927年12月1日结婚，开辟另一政治天地。蒋介石有二子一女。两个儿子即蒋经国、蒋纬国，经国系毛氏所生，纬国系姚氏所养，女儿蒋瑶光系陈洁如领养，蒋、陈离婚后即名陈瑶光，嫁陆久之。蒋介石从小读过一些古籍史书，16岁考过秀才，未中；17岁到奉化读学堂；1906年考入全国陆军速成学堂(保定军校的前身)；次年被军校保送去日本留学，进振武学校；1910年离振武，在日本野炮兵第十三师团第十九联队任士官候补生。1911年四川保路风潮兴起后，蒋介石从日本"托故假归"，在上海参与陈其美"密商举义计划"，授命赴浙江举义。辛亥革命后任沪军第五团团长，因革命党人内部派系的激烈争斗(为争浙江都督位)，陈其美指使蒋介石暗杀了陶成章。杀陶后，蒋介石又去日本，创办《军声》杂志，发表了多篇有关"一战"的文章。1913年反袁斗争中蒋介石在上海跟随陈其美"躬赴火线，往来指挥"；反袁失败后又随陈其美赴日，授命赴东北活动，又参加了孙中山新建中华革命党。陈其美遇难后，蒋介石全力投靠孙中山，多篇文字建议孙中山护法斗争事项，获取了孙中山信任。1923年2月蒋介石被孙中山任命为大本营参谋长；8月作为团长率"孙逸仙博士代表团"成员张太雷、沈定一、王登云赴苏联考察社会状况，尤其是军事组织内容，拜会了托洛茨基以及齐采林(外交人民委员)、胡定斯基(共产国际远东局书记)。1924年5月被孙中山特任为陆军军官学校校长(即黄埔军校校长)。军校前后办了七期，中间从1926年1月起由"中国国民党陆军军官学校"改称为"国民革命军中央军事政治学校"。自第五期起，除炮科、工科和政治科的学员先期随军北伐，毕业武汉外，其他各科学生被调往南京举行毕业仪式。在黄埔军校，蒋介石有多次演讲，汇编成《黄埔训练集》。1925年2月至3月率领黄埔学生军作为粤军先锋队参加对陈炯明的征讨，取得了节节胜利；5月又"放弃潮、梅，以全力铲除革命障碍之杨、刘，以巩固革命根据地"；8月被特任为国民革命第一军军长，以东征军总指挥名义，亲临前线，实施第二次征讨陈炯明，并将其彻底击灭，同时又消灭粤南军阀。1926年6月5日国民党中央决定出师北伐，特任蒋为国民革命军总司令，下属8个军。北伐军出师不到10个月，就消灭了吴佩孚、孙传芳的主力部队。1927年4月11日蒋在上海发出了"已克复的各省一致实行清党"的指令；12日发生了大批反动军队以"调解工人内讧"为名，以武力收缴了上海工人武装纠察队武器，并弹压上海20万工人抗议罢工与6万人的示威游行，死伤工人纠察队与游行人员400多人，史称“四一二”反革命政变；15日蒋在南京召开“谈话会”，同日发出《清党布告》和《清党通电》；18日国民政府在南京办公，蒋介石发出《上国民政府电》；同日蒋在国民政府建都南京阅兵典礼上发表训话，明确亮相“中正始终为共产党之敌人”。建立南京政权后，在内外夹击中于8月13日在上海发表《辞职宣言》，下野赴日本活动。1928年1月4日返回南京，发表《总司令复职时致国民政府电》与《致各军全体武装同志电》、《致全党同志全国同胞电》和《致冯阎杨三总司令电》，表示重新上台后“以全力完成北伐，肃清共逆，以安后方，巩固中央”。同年3月16日发布北伐全军总方略，率部（先后组成四个集团军）北伐，史称“第二次北伐”，击溃张作霖，收服张学良（史称“东北易帜”）。1930年至1934年先后发动了五次对中国共产党领导的革命根据地的军事“围剿”与对工农红军的围追堵截。1931年日本在东北制造了“九一八”事件，致使东北三省迅速沦陷；1932年又在上海制造“一二八”事变直至1935年华北事变。蒋在“攘外必先安内”的方针下，更主要是民族矛盾成为中国社会主要矛盾的支配下，一边抵抗日寇入侵，一边与日本签订各个“协定”而步步退让。期间1933年11月对“闽变”的镇压和1936年两广“六一”事变的解决，最终致使1936年12月发生了“西安事变”，迫使其“停止内战，一致抗日”。西安事变的和平解决是时局转变的枢纽。全面抗战爆发后蒋在国共合作的抗日民族统一战线的旗帜下，实行中国全民族人民战争，战略上采取了持久战的方针。太平洋战争爆发后蒋被盟军任命为中国战区的“最高统帅”，在正面作战的战场主要由国民党军队承担。抗日战争胜利后蒋借“重庆谈判”实施全面内战，企图消灭中国共产党和武装力量；在遭到人民解放军的有效反击后，1947年3月被迫改为对陕北和山东解放区重点进攻；在屡遭失败后由战略进攻转为战略防御，最后被迫下令收编防线，实行重点防御。1948年蒋实行“行宪国大”，当选为中华民国总统。同年8月颁布《财政经济紧急处分令》，发行金圆券替代法币，限期收兑全额外币，强令限制物价，企图摆脱通货恶性膨胀、物价飞涨的困境，结果更加速了财政经济的全面崩溃。自1948年冬至1949年1月蒋手中的五个军事集团的三个（东北卫立煌集团、华北傅作义集团和华东刘峙集团）被歼灭，国民党军队的主力基本上被消灭。1949年1月蒋介石宣布第三次下野，实际仍以国民党总裁名义操纵党政军大权。与此同时，蒋介石一面派陈诚赴台湾准备后事（1月11日电示陈诚“治台方针”六条），一面同蒋经国密谋，撤运大陆的国库黄金和故宫国宝。同年12月10日蒋最后一次飞离成都赴台北，结束了他在大陆的大半生活动。1950年3月1日蒋在台北宣布“复职视事”，发表《复行视事文告》。到了台湾，为稳住阵脚，蒋在党务及政治、经济、外交的方方面面进行改革，使岛内的民风民俗起了变化。1966年蒋启动革新；1969年给“全面革新”定基调、下定义，尤是蒋经国掌握“行政院”，拉开“全面革新”的序幕。1971年9月台湾被逐出联合国，20多个国家和地区与台湾当局断“交”，蒋介石说这是“迁台以来最大挫折”。1972年2月中美《上海公报》发表，蒋介石说“从此以后，我们要比以前更依靠自己”；9月《中华人民共和国政府和日本国政府联合声明》发表，蒋认为日本是“开门揖盗的外交”。蒋始终反对“台湾独立”、“国际托管”和“两个中国”，坚持一个中国的立场。1975年4月5日在台北病故。其一生的言论、文电、日记数量十分巨大，见于各种报刊、书籍和档案，大陆时期出版过众多的演讲集、思想言论集、书信集等，1949年后台湾当局编纂有全集、思想言论总集等，版本甚多。

**蒋友谅（1904—1928）**

诸暨县人。1919年考入浙江省立第一师范学校学习，1924年毕业。在一师读书期间，接受“五四”新思潮的影响，积极投身青年活动。1924年受党的派遣，考入黄埔军校第二期学习。在军校学习期间参加校内革命组织“星火社”，尔后又成为中共领导的“中国青年军人联合会”活跃分子。在与“孙文主义学会”和“西山会议派”等国民党右派组织的斗争中发挥了积极作用。1926年参加黄埔同学会，与中共黄埔特别支部负责人蒋先云、杨其纲等12人共同担任黄埔同学会监察委员。毕业后被派到国民革命军东路军前敌总指挥部政治部工作。随军转战福建、浙江。1927年3月东路军追击孙传芳残部至杭州，利用在杭州的短暂休整机会，函约家人赴杭相会。“四一二”反革命政变后奉组织之命转入“地下”，奔赴中共中央所在地武汉，担任中共湖北省军委委员、汉口市军委书记，负责汉口市军委工作，积极从事国民党部队的策反。参与蒋先云等策划的黄埔学生“讨蒋（介石）大会”，并在《汉口民国日报》发表反蒋（介石）文章。1927年夏秋之际中共汉口市军委组织被国民党破坏，转移到鄂南，担任秋收起义鄂南暴动特委委员，参与组织领导鄂南暴动。不久被国民党逮捕，关押在武昌第一监狱。面对严刑逼供，至死未暴露真实身份。不久在武昌英勇就义。

**蒋公惠(1910— )**

嘉兴县人。1910年11月生。1933年毕业于浙江大学电机系。1937年至1939年留学英国。曾任大同大学教授，上海永安电机厂总工程师。新中国成立后历任上海华通开关厂总工程师、一机部电器工业管理局总设计师、上海交通大学电子电气工程系主任等职，兼任中国电工技术学会教育委员会副主任、一机部电机电器专业全国教材编审委员会副主任。长期从事电机与电器方面研究。发表《断流容量与断流容量实验》等论文多篇，编有《电器学》、《低压控制电器》、《低压控制与配电电器》等。

**蒋公穀(1892—1943)**

名福京，字公穀，以字行。海宁县人。1892年5月8日生。早年先后就读于钱塘小学堂、杭州中等商业学校、青岛高等专业学校、天津陆军军医学校。1916年从天津陆军军医学校第八期毕业，与教官沈修是在天津创办益世医院。1917年冬任疑似病院院长赴绥远省鼠疫病区办理防疫，取得显著成效。后任天津陆军军医学校医官，西北军第四混成旅军医处长。1921年回海宁创办公穀医院，成为海宁西医先驱。在海宁行医期间支持夫人创办高等女子小学，后改名紫薇小学(今海宁硖石镇第一小学)。1924年起先后任国民革命军第二军第三师军医处长、第二师军医处长。1929年任武汉市立医院院长、平汉铁路卫生科科长。1934年因病回上海修养。两年后健康状况好转，到上海东南医学院兼课。1937年到杭州任职；9月初返回上海，出任红十字会义务科长，参加战场救护；10月赴南京，参与筹备野战救护处，任科长。南京保卫战期间担任城防救护工作。同年12月南京沦陷，身陷南京难民营达三个月之久。1938年3月上旬设法逃出南京返回上海，随即从上海取道香港，于同年冬到达战时首都重庆。历任国民政府军事委员会军政部卫生勤务设计监察委员会主任秘书、办公室主任，军政部军政署学术研究会书记、法规审查委员会书记。1943年初春在重庆去世。其生前在重庆自费出版的《陷京三月记》，以日记体裁的形式揭露了日军在南京大屠杀的罪行。抗日战争胜利后该书提交远东国际军事法庭，成为审判日本法西斯战犯的有力证据。

**蒋文达(1916—1986)**

青田县人。1939年金陵大学化工系毕业后留校任助教。后在兵工署二十三厂任技术员。又在重庆经济部工矿调整处等机构任职。1947年获美国密歇根州立大学化学工程系硕士学位。同年回国后曾任上海耀华玻璃厂工程师。新中国成立后历任建筑材料工业部玻璃工业设计院设计总工程师，国家建筑材料工业局建筑材料工业规划院高级工程师兼副总工程师等职。主持了秦皇岛耀华玻璃厂一号窑扩建工程的设计工作；主持设计了洛阳株洲玻璃厂。1986年7月15日在北京病故。

**蒋方震(1882—1938)**

字百里，晚号澹宁，笔名飞生、余一。海宁县人。1882年10月13日生。1898年中秀才。1900年春应同邑桥镇孙氏之请，聘为塾师。不久到杭州的求是书院(今浙江大学)就读。1901年东渡日本留学，先入横滨东亚商业学校，继入东京成城学校学习军事。1902年10月留日学生组织浙江同乡会，当选为干事。1903年2月参与创办《浙江潮》，担任编辑及主要撰稿人。1904年10月以第一名的成绩从日本陆军士官学校中华队第三期毕业。1906年春回国，入盛京将军赵尔巽幕府任参议；10月下旬留学德国。1910年秋回国，任禁卫军管带。1911年3月任东三省督练公所总参议；10月武昌起义爆发后从沈阳南下。1912年1月任浙江都督府总参议；12月任保定陆军军官学校校长。1913年5月任袁世凯统帅办事处参议，潜心军事学术研究，并建议袁世凯编练模范团。1916年1月离京南下，参与反袁护国战争，到肇庆担任两广北伐联合军都司令部出师计划股主任，执行参谋长职务；7月以总参议身份随蔡锷前往日本治疗；11月8日蔡锷在日本九州福冈医科大学去世，全程参与治丧。1917年任北洋政府总统府顾问。1918年被授予陆军中将军衔；12月随梁启超等前往欧洲考察。1920年3月从欧洲回国，协助梁启超从事新文化运动，主持《改造》杂志编辑工作，担任讲学社总干事。先后接待美国哲学家杜威、英国哲学家罗素、德国哲学家杜里舒、印度诗人泰戈尔等来华讲学，并且著书立说，成为新文化运动的战将。1922年12月27日被北洋政府授予将军府"俊威将军"称号。1924年底应聘担任五省联军总司令孙传芳的总参议。1927年春作为蒋介石私人代表身份赴日本活动。回国后又参与蒋介石与唐生智之间的沟通。1929年底参与唐生智起兵反蒋行动，遭到失败。为此被蒋介石先后关押在杭州、南京达两年之久，直到1931年12月获释。1933年以私人身份访问日本。1936年3月以南京国民政府军事委员会高等顾问名义赴欧美考察总动员法。1937年春夏以"史高等顾问办公处主任"名义全程陪同意大利史坦法尼顾问在华工作;8月14日被聘为国防参议会参议员;9月以蒋介石私人代表名义赴欧洲开展外交活动。1938年7月回国;9月15日被委任为陆军大学代理校长。在随陆军大学西迁过程中,于同年11月4日凌晨在广西宜山病故。遗著由后人辑为《蒋百里全集》出版。

**蒋可宗(1883—?)**

字秋然。嘉兴县人。早年赴日本留学,先入振武学校,后入日本大阪高等医学院学习,获得医学学士学位。毕业回国后任浙江都督(后改称督军)公署军医课课长,负责军医管理。1927年起先后任国民革命军总司令部军医处处长,国民政府卫生部技正。1930年1月至1932年7月任军政部陆军署军医司司长。1936年9月9日被南京国民政府任命为陆军军医监。后任军事参议院中将参议。后不详。

**蒋汉槎(1893—?)**

字仙客。海宁县人。1918年9月毕业于保定陆军军官学校第五期步兵科。曾任南京中央军校筑城交通教官、国民政府军事委员会军训部中将高参兼第八征编处处长。1939年4月10日被国民政府授予陆军少将军衔。

**蒋礼鸿(1916—1995)**

字云从。嘉兴县人。1916年2月生。早年就读于嘉兴秀洲中学,毕业后保送之江大学文理学院国文系,受业于夏承焘、钟泰诸先生。1939年毕业后留校任国文系助教一学期,后到湖南安化县蓝田镇国立师范学院国文系任助教三年。1942年入重庆国立中央大学师范学院国文系任助教,后至文学院中文系任教。1945年出版《商君书锥指》一书,向教育部学术审议委员会申请学术奖助,得三等奖,凭此升任为中央大学讲师。1946年随校迁回南京。1947年夏为中文系系主任胡小石解聘,回到在杭州附校的之江大学文理学院任讲师。1952年院系调整时之江大学解体,该校文理学院部分系与浙江大学文学院组建浙江师范学院,随之进入浙师院中文系任教。1958年该院又与新成立的杭州大学合并,定名杭州大学,亦随之进入杭州大学中文系。"文革"时期受到冲击。1978年破格评为教授,1986年任杭州大学汉语史专业博士生导师。曾先后兼任中国敦煌吐鲁番学会语言文学研究会副会长,浙江省语言学会副会长、会长、名誉会长,浙江省敦煌学会副会长、《汉语大词典》副主编、《辞海》编委兼分科主编、杭州大学敦煌研究中心顾问等职。1995年5月9日在杭州去世。其代表作《敦煌变文字义通释》于1959年出版,被日本学者称之为"研究中国戏曲小说之津梁",后经六次补订,从5.7万字增补到42万字,先后获得吴玉章学术一等奖、首届全国古籍整理优秀图书奖、首届全国高校人文社会科学优秀研究成果一等奖。此外还著有《义府续貂》、《古汉语通论》(与任铭善教授合著)、《类篇考索》、《目录学与工具书》、《咬文嚼字》,主编有《敦煌文献语言词典》,另有《怀任斋文集》、《蒋礼鸿语言文字学论丛》行世。其著作经后人编辑整理结集为《蒋礼鸿集》(6卷),于2001年出版。

**蒋扬均(1911—1981)**

余姚县人。1931年到上海"裕泰兴"煤号当跑街。1936年在鲁迅先生追悼会上结识马青。1937年"八一三"上海淞沪战役爆发后回到余姚县泗门镇老家,与干如忠、谢汝昌、杨雪英等发起组织"泗门业余救亡剧团"。1938年2月与马青同去陕北公学学习。同年秋自陕北公学结业后又入延安鲁迅艺术学院(简称"鲁艺")学习三个月,至年底回泗门,与先行回来的马青等继续开展抗日救亡运动。曾在业余救亡剧团排演歌剧《白毛女》。1940年因余姚抗日形势日益恶化,被迫离开泗门至上海,在亲友资助下开设"富平煤号"。因经营得法,仅数年时间即在上海滩声名鹊起。期间争取四平路公平药房贾姓老板,购买药品及医疗设备送往苏北新四军根据地,其在玉佛寺对面的住宅亦一度成为中共余姚地下组织在上海的联络站。新中国成立后返回泗门兴办实业,在西街开设"公平西药房",出资开垦杨家道地坟滩地兴办桃园,并独资创办"泗北桃园"。抗美援朝期间出资10亿元(旧人民币1万元等同于后来的1元)为志愿军捐献飞机大炮,出资3亿元建造泗门大会堂。1958年人民公社化时把泗北桃园移交给人民政府。1959年赴上海。1968年回泗门定居。

**蒋廷桂(1845—1934)**

字海筹。杭县人。杭州蒋广昌绸庄主,著名绸商。其父德山在杭州开设酒店。9岁进杭州一机坊当童工,10岁进孔凤春香粉店当学徒,后应兄蒋廷梁之召,合伙经营丝绸小本买卖。1858年设蒋广昌绸庄于杭州积善坊巷。1862年自制木机一台,在实践中对织机和操作技术不断革新,产品质地精美,为杭州织造局选用，入贡清廷，信誉大增。至1875年该庄已拥有绸机数10台，连同放机共300余台，成为杭州著名的大绸庄，同时投资染坊、炼坊、丝行等依附行业。1876年在上海设广昌隆绸庄，接着在汉口、营口、哈尔滨、青岛、苏州、九江等地相继设分号或代销庄，至光绪末年蒋广昌销绸已北及蒙古、东北，南至闽广，西达四川的广大地区，并远销南洋，积资逾300万。辛亥革命后该庄向日本订购提花机，并添置铁木合制的绸机66台，至1918年已拥有4个工场、137台绸机。1921年又添办电力机12台，接着在上海创设新厂，添置电力机50台，规模日益扩大。除经营丝绸业外还投资交通、金融、房地产等业，其中投资浙江铁路公司20万元，为最大的股东；并投资浙江兴业银行2万元，是浙兴最初的两届董事；在上海、汉口、杭州拥有大量房地产。1934年8月6日在杭州病故。根据生前遗愿，1986年在浙江丝绸工学院工程系设立了“蒋海筹、蒋抑卮丝绸奖学基金”。

**蒋　华(1921—2009)**

女。海宁县人。1921年生于北京。早年就读于上海教会创办的女子中学。抗战期间赴美国留学，在密苏里达圣特瑞萨学院营养系获得学士学位后，进入哈佛大学公共卫生研究院进修，获得理学硕士学位。回国后任国立上海国防医学院营养部中校主任、私立震旦大学文理学院营养系教授。1951年12月赴比利时在首都布鲁塞尔开办明园饭店，任董事长。后又相继兼任明园食品公司、欧华投资贸易公司、欧华贸易公司等公司的董事长，致力于推广中国食品及贸易。1965年在布鲁塞尔创办华文学校——中山小学，任校长。同年被推举为旅比餐馆同业公会理事长。1974年被台湾当局聘为“侨务委员会”顾问。1976年改聘为“侨务委员会”委员。针对20世纪八九十年代以来台湾岛内“台独”气焰日益嚣张的局面，率先在比利时发起成立中国和平统一促进会，在欧洲组织世界反“独”促统会，以80余岁高龄，奔波于世界各地，用英语、法语和地道的京腔京调演讲，进行宣传，反对“台湾独立”，为促进祖国和平统一大业作出了新贡献。2006年叶落归根，定居北京。

**蒋汝藻(1877—1954)**

字符采，一作符彩，号孟苹、乐庵。吴兴县人。南浔丝业巨商蒋家后裔。清光绪二十九年举人，曾任学部总务司郎中。1905年浙江铁路公司创立时投资1万元，为大股东。后又投资浙江兴业银行，自第二届始长期任该行董事。同时又是大清银行(辛亥革命以后的中国银行)大股东。参加辛亥革命。此后任浙江军政府首任盐政局长、浙江省铁路公司董事长等职。还在北京开设经营古董、字画的来远公司，在南通投资大生纱厂，在新加坡投资汤寿潜之子创办的明庶农业公司，在上海经营房地产和航运业。1919年参与创办上海大中华纺织公司。蒋家是吴兴藏书世家，家有“传书楼”、“密韵楼”。“密韵楼”为吴兴“四大藏书楼”之一。楼内藏书为祖孙三代辛勤所得，经其努力又有发展，约计有数万卷，仅善本就有2667部，其中有宋代旧刊83种、元本102种、明本863种。其中最为珍贵的有宋刊孤本《草窗韵语》，海宁王国维曾为之编《密韵楼藏书志》(20卷)(未刊)。著有《说文解字校勘记》(15卷)、《求实斋杂著》(3卷)。

**蒋　纪(1874—?)**

号继云。金华县人。自幼不容于乡里，被家庭驱逐，从此浪荡江湖，靠欺蒙坑骗为生。1906年在杭州与吕逢樵相识，并得到吕逢樵信任，介绍加入光复会。吕逢樵赠送盘缠10元，嘱其到上海协助秋瑾从事革命工作。持吕逢樵介绍信，到上海客栈找到秋瑾，并遇见协助秋瑾创办《中国女报》陈伯平，结识王植槐。秋瑾吩咐协助处理大理学堂事宜，并安排与竺绍康等人一起前往湖南湘潭夫家筹款，婉言拒绝。秋瑾又命令分驻兰溪，寓居半日学校，学校教职员工均信之不疑，有事则听取其意见。1907年破坏兰溪光复军以后急忙返回绍兴。后清军攻入大通学堂，与秋瑾一同被捕。一经讯问，即成革命叛徒，供认秋瑾、陈伯平、张恭等革命党人，筹划发动皖浙起义。并表示愿意充当眼线，捉拿革命党人。绍兴知府欲将之开释，浙江巡抚不为所请，仍被解回金华原籍，监禁一年。

**蒋孝先(1899—1936)**

字昭卿，又字啸剑。奉化县人。蒋介石族侄。1917年毕业于甬江师范学堂，后在镇海县立中学任教。1924年春前往广州投奔新任黄埔军校校长蒋介石，考入黄埔军校第一期步科学习。毕业后分发到军校教导第一团任排长，随军参加东征，升任连长。1926年参加北伐，在汀泗桥战役后升任国民革命军第一军营长。1928年任南京国民政府宪兵第一团第一营营长。1930年春奉派赴日本考察宪兵业务。半年后回国，先后任宪兵第四团团长、宪兵第三团上校团长兼宪兵考选委员。1933年升任北平宪兵副司令，指挥国民党中央宪兵第三、第四团。1935年其宪兵部队被侵略日军排挤出北平后，年底调任国民政府军事委员会委员长侍从室高级参谋兼第三组组长，负责蒋介石的警卫工作。1936年10月被授予陆军少将军衔；12月22日晨西安事变爆发后被东北军枪杀于陕西临潼。后被追授为陆军中将。

**蒋志英(1902—1941)**

字伯清，号志槎。诸暨县人。早年入粤当兵，曾参加讨伐陈炯明的东征战役。1925年11月考入黄埔军校潮州分校第一期学习。1926年6月毕业后任国民革命军排长，在北伐战争中升任连长。1928年任浙江省军事厅特务营营长。1929年任浙江省保安队第三团营长，后升任上校团长。1932年任浙江省保安纵队副指挥官，率领浙江省保安纵队进入江西进攻中国工农红军。1935年任浙江省保安处副处长。1938年4月至8月任浙江省第八区行政督察专员兼浙江省保安第二支队少将司令官；9月率部担任钱塘江南岸防务。1939年6月浙江省保安第二纵队少将司令官，担任浙西富阳、余杭、孝丰一线防务。1940年任第三战区司令长官部高级参谋。同年10月任浙东沿海台州守备指挥部少将司令官，驻防海门，指挥由地方自卫队和水上警察组成的守备部队。1941年4月中旬，日军第五师团及海军陆战队约2000余人进犯海门；19日凌晨，遭遇日军登岸偷袭阵亡。1946年2月21日国民政府追赠陆军中将。

**蒋志澄(1893—?)**

字养春，亦作养澄。诸暨县人。早年毕业于国立北京大学。初在北京浙江专门中学任教。1927年秋任浙江省杭县县长。1930年冬由浙江省政府公派赴欧洲考察，并入德国柏林大学深造。1933年回国后任国民政府军事委员会委员长南昌行营设计委员会专门委员。1934年夏任江西省庐山管理局局长。1935年12月30日代表中国政府与英国驻汉口总领事默思签订协定。1936年4月至1938年8月任四川省教育厅厅长。1938年8月至1939年5月任四川省辖重庆市市长。1941年7月至1945年1月任教育部总务司司长。1946年5月至7月任江西省政府委员兼民政厅厅长。后不详。

**蒋抑卮(1875—1940)**

名鸿林，以字行。杭县人。著名银行家。绸商家庭出身，其父蒋海筹为杭州蒋广昌绸庄主。少年应童子试，补钱塘县生员，后捐民政部分部郎中。不久弃官，师从章太炎。1902年秋留学日本，初进武备学堂，后改学经济，与鲁迅交好，曾资助鲁迅、周作人出版《域外小说集》。1904年夏回国后参与浙江拒款修筑苏杭甬铁路运动。1906年创议并参与在杭州创办浙江兴业银行，说服其父蒋海筹率先认股，垫款10万余元。1912年应汤寿潜之邀，与蒋孟苹投资汤的次子拙存在新加坡创办的明庶农业公司。1914年浙路公司股份退出浙江兴业银行，调动蒋广昌绸庄资金大量购入这批股票，成为“浙兴”最大股东。同年首订“浙兴”章程，对“浙兴”进行改革，设总行于上海，成立总办事处，自此任常务董事达30年。1916年积极参与以中国银行上海分行为主的“抗停兑”斗争。1923年至1925年曾兼任中国银行汉口分行经理。1929年至1930年任浙兴常务董事兼汉口分行经理，同时兼任上海浙江实业银行总监察和通易信托公司监察。还投资汉口既济水电公司、上海美光染织厂等。一生喜爱藏书，总数达15万册以上。1940年11月18日在上海病故。

**蒋坚忍(1902—1993)**

原名斌，字孝全。奉化县人。1902年9月25日生。早年到上海翻砂厂当徒工。后回宁波开设书店。1925年毕业于私立上海大学，旋入黄埔军校第四期学习。1926年7月进入国民革命军总司令部，随军北伐。同年冬奉命筹备成立国民党国民革命军总司令部特别党部，任主任秘书。不久被选为特别党部监察委员，创办《青白红周刊》。1927年冬任国民革命军第二十六军政治部主任。1929年4月参加讨伐桂系战争，被委任为汉口特别市党部委员兼秘书长；8月任汉口市政府社会局长。1930年在中原大战中任“讨逆军”总司令部第二宣传大队大队长。1931年9月被授予陆军少将军衔。“九一八”事变后在武汉创办《奋斗报》三日刊，在上海创办《人民周刊》。1932年9月任中央航空学校政训处长。1934年任中央航空学校教育长。1936年任中央航空学校副校长兼杭州防空副司令。1937年抗日战争爆发后前往云南昆明重建中央航空学校。1938年1月任航空委员会政治部主任，在武汉创办《中国空军》周刊。1939年任军事委员会战时工作干部训练第四团副教育长。1940年兼任西北青年劳动营主任兼教育长。1942年1月至1945年11月任陕西省第八区行政督察专员兼保安司令。1945年5月至1948年8月任陕西省政府委员兼民政厅长。1948年8月至1949年任陕西省政府委员兼秘书长。后任“西南军政长官公署”秘书长。1949年12月去台湾。1950年任“陆军总司令部政治部”主任。1954年任“总统府国防计划局”副局长。1955年任“国防部总政治部”主任。1961年任“国防部常务次长”。1965年退役,转入工商界。曾为国民党第九、第十二届中央评议委员。1993年2月9日在台北去世。著有《日本帝国主义侵略中国史》等。

**蒋伯功(?—1914)**

诸暨县人。1905年投浙江新军当兵。后加入中国同盟会。1911年11月参加光复杭州战役。1912年1月中华民国成立后在杭州与马叙伦等创办《彗星报》,担任主笔。1914年更名为蒋起,继续坚持反对袁世凯专制独裁的斗争。同年在搬运武器至浙江海门地方时遭拥护袁世凯的浙江军警逮捕,不久英勇牺牲。

**蒋伯诚(1889—1952)**

字子迪,号志迪。诸暨县人。幼年就读于私塾,后入杭州师范学堂,继入苏州武备学堂。毕业后任保定军官学校教官。1916年春离开保定取道安南(今越南)到云南昆明参加护国战争。继投奔孙中山参加护法运动。1925年3月第一次东征时任粤军第四师参谋长。1926年北伐开始,任国民革命军东路军参谋长,协助东路军总指挥何应钦挥师由粤入闽再入浙,击溃北洋军阀孙传芳部及福建土著部队。1927年5月任浙江省政务委员会委员兼省防军司令官兼杭州城防司令;7月任浙江省政府委员,至1934年2月止。1927年10月兼浙江省军事厅厅长。1928年5月代理何应钦的浙江省政府主席职。同年任国民政府陆海空军总司令行营总参议,任浙江省政府委员。1929年1月任行政院东北政务委员会委员。1931年12月任行政院北平政务委员会委员。1932年8月任军事委员会北平分会委员、常务委员。1935年4月被授予陆军中将军衔;11月当选为国民党第五届中央执行委员。1938年按照国民党中央组织部的安排,从重庆大后方潜入上海,发起成立上海工作统一委员会,负责搜集日伪政治军事情报。1944年被上海宪兵队逮捕。1945年5月当选为国民党第六届中央执行委员;8月以国民政府军事委员会委员长驻沪代表身份,组成驻沪代表公署,召见汪伪上海市市长周佛海,责其维持上海秩序,保存资产,等候接管。后任全国抗日蒙难同志会主席。同年10月被任命为国民政府监察院浙江监察区监察使,因病未到职,仍居上海。1949年5月上海解放前夕以身体衰弱弃政多年为由拒绝赴台。1952年初在上海病故。

**蒋伯潜(1892—1956)**

名起龙,又名尹耕,以字行。富阳县人。1907年考入杭州府中学堂,1911年毕业。1915年考入北京高等师范学校国文系,深受马叙伦影响,1919年毕业。其后历任浙江省立第二中学(今嘉兴中学)教员、校长以及第一中学、第一师范、女子中学、杭州师范、省立六中(今台州中学)等校教职。1927年6月东阳赵伯苏在杭州创办《三五日报》,址设杭州青年路,聘请蒋担任主笔。该报于1929年停刊。抗日战争初期应邀赴上海大夏大学、无锡国学专修学校任教,同时兼任世界书局特约编审。上海沦陷后回乡,从事著述,一度任富阳县立中学教员。抗战胜利后任上海市立师范专科学校中文系主任。1948年陈仪主持浙政时出任杭州师范学校校长。1950年后应张宗祥之邀,任浙江图书馆研究部主任。同时被选为浙江省第一届人大代表。此后连续担任省、市人大代表。1955年秋调任浙江文史馆研究员。1956年1月12日去世。著有《经与经学》、《十三经概论》、《经学纂要》、《诸子通考》、《诸子学纂要》、《中国国文教学法》、《校雠目录学》、《字与词》、《章与句》、《体裁与风格》、《诗与词》、《散文与骈文》等。

**蒋纬国(1916—1997)**

幼名建镐,号念堂。奉化县人。1916年10月6日生于日本,生父戴季陶,后过继予蒋介石为子。1934年入苏州私立东吴大学经济系学习。1936年以少尉侍从官名义随南京国民政府军事委员会高等顾问蒋百里前往欧洲从事外交活动。1937年留在德国,入德国慕尼黑陆军军官学校。毕业后在德军中服役,任德国陆军山地兵少尉。第二次世界大战初期曾参与德奥合并以及德军侵占捷克苏台德区的军事行动。1939年离开德国,取道美国考察军事及受训。1940年11月回国后被安排到西北胡宗南部第一军第一师,先后任排长、连长、副团长。1945年先后任装甲兵学校教导总队第三处处长、战车第四团副团长、新编第一军参谋。1948年任战车第一团团长,参加淮海战役。战役结束后任装甲兵司令部上校参谋长。不久任少将副司令。1949年去台湾。先后任“装甲兵司令”,“国防部”第三厅副厅长、第五厅厅长。1961年4月被台湾当局授予“陆军中将”军衔。1963年任台湾“陆军指挥参谋大学”校长。1968年任“三军联合大学”副校长。1969年创办并主持“战争学院”。1975年8月16日被台湾当局晋升为“陆军二级上将”,并调任“三军联合大学”校长。1980年任“联勤总司令”、“参谋本部联合作战训练部主任”,兼“中华战略学会”理事长。1986年担任“国家安全会议”

秘书长。1993年6月退役,任“总统府资政”。1997年9月22日在台北病故。著有《军制基本原理》、《国家战略概说》、《大战略概说》、《柔性攻势》、《国防体制概论》、《台湾在世局中的战略价值》、《中道与人生》等。

**蒋　英(1919—2012)**

女。海宁县人。蒋方震之三女。女高音歌唱家、音乐教育家。1919年生于北京。少年时就学于上海中西女塾,学习钢琴。1936年赴德国,就读于柏林野猪林女子中学,课余参加音乐活动。1937年入柏林音乐大学声乐系,1941年毕业。1942年在瑞士卢塞恩音乐学院研究生班,师从匈牙利歌唱家杜利哥和德国歌剧演唱家克吕格,分别学习德国艺术歌曲和歌剧。1946年归国后在上海和杭州举行独唱会。1947年与科学家钱学森结婚后同赴美国。1955年回国后担任中央实验歌剧院演员。1959年到中央音乐学院任教。1985年被选为中国音乐家协会第四届理事。以演唱德国古典艺术歌曲著称,译配过不少外国艺术歌曲。负责编选了多种声乐教材,如《舒曼歌曲选》、《德沃夏克歌曲选》、《勃拉姆斯歌曲选》、《法国艺术歌曲》等。译有《歌唱的音响学》等。2012年2月5日在北京去世。

**蒋侃如(1884—?)**

兰溪县人。1908年入保定陆军速成学堂第二期马兵科。1910年毕业后入北京陆军大学第五期深造。1927年加入国民革命军服役。1930年前后任国民革命军陆军骑兵第二军第十一旅旅长。1932年7、8月间率领所部骑兵旅参与镇压江苏徐海蚌地区中国工农红军游击队,并于8月30日杀害游击队副司令员李桂五。后任陆军骑兵第二师副师长。1936年2月3日被国民政府授予陆军少将。1945年2月退役。

**蒋泉茂(1873—?)**

余姚县人。上海著名煤炭商人。初为上海协隆、德昌两煤号店员。1912年与人合设协成兴煤号。第一次世界大战期间经营开滦煤,获利甚丰,奠定了日后发展基础。1915年任上海煤炭公所董事。之后扩大规模,先后独资或与人合资开设泰源煤号、元一煤号、振大兴煤号、协和兴煤号和柳江煤矿公司等企业。还与同乡杜家坤等组织四合地产公司,在上海宝山路、鸿兴路、热河路及吴淞、苏州和原籍余姚拥有众多房地产。另在上海投资恒来元记钱庄,在余姚开设源大、义大、怡大等钱庄。1921年参与创办上海煤业银行,并任董事。

**蒋径三(1899—1936)**

名燊,字径三。临海县人。1922年毕业于浙江省立第五师范学校,供职于杭州民众教育馆,不久回乡执教回浦小学。1926年赴广州,任中山大学图书馆馆员兼文科历史语言研究所助理。1930年在上海商务印书馆任哲学教育编辑。1932年5月任省立安徽大学教授。1934年任广东省立勷勤大学教授。20年代初加入上海文学团体“知社”,参与新文化运动。致力于西洋教育思想之介绍与研究,著有《现代理想主义》、《现实主义哲学的研究》、《西洋教育思想史》、《现实主义与教育》、《艺术论》、《艺术哲学之研究》、《心理主义的美学说》、《文化教育史》、《斯宾诺莎哲学新评价》、《山海经篇目考》,合编有《革命文库分类法》。

**蒋经国(1910—1988)**

幼名建丰,上学后改名经国,俄名尼古拉。奉化县人。1910年4月27日生。早年在奉化读小学。1922年到上海万竹小学四年级学习。1924年升入上海浦东中学。数月后“五卅”运动爆发,因参加游行,被学校当局以“行为越轨”为由开除学籍。不久到北京海外补习学校学习。1925年10月赴苏联留学,就读于莫斯科中山大学;12月加入共产主义青年团。1926年加入中国共产党。1927年国内发生“四一二”反革命政变后在苏联发表声明,声讨其父背叛革命。1928年秋天入列宁格勒托玛卡红军军校学习。1930年6月任列宁大学中国留学生辅导员。1932年派往西伯利亚乌拉尔重型机械厂任技师。1933年任该厂《工人日报》主编。1934年任分厂厂长。1935年与苏联女工芬娜结婚,后来其妻改名蒋方良。1936年被解除所有职务。1937年春携带家人从苏联回国后被父亲安排到奉化溪口读书。1938年3月任江西省保安处副处长;不久调任新兵督练处处长兼江西伤兵管理处处长;8月赴重庆入中央训练团党政训练班第二期受训。1940年1月27日至1945年6月25日任江西省第四区行政督察专员兼保安司令。期间先后兼任赣县县长,三民主义青年团江西支团筹备主任,财政部盐务署浙江、福建、江西督运所长,三民主义青年团江西支团干部训练班主任,三民主义青年团中央干事会干事,江西省政府委员。1944年1月任重庆三民主义青年团中央干部学校教育长。同年底任青年远征军编练总监部政治部主任。1945年春任国立中央政治大学教育长;9月任外交部东北特派员,不久随宋子文赴苏联莫斯科谈判签订《中苏友好条约》。1946年任国防部预备干部管训处代处长、预备干部局局长,并当选为制宪国民大会代表。1947 年 9 月当选为国民党中央执行委员、常务委员。1948 年 8 月任经济管制委员会上海区协助督导，在上海大张旗鼓展开打虎运动，企图平拟物价，但没有成功。1949 年春任国民党台湾省党部主任委员。1950 年任台湾“国防部总政治作战部”主任。1953 年任国民党中央改造委员会委员。1955 年任“行政院国军退除役官兵辅导委员会”主任委员，并担任“中国青年反共救国团”负责人。1964 年后历任“国防部副部长”、“国防会议副秘书长”、“国防部部长”。1969 年任“行政院副院长”兼“国际经济合作发展委员会”主任委员。1972 年任“行政院院长”。1975 年 4 月任国民党中央委员会主席兼中央常务委员会主席。1978 年 3 月任台湾当局“总统”。1984 年 3 月连任“总统”。1988 年 1 月 13 日在台北去世。其生平著述由台湾当局结集为《蒋经国先生言论著述汇编》。

**蒋荫恩(1910—1968)**

慈溪县人。1935 年毕业于燕京大学新闻系。次年任上海《大公报》记者。1937 年转任上海《大美早报》新闻翻译兼文艺副刊编辑。1941 年任桂林《大公报》编辑主任。次年起从事新闻教育，先后于成都、北平任燕京大学新闻系主任、副教授、教授。1948 年去美国，进密苏里大学新闻学院从事新闻研究。新中国成立后回国，任燕京大学新闻系教授兼系主任。1952 年调至北京大学，历任总务长、大学办公室主任、中文系新闻专业教授。1958 年改任中国人民大学新闻系教授兼系副主任。曾任中国民主同盟中央宣传委员会委员、《中央民盟》编委。与人合作编译有《国际问题词汇》等。

**蒋彦士(1915—1998)**

杭县人。1915 年 2 月 27 日生。1936 年毕业于南京金陵大学农学院。后赴美国留学，先后在明尼苏达大学获得农学硕士、哲学博士学位。1942 年毕业后任明尼苏达大学讲师。1946 年任联合国粮农组织中国代表团顾问。同年回国后任中央农业实验所杂粮特作组主任。1947 年任中央大学教授。1948 年任职于中国农村复兴联合委员会(简称农复会)，先后任技正、秘书等职。1949 年去台湾，历任“中国农村复兴委员会”秘书长、委员暨台湾农业协会会长，“国家安全会议科学发展委员会”委员，“中央研究院”顾问，“国家安全会议科学发展委员会”副主任委员，“行政院”秘书长，“教育部长”，“总统府秘书长”，“外交部”部长，国民党中央党部秘书长，“总统府国策顾问”，“总统府资政”，国民党第十、第十一届中央常委。获得美国圣若望大学荣誉法学博士学位，韩国高丽大学荣誉法学博士学位。1998 年 7 月 2 日在台北病故。

**蒋炳南(1910—1967)**

杭县人。电影导演。1932 年大夏大学毕业后任职于国际新闻摄影社。1935 年与友人组织摄影团体鹰社，编辑出版《飞鹰》杂志。1945 年曾在伪中央电影厂供职。新中国成立后曾担任《伟大的曙光》、《钢铁是怎样炼成的》等影片的译制导演。1962 年加入中国摄影学会上海分会。代表性作品有《黄山仙人桥》。

**蒋祖怡(1913—1992)**

富阳县人。蒋伯潜之子，幼承家学。1937 年毕业于无锡国学专修学校。次年应聘到世界书局任编辑。期间与其父合作，编修了一套中学国文自学辅导读物。1942 年回家乡富阳，先后在浙西昌化第三临时中学、富阳县文献委员会、富阳县简师任教，并与其父合力编纂《国学汇纂丛书》(10 种)。1945 年抗战胜利后回到上海，在正中书局任编审，主编《新学生》杂志，同时兼任上海市立新陆师专中文系副教授。1948 年夏应邀到浙江大学中文系任教。1950 年 5 月参加中国民主同盟。1952 年 2 月任浙江师范学院(由浙大文科和部分理科系科组成，1958 年并入杭州大学)中文系副主任，兼任浙江省文联研究部主任。1960 年被选为中国作家协会浙江分会副主席。历任民盟浙江省委宣传部长、秘书长、副主委、顾问等职。1963 年 8 月至 1964 年 8 月在北京中央社会主义学院学习。“文革”时期被免去职务，备受迫害，两度中风，右腿骨折，半身瘫痪。“文革”后于 1981 年在杭大中文系创立中国文学批评史硕士点。1983 年升任教授。1992 年 2 月在杭州去世。著有《中国人民文学史》、《论衡选注》、《王充的文学理论》、《文心雕龙论丛》、《罗隐诗选》、《钟嵘诗品笺证》等。

**蒋倬章(1848—1925)**

号鹿珊，字六山、乐山。兰溪县人。登咸丰壬子科乡试榜。13 岁中秀才，有“神童”之誉。因父亲蒋提投奔太平军，兵败吞金自裁，断送科考前程，遂外出游学，以广结志士，不以功名富贵为念。因擅长博闻强记，善于辞令，被金华府学教谕荐读丽正书院，列席士子班头，颇孚众望。结识康有为，受到改良主义思想启迪，在金华创建梅溪试馆，在杭州创建金衢严处四府同乡会。于沪杭结识蔡元培和章太炎等资产阶级革命家，积极参与救国活动，曾协助创办中国公学，襄助章太炎在杭州创刊《经世报》。中国教育会成立后在杭州筹组浙江教育会，后又返回兰溪成立劝学所。清政府出卖苏杭甬铁路，接受苛刻条件向英国银行借款，乃振臂奋呼，竭力反对，组织拒款会，奔走于金衢严处各地，筹股自办铁路，并征得家族成员同意，将建德数百亩山林砍伐作为枕木。1904年加入资产阶级革命团体光复会，负责联络浙江会党工作。秋瑾回国主持浙江同盟会工作，曾到水阁塘村秘密商讨革命大计，因其有广泛群众基础，深为倚重，并赋诗《赠蒋鹿珊先生言志》。光复会曾发行江浙皖赣闽五省革命债券，以筹集革命经费，誉之为“救粮票”，向巨商富户推销，几为清政府逮捕。中华民国成立后致力于实业救国，倡导向资本主义国家学习，创办兰溪缪源煤矿公司、梅溪簰运公司和金华北山林牧公司，以发展民族经济，与列强抗争。对袁世凯奖给五等嘉禾章不屑一顾。著有《春晖堂文集》(10卷)、《梅溪诗话》(10卷)、《嵩阳杂俎》(8卷)、《六三曲谱》(4卷)、《铁甲山人诗厨》(20卷)，因迭经变乱，均已散失无存，仅有零星小诗遗留。

**蒋著卿(1877—?)**

奉化县人。早年参加中国同盟会。1911年11月4日杭州光复前夕与王金发等作为敢死队成员从上海潜入杭州，参与杭州光复之役。杭州光复后任浙江军政府参议，并任同盟会浙江支部总务主任。1913年1月当选为中华民国第一届国会众议院众议员。1914年1月国会被袁世凯非法解散后南下上海参与讨伐袁世凯的军事斗争。1916年6月袁世凯毙命后国会恢复开会，仍回北京任众议员。1917年6月黎元洪在张勋的压力下宣布解散国会后响应孙中山的号召，南下参加护法运动，任广州非常国会众议院众议员。1922年国会第二次恢复，仍任众议员。1923年9月参加贿选，受到舆论的指责。后不详。

**蒋梦昌(1841—1926)**

字雪坊。东阳县人。雪坊蒋腿开山祖师，火腿业巨子。腌腿业世家出身，14岁成孤儿，随叔父腌制火腿，牌号“虹巢”。19岁时自开一火腿作坊，并将生产的火腿命名为“雪坊”。善于继承先人制腿传统技艺，并在实践中不断创新，制腿技艺居同业之冠，使所制“雪坊蒋腿”成为金华火腿中的极品，销量不断上升，在杭州等地增设销售点多处，畅销杭州、上海、江西、香港、北京等地。1905年、1915年雪坊蒋腿先后获德国莱比锡国际博览会和巴拿马国际博览会金奖，从而饮誉海内外。1920年蒋氏在杭州发起成立东阳火腿业公所，以推进火腿业的发展。20年代蒋氏及其子孙的制腿业达于极盛。

**蒋梦麟(1886—1964)**

原名梦熊，字兆贤，号孟邻。余姚县人。曾就读于绍兴中西学堂。1902年考入浙江省立高等学堂，改名梦麟。1904年考入上海南洋公学。1908年考取官费留美，师从杜威。1917年获得哥伦比亚大学哲学及教育学博士学位。回国后创办《新教育》月刊。1919年被聘为北京大学教育系教授。1923年任北京大学代理校长。1927年任国立第三中山大学(1928年改为国立浙江大学)校长。1929年兼任浙江省立高级中学(商科)校长。又先后担任过国民政府教育部部长、行政院秘书长、中国红十字会会长等职。长期担任北京大学总务长、三度代理校长。1930年冬正式担任北大校长，先后主持校政17年。是北大历届校长中任职时间最长的一位，为北京大学的建设和发展作出了重大贡献。1938年北大、清华、南开三校迁入昆明成立西南联大，又以北大校长身份任西南联大常委。1945年辞职，后赴台。著有《西潮》(英文自传，后译为中文)、《孟邻文存》、《谈学问》、《文化的交流与思想的演进》、《新潮》等，论文有《中国教育原则之研究》(博士论文)、《高等学术为教育之基础》、《过渡时代之思想与教育》、《个人之价值与教育之关系》、《世界大战后吾国教育之注重点》、《改变人生的态度》、《和平与教育》、《新旧与调和》等。

**蒋鼎文(1895—1974)**

字铭三。诸暨县人。1895年1月25日生。早年就读于翊忠学堂。1911年浙江光复时到杭州参加学生军，不久并入绍兴大通陆军学堂。1914年毕业后分发到浙江督军公署守卫队第二连任少尉排长。1916年升任中尉排长。同年与一批浙军军官密谋推翻拥护袁世凯称帝的浙江将军朱瑞。1917年前往广东，担任护法军政府参谋本部少校参谋。1922年任上校参谋。1924年5月入黄埔军校，先任中尉区队长兼教官，后入军校教导第一团任第一营副营长。1925年参加第一次东征，升任营长。不久相继任第一团副团长、第二师第五团团长。1926年7月参加北伐战争。1927年4月任南京国民政府警卫团团长；不久任浙东警卫司令兼宁波公安局局长；9月任第一军第一师师长。1928年1月任第一军副军长兼第一师师长，并代理军长，参加第二期北伐。北伐结束后军队缩编，于10月任第九师师长。1929年任第二军军长，随蒋介石先后参加蒋桂战争、蒋唐、蒋冯阎战争。中原大战结束后率部进驻洛阳，兼任陇海路西段警备司令。同年冬兼任川湘鄂赣皖苏浙七省水警总局局长。1932年免师长兼职，专任第二军军长。1933年春兼任武汉编练处处长；9月参加第五次“围剿”，任五省“剿总”北路军前敌总指挥兼第二路军总指挥。1934年2月任“剿总”东路总司令。期间参与镇压福建事变。1935年任驻闽“绥靖”公署主任。同年5月被国民政府授予陆军二级上将；12月在国民党“五大”上当选为中央执行委员。1936年奉派为西北“剿总”前敌总司令。西安事变发生后被扣留，后参与营救蒋介石出险的活动，担任西安与南京之间的传信人。1937年抗战爆发后任第四集团军总司令；11月任军事委员会委员长西安行营主任。1938年6月至1941年6月任陕西省政府主席兼保安司令。1939年2月任第十战区司令长官。1941年6月任军事委员会委员长西安办公厅主任；12月任第一战区司令长官兼冀察战区总司令。1943年6月兼第二十四集团军总司令。1944年春面对日军的进攻，造成中原大溃败局面，受到舆论的批评，被迫辞去本兼各职，到重庆担任军事参议院参议。1945年5月在国民党六大上继续当选为中央执行委员。抗战胜利后退役从事商业活动，在南京、上海、香港以及美国等地开办各种企业。1947年5月被聘为国民政府战略顾问委员会委员。1948年出席“行宪”国民大会。1949年3月去台湾。历任“东南区点编委员会”主任委员、“国民大会”代表、“总统府战略顾问”、“总统府国策顾问”等职。1974年1月2日在台北去世。

**蒋智由(1865—1929)**

字观云、星侪、心斋，旧名国亮，别号因明子。诸暨县人。早年求学于杭州紫阳书院，能诗善文，工于书法，兼治宋儒性理之学。1897年以廪贡生应京兆乡试举人，后以经济特科授山东曲阜知县，因响应康梁维新变法未赴任。戊戌变法失败后继续以诗词为号角，鼓吹革故鼎新。梁启超将其与黄遵宪、夏穗卿并誉为近世“诗界三杰”。留学日本时曾出任《浙江潮》编辑。1902年与蔡元培、叶瀚等人在上海创办中国教育会，并加入光复会，担任爱国女校经理。旋自费留学日本，继任《新民丛报》主编，发表《中国兴亡问题论》、《极东问题之满洲问题》、《中国人种考》、《华严阁杂谈》等文。1907年与梁启超共同组建政闻社，担任政论社主编，鼓吹君主立宪制，反对同盟会革命主张。辛亥革命后拥护共和政体，并作《梅花》诗赞成革命，自责往昔失误。著有《居东集》、《蒋观云先生遗诗》，另有诗两卷未刊印。

**蒋尊祎(1876—1931)**

海宁县人。1904年考中进士。1912年中华民国成立后在北洋政府交通部任职。1914年7月至1916年10月任交通部邮传会计司长。1917年7月至1919年1月任交通部参事。1919年1月至1921年5月任交通部电政司长。1924年11月至1928年3月再次担任交通部电政司长，并兼全国电政监督。

**蒋尊簋(1882—1931)**

字百器，又名伯器。诸暨县人。蒋智由之子。早年求学于杭州紫阳书院，学业出类拔萃。1900年选为官费留日学生，初为成城学校骑兵连队学生，后入日本陆军士官学校骑兵科，并于1904年第三期毕业。1905年加入光复会。同盟会在东京成立后又加入同盟会，选为宣传部长。1906年应浙江巡抚张曾敭邀请出任教练处帮办、讲武学堂总办、新兵第二标标统。在杭州海潮寺开办弁目学堂，并协助建立陆军小学堂与炮工学堂，为浙江发展陆军特种兵和辛亥革命光复奠定坚实基础。1907年皖浙起义失败，清政府怀疑其涉案，被迫辞职远调广西，出任兵备、参谋、教练三处会办，继蔡锷任广西陆军小学堂总办。1909年调任广西参谋处总办。1910年又任广东混成协协统。辛亥革命爆发后出任广东都督府军事部长，权摄广东都督。南京临时政府成立后浙江都督汤寿潜调任交通部长，因众望所归，被推为浙江都督兼民政长。袁世凯任临时大总统后遭到排挤，加上浙军驻南京司令官朱瑞回浙窥伺浙督之位，被迫辞职，出国考察。1914年1月任总统府高等顾问、约法会议议员；6月又任参议院参政、将军府宣威将军兼检阅使总监。1915年任两湖检阅使兼保定军校主考、北京模范军事督参。1916年袁世凯复辟帝制，配合蔡锷“护国运动”，南下响应讨袁。1917年北洋军阀段祺瑞废除“临时约法”，解散国会。孙中山在广州成立护法军政府，电令各省讨逆救国。返回浙江参与护法之役，并于11月宣布浙江自主，出任浙军总司令，进驻百官。由于受到孙传芳部孟昭月所迫，未能实现，反被北洋军阀政府下令褫夺勋位、勋章和军职。后被孙中山委任为浙闽宣抚使，继续策动浙军起义。1921年5月孙中山在广州就任非常大总统，任命其为参谋次长。后又历任军政部次长、代理参谋长兼滇、黔、赣联军第一路司令。1923年11月出任孙中山大本营参谋处主任。1924年2月改任大本营军需总督。1926年12月出任浙江省政府委员，继任军政长，积极进行地方自治。1927年

4月又调任上海政治分会主席。1928年改任北伐军总司令部高等顾问、全国道路协会副会长、赈济委员会委员。1929年底参加反对蒋介石活动而被捕,释放后退返沪江,持斋念佛。1931年5月宁粤分裂,任广州国民政府委员。1931年8月病故。

**蒋　鉴(1902—1940)**

女。镇海县人。5岁丧母,由外祖母抚养长大。丈夫周明栋早年留学德国,是儿科专家。结婚后两人往来于上海、杭州之间行医。1937年抗日战争爆发后迁居汉口,创办民众诊所,并入第五陆军医院做义务护士,积极参加战地伤病护理工作,被伤兵尊为"伤兵之母"。1938年5月16日第五陆军医院西迁至四川合江,负责将重伤兵护送到四川合江后返回。后受李德全、邓颖超之托将100名难童护送到重庆临时保育院,并担任院长。在她的努力下,把保育院办成了儿童乐园,被称为"难童之母"。终年的劳碌严重损坏了她的健康。1940年10月5日在重庆病故。邓颖超发表《痛悼蒋鉴》,称赞她"是妇女界的模范,是抗战伟大时代的新的贤妻良母,是中华民族最优秀的儿女"。

**蒋微笑(1904—1937)**

原名永昌,又名永畅。温岭县人。1919年考入杭州的浙江省立甲种水产学校。毕业后到宁波慈幼院小学执教。后加入中国共产党。1925年初回海门慈幼院小学教书。曾任中共海门党支部负责人。1927年春任中共海门独立支部负责人;11月中共海门独立支部被国民党破坏后去宁波寻找党组织未果,后又到南京、汉口等地继续寻找党组织。

**韩芸根(1868—?)**

字兆蕃。定海县人。上海著名煤炭商。煤炭商家庭出身,其父韩之鹏创办的涌记煤号为上海最早的煤炭店之一。继承父业,所经营的涌记煤号被称为上海煤炭业三大家。1913年参与创办柳江煤矿公司。1921年参与创办上海华商水泥公司,任董事兼总经理。同年被选为上海煤业市场总董。发起创办中国煤业银行,任董事长。1924年与刘鸿生等设立义泰兴白莲泾码头,1926年与义泰兴、刘鸿记等煤号组织东京煤公司。1927年与刘鸿生等创设中华煤球公司。

**韩郁堂(1878—1971)**

又名尚文,字光华。青田县人。毕业于南京的江南陆师学堂。后参加同盟会,参与反清革命活动。1911年辛亥革命爆发后参加杭州光复之役。随后参加援宁浙军支队,参加浙军攻克南京天堡城战斗。1912年1月1日韩郁堂以浙军代表身份出席孙中山在南京宣誓就任中华民国临时大总统典礼。南北议和后袁世凯取代孙中山担任中华民国临时大总统,以浙军代表身份常驻北京。袁世凯复辟帝制图谋暴露后南下,参与讨袁护国活动。1918年1月4日遭北洋政府通缉,隐居上海租界达五年之久。后任浙江省政府秘书等职。

**韩　非(1919—1985)**

原名幼止。祖籍宁波,生于北京。电影演员。1939年开始从事戏剧活动,曾参加上海剧艺社和苦干剧团。1941年开始进入电影界,第一部影片是与周璇合作演出的《夜深沉》。后进入"国华"、"长江"等影片公司。1949年到香港。1952年回到上海,任上海电影制片厂演员、中国影协理事。共参演过近百部影片,其中影响较大的有《锦上添花》、《魔术师的奇遇》、《他俩和她俩》。他的表演以喜剧见长,夸张有度,形态自然,形成了独特的表演风格,堪称为中国电影史上的一位难得的"笑星"。

**韩清泉(1884—1921)**

字士泓。慈溪县人。1899年至1902年就读于杭州养正书塾、杭州府中学堂。1902年被选派为浙江省、杭州市官费赴日留学生。初进东京弘文书院普通科学系,1904年赴金泽医学专门学校就读。学成回国后任浙江高等学堂校医。1911年会同留日医科同学汤尔和等人,在杭州羊市街(今江城路)开设浙江病院,自任院长,乃国人在杭州自办西式医院之始。1912年6月1日租赁板儿巷民房,创办浙江医学专门学校(次年更名浙江公立医药专门学校),兼任校长,为国内第一所兼培育医、药专门人才的学校。1916年教育部召开全国教育专科以上学校成绩展览会,该校以93分之成绩居全国同类学校之首,列为特等,荣获"绩学宏仁"之匾额。在浙江医疗卫生史和教育史上具有开拓性贡献。

**韩惠卿(1907—1999)**

女。萧山县人。1924年浙江省立女子蚕业学校毕业。1931年以浙江省公费生考入日本东京高等蚕丝学校,毕业后在日本横滨国际蚕丝检验所实习一年。回国后曾任中国蚕丝改良会镇江女子蚕校教师、实习工场主任,浙江德清公利丝厂厂长,云南楚雄高级女子蚕桑讲习所主任,四川丝业公司技术顾问,云南大学农学院系主任、教授,中山大学教授,西南农学院蚕桑系教授、代理系主任,兼图书馆主任。先后任全国人大第三届代表，全国政协第五、第六届委员，全国第三届妇联代表，四川省人大第三届代表，九三学社四川省顾问委员，四川省科委委员，四川蚕丝公司技术顾问，重庆市政协第三届委员，重庆市妇联执行委员。长期从事蚕茧缫丝的教学和技术工作，专长于丝茧学研究，曾研制成功"丝毛线混纺"获得农业部农学会奖状，创建重庆景岗蚕桑基地。曾获农业部"辛勤耕耘50年"奖状。1999年10月15日去世。著有《丝茧学》、《茧丝色斑研究》、《蚕茧鉴定》和《制丝手册》、《蚕桑专业日语汇集》、《原料茧干燥研究》等，并参加《中国农业百科全书》的编写工作。

**韩登安(1905—1976)**

名竞，一字铮，号耿斋、印农。杭县人。师从浙派篆刻名家王福庵，得其真传。20世纪50年代曾任西泠印社总干事、东皋雅集总干事，在西泠印社恢复时期发挥了重要作用。后任浙江省文史馆馆员，浙江省美术家协会理事，杭州市美术家协会理事等。书精篆隶，尤以玉箸篆闻名；善刻印，酷嗜浙派，间仿皖派，精刻细朱文，所刻多字毛泽东诗词印堪称"绝艺"；亦擅书画，所作清秀淡逸。编著有《登安印存》(118册)、《登安集拓金石图》、《明清印篆选录》、《西泠印社胜迹留痕》、《增补作篆通假》、《毛泽东诗词刻石》、《岁华集印谱》等。

**喻长霖(1857—1940)**

字志韶。黄岩县人。1895年考中榜眼，授翰林院编修、国史馆协修、武英殿和功臣馆纂修。1896年为宁海县筹款，围筑六敖里塘(今三门县榜眼塘)。戊戌变法前曾与康有为多次讨论变法，政治立场保守，对康有为的激进变法主张持反对立场。后任清宗室觉罗八旗第三学堂提调，八旗高等师范学堂国文教习，译学馆伦理教习。1907年秋任两浙师范学堂监督。1909年任实录馆纂修。1910年任京师女子师范总理。同年资政院成立，当选为硕学通儒议员，授四品衔。1912年中华民国成立后以清朝遗老自居，不再出仕。袁世凯多次请他出任要职，均谢绝。1914年受聘担任浙江通志局提调，参与通志编修。1924年孙传芳入主浙江后曾三次到杭州吴山请其出山，以终身不事二君辞谢。1926年主修《台州府志》，成书140卷。晚年客寓上海卖文鬻字。1940年在上海寓所去世。著有《清儒学案》、《古今中外交涉考》、《清大事记》、《九通会纂》、《经义骈枝》、《两浙文徵》等18部经史著作。

**揭锦标(1907—1974)**

字胜荣。常山县人。早年毕业于浙江省警官学校第一期。毕业后被保送至日本内务省警察讲习所深造。归国后到浙江警官学校任教官。后任中央警官学校教官，并主办东南警官训练班、台湾警察干部训练班。1945年8月日本宣布无条件投降后随陈仪前往台湾参与接收，任台湾省警务处副处长。1947年底当选为"行宪"国民大会代表。

**嵇　侃(1871—1934)**

名侃，又名汉章，字慕陶。德清县人。蚕桑教育家和实业家。早年任教于杭州蚕学馆。1898年12月赴日本留学，先入埼玉县竞进社蚕业学校。同年10月转入东京蚕业讲习所，在校刻苦研读，常赤脚冒雨走10余里采桑，蚕学馆总办林启为此汇银洋40元予以嘉奖。1901年3月回国，在江苏大有蚕种制造场昆山分场从事制种，培育出"老虎"牌良种。1916年杭州纬成绸业公司增设缫丝部，被聘为部长兼总工程师，同时兼任浙江省立甲种蚕桑学校教授。1924年回德清投资6万元创办新市镇公利丝厂、崇德(今桐乡)公利分厂。1926年又创办利农土丝改良厂，任三厂总经理。1932年因"洋丝"充斥市场，蚕丝跌价而停办。在德清、塘栖、新市等地设立茧行，自收、自烘干、自缫。还重视蚕丝教育，利农丝厂内开办蚕丝讲授班，传授新式培桑、育种、饲蚕、缫丝等技术。1934年8月在杭州病故。

**嵇炳元(1875—1938)**

字旨美。德清县人。清末贡生。毕业于浙江蚕学馆，曾任候补通判。1911年回德清后任民团局局长。1912年任河南省巩县知县，迁登封、洛阳、鲁山县知事，摄河洛道道尹。1918年被湖南都督汤芗铭任命为清乡统令，兼任湘潭、长沙县知事。1919年11月署湖南省实业厅厅长，并兼督军公署咨议官，获三等嘉禾章。1920年因病回乡，晚年长期卧病。1938年5月15日病故。

**嵇祖佑(1878—?)**

字述庚。德清县人。毕业于成都警察学校。1914年任成都警察署勤务员，后任四川省警察厅厅长。1924年任四川第二十一军顾问。1931年2月任四川省政府委员。同年任四川省印花烟酒税局局长。1934年12月去职。1935年任四川省第一区行政督察专员。1936年4月任四川省政府委员；7月兼四川省政府民政厅厅长。1938年8月任国民大会四川省代表选举总督监。1939年任四川省政府地政局局长。1940年9月任四川省粮食管理局局长。1948年7月任四川省政府委员。

**程干云(1891—1968)**

字松生。宁海县人。早年求学于杭州育英书院。1909年考入清华学校土木系,未一载,以体弱退学。旋入北京大学。毕业后参加詹天佑设计的中国第一铁路——京绥线勘测工作。1918年官费留学美国,毕业于康乃尔大学机械系,获硕士学位。后入哥伦比亚大学研究机械工学。1923年回国后任京绥铁路局南口机车厂厂长,兼材料厂厂长。此后历任上海劳动大学工学院院长、北平大学工学院院长等职,并先后任教于天津北洋大学、河北工学院、武汉大学工学院、西北工学院。1952年后任北京工业学院教授。

**程干青(1872—1952)**

乳名如元,又名长悌,字芸生。宁海县人。程干云之兄。早年毕业于江南陆师学堂。以南洋官费留学日本,入日本国陆军士官学校第三期工兵科第三大队。1905年回国后任南京新军督练,到上海负责枪械、被服军需物资购置。民国初被授予陆军少将,在南京国民政府任职。"二次革命"失败后离开政界。后被沪军都督陈其美派到浙江,任沪军浙东募兵总理。不久到杭州陆军同胞社任总办。1928年回到家乡宁海办实业,热心资助公益事业。1944年捐出不动产楼房八间半、平屋五间半,时值32万元充作赈灾基金,后由浙江省主席黄绍竑咨请社会部转呈国民政府颁给"心存利济"匾额一方。

**程士毅(1880—1952)**

字健樵,晚号澹园老人。永康县人。浙江优级师范学堂毕业后初任永康县立城北高等小学校教务长。城北和城南两校合并后继任县立高等小学校校长。目睹清廷腐败,民不聊生,遂加入光复会,与沈荣卿、吕公望等人策划革命。拟在永康筹办体育学堂,借作革命根据地。浙军攻克南京后应吕公望之邀,投军入伍,渡江直逼徐(州)宿(迁)。不久出任临安知事。1916年吕公望被推举为浙江督军兼省长,入幕任机要秘书。1919年随吕公望率军入粤,因汕头兵败,辗转广州和香港达三年之久,后任浙江省议会文牍秘书。1926年出任孝丰县知事。1927年吕公望出任国民革命军江北招抚使,再次随军协助。吕公望赠金2000元,筑庐于永康县城华溪西岸,额曰"念劬堂"。1936年当选为金武永长途汽车公司常务董事兼总经理,出任永康县商会会长,连选连任达八年之久。

**程先安(1916—2006)**

女。宁海县人。程干云之女。1938年毕业于武汉大学。1951年获美国堪萨斯大学研究院硕士学位。回国后在北京工业学院航空系任教。1952年参与组建北京航空学院,成为该校第一批教授。历任物理教研室副主任、主任,理论物理教研室主任,《北京航空学院学报》编委,校学术委员会委员等职。1983年至1997年连续获得国家自然科学基金及航空部科学基金,负责非晶态合金薄膜、磁场—微波等离子体、金刚石薄膜等研究。是我国第一批享受国务院特殊津贴的专家,曾入编《国际名人录》,并获国家教委颁发的"从事高校科技工作40年成绩显著"荣誉证书及"舒尔美教学奖学金恩师奖"。2006年12月4日去世。临终前设立遗嘱,委托胞妹程先琪将其私人房产变卖后的款项捐赠北航教育基金会,以捐助北航贫苦学生,并捐赠百万遗产,回家乡宁海设立"程干云助学基金"。

**程远帆(1886—?)**

字万里。绍兴县人。早年赴美国哥伦比亚大学学习。毕业后回国,历任湖南明德大学经济学教授、北洋保商银行行长、英国公使馆书记官、浙江财政委员会常务委员。1932年6月任南京市财政局长。1933年6月至1935年11月任北平特别市财政局局长。1935年12月至1946年7月任浙江省政府委员。期间曾于1935年12月至1938年7月兼浙江省政府财政厅厅长。1941年3月任重庆国民政府行政院全国粮食管理局副局长。1945年9月任财政部地方财政司司长。1946年5月任浙江省政府委员兼财政厅厅长;7月去职。后任联合国财务委员会中国代表、中央信托局局长等职。

**程芥子(1910—1987)**

名柳燊,以字行。余姚县人。台湾著名画家和教育家。早年私塾海上名家冯超然,习人物、山水,后以偏好人物,遂专擅,由明人法入手,上承北宋李公麟法,衣褶寓繁于简,面貌勾描、工皴而能传神。艺术评论家丁念先曾推许其中国人物画为"三百年未见之笔墨"。1949年前后赴台,曾参与创办"七儷画会"并举办联合展览,为一时之盛事。与张大千多有交往,并有合作作品传世。其夫人顾瑞华亦为台湾著名书画家。著有《程芥子人物画》。

**程步高(1896—1966)**

字齐东。平湖县人。电影导演。早年求学于私立诒谷小学,后考入上海震旦大学。在震旦大学读书时曾为《时事新报》副刊撰写影评,翻译介绍国外电影技术知识。1924年起涉足影坛,从事电影编导。为大陆影片公司导演了自己第一部影片《水火鸳鸯》。为大陆影片公司拍摄纪录片《吴佩孚》、《洛阳风景》，编写电影剧本《乡姑娘》，后与孙瑜、杨小仲等发起创办长城影片公司。“一·二八”淞沪抗战爆发后与摄影师在前线摄制了轰动海内外的新闻纪录片《上海之战》。1933年2月当选为中国电影文化协会委员。抗战期间先后导演了《狂流》、《春蚕》、《同仇》、《女儿经》、《华山艳史》、《到西北去》、《热血忠魂》、《新旧上海》、《夜奔》等进步影片。抗日战争胜利后继续从事电影编导。1947年去香港，先后在永华影业公司、长城电影制片公司工作，至1961年共导演了20部影片。一生编导影片60余部，为我国电影事业作出可贵贡献。晚年编写了15万字的《影坛忆旧》，留下中国电影发展史的珍贵资料。1966年6月在香港病故。

**程学銮(1879—1960)**

字仰坡，号坡公。杭县人。举人出身。后赴日本留学，在早稻田大学毕业后回国。历任驻日本公使馆书记官，驻新加坡领事兼代理总领事，驻法国公使馆参赞，北洋政府外交部通商司科长。1925年3月被任命为北洋政府外交部驻浙江特派交涉员，1926年去职。以诗书字画自娱。1933年与杭州市长赵志游等主持重修杭州宝石山上的宝石塔(即保俶塔)，并撰写了碑记。1956年7月被聘为上海市文史馆馆员。

**程宝嘉(1912—　)**

嘉善县人。毕业于国立上海商学院会计系。曾任私立上海震旦女子文理学院会计学教授，中国银行外汇稽核科副主任，美国驻华安全分署高级财务分析及财务稽核。1949年去台湾，在台北执行会计师业务，其事务所是台湾最大的会计事务所。

**程钟炉(1898—1972)**

永康县人。13岁随父打铁。16岁掌钳。1931年到安徽屯溪开设“程隆记铁铺”，生意兴隆，很快扩展至七间店面，增加红炉，扩大生产。抗战爆发后程隆记红炉增至四座，又聘杭州名师打制菜刀，自掌主炉，严把煅打、冷作、淬火三关，所打制的刀具光滑平整，嵌钢深晰，刀口锋利，久用不疲，名扬皖浙赣三省毗邻地区。1932年至1947年间先后承建歙县至淳安公路定潭、大川两座桥梁，屯溪至景德镇公路大北埠桥钢架结构。1955年程隆记改组为公私合营程隆记农具铁厂。1956年改为国营屯溪机械厂，任副厂长。

**程裕淇(1912—2002)**

嘉善县人。1912年10月7日生。1929年考入清华大学地理系(后为地学系)就读。1935年毕业，获理学学士学位。其后任实业部地质调查所调查员。同年通过中英庚款公费考试，到英国利物浦大学留学，在里德教授指导下主攻变质岩石学。1938年获哲学博士学位。同年回国后到经济部中央地质调查所任职，历任技士、技正，兼矿物岩石研究室及经济地质研究室主任。同时兼任中央研究院地质研究所研究员和《中国地质学会会志》主编。1944年至1946年作为经济部资源委员会专门委员，到美国、加拿大和墨西哥参观考察。1950年出任中国科学院地质研究所副所长(至1953年)、中国地质工作计划指导委员会矿产测勘总局经济地质处副处长。1951年兼任东北南部地质矿产大队队长。1952年兼任湖北大冶429铁矿勘探队队长。1952年至1956年任地质部地质矿产司副司长。1955年被选为中国科学院生物地学部委员。1956年任地质部技术司总工程师。1957年任地质部地质矿产研究所变质岩及前寒武纪地质研究室主任。1977年任中国地质科学院副院长。1979年任地质部副部长。1982年改任地质矿产部总工程师、科学技术顾问委员会主任。1983年任国际岩石圈委员会中国委员会执行主席，当选为第六届全国政协常务委员。1996年改任地质矿产部科学技术高级顾问，科技领导小组顾问。1999年任国土资源部大陆科学钻探项目科学技术顾问委员会主席。2002年1月2日在北京去世。著有《索受兰培戴希思耳附近的混合岩区》、《中国前寒武系》(主编)、《再论矿床成矿系列问题》等。1946年曾获中国地质学会赵亚曾纪念奖。1982年被选为英国伦敦地质学会荣誉会员。1988年获英国利物浦大学名誉科学博士学位。1995年获第一届李四光科学特别奖。1998年获何梁何利科技进步奖。

**程慕颐(1894—1958)**

桐乡县人。1916年毕业于浙江省立医药专门学校。旋赴日本帝国大学医科专修细菌学和生物制品。次年回国后在北京任卫生署中央防疫处菌苗室主任(技正)，主持抗鼠疫血清生产。先后奉派赴美、波、匈、丹、捷、英、德、法等国参观学习生物制品制造和鉴定方法。1928年至1937年任上海市卫生试验所所长兼技正，负责在江湾筹建规模较大、设备较完善的卫生试验所，领导研制伤寒霍乱菌苗、狂犬疫苗，并生产牛痘苗应市。1938年在上海筹建新亚血清厂，任厂长，制造国内急需的痘苗、菌苗及抗毒血清。同年自办程慕颐医学化验所。1952年停办新亚血清厂和医学化验所，将所有仪器设备捐献给国家，入上海生物制品研究所任菌苗室主任、检定科科长、总技师。曾任上海市郊血吸虫病防治委员会检验组副组长、中国微生物学会上海分会常务委员，被聘为中国生物制品法规委员会委员和中国药典编纂委员会委员。著有《细菌学总论》、《细菌学各论》，主编有《生物制品的规程》等。

**程慕灏(1898—1991)**

桐乡县人。金融家。少时就读于浙江省立簿记学校。1913年进入中国银行上海分行当练习生，工作努力，成绩突出。1924年任沪分行国库股主任。1928年被提升为上海中国银行副经理。1931年信托部成立，任该部副经理。1933年参与筹建上海票据交换所。抗战军兴，中行沪分行设驻汉口办事处，任主任(未到任)，后与潘久芬共同负责留守上海。1942年中行沪分行在日伪劫持下"复业"，任总行管理处处长兼总务处处长。1945年奉召赴渝，任副总秘书兼赴外稽核。1950年6月去香港筹组总行驻香港办事处，不久任香港分行副经理。1952年出任香港交通银行经理，直至1979年退休。是中国银行常务董事，并曾任广东银行董事，香港中国国货公司董事长，中国中发公司、大华国货公司会董等。从1978年起连任第五、第六、第七届全国政协委员。1991年在香港去世。

**程德受(1920—1991)**

东阳县人。1920年9月1日生。中央警官学校正科第九期毕业。1945年公费派遣出国留学，获美国加州大学政治学硕士。1948年回国后到中央警官学校任教。1949年1月任司法行政部简任秘书；5月底任广东高等法院检察官。同年去台湾，任高雄港务警察所长。1950年起历任台湾当局"司法部"专门委员，"民防司令部"少将组长，"内政部"主任秘书，"蒙藏委员会"主任秘书，"国立政治大学"专任教授兼"行政院"法规整理委员会委员，"考试院"考铨研究会委员。1971年8月任"考选部常务次长"。1972年8月任"司法院"秘书长。1991年8月11日在台北去世。

**傅东华(1893—1971)**

本姓黄，过继外祖父家，改姓傅，又名则黄，笔名伍实、约斋。金华县人。文学翻译家。1912年上海南洋公学中学部毕业。次年进中华书局当翻译员，开始发表短篇小说。1914年起先后在东阳中学、北京平民大学附属中学、北京高等师范教英语。1920年加入文学研究会。此后在上海大学、上海中国公学任教并从事著译。1932年任复旦大学中文系教授。1933年7月与郑振铎主编生活书店印行的大型月刊《文学》，同时为商务印书馆编撰《基本初中国文》、《复兴初中国文》、《复兴高中国文》三套各六册，发行全国。抗战时期任《救亡日报》编委，参与翻译斯诺的《西行漫记》。上海被日本侵略军占领后翻译《飘》、《业障》等，编辑出版丛书《孤岛闲书》。新中国成立后历任中国文字改革委员会研究员、中华书局《辞海》编辑所编审、《辞海》编辑委员会委员、语辞学科主编。是中国作家协会会员，上海市政协特邀委员。参加《资治通鉴》标点本清样校注，标点《汉书》等。译有西班牙塞万提斯《唐·吉诃德》、英国约翰·弥尔顿《失乐园》、美国德来塞《珍妮姑娘》、古希腊荷马《伊利亚特》等。

**傅式悦(1891—1947)**

亦作傅式说，字筑隐。乐清县人。1905年赴日本留学，先后就读于日本中学、高等学校及东京帝国大学工科，获工学学士学位。1911年回国后参加辛亥革命，曾任沪宁北伐义勇队参谋。中华民国成立后再赴日本，入东京帝国大学工学部攻读研究生。先后参加留日中国学生组织的丙辰学社与中华学艺社。1918年毕业回国后先后在通易矿务公司、汉冶萍煤矿公司、都乐公司担任工程师，并参与开办鸣山煤矿。1922年任厦门大学教授兼注册主任、学生指导委员长。1924年在上海参与创办大夏大学，任校董、教授兼总务长、会计室主任等职。1927年后历任国民政府交通部上海电报局监理，财政部煤油特税处科长，江苏煤油特税局副局长，交通部国际电信局会计监理，中华学艺社社长、执行委员会主席，大夏大学教授、代理校长。1939年投靠日伪。1940年3月至1941年8月任汪伪铁道部部长。1941年8月至1942年1月任汪伪浙江省政府主席兼民政厅厅长(兼至1942年2月止)。1942年1月至1944年9月任汪伪浙江省省长。1944年9月至1945年任汪伪建设部部长。此外还先后兼任汪伪中日文化协会常务理事、总干事，汪伪全国经济委员会委员，汪伪中央政治委员会指定委员，汪伪行政院政务委员，汪伪清乡委员会委员，汪伪清乡委员会驻浙江办事处主任，汪伪太湖东南地区第二期清乡保安司令，汪伪新国民运动促进委员会浙江省分会主任委员，汪伪浙江省清乡联络委员会主任委员，汪伪敌产管理委员会委员等职。1945年8月抗战胜利后以叛国罪被逮捕。1947年处死刑。著有《化学概论》。

**傅师说(1877—?)**

字仲华。瑞安县人。光绪朝贡

生。后考取浙江官立法政学校。1910年考取法官。1913年1月在浙江当选为中华民国第一届国会众议院候补众议员。1915年参加第四届县知事考试及格，分发到江苏任用。1916年6月被袁世凯非法解散的第一届国会恢复后递补为众议员。1917年国会再次被解散后应邀担任河南官产局会办。1922年第一届国会第二次恢复，继续担任众议员。1923年10月参加贿选，投票选举直系军阀首领曹锟为中华民国大总统，被舆论讥讽为猪仔议员，从此声誉扫地。后不详。

**傅仲芳(1896—1976)**

名翼翰，字仲芳，以字行。萧山县人。1918年8月考入保定陆军军官学校第八期步兵科。1921年7月毕业后分发到浙军第一师服役，历任连附、连长等职。1928年任国民革命军第十一师参谋处长。1930年任第十一师第六十三团团长。1931年任第十一师独立旅旅长。不久改任第五十二师第一五四旅旅长。1932年任第十八军第六十七师师长。1933年率所部参加对中央苏区的第四次“围剿”。1935年4月被授予陆军少将军衔。同年夏任第五军第九十九师师长。1937年5月21日被授予陆军中将军衔。1938年3月任贵州省保安处处长；6月任第三十八集团军第九十九军军长。同年冬至1940年初率领所部参加桂南会战，因作战不力受撤职查办处分。同年秋率部参加第二次长沙会战，作战有功记大功两次。1944年3月任第二十四集团军副总司令。1945年10月任川黔湘鄂边区“绥靖”公署副主任。1948年夏任川黔鄂湘“绥靖”公署副主任，兼川黔鄂边区“清剿”指挥部主任。同年秋任国防部联勤总司令部经理署署长。1949年去台湾，归隐台中，悬壶济世。1976年7月28日在台湾去世。

**傅全香(1923— )**

女。原名孙淑兰。嵊县人。1923年8月3日生。越剧表演艺术家。1933年入四季春科班学戏，先习花旦，后改青衣。1936年到杭州演出；同年秋进入上海，演出于老闸大戏院。1938年春再次进入上海演出，因《九斤姑娘》一剧而受到观众青睐。1940年因在新戏《恒娘》中扮演恒娘而声誉鹊起。1941年与尹桂芳、竺水招搭班演出，合演《盘夫索夫》、《白蛇传》、《玉蜻蜓》等剧目。1943年春到“四季春”挂头牌，戏班更名为全香剧团，邀范瑞娟初次合作演出《小妹妹临终》、《武家坡》等剧目。1944年8月与徐玉兰搭档，演出《浮生六记》、《黄金与美人》、《铁窗红泪》等戏。1946年与张桂莲搭档演出于龙门大戏院。1947年参加《山河恋》义演，在剧中扮宫女戴嬴。同年与范瑞娟再次合作，组成东山越艺社，演出新编古装戏《天涯梦》、《李闯王》和传统剧《梁祝哀史》、《四大美人》等剧目。1948年参加芳华越剧团，与尹桂芳联袂演出《桃花扇》、《鲁男子》、《乱世佳人》等戏。1949年春节与范瑞娟三度合作，重组东山越艺社，在明星、丽都等戏院演出《万户更新》、《控诉张春帆》、《孔雀东南飞》等剧目。新中国成立后先后在华东戏曲实验剧团、上海越剧院任主要演员。在长期的艺术生涯中形成了自己的特色。50年代初期在《十八相送》和《织锦记》中首开定腔定谱先例，广泛借鉴京昆和评弹的唱法，在程派“真声假一点，假声真一点”的理论中汲取营养，形成自己的鲜明艺术特色，被称为越剧“傅派”，被誉为越剧界的“金嗓子”、“越剧花腔女高音”。1989年获中国唱片总公司颁发的“金唱片奖”。出版有反映她艺术生涯的《坎坷前面是美景》、《傅全香唱腔选集》。

**傅其永(1886—1927)**

谱名鸿淇，字扶骞，别号右泉。金华县人。前往兰溪投奔任云山学堂国文教习长兄傅怀永，半工半读。后毕业于浙江弁目学堂。1906年报考保定陆军速成学堂，与浙籍吕公望、蒋介石等40人同时被录取。北上途经上海时应光复会会员吕公望之邀，与王萼、童保暄、叶志龙、张鸿翔、倪海薰等人访问沪上筹办女报的秋瑾，畅谈革命形势，并由秋瑾介绍，与王萼等人一起加入光复会。1909年毕业回浙，编入新军第八十二标见习。旋与童保暄、王桂林被派往天津学习宪兵。1910年春接任浙江光复会会务领导工作，组织日趋严密，形成以吕公望、朱瑞等七人参与的“上级会议”，与童保暄等五人形成“中级会议”。1911年武昌起义爆发后参与杭州光复。同年11月9日随吕公望赴沪，与陈其美和李燮和商议筹组联军攻宁，并获取江南制造局枪械；12月2日南京克复，浙军居首功，与吕公望等人入城后营救张恭出狱，并资助返浙。中华民国成立后浙军班师回浙，出任炮兵团团长，旋调步兵第二十一团团长。袁世凯窃取临时大总统后逼迫南方各省裁军，浙军处境艰难，随任嘉湖镇守使吕公望驻守湖州，旋改驻嘉兴。1916年4月13日随吕公望率所属文武官员正式宣告嘉湖地区独立，明确表示拥护共和，谴责袁世凯帝制自为，驱逐浙江都督朱瑞；4月19日随吕公望率全体浙军将领宣告浙江独立通电，逼使暗中投袁的新任都督屈映光辞职；5月16日吕公望出任浙江都督，继任嘉湖镇守使。1917年因遭人身侮辱，解甲归田，返回金华。于金华城西雅堂街口建居室，并合伙于傅村开设酒酱坊。1918年吕公望出任浙军护法军总司令，再次复出，前往护法军任职，升为混成旅旅长。1922年参加孙中山领导的第一次北伐，后因心脏病发作请长假返回故乡。宁汉分裂时蒋介石请其复出，吕公望写信邀请，以病恳辞。曾获二等嘉禾勋章和二等文虎勋章。

**傅国英(1881—1916)**

字聘之。诸暨县人。早年毕业于浙江高等巡警学堂，参加光复会、同盟会，秘密联络新军，参加辛亥革命。与蓝天蔚等组织北伐队，北伐关外。民国成立后在浙江省会警察局担任督察。面对袁世凯上台后的倒行逆施，与国民党浙江支部负责人褚辅成等积极发展国民党组织，与袁世凯及其在浙江的代理人进行斗争。担任诸暨警察署长，筹建国民党地方组织。同时奔走沪、杭、苏、皖等地，与钮永健、陈英士、王金发等商讨反袁大计。1913年“二次革命”爆发前后策划组建诸(暨)嵊(县)别动队。“二次革命”失败后在家乡开设太和号南北杂货店，以经商为掩护，继续进行革命活动。1915年先后两次遭浙江都督朱瑞逮捕，经邑绅保释出狱。1916年春与钮永健等奉蔡锷之命，在上海密商，回浙江组织浙东讨袁军。同年4月12日晚上攻克诸暨县城，知县周铁英悬挂白旗乞降。在诸暨县立中学成立浙东军政府，宣告反袁独立。不久被袁世凯的代理人、浙江巡按使屈映光以“土匪扰民”的罪名诱捕。4月23日被杀害于诸暨陶朱山。1928年南京国民政府追认他为烈士，并在诸暨县城苎萝山为他举行公葬。

**傅胜蓝(生卒年不详)**

金华县人。早年加入中国共产党。1933年在国民党法西斯秘密组织力行社头目康泽的游说下脱离中共，加入“革青会”，不久加入三民主义力行社，并主编力行社机关刊物《司令塔》。两年后因为“《司令塔》事件”被判入狱两年。出狱后转投力行社特务处处长戴笠，曾任浙江省警官学校政治指导员、国民政府军事委员会调查统计局督察室少将主任。上海沦陷后被汪伪特工组织“七十六号”逮捕，周佛海亲自出马说服，遂再次改换门庭，投奔汪伪。1940年6月至11月任汪伪杭州市市长。1941年6月至1943年3月任汪伪浙江省政府行政督察专员、伪杭州市长。投靠汪伪后与胡兰成合作，写成《蓝衣社内幕》于1942年4月出版，该书极力诋毁抗日的国民党及其特务组织，并为汪伪政权涂脂抹粉。该书出版后一时“洛阳纸贵”，在两三年间，这部真伪难辨、兼有史实和演义色彩的著作，销售高达200余万册。

**傅家铨(1862—?)**

字可堂。镇海县人。清光绪附贡生。后任太常寺博士。后回乡创办小学，并当选为镇海地方自治副董。1912年中华民国成立后当选为镇海县议会议员。1913年1月在浙江当选为中华民国第一届国会众议院众议员。不久入京就职。1914年1月袁世凯非法解散国会，回原籍闲居。1916年6月被袁世凯非法解散的第一届国会恢复后入京继续担任众议员。1917年国会再次被解散，南下广州，担任非常国会众议院众议员，追随孙中山从事护法运动。后不详。

**傅彬然(1899—1978)**

又名冰然，笔名秉仁、炎如、逸君、逸文等，化名冰弦、镜常。萧山县人。1916年考入浙江第一师范学校。期间和施存统、周伯棣等人组成“新生学社”，参加新文化运动。1919年五四运动中和宣中华、徐白民等一起发起成立一师学生自治会，被推选为代表，参加杭州学生联合会、杭州学生联合救国会和全国学生联合会。此后与宣中华等创办《浙江新潮》，刊出三期即被当局取缔，傅被开除学籍。同年12月抵达北京，参加陈独秀发起的“工读互助团”。1920年4月回乡从事教育，先后在绍兴、杭州等地执教小学。1923年加入社会主义青年团。1924年参加国民党。1927年2月任萧山县立仓桥小学校长。同年参加中国共产党，受党组织指派，参与庆云丝厂、通惠公纱厂工会组织的筹备活动；3月协助创建“中共萧山地方党部”；6月成立中共萧山“独支”，任书记。1928年暑期离萧赴沪，任上海劳动大学小学部教务主任和校务主任。1930年秋与中共党组织失去联系而脱党。1931年1月由夏丏尊介绍进上海开明书店，任《中学生》杂志编辑。1937年底回萧山后担任抗日政治军事训练处副主任。1938年夏赴武汉，任国民政府军事委员会第三厅五处少校服务员，负责出版及大路书店工作，兼任《少年先锋》杂志主编。后辗转桂林，在广西桂林(两江)师范学校任教。1939年5月任《中学生战时半月刊》编辑。1944年后任重庆开明书店编辑部主任，兼《中学生》杂志编辑等职。抗战胜利后回上海继续从事文化出版工作。1949年初离沪绕道香港到北京参加全国政治协商会议。新中国成立后历任文化部出版局副局长，古籍出版社副总编，中华书局副总经理、副总编，第二、第三、第五届全国政协委员，第三届全国人大代表，中国民主促进会第三届中央委员等职。1978年5月在北京病故。

**傅　涯(1918—2010)**

女。原名傅慧英。上虞县人。1918年4月生于江西省景德镇。1937年南京私立东方中学毕业后奔赴延安。1938年进入延安抗日军政大学第四期学习，毕业后进入抗大总政文工团。1943年2月与陈赓结婚。1946年起先后任太岳军区卫校指导员、中共中央组织部干部处档案科科员。1949年随陈赓部队南下，曾任郑州市委政策研究室秘书、云南省妇联筹备工作组代组长、土改工作团组长等职。1951年调北京，先后任中共中央组织部政法科、综合科干事，北京市公用局机关党总支书记。系北京市第五、第六、第七届政协委员。在陈赓大将于1961年去世后主持编辑出版《陈赓日记》等书籍。2010年1月4日在北京去世。

**傅筱庵(1872—1940)**

名耀宗，字筱庵。镇海县人。著名工商业者。1892年到上海英商耶松船厂做工，后升任领班、董事。数年后代巨商严信厚兼管房产经租业务，并拜盛宣怀为干爹。1909年经严介绍任招商局所属华兴保险公司副经理，后任经理、董事长。1911年武昌起义爆发后盛宣怀被通缉，盛家财产托傅代管，遂成为招商局、汉冶萍公司和中国通商银行三大盛氏企业股权的代表。上海光复后被委为沪军都督府财政部总参议及沪关清理处长。1913年任通商银行董事。1914年任总商会议董，与人合办元丰面粉公司。1916年与人集资创办祥大源五金号，自任总经理，包揽招商局等企业的五金进货业务，成为上海五金业领袖人物，同时为美商美兴洋行和英商长利洋行买办。同年与朱葆三在上海创办顺昌轮船公司，兼任招商局内河轮船公司经理。1917年又与朱葆三设立镇昌轮船公司。1919年任通商银行华大班(后改为总经理)，积极扩充分行，业务获较快发展。同年又任美商友华银行第一任买办。1920年投资中华懋业银行。北洋时期还先后任国务院高等顾问、财政部驻沪特派员、中国银行监理官、上海造币厂和全国烟酒公卖局监督。1926年在孙传芳的支持下任上海总商会会长。因资助孙传芳并充任五省联军总司令署最高顾问，北伐军入上海后遭国民政府通缉而逃亡大连，潜居三年。1931年国民政府撤销对傅的通缉，遂重返上海，复任中国通商银行常董、总经理，后转任董事长，并任宁波旅沪同乡会副会长。1934年建造通商银行17层营业大厦。1935年通商银行挤兑风潮后改任常务理事。抗战前还任美国钞票公司买办、英商耶松船坞及机器造船厂、四明商业储蓄银行、汇南铁路公司、汉冶萍煤铁矿公司董事长。1937年上海沦陷后出任伪上海市政公署督办、上海特别市市长。1940年10月11日凌晨被派国民党军统特务暗杀于施高塔路(今山阴路)祥德路官邸。

**傅　彊(1876—?)**

杭县人。清朝附生出身。后赴日本留学，入日本法政大学速成科。毕业后归国，历任吉林省交涉司佥事、吉林省延吉府知府、吉林省吉林府知府、吉林省城商埠局局长、财政部国税厅总筹备处主任、东清铁路读班公署参赞、吉林铁路交涉局总办、哈尔滨商埠督办等。1913年4月至1916年12月任北洋政府外交部驻吉林省特派交涉员。1919年1月至12月任吉林省滨江道道尹。后任东三省特别区高等审判厅厅长。1922年11月至1925年3月任江苏省政务厅长。后任淞沪商埠督办公署政务处长。1933年6月至1936年4月任北平市政府秘书长，并兼北平市自治事务监理处处长。1936年5月至1937年1月任江西省第一区行政督察专员。1936年10月被任命为广东省第六区行政督察专员。1937年9月2日去职。后不详。

**傅嬾园(1861—1931)**

名崇黻，字筤笙，又字本善。绍兴县人。初业儒，考上举人，官至教谕，后弃儒习医。1916年曾在杭州联络浙江中医药界人士集资，创办浙江专门中医学校，任校长。精于内、妇、儿科。著有《嬾园医话》、《嬾园医案选》。

**舒子宽(1920—　)**

慈溪县人。1920年6月生于北京。早年肄业于上海私立东吴大学，后毕业于国立西南联合大学心理系。毕业后担任战时儿童保育总会干事。1949年去台湾。1954年在台湾发起成立“中国家庭计划协会”，长期担任总干事。1960年在“中国家庭计划协会”下设孤儿保育所，收容孤儿。1969年当选为台北市议会议员。曾代表台湾当局多次出席世界人口与家庭会议、国际社会福利会议等。

**舒自清(1918—1996)**

原名舒鸿源。奉化县人。1918年2月8日生于上海虹口区一个贫民家庭。自学成才，18岁成为英国义茂利会计师事务所最年轻的审计师,又受聘为上海洋行高级职员。1935年"一二·九"爱国运动后积极投身于抗日救亡活动。1937年10月参加中国共产党。1939年到中共组建的党的第三条秘密战线——广大华行任职。广大华行建立后为中共领导的各抗日根据地输送了大量情报、物资和经费,帮助中央领导人往返国统区,成为中共最隐秘的地下掩体和经济支柱。当广大华行总经理卢绪章离职后接任"华联同乐会"党团书记。敌人想用高官厚禄收买而无果。因身份暴露,于1940年9月由上级组织安排到重庆工作。为了表明廉洁自律的决心,毅然改名"自清"。后任广大华行重庆分行经理,民孚、民安等公司董事,广大华行副总经理。1945年6月任广大华行美国分行经理。在美国的四年中充分利用各种社会关系,打通多条贸易渠道,为中共参加国共谈判和政协会议提供了宝贵的外汇,并向国内进口大批西药和其他急需物资,为新中国的创建作出了重要贡献。新中国成立后先后任外贸部进出口局副局长、中央调查部美国研究所所长。"文革"中被造反派当做"美国特务"批斗。不久夫妻双双被秘密关进北京的秦城监狱。1976年10月获得第二次"解放",担任对外经济贸易部国际贸易研究所所长。1996年5月在北京去世。

**舒昭圣(1907—1977)**

定海县人。纺织专家和企业家。1928年毕业于沪江大学化学系,先在英商纶昌印染厂染化部任职,负责技术管理。1932年改入德商德孚洋行任实验室主管工程师,同时兼任上海光新印染厂和茂雄染织厂工程师及顾问。1935年投资鼎丰染织厂(改名鼎丰盛记染织厂)。1937年鼎丰厂被毁。次年春利用与德孚洋行的关系以德商第四厂名义在日占区重建厂房,增添设备,恢复生产,获利颇丰。1939年德孚第四厂改名上海新丰印染厂股份有限公司,任总经理兼总工程师,所产"白猫牌"印花布畅销市场。至1947年新丰厂已拥有两个织布厂、四条印花布生产线,成为同业中大户。次年担任中国染化工程学会理事长。上海解放后在新丰董监事联席会议上率先提出申请公私合营。1951年7月公司正式公私合营后任上海纺织印染联管处工务主任。1956年任上海市印染工业公司副经理,常深入基层,指导生产。曾任上海市第四、第五届人大代表。

**舒 鸿(?—1964)**

原名厚信。慈溪县人,生于上海。少年时就读于上海明强中学,后考取上海圣约翰大学。1918年赴法国任华工队青年会干事,后赴美留学。1923年毕业于斯普林菲尔德学院(旧译春田大学)体育系,为篮球运动发明人奈史密斯教授之得意门生。继而入克拉克大学攻读卫生学,1925年获硕士学位。回国后历任杭州之江大学、南京国立东南大学、上海交通大学、同济大学、浙江大学等校教授、体育主任。是我国最早的国际级篮球裁判。1927年至1934年间参加远东运动会并担任中国代表团教练。1936年任第十一届奥运会篮球比赛裁判员。曾担任旧中国第一届全国运动会篮球副裁判长,多次担任全国篮球甲级联赛裁判长和浙江省运动会裁判长。参与创办中华运动裁判会并任会长。新中国成立后任浙江师范学院体育科主任、杭州体育专科学校校长、浙江体育学院副院长、浙江师范学院副院长、浙江省体委副主任。并曾担任中国篮球协会委员、裁判委员会主任,全国体育总会浙江省分会副主任,浙江省篮球协会主席,浙江省政协常委等职。

**鲁 迅(1881—1936)**

原名周树人。绍兴县人。1881年生于绍兴府会稽县东昌坊口新台门周家,本名樟寿,字豫山,入塾后改字为豫才。早年在家塾及绍兴三味书屋学习。1893年因祖父周福清(系翰林院庶吉士出身)卷入科场舞弊案下狱,其父周伯宜被革去生员头衔,家道中落,渐知人世艰辛。1898年5月改名周树人,到南京水师学堂就读。同年10月退学后转入江南陆师学堂附设矿务铁路学堂就读。1902年1月以一等第三名的成绩毕业。同年3月以"南洋矿路学堂毕业奏奖五品顶戴"的资格被派到日本官费留学;4月入东京弘文学院普通班江南科,学习日语与普通科目。1904年4月从弘文学院结业后到日本东北的仙台医学专门学校学习医学。1906年3月中止学业,回到东京,把学籍列在独逸学协会开设的德语学校,准备从事文艺运动,欲创办刊物《新生》而未果。后与其弟周作人从事外国文学翻译,结集为《域外小说集》。1908年7月底与许寿裳等从章太炎学习《说文》和《尔雅》,与乡人陶成章等亦多有交往,因而加入光复会。1909年8月回国后在浙江官立两级师范学堂许寿裳的推荐下到该校任教,担任生物学科日本教习翻译。次年初卷入与新任监督夏震武的冲突,后于学期末辞职。同年8月到绍兴担任绍兴府中学堂博物学教员。次年9月出任监学。1911年8月因人事变动去职。在家辑录《会稽郡故书杂集》和《古小说钩沉》。同年11月绍兴光复后被绍兴军政分府任命为山会初级师范学堂监督;12月应邀担任《越铎日报》三名发行人之一，与军政分府发生冲突。1912年2月在许寿裳推荐下应南京临时政府教育总长蔡元培之邀，到南京教育部任部员。同年5月随部迁往北京，被荐任为佥事；8月底被任命为社会教育司第一科科长(直到1926年离职，一直未曾升迁)。1918年5月在北京大学教授钱玄同的鼓动下，以"鲁迅"为笔名，在陈独秀主编的《新青年》上发表了第一篇白话文小说《狂人日记》，抨击礼教和家族制度的弊害，在新文化界产生了很大影响。其后四五年间在《新青年》、《新潮》、《晨报副刊》、《东方杂志》、《小说月报》等报刊上共发表了80余篇文章，其中包括小说15篇、新诗6首、杂文42篇，成为新文化阵营中最具实绩、最有影响的新文学家。1923年8月第一部小说集《呐喊》由北京新潮社列为《文艺丛书》之一出版，被誉为中国小说史上的划时代之作。其后三四年间又陆续出版了杂文集《热风》、小说集《彷徨》、散文诗集《野草》等，以多方面的创作业绩确立了他在新文学史上的崇高地位。与此同时还先后应聘兼任北京大学、北京高等师范学校、北京女子高等师范学校等校讲师职务；并于1923年12月及次年6月先后出版了专著《中国小说史略》上下册，奠定了他在中国小说史研究领域的重要学术地位。1925年8月因参加北京女子师范大学校务维持会，被教育总长章士钊免职；次年3月才得复职。1926年8月离开北京，应邀到厦门大学担任国文系教授兼国学研究院研究教授。次年1月又应时在广东中山大学主持学校日常工作的朱家骅之盛情邀请，到该校担任文学系主任并兼教务主任；但因与文学院院长傅斯年发生冲突，又于4月底离职；10月与许广平一道到上海定居。同年12月被聘为大学院(1928年10月改称教育部)特约撰述员，每月领取津贴300元，1931年12月因无撰述实绩而被裁撤。在此期间曾与创造社、太阳社成员就革命文学展开论战，受到左翼文学家的严厉批判。在中共领导人的干预和协调下，达成妥协，并结成联盟。1930年3月和冯雪峰、柔石、夏衍、冯乃超等人共同发起成立"中国左翼作家联盟"，并被推举为左联执行委员会的七名常务委员之一。在此之前还应中共的要求，充当了中国自由运动大同盟的一个主要发起人，并被推为执行委员。后来又加入了由宋庆龄等人领衔的中国人权保障同盟等组织，并追随中共，参与了左翼与右翼的许多论战。与此同时领导和支持未名社、朝花社等进步文学社团；主编《莽原》、《奔流》、《萌芽》等文学刊物；翻译介绍外国进步文学作品，参与木刻运动；搜集、整理大量古典文学资料，编著《中国小说史略》和《汉文学史纲要》。出版《二心集》、《伪自由书》、《南腔北调集》、《准风月谈》、《花边文学》、《且介亭杂文》、《且介亭杂文二集》、《且介亭杂文末编》及历史小说集《故事新编》等，在文艺创作和推动文艺运动方面取得了新的业绩。1936年与周扬等人展开了"两个口号之争"(即周扬等人提倡的"国防文学"与鲁迅等人提倡的"民族革命战争的大众文学"之争)；直到10月初在中共领导人刘少奇等人的干预下，包括茅盾、郭沫若、巴金和林语堂在内的20名作家签署了一份联合宣言，号召所有作家——不分新旧、左右，为了"救国的目的"组成统一战线，两个口号之争方告平息。当月19日因病医治无效在上海去世。遗著经亲友收集整理于1938年结集出版。今有《鲁迅全集》18卷本行世，并有《鲁迅译文集》、《鲁迅辑校古籍丛编》等刊本传世。

**鲁　彦(1901—1944)**

原名王燮臣，又名王衡、王鲁彦。镇海县人。现代小说家、翻译家。小学肄业后到上海洋行当学徒。1920年参加工读互助团，自上海到北京大学旁听。1923年夏到湖南长沙平民大学、周南女学、省立第一师范任教。同年在《东方杂志》11月号发表处女作《秋夜》。1926年出版第一部小说集《柚子》。1927年任武汉《民国日报》副刊编辑。1928年春至南京国民政府国际宣传部任世界语翻译。1930年至福建厦门任《民钟日报》副刊编辑。此后辗转在福建、上海、陕西等地的中学任教。抗战前夕出版长篇小说《野火》，成为知名的乡土写实派作家。抗战期间从事抗日救亡工作。1938年任文协桂林分会主席，并主编《文艺杂志》，有《炮火下的孩子》、《伤兵医院》等短篇小说结集出版，并在《广西日报》副刊上连载长篇小说《春草》。1944年在桂林去世。

**鲁　莽(1900—1966)**

原名觉吾。绍兴县人。早年求学时经常为刘大白时代的《绍兴民报》写稿。1929年协助创办山东《民国日报》，任总编辑，开始进入报界。1930年转任《天津商报》总编辑。1936年自筹资金，在南京创办《大夏晚报》，任总编辑。1937年去上海主理《华美晚报》。1945年抗战胜利后任《正言报》主笔，业余从事文学创作，有《北国行》、《夜生活》、《腐草》、《热风》等作品出版。1949年后曾任上海法学院教授。1960年7月起任上海文史馆馆员。

**童一平(1911—1999)**

嵊县人。1934年毕业于复旦大学经济系。历任交通银行、中央银行办事员,交通银行梅县办事处主任,正和银行重庆总行副经理,中国通商银行南京分行代经理,上海分行稽核等职。新中国成立后任长春东北银行专门学校讲师。1951年8月调入上海财政经济学院财政信贷系任副教授。1958年调入上海社会科学院任副教授。1960年调回上海财经学院财政金融系任副教授。1972年调入复旦大学图书馆任副教授。1978年11月调回上海财经学院财政金融系任副教授、教授。1987年2月退休。编著译有《银行会计与管理》、《银行会计学》、《国际贸易金融与国际汇兑》等。

**童元亮(1893—1960)**

字志君,号莲溪、慕陶。兰溪县人。1919年春毕业于保定陆军军官学校第六期步兵科。1926年10月任浙江省政府军事厅科长兼浙江陆军第二师参谋处处长。1928年7月任国民革命军第五师参谋处上校处长。1931年4月任浙江省干部训练所所长。1932年4月考入陆军大学第十期学习。1935年4月毕业后任南京中央军校步兵科上校科长。1936年2月升京沪警备司令部少将参谋长。1937年5月7日被国民政府授予陆军少将军衔。同年8月任淞沪警备司令部少将参谋长,参加淞沪抗战;12月任中央军校第七分校(西安王曲)教育处少将处长。1938年兼任战干团第四总队高级教官。1939年3月任通信兵第三团团长;9月升陆军通信兵学校中将教育长兼通信兵三团团长。1943年2月辞去团长兼职。1945年8月任第三十四集团军中将高参;10月任第十战区司令长官部中将高参兼日俘管理处处长。1946年3月任军事参议院中将参议;6月任中央军校中将通讯教官。1947年5月退役。1949年拒赴台湾,在杭州迎接解放。1951年以历史反革命罪入狱。1960年在狱中病故。

**童玉民(1897—2006)**

原名秉常,学名王常,后赴日本留学期间改名玉民。余姚县人。1897年3月14日生。肄业于慈溪锦堂农业中学堂。1912年由旅日华侨吴锦堂资助到日本留学,先后就读于日本冈山县立甲种农业学校和鹿儿岛高等农林学校。1919年获农学学士学位,随即回国。同年秋因聘担任江西省公立农业专门学校农科教授。1922年转入浙江省农业学校(浙江大学农学院前身)任教授。1926年由浙江省教育厅厅长选派去美国深造,在康乃尔大学获农学硕士学位。1928年7月回国后到浙江大学农学院任教授。1929年起先后任江苏省农矿厅合作事业指导委员会委员,江苏省实业厅、建设厅技正,主管全省合作社事业。1936年秋仍回浙江大学农学院任教授。1937年抗战爆发后撤退到丽水任浙江省建设厅第二科科长,主管农业经济。1939年任上海圣约翰大学农业经济学教授。1941年在南京中央大学农学院任农业经济系主任。1947年任南昌中正大学农学院教授。1948年任江西省信江农业专门学校教授兼教务主任。新中国成立后历任浙江省土产公司计划科主任、浙江省商业厅调研股股长、安徽省科学研究所农业生物室研究员。1961年被聘为上海文史馆馆员。1964年在上海科技大学任日语、法语教师。晚年从事华侨史、世界经济史及营养学、长寿学方面的研究。2006年1月21日在上海病故。著有《桃树园艺》、《农学概论》、《合作概论》、《日本神户华侨史话》、《营养康寿新论》、《营养健身要诀》、《中国古来养生之道简史》等。

**童必挥(1882—1942)**

字子联。义乌县人。清末秀才,毕业于浙江武备学堂,光复会员。历任浙军九十八团团附、浙江第二警察大队大队长、兰溪团管区司令,参加光复杭州和南京战役。义乌沦陷后日军逼迫他任伪维持会会长,避入山中不慎跌伤,因破伤风病故。

**童杭时(1877—1949)**

名德椿、荫乔,字暄甫,号愚隐,别号枕溪。嵊县人。自幼好学,弱冠乡试中秀才,至杭州武林方言社求学。徐锡麟任教于绍兴府学堂时参加入学考试,名列前茅,深得徐锡麟赏识,被介绍加入光复会。将平日所作纂为《积厚轩议论集》,徐锡麟赞赏有加,欣然作序。1907年皖浙起义失败后东渡日本,加入同盟会。回国后入浙江法政学校,以学习作为掩护,与浙江光复会和同盟会取得联系,继续开展革命活动。1911年11月4日联合学界志士,参与克复杭州之役。1912年中华民国成立后任浙江共和法政学校校长,当选为首届浙江省议会议员、国会参议院议员。曾与马叙伦创办《慧星报》。1913年10月袁世凯召开国会,以武力逼迫议员进行大选,拒不投袁世凯票。袁世凯称帝后积极投入护法讨袁运动。国会被非法解散后再次赴日入东京法政大学深造,获法学学士学位。1917年回国后随浙江护法军南下广州,当选为国会非常会议议员,任孙中山大元帅府参议。又被选为宪法起草委员会委员,致力于立法工作。1924年冬任浙江实业厅厅长，主办闻名国际的西湖博览会。后历任最高法院民厅厅长、福建省高等法院院长，秉公办案，不畏权势。抗战胜利后在重庆参与重组光复会，任副会长。关心乡里，1905年出资在下王村创办养圣二等学堂，发展山区教育。1935年嵊县遭受严重灾害，捐俸千元赈济。1949年在杭州病故。著有《积厚轩议论集》、《财政刍议》、《浙江实业行政计划书》、《经济学》、《中华国诗三百首》等。

**童学琦(1868—1939)**

字亦韩。新昌县人。1889年中举人。1897年与章太炎、陈虬、宋恕等人在杭州扇子巷创办《经世报》。1898年协助王佐在上虞丰惠镇经正书院创设算学馆，后来改名数学馆，并推荐著名数学家支宝航担任主讲。1900年又与蔡元培赴临安，帮助绍兴侨农创办“越郡同乡会立启明学校”。1901年出任《杭州白话报》主笔。因思想激进，力主推翻清政府专制统治，与编辑陈叔通等被誉为“浙江新闻界之先进”。后加入光复会，因皖案牵连，在北京遭到清政府严令通缉，避往上海租界，以开书坊作为掩护。辛亥革命胜利后蒋尊簋出任浙江都督，任浙江都督府秘书、参议会参议，参与制定《九九宪草》。1917年应蔡元培邀请，出任国史馆编纂，并协修《新昌县志》。1922年张载阳出任浙江省长，聘任省长顾问。1927年南京国民政府成立后离职蛰居杭州，旋又回原籍养老，筑有平屋四间，由马一浮题写“如浮云庐”。读书会友，种花养鱼，订阅报刊10余种，关心时事以及地方公益事业，颇具声望。1939年7月31日病故。

**童保暄(1886—1919)**

字伯吹。宁海县人。1886年8月15日生。1892年入拱台书院。1906年考入浙江讲武堂。1909年被选送到保定陆军速成学堂第一期炮兵科。在北上保定途经上海时结识浙江革命党人吕公望，遂由吕公望介绍，在上海秋瑾创办的女报社宣誓加入光复会。在陆军速成学堂学习半年。1910年从炮科毕业，随即选送到天津的警察学堂宪兵警察科学习。毕业后回到浙江，担任浙江新军第二十一镇宪兵营执事官，与浙江新军中的革命党人吕公望、朱瑞、葛敬恩、王桂林等交往甚密，成为浙江革命党的骨干之一。1911年10月10日武昌起义后与浙江新军将领及上海来的陈其美、李燮和、黄郛、姚勇忱等积极策划浙江起义，在推举起义后的浙江都督人选时，鉴于几位资历较深的革命党人相互推委，不顾自己年轻资历浅，慷慨陈词，遂被大家推举为浙江起义的临时总司令官，承担光复杭州的指挥任务。同年11月4日夜指挥参与起义的第八十一、八十二标，并在上海派来的敢死队配合下分头向浙江巡抚衙门、军械局、城站等要地展开进攻，活捉浙江巡抚增韫，然后各路起义军占领城隍山，居高临下攻打湖滨的满人旗营。战至次日旗营投降，杭州光复，城内遍贴浙江临时都督的红谕(即安民告示)。杭州光复后的第三天主动辞去浙江临时都督，让位于大家推举的元老绅士汤寿潜。不久浙江援宁混成支队成立，出任支队参谋处长，负责指挥炮兵作战。在天堡城久攻不下时以重赏挑选192名勇士组成敢死队，分头强攻，终于在12月1日晨攻下天堡城，为光复南京立下大功。南京光复后随浙军参与北伐。1912年4月和议成功后随浙军回到杭州，任第五军参谋长，不久改任第二十四团团长。鉴于浙军高级将领之间派系复杂，遂辞去团长，改任浙江讲武堂堂长、陆军小学校长、稽勋调查局局长。1914年任浙江陆军第十二旅旅长兼陆军军校补习所所长。1916年4月11日夜联络夏超、周凤岐等发动起义，驱逐拥护袁世凯称帝的浙江将军朱瑞。次日浙江宣布反袁独立。再次辞都督，改任浙江陆军第一师师长兼杭州警备司令官。1917年任陆军第六师师长。1918年5月任援闽浙军副司令，奉北洋皖系浙江督军杨善德之命前往福建境内进攻孙中山领导的护法军。1919年5月20日在厦门病故。北洋政府大总统徐世昌下令追赠陆军上将。所遗《童保暄日记》已结集出版。

**童济时(1885—1943)**

又名德森，字济川，号渠轩。嵊县人。自幼好学，性情豪爽，喜与兄长等纵论天下形势，以闻鸡起舞自励。1904年与竺绍康、谢飞麟等在嵊县公局成立“大同学社”，秘密进行反清活动。1905年随徐锡麟游历诸暨、义乌、缙云、东阳、嵊县等地，联络会党，聚结志士，并加入光复会。1906年随徐锡麟东渡日本，入东京警监学校，结识孙中山，加入同盟会。不久奉徐锡麟之命回国，联络东南沿海各省志士。徐锡麟赴安庆后奉命返回绍兴，协助秋瑾组织起义。皖浙起义失败，幸免于难。1911年参加光复杭州之役。1912年入浙江法政学校，当选为浙江省临时议会议员。历任金(华)、衢(州)、严(州)地方检事厅厅长，继任杭县地方审判厅推事。1916年参与谢飞麟组织武装反袁斗争。1917年南下广州，参加护法运动。1918年任护法军政府大理厅厅长，曾兼代大理院院长。北伐战争后在浙江和上海等地从事法律工作。抗日战争前夕调任上海高等法院检察官、推事等职。上海沦陷后拒绝出任伪上海市高等法院院长。1941年携眷秘密离沪回嵊,曾组织四维、协和两乡自卫队,抗击侵华日军。1943年在丽水高等法院法官任上病故。

**童莘伯(1901—?)**

嵊县人。近代著名丝织企业家。浙江省立工业专门学校毕业后任职于杭州纬成丝织公司。1924年任上海美亚绸厂技师,不久兼任美亚绸厂董事。抗战胜利后任美亚织绸厂董事兼协理,美亚绸厂上海分公司经理,江浙茧丝纺织公司董事长,华光茧丝业公司常务董事兼总经理,利亚实业公司、美恒纺织公司、铸亚铁工厂、美兴地产公司、中华丝绸公司、中国丝业公司董事,上海第四区丝织工业同业公会常务理事,绸缎商业同业公会候补理事,全国工业协会评议会议长等职。

**童润夫(1896—1974)**

名有翼,字润夫。德清县人。纺织工业技术专家,纺织工业企业家。小学毕业后就读于苏州工业专科学校。1916年留学日本早稻田大学,并在和歌山纺织厂实习。1918年考入日本国立桐生高等工业专科学校。1921年回国应聘入上海日商大康纱厂任练习工程师、工程师,编译《纺织标准工作法》。1929年应鸿章纱厂之聘任该厂厂长,一年就扭亏,取得明显成效。1934年任全国经济委员会所属棉业统制委员会技术主任,代表棉业统制委员会与中央研究院合组棉纺织染实验馆,是为中国第一所专业纺织研究机构。1935年应诚孚信托公司之邀去天津,代表该公司盘买天津恒源、北洋两纱厂。之后诚孚公司迁上海,并接管了上海新裕第一、第二纺织厂。1936年辞鸿章厂厂长,改任诚孚公司常务董事兼工务处、业务处、设计处处长,不久任公司副总经理,主持生产。还创办诚孚铁工厂、新华化工厂等企业,并设立新裕纺织实验室。太平洋战争爆发后拒任伪职,四处躲藏。1954年任公私合营诚孚公司总经理。1956年任上海棉纺织工业公司总工程师兼技术研究委员会主任。1966年任中国纺织工程学会上海分会常务理事,《纺织周刊》常务编委。“文革”中遭迫害。1974年8月含冤去世。1979年得到平反。

**童第周(1902—1979)**

字蔚孙。鄞县人。1902年5月28日生。1922年宁波效实中学毕业。1923年考入上海复旦大学哲学系心理学专业,1927年毕业。同年到南京中央大学生物系任助教。1930年到比利时的布鲁斯尔自由大学留学。1934年获博士学位,后到英国剑桥大学作短期访问。同年底回国后任山东大学生物系教授。1937年抗日战争爆发后随山大内迁到四川万县。1938年国立山东大学迁往青岛并接收私立青岛大学校产,山大更名为国立青岛大学,辗转到重庆,先后任中央大学医学院教授、同济大学生物系教授和复旦大学生物系教授。抗日战争胜利后山东大学由青岛又迁回济南,1946年任山东大学动物学系教授、系主任。1948年当选为中央研究院院士。同年应美国洛氏基金会邀请到美国耶鲁大学任客座研究员。1949年3月回山东大学任职。新中国成立后继续担任山东大学动物系教授兼系主任。1950年兼任中国科学院实验生物研究所副所长和中国科学院水生生物研究所青岛海洋生物研究室主任。1951年任山东大学副校长。1955年当选为中国科学院学部委员并任生物地学部副主任。1957年任中国科学院海洋生物研究所所长。1959年该所扩建为中国科学院海洋研究所,仍任所长。1960年中国科学院生物地学部分为生物学部和地学部,任生物学部主任兼任中国科学院动物研究所研究员。1977年出任中国科学院动物研究所细胞遗传学研究室主任、副所长、所长。1978年任中国科学院副院长。并曾兼任全国人大常委、全国政协副主席等职。1979年3月30日在北京去世。

**童葵轩(1896—1987)**

字映榴。镇海县人。南京高等师范学院机械系毕业后任中央大学、吴淞水产学院教授。1925年在沪创办恒新机器制造厂,研制成功二号万能铣床,开创了我国铣床制造业。抗战胜利后创办华兴打捞公司,首次打捞起沉入南京浦口江底的5000吨级货轮,开创了中国自己的打捞事业。新中国成立后参与组建中国人民打捞公司(后改名为上海海难救助打捞局),在担任技术顾问和高级工程师期间成功地打捞起难度极大的黄浦江中的火车渡轮“南京号”、万吨巨轮“跃进号”、断裂破碎的“中兴五号”以及长江中的“捷喜号”等沉船,对我国海洋水下工程的发展作出了贡献。

**童　毅(1892—?)**

字毅公。山阴县人。1892年生于广东灌阳县。早年考入广西陆军干部学校,毕业后分发到四川新军任职。1911年参加辛亥革命。1913年任四川陆军第一师第二团第一营营附。不久“二次革命”爆发,联合川军各营在四川隆昌成立靖难讨袁军,被推举为参谋长。“二次革命”失败后被迫离开部队,前往上海隐居。1914年在上海加入孙中山领导的中华革命党。1915年奉孙中山之命再次入川,被推举为川南护国军第一支队司令员。蔡锷指挥的云南护国军第一军进入川南后接受蔡锷领导,被授予陆军少将军衔,所部被改编为第一师模范团,任团长。1918年响应孙中山领导的护法运动,任四川护法招讨军参谋长。后任四川陆军第三军参谋长。1928年任国民革命军第五路军总指挥部参议。1929年因部队缩编,辞去军职。寓居湖南沅陵。

**曾志达(1906—1932)**

又名尚志、权、昕,化名孔继元。宣平县人。农民家庭出身。1927年夏毕业于杭州宗文中学。毕业后在宣平同乡、中共党员潘漠华的引导下走上革命道路。同年7月由潘漠华、马东林介绍,在杭州加入中国共产党;8月由浙江省委指派回到家乡宣平,与省委派到宣平负责建党的潘振武接上关系,在宣平城内发展吴谦、陈俊等一批党员,在宣平城内东街的协盛酱园内成立中共宣平独支支部,任书记。1928年2、3月间根据党的发展需要,召开县委会议,决定成立城区、北乡、华塘、江山四个区委。1929年1月19日中共宣平县委和各区委负责人的全部名单暴露,国民党大肆搜捕共产党员。一面通知党的组织火速转移隐蔽,一面带领县委成员陈俊、吴谦等到杭州、上海等地寻找党的上级组织,汇报情况,请示工作。同年2月到上海,经潘漠华安排隐居在法租界,并到赫德路的浦江中学以教书为掩护,参加中共上海沪西区委工作,继续从事党的地下工作。同年冬在上海参加济难训练班学习一个月后被党中央派回浙江恢复浙西党组织,兼任杭州互济会委员。1930年8月任浙北行动委员会委员,负责杭嘉湖和浙西地区农民暴动的组织领导。同年9月根据组织指派到金(华)衢(州)严(州)地区恢复浙西特委;11月建立中共兰北区委,并建立了石渠桔香炉药号、兰溪城内华成烟草公司和建德城内震泰衣庄三个通讯处。1931年1月遵照中共中央指示,在兰溪北乡建立中共兰溪中心县委,任书记,领导兰溪、建德、金华、武义等13个县党的工作。同年3月兰溪中心县委被敌人破坏,潜伏到上海,住在沪西工人区。由于叛徒出卖,于同年12月14日下午外出联系工作时被逮捕,押禁在上海市公安局第四署第二分所;24日押解到杭州,关在浙江陆军监狱。1932年4月在杭州松木场英勇就义。

**曾绍文(1917—1968)**

青田县人。1935年温州中学初中部毕业后考入上海同济大学附属高级职业学校。“一二·九”运动中与进步学生一起赴南京请愿。1937年抗日战争爆发后赴温州组织战时青年服务团。1938年1月回青田县从事抗日救亡工作;6月加入中国共产党;7月任中共青田县工委组织部长;10月以海口战时经济建设实验区指导员身份秘密发展共产党员。1939年秋任中共青田县委书记。1940年10月调任中共缙云县委书记。1943年4月调浙南特委机关工作;7月任中共青(田)景(宁)丽(水)县委宣传部长、副书记。1944年7月任浙南特委秘书。1945年6月任中共永嘉工委书记。1946年2月任中共永嘉县委书记。1948年底任浙南游击纵队第二支队政治委员。1949年3月任中共永(嘉)青(田)中心县委书记、永(嘉)青(田)办事处主任;5月任中国人民解放军温州前线司令部副政治委员。温州和平解放后历任中共温州地、市委委员兼统战部长,温州市副市长、市长,省人民委员会第三办公室副主任,省粮食厅厅长、党组书记,省计划经济委员会副主任。“文革”期间遭诬陷,被隔离审查。1968年8月25日去世。1979年6月平反。

**曾厚载(生卒年不详)**

绍兴县人。长期追随国民党高级将领傅作义。傅作义从1931年8月至1946年10月担任绥远省政府主席期间,曾一直在绥远省政府任职。1931年12月至1940年10月任绥远省政府秘书长。1940年10月至1945年6月任绥远省政府委员兼建设厅长。抗日战争期间还先后兼任傅作义的第八战区副司令长官部秘书长、第十二战区司令长官部秘书长。1946年4月至12月再次担任绥远省政府委员。1946年12月至1949年随傅作义到张家口,任察哈尔省政府委员。曾在《新蒙古》1944年第1期发表《蒙汉同源之初步探讨》一文,认为蒙汉出自同一个血统。

**曾　省(1899—1968)**

又名曾省之。瑞安县人。1899年9月生。系曾勉胞兄。1914年瑞安县立中学毕业后考入南京高等师范农业专科。1917年毕业后留校任助教。1919年南京高等师范改为东南大学,转入该校生物系任教,1924年获学士学位。1927年初到南京市郊农民协会任干事,从事农民福利工作。1928年回中央大学(原东南大学)继续任教,不久升为生物系讲师。1929年经秉志等著名生物学家的推荐,得到中华文化基金会资助,前往法国里昂大学理学院攻读昆虫学、寄生虫学和真菌学。1931年获里昂大学理学博士。随后前往瑞士暖狭登大学从事生物学研究。1932年途经莫斯科回国,受聘为青岛大学教授兼生物系主任。1934年经学校同意前往济南筹建农学院,并任院长。后因校舍问题与山东省教育厅发生争执而辞职。1935年秋应邀入川,任四川大学教授兼农学院院长。1946年离川东下入鄂,先在汉口商品检验局任技正,兼湖北省农学院教授和植物病虫害系主任。后转入华中大学生物系任教授。1951年参与中南农业科学研究所筹备,并任副所长,兼植物保护系主任、研究员。1957年奉调北京,任中国农业科学院植物保护研究所研究员,负责昆虫标本室工作,并主持《中国农作物病虫图谱》编审工作。"文革"中受迫害,于1968年6月10日含冤去世。

**曾　勉(1901—1988)**

字勉之。瑞安县人。系曾省胞弟。1925年毕业于东南大学园艺系。1928年至1943年留学法国蒙彼利埃大学,获博士学位。回国后历任中央大学、云南大学、南京大学、山东大学教授。新中国成立后先后任华东农业科学研究所研究员、中国科学院南京植物研究所研究员。1956年应邀赴波兰讲学。1958年担任农业部黄河古道地区果树考察团团长。1960年后在四川江津负责筹建中国农业科学院柑橘研究所,先后任所长、名誉所长,并创办和主编《园艺月刊》、《中国园艺》(英文版)和《园艺新报》等刊物。先后被选为第三届全国人大代表、第五届全国政协委员、全国园艺学会常务理事和中国农业科学院第一届学术委员会委员。著有《柑橘》、《中国柑橘志》等。

**温　匋(1898—1930)**

女。字彝罍。祖籍广东省嘉应州,因祖父在浙江省吴兴县做官,爱其山水,遂定居于此。1916年与长兴县王修结婚。婚后夫妻感情甚笃。王修专长文史、金石之学,勤于著述;温则帮助缮校,搜集材料,纠正讹谬,孜孜不倦。爱好文学,善填词,词宗李清照。1913年得《漱玉词》一册,以多种版本校定后出版,其寓所题名为"拜李楼"。又搜得李清照遗像,用丝线绣之,以示景仰,后送美国费城博览会陈列。喜作画,从画家胡佩衡、姚茫父学山水,卓然成家。以朱孝臧《湖州词征》、《国朝湖州词录》为蓝本,辑成《长兴词存》一册于1925年出版。1927年在杭州辑有魏星杓《长兴志乘辑存》,郑元庆《湖录经籍考辑存》、《湖州闺秀诗总》,顾应祥《崇雅堂集辑存》等几十种。其诗文残稿已辑而未出版的有《拜李楼画质》(1卷)、《杂稿》(1卷)、《彝罍词》(1卷)。1930年1月因难产去世。

**游天翔(1908—?)**

平阳县人。先后毕业于东南医科大学、日本东京帝国大学医学部眼科、美国国立海军医学中心医务管理高级班。回国后历任南京国民政府军政部检诊所主任,军政部卫生勤务设计委员会委员,参谋总长办公室少将军医,中国陆军总司令部卫生处主任,南京铁路医院院长,军医署副署长,海军总司令部军医处处长。1949年去台湾,继续担任"海军总司令部"军医处处长。嗣任美国海军第二医学研究所顾问,邮政医院院长,台湾省立乐生疗养院院长,台湾省立新竹医院院长等。1977年退休后任"中央信托局"公务人员保险处医务顾问。著有《谈台湾医疗业务与英国的公医制度》。

**富士英(1880—1926)**

字意诚。海盐县人。1894年到上海,先后就读于上海南洋小学和上海方言馆。1898年3月赴日本留学,入东京早稻田大学主修政治经济学。1902年4月毕业回国后历任清政府学部主事,外务部主事,宪政编查馆编制局副科员。1912年中华民国成立后初任外交部秘书。同年12月任中华民国驻朝鲜(当时属日本殖民地)总领事。到任后为华裔创立子弟学校,实施爱国主义教育。面对重金贿赂,不为所动,几次严词拒绝日本殖民当局欲将中华民国驻朝鲜总领事馆馆址改建为日本驻朝鲜总督府的企图。1919年5月回国后上书北洋政府外交当局,力言如此丧权辱国之事,绝不可行,终使日本殖民当局的企图未能得逞。1920年8月正式辞去总领事职务,在北洋政府外交部参事上任事,并一度兼任俄文专修馆馆长。1926年在北京病故。

**富　文(1895—1965)**

字郁斋。青田县人。1918年7月毕业于处州(今丽水)省立中学;8月考入保定陆军军官学校第八期辎重科。1922年7月毕业后分发到北洋陆军服役,历任第八师排长、连长、参谋、团附。1927年任国民革命军第一军第二十二师第十四团团附。1928年任军事委员会军事交通技术学校中队长。同年夏任中央军校交通大队大队长。1929年起历任陆军教导队中校连长,第一师中队长,第四师参谋长、师长。1932年至1935年间任豫鄂皖三省总部高参。1935年任军事委员会委员长行营陆军整理处少将委员,兼军官教育团大队长。1936年任第十三军少将参谋长。1937年1月至1940年8月任陕西省第一区(榆林)行政督察专员、第一区党务指导团团长兼保安司令。1941年后任鲁苏皖边区总部干训团中将教育长,兼党政分会委员、总部高参兼军风纪视察团主任,豫西警备司令部中将副司令、司令。1943年兼任第三十一集团军总司令汤恩伯创办的叶县政治学院院长。1946年5月任国防部联合勤务总司令部第一补给区司令。同年下半年与陈诚、赵志垚等青田同乡募集资金创办青田石门中学,并任学校董事会董事。1949年去台湾。1965年6月3日在台北病故。

**谢久樵(1907—1953)**

余姚县人。1920年到上海当商店学徒,后回乡。1931年盘下余姚县义嘉桥西"仁济"百货店,改称"仁济久"号。因经营得法,又热心公益事业,在泗门镇商界声望日隆,成为没有会长头衔的商会会长。先后担任诚意小学校董、水龙会会董等社会职务。1937年抗日战争爆发后目睹国民党消极抗战,遂把抗日救国的希望转向中国共产党。1941年余姚沦陷后新四军浙东游击纵队鉴于其在泗门地区的社会地位与声誉,委托他秘密筹集部队所需资金,并通过"仁济久"号采购部队紧缺药品,还利用其社会关系,购买枪支、弹药、棉花等军用物资,"仁济久"号一度成为新四军浙东纵队的地下联络站。1945年抗日战争胜利后因潜伏在泗门的国民党特务告密而被捕,"仁济久"号亦遭查封。后经中共地下党组织营救释放,继续秘密为革命筹粮筹款。新中国成立后作为民主人士当选为宁波地区第一届各界人民代表大会代表。抗美援朝战争爆发后把"仁济久"号一半资金捐献飞机大炮,并为改建泗门大会堂带头捐款。1953年病故。

**谢飞麟(1867—1923)**

名震,号显雷,别号侠佛。嵊县人。幼年在私塾读书,喜欢拳击。1883年就读于嵊县棠头溪吴姓家。17岁即设馆教学,自学诗文经史。1887年入杭州崇文书院求学。27岁入县学,35岁补廪入贡。无意于功名,在杭州设馆授徒,与叶季衎、虞青士、景毓华等结西泠吟社,向拳击名家俞渭滨学习拳技。1901年冬原拟入浙江武备学堂学习军事,被童亦韩、何阆仙等人邀往绍兴东湖通艺学堂任教,传播民主革命思想,并自学日文及体操。1903年返回嵊县主持东乡公学校务。1904年与周志由、竺绍康、王金发等创设"大同学社",表面上研究学术,实则鼓吹民族革命思想。1905年在嵊县创办爱华女校,提倡女子教育,宣传女权解放。1906年出任绍兴东湖通艺学堂监督。后加入光复会,参与秋瑾和徐锡麟策划皖浙起义。秋瑾遇难后避往上海,入理科专门学校,研究制造炸弹。与避往上海的竺绍康和王金发一起加入同盟会,与陈其美、姚勇忱等从事反清活动。因刘师培告密,上海革命机关遭到破坏,避居嵊县,仍主持爱华女校。以嵊县鼎成药房为革命机关,派遣胡士俊、盛钟颜、陈志赓前往上海马霍路德福里一号与陈其美、王金发、姚勇忱等人联系,积极开展革命活动。1909年应章韵锵、俞补园之邀,出任上海《女报》主笔,提倡女权,鼓励女子参加社会活动,旋因经费拮据而停办。1910年与普安寺僧智清等在嵊县鹿胎山惠安寺开办僧学堂,在僧众中灌输民族革命思想。1911年武昌起义爆发后奉命在宁绍一带筹集款项。杭州光复后前夕潜往涌金门庆和弄,参与光复杭州秘密策划。杭州光复后婉拒浙江都督府总务科长,随王金发前往绍兴,任绍兴军政分府总参议兼秘书长及部队参谋长,主持军政分府日常工作。袁世凯窃取政权后协助王金发日夜练兵,准备北伐。1912年10月绍兴军政分府撤销,随王金发赴京窥视北洋政府动静,并在京发起筹组慈善会,又与谛闲法师组织"佛教联合会"。1913年宋教仁被刺,抱病起草讨袁檄文,策动绍兴何旦所率内河水师,拟在绍兴首先发难而未成。回嵊县组织旧部,响应"二次革命"。1916年袁世凯复辟帝制,在嵊东清隐寺成立"浙东护国讨袁军总司令部",自任总司令,坚持讨袁斗争,直至袁世凯气绝身亡,始解散部队,赴沪为王金发撰写《王季高君行述》,并赴京为王金发奔走昭雪。不久张勋复辟,返回嵊县召集旧部,准备北伐而未果。在上海创办《真报》,发表《敬告各督军及一般武人书》、《告国民书》等文章,力主废督裁兵,实行地方自治。1919年五四运动爆发后在上海《救国日报》、《正报》、《民报》等报刊发表政论,抨击北洋政府卖国外交,打电报给巴黎和会中国代表拒绝签订和约,支持学生爱国行动。1923年2月9日因叛徒出卖,在上海福州路吉茂酒店被捕;2月15日即在杭州陆军监狱遇难。国民政府明令表彰谢飞麟为"浙江民党先觉者"。遗著有《先烈谢震遗著》。

**谢天锡(1875—?)**

号蘅窗。鄞县人。著名煤炭商。1914年就向总商会提出振兴民族工商业的设计方案,主张进行商业调查,提倡各业联合、设立国货销售机关。在上海开设裕昌煤号,1915年起长期任上海煤炭公所总董。是煤炭业领袖人物,又是法商立兴洋行和日商三井洋行买办。同年与傅筱庵等在宁波创办顺昌轮船公司,资本28万元。1919年参与创办鄱乐煤矿公司等企业。1929年投资华东煤矿公司，并任董事。是上海工商界颇有近代意识和经营思想的人士。抗战胜利后任上海煤商业同业公会理事长、广益善堂董事长、中国妇孺救济总会董事长、廷绪山庄董事长，及煤业义务学校校董、大陆贸易公司总经理、大通煤矿公司董事长、鄱乐煤矿公司董事长等职。

**谢元裕(1922—1997)**

嵊县人。谢冠生次子。幼年在南京长大。1937年抗日战争爆发后随家人入川，就读于重庆国立中央大学实验学校。1944年毕业于重庆的国立中央大学土木系。毕业后到国民革命军任翻译官。1945年冬还都南京，任职于国立编译馆。1949年去台湾后任台湾工矿公司工程师。1954年赴美国留学。在华盛顿大学获土木工程硕士学位。毕业后留美八年从事桥梁设计工作；同时攻读文史，在华盛顿大学获哲学博士学位。1962年返回台湾，任中原理工学院教授。1965年起任台湾大学土木系暨土木研究所教授，一度兼任“中国文化学院”教授。同时还担任台湾当局“考试院”公务人员甲种考试著作审查及口试委员。1982年定居美国洛杉矶。1997年12月29日在洛杉矶去世。著有《结构学基本原理》、《初等结构理论详解》等。

**谢少文(1903—1995)**

原籍浙江绍兴，1903年9月15日生于上海。1919年入苏州东吴大学医科预备班就读，两年后转入湖南湘雅医学专门学校。1926年本科毕业后任北京协和医学院助理住院医师。1930年升任内科总住院医师。1931年担任传染病学讲师。1932年发表中国人类布氏杆菌病流行的首篇报道。同年赴美国哈佛大学医学院著名细菌学家秦瑟教授的实验室工作。1934年在国际上首次用鸡胚培养斑疹伤寒立克次氏体成功。1936年升任协和医学院细菌学教授，后被美国公共卫生协会和美国实验生物学和医学学会聘请为国外会员。1942年太平洋战争爆发，北京协和医学院被迫关闭，转到天津妇婴医院工作。1945年抗战胜利后回到北平工作，任中央防疫处技正。1947年北京协和医学院复校后即回校任教，先后担任主任教授和教授。1953年兼任《微生物学报》主编。1956年访苏半年。同年调入新成立的中国人民解放军军事医学科学院，在微生物学和流行病学研究所当了四年所长。50年代开始探讨神经系统与免疫系统的联系。70年代致力于免疫学新方法、新技术的研究、推广和标准化，以促进免疫学在中国的发展。编著书籍10余册，发表学术文章200余篇。1980年当选为中国科学院生物学部委员。1995年7月20日在北京病故。

**谢仁安(1913—1995)**

镇海县人。1938年7月加入中国共产党。历任中共浙江镇海县城区区委书记，中共浙江奉化县东区区委书记，中共慈(溪)镇(海)县特派员、县委书记，华东野战军一纵队一旅政治部民运科长，华东野战军一纵队担架团副政委，华东军区司令部机关政治部主任，解放军第二军医大学政治部主任、副政委、政委、顾问。1955年被授予中国人民解放军上校军衔。1960年被授予中国人民解放军大校军衔。1988年由中央军委授予独立功勋荣誉章。

**谢仁寿(1893—?)**

字子琳。萧山县人。1916年12月毕业于保定陆军军官学校第三期骑兵科。1926年任黄埔军校第四期战术教官。1928年2月22日任国民革命军总司令部江宁炮台司令。后不详。

**谢文锦(1894—1927)**

原名用绣，又名文近，字炯霞。永嘉县人。农民家庭出身。早年考入浙江省立第十中学(今温州第一中学)学习，因反抗校方的专制高压，被校方以“思想过激”为由开除学籍。后考入浙江省立浙江第一师范学校学习。1920年在上海加入中国社会主义青年团。1921年春加入中国共产党，成为中国共产党早期领导人之一。同年夏由中共中央选派到莫斯科东方劳动者共产主义大学学习。同期入校的有刘少奇、任弼时、罗亦农、肖劲光、王若飞、赵世炎等。1923年从苏联回国。同年冬担任共产国际代表、苏联军事政治顾问鲍罗廷的翻译，随同鲍一起到广州，并任中共中央秘书。1924年4月任中共上海地方执行委员会委员兼秘书、组织部主任；9月受命回乡，筹建党团组织。同年冬至1925年春先后发展30余人加入中国共产党和社会主义青年团，并创建了浙南地区最早的党团组织——中共温州独立支部和青年团温州支部。1925年5月任上海总工会总务科副主任。“五卅”惨案发生后和刘少奇、汪寿华等一起发动和组织工人进行罢工和示威游行；9月成为上海总工会中共党团成员。1926年2月任中共上海区委委员；先后任曹家渡、杨树浦区委书记；7月任中共南京地委书记。1927年2月当选为上海(江浙)区委委员，任提案审查问题委员会主任，及政治、工人问题委员会委员；4月10日晚在南京大纱帽巷十号主持召开中共南京地委扩大会议，由于叛徒告密，被国民党特务侦缉队逮捕。后被残害致死。

**谢　光(1884—1963)**

字烈珊，又字磊明，号玄三，又号磊庐，所居曰墨池居、顾谱楼。温州人。盐商家庭出身，嗜收藏，所蓄金石书画印玺颇多，尤以海内孤本《顾氏集古印谱》全帙六册最为名贵。因家道中落，一度在温州刻字合作社工作。为西泠印社早期社员。新中国成立后曾任浙江文史馆馆员、温州市文物管理委员会委员。学养广博，精篆书，善治印，一生临池，刀耕不辍。所藏文物于1948年遭火尽毁，劫余文物宋瓷制叶适墓志及清人小说手稿均捐献温州市图书馆和文管会。曾辑所藏古印及自作为《春草堂藏印》、《谢磊明印存》、《磊庐印存》、《谢磊明篆书》、《磊明印玩》、《月泠印谱》行世，又与梅冷生等合编《瓯雅》。

**谢如兰(1917—1943)**

女。化名一芳。遂昌县人。1933年高小毕业后考入遂昌县简易师范学校学习。1936年毕业后报考湘湖师范学校，没有被录取。1937年抗日战争爆发后回到遂昌老家的培青小学任教，因热心抗日救亡工作，于1938年秋被校方解聘。离校后仍配合遂昌县战时政工队开展教唱抗战歌曲，组织宣传演出，开办民众夜校等。1939年夏参加中国共产党。1941年初"皖南事变"爆发后受到国民党特务的严密监视，被迫转入地下。为了安全，在党组织的安排下，于1942年2月离开遂昌，到杭州的亲戚家隐蔽了一段时间。1943年春夏与未婚夫陈守强奉组织的命令回到遂昌继续从事地下抗日救亡活动。当她们一回到老家，就被国民党密探侦察到了行踪。同年5月11日晚在住所被国民党当局逮捕，被关押在国民党遂昌县湖山区党部；12日在被押送去国民党遂昌县党部的途中，趁押送的敌人不备纵身跳下悬崖，壮烈牺牲。后人称赞她是"浙南刘胡兰"。

**谢寿天(1914—1972)**

字本守，号叔申。余姚县人。1931年上海正风中学毕业后进入上海民信银行当练习生。晚上在基督教青年会主办的夜校继续读书，后转入沪江大学商业学院夜校部会计系学习。1935年任上海天一保险公司会计科长。经同事介绍参加"上海市职业界救国会"活动，并参加由中共上海地下党组织领导的"复社"，为"复社"出版发行《西行漫记》和《鲁迅全集》等筹集资金。1937年抗日战争爆发后参与发起筹建"上海市保险界战时服务团"，任秘书长，并以保险业团体代表身份参加"上海市职业界救亡协会"。"八一三"上海淞沪会战爆发后组织服务团全体团员开展募集捐款、慰问伤员、救济难胞等工作。同年11月上海沦为"孤岛"后发起筹建"上海市保险业业余联谊会"，任常务理事兼秘书长。1941年2月加入中国共产党。曾两次进入解放区，向中共华中局汇报工作及参加党的整风学习。1942年创办大安保险公司、中国工业联合保险公司，为中共党组织筹集经费和开展统战工作。1945年抗日战争胜利后为筹集党组织活动经费而成立东方联合营业公司，还创办出版《经济周报》，揭露国民党财政经济内幕，介绍解放区形势及解放战争进展情况。1949年初经香港北上石家庄，由中央分配参加接管上海的准备工作。同年5月上海解放后历任上海市军管会财政经济接管委员会金融处副处长、中国人民银行华东区行副行长、中国人民保险公司华东区分公司经理等职。1954年任中国驻英国大使馆第一任商务参赞。1960年回国后历任外贸部出口局副局长、中国五金矿业进出口公司总经理、中国人民银行国外业务局局长、中国银行副总经理等职。"文革"初期遭冲击和迫害。1972年经周恩来总理指名恢复工作，不久病故。

**谢扶雅(1892—1991)**

谱名祖光，又名惟大、乃壬。绍兴县人。1911年赴日本留学，1913年加入中华革命党，1914年考取东京高等师范学校，次年转至立教大学学习。1916年受洗，入基督教圣公会。同年秋回国，寓居杭州，为青年会从事文字工作，主编《同工》杂志，兼任中华书局翻译。1925年受青年会资助赴美留学，先后在芝加哥大学神学院、哈佛大学哲学系选修比较宗教和西洋哲学课程。1927年回国，次年起执教于岭南大学。1936年赴河北定县试验区从事地方教育，任中华平民教育促进会秘书主任。1939年复回岭南大学，次年任中山大学文学院院长兼文学研究所主任。抗战期间先后任东吴大学教授、湖南国立师范学院公民训育处主任、东吴大学训导长兼中国文学系主任、广西桂林西江学院教授、重庆乡村建设学院教授、国立编译馆编纂。1946年至南京任金陵大学教职，曾短期担任湖南国立师范学院院长，再赴广州任职于华侨大学、岭南大学。1949年赴香港，先后任教于私立岭英书院、寿山中学、文商专科学校、崇基学院。1956年起任教于香港浸会学院。1958年移居美国，从事翻译、著作。1986年返回广州定居。著有《人格教育论》、《个人福音》、《人生哲学》、《道德哲学》、

《中国伦理思想述要》、《中国政治思想史纲》、《经学讲义纲领》、《中国文学述评》、《修辞学讲义》、《宗教哲学》、《基督教纲要》、《基督教与现代思想》、《基督教与中国》、《基督教与中国思想》、《巨流点滴》等多部学术专著，发表学术论文数百篇；参与发起组织"基督教历代名著集成"，编译《基督教早期文献选集》、《东方教父选集》、《中世纪基督教思想家文选》、《圣多默神学》、《安立甘宗思想家文选》、《不列颠宗教改革思潮》、《康德的道德哲学》、《近代理想主义》、《祁克果人生哲学》、《士来马赫:宗教与敬虔》、《虔诚生活——许革勒文集》、《东方教父神学》、《许革勒宗教的神秘要素》等，诗集《南华小住山房诗草》，并有《南华小住山房文集》(6 卷)传世。

**谢纶辉(？—1919)**

余姚县人。著名钱业经理商。钱业出身，后长期任上海承裕钱庄经理。1889 年参与发起成立上海北市钱业会馆，并任董事，是上海钱业界素负众望的人物。1902 年上海商业会议公所成立时，以北市钱业代表入选议董，此后连任四届总商会会董，任多届总商会会员，又曾任沪北商团公会会员。1905 年兼任中国通商银行华经理，办事稳妥谨慎，不但弥补前任留下的亏空，而且出现盈余，受到总董、股东好评。1918 年以病老要求告辞，但各总董公议留任，直至 1919 年去世。20 世纪初还投资轮船招商局，任查账员。还长期任绍兴旅沪同乡组织浙绍公所董事。

**谢连品(1908—？)**

号一我。上虞县人。中央军校第六期第一总队交通科毕业。历任军职。1942 年 7 月毕业于陆军大学正规班第十七期。1949 年任国防部第一厅少将处长等职。

**谢国梁(1887—1958)**

学名国杰，号仁斋。天台县人。早年随兄谢国钦赴日本留学，日本明治大学法科毕业。1908 年回国。1909 年参加清廷举行的留学生考试，被授予法科进士。浙江金华道简任道尹存记。1912 年中华民国成立后历任《顺天时报》编辑、绍兴地方法院检察官、绍兴县议会议长等职。1922 年在去东北赴任途中与在日本留学时的学长李叔同(弘一大师)相遇，一经指点，顿生欢喜心，便决定辞官茹素学佛。同时远到黑龙江北大荒办农场。1927 年 8 月兄长谢国钦病故，从东北回天台奔丧，再遇弘一大师。办完丧事后在苍山之麓独资建造极乐寺，供养弘一大师。1930 年春弘一大师由浙入闽，又到厦门五老峰下南普陀寺。经南普陀寺转逢老和尚开示后，请求剃度，法名寂云。同年冬到南京宝华山受戒，并定居杭州城隍山准提阁。有一次在禅修时有所悟，改法名为了性，号农禅。1946 年春到四川峨眉山朝拜后东归，途经乐山嘉定乌尤寺，诸居士钦佩他的德行，恳请他留住石室。自此，诗僧农禅，农园自给，吟诗自乐，声名远播。农禅因住石室多年感染风湿性心脏病，1958 年圆寂。所著《农禅诗钞》收录作者 249 首诗，多次重印。

**谢侠逊(1887—1987)**

名宣，小名卿源，字弈算、侠逊，号烂柯山樵。平阳县人。自幼从父学棋，13 岁与温州棋魁陈笙战成平手，名噪东瓯。早年就读私塾，曾考入温州师范学校，不久辍学，先后任教于白沙小学、湖门小学、龙湖小学，并任教育会书记。1912 年为上海《时事新报》象棋专栏撰稿。1915 年任上海《时事新报》馆办事员，后受聘为《时事新报》、《神州新报》、《新闻报》、《大公报》象棋专栏编辑。1918 年在上海获全国象棋赛个人冠军。1928 年被推为全国棋坛总司令，称"中国棋王"。同年首创介绍象棋比赛实况、可供观众欣赏的挂式大棋盘，推广全球。又能触类旁通，初学国际象棋即连获胜局，被上海万国象棋会破例邀请入会，为首位中国会员。1929 年至 1931 年连续三次在国际象棋大赛中夺冠。1934 年访问新加坡，与英国国际象棋冠军亨特进行表演赛获胜，轰动一时。1935 年在广州以 18 胜 1 和 1 负的成绩获得中、英、美、德、奥五国"银龙杯"国际象棋大赛冠军。抗战期间作为国家特使赴南洋诸国，动员侨胞为国募捐，归国投身抗战，被誉为"古今以来以象棋报国之一人者"、"爱国象棋家"。新中国成立后历任上海市体委委员、第一届全运会棋类竞赛委员会副主任、全国象棋锦标赛总裁判、上海市政协委员、中国象棋协会副主席等职。著有《国耻纪念象棋新谱》、《象棋谱大全》、《象棋指南》等 29 本象棋专著传世。

**谢承裕(1920—1994)**

嵊县人。1920 年 10 月 31 日生。谢冠生长子。幼年在南京长大。1937 年抗日战争爆发后随家人入川，就读于国立中央大学实验学校。1940 年考入重庆的国立中央大学机械工程系。1944 年毕业，获学士学位。毕业前应国民政府征召为翻译官，奉调至美军驻云南昆明、广西桂林训练单位服务。抗日战争胜利后于 1946 年转入国民政府资源委员会机械组任职。1948 年获美国华盛顿州立大学奖学金，赴美深造。

1950年获硕士学位后应傅斯年校长之聘，前往台湾，任台湾大学机械学系讲师。1956年晋升为教授。1965年任台大机械系主任，任内创立机械研究所兼所主任。多次当选为台湾"中国机械工程师学会"理事。在台大任教40年，先后获台湾"教育部"资深优良教师奖及"行政院"服务优良奖。1991年退休，被授予台湾大学名誉教授。著有《应用力学》、《工程力学》、《材料力学》等。

**谢　勃(1916—1940)**

镇海县人。1938年加入中国共产党。同年8月参加龙泉县战时政治工作队；9月赴永康方岩参加省战时政治工作队集训班受训，结束后编入浙江省政工队第二队，赴浙西抗日前线。1939年冬至德清开展抗日活动。1940年3月组建中共武(康)德(清)工委，任工委书记，发展进步青年入党，先后建立中共洛舍、砂村支部。同时举办夜校、妇女识字班、图书馆、俱乐部，组建抗日反汪大同盟和群众武装组织土枪队。同年8月工委在洛舍镇举行纪念"八一三"淞沪抗战三周年活动，声势浩大，引起国民党顽固派的恐惧和嫉恨；8月24日深夜被国民党德清县政府特务队逮捕。后经中共党组织积极营救，德清县政府被迫宣布无罪释放。同年9月15日根据中共浙西特委指示，与罗希明、曾武至三桥埠沈家山商议筹建中共武(康)德(清)县委；16日晨8时左右突遭日军便衣队包围，不幸被捕；21日下午在武康八井角壮烈牺牲。

**谢显曾(1902—1963)**

字立初。余姚县人。早年毕业于杭州私立之江大学。后回乡创办东山小学，任校长。1927年8月任国民党余姚县党部执行委员。1928年12月在国民党余姚县第一次代表大会上当选为余姚县党部第一届执行委员会常务委员。1930年12月连任国民党余姚县党部第二届执行委员会常务委员。1931年任浙江省民政厅第三科科员，常以"衣刀"笔名在余姚《舜江日报》发表社论和评论文章。1937年抗日战争爆发后任余姚县政府助理秘书，组织成立余姚抗战剧团，自编《抗日小英雄》等多部剧作。1938年任余姚县抗日自卫委员会常委及余姚《浙东日报》副社长。1941年余姚沦陷后赴上海，与人合资创办"东华制药厂"。1942年被人告发曾参与抗日活动，两次被汪伪特务组织逮捕，经多方营救释放后赴台州任国民党浙东行署秘书至抗战胜利。1946年1月任上海第十区(静安区)区公所代理副区长。同年相继当选为余姚县第一届参议会参议员、浙江省第一届参议会参议员，因省参议员不能兼任公职，遂至绍兴开设文具商店。1947年11月国民党与三青团合并后任余姚县党团统一委员会委员，并当选为候补国民大会代表。1949年赴香港经商。后去台湾，1952年7月25日被台湾当局递补为"国大代表"。1963年8月21日在台湾去世。

**谢冠生(1897—1971)**

名寿昌，字冠生。嵊县人。1897年11月19日生。1910年考入杭州的浙江省立第一中学学习。1912年转入上海徐汇中学。1914年毕业后留校任教。1915年应商务印书馆编译所邀请参加《辞源》编辑。《辞源》告成后主编《中国地名大辞典》。后任震旦大学校长秘书，并入该校法科学习。1922年毕业后赴法留学，入巴黎大学法学研究所。1924年获法学博士学位。回国后历任上海私立震旦大学、私立复旦大学、私立持志大学、私立中国公学、私立法政大学教授，中央大学教授兼法律系主任、法学院院长。1926年冬任武汉国民政府外交部秘书，一度代理部务。同年参加国民党。后任国立中央大学法律系主任兼法学院院长。1930年4月任国民政府司法院参事。1934年10月至12月任司法行政部政务次长。1936年3月任司法院秘书处秘书长。1937年8月至1948年12月任司法行政部部长，曾三度主持司法官高等考试。1945年5月当选为国民党第六届中央监察委员。1947年4月任行政院政务委员。1948年5月再次担任行政院政务委员；12月任公务员惩戒委员会委员长兼司法院秘书长。1949年8月去台湾，历任"司法院"副院长、院长。1971年12月22日在台北去世。著有《中华民国宪法概论》(英文版)、《法理学大纲》、《罗马法大纲》、《中国法制史》(法文版)、《苏联与国际法》(英文版)、《簋笙堂文稿》、《模范法华字典》、《战时司法纪要》等。

**谢耿民(1909—1981)**

上虞县人。财政官员。早年赴广州求学，加入中国国民党。曾在美国纽约大学公共行政研究院深造。回国后任军事委员会委员长行营机要科长、侍从室秘书、行政院组长、国防最高委员会秘书、贵州省政府委员兼建设厅厅长、财政厅厅长、贵州省银行董事长。后又任财政部国库署署长，中央银行国库局局长，行政院设计委员，台湾省石炭调整委员会主任委员，中国银行常务董事，台湾银行常务董事。1954年任台湾国民党当局"财政部"常务委员兼财政厅长。1962年任"财政部"常务次长。1963年12月任"行政院"

秘书长。1967年任“总统府”国策顾问。后兼任“中央产物保险公司”董事长。1979年退休。1981年在台湾病故。

**谢　能(1912—　)**

女。号伦。平湖县人。1912年12月生。上海女子医学专门学校毕业后赴美国留学,获美国保律医学院博士。曾任重庆妇产医院院长。1948年当选为“行宪”国民大会代表。1949年去台湾,继续担任“国民大会”代表。后赴美国,任美国纽约妇女医院驻院医生、斯隆癌症研究院研究员,并担任“中华助产士协会”理事长。

**谢崇华(生卒年不详)**

宁波人。幼年家境贫寒。稍长到上海,初为附近居民挑水度日,嗣后进一家京广洋杂货店当学徒。以后又到东华东洋庄当学徒,继之转到与东华东洋庄有业务往来的日商植木洋行工作。1898年与顾海珍等人集资在福州路开设东林东洋庄,经销日本玩具和团扇等产品。1906年在日本设立庄口,也称“东林”。第一次世界大战期间东林庄营业达到鼎盛阶段,发展成为上海最著名的百货东洋庄之一。1924年至1925年间又投资开发煤矿,成立亚华煤矿公司。但煤业经营出现亏损,终忧虑成疾而去世。

**谢循贯(1898—1984)**

字元甫。永嘉县人。毕业于浙江温州中学,后赴日本留学,入东京日语学校,继入东京高等师范学校,再入仙台市东北帝国大学,习植物生理学。1932年毕业回国后历任国立广西大学、国立中山大学、福建私立协和大学、浙江英士大学教授。抗日战争期间任福建省科学馆主任。1947年去台湾,任台湾省立师范大学教授兼生物系主任。著有《茶树品种调查研究法》、《植物学》、《博物学》、《植物运动概说》等。

**谢然之(1913—2009)**

余姚县人。1913年6月25日生。早年先后就读于上海光华大学、苏州东吴大学。在东吴大学读书期间加入中国共产党。毕业后赴江西瑞金,任中共中央机关报《红色中华》编辑。1934年10月中央红军长征后与瞿秋白等奉命留守,任中央政府办事处秘书长,随即在国民党军队的大搜捕中被俘。时任南昌行营北路军前敌总指挥的陈诚爱其才,网开一面,并资助他赴日本东京中央大学研读新闻学。1937年抗日战争爆发前夕回国,充当军事委员会政治部长陈诚的私人秘书。1941年随新任湖北省政府主席陈诚到湖北恩施任新湖北日报社社长。1942年作为湖北省代表赴重庆出席三民主义青年团全国代表大会。1944年经蒋经国介绍进入三青团中央干部学校,任指导员、主任秘书。同年赴美国留学,就读于明尼苏达大学、密苏理新闻学院,获新闻学学士、硕士学位。1947年回国后在中央政治大学新闻系执教。1949年春去台湾;5月受“台湾省政府主席”陈诚之邀,接办台湾第一大报《新生报》,又在高雄创办《台湾新闻报》,兼任两报董事长。1951年创办台湾“政工干部学校”(后改名“国防大学政治作战学院”)新闻组。1955年创办政治大学新闻系,创办中文《学生新闻》及英文《政治前锋报》两份学生实习报纸。同年协助创设台湾师范大学社教系新闻组、“中国文化学院”新闻学系,为台湾培养了大批新闻专业人才。1959年秋应聘赴美国南伊利诺伊大学讲学一年。1961年后历任国民党中央四组(文化宣传组)主任、国民党第九届中央委员、国民党第十届中央委员会副秘书长。70年代初任台湾当局驻中美洲萨尔瓦多“大使”。1981年因病卸任,赴美国洛杉矶定居,仍从事新闻教学工作。2009年6月27日在美国去世,安葬在洛杉矶近郊玫瑰岗墓园。台湾出版有《新闻与教育生涯——谢然之教授九秩华诞文集》。

**谢韬甫(1883—?)**

字永镳。余姚县人。近代上海钱业界领袖人物之一。1919年继谢纶辉后长期任上海著名的承裕钱庄经理,并曾任中和商业银行董事长,上海内地自来水公司、华安水火保险公司董事。是上海钱业公会第四、第五、第七、第八届会董(执行委员),第六届副会长,并任上海市钱业联合准备库检查委员。1927年后任上海商业联合会委员、中央造币厂审查委员会委员、国民政府公债委员会委员、国民政府国债基金保管委员会常务委员。

# 十三画

**蓝　马(1915—1976)**

原名董世雄。原籍浙江省余杭县,生于北京。话剧、电影演员。1931年后入北京商业专科学校、北京北华美术专科学校学习。1934年参加中国旅行剧团。1939年随中国救亡剧团赴香港、新加坡等地演出。1942年在重庆参加中国艺术剧社,主演话剧《戏剧春秋》。1946年后参加上海剧艺社。次年转入昆仑电影公司。曾主演话剧《李秀成之死》、《升官图》和电影《万家灯火》、《丽人行》、《希望在人间》等。1950年参加中国人民解放军。历任总政治部文工团副团长兼话剧团团长、艺术指导,中国文联第一届委员,中国影协、中国剧协第一届理事。1956年获第一届全国话剧会演表演一等奖。曾当选为中国人民政治协商会议第三届全国委员会委员。

**蓝贤翠(1898—1981)**

女。畲族。武义县人。不识字,但聪颖敏悟。15岁起在婚嫁歌堂对歌。先后畲胞婚嫁歌堂盘歌600余场。歌喉清亮,善于随景编词对唱,记性特好,传统畲歌能唱上三天三夜。自编山歌《种棉歌》、《养牛好处多》等在畲乡广为传唱。有感于畲民患病求医不易,遂多方求教,摸索医术,逐步积累临床经验,尤擅长妇科与儿科,诊治某些疑难杂症亦颇多奇效。治病多用草药、针灸、拔火罐等。病人求诊,无论晴雨、晨昏、路途远近,有求必应,从不计较报酬。行医50余年,救治妇女儿童无数,医治妇女难产数千余例。被宣平一带畲、汉群众称为“畲家救命婆”。

**楼邦彦(1912—1979)**

笔名硕人。鄞县人。1934年毕业于清华大学政治系。1936年留学英国伦敦政经学院,1939年毕业回国。曾任西南联合大学副教授,武汉大学、中央大学、北京大学教授。新中国成立后历任北京大学、北京政法学院教授,北京市司法局副局长,是第二届全国政协委员。长期从事司法行政和政法教学。专于行政法和宪法。著有《不列颠自治领》、《法兰西共和国地方政府》、《中华人民共和国宪法知识讲座》等。

**楼　邨(1881—1950)**

又名卓立,一名虚,字肖嵩,又字辛壶、新吾,号玄根居士、玄朴居士、麻木居士。缙云县人,后定居杭州。以笔砚为生。工篆书,曾得吴昌硕指授,融秦、汉及浙派之长,自成一格,古茂浑苍。曾任上海美术专门学校教授,为南社社员、西泠印社社员。著有《意庐诗草》、《清风草馆集草》、《楼邨印稿》等。

**楼光来(1895—1960)**

字昌泰,号石庵。嵊县人。1918年清华学校毕业后赴美国留学。1921年获美国哈佛大学文学硕士学位。回国后先后任华盛顿会议中国代表团随员,国际联合会代表团办事处秘书。此后相继任南开大学、东南大学教授,国民政府外交部秘书,国立中央大学文学院院长,外交部欧美司第三科科长,国立中央大学外国语系主任。1937年1月至8月任浙江省政府委员。辞去公职后重回国立中央大学担任文学院院长。1943年当选为第二批“部聘教授”。新中国成立后任南京大学教授,继续从事英国文学的教学与研究,专攻莎士比亚戏剧研究。曾任江苏省政协委员,全国人大代表。1960年在南京病故。

**楼其团(1906—1934)**

永康县人。生于贫苦农民家庭,幼年开始以裁缝为业。1928年加入中国共产党。同年秋下东桥村兴罗汉班,公开演讲,鼓吹革命。1929年秋奉组织派遣开辟仙居县西部组织工作,发展20余名党员,建立支部。同年冬参加党中央巡视员卓兰芳发动和领导的年关斗争,在武平区一带烧毁“土地陈报”表册,开仓分粮,受到地主武装的残酷镇压。后随卓兰芳赴上海中央训练班受训。1930年4月受中共中央指派,与中共永康中心县委书记应焕贤回到永康,重组永康、缙云边区游击队,改编为中共永康中心县委直接领导的第一、第三游击中队,任党代表;7月上旬,队伍整编为中国工农红军第十三军第三团,任团政治委员;9月5日率领第三团攻打缙云县城壶镇失利,第三团团长程人谟自首叛变，部队几乎瓦解。在严重的白色恐怖中始终坚持在永康、缙云、仙居等县边境山区斗争。后受中共中央委派，到缙云、仙居、永嘉等县组织游击武装。1932年7月回乡重建中共永康县委；8月因叛徒出卖在海门被捕。1934年在杭州浙江陆军监狱病故。

**楼秉国(1905—1983)**

字一华，号守白。诸暨县人。1905年4月1日生。在诸暨读完中学后于1925年考入黄埔军校第三期。1926年毕业后任国民革命军第十八师少尉排长。1932年5月任第八十三师参谋。1933年起先后任南京国民政府军事委员会特务团营长，军事委员会卫士队队长，卫士大队大队长，军事委员会特务旅第一团团长，军事委员会特务团团长，军事委员会警卫团团长，军事委员会警卫旅旅长兼重庆卫戍司令部南岸地区指挥官。1946年6月任国民政府参军兼国民政府警卫总队总队长。1947年2月入陆军大学将官班深造。1948年春毕业后任总统府参军；9月被授予陆军少将军衔。1949年1月随蒋介石到溪口，任随从人员第二组组长。后任第七十四军副军长。同年去台湾，先后任国民党总裁办公室第八组副组长、"总统府副侍卫长"兼警卫室主任、"总统府参军"。1953年被授予"陆军中将"。1967年1月退役。1983年4月14日在台北去世。

**楼恂如(？—1933)**

鄞县人。著名钱庄经理。上海钱业出身。民国后出任镇海李家的敦余钱庄经理，直至1933年去世。被称为上海钱业中不可多得的人才，曾连任三届上海钱业公会董事、执行委员，并连任多届上海总商会委员。同时投资工矿金融企业，任中华劝工银行经理及五和织造厂董事等。

**楼钦忠(1901—1993)**

诸暨县人。电力高级工程师。1924年毕业于浙江工业专门学校。曾任戚墅堰发电厂值班工程师，西村发电厂主任工程师，宜宾发电厂总工程师，福州电力公司工程协理，冀北电力公司正工程师。1949年后历任福州电力公司总工程师，太原电业局第一副局长兼总工程师，山西省电力工业厅副厅长，山西电业管理局副局长兼总工程师等职。是第三届全国人大代表，第五届山西省人大常委，第四届山西省政协常委。中国电机工程学会第一、第三届理事；山西省电机工程学会第一、第二、第三届理事长，第四届荣誉理事长。1956年被评为全国电业先进生产者。多年来一直从事电力生产技术领导工作。1993年3月9日在太原去世。

**楼适夷(1905—2001)**

又名楼建南。余姚县人。小说家、散文家。商人家庭出身。少年时期跟随父亲在上海钱庄当学徒。受五四新文化运动影响，学习写作。1927年开始从事地下革命工作与文学活动。1928年加入太阳社，并在《太阳月刊》、《拓荒者》上面发表作品，结集为短篇小说集《挣扎》、《病与梦》。1929年赴日留学。1931年回到上海，参加"左联"、"文总"的党团活动，编辑"左联"的机关刊物《前哨》、《文学导报》。后参加反帝大同盟，在中共江苏省委宣传部工作。1933年至1937年约四年时间，在国民党的监牢中度过。出狱后曾任武汉《新华日报》副刊编辑，并参加《抗战文艺》的编辑工作。武汉沦陷后南下广州、香港，协助茅盾编辑大型文学期刊《文艺阵地》，并一度代理主编。后到新四军浙东抗日根据地做文教工作，并创作有散文《四明山杂记》。1946年回到上海，任《时代日报》副刊编辑、《作家》编辑。1947年与周而复共同创办《小说》月刊。1949年后到北京，先后担任东北军区后勤政治部宣传部长、人民文学出版社副社长兼副总编辑等职。创作主要集中于20世纪20年代末到30年代初，作品具有鲜明的时代色彩。

**楼曼文(1908—1949)**

女。又名方娘。萧山县人。其父晚清曾任知县，后居杭经营米业。1924年入杭州女子中学读书。次年"五卅"运动爆发后担任杭州市学联代表，积极参加反帝示威宣传活动。1926年加入中国共产主义青年团。1927年考入浙江工业学校读书。1928年去上海，转为中国共产党党员，在某纺织厂当女工，从事革命活动。1929年任中共上海闸北区委常委兼妇女部长。1932年由组织派到苏联莫斯科列宁学院学习。不久因丈夫蔡叔厚受审查，被牵连停止党籍、学籍，送莫斯科市外的工厂劳动。1938年恢复党的组织生活。1941年回国途经新疆时按组织指示在新疆待命，化名崔少文，任迪化女子中学俄文教员。1942年2月被新疆军阀盛世才逮捕。在狱中坚持斗争。1946年7月9日回到延安，分配在中共中央社会部政策研究室任研究员。1947年国民党军进攻延安时随机关转移到晋西北，带病参加土地改革工作。后又转移到晋察冀边区，患了肿瘤病。1949年2月在河北平山县去世。

**楼桐荪(1896—1992)**

字佩兰。永康县人。1896年10月26日生。1915年毕业于私立浙江法政专门学校。后到兰溪等地办理统捐,旋奉嘉湖镇守使吕公望之召,任讨袁军戒严司令部秘书,负责检查邮电。1919年前往广东,任援粤浙军司令部秘书。同年底赴法国勤工俭学。1923年获法国巴黎大学法科硕士。1925年回国后在上海高校任教。1928年应江苏省政府之聘请担任县长训练所教务主任。同年11月起连任国民政府立法院第一至第四届立法委员,并任立法院宪法起草委员会委员,负责起草《海商法》、《合作社法》等法律。1935年9月兼全国经济合作事业委员会委员,后任秘书长。1945年5月当选为国民党第六届中央执行委员。1946年10月当选为制宪国民大会代表。1947年5月被聘为全国经济委员会委员。1948年5月当选为中华民国立法院立法委员。1949年去台湾,仍任"立法委员",并任"中国合作学社"理事长。1992年7月26日在台北去世。著有《三民主义研究》、《法学通论》、《民法原理》、《民法物权篇释义》、《英国近世政治史》、《租界问题》、《民生主义与合作制度》、《经济思想史》、《国家》、《民权主义浅说》、《楼桐荪先生在台言论集》、《七十回忆》等。

**楼银川(1887—1953)**

镇海县人。交通运输企业家。1926年由天津到上海参与筹建上海第一家华商集资的中国搬场公司,任经理。1928年独资组建宁波搬场公司,下设南北两个分公司,任公司经理。开业后制订严格规章,设置"80000"简单易记的叫车电话号码,拟定"创办最早、车辆最好、服务周到、价格公道"的服务宗旨,搬场汽车很快由4辆增至13辆,还自建停车场、修理工间和加油设备,成为二三十年代上海有影响的私营汽车运输企业之一。1931年5月与人发起筹建上海市汽车运输商业公会,并在1934年被选为主席委员,之后任理事长达八年之久。任期内曾两次组织汽车运送军用物资,支援前线抗日。上海沦陷期间变卖全部车辆停业,拒任伪职。1945年宁波搬场汽车运输行在原址复业。上海解放后任上海市汽车运货商公会筹备委员。

**楼鸿棣(1913— )**

义乌县人。1935年毕业于国立交通大学机械工程学院,获工学学士学位。其后历任广西大学副教授、教授,交通部钢铁配件厂业务课长,成都汽车整修厂厂长等职。1947年任国立交通大学副教授。1953年任交通大学校务委员会委员。院系调整后留在上海交通大学任教授;曾任运输起重机械系副系主任、机械工程系系主任等职。1979年10月兼任新成立的机器人研究室主任。1980年任"生物医学工程跨系委员会"副主任。主编有《机械和机械设计原理》、《结构力学》、《高等机械原理》等。

**楼景晖(1846—1923)**

字映斋,以字行。嵊县人。浙江近代工业的开创者之一。早年在宁波开设纸行,后至上海创办丝厂、茶栈,经营外销丝绵、珠茶。1896年筹资24万银元在萧山创办合义和丝厂,这是该市最早的机器工厂,有丝车200余部、职工800余人。1899年又筹资56万元在合义和丝厂附近创办通惠公纱厂,有纱锭1万余枚、工人1300余人。均任总经理,两厂都是浙江近代工业产生阶段最大的企业之一。1903年在上海创办协和丝厂。1908年创办钱江商轮公司,这是钱塘江上第一家轮运公司。1915年参与创办上海商业储蓄银行,并任董事。1920年又参与创办上海华丰银行。

**楼景越(1899—1933)**

字秀庭,亦作秀挺,号景樾。诸暨县人。早年毕业于浙江省立诸暨中学后入浙军第一师第二团学兵连。后毕业于北京高等警官学校。历任福建泉州警察局科员,福建陆军第五旅第九团第二营副官、团本部军需,中央军需署交通局委员等职。1924年5月入黄埔军校第一期第三队学习。毕业后先后任黄埔军校第三期教导队排长,黄埔军校教导第二团特务连连长。参加第一、第二次东征。1926年6月北伐战争开始后历任国民革命军第一军第二师连长、营长、团附。1928年起任第二师第四旅少将旅长,第二师副师长、代理师长。1930年任国民革命军第一军第二师师长。1931年12月任国民政府警卫军第一师师长兼郑州警备司令。1932年1月任第五军第八十七师师长,参加淞沪抗战。同年5月任军事参议院中将参议,兼武汉行营补充兵编练处主任。1933年10月在汉口病故。

**楼道魁(1876—1960)**

字聚财,号金扬。鄞县人。建筑企业家,有"清朝鲁班"之称。13岁到余姚学木匠手艺。1900年到上海开水木作,结识一批民族工商业者。1910年创办楼源大营造厂。该厂早年承建的大多是缫丝厂和纺织厂,1911年至1922年先后承建了湖州商人莫觞清创办的久成第一、第二、第三厂全部工程,以后陆续承建了祥纶丝厂、丰泰丝厂、震丰丝厂、统益纱厂、恒康纱厂、鼎鑫纱厂等，其中久成丝厂、统益纱厂都是行业中著名的企业。二三十年代楼源大营造厂在上海建造了不少高规格的花园住宅，在无锡、南京、杭州也承建不少丝厂、纱厂，还承建了上海四明公所南厂全部工程，包括四明医院(今曙光医院)。抗战爆发后在苏州河北的产业被毁，从此闭门不出。抗战胜利后继续营业，承建了浙江第一银行系统的一些工程。上海解放初承建了上海染化十厂、锅炉研究所，任上海市营造业同业公会三区主任。公私合营时成立楼源大联合工程队。1958年参与承建上海锅炉厂。

**雷高升(1901—1932)**

原名彭志华；幼年被送给施家做养子，改名施德彰；参加革命后改名雷高升，又名雷震。瑞安县人。1909年开始读书，后入瑞安贫民习艺所。学习期满后到温州光华布厂、鹿城布厂做工。1924年12月投身工人运动。1926年1月加入中国共产主义青年团，不久转为中国共产党党员。同年11月任永嘉(温州)县总工会主席。"四一二"反革命政变后隐蔽到瑞安老家，在瑞安、平阳等地农村发动和组织农民武装斗争。1928年2月任中共瑞安县委委员；3月参加永(嘉)瑞(安)平(阳)三县联合武装大暴动。1929年6月任中共永嘉中心县委委员兼瑞安县委书记；9月根据上级指示，组建瑞安红军游击队；10月奉调到永嘉西楠溪组建红军游击队；后因战斗失利回到瑞安。1930年2月重返西楠溪，筹建红军，开展游击战争；3月任浙南红军游击总队第一支队长；19日率军攻打处州(今丽水)城失利后，带领余部到平阳江南一带打游击；5月初红十三军成立，任第一团团长兼第一大队长；5月24日参加攻打平阳县城受挫，回到西楠溪，经过整顿和扩军，红一团发展到3000余人；8月25日红一团扩编为师，任师长；8月31日率部攻占缙云县城，宣布成立苏维埃；三天后回师永嘉；9月21日攻打黄岩乌镇，遭到浙江保安旅第三、第四、第五团优势兵力的合击，部队损失惨重，被迫折回永嘉，分散打游击；后又转移至瑞安西区，是时只剩40余人枪。1931年5月17日到上海向中共中央汇报请示工作；6月返回浙南，与永嘉、黄岩、永康、仙居等地红军游击队会合，活动于永(嘉)青(田)仙(居)边界的崇山峻岭中。1932年1月国民党成立"温台剿匪指挥部"，纠集大批部队进行"围剿"，雷部被困在少横坑一带山林中，以野菜野果度日顽强地坚持抗击敌军；5月23日被国民党当局诱捕，后被押回温州；5月28日在温州华盖山刑场英勇就义。

**雷　震(1897—1979)**

字儆寰。长兴县人。1897年6月25日生。1918年毕业于湖州的浙江省立第三中学；10月赴日本留学，入日本第一高等学校预科。1919年在日本加入中华革命党。1920年考入日本名古屋第八高等学校本科。1923年考入京都帝国大学法学院。1926年冬毕业回国后任母校浙江省立第三中学校长。不久任南京国民政府法制局编审。1928年法制局并入立法院后转任考试院编译局编撰兼中央军校教官。1929年11月任铨叙部秘书兼调查统计科科长。1930年秋兼国立中央大学法学院教授。1931年先后任国民党南京市党部委员、书记长、常务委员。"九一八"事变后发起组织中国新论社，出版《中国新论》杂志。1932年担任国民党南京市代表大会主席团主席。同年创办南京行健中学。1933年7月至1938年6月任教育部总务司司长。1934年创办长安学校。1935年11月当选为国民党第五届中央候补监察委员。1938年1月兼军事委员会政治部设计委员；7月任国民参政会秘书处秘书兼议事组主任。1939年1月任国防最高委员会财政专门委员会专门委员；2月兼国民参政会川康建设期成会主任秘书。1941年补授国民党中央监察委员。1942年12月任经济动员策进会主任委员。1943年9月任国民参政会副秘书长。1945年5月当选为国民党第六届中央监察委员。1946年1月任政治协商会议秘书长，负责协商各党派意见；11月制宪国民大会开幕前后负责拉拢青年党与民社党参加制宪国大，大会开幕后任副秘书长。1947年4月任行政院政务委员。1948年任行宪国民大会副秘书长。大会结束后任行政院政务委员兼行政法规整理委员会主任委员、国防经费策划监理会秘书长。1949年2月任京沪杭警备司令部政治委员会顾问兼经济委员会主任委员。同年4月去台湾；8月任国民党总裁办公室设计委员会委员，"东南军政长官公署"政委；11月与胡适等在台北创办《自由中国》半月刊，主持编务。1950年2月被聘为"总统府国策顾问"。1950年、1951年两度代表蒋介石赴港宣慰反共人士，并考察第三势力在香港的发展状况。1953年被解除"国策顾问"。1954年底由于《自由中国》刊登读者投书《抢救教育危机》，引发国民党当局不满，被注销国民党籍。1956年该刊出版"祝寿专号"，为自由派人士向蒋"总统"建言之总集，言人所不敢言者，引发台湾党政军媒体之围剿。1958年起参与李万居、吴三连、高玉树等78人发起组织的

"中国地方自治研究会"，但因行政机构不许可而无法成立。1960年与台港在野人士共同连署反对蒋介石违背"宪法"第三次连任"总统"；5月4日发表《我们为什么迫切需要一个强有力的反对党》，鼓吹成立反对党参与选举以制衡执政党；5月18日非国民党籍人士举行选举改进检讨会，筹备组织中国民主党；9月1日被国民党特务机关逮捕，并被军事法庭以"包庇匪谍、煽动叛乱"的罪名判处10年徒刑。1970年9月4日出狱。1979年3月7日在台北去世。2002年9月4日台湾当局宣布为雷震平反。著有《雷震全集》。

**裘文高(1887—1909)**

嵊县人。曾入清营充当营勇，后升为哨弁，因肇事被斥归嵊县，遂结党千人，啸集西乡山间，清吏也不敢过问。平阳党首领竺绍康和乌带党首领王金发均与之相交，发誓为汉族复仇，共起义军以逐满人，并加入乌带党和光复会。1907年初不待竺绍康起义号令，遽树义旗于西乡山间，与清兵发生激战，斩获清军哨弁数名、兵士数十人。由于清军由杭城驰援，众寡悬殊，孤立无援，接战不利，遂收军取道东阳入天台和仙居而去。同年11月21日又率台州义勇数百人，由仙居取道东阳，出击嵊县，斩清兵数十人。并于夜间突袭清营，取得清军枪械，还击清军，清军大败而逃。光复军名声大震，杭城因此戒严。浙江巡抚张曾敭加派第一标三营驰援绍兴，复电严州知府率防守严州一标二营马志勖督军驰赴绍兴，合击嵊县裘部。裘两面受敌，拒战不利，复率义勇由嵊县退军东阳，入仙居而散。1909年春由仙居潜回嵊县，欲召集旧部东山再起；5月10日被清军逮捕；5月22日英勇就义。

**裘古怀(1905—1930)**

又名古槐，字述卿，化名周乃秋。奉化县人。1905年2月3日生。早年先后就读于奉化松溪小学，裘村忠义高等小学。1920年考入宁波省立第四师范学校学习。1924年6月加入改组后的国民党。1925年"五卅"运动发生后担任宁波学生联合会副主席，参与领导青年学生进行反帝斗争。同年11月赴广州，考入黄埔军校第四期政治科。1926年加入中国共产党。同年7月被派到国民革命军第四军叶挺独立团，从事宣传工作。随即随军参加北伐，在著名的贺胜桥、汀泗桥、武昌攻坚城战役中均在叶挺团敢死队冲锋陷阵，被誉为"虎胆英雄"。攻克武昌后任宣传大队长。1927年3月任第十一军二十四师(师长叶挺)政治部宣传科长。在国民党右派发动"四一二"反革命政变后写下不少揭露与批判国民党右派的战斗檄文。随后参加中共领导的八一南昌起义。同年9月底10月初起义部队到达潮州、汕头，在同国民党军作战中不幸负伤。后在宁波同乡会帮助下，辗转上海回到宁波，住进宁波公立医院。腿上的弹片刚取出，就引起国民党特务的注意，只得提前出院。在好友卓恺泽处养伤，隐蔽潜伏。同年底到杭州，在中共浙江省委和团省委主持军队干部的训练。1928年2月任共青团萧山县委书记；4月任中共浙西特委委员；5月任中共浙西特委常委；8月组织兰溪秋收暴动，任共青团省委常委，后任代理书记。1929年1月16日晚在杭州清泰路豫安旅馆被国民党逮捕，关押于浙江陆军监狱。1930年3月狱中建立中共特别支部，当选为宣传委员，编辑《火花》、《洋铁碗》等秘密刊物，被敌人视为"五个顽匪"之一；8月27日在杭州英勇就义。

**裘吉生(1873—1947)**

名庆元，字激声。祖籍嵊县，生于绍兴。少时进钱庄学徒，年轻时患肺痨，群医束手无策，乃励志学医，自治而愈。与徐锡麟、陶成章、孙德卿、秋瑾等革命党人过从甚密，加入光复会，参与创办大通学堂。皖浙起义失败后离绍赴沪加入同盟会，奉命前往东北，继续从事革命活动，结识日本医界名人，得以阅读珍贵医籍，专心收集研究。民国初年返回绍兴，正式挂牌行医，创办裘氏医院，出任绍郡医药学研究社副社长，主持《绍兴医药学报》编务工作。1915年神州医药会绍郡分会成立，被推为医界副会长，后历任副会长、会长。1916年孙中山来绍视察，亲题"救民疾苦"予以嘉勉。1921年迁居杭州，题其书屋曰"读有用书楼"。时已行医33年，成立三三医社，创办三三医院，刊行三三医书，出版三三医报。1928年当选为浙江中医协会常务监委。1929年卫生部提出《废除旧医以扫除医事卫生障碍案》，全国中医界会集上海召开大会，抗议国民政府废除中医政策，裘作为浙江中医代表之一，在会上慷慨陈词，迫使国民政府撤销提案。1930年将所藏医学善本500余册赠送杭州鼓楼流通图书馆。1935年精选医书辑成《珍本医书集成》90种。《珍本医书集成续编》99种、《皇汉医学丛书续编》75种以及四库存全书中《普济方》全集，即将出版之际毁于战火。擅长治疗温热时病、肺痨、痢疾、白喉等病，主张中西医取长补短。另编有《学医方针》、《药物学便读》、《诊断学》和《治疗学》等函授教材，以培养中医人才。

**裘守成(1892—?)**

字希文。天台县人。1916年12月毕业于保定陆军军官学校第三期步兵科。曾任国民政府军事委员会军政部汽车团团长。1947年1月7日被国民政府授予陆军少将军衔。1949年3月至5月任天台县县长。后不详。

**裘孝庭(1923—1947)**

嵊县人。1940年加入中国共产党。1943年受上级指示,进入安富乡和辅仁乡自卫队从事敌军工作。1946年中共金萧地区特派员马青转移到嵊西开展敌后游击战争,他的家便成了中共地下党领导的落脚点和联络站。同年11月与弟弟裘孝培参加会稽山人民抗暴游击队。1947年1月裘的妻舅、兵痞出身的裘樟林冒名在白竹、钱家坑等村派款勒索、欺压人民,大义灭亲奉命将其处决。同年3月下旬当国民党对中共游击队发动"围剿"时临危不惧,架起轻机枪射向敌群,掩护队伍从容撤退;4月被提升为分队长;4月22日当部队在义(乌)北大溪山村宿营遭敌人包围时,第一个冲出屋,身中数弹倒地,壮烈牺牲。

**裘时杰(1891—?)**

字时杰。嵊县人。1916年12月毕业于保定陆军军官学校第三期骑兵科。曾任北洋陆军第十五混成旅第二团团长。1933年任国民政府军事参议院参议。1937年抗日战争爆发后任第二战区司令长官部高参,从南京到山西协助第二战区副司令长官黄绍竑指挥娘子关战役。1942年1月至1944年6月任浙江省第三区行政督察专员兼保安司令。后到重庆,任国民党中央训练团团员。1946年7月被国民政府授予陆军少将军衔。

**裘法祖(1914—2008)**

杭县人。1914年12月6日生。1932年之江大学附属高中毕业。同年考入上海同济大学医学预科。1936年前期结业,前往德国留学,在德国慕尼黑大学医学院就读。1939年毕业,以一等优秀成绩获医学博士学位。后任德国慕尼黑大学医学院附属许华平医院外科住院医师、副主任医师,获德国外科专科医师头衔。1945年受聘为德国土尔兹市立医院外科主任。1946年11月回国后历任上海同济大学医学院附属中美医院外科副主任、主任、外科学教授。1955年任武汉医学院第二附属医院(今同济医学院附属同济医院)外科主任、教授。1978年任武汉医学院副院长。1981年任院长。1982年获德国海德堡大学名誉博士学位。1984年发起组织中德医学协会,任中方理事长。1985年获联邦德国政府授予的大十字功勋勋章。同年被日本金泽医科大学授予名誉顾问。1985年至2000年任同济医学院(后改称同济医科大学)名誉院(校)长。1993年当选为中国科学院院士。1999年接受香港外科医学院名誉院士衔。2000年获中国医学科学院中国医学科学奖。2001年获中国医学基金会医德风范终身奖。是第三届全国政协委员,第四、第五、第六、第七届全国人大代表。2008年6月14日去世。一生发表论文220余篇,并主编有《一般外科手术学》、《医学百科全书》(外科学基础分册、普通外科学分册)、《黄家驷外科学》以及全国高等医药院校规划教材《外科学》等。

**裘　绍(1887—1920)**

嵊县人。1906年入杭州弁目学堂,加入光复会和同盟会。1911年武昌起义爆发后协助尹维峻率敢死队攻占巡抚衙门和藩库。杭州光复后出任浙江攻宁支队司令部参谋副官。1913年与光复会女杰尹维峻在北京结婚。1916年出任浙江督军署军事参议兼炮兵上校,联络吕公望、周凤岐、童保暄等人,将浙江都督朱瑞赶下台,推吕公望为都督,宣告浙江独立。1917年奉陆军部之命赴日本考察政治和军事。南下参加护法运动,任陆军少将兼护法军政府参议。1919年7月转任援闽浙军副司令兼参谋长、第二师师长兼陆军少将,驻军汕头和潮州等地;8月返回杭州,购得西湖孤山北麓坡地,作为尹维峻墓地。1920年3月21日奉孙中山之命到福建同安县郊区大轮山脚梵天寺,策反北洋军阀一个营,被该营长出卖,中午宴毕出门即遭该营机枪班伏击遇难。

**裘炳熙(生卒年不详)**

字轶尘。嵊县人。1912年12月至1914年1月任奉天省(今辽宁省)宽甸县知事。任内提倡小学教育,整顿女学,改组劝学所为教育公所,设立讲演所,以振兴县内文教事宜,又设审检所,举办崇俭会,以利法制、正民风。1913年县内多处大旱,灾情严重,呈请省署准予豁免3万亩之钱粮捐,灾民感激。1916年1月至7月任山西省政务厅长。

**裘振兰(1917—1937)**

女。又名裘引,号馥卿;后取名振兰,意为纪念父母好友、光复会元老魏兰。杭县人。裘绍、尹维峻烈士二女。上海持志大学法学学士。1936年由沈钧儒介绍在上海加入全国救国会,与"七君子"交往深厚。善歌善舞,爱好体育和诗词。1937年冬国民党火烧长沙时遇难。

**裘振先(1919—1941)**

女。又名左克。杭县人。裘绍、尹维峻烈士小女。中学时代即积极参加抗日救亡运动。1937年经中共上海党组织和郭沫若推荐到延安，先后到陕北公学、抗日军政大学第四期学习。同年加入中国共产党。抗大毕业后历任抗大第五期区队长，中央军委卫校分队长、护士队长、支部书记兼指导员，晋察冀军队卫校校部支部书记兼副政治指导员，白求恩卫校和白求恩国际和平医院党组书记、政治处技术书记兼副指导员。1941年秋侵华日军发动空前残酷大扫荡，率卫校师生行军至河北完县杨家台乡道士观村（解放前属易县冷泉村）狼牙山脉中，遭3000日军包围。为掩护军民师生突围，亲自指挥警卫排英勇作战。终因弹尽粮绝，格斗中身中数刀，壮烈牺牲；中国革命军事博物馆和浙江革命烈士纪念馆展有烈士遗像事迹。石家庄鹿泉市莲花山军分区民兵装备8号仓库山坡上建有“左克烈士纪念碑”。

**裘振纲(1916—1991)**

谱名益纲，又名裘正，化名周平、慧文、惠民、伯纪等。嵊县人，出生于上海。裘绍与尹维峻烈士之子。1929年3月至8月在杭州读书时与同学自发从事拥共反蒋革命活动，被国民党浙江省保安司令部逮捕入狱两个月。后由姨母尹锐志营救出狱。1935年8月考入日本东京日本大学社会科学专业学习，1937年7月毕业。1936年9月参加中国共产党，在中共北方局东京特别支部领导下从事抗日救亡运动。并与日本共产党再建委员会取得联系，协助他们工作。1937年7月至1938年4月任中共上海学生界救亡协会党团核心领导兼宣传部长，会刊《学生生活》主编。1938年4月经上海中共江苏省委介绍，赴延安学习。同年4月至6月任中共中央长江局青年部干事。1938年6月至1939年初春经过中共长江局转介绍信，在延安中共中央马列学院第一期学习至毕业。几个月后留校与刘英、陈郁、宋时伦、邓力群在中共中央“中国革命问题研究室”工作。兼抗日军政大学第四期教授“中国革命问题”和“马列主义”等课程教员。任马列学院墙报主编。并代表马列学院出席“全国第二次青年代表大会”。1939年初春至1941年6月任中共中央东南局常务青委，妇委，代理宣传部长，党校马列主义教员，《战地青年》杂志主编。1941年6月至1942年10月随陈毅、粟裕赴苏北开辟抗日根据地，任新四军苏北公学副校长，行政学院教育长兼副院长，苏北艺术协会理事长。1942年10月17日至1943年12月经过苏中区党委批准到国统区杭州、江山、福建浦城休养，开设“振华贸易商行”生活。因日寇攻占浙赣铁路，与新四军上海联络站杨斌（东南局青年部常委，第十地委副书记）突然失去联系。1943年10月去重庆找中共代表团，董必武同意他去福建做工作。到福建永安后由省政府主席刘建绪聘为省政府参议兼福建省研究院社会科学研究所研究员。并在福建永安《民主报》（董秋芳主编）副刊“新语”等栏目内发表过37篇评论和杂文。1945年10月至1946年4月经董必武同意离开永安赴台湾，由台湾行政长官陈仪委任为接收委员，并担任台共与中共背景下的《人民导报》主笔。1946年2月一同赴台湾的《人民导报》社长宋斐如被陈仪任命为教育厅长。被宋推荐去基隆接收日本人学校。被陈仪批准为基隆区署荐任区长职位。至同年4月20日完成在基隆区接收日人学校和遣返日本侨民的工作；4月下旬回到杭州。后任中国光复会常委兼宣传部长、组织部长、浙江省分会主委。1947年3月因台湾“二二八”起义遭通缉，逃往香港。1948年与周亚卫策动陈仪起义失败。领导浙西起义成功，又遭国民党政府通缉。经中共皖南地委和苏浙皖边工委报请江北陈毅、粟裕批准，任中国人民解放军浙西支队司令员，浙西办事处主任和首任昌化县人民县长。1949年5月杭州解放后转业，任浙江省中苏友好协会宣传科长、上海同济大学教授兼振先出版社社长。1954年8月2日至1956年8月28日被上海公安局逮捕，审查历史问题。后调任外交部国际问题研究所研究员。1957年12月4日被划为“极右派”。1958年1月下放到公安部天津板桥造纸厂，在公安机关人员监督下“劳动改造”。1961年底摘除“右派分子”帽子。1962年9月至1965年12月由中共中央青年部长、团中央书记冯文彬邀至一机部“天津铸锻件厂”任办公室主任。1965年12月因肺气肿病退职到上海养病。1965年12月至1979年1月上海养病期间，因为“文革”失去工作。每月仅靠10元救济金生活，翻译了几百万字各种外文资料和1000余万字的各种科技论文和著作。1977年恢复政治名誉。1982年离休。其后开始撰写革命历史回忆录，并从事京剧史研究工作。1991年5月19日在上海去世。著有《俄文成语辞典》、《长寿之路》等几十部著作。

**裘振豪(1893— )**

字毓英。慈溪县人。1916年12月毕业于保定陆军军官学校第三期炮兵科。曾任南京中央军校兵器教官。1947年7月7日被国民政府授予陆军少将军衔。

**裘笑梅(1910—　)**

女。杭县人。教员家庭出身，幼时体弱多病。后入杭州弘道女子中学读高中，因常患鼻衄，不得不辍学休养。其父略懂医学，远近邻居有小病小痛，常至她家索药，亦见有不少贫苦患者因无资求医买药得不到治疗而悲惨死去。由己及人，深感“人命至重，有贵千金”，萌发学医之念，拜杭城老中医清华为师。1935年在杭州皮市巷开业行医，兼杭州贯桥同益堂药店内“崇德医药局”坐堂医师，一边继续攻读医书。初为儿妇科，后专事妇科。1937年底杭州沦陷后避居乡村行医。1946年回到杭州东平巷开业行医，兼任惠民堂药局同济中医诊疗所主任医师。1955年任杭州市中医门诊部门诊与住院医师。1956年起任浙江省中医院、浙江省中医学院附属医院妇科主任医师。从事中医临床教学治疗及科研工作50余年，专擅妇科，对经、带、胎、产常见病有较高的造诣。曾任中华全国中医学会浙江分会常务理事、浙江省人大代表，兼任杭州胡庆余堂、杭州天目山药厂、湖州制药厂顾问。著有《裘笑梅妇科临床经验选》、《裘氏妇科临诊医案精粹》等。

**裘家齐(1922—　)**

绍兴县人。1922年10月生。上海圣约翰大学经济系毕业后先后在上海交通银行、苏浙皖敌伪产业处理局、行政院物资供应局及中央信托局任职。1945年抗战胜利后任行政院物资供应局副处长，主持与美国国务院驻沪海外物资清算处谈判，接收总值约5亿元、散布在太平洋各岛之剩余物资及由印度转运之美国租借法案物资，并办理向欧洲采购军械等业务。1949年去台湾，任“中央信托局”购料易货处襄理，规划并支持美援采购业务。后升任“中信局”贸易处副经理、经理，主持台湾产品外销日本、韩国、越南及美国等事宜，对拓展海外市场，暨兼理“中信局”自营业务争取盈余，均极具贡献。1972年调任“中信局”驻美代表，主持该局在美贸易及金融业务，筹设“中美环球贸易公司”兼任驻美董事。1979年美国宣布与台湾当局断绝外交关系后推动美国国会通过《台湾关系法案》。1983年起任“中信局”副局长。

**裘盛戎(1915—1971)**

祖籍浙江绍兴，生于北京。京剧名角。8岁开始从父学戏，12岁时就学会了20余出戏。1928年进富连成科班，排“盛”字辈。经萧长华、孙盛文、王连平等教导，演唱技巧日趋成熟。1933年出科，表演上深受周信芳“麒派”艺术的影响，但经过长期摸索，渐渐自成一格，称为“裘派”。1947年创立“戎社”，后与人合作组成太平京剧团。1956年后担任北京京剧团副团长。曾当选为全国政协委员、北京市人大代表。曾参与现代京剧《杜鹃山》、《雪花飘》的演出。擅演的剧目主要有《铡美案》、《将相和》、《赵氏孤儿》等。

**裘献尊(1899—1970)**

兰溪县人。1927年浙江大学毕业后留校任教。1930年起先后留学英国、美国。1933年获美国芝加哥普渡大学硕士学位，毕业论文题为《杭州无轨电车系统设计》。回国后因聘担任省立广西大学教授。1939年8月省立广西大学改为国立，兼电机系主任。抗战胜利后回浙江，1947年到位于金华的国立英士大学任教。1950年英士大学并于浙江大学，仍兼电机系主任。1951年到大连第二海军学校从事教学和研究工作，培养海军科技人才。1958年调上海国防科委七院五所进行科技研究工作，培养指导研究生等高级人才。1958年以解放军科技代表身份邀至北京参加国庆观礼，在中南海受到毛泽东、刘少奇、周恩来、朱德等党和国家领导人的接见。

**虞曰镇(1917—1993)**

镇海县人。1937年毕业于香港美尔顿大学建筑系。其后在上海最著名的建筑设计大师、匈牙利人拉斯洛·邬达克的事务所任助理建筑师。1940年初转至华盖建筑师事务所任办事处主任。1941年6月在广西桂林创立有巢建筑师事务所。1949年赴台湾继续执业，以公共建筑、大型土地开发计划为主要业务，在台湾建筑界颇具影响。1960年负责筹备私立中原理工学院建筑工程系，为全台首创的五年制大学建筑工程学系。1961年资助汉宝德在东海大学创立《建筑双月刊》杂志，并担任发行人；1969年再资助甫回国的汉宝德创立《建筑与计划》杂志，并与沈祖海、陈其宽担任共同发行人。1964年曾赴美国哈佛大学进修，获硕士学位。后曾兼任淡江大学建筑系副教授。1983年获美国加州建筑师资格。

**虞　廷(1875—1912)**

字赓甫，号懋良。浦江县人。父亲乃清末名儒，岁贡生，少时授以诗书，过目成诵，工于诗文。1893年补为学官弟子。1902年清廷改以策论取士，参加辛恩正并科乡试，中举人。时清廷腐败，民不聊生，反清思潮风起云涌，受资产阶级民主革命思想影响，毅然弃儒从戎，于1906年考入浙江武备学堂，加入光复会。1907年毕业于武备学堂，初充督练公所调查员。后历任两浙督练公署教育科员、金衢严处四府公学监督，积极筹划经费，整顿课程，开设测绘专修科，组织学生实地练习，探测大江南北险要，以备战时之需。后又任浙江陆军小学监督、浙江陆军步兵八十二标教练官。因与光复会员来往频繁，遭到地方当局疑忌，旋即调离杭州，出任温州炮台司令官。仍不懈初志，鼓吹革命，僚友均受感动，相约以待时机。杭州光复后成立浙江军政府，遂率温属各台反正，致电都督要求出师北伐。将炮台委以副职魏其倬，返省面陈方略，出任浙江军政府顾问官。时张勋在南京负隅顽抗，浙军组成3000人的援宁军出征，出任浙江陆军步兵第二标统带官。因朱瑞所率浙江陆军步兵第一标伤亡惨重，自请取消第二标，以充实第一标，并改任浙军兵站总监。南京克复后出任浙江军政府军事参议官，代理参议厅总参议。1912年革命党人以为革命已经成功，欲遣散兵员，又出任浙江筹备退任事务所长。同年春末筹建浙江陆军讲武堂，出任讲武堂堂长；8月12日于官邸赴聚丰园途中在大井巷遇刺身亡。

**虞廷恺(1880—1918)**

字伯庼。瑞安县人。家学启蒙，后师事国学大师孙诒让、黄绍箕。1904年春执教于养正学堂。1906年秋赴日本留学，入法政大学学习。1909年毕业后回国，执教于杭州的浙江官立法政学校、高等巡警学校、全浙自治研究所。1910年又兼私立法政学校教员。1911年11月浙江光复后相继担任浙江军政府财政部支应科科长兼秘书、浙江军政府财政司佥事兼都督府财政秘书、代理财政司司长。主持制定《统捐暂行法》、《地方征收法》、《暂行不动产转移法》、《登记法》、《财政收支统一办法》等法案，使浙江军政府在其后财政工作有法可依。1912年5月辞职归里。同年参加共和党。1913年1月当选为中华民国第一届国会众议院议员，国会开会后兼秘书；5月加入进步党；6月当选为国会宪法起草委员会候补委员；11月袁世凯以国民党参与“二次革命”为口实取消国民党籍议员资格，指使国会不足法定人数，面临流产局面，为此曾上书副总统黎元洪希望有所挽回。1915年与张云雷等成立瓯海矿务公司。1916年6月2日与部分国会议员近200人在《申报》联名发布《国会议员集会通告》讨袁；8月国会恢复后任众议院代理秘书长。1917年6月国会被黎元洪总统下令再次解散后，到天津马厂段祺瑞的讨逆军总司令部担任招待员，专司接待各路讨逆要员；7月中旬受财政部总长梁启超之邀，出任财政部官产处总办兼参议院全院委员会委员长。1918年1月5日因长女喜梅出嫁，请假南归，途经上海，所搭乘的“普济号”轮船在吴淞江口失事遇难。著有《伯庼文集》。

**虞声闻(1900—1970)**

慈溪县人。贫苦农民家庭出身。1916年经人介绍到上海当学徒。1920年后任上海厚省橡胶厂营业部主任。1930年创办利亚橡胶电木厂，为华生电器厂配套生产电木零件。在津浦铁路局的支持下于1932年研制成功国产第一代火车蓄电池胶壳。1935年与人合股成立利亚橡胶电木股份有限公司，正式批量生产蓄电池胶壳，并向政府申请专利，在全国独家生产；1937年淞沪抗战爆发后生产中断。1945年抗日战争胜利后利亚橡胶厂恢复生产。1949年5月上海解放后获得上海铁路局、南京蓄电池厂、上海市交电公司等单位的订货，业务有所发展。1956年公私合营后任私方经理。晚年在上海市普陀区社会主义学院办公室工作，曾任普陀区工商联执行委员。1970年1月在上海去世。

**虞洽卿(1867—1945)**

名和德，以字行。镇海县人。著名买办、航运商，近代上海商界领袖人物。幼年丧父，家境贫寒，赖母方氏抚养，仅读三年私塾。1881年赴沪进瑞康颜料行当学徒。1893年任德商鲁麟洋行买办。1902年改任俄华道胜银行买办。1903年又转任荷兰银行买办(直至1941年)。同年独资创设通惠银号。在1897年的四明公所事件中开始崭露头角，1905年大闹会审公堂中更赢得声望。1908年参与创办四明银行，任协理，以后长期任该行董事。同年又参与创办宁绍轮船公司，任总经理。在此期间先后与人组建华商体操会、万国商团中华队，并任预备立宪公会会员、沪北商团公会会长。1910年参与筹办中国近代第一次全国博览会即南洋劝业会，任副会长。辛亥革命爆发后资助光复沪宁地区。沪军都督府成立后任顾问官兼闸北民政总长、外交次长。1913年独资自办三北轮埠公司，任总经理。1917年又以其子虞顺恩出面设立宁兴轮船公司，此后把航业作为终身事业。1918年开始筹办上海证券物品交易所，1920年开业后任理事长。同年发起创办劝业银行，并任董事。次年参与发起创办中国商业信托公司和华盛信托公司。1922年接盘肇成机器厂，专门修理三北集团各船只。1924年任上海总商会会长，并任上海商界日本经济考察团团长。1925年发起组织上海航业公会(后改名轮船业同业公会)，并长期任理事长、主席。1927年另组上海商业联合会，任主席，与江浙财团其他头面人物资助蒋介石及其南京政府。曾先后任全国工商协会会长、淞沪商埠市政会办、全国商会联合会候补会长、上海特别市参议会参事、江苏兼上海财政委员、全国经济委员会和财政委员会委员、上海公共租界工部局华董、上海租界纳税华人会主席、大上海剧院经理、中国红十字会名誉副会长等。1928年上海荷兰银行为其举办任华经理25周年庆典，并颁布荷兰政府勋章。1936年10月公共租界当局将西藏路改名虞洽卿路。至抗战爆发前夕其航业公司拥有的轮船吨位已占全国总吨位的六分之一，并拥有上海鸿生码头堆栈公司、三北船厂等附属企业，构成大型民营航运集团，被称为民营航运业巨擘。1937年7月抗战爆发后任上海各界抗敌后援会执行委员。1939年任上海难民救济会理事长。1941年离沪赴渝，与浙商王晓籁等组织三民运输公司。后又到昆明创办三北运输公司，在昆明、成都、贵阳等地设分公司，在滇缅、川滇路上运输军事物资。另在内江、湖南还设有酒精厂、纱厂。1945年在重庆病故。从1911年到1941年虞氏曾任宁波旅沪同乡会副会长、会长达30余年。

**虞颂庭(1914—2010)**

慈溪县人。1939年毕业于北平协和医学院，获医学博士学位。太平洋战争爆发后辗转湖、广、贵、川，曾在国际红十字会与国民政府军医部开办的贵阳战时卫生人员训练所担任教官。抗战胜利后赴美国芝加哥大学从师于世界著名外科专家、诺贝尔奖获得者赫金斯，攻研泌尿外科专业。1948年秋返国后相继任天津总医院外科主任、北京协和医学院教授、天津医学院外科教授及医疗系主任等职。是我国著名泌尿外科专家，历任中华医学会外科学会委员、第一届泌尿外科学会副主委、第一届中华生物医学工程学会常务理事及天津分会理事长等职。先后发表论文百余篇，参与编写、编译了10余种医学教材和专著。曾任天津市政协第六、第七、第八届副主席，九三学社天津市委员会第四、第五、第六届主委，九三学社中央常委。1993年获得吴阶平泌尿外科医学基金管理委员会颁发的“首届吴阶平泌尿外科医学奖”。2010年5月18日在天津去世。

**虞铭新(1878—1944)**

字和钦，又字士勋，号莳新。镇海县人。早年留学日本，毕业于东京帝国大学。回国后历任图书局理科总编辑，顺天高等学堂及北京优级师范学堂教员，资政院硕学通儒候补议员。1912年中华民国成立后先后任北洋政府教育部助事、视学。1917年9月至1923年2月任山西省政府教育厅厅长。嗣接受冯玉祥的邀请，到北京担任陆军检阅使署秘书。1926年1月任顺天府京兆教育厅厅长。著有《杜韩五言古诗类纂》、《杜古四品》、《和钦诗稿》(6卷)等。

**虞辉祖(1864—1921)**

字含章，别署寒庄。镇海县人。1899年与钟观光等在故乡柴桥组织四明实学会，学习、介绍理化博物知识。后迁宁波辨志书院，试制黄磷成功。1900年至上海开办灵光造磷厂，因缺乏科学仪器设备而亏本停办。1901年与钟观光、虞和钦等邀集同道，在上海四马路(今福州路)惠福里创办中国第一所科学仪器馆，任经理，一切规划设施皆其手定，并多次赴日考察。初以销售日产仪器和药品为主，后自制理化、绘图仪器和体育用品，设有标本制作所及模型制作所。又设理科讲习所，编译书籍，传授科学知识。曾翻译《中等初级用理化教科书》。复设分馆于沈阳、汉口。在此基础上组织起最早的宁波同乡会、浙江旅沪学会，侧重振兴实业和文化传播。1903年创刊《科学世界》，对中国近代科技事业的发展作出贡献。1913年回镇海任县议会参议员。中年后致力于文字，选刊《寒庄文编》二卷。晚年就山东省长署秘书职，曾指导历城等九县办防疫所，传播和推广医学科学知识。不久又被署为总统府咨议官，后应邀纂修《镇海县志》，辞归未满月即病故。

**虞　舜(1914—　)**

镇海县人。早年毕业于上海私立大夏大学，获商学学士学位。后入私立上海法学院，获法学学士学位。先后任上海公共租界工部局查账会计师，上海立信会计专科学校教授。1946年当选为上海市参议会参议员。同年创办大信法律会计事务所。1949年3月去台湾后继续执行会计师兼律师业务，历任“中华民国律师全国联合会”常务理事、常务监事，“中国文化学院”董事兼法律系主任，“国际扶轮社”第三四五区总监。此外还担任过“台湾省政府”顾问、“行政院”设计委员、“光复大陆设计研究委员会”委员等。著有《会计学原理》、《审计与查账实务》、《民法总则》等。

**虞　愚(1883—1948)**

原名震祺，字挺芳，晚年又字汀舫。镇海县人。铁道工程专家。幼秉家教，勤于学业。1902年中举人。嗣后留学日本，先后毕业于日本岩仓铁道学校与熊本高等工业学校

（今熊本工业大学）土木工程科。1909年回国后参加清廷举办的留学生考试。历任吉长铁路局、南浔铁路局总办，四郑铁路局、四洮铁路局局长等职。1918年秉承父志，出资在家乡重办述志小学。1926年参加国民革命军，任总司令部咨议，随军北伐。同年底北伐军攻克江西后任南浔铁路局局长。1927年3月北伐军占领上海后奉命担任上海二五税局局长。不久因病退出政界，寓居北平，经营实业。1931年在南京创设宏业窑业公司。1937年抗战爆发后举家回原籍，担任灵山学校校董、岩二乡乡长。因向国民党地方政府提出"二五减租"，被国民党宁波市政府关押，后由国民党浙江省党部徐圣禅保释。1948年秋在原籍病故。著有《铁道工学》等。

**慎钱选(1891—?)**

名茂榆，字钱选。诸暨县人。1916年12月毕业于保定陆军军官学校第三期步兵科。北伐战争时期曾任国民革命军东路军前敌总指挥部参谋。抗日战争时期历任镇海防守司令部参谋长、四明山游击区司令部参谋长、第七十军高参。1946年6月任国民政府军事参议院参议；7月被国民政府授予陆军少将军衔。

**路之淦(1898—?)**

余杭县人。1919年毕业于上海私立复旦大学。1931年"九一八"事变后曾短暂担任过黑龙江省政府主席、抗日将领马占山的机要秘书。不久即投降日本侵略军，先后任伪满洲国（以下简称伪满）海伦县县长、双城县县长。1937年任伪满内务局财务科科长兼参事官。1938年8月任伪满吉林市市长。1942年11月至1945年任伪满吉林省政府民生厅厅长。伪满政权覆灭后下落不明。

**筱丹桂(1920—1947)**

女。姓钱，名春韵、春凤，艺名筱丹桂。嵊县人。幼年丧父，早年入义塾读书两年。1930年春进入嵊县崇仁镇高升舞台学艺，习花旦，随戏班流动于绍兴、杭州、宁波等地。唱腔优美流畅，能文能武。1938年4月进入上海恩派亚大戏院演出，引起轰动，当时有"三花不如一娟，一娟不如一桂"之说。1940年与徐玉兰、贾灵凤组成丹桂剧团，成为沪上四大越剧班社之一。同年5月被混迹越剧界的上海流氓张春帆看中。1946年曾演出《吴山点点泪》、《寒夜曲》等有积极意义的新戏。1947年夏为筹建越剧艺人自己的实验剧场与越剧学校，参加《山河恋》义演。嗓音甜润，扮相俏丽，文武兼长，旦角戏和女扮男装戏均很出色。是"越剧十姐妹"之一。因不堪流氓戏霸张春帆的凌辱，于同年10月13日服毒自尽。有《西厢记·拷红》、《倭袍·刁刘氏》、《马寡妇开店》、《玉蜻蜓·张氏劝夫》等唱片传世。

**筱芳锦(1910—1973)**

原名陈灿齐，又名彩亭。著名戏剧演员。12岁学唱绍戏，14岁登台演出。1947年与六龄童、七龄童合作演出连台戏《济公传》，主演济公，轰动一时。1952年任同兴绍剧团团长。戏路宽广，除主演老生外，还可饰演红净、花脸、小丑、小生等各路角色。特别擅演济公、包公、关公，有"活三公"之美誉。为浙江剧协会员、中国剧协会员。

**筱牡丹(1924— )**

女。原名袁天竺。嵊县人。越剧表演艺术家。1936年开始学艺，取艺名筱牡丹。1938年登台演出，挂头牌花旦。1947年与人合作成立牡丹剧团，任团长兼主要演员。新中国成立后于1950年任江西省南昌联合越剧团团长。1956年任南昌市越剧团团长。1972年调南昌市文艺工作站工作。1978年重任南昌市越剧团团长。1984年起改任该团艺术顾问。在数十年的舞台艺术生涯中塑造了许多性格各异的人物形象，为广大观众所喜闻乐见。曾主演《梁山伯与祝英台》、《孟丽君》、《盘夫索夫》、新编剧目《屈原》、《春香传》、《李双双》、《芦荡火种》等几十个剧目，并且多次获奖。1953年、1979年分别出席第二、第三届中国文学艺术界联合代表大会；1985年出席第四届中国戏剧家协会会员代表大会。历任南昌市文联副主席、顾问，江西省剧协副主席、顾问，江西声政协常委，并多次获南昌市劳动模范称号。

**愈德丰(1915—1976)**

原名俞元亮。新昌县人。剧团团长。曾任中小学教员。参与组织国防剧社，从事抗日救亡宣传活动。1940年加入中国共产党。1942年参加新四军浙东纵队，历任政治指导员、文化科长、文工团团长、志愿军《战士读物》副总编辑等职。曾与人合编京剧《窃符救赵》。1957年转业后任浙江越剧二团党支部兼团长。为男女合演的浙江越剧二团的开创者之一。担任领导期间上演现代戏《金沙江畔》、《党员登记表》、《血榜记》及古装戏《雏凤凌空》、《赵氏孤儿》、《云中落绣鞋》等。1964年调任浙江省文联副主席、党组副书记。"文革"期间被打成"反革命"，1976年含冤去世。

**詹文浒(1905—1973)**

诸暨县人。著名报人。早年毕业于上海光华大学,后留学美国,获得哈佛大学硕士学位。回国后担任上海世界书局编译主任。1938年创办《中美日报》,任总编辑。1941年到重庆,担任中央日报社副社长。1943年担任中央政治学校新闻系主任。抗日战争胜利后任《新闻报》总经理。1946年当选为上海市记者公会理事,兼任上海暨南大学新闻系主任。1949年5月上海解放后辞去《新闻报》总经理,留在上海。不久在发生的政治运动中受牵连被送往青海西宁市进行劳动改造。在漫长的劳改中悉心研究中医,并为农场病人治病,一举成名。1973年在西宁病故。著有《英文文法作文两用辞典》、《报业经营与管理》、《新闻学概论》,主编有《英汉求解作文文法辨义四用辞典》,译有《西洋哲学史》。

**詹　蒙(1892—1911)**

字养之,又字仰高,号养轩。宣平县人。早年在县立高等小学读书,后转入杭州的浙江陆军小学堂学习。受同盟会会员王卓等人影响,加入同盟会外围组织襄义社。毕业后回乡,与潘静观在湖山小学增设高小班,担任义务教员。后考入江苏南京的陆军第四中学堂学习。1911年10月10日辛亥武昌起义爆发后,与同学陈人伟、季亮等七人奔赴湖北汉阳参战。嗣被湖北军政府都督黎元洪委派为军械科科员,当面辞谢。后编入南洋混成独立队,任副队长。不久独立队改名决胜团学生队,与陈方栋共同指挥。同年11月22日所部被派往汉阳垛路口阻击冯国璋指挥的清军;次日在阵地上中弹身亡。

**詹醒民(1908—1930)**

又名梓翔、志翔。桐乡县人。年幼丧父,生计艰难。1916年入崇道小学读书。四年后辍学,到本地商店当学徒。1924年春去上海闸北一小酱园当学徒。1925年发生"五卅"惨案,参加投入反帝爱国运动。同年底加入中国共产党。受党组织指派活动于沪、杭、桐乡间,传递文件指示和进步书刊。1926年受中共委派,任职于国民党杭县县党部;3月国民党桐乡县党部成立后任常委、宣传委员;5月奉命以国民党桐乡县筹备委员身份回家乡屠甸镇,发展沈孝达等人参加(国共合作)的国民党,成立屠甸区分部,开展宣传教育,发动工农和知识分子起来革命。相继建立县妇女解放协会、县总工会,并秘密发展共产党员,后区分部扩大为区党部。1927年"四一二"反革命政变后被捕,一周后获释,即转移杭州;9月又于白色恐怖中秘密回到屠甸,发展沈孝达、方存灏为中共党员,建立中共屠甸支部。组织崇道小学师生罢课游行,反对国民党右派。1928年秋受中共浙江省委指派,任省委代表,化名刘寄云,前往永康县领导农民运动;10月11日晚带领永康400余农民胸佩"永康农民革命军"符号,高举义旗,杀土豪,分浮财,震惊全省。很快遭反动武装镇压,暴动失败。同年冬任中共海宁县委书记。1929年5月初在杭州所住的旅社被国民党当局逮捕,初押于国民党反省院,后转陆军监狱。遭严刑摧残,终威武不屈,将生死置之度外。1930年8月27日凌晨与中共浙江省委书记徐英等18位同志一起慷慨就义。

**鲍幼玉(1924—2004)**

鄞县人。1924年8月15日生。国立中央大学政治系学士。1949年去台湾,曾任台湾省立彰化中学教员,"中国青年反共救国团"总团部第一组专员、副组长,台湾驻美国"大使馆"文化参事处文化专员,"国立中央图书馆"编纂及代馆长、"教育部"国际文化教育事业处副处长、处长。1982年任"国立"艺术学院(后升格为台北艺术大学)筹备处主任,后任院长。2004年12月23日在台湾去世。

**鲍芗谷(生卒年不详)**

祖籍安徽,生于绍兴。清末以后著名盐商家族绍兴鲍家的代表人物。盐业世家出身,拥有富阳十分之八的引数,并与同籍宋家在江西玉山合伙开设"生"字盐栈,经销范围广及广信、广丰、贵溪、弋阳、铅山等县,又占有苏五属溧阳引数的一半,同时是余姚盐场浙东引盐公廒的主要股东并任董事长。在杭州还开设有介康钱庄。

**鲍亦荣(1920—　)**

字仁之。绍兴县人。杭州之江大学毕业后投身国民政府财经界。1949年去台湾。曾入"国防研究院"第11期结业。1950年任台湾省财政厅第一科科长,兼"税改会"执行秘书。1951年调任台北市税捐稽征处处长,兼台湾地方行政专科学校教授。1965年任唐荣铁工厂公司总经理。1960年筹组台湾国际贸易协会,先后任常务理事兼秘书长、副理事长,并兼国际贸易实务讲习班班主任。主办《税务旬刊》。著有《经济发展之基本问题》、《审计学》、《赋税实务》等。

**鲍步超(1908—?)**

原名从汉。淳安县人。1908年1月16日生。早年在国民革命军第二十六军周凤岐部服役,后入该军主办的军官学校学习。毕业后先后任第二集团军第十军第一师参谋，暂编第二十一师第六十一旅第三团团附。1937年抗日战争爆发后任第三战区奋勇队上校参议、奋勇队上海总队总队长，参与淞沪会战。1938年奋勇队改为忠义救国军，任驻遂安办事处主任。1942年夏任忠义救国军第七总队第二支队指挥官。1944年秋任忠义救国军第三纵队少将司令。1945年夏兼忠义救国军鄞杭指挥部指挥官。同年8月日本宣布无条件投降后率领所部在投降日军的配合下抢先进驻杭州。抗战胜利后忠义救国军改编为军事委员会交通警察总队，任交通警察第十四总队司令，隶东北行营第五"绥靖"区。1947年任新编第三军第六十七师师长。1948年所部第三军第六十七师在沈阳被解放军歼灭后只身逃出沈阳南下。后被任命为第七军副军长、第二军副军长。1949年去台湾，曾任第十八军第十九师师长、"台中警备司令"等职。

**鲍国昌(1902—?)**

鄞县人。基督教徒，制药工业企业家。幼年随母迁居上海。后考入圣芳济学堂。1922年毕业后又入上海震旦大学攻读医学，懂英、法两国文字。1925年毕业后任怡和洋行跑楼，同时为买办潘澄波管理房地产，经营出租怡和洋行的房地产。1930年与兄弟鲍国梁等集资9万余元盘进德籍俄人霞飞设立的信谊化学制药厂，定名为信谊药厂股份公司，任董事。1937年任总经理，后又兼任董事长，直至1948年去香港。任职期间积极进行整顿，改善经营管理，扩大企业规模。同时还曾任第三区制药工业同业公会理事、康元制罐厂股份有限公司董事、中贸银行监察等。到香港后以总经理名义为信谊药厂购办原料。1952年后在港投资新药业，后又去巴西开设汽车修理厂等企业。

**鲍咸昌(1864—1930)**

字仲言。鄞县人。商务印书馆创始人之一，著名出版商。牧师家庭出身。11岁在上海南门清心教堂读书，后又入清心书院，半工半读，学习印刷。毕业后入美华印书馆为英文排字工。后供职《北华捷报》馆，因无法忍受洋人工头欺压愤而辞职。1897年2月与夏碎芳等集资4000元创办商务印书馆，任董事并主持印务。1901年担任印刷所所长。1913年赴英、法、德、奥、美、日等国考察，购买多种印刷设备，聘请德、美技师来厂指导。1919年还参与投资创办大中华纺织公司。1920年任商务印书馆总经理兼印刷所所长，同时任五洲大药房董事。主持商务印书馆期间聘请王云五及多位专家进馆，改革编译所，革新《小说月报》、《学生杂志》、《妇女杂志》，创办《儿童世界》、《自然界》等期刊，出版《世界文学名著丛书》、《学生国学丛书》、《中国人名大辞典》、《综合英文大辞典》、《科学大纲》等书，创办励志夜校，在香港设立印刷厂等。热心慈善公益事业，曾与胞兄捐资创办上海江湾孤儿院、养真幼稚园、尚公学校，资助闸北救火会、长老会堂等社会福利事业，并在家乡开办义务学校等。

**阙麟书(1879—1915)**

字玉麒，乳名志仁。丽水县人。少年英俊，天资颖敏，7岁读书，能过目成诵。13岁代父出庭诉讼，据理力驳富户贿赂官厅，仗势欺人。16岁入丽水圭山书院师从名师诵读经史。1897年参加县试。1898年参加府试，试官击节置第一。1899年参加岁试入泮，然目睹国势日危，毅然抛弃仕途，另寻出路。1903年加入王金宝领导的处州双龙会，任丽水分会首领。1904年陶成章、魏兰到处州联络会党，与之商谈革命策略，积极协助布置会党起义事宜，并赴金华会见龙华会正会主沈荣卿，又绕道松阳策动双龙会主王金宝，相约共同起义。旋因叛徒程象明告密，王金宝遇难，随即代领其众。1905年初入杭州武备学堂，学习军事知识与技能。同年夏倡议组织"处州拒约会"，反对美国虐待华工，开展抵制美货运动。1906年初东渡日本留学，入弘文学院学习，著有《中日文译义》。与陶成章和秋瑾等浙籍革命党人过从甚密，并由陶成章介绍加入光复会。结识宋教仁和孙中山，由宋教仁介绍，与徐仰山、张伟文同时加入同盟会。1907年初转入明治大学政治科。时秋瑾接任大通学堂督办，应秋瑾之邀，毅然回国从事革命运动。秋瑾与徐锡麟相约发动皖浙起义，奉命担负杭州内应任务，秘密寓于杭州清华旅馆和金刚寺巷德升堂客栈，召集金华和处州来杭会党，与新军光复会员俞炜、叶颂清等人取得联系，筹划攻取浙江巡抚衙门。因徐锡麟在安庆起义中遇害，牵连秋瑾在轩亭口就义，被迫纷纷出走。1908年春赴沪与陶成章、陈其美等革命党人商议，策划发动浙江起义。奔走于杭嘉湖之间，与徐杰、丁醉笙、蔡起澜、张伟文等人策应，拟以两浙起义作为前驱，推翻清政府。由于叛徒刘师培告密，致使起义计划夭折。1909年春在杭州张慎余香烟店召集张伟文、徐杰商讨起义事宜。因事机不密，张伟文被温防统领梅占魁逮捕，与徐杰亦因书信牵涉在杭州被捕。在仁和狱中撰万言书复按察使，为徐杰和张伟文辩护，徐杰因此从宽获释。1910年冬因无确凿证据，也被保释出狱。由于备受折磨，积劳成疾，卧床不起，撰写了《修身读本》、《历史读本》和《地理读本》等书籍。促使创办碧湖震丽两等小学，父亲阙沾霖任校长兼教员，所编书籍作为教科书，并到校讲解时事和新学，灌输革命思想。1911年杭州光复后来往于缙云、松阳、永康之间，与吕逢樵等人策划光复处州事宜。吕逢樵负责缙云方面军事，自任丽水方面军事，以便里应外合，双管齐下。并急赴碧湖，委托阙德金、阙德谦兄弟在天后宫召集义勇，分发武器，组成光复军。又潜入丽水府城，约陈子俊、金子贞、何子华、项勉轩等人布置内应。驻丽水清军帮统李茂青见大势已去，弃城逃走，处州光复。1912年赴南京与宋教仁相见，被推为同盟会浙江支部代表，奉命回浙组织同盟会浙江支部，并在杭州创办《平民日报》，作为同盟会浙江支部机关报。宋教仁联合统一共和党等政团，组成国民党，浙江支部改组为国民党浙江支部，与吕逢樵等24人为支部参议。1913年宋教仁在上海遇刺，参加“二次革命”，开展“倒朱反袁”活动。1915年4月2日在上海霞飞路遭袁世凯所派枪手袭击，身中数弹，因抢救无效去世。

**褚一飞(1906—1990)**

又名风华。嘉兴县人。早年在上海浦东中学读书。1923年先后去德国柏林大学、法国巴黎大学统计学院、巴黎工商应用学院留学。1934年回国后历任内政部统计处科长，重庆国民政府特种经济调查处资料室兼职主任，江苏省统计处统计长，上海市统计处统计长。新中国成立后任北京钢铁学院教授、北京市统计学会副理事长等职。任教期间讲授《数理统计》、《统计应用数学》、《统计学》等课程。1950年编有《统计学》及《统计学续编》等。

**褚凤仪(1898—1975)**

嘉兴县人。1917年留学日本。1920年转赴法国南锡理学院学习数学。1923年再赴德国柏林大学攻读经济学。1926年回国后历任上海暨南大学、复旦大学、大夏大学、光华大学等校教授及上海法学院院长。对投资数学，尤其对速算有较深的造诣，曾编写《速算》和《统计会计应用计算表》。新中国成立后入上海财经学院任教授、副院长。1956年定级为二级教授。1958年调任上海社科院经济研究所教授。曾兼任九三学社上海市委常委，上海市政协委员，上海市第一、第二届人民代表大会代表。编著有《投资数学》、《速算》、《统计辞典》等，编译有《经济统计学教程》、《世界劳动手册》、《世界人口手册》等。

**褚凤章(1896—1951)**

字汉雏。嘉兴县人。造纸工业专家、企业家。清末烟台海军学院毕业，旋考取公费留美生，在麻省理工学院专攻电机，获硕士学位。1924年其父褚辅成在嘉兴创办禾丰造纸厂，任协理。同年与郑松舟等发起创办《嘉兴商报》。1927年后任浙江省电政监督、浙江省煤油特税局局长，后改任财政部派驻山东财政专员，兼任青岛市电政监督。又曾任国民党政府文官处参议、浙江省建设厅处长。1930年嘉兴禾丰造纸厂改组为民丰造纸厂，任顾问、工程师。1933年任民丰及杭州华丰造纸厂总工程师，嘉兴蚕丝公司经理，浙江省工业协会常务理事。抗日战争爆发后赴云南创办云丰造纸厂，任总经理。抗战胜利后回浙江，仍任嘉兴民丰、杭州华丰造纸厂总工程师。1945年12月至1946年6月兼任民丰造纸厂协理。1946年7月至1951年3月任民丰造纸公司副总经理、代总经理。1947年当选为“国大代表”。一生致力于造纸工业，重视人才培养，曾去日本、西欧等地考察，并采办国外先进机械设备，为我国造纸工业作出了贡献。

**褚民谊(1884—1946)**

原名庆生，字颂云，后相继改名明遗、民谊，字重行，别署乐天居士。吴兴县人。1884年1月生。1901年入明理学塾。1903年入浔溪公学。1904年冬东渡日本求学，入日本西京第三高等学校预备班。1906年随张静江赴法国，途经新加坡时参加同盟会。抵巴黎后与吴稚晖、李石曾、蔡元培等创办中国印书局。1907年发行《新世纪》周刊和《世界画报》等，以“民”、“重”、“千夜”等笔名发表文章，宣传反满革命。1911年11月上海光复后返沪，结识汪精卫、陈璧君。1912年3月任同盟会本部驻沪机关部总干事；9月再度赴欧。1913年以公派留学生资格入比利时布鲁塞尔自由大学。1915年春回沪参与讨袁，不久随张静江出走日本；9月第三次赴欧，入法国巴黎医科大学预科修业一学期，转入法国波尔多医科大学肄业。1921年8月法国里昂中法大学成立，任中方副校长。1924年在法国斯特拉斯堡大学获医学博士学位。同年秋获药剂师学位。同年12月31日在广州同陈璧君母亲的养女陈舜贞结婚，成为汪精卫的连襟。1925年初任广东大学教授、代理校长，并兼任医学院院长。1926年1月在国民党二大当选为中央候补执行委员。同年7月北伐开始，任国民革命军总司令部后方军医处处长，留守广州。1927年5月任上海中法国立工业专门学校(1931年更名为中法国立工学院)中方校(院)长,并兼训育主任,担任此职至1939年,共计12年。1928年2月在国民党二届四中全会上当选为中央执行委员,兼中央党部秘书长。1929年3月在国民党三大上当选为中央候补监察委员,并任行政院中比庚款委员会委员长。1931年12月当选为国民党第四届中央监察委员。1932年1月任南京国民政府行政院秘书长。1933年1月任全国经济委员会委员。1934年兼新疆建设计划委员会主任委员。1935年11月当选为国民党第五届中央监察委员;12月任国民党中央党部文化事业计划委员会副主任委员。1936年兼国民大会代表选举总事务所副主任。1937年11月上海沦陷后留在法国租界内任中法国立工学院院长兼中法技术学校医学研究部主任。1938年12月国民党副总裁汪精卫从重庆潜逃,经越南河内、香港于1939年5月抵达上海筹备伪政权,被汪精卫以亲戚之谊拉下水,积极参与汪精卫主持的"和平"运动,成为汪伪政府核心人物之一。同年8月底在汪伪国民党六大上任大会主席团副主席,并当选为汪伪中央监察委员会常务委员。随后在伪国民党六届一中全会上任秘书长,成为汪伪国民党的总管家。1940年3月31日任汪伪国民政府行政院副院长兼外交部长。同年12月任汪伪驻日大使。1941年9月回南京后复任汪伪外交部长,兼任汪伪中日文化协会理事长。1942年任汪伪访日特使,日本天皇授予一等旭日大绶章。1945年4月被任命为汪伪广东省省长,兼广州绥靖主任、保安司令、新国民运动促进会广东分会主任委员;7月到广州上任;10月14日在广州被国民党军统局诱捕软禁,后被押送到南京宁海路25号看守所。1946年被关入江苏高等法院设在苏州狮子口的第三监狱。同年4月22日被江苏省高等法院以"通谋敌国,图谋反抗本国"罪判处死刑;8月23日在苏州狮子口第三监狱刑场被执行枪决。著有《欧游追忆录》、《国术源流考》等。

**褚问鹃(1900—2009)**

女。原名褚松雪。嘉兴县人。早年先后就读于嘉兴公立女子学校、苏州女子师范学校。1926年毕业于国立北京大学国学研究所,后任教于湖北私立汉口中学。1932年投入国民革命军第十八军,主编《偕行》月刊。1938年任军事委员会战时干部训练团女生大队上校训育主任。同时开始文学创作。1949年去台。著有《颜元学案诠释》、《寸草心》、《禾庐文录》、《王充论衡研究》、《黄梨洲学术思想研究》、《往事漫谈》、《饮马长城窟》、《八千里路云和月》、《仰天长啸集》、《烬余集》及自传体《花落春犹在》。

**褚应璜(1908—1985)**

嘉兴县人。著名机械工程学家,中国科学院学部委员。1931年毕业于上海交通大学电机工程系。曾任中央电工器材公司电机厂工程师。1944年毕业于美国西屋电器公司工程师学校,后任资源委员会驻美国西屋电器公司技术代表,负责培训技术人员及工厂设计工作。新中国成立后任上海军管会重工业处生产组副组长,历任华东工业部电器工业管理局总工程师、电器制造部电器科学研究一院院长、技术司副司长、一机部技术司副司长、科学技术司顾问等职。还任国家科委电工组副组长等。30年代研究并自行设计出我国交流电机系列,最早研制出我国电动机控制器系统,并在上海华成电动机厂批量生产。50年代指导研制我国第一套800千瓦水轮发电机组。曾参加并审定柏林变压器厂设计的2500千瓦高压冲击发生器,此为解决初期研究试验高电压技术的重要装置,还主持了哈尔滨电机厂第一期工厂设计。曾指导研制官厅水库1万千瓦水轮发电机组;主持全国电动机、变压器、开关设备仿苏产品系列统一设计,并推行苏联电工技术标准的工作。以后又负责筹建电器科学研究院,主持建立微电机试制生产线,并研制成功若干种微电机。60年代负责指导研究交流电动机、低压电器、配电变压器系列产品统一设计,摆脱仿苏设计与苏联电工标准,推行国际电工标准等工作;指导研制云峰水电站10万千瓦水轮发电机组,并主持鉴定;主持鉴定沈阳高压开关厂220千瓦充气式高压空气断路器;负责20万千瓦汽轮发电机组的初期研制工作。

**褚保权(1903—1990)**

女。字平君。余杭县人。书香家庭出身,自幼受其父褚德顺及伯父褚德彝熏陶,对书法早有濡染。再得力于褚遂良、陆东文和晋人书风,后又受其夫君沈尹默影响,风格酷似,几可乱真。1928年毕业于北京大学教育系,曾任河北省教育厅秘书、北平教育厅秘书、北平大学校长室第二课课长兼秘书、中法文化交换出版委员会暨孔德图书馆秘书。其书法于30年代就小有名声,作品曾多次赴日本、香港展出。辽宁、天津、湖南博物馆,西泠印社等处有收藏其作品。1978年被聘为上海市文史研究馆馆员。为中国书法家协会会员、上海书法家协会名誉理事、西泠印社社员。

**褚保衡(生卒年不详)**

嘉兴县人。五四运动前后在北京大学学习。1918年参加北京大学学生组织的摄影小组后又参加北京大学画法研究会,是北京大学学生社团活跃分子。1920年发起成立"中央写真通讯社",成为我国最高的新闻图片社。北京大学毕业后从事新闻记者工作,先后在上海《时事新报》、《国际日报》、《立报》等报社任记者编辑主笔职务,曾任《立报》总编辑。1937年11月上海沦陷后投靠日伪。1939年7月任汪伪机关报《中华日报》副总编辑。1940年3月汪伪国民政府在南京开张,辞去副总编辑职务,前往南京,任汪伪中央宣传部新闻司司长。同年11月兼汪伪电影检查委员会主任委员。1943年5月任汪伪上海新闻记者公会第二届常务理事。1945年1月任汪伪中国新闻协会上海分会常务理事。同年8月日本宣布无条件投降,汪伪政权土崩瓦解前夕潜逃至香港,化名"王昌年",任《星岛日报》编辑。五六十年代成为台湾当局拉拢器重的反共"义胞",又恢复其本名,从事政治活动。

**褚辅成(1873—1948)**

字慧僧,亦作惠生。嘉兴县人。1878年从二兄赞成在家读书。1885年离家与同里曹焕章、沈安甫攻读。1894年入学为秀才。1898年戊戌政变发生,痛国患日深,受新思潮影响,锐意改革。1904年东渡日本留学,入东京警察学校。1905年加入同盟会。同年底奉命回国出任同盟会浙江支部长,在嘉兴南门外设南湖学堂,自任校长,兼任嘉兴中学堂教员,以南湖学堂作为革命党人集会之所。1906年介绍秋瑾前往南浔浔溪女校任教,与敖嘉熊、姚麟等革命志士过从甚密,积极开展革命活动。因美国歧视和迫害华工,与敖嘉熊等发动嘉兴民众开展抵制美货运动。创办嘉兴开明女学,出任嘉秀女学校董。1907年发起成立嘉兴和秀水两县禁烟馆,举为秀水县总董。倡导戒绝鸦片,成立嘉兴不吸烟会,自任会长。秋瑾曾在嘉兴鸳鸯湖放鹤洲与之商议反清起义,不幸在绍兴被捕就义。1908年冒险参加徐自华在杭州西泠桥畔组织的秋瑾会葬以及在西湖凤林寺召开的秋瑾追悼会。西太后和光绪病故后作为嘉属代表赴沪参加浙江革命党人召开的筹商武装起义会议。因叛徒告密,致使武装起义流产。1909年浙江咨议局成立,被选为浙江省咨议局议员。1910年出任嘉兴府商会总理,率嘉属代表团前往南京,参观南洋劝业会,并开设协源丝行。1911年参加光复会,团结光复会和同盟会同志,在杭州筹划光复杭州事宜,赴嘉兴商讨光复地方事宜。与陈其美、吕公望等人商讨起义计划,确定起义日期,调动浙东力量集中杭州。确定都督人选,推辞不就浙江都督,推荐汤寿潜为浙江军政府第一任都督。杭州光复后王金发反对汤寿潜出任都督,力排众议,决定不变更都督人选。浙江军政府成立后出任政事部长。1912年改订官制,改任民政司长。同盟会改组为国民党后出任国民党参议。1913年被袁世凯撤去民政司长。当选为第一届众议院议员,在众议院反对善后大借款,领衔弹劾袁世凯,遭到袁世凯逮捕,送往安徽关押三年。1916年获释至沪谒见孙中山,反对北洋军阀专制统治。1917年南下参加护法斗争,当选为非常国会众议院副议长。1920年反对广东军政府岑春煊排挤孙中山。1921年陈炯明发动叛乱,追随孙中山返沪。同年在上海发起成立全浙公会,倡导地方自治,并倡导联省自治,参与制订浙江省宪法,任浙江省议会副议长。1922年通电反对直系军阀威逼黎元洪总统辞职,拒绝曹锟重金贿赂选举总统,反对段祺瑞政府"金法郎案"。因对北洋政府议会民主幻想破灭,逐渐脱离中央议坛,开展地方自治活动。1924年在嘉兴创办竞成纸厂。与吕公望等在宁波组织浙江自治委员会,宣布浙江独立,旋即失败。1926年与蔡元培等在上海组织苏浙皖三省联合会,宣布与孙传芳断绝关系,反对奉鲁军南下。北伐战争开始后被任命为浙江省政务委员会委员,在宁波设立浙江临时省政府,主持省政。"四一二"反革命政变后遭到逮捕,关押南京七天后被释放。从此绝意国民党仕途,赴沪兴办上海法科大学,任董事长兼校长。"九一八"事变后参加和支持爱国运动,赴洛阳出席国难会议,掩护爱国志士金九等到嘉兴避难,发起组织上海各界救国会,营救被捕共产党员。1938年出任国民参政会第一届参议员,连任四届参政员并担任驻会委员。1942年创办上海法学院万县分院。1945年与黄炎培等60人发表《时局献言》,吁请各党派合作,挽救危局。由王若飞陪同,与黄炎培等人前往延安访问,向蒋介石送交《延安会谈纪要》。创建九三学社,任主席团主席。1946年返沪恢复上海法学院,任嘉兴旅沪同乡会理事长。1947年支持上海法学院学生运动。1948年3月20日在上海病故。

**褚葆一(1913—2011)**

嘉兴县人。经济学家。1913年1月11日生。浙江省立第二中学初中毕业后转入苏州中学读高中。高三时转入上海大同大学商科预科班。大学二年级时撰写《谈营业税》

一文，被《时事新报》以社论的名义发表。1933年毕业于中央大学商学院(后改为上海商学院)。同年进入燕京大学研究院赴英预备班学习。1934年前往西欧留学，先后在伦敦政治经济学院、德国法兰克福大学和柏林经济学院读研究生，主攻国际经济、国际金融、国际贸易、银行学等课程。1938年至中央大学任教，担任经济学教授并兼任经济系主任，主讲会计学、高级会计学、货币银行学、国际贸易学、国际金融学课程。抗战胜利后到上海，在上海商学院担任国际贸易和银行系主任，并在复旦大学和南京中央大学兼课。上海解放前夕参加陈望道等人组织的“大学教授联合会”。任上海商学院成立的“教务委员会”主任委员，并被推举为“应变委员会”负责人，积极迎接解放。同时担任中央大学经济系主任，并当选为由15名教授组成的“校务维持委员会”委员。新中国成立后上海商学院易名上海财经学院，任副院长。1958年并入上海社会科学院负责世界经济研究所工作，曾任《辞海》编委和分科主编。1978年任上海社会科学院世界经济研究所所长，历任教授、博士生导师、中国世界经济学会和上海世界经济学会副会长、世界经济研究所名誉所长等。1993年1月退休。其研究涉及经济理论、国际贸易、国际金融、财政、人口理论等领域，著述丰富，有《工业化与中国国际贸易》、《货币价值论》、《资产阶级自由贸易理论批判》、《马歇尔之经济学说》、《当代美国经济》、《当代帝国主义经济》、《世界经济学原理》、《1984年世界经济形势预测》、《世界经济预测：1985—1989》及《褚葆一文集》等。2011年5月4日在上海去世。

# 十四画

## 蔡一鸣(1902—1969)

字香白。永嘉县人。1926年毕业于西北陆军干部学校。曾在冯玉祥的西北军任连长、营长、副团长、参谋处长、师政治部主任、西北军总司令部参谋。1930年8月加入邓演达领导的中国国民党临时行动委员会。不久奉组织委派到浙江开展党务活动,发展组织;9月到浙江后先后在杭州、金华、处州(丽水)、温州等地发展党员,在杭州、金华等地成立了几个联络处。1931年介绍李士豪、施建中加入中国国民党临时行动委员会,并组建中国国民党临时行动委员会浙江省筹备委员会,到1932年发展党员四五十人。1933年11月浙江组织策动响应"福建事变",准备迎接福建的反蒋队伍由闽入浙。事变失败后浙江组织也遭到严重破坏。1935年中国国民党临时行动委员会响应中共《八一宣言》,实行抗日、联共、反蒋的方针,改党名为中华民族解放行动委员会。1938年3月出席解放行动委员会中央在汉口召开第三次全国干部会议,当选为浙江省省委委员,负责浙江工作。1939年起历任金(华)兰(溪)警备司令部参谋处处长、浙江省第四行政督察区保安副司令、武义县县长。1947年春中华民族解放行动委员会改称中国农工民主党;4月农工民主党浙江省党务委员会成立,当选为委员。根据农工民主党中央的指示,在国民党军队中开展策反活动。1948年3月被国民党逮捕入狱。同年8月被保释出狱,继续进行策反工作,为促成国民党陆军第二〇〇师起义发挥作用。1949年5月杭州解放后根据农工民主党中央的决定,任浙江省党务整理委员会主任委员,负责办理浙江组织的整理工作;6月18日省党务整理委员会在杭州正式成立,并决定分杭州、绍兴、金华、湖州、衢州、温州等六个地区进行党务整理。此后历任农工民主党浙江省工作委员会主任委员、农工民主党浙江省委员会副主任委员,浙江省各界人民代表会议协商委员会第一、第二届委员、副秘书长,政协浙江省委员会第一届常委、副秘书长,政协浙江省委员会第三届委员,浙江省交通厅副厅长。1957年秋被错划为右派,调任浙江省政府参事室参事。1965年被摘掉右派帽子。1969年10月去世。1979年2月恢复政治名誉。著有《香白诗存》。

## 蔡元培(1868—1940)

字鹤卿,又字孑民。山阴县人。1868年1月11日生。其父蔡光普为钱庄经理。1883年考中秀才,取得附学生员资格。1889年应己丑恩科浙闱乡试,中为举人。次年入京应庚寅恩科会试,得中贡士,因楷书不佳而未参加当年殿试。1892年参加壬辰科补殿试,得中二甲34名进士,后应朝考被钦点为翰林院庶常馆庶吉士。1894年庶常馆散馆,以二甲庶吉士的等级被授为翰林院编修。1898年戊戌政变后返乡担任绍郡中西学堂(后改为绍兴府中学堂)总理(即校长),1900年初离职。1901年春赴杭,欲筹办一省级师范学堂而未果。后至上海南洋公学担任特班教习,参与创办《外交报》。1902年春参与发起创办中国教育会,被举为事务长。同年秋天与蒋智由、林白水等人合作创办爱国女学。后因支持南洋公学学潮,辞去该校教职,与参与学潮的学生共同创办爱国学社,并担任总理一职。1903年任中国教育会副会长兼评议长,兼任商务印书馆编译所长,在拒俄运动中成为上海学界的领袖人物之一。同年夏天因爱国学社学生与中国教育会发生冲突,愤而辞去会、社职务,前往青岛避居;秋天回上海,参与创办《俄事警闻》(后改名《警钟日报》)。1904年春被推选为中国教育会会长,后曾加入杨笃生主持的反清组织——爱国协会。同年秋爱国协会机关被破获后,与龚宝铨等爱国志士联合在上海发起成立光复会,以人望被推为会长,并吸收陶成章、徐锡麟等爱国志士入会。1905年10月以个人身份加入同盟会,任上海支部长。1906年春离沪返乡,参与创建山会学务公所,并担任总理;任职两个月即因人事纠葛而辞职。同年夏为获取出洋留学机会,赴京到翰林院销假,曾在京师大学堂译学馆任教。后得驻德公使孙宝琦之助,于次年春以驻德使馆职员身份随其赴德留学,入莱比锡大学修读多年。1911年辛亥革命爆发后取道西伯利亚回国。1912年1月3日被任命为中华民国南京临时政府教育总长；3月29日被任命为唐绍仪内阁的教育总长，并于4月20日到北京任职，后因唐绍仪辞职而随之于7月14日辞职。在任期间决策停办各省高等学堂，将其并入少数几所大学的预科。同年9月以考察名义携眷赴德，到莱比锡大学进行合作研究。1913年5月宋教仁被刺案发生后应国民党之召与汪精卫一道回国，参与讨袁行动。“二次革命”失败后又接受北京政府教育部发给的赴欧考察费，于9月5日前往法国考察教育。旅法期间曾与汪精卫、李石曾等人筹办《学风》杂志，成立旅法学界西南维持会和华法教育会等组织。1916年9月应教育总长范源廉之邀，离法回国，于12月底到京接任北京大学校长一职。1917年1月任命《新青年》主编陈独秀为北大文科学长，后又聘请《新青年》作者胡适等新派人士为北京大学教授，扶持北大学生傅斯年、罗家伦等人创办《新潮》杂志，使北大成为全国新文化运动的中心。与此同时还在北大实行激进的改制措施，改革预科，扩张文理两科，停办工科，将其归并到北洋大学，使北大由一所文理工商法兼备的综合性大学变成了以文理为主的学校。1919年“五四”事件发生后不久离京出走，并向教育部提出辞呈，后又接受挽留，于9月12日到京复职。1920年11月将校务交由蒋梦麟代理，再度考察教育的名义赴欧游历，并参与了华法教育会对海外勤工俭学学生的善后事宜，直到次年9月才回国履职。1923年1月因抗议教育总长彭允彝提案逮捕财政总长罗文干，又提出辞职，并离京南下；后又于7月第四度携眷出洋，进行公费考察活动，直到1926年1月初方才启程回国。回国途中与吴稚晖、张静江、李石曾、王宠惠、陈果夫等共12人被选为中央监察委员。此后就留在南方参加国民党组织的政治活动。1926年12月中旬国民党中央政治会议决定在浙江设立临时政治会议，作为最高机关，任命张静江为主席，未到任前由蔡代理。1927年2月21日又被任命为国民党上海临时政治委员会委员之一。同年4月19日国民政府迁至南京之后作为党国元老，在党政机构中担任了很多重要职务，曾先后被任命为教育行政委员会委员、常务委员，中华民国大学院院长、中央研究院院长、监察院院长，在政、学两界具有相当重要的影响力。但他极力倡导和推行的大学区改革却因各种原因以失败告终，唯有中央研究院作为中国最高的学术机构成了他一生中最有建树的一项功业。30年代在国民党高层逐渐被边缘化，曾经参与了以宋庆龄为首的中国民权保障同盟活动，但在政治上并不是一个反对派。1937年11月江浙沿海城市沦陷后由上海迁居香港养病。1939年曾被推为国际反侵略大会中国分会名誉主席。1940年3月5日在香港病故。著有《中国伦理学史》、《石头记索隐》等，其“以美育代宗教”说在现代中国美学史上亦曾产生重要影响。其著述由后人辑为《蔡元培全集》出版。

**蔡元康(1879—1921)**

字国亲。山阴县人。蔡元培同祖堂弟。清末举人。1904年由蔡元培介绍加入光复会和同盟会，曾在上海爱国女校任教。1905年由上海返回绍兴，向徐锡麟提议抢劫钱庄以助军需，遭到陶成章否决。后东渡日本留学，经过邵文容介绍结识同乡鲁迅，并与许寿裳、鲁迅同住东京伏见馆，过从甚密，并介绍蔡元培与鲁迅相识。辛亥革命胜利后曾任山东高等审判厅厅长、杭州中国银行经理、杭州商会会董等职。

**蔡无忌(1899—1980)**

山阴县人。蔡元培长子。早年留学法国，学习农业和兽医。回国后曾任浙江省立农业专门学校校长、中央大学农学院院长兼副教授、农矿部技正、上海农产物检查所副所长、实业部上海商品检验局副局长等。1949年上海解放前夕任上海商品检验局局长时，同该局进步职工保卫了商品检验局的财产。新中国成立后先后任上海商品检验局局长，中国商品检验局副局长、顾问、一级工程师，中国人民政治协商会议全国委员会委员，中国民主同盟北京市委员会委员，中国畜牧兽医学会常务理事，第三届全国人民代表大会代表等。1980年4月10日在北京去世。

**蔡仁初(？—1934)**

鄞县人。近代上海玻璃五金业巨商。玻璃五金业世家出身，祖父蔡振茂于1879年在上海开设蔡仁茂玻璃洋铁铺。1905年接手经营该铺，经苦心经营，业务蒸蒸日上。至第一次世界大战结束已有资产银百万两，遂开始广泛投资，主要有上海的大中华纱厂、实业橡胶厂、中原印刷厂、久大机器厂、沪江机器厂、公勤铁厂、兴汇地产公司及江西吉安樟脑厂等。1921年创办惇叙商业储蓄银行，任董事长。1924年又在上海创设上海蔡仁茂玻璃钢条号，是上海玻璃兼营钢条的唯一一家。后在宁波也开设蔡立茂玻璃五金号。1928年比(比利时)商耀华玻璃厂投产后与人组织六合公司，操纵耀华厂玻璃销售，还组织厚玻璃公司、冰梅片公司，占有大部分市场，获得巨利。

**蔡仁抱（1899—1976）**

曾用名德弘。吴兴县人。摄影家。早年留学日本早稻田大学。1927年创建“中华摄影学社”。曾任《时报》特约摄影记者。后从事电影摄影器材研究，于50年代初研制出尖端科技摄影机。1959年任八一电影制片厂科技摄影顾问，在摄影技术上屡有创新。摄影的代表作有《群鸭》、《疏林》等。

**蔡介忠（1903—1959）**

萧山县人。1911年入江苏省立第一师范附小就读。1917年考入江苏省立第二学校。1921年毕业后入上海中华电气制作所试验室任职。1928年进入美商恒祥洋行任华经理。1941年在上海信中行任协理。1946年合资开办中一染料厂，任经理，生产硫化元、毛皮染料及乌尔丝染发剂等。1948年上海市染料工业同业公会成立时任常务董事。同年加入中国民主建国会。1951年任上海市染料工业同业公会主任委员。1952年任中国染料工业公司总务部经理兼中染四厂厂长。1955年公司合营后任中国染料二厂厂长。曾任上海市第一、第二、第三届人大代表和上海市工商业联合会执行委员。

**蔡正粹（1901—1987）**

鄞县人。电机专家，中国工业锅炉创设人。10岁到上海澄衷中学就读。1916年进入上海聂中丞公学电机科。1919年入天津南开大学就读。1922年考入英商通用电气公司天津支行，任助理工程师。1927年经人推荐任东北矿务局机械工程师。“九一八”事变后回上海。同年11月在上海创办四方机电工程公司（上海四方锅炉厂和上海工业锅炉厂前身），任经理。同年又在公司内建立机器制造厂。1936年10月设计制造成功中国第一台水管锅炉，揭开中国自制工业锅炉的历史。1940年向社会招股改组成四方工程股份公司。抗战胜利后改组成三人合资的四方机械厂。1947年9月改名四方工程公司机械厂。1955年该厂公私合营，任副厂长。1959年设计制造出1000吨水压机，结束中国锅炉气泡封头靠人工敲制的历史。曾任上海闸北区政协委员、闸北区人大代表等职。

**蔡正雅（1897—？）**

吴兴县人。毕业于美国纽约大学，获理学学士学位。曾任暨南大学、光华大学教授。1928年率先开展劳工统计，对劳工问题颇有研究，著有《中日贸易统计》和《上海劳工统计（民国十九至民国二十六年）》等书。1929年至1942年间曾在《社会月刊》、《经济学月刊》等刊物上先后发表《劳资纠纷案件之分析法》、《罢工案件之分析法》、《最近之上海劳工情形》、《上海的劳工》、《工业清查》、《二十五年上海市工人生活费指数及零售物价》、《上海市生活指数摘要》、《上海中国职员之生活程度》，为研究中国经济史和劳工社会生活史提供了不可多得的统计资料，其宏观分析方法亦受到学界重视。1933年起任国立上海商学院教授，兼工商管理系主任。

**蔡东藩（1877—1945）**

原名蔡郕，字椿寿，笔名丁耶、黄滁。萧山县人。小说家。清末以优贡生朝考入选，调遣江西省以知县后补，因不满官场习气而称病归里。辛亥革命后撰写《中等新论说文范》，后陆续撰写《中国历代通俗演义》，按朝代分为11集。1927年任萧山临浦小学语文教师。抗日战争爆发后家乡沦陷，辗转避难，直至病故。著有《中国历代通俗演义》、《慈禧太后演义》、《中华全史演义》。

**蔡汝霖（1868—1917）**

字雨香，晚号愚公。东阳县人。1897年中举人。1898年到北京参加会试，因受康梁变法维新思想的影响，在应试论策中提出变法图强的主张，引起守旧的阅卷大臣的不快，结果名落孙山。决心放弃科举，以地方公益事业为己任。1903年东渡日本，考察教育一年。1904年回国后在金华与张恭等创办《萃新报》。同年出任金华府中学堂监督（校长）。1905年在家乡创办东阳第一所小学堂（后改名永宁自治小学）。同时提倡男子剪辫，女子放足。1906年又与兰溪蒋鹿山等在杭州创办金（华）衢（州）严（州）处（州）四府旅杭公学，任监督。不久被推举为全浙教育会干事。1907年被推举为东阳教育会会长。1908年起兼任东阳劝学所总董两年。1909年当选为浙江省咨议局常驻议员。1911年11月5日杭州光复后成立浙江军政府，被任命为金乡宣慰使。1913年1月当选为中华民国第一届国会众议院议员。1914年1月国会被袁世凯非法解散后回原籍。1915年春夏之交加入浙江护国军任顾问。1916年6月国会恢复后仍回北京任众议院议员。1917年春病故。

**蔡声白（1894—1977）**

原名雄，以字行。吴兴县人。著名丝织工业企业家。小知识分子家庭出身。1900年就读于其父亲蔡旬宣任校长的双林小学。1905年考入杭州安定中学。1911年入北京清华学堂。1915年被保送赴美国理海大学留学。1919年毕业，获工学学士学位。回国后任职于周庆云开办的矿务局。次年应莫觞清之聘担任上海美亚织绸厂经理，不久被莫招为女婿。上任后确定“制造事业以科技为立足点”的方针，积极引进人才，引进当时世界最新机器设备，实行科学管理，不断开发最新产品，努力通过兼并、增设新厂扩大企业规模。1927年美亚已拥有六家织绸厂，织机408台，占上海织机总数的25%。至1932年美亚已拥有织绸厂11家，及美亚经纬厂、铸亚铁工厂、美艺染炼厂、美章纹制合作社、美亚印花部、织物试验所、员工培训所、质量检验所等诸多企事业，形成融设计、织造、染炼整理、质量检验、培训于一体的中国规模最大的美亚丝织集团，资本达200万元，职工3000人。1933年增资至280万元，蔡与岳父莫觞清占其中83%以上，织机达1200台。1936年又设杭州总厂、关栈厂等。积极倡导国货运动，1927年发起成立上海机制国货工厂联合会，并任多届常委。1932年任中华国货产销协会理事。抗战爆发后关栈制造厂毁于炮火，为保存实力，将美亚企业分别迁汉口、广州、香港、重庆、成都、天津等地。1938年5月迁上述地区各厂相继开工，美亚除在上海设总管理处和华东管理处外，在武汉设华中管理处，在重庆设华西管理处，在香港设华南管理处，在天津设华北管理处，因地制宜开展生产经营。蔡氏除任总管理处总经理外，兼任丝绸业联合会理事长、中国丝业公司总经理、中国国货联营公司总经理、利亚实业公司总经理，美恒纺织公司、铸亚铁工厂经理，及美兴地产公司、劝工银行董事，上海市电机丝织业同业公会主席、商业统制委员会委员等职，是上海丝织业领袖。1945年赴美考察。1946年去香港，并陆续将国内资金大量抽调境外。同年9、10月分别在纽约、曼谷成立分公司和发行所。1948年在阿根廷设立利亚实业公司。同年在香港成立美亚织绸厂股份有限公司总管理处国外分处。1951年曾回上海，以后侨居澳大利亚。1977年4月14日在香港病故。著有《中国绸业概况》。

**蔡希陶(1911—1981)**

原名中矩，字侃如，号希陶，以号行。东阳县人。1911年3月12日生。青年时酷爱文学，创作短篇小说《蒲公英》，受到鲁迅称赞。因家贫无法上高中，遂进北平静生生物调查所当练习生。1932年从四川宜宾出发，徒步沿金沙江入云南考察，经盐津到昭通，在天鹅街与黑彝奴隶主喝牛血结盟，顺利进入大凉山。野外调查三年，采集植物标本1.2万余份，并首次发现油瓜，引种成功。1937年抗日战争爆发后北平静生生物调查所迁至昆明黑龙潭，改称云南农林植物研究所，任副所长。1938年引进美国著名烤烟品种大金元、红花大金元，育成云南一号，使云南的烟草行业走在了全国的行列。新中国成立后任中国科学院植物研究所昆明工作站(后改名植物研究所)主任。1955年周恩来总理、陈毅副总理兼外交部长莅站视察，解决经费、场地等问题。奉命继续寻找植物资源，在瑞丽发现两棵三叶橡胶树，同年种芽嫁接于实生橡胶苗获成功，发展成大规模橡胶园，使新中国进入世界产胶国前列。1956年加入中国共产党。1959年元旦在西双版纳创建云南热带植物研究所和热带植物园，任所长兼园主任。不久又建立大勐龙生态群落研究站。1961年在勐连山中找到自唐朝以来一直靠进口的内科名贵药物“血竭”资源龙血树。同年率中国科技代表团访问几内亚、摩洛哥、加纳、阿尔及利亚。1972年8月奉命组织寻找抗癌药物美登木成功。毕生研究植物资源及其分类，积累了大量珍贵的植物标本与资料。为植物资源学、植物引种驯化、人工植物群落等的研究做了大量开拓性工作，奠定了中国人工植物实验群落学的根基。历任中国植物学会理事、中国科学院云南分院副院长、云南省科学技术委员会副主任、云南热带植物研究所所长兼党委书记。当选为云南省第五届人大常委、第五届全国政协委员。1981年3月9日在昆明去世。编著有《中国植物志》、《植物资源学》、《油瓜落果原因的研究》、《十年来的中国科学——生物学Ⅱ》、《四十头牛的悲剧》、《我的兴趣是什么》等，译作有《系统植物分类》。

**蔡宏道(1918—　)**

东阳县人。1918年3月16日生于杭州。临床检验学家、环境卫生学家、医学教育学家。因双亲多病早亡，家境清贫，从小立志学医，救死扶伤。1935年从浙江省立杭州高级中学毕业后考入南京陆军军医学校医学本科专业学习。1939年毕业后从军抗日。1941年由部队调回陆军军医学校，在细菌学系主任、血清疫苗制造研究所所长、著名的微生物学家李振翩教授领导下，担任助教、讲师并兼血清疫苗制造研究所技师。抗战时期承担制造菌苗和痘苗的任务。克服种种困难，终于研制成功并大批量生产出了伤寒、霍乱菌苗和牛痘苗等，为预防传染病、保证抗战胜利作出了重要贡献。1946年赴美国德克萨斯州布鲁克医学中心进修临床检验学两年。新中国成立后任上海同济大学医学院副教授兼附属医院检验科主任。1955年起先后担任武汉医学院卫生学总论教研室主任、教授，卫生系系主任兼环境卫生学教研室主任等职。1984年当选为中国环境科学学会第二届理事会副理事长。1985年起任上海同济医科大学环境微生物学教授。与孔祥云等合著有《实用临床检验学》(共四册)，编著有《微生物、昆虫、病理、兽医、植物病害检验手册》，主编有《卫生学与卫生检验技术》等。

**蔡松甫(1897—1968)**

原名同滋。鄞县人。银行家。玻璃五金商家庭出身。曾在上海震旦大学读书。1913年弃学从商，先后在英商、德商洋行等处供职。1921年在上海天津路筹建(敦)叙储蓄银行，并任经理、总经理、董事长等职达30余年。为维护不能参加银行公会的中小银行的利益，1937年组织成立银行协议社，任主席。1945年又发起组织由他任主席的银楼聚餐会，并任上海市银行公会理事。上海解放后积极参加各项政治活动，1951年参加民主建国会。(敦)叙银行合营时将一部分私人财产弥补亏损，还将珍藏的古籍赠送给宁波市图书馆。新中国成立后历任上海金融业同业公会副主任委员、金融业第二联营联合管理处代董事长兼副主任、公私合营银行上海分行副经理、中国人民银行上海市分行储蓄处副处长，并被选为黄浦区政协第一至第四届副主席。

**蔡叔厚(1898—1971)**

原名蔡绍敦，又名肃候。诸暨县人。机电工业企业家。1912年毕业于杭州模范小学。1916年毕业于浙江甲种工业学校机械科，后入上海日商内外棉四厂做机修工。五四运动中离开该厂，进华商宝成纱厂任技师，后又任申新二厂、湖南纱厂技师、动力科长。1921年去日本留学，先后在东京电机专科学校和东京工业大学电机科攻读。1924年回国后筹资创办上海绍敦电机公司，任经理兼工程师。1925年改名中国电工企业公司，任总经理兼工程师。1929年加入中国共产党，在中共中央特科工作期间帮助过叶剑英、廖承志等人。同年为红军制造电台设备，后又奉命打入国民党情报机关，为红军反"围剿"作出贡献。日军占领上海后辗转于香港、重庆。1942年在重庆创办中国工矿建设公司、面粉厂、机械厂和工矿沙龙，在实业界颇为活跃。抗战胜利后回上海复任中国电工企业公司董事长，并开办华孚实业公司和同庆钱庄，任总经理、经理，还兼任上海华丰钢铁厂、利华保险公司、华昌纺织厂和苏州太湖煤矿总经理、昆仑影片公司常务董事等职。曾主持拍摄《一江春水向东流》、《天亮前后》、《上海屋檐下》、《万家灯火》等影片。上海解放后历任华东军政委员会文化部电影管理处处长、上海市机电工业局副局长、第一机电工业局副局长、上海市机械工程学会副理事长、上海市第一至第五届人大代表等。1971年5月6日病故。

**蔡昌年(1905—1991)**

祖籍德清县，生于南京。电力专家。官僚家庭出身。3岁丧母，9岁被送至南通姑丈家寄居，并读私塾。民国初年在教会学校学习英语和算术。1918年9月考入江苏省立第一工业学校学习。1920年8月入浙江公立工业专门学校(后并入浙江大学工学院)学习。1924年8月毕业，获工学学士学位。同年9月入郑州预丰纱厂实习。次年初入上海南洋兄弟烟草公司任职员。1928年至1930年任国民党军委会军事交通技术学校助教、建设委员会技士。1932年任江苏江都振阳电气公司主任工程师。1937年起任建设委员会设计委员、资源委员会所属岷江电厂总工程师。1945年8月被资源委员会派赴美国民营电业公司及西屋公司中央发电厂工程部(专营电力系统)实习，当选为美国电机工程学会会员。1947年9月回国。同年10月起任资源委员会冀北电力公司北平分公司工程副经理兼石景山发电所主任。1950年后历任东北电业管理局调度局总工程师、副局长、局长、技术改进局总工程师等职。"文革"中曾被打成"反革命"，劳动改造。"文革"结束后任东北电业管理局副总工程师、哈尔滨工业大学电机系主任。1980年当选为中国科学院技术科学部学部委员，任水电部电力科学研究院研究生部副主任、国务院学位委员会学科评议组成员等。曾任第三、第五届全国人大代表，辽宁省政协委员，辽宁省自动化学会副理事长，辽宁省计量学会副理事长，中国电机工程学会顾问兼电力系统专业委员会主任委员。1991年5月在北京去世。

**蔡忠笏(1893—1971)**

字海臣。东阳县人。1908年东阳小学毕业。后考入杭州的浙江陆军小学堂，1911年夏毕业。同年11月参与光复杭州战役。1914年8月入保定陆军军官学校第三期炮科。1916年12月毕业后回浙江陆军第一师炮兵一团任见习军官。1918年随浙江陆军第一师编成的浙江援闽第一师前往福建、广东，与支持孙中山的粤军作战。1920年浙江援闽第一师在潮汕地区被粤军陈炯明部打败后，脱离部队回东阳老家。1921年7月至1922年11月在东阳中学教数学。1922年经人介绍到广东东路讨贼军炮营任职。后到粤军第一师师长李济深在肇庆举办的西江陆海军讲武堂任少校教官。1924年任黄埔军校兵器教官。1925年初任黄埔军校第二期学生炮兵营营长，不久升中校兵器教官，参加东征战役。同年8月后历任国民革命军第一军第二十师炮兵团团长、新编第三军炮兵团团长。1926年6月参加北伐战争。1927年春任北伐军炮兵指挥部指挥官，统率全军炮兵部队。1928年春任第六军第二十师师长。后因醉酒误事被撤去师长职务，到吕公望等人在上海创办的永豫纱厂担任常务董事。1932年初永豫纱厂倒闭；4月回到南京，历任炮兵学校射击主任教官、炮兵团干部训练班主任。1934年8月任炮兵第二旅旅长。1936年2月被授予陆军少将军衔。1937年9月参加淞沪会战，任第八集团军炮兵第二旅旅长。后被参谋总长兼军政部长何应钦找借口调到炮兵学校任研究委员。鉴于国难当头，军人不能请缨杀敌，遂辞职回老家赋闲。1938年10月任浙江省大盘山区“绥靖”专员。1939年兼任新设立的磐安县县长。1941年任第三战区司令长官部高级参谋，并一度兼任军粮监察团主任委员。1942年5月应陈诚的邀请担任第六战区军官训练团教育长，常德会战时兼任联络参谋。1945年7月任巴(县)万(县)要塞指挥官。1946年冬入中央训练团。1947年7月被授予陆军中将军衔。同年11月初应上海吴淞中学校长程宽正的邀请到该校担任数学教师，直到1961年退休。1957年5月在上海参加中国国民党革命委员会。

**蔡宝善(1869—1939)**

字师愚，号孟庵。德清县人。1901年中举人。1903年经济特科乙等及第。历任京师大学堂提调，陕西宝鸡、泾阳、兴平、三原、长安(今西安市)等县知县。1912年中华民国成立后历任浙江海宁县知事、北洋政府内务部秘书、平政院肃政厅肃政使、江苏省长公署咨议等。1918年1月至1921年3月任江苏省政务厅厅长。1921年3月至1922年11月任江苏省金陵道道尹。1922年11月至1924年任江苏省苏常道道尹。1924年卸任后卜居苏州沧浪亭畔，与江苏士绅张仲仁、费仲深、邓孝先等缔结词社，诗酒唱和，不问政事。1937年抗战爆发后避居上海。上海沦陷后多次拒绝出任伪职。1939年农历三月初八去世。著有《观复堂诗集》(8卷)、《听潮音馆词集》(8卷)、《沧浪渔笛谱》(1卷)。

**蔡　堡(1897—1986)**

字作屏。余杭县人。1913年入杭州府中学。1917年入北京大学理科预科。1923年毕业于北大地质系。同年去美国耶鲁大学和哥伦比亚大学研究院专攻动物学。1926年毕业，获硕士学位。回国后任复旦大学生物系教授，后任中央大学生物系教授兼主任、医预科主任、理学院院长，并兼任中华教育文化基金董事会动物学讲座生物系主任。1933年再度赴美进修，任美国耶鲁大学名誉研究员。1934年归国后任浙江大学生物系教授兼主任、文理学院院长。1937年兼任中国蚕桑研究所所长。1947年又兼任湖州高级蚕丝学校校长。1949年任浙江医学院教授，主讲米丘林学说和巴甫洛夫学说。1951年起历任浙江省政协委员、常委，第四、第五届省政协副主席，第三、第四、第五届全国政协委员，省科学技术协会副主席、顾问，中国动物学会名誉理事，浙江省动物学会名誉理事长等职。毕生从事教育和科学事业，发表了许多关于动物胚胎、蚕体遗传方面的学术论文。1978年出版《东方蝾螈胚胎发育图谱》，填补了蝾螈研究中的一项空白。

**蔡曾祜(1892—1967)**

字箴五。鄞县人。1913年浙江高等学堂理科毕业后先后到宁波甲种工业学校、宁波浙江省立第四中学任教。1919年起执教于宁波效实中学。1932年起担任效实中学教务主任16年。1940年4月宁波沦陷后效实中学被迫一度解散，与原校部分同事创办求实学社。1945年抗战胜利后曾一度担任效实中学代校长，致力于恢复“效实”优良校风。新中国成立后仍在效实中学任教。曾当选为浙江省政协委员，被评为省一级中学数学教师。毕生从事教育，教学经验丰富，擅数学，有“蔡算术”、“蔡代数”之称。1967年去世后将所藏图书全部捐献给学校。

**蔡群帆(1915—1974)**

原名子香，学名和民。鄞县人。1915年生于上海一手工业者家庭。早年在上海中法学堂读书。1931年“九一八”事变发生后因参加校内的反日活动，被校方开除学籍。1936年初在上海参加党领导的抗日救亡运动。1938年9月加入中国共产党。1939年1月到上海浦东参加新四军，历任干事、参谋、中队长。1940年夏调江抗路东第三、第四支队工作。不久担任中共浦东工委委员兼军委书记、浦东支队政委。1941年6月受中共路南特委派遣，率领第三战区淞沪游击第五支队一大队、四大队130余人到浙东；6月

18日指挥浙东三北敌后抗战第一仗——余姚相公殿战斗，取得胜利；10月任中共浙东军政分会委员兼五支四大队工委书记。1942年5月任浙东抗日武装200人组成的南进支队（代号“达谊”部号）大队长兼政委，率领部队南进会稽山；6月下旬到达诸暨枫桥，召开会稽地区党组织和南进支队干部联席会议，决定以枫桥为中心建立会稽山游击根据地；7月7日指挥南进支队歼灭驻枫桥的土匪武装徐文达部，攻占枫桥；8月20日率部与诸北四乡抗日自卫队在诸暨龙山、凤山、长山等地，击溃前来“扫荡”的日伪军；11月中旬奉令返回四明山参加浙东第一次反顽自卫战争。后历任金萧支队支队长、新四军苏浙军区第二纵队三支队支队长、新四军兼山东军区第一纵队第三旅第八团团长、华东野战军第一纵队三师八团团长、第三野战军第二十军司令部参谋处处长。新中国成立后历任中国人民志愿军第二十军第六十师参谋长、副师长，华东军区司令部作战处处长，上海警备区副参谋长，上海市体育运动委员会党委书记。1974年11月4日在上海去世。后出版有《一生戎马未卸鞍——蔡群帆同志纪念文集》。

**蔡慕晖（1901—1964）**

女。号葵，别名希真。东阳县人。教育学家。1922年就读于金陵女子大学。1935年就读于美国哥伦比亚大学，获教育硕士学位。1937年回国。1939年任中国基督教女青年协会总干事，世界基督教女青年会理事。1946年当选为行宪国民大会代表。1951年任上海震旦女子文理学院外文系代主任。次年秋为复旦大学外文系副教授。历任上海市政协委员、上海市妇联执行委员、全国文联代表、民盟上海市委委员。主张妇女走向社会，自尊自立，为社会作贡献。呼吁男女同工同酬，婚姻自主自由。著有《独幕剧作法ABC》、《新道德标准及其实践》，译有《世界文化史》、《艺术的起源》等。

**蔡镇瀛（1898—1978）**

原名镇海，字海观。德清县人。造纸专家。1922年毕业于北京大学应用化学系。求学期间因参加五四运动而被关押。1926年10月赴德国达姆城工业大学留学。后在瑞士苏黎世大学当研究员。1930年11月回国。次年任国立北平大学工学院教授，上海江南造纸厂工程师。1938年任苏州华伦造纸厂工程师。次年任浙江工业改进所总技师、所长，兼龙泉纸业改进厂厂长，试制成功不需漂白的手工新闻纸，为缓解后方纸张奇缺作出贡献。1948年任辽宁纸浆造纸公司工务处长、丹东造纸厂厂长。新中国成立后应邀赴湖北筹建当时全国最大的造纸厂，并首创用当地龙须草造纸获得成功，被湖北省政府授予“特等功臣”称号。1954年7月当选为湖北省人大代表。1956年参与筹建天津造纸学院，任教授。次年任国营燕京造纸厂工程师。1958年任北京轻工学院造纸系教授。1975年退休后移居上海。1978年3月病故。

**裴云卿（生卒年不详）**

上虞县人。著名钱业经理商。早年在钱庄习业。后任同丰钱庄副理。1921年参与创办中央信托公司，并任监事。1924年任新设的同春钱庄经理。1928年开始涉足近代银行业，任浦东商业银行董事。1931年与绍兴绸商王延松等发起成立上海绸业银行，任董事。1940年与金宗城等成立中康商业银行，任董事。1941年又与人创办上海工业商业储蓄银行，任董事长。同年还发起创立华懋银行，创立怡和、宝昌、泰来钱庄，均任董事长。从1928年起先后任钱业公会委员、常务委员、钱业准备库委员会委员。1943年任钱业公会理事长兼钱业联合准备库理事长。还先后任安泰、光大、德丰、开泰、济生等钱庄董事长，或董事、监察，汪伪中央储备银行参事，中央储蓄会参事，上海特别市商会监事，1944年又任全国商统会监事。抗战胜利后任同润钱庄总经理、中一信托公司常务董事、金源钱庄监察、绍兴七县旅沪同乡会主席、浙绍医院董事长等职。

**裴正庸（1892—?）**

号振镛。上虞县人。银行家。宁波斐迪公学毕业。1928年与陈子馨等创办浦东银行，任董事兼经理，直至40年代末。在任期间积极增设分行，业务有所发展。1941年创办慎德钱庄，任常务董事。1942年8月与人创办浙江劝工银行，任总经理。抗战胜利后向多领域投资，任华安人寿保险公司、大南保险公司、中华生物保险公司、长华产物保险公司、春茂钱庄、萧绍嵊长途汽车公司、中国标准皮革厂等董事，宝昌钱庄、恒兴泰油厂等公司监察人，兴业地产建筑公司常董兼总经理，利华烟厂常董，新华橡皮印刷公司董事长，慎德钱庄常董，上海市银行商业同业公会候补理事。新中国成立初期任福昌商业银行董事长、浦东银行常务董事等。

**管容德（1901—1971）**

化名周康、康平、江平、徐行。温岭县人。1926年加入中国共产党。1927年下半年受上海党组织委派到江苏省宜兴组织农民暴动；11

月暴动失败，回到温岭。1928年初任中共温岭县委书记；4月7日任中共台（州）属六县特派员；5月中下旬参与组织领导亭旁农民暴动；9月底任中共浙南特委书记；12月8日任中共浙江省委候补常委。1929年1月16日任中共浙江省委常委兼军委书记及农委负责人；5月在杭州被国民党逮捕后叛变。此后加入国民党军统特务组织，历任军统“忠义救国军”南京行动总队总队长、中美合作所淳安训练班主任、国防部保密局苏浙皖少将站长。1949年去台湾，从事教育工作。1971年在台湾花莲县去世。

**谭其猛(1914—1984)**

嘉兴县人。1914年2月5日生。1930年考入浙江大学农学院林学系，次年转入园艺系。1934年毕业后留校任助教。1935年随吴耕民教授到西北农业专科学校任助教，兼管校属园艺试验场。1938年到浙江省农业改造所黄岩园艺试验场任技术推广主任，在繁殖推广黄岩橘方面做了大量工作。1940年至1943年任云南酒精厂技师。1944年初经钟俊麟介绍，到甘肃农业改造所任技正兼农艺组主任，完成陕西关中道果树调查、兰州果树调查和中国栽培梨分类法等科研任务。同年底应邀赴四川重庆北碚任复旦大学副教授。1946年随复旦大学迁回上海，任园艺系副教授，兼附属农场场长。1952年全国高校调整后到沈阳农学院园艺系任副教授，1956年任教授。先后担任辽宁省农业科学院园艺研究所副所长，辽宁省农学会常务理事，辽宁省蔬菜学会理事长、名誉理事长，中国园艺学会常务理事，辽宁省遗传学会理事长，中国遗传学会理事，辽宁省科协委员，沈阳市政协副主席等职务。1984年在沈阳去世。著有《蔬菜育种学》、《蔬菜杂交优势的利用》，主编教材《蔬菜品种选育及良种繁育》。

**谭其骧(1911—1992)**

字季龙、笔名禾子。嘉善县人。1911年2月25日生于奉天省（今辽宁省）省城。1930年毕业于上海国立暨南大学历史系。1932年毕业于燕京大学研究生院，获硕士学位。同年起先后任北平图书馆馆员，辅仁大学、燕京大学、北京大学兼任讲师，广州学海书院导师。1936年回北平，先后在燕京、清华大学任教。1940年初至已经内迁至贵州遵义的浙江大学史地系任教，先后任副教授、教授。1945年随浙江大学复员回到杭州。1954年起任复旦大学历史系教授。1957年至1982年兼历史系主任及中国历史地理研究室主任。1982年至1986年任中国历史地理研究所所长。1980年当选为中国科学院学部委员（院士）。1981年被国务院学位委员会批准为历史地理专业博士生导师。1981年至1985年任国务院学位委员会学科评议组成员。历任中国历史学会常务理事，国务院古籍整理出版规划小组成员，上海史学会副会长，上海市哲学社会科学联合会副主席，中国地方史志协会顾问，国家教委中小学教材编审委员会顾问，《中华人民共和国国家历史地图集》编委会副主任兼总编辑，《历史大辞典》编纂委员会主任兼历史地理分册主编，《历史地理》主编等职。1991年被美国传记研究所列为最近25年间对世界有重大影响的500位人物之一，其功绩载入英国《牛津名人录》。1992年8月28日在上海去世。著有《长水集》（上下册）、《长水集续编》、《长水粹编》等，主编有《中国历史地图集》、《简明中国历史地图集》、《辞海·历史地理分册》、《中国历史自然地理》（第一主编）、《中国历史大辞典·历史地理》等。

**谭建丞(1898—1995)**

原名钧，号澄园，别署书画老人。吴兴县人。毕业于国立东南大学文学系及江苏法政大学法律系。后东渡日本，入东京美术专科学校为研究生。曾任浙江美术家协会顾问，浙江书法协会名誉理事，西泠印社社员，浙江省篆刻研究会顾问，浙江省文史研究馆馆员，湖州市美术协会名誉主席，湖州书画院院长等。擅山水、花鸟、人物，工书法，精篆刻，善诗文。著有《澄园印存》、《建丞印存》、《澄园随笔》、《澄园诗草》、《澄园写石》、《建丞画选》、《毛主席词篆刻印谱》等。

**熊剑东(？—1946)**

原名俊。新昌县人。早年留学日本，毕业于日本陆军士官学校中华队。回国后到冯玉祥的西北军当参谋。1937年抗日战争爆发后任忠义救国军别动总队淞沪特遣支队司令，后任常、嘉、太、昆、青、松六县游击司令，在苏常一带抗击日军。1939年3月在上海被日本宪兵逮捕。1941年7月由周佛海保释出狱后投降日伪，到汉口组织伪黄卫军，自任军长，后称总司令。1942年春在汉阳成立伪黄卫军军事学校，兼任校长；11月任汪伪国民政府军事委员会委员。1943年3月任汪伪中央税警总团副总团长。1944年兼汪伪上海市保安司令部参谋长。1945年8月日本宣布无条件投降后暗中投靠重庆国民政府，被委任为上海行动总指挥部副司令。1946年3月任交通警察第七总队少将总队长；8月22日在苏北与人民解放军作战时身亡。

**缪天瑞(1908—2009)**

瑞安县人。著名音乐教育家、音乐学家。1908年4月15日生。1920年入县立瑞安中学。1923年毕业后考入上海艺术师范(后改名上海艺术师范大学)音乐科,师从吴梦非、丰子恺、宋寿昌、钟慕贞、毛月娥等,主修钢琴。1926年6月毕业后到温州中学附属小学任音乐教师一年。1927年与同学创办温州艺术学院,任教务主任,兼教乐理、钢琴。一年后学院因负债停办。1928年9月先后任上海新陆师范、上海滨海中学、上海同济大学附中和上海艺术师范大学音乐教师。1930年9月赴武昌艺术专科学校任教师,教乐理和钢琴,至1932年1月。1933年3月赴江西南昌,在江西省推行音乐教育委员会主编《音乐教育》月刊,并担任中小学音乐教学视察员及乐队钢琴演奏员。1938年3月离开江西回家乡温州;9月任温州师范学校音乐教师。1939年10月赴重庆任教育部音乐教育委员会编辑,参与主编《乐风》双月及《乐风》月刊。1941年8月兼重庆国立音乐院讲师。1943年3月任国立福建音乐专科学校教务主任、教授。1945年8月因同情并救助被捕学生被学校当局要求"自请离职",遂离开福建回到家乡。1946年10月应台湾省交响乐团之聘,先后任该团编译室主任和副团长。主编台湾首种音乐期刊《乐学》季刊。1949年5月初从台湾回老家;8月北上天津,任刚组建的中央音乐学院研究室主任,后任教务主任、副院长。1955年5月兼任天津市文化局副局长。1959年6月天津成立河北音乐学院(后改为天津音乐学院),任院长,直至1983年7月。1960年起历任河北省文化局副局长,天津市音乐家协会名誉主席,天津市文联名誉主席,政协天津市委员会副主席。1964年起先后当选为第三、第四、第五、第六届全国人大代表。1983年7月任中国艺术研究院音乐研究所研究员,博士生导师。1991年起享受国务院政府特殊津贴。1999年荣获文化部第一届文化艺术科学优秀成果特别奖。2001年中国音乐家协会首届金钟奖授予终身荣誉勋章。2009年8月31日在北京去世。著作辑成《缪天瑞音乐文存》(3卷)出版。

**缪凤林(1899—1959)**

字赞虞。富阳县人。著名史学家、教育家。1919年考入南京高等师范学校学习,成为史学家柳诒征高足。在校学习期间在《史地学报》上发表论文《哲学与史学》、《三代海权考证》,引起学术界的好评。1923年毕业后到沈阳东北大学任教。1926年北伐战争开始后南归,到柳诒征老师担任馆长的江苏图书馆印行部工作,所选印诸善本书,世称盋山精舍佳椠。1928年秋任国立中央大学文学院史学系教授,主讲《中国通史》、《中国文化史》、《日本史》等课程。同时兼任金陵女子大学教授,并参与《史学杂志》、《国风》半月刊编辑事务。1937年抗日战争爆发后随国立中央大学西迁重庆,兼任该校师范学院史地系主任。1943年3月发起成立中国史学会,当选为常务理事。1945年抗战胜利后重返南京,专任国立中央大学史地系教授。新中国成立后于1951年到北京军政大学学习一年。1952年仍回南京大学任教。旋患中风,长期卧病在床。1959年2月在南京去世。著有《中国通史纲要》、《中国通史要略》、《中国史论丛》、《日本史论丛》、《中国民族史》、《中国民族文化》、《西洋古代中世哲学史大纲》、《近代西洋哲学史大纲》等。

**缪　范(1892—?)**

字剑泽。瑞安县人。1919年春毕业于保定陆军军官学校第六期步兵科。抗战期间曾任国民政府军事委员会炮兵第四十二团团长,先后参加淞沪会战、南京保卫战。后任防空学校少将教育长。1948年9月22日被国民政府授予陆军少将军衔。

# 十五画

**樊　光(1886—1962)**

原名崧峻，字震初，号仙都山人，又号鼎湖居士。缙云县人。1909年赴日本留学，入中央大学学法律。期间加入同盟会。曾参与反对日本政府取缔留学生规则运动。毕业后归国。1911年11月5日杭州光复后曾任浙江都督府司法秘书。1912年1月到南京临时政府外交部任职。1916年4月任浙江省参议员。1921年6月任浙江省议会宪法起草委员会委员，参与起草并通过《中华民国浙江省宪法》及《施行法》。后任北洋政府盐务署秘书、陇秦豫海铁路督办公署秘书长、财政部杭州关监督。1928年6月任国民政府外交部秘书长。1929年1月至1930年4月任外交部总务司司长。1930年4月至1931年12月任外交部参事。期间曾一度代理外交部常务次长。1936年5月任财政部浙江印花烟酒税局局长，对印花税票的检核、烟丝、土酒的稽征建树颇多。1940年10月至1944年12月任财政部参事。1947年竞选"行宪"国民大会代表失败。1956年9月被聘为上海文史馆馆员。著有《仙都山房诗文集》、《少学集》、《在山吟青泉集》、《水草吟》、《国忧集》、《香港旧新竹枝词》等。

**樊仲云(1898—1989)**

字德一。嵊县人。早年毕业于嵊县中学。后留学日本，毕业于日本东京帝国大学政治经济科。回国后任上海商务印书馆编译所编辑。大革命时代加入中国共产党。1927年春任中央军校武汉分校政治教官。大革命失败后脱党，曾任新生命书局编辑。1928年起先后在上海私立复旦大学、国立暨南大学、私立光华大学、私立中国公学任教授。期间参与国民党CC系的文化活动，与十教授联名发表《中国本位的文化建设宣言》，并主编《文化建设》月刊。1937年抗日战争爆发后到南洋任《星岛日报》主笔。1939年追随汪精卫投敌，任汪伪国民党中央执行委员。1940年3月至8月任汪伪南京国民政府教育部政务次长；8月任汪伪中央大学校长；12月兼汪伪教育委员会主任委员。1943年2月兼汪伪新国民运动促进委员会委员；4月任汪伪国民政府政务参赞。1945年8月日本宣布无条件投降后潜逃至香港，改名樊唯一，在香港报馆任编辑。1984年回大陆。著有《国际政治之基础知识》、《新兴文艺论》，主编《中国本位文化建设论文集》，译有《世界经济地理》、《东西学者之中国革命论》、《文艺思潮论》、《畸零人日记》、《马克思经济学说的发展》、《唯物史观的文学论》、《各国经济史》等。

**樊　芬(1840—1916)**

谱名君芳，字时勋。镇海县人。樊氏世袭明代武职，以后子孙多习商。原在宁波棉花行当花秤手，后到上海，受到同乡商人王镇昌的提拔。1890年叶澄衷在沪开设义昌成五金号，聘请樊为经理，一直受到叶澄衷的重用。继被福州船政大臣沈葆桢委为驻沪采办，又受李鸿章之命委办海军物料及漠河金矿，还被张之洞委为湖北铁路局转运。1899年叶氏去世后任叶永承众号代表，成为叶氏家族财团总管。同年出任张謇创办的大生纱厂沪董。1902年上海商业会议公所成立时以五金洋货业代表为会员，后任多届上海商务总会议董。1906年与朱葆三等投资创办赣丰饼油厂，任董事。1907年参与发起创办上海第一家毛纺织厂——上海日晖织呢厂。1908年浙江兴业银行创办时任上海分行经理，同时任江苏官银号驻沪经理。1914年浙江兴业银行改组，改任浙兴上海本行总经理。

**樊作虞(1908—1994)**

永嘉县人。1908年5月15日生。其父樊德臣是温州富商，成年后继承父业。1927年起在永嘉先后设温州大药房、协镇丰五金车料号、公利五金车料号、协丰纱号、加彰棉布号、协生贸易行、益大钱庄、阜成钱庄、厚生药号等企业。曾任永嘉县商会常务理事，纱线业同业公会理事长和永嘉县中央镇副镇长。1949年12月温州市工商联筹备委员会成立，当选为秘书长。1951年5月在杭州参加民主建国会温州支会。1953年6月民建温州支会成立，当选为主任委员。连任民建温州市委会第一、第二、第三、第四、第五届主任委员。还当选为民建浙江省工作委员会副主委，民建浙江省委第一、第二届副主委，民建中央第三、第四届中央委员，温州市各界人民代表会议协商委员会委员，温州市人民委员会委员，温州市政协第一、第二届常务，第三、第四届副主席。1994年9月18日病故。

**樊祥孙(1905—?)**

绍兴县人。1905年11月生。交通大学唐山工学院毕业后先后参与杭(州)江(山)、浙赣、湘桂、湘黔、黔桂等铁路的修建。1945年赴美国考察与研究铁路工程。回国后历任交通部公路总局杭州工程处处长、浙赣铁路督工组组长。1948年任台湾铁路管理局工务处处长。1952年任台湾当局"国防部军事工程委员会"副总工程师。1955年起历任"经济安定委员会"工业委员会专门委员，"美援会"简派技正，"国际经济合作发展委员会"简派技正兼交通小组执行秘书，"交通部"交通技术室主任。1956年起兼任台湾大学土木工程系教授。1969年退休后先后担任"中华顾问工程司"总经理、董事长。著有《铁路工程》等。

**樊崧甫(1894—1979)**

字仲哲，号哲山。缙云县人。早年就读于浙江陆军小学堂。在校期间先后加入龙华会、同盟会。1911年杭州光复时任浙军敢死队分队长。杭州光复后参加上海都督陈英士领导的沪军，沪军北伐援鲁时任机枪队长。1913年参加孙中山领导的"二次革命"，在南京、上海从事反袁斗争。"二次革命"失败后在嘉兴、嘉定继续进行反袁活动，两次被捕，均经营救出狱；9月任浙江省都督府上尉副官。1914年冬辞职，考入武昌陆军第二预备学校学习。1916年作为陆军第二预备学校学生代表参加策应鄂军石星川部起义，在武昌南湖起义反袁，结果失败，潜回浙江，参加浙江反袁斗争，推动浙江反袁独立。袁世凯死后回陆军第二预备学校继续学业。同年底毕业后入保定陆军军官学校第六期工兵科学习。1917年张勋复辟后从保定赴沪谒见孙中山，建议创建革命军队，建立革命干部队伍。张勋复辟失败后仍回军校学习。1919年毕业后回浙军第二师服役，历任中尉旗官、连附、连长、师工兵队长等职。1925年1月入陆军大学第七期深造。同年3月作为陆大学员奉派参与办理孙中山丧事。在陆大学习期间曾被召回第五军任上尉参谋，参加了孙传芳讨伐奉系军阀张作霖的战争，战事结束后仍回陆大；期间还兼任第五军驻京办事处主任一职。1926年9月奉第五军军长周凤岐之召，回浙军参加孙传芳援赣战役。积极劝说周凤岐倒戈反孙，加入北伐。周部反正后改编为国民革命军第二十六军，先后任二十六军司令部交通科长、军参谋处作战科长、警卫大队长、第一师代参谋长、第一师参谋处长。1927年10月任国民革命军第二十六军第一师第一团团长。1930年1月任第六师第十七旅旅长，率部参加中原大战，曾与吉鸿昌部展开激战。1931年1月任第六师参谋长，后任第八军中将参谋长、第十八集团军总参议。1932年11月任江西抚河方面"剿共"前敌总指挥部参谋长。1933年4月任第七十九师师长；9月率该师参加对中央苏区的第四次"围剿"。1935年4月授予陆军中将；10月任北路军第三纵队指挥官兼第七十九师师长，参加第五次"围剿"；12月任陆军第四十六军军长。1936年5月任滇黔"剿共"司令部第二路军第一纵队指挥官。1937年7月抗战爆发后任第一战区军法监和警备司令。1938年春调第五战区，率领第四十六军参加徐州会战，在大院寺、狼子沟一带与日军精锐坂垣师团激战三昼夜。同年8月奉命率部回武汉；9月任第十二军团长。1939年2月任第九战区湘鄂赣边区游击总指挥，参加南昌会战。1940年1月任第三十四集团军副总司令。不久应召赴重庆，任军事委员会中将高参兼第六战区总参议、第六战区军官训练团教育长。1944年秋季先后任军事委员会第五、第二、第三军风纪纠察团主任。1946年纠察团撤销。1947年1月退役，客居上海。1948年经人介绍加入中国国民党革命委员会(民革)，开始参加反蒋活动。1949年4月被上海退役军官推选为上海市在乡军官会代理事长。为保卫上海人民生命财产，拟组织退役军官建立市民自卫委员会，在上海时局紧张混乱时出来维持秩序，策应上海解放。同年5月初因拒绝出任"浙江人民自卫军总司令"被军统特务头子、上海市警察局长毛森逮捕，囚于黄埔分局政治犯监狱；5月27日上海解放后出狱，民革中央曾致电慰问。新中国成立后任中国国民党革命委员会上海市委常委、上海市政协委员、上海市政府参事室参事等职。1979年2月在上海病故。晚年撰写了多篇回忆录，后结集出版《"龙头将军"沉浮录》。

**樊　颐(1892—1950)**

字如松。兰溪县人。1916年12月毕业于保定陆军军官学校第三期骑兵科。1947年3月任国民政府军事委员会参谋本部兵工署外勤司司长。同年11月24日被国民政府授予陆军少将军衔。

**颜守民(1898—1991)**

温岭县人。著名医学教育家、儿科学家。1920年北京医学专门学校毕业后留校任教。1924年赴德国柏林大学研究儿科学。1926年毕业回国后历任北平大学医学院儿科教授、儿科主任,西北大学医学院教授兼附属医院院长,沈阳医学院教授兼儿科主任。在我国首创儿科教研室,编写儿科学教材,开设儿科门诊部,建立儿科病床,指导儿科临床实习。1945年5月至1991年10月历任江苏医学院教授、儿科主任、第一副院长,南京医学院副院长、院长、名誉院长等职。曾当选为第三届全国人大代表,第五届全国政协委员,江苏省第二、第三、第五届人大代表,江苏省人大常委会委员,江苏省人民委员会委员,中华医学会江苏分会会长等。1978年5月10日加入中国共产党。1991年10月10日在南京去世。著有《小儿体表病态诊断》,编有《小儿解剖生理概要》,发表《初乳小体的二原性》、《淋巴细胞 AzUT 颗粒》等大量论文。

**颜耀秋(1894—1964)**

桐乡县人。著名机械工业企业家。1915年考入同济大学机械专业。1919年毕业后到中华职业教育社任教。1922年改任商务印书馆工程师、总工程师。1928年任从商务印书馆机械部划出组成的华东机器厂代表。1930年筹资5万元创设上海机器厂(今上海水泵厂),任协理、经理,设计制造发电机、水泵、小型碾米机,次年销售额就增长两倍。1931年仿制成功德国6—16马力多种规格的立式冲床、单汽缸发电机,畅销江南地区,并接受金陵兵工厂业务,生产枪弹和军械零件。1936年出任上海市铜铁机器业同业公会主席委员。抗战爆发后与胡厥文代表上海电器同业公会呼吁国民政府内迁工厂,并组成上海工厂联合迁移委员会,任主任委员。先后组织工厂146家、技术工人1500余人、物资5000余吨迁至武汉,并出任在武汉成立的上海迁鄂工厂联合办事处主任,突击生产地雷、手榴弹、炸弹等支援抗日。1938年4月迁川桂工厂联合会成立后又出任主任,组织工厂内迁重庆、桂林、湖南等地,曾任重庆市第一区机器业同业公会理事。抗战胜利后以迁川桂工厂联合会主任身份回上海,标购敌产江南造机厂,改名上海机器股份公司,任经理,并任上海市机器工业同业公会理事长。但1948年因物价飞涨,工厂倒闭。1949年6月应邀参加陈毅市长召开的实业界人士座谈会。同年使上海机器厂复业,随后研制成功当时国内最大的立式轴流泵和单级双吸离心水泵。1953年申请公司合营后出任上海机器厂厂长。1956年后任上海通用机械公司经理兼上海市通用机械同业公会主任、上海市机器商业公会监察主任、上海市工商联常务委员、上海市第三届人大代表。

**潘孑农(1909—1993)**

原名潘孑藜。吴兴县人。编剧、导演。大学毕业后从事文学创作,为创造社成员。30年代曾任上海矛盾出版社总编辑,主编《矛盾》文艺月刊并协助建立中国旅行剧团。1935年应聘于上海艺华影片公司,先后编导《弹性女儿》、《花开花落》、《神秘之花》等影片。抗战爆发后入中央电影摄影场,在重庆编导抗战纪录片《活跃的西线》、《抗战第九月》、《全民总动员》等。抗战胜利后任上海戏剧学校教授,从事戏剧教育,并编写《街头巷尾》、《大户人家》、《彩凤双飞》等电影剧本。新中国成立后任大同影片公司导演,后参加戏曲改革工作,曾任上海巡回文工团团长兼淮剧编导工作。

**潘天寿(1898—1971)**

原名天授,字颐,号大颐、阿寿、寿者、雷婆头峰寿者,别署三门湾人、懒道人等,室名无谓斋、听天阁等。宁海县人。著名画家、美术教育家和学者。毕业于浙江省立第一师范学校,曾任上海美专、新华艺专教授。1928年任国立艺术院国画主任教授。1945年任国立艺专校长。1959年任浙江美术学院院长。曾任中国文联委员、中国美术协会副主席、浙江省文联副主席、中国美协浙江分会主席、全国人大代表、苏联艺术科学院名誉院士等。1963年起任西泠印社副社长。毕生致力于继承和发展民族绘画,所形成的一整套中国画教学体系,影响全国。精于写意花鸟和山水,所作博采众长,尤取法于石涛、八大、吴昌硕诸家,笔墨苍古,凝练老辣,大气磅礴,雄浑奇崛,具有摄人心魄的力量感和现代结构美;指墨画更是突越前人,达到极高的造诣。亦善诗,能治印。编著有《中国绘画史》、《听天阁画论随笔》、《中国书法讲义》、《治印纵横》、《顾恺之研究》等。

**潘公展(1895—1975)**

原名有猷,字干卿,号公展,以字行。吴兴县人。1895年10月20日生。1910年考入上海圣约翰大学文学系学习,毕业后到上海私立市北公学任教,参加南社。1918年任《时事新报》副刊《学灯》特约撰稿。1919年任上海《民国日报》副刊特约撰稿。五四运动爆发后参加全国学生联合会,主编该会会报。1921年受上海《商报》主笔陈布雷之聘,任该报电讯编撰。1925年任《申报》电讯编辑。1926年任《申报》要闻编辑。同年秋陪同陈布雷赴南昌见蒋介石。1927年2月加入国民党。"四一二"反革命政变后被选为国民党上海中央政治会议上海临时分会委员;7月任上海市农工商局局长兼代理市政府秘书长。1928年7月任上海市社会局局长。1929年被选为国民党上海特别市执行委员会常务委员。1932年5月在上海创办《晨报》,任社长兼总经理。1935年11月当选为国民党第五届中央执行委员。1936年11月任上海市社会局长。1937年7月抗日战争爆发后任军事委员会参事室参事。1938年10月任国民党中央图书杂志审查委员会主任委员;12月任湖南省政府秘书长。1939年任国民党中央宣传部副部长兼军事委员会战时新闻检查副局长。1940年11月复任国民党中央图书杂志审查委员会主任委员,兼独立出版社常务董事、总经理及国民党《中央日报》总主笔。曾主编《抗战建国小丛书》、《当代中国学术丛书》等。1945年5月当选为国民党第六届中央执行委员。同年8月抗战胜利后回到上海,先后任申报社董事长、商报社副董事长、《新晚报》董事长。1946年当选为国民党上海市参议会议长、制宪国民大会代表。1947年11月当选为行宪国民大会代表。1949年离开上海去香港,在香港创办"国际编译社",旋即赴加拿大。1950年5月抵达美国定居,入《纽约新报》主持笔政。后与友人合办《华美日报》,先后任总主笔、社长长达20余年,经常写文章为台湾国民党当局的"反共复国"献计献策。1975年6月23日在美国病故。著有《中国学生救国运动史》、《属性教育》、《罗素的哲学问题》、《陈英士先生传》、《日本必亡论》,后出版有《潘公展先生言论选集》。

**潘以三(1895—1972)**

余姚县人。著名煤炭商。手工业家庭出身,幼时只读过几年私塾。1911年经人介绍到上海永昌煤号当学徒,勤奋好学,几年后不但能说流利的英语,而且精于鉴别各种煤的质量、不同品质的煤炭如何搭配以适应各种锅炉的使用。1923年离开永昌,自设可升煤号,任经理。1933年应邀任老永昌煤号经理,将可升号委托他人代管。次年离开老永昌,与人集资开设华北国煤售品处,专销通成公司的大同煤,不久改名华北煤业公司,专销大同、阳泉、博山、淄川等华北各煤矿国产煤炭,在爱国商人中获得声誉。1935年又与人合作开设山西煤业公司,与大同、阳泉煤矿公司订立专销合同,营业鼎盛。华北事变后日本本土劣质煤大力倾销,国产煤经销受到打击。"七七"事变后华北各煤矿被日侵占,货源受阻,所存煤炭又被日山大洋行掠夺,企业荡然无存。抗战胜利后仍艰难经营华北煤业公司,并任煤业公会理事。上海解放后于1950年7月任上海市煤薪炭商公会筹备委员会主任委员,当选为第一至第五届上海市人大代表和上海市政治协商会议常务委员、上海市工商联常务委员。1956年参加民主建国会。同年9月任中国煤业建筑器材公司上海市煤球总管理处经理。"文革"中受迫害,1972年含冤去世,1979年平反。

**潘　予(1924—　)**

女。原名潘美珠。杭县人。1938年参加抗日宣传工作。因参演抗日戏,被国民党当局列入黑名单,于是改名陆辛微,投奔共产党领导下的抗敌演剧七队,开始了革命的演剧事业。先后参加话剧《刑》、《重庆二十四小时》、《家》、《军民进行曲》的演出。1944年在《法西斯细菌》中扮演女主角静子,很有光彩,初露头角。1945年抗战胜利后改名潘予。同年随中国歌舞剧艺社赴南洋巡回演出。回国后于1949年随第四野战军到广州,任广东话剧团演员。1954年到中央戏剧学院导演干部训练班学习。在结业演出中成功饰演苏联早期名剧《柳鲍芙·雅洛娃娅》中的主角,其出色表演得到外国专家的赞赏,称她是"蓝天里的一朵白云"。此后任广东话剧院主要演员兼导演,先后主演《珠江风雷》、《红岩》、《同甘共苦》、《大雷雨》,导演《年轻的一代》、《边疆新苗》、《西望长安》、《风华正茂》、《救救她》、《出租的新娘》、《迟开的花朵》等话剧。曾任广东省政协委员。

**潘仰山(1895—1982)**

字世经。杭县人。民族资本家。毕业于天津南开中学,青年时进入银行界,从练习生升至中国银行郑州支行经理,兼任郑州豫丰纱厂办事处主任,协助纱厂总经理束云章从英国慎昌洋行赎回纱厂资产。1937年抗战爆发后组织豫丰纱厂内迁,将9000余吨设备拆除装箱,取道平汉路到武汉;又雇船360艘,历经艰辛,将16万余纱锭、224台织布机和发电设备辗转运到重庆。1939年7月30日在重庆正式复工投产,成为内迁重庆的最大纺织厂。后又在合川和余背沱设立分厂,所产"绿飞艇"、"金飞艇"商标的棉纱成为大后方畅销的名牌产品。潘成为陪都实业界纺织工业巨子,先后被推选为重庆纺织业同业公会理事长,迁川工厂联合会代会长、会长,中国工业协会重庆分会会长等职。滇缅路中断后重庆的汽油昂贵,曾多次为八路军驻渝办事处提供汽油。1945年12月与胡厥文一起代表重庆迁川民营工业界为呼吁解决迁川工厂的困境到国民政府行政院请愿。1947年2月代表迁川工厂联合会先后发表呼吁停止内战和反对中美商约宣言，在国内外引起广泛的反响。抗战胜利后阻止公司总经理决定抽走重庆豫丰厂的资金，继续留在重庆办厂。1949年秋去香港中国银行任职。

**潘寿恒(1890—1964)**

字久芬。余姚县人。银行家。余姚达善学校毕业后曾在大清银行工作。1912年进入中国银行，历任上海分行出纳主任、营业主任，1925年升任襄理，1928年任副经理。1931年春赴平汉路一带调查，决定开办许昌、漯河、驻马店等办事处。同年11月中国保险公司成立时任董事。1937年12月升任上海分行经理，继续在上海租界内营业。1945年11月调任闽行代经理。1947年1月调任总管理处副总稽核兼赴外稽核。新中国成立后任赴外总稽核。1954年中国银行召开新中国成立后第一次股东大会，任私股董事，又任中国保险公司董事。1964年在上海病故。

**潘孝硕(1910—1988)**

吴兴县人。著名磁学家，我国磁学研究的奠基者和开拓者之一。1910年10月31日生。1920年入湖州绉业小学。1924年入东吴大学第三附属中学。1928年考入国立中央大学物理系学习，1933年毕业，获理学学士学位。1933年至1938年任国立中央研究院物理研究所助理员。在施汝为的领导下开展物质磁性研究，这是中国人从事磁学研究的开端。1938年赴美国留学。1939年获美国麻省理工学院硕士学位。1943年获美国麻省理工学院哲学博士学位。1943年至1946年先后在麻省理工学院工业合作部、哈佛大学水下声实验室等处任研究员。1946年回国后任天津南开大学物理系教授、系主任。1949年至1950年任南京大学物理系教授。1950年起任中国科学院应用物理研究所(1958年改名物理研究所)研究员、磁学研究组组长、磁学研究室主任。曾任中国电子学会理事、应用磁学学会主任委员。1988年12月28日在北京去世。

**潘阿耀(1907—1982)**

象山县人。穷苦农民出身。1926年到上海，先后在七星、振丰、大陆三家铜厂做工。业余刻苦学习，钻研技术。1937年抗日战争爆发后失业还乡，从事柴炭贩运。1945年抗战胜利后返回上海，到慎昌铜厂做工。新中国成立后由于受到西方列强的严密封锁，进口无缝铜管来源断绝。为解国家燃眉之急，先后主持研制成功我国第一根热轧无缝紫铜管，随后又研制成功第一根热轧无缝黄铜管，为国家节省了大量外汇。先后被评为上海市劳动模范、全国劳动模范。1957年调永鑫五金制造厂(后改名上海永鑫无缝钢管厂)，主持无缝钢管技术攻关。经几十次试验，于1958年3月8日终于试验成功，创造了用耐热钢材挖空循环通水冷却办法的穿空顶头、顶棒的新工艺，提高无缝钢管生产效率100余倍。之后与全厂职工一起，继续奋战攻关，实现了工厂主要工序机械化、半自动化及联合操纵电动化。同年永鑫无缝钢管厂被评为上海工业战线上的“八面红旗”之一。1959年被评为全国先进工作者。

**潘国纲(1882—1938)**

字鉴宗。永嘉县人。1902年中秀才。1903年考入福建武备学堂，毕业后任江北督练公所参谋处帮员。1909年被保送到保定北洋陆军学堂。1911年武昌起义爆发后离校南下参加浙江光复，任浙江都督府参谋部科员，后任一等参谋。1912年8月回保定陆军军官学校复学。1913年毕业后被委任为北洋政府陆军部中校参谋。同年冬任浙江督军公署上校参谋。不久任浙江陆军第六师上校团长，后升任第六师参谋长。1914年第六师改称浙江陆军第一师，仍任参谋长。同年冬奉派赴日本考察。1915年回国后参加护国讨袁，任第二师第四旅少将旅长。1917年7月张勋复辟发生后任“讨逆军支队长”。1919年春继童保暄之后任浙江陆军第一师师长。1920年春率部从福建回师杭州。1924年江浙战争爆发时在皖系浙江督军卢永祥手下任第三军副司令，奉命开到浙西南防堵从福建入浙的孙传芳部，被孙传芳击败后宣布下野。1925年2月应中华民国临时执政段祺瑞邀请赴北京，加陆军上将衔，出席善后会议，并任执政府参议。1927年上半年因病携带家眷南下，定居杭州，晚年信佛，与同仁在杭州创立“同善社”，常在西湖弥勒寺做佛事。期间在原籍从事公益与慈善事业。1937年11月杭州沦陷前返回温州。1938年7月病故。

**潘念之(1902—1988)**

原名枫涂，笔名念之。新昌县人。1919年考入浙江省立第四师范学校学习，因思想激进，被迫离校。后考入上海的江苏省立第二师范学校学习，毕业后到宁波崇德小学任教，组织雪花社，出版《宁波评论》。1923年经张秋人介绍参加中国共产主义青年团。1924年转为中国共产党党员，担任中国共产主义青年团宁波地委书记，主编《火曜》周刊。1925年“五卅”惨案后任上海闸北区团委委员，并在上海大学附中任教。1926年3月任国民党浙江省党部常务委员兼组织部长，并任国民党浙江省党部中共党团书记。1927年“四一二”反革命政变后遭国民党通缉，被迫逃亡日本，就学于东京明治大学法学部。1929年回国后在上海加入自由大同盟、“左联”和中国社会科学家联盟，一面进行革命活动，一面从事著述翻译。1932年“一·二八”抗战后先后去福建、河南、安徽、汕头等地教书。1935年重返上海，任天马书店编辑，主抗日书刊，鼓动民众抗日，并赴西南、西北开展抗日救亡运动。1938年5月任国民政府军事委员会政治部第三厅主任科员，负责抗日宣传队工作。1945年抗战胜利后在上海从事中共上层统战工作和情报工作。后又在上海中华工商专科学校和上海法学院任教。新中国成立后先后任华东行政委员会参事室副主任，中央华东局统战部政治处处长。1953年受到开除党籍的错误处分。1955年后任华东政治学院和复旦大学历史系教授。1979年平反，恢复党籍，先后任上海社会科学院法学研究所副所长，上海政法学院副院长，上海市法学会副会长，上海市政治学会会长，中国法学会顾问，上海市人大常委会委员、政法委员会副主任等职。1988年3月10日在上海去世。著有《现代社会发展史》、《世界思想家名人大辞典》、《宪法论初步》、《关于加强社会主义的法制问题》等，主编《外国法学知识译丛》丛刊，领导并参与编写《法学词典》、《中国大百科全书·法学卷》等。长期从事政治学和法学研究，被誉为法学、政治学领域的开拓者，有“北张（友渔）南潘（念之）”之称。

**潘宗尧（1919—　）**

吴兴县人。上海大夏大学教育学院毕业后留学日本，毕业于日本早稻田大学研究院。回国后曾任上海新亚中学及新亚职业学校校长。1945年抗日战争胜利后在上海创办新夏中学，并在上海高校兼任教育课程。1949年去香港，任香港中文大学联合书院社会及社会教育系主任。后创办华商商业专科学校香港总校及九龙分校，同时创办华商书报出版社，专门向香港及海湾华侨学校编写教育用书，主持编写有《教育之基本原理》、《怎样办理中小学》等数十种丛书，风行海外，并因此获得英国圣安得烈大学授予的哲学博士学位。1970年起创办香港留日同学会，担任监事长。

**潘　竟（1887—1939）**

字宇襄。富阳县人。早年曾任浙江陆军第三师参谋长。1927年7月任浙江省政府印花税处处长。1928年11月任南京国民政府训练总监部总务处处长。1930年4月21日至1935年1月26日任南京国民政府军政部总务厅厅长。1935年1月26日至1938年3月28日任军政部主任参事。1936年1月23日被国民政府授予陆军中将军衔。1938年3月任军事参议院参事。1939年7月去世。

**潘敦义（1912—　）**

杭县人。早年毕业于浙江省警官学校第二期。历任浙江省会警察局分局长，缙云县、温岭县警察局长，浙江内河水上警察局督察长及区长、大队长。1949年1月任台湾基隆市警察局局长。后任台北市警察局长兼台北市政府主任秘书，台湾省警务处副处长。1968年任台北市政府环境清洁处长。1978年10月退休。

**潘漠华（1902—1934）**

原名恺尧，学名训，笔名漠华、潘四、田言、锡田、若迦、季明等。宣平县人。1915年考入县立师范讲习所学习。1917年毕业后回乡任小学教师。1920年夏考入杭州的浙江省立第一师范学校学习。1921年10月在杭州与柔石、魏金枝、冯雪峰等参加朱自清、叶圣陶指导的青年文学团体晨光社。后又与冯雪峰、应修人、汪静之结成湖畔诗社，先后出版《湖畔》、《春的歌集》，两书收入其新诗68首。又创作农村题材短篇小说，有九篇收入《雨点集》。1924年7月考入北京大学预科。1925年在校加入中国共产党。1926年南下到武汉参加国民革命军，在三十六军第二师政治部工作。1927年7月离开军队至杭州，在中共浙江省委工作。同年9月被捕，由老师许宝驹营救出狱，回宣平进行党的活动，组建中共宣平县委。1928年赴上海。曾领导宣平农民起义。1929年春以译作《沙宁》稿费800元资助宣平农民暴动，失败后流亡上海。后赴开封、沧州、北平等地以教书为掩护，从事党的秘密工作。1930年至上海参加中国左翼作家联盟成立大会，并代表中国自由大同盟致词。继与段雪笙等到北平筹建北方左翼作家联盟，负责起草《理论纲领》、《行动纲领》和《成立宣言》，当选为执行委员，连任三届负责人。1932年冬任中共天津市委宣传部长。1933年1月至张家口参加冯玉祥组织的察哈尔民众抗日同盟军，任军报《老百姓》编辑；10月回天津；12月被捕，屡受酷刑而不屈，三次发动绝食斗争。1934年12月25日在狱中被折磨而死。主要作品编入《应修人潘漠华选集》中的《漠华集》。

**潘德明(1908—1976)**

又名文希。湖州县人。中国第一位自行车环球旅行家。从小酷爱体育运动,曾就读于上海南洋高级商校,后在南京开西餐馆。1930年关掉餐馆,参加"中国青年亚细亚步行团",经杭州、广州,由海口进入越南的海防市,同行数人或因难耐艰苦,或因中途患病,相继打道回府。行至越南清化,仅剩他一人,仍决定独自走下去,而且索性走出亚洲。1931年元旦重上征程,把徒步改为骑自行车,进行环球旅行。同年4月由东南亚抵南亚次大陆,经中东进入非洲的埃及,北渡地中海到达巴尔干半岛,从意大利经中欧,然后越北欧斯堪的纳维亚半岛去英国,经英国横渡大西洋,于1934年1月抵美国,再经拉丁美洲,由巴拿马乘船,横渡太平洋,到大洋洲的新西兰、澳大利亚,再抵达亚洲的印度尼西亚、泰国。1937年6月从缅甸回到云南。持"雪东亚病夫耻"、"以谋世界上之容光"的信念,历时七年,行程数万公里,途经亚、非、欧、美、澳五大洲40余个国家和地区,每到一地都有考察记录,搜集资料,征得近1200个团体和个人用十几种文字的签字和题词,沿途先后受到29个国家的元首、政府首脑、部长和著名人士接见。回到南京次日,"七七事变"爆发。后定居上海,曾在联合国善后救济总署工作。新中国成立后曾在昆明益兴汽车材料行工作。1976年10月18日去世。

**潘澄濂(1910—1993)**

永嘉县人。1910年11月13日生。在温州十师附小毕业后考入上海南洋中学学习。1925年毕业后考入上海中医专门学校学习。在丁甘仁、谢利恒、曹颖甫等名师指导下,对《内经》、《伤寒论》、《金匮要略》、《温热经纬》及《神农本草经》等进行了系统的学习,对中医知识有全面的积累。1929年毕业后回永嘉创办中医诊所。1938年起先后在上海中医学院、上海中国医学院任教。1947年起任温州普安药局医务主任。1956年调入浙江省中医进修学院,兼浙江省中医学院副院长,筹建省中医药研究所。同年参加中国农工民主党,历任农工党浙江省委员会委员、常委、副主任委员、名誉副主任,农工党中央委员、常委,浙江省政协委员、常委、副秘书长,全国政协第五、第六届委员。1958年至1984年任浙江省中医研究所副所长、所长。1985年加入中国共产党。1990年被确定为国家级名老中医。1993年在杭州去世。长期从事中医临床与医典的研究工作,对肝炎、肝硬化等病的诊治有独到之处。著有《伤寒论新解》、《潘澄濂医论集》等。

# 十六画

**薛文泰(1873—?)**

字焕章。镇海县人。著名棉纺织企业家。1905年在上海创办益泰轧花厂,任经理。1917年又在上海创办振华纱厂、厚生纱厂,并担任振华纱厂经理。同年12月参与发起成立华商纱厂联合会,任董事。1919年在上海参与创办维大纺织公司,是大股东之一。1921年投资中国铁工厂,为主要股东。1922年与方椒伯、秦润卿在上海创办大有余榨油厂,并兼任经理。20年代初又开始大举投资银行、钱庄等金融业。1920年投资上海证券物品交易所,任理事。1921年与宁波帮秦润卿等在上海创设中国棉业银行。同年还与宁波帮李柏葆、王正廷等创设中华劝业银行,均是主要投资人。在钱庄方面,1920年与李柏葆等在上海设立瑞泰钱庄;1922年至1924年间又与人设立均泰、敦余、泰昌等钱庄,共计投资钱业11.6万元。曾以中国棉业联合会和上海油厂公会代表长期为上海总商会会员、会董。

**薛祀光(1900—1987)**

字声远。瑞安县人。1912年考入浙江省立第十中学学习。后赴日本留学,1928年毕业于九州帝国大学,获博士学位。同年回国后到国立中山大学任教,任法律系教授兼系主任,后担任法学院院长。1943年被国民政府教育部定为"部聘教授"。1945年抗日战争胜利后被聘为远东国际法庭顾问,在审判日本战犯中作出了重大贡献。1947年以中山大学法学院院长和教授会主席的身份,运用其在法律界的声望和影响,据理力争,迫使国民党当局释放在"反饥饿、反内战、反迫害"学生运动中被捕的28名中共地下党员和进步师生,为此被国民党当局列入黑名单,被迫离开中山大学,返回瑞安故里。同年受聘担任上海同济大学法学院院长。新中国成立后历任厦门大学教务长、武汉大学与湖北大学教授,从事高教事业45年。专长国际法和民法,特别是对债权理论有深入研究,被称为"薛老债"。晚年退休后定居温州。著有《民法债编各论》、《管子六法》、《民法概论》,主编《法律丛书》等,并有大量法学论文发表。

**薛祉镐(1898—1975)**

鄞县人。早年留学国外。1932年任国立同济大学辐射高级职业学校(后更名同济高级工业学校)教务主任,后担任国立同济大学教务长。1958年1月任中华人民共和国国家计量局总工程师,是我国国家计量标准的主要技术指导者与组织实施者。1975年在北京去世。著有《材料强弱学概要》等。

**薛钟斗(1892—1921)**

字储石,号岘山民。瑞安县人。戏曲作家、戏曲理论家。1910年毕业于瑞安县中学堂,后就读于杭州私立政法专门学校,习法律本科,未毕业即回温州。1914年为《东亚小说》特约编辑。次年折服于京剧班社翔舞台男旦姜绮雯(艺名汉宫秋)的演艺,在报章为姜发起征诗,辑成《绮语》一册,收诗165首。并作《翔舞台人物志》,对其中10名主要演员进行评价。1917年为冒广生《戏言》作《戏言校记》,记录不少珍贵的地方戏曲资料。1919年加入"瓯社"。同年8月出任瑞安县公立图书馆馆长。1921年因食物中毒暴卒。薛氏戏曲作品有《泣冬青》、《贞女木》、《双莲桥》、《使金记》、《越虎城》、《南楼记》、《水乐宫》等七种,多散佚。

**穆　旦(1918—1977)**

原名查良铮,笔名梁真。海宁县人,生于天津。诗人、文学翻译家。1929年入南开中学读书,对文学产生浓厚兴趣,开始诗歌创作。1935年考入清华大学地质系,后转入外文系。1940年毕业于西南联大外文系,留校任教。1942年投笔从军,参加中国入缅甸远征军。根据入缅作战的经历,创作了中国现代主义诗歌史上著名诗篇——《森林之魅——祭胡康河上的白骨》,另有相关创作《阻滞的路》、《活下去》。期间作品结集为《旗》、《穆旦诗集》。1948年赴美留学,入芝加哥大学英国文学系学习。1953年回国后任教于南开大学外文系。后饱经磨难,至1975年恢复写作自由。1977年2月26日在天津病故。

**穆时英(1912—1940)**

笔名伐扬、匿名子等。慈溪县人。小说家。毕业于上海光华大学中国文学系。1928年开始文学创作。1929年起在《新文艺》上发表《黑旋风》,《小说月报》上发表《南北极》。同时以意识流手法创作了《上海的狐步舞》(未完成)。重在表现光怪陆离的都市生活和人们的潜意识世界,成为新感觉派的重要一员。1932年起又陆续发表《公墓》、《白金的女体塑像》等。1933年出任国民党图书审查委员。1935年与叶灵凤合编《文艺画报》,接着创办《六艺月刊》。抗战爆发后任香港《星岛日报》编辑。回到上海后任汪伪宣传部新闻宣传处处长,后任《国民日报》主编。1940年在上海被国民党军统局特工人员暗杀。

**穆铭三(1893—1969)**

鄞县人。帆布商。幼年喜欢研究工业。1912年赴上海在鸿业五金号习商。1915年到河南参与创办造币厂,并参与筹办兵工厂。1920年在郑州创办大东铁工厂,并任经理,仿制进口新式农具。1922年在郑州组织宁波旅郑同乡会,任会长。后赴张家口协办口北兵工厂及造币厂,又协助同乡在张家口成立浙江会馆。1927年受西北军委托为河南开封、巩县、郑州、洛阳四兵工厂采办军事器材。不久又返上海从事经营。1930年联合上海帆布业10余家商号创办上海国民帆布厂,任厂长兼经理。1933年增设第二厂,是上海帆布业头面人物。同年又创办中国申一胶带厂,自任总经理,该厂是中国首家制造橡胶带厂。曾任上海市篷帆商业同业公会理事长,篷帆业同德会会长,宁波佛教孤儿院董事,上海明德善会常务董事,鄞东普益医院常务董事等职。新中国成立后申一胶带厂与申联橡胶厂、申一帆布厂联合改组为中国联一橡胶工业公司。50年代连任江宁区第一、第二、第三届人民代表大会代表。1969年5月在上海去世。

# 十七画

**戴不凡(1922—1980)**

笔名梨花白、严陵子、柏繁等。建德县人。1922 年 1 月 23 日生。1940 年毕业于浙江省立金华中学。1943 年起在兰溪、於潜、杭州等地从事新闻工作,先后任《浙西日报》总编、《东南日报》编辑等。因发表大量抨击时政、揭露社会腐败的小品杂文,受到国民党当局和报社的警告,1945 年 10 月被撤职。1946 年入《东南日报》任编辑。新中国成立后在杭州《当代日报》社工作,任时事组长。1952 年到中央文化部艺术局剧目组工作。1955 年任《剧本》月刊编辑、戏曲组组长,参加《京剧丛刊》、《华东地方戏曲丛刊》以及梅兰芳、周信芳、盖叫天演出剧本选集的整理、审定、出版工作。1957 年后任《戏剧论丛》、《戏剧研究》执行编委兼《戏剧报》常务编委。1963 年任《戏剧报》副主编,直至“文革”。1977 年任文化部文学艺术研究院戏曲研究所研究员。1979 年任《红楼梦学刊》编委、《戏曲研究》丛刊副主编。1980 年 2 月 18 日在北京去世。著有《百花集》、《论古典名剧琵琶记》、《百花集续编》、《论崔莺莺》、《小说见闻录》、《戴不凡戏曲研究论文集》、《百花集三编》、《红学评议·外编》等,参与《中国戏曲通史》编写,发表《曹操外论》、《历史剧三题》、《岳飞的诗文》等有关历史剧、戏曲论文数十篇。

**戴立庵(1901—1991)**

衢州县人。早年毕业于上海中国公学。历任上海《银行杂志》编辑,国立中央大学经济系讲师,国民政府财政部钱币司司长,联合商业储蓄信托银行总经理等。1949 年 4 月南京解放前夕赴香港。同年 11 月从香港回到新中国首都北京,历任上海金融研究委员会主任,中国钱币学会顾问,民革中央团结委员会委员,上海市民革顾问等。1991 年 4 月 4 日在上海去世。曾在全国政协主编的《文史资料选辑》上发表《所谓公债风潮》、《金圆券发行后蒋介石在上海勒逼金银外汇的回忆》等多篇回忆资料,成为研究旧中国经济金融史的重要资料。

**戴邦定(1902—1972)**

又名戴家伦、戴介民、巴克。黄岩县人。1925 年 11 月在上海加入中国共产党。1926 年任杭州《民国日报》编辑。1927 年 2 月回台州工作,任中共临海特支书记。“四一二”反革命政变后回家乡隐蔽,继续做农运工作。1928 年秋到上海,开办明日书店。1930 年因顾顺章叛变,与党组织失去联系。1938 年到天台大公中学任教,积极支持抗日救亡活动。大公中学被关闭后又回到上海,任建承中学校长。1945 年 6 月恢复党组织关系。新中国成立后在华东师范大学工作。1953 年 2 月被开除党籍。1972 年病故。1984 年 6 月恢复党籍。

**戴岂心(1900—1974)**

杭县人。1919 年在杭州读完中学后前往瑞士留学。1926 年毕业于瑞士苏黎世大学化学系。同年回国后历任杭州大学化学系教授兼教研组组长,上海大同大学理学院院长,复旦大学化学系主任,同济大学化学系教授。1952 年调任上海水产学院加工系教授,并兼任上海水产学院九三学社支社主任委员。他带领的实验团队潜心研究葡萄糖的生产工艺,成功获得葡萄糖结晶,填补了当时我国在葡萄糖研究领域的空白。1957 年在反右派斗争中被打成“反党小集团头子”。1958 年离职。后担任水产学院客座教授,发挥余热。1974 年 1 月在上海去世。

**戴　任(1862—1937)**

字立夫。永嘉县人。早年毕业于湖北武备学堂,后留学日本,入明治大学学习。在日期间结识同盟会总理孙中山,于 1910 年参加同盟会。同年底归国后从事革命活动。1912 年中华民国成立后担任金陵兵工厂厂长。1923 年 4 月任广州大本营少将参军。1924 年 1 月在杭州加入中国共产党,同月被国民党浙江省党部选为出席国民党第一次全国大会的代表。同年秋任黄埔军校管理部主任。1926 年 3 月 10 日“中山舰事件”发生后宣布脱离共产党组织;9 月任广东省东江各属行政委员。同年随国民革命军东路军北伐,任东路军总指挥部少将政务处长兼军法处长。东路军击败福建军阀周荫人占领省会福州后，于1927年成立福建省政务委员会，任政务委员。同时兼国民党中央政治委员会福建分会委员。“四一二”反革命政变后流亡日本。1932年6月至1933年2月任军事参议院参议。1933年2月至1936年12月任南京国民政府立法院第三、第四届立法委员。1937年11月20日在南京去世。

**戴自英(1914—2009)**

鄞县人。1914年11月29日生于上海。传染病学家。1932年从上海光华大学附属中学毕业后考入上海医学院学习。1937年到北平协和医院实习。1938年毕业后担任协和医院内科住院医师一年。1939年回到上海，在上海医学院红十字会第一医院内科工作。不久升为总住院医师、主治医师、讲师，1944年任副院长。1947年7月赴英国留学，入牛津大学病理学院专修细菌学。1949年获哲学博士学位。1950年4月从英国绕道美国，然后经香港回到上海，任上海医学院教授。1953年任上海医科大学内科教授。1955年任传染病学教授、教研室主任。1963年任抗生素研究所主任。后任华山医院副院长、终身教授，抗生素研究所名誉所长。曾任国家科委“抗生素组”及“医疗器械组”成员，卫生部医学科学委员会委员，中华医学会传染病学会副主任委员，中华医学会上海分会理事兼内科学会及传染病学会主任委员，上海市高等学校内科学教授职称评审组组员，《中华内科杂志》、《中华医学杂志》、《中华传染病杂志》、《抗生素杂志》、《实用内科学》、《上海医学》等杂志副主编、编委或顾问，国际合理使用抗生素学会科学咨询组组员，《中国医学百科全书》编委会副秘书长兼办公室主任，博士研究生导师。2009年12月8日在上海去世。主编有《实用内科学》、《实用抗菌药物学》、《中国医学百科全书临床综合本》等，发表论文20余篇。

**戴　华(1927—　)**

字立强。孝丰县人。1927年1月30日生。毕业于上海大夏大学。1949年去台湾，先后结业于“政治作战学校”研究班第一期及“国立”政治大学教育研究所。1954年起担任“义士村”文教工作三年。1957年奉调“总统府”任职。1965年任金门高中校长八年。1973年秋任台湾省立旗美高中校长。不久任台湾宜兰农工校长四年。1976年秋奉派赴美国、日本、韩国考察工业职业教育。

**戴行悌(1916—　)**

字振德。鄞县人。早年毕业于浙江省立水产学校。后留学日本，入日本千叶水产试验所渔具研究班学习。毕业回国后到南京国立中央研究院动植物研究所深造。后任浙江水产实验场技师、技正。1946年任国立乍浦水产学校校长，并兼浙江省渔业联合会理事长。1947年11月当选为“行宪”国民大会代表。1949年去台湾，任台湾省立高雄水产职业学校校长。1950年入“革命实践研究院联合作战研究班”受训。1953年6月至1956年8月任台湾省立海事专科学校校长。1957年任台湾当局“经济部”顾问。1962年任台湾省教育厅主任秘书。1964年7月至1966年1月任台湾省立花莲师范专科学校校长。1966年1月至1980年3月任台湾“中国海事专科学校”校长。政治方面，除继续担任“国大代表”外，1957年任“中国青年反共救国团”台北市团委会主任委员。1971年发起成立“中华民国海事学会”。

**戴运轨(1899—1982)**

字伸甫。奉化县人。幼年就读于锦溪小学及文聚高小，后考入浙江省立第四中学。1918年夏毕业后东渡日本，考入东京高等师范学校理化科学习五年。后入京都帝国大学物理学科学习。1927年毕业归国后先后任北平师范大学、南京中央大学、金陵大学教授。1937年抗日战争爆发后随金陵大学迁移至四川成都，兼任四川大学及空军参谋学校教授。1946年2月奉教育部简派去台湾，接收日本设在台北的帝国大学，改称国立台湾大学，担任教务长兼理学院院长，一度以教务长代理校长职。1954年5月被聘为台湾“教育部学术审议委员会”常委，“行政院原子能委员会”委员。同年赴美国，任明尼苏达大学原子核物理研究所名誉研究员，参加范格拉夫发电机(5MEV)的原子核研究。次年受聘为美国加州大学辐射研究所客籍研究员，以台湾“代表团”顾问名义赴日内瓦，参加第一届国际原子能和平会议。1956年参与筹建台湾清华大学，建立并主持清大原子科学研究所。1961年1月被聘为台湾“中央大学”地球物理研究所筹备委员会委员。1962年7月就任研究所所长。1968年8月任“中央大学”理学院院长。1973年7月退休后受聘为台湾“中国文化学院”华冈教授兼理学部主任。1982年4月4日在台北病故。著有《大学普通物理学》、《八十回忆录》等，译有《太空世界》、《原子能的和平用途》(均与魏岩寿合译)。

**戴芳达(1894—1956)**

号畊莘。镇海县人。著名卷烟

工业企业家。五金巨商家庭出身，其父戴显运在上海设有利昌五金号，为20世纪初上海五金业巨商。7岁在原籍读私塾，后入上海澄衷中学就读，中途辍学，随父经商。1919年继承父业，继续经营利昌五金号。1924年将主要资金转入烟草业，发起创设华成烟草股份有限公司，被推举为董事长（1928年始兼总经理），生产金鼠、三旗、美丽牌卷烟。由于善于经营，该公司迅速发达，至1934年华成公司资本扩大89倍，达360万元，在汉口、杭州、天津、南京等设分公司，在东南沿海重要城市都设有代销处，成为上海华商烟公司魁首。1931年还参与创设中国企业银行，任监察人。同时投资上海三友实业社、华一印刷局、天一印刷公司、时事新报馆及青岛烤烟公司，任董事或监察，并任中华工业总联合会委员。在上海公共租界拥有大量房地产。抗战胜利后任中国华成烟草公司董事长，中国华一印刷公司董事长，上海广益善堂副董事长，上海市卷烟工业同业公会理事长，上海闸北延绪山庄董事，中国妇孺救济总会董事，中国工业协会上海分会理事，上海市商会监事，上海商社监事等。新中国成立后支持华成公司公私合营。

**戴君仁（1901—1978）**

字静山，笔名童寿，晚号梅园。鄞县人。其父戴廷谔先后在河南汤阴、武安、泌源县当过县令，自幼跟随父亲生活在河南。1917年中学肄业后考入北京大学预科，后升入中文系学习。1923年毕业后任天津南开中学教师。1926年冬回宁波服侍病危的母亲。1927年春国民革命军北伐进入江浙，返回天津的道路受阻，暂留杭州，任杭州一中教师。1928年任教于浙江省立第四中学（今宁波中学）。1929年任浙江大学中文系讲师。1934年到北平大学女子文理学院任教，并拜熊十力为师，研究金石古文字。1937年抗战爆发，平津很快沦陷，由于妻子卧病不起，来不及随学校南撤，于是杜门不出。1938年应沈兼士之邀到北平辅仁大学任教。1944年应李季谷之邀前往河南任教。刚到河南，正逢日军发动大规模的豫中战役，于是转赴陕西城固，任教于国立西北大学。1947年前往台湾担任台北师范学院国文系主任。1948年任国立台湾大学中国文学系教授，先后在台中东海大学和辅仁大学短期主持中文系。1978年12月在台北去世。著有《中国文字构造论》、《谈易》、《阎毛古文尚书公案》、《春秋辨例》、《春秋三传研究论集》、《梅园论学集》、《梅园杂著》等；编辑《诗选》、《高中国文课本》，皆为数十年来台湾各大专院校及高级中学沿用为基本教材。

**戴陈霖（1872—1960）**

字雨农。海盐县人。早年在北京同文馆学习法文。后赴法国留学，入巴黎政治学校学习。毕业后在清政府驻法国公使馆先后任随员、翻译官、秘书。1912年4月至1913年12月任北洋政府外交部参事。1913年12月任驻西班牙公使兼葡萄牙公使。1918年7月兼任驻梵蒂冈公使。1920年6月免本兼各职。1922年6月任驻瑞典公使兼驻挪威、丹麦公使。1925年10月免本兼职。1926年任北洋北京政府外交部编纂处处长。1928年去职闲居。新中国成立后经沈钧儒推荐，被聘为中央文史馆馆员。1960年在北京病故。

**戴季陶（1891—1949）**

原名良弼，后改名传贤，字季陶，号天仇，晚年又号孝园，以字行。原籍吴兴县，1891年1月6日生于四川广汉。早年读私塾。1902年入成都留日预备学校。1905年秋赴日本留学，入师范学校学习。1907年秋入东京日本大学法科学习。1909年夏毕业回国后任江苏地方自治研究所教习。1910年到上海，任《中外日报》编辑，后任《天铎报》主编，以"天仇"笔名撰写文章抨击清政府，遭清政府通缉，被迫逃亡日本。后转赴南洋槟榔屿，任当地革命报纸《光华报》编辑，继续宣传革命，并加入同盟会。1911年辛亥革命后回国，在上海创办《民权报》，任主编，对袁世凯的卖国行径进行猛烈抨击，第一次在报刊上公开称袁世凯为"公敌"。1912年9月任孙中山秘书。1913年2月随孙中山访问日本；3月国民党代理理事长宋教仁在上海被袁世凯暗杀后，随孙中山回国参加反袁斗争。失败后随孙中山逃往日本，编辑《民国杂志》，并加入中华革命党。1916年4月随孙中山返回上海。1917年赴广州参加护法运动，任法制委员会委员长。1918年2月兼孙中山大元帅府秘书长。1919年五四运动期间在上海创办《星期周刊》，任主编，研究劳工运动。同年11月在《建设》杂志上连载《马克思资本论解说》译文。期间曾参加过陈独秀等人在上海筹建的共产主义小组的活动，但很快便分道扬镳。1920年与张静江、陈果夫、蒋介石等在上海合股设立恒泰号，担任上海证券物品交易所经纪人，1921年退出。1922年奉孙中山之命入川，联络川系军阀。1923年2月回到上海。1924年1月在国民党第一次全国代表大会上当选为中央执行委员会委员、常务委员及宣传部部长，成为国民党右翼理论宣传家。所撰《孙文主义之哲学基础》和《国民革命与中国国民党》曾受到中共和国民党左派的批判。1925年7月任广州国民政府委员；11月到北京出席反对国共合作的国民党右派召开的西山会议，为此受到广州国民党中央的警告处分。1926年1月在国民党第二次全国代表大会上继续当选为中央执行委员；6月被委任为国立中山大学校长，未到职；10月被委任为国立中山大学校务委员会委员长。1927年参与"四一二"反革命政变；5月兼任国民党中央党务学校教务主任；6月任国立中山大学校长；7月改称国立第一中山大学，仍任校长；9月任国民党中央特别委员会委员、国民政府委员。1928年2月在国民党二届四中全会上当选为国民党中央执行委员、常委及宣传部长；10月任国民政府委员。1928年11月至1948年6月任南京国民政府考试院院长长达20年，建立了一套公务员考试制度。1929年3月在国民党第三次全国代表大会上继续当选为国民党中央执行委员、常委；12月兼考试院考选委员会委员长。1931年5月出席在洛阳召开的国难会议。"九一八"事变后任国民政府特种外交委员会委员长。同年11月发起"仁王护国法会"，大搞诵经救国，遭到舆论批评与讥讽。1941年11月被聘为三民主义青年团中央团部指导员。1946年11月当选为制宪国民大会代表。1947年11月当选为行宪国民大会代表。1948年6月任国史馆馆长；年底携带家眷赴广州。1949年2月11日在广州去世。著有《戴季陶集》、《天仇文集》等。

**戴　夏(1889—1963)**

字夷乘。永嘉县人。早年留学欧洲，先后就读于德国和瑞士。回国后任国立北京大学教授。1925年2月至4月署理北洋政府教育部专门教育司司长。后任广州中山大学教授。1929年2月任南京国民政府教育部编审，国立北平大学教育系教授兼主任。1932年6月任南京国民政府教育部督学。1936年12月被选为南京国民政府立法院第四届立法委员。新中国成立后于1956年8月被聘为上海文史馆馆员。

**戴家祥(1906—1998)**

字幼和。瑞安县人。历史学家、古文字学家、经学家。1906年4月11日生。早年先后就读于温州教会学校艺文中学、瑞安县立中学。1926年考取清华大学国学研究院，师从王国维，治经学和古文字学。1929年任广州中山大学副教授。1931年任浙江省立杭州高级中学教员。1934年任南开大学经济研究所研究员。1936年夏任四川大学副教授。1937年任台州中学教员。1945年任英士大学副教授。1951年任华东师范大学中文系教授。1952年转任历史系教授。1956年加入中国民主同盟。1985年8月王国维墓树碑，撰写碑记。1986年加入中国共产党。1998年5月30日在上海病故。他主编的《金文大字典》成为我国当代金文研究集大成之作，获得上海哲学社会科学成果特等奖。此外还著有《墙盘铭文通释》，发表学术论文数十篇。

**戴铭礼(1901—1991)**

字立庵。衢县人。1920年浙江省第八中学毕业，名列第一。次年进入上海公学商科，在校读书时主编《商学周刊》，并时常向《时事新报》副刊《学术》、《申报》副刊《经济周报》及《东方杂志》投稿。后受聘为《时事新报》特约撰述员。1925年大学毕业后任汉口银行公会秘书兼《银行杂志》编辑。1926年任财政部赋税司科员，主办全国印花税事宜。次年改任财政部钱币司科长。1931年升帮办。1935年后长期任钱币司司长。在司长任内曾任国民党中央政治会议经济专门委员会委员、财政部外汇审核委员会主任委员、行政院外汇管理委员会常委、中央银行监事等职。1946年被选为国大代表。1948年5月转任上海银行总经理。1949年5月去香港。新中国成立后不久从香港回大陆，受到周总理接见，对私营金融业的社会主义改造作出过贡献。1955年参加上海人民银行金融研究室工作，编写《上海钱庄史料》、《金城银行史料》等。1956年参加中国国民党革命委员会，任上海市委委员、常委。1986年担任中国钱币学会名誉理事。1991年4月4日在上海病故。著述除上述史料外，还有《中国货币史》等。

**戴　笠(1897—1946)**

本名春风，后改名笠，字雨农。江山县人。1897年5月28日生。早年在江山读完小学后于1913年入杭州的浙江省立第一中学。1915年因故被学校除名，遂入浙军第一师潘国纲部当兵。数年后脱离部队，回到原籍。1922年任江山保安乡学务委员兼自卫团团长。1926年10月入黄埔军校第六期骑兵科。1927年毕业后先任黄埔军校入伍生部政治部主任胡靖安的副官，后任胡宗南部副官。1928年任国民革命军总司令部联络参谋，开始进行情报活动。1930年奉蒋介石之命建立国民党最早的特务组织调查通讯小组，即所谓"十人团"。1932年3月蒋介石为加强特务统治，在南京秘密成立"力行社"及其外围组织"中华复兴社”(又名“蓝衣社”),被任为特务处处长。后改任国民政府军事委员会调查统计局第二处处长。1938年任军事委员会调查统计局(简称军统)副局长。1939年2月兼中央警官学校校务委员会主任委员。同年9月兼任三民主义青年团中央干事会干事。1940年兼军事委员会运输统制局监察处处长。1942年8月兼财政部缉私署署长。1943年3月兼财政部战时货物运输管理局局长。同年7月兼中美联合组成的特务机关“中美特种技术合作所”所长(专职副所长为美国海军军官梅乐斯)。1945年3月8日被国民政府授予陆军少将军衔;5月当选为国民党第六届中央执行委员;后升任军统局局长;8月日本宣布无条件投降后被蒋介石授权全权负责肃奸大权。1946年3月17日从北平飞往上海转南京途中在南京郊外的戴山失事丧命。6月11日国民政府追赠陆军中将军衔。

**戴望舒(1905—1950)**

原名戴朝宷,又名戴梦鸥。杭县人。著名诗人。早年就读于杭州宗文中学。1923年入上海大学文学系学习,1925年转入震旦大学。1922年开始诗歌创作,陆续在《无轨列车》、《现代》杂志上发表诗作,早期作品后来结集为《我的记忆》出版。诗歌创作主要受法国象征派诗歌影响,作品以抒发个人内心情绪为主。其中《雨巷》是初期诗歌的代表性作品,主人公在“悠长而又寂寥的雨巷”,希望逢着一个“丁香一般的姑娘”,诗作充满迷离惆怅的意绪,同时极富于音乐的情调。由于这首诗影响很大,作者因此被人称为“雨巷诗人”。30年代出版诗集《望舒草》。抗战爆发后南下到达香港,曾任《星岛日报》、《珠江日报》、《大众日报》副刊主编。1941年日军占领香港,被捕入狱。在狱中备受折磨,创作《狱中题壁》、《我用残存的手掌》,表达了对敌人的憎恨及对祖国的强烈爱恋,诗歌的现实意识明显增强。此一时期的诗歌大多收入《灾难的岁月》。还翻译过大量的外国文学作品,其中有古罗马沃维提乌斯的诗集《爱经》、法国夏多勃里昂的长篇小说《少女之誓》。1949年3月到北平,任教于华北大学。

**戴敦凤(1910—1984)**

鄞县人。祖上以打鱼为业。早年到上海求学,沪江大学毕业后入英商保通清洁烟囱公司任职员。1932年主持经营英商公司,把业务扩大到室内装修与油漆工程,承接了茂祥洋行、亚西亚火油公司的内部装修、油漆工程。1935年又将业务拓展到营造业,并将公司改为保通建筑公司,自任经理,开始承包建筑工程。在业务清淡的40年代承接了茂祥洋行、亚西亚火油公司、电力公司大楼的建筑、装修业务,包括办公楼、公寓、宿舍、汽油站,还在公平路、唐山路、海宁路、南通路等承建了几百幢中西住宅,在杭州、嘉兴也承建工程,使保通在40年代享有较高知名度。先后任上海市营造业公会理事、常务理事。

**戴麟经(1906—1968)**

桐乡县人。1906年9月生。著名足球运动员、教练员。在桐乡县崇福镇县立高等小学毕业后随父母移居上海,在上海南洋公学读中学时就酷爱足球,后考入交通大学工商管理系,任该校足球中锋兼队长。后从交通大学转学到暨南大学,任足球队长。1926年加入乐华足球队任中锋。1928年随暨南大学队访问南洋诸国。1932年与李惠堂、陈镇和等加入中华队,参加在印尼举行的万国杯足球赛。30年代曾代表东华队参加在上海举行的史考托杯赛,连续两次夺得冠军。在赛场上球风好,有“戴中锋”、“孩儿面”美称。因身材瘦小,又有“小李广”之称。1937年上海沦陷后一度退隐。1945年退役后在上海组建合群足球队,任教练,培养足球人才。1951年应解放军总政治部邀请,担任“八一”队教练。1956年任国家足球指导委员会副主席。1957年兼任国家足球队教练,参加了第六届世界杯足球赛。1959年任“八一”足球队总教练。“文革”中自杀身亡。1978年国家体委、解放军“八一”足球队党委宣布为其平反昭雪,恢复名誉。

**濮振声(1844—1907)**

字景潮。分水县人。岁贡生,以训导衔候选在家。为桐庐、分水、新登、富阳、於潜、临安六县客民总董事,白布会首领。1900年义和团运动爆发后以保护乡里为名,借会众创办团练,称宁清团(或宁清会),组织反清武装力量。1902年底率白布会会众,以灭天主堂为名,誓师殿山(今高翔殿山庙),传檄起义,响应者不下万余。起义军纪律严明,行军所至,咸表欢迎。清政府调集大军镇压。义军在横村埠苦战数日,突出清军重围,拟从分水出於潜、昌化而入安徽。军抵百岁坊,清军已追及,即布阵抵敌,终因械缺无援,损兵千余。濮知事难成,为免同胞无辜流血,毅然挺身就缚,禁于仁和县署。1903年冬光复会领导人陶成章、魏兰往见濮,得介绍信数封、名片数十张,借以联络各地秘密会党。1907年夏在狱中病故。1912年中华民国成立后被追认为“革命先驱”。

**濮舜卿(1902—?)**

女。又名濮隽。余杭县人。剧作家。1920年毕业于浙江省女子师范学校,后入南京东南大学。学生时期就爱好戏剧,所写剧本多属反映妇女婚姻问题。为文学研究会会员。1925年大学毕业后与同学、剧作家侯曜(后结为夫妇)组织东南剧社,从事戏剧电影活动。曾饰演电影《弃妇》主角采兰,受到好评。出版有剧本集《人间的乐园》,包括三幕剧《人间的乐园》、四幕剧《爱神的玩偶》和独幕剧《黎明》。此外还创作话剧《到光明之路》。

# 十八画

**瞿乃臧(？—1939)**

又名麒麟，化名余觉、王财福。德清县人。1927年5月加入中国共产党。1929年6月任中共德清县委农运委员兼中共德清新市区委委员。1930年1月到上海参加中共中央举办的干训班学习。结业后返回德清，先后任德清农民暴动副总指挥，浙西红一军总指挥部副总指挥。同年8月中共吴兴中心县委在湖城建立，任书记；9月1日中共湖城党组织庆祝中央红军攻入长沙，散发祝捷传单；7日中共吴兴中心县委遭破坏，被国民党逮捕。1935年被保释出狱后宣布脱党，加入国民党中统特务组织，曾任中统浙江室行动小组组长。1939年到嘉善执行暗杀伪县长行动时溺水身亡。

**瞿孟邻(1911—1997)**

又名绥如。萧山县人。早年曾在杭州丝绸厂当学徒，后回乡。1927年投身于当地农民运动。同年底加入中国共产党。1928年4月在中共萧山县党代表会议上当选为县委委员。同年秋当选为县委书记。1929年3月赴杭州参加有关会议后调任中共湖州中心县委书记。同年9月赴上海汇报工作后留沪，任上海革命互济总会主任。1931年初任中共江苏省委秘书长。1932年以江苏省巡视员身份赴南京、镇江、苏州等地巡视。在返回南京途中被国民党逮捕，旋即叛变，参加国民党中统特务组织，先后在浙赣铁路、粤汉铁路、广九铁路党部从事特务活动。1949年广州解放前夕宣布起义，交出由他负责的广州分区特务组织名单。后由广州市公安部门派往香港开展地下工作。1951年在镇压反革命运动中被召回，因历史问题被关押。1976年获释。1982年落实政策时先作退休干部处理，后即享受离休干部待遇。晚年住萧山福利院。1997年在福利院去世。

**魏风江(1911—2004)**

萧山县人。作家。早年负笈印度，毕业于印度国际大学和印度真理学院。1982年后历任上海新沪中学教师，印度国际大学中国学院教授，浙江文史馆馆员，宁波大学教授，杭州师范学院名誉教授，中国国际友人研究会理事，中国南亚研究会理事会顾问，浙江省第五届政协委员。1934年开始发表作品。1985年加入中国作家协会。著有传记文学《我的老师泰戈尔》、《怀念印度诗人泰戈尔》、《怀念英迪拉》、《我与尼赫鲁一家的交往》、《与甘地相处的日子》、《重访印度记》、《泰戈尔嘱我去甘地身边》，译有《简明不列颠百科全书》、《世界童话集》等。

**魏　兰(1866—1928)**

因善画兰花，以兰为名，每画兰花，喜出石傍，故字石生，乳名南南，别号再生，云和旧名浮云，又以浮云先生为号。云和县人。早年中秀才。1886年入箬溪书院求学，博览群书。1890年寄居云和狮山寺苦读经史。1893年奉父命参加乡试，不报名考试，却结识进步青年阅读大量书报。1902年赴沪结识社会名流。1903年东渡日本留学，报考振武学校失利，改入清华学校，苦攻化学，拟回国研制炸弹，以应革命急需。寄居中国留学生会馆，担负会馆领导以及总编译工作，编著《稻草度纸新法》、《图画易知》、《算学易知》、《地舆易知》、《畲客风俗》等书稿，并陆续出版。通过平阳陈蔚介绍，结识陶成章，相见恨晚，成为莫逆之交。沙俄占据中国东北拒不撤兵，参加留日学生拒俄运动。东京浙学会召开会议，决定建立革命根据地，开展武装斗争，奉命与陶成章前往浙皖联络革命力量。1904年回国赴沪会见蔡元培，共商开展反清计划。与陶成章寓居杭州白话报馆，遍访白布会诸首领。变卖祖传田产，在云和创办先志学堂，招收处属各县会党及进步青年，培养革命骨干。创办云和益智女校，培养云和进步女青年。联结会党成为革命力量。与上海蔡元培商议发动浙江会党，响应黄兴拟于西太后七十寿辰发动的长沙起义，并赶赴金华进行战前动员，旋因长沙起义夭折而未成。与蔡元培、陶成章等在上海筹组光复会，推举蔡元培为会长。1905年初与陶成章赴日组建光复会东京分会。同年出任温台处会馆总理。会馆因经费停办后拟赴绍兴东湖通艺学堂任总教习，因母亲病重而未就任。组织处州拒约会，开展抵制美货运动。投资筹建丽水“利用实业织布公司”，作为浙南革命大本营。创办云和习艺所，以联络革命志士，培养工业人才，制造轻工日用品。1906年赴南洋爪哇谏地里，出任中华学堂总教习，以谏地里作为基地，宣传革命思想，联络华侨支持国内革命。皖浙起义后大批光复会员遭到通缉，被迫出逃国外，光复会中心也由国内转移到日本和南洋地区。1910年光复会进行重组，在东京建立光复会总部，南洋建立行总部，出任行总部执行员，负责组建和领导南洋各地光复会分会。1911年杭州光复后回国出任浙江省临时参议会参议员和浙江省督军署上校参谋长。1912年陶成章遇刺身亡，悲愤难忍，著《陶焕卿先生行述》，要求严惩凶手。出任永康知事，次年调往武康，仍念念不忘陶案。1913年“二次革命”爆发后组织各地会党，开展反袁斗争。1915年上海各界成立救国储金团，被推为浙江救国储金团代表，参加沪上全国救国储金团联合会。1916年调任长兴县知事。旋因母丧辞去知事，赴沪开设三立堂西药房，南下广东，为陶案呼冤。1920年创办云和中学，创建定兴花边厂，培植云和雪梨，开荒发展农业，兴修水利，借粮济荒。1924年出任江苏丹阳铁路税务局长。1926年调任上海南站铁路税务局长。1927年蒋介石与孙传芳激战，弃职返回云和隐居。1928年9月17日病故。著有《浮云集》和《魏氏诗稿》。

**魏　如（1897—1966）**

原名汇茹，字子拔。诸暨县人。机械工业企业家。1910年考入绍兴府中学堂，曾参加秘密组织“革命社”。1913年因领导学生运动被开除。次年改名大刚，考入杭州之江大学，半年后退学。1916年考入上海交通大学电机系。1920年毕业后曾在美商慎昌洋行、英商久胜洋行、华商华昌贸易公司任工程师。1925年与同乡支秉渊创办新中工程公司，从事柴油机生产。1926年成功仿制5马力、8马力柴油机。1929年任青岛市政府技正兼自来水厂总工程师。1932年公司被日军炮火所毁后倾全力进行重建，任上海新中机器厂厂长，生产出67马力、90马力新式柴油机，获利甚丰。抗日战争时，将新中机器厂辗转迁往重庆。抗日战争胜利后加入中国民主建国会，发起请愿活动，反对国民党政府扼制民族工业。1946年新中机器厂迁回上海。1949年后积极促进新中厂公私合营，任新中动力机器厂厂长、上海农业机械公司（后改为汽车拖拉机工业公司）经理。还历任全国工商联执行委员，上海市工商联副主委，上海市人民委员会委员，民建上海市常委、副主委、代主委，民建中央委员，第一至第三届全国人大代表。1966年10月18日在上海病故。

**魏金枝（1900—1972）**

笔名高山、莫干等。嵊县人。作家。农民家庭出身。毕业于浙江省第一师范学校。在浙江、上海各地中小学任教，后担任上海市总工会秘书。1920年开始创作诗歌、散文，1926年开始小说创作。早期作品主要收录于小说集《七封书信的自传》。鲁迅曾称赞他的《留下镇上的黄昏》表现出了“乡下的沉滞的氛围”。1930年由柔石等人介绍加入左翼作家联盟，参与编辑《萌芽》杂志。1932年因参加进步活动被捕，出狱后回到故乡。这一时期创作了数量可观的小说，主要结集为《奶妈》、《白旗手》等。1933年重新回到上海，在麦伦中学任教。期间积极从事抗日救亡运动，在《时代》等刊物上发表不少杂文，抨击时弊，揭露国民党的黑暗统治。1949年后先后担任《文艺月报》编委，《上海文学》、《收获》副主编。1959年起兼任上海师范学院中文系主任。期间有《魏金枝短篇小说选集》、《中国寓言》、《文艺随笔》等作品出版。“文革”中遭受迫害致死。

**魏泽寰（？—1922）**

字润身，号余轩。嵊县人。弱冠补博士弟子员。后肄业于浙江绍兴府中学堂。介绍竺绍康、王金发、胡士俊等与徐锡麟相交，并一同创办大通学堂。同时与吴君葆创办剡东公学，注重体育及训练兵式体操，以为将来起义之准备。1907年浙皖起义失败后创办嵊县保卫团，任团总。1912年中华民国成立后先后担任嵊县禁烟局总董、保卫团团总、烟酒局局长。同年当选为浙江省议会议员。1917年孙中山发动护法运动后与内弟童杭时策划扩充保卫团团队，联络浙江革命党人，准备在浙江起事响应西南护法军，因事情泄露，被浙江军政当局逮捕。1922年10月10日在当地遇害。

**魏重庆（1900—？）**

原名震声，号西山。诸暨县人。经济学家。1912年至1915年在家乡小学读书。1915年入浙江省绍兴县第五师范学校学习。1920年师范毕业后任诸暨县北乡小学教师。1922年任上虞县松厦小学教师。1924年考入北京师范大学历史系，学习中国史。1926年留学日本，在东京帝国大学研究院研究社会学。1928年加入中华农学会。1933年回国后任浙江农学院农业经济系讲师。1934 年到北京，历任辅仁大学社经系、中国大学经济系教授。1946 年至 1948 年兼任天津南开大学经济系教授。期间于 1946 年加入禹贡学会，1947 年加入中国社会学会。1947 年至 1948 年兼任北京师范大学历史系教授。之后至 1950 年兼任北京中法大学经济系教授。1951 年加入中国新经济学会。1952 年起历任中央财经学院合作系、中国人民大学、北京师范大学政治经济系教授。1955 年加入中国民主同盟。主要著作和译著有《社会学小史》、《宋代市舶司与市舶条例》，主要论文有《中国土地利用的变迁》、《农业增产与农业金融》、《两宋时代货币金融研究》、《近代中国官僚资本主义的发展过程》等。

**魏重庆(1914—1987)**

嵊县人。海运企业家。1936 年毕业于交通大学电机系，旋任职于国民政府资源委员会。抗战爆发后任军事委员会政治部电讯总队组长。1942 年赴美国考察，回国后复任职于资源委员会。抗战胜利后创设人人企业公司，自任驻美负责人，并在台湾设立分公司。1949 年后促成美商格素造船公司与台湾造船公司合作，另设般台公司，并任美国联合油轮公司副总裁。1962 年在美国创办复康轮船公司，自任总裁，公司很快发展成美国海运业有实力的航运企业集团。还创办"海洋动员"公司，为美国海军提供补给运输和船员劳务服务，获得巨大经济效益，还得到美国政府肯定和赞扬。另对桥牌有特殊爱好，1965 年首创桥牌"精确制"叫牌法，并撰写和出版了有关桥牌的书籍。1987 年 2 月 20 日在纽约病故。

**魏清涛(1854—1932)**

余姚县人。著名建筑商。祖上在上海设有魏清记木行，经营木业。早年到上海习木匠手艺。约 19 世纪末独资创办魏清记营造厂，是上海建筑业绍兴帮的代表人物。1896 年积极捐资修筑鲁班殿，成立同业团体。较早摈弃地域偏见，率绍兴同业与上海本地建筑业实行联合，于 1906 年成立沪绍水木业公所。魏清记营造厂早年曾参建上海海关二期工程，后承建上海永安公司(今华联商厦)、商务印书馆、西侨青年会(今市体育运动委员会)和青年协会大楼等。1914 年在武汉设立魏清记营造分厂，是上海较早赴外埠发展的营造厂之一。在武汉承建的重要建筑有江汉关大楼、电信局大楼、亚西亚大楼、花旗银行大楼等，均是武汉著名的近代建筑。1921 年还与同乡巨商发起创设中央信托公司，任董事。曾任浙绍公所董事，绍兴旅沪同乡会董事、副会长，上海总商会多届会员。

**魏景超(1908—1976)**

杭县人。1908 年 12 月 21 日生。1926 年毕业于杭州蕙兰中学。同年考入金陵大学园艺系学习。1930 年毕业后留校任植物病理系助教。1933 年参加清华大学公费留美研究生考试，列总成绩第一。1934 年赴鲁、苏、浙、闽、粤、桂六省主要农区考察农业和植物病害的情况，作出国前的准备。同年秋赴美国威斯康辛大学攻读植物病理学。1937 年获博士学位回国后回母校南京金陵大学任教，至 1948 年。历任该校农学院教授、农学院科研委员会主席、植物病理组主任、植物病虫害系主任、金陵大学教务长和金陵大学研究院校务委员会主任委员等职。期间先后兼任南京国民政府农业复兴委员会病虫防治专门委员、中央研究院上海植物生理研究所指导真菌生理的研究工作。1948 年应英中文化协会邀请，前往英国，先后在剑桥大学、罗森斯丹试验站、真菌研究所、皇家学院和苏格兰育种场担任客座研究员，从事植物病毒和真菌分类与生理的研究。1949 年秋在美国威斯康辛大学从事植物病毒和植物营养与病害发展关系的研究。1950 年回到新生的中华人民共和国，仍回金陵大学任教，开设植物病毒课程并开展研究工作。1952 年全国高等院校调整，金陵大学农学院并入南京农学院，除授课外，主要精力集中于粮油作物的病害与防治研究。1954 年患帕金森综合症，和疾病长期搏斗，坚持承担教学和科研任务，直到完全丧失思维和工作能力。1976 年 12 月 9 日在南京去世。编著有《普通植物病理学》、《植物病理学实验指导》、《真菌重要目科属分类检索表》、《水稻病原手册》和《真菌鉴定手册》。

**魏景蒙(1907—1982)**

杭县人。1907 年生于北京。1928 年毕业于燕京大学。同年进入天津《庸报》任职，并兼华北《明星报》采访及翻译工作。1937 年抗日战争爆发后西迁重庆，担任国民党中央宣传部专门委员。1945 年抗战胜利后任国民党中央宣传部国际宣传处上海分处主任。1946 年转任国民政府行政院新闻局上海办事处处长。1949 年去台湾，任英文"中国日报"发行人，兼英国路透社驻台湾特派员。1950 年 10 月任台湾当局"中央通讯社"副社长。1954 年任台湾当局"中国广播公司"总经理。1966 年任台湾当局"行政院新闻局"局长。1972 年 6 月任"中央通讯社"社长，并担任国民党中央执行委员会党务顾问、中央评议委员会委员。1974年获大韩民国汉阳大学荣誉哲学博士。1978年6月辞去“中央通讯社”社长，被聘为“总统府国策顾问”。1982年10月7日在台北去世。

**魏喦寿(1900—1973)**

字孟磊。鄞县人。1900年7月23日生。1921年毕业于上海南洋中学。1922年赴日本留学，入东京帝国大学工业化学科。1927年毕业，获工学学士学位。回国后历任上海私立光华大学教授，国民革命军总司令部咨议，汉阳兵工厂技师，上海兵工厂技师。1930年任国立中央大学(今南京大学)农学院农产制造门主任兼副教授。1935年兼中国酒精厂总工程师。1937年至1945年担任国民政府资源委员会酒精工业总工程师，主持在四川、云南创建内江、泸州、昆明酒精厂，保障了战争时期稀缺的能源。1945年8月抗日战争胜利后奉命赴台湾接管日本台北帝国大学(今台湾大学)，任国立台湾大学工学院院长，并兼任化学工程系主任。同时在台湾大学农业化学系授课。1957年在台湾创建“中央研究院”化学研究所。1957年至1973年担任“中央研究院”化学研究所所长。1973年6月4日在台北去世。编著有《微生物》、《细菌之变异及菌解素》、《应用微生物图谱》、《化学词典》、《高粱酒》、《农业微生物学》、《微生物学实验法》等。

**魏毓祥(1868—1924)**

字紫雯。云和县人。魏兰堂侄。少怀大志，富有才华。常到景宁表叔洪骥生家，结识叶仰高、泮松龄、李瑞阳等志士，纵谈时事，忧国忧民。1903年随魏兰东渡日本，考察工业，倡导实业救国。由魏兰介绍，结识陶成章。旅日浙学会召开会议，拟组织革命武装，推翻清政府，并选择湘浙皖作为革命根据地，奉命与陶成章、魏兰回浙。1904年随魏兰奔赴云和、丽水、遂昌、永康、金华、温州、上海等地，结识王金宝、阙麟书、沈荣卿、周华昌、张恭等会党首领。返回上海后又奉命奔赴各地运动浙江会党，响应黄兴准备于西太后七十寿辰发动的武装起义。光复会成立后加入光复会。同年冬再次返回日本，开展革命活动。1905年回国后出任温台处会馆执事，引荐丁荣、赵卓、许绍南、吕逢樵、魏毓蕃等人为执事员。又去温州与黄旭初等筹组“温台警务处”，训练革命武装，以待机而动。1906年奉命前往绍兴与秋瑾共同商议革命进行具体步骤，并奔赴金华联系龙华会首领张恭和沈荣卿。又与魏兰返回丽水，与何子华等人商议，筹办利用实业织布公司，作为革命秘密联络机关，推选为公司总经理。还在丽水创办“实业织布学堂”，又在附近关王庙设立“体育会”，培养革命人才。1911年浙江光复后出任松阳县统捐局局长。不久调任天台县知事，以功成不仕，辞未就任，仍任实业织布公司总经理，致力于发展实业。1924年6月病故。

**魏毓蕃(1881—1959)**

字滋玄。云和县人。1905年东渡日本留学，毕业于东京清华学校。期间加入同盟会和光复会。回国后出任温台处会馆执事员。1906年前往南洋爪哇泗水，以中华学堂教员身份作为掩护开展革命活动，发展革命力量。1912年代理青田县知事及安徽太湖县知事。抗战爆发后被选为云和县动员委员会常务委员。1940年任云和县田粮处副主任。

# 下编　客籍人物

# 二 画

## 丁传绅(？—1930)

字修甫，号闇公。湖南省长沙县人。诗人、书法家。1914年6月至1917年1月任浙江省钱塘道道尹。1920年任山东省政务厅厅长。离开政界后定居上海，与遗老及政界名流来往。1923年曾与梁启超、蔡元培、黄炎培等64人联名发起，由上海商务印书馆影印《续藏经》500部。

## 丁默邨(1903—1947)

湖南省常德县人。在原籍读完小学后于1921年下半年只身前往上海，加入中国社会主义青年团。1922年春被派往常德省立第二师师范学校组建团组织。1924年1月从常德到上海，加入国民党。1927年“四一二”反革命政变后追随陈果夫、陈立夫，开始特务生涯。1932年任国民党中央组织部调查科上海区直属情报小组组长，与李士群等编辑《社会新闻》，诋毁共产党和进步人士。后任私立江南学院院长。1934年任军事委员会调查统计局第三处(邮电检查处)处长。1938年先后任军事委员会少将参议，汉口市政府参事、秘书长。同年冬潜赴日占区上海，投靠侵华日军，组织为日寇效劳的汉奸特务组织。1939年5月任汪伪国民党中央执行委员、常务委员，汪伪国民党中央社会部长，汪伪中央特务委员会副主任委员兼特工总部主任。1940年3月任汪伪国民党中央政治委员会委员，汪伪军事委员会委员，汪伪国民政府行政院社会部部长、交通部长、社会福利部长。1945年1月任汪伪最高国防会议秘书长，汪伪军事委员会政治保卫部副总监；5月任汪伪浙江省省长，汪伪国民党浙江省党部主任委员，汪伪驻杭州绥靖公署主任，汪伪浙江省保安司令；8月日寇宣布无条件投降后被重庆的国民政府当局秘密任命为浙江地区军事专员，配合国民党第三站战区军队接收杭州等地；9月被军统逮捕。1947年2月8日因汉奸卖国罪被法庭判处死刑；7月在南京执行枪决。

## 丁麟章(1907—1945)

湖南省平江县人。小学四年级后辍学，从师学篾匠。1926年在家乡参加农民协会和农民自卫队。1929年加入中国共产党。同年参加平江县游击队，先后任班长、中队长。1930年7月参加红三军团组织的第一次攻打长沙的战斗。1931年随部编入平江县苏维埃政府警卫团，任副营长。曾参加湘鄂赣苏区历次反“围剿”的战斗。主力红军长征后调红十六师任参谋，随部留在湘鄂赣苏区坚持三年游击战争。1938年2月湘鄂赣红军游击队改编为新四军第一支队第一团时，先后任团部参谋和三营营长，并随部经皖南开赴江南，开辟敌后抗日根据地。1940年春在皖南反“扫荡”战斗中胜利完成保卫新四军军部的重任。同年秋任新四军新编第一团政委。1941年1月“皖南事变”中率部英勇抵抗，身负重伤。伤愈后重返新四军，被任命为第七师十九旅五十六团团长。1942年5月任新四军第十六旅第四十六团政委兼苏南第三军分区政委、中共横山地委书记，率部开辟横山抗日根据地。1944年秋参加长兴、周城战役，年底参加牛头山反顽战役。1945年1月新四军苏浙军区成立，任新四军苏浙军区第一纵队第二支队政委，率领部队参加天目山三次反顽自卫战。同年6月21日在孝丰百步山反击国民党第五十二师的战斗中不幸中弹牺牲。

# 三 画

**于子三(1924—1947)**

原名于泽西。山东省牟平县人。1938年考入烟台私立志孚中学初中部学习。1941年夏初中毕业后考入北平汇文中学高中部,因不堪日本人对同学的严密控制,同年底离校回家。1942年辗转到安徽阜阳,考入国立二十二中高中部。在校期间加入三民主义青年团。1944年夏高中毕业后离开安徽去重庆。同年10月去贵州,考入流亡贵州湄潭的浙江大学农学院农艺系(新生部在贵州永兴),受浙大"求是"学风熏陶和革命思想启迪,投身学生爱国民主运动,任浙江大学学生自治会主席。同年冬脱离"三青团",参加"浙大前线服务团",到战地服务。1946年秋加入浙江大学秘密进步团体"新潮社",后担任该社浙大农学院分社社长。同年9月随浙江大学迁回杭州,被推选为学生自治会代表,参与领导全校学生抗议美军侮辱北大女生的斗争。1947年春积极参加和领导国统区"反内战、反饥饿、反迫害"的斗争。同年5月被选为浙江大学学生自治会主席,带领1000余名学生去车站欢送赴南京请愿的学生代表;"五二〇"惨案发生后带领浙江大学学生举行游行示威,并发表《为南京"五二〇"血案敬告社会人士书》;5月24日在中共浙大党组织的领导下,组织杭州大学、中学学生3000余人游行示威,并一直走在游行队伍的前列;9月加入党的外围组织"新民主主义青年社",并担任该社浙大农学院分社负责人,在中共杭州地下党组织领导下带领浙大和杭州其他大专院校同学与国民党政府展开英勇顽强的斗争;10月26日在杭州大同旅馆被国民党特务秘密逮捕;10月29日被国民党特务秘密杀害于上仓桥浙江省保安司令部监狱。消息传出后,北平、天津、上海、南京等29个大中城市15万名学生举行声势浩大的罢课示威,抗议国民党反动派的暴行,斗争持续两个半月之久,形成全国规模的"于子三运动"。

**于丕富(1909—1944)**

山东省陵县人。1936年6月南京中央军校(习惯上称为黄埔军校)第十期毕业。同年分发到国民革命军陆军第二十六师服役。1937年抗战爆发前任第四十九军第二十六师第七十八团团长。抗战爆发后参加淞沪会战。1944年6月率部参加浙赣会战龙(游)衢(州)战役。同月25日日军攻入衢州城,撤退途中在衢州城西门水亭附近壮烈牺牲。

**于树峦(1892—1958)**

安徽省怀宁县人。安徽陆军将校讲习所毕业。1927年任国民革命军第三十三军(军长柏文蔚)少校参谋。1928年7月任国民党安徽省党部候补执行委员兼秘书处秘书。1930年任安徽省政府秘书。1935年任浙江省嘉善县县长,后改任临海县县长。1940年1月至1948年4月任浙江省第二区行政督察专员兼保安司令。期间于1946年12月兼任天目山区"绥靖"指挥部指挥官。1948年4月至1949年4月任浙江省第一区行政督察专员兼保安司令。1949年4月27日在浙江吴兴向人民解放军投诚。1951年4月被捕入狱。1958年3月4日在浙江金华于关押中去世。1987年予以平反,按投诚人员对待。

**于树德(1894—1982)**

字永滋,笔名王希夷、王斌、于振一。直隶(今河北)省静海县人。1894年2月生。早年参加同盟会,参加辛亥革命。1917年毕业于天津的直隶省公立法政专门学校。1918年赴日本留学,入东京帝国大学攻读经济学,开始接受马克思主义。1921年回国后在北京大学执教。1922年经李大钊介绍加入中国共产党。同年赴苏联出席远东各国共产党及民族革命团体第一次会议;3月任中国社会主义青年团天津地委书记部主任;8月遵照中共北方区委的指示到杭州开展工作,在浙江法政专门学校任政治经济学教师;9月初任中共杭州党小组组长(党小组成员还有金佛庄、沈干城)。1923年春任中共杭州党支部书记;6月作为浙江代表列席中国共产党第三次全国代表大会。会后党组织又将他调回天津。1924年1月在国民党第一次全国代表大会上当选为第一届中央执行委员。1925年夏到广东任黄埔军校教官兼农民运动讲习所教员。1926年1月在国民党二大上再次当选为中央执行委员。后历任国民党北京执行部常务委员、青年部部长等职。1927年"四一二"反革命政变后脱离党组织,曾任私立燕京大学教授。抗日战争后期曾任中国工业合作协会副总干事。抗战胜利后历任国民党政府监察院监察委员、考试院考试委员、国大代表等职。新中国成立后历任第二、第三、第四、第五届全国政协委员,并任第四、第五届全国政协常委,全国供销总社监事会副主任等职。1982年2月在北京去世。著有《信用合作社经营论》、《合作社之理论与经营》、《消费合作社之理论与实际》、《合作讲义》等。

**上官云相(1895—1969)**

字纪青。山东省商河县人。1910年考入山东陆军小学堂学习。1917年入保定陆军军官学校第六期步兵科。1919年3月毕业后被派往北洋陆军第二师第二十一混成旅(旅长孙传芳)任排长,后升连长。1923年随孙传芳从湖北进军福建,任福建军务督理公署参谋。1924年任浙江军务督理公署宪兵营长。不久升陆军暂编第七混成旅第一团团长。1925年11月奉命开往安徽固镇地区,与直鲁联军张宗昌部激战,俘直鲁联军前敌总指挥、第四十七混成旅旅长施从滨,升任第七师第十三旅旅长。1927年被国民革命军收编,历任旅长、师长、军长、国民政府参军等职。在蒋介石发动的几次"围剿"红军战争中担任重要指挥职务。1937年抗战爆发后先后任第十一军团长、代理第十九集团军总司令,参加淞沪会战。1938年3月任第三战区司令长官部总参议;7月任第三十二集团军总司令,在京杭线对日军进行游击战,一度克复富阳、宜兴、当涂等地。1941年1月以第三战区司令长官部前敌总指挥身份指挥国民党军七个师一个旅对奉令转移的新四军江南部队进行突然袭击,制造了震惊中外的"皖南事变"。1942年5月至8月率所部参加浙赣会战。1943年1月任第三战区副司令长官。1945年5月在国民党第六届全国代表大会上当选为中央监察委员。同年8月抗战胜利后历任第十一战区副司令长官,保定"绥靖"公署副主任,华北"剿总"副总司令,参与反共内战。1949年初去台湾,任"总统府战略顾问委员会"委员。1950年4月退役。1969年8月8日在台北去世。

**卫立煌(1897—1960)**

字俊如。安徽省合肥县人。1897年2月16日生。1912年随大哥卫立炯到安徽和县革命军当兵,"二次革命"失败后回乡。1914年初到汉口投亲谋职未成,投考北洋学兵营,被录取,经过一年多军事训练,结业后到上海寻找革命党人。1915年到广州投入广东省长朱庆澜的省长亲军任班长。1917年9月到孙中山的广州护法军政府大元帅府卫队,后任警卫团排长。后编入粤军,任连长、营长、团长、旅长,曾参加孙中山领导的北伐、镇压广州商团叛乱和东征陈炯明的作战。1925年9月任国民革命军第一军第三师第九团团长。1926年10月随国民革命军东路军总指挥何应钦入福建作战,在永定、松口两个战役中立下战功,先后升任第十四师副师长、师长。随即从福建进军浙江,与孙传芳部作战。1927年4月南京国民政府成立后历任国民革命军第九军副军长、南京卫戍副司令、第四十五师师长、"豫鄂皖边区剿匪总指挥"、北路军第二路军第一纵队指挥官、第五路军总指挥、驻闽预备军总指挥兼驻闽第十"绥靖"区司令官、豫鄂皖三省边区"清剿"总指挥兼三省边区督办,连年参与指挥进攻红军及镇压福建事变等军事行动。1935年9月任闽浙赣皖四省边区"剿匪"总指挥部总指挥,进驻浙江衢州,指挥国民党32个正规团及浙江省保安队,共40个团六七万的兵力,对刘英、粟裕指挥的红军挺进师数千人的部队进行大规模的"围剿"。同年11月当选为国民党第五届中央执行委员。1936年6月被授予二级陆军上将。抗战期间历任第十四集团军总司令,第二战区前敌总指挥、副司令长官,第一战区司令长官,西北行营主任,中国远征军司令。美国《时代》杂志对他进行了专题评论,并在封面上刊登了他骑马的照片,标题为"常胜将军卫立煌"。抗日战争胜利后先后到日本、美国、英国、法国、西德等国考察军事。1948年1月17日任东北"剿总"总司令。指挥国民党军与解放军进行辽沈决战,战败后避居香港。1955年春应邀回到北京,先后担任政协全国委员会常务委员、国防委员会副主席、全国人大代表、民革中央常务委员。1960年1月17日在北京去世。

# 四 画

**王丰镐(1858—1933)**

字省山,一字省三,号木堂。江苏省上海县人。肄业于上海道所设崇正北官塾,23岁补邑庠生。后入西方教士所设学校学习。30岁入京师同文馆,两年后以翻译兼随员的身份出使欧洲。留欧六年后又到美洲游历。回国后协助盛宣怀办理洋务。1900年调任驻日公使馆参赞,后任驻横滨总领事。1902年中举人。1905年以参赞出使考察各国政治。1906年归国,以道员赴浙江,总办全省警察及洋务局。1918年至1925年3月担任北洋政府驻浙江特派交涉员。在任期间先后办理收回西湖宝石山、湖州海岛、台山、印山、拱宸桥等有关中国主权及利益的交涉工作。辞去驻浙江特派交涉员职务后回到上海。同年"五卅"惨案发生后上海教会大学圣约翰大学校长卜舫济(美国人)以高压手段阻挠学生参加爱国行动,该校师生572人愤然离校。捐出上海大西路(今延安西路)土地90亩,建立光华大学,被聘为大学筹备会名誉会长之一,并担任校董之一。

**王天木(1883—?)**

原名王仁锵,化名郑士松。京兆(今河北省)琢县人。早年毕业于东北讲武学堂,后留学日本,获明治大学法学学士学位。1913年5月至1915年10月署理浙江省高等检察厅检察长。1915年10月至1916年10月任浙江省高等检察厅检察长。后任驻外公使馆秘书。1932年任国民党力行社特务处天津站站长,是军统早期四大金刚之一。1933年同力行社特务处北平站站长陈恭澍合作,在北京六国饭店成功刺杀汉奸张敬尧。1937年任军统华北区区长。1939年初任军统局华北区特派员,后任上海区长,成功刺杀伪维新政府外交部长陈箓。同年被日伪特工逮捕,关押于"七十六号"。后投靠汪伪,历任汪伪中央执行委员,特务委员会委员兼特工总部第一厅厅长,特工总部高级顾问,和平救国军副总指挥、总指挥,特工总部华北工作团副团长兼天津站站长、团长。1944年7月至1945年4月任汪伪江苏省第四行政区督察专员。

**王平夷(1912—1970)**

又名正煊。四川省开江县人。早年在北京读大学时接受进步思想。1935年参加"一二·九"学生运动,并参加中华民族解放先锋队。1937年抗日战争爆发后去延安参加革命。后响应党的"到抗日前线去"、"到敌后方去"的号召,到金华任《浙江潮》周刊编辑。1938年7月加入中国共产党。后到义乌等地做地下工作,任新四军浙东游击队金萧支队八大队大队长、教导员。1945年10月随浙东纵队主力北撤,任华东野战军第一纵队政治部宣传科长、前锋报社副社长等职。1949年5月到杭州,历任杭州市劳动局长、市财委副主任、杭州市委副书记兼副市长、市委第二书记、市委书记。1956年、1959年、1963年分别在中共浙江省第二、第三、第四次代表大会上当选为省委委员。由于杭州市委第一书记、市长长期由省委领导兼任,所以自1953年6月起实际上主持着市委、市政府的全面工作。在主持杭州工作期间对杭州工业基础的奠定、城市建设和园林绿化的发展等方面,多有建树。"文革"中遭到迫害。1978年中共杭州市委报经省委批准,宣布平反昭雪。

**王必成(1912—1989)**

湖北省麻城县人。早年读过几年私塾。1926年参加农民运动。1927年参加农民义勇队。1928年在家乡参加少先队、赤卫队。同年加入中国共产主义青年团。1929年参加中国工农红军。1930年转入中国共产党。土地革命时期历任红四方面军第一军第一师二大队大队部勤务员、传令兵,红四方面军第十师第三团交通队通讯班长、队长、三团三营八连副连长、连长、连政治指导员,第十师三十团营长,红三十军第八十八师二六三团营政治委员,第八十九师二六五团副团长、二六七团团长、副师长。随红四方面军参加长征。1936年11月入延安中国人民抗日军政大学第三期三队学习。1937年抗日战争爆发后历任新四军第一支队二团参谋长、团长,新四军苏北指挥部第二纵队司令员,新四军第一师二旅旅长,第十六旅旅长等职。1943年底率领所部第十六旅挺进苏浙皖边敌后，收复广德、郎溪、长兴等地区，创建了郎(溪)广(德)长(兴)抗日根据地。1944年1月率领第十六旅旅部进驻长兴槐坎乡。1945年1月任新四军苏浙军区第一纵队司令员，参与指挥天目山三次反顽自卫战役。同年抗战胜利后奉命渡过长江北撤，历任新四军新六师副师长、华中野战军第六纵队司令员、华东野战军第六纵队司令员、第三野战军第二十四军军长、第七兵团副司令员兼浙江军区副司令员。新中国成立后历任浙江军区司令员，中国人民志愿军第九兵团副司令员，上海警备区司令员，南京军区副司令员，昆明军区第一副司令员、司令员，武汉军区司令员，军事科学院副院长。1955年被授予中将军衔，曾获一级八一勋章、一级独立自由勋章、一级解放勋章、一级红星功勋荣誉章。是第三、第四、第五届全国人民代表大会代表，中共第十、第十一届中央委员，中共十一届一中全会中央军委委员，中央顾问委员会委员。

**王先强(1901—?)**

字逸龙，别名龙。安徽省合肥县人。早年毕业于日本东京明治大学。1932年3月至1935年3月任南京国民政府内政部民政司司长。1936年6月至1937年8月任浙江省第二区(嘉兴)行政督察专员兼保安司令兼嘉兴县长。1937年8月30日至1938年1月6日任浙江省第一区(嘉兴)行政督察专员兼保安司令。1937年11月26日至1938年7月30日任浙江省政府委员兼民政厅厅长。著有《中国地价税问题》、《党义》等。

**王竹斋(1871—1934)**

字祖耀。江苏省太仓县人。少时穷困，“课徒以资馔粥”。曾做过政要的私人秘书，后捐得保甲局巡官。清末历任农工商矿局文案、厘饷局文案、财政公所一等科员、浙江武康县(后并入德清县)厘捐局委员等职。辛亥革命后任杭州总商会秘书、副会长、会长。1926年10月直系军阀孙传芳军队宋梅村部进驻杭州市笕桥，欲入杭城“大索三日”，筹集款项并只身前往笕桥见宋，要求收回成命，并允诺由商会犒赏，使杭城免除一场浩劫。1928年任杭州自来水筹备委员会主席，负责工程设计和经费筹划，不辞辛劳、呕心沥血，历二年建成水厂并向居民供水。1930年杭州市商会成立，任主任委员，并任浙江省商会联合会主任委员。在杭州市商会任职期间还兼任过杭州电话局经理、惠迪银行董事长、国民会议代表、浙江赈务委员会常务委员、杭州武林育婴堂堂董、杭州医院院董等职。1934年3月11日在杭州病故。

**王仲侨(1905—1985)**

原名王庆惠，字仲侨。山东省黄县人。著名解剖学家。1925年考入北京大学医学院。1931年毕业后赴德国柏林大学和耶纳大学医科解剖研究所、组织胚胎学研究所及神经解剖学部进修人体解剖学。1934年春回国后任江苏医学院(今南京医科大学)教授、教务主任。1946年任国立中山大学医学院解剖学教授。1948年任浙江大学医学院解剖学教授。1951年加入中国民主同盟，担任过民盟浙江省委常委、宣传部长。1953年任浙江医学院教务长。1954年当选为浙江省第一届人民代表大会代表，政协浙江省第一届委员会常委、历届委员。1956年加入中国共产党。同年任浙江医学院院长，兼任中华全国自然科学专门学会联合会浙江省分会副主席、卫生部医学科学委员会人体解剖学及神经解剖学专题委员会委员、卫生部卫生教材编审委员特约编审委员。1985年9月在杭州去世。著有《人体解剖学》、《解剖法100条》、《中国人体体质调查》、《中国人之胸骨肌》、《脏器表面积测度方法》、《人体肺胸膜血管和毛细血管的研究》等，译有《解剖学》等。

**王守竞(1904—1984)**

江苏省吴县人。1904年12月24日生。早年就读于苏州私立彭氏小学。1921年毕业于苏州的江苏省工业专科学校。1922年考入清华大学留美预备班。1924年赴美国留学。1925年夏获康奈尔大学物理系硕士学位。同年秋转入哈佛大学研究欧洲文学，随后获哈佛大学文学硕士。1926年秋转入哥伦比亚大学继续攻读物理，获得该校哲学博士学位。攻读博士学位期间在量子力学方面取得很大成就，他的多原子分子非对称转动谱能级公式被后人称为“王氏公式”，至今被大学物理教科书所引用。1929年夏回国后受聘担任国立浙江大学教授兼物理系主任。1931年任北京大学教授、物理系主任，组织筹建中国物理学会。1933年秋应国民政府军政部兵工署署长俞大维的邀请，放弃量子力学研究，投身国防事业。在南京筹建光学器材厂，随后赴德国购买军工设备。1936年9月被任命为军政部兵工署少将专员，负责筹建中央机器厂。1942年5月研制出中国第一批“资源牌”4吨汽车，共生产5辆，开赴前线。抗战胜利后任国民政府资源委员会驻美代表。1949年后留居美国，在美国国防部与麻省理工学院合办的林肯实验室工作。1969年退休。1984年6月19日在美国去世。

**王 直(1916— )**

原名王汉清。福建省上杭县人。1929年参加革命。1931年参加中国工农红军。1932年加入中国共产主义青年团,1934年转入中国共产党。土地革命战争时期历任福建军区独立九团政治处组织干事,闽西红军第四支队总支书记,红一团连政治指导员。中央红军长征后坚持南方三年游击战争。抗日战争时期历任新四军第二支队政治部宣传队队长,四团政治处组织股股长,第二支队政治部组织科科长,第二团、第四团政治处主任,第六师十六旅政治部副主任,第十六旅四十七团政治委员等职。1943年底率领部队随新四军第十六旅南下苏浙皖边,参加开辟郎(溪)广(德)长(兴)根据地。1945年1月新四军苏浙军区成立后所部改编为苏浙军区第一纵队第三支队,任第三支队政治委员,参加浙西天目山三次反顽自卫战。后任苏南第一军分区副政治委员兼政治部主任。解放战争时期历任华中野战军第六纵队十六旅政治部主任,华东野战军第六纵队十六师副政治委员,第十二纵队三十五旅政治委员,第三野战军三十军八十九师政治委员。新中国成立后任中国人民志愿军第八十九师政治委员,第二十六军政治部主任。从朝鲜回国后历任第三十一军副政治委员兼政治部主任,福建省军区副政治委员,福州军区公安军政治委员,福州军区政治部副主任、副政治委员。是第五届全国人民代表大会代表,福建省人民代表大会第五、第六届常务委员会副主任。1955年被授予少将军衔,荣获二级八一勋章、二级独立自由勋章、一级解放勋章。著有《王直回忆录》、《忠于信念》、《弯弓射日》、《从闽西到浙江西》、《艰难的历程》等,并出版有《王直国画集》。

**王金钰(1884—1951)**

字湘亭。山东省武城县人。1910年毕业于日本陆军士官学校中华队第九期骑兵科,回国后进入袁世凯的北洋军服役。曾任陆军第十八师参谋长,暂编第二旅旅长。1922年元月被北洋政府授予陆军少将军衔。1924年12月起在“五省联军总司令”孙传芳统治下的浙江担任两浙盐运使。1927年任安国军第一方面军团参议。1928年起历任国民革命军第四十七师长,讨逆军第九军军长,讨逆军第十四路总司令以及湘鄂赣地区“剿共”、“清乡”督办。1930年1月至3月任安徽省政府委员兼主席。1931年任国民革命军第五路总指挥。后任国民政府军事参议院参议。晚年长期在山东青岛做寓公。

**王建安(1907—1980)**

原名见安。湖北省黄安县人。1907年11月8日生。早年给地主王少山放牛,因屡遭凌辱,于1924年10月放火烧掉王少山住宅后逃到武汉投军,更名建安。后因不满旧军队恶习,1926年逃回家乡,召集60个穷兄弟建立农民武装,不久与中共黄安县地方组织取得联系。1927年加入中国共产党,参加黄麻起义,从此加入中国工农红军。历任中国工农红军副班长、排长、连长、营长、副团长、团政委、师政委、师长兼政委、军政委,参加鄂豫苏区的历次反“围剿”、川陕苏区反“围剿”及长征。1936年秋入中国抗日军政大学学习。抗日战争时期参加创建山东抗日根据地的斗争,历任八路军津浦支队指挥、八路军山东纵队副指挥兼第一旅旅长、山东军区副司令员兼参谋长、鲁中军区司令员、华东野战军第八纵队司令员兼政委、山东兵团副司令员、山东东线兵团副司令、第三野战军第七兵团司令员。1949年4月率部参加渡江战役,围歼国民党军队10万余人于苏皖浙三省交界的广德和长兴地区;5月3日率部攻占浙江省会杭州;5月4日兼任中国人民解放军浙江军区司令员,指挥解放全省并建立统一的武装。1952年任中国人民志愿军第九兵团司令员兼政委赴朝作战。1954年因病回国后历任沈阳军区副司令员、济南军区副司令员、福州军区副司令员,中央军委委员、顾问,全国人大常委,中央纪律检查委员会常务委员。1955年被授予上将军衔,荣获一级八一勋章、一级独立自由勋章和一级解放勋章。1980年7月25日在北京病故。

**王绍杰(1905—1945)**

广东省澄海县人。1925年加入中国共产主义青年团。1926年1月转为中共党员。大革命时期在家乡从事农民运动。1929年春流亡泰国,1931年转移到香港。1937年春从香港带领一批爱国青年到闽西革命根据地,任中共闽西南军政委员会秘书。抗日战争爆发后历任新四军第二支队政治部秘书长、政治部民运科长,第一师政治部秘书长等职。1945年1月随新四军第一师主力南下到达浙西长兴,先后任苏浙军区政治部副主任、苏浙军区第二军分区政治部主任。同年10月15日江南部队北撤渡长江时,所乘“中安”号轮船在泰兴天星桥附近失事遇难。

**王季午(1908—2005)**

字纪午,曾用名王元绅。江苏省苏州市人。著名内科学、传染病学专家和医学教育家。1908年6月9日生。苏州晏成中学肄业。1930年毕业于苏州东吴大学医科,获理学学士学位。1934年毕业于北京协和医学院,获医学博士学位。1934年至1939年任协和医学院住院医师、住院总医师、主治医师、内科讲师。1940年至1941年赴美国杜兰大学、哈佛大学进修热带病学。1941年至1947年任贵阳医学院内科副教授、教授、教务主任、附属医院院长。1945年抗战胜利后应浙江大学竺可桢校长之邀请负责筹办浙江大学医学院,担任浙江大学医学院内科教授、医学院院长兼附属医院院长。1952年全国高等院校调整后任浙江医学院副院长,以后历任浙江医科大学一级教授、副校长、校长、名誉校长。新中国成立后历任卫生部医学科学委员会委员,中华医学会内科学会副主任委员,中华医学会传染病寄生虫病学会主任委员,中华医学会浙江分会会长。1956年加入九三学社。1985年加入中国共产党。曾任第二至第七届全国人大代表,第二届浙江省人大代表,第一、第二、第三届浙江省政协常委,第四届省政协副主席,九三学社杭州分社第二至第四届副主委、浙江省工委副主委,九三学社浙江省第一届委员会副主委,第二、第三、第四、第五届名誉副主委,九三学社第五、第六届中央委员,第七届常委,九三学社第八、第九届中央参议委员会常委,浙江省科学技术协会第二、第三届主席,1986年起担任名誉主席。在我国传染病与寄生虫病的防治研究方面作出了杰出贡献,是我国编著传染病学教材的奠基者。2005年6月5日在杭州去世。主编有《传染病学》、《中国医学百科全书》(传染病学分册)、《医学继续教育教材》、中英文版《中国现代医学》、《内科理论与实践》等13部著作,在中外杂志上发表百余篇学术论文。

**王　胜(1909—1996)**

原名王近森。福建省上杭县人。1927年在家乡从事农民运动。1929年7月参加才溪暴动,同年秋加入中国共产党。1930年参加红军,历任上杭县独立营连党代表,红十二军第三十六师特务连排长,福建军区独立第十师司令部参谋,福建军区教导队队长、独立第八团连长。1934年红军长征后独立第八团(又称红八团)和独立第九团在龙岩、永定、上杭等地区开展三年游击战争,建立游击根据地。抗日战争爆发后历任新四军第二支队第四团参谋长,第二支队参谋长,第六师第十六旅参谋长。1942年底进入华中局党校学习,结业后分配到浙东,任三北游击司令部第五支队支队长。1944年1月任新四军浙东游击纵队第五支队支队长,率领第五支队在三北、四明地区开展反"清乡"、反"扫荡"斗争和反顽自卫战。1945年8月抗战胜利后奉令北撤,先后任新四军第一纵队第二旅副旅长、山东军区第三分区司令员、华东野战军东线兵团司令部参谋处处长、华东军区支前司令部参谋长、苏南军区警备第八旅旅长兼苏州军分区司令员。新中国成立后历任福建军区龙岩军分区司令员,装甲兵文化学校校长,第六坦克学校校长,装甲兵学院副院长等职。1955年被授予少将军衔,荣获二级八一勋章、二级独立自由勋章、二级解放勋章。1996年2月28日在南京去世。

**王闻识(1911—1942)**

原名王文栻。壮族。广西省南宁县人。1911年12月24日生。1924年加入中国共产主义青年团,投身当地革命斗争。1926年在南宁第一次被捕。出狱后通过组织到上海,继续从事革命工作。1929年被上海英租界巡捕房以共产党嫌疑逮捕,被囚禁三年余。1932年下半年经中共党组织营救出狱,由共青团员转为中共党员,到杭州《江南日报》任编辑。1934年第三次被捕,被囚禁于杭州西湖边的浙江陆军监狱两年余。1935年底出狱后与中共的组织关系中断。1937年抗日战争爆发后在中共浙江文委邵荃麟、葛琴等领导下,与陈叔时、翁泽永等创办《战时生活》旬刊,宣传抗日救亡。同年冬按照中共党组织的安排,担任国民党浙江省抗日自卫团三支队政训室主任。1938年由骆耕漠、邵荃麟介绍重新入党。1939年1月5日至1940年9月在於潜担任民族日报社社长,并在社内建立了中共特别支部兼任书记。1940年2月中共浙西特委成立,报社特支直属浙西特委领导。同年9月国民党军统和CC联合策划对付《民族日报》,以接管、改组、继续出版的方式来改变这个报纸的性质,被迫率领编辑部同志及其他部分人员撤离岗位。1941年"皖南事变"后行动受到国民党特务的跟踪监视;3月6日在金华被国民党逮捕,即被押到江西上饶集中营囚禁。1942年10月10日在上饶集中营病故。新中国成立后被追认为革命烈士。

**王　屏(1912—1935)**

江西省吉水县人。1935年任挺进师第一纵队纵队长,率队转战大磐山区。同年10月28日在浙江省磐安县八宝山战斗中负伤被捕,惨遭杀害。

**王焕镳(1900—1982)**

字驾吾，号觉吾。江苏省南通县人。1920年考入南京高等师范学校文史地部。1924年毕业于东南大学文史地部。先后任教于扬州中学、南京中学。1927年回母校国立第四中山大学任助教。1929年到江苏省立国学图书馆担任编目工作。参与编写《江苏省立国学图书馆藏书总目》(34册)，还编撰了《明孝陵志》、《首都志》、《中国文学批评论文集》、《明遗民万履庵先生年谱》、《万季野先生年谱》。1936年应老师竺可桢之邀请到国立浙江大学任教。1937年抗日战争爆发后挈眷属随浙江大学西迁，两三年间辗转数千里，最后到达贵州遵义。1945年抗战胜利后随浙江大学迁回杭州，继续任教。1952年2月全国高等院校调整，浙大文学院等合并建立浙江师范学院。1958年浙江师范学院又与新建的杭州大学合并，定名杭州大学。自此在杭州大学中文系任教达30年。曾任中文系古典文学教研室主任，杭州大学图书馆馆长。在图书馆馆长任上组织编辑出版《杭州大学馆藏善本书目》和《历代名人年谱集目》。1961年兼任中国科学院浙江分院语言文学研究室研究员。1977年任浙江省政协常委。1978年任杭州大学中文系主任，1981年任名誉系主任。1982年任浙江省文史馆馆长。同年12月在杭州去世。著有《先秦寓言研究》、《万履庵年谱》、《万斯同年谱》、《韩非子选注》、《老子韵读》、《墨子集诂》、《墨子校释商兑》、《墨子校释》、《晏子春秋校释商兑》等，被公认为是继清代孙诒让之后的墨学专家。

**王维信(1911—1935)**

福建省长汀县人。1929年加入中国共产党。1930年参加红军。曾任红一军团连政治指导员、营政治委员、团政治处宣传科科长等职，参加中央苏区历次反“围剿”斗争。1934年7月任红十军团政治部宣传科科长，随红军抗日先遣队北上。1935年2月任红军挺进师政治部宣传科科长；3月任挺进师政治委员会委员，随部队进入浙江开展游击战争，先后参加溪头、小梅、沙湾等战斗。同年4月28日在浙江西南庆元县斋郎战斗中牺牲。

**王敬久(1902—1964)**

字又平。江苏省丰县人。早年就读于徐州中学。1924年考入黄埔军校第一期步兵科，参加两次东征和北伐，历任黄埔军校教导团排长、连长、入伍生团连长。1926年6月参加北伐，在国民革命军东路军初任中校团附，后任第一军第二十一师六十三团团长。1928年起先后任第二师第九团团长，第一军补充旅旅长，第四旅旅长。1931年12月任国民政府中央警卫军第一师副师长。不久该师改编为第八十七师后升任副师长。1932年9月升任第八十七师师长。1933年12月到江西参加对中央根据地第五次“围剿”，任北路军第二路第二纵队指挥官仍兼第八十七师师长。红军长征西去后任驻福建的第十二“绥靖”区司令官。1935年4月被授予陆军少将。1936年10月被授予陆军中将。抗日战争爆发后升任第七十一军军长兼第八十七师师长，参加淞沪会战。1938年1月免第八十七师师长兼职。同年夏改任第二十五军军长，旋兼第三十七军团军团长，率部参加武汉会战。1940年任第三十二集团军副总司令。1941年10月任第十集团军总司令，隶属第三战区，驻防浙赣线中部。1942年5月至8月率所部参加浙赣战役。1944年参加湖南常德会战。同年冬入陆军大学将官班甲级第一期受训。1945年12月任重庆卫戍副总司令。1947年任第二兵团司令官；5月因孟良崮战役失利被撤职。1949年1月任陆军总司令部第一训练处处长，不久改任第一编练司令部司令官，驻福建。同年7月去台湾。1964年6月20日在台南病故。著有《五十述怀》、《抗战八年回忆》等。

**王裔山(生卒年不详)**

湖南省人。1933年10月任中国工农红军第七军团第十九师第五十六团团长，参加中央苏区队五次反“围剿”战役。1934年7月任中国工农红军北上抗日先遣队(简称抗日先遣队)第二师师长，在寻淮洲、乐少华、粟裕、刘英等率领下，7月7日从江西瑞金出发，8月31日至9月4日经过龙泉小梅、八都、宝溪等地，后转向闽北、赣东北苏区，并与方志敏领导的红军会合。同年12月抗日先遣队在浙赣皖边的怀玉山地区与七倍于己的国民党军发生遭遇战，遭受严重损失。1935年2月根据中共中央指示，刘英、粟裕以抗日先遣队突围部队为基础组成中国工农红军挺进师(简称挺进师)，入浙战斗。战斗结束后挺进师兵分三路开展斗争，与李凡林率领四纵队留在龙(泉)庆(元)景(宁)县边界开展游击战争，以牵制敌人，掩护浙西南游击根据地的建设。同年10月中旬在反击国民党军队的“清剿”斗争中率领部队突破庆元封锁线，进入闽北根据地。第四纵队与闽北红军第四团合编为闽北独立师第二纵队，任纵队长，活动于闽西北地区。后不详。

**王蕴瑞(1910—1989)**

又名永瑞。河北省巨鹿县人。

1926 年加入冯玉祥的军队，北伐战争后一度病休回乡。1930 年中原大战结束后编入国民党第二十六路军孙连仲部，参加对中央苏区的“围剿”。1931 年 12 月参加季振同领导的宁都起义，加入中国工农红军，任红五军团第十四军参谋。1932 年加入中国共产党。后任红五军团司令部作战科长、团长、师长。1935 年 2 月任红军挺进师参谋长，进入浙江开展游击战争；6 月兼浙西南军分区司令员，参与领导创建浙西南游击根据地；9 月由于身染疾病，不得不离开部队返回家乡疗养。抗日战争爆发后历任八路军一二九师东进纵队司令部科长、副参谋长，冀南抗日民族学校教育长，冀南军区司令部科长、参谋处长、参谋长，冀南军区第二军分区司令员。解放战争时期历任晋冀鲁豫军区第二纵队参谋长，第二野战军第三兵团副参谋长。新中国成立后历任川东军区参谋长，中国人民志愿军第三兵团参谋长，志愿军总司令部副参谋长、参谋长，南京军区参谋长，军事科学院副院长兼办公室主任、顾问。1955 年被授予少将军衔。1989 年 3 月 30 日在北京病故。

**韦一平(1906—1945)**

原名家惠，又名瑞珍。壮族。广西省(今广西壮族自治区)天河县人。1924 年 5 月加入中国共产党。同年 7 月到广州农民运动讲习所学习。1925 年加入国民革命军，后调到国民革命军第四军叶挺独立团，参加北伐战争。1927 年 12 月参加广州起义。1929 年被派回广西从事秘密工作。同年 12 月参加百色起义。1931 年 6 月随中国工农红军第七军转战到湘赣苏区。先后任中共永新县委军事部部长，湘赣军区动员部部长。1934 年 10 月中央红军主力长征后先后任中共萍(乡)宜(春)安(福)中心县委组织部长、县委书记，在湘赣边区坚持三年游击战争。1937 年抗日战争爆发后先后任新四军驻吉安通讯处副主任、主任，吉安中心县委组织部长、宣传部长，参与联络和组织湘赣游击队改编工作。1939 年 10 月随新四军东进苏北，开辟苏北抗日根据地，任中共苏北特委书记。1940 年 9 月任中共苏北区党委委员、组织部部长兼泰兴中心县委书记。1941 年 3 月任中共苏中第三地委书记兼苏中军区第三军分区政治委员。1944 年 12 月任中共苏中第三地委书记兼第一军分区政委。1945 年 2 月任中共苏中第一地委书记兼第一军分区政治委员，兼教导第一旅政治委员；4 月率领苏中军区教导第一旅渡过长江进入浙江西部天目山区。苏中军区教导第一旅改组为苏浙军区第四纵队后任政治委员。不久兼任中共浙西地委书记和浙西军分区政委。率领所部先后参加天目山三次反顽和对日反攻作战。同年 10 月根据中共中央指示，位于长江以南的新四军分批向江北转移；15 日晚在完成掩护兄弟部队渡江的任务后，亲自率部 800 余人乘“中安”轮最后一批北撤，当轮船行至泰兴天星桥西南江面时轮船倾覆沉没，与 800 余名指战员一起殉职。

**韦健森(1905—1937)**

广西省(今广西壮族自治区)同正县人。早年投入国民党新桂系部队当兵。后入国民党中央军校第一分校(南宁分校)高等教育班第七期学习。毕业后在新桂系部队中历任排长、连长、营长、副团长等。1937 年升任国民革命军第七军第一七〇师团长。同年 11 月中旬第七军奉统帅部命令从苏北东海紧急开赴湖州堵击日军，掩护在淞沪战场的中国大军撤退；24 日在湖州古城与日军激战时中弹阵亡。

**方志富(1915—1935)**

江西省弋阳县人。土地革命战争时期参加中国工农红军，并加入中国共产党。曾任红十军、红七军团司号长。1934 年 10 月随红军北上抗日先遣队转战闽浙皖赣四省。1935 年 3 月先遣队失利后参加红军挺进师，任挺进师政治委员会委员兼第三纵队政治委员，开赴浙西南地区建立游击根据地；4 月在作战中负伤，后随第三纵队行动；5 月任中共浙西南特委委员；8 月任中共龙(泉)浦(城)县委书记兼德溪村苏维埃政府主席；10 月 6 日在龙泉县德溪村茶园坑突围战斗中英勇牺牲。

**邓　讱(1910—1941)**

字显贞。湖南省常宁县人。早年毕业于上海大夏大学。曾任国民革命军第十集团军少将参谋兼政训处长。1937 年 5 月上旬受国民党闽浙赣皖四省边区主任公署主任刘建绪的委派，以首席谈判代表的身份到浙南平阳山门畴溪小学与中共闽浙边临时省委指派的代表进行和平谈判。首次谈判历时 17 天，因双方条件差距太远，谈判宣告破裂。卢沟桥事变后全面抗战开始，于 8 月再次代表国民党闽浙赣皖四省边区主任公署主任刘建绪与中共闽浙边临时省委代表在温州举行第二次和平谈判，终于达成合作抗日的五项协议。1938 年 2 月起先后任浙江诸暨、安吉、绍兴等县县长。期间任用中共党员与进步人士，动员组织民众开展抗日救亡运动。1941 年 4 月 17 日在抗击日军进犯绍兴时壮烈牺牲。

# 五 画

**石 觉(1908—1986)**

原名世伟,字为开。广西省(今广西壮族自治区)临桂县人。1908年1月14日生。小学毕业后在家务农。1924年冬考入黄埔军校第三期,1926年1月毕业。后相继入国防大学、美国陆军参谋大学深造。历任国民革命军排长、副中队长、营长、团长、旅长等职。1937年7月抗日战争爆发后任第四师第十旅少将旅长,先后参加南口战役、台儿庄战役、武汉会战、随枣会战。1940年初任第四师师长;5月参加枣宜会战。1941年任第十三军副军长兼第三十一集团军训练处处长。1942年3月任第八十五军副军长;7月代理第十三军军长。1944年先后参加豫中、长衡会战。1945年5月至8月在广西参加对日军的反攻作战;10月率第十三军从广州海运秦皇岛,开赴东北,兼任东北第一"绥靖"区司令官;11月率部攻占山海关、锦州等地。所部驻扎热河时兼任第二"绥靖"区司令官及热河省保安司令。1948年任华北"剿总"第九兵团中将司令官,参加平津战役。1949年1月21日在国民党华北"剿总"总司令傅作义宣布接受和平改编后,与李文等国民党嫡系将领乘飞机离开北平。到南京后任京沪杭警备总司令部副总司令兼淞沪防卫司令部司令官。同年4月任上海防守司令;5月24日在人民解放军攻进上海市区后率残部撤退至浙江的舟山群岛。不久被委任为"舟山群岛防卫司令"兼"浙江省政府主席"。1950年5月率部12万余人撤退到台湾。先后任台湾"防卫总部副总司令"兼"北部防守区司令"、"南部防守区司令"、"第二军团司令"、"金门防卫司令官"、"参谋本部副参谋总长"兼"联合作战计划委员会副主任委员",并晋升"陆军二级上将"。1959年7月任"联合勤务总司令部总司令"。1963年7月任"考试院铨叙部部长"。1969年后任国民党中央评议委员会委员,"总统府国策顾问"。是中国国民党第七、第八、第九届中央执行委员,第十、第十一、第十二届中央评议委员。担任过台北广西同乡会理事长、香港广西同乡会名誉会长、世界广西同乡联谊会名誉会长等职。晚年主持"中华民国太极拳协会"工作,在民间推广太极拳运动。1986年9月23日在台北去世。

**石 瑛(1878—1943)**

字蘅青。湖北省通山县人。1897年补博士弟子员。1903年中举人。后游学省城武昌。1904年赴欧洲留学。初至比利时,后相继入法国海军学校学习海船制造与驾驶专业、伦敦大学主修铁道工程。1905年加入同盟会。1911年辛亥革命爆发后回国。1912年任中华民国临时大总统孙中山的秘书。孙中山辞职后奉派回武汉主持同盟会湖北支部,不久转为国民党员。"二次革命"失败后再次赴英国伯明翰大学学习矿冶,获硕士学位。1922年回国后任北京大学教授。1923年任武昌高等师范校长。1924年1月参加中国国民党第一次代表大会,当选为中央执行委员。1926年夏赴粤任广东石井兵工厂工程师。1927年秋转任上海龙华兵工厂厂长。1928年任湖北省建设厅厅长,与民政厅厅长严重、财政厅厅长张难先意气相投,合称"湖北三怪"。1929年冬任武汉大学工学院院长。1930年12月至1931年12月在张难先任主席的浙江省政府任建设厅厅长。到任后辞退薪水奇高而无所事事的外籍水利、警察顾问数人,矫正盲目崇外陋习。在张难先主席的全力支持下靠向实业界筹款,完成了前任因资金短缺、几度瘫痪的杭江铁路工程、钱塘江大桥工程、杭州电厂及自来水工程。1932年3月任首都南京市市长。1935年4月辞市长职;7月任国民政府考试院铨叙部部长。1937年4月再任湖北省建设厅厅长。1938年6月辞职后移居建始县城,组建棉麻生产合作社与粮食加工合作社。1939年夏当选为湖北省临时参议会议长。1943年12月4日病故。编有《石蘅青先生言论集》。

**龙 跃(1912—1995)**

原名兆丰。江西省万载县人。1912年10月生。1929年12月加入农会。1930年9月参加中国工农红军。1931年4月加入中国共产主义青年团。1933年5月转为中国共产党党员。先后参加第一至第五次反“围剿”战役。1935年随红军挺进师从江西进入浙江，先后任挺进师司令部政治连政治委员、中共闽浙边临时省委特务队政治委员、浙南特委委员兼(福)鼎平(阳)中心县委书记、浙南军分区政治部主任、中共闽浙边临时省委委员兼浙南特委组织部长、共青团委书记等职。抗日战争时期历任新四军闽浙边留守处副主任，中共浙南特委书记，中共浙江省委委员、常委、组织部长。1942年2月中共浙江省委机关在温州被国民党当局破坏后，在与上级党组织失去联系的情况下坚持浙南斗争，在国民党顽固派多次武装“清剿”后，仍然保存并扩大了浙南基本区。在侵华日军第三次占领温州等城市后领导建立抗日武装，开辟了浙南抗日游击区。解放战争时期先后任中共闽浙赣区(省委)党委常委，浙南特委书记，浙南地委书记，浙南游击纵队司令员兼政治委员。新中国成立后历任中共浙江省委委员，温州地委书记兼军分区政委，温州市军管会副主任，华东军政委员会委员，浙江省政府委员，浙江省农委副书记、副主任，浙江省供销合作总社主任，省合作事业管理局局长等职。1953年调到上海后历任上海汽轮机厂党委书记。“文革”期间受迫害。1973年5月重新工作，先后任上海压缩机厂、上海柴油机厂党委书记。1980年1月被选为上海市政协第五、第六届副主席，并当选为第五届全国政协委员。1995年2月1日在上海去世。

**龙大道(1901—1931)**

原名康庄，字坦之。侗族。贵州省锦屏县人。1918年到武汉一所中学就读，曾参加学生爱国运动。1922年考入上海大学，接受中共早期领导人邓中夏、瞿秋白等人的革命教育。1923年11月加入中国共产党，曾随刘华等在上海开展工人运动。1924年9月被派赴苏联，入莫斯科东方大学读书。1925年冬毕业回国到上海，从事工人运动。1926年5月任中共上海曹家渡部委书记兼工人部部长；9月调上海总工会组织部工作，后任中共闸北部委书记。1927年1月任上海总工会主席团委员兼秘书长；3月任上海总工会常务委员兼经济斗争部部长。参与领导上海工人第二次武装起义的组织发动，在第三次工人武装起义时任闸北区指挥，带领工人英勇冲锋，取得战斗的胜利。上海“四一二”反革命政变发生后指挥上海工人纠察队进行抵抗，身受重伤，后转移至汉口。同年4月下旬出席中国共产党第五次全国代表大会；6月率上海工人代表团参加第四次全国劳动大会，会后留在湖北省总工会工作；7月化名赵庄，到汉阳组织工人罢工，被国民党军警逮捕入狱。后经周密准备，带领几十个难友越狱脱险。同年冬参加中共汉阳县委，并当选为湖北省委候补委员。1928年3月湖北省委组织遭破坏后返回上海；4月被党中央派到宁波，任中共浙江省委工人部部长；5月任中共浙江省委常委，并一度代理书记，在杭州主持省委领导恢复改造各级党部，加强浙西、浙南党的领导；后仍任省委常务委员兼工人部部长；12月调回上海。1930年初任上海总工会秘书长；8月参与发起成立中国自由运动大同盟，任主席兼中共党团书记。曾参与领导浦东日华纱厂和闸北、虹口丝厂的工人罢工斗争。同年秋因抵制中共中央的“左”倾冒险主义方针，受到排斥和打击。1931年1月17日被国民党当局逮捕；2月7日与林育南等24位中共党员干部在上海龙华惨遭杀害。

**卢永祥(1867—1933)**

字子嘉。山东省济阳县人。1867年10月22日生。1890年投淮军。1895年考入北洋武备学堂，毕业后到天津小站练兵，与段祺瑞、王士珍等成为密友。1899年随袁世凯赴山东镇压义和团运动，任山东武卫右军先锋队右营帮带。1902年任左翼步兵第四营营长。后北洋常备军扩编为六个镇，历任陆军第二镇标统、第六镇第十一协统领、第三镇第五协统领，驻防奉天、锦州、长春等地。1911年辛亥革命爆发后随第三镇统制曹锟入关，奉命去山西井陉、固关地区镇压革命。1912年8月任北洋第二十镇统制(师长)；9月被授予陆军中将军衔。1914年5月任北洋陆军第十师师长。1915年12月任北洋陆军第十师师长兼淞沪护军副使。同月被袁世凯策封为“一等男”。1917年1月兼淞沪护军使；7月张勋复辟时被授予“江南提督”；8月兼会办江苏军务；10月加陆军上将军衔。1919年8月被北洋政府任命兼署浙江督军，1920年7月实任，12月辞去淞沪护军使兼职。1921年6月4日发表豪电，主张“各省自定省宪，实现地方自治”。1922年6月在杭州自行宣布废除督军，由浙江军官推举为浙江军务善后督办。同年晋升陆军上将。为了保持浙江、上海地盘，与张作霖、孙中山联络，结成“反直三角同盟”。1924年9月江浙战争爆发后被直系军阀孙传芳等击败后辞职下台，逃亡日本。不久回国，到沈阳投奔奉系军阀首领张作霖；12月被委任为直隶军务善后督办；同月改任苏皖宣抚使。1925年1月兼江苏军务督办；8月辞去本兼各职，隐居天津。1933年5月5日在天津去世。

**卢香亭(1880—1948)**

字子馨。直隶省(今河北省)河间县人。幼年就读于私塾。1906年入保定北洋陆军速成武备学堂学习。后由学校保荐官费留学日本。1908年11月从日本陆军士官学校中华队第六期骑兵科毕业归国,入北洋陆军第二镇任新兵训练教官。1912年后北洋陆军第二镇改名北洋陆军第二师,继续在该师服役。1921年任第三旅第五团团长,1923年初升任第三旅旅长。同年1月下旬奉孙传芳之命率第三旅为先锋,从湖北经江西进入福建,赶走皖系福建督军王永泉;8月被授予陆军少将军衔。1924年春任北洋陆军第二师师长;6月被授予北洋政府将军府斌威将军称号;9月初江浙战争爆发,奉命担任江浙联军中路总指挥。1925年10月孙传芳起兵攻打盘踞江苏、安徽的奉系军阀时任第二军军长。1927年与奉军张宗昌联合,率领2万余人渡长江反攻国民革命军,结果遭到惨败,退回徐州。1931年"九一八"事变后拒绝出任伪职。后为躲避日伪当局的胁迫,携眷南下上海。数年后又返回天津居住,1948年在天津病故。

**叶　飞(1914—1999)**

原名启亨。福建省南安县人。1914年5月7日出生于菲律宾奎松省一个华侨家庭。幼年回原籍就学。1928年5月在厦门加入中国共产主义青年团;年底担任共青团福建省委宣传部部长、代理团省委书记。1932年3月转为中国共产党党员,下半年由中共福州中心市委派遣到闽东巡视工作。1933年5月率领工农自卫队取得"霍童暴动"的胜利。1934年2月成立闽东苏维埃政府,创建闽东红色根据地。同年历任中共闽东军政委员会主席,闽东独立师政委,闽东特委书记兼闽东独立师师长,中共闽浙边临时省委宣传部长兼少共临时省委书记。1937年抗日战争爆发后红军闽东独立师改编为新四军第三支队第六团,任团长。1938年2月率领该团北上苏中参加抗日,历任江南人民抗日义勇军副总指挥,路东地区军政委员会书记,新四军挺进纵队副司令员,新四军苏北指挥部第一纵队司令员兼职委员,新四军第一师一旅旅长兼政治委员、第一师副师长,苏中军区司令员,苏中区党委书记。1945年4月为配合浙西抗日反顽斗争,率领新四军第一师教导旅渡江南下,任苏浙军区副司令员,参与领导建立苏浙皖敌后新区,参与指挥天目山三次反顽自卫战。解放战争时期任山东野战军第一纵队司令员兼政治委员,先后参加指挥宿北、鲁南、莱芜、泰安、孟良崮、豫东、睢杞等战役。1949年3月担任第三野战军第十兵团司令员,参加渡江战役,率领所部一举突破国民党军防御阵地,并争取江阴要塞国民党军起义,为解放军顺利突破长江天险起到重要作用。随后率部解放丹阳、常州、无锡,切断宁沪铁路,占领苏州。同年5月率部参加上海战役。上海解放后率十兵团进军福建,先后组织指挥福州战役和漳(州)厦(门)战役,歼灭国民党军队10余万人。新中国成立后历任南京军区副司令员兼福建军区司令员,福州军区司令员兼政委,福建省省长,中共福建省委副书记、第一书记,福建省政协主席,中共中央华东局书记处书记等职。1955年被授予上将军衔,荣获一级八一勋章、一级独立自由勋章、一级解放勋章。1975年1月出任交通部部长。1979年2月任海军司令员。1983年3月、1988年3月连续当选为第六、第七届全国人民代表大会常务委员会副委员长,并兼任全国人大华侨委员会主任委员,华侨大学校长、名誉校长,全国侨联第三届委员会名誉主席。1999年4月18日在北京去世。

**田岫山(? —1950)**

字锦锋,绰号"田胡子"。直隶(今河北)省文安县人。1928年进入山东烟台的国民党部队当兵。1934年随部队进入福建。1937年抗日战争爆发后随部队参加淞沪抗战。上海沦陷后聚集残部在上海青浦一带活动。1938年被收编为国民革命军第三十师第八十八团,任团长。从1942年9月起曾经先后两次率部投降日伪军,驻防浙江绍兴、余姚一带,后因与日伪矛盾激化,转而投靠国民党。1943年7月所部被收编为第三战区挺进第四纵队,任司令,驻扎在上虞一带,曾参与围攻中共领导的浙东抗日武装。后在中共党组织的努力下曾一度与浙东游击纵队合作,但态度消极,政治立场随时可能发生变化。1945年5月26日当日军对浙东根据地进行大规模"扫荡"时,第三次率部投降日军,被日军收编为伪中央税务局警团第三特遣部队,仍驻扎在上虞,经常对四明山根据地进行骚扰。为巩固四明山根据地,浙东区党委发起讨田之战,先后歼敌1000余人,缴获大量武器弹药。同年6月30日浙东纵队乘胜解放上虞县城,率残部逃离上虞后在嵊县开元附近又遭打击,仅带少数随从逃脱。新中国成立后终于被缉拿归案,交给四明山人民审判,于1950年被处决于当年浙东纵队司令部所在地梁弄。

**白崇禧(1893—1966)**

字健生,亦作剑生。回族。广

西省（今广西壮族自治区）临桂县人。1893年3月18日生。1907年入桂林陆军小学堂。1911年辛亥革命爆发后参加广西学生军，北伐到武汉。1915年升入保定陆军军官学校。1917年毕业后入广西陆军第一师第三团任少尉见习官，加入以陆荣廷为首的旧桂系。后与李宗仁、黄绍竑等另起炉灶，成为新桂系第三号人物。先后任广西讨贼军参谋长、定桂讨贼联军前敌总指挥兼参谋长。1925年与李宗仁、黄绍竑等推翻旧桂系，统一广西。随后广西加入广州国民政府。1926年任国民革命军副总参谋长，代理总参谋长之职。1927年初任东路军前敌总指挥，指挥国民革命军第一军第一师、第二师、第二十一师、第二十二师以及江右军第二军第四、第五、第六师部队，自江西进军浙江，先后经过龙游战役、桐庐诸暨战役等几个重大战役，歼灭孙传芳的五省联军在浙江的主力。同年2月18日占领杭州后与国民革命军东路军总指挥何应钦指挥从福建进入浙江的部队配合，迅速克服浙江。随即率领部队经嘉兴进入上海。此后任上海警备司令，第四集团军前敌总指挥。1929年蒋桂战争爆发，桂系战败，与李宗仁等一同流亡海外。1930年参与中原大战，再次遭到失败。随后在广西重整队伍，1932年任广西"绥靖"公署副主任。1935年被授予陆军二级上将。1936年6月联合广东陈济棠发动两广事变。蒋介石为拆散新桂系三巨头，于7月25日宣布任命白为浙江省政府主席，拒绝受命，未到任，由徐青甫代理。1937年抗日战争爆发后任国民政府军事委员会副总参谋长兼军训部部长。1945年被授予陆军一级上将。1946年5月任国民政府首任国防部部长。同年被杭州市政府聘为"荣誉市民"。1947年兼任九江指挥所主任。1948年任华中"剿总"司令。1949年1月改为华中军政长官。同年所部在湘桂地区被解放军歼灭。同年去台湾，任"总统府战略顾问委员会"副主任委员、"国大代表"、"中国回教协会理事长"。1966年12月1日在台北去世。著有《现代陆军军事教育之趋势》、《游击战纲要》及《白崇禧回忆录》。

**兰荣玉(1914—1980)**

福建省上杭县人。1929年参加革命。1931年加入中国社会主义青年团。1933年转为中国共产党党员。土地革命时期曾先后任上杭县独立营特派员，县军政委员会副主席，红军第七支队特派员等职。1938年春闽西南红军改编为西四军第二支队，任该支队政治部锄奸科科长。此后相继担任新四军江南指挥部军法处副处长，第一师政治部锄奸保卫部部长，第六师第十六旅政治部副主任，先后参加长兴、泗安等地的战斗。1945年1月任新四军苏浙军区第二军分区政治部主任。抗战胜利后历任华中野战军政治部组织部副部长、部长，华东野战军政治部组织部部长，第二十四军政治部主任。新中国成立后历任福建省民政厅长兼福建省禁烟禁毒委员会主任委员，福建省高级人民法院院长、副省长、省委监察委员会书记、省人大常委会副主任等职。

**冯次淇(1889—1954)**

字少田。广东省东莞县人。早年毕业于广东陆军小学。1910年加入中国同盟会。辛亥革命爆发后任广东北伐军辎重营上尉督队官。中华民国成立后入保定军官学校第一期辎重科。未毕业即回广东，参加讨龙（济光）、驱陆（荣廷）、北伐、讨陈（炯明）、平定刘（希闵）杨（震寰）叛乱等战役，迭充营长、参谋、建国粤军总司令部上校副官、少将副官长兼军法处处长、交通处处长、大本营参谋团少将副主任、参谋长等职。1927年后先后任广东军事厅少将参谋，广东政治分会军事委员会参谋长。1931年后任国民政府参军，军事委员会参议。1936年1月31日被国民政府授予陆军少将军衔。1936年至1937年间任闽浙赣皖四省边区"清剿"总指挥部参议。1937年8月后任第三战区第八集团军总司令部、第二兵团参议。1939年任第四战区司令长官部参议、兵站总监兼战时粮食管理处处长、购粮委员会主任委员。1940年后任粤汉铁路警备司令、乐昌军警巡察处处长、粤汉铁路特别党部执行委员。1944年任国民政府军事参议院参议兼第四战区司令长官部总参议。1945年任中国陆军第二方面军驻南宁办事处主任、军事委员会委员长广州行营中将总参议兼参议室主任，又兼广东肃奸委员会主任委员。1946年7月1日被授予陆军中将军衔；8月退役后先后任广东省党部监察委员、广东省政府委员、省银行常务监察、广东实业公司董事及中美实业公司常驻监察。1949年移居香港。

# 六 画

**吕苾筹(？—1939)**

字蘧荪。湖南省益阳县人。早年一直追随谭延闿,辗转南北,共事20年。曾在谭延闿手下任过湖南督军公署秘书长,湖南驻上海联络代表。1923年12月任广州孙中山大元帅府秘书,曾搜求孙中山140余件亲笔手令整理成《中山遗墨》印成约50册,分发给当时政要。1928年3月任南京国民政府代理秘书长;9月任南京国民政府秘书长;10月任行政院秘书长。1931年9月任南京国民政府文官处代理文官长。1931年12月至1934年12月任浙江省政府委员兼民政厅长。民政厅长本是权力很大的肥缺,但因为官清廉,生活一直很拮据。蒋介石知道后,曾一次接济2000元大洋过年。1935年2月至1936年任国民政府铁道部常务次长。1938年任国民政府内政部禁烟委员会常务委员。1939年3月去世。

**吕炳奎(1914—2003)**

江苏省嘉定县人。早年在家乡行医。1937年底上海沦陷后变卖家产,于1938年组织嘉定外冈抗日游击队。1939年7月加入中国共产党。外冈抗日游击队后编入江南抗日义勇军,任第三路第三支队副支队长、支队长。1940年5月任江南抗日救国军东路第三支队副支队长。1941年秋任中共路南地委委员兼军事部长;8月与蔡群帆等奉命率部南渡杭州湾到达慈溪北部,与王仲良、蔡群帆组成浙东军政分会,任书记。1942年浙东区党委建立后先后任浙东纵队团政委和团委书记,浙东三东地区工委书记兼海防队政委,四明地委委员兼江防处长,浙东行署工商管理局局长兼浙东盐管局长等职。解放战争时期任华中鸿基贸易公司总经理,华中工委海上工作委员会书记兼海防纵队政委,江南工委副书记,地委常委兼副专员、主任等职。新中国成立后历任苏南区党委统战部副部长,江苏省统战部副部长,江苏省卫生厅厅长兼党组书记,卫生部中医司司长、中医局局长等职务。1978年至1982年任卫生部党组成员。还曾担任过中华医学会副会长、中华全国中医学会副会长兼秘书长、中华全国中医学会气功科学研究会理事长、中国民间中医医药研究开发协会常务副理事长、中国气功科学研究会顾问等职务。1995年11月离休。2003年12月10日在北京去世。

**吕镇中(1910—1993)**

原名德愚,后改名镇中,化名吕原民。江苏省沭阳县人。早年先后就读于江苏省立第十一中学、东海中学,曾任东海中学学生会干部。1928年加入中国共产党。后因被国民党逮捕入狱与党组织失去联系。1937年冬经八路军驻西安办事处介绍,进入山西八路军第一一五师军政干部学校学习。1938年8月毕业后在延安重新加入中国共产党。同年秋被派往苏中抗日根据地,任新四军挺进纵队第三支队政治部副主任;12月随新四军挺进纵队北渡长江到泰州、扬州开展工作。1939年6月受中共苏北特委派遣,与陈淦等到陈文部队协助工作,在陈文部队建立教导大队,训练部队骨干。1940年后任沭阳县抗日民主政府县长兼独立团团长,中共淮海区委敌工部部长。1945年随新四军第一师副师长叶飞南下浙西;5月任中共杭(州)嘉(兴)湖(州)工委书记兼杭嘉湖行政公署专员。解放战争时期历任中共苏南金坛县委书记、淮海区行政公署副专员、华中支前司令部副司令等职。新中国成立后历任上海市政府办公厅主任、副秘书长兼上海市民政局局长,上海市农垦局副局长、顾问。

**朱人俊(1916—1993)**

江苏省南汇县人。1916年2月生。1935年在上海大同大学读书时参加中共外围组织中华民族武装自卫会,参加“一二·九”学生运动。因身份暴露于1936年赴日留学,就读于东京明治大学法学部。1937年抗日战争爆发后毅然中断学业从日本回国,支援淞沪抗战。1938年10月加入中国共产党。1940年5月被任命为中共浦东工作委员会委员及伪军工作委员会书记。1941年5月至9月从伪军第十三师五十团分批拉出600余人南渡至浙东的三北,并取得国民党“苏鲁战区淞沪游击队暂编第三纵队”的番号,兼任该部队司令。1942年11月中共领导的三北游击司令部成立后任第四支队政委。不久任浙东区党委敌伪军工作委员会副书记，后任书记。1944年1月5日新四军军部命令浙东三北游击队正式打出新四军浙东游击队的番号；1月15日浙东敌后临时行政委员会成立，任秘书长。1945年1月21日浙东行政公署成立，任行政公署秘书处处长；5月12日被推选为浙东解放区青年联合会筹备会主任委员。不久任新四军浙东游击纵队第二旅政治部主任。1945年11月任浙东纵队独立一旅政治部主任。解放战争期间相继担任华东野战军第一纵队直属特务团和炮团政委，参加了宿北、鲁南、莱芜、孟良崮等战役。1948年5月任三野先遣纵队一支队干部队政委、渡江工作委员会委员。渡江战役后随同部队接管地方，先后任中共浙江省委准备委员会秘书处长、杭州市军事管制委员会秘书处长、交通处长、浙江省交通管理局局长、党组书记。新中国成立后历任浙江省交通厅党组书记、副厅长，阜新东北煤矿第一基本建设局党组书记兼副局长，中国科学院南京紫金山天文台党组书记兼副台长。"文革"中被批斗、关押达八年之久。1978年复出后先后任中国科学院合肥分院政治部主任，浙江省社会科学研究所所长兼党委副书记，浙江省新四军研究会会长。1993年3月25日在杭州去世。

**朱　凡(1909—1987)**

原名宗仁，又名一苇、石清，后改名凡。江苏省涟水县人。早年先后就读于涟水县小学、金陵大学附中、上海立达学园、上海同文书院(肄业)。1931年"九一八"事变后参加反帝大同盟。1932年毕业于上海艺术大学。同年在上海参加"左翼剧联"；8月受共产党派遣，考入上海英商公共汽车公司当售票员；不久加入共青团，9月加入共产党；10月因参加和领导上海工人罢工而被捕，解往南京，判刑15年，与党组织失去联系。1935年被保释出狱后赴马来西亚，在吉隆坡尊孔学校教书。后因参加和支持学生爱国运动被官方驱逐出境。1936年8月返回上海，从事左翼文化活动。1937年9月重新加入中国共产党；11月上海沦陷后率战地服务团到达皖南新四军军部。1938年到大别山参加安徽省动委会工作，主编《文化月刊》。1941年1月到新四军第二师所在地参加建立抗日民主根据地工作，先后任淮南津浦路西区《新民主报》主编、文教科长、淮南津浦路东区教育科长、《江淮日报》主编、新四军政治部宣传科科长、淮海行署秘书长、涟水县抗日民主政府县长兼敌工部长、涟水中学校长。1945年4月随苏中地方干部南下工作队至浙西；5月起先后任中共浙西天(目山)北地委委员兼天北行政专员公署专员，长兴县委委员兼长兴煤山区委书记；10月随苏浙军区第四纵队北撤到山东，先后任中共胶东区东海地委宣传部部长、第三野战军敌工委宣传部长、中原大学党委副书记兼副教务长、武汉大学军代表。新中国成立后历任湖南革命大学副校长，省文教厅长，省文委副主任，省委宣传部长，湖南大学代理校长、校长，湖南师范学院筹委会主任，湖南省社联主席等职。1987年1月8日在长沙去世。

**朱克靖(1895—1947)**

原名宏夏。湖南省醴陵县人。1895年10月29日生。1919年考入北京大学。1922年加入中国共产党。1923年受党派遣到苏联莫斯科东方大学学习。1925年7月被派到广州任国民革命军第三军党代表兼政治部主任，率部参加南征和北伐战争。1927年4月被武汉国民政府任命为江西省政府秘书长。大革命失败后与朱德等一同争取第三军官兵参加南昌起义。南昌起义后任第九军党代表。1938年1月被任命为新四军政治部顾问兼直属战地服务团团长，负责宣传、民运工作。1940年春被任命为新四军联络部部长，负责统战工作。1941年至1944年先后任苏北参议会副议长，苏中三分区行政专员公署专员。1944年12月底随粟裕率领的新四军由苏中渡江南下，任浙西行政公署主任。1945年冬随新四军北上山东。1946年1月任新四军兼山东军区秘书长、联络部部长，策动国民党淮海"绥靖"公署长官郝鹏举率部起义。郝鹏举部被改编为华中民主联军后被任命为该部政治委员，主持对这支部队的改编和民主改造。全国内战爆发后，郝鹏举叛变，被逮捕并押往南京。1947年10月被国民党秘密杀害于南京郊外。

**朱　希(1908—1966)**

字又布。湖北省麻城县人。1908年2月8日生。在麻城县立小学高小毕业后进入麻城县农民运动训练班学习。由于积极参加农民运动遭到土豪劣绅的仇视，为躲避追捕于1926年投入国民革命军第六十五师当兵。1930年被选送至中央军校武汉分校炮兵科深造。毕业后初任第二十五军训练班主任，继任第十三师七十五团一营二连连长。1937年抗战爆发后随部队参加淞沪会战，部队被打散。1938年在浙西收集残部及友邻部队官兵、爱国青年学生等组织抗日游击队，自任司令员。部队成立后多次袭击日伪军据点，收复武康(今属德清县)、德清边界的辉山、龙山、干山等地；年底在日伪军发动的大“扫荡”中受到重创。1939年2月在中共浙西特委帮助下重振旗鼓；10月被国民党当局任命为第三战区第一游击区司令。1940年任浙江省第二区(湖州)保安司令部副司令。1941年任德清县县长。1943年4月至1946年7月任浙江省第十区行政督察专员兼少将保安司令。1946年7月24日被国民党当局免职后赴上海闲居。1948年受中共地下党指示从事策反浙江省第一区行政督察专员于树峦，并将自己任专员时为部队加工军粮的广丰碾米厂提供给党作为活动联络点。1949年4月28日凌晨中国人民解放军第二十八军八十三师兵临湖州城，于树峦完整移交了全部案牍册籍、军需物资、粮油仓库，不费一枪一弹，湖州得到和平解放，保护了民众的生命安全。新中国成立后历任吴兴县各界人民代表会议副主席，浙江省湖州市新湖公司总经理，湖州市政协副主席，湖州市工商联副主委，浙江省工商联常委，民建湖州市筹委会主委。1957年被错划为右派。1966年5月4日病故。

**朱宝芬(?—1935)**

福建省永定县人。曾任中国工农红军第三军团模范连政治指导员。1933年10月任红七军团团政治部特派员。1935年2月任红军挺进师保卫局侦察科长；3月随部队进入浙江开展游击战争；8月任红军挺进师第一纵队纵队长；11月5日国民党浙江省政府专门成立大盘山“绥靖”区，委派董明达为专员，指挥军事“清剿”和政治“清乡”，红一纵队陷入敌人的重围之中。后决定跳出敌人重围，开赴浙东开辟新区。同年冬在转战中牺牲。

**朱惟善(1917— )**

又名朱枫，化名刘辅成。江苏省嘉定县人。1917年6月生。1936年10月在上海同济大学学习期间加入中国共产党。1937年抗日战争爆发后随同济大学迁至浙江金华继续学习。1938年5月任中共兰溪县委书记；6月被国民党当局逮捕，以“煽动青年扰乱治安”罪被驱逐出境。1938年8月至1940年6月任中共金(华)衢(州)特委常委兼统战部长。1940年7月任中共衢(州)属特委书记。1941年1月任金(华)属特委书记；10月被国民党逮捕入狱，先后关押在浙江省警备司令部、浙江省国民党调统室看守所。1942年5月获释出狱，与党组织失去联系。1946年回到上海，参加中共地下党领导的工人协会。新中国成立后曾任上海中国纺织机械厂工会主席，基建办公室副主任、高级工程师等职。1989年经中央批准，享受副局级离休干部待遇。

**朱　辉(1909—1996)**

江西省上饶县人。1927年参加方志敏领导的弋横暴动。1929年加入中国共产主义青年团。1933年3月转为中国共产党党员。1934年10月在江西瑞金参加二万五千里长征，历任红一方面军补充师地方工作团主任、第九军团政治部民科科长、红军先遣团没收科科长。长征到达陕北后先后任陕甘宁边区县委书记、吴起中心县委书记等职。1937年抗日战争爆发后奉命回江西工作，任赣北工委书记兼新四军驻景德镇办事处主任。1939年5月受中共中央东南局派遣前往浙西工作，初任中共浙西特委组织部长。1941年夏至1942年3月任中共浙西北特委书记；同月根据党的指示，北撤至苏南。1945年4月任随军工作团团长，率团随新四军第一师主力进入浙西；5月任中共杭(州)嘉(兴)湖(州)工委副书记兼组织部长；8月任中共浙西地委委员兼组织部长；10月奉命北撤。解放战争时期历任山东鲁中区地委副书记、支前司令部民政部长、华东军区兵站政治部副主任、华东野战军先遣纵队四支队副政委、合肥市公安局长等职。新中国成立后先后任中共安徽省芜湖市委常委、社会部长、公安局长，华东局组织部干部处处长，最高人民检察署华东分署副检察长，上海市委委员、市委政法部部长、市委组织部副部长、市委监委副书记。1965年任中共江苏省委员会第四届常委、省委监委书记。“文革”期间受迫害。1974年复出后任江苏省高级人民法院副院长、省委统战部副部长。1977年后任中共江苏省委委员、省纪委第三书记(主持工作)、江苏省政协副主席。1996年11月3日在南京去世。

**伍文渊(1881—1944)**

字仲源。云南省富源县人。贫苦农民家庭出身。1902年县试五榜第一名。1903年入云南武备学堂。1906年毕业后考入保定陆军速成学堂第一期步兵科，1909年春毕业。同年11月考入保定陆军预备大学堂(该校于1912年迁移至北京，更名为陆军大学)第三期。1913年11月在北京陆军大学毕业后分发回云南军队服役。不久转入浙军服役，历任浙军第一师第二十四团团附、第一师新四团团长。1919年任浙军第一师第二旅旅长，后任第一师师长。1926年任国民革命军第二十六军参谋长。1927年2月任国民革命军第二十六军第一师师长。国民党发动“四一二”反革命政变后，因政见不同遂辞职返回老家赋闲。1940

年受邀请出任国民政府军事委员会广西行营办公厅高级参谋。1942 年任军事委员会中将参议,参与中国远征军参谋团工作。1944 年病故。

**伍廷飏(1893—1950)**

字展空。广西省(今广西壮族自治区)容县人。1893 年 11 月 28 日生。早年毕业于广西武备学堂。毕业后进入桂系军队服役,成为新桂系骨干将领之一。曾任广西自治军第二路第二支队第一营长、广西“讨贼军”第二纵队司令、广西全省“绥靖”督办公署所属第二军第二纵队司令官、国民革命军第七军第五旅旅长。1926 年任国民革命军第十五军第一师师长。1927 年 6 月至 1929 年 7 月任广西省政府委员兼建设厅长。1929 年 5 月至 6 月任广西省政府主席;6 月 12 日被免去职务,随黄绍竑下野,在蒋桂之间斡旋和平。1931 年 2 月被南京国民政府任命为广西善后会办(未到任);7 月被免职。1933 年 3 月至 1935 年 12 月任广西省政府委员。1935 年 12 月至 1936 年 12 月任浙江省建设厅长。1937 年 1 月至 11 月任湖北省政府委员兼建设厅长。1937 年 11 月至 1946 年 5 月第二次任浙江省政府委员兼建设厅长。1948 年当选为行宪国民大会代表。

**伍崇学(生卒年不详)**

字仲文。江苏省人。1902 年毕业于南京矿路学堂。同年 3 月下旬与鲁迅、张邦华等六位同学前往日本留学,毕业于东京弘文学院。民国初年曾任北洋政府教育部视学。1915 年 3 月至 1917 年 9 月任北洋政府教育部普通教育司司长。1917 年 9 月至 1919 年 12 月任浙江省教育厅长。1921 年 1 月至 10 月任江西省教育厅长。1945 年抗日战争胜利后当选为南京临时参议会参议员。

**任显群(1912—1975)**

原名家骝。江苏省宜兴县人。1912 年 10 月 21 日生。早年毕业于东吴大学法学院,后赴日本留学,毕业于日本中央大学,后入罗马皇家大学任研究员。回国后任职于南京国民政府铁道部、交通部、粮食部等单位。1946 年 5 月担任台湾省行政长官公署交通处长,并倡导成立台湾航运公司。1947 年长官公署改组为台湾省政府时离台,转任中央银行顾问。1948 年 11 月至 1949 年 2 月任杭州市长。1949 年 2 月再度去台湾。同年 12 月任台湾省财政厅长。1950 年 1 月兼任台湾银行董事长,1951 年 3 月卸任。1953 年 4 月辞去公职改业律师。1955 年因族叔以“匪谍”案被台湾当局判刑而受牵连被捕入狱。1958 年假释,后移民美国。1975 年 8 月 18 日在美国去世。

**任援道(1891—1980)**

字良村,号豁庵。江苏省宜兴县人。早年肄业于保定陆军军官学校。辛亥革命爆发后参加过上海光复等战役。1912 年民国成立后回老家任履善小学校长。后赴天津投奔其叔父、交通银行协理任凤苞,开始负责交通银行董事长梁士诒与外界的接待应酬诸项事宜。后任天津造币厂总务科长。后升任平津警备司令。1935 年任冀察政务委员会外交委员。1937 年 12 月 12 日南京沦陷后收编镇江鱼雷学校的三艘炮艇及国民党的散兵游勇 1 万余人马,投靠伪中华民国维新政府行政院长梁鸿志,任伪维新政府“绥靖”部部长。1939 年 8 月任汪伪国民党中央委员。1940 年任汪伪国民政府委员;3 月任汪伪第一届中央政治委员会委员、伪军事委员会常务委员、伪军事参议院副院长、代院长;4 月任伪苏浙皖三省“绥靖”军总司令,下辖 7 个师、1 个独立团,成为汪伪政府中的实力派汉奸。1944 年 11 月起任伪江苏省省长,伪苏州“绥靖”主任公署主任,伪江苏省保安司令,伪上海市市长。1945 年 8 月日本宣布无条件投降之前率伪军归顺国民政府;8 月 12 日被蒋介石委任为先遣军总司令。汤恩伯的第三方面军空运到京沪后交出部队,被蒋介石委派为军事委员会中将参议。随即隐居上海愚园路私邸,后又举家潜逃香港,在九龙弥敦道中段闹市口开设酒楼维持生计。1949 年华南解放后举家逃往加拿大定居。1980 年在加拿大去世。

**刘文生(? —1935)**

江西省人。1935 年 3 月随红军挺进师进入浙江开展游击战争;5 月参与创建以仙霞岭为中心的浙西南游击根据地;6 月任挺进师独立第十五支队支队长;7 月以独立第十五支队为基础,扩建为挺进师第五纵队,辖第十三、第十五支队,任纵队长,与政治委员柯勤发一起率领该纵队在松阳、遂昌一带活动;9 月挺进师主力南下后奉命率领第五纵队与第二纵队坚持战斗在浙西南游击根据地。面对国民党优势兵力的残酷“清剿”,率领红军官兵浴血奋战,不幸牺牲。

**刘文学(1909—1994)**

湖南省醴陵县人。1930 年 5 月参加中国工农红军;8 月加入中国共产主义青年团。1931 年转为中国共产党党员。土地革命战争时期历任红三军团第一师警卫连副政治指导员,红三十一师特务连连长兼政治指导员，闽北邵武独立团营政治委员、团政治处主任，中共光（泽）资（溪）邵（武）中心县委军事部部长、县委书记，闽浙赣第三军分区司令员兼政治委员。参加了第一、第二、第三、第四、第五次反"围剿"斗争。1934年10月红军主力长征后坚持南方三年游击战争。抗日战争时期任新四军第三支队第五团政治处主任，挺进纵队政治部组织科科长，第四团政治委员，第一师政治部组织部部长，苏中军区第一军分区政治部主任。1945年1月随新四军第一师主力南下浙西长兴，任新四军苏浙军区第一纵队政治部主任，参加了浙西天目山三次反顽自卫战。解放战争时期任华中野战军第六纵队政治部主任，第六师十八旅政治委员，华东野战军第四纵队政治部主任，第三野战军二十三军副政治委员。新中国成立后历任华东军区防空部队政治委员，华东军区兼上海防空司令部副政治委员，浙江军区政治部主任、副政治委员，上海警备区第三政治委员等职。1955年被授予少将军衔。荣获一级八一勋章、二级独立自由勋章、一级解放勋章。1988年7月被中央军委授予中国人民解放军一级红星功勋荣誉章。1994年11月30日在上海去世。

**刘以钟(1889—1918)**

字资厚。福建省闽侯县人。16岁肄业于全闽师范学堂，被选派赴日本留学。先后毕业于日本弘文学院、东京高等师范学校。毕业后回国，被聘为全闽两级师范学堂教习。1912年任福建省教育司副司长。同年夏被推为出席第一次全国教育会议的福建省代表，首先提出以确立国民教育为根本的教育宗旨案，得到当局采纳和学界认同。1914年参加全国教育联合会。会议结束后被聘为北京高等师范学校教育学教授。1917年春调任北洋政府教育部视学。同年9月出任浙江省教育厅厅长。未几调任北洋政府教育部参事。著有《教育学》、《哲学概论》等。

**刘汉南(？—1935)**

江西省人。1935年2月任中国工农红军挺进师第二支队支队长，随部队深入浙江开展游击战争；3月任红军师第三纵队纵队长；4月奉命率领第三纵队进至杭（州）江（山）铁路沿线开展游击战争，以吸引国民党军队主力北调，掩护浙西南游击根据地的建设；9月率领部队参加龙泉上田战斗；同月下旬根据政委会的决定，率领第三纵队与第四纵队、第五纵队第十三支队及师直属队，在刘英、粟裕的统一指挥下由浙西南游击根据地中心区南下，在龙泉县境的哈湖渡过龙泉溪，突破国民党军第六十七师的云（和）龙（泉）封锁线，抵达浙闽边境。同月29日晚遭遇国民党军袭击，英勇牺牲。

**刘邦骥(1868—1930)**

字骧逵、襄奎。湖北省汉川县人。早年就读于两湖书院第一期。1895年9月在武昌县华林补习日语。1896年5月被选送至日本留学，先入成城学校，后入日本陆军士官学校中华队第一期学习。学业结束后分派到日本近卫野战炮兵联队做见习士官。1902年3月毕业回国后考中恩科举人，旋入张之洞幕，管理文案、库务，后升任总督府文牍。同年10月任两湖高等学堂（监督王同愈）教习。1903年协助梁鼎芬修建张公堤，参与勘测和设计事务。旋任湖北新军第一镇（统制张彪）炮队第一标（标统龚光明）第三营管带。后任湖北参谋营务处咨议官。1905年奉命仿照日本陆军士官学校将湖北将弁学堂改为武昌师范学堂，任堂长。同年底兼任湖北督练公所兵备处帮办。1906年在直隶省河间县举行新军秋操时任南军（总统官张彪）总参谋官。旋捐分省试用道。1907年原武普通中学堂改为湖北陆军特别小学堂（总办张彪），任监督。1909年春创建湖北陆军测绘学堂，任总办。同年张之洞病故，进京治丧。后捐为存记分省道。1910年任湖北督练公所教练处总办。1911年6月23日调充湖南督练公所军事参议官，并赏给陆军正参领衔。同年10月参加湖南的辛亥革命，任湖南都督府参谋部长。南北议和后进京任职。1912年11月20日被北洋政府授予陆军少将。1914年任袁世凯总统府统率办事处参议处行走（即候补参议）。期间与府统率办事处参议蒋方震（字百里）合著《孙子浅说》。1917年1月至11月任浙江省钱塘道道尹。同年11月调任浙江会稽道道尹。1918年回京任职。1923年3月1日被北洋政府授予陆军中将。1924年任北京高等警官学校校长。1928年后寓居武昌，办家塾，不收费，供食宿，以培养贫寒子弟。后迁居于郑州汉川街刘宅，吃斋念佛。1930年在郑州病故。

**刘达云(1907—1971)**

江西省吉安县人。早年在当地染布作坊当学徒、伙计。后参加红军，并加入中国共产党。1934年7月任中国工农红军北上抗日先遣队供给部部长。1935年2月任工农红军挺进师供给部部长；3月任挺进师政治委员会委员，随部队进入浙江开展游击战争；9月国民党调集7万兵力围攻挺进师。为跳出敌人包围，开辟新的革命根据地，决定组建红军挺进师第一纵队（简称"红挺一纵”)，任书记。同年11月任中共浙东特委书记。1936年8月任闽浙边临时省军区政治部主任兼中共浙东南特委书记。1937年2月奉上级组织命令率领第一纵队回浙东坚持斗争。不久脱离队伍回乡。1971年在老家去世。

**刘先胜(1901—1977)**

原名刘为。湖南省湘潭县人。1901年6月生。1917年起在江西安源煤矿做工。1922年安源路矿工人大罢工时当选为工人代表。1927年9月随安源煤矿矿警队参加湘赣边界秋收起义，任工农革命军第一军第一师第二团排长。起义失利后率部分武装在株洲渌口一带坚持游击战，1928年编入湘东南游击队。1930年后历任湘赣红军独立师第一师连长、营长、师部副官主任等，参加了湘赣根据地反“围剿”斗争。1933年入瑞金马克思主义学校学习。1934年春起先后任红九军团直属队总支书记、团政委、军团卫生部政委，红六军团五十二团政委。1937年抗日战争爆发后先后任新四军教育总队总支书记兼政治三队政治指导员、新四军江南指挥部第一支队政治部组织科科长、江南人民抗日救国军政治部主任、新四军苏北指挥部第三纵队政委，参与指挥了著名的黄桥决战。1941年“皖南事变”发生后任重建后的新四军第一师第三旅政委兼苏中军区第四军分区政委、副司令员、第三旅旅长、第十八旅旅长兼苏中军区第一军分区司令员。1944年任新四军第一师参谋长。同年12月协助师长粟裕指挥新四军南下苏浙皖边、扩大江南抗日根据地的重要战略进攻行动，任苏浙军区参谋长，为开辟新区、坚持敌后游击战争建立了功绩。解放战争时期先后任华中军区参谋长，华中野战军参谋长，华东野战军副参谋长，苏北军区副司令员，苏南军区副司令员。新中国成立后历任苏南军区司令员，苏南行政公署副主任，江苏省军区司令员，南京军区副司令员。1955年被授予中将军衔。1977年10月12日在南京病故。

**刘别生(1915—1945)**

又名方自强。江西省安福县人。1928年9月参加中国工农红军。1929年2月加入中国共产主义青年团。1930年在攻打吉安的战斗中负重伤，转湘赣边区安(福)吉(安)边界做地方工作，任少共支部书记、区委书记、县委书记。不久任少共湘赣省委常务委员。1932年任湘赣少共国际团团长，后改任独立武装工作团主任，北路独立营副营长、营长等职。1934年冬转为中共正式党员。参加了中央革命根据地第一至第四次反“围剿”战斗。在第四次反“围剿”中又负重伤，转入萍、宜、安苏区休养。红六军团西征后被留在武功山区坚持游击战争，任湘赣游击队第四大队事务长、湘赣独立团连长等职。1937年抗日战争爆发后历任新四军第一支队班长、排长、副营长。同年底调新四军军部学习。1940年11月任新四军军部特务团团长。1941年初“皖南事变”后率领军部卫士排奋勇突围，冲破国民党军队七道封锁线，转战苏中，后突围至苏南。同年任新四军第一师第二旅第四团团长。1943年初任新四军第一师第十六旅第四十八团团长，在苏南一带坚持抗战。同年秋新四军十六旅尾随日军南进，开辟郎(溪)广(德)长(兴)抗日根据地，率领第四十八团进驻长兴槐花磡，化名方自强，被群众称为“方司令”。后率部转战于苏浙皖地区，屡建战功，所部被誉为“老虎团”。1944年12月重创汪伪军第三十四师，歼敌近一个团。同年底率领第四十八团解放浙皖边境重镇——泗安镇。1945年1月任苏浙军区第一纵队第三支队支队长；6月初任苏浙军区第一纵队第一支队支队长；自2月至6月进行三次天目山反顽战。在6月4日的新登城战斗中，率部浴血奋战三昼夜，粉碎国民党军第七十九师的进攻，攻克浙江新登城。后不幸中弹牺牲。

**刘亨云(1913—1992)**

江西省贵溪县人。1913年9月生。1929年参加中国工农红军。同年加入中国共产主义青年团。1935年转入中国共产党。曾任红军第二十一师连长，红七军团参谋。同年3月随红军挺进师进入西南，曾任红军挺进师第一支队支队长、松(阳)遂(昌)游击队队长，坚持浙南三年坚苦卓绝的游击战争。1937年9月代表红军挺进师与国民党遂昌县政府谈判，达成和平解决协议。红军挺进师改编后任国民革命军闽浙边抗日游击总队教导队队长。1938年春随部队开往皖南，编入新四军后先后任营政委、营长、团参谋长。1942年7月受新四军军部派遣到浙东，参加开辟浙东抗日根据地的斗争。先后任第三战区三北游击司令部参谋长、浙东游击纵队参谋长、苏浙军区第二纵队参谋长等，多次参与指挥抗击日伪军以及反顽自卫战。1945年10月随浙东新四军北撤。解放战争时期历任山东野战军第一纵队第二旅旅长，华东野战军第一纵队第三师师长。新中国成立后历任华东海军后勤副司令员，东北公安部队副司令员兼参谋长，石家庄高级步兵学校副校长，浙江省军区副司令员、顾问。1955年被授予少将军衔。曾获三级八一勋章、二级独立自由勋章、一级解放勋章。1992年4月2日在杭州去世。

**刘　英(1905—1942)**

原名刘声沐。江西省瑞金县人。1918年高小毕业后辍学。1924年在松山小学任教员。1927年在瑞金城开米店,期间结识中共瑞金地下组织负责人,开始参加革命工作。1929年4月毛泽东、朱德率中国工农红军第四军进驻瑞金时参加红军。同年9月参加中国共产党。历任连政治指导员、营政委、团政治处主任、团政委、师政委、红九军团组织部长、师政委兼政治部主任、红七军团政治部主任。1934年7月红七军团组建中国工农红军北上抗日先遣队,任政治部主任,随部队转战闽东、闽北、浙西南、浙西和皖南等地。北上抗日先遣队在强大的敌人围剿下遭到失败,于1935年2月以先遣队先头部队与突围部队为基础,组成中国工农红军挺进师,任政委;3月与粟裕率领部队进入浙江,创建浙西南、浙南游击根据地,坚持闽浙边三年游击战争。期间任中共闽浙边临时省委书记兼省军区政委。1937年抗战爆发后主持与国民党地方当局达成和平协议,在浙江实现第二次国共合作。1938年5月担任中共临时省委书记;7月任浙江省委书记。1939年3月周恩来视察浙江时,在金华向周恩来汇报工作,并得到重要指示;7月在平阳主持召开中共浙江省第一次代表大会,会上当选为浙江省委书记兼组织部长、妇女运动委员会主任和出席中共七大代表;10月率领浙江出席七大的代表出发赴延安。抵达皖南中共东南局所在地待命时,因形势逆转,接中共中央指示返回浙江坚持斗争。1941年5月任华中局委员;7月任华中局特派员,负责指挥浙江、福建、江西三地区党的工作。1942年2月8日遭叛徒出卖被捕于温州;5月18日在永康方岩遭国民党当局杀害。

**刘述周(1911—1985)**

江苏省靖江县人。早年在南京、上海等地求学。1931年在上海参加反帝大同盟,同年加入中国共产党。1932年初受中共江苏省委委派,回靖江开展重建党的工作,任中共靖江县县委书记。后调上海沪东、沪西地区负责党的秘密交通、出版工作。抗日战争爆发后投入上海的抗日救亡运动,并在苏、皖交界处组织抗日游击部队,开展敌后武装斗争。1938年秋在武汉八路军办事处工作,曾受组织委派到国民党地方实力派石友三部队任政治部主任。1939年任重庆《新华日报》采访部主任,后又任中共中央华中局党报《江淮日报》副总编。1941年调新四军政治部敌工部工作,任中共淮海区委敌工部部长。1945年5月任浙西区党委秘书长;8月任苏浙区党委民运部副部长,后任部长。解放战争时期历任中国人民解放军第三野战军特种兵纵队政治部主任、副政委、三野政治部秘书长,南京市人民政府秘书长,中共南京市委秘书长兼统战部部长。新中国成立后历任中共中央华东局工业部副部长,中共上海市委统战部部长,上海市人民政府副市长,中共上海市委候补书记、书记处书记兼市科委主任,中国科学院上海分院院长,交通大学校长,市外事领导小组组长等职。期间任上海市第一、第二、第三届政协副主席。1965年夏调北京工作,任中共中央统战部副部长。“文革”期间被关押八年之久,直到1975年4月始获释放。1978年后任中国科学技术协会党组副书记、科协副主席。著有《刘述周文选》。

**刘学询(1860—1936)**

字问刍,号耦耕。广东省香山县人。24岁中举人,31岁中进士。由于仕途不顺,遂回广州定居,包办“闱姓”赌博多年,很快成为广东巨富。成为巨富后广泛结交权要,成为有财有势的广东大绅士。1893年与在广州行医的香山同乡孙中山结识,两人此后多有交往。1899年7月以二品衔道员身份赴日本考察,通过日人宗方小太郎与孙中山秘密会见,并奉李鸿章之命与孙中山接触,希图利用孙中山诱捕康有为,没有结果。1900年春邀请孙中山赴粤;6月接孙中山的代表到广州秘密会谈,企图促成孙中山与李鸿章合作,在香港总督支持下实现“两广独立”,未遂。同年惠州起义后孙中山派代表到上海,请其代为筹款,并表示革命成功后可以奉其为“总统”或“帝王”主政。晚年退隐西湖,全力建造规模宏大的私家园林——水竹居,俗称刘庄(今西湖国宾馆)。1911年11月4日浙江光复后在杭州的产业包括刘庄,全部被浙江军政府宣布没收。后表示愿意协助中华民国南京临时政府向外国借款,由临时大总统孙中山出面斡旋得以收回在杭州的全部产业。民国后居杭州。经过40年的惨淡经营,造就了一个经典园林,成为他一生最重要的功业。1936年病故。著有《游学日本考查商务日记》。

**刘建绪(1892—1978)**

字恢先。湖南省醴陵县人。1892年10月3日生。1911年毕业于长沙府中学堂。1912年民国成立后就读于武昌陆军第二预备学校。1914年8月入保定陆军军官学校第三期炮科。1916年12月毕业后回湘军服役。1919年转入湘军唐生智部，任连长；1925年任团长；1926年任第八军第四旅旅长；1927年4月下旬升任第三十五军第二师师长。1928年3月任第三十五军副军长兼湖南“清乡”第三区指挥官。1929年1月任湘赣“剿总”第五路司令，参加对中央苏区的第三次“围剿”；4月任第十九师师长，随蒋介石讨伐桂系。1930年1月任“讨逆军”前敌总指挥；5月参加中原大战；9月任第二十八军军长；10月兼平（江）浏（阳）“绥靖”处处长。1931年兼湖南省保安司令部副司令。1933年3月兼湖南省政府委员。国民党发动对中央苏区的第五次“围剿”，任西路军第一纵队司令官。在中央红军离开苏区开始长征后，改为第一路“追剿军”司令官。1935年9月任第四路军总指挥；11月当选为国民党第五届中央候补执行委员。1936年9月加陆军上将衔。同年冬任闽浙赣皖四省边区“绥靖”公署主任，驻浙江衢州，指挥国民党军队“围剿”在四省边区活动的红军游击队。1937年5月至9月多次派代表与中共闽浙边临时省委进行合作抗日的和平谈判，达成协议，在浙江实现了第二次国共合作。同年8月淞沪抗战爆发后所部改编为国民革命军第十集团军，任总司令，负责守卫杭州、宁波一线。不久开赴淞沪战场参战，所属各师均被评为会战中战绩最佳之师。日军在杭州湾登陆后奉命据守平湖、嘉善一带，阻击日军沿沪杭铁路西进南下。12月杭嘉湖地区相继沦陷后率领所部退守钱塘江以南地区，凭借天险固守钱塘江，并时常派部队出击杭嘉湖地区的日伪军。为防止日军从沿海登陆浙江，成立宁波、温州两个放手司令部，负责守卫。1938年底任第三战区副司令长官，仍兼第十集团军总司令。1941年7月兼任第二十五集团军总司令。同年8月任福建省政府主席；10月兼任福建省保安司令部司令。1945年5月当选为国民党第六届中央执行委员。1948年9月免去福建省政府主席；11月任总统府战略顾问委员会委员。1949年春携家眷赴香港；8月13日在香港与黄绍竑、刘斐、龙云、李默庵等国民党中央委员、立法委员等40余人联名发表《我们对现阶段中国革命的认识与主张》，表示与国民党划清界限，拥护中国共产党建设新中国。1950年6月美国发动侵朝战争，因对形势估计错误，于1951年初在香港报上发表反共启事，随后去巴西定居。1978年3月22日在巴西去世。著有《主闽七年忆旧》等。

**刘珍年(1897—1935)**

字儒席。直隶省南宫县人。1914年入南宫县立中学读书。1918年毕业后考入保定陆军军官学校第八期步兵科。1922年7月毕业后投奔奉系陆军第一师师长李景林，先后在该师任排长、连长。后又被保送至沈阳的东北讲武堂深造，学习结束后仍回原部队服役，改任炮击炮连长。1924年参加第二次直奉战争，战后升团附、营长、旅参谋长。1925年冬投奔直鲁联军，任褚玉璞部第十六旅旅长，因过失被褚重打100军棍且革去职务。1926年秋投奔直鲁联军总司令张宗昌，屈就直鲁联军模范团第二营营长。1927年该团扩编为两个旅，任旅长，归第二军军长张敬尧指挥。1928年4月下旬投奔国民革命军任暂编第一军军长兼第一师师长，仍驻胶东。1929年5月兼山东省政府委员，并在烟台创办陆军军官学校，自兼校长。1930年中原大战爆发后采取两面讨好的中立政策。中原大战结束后所部被南京政府缩编为第二十一师。1932年9月山东省政府主席韩复榘起兵进攻胶东，被迫自卫。南京政府下令停战，并决定将刘部调往浙江温州驻防。1933年1月至南京谒见蒋介石，要求恢复军的编制，遭拒绝；3月所部奉命从温州调往江西参与进攻红军；不久南京政府又电令将所部劲旅第三旅直属大本营指挥，愤然离开部队赴杭州“养病”。同年7月浙江省主席鲁涤平奉蒋介石密令将其软禁。1935年5月以顾祝同为审判长进行军法会审。同年9月被杀于南昌。

**刘　桢(1888—1916)**

字元豪。江西省萍乡县人。1906年入江西陆军小学堂，毕业后升入南京陆军第四中学堂。1911年10月10日辛亥革命爆发后到上海参加革命军，旋随孙中山任命的关外大都督兰天蔚北上。南北议和后北伐结束，解职南下。1912年秋入保定陆军军官学校第一期学习。1913年离校南下参加反袁的“二次革命”。革命失败后与夏仁卿等革命党人在上海组建机关，策划浙江“独立”。1914年4月运炸弹至杭州，事泄，脱险逃回上海；计划9月1日在杭州再次发难，并被推为临时总指挥。起义失败后返回萍乡老家，担任萍乡中学校监。1915年下半年袁世凯筹划复辟帝制，对革命党人实行严厉镇压政策，辞去校务，准备前往上海筹划反袁斗争，不料被袁世凯派遣的探子侦知，于同年12月被捕。次年1月10日在南昌英勇就义。

**刘清扬(1906—1959)**

化名李明扬、王一德。福建省福鼎县人。早年毕业于福建省立第三中学，毕业后回乡任小学教员。1935年1月参加革命活动，5月加入中国共产党。1936年8月任中共福鼎县委书记。抗日战争爆发后于1937年12月任中共浙西南特委委员。1938年10月任中共台(州)属特委书记；12月在乐清被国民党逮捕，未暴露政治身份，后出狱。1939年7月被选为中共浙江省委委员；10月任中共台(州)属特委书记。1940年5月在黄岩再次被国民党当局逮捕，后在押解途中被台(州)属特委武工队营救出来。1941年11月任中共台属总特派员。1942年2月在温州的中共浙江省委机关被国民党破坏后，经华中局批准，于年底率领台属一批党员骨干撤退到四明山，参加浙东地区的抗日游击斗争，曾任新四军浙东游击纵队四明自卫总队政治委员、四明地委书记。1945年8月新四军苏浙军区一部在浙东对日军展开大反攻，任新四军浙东纵队后勤部长。同年底苏浙地区新四军部队北上后留在浙东坚持斗争，任中共浙东工委书记。1947年10月在上海被国民党当局逮捕。1949年2月在党组织营救下出狱，先后担任浙东行政公署秘书长。新中国成立后历任浙江省干部学校办公室副主任，浙江日报社秘书长兼经理，公营厂矿联营处副经理，华东区黄麻办事处经理等。1955年在"肃反"运动中错捕入狱。1985年7月平反。

**刘　湘(1890—1938)**

字甫澄。四川省大邑县人。1890年5月15日生。早年先后就读于四川陆军弁目队、陆军讲学所和陆军速成学堂。1909年毕业后分发到四川新军服役。辛亥革命后经过多年的军阀混战，逐步成为四川境内实力最强的军阀首领，长期担任四川最高军政长官。1935年2月被南京国民政府授予陆军二级上将军衔。同年11月当选为国民党第五届中央执行委员。1936年11月任川康"绥靖"公署主任。1937年7月7日卢沟桥事变爆发后通电请缨，主张全国总动员，与日本拼死一战；8月7日到南京出席国防会议积极主战；8月20日任第二路预备军司令长官，率领川军出川参战；10月26日任第七战区司令长官兼第二十三集团军总司令，作战地境为江苏的太湖以西和浙北、皖南部分地区；11月20日国民政府发表宣言，宣布移驻重庆办公，立即发电"谨率七千万人，翘首欢迎"；22日乘船到南京，下令所部堵击在金山卫登陆后向浙江境内侵犯的日军，重点保持于广德、泗安方面。所部在浙西长兴、安吉等地与西侵的日军进行了英勇的抵抗，付出重大牺牲。1938年1月20日在汉口病故；1月22日被国民政府明令追授为陆军一级上将。

**刘湘女(1904—1990)**

原名吉谦，乳名正本。祖籍湖南省湘阴县，1904年生于安徽省南陵县。1925年靠半工半读的方式从私立上海大学毕业后进入上海《民国日报》任校对，从而结识时任副刊编辑的许绍棣。1927年任广西南宁《民国日报》主笔及新闻部主任。1928年应国民党浙江省党部宣传部部长许绍棣的邀请到杭州，担任浙江省党部宣传部指导科科长，后任部长秘书。1930年进入杭州《民国日报》工作。1934年6月16日杭州《民国日报》改名《东南日报》，任总编辑。1939年任东南日报社副社长，主持丽水版、云和版、杭州版社务，直至1949年4月去台湾。1947年被聘为宪政实施促进委员会研究委员会委员。先后当选为国民党浙江省党部执行委员，浙江省新闻记者公会理事，浙江省参议会参议员，杭州市参议会参议员。1948年当选为立法院立法委员。1949年去台湾，继续担任"立法委员"。1990年在美国去世。

**刘毓标(1908—1997)**

江西省横峰县人。1927年加入农民协会，参加年关暴动。1928年8月加入中国社会主义青年团。1930年转为中国共产党党员。1934年由地方工作转入中国工农红军。土地革命战争时期历任区委、县委组织部长、县委书记、皖浙赣省委组织部长兼独立团政治委员。在红军主力长征后坚持南方三年游击战争。1936年4月闽浙赣省委改为皖浙赣省委，任省委委员兼组织部长。独立团亦随之改为皖浙赣独立团，任团政治委员。1937年2月受命带领一个连去浙江找刘英、粟裕，了解中央对西安事变的方针政策；3月3日晚被俘，被押至衢县监狱，受到严刑拷打；8月5日经浙东红军与国民党谈判代表陈铁君交涉获释。抗日战争时期历任新四军一支队总务科科长，江北指挥部教导大队教导员，江北干部学校政治处主任，抗大五分校政治部副主任，新四军后方政治部组织科长，新四军直属政治处主任，五十二团政治委员，抗大第八分校政治委员，第二师干部教导团政治委员，第六旅副政治委员。解放战争时期任华东野战军第三十一旅、第三十二旅政治委员，第二十九军政治部主任。新中国成立后任军政治部主任、政治委员，华东军区装甲兵政治委员，江苏省民政厅副厅长党组书记、省政法办公室副主任、省革命委员会顾问、省政协副主席。1955年被授予少将军衔。1984年12月离职休养。

**齐耀珊(1865—?)**

字照岩。吉林省伊通县人。1889年中举人。1890年庚寅科进士。历任湖北巡抚衙门文案、武昌保甲总办、宜昌知府、汉口清丈局总办、湖北荆宜道道台、江海关道兼洋务总办、湖北省督练公所教练处总办、湖北提学使。1913年1月任北洋政府盐务筹备处处长。1914年3月被袁世凯任命为约法会议议员;5月被委任为参政院参政。1917年1月至1920年6月任浙江省省长。1920年6月下旬调任山东省省长。1921年5月任北洋政府内务总长兼饥馑救济会总理;6月督办京师市政事宜;7月任商务银行总裁;12月任北洋政府农商总长兼署教育总长。1922年兼任粮食调查委员会会长。同年4月免教育总长兼职,6月免农商总长职。去职后居天津,任农商银行总裁。1927年被安国军大元帅张作霖聘为政治讨论委员会委员。

**关　英(1905—1938)**

江苏省无锡县人。早年到上海当工人。1925年加入中国共产党,参加过上海工人三次武装起义。1927年大革命失败后先后担任共青团江苏省委组织干事,党中央派驻上海闸北区巡视员。1931年7月受中共中央派遣,与曾洪易、聂洪钧等三人到赣东北革命根据地传达党的六届四中全会精神,并参加苏区党委的领导班子。先后担任共青团赣东北特委书记,中共赣东北省委常委兼团省委书记,共青团闽浙赣省委书记,中共闽浙赣省委常委兼组织部长,中华苏维埃共和国第二届中央执行委员会委员,中共闽浙赣省委代理书记。中央红军主力长征后留在闽浙赣根据地坚持斗争。1935年2月任中共闽浙赣省委书记,开辟以马金岭为中心的开(化)婺(源)休(宁)游击根据地。1936年4月中共闽浙赣省委改组为中共皖浙赣省委,仍任省委书记;7月8日率领皖浙赣独立团和游击队攻克浙西开化县城。1937年率领部队从浙西前往浙南寻找红军挺进师时,在淳安霞源山遭到国民党军袭击,部队被打散,突围后隐蔽于江西省玉山县头山村,与党组织失去联系。1938年4月在南昌与党组织取得联系后受中共中央东南分局委派,赴赣东北动员坚持在磨盘山的红军游击队杨文翰部下山接受整编,被杨文翰误认为是叛徒惨遭杀害。后被追认为革命烈士。

**江渭清(1910—2000)**

湖南省平江县人。1925年参加中国共产主义青年团。1927年加入中国共产党,先后参加秋收起义和平江起义。曾任红十八军五十四师团政治委员、红军第三总医院政治委员、中共鄂东南道委书记兼军分区司令员、湘鄂赣抗日游击纵队纵队长,参加湘鄂赣苏区反"围剿"和南方三年游击战争。1937年抗日战争爆发后历任新四军第一支队第一团副团长、政治委员,皖南第一纵队副政治委员兼政治部主任,新四军第六师第十八旅旅长、第十六旅旅长、第十六旅政治委员,苏皖区党委书记,苏南行政公署主任等职。1944年率领第十六旅挺进苏浙皖边,开辟郎(溪)广(德)长(兴)抗日根据地。1945年春与粟裕率领的新四军第一师主力在浙北会合后,任苏浙军区第一纵队政治委员,后兼苏浙区党委委员,率部参加浙西天目山三次反顽自卫战。同年10月苏浙军区部队被撤后历任华中军区新六师政委,华东野战军第六纵队政委,第八兵团副政治委员兼政治部主任,参加了著名的七战七捷、孟良崮、渡江战役。新中国成立后历任中共南京市委副书记兼警备司令部司令员,江苏省委第一书记,华东局书记,江西省委第一书记兼福州军区政委,是中共第八、第十届候补中央委员,第十一届中央委员,第十二、第十三届中央顾问委员会委员。2000年6月16日在南京去世。

**汤元炳(1909—1995)**

江苏省南通县人。1909年3月12日生。早年就读于南通英华职业学校、上海浦东中学、同德医学院。1925年参加"五卅"反帝爱国运动。同年10月加入国民党。1927年"四一二"反革命政变后愤然脱离国民党,8月加入中国共产党。1928年1月在杭州从事中共地下活动时被捕入狱,与党失去联系。1934年出狱后赴日本东京法政大学留学。1937年毕业后回国,任上海中国棉业公司余姚分庄主任、福建省国民经济建设运动委员会工商调整组组长、农产调整委员会汉口棉业办事处代总务课长。1943年后任重庆中国纺织企业公司襄理,国民政府财政部花纱布管制局棉产处副处长。1945年抗战胜利后任浙东纺织公司筹备处主任,中国纺织企业公司襄理、协理、代总经理,上海国棉联购处业务处长,杭州杭江纱厂经理。1949年后历任浙江省各界人民代表会议协商委员会副主席,浙江省人民委员会委员,浙江省人民政府工矿厅经理室主任、省公营厂矿联营处经理、省土特产联营公司经理,浙江省副省长、省政协副主席,浙江省工商联秘书长、副主任委员、主任委员,全国工商联第二、第三届执行委员,第四届常务委员,第六届顾问。第二、第三、第四、第五届全国政协委员,第六、第七届全国政协常务委员,民建第三届中央副主任委员,第四、第五届中央委员。1980年任浙江省华侨投资公司经理。1982年改任浙江省国际信托投资公司董事长。1995年1月批准加入中国共产党。同年4月5日在杭州去世。

**安体诚(1896—1927)**

又名存增,字存斋,笔名存真,化名灿真。直隶(今河北)省丰润县人。早年就读于天津法政专门学校附属中学,后升入该校本科。1917年毕业后赴日本留学。1918年入日本京都帝国大学经济学部学习,受河上肇的影响开始接触马克思主义。1921年夏毕业回国,回母校任教。同年9月参与创办天津工余补习学校。1922年经李大钊介绍加入中国共产党。曾任中国劳动组书记部北方分部领导成员兼天津特派员、中共北京区委委员,一度担任中共北京区委秘书。同年9月利用北洋政府交通部密查员身份参与领导京奉铁路山海关、唐山两地铁路工人罢工。1923年春调任杭州法政专门学校政治经济系教员,先后担任中共杭州支部书记、中共上海区执行委员会第五组(杭州组)组长、中共杭州支部书记、《向导》杭州发行部主任。1924年3月被选为国民党浙江省临时党部执行委员,负责宣传工作。1925年"五卅"运动后被派往西安,以中共北方区委特派员身份帮助整顿党务并开展兵运工作;9月任国民军第三军军长孙岳的秘书,参与组织成立国民党陕西省临时党部。不久主持成立中共西安特别支部,任书记。同年底被调到北京大学任教,参与中共北方区委和国民党北京市党部组织部的领导工作。1926年3月赴广州黄埔军校工作,先后担任军校政治教官、政治部宣传科科长、中共党团干事,并兼国民党黄埔军校特别党部宣传委员会委员,主编《黄埔日刊》,兼第六届广东农民运动讲习所及广州劳动学院教员。1927年广州"四一五"反革命政变后被迫率部分中共党、团员自黄埔军校转移至上海寻找党中央。不久被国民党右派特务分子逮捕。同年5月16日在上海龙华英勇就义。

**许宗武(1892—?)**

别号继能。广西省(今广西壮族自治区)临桂县人。1914年11月从保定陆军军官学校第一期毕业后回广西到陆荣廷的旧桂系军队服役,后成为李宗仁为首的新桂系集团的将领。1926年春任国民革命军第七军第四旅第七团团长。北伐战争开始后所部随广西省政府主席黄绍竑留守广西,参与两次粤桂战争、桂系军阀内部的混战以及中原大战,曾任广西新编第十六师第二旅旅长、中央军校第一分校(南宁分校)军事教官。此后成为新桂系集团内黄绍竑系干部。1934年底随新任浙江省政府主席黄绍竑到浙江。1935年任浙江丽水保安第四分处处长。1936年6月至1937年10月任浙江省第九区行政督察专员兼保安司令。1938年8月20日至1940年4月24日任浙江省第八区行政督察专员兼保安司令。后任温台防守司令,钱塘江南岸指挥官。1943年12月10日被国民政府授予陆军少将军衔。

**许信焜(1904—1937)**

江西省横峰县人。1930年参加红军,同年加入中国共产党。1934年7月任抗日先遣队机要秘书。1935年2月起任红军挺进师政委会秘书长、中共闽浙边临时省委委员、闽东独立师政委兼政治部主任、中共浙西南特委书记。1937年4月率领挺进师第二纵队与国民党军进行战斗。同年6月在龙泉锦溪乡遭国民党保安队袭击而牺牲。

**寻淮洲(1912—1934)**

湖南省浏阳县人。1912年8月29日生。1927年初加入中国共产主义青年团;9月参加毛泽东领导的湘赣边秋收起义,并随起义部队上井冈山。1928年加入中国共产党,先后任中国工农红军第四军排长、连长、团长,红三军团第三十五师师长。1933年任红军第二十一军军长。同年12月担任红七军团军团长,并当选为中华苏维埃共和国中央执行委员。1934年红七军团改为中国工农红军北上抗日先遣队。同年11月4日成立红十军团时被降职为第十九师师长。忍辱负重,奉令先行出击浙皖边,继续率部英勇作战,连连取胜。根据中央军区命令,红十军团第十九、第二十师在太平县汤口胜利会师。12月14日红十军团在谭家桥地区设伏,将敌打乱,但阵地很快即被敌组织的优势兵力冲垮,军团固守的制高点乌泥关也被敌夺去。亲自指挥,率部猛攻,将制高点夺回,但小腹负伤,流血不止,被抬往茂林医院医治。由于伤势过重,于15日牺牲。

**阮英平(1913—1948)**

又名玉斋。福建省福安县人。1913年9月24日生。早年当过学徒、木工。1931年参加革命,1932年加入中国共产党。1933年冬在家乡参加农民武装斗争,任福安县苏维埃政府军事委员。1934年初任中共(福)安(宁)德县委书记兼县独立营政治委员;6月兼任中共闽东特委委员;10月中央红军主力长征后奉命留在当地坚持斗争,先后任中共闽东特委组织部部长、闽东军分区司令员、闽东军政委员会副主席。1938年2月闽东红军改编为新四军第三支队第六团,任副团长,后改任该团政治部主任。部队开到皖南集中后被组织派往延安中共中央党校学习。1939年9月回皖南,在新四军军部任政治协理员。1941年后历任新四军第一师第一旅第二团政治委员,第一旅政治部主任兼苏中三分区政治部主任。1945年1月率领所部南下浙西长兴,任苏浙军区第三纵队政治委员,参与指挥三次反顽自卫战。1946年任华东野战军第一纵队一师政治委员。1947年根据中共中央华东局和华东野战军党委的决定回到福建,先后担任中共闽浙赣省委常委兼军事部部长、中共闽东特委书记等职务。1948年2月3日在福建宁德县境内一次行军途中与国民党军队发生遭遇战,被歹徒杀害。

**孙中山(1866—1925)**

名文,字德明,号逸仙,1897年在日本进行革命活动时曾化名中山樵,后遂以中山化名行世。1866年11月12日生。1895年发起成立兴中会,开始推翻清王朝的民族民主革命斗争。1905年8月在日本东京成立中国同盟会,被推举为同盟会总理,成为中国民主革命的领袖。先后领导了10次反清武装起义。1911年10月10日武昌起义爆发后各省纷纷起义响应,相继宣告光复,脱离清政府的统治。1912年元旦在南京宣誓就任中华民国临时大总统,宣告中华民国成立。生前四度亲临浙江视察。1912年11月8日接受袁世凯委任的全国铁路督办后由安徽芜湖抵达杭州,旋赴上海。沿途演讲,宣传修筑铁路的重要性。1912年12月9日上午由上海启程,专车经松江、嘉兴、硖石、斜桥、长安等站,于下午抵达杭州,在法政学堂出席国民党浙江支部举行的欢迎会上发表演说,高度赞扬浙江革命党人在辛亥革命中的功绩,阐述实现民生主义的四大纲领——“节制资本、平均地权、铁路国有、教育普及”;10日凭吊西湖边的秋瑾烈士墓,题写“巾帼英雄”横额及楹联:“江户矢丹忱,多君首赞同盟会;轩亭洒碧血,愧我今招侠女魂。”同月11日视察江干地区的铁路、钱塘江水道、之江学堂和湖墅地区的商业;13日乘车返沪。1916年8月16日至26日第二次到浙江考察。期间18日在杭州午宴时发表即席演说,勉励浙人各尽其力,使浙江“成为全国之模范”;19日下午在浙江省议会讲演,强调地方自治“乃建设国家之基础”;晚上在陆军同袍社的演说词中主张采用五权分立,以救三权分立之弊;20日起赴绍兴、宁波;21日在绍兴各界欢迎大会上发表演说,高度评价秋瑾、徐锡麟、陶成章三位烈士的贡献;22日离绍兴到宁波,在宁波各界欢迎会上以地方自治为题,发表演说,提出“振兴实业”、“讲求水利”、“整顿市政”重要内容;25日乘军舰视察舟山群岛、象山港、三门湾,考察建筑军港的条件;26日乘舰返回上海。同年9月15日第四次到浙江,偕夫人宋庆龄等到海宁盐官观看钱塘江大潮。

**孙传芳(1885—1935)**

字馨远。山东省历城县人。1885年4月17日生。1902年8月经姐夫王英楷引荐,入保定北洋陆军练官营当学兵,编入步兵科第三班。练官营毕业后免考保送入保定陆军速成武备学堂第一期步兵科。1904年夏毕业,经考试合格,于同年8月赴日留学,先入东京振武学校。1906年毕业后分发到日本陆军第十师步兵联队充士官候补生。1907年11月入东京陆军士官学校中华队第六期学习。1908年12月毕业后又回原步兵联队见习三个月。1909年3月回国;11月经清政府陆军部考试后授予步兵科举人,旋派充北洋陆军第二镇第三协第五标教练官。1912年春第二镇改为第二师,任第二师辎重第二营营长。1913年随师长王占元赴河南“围剿”白朗起义军。不久王占元率第二师进驻湖北兼任湖北军务帮办后,升任该师步兵第六团团长。1917年1月任第二师第三旅旅长;10月任第二十一混成旅旅长。1918年任湖北暂编第一师师长。1920年8月任第二师师长兼长江上游总司令,坐镇宜昌。1922年12月奉曹锟、吴佩孚之命率所部第二师与周荫人一同入闽,准备夺取福建地盘。1923年3月刚到福建即被北京政府任命为福建军务督理。1924年6月被北洋政府授予陆军上将军衔;9月江浙战争爆发;9月中旬被北京政府任命为闽浙巡阅使兼浙江军务督理。1925年10月自封苏、浙、皖、赣、闽五省联军总司令兼江苏总司令。此时统辖东南五省,拥有军队数十万,成为直系后起的实力派首领。1926年夏与其他直系军阀宣布拥戴吴佩孚出山对抗国民革命军北伐;9月出兵迎战向江西进军的国民革命军,并亲赴九江督师。经数月激战,在江西损兵折将,被迫于11月狼狈逃回南京,将部队整编为15个师,准备再战。同时秘密北上天津,亲自向昔日对头、奉系军阀首领张作霖输诚,两人化敌为友。经商议决定成立安国军,推张作霖任总司令,与张宗昌分任副司令。1927年春国民革命军相继占领杭州、上海及安徽等地,直逼南京;3月将宁沪防务移交张宗昌率领的直鲁联军,江苏军务督理一职亦让予褚玉璞，又由毕庶澄驻守上海，自率五省联军总部人员退驻扬州。国民革命军自浙、皖展开钳形攻势，于3月下旬先后占领上海、南京，直鲁联军大败，仓皇北逃，孙军亦被迫渡江北撤。同年6月张作霖在北京成立安国军政府，自任大元帅，被张作霖任命为安国军第一方面军军团长。不久与张宗昌奉张作霖之命协同反攻徐州，击败宁方北伐军，一路追击到长江北岸。见宁方内部有隙可乘，于是孤注一掷，命令所部全部渡过长江。结果被国民革命军打得大败，损失兵力4万余人，从此一蹶不振。1928年春任鲁西前线总指挥，设总司令部于济宁。第二次北伐开始后所部三个军被国民革命军第一集团军击败，退回济南，随即北上，本人逃往沈阳，投奔张学良。同年12月29日东北"易帜"，接受国民政府领导。1929年1月10日杨、常事件发生后，潜赴大连。1931年"九一八"事变后全家迁往天津英租界居住，皈依佛门。1935年11月13日在紫竹林教堂诵经时被仇家施从滨之女施剑翘刺杀于经堂上，葬于北京香山卧佛寺。

**孙克骥(1917—2005)**

福建省崇安县人。1932年加入中国共产主义青年团。1937年5月加入中国共产党，曾任中共闽浙赣特委委员兼统战部长。1938年调至新四军，历任新四军第三支队政治部宣教科科长、苏北指挥第一纵队第四团政治处主任、新四军第一师第一旅第一团政治处主任、中共苏中地委宣传部部长。1945年4月随叶飞南下浙西，任苏浙军区第四纵队第十支队政治委员，参加浙西天目山第三次反顽自卫战。后率部南渡富春江，在浙东金萧地区开展抗日反顽斗争。解放战争时期历任华中军区政治部宣传部部长、华东军区海军政治办公厅主任等职。新中国成立后历任南京市公安局局长，公安部办公厅副主任，南京军区政治部主任、副政委等职。曾获一级解放勋章、二级自由独立勋章、一级功勋荣誉章。1955年被授予少将军衔。2005年3月病故。编著有《陈毅传》、《粟裕军事文集》和《粟裕论苏中抗战》。

**孙继先(1911—1990)**

山东省曹县人。1931年春投入孙连仲的第二十六路军新兵营当兵，不久随部队到江西"围剿"中央红军；11月参加第二十六路军宁都起义，被编入江西瑞金红军独立第四师教导大队，任区队长。1932年2月加入中国共产党。后历任红军连长、营长，参加二万五千里长征，是抢渡大渡河的十七勇士之一。1937年抗日战争爆发后历任八路军第一二九师第三八六旅第七七二团参谋长，一二九师挺进队队长，山东纵队第二支队支队长，第一一五师第二旅旅长、教导第一旅旅长，中国人民抗日军政大学第一分校(山东抗大分校)副校长，鲁中军区三分区司令员。解放战争时期历任山东省野战军(山东军区)第四师师长，华东野战军第八纵队副司令员，第三纵队代理司令员，第三野战军第二十二军军长。1949年4月下旬率领第二十二军胜利完成渡江作战，奉命向浙江进军，一举解放舟山群岛。新中国成立后历任第七兵团兼浙江军区参谋长，中国人民志愿军第二十兵团副司令员，西北第二十训练基地司令员，国防部第五研究院副院长，济南军区副司令员、顾问。1955年9月被授予中将军衔，荣获二级八一勋章、一级独立自由勋章和一级解放勋章。1988年被授予中国人民解放军一级红星功勋荣誉章。1990年4月病故。

# 七　画

**贡沛诚(1895—1986)**

江苏省武进县人。1917年毕业于南京高等师范学校。1925年考入江苏省立东南大学教育系,1927年毕业。1929年赴德国留学,入柏林大学经济地理系。1932年毕业回国后先后任国立中央政治学校训导,国立中央政治学校附设边疆学校副主任兼研究部边务组组长。1942年2月任甘肃省第一区行政督察专员。同年12月任甘肃省第六区行政督察专员。1945年5月任重庆市政府地政局局长。1946年5月至1949年2月任浙江省政府委员。1948年6月至1949年2月兼浙江省建设厅厅长。解放战争时期曾参加孙文主义革命同盟活动。新中国成立后任芜湖市第四中学地理教员。后任镇江市政协委员、江苏省民革顾问、民革中央团结委员会委员。著有《县政经验谈》、《鸟瞰河西走廊》等。

**严北溟(1907—1990)**

字渤侯。湖南省湘潭县人。1907年12月12日生。早年先后就读于长沙私立英数理化实习学校、广雅补习学校。1924年毕业后考入湖南省邮务管理局任邮务员。1927年5月加入中国共产党。长沙“马日事变”后与党组织失去联系。1928年考取湖南省政府秘书。1934年5月至1937年10月在浙江民众教育实验学校任教。同时还担任杭州《东南日报》主笔。1937年抗战爆发后随东南日报社迁至浙江金华,不久辞去主笔。1938年春受浙江省主席黄绍竑的委托,以中共中央《抗日救国十大纲领》为基础,执笔草拟《浙江省战时政治纲领》。该纲领经浙江省政府通过后成为浙江国共合作的政治基础;2月24日受命在金华创办《浙江潮》旬刊,任主编,并接受中共浙江省文委和金(华)衢(州)特委推荐的10余名中共地下党员担任该刊编辑;同时还兼任第三战区游击总司令部教导总队政治指导室主任。1939年春周恩来以国民政府军事委员会政治部副部长的身份到浙江视察,接受单独召见,面授机宜。同年底经浙江省政府主席黄绍竑同意,带10余名骨干(中共秘密党员)到抗日游击区的长兴任县长,使长兴的抗日工作有声有色。但也引起了国民党顽固派的注目,不得不于1941年3月离开长兴,回到金华。同月创办《浙江日报》,任发行人兼社长、总主笔。因报纸内容“赤色”,前后三次受到国民党当局的严重警告。1946年春《浙江日报》被迫改组;5月离开浙江到上海,先后担任私立大夏大学、私立光华大学、私立上海法学院、私立中国新闻专科学校教授。期间加入中国民主同盟。1949年春以秘书名义参加国民党和平谈判代表团赴北平,和谈破裂后随团起义留在北平。同年底从北京返回上海,担任复旦大学政治系教授。1952年院系调整后改任经济系教授。曾担任复旦大学哲学系中国哲学史教研室主任、校学术委员会委员,中国无神论学会理事,中国宗教学会理事,农工民主党上海市委员会委员。1990年3月14日在上海去世。著有《自然规律和社会规律唯物史观》、《论第二次世界大战》、《我国过渡时期的经济基础与上层建筑》、《社会主义制度下的劳动》、《孔子的哲学思想》、《辩证唯物主义和经济规律》、《中国古代哲学寓言故事选》、《儒道佛思想散论》、《中国佛教哲学简史》等。

**严忠良(1914—1937)**

江西省上饶县人。1930年参加方志敏领导的中国工农红军。1931年至1934年在工农红军部队中担任事务长。1934年7月所在部队编入中国工农红军北上抗日先遣队,即红七军团,一直在军团政治部政治宣传队工作。1935年1月红军北上抗日,先遣队在江西怀玉山失败后随失散部队转战于皖浙赣边区,坚持游击战争。同年11月任中共休宁县委书记。1936年7月奉命率领一支90人的游击队,从安徽省休宁经浙江省开化,进入遂安(今淳安)县白马地区,转战于遂安的白马、铜山、上坊和衢(县)常(山)县交界地区和千里岗山区的崇山峻岭之中。同年10月中共衢(县)遂(安)寿(昌)中心县委成立,担任书记。1937年2月3日雪夜在主持召开紧急会议时遭国民党军队包围,不幸中弹牺牲。

**严　重(1892—1944)**

字立三，别号劬园。湖北省麻城县人。1892年10月22日生。16岁入安徽陆军小学，毕业后进入北京清河陆军第一预备学校第二期。1918年9月毕业于保定陆军军官学校第五期工兵科，分发到北京政府参战军服役。1921年南下广州，先后任粤军第一师副营长、团附、团长。1924年任黄埔军校入学试验委员，参与黄埔军校筹建工作。军校开学后历任教官，第一、第二、第三期学生总队总队长，第四期训练部主任及军校教授部主任，有"黄埔良师"之称。1926年春任国民革命军第一补充师师长；6月任北伐军总司令部训练处处长；11月兼国民革命军第一军第二十一师师长。1927年1月率领所部第二十一师在北伐军东路前敌总指挥白崇禧的指挥下自江西进入浙西衢州，自西向东进攻北洋军阀孙传芳的部队，经过一个多月的激战，终于推翻了北洋军阀在浙江的统治。"四一二"反革命政变后因政见不同，遂辞去师长职务，只身乘车到杭州，脱去军装，换上僧衣，住进了天竺寺；10月任国民政府军事委员会军政厅厅长；12月任湖北省政府委员。1928年2月任湖北省民政厅长。1929年辞去所有职务，隐居庐山。1937年抗日战争爆发后应蒋介石之邀请出山；11月任湖北省政府委员兼民政厅长。1938年1月兼湖北省保安处长。1939年2月代替陈诚任湖北省政府代主席；6月任建设厅长兼代主席。1941年辞去本兼各职，从事著述。1942年7月任国民参政会第三届参政员。1944年4月30日在湖北战时省会恩施病故。著有《礼记大学篇考释》、《大学释义》、《大学辩宗》、《道学会宣言》、《庄子天下篇绪论之杂谈》、《严立三先生遗稿汇编》等。

**苏子谷(1884—1918)**

名戬，字子谷，学名元瑛(亦作玄瑛)，法名博经，法号曼殊，笔名印禅、苏湜。祖籍广东省香山县，1884年9月28日生于日本横滨。父亲苏杰生在日本横滨经商，为英商万隆商行买办。1890年入广东沥溪私塾，师从苏若泉。1896年赴沪师从西班牙牧师罗弼·庄湘，学习英文。1898年就读于横滨大同学校。1899年前往广州蒲间寺剃度，因偷食犯戒被逐。1902年入早稻田大学中国留学生部学习，经人介绍加入以民族主义为宗旨、以破坏主义为目的青年会。1903年考入日本成城学校，加入拒俄义勇队，参加军国民教育会。任吴中公学教授，兼任《国民日报》翻译工作，翻译雨果小说《悲惨世界》。同年12月赴香港访陈少白，寓居中国日报社。旋即赴惠州出家，法号曼殊和尚。1904年游历暹罗(今泰国)、斯里兰卡、印度等佛教国家，学习梵文。从越南回国后任教于长沙实业学堂，兼任明德学校、经正学校图画课。后加入华兴会，参与长沙起义策划工作。1905年主讲于南京陆军小学，结识新军标统赵声。1906年春重返长沙，执教于明德学堂。后应刘师培之邀，至芜湖主讲于皖江中学，兼任安徽公学课程。1907年因反清受到通缉，与刘师培夫妇东渡日本，参与《民报》编辑，从事梵文著述，撰写《梵文典》八卷。与章太炎等组织亚洲和亲会，以"反对帝国主义，而自保其邦族"作为宗旨。拟与鲁迅合办《新生》，因经费缺乏而未果。1908年前往南京祇垣精舍任英文教师，并讲授梵文。1909年应爪哇中华会馆邀请，任中华学校英文教师，在《汉文新报》发表《断鸿零雁记》。1912年春从爪哇回国后将《断鸿零雁记》在《太平洋报》再次发表，轰动一时，跻身于名作家行列。接着又创作了五部文言小说，《天涯红泪记》、《焚剑记》、《绛纱记》、《碎簪记》、《非梦记》，与《断鸿零雁记》合称"六记"，被誉为鸳鸯蝴蝶派的鼻祖。同年底前往安庆，任教于安徽高等学堂。后加入南社，与弘一、宗仰并称"南社三奇僧"。1913年与郑桐荪、沈燕谋合编《英汉辞典》、《汉英辞典》。1914年1月在东京谒见孙中山，加入同盟会，为国民党机关刊物《民国》撰写文章。1916年护国军起兵讨袁，前往青岛会晤居正，返沪与蒋介石、陈果夫时相过从。1918年5月2日在上海病故，葬于西湖孤山。

**苏本善(1909—1996)**

号德隆。湖南省湘潭县人。1909年9月20日生。先后毕业于黄埔军校第六期工兵科、陆军大学参谋班第七期。1937年抗日战争爆发后任第十集团军总司令部上校参谋，参加淞沪会战。1939年3月任浙江省定海县县长兼国民兵团司令，后任浙江省象山县县长兼三(门)象(山)守备地区指挥官。1942年任浙江省保安第三纵队少将司令。1945年4月任浙江省第三区行政督察专员兼保安司令。抗日战争胜利后离职返乡。1948年任湖南省保安司令部少将高参。同年秋加入中国国民党革命委员会。1949年初任华中军政长官公署少将专员；3月任湖南省财政厅长；8月在长沙参加起义。后任湖南省军政委员会顾问。1951年被捕，1961年12月获特赦。后经最高人民法院重新审理，决定撤销原特赦通知书，并按起义人员对待。后任湖南省政协常委，湖南省人民政府参事，湖南省黄埔军校同学会常务副会长，民革长沙市委副主委，民革中央团结委员。1996年7月5日在长沙去世。

**杨干凡(？—1937)**

湖南省人。早年参加红军，并加入中国共产党。1934年任红七军没收委员会主任。1935年2月任红军挺进师供给部副部长；3月随部队进入浙江开展游击战争，任红军挺进师政治委员会委员；5月任红军挺进师地方工作团团长，负责建立地方党组织及苏维埃政权；6月任中共浙西南特委副书记，参与创建浙西南游击根据地；9月挺进师主力南下后留浙西南坚持游击战争。1936年6月红军挺进师第二纵队政治委员兼政治部主任，率领该纵队转战于浙南、浙西南。1937年5月在庆元、龙泉交界处的遭遇战中牺牲。

**杨化昭(1890—？)**

字德敷。直隶(今河北)省容城县人。1912年8月入保定陆军军官学校第一期步兵科学习。1914年11月毕业后分发到北洋陆军服役。曾任第二十四混成旅第二团第三营营长等职。1923年福建军务督办李厚基下台后升任混成旅长。不久孙传芳率部入闽，将福建军务督办王永泉赶下台，身为王永泉部将于1924年夏率部北上，投靠浙江督军。卢永祥容留，将杨部改编为中央陆军第二十四混成旅(北京政府未予承认)。同年9月3日江浙战争爆发，未几卢永祥战败下野，杨亦随卢永祥下野，所部被孙传芳改编为江苏第一混成旅。1927年后曾任国民政府参谋本部高级参谋。

**杨文恺(1883—1965)**

字建章。直隶(今河北)省永清县人。早年中秀才。1902年入保定速成武备学堂。毕业后前往日本留学，先入日本振武学校，毕业后进入日本陆军士官学校中华队第六期步兵科。从日本毕业回国后到清朝近卫军任一等参谋。1911年10月武昌起义后以参谋的身份随第一军总统冯国璋前往汉阳同革命军作战。中华民国成立后任直隶都督府军务科长。1915年12月起任湖北将军(督军)公署军务课课长兼汉阳兵工厂总办。1925年1月交卸汉阳兵工厂总办，按照中华民国临时执政段祺瑞的意旨，由汉口赶往杭州，劝说孙传芳停止对进入浙江的皖系将领陈乐山的进攻。劝说不成，遂留在老同学、新任浙江军务督办孙传芳幕府，为孙传芳奔走各地联络。同年10月25日任五省联军总司令部总参议。1926年3月4日任北京政府贾德耀内阁农商总长。1927年1月宣布退隐，此后即在天津当寓公。1937年日军占领天津后顶住日本侵略者的威逼利诱，拒绝出山，保全了晚节。新中国成立后任天津文史馆馆员，在他人的协助下先后写成《孙传芳的一生》、《我所知道的陈调元》、《我在汉阳兵工厂与曹吴的关系》、《我在王占元幕下的活动片段》等文章，发表在全国及天津的文史资料选辑上，为后人留下了珍贵的资料。1965年6月在天津病故。

**杨　虎(1889—1966)**

字啸天。安徽省宁国县人。早年毕业于南京将弁学堂。后加入同盟会，并加入上海清帮，追随陈其美参加辛亥革命。曾任中华革命党江苏总司令、海军陆战队司令兼代理海军总司令，参与指挥肇和舰起义。与蒋介石同在陈其美手下，两人结拜为盟兄弟。1918年任广州大本营参军。1922年任广州非常大总统府卫士队长、参军。同年6月陈炯明在广州叛变，围攻总统府时率海军全力护卫孙中山突围登上停泊在珠江上的永丰号(后改名中山号)军舰，使之化险为夷。1923年任广东大本营参军兼海军处长。1924年任北伐讨贼军第二军第一师师长。1926年任国民革命军总司令部特务处处长。1927年3月23日随蒋奔赴安庆，纠合暴徒捣毁国民党(左派)安徽省党部、安庆市党部以及省工会、农会、妇协会等左派群众团体，屠杀、殴打革命者多人。同年4月初任上海警备司令。与陈群一起，在白崇禧指挥下成为上海“四一二”反革命政变的主要打手，在上海、杭州、宁波等地屠杀大批共产党人。1928年10月任国民政府参军处参军。1931年11月当选为中国国民党第四届中央监察委员。1932年7月至1935年任上海市政府保安处长。1936年1月被授予陆军少将；4月任淞沪警备司令部司令；1937年8月免职；11月因谋取重庆(陪都)卫戍司令未成，与蒋介石发生矛盾，开始同张澜、李济深、沈钧儒、章伯钧、祝世康等爱国民主人士接触，并经杨杰介绍认识周恩来。1945年被授予陆军中将；5月再次当选为国民党中央监察委员。1946年11月当选为制宪国民大会代表。1949年应邀请到北平，参加开国大典，并担任政务院顾问。1955年7月秘密勾结日本军国主义势力和台湾当局进行叛国通敌活动。案发后被捕受审。1959年9月中华人民共和国最高人民法院依法判处死刑，缓期两年执行，剥夺政治权利终身。1963年2月改判无期徒刑。1966年3月在北京病故。

**杨金山(1908—1935)**

江西省宁都县人。1932年参加红军，不久加入中国共产党。1934年编入红军北上抗日先遣队。1935年2月在江西省横丰县编入中国工农红军挺进师；3月随部队由江西进入浙江开展游击战争；5月后随挺进师第一纵队在松(阳)遂(昌)龙(泉)云(和)一带开辟游击根据地;6月任第一纵队政委,在挺进师政治部主任、中共浙西南特委书记黄富武的领导下进行浙西南根据地建设;9月国民党军向浙西南游击根据地大举进攻,与纵队长朱宝芬奉命率第一纵队跳出敌人重围,进军浙东,寻找浙东地下党,开辟新的游击区;11月在缙云玉环岭的一次战斗中牺牲。

**杨亮功(1897—1992)**

安徽省巢县人。1920年毕业于北京大学中文系,先后任天津女子师范教员、安徽省立一中校长。1922年赴美国留学。同年获斯坦福大学教育学硕士学位。1927年获纽约大学哲学博士学位。回国后历任第五中山大学(今河南大学)教授兼文科主任,上海中国公学副校长,安徽大学校长,北京大学教育系主任。1938年2月任国民政府监察院监察委员。1938年2月至1944年11月兼安徽、江西监察区监察使。1944年11月至1945年10月任福建浙江监察区监察使。1945年10月至1949年任福建台湾监察区监察使。1950年任台湾当局"监察院"秘书长,并被聘为"光复大陆设计研究委员会委员"。1954年任"考试院"考试委员。1959年为纪念台湾抗日英雄丘逢甲,与萧一山、丘念台等发起筹办逢甲大学。1968年任"考试院"副院长;1973年任院长;1978年卸任,受聘为"总统府资政",兼政治大学教授。1992年1月在台北去世。著有《早期三十年的教学生活》。

**杨洪才(1912—1989)**

原名欧阳普鑫,曾用名谭广。湖南省浏阳县人。1929年参加革命。1930年加入中国共产主义青年团。1931年转入中国共产党。土地革命时期历任红三军团第一师第三团连长,汀瑞游击队中队长、大队长。参加中央苏区历次反"围剿"和闽赣边三年游击战争。抗日战争初期曾任新四军第二支队第三团第二营营长、第二支队特务营营长,新四军第六师第十六旅独立第二团参谋长、团长,苏南第二军分区副司令员,新四军苏浙军区第二军分区副司令员。1943年底率领部队进入苏浙皖边,参与开辟郎(溪)广(德)长(兴)抗日根据地的斗争。1945年1月新四军苏浙军区成立后任苏浙军区第二军分区副司令员,参加天目山反顽自卫战;10月随新四军江南部队北撤,历任华中野战军苏中军区第二军分区副政委、胶东军区西海军分区副政委、华东野战军第十三纵队第三十九师副师长。新中国成立后先后任上海市嵩山区区长,上海市人民防空指挥部副参谋长,上海市民政局副局长,安徽省煤炭厅副厅长,上海市民政局顾问。1989年10月22日在上海去世。

**杨逢年(1892—1952)**

字澄宇。福建省龙溪县人。早年先后就读于福建陆军小学和武昌陆军第二预备学校。1914年2月入保定陆军军官学校第二期步兵科。1916年5月毕业后回福建地方部队服役。1927年春任国民革命军独立第四师(师长张贞)旅长,任杭州卫戍司令。1928年率部回福建。1936年11月被国民政府授予陆军少将。1938年任第四十九师第一旅旅长。后辞军职,当选为龙溪县参议会议长。1946年1月兼任国术馆馆长。

**杨善德(1856—1919)**

字树堂。安徽省怀宁县人。1856年出生于一个贫苦家庭,幼时以卖烧饼为生,稍长投毅军(淮军一支)当兵。后保送北洋武备学堂第一期学习,毕业后分发到抚顺炮台任台官。1895年甲午战争结束后投奔袁世凯,入天津小站新建陆军右翼步兵第二营任队官。1902年春任北洋常备军右翼步队第十营管带。1904年任北洋陆军第二镇步队第五标标统。1906年任北洋陆军第四镇第七协协统。1908年奉调浙江杭州负责编练新军,任浙江新军混成协协统。1910年任浙江新建陆军第二十一镇第四十一协协统,率领该协驻扎在浙江省会杭州城郊。1911年辛亥革命爆发前调任第四镇统制,离开杭州,也避免了新军起义后当俘虏的命运。1912年北洋第四镇改为陆军第四师,任第四师师长;9月19日晋升陆军中将军衔。1913年2月获袁世凯颁发的二等嘉禾章;7月"二次革命"爆发后率第四师一部随北洋第二军军长、江淮宣抚使冯国璋南下作战。在江苏、上海的反袁军被镇压下去后于9月13日被任命为江苏松江镇守使;次日加陆军上将衔,授勋三位。1914年7月18日被北洋政府加将军府将军。1915年10月授将军府克威将军称号;11月任淞沪护军使;12月5日肇和舰起义后根据袁世凯"将该舰击毁"的命令,会同在沪的海军司令李鼎新调遣军队镇压起义。因镇压革命党人有功,被袁世凯破格赐封为"一等伯爵"。云南护国战争打响后针对中华革命党人在上海潜伏准备暴动的形势,下令在上海、吴淞、闸北、浦东实行特别戒严。1917年1月1日任浙江督军;5月宣布浙江"独立";6月宣布浙江取消独立;7月张勋复辟后被任命为浙江"巡抚",未响应。1919年8月13日在杭州去世。次日北洋政府宣布追授陆军上将军衔。

**杨绵仲(1899—?)**

湖南省湘潭县人。早年毕业于国立北京大学,对中文有较深的造诣。1928年11月进入南京国民政府行政院任秘书。1929年9月至1931年6月任江西省政府秘书长。1930年10月至1931年12月任江西省政府委员。1931年12月至1934年12月任浙江省政府委员。1935年1月至1938年3月任浙江省政府委员兼财政厅长。1938年6月至1939年2月任湖北省政府委员兼财政厅长。1939年1月至9月任湖南省政府委员兼财政厅长。1940年初到重庆任财政部专门委员。1942年4月至1945年9月任财政部地方财政司司长。1945年5月至1948年10月任财政部国库署署长。1949年春任参政部常务次长。随国民党残余政府财政部南迁广州,不久再迁重庆。重庆解放前夕潜往香港,后转台湾。作为民国时期的著名理财家,一生清廉,安贫乐道,家无隔宿之粮。1949年后在香港、台湾等地生活,晚景凄凉。

**李友邦(1906—1952)**

原名肇基。祖籍福建省同安县,1906年4月10日生于台湾省台北县。1918年小学毕业后考入台北师范学校,在校期间加入蒋渭水等领导的台湾文化协会,积极参加反日活动。1924年3月与林木顺、林添进等人袭击台北新起警察派出所,遭到日本殖民当局通缉,连夜逃到祖国大陆。同年4月赴广州,9月进入黄埔军校第二期就读。1932年2月因在杭州从事革命被国民党逮捕,关押在浙江陆军监狱。1937年抗战前夕释放。1938年夏流亡到丽水等地,在中共抗日民族统一战线政策的影响下,于1939年在浙江金华组建台湾义勇队及台湾少年团。同年10月被国民政府正式委任为台湾义勇队队长兼"台湾少年团"团长,并授予陆军少将。台湾义勇队以浙江为主要活动基地,活跃于东南各省,从事抗日宣传、瓦解敌军工作,并在浙江设立三个台湾医院(分设于金华、衢县、兰溪),协助当地政府建立樟脑制造厂和药品生产合作社。1943年中、美、英三国发表《开罗宣言》,确定日本应将所窃取的中国领土,如东北三省、台湾、澎湖列岛等归还中国。台湾义勇队扩编为台湾义勇总队,升任总队长。同年兼三民主义青年团中央直属台湾区团主任。1945年12月率台湾义勇队返回台湾,不久被国民党台湾省当局下令解散。后任三民主义青年团台湾省支部团干事长。1948年经台湾省政府主席陈诚力邀出任国民党台湾省党部副主委,后任主委。1951年11月30日被台湾当局以"参加匪帮掩护匪谍,意图非法颠覆政府"的罪名加以逮捕。1952年4月在台北被枪杀。

**李立民(生卒年不详)**

安徽省含山县人。清末参加反清革命。民国初年在安徽政界任职多年。20世纪30年代初期曾任福建省闽侯县县长。1933年11月参与国民党第十九路军将领蒋光鼐、蔡廷锴等发动的福建事变。1938年春应新任浙江省政府主席黄绍竑的邀请到浙江。从1938年4月起任浙江省政府秘书长,一直到1945年5月为止,前后共七年成为黄绍竑的幕僚长。因为两人在诗词方面都有一定的造诣,公务之余,常诗词唱和。1945年5月7日免去浙江省政府秘书长职务,回到安徽,以地方绅士身份参与政治活动。

**李寿恒(1898—1995)**

字乔年。江苏省宜兴县人。1898年2月21日生。1918年春常州中学毕业后考入金陵大学农科。1920年7月赴美留学,先在密歇根大学,后转入伊利诺伊大学化学系,先后获学士、硕士、博士学位。1925年7月回国后到东南大学任教授,并在金陵大学兼课。1927年春应聘至浙江公立工业专门学校任教授兼应用化学科主任。后创建我国第一个化学工程科系——浙江大学化学工程系,担任第一任系主任,成为中国化学工程教育的创始人。同年8月工专改为第三中山大学工学院。1928年第三中山大学改为浙江大学,至1952年连续担任系主任25年。1936年5月兼浙江大学工学院代理院长。1947年8月任浙江大学教务长。至1956年先后任工学院副院长、院长,浙江大学教务长(含教务主任)各三次。1956年任浙大副校长。1950年至1965年先后兼任浙江(含浙大)化工研究(试验)所副所长、所长(主任)三次。1960年任浙江化工学院副院长。1964年任院长。1978年后任院学术委员会副主任、主任。1981年离休。1985年受聘为浙江大学名誉教授。先后被聘为浙江大学、浙江工业大学校友总会名誉会长。1951年加入中国民主同盟,曾任民盟浙江省委会委员、顾问。浙江省第二届人大代表,浙江省政协第一至第三届委员、第四届常委。

**李迎希(1902—1981)**

河南省商城县人。1926年参加农民运动。1928年参加农民暴动,同年加入中国共产党。在共产党领导的游击队任战士、中队长、大队长。1930年底鄂豫皖根据地主力红军整编为红四军后任第十师二十九团营长，后转到组建地方武装，历任独立团团长、独立师副师长。1932年8月任商城独立团团长；9月该团编入红四方面军十师后任师部参谋。1933年7月十师扩编为第四军，任第四军司令部参谋主任。长征结束后到延安抗日军政大学学习。1939年春在八路军第一二〇师先后担任第七一七、第七一八团参谋长。1944年随王树声南下纵队赴豫西开辟根据地，任该部四支队参谋长。1945年10月王树声部并入中原军区（新四军第五师），任河南军区参谋长。1946年任华东野战军第八纵队第二十二师师长。1948年8月任华东野战军山东兵团参谋长；9月中旬兵团指挥七个纵队攻打济南，激战八天八夜，攻陷济南，全歼国民党守军11万人。随即参与淮海战役。不久改任第三野战军第七兵团参谋长。渡江战役后协助司令员王建安、政治委员谭震林等，指挥第七兵团进军浙江。1949年5月3日解放杭州。随后第七兵团改组为浙江省军区，继续担任参谋长，指挥部队解放浙江全境。新中国成立后历任武汉军区第一副司令员兼参谋长、军区第一副司令员。"文革"开始后的1967年2月被停止工作。1975年离职休养。1981年5月武汉军区党委宣布给他平反；22日病故。

**李明扬（1891—1978）**

原名敏来，曾用名健，字师广。江苏省萧县人。1891年2月27日生。早年先后就读于南京陆军小学、南京陆军第四中学，在校期间加入中国同盟会。1911年参加辛亥革命，在江西都督李烈钧所部任连长、营长、团长并兼任湖口要塞司令。1912年秋入保定陆军军官学校第一期步兵科。次年5月离校南下参加"二次革命"。失败后去日本，入日本大森浩然学社学习，后赴德国柏林大学哲学系留学。1916年回国，参加护国护法战役。1926年春任国民革命军第三军第二十六团团长，参加北伐战争，任东路军先遣司令，自福建向浙江进军，经过一个多月的战斗，消灭了孙传芳在浙江盘踞多年的部队。1928年3月任第十七军副军长。1930年3月任江苏省政府委员兼江苏保安处长。抗战期间历任第五战区游击总指挥，苏鲁战区副司令，长江下游挺进军总司令，第十战区副司令长官兼淮南行署主任等职。1946年因"通共"嫌疑被软禁，保释后去上海做生意。1949年初奉代"总统"李宗仁之命到苏北与中共举行和谈，随即宣布起义。新中国成立后历任华东军政委员会委员，江苏省政协第一届委员会副主席，江苏省农林厅厅长，全国政协委员，第一、第二、第三、第五届全国人民代表大会代表，国防委员会委员，民革中央团结委员会委员等职。1978年11月17日在北京病故。

**李　挺（1908—1942）**

江西省九江县人。1929年5月毕业于南京中央陆军军官学校第六期政治科。1931年起历任国民革命军连长、营长、江西瑞昌县县长、南京中央陆军军官学校训育教官。1937年抗日战争爆发后历任武汉卫戍区伤兵管理处上校科长，第十集团军总司令部少将衔参议兼浙江省桐乡县县长。1942年4月14日在桐乡县境内对日伪作战时，被日伪军包围于桐乡县延泽乡，在突围时中弹牺牲。后被国民政府追授为陆军少将。

**李重才（1906—1936）**

江西省德兴县人。1930年参加红军，历任红十军战士、排长、连长、营长、红三十师第一团团长。1935年2月所部编入刘英、粟裕指挥的红军挺进师，任第一支队长；3月任挺进师第二纵队纵队长；5月根据红军挺进师政治委员会的决定，在福建、浙江交界的浦城、江山、龙泉、衢州等地作战；9月国民党军调集重兵对浙西南游击根据地进行大规模"清剿"，奉命率领挺进师第二纵队坚守阵地，部队受到严重损失，最后被迫率领余部突围至江山县，在江山、遂昌边境继续坚持斗争。1936年3月率领部队去浙南寻找红军挺进师主力，在福建浦城与国民党军发生遭遇战，不幸牺牲于浦（城）庆（元）边区。

**李　觉（1900—1987）**

字云波。原籍湖南省长沙县，1900年生于云南省威远县。早年毕业于贵州讲武堂。1923年8月自保定陆军军官学校第九期步兵科毕业后分发至湘军服役。1926年任国民革命军第八军第八团团长。1928年6月任第十九师师长。1934年至1936年先后任"追剿"军第一兵团第六路司令、第一路军第三纵队司令、第四纵队司令，参与对工农红军的围追堵截。1935年4月晋升陆军中将。1936年10月驻防浙江建德、桐庐一带；12月12日西安事变发生后率领所部第十九师驻温州—瑞安—平阳一线，在平阳设立闽浙边"清剿"指挥部，指挥部队"围剿"在浙南闽北一带活动的红军挺进师。1937年8月任第七十军军长，驻防宁波、镇海一带；9月在镇海与企图登陆的日军激战一个月。1938年6月至10月参加武汉会战。1939年9月参加第一次长沙会战。1941年3月参加江西上高会战。同年5月任第二十五集团军副总司令。1942年3月任第二十三集团军副总司令。同年夏升任第二十五集团军总司令，率部参加浙赣会战。1945年5月担任第三战区前敌总指挥，对新四军苏浙军区发起军事进攻。1946年6月至1948年8月任第一“绥靖”区副司令官。1948年9月任总统府参军处中将参军。不久改任第十四“绥靖”区副司令官。1949年1月任第一兵团副司令官；8月参与程潜、陈明仁领导的长沙起义。新中国成立后历任中国人民解放军第二十一兵团副司令员，中南军区高级参谋，民革候补中央委员、中央委员，全国政协委员、常委。1987年7月31日在北京病故。

**李家应(1910—1960)**

女。安徽省含山县人。李立民之女。南京中央大学文学院社会学系毕业后回安徽省建设厅工作。1938年春由时任浙江省政府秘书长的父亲介绍，参与筹建战时儿童保育会浙江分会。同年9月接替彭惠秀出任战时儿童保育会浙江分会第一保育院院长；旋跟随郁达夫、王映霞去武汉，准备去军事委员会政治部第三厅工作；10月武汉失守前重回浙江丽水碧湖，继续担任保育院院长。在保育院创办《儿童报》及儿童剧团。还协助浙江省政府主席黄绍竑夫人蔡凤珍组建中国妇女慰劳抗战将士总会。1943年日军逼近丽水，率保育院迁至云和县；1944年又迁往平阳。期间带领全院教职员工，垦荒千余亩，办起了农场、畜牧场，种植水稻、蔬菜等农作物。此外还修建校舍，创办工艺组，自己动手织布、做鞋、缝纫、织袜，基本解决了师生生活所需。1945年8月因健康状况不得已离开第一保育院，转入浙江省民政厅工作。1946年当选为制宪国民大会代表，出席在南京召开的制宪国民大会。1947年与宋美龄、熊芷(北京香山慈幼院院长)三人同时获得国民政府颁发的“八年抗战胜利纪念”勋章。新中国成立后被派往浙江干校学习，后在杭州佛教会任干事。1958年转入佛教会一家附属工厂工作。1960年在杭州病故。

**李硕勋(1903—1931)**

原名开灼、石心、陶，字叔薰。四川省高县人。1903年2月23日生。早年先后就读于四川叙府联合中学、四川省立第一中学。在省立一中学习期间参与四川省社会主义青年团的建立。1922年11月遭到四川军阀当局通缉，被迫转到北京弘达学院学习。1923年冬考入上海社会大学学习。1924年转为中国共产党党员。1925年在第七届全国学生代表大会上当选为全国学联总务委员(会长)兼交际部长；10月兼全国学联总会党团书记。1926年7月到广州出席第八届全国学生代表大会，当选为全国学联总会会长。同年底调共青团中央工作。不久派到国民革命军第四军第二十五师担任政治部主任。1927年参加“八一”南昌起义，部队被改编为国民革命军第十一军第二十五师，任党代表兼政治部主任(师长周士第)。起义失败后受前敌委员会委托，与周士第到上海中央汇报工作。1928年1月到上海向中央汇报工作后留在上海，任中共江苏省委秘书处秘书，不久任秘书长；5月被中央派往杭州，先后任中共浙江省委常委、组织部长、秘书长、浙江省委军委书记、代理省委书记。1929年3月调回上海，任中共沪西区委书记；9月任中共江苏省委常委兼军委书记，指导组建苏北红十四军，后失败。1930年春任中央军委委员兼江苏军委书记，成为周恩来军事助手之一，指导河南省组建红十七军；10月任江南省委(管辖江苏、上海、浙江、安徽)军委书记。1931年5月任中央苏区红七军政委(未到职)；6月改任广东省委军委书记，驻香港；8月赴海南岛主持军事会议，由于叛徒出卖，一上岛即被国民党逮捕；9月5日在海口英勇就义。

**李粹和(1911—1978)**

字仲白。湖南省衡南县人。1926年夏进入广州农民运动讲习所第三期学习。不久任国民革命军第六军某团秘书，参加北伐战争。北伐途中受伤回乡疗养。1927年湖南长沙“马日事变”前考入中央军事政治学校长沙分校学习。毕业后分配到湖南省常宁县任国民党县党部委员。因不满国民党发动反共政变而弃职。1929年考入湖南省立长沙第一中学学习。1932年考入国立中山大学中文系学习。1936年毕业后留校任哲学系教师。1938年弃文从武，到浙江金华投奔湖南同乡、国民革命军第十集团军总司令刘建绪，先后任第十集团军总司令中校、上校参议，浙西行署上校经济督察专员。1942年春任桐乡县县长。1944年11月被浙西行署主任贺扬灵以“莫须有”的罪名逮捕入狱。后经浙江省政府主席黄绍竑亲自过问、浙江省第三区行政督察专员苏本善将军作保，无罪释放。1946年秋回湖南，任湖南省立长沙第一中学教导主任兼训育主任，后任衡阳市政府教育科长。1949年7月1日任湖南省民防司令部少将办公厅主任，参与湖南和平起义。同年10月以起义将领身份进入中国人民大学法律专修科第一期学习。结业后任中南区司法部调研员，后任湖南长沙第三中学(今明德中学)、长沙第一中学高中部教师。1956年起任华南师范学院(今华南师范大学)中文系教师。1978年7月1日在广州去世。著有《浙西经济调查》、《浙西敌伪活动之纵横面》、《二十九年之海北政治》。

**李默庵(1904—2001)**

字霖生。湖南省长沙县人。1923年毕业于长沙师范学校,后考入湖南陆军讲武学校。1924年成为黄埔军校第一期学员。在校期间加入"中国青年军人联合会",并参加第一、第二次东征。1926年7月参加北伐,历任连长、营长、团长、旅长、师长等职。1935年4月被授予陆军中将军衔。1937年抗日战争爆发后任陆军第十四军军长,在山西忻口会战中任左翼兵团指挥官,指挥五个师与日本侵略军激战两周,后转战中条山游击根据地。1938年任第三十三军团团长。1940年任湘鄂赣边区总指挥,兼南岳游击干部训练班教育长。1942年9月任第三十二集团军总司令,驻防浙江境内,开展对日游击作战。期间围攻浙江境内的新四军部队。1945年5月当选为国民党第六届中央执行委员。同年8月15日日本宣布无条件投降后代表第三战区在浙江绍兴接受浙东地区日军投降。1946年6月后相继任第三方面军司令官、徐州第一"绥靖"区司令官。1948年春任长沙"绥署"副主任兼第十七"绥靖"区司令官,曾参与湖南和平解放。1949年夏移居香港;8月在香港参加原国民党高级军政人员44人联名的起义通电,表明自己对时事和政治的认识和主张,受到国民党政府的通缉。1951年移居阿根廷。1964年移居美国。1990年回北京定居。后任黄埔军校同学会副会长、会长,全国政协第七、第八届常委,中国辛亥革命研究会顾问。2001年10月27日在北京去世。

**连柏生(1908—1992)**

江苏省南汇县人。1922年高小毕业后考入上海邮务海关学院。1923年毕业后进入上海私立大夏大学。因家贫中途辍学回家。1924年起在原籍任小学教员。1937年8月13日日军进攻上海后结束教书生涯,在家乡开展抗日活动。1938年9月任南汇县保卫团第四中队中队长。1939年6月部队扩编为南汇抗日自卫团第二大队,当地民众亲切地称"连柏生部队"。1940年3月奉党组织之命至江南抗日义勇军参观学习。同年8月回到浦东,按照谭震林的指示贯彻"灰色隐蔽"的方针,打通国民党第三战区淞沪游击指挥部的关系,取得第三战区淞沪游击队第五支队的番号,任支队长。1941年"五支队"根据党的指示,分期分批由浦东向浙东转移,继续贯彻"灰色隐蔽"的方针,仍沿用"第三战区淞沪纵队三北游击司令部"的名义,任副司令。1944年1月担任浙东敌后临时行政委员会主席,颁布《浙东敌后临时行政委员会施政纲领》。1945年8月日本战败投降后于9月底开始北撤,至11月中旬到达苏北解放区。同年底带领部分干部组成干部团到东北工作,任辽宁省委委员、省财委副书记,兼任辽宁省政府财政厅、建设厅厅长。新中国成立后历任东北人民政府公路总局局长,中国人民志愿军公路工程总队长,国家交通部公路总局局长、部党组成员,中共中央中西南局计委副主任。"文革"期间遭到迫害。1971年恢复党组织生活,担任四川省科委副主任。1983年当选为四川省人大常委会委员,兼科教文卫委员会副主任。

**连　横(1878—1936)**

字武公,号雅堂。台湾省台南县人。1878年2月17日生。幼年在家塾发蒙。1897年因不能忍受日本殖民统治者的横暴,孑然一身到大陆,进入上海圣约翰书院求学。不久奉寡母之命回台完婚。新婚不久与10位诗友结浪吟诗社,文名日著。1898年被台南一家报纸聘为汉文部主笔。1902年再次到大陆,不久又返回台湾。1905年携眷移居厦门,创办《福建日日新报》,以激烈的言论宣传革命排满思想。清政府几度搜捕不获后串通驻厦日本领事馆强行将报馆封闭,回台湾。1906年与诗友创立南社。1908年举家迁徙台中,随即加盟《台湾新闻》。1912年第四次到大陆。1913年春为参加华侨选举国会议员到北京,不久周游全国。1914年春上书北京清史馆,自请修撰华侨志。不久接到馆长赵尔巽的聘书,再次到北京,阅读了清室有关台湾的全部档案。同年冬回到台湾,再入《台南新报》。次年移居台北。从此便专心从事《台湾通史》的撰写。1926年夏移家浙江杭州西湖北面的玛瑙寺,在此研究整理文学史料。1927年春返回台湾,创办雅堂书局,专门出售中国书籍。1933年春移居上海。1936年6月28日在上海病故。弥留之际嘱咐独子连震东:"今寇焰逼人,中日终必有一战。克复台湾即其时也,汝其勉之。"两个月后连震东生子,取名连战。著有《台湾通史》、《台湾语典》(稿本)、《台湾诗乘》、《剑花室文集》、《大陆诗草》等。在两岸共同推动下,杭州玛瑙寺已于2008年12月开辟为连横纪念馆。

**吴仲超(1902—1984)**

化名吴铿。江苏省南汇县人。1928年加入中国共产党。在上海、无锡等地从事党的地下工作,曾任中共南汇中心县委书记,上海沪东、沪西区委委员，无锡中心县委书记。抗日战争时期曾任新四军战地服务团副团长，中共苏南特委书记，新四军江南抗日救国军东路指挥部政治部副主任、西路指挥部政治委员，新四军第六师江南东路保安司令部政治委员，中共(津浦)路东特委书记，中共茅山地委书记等。1945 年 1 月苏浙军区成立后任苏浙军区政治部秘书长；6 月任中共苏南区党委书记兼苏南行署主任；9 月任中共苏浙区党委委员兼组织部部长、苏浙军区政治部秘书长；10 月北撤至苏北，任中共中央华中分局秘书长。新中国成立后历任中共中央华东局副秘书长兼华东人民革命大学副校长，中华人民共和国文化部部长助理，故宫博物院院长兼党委第一书记。1984 年 10 月 7 日在北京去世。

**吴咏湘(1914—1970)**

湖南省湘阴县人。1930 年 8 月参加中国红军游击队。1931 年加入中国共产主义青年团。1932 年转为中国共产党党员。土地革命战争时期历任红十六军军部谍报员，湘鄂赣军区独立营连长，第四十七团参谋长，独立营营长，东北分区参谋长。红军主力长征后在湘鄂赣边区坚持三年游击战争。1937 年抗日战争爆发后历任新四军第二支队第一团营长、第一团参谋长、第一支队司令部作战参谋，新四军第六师十八旅五十四团团长兼政治委员，第一师十六旅四十六团团长兼苏南军区第三分区司令员。1945 年元月奉党中央与新四军军部的决定，率领所部挺进杭(州)嘉(兴)湖(州)敌后地区，粉碎国民党顽军和忠义救国军的进攻，建立了杭嘉湖工委及八个县的抗日民主政权，任苏浙军区第一纵队第二支队长。解放战争时期历任雪枫大学教育长，苏中军区第一军分区司令员，华东野战军第十纵队第三十二旅副旅长、旅长，第三野战军第二十一军参谋长。1949 年 4 月渡江作战后随第七兵团进军浙江；5 月 3 日攻克杭州，随后相继解放温州、台州及整个浙东南沿海地区，并率部参加解放舟山群岛战役。1950 年 2 月任第二十一军副军长，1952 年 8 月任军长。1953 年 3 月率全军赴朝鲜参战。1955 年被授予少将军衔。荣获二级八一勋章、二级独立自由勋章、二级解放勋章。1956 年因病回国就医。1970 年 3 月在上海病故。著有《湘鄂赣人》、《战斗在鄂赣的红十六军》等。

**吴建功(1911—1951)**

又名吴中杰。江苏省南汇县人。1928 年参加革命。1929 年加入中国共产党。1931 年与党组织失去关系。1934 年参加上海进步群众团体“社会科学研究社”。1938 年春在中共浦东工委领导下与周大根等筹建南汇县保卫团二中队，任副中队长。1939 年春恢复党籍，根据党的指示打入伪军第十二路军第五团，任副营长。1941 年 6 月奉命率领部分浦东抗日武装南渡杭州湾，到浙东三北，参与开辟浙东敌后抗日根据地的斗争。1942 年 8 月三北游击司令部成立后任第四支队支队长。1944 年 4 月任中共慈(溪)(余)姚县办事处主任、慈(溪)(余)姚大队大队长。同年 11 月调回浦东，任中共浦东工委委员。1945 年 2 月任南汇县民主政府县长。同年 10 月随新四军浙东游击纵队北撤，先后任鲁南第二专署教育科长、浦东人民解放总队总队长等职。1948 年 5 月随浦东武装再次到浙东，任浙东游击纵队第五支队副支队长、政治部主任。新中国成立后任松江地委委员，松江专署第二副专员兼中级人民法院院长。1951 年在镇压反革命运动中蒙受不白之冤，2 月 25 日自杀身亡。1982 年 1 月 28 日平反。

**吴拯黎(1919—1941)**

原名进元，字乾龙，化名陈立云、谢永成等。江苏省川沙县人。1919 年 8 月 18 日生。早年先后就读于天后宫小学、上海敬业中学。1933 年夏进入海关当童工。1934 年春进入中华职教社附设的第二中华职业补习学校读夜校。先后参加中共领导的外围组织“中华民族武装自卫会”(简称武卫会)、职业界救国会(简称职救会)、二校同学会(后改组为知行社)、青年会的读书会等，后任“职救会”干事会成员，参加抗日救亡运动。1936 年春节前后在南市城隍庙附近的一次“飞行集会”上被国民党逮捕关进蓬莱路警察局拘留所。后组织上通过宁波同乡会名誉会长虞洽卿的关系，向国民党公安局集体保释出狱。同年考入京沪、沪杭两路局(今上海铁路局)当会计。不久调至苏州车站工作。1937 年“八一三”淞沪战争爆发后两路交通中断。自动离职回到上海，继续投入抗日救亡活动。同年下半年加入中国共产党。1938 年受上海地下党组织指派，参加“浙江青年回乡服务团”(又称“浙江旅沪回乡服务团”)。在丽水“回乡服务团”学习半个月后受浙江省战时物产调整处委派到景宁工作，公开身份是“乡村建设指导员”。同年 6 月撤离景宁，分配到中共金衢特委工作；7 月受中共金衢特委的委派，担任中共义乌县委书记；10 月参加国民党义乌县政工队，开展抗日救亡活动及推行“二五减租”等。1939 年 1 月任中共兰溪代理县委书记。不久因病到金华治疗；9 月兼任中共金华县委书记兼组织部长；10 月任中共金(华)衢

(县)特委委员。1940年7月金衢特委分为金属特委和衢属特委，任金属特委委员，不再兼任金华县委书记。1941年2月被任命为中共衢属特委宣传部长，化名谢永成，分管遂安(今属淳安县)、寿昌(今属淳安县)、淳安三县党的工作；11月初在淳安被国民党逮捕，后被押解到国民党浙江省党部，嗣后又被国民党闽浙赣三省边区"绥靖"公署党政指导处提到龙泉，受到严刑拷打，牺牲于狱中。

**邱相田(1916—1984)**

福建省上杭县人。1930年12月加入中国共产主义青年团。1935年1月转为中国共产党党员。1936年由地方转入红军部队。土地革命战争时期任少共上杭县委组织部长、中共闽西永太特委组织部长、闽西红军七支队政治处干事、汀杭县军政委员会副主席、中共汀杭县委书记，在闽西坚持三年游击战争。抗日战争时期任新四军二支队第四团组织股股长，苏皖支队政治部组织科长，新四军苏北指挥部三纵队八团政委兼政治部主任，新四军特务团政治委员。1942年12月奉中共华中局和新四军军部命令，率部到浙东，先后任三北游击司令部第五支队副政治委员、新四军浙东纵队五支队政治委员兼政治部主任、中共浙东四明地委书记。1945年10月奉命北撤后历任华东野战军一纵队三旅七团政治委员、三旅副旅长兼政治部主任，华东野战军一纵队三师政治委员，中国人民解放军第二十军六十师政治委员。新中国成立后任中国人民解放军第二十军政治部主任。1950年赴朝参加抗美援朝战争。回国后任第二十军副政治委员，南京军区装甲兵副政治委员，济南军区装甲兵政治委员，装甲兵学院政治委员，军委装甲兵政治部主任，解放军装甲兵副政治委员。当选为全国政协第六届委员。1955年被授予少将军衔，荣获二级八一勋章、二级独立自由勋章、一级解放勋章。1984年8月20日去世。

**何丰林(1873—1939)**

字茂如。山东省平阴县人。北洋武备学堂毕业后分发到袁世凯的新建陆军任官。1904年起先后任北洋陆军第一镇第二协第三标第三营管带，第四镇第八协第十五标标统。1912年5月任第四镇第八协协统。1913年后任北洋陆军第七旅旅长。1915年12月袁世凯称帝后被赐封为三等男爵。袁世凯死后归入段祺瑞为首的皖系。1917年12月至1920年9月任浙江宁台镇守使兼第六混成旅旅长。1919年10月任松沪护军使兼第六混成旅旅长。1924年9月江浙战争爆发后任浙沪联军第一军总司令，负责守卫上海；10月皖系战败，松江等地相继失守，随浙江督军卢永祥下野。1925年2月任善后会议会员。1927年6月至1928年6月任张作霖安国军大元帅府军事部长，并以兼任军事特别法庭审判长名义签署命令判决中共领导人李大钊等绞刑。北洋政府覆灭后再次下野。1931年任东北边防军司令长官公署首席参议。1936年12月被国民政府授予陆军中将。1938年叛国投敌后任伪华北政务委员会武官长等职。1939年病故。

**何　平(1900—1940)**

字裕培，号樾皋。湖南省宝庆县人。1900年1月19日生。早年就读于宝庆新学学堂及宝庆中学。1917年入北京清河陆军第一预备学校学习。1919年8月入保定陆军军官学校第九期步兵科。1923年8月毕业后回湘军服役。曾任国民革命军第八军(军长唐生智)第一师第一旅排长、连长，第三十五军(军长何键)第二师第六团第一营营长，第二十八军第十九师第一一二团团长，第十九师第五十六旅副旅长。1933年11月任第四路军总指挥部补充总队主任。1935年4月任第十六师第四十六旅旅长。1937年7月任第十六师副师长兼第四十六旅旅长，随即率部开往宁波担任海防任务，继开萧山；8月开赴上海南翔，参加淞沪会战，苦战三个月，大量杀伤日寇，被军事委员会评为战绩优良部队之一；11月任第十六师师长；12月开赴江西南昌整补。1938年6月率部参加武汉会战，转战马当、彭泽、湖口，尤以死守马鞍岭、覆血山不退，给日寇以重创，获第九战区司令长官部嘉奖。1939年4月参加南昌会战，因进攻失利，于5月间退守浙江金华。同月中旬调任第三战区干部训练团教育长。1940年夏日军在浙江杭州、宁波、金华、江山及江西上饶等地进行细菌战，结果染上伤寒病菌，经医治无效，于8月30日牺牲于金华永康县仁济医院。

**何克希(1906—1982)**

原名成孝，曾用名何静。四川省峨眉县人。1906年1月20日生。1929年在中学读书期间加入中国共产党。后在四川、上海等地从事党的秘密工作。1935年为策应中央红军长征入川，在峨眉县组织农民武装暴动。1938年秋至苏南，先后任江南抗日义勇军第三路军副司令员(实为政治委员)、江南抗日义勇军总指挥部副总指挥、新四军挺进纵队第二团政治委员、江南抗日义勇军东路司令部司令员、江南人民抗日救国指挥部副司令员、新四军第六师副参谋长。1942年7月受华中局和新四军军部的委派到浙东,任中共浙东区区委委员、三北游击司令部司令和浙东军政委员会书记。1944年1月三北游击司令部改名为新四军浙东游击纵队,任司令员,参与领导开辟发展浙东抗日根据地。1945年1月任苏浙军区第二纵队司令员,率部参加江南敌后抗日游击战争。同年10月率浙东新四军主力北撤。解放战争时期先后任山东野战军第一纵队第三旅政治委员,华东野战军第一纵队副司令员,第三野战军第三十五军政治委员,第三野战军兼华东军区特种兵纵队政治委员。新中国成立后历任华东军区特种兵司令部政治委员,华东军区装甲兵司令员兼政治委员,中国人民解放军军事学院装甲兵系主任,国务院第二机械工业部部长助理,浙江省政协副主席,全国政协委员等职。1955年被授予少将军衔、一级独立自由勋章、一级解放勋章。1982年12月17日去世。

**何应钦(1890—1987)**

字敬之。贵州省兴义县人。1890年4月2日生。1907年入贵州陆军小学堂。1908年冬毕业后被保送至武昌陆军第三中学堂。1909年冬赴日本留学,入日本振武学校。1910年加入同盟会。1911年武昌起义爆发后回国,在陈其美的沪军都督府任训练科一等科员,后任江苏陆军第七师第一旅第三团连长、营长。1913年参加"二次革命",失败后流亡日本,返回振武学校继续学业。1914年秋入日本陆军士官学校学习。1916年5月毕业。同年秋返回贵州,到黔军服役,历任黔军第一师第四团团长、贵州陆军讲武学校校长、贵州"讨逆军"第一支队参谋长、黔军第五团团长、贵州步骑炮工兵学校校长、贵州全省警务处长兼省会警察厅长、黔军第五混成旅旅长、黔军总司令部参谋长、贵州中央防区司令等,参与贵州军阀以及西南各省军阀之间的混战。1921年在贵州军阀派系中争斗失利,被赶出贵州,在昆明又被追踪而来的刺客刺伤,经抢救脱险后至上海养伤。1923年秋经内兄王伯群介绍,前往广州晋见孙中山,奉派为大本营参议。1924年6月任黄埔军校总教官。同年10月代理军校教练部主任;11月任军校教导团团长;12月改任教导第一团团长。1925年春夏率领教导第一团参加第一次东征及平定杨希闵、刘震寰叛乱;6月任国民党党军第一师师长;8月任国民革命军第一军第一师师长;9月参加第二次东征,在攻克陈炯明老巢后被任命为国民革命军第一军军长兼陆军军官学校潮州分校校长。1926年4月兼任中央军事政治学校教育长;10月任国民革命军东路军总指挥,指挥部队由粤东进军福建;12月攻克福州,兼福建临时政治会议主席。1927年1月指挥部队继续北上进军浙江;2月18日与白崇禧部队会师杭州;3月10日督师由杭州北上,经湖州、泗安,经略皖东南、苏南,于3月下旬进驻南京;4月参与"四一二"反革命政变;南京国民政府成立后任第一路总指挥、军事委员会常委;8月与第二、第三路总指挥李宗仁、白崇禧配合,取得龙潭大捷,歼灭孙传芳部主力。1927年10月至1928年11月兼浙江省政府主席。1928年2月任北伐全军总司令部参谋长;12月任国民政府训练总监。1929年2月兼任中央编遣主任;3月蒋桂战争爆发后任"讨逆军"总参谋长;打败桂系后于5月任武汉行营主任;10月主持讨伐冯玉祥;11月任广州行营主任,主持对广西桂系残部作战。1930年春主持讨伐唐生智的战争;3月就任国民政府军政部长,至1944年11月止,任职达14年余,成为国民党军队的管家;4月任武汉行营主任,统一指挥湘鄂赣粤各军对冯玉祥的西北军作战;击败反蒋派后于10月任郑州行营主任,主持西北善后。1931年2月兼南昌行营主任,指挥20万国民党军对中央红军进行第二次"围剿";7月以参谋长名义协助蒋介石指挥30万国民党军对中央红军发动第三次"围剿"。1932年4月任赣粤闽湘边区反共总司令,参与第四次"围剿"。1933年3月任军事委员会北平军分会代理委员长,驻扎北平主持对日交涉,推行妥协投降的路线,先后签署《塘沽协定》和《何梅协定》,出卖华北与平津地区的主权与领土完整,企图维持苟安局面。1935年3月授予陆军一级上将。1936年9月任广州行营主任,主持两广事变善后;12月12日西安事变爆发后被授予国民党军队调遣全权,并任"讨逆军"总司令,主张武力讨伐西安,营救蒋介石,这一错误行为后被制止。1937年6月任川康军事整理委员会主任委员,主持川康整军会议。1938年1月任国民政府军事委员会参谋总长,成为军事委员会幕僚长,参与指导国民党正面战场一系列重大会战。1940年底与1941年春参与策划震惊中外的"皖南事变"。1944年11月辞军政部长;12月在昆明就任中国陆军总司令,先后指挥长衡会战、滇西作战和湘西会战。1945年9月9日代表中国政府在南京接受日本投降。1946年4月任军事委员会重庆行营主任;6月奉派担任联合国安全理事会军事参谋团中国代表团团长兼驻美国军事代表团团长。1948年3月回国,参加行宪国民大会,当选为主席团主席;5月至11月任行政院政务委员兼国防部长，协助行政院长翁文灏支撑已经接近失败的反共内战。1949 年 3 月任行政院长；4 月兼国防部长，拒绝双方代表团达成的和谈条件；5 月辞去本兼各职。不久去台湾，历任“总统府战略顾问委员会”主任委员、“中日文化经济协会”会长、国民党中央评议委员、“国民大会代表”、“总统府战略顾问”等。1987 年 10 月 21 日在台北去世。

**何柱国(1897—1985)**

字敬止，号铸戈。广西省(今广西壮族自治区)容县人。早年毕业于广东陆军小学堂。1914 年入武昌陆军第二预备学校学习。1916 年冬毕业。1917 年 2 月入保定陆军军官学校第六期。次年赴日本留学，入日本陆军士官学校中华队第十一期骑兵科。1919 年回国后任保定陆军军官学校骑兵科教官。1921 年秋升任少校骑兵队队长。1922 年前往沈阳投奔奉系军阀首领张作霖，先后任东三省讲武堂战术教官兼骑兵科主任、作战科长、团长、旅长。1931 年 1 月任东北军独立第九旅旅长。“九一八”事变后在山海关与日军激战。1932 年 7 月任临永警备司令。1933 年 1 月任东北军第五十七军军长，参加长城抗战。1935 年 4 月授予陆军中将；8 月任东北军骑兵第二军军长；9 月率部赴陕北参加“围剿”红军。西安事变爆发后全力支持张学良，拥护中国共产党关于和平解决事变的正确主张。1937 年 4 月任军事委员会委员长西安行营副主任，后兼豫皖苏三省驻军整理委员会委员；8 月 31 日再任骑兵第二军军长，参加华北抗战。1940 年春任豫皖苏边游击副总指挥，后又任第二军团军团长。1941 年 5 月任第十五集团军总司令。1945 年 1 月任第十战区副司令长官兼临泉指挥所主任；5 月当选为中国国民党第六届中央监察委员；10 月获胜利勋章。抗战期间在晋西北、陕甘宁、豫东、皖北等地与贺龙、彭雪枫等领导的八路军、新四军密切配合，协同作战，有力地打击了日寇。两次访问延安，受到毛泽东、周恩来、朱德等领导的热情欢迎接待。抗日战争胜利后违心接受国民政府主席东北行营副主任兼参谋长及东北护路军总司令的任命，但因双目突然失明被迫赴美国就医，治疗无效而返。1947 年春举家迁居杭州。1948 年 5 月退役。1949 年 5 月杭州解放前夕拒绝去台湾；3 日杭州解放当天，即以个人名义向中共中央主席毛泽东发出贺电，毛泽东随即复电嘱咐安心在杭州疗养。杭州解放后先后担任全国政协委员、常委，民革中央委员、常委等职。1979 年由杭州移居北京。1985 年 9 月 3 日在北京去世。

**何　瓒(？—1939)**

字希甫。福建省闽侯县人。早年留学日本，毕业于日本东京帝国大学。回国后曾任南京国民政府驻日本、朝鲜等地总领事。1937 年底南京沦陷前对抗战前景感到绝望，拒绝随国民政府西迁，而独自跑到浙北莫干山观望形势。同年 12 月杭州沦陷后决定卖身投靠侵华日军，凭借与驻杭州的日本宪兵队队长若松茂平的同学关系，于 1938 年 6 月 10 日负责接管伪杭州市自治委员会；6 月 22 日任伪杭州市市长，为侵华日军效劳。1939 年 1 月 5 日以伪市长名义，发布所谓“一号通令”，对杭州人民实行横征暴敛；22 日黄昏在杭州积善坊巷寓所被国民党军统地下行动组陈夏生等枪杀。

**余龙贵(1908—2002)**

又名余龙魁、余彪。江西省弋阳县人。1926 年 10 月参加农民协会。1927 年 2 月加入中国共产主义青年团。1928 年 3 月参加江西弋阳、横峰县的农民游击队。1930 年 3 月转为中国共产党党员。土地革命时期历任江西弋阳八区游击队班长、队长，中国工农红军第十军军部机炮营班长、排长。1934 年 7 月随红军北上抗日，在国民党军队的围攻下遭受重大损失。1935 年 2 月与突围出来的数百名指战员一起，在粟裕、刘英的率领下，遵循中共中央东南分局的指示，组成红军挺进师到浙西南开展游击战争，先后任挺进师一大队连长兼指导员、一大队政治委员、师部党总支书记，在浙西南三年游击战中多次负伤。1937 年抗日战争爆发后红军挺进师编入新四军，任新四军第二支队支队长、新七团团长。1941 年任浙东游击纵队三支队支队长，在四明山区等地和敌人作坚决的斗争，为浙东抗日根据地的建立和巩固作出了重要贡献。1945 年春受浙东区党委委派，到浙南永(嘉)乐(清)抗日游击总队担任总队长，率领浙南游击队开展敌后游击战，消灭了一大批国民党反动武装。1949 年解放大军渡江南下后率部积极配合南下部队袭击溃散的国民党部队，大力肃清残敌，巩固地方治安，并积极发展和壮大部队，为浙江的解放作出了积极贡献。新中国成立后历任浙江军区警备一旅旅长，宁波军分区司令员，中国人民解放军浙江转业干部速成学校党委书记、校长，浙江省体育运动委员会副主任，浙江省政协第四届常委。2002 年 7 月在杭州去世。

**余光茂(1915—1998)**

江西省崇义县人。1915 年 10 月生。1930 年加入中国共产主义青年团。1931 年 4 月参加中国工农红军。1932年5月转为中国共产党党员。土地革命战争时期历任红三军团第七军第二十一师三十二团班长，红三军团第五师十五团代理排长、政治指导员。1934年10月参加二万五千里长征。到达陕北后曾任陕北红二十八军一团政治指导员兼连长。1936年6月入延安中国人民抗日军政大学学习。1937年10月从延安派到新四军工作，先后任新四军三支队五团宣教股股长、二营政治教导员，江南抗日义勇军第四路第一支队支队长、江南抗日义勇军一团三营政治教导员，新四军第一师一旅三团政治委员，江苏东台独立团团长，苏中二分区独立二团团长兼政治委员，新四军第一师一旅二团团长等职。1941年3月入华中盐城党校学习。1945年4月随叶飞率领的教导旅到浙西，任新四军苏浙军区第四纵队第十一支队支队长，参加浙西天目山第三次反顽自卫战争。解放战争时期历任华东第一纵队一旅参谋长，华东第四纵队第十一师副师长、第十二师副师长，第三十军第八十九师师长等职。新中国成立后历任第二十军第八十九师师长、第二十军副参谋长、副军长、军长，上海警备区副司令员，安徽省军区第一副司令员、司令员兼中共安徽省委常委。1955年被授予少将军衔。1988年被授予中国人民解放军一级红星功勋荣誉章。是第四、第五届全国人大代表。

**余孟庭(1874—1908)**

又名孟亭。安徽省巢县人。幼年习武，任侠尚义，不屑于从事农商。1893年到浙江，入清军李德胜湘营充当营勇。后又考入吴福海营，任私盐缉捕队哨官。吴福海营解散后居无定所，漂泊于苏州、松江、嘉兴和湖州之间，以赌博为业，被清吏捕入秀水监狱。越狱后潜往震泽，遇枭魁管大，后被推为枭党领帮。1907年徐锡麟发动安庆起义后，清廷派重兵南下，乃主动出击，大败清兵，枭党军势大振。两江总督端方大惊失色，命令江浙清军联合进剿。辗转与清军战于苏州、松江、嘉兴、湖州、南京、杭州之间，大小40余战，亲自指挥20余次，战无不胜，坚无不克，斩杀清兵及团勇2000余人、将校百余名。1908年2月与夏竹林率部与清军鏖战二日，胜负未决。枫泾之役，枭党精锐丧尽，死者近300余人。借着夜幕掩护潜走，欲由浙江返回安徽，纠集幼年同时习武者，集结江南枭党余部，东山再起，与清军一决雌雄。同年3月17日扮成乡民投宿青浦县弥陀港土地庙，不幸被捕，押往苏州。清军欲以哨弁武职利诱，以招降枭党余部，断然拒绝。1908年3月26日在苏州王废基校场遇难。

**谷正纲(1902—1993)**

字叔常。贵州省安顺县人。1921年毕业于贵阳南明中学。同年8月赴德国留学，先入柏林工业大学学习机械工程。次年2月转入柏林大学哲学系。1924年在德国加入国民党。1925年从柏林大学毕业。1926年赴苏联莫斯科中山大学受训。1927年回国后任国民党中央青年部秘书；不久任国民党中央党务学校训育主任。1931年当选为国民党第四届中央执行委员，并任中央组织部副部长。1934年任南京国民政府实业部常务次长。1937年抗日战争爆发后任军事委员会第五部副部长，主管社会救济与福利工作。1938年初任第三战区政治部主任。同年8月任浙江省党部主任委员，仍兼第三战区政治部主任。1940年10月至1949年3月任国民政府社会部部长。1945年日本投降后兼任接收委员会副主任，9月9日在南京参加由何应钦代表蒋介石主持的受降典礼。1948年任行政院政务委员仍兼社会部长。1949年3月任京沪杭警备总司令部政务委员会常务委员；5月随军撤退至浙江舟山，后自舟山去台湾。1950年1月在台北任“内政部部长”；3月任“总统府国策顾问”；8月任国民党中央改造委员会委员兼第二组组长。1952年10月在国民党七大上当选为中央执行委员会常务委员，任职至十三大后改任中央评议委员会主席团主席。同时还担任“世界反共联盟大会”理事会主席，后任“终身荣誉主席”。1993年12月在台北去世。

**谷正鼎(1903—1974)**

字铭枢。贵州省安顺县人。谷正伦、谷正纲之弟，三兄弟均是国民党中央执行委员，人称“一门三中委”。1921年与二哥谷正纲去日本，转往德国入柏林大学政治系学习。1924年加入中国国民党，任德国中国留学生总会执行委员，国民党驻德支部执行委员、常务委员、监委会主席。1925年去苏联，入莫斯科中山大学学习。1927年8月回国后任国民革命军第二十六军(原浙江地方部队改编而成)政治部主任、党代表，后任国民党中央宣传部秘书、中央委员会设计委员。1929年任国民党北平市党部常务委员。1932年5月至10月任国民政府铁道部参事；9月代理铁道部总务司司长。同年10月至1936年2月任铁道部总务司司长。1935年11月在国民党第五次全国代表大会上当选为国民党第五届候补中央执行委员。1937年2月补选为中央执行委员。抗日战争时期先后任西北“绥靖”公署厅长、军事委员会委员长天水行营政治部主任兼国民党特别党部书记长，三青团陕西支团筹备处主任，军委会西安办公厅副主任兼第四处处长，陕西省党部委员等职。抗战胜利后任中央党政军特种会报秘书。1946年10月任行政院"绥靖"区政务委员会委员；11月当选为制宪国民大会代表，后调任国民党中央组织部副部长、部长。1947年9月国民党和三青团合并，奉国民党委派为浙江党团统一组织视察员，成立浙江党团统一组织委员会，办理党团员登记。党团统一组织后的浙江省党部，由CC骨干张强担任主任委员。1948年1月当选为立法院立法委员。1949年去台湾。1952年任国民党中央评议委员会委员。1974年11月在台湾去世。

**应鸿纶(1897—?)**

号秩经。辽宁省辽阳县人。1923年8月保定陆军军官学校第九期步兵科毕业。后赴日本留学，毕业于日本陆军步兵学校。回国后到张学良的东北军任职，历任排长、连长、营长等。1933年任东北陆军第一〇五师第三旅第七团团长。1937年4月任第四十九军第一〇五师三一三旅旅长。1940年任第三战区干训团学员总队少将总队长。1941年任第四十九军第一〇五师副师长，参加江西上高会战。同年12月任第四十九军第一〇五师师长。1942年参加浙赣会战。1944年6月任第四十九军副军长。1948年任东北"剿总"少将高参。同年10月28日在辽西被中国人民解放军俘虏。

**汪大铭(1919—1993)**

江苏省宝山县人。1934年参加爱国学生运动与抗日救亡运动。1935年12月参加革命。1936年参加上海各界救国联合会。1938年春发起组织上海战时服务团，带领救国会一批积极分子赴皖南参加新四军。同年12月加入中国共产党。历任新四军政治部民运部干事，新四军三支队政治部民运科负责人兼中共繁昌县委组织部部长，江苏句北县委书记，江句中心县委组织部长、书记，苏南特委代书记，茅山地委副书记、书记兼新四军茅山保安司令部政委。1945年7月奉命赴浙东抗日根据地，任中共浙东区党委组织部代理部长。同年10月随浙东纵队主力北撤。后历任新四军第一纵队政治部组织部部长，第一纵队第二旅政治部副主任，中国人民解放军华北野战军第一纵队第二旅四团政委，第一纵队第三师政治部主任，第九兵团政治部组织部部长。新中国成立后参加抗美援朝战争，回国后历任华东军区政治部干部副部长，第二十八军政治部主任兼党委副书记，中共福建省委财贸部副部长、组织部副部长，厦门市委第二书记，福建省"五七"干校党的核心小组副组长，华侨大学党组书记、副校长，省委党史工作委员会副主任，省委顾问委员会委员等职。曾荣获国家二级独立自由勋章、二级解放勋章，朝鲜民主主义人民共和国自由二级勋章。1993年3月16日在南京军区福州总医院去世。出版有《汪大铭日记(1939—1945)》及《汪大铭纪念文集》。

**汪光焕(1912—1942)**

原名汪灼华，化名王易。安徽省宣城县人。学生时代参加抗日救亡运动。1933年春在南京国立中央大学读书时秘密加入中国共产党。不久担任中共南京市委宣传部长。1934年初秋中共南京党组织遭到破坏后，与其他同志到上海，一边寻找党组织，一边参加上海文化界救亡协会工作。1935年夏与汤镛、李静一、宿士平等共产党人一起回到家乡，以创办现代小学为掩护，进行抗日救国宣传活动。1936年初回到上海，与中共上海临时工作委员会委员沙文汉同志接上组织关系，以上海各界救国会常务干事的名义，编辑《救亡手册》，发动群众开展抗日运动。1937年底根据中共东南局的指示，到浙江省工作，参与组建中共浙江临时省委。1938年5月中共浙江临时省委，任省委常委兼宣传部长；同月受命与林一心、刘一民到金华、衢州地区建立党组织，建立中共金(华)衢(州)特委，兼任书记；10月辞去金衢特委书记兼职，仍继续留在金华以浙江省委常委名义指导金衢特委工作。1941年4、5月间离开金华，随省委书记刘英到浙南巡视工作。同年7月遭人诬告有"反党阴谋"、"企图叛变"，经中共浙江省委批准被拘押。1942年2月8日中共浙江省委在温州被国民党当局破坏，省委书记刘英被捕；10日在瑞安县五云山区，被中共浙南特委和瑞安县委错误处决。1982年12月28日平反。著有《新民主主义问答》。

**汪自新(1868—1941)**

字惕予，又号蜷翁。安徽省绩溪县人。早年到上海经商，协助其父亲开设汪裕泰茶庄，成为上海滩巨富之一。1927年因杭州茶厂业务到西湖，但见湖光山色，景致怡人，决定在西湖边修建别墅以终老。历时两年于1929年建成，初名青白山庄，后更名为汪庄。1930年将上海"余村花园"转让，资金悉数并入汪庄，汪庄成为西湖边与刘庄隔湖相对的两大私人庄园。

**汪海粟(1912—1993)**

江苏省靖江县人。1927年在泰

兴中学加入中国共产主义共青团。1928年从泰兴中学毕业。1933年至1937年在上海私立同济大学德文补习科和电工机械系学习。1936年在校期间加入中国共产党。1937年抗日战争爆发后随同济大学迁移到金华。在同济大学准备进一步西迁时遵照中共浙江省临时工作委员会的指示,留在浙江工作。同年12月任中共浙南特别工作委员会书记。1938年初随浙江同乡回乡服务团到丽水,以公开职业为掩护开展抗日救亡活动,并发展党的组织。同年5月任浙江文化界中共党团书记。1939年春奉上级组织的指示离开浙江,到皖南任新四军政治部宣传科科长。1941年1月在"皖南事变"中被国民党俘获,后被囚禁于上饶集中营;10月越狱逃出,抵达苏北敌后抗日根据地,先后任泰县县长、中共泰县县委书记、苏中第三专署副专员、华中支前司令部秘书长、华中专署秘书长。新中国成立后历任中共苏南区党委宣传部长兼秘书长,南京工学院党委书记兼院长,中共江苏省委宣传部长,江苏省委常委,江苏省副省长兼省计委主任等职。1993年5月16日在南京去世。

**汪瑞闿(? —1941)**

江西省人。曾任江西武备学堂总办,上海巡警总局总办,江苏巡警道。1911年辛亥革命后退隐。1912年12月16日被袁世凯任命为江西省民政长。在江西都督李烈钧暗中主持下,江西广饶协会等团体随即纷纷发表通电,历数其在前清仇视革命的种种劣迹,对他出任民政长表示极力反对,誓不承认。但袁世凯态度十分强硬,饬李烈钧传令广饶协会等团体必须遵守法律;20日贸然抵南昌上任,但很快被赶走。1938年6月22日任伪维新政府浙江省省长兼财政厅厅长。1940年3月汪伪国民政府成立后任汪伪浙江省政府主席。1941年1月在杭州病故。

**沈干城(1896—1934)**

又名干臣,字敬贤。江苏省(今上海市)浦东县人。1914年毕业于三林高等小学。1915年回乡后到懿德小学任教。1921年11月参加北京大学举办的"马克思学说研究会"。同年底任北方劳动组合书记部驻沪杭铁路特派员,其公开身份是杭州闸口铁路机厂钳工。1922年7月加入中国共产党;9月与于树德、金佛庄组建浙江第一个中共党组织——中共杭州小组。1923年1月底参加在郑州召开的京汉铁路总工会成立大会;2月1日因大会遭北洋政府军警破坏,于当晚返回杭州。1925年11月任中共闸口支部(沪杭铁路支部)书记。1926年1月任中共杭州地委工人部长;2月参加在天津召开的全国铁路总工会第三次代表大会,当选为候补执行委员;3月出席国民党浙江省代表大会,当选为省党部候补执行委员;为配合上海工人第三次武装起义,3月19日按中共上海区委下达的武装起义预备令,成立"两路"(沪杭、杭甬)罢工委员会,任副主任委员,统一领导由数千人参加的"两路"同盟大罢工;3月22日任沪杭甬铁路总工会副委员长兼宣传部长;"四一二"反革命政变后组织发动沪杭甬铁路工人大罢工;6月26日到临平开会时,因叛徒告密被国民党逮捕;被捕后饱受酷刑,12月25日转押浙江陆军监狱。1928年春被特别法庭以"煽动工潮,图谋不轨"罪名判处11年徒刑。1930年9月被转送到苏州军人监狱。1932年1月转解南京中央军人监狱,后又押回苏州军人监狱。1934年2月在狱中被折磨致死。1952年7月被追认为革命烈士。

**沈安娜(1915—2010)**

女。江苏省泰兴县人。1932年考入上海南洋商业高级中学学习,期间结识在中共中央特科从事秘密情报工作的中共党员华明之。1934年考入中文速记学校。根据中央特科负责人王学文的安排,于1935年考入国民党浙江省政府秘书处议事科任速记员,为中共搜集情报。凭着每分钟200字的记录速度和一手好字,很快就在浙江省政府站稳了脚跟。1936年12月朱家骅接任浙江省政府主席,因正派的为人和娴熟的速记,很快得到朱家骅的信任。1937年12月朱家骅辞去浙江省政府主席,与丈夫华明之撤到武汉。1938年根据周恩来的安排,投靠新任国民党中央组织部长朱家骅,在国民党中央党部作速记员,以国民党特别党员身份作掩护,在国民党核心机关战斗,在蒋介石主持的党、政、军、特高层会议上为党搜集大量重要的绝密情报。直到1949年为止始终没有暴露身份。被誉为"按住蒋介石脉搏的人"。新中国成立后进入国家安全局工作。1983年离休后任国家安全部咨询委员。1989年国家安全部颁予荣誉奖章及荣誉证书。2010年6月16日在北京去世。

**沈资田(1892—1928)**

又名沈似莲。上海人。15岁开始当学徒。1920年在江苏省立第二师范学校附设职业补习学校学习。1921年秋加入中国社会主义青年团,后转为中国共产党党员。1924年初加入国共合作的国民党,并以国民党员身份被推选为上海南市区国民党第二区党部领导成员。此前第一个中共上海邮局支部成立时为上级党组织联系人，联系和领导上海邮务党支部的工作。"五卅"运动中根据中共上海区委指示带领数十人到南京路参加反帝大示威。下半年任中共沪南支部书记。同年10月中共上海南市部委成立，任组织委员。1927年任上海总工会化学产(业)总负责人，参加上海工人第三次武装起义的组织和领导工作。"四一二"反革命政变后被通缉，转移至杭州，任中共浙江省委常委和杭州市委(后称杭县县委)常委。同年底杭县县委领导成员在杭州西湖饭店开会时被围捕。后被国民党当局秘密枪杀。

**沈鸿烈(1882—1969)**

字成章。湖北省天门县人。1900年中秀才。1904年入湖北武备学堂，毕业后投湖北新军当兵。1906年春前往日本留学，入日本海军学校第二期学习，在东京加入同盟会。1911年夏毕业回国后不久武昌起义爆发，奉命为海军宣尉使，策动长江上下游的海军反正。1912年任中华民国南京临时政府海军部参谋。1913年任北洋政府参谋本部上校科长。1916年3月任赴欧洲观战团海军武官，随英国舰队参加对德作战，后又出访美国。1918年10月回国后兼任陆军大学第五、第六期海军教官。1920年10月调任吉黑江防舰队参谋，后任参谋长。1922年8月任东三省巡阅使公署航警处处长。1923年7月升任江防舰队中将司令。1925年出任东北联合航务局董事长。1926年11月任东北渤海舰队副司令。1927年7月任海军第一舰队司令；11月升任海军副总司令、代总司令。1930年9月起任中华民国海军第三舰队司令。1932年1月至1937年兼任青岛市市长。1937年6月再兼青岛市保安处处长；7月兼青岛海陆军总指挥部总指挥，在撤退前将日本在山东的纱厂予以炸毁。1938年1月至1942年1月任山东省政府主席，期间相继兼山东保安司令、中国国民党山东省党部主任委员、鲁苏战区副总司令。由抗战初期的联共抗日走向反共，把主要力量用于反共，在山东无法立足，不得不离开山东。1941年12月至1944年8月任国民政府农林部部长。1944年9月任国民党中央党政工作考核委员会秘书长。抗战胜利后奉命赴东北、华北各地视察接收情况。1946年3月至8月任浙江省政府主席兼保安司令。1948年7月至1949年任中华民国铨叙部部长。同年去台湾，任"总统府国策顾问"。1969年3月12日在台湾台中病故。著有《读史记》、《政海微澜集》、《欧战与海权》、《东北边防与航权》、《收回东北航权始末记》、《青岛市政》、《抗战时期之山东党政军》、《抗战时期的农村建设》、《抗战时期之国家总动员》、《浙政两年》等。

**宋梅村(1889—?)**

字雪龛。山东省长清县人。1914年11月自保定陆军军官学校第一期炮兵科毕业后分发到孙传芳部服役，累迁至第八师(师长孟昭月)第十五旅旅长。1926年10月浙江省省长夏超暗中接受广州国民政府的委任，宣布浙江独立，推翻孙传芳在浙江的统治。事变发生后孙传芳立即调兵遣将进攻浙江，被委任前敌总指挥。镇压夏超独立后奉派担任杭州警备司令。同年11月授予陆军少将。在孙传芳五省联军覆灭后隐居天津。后应宋哲元之邀担任冀察绥靖公署参谋处长。1937年4月授予陆军中将；7月平津沦陷后隐居天津租界，拒绝为日本侵略军效劳。后经国民党军统局特工部批准，被委任少将策反专员，利用过去在北洋军界的关系策反华北伪军。1948年当选为立法院立法委员。1949年去台湾，仍任"立法委员"。

**张大鹏(1922—1994)**

原名椿煊。江苏省南汇县人。1937年抗日战争爆发后参加南汇青年战时服务团。1938年1月参加浦东抗日救国宣传团；7月参加中共浦东工委领导的南汇县保卫团第四中队，历任文化教员、区队长、副中队长、流动队长等，在战斗中多次负伤。1940年10月奉中共浦东工作委员会委派，与其他共产党员一起打入伪军第五十团二营八连副连长，做策反工作，使伪八连转变成为中共隐蔽在敌人心脏里的抗日武装。1941年4月根据中共淞沪特委决定，完成三北地区地形、敌情、政治状况、海上交通情况的侦察任务。1942年底奉命组建海防大队，任大队长，开辟浦东至浙东的海上交通线，运送部队急需物资和兵员。同年5月护送谭启龙到浙东任中共浙东区委书记。1945年10月浙东新四军部队奉命北撤时指挥海防大队调集民船，为大部队渡海北撤准备充足船只，顺利完成北撤任务；12月随部队北撤至江苏涟水，任华中军区海防纵队第二大队大队长。1948年5月根据华中军区命令返回浙东，任舟山群岛游击支队副司令；8月底撤回苏北。1949年3月后任华中海防纵队汽艇大队副大队长、华中军区海军江防舰队炮艇大队一中队中队长、海军舟山基地温台巡防大队副大队长等职。新中国成立后历任中国人民解放军海军舟山基地工程处设计科长，东海舰队二〇二工区指挥部副主任，东海舰队工程部计划处处长，海军青岛基地工程部副部长，海军北海舰队工程部长、第一常务副部长。“文革”期间被审查10年。1980年平反复职。

**张　凡(1916—1996)**

原名顾德熙。江苏省青浦县人。1933年在上海同济大学附中学习时接受进步思想，参加共产党领导的救亡活动。后考入同济大学。1936年加入中国共产党，任上海同济大学学生救国会负责人，领导学生抗日爱国活动。抗日战争爆发后参加新四军军部教导队的学习。1939年春任中共青浦县工委委员、组织部长兼民运部长。同年冬曾被中共江苏省委选派为出席党的“七大”代表，后赴延安，在中央党校学习四年。1945年4月参加中国共产党第七次代表大会。抗战胜利后回中共中央华中局驻地江苏淮安。1946年调任上海中共淞沪工委书记。不久兼任中共浦东工委书记。在国民党控制的浦东地区发动群众，重建武装，组织武装人员横渡杭州湾，胜利到达浙东四明山根据地，部队改编为浙东人民解放军第五支队，任中共四明工委副书记兼第五支队副政委。同年8月奉命率10余名干部，赴金萧地区工作，任中共金萧工委书记、浙东人民解放军金萧支队政委。新中国成立后历任中共临安地委书记，浙江铁工厂党委书记，省工业厅副厅长、党组副书记，省人委工业办公室副主任，省重工业厅副厅长，省机械厅副厅长、顾问，第四届省政协常委。1996年3月29日在杭州去世。

**张日清(1917—2005)**

原名家珍。福建省长汀县人。1930年参加红军。1931年加入中国共产主义青年团。1932年加入中国共产党。土地革命战争时期历任红军勤务员、班长、文书、干事、江西瑞金红军学校连政治指导员。1934年10月中央红军主力长征前调赣南军区信康赣雄军分区司令部任支队政治委员，后任三南游击支队政治委员，坚持南方三年游击战争。抗日战争时期任新四军教导总队队长、大队长，新四军第一师第一旅三团参谋长，第二旅六团团长，师参谋处作战科科长，苏中公学副教育长。1945年1月随新四军第一师主力南下浙西长兴，任苏浙军区第三纵队第七支队政治委员。解放战争时期任华中军区第八纵队六十六团团长，第一师第一旅政治部主任，华东野战军第四纵队第十师政治部主任，华东军区随营学校副校长，第三野战军军政干部学校政治部主任，华东军政大学第二总队政治部主任。新中国成立后任华东军政大学福建分校政治委员，第十四步兵学校政治委员，军副政治委员兼政治部主任，军政治委员，山西省军区政治委员，北京军区副政治委员，武汉军区顾问。是中国共产党第九次全国代表大会代表，第九届中央委员会候补委员。1955年被授予少将军衔，荣获二级八一勋章、二级独立自由勋章、一级解放勋章。1988年被授予中国人民解放军一级红星功勋荣誉章。出版有《张日清将军书画集》。

**张文碧(1910—2008)**

江西省吉水县人。1930年参加红军。1931年加入中国共产党。土地革命战争时期历任红军通讯员、副排长、干事、排长、特派员、连政治指导员、检查员、红七军团调查科科长等职。1935年3月随红军挺进师进入浙江。曾任第一纵队特派员、第二纵队政治委员，在浙南坚持三年游击战争。1937年抗日战争爆发后红军挺进师改编为国民革命军闽浙边抗日游击总队，任政治处主任。1938年3月所部开赴皖南，编入新四军，任新四军第二支队政治部保卫科长、江南指挥部苏皖支队政治部调查统计科科长、苏北指挥部第三纵队司令部军法处主任、新四军第一师南通警卫团政治委员。1942年7月由华中局及新四军军部派遣到浙东，参与创建浙东抗日根据地的斗争。历任浙东区党委委员、三北游击司令部(后改为新四军浙东游击纵队)政治部主任。1945年10月随新四军浙东游击纵队北撤至苏北，任新四军第一纵队第三旅副政治委员。解放战争时期任华东野战军第一纵队第二师政治委员、第三野战军第二十军第五十九师政治委员等职。新中国成立后历任第二十军政治部主任、副政治政委，南京军区装甲兵政治委员，南京军区工程兵政治委员，浙江省军区司令员，中共浙江省委书记，南京军区司令部顾问等职。1955被授予少将军衔，曾荣获二级八一勋章、二级独立自由勋章、一级解放勋章和一级红星功勋荣誉章。2008年10月4日在南京去世。

**张发奎(1896—1980)**

字向华。广东省始兴县人。8岁入私塾，1908年就读于县立高等小学堂。1911年夏到广州，投新军当兵。1912年考入广东陆军小学，并加入同盟会。1913年升入武昌陆军第二预备学校。1916年毕业后回粤军服役，由排长逐级升至旅长。1925年冬任国民革命军第四军第十二师师长。1926年参加北伐战争，升任第四军军长。1927年6月被武汉国民政府任命为第二方面军总指挥；7月宁汉合流后追随蒋介石、汪精卫反共；9月入粤；11月与汪精卫合谋,发动兵变,驱逐以李济深为首的桂系势力,行使军事委员会广州分会主席职权;12月镇压中国共产党领导的广州起义。随即遭到李济深与黄绍竑部的联合进攻,兵败辞职,后附蒋。1929年蒋桂战争中任第一路追击军司令兼第四师师长,进驻湖北宜昌;9月获悉蒋欲消灭所部,遂联桂攻粤,再次反蒋;12月被陈济棠部击败。1930年蒋冯阎战争中联合桂系支持冯阎反蒋失败。1931年"九一八"事变后蒋汪合流,在汪精卫提携下得以重掌兵权。1935年春被南京国民政府授予陆军二级上将军衔。1936年任皖浙赣闽四省边区总指挥,指挥国民党大军"围剿"红军游击队。1937年春任国民党苏浙边区"绥靖"主任,驻嘉兴,负责修建横跨浙北苏南的国防工事。抗日战争爆发后任国民革命军第三战区右翼军总司令兼第八集团军总司令。不久任杭州湾守卫区指挥官,指挥第八、第十集团军,参加淞沪会战,承担浦东及杭州湾作战任务。同年11月日军在杭州湾登陆后到嘉善指挥对日作战。不久率领部队进入皖北、皖南山区开展游击战争。1938年夏任国民党第九战区第二兵团总司令兼第八集团军总司令。1939年任第四战区司令长官。1945年任陆军第二方面军司令官。抗战胜利后任广州行营(后改行辕)主任。1947年任总统府战略顾问委员会委员。1949年3月任陆军总司令;7月辞职,去香港定居。1980年3月10日在香港病故。

**张叔平(1897—1928)**

又名依。山西省方山县人。1911年入离石县立高等小学学习。后就读于山西省立第一中学和北京大学。1923年在太原加入中国社会主义青年团。1924年转为中国共产党党员,任中共太原支部书记。1925年领导山西省学联,反对山西军阀阎锡山横征暴敛,捣毁省议会,惩治贪官污吏,迫使当局取消征收房税的命令。同年奉调到上海工作,任中共杨浦区委书记、组织部长,先后在沪、杭两地从事党的组织建设和工运活动,参加中共领导的上海工人第一、第二次武装起义。1927年2月当选为中共上海区委候补委员。在上海工人第三次武装起义时被任命为上海码头总工会委员长兼浦东工人纠察队总指挥。"四一二"反革命政变后被党组织派往杭州,协助组织中共浙江省委。同年6月任中共浙江省委委员兼省委组织部主任、工人部主任;7月在杭州被捕入狱。1928年1月20日深夜在浙江陆军监狱被害。

**张定璠(1891—1945)**

字伯璇。江西省南昌县人。幼年就读于南昌小学、南昌中学。17岁入江西陆军测绘学校学习。1911年武昌起义爆发后前往武昌充敢死队员。中华民国成立后入武昌陆军预备学校。1914年8月升保定陆军军官学校第三期工兵科。1916年12月毕业后回江西服役,任连长、参谋。后应邀赴昆明,任云南讲武堂教官。1919年任广东第一路军司令部(司令黄大伟)参谋;1922年任参谋长兼第七团团长。1926年4月任黄埔军校办公厅主任;6月任国民革命军总司令部参谋处长,参加北伐;11月上旬北伐军攻克南昌后任江西省政府委员、政治会议委员兼全省警务处处长、省警察厅厅长、南昌市市长。1927年1月任国民革命军东路军前敌总指挥部参谋长,协助前敌总指挥白崇禧从江西进攻浙江,打垮北洋军阀孙传芳;2月中旬克服杭州,随即进军上海;4月上旬克服上海,任淞沪卫戍司令部参谋长兼第十三军军长;9月兼任上海特别市市长。1929年1月任首都建设委员会委员。1937年抗日战争爆发后任国民政府军事委员会第一部副部长。1939年5月授予陆军中将。1944年患膀胱瘤,赴美就医。1945年1月25日在途经北非卡萨布兰卡港时去世。同年4月国民政府追赠为陆军上将。

**张国威(生卒年不详)**

湖北省浠水县人。浙江武备学堂第三期毕业后赴日本留学,毕业于日本陆军士官学校中华队炮兵科。回国后任浙江新军第二十一混成协炮队营管带。1911年11月4日率领炮队营参加杭州起义。中华民国成立后在浙军服役,曾任浙军第二师炮兵团长等职。1920年4月17日任浙江陆军测量局局长。1924年9月江浙战争爆发后奉命守卫浙闽关隘仙霞关以阻挡孙传芳部队进入浙江。后投降孙传芳,导致浙军大败。

**张孤梅(1910—1969)**

广东省梅县人。1930年考入北平中国大学经济系。1933年夏到张家口参加冯玉祥领导的抗日同盟军。同年秋加入中国共产主义青年团,后到上海参加青年团工作。1934年8月被国民党逮捕,1935年冬出狱。1938年3月参加新四军,1939年2月加入中国共产党。历任新四军江南指挥部教导大队政治处主任、苏北指挥部特务营政治委员、苏北联合抗日总队政治部主任、新四军第一师第一旅三团政治委员、第一旅教导队政治委员等。1945年4月率部随叶飞南下浙西,任苏浙军区第四纵队第十一支队政治委员,参加浙西天目山第三次反顽自卫战。解放战争时期历任华东野战军第一纵队第一旅二团政委，第一旅政治部副主任，第一师政治部主任、副政委，第三野战军第七兵团政治部宣传部部长。1949年4月参加渡江战役，随即进军浙江。杭州解放后任杭州市军管会文教部部长，后任第二十三军第六十九师政委兼代师长，参加解放舟山群岛战役。1952年参加中国人民志愿军入朝作战，任志愿军第二十三军政治部代主任、主任。1953年回国后任解放军政治学院训练部副部长，福州师范学院代理院长，福州大学党委副书记兼副校长、党委书记。1955年被授予大校军衔，二级独立自由勋章、一级解放勋章。1969年1月5日去世。

**张厚璟(生卒年不详)**

直隶省南皮县人。晚清名臣张之洞嫡孙。清末曾任邮传部主事。1915年9月至1916年5月任奉天省财政厅长。1917年2月至1920年5月任浙江省财政厅厅长。在任内于1918年11月呈请国务会议议准，开办绍(兴)萧(山)(海)塘工奖券，至1922年11月止，共办49期，实筹得款211万余元，先后拨塘工经费116万余元。

**张贵卿(1908—1942)**

原名高一飞。直隶省顺义县人。早年先后在天津水产专科学校、北京燕京大学和民国大学读书。1933年春加入中国共产主义青年团，并加入中国共产党的外围组织——反帝同盟和左联。不久加入中国共产党，主要从事学运工作。1934年5月奉党组织委派到上海任共青团中央交通员。同年11月在上海与妻子同时被捕。1935年9月以“危害民国”罪被判刑10年，与爱人一起被关押在苏州反省院。1937年抗日战争爆发后经党组织营救出狱，被分配到南京八路军办事处。因身患严重肺病被组织安排到浙江嵊县养病。1938年2月任中共浙东临时特委书记；5月任中共处(处州，今丽水)属特委组织部部长。1939年冬任中共台(州)属特委常委兼组织部长。1941年1月任中共衢(州)属特委书记，负责衢县、龙游等八个县的工作。1942年3月27日由于叛徒出卖，在龙游被国民党逮捕，被关入永康县方岩监狱；5月18日清晨与中共浙江省委书记刘英在永康英勇就义。

**张俊升(1905—1995)**

字彦远。直隶(今河北)省威县人。1928年春进奉系军阀部队当兵。同年底部队改编为国民革命军后被擢升为基层军官，并被选送到中央军校洛阳分校学习，在校时集体加入国民党。1934年毕业后任营长兼烟台市盐务缉私所所长。1935年任独立第四十五旅教导大队大队长。1937年部队参加淞沪会战遭重创后开赴浙江，任独立第四十五旅特务团副团长。1939年5月任国民党第三十师八十八团副团长，后任八十九团团长。浙赣战役结束后所部驻防浙江上虞、汤浦和嵊县一带。不久其上司第三十师师长张銮基遭国民党嫡系暗杀后，为图生存，将部队拉至上虞章镇。1943年秋被国民党第三战区司令长官部授予第五挺进纵队番号；3月与新四军浙东纵队司令员何克希在余姚签订《联合抗日宣言》。以后浙东区党委又帮助其建立教导大队，创办《天良报》，设立章镇外围五个交通站等。同年7月2日率部宣布起义，电呈新四军军部及苏浙军区首长，接受共产党领导。所部被改编为新四军浙东游击纵队第二旅，任新四军浙东游击纵队副司令兼第二旅旅长。不久率部参加对鄞西地区日伪的大反攻。1945年10月随新四军浙东纵队北撤；11月第二旅在苏北涟水整编为新四军独立第一旅，任旅长。1947年调任华东野战军第一纵队副参谋长，参加了孟良崮、鲁西南、淮海等重大战役。1948年1月加入中国共产党。1949年2月第一纵队改编为第三野战军第二十军，任军部副参谋长；4月奉调赴京学习。新中国成立后任华东军区装甲兵部队副参谋长。1955年转业到浙江，任省农业厅副厅长。1957年被错划为右派。1978年平反，任浙江省政府参事室副主任。1987年离休。1995年12月25日在杭州去世。

**张　彦(1918—1970)**

原名士桢。江苏省镇江县人。1936年考入南京国立中央大学政治系学习。1937年秋赴延安，进入中国人民抗日军政大学学习；12月加入中国共产党。1938年10月由中共中央青委派往敌后工作。1939年5月下旬受中共中央山东分局派遣南下，任中共苏皖区党委宣传部部长。1940年任中共皖北地委书记。1941年7月任中共淮北区委宣传部部长，后任淮海区委组织部部长兼宣传部部长。1945年4月下旬随新四军第一师南下，抵达浙西孝丰(今属安吉县)；5月任中共浙西区委组织部部长，兼天(目山)北地委书记，下设广(德)南、安吉、孝丰、吴兴、武康五个县委；8月任中共苏南第二地委书记；10月随军北撤后曾任中共山东滨北地委书记、江苏松江地委书记。新中国成立后历任中共中央华东局秘书长、国务院总理办公室副主任、国务院外事办公室副主任等。

**张难先(1874—1968)**

字难先,号义痴,以字行。湖北省沔阳县人。1874年5月15日生。1904年初与宋教仁等在武昌设立科学补习所。不久投入湖北新军第八镇工程营当兵。1905年加入日知会。1906年2月任仙桃镇集成学校校长。同年冬因参加反清活动被捕入狱。1907年春获准出狱就医。1909年冬任沔阳勤业蚕桑公司经理。1911年10月武昌起义后参加辛亥革命。1914年9月任湖北省立模范小学教员。1916年参与讨袁活动。后回乡以授徒度日。1920年赴京求学,旋因生活无着,被介绍至北洋政府参谋本部任录事。1923年回籍办理堤工;9月应李济深函约赴粤,任西江善后督办公署参议兼西江讲武堂教官。1924年秋任梧州善后处参议。1925年10月任广西榷运局局长。1926年1月任琼崖各属行政委员;11月任广州国民政府监察院监察委员。1927年6月兼国立武汉大学建筑委员会委员。1927年12月至1929年5月任湖北省政府财政厅厅长。1929年11月至1930年12月任国民政府铨叙部部长。1930年12月至1931年12月任浙江省政府主席兼民政厅厅长。1932年7月任鄂豫皖三省"剿总"党政委员会委员兼监察处主任。1937年11月至1940年8月任湖北省政府委员,1939年6月起兼民政厅厅长。1942年7月任第三届国民参政会参政员。1945年4月任第四届国民参政会参政员。1946年11月当选为制宪国民大会代表。1948年7月被聘为中华民国总统府国策顾问,辞未就。同年秋任湖北省银行董事长。同年与李书城等以湖北耆宿身份发起"和平运动",反对国民党的反共内战政策,并与中共武汉地下组织联系。1949年秋出席中国人民政治协商会议第一届全体会议。新中国成立后历任中央人民政府委员,人民监察委员会委员,中南军政委员会副主席,中南行政委员会副主席,全国人民代表大会第一、第二、第三届代表及常务委员会委员。1968年9月11日在北京病故。著有《张难先文集》。

**张鼎铭(1874—1952)**

字庶询,后更名济新。奉天(今辽宁)省铁岭县人。清拔贡出身。1918年至1926年任浙江会稽道尹。1927年9月至1928年6月任京兆尹。1929年至1930年任东北政务委员会总务厅厅长。1931年1月31日至10月3日任山西省政府委员兼财政厅厅长。1933年5月任南京国民政府行政院驻北平政务整理委员会委员,后兼华北建设讨论会会员。新中国成立后被聘为中央文史馆馆员。

**张道藩(1897—1968)**

字卫之。贵州省盘县人。1897年7月12日生。早年在家乡读完小学后到天津投靠族叔。1916年考入天津南开中学。1919年底赴英国留学。1921年入伦敦大学大学院美术部就读。1922年冬在伦敦加入中国国民党。1923年成为国民党伦敦支部负责人。1926年2月与一位名叫苏珊的法国姑娘结婚。回国后历任广东省政府秘书,贵州省党务指导员,国民党中央组织部秘书,南京市政府秘书长,国立青岛大学教务长。1930年12月至1931年12月任浙江省政府委员兼教育厅厅长。之后历任国民党中央组织部副部长,交通部常务次长,内政部常务次长,教育部常务次长,中央社会部副部长,中央政治学校校务主任、教育长,中央宣传部长,中央海外部长,立法委员。长期从事官方文化教育事业,参与控制国民党文宣与党务系统。1949年去台湾,1950年任国民党中央改造委员,参与策划推动国民党改造工作,继任CC系首领。创设"中华文艺奖金委员会",兼"中国广播公司"董事长,"中华日报"董事长。1952年3月至1961年2月任台湾当局"立法院"院长。1968年6月12日在台北去世。著有《近代欧洲绘画》、《我们所需要的文艺政策》、《三民主义文艺论》以及回忆录《酸甜苦辣的回味》。

**张锡昌(1902—1980)**

笔名张西超、李作周等。江苏省无锡县人。1923年江苏省立第三师范学校毕业后留该校附属小学任教员。大革命时期曾任无锡县教育会常务委员、国民党无锡县党部执行委员、无锡县教育局督学及教育课主任等职。1929年任江苏省立教育学院黄巷实验区干事兼指导员,参加南京国民政府中央研究院在无锡进行的农村经济调查。1930年又参加中央研究院在河北保定清苑进行的农村调查。1933年在上海参与发起成立由中共领导的中国农村经济研究会,任理事。后又参加南京读书会。同年应南京国民政府农村复兴委员会的邀请,主持河南省农村调查。旋又受太平洋国际学会委托至山东潍县、河南许昌、安徽门台子等烟叶产区进行农村经济调查。结束后留上海,参加中国农村经济研究会工作。1934年回无锡,任江苏省立教育学院研究实验部指导员。1936年5月加入中国共产党。抗日战争爆发后任无锡各界抗敌后援会创办的《达报》主编。日军侵占无锡前夕率领教育学院部分师生撤至武汉。同年12月抵达浙江临时省会所在地金华,与中共组织接上关系，后与国民党浙江省政府主席黄绍竑建立统战关系。1938年1月与近百名中共党员、进步青年转赴丽水，以乡村建设指导员身份到云和、龙泉、遂昌三个实验县工作。同年3月任中共浙江省委统战工作委员会书记。1939年春协助国际友人路易·艾黎在浙西开展工业合作社化运动，创办《工业合作化旬刊》。1940年2月又创办《动员周刊》(后改为《抗战论坛》)；9月转移到广西桂林，在广西大学任教。1941年2月接办《中国农村》战时特刊，并负责主持中国农村经济研究会的工作；10月任中共南方局领导的桂林文化小组负责人之一。1942年1月发起创办《中国工业》杂志，任主编。次年10月参加广西省政府建设厅组织的经济调查。1944年9月日军侵占桂林转移至昭平，主持出版《广西日报》昭平版，坚持团结、抗战、进步的方针。同年底参与民盟广西支部的创建工作。1945年抗日战争胜利后回到桂林，任广西师范学院教授。1946年9月回到上海，主持海新公司经济研究室，兼任《文汇报》社论委员和《经济周报》编委。1947年6月至1948年8月任国民政府经济部纺织事业调节委员会专员。后转入私营中新纺织总公司主办的公益工商研究所，研究纺织工业。因参与民盟活动，于1949年初被国民党逮捕，经营救获释后隐居沪西。同年5月上海解放后参加上海市军管会和总工会的工作，先后担任上海与华东纺织工业管理局副局长兼华东纺织工学院院长、华东财委副秘书长。1952年12月调北京，历任中央财经委秘书，中共中央交通工作部办公厅副主任，内务部办公厅主任及党组成员、民政部顾问。1980年6月19日在北京去世。著有《河南农村调查》、《农村社会调查》等。

**张雍耿(1917—1994)**

原名张耀才，曾用名张福林。福建省宁化县人。1917年1月生。1931年7月参加中国工农红军。同年10月加入中国共产主义青年团。1933年转为中国共产党党员。土地革命战争时期曾任红三军团战士、宣传员、中央红军第五后方医院副特派员。参加了中央苏区第三至第五次反“围剿”作战。1934年10月中央红军主力长征后留在闽西等地坚持游击战争。曾任红二十四师七十一团副特派员，闽西红军永定大队大队长、第七支队特派员。1937年抗日战争爆发后闽西红军改编为新四军第二支队，先后任新四军第二支队三团特派员、团调查股股长，新四军教导总队调查统计科科长、特派员。1940年任新四军第三支队军法处主任。1941年任新四军第六师政治部保卫部部长。1942年起分别任苏南区党委社会部副部长，苏南行政公署公安局局长，浙西军分区政治部主任。参加了苏南反“清乡”斗争。1945年随新四军部队南下浙西，新四军苏浙军区成立后任浙西军分区政治部主任，参加浙西天目山第三次反顽自卫战。解放战争时期历任华东野战军第一纵队第二师政治部主任，第二十军第五十九师副政治委员。新中国成立后历任空军第十六师政治委员，空五军政治部主任，空军福建前线指挥所政治部主任，空五军副政治委员，福州军区空军政治部主任，福州空军指挥所政治委员，空八军政治委员，沈阳军区空军副政治委员、政治委员，济南军区空军政治委员、空军顾问。1955年被授予少将军衔。荣获二级八一勋章、二级独立自由勋章、二级解放勋章。1988年7月被中央军委授予中国人民解放军一级红星功勋荣誉章。1994年1月7日去世。

**张翼翔(1913—1990)**

湖南省浏阳县人。1913年5月生。1928年12月加入中国共产主义青年团，曾任浏阳县三区秘密交通员、浏阳纵队队部交通员、地方游击队交通员。1929年12月参加中国工农红军。1932年4月转为中国共产党党员。土地革命时期历任红三军团二纵队战士，湘东独立师班长，红十六军七师排长、连长，独二师连长，红八军连长、副营长。1933年2月起在江西红军学校学习；6月起先后任红三军团二师营长、十八师五十二团营长，参加二万五千里长征。1935年8月起任十七师司令部参谋、侦察科长。1936年7月任第十七师营长。1937年1月起任红六军团五十二团参谋长，红六军团军团部参谋；11月起为延安抗大一队学员。1938年2月任新四军第四支队八团参谋；6月任新四军第四支队教导大队大队长。1939年7月任新四军第五支队特务营营长；12月任第四支队十四团副团长。1940年2月任第十四团团长。1942年1月任新四军第二师六旅副旅长。1943年8月入淮南华中党校学习。1943年9月至1944年12月任新四军第二师五旅副旅长。1943年10月兼任淮南苏皖边军区路西分区副司令员。1945年3月任新四军苏浙军区第二纵队(浙东游击纵队)副司令员；7月起兼第二纵队第一旅旅长。参与指挥浙东敌后军民对日伪军的局部反攻作战及浙东第三次反顽自卫战。同年10月浙东新四军北撤后历任新四军第一纵队第三旅旅长，华东野战军第一纵队参谋长，第一纵队副司令员，华东野战军第二十军副军长、军长。新中国成立后历任第二十军军长兼政治委员，华东军区第二副参谋长、军区党委常委兼浙江军区副司令员，福州军区副司令员、军区党委常委，解放军总参谋部军训部副部长、军训部党委副书记，铁道兵司令员、铁道兵党委书记（第二书记），第七机械工业部军管会主任，第二炮兵司令员，军事科学院副院长、党委委员、副书记。1955年9月被授予中将军衔。曾获二级八一勋章、一级独立自由勋章、一级解放勋章。1988年7月被授予中国人民解放军一级红星功勋荣誉章。是中共第九、第十届中央委员。1990年4月5日在北京去世。

**张麒麟（1912—1942）**

化名张潮。江西省横峰县人。1930年参加中国工农红军，同年加入中国共产党。1934年7月任中国工农红军北上抗日先遣队政治指导员，转战赣、皖、浙边界。1935年3月随中国工农红军挺进师进入浙西南地区。1936年10月任中共龙（泉）浦（城）县委书记，从事党组织恢复发展工作。同年冬在遂昌作战时负伤，到闽北浦城养伤，并任红军建（瓯）松（溪）政（和）独立营营长兼政治委员。1937年2月红军挺进师第二纵队遭国民党刘建绪部“围剿”，中共浙西南特委书记许信焜和副书记杨干凡先后牺牲，纵队长动摇脱逃，部队思想混乱。闻讯后冲过敌人封锁线，赶往部队驻地，经过说服教育，将部队带到龙泉县水塔、高山等地隐蔽，继续坚持游击战争。同年12月任中共浙西南特委书记，成立龙泉、遂昌、江浦县委，恢复建立党团组织，并把党务工作与抗日救亡工作结合起来。1939年7月中共浙江省第一次代表大会上当选为省委委员和出席中共七大会议的代表。1940年6月任中共闽浙边委书记。1942年5月6日因叛徒出卖在遂昌县官塘乡山井村被国民党军包围，在掩护同志突围时壮烈牺牲。

**陈之一（1903—1980）**

又名钧、志益。江苏省金坛县人。1924年赴苏联东方大学学习，加入中国社会主义青年团。1925年回国后转为中国共产党党员。先后担任上海纱厂总工会组织部长、印刷总工会中共党团书记。1927年任中共杭州地委工人部部长。“四一二”反革命政变后离开浙江前往武汉工作；6月中共浙江省委成立，奉命回杭州担任中共浙江省委常委、工人部部长；9月代理省委书记。1928年任上海总工会闸北区特派员。后因叛徒出卖，被国民党当局逮捕。1936年出狱后在中共领导的日本纱厂工作委员会担任委员，参与领导纱厂工人罢工；7月任上海工人救国会常务理事。新中国成立后先后担任政务院、国务院参事。1980年8月在北京去世。

**陈乐山（生卒年不详）**

字耀珊。河南省罗山县人。行伍出身。长期追随卢永祥。1919年4月16日被北洋政府任命为陆军少将；8月卢永祥任浙江督军后被任命为北洋（中央）陆军第四师师长。与上海青洪帮头目黄金荣、杜月笙等合作，大搞走私毒品交易。1920年4月16日被北洋政府授予陆军中将。1924年江浙战争爆发前夕奉卢永祥之命，率第四师进驻长兴等地；27日第四师大部及臧致平、杨化昭各一部在湖城、长（兴）、宜（兴）间布防，总兵力2万余；9月3日起江浙两军在长（兴）、宜（兴）之间展开激战，后浙军攻入宜兴，遭江苏军反击失利；18日卢永祥决定放弃浙江，奉令放弃长兴、宜兴；10月随卢永祥下野，隐居上海租界。

**陈　立（1902—2004）**

字卓如，笔名方正。湖南省平江县人。1902年7月22日生于一个手工业家庭。培元小学毕业后，1918年考入武昌博文书院读中学。曾任博文书院学生会主席，湖南旅鄂同学会会长。1924年考入上海沪江大学理化专业学习。1928年毕业后回到武昌博文书院任教并兼教务主任。1930年考取湖北省公费留学英国，随伦敦大学著名心理学家斯丕尔曼教授攻读心理学。1933年5月获得英国伦敦大学理科心理学博士学位；12月转到德国柏林大学心理研究所继续进行研究。1934年底回国后任清华大学和中央研究院心理研究所合聘的工业心理研究员。应竺可桢校长的邀请从1939年起任浙江大学教育系心理学教授、文学院院长。新中国成立后高等院校调整，先后任浙江师范学院教授、院长，杭州大学心理学教授、杭州大学校长、名誉校长。此外还先后担任中国科技工作者协会杭州分会理事长，浙江科普工作者协会主席，浙江省科普作协理事长，九三学社中央参议委员会副主任，浙江省教育厅副厅长，浙江省政协副主席，浙江省科协名誉主席，中国心理学会副理事长，中国人类功效学会名誉会长等诸多职务。毕生从事心理学的研究与教学，是我国工业心理学的创始人、奠基者和重要的设计师，为中国工业心理学科作出了重大贡献。2004年3月18日在杭州去世。著有《工业心理学概观》等。

**陈立平（1908—1982）**

江苏省武进县人。1930年12月加入中国共产党。1931年至1937年先后在北京、武进、无锡、上海、苏州等地从事革命活动。曾两次被国民党当局逮捕。1937年抗日战争爆发后历任中共南昌市委组织部长，苏皖特委社会部长，武（进）南县抗日民主政府县长，路南特委书记。1945年1月南下浙江，任苏浙军区第二军分区政治委员。同年10月苏浙军区部队北撤后奉命留守苏浙皖边，任中共苏浙皖特委书记兼苏浙皖边司令部政治委员。同月下旬撤往长江以北。曾任华中局巡视员，华中局和华东局土改工作队副队长，华东野战军先遣纵队干部队队长等职。新中国成立后历任南京市二区区委常委兼组织部长、市委纪委副书记、市人民政府副市长，中共江苏省委宣传部副部长，省卫生厅厅长，江苏省高级人民法院院长，省人民检察院检察长，政协江苏省第四届委员会副主席等职。1982年10月12日在南京去世。

**陈礼节(1906—1984)**

字和夫。湖北省汉阳县人。汉口同文书院毕业后于1927年考取官费赴日本留学。先后毕业于日本东京第一高等学校、京都帝国大学医学部。留学期间参加日本友人组织的秘密读书会，积极营救被日本政府逮捕的留学生中的共产党人和进步人士。1937年"七七"事变后辞谢京都帝国大学真下教授希望他留在日本继续攻读医学博士学位的挽留，毅然返回祖国为抗战出力。1938年起先后任西北联合大学医学院教授，福建省立医学院教授。1945年抗战胜利后受聘担任台湾大学医学院教授，兼附属第一、第二医院院长，台湾热带医学研究所所长，结核病研究所所长。1948年夏应聘担任浙江省立杭州医院院长兼浙江医学院教授。杭州解放前夕断然拒绝国民党当局要他将医院迁往宁波、舟山等地的命令，保护医院，保护物资，迎接解放。1949年5月杭州解放后将医院完整交到人民政府，并立即扩大床位，组织医务人员，收治解放军伤病员。1950年起先后任杭州市卫生局副局长、局长。1951年6月组织浙江省杭州市抗美援朝医疗手术大队赴朝鲜参加救护工作。1955年当选为杭州市副市长，分管文教卫生工作，并兼杭州市爱国卫生运动委员会主任。"文革"期间受到迫害。1978年后历任民进浙江省筹委会主委，政协全国委员会常务委员，浙江省政协副主席，中华医学会全国理事会理事、杭州市分会会长，浙江省科协副主席，浙江省及杭州市全国人大代表。1984年3月20日加入中国共产党。

**陈　扬(1914—1975)**

原名兴才、文治。江苏省南京市人。早年考入南京陆军测量专科学校，在校期间参加了南京学生界救国联合会，秘密进行革命活动。1936年11月被捕入狱。1937年抗战爆发后被释放，经八路军驻南京办事处介绍，于同年10月进入延安陕北公学学习。1938年2月被派遣回江苏盐城从事抗日救亡活动。同年8月加入中国共产党，曾任江南抗日义勇军(后改为新四军挺进纵队)大队长、中共苏北工委副书记、苏中工委委员、泰州县委书记、苏中行署第二行政区专员。1944年底随粟裕到浙西长兴开辟抗日根据地。1945年5月任中共浙西天(目山)东地委书记，后任浙西地委副书记。解放战争时期先后任苏北二分区专员、地委副书记，苏北扬州分区泰州分区地委书记。新中国成立后历任苏北行署副主任，江苏省委委员，省政法党组书记，南京市市长，中共南京市委书记，江苏省副省长。1975年4月18日在南京病故。

**陈　光(1914—1986)**

原名胡德辉。江西省瑞金县人。1926年参加农民赤卫军。1930年3月参加中国工农红军。同年9月加入中国共产主义青年团。1931年4月转为中国共产党党员。土地革命战争时期参加中国工农红军第一、第二、第五次反"围剿"斗争，并参加二万五千里长征。1938年10月奉调到中共中央东南局分局工作，先后任新四军皖南特委委员兼泾县县委书记、苏南丹北中心县委书记、路北特委书记、淮南区党委组织部部长、新四军第二师第四旅政治委员、津浦路东地委书记兼军分区政治委员。1945年1月随新四军第一师主力南下浙西，任苏浙军区第一军分区政治委员。解放战争时期曾任苏南区党委副书记、中共中央华中分局二地委书记、扬州军管会主任等职务。新中国成立后长期担任江苏省委书记处书记、常委书记。"文革"期间受到迫害。1978年任民政部常务副部长、党组副书记。1983年6月当选为全国政协第六届常务委员。1986年12月20日在南京去世。

**陈伟达(1916—1990)**

原名经纬。江苏省灌云县人。1935年考入上海私立暨南大学物理系学习。同年参加"一二·九"爱国学生运动，是上海学生运动领导人之一。1937年初加入中国共产党，任上海暨南大学党支部书记、上海学生界救亡协会党团委员。1938年8月任中共江北特委委员。1940年起先后任江都县人民政府军事科科长，中共如西县工委书记，黄桥保卫处一科科长，东台县委社会部部长、公安局局长，中共苏中四地委社会部部长、敌工部部长、地委副书记，苏中行署保卫处副处长。1945年初任中共淞沪地委书记兼淞沪支队政治委员，领导发展淞沪地区的党组织，壮大抗日武装力量，使淞沪地区成为浙东敌后抗日根据地的重要组成部分。抗战胜利后全力配合和掩护浙东新四军北撤。解放战争时期历任华东野战军第一纵队第一师政治部主任，第六纵队第十七师政治委员，第三野战军第二十四军第七十一师政治委员。新中国成立后历任浙江省杭州市军管会公安部副部长，浙江省宁波市军管会公安部部长，中共宁波市委书记，中共宁波地委书记兼宁波军分区政治委员，中共浙江省委工业部部长，中共杭州市委书记，中共浙江省委常委、组织部部长，中共浙江省委纪律检查委员会书记，中共浙江省委监察委员会副书记，浙江省副省长，中共浙江省委书记处书记兼杭州工学院副院长，兼浙江大学校长、党委书记，浙江省政协副主席，中共浙江省委副书记。中共浙江省委书记，浙江省革委会副主任，中共天津市委第一书记，中共中央政法委员会副书记。中共第十一、第十二届中央委员，中共十三大中央顾问委员会委员。1990年3月18日在杭州去世。

**陈向明（1921—1989）**

女。原名寿萱，又名子英、黎洲。福建省闽侯县人。1939年5月在上海启秀女中读书时加入中国共产党。从启秀女中毕业后先后在上海光华大学、大同大学、大夏大学担任中共地下党支部书记。1948年1月任中共杭州工委书记，参与领导于子三事件后期的学生运动。1949年3月任中共杭州市委委员兼青年工作委员会书记；7月任解放军随军服务团工委副书记；9月回福建后任福建省团工委宣传部长。之后历任华东团工委常委、团中央委员、上海少年儿童出版社副社长兼总编辑。1959年被错划为右派。党的十一届三中全会后改正。后担任上海少年儿童出版社社长兼总编辑、党组书记。曾荣获为纪念宋庆龄而设立的“中国福利会妇幼事业樟树奖”。1989年12月在上海去世。

**陈茂辉（1912—　）**

原名恩茂。福建省上杭县人。1928年参加革命。1929年加入中国共产主义青年团。1931年转为中国共产党党员。同年进入红军学校学习。土地革命战争时期历任红二十三军六十六师二六六团三连政治指导员，红一军团第二师六团三营连政治指导员，福建军区独立营政治委员，闽西第一军分区政治部组织科科长，永定独立营政治委员，中共上杭县区委书记，中共永埔县委副书记兼中心区委书记。参加中央苏区五次反“围剿”作战。红军主力长征后在闽西地区坚持三年游击战争。抗日战争初期先后任新四军第二支队政治部民运科科长、军部特务营政治教导员，新四军政治部民运部第三科科长。1941年“皖南事变”后任苏中军区如皋自卫总队总队长兼警卫团副团长、团长，新四军第七师兵工厂政治委员。1945年春任苏浙军区第二军分区参谋长，参加天目山第三次反顽自卫战。解放战争时期任华中军区特务团政治委员，华东野战军第四纵队第十一师政治部副主任、主任、副政治委员，第三野战军第二十三军第六十八师政治委员。新中国成立后历任第二十三军政治部主任、副政治委员、政治委员，江苏省军区副政治委员、第三政治委员、顾问，南京军区政治部顾问。1955年被授予少将军衔。著有自传《征途》、《决战的尾声》等。

**陈雨笠（1907—1966）**

原名兴汉。安徽省舒城县人。早年先后就读于安徽大学与中华大学。1933年1月在上海加入中国共产党。1937年夏重新接上组织关系后任中共上海法南区工人特别支部书记。同年底奉组织派遣到浙江平阳，任闽浙边抗日救亡干部学校教员。1938年春随闽浙边抗日游击队开往皖南。1939年3月任中共浙江省委职工部部长；9月被国民党当局逮捕，后获释。1940年7月任中共金（华）属特委组织部长。1941年9月任中共金（华）属地区特派员。1942年2月中共浙江省委机关被国民党破坏后于5月19日召集义乌县特派员、浦江县特派员等在义乌柳村杨文清家召开党的紧急会议，决定以义西、金东为中心，开辟敌后抗日根据地。1943年3月与中共浙东区委接上组织关系后组建抗日武装“坚勇大队”。同年12月18日中共金（华）萧（山）地委成立后任地委委员，负责金华、义乌、浦江等十余县党的工作。1945年10月随新四军浙东纵队主力北撤，任华东野战军第一纵队第三旅第八团政治处主任等职。新中国成立后历任中共浙江省委职工部副部长，浙江省高级人民法院副院长，浙江省人民检察院检察长等职。

**陈宝麟（1898—1965）**

字冠灵。直隶（今河北）省东光县人。幼随父去南京经营农场，定居南京。江苏省立一中毕业后考入北京大学经济系，深得名师马寅初的赏识。1924年曾与友人创办北京民铎中学，与曲直生办《经济》半月刊。后任杭州浙江法政专门学校教授，广东民国大学教授。北伐后任浙江省政府民政厅第三科科长。1929年起任浙江鄞县县长10年，期间在鄞县实行“二五减租”，修建四条主干公路与邻县接通，重视文化教育事业，筹款修缮范氏天一阁，保存文化遗产，主修鄞县通志，兴修地方水利。1939年任浙江省政府会计长。1945年任浙江省政府委员兼财政厅厅长。1949年任浙江省政府委员兼教育厅厅长。同年去台后执行会计师业务。1953年任台湾省财政厅副厅长。次年调任台湾省烟酒公卖局局长。1958年脱离公职，重操会计师旧业。1965年3月19日在台湾病故。

**陈树藩(1885—1949)**

字柏森，亦作柏生、伯生。祖籍湖南省宁乡县，后落籍陕西省安康县，1885年生于一个小商贩家庭。7岁开始随叔父在家塾读书。1905年入西安的陕西陆军小学堂第一期学习。1908年被保送到直隶保定的陆军速成学堂炮兵科深造。1910年毕业后返回陕西，分发到陕西陆军第三十九混成协某标任军械官。1911年10月10日武昌起义后在同盟会陕西支部长井勿幕劝说下加入同盟会；10月22日上午11时西安起义爆发后带领起义新军及时冲进军装局弹药库，取出急需的子弹和炸弹，分头占领陕西巡抚衙门等机关。西安光复后跑到渭北投井勿幕，自任陕西东路招讨使。1912年春任陕西陆军独立混成第四旅旅长。1914年4月所部在醴泉县境内与白朗起义军展开激战，致使白朗起义军损失近千人。接着所部又在邠县(今彬县)境内与回师的白朗起义军展开激战，再度重创白朗起义军。1915年5月升任陕南镇守使。1916年1月调任陕北镇守使；5月9日就任陕西护国军总司令，宣布陕西独立；5月18日自任陕西督军，通电全国；6月7日即通电全国，取消陕西独立；7月正式任命为陕西督军。1917年5月29日通电宣布陕西“独立”，脱离中央；6月将北极光内政府任命的李根源强行赶出陕西；7月段祺瑞平定张勋复辟，重新组阁，以陕西督军兼省长，集陕西军政大权于一身。1921年5月被北京政府宣布免去陕西督军职务，调至北京任将军府将军，同时任命直系第二十师师长阎相文署理陕西督军；7月在直系大军的进攻下只得率卫队骑兵逃往汉中，投奔陕南镇守使张宝麟；8月逃往四川。入川后撇下跟随的残部，经万县到汉口，再转上海当寓公。1942年拒绝当汉奸，避走四川，被蒋介石安排担任军事参议院参议，未到任。1945年抗战胜利后仍回杭州居住。1949年11月2日在杭州病故。

**陈　挺(1911—2005)**

原名顺书。福建省福安县人。1930年加入中国共产党。1931年参加中国工农红军。土地革命战争时期历任闽东独立三团特务队队长，闽东独立师连长，福寿独立师特务队队长，第四团团长。红军主力长征后坚持闽浙边三年游击战争。抗日战争时期先后任新四军第三支队六团营长，江南人民抗日义勇军第二支队支队长，新四军第六师十八旅五十二团团长，苏中军区特务三团团长。1945年春随叶飞率部南下浙西，任苏浙军区第四纵队第十支队大队长，参加浙西天目山第三次反顽自卫战。解放战争时期历任山东野战军第一纵队一旅一团团长，华东野战军第一纵队一师副师长、三师师长。新中国成立后历任福建军区第三(福安)军分区司令员，第二十八军八十四师师长，福建省军区参谋长、副司令员，福州军区副参谋长，闽北指挥部副司令员，福建省军区副司令员，江西生产建设兵团副司令员，江西省军区副司令员，福建省军区副司令员、顾问。1961年被授予少将军衔。2005年2月18日在江苏省苏州市去世。

**陈曾寿(1878—1949)**

字仁先。湖北省蕲水县人。清末民初时期与江西陈三立、福建陈衍并称“海内三陈”。因家藏元代吴镇所画《苍虬图》，自称苍虬居士。其曾祖陈沆是清朝状元，因家学渊源，少时即有文名，博览经史子集，旁及古文诗词。1902年与两弟同时中举人，一时传为盛事。1903年中进士，被授予刑部主事。1904年参加经济特科考试，名列前茅。湖广总督张之洞慕其文名，聘为幕僚，后又保送至日本留学。回国后历任学部主事、员外郎、郎中、广东道监察御史。1912年中华民国成立后以遗老自居，寓居杭州西湖，吟诗作画，谈经论道，参禅拜佛。并与寓居杭州、上海等地的遗老交往，互通声气。1917年张勋复辟，被授予“学部右侍郎”。复辟昙花一现，从北京南下继续寓居西湖，靠卖字作画为生。1925年前清废帝溥仪寓居天津后，应召至天津，担任“皇后”婉容的师傅，为婉容进讲。1931年“九一八”事变发生，溥仪首先由日本帝国主义者从天津挟持到东北，奉“旨”护送婉容去东北大连，后又返回天津。1932年1月应溥仪电召去旅顺，坚辞“特任秘书”不就，并潜回天津。1934年3月任伪满洲国宫内府近侍处长，后任陵庙事务总裁。1942年南归，定居上海。著有《苍虬阁诗集》(10卷)及续集(2卷)，《旧月簃词》(1卷)。

# 八　画

## 茅以升(1896—1989)

字唐臣。江苏省镇江县人。1896年1月9日生。土木工程学家、桥梁专家、工程教育家。1905年考入江南商业学堂学习。1911年考入唐山路矿学堂(1912年改名唐山工业专门学校,后为唐山交通大学,今西南交通大学)学习。1916年毕业后赴美留学。1917年获美国康奈尔大学土木专业硕士学位。1921年获美国卡内基·梅隆大学理工学院工学博士学位。其博士论文《桥梁桁架的次应力》提出的见解,被称为"茅氏定律",并荣获康奈尔大学优秀研究生"斐蒂士"金质研究奖章。1921年回国后先后任教于唐山交通大学、东南大学、河海工科大学、北洋工学院(今天津大学)。1933年任杭州钱塘江大桥工程处处长,领导设计、修建杭州钱塘江大桥,是我国第一座由自己设计建造的铁路公路两用的特大型跨江大桥。1934年正式开工,1937年9月26日正式建成通车,成为中国桥梁建设史上的里程碑。此后历任国立交通大学唐山工程学院院长,黄河水利委员会委员,交通部技正,行政院水利委员会常务委员。1948年当选为中央研究院院士。新中国成立后历任交通大学校长,铁道研究所所长,铁道科学研究院院长,中国土木工程学会理事长,武汉长江大桥技术顾问委员会主任委员,中国科学技术协会副主席,九三学社副主席。1987年10月加入中国共产党。1989年11月12日在北京去世。著有《钱塘江大桥》、《武汉长江大桥》、《中国桥梁——古桥与今桥》、《力学概论》及《茅以升选集》等。

## 范毓灵(1886—?)

安徽省合肥县人。早年毕业于保定陆军速成学堂。1917年8月2日任浙江督军公署参谋长。1922年2月26日被北洋政府授予陆军中将。1946年任国民政府军事参议院参议。

## 林一心(1912—2010)

曾用名林多王、林有文、林兼三、林志周等。福建省永春县人。早年就读于福建省立第十初级中学。1929年春加入中国共产党领导的外围组织反帝大同盟。1930年到上海赤色互济会工作,10月到党的秘密印刷厂工作。1931年加入中国共产党。1935年7月因敌人的破坏与党组织失去联系。1936年秋冬同党组织接上关系,先后担任反帝大同盟上海大场区负责人,中共沪东区委组织部部长、区委书记。1937年抗日战争爆发后奉命到浙江丽水地区做抗日救亡工作。1938年5月受中共浙江临时省委委派,与汪光焕、刘一民到金华、衢州地区整顿和建立党组织,任中共浙江省金衢特委常委、宣传部长,兼中共金华县工委书记;6月兼中共义乌县委书记;7月任中共金衢特委组织部长;12月任中共金衢特委书记,负责下属东阳、永康、兰溪、金华、义乌、浦江、江山、龙游等县党组织工作。1939年7月在中共浙江省第一次党员代表大会上当选为浙江省委候补委员和出席中共七大代表;9月从丽水出发,12月到皖南新四军军部集中,任浙江七大代表小组领队;经过长途跋涉,于1940年12月抵达延安。后进中央党校一部学习,结业后留在党校任一部秘书科科长。1945年4月至6月作为华中代表团成员出席中共七大。解放战争时期历任中共黑龙江工委委员,中共黑龙江省委委员,中共嫩江省黑河中心县工作委员会书记、北安(龙江)军区黑河军分区政治委员,中共西满分局第五地委书记,东北民主联军西满军区第五军分区政治委员,中共黑龙江省委委员,中共黑河地委书记、龙江军区黑河军分区政治委员。后南下,回福建工作。新中国成立后历任中共厦门市委书记,中共福建省委组织部副部长、部长,中共福建省委监委副书记,福建省人民检察院检察长,中共福建省委常委、副书记、书记处书记,福建省第二届政协副主席,中共福建省委监委书记,福建省政协第三届委员会副主席,国务院华侨事务委员会党组副书记兼政治部主任,华侨事务委员会副主任,中共福建省委书记处书记,省纪律检查委员会书记,福建省第四届政协副主席,中共中央纪律检查委员会委员,中国海外交流协会常务理事,中华全国归国华侨联合会顾问。2010年3月6日在北京去世。

**林风眠(1900—1991)**

原名林凤鸣。广东省梅县人。著名画家、艺术教育家。1915年考入广东省立梅州中学学习。期间与林文铮、李金发等发起成立探骊诗社,任副社长,相互切磋诗艺。1919年赴法国留学。1920年至1923年相继在迪戎美术学院、巴黎国立高等美术学院学习素描、油画。同年赴德国游学。1924年参加在斯特拉斯堡举行的中国美术展览会。1925年冬回国,由蔡元培推荐担任国立北京艺专校长兼教授。1927年7月辞职南下,担任南京国民政府大学院艺术教育委员会主任委员,并负责筹办国立艺术院。1928年4月8日国立艺术院在杭州西湖孤山前的罗苑举行开学典礼,任院长。1929年国立艺术院改名国立杭州艺术专科学校(今中国美术学院),改任校长。1937年8月13日日军进攻上海,10月国立杭州艺术专科学校向内地迁移,率艺专200余名师生先后转移到江西、湖南。他的油画作品因无法带走,俱毁于敌人手中。1938年春杭州艺专与北京艺专在湖南沅陵合校,改称国立艺专,废校长制,改校务委员制,任主任委员。因与教育部及校内某些负责人意见不一,在经历了两次"倒林"风波之后不得不选择辞职,回上海租界安顿家小之后,绕道越南河内、云南抵达重庆,独居长江南岸大佛殿的一间旧房,专心于绘画探索。1945年抗日战争胜利后回到杭州,担任国立杭州艺术专科学校教授。1950年国立杭州艺术专科学校改名为中央美术学院华东分院,任教授。1951年起任上海中国画院画师,同时兼任中国美术家协会理事、常务理事、顾问。1977年定居香港。1979年在巴黎举办个人画展。1991年8月18日在香港去世。主要作品有《春晴》、《江畔》、《仕女》、《山水》、《静物》、《屈原》、《南天门》、《火烧赤壁》、《恶梦》、《痛苦》、《基督之死》等,著有《中国绘画新论》及《林风眠画集》等。

**林白水(1874—1926)**

原名獬,后改名万里,字少泉,号宣樊,中年以后改号白水。福建省闽侯县人。1874年1月12日生。幼承家学。1894年到杭州教学馆。1898年起应闽侯同乡前辈、杭州知府林启的邀请,参与创办浙江新式教育,先在蚕学馆任教。1901年任求是书院总教习。同年6月任《杭州白话报》主笔,宣扬新政,提倡社会变革,宣传禁烟,倡导破除迷信及妇女缠足等恶习。受其影响,杭州成立全国第一个"女子放足会"。同年冬赴沪,与蔡元培等成立爱国女子学校。1903年留学日本,入早稻田大学法科兼习新闻。1905年加入同盟会。1911年福建光复后任福建军政府法制局局长,及共和党福建支部长。1913年当选为众议院议员。1915年10月任参政院参政;11月被袁世凯赐封中大夫加上大夫衔。袁世凯覆灭后从事新闻事业。1916年9月北京创办《公言报》。1919年2月在上海创办上海《平和日报》。1921年春在北京创办《新社会报》,后被北洋军阀当局查封,遂改名《社会日报》出版。1926年8月6日因在社论《官僚之运气》中抨击北洋军阀张宗昌与官僚潘复,被逮捕杀害。著有《林白水先生遗集》。

**林　达(1914—1947)**

原名有璋。江苏省南汇县人。毕业于上海新陆师范学校。1931年"九一八"事变后投身抗日救亡运动。1937年11月上海沦陷后回到家乡,在中共浦东工作委员会的领导下随连柏生创建南汇县保卫团第四中队,后扩编为抗日自卫第二大队(简称"抗卫二大"),先后任特务长、军需,同时兼国民党政府长沟乡乡长,负责筹集部队的给养。1940年5月奉命赴江南抗日救国军东路指挥部教导队受训,期间加入中国共产党;9月返回浦东,任"抗卫二大"的中队副。不久根据上级党指示,通过关系取得国民党第三战区淞沪游击队第五支队的番号,任五支队第四大队(简称"五支四大")大队副。1941年6月率部队南渡浙东余姚;10月"五支四大"扩编为淞沪游击队第三支队,任支队长,并改名"林达"。1942年8月三北游击司令部成立,被任命为第三支队长。1944年1月任新四军浙东纵队三支队政治委员。1945年10月奉命随新四军浙东部队北撤;11月第四支队奉命改编为新四军第一纵队第三旅第九团,任团政治委员。1947年初任华东野战军第三师第九团团长;5月中旬在震惊中外的孟良崮战役中率九团坚守界牌、天马山阵地,狙击敌整编二十五师的增援,受到叶飞司令员的表扬;7月18日上午在鲁南战役中中弹负伤,流血不止,当天下午牺牲。

**林茂成(1924—1949)**

山东省沂水县人。1938年10月参加八路军,历任战士、班长、排长、连长、"洛阳营"营长。1944年出席山东军区群英大会,被评为军区乙等战斗英雄。1947年获华东战斗英雄称号。同年8月代表中国革命青年出席世界民主青年代表大会。1949年由"人民英雄连"连长升任华东野战军第二十二军第六十五师第一九五团"洛阳营"营长。同年春随第七兵团大军入浙,在杭州、宁波等地解放后投入解放舟山群岛战役;8

月18日率全营随第二十二军执行解放舟山群岛的战斗任务；19日拂晓在偕同团参谋长张明带领营、连干部乘船到大榭岛前沿阵地侦察时遭敌机袭击，中弹牺牲。

**林 枫(1906—1963)**

原名书棠，化名王长善等。江苏省溧阳县人。1926年在吉林铁路局工作时先后加入中国共产主义青年团和中国共产党。1927年冬在入党介绍人吴敏茂被捕后离开东北返回家乡。1932年在溧阳再次入党。不久因组织遭到破坏被国民党逮捕，在特务将他押送回乡时乘机逃脱。1937年6月在上海第三次入党，后任上海地下党群众工作委员会委员，负责工运，在工厂、企业开展群众工作。抗日战争爆发后作为中共江苏省委军委书记张爱萍的助手，到江浙一带开展武装斗争。1938年秋任宁沪东特委书记。1946年在中共中央上海分局农村工委工作，后在无锡、常熟等地开展党的工作，在上海外围开展游击战争。1947年5月任中共中央上海分局外县工作委员会副书记、书记，往返于上海、杭州及浙东四明山之间指导工作。1949年初任中共杭州市委书记。同年5月杭州解放前夕发动党员和进步群众，开展了卓有成效的护厂、护校、护桥斗争，特别是保卫钱塘江大桥的安全，成功阻止了国民党在撤退时准备进行的爆破。杭州解放后历任中共杭州市委副书记、书记，后任中共浙江省政法委员会书记兼高等法院院长，中共浙江省委常委兼统战部部长。1953年任上海第一医学院院长。1955年任浙江省政协副主席。1963年2月6日在杭州去世。

**林秋若(1914—2006)**

女。福建省福州人。1936年加入中国共产党。曾任新四军《抗敌报》助理编辑。1939年9月由中共党组织派到浙江金华，任战时儿童保育会浙江分会秘书。后通过战时儿童保育会浙江分会理事长蔡凤珍的统战关系，创办保育会浙江分会机关刊物《浙江妇女》月刊，兼任主编。1941年1月25日在国民党反动派掀起的第二次反共高潮中，以“异党”嫌疑被国民党特务、宪兵逮捕。同月27日与其他七位中共地下党员被押解到上饶集中营的茅家岭监狱囚禁。1942年10月下旬由国民党浙江省政府主席黄绍竑出面保释出狱。后到桂林，改名林琼，于12月初到重庆向周恩来详细汇报上饶集中营的斗争情况。此后在重庆先后任《现代妇女》月刊编委，中苏文化协会妇女委员会秘书，重庆妇女联谊会常委兼联络组组长，《大公报》、《新民晚报》等报妇女副刊编辑等职务。新中国成立后历任重庆市妇联宣教部长、副主任，全国妇联宣教部科长，《中国妇女》编委兼组长，城乡建设部城建出版社副社长，建工部办公厅政研室副主任，国家经委、国家建委处长，国家建委顾问。著有《不屈的无产阶级文化战士——记冯雪峰同志在上饶集中营》、《向周副主席汇报集中营的斗争》、《铁牢歌声琐忆》等回忆录。2006年1月在北京去世。

**欧阳惠林(1911—2009)**

原名良劭。安徽省东至县人。1911年10月生。1927年1月参加大革命运动，曾参加在武汉苏浙皖沪四党部被迫来鄂同志特别训练班培训。同年6月加入中国共产主义青年团；8月返回家乡从事党的秘密活动，先后在安徽大学、上海文化学院求学，期间开展青年工作，历任上海文化学院党支部书记、中共闸北区委学生工作委员会委员。1930年9月加入中国共产党。1932年春受党组织委派，先后任闸北区民众反日救国会党团书记兼组织部部长、中共闸北区委宣传部部长、区委书记。抗日战争时期历任中共湖南省工委秘书处干事，皖南特委秘书，苏皖区党委秘书长，苏皖特委书记兼苏南保安司令部政治委员，中共苏皖区党委、苏南区党委。1945年8月任中共苏浙区委秘书长兼宣传部长；10月随新四军江南部队撤退到苏北。历任中共华中分局秘书处处长、巡视团团长，中共华中第一地委副书记，华中工委秘书长兼政策研究室主任，中共苏南区党委秘书长兼农村工作委员会书记。新中国成立后曾任中共江苏省委秘书长、宣传部长，江苏省副省长，江苏省政协副主席等职。2009年2月13日去世。

**罗白桦(1914—2007)**

原名柯菁华，曾用名柯培非、罗克。安徽省贵池县人。1914年7月生。1934年底入国民党税察总团三团二营抄写花名册。1935年6月起先后在湖北应城县监狱、应城地方法院、湖北沔阳张家沟区署、下巴河区署和《先锋报》社工作，任看守主任、仓库主任、秘书、校对等职。1937年10月奔赴延安。1938年2月入延安抗日军政大学四期五大队三中队学习；6月加入中国共产党；10月从延安返回安徽，先后任中共皖南芜(湖)宣(城)县委宣传部长兼青年部长、中共安徽繁昌县委书记、苏中三地委组织部长兼中共如西县委书记。1942年1月进华中局党校三队十班学习；7月受华中局指派抵达浙东；8月任中共四明地委副书记兼组织部长。1943年9月四明地委组建南山自卫总队(不久更名四明自卫总队),兼任总队长。1944年3月兼任新成立的四明地区特派员。1945年2月任四明分区行政专员;10月随新四军浙东游击纵队北撤,任新四军第一纵队民运部副部长。后调至山东新汶煤矿和鲁中区党委调研室工作,任副经理、副主任。1947年7月任中共黄西工委书记。1949年4月任皖南军区政治部副主任。新中国成立后先后担任南京市财政局长兼税务局长,南京市财经委员会常务副主任,上海市建工局局长、党委书记,市政建设委员会副主任,上海市人委公用办副主任,上海市三线工程建设总指挥等职。"文革"中受迫害。1978年6月任上海市建设委员会副主任。1983年改任上海耀华皮尔金顿玻璃有限公司董事长和工程建设领导小组组长。2007年2月7日病故。

**罗亦农(1902—1928)**

湖南省湘潭县人。7岁入私塾读书。1916年考入湘潭益智学校学习。1921年赴莫斯科东方劳动大学学习,同年冬加入中国共产党。曾任中共旅莫支部委员、负责人。1925年3月回国;4月任中共中央驻粤临时委员会委员,参与组织和领导省港大罢工;12月任中共江浙区委书记,参与组织和领导上海工人运动及三次武装起义。1927年4月在中共五大上当选为中央委员;8月在"八七"会议上当选为中央临时政治局委员;9月任中共中央长江局书记;11月在上海出席中共中央临时政治局扩大会议,当选为中央政治局常务委员,与周恩来、李维汉组成中央组织局,任主任;同月下旬作为中央巡视员前往武汉指导两湖省委工作。1928年元旦回上海主持中央组织局工作。同年4月15日因叛徒出卖被捕;4月21日被国民党杀害。

**罗时实(1903—1975)**

字佩秋。江西省南昌县人。1921年考入南京的江苏省立东南大学学习。1923年在校发起反对曹锟贿选总统的活动。1924年毕业后由教授陈佩忍引见孙中山,对孙中山风范和思想产生敬仰,此后致力于研究三民主义。1925年留学英国,在剑桥大学皇家学院学习经济学。1927年1月返国,任国民革命军总司令部秘书;后回赣,与段锡朋、程天放等组织反共团体AB团,受到国民党中央组织部长陈果夫的赏识,被圈定为国民党江西省党部委员;4月2日被国民党左派和革命群众逮捕。同年夏省主席朱培德在江西宣布反共"清党"后被释放,转入教育工作。1933年任浙江省第四区行政督察专员,督察原台州府所管辖的六县。1934年调任江苏省政府秘书长。1939年随陈果夫任军事委员会委员长侍从室第三处主任秘书。1945年5月当为选国民党第六届中央候补执行委员。新中国成立前夕去台湾。历任"考试院"第二至第四届委员、"国防研究院"文化研究所所长、"中国文化学院"三民主义学门主任、"中华日报"常驻监察人。从政之余从事孙中山思想和民生主义经济思想理论的研究。1975年10月30日去世。著有《民生主义新论》、《民生主义经济制度》、《共产主义批判》、《三民主义与当代政治趋向》等。

**罗卓英(1896—1961)**

字尤青,号慈威。广东省大埔县人。1896年3月19日生。1918年8月考入保定陆军军官学校第八期炮兵科。1922年7月毕业后回家乡办学。1925年加入国民革命军,先后任连长、营长。1927年应保定陆军军官学校同学陈诚之邀,任第二十一师参谋处长、参谋长。1928年春任浙江警备师上校团长。同年秋任第十一师参谋长。1929年春任第十一师第三十三旅旅长,不久任第十一师副师长。1931年5月所部第十一师参加对中央苏区的第三次"围剿"。1932年任第十八军副军长,代理军长职务。1933年2月任第五军军长兼中央第一纵队司令,参加对中央苏区的第四次"围剿";7月任第十八军军长;9月任第三路军副总指挥,参加第五次"围剿"。红军主力长征离开苏区后任驻赣"绥靖"区"剿匪"总指挥部副总指挥。1935年4月被授予陆军中将;9月任第十八军军长兼闽浙皖赣四省边区总指挥部副总指挥,"围剿"在四省边区活动的红军部队。1936年8月任广州行营办公厅长兼代参谋长。1937年8月率第十八军参加淞沪会战。此后历任国民党第十六军团长、第十五集团军总司令、第十九集团军副司令、南京卫戍副司令长官、十九集团军总司令、武汉卫戍总司令、南昌会战前敌总司令、第九战区副司令长官兼十九集团军总司令、中国远征军第一路军司令长官、中国驻印军副总指挥、第三战区副司令长官、军令部次长、桂林干训团教育长兼督训总处主任、全国知识青年从军编练总监等职。1945年8月任广东省政府主席。1946年6月加陆军上将衔。1947年12月任东北行辕副主任及东北"剿匪"副总司令。1949年春任东南军政长官公署副长官。后任"总统府战略顾问"、"国防研究院副主任"等职。1961年11月6日在台北病故。著有《呼江吸海楼诗集》、《抗战议论集》等。

**罗学瓒(1893—1930)**

号荣熙，化名杨子华。湖南省湘潭县人。1893年12月生。1913年考入湖南省立第四师范学校学习。1918年8月毕业后与毛泽东等同学到北京，准备赴法国勤工俭学。1919年7月起程赴法；9月入法国巴黎蒙达尼大学学习。在校期间与蔡和森、向警予等组织“工学世界社”、“工学世界通讯社”。后因参加请愿斗争，于1921年10月被法国政府强行遣送回国。同年底回到上海后即加入中国共产党。1922年秋回长沙，任中共湘区党委委员。1925年兼中共湖南醴陵县委书记。1927年春陪同毛泽东到醴陵考察农民运动。大革命失败后坚持斗争，受中央委派，与夏明翰共同负责湖南省委组织部工作。同年9月任中共湖南省委委员兼湘潭工委书记。1928年5月调到上海工作，后被派往山东做党的工作并在山东齐鲁大学任教。1929年初被派往杭州，参加中共浙江省委的领导工作，先任省委宣传部部长，随后任省委书记；6月中共浙江省委建制被撤销后改任中共中央特派员，负责巡视浙江各地。1930年4月30日因叛徒出卖被敌人逮捕；8月27日与19位中共党员干部在浙江陆军监狱同时被国民党杀害。

**罗浩忠(1896—1972)**

字心汉。广西省中渡县人。1926年任国民革命军第二独立团团长。参加北伐战争，先后参加汀泗桥、贺胜桥、武昌等重大战役。1928年入陆军大学第一期特别班学习。结业后任中央军官学校高级班少将大队长、军事委员会高参。1936年2月被国民政府授予陆军少将。此后历任湖北省保安处副处长、代理处长，江汉师管区司令，浙江省军管区参谋长兼教导总队总队长。1939年春被授予陆军中将。1940年任金(华)严(州)师管区司令。1944年6月任浙江省第三区行政督察专员兼保安司令。1945年4月至1948年5月任浙江省第七区专员兼保安司令。1948年夏回广西，当选为行宪国大代表；11月任广西省第二区行政督察专员兼保安司令。1949年冬去香港，1954年去台湾。1972年在台湾去世。

**罗维道(1916—2011)**

江西省泰和县人。1916年9月生。1929年参加中国工农红军，同年加入中国共产主义青年团。1932年转为中国共产党党员。1933年入红军学校第四分校学习。土地革命时期历任江西军区万泰独立团排长、连政治指导员，红五军团营政治教导员，湘赣军区游击二大队大队长兼政治委员。参加湘赣苏区历次反“围剿”斗争。中央红军主力长征后留在湘赣边区坚持三年游击战。1937年抗日战争爆发后任新四军第一支队二团二营政治教导员、团政治处副主任、主任，第一师第一旅一团政治委员。1945年1月新四军苏浙军区成立，任苏浙军区第一纵队第一支队政治委员，参加浙西天目山三次反顽自卫战役。后任苏南第四军分区政治委员兼中共郎(溪)广(德)地委书记。解放战争初期先后任华中野战军第十六旅政治委员、旅长。后任华东野战军第六纵队第十六师师长，第三野战军第二十七军第八十一师政治委员。新中国成立后历任华东空军预科学校总队长兼政治委员，福州军区空军副政治委员，福建省军区副政治委员。1955年被授予少将军衔，并获二级八一勋章、二级独立自由勋章、一级解放勋章。1988年获一级红星功勋。2011年10月18日在南京去世。

**金　明(1913—1998)**

山东省益都县人。1913年12月生。1929年进入益都山东省立第十中学学习。1932年初在学校参加中国共产党的外围组织互济会。同年2月加入中国共产主义青年团；不久加入中国共产党；8月参加中共领导的山东益都暴动。暴动失败后被指定留原地坚持工作。先后任共青团益都县县委书记，共青团益都、临朐、寿光三县中心县委书记。1933年3月由于叛徒出卖被捕入狱，担任监狱地下党支部委员。1937年抗日战争爆发，国共实行第二次合作后，经中共山东省委营救，于11月出狱。出狱后恢复与党的关系，党龄自入团之日计算。随后被任命为中共山东省委联络员，到益都、寿光、潍县、昌邑等地恢复和建立党团组织，传达中共中央关于发动抗日游击战争、组织抗日武装的指示和山东省委组织抗日武装起义部署。1938年1月参加山东省委领导的徂徕山起义，先后任八路军山东抗日游击队第八支队政治部主任，中共清河特委组织部长、副书记，淄博特委书记等职。1939年5月遵照中共山东分局的指示，参加并筹建八路军南进(陇海)支队，开辟皖东北抗日根据地，担任中共苏皖边区委书记、皖北八路军办事处主任。1941年夏起先后任苏北军政委员会副书记，苏北区党委副书记兼淮海地委书记，新四军第三师第十旅政治委员兼淮海军分区政治委员。1945年2月奉中共中央和中央军委的指示，任新四军南下兵团第二副政委(司令员兼政委粟裕、第一副司令员兼第一副政委叶飞)，并担任中共苏浙区党委副书记(书记粟裕)兼浙西区党委书记，参与了开辟以浙西天目山为中心的抗日武装根据地工作和支援部队对敌作战。

1946年后历任山东胶东区党委副书记，胶东军区副政治委员，中共东南分局第二副书记，华东野战军第一兵团第二副政治委员，中原支队支队长兼政治委员，豫西区党委委员兼许昌地委第一书记兼军分区政治委员。新中国成立后历任第四野战军第十二兵团副政治委员，湖南军政委员会委员，湖南省政府副主席，湖南省军区副政治委员，湖南省委书记兼湖南军区政治委员，中南军政委员会委员，中共中央中南局委员，国家财政部副部长、党组副书记，中共中央中南局候补书记、书记，商业部部长、党组书记，国务院秘书长，国务院财政经济领导委员会成员，河北省委第一书记，河北军区第一政治委员，中央顾问委员会委员。1998年3月15日在北京去世。

**周一鹗(1904—1984)**

又名惠生。福建省建阳县人。福建省立福州高级中学毕业后考入国立北京高等师范学校生物系学习。1925年毕业后赴法国入波亚芝野大学读书。1928年毕业回国后先后在北平师范大学、北平农学院、中法大学、辅仁大学和保定医学院等院校任教授，还担任过北平中国大学生物系主任。除教学外，还积极从事社会活动，曾与章伯钧、谭平山、朱蕴山等人酝酿成立第三党，任国民党临时行动委员会(即第三党，农工民主党前身)武汉市委书记、湖北省委书记兼长江军事特派员。1931年下半年担任临时行动委员会华北特派员。1933年夏到张家口参加冯玉祥领导的察哈尔民众抗日同盟军，任总司令部秘书。1934年十九路军建立福建人民政府，任文化委员会委员。1938年夏到武汉《前进日报》任记者。同年8月奉章伯钧、黄琪翔、李济深等人的委派回福建做福建省政府主席陈仪的工作。1939年起被陈仪安排担任福建省政府委员，兼福建省赈济委员会代主任委员。1942年到重庆担任行政院物资局顾问、国家总动员会议粮盐组主任与党政工作考核委员会政务处组长。1945年随陈仪赴台湾任行政长官公署民政处处长，兼任日侨管理委员会主任委员，主持在台湾的日本侨民的管理与遣送工作。1947年“二二八事件”后离台回上海任中央银行、中央信访局物资配给顾问委员会委员。1948年随陈仪到浙江，从6月22日起任浙江省政府委员兼省垦务委员会主任委员、全省农民学校筹备委员会主任。1949年初陈仪起义计划失败，遭到国民党当局通缉。同年5月下旬上海解放后任复旦大学生物系教授。1976年后先后兼任农工民主党中央委员会顾问、农工民主党上海市委联络委员会副主任、上海宝山县对台工作委员会副主任。1984年6月在上海去世。编有《无脊椎动物学》讲稿，译有《昆虫生理学》(原版为法文)等。

**周　林(1912—1997)**

曾用名周国恩。贵州省仁怀县人。1912年5月17日生。1931年秋考入北平宏达学院学习。在校期间于1932年10月加入中国共产主义青年团。1936年5月转为中国共产党党员。土地革命时期历任共青团北平市东区委书记，共青团天津市委书记，共青团上海沪西区委书记。1938年8月参加新四军，历任新四军江南指挥部军法处处长，第一师军政委员会委员、政治部锄奸部部长，苏中区军政党委会委员，苏中行署保安处处长，苏中区党委社会部部长，区党校党委书记。1945年初随新四军第一师主力拿下浙江长兴。历任苏浙公学教务长，苏浙军区浙西军分区政治委员，苏浙区党委城工部部长，中共浙西地委书记。同年10月随苏浙军区北撤后，历任山东军区直属政治部主任、中共山东渤海区第三地委书记、中共徐州市委副书记兼市长。1949年5月任上海政务接管委员会主任。新中国成立后历任上海市人民政府秘书长，贵州省委常委、省人民政府副主席，西南军政委员会委员，贵州省委书记、省人民政府副主席、省长，省委第一书记兼省长，西南局书记处书记，南京大学党委书记兼校长，教育部副部长兼北京大学党委书记，教育部党组副书记、副部长、顾问，国务院古籍整理出版规划小组副组长，中顾委委员。1997年6月10日在北京去世。

**庞镜塘(1900—1977)**

原名孝勤，别名黑园。山东省菏泽县人。祖父庞玉璞在清末曾任两广水师提督。1900年生于广州，1909年因祖父去世，随父亲返回山东老家。1921年毕业于山东省立第六中学。同年考入北京大学文学系，后转入山西大学政治经济系。1925年毕业后南下广州，参加国民革命，成为国民党CC派骨干。1927年春任黄埔军校政治教官。1928年代理国民革命军第八路军右翼军政治部主任。1929年秋任黄埔军校武汉分校政治教官兼国民党汉口市党部整理委员。1932年调任国民党北平党部整理委员。1937年6月任浙江省第七区(台州)行政督察专员兼临海县长。同年任国民党中央组织部秘书长。1943年任国民参政会参政员。1946年任国民党山东省党部主任委员。1948年济南战役时从城中潜逃。同年10月9日在临城被解放军俘虏,后被送往华东军区解放军官训练团改造学习。1960年11月28日获赦,被安排到沈阳定居,任沈阳市政协文史专员。1977年5月12日在沈阳去世。

**郑天挺(1899—1981)**

字毅生。福建省长乐县人。1899年生于北京。1920年北京大学本科国文门毕业。1922年入北京大学研究所国学门为研究生。1924年毕业后先后任教于北京女子高等师范学校、国立北京法政大学、北京大学等大中学校。1927年7月任浙江省民政厅秘书,8月辞职回北京。1928年3月任浙江省禁烟局秘书;5月随朱家骅赴广州任职;8月回杭州,任国立浙江大学秘书兼文理学院文科讲师。同时在浙江省立高级中学、浙江自治专科学校兼课。1930年2月任南京国民政府教育部秘书。后在国立北平大学、国立北京大学任教。抗日战争爆发后任西南联合大学教授、总务长,北京大学教授、文科研究所副所长。新中国成立后任南开大学教授、历史系主任、副校长、顾问。第三、第五届全国人大代表,中国民主促进会中央委员,中国史学会主席团主席、执行主席。1981年12月20日在天津去世。著有《探微集》、《清史探微》等。

**郑丹甫(1910—1983)**

化名邓桂、翁元生。福建省福鼎县人。1910年5月1日生。福建省立农业学校毕业后担任当地小学校长,为劣绅所不容,致成重伤,向法院控告无效,毅然辞去教职。1932年冬参加十九路军在福州举办的民团干部训练班。毕业后接受中共党组织的安排打入敌人内部,先后担任福鼎桐山、前岐民团排长和“清乡委员会”主任,开展秘密斗争,使敌人的“清乡”斗争常遭失败。1935年8月在闽东特委《红旗报》社工作。同年11月随红军独立团到福鼎、平阳、泰顺三县交界处开辟新区,担任中共鼎泰区委书记。1936年6月任中共瑞(安)平(阳)泰(顺)县委书记兼浙南人民革命委员会主席,在浙闽边境领导开展抗租、抗税、抗捐、抗粮斗争,在中心区域进行土地分配。同年11月随红军挺进师分散打游击。1938年1月任中共浙闽边区委书记;5月任中共浙南特委常委。1939年4月任中共台(州)属特委书记;7月在中共浙江省第一次代表大会上被选为出席中共“七大”代表;9月从丽水出发前往皖南,准备去延安。到中共东南局所在地皖南后,因时局变化随浙江代表团长刘英返回浙江坚持斗争。在回浙赴任浙南特委书记途中,于12月26日在平阳北港水头街被捕,关进平阳监狱。1940年9月被押解至江西上饶集中营茅家岭监狱,备受酷刑。1941年10月16日利用做苦工的机会成功越狱,回到浙江。1942年2月后先后任中共浙南特委常委、组织部长,中共浙闽边区委书记。1944年春根据地受到国民党军队的“围剿”,在泰顺古洞主持召开会议,改党委制为特派员制,停止基层党支部活动,并布置分散隐蔽。1948年11月任浙南地委常委、组织部长兼中国人民解放军浙南游击纵队副司令员。1949年1月8日任浙南地委暨游击纵队驻青景丽地区代表,兼办事处主任;2月与余龙贵一起率部攻占泰顺县城,歼敌一个营;5月7日温州解放后任温州市军事管制委员会主任、浙江省农村工作部副部长。1950年3月调福建省工作,历任省农业厅副厅长,福安地委副书记兼专员、地委书记,省林业厅厅长,省高级人民法院院长,第一届中共福建省委委员,第四、第五届福建省政协副主席,第五届全国政协委员,第三届全国人大代表。1983年8月19日在福州去世。

**郑宗毓(1908—1936)**

又名宗玉、竞。福建省福安县人。1929年春参加革命,6月加入中国共产党。1931年4月在中共福安县委的领导下发动家乡36村农民进行反鸦片捐斗争。1932年参加兰田暴动,并参与闽东工农游击第一支队的创建工作。1933年1月起历任中共福安中心县委委员,福安革命委员会副主席,中共福(安)霞(浦)边委书记,中共福霞县委副书记,中共霞(浦)(福)鼎(平)阳县委书记,中共福(安)寿(宁)县委书记。1935年10月当选为中共闽东特委委员。1936年3月中共浙江省委在泰顺县峰文乡小南山自然村成立中共浙南特委,被任命为书记兼组织部长。同年9月在中共闽浙边临时省委开展的肃反运动中被错杀。1955年被追认为革命烈士。

**郑俊彦(1882—?)**

字杰卿。河北省宁晋县人。1905年毕业于保定北洋陆军速成学堂,后分发至曹锟任统制的北洋第三镇服役。后跟随北洋皖系卢永祥,历任北洋陆军第十师连、营、团、旅长。1924年江浙战争卢永祥战败下野,所部为直系孙传芳收编,任浙江陆军第十师师长。1925年11月任五省联军第十四师师长。1926年10月任五省联军赣军总司令。1927年任安国军第一方面军团副司令兼第二军军长。1928年2月任安国军第一方面军团副军团长兼第十师师长,旋改任第一方面军前敌总指挥;6月所部为国民革命军第三集团军总司令阎锡山收编,任第三集团军第五军团军团长。1929年编遣会议后任第四十七师师长。不久去职。后不详。

**宗孟平(1907—1935)**

原名益寿。江苏省宜兴县人。1926年夏加入中国共产党。1927年7月任宜兴县农民协会主任;9月任中共江苏省宜兴县委委员;11月发动宜兴农民暴动,遭到国民党当局通缉,被迫转移隐蔽。之后历任中共江苏如皋县济难会负责人,中共宜兴县委书记,中共江北特委、沪宁特委委员,中共上海吴淞、沪东区委书记,中共江苏省委委员等职。1933年初从上海到江西中央苏区,任全国总工会执行局白区工作部部长。1934年7月任中国工农红军北上抗日先遣队地方工作部部长,随部队从江西转战进入浙江。1935年3月任红军挺进师政治委员会委员、政治部组织科科长兼地方工作科科长;5月任中共浙西南特委第一任书记,政治委员会随军代表兼挺进师第二纵队行动委员会书记,在浙江、福建两省交界的龙泉、浦城一带领导开创浙西南游击根据地;7月6日晨率部活动于浦城、遂昌边境时遭遂昌县"剿共义勇队"袭击,负重伤后牺牲。

**孟昭月(1887—1943)**

字子明。山东省寿张县人。另一说河北人。行伍出身。1912年中华民国成立后在北洋陆军第二师(师长王占元)部任下级军官。1916年2月任北洋陆军第二师第四旅第七团团长。1921年5月任北洋陆军第二师第三旅旅长。1922年8月下旬晋升陆军少将并加中将衔。同年冬随孙传芳率领部队由湖北开往福建。1923年8月被授予陆军中将军衔。1924年6月加敦威将军称号,并被任命为闽北镇守使;9月江浙战争爆发,随孙传芳从福建入浙,进攻浙江督军卢永祥。入浙后先后任浙江金华、衢州、严州戒严司令。同年12月起任浙江宁(波)台(州)镇守使。1925年10月孙传芳自封为苏浙皖赣闽五省联军总司令后,随同前往江苏,任南京卫戍司令兼第八师师长。1926年任五省联军第三方面军司令兼第八师师长。同年底陈仪在浙江宣布加入国民革命军任第十九军军长后,奉孙传芳之命率领所部第八师分两路由淞沪入浙,逮捕陈仪,并将在杭州的陈仪部缴械。随即被任命为浙军总司令,在浙江境内与国民革命军东路军对抗,所部主力在桐庐、富阳等地被国民革命军消灭。1927年春从浙江撤退至长江以北,后任孙传芳五省联军前敌总司令。1928年退出军界,在天津当寓公。1943年病故。

# 九 画

**项雄霄(1888—1984)**

江苏省嘉定县人。早年毕业于南京南洋陆师学堂,后分发到浙江新军服役。1911 年参加辛亥杭州光复之役,随后入浙军援宁支队,参与攻打南京。1912 年春任南京临时政府陆军部所辖的第六师(师长朱瑞)炮兵第六团团附,后任浙江都督公署参谋。1914 年入北京陆军大学第四期学习。1916 年 12 月毕业后任浙军第一师(师长陈仪)中校参谋。1927 年投入国民革命军。1928 年 5 月 17 日任国民革命军总司令部办公厅副主任。同年 11 月 6 日任军政部陆军署副署长。1929 年 2 月 17 日任中央编遣区兼第一编遣区办事处总务局局长。1935 年 1 月 26 日任军政部总务厅厅长。1936 年 1 月 29 日被国民政府授予陆军少将军衔。1941 年任军事委员会运输统制局参事。1942 年 12 月改任战时运输管理局参事。1945 年 8 月兼任陆军总司令部接收委员会副秘书长。1946 年 7 月 31 日被国民政府授予陆军中将军衔,并退为备役。同年 11 月 9 日以交通部参事试用。1947 年 11 月 20 日任交通部参事兼中央航空公司理事会监察。1948 年 10 月兼任招商局轮船股份有限公司监督。新中国成立后曾任第二、第三届浙江省政协委员会文史资料研究委员会委员,第四届浙江省政协委员会对台工作委员会委员。

**赵礼生(1907—1937)**

化名曹利生、老齐、老四。江西省贵溪县人。1929 年参加革命。1930 年初加入中国共产党;3 月参加中国工农红军。不久调中共信江特委从事保卫工作。1934 年秋奉派到浙江开化县西北山区,开辟新的游击根据地。1935 年 5 月任中共开(化)婺(源)休(宁)中心县委书记,领导建立基层党支部 110 个,发展党员 80 余人。1936 年 4 月当选为中共皖浙赣省委委员。同年 8 月任中共浙皖特委书记兼中共开化县委书记、开化县苏维埃政府主席、浙皖军分区政治委员,率特委独立营坚持游击斗争。针对敌人重兵“清剿”,组织军民开展反“清剿”斗争,终因敌我力量对比悬殊而失败。1937 年 10 月被国民党军队逮捕;12 月 22 日被杀害于浙江开化县城东郊。

**赵晋先(? —1928)**

原名门启中。中国共产党党员。1927 年在上海法租界从事地下斗争;11 月奉命到浙江杭州,重建中共浙江省委,并担任省委委员兼中共杭县县委常委。随后到浙西各县视察工作,并着手恢复省委和浙西各县的联络,组织农民,为响应广州、湖南、四川、湖北四省暴动作准备。同年 12 月在杭州西湖饭店参加杭县县委秘密会议时被国民党侦缉队逮捕,囚禁于西湖边的浙江陆军监狱。1928 年 2 月 8 日在陆军监狱就义。

**赵曾蕃(1874—?)**

祖籍安徽省太湖县,1874 年生于南京。光绪朝举人。清末曾任江西瑞安县知县、安徽芜湖米捐局局长、粤海关监督等职。1917 年 1 月至 1920 年 4 月任浙江省瓯海道尹(永嘉)。1920 年 4 月至 1925 年 3 月任江苏省徐海道道尹。

**郝国玺(1886—1938)**

字振卿,号旭东。湖南省澧县人。幼年随父宦居云南。1905 年考入云南陆军武备学堂,不久被保送至保定陆军速成学堂。1908 年毕业后分发到浙江新军服役,任浙军第四十九旅参谋。1913 年入北京陆军大学炮兵科深造。毕业后重返浙军,任浙军第一师(师长潘国纲)炮兵第一团团长、第一师步兵一旅旅长。1916 年 4 月 11 日夜与浙军第二旅旅长童保暄、警察厅长夏超等发动驱逐拥护袁世凯的浙江将军朱瑞的军事行动,攻占朱瑞的将军署,政变成功后兼杭州警备副司令。1918 年参与重修杭州岳庙,立“重修岳忠武王祠墓碑”于殿前月台上。1919 年 4 月 16 日被北洋政府授予陆军少将;8 月参与宁波第二次独立,任副司令。1924 年江浙战争爆发后奉命据守温州、平阳;9 月任浙军第一师师长。1925 年兼任杭州卫戍司令。1926 年 3 月 11 日被北洋政府授予陆军中将;7 月参加国民革命军北伐战争。1927 年 9 月任第十八军副军长。1928 年春任国民革命军第一集团军第二纵队总指挥部总参议。1929 年 5 月任山东省政府总参议。1930 年 9 月至 1931 年 12 月任安徽省政府委员，兼第二十六军副军长。1935 年 3 月任南京国民政府军事委员会参谋本部高级参谋。1936 年 6 月至 1937 年 8 月任江苏省第八区行政督察专员。1937 年 9 月至 1938 年 8 月再次任江苏省第八区行政督察专员兼保安司令，并兼第五战区第九游击司令，专员公署驻海州。1938 年春日军在南通登陆，同时调动海陆空军大举进犯海州，全城几成废墟，专员公署被炸 10 余次，幕僚死伤极为惨烈；8 月由于身患重病，被下属强行送至上海医治，不久病故。从 1915 年起曾在余杭留下镇建郝公馆。1933 年曾出资创办余杭留下镇中心小学。著有《留青草堂诗稿》。

**胡伟克(1910—1973)**

字倜云。江西省萍乡县人。出生于英国伦敦，为中英混血儿。幼年回国后就读于天津扶轮中学。1928 年毕业于黄埔军校第六期炮兵科。1930 年毕业于杭州笕桥中央航空学校第一期。后历任航空第六队暨第二队飞行员，中央航空学校第二期飞行教官，驻德国大使馆武官。1937 年抗日战争爆发后回国，任空军军官学校高级班飞行教官。后任编译科科长，航空委员会驻重庆办事处副处长，空军总指挥部交通处副处长，空军军官学校分校(驻印度)主任。后入英国皇家空军研究院学习。1946 年任空军军官学校校长。1948 年率领空军军官学校迁移台湾。去台后历任“国防部总政治部”副主任兼政工干部学校校长，“国防部”战略计划研究员、计划局副局长，“总统府战略顾问”。1968 年 11 月以“空军中将”退役，任“总统府国策顾问”。1973 年 2 月 18 日在台北病故。台湾出版有《胡伟克空军中将纪念集》。

**胡次威(1900—1988)**

又名胡长清。四川省万县人。1923 年北京朝阳大学法律科毕业。1926 年日本东京明治大学刑法专业毕业。1928 年起历任南京国民政府法制局二科科长，中央研究院社会科学研究所研究员，立法院民法起草委员会编纂。1933 年 9 月至 1937 年 4 月任浙江省兰溪自治实验县县长。1936 年 6 月至 1937 年 3 月任浙江省第四区行政督察专员。1937 年 5 月至 1938 年 1 月任江苏省第十区行政督察专员。1937 年 11 月至 1938 年 9 月任湖南省政府委员兼民政厅厅长。1938 年 8 月至 1946 年 5 月任四川省政府委员兼民政厅厅长。1945 年 5 月在国民党六大上当选为候补中央执行委员。1947 年 1 月至 1948 年 7 月任国民政府内政部常务次长。1948 年 7 月至 1949 年 4 月任内政部政务次长。1949 年婉拒去台湾，辞官后隐居上海，后经张治中介绍入华东司法部干训班(华东人民革命大学第四期)学习。1956 年加入中国国民党革命委员会。1957 年当选为上海民革市委员会常务委员及对台工作委员会副主任委员。1966 年起任上海市人民政府参事室参事。1988 年 7 月在上海去世。著有《中国民法总论》、《中国民法债篇总论》、《中国民法亲属论》、《中国民法继承论》、《中国刑法总论》、《参议员选举实务》、《民意机关法规解释汇编》、《地方自治实施方案法规汇编》、《四权行使法论》、《省组织法论》、《民国县制史》、《县自治法论》、《怎样施行新县制》、《地方行政概要》、《县自治法论》、《县自治提要》、《国民党反动统治时期的新县制》等。

**胡美成(1910—1994)**

原名泽民。湖南省宁乡县人。1910 年 1 月生。早年做过学徒。1927 年投入国民革命军第六军，初任文书上士，继升司务长、副官。1930 年进湖南陆军干部学校第四期学习。1932 年毕业后任茶陵县保安团连长，后任第二十八军参谋。1937 年任第十集团军上校参谋，到浙江前线参加抗战。1938 年入国民党中央军校高等教育班第六期深造。1939 年毕业后回第十集团军总司令部参谋处上校科长、副官处少将处长。1941 年随刘建绪从浙江前往福建，任第二十五集团军军粮委员会高级参谋。1942 年任第三战区福州警备司令部副司令。1943 年任漳州警备司令(少将)兼福建第一守备地区指挥官等职。1945 年因福建警备司令部撤销，改任福建省政府顾问。此后转而从事实业活动。先在厦门创办闽光公司，经营水上运输业务。1947 年到上海开办永顺皮革厂，任董事长兼经理。1948 年冬为躲避国民党当局的追捕，逃往香港。1949 年前在中共地下党领导下往来于上海、杭州、福建、湖南等地，从事策反工作(未见成效)。同年 1 月在上海参加民盟，并受民盟沈肃文指派在福建、湖南发展民盟组织。后因民盟转入地下，遂与民盟失去联系。1951 年任上海亚洲制革厂副总经理兼厂长。1955 年 2 月作为特邀委员，到杭州参加浙江省政协第一届委员会会议，以后连任第二至第七届浙江省政协委员。1956 年 7 月在上海参加民革，不久到杭州定居。后任民革浙江省第三届委员会候补委员兼组织处处长，民革浙江省第四届委员会委员。1958 年 6 月起任浙江省人民政府参事。1979 年起任民革浙江省第五、第六届委员会常委，民革中央顾问、监察委员。

1984年起任省人民政府参事室副主任。还对气功有较深的研究，曾任中国气功科学研究会常务理事、浙江中华传统气功研究会会长、浙江省气功科学研究会副理事长。另曾创立浙江民声业余京剧研究社，并任社长，对振兴京剧起了一定作用。1994年12月1日在杭州去世。

**柯勤发(1906—1935)**

江西省上饶县人。1926年加入中国共产党。1927年12月参加弋横农民武装暴动。1928年参加中国工农红军，历任班长、排长、连长、红军政治保卫局局长、闽浙赣省苏维埃政府候补执行委员等职。1935年2月编入中国工农红军挺进师；3月随部队进入浙江开展游击战争；5月任红军挺进师地方工作团副团长；6月任挺进师第十五支队政治委员。不久任第五纵队政治委员，率部转战浙江龙泉、庆元、云和、福建松溪、政和、寿宁一带。在松阳玉岩建立浙西南第一个红色政权玉岩区苏维埃政府。不久国民党调遣重兵“清剿”浙西南。同年底在反“清剿”战役中英勇牺牲。

**冒广生(1873—1959)**

字鹤亭，号瓯隐，亦号疚斋。蒙古族。江苏省如皋县人。海关官员。清初名人冒襄(辟疆)后裔。6岁丧父，12岁从外伯祖周星誉受辞章学，后从外祖周星诒受校雠、目录学。1890年补博士弟子员。1895年中举人。次年试礼部报罢，与俞樾、孙诒让结为忘年交，并读姚鼐《古文辞类纂》。又从吴汝纶、萧穆学古文。戊戌变法时期与康有为、梁启超等维新人士交往密切，参加“保国会”，参与“公车上书”。历任官刑部、农工商部郎中。辛亥革命后任瓯海(温州)、镇江、淮安等地海关监督，南京考试院考选委员，高等典试委员，国史馆纂修等。20世纪30年代末任中山大学教授，并兼广东通志馆总纂。40年代任上海太炎文学院等校教授。1949年后被聘为上海文物保管委员会特约顾问。晚年专力于编订唐、宋、元、明、清诗文集，校勘《管子》等古籍。工诗、文、词、曲。著有《小三吾亭文甲集》(不分卷)、《诗集》(4卷)、《词集》(2卷)、《笔记》、《词话》、《疚斋杂剧》(8种)、《疚斋散曲》、《冒巢民先生年谱》等。

**钟发宗(1910—1997)**

曾用名李忠岱。江西省兴国县人。1929年参加中国工农红军。1930年加入中国共产主义青年团。1932年转为中国共产党党员。土地革命战争时期曾任红三军第七师二十团排长，江西省少先队总队长，江西军区政治部青年部部长，江西军区第三军分区政治部主任，中共兴国县委军事部部员，游击队队长。红军长征后留在苏区坚持南方三年游击战争。1938年被派往中共中央东南分局办事处工作，后进东南分局党训练班学习。1939年6月奉组织派遣到浙江工作，先后在中共浙西特委、浙江省委工作。1942年1月进入中共中央华中局党校学习。1943年3月受华中局和新四军军部派遣，到浙东抗日根据地工作，任三北游击司令部第三支队政治委员。同年12月与杨思一等率领100余人从四明山出发，到金萧敌后开展武装斗争；12月18日中共金萧地委成立，任委员；12月21日成立金萧支队，任政治处主任。1945年2月奉命率领金萧支队到四明山成立新的第三支队，任政治委员。同年10月随浙东纵队北撤。解放战争时期先后任华东野战军第一纵队三旅八团政治委员，豫皖苏军区第二军分区副政治委员，河南军区淮阳军分区副政治委员。新中国成立后先后任第二十步兵学校政治委员，第六步兵学校政治委员，南京步兵学校政治委员，安徽省军区政治部主任，浙江省军区政治部主任。1955年被授予少将军衔，获二级八一勋章、二级独立自由勋章、二级解放勋章。1988年获一级红星功勋荣誉章。1997年12月10日在杭州去世。

**钟国楚(1912—1996)**

江西省兴国县人。1930年春加入中国共产主义青年团。同年5月参加中国工农红军；8月转为中国共产党党员。土地革命战争时期历任兴国县冷沙区游击连支部书记、区委书记、县委组织部部长，闽赣军区独立十八团大队政委，闽西南军区独立八团副政委兼政治处主任。在中央红军主力长征后坚持南方三年游击战争。1938年1月任新四军第二支队第三团政治处主任，后任第二支队政治部组织科科长、四团政委，第六师十六旅四十六团政委、十六旅代政委，第一师十六旅旅长，第二师五一旅副旅长。1943年底与王必成、江渭清等率领部队挺进苏浙皖边，开辟郎(溪)广(德)长(兴)抗日根据地。1945年1月新四军苏浙军区成立后任苏浙军区第一军分区司令。同年10月随部队北撤后历任华中野战军第六师十六旅旅长，华东野战军特种兵纵队参谋长、第六纵队第十八师师长，第三野战军第二十六军副军长。新中国成立后先后任起义兵团第四十七军军事代表，志愿军第二十三军军长，志愿军第十九兵团参谋长，解放军第二十七军军长，上海警备区副司令员，安徽省军区副司令员、安徽省军区第二政委，江苏省军区第二政委兼江苏生产建设兵团第二政委，江苏省委书记，江苏省人大常委会副主任，南京军区顾问。1955年被授予少将军衔。1996年4月30日在南京去世。

**钟期光(1909—1991)**

曾用名钟昱明。湖南省平江县人。1909年1月2日生。1922年考入平江县第一高等小学读书。1924年加入国民党，任国民党平江第九区党部青年委员。1925年入平江县立中学学习。1926年夏担任小学教员。同年12月加入中国共产党。1927年春任平江县区农民协会委员长，共青团支部书记；6月参加湖南工农义勇军平江第一大队；10月任平江下东特委秘书，参加组织平江秋收暴动。土地革命时期历任红五军秘书，中共湘鄂省委秘书长，红六军第十六师政治部主任，湘鄂赣军区政治部宣传部部长兼湘鄂赣省苏维埃政府教育部部长。中央红军长征后在湘鄂赣坚持三年游击战争。抗日战争时期历任湘鄂赣人民抗日红军游击支队秘书主任，新四军第一支队第一团政治处主任、政治部副主任，新四军江南指挥部政治部副主任，新四军苏北指挥部政治部副主任，新四军第一师政治部主任兼苏中军区政治部主任。1945年1月与粟裕等率新四军第一师主力南下浙西长兴，任苏浙军区政治部主任，参与指挥天目山三次反顽自卫战。解放战争时期历任华中野战军政治部主任，华东野战军政治部副主任，第三野战军政治部副主任，华东军区政治部副主任兼华东军政大学副政委，军事学院政治部主任、副政委兼政治部主任、政委，军事科学院副政委兼战史研究部部长。"文革"中受迫害，1973年解除隔离审查。1975年8月任军事科学院顾问。1978年平反。是第五届全国政协常委，中共第八届候补中央委员，十二大当选为中央顾问委员会委员。1955年被授予上将军衔，荣获一级八一勋章、一级独立自由勋章、一级解放勋章。1988年被授予一级红星功勋荣誉章。1991年5月22日在北京去世。著有《论部队中政治工作建设》、《关于战时政治工作的几个问题》等。

**俞子夷(1885—1970)**

又名旨一，字遒秉。江苏省吴县人。1901年考入上海南洋公学中院学习。1902年夏因参加学潮被迫退学，创办爱国学社，追随蔡元培从事反清革命活动。1903年赴日本横滨中华学堂任教。1904年因参加反清活动被解除教职回国，先后在上海国女校、广明学堂、芜湖安徽公学等校任教。1909年由江苏教育总会派遣，前往日本考察单级教授法。回国后即在上海开办单级教授法练习所，并以两所单级小学作为基地，进行示范教学和组织实习。1913年冬又奉江苏省教育司之命，考察美国各派教学理论和实验，重点研究杜威实验主义教学实验，对哥伦比亚两所著名实验小学进行全面考察。回国后立即进行实验研究，编制《小学国文毛笔书法量表》，开创中国教育测量编制之先河，最早将西方测验引入中国。1918年至1926年在南京高等师范学校任教，并主持附属小学，进行各种新教学法实验研究。1926年起任教于杭州省立女中师范部，并指导附属小学的工作。1929年起任浙江大学教育系教授。1937年抗战爆发后曾在迁往建德的杭州师范学校以及迁往松阳的湘湖师范学校执教。1943年浙江省教育厅在云和南溪乡创办云和县国民教育实验区，出任实验区主任，后又兼任南溪乡中心学校主任。1945年后重返浙江大学师范学院任教授。1947年兼任浙江国民教育实验区主任。1951年任浙江省教育厅厅长。1952年12月28日杭州民进召开第一次会员大会，当选为民进杭州市分会第一届理事会理事，为中国民主促进会在浙江省发展的首批会员之一，民进浙江省筹委会和杭州市委会第一任主任、民进中央委员。"文革"中受到迫害。1979年3月恢复其名誉。著有《一个乡村小学教员的日记》、《一个小学十年努力记》、《小学教材和教学法》、《小学算术科教学法》、《学习研究算术教学法五十年》、《小学行政》等，主编有《算术课本》和《珠算教程》。

**俞作柏(1889—1959)**

字建侯，号柏坚。广西省北流县人。早年就读于广西武备学堂。1911年加入同盟会。辛亥革命爆发后参加广西学生军北伐。1912年中华民国成立后就读于武昌陆军第二中学。1914年2月考入保定陆军军官学校第三期步兵科第二连学习。1916年12月毕业后回广西，在桂军林虎部历任参谋、连长等职。1921年后随新桂系首领李宗仁脱离旧桂系自立门户，历任广西自治军第二路(总司令李宗仁)第一支队第一统领、"讨贼军"第一纵队司令、"广西全省绥靖督办公署"所属第二军第一纵队司令官、国民革命军第七军第二旅旅长，是新桂系早期骨干将领之一。1926年任广西省政府农工厅厅长，国民党广西省党部执行委员兼农民部部长，及黄埔军校南宁分校校长。1927年蒋桂合流发动"四一二"反革命政变后广西省政府主席黄绍竑因其同情和支持工农运动，宣布开除其国民党党籍，在广西无法立足，被迫去香港。1929年蒋桂战争发生，被蒋介石起用，于同年7月在南宁宣誓就任广西省政府主席；9月27日响应粤军将领张发奎的反蒋行动，宣布就任汪精卫委派的"护党救国军"南路总司令，同广西"绥靖"司令李明瑞进军广东，被陈济棠等广东将领所败；10月2日被蒋介石宣布撤销其本兼各职，再度流亡香港。1936年12月25日被南京国民政府授予陆军少将军衔。1937年7月抗日战争爆发后追随戴笠，组织别动队武装参与淞沪抗战。1938年1月任"忠义救国军"教导一团(也称"第一支队")副团长。同年3月在汉口任"忠义救国军"副总指挥部兼教导一团团长；10月武汉失守后"忠义救国军"总指挥部移到浙江孝丰，接替戴笠任中将总指挥。同时与共产党领导的新四军搞摩擦，抢地盘。1939年春"忠义救国军"拥有16个支队、4个直属大队、2个教导总队，号称5万人。后因不愿跟随戴笠反共，愤而辞去总指挥前往重庆，改任军事委员会参议、军统局设计委员。1946年7月31日被授予陆军中将军衔。全面内战爆发后去职经商，由上海去香港。1956年应邀从香港回大陆，任广东省政协委员、广东省人民政府参事室参事、全国政协委员。1959年在广州去世。

**俞炳辉(1912—2004)**

化名张德标。福建省连城县人。1929年5月参加中国工农红军。1931年4月加入中国共产主义青年团。1932年3月加入中国共产党。土地革命战争时期历任福建军区独立第七师政治部青年科科长，中共福建省委巡视员，中共福建省汀州市委宣传部部长，福建军区第二军分区特派员，闽西南红军游击队第一支队第二大队政治委员，支队政治部宣传科科长，闽西南抗日义勇军第一支队政治部统战科科长。参加了中央苏区历次反"围剿"斗争和南方三年游击战争。1938年2月随闽西红军编入新四军第二支队开赴皖南。1940年11月任新四军第二支队苏北指挥部司令部副官处处长。1941年6月任新四军第一师二旅四团参谋长。1942年4月任新四军第一师三旅八团参谋长。1943年任新四军第一师三旅七团参谋长。1944年7月任新四军第一师苏中军区特务第一团团长。1945年1月随新四军第一师主力南下浙西长兴，任新四军苏浙军区第三纵队第九支队支队长。参加浙西天目山第三次反顽自卫战争。解放战争时期历任华中野战军第八纵队六十八团团长，华中野战军第一师三旅参谋长，第四纵队第十师副师长，第三野战军第九兵团第二十军六十师师长。新中国成立后历任中国人民解放军第二十军参谋长，志愿军第九军团第二十军参谋长，浙江军区副参谋长，安徽省军区副司令员。1955年9月授予大校军衔，荣获三级八一勋章、二级自由独立勋章、二级解放勋章。1988年7月中央军委授予二级红星功勋荣誉章。2004年夏去世。

**饶国华(1894—1937)**

字弼臣。四川省资阳县人。1894年12月7日生。1911年辛亥革命爆发后投入新军当兵。中华民国成立后在川军中历任伙夫、下士、排长、连长、营长、团长、师长。1937年卢沟桥事变发生后主动上书请缨，被任命为川军第二十三集团军第二十一军第一四五师师长；9月21日奉令出川抗日；11月中旬到达前方，奉命指挥所部防守太湖西岸苏浙皖三省交界的长兴、广德一线，牵制由太湖南岸西侵的日军；11月下旬侵华日军牛岛师团在飞机大炮掩护下分兵两路准备抢占浙西泗安，然后直扑安徽广德。亲自指挥所部第四三三旅(旅长佟毅)在广德前方约60里的泗安占领阵地，于27日与日军展开激烈战斗。终因寡不敌众，泗安失守。日军主力沿公路直奔广德，于是又亲自率领第四三三旅官兵奔往广德鏖战至30日广德失守。1937年12月1日凌晨留下遗书后在宣城县十字铺自杀殉国。为表彰其忠勇，国民政府下令追赠陆军上将，并为他举行隆重的国葬。1983年9月10日四川省人民政府追认他为革命烈士，并拨款修葺了陵墓。

**施中诚(1897—1983)**

字朴如。安徽省桐城县人。童年丧父，稍长到山东投靠伯父施从滨。1923年8月毕业于保定陆军军官学校第九期步兵科，后入陆军大学将官班乙级第二期毕业。毕业后在施从滨部任见习排长、团长。后任烟台警备司令。1936年2月授予陆军少将。1937年7月抗战爆发后任第五十七师师长。1939年9月任第七十四军副军长。1942年11月任第一〇〇军军长。先后参加武汉会战，第一次长沙会战，浙赣会战，常德会战，长衡会战。1944年3月任第七十四军军长，驻防湘西常德、武冈、洪江一线。1945年5月参加湘西大会战，亲临前线指挥，毙敌数千，缴获大批枪炮、弹药。湘西大捷，重创日军先头部队，七十四军军威大振。同年12月率领第七十四军接受衡阳一线日军投降。1946年春驻防南京，任南京警备司令。1948年任第十一"绥靖"区副司令官；9月率领整编第三十二师参加济南战役；9月22日授予陆军中将。

1949年春去台湾，任台湾当局“中部防守司令部中将副司令”。1959年离开台湾，移居美国洛杉矶。

**姜　杰(1899—1979)**

原名文源。江苏省南汇县人。1919年春大团小学毕业后留校任代课教师。1925年春任泥城小学校长。1926年参加国民党，当选为泥城区分部常委，从事国民革命活动。1927年“四一二”反革命政变后退出国民党。1929年春任泥城发蒙小学校长，不久加入中国共产党，先后任该校中共党支部书记、大团区委委员、南汇县委委员。并与沈千祥等组织南汇县小学教师联合会，参加泥城暴动的筹划和组织工作。泥城暴动失败后遭国民党当局悬赏通缉。后受中共淞浦特委派遣，到嘉定、宝山县工作。不久调任特委秘书，后调到中共江苏省委工作，但因故未接上头，和组织失去联系。1931年被国民党当局逮捕，1935年获释。1937年11月上海沦陷后到南昌参加赣东第三支队第五团，不久调任六团服务团团长，负责群众工作。1938年4月任先遣支队第一小队小队长。1939年春调至江宁、溧水、句容地区工作，任中共苏皖特委委员，还先后兼任江宁、溧水、句容县工委书记、中心县委书记，领导建立敌后抗日政权。1941年“皖南事变”后任中共路南特委副书记兼组织部长。1942年7月中共路南特委改为浦东地委，任书记。1943年浦东支队命名为新四军淞沪支队，任政委。1946年起先后任中共华中局秘书、驻鲁办事处秘书长。1949年上海解放后先后任老闸区接管专员，中共沪中区委委员，老闸区区长。1954年任上海市工务局园林管理处处长。1957年后病休在家。“文革”中被诬为“叛徒”。1978年中共上海市委为其平反，恢复名誉。1979年1月26日病故。

**姜震中(1901—1983)**

河南省太康县人。早年在河南开封读书。1920年赴法国勤工俭学。1922年在比利时劳动大学进修，加入中国社会主义青年团。1924年转入法国都鲁斯大学化学院学习。1925年加入法国共产党，曾任中国支部执行委员兼训练部主任。1926年毕业后到巴黎一家化工厂任工程师。1927年按照中国共产党的指示加入国民党，任国民党驻欧支部执行委员兼训练部主任。“四一二”反革命政变后退出国民党。1928年到莫斯科中国共产主义大学学习。1930年6月毕业后任莫斯科应用化学研究院工程师。1933年回国后与党组织失去联系。先后任上海复旦大学教授，湖南省立职业学校校长，云南大学教授。1942年加入中国民主政团同盟(民盟前身)，任云南支部执行委员兼组织部长，参与领导云南学生运动。1946年民盟领导人李公朴、闻一多被国民党暗杀后也遭到国民党当局追捕，被迫离开昆明，到杭州，任浙江省农业改进所技正兼农业系主任。1947年5月受民盟华东办事处委派，负责民盟杭州分部工作，任组织委员。同年10月民盟被国民党政府宣布为“非法团体”。1948年5月与其他几位民主人士一起被国民党逮捕入狱。后经营救出狱，积极筹备组建民盟支部筹备委员会。1949年9月至1951年11月任民盟杭州市分部临时工作委员会主任委员。1951年11月至1953年4月民盟浙江省支部筹备委员会成立前，民盟浙江省组织没有成立领导机构，负责处理具体事务。1953年4月至1956年4月任民盟浙江省支部筹备委员会主任委员。1956年4月至1958年9月任民盟浙江省第一届委员会主任委员。1955年4月任浙江省司法厅厅长。1957年被错划为右派。1979年得到改正。1980年从北京回到杭州，先后担任民盟浙江省第四届委员会副主任委员、浙江省政协常务委员。1983年在杭州去世。

**洪传炯(1903—1959)**

江苏省吴县人。1923年7月毕业于上海南洋大学(今交通大学)电机系，获工科硕士学位。1924年5月赴英国曼彻斯特茂伟电机制造厂及各司莫电器厂当实习工程师。1926年12月回国后到南京的北洋政府交通部技术室任技士。1927年南京国民政府建立后到国民政府委员会任技正。后到浙江省电气局及其直属厂——杭州电厂技术科、扩充科任科长。后任杭州电气公司总厂工程室主任、副总工程师。1937年2月杭州沦陷后于1938年5月到上海，先后任上海电力公司北区配电部主任工程师、沪江大学物理系教授。1945年9月参与接收日本华中电力公司杭州支店。接收后任杭州电气股份有限公司总工程师，主持闸口发电厂修复工作，并组织修复被日伪破坏的城市郊区供电线路与变电设备。新中国成立后历任杭州电气公司第二经理兼总工程师，浙江省工业厅副厅长兼电业管理局局长，省电力工业厅副厅长。并先后当选为浙江省人民委员会委员、浙江省人大代表、浙江省政协常委。先后参加中国民主建国会与九三学社，曾任九三学社杭州分社委员。著有《实用架空配电学》。

**洪家云(1909—1936)**

江西省永新县人。1933年9月

任红七军团政治部青年科长。1934年8月任中国工农红军北上抗日先遣队第五十五团第二营政治委员。后任第三团(第五十五团改番号)政治委员,率部活动在闽浙边开展游击战争,打土豪分浮财,宣传革命道理。1935年3月红军挺进师途经闽北,红三团并入挺进师,任挺进师政治委员会委员兼第二纵队政治委员,随部队进入浙江开展游击战争;5月后兼任中共浙西南特委委员、中共遂昌县王村口区委书记和王村口区苏维埃政府主席,发动农民群众打土豪分田地;9月中旬国民党以40个团兵力"围剿"浙西南游击根据地,率部坚持斗争;11月任中共闽浙边临时省委委员。1936年4月国民党调集四个团兵力围剿江(山)遂(昌)边境根据地。因患病不能随军行动,仅留下一个班随身隐蔽。由于坏人告密,遭敌突然袭击,终因寡不敌众,倒在血泊中。

**宣恩金(1912—1998)**

曾用名廖东海、林忠等。江西省弋阳县人。1925年开始跟裁缝师傅做学徒。1927年底秘密加入农民革命团体。1928年初参加方志敏领导的弋横暴动;2月加入中国共产主义青年团,不久任团支部书记兼村苏维埃政府文书。1930年2月参加红军,12月转为中共党员。曾任红军文书,连政治指导员。1934年11月闽浙赣省省会葛源镇失陷后随红三十师转战闽赣边区,坚持与敌开展游击斗争。1935年1月下旬任中国工农红军挺进师第二纵队文书,在浙西南进行游击斗争。1936年3月任粟裕所率的挺进师司令部参谋,并随主力部队回瑞安;4月任二纵队第六大队政委;6月任中共龙江县委书记;9月调任江浦县委书记。1937年2月敌调重兵再次对浙西南根据地进行"围剿",奉命重归第二纵队担任第二纵队第一大队政委;3月在青田县与敌遭遇战中,腿部第二次受伤。因再无法随部队行动,留在当地群众家中养伤,同年10月被省委接回。不久任国民革命军浙闽边抗日游击总队教导队指导员。因腿伤未痊愈,未随队开赴抗日前线,被留下随中共浙江省委书记刘英坚持地方工作。5月任中共浙西南特委委员兼青年部长。1939年9月任龙泉县县委书记。1941年11月兼地方武工队政委。1942年2月中共浙江省委被破坏后担任中共闽浙边临时委员会代理书记。1946年4月临时边委与处属特委合并后任特委委员,负责军事工作。不久处属特委成立第三支队,兼任支队长。1949年春夏配合解放军第三野战军第七兵团部队,解放浙西南各县城。新中国成立后曾任中共丽水地委委员、丽水行署专员,上海宝山县县委书记,中共上海市委组织部顾问,中共上海市纪委筹备小组成员,上海市第五、第六届政协委员等。1998年12月在上海去世。

**祝更生(1907—1993)**

原名永英。河南省卢氏县人。1907年3月8日生。幼年受舅父、著名左翼作家曹靖华的影响,追求进步。1928年毕业于河南省农训处(农师学院)后被分派到洛阳农村自治筹备处任职。1930年任国民党洛阳县党部整理委员兼训练部长。中原大战后离开冯玉祥部回到卢氏家乡,担任国民党卢氏县党部常务委员。1934年秋改名祝更生,到皖南屯溪担任区长,不久转浙江於潜县任职。1937年秋日军侵占浙江杭嘉湖地区后约集百余人建立抗日游击队,夜袭余杭日军。1938年2月调到浙江诸暨县担任警察局局长兼江东区区长,后任诸暨县枫桥、璜山区区长,并与中共金萧支队政委杨思一等紧密合作,壮大抗日力量。1939年3月3日在诸暨县枫桥接待到浙江抗日前线视察的中共领导人周恩来(其公开身份是国民政府军事委员会政治部副部长),并组织1000余名群众听取周恩来《抗战必胜》的演讲。1944年任诸暨县县长。1945年8月代表诸暨县政府接受日军投降。1948年秋调任松阳县长。接受诸暨起义失败的教训,周密准备松阳起义。1949年3月12日主持召开紧急会议,宣布起义,午夜率起义人员到城郊迎接共产党队伍进入松阳县城。次日中共党代表卜明庄严宣告松阳解放,并宣布祝任第五行政区(即金华、丽水地区)副专员兼松阳县县长,成立松阳县民主政府。新中国成立后到浙江干部学校学习。1951年任浙西航运管理处主任。1956年冬参加中国农工民主党。1957年2月27日以嘉兴市政协副主席的身份出席全国政协会议。同年夏调到杭州担任农工民主党浙江省委秘书长兼杭州市委主任委员。之后又被选为农工民主党浙江省委副主任委员、农工民主党候补中央委员、省政协委员、杭州市政协副主席。1984年4月9日经中共中央组织部特批,加入中国共产党。1990年前后又被选为浙江省人大副主任、省政协副主席。1993年8月30日在杭州病故。

**姚　濬(1893—1949)**

号介垣。湖南省醴陵县人。早年先后毕业于湖南陆军小学堂、武昌陆军第二预备学校。1916年12月毕业于保定陆军军官学校第三期辎重科后分发到湘军服役,历任浏阳游击司令部见习官、湘军第九旅参谋等职。1926年夏任国民革命军第八军第二师军官教导队队副，随军参加北伐战争。1927年初任武汉国民政府第四集团军第一方面军第三十五军参谋兼作战科主任，后任第三十五军第二师参谋处处长。1929年任第十九师第十六旅第三十一团团长，后任第十九师参谋处处长，随部队参加了对湘赣边区红军及根据地的"围剿"作战。1931年后任第四路军总指挥部参谋，第二十八军参谋处副处长、处长，兼湖南全省干部训练团副教育长。1935年任第四路军总指挥部副参谋长兼任参谋处处长。1936年任第四路军总指挥部高级参谋，兼任军官教育团副教育长。1937年9月被国民政府授予陆军少将。抗日战争爆发后任第二十八军参谋处处长、副参谋长。同年任第三战区第十集团军副参谋长兼参谋处处长，随部队参加淞沪抗战外围战事。1939年任第三战区浙江温州师管区司令部副司令兼温（州）台（州）防守司令部司令，负责兵役征集与训练事宜。1946年7月以陆军中将退役，返回原籍乡间定居。1949年在家乡病故。

**贺扬灵(1901—1947)**

原名商志，字培心。江西省永新县人。1920年入南昌省立第一师范，旋转入吉安中学。1923年入武昌高等师范学校中国文学系。曾与胡云翼等同学创办艺林社。1924年加入国民党。1926年任国民党江西省党部工人部长。同年底北伐军进驻南昌，任国民革命军总司令部政治部秘书，参与秘密组织反共AB团。1927年任国民党中央"清党"委员会秘书；9月入国民党中央党务学校任教员。1928年任国民党安徽省党部指导委员。1930年赴日本留学，入早稻田大学文学院学习，被推举为国民党驻东京支部监察委员。1931年回国。1932年任交通部秘书。1933年参加福建"中华共和国人民革命政府"，失败后逃往日本。1934年回国投靠国民党中央组织部长陈立夫，任中央政治学校教官。同年底随黄绍竑部长到内政部任编审，并随黄赴察绥蒙等地考察行政。1936年6月至1937年7月任浙江省第三区行政督察专员。1937年9月至12月任湖北省第六区行政督察专员。1937年12月至1946年5月任浙江省政府委员。期间1938年1月至1939年9月兼任浙江省第三行政督察专员兼绍兴县县长。1939年9月8日起兼任浙江行署主任。1940年11月至1945年9月兼任浙西行署主任，并兼浙西行政干部训练团主任。抗战胜利后于1945年9月以浙江省主席行辕主任身份随军进入杭州。1946年5月辞本兼各职，前往上海闲居；9月任国民党中央组织部第五处处长；11月当选为制宪国民大会代表。1947年3月被聘为宪政实施促进委员会研究委员会委员兼召集人。同年7月23日病故。著有《古诗十九首研究》、《李长吉歌诗》、《察绥蒙民经济的解剖》（附《察绥经济的一般统计》）、《祀禹录》、《浙西二十九年度对敌行政总检讨》、《劈天集》等。

**贺国华(1912—1980)**

江西省莲花县人。1912年4月生。1930年4月加入中国共产主义青年团。同年11月参加中国工农红军。1931年5月转为中国共产党党员。土地革命战争时期历任红军战士、班长、排长、游击队大队长，中共莲花县委书记。中央红军主力长征后参加南方三年游击战争。抗日战争爆发后随红军游击队编入新四军，并入新四军军部教导总队学习。结业后历任新四军总兵站指导员，新四军江南指挥部新六团政治处主任，新四军苏北指挥部第二纵队第九团政治处主任，新四军第一师第二旅第六团政治处主任、第五团副政治委员兼政治处主任，苏中军区第一军分区江都独立团副政治委员兼政治处主任。1945年4月随叶飞率部南下浙西，任新四军苏浙军区第四纵队第十二支队政治委员，参加浙西天目山第三次反顽自卫战和对日反攻作战。解放战争时期历任新四军兼山东军区第一纵队第一旅三团团长，华东野战军第一纵队第一师副参谋长、第三师副师长，第三野战军第二十军第六十师副师长。新中国成立后历任第三野战军第二十军第六十师副师长、第五十八师副师长，志愿军第二十军第五十八师副师长，华东军区公安第十六师副师长、师长，江苏省盐城军分区司令员。1955年9月被授予大校军衔。荣获二级八一勋章、二级独立自由勋章、二级解放勋章。1980年3月1日在南京去世。

**贺敏学(1904—1988)**

江西省永新县人。1926年参加永新农民自卫武装。1927年3月加入中国共产党。曾任中共领导的永新农民自卫军副总指挥，中共永新县委书记。大革命失败后与胞妹贺子珍等随袁文才农民自卫军上井冈山，任自卫军中共支部书记。后任红一方面军第二十四师第七十一团参谋长。参加中央苏区五次反"围剿"战役。中央红军主力长征后坚持湘粤赣边区三年游击战争，曾任湘粤赣边游击总指挥。1937年全面抗战爆发后任新四军赣南办事处主任，后任皖南教导队大队长、江南挺进纵队参谋长、新四军苏北指挥部参谋处长、新四军联抗司令部参谋长，新四军第一师第七团团长。解放战争时期历任山东野战军第一纵队参谋长，华东野战军第四纵队第十二师师长，第三野战军第二十七军副军长。新中国成立后历任华东军区防空司令员兼政治委员，华东、西北建筑工程总局局长，福建省副省长，省人大常委会副主任，省政协副主席，全国政协常委。1988 年 4 月 26 日在福建去世。

# 十 画

**袁思永(1877—?)**

字无咎，又号巽初。湖南省湘潭县人。清末廪贡生。历任驻日本公使馆参赞，驻横滨总领事，浙江省杭嘉湖道道台，杭州关监督，浙江兵备处总办，浙江督练公所参议官兼陆军警察教练所监督。1911年11月浙江光复后离开浙江。1912年12月至1917年8月任江苏省镇江关监督兼外交部驻镇江特派交涉员。1917年8月至1919年任两浙盐运使。1922年2月25日被任命为浙海关监督；3月5日兼外交部驻宁波交涉员。晚年定居上海，与名流往还，擅长书画诗词。著有《日本行政法法理图解》、《茧斋诗存》等。

**聂李唐(生卒年不详)**

江西省人，侨居武义县。箍桶工。早年加入龙华会，出任红旗之职，受龙华会副会主周华昌领导。周华昌将其推荐给赵卓，赵卓命令所部听从刘耀勋指挥。秋瑾发布浙江武装起义命令以后，刘耀勋命其多加戒备。不戒于言，泄露武装起义计划，并很快传遍武义。武义知县钱宝镕对聂进行严刑拷打，获悉由缙云人赵卓介绍，与大通学堂联系，武义刘耀勋为党军督办，周华昌则为中军官。遂斩聂于市，刘耀勋也被捕遇难，周华昌避往绍兴，幸免于难。

**贾亦斌(1912—2012)**

原名再恒，字思齐。湖北省兴国县人。1912年11月生。1930年秋入陆军四十八师教导队当学兵。1931年加入中国国民党。1932年起历任少尉排长、中尉连副、代理连长、上尉参谋、上尉教官。抗日战争爆发后历任少校营长、中校参谋主任、上校参谋长、上校团长。1940年1月任湖北省军管区编练处上校科长、代理处长；8月调成都中央军官学校任上校战术教官兼区队长。1941年7月任第七十三军第七十七师少将参谋长。1943年初国民党陆军大学特七期毕业后任军事委员会少将参议。1946年4月任青年军复员管理处少将组长。与处长蒋经国结识。1947年4月任预备干部局副局长。1948年3月由蒋经国保荐代理预备干部局局长。因“扬子公司案”同蒋经国发生严重分歧。同年11月陆军预备干部训练第一总队在南京成立，兼总队长；12月初与段伯宇等密谋决定择机举行武装起义。1949年4月7日为策应解放军南渡长江，在浙江嘉兴毅然率所4000余人起义。起义后迭遭优势敌军围追堵截，激战多日身负重伤，历尽艰险，终于在当地群众和游击队救护下被送往游击区，继随解放军进入上海。从此获得新生。新中国成立后历任上海公安局社会处干训班副主任，中国食品进出口公司上海分公司经理，民革上海市委副主任委员，民革第五至第七届中央副主席，第八至第十届中央名誉副主席，中国国际文化交流中心理事会副理事长，第四届全国人大代表，全国政协第三、第四届委员，全国政协第五至第八届常委，第七届全国政协统一联谊委员会副主任。著有《预备干部制度的理论与实际》、《贾亦斌文集》、《贾亦斌回忆录》等。

**夏 光(1909—2012)**

曾用名夏克绍、夏光者。湖南省武冈县人。1909年11月生。1926年秋在家乡参加农民运动。1927年入武昌中央农民运动讲习所学习，并加入中国共产党。结业后回湖南从事党的地下工作，后因两次被国民党当局逮捕失去组织关系。1937年抗日战争爆发后参加新四军。1938年重新加入中国共产党，历任新四军第一支队第一团第一营军事教员、新四军第一支队司令部参谋、新四军第三支队六团作战参谋。1939年5月随叶飞率领的江南抗日义勇军到苏(州)常(熟)太(湖)地区，任江南抗日义勇军总指挥部作战处长兼第五路军参谋长。同年11月根据上级指示，以这批伤病员为骨干，组建江南抗日义勇军东路司令部(简称新江抗)，任司令员，后任江南人民抗日救国军东路指挥部参谋长。1940年4月改任江南抗日救国军东路指挥部纵队长。1941年初“皖南事变”后任新四军第六师第十八旅参谋长，新四军第一师第十八旅兼苏中军区第一军分区参谋长。1945年4月随叶飞率领新四军一部下浙西，任新四军苏浙军区第四纵队参谋长，参加天目山第三次反顽自卫战；8月1日率领部队渡过富春江，在富阳等地开展抗日反顽斗争；10月随苏浙军区北撤。解放战争时期历任华中军区司令部参谋处长兼淮安卫戍区司令员，华中野战军司令部参谋处处长，华东野战军司令部参谋处处长，第三野战军第三十军参谋长。新中国成立后历任南京华东军区海军学校校长，海军联合学校校长，第二海军学校校长，第五海军学校校长。1959年转业到地方工作，历任柳州化工厂副厂长、广西工学院副院长、南京化工学院副院长、南京化工学院顾问、中共江苏省委党史资料征集委员会副主任。1955年9月被授予海军大校军衔。荣获二级独立自由勋章、二级解放勋章。1988年7月荣获二级红星功勋荣誉章。2012年1月22日去世。

**夏竹林(？—1908)**

原名作霖。安徽省巢湖县人。自幼游手好闲，嗜赌如命，屡次引发事端，不得不更名。后入清盐捕中营吴忠标下充当营勇，欲借以自匿而不可得，因畏惧而辞去，避居宁波。因贩卖走私通缉在案，清吏籍没其祖产以充公。怒不可遏，遂潜入太湖，并加入光复会，与清吏誓不两立。与余孟庭会合，出击嘉兴、嘉善、海盐、海宁、石门、平湖等地，焚毁局卡，开仓济民。两江总督闻讯大惊失色，命令江浙联军联合进剿。与余孟庭指挥枭党与清军战于苏州、松江、嘉兴、湖州、南京、杭州之间，大小40余战，战无不胜，坚无不克。1908年春与余孟庭决定新年大举进攻，拟与竺绍康和王金发联系，约浙江会党届时响应。两江总督唯恐枭党与浙江会党联合，命令南京精锐倾巢出动，联合浙江联军，向枭党发动反击。同年2月与余孟庭率枭党与清军鏖战二日，胜负未定。枭党弹药将尽，获悉清军将运送枪械途经枫泾，拟劫为己用。余孟庭以枫泾潮汐变化无常，进退不便，予以劝阻。但不为所动，贸然进袭枫泾。时潮水上涨，清军蜂拥而至，枭党全军覆没，夏亦阵亡。

**夏如爱(1915—1985)**

又名夏沛然。江苏省淮阴县人。1932年加入中国共产主义青年团。1937年抗日战争爆发后参与组织苏北抗日同盟会。1942年加入中国共产党，曾任新四军华中总指挥部陇海南进支队第八团参谋长、泗沭县抗日民主政府县长、中共泗沭县委书记。1945年4月随叶飞等率领部队南下浙西，先后任天(目山)南行政区专员公署专员、中共长兴县委书记。同年10月随新四军苏浙军区部队北撤。解放战争时期历任中共烟台市委副书记，胶东北海地委副书记。新中国成立后历任中共邵阳地委书记，湖南省计委主任，湖南省人民政府副主席，湖南省副省长，商业部调查研究室代理主任，国家工商行政管理总局副局长。1985年9月23日在北京去世。

**夏国璋(1894—1937)**

字超然，号元龙。广西省容县人。早年先后就读于容县中学、湖北法政学校，毕业后到上海研习英语，准备留学英美。后决定弃文从武，入北京清河陆军第一预备学校。1923年8月毕业于保定陆军军官学校第九期步兵科。毕业后回广西，投入以李宗仁、黄绍竑为首的新桂系，参加统一广西的战争，历任广西讨贼军总司令部参谋、工兵营第三连连长。1926年5月任广州国民革命军总司令部参谋，参加北伐战争。1928年6月任第十二路军指挥部参谋；9月任第十七军第一师第一团团长，旋改任第九师第六团团长。1930年任第四集团军总司令部参谋，参加中原大战。1931年夏任中央军校第一(南宁)分校分队长。1932年入北平陆军大学第十四期深造。1935年春毕业后回广西，任第四集团军总司令部上校科长。1936年任第五路军第四十五师一三五团团长，后任第一三四团团长。1937年2月任第四十五师副师长；5月授予陆军少将。抗战爆发后任第一七〇师副师长兼第五一二旅旅长。同年11月21日在吴兴升山阻击日军的战役中殉国。1938年2月18日国民政府命令褒扬并追授他为陆军中将。1987年4月17日广西壮族自治区人民政府民政厅批准他为革命烈士。

**夏敬观(1875—1953)**

字剑丞，又字盥人，晚号吷庵，室名忍古楼。江西省新建县人。1875年6月15日生于湖南长沙。早年拜经学家皮锡瑞为师，熟读经史。1894年中举人。1898年维新变法失败后游学苏浙上海。1900年在上海随文廷式学习作词。1901年捐知府，由吏部分发江苏试用。1902年底入江宁布政使李有棻幕府，办理清赋督垦局。旋由两江总督张之洞委派兼任两江师范学堂提调，参与筹办事宜。1903年8月任江苏海门厅榷税。1906年6月受两江总督端方委任复旦公学监督。1909年5月赴苏州，任江苏巡抚陈启泰的左参议兼宪政总文案，总办江苏咨议局地方自治筹备处；9月起署理江苏提学使两个月。1911年辛亥革命后以遗老自居，与遗老在上海组织淞社唱和应酬。1913年10月应邀担任工商总长兼农林总长

(12月两部合并为农商部)张謇的秘书;12月经张謇推荐担任袁世凯御用的政治会议议员。后被北洋政府聘为咨议。1916年6月起担任上海商务印书馆涵芬楼撰述,协助张元济编印《四部丛刊》等古籍。1919年12月至1922年10月任浙江省教育厅厅长。当时正值五四新文化运动时期,身为遗老试图压制浙江的新文化运动,结果酿成"一师风潮",为此受到进步思想文化界的严厉批评与谴责。同年10月免去浙江省教育厅厅长后被聘为京师图书馆主任,未到任。此后在上海等地以鬻画自给。1936年在上海主编《艺文杂志》。1947年由南京国民政府国史馆馆长聘请为国史馆纂修。1948年7月患中风,从此卧病上海。1953年5月14日去世。著有《忍古楼诗集》、《忍古楼诗续》、《吷庵词》、《忍古楼词话》、《词调溯源》等。

**夏　曦(1896—1936)**

字蔓伯,又作蔓白,化名劳侠。湖南省益阳县人。早年在湖南省立第一师范读书。1919年加入新民学会。曾参加湖南学生联合会领导第一师范学生"救国十人团",开展抵制日货运动。与毛泽东等组织驱逐军阀张敬尧的斗争。1920年参加湖南俄罗斯研究会,学习、研究俄国十月革命的经验,积极传播马列主义。同年10月加入中国社会主义青年团。1921年加入中国共产党。同年秋参加莫斯科召开的远东各国共产党、民族革命团体第一次代表大会,并受到列宁的接见。1922年回国后在湖南自修大学任教员。1922年至1923年任湖南学联干事部主任,主编《湖南学生联合会周刊》。1924年任中共湘区委员会(后改为湖南省委)委员。1927年4月出席中共五大,当选为中央委员。会后任中共湖南省委书记。后去南昌,参加"八一"起义。同年9月下旬以中央特派员身份到浙江,传达"八七"会议精神,整顿组织,改组省委;11月任中共浙江省委书记。1928年3月在上海主持召开浙江省委扩大会议,周恩来代表党中央出席会议;6月赴苏联出席中共六大。会议结束后留莫斯科东方大学学习。1930年夏回国后先后任中共江南省委常委、江苏省委常委兼宣传部长、江苏省委书记。1931年1月在中共六届四中全会上增补为中央委员;3月任中共中央湘鄂西分局书记,后兼任中革军委湘鄂西分会主席。1934年11月被撤销职务。1935年3月任红六军团政治部主任。1936年2月在红二、六军团长征途中牺牲于贵州毕节县七星关。

**顾玉良(1904—1993)**

又名顾建业。江苏省嘉定县人。1926年10月加入中国共产主义青年团。1927年1月转为中国共产党党员。同年"四一二"反革命政变后先后任中共中央内部交通员、内部交科科长。1933年春任中共江苏省委秘书;6月被国民党逮捕。1937年9月出狱。1938年1月受中共中央东南分局派遣到浙江工作;2月任中共浙江省工作委员会书记;5月中共浙江省临时省委成立,为常委并兼宁绍特委书记。期间为宁绍地区党组织的发展和抗日救亡运动的开展做了大量工作。同年5月曾到诸暨开展整党工作,重新审查了全县所有党员,停止了部分出狱老干部党籍,并将中共诸暨县工委改为诸暨县委。1939年2月奉调任中共浙西特委书记,在中共浙江省第一次代表大会上被选为党的"七大"代表。1942年2月根据组织指示撤往苏南太滆地区,任中共太滆地委委员、中共淮南路东地委组织部长。1945年2月任随军工作团团长,率团随新四军主力向浙西推进;4月起先后任中共安吉县委书记、吴兴县委书记、浙西区委委员、浙西地委副书记等职。同年10月随军北撤山东解放区。历任政治部副部长、中共中央华东局组织部干部科长、华东党校二部副主任等职。新中国成立后历任中共上海市委组织部副部长、中共普陀区委代理书记、上海市委党校副校长、上海市干部文化学校校长、上海教育学院院长等职。"文革"期间遭受迫害。党的十一届三中全会后任中共上海市委纪委筹备组副组长。1993年12月在上海去世。

**顾春林(1912—1997)**

化名陆进祥。江苏省宝山县人。1912年5月生。1929年夏毕业于宝山县立师范学校。1937年11月宝山沦陷后流亡到浙江金华,参加中共领导的抗日救亡团体。1938年3月加入中国共产党;5月受中共浙江临时省委派遣,从云和县到诸暨县开展抗日工作;6月任诸暨战时政工队纠察员,组织群众开展减租减息、反对中间剥削斗争;7月任中共诸暨江东区委宣传委员。1939年5月任中共慈溪县委组织部长;9月起先后任中共宁(波)绍(兴)特委、绍(兴)属特委宣传部长。1941年1月起先后任中共处(州)属特委书记、中共浙江省委秘书、新四军浙东纵队司令部秘书等职。1945年10月随新四军浙东纵队北撤。解放战争时期先后任华东野战军第一纵第三旅政治部宣教科长、第一纵政治部秘书处长、先遣纵队秘书长,第三野战军第七兵团政治部秘书处长、宣传部副部长等职。新中国成立后先后任中共杭州市委办公厅主任，杭州市委宣传部、统战部部长，杭州市干部学校校长，杭州市委常委、副市长等职。“文革”中遭受迫害。十一届三中全会后恢复名誉。1979年12月起先后担任浙江省社会科学研究所党委副书记、副所长，中共浙江省委党史委员会副主任。1997年5月在杭州去世。

**顾复生(1900—1995)**

江苏省青浦县人。1926年秋参加国民党，任区党部常委及农民协会指导员，积极开展农民运动。1927年8月加入中国共产党，参与陈云领导的青浦农民秋收暴动。1927年至1930年期间先后两次被国民党逮捕入狱，在狱中坚持斗争，组织领导了震惊国民党司法界的“苏州大闹监”。1930年底出狱后虽然与上级党组织失去联系，仍积极开展革命活动。1937年11月上海沦陷后在家乡青浦县组建抗日自卫总队，创建青东抗日根据地，坚持青浦地区的敌后游击战。1939年中共江苏省委重建青浦工委，与上级党组织取得联系。后历任淞沪游击支队支队长，淞沪游击纵队司令员，苏南第三行政区专员，新四军第六师敌工委书记，苏中联抗部队政治部主任兼兴东泰地区组织部长，苏中军政委员会委员。1945年初任浙东抗日根据地淞沪地区行署专员和中共淞沪地委委员，领导抗日根据地民主政府筹集粮饷、动员参军、支援部队作战，开展文化教育与统战工作。解放战争期间历任华东野战军第一纵队后方办事处政委兼主任，第一纵队后勤部政委，第三十五军第一〇五师政委，第三十五军代参谋长、后勤部部长兼政委。新中国成立后历任松江地区行政公署专员，苏南行政公署委员会委员，苏南行政公署政法办公室副主任，江苏省农林厅党组书记、第一副厅长，江苏省农科院院长、党组书记，兼省农办副主任、省科委副主任，江苏省第四届政协副主席。1995年2月20日去世。

**顾祝同(1893—1987)**

字墨三。江苏省安东县人。1893年1月9日生。1911年考入江苏陆军小学堂。同年辛亥革命爆发，学校停办，参加辛亥革命。1912年加入国民党；7月返回陆军小学继续学习。1913年毕业于该校第五期。同年入湖北陆军第二预备学校。1917年考入保定陆军军官军校第六期步兵科。1919年2月毕业后分发到北洋军队服役，曾任长江上游总司令部第四旅第七团团长、湖南清乡司令部卫队营营附等职。1921年投奔正在桂林谋划北伐的孙中山，安排到粤军任副官、副官长等职。1924年6月任黄埔军校战术教官。1925年4月兼军校管理部主任；11月后任军校教导团第一营营长、第三营营长，第二团党代表、团长等，曾参加第一、第二次东征。1926年6月北伐开始，历任国民革命军第一军第三师参谋长、副师长、师长。1927年6月任南京政府第二路军第二纵队指挥官；9月任第九军军长。1928年7月任缩编后的第二师师长。1929年参加蒋桂战争，兼任武汉卫戍司令。不久任第一军军长兼第二师师长。1930年中原大战期间先后任第十六路军总指挥，陇海路前敌总指挥。中原大战结束后先后任陆海空军总司令洛阳行营主任，潼关行营主任。1931年任国民政府警卫军军长兼第一师师长。同年12月至1933年10月任江苏省政府主席。1933年10月参与对红军的第五次“围剿”，任北路军总指挥。1934年7月任军政部政务次长兼江西“绥靖”公署主任。1935年4月被授予陆军二级上将军衔；10月任军事委员会委员长重庆行营主任兼贵州省“绥靖”公署主任。1936年8月兼任贵州省政府主席。1937年1月任西安行营主任兼第一集团军总司令，全权处理西安事变善后；6月任川康整理委员会副主任委员。同年“八一三”淞沪会战开始后先后任第九集团军总司令、第三战区副司令长官、代长官，是淞沪会战的主要指挥者之一；12月任第三战区司令长官，又相继兼第三战区经济委员会主任委员、战地党政农会主任委员、第二十四集团军总司令、第三战区第二游击区总指挥。1941年1月根据国民党统帅部的指示调动第三战区部队，在安徽泾县策划指挥了震惊中外的“皖南事变”。1942年指挥浙赣会战，第三战区未能实现与日军决战的计划，也没有进行过有力的抵抗，司令长官部被迫仓皇撤往福建，以后才又回到江西铅山。1945年1月任赣州行营主任兼第三战区司令长官，指挥第七、第九战区；5月当选为中国国民党第六届中央执行委员。抗日战争胜利后以第三战区司令长官名义，在杭州接受驻浙日军的投降并主持受降仪式。同年9月9日出席在南京举行的中国战区接受日军投降典礼；12月任徐州“绥靖”公署主任。1946年6月任陆军总司令；9月兼郑州“绥靖”公署主任。1948年5月任国防部参谋总长。1949年4月重任陆军总司令；12月任“西南军政长官公署长官”。1950年3月去台湾，任“国防部参谋总长”兼代“部长”。1959年6月任“国防会议”秘书长。1967年任“总统府战略顾问委员会”副主任委员。1972年任“总统府”战略顾问。去台后连任国民党中央执行委员、中央评议委员、中央评议委员会主席团主席。1987年1月17日在台北去世。著有《墨三九十自述》,出版有《顾一级上将墨三先生纪念集》等。

**顾德欢(1912—1993)**

又名张瑞昌。江苏省青浦县人。1912年9月生。早年先后就读于上海交通大学与山东大学,在校期间参加抗日救亡运动。1935年底参加中国共产党。1936年初参与筹建全国学联,任中共党团委员。1937年抗日战争爆发后参加上海学生界救亡协会党团。上海沦陷后回到青浦,先后任中共青(浦)东工委书记、淞沪中心县委书记、(京沪)路南特委书记。1941年7月受组织派遣,组织浦东地区武装力量900余人分批南渡钱塘江到浙东敌后,开展抗日游击战争,开辟浙东抗日根据地。1942年6月到浙东,先后任中共浙东区党委委员兼宣传部长,主持创办新浙东报社(兼任社长)、鲁迅学院、韬奋书店、播种社、新华社浙东支社等。1945年10月随浙东新四军北撤到苏北,任新四军第一纵队政治部宣教部长。1946年回上海,任中共上海局外县工作委员会委员兼中共淞沪工委书记。1947年1月以中共上海分局代表的身份到浙东指导工作。1948年1月任中共浙东临委书记,领导浙东人民游击战争。同年8月率部外线出击台属地区。1949年1月任浙东人民解放军第二游击纵队政委。同年浙江解放后先后任宁波市军管会副主任,中共宁波地委副书记、书记,浙江省工矿厅厅长、省财政委员会主任、省计划委员会主任、省委工业交通部长、浙江省副省长等职。1952年12月任省委常委。1956年8月任中国科学院电子所筹备组组长,电子所党委书记兼所长。"文革"中受迫害。1979年任中科院党组成员、顾问。1993年7月去世。

**徐朴诚(1884—1953)**

字普春。江苏省吴江县人。早年先后就读于保定军官学校、徐州炮兵学校。1911年辛亥革命时在沪军都督陈其美部下担任营长,后参加江浙联军进攻南京战斗。1913年"二次革命"爆发后受陈其美派遣,与何嘉禄在吴江宣布独立。1916年陈其美被暗杀后与张静江、王一亭、杭辛斋等继续进行反袁斗争。1920年去广州担任总统府参军处参军。后又奉派返沪,与浙督卢永祥所部联络,任游击司令。1924年在青浦一带参加齐卢战争,战争结束后任江苏水上警厅游击总队长。1927年与何嘉禄所部编成国民革命军陆军新编第十六师,何任师长,徐任团长。后任江苏水上省公安队第一区区长等职。1937年抗日战争爆发后受第八集团军司令张发奎委派,任路东游击指挥,配合国民党部队作战于青浦、吴江一带。1939年春率部投敌。1940年3月任汪伪苏浙皖"绥靖军"杭州"绥靖"司令官。1941年1月任汪伪第一方面军第一师师长,驻防杭州、嘉兴一带。1943年任汪伪第二军军长。1945年抗日战争胜利后受第三战区司令长官顾祝同委派为先遣军指挥,不久即去职。1948年春应李济深之邀,偕其子锡驹去香港,加入民革。之后由李济深委派作军事策反工作,回到上海,在负责当地民革地下活动的王葆真的领导下进行策反活动。因遭特务破坏,王葆真、徐锡驹同时被捕。解放后始恢复自由。民革中央曾以秘发字第四九号代电对徐锡驹表示慰勉。1950年去香港,后侨居日本。1953年在日本去世。

**高志航(1908—1937)**

原名高铭久,字子恒。奉天省通化县人。1908年6月12日生。1920年考入奉天(今沈阳)中法中学。同年投笔从戎,转入东北陆军军官学校炮科。1925年毕业后改名高志航,报名赴法国学习飞行。先入法国牟拉纳民用航空学校;1926年毕业后再入伊斯特陆军航校驱逐专科学习高级飞行;3月后期满,获得该校军士资格;11月前往法国陆军航空队第二十三驱逐团见习。1927年1月学成回国,被张学良任命为东北航空处飞鹰队少校驾驶员。1928年任东北航空队少校中队长。1929年春任东北航空学校教官。1931年"九一八"事变后只身一人化装入山海关,准备投靠山东省政府主席韩复榘。后经留法同学邢铲非(时任国民政府军政部南京航委会航空大队长)介绍,到杭州笕桥中央航校高级班接受短期培训。结业后因其东北军身份受到排挤,只能作为一名无单独飞行资格的空军少尉见习。后经刻苦努力,1933年6月担任中央航空学校飞行教官;12月兼任该校暂编驱逐机队队长。1934年7月任第六队队长。1935年7月赴意大利考察空军。1936年4月回国;7月任空军第六大队大队长;12月任空军第四大队大队长。1937年5月晋升中校。淞沪会战爆发后,空军第四大队于8月14日在杭州上空与日军飞机展开激战,取得"八一四"空战大捷。后国民政府下令以每年8月14日为空军节。同年8月15日晨日本海军航空队第二航空战队派出多批飞机从"加贺"号航母上起飞袭向杭州。击落日长机一架,共击落日机两架,后左臂中弹返回机场,被送到汉口治疗。出院后晋升为空军驱逐机上校司令,专责南京防空任务,指挥第三、第四、第五三个航空大队,并兼任第四航空大队大队长,第四航空大队亦被命名为"志航大队"。10月日机入侵南京，率机迎击，击落日机一架；11月奉命赴兰州接收苏联援华的战机；后根据命令率援助的战机飞至周家口，因天气恶劣，留原地待命；11月21日周家口机场接到报告，有11架日机向该机场飞来，立即下令作战，被炮弹炸中而殉国。后被国民政府追授为空军少将。

**高致嵩(1898—1937)**

字子晋。广西省岑溪县人。早年就读于岑溪县立中学。1924年冬考入黄埔军校第三期入伍生总队。1925年7月正式升入第三期步兵科。1926年1月毕业后历任排长、连长、营长等职，参加北伐战争和军阀混战。1931年底任第八十八师（师长俞济时）中校参谋。1932年1月28日日本帝国主义侵略上海，淞沪抗战爆发；2月随第八十八师开赴上海，与十九路军并肩对日作战。在战斗中腿部负伤。伤愈后调任湖北省保安团营长，参加“围剿”工农红军。1934年到浙江投奔浙江省保安处处长兼浙赣皖边区“剿总”司令官俞济时被任命为浙江省保安处补充团上校团长，后改任第三团团长。1934年10月至1935年1月追随俞济时参加“围剿”红军北上抗日先遣队。1937年8月淞沪抗战爆发后奉命率浙江省保安处一个保安团开赴上海，参加对日作战。到上海后，该团编入八十八师（师长孙元良）二六四旅。因作战有功，升任第二六四旅少将旅长。同年11月随国民党军队从上海撤退；12月参加南京保卫战，率二六四旅坚守雨花台阵地，顽强抵抗日军进攻；12月12日和全旅大部官兵壮烈殉国。被国民政府追赠为陆军中将。1986年3月被人民政府追认为革命烈士。

**高　鲁(1877—1947)**

字曙青，号叔钦。福建省长乐县人。1905年毕业于福建马江船政学堂。后留学欧洲，1909年毕业于比利时布鲁塞尔大学，获工科博士学位。同年在比利时加入同盟会。1911年随孙中山返国，任南京临时政府秘书兼内务部司长。1912年任北洋政府中央观象台台长。1915年下半年袁世凯密谋称帝时，筹安会遣人劝说借天象来为袁世凯称帝制造依据，始终不为所动。1922年10月30日中国天文学会终于在中央观象台（今北京建国门古观象台）宣告成立，被推举为第一届会长。此后21年里11次当选为会长、副会长。1927年南京国民政府成立后负责筹备建设南京紫金山天文台，并担任中央研究院天文研究所代所长。不久改任驻法国公使，1931年奉召回国。同年8月起任南京国民政府监察院监察委员。1942年8月至1944年11月任国民政府监察院福建浙江监察区监察使。不惧权势，曾向监察院提出对第三战区司令长官顾祝同抗战不力的弹劾案。后又被国民政府任命，兼任军事委员会军风纪第一巡察团委员。1947年6月26日在福州病故。

**郭承恩(1884—?)**

字伯良，亦作柏良。祖籍广东省汕头县，后落籍广东省潮阳县。1884年4月18日生。11岁入上海圣约翰书院。1903年毕业后应聘到上海江南军械厂办学校任英文教师，后任上海公立学校主任。1906年至1910年任圣约翰书院英语与自然科学教师。1910年赴英国留学。1913年毕业于谢菲尔德大学电机与机械工程专业。1915年前往英国及美国各城市考察主要钢铁生产基地。回国后于1915年至1923年任汉冶萍公司所属汉阳钢铁厂工师部门主任。1923年任汉冶萍公司大冶钢厂的总工程师兼副主管。1925年至1927年任沪宁及沪杭甬铁路局路段工程师，负责上海至杭州路段的维护工作。1929年任南京国民政府上海兵工厂厂长。1931年8月至1932年2月任京沪沪杭甬铁路管理局局长。1931年至1934年兼任京汉铁道改建委员会委员。1932年至1933年任财政部中央造币厂厂长。1933年起任上海华益银行行长。

**唐式遵(1885—1950)**

字子晋。四川省仁寿县人。早年毕业于四川陆军速成学堂，后入川军服役。历任川军第三十二师师长，国民革命军第二十军第一师师长、第二十一军军长，四川“剿匪”军第五路总指挥等职。1936年被国民政府授予陆军中将。1937年抗日战争爆发后川军出川抗日，任第七战区第二十三集团军副总司令兼第二十一军军长；11月奉命率领部队进驻皖南广德、浙西长兴一线，与西侵的日军展开激战。1938年1月任第二十三集团军总司令；10月国民政府宣布为他加陆军上将衔。1939年任第三战区副司令长官兼第二十三集团军总司令，驻防赣北、浙西等地。1945年抗战胜利后历任武汉行营副主任，长沙“绥靖”副主任，“西南第二路游击总司令”，“西南军政长官公署”副长官。1950年3月28日在川南被中国人民解放军击毙。

**唐巽泽(1911—1968)**

原名永济。湖南省湘潭县人。1911年7月18日生于安徽。幼年随父母移居江苏扬州。1925年在上海南洋大学（今上海交通大学）附中读书期间加入中国共产主义青年团。1927年“四一二”反革命政变后被学校当局开除学籍。后改名唐巽泽，到杭州高等中学学习。1928年考入上海复旦大学法学院政治经济系；1931年冬毕业，获法学学士学位。1932年进入浙江省建设厅合作事业室，历任科员、技士、视察、科长、战时物资调整处课长等职。1938年1月任浙江省战时经济实验县龙泉县县长。在中共龙泉县委的支持下发表施政纲领，动员组织民众，进行抗日斗争。1939年夏中共处属特委书记张麒麟被县警察所扣留，以亲自提审为名，派人掩护其脱险。办事清正廉明，被称为“红色县长”，但因其施政触犯了当地官僚、地主、豪绅的利益，不断有人向国民党中央和浙江省党部控告赤化龙泉。国民党第三战区情报室、军统局浙闽边区稽查站派员监视。1940年10月被免职，调浙江省建设厅任合作事业管理处副处长等职。1947年被迫离开杭州，暂避上海，以当律师和教师为业，与中共党员频繁接触，继续为爱国民主运动奔走。解放后历任杭州市工商联副主任委员、浙江企业公司经理、浙江省水产厅厅长、浙江省第三届政协副主席、中国民主建国会中央常委、民建浙江省工作委员会主任委员，第一、第二、第三届全国人民代表大会代表，第二届全国政协委员。1968年8月15日被迫害致死。1978年9月平反。

**陶　广(1888—1951)**

字恩安，号愚安。湖南省醴陵县人。早年肄业于北京宪兵学校，后毕业于南京的江南陆军讲武学堂。毕业后到云南都督蔡锷身边任参谋。后回湖南，先后在湘军将领程潜、唐生智所部任下级军官。1921年在湖南陆军第四师(师长唐生智)第二旅任营长。1926年任国民革命军第八军(军长唐生智)二十六团团长，在汀泗桥、贺胜桥等战役中立功，升任第八军第一师第六旅旅长。同年10月在攻克武昌战役中缴获枪支近万。1927年4月晋升为国民革命军第四集团军第三十五军第三师师长。1928年1月改任第三十九军第三师师长。1930年任新编第三十一师师长。1933年7月任陆军第六十二师师长。1935年任“剿共”第一路军第一纵队司令，参与对中国工农红军的围追堵截；4月被国民政府授予陆军中将军衔；7月任第二十八军中将军长；10月任军事委员会委员长宜昌行营第一纵队司令官。1937年9月奉命率二十八军所辖第十六师、第六十二师、第六十三师、第一九二师等四个师由湘西开赴第三战区参加淞沪会战。当日军在金山卫登陆时率领所部进行顽强抵抗。同年10月升任第三战区第二十二军团长兼第二十八军军长。1939年1月任第三战区第十集团军副总司令兼第三战区第一游击区总指挥；5月率部进入浙西杭嘉湖地区，在敌后开展游击战。1940年1月在“皖南事变”中因不愿意参与进攻新四军，遭受国民党当局的猜忌，所部第十六、第六十三两个师被调走，军事实力被严重削弱，连本人也时刻遭到国民党军统特务的监视。1942年12月改任三十二集团军副总司令。1944年任浙苏皖边区挺进军副总司令。1945年抗日战争胜利后，挺进军总部被裁撤，所部中下级军官均编入军官教导总队，从此被迫退役，隐居杭州。1946年与从香港到杭州的李济深在西湖边的净慈寺密商反对国民党当局的内战政策。1948年1月秘密加入中国国民党革命委员会，并密嘱旧部，弃暗投明，相机起义。1949年3月30日被秘密逮捕，经老长官程潜多方营救于4月25日获释。1951年8月25日在西湖智果寺病故。

**陶　柳(1890—1949)**

号碧如。湖南省醴陵县人。1911年投湖南新军陶广部任文书。后考入湖南讲武堂。毕业后历任连长、营长。1929年任湖南陆军第十九师(师长何键)团长。1930年5月任新编第三十一师旅长。旋改番号为六十二师旅长。1935年4月被国民政府授予陆军少将军衔。1936年11月任第二十八军六十二师师长。曾多次参加“围剿”红军的战斗。1937年8月13日淞沪抗战爆发，奉命率第六十二师离湘西开赴第三战区战场，在上海金山卫及浙江萧山一带阻击日军，掩护主力安全转移。1938年6月率第六十二师在海宁、海盐、平湖、余杭、德清、吴兴、崇德、嘉兴等地开展游击战，袭击日军盘踞的杭州、富阳、海盐等大小城市。1942年3月任第十集团军第二十八军副军长。1943年3月任第十集团军第二十八军军长兼第六十二师师长。1945年免职，入重庆陆军大学学习。同年11月从陆军大学将官班毕业。后任第十七军官总队队长兼无锡警备司令。被国民政府授予陆军中将。后被委任为第二“绥靖”区副司令官，辞未就。1947年任湖南洞庭屯垦局局长。后到杭州经商。1949年1月6日在杭州去世。

**陶思曾(1878—1943)**

字叔惠，号啸岳。湖南省安化县人。晚清名臣、两江总督陶澍曾孙，故名思曾。15岁中秀才。1902年乡试中副榜，旋以官费赴日本留学，毕业于东京法政大学。毕业回国后劝说湖南巡抚庞鸿书创办法政学堂，受聘为教务员。1907年以道员分发四川，被四川总督赵尔丰委派为商务、矿务两局会办。1908年被委为调查西藏开埠事宜委员。受命后绕道由上海乘船经新加坡、印度入藏，在亚东、江孜两地踏勘埠界，测绘地图。事毕，经缅甸、云南返川。此程辑成《藏辖日记》、《滇蜀纪程》两书，回到成都后，英、法、德、俄领事交相索阅。恐泄国防机密，启列强觊觎之心，乃删其要点，仅纪行程，重编《藏辖随记》。后为英领事骗取，逐日披露于英国《泰晤士报》。1910年被委任为四川高等检察厅检察长。1912年任湖南都督府参事兼法政专门学校校长。1915年任袁世凯总统府政事堂法制局参议。因反对袁世凯复辟帝制，不久拂袖返回湖南。1916年湖南省议会成立，被推举为议长。时讨袁军兴，湘督汤芗铭连夜出逃长沙，陶与第一军军长曾继梧深夜至督府护印，被推为秘书长。不久谭延闿复任都督，改任湖南高等审判厅厅长。因司法官应回避本省的规定，于1916年10月8日调任浙江省高等检察厅检察长，连任10年，颇著政声。1923年3月10日杭州浙江省立第一师范学校发生晚餐中毒大案，督同杭州地方检察厅全力侦破此案，使主犯落网。于各监狱设立习艺工场，聘技师传授各种工艺，销售产品以部分补贴囚犯生活，并择优提奖。当时杭州第一监狱工场之产品制作精巧，销售甚畅。与浙江实力派夏超关系莫逆，并结为金兰兄弟。1926年10月15日夏超以浙江省长身份宣布浙江"独立"反孙传芳，响应国民革命军，很快被孙传芳镇压下去，夏超本人于22日被孙传芳下令杀害。伤心于金兰兄弟之惨死，简悼之余，遂绝意官场，弃职返回湖南。1932年被公举为船山学社副社长。1937年抗战爆发后长沙屡遭日机轰炸，返归安化故里。1943年7月21日在老家去世。编著有《藏辖随记》、《区田代耕研录》、《景恒堂诗文稿》等，译有《日本刑法各论》。

**陶　勇(1913—1967)**

原名张道庸。安徽省霍邱县人。1913年1月21日生。1929年加入中国共产主义青年团，同年参加中国工农红军。1931年转为中国共产党党员。土地革命战争时期历任红军游击队排长、副连长、连长，中共鄂豫皖边区分局保卫队队长，红四军第十二师三十五团连长，第十师二十八团营长、副团长、团长，红九军第二十七师八十一团团长。随红四方面军部队参加长征。1937年1月在战斗中负伤被国民党俘虏。抗日战争爆发后经党组织营救出狱，调到新四军工作，历任新四军第一支队副参谋长、苏皖支队司令员兼政治委员、新四军苏北指挥部第三纵队司令员兼政治委员、第一师第三旅旅长兼苏中军区第四军分区副司令员。1945年1月率部南下浙西长兴，所部改编为新四军苏浙军区第三纵队，任司令员，率部参加天目山第三次反顽自卫战役和对日反攻作战。同年10月奉命率部队北撤。解放战争时期历任华中野战军第八纵队司令员兼政治委员，新四军第一师副师长，华东野战军第四纵队司令员，第三野战军二十三军军长。新中国成立后任第九兵团副司令员，中国人民志愿军第九兵团代司令员兼政治委员，华东军区海军司令员，海军东海舰队司令员，海军副司令员兼东海舰队司令员，南京军区副司令员。1955年被授予中将军衔。获一级八一勋章、一级独立自由勋章、一级解放勋章。1967年2月21日在上海去世。

# 十一画

**黄八妹(1906—1982)**

女。原名翠云,因双手能使枪,人称“双枪黄八妹”。江苏省金山县人。出身贫苦,早年为童养媳,后解约,从事武装贩运私盐生意,活动于上海奉贤、金山与浙江平湖一带。1931年因国民党军队大举清剿太湖地区盐枭,被迫投靠官府,后一度经营茶馆。1937年抗日战争爆发后在奉贤乡间收集民间枪支组织武装,任苏浙行动委员会教导总队中队长。1938年所部武装被国民党正规军收编后任江南挺进队护洋队队长。同年冬到嵊县接受国民党训练后任第十集团军江南挺进队第一纵队少校咨议。1939年任浙江平湖国民兵团自卫大队副大队长。1940年任平湖县自卫大队长。1942年任江浙护航纵队司令。1943年任平湖县“突击大队长”。1945年春任杭州湾护航大队长。同年5月任杭州湾护航总队总队长。抗战胜利后任平阳县参议员,并经营生意。1947年10月任国民党江苏省第三“督剿”委员会组长。1948年任国民党苏浙边区“清督”总部直属戡乱建国总队平湖县建国大队副大队长。同年底任浙江省“绥靖”第一团团长。1949年4月任“东南人民反共救国军海北纵队司令”。1950年被台湾当局委任为“平湖县长”。后任“中华妇女反共抗俄联合总会浙江分会主任”,活动于大陈岛。1955年去台湾。1982年5月4日在台北去世。

**黄玉庭(1912—1991)**

原名黄应庭。江西省万年县人。1929年底加入中国共产主义青年团。1930年转为中国共产党党员,同年参加中国工农红军。土地革命战争时期历任红十军第八十三团副排长、连政治指导员、连长、副营长,中央苏区一分区第二大队队长,第六大队大队长。中央红军主力长征后坚持南方三年游击战争。1937年抗日战争爆发后历任新四军第二支队第三营营长,新编第四团团长,新四军第六师十六旅代旅长。1945年1月随新四军部队南下浙西长兴,任新四军苏浙军区第一纵队第三支队支队长,参加浙西天目山第三次反顽自卫战争和对日反攻作战。解放战争时期历任华中野战军第六纵队第十六旅四十六团团长,旅参谋长,华东野战军第六纵队第十六师副师长,第三野战军第二十四军第七十一师师长。新中国成立后历任中南军区空军预科总队总队长,空军师长,第二航空预科总队总队长,山东省军区德州军分区司令员,惠民军分区司令员,淄博军分区司令员,山东省军区副司令员。1955年被授予少将军衔。获得二级八一勋章、二级独立自由勋章和二级解放勋章。1988年获一级红星功勋荣誉章。

**黄华表(1897—1977)**

字二明。广西省藤县人。早年就读于私塾。后考入天津北洋大预科,一年后转入复旦大学正科。1922年赴美国留学,先后就读于华盛顿大学教育系、加利福尼亚大学和斯坦福大学研究院,获硕士学位后回国。回国后曾任广西南宁师范学院院长。1933年12月任南京国民政府立法院立法委员。1934年12月至1936年12月任浙江省政府委员兼秘书长。后任浙江大学教授、秘书长,国民政府考试院考选委员会委员,复旦大学教授兼训导长。1949年定居香港。先后担任香港珠海书院文史系主任、香港新亚书院中文系主任。1964年退休。同年应台湾“中国文化学院”之聘,担任华冈教授。1977年5月22日去世。著有《璧山阁存稿》、《广西文献概论》、《大学文选》、《史记导读》、《韩文导读》、《离骚四释》等。

**黄绍竑(1895—1966)**

字季宽。广西省容县人。1910年考入广西陆军小学堂第四期学习。1911年辛亥革命爆发后参加广西学生军敢死队,从广西北伐至武汉。1912年春入武昌陆军第二预备学校。1914年2月考入保定陆军军官学校第三期步兵科。1916年12月毕业后回广西,进入桂系军阀陆荣廷部广西陆军第一师服役,历任排长、连附、连长、营长、支队司令等职。1923年8月16日被孙中山委任为广西讨贼军第五师师长。与粤军第一师李济深部夹击桂军沈鸿英,占领广西梧州。1924年5月乘广西军阀陆荣廷、沈鸿英交战之际,与李宗仁部联合作战；6月占领南宁，歼灭陆荣廷的主力。后所部与李部组成定桂讨贼联军，任副总指挥。1925年2月定桂讨贼联军击败沈鸿英、陆荣廷，占领桂林；7月击退入桂滇军，统一广西，成为新桂系首领之一；11月作为李宗仁的代表去广州与国民政府商谈两广统一事宜。1926年3月桂军改编为国民革命军第七军，任党代表；6月1日任广西省政府主席。北伐战争开始后留守广西。1927年桂系追随蒋介石发动"四一二"反革命政变，主持广西"清党"，杀害大批共产党员和进步人士。同年5月任中央政治会议广州政治分会委员；7月6日任军事委员会委员；9月任南京国民政府委员。同年应李济深之请任第八路军副总指挥，将留守广西部队编组为第十五军并兼军长，随后率部至汕头、潮州地区堵截南昌起义军；11月张发奎在广州发动反桂系军事政变，因事先得到消息遂逃亡香港躲避；12月率部与拥护李济深的粤军将领陈铭枢、徐景唐部击败张发奎部，进占广州。1929年3月蒋桂战争爆发，桂系兵败武汉退回广西，随后企图向广东发展；5月率第十五军攻粤，失败后逃往香港；11月桂系与张发奎联合在广西组成反蒋的"护党救国军"，任副总司令兼广西省省长，第二次攻粤又遭到惨败。1930年4月中原大战爆发，桂张联军(第一方面军)出兵湖南，对蒋军作战，由于黄部未按期占领衡阳，桂张联军被粤军截为两段，在衡阳大败，引起李宗仁、白崇禧等不满，黄遂辞职脱离桂系，赴南京面见蒋介石后赴香港、菲律宾旅行。1931年12月至1932年5月任南京国民政府委员。1932年5月至1934年12月任南京国民政府内政部长。1932年7月至10月兼代交通部部长。1933年任军事委员会北平分会参谋团参谋长；5月兼行政院北平政务整理委员会委员。1934年12月至1936年7月任浙江省政府主席。期间1934年12月至1936年2月兼浙江省民政厅厅长。1935年11月当选为国民党第五届中央监察委员。1936年12月至1937年11月任湖北省政府主席兼全省保安司令。1937年夏任庐山军官训练团总队长之一。抗日战争爆发后任军事委员会第一部(作战)部长，旋任第二战区副司令长官，指挥娘子关战役。同年9月2日被授予陆军中将加上将衔。1937年11月至1946年3月任浙江省政府主席兼浙江全省保安司令。1938年1月兼第三战区游击司令；3月兼浙江省抗日自卫委员会委员。1942年9月兼第三战区副司令长官。1945年5月当选为中国国民党第六届中央监察委员。1947年6月任南京国民政府监察院副院长。期间作为李宗仁竞选副总统班子的总参谋长，将李宗仁推上副总统的宝座。1949年4月任国民党政府和平谈判代表团代表，到北平参加与中共谈判。和谈破裂后去香港。同年8月13日在香港与贺耀组、龙云等44名国民党党政军干部联名发表《我们对于现阶段中国革命的认识与主张》，声明遵照孙中山的遗教，与中国共产党合作，为建设新民主主义的新中国而共同努力；9月到北平出席中国人民政治协商会议第一次全体会议。新中国成立后任政务院政务委员，全国人民代表大会常务委员会委员，全国政协第一、第二、第三届委员，中国国民党革命委员会中央常务委员、和平解放台湾委员会副主任等职。1957年被划为右派。1958年2月被免去全国人大常委职务。1966年8月31日在北京去世。著有《五十自述》等。

**黄富武(1908—1935)**

江西省弋阳县人。1927年参加弋(阳)横(峰)暴动。1928年加入中国共产党。先后任中国共产主义青年团弋阳九区区委书记、中共闽北特委委员、青年团闽北特委书记、中共闽北特委书记、中华苏维埃共和国临时政府候补执行委员、赣东北独立师政治委员。1935年2月任中国工农红军挺进师政治部主任；3月任挺进师政治委员会委员，协助刘英、粟裕率领部队进入浙江开展游击战争；6月任中央浙西南特委书记兼西南军分区政治委员。在刘英、粟裕率领挺进师主力突围转移后，奉命坚守浙西南领导反"围剿"斗争。在战斗中身负重伤，负伤后数次只身冲出国民党军的包围、追捕，后隐蔽于当地老乡家中疗养。由于叛徒出卖，于1935年10月30日在遂昌被捕；12月12日就义于丽水大水门外。

**萧星垣(1874—?)**

字紫亭。湖南省善化县人。早年入伍，营务出身。1897年入浙江武备学堂第一期学习。1898年毕业，旋被湖广总督张之洞选派赴日留学，初入成城学校，后入日本陆军士官学校中华队第一期步兵科；学习期满后再入日本近卫步兵第四联队做见习士官。1902年3月毕业后回国。1906年夏任浙江新军步兵第二标第一营管带。1908年任浙江新军第二标统带，旋改番号为第四十二协第八十二标，仍任统带。1910年升任第四十二协统带。1911年4月7日被清廷赏给陆军协都统衔；5月29日升任第二十一镇统制官，并赏给陆军副都统衔；11月5日凌晨浙江革命党人正式发动杭州起义，枪声打响后随即潜逃出浙江，迁居北京，后由浙江都督朱瑞保荐担任袁世凯大总统府侍从武官。1912年11月26日被袁世凯授予陆军少将。1914年1月4日给予三等文虎章。1919年1月4日加陆军中将衔。1921年2月15日北洋政府授予他陆军中将。1923年1月12日任北洋政府将军府将军。

**梅 凯(1915—2000)**

曾用名梅占魁。上海人。1937年加入中国共产党。抗战初期曾在义乌楂林溪后一带以教师职业为掩护,从事抗日救亡活动。历任中共东阳县委宣传部长、东阳县委书记、中共浦江县委书记、浦江县委特派员、第八大队第一中队指导员、金萧支队政治处宣传股长、中共诸(暨)义(乌)东(阳)县委委员、坚勇大队教导员。1943年2月至1944年2月任中共金(华)义(乌)县委书记。1945年抗战胜利后随军北撤,一直在部队工作。新中国成立后曾任上海市地政局秘书主任、上海市工业局党委委员兼处长、轻工业部华东办事处副处长、化工部上海办事处主任等职。2000年6月26日在上海去世。

**崔东伯(1898—1987)**

字文璧。江苏省宜兴县人。1924年南京高等师范学校(今南京大学)数学系毕业,先后在苏北海州中学、苏州中学、浙江大学附设杭州高级工业学校任数学教师。1933年秋应杭州高级中学项定荣的邀请,到杭州高级中学任数学教师。1937年抗日战争爆发后杭高和杭嘉湖的其他七所中学流亡到浙南丽水一个叫碧湖的小镇上,合组浙江省立临时联合中学,任教务主任。1942年起任校长。1945年抗战胜利后杭高复校回到杭州。1946年6月因支持进步学生运动,被国民党浙江省教育厅免去校长职务,到杭州的几家私立中学教数学。1949年5月杭州解放,同年9月回到杭高,专任数学教师。1955年加入中国民主同盟,曾任全国人大代表、浙江省政协副主席。1956年担任副校长,分管教学。著有《高等代数精解》、《平面三角精解》、《初中代数教学讲话》、《高中代数》等。

**崔洪生(1918—1976)**

上海市南市区人。1935年10月加入中国共产党。1939年3月调任中共义乌县委组织部长,后任中共富阳县工委书记、中共东阳县委书记等职。1943年7月至8月任中共义(乌)东(阳)北工委书记。后任中共诸(暨)义(乌)东(阳)县委委员、组织部长。1944年1月至3月任中共诸(暨)义(乌)东(阳)办事处主任、坚勇大队大队长等职。新中国成立后曾任杭州市劳动局秘书主任、副局长、杭州市重工业局局长、金华专署工办生产组组长等职。1976年在杭州去世。

**康有为(1858—1927)**

原名祖贻,字广厦,号长素。广东省南海县人。1858年3月19日生。清末维新派领袖。1898年领导维新变法失败后成为清廷的通缉犯,被迫长期流亡海外。1912年中华民国成立后回国,但以清朝遗老自居,继续其复辟清王朝的活动。1916年夏应友人之邀到西湖游览。浙江督军吕公望慕其大名,以礼相迎,亲自安排入住西山路的刘庄。西湖美景征服了康,决定在西湖边建别墅长居。1917年买下西湖丁家山一带30余亩地,历时四年耗银四五万两,分四期建成别墅"一天园",习称"康庄"。此后的每年春秋两季几乎都在这里度过。1919年61岁的康还娶了西湖茅家埠的少女张阿翠作为他的第六房夫人,成为杭州城里茶楼酒肆的话题谈资。康在杭州曾两次遭到浙江省政府的打击。第一次是1917年7月14日浙江省长齐耀珊命令省会警察厅商同杭县知事将康在杭州私产查明,一律没收。1927年3月中旬国民革命军克服浙江;3月21日康氏在青岛去世。同年5月国民党浙江省政府主席张静江以"保皇余孽,占据公山"为由,下令查封"一天园"。随后康庄被毁,庭院荒废。

**阎幼甫(1890—?)**

名鸿飞,字幼甫,以字行。湖南省长沙县人。早年留学德国,毕业于柏林大学。后加入同盟会。1911年10月参加辛亥湖南光复,长沙光复后任湖南军政府军务部部长。不久任中华民国军政府湘鄂义军总司令,参加武汉保卫战。中华民国成立后在湖南任职多年,曾任湖南省平江县县长。1927年后曾任浙江嘉兴县长、省会警察局局长。后到上海任《中华周报》总编。1932年辞去《中华周报》总编职务,离开上海,到天津塘沽,协助范旭东创办久大、永利公司,掌管联合办事处并主编公司内部刊物《海王》旬刊。1934年兼任公司人事处长,管理永利碱厂艺徒班,培养合格的年轻技术员。1936年12月应留德同学、新任浙江省政府主席朱家骅的邀请,到杭州担任浙江省政府秘书长至1938年4月。期间1937年8月至11月任浙江省政府委员兼民政厅厅长。在浙江嘉兴县长任内,曾主持修撰《嘉兴新志》。新中国成立后任中央文史研究馆馆员。

**盖叫天(1888—1970)**

河北省高阳县人。京剧表演艺

术家。幼入天津隆庆和科班学武生和老生。其演艺继承南派武生创始人李春来的艺术风格，兼收京剧和昆曲各派武生表演艺术的长处，着力于人物形象的塑造。世称“盖派”。擅演剧目有《武松》及《一箭仇》、《恶虎村》、《垓下之战》等，有“江南活武松”之誉。1952年参加第一届全国戏曲观摩演出大会，获荣誉奖。晚年传授技艺，著述讲学，颇多创见。历任浙江省文学艺术界联合会副主席，中国戏曲家协会浙江省分会主席。其代表作曾先后摄成《盖叫天的舞台艺术》、《武松》等影片，另有艺术记录《粉末春秋》出版。

**梁建章(1871—1938)**

字式堂。直隶省大城县人。早年就读于私塾。1892年中秀才，旋入保定莲池书院学习。1901年考中庚子、辛丑并科举人。后作为第一批官费留学生前往日本留学。1907年毕业于日本法政大学。回国后先后任直隶全省警务局参事、浙江全省警务局参事、浙江地方自治筹办处参议。1912年经原浙江巡抚增韫推荐，担任北洋政府陆军部秘书。1913年8月至1914年6月任直隶省实业司司长。1913年12月兼任袁世凯御用的政治会议议员。1914年6月至1917年1月任浙江省会稽道道尹。1917年9月至12月任浙江省实业厅厅长。1918年初回北京，先后任北洋政府陆军部顾问、国务院顾问、陆军部编书局总编。1922年任筹备国会事务局局长。国会恢复后任选举委员会委员长。1923年拒绝曹锟贿选，并辞去议员职务，在北京赋闲，研究经史及水利设施。1924年被冯玉祥聘为高等顾问，为冯讲授经史及古典文学。1925年随冯玉祥去张家口，任西北边防督办公署顾问，建议移民屯垦，开发大西北，并担任开发大西北委员会委员长，主持屯垦事宜。1927年任河南省政府主席冯玉祥的顾问，受命负责兴办水利事业。后任黄河水利委员会顾问。1930年参与中原大战反蒋活动。中原大战结束后回北京，闭门治学。1933年5月任察哈尔民众抗日同盟军顾问。1934年应察哈尔省政府主席宋哲元之聘请，任通志馆馆长，主持编修察哈尔省通志。1935年6月编成《察哈尔省通志》28卷印行。1935年12月至1936年12月任河北省政府委员。期间1935年12月至1936年4月兼河北省建设厅长。1936年4月20日被南京国民政府任命为监察院监察委员。1937年抗日战争爆发后任河北省政府顾问，主张联合一切力量，抵御外侮，共赴国难。1938年8月28日在南京病故。著有《凿泉》、《儿童白话诗》、《百廿诗集》，编译有《日本地方法制通览》等。

**宿士平(1909—1989)**

化名张国威、宿文浩。江苏省无锡县人。1932年加入中国共产党。1938年3月任中共温州市委书记；5月任中共台(州)属特委书记兼组织部长。1939年3月到金华任中共浙赣铁路工委书记。1940年3月任中共金(华)衢(州)特委常委。同年6月14日因叛徒出卖而被捕。1940年6月中旬到1942年5月25日被囚禁在江西省上饶县集中营两年，期间因“顽固不化”，三进三出茅家岭监狱，累计长达一年半。在狱中受尽各种酷刑，但始终宁死不屈，在狱中秘密组织中共支部，任书记。1942年5月25日晚率领难友胜利冲出敌人牢笼。越狱后历尽千难万险，于同年9月到达苏南茅山，先后担任丹阳县、句容县抗日民主政府科长、秘书，路西办事处主任，《苏浙日报》编辑科长，山东省教育厅科长、秘书主任。1949年南下到云南。新中国成立后历任云南省武定行署专员，云南行政干校副校长，云南省委高干自修班副主任，云南省委党校党委委员、哲学教研室主任，云南省委党校副校长。1989年11月在昆明去世。著有《茅家岭地狱》、《茅家岭大学》、《特训班二三事》等。

# 十二画

**彭　林(1914—2002)**

原名栋才。江西省吉安县人。1914年6月29日生。1930年5月参加中国工农红军,同年加入中国共产主义青年团。1932年10月转为中国共产党党员。土地革命战争时期曾任湘赣兵工厂政治委员,湘赣省工会委员长,省苏维埃政府委员,湘赣省军区总医院政治委员,卫生部政治委员,省军区保卫局局长,红六军团第十七师五十团、五十一团政治委员,红六军团保卫局局长,第十七、第十六师副政治委员,红二方面军第六军模范师政治委员。参加长征到达陕北后,于1936年底进入延安抗日军政大学学习。1937年抗日战争爆发后随张爱萍到上海做党的地下工作,先后任上海军委分会三科科长,浙江省吴兴县抗日游击大队参谋,中共浙西特委委员兼组织部长、军事部长,义乌县抗日独立大队大队长。1944年起历任新四军浙东游击纵队金萧支队独立大队大队长、支队参谋长、支队长。1946年后历任新四军第一纵队第二旅政治委员,胶东军区东海军分区司令员,第三野战军第三十二军政治委员兼政治部主任。新中国成立后历任中国人民解放军铁道公安部队政治委员兼政治部主任,海军旅顺基地政治委员,海军航空兵部政治委员,海军顾问。1955年被授予中将军衔。当选为全国政协第五届委员,第六届常务委员。2002年7月24日在青岛病故。

**彭学儒(? —1944)**

国民革命军军官。最后的军职为国民革命军新编第二十一师第六十三团团长。1944年7月侵华日军发起丽(水)温(州)战争时率领所部六十三团驻守丽水城,与攻城的日军展开激战并重创日军,所部牺牲惨重;8月25日在与日军激战中牺牲。

**彭德清(1911—1999)**

原名楷珍,曾用名陈国华。福建省同安县人。1926年参加革命,1927年加入中国共产主义青年团,1930年转为中国共产党党员。土地革命战争时期历任共青团同安县委组织部部长,泉州市特委书记,晋(江)南(安)中心县委书记,中共(南)靖(平)和(漳)浦中心县委书记,中共同安县委书记,闽南第二游击支队政治委员。中央红军长征后在闽南坚持三年游击战争。1937年任闽南抗日义勇军独立大队大队长。1938年起历任新四军第二支队四团连政治指导员,教导总队第二大队政治教导员,挺进纵队政治部组织科科长,第四团政治处主任。后任苏北指挥部第五团政治委员,第三纵队政治部副主任,第七团政治委员兼团长。1945年随新四军第一师南下浙西长兴,先后任苏浙军区第三纵队政治部主任、副司令员兼参谋长。参加浙西天目山第三次反顽自卫战争和对日反攻作战。同年10月随苏浙军区主力部队北撤。解放战争时期历任苏中军区第一师三旅旅长、华东野战军第四纵队第十二师师长、渡江先遣纵队第四支队支队长、第三野战军第二十三军副军长。新中国成立后任解放军第二十七军军长。1950年11月率第二十七军参加抗美援朝战争。1954年起先后任华东海军副司令员,东海舰队副司令员兼福建基地司令员、政治委员。1965年任交通部副部长。1981年任交通部部长。1983年任中共中央顾问委员会委员。中国航海学会第一、第二届理事长。1955年被授予少将军衔。获二级八一勋章、二级独立自由勋章、一级解放勋章、朝鲜民主主义人民共和国二级国旗勋章。1999年6月10日在北京去世。著有《回忆同安越狱斗争》、《关于安南永红军游击队末期情况》、《炮击金门纪事》,主编有《中国航海史》、《中国船谱》、《中华海魂》等。

**葛成慧(1891—1970)**

女。江苏省嘉定县人。上海女子医学院毕业后于1921年考取公费留学,入美国耶鲁大学医学院攻读公共卫生学。1924年获博士学位。回国后受聘于上海尚贤堂妇孺医院,兼仁和医院医师。1930年重赴美国,任密歇根大学研究员,从事化验研究。归国后任尚贤堂医院主任。1934年任浙江省立助产学校校长,兼附属省立产院院长。抗日战争爆发后任国民政府教育部医学教育委员会助产教育专门委员会常务委员兼秘书，负责拟订战时医务教育计划、编译教材。并经常至后方各省市大、中医科院校督导。1946年1月回到嘉定，创办普济医院，任院长。新中国成立后普济医院改为县人民医院，离职开业。1950年当选为嘉定县各界人民代表会议代表。1951年6月当选为嘉定县卫生工作者协会主任。1954年起当选为第一至第六届县人民代表大会代表，第一、第二届县人民委员会委员，县政协第一至第四届委员、常务委员。1956年参加城厢镇第三联合诊所。“文革”中遭受迫害，于1970年8月8日去世。1979年2月平反昭雪。著有《新医业概况》、《公共卫生学》、《助产学》、《临床细菌检验学》等。

**蒋芸生(1901—1971)**

字任农。江苏省安东县人。1901年11月3日生。1921年7月毕业于江苏省立第三农业学校。1922年赴日本留学。1925年4月毕业于日本千叶夏高等园艺学校。同年8月起先后任教于江苏省立第三农业学校、苏州中学、安徽省立第五职业学校。1929年2月任浙江大学农学院副教授兼上海劳动大学园艺系教授。1933年9月任江苏南通学院农科教授、科主任。1940年4月任福建协和大学农科教授、科主任。1942年7月任福建永安园艺试验场场长。1943年3月任崇安茶叶研究所副所长。1944年8月任福建省立农学院教授、系主任。1946年8月任浙江大学农学院教授。1952年负责筹建浙江农学院茶叶专修科(1956年改为茶叶系)，兼科主任、系主任。1956年加入中国民主同盟。曾任浙江省政协委员。1957年加入中国共产党。1958年受农业部委托筹建中国农业科学院茶叶研究所，兼任第一任所长。1960年2月任浙江农业大学茶学系教授、副校长。1963年1月任浙江农业大学党委委员。作为国内著名茶学家，曾任中国茶叶学会第一届理事长，浙江省茶叶学会第一、第二届理事长。1971年12月7日在杭州去世。著有《茶树栽培学》、《熏茶花卉栽培》、《植物生理学》、《茶园杂草名录》等。

**韩德勤(1892—1988)**

字楚箴。江苏省泗阳县人。1892年10月8日生。早年先后就读于南京陆军小学堂、武昌陆军第二中学。1919年2月从保定陆军军官学校第六期步兵科毕业后分发到北洋陆军任下级军官。后入川军第一混成旅，任旅部参谋、第一团团副。1925年负伤返回故里。1926年到广州，追随江苏同乡顾祝同，并随顾的升迁不断晋升。1927年冬任第九军参谋长。1929年后任第三师第七旅旅长、第五十二师师长，参加中原大战。1931年6月参加对中央革命根据地的第三次“围剿”，所部被红军歼灭后降为第五十二师副师长。1932年4月至1933年10月任江苏省政府委员。期间从1933年1月至11月兼江苏省保安处处长。1933年秋参加对中央革命根据地的第五次“围剿”，在顾祝同任总司令的东路军担任参谋长。1935年任军事委员会委员长重庆行营主任办公厅厅长。1936年12月西安事变发生后代顾祝同行使贵州省政府主席职权。1937年春任军事委员会委员长西安行营主任办公厅厅长；8月任第二十四集团军代总司令；同年秋任苏鲁战区副总司令兼第八十九军军长。1939年10月至1945年1月兼任江苏省政府主席。屡次进攻新四军和抗日游击队，制造摩擦事件。1943年春在黄桥战役中被新四军俘获，后被释放。1944年春改任苏鲁皖游击总指挥，仍兼江苏省主席。同年冬调任第三战区副司令长官。1945年9月4日下午以第三战区副司令长官兼前进指挥部主任身份在浙江富阳县长新乡宋殿村接受日本陆军第一三三师团长野地嘉平的代表的投降书。1946年任徐州“绥靖”公署副主任，参加反共内战。1947年任陆军总司令徐州司令部副总司令。1948年任徐州“剿总”副总司令。1949年1月任国防部联勤总部副总司令；5月去台湾，任“总统府战略顾问”。1952年10月退役，担任“国民大会代表”。1988年8月15日在台北病故。

**粟　裕(1907—1984)**

侗族。湖南省会同县人。1907年8月10日生。早年就读于常德的湖南省立第二师范学校。1926年11月加入中国共产主义青年团。1927年6月转为中国共产党党员。同年先后参加南昌起义和湘南起义，随朱德、陈毅等转战至井冈山与毛泽东会合。土地革命战争时期历任中国工农红军第十二军连长、营长、团长，第六十四师师长，红四军参谋长，红一军团教导师政治委员，红十一军参谋长，红七军团参谋长，红十军团参谋长等职。参加井冈山斗争，转战赣南、闽西和中央苏区历次反“围剿”。1934年7月任红军北上抗日先遣队参谋长，转战闽浙赣皖边。1935年1月任红军挺进师师长，开赴浙南和闽浙边境开展游击战争，后任闽浙军区司令员，与刘英一起在国民党统治的腹心地区开辟浙南游击根据地，在与上级党组织失去联系的情况下独立领导部队开展游击战争。1938年4月起先后任新四军第二支队副司令员、先遣支队司令员，率部挺进江南敌后，首战韦岗告捷。接着率领第二支队在南京、芜湖、溧水地区抗击日军。1939年8月任新四军江南指挥部副指挥，同陈毅一起率部开辟苏南抗日根据地。1940年7月率部挺进苏北，任新四军苏北指挥部副指挥兼参谋长；10月参与指挥黄桥战役，粉碎国民党顽军的进攻，巩固发展了苏北抗日根据地，开创了华中敌后抗战的新局面。1941年"皖南事变"后先后任新四军第一师师长（后兼政治委员）、苏中军区司令员兼政治委员、中共苏中区委员会书记。在临江濒海、交通发达的平原水网地区开展游击战争，挫败日伪军频繁的"扫荡"、"清剿"和"清乡"，建成苏中抗日根据地。1944年3月开始对日军发动局部反攻，组织指挥车桥战役，创华中敌后歼灭战的范例。同年12月率新四军第一师主力南渡长江到浙西长兴，任苏浙军区司令员兼政治委员，后又兼中共苏浙区委员会书记，开辟浙西抗日根据地。1945年指挥所部在天目山区对国民党顽固派军队进行第三次自卫反击战，率先实现从游击战向运动战的转变。解放战争时期历任华中军区副司令员、华中野战军司令员、华东野战军副司令员和代司令员、代政委、第三野战军副司令员。新中国成立后历任中国人民解放军副总参谋长、总参谋长，国防部副部长，军事科学院副院长、第一政治委员，中共中央军委常委，全国人大常委会副委员长，中共中央顾问委员会常务委员。1955年被授予大将军衔。1984年2月5日在北京去世。

**程为昭(1916—1942)**

女。上海人。1936年秋考入上海私立大夏大学学习。1937年抗日战争爆发后中断学业奔赴抗日前线，参加中国共产党领导的敌后游击战争。同年冬从上海辗转杭州、建德，于12月初到达金华。1938年初在金华加入中国共产党。同年6月初国民党浙江省政府创办的战时浙江省儿童保育会在金华成立，经中共金衢特委介绍担任儿童保育会秘书，负责与国民党党政上层统战对象联系，工作开展得有声有色，金华妇女抗日救亡运动开展得蓬勃有力。1938年12月至1939年冬任中共金华县委妇女部长。1939年春节与中共浙江省委常委汪光焕在金华结婚。中共浙江省委妇女工作委员会成立时被选为委员。同年秋因其共产党员身份暴露，处境险恶，根据党组织的决定转入地下，一度居住到金华城郊雅芳埠、白龙桥等地。1941年6月下旬与汪光焕随中共浙江省委机关迁移到温州。同年7月中旬汪光焕被人诬陷有"反党阴谋"、"企图叛变"等问题，浙江省委未进行调查，听信诬陷，将汪光焕拘押监管；1942年2月10日被错杀后，程也无辜遭到株连，于12日被错杀。1982年12月28日中共浙江省委宣布为程及汪光焕彻底平反，恢复政治名誉，恢复党籍。

**程业棠(1912—1986)**

安徽省六安县人。1928年参加中国工农红军，同年加入中国共产主义青年团，1929年转入中国共产党。土地革命战争时期历任红四方面军第三十军第八十八师二六五团排长、连长兼政治指导员、营政治委员、团总支部书记、营长、团政治处主任。随红四方面军参加长征。抗日战争时期任新四军教导营队政治指导员，教导总队大队政治教导员、教导队总支书记，特务团副营长、代营长，第一师三旅七团政治处主任，警卫团副团长兼参谋长、团长，苏中军区第四军分区特务四团团长兼政治委员。1944年11月随粟裕渡江南下，先后任苏浙军区第一军分区参谋长、第三纵队第八支队支队长、第二纵队第四支队支队长。参加天目山抗日反顽等战役战斗，积极打击日伪军。解放战争时期任山东野战军第一纵队三旅九团团长，华东野战军第一纵队第二师副师长、师长，第三野战军第二十军第五十九师师长。新中国成立后任第十三步兵学校校长，安徽军区副司令员，安徽生产建设兵团第一副司令员，安徽省军区副司令员、顾问。1955年被授予少将军衔。1986年9月3日去世。

**程振钧(1886—1933)**

字韬甫、弢甫。安徽省婺源县人。1905年入安徽高等学堂学习。1912年考取庚款留学生，赴英国格兰斯哥大学攻读铁路专业。1917年学成归国，相继任国立北京大学、国立北京交通大学、国立北京师范大学讲师。1922年初应安徽省长许世英邀请，出任安徽省道局局长，主持修建安徽第一条官办公路——怀(宁)集(贤关)公路。1927年5月任浙江省政府委员兼建设厅厅长。到任后着手修建以杭州为起点的六条省道干线。1928年10月担任西湖博览会筹备委员会主任。1929年6月6日西湖博览会开幕后任副会长，成为博览会日常运转的总负责人。1930年3月至9月初与杭江铁路局副局长刘贻燕前往国外考察，相继考察了日本、美国、意大利、荷兰、土耳其等九个国家。回国后撰写《实业合理化》长文在上海《申报》连载。同年12月5日辞去浙江省政府委员兼建设厅长职务，离开杭州。1931年5月任南京国民政府实业部工业司司长。1932年4月至9

月任安徽省政府委员兼建设厅厅长。1933年3月病故。

**程振基(1890—1940)**

字铸新。安徽省婺源县人。银行家。1935年应安徽省政府聘请到芜湖筹办安徽地方银行;次年元月成立,任行长兼董事。1936年开业至1937年“七七”抗战一年半内,改变安徽省自清末以来地方金融跌宕起伏不定局面,在全省设53个分行,成为全省最大的银行。治行严谨,推行节约,严格开支,建立规章,广罗人才,量才使用,研究国际及国内经济状况,指导银行业务,并严格行纪。

**程　毅(1888—1909)**

字翘轩。河南省修武县人。河南省高等学堂学生,后入上海中国公学。1907年暑假应秋瑾之邀,聘为大通学堂教员,加入光复会。同年7月4日赵卓奉命前往缙云壶镇发动会党响应浙江起义,临行前委托程代任大通学堂学监。秋瑾对程极为信任,有事均与之协商,但程对光复会情况不太熟悉,不能有所作为。清军围攻大通学堂,与秋瑾一同被捕,被判处有期徒刑三年。1909年在山阴狱中被迫害致死。

**傅振军(1916—1999)**

江西省宁都县人。1933年加入中国共产主义青年团。1934年5月参加红军。1935年冬任红军挺进师师部警卫员,转战赣、浙边境。1936年加入中国共产党。同年7月随红军挺进师第二纵队重返浙西南恢复游击根据地。1937年抗日战争爆发后到平阳北港整编集训,浙闽红军游击队开赴皖南后继续留在浙南坚持斗争;12月任中共浙西南特委委员。1938年2月兼任中共龙泉县委书记。1939年9月任中共处(州)属特委民运部长。1940年6月任中共青(田)缙(云)丽(水)中心县委书记。1941年9月起代理中共处属特委书记。1942年2月中共浙江省委被国民党当局破坏后,与上级组织失去联系,在浙西南仍坚持斗争。解放战争时期历任中共处属特委书记,浙江壮丁抗暴自救军第三总队(也称浙南游击总队)总队政治委员,浙南人民解放军第三支队政治委员。新中国成立后曾任中共丽水地委副书记,华东纺织局管理局副局长,上海市轻工业局党委副书记。

**鲁忠修(1894—1964)**

字长葆。湖南省浏阳县人。1894年2月20日生。湘军将领出身。陆军大学毕业。历任国民革命军第二军第四师参谋长,第二军参谋处长,第九路军总指挥部高级参谋,浙江省保安司令部军官教导所教育长等。1934年11月率部参与围攻中国工农红军北上抗日先遣队,致使抗日先遣队伤亡惨重,方志敏等抗日先遣队领导人被捕遇难。1936年6月至1943年11月任浙江省第五区(驻衢县)行政督察专员兼保安司令。1940年11月22日在衢县召开防治鼠疫紧急会议,决定成立衢县防治鼠疫委员会,兼任主任。1942年衢州防空指挥部成立,兼任指挥官,辖衢县、遂昌、汤溪、龙游、常山、江山、开化、寿昌、建德、淳安、桐庐、富阳等20个县。1943年9月至1945年2月任浙江省浙东行署主任,代表省政府管理宁波、台州等浙东18个县,行署设在天台县街头镇的原蓝州书院内。1945年11月浙东行署撤销后任国民政府军事委员会高级参谋。解放战争时期于1948年被中国人民解放军俘虏。1949年湖南长沙和平解放后被遣送回湖南进行劳动改造。后刑满释放,定居湖南衡阳。

**鲁　岱(1899—1977)**

字鲁山,号了翁。湖南省宁乡县人。成年后随叔父鲁涤平从军,参与机要。1924年4月被孙中山任命为广州大本营禁烟督办公署秘书。1925年赴苏联留学,就读于莫斯科中山大学。1926年毕业回国后参加国民革命军北伐战争。1928年被新任湖南省政府鲁涤平任命为长沙市政筹备处处长。1929年任武汉卫戍司令部秘书处处长。1930年任国民政府文官处参事。1931年12月至1934年12月任浙江省政府秘书长。1937年7月任南京国民政府审计部审计。1940年5月兼审计部河南省审计处处长。1942年12月兼审计部湖北省审计处处长。1947年5月兼审计部湖南省审计处处长。期间还兼任国立湖南大学及湖南省立克强学院教授。同年10月在湖南当选为行宪国民大会候补代表。1949年调任云南省审计处处长。同年去台湾。曾任台湾当局“审计部”参事厅厅长及“国库审计室”主任,递补为“国大代表”,并被聘为“行政院光复大陆设计研究委员会”委员。1977年5月18日在台北去世。著有《长沙辟市琐忆》等。

**鲁涤平(1887—1935)**

字咏庵,号无烦。湖南省宁乡县人。1887年11月3日生。1903年考入湖南将弁学堂学习,毕业后分发到湖南新军第四十九标,曾任哨长、队官、教练官等职。1911年参加辛亥湖南光复之役。1912年任湘军第四师十六团团长。1915年加入中华革命党。1916年任湘军独立第三旅旅长。1921年1月任湘军第二师师长;7月兼湖南援鄂军第二军司令。1923年8月任援粤军第二军军长,随谭延闿赴广东。1924年9月改任湘军副监。1925年7月改任国民革命军第二军副军长。1926年7月任国民革命军第二军代军长,率部参加北伐。1927年4月任第二军军长。1928年6月兼任湖南省政府主席及湖南"清乡"督办。1929年1月所部第二军被缩编为第十八师,兼任师长和湘赣两省"剿总"总指挥,率部"围剿"井冈山红军根据地,被击败。同年2月被国民党新桂系把持的武汉政治分会免去省主席职务,被迫离湘;3月在国民党"三大"上被选为候补中央执行委员,兼中央讨逆军第五军军长,率部参加蒋桂战争;5月任武汉卫戍司令。1929年9月至1931年12月任江西省政府主席。1931年12月在国民党"四大"上当选为候补中央执行委员。1931年12月至1934年12月任浙江省政府主席。1934年12月任军事参议院副院长。1935年1月31日在南京病故。

**曾　山(1899—1972)**

原名如柏,又名修生、宪朴、曾珊。江西省吉安县人。1899年11月10日生。1925年随兄曾延生参加农民运动。1926年10月加入中国共产党。1927年2月当选为吉安县农民协会执行委员。大革命失败后参加南昌起义,随起义军南征到广东。同年冬入粤军教导团当上士、事务长,参加广州起义。1928年春回家乡,任中共支部书记、吉安西区区委书记,组织农民参加赣南武装起义。同年冬任中共吉水县委书记。1929年1月任中共赣西特委组织部部长;6月被选为赣西苏维埃政府主席。1930年3月被选为中共赣西南特委常委,同时被选为赣西南苏维埃政府主席;6月兼任中共赣西南特委书记。同年10月被选为江西省苏维埃政府主席,并任中共江西省委常委。1931年1月被中共中央指定为苏区中央局委员;11月出席中华苏维埃第一次全国代表大会,被选为中华苏维埃共和国中央执行委员。1932年11月任江西省苏维埃政府副主席兼财政部部长。1934年2月再次被选为中华苏维埃共和国中央执行委员,担任中央政府内务部部长。同年9月担任中共江西省委书记兼江西军区政治委员;10月中央红军主力长征后,率江西省党政军机关留在苏区坚持游击斗争。1935年5月潜往上海,找到党组织,后被派赴苏联。同年8月入莫斯科列宁学院学习。1937年抗日战争爆发后回国,任中共中央军委新四军分会委员。1938年1月任中共中央东南分局副书记兼组织部部长,并兼新四军驻江西办事处主任。同年3月初从南昌到浙南平阳,向粟裕、刘英传达中共中央和东南分局的指示。1939年东南分局改为中共中央东南局,任中共中央东南局副书记、组织部部长。1941年5月中共中央东南局与中原局合并成立中共中央华中局,任华中局委员兼组织部部长。解放战争时期历任中共中央华中分局组织部部长兼财经办事处主任,中共中央华东局委员,华东财经办事处主任,华东军政委员会副主席兼财经委员会主任并兼上海市副市长兼财经委员会主任。新中国成立后历任中央人民政府政务院政务委员兼纺织工业部部长,华东行政委员会副主席兼财经委员会主任,国务院商业部部长,中共中央交通工作部部长,国务院内务部部长等职。中共第八、第九届中央委员,第四届全国政协委员。1972年4月16日在北京去世。

**曾友昔(1911—1942)**

江西省于都县人。1931年10月参加红军游击队。1933年2月编入红七军团,任事务长;3月加入中国共产党。1934年任中国工农红军北上抗日先遣队供给部干事。1935年2月任工农红军挺进师供给部科长。1936年6月任中共龙(泉)遂(昌)县委书记。1937年12月任中共浙西南特委委员。1938年2月兼任中共遂昌县委书记。1940年2月任中共闽浙边区委员会委员兼遂昌中心县委书记。1942年2月13日遂昌中心县委驻地遭国民党地方武装袭击,在突围时负伤被捕;3月7日牺牲于保仁乡。

**曾如清(1914—1989)**

江西省吉安县人。1931年参加中国工农红军,同年加入中国共产主义青年团,1932年转入中国共产党。土地革命战争时期任中华苏维埃临时中央政府教育部巡视员,赣南省苏维埃政府教育部副部长,中共于都县委副书记兼游击大队政治委员。中央红军长征后留在苏区坚持游击战争,后在战斗中负伤被俘。1937年抗日战争爆发后被中共党组织营救出狱,历任新四军政治部民运部组织科科长、新四军江南指挥部政治部民运科科长、新四军第一师第一旅一团政治委员、苏中军区教导第一旅政治部主任。1945年4月率领所部南下到达浙西孝丰(今属安吉县),任苏浙军区第四纵队政治部主任,后任副政治委员;5月和8月两次率领部队南渡富春江,与浙东抗日武装会合,参加浙西天目山第三次反顽自卫战争和对日反攻作战;10月随苏浙军区主力北撤后历任华东野战军第一纵队第一师政治委员,第三野战军第二十军第五十八师师长兼政治委员。新中国成立后历任志愿军第二十七军副政治委员、政治委员，江苏省军区第二政治委员，新疆生产建设兵团副政治委员。1955年被授予少将军衔。获二级八一勋章、二级独立自由勋章、一级解放勋章。

**曾养甫(1898—1969)**

名宪浩，字养甫，以字行。广东省平远县人。1923年天津北洋大学矿冶系毕业后赴美留学深造，入匹兹堡大学研究院。留美期间曾当选为国际学生会会长。1925年初毕业回国，参加国民革命。1926年任中央兵工厂试验厂筹备主任；9月任广州国民政府侨务委员会委员。1927年任国民党广东省党部委员兼青年部长、国民革命军总司令部后方总政治部主任、国民党中央"清党"委员会委员兼广东省"清党"委员、中央党务学校训育副主任。1928年1月至1932年1月任南京国民政府建设委员会副委员长。1929年3月当选为中国国民党第三届中央执行委员。1931年12月当选为国民党第四届中央执行委员。1931年12月15日至1935年12月26日任浙江省政府委员兼建设厅厅长。在任期间发起兴建钱塘江大桥，并多方奔走筹措资金，最后与国民政府铁道部达成合作协议，共同修建中国第一座特大型跨江公路、铁路两用大桥。1935年12月至1938年任铁道部政务处长兼新路建设委员会委员长。抗日战争爆发后兼任滇缅公路督办，负责修筑云南至缅甸的国际战略公路，为日后的中国远征军入缅作战提供了条件。1942年12月至1945年1月任交通部部长。后赴美就医。1945年5月当选为国民党第六届中央执行委员。抗战胜利后任国民政府立法委员。1949年起寓居香港。

**温世珍(1878—1951)**

字佩珊。天津人。仕宦兼地主家庭出身。1899年北洋水师学堂毕业后留英深造。回国后被派往北洋舰队康济舰见习，一次因操作升旗失误，从旗杆上掉下来摔成拐子。后经其兄温世源介绍，充任直隶总督兼北洋大臣李鸿章的幕僚兼英文翻译，继任两江总督衙门洋务文案。1901年李鸿章以钦差大臣身份与八国联军签订《辛丑条约》时因"表现突出"而深得李鸿章的赏识。1911年加入同盟会，成为临时大总统孙中山随员之一，在南京临时政府南京卫戍司令部任职。1913年4月至1916年10月任北洋政府驻浙江特派交涉员。后投江西督军李纯，任江西督军府外交顾问兼交涉员。1920年10月任金陵关监督兼江宁交涉员。1921年任北洋政府外交部专员，奉派出席华盛顿会议。1924年8月兼外交部驻江苏特派交涉员；10月兼江宁关监督；11月免本兼各职。后到上海依附苏皖浙闽赣五省联军总司令孙传芳，任上海交涉使、上海海关监督。1925年中华民国临时执政段祺瑞以贪污罪下令对其通缉法办，在外国人的掩护下从上海码头乘船逃往欧洲。两年后在日本大森定居。1937年7月29日天津沦陷，任伪津海关监督兼河北省银行监事、伪关税整理委员会委员长。1940年4月至1943年3月任伪天津特别市公署市长，并先后兼任电业公司、电车公司董事长，伪新民会会长，伪河北省银行首席监委，伪天津市水灾救济会会长，伪华北防共委员会天津分会会长，伪天津掀铜献铁运动委员会委员长，伪华北政务委员会委员等系列伪职。1945年抗战胜利后因汉奸罪被捕入狱。1948年被国民党当局释放。1949年1月15日天津解放后人民法院很快就将其逮捕归案。1951年6月30日天津市军事管制委员会军法处兼市人民法院对其作出严正判决，判处死刑。

**谢文清(1907—1998)**

化名群仆、张锦标等。江西省上饶县人。1929年11月参加赣东北武装暴动。1930年5月加入中国共产党。土地革命战争时期历任赣东北特区苏维埃政府财政委员会出纳科科长，闽浙赣省苏维埃政府财政部副部长。1934年10月任抗日先遣队没收委员会主任。1935年3月随红军挺进师入浙，坚持浙南三年游击战争，先后任中共闽浙边临时省委委员、中共浙南特委书记。1938年5月任中共浙江省委常委兼组织部长。同年10月在新四军驻温州通讯处被捕入狱，后被解送到江西上饶的集中营，在狱中坚持斗争，并担任中共特支书记。1944年8月越狱，在由清城解送沙县途中逃脱，后在福建、江西等地从事小商贩谋生。新中国成立后曾在浙江省供销社、省副食品公司等单位任职。1998年2月在杭州去世。

# 十三画

**赖大超(1918—1995)**

原名太超,字培海。福建省永定县人。1929年加入共产主义儿童团。1931年加入中国共产主义青年团。1933年参加中国共产党。土地革命战争时期曾任闽西特委儿童团虎岗乡乡队长,儿童团闽西总团部主任,少共福建省儿童局书记,汀州市委儿童局书记。1934年10月随中央红军第一方面军从福建长汀出发参加长征。长征途中担任少共中央儿童局委员、书记,红一军团第一师政工员。1935年10月参加红军一方面军"东征"。接着调"红大"(抗大前身)学习,1937年又到中央党校学习。结业后任中央地方工作团团员,中央地工委委员,红一师和红一方面军青年干事,少共西北中央局委员,少共西北中央总队部总队长兼中央团校校长。抗日战争爆发后先后任中共中央东南分局青年部委员、青年部长。1938年受党中央派遣,到东南各省传达《中共中央关于青年团的改造的决定》,发动青年群众积极投身抗战。同年5月任中共浙江省委常委兼青年部部长;9月任中共浙江省委常委兼青年部长;10月在新四军驻温州办事处被国民党逮捕入狱。先后被关押于温州监狱和江西上饶集中营,历时五年之久。在狱中担任党的特别支部副书记,积极组织和团结狱中同志及难友,与国民党顽固派进行坚持抗战反对分裂投降的巧妙斗争。后经中共中央和周恩来迭次向国民党当局严正交涉,才于1943年获释。出狱后因与中央多年失去联系,一时找不到组织,便先回故乡虎岗,在虎岗圩(麻公庙)街上开设缝衣店,以此为掩护,继续进行革命活动。经过一年多的努力,通过闽粤赣边党组织于1945年与当时中央派驻香港的负责人董必武接上关系。受董老委派只身回到家乡,建立了一支游击队,活跃在上杭、永定边界。1947年6月中共永定县委成立,下辖三个工作团,任杭永工作团负责人。1949年4月至5月任永定县委书记;6月闽粤赣边纵队独立一团成立,担任政委。新中国成立后历任共青团中央委员,中共中央华南局、华南分局青年委员,团华南工委副书记兼组织部长,团华南工委第一书记兼二书记,广州市机床厂党委书记兼厂长,市科委分党组书记、副主任。"文革"中遭迫害。1979年得以平反,被安排担任广州市政协副主席。后任广州市第七、第八届人大常委会副主任、党组副书记,全国政协第五届委员。1991年离休。1995年1月31日在广州去世。

**赖名汤(1911—1984)**

字晓庵。江西省石城县人。1911年6月1日生。早年毕业于江西省立工业专科学校。1930年5月考入南京中央军校第八期学习。1932年入杭州笕桥中央航空学校第二期学习。1933年毕业后任驱逐机飞行员。1937年7月抗日战争爆发;8月15日在杭州空战中任空军第四大队第二中队副队长。在淞沪会战期间参与空战,扫荡日军舰艇、兵营,首创击落日军精锐九六式驱逐机之纪录。同年11月升任中队长。随后在南京保卫战的空战中负伤。治愈后转而从事空军教育与训练工作。不久奉派赴美国深造。1942年自美国参谋大学正规班毕业后回国,率领空军军官学校未毕业学生赴美国接受训练,任领队、总领队。1945年回国任空军第三路司令部参谋长。1946年任驻英国大使馆副武官、武官。1949年春回国后任空军总司令部情报署副署长、署长。同年去台湾。1951年任"国防部"第二厅厅长。1954年7月任"参谋次长"。1959年任"副参谋总长"。1963年1月授予"空军二级上将";6月任"联勤总司令"。1967年6月任"空军总司令"。1970年6月任"参谋总长";7月授予"空军一级上将"。1976年6月任"总统府战略顾问"。1984年11月28日在台北病故。著有《英国大选之判断》、《第三次世界大战与中国》、《对日空战忆旧》。

**雷法章(1902—1988)**

湖北省汉川县人。10岁洗礼为基督教徒。1923年毕业于私立武昌文华大学文学院教育系。1924年任天津南开中学部教师,后相继升任教务、训导主任及男女中学部主任。1931年1月至1937年7月任青岛市教育局局长。抗战爆发后随军转移,从事敌后工作。1938 年 9 月至 1942 年 4 月任山东省政府委员。期间于 1940 年 4 月至 1942 年 4 月兼山东省政府秘书长;1940 年 8 月至 1942 年 4 月再兼山东省民政厅厅长。1942 年 9 月至 1944 年 10 月任农林部政务次长。1945 年 1 月至 1946 年 5 月任内政部常务次长。1945 年 10 月 20 日外蒙古举行公民投票,以内政部常务次长身份前往观察。1946 年 5 月至 1948 年 6 月任浙江省政府委员。1948 年 7 月至 1949 年任考试院秘书长。1949 年去台湾,历任"铨叙部部长"、国民党中央评议委员会委员、"国策顾问"、"光复大陆设计研究委员会"委员。1988 年 8 月 28 日在台北病故。

# 十四画

**蔡凤珍(生卒年不详)**

女。广西省南宁县人。黄绍竑夫人。早年就读于广西省立女子学校。1938年6月5日全国战时儿童保育总会浙江分会(简称浙江保育分会)在金华成立,以浙江省政府主席黄绍竑夫人的身份被推举为理事长。在中国共产党的领导下该分会在抢救、保育难童,组织难童走向社会,积极参加抗日救亡活动等方面做了大量工作。

**蔡　朴(1879—?)**

字俭卿。直隶省武清县人。早年毕业于北京军需学校。长期追随孙传芳办理军需事务。1924年12月至1926年任浙江省财政厅厅长。1925年起兼任孙传芳闽浙苏皖赣五省联军总司令部军需总监,筹划军饷政费。1927年初被孙传芳任命为浙江省长。同年2月被国民革命军赶出浙江。后不详。

**廖运升(1901—1981)**

名中平,字运升,号旭东,以字行。安徽省寿县人。早年先后就读于安徽怀远含美中学、南京成美中学。1924年赴广州。次年考入黄埔军校第四期步兵科,后转警宪科。毕业后被分配到武汉分校(后改为中央政治军事学校)第六期入伍生团第二团第一连任连副,后任北伐军总司令部宪兵第三团第一连排长。后回到安徽,入国民革命军第三十三军政治部任上尉干事,后任该军第一师营副、营长。1928年第三十三军被迫解散,遂投奔方振武为总指挥的第六路军,被派往第四十一军任军部参谋。1931年"九一八"事变后重返部队,到独立第四十旅任中校参谋。部队北上抗日进入河南,改编为第九十五师第二八三旅,仍任参谋。1937年9月任安徽保安第八团团长。1939年4月任安徽省政府保安处参谋主任;年底调任皖南行署警保处长。1942年任挺进第五纵队少将司令。1943年任第一一七师师长。1947年初托辞回到南京,任国防部附员。1948年初任暂编第一纵队副司令。1949年春任第八十五军第一一〇师师长;5月4日在浙东游击队的协助下率全师近万人到达浙江义乌县宣布起义,脱离国民党。为摆脱国民党军队追击,在中原野战军十二军第三十五师李德生师长的接应下,把部队带到浙江金华兰溪进行改编。大部分官兵被编入人民解放军第十二军。新中国成立后先后担任南京市城市建设局秘书长、副局长,房地产管理局局长,民革南京市主委,民革江苏省委员会产物委员、副主委,南京市政协副主席,南京市人大副主任等职。1981年8月20日在南京去世。著有《我在义乌起义经过》等。

**廖运泽(1902—1987)**

字汇川。安徽省寿县人。1924年5月考入黄埔军校第一期。在校期间加入国民党。1925年1月毕业后任军校第二期学生总队教育副官。第一次东征后先后任黄埔军校潮州分校学生第一队队长、第三队队长。1926年6月加入共产党。1927年参加南昌起义。起义失败后与中共党组织失去联系。后任国民革命军师长、军长、集团军副总司令、陆军总司令部高级参谋、"绥靖"区副司令。1948年9月被授予陆军中将军衔。1949年初调任浙江衢州第九编练司令部副司令官,除策动第三一八师起义外,还多次酝酿率部起义,因事泄露被迫出走香港。1952年夏回到北京,历任民革江苏省委员会副秘书长、副主任委员、主任委员,民革第四至第六届中央委员,江苏省政协副主席、江苏省人大常委会副主任,全国政协第二、第三、第四、第五、第六届委员。1987年9月23日在南京去世。著有《南昌起义的片段》、《蒋军在京沪杭的最后挣扎》等。

**廖昌金(1906—1972)**

曾用名廖宝卿。江西省上犹县人。1930年7月参加中国工农红军。1932年1月加入中国共产党。土地革命战争时期历任湘赣苏区红八军第二十三师副排长、排长,红六军团第十七师五十团连长,红六军团第十六师四十八团副营长、营长,红二方面军第六军军部参谋。后随红二、六军团参加长征。1936年进入延安抗日军政大学学习。1937年调新四军工作,历任新四军第一支队二团二营营长、第一支队司令部通信参谋兼教导队队长、江南人民抗日义勇军第二团参谋长、新四军第一师第三旅九团团长、中国人民抗日军政大学第九分校参谋长、苏中军区独立团团长。1945年4月率领所部随叶飞南下浙西，任新四军苏浙军区第十二支队队长，后任浙西军分区参谋长。参加浙西天目山第三次反顽自卫战及对日反攻作战。同年10月随苏浙军区主力北撤到苏北，历任新四军第一纵队司令部参谋处处长，胶东军区滨北军分区副司令员兼参谋长、司令员，苏南军区松江军分区司令员。新中国成立后历任江苏省公安总队总队长，江苏省兵役局局长，江苏省军区副参谋长。1964年晋升少将军衔。荣获二级八一勋章、二级独立自由勋章、二级解放勋章各一枚。

**廖政国(1913—1972)**

曾用名廖广庆、廖光清。河南省息县人。1930年8月参加中国工农红军，同年加入中国共产党。土地革命时期历任黄安独立团副连长、连长，红四方面军警卫营连长、副营长，红四方面军第十二师三十六团营政治教导员，军委补充团营长、副团长、代团长。参加鄂豫皖、川陕苏区历次反"围剿"战争，后随红四方面军长征。1937年入延安中国人民抗日军政大学学习。1938年调至新四军工作，历任新四军第三支队六团二营副营长、营长，江南人民抗日义勇军第二路第二支队支队长，新四军挺进纵队第一团参谋长，苏北指挥部第一纵队四团团长，新四军第一师第一旅二团团长，第一师教导第一旅旅长等。1945年4月率部随叶飞南下浙西孝丰(今安吉县)，任新四军苏浙军区第四纵队司令员，参加浙西天目山第三次反顽自卫战，并率部南渡富春江，在金萧地区开展抗日反顽斗争。同年10月随新四军苏浙军区主力北撤到苏北。解放战争时期历任山东野战军第一纵队一旅旅长，华东野战军第一纵队第一师师长，第三野战军第二十军参谋长。新中国成立后于1952年参加抗美援朝作战，任志愿军第二十军副军长。回国后任解放军第二十军军长，舟嵊要塞区司令员，上海警备区司令员，南京军区炮兵司令员。1955年被授予少将军衔。荣获二级八一勋章、二级独立自由勋章、一级解放勋章。1972年4月16日在南京去世。

**廖　磊(1890—1939)**

字燕农。广西省陆川县人。1890年2月20日生。1907年考入广西陆军小学堂。1911年毕业后升入湖北陆军第三中学堂；10月10日武昌起义爆发，军校学生响应，任督战员。中华民国成立后入北京清河陆军第一预备学校。1914年秋入保定陆军军官学校第二期步兵科学习。1916年6月毕业后分发到湘军赵恒惕部服役，先后任连附、连长、营长、团长。1926年编入国民革命军第八军，随军长唐生智参加北伐，先后任国民革命军第八军第四师少将副师长兼第三团团长，第三十六军第一师师长，第三十六军副军长、军长。1929年1月军队缩编，任第五十三师师长；3月辞职去香港；10月任南京国民政府军事参议院参议。1930年回广西参与新桂系反蒋，任"护党救国军"前敌指挥部参谋长，第七军副军长兼第二十一师师长、军长，广西航空学校校长。1931年、1932年两次率部进攻右江革命根据地，在百色、龙州、东兰等地围攻红七军、红八军。1934年底率部在桂北堵截长征中的中国工农红军。1936年1月被国民政府授予陆军中将。1937年加陆军上将衔。抗日战争爆发后于9月任第十一集团军副总司令兼第七军军长，参加淞沪会战；10月任第二十一集团军总司令兼第四十八军军长。淞沪会战结束后率领所部撤退到浙西，负责钱塘江以西以北地区的防务。1938年9月兼任第五战区鄂豫皖边区游击总司令、安徽省政府主席及安徽省保安司令，坚守大别山抗日游击根据地。1939年10月23日在安徽立煌病故。

**谭启龙(1913—2003)**

化名胡志萍。江西省永新县人。1913年1月生。1928年8月加入中国共产主义青年团。1933年2月转为中国共产党党员。土地革命战争时期历任永新县少年先锋队总队长，少共湘赣边省委常委，江西省少年先锋队总队长，中央苏区少先队总队部巡视员，少共湘鄂赣省少先队总队长。中央红军长征后参加南方三年游击战争。期间历任少共湘鄂赣省委书记，中共湘鄂赣边西北特委书记，湘鄂赣少先队总队长，中共湘鄂赣边西南特委书记兼西南军分区司令员、政治委员，湘鄂赣省苏维埃政府教育部部长，湘鄂赣军区政治部主任兼红十六师政治部主任，中共湘鄂赣省委常委。1937年抗日战争爆发后历任中共湘鄂赣特委青年部部长，湘鄂赣红军驻湖南平江办事处主任，中共赣东北特委书记，中共苏皖边特委(后改为苏皖区党委)书记，苏南区党委书记，中共皖南区特委书记。1941年初"皖南事变"期间在上海任闽浙皖赣四省驻沪联络站负责人。1942年6月奉华中局和新四军军部命令到浙东，先后任中共浙东区党委书记，第三战区淞沪游击队三北(浙江镇海、慈溪、余姚三县北部)游击司令部政治委员,新四军浙东游击纵队政治委员,领导创建了浙东抗日根据地。1945年10月率领新四军浙东纵队主力北撤后历任新四军第一纵队政治委员,中共中央华中局委员,山东野战军第一纵队副政治委员兼政治部主任,华东野战军第一纵队政治委员,第三野战军渡江先遣纵队政治委员,中共江南工委书记。1949年5月杭州解放后历任中共浙江省委副书记、书记,浙江省人民政府副主席、主席,中共山东省委第二书记、省委书记处书记,省委第一书记兼济南军区政治委员、济南军区党委第一书记,山东省政协主席,山东省省长,中共中央华东局书记处书记,中共福建省委书记(当时设有第一书记),中共浙江省委书记(当时设有第一书记)、浙江省革委会副主任,中共浙江省委第一书记、浙江省革委会主任兼浙江省军区第一政治委员,中共青海省委第一书记兼青海省军区第一政治委员,中共四川省委第二书记、第一书记,中共四川省顾问委员会主任。是中共第八、第九届中央候补委员,第十、第十一、第十二届中央委员,中央顾问委员会委员。2003年1月22日在济南去世。

**谭熙鸿(1891—1956)**

字仲逵。祖籍江苏苏州,1891年出生于上海。1905年考入中国电报局,任练习生。1907年由蔡元培介绍加入同盟会。不久调到天津,担任中国电报局译电员。1912年元旦中华民国临时政府在南京成立,担任临时大总统府秘书处秘书,掌管电讯组事务。南京临时政府结束后与杨杏佛、吴玉章、宋子文等约80人由总统府稽勋局分三批派往海外留学。留法期间先后就读于巴黎大学、都鲁士大学,主攻生物学。1919年夏学成回国后到北京大学任教,并担任校长室行政秘书。后又在北大创办生物系,并担任首任系主任。1927年4月南下杭州,任浙江公立农业专门学校校长。同年8月1日经浙江省务会议第38次会议决定,浙江公立农业专门学校改组为国立第三中山大学农学院,任院长。1928年4月第三中山大学更名为浙江大学,又成为浙江大学农学院院长。在杭期间谭干了两件大事:一是在浙江推动蚕丝改良运动;二是协助张静江成功举办1929年的西湖博览会。1931年9月辞去浙江大学农学院院长职。后半生主要关注中国的桑蚕事业,曾先后担任全国蚕丝委员会主委、全国经济调查委员会主委、全国蚕丝产销协导委员会主委。新中国成立后担任国家农业部首席顾问,并被聘为中国科学院特邀研究员。1956年3月在北京病故。

**谭震林(1902—1983)**

湖南省攸县人。1925年参加革命。1926年加入中国共产党。1927年参加秋收起义,随毛泽东上井冈山,建立根据地。土地革命时期历任湖南茶陵县苏维埃政府主席,中共湘赣边界特委书记,中国工农红军第四军第二、第四纵队政治委员,红一军团第十二军政治委员,中华苏维埃共和国临时中央政府执行委员会委员和中央革命军事委员会委员,福建军区政治委员、司令员兼政治委员。参加中央苏区历次反“围剿”斗争。1934年10月中央红军主力长征后任中共闽西南军政委员会军事部部长、副主席。1937年抗日战争爆发后历任新四军第三支队副司令员、司令员,江南人民抗日救国军东路指挥部司令员兼政治委员,新四军第六师师长兼政治委员。1941年2月根据中共中央关于开辟浙东战略基地的指示,以浦东干部与武装为基础,并选派苏南新四军干部和武装南渡钱塘江到浙东开展敌后抗日游击战争。1945年1月新四军苏浙军区成立后被任命为苏浙军区政治委员(未到任)。解放战争时期历任中共中央华中分局副书记,华中军区副政治委员兼华中野战军政治委员,华东野战军副政治委员兼内线兵团(又称东线兵团)政治委员,第三野战军第一副政委兼第七兵团政治委员。1949年4月渡江战役后与王建安指挥第三野战军第七兵团进军浙江;5月杭州解放后任浙江省军事管制委员会主任,中共浙江省委书记,浙江省人民政府主席,并兼任中共中央华东局第三书记、华东军政委员会副主席。1954年调中央工作,历任中共中央副秘书长,中央书记处书记,中央政治局委员,国务院副总理,中共中央顾问委员会副主任,第四、第五届全国人大常委会副委员长。1983年9月30日在北京去世。

**熊式辉(1893—1974)**

字天翼,号西广,别署雪松主人。江西省安义县人。1893年5月19日生。幼习军事,先后毕业于江西陆军小学、南京陆军中学、北京清河陆军第一预备学校。1916年5月毕业于保定陆军军官学校第二期步兵科。毕业后到江西同乡前辈李烈钧的护国军第二军任团附。1919年任赣军司令部副官长。1921年由李烈钧保送到日本陆军大学深造。1924年毕业后回到广州,任广州滇军干部学校(后改名国民革命军第三军军官学校)教育长。1926年任独立第一师(师长赖世璜)党代表,不久该师扩编为第十四军,任军党代表，并兼第一师师长，参加攻打南昌战役，并代理第十四军军长。1927年冬任第十三军副军长兼第一师师长。1928年8月任第五师师长，9月任淞沪警备司令。1930年5月任江浙皖三省"剿匪"总指挥。1931年夏任南昌行营参谋长。上任时因飞机失事大腿致残，遂转而从政。1931年12月至1942年2月连任江西省政府主席10年，任上厉行"清廉政治"。期间还担任了一系列党军政兼职。1933年5月兼南昌行营办公厅主任。1935年11月当选为中国国民党第五届中央执行委员。1937年9月授予陆军中将加上将衔。同年邀请蒋经国到江西担任省保安处长，后任赣南行政督察专员。1942年3月起任军事委员会委员、国防最高委员会委员、驻美军军事代表团团长。1943年任中央设计局局长。1945年5月当选为中国国民党第六届中央执行委员会委员；6月随行政院长宋子文赴莫斯科参加中苏谈判；9月任东北行营（后改行辕）主任及行营政治委员会主任委员，在东北保安司令杜聿明的协助下负责接收东北并主持对苏谈判。1947年7月授予陆军二级上将；12月免东北行辕主任职，改任战略顾问委员会委员。1949年去香港，主持《海角钟声》诗社，并在泰国曼谷经营纺织厂。1954年去台湾，定居台中。1974年1月21日在台中病故。香港出版有《海桑集——熊式辉回忆录》。

**熊兆仁(1912— )**

福建省永定县人。1912年2月2日生。1929年参加中国工农红军。1931年加入中国共产主义青年团。1933年转为中国共产党党员。土地革命时期历任福建军区独立第九团排长，闽西红军第四支队副大队长。参加中央革命根据地历次反"围剿"作战，中央红军长征后坚持闽西南三年游击战争。1937年抗日战争爆发后历任新四军军部特务营教导员，新四军第二支队新三团参谋长，新四军第六师第十六旅第四十七团政治委员。1945年1月新四军苏浙军区成立后任苏浙军区第一军分区副司令员，参加浙西天目山第三次反顽自卫战及对日反攻作战。同年10月新四军苏浙军区主力北撤后继续留在苏浙皖边坚持斗争，曾任浙皖边区留守部队司令员，苏浙皖边军事委员会军事部部长。新中国成立后历任皖北军区副司令员，福建军区副参谋长，福州军区副参谋长，福建生产建设兵团政治委员，福州军区副参谋长，福建省政协第二、第四届副主席。1955年被授予解放军少将军衔。荣获三级八一勋章、二级独立自由勋章、一级解放勋章。著有《峥嵘岁月——熊兆仁回忆录》等。

# 十五画

**潘心元(1903—1930)**

原名深蓝，字国卿，化名彭清泉、米思元等。湖南省浏阳县人。1921年8月考入湖南长沙岳云中学。1923年6月加入中国共产党。1924年9月毕业回乡，开展工农运动，发展党组织。1925年组建浏阳第一个中共农村党支部。1926年10月主持召开浏阳县党员代表大会，成立中共浏阳县地方执行委员会(县委)，任书记。1927年2月兼任浏阳县工农义勇队党代表；4月出席中共第五次全国代表大会。同年“马日事变”后带领浏阳工农义勇队和农军围攻长沙；9月参加毛泽东领导的湘赣边界秋收起义，任中国工农革命军第一军第一师三团党代表。1928年1月任中共湖南省委委员，中共湘东特委副书记，中共湖南省委农民部部长等职。1929年7月以湖南省委委员名义赴上海，向党中央写秋收起义始末及秋收起义前后湘东、赣西一带革命斗争工作的报告，被任命为中央巡视员，前往湘赣红军部队传达党的“六大”决议；11月调任红四军军事委员会书记兼政治委员。1930年2月7日毛泽东在赣西吉安陂头召开红四军前委、红五军及六军军委、赣西特委联席会议，当选为中国工农红军总前委常委，并兼中国革命军事委员会委员、第三军政委。同年8月下旬受周恩来派遣，到浙南巡视工作，到瑞安、温州、台州、海门等地调查了解了浙南党组织和红十三军的情况后，于9月下旬回上海向中央提交《关于浙南的党务军务及工作困难情况》的报告，提出发展浙南党组织和红十三军的意见建议；10月被党中央任命为红十三军政委，回浙南重图发展；10月19日到温州后即参加浙南特委的紧急会议。随后到在温岭、玉环一带活动的红十三军第二师工作，开展革命宣传，发动群众。同年12月上旬接通知从玉环县苔山岛坐船去温州开会，因叛徒出卖，在乐清湾九眼江洋面被国民党水警队拦截，不幸落入敌手，惨遭枪杀。

**潘宜之(1893—1945)**

原名祖义。湖北省广济县人。1893年11月30日生于江苏南京。保定陆军军官学校第三期毕业。1923年任广东民军司令部参谋长。1926年任国民革命军总司令部秘书处处长。1927年初任国民革命军东路军前敌总指挥部秘书长兼办公室主任，协助前敌总指挥白崇禧指挥部队从江西进军浙江，激战数月于3月中旬克复杭州。不久参与策划“四一二”反革命政变；6月任浙江省政府委员兼农工厅厅长。此后历任国民党中央日报社社长，第五战区司令长官部政治部主任，国民政府经济部常务次长、交通部常务次长，行政院参事，救济总署广西分署署长。1945年9月9日去世。

# 十六画

**薛尚实(1902—1977)**

原名梁昌华，化名罗根、孔尚士、孔志诚。广东省梅县人。早年先后就读于广益中学、学艺中学。1926年秋考入上海大学，接受革命思想教育。1927年春参加上海工人第三次武装起义。大革命失败后到广州加入青年赤卫队，参加广州起义，起义失败后返回上海。1928年2月加入中国共产党。同年底到中共江苏省委秘书处做文书工作。1930年冬调到浦东烟厂开展工作。1931年"九一八"事变后任中共上海烟业总工会党团书记。1932年秋任中共上海纱厂总工会党团书记。同年冬调到市政总工会。1933年初任中共上海市工会联合会党团书记。同年10月调往天津，任中华全国总工会华北办事处主任。1935年夏任中共中央北方局职工运动委员会书记。1936年6月被北方局书记刘少奇派到华南，任华南抗日救国会组织部部长；9月任中共南方临时工作委员会组织部长。1937年9月任中共南方工作委员会副书记兼组织部部长。1938年4月任中共广东省委常委兼组织部部长。同年12月任中共福建省委组织部部长。1939年7月在中共浙江省第一次代表大会上当选为浙江省委常委兼组织部部长；9月任代理书记。1940年1月任中共中央东南局党校校长，转入新四军抗日根据地。此后任中共苏中区委员会敌工部部长、民运部部长、苏中各界抗日联合总会主任等职，参加敌后抗日游击战争。解放战争时期历任华中军区北线后勤司令部副部长、中共胶东区党委宣传部部长兼秘书长、中共青岛市委副书记等职。新中国成立后任中共青岛市委书记、中共上海市委委员、同济大学党委书记兼校长。1957年被划为右派，受到开除党籍、降职处分，调到上海历史研究所工作。1977年10月16日在上海去世。1978年12月27日平反。

**薛　岳(1896—1998)**

原名仰岳，字伯陵，绰号"老虎仔"。广东省乐昌县人。1896年12月27日生。1907年入广东陆军小学，毕业后加入同盟会，参加革命活动。1914年入武昌陆军第二预备学校。1917年2月入保定陆军军官学校第六期步兵科。1918年未毕业即南下任中华革命军援粤军总司令部参谋。1920年任粤军第一师连长、营长。1921年5月任非常大总统孙中山警卫团第一营营长。1922年6月陈炯明叛乱期间首先保护宋庆龄脱险，然后掩护孙中山登上永丰舰。1923年任粤军团长。1924年任粤军第一师副官长、参谋长、第十四师副师长，参加东征。1925年任国民革命军第一军第一师副师长兼第三团团长。1926年12月任国民革命军第一军第一师师长，随国民革命军东路军前敌总指挥白崇禧从江西进攻浙江，先后经过龙游战役及桐庐、诸暨战役击败孙传芳在浙江的主力部队。1927年2月18日占领杭州，23日占领嘉兴，结束了北洋军阀在浙江的统治。同年4月因拒绝参与国民党右派发动的反共政变，辞职南下广州，被李济深任命为新编第二师师长；不久政治态度转向反共，参与镇压"八一"南昌起义后南下潮汕的起义军；11月参与张发奎在广州发动的反对桂系首领李济深的军事政变，任第四军副军长兼教导第一师师长。政变失败后于1928年1月率领残部北上投靠蒋介石遭到拒绝，于是离开部队取香港九龙闲居。1929年后参加汪精卫改组派领导的反蒋活动。1930年参加桂(系)张(发奎)联军北上湖南作战，失败后重返广西。1933年5月被蒋介石重新启用，担任第五军军长，参加对中央苏区的第五次"围剿"。先后任北路军第三路军副总指挥兼第七纵队司令和第一路军代总指挥兼第七纵队司令。1934年1月任第六路军总指挥；4月指挥第六路军先后攻占赣南韶源、上冈、寿华山、兴国、古龙冈，给红军造成了很大损失；10月又进占石城，直逼瑞金。迫使中央红军作战略转移，开始了二万五千里长征。红军主力撤离中央苏区后奉命指挥第六路军和第八纵队追击跟踪。红军入湘后任追剿军前敌总指挥。同年11月湘江战役，率部沿湘桂公路实施侧击和尾击；12月以剿共的名义兵临贵阳，夺了贵州省主席王家烈的权。遵义会议后红军进行了四渡赤水战役，利用国民政府和地方军阀的矛盾，渡过金沙江，摆脱了国民党军的追击。1935年11月奉命增援邛崃；12月投入战斗，先后攻克荥经、天全、始阳，解雅安之围，重创红四方面军，迫使其退入藏区。1937年5月任滇黔绥署主任兼贵州省主席；9月任第十九集团军总司令，编入左翼军，投入淞沪战场；12月27日任第三战区前敌总指挥。1938年5月任第一战区第一兵团总司令，赴豫东指挥作战；5月14日至6月1日指挥兰封战役，重创日军土肥原师团；5月30日晋升第一战区前敌总指挥；6月18日任第九战区第一兵团总司令，负责鄱阳湖西岸及南浔线防御；10月指挥部队取得万家岭大捷，重创日军第一〇六师团；12月初任第九战区副司令长官，代司令长官。1939年1月兼任湖南省主席。先后指挥了南昌会战、第一次长沙会战、冬季攻势。1940年指挥夏季攻势，击毙日军混成第十六旅团长藤堂高英少将，有力地配合了第五、第六战区同期进行的枣宜会战。1941年3月指导第九战区各部进行反扫荡作战；3月中下旬指挥上高会战；9月至10月进行第二次长沙会战。1941年12月24日至1942年1月10日实施第三次长沙会战。1944年2月授予陆军二级上将；5月至10月率部参加长衡会战。1945年1月至3月率第九战区主力参加湘粤赣会战；6月至8月组织实施赣江追击战。日本宣布投降后任南浔线受降司令官，在江西南昌接受日军投降。1946年5月任徐州"绥靖"公署主任，指挥所部进攻淮南、淮北和苏中解放区。1947年5月任国民政府参军长。1948年5月任总统府参军长；10月任总统府战略顾问委员会委员。1949年2月任广东省政府主席；10月逃到了海南；12月1日任海南防卫总司令，统一指挥海南陆、海、空三军，企图阻止解放军解放海南。1950年5月指挥残部撤退到台湾。后任"总统府战略顾问"，并晋升"陆军一级上将"。1958年8月任"行政院政务委员"。1962年任"光复大陆设计委员会"副主任委员。1966年任主任委员。1998年5月3日在台北去世。

# 十八画

**瞿鸿机(1850—1918)**

字子玖，号止庵，晚号西岩老人。湖南省善化县人。1871年中进士，授编修。光绪初年擢为侍讲学士。1897年升为内阁学士。历任福建、广西乡试考官及河南、浙江、四川、江苏四省学政。张元济、蔡元培等众多浙江名流均出自其门下。1900年八国联军进攻北京，随慈禧太后西逃，深得慈禧赏识，历任工部尚书、军机大臣、政务处大臣、外务部尚书、协办大学士，是晚清清流派最后一位大老，人称“善化相国”。1907年在“丁未政潮”中落败，被开缺回籍。辛亥革命后定居上海，与清朝遗老吟咏结社。1914年坚拒袁世凯授予的参政院参政。1918年在上海去世。生前喜爱西湖的山山水水，晚年定居上海后偕家人及姻亲等游遍了西湖风景名胜。去世后家人根据其生前遗愿，于1919年11月将其安葬在杭州石笋峰下永福寺侧。

# 附编　外籍人物

**十川次郎(1890—1963)**

日本国山口县人。1890年11月11日生。日本法西斯军人,陆军中将。早年先后毕业于广岛陆军地方幼年学校、中央幼年学校。1911年5月毕业于日本陆军士官学校第二十三期。1921年11月陆军大学第三十三期毕业。曾任步兵第五十七联队中队长,陆军省军务局课员,陆军大学教官,参谋本部战史科长,步兵第一联队长,近卫步兵第二旅团长。1938年晋升陆军少将。同年8月任"支那派遣军宪兵队"司令官,参加侵华战争。1941年3月任陆军第十师团长,驻屯中国东北。1944年1月任侵华日军第六军司令官,驻浙江杭州,控制浙江、江苏、安徽部分地区。1945年9月在上海向中国陆军第三方面军司令官汤恩伯投降。1947年被国民政府列为重要战犯。1963年6月7日死亡。

**土桥一次(1886—1954)**

日本国鹿儿岛县人。1886年5月6日生。日本法西斯军人,陆军中将。早年先后毕业于熊本陆军地方幼年学校、中央幼年学校、陆军士官学校第十八期、陆军炮工学校高等科、陆军大学第二十九期。1922年7月至1928年7月由中国北京政府聘为陆军大学教官。后历任"支那驻屯军"司令部部副,长崎要塞司令官,野战重炮兵第七联队长,驻台湾军参谋,陆军技术本部总务部长,陆军机械化学校校长。1938年7月晋升为陆军中将。同年任日军第二十二师团师团长,驻防杭州、嘉兴、湖州地区。1939年兼任浙西地区治安委员会委员长,对浙西沦陷区实行法西斯殖民统治。1940年7月参加日军第十三军司令官藤田进组织的钱塘江南岸作战,第二十二师团的作战任务是在富阳、绍兴、诸暨地区与中国第三战区第八十六军及八十八军作战。1941年3月接替饭田贞固担任驻山东的日第十二军司令官。1943年春奉调回国;4月被编入预备役。1945年8月15日日本投降,被解除军职。

**马尔智(1899—1934)**

Benjamin March,1899年出生于美国芝加哥的一个基督教家庭。1922年从芝加哥大学毕业后又到协和神学院进修一年。1923年作为美以美会的传教士被派遣来华,在天津工商大学教授了两年英语、拉丁语和圣经文学。1925年6月30日在南京举办婚礼,与南京汇文书院圣道馆总教习、1898年来华的美以美会传教士饶合理(Harry Fleming Rowe)的长女饶道立(Dorothy Rowe)小姐结为伉俪。婚礼第二天就带着新娘前往杭州度蜜月,在杭州拍了很多照片,还写下了一个月的蜜月日记。这些日记和照片后被美国国家博物馆下属的弗利尔艺术馆收藏。婚后转至北京燕京大学担任图书馆员和中国美术史讲师。1927年夏回国担任哥伦比亚大学的中国美术史讲师。次年又出任底特律艺术博物馆的中国艺术部主任。1932年以弗利尔研究员的身份出任密执安大学人类学博物馆馆长和美术学院的东亚艺术史讲师,同时兼任底特律艺术博物馆的名誉馆长。1934年12月13日病故。著有《美国博物馆中的中国和日本》(*China and Japan in Our Museums*)、《陶器图绘准则》(*Standards of Pottery Description*)、《汉语绘画术语》(*Some Technical Terms of Chinese Painting*)、《中国的皮影戏及其制作》(*Chinese Shadow — Figure Plays and Their Making*)等。

**马雅各二世(1873—1951)**

James Laidlaw Maxwell,英国长老会医疗传教士,著名的麻风病治疗专家。1873年生于台湾,其父为在台湾的英国传教士。1901年受派为驻台湾的传教士,任职于其父36年前创办的新楼医院。1915年第一次世界大战期间被征往战地医院服务。大战结束后重返台湾,重整新楼医院。1923年应中国"博医会"的邀请前往上海担任执行干事。1937年担任中国红十字会总干事。1940年因脚疾回国。1948年再度到中国,受杭州广济医院院长苏达立的邀请,在杭州近郊的麻风医院工作,并担任院长。1951年在杭州病故,安葬于杭州。著有《中国的疾病》(*The Diseases of China*)和《实用麻风病教程》(*Leprosy: A Practical Textbook for Use in China*)等。

**卡尔·韦德讷(1915—1994)**

Carl Richard Wildner,1915年5月18日生于马萨诸塞州的霍尔约克。1932年6月毕业于阿玛赫斯特马萨诸塞高中。1937年6月参加预备役军官训练团的骑兵预备团训练。1938年获得马萨诸塞州立学院农学学士学位。1939年6月作为飞行学员正式服现役。1941年7月1日定级为引航员。1942年参加杜立特指挥的"轰炸东京"行动,属于第二机组,担任领航员。轰炸东京后在浙江宁波境内迫降,在当地军民帮助下到达衢州浙西行署,后安全到达重庆。东京空袭后留在印度服役,直至1943年7月。回到美国本土后在多个空军基地担任领航员教练。1946年被派往阿拉斯加,随后又被派往纽芬兰和德国服役,直至1954年11月退出现役。1962年8月正式从空军预备役退伍。1994年6月7日去世。获得过杰出飞行员十字勋章、空军勋章和中国海陆空三军甲种一等勋章等多种奖章和勋章。

**芝原平三郎(1901—1947)**

日本国广岛县人。日本法西斯军人。早年移居中国东北,曾长期混迹于北京、天津等地,熟悉中国各地的风土民情,除母语日语外,能说一口流利的北京话以及上海话、杭州话,自诩为"中国通"。1937年12月杭州沦陷后任日本驻杭州特务机关情报处主任。受日本驻杭州特务机关长渡边四郎派遣,于1941年初春潜入宁波,一是经营所谓"商务"(走私),二是搜集情报,三是收编汉奸及游杂部队。其特务网遍布宁波各市县,魔爪伸到了各个角落,被称为残害浙东人民的"浙东之虎",又称"花花太岁"。1945年8月侵华日军投降后匿居上海邢家宅路18号,后被国民党第一绥靖区司令官李默庵下令捉拿归案。1946年11月1日在上海北四川路第一绥靖区司令军事法庭进行公审。1947年7月19日国防部上海审判战犯军事法庭宣判其死刑。同年11月19日在上海提篮桥监狱刑场被枪决。

**申圭植(1879—1922)**

号睨观。朝鲜族。韩国忠清北道人。韩国"三一"独立运动与在上海的韩国临时政府创始人之一。自幼聪明过人,有"神童"之称。1898年考入官立汉语学校。两年后毕业,入陆军士官学校学习。毕业后任命步兵中尉。1905年日本帝国主义强迫韩国签订丧失主权的《乙巳条约》。得知消息后准备发动兵变展开抗日斗争,却因计划泄露而失败,遂服毒自杀,结果被家人发现而抢救过来,但右眼神经受损只能斜眼看人,遂自号睨观,以示斜视日本帝国主义之意。1907年加入大韩协会,并加入大倧教。1910年得知"韩日合并"的噩耗后再次服毒自尽,又为大倧教的第一世都教司罗哲所救。1911年10月获知中国辛亥革命武昌起义的消息后于12月下旬到达上海,参加上海《民权报》工作,与《民权报》负责人戴季陶关系密切。1912年2月加入中国自由党。同年任《民权报》的经理,民权报社也成为在上海的韩国留学生的联络处;7月创立抗日秘密结社同济社,并与中国革命运动家联合成立"新亚同济社"。1914年8月在上海加入南社。1915年与在中国的韩国人成立"新韩革命党"。1919年4月在上海法租界金神父路成立大韩民国临时政府,担任议政院副议长和法务总长。1921年任国务总理代理兼任外务总长;10月3日作为韩国临时政府的专使访问广州,与广州护法军政府大元帅孙中山举行会谈。1922年9月大韩民国临时政府发生内讧,因忧国忧民绝食25日后去世。

**乐民乐 (1867—1926)**

Walter James Clennell,英国领事官。1888年来华,为使馆翻译学生。1890年至1894年任厦门领事馆副翻译。1896年代理广州副领事。1896年至1897年任上海"大英按察使司衙门"代理知事。嗣后在沙市、芜湖、杭州、九江等地任代理领事。1902年实任济南领事,1908年任杭州领事,1910年至1919年任牛庄领事,1920年至1922年任镇江领事,1922年至1924年任福州领事。1892年在厦门和福州地区往返旅行考察,并将所见所闻汇报给英国议会;1903年受北京英国驻华大使派遣前往江西考察,并向英国议会作汇报;1905年在九江领事任上发表《在江西内陆的旅行考察报告》,并向英国议会作汇报。著有《中国宗教的历史沿革》(*The Historical Development of Religion in China*)、《山东假日游记》(*A Family Holiday Trip in Lu*)和《中国的宗教和历史》(*Religion and History in China*)等。

**兰安生(1890—1962)**

John Black Grant,美国在华医师,美国浸礼会医疗传教士兰雅各(James S. Grant)之子,1890年生于宁波。曾任北京协和医学院公共卫生系主任多年。因能操流利的官话,在中国医学界很活跃。抗日战争前兼任美国罗氏医社驻华代表。著有《社区的卫生保健》(*Health Care for the Community*)、《兰安生回忆录》(*The Reminiscences of John Black Grant*)。

**司徒尔(1840—1913)**

John Linton Stuart,1840年12月2日出生于谢尔比维尔。美国南长老会来华传教士,前驻华大使司徒雷登之父。1861年毕业于肯塔基州森特里学院。教书四年后进入普林斯顿神学院,1868年毕业。同年和两个伙伴来到杭州。1873年因病回美国休养期间经美国南长老会海外部执行干事约翰·雷登·威尔逊(John Leighton Wilson)博士介绍,结识了玛丽·霍顿。次年两人结为伉俪,并一同前往杭州继续开展传教工作。1875年主持天水堂,重建礼拜堂,正式命名为天水堂,并在礼拜堂后面新建传教士住宅楼和男女学堂,形成一片占地80亩的建筑群。1913年病故后安葬于杭州九里松基督教墓园。

**司徒华伦(1880—?)**

Warren Horton Stuart，1880年出生于杭州天水堂传教士住宅。美国南长老会传教士，传教士司徒尔之子，前驻华大使司徒雷登之弟。1900年毕业于美国大学。1907年来华。1916年至1922年任杭州之江大学校长。1919年担任华东各大学联合会干事兼司库。1924年任金陵神学院名誉教授。1927年返回美国。

**司徒雷登(1876—1962)**

John Leighton Stuart，1876年6月24日生于杭州天水堂教士住宅，父母均为美国在华传教士。美国基督教长老会传教士、外交官。1887年随父母回到美国接受教育。1892年进入弗吉尼亚州夏洛茨维尔的潘塔珀斯学院学习。1893年转入汉普登一希尼学院学习。大学期间受“学生志愿国外传教运动”影响，1899年转到协和神学院学习，立志于传教。1904年结婚后偕妻子回到杭州，成为第二代美南长老会传教士。1905年开始从事传教，并钻研汉语，曾参加建立杭州育英书院(即后来的之江大学)。1906年其独生子杰克也在杭州出生。1908年应南京金陵神学院聘请，携妻儿离杭赴任。1910年任南京教会事业委员会主席。辛亥革命时兼任美国新闻界联合通讯社驻南京特约记者。1919年起任燕京大学校长、校务长。1921年受聘为中国教会教育调查团成员。1930年美国普林斯顿大学授予荣誉文学博士学位。1933年受美国总统罗斯福召见，听取他对中国时局的意见。1941年太平洋战争爆发后因拒绝与日军合作，被日军关在集中营，直到日本投降后获释。1945年获释后继任燕大校长(后为校务长)，直到离开中国。1946年7月11日出任美国驻华大使。同年10月来杭参加杭州青年会复会典礼并祭扫其父母之墓，杭州市参议会授予他“杭州市荣誉公民”称号。1949年4月解放军攻占南京后没有随国民政府南下广州，仍留在南京。同年8月2日由于美帝国主义阻挠中国人民革命胜利的一切努力都已彻底失败，不得不悄然离开中国返回美国，随即退休。回到美国后先被美国政府下了“禁言令”，后又被麦卡锡主义者骚扰。后患脑血栓，导致半身不遂和失语症。1962年9月19日在华盛顿病故。2008年11月17日上午其骨灰被安葬于杭州半山安贤园，以了却他的遗愿。著有《启示录注释》、《司徒雷登日记》和《在华五十年——司徒雷登回忆录》等。

**弗雷德·布拉伊姆(1918—1989)**

Fred Anthony Braemer，1918年1月18日出生于华盛顿州西雅图。1935年毕业于西雅图的巴拉德高中。同年9月16日在纽约州入伍，进入军事情报、投弹手和导航员军校学习。1942年参加杜立特指挥的“轰炸东京”行动，在第一机组担任投弹手。轰炸东京后在中国浙江省境内跳伞，在当地军民帮助下到达衢州浙西行署，后安全到达重庆。此后依然留在中缅印战场作战，直至1943年7月15日。被授予少尉军衔。入投弹手、雷达和观察兵军校培训，成为多面手。1945年11月1日以军官身份转入预备役。朝鲜战争期间又转入现役，作为B－29轰炸机的投弹手，执行过29次作战飞行。后又成为B－47轰炸机的观察员。1968年退伍。获得过杰出飞行员十字勋章、空军勋章和中国海陆空军甲种一等勋章等多种奖章和勋章。1989年2月2日去世。

**亚丁·琼斯(1920—1983)**

Aden Earl Jones，1920年9月7日出生于密歇根州的弗林特。高中毕业后于1939年9月19日在加利福尼亚州的麦克阿瑟堡入伍。加入驻扎在麦克库特机场的第95轰炸机中队。1942年参加杜立特指挥的“轰炸东京”行动，在第三机组担任投弹手。轰炸东京后跳伞，安全落入浙江遂昌境内，被当地农民发现，护送至衢州。东京空袭后继续留在中缅印战场，直至1943年7月15日。回国后曾服务于加利福尼亚州、南卡罗莱那州和路易斯安那州等地的空军基地。战后在日本服役，1948年12月17日退出现役。获得过杰出飞行员十字勋章、空军勋章和中国海陆空军甲种一等勋章等多种奖章和勋章。1983年3月9日去世。

**西德尼·甘博(1890—1968)**

Sidney Gamble，1890年7月12日出生于俄亥俄州辛辛那提市。美国社会经济学家和摄影家。宝洁公司创始人之一詹姆斯·甘博(James Gamble)的孙子。毕业于美国普林斯顿大学，获得社会经济学硕士学位。1908年首次随父亲一起访问杭州，并与在之江大学工作的费佩德结下深厚友谊。1917年至1919年、1924年至1927年、1931年至1932年，又曾数次作为志愿者来到中国，先后任北京基督教青年会和中国平民教育运动的社会调查干事，并就职于燕京大学基金会。十分关注中国社会中普通老百姓的市井生活，曾与北京基督教青年会和燕京大学的同事步济时(John Steward Burgess)合作，率先在北京城内开展过各种大型的社会调查。出版有《北京社会调查》、《1900—1924年北京的物价、工资和生活标准》、《两户中国家庭的家务账》和《北京的中国家庭如何生活》等多部社会学专著。

**安德森(1869—1940)**

George Everett Anderson,1869年8月20日出生于美国伊利诺伊州麦克莱恩县的布卢明顿。美国驻华领事官。1895年与玛丽·康姆勒(Mary A. Kumler)结为伉俪。曾做过报纸编辑和出版商。1904年至1905年任驻杭州领事。1905年至1906年任驻厦门领事。1906年至1910年任驻里约热内卢总领事。1910年至1920年任驻香港总领事。1920年至1924年任驻荷兰鹿特丹总领事。1940年在美国佛罗里达州的杰克森郡去世。

**约翰·杜威(1859—1952)**

John Dewey,美国佛蒙特州人。1879年毕业于佛蒙特州立大学。1882年进入约翰·霍普金斯大学攻读研究生。1884年获得哲学博士学位后首先到密执安大学任教。1894年受聘担任芝加哥大学哲学系教授,并担任系主任。期间陆续出版了《哲学的改造》、《人性与行为》、《经验与自然》、《确定性的寻求》等著作,标志其完整的实用主义哲学体系的形成。杜威一生出版学术著作40余部,发表论文700余篇,所涉及的学科包括哲学、政治学、教育学、心理学、社会学、宗教学、美学等,堪称20世纪一位百科全书式的著名学者、世界著名的思想大师、实用主义哲学的主要代表人物。中国近代史上,一批著名的教育家、思想家、学者如陶行知、胡适、蒋梦麟、张伯苓、郭秉文、陈鹤琴,他们都出自杜威所执教的哥伦比亚大学师范学院,有的还亲自听过杜威的教育学课程,所以,这些人回国后都是以杜威的弟子自居。在这些中国弟子的张罗下,由杜威来华讲学,为此,北京大学征得哥伦比亚大学同意,由北京大学敦聘杜威教授到北京大学讲学一年。1919年4月30日应北京大学校长蔡元培及浙江省教育会邀请,杜威教授与夫人及女儿一行乘船抵达上海,开始了长达两年又三个月的游历和演讲,直至1921年7月24日离开中国。

**约翰·安德鲁·玛丽·弗雷泽(1877—1962)**

John Andrew Mary Fraser,1877年出生于多伦多。加拿大来华天主教传教士。曾前往意大利跟随天主教遣使会学习,从而对传教产生兴趣。被授予神职后志愿来到中国,成为第一位说英文的加拿大天主教传教士。1902年至1918年在宁波和浙江的其他地区传教。1918年在安大略省的阿尔蒙特成功开办了一个训练传教士的神学院。一年后又创办了一份中国的传教杂志。1921年神学院搬迁到多伦多附近的士嘉堡。1926年受梵蒂冈委派和其他五个同伴一同来到浙江处州(今丽水)。1929年被召回。1932年又重返中国,在金华一直工作到1949年。新中国成立后离开中国前往日本,主管长崎、福冈、大阪的教会重建工作。1962年在日本去世。

**坂本寅吉(1914—1949)**

日本国琦玉县人。1914年出生于一个工人家庭。哥哥是工人,日本共产党员。少时随父亲到上海,在上海一所中学肄业,后回日本东京当皮鞋工人。1937年日本法西斯当局发动全面侵华战争后毅然参加日本地下反法西斯组织——日本反战同盟会。不久被日本当局强迫征召入伍,随军来到中国,在炮兵部队服役。1943年被撤换至后勤采伐队。同年夏被派到义乌县采伐公司楂林采伐队当队长。同年秋在楂林娶了一位当地蒋姓姑娘为妻,并生下一对儿女。后与中国共产党领导的浙东抗日武装"坚勇大队"取得联系,多次向"坚勇大队"提供情报,并通过秘密联络的渠道,给"坚勇大队"送去粮食、药品、棉衣等紧缺物资。1945年初被日军发现后遭到逮捕,日军准备将他送交军事法庭审判,再送回日本执行死刑。后在押解途中逃脱,投奔"坚勇大队"当战士。同年8月15日日本宣布无条件投降;10月随新四军浙东游击纵队北撤;11月随部队北撤到江苏海安县,同时加入中国共产党。1949年1月上旬在淮海战役中牺牲。为纪念这位国际主义战士,在义乌和楂林建有坂本寅吉烈士碑和纪念碑。

**麦乐义(1865—1939)**

Herbert James Molony,1865年6月2日出生于都柏林。英国圣公会来华传教士。1888年毕业于剑桥大学彭布罗克学院。同年担任泰恩河畔纽卡斯尔圣斯蒂芬大教堂助理牧师。不久被圣公会派往曼德拉传教。1905年至1907年为那格浦尔主教的专职牧师。1908年来华,担任浙江教区主教长达20年,驻宁波。1929年退休回英国。回国后担任特斯顿教区牧师,直到1937年。1939年7月22日去世。

**玛丽·露易斯·霍顿(1841—1925)**

Marry Louise Horton,前驻华大使司徒雷登的母亲,中国基督教女青年会发起人之一。青年时在其父影响下曾在美国亚拉巴马州创办一所以自己的名字命名的私立女学校,任校长。她以前的未婚夫是一位海军军官,不幸在战斗中阵亡了。

未婚夫的死讯使她对平静的生活感到厌倦,她渴望投身一种全新的冒险生活。当认识司徒尔(司徒雷登的父亲)之后,被这位传教士在中国的经历深深吸引,不顾亲朋好友的反对,毅然嫁给了他,并随他一同来到中国,献身传教事业。不久对办学保有浓厚兴趣的司徒夫妇便先后开始筹办新的学校。玛丽女士在中国创办了第二所女子学校,并亲自担任校长职务。后来这所学校被并入杭州有名的宏道女中。1890 年玛丽女士又组织了我国第一个学校女青年会。1913 年司徒尔先生病故后玛丽女士就搬去北京与司徒雷登同住,直到 1925 年去世。她在中国居住了 50 年,去世后司徒雷登按照中国人的习惯把母亲的遗体送回杭州,安葬于杭州九里松父亲和弟弟的墓旁。

**苏达立(1896—1970)**

Stephen Douglas Sturton,英国圣公会来华医疗传教士,曾两度担任杭州广济医院院长。1905 年入林恩伍德学校学习。1912 年开始读医科。1915 年毕业于英国剑桥大学医学院。1917 年至 1918 年担任见习医师。1918 年至 1919 年担任英国海军军医。1920 年加入圣公会,并请求赴杭州广济医院工作。1921 年与从事护士工作的苏安利结为伉俪,同年 12 月两人一起来到杭州广济医院工作。1923 年至 1927 年还兼任杭州海关外科医师。1927 年回国后在英国利物浦大学从事热带病学研究。1928 年重返中国,4 月至 6 月担任中国红十字会工作,6 月后回到广济医院工作,10 月担任广济医院院长。1932 年曾领导广济医院医生护士医治淞沪抗战的蔡廷锴和张治中部队的伤员,获得中国政府勋章。同年返回英国。1933 年再入剑桥大学研究生物化学。1934 年重返杭州。1937 年抗日战争爆发后在杭州组织红十字会,担任书记。1939 年回英国省亲。1940 年再返杭州,被推举为中国红十字会会长。1942 年杭州沦陷后广济医院被日军占领。其因医治中国伤兵,被日本人拘留,起初关押在上海海防路集中营,后转移到北京丰台集中营。抗战胜利后获释,仍返广济医院工作。1946 年返回英国研究放射学。1947 年 4 月再返杭州,被浙江省立医学院聘请为放射学教授。1949 年杭州解放后仍留在广济医院工作,并兼任省立医学院教授。1951 年回国。1970 年在英国去世。著有《从教会医院到集中营》(*From Mission Hospital to Concentration Camp*)。

**杜立特(1896—1993)**

James Harold Doolittle,1896 年 12 月 14 日出生于加利福尼亚州的阿拉美达。早年在阿拉斯加州的诺姆和洛杉矶的初级学院接受教育。在加利福尼亚州立大学矿学院就读一年后于 1917 年 10 月 6 日参加陆军通信兵预备队,成为一名飞行学员。1918 年 3 月 11 日完成飞行训练,被授予少尉军衔。1922 年在加利福尼亚州立大学获得学士学位。1924 年和 1925 年在麻省理工学院获得硕士和博士学位。1926 年在南美地区执行试飞和演示飞行任务。1928 年离开后在纽约的米切尔机场协助开发飞行导航设备,并且首次成功执行完全依靠仪器的飞行任务。1930 年从军队辞职,担任壳牌石油公司航空部经理。1932 年在临时的现役任务中创造陆地飞行器最高速度的世界纪录。1940 年被委任为航空科学学会主席。同年被再次征召入美军现役部队。1942 年策划并组织了震惊世界的"轰炸东京"。其所领导的飞机坠毁在浙江和安徽交界处,机组成员在当地村民的帮助下全部获救生还。空袭东京后担任在北非的第 12 航空队司令官。1943 年 3 月调任地中海地区第 15 航空队司令官。1944 年 1 月至 1945 年 9 月担任第 8 航空队指挥官。战争结束后退出美国现役部队,进入预备役状态,又回到壳牌石油公司担任副董事长,后又担任董事。还一直担任位于加州雷东多海滩的航天技术实验室的委员会主席,直到 1962 年退下来担任顾问。1993 年 9 月 27 日在加利福尼亚州的卡梅尔去世。杜立特一生获得了大量的奖章和荣誉:1925 年获得施耐德和马凯奖杯;1930 年获得哈蒙奖杯;1931 年获得本迪克斯奖杯;1932 年获得汤普森奖杯;还获得杰出飞行员十字勋章、银星勋章、铜星勋章等各种荣誉勋章。但他从来没有获得过上尉和上校军衔。为表彰他在二战中的功绩,1985 年根据国会的特别法案,里根总统授予他空军四星上将军衔。

**利兰德·法克托(1921—1942)**

Leland Dale Faktor,1921 年 5 月 7 日出生于爱荷华州的普利茅斯。高中毕业后于 1940 年 8 月 9 日在爱荷华州的戴斯·姆尼斯堡入伍。1941 年 4 月毕业于伊利诺伊州恰奈特机场的飞机机械学校。后分配到位于华盛顿州的麦克库特机场第 17 轰炸机大队第 95 轰炸机中队。1942 年参加杜立特指挥的"轰炸东京"行动,属于第三机组,担任机械师和机枪手。轰炸东京后在中国浙江省境内跳伞,不幸坠崖而死。获得过杰出飞行员十字勋章、紫心勋章等各种奖章和勋章,并被中国国民政府追赠云麾勋章。

**亨利·波特(1918—2002)**

Henry A. Potter,1918 年 9 月 22 日出生于南达科塔州比厄尔。曾在南达科塔州的扬克顿学院和俄勒冈州立大学学习。1940 年 7 月 26 日在比厄尔入伍。1941 年 6 月在完成导航员训练后被授予少尉军衔。1942 年参加杜立特指挥的“轰炸东京”行动,属于第一机组,担任导航员。轰炸东京后在中国浙江省境内跳伞,在当地军民的帮助下到达衢州浙西行署,后安全到达重庆。回国后主要在美国密歇根州、科罗拉多州、华盛顿特区、佛罗里达州和加利福尼亚州服役。1954 年至 1958 年间在驻德美军服役。获得过杰出飞行员十字勋章、空军勋章、陆军嘉奖勋章等多种奖章和勋章。2002 年 5 月 27 日去世。

**阿理嗣(1858—?)**

Jules A. van Aalst,1858 年 10 月 14 日出生于比利时那慕尔城。中国海关官员。1883 年 4 月加入北京税务司署为邮政供事。1885 年 8 月 1 日考绩为 A 级四等帮办。1896 年 2 月被擢升为北京副税务司兼临时稽查司。1897 年 3 月为临时署邮务司。1899 年 1 月被调到邮政局并任邮政司,直到 1901 年 1 月。后再调回税务司。在税务局任内驻过三水、厦门、北京、温州等地。1914 年 2 月 28 日辞职。1905 年 1 月 1 日至 10 月 31 日担任列日博览会中国委员会委员之一。曾荣获三品衔、双龙二等第三宝星、比利时李奥波德勋章和荷兰欧伦局那缫勋章。是外国人从事中国音乐研究的先驱之一。1875 年获得根特音乐院作曲及和声学的桂冠奖。著有《中国音乐》(*Chinese music*)。

**罗伯特·格雷(1919—1942)**

Robert Manning Gray,1919 年 5 月 24 日出生于德克萨斯州的凯伦。完成两年大专学业后于 1940 年 6 月 29 日在德克萨斯州的达拉斯以飞行学员身份入伍。1941 年 2 月 8 日在德克萨斯州的凯利机场毕业,定级为飞行员,授予少尉军衔。先加入到第 34 轰炸机中队,后又调入在华盛顿州的麦克库特机场,属于第 17 轰炸机大队的第 95 轰炸机中队。1942 年参加杜立特指挥的“轰炸东京”行动,属于第三机组,担任机长。轰炸东京后在中国浙江省境内跳伞,在当地农民救助下安全到达衢州。同年 10 月 18 日战死在印度阿萨姆附近。为表彰他的功绩,德克萨斯州的格雷空军基地以他的名字命名。获得过杰出飞行员十字勋章、中国海陆空军甲种一等勋章等多种勋章和奖章。

**金　九(1876—1949)**

号白凡。朝鲜黄海道海州人。1876 年 7 月 11 日生。韩国独立运动领袖人物,被誉为“韩国国父”。早年参与反对朝鲜李氏的东学党运动,曾数度入狱。1910 年 8 月日本吞并朝鲜后加入韩国独立运动,成为领导人。因受日本殖民者的迫害,1919 年起长期流亡中国,早年在上海。1932 年 4 月 29 日与尹奉吉在上海虹口公园制造对侵华日军的爆炸案。爆炸案发生后日本侵略者进行疯狂报复,韩国临时政府在上海无法立足,被迫迁到杭州。初在清泰第二旅社,1933 年起迁至长生路湖边村 23 号,1934 年 11 月起又迁至杭州板桥路五福里二街二号。韩国临时政府迁到杭州后始终得到国民党浙江省政府、省党部及国民党中央负责人陈果夫、朱家骅等人的帮助和保护。金本人先至杭州,不久转移到嘉兴,得到辛亥革命元老褚辅成父子的帮助,化名张震球、张震,假托是广东人,在嘉兴、海盐等地住了四年,三次转移。1935 年 11 月在杭州成立韩国国民党,任理事长。中国抗日战争爆发后于 1937 年底转移到湖南长沙。1940 年迁往中华民国国民政府所在地重庆,担任韩国临时政府主席,在中华民国国民政府的帮助下组建韩国光复军,开展军事活动。1944 年当选为韩国临时政府主席。1945 年 8 月 15 日日本投降,朝鲜宣布光复后归国。以韩国独立党委员长身份,反对美、英、苏三国外相会议声明,领导反对朝鲜信托统治运动。1948 年 2 月 10 日发表题为《向三千万同胞泣诉》之声明,反对韩国独自建立政府。但在美国支持下李承晚成为韩国首任总统。1949 年 6 月 26 日被极右主义支持者暗杀。1962 年被追授韩国建国勋章。著有自传性著作《白凡逸志》。

**庞　德(1870—1964)**

Roscoe Pound,1870 年出生于美国内布拉斯加州。美国著名法学家,“社会学法学”运动奠基人。早年在内布拉斯加大学先后获得学士、硕士、博士学位。1903 年担任内布拉斯加大学法学院院长。1910 年起开始在哈佛大学任教。1916 年至 1936 年担任哈佛大学法学院院长。1935 年、1936 年两次到中国访问,进行学术交流。1946 年 7 月至 1948 年 11 月应中华民国政府司法行政部和教育部之聘,担任法律顾问。期间应浙江大学邀请与浙江大学法学院师生进行学术交流,并做学术演讲。著有《社会学法学的范围和目的》、《法理学概述》、《法制史阐述》、《法律和道德》、《普通法的精神》、《通过法律的社会控制》、《法的任务》、《正义来自法律》、《美国刑事公正》、《法理学》(5卷)等。

**泽田茂(1887—1980)**

日本国高知县人。1887年3月29日生。日本法西斯军人,陆军中将。1905年11月日本陆军士官学校第十八期毕业。1914年11月日本陆军大学第二十六期毕业。1928年11月任哈尔滨特务机关长。历任野战炮兵第二十四联队长,陆大教官,近卫师团参谋长,野战重炮兵第一旅旅长,波兰公使馆武官。1938年3月晋升陆军中将。同年7月任陆军第四师团长,驻防中国东北。1939年9月任日军参谋次长。1940年12月任侵华日军第十三军司令官(驻上海)。1942年率领第十三军,在第十一军的配合下发动浙赣战役。为阻碍中国方面日后修复机场,日军在撤退时在机场周围大规模散布鼠疫、炭疽、霍乱、伤寒、副伤寒等细菌,这是人类有史以来最大规模的一次细菌战。此次战役导致中国军队和平民百姓死亡25万余人,财产损失更是无法统计。同年11月因眼病编入预备役。1945年日本战败投降后于10月25日被远东国际军事法庭逮捕。1946年4月在上海被中国军事法庭判处五年徒刑,在巢鸭服刑。1950年1月被释放。1980年12月1日死亡。

**查理·沃朱克(1916—2010)**

Charle J. Ozuk,1916年6月13日出生于宾夕法尼亚州。早年毕业于卡尔·舒尔茨高中。1939年11月9日在伊利诺伊州恰奈特机场入伍。在进行飞行训练前先进入恰奈特机场的无线电和机械学校学习。1940年6月在飞行员培训中遭淘汰,11月再次进入领航员培训。毕业时被定级为领航员。1941年6月在华盛顿州的麦克库特机场被授予少尉军衔。1942年参加杜立特指挥的“轰炸东京”行动,属于第三机组,担任领航员。轰炸东京后在中国浙江省境内跳伞,在当地农民救助下安全到达衢州。完成东京空袭后留在中缅印战场,直至同年7月。随后转往北非战场服役,一直到1945年4月退出现役。退役后曾在芝加哥摩托罗拉公司担任电子工程师。2010年10月9日在德克萨斯州的圣安东尼奥去世。获得过杰出飞行员十字勋章和中国海陆空军甲种一等勋章等各种奖章和勋章。

**威廉姆·费泽(1915—1981)**

William N. Fitzhugh,1915年2月18日出生于德克萨斯州的坦普尔。1931年毕业于德克萨斯州加尔菲斯顿的鲍尔高中。在德克萨斯州立大学获得工商管理学学士学位。1940年在德克萨斯州的休斯敦入伍。1941年7月毕业于加利福尼亚州斯托科顿高级飞行学校,被授予少尉军衔。1942年参加杜立特指挥的“轰炸东京”行动,属于第二机组,担任副驾驶。轰炸东京后在中国浙江省宁波境内迫降,在当地军民的帮助下到达衢州浙西行署,后安全到达重庆。完成东京空袭行动后在中缅印前线一直服役到1943年6月。1946年7月退出现役前一直在阿拉巴马州的布鲁克来机场担任试飞员和维修官。1981年8月31日去世。获得过杰出飞行员十字勋章和中国海陆空三军甲种一等勋章等多种奖章和勋章。

**保罗·莱昂纳德(1912—1943)**

Paul John Leonard,1912年6月19日出生于新墨西哥州卢斯维尔。1931年7月13日在德克萨斯州弗特布里斯入伍,接受飞机机械师的培训。1941年5月进入第37轰炸机中队,主要在德克萨斯州的凯莉机场、伊利诺伊州的夏尼特机场和科罗拉多州的洛里机场执行任务。1942年参加杜立特指挥的“轰炸东京”行动,属于第一机组,担任机械师和机枪手。轰炸东京后在中国浙江省境内跳伞,在当地军民帮助下到达衢州浙西行署,后安全到达重庆。完成东京空袭任务后留在中缅印前线,一直到同年6月。之后回到美国成为杜立特将军机组的主官。1942年9月至1943年1月转战在英国和北非战场。1943年1月5日战死于北非战场。获得过杰出飞行员十字勋章和中国海陆空军甲种一等勋章等多种奖章和勋章,死后被追授紫心勋章。

**畑俊六(1879—1962)**

日本东京人。1879年7月26日生。日本法西斯军阀,陆军大将、元帅。早年先后毕业于陆军士官学校、陆军炮兵工科学校、陆军大学。曾任日本陆军大学战术教官,参谋本部作战课长兼军令部参谋,参谋本部第四部部长,参谋本部作战部部长,野战炮兵总监,第十四师团师团长,陆军航空本部长,驻台湾军司令官,陆军教育总监。1931年晋升为陆军中将。1937年晋升为陆军大将。1938年2月担任侵华日军“华中派遣军”司令官。先后指挥徐州会战、武汉会战。同年12月被召回日本法西斯大本营,先后任军事参议官、天皇侍从武官长、内阁陆军大臣。1941年3月担任侵华日军“中国派遣军”总司令官,负责统一指挥侵华日军行动。1942年春夏发动浙赣会战。1944年发动豫湘桂会战。同年6月2日被日本大本营任命为陆军元帅,成为日本法西斯时代最后任命的元帅。1945年8月15日日本宣布无条件投降后被远东国际军事法庭作为甲级战犯嫌疑人逮捕，关入东京巢鸭监狱。1948年11月12日远东国际军事法庭对其判处无期徒刑。在巢鸭监狱中关押不到10年就被假释出狱。1962年5月10日死亡。

**费启鸿(1845—1923)**

George Field Fitch，美国北长老会来华传教士。1870年接受美北长老会派遣，在中国上海大南门清心堂传教。1872年调往苏州设立北长老会传教站。1885年调往宁波，巡视教务工作。1888年回到上海，负责上海北长老会主办的美华书馆，主编《教务杂志》，长达18年之久。1902年将美华书馆从苏州河南岸的北京路清源里迁往北四川路横浜桥，自己也迁居虹口。美华书馆发展成早期上海著名的出版印刷机构。1923年在上海去世。1925年长老会将思娄堂迁往虹口窦乐安路(今多伦路)重建时，更名为鸿德堂，以纪念其对长老会作出的贡献。

**费佩德(1873—1954)**

Robert Ferris Fitch，1873年出生于中国上海。美国北长老会来华传教士，杭州之江大学第四任校长。美北长老会传教士费启鸿之子。从小跟随当传教士的父母迁徙于上海、苏州和宁波等地。约1890年被送回美国，在父亲的母校俄亥俄州伍斯特学院本科毕业后到西部神学院学习神学方面的课程四年。1898年在美国大学毕业后回华，在宁波一所美国北长老会所办的中学任校长。1908年从宁波调到杭州的育英书院任教，并担任该校重要的行政工作。1915年、1918年至1919年，曾两次到美国作巡回讲座，以便为之江大学新校区建造更多房子募捐。1922年成为之江大学第四任校长，也是最后一任外籍校长。1931年国民政府教育部为收回教育权，下令外国人不得担任大学校长，因而改任为副校长，直到1945年离开中国。抗日战争期间因同情中国人民而被日军长期关押，身心受到很大摧残。1954年在美国加利福尼亚州的家里去世。在杭期间拍摄了大量珍贵照片，大部分发表在《教务杂志》上，较为完整地保留了对于杭州这所古城的历史记忆。著有《杭州——浙江游记》(*Hangchow — Chekiang Itineraries*)和《普陀山游记》(*Pootoo Itineraries: Describing the Chief Places of Interest, with A Special Trip to Lo-Chia Shan*)。

**泰戈尔(1861—1941)**

印度著名诗人、文学家、艺术家、社会活动家、哲学家。1913年获得诺贝尔文学奖。中国新文化运动时期其著作被大量介绍到中国，曾影响了我国几代读者。他对中国人民始终怀有友好感情，在担任印度国际大学校长时在大学开办中国学院培养中国留学生。1924年3月21日应梁启超、蔡元培等人的邀请，率领六人访华团乘船离开印度加尔各答，开始中国之行；4月12日抵达上海，受到各界人士的热烈欢迎，东道主并指派徐志摩担任随行翻译；4月14日在徐志摩、瞿菊农等人的陪同下从上海到杭州；4月15日在杭州灵隐寺发表演讲。离开杭州后前往上海、南京、北京、太原等地参观访问，进行学术交流。在北京，梁启超为他取了个中国名字竺震旦。1954年周恩来总理访问印度时饱含深情地说："我们永远不能忘记泰戈尔对中国的热爱，也不能忘记泰戈尔对中国艰苦的民族独立斗争所给予的支持。"

**特拉维斯·胡弗(1917—2004)**

Travis Hoover，1917年9月21日出生于新墨西哥州摩尔卢斯。1936年毕业于加州吕弗萨伊德综合技术高中。1938年在吕弗萨伊德专科学院获得AA学位。同年11月9日加入国民警卫队。1939年8月正式加入正规军。1940年5月在完成飞行员培训后被授予少尉军衔。1942年参加杜立特指挥的"轰炸东京"行动，属于第二机组，担任机长。轰炸东京后在中国浙江省宁波境内迫降，在当地军民的帮助下到达衢州浙西行署，后安全到达重庆。完成东京空袭任务后留在中缅印前线，直至同年6月。后作为轰炸机的机长转战于英国、北非和意大利战场，直至1944年9月。战后在冲绳基地服役。回国后服役于华盛顿特区、德州、加州、密西西比州以及堪萨斯。担任指挥级机长。2004年1月17日在密苏里州韦伯市去世。获得过银星勋章、杰出飞行员十字勋章、空军勋章、中国海陆空军甲种一等勋章等多种奖章和勋章。

**高伯兰(1879—1942)**

Asher Raymond Kepler，美国北长老会来华传教士。1901年来华，与妻子珍妮(Jeannette Fitch)一起在浙江开展传教工作。1910年至1921年前往湖南进行传教。1921年至1924年担任上海基督教普益社总秘书长和基督教青年励志会全国代表大会组织秘书。1922年底参与召开全国基督教大会，正式成立中华基督教会。1927年当选为中华基督教会的干事和总秘书长，一直工作到1934年。此后一直担任中华基督教会副秘书长。1940年至1942年还兼任教务合作委员会执行秘书。抗日战争期间参与中国红十字会工作，担任全国基督教伤兵救助委员会总干事。

**酒井直次(1891—1942)**

1891年3月26日生。日本名将酒井忠次(德川家康之家臣)之孙。1911年毕业于日本陆军士官学校第二十三期。1920年毕业于日本陆军大学第三十二期。1937年7月日本法西斯发动全面侵华战争后，时任日本步兵第四联队队长的酒井开始侵华生涯。1938年升为少将，任第三十五军第十六师团步兵第十九旅团旅团长，多次对江苏、安徽、浙江等地的抗日根据地实行“三光”政策，对新四军进行“坚壁清野”作战。有侵华“急先锋”、“虎将”之称，是屠杀中国军民的刽子手。1941年升为陆军中将，并被任命为第十五师团师团长。1942年5月28日在浙赣会战中被中国军队埋设的地雷炸伤毙命。

**理查德·米勒(1916—1943)**

Richard Ewing Miller，1916年3月2日出生于印第安纳州威尼堡。两年制专科毕业后于1939年2月25日在印第安纳州哈里森的本杰明堡以飞行学员身份入伍；4月在飞行员培训中遭淘汰。1941年5月29日又以投弹手学员的身份重新入伍，接受训练；12月16日定级为投弹手，授予少尉军衔。1942年参加杜立特指挥的“轰炸东京”行动，属于第二机组，担任投弹手。轰炸东京后在中国浙江省宁波境内迫降，在当地军民的帮助下到达衢州浙西行署，后安全到达重庆。东京空袭后调入第319轰炸机大队，转战北非战场。1943年1月22日在执行轰炸任务的战斗中受伤而亡。获得过银星勋章、杰出飞行员十字勋章、紫心勋章、空军勋章和中国海陆空三军甲种一等勋章等多种奖章和勋章。

**理查德·科尔(1915—　)**

Richard E. Cole，1915年9月7日出生于俄亥俄州戴登。从斯蒂尔高中毕业后进入俄亥俄州立大学学习，两年后专科毕业。1940年11月22日入伍。1941年7月完成飞行训练后授予少尉军衔。1942年参加杜立特指挥的“轰炸东京”，属于第一机组，担任副驾驶。轰炸东京后在中国境内跳伞，落入浙江省境内，后在当地军民帮助下辗转护送至衢州浙西行署。在东京轰炸结束后一直留在中缅印战场。1947年1月退出现役；8月再次转为现役。1959年至1962年担任委内瑞拉空军顾问。获得过杰出飞行员十字勋章、空军嘉奖勋章、铜星勋章和中国海陆空军甲种一等勋章等多种勋章和奖章。

**梅　谷(1907—?)**

Franz Henry Michael，1907年出生于德国弗莱堡。美国著名中国问题研究专家。1930年毕业于柏林大学。1933年获得弗莱堡大学法学博士。1934年至1938年任浙江大学德语教授。1939年赴美，任霍普金斯大学副研究员。1942年转任华盛顿大学中国近代史教授，后任该校远东及俄国研究所副所长。1964年任乔治·华盛顿大学中国—苏联问题研究所副所长。1969年任所长。著有《满洲人在华统治的起源》(*The Origin of Manchu Rule in China*)和《太平军叛乱：历史和文献》(*The Taiping Rebellion, History and Documents*)等。

**梅藤更(1856—1934)**

David Duncan Main，1856年6月10日出生于苏格兰西南部艾尔郡科克麦克镇。英国圣公会来华医疗传教士，曾任杭州广济医院院长。在格拉斯哥和爱丁堡学习医学。1881年获得苏格兰三大医学院医学学历证书。同年12月来华，创办并主持杭州圣公会的广济医院，担任杭州广济医学堂校长，同时兼任杭州海关外科医师。在杭期间重新开放戒烟所，并且想方设法增添医疗设备和扩建医院大楼。1901年返回英国，在爱丁堡被推举为皇家内科医师学院成员。1905年晋升研究员。1926年退休返英，定居爱丁堡。1934年8月30日去世。在华期间积极开展医疗工作，1901年被清政府赐为五品官员，还受到国民政府表彰。

**黑泽次男(1913—1947)**

日本国枥木县人。日本法西斯军人。早年毕业于日本早稻田大学法科。1938年8月随侵华日军进入中国，任“支那派遣军第二十二师团参谋部直辖招抚工作总队”总队长，驻守浙江一带。多次带领部队在杭州、绍兴等地对中国平民进行集体大屠杀，或活埋、或刀砍、或机关枪扫射，杀害浙江军民数千人以上。因为杀人如麻，被称为“杭州之狮”。1945年8月侵华日军投降后却以退役兵身份匿居杭州日侨管理所。后经人举报，浙江高等法院检察处立案调查后将其捕获，移送上海提篮桥监狱关押。经上海军事法庭审理，于1947年3月17日被宣判死刑。同年8月12日上午在上海提篮桥监狱刑场执行枪决。

**雅克布·曼齐(1918—1958)**

Jacob E. Manch，1918年12月26日出生于弗吉尼亚州斯汤顿。1940年5月10日授予陆军预备役少尉。1941年2月10日以飞行学员身份加入现役。同年9月毕业于加利福尼亚州斯托克顿高级飞行学校，定级为飞行员。后分配至俄勒冈州潘德莱顿机场第17轰炸机大队。1942年参加杜立特指挥的“轰炸东京”行动，属于第三机组，担任副驾驶。轰炸东京后在中国浙江省境内迫降，在当地农民救助下安全抵达衢州。在完成东京空袭行动后继续留在中缅印战场，直至1943年6月。回国后在加利福尼亚州、犹他州、新泽西州等多个本土基地工作。朝鲜战争期间作为美国陆军第七师联络官在日本和朝鲜服役。1953年9月回到美国后驻扎在内华达州内里斯空军基地。1958年3月24日在内华达州拉斯维加斯附近坠机身亡。获得过杰出飞行员十字勋章、士兵勋章和中国海陆空军甲种一等勋章。

**道格拉斯·雷德尼(1917—1994)**

Douglas V. Radney，1917年3月17日出生于明尼苏达州米尼奥拉。1935年毕业于德克萨斯州米西亚高中。1936年1月参军，在空军机械师学校完成训练。1942年参加杜立特指挥的“轰炸东京”行动，属于第二机组，担任机械师和机枪手。轰炸东京后在中国浙江省宁波境内迫降，在当地军民帮助下到达衢州浙西行署，后安全到达重庆。东京空袭后留在中缅印战场，直至同年9月。1945年晋升为军官，随后完成飞行员的训练。后驻扎在阿拉斯加，成为一名寒冷气候下的试飞员及维护官，定级为高级飞行员。1959年退出现役。获得过银星勋章、杰出飞行员十字勋章、空军勋章和中国海陆空三军甲种一等勋章等多种奖章和勋章。1994年1月28日去世。

**谢福芸(1885—1959)**

Dorothea Soothill，1885年出生于宁波的传教士家庭，其父为英国来华传教士苏慧廉。英国女作家。1911年秋同包哲洁女士在北京创办培华女学校，自任英文教习。1913年嫁给原英国驻华使馆商务参赞谢立山。1959年在英国去世。著有《两位中国绅士》(*Two Gentlemen of China: An Intimate Description of the Private Life of two Patrician Chinese Families*)、《一位中国女士的画像，并其同时代的一些人》(*Portrait of a Chinese Lady, and Certain of her Contemporaries*)、《英勇的新中国》(*Brave New China*)、《乾隆池：现代北京的故事》(*The Pool of Chien Lung, A Tale of Modern Peking*)等。

**鲍乃德(1888—1970)**

Eugene Epperson Barnett，1888年2月21日出生于佛罗里达州里斯堡。美国来华传教士，杭州基督教青年会总干事。毕业于艾莫利大学，并在范德比尔特大学学习过。1908年加入基督教青年会工作。1908年至1910年担任北卡罗琳娜州立大学学生秘书。1910年来华，在杭州建立基督教青年会，担任总干事，任职到1921年。1925年至1935年任上海中华基督教青年会全国协会城市部干事兼中华基督教男青年会首席干事。1936年至1941年担任中国基督教青年会全国委员会副总干事、中国基督教青年会国际委员会总干事、纽约美国和加拿大基督教青年会国际委员会执行秘书。1936年至1953年担任世界基督教青年会执行委员会委员。1941年至1953年担任纽约美国基督教青年会全国委员会总干事。1953年退休。1970年8月7日在弗吉尼亚州阿灵顿去世。

**慕华德(？—1949)**

Walter Stephen Moule，英国圣公会在华传教士，为传教士慕雅德之子。毕业于英国剑桥大学。1888年来华，在宁波担任由圣公会创办的三一书院副监院。1898年升为监院。1916年“三一书院”更名为“三一中学”，改任校长。1918年辞校长职。

**慕雅德(1836—1918)**

Arthur Evans Moule，1836年4月10日出生于英格兰福丁顿维卡拉格，家中八个儿子中排行老六。英国圣公会来华传教士。父亲亨利·慕尔(Henry Moule)是多塞特教区牧师。1836年5月26日由其父亲在圣乔治教堂施洗入会。后在马耳他新教学院接受教育。接着又进入圣公会的伊斯灵顿学院接受教育，开始对传教工作越来越感兴趣。从伊斯灵顿学院毕业后，和新婚妻子于1861年8月到达浙江教区。却恰逢太平天国运动，被迫撤离。1861年至1869年一直在浙江的宁波、杭州和上海从事传教工作。1877年参加在上海举办的传教士大会，并提交论文《基督教会与外国人之间的关系》(“The Relation of Christian Missions to Foreign Residents”)。1896年因不断恶化的健康状况被迫辞去职务返回英格兰。1902年又重返中国继续传教工作。1908年回英格兰休假。期间有人劝说他担任希罗普郡布瓦登地区的牧师，以希望再一次访问中国为条件接受了这一职务。1909年秋回到中国，并于1910年底返回英格兰。他在中国期间主要从事传教和教育工作，同时还用中英文发表诗歌，中国教会的赞美诗很多都出自其手。而且他还是一个反对鸦片贸易的先锋，积极投身反鸦片运动。1912年担任布维斯顿的牧师。为纪念他作为传教士和学者所作出的杰出贡献，坎特伯雷大主教授予他神学博士荣誉学位。1918年8月26日在福丁布里奇附近的达摩汉姆去世。著有《太平天国回忆录1861—1863》(*Personal Recollections of the Taiping Rebellion* 1861－1863)、《四亿人——关于中国和中国人的重要篇章》(*Four Hundred Millions, Chapters on China and the Chinese*)、《新中华与旧中华》(*New China and Old*)、《关于太平叛乱的个人回忆(1861—1863)》(*Personal Recollections of Tai－Ping Rebellion*)、《年轻的中国》(*Young China*)、《在华五十年》(*Half a Century in China: Recollections and Observations*)、《中华民族》(*The Chinese People: A Handbook on China*)和《宁波》(*Ningpo*)等。

**慕稼谷(1828—1912)**

George Evans Moule，1828年1月28日出生于多塞特郡吉灵厄姆。英国圣公会传教士，圣公会华中教区第一任主教。父亲亨利·慕尔(Henry Moule)是多塞特教区牧师。1850年毕业于剑桥大学基督圣体学院。1851年被授神职，担任其父亲的助理牧师。1857年加入英国圣公会差会。1858年抵达宁波。1864年开始在杭州传教，直到1874年。1880年获神学博士学位。同年成为圣公会华中教区第一任主教，驻扎杭州。1905年成为荣誉院士。1907年辞去主教职务。1911年返回英格兰。1912年3月3日在奥克兰城堡去世。

**赛斐敕(1877—1930)**

Victor Laurent Savage，英国驻华领事官。1894年至1896年为驻华使馆翻译学生。1897年调往上海"大英按察使司衙门"任职，一度署汕头领事。1905年任海口领事。1910年任驻杭州领事，嗣转任长沙领事。1918年代理镇江领事。1920年任宁波及温州副领事，旋任驻宁波领事。1924年任驻牛庄领事。

**谭　信(？—1953)**

Hubert Gordon Thompson，英国圣公会来华传教医生。1903年毕业于英国维多利亚大学，获医学学士、化学学士两个学位。1906年在利物浦大学获医学博士学位，并留校担任解剖学助理教授。1909年成为英国皇家外科学会会员。1911年从利物浦出发，前往中国南方的北海帮助在那里的圣公会传教士布兰德力医生(Dr. Bradley)开展医疗传教工作。同年12月29日到达香港，受到当地青年会干事的欢迎。一两天后布兰德力医生来到香港，带其返回北海。在布兰德力医生的帮助下在北海开办一家小诊所，为当地中国人提供医疗服务。后结识布兰德力医生的妹妹艾米康斯坦丝(Amy Constance)，并结为夫妇。1926年11月到杭州担任圣公会广济医院院长。1927年北伐战争中国民革命军进入杭州，广济医院也受到冲击，为保全医院财产，多方周旋交涉。1953年2月13日在英国肯特郡去世。

# 附　录

## (一)清朝后期浙江行政区划表

| 道 | 府(直隶厅) | 县(州、厅) |
|---|---|---|
| 杭嘉湖道 | 杭州府 | 钱塘县 |
| | | 仁和县 |
| | | 海宁州 |
| | | 富阳县 |
| | | 余杭县 |
| | | 临安县 |
| | | 於潜县 |
| | | 新城县 |
| | | 昌化县 |
| | 嘉兴府 | 嘉兴县 |
| | | 秀水县 |
| | | 嘉善县 |
| | | 海盐县 |
| | | 石门县 |
| | | 平湖县 |
| | | 桐乡县 |
| | 湖州府 | 乌程县 |
| | | 归安县 |
| | | 长兴县 |
| | | 德清县 |
| | | 武康县 |
| | | 安吉县 |
| | | 孝丰县 |
| 宁绍台道 | 宁波府 | 鄞　县 |
| | | 慈溪县 |
| | | 奉化县 |
| | | 镇海县 |
| | | 象山县 |
| | | 石浦厅 |
| | | 南田厅 |
| 宁绍台道 | 绍兴府 | 山阴县 |
| | | 会稽县 |
| | | 萧山县 |
| | | 诸暨县 |
| | | 余姚县 |
| | | 上虞县 |
| | | 嵊　县 |
| | | 新昌县 |
| | 台州府 | 临海县 |
| | | 黄岩县 |
| | | 天台县 |
| | | 仙居县 |
| | | 宁海县 |
| | | 太平县 |
| | 定海直隶厅 | —— |
| 金衢严道 | 金华府 | 金华县 |
| | | 兰溪县 |
| | | 东阳县 |
| | | 义乌县 |
| | | 永康县 |
| | | 武义县 |
| | | 浦江县 |
| | | 汤溪县 |
| | 衢州府 | 西安县 |
| | | 龙游县 |
| | | 江山县 |
| | | 常山县 |
| | | 开化县 |
| 金衢严道 | 严州府 | 建德县 |
| | | 淳安县 |
| | | 桐庐县 |
| | | 遂安县 |
| | | 寿昌县 |
| | | 分水县 |
| 温处道 | 温州府 | 永嘉县 |
| | | 瑞安县 |
| | | 乐清县 |
| | | 平阳县 |
| | | 泰顺县 |
| | | 玉环厅 |
| | 处州府 | 丽水县 |
| | | 青田县 |
| | | 缙云县 |
| | | 松阳县 |
| | | 遂昌县 |
| | | 龙泉县 |
| | | 庆元县 |
| | | 云和县 |
| | | 宣平县 |
| | | 景宁县 |

说明：清朝雍正四年(1726)，置杭嘉湖道，初驻嘉兴府。乾隆十九年(1754)，移驻杭州府，领杭州、嘉兴、湖州三府。雍正四年置宁绍台道，驻宁波府，领宁波、绍兴、台州三府。道光二十三年(1843)，增设定海厅。雍正十二年(1734)，置金衢严道，驻衢州府，领金华、衢州、严州三府。康熙九年(1670)，置温处道，驻温州府，领温州、处州二府。道设道台，府设知府，直隶州设同知。县设知县，州设州判，厅设同知。

## (二)北洋政府时期浙江省行政区划表

| 道　名 | 县　名 | 备　注 |
|---|---|---|
| 钱塘道 | 杭　县 | 1912年2月，裁杭州府，仁和、钱塘两县合并成立杭县。 |
| | 海宁县 | 1912年2月，海宁州改为海宁县。 |
| | 富阳县 | |
| | 余杭县 | |
| | 临安县 | |
| | 於潜县 | |
| | 新登县 | 原名新城县，1914年1月改名新登县。 |
| | 昌化县 | |
| | 嘉兴县 | 原名嘉禾县，1914年1月改名嘉兴县。 |
| | 嘉善县 | |
| | 海盐县 | |
| | 崇德县 | 原名石门县，1914年1月改名崇德县。 |
| | 平湖县 | |
| | 桐乡县 | |
| | 吴兴县 | 1912年2月，裁撤湖州府，乌程、归安两县合并成立吴兴县。 |
| | 长兴县 | |
| | 德清县 | |
| | 武康县 | |
| | 安吉县 | |
| | 孝丰县 | |
| 会稽道 | 鄞　县 | 1912年2月，裁撤宁波府，保留鄞县。 |
| | 慈溪县 | |
| | 奉化县 | |
| | 镇海县 | |
| | 象山县 | |
| | 南田县 | 1912年2月，原石浦厅、南田厅合并成立南田县。 |
| | 定海县 | 1912年2月，原定海直隶厅改名定海县。 |
| | 绍兴县 | 1912年2月，裁撤绍兴府，山阴、会稽两县合并成立绍兴县。 |
| | 萧山县 | |
| | 诸暨县 | |
| | 余姚县 | |
| | 上虞县 | |
| | 嵊　县 | |
| | 新昌县 | |
| | 临海县 | |
| | 黄岩县 | |
| | 天台县 | |
| | 仙居县 | |
| | 宁海县 | |
| | 温岭县 | 原名太平县，1914年1月改名温岭县。 |

续 表

| 道 名 | 县 名 | 备 注 |
|---|---|---|
| 金华道 | 兰溪县 | |
| | 衢 县 | 1912年2月，裁撤衢州府，首县西安县改名衢县。 |
| | 金华县 | 1912年2月，裁撤金华府，保留金华县。 |
| | 东阳县 | |
| | 义乌县 | |
| | 永康县 | |
| | 武义县 | |
| | 浦江县 | |
| | 汤溪县 | |
| | 龙游县 | |
| | 江山县 | |
| | 常山县 | |
| | 开化县 | |
| | 建德县 | |
| | 淳安县 | |
| | 桐庐县 | |
| | 遂安县 | |
| | 寿昌县 | |
| | 分水县 | |
| 瓯海道 | 永嘉县 | 清代温州府附廓首县，1912年2月裁府留县。 |
| | 丽水县 | 清代处州府附廓首县，1912年2月裁府留县。 |
| | 青田县 | |
| | 缙云县 | |
| | 松阳县 | |
| | 遂昌县 | |
| | 龙泉县 | |
| | 庆元县 | |
| | 云和县 | |
| | 宣平县 | |
| | 景宁县 | |
| | 瑞安县 | |
| | 乐清县 | |
| | 平阳县 | |
| | 泰顺县 | |
| | 玉环县 | 1912年2月，废厅改县。 |

说明：1912年2月，裁撤清朝设立的杭嘉湖、宁绍台、金衢严、温处四道及杭州、嘉兴、湖州、宁波、绍兴、台州、金华、衢州、严州、温州、处州十一府，散州、散厅一律为县，实行省、县二级制。1914年6月，在原清朝杭嘉湖、宁绍台、金衢严、温处四道管辖的区域设置钱塘、会稽、金华、瓯海四道，全省共七十五县。道设道尹，县设县知事，恢复省——道——县三级制。

## (三)国民政府时期浙江省行政区划表

| | 名　称 | 备　注 |
|---|---|---|
| 市 | 杭州市 | 1927年4月,由杭县城区及西湖等区设置。 |
| | 宁波市 | 1927年5月由鄞县城区析置。1931年1月撤销,并入鄞县。1949年新中国成立后复设。 |
| 县 | 杭　县 | |
| | 海宁县 | |
| | 富阳县 | |
| | 余杭县 | |
| | 临安县 | |
| | 於潜县 | 1958年11月撤销,并入昌化县。 |
| | 新登县 | 1958年11月撤销,并入富阳县。 |
| | 昌化县 | 1960年8月撤销,并入临安县。 |
| | 嘉兴县 | 1981年1月撤销,并入嘉兴市。 |
| | 嘉善县 | |
| | 海盐县 | |
| | 崇德县 | 1958年11月撤销,并入桐乡县。 |
| | 平湖县 | |
| | 桐乡县 | |
| | 长兴县 | |
| | 德清县 | |
| | 武康县 | 1958年4月撤销,并入德清县。 |
| | 安吉县 | |
| | 孝丰县 | 1958年11月撤销,并入安吉县。 |
| | 鄞　县 | 1958年12月撤销,分别并入宁波市和奉化县。并入宁波市部分现为鄞州区。 |
| | 慈溪县 | |
| | 奉化县 | 1946年后一度改名中正县。 |
| | 镇海县 | 1985年撤销,并入宁波市镇海区与北仑区。 |
| | 象山县 | |
| | 南田县 | 1940年11月裁撤,与宁海、临海两县部分地区合置三门县。 |
| | 定海县 | 1958年11月撤销,与普陀、岱山、嵊泗三县合置舟山县。 |
| | 绍兴县 | |
| | 萧山县 | |
| | 诸暨县 | |
| | 余姚县 | |
| | 上虞县 | |
| | 嵊　县 | |
| | 新昌县 | |
| | 临海县 | |
| | 黄岩县 | |
| | 天台县 | |
| | 仙居县 | |
| | 宁海县 | |

续 表

| | 名 称 | 备 注 |
|---|---|---|
| 县 | 温岭县 | |
| | 衢 县 | |
| | 龙游县 | |
| | 江山县 | |
| | 常山县 | |
| | 开化县 | |
| | 金华县 | |
| | 兰溪县 | |
| | 东阳县 | |
| | 义乌县 | |
| | 永康县 | |
| | 武义县 | |
| | 浦江县 | |
| | 汤溪县 | 1958 年 9 月撤销,并入金华县。 |
| | 建德县 | |
| | 淳安县 | |
| | 桐庐县 | |
| | 遂安县 | 1958 年 9 月撤销,并入桐庐县。 |
| | 寿昌县 | 1958 年 11 月撤销,并入建德县。 |
| | 分水县 | 1958 年 11 月撤销,并入桐庐县。 |
| | 永嘉县 | |
| | 丽水县 | |
| | 青田县 | |
| | 缙云县 | |
| | 松阳县 | |
| | 遂昌县 | |
| | 龙泉县 | |
| | 庆元县 | |
| | 云和县 | |
| | 宣平县 | 1958 年 4 月撤销,分别并入武义、丽水两县。 |
| | 景宁县 | |
| | 瑞安县 | |
| | 乐清县 | |
| | 平阳县 | |
| | 泰顺县 | |
| | 玉环县 | |
| | 磐安县 | 1939 年 7 月由永康、东阳、天台、缙云、仙居五县各划一部分建县。 |
| | 三门县 | 1940 年 11 月裁撤南田县,并从宁海、临海各划一部分建县。 |
| | 文成县 | 1948 年 1 月由瑞安、泰顺、青田三县各划一部分建县。 |
| | 四明县 | 1948 年 8 月在四明山区新建。1949 年新中国成立后撤销。 |

说明:1927 年 4 月,南京国民政府成立后,宣布裁撤北洋政府设立的道,实行省(直辖市、特别区)——县(市)二级制。1936 年 6 月起,设立九个行政督察区。1940 年 6 月起,增加为十个行政督察区。1943 年 7 月起,增加为十一个行政督察区,直至 1949 年 5 月浙江解放为止。因情况变动复杂,这里不罗列。

## (四)浙江省现行行政区划表

| 地级市 | 市辖区、县及县级市 | 备注 |
|---|---|---|
| 杭州市 | 上城区 | |
| | 下城区 | |
| | 西湖区 | |
| | 拱墅区 | |
| | 江干区 | |
| | 滨江区 | |
| | 余杭区 | 1994年4月撤县建市。2001年3月撤市建区。 |
| | 萧山区 | 1988年元旦撤县建市。2001年3月撤市建区。 |
| | 临安市 | 1996年12月撤县建市。 |
| | 富阳市 | 1994年1月撤县建市。 |
| | 建德市 | 1992年4月撤县建市。 |
| | 桐庐县 | |
| | 淳安县 | 1958年淳安与遂安两县合并成立淳安县。 |
| 宁波市 | 鄞州区 | 2002年4月撤县建区。 |
| | 海曙区 | |
| | 江东区 | |
| | 江北区 | |
| | 镇海区 | 1985年7月原镇海县并入宁波市,以甬江为界,分设镇海、北仑两区。 |
| | 北仑区 | |
| | 奉化市 | 1988年10月撤县建市。 |
| | 慈溪市 | 1988年10月撤县建市。 |
| | 余姚市 | 1985年7月撤县建市。 |
| | 宁海县 | |
| | 象山县 | |
| 温州市 | 鹿城区 | |
| | 龙湾区 | |
| | 瓯海区 | 1992年3月撤县建区。 |
| | 瑞安市 | 1987年4月撤县建市。 |
| | 乐清市 | 1993年9月撤县建市。 |
| | 永嘉县 | 1949年5月永嘉解放后,以瓯江为界,江南设温州市,江北设双溪县。同年9月双溪县改名永嘉县。1961年青田县的西岙、石染、上横三个乡划归永嘉县管辖。 |
| | 洞头县 | 1953年析玉环县的洞头、大门两区及周围小岛置洞头县。 |
| | 平阳县 | |

续　表

| 地级市 | 市辖区、县及县级市 | 备　注 |
|---|---|---|
| 温州市 | 苍南县 | 1981年6月析平阳县的矾山镇及灵溪、矾山、马站、桥墩、宜山、钱库、金乡等七个区置苍南县。 |
| | 泰顺县 | |
| | 文成县 | |
| 嘉兴市 | 南湖区 | 原嘉兴县域析置。1993年11月称秀城区。2005年5月更名南湖区。 |
| | 秀洲区 | 原嘉兴县域析置。1999年6月命名秀洲区。 |
| | 海宁市 | 1986年11月撤县建市。 |
| | 桐乡市 | 1958年11月崇德县并入桐乡县。1993年3月撤县建市。 |
| | 平湖市 | 1991年6月撤县建市。 |
| | 嘉善县 | 1958年11月撤销并入嘉兴县。1961年12月复置。 |
| | 海盐县 | 1958年11月撤销并入海宁、平湖两县。1961年12月复置。 |
| 湖州市 | 吴兴区 | |
| | 南浔区 | |
| | 德清县 | 1958年4月武康县撤销并入德清县。 |
| | 安吉县 | |
| | 长兴县 | |
| 绍兴市 | 越城区 | 1983年7月析绍兴县城及周边地区置越城区。 |
| | 诸暨市 | 1989年9月撤县建市。 |
| | 上虞市 | 1992年撤县建市。 |
| | 嵊州市 | 1995年8月撤县建市。 |
| | 绍兴县 | |
| | 新昌县 | 1958年11月撤县并入嵊县。1961年12月恢复。 |
| 金华市 | 婺城区 | 1985年析金华市(仅金华县)为婺城区与金华县。 |
| | 金东区 | 2001年2月撤金华县,建立金东区。 |
| | 兰溪市 | 1985年5月撤县建市。 |
| | 义乌市 | 1988年5月撤县建市。 |
| | 东阳市 | 1988年5月撤县建市。 |
| | 永康市 | 1992年8月撤县建市。 |
| | 武义县 | |
| | 浦江县 | 1960年1月撤销并入义乌县。1966年12月恢复。 |
| | 磐安县 | 1958年撤销并入东阳县。1983年恢复。 |
| 衢州市 | 柯城区 | 1985年成立衢州市,析衢县城区及周边九个乡为柯城区,另设衢县。 |
| | 衢江区 | 2001年12月撤县建区。 |
| | 江山市 | 1987年11月撤县建市。 |
| | 龙游县 | |

续　表

| 地级市 | 市辖区、县及县级市 | 备　注 |
| --- | --- | --- |
| 衢州市 | 常山县 | |
| | 开化县 | |
| 丽水市 | 莲都区 | 1986年3月丽水县撤县建市。2000年7月撤丽水市建莲都区。 |
| | 龙泉市 | 1990年12月撤县建市。 |
| | 缙云县 | |
| | 青田县 | |
| | 云和县 | |
| | 遂昌县 | |
| | 松阳县 | |
| | 庆元县 | |
| | 景宁畲族自治县 | 1984年6月景宁县改名景宁畲族自治县。 |
| 台州市 | 椒江区 | 1981年析老临海县海门区建椒江市。1994年8月撤市建区。 |
| | 黄岩区 | 1989年11月撤县建市。1994年8月撤市建区。 |
| | 路桥区 | 1994年8月析黄岩市东部八镇二乡置路桥区。 |
| | 临海市 | 1986年3月撤县建市。 |
| | 温岭市 | 1994年3月撤县建市。 |
| | 玉环县 | |
| | 仙居县 | |
| | 三门县 | |
| | 天台县 | |
| 舟山市 | 定海区 | 1953年3月定海县析为定海、普陀、岱山三县。1987年3月撤县建区。 |
| | 普陀区 | 1953年3月从定海县析出置县。1987年3月撤县建区。 |
| | 岱山县 | 1953年3月从定海县析出置县。1958年10月并入舟山县。1962年5月恢复岱山县。 |
| | 嵊泗县 | 1949年10月设县。1953年3月由江苏省划归浙江省。1960年11月划归上海市。1964年5月再度划归浙江省。 |

说明：杭州市为副省级市。宁波市为副省级计划单列市。

# (五)晚清纪年与公历、农历对照表

| 清朝纪年 | 公　历 | 农　历 | 清朝纪年 | 公　历 | 农　历 | 清朝纪年 | 公　历 | 农　历 |
|---|---|---|---|---|---|---|---|---|
| 道光元年 | 1821 年 | 辛　巳 | 咸丰二年 | 1852 年 | 壬　子 | 光绪八年 | 1882 年 | 壬　午 |
| 道光二年 | 1822 年 | 壬　午 | 咸丰三年 | 1853 年 | 癸　丑 | 光绪九年 | 1883 年 | 癸　未 |
| 道光三年 | 1823 年 | 癸　未 | 咸丰四年 | 1854 年 | 甲　寅 | 光绪十年 | 1884 年 | 甲　申 |
| 道光四年 | 1824 年 | 甲　申 | 咸丰五年 | 1855 年 | 乙　卯 | 光绪十一年 | 1885 年 | 乙　酉 |
| 道光五年 | 1825 年 | 乙　酉 | 咸丰六年 | 1856 年 | 丙　辰 | 光绪十二年 | 1886 年 | 丙　戌 |
| 道光六年 | 1826 年 | 丙　戌 | 咸丰七年 | 1857 年 | 丁　巳 | 光绪十三年 | 1887 年 | 丁　亥 |
| 道光七年 | 1827 年 | 丁　亥 | 咸丰八年 | 1858 年 | 戊　午 | 光绪十四年 | 1888 年 | 戊　子 |
| 道光八年 | 1828 年 | 戊　子 | 咸丰九年 | 1859 年 | 己　未 | 光绪十五年 | 1889 年 | 己　丑 |
| 道光九年 | 1829 年 | 己　丑 | 咸丰十年 | 1860 年 | 庚　申 | 光绪十六年 | 1890 年 | 庚　寅 |
| 道光十年 | 1830 年 | 庚　寅 | 咸丰十一年 | 1861 年 | 辛　酉 | 光绪十七年 | 1891 年 | 辛　卯 |
| 道光十一年 | 1831 年 | 辛　卯 | 同治元年 | 1862 年 | 壬　戌 | 光绪十八年 | 1892 年 | 壬　辰 |
| 道光十二年 | 1832 年 | 壬　辰 | 同治二年 | 1863 年 | 癸　亥 | 光绪十九年 | 1893 年 | 癸　巳 |
| 道光十三年 | 1833 年 | 癸　巳 | 同治三年 | 1864 年 | 甲　子 | 光绪二十年 | 1894 年 | 甲　午 |
| 道光十四年 | 1834 年 | 甲　午 | 同治四年 | 1865 年 | 乙　丑 | 光绪二十一年 | 1895 年 | 乙　未 |
| 道光十五年 | 1835 年 | 乙　未 | 同治五年 | 1866 年 | 丙　寅 | 光绪二十二年 | 1896 年 | 丙　申 |
| 道光十六年 | 1836 年 | 丙　申 | 同治六年 | 1867 年 | 丁　卯 | 光绪二十三年 | 1897 年 | 丁　酉 |
| 道光十七年 | 1837 年 | 丁　酉 | 同治七年 | 1868 年 | 戊　辰 | 光绪二十四年 | 1898 年 | 戊　戌 |
| 道光十八年 | 1838 年 | 戊　戌 | 同治八年 | 1869 年 | 己　巳 | 光绪二十五年 | 1899 年 | 己　亥 |
| 道光十九年 | 1939 年 | 己　亥 | 同治九年 | 1870 年 | 庚　午 | 光绪二十六年 | 1900 年 | 庚　子 |
| 道光二十年 | 1840 年 | 庚　子 | 同治十年 | 1871 年 | 辛　未 | 光绪二十七年 | 1901 年 | 辛　丑 |
| 道光二十一年 | 1841 年 | 辛　丑 | 同治十一年 | 1872 年 | 壬　申 | 光绪二十八年 | 1902 年 | 壬　寅 |
| 道光二十二年 | 1842 年 | 壬　寅 | 同治十二年 | 1873 年 | 癸　酉 | 光绪二十九年 | 1903 年 | 癸　卯 |
| 道光二十三年 | 1843 年 | 癸　卯 | 同治十三年 | 1874 年 | 甲　戌 | 光绪三十年 | 1904 年 | 甲　辰 |
| 道光二十四年 | 1844 年 | 甲　辰 | 光绪元年 | 1875 年 | 乙　亥 | 光绪三十一年 | 1905 年 | 乙　巳 |
| 道光二十五年 | 1845 年 | 乙　巳 | 光绪二年 | 1876 年 | 丙　子 | 光绪三十二年 | 1906 年 | 丙　午 |
| 道光二十六年 | 1846 年 | 丙　午 | 光绪三年 | 1877 年 | 丁　丑 | 光绪三十三年 | 1907 年 | 丁　未 |
| 道光二十七年 | 1847 年 | 丁　未 | 光绪四年 | 1878 年 | 戊　寅 | 光绪三十四年 | 1908 年 | 戊　申 |
| 道光二十八年 | 1848 年 | 戊　申 | 光绪五年 | 1879 年 | 己　卯 | 宣统元年 | 1909 年 | 己　酉 |
| 道光二十九年 | 1849 年 | 己　酉 | 光绪六年 | 1880 年 | 庚　辰 | 宣统二年 | 1910 年 | 庚　戌 |
| 道光三十年 | 1850 年 | 庚　戌 | 光绪七年 | 1881 年 | 辛　巳 | 宣统三年 | 1911 年 | 辛　亥 |
| 咸丰元年 | 1851 年 | 辛　亥 | | | | | | |

# (六)中华民国纪年与公历、农历对照表

| 中华民国纪年 | 公 历 | 农 历 | 中华民国纪年 | 公 历 | 农 历 |
|---|---|---|---|---|---|
| 中华民国元年 | 1912 年 | 壬 子 | 中华民国二十年 | 1931 年 | 辛 未 |
| 中华民国二年 | 1913 年 | 癸 丑 | 中华民国二十一年 | 1932 年 | 壬 申 |
| 中华民国三年 | 1914 年 | 甲 寅 | 中华民国二十二年 | 1933 年 | 癸 酉 |
| 中华民国四年 | 1915 年 | 乙 卯 | 中华民国二十三年 | 1934 年 | 甲 戌 |
| 中华民国五年 | 1916 年 | 丙 辰 | 中华民国二十四年 | 1935 年 | 乙 亥 |
| 中华民国六年 | 1917 年 | 丁 巳 | 中华民国二十五年 | 1936 年 | 丙 子 |
| 中华民国七年 | 1918 年 | 戊 午 | 中华民国二十六年 | 1937 年 | 丁 丑 |
| 中华民国八年 | 1919 年 | 己 未 | 中华民国二十七年 | 1938 年 | 戊 寅 |
| 中华民国九年 | 1920 年 | 庚 申 | 中华民国二十八年 | 1939 年 | 己 卯 |
| 中华民国十年 | 1921 年 | 辛 酉 | 中华民国二十九年 | 1940 年 | 庚 辰 |
| 中华民国十一年 | 1922 年 | 壬 戌 | 中华民国三十年 | 1941 年 | 辛 巳 |
| 中华民国十二年 | 1923 年 | 癸 亥 | 中华民国三十一年 | 1942 年 | 壬 午 |
| 中华民国十三年 | 1924 年 | 甲 子 | 中华民国三十二年 | 1943 年 | 癸 未 |
| 中华民国十四年 | 1925 年 | 乙 丑 | 中华民国三十三年 | 1944 年 | 甲 申 |
| 中华民国十五年 | 1926 年 | 丙 寅 | 中华民国三十四年 | 1945 年 | 乙 酉 |
| 中华民国十六年 | 1927 年 | 丁 卯 | 中华民国三十五年 | 1946 年 | 丙 戌 |
| 中华民国十七年 | 1928 年 | 戊 辰 | 中华民国三十六年 | 1947 年 | 丁 亥 |
| 中华民国十八年 | 1929 年 | 己 巳 | 中华民国三十七年 | 1948 年 | 戊 子 |
| 中华民国十九年 | 1930 年 | 庚 午 | 中华民国三十八年 | 1949 年 | 己 丑 |

# 主要参考文献


**一、档案**

上海市档案馆藏.上海市商会档案 Q201
上海市档案馆藏.旅沪同乡会全宗汇集 Q117
上海市档案馆藏.同业会、所全宗汇集 Q116
上海市档案馆藏.善堂、善会全宗汇集 Q115
上海市档案馆藏.上海市银行业同业公会档 S173
上海市档案馆藏.上海市钱商业同业公会档 S174
上海市档案馆藏.上海市缫丝业同业公会档 S37
上海市档案馆藏.上海市棉布商业同业公会档 S33
上海市档案馆藏.中国征信所档 Q78
杭州市档案馆藏.杭州市商会同业公会会档.旧 10
上海市图书馆近代文献室.上海市保险业同业公会报告册.1931 年
中国银行总管理处.全国银行年鉴.1934 年
上海市轮船业同业公会编.航业年鉴.1936 年

**二、文献**

贾逸君.中华民国名人传.北平:北平文化学社,1937 年
茹辛.上海时人志.北京:中国展望出版社,1947 年
上海经济资料社编印.上海工商人物志.1948 年
孙毓棠编.中国近代工业史资料.第 1 辑上下册.北京:科学出版社,1957 年
汪敬虞编.中国近代工业史资料.第 2 辑上下册.北京:科学出版社,1957 年
陈真等主编.中国近代工业史资料.第 1—4 辑.北京:三联书店,1957—1961 年
中国人民银行上海分行.上海钱庄史料.上海:上海人民出版社,1960 年
刘寿林编.辛亥以后十七年职官年表.北京:中华书局,1966 年
刘绍唐主编.民国人物小传.1—12 卷.台北:传记文学出版社,1975 年起
熊纯生主编."中华民国"当代名人录.第 1—5 册.台北:中华书局,1978 年起
郭廷以编.中华民国史事日志.第 1—4 册.台北:中央研究院近代史研究所,1979 年
汤志钧.章太炎年谱长编.北京:中华书局,1979 年
李新、孙思白主编.中华民国史料丛稿·民国人物传.1—12 卷.北京:中华书局,1979—2005 年
中共党史人物传研究会编.中共党史人物传.第 1—72 卷.陕西人民出版社/中央文献出版社,1980 年起
中国第二历史档案馆编.中华民国史档案资料汇编.第 1—5 辑.南京:江苏古籍出版社,1981—1999 年
中国国民党中央委员会党史史料编纂委员会.苏报.罗家伦主编"中华民国史料丛编",1983 年
中国国民党中央委员会党史史料编纂委员会.俄事警闻.罗家伦主编"中华民国史料丛编",1983 年
中国国民党中央委员会党史史料编纂委员会.游学译编.罗家伦主编"中华民国史料丛编",1983 年
潘一平.浙江人物简志.杭州:浙江人民出版社,1984 年

张静如等编.五四以来历史人物笔名别名录.西安:陕西人民出版社,1986年
俞佐萍等编.浙江在台人物录.1986年
浙江省政协文史资料委员会编.浙江籍资本家的兴起.杭州:浙江人民出版社,1986年
曹述敬.钱玄同年谱.济南:齐鲁书社,1986年
国民政府职官年表(1925～1949).台北:中央研究院近代史研究所,1987年
中国新文学大系编辑委员会主编.中国新文学大系.1917—1976年各卷.上海:上海文艺出版社,1987年起
来新夏主编.北洋军阀.第1—5册.上海:上海人民出版社,1988年
吴广义等.苦辣酸甜——中国著名民族资本家的路.哈尔滨:黑龙江人民出版社,1988年
李盛平主编.中国近现代人名大辞典.北京:中国国际广播电视出版社,1989年
刘国铭主编.中华民国国民政府军政职官人物志.北京:春秋出版社,1989年
章伯锋、李宗一主编.北洋军阀.第1—6卷.武汉:武汉出版社,1990年
杭州市金融志编委会.杭州市金融志.内部编印.1990年
浙江省政协文史资料委员会编.浙江籍海外和港台人物录.1990年
孔令仁.中国近代企业的开拓者.上册.济南:山东人民出版社,1991年
徐友春主编.民国人物大辞典.石家庄:河北人民出版社,1991年
钱实甫编,黄清根整理.北洋政府职官年表.上海:华东师范大学出版社,1991年
张树年主编.张元济年谱.北京:商务印书馆,1991年
金华市志编委会编.金华市志.杭州:浙江人民出版社,1992年
叶志麟.浙江近现代人物录.杭州:浙江人民出版社,1992年
浙江省政协文史资料委员会编.浙江近代金融业和金融家.杭州:浙江人民出版社,1992年
衢州市志编纂委员会编.衢州市志.杭州:浙江人民出版社,1994年
朱顺佐等主编.绍兴名人辞典.北京:国际文化出版社,1994年
彭泽益编.中国工商行会史料集.上下册.北京:中华书局,1995年
马学新主编.近代中国实业巨子.上海:上海社会科学院出版社,1995年
俞福海主编.宁波市志.北京:中华书局,1995年
台州地区志编委会编.台州地区志.杭州:浙江人民出版社,1995年
温州词典编委会编.温州词典.上海:复旦大学出版社,1995年
卞孝萱、唐文权编.民国人物碑传集.北京:团结出版社,1995年
任桂全主编.绍兴市志.杭州:浙江人民出版社,1996年
寿充一主编.近代中国工商人物志.北京:中国文史出版社,1996年
李新总编.中华民国大事记.5册39卷.北京:中国文史出版社,1996年
袁英光.王国维年谱长编.天津:天津人民出版社,1996年
高平叔.蔡元培年谱长编.三卷本.北京:人民教育出版社,1996年
温州市志编委会编.温州市志.北京:中华书局,1998年
椒江志编委会.椒江市志.杭州:浙江人民出版社,1998年
商景才.浙江事典.杭州:浙江教育出版社,1998年
杭州丝绸控股(集团)编纂公司.杭州丝绸志.杭州:浙江科学技术出版社,1999年
蒋猷龙主编.浙江丝绸志.北京:方志出版社,1999年
浙江省军事志编纂委员会编.浙江省军事志.北京:方志出版社,1999年
湖州市志编委会编.湖州市志.北京:昆仑出版社,1999年
鲁迅博物馆鲁迅研究室编.鲁迅年谱(增订本).第1—4册.北京:人民文学出版社,2000年
张菊香、张铁荣编.周作人年谱.天津:天津人民出版社,2000年
浙江省文学志编纂委员会编.浙江省文学志.北京:中华书局,2001年

杭州市志编纂委员会编.杭州市志.北京:中华书局,2001年
夏东元主编.20世纪上海大博览.上海:文汇出版社,2001年
金普森等主编.宁波帮大辞典.宁波:宁波出版社,2001年
浙江省民主党派志编纂委员会编.浙江省民主党派志.北京:中华书局,2002年
浙江省参政税务志编纂委员会编.浙江省财政税务志.北京:中华书局,2002年
钱玄同日记(影印本).第1—12卷.福州:福建教育出版社,2002年
杭州市工商联.杭州市工商业联合会志.杭州:浙江煤田地质局制图印刷厂,2003年
浙江省中国共产党志编纂委员会编.浙江省中国共产党志.杭州:浙江人民出版社,2004年
浙江省教育志编纂委员会编.浙江省教育志.杭州:浙江大学出版社,2004年
宋传水、袁成毅主编.杭州历代名人.杭州:杭州出版社,2004年
竺可桢全集.上海:上海科技教育出版社,2004年
陈玉堂编.中国近现代人物名号大辞典.杭州:浙江古籍出版社,2005年
浙江省人物志编纂委员会编.浙江省人物志.杭州:浙江人民出版社,2005年
陶水木.近代浙商名人录.杭州:浙江人民出版社,2005年
刘国铭编.中国国民党百年人物全书.上下册.北京:团结出版社,2005年
陈锡祺编.孙中山年谱长编.北京:中华书局,2006年
浙江省新闻志编纂委员会编.浙江省新闻志.杭州:浙江人民出版社,2007年
徐友春主编.民国人物大辞典(增订版).上下册.石家庄:河北人民出版社,2007年
王荣华.上海大辞典.上海:上海辞书出版社,2007年
许全胜撰.沈曾植年谱长编.北京:中华书局,2007年
沈文泉.湖州名人志.杭州:杭州出版社,2009年
浙江省地方志编纂委员会整理.重修浙江通志稿(标点本).北京:方志出版社,2010年
浙江省地方志编纂委员会办公室编.浙江历史大事记.杭州:浙江人民出版社,2010年
李新总编.中华民国史·人物传.第1—8卷.北京:中华书局,2011年
朱希祖日记.北京:中华书局,2012年

**三、报刊**

申报.爱如生《申报》数据库.1872—1949年
浙江潮.第1—12期.1903年
东方杂志.第1—32卷.1905—1935年
北洋政府公报.1912—1927年
浙江省政府公报.1912—1949年
新青年.第1—6卷.1915—1919年
银行周报.1917—1949年
上海总商会月报.1921—1927年
钱业月报.1921—1949年
中华民国国民政府秘书处、文官处编辑.国民政府公报.1925—1948年
中国第二历史档案馆编.汪伪国民政府公报.第1—14册.南京:江苏古籍出版社,1991年
中国第二历史档案馆编.国民政府行政院公报.第1—44册.北京:中国档案出版社,1992年

# 索 引

## 上编 本籍人物

**J**

M

**X**

## 下编　客籍人物

## 附编　外籍人物